古典ラテン語辞典

改訂増補版

古典ラテン語辞典
改訂増補版

國原吉之助 著

大学書林

は し が き

　若い頃には関心もなくて，老いとともに興味を持ち始めるということは，おそらく誰もが体験することであろう．かつては退屈と思っていたラテン語辞典の編纂であったのに，夏休みの宿題で一本一本の草花を丁寧に古新聞に貼り，植物図鑑で名前を調べたときの中学一年生のように，一語一語ラテン語のカードを書くことができたのは望外の幸せであった．

　この過程で私の独り合点，一知半解を思い知らされ度々恥じたことである．まことに「学芸を極める道は長く，人の命は短い」（Ars longa, vita brevis），そして日暮れて道遠しの感慨をも深く味わった．今回あらためて，小は掌のなかにはいる Lexicum Latinum Italicum（1960）から，大は Georges の二冊本（1976, 14 版）まで，古くは 1874 年（3 版）の Ingerslev の Schul-Wörterbuch から最新の Oxford Latin Dictionary までの 19 種のラテン語辞典（羅英・7 種，羅仏・4 種，羅独・4 種，羅伊・3 種，羅西・1 種）を比較参照しながらそれぞれの存在理由と特色を是認してきた．

　本書は初学を対象としている．名詞や動詞にはその変化表を指示し，難しい語形変化——完了形，ablative ——も見出しに挙げた．巻末付録では，本文中の一本一本の木がそれぞれいかなる林相の中にあるかを示している．語彙はまず Merguet : Lexikon zu den Schriften Cäsars（1886 = 1966 Olms）から全部を採録した．ラテン語が読めるということは，カエサルの文章が読めることに他ならないからである．しかしカエサルの十倍もの著作を残した Cicero や，独特の詩的表現の多い詩人，たとえば Vergilius や Horatius を進んで読む方は，欧米の大きな辞典を繙かれるように希望しておく．そしてギリシア文化とともにラテン語に大きな影響を及ぼしたキリスト教作家——たとえば紀元三世紀からの Tertullianus や Augustinus ——を読む方は，上述の辞典とともに中世ラテン語辞典も薦めておく．

　最後となったが，ラテン語辞典編纂の仕事を与えていただいた大学書林の佐藤政人氏に，そして父君の創業の精神を堅持し，語学教育書の出版一筋に精進しておられる同氏に，感謝と敬愛の念を捧げたい．ついで 5 年間の長きにわたって原稿を入力してもらった佐野正信氏と小川博延氏，カード執筆に協力し，その入力も手伝ってもらった大橋真砂子さん，校閲をお願いした進藤謙之助，加藤幸弥の両氏，そしてためらい後込みする老父をパソコンの前に坐らせ，忍

はしがき   ii

耐強く導いてくれたばかりでなく，カードの入力もしてくれた息子昭彦にも，
深い謝意を表したい．

　… non possum reticere, 妻にたいしお礼の言葉を述べたいとおもう．たとえ
ば，書斎から食堂にいくと，毎日太陽が東から昇るように，そこで食事を用意
して待っていてくれたのだから……

　　　　平成 16 年 4 月 24 日

　　　　　　　　　　　　　　　　　　　　　　　　國原吉之助

増補，改訂にあたって

　「書を校するは，塵を掃うが如し」という故人の言葉を思い出している。長母
音と短母音（とくに ī と i）を正し，いくつかの例文をとり換え，語彙（完了形・
固有名詞など）を加えた。これまでにいろいろな心添えをいただいた，次の
方々にお礼を申しあげたい。

　渡辺明敏，清野茂博，加藤幸弥，佐野正信，大芝芳弘の諸氏である。

　この度もわが儘を寛恕して下さった佐藤政人氏には，心から感謝の言葉を申
し上げます。

　　　　平成 28 年 6 月 7 日

　　　　　　　　　　　　　　　　　　　　　　　　國原吉之助

凡　例

1. この辞典の語彙は，古ラテン語期（およそ紀元前250年から80年頃）と古典ラテン語期（前80年頃から後150年頃）の作家や作品から採集された．しかし Plautus, Catullus, Petronius, Martialis, Juvenalis, Suetonius の作品の中の極めて特異な語，そして Cicero, Rhetor Seneca, Philosophus Seneca, Quintilianus, Celsus, Vitruvius, Plinius Major, Gaius などから修辞学，医学，建築学，法学，博物誌等の専門用語，および頻出度の低い語はかなり省略した．

2. 動植物名については，正確な和名で同定することの困難をしばしば感じた．

3. 固有名詞の取捨選択については，基準の曖昧さを批判されることを覚悟している．地理上の名前はほとんど略し，歴史上，神話の人物は著名なものに限ったと考えている．

4. 母音の長短，語義の説明，文例の解釈について，当然ながら様々の説にであって，立ち往生をしたことも度々あった．敬虔な諦念とともに自説をのべておく．後学の徒によって正されることを願っている．

記号と略語

[ ]	比較・参考すべき関連語を示す	*j.*	接続詞
( )	見出しでは古形，別形を，文中では説明・解釈文を示す	LL	後期ラテン語
※	推定形・想定形および注	*loc.*	地格
§	セクションは( )の中では省略	*m.*	男性
a.a.	絶対奪格	*n.*	中性
a.1.2.3	形容詞第1, 2, 3変化	*n.b.*	nota bene　注意
A < B	外来語，ギリシア語起源	*nom.*	主格
	AはBから出た，又はBはAとなる	*pas.*	受動相
abl.	奪格	*pl.*	複数
acc.	対格	*r.a.*	関係形容詞
act.	能動相	*s.*	semi
c.	約，（または）通性	*sc.*	即ち，次の語を補充
cf.	比較せよ，参照せよ	*sg.*	単数
CL	古典ラテン語	*sp.*	spinum
dep.	デポネンティア動詞		
f.	女性	**ア行**	
gen.	属格	イ	イベリア語
inf.	不定法	医	医学用語
		エ	エトルリア語

凡　例

英	英語

カ行

間	間投詞（感嘆詞）
完	完了
間疑, 間話	間接疑問文, 間接話法
関代	関係代名詞
関副（形）	関係副詞（形容詞）
完分	完了分詞
ガ	ガッリア語
ギ	ギリシア語
疑代	疑問代名詞
疑副	疑問副詞
共	共和制（期）
軍	軍事用語
ケ	ケルト語
形	形容詞
形1, 2	第一, 第二変化
ゲ	ゲルマニア語
現	現在
現分	現在分詞
呼	呼格
古	古形, 古ラテン語, 喜劇

サ行

再	再帰代名詞
最	最上級
指代	指示代名詞
修	修辞学
所代	所有代名詞
小	指小辞
自	自動詞
受	受動相
神	ギリシア・ローマ神話
数	数詞
ス	スピーヌム
接	接続法
前	前置詞
属	属格

タ行

他	他動詞
対	対格
単	単数
代	代名詞
代形	代名詞的形容詞

奪	奪格
地	地格
直	直説法
直話	直接話法
帝	帝政期
天	天文学・天体
頭	接頭辞
動	動詞
動形	動形容詞
動名	動名詞

ナ行

人代	人称代名詞
能	能動相

ハ行

反	反復動詞
比	比較級
非	非人称動詞, 非人称的表現
尾	接尾辞
不	不定法
不完	不完全動詞
不規	不規則動詞, 名詞, 形容詞
不句	不定法句
不形	不定形容詞
不代	不定代名詞
副	副詞
複	複数
分	分詞
文	文法用語
ポ	ポエニ語

マ行

未	未来
未完	未来完了
未分	未来分詞
無	無変化
名	名詞
命	命令法

ヤ行

与	与格

ラ行

ラ	ラテン語
略記	省略記号

参 考 文 献

André, J. Les termes de couleur dans la langue latine, Paris 1949
André, J. Les nomes de plantes dans la Rome antique, Paris 1985
André, J. Les noms d'oiseaux en latin, Paris 1967
Doering, F.G. Horatii Flacci Opera recensuit et illustravit Doering accedunt indices locupletissimi, Oxford 1838 Editio Nova
Gaffiot, F. Dictionnaire illustré latin―français, Paris 1970 (=1934)
Georges, K.F. Ausfürliches Lateinische―Deutsches Handwörterbuch, 2 Bde 14 Auflage, Hannover 1976
Gildersleeve and Lodge, Latin Grammar, London 1953 (1895)
Glare, E. Oxford Latin Dictionary 1982
Hacquard, G. Guide Romain antique, Hachette 1952
Hornblower―Strawforth, The Oxford Classical Dictionary, Third Edition 1996
Howatson, M.C. The Oxford Companion to Classical Literature, New Edition 1989
Jones, H.S. Companion to Roman History, Oxford 1912
Kennedy, B.H. Latin Grammar, London 1900 9th. ed.
Kühner R.―Stegmann, C. Ausführliche Grammatik der lateinischen Sprache, Zweiter Teil 2Bde, 1988 5 Auflage
Lewis, C.T. An Elementary Latin Dictionary 1915
Lewis and Short. A Latin Dictionary, Oxford 1951 (=1879)
Meillet, A―Ernout. Dictionnaire étymologique de la langue latine, 4e édition 1967 Paris
Merguet, H. Lexikon zu den Schriften Cäsars, Olms 1966 (=1886)
Otto, A. Die Sprichwörter und Sprichwörterlichen Redensarten der Römer, 1964 2 Auflage
Pertsch, E. Langenscheidts Handwörterbuch Latein―Deutsch, Berlin 1975 5 Auflage
Platner, S.B.―Ashby, T. A. Topographical Dictionary of Ancient Rome, 1965 (=1929)
Roby, H.J. A Grammar of the Latin Language Part II, London 1879
Sandys, J.E. A Companion to Latin Studies, Cambridge 1910
Smith―Wayte―Marrindis. A Dictionary of Greek and Roman Antiquities, Vols 2, London 1890
Smith, W. Dictionary of Greek and Roman Biography and Mythology, Vols 3 London 1889
Ziegler, K.―Sontheimer, W.―Grätner, H. Der Kleine Pauly, 6Bde 1964-1975

本文と巻末「附録」の関係について

本文において，たとえば

amīcus *a.1.2* amīc-a, -um，§50，amō *1*, amāre, amāvī, amātum §106，amoto（9f.18）quaeramus（116.1）seria ludo「冗談はさておき，我々は真面目な問題を追求しよう」の中の，§§50，106，9f18，116.1 は「附録」の文法記述の同一番号の項目参照を指示する。

A

A, a §1 略記として A.＝Aulus＝absolvō＝antīquō, a.d.＝ante diem (184), A.U.C.＝annō urbis conditae 又は ab urbe conditā

ā, āh 間 さまざまの感情(苦痛, 後悔, 残念, 喜び, 驚き, 嫌悪, 不服)を表現する

ā, ab, abs （古 **aps, af**） 前 **I.** 合成動詞の中で接頭辞(176)として「から, 離れた, 遠い, すっかり, 全く」などの意味を持つ **II.** 前として奪支配 ā は子音の前で, ab は母音と h の前で必ず, l, n, r, s の前でもよく現れ, abs はときに t, c の前で用いられる **III. 1.** (空間的に)から, から離れて, 出発して, 所から, 家から, 手許から ab urbe proficisci 都から出発すること a rege munera repudiare 王からの贈り物を拒否すること abesse a domo paulisper maluit 彼は暫く家から離れていることを望んだ ex eo loco ab milibus passuum octo その所から 8 マイル離れて **2.** 近くに, そばに, の方へ, において ab sinistra parte nudatis castris (9f18) 陣営の左側は無防備であったので a fronte 先頭に, 前衛に, 正面に a tergo 背後に, 後に **3.** (時間的に)から, 以後, すぐあとで, それ以来 ab urbe condita 都が建設されて以来 a puero 少年の頃から ab hora tertia bibebatur 第三時より飲みつづけられていた(酒宴がつづいていた §172) ab initio 最初から recens a vulnere Dido 負傷して間のないディードー ab eo magistratu その政務官職の(を辞した)すぐ後で **4.** ab＋行為者の奪＋受によって(9f11) oppidum conditum a Aeneā アエネアースによって建てられた町 volgo occidebantur ; per quos et a quibus? 彼らは群衆の前で殺された : 誰の手によってか, 誰の命令によってか (*n.b.*)物が人格化され行為者となるときは, 詩的用法 correptus ab ignibus 火焔に包まれて **5.** 出発点, 起源, 由来, 原因, 理由を示す, から, によって, ために, に関する a legibus (natura) 法律(自然)によって dulces a fontibus undae 泉からわき出る甘い水 patres ab honore appellati 彼らは尊敬の念から「父たち」と呼ばれた nec ab Romanis vobis ulla est spes お前らはローマ人から何も期待できない **6.** 全体の中の部分を意味する, から scuto ab novissimis uni (9d5) militi detracto (9f18) 最後列の中の一人の兵士から盾を奪うと **7.** 関知, 疎遠, 分離, 解放, 相違, 類似などの概念の形が ab＋奪を取る例 (9f7) heros ab Achille secundus アキレスにつぐ英雄 oppidum vacuum ab defensoribus 防衛者を欠いた城砦(<ruby>城<rt>じょう</rt></ruby>) alieno a te animo (9f10) fuit 彼はあなたと仲がわるかった **8.** ab＋奪を必要とする動詞(欲求, 感情, など *cf.* 9f7) id se a Gallicis armis atque insignibus cognovisse (117.5)「自分はそのことをガッリア人の武装と軍旗から知った」timere a suis 身内のものの心配をする peto opem a te あなたから援助をもとめる **9.** 職名 servus ab epistula (書簡についての奴隷)秘書

abāctus → abigō

abacus *m.* abacī *2* §13 ＜ἄβαξ **1.** 食堂の壁側の(豪華な)食器棚, 食器台, サイドボード **2.** 計算盤, そろばん **3.** 遊戯盤(すごろく盤) **4.** (建築)円柱の天辺の厚い冠板, アバクス

abaliēnō *1* ab-aliēnāre, -nāvī, -nātum §106 **1.** 譲渡(贈与)する, (所有権を)移す **2.** 奪う, とり去る, 処分する **3.** 疎遠にする, 不和にする, 敵にする, そむかせる abalienati scelere (9f15) istius a nobis

abavus　2

reges そなたの不正によって我々の敵となった(東方の)王たち abalienati jure (9f7) civium 市民権を奪われた者たち

abavus　*m.*　abavī　*2*　§13　[avus]
曾祖父母の父, 高祖父

abdicātiō　*f.*　abdicātiōnis　*3*　§28
[abdicō]　**1.** 放棄, 辞職 **2.** 相続権を奪うこと, 勘当, 廃嫡

abdicō[1]　*1*　ab-dicāre, -dicāvī, -dicātum
§106　**1.** 自分のものと認めない, 否認する, 拒否する **2.** 辞任する, 放棄する, 捨てる ～ patrem 父でないと言う, 父と認めない ～ dictaturam ＝ ～ se dictaturā 独裁官を辞任する

abdīcō[2]　*3*　ab-dīcere, -dīxī, -dictum
§109　不吉な前兆によって禁止(否定)する, 同意しない, 拒否する

abdidī　→ abdō

abditus　*a.1.2*　abdit-a, -um　§50
[abdō の完分]　**1.** かくされた, 人目につかない, ひみつの **2.** 人里離れた, へんぴな **3.** 深遠な, 不明な indiciis monstrare recentibus abdita rerum (9c4) (今までの言葉では)不明(難解)であったものを新しい言葉で解明すること

abdō　*3*　ab-dere, -didī, -ditum
§§109, 159 注　**1.** 取り除く, 遠ざける, 追いやる **2.** 隠す, 包みかくす, 覆う, さやに入れる, 秘密にする **3.** (剣を体の中に)突っ込む, 突き刺す se ～ 隠退する se ～ in silvis 森の中に身をかくす se ～ in litteras 文学に没頭する

abdōmen　*n.*　abdōminis　*3*　§28
1. 腹, 腹部, 腎 **2.** 大食, 貪欲

abdūcō　*3*　ab-dūcere, -dūxī, -ductum
§109　**1.** 連れ去る, そらす, 移す, 他方へ向ける ; ab, de, ex ; in, ad (70) 人(物)を, あるものから ; あるものの方へ連れ去る **2.** 取り去る, 遠ざける, 引き離す, 離反させる, 分ける ～ divinationem e conjecturis 占いと推測を区別すること a malis mors ～ homines 死は人を不幸から解放する

abduxī　→ abdūcō

abēgī　→ abigō

abeō　不規　ab-īre, -īvī (-iī), -itum

§156　**1.** 立ち去る, 離れる, 辞す **2.** なくなる, 消える, となる, 変わる, に終わる **3.** (時)すぎる(構文) ～ ab, ex, de 又は *abl.* のみ : ad, in : ～ a vita 人生から去る(死ぬ) abiit ad plures (majores) 彼は大勢の所へ去って行った(死んだ) ～ a foro ad mare 広場(政治)から海へ(航海へ)と旅立つ impune ～ 罰せられないままでいる abeunt studia in mores ～ 習(なら)性となる ab oculis, e conspectu ～ 見えなくなる abi in malam rem くたばれ, 失せろ, 畜生 cubitum (120.1) ～ 寝にいく abi quaerere (117.4) 探しに行け in villos abeunt vestes 着物が毛皮に変わった

abequitō　*1*　ab-equitāre, -tāvī, ――
§106　[equitō]　馬に乗って去る

aberam　→ absum

aberō　→ absum

aberrātiō　*f.*　aberrātiōnis　*3*　§28
[aberrō]　**1.** わきへそらすこと, 気晴らし **2.** 救助, 除去, 軽減

aberrō　*1*　ab-errāre, -rāvī, -rātum
§106　**1.** 道にまよう, わきへそれる, さまよう, 離れる **2.** 常道から離れる, あやまち(まちがい)を犯す **3.** 本題(本筋)からそれる, 脱線する **4.** 川の水が岸からあふれ出る **5.** (苦しみから)のがれる, 考えないようにする puer aberravit inter homines a patre 子供が父親とはぐれて人混みの中をさまよった

abes　→ absum

abesse　→ absum

abfore　→ absum

abforem　→ absum

abfuī　→ absum

abfutūrus　→ absum

abhinc　副　(場所)ここから, (時間)今から, 過去へ abhinc biennium (9e8) 今から二年前 abhinc annis (9f2) quindecim 今から 15 年前

abhorreō　*2*　ab-horrēre, -horruī, ―― §108　**1.** 恐れをなす, しりごみをする, ひるむ **2.** 反対する, 嫌う, 意見を異にする **3.** 合わない, 相違する, 一致しない, ふさわしくない, 調和できない ～ a

abnuō

pace; a dolore 平和に反対す; 苦痛を嫌う hoc tantum facinus ab eo non abhorret かかる大それた悪行は彼(の性格)と合っている orationes abhorrent inter se 議論はお互いに食い違っている abhorrens ab nominum pronuntiatione os その名前が発音できない口

abī → abeō

abiciō (**ab-iiciō, -jiciō**) *3* ab-icere, -jēcī, -jectum ［ab, jaciō §174(2)］ §109 **1.** 捨てる, 投げる, 放棄する, 見捨てる, 断念する **2.** 落とす, 貶す, 傷つける, 減らす, 下げる 〜 vitam, salutem, famam 人生を, 救いを, 名声を捨てる, 断念する hic annus senatūs auctoritatem abiecit この年は元老院の権威を失墜させた hostes abiectis armis (9f18) terga verterunt 敵は武器を捨てると背を向けた e muro se in mare 〜 城壁から海へ身を投じ ego me plurimis pro te supplicem objeci (9e3) 私はそなたのために多くの人の前に嘆願者として身を投げた(ひれ伏した)

abiēgnus *a.1.2* abiēgn-a, -um §50 モミの木の, モミ材でつくられた

abiēs (**-ĕ-** ?) *f.* abiĕtis *3* §21 **1.** モミ(の木) **2.** (モミで造られた)舟, 槍

abigō *3* ab-igere, -ēgī -āctum §109 ［ab, agō §174(2)］ **1.** 追い払う, 追い出す, かりたてる, 追放する **2.** (家畜を)追い立てて奪う, 盗む, 持ち去る **3.** はねつける, 取り除く, 拒絶する, 防ぐ, 守る **4.** 引きとめる, 阻止する, そらす medio jam noctis abactae curriculo かりたてられた夜(の車)がもはや走路の半ばにあった頃

abiī(abīvī) → abeō

abitus *m.* abitūs *4* §31 ［abeō］ 立ち去ること, 出発, 出口

abjectē 副 ［abjectus §67(1)］ (比) abjectius **1.** 元気なく, 無気力に **2.** へりくだって, 卑屈に **3.** なげやりに, だらしなく

abjectiō *f.* abjectiōnis *3* §28 ［abiciō］ 落胆, 意気沮喪

abjectus *a.1.2* abject-a, -um §50 ［abiciō の完分］(比)abjectior (最) abjectissimus **1.** 落胆した, 元気のない, しおれた **2.** 身分の低い, 目立たない, 平凡な, ちんぷな, 取るにたらない **3.** 卑しむべき, 卑屈な, 汚い, さもしい

abjūdicō *1* ab-jūdicāre, -cāvī, -cātum §106 **1.** 判決によって否認(却下)する, 剥奪を宣告する **2.** 正式に拒否する

abjungō *3* ab-jungere, -junxī, -junctum §109 軛(び)をとりはずす, 分ける, 引き離す, 遠ざける

abjūrō *1* ab-jūrāre, -rāvī, -rātum §106 誓って否定(否認)する, 放棄する, 義務を拒否する

ablātus → auferō

ablēgātiō *f.* ablēgātiōnis *3* §28 ［ablēgō］ **1.** 遠くへ使いに送ること, 派遣 **2.** 遠ざけること, 追放

ablēgō *1* ab-lēgāre, -gāvī, -gātum §106 **1.** 使節として送る, 派遣する **2.** 遠ざける, 追放する **3.** (言葉を)削除する, 除去する

ablūdō *3* ab-lūdere, ——, —— §109 **1.** 調和(一致)しない, 似ていない, 相違する **2.** 不足する, 欠ける

ablui, ablūtus → abluō

abluō *3* ab-luere, -luī, -lūtum §109 **1.** 洗い落とす, 洗い流す, 洗い清める, ゆすぐ **2.** そそぐ, すすぐ, 流し去る, 消し去る, 除去する abluta caede (9f18) 血を洗い落として

abnegō *1* ab-negāre, -gāvī, -gātum §106 **1.** きっぱりと断る, 拒否する, 許さない **2.** 謝絶する, 辞退する **3.** いつわって否認する alicui aliquid 〜 誰々に何々を拒む

abnormis *a.3* abnorme §54 ［ab, norma］ 哲学のどの派にも属さない

abnuō *3* ab-nuere, -nuī, -nuitūrus §109 **1.** 拒否する, 合図として首をよこにふる, 目くばせする **2.** 拒否(拒絶)する, ことわる, こばむ, 反撥する **3.** 禁止する, 許さない, ゆずらない, 与えない **4.** 否認する, 否定する alicui aliquid ある人にあることを拒む qui se (117.5) victos abnuebant 自分らは負けていないと主張していた

abnūtō 人々

abnūtō *1* ab-nūtāre, ——, —— §106
首を横にふって拒否する，禁じる，許さない

aboleō *2* abolēre, abolēvī, abolitum
§108 **1.** 破壊する，滅ぼす，なくする，消す，殺す **2.** 退散させる，追い払う，払いのける **3.** 除去する，ぬぐい消す，消し去る，忘れさせる **4.** 廃止する，禁止する，やめる，終わらせる，抑圧する hoc nostris aboleri dedecus armis この恥辱がわれわれの武器によって抹殺されること

abolēscō *3* abolēscere, abolēvī, ——
§109 **1.** しおれる，しぼむ，あせる **2.** 消えうせる，消滅する，忘れられる，見えなくなる，すぎ去る

abōminor *dep.1* ab-ōminārī,
-ōminātus sum §123(1) =**abōminō**
1 -ōmināre, -nāvī, -nātum §106
1. 祈願して凶兆をそらす(そらそうとする) **2.** ひどく嫌う，忌み嫌う，憎悪する quod abominor どうかそんなことのないように，それはとんでもないこと

aborior *dep.4* aborīrī, abortus sum
§123(4) **1.** 消える，滅びる，死ぬ **2.** 流産する

abortiō *f.* abortiōnis *3* §28 [aborior]
流産，早産

abortīvus *a.1.2* abortīv-a, -um
§50 [aborior] **1.** 早産の **2.** 流産させる，避妊の

abortus *m.* abortūs *4* §31 [aborior]
1. 早産，流産 **2.** 死産，死んだ胎児

abrādō *3* ab-rādere, -rāsī, -rāsum
§109 **1.** こすってとり除く，こすり取る，削り落とす，そり落とす，すりへらす **2.** ぬぐいとる，拭きとる，洗い落とす **3.** 強奪する，ゆすり取る

abrāsī, abrāsus → abrādō

abripiō *3b* ab-ripere, -ripuī, -reptum
[ab, rapiō §174(2)] §110 ひったくる，さらってゆく，ひきずり去る，救う filios e complexu parentum ～ 両親の抱擁から息子を奪いとる se ～ 逃亡する，うまく逃れる pecora litori (9d5) abrepta 岸辺から引き離された家畜

abripuī, abreptum → abripiō

abrogātiō *f.* abrogātiōnis *3* §28
(法令の)廃止

abrogō *1* ab-rogāre, -gāvī, -gātum
§106 **1.** (民会で)法律を廃止する，取り消す，無効とする，撤回する **2.** 無視する，排撃する，否認する **3.** 取り除く，免職する，奪いとる imperium, quod plebes per saturam dederat, id abrogatum est 民衆が混乱の中で与えていた命令権が無効とされた fidem alicui (9d5) abrogare ある人の信頼をなくする

abrotonum (**habr-**) *n.* abrotonī
2 §13 匂いのきついキク科の薬草(ニガヨモギ?)

abrumpō *3* ab-rumpere, -rūpī,
-ruptum §109 **1.** さいて引き離す，ひき裂く，ちぎる **2.** 打ち砕く，こわす，割る，断ち切る **3.** 破る，犯す **4.** 中断させる，とめる，さえぎる，挫折させる **5.** 分断させる，短くする，切り詰める ingeminant abruptis nubibus (9f18) ignes 稲妻が雲をひきさいてたびたび光る

abruptiō *f.* abruptiōnis *3* §28
[abrumpō] **1.** こわれること，割れること **2.** 絶縁，断絶，決裂

abruptus *a.1.2* abrupt-a, -um §50
[abrumpō の完分] (比)abruptior
(最)abruptissimus **1.** 切り立った，絶壁の，急斜面の **2.** 妥協しない，傲慢な，反抗的な，強情な **3.** 急変する，短命の，突然の，(文体)きれぎれの，つながりのない
(名)**abruptum** *n.* -ptī *2* §13 **1.** 険しい所，急な坂 **2.** 断崖，深淵，奈落(ﾗ̄ｸ)
3. 切れ端，断片

abs → ā §176

abscēdō *3* abs-cēdere, -cessī,
-cessum §§109, 176 **1.** 立ち去る，離れる，遠ざかる，消える，退く **2.** 断念する，放棄する，やめる，思いとどまる somnus, (metus) abscessit 眠り，(恐怖)が立ち去った Spartā (70), (e foro) ～ スパルタから，(広場から)去る ab obsidione (inceptō) ～ 攻略(企み)を断念する

abscessus *m.* abscessūs *4* §31
[abscēdō] 出発，退去，遠ざかること，

不在

abscīdō *3* abs-cīdere, -cīdī, -cīsum [ab, caedō §174(2)] §109 **1.** 切り落とす，切り捨てる，分ける **2.** 追い出す，追放する **3.** 破滅させる，だめにする caput ～ 首を落とす abscisus in duas partes exercitus 軍隊が二分されて

abscindō *3* ab-scindere, -scidī, -scissum §109 **1.** 切り離す，引き裂く，ひきちぎる，はぎとる，むしりとる，切りとる **2.** 裂く，断つ，破る，割る **3.** 分ける，区別する，引き離す，疎遠にする，さまたげる caelo (9f7) terras ～ 天空と大地を分ける umeris (a pectore) abscindere vestem 着物を肩から(胸から)はぎとる，ひきちぎる abscissa comas (9e9) … ait 彼女は髪をかきむしって…言った

abscīsus *a.1.2* abscīs-a, -um §50 [abscīdō の完分] (比)abscisior **1.** 切り立った，けわしい，絶壁の，接近し難い **2.** 突然の，不意の，ぶっきらぼうの，そっけない **3.** 制限された，短い

absconditē 副 [absconditus §67(1)] 難しく，深遠に，深く

absconditus *a.1.2* abscondit-a, -um §50 [abscondō の完分] **1.** かくされた，かくれた **2.** 見せかけの，変装した **3.** 暗々裡の，内密の **4.** 深遠な，難解な

abscondō *3* abs-condere, -condī (-idī), -conditum §109 [ab, condō §176] **1.** 隠す，覆う，包む，遮蔽する **2.** 埋める，浸す，のみ込む，沈める **3.** 見えなくする，秘密にする，知らせないでおく **4.** あいまいに(難しく)話す fumus abscondit caelum 煙が空をおおいかくす sol absconditur 太陽が見えなくなる

absēns *a.3* absentis [absum の現分] §58 不在の，欠席している，遠く離れている absentis crudelitatem horrent 彼らは目の前にいない人の残忍性を恐れている praesens absensque idem erit 彼は人の目の前にいようと，いまいと同じことだろう

absentia *f.* absentiae *1* §11 [absēns] **1.** (ローマに)いないこと，留守，不在 **2.** 不足，欠如

absimilis *a.3* absimile §54 似ていない non absimilis Tiberio principi fuit 彼は元首 Tiberius によく似ていた

absisto *3* ab-sistere, -stitī, —— §109 **1.** 遠ざか(ってい)る，離れている，退く **2.** やめる，思いとどまる ～ a signis 軍旗から離れている ～ obsidione (9f7) 包囲をとく

absolūtē 副 [absolūtus §67(1)] **1.** 全く，完全に，完璧に，充分に，絶対に **2.** あっさりと，無条件で，素直に

absolūtiō *f.* absolūtiōnis *3* §28 [absolvō] **1.** (無罪)放免，(義務)免除，解除 **2.** 完成，達成，完全無欠，完璧

absolūtus *a.1.2* absolūt-a, -um §50 [absolvō] (比)absolutior (最)absolutissimus **1.** 充分に発達した，完成した，終了した **2.** 完結した，完璧の，無条件の，絶対の，純粋な **3.** (文)それ自体で意味の完結した(動詞)，原級の(形容詞)

absolvō *3* ab-solvere, -solvī, -solūtum §109 **1.** 束縛から解き放つ，自由にする **2.** 罪を赦す，放免する，無罪の票を投ずる **3.** 終える，完成する **4.** 話す，述べる，まとめる vinclis, (suspicione) ～ 鎖，(疑い)から解き放つ capitis (9c10) ～ 死刑の罪から釈放する paucis verum ～ 僅かな言葉で真実を述べる absolutis operibus (9f18) 仕事が完成すると

absonus *a.1.2* ab-son-a, -um §50 [ab, sonus] **1.** 正しい音からはずれた，調子はずれの，耳障りな，不快な音をたてる **2.** 不調和の，矛盾した **3.** ゆがんだ，ねじれた，まがった si dicentis (118.2) erunt fortunis absona dicta もし話している人の言葉づかいがその人の身分境遇と調和していなければ

absorbeō (**aps-**) *2* ab-sorbēre, -sorbuī, (-sorpsī), -sorptum §108 **1.** 飲み込む，むさぼり食う，食い尽くす，吸収する，吸い込む **2.** (水が)沈める，水浸しにする **3.** 専念する，夢中になる

absorbuī, absorptus → absorbeō

absp- → asp-

absque 前(奪支配)から離れて，なしに

abstēmius   6

absque te esset (foret) (116.9a), hodie non viverem あなたがいなかったら, 私は今日生きていなかったろう

abstēmius *a.1.2* abstēmi-a, -um §50 **1.** 禁酒している, 酒を差し控えている **2.** 自制している, 節制の **3.** 倹約(節約)している

abstentus → abstineō

abstergeō *2* abs-tergēre, -tersī, -tersum §108 ［ab, tergeō §176］ **1.** 拭いてきれいにする, きれいにぬぐう, (涙を)ふきとる **2.** (感情を)追い払う, 払いのける **3.** (櫂を)取り払う, とりはずす

absterreō *2* abs-terrēre, -terruī, -territum §108 ［ab, terreō §176］ **1.** 脅かして追い払う, 追い払う **2.** 否定する, 制する, 引き止める, 思いとどまらせる a pecuniis capiendis (121.3 奪) homines absterrere その者らに金を奪うことを思いとどまらせる

abstinēns *a.3* abstinentis §58 ［abstineō の現分］ (最)abstinentissimus **1.** 自制した, 控え目の, 中庸を得た, 慎み深い **2.** 質素な, 禁欲的な, 貞節な, 無欲 の (animus) abstinens ducentis (118.1) ad se cuncta pecuniae (9c13) あらゆるものをおのれにひきつけてしまう金銭に対し無欲恬淡な精神

abstinenter 副 ［abstinēns §67(2)］自制して, 慎み深く, 控え目に

abstinentia *f.* abstinentiae *1* §11 ［abstinēns］ **1.** 自制, 節制 **2.** 節約, 無欲恬淡 **3.** 清廉, 潔白, 誠実 **4.** 節酒, 飲食をつつしむこと, 絶食 vitam abstinentiā finire 食を断って生を終える

abstineō *2* abs-tinēre, -tinuī, -tentum §108 ［ab, teneō §174(2)］ **1.** (他)防ぐ, 阻止する, 妨げる, 押さえる **2.** (自)さし控える, 遠ざける, さける, やめる milites a praeda ～ 兵士らの掠奪を阻止する manum ab aliqua re ～ あることに手出し(干渉)をしない se ～ 自制する Venere et vino (9f7) ～ 性交や飲酒をつつしむ abstinuit vim uxore et gnato 彼は妻子には暴力をさし控えた

abstō *1* ab-stāre, ――, ―― §106

1. (自)離れて立つ(ている) **2.** (他)離しておく, 遠ざけておく

abstractus, abstraxī → abstrahō

abstrahō *3* abs-trahere, -trāxī, -tractum §109 **1.** ひきずり去る, 無理に取り除く, ねこそぎにする **2.** ひきちぎる, 引き離す, 裂く **3.** かわす, そらす ad supplicium, in servitutem ～ 拷問へひきずり去る, 強引に連れ去り奴隷とする de matris amplexu aliquem ～ 誰々を母の両腕から引き離す frumento ac commeatu (9f7) abstractus 穀物や生活必需品から引き離され(断たれ)た(人)

abstrūdō *3* abs-trūdere, -trūsī, -trūsum §109 ［ab, trūdō §176］ **1.** 人目からかくす, かくまう **2.** 包み隠す, いつわる, 抑える, 現さない me in silvam abstrusi densam 深い森の中に私は身をかくした metu abstruso (9f18) mitiora obtendens (118.4) 彼は恐怖心を隠して表面はいっそうの平静さをよそおって

abstrūsus *a.1.2* abstrūs-a, -um §50 ［abstrūdō の完分］ **1.** 人目から隠された, 秘密の **2.** 人里離れた, 世間から隠れた **3.** 深遠な, 難解の **4.** かくしだてをする, 心をとざした, 打ちとけない

abstulī, ablātus → auferō

absum 不規 ab-esse, āfuī, (āfutūrus) §151 **1.** (遠く)離れている, 不在(欠席)である **2.** 異なる, 違う **3.** 適していない, ふさわしくない **4.** 欠く, 不足している, 自由である(9f7) **5.** (非)離れている (169) longe ～ a spe, a vero, Romā (70) 希望から, 真実から, ローマから遥かに遠い animus, corpus a vobis ～ 気力, 体力がお前らに欠けている ～ a culpa, a principis persona 罪を犯していない, 元首の人格にふさわしくない fraternum nomen populi Romani longe iis abest 彼らにはローマ国民の兄弟という肩書が何の役にも立っていない (非)non multum afuit quin fame periremus (116.8) もう少しで我々は餓死するところであった tantum abest (ab eo) ut malum mors sit 死が不幸であるどころではない, (その逆だ) nihil abest (abesse non potest) quin sim (116.8)

miserrimus 私が最もあわれな人間でない
わけがない，私こそ正しく最もあわれな人
間だ

absūmō *3* ab-sūmere, -sūmpsi,
-sūmptum §109 **1.** すっかり持ち去る，
蕩尽する，使い果たす，空費する **2.** 滅ぼ
し尽くす，破壊する，憔悴させる，殺す
magna vis frumenti absumitur 穀物の
多量が費やされる id tempus conloquiis
absumptum est その時間が対話で使い
果たされた

absūmpsī, absūmptus → absūmō

absurdē 副 ［absurdus §67(1)］ 調
子はずれなやり方で，ばかげたやり方で，途
方もなく，不穏当にも

absurdus *a.1.2* absurd-a, -um §50
（比）absurdior （最）absurdissimus
1. 一致(調和)しない，調子はずれの **2.** 無
器用な，ぎこちない，無粋な，無骨な **3.** ば
かげた，不合理な，不適当な，突飛な
4. (非)absurdum est (171) 不合理であ
る quo quid absurdius dici (受・不,
107.4 注) potest? それ以上にばかげた発
言が他にあり得るか

Absyrtus *m.* Absyrtī *2* §13
Colchis の王である Aeetes の息子,
Medea の兄弟

abundāns *a.3* abundantis §58
［abundō の現分］ （比）abundantior
（最）abundantissimus **1.** はんらんして
いる，あふれた **2.** 豊富な，沢山の，多量
の **3.** 過度の，はなばなしい，極端な via
omnium rerum (9c13) abundans 一切
のものを豊かに供給してくれる街道

abundanter 副 ［abundāns §67(2)］
（比）abundantius （最）abundantissime
語彙(表現を)豊かに，一杯に，沢山に

abundantia *f.* abundantiae *1*
§11 ［abundāns］ **1.** 氾濫，流出，過
剰，過多，浪費 **2.** 充満，豊富，多量，
多数，富裕 **3.** 冗長な(けばけばしい)文体，
絢爛たる文体

abundē 副 ［abundus §67(1)］ **1.**
(動・形・副と共に)充分に，沢山に，豊
かに，全く **2.** (abunde が名か形の如く)
abunde est (＋*gen.*) 又は(＋*inf.*)…が十

分にある，…するのに十分である actum
est abunde それは完全になされた ad
beatam vitam praecepta abunde sunt
幸福に生きるための教訓は一杯ある abun-
de est semel audisse (178) 一度聞いた
ら充分である

abundō *1* ab-undāre, -undāvī,
-undātum §106 ［unda］ あり余るほ
ど(沢山)そなわっている，豊富である，溢
れている，氾濫する villa abundat lacte
et melle (9f17) その村には牛乳と蜂蜜が
一杯ある

abusque ＝ usque ab 前 （奪支配）
そこからずっと，その時からずっと a Tibe-
rio usque ティベリウス帝（の代）からずっ
と

abūsus *m.* abūsūs *4* §31 ［abutor］
1. 誤用，濫用 **2.** 使い果たすこと

abūtor *dep.3* ab-ūtī, -ūsus sum
§§123(3), 124, 125 **1.** ものがなくなるま
で使用すること，ふんだん(自由)に利用す
る(使い尽くす，枯渇させる) **2.** 濫用する，
誤って(無駄に)利用する，浪費する mili-
tum sanguine, (verbo) (9f16) ～ 兵士
の血を無駄に流す(言葉を濫用する) saga-
citate canum ad utilitatem nostram ～
犬の嗅覚を我々に役立たせる

ac → atque

Acadēmīa *f.* Acadēmīae *1* §11
1. Platon が教えた Athenae 近くの gym-
nasium **2.** 哲学の学校

Acadēmicus *m.* Academicī *2*
§13 アカデミック(プラトン学派の)哲学者

Acadēmicus *a.1.2* -ca, -cum §50
Acadēmia の，に関する

Acadēmus *m.* Acadēmī *2* §13
アテーナイの英雄, silvae Academi 「ア
カデーモスの森」ここにプラトンの学校があ
った

acalanthis *f.* acalanthidis *3*
§41.6a 小さな歌鳥(ゴシキヒワ?)

acanthus (-os) *m.* acanthī *2* §§13,
38 ＜ἄκανθος **1.** アカンサス **2.** アラビ
アゴムの木

accēdō *3* ac-cēdere, -cessī, -cessum
§109 ［ad, cēdō §174(1)］ **1.** 近づく，

接近する, 入る, 侵入する **2.** 与する, 加わる, 同意する **3.** 着手する, 企てる, 始める **4.** 攻撃する, 立ち向かう(ad, in. *cf.*70; 与又は対と 9d12, 9c7) ～ Romam ローマに近づく ad castra, muris (9d12), periculum, ad sententiam, ad rempublicam 陣営に, 城壁に近づく(攻める), 危険に立ち向かう, 意見に同意する, 公務につく(身を捧げる)(非)§169 (huc) ... accedit quod 又は ut ... (その上に, これに加えて) quod, ut 以下の事実が加わる, 起こる ad Claudii senectutem accedebat etiam, ut caecus esset クラウディウスは老齢の上にさらに盲目でもあった ad haec mala hoc mihi accedit etiam これらの不幸に加えて, このことすら私の身に起こった

accelerō *1* ac-celerāre, -celerāvī, -celerātum §106 **1.** (自)急ぐ, 急いで行く **2.** (他)速める, 急がせる

accendō *3* ac-cendere, -cendī, -cēnsum [ad, candō §174(2)] §§109, 176 **1.** 火をつける, 燃え立たせる **2.** (受)ぱっと燃え上がる, 炎を出して燃える **3.** ランプに火をつける, 輝かす **4.** 熱くする, 暖める **5.** たきつける, 情熱・野心をかきたてる, 怒らせる, 煽動する, 刺激する faces ～ 松明に火をつける accensus irā (彼は)怒りにあおられ ad dominationem accensi (彼らは)支配欲に燃えて luna radiis solis accensa 日光で輝く月

accēnseō *2* ac-cēnsēre, ——, cēnsum §108 [ad, cēnseō §174(1)] つけ加える, 勘定に入れる, つきそわせる, 従者(仲間)に加える

1) **accēnsus** → accendō

2) **accēnsus** *m.* accēnsī *2* §13 [accēnseō] **1.** (*pl.*)定員外の兵, 補充兵(部隊), 予備軍 **2.** 従者, 伝令, 当番, 付添人, 小使

accēpī → accipiō

acceptiō *f.* acceptiōnis *3* §28 [accipiō] 受けとること, 受領, 承認, 受容

acceptus *a.1.2* accept-a, -um §50 [accipiō の完分] (比)acceptior (最)

acceptissimus 受け取られた, 受け入れられている, 歓迎される, 好かれている, 好ましい aliquid acceptum referre alicui あるものをある人から受けとったものとみなす, ある人のせいにする, 感謝せねばならぬ virtutem deo acceptam referre 美徳を神に負うものとみなす qui maxime plebi acceptus erat 民衆に最も好かれていた人

accers- → arcess-

accessī, accessus → accedō

accessiō *f.* accessiōnis §28 [accēdō] **1.** 接近, 出撃, 訪問, 発作, 発熱 **2.** 添え物, 追加, 増築 **3.** 生長, 進歩, 増大, 上達 **4.** 補助(付属)的人物(品) dignitatis ～ 威信の増大 accessionem aedibus adjungere 家の増築をする Syphax accessio Punici belli fuerat シュパクスはポエニ戦役で副次的な役割を果たしていたにすぎない

accessus *m.* accessūs *4* §31 [accēdō] **1.** 接近, 接見, 謁見, 到着, 訪問 **2.** 発熱, 発作, 攻撃 accessus et recessus aestuum 上げ潮と引き潮 accessum dare 謁見する

accidō[1] *3* ac-cidere, -cidī, —— [ad, cadō §174(2)] §§109, 176 **1.** 落ちる, 倒れる **2.** 達する, とどく, 広がる **3.** ぶつかる, ある人(物)の上に(与)起こる, 生じる de caelo ad terram ～ 天から地へ落ちる ～ ad pedes 足元に身を投げる ad aures (auribus) ～ 人の耳に達する(とどく) fama ～ 噂が広がる quod acciderit, feramus (116.2) 何が起こっても我々は耐えよう (非)§169 magno accidit casu, ut 驚くべき偶然で ut 以下のことが起こった per commode accidit quod 誠に都合よく quod 以下のことが起こった virtuti accidere, ne sit bonum, non potest 美徳が善(恩恵・財産)ではないということはあり得ない

accīdō[2] *3* ac-cīdere, -cīdī, -cīsum [ad, caedō §174(2)] §§109, 176 **1.** 切り始める, 切り倒す, 切り裂く, 切る **2.** 弱める, 力をそぐ **3.** 食い尽くす, 絶やす arbores, dapes ～ 木を切る, 夕食の

料理を食いつくす

accinctus, accinxī → accingō

accingō *3* ac-cingere, -cinxī,
-cinctum §109 ［ad, cingō §174(1)］
1. 囲む, 取り巻く, まとう, 帯で結ぶ, 帯
びる **2.** 用意(準備)してやる, 身支度(武
装)させる **3.** se accingere＝accingi 用
意(準備)する, 武装する, 覚悟する **4.** (稀
に自)用意する, 準備する feminae pellibus
accinctae 毛皮を身にまとった女たち en-
sem lateri (9d4) ～ ＝accingi ense
(9f11) 剣を腰に帯びる magicas invitam
(117.5) accingier (107.4. 注) artis (9e9)
「私(女)はいやいやながら魔法の術にとりか
かります」 accingar (116.1) dicere pug-
nas 戦争を歌うことを覚悟しよう

acciō *4* ac-cīre, -cīvī(-ciī), -cītum
［ad＋ciō §176］ §111 呼び寄せる, 招
く, 呼ぶ, 招集する filio doctorem ～ 息
子のための教師を招く

accipiō *,3b* ac-cipere, -cēpī, -ceptum
［ad, capiō §§174(2), 176］ §110
1. 受けとる, 受領する **2.** 受け入れる, も
てなす, 迎え入れる **3.** 了解する, 解釈す
る, 是認する, 学ぶ, 聞く **4.** 背負い込む,
蒙る, 耐える aliquid ex manu alicujus
～ 誰かの手より何かを受けとる epistulam,
contumeliam, calamitatem ～ 手紙を
受けとる, 侮辱を蒙る, 災害に耐える ali-
quem in amicitiam suam, hospitio
(9d7), (comiter) ～ 誰々を友として受け
入れる, 客として歓待する(愛想よくもてな
す) qui ad Catilinam accipiendum
(121.3. 対) Romae (70) restiterunt カ
ティリーナを迎えるためにローマで居残って
いた人たち

accipiter *m.* accipitris *3* §26
タカ(の類) accipiter pecuniae 強欲な人

accīsus → accīdō

accītus *m.* accītūs *4* §31 ［acciō
の完分］ 召喚(状), 呼び出し

Accius *m.* Acciī *2* §13 **1.** ローマ
人の氏族名 **2.** 高名なローマの悲劇詩人

accīvī → acciō

acclāmātiō *f.* acclāmātiōnis *3*
§28 ［acclāmō］ **1.** 呼びかけること, 大

声を出すこと, 喚声 **2.** ごうごうたる非難,
怒号 **3.** 歓声, 歓呼, 喝采, 承認の叫び
声

acclāmō *1* ac-clāmāre, -māvī,
-mātum §106 ［ad, clāmō §174(1)］
1. 呼びかける, 叫んで言う **2.** 大声で抗議
する, 異議を申し立てる **3.** 拍手喝采する,
ほめそやす cunctis servatorem liberato-
remque acclamantibus (9f18) 全員が
(彼を)救済者とか解放者と呼んでほめてい
るとき

acclārō *1* ac-clārāre, -rāvī, -rātum
§106 ［ad, clārus §174(1)］ 明らかに
する, 見せる, 示す, 公表する

acclīnis *a.3* acclīne §54 ［acclīnō］
1. に(与)よりかかっている, にもたれている
2. かたむいた, 坂をなした **3.** 気持ちがか
たむいた, する気になっている acclinis
falsis (9d13) animus meliora recusat
心は過ちの方へ傾いてより良いものを拒ん
でいる

acclīnō *1* ac-clīnāre, -nāvī, -nātum
§106 **1.** 傾ける, よりかからせる, もたれ
させる, ねかせる **2.** (再)もたれる, 傾く,
心が向く, する気になる castra tumulo
(9d3) sunt acclinata 陣営は丘の斜面に
よりかかっていた

acclīvis *a.3* acclīve §54 ［ad,
clīvus］ 上がり坂の, 登り道の, 上に向
かって, 傾いている

acclīvitās *f.* acclīvitātis §21
［acclīvis］ 上がり坂, ゆるやかな勾配,
丘, 高地

accola *m.(f.)* accolae *1* §11
［accolō］ 近所に住む人, 隣人 accolae
Cereris ケレース神殿の周囲の住民 acco-
lae fluvii 諸支流

accolō *3* ac-colere, -coluī, -cultum
§109 ［ad, colō §176］ 近く(そばに)住
む, 近所にいる qui Tiberim accolunt テ
ィベリス川沿岸に住む人たち

accommodātē 副 ［accommodātus
§67(1)］ (比)accommodatius (最)
accommodatissime 適当に, ふさわし
く, 都合よく, 具合よく ad naturam
accommodate vivere 自然と調和して生

accommodātiō 10

きること(性格にふさわしい生き方をすること)

accommodātiō *f.* accommodātiōnis 3 §28 [accommodō] 1. 順応(性), 適合(性), 調子を合わせること 2. 喜んで人の意に従うこと, 親切, 配慮

accommodātus *a.1.2* accommodāt-a, -um §50 [accommodō の完分] (比)accommodatior (最)accommodatissimus 1. 適合(調和)した, 似合った, ふさわしい 2. 具合(都合)のよい, 利益に叶った, うってつけの, ぴったりの minime sum ad te consolandum (121.3. 対) accommodatus 私はあなたを慰めるのに決してふさわしくない sibi (9d13) accommodatissimas fabulas eligunt 彼らは自分らの最も気にいった作品を択ぶ

accommodō *1* ac-commodāre, -commodāvī, -commodātum §§106, 176 合わせる, 適応させる, あてる, 用いる, 一致させる corpori vestem 〜, ad caput coronam 〜 体に着物を, 頭に花冠を合わす orationem auribus auditorum 〜, se 〜 演説を聴衆の耳に合わす, 自己を順応させる, 自己をささげる(ふける)

accommodus *a.1.2* accommod-a, -um §50 [accommodō] に(与と, 9d13)ふさわしい, 適した, 順応した

accrēdō *3* ac-crēdere, -crēdidī, -crēditum [ad, crēdō §176] (与と, 9d3)を信じる, 信頼する, 信用する

accrēscō (adcr-) *3* ac-crēscere, -crēvī, -crētum §109 [ad, crēscō §176] 1. 大きくなる, 成長する, 増す, ふえる, 加わる, つのる 2. 増大(膨張)する, 増水する, つり上がる 3. 発生する, 生じる, 生長する amicitia cum aetate accrevit 友情が年月と共に深まった nova negotia accrescunt veteribus (9d3) 古い仕事に新しい仕事が加わる

accrētiō *f.* accrētiōnis 3 §28 [accrēscō] 大きくなること, (月が)満ちてくること

accrēvit → accrēscō

accubitiō *f.* accubitiōnis 3 §28 [accumbō] 1. 床につく, ねる, 横たわること 2. 食卓椅子に横臥すること

accubō *1* ac-cubāre, ——, —— §106 [ad, cubō §176] 1. そばに(近くに)横になる, よこたわっている 2. 床につく, 横になる, 休む, ねる 3. おかれている, ある 4. 食卓椅子に横臥する sacrā nemus accubat umbrā (9f10) 森が地上に神聖な陰をおとして眠っている cadus accubat horreis (9d3) 酒壺が酒倉に保存されている

accumbō *3* ac-cumbere, -cubuī, -cubitum §109 1. そばに(一緒に)休む, 床に横たわる, 寝る 2. 食卓椅子に横臥する, 食堂に着席する, (饗宴に)列席する epulis (9d3) accumbere divum 神々の宴会に列席する

accumulātē 副 [accumulō の完分] あり余るほど沢山に

accumulō *1* ac-cumulāre, -lāvī, -lātum §106 [ad, cumulō §176] 1. 積み重ねる, 積み上げる 2. 上げる, 強める, 増加(大)させる, 高める 3. 蓄積する, 大盛りする, 誇張する 4. 山ほど贈り物を与える, (官職・栄誉を)授ける caedem caede (9d4) accumulantes (118.4) 彼らは殺戮のうえに殺戮を重ねて

accūrātiō *f.* accūrātiōnis 3 §28 [accūrō] 1. 注意深い配慮, 用意周到, 慎重, 入念, 丹誠

accūrātus *a.1.2* accūrāt-a, -um §50 [accūrō の完分] (比)accuratior (最)-tissimus 注意深くなされた(用意された), 慎重な, 入念な, 綿密な accurata malitia 注意深く企てられた術策 **accūrātē** 副 §67(1) (比)-ratius (最)-ratissime 用意周到に, 入念に

accūrō *1* ac-cūrāre, -rāvī, -rātum §106 [ad, cūrō §176] 細心の注意を払う, 入念に果たす, 行う

accurrō *3* ac-currere, -currī (cucurrī), -cursum [ad, currō] §§109, 176 1. 走ってくる, かけつける, 助けに急ぐ, 突撃する 2. 起こる, 現れる, たちまち生じる in castra, ad Caesarem 〜 陣営へ, カエサルの所へかけつける imagines 〜 映

像が即座に現れる

accūsātiō *f.* accūsātiōnis *3* §28 ［accūsō］ **1.** 起訴，告発 **2.** 告発状，弾劾演説 **3.** 密告 accusationes exercere 告発を職業とする

accūsātor *m.* accūsātōris *3* §26 ［accūsō］ **1.** 告発者，原告，弾劾者，訴追者 **2.** 職業的告発者，密告人

accūsātōriē 副 ［accūsātōrius §67 (1)］ 告発者の如く，激しく弾劾して

accūsātōrius *m.* accūsātōriī *2* §13 告発者の(如き)，弾劾者の，職業的告発者の(ような)

accūsō *1* ac-cūsāre, -cūsāvī, -cūsātum ［ad, causam(agō)?］ **1.** 法廷に訴える，告発する **2.** 不平，苦情を訴える，非難する，責める aliquem de vi, crimine (9f12) veneni, proditionis (9c10) ～ 誰々を暴力について，毒殺のかどで，裏切りの罪で告発する

ācer *a.3* ācris, ācre §54 ［aciēs］ (比)acrior （最)acerrimus §60 **1.** 鋭い，とがった，刺すような，身にしみる **2.** 烈しい，熱烈な，熱心な，熱中した **3.** 辛辣な，鋭敏な，洞察力のある，敏速の **4.** かん高い，酸い，つんとくる，苦い **5.** 厳格な，いかめしい oculī, ferrum, proelium, in dicendo (119.5), amor gloriae (9c3), odor ～ 鋭い眼光，鋭利な刃，烈しい戦い，弁舌の辛辣な，栄光への烈しい愛，鼻をつく臭い

acer *n.* aceris *3* §27 カエデ，モミジ，モミジの木，木製品

acerbē 副 ［acerbus §67(1)］ (比) acerbius （最)acerbissime きびしく，はげしく，苛酷に，容赦なく，断固として，いたく，つれなく ～ ferre やっと，(辛うじて)耐える

acerbitās *f.* acerbitātis *3* §21 **1.** 渋(苦，酸)味，辛辣 **2.** 堅固，頑固，厳格，非情，残酷 **3.** 不幸，困窮，辛酸

acerbō *1* acerbāre, -bāvī, -bātum §106 ［acerbus］ **1.** 人を不快にさせる，怒らせる **2.** いっそう事態を悪くする，悪化させる，重くする

acerbus *a.1.2* acerb-a, -um §50 ［ācer］ （比)acer-bior （最)-bissimus **1.** 苦い，いやな，すっぱい，渋い **2.** 未熟な，時期尚早の **3.** きびしい，荒々しい，冷酷な **4.** 苦しい，痛ましい，ひどい，耐え難い，悲惨な sonus, uva, recordatio, virgo 耳ざわりな音声，すっぱいブドウの実，苦い思い出，(結婚適齢期に達していない)処女 acerbae linguae (9c5) fuit 彼は辛辣家だった acerbum auditu (120.3) dictum 聞くに耐え難い言葉

acernus *a.1.2* acern-a, -um §50 ［acer］ カエデの，モミジの木の，カエデの木でつくられた

acerra *f.* acerrae *1* §11 香(料)箱，乳香入れ

acervātim 副 ［acervus］ **1.** 積み重なって，山をなして，累々と **2.** かいつまんで，大ざっぱに

acervō *1* acervāre, -vāvī, -vātum §106 ［acervus］ 積み重ねる，積む，蓄える，あつめる

acervus *m.* acervī *2* §13 堆積，積み重ね，山積み，多量，群衆

acēscō *3* acēscere, acuī, —— §109 ［acidus］ すっぱくなる

acētum *n.* acētī *2* §13 ［acēscō］ **1.** すっぱいブドウ酒，酢 **2.** 苦い遺恨，辛らつな皮肉(機知)

Achaeī *m.pl.* Achaeōrum *2* §13 アカイア人

Achāia *f.* Achaiae *1* §11 ギリシアの Peloponnēsos の北西地方の名

Achāicus *a.1.2* Achāica, Achāicum §50 Achāia の

Achelōus (-os) *m.* Achelōī *2* §13 **1.** コリントス湾に注ぐギリシア最大の川 **2.** この川の神 （形)**Achelōius** *a.1.2* -ia, -ium §50 Achelōus 川(神)の

Acherōn *m.* Acherontis(-ontos) §41.8c （神) **1.** 冥界の川 **2.** この川の神

Acherūns *m.f.* Acheruntis *3* §21 下界，よみの国(死者の魂の住む所)冥界

Acherūsius *a.1.2* -sia, -sium §50 下界の，冥界の

Achillēs 12

Achillēs *m*. Achillis *3* §42.4
（神）ギリシアの英雄　（形）**Achillēus**
a.1.2 -ēa, -ēum　§50　Achilles の

Achīvī *m.pl*. Achīvōrum *2* §13
ギリシア人

Achīvus *a.1.2* Achīva, Achīvum
§50　ギリシアの

acia *f*. aciae *1*.　§11　糸，ぬい糸，
つむぎ糸

acidus *a.1.2* acid-a, -um　§50　（比）
acidior　（最）acidissimus　**1.** すっぱい，
苦い **2.** 酸味のある，酢の匂いのある，酢
につけられた **3.** 辛辣な，意地のわるい，不
快な，いやな

aciēs *f*. aciēī(aciē)　*5*　§§34, 35
［*cf*.acuō, acer］　**1.** 針などの先，槍穂，
矢尻，先端，切っ先 **2.** ひとみ，（目や星の）
輝き，刺すような眼光 **3.** 洞察力，鋭敏
4. 戦列，戦闘隊形，会戦，軍隊

acīnacēs *m*. acīnacis *3*　§19　（ペ
ルシア人の）短剣

acinus（**acinum**）*m.*(*n.*)　acinī *2*
§13　漿果（ブドウの実，イチゴなど）

acipēnser *m*. acipēnseris *3*　§26
チョウザメ(?)

aclys（ā- ?）*f*. aclydis *3* §42(7)
短い投槍

aconītum（-on）*n*. aconītī *2* §13
トリカブト

acquiēscō *3* ac-quiēscere, -quiēvī,
-quiētum　§§109, 176　**1.** 休む，休息
する，心(身)が静まる，寝る，死ぬ **2.** 満
足する，安心する，落着く，幸せを感じる，
気に入る in filio, in libris, in tuis oculis,
Claudi morte ～ 息子に満足している，本
が気に入っている，あなたの目で心がなご
む，クラウディウスの死で気も休まる

acquīrō（**adq-**）*3* acquīrere, -quīsīvī
(-quīsiī), -quīsītum　［ad, quaerō］
§§109, 174(2), 176　さらに加える，手に
入れる，得る，かちとる ～ sibi aliquid,
reverentiam nomini（9d4）自分のため
何かを手に入れる，名前にさらなる尊敬の
念をかちとる（fama）vires adquirit
eundo（119.5）（噂は）進むことで力を加え
る

acrātophorum *n*. acrātophorī *2*
§13　（蜜など混ぜていない）生ブドウ酒の
容器

ācriculus *a.1.2* ācricul-a, -um §50
［ācer の小］　かなり鋭い，しんらつな，鋭
敏な

ācrimōnia *f*. ācrimōniae *1*　§11
［ācer］　**1.** 酸味，しんらつ，きびしさ，皮
肉，鋭さ **2.** 厳しい(しんらつな)性格・態
度，烈しい精力，気力

ācris, ācrior → ācer

ācriter 副　［ācer §67(2)］　**1.** 激しく，
強烈に，非常に **2.** 真剣に，熱意をもって，
精力的に **3.** 厳しく，荒々しく **4.** 苦く，ひ
どく，痛烈に **5.** 鮮やかに，生き生きと **6.** 鋭
く，的確に，抜け目なく ～ intellego,
pugno, minor 物解りが早い，激しく戦う，
ひどく脅かす

acroāma *n*. acroāmatis *3* §41
(2) <ἀκρόαμα　**1.** 耳をたのしませるも
の(趣向，品目，曲目) **2.** 朗読者，演奏
家，名手

acroāsis *f*. acroāsis *3* §§19, 40
<ἀκρόασις 公開講義，講演

Acroceraunia *n.pl*. Acrocerauniō-
rum *2* §13　Epirus の岩の多い岬，
危険な所

acta *f*. actae *1* §11 <ἀκτή **1.** 海
岸 **2.** 海水浴場，保養(避暑)地 **3.** 海岸で
の生活，楽しみ，会合

Actaeōn *m*. Actaeonis *3* §41.8c
（神）Cadmus の孫，Diana の水浴姿を盗
み見して，鹿に変えられ，自分の犬に八つ
裂きにされた

Actaeus *a.1.2* Actae-a, -um　§50
Actē(＝Attica の古名)の

āctiō *f*. āctiōnis *3* §28 ［agō］
1. 行為，活動，所作，ふるまい，遂行，
実現，実行 **2.** 論告，陳述，訴訟(手続
き)，告発(弁護)方式 **3.** 公務(執行)，職
務行為 **4.** 劇の筋，人物の演技 **5.** 提案，
方策，手段 ～ gratiarum, injuriarum
謝辞を述べること，損害賠償の訴え actio-
nes tribuniciae, meae actiones publicae
護民官の職務行為，私の公務(活動)

āctitō *1*　āctitāre, -tāvī, -tātum　§106

［agō］ たびたび(日常的に)弁護する，行う，演技する

Actium *n.* Actiī *2* §13 Epirus の岬，31B.C. Octavianus が Antonius と Cleopatra を負かしたところ （形）**Actius** *a.1.2* -ia, -ium §50 Actium の，Actium 戦の

āctor *m.* āctōris *3* §26 ［agō］ **1.** 牧者，家畜を市場へ追っていく人 **2.** 行為者，実行者，執行人 **3.** 発表者，代弁者，弁護人，原告 **4.** 家令，執事，管理人，下役 **5.** 役者，俳優

āctuārius *a.1.2* āctuāri-a, -um §50 ［āctus］ 動きの早い，速く走る ～ navis 快速帆船 （名）**āctuāria** *f.* -ae *1* §11 快速艇 **āctuārius** *m.* -ī *2* §13 速記者

āctuōsus *a.1.2* āctuōs-a, -um §50 ［āctus］ 盛んに動いている，活躍している，活動的な，忙しい，勤勉な，精力的な

āctus *m.* āctūs *4* §31 ［agō］ **1.** 動かされること，動くこと **2.** 動かす力，推進力，衝動 **3.** 家畜を追うこと，家畜(又は荷車)の通路使用権，放牧権 **4.** 動き，動作，活動，行為，現実 **5.** 公の仕事，法律行為，訴訟，実行，管理，運営 **6.** 身ぶり，所作，演技，発表，演奏，上演，幕(芝居の) **7.** 面積の単位，2分の1ユーゲルム（§197）sine imitandorum (121.3 属) carminum actu 台詞(ぜりふ)を表現する所作なしに(無言劇でなく) in ceteris actibus vitae 人生の(生涯の)その他の活動において

āctūtum 副 ［āctus］ 直ちに，すぐに

acuī, acūtus → acuō

aculeātus *a.1.2* aculeāt-a, -um §50 ［aculeus］ **1.** 針(毒牙)・(刺)のある **2.** 刺すような，鋭敏な，狡猾な

aculeus *m.* aculeī *2* §13 ［acus］ **1.** 針，毒牙，刺 **2.** 尖頭，刺すもの，刺激するもの，突き棒，拍車 **3.** 辛辣(しんらつ)，鋭敏，機知，皮肉，巧妙，ずるさ，あてこすり ad animos stimulandos (121.3 対) aliquem aculeum habent (この言葉は)精神を刺激するある辛辣なものを持って

いる

acūmen *n.* acūminis *3* §28 ［acuō］ **1.** とがった先端，針，毒牙，とげ **2.** 山頂，天辺，岬，頂点 **3.** (鼻，指の)先，(槍，剣の)切っ先 **4.** 知的な鋭さ，鋭い洞察力，機敏な判断力，痛烈，辛らつ，狡猾，ずるがしこさ auspicia ex acuminibus (雷雨のとき)槍の切っ先から発する火花でトされる吉兆(前兆)

acuō *3* acuere, acuī, acūtum ［acus］ §109 **1.** 先をとがらせる，鋭くする，そぐ **2.** (言葉・精神を)磨く，とぎすます，磨きをかける **3.** (感情を)かきたてる，興奮させる，奮起させる，(楽器を)鋭くひびかせる **4.** 刺激する，強烈にする，拍車をかける **5.** ふやす，強くする，加速させる **6.** 強調する，アクセント(強調)をおく linguam causis acuis あなたは弁護にそなえて言葉をとぎすませている(舌端を鋭くさせる)

acus *f.* acūs *4* §31 縫い針，留め針，髪針(ヘア・ピン) acu tangere 正鵠を射る，急所を突く ab acia et acu (糸と針から)細大もらさず，たいそう詳しく

acūtē 副 ［acūtus §67(1)］ **1.** かん高く，金切り声で **2.** はっきりと，明瞭に **3.** 鋭く見抜いて，深い洞察力(炯眼)で

acūtulus *a.1.2* acūtul-a, -um §50 ［acūtus の小］ かなり鋭く，如才がない，抜け目のない

acūtus *a.1.2* acūt-a, -um §50 ［acuō の完分］ (比)acutior （最)acutissimus **1.** 先の尖った，鋭利な **2.** 刺すような，からい，にがい **3.** 辛辣な，皮肉な，鋭敏な **4.** 激しい，急性の **5.** すばしこい，敏捷な **6.** かん高い，かなきり声の **7.** 的確な，鮮明な spina, sudes, nares, sapor ～ 鋭いとげ，先のとがった杭，嗅覚の鋭い鼻，辛い味 ～ ad fraudem 権謀術数に長けた in cogitando (119.5) ～ 創意に富む **acutum** (9e13)＝acute

ad 前 **I.** 合成動詞(§§174.176)で接頭辞として そばに，近くへ，その上に，加えて，始めるの意を持つ **II.** 対格支配の前 **1.** (空間)近くへ，そばへ，の方へ，近くに，そばで，の家で，所で **2.** (時間)に，で，まで，頃 ad astra per aspera 困難を通っ

て栄光へ ad hostes contendo 敵へ向かって進む ad villam alor 別荘で英気を養う ad multam noctem 深夜まで ad vesperam 夕方に ad lucem 夜明け頃 ad diem その日までに **3.** (数)約, ほぼ, まで omnes ad unum 一人残らずみんな ad assem 最後の一アスまで **4.** に関して, ついて, に対して, のために **5.** に従って, によって, 調子を合わせて, と共に **6.** と較べて **7.** の上に, さらに, 加えて ad omnes casus あらゆる場合にそなえて ad naturam 本性に従って ad tibicinem 笛の伴奏で ad discendum (119.4) nati sumus 我々は学ぶために生まれている ad summam 要するに ad meam rationem 私の考えによると ad hoc このために ad hunc modum このようにして quid id ad rem? それがあの事(件)と何の関係があるのか

adāctiō *f.* adāctiōnis *3* §28 [adigō] 宣誓させること

adāctus → adigō

adaequē 副 [adaequō] 同程度に, 同じように, と同様に

adaequō *1* ad-aequāre, -aequāvī, -aequātum §106 等しくする, 同じようにする, 対等とみなす, 匹敵する, 比肩する, 比較する tecta solo (9d4) ～ 家を土地と同じ高さにする, 家を壊す fortunam cum virtute ～ 幸運と勇気を同列におく sua facta Alexandri fatis ～ 自分の運命とアレクサンデルの運命を比較する se virtute (9f3) nostris ～ (敵は)自分自身を勇気の点で我が軍と対等とみなす

adamanteus(=**adamantinus**) *a.1.2* adamante-a, -um, (-tin-a, -um) §50 **1.** 鋼鉄の, はがねの, 金剛石の, ダイヤモンドの **2.** 比類なく硬い, 堅固な, 鋼鉄(金剛石)のように堅い auro solent adamantinae etiam perfringi fores 鋼鉄の門扉すら金貨によってぶちこわされるのが常である

adamās *m.* adamantis *3* §41.3a ＜ἀδάμας **1.** 鋼鉄, はがね **2.** 金剛石

adamō *1* ad-amāre, -amāvī, -amātum §106 **1.** たいそう好きになる, 心から愛する, 熱愛する, 惚れる **2.** むやみ

に欲しがる, 熱望する

adaperiō *4* ad-aperīre, -aperuī, -apertum §111 **1.** 開く, ひろげる, 破って開く **2.** 覆いをとりのぞく, 見えるようにする, 明らかにする **3.** 露出させる, あばく, さらす

adapertilis *a.3* adapertile §54 [adaperiō] 開いてみられる

adaperuī, adapertus → adaperiō

adaquō *1* ad-aquāre, ――, ―― §106 水を取りに行って持ってくる

adaugeō *2* ad-augēre, -auxī, -auctum §108 (さらに)ふやす, 増大させる

adbibō *3* ad-bibere, -bibī, ―― §109 **1.** さらに飲む **2.** 飲み込む, 吸収する, 摂受する adbibe puro pectore verba puer (9a2) あなたは子供のうちに真白な心にこの言葉を刻んでおき給え

adc- → acc-

addēnseō *2* ad-dēnsēre, ――, ―― §108 いっそうすき間をなくさせる, 密集させる

addīcō ad-dīcere, -dīxī, -dictum §109 **1.** 同意する, 好意を示す, 持つ, 贔屓する **2.** 判決する, 審理(裁定)して与える, 審査する **3.** 売り渡す, 競売で譲渡する **4.** 割りあてる, 任命する **5.** 放棄する, 断念する, 捧げる, 犠牲にする liberum corpus in servitutem ～ 自由な身分の人を債務奴隷と判決を下す aves ～ 鳥が吉兆を示す senatui se ～ 元老院に一命を捧げる

addictiō *f.* addictiōnis *3* §28 [addīcō] 係争財産に関しての帰属認定(法務官の判決)

addictus *m.* addictī *2* §13 [addīcōの完分] 借金で奴隷とされた者

addidī → addō

addiscō *3* ad-discere, -didicī, ―― §109 さらに(加えて)学ぶ, 学んで自分のものとする

additāmentum *n.* additāmentī *2* §13 [addō] 追加部分(要素, 成分)

addō *3* ad-dere, -didī, -ditum §§159 注, 109 **1.** 付け加える, さらに与える, ふ

やす **2.** 付言する, 言い足す **3.** つける, 加える, おく, あてる, そえる, 助ける tua auctoritate addita (9f18) その上にあなたの権威も加わって scelus sceleri (9d4) 〜 悪業に悪業をかさねる frena feris 〜 獣を制御する calcaria, virtutem 拍車をかける, 勇気を起こさせる nihil huc addi (受.不) potest この上に何も加えられない adde (命) huc, adde quod, ... このうえにさらに quod 以下のことも加えてみよ noctem addens operi その仕事に(昼の上に)夜をも与えて

addoceō *2* ad-docēre, -docuī, —— §108 さらに加えて(新しく)教える

addubitō *1* ad-dubitāre, -tāvī, -tātum §106 **1.** 疑いを抱く, 確信できない, 疑う **2.** ためらう, 迷う

addūcō *3* ad-dūcere, -dūxī, -ductum §109 **1.** 連れて行く, 導く, 繰り出す, 運ぶ, とどける, 移す **2.** ひっぱる, ちぢめる, 引きつける, ぴんと張る **3.** そそのかす, 誘う, すすめる, 促す, 確信させる, 説得する, 励ます,強要する exercitum subsidio (9d7) ad Belgas, (in castra) 〜 軍隊を援助のためベルガエ人の所へ(陣営の中へ)導く 〜 arcum 弓をひきしぼる frontem 〜 眉をひそめる me in spem 〜 私に希望をもたせる ad suscipiendum bellum (121.3. 対) 〜 戦争を引き受ける気にさせる aliqua re adductus sum ut ... ある事情から私は ut 以下のことを余儀なくされた(決心した)

addūxī → addūcō

adedō 不規 ad-edere, -ēdī, -ēsum §160 **1.** 食い尽くす, 使い果たす, 浪費する, 無に帰せしむ **2.** (少しずつ)かじる, かむ **3.** 腐食(浸食)する, 焼く, 焦がす

adēgī → adigō

adēmī → adimō

adeō 不規 ad-īre, -īvī(-iī), -itum §156 **1.** 近づく, 近寄る, 行く, 向かう, 入る, 訪ねる, 訴える **2.** 攻撃する, 向かって進む **3.** 企てる, 従事する, 着手する **4.** 受けとる, 引き受ける, 耐える ad praetorem in jus 〜 訴えて法務官の前に出る ad urbem, muros, oraculum 〜 町に近づく, 城壁を攻める, 神(託)に伺いをたてる hereditatem non 〜 相続を放棄する a planioribus aditu (120.3) locis 接近するのにいっそうやさしい場所から

adeō 副 **1.** (空間)そこまで, そんなに遠く **2.** (時間)それほど長く, その時まで usque 〜 〜まで **3.** (程度)それほどまで(長く, 沢山), 非常に, その上に, そればかりか, さえも, むしろ, まさしく, 全く, じっさい intra moenia, atque adeo in senatu 城壁の中へ, それどころか元老院の中まで non obtunsa adeo gestamus pectora それほどまで無感情な心を我々は持っていない adeo laetis animis tamquam ... あたかも…であるかのようなそれほど喜ばしい気持ちになって nemo adeo ferus est ut ..., ut 以下ほど, それほど野蛮な人は一人もいない nihil adeo arduum sibi (9d6) esse existimaverunt, quod non virtute consequi possent (116.8) 勇気でもって達成できないほどそれほど困難なものは何もないと彼らは考えた tres adeo soles erramus じつに3日間もさまよう

adeps *m.f.* adipis *3* §21 **1.** あぶら身, 脂肪, ラード, 獣脂 **2.** 肥満, 肥大, 飾りすぎ(文体)

adeptus → adipīscor

adequitō *1* ad-equitāre, -equitāvī, -equitātum §106 馬に乗ってやってくる, 馬で近づく, 馬を走らせる

aderam → adsum

aderō → adsum

ades → adsum

adesse → adsum

adēsum → adedō

adf- → aff-

adfore → adsum

adg → agg-

adgn → agn-

adhaereō *2* ad-haerēre, -haesī, -haesum §108 **1.** しがみついている, くっつく, 固着する, 執着する **2.** たれ下がっている,ぶらさがっている **3.** くくられている, しばられている, つながれている **4.** 接している, 近くにいる gravis veteri cra-

adhaerēscō　16

terae (9d3) limus adhaesit 古雅な酒壺に大きなおりがこびりついていた vincto in corpore adhaerent (両親は)(娘の)縛られた体の上にとりすがっている

adhaerēscō *3* ad-haerēscere, -haesī, (-haesum) §109 [adhaereō] **1.**くっついている, 離れない, 付着している, ぶら下がっている **2.**しがみつく, 固定する, 忠実である **3.**手間どる, ぐずぐずしている, 行き詰まる, 立ち往生する, 難船する tragula ad turrim 〜 投げ槍が櫓につき刺さったままである memoriae, justitiae (9d3) 〜 記憶の中に定着している, 正義に忠実である(を固守している)

adhibeō *2* ad-hibēre, -hibuī, -hibitum [ad, habeō] §§108, 174(2) **1.**上におく, 追加する, 与える **2.**差し向ける, あてがう, 適用する, 用いる, 使用する, 雇う **3.**呼び寄せる, 招く, 取り扱う, 遇する, 相談する medicinam aegro 〜 病人に薬をあてがう crudeliter in aliquem 〜 誰々に残酷にふるまう manus ad vulnera 手を傷口にあてる amicos in consilium, cenae 友人を相談に加える, 夕食に招く aliquem liberaliter 〜 誰々を寛大にもてなす

adhinniō *4* ad-hinnīre, -hinnuī, -hinnītum §111 いななく, ひひんとなく

adhortātiō *f.* adhortātiōnis *3* §28 [adhortor] **1.**説得力のある演説, 弁論, 訴え **2.**勇気づける, 激励する言葉, 文章

adhortātor *m.* adhortātōris *3* §26 [adhortor] 勇気づける人, 勧告(訓戒)する人

adhortor *dep.1* ad-hortārī, -hortātus sum §123(1) **1.**勧める, 勧告する, 励ます, 激励する, 督(催)促する, 元気(勇気)づける **2.**たきつける, そそのかす, 刺激する aliquem ad (in) rem (ad rem faciendam (121.3 対)) 〜 誰々をある事に向けて(あることをするように)励ます adhortor (ut) properent (116.6) 彼らに急ぐよう私はときすすめる

adhūc 副 **1.**今まで, この時まで **2.**今

もまだ, 今日なお **3.**その上に, さらに **4.**もっと先に, 遠くへ adhuc semper 今までずっと diligenter, sicut adhuc fecistis, attendite 今までおまえらがしてきたように熱心に耳を傾けよ id quod adhuc est suspiciosum 今もなお疑われているそのこと

adiciō (**adjiciō**) *3b* ad-icere, -jēcī, -jectum [ad, jaciō] §§110, 174(2), 176 **1.**(の上に, 方へ)投げる, おく, そえる **2.**つけ加える, 付言する **3.**放つ, 向ける, そそぐ oculos ad rem, (hereditati) 〜 目を財産に(遺産に)向ける, ねらう agrum muneri (9d4) 〜 贈り物に農地を加える adjecit locum, socios, diem 彼はその上に場所と共犯者(の名)と日付を付言していた

adigō *3* ad-igere, -ēgī, -āctum [ad, agō] §§109, 174(2), 176 **1.**押す, 追う, 駆りたてる **2.**強制する, 追いつめる, 義務づける **3.**投げる, 投げ込む(投石機で) quis deus Italiam vos adegit いかなる神がお前らをイタリアへ駆りたてたか ex inferiore loco tela adigi non possunt 低地から飛道具は目標に達し得ない aliquem ad jus jurandum (121.3 対) 〜 誰々に誓いを強制する

adiī → adeō

adimō *3* ad-imere, -ēmī, -ēmptum [ad, emō] §§109, 174(2) **1.**取り去る, 奪い取る, 持ち去る, 盗む, 没収する, 剥奪する **2.**解放する, 救う **3.**妨げる, 禁じる prospectu tenebris adempto (9f18) 暗闇によって視界を奪われて aegritudinem hominibus (9f7) 〜 その人たちから病苦を取り除く alicui (9d5) civitatem 〜 ある人の市民権を剥奪する adimam (116.1) cantare (117.4) severis 謹厳な人たちには歌うことを禁じたい

adipātus *a.1.2* adipāt-a, -um §50 [adeps] **1.**脂肪をもった, 脂ぎった, 太った **2.**飾りすぎた(文体), 濃厚な　(名)

adipātum *n.* -pātī *2* §13 肉料理, 高価な料理

adipīscor *dep.3* ad-ipīscī, -eptus sum [ad, apīscor] §§123(3), 125,

174(2) **1.** 達する，追いつく，届く **2.** 努力して手に入れる，達成する，かちとる，獲得する，つかむ ex bello gloriam ～ 戦争から栄光をかちとる senectutem ～ 老年に達する

aditus *m.* aditūs *4* §31 [adeō]
1. 接近，出入り口，近づく道，会見，引見 **2.** 近づく機会(手段) **3.** 入場の権利，資格 **4.** 実現性，可能性 **5.** 攻撃 ad consulatum ～ 執政官職への接近 honorum (9c3) ～ 名誉を得る機会 neque aditum neque causam postulandi (119.2) justam habere 要求する正当な権利も理由も持たないこと

adīvī → adeō

adjaceō *2* ad-jacēre, -jacuī, ——
§108 境を接する，隣接している，側に横たわっている，ある，住んでいる ad Aduatucos, mare (9e1 注), templum, ～ アドゥアトゥッキー族の領地に接している，海に臨んでいる，神殿がすぐ傍にある

adjectiō *f.* adjectiōnis *3* §28 [adjiciō] **1.** 加える(加わる)こと，増えること，添えること **2.** 付加物(項目) **3.** 付言，併合 Romana res adjectione populi Albani aucta アルバの人たちの併合によって増えたローマの勢力

adjectus → adiciō, adjiciō

adjūdicō *1* ad-jūdicāre, -jūdicāvī, -jūdicātum §106 判決を下して与える，審理の上授与する，認める，に帰する，せいにする alicui magistratum ～ ある人に政務官職を審理して与える mihi salutem imperii ～ 命令権の安泰を私のせいとする

adjūmentum *n.* adjūmentī *2* §13 [adjuvō] 助け，救助，救援，その方策(手段) adjumento (9d7) esse alicui ある人の助けとなっていること

adjūnctiō *f.* adjūnctiōnis *3* §28 [adjungō] 一体化，結合，合併，連合，連結，添加，付加 si haec non est, nulla potest homini (9d6) esse ad hominem naturae adjunctio もしこれがなければ人間と人間を結びつける自然の絆は何もないということになる

adjūnctor *m.* adjūnctōris *3* §26 [adjungō] 加える(結びつける)人

adjūnctus *a.1.2* adjūnct-a, -um §50 [adjungō の完分] (比)adjunctior **1.** 複合の，合成の **2.** 隣接(接続)した **3.** 同盟の，共同(連合)の，関係した，結ばれた **4.** 適切な，適当な quae propiora hujusce causae (9c13) et adjunctiora sunt このような目的にいっそう密接に，いっそうかなったもの

adjungō *3* ad-jungere, -jūnxī, -jūnctum §109 **1.** (馬具を)つける，くびきにかける **2.** 結びつける，つなぐ，縛りつける **3.** 加える，そえる，付け加える，言いたす **4.** 所属させる，味方(仲間)にする，併合する **5.** くっつける，向ける，当てる aliquem sibi socium ～ ある者を自分の仲間とする ad imperium populi Romani Ciliciam ～ キリキアをローマ帝国に併合する animum ad studium ～ 精神を研究へ向ける

adjūrō *1* ad-jūrāre, -rāvī, -rātum §106 その上に(さらに，加えて)宣誓する，(神に)誓って断言する

adjūtō *1* ad-jūtāre, -tāvī, -tātum §106 助ける，手伝う，協力する

adjūtor *m.* adjūtōris *3* §26 [adjuvō] 助力者，協力者，補佐，助手，手伝い，属吏，支援者，一味 alicujus honori (9d) semper adjutor fuit 彼はある人の名誉をいつも助けていた

adjūtrīx *f.* adjūtrīcis *3* §21 [adjuvō] **1.** 女の助力者，手伝い **2.** 女の共犯者 amicitia adjutrix virtutum 美徳を助ける友情(cf.9a2)

adjūtus → adjuvō

adjuvō *1* ad-juvāre, -jūvī, -jūtum §106 **1.** 助ける，援助する **2.** 支える，優遇する，支持する **3.** 役立つ，尽力する，寄与する **4.** 鼓舞する，助長する，奨励する **5.** 強くする，養う，肥やす **6.** 和らげる，静める **7.** 早める，促進する aliquem aliqua re ～ ある人をあることで助ける clamore milites ～ 兵士たちを鬨の声で鼓舞する nihil adjuvat procedere (117.4) それは進歩に何の役にもたたない

adl- → all-

admātūrō *1* ad-mātūrāre, ——,
—— §106 早める，急がせる，促進す
る

admētior *dep.4* ad-mētīrī, -mēnsus
sum §123(4) 量をはかって分ける

adminiculō *1* ad-miniculāre, -lāvī,
-lātum §106 **1.** 支柱で支える，支柱を
そえる **2.** ささえる，支援する，助ける

adminiculum *n.* adminiculī *2*
§13 **1.** ブドウの支柱，支柱，ささえ，つ
っかい棒 **2.** 支柱として役立つもの，人，支
持(後援)者，助力，防御するもの **3.** 道具

administer *m.* administrī *2* §15
[administrō] **1.** 助ける人，手伝い，召
使い **2.** 支持者，手先，道具

administra *f.* administrae *1* §11
女の助力者，女中

administrātiō *f.* administrātiōnis
§28 [administrō] **1.** 援助，助け **2.** 指
導，支配，統治，管理，公的義務(奉仕)
3. 供給，調達(の手段) **4.** 運営，操作，
応用 **5.** 実行，行為，動作

administrātor *m.* administrātōris
3 §26 責任者，指揮者，管理者

administrō *1* ad-ministrāre, -strāvī,
-strātum §106 **1.** 指導する，管理す
る，制御する，統率する，支配する，取り
締まる，とりしきる **2.** 実行する，務めを果
たす **3.** 操縦する，働かせる，従事する，
運転する **4.** 助ける，仕える，配慮する
summa imperii bellique administrandi
(121.3 属) 軍隊を統率し戦争を指揮する
最高の権限

admīrābilis *a.3* admīrābile §54
[admīror] (比)admirabilior **1.** 驚嘆
に値する，感嘆すべき，あっぱれな **2.** 驚く
べき，不思議な，注目に値する，著しい

admīrābilitās *f.* admīrābilitātis
3 §21 驚嘆に値すること(もの)，注目
に値するもの

admīrābiliter 副 [admīrābilis §67
(2)] 立派に，見事に，驚くべきやり方で

admīrātiō *f.* admīrātiōnis §28
[admīror] **1.** 驚き，驚嘆の念 **2.** 驚くべ
きもの(人，現象) **3.** 賞讃，崇敬，(その表

現)拍手喝采，深い関心(注目) hominum
(9c1)，divitiarum (9c3) ～ 人々の驚き，
富への驚嘆

admīrātor *m.* admīrātōris *3*
§26 [admīror] 賛美者，熱愛者，崇
拝者，尊敬する人

admīrātus → admīror

admīror *dep.1* ad-mīrārī, -mīrātus
sum §§123(1), 125 **1.** 驚く，不思議
に思う，感嘆する **2.** 驚嘆の念から(熱心
に)見つめる，入手したいと努める，賛美す
る，尊敬する alicujus ingenium ～ ある
人の才能に驚嘆する admiratus (118.4)
quaerit 彼は不思議に思って尋ねた nil
admirari 何ものによっても欲望をかりたて
られない(平静な心(の状態)でいる)こと

admisceō (-mī- ?) *2* ad-miscēre,
-miscuī, -mixtum(-mistum) §108 混
ぜ物をつくるために加える，混ぜ合わせる，
付け加える，上にまきちらす，まき込む
orationi versus ～ 演説(散文)に詩を混
ぜる his Antonianos milites ～ これら
(の軍団)にアントニウスの兵士を一緒にす
る admisceri ad consilium 会議に加わ
る

admīsī → admittō

admissārius *m.* admissāriī *2* §13
種馬

admissum *n.* admissī *2* §13
[admittō の完分] 犯罪，違反

admittō *3* ad-mittere，-mīsī，
-missum §109 **1.** 離す，解放する，行
かせる **2.** 客を受け入れる，来させる，入
ることを許す，容認する **3.** 耳を傾ける，聞
き入れる **4.** (避難を)受け入れる，(罪を)犯
す aliquem in domum 人を家に入れる
ad consilium ～ 討議に参加させる ad-
misso equo (9f18) 全速力で馬を駆けら
せて quantum in se facinus admisit 彼
はどんなに大きな罪を犯したか

admixtiō *f.* admixtiōnis *3* §28
[admisceō] 混合，混和，混淆

admodum 副 [modus] **1.** (動と)
大いに，非常に **2.** (形と)全くの，すっか
り，多少，かなり **3.** (数と)丁度，正しく，
少なくとも，せいぜい **4.** (否定と)全く，す

adoleō

っかり **5.**(返事)左様，たしかに，その通り ～ adulescens ほんの若者 turres ～ centum 少なくとも百箇の櫓

admoneō *2* ad-monēre, -monuī, -monitum §108 **1.** 思い起こさせる，気づかせる，知らせる **2.** 注意する，警告する，用心させる **3.** 戒める，さとす，励ます，～するようすすめる aliquem alicujus rei (de aliqua re, aliquid) ～ ある人にあることを思い起こさせる hunc admonet, iter caute faciat (116.6) 彼はこの者に，注意して旅をするように忠告する prodigiis a dis admonemur 我々は神々から天変地異を通じて警告を受ける

admonitiō *f.* admonitiōnis *3* §28 [admoneō] **1.** 思い出させるもの(人)，想起 **2.** 注意書，督促 **3.** 忠告，勧告，警告，教訓，非難

admonitor *m.* admonitōris *3* §26 [admoneō] 思い出させる人，勧告する人

admonitus *4* admonitūs §31 [admoneō] **1.** 想起,思い出,記憶 **2.** 警告，忠告，訓戒，励まし(*abl. sg.* のみ§47) admonitu alicujus ある者の忠告により

admonuī → admoneō

admo(ve)ram → admoveō

admordeō *2* ad-mordēre, -momordī, -morsum §108 **1.** 噛みつく，かじる **2.** 巻き上げる，ふんだくる

admoveō *2* ad-movēre, -mōvī, -mōtum §108 **1.** 動かす，おしやる，近づける，接近させる，導く，案内する，前進させる **2.** 適用する，用いる，さし向ける **3.** ひきおこす，生ぜしめる，呼び起こす，吹き込む opus ad turrim, scalas moenibus ～ 工作物を櫓へ近づける，梯子を城壁へ立て掛ける aure admota (9f18) 耳を傾けて tu lene tormentum ingenio duro admoves あなた(酒神)は謹厳な精神には心地よい拷問を用い給う

admūgiō *4* ad-mūgīre, ——, —— §111 (牛が)もうとなく

admurmurātiō *f.* admurmurātiōnis *3* §28 ぶつぶつ小言(ごと)をいうこと，不平を言うこと

admurmurō *1* ad-murmurāre, -rāvī, -rātum §106 ぶつぶついう，小言(不平)をいう

adnatō *1* ad-natāre, -tāvī, —— §106 [ad, natō] §176 泳いで行く

adnectō *3* ad-nectere, -nexuī, -nexum §109 **1.** 結びつける，しばる，付ける **2.** 舟をつなぐ **3.** 併合(結合)する，連絡させる **4.** 関係させる，縁づける，仲間に加える，まき込む **5.** 加える，追加する,述べる cadavera saxis (9d3) adnexa 石にしばりつけられた死体

adnexus → adnectō

adnīsus → adnītor

adnītor *dep.3* ad-nītī, -nīsus(-nīxus) sum §123(3) **1.** よりかかる，もたれる，たよる，すがる，支える **2.** 全力を尽くす，骨折る，手に入れようと努める genibus (9d3) adnixus ひざまずいて ad restituendam (121.3. 対) pugnam ～ 戦況を好転させようと骨折る

adnō *1* ad-nāre, -nāvī, —— §106 [ad, nō] §176 **1.** 泳いで行く，泳いで近づく **2.** (馬の)傍で泳ぐ **3.** 舟で到着する，海上を運ばれる

adnumerō *1* ad-numerāre, -rāvī, -rātum §106 **1.** 合計する，合計を告げる，計算する，数える **2.** 数えて加える，つけ足す，加える **3.** 数えて渡す，示す，支払う，割りあてる，あてがう **4.** 数えて調べる，勘定に入れる，みなす，考える his duobus viris adnumerabatur nemo tertius この二人の男に三人目が決して加えられなかった

adnuō(**ann-**) *3* ad-nuere, -nuī, §109 **1.** うなづく，合図する，同意する，身ぶりで暗示する，指示する **2.** 許す，約束する，願いを叶える **3.** 神々が好意を示す,支持する id quoque toto capite (9f9) adnuit 彼はそのことにもまた頭全体で同意したのだ amicitiam se Romanorum accipere (117.5) annuit 彼はローマ人の友情を受け入れると同意した

adoleō *2* adolēre, ——, adultum §108 **1.** 獣を祭壇の前で焼いて神に捧げる，儀式と共に供物を焼く **2.** 焼く，燃や

adolēscō

す，(香を)焚く **3.** 礼拝する，尊敬する，崇
(鸞)める **4.** 焼き殺す，焼いて滅ぼす，火葬
する Junoni jussos adolemus honores
我々はユーノー女神に命じられた生贄を焼
いて捧げる(あがめる) flammis adolere
Penates 家の守護神にあかりをともして礼
拝する

adolēscō(**adul-**) *3* adolēscere,
adolēvī, adultum §109 **1.** 成長する，
成人となる，熟する **2.** 大きくなる，強くな
る，発展する ingenium, res publica ～
才能が熟する，国が強大となる adulta
nocte (9f18) 夜が更けて

adolē(vi)sse, adolēvī,(adoluī)
→ adolēscō

Adōnis(**Adōn**) *m.* Adōnidis(-onis)
3 §41.6b(28) （神）Cyprus島の王
Cinyrasの息子，Venusに愛された美少
年

adoperiō *4* ad-operīre, -operuī,
-opertum §111 おおう，おおいかくす，
包む

adopertus *a.1.2* adopert-a, -um
§50 ［adoperiōの完分］ **1.** おおわれた，
一面におおわれた，着せられた **2.** おおいか
くされた，とじられた，密閉された adoper-
ta lumina somno 眠りでとじられた両眼

adoptātiō *f.* (=**adoptiō** *f.*)
adoptātiōnis (adoptiōnis) ［adoptō］
養子縁組

adoptātus → adoptō

adoptīvus *a.1.2* adoptīv-a, -um
§50 ［adoptiō］ **1.** 養子縁組の，養子
縁組によって得られた **2.** つぎ木された

adoptō *1* ad-optāre, -tāvī, -tātum
§106 **1.** 選んで採用する，とり入れる，わ
がものとする，選ぶ **2.** 養子とする，養子
縁組をする **3.** つぎ木をする in familiam
nomenque aliquem ～ 誰々を養子に迎
えて名前(家名)を与える

ador *n.* adōris *3* §27 （家畜飼料
用の)コムギ，エンマーコムギ

adōreus *a.1.2* adōre-a, -um §50
［ador］ エンマーコムギの

adorior *dep.4* ad-orīrī, -ortus sum
§§123(4), 125 **1.** 立ち向かう，つかみか

かる **2.** 襲撃する，攻めたてる **3.** （あえて）
企てる，着手する，始める **4.** 近寄る，話
しかける ～ castra, minis (9f11) ali-
quem, nefas 陣営を襲う，ある人を脅か
す，悪事を企む

adornō *1* ad-ornāre, -ornāvī,
-ornātum §106 **1.** 備えつける，供給
する，用意・準備する，武装・艤装させ
る **2.** 名誉(栄光)を与える，礼遇する，財
産(能力)を豊かに授ける **3.** 飾る，美しく
する，盛装させる(する) naves, nuptias,
gemmis (9f11) vestem ～ 舟を艤装す
る，婚礼の準備をする，宝石で着物を飾
る

adōrō *1* ad-ōrāre, -rāvī, -rātum
§106 **1.** 訴える，申し出る，主張する，弁
護する **2.** 嘆願する，懇願する，乞い求め
る，乞う，頼む **3.** 崇める，うやまう，礼
拝する，祈る，ほめたたえる pacem deum
～ 神々の好意(天寵)を嘆願する

adortus → adorior

adp- → app-

adq- → acq-

adr- → arr-

adrādō *3* ad-rādere, -rāsī, -rāsum
§109 **1.** 剃る，短く切る **2.** 羊毛を刈る
3. こすり取る，そぎ落とす，刈り込む

Adria = **Hadria** *f.* Adriae *1* §11
アドリア海(ハドリア海) （形）**Adriacus**
= **Hadriacus** *a.1.2* -ca, -cum ア
ドリア海の

ads- → ass-

ads- → a(s)s-

adsc- → asc-

adsp- → asp-

adst- → ast-

adsum(**assum**) 不規 ad-esse, af-fuī
(ad-fuī), —— §§151, 176 **1.** 居合わ
せる，そこにいる，ある，現れる，くる **2.** 傍
に立つ，出席する，出頭する，助ける，
指示する adesse decreto scribendo
(121.3. 与)議決文の起草に立ち会う ipse
dux hostium suis aderat 敵の将軍は自
ら戦場において部下と共に戦った ades
animo et omitte timorem 落ち着け，そ
して恐怖心を捨てよ adsunt Kalendae

Januariae（184）今日は1月1日だ

adt- → att-

adūlātiō *f.* adūlātiōnis *3* §28
［adūlor］ **1.** 犬が尾を振ること **2.** 愛想,
お追従, 甘言, 卑屈なへつらい

adūlātor *m.* adūlātōris *3* §26
［adūlor］ 卑屈なおべっかつかい, へつら
う人, 追従者

adulēscēns（adol-） *a.3* adulēscen-
tis §58［adolēscō の現分］（比）
adulescentior **1.** 若い, 若々しい, 青年
らしい **2.**（同名家族の人の区別に）若い方
の ～ Brutus 青年の Brutus　quem di
diligunt, adulescens moritur 神々に愛
される者は若くして死ぬ　（名）**adulēscēns**
m.f. -lēscentis *3* §21　若者, 青年
（14 歳から 30 歳）

adulēscentia（adol-） *f.* adulēscen-
tiae *1* §11［adulēscēns］ **1.** 若々
しさ, 青春, 若い情熱 **2.** 青年時代, 年
少の頃 **3.** 青年, 若者

adulēscentulus *a.1.2* adulēscentul-a,
-um §50［adulēscēns の小］ 非常に
若い, 年少の（名）**adulēscentulus**
m. -ī *2* §13 ほんの若者, 少年

adūlor *dep.1* adūlārī, adūlātus sum
§123(1) ＝**adūlō** *1* adūlāre, -lāvī,
-lātum §106 **1.** 卑屈にへつらう, 迎合
する, おもねる, こびる **2.**（犬が）尻尾をふ
ってじゃれる, 甘える, 与とも奪とも用いら
れる

adulter *m.* adulterī *2* §15
［adulterō］ 不義な恋人, 姦夫, 密男,
間男, 毒婦, 情婦 **adulter** *a.1.2*
adulter-a, -um §51 **1.** 不義密通の, 不
貞な, 姦夫の, 情婦の **2.** 不純な, にせの,
変造された

adulterīnus *a.1.2* adulterīn-a, -um
§50［adulter］ **1.** 不義密通の, 不貞
な **2.** 偽造された, にせの, 改ざんされた,
不純な

adulterium *n.* adulter(i)ī *2* §13
［adulter］ **1.** 不義, 密通, 不貞 **2.** 混
合, 混交

adulterō *1* adulterāre, -rāvī, -rātum
§106 **1.** 姦通する, 不義を犯す, 密通に

よって汚す **2.** 混ぜものをつくって品質をお
とす, 腐敗させる **3.** 偽造（変造）する, 模
造する, 改ざんする

adultus *a.1.2* adult-a, -um §50
［adolescō］ （比）adultior　成長した, 成
人の, 成熟（円熟）した,（季節の）盛りの nox
adulta 深更 ～ pestis 宿痾

adumbrātiō *f.* adumbrātiōnis *3*
§28［adumbrō］ **1.** 明暗（陰影）をつけ
たスケッチ, 略図, 輪郭 **2.** 見せかけ

adumbrātus *a.1.2* adumbrāt-a,
-um §50［adumbrō の完分］ **1.** スケ
ッチされた, 輪郭だけの, あらましの **2.** 漠
然たる, はっきりしない, 影のような, 実体
のない, 空虚な **3.** 表面だけの, にせの, 見
せかけの, いつわりの adumbrata comitia
名前だけの民会 adumbrata laetitia 見せ
かけの（うわべだけの）喜び

adumbrō *1* ad-umbrāre, -rāvī,
-rātum §106 **1.** 光をさえぎる, 隠す,
影でおおう **2.** くもらせる, 不明瞭にする
3. 明暗（陰影）をつけてスケッチする, 写生
する, 粗描する, 輪郭を描く **4.** 見せかけ
る, ふりをする, 模倣する, まねる fictos
luctus adumbrare dicendo（119.5）想
像上の不幸な物語について大体の輪郭を
話すこと

aduncitās *f.* aduncitātis *3* §21
［aduncus］ かぎのように（内側に）曲がっ
ていること, その形

aduncus *a.1.2* adunc-a, -um §50
かぎ形に曲がった, そった（鼻,口ばし, 角
など）

adurgeō *2* ad-urgēre, ――, ――
§108　追跡する, 圧する

adūrō *3* ad-ūrere, -ussī, -ustum(-ūs-
?) §109 **1.** 表面を焼く, 焦がす, かる
く焼く **2.** 燃やす, 焼き尽くす, 焼き払う
3. 凍傷（霜焼け）を起こさせる rigor nivis
multorum adussit pedes 降雪の厳寒が
多くの人たちの足に凍傷をおこさせた

adūsque 前・副 （対格と）～までずっと,
～まで, ～の点（所）まで, いつでも, 耐え
ず, どこでも

adustus *a.1.2* adust-a, -um §50
［adūrō の完分］ （比）adustior **1.** 焦げ

advectus, advēxī   22

た，焼けた，燃えている **2.** 日焼けした，黒
ずんだ，浅黒い，暗い色の

advectus, advēxī → advehō

advectīcius *a.1.2* advectīci-a, -um
§50 ［advehō］ 輸入された，外国の

advehō *3* ad-vehere, -vēxī, -vectum
§109 **1.** 持ってくる，もたらす，運ぶ
2. (受)運ばれる，到着する，輸入される
curru, navi, equo ad urbem advectus
est 車で，舟で，馬で町へ運ばれてきた，
やってきた

advēlō *1* ad-vēlāre, ——, §106　おお
いかくす

advena *m.f.* advenae *1* §11
［adveniō］ **1.** 外国からの訪問客，移民，
移住者，外国人 **2.** 渡り鳥，外来種 **3.** 新
参者，見知らぬ人 **4.** 初心者，門外漢 deos
advenas habere 外来の神々を持つこと
advenam gruem captat 彼は渡り鳥のツ
ルをつかまえる

adveniō *4* ad-venīre, -vēnī, -ventum
§111 **1.** やってくる，到着する **2.** 現れる，
起こる，展開する **3.** (期日)近づく **4.** 与え
られる，の手に帰す ex (ab) loco ad (in)
aliquem (aliquod) ～ あるところから，あ
る人(物)の所へやってくる(*cf.*§70)

adventīcius *a.1.2* adventīci-a, -um
§50 ［adveniō］ **1.** 外(界)から，外国か
ら来た(来る)，外来の，見知らぬ，(外国か
ら)輸入された **2.** 偶然に(思いがけなく)他
人から入手した auxilia adventicia 外人
の援軍 pecuniae adventiciae 他人から
相続した財産

adventō *1* ad-ventāre, -ventāvī,
-ventātum §106 ［adveniō］ **1.** 進
む，前進する **2.** 近づく，接近する **3.** 起
こる，おびやかす，切迫している Caesar
adventare (117.6) jam jamque nuntia-
batur カエサルは刻一刻と近づいてくると
いう情報が入っていた

adventus *m.* adventūs *4* §31
［adveniō］ **1.** 到着，到来，接近，出現
2. 進撃，侵入，攻撃 **3.** (時)始め，開始
4. 公式訪問 **5.** (天体)出現 adventum
pedum audire 近づく足音を聞く multo
ante lucis adventum 夜が明けるずっと

以前に

adversārius *a.1.2* adversāri-a, -um
§50 **1.** 対立する，反対の，敵の **2.** 邪魔
な，有害な (名)**adversārius** *c.* -ī
2 §13 **1.** 敵，競争者，対抗者，敵対
者 **2.** 訴訟の相手方，論争者 (名)
adversāria *n.pl.* -ōrum *2* §13
草稿，控え，下書，日記帳

adversor *dep.1* adversārī, adver-
sātus sum §123(1) 反対する，抵抗
する，逆らう，相入れない(与と，9d3)

adversus (**advor-**) *a.1.2* advers-a,
-um §50 ［advertō の完分］ (比)
adversior (最)adversissimus **1.** 面
を向けた，お互いに向き合った，前面の，
真向かいの **2.** 敵対する，反対の，逆の，
不利な，不幸な，いやな adversa accla-
matio 敵意のある叫び声 adverso flumine
川の流れに逆らって上流へ adversa res
逆境 collis adversus huic ここから真向
かいの丘 (名)**adversus** *m.* -ī *2*
§13 敵(軍),対立者,政敵 **adversum**
n. -ī *2* §13 **1.** 逆境，災い，困難，
不幸，邪魔 **2.** 反対，対立，反対の方向，
逆の進路 ex adverso 向き合って，真向
かいに，敵側に in adversum 直面した方
向へ，前方へ，前面に，対立した方向へ

adversus, advors- (**-sum**) **1.** (副)
向かって，に対して，面して，向かい合っ
て，対抗して，敵対して clare advorsum
fabulabor 面と向かってはっきりと話そう
2. (前)対格と に対して，向かい合って，
面して，目の前に，反抗して，さからって，
反して，比較して，に関して，について，に
答えて ～ colles impetum facere 丘に
向かって攻撃をしかける pietas ～ deos
神々への敬心 orationem ～ rem pu-
blicam habere 国家に逆らった演説をす
る

advertō (**advortō**) *3* ad-vertere,
-vertī, -versum §109 **1.** 向ける，方向
を変える，回す **2.** 導く，指揮する，案内
する **3.** 注意する，たしかめる **4.** ひきつけ
る，注意をひく terris (9d3) proram ～
船首を陸の方へ向ける，接岸させる aures
ad voces ～ 声に耳を傾ける vulgum

miseratione (9f11) 〜 憐憫をそそって民衆の注意を引く animum (mentem) 〜 心, 気持ちを向ける

advesperāscit 非 ad-vesperāscere, -vesperāvit §167 日暮れになる, 夕方に近づく

advēxī → advehō

advigilō *1* ad-vigilāre, -lāvī, -lātum §106 **1.** そばで見守る, 見張る, 監視する **2.** 寝ずの番をする **3.** 徹夜する

advocātiō *f.* advocātiōnis *3* §28 **1.** 法廷での助言, 援助, 忠告, 弁護 **2.** 弁護人の仕事, 職, 地位 **3.** 法廷忠告者, 弁護人の団体 **4.** 弁護(相談)のための猶予, 延期

advocātus *m.* advocātī *2* §13 [advocō の完分] **1.** (共和政期)法廷に助言者として呼ばれる人, 法律顧問, 助言者 **2.** (帝政期)弁護士, 弁護人 **3.** 助力者, 調停者, 証人

advocō *1* ad-vocāre, -vocāvī, -vocātum §106 **1.** 呼び寄せる, 迎えにやる, 招く **2.** 召喚・招集する **3.** 救い(助け)を求める, 相談に来てもらう, 頼る **4.** (神に)訴える・祈願する populum ad contionem 〜 民衆を集会へ招集する licet omnes in hoc vires suas natura advocet 自然はこのために自分のあらゆる力に訴えることが許される

advolō *1* ad-volāre, -volāvī, -volātum §106 [volō] **1.** 飛んで行く(近づく), 急行する, 疾走する, 急ぐ **2.** 突貫する, 急襲する, 上から飛びかかる

advolvō *3* ad-volvere, -volvī, -volūtum §109 **1.** ころがす **2.** (受又は再)身を投げ出す, ひれ伏す advoltus genibus (9d3) (ある人の)ひざ元に身を投げ出して(ひれ伏して)

advors- → advers-

advort- → advert-

adytum *n.* adytī *2* §13 <ἄδυτον 入って行けない所, 奥の院, 内陣, 至聖所

Aeacidēs *m.* Aeacidae *1* §37 Aeacus の子孫

Aeacus *m.* Aeacī *2* §13 (神) Jupiter と Aegina の息子, Aegina 島 (Athenae に近い)の王

aedēs, aedis *f.* aedis *3* §19 **1.** (*pl.*)住居, 家, 家族の人々, (*sg.*)部屋 **2.** 神のすまい, 神殿, 聖所, 奥の院 **3.** 墓, 墓地 domus salutantum (118.2, 58.3) totis vomit aedibus (9f1.ハ) undam 大邸宅があらゆる部屋から朝の伺候客の人波を吐き出す vacua Romanis vatibus aedes ローマの詩人(の詩の朗読用)に公開されている(アポローン)神殿(図書館)

aedicula *f.* aediculae *1* §11 [aedēs の小] **1.** 小さな部屋 **2.** (*pl.*)小さな家, 貧しい住居 **3.** 小さな神殿, 小社, 礼拝堂, 小さな墓

aedificātiō *f.* aedificātiōnis *3* §28 [aedificō] **1.** 建築・建造(すること) **2.** 建築物, 建造物

aedificātor *m.* aedificātōris *3* §26 [aedificō] **1.** 建築者, 造建者, 建築請負師 **2.** 創造主(世界の)

aedificium *n.* aedificiī *2* §13 [aedificō] 建物, 家屋, 建築物

aedificō *1* aedificāre, -cāvī, -cātum §106 [aedēs, faciō §173] **1.** 建てる, 立てる, 建築(構築)する **2.** 樹立する, 創設する

aedīlicius *a.1.2* aedīlici-a, -um §50 [aedīlis] 造営官の, 造営官を勤めた (名)**aedīlicius** *m.* -ciī *2* §13 造営官を勤めた人, 造営官級の人

aedīlis *m.* aedīlis *3* §19 [aedēs] 公共建築物(競技場, 市場, 神殿など)を管理する政務官, 造営官

aedīlitās *f.* aedīlitātis *3* §21 造営官職

aeditumus (**aeditimus**) = **aedituus** *m.* aeditumī *2* §13 [aedēs] 神殿管理人, 聖具室係

Aeēta, Aeētes *m.* Aeētae *1* §§11, 37 (神)Colchis の王, Medea の父

Aegaeus *a.1.2* Aegaea, Aegaeum §50 Aegaeum mare エーゲ海 (名)*n.* Aegaeum = Aegaeum mare

aeger *a.1.2* aegra, aegrum §52 (比)aegrior (最)aegerrimus §60

Aegēus 24

1. 病気の, 弱った, 無気力の, 痛い, やつれた, 傷ついた 2. (精神など)疲弊した, 哀れな, 悲しそうな, 苦しい, 辛い, 骨の折れる 3. (制度など)腐敗した, 堕落した, 不健全な, 汚れた animo (9f3) magis quam corpore aeger 肉体よりも心において病める(人) aegro corpore (9f10) est 彼は病気だ aeger amor 責め苛(きい)む恋 (名)**aeger** *c.* -grī *2* §15 病人, 患者

Aegēus *m.* Aegeī *3* §42.3 Athenae の王, Theseus の父

Aegīdēs *m.* Aegīdae *1* §37 Aegeus の子(孫)

aegis *f.* aegidis *3* §41.6a ＜αἰγίς 1. ゼウス(Juppiter)とアテーナー(Minerva)の持っている山羊皮の楯 2. 楯, 保護

aegrē 副 ［aeger］ (比)aegrius (最) aegerrime §68 1. 痛々しく, 苦しそうに, 悲惨に 2. いやいや, やっとのことで, かろうじて, ほとんど…でない aegre ferre, pati やっと耐える, 苦しむ, 心を痛める hoc aegre est mihi これは私を悩ます non aegre らくらくと, やすやすと

aegrēscō *3* aegrēscere, ――, ―― §109 ［aeger］ 1. 病気になる 2. いっそう悪くなる, 感情が激してくる, いらだつ, 不満になる, 気難しくなる violentia aegrescit medendo (119. 注.5) 感情の激しさはなだめられていっそう高ぶってくる

aegrimōnia *f.* aegrimōniae *1* §11 ［aeger］ 苦悩, 心痛, 憂鬱

aegritūdō *f.* aegritūdinis *3* §28 ［aeger］ 1. 病気, 発病 2. 心痛, 心配, 苦悩, 苦悶, 悲嘆

aegrōtātiō *f.* aegrōtātiōnis *3* §28 ［aegrōtō］ 体や心の病める状態, 病気, 病的な欲望(感情)

aegrōtō *1* aegrōtāre, -tāvī, -tātum §106 ［aegrōtus］ 1. 重い病気にかかっている, 体が悪い 2. 心をわずらっている, 身持ち(品行)が悪い

aegrōtus *a.1.2* aegrōt-a, -um §50 ［aeger］ 1. 病気の, 体の悪い 2. 心の病める, 恋わずらいの facile omnes, quom valemus, recta consilia aegrotis damus

健康なとき我々はみんな, 病人に対し正しい忠告をたやすく与える

Aegyptus (-os) *f.* Aegyptī *2* §13 エジプト (形)**Aegyptius** *a.1.2* -tia, -tium §50 エジプトの

aelinos *m.* aelinī *2* §38 ＜αἴλινος 苦悶, 悲嘆の叫び声, 哀悼歌

Aemiliānus *a.1.2* Aemiliān-a, -um §50 1. Aemilius の, と関係した 2. Aemilius 氏の者が, 他家の養子となったときの名前(例)Scipio Aemilianus

Aemilius *a.1.2* Aemili-a, -um §50 1. ローマの氏族名 2. L. Aemilius Paulus (168B.C. Macedonia を征服) 3. Aemilius の, によって建てられた, によって制定された

aemulātiō *f.* aemulātiōnis *3* §28 ［aemulor］ 1. 劣らじと努めること, 張り合う気持ち, 向上心 2. 敵意ある対抗(意識), しっと深い競争心 3. 模倣, 模造 vitiosa aemulatione, quae rivalitati (9d13) similis est 恋仇と張り合う気持ちに似た意地の悪い競争心でもって(を抱いて)

aemulātor *m.* aemulātōris *3* §26 ［aemulor］ 競い合う人, 模倣者

aemulor *dep.1* aemulārī, aemulātus sum §§123(1), 125 ＝**aemulō** *1* aemulāre 1. 負けじと張り合う, 見習おうと努める, 競走する 2. 嫉妬する, ねたむ meas aemulor umbras 私は私の影をしっとしている(無駄骨をおっている)

aemulus *a.1.2* aemul-a, -um §50 1. 勝たんと, (あるいは)対等たらんと努めている(力んでいる) 2. しっと深い, うらやむ, ねたむ 3. 対抗(匹敵)できる, 競走する, 類似の, 比較できる dictator Caesar, summis oratoribus (9d13) aemulus 最高の雄弁家たちと対等に張り合える独裁官カエサル aemula senectus しっと深い老年

Aeneadēs *m.* Aeneadae *1* §37 1. Aeneas の友, 同伴者, トロイア人 2. Aeneas の子(孫), Aeneas の同伴者の子孫, ローマ人

Aenēās *m.* Aenēae *1* §37 (神)

Venus と Anchises の子, トロイアの英雄, ローマ人の祖

Aenēis *f.* Aeneidis(-idos) *3* §41.6a Vergilius の叙事詩

aēneus (**ahēn-**) = **a(h)ēnus** *a.1.2* aēne-a, -um §50 [aēs] **1.** 青銅の, 青銅製の **2.** 真鍮製の, 銅製の **3.** 青銅色の, 青銅のように堅い

aenigma *n.* aenigmatis *3* §41.2 <αἴνιγμα 不明瞭な(あいまいな)発言, 謎(なぞ)

Aeolus *m.* Aeolī *2* §13 (神)風の支配者 **Aeolidēs** *m.* Aeolidae *1* §37 Aeolus の子孫

aequābilis *a.3* aequābile §54 [aequō] (比)aequabilior **1.** 平等の, 等しい, 同形の, 同様な, 匹敵する **2.** 一様の, 均一の, 一定不変の **3.** 公平な, 公正な

aequābilitās *f.* aequābilitātis *3* §21 [aequō] **1.** 一様性, 画一性, 均一性, 無差別 **2.** 一定不変, 規則正しいこと **3.** 平等, 中立, 公正

aequābiliter 副 [aequābilis §67 (2)] (比)aequabilius **1.** 平等に, 差別なしに, 均等に, 同程度に **2.** 同様に, 一様に, 変化なく, 規則正しく **3.** おだやかに, なめらかに **4.** 公正に, 中立な立場で

aequaevus *a.1.2* aequaev-a, -um §50 [aequus, aevum] **1.** 同じ年齢の **2.** 同世代の

aequālis *a.3* aequāle §54 [aequō] (比)aequalior (最)aequalissimus **1.** 同じの, 等しい, 釣り合った, 対称的な, 同じ高さの, 平坦な, 一様な, 均一の (*cf.*9d13) **2.** 対等の, 同じ地位の, 同じ年齢の, 同時代の **3.** むらのない, おだやかな, 首尾一貫した nil aequale homini fuit illi あの男には一貫性がなかった(むらがあった) (名)**aequālis** *m. 3* §19 同年輩の人, 同時代の人

aequālitās *f.* aequālitātis *3* §21 [aequālis] **1.** 同量, 同質, 同程度, 同年齢 **2.** 一様性, 均一性, 画一性 **3.** 平坦, 水平 **4.** 均斉, 平行, 規則正しいこと

5. 平等, 不偏不党, 一定不変

aequāliter 副 [aequālis §67(2)] **1.** 平らに, むらなく **2.** 一様に, 一律に, 均等に **3.** 公平に, 平等に, 対称的に

aequātiō *f.* aequātiōnis *3* §28 [aequō] **1.** 等しくすること, 平らにすること **2.** 平等に分配すること

aequātus → aequō

aequē 副 §67(1) [aequus] (比) aequius (最)aequissime **1.** 同じく, 同程度に, 同じように, 一様に, 一律に **2.** 正当に, 公平に aeque ... ac(et) = aeque ... quam …と同様に si aeque amicos et nosmet ipsos diligamus (116.9) 我々がもし友人を我々自身と同じように愛するならば aeque ac tu doleo お前と同じように私も苦しんでいる

aequinoctiālis *a.3* aequinoctiāle §54 [aequinoctium] 昼夜平分(時)の(秋分, 春分の)

aequinoctium *m.* aequinoctiī §11 [aequus, nox] 昼夜平分時(春分, 秋分)

aequiperō (**-parō**) *1* aequiperāre, -rāvī, -rātum §106 **1.** 同じ平面におく, 平らにする, 同じくする, 等しくする **2.** 対等にする, 同一視する **3.** 比較する, たとえる, なぞらえる **4.** (自)等しくなる, 匹敵する

aequitās *f.* aequitātis *3* §21 [aequus] **1.** 平坦, 平地 **2.** 平等, 公平, 正義, 人道, 博愛, 親切 **3.** 落ち着き, 平静, 忍耐 **4.** 平衡, 釣合, 均整 animi aequitas in ipsa morte 死そのものに臨んでの心の平静

aequō *1* aequāre, aequāvī, aequātum §106 **1.** 平らにする, 等しくする, 均一にする **2.** 整える, 整列させる, 一様に分ける **3.** 比較する, なぞらえる, 等しいとみなす, 同じ立場におく **4.** 匹敵する, 達する, 等しい per somnum vinumque dies noctibus (9d4) ～ 眠りつづけ酒を飲みつづけて夜と昼を区別なくすごす caelo aliquem laudibus (9f11) ～ ある人を激賞する aequato omnium periculo (9f18) 皆の危険を等しくして

aequor *n.* aequoris *3* §27 [aequus]
1. なめらかな(平らな)表面, 広がり, 海の表面 **2.** 平地, 平原 **3.** 海, 凪の海面 **4.** 川(の水面) virides secant placido aequore (9f1. ハ) silvas 彼らは川のおだやかな水面に(うつる)緑濃き森の影を切って進む(川を下って行く)

aequoreus *a.1.2* aequore-a, -um §50 [aequor] 海の rex aequoreus 海の王(Neptunus)

aequum *n.* aequī *2* §13 [aequus]
1. 平坦, 平面, 平地 **2.** 平等, 公平, 正義 plus aequo 過度に ex aequo 同じように, 対等に, 正当に, 公明正大に

aequus *a.1.2* aequ-a, -um §50 (比) aequior (最)aequissimus **1.** 平らな, 平坦な, 水平な **2.** 同じの, 等しい, 対等の **3.** 公平な, 正しい **4.** 親切な, 好意ある, 有利な **5.** 落ち着いた, 平静な aequo cum civibus jure 市民と対等の権利を持って aequo proelio 戦いを引き分けて aequo animo (9f9) 静かに, 平静な心で, 忍耐強く aequum est (非)公平である (171) aequi et iniquique 味方も敵も pauci, quos aequus amavit Juppiter ユーピテルが好意を持って愛したわずかの人 locus aequus ad dimicandum 戦うのに有利な地形 concordiam (117.5) per aequa per iniqua reconciliandam civitati (9d11) esse「協調は, 正・不正の手段を問わず(よかれあしかれ), 国家によってぜひともかちとられるべきである」

āēr *m.(f.)* āeris *3* §41.9a <ἀήρ
1. 空気, 地球を包む大気, 雰囲気 **2.** 空, 天空 **3.** 雲, 霧, もや **4.** 風, 微風 in crasso aere natus 霧の深い土地に生まれた(人) aera vincere summum arboris 天空に聳える木の天辺(の空気)を追い越す

aera, aeris → aes

aerārium *n.* aerāriī *2* §13 [aerārius] 国庫(サトゥルヌス神殿の中の一部分), 公文書保管所

aerārius *a.1.2* aerāri-a, -um [aes] §50 **1.** 銅の, 青銅の, (青)銅製の **2.** 銅貨の, 国庫の (名)**aerāria** *f.* aerāriae

1 §11 銅(鉱)山, 鉱坑, 坑道

aerātus *a.1.2* aerāt-a, -um §50 [aes] 青銅の, 真鍮の, 青銅で(真鍮で)おおわれた, 青銅(真鍮)製の

aereus *a.1.2* aere-a, -um §50 [aes] **1.** 銅の, 青銅の, 真鍮の **2.** 青銅のような, 青銅色の **3.** (青)銅製の, 青銅で飾られた, 裏打ちされた

aerifer *a.1.2* aeri-fera, -ferum §51 [aes, ferō] 真鍮製の打楽器(シンバル)を持った

āerius (**āereus**) *a.1.2* āeri-a, -um §50 [āēr] **1.** 空気の, 大気の **2.** 空中の, 空中に浮かんでいる, 空中で生まれる **3.** 空の, 大空の, 空高く聳えている, 高い aerii mellis (9c2) caelestia dona 空中でつくられる蜜という天からの贈り物(蜜は露に由来すると考えられていた)

aerūgō *f.* aerūginis *3* §28 [aes] **1.** 銅のさび, 青さび **2.** 心を蝕(むしば)むさび(貪欲, ねたみ)

aerumna *f.* aerumnae *1* §11 **1.** 仕事, 労働 **2.** 艱難辛苦, 悲嘆, 苦悩, 困窮, 面倒

aerumnōsus *a.1.2* aerumnōs-a, -um §50 [aerumna] (比)aerumnosior (最)aerumnosissimus 辛苦(苦労)に満ちた, 悲惨な, みじめな **2.** 苦痛を与える, 責苦を加える

aes *n.* aeris *3* §29 **1.** 銅, 青銅, 真鍮, 金属, 鉱石 **2.** (青)銅製品(銅像, 武器, らっぱ) **3.** 貨幣, 金(かね), 銅貨の単位 as と同じ(aes=as) **4.** 兵士の給料(= aes militare) aes grave 一ポンドの鋳銅 =as libralis (190) aes alienum(他人の金)借金 meo sum pauper in aere 私は貧乏だが自分の金で生きている(借金なし)

Aeschinēs *m.* Aeschinis *3* §42.1 **1.** Athenae の雄弁家, Demostenes の好敵手 **2.** Socrates の弟子

Aeschylus *m.* Aeschylī *2* §13 ギリシアの最初の偉大な悲劇詩人

Aesculāpius *m.* Aesculāpiī *2* §13 (神)Apollo と Coronis の子, 医術の神

aesculetum *n.* aesculetī *2* §13

［aesculus］ カシワ(ナラ)の森

aesculeus *a.1.2* aescule-a, -um §50 ［aesculus］ カシワ(ナラ)の

aesculus *f.* aesculī *2* §13(3) カシワ, オーク(カシワ・ナラ・カシ)

Aesōn *m.* Aesonis *3* §41.8c (神)Thessalia の王, Iāsōn の父

Aesōpus *m.* Aesōpī *2* §13 ギリシアの寓話作家, イソップ

aestās *f.* aestātis *3* §21 ［*cf.* aestus］ **1.** 夏, 夏の熱さ, 夏の空気 **2.** 一年, 一夏 summa ～ 盛夏

aestifer *a.1.2* aesti-fera -ferum §51 ［aestus,ferō］ **1.** 暑さ(暑気, 暑い気候)をもたらす **2.** 暑い, 暑苦しい, むし暑い

aestimātiō (**aestu-**) *f.* aestimātiōnis *3* §28 ［aestimō］ **1.** 評価, 見積もり, 査定, 算定 **2.** 裁量, 尊重, 賞味, 鑑賞, 決定 **3.** 価値(道徳的)

aestimō (**aestumō**) *1* aestimāre, -māvī, -mātum §106 評価する, 見積もる, 査定する, 決める, 考える ～ magni, minoris (9c7) 高く評価する, 低く(少なく)見積もる alicui(alicujus) litem ～ ある人の係争事件の(損害, 罰金)の額を査定する stultissimus est, qui hominem aut ex veste aut ex condicione aestimat 人を服装や境遇で評価する者は最も愚かしい人だ

aestīvus *a.1.2* aestīv-a, -um §50 ［aestās］ 夏の, 夏のような, 夏に起こる(見られる) (名)**aestīva** *n.pl.* *2* §13 **1.** 夏季陣営 **2.** 出陣, 戦闘, 会戦の季節 **3.** 夏の牧場(の家畜)

aestuārium *n.* aestuāriī *2* §13 ［aestus］ 満潮時に海水の侵入する地帯, 潟, 入り江, 河口, 湾

aestuō *1* aestuāre, -āvī, -ātum §106 ［aestus］ **1.** 激しく燃える, 燃え上がる **2.** (感情)かっかと燃え上がる, 熱くなる, 興奮する, いらだつ **3.** (水)煮えたぎる, 泡立つ, 波立つ, 荒れ狂う(潮), 満ち干きする, 高まる, ふくれる **4.** ゆれうごく, ぐらつく, ためらう, 落ちつかない cum exustus ager morientibus aestuat

herbis 乾き切った麦畠が立ち枯れた麦の葉と共に焼けているとき sui (9c3) amor aestuat 自己愛が燃え上がる

aestuōsē 副 ［aestuōsus §67(1)］ (比)aestuosius 激しい熱と共に, 熱烈に

aestuōsus *a.1.2* aestuōs-a, -um §50 ［aestus］ (最)aestuosissimus **1.** (太陽で)焼けている, 暑い, 暑苦しい, 体温を熱くさせる **2.** 荒れ狂っている, 波立つ

aestus *m.* aestūs *4* §31 **1.** 暑さ, 炎熱, 熱い天気(季節), 夏 **2.** 炎 **3.** 病熱 **4.** 海の荒れ, 大波, うねり, 潮, 海 **5.** 情熱, 愛の焔, 激情, 怒り, 興奮 **6.** 動揺, 不安, 心痛, 当惑 **7.** 騒動, 暴動 furit aestus ad auras 炎の渦は天空へ狂って舞い上がる stultorum regum et populorum aestus 愚かなる諸国の王や国民の激情 saevit amor, magnoque irarum fluctuat aestu (9f9) 愛は荒れ狂い, 怒りの大きなうねりにゆれる

aetās *f.* aetātis *3* §21 ［*cf.* aevum］ **1.** 人の一生, 生涯 **2.** 年齢, 老年, 若さ **3.** 時, 時期, 時代, 世代 aetatis flos 若い盛り exacta aetate (9f18) 年老いて heroicis aetatibus 英雄時代に usque ad nostram aetatem 現代まで

aetātula *f.* aetātulae *1* §11 ［aetās の小］ 幼年(時代), 年少の頃

aeternitās *f.* aeternitātis *3* §21 ［aeternus］ **1.** 永遠(性), 無窮 **2.** 不死, 不滅, 不朽の名声, 永遠の生命

aeternō *1* aeternāre, ──, ── §106 ［aeternus］ 不朽の名声を与える, 不滅にする

aeternus *a.1.2* aetern-a, -um §50 ［*cf.*aevum］ **1.** 永遠の, 不死の, 不滅の, 不朽の, 絶えない **2.** 不変の, 永続する, 長持ちする (名)**aeternum** *n.* -ī *2* §13 永遠 in ～ 永久に (副)**aeternum** (9e13) いつまでも, 絶えず, 永久に

aethēr *m.* aetheris *3* §41.9b < αἰθήρ **1.** 空気, 大気, 上層の大気 **2.** 空, 天, 宇宙 **3.** 神々をとり巻く空気, 神々の住む天国 **4.** 天の住民, 神(々) sublatus ad aethera clamor 天にまで達したどよめき volucres aethera mulcebant cantu 小鳥たちが歌声で空気を愛撫していた

aetherius *a.1.2* aetheri-a, -um §50 [aethēr] **1.** 上層の大気の, 天空の, 天国の **2.** (天に住む)神々から与えられた, 天来の神の啓示による, 天来の妙想, 霊感を得た **3.** 天上にふさわしい, 神々しい **4.** 地上の世界の, この世の pater (rex) aetherius 天上の父(王) =Juppiter ignes aetherii 天の閃光, ひらめき, 天来の啓示 primus ad auras aetherias surget 彼が最先に(下界から)この地上の現世によみがえろう

Aethiopia *f.* -opiae *1* §11 エチオピア

Aethiops *m.* Aethiopis *3* §41.7 エチオピア人

aethra *f.* aethrae *1* §11 <αἴθρα **1.** 天体(空)の輝き, 明るさ **2.** 清澄な上層の空気, 清浄な天, 空

Aetna, Aetnē *f.* Aetnae, Aetnēs *1* §§11, 37 シチリア島の火山 (形) **Aetnaeus** *a.1.2* -naea, -um §50 Aetna 火山の

Aetōlia *f.* Aetōliae *1* §11 ギリシアの北西地方

Aetōlus *a.1.2* -tōla, -tōlum アエトーリアの (名)*m.* アエトーリア人

aevitās → aetās の古

aevum (**aevus**) *n.* aevī *2* §13 **1.** 時間, 時のつらなり, 持続, 長い持続, 永遠 **2.** 期間, 時代, 世代, 世紀, 過去未来 **3.** 生涯, 一生, 人生, 終生 **4.** 寿命, 年齢, 老年, 健康, 元気 ad hoc aevi この時まで in silvis aevum exigere 森の中で一生をくらす labetur amnis in omne volubilis aevum 川の水は永久に流れつづけて絶えることはないだろう exemplar aevi prioris 過去の時代の手本

Āfer *a.1.2* Āfra, Āfrum §52 **1.** Africa の **2.** (名 *m.*)Africa 人

affābilis *a.3* affābile §54 (比) affabilior **1.** 近づき易い, 話しかけ易い **2.** 愛想のよい, 親切な, 思いやりのある

affābilitās *f.* affābilitātis *3* §21 [affābilis] 愛想のよいこと, 親切, 思いやり

affabrē 副 [faber] 上手に, 巧みに, 器用に, 手ぎわよく

affatim 副 **1.** 充分満足するほどに, 存分に, 豊かに, 沢山に **2.** (属と, 名詞の如く) divitiarum affatim 申し分のない富

affātus → affor

affātus *m.* affātūs *4* §31 [affor の完分]近寄って話しかけること, 呼びかけること

affēcī → afficiō

affectiō *f.* affectiōnis *3* §28 [afficiō] **1.** 外界から影響, 作用を受けた後の状態, 関係, 性質, とくに心の状態 感情, 感動, 愛憎, 印象, 感銘 **2.** 趣味, 嗜好, 意向, 好意, 偏向 **3.** 性質, 習慣, 性格 **4.** 健康, 元気 **5.** 天体の位置, 関係, 状態 animi affectionem lumine (9f17) mentis carentem nominaverunt amentiam 理性の光を欠いた心の状態を人々は狂気と呼んできた summum bonum firma corporis affectione contineri 最高の幸福は肉体の丈夫な状態によって支えられている(ということ) argentum sequuntur nulla affectione animi 彼ら(ゲルマーニア人)はいかなる嗜好からも(ローマの)銀貨を求めようとしない ex qua affectione caeli いかなる天体(星)の位置(関係)の下に(生まれる)

affectō *1* affectāre, -tāvī, -tātum §106 [afficiō] **1.** なしとげよう, 到達しよう, 手に入れようと試みる, 追求する, 欲する **2.** 骨折る, 努力する, 熱望する, 心に抱く, 大事にする **3.** 張り合う, 競走する **4.** つかむ, 襲う **5.** 自分のものと主張する, 見せかける, ふりをする viam affectat Olympo (9d12) 彼は天上へ向かっての道をとり進んでいる potiundae (121.3) Africae spem ～ アフリカを占領したいという希望を抱く morbus affectat exercitum 病気が軍隊を襲う

affectus *m.* affectūs *4* §31 [afficiō] **1.** 心の状態, 感情, 情緒, 気分 **2.** 体の状態, 体質, 病気, 態度 **3.** 天

体の位置，他の天体との関係 **4.** 熱心，熱意，欲望 **5.** 愛情，献身，同情，意向，考慮 dubiis affectibus (9f9) errat 彼はあやふやな二つの感情の中で迷っている

affectus *a.1.2* affect-a, -um §50 [afficiōの完分] （比）affectior （最）affectissimus **1.** 授けられた，与えられた，用意された，身をかためた **2.** 影響を受けた，ある状態におかれた，刺激された **3.** 感銘をうけた，感動した **4.** 害された，損なわれた，しおれた，弱められた，病気におかされた lictores affecti virgis 儀鉞で身をかためた先駆警吏 quem Neapoli (70. ロ) affectum graviter videram 彼がナポリでひどい病気におかされているのを私は見ていた

afferō 不規 af-ferre, at-tulī, al-lātum [ad, ferō] §§158, 174, 176 **1.** 持ってくる，持って行く **2.** もたらす，知らせる **3.** 主張する，引用する，例証する **4.** 置く，加える，与える，ふるう **5.** ひき起こす，生じさせる，招く，生む epistulam alicui (ad aliquem) ～ 誰々に手紙をもって行く ab Carthagine allatum est (171 注) ut … カルタゴから ut 以下の知らせがとどいた ～ vim (manus) alicui 誰々に暴力を振るう，攻撃する，なぐる，強打する dolorem (cladem) alicui ～ ある人に苦しみ(不幸)をもたらす，ひきおこさせる cur credam (116.10), adferre possum なぜ私が信じているかその理由を述べることができる

afficiō (**adf-**) *3b* af-ficere, -fēcī, -fectum [ad, faciō] §§110, 174(2), 176 **1.** 物を与える，供給する，もたらす **2.** 効果(影響・印象・感銘)を及ぼす，ある状態におく，起こさせる，動かす **3.** とりあつかう，みなす **4.** 害する，傷つける，弱らせる，疲れ果てさせる aliquem dolore, poena, beneficio, honore (9f11) ～ ある人を苦しめる，罰する，に恩恵を施す，名誉を与える affici vulnere, laude 傷つけられる，賞められる varie sum affectus tuis litteris そなたの手紙で私はさまざまの印象を持った exercitum super morbum etiam fames affecit 病気に加えて餓までも軍隊を痛めつけた

affictus → affingō

affīgō (**adf-**) *3* af-fīgere, -fīxī, -fixum [ad, fīgō] §§109, 176 **1.** くぎ，ピンで固定させる，取り(はり)つける，刺し通す **2.** 鎖でつなぐ，結び(しばり)つける，制限する **3.** 印をつける，感銘を与える cruci aliquem ～ ある人を十字架にはりつけにする aliquem cuspide ad terram (terrae) ～ 槍で刺し人を大地に釘づけにする aliquid memoriae ～ (9d4) あることをしっかりと記憶に留める

affingō (**adf-**) *3* af-fingere, -finxī, -fictum [ad, fingō] §§109, 174, 176 **1.** 付け加える，添える，とり付ける，結合する **2.** でっち上げる，見せかける，にせものをつくる，想像で，(いつわって)付言する，嘘を加える **3.** せいにする，帰する quae natura corpori affinxit 自然がつくって体に与えた(諸器官) adfingere vana auditis 伝え聞いたことに根も葉もない話を加える

affīnis (**adf-**) *a.3* af-fīne §54 [ad, finis] **1.** 隣接している **2.** (婚姻による)親類の **3.** まきこまれた，関係(つながり)のある barbaris (9d13) ～ 野蛮人(の土地)に隣接した sceleri ～ 罪の共犯の (名)**affīnis** *c. 3* §19 姻戚，義兄弟

affīnitās (**adf-**) *f.* affīnitātis *3* §21 [affīnis] **1.** 姻戚関係，親戚 **2.** 類似，親近性

affirmātē 副 [affirmō] きっぱりと断言して，おごそかに(誓って)，強い調子で，積極的に

affirmātiō (**adfī-** ?) *f.* affirmātiōnis *3* §28 [affirmō] 保証，確証，断言，約束，信念，力説，協調

affirmō (**-ī-** ?) *1* af-firmāre, -firmāvī, -firmātum §106 **1.** 力を加える，固める，強める **2.** 勇気づける，指示する **3.** 保証する，強調する，断言する rem pro certo ～ そのことは確かだと保証する virtutem armis ～ 勇気を武具で固める，補強する

affīxus → affīgō

afflātus, afflāvī → afflō

afflīctātiō *f.* afflīctātiōnis *3* §28 [afflīgō] 長く続く深い苦悩, 激しい苦痛

afflīctō *1* afflīctāre, -tāvī, -tātum §106 [afflīgō] **1.** 激しく(何度も)打つ, たたく, いためつける **2.** 損害を与える, 圧迫する, 傷つける, 苦しめる tempestas naves ～ 嵐が船を台無しにする ne te afflictes (116.2) われとわが身を傷つけるな(絶望するな)

afflīctor *m.* afflīctōris *3* §26 [afflīgō] 冒瀆者, 凌辱者, 破壊者

afflīctus *a.1.2* afflīct-a, -um §50 [afflīgō の完分] (比)afflictior **1.** 破滅の状態にある, 打ちひしがれた **2.** 悲惨な, 不幸な **3.** 打ちのめされた, 意気消沈した, 自暴自棄の

afflīgō *3* af-flīgere, -flīxī, -flīctum §109 **1.** 投げつける, ぶつける **2.** 打ち倒す, ひっくりかえす **3.** だめにする, 滅ぼす **4.** ひどく苦しめる, 傷つける, 損害を与える caput saxo ～ 岩に頭をぶつける senectus me afflixit 老齢が私の気力を阻喪させた

afflō *1* afflāre, -flāvī, -flātum §106 [ad, flō §§174(1), 176] **1.** 息を吐く, 吹きつける, 吹き込む **2.** (風を)吹き込ませる, おくる, あおる **3.** 毒気を吹っかける, 熱気で焼く, こがす **4.** (自)吹く, 吹いてくる, ただよう laetos oculis afflarat (114.3) honores (女神は息子の)目に喜ばしい恩寵を吹き込んでいた partes, e quibus ventus gravior afflare solet そこから風がいつもいっそう強く吹いてくる部分

affluēns *a.3* affluentis §58 [affluō の現分] (比)affluentior **1.** 豊かに流れている, あふれている **2.** 豊富な, 沢山の, 一杯の **3.** 繁栄している, 順調な ex affluenti (名, 奪) あふれるほど沢山に homo affluens omni lepore ac venustate (9f17) あらゆる魅力と優雅に満ちあふれた男

affluenter 副 [affluēns §67(2)] (比)affluentius §68 **1.** あふれるほど沢山に, 豊かに **2.** 贅沢に, 法外に

affluentia *f.* affluentiae *1* §11 [affluēns] **1.** 流れてあふれること, 豊富,

潤沢 **2.** 法外, 過度, 贅沢

affluō *3* af-fluere, -fluxī, =adfluō, §109 [ad, fluō §176] **1.** に沿って流れる, に向かって流れる, 流れ込む **2.** 豊かに(あふれて)流れる, みちあふれている (*cf.*9f16), 豊かである, 富んでいる **3.** 大挙して(群をなして)くる, 行く **4.** 静かに流れる (Rhenus) ad Gallicam ripam latior affluens ガリアの岸に沿ってより広々と流れているライン川 affluentibus undique barbaris あらゆる所から野蛮人が群がり集まって

affor 不完 (*dep.1*) af-fārī, -fātus §162 話しかける, 別れの言葉をかける, (神に)呼びかける tum regem Aeneas dictis affatur amicis (9f9) その時アエネアースは王に親しみのある言葉をなげかける affari extremum (9e6) miserae matri 哀れな母に最後の(別れの)言葉を告げる

affūdī → affundō

affulgeō *2* af-fulgēre, -fulsī, —— §108 [ad, fulgeō §176] **1.** 光りながら立ち現れる, 輝く, 目立つ **2.** 好意をもって(都合よく)現れる, 輝く, 光る voltus ubi tuus affulsit populo, soles melius nitent あなたのお顔(聖顔)が民衆の前に輝いて現れた以後, 毎日太陽はいっそう美しく輝いています

affundō *3* af-fundere, -fūdī, -fūsum §109 [ad, fundō §176] **1.** そそぐ, そそぎ(流し)込む **2.** 積み上げる, つけ加える **3.** (受)倒れる, 身を伏せる **4.** (受)あふれる, 広がる, 展開する, 流れる, 洗われる venenum vulneri affusum 傷口にそそぎ込まれた毒汁 affusae jacent tumulo 彼女らは墓の前に身を投げて横たわる

affutūrus → adsum(=assum)

Āfrica *f.* Āfricae *1* §11 **1.** アフリカ(大陸) **2.** ローマの属州 (形)**Āfricānus** *a.1.2* -cāna, -cānum **1.** アフリカの **2.** 二人の Scipio の添名(「アフリカ征服者の」という意味)

Āfricus *a.1.2* Āfric-a, -um §50 アフリカの ventus Africus 南西風

Agamemnō(n) *m.* Agamemnonis *3* §41.8c Mycenae の王, トロイア戦

におけるギリシア軍の総大将

Aganippe *f.* Aganippēs *1* §37 Boeotia の Helicon 山麓の Musae に捧げられた湖

agāsō *m.* agāsōnis *3* §28 **1.** 馬丁，厩舎で働く少年 **2.** 下男，無骨者

agellus *m.* agellī *2* §13 ［ager の小］ 小さな土地(地所)

agēma *n.* agēmatis 3 §41.2 ＜ ἄγημα マケドニアの近衛隊

Agēnor *m.* Agēnoris *3* §41.9b (神)さまざまの人物の名，とくに Tyros 王，Cadmus と Europa の父 (形)**Agēnoreus** *a.1.2* -rea, -reum Agenor の

ager *m.* agrī *2* §15 **1.** 畑，耕地，農地 **2.** 原野，牧草地 **3.** 地所，領地 **4.** 田舎，陸地 ager publicus 国有地 in agrum 奥行

aggemō *3* ag-gemere, ──, ── §109 ［ad, gemō §176］ 一緒にうめく，呻吟する，嘆き悲しむ

agger *m.* aggeris *3* §26 ［aggerō］ **1.** 土砂(材木)を積み上げた土手，堡塁，接城土手，堰 **2.** 堡塁用の材料(土砂，材木，瓦礫) **3.** 防波堤，突堤 **4.** 塚，丘，尾根 fossam aggere explent 彼らは濠を瓦礫で埋める aggerem ad urbem promovere 接城土手を城市の方へ動かして行く agger viae 土手道(湿地帯の)

aggerō[1] *3* ag-gerere, -gessī, -gestum §109 ［ad, gerō §176］ **1.** 持ってくる，運ぶ **2.** 上に積む，重ねる，加える，そそぐ，流す multa aggerebantur etiam insontibus periculosa 無辜(ᵇᵘ)の民にすら多くの危険な状況が加わっていた

aggerō[2] *1* ag-gerāre, -gerāvī, -gerātum §106 ［ad, gerō §176］ **1.** 上におく，積む，重ねる，加える，盛り上げる **2.** 強める，助長する，大きくする ossa disjecta vel aggerata あちこちに散らばりあるいは積み重なっていた白骨

aggessī, aggestus → aggerō

agglomerō *1* ag-glomerāre, -merāvī, -merātum §106 ［ad, glomerō §176］ **1.** (糸玉にまきつける)しっかりとまきつける，つなぐ，くっつける

2. かためる，力を合わせる，積み重ねる

agglūtinō *1* ag-glūtināre, -nāvī, -nātum §106 ［ad, glūtinō §176］ **1.** にかわ(のり)でつける，はりつける，くっつける **2.** しばる，一緒にする，接合する

aggravō *1* ag-gravāre, -vāvī, -vātum §106 ［ad, gravō §176］ **1.** いっそう重くする，重荷を負わす **2.** 悪化させる，加重する，高める，苦しめる bello res aggravatae 戦争によっていっそう悪化していた状態

aggredior (**adg-**) *dep.3* ag-gredī, -gressus sum ［ad, gradior］ §§123 (3), 174(2), 176 **1.** 近づく，進む **2.** 訴え る，依頼する，話しかける **3.** 着手する，企てる，始める **4.** 襲う，攻撃する ad dicendum (119.4) ～ 話し始める crudelitatem principis ～ 元首の残酷に訴える(を利用する) murum scalis ～ 城壁に梯子を掛けて攻撃する Jugurtham beneficiis vincere aggressus est 彼は恩恵によってユグルタの心を得ようと努めた

aggregō *1* ag-gregāre, -gāvī, -gātum §106 ［ad, grex］ §176 群に加える，集める，一かたまりにする，一緒にする，結合する，まき込む，仲間にする se ～ 加わる，集まる，与する te in nostrum numerum ～ お前を我々の仲間の一人と数える

aggressiō *f.* aggressiōnis *3* §28 ［aggredior］ 攻撃

agilis *a.3* agile §54 ［agō］ (比) agilior **1.** 動かし易い，早く動く，敏捷な，機敏な，軽快な，すばしこい **2.** 活発な，精力的な，熱心な，抜け目のない agilem oderunt remissi むとんじゃくな人は抜け目のない人を嫌います

agilitās *f.* agilitātis *3* §21 ［agilis］ **1.** 機敏，敏捷 **2.** すばしこいこと，機転のきくこと，抜け目のないこと

agitābilis *a.3* agitābile §54 ［agitō］ 動きやすい，変わりやすい

agitans, agitātus → agitō

agitātiō *f.* agitātiōnis *3* §28 ［agitō］ **1.** 激しく動かすこと，激しい動き，動揺，運動 **2.** ゆすぶること，ふり回

agitātor 　　　　32

すこと **3.** 騒ぎ，揺れ，荒れ，動き **4.** 活
動，追求，実践，耕作
agitātor *m.* agitātōris *3* §26
[agitō] **1.** 戦車御者 **2.** 家畜を駆る者
agitō *1* agitāre, -tāvī, -tātum §106
[agō] **1.** 絶えず(烈しく)動かす，駆る，
狩りたてる，追求(追跡)する **2.** ゆする，ゆ
すぶる，突き動かす，刺激する，不安にさ
せる，悩ます **3.** 保つ，支える，実行する，
果たす，訓練する，討議する，熟考する
4. 過ごす，生きる **5.** 祝う，忙しく働く，
従事する，楽しむ aquila aves agitans 小
鳥を追い回している鷲 navem ～ in portu
港の中で船を操縦する maria agitata
ventis 風に烈しく波だった海 imperium,
dies festos ～ 命令権を行使する，祭日
を祝う sententia agitata in senatu 元
老院で討議された提案 dies noctesque ～
昼も夜も過ごす longe aliter animo agi-
tabat 彼は心の中では全く別なことを考え
ていた agitatum (171 注) in senatu
quanti (9c7) daretur (116.10) plebi
frumentum 民衆に穀物をいくらの値段で
供給されるべきかについて元老院で討議さ
れた
agmen (ā- ?) *n.* agminis *3* §27
[agō] **1.** 水の流れ，大降り(雨) **2.** 累積，
かたまり，集団，多数，群衆，むれ **3.** 連
続，一行，部族，行列，行進，縦隊，戦
列 leni (9f9) fluit agmine Tiberis ティ
ベリス川はゆっくりとした流れで下っている
agmine remorum celeri すばらしいオー
ルさばきで(オールの列の早いこぎ方で)
citato agmine 行軍の速度を早めて pri-
mum, novissimum ～ 前衛，しんがり
agna *f.* agnae *1* §11 雌の子羊
agnāscor (adgn-), (āg- ?) *dep.3* ag-
nāscī, -nātus sum §123(3) [ad, (g)
nāscor §176] 父の遺言のあとに生まれ
る
agnātiō (āg- ?) *f.* agnātiōnis *3*
§28 [agnāscor] 父方の男系の親族
agnātus (āg- ?) *m.* agnātī *2* §13
[agnāscorの完分] **1.** 父の遺言の後に
生まれた子 **2.** 父方の男の親族，血縁
agnīna (āg- ?) *f.* agnīnae *1* §11

[agnus] 子羊の肉，子羊
agnitiō (āg- ?) *f.* agnitiōnis *3* §28
[agnōscō] 本性を見分けること，同一性
を確認すること
agnitus, agnōvī → agnōscō
agnōscō (āgn- ?) *3* agnōscere,
agnōvī, agnitum [ad, nōscō] §§109,
176 **1.** 目で(心で)見分ける，認める，識
別する，承認する **2.** 告白する，自認する，
感謝する deum ex operibus ejus ～ 彼
の仕事から彼を神とみとめる id ego agnovi
meo jussu esse factum それが私の命令
でなされたことを私は認めた
agnus (āg- ?) *m.* agnī *2* §13 子
羊
agō *3* agere, ēgī, āctum §109 (原
義)動かす **I.** (生物)**1.** 追い立てる，駆
る，行かせる，導く，誘う，けしかける **2.** 追
い払う，掠奪する **3.** (再)se agere 動く，
進む，行く ferre atque agere 掠奪する
equum in hostem ～ 馬を敵へ向けてけ
しかける **4.** 告訴する aliquem furti
(9c10) ～ 人を盗みの罪で告発する
II. (物)**1.** 動かす，放つ，発する，出す，
追う，進める，押しやる，投げる ～ agge-
rem 接城土手を接近させる animam ～
息を吐き出す(死ぬ) **2.** すごす diem ～ 一
日をくらす annum decimum ago 私は10
歳である acta nox 昨夜 **3.** 行う，する，
作る，建てる，営む，従事する，忙しくす
る，遂行する，達成する，とりしきる，と
る，採用する nil agere (何もしない)怠け
ること quid agis? どうしているか，元気か
bene agitur うまく行っている **4.** 注意す
る，企む，覚えておく，努める，祝う，考
えを向ける hoc age 注意せよ，気をつけ
5. 上演する，役を演ずる，発表する，表
明する alicui gratias ～ 人に感謝の言葉
を述べる rem actam agere 無駄骨をお
る(すでにすんでいることをやる) actum
habere quod egerit すんだことはすんだ
ものとみなす(もうくよくよするな) **6.** 討議
する，決判する，審理する cum populo
de aliqua re ～ 国民とあることで討議す
る (命)age, agite さあさあ，いざ，早くや
れ age, si quid agis なにかするのなら早

くやれ acerba fata Romanos agunt scelusque fraternae necis（9c2）兄弟殺し（ロームルスから内乱までの）の犯罪という呪われた運命がローマ人をかりたてているのだ nihil agendo homines male agere discunt 小人閑居して不善をなす **Ⅲ.**（受）agitur, actum est（非）**1.** 告訴されている, 問題とされている, 危機に瀕している, 命運がかかっている agitur de religione 宗教が問題とされている in quibus eorum caput agatur（116.8）彼らの命運がかかっているような（その訴訟で）**2.** 過ごされ（てい）る, 経過する, している mensis agitur septimus 7ヶ月目である, 7ヶ月経つ bene acta vita 幸福な人生であった **3.** いい（悪い）状態である, 具合が（健康が）いい, 悪い, 事がうまく（わるく）運んでいる bene agitur mecum 私の方は上手くいっている

agrārius *a.1.2* agrāri-a, -um §50 ［ager］ **1.** 土地, 地所の **2.** 国有地の再配分に関する （名）**agrāria** （*sc.* lex *f.* -riae *1* §11 国有地再配分法 **agrāriī** *m.pl.* -riōrum *2* §13 国有地再配分法支持者, 農地改革派

agrestis *a.3* agreste §54 ［ager］（比）agrestior **1.** 農地（畠）の, 畑で見られる, 農地に生きる, 暮らす, 田舎に住む **2.** 野性の, 馴れていない **3.** 粗野な, 無教養な, 野暮な **4.** 素朴な, 単純な （名）**agrestis** *m.* agrestis *3* §19 田舎者, 百姓

agricola *m.* agricolae *1* §11 ［ager, colō］ 農地を耕す人, 耕作者, 農夫, 百姓 o fortunatos nimium, sua si bona norint, agricolas（9e10）! 百姓が, もし本当に自分の恩寵に気づいておれば, どんなに限りなく幸運に恵まれていることか

agrīcultūra *f.* agrī-cultūrae *1* §11 耕作, 農業 → cultūra

agripeta *m.* agripetae *1* §11 ［ager, petō］ 耕作地を求めて行く人, 入植者

Agrippa *m.* Agrippae *1* §11 **1.** ローマの家名 **2.** M.Vipsanius Agrippa, Augustus の友で養子 **3.** Herodes Agri-

ppa, Judaea の王

Agrippīna *f.* Agrippīnae *1* §11 **1.** Vipsanius Agrippa の娘, Germanicus の妻, Caligula の母 **2.** Germanicus の娘, Nero の母

āh → ā

ahēnus → aēnus

āiō 不完 §162 言う, はいと言う, 断言する（挿入句のように）ut ait Homerus, ut aiunt ホメーロスも言っているように, よく云われるように, 諺にも言う通り ain（tu）＝aisne 本当か？

āla *f.* ālae *1* §11 **1.** 羽, 翼 **2.** 腋の下, 二の腕, 上膊 **3.** 本隊の両翼（両側隊）, 騎兵隊, 援軍 **4.** 巻きあげられた帆, 帆の翼

alacer *a.3* alacris, alacre §54 （比）alacrior 元気な, 潑剌とした, 熱心な, 威勢のいい, 鋭い, きびきびした, 朗らかな, 喜ばしい miles alacer animis（9f3）精神的に元気潑剌とした兵 ad bella suscipienda（121.3 対）～ 闘魂に燃えた

alacritās *f.* alacritātis *3* §21 ［alacer］ 元気, 活発, 興奮, 熱心, 歓喜, 熱狂 canum alacritas in venando（119.5）狩りに対する犬の熱狂

alapa *f.* alapae *1* §11 **1.** 頬への平手うち **2.** 奴隷を解放するさいの儀式に与えられる平手うち

ālārius *a.1.2* ālāri-a, -um §50 ［āla］ 両翼の, 援軍から成る, 騎兵隊の （名）**ālāriī** *m.pl.* *2* §13 援軍, 騎兵隊

ālātus *a.1.2* ālāt-a, -um ［āla］ 羽をつけた, 翼のある

alauda *f.* alaudae *1* §11 ＜ ガ **1.** ヒバリ **2.** カエサルがガリアで募集した軍団（兵）のあだ名

Alba *f.* Albae *1* §11 Latium の古い町, Roma の母市（＝Alba Longa が正式の名）

albātus *a.1.2* albāt-a, -um §50 ［albus］ 純白の着物をきた, 式服（姿）の

albeō *2* albēre, ——, —— §108 ［albus］ 白い, 白（に）む albente caelo（9f18）夜明けに

albēscō 34

albēscō *3* albēscere, ──, ── §109 ［albeō］ **1.** 白くなる，白髪になる **2.** (夜が)白む，(色が)明るくなる

albicō *1* albicāre, -cāvī, -cātum §106 ［albus］ (色合いが)白い，白く(ほのかに)光る

albidus *a.1.2* albid-a, -um §50 ［albeō］ (比)albidior (最)albidissimus 白い，白っぽい，青白い

albulus *a.1.2* albul-a, -um §50 ［albus の小］ 白い，青白い

album *n.* albī *2* §13 **1.** 白(色) **2.** 卵の白味，白目，白墨，白衣 **3.** 白い告知板，法務官の布告板 **4.** 公表名簿，裁判官名簿

albus *a.1.2* alb-a, -um §50 白い，蒼白の，吉兆の，白髪の，輝かしい，明るい plumbum album 錫 timor albus 蒼白な恐れ utrum albus an ater sit (116.10) ignoro それが白か黒かはどうでもいい，私には関係ない gallinae filius albae 名門の息子 Genius voltu (9f3) mutabilis, albus et ater 白と黒(善と悪)に表情を変えるゲニウス(天性)

Alcaeus *m.* Alcaeī *2* §13 前六世紀のギリシアの抒情詩人

alcē *f.* alcēs *1* §37 (*nom. pl.* alcēs *cf.*45) ＜ἄλκη オオシカ

Alcibiadēs *m.* Alcibiadis *3* §42.1 Athenae の政治家，将軍(前 5 世紀)

Alcīdēs *m.* Alcīdae *1* §37 Alceus の子孫，とくに Hercules

Alcinous *m.* Alcinoī *2* §13 (神)Phaeacia の王，Ulixes をもてなした富裕な王

Alcmēna (**-nē**) *f.* Alcmēnae(-nēs) *1* §37 Amphitryo の妻，Hercules の母

alcyōn *f.* alcyōnis *3* §41.8b ＜ἀλκυών カワセミ

ālea *f.* āleae *1* §11 **1.** さいころ，さいころ遊び，賭，ばくち，運任せの勝負ごと **2.** 偶然，運，危険，冒険 jacta alea est (esto) 運命の賽は投じられた(投げよう 116.2) periculosae plenum opus aleae 危険な偶然が一杯の大事業 āleā

(9f11) (aleam) ludere さいころで遊ぶ，賭ごとをする

āleātor *m.* āleātōris *3* §26 ［ālea］ さいころ遊び(運まかせの勝負ごと)をする人，ばくち打ち，博徒

āleātōrius *a.1.2* āleātōri-a, -um §50 ［āleātor］ 勝負事，賭け事(をする人)の，ばくち(打ち)の

āleō *m.* āleōnis *3* §28 ［ālea］ 賭け事をする人，賭博をする人，ばくち打ち

āles *a.3* ālitis §55 ［āla］ **1.** 羽をもった，翼のある **2.** 飛ぶように速い，はやがける ales equus 天馬 puer ales＝Amor (名)**āles** *m.f.* ālitis *3* §21 **1.** (大きな)鳥 **2.** 飛び方を前兆とされる鳥，占い鳥，前兆，占い，予言 Jovis ales ワシ Maeonii carminis ales 叙事詩をうたう鳥(詩人)

Alexander *m.* Alexandrī *2* §15 **1.** Macedonia の大王 **2.** Paris トロイアの王子の別名

Alexandrēa *f.* Alexandrēae ＝ Alexandrīa, -drīae エジプトの都

alga *f.* algae *1* §11 海草，海藻

algens *a.3* algentis §58 (algeō の現分)つめたい，寒い

algeō *2* algēre, alsī, ── §108 **1.** 寒い，寒いと感じる，冷える **2.** 寒さに耐える，冷たいままに放っておかれる，無視される probitas laudatur et alget 清廉潔白は(世間で)ほめそやされても寒さ(貧乏)でふるえている

algidus *a.1.2* algid-a, -um §50 ［algeō］ 冷たい，寒い

algor *m.* algōris *3* §26 ［algeō］ **1.** 寒気，冷たさ，寒い気候(冬) **2.** 悪寒，寒け

aliā 副 ［alius］ 別な路を通って，外の方法で

aliās 副 ［alius］ **1.** いつか他のときに，また他の機会に，別のときに，～…，～… ある時は…ある時は **2.** いずれにせよ，のみならず，それでもやはり neque tum solum, sed saepe alias そのときばかりでなく他の場合にもしばしば

alibī (**-i** ?)　副　[alius, ibī]　**1.** ある他の場所で，別な所に，他の作品（著者）の中に　**2.** 他の点では，その他の点で　alibi … alibi … ある所では…別な所では nusquam alibi spem quam in armis ponebant 彼らは武器の中より他の所に（助かる）希望をおかなかった

alicubī (**-i** ?)　副　どこかある所で（に），どこか他の所に

alicunde　副　どこかある所から，どこからか

aliēnātiō　f.　aliēnātiōnis　*3*　§28　[aliēnō]　**1.** 離反，仲違い，疎遠　**2.** 財産の（所有権の）譲渡　**3.** 無感覚，麻痺，精神錯乱（= mentis alienatio）

aliēnigenus　a.1.2　aliēnigen-a, -um　§50　[alienus, genus]　外国（から）の，異国の，異種の，異質の，見知らぬ　（名）
aliēnigena　m.　-genae　*1*　§11　外国生まれの人，異国人，見知らぬ人

aliēnō　*1*　aliēnāre, -nātum　§106　[aliēnus]　**1.** 遠ざける，不和にする，疎遠にさせる，そむかせる　**2.** （所有権）譲渡する，放棄する　**3.** 錯乱させる，狂わせる　**4.** （受）離れる，別れる，敵となる aliquem a se ～ 人と離れる，疎遠となる alienata mente (9f18) 正気を失って urbs alienata 他国の手中に陥っていた町

aliēnus　a.1.2　aliēn-a, -um　§50　[alius]　（比）alienior　（最）alienissimus　**1.** 他人の，見知らぬ，無縁の，親しくない，異なった，外国（人）の　**2.** 敵の，反抗する，離反した　**3.** 不利な，有害な，不適当な，見当はずれの，不調和の　**4.** 錯乱した，狂った alieno (9f10) esse animo in Caesarem カエサルに敵対感情を持っていること homo sum, humani nihil a me alienum puto 私は人間だ，人間に関することは一切私と無縁とは考えない aliena vitia in oculis habemus, a tergo nostra sunt 他人の欠点を我々は目の前に見るが，自分の欠点は背中におんぶしている aliena nobis, nostra plus aliis placent 他人のものは我々に，我々のものは他人に一層気にいる　（名）**aliēnus**　m.　-nī　*2*　§13　外人，他人，見知らぬ人

āliger　a.1.2　āligera, -gerum　§51　[āla, gerō]　羽をつけた，翼をもった

alimentārius　a.1.2　alimentāri-a, -um　§50　[alimentum]　**1.** 食物の，扶養の，生計の　**2.** 公共の慈善事業によって扶養される事に関する，扶養されている

alimentum　n.　alimentī　*2*　§13　[alō]　**1.** 食物，食料，栄養物　**2.** 生命（生計）を維持（支持）するもの・手段，生計（費），扶養（費）　**3.** 施し物　**4.** （火・噂などを）あおり強化し，支えるもの

aliō　副　[alius]　どこか他の所へ，ある別な人に対し，他の主題（目的）に対して alio … alio あちらへ，こちらへ alius alio お互いに別々の方向へ

aliōquī(**n**)　副　[alius, quī]　**1.** その他の点では，他の時に，他の理由で　**2.** さもないと，そうでなければ　**3.** 一般に，元来，概して aut sicarius aut alioqui famosus あるいは人殺し，あるいはその他の点でも名うての悪漢 validus alioqui spernendis honoribus (9f3, 121.3) それでなくても名誉を軽蔑するのに強い決意をもっている（人）

ālipēs　a.3　ālipedis　§55　[āla, pēs]　**1.** 足に羽の生えた，足に羽をつけた　**2.** 足の早い，飛ぶように速い

aliptēs (**-pta**)　m.　aliptae　*1*　§37　<ἀλείπτης　体育競技者（剣闘士）の体に油をぬる人，調教師

aliquā　副　[aliquā, viā]　どうにかして，なんとかして，いろいろと

aliquam　副　[aliqui の *acc.f.sc.*partem]　かなり，ある程度，相当に，十分に aliquam multi (multum) 相当多い，相当の数（量）の

aliquamdiu (**-quandiu**)　（二語又は一語として）　副　かなり長い間，しばらくの間，かなりの距離を

aliquandō (**-o** ?)　　　副　[aliquis, quandō]　いつかある時，かつてある時，以前に，時おり，遂に，やっと aliquando id opus est, sed saepe obest それはときおり役に立つが，しばしば害になる ita amare oportere, ut aliquando esset osurus (145, 116.11)「いつかは憎むことになるかも知れないように人を愛すべきだ」

aliquantō 副 ［aliquantus §9f19］ 少しばかり，ある程度，いくらか，かなり，相当に aliquanto felicior fuit 彼は以前はいくらか幸福であった post aliquanto surrexit 彼はかなり後になって立ち上がった

aliquantulum *n.* aliquantulī *2* §13 ［aliquantus の小］ ほんの僅かの量，少量 （副）**aliquantulum** (9e13) 少しばかり，ちょっと

aliquantum *n.* aliquantī *2* §13 **1.** ある程度の数量，かなりの数量 **2.** 少量，小数，一部，小片，少し （副）**aliquantum** (9e13) ちょっと，少し 多少とも，いくらか ある程度

aliquantus *a.1.2* aliquant-a, -um §50 ［alius, quantus］ ある程度の，かなりの，多少の，かなり大きな，多くの，著しい，目立つ

aliquātenus 副 ある程度まで，いくらか，多少とも

aliquī 不形 aliqua(ae), aliquod §84 いくらかの，多少の，ある(種の)，ある程度の aliqui sensus 多少の感覚 aliquod magnum malum いくらか大きな不幸

aliquis 不代 (aliqua), aliquid §84 ある人，だれか，だれでも，何か，あるもの，なんでも si te aliqui timuerunt もし何人かがあなたを恐れていたのなら dicere aliquid 何か(価値のあること)を言う alius aliquis 他の誰かが

aliquō 副 ［aliquis の古・与 *cf.*9d12］ どこかへ，どこかで，どこか外の所に

aliquot (-quod) 無 いくつかの，若干の aliquot de causis いくつかの原因から ～ dies 数日間

aliquotiē(n)s 副 ［aliquot］ 数回，たびたび，何度も

aliter 副 ［alius］ **1.** 違ったやり方で，別なふうに，…とは違って(atque, ac, quam, ut を伴って) **2.** 他の場合には，そうでなければ tu aliter sentias (116.3) atque ego お前は私とは違ったふうに感じるかも知れない non (haud) aliter …と同様に est longe aliter それは事情が大いに違っている aliter ac superioribus annis (9f2) 以前の年(例年)と違って

ālitis → āles

alitus → alō

aliubī 副 **1.** 別の所で，外の場合に **2.** 時には，ある場合に

ālium (**allium**) āliī *n.* *2* §13 ニンニク

aliundě 副 ［alius, unde］ **1.** 別な(他の)所から，どこか他の所から **2.** 違った(他の)人(物，出典)から **3.** 別な原因(理由)から aliunde alio ある所から別な所へ，あちこちと alius aliunde それぞれ違った所から，それぞれ違った理由から

alius 代形 alia, aliud §95 （形）他の，別の，その他の，残りの，異なった，違った，誰か他の，何か別の （代）他人，別なもの，誰か他の人，何か他のもの (*n.b.*) alius=alter, alii=ceteri の場合がある，しばしば ac, atque, et, quam などを伴う aliud sentire et loqui 話す(している)ことと考え(てい)ることは別だ feci nihil aliud quam laudavi 私はほめる以外に何もしなかった alius alii subsidium ferunt 彼らはそれぞれ別な人たちを助ける alius … alius … plerique ある者は…別な者は…多くは qui discedere animun censent, alii statim dissipari, alii diu permanere, alii semper (死ぬと)魂が肉体から離れると考える人たちの，ある者はすぐ魂は消えると，ある人は長くとどまると，別な人たちは永久にとどまると考えている lux longe alia est solis et lychnorum 太陽の光とランプの光は大きく異なる nihil aliud nisi …以外の何ものでもない

allābor (**adl-**) *dep.3* al-lābī, -lāpsus sum §123(3) ［ad, lābor §176］ **1.** すべるように動く，すべって行く(到着する) **2.** 飛ぶ，帆走する

allabōrō (**adl-**) *1* al-labōrāre, ——, —— §§106, 176 特別に骨折る(努力する)，努めて加える

allacrimo (**adl-**) *1* al-lacrimāre, ——, —— §106 ［ad, lacrimō §176］ に対し泣く，涙を流す

allāpsus *m.* allāpsūs *4* §31 ［allābor］ 滑って近づくこと，流れて行く

alluō

こと

allātrō（**adl-**）*1* al-lātrāre, -rāvī, -rātus §106 ［ad, lātrō §176］ **1.** に吠えかかる **2.** ののしる **3.**（海が）荒れる, とどろきわたる

allātus → afferō

allectō（**adl-**）*1* al-lectāre, ——, —— §106 ［alliciō］おびきよせる, 招く, 誘惑する, 勧誘する

allectus → allegō²

allēgātiō *f.* allēgātiōnis *3* §28 ［allego］ **1.** 他人のためになされる主張, 申し立て, とりなし, 仲裁 **2.** 派遣, 送付

allēgō¹（**adl-**）*1* al-lēgāre, -gāvī, -gātum §106 ［ad, lēgō §176］ **1.** 仲裁人（代理人）として（私用で）派遣する, 送る **2.** 代理人をやとう, 委任する **3.** 主張する, 申し立てる, 弁護する, 例証する, 引用する, 提出する **4.** 詐欺（偽誓）をそそのかす, たくらむ, でっちあげる

allegō²（**adl-**）*3* al-legere, -lēgī, -lectum §109 ［ad, legō §176］ **1.** 選ぶ, 抜擢する, 任命する **2.** 仲間に入れる, 入会を承認する, 認める

allevāmentum *n.* allevāmentī *2* §13 ［allevo］軽減, 緩和, 鎮静

allevātiō *f.* allevātiōnis *3* §28 ［allevo］ **1.** 高めること **2.** 楽にすること, 軽減, 緩和

allevō（**adl-**）*1* al-levāre, -levāvī, -levātum ［ad, levō］§§106, 176 **1.** 上げる, 持ち揚げる, 名声（地位）を高める, 積み重ねる **2.** 軽くする, 減じる, 取り消す（除く）**3.** 和らげる, 慰める adlevor, cum loquor tecum あなたと話していると私は慰められる

alliciō（**adl-**）*3b* al-licere, -lexī, -lectum ［ad, laciō さそう］§§109, 174(2), 176 **1.** そそのかす, 誘う **2.** 引きつける, 説き伏す, 人の心を得る voluntatem alicujus ad recte faciendum (119.4) ～ 人の意欲を正しい行為へと誘う

allīdō（**adl-**）*3* al-līdere, -līsī, -līsum ［ad, laedō］§§109, 174(2), 176 **1.** 投げつける, 打ちつける, ぶつける, 押しつぶす **2.** 難船させる

alligō（**adl-**）*1* al-ligāre, -gāvī, -gātum §106 ［ad, ligō §176］ **1.** あるものをあるものに結びつける, 縛りつける, 一緒にする **2.** 固定する, しっかりと持つ（保つ）**3.** 固くしめつける, 束縛する, 足かせ（手かせ）をかける, 抑えつける, さまたげる, 釘づけにする **4.** 道義的に縛る, 義務を負わす **5.** 傷を包帯する hic (navis) unco non alligat ancora morsu ここでは錨が（船を）曲がった歯で嚙みついて固定させることもない tristi palus inamabilis unda alligat 憎らしい沼（地獄の）が（死者を）いまわしい波でもって縛りつけて離さないのだ lex omnes mortales alligat 法律がすべての死すべき人間を縛りつけている

allinō（**adl-**）*3* al-linere, -lēvī, -litum §109 ［ad, linō §176］ **1.** 広げる, 伸ばす **2.** 塗る, ぬりつける incomptis allinet atrum traverso calamo signum 彼（詩人）は粗笨（ふん）な詩句にはペンを横に引いて（ペンで横線を引いて）黒い印をぬりつける

allīsus → allīdō

Allobrox *m.* Allobrogis *3* §21 （*pl.*）アッロブロゲス人（ガッリアの部族）（*sg.*）一人のアッロブロゲス人

allocūtiō *f.* allocūtiōnis *3* §28 ［alloquor］演説, 訓辞, 勧告, 激励

alloquium *n.* alloquiī *2* §13 ［alloquor］ **1.** 挨拶, 会話, 談話 **2.** 慰めの言葉, 激励（の言葉）

alloquor *dep.3* al-loquī, -locūtus sum §123(3) ［ad, loquor §176］ **1.** 親しく話しかける, 挨拶する **2.** 演説をする, 熱弁をふるう **3.** 慰める, 励ます

allūdō（**adl-**）*3* al-lūdere, -lūsī, -lūsum §109 ［ad, lūdō §176］ **1.** 一緒に（側で）遊ぶ, たわむれる, ふざける, 遊びながら近寄る, ふざけながら挨拶する **2.** 冗談を言う, からかう, ひやかす **3.** 機嫌をとる, 言い寄る **4.** 近づく, 近寄る accedunt et alludunt（少年たちは）近寄って（イルカと）一緒に遊ぶ mare litoribus alludit 海が砂浜とたわむれている

alluō（**adl-**）*3* al-luere, -luī, —— ［ad, lavō］§§109, 174(2), 176 （流れが岸を）洗う, ふれる, しめらす, ぬらす（涙

alluviēs

で)

alluviēs *f.* alluviēī *5* §34 [alluō] 氾濫, 水たまり, 湿地帯, 沈泥

almus *a.1.2* alm-a, -um §50 [alō] **1.** 育てる, 養う **2.** 元気(生命)を与える **3.** 慈悲深い, 好意ある, 母親の(如き)

alnus *f.* alnī *2* §13(3) **1.** ハンノキ **2.** ハンノキで作られたもの, 厚板, 小舟

alō *3* alere, aluī, altum(alitum) §109 [*cf.*altus] **1.** 養う, 飼う, 食物を与える, 育てあげる **2.** (不和を)助長する, 扇動する, (希望を)はぐくむ, 支持する, 育成する, 刺激する, 励ます, すすめる **3.** (政治・軍事力を)強化する, 激しくする, 増進する hominis mens discendo (119.5) alitur 人間の精神は学ぶことで糧を得る quae res vires alit このような事情が(彼らの)体力を強健にしている

aloē *f.* aloēs *1.* §37 **1.** アロエ **2.** この植物の濃縮(ﾉﾉﾉ)汁(下剤)

alpha *n.* 無 **1.** ギリシア語の最初の字母(A, α) **2.** 集団の先頭, 首位

Alpīnus *a.1.2* -pīna, -pīnum **1.** アルプス山脈の **2.** (名. *m.*)アルプス山岳地方の住民

Alpis *f.* (=**Alpēs** *f.pl.*) Alpis (Alpium) *3* §19 アルプス山脈

alsius *a.1.2* alsi-a, -um §50 [algeō] 寒冷で傷つき(痛み)易い, 寒すぎる

altāria *n.pl.* altārium *3* §20 (生贄を供える)高い祭壇

altē 副 [altus §67(1)] (比)altius (最)altissime **1.** 高く, 高い位置に, 氣高く, 崇高に, 地位が高く **2.** 深く, あつく, 強く, かたく **3.** 古く, 遠くに, 昔に rem alte repetere 問題を根本に溯って論じ直す sulcus altius impressus いっそう深く掘られた畝溝(ﾉﾉﾉ)

alter 代形 altera, alterum §§93, 97 (二つのうちの)どちらか一つ(の), 一方(の), 他方(の), 第二(の), 次の, 自分以外の, 他人(の) alter (unus) … alter … 一方は…他方は… unus et alter 一つか二つ, 一人か二人, わずか unus alter 誰かもう

一人 alter ego 第二の自我(友) altera die 次の日に audiatur (116.2) et altera pars 他方の側の言い分も聞いてやるべきだ ab alio exspectes (116.2), alteri quod feceris (116.8) お前は他人にしてやったようなことを他人から期待すべきだ

altercātiō *f.* altercātiōnis *3* §28 [altercor] 論争, 討議, 討論, 口論

altercor *dep.1* altercorārī, -corātus sum §§123(1), 125 [alter] 論じ合う, 口論する, 争う

alternīs 副 [alternus の *pl. abl*] **1.** 交互に, 交替して **2.** 一つおきに, 隔日に, 一年おきに

alternō *1* alternāre, -nāvī, -nātum §106 [alternus] **1.** 交替させる, かわるがわるする, 交互に行う, ある時はこれを, ある時は他のものをもたらす, 交換する **2.** 満ちたり引いたり(行ったり来たり)する, 交互に現れる, 心が動揺する, ゆらぐ, ためらう illi alternantes proelia miscent 彼らはかわるがわる攻撃して戦闘を交える alternare vices 立場を替える, 人の代わりをする alternare fructus 隔年毎に実をつける

alternus *a.1.2* altern-a, -um §50 [alter] **1.** 相互の, かわるがわるの, 交替の **2.** 一つおきの, 一日(一年)おきの **3.** 次々と起こる, 続く alternis paene verbis laudans ほとんど一語おきに誉める canere alterno carmine 二行詩(六脚と五脚の交替する)で歌うこと alterna (9e13) loquentes お互いに話を交わしている人たち

alteruter 代形 alter-utra, alter-utrum §93 **1.** 二つのうちの一つの, どちらかの **2.** 二人のうちの一方の人, 二つのうちのどちらか

alticinctus *a.1.2* alti-cinct-a, -um §50 [altus, cingō] 高く帯をしめた, 裾をからげた, 活動的な

altilis *a.3* altile §54 [alō] **1.** 食用に肥やした, 肥育された **2.** 太った, 莫大な(金) (名) **altilis** *f.* =**altilia** *n.pl. 3* §§19, 20 (食用に)肥やした家禽, ニワトリ

altisonus *a.1.2* -sona, -sonum ［altus＋sonō］ **1.** 高く（天上から）ひびきわたる **2.** 崇高な

altitūdō *f.* altitūdinis *3* §28 ［altus］ **1.** 高さ，（川の）深さ，（城壁の）厚み，太さ **2.** 高位高官，高層建築 **3.** 気高さ，偉大（な魂），深い学殖，明敏 **4.** 深淵，秘密

altor *m.* altōris *3* §26 ［alō］ **1.** 他人の子を育てる人，里親 **2.** 養育者，扶養者

altrīx *f.* altrīcis *3* §21 ［altor］ **1.** 養育する女，乳母(ヲば)，保母 **2.** 養育・保護する女，大地，母国

altus *a.1.2* alt-a, -um §50 ［alō の完分］ （比）altior （最）altissimus **1.** 高い，気高い，誇り高い，偉大な，高貴な（生まれの）**2.** 深い，深遠な **3.** 広い，遠い，古い，厚い，太い，濃い，強い **altum** *n.* altī *2* §14 高所，高位，天空，深い所，地底，深海，博大，広大，深遠，深淵 navis portu se condidit alto 船は港の奥へかくれた in alto vitiorum omnium sum 私はあらゆる悪徳の深淵の中にいるのだ

altus → alō

ālūcinor (**hal-**) *dep.1* ālūcinārī, -cinātus sum §123(1) **1.** うわごとを言う，とりとめのないことを話す，考える **2.** おろかなふるまいをする

aluī → alō

alumnus *m.* alumnī *2* §13 ［alō］ **1.** 養い子，育て子，里子 **2.** 動物の子，若木 Platonis ～ プラトーンの養い子，弟子 （名）**alumna** *f.* alumnae *1* §11 女の養い子，女の里子

alūta *f.* alūtae *1* §11 明礬(みょうばん)でなめされた皮，やわらかい皮（靴，バッグ用）

alveārium *n.* alveāriī *2* §13 ［alveus］ ミツバチの巣箱

alveolus *m.* alveolī *2* §13 ［alveus の小］ **1.** 飼い葉桶形（長方形）の容器，水鉢，たらい，盛り皿 **2.** 浴槽 **3.** 双六盤，遊戯盤

alveus *m.* alveī *2* §13 **1.** 空洞，穴 **2.** 飼い葉桶形の容器，飼い葉桶 **3.** 食卓用盛り皿 **4.** 浴槽 **5.** 船体，船 **6.** 川床，水の流れ，水路 **7.** ミツバチの巣箱 **8.** 遊戯盤，双六盤

alvus *f.*(*m.*) alvī *2* §13 **1.** 腹，下腹，ほてい腹 **2.** 胃，内臓，腸 **3.** 子宮 **4.** 船体 **5.** ミツバチの巣箱

am-, ambi-, amb- 頭 ＜am 古，前 「両側に」 **1.** 両側に，双方とも，二倍の，二重の **2.** 回りに，周囲を，かこんで

amābilis *a.3* amābile §54 ［amō］ （比）amabilior （最）amabilissimus 愛されるにふさわしい，愛らしい，気立てのいい，優しい （副）**amābiliter** §67(2) （比）amabilius 愛情をこめて，気持ちよく，やさしく

āmandō (**āmendō**) *1* ā-mandāre, -dāvī, -dātum §106 ［ab, mandō §176］ 遠ざける，追放する

amāns *a.3* amantis §58 ［amō の現分］ （比）amantior （最）amantissimus 愛している,情の深い amans patriae (tui) (9e3) 祖国（あなた）を愛している（人）（副）**amanter** §67(2) （比）amantius （最）amantissime 愛情をこめて，愛らしく

amaracus (**-cum**) *m.*(*f.*), (*n.*) amaracī *2* §13 **1.** マヨラナ **2.** ナツシロギク

amarantus *m.* amarantī *2* §13 アマランサス，ハゲイトウ

amārē 副 ［amārus］ （最）amārissimē ふきげんな顔をして，意地わるく，耐え難い思いで

amāritiēs *f.* amāritiēī *5* §34 ［amārus］ 苦味，苦しさ

amāritūdō *f.* amāritūdinis *3* §28 ［amārus］ **1.** 苦味，渋味，酸味，ぴりっとする味 **2.** 激しさ，つらさ，辛辣，苦々しさ，苦渋

amāror *m.* amārōris *3* §26 ［amārus］ 苦味

amārus *a.1.2* amār-a, -um §50 （比）amarior （最）amarissimus **1.** 苦い味の,（塩）辛い，すっぱい **2.** つんとくる（匂い），甘くない（酒），耳ざわりな（声）

Amaryllis   40

3. 苦々しい，いやな，不快な，つらい，苛酷な **4.** 厳しい，しんらつな，意地の悪い，気難しい，皮肉な

Amaryllis *f.* Amaryllidis *3* §41.6b 牧歌における女の羊飼いの名

amātor *m.* amātōris *3* §26 ［amō］ 愛する人，友，敬慕者，求愛者

amātōriē 副 ［amātōrius §67(1)］ ほれて，深い愛情をこめて

amātōrius *a.1.2* amātōri-a, -um §50 ［amātor］ **1.** 愛(恋)人の，愛情(恋情)の **2.** ほれた，熱愛している **3.** 好色の，ほれさせる

Amāzōn *f.* Amāzonis *3* §41.8c (神)女武者のみの民族

ambactus *m.* ambactī *2* §13 ＜ガ 従属者，奴隷，家来

ambāgēs *f.pl.* ambāgum *3* §21 **1.** 遠回りの道，曲がりくねった道，迷路 **2.** 回りくどい表現，謎めいた(あいまいな)言い回し，脱線，逃げ口上，遁辞 missis ambagibus 回りくどい表現なしに eā ambage (*sg. abl.*) Chalcedonii monstrabantur その謎めいた言葉によってカルケドンの市民が暗示されていた

ambedō 不規 amb-edesse, -ēdī, -ēsum §160 ［ambi, edō］ 食べ(飲み)つくす，焼きつくす，無に帰せしめる

ambigō *3* amb-igere, ——, —— §109 ［ambi, -agō §174(2)］ **1.** 二つの側から追求する，ある所を囲む **2.** 論争する，口論する，議論する，争う **3.** 疑う，ためらう **4.** (受)論争中である，係争中である，争われている，未解決である haud ambigam (116.3) hicine fuerit (116.10) Ascanius an この子がアスカニウスであったかどうかについては，私はほとんど疑わないだろう de hereditate ambigitur (172) 遺産相続について係争中だ

ambiguē 副 ［ambiguus §67(1)］ **1.** あいまいに，疑わしく **2.** どっちつかずに，優柔不断に，不信な態度で **3.** 勝敗(決着)がつかないまま

ambiguitās *f.* ambiguitātis *3* §21 ［ambiguus］ 両義性，あいまいな表現(語句)

ambiguus *a.1.2* ambigu-a, -um §50 ［ambigō］ **1.** 二つの間でためらう，両方にかたむく，どっちつかずの，あいまいな，決めかねている，疑っている **2.** 一つ以上の意味をもつ，両義の **3.** 結果の不明な，勝敗のきまらぬ **4.** 未解決の，議論の余地のある，論争(係争)中の **5.** 疑わしい，信頼できない，あやしい，不審な **6.** 見込みのない，都合のわるい，困った，不安な ambigui lupi 狼とも人ともわからぬ者ども quid vitarent (116.10) quid peterent, ambigui 彼らは何を避けるべきか，何を求めるべきかわからなくて ambiguus imperandi (9c13, 119.2) 命令することをためらっている(彼) ambiguam tellure novā (9f15) Salamina (9e11) futuram 新しい土地にサラミスができて(新旧サラミスが)名前を争うことになろう　(名)**ambiguum** *n.* ambiguī *2* §13 両義性，あいまいさ，不明瞭な表現，不明 spes et praemia in ambiguo, certa funera et luctus 希望や報酬は不明でも死亡や哀悼は明白であった

ambiō *4* amb-īre, -īvī, (-iī), -ītum §111［ambi, eō §174(2)］ §11 **1.** 歩き廻る，取り囲む **2.** (投票)頼んで回る，乞い求める，言い寄る **3.** 抱く，包む，巻く te pauper ambit prece お前を，貧乏人が祈願で取り囲む

ambitiō *f.* ambitiōnis *3* §28 ［ambiō］ **1.** (投票・官職を)懇請して歩き回ること，人の好意・支持をうるさくせがむこと，きげんをとること，言い寄ること **2.** 官職を求めての腐敗した常套手段，贈収賄，買収，汚職 **3.** 官職への立候補，官職をめぐる競争，張り合い **4.** 野心，名誉欲，功名心 **5.** 大言壮語，えこひいき，あゆ **6.** 華美，はで好み，虚飾 miserrima est ambitio honorum 猟官ほど惨めなものはない funerum nulla ～ (彼らの)葬式には虚飾なし(見栄を張らない)

ambitiōsē 副 ［ambitiōsus §67(1)］ (比)ambitiosius　(最)ambitiosissime **1.** 人の好意(晶屓)を得ようと願って，頼んで回って，熱心に **2.** 出世欲，名誉心をもって，野心を抱いて **3.** これ見よがしに，派

手に

ambitiōsus *a.1.2* ambitiōs-a, -um §50 ［ambitiō］ （比）ambitiosior **1.** からみついた，まきついた，抱きついた **2.** 歩き回っている，人気(好感)を得ようと熱心な，周囲の人の機嫌をとって **3.** 名誉(出世)欲のある，野心のある **4.** これ見よがしの，派手な，目立つ Damalis (41.6b) hederis ambitiosior キヅタよりもしっかりとしがみついている(恋人)ダマリス ambitiosa recidet (116.2) ornamenta これ見よがしの文飾は，(立派な詩人は)削るべきだ

ambitus *m.* ambitūs *4* §31 ［ambiō］ **1.** 巡回，回り道，回転(天体)，(川)蛇行，周期 **2.** (修)迂言法，完成文，美文 **3.** 野心，功名心 **4.** 不正な手段による選挙，(猟官)運動，奸策，術策，贈収賄 **5.** 誇示，見せかけ lex ambitus (de ambitu) 贈収賄法 damnatus est ambitus (9c10) 彼は買収罪で有罪と判決された

ambō 名・形・不規 ambae, ambō ＜ ἄμφω 属(*m.n.*)ambōrum；ambārum (*f.*)与・奪(*m.n.*)ambōbus；ambābus (*f.*) 対(*m.*)ambō(-ōs), (*f.*)ambās, (*n.*)ambō duo(§100)と同じ変化をする *cf.* §45 両方(の)，双方(の)，二つ(二人)一緒の，同時の，一対の二つ，二つのうちのそれぞれ ambo perierunt 二人揃って(同時に)死んだ

ambrosia *f.* ambrosiae *1* §11 ＜ἀμβροσία **1.** 神の食物，不老不死の滋養物 **2.** 神の香油 **3.** 天馬の飼い葉 **4.** 体を癒す伝説的な薬草

ambrosius *a.1.2* ambrosi-a, -um §50 ＜ἀμβρόσιος アンブロシアの如き，不老不死の，神にふさわしい，神の如き

ambūbāia *f.* ambūbāiae *1* §11 シュリア(生まれ)の踊り子，芸者，娼婦

ambulātiō *f.* ambulātiōnis *3* §28 ［ambulō］ **1.** 歩き回ること(演台で) **2.** 歩行(体育訓練として)，散策，散歩 **3.** 遊歩道，散策路，歩行，体育室，逍遙柱廊

ambulātiuncula *f.* ambulātiunculae *1* §11 ［ambulātiō の小］ **1.** 小さな

(短い)散歩，歩行 **2.** 小さい遊歩室，小さい歩道

ambulātor *m.* ambulatōris *3* §26 ［ambulō］ **1.** ぶらぶら散歩する人 **2.** 行商人

ambulātōrius *a.1.2* ambulātōri-a, -um §50 ［ambulō］ 動き回る，可動性の，移(動)し得る

ambulō *1* ambulāre, -lāvī, -lātum §106 ［ambiō］ **1.** (人，馬)歩き回る，歩く，歩いて行く，(船)進む，(川)流れる **2.** 散歩する，ぶらぶらする **3.** 旅行する，旅に出る **4.** (体育訓練で)歩行する **5.** (軍隊)行進する bene ambula (107.3) よい旅を

ambūrō *3* ambūrere, -bussī, -bustum §109 ［ambi, ūrō］ **1.** 回りを焼く，表面を焼く，焦がす，あぶる **2.** 杭の先を焦がす **3.** 火葬にする **4.** 霜焼(凍傷)をおこさせる fama est (171) esse libris ambustum propriis 彼は自分の書いた本で死体を焼か(火葬さ)れたという噂である

ambussī, ambustus → ambūrō

amellus *m.* amellī *2* §13 シオン

āmēns *a.3* āmentis §55 ［ab, mēns］ (比)amentior (最)amentissimus **1.** 無感覚の，正気を失った，我を忘れた，愚かな **2.** ひどく興奮した，取り乱した，気違いじみた

āmentia *f.* āmentiae *1* §11 ［āmēns］ **1.** 逆上，愚鈍，狂気(の沙汰) **2.** 詩的霊感(陶酔)，烈しい興奮

ām(m)entō *1* āmentāre, -tāvī, -tātum §106 ［ām(m)entum］ 槍に皮ひもをつける，皮ひもで投げ槍にはずみを与える

āmentum (amme-) *n.* āmentī *2* §13 槍の柄の革紐(かわひも)，投げるときこれを握ってふりにはずみをつける

ames *m.* amitis *3* §21 捕鳥網(かすみ網)の二股の支柱，叉木

āmfrāctus → ānfrāctus

amīca *f.* amīcae *1* §11 ［amīcus］ 女友達，情婦，恋人，娼婦，芸子

amīcē 副 ［amīcus §67(1)］ （比）amicius （最）amicissime 友情をこめ

amiciō

て，親切に

amiciō *4* amicīre, amicuī(amixī), amictum §111 ［ambī, jaciō］ **1.** 回りに投げかける，全体を包む，一面をおおう **2.** 着物を着せる **3.** (受)着物を着る，盛装する nube umeros (9c9) amictus 両肩を雲でおおわれた(神)

amīcitia *f.* amīcitiae *1* §11 ［amīcus］ **1.** 友情，友情の絆，親交，同盟(関係)，友人 **2.** 類似，一致，親近性 est amicitia nihil aliud nisi omnium divinarum humanarumque rerum cum benevolentia et caritate consensio 友情とは神々や人間に関する一切について，お互いに善意と愛情をもって完全に同感すること以外の何ものでもない

amictus, amicuī(amixī) → amiciō

amīcula *f.* amīculae *1* §11 ［amīca の小］ 情婦，恋人，女友達

amiculum *n.* amiculī *2* §13 ［amiciō］ **1.** 外套，マント **2.** 着物，衣服

amīculus *m.* amīculī *2* §13 ［amīcus の小］ 友人，親友，貧しい友

amīcus *a.1.2* amīc-a, -um §50 ［amō］ (比)amicior (最)amicissimus 友情のこもった，親切な，好意ある，愛し(支持，ひいきし)ている (名)**amīcus** *m.* amīcī *2* §13 **1.** 友，仲間 **2.** 同盟者，ローマの友，恋人 **3.** 支持者，同志，一味 **4.** とりまき，従者 certe, veterrimus homini optimus est amicus. たしかに，人間にはいちばん古い友こそいちばんの親友だ amicus certus in re incerta cernitur 信頼できる友人は不遇なときにたしかめられる

amīsī → amittō

āmissiō *f.* āmissiōnis *3* §28 ［āmittō］ 失うこと，奪われること，喪失，損失

āmissus *m.* āmissūs *4* §31 ［āmittō］ 喪失，損失

amita *f.* amitae *1* §11 父方のおば amita magna 祖父の姉妹

āmittō *3* ā-mittere, -mīsī, -missum §109 **1.** 送り出す，放つ，手離す，立ち去らせる，逃す，捕らえそこなう，やりすごす **2.** 放棄する，失う，忘れる **3.** 負ける，敗れる fidem ～ 約束を破る vitam ～ 命を失う

amixī → amiciō

amnicola *m.f.* amnicolae *1* §11 ［amnis, colō］ 川の側に生えているもの

amniculus *m.* amniculī *2* §13 ［amnis の小］ 小川

amnis *m.f.* amnis *3* §19 **1.** 川，小川，川の神 **2.** 水，流れ **3.** 海，海の水，海の潮流 secundo (adverso) amne 川を下って，下流へ，(上流へ) rusticus exspectat, dum defluat amnis 田舎者は川の流れが止まるまで待っている(愚か者はチャンスを逃す)

amō *1* amāre, amāvī, amātum §106 **1.** 愛する，恋をする，好く，ほれる，かわいがる，夢中になる，大切にする，いとおしむ **2.** (不と)欲する，望む，喜んでする amabo (te) お願いだ，後生だから di te ament (116.1) あなたに神の恵みのあらんことを ita me di ament (amabunt) 神に誓って，本当に ita me di amabunt, ut me tuarum (166) miseritum est fortunarum 神かけて，私はあなたの運命を本当に気の毒に思っていたのですよ si vis amari, ama あなたは愛されたいと思ったら(人を)愛しなさい amantium (58) ira amoris integratio 恋人たちの怒りは恋の更新だ hic ames (116.1) dici pater あなた(カエサル)はこの世で(祖国の)父と呼ばれることを喜ばれるように

amoenē 副 ［amoenus §67(1)］ (比) amoenius (最) amoenissimē 気持よく，快く

amoenitās *f.* amoenitātis *3* §21 ［amoenus］ **1.** 快適さ，魅力，気持ちのいいこと，美しさ，ぜいたく **2.** 快適な所，魅力のある所，美しい場所

amoenus *a.1.2* amoen-a, -um §50 ［amō］ (比)amoenior (最)amoenissimus **1.** 快適な，気持ちのよい，魅力のある，嬉しい，感じのよい **2.** ぜいたくな，優美な，洗練された

āmōlior *dep.4* āmōlīrī, āmōlītus

sum §123(4) [ab, mōlior §176]
1. 努力して運び出す, 片づける, 遠ざける
2. 取り除く, 消す, 抹殺する, 処分する
3. 反駁する, 拒否する **4.** そらす, かわす,
防ぐ amoliri juvenem specie (9f11)
honoris statuit 彼はその若者を名誉を口
実にして片づけようと決心した

āmōlīrī, āmōlītus → āmōlior

amōmum（amōmon） *n.* amōmī
2 §§13, 38 ショウガ

amor *m.* amōris 3 §26 [amō]
1. 愛, 恋, 愛情, 欲望, 情欲, 情事, 性
交 **2.** 愛人, 恋人, 愛の神, 恋の歌 nemo
in amore videt 恋は盲目 antiquus amor
cancer est 昔の恋は癌だ(初恋は忘れ難
い) amoris vulnus idem sanat, qui facit
恋の傷をいやすのは, 傷つけた者だけだ

āmōtiō *f.* āmōtiōnis 3 §28
[āmŏveō] 取り除くこと, 遠ざけること,
除去, 剥奪

āmōtus, āmōvī → āmoveō

āmoveō 2 āmovēre, -mōvī, -mōtum
§108 [ab, moveō] **1.** 立ち去らせる,
遠ざける, 運び去る **2.** 取り除く, 追放す
る, 奪う, 剥奪する **3.** 追い払う, かわす,
払いのける, そらす amoto (9f18) quae-
ramus (116.1) seria ludo 冗談はさてお
き我々は真面目な問題を追求しよう ab se
culpam enixe amovens 彼は自分の無実
を熱心に弁明しようと努めつつ

amphibolia *f.* amphiboliae *1*
§11 <ἀμφιβολία あいまい(語法), 両
義(多義)性

Amphīo(n) *m.* Amphīonis 3 §41.8c
(神)Zeus と Antiope の子, Niobe の夫

amphitheātrum *n.* amphitheātrī
2 §13 <ἀμφιθέατρον (楕)円形闘
技場

amphora *f.* amphorae *1* §11
1. 両把手のある大型のかめ(酒, 油の容器)
2. 容積の単位 §198

amplē 副 [amplus §67(1)] （比）
amplius （最）amplissime **1.** 豊かに,
十分に, たっぷりと, 気前よく, 寛大に
2. 豊かな, 堂々たる文体で

amplector *dep.3* am-plectī, am-

plexus sum §§123(3), 125 [am-=
ambi, plectō] **1.** 両腕に抱きしめる, 抱
擁する, 受けとる, 迎える **2.** 心に抱く, し
がみつく, 熱愛する, 没頭する **3.** 論ずる,
従事する, 追求する, 取り扱う, 理解する
4. 囲む, とり巻く, 包む, 含む, 摑む, お
おう corpore serpens arboris amplexus
stirpem 木の幹に体を巻きつけた蛇 suas
possessiones 〜 自分の財産に専念する
urbes muro 〜 町を城壁で囲む

amplexārī, amplexātus → am-
plexor

amplexor *dep.1* amplexārī, -plexātus
sum §123(1) [amplector] **1.** 愛情
をこめて両腕に抱く, 抱擁する, 喜んで迎
える **2.** しがみつく, 大切にする, 愛着を抱
く, かわいがる, 好意を示す, 尊敬する

amplexus *m.* amplexūs 4 §31
[amplector] **1.** 両腕で抱くこと, 両手
で握りしめること, 抱擁, 愛撫 **2.** 巻きつ
けること, からませること, とり巻くこと
3. 円周, 周回

amplificātiō *f.* amplificātiōnis 3
§28 [amplificō] **1.** 増大(増強・増加)
させること, 延長(拡大)させること **2.** 誇張
した(飾り立てた)文体

amplificātor *m.* amplificātōris 3
§26 [amplificō] 増大(増加)させる人,
殖やす人

amplificē 副 [amplificus すばらしい
§67(1)] すばらしく, 立派に, 見事に

amplificō *1* amplificāre, -cāvī,
-cātum §106 [amplus, faciō §173]
1. 大きくする, 増やす, 高める, 拡げる,
伸ばす **2.** (修)詳述する, 飾り立てる, 誇
張する

ampliō *1* ampliāre, -pliāvī, -pliātum
§106 [amplus] **1.** 大きくする, 広くす
る, 増やす, 強くする, 氣高くする, (栄誉・
地位を)高める **2.** (裁判を)延期する, (訴
訟)引きのばす

amplitūdō *f.* amplitūdinis 3 §28
[amplus] **1.** 大きさ, 容積, 広さ **2.** 広
大, 大量, 壮大, 盛大, 重大 **3.** 卓越,
貫禄, 威信, 名声

amplius 副 [amplē の比] もっと多

く，もっと大きく，遠く，長く，よりひんぱんに，さらに，その上に，これ以上 quid amplius quam … …より外に何があるのか hoc（9f6）amplius これ以上 horam（9e8．ロ）〜 一時間以上にわたって non luctabor tecum amplius もうお前とは争わないだろう amplius viginti urbes incenduntur 20 以上の町が焼ける （名）

amplius *n.* -pliī 2 §13 いっそう多くのもの amplius obsidum（9c4）いっそう多くの人質

amplus *a.1.2* ampl-a, -um §50（比）amplior （最）amplissimus **1.** 十分に広い，大きい，多数の，豊富な，浩瀚な，膨大な **2.** 有力な，勢力のある，著名な，偉大な，秀でた，高貴な

ampulla *f.* ampullae 1 §11［amphora の小］ **1.** 球形の（西洋梨形の）ふくらみをもつ両把手つきの（小）瓶（酒，油用） **2.** 誇張した表現，大言壮語

ampullor *dep.1* ampullārī, ampullātus sum §123(1)［ampulla］誇張した（大げさな）表現を用いる，大言壮語する

amputātiō *f.* amputātiōnis 3 §28［amputō］ **1.** 枝を刈り込む（取り払う）こと，剪定 **2.** 刈り込まれた（切り取られた）枝

amputō 1 amputāre, -tāvī, -tātum §106［am(bi), putō］ **1.** まわりを切り取る，切り捨てる，取り除く **2.** 枝を刈り込む，取り払う，剪定する **3.** 切り落とす，切断する，根絶する **4.** 切り詰める，削除する，短縮する **5.** 切り刻む，切れ切れにする amputata（*n.pl.*9e6）loqui 脈絡のない言葉で語る

amurca（**amurga**）*f.* amurcae 1 §11 <ἀμόργη オリーブ（油）のしぼりかす

amygdalum *n.* amygdalī 2 §13 アーモンド（の仁（ ）

amystis *f.* amystidis 3 §41.6a <ἄμυστις 一息に盃の酒を飲み干すこと

an（**anne**）*j.* **1.** …か，それとも…か，という離接文の後半の疑問文や懐疑文を導く，utrum … an も用いられる eloquar

（116.4）an sileam? 話そうか，それともだまっていようか utrum mentitus es an verum dixisti? お前は嘘をついたのか，それとも本当のことを言ったのか intellegere utrum pudor an timor valeret（116.10）廉恥心が勝っていたか，それとも怯懦が勝っていたのかを知ること **2.** an が単独で用いられる場合（イ）cujus pecus? an Meliboei? だれの家畜か，あるいはメリボエウスのか conclamavit, quid ad se venirent（116.10），an speculandi causa? 彼は叫んだ「おまえらはなぜやってきたのか，さては偵察のためか」（ロ）nescio an(anne), haud scio an, dubito（incertum est）an あるいは（恐らく）…かも知れない（間疑と116.10）nescio an hoc melius sit おそらくこの方がもっと良いのかも知れない haud scio an aliter sentias あなたは別な考えかもわかりません

Anacreōn *m.* Anacreōntis 3 §41.4 前六世紀のギリシアの抒情詩人

anagnōstēs *m.* anagnōstae 1 §37 <ἀναγνώστης 朗読者（=lector）

analogia *f.* analogiae 1 §11 **1.** 比，割合 **2.** 語形変化などの類似

anapaestus *a.1.2* anapaest-a, -um §50 <ἀνάπαιστος 短々長格の （名）

anapaestus（*sc.* pes）*m.2* §13

anapaestum（*sc.* carmen）*n.2* §13 短々長格の詩（句），詩行

anas *f.* anatis 3 §21 アヒル，カモ

anaticula *f.* anaticulae 1 §11［anas の小］ アヒルの子，子ガモ

anatocismus *m.* anatocismī 2 §13 複利

Anaxagorās *m.* Anaxagorae 1 §37 前 5 世紀のギリシアの哲学者

anceps *a.3* ancipitis §55［an(= ambi), caput］ 二つの頭の（Janus）**1.** 両刃の，二方面の（戦闘），両側の，二重の **2.** ためらっている，優柔不断の **3.** 両義の，不定の，あいまいな，信頼できない，疑わしい（神託） **4.** 五分五分の，勝敗の定まらぬ **5.** きわどい，危険な（場所）propter ancipitem faciendi（119.2）dicendique

angustē

sapientiam 言動両面で賢いために Lucanus an Apulus, anceps ルーカーニア人かアプーリア人か, どちらの血をひいているのかわからない(私)

Anchīsēs, Ancīsēs, Anchisa *m.* Anchīsae *1* §37 Aeneas の父

Anchīsiadēs *m.* Anchīsiadae *1* §37 Anchises の息子＝ Aeneas

ancīle *n.* ancīlis *3* §20 ヌマ王のとき天から降ってきたと言われる聖楯(マルス神官団が保管していた)

ancilla *f.* ancillae *1* §11 女奴隷, 女中, 下女

ancillāris *a.3* ancillāre §54 女中の, 下女の, 女奴隷の

ancillula *f.* ancillulae *1* §11 [ancilla の小] 奴隷の少女, 若い下女

anc(h)ora *f.* ancorae *1* §11 ＜ ἄγκυρα 錨(いかり) ancoras tollere 錨を揚げる, 出帆する ancoram jacere 錨をおろす

ancorārius *a.1.2* ancorāri-a, -um §50 [ancora] 錨(いかり)の

Ancus *m.* Ancī *2* §13 ローマの第4代の王, Ancus Martius

andabata *m.* andabatae *1* §11 目隠しをして戦う剣闘士

androgynus *m.* androgynī *2* §13 ＜ἀνδρόγυνος 男女両性具有者, 男女(おとこおんな)

Andromacha (-ē) *f.* Andromachae(-ēs) *1* §11(37) Hector の妻

Andromeda *f.* Andromedae §11 ＝ Andromedē Andromedēs §37 エチオピア王 Cepheus の娘

ānellus *m.* ānellī *2* §13 [ānus の小] 小さな輪, 指輪

anēthum *n.* anēthī *2* §13 イノンド(セリ科, 実が香味料)

ānfrāctus (an-?) *m.* ānfrāctūs *4* §31 [am(bi), frangō] 1. まがりくねること, そりかえること, 湾曲, 屈曲 2. 曲がり道, 回り道 3. 循環, 回転, 天体の軌道 4. らせん, 渦巻 5. 婉曲的な表現, 回りくどい言い方 6. 紆余曲折, 錯綜

angiportum *n.* (**-tus,** *m.*) angiportī *2* §§13, 43 [angustus, portus] 狭い道, 路地, 小路, 裏通り

angō *3* angere, ānxī, anctum §109 1. 窒息させる, のどを絞める, 絞め殺す 2. しめつける, 圧迫する, 制限する 3. 苦しめる, 悩ます, 心配させる, 困らせる, いらだたせる 4. 苦痛を与える, 拷問にかける 5. (受)angi animi (9c6) 苦しむ, 煩悶する angor animo (9f3) non auctoritatis armis egere (117.5) rem publicam 国家が必要としているのは(個人的な)権威という武器ではないと私は考えて煩悶する

angor *m.* angōris *3* §26 [angō] 1. 圧迫, 窒息, 呼吸困難 2. 心痛, 煩悶, 苦痛, 心配

anguiculus *m.* anguiculī *2* §13 [anguis の小] 小さな(幼い)蛇

anguifer *a.1.2* angui-fera, -ferum §51 [anguis, ferō] 蛇を持っている(からませている), 蛇の住む, 蛇を養っている

anguigena *m.* anguigenae *1* §11 [anguis, genus] 蛇から生まれたもの, 蛇の子孫

anguilla *f.* anguillae *1* §11 [anguis の小] ウナギ

anguīnus *a.1.2* anguīn-a, -um §50 [anguis] 蛇の, 蛇のような

anguipēs *a.3* anguipedis §55 [anguis, pēs] 蛇の足を持った, 下半身が蛇と化した

anguis *m.* anguis *3* §19 1. ヘビ, 蛇, 竜(りゅう), 水蛇 2. (天)竜座 latet anguis in herba 蛇は草叢(くさむら)にひそんでいる cane pejus et angui (9f6) vitabit 人は(それを)犬や蛇よりも悪いものとして避けるだろう

angulātus *a.1.2* angulāt-a, -um §50 [angulus] かど(角)のある, 隅のある

angulus *m.* angulī *2* §13 1. 角(かど), 三角形の頂点, 突端, (目の)ふち, へり, 端(はし) 2. (家, 箱の)隅, 奥まった(秘密の)かくれ場 3. 入江, 湾

angustē 副 [angustus §67(1)] (比) angustius (最)angustissime 1. せまくるしく, 詰めて, 窮屈に, かろうじて, や

angustiae 46

っと，ぎりぎりに **2.** きっちりと，簡潔に

angustiae *f.pl.* angustiārum *1*
§§11, 45 **1.** 狭い場所，窮屈，狭さ，隘
路，地峡，海峡 **2.** (時，金)不足，欠乏，
制限，困難，窮地，危機，困窮 **3.** 狭い
心，偏狭，卑しさ **4.** 言葉(語彙)の貧困

angustō *1* angustāre, -tāvī, -tātum
§106 [angustus] **1.** せばめる，ちぢめ
る，圧縮する **2.** 減らす，制限する **3.** つめ
込む，おし込む，しめつける

angustum *n.* angustī *2* §13
[angustus] **1.** せまい空間，所，限られ
た範囲(はん) **2.** 危機，困窮，難儀

angustus *a.1.2* angust-a, -um §50
[angō] (比)angustior (最)angustis-
simus **1.** 狭い，限られた，弱い，細い，
薄い，短い **2.** 乏しい，貧しい，苦しい，不
足した **3.** 心の狭い，狭量な，卑小な **4.** 圧
縮された(弁論)，無味乾燥な **5.** ぴんと張
った，ひきしまった，制限された，窮屈な
6. 充満した，こんだ，つまった

anhēlitus *m.* anhēlitūs *4* §31
[anhēlō] **1.** あえぎ，息切れ，喘息 **2.** 吐
き出すこと，呼吸，息，気息 **3.** 蒸気，発
散

anhēlō *1* anhēlāre, -lāvī, -lātum
§106 **1.** あえぐ，息を切らす **2.** 熱風を発
散する，蒸気を出す **3.** 息をする，吐き出
す **4.** あえぎつつ声を出す，熱望する，念
じる scelus anhelans ただひたすら犯罪を
考えている(求めている)

anhēlus *a.1.2* anhēl-a, -um §50
[anhēlō] **1.** あえいでいる，息切れのして
いる，喘息の，鼻息の荒い **2.** 息を切らせ
る，息切れを伴う(を起こさせる) **3.** 蒸気
(熱風)を発散させる

anicula *f.* aniculae *1* §11 [anus
の小] 老婆，老母

anīlis *a.3* anīle §54 [anus] 老婆
の，老婆じみた，年寄りのような （副）
anīliter §67(2) 老婆のように

anīlitās *f.* anīlitātis *3* §21 [anilis]
老齢(女の)

anima *f.* animae *1* §11 *cf.* animus
1. 息，呼吸 **2.** 命，生命 **3.** 人，友，恋人
4. 魂，霊魂，亡霊 **5.** 精神，意識 **6.** 微

風，空気 te meae si partem animae
rapit maturior vis もし時期尚早の暴力
(死)が私の魂の半分であるあなたを奪った
ら animam edere, efflare, emittere 死
ぬ animam agere 死にかかっている quid
si animam debet? ひょっとして彼は魂を
抵当に入れたのでは(借金で首がまわらな
い)

animadversiō *f.* animadversiōnis
3 §28 [animadvertō] **1.** 精神の傾
注，注意の集中，探究，追求，注目，観
察 **2.** 批判，譴責，処罰

animadversor *m.* animadversōris
3 §26 [animadvertō] 注意している
人，見守る人，観察者

animadvertō *3* anim-advertere,
-vertī, -versum §109 [animum,
advertō] **1.** 心を向ける，注目する，見
る，気づく **2.** 観察する，了解する，認め
る，考える **3.** 評価する，注意する，とが
める，罰する，相手を訴える in notandis
(121.3. 奪) animadvertendisque vitiis
prudentissimus 欠点を見つけて批判する
に非常に有能な(人)

animal *n.* animālis *3* §20
[animālis] **1.** 生物，動物，獣(けもの) **2.** 畜
生，やつ，怪物

animālis *a.3* animāle §54 [anima]
1. 空気の，気体の **2.** 魂(命)のある，生き
ている **3.** 生命力のある，生命を維持させ
る **4.** 生物(動物)の

animāns *a.3* animantis §58
[animō の現分] 魂(生命)のある，生き
ている （名）**animāns** *m.* animantis
3 §24 生物，動物，生きている器官

animātiō *f.* animātiōnis *3* §28
[animō] **1.** 生命(魂)を与えること **2.** 生
物，人間

animātus *a.1.2* animāt-a, -um §50
[animō の完分] **1.** 魂(生気，命)を与え
られた，生きている，元気な，勇気ある
2. 心を抱いている，する気になっている，す
る傾向のある bene (male) animatus in
aliquem 誰々に好意(悪意)を抱いている
quemadmodum sis animatus, nescio
あなたがどんな気持ちでいるのか私にはわか

らない

animō *1* animāre, -māvī, -mātum §106〔anima〕**1.** 生命(魂)を与える，吹き込む，生き返らせる，蘇生させる，生かす，活気づける，新鮮にする，復活させる **2.** 励ます，鼓舞する，勇気づける **3.** …する気持を起こさせる，(受)する気になる humus (guttas) exceptas animavit in angues 大地は(血の)雫を受けとめてそれを蛇によみがえらせた terrae suae solo et caelo (9f15) acrius animantur 彼らは彼らの土地の地勢や気候のためいっそう烈しい気性を抱いている

animōsē 副〔animōsus §67(1)〕(比) animosius (最)animosissime **1.** 勇敢に，雄々しく，立派に **2.** 氣高く，高邁に，高潔に **3.** 熱心に，真剣に

animōsus *a.1.2* animōs-a, -um §50〔animus, anima〕(比)animosior (最) animosissimus **1.** 大胆な，勇気ある，勇ましい **2.** 元気な，活発な，熱心な，精力的な，猛烈な，烈しい **3.** 誇り高い，氣高い，高邁な，高潔な，高貴な ego vestra parens, vobis animosa creatis (9f15) お前らの母親である私はお前らを産んだことを誇りに思っている

animula *f.* animulae *1* §11〔animaの小〕小さい命(魂)

animus *m.* animī *2* §13 *cf.* ἄνεμος(精神活動，人格の根源，anima は肉体活動，生命の根源) bestiarum animi sunt rationis (9c13) expertes 獣の魂は理性を欠く homo constat ex animo et corpore 人は精神と肉体からなる **1.** 精神，魂，生命，心 **2.** 思考，意識，知性，感覚，注意，記憶，思慮分別 **3.** 意志，願望，忍耐，志向，良心，性格 **4.** 感情，快楽，喜び，気分，嗜好，頑固，怒り，誇り ex animo 心(の底)から aeger animi (9c6) 心に病める aequo animo (9f9) 平静に animi causā 楽しむために habeo in animo facere (117.4) aliquid 何かをしたいと考えている libros laudando (119.5) animos mihi addidisti あなたは本をほめて私に自信(誇り)を加えてくれた amicitiae vis est in eo, ut unus quasi

animus fiat ex pluribus 友情の力はまさしくこの点に，つまり一つの精神があたかも多くの精神から成り立っているかのような点にある non ex alto venire nequitiam, sed summo animo inhaerere「下劣な根性は心の奥底から出てくるのではなく心の表面にしがみついているだけ」

Aniō *m.* Aniōnis *3* §28 Tiberis 川の支流

ann- → adn-

annālis *a.3* annāle §54〔annus〕**1.** 一年の，一年間続く **2.** 毎年の，一年ごとの **3.** 各年の事件を記録する (名)

annālis *m.* annālis *3* §19 **1.** 年代記(*sc.* liber) **2.** 歴史記述(作品) **3.** 物語

anne → an

anniculus *a.1.2* annicul-a, -um §50〔annusの小〕一年の，一歳の

anniversārius *a.1.2* anniversāri-a, -um §50〔annus, vertō〕**1.** 毎年使用(更新)される **2.** 毎年起こる(現れる) **3.** 毎年祝われる，催される，例年の，毎年の

annōn = an nōn → an

annōna *f.* annōnae *1* §11〔annus〕**1.** 一年の収穫，生産(物) **2.** 生活の糧(ﾃ)，穀物，穀物供給，穀物の値段，市場価格 **3.** 穀物の不足，高騰 vilis amicorum est annona, bonis ubi quid deest 善良な人が何かを必要とするとき，友人が安い値段で手に入ります(善人の面倒を見るのが友人を安く手に入れる方法)

annōsus *a.1.2* annōs-a, -um §50〔annus〕長く生きた，年老いた，昔の，古い，長い間の

annōtinus *a.1.2* annōtin-a, -um §50〔annus, -tinus *cf.* diutinus〕去年の，一年前の

annum *n.* annī *2* §13〔annus〕年俸，一年の支払

annus *m.* annī *2* §13 **1.** 年，季節，年齢，1 年(12 月) **2.** 生涯のある時期，老年 **3.** 年間の産物，穀物 bis (in) anno (9f2) 一年に二度 anno (9f13) 一年前 annum (9e8. ロ) 一年間 ad annum 一年のうちに, 次の年に puer novem annorum (9c5) 九歳の少年 omnibus annis 毎年 omnes annos くる年もくる年も, 永久に pomifer annus 実りの季節

annuus *a.1.2* annu-a, -um §50 [annus] 一年間の, 一年続く, 任期一年の, 毎年の

anquīrō *3* anquīrere, -quisīvī, -quīsītum §109 [an+quaerō] **1.** 探(ﾀ)す, 見つける, 念入りに探す **2.** ～について(de, *gen.*, *abl.*)審理する, 起訴する, 告発する

ānsa *f.* ānsae *1* §11 **1.** 器物の柄(ｴ), 取り手, (戸の)引き手, (刀の)つか **2.** (ひもなどを通す)小さな輪, 耳, くつひもの鳩目 **3.** とめ金, 釣り針 **4.** きっかけ, 機械, 好機

anser *m.* anseris *3* §26 (Juno の聖鳥)ガチョウ

ante 前 (対格支配) **1.** (空間)の前に, 前方に, 面前に **2.** (時間)以前に, 先に **3.** (地位・評価)の上に, より高く, すぐれて ante omnia 何よりも先に ante lucem 夜明け前に paucos ante dies 数日前に felix ante alias virgo 他の女よりもすぐれて幸福な処女 [lettera] data a.d. V.K. Nov. (184) 10月28日に配達夫に託された(手紙)

ante 副 前方に, 前に, 以前に, 先だって ingredi non ante sed retro 前ではなく後を歩く paucis diebus (9f13) ante 数日前に memini Catonem (9e11) anno ante quam est mortuus disserere カトーが死ぬ一年前に論じているのを思い出した → antequam

anteā 副 [ante, eā] 以前は, 昔は

antecapiō *3b* ante-capere, -cēpī, -ceptum (-captum) §110 **1.** 予め(前もって, 先に)摑む, 受け取る, 占領する **2.** 先手をうつ, 先んじる **3.** 予想する, 予期する, 予め準備(手配)する antecepta animo (9f11) rei informatio 予め心に抱かれている事物の知識(先験的心像) noctem ～ 夜を待たない

antecēdēns *a.3* antecedentis §58 [antecēdō の現分] **1.** 先に存在している,

先の, 以前の, 前述の

antecēdō *3* ante-cēdere, -cessī, -cessum §109 **1.** 前を歩む, 先に急ぐ, 早く(先に)着く, 先導する **2.** 先に起こる, 年上である **3.** 勝る, 秀でる, 凌駕する, しのぐ auctoritate (9f3) et aetate ～ 威信の上でも年齢の点でもぬきんでている

antecello *3* ante-cellere, ――, ―― §109 **1.** しのぐ, まさる, 越える, ぬきんでる, 卓越する, 目立つ, 頭角をあらわす nondum omnes fortuna (9f3) antecellis あなたはまだ財産の上では, 万人をしのいでいないのだ

antecēpī → antecapiō

anteceptus → antecapiō

antecessī, antecessus → antecēdō

antecessiō *f.* antecessiōnis *3* §28 [antecēdō] **1.** 先に(前を)行くこと, 先に急ぐこと, 飛び出すこと **2.** 先だつ事実, 動因, 原因, 条件

antecessor *m.* antecessōris *3* §26 [antecēdō] 先駆ける人, 斥候

antecursor *m.* antecursōris *3* §26 [ante, currō] 先駆者, 先発部隊, 前衛隊(*pl.*)

anteeō 不規 ante-īre, -iī(-īvī), -itum §156 **1.** (自)先に立って行く, 先に出発する **2.** 先に起こる, 年上である **3.** (他)勝つ, まさる, しのぐ, ぬきんでる **4.** 先んじる, 機先を制する, 防ぐ candore nives ～ (白い肌が)輝きで雪をしのぐ periculum ～ 危険の先を越す, 予防する

anteferō 不規 ante-ferre, -tulī, -lātum §158 **1.** 先に立って運ぶ, 予め考える, 先を見越して処理する **2.** の方を選ぶ, 好む, 先取りする, 優先させる

antefīxus *a.1.2* ante-fīx-a, -um §50 [ante, figō の完分] 前面に(先に)とり付けられた, 固定された (名)

antefīxa *n.pl.* antefīxōrum *2* §13 神殿, 家の前面にとりつけられたもの, 軒先の(彫像の)装飾がわら

antegredior *dep.3b* ante-gredī, -gressus sum §123(3) **1.** 先に(早く), (前を)進む, 行く, 歩く **2.** 先に起こる, 先立つ, 先んじる

antīquitās

antehabeō *2* ante-habēre, -habuī §108　先に持つ, むしろ…をとる, 好む

antehāc 副　(この時より)以前に, 今まで, 過去に

antelātus → anteferō

antelūcānus (**antil-**) *a.1.2* antelūcān-a, -um §50 [ante, lux] 夜明け前の(時刻の), 夜明けまでつづく, 早朝の

antemerīdiānus *a.1.2* antemerīdiān-a, -um §50 [ante, merīdiem] 午前(中)の, 朝の

antemittō *3* ante-mittere, -mīsī, -missum §109　先に送る, 先発させる

antemna *f.* antemnae *1* §11 帆桁(ほ)

Antēnor *m.* Antēnoris *3* §41.9b　トロイアの王子, Patavium の創建者

antepēs *m.* antepedis *3* §21 [ante, pēs] (四足獣の)前脚

antepīlānus *m.* antepīlānī *2* §13 [ante, pīlānus] pilum(長・重槍)を持って戦う第三列の前で, hasta(短・軽槍)で戦う第一・第二戦闘隊列の軍団兵, つまり hastātī

antepōnō *3* ante-pōnere, -posuī, -positum §109　前におく, 上におく, 高く評価する, むしろ…の方を択ぶ, を好む, よしとする mala bonis (9d4) ponit ante (術策は)善より悪を択ぶ

antequam *j.* …より先に(ante と quam は時に離されたり, 逆さにもなる) Livius fabulam docuit anno ipso ante quam natus est Ennius エンニウスが生まれる一年前にリウィウスは劇を上演した laurum, quam venit, ante vides 彼が来るより先にあなたは栄光を見る antequam verbum facerem (116.6) abiit 私が発言をしようとした矢先, 彼は立ち去った

antēs *m.pl.* antium *3* §19 ブドウの株(木)の列, 隊列

antesīgnānī (**-ig-** ?) *m.pl.* antesīgnānōrum *2* §13 [ante, signa] (軍団)旗の前で戦う精鋭(部隊)

antestō (**anti-**) *1* ante-stāre, -stitī, —— §106 [ante, stō] しのぐ, 立ち

まさる, すぐれている, 卓越する

antēstor (**-te-** ?) *dep.1* antēstārī, -tātus sum §123(1)　証人として呼ぶ(呼び出す)

antetulī → anteferō

anteveniō *4* ante-venīre, -vēnī, -ventum §111 **1.** 先に来る, 前にいる, 最初に着く, 先立つ **2.** 先手をうつ, 予想する, 見越す **3.** まさる, しのぐ omnibus rebus (9d3) amorem (9e11) credo antevenire 愛はあらゆるものにまさると私は信じている

antevertō *3* ante-vertere, -vertī, —— §109 = **antevertor** *dep.3* -vertī §123(3) **1.** 前を(先に)行く, 最初になす, 先立つ, 先んじる **2.** の方を好む, 先に選びとる aliquid omnibus consiliis ～ あらゆる考えよりも先にあることを選びとる

anticipātiō *f.* anticipātiōnis *3* §28 [anticipō] 予見, 予知, 予想

anticipō *1* anti-cipāre, -pāvī, -pātum §106 [ante, capiō] 予めとっておく, 先取りする viam ～ 先頭に立つ

antīcus → antīquus

antidea (古) = antea

antidotum *n.* antidotī *2* §13 <ἀντίδοτον 解毒剤, 治療(法)

Antigona *f.* Antigonae = Antigonē, Antigonēs *1* §37 Oedipus 王の娘

Antiochīa *f.* Antiochiae = Antiochēa, -ēae *1* §37 シュリアの首都

Antiochus *m.* Antiochī *2* §13 シュリアの王たちの名

antīquārius *a.1.2* antīquāri-a, -um §50 [antīquus] 古代の, 古物の (名) **antīquārius** *m.* -rī §13 古代(古物)研究家, 好古家, 信奉者 **antīquāria** *f.* -riae §11 女性の好古家, 古代学者

antīquē 副 [antīquus §67(1)] (比) antiquius 古風に, 旧式に, 古くさいやり方で

antīquitās *f.* antīquitātis *3* §21 [antīquus] **1.** 古いという事実, 性格,

antīquitus 50

古さ，古めかしさ，古風 **2.** 古代の制度，言語，風俗，習慣 **3.** 古代の事件，物語，歴史，伝承 **4.** 古代の人物，作家 **5.** (尊敬すべき理由)古き良き時代，良風美俗，古風な実直，旧套墨守 gravitas plena antiquitatis 神さびた雰囲気に満ちる荘厳美

antīquitus 副 [antīquus] 昔から，古来，昔に，以前に

antīquō _1_ antīquāre, -āvī, -ātum §106 [antīquus] 法案(提案)を拒否(否決)する，拒否の投票をする

antīquus _a.1.2_ antīqu-a, -um §50 (比)antiquior (最)antiquissimus **1.** 古い，古代の，昔の，過去の，以前の **2.** 古くさい，古めかしい，旧式の **3.** いっそう重要な，立派な，より尊敬すべき，権威ある，地位の高い nihil vita (9f6) antiquius existimare 命以上に大切なものはないと考える in antiquum locum honoris restitutus 昔の地位に復された(人)

antistes _m.(f.)_ antistitis _3_ §21 [antestō] 宗教儀式を主宰する人，祭司(長)

Antisthenēs _m._ Antisthenis (-nae) _3_ §42.1b ギリシア哲学の犬儒学派 (cynic school)

antistita _f._ antistitae _1_ §11 [antistes] 女祭司

Antonius _a.1.2_ Antoni-a, -um §50 **1.** ローマの氏族名 **2.** M. Antonius. 雄弁家，執政官 99B.C. **3.** M. Antonius. 三頭官

antrum _n._ antrī _2_ §13 ほら穴，洞窟，岩屋，緑深い小さな谷間，くぼ地

Anūbis _m._ Anubis (又(ﾏﾀ)は) -bidis _3_ §41.6b エジプトの犬の頭を持つ，死者(下界)の神

ānulārius _a.1.2_ ānulāri-a, -um §50 [ānulus] (印章)指輪の (名)**ānulārius** _m._ -lariī _2_ §13 (印章)指輪細工師

ānulus _m._ ānulī _2_ §13 [ānus の小] **1.** 指輪，印鑑指輪 **2.** 金の指輪(騎士階級の特権) **3.** 小輪，小環，鎖鎧(ﾄﾞﾝ)の環(ﾜ) **4.** 巻き毛

ānus[1] _m._ ānī _2_ §13 **1.** 輪，環 **2.** 肛門

anus[2] _f._ anūs _4_ §31 **1.** 老婆，老婦人 **2.** 魔女 **3.** (女，形)老いた，年をとった anus matrona 老貴婦人 anus charta 古文書

anxiē 副 [anxius §67(1)] **1.** 心配して，注意して，小心翼々と **2.** 残念に思って，苦しんで

anxietās _f._ anxietātis _3_ §21 [anxius] **1.** 心配(の種)，苦悩，心痛，不安，悲哀 **2.** 細心の注意，憂慮

anxifer _a.1.2_ anxifer-a, -um §51 [anxius, ferō] 心配(心痛)をもたらす，苦しめる，悩ます，困らせる

anxius (ān- ?) _a.1.2_ anxi-a, -um §50 [angō] (状況，気持について)不安，気がかりな，困った，苦しめる，不安にさせる ira et metu anxius 怒りと恐怖にさいなまれて Galba anxius quonam exercituum vis erumperet (116.10) 軍隊の暴動がどこまで荒れ狂うかを心配したガルバは

apage 間 <ἄπαγε 連れ去れ(動・命) **1.** あっちへ行け，出て行け，消え失せろ **2.** 追い払え **3.** ばかを言うな，くだらない (対と又は単独で用いられる) apage te a me 私の前から消え失せろ apage, hau nos id deceat (116.2) ばかを言うな，そんなことは我々にふさわしくないのだ

Apellēs _m._ Apellis (-lletis) _3_ §42.5 前4世紀の有名なギリシアの画家

aper _m.(f.)_ aprī _2_ §15 イノシシ uno in saltu duos apros capere 一石二鳥

aperiō _4_ aperīre, aperuī, apertum §111 **1.** 覆(ﾌ)いをとる，あける，開く，あけて通す，招く **2.** 開始する，開館(校)する，始める **3.** 明るみに出す，あばく **4.** 打ち明ける，知らせる，説明する，見せる，示す **5.** (穴を)掘る，切り開く，道をあける aperto (9f18) capite ambulo 顔をかくさずに(恥じることなく)歩いている populus Romanus aperuit Pontum ローマ国民がポントゥス王国を開いた aperiebatur causa insidiarum 陰謀の理由が明るみに

だされた

apertē 副 ［apertus §67(1)］ （比）apertius （最）apertissime 包みかくさずに，おおっぴらに，公然と，明らかに，はっきりと，率直に，歯に衣をきせず，積極的に

apertus *a.1.2* apert-a, -um §50 ［aperiō の完分］（比）apertior （最）apertissimus **1.** おおわれていない，むきだしの，開いた，あいている，あらわの，さらされた，無防備の **2.** 明らかな，明るい，率直な，自由な，打ちとけた，おおらかな，大胆率直な campus ～ 立木のない見通しのきく原野 umerus ～ 楯で守られていない右肩 caelum ～ 明るい空 sententia ～ 明晰な意見

aperuī → aperiō

apex *m.* apicis *3* §21 **1.** とがり，尖端，頂点，てっぺん **2.** 山の頂，梢の先，焔の舌端，兜の頂辺，前立，鳥の冠毛，槍の穂先，館，建物の頂，尖塔 **3.** 神官の冠るとがった縁なし帽 **4.** 王冠，栄光 **5.** 長母音記号 hinc apicem Fortuna sustulit 運命の女神がここから栄光を奪いとった in comis flammeus arsit apex 髪の毛の上で焔の舌端がめらめらと燃え上がった

ap(h)ēliōtēs *m.* ap(h)eliotae *1* §37 <ἀφηλιώτης 東風

apicātus *a.1.2* apicāt-a, -um §50 ［apex］ 神官のとがった縁なし帽をかぶった

apis *f.* apis *3* §19 ミツバチ

Āpis *m.* Āpis (Āpidis) *3* §19 (41.6a) エジプト人に崇拝された聖牛

apīscor *dep.3* apīscī, aptus sum §123(3) **1.** つかむ，(病気が)襲う，しっかりと握る **2.** 得る，獲得する，かちとる，確保する **3.** 達する，とどく **4.** 見つける，把握する，理解する

apium *n.* apiī *2* §13 セロリ，野性セロリ

aplustra *n.pl.* aplustrōrum *2* §13 船尾の装飾

apodytērium (-rion) *n.* apodytēriī *2* §§13, 38 <ἀποδυτήριον 脱衣室

（浴室の隣り）

Apollō *m.* Apollinis *3* §28 （神）Zeus と Leto の子，予言，音楽，詩，弓術などの神 （形）**Apollināris** *a.3* -nare §54 **Apollineus** *a.1.2* -nea, -neum §50 Apollo の

apothēca *f.* apothēcae *1* §§11, 37 <ἀποθήκη 倉，倉庫，宝庫，貯蔵室，ブドウ酒貯蔵庫

apparātē 副 ［apparātus §67(1)］（比）apparatius ぜいたくに，念入りに

apparātiō *f.* apparātiōnis *3* §28 ［apparō］ **1.** 供給，支給 **2.** 用意，準備，支度 **3.** 周到な準備，(文体に)こりすぎること

apparātus *a.1.2* apparāt-a, -um §50 ［apparō の完分］（比）apparatior （最）apparatissimus **1.** 準備(用意，支度)された **2.** 立派に(充分に)準備された，装備された **3.** 贅(沢)をつくした，入念な，精巧な **4.** 気どった，こった(文体)

apparātus *m.* apparātūs *4* §31 ［apparō］ **1.** 準備，装置，用意，支度，仕掛 **2.** 兵器，軍備，軍需品 **3.** 諸道具，(公共見世物の)装飾，華麗，誇示 **4.** (文体の)念入りな仕上げ，粉飾

appāreō (adp-) *2* ap-pārēre, -pāruī, -pāritum ［ad, pāreō］ §§108, 176 **1.** 見えてくる，現れる，出現する **2.** 明らかになる，はっきりする，知られる，公になる **3.** 侍する，仕える，従う **4.** (非)明白である (168) apparet servum hunc esse domini pauperis (9c12) このものは，貧乏な主人の奴隷であることは明白だ id quo studiosius absconditur, eo magis apparet それは隠そうと懸命になればなるほどいっそうはっきりしてくる rebus angustis fortis appare 逆境に臨んで勇者であることを示せ

appāritiō *f.* appāritiōnis *3* §28 ［appāreō］ **1.** 奉仕，付添い，世話 **2.** 召使，使用人，付添い，雇人，従者

appāritor *m.* appāritōris *3* §26 ［appāreō］ **1.** 政務官の従者，属官，公僕 **2.** 先駆警吏

apparō (adp-) *1* ap-parāre, -parāvī,

appārui

-parātum ［ad, parō］ 準備する, 用意する, 手配する, 計画する haec facere (117.4) noctu apparabant 彼らはそれらを夜中に実行しようと準備していた

appāruī → appāreō

appellātiō *f.* appellātiōnis *3* §28 ［appellō］ **1.** 話しかけること, 挨拶, 訴えること, (助け)呼び求めること, 名を呼ぶこと **2.** 名称, 名前 **3.** 肩書, 称号 **4.** 発音 **5.** 名詞

appellātor *m.* appellātōris *3* §26 ［appellō］ 訴える人, 上告人, 控訴人

appellō[1] (**adp-**) *1* ap-pellāre, -pellāvī, -pellātum ［ad, pellō］ §§106, 176 **1.** 近寄って話しかける, 挨拶する **2.** 訴える, (助け)求める, 頼む **3.** 名前で呼ぶ, 名づける **4.** (借金)督促する, 告発する, 嫌疑をかける qui ipsorum lingua Celtae, nostra Gallī appellantur 彼ら自身の言葉ではケルタエ人と, 我々の言葉ではガッリア人と呼ばれている人たち appellatus es de pecunia その金を返すようにお前は催促された

appellō[2] *3* ap-pellere, -pulī, -pulsum ［ad, pellō］ §§109, 176 **1.** (他)動かす, 追う, 押し進める, 向ける, 岸に着ける **2.** (自)到着する, 入港する navis appellitur 船が岸に着けられる navis appellit ad eum locum 船がその場所に着く

appendicula *f.* appendiculae *1* §11 ［appendix の小］ 小さな付加物, 付属品

appendix *f.* appendicis *3* §21 ［appendō］ 付加物, 付属品, 添え物, 付録

appendō *3* ap-pendere, -pendī, -pēnsum §109 ［ad, pendō §176］ **1.** 秤(⅛)って分配する, 与える, 支払う **2.** 重さをはかる, 考量吟味する

appetēns *a.3* appetentis §58 ［appetō の現分］ (比)appetentior (最)appetentissimus **1.** あるものを熱心に求めている, 欲している, 得ようと努める, 切望している(属をも支配する 9c13)

2. 強欲な, 欲の深い, 熱心な nihil est appetentius similium (*pl.n.gen.*) sui (9c13) 自分自身に似ているものほど熱心に人が求める(求められる)ものは何もない

appetenter 副 ［appetēns §67(2)］ 貪欲に, がつがつとして, 熱心に

appetentia *f.* appetentiae *1* §11 ［appetō］ 欲望, 食欲

appetītiō *f.* appetītiōnis *3* §28 ［appetō］ **1.** あるものを得ようと願う, 欲する, 努力すること **2.** 願望, 欲求, 努力, 食欲 **3.** 傾向, 性癖 **4.** 衝動, 強欲, 貪欲

appetītus *m.* appetītūs *4* §31 ［appetō］ **1.** 欲望, 熱望, 本能的欲求, 食欲 **2.** 性向, 好み

appetō (**adp-**) *3* ap-petere, -petīvī (-petiī), -petītum ［ad, petō］ §§109, 176 **1.** 手に入れようと努める, 熱烈に求める, ねらう, 切望する **2.** (所)に達しようと努める, 目指す, とりかかる, 試みる, 訪ねる **3.** (敵)突進する, 攻撃する **4.** (自)(時)近づく animus appetit agere (117.4) semper aliquid 精神はたえず何かをしようと欲している umerum gladio ～ 肩を剣で攻撃する dies appetebat その日が近づいていた

appingō *3* ap-pingere, ――, ―― §109 ［ad, pingō §176］ **1.** さらに(上に)塗る, 描く, 描きだす **2.** つけ加える, 補足する

Appius *a.1.2* Appi-a, -um §50 **1.** ローマの個人名 **2.** Appius Claudius Caecus. 執政官 (307.296.B.C.) via Appia Roma から Capua までの道, (2)の Appius が建設した街道

applaudō (**applōdō**) *3* ap-plaudere, -plausī, -plausum §109 ［ad, plaudō §176］ **1.** 叩く, 打つ **2.** 投げつける **3.** 手をたたく, 拍手する

applicātiō *f.* applicātiōnis *3* §28 ［applicō］ **1.** 結びつけること, 付着, 執着 **2.** 結びつき, 関係, 従属関係

applicō (**adp-**) *1* ap-plicāre, -plicāvī (-plicuī), -plicātum (-plicitum) §§106, 176 **1.** しばりつける, 合わせる, 当てる, そばにおく, 寄せかける **2.** 合併する, 加え

る，付ける **3.** 向ける，近づける，導く，すすめる **4.** 上陸させる，接岸させる **5.** (再)専念(没頭)する applicatis ad terram navibus (118.5) 船が岸へ着けられたあと ad historiam scribendam (121.3 対) se 〜 歴史記述に専念する

applōrō *1* ap-plōrāre, -rāvī, -rātum §106 ［ad, plōrō §176］ (そばで)嘆く，悲しむ，泣く(与とも 9d3)

appōnō *3* ap-pōnere, -posuī, -positum §109 ［ad, pōnō §176］ **1.** そこに(そばに，前に，近くに，上に)おく，すえる，のばす **2.** 比較のためにそばにおく，比較する **3.** 食物を食卓にのせる，供する，与える，提供する **4.** はりつける，あてがう **5.** つけ加える，補足する **6.** 命じる，定める，任命する **7.** みなす，勘定に入れる，判断する **8.** 悪企みとして配置する，しかける，けしかける vitiis modum 〜 悪徳に制限を設ける custodem alicui aliquem 〜 (9e3) ある人にある人を番人として配置する(命ずる) apposita secunda mensa (9f18) 第二番目の料理(コース)が提供されると appositum (171. 注) ut teneretur insula (9f11) 彼は島に幽閉されるように命じられた

apporrēctus *a.1.2* apporrēct-a, -um §50 そばで長く体がのばされた(体をのばした)

apportō (**adp-**) *1* ap-portāre, -portāvī, -portātum §106 **1.** 持って行く，運ぶ，持ち去る **2.** こちらへ運んでくる，連れてくる，もたらす，知らせをもってくる

apposcō (**-pōs-** ?) *3* ap-poscere, ——, —— §109 ［ad, poscō §176］ その上に(さらに)要求する

appositē 副 ［appositus §67(1)］ にふさわしいやり方で，適切に，ふさわしく

appositus *a.1.2* apposit-a, -um §50 ［appōnō の完分］ (比)appositior (最)appositissimus **1.** 近くに(向こう側)におかれた，並置された，隣接した **2.** 適応された，適切な，うってつけの，性質の似た，ふさわしい castellum flumini (9d13) appositum 川に隣接した小さな砦 homo

appositus ad audaciam 大胆な行為にうってつけの男

apprecor *dep.1* ap-precārī, -precātus sum §123(1) ［ad, precor §176］ 祈願する，神に助けを求める，嘆願する

apprehendō (**adp-**) *3* ap-prehendere, -prehendī, -prehēnsum = **apprēndō**, -prēnsī, -prēnsum §§109, 174 **1.** つかむ，捉(と)える，逮捕する **2.** 病気が襲う

appressus → apprimō

apprīmē 副 ［ad, primus］ なにものにもまして第一に，卓越して，きわだって，特に，非常に

apprimō (**adp-**) *3* apprimere, appressī, appressum §109 ［ad, premō §176］ **1.** 押しつける，しめつける，圧す，押す **2.** 歯を食いしばる

approbātiō *f.* approbātiōnis *3* §28 ［approbō］ **1.** 承認を与えること，認可，賛同 **2.** 同意，決定，確認，証明

approbātor *m.* approbātōris *3* §26 ［approbō］ 承認(認可)する人

approbō (**adp-**) *1* ap-probāre, -probāvī, -probātum §106 **1.** 是認する，同意する，賛成する，支持する **2.** 優秀(真実)を証明する，賞讃する，確証する sibi non approbans (118.4) 自分に不満なので

appromittō *3* ap-promittere, ——, —— §109 その上に(さらに)約束する，保証する

approperō (**adp-**) *1* ap-properāre, -properāvī, -properātum §§106, 176 **1.** 急ぐ，急いでくる **2.** 急がせる，早める，いそいでなしとげる

appropinquātiō *f.* appropinquātiōnis *3* §28 ［appropinquō］ 近づくこと，接近

appropinquō (**adp-**) *1* ap-propinquāre, -quāvī, -quātum §§106, 176 近づく，接近する

appulī, appulsus → appellō[2]

appulsus *m.* appulsūs *4* §31 ［appellō］ **1.** 近づけること **2.** 上陸，着

aprīcātiō   54

岸，下船 **3.**（接近による）影響，作用，効果

aprīcātiō *f.* aprīcātiōnis *3* §28 [aprīcor] 日光浴，日なたぼっこ

aprīcor *dep.1* aprīcārī, -cātus sum §123(1) 日光浴をする，日なたぼっこをする

aprīcus *a.1.2* aprīc-a, -um §50 （比）apricior （最）appricissimus **1.** 日当たりのよい，沢山の光を持つ **2.** 日光浴をする，ひなたぼっこの好きな

Aprīlis *a.3* Aprīle §54 **1.** ローマの古暦では2月，後に4月 §184 **2.** 4月の

aptē 副 [aptus §67(1)] **1.** きちんと（ぴったりと）合うように **2.** 手ぎわよく，巧みに **3.** 適切に，適正に，当然の如く **4.** 折りよく，時宜を得て **5.** ほどよく，調和して，ふさわしく casum apte et quiete ferre 災難に対し適切に平静に対処すること ad rerum dignitatem apte loqui 主題の品格にふさわしい話し方をすること

aptō *1* aptāre, aptāvī, aptātum §106 [aptus] **1.** 固定する，とりつける，身につける，着る **2.** 合わせる，つなぐ，加える，適応させる **3.** 用意する，供える，使用する ～ arma corpori 武装する se armis (9f11) ～ 武具を身につける，着る

aptus *a.1.2* apt-a, -um §50 [apiō「結びつける」の完分] （比）aptior （最）aptissimus **1.** 結ばれた，つながれた，取りつけられた，合わされた **2.** 似合った，目的にかなった，有用な，適当な **3.** 依存する，頼る，続く **4.** 順序（秩序）正しい，整った，片づいた res inter se ～ お互いに関連した事柄 aptissima sunt arma senectutis artes exercitationesque virtutum 老年に最もふさわしい武具は，美徳の知識と実践である res apta naturae (9d13) 又は ad naturam 本性に叶った事柄 aptior dicendi (9c13) locus 話すのにいっそうふさわしい場所 vestis auro (9f11) apta 金の飾りをつけた着物

apud 前（対格と）（場所）のそばで，所で，近くに，廻りに，前で（人物）の所に，前に，面前で，そばに，間で，中に，の家で，著作の中に，支配（権力）の下に，意見（評価）では apud focum, villam, Numantiam 炉の前で，別荘で，ヌマンティアで apud aliquem commorari ある人の家に逗留する apud majores nostros 我らの祖先の人たちの頃には apud Platonem プラトンの著作の中に

Āpūlus *a.1.2* Āpūl-a, -um §50 Apulia（イタリアの南東の地方）の

aqua *f.* aquae *1* §11 水，海，川，湖，雨，涙，水道，水時計 aquam dare 弁護人に水時計を与える（発言時間を定める）mihi aqua haeret 私の体に水がからみついている（私は途方にくれている）non aqua, non igni, pluribus locis utimur quam amicitia 私は水や火よりもいっそう多くの場合に友情を必要とする

aquaeductus *m.* aquae-ductūs *4* §31 **1.** 水道，導水管 **2.** 水道を引く権利

aquārius *a.1.2* aquāri-a, -um §50 [aqua] 水の，水に関する （名）**aquārius** *m.* aquāriī *2* §13 **1.** 水運び人夫 **2.** 水道（導水管）視察・管理人

aquāticus *a.1.2* aquātic-a, -um §50 [aqua] **1.** 水の，水に関する **2.** 雨をもたらす，水分を含んだ **3.** 水中の，水生の

aquātilis *a.3* aquātile §54 [aqua] **1.** 水の，水のような，水っぽい **2.** 水生の

aquātiō *f.* aquātiōnis *3* §28 水をとってくること，水の供給

aquātor *m.* aquātōris *3* §26 水を取りに行って運んで帰る者

aquila *f.* aquilae *1* §11 **1.** ワシ，ワシ旗（軍団旗）**2.** 切妻，破風 cur in amicorum vitiis tam cernis acutum quam aut aquila aut serpens? 友人の欠点をお前はなぜ，ワシや蛇のように鋭く見つめるのか

aquilifer *m.* aquiliferī *2* §15 [aquila, ferō] 軍団旗手

aquilō *m.* aquilōnis *3* §28 **1.** 北風（北北東の風）**2.** 北 **3.** 北風の神

aquilōnius *a.1.2* aquilōni-a, -um §50 [aquilō] **1.** 北（方）の **2.** 北に向かって，北風を受けて **3.** 北風の神の

aquor *dep.1* aquārī, aquātus sum §§123(1),125 [aqua] 水をとってくる

aquōsus *a.1.2* aquōs-a, -um §50 [aqua] (比)aquosior (最)aquosissimus **1.** 水でいっぱいの，よく灌漑された **2.** 雨の多い，雨を含んだ **3.** 水のように澄んだ

aquula (aquola) *f.* aquulae *1* §11 [aqua の小] 少量の水，小さな流れ

āra *f.* ārae *1* §11 **1.** 神々に捧げられた祭壇 **2.** 家庭の神聖の象徴としての各家の祭壇 **3.** 加護，保護，助け **4.** (天)祭壇座

arabarchēs *m.* arabarchae *1* §37 <ἀραβάρχης エジプトの関税収税吏

Arabia *f.* Arabiae *1* §11 アラビア(アラブ人の国)

Arabs *m.* Arabis *3* §21 **1.** アラブ人 **2.** アラビアの人たち **3.** (形)アラビアの

arānea *f.* arāneae *1* §11 [arāneus] **1.** クモの巣 **2.** クモ plenus sacculus est aranearum 財布はクモの巣で一杯である(からっぽである)

arāneola *f.* arāneolae *1* §11 [arānea の小] (小さな)クモ

arāneōsus *a.1.2* arāneōs-a, -um §50 [arānea] **1.** クモの巣で一杯の **2.** クモの巣のような

arāneum *n.* arāneī *2* §13 [arāneus] **1.** クモの巣 **2.** クモの巣糸のような糸のかたまり

arāneus *m.* arāneī *2* §13 クモ

arātiō *f.* arātiōnis *3* §28 [arō] **1.** 鋤(すき)くこと，耕すこと **2.** 耕地，畠 **3.** 小作地

arātor *m.* arātōris *3* §26 [arō] 耕作者，農夫，小作人

arātrum *n.* arātrī *2* §13 [arō] 鋤(すき)

arbiter *m.* arbitrī *2* §15 目撃者，証人，仲裁者，審判人，裁判官，指導者 ～ elegantiae 良い趣味の鑑定者

arbitra *f.* arbitrae *1* §11 [arbiter] **1.** 女の証人，判定者 **2.** 主婦，女主人

arbitrātus *m.* arbitrātūs *4* §31 [arbitror] **1.** 裁定(権)，選択(権)，判断(力)，考え **2.** 意向，好み，自由裁量，独断 arbitratu suo (meo) vivere 自分の(私の)意のままに，好き勝手に，自分流儀に生きること educari arbitratu alicujus 誰々の意向(裁定)に従って教育される

arbitrium *n.* arbitriī *2* §13 [arbiter] **1.** 仲裁，決定(権)，判決 **2.** 意向，欲望，気まぐれ，意志 **3.** 権力，権威，支配，命令 **4.** 目撃，立証 vixit ad aliorum arbitrium 他人の意向のままに生きた Jovis arbitrio caelum, terra mariaque reguntur ユーピテルの意志に天と地と海は支配されている

arbitrō *1* arbitrāre, -rāvī, -rātum §106 考える，思う，想像する，仮定する，考慮する portus omnis teneri (117.6) ab adversariis arbitrabantur すべての港が敵によって占領されていると考えられた

arbitror *dep.1* arbitrārī, arbitrātus sum §§123(1), 125 **1.** 判断する，決定する，証明する **2.** 考える，信じる，思う，認める **3.** 観察する，注目する，目撃する totius mundi se incolam et civem arbitrabatur 彼は全世界の住民であり市民だと考えていた

arbor (arbos) *f.* arboris *3* §26 **1.** 木 **2.** 帆柱，櫂，絞首台 ～ Jovis カシワ ～ Phoebi ゲッケイジュ

arboreus *a.1.2* arbore-a, -um §50 [arbor] 木の，木に似た，木のような

arbortus *a.1.2* arbort-a, -um §50 [arbor] **1.** 木の **2.** 木のような

arbustum *n.* arbustī *2* §13 [arbustus] **1.** 森，林，植林地，栽培地 **2.** ブドウのつるのまきつかれた木の植え込み(ブドウ園) **3.** (*pl.*)林，やぶ，灌木

arbustus *a.1.2* arbust-a, -um §50 [arbor] **1.** 植林された，栽培された **2.** 木でおおわれた森の **3.** 木にまきつかれた(ブドウのつる)

arbuteus *a.1.2* arbute-a, -um §50 [arbutus] イワナシの，野性イチゴの

arbutum *n.* arbutī *2* §13 **1.** イワナシ(野性イチゴ)の実 **2.** 動物の食べる

arbutus 56

木の葉や小枝

arbutus *f.* arbutī *2* §13(3) イワ
ナシ, 野性のイチゴ

arca *f.* arcae *1* §11 **1.** 大箱, ひ
つ **2.** 金庫, 貴重品箱, 銭箱 **3.** 富, 財貨
4. (監獄の)個室, 独房 **5.** 棺, ひつぎ

arcānō 副 [arcānus] §67(1)
(比)arcanius 秘密に, こっそりと, 内緒
で

arcānus *a.1.2* arcān-a, -um §50
1. 秘密の, 私的な, 心に秘めた, 内奥の,
かくされた **2.** 親しい, 信頼できる **3.** 秘密
を守る, 無口の **4.** 神秘的な, 秘儀の （名）
arcānum *n.* arcānī *2* §13 **1.**
秘密, 神秘, 不思議, 秘奥 **2.** 秘密の場
所 nox arcanis fidissima 秘密を最も固
く守る夜

Arcas *m.* Arcados *3* §41.5b **1.**
Arcadia (Peloponnesus の内陸地方)の
住民 **2.** Zeus とニンフ Callisto の子,
Arcadia の英雄 **3.** (形)Arcadia の

arceō *2* arcēre, arcuī, ──── §108
1. 封じ(閉じ)こめる, せきとめる, しめき
る, 垣で囲む **2.** 制する, 禁じる, おさえ
る, 阻止する **3.** 離す, 近づけない, じゃ
まする, そらせる, 妨げる **4.** 軽蔑する, 拒
否する, 追い返す **5.** 防ぐ, 防衛する, 助
ける, 救う **6.** 保持する, ひきとめる, 拘
留する ille scit ut hostium copiae, tu,
ut aquae pluviae arceantur (116.10) 彼
は知っている, いかにすれば敵の軍勢が阻
止されるか, あなたは知っている, いかにす
れば雨水の流れが変えられるかを(流れをそ
らせるか) collis arcebat ne aggrederen-
tur (116.6.d) 彼らが近づくのをその丘が妨
げていた arcere aliquem a templo (adi-
tu 9f7) ある人を神殿からしめ出す(ある人
の接近を許さない)

arcessītus *a.1.2* arcessīt-a, -um
§50 [arcessō の完分] **1.** arcessō の
完分 **2.** よそからもたらされた, 外来の, 外
国の **3.** 自ら課した （名)**arcessītus**
m. arcessītūs *4* §31 呼びにやるこ
と, 召喚, 招待

arcessō (**accersō**) *3* arcessere,
arcessīvī (-iī), arcessītum §109

1. (人)来させる, 呼びにやる, 迎えにやる,
招く **2.** (物)行って取ってくる, 連れてくる,
引き出す, 輸入する **3.** 召喚する, 告訴す
る **4.** (不幸を)招くきっかけをつくる, 誘う,
引き出す, 理由なく(不当に)加わる si
melius quid habes, arcesse もし何かも
っといいものをお持ちなら取りにくるように
命じてください a villa in senatum arces-
sebatur 彼は別荘から元老院へ来るように
呼ばれた

Archilochus *m.* Archilochī *2*
§13 前7世紀のギリシアの諷刺詩人

Archimēdēs *m.* Archimēdis 又は
-dī *3* §42.1 前3世紀のギリシアの有
名な数学者, 発明家

archipīrāta *m.* archipīrātae *1*
§11 <ἀρχιπειρατής 海賊の首領

architector *dep.1* architectārī,
-tectātus sum §123(1) [architectus]
1. 建物を設計する, 建築する **2.** 設計(計
画)する, 工夫する, 発明する

architectūra *f.* architectūrae *1*
§11 建築術, 建築学

architectus *m.* architectī *2* §13
<ἀρχιτέκτων **1.** 建築家(師) **2.** 設計
者, 計画者, 創始者, 発明家, 張本人

arcitenēns *a.3* arcitenentis §58
[arcus+teneō] **1.** 弓を持っている
2. (名詞化)Apollō の添名(m)

Arctos (**-us**) *f.* Arctī *2* §38 <
ἄρκτος **1.** (天)大(小)ぐま座 **2.** 北極,
北の国, 北国の住民 **3.** 夜

arctus, -a, -um → artus, -a, -um

arcuātus *a.1.2* arcuāt-a, -um §50
[arcus] **1.** 弓形の, アーチ状の **2.** 車蓋
でおおわれた, ずきんをかぶった

arcula *f.* arculae *1* §11 [arca
の小] **1.** (宝石, 香料, おしろいなどを入
れる)小箱, 手箱 **2.** 小さな金庫

arcus *m.* arcūs *4* §33 **1.** 弓
2. (天)射手座 **3.** 虹 **4.** (太陽・月の)かさ,
暈(かさ) **5.** アーチ, アーチ形天井(屋根)
6. 凱旋門 **7.** 弧, 曲線, 湾曲 **8.** 円弧 cito
rumpes arcum, semper si tensum
habueris (116.9) あなたはいつも弓を張っ
ていると, 早く弓をこわすでしょう nec

semper feriet quodcumque minabitur arcus 弓はねらった的にみな，いつでも矢を射あてるとは限らない

ardaliō *f.* ardaliōnis *3* §28 おせっかいな人，つまらぬことを騒ぎ立てる人，多忙な怠け者

ardea *f.* ardeae *1* §11 アオサギ

ārdēns (**a-** ?) *a.3* ārdentis §58 [ārdeō の現分] (比)ardentior (最)ardentissimus **1.** 輝いている，燃え(上がっ)ている，光っている，きらめいている **2.** 火のように熱い，熱烈な，激情的な，熱狂的な **3.** 激しい，猛烈な，野蛮な

ārdenter 副 [ārdēns §67(2)] (比)ardentius (最)ardentissime 燃え上がって，熱烈に，熱狂的に，猛烈に，熱心に

ārdeō (**ar-** ?) *2* ārdēre, ārsī, ārsūrus §108 **1.** 燃えている，燃える，焼ける，きらめく，光り輝く **2.** (激情で)燃えている，いきり立つ，感情が激しくなる **3.** 熱心に求める，熱愛する dolor ossibus ardet 口惜しさが骨の髄まで燃える ardebant occuli 眼光がらんらんと燃えていた arsit virgine (9f15) 彼はその処女に胸を焦がした

ārdēscō (**ar-** ?) *3* ārdēscere, ——, —— §109 [ārdeō] **1.** 火を出す，光を放つ，燃え上がる **2.** 明るくなる，熱くなる，赤熱する **3.** かっとなる，興奮する，熱中する，情熱が高まる，激しくなる indomitas ardescit vulgus in iras 民衆は抑制しがたい怒りへ燃え上がる ardescente pugna (9f18) 戦闘が激しくなり

ārdor (**a-** ?) *m.* ārdōris *3* §26 [ārdeō] **1.** 光，焔，炎上，燃焼，火災 **2.** 灼熱，光り，輝き，閃光，きらめき **3.** (体の)高熱，(精神の)熱中，激情，熱狂，興奮，感激 **4.** 激しい恋情，恋の焔，恋人 ad hostem insequendum (121.3) ardor 敵を追撃する熱意 tu primus et ultimus illi ardor eris お前は彼女にとって最初にして最後の恋人となろう

arduum *n.* arduī *2* §13 [arduus] **1.** 高み，高地，(pl.)天，蒼穹(そうきゅう) **2.** 困難，難事 tendit in ardua virtus 徳は天

を目指す

arduus *a.1.2* ardu-a, -um §50 **1.** 急峻な，高い，近より難い，そびえ立つ **2.** 立ち上がった，直立した，高い所にいる，高みから **3.** 実現し難い，困難な，骨のおれる，厄介な，不運な **4.** 高尚な，高遠な，崇高な rebus in arduis 逆境で quid autem praeclarum non idem arduum? 輝かしくて同時に困難でないものが，一体何があるのか arduus arma tenens (118.4) 彼は立ち上がって武器を手にとると

ārea *f.* āreae *1* §11 [āreō?] **1.** 地面，用地，宅地，空地 **2.** 中庭，境内 **3.** 闘技場，運動場，脱穀場，罠仕掛場

ārēfaciō *3b.* ārē-facere, -fēcī, -factum §110 [āreō+faciō] すっかり乾かす，干す，からす

arēna (**harēna**) *f.* arēnae *1* §11 **1.** 砂，泥，砂場，荒地，海岸，砂漠 **2.** (円形闘技場の)試合場，剣闘士試合 arenae semina mandare 砂地に種をまくこと(無駄骨を折る) arenae (9d13) devotus 剣闘士試合に熱中している(人)

ārēns *a.3* ārentis §58 [āreō の現分] 乾いている，ひからびている，(のどが)かわいている，(水が)かれている，(植物が)枯れ(しおれ)ている

āreō *2* ārēre, ——, —— §108 乾燥している，水がほされている，ひからびている，のどがかわいている，ヒリヒリしている，(植物が)しなびている

Arēopagus *m.* Arēopagī *2* §13 Athenae の Ares(= Mars)の丘，ここに最高裁判所があった，ここの裁判官は Areopagītēs (*m.* -tae *1* §37)と呼ばれた

ārēscō *3* ārēscere, āruī, —— §109 [āreō] **1.** 乾く，干上がる，涸渇する，尽きる **2.** しぼむ，かれる，しおれる

argentārius *a.1.2* argentāri-a, -um §50 [argentum] **1.** 銀の **2.** 金銭の，金融の，貨幣の **3.** 銀行家の (名)

argentāria *f.* -tāriae *1* §11 銀行(*sc.* taberna)，銀行業務(*sc.* ars) (名)**argentārius** *m.* argentāriī *2* §13 銀行家，金融業者

argentātus *a.1.2* argentāt-a, -um
§50 [argentum] **1.** 銀で飾られた, 銀
をかぶせた, 銀のめっきの **2.** 金銭の
argenteus *a.1.2* argente-a, -um
§50 [argentum] **1.** 銀製の, 銀の, 銀
で飾られた **2.** 銀色の, 白銀色の **3.** 銀の
時代の **4.** 金銭の （名）**argenteus** *m.*
argenteī *2* §13 銀貨(*sc.* num-
mus)
argentum *n.* argentī *2* §13 銀,
銀器, 銀製品, 銀貨, 貨幣, 金(⌢⌣)
argilla (-ī- ?) *f.* argillae *1* §11
<ἄργιλλος 白粘土, 陶土
argītis *f.* argītidis *3* §41.6a 白
ブドウの木
Argō *f.* Argūs *3* §41.10b （神）
Iason の一行が金羊毛を求めて Colchis に
航行した船 （形）**Argōus** *a.1.2* -ōa,
-ōum §50 Argo の
Argonautae *m.pl.* Argonautārum
§37,（神）「Argo の乗組員」の意, Iason と
その一行の英雄たち
argūmentātiō *f.* argūmentātiōnis
3 §28 [argūmentor] 立証して説き
伏せること, 論証, 証明
argūmentor *dep.1* argūmentārī,
-mentātus sum §123(1) 論証する,
推論する, 証拠をあげて説得する, 支持す
る es argumentatus amoris esse hoc
signum あなたはこれが愛のしるしだと証
明しようとした
argūmentum *n.* argūmentī *2*
§13 [arguō] **1.** 論議, 論証, 証拠,
しるし, 特徴 **2.** (芸術品, 著作の)主題,
内容, 主旨, 筋(劇), 題材 ex ebore
diligentissime perfecta argumenta 最
も入念に仕上げられた象牙作品の主題
arguō *3* arguere, arguī, argūtum
§109 **1.** 明らかに見せる, 示す, 証明す
る **2.** 断言する, 主張する **3.** あばく, もら
す, 裏切る, 告発する, 密告する **4.** 有罪
を証明する, 有罪を宣告する(判決を下す)
5. 間違いを証明する, 論破する, 非難す
る, 批判する, とがめる virtus arguitur
malis 美徳は不幸によって(に陥ったとき)
明らかに示される laudibus (9f15) argui-

tur vini vinosus Homerus ホメーロスは
酒を称賛したために酒飲みであったと宣告
されている pessimi facinoris (9c10)
aliquem arguere 極悪非道の罪で, ある
人を告発する
Argus *m.* Argī *2* §13 （神）百の
目を持った巨人
argūtātiō *f.* argūtātiōnis *3* §28
[argūtor] ぎいぎいなる(きしる)こと
argūtē 副 [argūtus §67(1)] （比）
argutius （最)argutissime 抜け目な
く, すばしこく, 利口に, 機敏に, 巧妙に
argūtiae *f.pl.* argūtiārum *1* §11
[argūtus] **1.** (表現, 描写, 発言, 身
ぶりの)豊かな表情, 撥剌たる生気, 才気
煥発, 聡明 **2.** 機知, 冗談 **3.** 詭弁, へり
くつ, 奸智, 狡猾 **4.** 精緻, 繊細, 丹念,
洗練, 優美 contractum sollicitudine
(9f11) animum illius (pueris) argutiae
solvunt 心配でしめつけられていた心を, そ
の(少年)の撥剌たる言動が解きほぐしてく
れる
argūtō *1* argūtāre, -tāvī, ——
§106 = **argūtor** *dep.1* argūtārī,
-tātus sum §123(1) [argūtus] 子
供っぽい(くだらない)ことを言う, 無駄口を
たたく, ぺちゃくちゃしゃべる
argūtulus *a.1.2* argūtul-a, -um
§50 [argūtus の小] いくらか(多少)利
口な, 抜け目のない, 狡猾な, 鋭敏な
argūtus *a.1.2* argūt-a, -um §50
[arguō の完分] （比）argutior （最）
argutissimus **1.** 鋭い(さえた)音声を発
す, 美しい旋律で(調子よく)歌う, さやさ
やと(かさかさと)音をたてる(枝葉) **2.** おし
ゃべりの, むだ口をたたく **3.** 雄弁な, 表情
の豊かな, 生き生きとした, 活発な, すば
しこい **4.** 鋭い, 繊細な, 詳細な, 見事な,
優美な **5.** 巧妙な, 抜け目のない, こすい,
利口な, 鋭い **6.** 明白な, 目立つ, 際立っ
た(前兆) litteras quam argutissimas
de omnibus rebus mittere あらゆる主
題について, できるだけ生き生きと叙述し
た手紙を送ること quis in sententiis ar-
gutior? 思考において彼以上に精緻な人が
他にいるか sub arguta ilice さやさやと葉

音をたてているカシの木陰

argyraspides *m.pl.* argyraspidum
3 §41.6a <ἀργυράσπιδες 銀楯
(隊), マケドニア軍の精鋭歩兵隊

Ariadna (**-nē**) *f.* Ariadnae (-nēs)
1 §§11(37) クレータ島の王 Minos と
Pasiphae の娘

āridulus *a.1.2* āridul-a, -um §50
[āridus の小] (いくらか)かわいた, ひか
らびた

āridus *a.1.2* ārid-a, -um §50
[āreō] (比)aridior (最)aridissimus
1. 乾燥した, ひからびた, 枯れた **2.** 喉の
かわいた, 体のやせた, しなびた **3.** 卑しい,
けちな, 貧弱な **4.** 無味乾燥の(文体)
(名)**āridum** *n.* -dī *2* §13 乾い
た所, 陸地, 岸辺

ariēs (**-e-** ?) *m.* ariētis *3* §21
1. 雄羊 **2.** (天)白羊宮 **3.** 破城槌, 城壁の
控え壁

arietō *1* arietāre, -tāvī, -tātum
§106 [ariēs] **1.** 破城槌をぶっつける,
激しく打ち込む(突込む), 突き倒す, 打ち
のめす **2.** 突きあたる, 突撃する, 衝突す
る **3.** (精神を)突き動かす, ぐらつかせる,
責めさいなむ

Arīōn *m.* Arīonis *3* §41.8c
1. Lesbos 島出身の詩人, 歌手, 溺死す
るところをイルカに助けられたという **2.** (神)
Argos 王 Adrastus の持っていた神馬

Ariovistus *m.* Ariovistī *2* §13
ゲルマニアの Suevi 族の王 72B.C. Gallia
に侵入し, 58B.C. Caesar に破られた

arista *f.* aristae *1* §11 **1.** 大麦の
芒(ノゲ) **2.** 穀物の穂(ほ) **3.** 穂状, 花序(カジョ)
4. 身の毛, 鳥肌(トリハダ)

Aristaeus *m.* Aristaeī *2* §13
(神)Apollo とニンフ Cyrene の子, 家畜
と果樹の守護神

Aristarchus *m.* Aristarchī *2*
§13 前2世紀の Alexandria の有名な
学者

Aristīdēs *m.* Aristīdis *3* §42.1
清廉潔白な政治家として有名な Athenae
の人(前5世紀), Themistocles の好敵
手

Aristippus *m.* Aristippī *2* §13
Cyrenae 派(快楽主義)哲学の祖

Aristophanēs *m.* Aristophanis
(-nae) *3* §42.1b 前5世紀の Athe-
nae の喜劇詩人

Aristotelēs *m.* Aristotelis (-lī)
3 §42.1 ギリシアの有名な哲学者(384-
322 B.C.)

arithmēticus *a.1.2* arithmētic-a, -um
§50 <ἀριθμητικός 算術の (名)
arithmētica (*sc.* ars) =
arithmēticē *f.* -mēticae, -mēticēs
1 §§11, 37 算術

arma *n.pl.* armōrum *2* §§13, 46
(イ) **1.** 道具, 機材, 武器, 防具, 製備
2. 干戈, 戦争, 戦闘 **3.** 戦士, 兵, 軍隊,
戦力, 武力 in armis esse 武装している
ad arma ire 武器に訴える, 戦争に行く
silent leges inter arma 戦争中法律は沈
黙する cedant (116.2) arma togae 武器
は市民服に譲歩すべきだ

armāmenta *n.pl.* armāmentōrum
2 §§13, 46(イ) [armō] 帆船の装
具, 帆船の操帆用索具

armāmentārium *n.* -tāriī *2* §13
[armāmenta] 兵器庫, 兵器(工)廠, 造
船所

armārium *n.* armāriī *2* §13
[arma] 用だんす, 衣裳だんす, 食器戸
棚, 飾り棚, 書棚, 本箱

armātūra *f.* armātūrae *1* §11
[armō] 装備, 武具, 武装兵(隊) levis
armatura 軽装(歩兵)隊

armātus *a.1.2* armāt-a, -um §50
[armō の完分] (最)armatissimus
武器を準備した, 武装した, 武器で身を守
った (名)**armātus** *m.* armatī *2*
§13 兵士, 武装者

armātus *m.* armātūs *4* §31
[armō] **1.** よろい, かぶと, 武具, 装備
2. 武装兵 gravis armatus 重装部隊

Armenia *f.* Armeniae *1* §11
アシアの北, ペルシアの北の国 (形)
Armenius *a.1.2* -nia, -nium §50
1. Armenia の **2.** (名. *m.*)Armenia 人

armentārius *m.* armentāriī *2*

armentum 60

§13 ［armentum］ 牛飼い，牧人

armentum *n.* armentī *2* §13
1. 牛，牛の群(れ) **2.** 馬，馬のむれ **3.** 家
畜，(荷)役獣

armifer *a.1.2* armi-fera, -ferum
§51 ［arma, ferō］ **1.** 武器を持ってい
る，武具を身につけた，武装した **2.** 軍人
らしい，好戦的な

armiger *a.1.2* armi-gera, -gerum
§51 ［arma, gerō］ **1.** 武器を持ってい
る，武具を身につけた，武装した **2.** 戦闘
を好む，軍人らしい **3.** 武装者を生む （名）
armiger *m.* armigerī *2* §15
武具を持ち歩く従者，楯持ち，小姓

armilla *f.* armillae *1* §11 ［ar-
mus の小］ **1.** (特に貴婦人の)腕輪，腕
飾り **2.** 軍人の勲章

armipotēns *a.3* armi-potentis
§58 ［arma, potēns］ 戦争に強い，勇
敢な

armisonus *a.1.2* armi-sona, -sonum
§50 ［arma, sonō］ 武器の(かち合う)
音のひびく，鳴りひびく武具を持った

armō *1* armāre, armāvī, armātum
§106 ［arma］ 装備を与える，武装させ
る，兵器を持たせる，戦いに向けて鼓舞す
る

armus *m.* armī *2* §13 （獣の)前
四半部，前足，肩，横腹，(人の)肩，上膊

arō *1* arāre, arāvī, arātum §106
1. 鋤で耕す，すく，耕作する **2.** うねを立
てる，みぞをつくる optat ephippia bos
piger, optat arare caballus 怠け(者の)
牛は馬被いを欲しがり，(怠け)馬は耕作し
たがる frontem rugis (9f11) arat 彼は
額に皺を刻む(皺でみぞをつくる)

Arpīnum *n.* Arpīnī *2* §13 La-
tium 地方の町，Cicero の生誕地 （形）
Arpīnās *a.3* Arpīnātis §55 Ar-
pinum の （名)**Arpīnās** *n.* Arpi-
num の(Cicero の)別荘

arrabō *m.* arrabōnis *3* §28
1. (契約の)手付金，内払い，保証金 **2.** 証
拠，形見

arrēctus *a.1.2* arrēct-a, -um §50
［arrigō の完分］ (比)arrectior **1.** 直

立した，垂直の，切り立った，険しい **2.** ま
っすぐの，ひたむきな，熱心な laudum
arrecta cupido 賞讃へのひたむきな欲望

arrēpō （**adr-**） *3* ar-rēpere, -rēpsī,
―― §109 ［ad, rēpō §176］ **1.** こっ
そりと(ぬき足さし足で)進む，近づく **2.** そ
っと(いつの間にか)入る，しのび込む oc-
cultis libellis saevitiae (9d3) principis
adrepit 彼は密告書によって元首の残酷な
心の中に忍び込む

arrīdeō （**adr-**） *2* ar-rīdēre, -rīsī,
-rīsum §108 ［ad, rīdeō §176］
1. ほほえみかける，ほほえみ返す，微笑し
て答える **2.** (与と，9d1)誰々を喜ばせる，
満足させる，誰々の気に入る ridentibus
arrident humani vultus 人間の顔は微
笑する人に対しほほえみ返すもの quibus
haec arridere velim (116.8) これら(の
詩集)が(その人らの)気に入ることを私が願
っているような人たち

arrigō （**adr-**） *3* ar-rigere, -rēxī,
-rēctum §109 ［ad, regō §174(1,2)］
1. 直立させる，立てる，起こす，起き上が
らせる **2.** 動かす，励ます，刺激する，興
奮させる，勇気づける aures arrigere 耳
をそばだてる in digitos (plantis) arrec-
tus 爪立ちて his animum (9e9) arrecti
dictis 彼らはこれらの言葉で心をなぐさめ
られて(勇気づけられて)

arripiō （**adr-**） *3b* ar-ripere, -ripuī,
-reptum ［ad, rapiō］ §§110, 174(2),
176 **1.** つかむ，捕らえる，ひったくる，引
き立てる，ひきずる **2.** 理解する，把握す
る，わがものとする，所有する，採用する，
受け入れる **3.** 襲う，攻撃する(突然に) ～
aliquem coma (9f3) 人の髪をつかむ ～
aliquem medium ある人の体をつかむ
hanc (terram) adripe velis この土地を
帆船でつかめ(早く上陸せよ) arrepta
manu (9f18) 手を握りしめて(愛情をこめ
て)

arrōdō （**adr-**） *3* ar-rōdere, -rōsī,
-rōsum §109 ［ad, rōdō §176］
1. かじる，かじり取る，嚙みとる **2.** 浸食
(腐食)する

arrogāns （**adr-**） *a.3* arrogantis

artō

[arrogō の現分] §58 （比）arrogantior （最）arrogantissimus **1.** 横柄な，無礼な，威圧的な **2.** 高慢な，尊大な **3.** うぬぼれた，思い上がった，せんえつな adrogantis （9c12） est apud vos dicere あなた方の前で発言することは高慢無礼な人間のやることだ

arroganter 副 ［arrogāns §67(2)] 傲慢不遜にも，横柄にも，うぬぼれて，思い上がって

arrogantia f. arrogantiae 1 §11 ［arrogāns] 尊大，不遜，僭越，横柄（な態度），うぬぼれ

arrogō（adr-） 1 ar-rogāre, -gāvī, -gātum §106 **1.** さらに尋ねる **2.** 一緒に任命する，仲間に加える **3.** 当然の権利として要求する，（権利・所有）承認を求める **4.** 僭越にもわがものと主張する，着服する **5.** 他人のために求める，あてがう，与える nihil arrogabo mihi nobilitatis aut modestiae 私は高貴な血統や高潔な性格が自分にあることの承認を求めるつもりは全くない peractis imperiis decus arrogavit (fortuna) （運命の女神は）あなたが軍隊命令権を行使した結果に対し（あなたの遠征に対して）光栄を与えた

arrōsus → arrōdō

ars f. artis 3 §24 **1.** わざ，手腕，技術，学術，芸術，技芸，手仕事 **2.** 技術の理論，法則，手引き，教科書 **3.** 態度，行状，実践，性格，考え方 **4.** 手練手管，企み，ごまかし **5.** 芸術の仕事，作品 premor arte mea 自分の術の中に陥る quam quisque norit (161) artem, in hac se exerceat (116.2) 人はみな自分のよく知っているわざ（学芸）を通じて，己れ（人格）を鍛え磨くべきだ arte emendaturus (118.2. 未) fortunam 運命（不幸）をわざ（考え方）で修正し，（和らげ）ようとする（人），天は自ら助くるものを助く

ārsī → ārdeō

artē 副 ［artus §67(1)] （比）artius （最）artissime **1.** しっかりと，固く，きつく **2.** すきまなくつめて，ぴったりと，窮屈に **3.** きちんと，厳格に **4.** きっぱりと，断固として ～ dormire ぐっすりと眠る

quam artissime ire できるだけ間隔をつめて進む

artēria f. artēriae 1 §11 ＜ἀρτηρία **1.** 気管（＝ aspera arteria）**2.** 動脈

arthrīticus a.1.2 arthrītic-a, -um §50 ＜ἀρθριτικός リューマチ（関節炎，痛風）におかされている，をわずらっている

articulātim 副 ［articulus] **1.** 関節ごとに，手足ごとに **2.** 1つずつ，1項目ごとに，一音ごとに **3.** はっきりと，逐一，詳細に

articulus m. articulī 2 §13 ［artus の小] **1.**（手足の）関節，指，手足 **2.**（植物の）こぶ，節(†) **3.** 時点，転機，危機 **4.** 文章，成文 **5.**（文）冠詞，代名詞 molli articulo aliquem tangere ある人にやさしく手でふれる

artifex a.3 artificis §55 ［ars, faciō] **1.** 職人（風）の，工芸家の，芸術家のような **2.** 精巧に作られた，抜け目なく仕掛けられた **3.** わざに巧みな，熟練した，老練な **4.** ずるい，こすい （名）**artifex** m. artificis 3 §21 **1.** 技を使う人，技に熟達した職人，専門家，熟練者，師匠 **2.** 芸術家，音楽家，俳優，舞踏家 **3.** 創造者，生産者，作者，著者 **4.** 考案者，計画者，陰謀家，策士，仕掛け人

artificiōsē 副 ［artificiōsus §67(1)] （比）artificiosius （最）artificiosissime **1.** 技芸の法則に従って，技術的に，組織的に **2.** 芸術家風に，巧妙に，風流に，技をつくして **3.** 人為的に，人工的に

artificiōsus a.1.2 artificiōs-a, -um §50 ［artificium] **1.** 技芸の法則に従った（従ってつくられた），精巧な **2.** 技術に長じた，極めて芸術的な，美的な **3.** 人工的な，不自然な **4.** 抜け目のない，ずるい，巧妙な

artificium n. artificiī 2 §13 ［artifex] **1.** 技に熟達していること，老練，器用，技巧，工夫 **2.** 職業，手仕事，商売 **3.** 技芸の体系（理論），芸術作品

artō 1 artāre, -tāvī, -tātum §106 ［artus] **1.** 固定させる，きつく（しっかりと）結びつける **2.** せまい所に封じ込む，おし込む，一杯つめる **3.** せまくする，しめつ

artum 62

ける, ひきしめる **4.** 短くする, 切りつめる, 制限する, 減少させる, 簡略にする

artum *n.* artī *2* §13 ［artus］ **1.** せまい所, 限られた場所（範囲, 地域） **2.** 困難な（危険な）状況, 窮地, 糧食の供給不足 in artum colligere 要約する in artum compulsi 窮地に追い込まれた（人たち）

artus *a.1.2* art-a, -um §50 （比）artior （最）artissimus **1.** 密集した, つめた, ぎっしりの **2.** きつくしめられた, 固い, きつい, 狭い, 接近した **3.** 限定された, 乏しい, 短い, 窮屈な **4.** けちな, しわい **5.** 硬直した, 融通のきかない **6.** 緊張した, 切迫した in artiores silvas carros abdiderunt 彼らはいっそう密生した森の中へ荷車をかくした

artus *m.* artūs *4* §31 **1.** 関節 **2.** 脚, 足, 腕 **3.** 体の部分, 手足, 体全体, 身体 per artus sudor iit 体全体を汗が流れた dolor artuum 痛風

āruī → ārēscō

ārula *f.* ārulae *1* §11 ［āra の小］小さな祭壇

arund- → harund-

arvīna *f.* arvīnae *1* §11 脂肪, 豚の脂肪

arvus *a.1.2* arv-a, -um §50 ［arō］耕作に適した, 鋤で耕された （名）**arvum** *n.* arvī *2* §13 **1.** 耕作地, 農地, 畠 **2.** 土地, 領地, 国 **3.** 田舎, 農村 **4.** 平地, 平野, 陸地, 岸 **5.** 穀物, 収穫物

arx *f.* arcis *3* §21 ［arceō］ **1.** 要塞, とりで, 防御, 避難所 **2.** 頂, 丘 **3.** カピトーリウム（丘）の南西の頂 facere arcem ex cloaca 針小棒大に言う

as（ā- ?） *m.* assis *3* §29 注 **1.** 銅貨（§194）, 貨幣の単位, 1アス, 1文 **2.** 重量の単位 1 アス＝1 リーブラ（§199） **3.** 全部（分割されない）遺産 heres ex asse 全遺産の相続者（唯一人の相続人）perdere ad assem 最後の1文まで失う unius（9c7）aestimemus assis 我々は1文と値をつけよう（少しも重んじないよ, 屁とも思わないよ）assem habeas （116.9）, assem valeas お前が1文しか持

っていないと, 1文の値打ちしかない（人間な）のさ

Ascanius *m.* Ascaniī *2* §13 （神）Aeneas の息子, Alba Longa の創設者

ascendō（**adsc-**）*3* a-scendere, -scendī, -scēnsum ［ad, scandō］ §§109, 174(2), 176 **1.** 登る, よじのぼる, 上がる **2.** 昇る, 立身出世する, 高くなる **3.** 上船する, 馬にのる in caelum, ad honores, murum, navem ~ 天に昇る, 高い地位につく, 城壁によじのぼる, 上船する

ascēnsus（**ads-**）*m.* ascēnsūs *4* §31 ［ascendō］ 登ること, 上昇, 昇進, 坂道, 上り坂, （階）段, 接近すること quod erat difficili ascensu（9f10）それ（その町への接近）は困難な坂道であった

ascia *f.* asciae *1* §11 **1.** 大工の手斧 **2.** 石工のかなづち **3.** 左官（煉瓦職人）のこて asciam cruribus suis inlidere 手斧を自分の足にぶつける（われとわが身を痛めつける）

asciō（**ads-**）*4* ascīre, ——, —— §111 ［ad, sciō §176］ 受け入れる, 採用する, 択ぶ, （として）迎える

ascīscō（**ads-**）*3* a-scīscere, -scīvī, -scītum ［ad, scīscō］ §§109, 176 **1.** 受け入れる, 呼び寄せる, 仲間に加える **2.** 認める, 是認する **3.** わがものとする, 横取りする, 要求する **4.** 採用する, 輸入する, 引きつぐ, 同化する Boios socios sibi adsciscunt 彼らはボイイ族を自分らの同盟者として仲間に加える sacra a Graecis ascita et accepta ギリシアから輸入され受容された祭儀

ascrībō（**ads-**）*3* a-scrībere, -scrīpsī, -scrīptum §109 ［ad, scrībō §176］ **1.** 書き加える, 挿入する, 後でつけ加える（そえる）, 彫像に名を（手紙に日付を）刻み込む（そえる） **2.** （市民・兵籍）名簿に記載する, 団体・組織に属するものとみなす, 会員にする **3.** あてがう, 与える, 定める, 指命する **4.** 帰す, せいとする, 責めを負わす ascribe me talem in numerum 私をその人たちの仲間に加えよ tutorem liberis 〜 ある人を息子たちの家庭教師としてあてがう hoc incommodum Scipioni ascribendum (149) videtur (117.6) この不幸はスキピオーの責任とされて当然と思われる

ascrīptīcius *a.1.2* ascrīptīci-a, -um §50 [ascrībō] (市民・兵として)追加的に(新しく)登録された

ascrīptor *m.* ascrīptōris *3* §26 [ascrībō] 賛成のしるしとして署名を加える人, 連署者, 支持者

asella *f.* asellae *1* §11 [asina の小] 雌の小さいロバ

asellus *m.* asellī *2* §13 [asinus の小] 雄の小さいロバ

Asia *f.* Asiae *1* §11 **1.** アジア大陸, 東方 **2.** 小アジア(黒海と地中海の間) **3.** ローマ属州アシア **4.** ときにトロイア, ペルシアを示す (形)**Asiānus** *a.1.2* Asiān-a, -um §50 **1.** アジアの, 小アジアの, ローマ属州アシアの **2.** (名)*m.2.* §13 (イ)アジア(アシア)の住民 (ロ)アジア風の華やかな文体の雄弁家

Asiāticus *a.1.2* Asiatic-a, -um §50 **1.** アジア, アシアの **2.** アジア風の華やかな文体の **3.** アシア征服者の意の緯名

asīlus *m.* asīlī *2* §13 アブ(牛馬にたかる)

asina *f.* asinae *1* §11 雌のロバ

asinus *m.* asinī *2* §13 **1.** 雄のロバ **2.** 馬鹿者, まぬけ, のろま ab asinis ad boves transcendere ロバからウシに移り変わること(出世すること) neque homines magis asinos unquam vidi わしはいまだかつてロバよりも馬鹿な(こんな)人間を見たことがない

asōtus *m.* asōtī *2* §13 大食漢, 放蕩者, 無頼の徒

aspectābilis *a.3* aspectābile §54 [aspectō] (比)aspectabilior 見られる, 見られるに価する, 見てたのしい

aspectō *1* aspectāre, -tāvī, -tātum §106 **1.** 凝視する, 注視する, 観察する **2.** 顧慮する, 重んじる **3.** の方を向いている, 前にある (collis) qui aspectat arces 城砦の前にある(面と向き合っている)丘

aspectus (**ads-**) *m.* aspectūs *4* §31 [aspiciō] **1.** 見ること, 一目, 一見 **2.** 外観, 様子, 表情 **3.** 視覚(力), 視界 uno aspectu intueri 一目でわかる terribilis aspectu (120.3) 見て恐ろしい(もの)

asper *a.1.2* asper-a, -um §51 (比)asperior (最)asperrimus(§60) **1.** 手障りの荒い, ごつごつした, ざらざらした, 滑らかでない, でこぼこの **2.** 厳しい, とげとげしい, 激しい, 苛酷な, 耐え難い **3.** 狂暴な, 激昂した, 荒々しい, 粗野な, 冷酷な **4.** 苦い, すっぱい, 辛い **5.** 耳障りな, きしる **6.** ぎざぎざの, とがった, 鋭い **7.** もじゃもじゃの, 毛の逆立ちした **8.** 扱い難い, 困難な, 手に負えない, 危険な aspera multa pertulit 彼は多くの困難に耐えた

asperē 副 [asper §67(1)] (比)asperius (最)asperrimē **1.** 荒々しく, 荒々しい音(声)を立てて, 手荒く **2.** 粗雑に, 下品に **3.** 厳しく, 痛烈に, 徹底的に

aspergō (**adspargō**) *3* a-spergere, -spersī, -spersum §109 [ad, spargō §174(1)(2)] **1.** まきちらす, ばらまく, ふりかける, ぶちまける **2.** かるくぬらす, 注ぐ, 流す, こぼす, あびせる **3.** よごす, 傷つける, けがす, 害する **4.** さらに(加えて)少量ばらまく, 与える, 投げる, ひろげる huic generi orationis aspergentur (116.2) etiam sales この類の弁舌には, (機知の)塩さえふりかけられるべきだ imbre lutoque aspersus 雨にぬれ泥でよごれた(人) vitae splendorem maculis 〜 光栄ある人生を汚点で傷つける pulverem ob oculos aspergere 人の目をくらます(目に砂を投げる)

aspergō (**aspargō**) *f.* asperginis *3* §28 [aspergō] **1.** まき散らすこと, ふりかけること, 水でぬらすこと **2.** はねかえり, とばっちり **3.** 水滴, しずく, しぶき **4.** 雨滴, 雨 salsa spumant aspargine cautes 岩礁が海の波しぶきを浴びて泡をふいている

asperitās *f.* asperitātis *3* §21 [asper] **1.** ざらざら, でこぼこ, ぎざぎざ

ざ **2.** 粗野, 無教養, 無作法, 残酷, 厳格, 鋭さ **3.** 厳寒, 酷暑 **4.** 渋味, 辛辣, 生硬, 耳ざわり **5.** 悲惨, 困難, 逆境 **6.** 激情, 暴力, 狂暴 Stoicorum tristitiam atque asperitatem fugiens ストア派哲学者たちの厳格と一徹さをさけて

aspernātiō *f.* aspernātiōnis *3* §28 [aspernor] 拒絶, 軽蔑, 嫌悪, 忌避, 追い払うこと

aspernor (**ā-** ?) *dep.1* aspernārī, aspernātus sum §§123(1), 125 [aspernō] **1.** 拒絶する, 突き返す **2.** 軽蔑する, さげすむ, 嫌悪する

asperō *1* -perāre, -āvī, -ātum §106 [asper] **1.** 粗くする, 波だたせる **2.** とがらす, 鋭くする **3.** 悪化させる, 激怒させる

aspersī, aspersus → aspergō

aspersiō *f.* aspersiōnis *3* §28 [aspergō] **1.** 上に水をまきちらす(ふりかける)こと **2.** 色を塗りつけること

aspiciō (**ads-**) *3b* a-spicere, -spexī (-spēxī?), -spectum [ad, speciō] §§110, 174(2), 176 **1.** 目を向ける, 見つめる, 気をつける **2.** 直面する, 向かい合っている **3.** 感知(識別)する, 想像する **4.** 考察(調査)する, 考慮する, 同情する, ひいきする, 尊敬する pars Britanniae quae Hiberniam aspicit ヒベルニアと向き合っているブリタンニアの一部 lucem (lumen) 〜 光を見る, 生まれる legatus ad res aspiciendas (121.3) 事情視察の使節

aspīrātiō *f.* aspīrātiōnis *3* §28 [aspīrō] **1.** 吐き出すこと, 吹きかけること, 息吹 **2.** 発散, 蒸発 **3.** 有気音(を出すこと)

aspīrō *1* aspīrāre, -rāvī, -rātum §106 [ad, spīrō §176] （自）**1.** 息を吐く, 風が吹く, 有気音を発する, 芳香を発散する, 蒸発する **2.** 順風を送る, 恩恵を与える, ひいきする, 助ける **3.** 風を向ける, 近づく, 地位・名声を得ようと切望する, あこがれる （他）**1.** 吹かせる, 起こさせる **2.** 吹き込む, 注ぎ込む, つぎ込む, しみ込ます aspirant aurae in noctem

夜が近づくと微風が吹いてくる tibia aspirare (117.3) choris erat utilis 笛は合唱隊に音を送るために(伴奏するため)役立つ ex bellica laude aspirare ad Africanum nemo potest 軍功によってアフリカーヌスの名声に達しようと願うことは誰にも不可能だ Juno ventos aspirat eunti (58) ユーノー女神は出発する彼のために順風を吹かせた

aspis *f.* aspidis *3* §41.6a ＜ἀσπίς (北アフリカの)毒ヘビ

asportātiō *f.* asportātiōnis *3* §28 [asportō] 運び去ること, 除去, 運送

asportō *1* as-portāre, -portāvī, -portātum [ab, portō] §§106, 176 持ち去る, 運ぶ, 移す

asprētum *n.* asprētī *2* §13 [asper] **1.** 荒れた原野 **2.** でこぼこした(凸凹のある)地面(土地), 石だらけの土地

assecla (**assecula**) *m.* asseclae *1* §11 [assequor] 従者, 子分, 手下, 取り巻き

assectātiō *f.* assectātiōnis *3* §28 [assector] **1.** そばに付き添うこと, 同伴すること(特に立候補者のそばに), 支持すること **2.** 探究, 研究

assectātor *m.* assectātōris *3* §26 [assector] **1.** 追従者, 同伴者, 同行, 連れ **2.** 居候, 食客, 子分 **3.** 弟子, 学徒 **4.** 探究者, 帰依者, 信奉者

assector (**ads-**) *dep.1* as-sectārī, -sectātus sum §123(1) [ad, sector §176] **1.** いつもそばにいてつき従う, 付き添う, 同伴する **2.** 支持する, 組みする

assecūtus → assequor

assēnsiō *f.* assēnsiōnis *3* §28 [assentior] **1.** 承認, 同意, 賛同 **2.** 賞讃, 喝采 **3.** 感覚・知覚に対する精神の同意(ストア哲学)

assēnsor *m.* assēnsōris *3* §26 [assentior] 賛成(同意)する人

assēnsus *m.* assēnsūs *4* §31 [assentiō] **1.** 同意, 承認, 賞賛, 喝采 **2.** 類似, 一致, 調和 **3.** 感覚の訴えに対する精神の同意(承認) omnes in assensum consilii sui traduxit 彼は全員を自分の意見に賛成させた vox assensu nemorum ingeminata 人の声が森の賛同（山彦）によって繰り返された

assentātiō *f.* assentātiōnis 3 §28 ［assentor］ **1.** 打算的な同意，賛同，へつらい，お追従 **2.** 同意，賛成 sic habendum (121.1) est nullam in amicitiis pestem esse majorem quam adulationem, blanditiam, assentationem それ故友情にとって阿諛，追従，打算的な同意ほど，ひどい害毒はないということが納得されるべきだ

assentātiuncula *f.* assentātiunculae 1 §11 ［assentātiō の小］ けちな（さもしい）お追従，おべっか

assentātor *m.* assentātōris 3 §26 ［assentor］ **1.** こびへつらう人，おべっか使い，迎合の徒 **2.** 佞臣（ねいしん）

assentātōriē 副 ［assentator］ おもねって，媚びて

assentior （ads-） *dep.4* as-sentīrī, -sēnsus sum ＝ **assentiō** as-sentīre, -sēnsī, -sēnsum ［ad, sentiō］ §§123 (4), 125, 176 同意する，賛成する，よいと認める，真実をみとめる alicui, alicui rei ～ ある人に，あるものに同意する temporibus ～ 時世に順応する adsentio tibi ut in Formiano commorer (116.6) あなたの意見に従って私はフォルミアエの別荘に逗留することにする

assentor （ads-） *dep.1* as-sentārī, -sentātus sum §123(1) ［assentior］ **1.** いつも同意（賛成）する，いつでも誰にでもいいなりになる **2.** 同意して歓心を買う，ごきげんをとる ne me tibi (9d3) assentari putes (116.6) 私があなたにへつらっていると思われ（たく）ないために

assequor （adse-） *dep.3* as-sequī, -secūtus sum §123(3) ［ad, sequor §176］ **1.** ついていく，後をつける，つき従う **2.** 追いつく，届く，達する，出会う，見つける **3.** 争う，競走する，張り合う，匹敵する **4.** 骨折って手に入れる，得る，目的を達成する，成功する，なしとげる **5.** 把握する，理解する si es Romae (70), jam

me assequi non potes あなたがまだローマにいるのなら，もう私に追いつくことはできませんね quomodo istam diem assequitur? どうして彼がその日に追いつけますか（どうしてその日までに目的をなしとげていますか）facultatem dicendi (119.2) ～ 雄弁術を手に入れること

asser *m.* asseris 3 §26 角材，根太（ねだ），梁（はり），柱，杭

asserō[1] （ads-） 3 as-serere, -sēvī, -situm §109 ［ad, serō[1] §176］ そばに植える

asserō[2] （ads-） 3 as-serere, -seruī, -sertum §109 ［ad, serō[2] §176］ **1.** そこへ（自分へ）つなぐ，結びつける **2.** 自分の方へひきよせる，わがものと主張する，帰する **3.** 主張する，断言する，要求する **4.** 支持する，守る，防ぐ virginem in servitutem asserere その処女を（自分の）奴隷だと主張する liberali illam causa manu asserere 彼女を自由確認訴訟において彼女の頭に手をおき自由人として主張（宣言）する

assertor *m.* assertōris 3 §26 ［asserō[2]］ **1.** 裁判官の前である人の身分を奴隷又は自由と主張（宣言）する人 **2.** 防御者，擁護者

asseruī → asserō[2]

asserviō （ads-） 4 as-servīre, -vīvī (-viī), —— §111 ［ad, serviō §176］ 身を捧げる，没頭する，服従する，仕える，助ける

asservō （ads-） 1 as-servāre, -servāvī, -servātum §§106, 176 **1.** 監視する，注意深く見張る **2.** 守る，防ぐ，保護する **3.** 保管する，拘留する

assessiō *f.* assessiōnis 3 §28 ［assideō］ そばに座る（居合わせる）こと

assessor *m.* assessōris 3 §26 ［assideō］ 忠告・相談のためそばに座っている人，補佐，助手，陪席者（判事）

assessus → assideō

assevēranter 副 （比）asseverantius ［asseverō の現分］ 熱心に，力説して，断言的に

assevērātiō *f.* assevērātiōnis 3

assēvērō 66

§28 ［assevērō］ **1.** 強く（おごそかに）断言すること，力説，強調 **2.** 真剣な態度，まじめ，謹厳

assēvērō〈ads-〉 *1* as-sevērāre, -rāvī, -rātum §106 ［ad, sevērus］ **1.** 真剣に（まじめに）話す，断言する，公言する，言明する **2.** はっきりと証明する，歴然と示す idque se facturum esse asseveravit そしてそのことを自分はなすであろうと断言した magni artus Germanicam originem asseverant 彼らの大きな四肢が，彼らがゲルマニア人の起源（血をひいていること）を歴然と示している

assideō〈ads-〉 *2* as-sidēre, -sēdī, -sessum §108 ［ad, sedeō §174(1)(2)］ **1.** そばに（近くに）坐っている（助言者，看護人，顧問，補佐などとして）**2.** 近くに居残る，住む，陣営を張る，野営する **3.** 注意する，専念する **4.** 近くにいる，坐っている assidet mihi recitanti 私が朗読している最中彼は私の側に坐って（聞いて）いた cum muros assidet hostis 敵が城壁を包囲攻撃しているとき parcus assidet insano (9d3) けちんぼうは狂人に近い（似ている）philosophiae ～ 哲学に専念している

assīdō〈ads-〉 *3* as-sīdere, -sēdī, —— §109 ［ad, sīdō §176］ **1.** 坐る，席をとる **2.** 鳥が木にとまる

assiduitās *f.* assiduitātis *3* §21 ［assiduus］ **1.** 不断に（絶えず）その場に居合わせること，出席すること **2.** 持続，継続，不変，固執，反復，くりかえし **3.** 精励恪勤，堅忍不抜，根気

assiduus〈ads-〉 *a.1.2* assidu-a, -um §50 ［assideō］ （比）assiduior （最）assiduissimus **1.** いつも出席している，絶えずそばにいる，従事している **2.** 精勤の，勤勉な，忙しい，しつこい **3.** 不断の，きまった，平常の **4.** 土地に定着している，地主の，金持ちの hostis adsiduus magis quam gravis 強いというよりも，強情一徹な敵 **assiduē** (-ō) *副* 絶えず，続けて，間断なく，変わらずに

assīgnātiō (-sī- ?) *f.* assīgnātiōnis *3* §28 ［assignō］ **1.** 入植者への土地の配分，割当て **2.** 分配，分割

assignō〈ads-〉(-sī- ?) *1* as-signāre, -signāvī, -signātum ［ad, signō］ §§106, 176 **1.** 割り当てる，あてがう **2.** 人のせいにする，（責めを）負わす **3.** 委ねる，ゆずりわたす colonis agros ～ 植民者に農地を割り当てる culpae (9d3) fortunam ～ 罪を不運（偶然）のせいにする

assiliō〈ads-〉 *4* as-silīre -siluī, —— §111 ［ad, saliō §174(1)(2)］ **1.** 上に（向かって）跳ぶ，跳び上がる，はねる **2.** 跳びかかる，襲いかかる，攻撃する，突進する **3.** 跳び移る，飛び越える navis fert assilientia (118.1) aequora 船は飛びかかってくる海の波に耐える

assimilis *a.3* as-simile §54 ［ad, similis］ 非常によく似ている，そっくりの（与とも属とも, 9d13, 9c13）

assimulātiō *f.* assimulātiōnis *3* §28 ［assimulō］ **1.** うわべを装うこと，偽装，見せかけ **2.** 模写，類似，比較

assimulō〈ads-〉 *1* as-simulāre, -lāvī, -lātum §106 ［ad, simulō §176］ **1.** うわべを装おう，見せかける，ふりをする，装おう，変装（偽装）する **2.** 模写（模倣）する，似せる，写す，たとえる，比較する assimulabo quasi nunc exeam (116.9a) 私はいまにも家から出ていくかのようなふりをしてやろう formam totius Britanniae bipenni assimulare ブリタンニア全体の形をもろ刃の斧と比較（形容）する

assistō〈ads-〉 *3* as-sistere, -stitī, —— §§109, 176 **1.** そばに（近くに）立つ（ている），近寄る，姿を現す **2.** 立ちあう，出席する，位置（部署）につく in publico in conspectu patris assistere （息子が）公の場で父の見ている前に姿を現すこと

assoleō〈ads-〉 *2* as-solēre, ——, —— §108 ［ad, soleō §176］ **1.** …するのを習慣としている，…するのが常である **2.** （非）…する習慣である(169) ponite hic quae assolent 彼らがいつもの（いつもおくことにしている）ものをそこへおけ ut assolet いつものように

assonō（**ads-**）　*1*　as-sonāre, ——,
——　§106　［ad, sonō §176］　同時に
（つづいて）音がする, 反響する, 反応する,
答える

asstitī　→ assistō, astō

assuēfaciō（**ads-**）　*3b*　as-suēfacere,
-suēfēcī, -suēfactum　§§110, 176　慣
らす, 習熟させる Gallicis sunt moribus
assuefacti 彼らはガッリア人の風習になれ
ていた assuefacti superari（117.4）　征
服されることになれっこになっている（人た
ち）

assuēscō（**ads-**）　*3*　as-suēscere,
-suēvī, -suētum　§§109, 176　（他）慣ら
す　（自）慣れる, 与と（9d3）, 奪と（9f3）,
ad（in）+ *acc.*　又は不と quieti et otio
～ 静寂と閑暇になれる votis（9f11）jam
nunc adsuesce vocari 今こそあなた（皇
帝）は我々が呼びかけて祈願することに慣れ
られますように

assuētūdō　*f.*　assuētūdinis　*3*　§28
［assuēscō］　**1.** 絶えずくりかえされる実践
（体験）, 習慣, なれ **2.** 親交, 交友関係,
交際

assuētus　*a.1.2*　assuēt-a, -um　§50
［assuēscō の完分］　（比）assuetior　慣
れた, 習熟した, いつもの, 普段の, 親し
い assueti inter se hostes 交戦になれた
敵同士 longius assueto 普段よりも長く
assueti muros defendere（117.3）城壁
を防御するのになれた人々

assula　*f.*　assulae　*1*　§11　（木・石
の）切れ端, かけら, 裂片, こっぱ

assultō（**ads-**）　*1*　as-sultāre, -tāvī,
-tātum　§106　［ad, saltō §174(1)(2)]
飛びかかる, おどりかかる, 突進する, 攻
撃する（与とも, 対とも）assultare tergis
（9d3）pugnantium 戦っている相手の背
後を襲うこと hostes latera et frontem
modice assultantes （我が軍の）両側面と
正面をちょっと攻撃する敵

assultus　*m.*　assultūs　*4*　§31
［assultō］　攻撃, 突進, 襲撃

assūmō（**ads-**）　*3*　as-sūmere, -sūmpsī,
-sūmptum　［ad, sūmō］　§§109, 176
1. 受け入れる, 負う, 選ぶ, 採用する **2.** わ

がものとする, 手に入れる, 得る, 引き受
ける **3.** さらに加えて用いる, 友（従者）に
加える, 追加する aliquem sibi filium ～
ある人を自分の息子として受け入れる（養
子とする）assumpta verba 添名, 比喩
的表現 adsumptis（9f18）ad eum exer-
citum, quem habebat, auxiliis 彼が持っ
ていたその軍隊の上に援軍を加えて

assūmptiō　*f.*　assūmptiōnis　*3*
§28　［assūmō］　**1.** 取得, 入手, 受理,
採用 **2.** 引き受け, 承認 **3.** 前提, 導入,
序論, 話題提供 **4.** 三段論法の小前提

assuō　*3*　as-suere, -suī, -sūtum　§109
［ad, suō §176］　ぬいつける

assurgō（**ads-**）　*3*　as-surgere,
-surrēxī, -surrēctum　§109　［ad,
surgō §176］　**1.** （椅子・寝床から）立ち
上がる, 起立する, 直立する, 逆立つ **2.** 上
がる, 昇る, 登る, 高くなる **3.** 背が高くな
る, 成長する **4.** 感情が高まる, 精神が高
揚する, 興奮する **5.** 出世する, 地位が高
まる, 技が上達する, 卓越する colles
clementer assurgentes（118.1）なだら
かに高くなっている丘 alicui（9d3）in cu-
riam venienti（118.1）assurgere 元老
院議事堂に入ってきたある人に対して（礼
儀から, 尊敬の念で）立ち上がること raro
assurgit Hesiodus ヘーシオドス（の空想）
が天翔ることはめったにない

assus（**ā-** ?）　*a.1.2*　ass-a, -um　§50
1. 焼かれた, あぶられた **2.** 乾いた, ひから
びた assa nutrix 授乳せずに育てるだけの
うば assā voce 伴奏なしの歌声で sol
assus 乾いた光線（香油をぬらないで日光
浴をすること）balnearium assum むし風
呂　（名）**assum**　*n.*　assī　*2*　§13　焼
肉

Assyrius　*a.1.2*　Assyri-a, -um　§50
Assyria（Mesopotamia の一部）の

ast　*j.*　［at の古い（詩的な）形］　**1.** しか
しもし, そしてもし, もしさらに **2.** その場
合には, そのときは **3.** しかし一方では, け
れども, じっさいに si ego hic peribo, ast
ille ut dixit, non redit もし私がここで死
ぬと, それでももし彼が言っていたように,
帰って来なければ Bellona, si hodie nobis

asternō 68

victoriam duis（159 注）, ast ego tibi templum voveo 戦いの女神よ, もし本日あなたが我々に勝利を与えてくださると, そのときはあなたに私は神殿を奉献すると誓います

asternō（ads-） *3* a-sternere, -strāvī, -strātum §109 ［ad, sternō §176］（受）うつぶせになる, 倒れて伏す asternuntur sepulcro 墓の前に彼らはひれ伏す

a(d)stipulātor astipulātōris *3* §26 ［astipulor］ **1.** 連帯して契約する仲間, 保証人 **2.** 意見を支持する人, 支持者, 信奉者

astipulor（ads-） *dep.1* a-stipulārī, -stipulātus sum §123(1) ［ad, stipulor §176］ **1.** 契約に参加する, 連帯して契約者仲間に加わる **2.** 意見を支持する

astō（ads-） *1* a-stāre, -stitī, ── ［ad, stō］ §§106, 176 **1.** そば（近く）立っている, 立つ, 近くにおかれている **2.** 助ける **3.** 静かに立っている, 動かない squamis astantibus（9f18）鱗が逆立っている portis（9d3）adstare 門のそばに立つ

astrictē 副 ［astrictus §67(1)］（比）astrictius **1.** しっかりと, きつく, かたく **2.** 厳格な規則に従って（しばられて）, 厳密に **3.** 簡潔に, 短く

astrictus *a.1.2* astrict-a, -um §50 ［astringō の完分］（比）astrictior **1.**（規則に）しばられた, 厳格な **2.** しめつけられた, 圧縮された, 密な, せばめられた, しまった **3.** 緊張した, 多忙な **4.** 短い, 簡潔な **5.** 節約した, けちな non astricto socco 足にぴったりと合わない喜劇役者の靴をはいて poeta, numeris（9f11）astrictior 韻律（の規則）に一層しばられている詩人

astringō（ads-） *3* a-stringere, -strinxī(-rīn-?), -strictum §109 ［ad, stringō §176］ **1.** しっかりとしばりつける, 結びつける **2.** 一緒にしめつける, ひきしめる, 圧縮する, おし込める, 狭く（短く, 密に）する **3.** しっかりと摑む, 握る, とらえる, 抑え込む **4.** 氷らせる, ひやす, 感覚をまひさせる **5.** 閉じ込める, ふさぐ, 便秘させる **6.**（法, 約束, 義務, 絆などで）

縛る, 束縛する aliquem ad columnam ～ ある人を円柱へしっかりと縛りつける cervice astricta（9f18）首を索で絞めつけられて

astrologia *f.* astrologiae *1* §11 ＜ἀστρολογία **1.** 天体に関する研究, 学問, 天文学 **2.** 天文学の著書

astrologus *m.* astrologī *2* §13 ＜ἀστρολόγος **1.** 天体を観察し研究する人, 天文学者 **2.** 天体の研究から人間事象を予告する人, 星占師

astrum *n.* astrī *2* §13 ＜ἄστρον **1.** 星, 天体 **2.** 星座（誕生日の）**3.**（*pl.*）天, 天上界 in astra tollere ＝ ad astra ferre 天にまで賞揚する, 激賞する sic itur（172）ad astra こうして人は天に昇る（不滅となる）のだ

astruō（adst-） *3* astruere, -strūxī, -strūctum §109 ［ad, struō §176］ **1.** そばに（上に）建てる, 増築する **2.** 積む, 積み重ねる **3.** 加える, 追加する, 書き加える triumphalibus ornamentis（9f17）praedito quid aliud astruere fortuna poterat? 凱旋将軍顕彰を授けられた彼に対し, 運命はその他に一体何（の名誉）をつみ重ねることができたろうか

astu *n.* 無 ＜ἄστυ 都市＝アテーナイ

astupeō *2* a-stupēre, -astupuī, ── §108 ［ad, atupeō §176］ 仰天する, あっけにとられる, 心を奪われる

astus *m.* astūs *4* §31 ずるさ, 狡猾, 策略, 悪企み, 権謀術策, 戦術

astūtē 副 ［astūtus §67(1)］（比）astutius （最）astutissime 術策を用いて, 巧妙に, 狡猾に, 抜け目なく

astūtia *f.* astūtiae *1* §11 ［astūtus］ **1.** ずる賢さ, 狡猾さ, 利口, 手際のよさ **2.** 策略, 術策, 手練手管, 戦略

astūtus *a.1.2* astūt-a, -um §50 ［astus］（比）astutior （最）astutissimus ずるい, 狡猾な, 悪賢い, 抜け目ない, 術策にたけた

Astyanax *m.* Astyanactis *3* §21 （神）Hector と Andromache の子

asylum *n.* asylī *2* §13 ＜ἄσυλον 罪人に逃げ込み場を与える所, 罪人庇護

at *j.* **1.** (対照的な意味)しかし他方で，ところがその一方で tibi ita hoc videtur, at ego ... これがお前の見解だ，しかし私は… brevis a natura nobis vita data est, at memoria bene redditae vitae sempiterna 我々には自然から短い命しか与えられていないが，潔よい死(見事に自然に返された生)の記憶は永遠だ **2.** (譲歩文のあとで，異議を唱えて)なるほど(さよう)，だが，それでも si ego hic peribo, at erit mi hoc factum mortuo memorabile たとい私がいま死んでも，私のやったこのことは，私が死んでからも忘れられることはないでしょう non honestum consilium, at utile 氣高くはなくても，有益な考えだ **3.** (前文に追加的に驚き，願い，呪いなどの感情を表す)una oppugnat mater : at quae mater? 唯一人の母親が逆らっているのだ：その母親は一体どこの誰だ at te di perduint (＝ perdant 116.1) そんなお前なんか，神々が滅ぼすように(くたばってしまえ)

Atalanta (**-ē**) *f.* Atalantae (**-ēs**) *1* §11.(37) Arcadia(又は Boeotia)の女狩人，足の早さで有名

atavus *m.* atavī *2* §13 [avus] **1.** 高祖父(4 代前の人)の父 **2.** 遠い先祖

Ātellānus *a.1.2* Ātellān-a, -um §50 Atella(Campania の町)の (名) **Ātellāna** (*sc.* fabula) *f. 1* §11 Atella で始まった一種の喜劇(道化芝居)

āter *a.1.2* ātra, ātrum §52 （比）atrior **1.** 黒い，黒色の，黒ずんだ **2.** はだの黒い，日焼けした，あさ黒い **3.** 光のない，暗い，暗黒の，くもった，陰うつな **4.** くすんだ，すすけた，よごれた，変色した **5.** 腹黒い，意地の悪い，毒を含んだ **6.** (死と関係した色)致命的な，ぞっとする，おぞましい，悲しい，黒服(喪服)を着た alba et atra discernere 黒白をはっきりさせる versibus oblinit atris 彼は悪意ある詩でどろをぬる(名誉を汚す) ater (atra) dies 黒い日，縁起の悪い日，不吉な日，不幸な日

Athēnae *f.* Athēnārum *1* §11

所 アテーナエ(アテネ)，Attica の首都

Athenaeus *a.1.2* -naea, -naeum §50 **1.** アテーナエの **2.** (名 *.m.*)アテーナエの市民

Atheniensis *a.3* -ense §54 **1.** アテーナエの **2.** (名 *.m.*)アテーナエの市民

āthlēta *m.* āthlētae *1* §11 ＜ἀθλητής 公の体育競技(試合)で争う人，競技者，格闘士

Atlantiadēs *m.* Atlantiadae *1* §37 **1.** Atlas の孫＝ Mercurius **2.** Atlas のひ孫＝ Hermaphroditus

Atlanticus *a.1.2* Atlantic-a, -um §50 Atlas 山の，Atlas 附近の

Atlantis *f.* Atlantidis (-dos) *3* §41.6b Atlas の娘又は女系の子孫

Atlās *m.* Atlantis *3* §41.3b **1.** Titan 神族の一人，天空を支えている巨人 **2.** アフリカの北西の山

atomus (**-os**) *f.* atomī *2* §13 ＜ἄτομος 原子，小粒子

atque (母音か h の前で)，**ac** *j.* [ad, -que] **1.** (関係した文・語を結ぶ)そして，また，その上に，なお且つ，しかも(しばしば adeo, potius, etiam, quoque を伴う) faciam (116.1) ... ac lubens 私は致しましょう，しかも喜んで res tanta ac tam atrox かくも大それた，しかもこれほどおぞましいこと infirma atque etiam aegra valetudine (9f10) 弱っているばかりか病んでいる体で **2.** (同意または対比語(文)を結ぶ)そして，しかも，さらに noctes ac dies 夜も昼も orare atque obsecrare 乞い且つ嘆願する unum atque alter 一度も二度も **3.** (時間文で)cum ad portam venio atque ego illam video ... 私は門につくと，彼女を見る **4.** (平等，不平等，相似，相違を示す語のあとで) par, idem, similis ac ... …と同じく等しい alius, aliter dissimilis ac ... とは異なった，別の，違ったやり方で non aliter scribo ac sentio 感ずる通りに書く

atquī (**atquīn**) *j.* [at, quī] **1.** (軽く異議や反論を追加するさいに)そうかも知れないが，それでもやはり，だが，しかし，にもかかわらず **2.** (皮肉に肯定するとき)なる

ātrāmentum

ほど，そうだとしても，しかし，勿論だがね，それでも（もしかして）numquam auferes（116.3）hinc aurum - atqui jam dabis お前は決して私から金を奪えないよ——それでもあなたは今にきっとその金を私にくれますよ atqui, si noles（154）sanus, curres hydropicus なるほど，しかしもしあなたが健康なときに（走ることを）欲しなかったら，足にむくみができたときに走ることになりましょうね

ātrāmentum *n.* ātrāmentī *2* §13 ［āter］**1.** 黒い着色料，塗料，顔料，絵の具 **2.** インク＝～ librarium（scriptorium）**3.** コウイカの墨(ゼ)＝～ sepiae

ātrātus *a.1.2* ātrāt-a, -um §50 ［āter］**1.** 薄黒い，汚れた，きたならしい **2.**（黒い）喪服を着た

Atreūs *m.* Atreī *3* §42.3 （神）Mycenae の王，Agamemnon と Menelaus の父

ātriēnsis *m.* ātriēnsis *3* §19 ［ātrium］**1.** 家令，執事 **2.** 家僕，家事使用人，召使い

ātriolum *n.* ātriolī *2* §13 ［ātrium の小］小さい広間，控えの間(ま)

ātrium *n.* ātriī *2* §13 **1.**（ローマ人の邸宅の中の）主室，広間，応接間（そこに炉や先祖の像がおかれている）**2.** 神殿，公共建築物の中の広間，部屋 **3.** 神殿，宮殿

atrōcitās *f.* atrōcitātis *3* §21 ［atrōx］**1.** ぞっとする（恐ろしい）もの，光景 **2.** 恐怖，戦慄 **3.** 凶暴性，野蛮な行為，残虐非道，極悪な犯罪 **4.** 厳格，苛酷，非情

atrōciter *副* ［atrōx §67(2)］（比）atrocius （最）atrocissime **1.** 残酷（野蛮）なやり方で **2.** 厳しく，苛酷に，ひどく，しんらつに，痛烈に

atrōx *a.3* atrōcis §55 ［āter］（比）atrocior （最）atrocissimus **1.** 恐ろしい，ぞっとする，ものすごい **2.** 激しい，狂暴な，残酷な，野蛮な，極悪非道な **3.** 情け容赦なき，非情な，厳しい，苛酷な，無慈悲な cuncta terrarum subacta praeter atrocem animun Catonis カト

ーの峻厳な精神をのぞき，世界のすべてのものが屈服した Agrippina atrox odii（9c6）憎んで情け容赦なき A.

attactus *m.* attactūs *4* §31 ［attingō の完分］接触，関連，つながり

attagēn *m.* attagēnis *3* §28 シャコ(鳥)

Attalus *m.* Attalī *2* §13 **1.** Pergamum の王の名 **2.** Attalus Ⅲ（前2世紀）は金持ちとして有名

attamen （at, tamen）*j.* しかし，それにもかかわらず，それでもなお *cf.* at

attemptō （**attentō**）*1* attemptāre, -tāvī, -tātum §106 ［ad, temptō §176］**1.** 攻撃する，襲う **2.** 理論で責める，疑いをさしはさむ，異議をとなえる **3.** 試みる，真価をためす **4.** 干渉する，さそう，誘惑する，ぐらつかせる vi attentantem（eum）acriter reppulerat 暴力で責めてくる彼を鋭く撃退していた

attendō （**adt-**）*3* at-tendere, -tendī, -tentum §109 ［ad, tendō §176］**1.** のばす，ひろげる，向ける **2.** animum attendere 注意する，専念する，従事する，注意深く聞き耳を立てる，注意して観察する（animum なくても同じ意味）quid petam（116.10）aequo animo attendite 私が何を求めているのか，平静に聞いてほしい attendimus ut reficiantur それらが修理されるように配慮します

attentē *副* ［attentus §67(1)］（比）attentius （最）attentissime 注意深く，用意周到に，慎重に，精神を集中させて

attentiō *f.* attentiōnis *3* §28 ［attendō］**1.** 緊張，注意，配慮 **2.** 応用，適用

attentus *a.1.2* attent-a, -um §50 ［attendō の完分］（比）attentior （最）attentissimus **1.** ひきしめられた，緊張した **2.** 注意深い，念入りの，良心的な，慎重な **3.** 精神を集中させた，没頭した，熱中した，夢中の，執着心をもった **4.** 倹約した，けちな，質素な，つましい nimium ad rem in senecta attenti sumus 我々

は年をとると金に対してけちになりすぎる

attentus → attendō, attineō

attenuātē 副 ［attenuātus §67(1)］ 簡素な文体で，率直に，飾らないで，控え目に

attenuātus *a.1.2* attenuāt-a, -um §50 ［attenuō の完分］（最）attenuatissimus **1.** 率直な，飾らない，控え目の，地味な，ありのままの **2.** やせた，乾いた，貧弱な，気の抜けた，生気のない

attenuō（**adt-**）*1* at-tenuāre, -tenuāvī, -tenuātum ［ad, tenuō］§§106, 176 薄くする，細くする，弱く（小さく）する，体力を消耗させる，力をそぐ，地位をおとしめる vires morbo attenuatae 病気で弱くなった体力

atterō（**adt-**）*3* at-terere, -trīvī, -trītum §109 ［ad, terō §176］**1.** こする，摩擦する，なでる，こすりつける，ごしごしこする（磨く）**2.** すりつぶす，すり減らす，使い古す，こすって汚れをとりのぞく，こすって暖める，減らす，弱める **3.** ふみつぶす，害する，損なう，荒廃させる leniter atterens caudam 尻尾をふってやさしく（あなたに）こすりつけている（犬）nubēs attritae 体をお互いにこすりあわせている雲（たち）

attestor（**adt-**）*dep.1* at-testārī, -testātus sum §123(1) ［ad, testor §176］証言する，立証する，確認する

attexō（**adt-**）*3* at-texere, -texuī, -textum §§109, 176 編み（織り）物を重ねる，（枝を）編みながら上にはりつける，つけ加える

Atticus *a.1.2* Attic-a, -um **1.** Attica の，Athenae の **2.**（名 *.m.*）Attica（Athenae）の人 **3.** T. Pomponius Atticus, Cicero の友人

attineō（**adt-**）*2* at-tinēre, -tinuī, -tentum §§108, 176 ［ad, teneō §174(2)］（他）**1.** 留めておく，保持する **2.** 拘留する，妨げる，おくらせる，つなぎとめる （自）**1.**（ある所へ）届く，達する **2.**（ある人，あるもの）にかかわる，属する，関係する，問題となる （非）重要である（170）aliquem castris ～ ある人を陣営

の中に留めておく nunc nihil ad me attinet 目下それは私と何の関係もない

attingō（**adt-**）*3* at-tingere, -tigī, -tāctum ［ad, tangō §174(2)］§§109, 176 **1.** 触れる，接する，届く，達する，足を踏み入れる，上陸する **2.** 手をふれる，干渉する，攻撃する，打つ **3.** 試食する，味わう，食う **4.** 一瞥する，着手する，企てる，従事する，言及する **5.** 属する，関係する Gallia attingit Rhenum ガッリアはレーヌス川に接している sapientem timor non attingit 恐怖は賢人に打撃を与えない digito caelum attingere 最高の野望を達成する（指で天にふれる）

attollō（**adt-**）*3* at-tollere, ──, ── §109 ［ad, tollō §176］**1.** 高める，上げる，上へ向ける，持ち上げる，増大させる **2.** 直立させる，起き上がらせる，立たせる **3.** 鼓舞する，刺激する，慰める **4.** 向上させる，高揚させる，地位を高める，昇進させる，ほめそやす **5.** 高くする，築く，建てる **6.**（再）（受）上がる，起き上がる，登る，高まる，自慢する ab humo attollit amicum 地面から友を抱き起こす miscent se maria, et nigrae attoluntur harenae 海が攪乱され，黒い（溶岩の）砂が湧き起こってくる cuncta in majus attollens あらゆることを大袈裟にほめそやして

attondeō（**adt-**）*2* at-tondēre, -tondī, -tōnsum §108 ［ad, tondeō §176］**1.**（毛，髪，ひげなどを）短く刈る，切る，剃る，刈り込む **2.**（枝）剪定する，手入れする **3.** まきあげる，ふんだくる **4.** 切り下げる，おとしめる，けなす

attonitus *a.1.2* attonit-a, -um §50 ［attonō の完分］**1.** 雷火に打たれて失神した，麻痺した **2.** 突然の強烈な恐れ，悲しみ，怒りによって知覚を失った，茫然自失の **3.** 神の霊感を授かった，神がかりな熱狂におそわれた attonitos subitus tremor occupat artus 恐怖から麻痺した四肢を突然身震いが襲った attonitae Baccho matres バックスにとりつかれた母親たち

attonō（**adt-**）*1* at-tonāre, -tonuī,

attorqueō 72

-tonitum §106 ［ad, tonō §176］ **1.** 雷(光)で打ちのめす **2.** 失神させる, 茫然自失たらしめる

attorqueō（**adt-**） *2* at-torquēre, ——, —— §108 ［ad, torqueō §176］ぐるぐるふり回して(槍を)投げとばす

attrahō（**adt-**） *3* at-trahere, -trāxī, -tractum §109 ［ad, trahō §176］ **1.** 自分の方へ(こちらへ)ひっぱる, 持ってくる, 連れてくる **2.** 強引に来させる, ひきずってくる **3.** ひきしめる, 弓をひく **4.** 注意をひきつける, 引き入れる, 魅了する **5.** 吸い込む, 呼吸する, 吐き出す attractus ab alto spiritus 胸の奥から吐き出された息 multos in amicitiam attrahes あなたは多くの人を友情の中に引き入れる(友とする)

attrectō（**adt-**） *1* at-trectāre, -tāvī, -tātum §106 ［ad, tractō §174(1)(2)］ **1.** 手を触れる, 手でさわる **2.** 手にとる, 手で扱う, 手でつかむ, 着服する **3.** 無作法に取り扱う, 荒々しく取り扱う, 凌辱する, 攻撃する, 侵す, 侵害する **4.** 言及する, 問題とする blanditia popularis aspicitur, non attrectatur 民衆の阿諛追従は見られても, 手でふれられない

attribuō（**adt-**） *3* at-tribuere, -tribuī, -tribūtum §§109, 176 **1.** 割り当てる, 分配する, あてがう, 加える, 与える, 授ける **2.** 預ける, 任す, 信頼する **3.** (罪の責任を)帰する, 負わせる iis equos attribuit 彼は彼らに馬をあてがった aliis causam calamitatis ～ 他人に自分の不幸の責めを負わす

attribūtiō *f.* attribūtiōnis *3* §28 ［attribuō］ **1.** 割り当て, 授与 **2.** 借金を返済するために債務者を選んで信託すること **3.** (修)属性

attrītus *m.* attrītūs *4* §31 ［atterō］ **1.** 摩擦, 摩滅, 粉砕 **2.** こする, すりむくこと, きしり

attrītus *a.1.2* attrīt-a, -um §50 ［atterō の完分］ (比)attritior **1.** すりきれた, 使い古した, 摩滅した, 薄くなった **2.** やつれた, 疲れた **3.** すれっからしの, ずうずうしい, 鉄面皮の

attulī → afferō

auceps *m.* aucupis *3* §19 ［avis, capiō］ **1.** 野鳥を捕らえる人, 鳥刺し **2.** 鳥肉屋 **3.** 人の動向を探る人, 盗み聞きする人, 待ち伏せをする者 **4.** あら探しをする人

auctiō *f.* auctiōnis *3* §28 ［augeō］競売, 競売品

auctiōnārius *a.1.2* auctiōnāri-a, -um §50 ［auctiō］競売の, に関する

auctiōnor *dep.1* auctiōnārī, -ōnātus sum §§123(1), 125 ［auctiō］競売にかける, せり売りする

auctō *1* auctāre, ——, —— §106 ［augeō］ **1.** 増加(増大の)させる, ふやす, 富ます **2.** 繁栄させる, 恵み(加護)を与える, 成功させる

auctor *m.* auctōris *3* §26 ［augeō］ (原義)殖やし助成する人 **1.** 権限(権威)を持った人, 正当と認める人, 指導者, 保証人, 証人, 助言者, 提案者, 顧問 **2.** 創始者, 創建者, 元祖, 著作者 **3.** 手本, 師, 権威者, 専門家, 張本人, 責任者, 元凶, 先導者 senatui pacis auctor 元老院に平和を忠告する人 Cato omnium virtutum auctor あらゆる美徳の亀鑑・カトー seditionis auctor 謀反の先導者 quis tamen exiguos elegos emiserit (116.10) auctor, grammatici certant しかし一体誰が最初にこの短い哀歌を世に問うたかについて, 評論家たちが論争している me duce et auctore (9f18) 私の指導と忠告の下に auctor rerum Romanarum ローマ史の権威 auctorem scelus repetit 罪は罪を犯した張本人に仕返しをする

auctōrāmentum *n.* auctōrāmentī *2* §13 ［auctōrō］ **1.** (雇用)契約, 保証 **2.** 報酬, 謝礼, 給料

auctōritās *f.* auctōritātis *3* §21 ［auctor］ **1.** 委任(裁可)する権限, 保証, 威信, 権威, 権力, 影響力, 重み, 名望 **2.** 模範, 手本, 先例 **3.** 見識, 意思, 意向, 決定, 忠告, 指導, 責任, 扇動, あと押し **4.** 所有権(古) auctoritati senatus paruit 彼は元老院の決定に従った

legati cum auctoritate 全権大使 vide quid intersit (116.10) inter tuam libidinem majorumque auctoritatem そなたの放恣と先祖の手本との間にいかなる相違があるかを考えてみよ verbum servire (117.5) hominum consiliis et auctoritatibus 言葉は人間の思考と意思に仕えるものである（ということ）

auctōrō *1* auctōrāre, -rāvī, -rātum §106 ［auctor］（再）se auctorare （受）auctorari 雇われる，義務を負う，契約する ferro necari auctoratus 剣で殺されることを契約した人（剣闘士として雇われた人）

auctumn- → autumn-

auctus *a.1.2* auct-a, -um §50 ［augeō の完分］（比）auctior （最）auctissimus **1.** 増大（増加）された，広い，大きい **2.** 多量の，多数の，豊富な **3.** 強められた，深められた，高められた，栄えた

auctus *m.* auctūs *4* §31 ［augeō］ **1.** 増大，増加，増強，増水，膨張 **2.** 向上，進歩，繁栄，成功 **3.** 成長，成熟 **4.** 身体の大きさ，力，強壮

aucupium *n.* aucupiī *2* §13 ［auceps］ **1.** 捕鳥，野鳥を捕まえること **2.** 狩猟，探し求めること **3.** 猟鳥

aucupor *dep.1* aucupārī, -pātus sum §§123(1), 125 ［auceps］ 捕鳥に出かける，野鳥を捕る，追跡する，捕まえる，待ち伏せをする

audācia *f.* audāciae *1* §11 ［audāx］ 大胆不敵，豪胆，蛮勇，無鉄砲,向こう見ず，図太さ si verbis audacia detur(116.9) もし（敢えて）大胆に話すならば

audācter 副 ［audāx §67(2)］（比）audacius （最）audacissime 大胆にも，勇敢に，思い切って，無謀にも，無鉄砲に，ふてぶてしく

audāx *a.3* audācis §55（比）audacior （最）audacissimus 勇敢な，自信のある，大胆な，向こう見ずの，無謀な，無鉄砲な,図太い audax omnia perpeti (117.3) 大胆にもあらゆる冒険をして viribus (9f3) audax 腕力に自信をもって

audēns *a.3* audentis §58 ［audeō の現分］（比）audentior （最）audentissimus 大胆不敵な，勇敢な，向こう見ずの **audenter** 副 §67(2)（比）audentius **1.** 大胆不敵に，勇敢に，無謀にも **2.** 無遠慮に，図々しく，鉄面皮にも audentem (118.2) Forsque Venusque juvat 運命の女神も恋の女神も大胆な者を助ける

audeō *s.-dep.2* audēre, ausus sum §142 ［avidus］（古）現・接 ausim, ausis, ausit （原義）…したいと思う，敢えてする，大胆にも…する,（不定法と）大胆にふるまう，勇気を持つ si audes (= sodes) もしよろしければ，どうぞ sapere aude 賢くなるのにためらうな

audiēns *m.* audientis *3* §§21, 58 ［audiō の現分］ 聴衆，聴き手

audientia *f.* audientiae *1* §11 ［audiēns］ **1.** 傾聴，注意，用心 **2.** 聴衆

audiō *4* audīre, audīvī (audiī), audītum §111 **1.** 聞く，聞いて知る **2.** 告げられる，知らされる，学ぶ **3.** 聞いてやる，耳をかす，聴取する，審問する，引見する **4.** 同意する，願いを叶える **5.** 忠告（命令）に従う，答える，従う，賛成する re audita (9f18) de Caesare カエサルに関しての情報を聞くと Caesar discessisse audiebatur (117.6) カエサルが立ち去ったことを，人は聞いて知った bene (male) audire ab aliquo 誰かに重んじられている（けなされている），評判が良い（悪い）si mihi perget, quae volt, dicere, ea, quae non volt, audiet 彼が私に対し思っていることを言い続けると，彼が思ってもいないことを聞く破目になろう

audītiō *f.* audītiōnis *3* §28 ［audiō］ 聞くこと，知らせ，消息，噂，風聞，評判

audītor *m.* audītōris *3* §26 ［audiō］ **1.** 聞く人，傾聴者 **2.** 弟子，門弟，生徒，学徒

audītōrium *m.* audītōriī *2* §13 ［audiō］ **1.** 講義室，講堂 **2.** 聴衆 **3.** 法廷，審理

audītus *m.* audītūs *4* §31 ［audiō

auferō   74

の完分] **1.** 聞くこと **2.** 聴覚, 聴力 **3.** 風聞, うわさ

auferō 不規 au-ferre, abs-tulī, ab-lātum §158 [ab, ferō §176] **1.** (遠くへ) 持ち (運び) 去る, 運び出す, 連れ去る **2.** 脇へのける, とりのぞく, 移す, 中止する, やめる **3.** 奪いとる, ひったくる, 盗む, 勝ちとる, 手に入れる, 捕まえる, 得る **4.** 邪道へ誘う, 迷わす, 誘う **5.** (所有, 利用, 享受を) さまたげる, じゃまする **6.** 殺す, 追放する, 破壊する **7.** (再)(受)去る, 立ちのく vento secundo e conspectu terrae ablati sunt 順風にのって彼ら (の船) は陸地の展望から遠くへ運び去られた quis tam esset (116.4) ferreus cui (9d5) non auferret (116.8) fructum voluptatum omnium solitudo? 孤独が (その人から) あらゆる楽しみの果実を奪いとらないほどそれほど非情な人が一体いるだろうか aufer me vultu terrere (117.4) 私を顔付きで脅かすのはやめてくれ ad aetherium pennis aufertur Olympum 彼は翼で羽ばたいて天高きオリュンポスへと飛び去る

aufugiō *3b* au-fugere, -fūgī, ——§110 [ab, fugiō §176] **1.** (自) 逃げる, 走り去る, 消える, 見えなくなる **2.** (他) さける, 遠ざける, のがれる

augeō *2* augēre, auxī, auctum §108 **1.** 成長させる, 大きくする, 殖やす, 増加させる, 加える, 強める **2.** 上げる, 高める, 発達させる, 改良する, 支持 (助長・促進) する, ほめる, 栄誉を与える **3.** 授ける, 助ける, 富ます, 身につけさせる dignitas in dies augebatur 威信が日に日に高まっていた spoliis ornati auctique (彼らは) 戦利品で飾られ金持ちになって licentiam auctum (120.1) properatis お前らは放縦を拡大させるために急いでいる

augēscō *3* augēscere, auxī, ——§109 [augeō] **1.** 大きくなる, 成長する **2.** 増加する, ふえる, ます, 高まる, ふくらむ, 栄える

augur *m.* auguris *3* §26 **1.** 卜鳥官(ぼくちょううかん)(ローマ神官団の一つ), 鳥の飛び方, 鳴き声, ついばみ方から将来を予言する人 **2.** 予言者, 占い師

augurālis *a.3* augurāle §54 [augur] 卜鳥官の (名)**augurāle** *n.* augurālis §20 **1.** ローマの陣営の司令部 (本営) (ここで将軍が鳥占いをするため) **2.** 卜鳥官の職権を現す錫杖(じゃく)

augurātiō *f.* augurātiōnis *3* §28 [augurō] 鳥占いによる予言, 予知

augurātus *m.* augurātūs *4* §31 [augurō] **1.** 卜鳥官の役所, 卜鳥官の職 (地位, 体面) **2.** 予言, 鳥占い

augurium *n.* auguriī *2* §13 [augur] **1.** 前兆・徴候 (特に鳥の鳴き声, 飛び方など) の観察と解釈 **2.** (鳥) 占いの技術, 才能 **3.** 前兆, きざし, 徴候 **4.** 予言, 予知, 予測, 予感, 虫の知らせ augurium salutis 国家の安泰を祈願すべきかどうかを確認するための鳥占い

augurius *a.1.2* auguri-a, -um §50 [augur] 卜鳥官 (職) の, 鳥占いの (= augurālis)

auguror *dep.1* augurārī, augurātus sum §§123(1), 125 = **augurō** *1* augurāre, -rāvī, -rātum §106 **1.** 卜鳥官の務めを果たす, 前兆を占う, 予言する **2.** 推察する, 臆測する, 判断する quantum ego auguror 私が推測する限り

Augusta *f.* Augustae *1* §11 ローマ皇帝の妻の称号

augustē 副 [augustus §67(1)] (比)augustius **1.** 尊敬の念をもって, うやうやしく **2.** 威厳をもって, 堂々と, おごそかに

augustus *a.1.2* august-a, -um §50 (比)augustior (最)augustissimus **1.** 尊敬すべき, 神聖な, 神々しい **2.** 荘厳な, 威厳にみちた, おごそかな

Augustus *m.* Augustī *2* §13 Octavius Caesar に捧げられた尊称

Augustus *a.1.2* August-a, -um §50 Augustus の, 皇帝の mensis Augustus 八月

aula *f.* aulae, aulai(古) *1* §11 < αὐλή **1.** 建物に隣接する空き地, 中庭 **2.** 広間= atrium **3.** 宮殿, 神殿 **4.** 王室,

帝室, 宮廷, 廷臣 **5.** 玉座, 王位, 帝位, 王権 **6.** 女王蜂の蜜房

aulaeum *n.* aulaeī *2* §13 < αὐλαία **1.** 劇場の幕(劇が始まるとき, 上から下り, 終わると上へ上がる, 現代と逆) **2.** 窓掛け, カーテン, 幕(ばり), つづれ織りの壁掛け

aulicus *a.1.2* aulic-a, -um §50 [aula] 宮廷の, 帝室の (名)**aulicus** *m.* aulicī *2* §13 帝室で仕えている者, 廷臣, 宮廷人

auloedus *m.* auloedī *2* §13 < αὐλῳδός アシ笛の伴奏で歌う人

aura *f.* aurae(auraī) *1* §11 < αὔρα **1.** そよ風, 一陣の風, 風 **2.** 大気, 空気, 息吹, 気配, かおり **3.** 天空, 微候, きらめき, 蒸発 omnia ferre sub auras すべてを白日の下にさらす aura popularis 人望 in (ad) auras 天へ, 高く illi (9d8) dulcis spiravit crinibus aura 彼女の髪から馥郁たる香気が発散していた

aurātus *a.1.2* aurāt-a, -um [aurō の完分] §50 **1.** 金箔を張った, 金めっきの **2.** 黄金で飾られた, 金をはめこまれた, 金糸で刺繍された **3.** 黄金製の, 黄金色の

Aurēlius *a.1.2* Aurēli-a, -um §50 **1.** ローマの氏族名 **2.** M. Aurelius, 皇帝 (A.D.161-180) **3.** Aurelius の

aureolus *a.1.2* aureol-a, -um §50 [aureus の小] **1.** (黄)金製の **2.** 金色の, 金色に輝く **3.** きわめて美しい, きわめて優れた, 光彩陸離たる, すばらしい

aureus *a.1.2* aure-a, -um §50 [aurum] **1.** 黄金の, 黄金色の, 輝かしい, すばらしい, 高価な **2.** 金製の, 黄金で飾られた, 金細工の (名)**aureus** (*sc.* nummus) *m.* -ī *2* §§13, 193 金貨 aurea dicta 金言

auricomus *a.1.2* auricom-a, -um §50 [aurum, coma] **1.** 金髪の, アマ色の(淡黄色)の頭髪の **2.** 金の葉をつけた(葉でおおわれた)

auricula *f.* auriculae *1* §11 [auris の小] **1.** 耳朶(みみたぶ), 耳 **2.** 聴覚,

注意 auriculam opponere (tangere) 自分の耳(たぶ)を差し出す(相手の耳にふれる), 相手の証人となることを受諾する auriculā infimā (9f6) mollior 耳たぶ(の下端)よりもやわらかい

aurifer *a.1.2* auri-fera, -ferum §51 [aurum, ferō] 金を産出する, 金のリンゴの実のなる(木), 砂金を含む, 金の採れる(川)

aurifex *m.* aurificis *3* §21 [aurum, faciō] 金細工師

aurīga *m.*(*f.*) aurīgae *1* §11 [aureae「手綱のはみ」, agō] 戦車駆者, 馬丁, 舵手

aurigena *m.* aurigenae *1* §11 [aurum, gignō] 黄金の(雨)から生まれた人(Perseus)

auriger *a.1.2* auri-gera, -gerum §51 [aurum, gerō] 黄金を持った, を運ぶ

auris *f.* auris *3* §19 耳, 聴覚, 聴力 in aurem alicui dicere ある人の耳にささやく aures alicui praebere (dare) ある人に耳を借す aures claudere alicui rei あることに耳をとざす arrige auris! 耳をそばだてよ surdis auribus dicta 馬の耳に念仏 ego mihi aurem pervellam (116.2) われとわが耳をひっぱろう(忘れてはならんぞ)

aurītulus *m.* aurītulī *2* §13 [aurītus の小] ロバ(長い耳の動物)

aurītus *a.1.2* aurīt-a, -um §50 [auris] **1.** 耳のある, 聞き耳をたてている, 注意深い **2.** 大きな(長い)耳をもった

aurōra *f.* aurōrae *1* §11 **1.** 夜明け, 曙, 黎明, 日の出 **2.** 暁(曙光)の女神(ローマの), *cf.* Eos **3.** 東方の国, 東方の人たち

aurum *n.* aurī *2* §13 **1.** 金, 黄金 **2.** 金貨, 富, 財宝 **3.** 金色, 黄金色の輝き **4.** 金製の道具, 装飾品 **5.** 黄金時代 carior est auro juvenis 青春は黄金よりも貴い in manu illius plumbum aurum fiebat 彼の手の中で鉛が金になったものだ(幸運児だった) montes auri polliceri 黄金の山を約束すること(不可能な約束をす

る)

auscultō *1* auscultāre, -tāvī, -tātum §106 ［auris, clueō］ **1.** 注意して聞く, 傾聴する **2.** こっそり聞く, 立ち聞き(盗み聞き)をする **3.** 注意する, 従う quid habeat (116.10) sermonis (9c4), auscultabo 彼がどんな話をするかこっそりと聞くことにしよう mihi ausculta 私の言うことを聞け, 私に従え

Ausonia *f.* Ausoniae *1* §11 (詩的な名)イタリア, イタリアの人 (形) **Ausonius** *a.1.2* -nia, -nium イタリアの, ローマの

auspex *m.f.* auspicis *3* §21 ［avis, speciō］ **1.** 鳥の飛び方, 鳴き方, 餌の食べ方から前兆を得る人, 鳥占い師, ト鳥官(= augur), 予言者, 易者 **2.** 後援者, 保護者, 支持者 **3.** 結婚契約の証人, 結婚式の立会人, 付添人(花嫁, 花婿の)

auspicātō 副 ［auspicātus §67(1)］(比)auspicatius 鳥占いをした後で, 吉兆を得たあとで, 幸先よく, 吉兆と共に

auspicātus *a.1.2* auspicāt-a, -um §50 ［auspicor］(比)auspicatior (最)auspicatissimus **1.** 鳥占いによって承認された, 神聖とされた **2.** 幸先よい, 吉兆の, 幸運な, 縁起のよい

auspicium *n.* auspiciī *2* §13 ［auspex］ **1.** 鳥の観察による占い, 鳥占いによる予知 **2.** 前兆, 瑞兆, 予告 **3.** 鳥占いをする政務官の権利, 軍隊指揮権, 権威, 模範 **4.** 始め, 開始 nihil publice sine auspiciis gerebatur 公には何事も鳥占いなしに行われなかった auspicium prosperi transgressus 渡河成功の瑞兆

auspicor *dep.1* auspicārī, -picātus sum §123(1) = **auspicō** *1* auspicāre, -cāvī, cātum ［auspex］ **1.** 鳥占いをする, その他の方法で前兆(吉兆)をさがし求める **2.** 儀式を鳥占いから始める, 吉兆のもとに始める **3.** 始める, 開始する auspicari vindemiam ブドウ収穫のために鳥占いを行う homo a suppliciis vitam auspicatur 人間は生誕の苦しみから人生を始める

auster *m.* austrī *2* §15 (アフリカから地中海に向かって吹く)南風

austērē 副 ［austērus §67(1)］ 厳しく, 厳格(正)に, ひどくまじめに, 気むずかしく

austēritās *f.* -ritātis *3* §21 ［austērus］ **1.** すっぱみ, にがにがしさ **2.** きびしさ, 厳格

austērus *a.1.2* austēr-a, -um §50 <αὐστηρός **1.** 厳しい, いかめしい, 厳格な, 気むずかしい, ふきげんな, 苛酷な(気質) **2.** すっぱい, にがい, からい, 渋い(酒), 鼻をつくような, 刺すような(匂い) **3.** 暗い, くすんだ, 黒ずんだ **4.** 飾らない(文体), 簡素な, 素直な, 荘重な

austrālis *a.3* austrāle §54 ［auster］ **1.** 南風の **2.** 南方の

austrīnus *a.1.2* austrīn-a, -um §50 ［auster］ **1.** 南風の, 南風に運ばれてくる(と共にやってくる) **2.** 南方の

ausum *n.* ausī *2* §13 ［audeō の完分］ 大胆な(勇敢な)行為, 冒険, 無謀 **2.** 横暴, 非行, 暴行

ausus *m.* ausūs *4* §31 ［audeō の完分］ 冒険, 大胆不敵

aut *j.* **1.** (先行の語, 文に対立するものを導く)または, あるいは, それとも, さもなければ, ではなかったら cita mors venit aut victoria laeta 早い死が訪れるか, それとも喜ばしい勝利か agrum possessoribus petere aut minari arma 農地を所有主から請求すること, さもなくば武器でおどすこと **2.** (単なるあれかこれかを導くとき, 後者が certe, saltem, potius, vero などで強められることがある)あるいはせめて, いやむしろ, さらに, 少なくとも consules se aut etiam reges sperant futuros (117.5) 彼らは自分が執政官になることを, いや王になることすら望んでいる erravit aut potius insanivit 彼は迷ったのだ, いやむしろ狂ったのだ **3.** aut summus せいぜい aut tardissime おそくとも plus aut minus 多かれ少なかれ, 多少, いくぶんか

autem *j.* **1.** (対立的に)他方では, それに反し, しかしそれでも, にもかかわらず

2. (追加的に)さらにまた，なおかつ，その上に，しかしまた，そして(実際に)，(そして)事実(文頭に立たず，二番目の位置にくる) Gyges a nullo videbatur, ipse autem omnia videbat ギューゲースは誰からも見られなかったが，彼自身はなにもかも見ていた reliquerat unum iter angustum et difficile, mons autem altissimus impendebat 後には狭くて困難な，たった一本の道が残っていた，しかも極めて高い山がたちはだかっていた **3.** 挿入句の中で id autem difficile non est じっさいそれは難しくないのだが **4.** 強い感情を示す(感嘆・疑問文の中で) quid fiat autem? どうなるのかって ecce autem みよ

authepsa _f._ authepsae _1_ §11 こんろつきの鍋(料理用容器)

autumnālis _a.3_ autumnāle §54 [autumnus] 秋の，秋に実る，秋用の

autumnus _m._ autumnī _2_ §13 **1.** 秋 **2.** 秋の果物，刈り入れ，収穫 (形)**autumnus** _a.1.2_ -na, -num §50 秋の

autumō _1_ autumāre, -māvī, -mātum §106 **1.** 言い張る，主張する，断言する，言う，述べる **2.** 考える，判断する，信ずる，思う **3.** 名付ける，呼ぶ

auxī → augeō

auxiliāris _a.3_ auxiliāre §54 [auxilium] **1.** 援助する所の，慈悲深い **2.** 援軍の (名)**auxiliārēs** _m.pl._ -ium §§13, 45 援軍

auxiliārius _a.1.2_ auxiliāri-a, -um §50 [auxilium] 援軍の，援助する

auxilior _dep.1_ auxiliārī, auxiliātus sum §§123(1), 125 [auxilium] **1.** 援助する，助ける，救う **2.** 癒(いや)す，効能がある，役立つ(与と，9d1)

auxilium _n._ auxiliī _2_ §13 [augeō] **1.** 援助，助力，支援 **2.** 救う手段，方法 **3.** 救助，治療 **4.** 護民官の保護，介入 **5.** (_pl._)援軍(属州出身の兵，帝政期に常備軍となる) alicui auxilio (9d7) venire ある人を助けるためにやってくる aliquem auxilio mittere 援助のために人を送る extremum auxilium experiri 最後の救

出手段を試みる

avārē 副 [avārus §67(1)] (比)avarius (最)avarissime **1.** 貪欲に，がつがつと **2.** けちけちと，つましく

avāritia _f._ avāritiae _1_ §11 [avārus] **1.** 貪欲，強欲，金銭(名誉)欲 **2.** けち，卑しさ inopiae desunt multa, avaritiae omnia 貧乏には多くのものが不足しているが，貪欲には一切のものが欠けている crudelitatis mater est avaritia 貪欲は残忍(な心，ふるまい)の母だ

avārus _a.1.2_ avār-a, -um §50 [aveō] (比)avarior (最)avarissimus **1.** 貪欲な，(金銭)欲の深い，強欲な **2.** けちな，物惜しみする，いやしい，つましい **3.** 食い意地のはった，がつがつとした avarus animus nullo satiatur lucro (9f11) 貪欲な心はいかなる得にも満足しない tam deest avaro, quod habet, quam quod non habet 貪欲な人には持っていないものと同様，持っているものも欠けている

avē, havē 間 [あたかも(動)aveo の命令形の如く(h)aetō も見られる] 今日は，お早う：(手紙の文末と墓碑銘では)さようなら Marcus havere jubet M が挨拶をするように命じています

āvehō _3_ ā-vehere, -vēxī, -vectum §§109, 176 **1.** 運び去る，持ち去る，運ぶ，移す **2.** (受)去る，乗って去る，離れる

āvellō _3_ ā-vellere, -vellī (-volsī, -vulsī), -volsum (-vulsum) §109 [ab, vellō §176] **1.** ひきちぎる，むしりとる，もぎとる，引き抜く，ねじりとる，はぎとる，破りとる **2.** 引き離す，裂く **3.** 奪う，強奪する poma ex arbore vi avellere 実を木から力ずくでもぎとる avolsum umeris (9f7) caput 肩からひきちぎられた頭 ab ea sese ～ 彼女から自分を引き離す

avēna _f._ avēnae _1_ §11 **1.** カラスムギ，オートムギ **2.** ムギわら，茎，管，ストロー **3.** 牧人の茎(芦)笛 **4.** パンの笛(長さの違う管を順に束ねた吹奏楽器)＝syrinx

Aventīnus[1] (＝ **Aventīnum**) _m._(_n._)

Aventīnus 78

Aventīnī *2* §13 ローマの七つの丘の一つ (形)**Aventīnus**, -a -um Aventinus 丘の

Aventīnus² *m.* Aventīnī *2* §13 Hercules の息子

aveō *2* avēre, ――, ―― §108 **1.** しきりに(熱心に)したがっている, 望んでいる, 切望している **2.** したう, あこがれる aveo scire quid agas(116.10) あなたがどうしているか, 私はしきりに知りたいと願っている

āverrō *3* ā-verrere, -verrī, ―― §109 [ab, verrō §176] **1.** 持ち(運び)去る, 奪い去る, ひったくる **2.** 一掃する, 買い占める

āverruncō *1* averruncāre, ――, ―― §106 (災い, 神々の怒りなどを)そらす, かわす, 防ぐ di averruncent! どうか神々が(われわれからこの災いを)そらして(防いで)くれますように

āversor *dep.1* ā-versārī, -versātus sum §§123(1), 125 **1.** (嫌悪・恐怖・軽蔑から)顔をそむける, 目をそらす, 嫌悪・反感を示す **2.** 拒否する, はねつける, さける

āversus *a.1.2* ā-vers-a, -um §50 [āvertō の完分] (比)aversior (最)aversissimus **1.** 顔をそむけた, そっぽを向いた, 背を向けた, 背後の, 逆の, 反対の **2.** 遠い, 人里離れた, 奥地の **3.** 嫌った, 不和の, 敵の aversum hostem videre 背を向けた(敗走する)敵を見る aversa porta 裏門 aversi a vero 真理の敵たち

āvertō (**āvortō**) *3* ā-vertere, -vertī, -versum [ab, vertō] §§109, 176 **1.** 向きを変える, 他方へそらす **2.** 避ける, 遠ざける, 追放する **3.** 除去する, 持ち去る, 盗む **4.** やめさせる, ひきとめる **5.** 引きはなす, 予防する, 保護する iter ab Arare averterant 彼らはアラル川から遠ざかって進んでいた hostem avertere 敵を敗走させる avertendae (121.3) suspicionis causā 疑いをさけるために pecuniam publicam ～ 公金を横領する

āvexī → āvehō

avia *f.* aviae *1* §11 [avus] 祖母

aviārium *n.* aviāriī *2* §13 [avis] **1.** 鶏小屋, 家禽飼育舎 **2.** 野鳥の巣くう森

avidē 副 [avidus §67(1)] (比)avidius (最)avidissime **1.** 強欲に, 貪るように, がつがつと **2.** 熱心に, 気短に, いらいらして

aviditās *f.* aviditātis *3* §21 [avidus] **1.** 貪欲, 強欲, 激しい金銭欲 **2.** 激しい欲望, 渇望 **3.** 食欲, 空腹, 餓 **4.** 情欲, 色情, 激情

avidus *a.1.2* avid-a, -um §50 [aveō] (比)avidior (最)avidissimus **1.** 熱(渇)望している, 飢えている, 貪欲な, 大食いの, 飽くことのない gloriae avidus (9c13) 栄光に飢えている belli gerendi (121.3) ～ 戦争遂行を熱望している

avis *f.* avis *3* §19 **1.** 鳥, 前兆を示す鳥 **2.** 前兆, きざし avis sinistra 凶兆 avis alba 白い鳥(驚くべきもの, めったにないもの(人))

avītus *a.1.2* avīt-a, -um §50 [avus] **1.** 祖父の, 祖父から相続した **2.** 祖先の, 先祖伝来の, 家代々の

avius *a.1.2* avi-a, -um §50 [ab, via] **1.** 道のない, 近より難い, 人里離れた, 人跡未踏の **2.** 正道からはずれた, 逸脱した, 堕落した, 迷った avius a vera ratione 真実の推論から遠く離れている in montes sese avius abdidit 彼は道に迷って山の中に身をかくした (名)**āvia** *n.pl.* āviōrum *2* §13 人跡未踏の地, 僻地, 寂寥, 独居

āvocāmentum *n.* -mentī *2* §13 [āvocō] 気晴し, 娯楽(ぎ)

āvocātiō *f.* āvocātiōnis *3* §28 [āvocō] 注意・気持ちを他へそらすこと, 心をまぎらせること, 気晴らし, 気散じ

āvocō *1* ā-vocāre, -cāvī, -cātum §106 [ab, vocō §176] **1.** 呼んで連れ去る, 呼んでわきへ連れ去らせる, 呼び戻す, 別な行動へ引き離す **2.** わきへ向ける, 注意・気持ちをそらせる, 説得して思いと

bacchor

どまらせる，気持ちをまぎらわせる，晴らす，遠ざけておく parte exercitus ad bellum avocata（9f18）その軍隊の一部が戦争へ呼び戻され negotia quae avocant animum 精神をわきへそらす（集中させない）雑務 te ne metus quidem a foedissimis factis potest avocare? 恐怖心すらも，その最も恥ずべき仕業からお前を遠ざけないのか（思いとどまらせないのか）

āvolō *1* ā-volāre, -lāvī, -lātum §106 ［ab, volō §176］ 飛び去る，走り去る，急いで逃げる，消えうせる citatis equis（9f18）avolant Romam（9e7）彼らは馬

をかってまっしぐらにローマへ去る

āvulsī → āvellō

āvulsus → āvellō

avunculus *m.* avunculī *2* §13 ［avus の小］ 母の兄弟，母方のおじ avunculus magnus 祖母の兄弟

avus *m.* avī *2* §13 祖父，先祖

axis[1] *m.* axis *3* §19 **1.** 車軸，心棒，車 **2.** 地軸，(北)極，天空，穹天 jam medium trajecerat axem（Aurora）もはやアウローラ（曙の女神）は中天をよぎっていた

axis[2] *m.* axis *3* §19 板, 厚板, 床板

B

B, b §1 略記として B＝bonus, bene

babae（**papae**）間 ＜βαβαί（驚き，賛嘆，喜びなどの不意の感動を表す叫び声）おお，ああ，まさか，おやまあ

Babylōn *f.* Babylōnis *3* §41.8b バビュロン，バビュロニアの首都

Babylōnia *f.* Babylōniae *1* §11 バビュロニア，ティグリス川とエウプラテス川の間の国

Babylōnius *a.1.2* Babylōni-a, -um §50 バビュロニアの

bāca（**bacca**）*f.* bācae *1* §11 **1.** 小さな丸い果物，木の実の総称，キイチゴ，野ブドウ，オリーブ **2.** 真珠

bācātus *a.1.2* bācāt-a, -um §50 真珠で飾られた

baccar *n.* baccaris *3* §27 ＜ βάκκαρις 一種のシクラメンか？

Baccha（**Bacchē**）*f.* Bacchae *1* §11（Bacchēs *1* §37）酒神バッコスの狂信女

Bacchānal *n.* Bacchānālis *3* §20 ［Bacchus］ バッコスに捧げられた土地，神殿

Bacchānālia *n.pl.* Bacchānālium（Bacchānāliōrum）*3* §20 バッコス祭

bacchāns *a.3* bacchantis §58 ［bacchor の現分］ 熱狂した，荒れ狂った

bacchātiō *f.* bacchātiōnis *3* §28 ［bacchor］ **1.** バッコス祭を祝うこと **2.** 乱痴気騒ぎ

Bacchē → Baccha

Bacchēius, Bacchēus *a.1.2* Bacchēi -a, -um Bacchē-a, -um §50 バッコスの，乱痴気騒ぎの

Bacchiadae *m.pl.* Bacchiadārum *1* §11 コリント王バッキス（**Bacchis** *m.* Bacchis *3* §19）の子孫，コリントスの古い王族

Bacchicus *a.1.2* = **Bacchēius**

bacchīus（**pēs**）バッコス脚(調)，バッコス賛歌の韻律（‿ ‒ ‒ 又は ‒ ‒ ‿），古喜劇に多い

bacchor *dep.1* bacchārī, bacchātus sum §§123(1),125 ［Bacchus］ **1.** バッコス祭を祝う，バッコスの霊感によって錯乱状態におちる **2.** バッコス狂信女

Bacchus 　80

の如く熱狂する **3.** 飲み騒ぐ，荒れ狂う，暴れ回る，有頂天になる，興奮する，わめき叫ぶ **4.** (完・分・受 bacchātus)バッコス狂信女によって歩き回られ踏みつけられた quanta in voluptate bacchabere (128) お前はなんと喜び，有頂天になることだろうか virginibus (9d11) bacchata Lacaenis Taygeta スパルタの狂信女によって歩き回られるタウゲトス山

Bacchus *m.* Bacchī 2 §13 **1.** 酒神ディオニュソスの添名，バックス＝バッコス(ギ)＝バッカス(英) **2.** 祈りの叫び声(io Bacche!) **3.** ブドウの木，ブドウ酒

baceolus *m.* baceolī 2 §13 < βάκηλος ばか者，間抜け，愚か者

bācifer *a.1.2* bāci-fera, -ferum §51 [bāca, ferō] イチゴ，オリーブなどを手に持った

bacillum *n.* bacillī 2 §13 [baculum の小] **1.** 細い棒，杖 **2.** 先駆警吏の官杖，鞭

Bactra *n.pl.* Bactrōrum 2 §13 西南アジアの国バクトリアの首都，今のバルフ

baculum *n.* (**baculus** *m.*) baculī 2 §13,44 **1.** 棒，杖 **2.** 牧人の杖，卜(ぼく)鳥官の官杖 **3.** 王権を現す笏(しゃく)

badissō (**badizō**) 1 badissāre (-dizāre), -ssāvī, -ssātum §106 < βαδίζω 歩く，進む

Baetica *f.* Baeticae 1 §11 南スペインのローマの属州

Baeticus *a.1.2* Baetic-a, -um §50 バエティス川の，バエティカの

Baetis *m.* Baetis 3 §19 バエティス川(ヒスパニアの川)

Bagōas *m.* Bagōae 1 §37 **1.** ペルシャ宮廷の宦官(かんがん) **2.** 婦女の番人

Bāiae *f.pl.* Bāiārum 1 §11 バイヤエ，有名な温泉地(今のナポリの近くのバイヤ)

Bāiānus *a.1.2* Bāiān-a, -um §50 バイヤエの

bājulō 1 bājulāre, -lāvī, -lātum §106 [bājulus] 荷を背負って運ぶ

bājulus *m.* bājulī 2 §13 荷物運

搬夫

bālaena (**balla-**) *f.* bālaenae 1 §11 クジラ

bālāns *f.* bālantis 3 §58 [bālō の現分] 羊，牝羊(bālantēs *f.pl.* として用いられる)

balanus *f.* balanī 2 §13 < βάλανος [*cf.* glāns] **1.** カシの実(ドングリ)，ナツメヤシの実などの堅果 **2.** アラビヤ産ワサビノキの実(から採れる香油)

balatrō *m.* balatrōnis 3 §28 道化者，おどけ者

bālātus *m.* bālātūs 4 §31 [bālō] めえめえと鳴くこと，羊の鳴き声

balbē 副 §67(1) どもりながら，口ごもりつつ，たどたどしく

balbus *a.1.2* balb-a, -um §50 どもる，口ごもる

balbus *m.* balbī 2 §13 どもり，どもるように話す人

balbūtiō 4 balbūtīre, ——, —— §111 [balbus] **1.** (自)どもる，どもりながら(口ごもりつつ)話す，不明瞭な(舌足らずの)発音をする **2.** (他)どもりながら(口ごもりつつ)話す(言う)

Baleārēs (**insulae**) = **Baleárēs** *f.pl.* Baleārium 3 §19 バレアレス諸島(地中海西方)

Baleārēs *m.pl.* Baleārium 3 §19 バレアレス島民

Baleāris *a.3* Baleāre §54 = **Baleāricus** *a.1.2* Baleāric-a, -um §50 バレアレス島の

balin... = **baln...**

ballaena → balaena

Balliō *m.* Balliōnis 3 §28 **1.** プラウトゥスの作品中の人物(売春仲介者)の名 **2.** ごろつき，ろくでなし，悪党

ballista (**bālista**) *f.* ballistae 1 §11 <βαλλιστής 投石機

balnea (**balinea**) *n.pl.* balneōrum 2 §13 = **balneae** (**balineae**) *f.pl.* balneārum 1 §11 公衆浴場，浴場施設，個人の(別荘の)多くの浴室

balneāria *n.pl.* balneāriōrum 2 §13 浴場，浴室，風呂

balneārius *a.1.2* balneāri-a, -um §50 ［balneum］ 浴場の, 浴室の

balneātor *m.* balneātōris *3* §26 ［balneum］ 浴場管理人, 浴場主

balneolum *n.* balneolī *2* §13 ［balneum の小］ 小さな浴場, 浴室

balneum (**balineum**) *n.* balneī *2* §13 <βαλανεῖον 浴場, 浴室, 発汗室, 入浴

bālō *1* bālāre, bālāvī, bālātum §106 (羊, 山羊, など)めえめえと鳴く hostiis balantibus めえめえと鳴く(羊の)生贄(にえ)でもって

balsamum *n.* balsamī *2* §13 <βάρσαμον **1.** アラビア産の芳香のバルサム樹 **2.** この木から分泌される芳香の樹脂(香油として用いられた) **3.** 香油

balteus (**-um**) *m.*(*n.*) balteī *2* §§13,44 帯, 腰ひも, 剣帯, 肩帯

balūx *f.* balūcis *3* §21 砂金

Bandusia *f.* Bandusiae *1* §11 ホラティウスに歌われた泉

Bantīnus *a.1.2* §50 バンティア(アプリア地方の町, 今のバンチ)の

barathrum *n.* barathrī *2* §13 <βάραθρον **1.** 深淵, 深い割れ目(穴) **2.** 下界, 奈落(ならく), 地獄 barathro (9d) donare むだ遣いをする barathrum macelli 食品市場の底知れぬ穴(貪欲な胃の持ち主)

barba *f.* barbae *1* §11 (あご, 口, ほお)ひげ vellunt tibi (9d8) barbam 彼らはお前のひげをひっぱる(からかう)

barbarē 副 ［barbarus §67(1)］ 外国語で, 野蛮人の如く, 無教養に, 粗野に, 無知にも, 残酷に

barbaria *f.* barbariae *1* §11 = **barbariēs** *f.* barbariēī *5* §34 ［barbarus］ **1.** 他国(人), 外国(人)(ギリシアに対し, またはギリシア・ローマに対して) **2.** 未開の土地, 文明の低い国, その民族 **3.** 野蛮, 残忍, 無教養, 不作法 **4.** 不正な言い回し

barbaricus *a.1.2* barbaric-a, -um §50 = **barbarus** <βαρβαρικός

barbarismus *m.* barbarismī *2*

§13 <βαρβαρισμός 外国人風の発音, 文法上の誤謬, 不純な語法

barbarus *a.1.2* barbar-a, -um §50 <βάρβαρος **1.** 外国の, 外来の, 他国の **2.** 未開の, 粗野な, 野蛮な, 無教養の, 残忍な

barbarus *m.* barbarī *2* §13 外国人, 野蛮人(ギリシア, ローマ以外の国の人)

barbātulus *a.1.2* barbātul-a, -um §50 ［barbātus の小］ ちょびひげの, めかしたひげの(若者)

barbātus *a.1.2* barbāt-a, -um §50 ［balba］ **1.** ひげを生やした **2.** 成長した, 成年の

barbātus *m.* barbātī *2* §13 **1.** 古代ローマ人(ひげをそっていなかった) **2.** 哲学者(長ひげの) **3.** 成人 **4.** 牡山羊

barbiger *a.1.2* barbi-gera, -gerum §51 ［barba, gerō］ ひげを生やした

barbitos *m.* (*f.*) barbitī *2* §38 <βάρβιτος **1.** 竪琴 **2.** 竪琴演奏 **3.** 竪琴伴奏の歌, 調べ

barbula *f.* barbulae *1* §11 ［barba の小］ 小さいひげ, 産毛(うぶげ)

Barca (**Barcās**) *m.* Barcae *1* §§11,37 カルタゴの有名な家名

Barcē *f.* Barcēs *1* §37 バルケ(アフリカ海岸の古い町)

Barcīnus *a.1.2* バルカの, バルカ家の(名) **Barcīnī** *m.pl.* Barcīnōrum *2* §13 バルカ一族の者

bardītus *m.* bardītūs *4* §31 (ゲルマニア人の)楯の歌, ときの声, 軍歌

bardocucullus *m.* bardo-cucullī *2* §13 ガリア風の頭巾つき外套

bardus *a.1.2* bard-a, -um §50 愚かな, 頭の鈍い, ばかな

bāris *f.* bāridos *3* §41(5a) <βᾶρις ナイル川の小舟

bārō *m.* bārōnis *3* §28 ［bardus］ ばか, 愚か者, のろま

barrus *m.* barrī *2* §13 象

bascauda *f.* bascaudae *1* §11 金だらい(皿など洗うための?), かご(バスケット)?

bāsiātiō *f.* bāsiātiōnis *3* §28 [bāsiō] 接吻

bāsiātor *m.* bāsiātōris *3* §26 [bāsiō] 接吻をする人，接吻気違い

bāsiātus, bāsiāvī → bāsiō

basilica *f.* basilicae *1* §11 < βασιλική (στοά) 公会堂(裁判，商取引などに用いられた長方形の建物，広場の中や周辺にあった)

basilicus *a.1.2* basilic-a, -um §50 <βασιλικός 王の，王侯の如き，壮大な，堂々たる

bāsiō *1* bāsiāre, -siāvī, -siātum §106 [bāsium] 接吻する

basis *f.* basis (baseos) *3* §19 (§40) <βάσις 台，台座，土台，基礎，柱脚,基壇 metiri aliquem cum sua basi あるものをその土台と共に測る，過大評価する

bāsium *n.* bāsiī *2* §13 接吻

Bassareūs *m.* Bassareī *3* §41 バッコスの別名

Bassaricus *a.1.2* Bassaric-a, -um §50 バッコスの

Bastarnae (**-ternae**) *m.pl.* Bastarnārum *1* §11 ダキア周辺の蛮族

Batāvī *m.pl.* Batāvōrum *2* §13 ライン河口(今のオランダ)の住民

Bathyllus *n.* Bathyllī *2* §13 **1.** アナクレオンに愛された少年 **2.** マエケナスの解放奴隷，黙劇俳優

batillum = **vatillum**

Battiadēs *m.* Battiadae *1* §37 バットスの子孫，キュレネの住民，特に Callimachus のこと

Battus *m.* Battī *2* §1 <Βάττος アフリカの町キュレネの創建者

bāt(t)uō *3* bātuere, bātuī, ── §109 **1.** 打つ，たたく，突く **2.** 打ち合う

bē 羊の鳴き声，めえ

beātē *副* [beātus §67(1)] (比) beatius (最)beatissime 幸福に，首尾よく，立派に

beātitūdō *f.* -tūdinis *3* §28 [beātus] 幸運 しあわせ

beātus *a.1.2* beāt-a, -um §50 [beō の完分] (比)beatior (最)beatissimus **1.** 幸福な，恵まれた，喜ばしい，幸運な **2.** 金持ちの，裕福な，繁栄した，すばらしい，立派な，華麗な (名)**beātī** *m.pl.* beātōrum *2* §13 幸福な人たち，至福の人，天国の人 **beātum** *n.* beātī *2* §13 幸福

bēbō *1* bēbāre §106 めえとなく

beccus *m.* beccī *2* §13 (鶏の)くちばし

Belgae *m.pl.* Belgārum *1* §11 ベルガエ人，ベルギカ(今のベルギー)の住民

Belgica *f.* Belgicae *1* §11 ベルギカ

Belgicus *a.1.2* Belgic-a, -um §50 ベルガエ人の

Belgium *n.* Belgiī *2* §13 = **Belgica**

Bēlīdēs *m.* Bēlīdae *1* §37 Belus の男系の後裔

Bēlides *f.* Bēlidum *3* §39(ロ) Belus の女系の子孫，ダナイスたち

bellātor *m.* bellātōris *3* §26 [bellō] 戦士，兵士，勇士，(形)好戦的な，勇敢な bellator deus 軍神マルス

bellātōrius *a.1.2* bellātōri-a, -um §50 [bellātor] **1.** 軍人らしい，好戦的な，勇敢な **2.** 論争好きな

bellātrix *f.* bellātrīcis *3* §21 [bellātor] 女武者

bellē *副* [bellus §67(1)] (最) bellissime 立派に，きれいに，良く，卓越して，健康に，快適に belle se habere 健康である，天気だ belle facere 効き目がある(薬など)

Bellerophōn *m.* Bellerophontis *3* §41.4 = **Bellerophontēs** *m.* Bellerophontae *1* §37 (神)コリントス王シシュポスの孫

bellicōsus *a.1.2* bellicōs-a, -um §50 [bellicus] (比)bellicosior (最) bellicosissimus 好戦的な，勇敢な，戦争の

bellicus *a.1.2* bellic-a, -um §50

［bellum］ 戦争の （名)**bellicum** *n.*
bellicī *2* §13 戦闘開始のラッパの合
図

belliger *a.1.2* belli-gera, -gerum
§51 ［bellum, gerō］ 戦争を行ってい
る, 好戦的な, 勇敢な

belligerō *1* belli-gerāre, -gerāvī,
-gerātum §106 ［belliger］ 戦争を行
う, 戦う

bellipotēns *a.3* belli-potentis §55
戦争に強い, 戦いに勇敢な

bellō *1* bellāre, bellāvī, bellātum
§106 ［bellum］ 戦う, 戦争する, 争う

Bellōna *f.* Bellōnae *1* §11
［bellum］ 戦争の女神

bellor *dep.1* bellārī §123.1 ＝ bellō

Bellovacī *m.pl.* Bellovacōrum *2*
§13 ベルギカの部族

bellua ＝ **bēlua** *f.* belluae *1* §11
1. 大きな獣, 怪獣, 怪物 **2.** 象 **3.** 畜生,
人でなし

bellulus *a.1.2* bellul-a, -um §50
［bellus の小］ 本当に愛らしい, 全くかわ
いい, きれいな, 大好きな

bellum *n.* bellī *2* §13 ［古
duellum］ 戦争, 争い, 不和, 敵対行
動 vel belli vel domi 戦時にも平時にも
(70 注) in civili bello 市民戦争中

bellus *a.1.2* bell-a, -um §50 （比)
bellior （最)bellissimus よい, 好まし
い, きれいな, かわいい, すてきな, 心地
よい, 魅力ある, 上品な, しゃれた

bēlua *f.* bēluae §11 **1.** 野獣 **2.** 巨
大なおそろしい獣, 怪物 **3.** 象 **4.** 獣のごと
き人間, 人非人 **5.** ばか, とんま

bēluātus *a.1.2* bēluāt-a, -um §50
［bēlua］ 獣の姿を縫いとられた

bēluōsus *a.1.2* bēluōs-a, -um §50
［bēlua］ 怪物で一杯の(満ちた)

Bēlus *m.* Bēlī *2* §13 （神) **1.** バ
ビュロンの建設者 **2.** エジプト王 **3.** ディー
ドーの父(チュロス王) **4.** ダナイスたちの祖
父

benĕ 副 ［bonus］ §67(1) （比)melius
（最)optime (69) **1.** (動詞と)よく, 上
手く, 立派に, 正しく, 健全に, 美しく(精

神的, 肉体的, 道義的によいの意) ～
agere cum aliquo 人を親切に取り扱う
～ dicere alicui 人をほめる ～ dixisti あ
なたは正しい ～ facere alicui 人に恩恵を
施す bene fecisti あなたに感謝せねばなら
ない ～ emere, vendere 安く手に入れ,
高い値で売る si vales, bene est お元気
ならば結構です **2.** (形容詞, 副詞と)(強
調的に)十分に, 非常に, 大いに homo
bene sanus 全く健全な精神の持ち主
bene mane 朝早く

benedicē 副 ［bene dīcō］ 親しい言
葉で, 親切に

bene dīcō (benedīcō) *3* bene
dīcere, dīxī, dictum §109 （CL では
二語) **1.** 立派に(美しく, 上品に, 正し
く)話す **2.** alicui ～ 人をほめる **bene
dictum** *n.* dictī *2* §13 賞賛, 名
声 **3.** (LL では一語)祝福する, たたえる

bene faciō (benefaciō) *3b* bene
facere, fēcī, factum §110 （CL では
二語) **1.** 正しく(立派に)なす, 行う
2. alicui ～ 人のためにつくす, 親切にす
る bene facis 本当に有難い

bene factum *n.* bene factī *2* §13
見事な, 誉れ高い行為, 気高い態度

beneficentia *f.* beneficentiae *1*
§11 ［beneficus］ 好意, 善行, 親切,
慈悲, 恩恵

beneficiārius *m.* beneficiāriī *2*
§13 重労働を免除された特権兵

beneficium *n.* beneficiī *2* §13
［bene, faciō］ **1.** 親切, 恩恵, 愛顧, 好
意 **2.** 栄誉, 表彰, 昇進, 利益

beneficus *a.1.2* benefic-a, -um
§50 ［bene, faciō］ （比)beneficentior
（最)beneficentissimus 親切な, 好意
ある, 気前のいい

Beneventum *n.* Beneventī *2* §13
サムニウム地方の町, 今の Venevento

benevolē 副 ［benevolus §67(1)］ （比)
benevolentius （最)benevolentissime
親切に, 好意をもって

benevolēns *a.3* benevolentis §55
（比)benevolentior （最)benevolentis-
simus 心の優しい, 情け深い, 親切な

benevolentia　84

benevolēns *c.* benevolentis *3*
§21　忠実な友，愛顧者，後援者
benevolentia *f.* benevolentiae *1*
§11 [benevolēns]　好意，親切，情け
深さ，愛顧，忠実
benevolus (**beni-**) *a.1.2* bene-vol-a,
-um　§50 [volō]　(比)(最)　→
benevolēns　好意ある，親切な，献身
的な，忠実な
benīgnē (**-ĭ-** ?)　副 [benīgnus §67(1)]
(比)benignius　(最)benignissime
1. 親切に，礼儀正しく，丁重に，慈悲深
く，喜んで **2.** 寛大に，気前良く，豊富に，
惜しみなく benigne facere alicui 人のた
めにつくす，人を助ける，丁重にもてなす
benigne 有難う
benīgnitās (**-īgn-** ?)　*f.* benīgnitātis
3　§21 [benīgnus]　**1.** 親切，思いや
り，友情，慈悲，温和 **2.** 気前の良さ，お
およう，寛大，高潔
benīgnus (**-ĭ-** ?) *a.1.2* benīgn-a, -um
§50 [bonus, gignō]　(比)benignior
(最)benignissimus　**1.** 善良な，親切な，
好意のある，気立てのよい，慈悲深い **2.** 寛
大な，気前のいい **3.** 豊かな，金持ちの，
裕福な benigna materia gratias agendi
(119.2) 感謝すべき多くの材料
beō *1* beāre, beāvī, beātum　§106
1. 幸福にする，喜ばす，祝福する **2.** 豊か
にする，贈る，富ます Latium beabit
divite lingua 彼は豊かな言葉でラティウ
ムを富ますであろう
Berecyntius *a.1.2* Berecynti-a,
-um　§50　**1.** ベレキュントス山の **2.** キュ
ベレーの　<Berechyntia＝Cybelē
Berecyntus *m.* Berecyntī *2*
§13　プリュギアの山，キュベレーに捧げら
れた山
Berenīcē (**Beronīcē**) *f.* Berenīcēs
1　§38　**1.** エジプト王プトレマイオス・エ
ウエルゲテースの妻，彼女の美しい髪は星
座となった由 **2.** ユダヤ王アグリッパー一世
の娘，ティトゥス帝の恋人
Berenīcēus (**-caeus**) *a.1.2*　§50　ベ
レニーケーの
bēryllus *m.* bēryllī *2*　§13　緑柱

石(^{りょくちゅう})
Bērȳtus (**-os**) *f.* Bērȳtī *2*　§13
注3　フェニキアの港町，今の Beirut
bēs *m.* bessis *3*　§29　3分の2
bēstia *f.* bēstiae *1*　§11　けもの，
野獣，猛獣 aliquem ad bestiam con-
demnare 人を野獣との格闘の刑に処す
bēstiārius *a.1.2* bēstiāri-a, -um
§50 [bēstia]　獣の bestiarius ludus
人と獣の戦う見世物　(名)**bēstiārius**
m. bēstiāriī *2*　§13　闘獣士
bēstiola *f.* bēstiolae *1*　§11
[bēstia の小]　小さな生きもの，昆虫
bēta *f.* bētae *1*　§11　フダンソウ，サ
トウダイコン
bētāceus *m.* bētāceī *2*　§13 [bēta]
フダンソウ(の根)
bĭ-　頭 *cf.* bis　二つの
Biās *m.* Biantis *3*　§41.3b　ギリシ
アの七賢人の一人
bibliopōla *m.* bibliopōlae *1*　§11
<βιβλιοπώλης　書籍商人
bibliothēca (**-cē**) *f.* bibliothēcae
(**-cēs**) *1*　§11 (§37)　<βιβλιοθήκη
図書館，図書室，文庫，蔵書
bibō *3* bibere, bibī, ——　§109　飲
む，吸う，吸収する Danuvium bibunt
彼らはダヌウィウス川の水を飲んでいる，岸
辺に住んでいる longum bibebat amorem
恋を長く味わって飲んでいた aut bibat aut
abeat (宴席では)飲むか立ち去るかせよ，
世間で暮す限り世間に順応せよ
Bibracte *n.* Bibractis *3*　§20　ハ
エドゥイー族の町，今の Autun
bibulus *a.1.2* bibul-a, -um　§50
[bibō]　**1.** いつも飲みたがっている，渇望
している **2.** 湿気(水分)を吸収し易い lapis
～ 軽石 bibula charta 吸取紙 bibulae
aures 聞くことを渇望している耳
biceps *a.3* bi-cipitis　§55 [bi-,
caput]　両頭の，二つの頂きをもった
biclīnium *n.* bi-clinii *2*　§13　二
人分の食卓用長椅子
bicolor *a.3* bicolōris　§55　二色の
bicorniger *a.1.2* bi-corniger-a, -um
§51 [cornū, gero]　二本の角を持った

bipalmis

bicornis *a.3* bi-corne §54 ［bis, cornū］ **1.** 二本の角の生えた **2.** 二叉(また)の

bicorpor *a.3* bi-corporis §55 ［corpus］ 二つの体をもった

bidēns *a.3* bi-dentis §55 ［dēns］ **1.** 二本の(永久)歯をもった **2.** 二叉(また)の, 両刃の (名)**bidēns** bidentis 3 §24 (*m.*) 二叉のつるはし, 鍬 (*f.*) (歯の生えた)犠牲(にえ), 特に羊

bidental *n.* bi-dentālis 3 §20 ［bidēns］ 落雷跡の聖域, 犠牲式の行われる所

bīduum *n.* bī-duī 2 §13 ［bis, diēs］ 二日間 iter bidui (9c2) 二日間の旅程 eo biduo (9f2) その二日間に, その二日後に

biennium *n.* benniī 2 §13 ［annus］ 二年間

bifāriam 副 二つの側で, 二つの部分で, 二つの方法で, 二重に, 二倍で

bifer *a.1.2* bi-fera, -ferum §51 ［ferō］ 一年に二度実を結ぶ

bifidus *a.1.2* bi-fid-a, -um §50 ［findō］ 二つ(の部分)に裂けた, 割れた

biforis *a.3* bi-fore §54 ［foris］ **1.** 両開き戸の, 窓の **2.** 二つの口(穴)をもった, 二倍の

biformātus *a.1.2* bi-formāt-a, -um §50 = **bi-formis** *a.3* bi-forme §54 ［fōrmō, fōrma］ 二つの形をもった

bifrōns *a.3* bi-frontis §55 ［frōns］ 二つの額をもった

bifurcus *a.1.2* bi-furc-a, -um §50 ［forca］ 二叉(また)の

bīga *f.* bī-gae 1 §11 ［iugum］ = **bīgae** *f.pl.* bīgārum 二頭連馬, 二頭立て馬車(戦車)

bīgātus *a.1.2* bī-gāt-a, -um §50 ［bīgae］ 二頭連馬の刻印のある(銀貨)

bijugus *a.1.2* bi-jug-a, -um §50 = **bi-jugis** *a.3* bi-juge §54 ［jugum］ くびにつながれた, 一対の, 二頭立の

Bilbilis *m.* Bilbilis 3 §19 ヒスパニアの町, 今のカラタユド, 詩人 Martialis

の生誕地

bilībris *a.3* bi-lībre §54 ［bilībra］ 2 リーブラ(ポンド)の(199)

bilinguis *a.3* bi-lingue §54 ［lingua］ **1.** 二つの舌をもった **2.** 二ヶ国語を話す **3.** 二枚舌の, 不誠実な, 偽りの

bīlis *f.* bīlis 3 §19 **1.** 胆汁 **2.** 不機嫌, かんしゃく, 怒り, しっと atra ～ 憂鬱(症)

bilīx *a.3* bilīcis §55 ［līcium］ 二本の糸をよった

bilūstris *a.3* bi-lūstre §54 ［lūstrum］ 十年の, 十年間の

bilychnis *a.3* bi-lychne §54 ［lychnus］ 二つの明かり(ランプ)をもった

bimaris *a.3* bi-mare §54 ［mare］ 二つの海にはさまれた, 両側を海に洗われた

bimarītus *m.* bi-marītī 2 §13 二人の妻をもった夫, 重婚者

bimāter *a.3* bi-mātris §55 二人の母を持っている

bimembris *a.3* bi-membre §54 ［membrum］ 二つ(人間と獣)の体をもった

bimē(n)stris *a.3* bimē(n)stre §54 ［mēnsis］ 二ヶ月(間)の

bīmulus *a.1.2* bī-mul-a, -um §50 ［bīmus の小］ 二歳児

bīmus *a.1.2* bīm-a, -um §50 ［bis, hiems］ (二冬の), 二歳の, 二年間の

bīnī *a.1.2* bīn-ae, -a §§50,101 **1.** 二つずつの **2.** 二つの **3.** 一対の quotannis bini consules creabantur 毎年二名ずつの執政官が選ばれていた bis bina sunt quattuor 2 × 2＝4

binoctium *n.* bi-noctiī 2 §13 ［nox］ 二晩(の間)

binōminis *a.3* bi-nōmine §54 ［nōmen］ 二つの名を持った

Biōn *m.* Biōnis 3 §28 前四世紀のギリシアの哲学者

Biōneus *a.1.2* Biōne-a, -um §50 ビオーン風の, 風刺的な, 機知に富む

bipalmis *a.3* bi-palme §54

bipartiō 86

［palma］ 二指尺（親指と小指を張った長さ, 約20cm）

bipartiō *4* bi-partīre, (-tīvī), -tītum §111 二つの部分に分ける, 二等分する

bipartītō 副 §67(1) 二つの部分に分かれて, 双方から

bipartītus 完分 bi-partīt-a, -um §50 ［bipartiō の完分］ 二つの部分に分けられた, 二重の

bipatēns *a.3* bipatentis §55 両方向に開いた, 両方の扉が開いた

bipedālis *a.3* bi-pedāle §54 ［pēs］ 2 ペースの(196)

bipennifer *a.1.2* bi-penni-fera, -ferum §51 ［bipennis, ferō］ 両刃の斧(おの)をもった

bipennis *a.3* bi-penne §54 ［penna］ 両刃の

bipennis *f.* bi-pennis *3* §19 両刃の斧(おの)

bipēs *a.3* bi-pedis §55 二足の

bipēs *m.* bi-pedis *3* §21 二足動物

birēmis *f.* bi-rēmis *3* §19 *sc.* **navis** ［bis, rēmus］ 二段櫂船(舷側に二列の櫂を備えた船)

bis 数副 §101 二度, 二倍, 二重, 二通りの方法 bis consul 二度執政官をつとめた人 bis in die 一日に二度 bis deni dies 二十日

Bistonis *f.* Bistonidis *3* §41.6a バッカスの狂信女(トラーキアの女)

Bistonius *a.1.2* Bistoni-a, -um §50 トラーキアの (Bistonia＝Thracia)

bisulcus *a.1.2* bi-sulc-a, -um §50 ＝ **bisulcis** bi-sulc-e *a.3* §54 二つに裂けた, 割れた, 二股の, 蹄(ひづめ)の裂けた

Bīthȳnia *f.* Bīthȳniae *1* §11 (小アジアの)ローマ属州

Bīthȳnicus *a.1.2* Bīthȳnic-a, -um §50 ビーチューニアの

Bīthȳnis *f.* Bīthȳnidis *3* §41.6a ビーチューニアの女

bītō *3* bītere, ——, —— §109 行く, 歩く

bitūmen *n.* bitūminis *3* §28 アスファルト, 瀝青(れきせい)

bitūmineus *a.1.2* bitūmine-a, -um §50 ［bitūmen］ アスファルトの, 瀝青質の

bivius *a.1.2* bi-vi-a, -um §50 ［via］ 二本道の (名)**bi-vium** *n.* bi-viī *2* §13 二本の道の接する所, 二つの手段(方法)

blaesus *a.1.2* blaes-a, -um §50 ＜βλαισός どもる, 口ごもった, 舌足らずの

blandē 副 §67(1) (比)blandius (最)blandissime おもねって, 歓心を買うように, 迎合的に, 弁舌さわやかに, 魅力的に

blandidicus *a.1.2* blandidic-a, -um §50 ［blandus, dīcō］ なだめすかしつつ話す

blandiloquentia *f.* blandi-loquentiae *1* §11 ［blandus, loquor］ なだめすかす言葉, おだやかな言葉遣い

blandiloquentulus *a.1.2* blandi-loquentul-a, -um §50 なだめながら話す, 言葉遣いの丁寧な

blandīmentum *n.* blandīmentī *2* §13 ［blandior］ **1.** お世辞, へつらい **2.** 心地良さ, 喜び, 楽しみ

blandior *dep.4* blandīrī, blandītus sum §§123(4),125 **1.** (悪意のない)お世辞を言う, ごきげんをとる, 愛撫する **2.** おもねる, へつらう **3.** 良い感じを与える, 喜ばす, 満足させる, 誘う, 魅了する blandiēns patrī (9d1) ut duceretur in Hispaniam 彼女は父親にヒスパニアへ連れて行ってもらいたいためお世辞を言って blandiente inertiā (9f18) 怠惰は魅力にみちているので opportunā suā blanditur populus umbrā ポプラの木が自分の格好な影で(人を)誘っている

blanditer 副 ＝ **blandē** → blandus

blanditia *f.* blanditiae *1* §11 ［blandus］ **1.** 愛撫, なだめすかすこと, お世辞, へつらい, 愛想, 甘言で口説くこと **2.** 魅了, 誘惑

blanditiēs *f.* blanditiēī *5* §34

= blanditia

blandus *a.1.2* bland-a, -um §50 (比)blandior （最)blandissimus お世辞のうまい，魅力的な，愛情のこまやかな，愛想よい，おもねった，こびへつらった(良い意味にも悪い意味にも) blandi flores えもいわれぬ快い花 otium in dies blandius 日に日に甘くなる閑雅な生活 secerni blandus amicus a vero potest へつらう友は本当の友と区別されうる

blaterō *1* blaterāre, -rāvī, -rātum §106 むだ話をする，ぺちゃくちゃしゃべる

blatiō *4* blatīre, ——, §111 *cf.* **blaterō** ばかなことを言う，しゃべりまくる

blatta *f.* blattae *1* §11 （さまざまな昆虫の名)ゴキブリ，イガ(衣蛾)，シミ(本につく)

blennus *m.* blennī *2* §13 < βλεννός ばか者，愚か者，とんま

bliteus *a.1.2* blite-a, -um §50 [blitum] **1.** (アカザの如く）(風)味のない，気の抜けた **2.** 愚かな

blitum *n.* blitī *2* §13 < βλίτον アカザの類(それ自体に味はないが，サラダに使われる野菜)

bo(v)ārius *a.1.2* boāri-a, -um §50 [bōs] 牛の，牛にかかわる

bōcula = **būcula**

Boeōtī (**-tiī**) *m.pl.* Boeōt(-i-)ōrum §13 ボイオーティア人

Boeōtia *f.* Boeōtiae *1* §11 ギリシアの地方の名

Boeōtius (**-tus**) *a.1.2* Boeōti-a, -um (Boeōt-a, -um) §50 ボイオーティアの

boia (**-ō-** ?) *f.* boiae *1* §11 罪人の首枷(かせ)

Bōiī (**Bōī**) *m.pl.* Bōiōrum *2* §13 中央ガリアの部族

bōlētus *m.* bōlētī *2* §13 きのこ

bolus *m.* bolī *2* §13 < βόλος **1.** (網，さいころ)投げること **2.** 漁獲，利益，儲け，勝ち

bombax 間 < βομβάξ （驚きを表す）おやまあ，まさか

bombus *m.* bombī *2* §13 ぶんぶん(蜂のうなり声)

bombȳx *m.* bombȳcis *3* §41.1a < βόμβυξ **1.** カイコ **2.** 絹，絹織物，絹の着物

bona *n.pl.* bonōrum *2* §13 [bonus] よいもの，利益，財産，幸福，善行，恩恵，長所，美徳 Zenoni (9d10) praeter honestum nihil est in bonis ゼーノーは清廉以外は美徳とみなさない

Bona Dea *f.* Bonae Deae *1* §11 ローマの女性の崇拝した貞節と多産の女神

bonitās *f.* bonitātis *3* §21 [bonus] **1.** 傑出，優秀，長所，美点 **2.** 善良，親切，誠実

bonum *n.* bonī *2* §13 [bonus] 善，利益，恩恵，幸せ summum bonum 最高善 〜 publicum 公益

bonus *a.1.2* bon-a, -um §50 （比)melior （最)optimus **1.** (あらゆることに関して)よい，善良な，良質な，立派な，すぐれた **2.** 有能な，役立つ，ひとかどの，熟達した **3.** 実直な，尊敬すべき，恵み深い，親切な，丁重な，信頼できる，礼儀正しい **4.** 健康な，勇敢な，強い **5.** 高貴な(生れの)，愛国的な bonā veniā (あなたの)寛大な許しを得て bonā pace 異議なく bonarum artium studia 自由(人の学ぶ)学芸の勉強 bonus dicere (117.3) versus 詩をつくるのが上手な bono animo (9f9) esse 元気よく，上きげんでいる

bo(v)ō *1* bo(v)āre §106 （牛が)なく

Boōtēs *m.* Boōtae *1* §37 < βοώτης （星)牛飼い座

boreās *m.* boreae *1* §37 < βορέας **1.** 北風 **2.** 北 **3.** 北風神

borēus *a.1.2* borē-a, -um §50 北の，北風の

Borysthenēs *m.* Borysthenis *3* §42.1 スキュティアの川，今のドニエプル川

bōs *c.* bovis *3* §23(2) 牛

Bosp(h)orus (**-os**) *m.* Bosp(h)ori *2* §13 （原義「牝牛の渡し」，イーオーが若い牝牛となってヨーロッパからアジアへ渡

botulus　88

ったときの「海峡」の意.) **1.** Bos. Thracius 今のボスポラス海峡 **2.** Bos. Cimmerius 黒海, アゾフ海を結ぶ海峡(今の Kertch) (名)**Bosporānus** *m.* Bosporānī *2* §13 Bos. Cimmerius 周辺の住民

botulus *m.* botulī *2* §13 ソーセージ

bovīle = **būbīle** *n.* bovīlis *3* §20 牛舎

Bovillae *f.pl.* Bovillārum *1* §11 ラティウム地方の古い町

Bovillānus *a.1.2* Bovillān-a, -um §50 ボウィッラエの

bovillus (**-vi-** ?) *a.1.2* bovill-a, -um §50 [bōs] 牛の

bovis → bōs

brabeuta *m.* brabeutae *1* §11 <βραβευτής (公の競技の)審判者

brācae *f.pl.* brācārum *1* §11 (半)ズボン(ペルシア人, ガリア人, ゲルマニア人がはいていた)

brācātus *a.1.2* brācāt-a, -um §50 [brācae] **1.** (半)ズボンをはいている **2.** 外国の, 野蛮人の **3.** 女性的な, 女々しい

brā(c)chiālis *a.3* brā(c)chiāle §54 [brācchium] 腕の

brā(c)chiolum *n.* brā(c)chiolī *2* §13 [bracchium の小] 小さな腕

brāc(c)hium *n.* brāchiī *2* §13 <βραχίων **1.** 腕, 前腕 **2.** 動物の前脚(肢), かにのはさみ **3.** 木の枝, 帆桁, 入江, 外堡, 外壁 brachia collo (9d1) dare 抱く aliquid levi bracchio (9f11) agere あることを軽く取り扱う molli brachio objurgare aliquem de re あることである人をやんわりとあてこする

bractea (**brattea**) *f.* bracteae *1* §11 金属箔, 金箔

bracteātus (**bratt-**) *a.1.2* bracteāt-a, -um §50 **1.** 金箔でおおわれた **2.** 黄金に輝く felicitas bracteata 上辺だけの幸福

brassica *f.* brassicae *1* §11 キャベツ

brattea *f.* bratteae *1* §11 金属

などの一枚の薄い板, (特に)金箔

Brennus *m.* Brennī *2* §13 前390 年頃ローマ人を負かしたガリアの指導者

brevī 副 [brevis §9f19] **1.** 手短に, 簡潔に **2.** 間もなく, 暫くして **3.** 短期間で, わずかの間

breviārium *n.* breviāriī *2* §13 [brevis] 概略, 摘要, 抄録

breviloquēns *a.3* brevi-loquentis §55 [brevis, loquor] 簡潔にむだなく話す

breviloquentia *f.* brevi-loquentiae *1* §11 簡潔(な文体)

brevis *a.3* breve §54 (比)brevior (最)brevissimus 短い, 小さい, 低い, 浅い, 簡潔な, 少ない(量, 数) brevi (tempore) 近いうちに, 間もなく brevi post 暫くして

brevitās *f.* brevitātis *3* §21 [brevis] **1.** (時間, 空間の)短い, 小さい, せまいこと **2.** 短軀 **3.** 簡潔(な言葉遣い)

breviter 副 §67(2) (比)brevius (最)brevissime 手短に, 短時間で, 簡潔に

Briareūs *m.* Briareī(-eos) *3* §42.3 (神)百手巨人の一人, 別名アイガイオーン

Brigantes *m.pl.* Brigantum *3* §21 ブリタンニアの部族

Brīsēis *f.* Brīsēidis *3* §41.6 アキレウスの奴隷で恋人

Britannī *m.pl.* Britannōrum *2* §13 ブリタンニア人

Britannia *f.* Britanniae *1* §11 今のイギリス

Britannicus *a.1.2* Britannic-a, -um §50 ブリタンニアの

Brixia *f.* Brixiae *1* §11 北イタリアの町, 今の Brescia

Bromius *m.* Bromiī *2* §13 「騒ぎたてる人」の意, バッコスの異名

borriō *4* borrīre §111 蜂がむらがる

brūma *f.* brūmae *1* §11

[brūma=brevissima] 冬至

brūmālis *a.3* brūmāle §54 冬至の, 冬の

Brundisīnus *a.1.2* Brundisīn-a, -um §50 ブルンディシウムの

Brundisium *n.* Brundisiī 2 §13 カラブリア地方の港町, 今の Brindisi

Bruttiī *m.pl.* Bruttiōrum 2 §13 イタリアの南先端の住民

Bruttius *a.1.2* Brutti-a, -um §50 ブルッティイー族の

brūtus *a.1.2* brūt-a, -um §50 **1.** 重い, 鈍重な **2.** 無感覚の, 鈍い, 愚かな, のろまの, 理性のない

Brūtus *m.* Brūtī 2 §13 ローマの名門 **1.** L. Junius Br. ローマの最初の執政官 **2.** M. Junius Br. カエサルの暗殺者, 哲学者, 雄弁家 **3.** D. Jun. Br. カエサル暗殺の共謀者の一人

būbalus *m.* būbalī 2 §13 < βούβαλος **1.** (アフリカの)カモシカ **2.** 野牛, 水牛

Būbastis *f.* Būbastis 3 §19 **1.** エジプトの町 **2.** そこで崇拝されている女神 (=ローマのディアーナ)

būbīle (-**u**- ?) *n.* būbīlis 3 §20 牛舎

būbō *m.*(*f*) būbōnis 3 §21 ミミズク, フクロウ, ほうほうと鳴く鳥

bubulcus *m.* bubulcī 2 §13 [bōs] **1.** 牛の引くすきで耕す人, 農夫 **2.** 牛飼い, 牧者

būbulus *a.1.2* būbul-a, -um §50 [bōs] 牛の (名)**būbula** (*sc.* **carō**) *f.* būbulae 1 §11 牛肉

būcaeda *m.* būcaedae 1 §11 [bōs, caedō] 牛の屠殺者

bucca *f.* buccae 1 §11 ぷーとふくれた頬, ふくれっ面

buccula *f.* bucculae 1 §11 [bucca の小] **1.** 小さなほお, あご **2.** 兜のあごあて

bucculentus *a.1.2* bucculent-a, -um §50 [bucca] ふくれたほおの, 大口の

būcer(i)us *a.1.2* būcer(i)-a, -um §50 牛の角をもった

būcina *f.* būcinae 1 §11 [bōs, canō] 牧人の曲った角笛, 金属の信号ラッパ

būcinātor *m.* būcinātōris 3 §26 らっぱ手

būcinō 1 būcināre, -nāvī, -nātum §106 [būcina] **1.** 角笛を吹く **2.** らっぱを吹いて合図を与える

būcolicus (-**cos**) *a.1.2* būcoli-ca, -cum §50 < βουκολικός 羊飼い, 牧人の, 田園(生活)の, 牧歌的な (名)**būcolica** *n.pl.* būcoli-cōrum (-cōn) 2 §38 注3 牧歌

būcula *f.* būculae 1 §11 [bōs の小] 若い牝牛

būfō *m.* būfōnis 3 §28 ヒキガエル

bulbus *m.* bulbī 2 §13 < βολβός **1.** 球根 **2.** タマネギ

bulla *f.* bullae 1 §11 **1.** 泡(あ) **2.** びょう, 飾りびょう, 握り, 取って **3.** 上流家庭の子供の首にぶらさげた(多くは金製の)お守り, 護符(下層階級の子は革製)

bullātus *a.1.2* bullāt-a, -um §50 **1.** 鋲(びょう)で飾った **2.** (子供の象徴としての)お守りで首を飾った

bulliō 4 bullīre, ——, —— §111 [bulla] 泡立つ, わき立つ, 泡を立たせる

bullō 1 bullāre §111 [bulla] **1.** 泡だつ, 煮(に)える **2.** 激昂する

būmastus *f.* būmastī 2 §13(3) 大きな房のようなブドウ

būris *m.* būris 3 §19 = **būra** *f.* būrae 1 §11 鋤(すき)の柄

Būsīris *m.* Būsīridis 3 §41.6b エジプトの王

bustirapus *m.* busti-rapī 2 §13 [bustum, rapiō] 墓泥棒

bustuārius *a.1.2* bustuāri-a, -um §50 [bustum] 火葬用の薪の山(墓)に関係した

bustum (**būs**- ?) *n.* bustī 2 §13 **1.** 火葬用の薪の山, 死骸を焼く所 **2.** 墓 **3.** 灰, 遺骸

būthysia *f.* būthysiae 1 §11 <

buxeus 90

βουθυσία 牡牛の生贄(いけにえ)

buxeus *a.1.2* buxe-a, -um §50 [buxus] **1.** ツゲ(材)の **2.** 黄ばんだ

buxifer *a.1.2* buxi-fera, -ferum §50 ツゲを産する

buxum *n.* buxī *2* §13 = **buxus** *f.* buxī *2* §§13(3),44 **1.** ツゲの木, ツゲ材 **2.** ツゲの製品, 笛, 櫛, こま

Byrsa *f.* Byrsae *1* §11 カルタゴの要塞

Byzantium (**-tion**) *n.* Byzantiī *2* §13 トラーキアの町, 後のコンスタンティノーポリス, 今のイスタンブール

Byzantius *a.1.2* -tia, -tium §50 ビュザンティウム(ビュザンティオン)の

C

C, c §1 略記 C. = Gāius Cn. = Gnaeus c=centum

caballus *m.* caballī *2* §13 馬, 乗馬, 駄馬

cacātus → cacō

cachinnō *1* cachinnāre, -novī, nātum §106 げらげらと笑う

cachinnus *m.* cachinnī *2* §13 **1.** 呵呵大笑 **2.** 波打つ音(ざあざあという)

cacō *1* cacāre, -cāvī, -cātum §106 **1.** 便所に行く, 大便をする **2.** くそで汚す

cacoëthes *n.* cacoëthis *3* §37 悪性の腫瘍

cacūmen *n.* cacūminis *3* §28 **1.** 先端, とがり, 末端, 尖頭, 先, 端 **2.** 山頂, 梢, てっぺん **3.** 新芽, 若枝 **4.** 頂点, 最高点, 絶頂, 模範, かがみ

cacūminō *1* cacūmināre, -nāvī, -nātum §106 [cacūmen] 先をとがらせる, 先を次第に細くする

Cācus *m.* Cācī *2* §13 (神)巨人, Vulcanus の子

cadāver *n.* cadāveris *3* §26 [cadō] **1.** 死体, 遺骸, 腐肉 **2.** 残骸, 廃墟 **3.** 人(ろくでなし), 体(不具)をそしる言葉

Cadmus *m.* Cadmī *2* §13 フェニキア王 Agenor の息子

cadō *3* cadere, cecidī, cāsum §109 **1.** 落ちる, ぬけ落ちる, 沈む **2.** 倒れる, 死ぬ, 殺される **3.** (ある状態に)陥る, 落ちぶれる, 没落する, 不幸な目にあう **4.** 出会う, 起る, 生じる, 似合う, 適する **5.** 失せる, 消える, 減る, 下がる, 終る, 止む, 静まる, すたれる, 忘れられる ex muro in mare ～ 城壁から海の中へ落ちる sidera ～ 星が沈む ～ in acie 戦場で倒れる animo (9f3) ～ 落胆する ～ in suspicionem alicujus ある人に疑われることになる causā ～ 訴訟に敗れる oratio numerose ～ 演説が快い抑揚で終る ira (ventus) ～ 怒り(風)が静まる(おさまる) invidia non cadit in sapientem 嫉妬は賢人にふさわしくない opportune mihi cadit, quod ... 丁度良いときに私の身に…以下のことが起る(*cf.* 169) habebunt verba fidem, si Graeco fonte cadant (116.9) それらの言葉がもしギリシアの泉から流れ出ていたなら信頼を得るだろう multa renascentur quae jam cecidere (114.4) すでにすたれてしまっている言葉も多くよみがえるだろう

cādūceātor *m.* cādūceātōris *3* §26 [cādūceus] 軍使, 講和談判の使者

cādūceus (**-ceum** *n.*) *m.* cādūceī §13 **1.** 平和のしるしとしての旗竿, 小杖, 棒 **2.** Mercurius の小杖

cādūcifer *m.* cādūciferī *2* §15 小杖をもっている人=Mercurius

cadūcus *a.1.2* cadūc-a, -um §50

caelestis

[cadō] **1.** 落ちた, 落ちている, 落ちそうな, 落ちやすい **2.** もたれかかっている, よろめいている, 不安定な **3.** 倒れ(散り)やすい, くずれ易い, 滅びやすい **4.** 死にかかっている, 死ぬ運命の, いつかは滅びる **5.** もろい, 弱い, はかない, うつろいやすい, 空しい **6.** 所有主(遺産相続者)のいない vidēbis frondēs volitāre cadūcās あなたは落ち葉が舞い散るのを見ることだろう rēs hūmānae fragilēs cadūcaeque sunt 人間事象はもろくてはかないものである tempus cadūcō ōrātur juvenī 死ぬ運命にあるその若者に猶予が嘆願されている

cadus *m.* cadī *2* §13 **1.** 土器・陶器のつぼ, かめ(ブドウ酒, 油, 蜂蜜用) **2.** 骨壺, 染料用のかめ

caecātus → caecō

Caecilius *a.1.2* Caecili-a, -um §50 **1.** ローマ氏族の名 **2.** Caecilius Statius ローマの初期の喜劇作家 (形)**Caeciliānus** *a.1.2* Caeciliān-a, -um §50 Caeciliānus の

caecitās *f.* caecitātis *3* §21 [caecus] **1.** 盲目 **2.** 無知, 無分別

caecō *1* caecāre, -cāvī, -cātum §106 [caecus] **1.** 盲目にする, 視力を奪う **2.** 判断をくもらせる, 無分別にする, 眩惑する

caecus *a.1.2* caec-a, -um §50 (比) caecior **1.** 盲目の (名)**caecus** *m.* caecī *2* §13 盲人 **2.** 見えない, かくされた, 秘密の **3.** 暗い, 不明の, 不確かな, 疑わしい **4.** (精神・倫理的に)めくらの, 先の見えない, 分別のない, 目的のわからぬ, 鈍い apparet id etiam caecō (9d10) それは盲人にすら明白である caecus cupiditāte (9f15) 貪欲で目のくらんだ(人) caecae latebrae 秘密の隠れ家 cūr hoc tam est obscūrum atque caecum? これ(表現)は, なぜかくも, わかりにくくて不明確なのか caecā diē (9f9) emere (支払日を不明にして)掛け買いをする nōn sōlum ipsa Fortūna caeca est, sed eōs etiam plērumque efficit caecōs, quōs complexa est (129) 幸運の女神は彼女自身盲目であるばかりでなく, 彼女が

抱擁している者までも大抵盲目にする

caedēs (caedis 古) *f.* caedis *3* §21 [caedō] **1.** 切り倒すこと, 殺人, 虐殺, 屠殺 **2.** いけにえ, 死体, 流血 acervī caedis 虐殺体の山 magna caede (9f9) nostrōrum castrīs appropinquābant 彼らはわが軍の兵を沢山殺してから(我が)陣営に近づいていた ablūta caede (9f18) (川の中で)虐殺体の血が洗い流されて

caedō *3* caedere, cecīdī, caesum §109 **1.** 打つ, 叩く, なぐる **2.** 切り倒す, 切り落す, (打ち)殺す, 切断する, 殺戮する **3.** 犠牲に供する **4.** 切る, 裂く, 割る, 突く, 刺す, 傷つける 〜 stimulōs pugnīs 拳骨で突き棒を叩く(愚かな行為で災いを重くする) tot legiōnibus caesīs (9f18) 沢山の軍団兵が殺戮されて caedit calcibus arva 彼は踵で畑地を蹴る vīneta sua cadere 自分のブドウ園の木を切り倒す(間違って愚かにも自分を傷つける) caesō sparsūrus (118.1 未) sanguine (9f11) flammās 犠牲として殺したものたちの血を(火葬堆の)焔の上にふりかけようとしている(彼) (caesō=caesōrum)

caelāmen *n.* caelāminis *3* §28 [caelō] 浮彫り(細工), 彫金飾り

caelātor *m.* caelātōris *3* §26 [caelō] 浮彫り細工師, 彫刻師, 彫金師

caelebs *a.3* caelibis §57. 注 2 **1.** 配偶者のいない, 未婚の, 独身の, やもめの, 一人ぼっちの **2.** ブドウを支えていない, ブドウのからまっていない ait esse melius nil caelibe (9f6) vīta 彼は言う, 独身生活より良いものはない, と

caeles *a.3* caelitis §55 [caelum²] 天に住む, 天とかかわる, 天空の (名)**caeles** (普通 *pl.*) **caelitēs** *m.pl.* caelitum §21 神々, 天の住民

caelestis *a.3* caeleste §54 [caelum²] (比)caelestior (最)caelestissimus **1.** 天空の, 天上の, 神聖な, 神のような **2.** 天来の, 天与の, 超自然の (名)**caelestēs** *m.pl.* caelestium §21 神々 **caelestia** *n.pl.* caelestium §20 天体, 神聖な物

caelicola *c.* caelicolae *1* §§11,14 注2 [caelum², colō] 天の住人, 神々

caelifer *a.1.2* caeli-fera, -ferum §51 [caelum², ferō] 天空を支えている

Caelius *a.1.2* Caeli-a, -um §50 **1.** ローマの氏族名 **2.** Mons Caelius ローマの7つの丘の一つ

caelō *1* caelāre, -lāvī, -lātum [caelum¹] §106 **1.** (字・画を木, 金属, 石に)彫り刻む, 浮彫りをする, 浮彫りで飾る **2.** 飾る, 仕上げる, 完成させる arma auro ～ 武具を金の浮彫りで飾る caelatum novem Musis opus 九柱のムーサたちの手によって完成された文学作品

caelum¹ *n.* caelī *2* §13 彫金師ののみ, のみ, 彫刻刀

caelum² *n.* caelī *2* §13 **1.** 空, 天, 空気, 日光 **2.** 天気, 気候, 風土 **3.** 天界, 神々の座(館) **4.** 天体, 天の現象 **5.** 天の高み, 至福, 不滅の名誉 **6.** 世界, 万有 de caelo tangi 雷光に打たれる in caelo sum 私は天にも昇る心地である quid si nunc caelum ruet? 今もし天が崩れ落ちたらどうしよう(杞憂) caelum non animum mutant, qui trans mare currunt 海を越えても, その人の精神を風土が変えるわけではない aliquem ad caelum ferre ある人を天まで持ちあげる(ほめすぎる) a terra ad caelum 大地から天まで, 初めから終りまで, 徹頭徹尾 caelo albente (9f18) 空が白むころ dubio caelo (9f18) 空模様が怪しいとき

caementum *n.* caementī *2* §13 [caedō] 切り砕かれた小石, 粗(荒)石 (コンクリートの材料)

caenum *n.* caenī *2* §13 **1.** 泥, ぬかるみ, どろどろしたもの, 泥沼 **2.** 汚物, 汚穢(おわい), 糞便 **3.** ちり, あくた, くず, かす, 人間のくず(かす) et haeres, nequiquam caeno (9f7) cupiens (118.4) evellere plantam そしてあなたは, ぬかるみから足を引き抜こうと空しくあがきながら, 立ち往生しているのだ

caepa (cēpa) *f.* caepae *1* §11 = **cēpe** *n.* 無 タマネギ

Caere *n.* Caerētis (Caeritis) *3* §22 エトルリアの古い町 (形)**Caeres** *a.3* Caeritis (-ētis) §55 **1.** カエレの **2.** (*m.pl.*)カエレの住民

caerimōnia *f.* caerimōniae *1* §11 **1.** 神聖, 神聖なもの **2.** 神々への崇拝の念, 畏怖 **3.** 神聖な義務, 儀式, 祭典 superioris cujusdam naturae (9c3), quam divinam vocant, cura caerimoniaque 人々が神聖なものと呼ぶある種の超自然的なものへの配慮と畏怖の念 institutas caerimonias persequi (137) 式次第の制定されている(通りに)祭典を挙行し終える

caerula *n.pl.* caerulōrum §13 [caeruleus] **1.** 空の青いひろがり **2.** (海の)青い水, 海面

caeruleus *a.1.2* caerule-a, -um §50 [caelum] **1.** (空のように)青い, 紺碧(こんぺき)の **2.** (海のように)濃い青の, 藍(あい)色の, 目の青い **3.** タイセイ(紺色染料)で染められた, 紺色の, 青黒い, 暗い(雲, 陰, 夜, 雨, 死, 冥界) **4.** 海・川の神々の形容語 **5.** つやのある青緑色の(蛇) caeruleus deus (＝Neptunus) 青い神 arae caeruleis maestae vittis (9f10) 青黒いリボンで飾られた死者を弔う祭壇

caerulus = **caeruleus**

Caesar *m.* Caesaris *3* §27. 注2 **1.** Julius 氏の家名 **2.** Julius Caesar (102-44B.C.)将軍, 政治家, 作家として有名 **3.** 皇帝 **4.** (*pl.*)カエサル家の人々

Caesareus = **Caesariānus** *a.1.2* Caesare-a, -um (-āna, -ānum) **1.** Julius Caesar の **2.** Augustus の **3.** ローマ皇帝の

caesariēs *f.* caesariēī *5* §34 流れるような豊かな長髪

caesim 副 [caedō] **1.** 一撃で, 一打で, 切り刻んで **2.** 短い句の中で, 挿入句で, きれぎれに

caesius *a.1.2* caesi-a, -um §50 [caelum] **1.** 灰色の目の, 青灰色の目を持った **2.** 灰色の, 青灰色の

caespes *m.* caespitis *3* §21 [caedō] **1.** 切り取った芝土, 芝 **2.** 芝生

の祭壇, 芝生でふいた小屋 **3.** 草, 牧草

caestus *m.* caestūs *4* §31 拳闘籠手(ﾞ), 拳闘士のグローブ

caesus → **caedō**

caetra *f.* caetrae *1* §11 ＜ イ 小さな軽い皮製の盾

caetrātus *a.1.2* caetrāt-a, -um §50 ［caetra］ 軽い楯で武装した, 軽装の

Cāiēta *f.* Cāiētae *1* §11 **1.** Aeneas の乳母 **2.** ラティウムの町

Calais *m.* Calais *3* §19 （神）Boreas と Orityia（Boreas にさらわれた女）の子, 翼をもって空を自由に飛んだ

calamister *m.* = **calamistrum** *n.* calamistrī *2* §§13,15 巻き毛用の焼き鏝(ﾞ)

calamistrātus *a.1.2* calamistrāt-a, -um §50 ［calamistrum］ 髪を巻きちぢらせた

calamitās *f.* calamitātis *3* §21 **1.** 損害, 損失, 災害, 災難 **2.** 不幸, 破滅, 敗北, 逆境, 没落

calamitōsus *a.1.2* calamitōs-a, -um §50 ［calamitas］ （比）calamitosior （最）calamitosissimus **1.** 災難（不幸）に苦しめられた, 破壊（荒廃）にさらされた **2.** 災難（不幸）をもたらす, 有害な, 破壊的な **3.** 不幸な, 悲惨な

calamus *m.* calamī *2* §13 ＜ κάλαμος **1.** アシ, ヨシ **2.** アシペン（インクで書くもの） **3.** アシ笛, パンの笛 **4.** 釣竿 **5.** 鳥もちをぬった竿（棒） **6.** 矢 **7.** 茎, 若枝

calathus *m.* calathī *2* §13 ＜ κάλαθος **1.** 枝編み細工のかご・ざる（花, 毛糸, 果物入れ） **2.** チーズなどの容器（はち）, 酒杯

calcar *n.* calcāris *3* §20 拍車, 刺戟, 鼓舞 addere calcaria sponte currenti （118.2）自発的に走っているもの（馬）に拍車をかけること（余計なこと）alter frenis eget, alter calcaribus 一方は手綱（制御）を, 他方は拍車（鼓舞）を必要とする

calceāmentum *n.* calceāmentī *2*

§13 ［calceō］ はきもの, くつ

calceō *1* calceāre, -āvī, -ātum §106 ［calceus］ **1.** くつをはかせる **2.** くつをはく

calceus *m.* calceī *2* §13 ［calx］ 外出のとき市民服（トガ）と共にはくくつ（編上靴・半長靴）calceos poscere 食事（食卓椅子）から立ち上がること calceos mutare 靴を変える, 赤い元老院靴（calcei mullei）にはきかえる, 元老院議員となる

calcitrō *1* calcitrāre, -rāvī, -rātum §106 ［calx］ **1.** 後脚（かかと）で蹴る **2.** 反抗する, 強情である

calcō *1* calcāre, calcāvī, calcātum §106 **1.** 足で（地を）踏みつける **2.** 足で踏みつぶす, （ブドウを）つぶして汁をしぼり出す **3.** 踏みにじる, 無視する calcanda semel via leti 一度は必ず踏まねばならぬ死出の道 libertas nostra obteritur et calcatur 我々の自由は踏みつぶされ, 踏みにじられる

calculus *m.* calculī *2* §13 ［calx の小］ **1.** なめらかな小石, 砂利 **2.** （膀胱）結石 **3.** 計算盤（そろばん）の石 **4.** 計算, 勘定 **5.** 遊戯盤のこま **6.** 投票石（黒石は有罪, 白石は無罪放免, 又は賛成）calculos ponere （損得の）計算をする amicitiam ad calculos vocare 友情をそろばん勘定に従属させる, 友情を損得のみで考える

calefaciō *3b* cale-facere, -fēcī, -factum §110 ［caleō, faciō §173］ **1.** 熱くする, 熱する, 暖める **2.** （受）**calefīō** （§157）熱くなる, 暖まる **3.** 燃えたたせる, 奮起させる, 刺戟する, 興奮させる

calefactō *1* cale-factāre, -factāvī, -factātum §106 ［calefaciō］ 強く（しばしば）熱くする, 熱する, 暖める

caleō *2* calēre, caluī, calitūrus §108 **1.** 熱している, あつい, 燃えている **2.** 烈しい感情（愛・熱意）で燃えている, 興奮している **3.** やきもきしている, かっかしている, 困っている, 多忙である **4.** （噂が）新しい, （事業が）景気がいい, 活気がある caliturae （118.1）ignibus arae 生贄の火であかあかと燃えようとしている祭壇 nihil est, nisi,

calēscō

dum calet, hoc agitur これは熱いうちに
なされないとだめだ te ipsum istic jam
calere puto あなた自身，そこですでに多
忙の身と私は思っている

calēscō *3* calēscere，——，—— §109
[caleō] **1.** 熱くなる，熱する，暖かくな
る **2.** 熱中する，燃える，興奮する

caliandrum (**calien-**) *n.* caliandrī
2 §13 婦人の髪を高く見せる頭飾り，
かつら

calidus (**caldus**) *a.1.2* calid-a, -um
§50 [caleō] （比）calidior （最）
calidissimus **1.** 熱い，暑い，暖かい **2.** 熱
烈な，感情の烈しい，怒った，興奮した
3. 無思慮な，短気な，早まった，即席の
4. 多忙な consilia calida 無分別な（早ま
った）助言 non ego hoc ferrem (116.9a)
calidus juventa (9f15) 青春の血のたぎ
る私だったら，このことに我慢できないだろ
う （名)**cal(i)da** (aqua) *f. 1* §11 温
泉，熱湯 **calidum** *n.* *2* §13 熱，
暑さ，熱湯で薄めた酒

caliga *f.* caligae *1* §11 **1.** ローマ
兵のはくなめし皮の半長靴 **2.** 軍隊奉公

caligātus *a.1.2* caligāt-a, um §50
[caliga] 重い兵隊靴(⑤)をはいた，(名)
m. §13 兵隊靴をはいた兵，人

cālīginōsus *a.1.2* cālīginōs-a, -um
§50 [cālīgō] **1.** 霧のかかった（たちこめ
た），霧の深い **2.** かすんだ，曇った，暗い，
陰鬱な

cālīgō¹ *f.* cālīginis *3* §28 **1.** 濃い
霧，かすみ，もや，黒い煙，曇り **2.** 暗黒，
暗闇，陰気，死の暗黒 **3.** 目のかすみ（くも
り），たちくらみ，目まい，眩惑，朦朧(⑤⑤)
4. 道徳的・精神的な暗黒(闇，盲目)，無
知蒙昧，不幸，邪悪 pandere res alta
terra (9f1) et caligine mersas 地底深
く暗黒の中に投げ込まれている（秘密の）世
界を開示する philosophia ab animo ta-
mquam ab oculis caliginem dispulit 哲
学は精神から曇りを追い払った，丁度目の
かすみを散らすように

cālīgō² *1* cālīgāre, -gāvī, -gātum
§106 **1.** 暗い，陰気である，くもってい
る，霧がかかっている，かすむ，煙っている

2. 目がかすむ，はっきり見えない，ぼんや
り見える **3.** 目がくらむ，目まいがする **4.** 暗
闇におおわれている，思慮分別を失ってい
る，頭(精神)が鈍っている caligantem
(118.1) nigra formidine lucum ingres-
sus (118.4) 恐しい夜で暗黒に包まれてい
る森の中に入って行くと ad pervidendum
(119.4), quid sit (116.10) quod beatam
vitam efficiat (116.11), caligant 人生を
幸福にするものは何かをしっかりと見抜くた
めには，人々の目は曇っている

Caligula *m.* Caligulae *1* §11 ロ
ーマ三代皇帝 Gāius の渾名，彼が cali-
gula (兵隊靴(⑤))を好んではいたため

calix *m.* calicis *3* §21 **1.** 食物を
入れる深皿 **2.** 酒盃，高脚つきの杯

calleō *2* callēre，——，§108 [callum]
1. 皮膚がかたくなる(硬結する)，たこがで
きる **2.** 無感覚(無精)になる **3.** 練習(訓
練)する，体験する，習熟する，なれる，経
験で賢くなる **4.** (他)知る，理解する，熟
知している alicujus rei usu (9f3) callere
あることの使用になれる legitimum sonum
digitis callemus et aure 正しい韻律を
我々は指(を鳴らして)でも耳でも理解する

callidē 副 [callidus §67(1)] （比）
callidius （最)callidissime **1.** 習熟し
た技により，巧みに，上手に **2.** 立派に，
完璧に **3.** ずる賢く，抜け目なく

calliditās *f.* calliditātis *3* §21
1. 世故にたけていること，老練，熟達，狡
猾，世間ずれ **2.** 利口，巧妙，手際よさ，
抜け目のないこと

callidus *a.1.2* callid-a, -um §50
[calleō] （比)callidior （最）
callidissimus **1.** 経験と常習とで利口と
なった，賢い **2.** 世故たけた，策略に富ん
だ，ずるい，抜け目のない **3.** 熟達した，巧
妙な，手際のよい ad fraudem ～ 術策に
すぐれた rei militaris (9c13) ～ 軍事に
長じた in dicendo (119.5) ～ 演説に熟達
した callida assentatio 悪賢いお追従

Callimachus *m.* Callimachī *2* §13
Cyrene 出身の，前3世紀の有名なギリシ
アの詩人

Calliopē (**-pēa**) *f.* Calliopēs (-pēae)

1 §§11,37 （神）叙事詩の Musa

callis *m.(f.)* callis *3* §19 **1.** 踏みならした小道，家畜の通路，山道 **2.** 山や荒れ地の放牧場

Callistō *f.* Callistūs *3* §41.10b （神）Arcadia のニンフ，死後おおくま座になった

callōsus *a.1.2* callōs-a, -um §50 ［callum］（比）callosior **1.** 皮膚のかたい，たこだらけの **2.** かたい，かたくなった（ゆで卵）

callum *n.* （= **callus** *m.*）callī *2* §13 **1.** 硬皮，たこ **2.** かたい（厚い）皮・食肉，堅い果肉 **3.** 鈍感，無感覚，無精 ipse labor quasi callum quoddam obducit dolori 厳しい訓練そのものが，苦痛に対して，いわばこのごときものを作り出すのである

cālō *m.* cālōnis *3* §28 輜重(しちょう)兵，陣営奴隷，馬丁

calō *1* calāre, -lāvī, -lātum §106 **1.** 名を呼ぶ，召集する **2.** 告げる，公告する

calor *m.* calōris *3* §26 ［caleō］ **1.** 熱，火の熱，太陽の熱 **2.** 炎熱，暑熱，夏の暑さ，暑い気候 **3.** 体温，病気の熱 **4.** 熱情，熱狂，熱中，熱心

caltha *f.* calthae *1* §11 キンセンカ

calumnia *f.* calumniae *1* §11 **1.** 虚偽の告発・告訴，誣訴，讒訴(ざん)，誹謗 **2.** 法律の曲解，弁護の策略，陰謀，奸計 **3.** 誣告の有罪判決(罰) **4.** 詭弁，へりくつ，根拠のない反対，言い抜け，ぺてん，見せかけ，口実 calumniam jurare 虚偽の告発ではないと誓う calumniam ferre 誣告の有罪判決を蒙る cum omni calumnia senatus auctoritas impediretur (116.7)元老院の権威があらゆる奸計によって妨害されていたので

calumniātor *m.* calumniātōris *3* §26 ［calumnior］ **1.** 虚偽の（いやがらせの）告発をする人，誣告者 **2.** 法律を曲解（濫用）する人，三百代言，いんちき弁護士，へりくつ（言い抜け）の常習者

calumnior *dep.1* calumniārī, -ātus sum §123(1)［calumnia］ **1.** 虚偽の告発(告訴)をする，根拠なく訴訟を起す **2.** 法律上の詭弁を弄する **3.** 間違って（悪意を抱いて）解釈する，批判する，軽蔑する，やたらにとがめる，あら探しをする

calva *f.* calvae *1* §11 ［calvus］ **1.** はげ頭 **2.** 堅果（ハシバミの実）

calvor *dep.3* calvī §123(3) **1.** 悪用する，だます，欺(あざむ)く，裏切る **2.** (受)だまされる

calvus *a.1.2* calv-a, -um §50 （比）calvior **1.** 毛のない，頭髪を剃った，はげ頭の **2.** なめらかな，つるつるした

calx¹ *f.(m.)* calcis *3* §21 **1.** かかと，ひづめ **2.** 足蹴り advorsum stimulum calces (jactare) 突き棒を足蹴りする（無駄な抵抗をする）jam Graeculis calcem impingit 彼はもうギリシア語の勉強はさっさとすませている

calx² *f.(m.)* calcis *3* §21 **1.** 石灰，石灰石 **2.** （石灰で印をつけられた）競技場の決勝線（ゴール），終着点，人生の終り **3.** 遊戯盤上の小石（こま）ad calcem pervenire 生涯の最後に到達する decurso spatio (9f18) ad carceres a calce revocari ある区間を走り終えたら，その全区間を終着点から出発点までふり返って見る（反省する）こと

Calypsō *f.* Calypsūs *3* §41.10b （神）Ogygia 島のニンフ

camella *f.* camellae *1* §11 ［camera の小］（腹のふくらんだ）容器，どんぶり，わん，はち，コップ

camēlus *c.* camēlī *2* §13 < κάμηλος ラクダ，ヒトコブラクダ

Camēna *f.* Camēnae *1* §11 （神）ローマの水のニンフ，ギリシアの Musa と同一視されている

camera (camara) *f.* camerae *1* §11 < καμάρα **1.** アーチ形の天井・屋根 **2.** 帆柱のない小さな平舟

camīnus *m.* camīnī *2* §13 < κάμινος **1.** 炉，火床，かまど，暖炉 **2.** 溶鉄炉，鍛冶屋 **3.** 炉の火，火 **4.** 地の（火山の）火の抜け口 oleum addere camino 火に油をそそぐ

Campānia 96

Campānia *f.* Campāniae *1* §11 イタリアの中央部の肥沃な地方 （形）**Campānus** *a.1.2* Campān-a, -um §50 Campania の （名）**Campānī** *m. pl.* Campānōrum *2* §13 Campania 地方の住民

campester *a.3* campestris, -tre §54 [campus] **1.** 平坦な土地, 広々とした平原の **2.** 平原に住む, 平原に横たわる **3.** 平らな, 平坦な **4.** Campus Martius(マールスの野)の, 軍事訓練の, 民会の, 選挙の campestre iter 平原の道 gratia campestris 民会における威信 （名）**campestre** *n.* campestris *3* §20 [campestris] 体育競技者(マールスの野で練習する者)のはくパンツ, 腰布

campestria *n.pl.* campestrium *3* §20 平原, 平坦な土地

campus *m.* campī *2* §13 **1.** 平野, 平地, 広野 **2.** 水平な表面, 海 **3.** マールスの野 Campus Martius (ローマのティベリス川左岸の練兵場, 運動場, 選挙場・民会集会場) **4.** 空地, 広場, 活動の場, 劇場 campum appellare pro comitiis 民会と言う代りにマールスの野と言う nullum vobis sors campum dedit in quo excurrere virtus posset (116.8) 勇気(徳)が発揮できたであろうような場を, 運命はあなたに与えなかったのだ

camur (**us**) *a.1.2* camur-a, -um §51 (内に)曲った, 湾曲した

canālis *m.* canālis *3* §19 [canna] **1.** 水管, 水道, 運河, 水路, 川床, 流れ **2.** 管, 筒, 導管, 気管 **3.** 溝, 排水路 **4.** 排水管, 雨どい **5.** 楽器の音管 **6.** 鉱脈 **7.** 海峡 currentem ilignis potare canalibus (9f1. ハ) undam (家畜が)カシの木の溝の中を流れる水を飲むこと

cancellī *m.pl.* cancellōrum *2* §§13,45 [cancer の小] **1.** 格子, 格子作りの柵(垣根, 障壁, 手すり), 格子窓 **2.** 境界, 柵, 囲い

cancer *m.* cancrī *2* §15 **1.** カニ **2.** カニ座, (夏至の最中に太陽がカニ座に入るので)夏の暑さ, 炎熱, 南 **3.** 癌, 悪性の腫瘍

candēla *f.* candēlae *1* §11 [candeō] **1.** 獣脂のろうそく **2.** ろう引きのつな・ひも

candēlābrum *n.* candēlābrī *2* §13 [candēla] 燈火台, 燭台, シャンデリア

candēns *a.3* candentis §58 [candeō の現分] （比)candentior **1.** 白く輝く, 光っている, 輝かしい, 明るい, 白い **2.** まばゆく光る, 燦然たる **3.** 赤く熱した, 熱い

candeō *2* candēre, -duī, ── §108 **1.** 白く光る, 輝く, きらめく, きらきら輝く光りを放つ **2.** 白熱する, 熱する, 熱くなる, あつい **3.** 輝かしい, 目立つ, 華々しい

candēscō *3* candēscere, ──, ── §109 [candeō] **1.** 白く輝く, 白くなる, 明るくなる **2.** 熱くなる, 赤く燃える

candidātōrius *a.1.2* candidātōri-a, -um §50 [candidātus] 志願者の, 候補者の

candidātus *a.1.2* candidāt-a, -um §50 [candidus] 白い着物を着た （名）**candidātus** *m* candidātī *2* §13 **1.** 官職志願者・候補者(白い市民服を着ている) **2.** 志望・熱望している者, 求めて努力する人

candidē 副 [candidus §67(1)] **1.** 白い着物で **2.** 率直に, 正直に, 温厚に

candidus *a.1.2* candid-a, -um §50 [candeō] （比)candidior （最)candidissimus **1.** 白く輝く, 光り輝いている, まばゆい, 純白の **2.** 明るい, 透明な, 純粋の, 清澄な **3.** 喜びで輝く, 美しく輝く, 晴れ晴れとした, 幸福な **4.** 無邪気な, 正直な, 真摯な, 誠実な candidum Soracte 雪で白く輝くソーラクテ山 candida Dido 喜びで輝くディードー candidus judex 真摯な批判者 dulcis et candidus Herodotus （文体の)甘美で清澄なヘーロドトゥス

candor *m.* candōris *3* §26 [candeō] **1.** 光り輝く白色, まぶしい純白, 白色, 雪 **2.** 光輝, 光沢, つや, きらめき, 絢爛, 輝かしい美しさ **3.** 白い顔(肌)の色, 白い美顔料(おしろい) **4.** 澄明, 透明, 単純明快 **5.** 純粋, 純潔, 公明正大, 誠実 **6.** 真夏

cantilēna

の炎熱(暑)，白熱

cāneō *2* cānēre, ——, —— §108 [cānus] **1.** 白くなる，灰白色である(でおおわれる) **2.** 年をとって髪が白くなる

cānēscō *3* cānēscere, ——, —— §109 [cāneō] **1.** 白くなる，白髪となる **2.** 年をとる，老いる

cānī *m.pl.* cānōrum *2* §13 [canus] 白髪，老人

canīcula *f.* canīculae *1* §11 [canis の小] **1.** 小さい雌犬 **2.** がみがみ言う女，あばずれ女 **3.** (天)天狼星＝Sirius **4.** サメ，フカ **5.** さいころの最低点

canīnus *a.1.2* canīn-a, -um §50 [canis] **1.** 犬の，犬のような，犬特有の性質を持った **2.** かみつく，がみがみ言う canina littera R の文字(うなり声をあらわす)

canis *c.* canis *3* §19 **1.** 犬，猟犬 **2.** (罵倒する言葉)犬，やつ，手先，悪意のある攻撃的な人，破廉恥漢 **3.** (天)大犬座，子犬座 **4.** さいころの最低のひとふり(4つのさいころ全部1がでる) **5.** サメ，フカ canem timidum vehementius latrare quam mordere (117.5) 臆病な犬は嚙むよりもいっそう烈しく吠える stultitia est venatum (120.1) ducere invitas canes 欲しない犬を猟に連れて行くのは愚かである

canistrum *n.* canistrī *2* §13 ＜ κάναστρον (枝編みの)かご，ざる(花，パン，果物入れ)

cānitiēs *f.* cānitiēī *5* §34 [cānus] **1.** 白色，灰白色 **2.** 白髪 **3.** 老齢，老人

canna *f.* cannae *1* §11 ＜κάννα **1.** 小さなアシ **2.** アシ **3.** アシ笛，牧人の笛 **4.** 小さなアシ舟

Cannae *f.pl.* Cannārum *1* §11 216B.C. ローマ軍が Hannibal に負けた戦場 (形)**Cannēnsis** -se §54 カンナエの

canō *3* canere, cecinī, (cantum) §109 (自)**1.** うたう，さえずる，鳴く，なりひびく(楽器が) **2.** 楽器を奏する(奪と) (他)**1.** 歌をうたう，詩を書く，頌歌をうたう，祝う **2.** 予言する，神託を下す **3.** な

らす，ふかす，演奏する(対と) signa canere jubet 合図のらっぱを吹くように彼は命ずる ad tibiam clarorum virorum laudes canere 笛の音に合わせて，輝かしい名士の栄誉をうたう arma virumque cano 私は戦争と英雄の物語をうたう fore te ponto (9f1(ハ)) incolumem canebat あなたは海路を通じて無事であろうと彼は予言していた receptui (9d) canit 退却の合図のらっぱがなる cithara (9f11) sine voce cecinit 彼は声を出さないで竪琴をひいた

canor *m.* canōris *3* §26 [canō] **1.** 歌，小鳥のうた **2.** 美しい調べ・曲，旋律 **3.** 音響，ひびき

canōrus *a.1.2* canōr-a, -um §50 [canor] **1.** 音のひびきわたる，共鳴する，反響する **2.** よくひびく，美しい(調子の良い)音声を出す，調べ(旋律)の美しい，妙なる，朗朗たる aes canorum 音の妙なる青銅(らっぱ) nugae canorae ひびきの良いたわごと

cant(h)ērius *m.* cant(h)ēriī *2* §13 やくざ馬，おいぼれ馬，駄馬，やせ馬，小馬 minime, sis, cantherium in fossam どうか，駄馬を溝に追い込まないで(不当に取扱うな) (形)**cant(h)ērīnus** *a.1.2* cant(h)ērīn-a, -um §50 やくざ馬の，駄馬の haec cantherino ritu mulier astans (118.1) somniat この女は駄馬のように立ったまま眠(ってい)るのだ

cantharis *f.* cantharidis *3* §41.6a ＜κανθαρίς ツチハンミョウ(昆虫)(薬又は毒として用いられる)

cantharus *m.* cantharī *2* §13 ＜κάνθαρος **1.** 取っ手つきの大きな酒盃 **2.** 黒タイ(スズキ科)

canticum *n.* canticī *2* §13 [cantus] **1.** 喜劇の中での独唱歌(笛の伴奏つき) **2.** 歌，唱歌，叙唱(歌)

cantilēna *f.* cantilēnae *1* §11 [cantō] **1.** くりかえされる有名なあるいは陳腐なうた，民謡 **2.** くりかえされるむだ話，くどくどしい話，言い古された格言 cantilenam eandem canis お前はいつも同じ

cantiō うたをうたう

cantiō *f.* cantiōnis *3* §28〔canō〕
1. 歌，さえずり，しらべ **2.** 呪文，まじない

cantō *1* cantāre, -tāvī, -tātum §106〔canō〕 **A**(自)**1.** 歌う，鳥が鳴く，さえずる，楽器がなりひびく **2.** (奪と，9f11) 楽器を奏する，ひく，吹く **B**(他)**1.** 神・人・物語を歌う，歌って公然とほめたたえる，祝う **2.** 歌をうたう(9e6) **3.** 楽器を奏する，吹く，弾く **4.** くりかえしうたう，話す，述べる，伝える **5.** 詩を書く，物語を詩作する **6.** 予言する，朗唱する **7.** 呪文でしばる，魔法にかける fidibus cantare seni (9d) 老人のために竪琴を弾く cantant laudes tuas 彼らはあなたのための讃歌をうたう cantando (119.5) rumpitur anguis 蛇が呪文によってひきさかれる

cantor *m.* cantōris *3* §26〔canō〕 **1.** 歌手，音楽家，演奏家 **2.** 劇中の楽曲部を歌い演奏する人，俳優，朗唱者 **3.** 賛美者，追従者

cantus *m.* cantūs *4* §31〔canō〕 **1.** 歌，唱歌，調べ，響き，楽曲，詩，旋律 **2.** 予言，呪文 **3.** 鳴声，さえずり，叫び声

cānus *a.1.2* cān-a, -um §50 **1.** 白い，白くなった，灰白色の **2.** 白く泡立った，白銀に輝く **3.** 白髪の，年老いた，老齢の

capāx *a.3* capācis §55〔capiō〕(比)capacior (最)capacissimus **1.** 多くを保持し得る，容れ易い，含み得る，大きい，ゆったりした，広々とした，余裕のある **2.** …に対し力のある，耐え得る，有能な，立派な，ふさわしい，感じ易い villa usibus (9d13) capax あらゆる使用目的にかなった別荘 capax imperii (9c13) 命令権を立派に行使し得る(人)

capella *f.* capellae *1* §11〔capra の小〕**1.** 小さい牝ヤギ **2.** (天)御者座の中のカペラ星

caper *m.* caprī *2* §15 **1.** 牡ヤギ **2.** 牡ヤギの悪臭，腋臭(わき)

capessō *3* capessere, -ssīvī(-iī), (-ssītum) §109 **1.** しっかりと握る，つかむ，とらえる **2.** いそいでつかむ，ひったくる **3.** 急いで(熱心に)とりかかる，行く，入る，つぐ，従事する，はじめる，企てる **4.** 理解する，信じる，採用する，占領する arma (fugam) ～ 武器をとる(逃亡する) capessere rem publicam 政治生活に入る

capillātus *a.1.2* capillāt-a, -um §50〔capillus〕(比)capillatior 長髪の capillato consule (9f18) 執政官が髪を長く伸ばしていた頃(昔には)

capillus *m.* capillī *2* §13〔caput〕頭髪，ひげ(口，あご)，動物の毛 etiam capillus unus habet umbram suam 一本の髪の毛すらおのれの影をもつ

capiō *3b* capere, cēpī, captum §110 **1.** とる，つかむ，握る，得る，もらう，受けとる，入れる，所有する，飲む，食べる **2.** (目的をもって)引き受ける，択ぶ，やとう，採用する，取り扱う **3.** (努力して)地位を手に入れる，つく，達する，(島に)船がつく **4.** (力づくで)とる，奪う，わがものとする，捕える，捕虜とする，占領する，勝ち取る，襲う **5.** 狩りで獲物をとらえる，作物を収穫する，集める **6.** 心をつかむ，ひきつける，魅了する，あざむく，まどわす，とりこにする，支配する **7.** 心得る，心に抱く，把握する，包含する，許す，認める，理解する，考える，思う，想像する **8.** (受)capi 体(の一部)を奪われる，心(正気)を奪われる capes saxa manu お前は手で石を握っている locum castris idoneum ～ 陣営に適当な場所を択ぶ oppidum de (ab, ex) hostibus ～ 敵から町を奪う capi dulcedine vocis 声の甘さに心を奪われる(魅せられる) periculum me ～ 危険が私を襲う altero oculo (9f3) capitur 彼は片目を失う videant (116.2) consules, ne quid res publica detrimenti (9c4) capiat (116.6) 国家がいかなる損害も蒙らないように執政官は配慮すべきである collem (fugam) capere 丘を占領する(逃亡する) angustiae pectoris tui non capiunt tantam personam あなたの心の狭さは，あのような大人物をひきつけられない gloria, quae vix caelo capi posse videatur (116.8) 天空(神々)によってもほとんど支えきれないと思えるほどの光栄

capis *f.* capidis *3* §41.6a 一つの柄の器(え?), 鉢, 皿(祭礼用の器具)

capistrō *1* capistrāre, -rāvī, -rātum §106 [capistrum] (馬に)端綱(面懸)をかける

capistrum *n.* capistrī *2* §13 (馬などの)端綱(なわ), 面懸(おも)

capitāl(e) *n.* capitalis *3* §27 死刑(又は市民権剥奪)に相当する罪

capitālis *a.3* capitāle §54 [caput] (比)capitalior **1.** 頭(命)にかわる, 致命的な, 死に値する, 重大な, 危険な **2.** 死刑に相当する, 市民権剥奪の罰に相当する **3.** 不倶戴天の, 有害な **4.** 首位の, 第一級の, すばらしい crimen capitale 死刑に値する罪 poena capitalis 死刑 tresviri (triumviri) capitales 死刑執行三人委員

Capitōlium *n.* Capitōliī *2* §13 ローマの七つの丘の一つで, Jupiter 神殿のある丘 (形)**Capitōlīnus** *a.1.2* Capitōlīn-a, -um §50 Capitōlium の

capitulātim 副 [capitulum] 項目ごとに, かいつまんで, 簡約に

capitulum *n.* capitulī *2* §13 [caput の小] **1.** 小さな頭, 頭, 人間 **2.** 柱頭

Cappadocia *f.* Cappadociae *1* §11 小アジアの東方の国

Cappadocus *a.1.2* -ca, -cum §50 カッパドキアの

Cappadox *m.* Cappadocis *3* §41.1a カッパドキア人

capra *f.* caprae *1* §11 [caper] **1.** ヤギ(雌) **2.** (天)カペラ星(Capella)

caprea *f.* capreae *1* §11 [capra] **1.** ノロジカ

Capreae *f.pl.* Capreārum *1* §11 今日のナポリ沖のカプリ島

capreolus *m.* capreolī *2* §13 [caprea の小] **1.** 若いノロジカ, ノロジカ **2.** 支柱, 垂木(たるき)

caprifīcus *f.* caprifīcī *2* §13 野性のイチジク(の木, 実)

caprigenus *a.1.2* capri-gen-a, -um §50 [caper, gignō] ヤギから生まれた, ヤギの

caprimulgus *m.* caprimulgī *2* §13 [capra, mulgeō] **1.** 田舎物, 無骨者, ヤギの乳をしぼる人 **2.** ヨタカ

caprīnus *a.1.2* caprīn-a, -um §50 [caper] 山羊(じ)の rixari de lana caprina 山羊の羊毛について争う(つまらぬもので争う)

capripēs *a.3* capripedis §55 [caper, pēs] ヤギの足を持った

capsa *f.* capsae *1* §11 **1.** 巻子本を入れる円筒状の箱 **2.** 箱, 袋, 入れもの

capsula *f.* capsulae *1* §11 [capsa の小] **1.** 小さな本箱 **2.** 小さな箱, 袋

captātor *m.* captātōris *3* §26 [captō] **1.** 他人のものを手に入れようと努める人, 他人のきげんをとろうとする人 **2.** 他人の遺産をつけねらう者

captiō *f.* captiōnis *3* §28 [capiō] **1.** 詐欺, ごまかし, たくらみ **2.** 詭弁, 言いぬけ, へりくつ **3.** 損失, 不利益 **4.** つかむこと, 所有 ne quid captioni (9d7) mihi sit, si dederim tibi お前に(この金を)渡してしまうと, わしが何か損をするのではないか(と心配だ)

captiōsus *a.1.2* captiōs-a, -um §50 [captiō] (比)captiosior (最)captiossimus **1.** 人をおとし入れようとする, 奸策を弄する **2.** 相手をひっかける, 詭弁を弄する **3.** あら探しをする, 有害な, 不利な quo (9f6) nihil captiosius potest dici それ以上に詭弁を弄した言い方は全くあり得ない

captīvitās *f.* captīvitātis *3* §21 [captīvus] **1.** 捕えられた(征服された)状態 **2.** 捕虜の状態, 奴隷の身分 **3.** 占領, 隷属, 征服されること

captīvus *a.1.2* captīv-a, -um §50 [capiō] **1.** 捕えられた, 分捕られた, 捕獲された **2.** 捕虜の (名)**captīvus** *m.* captīvī *2* §13 捕虜, とりこ

captō *1* captāre, -tāvī, -tātum §106 [capiō の反] **1.** 熱心に(くりかえし)捕え

captus　100

よう(つかまえよう)と努める・試みる, 熱心に手に入れよう(到達しよう)と努める・試みる(他人の好意・同情・遺産など) **2.** 計略を使って手に入れる, わなにかける, だまそうとする **3.** 探し求める, 聞こう・見ようと努める, 征服しようと試みる quid nunc consili (9c4) captandum (147(ロ)) censes? 今やどんな策略をめぐらすべきだと, お前は考えるのか

captus → capiō

captus *m*. captūs *4* §31 ［capiō］ **1.** 把握(力), 包容力, 理解力, (天賦の)才能 **2.** 収入, 取得

capulus *m*. capulī *2* §13 **1.** (刀の)つか, 道具の柄, とって **2.** 柩(ひつぎ)台, 棺架, 柩, 棺

caput *n*. capitis *3* §22 **1.** 頭, 首 **2.** 根, 株, 源泉, 河口, 頂き, 初め, 終り **3.** 人, 個人, (自由, 市民権, 家族を包含する市民の)身分, 命 **4.** 首長, 頭(かしら), 首脳, 指導者, 元凶, 張本人 **5.** 主要点, 要約, 本質, 理由, 原因 **6.** 首都, 資本, 本膳, 序章, 節(文), 頭文字 aperto capite (9f9) ambulo 頭をかくさずに(恥じることなく)闊歩する nec caput nec pedes habere それは頭も足も持たない(初めも終りもない, 体をなさない) ad caput amnis 源流の近くで capitum Helvetiorum mille ヘルウェティイー人の千人 o lepidum caput! なんと愛すべき人か poena capitis 死刑 deminutio capitis 身分(市民権)の喪失 caput tollere 頭を昂然とあげる demisso capite (9f18) 頭をたれて, うなだれて singulis capitibus 一人ずつ quot capitum (9c4) vivunt, totidem studiorum milia 生きている人の数だけ, それほど沢山の趣味(好み)がある prensans (118.1) uncis manibus capita aspera montis 崖の切り立った天頂に, 指を曲げてしがみついている(彼) a primo capite legis あなたは第一章から読む

carbaseus *a.1.2* carbase-a, -um §50 ［carbasus］ 亜麻布製の, リンネルの

carbasus *f.(m.)* carbasī *2* §13 (*pl.* **carbasa** *n*. carbasōrum *cf.* §44)

1. 亜麻布, リンネル, (*pl.*)亜麻布の着物 **2.** 船の帆 **3.** 劇場の幕

carbō *m*. carbōnis *3* §28 **1.** 木炭, 燃えている炭 **2.** 木炭のしるしは非難の証し carbonem pro thesauro invenimus 我々は宝の代りに炭を見つけた(希望を裏切られた) sani ut creta, an carbone notandi (147(イ))? 彼らは白墨で正気(の如く)と, それとも木炭で(狂気と)印をつけられるべきか

carbunculus *m*. carbunculī *2* §13 ［carbō の小］ **1.** (小さい)燃えている炭 **2.** 心を焼く悲痛 **3.** 深紅のザクロ石 **4.** (医)疔(ちょう)

carcer *m*. carceris *3* §26 **1.** 牢, 牢獄, 監獄 **2.** 囚人 **3.** 下界 **4.** 鳥かご, 檻

carcerēs *m.pl.* (戦車競技場の出発点の)囲い, 出発点

carchēsium *n*. carchēsiī *2* §13 <χαρχήσιον **1.** 両把手のついた大型の酒盃 **2.** 帆柱の先端

cardiacus *a.1.2* cardiac-a, -um §50 <χαρδιαχός **1.** 胃の, 心臓の **2.** 胃・心臓をわずらっている (名)

cardiacus *m*. cardiacī *2* §13 胃病(心臓病)の人

cardō *m.(f.)* cardinis *3* §28 **1.** 軸, 旋回(回転)軸, 蝶番(ちょうつがい) **2.** 転換点, 転機, 危機 **3.** (天)極, 四つの方位基点(東西南北), 一年の四つの転機(春分・夏至・秋分・冬至) **4.** 端, 末端, 境界 ～ masculus (femina) ほぞ, 軸(ほぞ穴, 軸受け) tanto cardine (9f2) rerum かかる重大な運命の転換点において cardines temporum 四季 cardo extremus 生涯の終り

carduus *m*. carduī *2* §13 アザミ

cārē 副 ［cārus §67(1)］ (比)carius (最)carissime 高価に, 高い値段で, 多大の犠牲を払って

cārectum *n*. cārectī *2* §13 ［cārex］ スゲの茂み

careō *2* carēre, caruī, caritūrus (caritum) §108 奪(9f16)と, まれに対と **1.** なしでいる, 持たない **2.** さける,

控える，忌避する，断つ **3.** 欠けている，不足を感じる，なくて不自由に(淋しく)思う **4.** 離れて(免れて)いる culpā ～ 罪を免れている cibo ～ 食を断つ senatu ～ 元老院をさけている caret tibi (9d8) pectus inani ambitione? 果たしてお前の胸の中に空しい野心はないか

cārex *f.* cāricis *3* §21 スゲ

cārica *f.* cāricae *1* §11 [*sc.* ficus] カーリアから輸入されたイチジク，乾燥イチジク

cariēs *f.* cariēī *5* §34 [対，奪のみ *cf.* §47] **1.** しぼむ，くちはてること，腐敗，腐朽，腐食 **2.** くさったもの，くさらせるもの，古くなったもの(味)，崩壊した状態 **3.** (医)カリエス，骨疽(そ)

carīna *f.* carīnae *1* §11 **1.** 竜骨，船底，船 **2.** クルミの殻(から)の半分

cariōsus *a.1.2* cariōs-a, -um §50 [cariēs] **1.** くさった，朽ちた，腐敗した **2.** 虫歯の，カリエスの **3.** ぼろぼろの，もろい **4.** 衰弱した，老ぼれの，枯渇した，古くなった

caris *f.* caridis *3* §41.6a <καρίς 小エビ

caristia *n.pl.* caristiōrum *2* §13 <χαρίστια ローマの家族愛(血縁者の和合)の祭(2月22日)

cāritās *f.* cāritātis *3* §21 [cārus] **1.** 物価高騰，高価 **2.** 愛情，敬愛，尊重

caritūrus → careō

carmen *n.* carminis *3* §28 **1.** (誓約，祈禱，掟の)きまり文句 **2.** 礼拝(祭礼)上の賛歌，魔法の歌，呪文，予言，神託 **3.** 歌，詩(とくに抒情詩，叙事詩)，劇(詩)，詩句，詩行 **4.** 墓碑銘，格言，金言 **5.** 楽器の調べ，ひびき，鳥のさえずり，兵士の凱旋歌 delectabere (113) tibiae (9d) mixtis carminibus (9f15) 笛の伴奏する賛歌を，あなたは喜ばれることでしょう ducite ab urbe domum, mea carmina, ducite Daphnim 都から我が家へ連れ戻せ，わが呪文よ，ダプニスを戻せ

carnārium *n.* carnāriī *2* §13 [carō] **1.** 燻蒸(くんじょう)室，食糧貯蔵室 **2.** 燻製用の肉を炉上につるす鉤，肉掛け

Carneadēs *m.* Carneadis *3* §42.1 Cyrene 生れの有名な哲学者(前2世紀)

carnifex *m.* carnificis *3* §21 [carō, faciō] **1.** 死刑執行吏 **2.** 拷問吏 **3.** 殺人者，悪漢，無頼

carnificīna *f.* carnificīnae *1* §11 [carnifex] 死刑執行吏・拷問吏の職務・仕事・行為，死刑執行，拷問

carnificō *1* carnificāre, -cāvī, -cātum §106 [carnifex] 殺す，処刑する，首をはねる

carō *f.* carnis *3* §28(イ) **1.** 肉(動物の) **2.** (食用の)肉，死肉 **3.** (精神に対し)肉体

carpatinus *a.1.2* carpatin-a, -um §50 <καρβάτινος 皮製の，獣皮の

carpentum *n.* carpentī *2* §13 <ガ？ ほろ付の二輪馬車(特に婦人の乗物)

carpō *3* carpere, carpsī, carptum §109 *cf.* καρπός 果実 **1.** 摘みとる，むしりとる，つまんで引っぱる，(牛馬が)若菜・草の先を食う **2.** 引き裂く，小さくちぎって分ける，除去する，梳(す)く **3.** 楽しむ，享受する，用いる，役立てる **4.** そしる，ののしる **5.** 奪う，はぐ，むく，悩ます，痛める，浸食する，弱らせる **6.** おし分けて進む，急ぐ herbam oves ～ 羊が草を食う jecur volucres ～ ハゲタカが肝臓を引き裂く(食いちぎる) invidia carpit et carpitur una 嫉妬は人を引き裂くと同時に，おのれ自身をも引き裂く carpere prata fugā 牧場の中をかけて逃げ去る militum vocibus carpi 兵たちの罵声を浴びる novissimum agmen ～ 隊列の殿(しんがり)をいためつける carpe diem 今日の果実を摘みとれ，今日を楽しめ，汝の今を生きよ

carpsī → carpō

carptim 副 [carpō] **1.** 少しずつ択んで，別々に，部分的に，きれぎれに **2.** あちこちで，分散して **3.** 時々，断続的に，間欠的に statui res gestas populi Romani carptim perscribere 私はローマ国民の歴史を主題別に(少しずつ)書くことを志した

carptus → carpō

carrus *m.* carrī *2* §13 ＜ガ ガッリア風の(四輪の)荷馬車

carta → charta

Carthāgō *f.* Carthāginis *3* §28 北アフリカの都市

caruī → careō

cārus *a.1.2* cār-a, -um §50 （比）carior （最)carissimus **1.** 高価な, 貴重な, 大切な **2.** 親愛なる, かわいい, いとおしい quae me (9f6) mihi cariora sunt 私にとって私よりも大切なもの

casa *f.* casae *1* §11 **1.** 小屋, 小さな家, 屋台, 番小屋 **2.** 東屋(あずまや), 亭(ちん) **3.** 仮兵舎 ita fugias (116.2), ne praeter casam 自分の家を越えない程度に逃げろ(度を越すな, 急いで逃げる目的(地)を忘れるな) potest ex casa vir magnus exire 小屋からも大人物は生れ得る

cāseus *m.* (**cāseum** *n.*) cāseī *2* §§13,44 チーズ

casia *f.* casiae *1* §11 ＜κασία **1.** シナモン, 肉桂皮 **2.** ヨウシュジンチョウゲ, セイヨウオニシバリ(樹皮薬用)

Cassandra *f.* Cassandrae *1* §11 (神)トロイア王 Priamus と Hecuba の娘, 女予言者

cassis¹ *f.* cassidis *3* §21 **1.** かぶと, 鉄かぶと **2.** 戦い aetas patiens cassidis (9c13) かぶと(戦い)に耐える年齢

cassis² *m.* cassis *3* §19 **1.** 猟網 **2.** クモの巣 **3.** わな, 落し穴

Cassius *a.1.2* Cassi-a, -um §50 **1.** ローマの氏族名 **2.** Cassius Longinus Ravilla, 前2世紀の厳しい法学者 **3.** Cassius Longinus, Caesar の暗殺者の一人

cassus *a.1.2* cass-a, -um §50 **1.** …を欠いた, …の全くない(9f17,9c13) **2.** 中がからっぽの, 空洞の **3.** 空虚な, 実質のない, 根拠のない, 無意味な, 効果のない, 無益な, 無用な virgo dote cassa 持参金のない娘 in cassum preces mittere 空しく祈りをささげる

Castalia *f.* Castaliae *1* §11 Parnasus 山の麓の, Apollo と Musae

に捧げられた泉 （形)**Castalius** *a.1.2* Castali-a, -um §50 ＝ **Castalis** *a.3* Castalidis §55 Castalia の, Apollo の, Musae の

castanea *f.* castaneae *1* §11 ＜καστάνεια クリ, クリの実・木

castē 副 [castus §67(1)] （比）castius （最)castissime **1.** 公明正大に, 正直に, 誠実に, 礼儀正しく **2.** 信心深く, 清浄に, 敬虔に **3.** 貞節に, 貞淑に, 清らかに **4.** 正しく, 純粋に

castellānus *a.1.2* castellān-a, -um §50 [castellum] 城塞の, とりでの

castellānus *m.* castellānī *2* §13 要塞を守る人, とりでの住人

castellātim 副 [castellum] 城塞(要塞)のように間隔をおいて(所々に), 城塞(要塞)ごとに

castellum *n.* castellī *2* §13 [castrum の小] **1.** 城塞, とりで, 保塁, 橋頭堡, 避難所 **2.** 給水塔, 貯水槽

castīgātiō *f.* castīgātiōnis *3* §28 [castīgō] **1.** 譴責(けんせき), 懲戒, 叱責, 非難 **2.** 折檻, 体罰 **3.** 枝の刈り込み

castīgātor *m.* castīgātōris *3* §26 [castīgō] **1.** 譴責(懲戒)する人, 風紀(軍規)を取り締まる人

castīgō *1* castīgāre, -gāvī, -gātum §106 [castus] **1.** とがめる, 叱る, 罰する **2.** 正す, 直す, 改める **3.** 制止する, 防ぐ, 食い止める ～ sua vitia 自分の悪徳を改める castigatus animi dolor 抑制された心の苦しみ

castimōnia *f.* castimōniae *1* §11 [castus] **1.** 純潔, 無垢, 品行方正 **2.** 禁欲節制, 斎戒(さいかい), 清浄

castitās *f.* castitātis *3* §21 [castus] **1.** 清廉潔白, 正直, 廉直 **2.** 純潔(じゅんけつ), 貞節

castor *m.* castōris *3* §41.9b ＜κάστωρ ビーバー, 海狸

Castor *m.* Castōris *3* §41.9b (神)Tyndareus(実は Zeus)と Leda の子, Pollux と双子の兄弟

castoreum *n.* castoreī *2* §13 [castor] 海狸香(ビーバーの鼠径腺(そけいせん))

の分泌物, 薬用)

castra *n.pl.* castrōrum *2* §§13,45
1. 陣営, 野営 **2.** 陣営生活, 戦場勤務,
戦い, 軍務 **3.** 一日の進軍行程 **4.** 学派,
活動の場 stativa 〜 常設陣営 movere
〜 陣営をひき払う tertiis castris (9f13)
pervenit 彼は三日間の行程で着いた

castrēnsis *a.3* castrēnse §54
[castra] **1.** 陣営(内)の **2.** 軍隊の, 軍
隊奉公の

castrō *1* castrāre, -rāvī, -rātum
§106 **1.** 去勢する, 男らしさを失わせる
2. 卵巣を除去する **3.** 生命力(元気)を奪
う **4.** (尻尾, 毛髪, 枝など)短く切る

castrum *n.* castrī *2* §13 要塞,
とりで

castus *a.1.2* cast-a, -um §50
[careō] (比)castior (最)castissimus
1. …から自由な, さわられていない (9f16)
2. 罪・汚れのない, 悪徳から免れた, 公
正な, 高潔な, 端正な, 清廉潔白な **3.** 清
純な, 純潔無垢の, 操正しい **4.** 信心深
い, 敬神の念のあつい, 敬虔な, 神聖な,
神に捧げられた **5.** 純粋の, 生粋の, 清澄
な, 正確な castum decet (167) esse
poetam ipsum 詩人本人は操の正しい人
であるべきだ Caesar, sermonis castissi-
mi (9c5) 最も清澄な文体のカエサル

casula *f.* casulae *1* §11 [casa]
1. 小さな粗末な家 **2.** 墓穴(ぼう)

cāsūrus → cadō

cāsus *m.* cāsūs *4* §31 [cadō]
1. 落下, 墜落, 没落, 転覆, 滅亡, 破
滅, 終り, 堕落, 過失 **2.** 不慮の災難, 不
意の出来事, 不幸, 禍, 死, 危険 **3.** 事
件, 事情, 状況, 立場, 条件 **4.** 語尾,
格(文法上の) nivis 〜 降雪 extremae
sub casum hiemis 冬の終りに virtute,
non casu gesta (118.2 完) 勇気による業
績で, 偶然ではない omnes casus subito-
rum periculorum (9c5) 突然の危険に伴
うあらゆる状況 casus rectus 主格 **casū**
(9f19) 副 偶然に, たまたま, 思いがけ
なく

catagraphus *a.1.2* catagraph-a,
-um §50 <καταγραφος 図形で表

わした, 彩色された, 装飾(潤色)された

cataphractus *a.1.2* cataphract-a,
-um §50 <καταφρακτος くさりかた
びらを着込んだ

catapulta *f.* catapultae *1* §11
<καταπελτης 投矢機, 石弓, 弩砲(どほう)

cataracta (**-ractēs**) *f.* cataractae
(-ractae §37) *1* §11 **1.** 瀑布, 大滝,
急流 **2.** 水門, 防潮門, 堰(せき), 落し格子

catascopus *m.* catascopī *2* §13
<κατασκοπιον 哨戒艇, 偵察艇

catasta *f.* catastae *1* §11 (売り
物の)奴隷が立ち並んでいる壇(だん), 展示台

catēia *f.* catēiae *1* §11 < ガ ?
(ガッリア人やゲルマニア人の)飛道具(ブー
メラン?)

catēlla *f.* catēllae *1* §11 [catēna
の小] 軽い(小さな)(飾り)鎖, 首飾り

catella *f.* catellae *1* §11 小さな
雌犬

catellus *m.* catellī *2* §13 [catu-
lus の小] **1.** こ犬, 犬ころ **2.** 可愛い人,
いとしき者

catēna *f.* catēnae *1* §11 **1.** 鎖,
手かせ, 足かせ, 絆(きずな) **2.** 拘束, 束縛
監禁, 拘置 catenis vincire aliquem あ
る人を鎖でしばる

catēnātus *a.1.2* catēnāt-a, -um
§50 [catēna] **1.** 鎖でつながれた, 足
かせ(足鎖)をかけられた **2.** 鎖で確保(固
定)された **3.** 鎖のようにつながれた(組み合
された)

caterva *f.* catervae *1* §11 **1.**
従者(支持者)の一団・一行・一味・党 俳
優・芸人の一座・連中 **2.** 武装兵の集団・
小隊・部隊 **3.** 群れ, かたまり, 大勢, 多数

catervātim 副 [caterva] **1.** 部隊
ごとに, 数隊に分かれて **2.** 群をなして, 一
団となって

cathedra *f.* cathedrae *1* §11
<καθεδρα **1.** 安楽椅子, ひじかけいす
2. 教師の椅子 **3.** 座輿(ざよ), かご

Catilīna *m.* Catilīnae *1* §11 ロ
ーマの貴族, Cicero が執政官のとき国家
転覆の陰謀を企てた

catīllus (**-i-** ?) *m.* catīllī *2* §13

catīnus　104

［catīnus の小］（小さな）どんぶり，皿

catīnus (-num) *m.*(*n.*)　catīnī　*2*
§13　大きなどんぶり，大盤，大皿，(丸く
浅い)食物の容器

Catō *m.*　Catōnis　*3*　§28　**1.** ローマ
の家名　**2.** M. Porcius Cato, Censorius
執政官(前 195)　**3.** M. P. Cato, Uticensis,
Pompejus の支持者

Catullus *m.*　Catullī　*2*　§13　C.
Valerius Catullus, 前一世紀の有名な抒
情詩人

catulus *m.*　catulī　*2*　§13　**1.** おさ
ない犬，犬の子　**2.** 犬　**3.** 哺乳動物の子

catus *a.1.2*　cat-a, -um　§50　利口
な，如才ない，抜け目のない，器用な，用
心深い，慎重な　**catē** 副　§67(1)　巧
みに，器用に，如才なく，上手に

cauda (cōda) *f.*　caudae　*1*　§11
1. 尻尾(しっぽ)，尾　**2.** 陰茎(ペニス) caudam
jactare popello 大衆に尾をふる(こびる)
caudam trahere 尻尾をひきずっている(人
から嘲笑される尾を背後に持っていて，そ
れに気づいていない馬鹿者のこと)

caudex (cōdex) *m.*　caudicis　*3*
§21　**1.** 木の幹，切株　**2.** 愚か者，とんま
3. 書き板(蠟板)の手帳，帳簿，記録帳
(簿)

caulae *f.pl.*　caulārum　*1*　§11
1. 穴，すき間　**2.** 羊を囲う柵，垣，手すり，
格子の柵

caulis *m.*　caulis　*3*　§19　**1.** 茎,柄,
軸，幹　**2.** キャベツ，玉菜　**3.** ペニス(陰茎)

caupō *m.*　caupōnis　*3*　§28　**1.** 小
売商人，小売店主　**2.** 居酒屋の主人，宿
屋の亭主

caupōna *f.*　caupōnae　*1*　§11
［caupō］居酒屋，飲食店，宿屋

caupōnor *dep.1*　caupōnārī, ——
§123(1)　(居酒屋で)売買(取引)する,小
商いで不正をはたらく

caupōnula *f.*　caupōnulae　*1*　§11
［caupōna の小］小さい居酒屋，下等な
酒場，みじめな宿屋

Caurus (Cōrus) *m.*　Caurī (Cōrī)
2　§13　北西の風

causa *f.*　causae　*1*　§11　**1.** 原因,

理由，動機　**2.** 口実，弁解　**3.** 機会，形
勢，状況，場合，条件　**4.** 事件，法律問
題，訴訟，争点，主題　**5.** 党派，派閥，
友情関係，友情の絆　**6.** 大義，道義，主
義　**7.** 責任，とが　**8. causā** (9f19) …の
ために，理由で，目的から eā causā それ
故に omnibus de causis あらゆる理由か
ら haec est causa cur (quare, quamo-
brem) aliquid fiat (116.10) これこそある
ことの起った原因(理由)である agere
causam 訴訟を起す causam alicujus
dicere ある人を弁護する causam amici-
tiae habere cum aliquo ある人と友情の
絆を持っている cur causam populi Ro-
mani deseruisti ac prodidisti? あなたは
なぜローマ国民の大義を見棄ててそして裏
切ったのか ne qua esset (116.6) armo-
rum causa 戦う口実がいささかもないよう
に cum causa 正当な理由から sine cau-
sa 不当にも exempli causā たとえば
causā honoris 名誉のために causā be-
llandi (119.2) 戦うために causā agrorum
colendorum (121.3) 畠を耕す目的から
tuā (meā) causā あなた(私)のために
sese ob eam causam tacuisse (117.5)
「自分たちは同じ理由からだまっていた」と

causārius *a.1.2*　causāri-a, -um
§50　［causa］病弱な，病身の，不健康
な　(名)**causārius** *m.*　causāriī　*2*
§13　病身などの理由で解雇された(除隊
した)兵士，傷痍軍人

causidicus *m.*　causidicī　*2*　§13
［causa, dīcō］訴訟弁護人，法廷弁護
人

causor *dep.1*　causārī, causātus sum
§123(1)　［causa］**1.** 訴訟を弁護する
2. 口実(言い訳)として述べる，抗弁する，
申し立てる，口実とする，楯にとる causa-
tus (118.4) hiemem instare 冬のさしせ
まっていることを口実にして(彼は) adver-
sam patris voluntatem causari 口実と
して父親の反対の意志を述べる

causula *f.*　causulae　*1*　§11
［causa の小］**1.** 些細な理由，動機，き
っかけ　**2.** 小さな訴訟

cautē 副　［cautus］　§67　(比)

cautius （最）cautissimē **1.** 用心深く，慎重に **2.** 危険なく，無事に

cautēs *f.* cautis 3 §19 岩石，とがった岩，断崖，岩壁，暗礁

cautiō *f.* cautiōnis 3 §28 [caveō] **1.** 用心，警戒，予防策，用意周到，慎重，予見 **2.** 条件，契約，合意 **3.** 保証，担保，口頭担保（約束，請け合い），債務証書，保証金 hoc habet multas cautiones これは多くの慎重な対策を必要としている mihi cautio est 私は用心せねばならない cautio chirographi mei 私の署名による保証

cautor *m.* cautōris 3 §26 [caveō] **1.** 用心する人，慎重な人 **2.** 防ぐ（守る）人

cautus *a.1.2* caut-a, -um §50 [caveō の完分] （比）cautior （最）cautissimus **1.** 身を守られた，安全な，確実な **2.** 用心深い，用意周到な，慎重な，油断のない **3.** ずるい，こうかつな nummi cauti 安全な金 cautus in verbis serendis (121.3) 作文に慎重な 〜 adversus fraudem 罠に用心して **cautē** 副 §67(1) （比）cautius （最）cautissime 用心深く，慎重に，危険なく，安全に

cavātus *a.1.2* cavāt-a, -um §50 [cavō の完分] 穴のあいた，中がくぼんだ，えぐられた，穴をつくった

cavea *f.* caveae 1 §11 [cavus] **1.** くぼみ，うつろ，空洞 **2.** おり，(鳥)かご，小屋，巣箱 **3.** 劇場の観客席 **4.** 劇場 **5.** 聴衆，見物人，観客

caveō 2 cavēre, cāvī, cautum §108 **1.** 用心する，警戒する，気をつける，さける，逃れる **2.** 保証する，確保する **3.** 規定する，(法律・遺言で)命ずる(さまざまの構文をとる) cavenda (121.1) est gloriae cupiditas 名声欲に気をつけねばならぬ cavendum (147(ロ)) tibi est ne bellum oriatur 戦争が起らぬように，お前は用心すべきだ cave (ne) credas (116.6) 信じないように obsidibus de pecunia cavent 彼らは金について，人質で保証する hortatur ab eruptionibus caveant (116.6) (カエサルは)兵たちに敵の総出撃に対して警戒するように勧告する moniti (milites)

ut vallum caecum fossaque caveant (兵たちは)隠されている杭や堀に気をつけるように忠告された Roma, cave tibi ローマよ，汝自身に気をつけよ

caverna *f.* cavernae 1 §11 [cavus] **1.** うつろ，空洞，くぼみ，へこみ，うろ，ほら穴，横穴 **2.** 割れ目，ひび，すき間，さけ目 **3.** 穴(ねぐら)，巣穴 **4.** 船倉 **5.** (*pl.*)貯水池 **6.** (*pl.*)青天井，青空

cavillātiō *f.* cavillātiōnis 3 §28 [cavillor] **1.** からかい，やゆ，ひやかし **2.** 冗談，しゃれ，あてこすり，いやみ **3.** 屁理屈，詭弁，言い抜け，逃げ口上

cavillātor *m.* cavillātōris 3 §26 [cavillor] **1.** 冗談をいう人，ふざける人，ひょうきんな人，茶目 **2.** 嘲弄者，皮肉屋，詭弁家

cavillor *dep.1* cavillārī, cavillātus sum §123(1) [cavilla *f.* §11 冗談] **1.** 冗談をいう，ふざける，からかう，ひやかす **2.** 愚弄する，嘲笑する，馬鹿にする，あてこする **3.** やたらとけちをつける，あげ足をとる，やたらとあらさがしをする **4.** 逃げ口上を言う，詭弁を弄する

cavō 1 cavāre, -vāvī, -vātum §106 [cavus] **1.** 穴をつくる(あける，えぐる，掘る)，うつろにする，へこませる **2.** えぐってつくる，穴を掘ってつくる cavare parmam gladio 剣で楯に穴をあける(楯を貫き通す) cavat arbore (9f5) lintres 彼は木に穴をほってかいば桶をつくる

cavus *a.1.2* cav-a, -um §50 **1.** 表面に穴(凹み)をもった，えぐられた，へこんだ，沈んだ，深い **2.** 中がからっぽの，空洞の，中空の **3.** 空虚な，実体のない **cavum(cavus** *m.*) *n.* cavī 2 §13 **1.** 空洞，凹み，(ほら)穴，洞窟 **2.** 溝，峡谷，凹道 cava manus 手のひら cava saxa 石のさけ目 cava flumina 深い川 cava imago 実体のないまぼろし

-ce 指示小辞，指示代名詞などの後尾につく hujusce，古典期にはしばしば **-c** に縮小する (hice → hic) istic **-ne** の前で **-ci** となる hicine

cecidī → cadō

cecīdī → caedō

cecinī → canō

Cecrops *m.* Cecropis *3* §41.7 アテーナイ初代王 (形)**Cecropius** *a.1.2* Cecropi-a, -um §50 **1.** Cecrops の, Cecrops の子孫の **2.** アテーナイの

cēdō *3* cēdere, cessī, cessum §109 **1.** 動く, 行く, 去る, 離れる, 退く, 出発する, 帰る **2.** …となる, 生じる, 結果…となる, 起る, すぎる, 消える **3.** 従う, 服する, 劣る, 及ばない, 譲歩する, 許す, 与える, 捨てる, 放棄する vitā (e vitā) 死ぬ(この世から去る) auctoritati (legibus) 〜 権威に服する(法律に従う) res 〜 memoriā 事柄が記憶から消える(忘れられる) cedant (116.2) arma togae 武器は市民服に譲るべきだ, 武(官)より文(官)が優先されるべきだ ut primum cessit furor 狂気がすぎ去るやいなや ne eo quidem tempore quisquam loco (9f7) cessit その時ですらも, 各人は持ち場(守備位置)を放棄しなかった

cedo 命, 他 (*pl.* cette) [ce(-ce), dō?] **1.** ここに持ってこい, 連れてこい, 与えてくれ, 差し出せ **2.** 聞かせてくれ, 説明してくれ, 言ってくれ **3.** さあ, これ, おい, 見せろ, 見よ, 考えてみろ cedo mihi ipsius Verris testimonium 私にウェレス自身の証言を聞かせてくれ cedo consideremus (116.2) さあ, 考えてみよう

cedrus *f.* cedrī *2* §13(3) **1.** ネズ, ヒマラヤスギ **2.** ネズの実の油(薬用)

celeber *a.3* celebris, -ebre §54 (比)celebrior (最)celeberrimus (§60) **1.** 人出の多い, 繁華な, 賑やかな **2.** 有名な, 人口に膾炙(かいしゃ)した, 喧伝された, 称賛される, お祭りのようなおごそかな

celebrātiō *f.* celebrātiōnis *3* §28 [celebrō] **1.** 大勢の人の集合(訪問), 人だかり, 群集 **2.** 祭典の執行, 祝い, 祝祭 **3.** 流行, 人気, 世間でもてはやされること

celebrātus *a.1.2* celebrāt-a, -um §50 [celebrō の完分] (比)celebratior (最)celebratissimus **1.** 人だかりのする, 大勢でにぎわう(歓迎される, 祝賀される) **2.** 大勢にもてはやされる(喧伝される), 人気のある, 有名な, 著名な res celebratissimae omnium sermone (9f11) すべての人の会話で最も喧伝される話題 nullus celebratior illo dies その日よりも賑やかに祝われる日はない

celebritās *f.* celebritātis *3* §21 [celeber] **1.** 大勢の人で賑わう(活気を呈している)状態(場所), 大勢の人の訪問(行列・集会), 雑踏, 人ごみ, 頻繁な往来, 盛大な祭典(祝宴), 華美, 壮麗 **2.** 大勢の人に喧伝されること, 有名, 著名, 高い評判 **3.** 頻繁におこること, ありふれたこと odi celebritatem, fugio homines 私は人ごみを憎み, 世間から逃げる ludorum celebritas 見世物の壮麗華美(大勢の見物人で賑わっている見世物)

celebrō *1* celebrāre, -brāvī, -brātum §106 [celeber] **1.** 大勢で(しばしば)ある所(ある人のもと)へおしかける, 殺到する, 大勢で訪ねる・出席する, 行列をつくってお供をする **2.** 盛大に(おごそかに)祭事をとり行う, 儀式をあげて祝う・たたえる・崇拝する **3.** 賞賛する, 名誉を与える, 賛歌でたたえる **4.** 喧伝する, 広める, 公けにする **5.** しばしば(広く)用いる・実行する・記録する frequentia et plausus me usque ad Capitolium celebravit 大勢の人と拍手喝采が, カピトーリウムまで私の後に行列をつくった ad populi Romani gloriam celebrandam (121.3)ローマ国民の栄光をほめたたえるために postea celebratum id genus mortis その後, この死に方がはやった

celer *a.3* celeris, celere §54 (比)celerior (最)celerrimus (§60) 早い, 速い, 急な, 即座の, すばやい, 敏速な **celeriter** 副 §67(2) (比)celerius (最)celerrime すばやく, 即座に, 早く jactabat sat celeriter fieri, quidquid fiat (116.11) satis bene「充分に立派になされるものはみな, 充分に早くなされる」と彼は言っていた

celeritās *f.* celeritātis *3* §21 [celer] **1.** 急ぎ, 迅速 **2.** 速さ, 速度 **3.** 精神・肉体のすばやい動き, 敏捷 **4.** 即効(性)

celerō *1* celerāre, -rāvī, -rātum §106 [celer] **1.** 急ぐ，あせる **2.** 早める，いそがせる，いそいでする，すみやかに行う・果す haec celerans (118.4) これらをすみやかに果すために celerandae (121.3 与) victoriae intentior 勝利をはやめることにいっそう熱中し

cella *1* cellae *1* §11 **1.** 食糧貯蔵室，ブドウ酒地下貯蔵室 **2.** 神殿の中の部屋，神像のある部屋 **3.** 小部屋，独房，貧乏人の一世帯の住む部屋，浴室 **4.** 蜜房，(ニワトリ)小屋

cēlō *1* cēlāre, cēlāvī, cēlātum §106 包み隠す，秘密にする，表に出さない，知らせないでおく de maximis rebus a fratre celatus sum 私は最も大切な事について，弟から秘密にされていた ducis ingenium res adversae nudare solent, celare secundae 将軍の才能を裸にするのは逆境で，順境はそれをかくしておくものです

celōx *m.f.* celōcis *3* §24 （小型の）快走帆船

celsus *a.1.2* cels-a, -um §50 （比）celsior （最）celsissimus **1.** 高い，そびえ立つ，ぬきんでた **2.** 地位の高い，高貴 **3.** 気高い，高潔な **4.** 誇り高い，自信のある，意気軒昂たる **5.** 高慢な，うぬぼれた

Celsus *m.* Celsī *2* §13 Tiberius 時代の医学者

Celtae *m.pl* Celtārum *1* §11 ガッリアの一部族 （形）**Celticus** *a.1.2* Celtic-a, -um §50 ケルタエ人の

cēna *f.* cēnae *1* §11 **1.** 正餐，夕食，饗宴 **2.** 会食者 **3.** 夕食の一皿 cena comesa (118.5) venimus? 我々は饗宴の後にやってきたのか（おそすぎたか）

cēnāculum *n.* cēnāculī *2* §13 [cēna] **1.** 食堂 **2.** 二階，屋根裏(部屋)

cēnātiō *f.* cēnātiōnis *3* §28 [cēnō] 食堂

cēnitō *1* cēnitāre, -tāvī, -tātum §106 [cēnō] いつも(度々)食事(正餐)をとる

cēnō *1* cēnāre, -nāvī, -nātum §106 [cēna] 正餐(晩餐)をとる，(正餐で)食べる，食事をする amet (116.3) scripsisse ducentos ante cibum versus, totidem cenatus 彼は食前に 200 行，食後にも同じ行数の詩を書く(完＝現の *inf.*)ことを喜ぶかも知れない cenare holus omne あらゆる野菜を食べる **cēnātus** *a.1.2* §50 夕食をとった(あと) cum cenatus cubitum (120.1) isset (116.7) 彼が夕食後寝床に行ったので

censen = censesne → censeō

cēnseō *2* cēnsēre, cēnsuī, cēnsum §108 **1.** 戸口調査をする，資産を査定する，評価する，数える **2.** 意見を持つ(のべる)，考える，思う **3.** 提案する，推薦する，忠告する，投票する，決議する，命令する，判決する talem pestem vitare censuit 彼はかかる災禍は避けるべきだと意見した censebat ut Pompejus proficisceretur (116.6) ポンペーイユスは出発すべきだと彼は提案していた censeo (ut) desistas お前は断念すべきだと私は思う quemadmodum senatus censuit populusque jussit 元老院が決議し国民が命令した通りに Caesar maturandum (147 ロ) sibi (9d11) censuit カエサルは自分が急ぐべきだと決断した

cēnsor *m.* cēnsōris *3* §26 [cēnseō] 戸口調査官，風紀取締官，監察官

cēnsōrius *a.1.2* cēnsōri-a, -um §50 [cēnsor] **1.** 監察官の，監察官による **2.** 監察官級の，監察官を勤めた **3.** 監察官のような，厳格な

cēnsuī → cēnseō

cēnsūra *f.* cēnsūrae *1* [cēnseō] §11 **1.** 監察官の職務(地位，権威，任期) **2.** (財産・身分の)査定，審査，評価 **3.** 風紀取り締り(監察)

cēnsus *m.* cēnsūs *4* §31 [cēnseō] **1.** 戸口調査，人口調査 **2.** 資産評価，財産 **3.** 市民登録，資産(課税)名簿

centaurēum (-rium) *n.* centaurēī (-riī) *2* §13 **1.** ヤグルマソウ **2.** ナツシロギク

Centaurus *m.(f.)* Centaurī *2*

centēnī 108

§13 （神）半身半馬のテッサリアの怪物

centēnī 数 centēn-ae, -a §§50,98,
101 百ずつ

centēsima (sc. pars) f. §11 **1.**
100 分の 1 **2.** 1 月 1%の, 1 年 12%の利息
（税）

centē(n)simus a.1.2 centēsim-a,
-um §§50,98,101 第 100 の, 100 番目
の, 100 分の 1 の

centiceps a.3 centicipitis §55
[centum, caput] 百の頭をもった

centiēns (-tiēs) 数副 §101 百度,
百倍

centimanus a.1.2 centi-man-a, -um
§50 [centum, manus] 百の手をもっ
た

centō m. centōnis 3 §28 ぼろぎ
れの覆いもの, ぼろのつぎはぎ細工（クッシ
ョン, 上着）

centum 数, 無 §101 百, 100

centumgeminus a.1.2 centumge-
min-a, -um §50 **1.** 100 倍の, 100 重
の **2.** 100 の手をもった, 100 の門のある

centumvirālis a.3 centum-virāle
§54 [centum-virī] 百人委員（審判
員）の, 百人法廷の

centumvirī m.pl. centum-virōrum
2 §13 百人委員（審判員）からなる法
廷, 百人法廷（最初 105 名, 二世紀には
180 名）

centunculus m. centunculī 2
§13 [centō の小] ぼろ切れ, ぼろ着,
つぎはぎ細工の布, 毛布

centuria f. centuriae 1 §11
[centum] **1.** 百人隊（軍団の編成単位）
2. 百人組（ローマ市民の選挙区単位）

centuriātim 副 百人隊ごとに, 百人
組ごとに

centuriātus a.1.2 centuriāt-a, -um
§50 [centuriō の完分] **1.** （百人隊）
百人組ごとに分けられた **2.** 百人組で（によ
って）投票する, 選挙する comitia centu-
riata 百人組民会

centuriō m. centuriōnis 3 §28
[centuria] 百人隊長

centuriō 1 centuriāre, -āvī, -ātum

§106 [centuria] **1.** 百人隊を編成す
る, 百人隊ごとに分ける **2.** 百人組ごとに
（土地を）分ける

cēnula f. cēnulae 1 §11 [cēna
の小] わずかな夕食, ささやかな晩餐

Cēpheus m. Cēpheī 3 §42.3 （神）
Cephenes 人（Ethiopia）の王, Androme-
da の父

cēpī → capiō

cēra f. cērae 1 §11 **1.** 蜜蠟, 蠟
2. (pl.)ミツバチの巣 (sg.)巣の穴, 蜜房
3. 蠟(引)板, 封蠟, 蠟細工の肖像

cērārium n. cērāriī 2 §15 [cēra]
封蠟の手数料

cerasus f. cerasī 2 §13（注 3）＜
κέρασος **1.** セイヨウミザクラの木, 木材
2. サクランボ

cērātus a.1.2 cērāt-a, -um §50
[cērō 蠟をぬるの完分] **1.** 蠟をぬられた
(引かれた, かぶせられた, 詰められた) **2.** 蠟
で固定(接合, はりつけ)された

Cerberus m. Cerberī 2 §13 冥
府の入り口の番犬（三つ頭で尾が蛇の怪犬）

cercūrus m. cercūrī 2 §13 ＜
κερκοῦρος **1.** 快走帆船 **2.** 海の魚

cerdō m. cerdōnis 3 §28 職人,
職工

cerebrōsus a.1.2 cerebrōs-a, -um
§50 [cerebrum] 激情におそわれ易い
(左右され易い), 怒りっぽい, 短気な

cerebrum n. cerebrī 2 §13
1. 脳, 頭脳 **2.** 頭蓋骨, 頭 **3.** 知力, 感
覚の座(中心), 智能, 正気, 思慮分別
4. 怒り(激情)の座, 怒り, 立腹, 癇癪 in
cerebro dixerunt esse animo (9d6)
sedem 精神(知力)の座は頭脳の中にある
と彼らは言った o te cerebri (9c6) feli-
cem (9e10) すぐに癇癪をおこすお前はな
んと幸せな奴か

Cerēs f. Cereris 3 §29 （神）ロー
マの豊穣の女神 （形）**Cereālis** a.3
Cereāle §54 Ceres の, 小麦の

cēreus a.1.2 cēre-a, -um §50
[cēra] **1.** 蠟の, 蠟でできた **2.** 蠟のよう
にしなやかな, 柔軟な, 曲げられ易い, 従
順な, 動か(説得)され易い **3.** 蠟のように

黄色な, 薄い黄色の, 青白い cerea castra 蜜蜂の巣 (juvenis) cereus in vitium flecti (117.3) 悪徳に向っていともたやすく曲げられる(若者), 悪徳の型にはまり易い(若者) (名)**cēreus** *m.* cēreī *2* §13 ろうそく

cērintha (-ē) *f.* cērinthae *1* §11 (-ēs §37) <κηρίνθη キバナルリソウ

cernō *3* cernere, crēvī, crētum §109 **1.** 分ける, 篩(ふるい)にかける **2.** 区別する, 識別する, はっきりと見分ける, 認める **3.** 理解する, 決定する **4.** (遺産受納を)認める, 表明する amicus certus in re incerta cernitur 確かな友は不確かな状況の中で見分けられる Antonius descendens (118.1 現) ex loco superiore cernebatur アントニウスが高い所から降りてくるのが認められた

cernuus *a.1.2* cernu-a, -um §50 頭から真先に, 頭をかがめて, まっさかさまに, ひっくり返って

cērōma *n.* cērōmatis *3* §41.2 格闘技者の土俵, 格闘技場

cerrītus *a.1.2* cerrīt-a, -um §50 (比)cerritior 熱狂した, 逆上した, 発狂した, 乱心した

certāmen *n.* certāminis *3* §28 [certō] **1.** 争い, 戦闘, 戦争 **2.** 競争, 競技, 試合 **3.** 競争心, 野心 **4.** (政治・法律・哲学の面での)論争, 口論, 主張, 論争点

certātim 副 [certō] 競争して, 張り合って, 熱心に, 一生懸命に

certātiō *f.* certātiōnis *3* §28 [certō] **1.** 支配・優越をめぐって争うこと, 競争, 闘争 **2.** 試合, 競技, 競争 **3.** 衝突, 論争, けんか, 法廷弁論

certē 副 [certus §67.1] (比)certius (最)certissime **1.** 確かに, きっと, 必ず, 疑いもなく **2.** 少なくとも, ともかく, いずれにしても fecissem (116.9a) certe, si potuissem もし力があったら, 私はきっとしていたろう aut non potuerunt, aut noluerunt, certe reliquerunt 彼らはできなかったのか, それとも欲しなかったのか, ともかく放棄してしまった

certō 副 [certus §67] 確実に, 正確に, はっきりと, 疑いもなく, きっと haec omnia facta esse certo scio これらが全部なされたことは確実である(私は確かに知っている)

certō *1* certāre, certāvī, certātum §106 **1.** 優位を争う, 戦う, 勝負をかけて張り合う, 競争する, 論争する, (法廷で)討議する **2.** (不と) ～ せんと熱心に努力する ～ cum civibus de virtute 市民と美徳について張り合う ～ aliquem tollere laudibus ある人を賞讃して名誉を高めようと努める

certus *a.1.2* cert-a, -um §50 [cernō] (比)certior (最)certissimus **1.** 決った, 定まった, 一定の, 固定した **2.** 確実の, 疑われない, 証明された, 確立された **3.** 信頼できる, 確かな, 信用される **4.** 決心した, 覚悟した certum scio 確かに知っている certum habeo=pro certo habeo 確かだと思う certi sumus perisse omnia 我々はすべてが失われたと確信している certiorem facere aliquem ある人に知らせる ut de his rebus a me certior fias (157) これらのことについて, あなたが私から知るように certa amittimus, dum incerta petimus 不確かな(未来の)ものを求めているうちに, 確実な(現在の)ものを失う

cērula *f.* cērulae *1* §11 [cēra の小] 小さな蠟=cerula miniata (本に印をつける)一種の赤鉛筆, 赤クレヨン

cērussa *f.* cērussae *1* §11 白鉛, 鉛白, おしろい(化粧品)

cērussātus *a.1.2* cērussāt-a, -um §50 [cērussa] 白鉛で白くぬられた, おしろいで化粧した

cerva *f.* cervae *1* §11 [cervus] シカの雌, シカ longius insidias cerva videbit anus 老いたシカは遠くからでもわなを見つけるだろう(経験が利口にする)

cervīcula *f.* cervīculae *1* §11 [cervīx の小] (小さい)首, うなじ, 首すじ

cervīnus *a.1.2* cervīn-a, -um §50 [cervus] シカの, 雄ジカの

cervīx *f.* cervīcis *3* §21 うなじ，首すじ，首，のど，えりもと，両肩 dare bracchia cervici（首に両腕を与える）抱く cervicibus suis rem publicam sustinere 自分の両肩に国家を担う depellere aliquid a cervicibus alicujus あるものをある人から厄介払いする crassas cervices habere 太い首を持っている（図々しい，野暮な，鈍感な）

cervus *m.* cervī *2* §13 **1.** シカ（鹿）**2.** 逆茂木（さか
もぎ）

cespes → caespes

cessātiō *f.* cessātiōnis *3* §28 ［cessō］**1.** 休息，くつろぎ，中休み，中断 **2.** ゆるみ，怠惰，無精，無為，（義務・仕事の）不履行・無視 **3.** 遅延，延期，手間どること Epicurus nihil cessatione melius existimat エピクーロスは無為以上に好ましいものはないと考えている

cessātor *m.* cessātōris *3* §26 ［cessō］怠け者，無精者，ものぐさ，優柔不断の人，何もしないで暮す人

cessī → cēdō

cessō *1* cessāre, cessāvī, cessātum §106 **1.** ためらう，ぐずぐずする，のばす，おくれる **2.** やめる，思いとどまる，中止する **3.** 怠る，休む，ひまである quid mori cessas? お前は死ぬことをなぜためらっているのか in officio ~ 義務の遂行を怠っている ager cessat その畠は休閑中だ prima dies cessavit Marte cruento（9f16）初日は血腥い戦を休んだ

cessus → cēdō

cestrosphendonē *f.* cestrosphendonēs §37 ＜κεστροσφενδόνη 投石器，弩砲（どほう）

cētārium *n.* cētāriī *2* §13 ［cētus］養魚池

cētārius *m.* cētāriī *2* §13 ［cētus］魚屋，漁師

cēterōquī 副 ［cēterus］その上に，なお且つ，その他の点において，別のやり方で，さもなければ

cēterus *a.1.2* cēter-a, -um §50 その他の，残りの，余った et cetera そしてその他のもの de cetero その他のものについ

ては，他の点では **cētera**（*acc. pl. n.*）副 その他については，その上さらに，それにしても **cēterum**（*acc. sg. n.*）副 （9e13）その他に関して，なおその上に，しかし，もっとも，他の点では，違ったやり方で **cēterō** 副 （9f19）その他の点で，少なくとも ceterum exercitum in provinciam collocat 彼はその他の軍隊を，その属州に配備する cetera omnia praeda その他のすべての戦利品 virum cetera egregium ambitio secuta est その他の点では申し分のないその男を，野心がつきまとっていた verbis ... ceterum re ... 言葉の上では兎も角，実際には（言葉の上では…，しかし実際は）

cētra → caetra

cētus (-os) *m., n.* cētī *2* §13 （*pl.* cētē 無）＜κῆτος **1.** 海の大きな動物（クジラ，イルカ）**2.** 海の怪物 **3.** （天）鯨座

ceu *j.* 副 **1.** ちょうど…と同様に，同じくらい，同程度に **2.** あたかも…のように ceu cum jam portum tetigere carinae 船がいまやっと港についたときのように ceu cetera nusquam bella forent（116.9a）あたかも，この他のどこにおいても，戦争が行われていないかのように

chalcaspis *m.pl.* chalcaspidos *3* §39(ロ) ＜χάλκασπις 真鍮の楯をもった兵士（マケドニア軍）

Chaldaeī *m.pl.* Chaldaeōrum *2* §13 **1.** Assyria の民族 **2.** Chaldaeī 人の占星家，占い師 （形）**Chaldaeus** = **Chaldaicus** *a.1.2* §50 Chaldaei 人の，Chaldaei 人の占星家の

chalybēius *a.1.2* chalybēi-a, -um §50 ［chalybs］（鋼）鉄の，(鋼)鉄製の

Chalybes *m.pl.* Chalybum *3* §41.5b 黒海南岸の民族，製鉄工として有名

chalybs *m.* chalybis *3* §21 ＜χάλυψ **1.** 鉄，鋼鉄 **2.** 剣

chara *f.* charae *1* §11 カラと呼ばれた食用球根

Charites *f.pl.* Charitum *3* §41.5b = **Gratiae**

Charōn *m.* Charōntis *3* §41.4

(神)冥府の川(Styx)の渡し守

charta *f.* chartae *1* §11 <χάρτης **1.** パピルス紙 **2.** パピルス紙に書かれたもの, 頁, 紙, 文書, 本, 著書, 巻 **3.** 金属の薄い板, 箔 charta dentata 艶出しされた頁, 紙 si chartae sileant, quod bene feceris あなたの立派な業績を, もし, 詩巻がだまっていて物語らないならば Socraticae chartae プラトーンの作品

chartula *f.* chartulae *1* §11 [chartaの小] パピルス紙の切れ端, 小片, 断片

Charybdis *f.* Charybdis *3* §19 (神)メッシナ海峡の渦巻きが擬人化された女の怪物

chelydrus *m.* chelydrī *2* §13 <χέλυδρος 有毒な水蛇

chelys *f.* chelyis (-yos) *3* §39 (イ) <χέλυς **1.** (陸)カメ **2.** 竪琴, リラ

cheragra (**chīr-**) *f.* cheragrae *1* §11 <χειράγρα 手の痛み, 関節炎, 痛風

chīliarchēs *m.* chīliarchae *1* §37 <χιλιάρχης 1000人隊長, 連隊長(ギリシア軍)

chīliarchus *m.* chīliarchī *2* §13 <χιλίαρχος ペルシアの首相

Chimaera *f.* Chimaerae *1* §11 (神)ライオンの頭, 蛇の尾, 山羊の胴をもち, 口より火焔を吐く怪獣

chīrographum *n.* chīrographī *2* §13 <χειρόγραφον **1.** 手書き, 写本, 筆跡 **2.** 自筆(自署)証書(約束・保証) **3.** 自筆の記録(文書)

Chīrōn *m.* Chīrōnis *3* §41.8b (神)Centaurusの一人, Achillesのtutor

chīrūrgia *f.* chīrūrgiae *1* §11 <χειρουργία 外科, 手術

Chīus *a.1.2* Chī-a, -um §50 Chios (-ius)島(エーゲ海)の (名)**Chīus** *m.pl.* Chīī *2* §13 Chios島民 **Chīum** *n.* Chīī *2* §13 Chios島のブドウ酒 **Chīa** *f.* Chīae *1* §11 Chios島のイチジク

chlamydātus *a.1.2* chlamydāt-a, -um §50 [chlamys] chlamysを着た(羽織った)

chlamys (**-mis**) *f.* chlamydis (-ydos) *3* §39(ロ) <χλαμύς ギリシアの(とくに軍人の)そでなし外套, 短いマント, 肩かけ

choraulēs *m.* choraulae *1* §37 牧笛奏者

chorda *f.* chordae *1* §11 <χορδή **1.** 牛の腸(管), はらわた **2.** 楽器の弦

chorēa *f.* chorēae *1* §11 <χορεία **1.** 歌・音楽を伴って輪になって踊るダンス, 輪舞 **2.** 天体の回転 **3.** 踊り子

chorus *m.* chorī *2* §13 <χορός **1.** 歌・音楽に調子を合わせて円陣で歌い踊る一団, 合唱歌舞団, 合唱団(ギリシア悲劇の) **2.** 一群, 一団, 一隊, 一味, 一党, 一派 leves nympharum chori かろやかに歌い踊るニンフたちの一群 scriptorum chorus amat nemus et fugit urbes 作家の一群は森を愛し, 町々をさける

Chrīstiānus *m.* Chrīstiānī *2* §13 キリスト教徒

Chrīstus *m.* Chrīstī *2* §13 キリスト

Chrȳsippus *m.* Chrȳsippī *2* §13 前3世紀のギリシアの有名なストア派哲学者

chrȳsolithos *m.* chrȳsolithī *2* §13,38 <χρυσόλιθος トパーズ, 黄玉

cibārius *a.1.2* cibāri-a, -um §50 [cibus] **1.** 食糧に関する, 食物の, 食用の **2.** 普通の, 粗末な (名)**cibāria** *n.pl.* cibāriōrum *2* §§13,45 **1.** 食糧, 食料品 **2.** 飼料, まぐさ **3.** 兵士の一日分の食糧, 定期的に支給される食糧, 給料

cibātus *m.* cibātūs *4* §31 [cibus] 食物, 栄養物

cibōrium *n.* cibōriī *2* §13 < κιβώριον カップ(飲む容器), 酒杯

cibus *m.* cibī *2* §13 食物, 食品, 滋養物, 飼料, 餌(え) e flamma petere cibum 燃えている火葬用薪堆(たきぎ)の上から(供物の)食物を求める(餓えると人は危険なこともしかねない) plurimi cibi (9c5)

cicāda 112

fuisse traditur (117.6) 彼は大食漢であったと伝えられている

cicāda *f.* cicādae *1* §11 **1.** セミ **2.** セミの形の髪飾り

cicātrīx *f.* cicātrīcis *3* §21 **1.** 古傷(やけど)の跡 **2.** かすり傷, 刀傷 **3.** (木などの)切り口, 裂け目 **4.** 破れの縫い目

ciccum *n.* ciccī *2* §13 **1.** ザクロの粒(実)を分けている内膜 **2.** 価値のないもの ciccum non interduim (159 ※, 116.2) わしは一文の価値のないものでも与えたくないよ(わしには何の関係もないことだ)

cicer *n.* ciceris *3* §26 (常食用の)エジプトマメ(ヒヨコマメ)

Cicerō *m.* Cicerōnis *3* §28 **1.** gens Tullia の家名 **2.** M. Tullius Cicero (106-43 B.C.) 政治家・雄弁家・作家 **3.** (*pl.*)**Cicerōnēs** Cicero 家の人たち (形)**Cicerōniānus** *a.1.2* Cicerōniān-a, -um §50 Cicero の

cichorēum (-rium) *n.* cichorēī *2* §13 **1.** キクヂシャ **2.** キクニガナ(チコリ)

cicōnia *f.* cicōniae *1* §11 コウノトリ

cicur *a.3* cicuris §55 なれた, 飼いならされた

cicūta *f.* cicūtae *1* §11 **1.** ドクニンジン **2.** ドクニンジンの毒汁 **3.** (ドクニンジンの茎からつくられた)牧笛

cieō *2* ciēre, cīvī, citum §108 **1.** 動かす, そそのかす, ゆるがす, かき回す(乱す) **2.** 起こさせる, 奮起させる, 励ます, 鼓舞する **3.** 引き起す, 誘発する, 催させる, 作る, 生む **4.** 急がせる, 追いたてる, 催促する, おしやる **5.** 呼ぶ, 名を呼ぶ, 召集する, 召喚する, 訴える, 嘆願(祈願)する quod est animal, id motu cietur interiore et suo 生きているもの, それは自らの(自発的な)内部からの活動によって動かされているものである tonitru caelum omne ciebo (ユーノーたる)私は, 全天を雷鳴によってゆるがすであろう singulos nomine ciens 一人一人名をあげて呼んで

Cilix *m.* Cilicis *3* §21 Cilicia (Asia Minor のローマの属州)の住民 (形)**Cilix** *a.3* Cilicis §55 Cilicia の

Cimbrī *m.pl.* Cimbrōrum *2* §13 ゲルマーニアの北方の部族 (形)**Cimbricus** *a.1.2* Cimbric-a, -um §50 Cimbrī 族の

cīmex *m.* cīmicis *3* §21 ナンキンムシ

cinaedus *m.* cinaedī *2* §13 < κίναιδος **1.** 稚児(男色の相手) **2.** 放蕩者

cincinnātus *a.1.2* cincinnāt-a, -um §50 [cincinnus] 髪を縮らせた, 巻き毛の

cincinnus *m.* cincinnī *2* §13 < κίκιννος **1.** 髪の巻き毛, 縮れ毛 **2.** 美辞麗句, 潤色

cinctus (**cī-** ?) *m.* cinctūs *4* §31 着物(トガ)をきたときの腰帯のしめ方

cinctus → cingō

cinctūtus (**cī-** ?) *a.1.2* cinctūt-a, -um §50 [cinctus] 下帯をまいた, 腰布(パンツ)をはいた

cinerārius *a.1.2* cinerāri-a, -um §50 頭髪を巻き毛で飾る人, 調髪師

cingō *3* cingere, cinxī, cinctum (cīn- ?) §109 **1.** 取巻く, 囲む, 帯でしめる, 帯を巻く, 腰をしめる **2.** 包囲攻撃をする, 封じ込む, 周囲の守りを固める **3.** 裾を(帯で)まくり上げる **4.** 花輪で飾る frondes tempora cingunt 葉冠が額を取り巻く flammis cincta 焔に包まれた(女) cingi ense (gladio) (9f11) 剣を帯びる inutile ferrum (9e9) cingitur 彼は役に立たぬ剣を腰に帯びる equitatus latera cingebat 騎兵隊が戦列の両翼を守っていた

cingulum *n.* cingulī *2* §13 [cingō] **1.** 飾り帯, 腰帯 **2.** 剣帯, 肩帯 **3.** (馬具の)腹帯, 犬の首輪

ciniflō *m.* ciniflōnis *3* §28 [cinis, flō] 原義「灰を吹く人」, 巻き毛用こてを焼く(焼きごてを使う)人(?), 調髪師, 髪結(かみゆい)

cinis *m.*(*f.*) cineris *3* §29 **1.** 灰

2. 死灰, 遺灰, 遺骸, 埋葬, 死 **3.** 廃墟, 破滅, 崩壊 **4.** 燃えさし, 余燼(ﾋﾞ), 残り火 **5.** 愛憎のくすぶり, もやもや, しこり aequat omnes cinis 死は万人を平等にする cineri nunc medicina datur 遺骨にやっと治療が施される(手おくれだ) illud cinerem non quaeritat それは灰(容器を磨くもの)を必要としない(充分に磨かれている)

Cinna *m.* Cinnae *1* §11 **1.** gens Cornelia の家名 **2.** L. Cornelius Cinna (執政官 86B.C.) **3.** L. Cornelius Cinna (2.)の息子, Caesar の暗殺者の一人

cinnamum (**-on**) *n.* cinnamī *2* §13 <κίνναμον 肉桂, 肉桂の木(皮)

cinxī → cingō

cippus *m.* cippī *2* §13 **1.** 先のとがった杭, 棒 **2.** 尖頭, 石柱, 墓石, 境界石標

circā 副 まわりに, 近くに, ぐるりと, 周辺に montes qui circa sunt 周りにある山々

circā 前 (対と)(時に後置される) **1.** 廻りに, 近くに, 周辺に **2.** 側に, あちこちに, つきそって **3.** (数字・時間)およそ, 約,ほぼ quam circa lacus lucique sunt plurimi その(町の)周辺には沢山の池や森がある circa eandem horam ほぼ同時刻頃

circāmoerium *n.* = **pōmoerium** = **pōmērium**

Circē (**Circa**) *f.* Circēs (-cae) *1* §§11,37 (神)太陽神 Helios の娘, 魔法にすぐれた女神

circensis *a.3* circense §54 [circus] 大競技場の, 大競技場の競走の (名)**circensēs** *m.pl.* circensium *3* §19 (*sc.* ludi)大競技場における競走(競技, 催し物)

circinō *1* circināre, -nāvī, -nātum §106 [circinus] **1.** 曲げて丸くする, 円形(輪)にする **2.** 旋回する, 周回する

circinus *m.* circinī *2* §13 [circus] コンパス

circiter 副 [circum] (時間・数字) ほぼ, およそ, 近くに diebus (9f2) circi-

ter quindecim およそ 15 日間で

circiter 前(対と)近くに, 周りに, ほぼ, およそ, 頃 circiter meridiem 正午頃

circuitiō (**circumitiō**) *f.* circuitiōnis *3* §28 [circum, eō] **1.** 回転, 旋回, 自転(公転) **2.** 円周, 曲線, 回り道 **3.** 巡回, 巡警(歩哨の) **4.** 遠回し, 婉曲法

circuitus *m.* circuitūs *4* §31 [circumeō] **1.** 歩いて回ること, 周航, 軌道, 自転, 循環, 回転, 遍歴 **2.** 円周, 周囲, 周辺, 廻り道, 迂路 **3.** (修)綜合文, 迂言法, 遠回しな言い方 vallum pedum in circuitu XV milium 円周 15 マイルの保塁 circuitus solis 太陽の周転

circulātor *m.* circulātōris *3* §26 [circulō] **1.** 旅芸人, 曲芸師 **2.** 大道商人, 行商人

circulor *dep.1* circulārī, circulātus sum §§123(1),125 [circulus] 自分の周りに人の輪(群)をつくる

circulus *m.* circulī *2* §13 [circus の小] **1.** 円, 円形, 輪, 環, 円板 **2.** 軌道, 熱(温・寒)帯 **3.** 首飾り, 腕輪 **4.** 聴衆(の輪), 集会, 仲間, 集団

circum 前, 副 [circus の対 9e13] (副) 回りに, 四方に, ぐるりと, 至る所に (前)対と(後置されることあり)回りに, 周囲に, ぐるりと, 近くに, そばに circum undique 周囲のいたる所で templa quae circum forum sunt 広場を取り巻く神殿など

circumagō *3* circum-agere, -ēgī, -āctum §109 **1.** 連れ回す, 引きずり回す **2.** めぐらせる, 曲げる **3.** 向きを変えさせる, ひっくりかえす, 混乱させる, あちこちへおしやる **4.** 意見・気持を変えさせる **5.** (再, 受)向きを変える, ころがる, すぎ去る, めぐる circumagente se vento (9f18)風が向きを変えると circum tribus actis (*tmesis*) annis 3 年がすぎると dux huc illuc clamoribus hostium circumagi 将軍は敵の喚声と共にあちこちへとかけずり回る

circumarō *1* circum-arāre, -arāvī, —— §106 周りを耕す, うねで囲む

circumcīdō *3* circum-cīdere, -cīdī,

circumcircā 114

-cīsum §109 ［circum＋caedō］
1. まわりを切りとる，輪切りにする **2.** 割
礼する **3.** 切り捨てる，剥奪する，そぎ落
す **4.** 廃止する，へらす，削除する

circumcircā 副 四方八方に，あたり
全体で，至る所に

circumcīsus *a.1.2* circumcīs-a, -um
§50 ［circumcīdō の完分］ **1.** 急峻な，
険しい，切り立った **2.** 制限された，短い

circumclūdō *3* circum-clūdere,
-clūsī, -clūsum §109 ［claudō］ **1.** 包
囲する，取り巻く，封鎖する **2.** 縁どる，縁
を飾る

circumcolō *3* circum-colere, ——,
—— §109 周辺に住む

circumcursō *1* circum-cursāre,
-cursāvī, —— §106 …の周りを走る，
走り回る，回転する

circumdō 不規 circum-dăre, -dedī,
-datum §159 周囲に置く，取り巻く，
囲む，包む，封鎖する murum urbi (9d4)
〜 町に城壁をめぐらす oppidum vallo et
fossa (9f11) circumdedit 彼は町を保塁
と濠で包囲した exercitu circumdato
(9f18) 軍隊が周りにおかれて(軍隊で包囲
して)

circumdūcō *3* circum-dūcere, -dūxī,
-ductum §109 **1.** 連れ回す，引き回す，
回り道をして(あたり四方へ)連れて行く
2. 騙す，裏をかく **3.** 詳述する cohortibus
longiore (9f9) itinere circumductis
(9f18,118.5) 大隊を一層遠回りして連れて
行くと

circumeō 不規 circum-īre, -īvī(-iī),
-itum §156 **1.** 歩いて回る，巡回する，
閲兵する，視察する，投票を頼んで回る
2. 回転する，旋回する **3.** 取り巻く，封じ
込む，閉じこめる，包囲する **4.** 遠回しな
言い方をする ipse equo circumiens
(118.4) unumquemque nominans appe-
llat 彼は自ら馬で回り，一人一人の名を呼
んで言葉をかける hostem a tergo 〜 敵
を背後から包囲する quod recte dici po-
test, circumimus amore verborum 真
直ぐに言いえることを，我々は言葉への愛
から，回りくどい表現をとる

circumequitō *1* circum-equitāre,
——, —— §106 馬にのって回る，周り
を騎行する

circumerrō *1* circum-errāre, ——,
—— §106 **1.** 周りをうろつく(さまよう)，
あたりを徘徊する **2.** 曲りくねってゆっくり
流れる

circumferō 不規 circum-ferre, -tulī,
-lātum §158 **1.** (見せるために・与える
ために)ものを持って周りに運ぶ，移す，動
かす，向ける，あちこちへ運ぶ，次々と回
す，手渡す **2.** 見回す，まわりに目を向け
る **3.** 広げる，拡大する，喧伝する，ひろ
める **4.** 罪・穢れを払うため周辺に灌水し
ながら生贄を持って(連れて)回る cir-
cumfer mulsum 蜜酒をついで回れ cir-
cumferendo passim bello (9f18) いた
るところへ戦争を拡大して ter socios purā
circumtulit undā 清めの水を灌ぎながら
(汚れた)仲間たちの間を彼は三度回った

circumflectō *3* circum-flectere,
——, —— §109 転換点(折り返し点)
で進路を曲げる，方向を変える

circumflō *1* circum-flāre, ——,
—— §106 (自，他)周りを吹き回る，
四方八方から吹きつける

circumfluō *3* circum-fluere, -flūxī
(-fluxī ?), —— §109 **1.** (他)周りに
(両岸を越えて)流れる，あふれる **2.** 大勢
で囲む **3.** (自)周りに押しよせる，群がる，
雑踏する，あふれる，みなぎる circumfluens
colonorum exercitu (9f16) 植民市の軍
隊であふれている所の(町)

circumfluus *a.1.2* circum-flu-a,
-um §50 ［circumfluō］ **1.** 周囲をめ
ぐって流れている **2.** (受)流れにとりまかれ
ている **3.** 囲まれた，取りまかれた

circumforāneus *a.1.2* circum-
forāne-a, -um §50 ［forum］ **1.** 広場
(の仕事)と関係している，広場に見られる
2. 広場から広場へと旅をする，巡歴する
aes circumforaneum 銀行への借金

circumfundō *3* circum-fundere,
-fūdī, -fūsum §109 **1.** 周囲へ注ぐ，分
布する，ぶちまける **2.** (受)周りにあふれる，
展開する **3.** 周りを流れる，包囲する **4.** 押

し込める, ぎっしりとつめ込む toto undique muro (9f1. イ) circumfundi (守備兵が) 城壁全体に至る所にばらまかれる mortuum cerā 〜 死体を蜜蠟で防腐処理をする undique circumfusis molestiis (9f18) いたる所から悲しみが(私の上に)降りそそいで

circumgemō *3* circum-gemere, ――, ―― §109 まわりにほえる, うなる

circumgestō *1* circum-gestāre, ――, ―― §106 いたる所へ(回りに)持って行く, 持ち回る, 行商する

circumgredior *dep.3* circum-gredī, -gressus sum §123(3) 周りをかこむ, 迂回する, 側面を迂回して背後から(敵を)包囲する

circumjaceō *2* circum-jacēre, ――, ―― §108 近くに(回りに)横たわる, 接する, 位置する, 住む

circumjectus *a.1.2* circum-ject-a, -um §50 [circumjiciō の完分] 周りに横たわっている, 位置する, とり巻いている, 包囲している （名）**circumjectus** *m.* circumjectūs *4* §31 **1.** 包囲すること, 取り巻くこと, 囲い, 周囲 **2.** 着物, 衣類

circumjiciō *3b* circum-jicere, -jēcī, -jectum §110 [circum, jaciō §174.2] 周囲に投げる, 置く, 囲む, 巻きつける anguis vectem (9e9) circumjectus 閂(かんぬき)に巻きついた蛇

circumlatus → circumferō

circumligō *1* circum-ligāre, -gāvī, -gātum §106 **1.** 巻きつける, 取り巻く, 囲む **2.** 結びつける, 縛りつける **3.** 包帯する, 帯で巻く circumligatus angui (9f11) 蛇に巻きつかれた natam circumligat hastae (9d4) 彼は娘を槍にしばりつける

circumlinō *3* circum-linere, -lēvī, -litum §109 **1.** あたりにぬる(ぬりつける) **2.** (油・塗料・絵の具を)ぬる, 飾る cerā mortui circumliti 蠟をぬられた死体(*pl.*)

circumluō *3* circum-luere, ――,

―― §109 （川・海が)まわりを洗う, 水(流れ)で囲む

circummittō *3* circum-mittere, -mīsī, -missum §109 周囲に送る, 四方へ派遣する

circummūniō *4* circum-mūnīre, -mūnīvī, -mūnītum §111 周囲に垣(壁)を巡らす, (味方を)防禦する, 堅固にする, (敵を)封じ込める, 取り巻く

circummūnitiō *f.* circum-mūni-tiōnis *3* §28 [circummūniō] 城壁による包囲, 封鎖

circumpadānus *a.1.2* circum-pa-dān-a, -um §50 パドゥス(ポー)川周辺の

circumplector *dep.3* circum-plectī, -plexus sum §123(3) 抱く, 囲む, 取り巻く, 閉じ込める

circumpōnō *3* circum-pōnere, -posuī, -positum §109 周囲におく, 近くに(そばに)配置する

circumrētiō *4* circum-rētīre, ――, -rētītum §111 網をかぶせる, 網で囲む

circumrōdō *3* circum-rōdere, -rōsī, -rōsum §109 **1.** まわりをかじる, 表面を食べる **2.** ののしる, そしる circumrodo, quod devorandum est 貪り食うべきものを少しずつ(あちこち)かじっている(ためらっている) dente Theonino cum circumroditur 彼が(毒舌家の)テオンの歯でかじられるとき(ののしられるとき)

circumsaepiō *4* circum-saepīre, -saepsī, -saeptum §111 取り巻く, 包囲する, 垣で囲む, 垣をめぐらす loca circumsaepta parietibus 壁で取り囲まれた場所

circumscindō *3* circum-scindere, ――, ―― §109 着物を(体から)ひきちぎる, 引き裂く, はぐ

circumscrībō *3* circum-scrībere, -scrīpsī, -scrīptum §109 **1.** 回りに線をひく, 輪の中にとじ込める **2.** 取り囲む, 境界を設ける, 区分する, 制限する, 妨げる **3.** 無効にする, 取り消す **4.** 裏切る, 欺く, 籠絡する ille se fluvio Rubicone

circumscrīptiō 116

circumscriptum esse patiatur (116.4) ? 彼はルビコン川で，自分の行動が制限されたことに我慢できるか circumscribenda (121.1) multis modis ira est 沢山の方法で怒りは抑えられるべきだ

circumscrīptiō *f.* circum-scrīptiōnis *3* §28 ［circumscrībō］ **1.** 描かれた円，円周 **2.** 限られた空間，区域，境界(線)，範囲，時期 **3.** 外観，定義 **4.** だますこと，欺くこと，欺瞞 **5.** (修)綜合文，掉尾(びう)文

circumscrīptor *m.* circum-scrīptōris *3* §26 ［circumscrībō］ だます人，かたりとる人，詐欺師

circumscrīptus *a.1.2* circum-scrīpt-a, -um §50 ［circumscrībō の完分］ (比)circumscriptior **1.** circumscrībō の完分としての意味 **2.** 簡潔に表現された，的確な **3.** 綜合文の，掉尾(びう)文で書かれた

circumsecō *1* circum-secāre, ――, -sectum §106 **1.** 回りの余分なものを切りとる **2.** 割礼を行う，包皮を除く

circumsedeō *2* circum-sedēre, -sēdī, -sessum §108 回りに座る，取り囲む，包囲攻撃する，封鎖する

circumsessiō *f.* circumsessiōnis *3* §28 ［circumsedeō］ 包囲(攻撃)，攻城

circumsīdō *3* circum-sīdere, -sēdī, ―― §109 包囲攻撃する，取り巻く

circumsiliō *4* circum-silīre, ――, ―― §111 **1.** あちこち飛び回る，はね回る，踊り回る **2.** 周囲からおどりかかる，襲う

circumsistō *3* circum-sistere, -stetī (-stitī), ―― §109 囲んで立つ，取り巻く，圧迫する

circumsonō *1* circum-sonāre, -sonuī, -sonātum §106 **1.** (自)あたり一帯に音声が鳴りひびく，反響する **2.** (他)まわりに音をひびきわたらせる，(circum- が対支配の前となって)(対)の回りでなりひびく，(対)を音響でとり囲む・包む locus circumsonat ululatibus (9f11) その所が愁嘆の声でひびきわたる clamor hostes

circumsonat 叫喚が敵の全軍を包む(全軍にひびきわたる) Scythico circumsonor ore 私の回りにはスキュティア人の言葉ばかりがひびく

circumspectō *1* circum-spectāre, ――, ―― §106 **1.** (注意して，慎重に，不安な目で，何度も)見回す，あたりを見渡す **2.** うかがう，さぐる，探す **3.** 目を通す，調査(検査)する，観察する bestiae in pastu circumspectant けものたちは物を食べながらあたりをしばしば見回す

circumspectus *a.1.2* circumspect-a, -um §50 ［circumspiciō の完分］ (比)circumspectior (最)circumspectissimus **1.** 注意深く考慮された，見守られた **2.** 慎重な，用心深い **3.** 洞察力のある，思慮分別のある

circumspectus *m.* circum-spectūs *4* §31 ［circumspiciō］ **1.** 見回す(見渡す)こと **2.** 調査，検査，観察，注視 **3.** 熟慮，吟味，瞑想，静観

circumspiciō *3b* circumspicere, -spexī (-spē-?), -spectum ［speciō］ §§110,174.2 あたりを見回す，気をつける，注意する，用心する，探す，観察する，考量する，吟味する cum sua quisque miles circumspiceret (116.7), quid secum portare posset (116.10) 各兵は何が持って行けるか，身の回りの品を探していたので urbis situ circumspecto (9f18) 町の地勢をよく調べてから ～ diem bello 戦うのに有利な日をうかがう

circumstō *1* circum-stāre, -stetī (-stitī), ―― §106 **1.** (自)回りに立つ，輪となって立つ **2.** (他)立って取り囲む，取り巻く，包囲する，占領する，圧迫する，脅す circumstantes silvae 回りを囲んでいる森 scio acerba meorum circumstare odia 私の部下たちの激しい憎悪が私を取り巻いているのを知っている

circumtextus *a.1.2* circum-text-a, -um §50 ［circumtexō］ 回りを縁取られた，回りに刺繍を施された

circumtonō *1* circum-tonāre, -tonuī, ―― §106 …の上に(まわりに)雷鳴をとどろかす，大きな物音をたてる

hunc circumtonuit Bellona 戦いの神が
この男の上に雷鳴をとどろかした（精神を錯
乱させた）

circumtōnsus *a.1.2* circum-tōnsa,
-tōnsum §50［circum＋tondeō］ま
るく頭髪を刈りとった，不自然な，わざと
らしい

circumvādō *3* circum-vādere,
-vāsī, —— §109 **1.** 輪状に取り巻く，
囲む **2.** 周囲から攻撃する，襲う，占領す
る，とらえる

circumvagus *a.1.2* circum-vag-a,
-um §50 回りをさまよっている，取り巻
いて流れている

circumvallō *1* circum-vallāre,
-vallāvī, -vallātum §106 周囲を保塁
で取り巻く，封鎖する，包囲する

circumvectiō *f.* circumvectiōnis
3 §28［circumvehō］ **1.** 環状路，軌
道 **2.** 回転，巡回 **3.** 物質（商品）の輸送，
流通，交易

circumvector *dep.1* circum-vectārī,
-vectātus sum §123(1) **1.** 巡回する，
周航する，馬（車）を乗り回す **2.** 詳説する

circumvectus → circumvehor

circumvehor *dep.3* circum-vehī,
-vectus sum §§123(3),125 回り道を
して行く，（馬・船に）乗って回る，一巡す
る

circumvēlō *1* circum-vēlāre, ——,
—— §106 覆う，包む，おおい隠す

circumveniō *4* circum-venīre,
-vēnī, -ventum §111 **1.** 取り巻く，囲
む，包囲する **2.** 包囲攻撃する，封鎖する，
襲う，圧迫する **3.** 欺く，だます **4.** 不正に
有罪とする circumventi flammā 焔に包
まれた（人々）innocens pecuniā cir-
cumventus 無辜（ミ）の人が金銭でしいた
げられている

circumventus → circumveniō

circumvertō *3* circum-vertere,
-vertī, -versum §109 **1.** 回転させる，
向きを変える **2.**（受・再）回る，回転する

circumvolitō *1* circum-volitāre,
-tāvī, —— §106 **1.** あちこちと飛び回
る，走り回る **2.** …の上を，…の回りを（対）

飛び回る

circumvolō *1* circum-volāre, -volāvī,
—— §106 **1.**（他）…の上を，…の回り
を（対）飛び回る，走り回る，…に向って突
進する **2.**（自）飛び回る，…の上をはばた
く，突進する me mors atris circumvolat
alis (9f9) 死が黒い翼で（はばたいて）私の
上を飛び回っている

circumvolvō *3* circum-volvere,
-volvī, -volūtum §109 **1.** 回転させる，
ころがす **2.** からみつかせる，まきつかせる
3.（受・再）ころがる，回る，からみつく
herba arboribus circumvolvens se 木
にまきついている草 sol circumvolvitur
annum (9e8) 太陽は一年かかって回る（自
転する）

circus *m.* circī *2* §13 **1.** 円，環，
軌道 **2.** 楕円形の競走・競技場（とくに戦
車競走場）**3.** 競技（競走）の催物，見物人
4. Circus Maximus 大競走場（パラーテ
ィウムの南麓にあった）

cīris *f.* cīris *3* §19 ＜κεῖρις
（神）シラサギ（Scylla が変身した鳥）

cirrātus *a.1.2* cirrāt-a, -um §50
［cirrus］ 巻き毛のある，頭髪の縮れた

cirrus *m.* cirrī *2* §13 **1.** 巻き毛，
巻き毛の頭（髪）**2.** 鳥の冠毛 **3.** カキの鰓
（ミ）**4.** 着物のふさ飾り

cis 前（対と）**1.** こちら側に，手前に，
こちらへ **2.** 以前に

cisium *n.* cisiī *2* §13 ＜ガ？ （幌
なしの）軽二輪馬車（旅行用）

cisrhēnānus *a.1.2* cis-rhēnān-a,
-um §50 レーヌス川のこちら側（西側）
に住んでいる，レーヌス川の左岸の

cista *f.* cistae *1* §11 ＜κίστη
1. 枝編細工のかご **2.** 箱（貴重品），本箱
3. 聖櫃（ミ）**4.** 投票箱

cistophorus *m.* cistophorī *2* §13
＜κιστοφόρος（聖櫃（ミ）の刻印のある）ア
シアの銀貨

citātus *a.1.2* citāt-a, -um §50［citō
の完分］（比）citatior（最）citatissimus
早い，急速の，すばやい，敏速な，全速力
の **citātim** 副 早く，即座に，すば
やく，急いで imbribus continuis citatior

citerior 118

solito (9f6) amnis 長続きの雨によって普段より水流の早くなった川

citerior *a.3* citerius §§63,65 **1.** こちら側の, より近い **2.** より早く, より新しい Gallia citerior (ローマに近い)こちら側のガッリア citeriora nondum audiebamus より新しい事実は, 我々はまだ聞いていない

cithara *f.* citharae *1* §11 < κιθάρα 竪琴(=lyra), 竪琴の奏法

citharista *m.* citharistae *1* §11 <κιθαριστής 竪琴奏者

citharizō *1* citharizāre, ――, ―― §106 <κιθαρίζω 竪琴を演奏する

citharoedus *m.* citharoedī *2* §13 <κιθαρῳδός 竪琴をひきながら歌をうたう人

cito 副 [citus §67(1)] (比)citius (最)citissime **1.** 早く, 速く, すみやかに, 急いで, すぐに **2.** やさしく, 簡単に serius aut citius 遅かれ早かれ(やがて) dicto (9f6) citius 言うより早く(一瞬間に) neque verbis (9f3) aptiorem cito alium dixerim (116.9a) これ以上適切な表現を用いた作家を, 他に, 私は容易にあげられなかったろう

citō *1* citāre, -tāvī, -tātum §106 [cieō] **1.** すばやく(烈しく, いつも)動かす, ゆすぶる, ふり回す **2.** 引き起す, 生じさせる, 催させる, 思いつかせる, 喚起する **3.** 刺激する, そそのかす, 助長する, 奨励する **4.** 名を呼んで来させる, 名ざす, 呼び寄せる, 召集する, 召喚する **5.** 呼びかける, 嘆願する, 請い求める **6.** 知らせる, 告げる, 申し立てる, 名をあげる, 引用する, 歌をうたう judices citari jubet 彼は裁判官たちに集まるように命じる citare hastam 槍をはげしく振って投げる aliae res citant urinam, aliae tardant あるものは尿意を刺戟し, あるものは遅らせる quamvis citetur (116.5) Salamis testis victoriae なるほど勝利の証人として, サラミスの名があげられるけれど

citrā 副, 前 [citerior, cis] (副)こちら側, 目標に達しない tela citra cadebant 槍はこちら側に落ちていた(命中しな

かった) (前) (対と) **1.** こちら側, 近くに **2.** より早く, 以前に **3.** 劣る, 足りない, 欠けた, …なしに hoc ei (9d8) citra fidem non fuit この点で彼は信頼するに足りた citra tempora Trojana トロイア時代以前に citra necem constitit ira 怒りは人殺しの寸前で止った

citreus *a.1.2* citre-a, -um §50 [citrus] シトロンの, シトロンの木(木材)の

citrō 副 [citer] こちら側に ultro citroque かなたこなたへ, あちらこちらと, 前へ後へと

citrum *n.* citrī *2* §13 シトロンの木材(製品)

citrus *f.* citrī *2* §13 シトロン

citus *a.1.2* cit-a, -um §50 [cieō の完分] (比)citior 早い, 速やかな, すばやく動く, 敏捷な, 即座の, 即刻の solvite vela citi お前らは急いで出帆せよ

cīvī → cieō

cīvicus *a.1.2* cīvic-a, -um §50 [cīvis] 市民の, 市民に関する civica corona 市民冠(戦友の命を助けた功績に与えられたカシワの葉冠)

cīvīlis *a.3* cīvīle §54 [cīvis] (比)civilior **1.** 市民の, 市民同志の **2.** 公的生活の, 政治的な, 愛国的な **3.** 市民にふさわしい, 礼儀正しい, 愛想のよい jus civile 市民権, 私法, 民法 scientia civilis 政治学 quam civilis incessu (9f3) ！態度・物腰において, なんと愛想のよい人か

cīvīlitās *f.* cīvīlitātis *3* §21 [cīvilis] **1.** 政治(学) **2.** 普通の市民として振舞うこと, 腰の低いこと, 気取らぬこと, 謙遜

cīvīliter 副 [cīvilis §67(2)] (比) civilitius **1.** 市民として, 私人として, 良き市民として **2.** 市民にふさわしく, 気取らないで, 控え目に **3.** 市民法に従って vir civiliter eruditus 市民にふさわしい教育を受けた人 quamdiu civiliter sine armis certetur (172) 市民法に従い, 武力に訴えずに争われている限り

cīvis *c.* cīvis *3* §19 **1.** 市民, 同胞

市民 **2.** ローマ市民, 自由民 **3.** 臣下, 従者 imperare corpori, ut rex civibus suis 王が自分の臣下に対するように, 肉体に命じること civis totius mundi 全世界の市民, 世界人 impransus non qui civem dinosceret (116.8) hoste (9f7) おなかをすかすと, 敵味方の区別もつかなくなるような男

cīvitās *f.* cīvitātis *3* §§21, 25(ロ) ［civis］ **1.** 市民としての身分, 地位, 市民権 **2.** 市民全体, 市民共同体, 町, 都市, 国家, 都市国家, 部族国家 omnis civitas Helvetica ヘルウェティイ族の国家全体 aliquem civitate (9f11) donare 人に市民権をおくる ortu Tusculanus, civitate (9f3) Romanus トゥスクルム出身のローマ市民

clādēs (-dis) *f.* clādis *3* §19 **1.** 負傷, 損害, 不具, 不利益, 侮辱 **2.** 不幸, 不運, 災難 **3.** 失敗, 敗北, 殺戮, 虐殺 **4.** 災いの原因, 疫病, 天罰

clam 副, 前 （副）こっそりと, ひそかに, 人に知られずに, かくれて si sperat fore (117.2) clam もし彼が人に知られないでいることを望んでいるのなら （前）（奪, 又は対と）知られないで, 知ることなしに clam vobis あなた方の知らぬ間に clam patrem 父に知られないで

clāmātor *m.* clāmātōris *3* §26 ［clāmō］ 大声で叫ぶ人, どなりちらす人

clāmitō *1* clāmitāre, -tāvī, -tātum §106 ［clāmō］ 大声で(くりかえして)呼ぶ, 叫ぶ, 求める, 知らせる

clāmō *1* clāmāre, -māvī, -mātum §106 **1.** 叫ぶ, 突然大声を出す, 泣きわめく, どなる, 大声で非難する **2.** 名前を呼ぶ, 呼び求める, 訴える, 知らせる **3.** 鳴き騒ぐ, とどろく cum tacent, clamant 彼らは黙っているとき, 叫んでいるのだ morientem nomine ～ 死んでいく人の名を呼んで泣く clament periisse (117.5) pudorem patres 長老たちは, 廉恥心は亡びたと叫ぶことでしょう

clāmor *m.* clāmōris *3* §26 ［clāmō］ **1.** 賞讃・賛成・抗議・不平の叫び・大声 **2.** 喜び・悲しみ・苦痛の叫び・大声 **3.** 叫声, 喚声, 歓声, 悲鳴, 怒号, どよめき **4.** 鬨(とき)声, 喊声 **5.** 鳴き声, とどろき, 咆哮, 騒音

clāmōsus *a.1.2* -mōsa, -mōsum §50 ［clāmō］ **1.** 思いのたけ叫んでいる, わめいている **2.** やかましい, 騒々(そうぞう)しい **3.** 叫び声(喚声)で反響(はんきょう)している

clanculum 副, 前 ［clam］ こっそりと, 知られないで, ひそかに （前）（対と）～ patrem 父に内証で

clandestīnus *a.1.2* clandestīn-a, -um §50 ［clam］ **1.** ひそかになされ・作られた, 手に入れた **2.** 秘密の, 内証の, 人目をさけた, かくれた, 人に知られない

clangor *m.* clangōris *3* §26 ［clangō 鳴く］ 鳥の鳴き声, さわぐ声, 犬のほえる声, 人間のかん高い声, ラッパ・ベルの鳴りひびく音

clārē 副 §67 ［clārus］ （比)clārius （最)clārissimē **1.** はっきりと聞えるように, 明瞭に **2.** 目にもはっきりと **3.** 理解し易く **4.** かがやかしく, 華々(はな)しく

clāreō *2* clārēre, ―― §108 ［clārus］ **1.** 明るく輝く, きらめく **2.** 明らかになる, 目立つ, はっきりとわかる **3.** 有名となる, 名高い

clārēscō *3* clārēscere, clāruī, ―― §109 ［clāreō］ **1.** 音が高くなる, はっきりと聞こえてくる **2.** 明るくなる, 輝きだす **3.** はっきりと見えてくる, 明白となる **4.** 有名になる, 評判になる

clārigātiō *f.* clārigātiōnis *3* §28 ［clārigō 償い・報復を請求する］ 賠償(金), 償いの請求権, 罰金

clārisonus *a.1.2* clāri-son-a, -um §50 ［clārus, sonō］ はっきりと聞こえる, 響きわたる, 音の高い

clāritās *f.* clāritātis *3* §21 ［clārus］ **1.** 澄んで高くひびく声 **2.** 生き生きとした鮮明な表現・言葉 **3.** 光彩陸離

clāritūdō *f.* clāritūdinis *3* §28 ［clārus］ **1.** 顕著, 卓越, 有名, 名声 **2.** 明るさ, 光輝, 鮮明, 明白 **3.** 高い音, 晴れ晴れとした声

clārō *1* clārāre, -rāvī, ―― §106 **1.** 明るくする, 照らす **2.** 明らかにする, 説

clārus 120

明する **3.** 有名にする

clārus *a.1.2* clār-a, -um §50 （比）
clarior （最）clarissimus **1.** 光輝く，明
るい，晴れた **2.** 声高い，はっきりとした，
明白な **3.** 輝しい，有名な，評判の，名だ
たる，札付きの luce (9f6) sunt clariora
nobis tua consilia お前の考えは，我々に
日光より明白だ **clārē** （副）§67(1)
（比）clarius （最）clarissime はっきり
と，明瞭に，輝しく

classiārius *m*. classiāriī *2* §13
［classis］海兵，水兵

classicum *n*. classicī *2* §13 ら
っぱの合図，戦場のらっぱ（の音）

classicus *a.1.2* classic-a, -um §50
［classis］**1.** 第一（最高の）階層に属する
2. 海軍の，海戦の，船隊の

classis *f*. classis *3* §19 **1.** (財産
によって5分類された)有産階層(ローマ市
民) **2.** 軍隊 **3.** 艦隊，海戦 **4.** 部類，区
分，等級，学級

clāt(h)ra (**clātrī**) *n.pl.* (*m.pl.*)
clātrōrum ＜κλῆθα §13 格子(つく
り)，棚，欄干，手すり

claudeō *2* claudēre (**claudō²** *3*
claudere), ——, clausum §§108, 109
［claudus］ びっこをひく，調子が整わな
い，(何かが)不足する，不充分である

claudicō *1* claudicāre, ——, ——
§106 **1.** びっこをひく，足がなえている
2. よろめく，ぐらぐらしている，一方に傾
く，不均衡である **3.** (質量ともに)不足し
ている，不十分である，劣っている，不手
際である **4.** 言葉がなめらかでない，不注
意である，だらしない

Claudius *a.1.2* Claudi-a, -um §50
1. ローマの氏族の名 **2.** Ti. Claudius Nero
ローマ皇帝(A.D.41-54)

claudō¹ *3* claudere, clausī, clausum
§109 **1.** 締める，閉じる **2.** 囲む，閉鎖す
る，封じ込む，包囲する **3.** せきとめる，阻
止する **4.** 終らせる，しめくくる，やめる ～
aures ad vocem 声に耳をとじる agmen
～ 列のしんがりをつとめる ～ numeris
(9f11) sententias 快いリズムで意見をし
めくくる ～ animam laqueo 首をしめて

命を絶つ clausus domo (9f11) 家に閉じ
込められた(彼)

claudō² → claudeō

claudus (**clōdus**) *a.1.2* claud-a,
-um §50 **1.** 手足のなえた，びっこの，
不具の **2.** 役に立たない，破損した，欠陥
のある，不備な **3.** 定まらぬ，一様でない，
なめらかでない，不均衡な clauda carmi-
na alterno versu かわるがわるびっこの行
のある詩(6脚と5脚の二行詩からなる
elegi)

clausī → claudō¹

claustra *n.pl.* claustrōrum *2*
§13,45 ［claudō］**1.** 締めるもの(装置)，
錠，かんぬき，鍵，鎖(ぐさ) **2.** 防柵，障害
物，堰 **3.** 要(かなめ)，要塞，狭い道 **4.** 檻，
監獄 **5.** 出発点の囲い(競馬用) claustra
nobilitatis refringere 貴族が(昇進の道
を)妨害していた柵をぶちこわす

clausula *f*. clausulae *1* §11
［claudō］**1.** 結び，終り，跋(ばつ) **2.** 結語，
結句，語尾，結論

clausus → claudō¹

clāva *f*. clāvae *1* §11 節の多い
棒，棍棒，杖，短い棒

clāvīcula (**-vi-** ?) *f*. clāvīculae *1*
§11 ［clāvis の小］ **1.** 小さな鍵 **2.** ブド
ウのつる

clāviger *a.1.2* clāviger-a, -um §51
［clāva, gerō］ 棍棒を持っている，棍棒
で武装した

clāvis *f*. clāvis *3* §19 **1.** 戸の鍵
2. 閂(かんぬき) adimere uxori (9d5) clavis
妻から鍵をとりあげる(離婚する) adulteri-
nae claves 合かぎ

clāvus *m*. clāvī *2* §13 **1.** 釘，鋲，
大釘 **2.** 舵の柄，舵 **3.** tunica の縁(ふち)を
飾る紫色の縞(しま)，縫い込まれた縞の幅の
広い(latus)のが元老院議員服・狭い
(angustus)のが騎士服 **4.** たこ，いぼ，腫
瘍 etiam novo quidem amore veterem
amorem tamquam clavo clavum ei-
ciendum putant 古い恋は新しい恋によっ
てこそ取り除く(丁度，釘で釘をとりのぞく
ように)べきだと彼らは考えている

clēmēns *a.3* clēmentis §55 （比）

clementior （最）clementissimus 温和な, やさしい, 親切な, 寛大な, 穏やかな, 柔和な, 静かな

clēmenter 副 ［clēmēns §67(2)］（比）clementius （最）clementissime §68 おだやかに, やさしく, ゆっくりと, 徐々に, 静かに, 寛大に, 親切に colles clementer assurgentes 勾配のなだらかな丘 victoria (9f16) clementissime uti 勝利を最も寛大に利用する（勝利の中で寛大に敵を遇する）

clēmentia *f.* clēmentiae *1* §11 ［clēmēns］ 温和なこと, やさしいこと, 情け深いこと, 穏やかなこと, 寛大, 慈悲, 親切, 仁愛 nihil magno et praeclaro viro dignius placabilitate et clementia (9f6) 偉大で高貴な人にとって, 温和と仁愛ほどふさわしいものは何もない

Cleōnaeus *a.1.2* Cleōnae-a, -um §50 **1.** Argolis の Cleonae 町の **2.** Cleonae に近い Nemea の **3.** Nemea のライオンの **4.** (このライオンを殺した)Hercules の

Cleopatra *f.* Cleopatrae *1* §11 **1.** マケドニアやエジプトの后や女王の名 **2.** 特に Antonius と組んで Octavianus (Augustus)と戦い, 30B.C.に自殺したエジプトの女王は有名

clepō *3* clepere, clepsī, cleptum §109 **1.** こっそりと奪いとる, 盗む **2.** こっそりと聞く, ぬすみ聞きをする **3.** (再)かくす, いつわる

cliēns *m.* clientis *3* §24 **1.** 権力者に従属し保護を受けている者, 庇護(被護)者, 子分, 臣下, 従者 **2.** ローマの保護を受けている市・市民, 従属国, 同盟国(ローマの)

clienta *f.* clientae *1* §11 ［cliēns］女の庇護者, 従者, 召使い

clientēla *f.* clientēlae *1* §11 ［cliēns］ **1.** 保護, 庇護関係 **2.** 庇護者の身分・地位・体 **3.** ローマの保護下にある属州・外国の市・市民 Thais in clientelam et fidem nobis dedit se ターイスは庇護関係と身分保証のため, 我々に身をゆだねた

Clīō *f.* Clīūs *3* §41.10b （神）歴史の女神, Musa の一人

clipeātus *a.1.2* clipeāt-a, -um §50 ［clipeus］ 楯で武装した （名）**clipeātus** *m.* clipeātī *2* §13 楯を持った兵士

clipeus *m.* (**-peum** *n.*) clipeī *2* §13 **1.** (ローマ兵の)円形の青銅の楯 **2.** 胸像を浮彫りした楯(武器より飾り) **3.** 青天井, 青空 **4.** 太陽の表面 clipeum post vulnera sumere 負傷の後で楯をとる(後の祭り)

clītellae *f.pl.* clītellārum *1* §11 荷鞍(にぐら)

clīvōsus *a.1.2* clīvōs-a, -um §50 ［clīvus］ 坂(道)の多い, 起伏に富む, 険しい

clīvus *m.* clīvī *2* §13 ［clīnō］ 傾斜, 勾配, 坂道, 上り坂, 丘, 高台 lassus tamquam caballus in clivo 坂道の駄馬の如く疲れきっている

cloāca *f.* cloācae *1* §11 ［cluō (古)洗う］ 汚水溝, 下水溝 cloaca maxima 大汚水溝(ローマの中央広場からティベリス川に流れる溝)

Clōdius *a.1.2* Clōdi-a, -um §50 **1.** ローマの氏族名 **2.** P. Clōdius Pulcher (52B.C. Milo に殺される) **3.** Clōdia (2)の妹

Clōthō *f.* Clōthūs *3* §41.10b 3 人の運命の女神［Parcae＝Μοῖραι］の一人,「糸をつむぐ女」

clūdō ＝ **claudō**

clueō *2* cluēre, ——, —— §108 **1.** 話されている, …と言われている, 世間に知られている, 有名である **2.** …として認められている, …であるといわれている, 存在がみとめられている qui senati columen cluent 元老院の大黒柱といわれている(人たち) videmus inter se nota cluere 彼らがお互いに知り合ったものとして, その存在がみとめられているのを我々は見ている

clūnis *m., f.* clūnis *3* §19 しり, (馬などの)脚と臀部 sine clune palumbes やせてうまくない鳩(鳥の臀部が美味とされていた)

coacervō *1* co-acervāre, -acervāvī,

coacēscō 122

-acervātum §106 ［cum, acervus §176］ 積み上げる，山と積む，ふやす，ためる，集める，蓄える

coacēscō *3* co-acēscere, -acuī, —— §109 ［cum, acēscō §176］ 完全にすっぱくなる，悪くなる，腐る

coācta *n.pl.* coāctōrum *2* §§13, 45 ［cōgō の完分］ 圧縮された羊毛，髪（の結物），フェルト生地

coāctor *m.* coāctōris *3* §26 ［cōgō］ **1.** 集金人，徴税人 **2.** ～ agminis 後衛，殿(しんがり) **3.** 強制する人，駆る人，激励者

coāctus *m.* coāctūs *4* §31 ［cōgō］ 強制，無理じい

coāctus → cōgō

coaedificō *1* co-aedificāre, -cāvī, -cātum §106 **1.** (すっかり)建物でおおう **2.** (一緒に)ある土地の上に建てる，建立(建設)する，つくる

coaequō *1* co-aequāre, -quāvī, -quātum §106 ［cum, aequō §176］ **1.** …と等しくする **2.** 平らにする，水平にする，ならす **3.** 対等とみなす，対等に取り扱う，同等視する

coāgmentō *1* co-āgmentāre, -mentāvī, -mentātum §106 ［coāgmentum］ 接合する，連結する，結合する，一緒に結びつける，張り合わす，連結して組立てる

coāgmentum *n.* co-āgmentī *2* §13 ［cōgō］ 接合，結合，合わせ目，継ぎ目，接合箇所，割れ目

coāgulum *n.* coāgulī *2* §13 ［cōgō］ **1.** 結合させる(凝固・凝結させる)働き・要因・力 **2.** 凝乳酵素

coalēscō *3* co-alēscere, -aluī, -alitum §109 ［cum, alēscō §176］ **1.** 一緒に成長する，成長して一緒になる **2.** しっかりと結合(合体)する，融和(融解)する **3.** しっかりと根をおろす，成長する，強固になる **4.** (傷・裂け目が)癒着する brevi spatio (9f2) novi veteresque coaluere 短期間に新兵と古兵は融和した dum Galbae auctoritas fluxa, Pisonis nondum coaluisset ガルバの権威がゆらいで

いて，ピソの権威がまだしっかりと根づいていないうちに

coalitus, coaluī → coalēscō

coangustō *1* co-angustāre, -tāvī, -tātum §106 ［cum, angustus］ 狭い所につめる，押し込む，制限する，一層せまくする

coarguō *3* co-arguere, -arguī, (-argūtum, -arguitūrus) §109 ［cum, arguō §176］ **1.** 証明で圧倒する，論破する，黙らせる **2.** 有罪(悪事)を証明(宣告)する，間違いを明示する perfidiam alicujus ～ 人の不実を証明する aliquem avaritiae (9c10) ～ 人の貪欲の罪を明かす

coartātiō *f.* co-artātiōnis *3* §28 ［coartō］ ぎっしりと詰めること，ひきしめること，合一させること

coartō *1* co-artāre, -tāvī, -tātum §106 ［cum, artō §176］ **1.** いっそうせまく(細く)する，いっそう近づける，つめて一緒にする **2.** 圧縮する，収縮させる，しめつける，せまいところにおし込める，一点に集中させる，詰める **3.** (任期・道程を)短くする，縮める，話を要約する，減らす，切りつめる

coccinus *a.1.2* cocci-na, -num §50 **1.** 深紅色(緋色)染めの **2.** (*pl.m*)緋色染めの着物，寝台の上掛け **3.** 緋色の

coccum *n.* coccī *2* §13 <κόκκος **1.** (カイガラ虫の一種)エンジムシ(これから赤色染料がとれる) **2.** 深紅色染料，緋色 **3.** 深紅色の毛糸，着物

coc(h)lea (**-lia**) *f.* cochleae *1* §11 <κοχλίας カタツムリ

coc(h)lear(e) *n.* cochleāris *3* §20 ［cochlea］ さじ，スプーン

coco coco (間投詞)こけこっこう

coctilis *a.3* coctile §54 ［coquō］ 焼かれた，(焼)煉瓦製の

coctus → coquō

Cōcytus (**-os**) *m.* Cōcytī *2* §§13, 38 冥界の川，「嘆きの川」の意 （形） **Cōcytius** *a.1.2* Cōcyti-a, -um §50 Cōcytus の

cōda, cōdex → cauda, caudex

cōdicillus *m.* cōdicillī 2 §13 [cōdex の小] **1.** 小さな丸太 **2.** (*pl.*) 書板，覚え書，控え，書簡，手紙 **3.** (*pl.*) 皇帝の(署名入り)親書，答書，勅書，皇帝への嘆願書 **4.** (*pl.*) 遺言，補足条項，追記

coēgī → cōgō

coemō 3 co-emere, -ēmī, -ēmptum §109 [cum, emō §176] 買い集める，まとめて買う，買い占める

coēmptiō *f.* coēmptiōnis 3 §28 [coemō] 売買式結婚

coēmptus → coemō

coeō 不規 co-īre, -iī(-īvī), -itum §156 [cum, eō §176] **1.** 一緒に行く，集合する，結合する，一緒になる，仲間になる，かたまる **2.** 出会う，遭遇する，交戦する，一体となる，番(つが)となる，結婚する **3.** 合流する，閉じる，癒着する **4.** ～ societatem cum aliquo 人と契約(同盟)を結ぶ，提携する，協力する (mihi) gelidus coit formidine sanguis 私の冷たくなった血は，恐怖から凍る

coepī 不完 coepisse, coeptum §161 (自) 始める, 始めた (他) (対と) bellum ～ 戦いを始める(不と §117.4) omnes ridere ～ 皆が笑い始める jussis carmina coepta tuis あなたの命令で書き始められた詩 ubi silentium ～ 静かになり始めると(静粛が始まったとき) lapides jaci coepti sunt 石が投げ始められた

coeptō 1 coeptāre, -tāvī, -tātum §106 [coepī] 始める，着手する，試みる

coeptum *n.* coeptī 2 §13 [coepī の完分] 着手されたもの，企て，計画，案

coerceō 2 co-ercēre, -ercuī, -ercitum §108 [cum, arceō §§174(2), 176] **1.** 完全に囲む，閉じ込める **2.** 拘束する，制御する，抑制する **3.** 強制する，掣肘する，罰する，ならす(獣を) amnis nullis coercitus ripis いかなる岸によっても堰きとめられない川 quibus rebus coerceri milites et in officio contineri solent このような状況によって，兵士らは行動を掣

肘され，義務の中にしばられるのが常である

coercitiō *f.* coercitiōnis 3 §28 [coerceō] **1.** 抑制，制限，抑圧 **2.** 強制権，罰，懲戒

coercitus → coerceō

coetus *m.* coetūs 4 §31 [coeō] **1.** 出会い，遭遇(戦) **2.** (天)交会，合(ごう) **3.** 合流，結合，集合，(秘密の・不法な)集会 **4.** 結社，団体，組合 **5.** 一隊，一群，一行，仲間 **6.** 社交，社会，交際，祝宴 virtus coetus vulgares spernit 美徳は俗衆の集合を軽蔑する coetus cycnorum 白鳥の一群

cōgitātē 副 [cōgitātus §67(1) → cōgitō] よく考えて，反省して，注意深く

cōgitātiō *f.* cōgitātiōnis 3 §28 [cōgitō] **1.** 思考，熟慮，反省，想像 **2.** 判断，決断 **3.** 意図，企み，計画 **4.** 思考力，判断力 posteriores cogitationes sapientiores solent esse 後からの考えの方がもっと賢いのがならわしである cogitatio quantum res utilitatis (9c4) esset (116.10) habitura (143) そのものが将来どれほど多くの利益をもたらすかという点への反省

cōgitātum *n.* cōgitātī 2 §13 [cōgitō の完分] 考えた結果，考案されたこと(もの)，意見，意図，案，企て，考え，反省

cōgitō 1 cōgitāre, -tāvī, -tātum §106 [cum, agitō §176] **1.** 考える，念頭におく，考慮に入れる，反省する，想像する **2.** 思う，感じる **3.** 企てる，意図する，計画する **4.** 判断する，決断する，吟味する erudito homini vivere est cogitare 学者にとって，生きるとは考えることである ～ de Homeri carminibus abolendis (121.3) ホメーロスの詩をこの世から抹殺(することについて)しようと企む si causas dicere cogitatis もし君たちがその事件を起訴しようと考えているのなら cogitare quo loco sis (116.10) あなたがいまどこにいるかと思いめぐらしている ne quam occasionem dimitteret (116.6) cogitabat 彼はいかなる機会も逸しないように，このことのみを念頭においていた

cognāta（cō- ?）*f.* cognātae *1* §11 女の親族・血縁者

cognātiō（cō- ?）*f.* co-gnātiōnis *3* §28 ［cognātus］ **1.** 血縁関係，近親，姻戚，親族 **2.** 関係，結びつき，類似，親近性，同質，同種 animus tenetur cognatione deorum 魂は神々と同質のものに支配されている

cognātus（cō- ?）*a.1.2* cognāt-a, -um §50 ［nātus］ **1.** 生れ・血で関係している，血縁の，親族の，同族の **2.** 同類の，同性質の，類似の （名）**cognātus** *m.* cognātī *2* §13 男の親族・血縁者

cognitiō（cō- ?）*f.* cognitiōnis *3* §28 ［cognōscō］ **1.** 知ること，知り合いになること **2.** 知識の取得・所有 **3.** 知力，理解力 **4.** 研究，探究，裁判上の審理，調査 **5.** 考え，意見，概念，(再)認識 **6.** 知り合い，面識 causarum cognitio 原因の探究 cognitionem eventorum facit 原因の探究は事件の認識をもたらす dies cognitionis 審理日 cognitiones deorum 神々についての概念

cognitor（cō- ?）cognitōris *3* §26 ［cognōscō］ **1.** 物事・人物に精通している人，専門家，面識のある人 **2.** 同一人物を保証する人，保証人 **3.** 代理人，代訴者，代弁人，弁護人 hoc auctore et cognitore (9f18) hujusce sententiae 彼がこの意見の発案者であり支持者であったので

cognitus（cō- ?）*a.1.2* cognit-a, -um §50 ［cognōscō の完分］ (比)cognitior (最)cognitissimus **1.** 経験から知った，確められた **2.** 証明された，確証された，承認された **3.** 有名な，みんな承知の，覚えのある

cognōmen（cō- ?）*n.* cognōminis *3* §18 ［cum, nōmen］ **1.** 家名[同一氏(gens)名の構成員を区別する名] **2.** 添名，異名，あだ名 **3.** 敬称 **4.** 名，呼び名 T. Manlius, qui Galli torque detracto (9f18) cognomen (*sc.* Torquati) inve-nit 彼(T.M.)は，ガッリア人の首飾りを奪って(つけていたので)Torquatus というあだ名(家名)を思いついた Cn. Marius, cui (9d6) cognomen postea Coriolano (主格が cui に牽引される) fuit その後に Coriolanus という添え名のついたグナエウス・マリウス est locus, Hesperiam Grai cognomine (9f3) dicunt (説明の挿入句)ギリシア人がヘスペリアと(いう名で)呼んでいる土地がある

cognōmentum（cō- ?）*n.* cognōmentī *2* §13 ［=cognōmen］ 添え名，あだ名，家名，名前

cognōminis（cō- ?）*a.3* cognōmine §54 ［cognōmen］ **1.** 同じ名をもつ，同姓同名の **2.** 同意語の，類義語の

cognōscō（cō- ?）*3* co-gnōscere, -gnōvī, -gnitum §109 ［cum, gnōscō =nōscō §176］ **1.** (感覚・理解によって)知る，気づく，感じる，認める，了解する **2.** 学んで知る，尋ねて知る，体験して確かめる，調べる，偵察する id a Gallicis armis ～ そのことをガッリア風の武具から認める ～ quis illud fecerit 誰がそれをしたかを知る ～ eum abisse (117.5) 彼が立ち去ったことに気づく res digna cognitu (120.3) 知るに価する事柄 his (rebus) cognitis (9f18) これらのことが知らされると Metello cognitum erat genus (9e11) Numidarum novarum rerum avidum esse (117.6) ヌミダエ族が政変を熱望していることはメテッルスに知れていた

cōgō *3* cōgere, coēgī, coāctum §109 ［co=cum, agō §176］ **1.** 一所に追い込む，集める，召集する，閉じ込める **2.** 狭くする，圧縮する，凝固させる，濃くする，凍らせる **3.** 強いてさせる，強要する，余儀なくさせる copias in unum locum ～ 軍勢を一箇所に集合させる senatum ～ 元老院を召集する frigore mella cogit hiems 冬が寒さで蜂蜜を凝固させる num te emere (117.5) coegit? 彼はあなたに無理やり買わせようとしたのか nostri terga vertere coguntur 我が軍は敗走することを余儀なくされる stellae, quarum agmina cogit Lucifer 金星がそのしんがりをつ

とめている星の群 prece cogit ut tibi se （間接再帰）laudare et tradere coner (116.6) 彼は，あなた様に彼を紹介し推薦するように，私に嘆願で強制しています

cohaereō *2* co-haerēre, -haesī, -haesum §108 ［co = cum, haereō §176］ **1.** 共に固く縛りあっている，一緒にくっつく，結合する，抱擁する **2.** 両立する，統一を保つ，首尾一貫する，存在する，成立する non cohaerentia (118.2) inter se dicere お互いに両立しないことを言っている virtutes sine beata vita cohaerere non possunt 幸福な生涯の伴わない美徳は存在しない

cohērēs *m.* cohērēdis *3* §21 共同相続人

cohibeō *2* co-hibēre, -hibuī, -hibitum §108 ［cum, habeō §§174(2), 176］ **1.** 一緒に持っている，手に入れる，保持する，抱擁する，包含する **2.** 閉じ込める，制限する，遠ざける，拘留する，抑え込む ～ ventos in antro 洞窟に風を封じ込めておく ～ manus, oculos, animum ab aliqua re あるものから，手，目，心を遠ざける（ておく）

cohonestō *1* co-honestāre, -tāvī, -tātum §106 ［cum, honestō §176］ **1.** 大いに尊敬する，敬意を表する，名誉を与える **2.** 名声（光栄）をますます高める，ますます引き立たせる，立派に見せる amici conveniunt ad exsequias cohonestandas (121.3) 葬儀をいっそう引き立たせるために，友人たちが集る

cohorrēscō *3* co-horrēscere, -horruī, —— §109 ［cum, horrēscō §176］ （一緒に）身震いする，寒さ・恐ろしさでぶるぶる震える，ぞっとする，驚愕する

cohors *f.* cohortis *3* §21 **1.** 囲い地，中庭（家畜・家禽用）**2.** 群，集団，隊 **3.** 大隊（一箇軍団は 10 箇大隊からなる）**4.** 従者，随員 **5.** 援軍，部隊 cohors amicorum 友人の随員 cohors praetoria 護衛隊 cohortes urbanae 都警隊 cohortes vigilum （ローマの）消防隊

cohortātiō *f.* cohortātiōnis *3*

§28 ［cohortor］ 鼓舞，激励，勇気づけること，勧告，訓戒

cohortor *dep.1* cohortārī, cohortātus sum §§123(1), 125 ［cum, hortor §176］ 勇気づける，鼓舞・激励する，勧める，戒める さまざまな構文：対，不，ut，ne，接などをとる cohortatus (118.4) Haeduos de supportando (121.3) commeatu 彼はハエドゥイー族に対し，食糧を補給するように勧告して cohortatus ut fructum victoriae perciperent 彼は彼（兵士）らが勝利の果実を受けとるように激励して Galli cohortati inter se, ne speratam praedam dimitterent (116.6) ガッリア人はお互いに，望んでいた戦利品を放棄しないようにと励まし合って

coitiō *f.* coitiōnis *3* §28 ［coeō］ **1.** 出会い，遭遇，会戦 **2.** 集合，合一，結合 **3.** 政治的団結，協定，共謀

coitus → coeō

colaphus *m.* colaphī *2* §13 < κόλαφος こぶしでなぐること，平手うち

Colchis *f.* Colchidis *3* §41.6b **1.** 黒海の南岸の国 **2.** Colchis の女 ＝ Medea （形）**Colchus** *a.1.2* Colcha, -um §50 **1.** Colchis の，Medea の，魔法の **2.** (*pl.*)Colchis の住民

collabefactō *1* col-labefactāre, ——, —— §106 ぐらつかせる，動揺させる

collabefīō 不規 col-labe-fierī, -factus sum §157 倒れる，くずおれる，崩壊する，砕ける

collābor *dep.3* col-lābī, -lāpsus sum §123(3) ［cum, lābor §176］ **1.** 一緒に・同時に倒れる，崩壊する，焼けおちる **2.** くずおれる，挫折する，落ち込む，急に衰える **3.** ころぶ，つるりとすべる

collacrimō *1* col-lacrimāre, -māvī, -mātum §106 ［cum, lacrimō §176］ **1.** 一緒に（一斉に）泣く，わっと泣き出す **2.** あることを悲しんで泣く

collāpsus → collābor

collātiō （**conl-**）collātiōnis *3* §28 ［cōnferō］ **1.** 集めること，出会い，衝突 **2.** 寄付，納貢，捧物，献金 **3.** 比較，対

collātus 126

決, 並置, 一緒におくこと signorum ～
軍旗の衝突(＝戦闘)

collātus *m.* collātūs *4* §31
[cōnferō の完分] 衝突, 会戦, 攻撃

collaudō (**conl**-) *1* col-laudāre,
-laudāvī, -laudātum §106 [cum,
laudō §176] 大いにほめる, ほめそやす

collectīcius *a.1.2* collectīci-a, -um
§50 [collēctus] あちこちから急いでか
き集められた

collēctiō *f.* collēctiōnis *3* §28
[colligō] **1.** 集めること, 収集, 蒐集,
徴集 **2.** 積み上げること, 蓄積 **3.** 列挙, 要
約 **4.** 議論, 推論, 結論

collēctus *a.1.2* collēct-a, -um §50
1. colligō の完分 **2.** 密集した, 縮まった,
要約された, 簡潔な (名)**collēctus** *m.*
collēctūs *4* §31 累(集)積, 堆積,
水たまり, 降り積もること

collēga (**conl**-) *m.* collēgae *1*
§11 [cum, legō] 同僚, 仲間

collēgium *n.* collēgiī *2* §13
[cum, legō] **1.** (法律によって創設され
た団体)同業者仲間, 組合, 団体 **2.** 政務
官団, 神官団, 同僚, 委員会

collibet (**conl**-) *2,* 非 col-libēre,
-libitum est ＝ collibuit, col-libuisse (完
形で現の意味をもつ) §167 気にいる,
喜ばす, 満足させる cantat, ubi collibuit
彼は気が向けば, うたうよ potare tecum
conlibitum est mihi お前さんと一緒に酒
を飲みたい

collīdō (**conl**-) *3* col-līdere, -līsī,
-līsum §109 [cum, laedō §174(1)
(2)] **1.** 一緒に(互いに)ぶっつける, 傷つ
ける, 打ち合わせる, 衝突させる, 不和に
させる **2.** うちのめす, ぶちこわす, 打ちく
だく **3.** (再・受)争う, ぶつかり合う, 衝
突する collidere navigia inter se 軍船
をお互いに衝突させる collidit gloria
fratres 栄光(野心)が兄弟の仲を裂く
Graecia barbariae (9d) lento collisa
duello 長い間の戦争で, 野蛮国としのぎ
をけずっていたギリシア

colligātiō *f.* colligātiōnis *3* §28
[colligō] **1.** 一緒に結ぶこと, 結合, 連

結 **2.** 合併, 合同, 一致 **3.** 結ぶもの, 縛
るもの, 絆, 束縛

colligō[1] (**conl**-) *3* col-ligere, -lēgī,
-lēctum §109 [cum, legō §§174(2),
176] **1.** 拾い(寄せ)集める, 収集する, 徴
集する, 募集する **2.** 手に入れる, 得る,
負う, 蒙る **3.** 傾中する, 考える, 熟慮す
る, 推論する, 結論する **4.** 閉じ込める, ち
ぢめる, まくりあげる(袖など) vasa ～ (出
発のため)兵隊が荷を集めて行李を造る se,
(又は) animum, mentem ～ 精神を集中
する, おのれを(気持を)取り直す, 落着く,
勇気をとりもどす benevolentiam, iram
～ 好意を得る, 怒りを蒙る se in sua
colligit arma 彼は楯の後にうずくまる in
spiram se colligit anguis 蛇がとぐろを
巻く ex eo colligere potes quanta oc-
cupatione distinear (116.10) このことか
らあなたは, 私がいかに多くの仕事に邪魔
されているかがわかる筈だ

colligō[2] (**conl**-) *1* col-ligāre, -gāvī,
-gātum §106 [cum, ligō §176]
1. 一緒に縛る, くくる, つなぐ, 結び合せ
る **2.** 縛りつける, 固定する, 留める, 阻
止する, 妨げる **3.** 一緒に束ねる, 集める,
合併(統一)させる **4.** 包帯する, しめる
manus ～ 両手をしばる ～ Brutum in
Graecia ブルートゥスをギリシアにしばりつ
けておく annorum septingentorum
memoriam uno libro (9f1. イ) conliga-
vit 彼は700年の歴史をたった一巻でくく
った(一巻の中に要約した)

collino (**conl**-) *3* col-linere, -lēvī,
-litum §109 [cum, linō §176] **1.** ぬ
る, ぬりたくる, なすりつける **2.** よごす, け
がす

collis *m.* collis *3* §19 丘, 高台,
小山

collīsī, collīsus → collīdō

collocātiō *f.* collocātiōnis *3* §28
[collocō] **1.** 整理, 整頓 **2.** 配置, 配列
3. 取り付け, 据えつけ **4.** 娘を縁づけるこ
と

collocō (**conl**-) *1* col-locāre, -locāvī,
-locātum §106 [cum, locō §176]
1. 一緒に置く, そばに(並べて)おく, すえ

る，建てる，築く **2.** 定住させる，植民さ
せる，駐屯させる，宿営させる，部署につ
かせる，配置する，整列させる，ととのえ
る **3.** 結婚させる，投資する se Athenis
(70) collocavit 彼はアテーナイに居を定め
た se 〜 in re aliqua あることに関係する，
没頭する，専念する

collocūtiō *f.* collocūtiōnis *3* §28
[colloquor] **1.** 対話，会話 **2.** 議論，討
論，論争 **3.** 談判，敵との交渉

colloquium (**conl-**) *n.* colloquiī *2*
§13 [colloquor] 会談，対話，話，相
談，協議，文通

colloquor (**conl-**) *dep.3* col-loquī,
-locūtus sum §§123(3), 125, 176 話
し合う，会談(対話)する，交渉(談判)す
る de rebus quas tecum colloqui volo
それらについてあなたと相談したいと私が欲
している事柄

collūceō (**conl-**) *2* col-lūcēre, -lūxī,
—— §108 **1.** あたり一帯が光り輝く，
すっかり明るい，まばゆく(さんぜんと)輝く，
照りはえる **2.** 火がともる，明るく照らす，
明るくなる mare a sole conlucet 太陽の
光で海の表面がさんぜんと輝いている

collūdō (**conl-**) *3* col-lūdere, -lūsī,
-lūsum §109 [cum, lūdō §176]
1. 一緒に遊ぶ，たわむれる **2.** 共謀する，
結託して行う summa nantis (118.1) in
aqua colludere plumas 水の表面を泳ぎ
ながら，羽が一緒に(くっついたり，はなれ
たりして)たわむれている(のを見る)

collum (**-us**) *n.*(*m.*) collī *2* §13
1. 首，頸部，のど，えりくび，うなじ **2.** 頭
(<ruby>頭<rt>あたま</rt></ruby>)，こうべ **3.** びんの首 actum est de
collo meo 私はもうだめだ，万事休す(直
訳)私の首についてはもうおしまい invadere
alicui (9d8) in collum ある人の首にとび
つく，抱きつく alicui collum torquere
えりくびをつかむ(牢獄へつれて行く)

colluō (**conl-**) *3* col-luere, -luī, -lūtum
§109 [cum, luō §176] **1.** 洗い落とす，
すすぐ，洗う **2.** ぬらす，しめらす

collūsiō *f.* collūsiōnis *3* §28
[colludo] **1.** 秘密の相互理解(意思疎
通)，暗黙の同意，結託，共謀

collūsor *m.* collūsōris *3* §26
[collūdō] 遊び友達，ばくち打ち仲間

collūstrō (**conl-**) *1* col-lūstrāre,
-rāvī, -rātum §106 [cum, lustrō
§176] **1.** 照らす，明るくする，輝かせる
2. 見渡す，見下す，調査(考察)する，明
らかにする

colluviēs *f.* colluviēī *5* §34
[colluō] **1.** 汚物，糞，くず，ごみの集
積，廃物，がらくた **2.** 人間のくず **3.** ごっ
たまぜ，混乱

colluviō *f.* colluviōnis *3* §28
[colluō] **1.** 種々雑多なもの(人)の集合・
集積 **2.** ごたまぜ，混交，混成 **3.** 混乱，
混沌，無秩序，騒動

collybus *m.* collybī *2* §13 <
κόλλυβος 両替料金，両替のさいの割り
増し金，両替，両替業(店)

collȳrium *n.* collȳriī *2* §13 <
κολλύριον 目の膏薬(軟膏)

colō *3* colere, coluī, cultum §109
1. 耕す，世話をする **2.** (神が)保護する，
守る **3.** 住み込む，定住する **4.** 尊敬する，
祝う，祭る，名誉を与える **5.** 維持・育成
する，大切にする，いつも注意(関心)を払
う，友情を培う，専念する **6.** 飾る，磨く，
修養する，訓練する pax arva colat
(116.1) 平和が畠を守ってくれるように
semper ego plebem Romanam colo
atque colui いつでも私はローマの平民の
好意を得ようと努め，且つ努めてきた
studium philosophiae 〜 哲学の研究を
する colebantur religiones pie magis
quam magnifice この祭祀は盛大にという
よりも敬虔に守られてきた colere vitam
=degere vitam 生きる，暮す，すごす

colocāsia *n.pl.* colocāsiōrum *2*
§13 <κολοκάσιον ハス，ハスの実

colōna *f.* colōnae *1* §11 [colōnus]
1. 百姓の妻，女の農耕者 **2.** 女の借地人

colōnia *f.* colōniae *1* §11 [colōnus]
ローマ市民の入植(者)，入植者，植民，
植民地，定住，定住地

colōnicus *a.1.2* colōnic-a, -um §50
[colōnus] 植民(地)に関する

colōnus *m.* colōnī *2* §13 [colō]

color 128

1. 耕作者, 農夫, 百姓, 小作人 2. 入植者, 移民, 住民

color *m.* colōris *3* §26 **1.** 色, 顔色, 肌色 **2.** 外観, 見かけ **3.** 美しさ, 輝き **4.** 色調, 色彩効果, 生彩, 潤色, 特色 **5.** 絵の具, 顔料 quem ego hominem nullius coloris (9c5) novi その男がどんな色(黒か白か)の者か, わしはさっぱり知らん omnis Aristippum decuit color あらゆる色がアリスティップスに似合った(どんな生活にも順応できた) formae dignitas coloris bonitate tuenda est 外観の威厳は, やさしい顔色で保たれるべきだ

colōrātus *a.1.2* colōrāt-a, -um §50 [colōrō の完分] (比)coloratior **1.** 着色された, 色のついた, 染まった, 陰影のある **2.** 日焼けした, (黄)褐色の **3.** 黒ずんだ, 皮膚の浅黒い, 色の黒い, 濃い色の

colōrō *1* colōrāre, -rāvī, -rātum §106 [color] **1.** 色をつける, 彩る, 染める **2.** 顔におしろい(紅)をつける **3.** 色を濃く(暗く)する **4.** 日焼けさせる, (黄)褐色にする **5.** 粉飾を施す, (公平・正義・虚像の)装いを与える cum in sole ambulem, natura fit ut colorer 私は太陽の中を散歩しているので, 日に焼けるのも当然だ urbanitate quadam quasi colorata oratio いわば, なんとなくみやびやかに装われた文体

coluber *m.* colubrī *2* §15 ヘビ, 毒ヘビ

colubra *f.* colubrae *1* §11 **1.** (雌の)ヘビ **2.** Furiae の髪 colubra restem non parit 蛇は縄を生まない(この父にしてこの子あり) quid istic inest? — quas tu edes (160) colubras その中に何があるのか — 大きなお世話だ(お前の食べる蛇さ)

colubrifer *a.1.2* colubri-fera, -ferum §51 [coluber, ferō] 蛇を持っている, 蛇の髪を生やしている

coluī → colō

cōlum *n.* cōlī *2* §13 篩(ふるい), 濾過器(装置)

columba *f.* columbae *1* §11 **1.** ハト **2.** かわいい人(女に対して呼びかける)

columbīnus *a.1.2* columbīn-a, -um §50 [columba] ハトの

columbus *m.* columbī *2* §13 (雄の)ハト

columella *f.* columellae *1* §11 [columna の小] 小柱, 支柱, 杭

Columella *m.* Columellae *1* §11 一世紀のローマの農学者

columen *n.* columinis *3* §28 **1.** いただき, 天辺, 頂点, 先端 **2.** 建物の屋根, 切妻, 山の天辺 **3.** 棟木(むなぎ), 支え, たよりとなるもの(人), 支柱, 基石 **4.** 最高位, 最高点(値), 最高の栄誉, 栄冠, かしら

columna *f.* columnae *1* §11 **1.** 円柱, 柱, 支柱 **2.** ささえ, ささえとなる人(物), 大黒柱, 国家の柱石 **3.** 円柱形の記念碑(柱像, 記念柱) **4.** 水柱(噴水), 火柱 **5.** (*pl.*)柱廊, 本屋

columnārium *n.* columnāriī *2* §13 円柱税, 柱廊税

colurnus *a.1.2* colurn-a, -um §50 [corylus] ハシバミの

colus *f.* colūs *4* §31 **1.** 糸巻棒(竿) **2.** 毛糸 **3.** Parcae のもっている, 人の運命の糸をつむぐ棒 **4.** 運命

coma *f.* comae *1* §11 <κόμη **1.** 頭髪 **2.** 羊の毛, 羊毛 **3.** たてがみ **4.** 兜の羽飾(前立) **5.** 花, 木の枝葉 **6.** 羊皮紙のけば **7.** 太陽の光線 **8.** 髪(毛)のようなもの

comāns *a.3* comantis §55 [coma] **1.** 毛(髪)の多い, 長い毛(髪)におおわれた **2.** 花をつけた, 葉の茂った **3.** 羽飾(前立)のある stella comans ほうき星 comans humus 草の茂った土地 sera comans narcissus おそ咲きの水仙

comātus *a.1.2* comāt-a, -um §50 [coma] **1.** 長く髪をのばした, 長髪の **2.** 葉の茂った

combibō[1] *3* com-bibere, -bibī, —— §109 [cum, bibō §176] **1.** 仲間と一緒に飲む **2.** すっかり飲む, 飲み干す **3.** 吸収する, 吸い込む **4.** (思想・わざを)摂取する, 吹き込まれる, かぶれる combibere soles 日光浴をする ～ venenum corpore

毒を体全体に, しみ込ませる(毒を体で飲み干す)

combibō² *m.* combibōnis *3* §28 [combibō] 飲み仲間, 酒友

combūrō *3* com-būrere, -bussī, -bustum (-bū-?) §109 [cum, ūrō §176] **1.** 焼きつくす, 焼き滅ぼす, 焼き殺す **2.** 焼いて灰にする, 火葬にする

combussī → combūrō

comedō 不規 com-esse (-edere), -ēdī, -es(s)um §160 [cum, edō §176] **1.** 食いつくす, 飲みつくす, むさぼり食う **2.** かむ, かみくだく **3.** 浸食する, すり減らす **4.** 使い果す, 浪費する, 蕩尽する comedere aliquem ある人の財産を食いつぶす(食いものにする) comedere aliquem oculis ある人を目でむさぼる, 貪欲にある人を求める nobilitas comesa 食いつぶされた(没落した)高貴な家柄(血筋) tam facile vinces, quam pirum volpes comest お前はキツネがナシを食べつくすほどかんたんに勝つさ

comes *c.* comitis *3* §21 [cum, eō] **1.** 同行者, 道連れ **2.** お供, 従者, 家来 **3.** 仲間, 同志, 友 **4.** 随(行)員(政務官・総督・王たちの), 幕僚 **5.** 協力者, 相棒, 共犯者 comes facundus in via pro vehiculo est 話のうまい旅の道連れは車の代りとなる culpam poena premit comes 罪悪をその同伴者の罰が制肘する(罪は直ちに罰せられる)

comēsse, comēssem → comedō

comesus → comedō

comētēs *m.* comētae *1* §37 < κομήτης 彗星(ほうきぼし)

cōmicus *a.1.2* cōmic-a, -um §50 < κωμικός 喜劇の, 喜劇風の (名) **cōmicus** cōmicī *m.* *2* §13 喜劇作家(詩人), 喜劇俳優

cōmis *a.3* cōme §54 (比)comior (最)comissimus **1.** 親切な, 愛想のよい, 世話好きな, 丁重な **2.** 優美な, 上品な, 教養のある, 洗練された **3.** 快活な, 陽気な

cōmissābundus *a.1.2* cōmissābund-a, -um §50 [cōmissor] (酒席

で・街頭で)飲み騒いでいる, どんちゃん騒ぎをしている

cōmissātiō *f.* cōmissātiōnis *3* §28 [cōmissor] 飲み歌ってのばか騒ぎ, どんちゃん騒ぎ, 歓楽

cōmissātor *m.* cōmissātōris *3* §26 [cōmissor] ばか騒ぎをする(している)人, 祝宴・祭りの行列に参加し浮かれている人, 歓楽をつくしている人

cōmissor *dep.1* cōmissārī, cōmissātus sum §123(1) 陽気に宴席で飲み騒ぐ, うかれる, 街頭で(行列をつくって)歓楽をつくす, ばか騒ぎをする

cōmitās *f.* cōmitātis *3* §21 [cōmis] **1.** 友情, 親切, 思いやり, 好意 **2.** 礼儀正しさ, 愛想の良さ, 気前の良さ, 寛大, 世話好き **3.** 上きげん, 陽気, 快活 comitate condita gravitas 愛想の良さで味付けされた謹厳

comitātus *a.1.2* comitāta, tum §50 [comitō の完分] 付き添われた, 同伴された

cōmitātus *m.* cōmitātūs *4* §31 [cōmitor] **1.** 同行随員, 従者, 旅行団, 一行 **2.** 皇帝の侍従, 幕僚・側近の一団

cōmiter 副 [cōmis §67(2)] (最)comissime 親切に, 礼儀正しく, 愛想よく, 快く, 好意をもって

comitia → comitium

comitiālis *a.3* comitiāle §54 [comitia] 民会の, 民会に関する, 選挙の

comitium *n.* comitiī *2* §13 [*cf.* comes] (広場の中の)民会場, 集会場 **comitia** *n.pl.* comitiōrum *2* §13 **1.** (選挙・裁判のための)ローマ市民の集会, 民会 **2.** 選挙

comitor *dep.1* comitārī, comitātus sum §§123(1), 125 = **comitō** *1* comitāre, -tāvī, -tātum §106 [comes] **1.** お供に加わる, 付き従う, 警護する, かしづく, 出席する **2.** 死者について墓場へ行く **3.** …と一緒に行く, …の仲間となる, 結ばれる tardis ingeniis virtus non facile comitatur 美徳は鈍い知性と容易に結びつかない ille meum comitatus

commaculō 130

iter (9e1) 私の旅に同行した彼

commaculō *1* com-maculāre, -lāvī, -lātum §106 ［cum, maculō §176］ **1.** すっかり(ひどく)汚す **2.** 清浄をけがす **3.** 名声・名誉を傷つける(けがす) **4.** 道徳的に腐敗させる

commeātus *m.* commeātūs *4* §31 ［commeō］ **1.** 行き来, 通行, 往来 **2.** (帰省往来許可)兵の休暇, 賜暇 **3.** 運送, 輸送船団, 輜重隊 **4.** 行李, 荷物, 軍需品, 食糧, 必需品 in commeatu esse 休暇中である prioris commeatus (9c5) milites 最初に輸送した兵士たち

commeminī 不完 com-meminisse §161 ［cum, meminī §176］ **1.** 思い出す, 想起する **2.** 覚えている, 記憶している **3.** 言及する, 引用する, 名をあげる Plato Socratis sectatorum (9c9) commeminit プラトーンは, ソークラテースの弟子たちの名をあげている

commemorābilis *a.3* commemorābile §54 ［commemorō］ 記憶すべき, 忘れがたい, 注目に価する, 有名な

commemorātiō *f.* commemorātiōnis *3* §28 ［commemorō］ **1.** 思い出すこと, 回想, 追憶 **2.** 思い出させるもの(人), 記念(品) **3.** 言及, 記録, 引用, 引証

commemorō *1* com-memorāre, -memorāvī, -memorātum §106 **1.** 思い起す, 回想する **2.** 思い起させる, 気づかせる **3.** 言及する, 述べる, 話す, 挙げる causae quas commemorari necesse non est 述べる必要のないいくつかの理由 Caesar sua senatusque in eum beneficia commemoravit カエサルは自分と元老院によって与えられた, 彼への恩恵を想起させた

commendābilis *a.3* commendābile §54 ［commendō］ 賞賛(推薦)に価する, ほめるに足る

commendātīcius *a.1.2* commendātīci-a, -um §50 ［commendō］ 推薦(紹介)に役立つ, 推薦状(紹介状)を含んだ

commendātiō *f.* commendātiōnis

3 §28 ［commendō］ **1.** 推薦, 委託, 委任 **2.** 賞讃, 美点, 長所, 優秀 cum in prima commendatione voluptatem dixisset (116.7) (Epicurus) (エピクーロスが)快楽を(自然が推薦する)第一の美点と認めると言ったので

commendātus *a.1.2* commendāt-a, -um §50 ［commendō の完分］ (比) commendatior (最)commendatissimus **1.** 推薦(推挙)された **2.** 推薦(推挙)に価する, 意にかなった, 適しい, 喜ばしい, 愛すべき

commendō *1* com-mendāre, -mendāvī, -mendātum §106 ［cum, mandō §176］ **1.** 信頼して保護を託す, 管理を任す, 委任する, ゆだねる **2.** 推薦する, 人の気に入られるようにする, 立派に見せる, 好意をもとめる nomen suum immortalitati ～ 自分の名を腐朽にとどめる marmora commendantur coloribus (9f3) その大理石は色合によって立派に見える(推挙される)

commēnsus → commetior

commentāriolum *n.* commentārioli *2* §13 ［commentārium の小］ (一時の)草案, 覚え書, 小論文, 小品

commentārius *m.* (**-tārium** *n.*) commentāriī *2* §13 ［commentor］ (元来, 形 *sc.* liber) **1.** 私人・政務官の記録簿, 備忘録, 手帳, 控え, 覚え書, 回想録 **2.** 草案, 下絵, 大意 commentarii senatus 元老院議事録 Commentarii Caesaris「カエサルの覚え書」(表題) commentarius consulatus mei Graeco compositus ギリシア語で書かれた, 私の執政官時代の回想録

commentātiō *f.* commentātiōnis *3* §28 ［commentor］ **1.** 考えぬくこと, 熟考 **2.** 細心な(綿密な)考察, 研究, 学問上の論文・著書 **3.** 心の準備, 心構え, 覚悟 tota philosophorum vita commentatio mortis est 哲学者の全生涯は死への心の準備である

commentīcius *a.1.2* commentīci-a, -um §50 ［comminiscor］ **1.** 考案

(工夫)された **2.** 即席の，特別の **3.** 架空の，虚構の，いつわりの **4.** 想像上の，空想の commenticia civitas Platonis プラトーンの空想的な国家 crimen commenticium 誣告罪，中傷

commentor[1] *dep.1* commentārī, -mentātus sum §123(1) [comminīscor] **1.** 徹底的に考え抜く，思いをこらす，考察する，熟慮反省する，専念する **2.** 想像(工夫・考察)する **3.** (文学作品を)作る，書く，創作する，起草(作成)する **4.** 議論する，説明(論証・注釈)する **5.** 準備(用意)する，練習(訓練・けいこ)する，腹案をねる futuras mecum commentabar miserias 私はきたるべき不幸について，一人でつくづくと考えていた satisne vobis videor in vestris auribus commentatus? 私は，諸君の耳に対して(皆さんの前で)充分に草稿をねった(演説の練習をした)と，思われるかね

commentor[2] *m.* commentōris *3* §26 [comminīscor] 工夫(考案)者，発明(創始)者，創造(創作)者

commentum *n.* commentī *2* §13 [comminīscor の完分] **1.** 計画，工夫，案 **2.** 思いつき，意図，目的，着想 **3.** 創造，発明，創作，虚構，作り話 **4.** 捏造，ごまかし，うそ opinionum commenta delet dies 日時が，世評のうそを消滅させるのだ

commentus → comminīscor

commeō *1* com-meāre, -meāvī, -meātum §106 **1.** 行き来する，出入する，あちこちと歩く，旅行する，交際する，しげしげ訪ねる **2.** 過ぎる，流れる，移る ad eos mercatores saepe commeant 彼らのところへは，商人たちがひんぱんに往来する

commercium *n.* commerciī *2* §13 [cum, merx] **1.** 売買，(商)取引，商業，貿易 **2.** 商品，軍事上の供給物 **3.** 通商(貿易)手段(路)，開市権，購買権 **4.** 交換，交際，関係，交友，仲間，縁故 mare et lingua commercia prohibebant 海と言葉が(両国の)通商を妨げていた adempto loquendi (119.2) audiendi-

que commercio お互いに仲間で話したり聞いたりする権利(手段)を奪われて

commercor *dep.1* com-mercārī, -mercātus sum §123(1) [cum, mercor §176] 買い集める，買い占める

commereō *2* com-merēre, -meruī, -meritum §108 = **commereor** *dep.2* com-merērī, -meritus sum [cum, mereō §176] **1.** 罰・賞讃を得るに価する(相当する) **2.** 罪を犯す，罪がある，不道徳な行為を行う quid commerui? 私が何か悪いことをした(というの)か

commētior *dep.4* com-mētīrī, -mēnsus sum §123(4) [cum, metior §176] **1.** 測定する，計る **2.** 一緒にはかる，はかって較べる

commētō *1* commētāre, -tāvī, -tātum §106 [commeō] (自，他)いつも(絶えず)行く，うろちょろする

commigrō *1* com-migrāre, -migrāvī, -migrātum §106 家を移す，他所へ移る，移住する

commīlitium *n.* com-mīlitiī *2* §13 [commiles] **1.** 戦友の関係，戦友 **2.** 仲間，同志，友誼

commīlitō *m.* com-mīlitōnis *3* §28 [cum, mīlitō] 戦友

comminātiō *f.* comminātiōnis *3* §28 [comminor] おびやかすこと，おどすこと，脅迫，威嚇

commingō *3* com-mingere, -mi(n)xī, -mi(n)ctum [cum, mingō] §109 **1.** 小便でぬらす・よごす **2.** けがす，よごす

comminīscor *dep.3* com-minīscī, -mentus sum §123(3) [meminī] **1.** 思い出す，思い浮べる，思う，考える **2.** 工夫して作る，考案する **3.** うそを言う，証拠なしに申し立てる，事実と言いはる，口実をつくりあげる，装う，ふりをする nequeo comminisci quid dicam (110.10) 私は言うべき言葉を思いつかない Epicurus deos nihil agentes commentus est エピクールスは，神々は何も干渉しない(で手をこまねいている)と考えた

comminor *dep.1* com-minārī,

comminuō 132

-minātus sum §§123(1), 125 おどす, 脅かす, 強迫する quid comminatus es mihi? お前はなぜ私をおどしたのか

comminuō *3* com-minuere, -minuī, -minūtum §109 [cum, minuō §176] **1.** 粉砕する, ばらばらに裂く(こわす), 粉みじんにする, 押し潰す **2.** 弱める, 小さくする, 損なう, へらす **3.** へこます, 軟化させる, 失墜させる, いやしめる avaritia comminuit officium 貪欲が義務感を押し潰したのだ lacrimis comminuēre (未・受 113) meis あなたは私の涙に負けるでしょう

comminus 副 [cum, manus] 手のとどくところで, 間近かで, 相接して, 向き合って, つかみ合って comminus conserere manus 肉薄して戦う, 格闘する, つかみ合う

commisceō (**-mī-** ?) *2* com-miscēre, -miscuī, -mixtum §108 [cum, misceō §176] **1.** まぜる, 混合する **2.** 混同する, 混乱させる **3.** 調合する, 調和(併合)させる nunquam temeritas cum sapientia commiscetur 軽率と賢明は決して調和しない

commiseror *dep.1* com-miserārī, -miserātus sum §123(1) [cum, miseror §176] **1.** 哀れに思う, 哀れむ, なげき悲しむ, 同情する **2.** 同情をかきたてる, 同情に訴える, 悲壮体(文体)に訴えて演説する

commīsī → committō

commissiō *f.* commissiōnis *3* §28 [committō] **1.** 試合(歌くらべ)の開始 **2.** 試合・競技の開催(興行)

commissum *n.* commissī *2* §13 [committō の完分] **1.** 企画, 企業, 計画 **2.** 罪, 犯罪, 違反 **3.** 秘密, 信頼 **4.** 没収財産, 担保

commissūra *f.* commissūrae *1* §11 [committō] **1.** 二つのものが接する所, 接合線, 境界線 **2.** 継ぎ目, 合せ目, 縫い目, 割れ目 ad commissuras pluteorum atque aggeris 防柵と土塁の接合部あたりに

committō *3* com-mittere, -mīsī,

-missum §109 [cum, mittō §176] **1.** (二つ以上のものを)一緒にする, 集める, 結び合わせる **2.** 比較する, 対決させる, 戦わせる **3.** なしとげる, 仕上げる, 始める, 着手する, 企てる **4.** 任せる, ゆだねる, なりゆきに任す, 危険を犯して…する **5.** 罪(過ち)を犯す **6.** (ut と共に)させる, もたらす, 生じさせる, 目にあう ovem lupo commisisti お前は(おろかにも)狼を, 羊の番人にしたのだ bello prospere commisso (9f18) 戦いに勝利をおさめて non committam (116.1), ut tibi ipse insanire videar (116.6) あなたに, 私自身が狂人だと思われるようなことはしたくない salutem suam Gallorum equitatui committere non audebat 彼は自分の安全を, ガッリア人の騎兵隊に任すほど大胆ではなかった auctor non sum, ut te urbi committas あなたがローマで危険な目にあうことを, 私はすすめはしない

commixtus → commisceō

commodē 副 [commodus §67(1)] (比)commodius (最)commodissime **1.** 適当に, 好都合に **2.** 快適に, 気持ちよく, 喜んで **3.** 手ぎわよく, ぴったりと, 親切に, 行きとどいて explorat quo (83) commodissime itinere (9f1. ハ) vallem transire possit (116.10) どの道をとって, 最も快適に谷を渡れるかと彼は探し求める

commoditās *f.* commoditātis *3* §21 [commodus] **1.** 時宜を得た(目的にかなった)こと, 便宜, 好機, 好都合 **2.** 適当, 適切, 調和, 比例, 均衡 **3.** 利益, 便利, 有益 **4.** 親切, 愛想のいいこと, 如才のないこと commoditate et aequitate membrorum 手足の均斉のとれた美しさによって(均斉と調和とによって) simplicis utamur commoditate viri その素朴な男の親切を我々は享受している

commodō *1* commodāre, -dāvī, -dātum §106 [commodus] **1.** 適当に(ふさわしく, 便利に)配置する, 整える, 調節する, 合わせる **2.** 便宜をはかる, 好意を示す, 助ける, 親切にする **3.** 貸す, (貸し)与える, 授ける, 用立てる, 支給する si modo culturae patientem commodet aurem 人がもし，人格陶冶の教えに忍耐強く耳をかしさえすれば nec, cum tua causa (9f15) cui (87) commodes, beneficium illud habendum (147) est も しあなたが，自分のために人の便宜をはかるのであれば，それは親切(善行)とみなされるべきではない parvis peccatis veniam 〜 ささいな落度には容赦を適用する

commodum[1] 副 [cmmodus 9e13] **1.** いましがた，ついさっき，丁度そのとき，ちょうどいま **2.** 折りよく，時宜を得て commodum discesseras heri, cum Trebatius venit 昨日トレバティウスがきたとき，その直前にあなたは立ち去ったばかりだった

commodum[2] *n.* commodī 2 §13 [commodus] **1.** 便宜，都合，好機，有利な条件 **2.** 利益，有用 **3.** 特典，特権 meo commodo 私の都合で cum erit tuum commodum あなたの都合がよければ

commodus *a.1.2* commod-a, -um §50 [cum, modus] (比)commodior (最)commodissimus **1.** 十全な度合いをもった，十分な **2.** 適当な，便利な，目的にかなった，好都合の **3.** 快適な，安楽の，容易な **4.** 親切な，役立つ，行きとどいた commodum est (非 171) 好都合(適当)である commodius tempus anni より都合のよい季節

commonefaciō *3b* commone-facere, -fēcī, -factum §110 [commoneō, faciō] 思い起させる，忠告する，戒める

commoneō 2 com-monēre, -monuī, -monitum §108 [cum, moneō §176] 思い出させる，気づかせる，注意(警告)してやる，知らせる aliquem alicujus rei (de aliqua re) 〜 誰々にあることを思い出させる，あることについて注意してやる re ipsa (9f15) modo commonitus sum まさしく私の体験から気がついたのだ

commōnstrō *1* commōnstrāre-strāvī, -strātum §106 [con + mōnstrō] 指摘(してき)する，見せる，示す，指(さ)す，教える

commorātiō *f.* commorātiōnis 3 §28 [commoror] **1.** 滞在，逗留 **2.** 遅延 **3.** (修)重要な点を長々と論ずること(手間どること)

commorior *dep.3* com-morī, -mortuus sum §123(3) [cum, morior §176] 一緒に死ぬ，亡びる

commoror *dep.1* com-morārī, -morātus sum §§123(1), 125 1, とどまる，滞在する(一時)，逗留する，おくれる，手間取る **2.** いつまでも一つのことにこだわる **3.** 引き止める，おくらせる

commōtiō *f.* commōtiōnis 3 §28 [commoveō] **1.** ゆすぶること，動揺 **2.** 刺激すること，誘発，扇動，奮起，興奮，衝撃

commōtiuncula *f.* commōtiunculae 1 §11 [commotiō の小] 小さな動揺(混乱，動転)，不快

commōtus *a.1.2* commōt-a, -um §50 [commoveō の完分] (比)commotior (最)commotissimus **1.** 刺戟された，動揺している，興奮した，不安定の **2.** いらいらしている，びくびく(やきもき)している **3.** 怒っている，神経質な，怒りっぽい Drusus animo (9f3) commotior いささか気性の烈しいドゥルースス

commoveō 2 com-movēre, -mōvī, -mōtum §108 **1.** 烈しく動かす，ゆすぶる，かきまわす，動揺させる **2.** かきたてる，乱す，興奮させる，怒らせる，心配させる，そそのかす **3.** 追い出す，移動させる，撃退する **4.** 引き起す，始める castra 〜 陣営をひき払う sacra 〜 聖物を(行列の中で)持ち歩く invidiam in aliquem 〜 ある人への憎しみをかきたてる memoriam alicujus rei 〜 あることの記憶をよみがえらす his nuntiis commotus (彼は)これらの情報によって心を烈しく動かされ

commūne *n.* commūnis 3 §20 [commūnis の *n.*] **1.** 共有されているもの(財産・権利) **2.** 共通の事実，特質，規則 **3.** (*pl.*)公共の場所，公けの利益，共通の運命 **4.** in commune 公然と，万人の利益のために，公けに，一般に，例外なく，一緒に difficile est proprie communia dicere 万人共通の話題を作家独自の

commūnicātiō 134

技で表現することは難しい

commūnicātiō *f.* commūnicātiōnis *3* §28 ［commūnicō］ **1.** 共有（共用）すること，分け合うこと，交換 **2.** 伝達，通知 **3.** 聴衆（又は対立者）の意見を聞くこと

commūnicō *1* commūnicāre, -cāvī, -cātum §106 ［commūnis］ **1.** 他人と分け合う，分け与える，伝える，知らせる，打ち明ける **2.** 共有する，ともに預る，関与する，共に論ずる **3.** 合わせる，結ぶ，付け足す vobiscum hostium spolia communicavit 彼はあなた方と敵の分捕品を分け合った Pompejus mecum de te communicare solet ポンペーイユスは，お前のことでいつも私と相談していた communicato inter se consilio (118.5) 彼らはお互いに協議したあとで in periculis communicandis (121.3) 危険を分け合うにあたって communicabo te semper mensa mea (9f3) 私はいつもお前を食卓（の共有者）仲間とするだろう

commūniō¹ *4* com-mūnīre, -mūnīvī, -mūnītum §111 ［cum, mūniō §176］周囲を防御施設で固める（包囲する），防御工事をする，要塞化する，守備隊で強化する

commūniō² *f.* commūniōnis *3* §28 ［commūnis］ **1.** 共同（共通）の参加，参与，関係，共有（財産の）**2.** 共通の思想・言語・法律などをもつ社会集団 **3.** 共通の性質を持つこと，共通性，親戚関係 inter quos est communio legis その人らの間で，法律の共有がある人ら（同じ法律に従っている人たち）

commūnis *a.3* commūne §54 ［cum, mūnus］ **1.** 義務を分け合う，共有の **2.** 共同の，共通の，中立の，一般の，公の **3.** いつもの，習慣的な **4.** 礼儀正しい，社交的な，親しい onus quod mihi commune tecum est 私がお前と共有する重い荷物 communia esse amicorum inter se omnia 友人の間ではすべてのものが共有である vita communis 社会の習慣 Catone communior カトーよりも社交的な

commūnitās *f.* commūnitātis *3* §21 ［commūnis］ **1.** 共有，共同，連帯，関与，協力 **2.** 共同体，社会，仲間 **3.** 社会の絆，協同の精神，公共心，交友，友情 **4.** 生れ・血・性質の共通性，親戚の間柄 **5.** 親切，愛想のよいこと，丁重 tum sit (116.3) inter eos omnium rerum consiliorum, voluntatum communitas そのとき，彼らの間に，あらゆるものに関する思考と意欲の一致（共通性）が生じるだろう

commūniter 副 ［commūnis §67(2)］ **1.** 一緒に，共に，協力（共同）して **2.** お互い（皆）同じく，無差別に **3.** 一般に，普通に，通常，がいして

commurmuror *dep.1* com-murmurārī, -murātus sum §123(1) （一緒に）ぶつぶつ言う，つぶやく

commūtābilis *a.3* commūtābile §54 ［commūtō］ **1.** 変りやすい，反転（逆転）し易い，不定の **2.** 変り得る，倒置（置換）し得る，変換し得る，可塑性の

commūtātiō *f.* com-mūtātiōnis *3* §28 ［commūtō］ **1.** 変化，変動，転変（有為），激変 **2.** 変更，交換，交替 annuae commutationes 季節の移り変り

commūtō *1* com-mūtāre, -mūtāvī, -mūtātum §106 ［cum, mūtō §176］ **1.** すっかり変える，改める **2.** 取り替える，交換する inter se vestem commutant 彼らはお互いに着物をとりかえる fidem suam pecunia (9f11) ～ 自分の信用を金と交換する（信用を金で売る）

cōmō *3* cōmere, cōmpsī, cōmptum §109 ［cum, emō §176］ **1.** 一緒に並べる，そろえる，配置する **2.** きれいに整える，美しくする，飾る **3.** 髪を整える，手入れをする **4.** 潤色する，尾ひれをつけて面白くする comere muliebriter corpora 身体を女のように手入れをすること

cōmoedia *f.* cōmoediae *1* §11 <κωμῳδία 喜劇

cōmoedus *m.* cōmoedi *2* §13 <κωμῳδός 喜劇役者 **cōmoedus** *a.1.2* cōmoed-a, -um §50 喜劇を演ずる，喜劇俳優の

comōsus *a.1.2* comōs-a, -um §50 [coma] **1.** 髪の毛の多い・豊かな, 長髪の **2.** 葉の多い, 葉の茂った

compāctus → compingō

compāgēs *f.* compāgis *3* §19 [compingō] **1.** 一緒に保つこと, 集めること, くくること, 結びつけること **2.** 接合, 接着, 結合 **3.** 合わせ目, 縫い目, 関節, 縫合 **4.** 骨組み, 骨格, 組織, 構造, 組み立て, 建造 octingentorum annorum fortuna disciplinaque compages haec coaluit わが国の組織は, 800年の幸運と自己規律によって強く溶接されている

compāgō *f.* compāginis *3* §28 **1.** 一緒にしばること, くくる, 結びつけること **2.** 骨組み, わく組, 構造

compār *a.3* compāris §55 (お互いに)等しい, 似た, 対等の (名)**compār** *c.* compāris *3* §26 同行者, 仲間, 相棒, つれ合い, 夫, 妻

comparābilis *a.3* comparābile §54 [comparō²] 類似している, 似ている, 比較しうる

comparātiō¹ *f.* comparātiōnis *3* §28 [comparō¹] **1.** 用意, 準備 **2.** 調達, 獲得

comparātiō² *f.* comparātiōnis *3* §28 [comparō²] 比較, 対照, 比較による探究

comparātīvus *a.1.2* -tīva, tīvum §50 [comparō²] 2つ(以上)のものの価値を較べた結果にもとづく, 役立つ, 比較による, 比較級の(文法)

compāreō *2* com-pārēre, -pāruī, —— §108 [cum, pāreō §176] **1.** 見られる, 見える, 現れる, 出現する **2.** はっきりとしてくる, 明白である, はっきりと述べられている **3.** 目の前にいる, 現在する **4.** 実現される, 実行される Pompeius non comparet ポンペーイユスは姿を消した(見えなくなった) vestigia, quibus (9f11) exitus eorum compareant (116.8) 彼らの逃げ道が, それによってはっきりと見られるような足跡

comparō¹ *1* com-parāre, -parāvī, -parātum §106 [cum, parō] §176

1. 用意(準備, 装備)する **2.** 調達する, 集める, 手に入れる, 手配する, 整える, 揃える **3.** 規定する, 命ずる ～ sibi remedia ad tolerandum (121.3) dolorem 自分の苦悩に耐えるための治療を手配する more majorum comparatum (171) est, ut ... 祖先の習慣によって, ut 以下…と定められている his rebus comparatis (9f18) これらのことが手配されると

comparō² *1* com-parāre, -parāvī, -parātum [cum, pār] §106 **1.** 一緒に並べる, 比較する **2.** 匹敵させる, 対決させる, 同格(対等)とみなす **3.** (とり)決める, 解決する, 示談でまとめる neminem tibi aut anteposui aut etiam comparavi 私は誰をも, あなたより優先させなかった, いや, あなたと対等とすら認めなかった senatus consultum factum est ut consules inter se provincias comparerent (116.6) 元老院議決によって, 執政官たちがお互いに, 示談で統治する属州をきめた

compectum (**-pactum**) *n.* compectī *2* §13 契約, 条約, 約束, 協定 (de) compecto 予め申し合せていた通り, 合意によって, 協定により, 相互理解により

compēgī → compingō

compellātiō *f.* compellātiōnis *3* §28 [compellō] **1.** 呼び(話し)かけること **2.** 叱責, 非難

compellō¹ *1* com-pellāre, -pellāvī, -pellātum §106 [*cf.* apellō] **1.** 話しかける, 訴える **2.** 呼ぶ, 呼び求める **3.** しかる, 小言をいう, 非難する, 告発する pro cunctatore eum segnem compellant 人は彼をためらう人と呼ぶ代りに怠け者と呼ぶ

compellō² *3* com-pellere, -pulī, -pulsum §109 [cum, pellō §176] **1.** (人・家畜を)強引に一所へ追い集める, 追いたてる, かりたてる **2.** 強制する, 狭い所へ押し込める, 無理に…させる, 窮地へ追いつめる minis (9f11) ad arma ～ 脅して武器を無理やりとらせる intra oppida compelluntur 彼らは町の中に追い込まれる angustiis (9f11) rei frumentariae compulsus 彼は食糧事情の逼迫によって

窮地に追い込まれて

compendiārius *a.1.2* compendi-āri-a, -um §50 ［compendium］ 短縮された，短い

compendium *n.* compendiī *2* §13 ［cum, pendō］（一緒に重さを量る）**1.** 節約，短縮，短いこと，近道 **2.** 利益，儲け，取得 compendio（9f19）短い時間に，まもなく compendia ad honores 名誉への近道 compendii（9c7）facere 節約する，儲ける verba confer ad compendium 短く話せ

compensō *1* com-pensāre, -pensāvī, -pensātum §106 **1.** 一緒に量る，釣り合わす，等しくする，調整する **2.**（損失を）補う，償う，埋め合わせる laetitiam cum doloribus ～ 苦悩を喜びで相殺する Catonis est dictum 'pedibus compensari pecuniam'「金（の不足）を足（遠路）で補う」・又は「安値（良い買い物）で足の苦労を補う」とはカトーの言である

comperendinātus *m.* comperen-dinātūs *4* §31 ＝ **comperendinātiō** *f.* comperendinātiōnis *3* §28 判決（審理）のための二日間の延期

comperendinō *1* comperendināre, -nāvī, -nātum §106 判決言渡しのために二日間延期する

comperiō *4* com-perīre, -perī, -pertum §111 ［*cf.* perītus］確かに知る，調べて確かめる，知る，見つける，学ぶ，証明する aliquid ab aliquo compertum habere あることについてある人から確かな情報を手に入れる，あることをある人から確認する pro re comperta habere aliquid あることを確か（なもの）と思う nondum comperto（9f18 注）quam regionem hostes petissent（116.10）敵がどの地域を襲ったか，まだ確認していなかったが

compertus *a.1.2* -perta, -pertum §50 ［comperiō の完分］確かめられた，証明された，res ～ a 信頼される情報，知識

compēs *f.* com-pedis *3* §21 ［cum, pēs］**1.** 足を縛る鎖・綱，足枷

$\binom{発}{音}$ nivali compede vinctus（Hebrus）氷雪の足枷に縛られた（ヘブルス川）

compescō（-ē- ?）*3* com-pescere, -pescuī,――― §109 ［cum, parcō §176］**1.** 閉じ（封じ）込める，制限（局限）する，監禁する，拘束する **2.** おさえる，制御（制圧）する，征服する，静める，（音を）消す **3.** 止める，阻止する，妨げる，（渇き）いやす，絶やす，窒息させる ramos compesce fluentes 伸び放題の枝を剪定せよ compesce in illum dicere 彼をやっつけるのは止めなさい（彼に向って悪口を言うのはよせ）

competītor *m.* competītōris *3* §26 ［competō］競争者，（官職への）立候補者（志願者）同志・仲間

competītrīx *f.* competītrīcis *3* §21 ［competō］女の競争者，女性の志願者仲間

competō *3* com-petere, -petīvī (-petiī), -petītum §109 ［cum, petō §176］**1.** 共に（同時に）得ようと努力する，競走する，官職を争う **2.** 一緒になる，出会う，一致する **3.** 同時に起る，（非）起る，似合う，かなう，ふさわしい，十分である initium（117.5）finemque miraculi cum Othonis exitu competisse この不思議な現象が始まって終ったのと，オトーの最後が同時であった（と）tanto animo（9d1）nequaquam corpus competiit かかる剛毅な精神と体つきとは全く似合っていなかった

compīlātiō *f.* compīlātiōnis *3* §28 ［compīlō］略奪，強奪，強盗，横領

compīlō *1* com-pīlāre, -pīlāvī, -pīlātum §106 **1.** 掠奪する，荒らす，奪う **2.** 盗む，剽窃する

compingō *3* com-pingere, -pēgī, -pāctum §109 ［cum, pangō §§174 (2), 176］**1.** 一緒にして作る，合わせる，組み立てる **2.** 中へ追い込む，つめ込む，閉じ込める **3.** 文章を作る，合成する **4.** 建てる，造る **5.** 固定する，取り付ける，一緒に結ぶ in tecta Gallorum milites compegit 彼は兵士たちをガリア人の家

の中へつめ込んだ

Compitālia *n.pl.* Compitālium *3* §20 [compitum] 毎年十字路(四つ角)で祝われる Lares Compitales(十字路の保護神)の祭典

Compitālicius *a.1.2* Compitālici-a, -um §50 [Compitālia] Compitalia の,十字路(四つ角)の

compitum *n.* compitī *2* §13 [competō] 四つ辻,四つ角,十字路,交差点

complānō *1* com-plānāre, -nāvī, -nātum §106 [*cf.* plānus] **1.**(土地を)平らにする,困難を取り除く **2.** 引き倒す,破壊する

complector *dep.3* com-plectī, -plexus sum §§123(3), 125 [cum, plectō §176] **1.** 一緒に編みこむ,まきつける,抱く,囲む,取り巻く,包む **2.** 受け入れる,理解する,信奉する **3.** 抱擁する,手をにぎる,愛情を示す,尊敬する,大切にする **4.** 書く,表現する,まとめる,要約する complectitur verbis quod vult 彼は自分の考えを充分に表現している animo ～ 本当に理解している amore ～ 深く愛している

compleō *2* com-plēre, -plēvī, -plētum §108 [*cf.* plēnus] **1.** 一杯にする,満たす,完全にする **2.** 不足を補う,埋める,全部をそろえる,完成させる,終える turrim militibus ～ 櫓の中を兵士で満たす ut sacrum ante mediam noctem compleretur 真夜中までに祭事が終るように reliquos in posterum bona spe (9f11) complet 彼は残りの者たちの心を将来への立派な希望で満たす

complexiō *f.* complexiōnis *3* §28 [complector] **1.** 抱擁 **2.** 集合,結合,連結,合体 **3.** 要約,摘要,結論 **4.** 母音融合,音節短縮 **5.** 綜合文,両刀論,ジレンマ

complexus *m.* complexūs *4* §31 [complector の完分] **1.** 抱きしめること,握りしめること,抱擁,握手 **2.** 包むこと,巻きつけること,取り巻くこと,抱合,包囲 **3.** 結合,配列,連合 **4.** 愛の絆,愛情,

好意,親切 **5.** 連音,連続,脈絡 complexus armorum 白兵戦 e complexu parentum abrepti filii 両親の抱擁から引き離された息子たち

complicō *1* com-plicāre, -cāvī (-cuī), -cātum (-citum) §106 [cum, plicō §176] **1.**(一緒に)たたむ,二重にする,折り重ねる(たたむ) **2.** 一緒につつむ,まき込む,巻く,巻きつける **3.** 一緒につなぐ,結びつける ～ epistulam 手紙(折りたたみ式書板)をたたむ,封をする complicata notio 折りかさなった,もつれた,はっきりしない考え

complōrātiō *f.* complōrātiōnis *3* §28=**complōrātus** *m.* complōrātūs *4* §31 [complōrō] 泣き悲しむこと,悲嘆,哀悼

complōrō *1* com-plōrāre, -rāvī, -rātum §106 [cum, plōrō §176] **1.** 大声で(共に)嘆き悲しむ,号泣する **2.** 悔む,哀悼する,喪に服する

complūrēs 比 com-plūra §66 (形は比であるが,比の意味なし)若干の,数個の,かなりの,相当多くの

compōnō *3* com-pōnere, -posuī, -positum §109 **1.** 一緒におく,並べる,集める,組合わす **2.** 成立させる,形成させる,作る,書く **3.** 申し合わす,調停する,決める,和解させる,協議する **4.** 正す,直す,適合させる,整える,静める,和らげる **5.** 片づける,埋葬する,取り除く genus humanum compositum est ex animo et corpore 人類は精神と肉体とから成り立つ se regina aurea composuit sponda (9f1. ニ) 女王は黄金製の長椅子の上で威儀を正した auspicia ad utilitatem rei publicae composita 国家の利益にかなった前兆 illi inter se componunt diem rei gerendae (121.3) 彼らはお互いに事を実行する日を申し合わす vultu composito (9f18) 平然とした(とりつくろった)顔で composito et delibuto capillo 髪を整え香水をかけて

comportō *1* com-portāre, -tāvī, -tātum §106 運び集める,同じ所へ持ってくる,積み上げる,運送する

compos *a.3* compotis §55 ［cum, potis］ **1.** 所有している，支配している **2.** 関与している，分有している tu mentis (9c13) compos (es)? お前に思慮分別(良識)があるのか compos sui 自制している，感情をおさえている me compotem voti facere potestis あなた方は私の念願を叶えてくれることができるのだ compos culpae 罪ある(人)

composite 副 ［compositus §67(1)］(比)compositius **1.** 規律(順序)正しく，立派に，整理して **2.** 熟考して，沈着冷静に

compositio *f.* compositiōnis *3* §28 ［compōnō］ **1.** 一緒に置くこと，比較，配置，排列，組合せ，混合，取り組み，試合 **2.** 準備，整理，作成 **3.** 取り決め，和解，調停

compositor *m.* compositōris *3* §26 ［compōnō］ 整える人，つくる人，組立てる(書く)人

compositus *a.1.2* composit-a, -um §50 ［compōnō の完分］ (比)compositior (最)compositissimus **1.** 様々な要素から構成された(組み立てられた)，混合された **2.** 立派に(適切に)準備・用意・配置された，整理・整頓された，ふさわしい能力のある **3.** 平静な，冷静な，静かな **4.** 立派に訓練された，規律正しい，秩序のある composito agmine 整然と隊列をつくって composito voltu おだやかな表情で(顔付きで) natura (9f3) atque arte compositus alliciendis (121.3. 与) etiam Muciani moribus 彼は，天性においても手腕においても，ムキアーヌスの如き性格の人をも引きつけるのにふさわしい人(であった) (名)**compositum** *n.* compositī *2* §13 申し合わせ，協定 ex composito 予め申し合せていた通り

composuī → compōnō

compōtātiō *f.* compōtātiōnis *3* §28 ［cum, potō］ 饗宴，宴会

compōtor *m.* compōtōris *3* §26 ［cum, potō］ 飲み友達，酒友

comprānsor *m.* comprānsōris *3* §26 ［cum, prandeō］ 食卓仲間，会

食者

comprecātiō *f.* comprecātiōnis *3* §28 ［comprecor］ 公の祈願祭，祈禱式

comprecor *dep.1* com-precārī, -precātus sum §123(1) ［cum, precor §176］ 神々に祈願する，嘆願する

comprehendō *3* com-prehendere, -prehendī, -prehēnsum §109 ［cum, prehendō §176］ **1.** 手でつかむ，一緒につかむ，結びつける，つなぐ **2.** 捕える，拘留(逮捕)する **3.** 攻撃する，占拠する **4.** わがものとする，理解する，感知する，見つける，見破る **5.** 表現する，書く，数える，述べる **6.** 包む，囲む，抱く domus comprehenditur igne (9f11) 家が火に包まれる casa comprehendit ignem 小屋が火をつかむ(小屋に火がつく) Caesarem manu (9f3) ～ カエサルの手をつかむ(嘆願する) si hunc humanitate (9f11) tua comprehenderis もしあなたが，親切にこの者を扱ってくれたなら breviter comprehensis (9f18) sententiis 考えを簡単に述べると numero aliquid comprehendere あるものを数で摑む(数える) animo haec tenemus comprehensa non sensibus 我々はこれら(の対象)を感覚ではなく精神によって把握し理解している

comprehēnsiō *f.* comprehēnsiōnis *3* §28 ［comprehendō］ **1.** 一緒につかむこと，手でつかむこと，逮捕 **2.** 把握，理解(力)，感知，認識 **3.** 結合，要約文，綜合文

compressus *a.1.2* compress-a, -um §50 ［comprimō の完分］ (比)compressior **1.** 圧縮された，しめつけられた **2.** せまい，限られた **3.** 秘結(便秘)した

compressus *m.* compressūs *4* §31 ［comprimō］ **1.** 圧する(押える)こと，圧縮，圧迫，圧力 **2.** しめつけること，抱擁，同衾

comprimō *3* com-primere, -pressī, -pressum §109 ［cum, premō §§174(2), 176］ **1.** 一緒に圧する，圧縮する，しめつける，せばめる，押し潰す **2.** 鎮圧す

る，抑圧する，制止(制御)する，妨げる，閉ざす，止める，かくす digitos comprimere et pugnum facere 指を握って拳固をつくる ～ famam captae Carthaginis (9c2) カルタゴ占領の噂をかくしておく compressis manibus (9f18) sedere 腕組みをして座っている(拱手傍観，怠けている) ejus adventus Pompeianos compressit 彼の到着はポンペーイユス軍の進撃を喰い止めた tibi (9d8) istas posthac comprimito manus 今後はもう，お前のその腕力はやめてくれ

comprobō *1* com-probāre, -bāvī, -bātum §106 [cum, probō §176] **1.** すっかり是認(承認)する，断言する，同意する **2.** 論証する，立証する，確証する comprobat consilium fortuna 運命が作戦の正当性を認める

comprōmissum *n.* comprōmissī *2* §13 [comprōmittō の完分] **1.** 仲裁(裁判による)，約束，契約，協定 **2.** 合意，和解

comprōmittō *3* com-prōmittere, -mīsī, -missum §109 [cum, prōmittō §176] 仲裁によって同意(妥協・協定)する，和解する

compsī, comptus → comō

cōmptus *a.1.2* -pta, -ptum §50 [cōmō の完分] 飾られた，きれいに調髪された，しゃれた

compulī → compellō

compungō *3* com-pungere, -punxī (-pūnx-?), -punctum §109 [cum, pungō §176] **1.** 刺す，突く，刺し通す，すっかり穴をあける，穴だらけにする **2.** 傷つける，痛める **3.** 入れ墨にする，点でしるしをつける

computātiō *f.* computātiōnis *3* §28 [computō] **1.** 計算，勘定，計算法 **2.** 節約，けち

computō *1* com-putāre, -tāvī, -tātum §106 [cum, putō §176] **1.** いっしょに(まとめて)計算する，合計する，数える **2.** 見積もる，評価する，勘定に入れる facies tua computat annos お前の顔が，年齢を数えている(知らせてい

る)

cōnāmen *n.* cōnāminis *3* §28 [cōnor] **1.** 努力，尽力 **2.** 試み，企て

cōnātum *n.* cōnātī *2* §13 [cōnor の完分] 努力，企て，試み，冒険，計画 (専ら **cōnāta** *n.pl.* cōnātōrum で用いられる)

cōnātus *m.* cōnātūs *4* §31 [cōnor] 試み，企て，努力，衝動，傾向 conatus exercitus comparandi (119.2) 軍隊を集める努力

concacō *1* con-cacāre, -cāvī, -cātum §106 [cum, cacō] ふん(汚物)でよごす，けがす

concalefaciō *3b* con-cale-facere, -fēcī, -factum §110 (受)**concalefīō,** -fierī, -factus sum §157 すっかり(一緒に)暖める，熱くする

concallēscō *3* con-callēscere, -calluī, —— §109 [calleō] **1.** 硬くなる，たこができる **2.** 鈍感(無感覚)になる

concavō *1* con-cavāre, ——, —— §106 [concavus] 穴をあける，丸める，曲げる

concavus *a.1.2* concav-a, -um §50 [cavus] **1.** 中がからっぽの，くぼんだ，空洞のある **2.** 沈んだ，落ち込んだ **3.** 弓なりの，アーチ型の concava aera 中が凹んだ真鍮(シンバル) concava aqua (弓なりの水)波

concēdō *3* con-cedere, -cessī, -cessum §109 [cum, cēdō §176] **1.** 立ち去る，離れる，退く，消える，死ぬ **2.** 譲歩する，ゆずる，劣る，屈する **3.** 同意する，承諾する，任す **4.** 認める，許す，ゆずる，与える **5.** 移る，変る，渡る ab eorum oculis aliquo concederes (116.2) お前は彼らの目より離れてどこかに去るべきだった concedere nemini (9d1) studio (9f3) 熱意にかけては誰にも劣らない ～ militibus urbem diripiendam (121.3) 兵士らに町の略奪を許す de re publica loqui non conceditur 彼は国家について話すことを認められない concedere vitā 人生から去る，死ぬ concedere fato 運

concelebrō 140

命に従う，自然死をとげる non concedo Epicuro 私はエピクーロスの説に同意しない

concelebrō *1* con-celebrāre, -brāvī, -brātum §106 （celebrō を強めた表現） **1.** しばしば行く，大勢で訪れる **2.** 熱心にほめたたえる，公にする，広く知らせる，大いに祝う per orbem terrarum fama ac litteris victoriam concelebrabant 彼らは勝利を口伝えにあるいは手紙で世界中へ広めていた

concēnātiō *f.* concēnātiōnis *3* §28 ［cēnō］ 宴会，晩餐会

concentiō *f.* concentiōnis *3* §28 ［concinō］ 一緒に歌うこと（話すこと）

concentus *m.* concentūs *4* §31 ［concinō］ **1.** 一斉に（一致して）話すこと，歌うこと，鳴り響くこと，合唱，斉奏，唱和 **2.** 一斉の歓呼，一致した賛成 **3.** 調和，一致，融和，混合 concentus lyrae et vocis 竪琴と歌声の調和

concēpī → concipiō

conceptiō *f.* conceptiōnis *3* §28 ［concipiō］ **1.** 入れること，含むこと，受けとること **2.** 受胎，妊娠 **3.** 着想，概念 **4.** （方式の）起草，作成

conceptus *m.* conceptūs *4* §31 ［concipiō の完分］ **1.** 入れる，受けとる（摑む）こと **2.** 受胎 **3.** 胚胎児 **4.** 貯水池

concerpō *3* con-cerpere, -cerpsī, -cerptum §109 ［cum, carpō §§174(2), 176］ **1.** むしりとる，ちぎる，つみとる，ずたずたに裂く **2.** 非難する，ののしる，酷評する

concerpsī, concerptus → concerpō

concertātiō *f.* concertātiōnis *3* §28 ［concertō］ **1.** 争い，闘争，反目，喧嘩 **2.** 論争，議論 jejuna concertatio verborum 無意味な（不毛な）言葉の上の論争

concertō *1* con-certāre, -tāvī, -tātum §106 烈しく戦う・争う，熱心に論争する

concessiō *f.* concessiōnis *3* §28 ［concēdō］ **1.** 譲渡，譲与 **2.** 譲歩，同意，許可，承諾 **3.** 恩恵，特赦

concessus *m.* concessūs *4* §31 ［concēdō の完分］ 同意，許可，譲歩，承認 (*abl.* のみ §47) concessu (9f11) omnium 全員の同意を得て（同意により）

concha *f.* conchae *1* §11 <κόγχη **1.** 貝，貝殻 **2.** イガイ，二枚貝 **3.** 真珠貝，カキ **4.** 紫紅色の染料，この染料をとる貝 (murex) **5.** 海神 Triton のホラ貝 **6.** 貝殻の形の容器，香油壺，塩壺

conchȳliātus *a.1.2* conchȳliāt-a, -um §50 ［conchȳlium］ **1.** 紫紅染めの **2.** （名）**conchȳliātus** *m.* conchȳliātī *2* §13 紫紅染めの着物を着た金持

conchȳlium *n.* conchȳliī *2* §13 <κογχύλιον **1.** 貝，貝殻類，カキ **2.** 紫紅色染料をとる貝 (murex) **3.** 紫紅色染料 **4.** この染料で染めた衣・着物

concidō[1] *3* con-cidere, -cidī, —— §109 ［cum, cadō §§174(2), 176］ **1.** 一緒に落ちる，倒れる，倒れて死ぬ，戦死する **2.** 崩壊する，瓦解する **3.** 沈む，没落する，衰える，滅びる **4.** 静まる，止む hostes concidunt animis (9f3) 敵の士気は沮喪する fides concidit 信頼は地に落ちた funibus abscisis (9f18) antemnae concidebant 揚げ索(⁴⁄₅)が切られると帆桁はどさっと下に落ちた

concidō[2] *3* con-cīdere, -cīdī, -cīsum §109 ［cum, caedō §§174(2), 176］ **1.** 切り刻む，切り裂く，切り倒す **2.** 打ち倒す，打ちのめす，投げ倒す，殺す，滅ぼす **3.** 切断（分断，遮断）する pedestria esse itinera (9e11) concisa aestuariis 「徒歩による接近の道は，潮流湿地帯によって切断されていた」

conci̇̄ō (conciō) *2* con-ciēre, -cīvī, -citum (-cītum) §108 呼び集める，激しく動かす，揺り動かす，かきたてる，刺戟する，興奮させる，励ます，扇動する amnis concitus imbribus 雨で激しく流れている川 concita tormento saxa 弩砲から発射される岩石 plebem contionibus ～ 民衆を集会で扇動する

conciliābulum *n.* conciliābulī *2* §13 ［conciliō］ **1.** 人の集る所，集会地，市場，各町の行政の中心地 **2.** 集会，

conciliātiō *f.* conciliātiōnis *3* §28 ［conciliō］ **1.** 結合, 連合, 合一, 融和, 統一(の絆) **2.** 聴衆(他人)の好意をかちとること, 人の気持をひきつけること, なだめ和解させること **3.** ひかれること, 傾向, くせ, このみ, あこがれ, 欲望, 誘因, 魅力 prima est conciliatio hominis ad ea, quae sunt secundum naturam 人間が最初に引き付けられるのは, 自然に即したものに対してである

conciliātor *m.* conciliātōris *3* §26 ［conciliō］ **1.** 取り持つ人, とりなす人, 調停者, 仲介者 **2.** 助長(促進)する人, 発起人, 張本人, 扇動者

conciliātrīx *f.* conciliātrīcis *3* §21 ［conciliātor］ （女性の)仲介者, 調停者, 取り持つ人, 促進する人, 奨励する人

conciliō *1* con-ciliāre, -ciliāvī, -ciliātum §106 ［concilium］ **1.** 集める, 一体とする, 友とする, 一致(和解)させる, 結婚させる **2.** 獲得する, 手に入れる, 勝ちとる, なしとげる **3.** 愛されるようにする(すすめる), 説きふせる, 好意をひきつける natura hominem conciliat (9d4) homini 自然は人と人を融和させる pecuniae conciliandae (121.3) causā 金を手に入れたいため legiones sibi pecuniā ～ 金によって軍団兵の好意を得る

concilium *n.* conciliī *2* §13 ［cum, calō?］ **1.** 集り, 集合, 集会, 民会 **2.** 会議, 審議, 協議, 会見, 密会 **3.** 連結, 結合

concinnē 副 ［concinnus §67(1)］ こぎれいに, 手際よく, きちんと, 行儀正しく, 上品に, 優美に, 見事に

concinnitās *f.* -nitātis §21 ［concinnus］ **1.** (文体)典雅, 気品 **2.** (外観)優美, 魅力

concinnō *1* con-cinnāre, -nāvī, -nātum §106 **1.** 正しく配置する, 合わせる, 整える **2.** (正しく)用意(準備)する, 修理する, 組み合せる, 組み立てる **3.** 仕上げる, 作り出す, 生じさせる, つくる, …を…にする, 企む, 引きおこす consuetudo

concinnat amorem 習慣は愛情を生む lacrumantem concinnas (9e3) tu tuam uxorem あなたはあなたの妻を泣かせているのです

concinnus *a.1.2* concinn-a, -um §50 ［concinnō］ (比)concinnior **1.** 整然とおかれた, きれいにされた, 調和(均斉)のとれた **2.** きれいな, 愛らしい, 好ましい, かわいい, 心地よい **3.** 上品な, 優美な **4.** 利口な, 器用な, 上手な concinnus in brevitate respondendi (119.2) (彼は)短い返事の中で適切であった(簡潔に, 当意即妙に答えた) ut tibi concinnum est お前の好きなように

concinō *3* con-cinere, -cinuī, ―― §109 ［cum, canō §§174(2), 176］ **1.** (自)一斉に鳴り響く(声, 楽器), 調和する, 一致する **2.** (他)一斉に歌う, 鳴らす, 調子を合わす omnibus inter se concinentibus mundi partibus (9f18) 世界のあらゆる部分がお互いに調和して

concipiō *3b* con-cipere, -cēpī, -ceptum §110 ［cum, capiō §§174(2), 176］ **1.** つかんで一緒にする, かき集める **2.** 受け止める, 捕える, とる, 引き出す, はらむ, 妊娠する **3.** 心に抱く, 理解する, 想像する, はぐくむ, 感じる **4.** 一定の書式に従って作成する, おごそかに発言する concipit Iris aquas イーリス(虹)が水を吸う concipere animo potes quam simus (116.10) fatigati 我々がいかに疲れているか, あなたは想像できる furor biennio ante conceptus 二年前よりとりつかれていた狂気 concepta criminā 罪から生れた胎児 verbis conceptis jurare 書式に則って(おごそかに)誓言する ne quod in se scelus concepisse (117.6) videantur (119.6) 彼らは心の中に何の悪企みも抱いていたと思われないように

concīsus *a.1.2* concīs-a, -um §50 ［concīdō の完分］ **1.** 切られた, 折れた, 中絶した, 急転した, 支離滅裂の **2.** 短い, 簡潔な, きびきびした, せかせかした **3.** 非常に小さい, こまかい, 詳細な

concitātiō *f.* concitātiōnis *3* §28 ［concitō］ 激しい動き, 激情, 興奮, 騒

concitātor 142

ぎ, 暴動, 治安妨害

concitātor *m.* concitātōris *3*
§26 ［concitō］ 扇動者, 策謀者, 人を
動揺させ興奮させる人

concitātus *a.1.2* concitāt-a, -um §50
［concitō の 完 分］ （比）concitatior
（最）concitatissimus **1.** かきたてられた,
興奮した **2.** 熱烈な, 激しい, 激昂した,
猛烈な, 性急な, 衝動的な, がむしゃらな
3. 速い, 急速の, すばやい, 敏速な （副）
concitātē §67(1) 早く, 烈しく

concitō *1* con-citāre, -tāvī, -tātum
§106 ［*cf.* concieō］ **1.** 激しく強く動か
す, 揺り動かす, 押しやる, 駆りたてる,
急がせる **2.** 刺戟する, そそのかす, 扇動
する, 騒ぎを起させる, 奮起させる, 励ま
す magno cursu concitati 彼らは全速力
でかりたてられて se concitat alis 彼は羽
ばたいて突進する

concitor *m.* concitōris *3* §26
［concieō］ 扇動者, 挑発者, （世論・人
を）刺激する（かきたてる）人

concitus, concīvī → concieō(conció)

conclāmātiō *f.* con-clāmātiōnis *3*
§28 ［conclāmō］ 一斉に叫ぶこと, 喚
声, 歓呼, 喧騒, やじ

conclāmō *1* con-clāmāre, -māvī,
-mātum §106 **1.** 一斉に叫ぶ, 呼び集
める, 大声を出す, 歓呼して迎える **2.** 合
図を与える, 号令する **3.** 嘆き悲しむ, 死
者の名を何度も呼んで最後の別れを告げる
ad arma conclamant 武器をとれと一斉
に叫ぶ conclamari vasa jussit 彼は出発
のため荷造りをせよとの号令をかけさせた
desine : iam conclamatum est（172）
もうやめろ, 万事休すだ

conclāve *n.* conclāvis *3* §20
1. 小部屋, 居間 **2.** おり, かご **3.** 公衆便
所

conclūdō *3* con-clūdere, -clūsī,
-clūsum §109 ［cum, claudō §§174
(2), 176］ **1.** すっかり閉ざす, 閉じ込め
る, 隠す, 秘密にする, 監禁する, 封鎖す
る, 遮断する **2.** おし込める, 完成させる,
終える, 結論する, 推論する **3.** 簡約（要
約）する, 均斉のとれた文で終える conclu-

sae follibus（9f11）aurae ふいごの中に
閉じ込められた空気 uno volumine vitam
excellentium virorum concludere 優
秀な人たちの伝記を一巻の中に封じ込むこ
と concludebas summum malum esse
dolorem（117.5）苦痛は最大の不幸とあ
なたは結論した

conclūsiō *f.* conclūsiōnis *3* §28
［conclūdō］ **1.** 封鎖, 包囲戦, 籠城 **2.** 結
び, 完成, 終り, 結論, 律動的（均斉のと
れた）完結文

conclūsus → conclūdō

concoctus → concoquō

concolor *a.3* con-colōris §55
［cum, color］ **1.** 同色の, 似合った **2.** 一
致した, 釣合った sus cum fetu concolor
仔と同じ色の牝豚

concoquō *3* con-coquere, -coxī,
-coctum §109 ［cum, coquō §176］
1. 十分に（すっかり）料理する, 煮たきをす
る, 一緒に（混ぜ合せて）作る **2.** 消化（吸
収）する, こなす, 頭で消化する, 会得す
る, 理解する, 自分のものとする **3.** 熟考
（沈思）する, 反芻する, 思い巡らす **4.** 調
合する, 工夫する **5.** みのらせる, 熟させる
6. 大人しく耐える, 我慢する, 忍ぶ cibus
facillimus ad concoquendum（119.4）最
も消化し易い食物 quem senatorem
concoquere civitas vix posset（116.8）
国家が, 元老院議員としてほとんど耐え難
いほどの, その人物を tibi（9d11）diu
concoquendum（121.1）est, utrum ...
かどうかを, お前は長く深く考えるべきだ

concordia *f.* concordiae *1* §11
［concors］ 一致協調, 調和, 融和, 友
情, 平和 rerum concordia discors 万
物の不一致の調和 Concordia 女神の名

concorditer 副 ［concors §67(2)］
（比）concordius （最）concordissime
融和（調和）して, 一致して, 仲よく, 円満
に

concordō *1* concordāre, -dāvī,
-dātum §106 ［concors］ **1.** 親しい間
柄である, 仲よく暮す **2.** 同意（同感）する,
承認する **3.** 一致する, 調和する concor-
dant carmina nervis 歌声が竪琴の弦の

音(しらべ)と調和している

concors *a.3* concordis §55 ［cum, cor］ **1.** 心が結ばれた, 一致(和合)した, 仲のよい **2.** 同意見の, 同感の **3.** 調和した, 協調(団結)した, 共有する concordi populo nihil est immutabilius 一致団結した国民より長続きするものは何もない frena jugo (9f11) concordia ferre sueti (馬たちは)軛によって仲よく手綱に耐えるのになれている

concoxī → concoquō

concrēdō *3* con-crēdere, -crēdidī, -crēditum §109 ［cum, crēdō §176］ **1.** 信頼して任す, 預ける **2.** 打ち明ける(秘密などを) concredere aliquid fidei alicujus あることをある人の誠意(を信じて)に任す

concremō *1* con-cremāre, -māvī, -mātum §106 ［cum, cremō §176］ すっかり焼き払う, 一緒に(ことごとく)焼く, 灰燼に帰せしめる

concrepō *1* con-crepāre, -crepuī, ── §106 強い音をたてる, がらがら(がちゃがちゃ)となる・ならす si (erus) digitis concrepuerit もし(主人が)指でぱちっと音をたてたら(命令の合図をしたら)

concrēscō *3* con-crēscere, -crēvī, -crētum §109 ［cum, crēscō §176］ **1.** 集って一緒に生成する, 大きくなる, ふえる **2.** 集合する, 合体する, 合同(合成)する, 癒着する **3.** 固くなる, 硬直する, かたまる, 濃くなる, 密になる, あつくなる **4.** 凍る, 凝固する, 固体となる gelidus concrevit frigore sanguis 血が寒さで冷たくなり凝固した per totum concrescunt aera nubes 空一面に雲が集って濃くなる

concrētus *a.1.2* concrēt-a, -um §50 ［concrēscō の完分］ (比)concretior **1.** さまざまの要素から構成された, 組み立てられた, つくられた, 合成された, 混成の **2.** 固くなった, 濃くなった, 凍った, 凝固した, 濃縮された **3.** 圧縮された, ぎっしり詰まった, 便秘した **4.** 深くしみ込んだ, 根深い longa dies concretam exemit labem 長い年月が, 深く沁み込んだ汚れを抜きとった

concubīna *f.* concubīnae *1* §11 ［concumbō］ 妾(めかけ)

concubīnus *m.* concubīnī *2* §13 ［concubīna］ 同衾者, 情夫, 稚児(男色の相手)

concubitus *m.* concubitūs *4* §31 ［concumbō］ **1.** 一緒に食卓椅子に横臥すること **2.** 同衾(どうきん), 性交

concubium *n.* concubiī *2* §13 同衾

concubius *a.1.2* concubi-a, -um §50 ［concumbō］ nox concubia 就寝時刻, 夜の始まり

conculcō *1* con-culcāre, -cāvī, -cāum §106 ［cum, calcō §§174(2), 176］ **1.** 足の下に踏みつける, 踏みにじる **2.** 押しつぶす, 虐待する, いじめる, 軽蔑する, 無視する

concumbō *3* con-cumbere, -cubuī, -cubitum §109 ［cum, cubō］ **1.** 床につく, 寝る **2.** 一緒にねる, 同衾する

concupīscō *3* con-cupīscere, -cupīvī (-piī), -cupītum ［concupiō］ §109 強い欲望を抱く, しきりに(激しく)欲する, 切望する rex populi Romani esse (117.4) concupivit 彼はローマ国民の王であることを強く欲した

concupītus → concupīscō

concurrō *3* con-currere, -currī, -cursum §109 **1.** 走って集る, あちこちから急いでくる **2.** 出会う, 遭遇する, 交戦する, 衝突する **3.** 同時におこる, 存在する ad fanum ex urbe tota concurritur (172) 人は都全体から神殿へかけ集る ut omnia concurrant, optabile est (171) すべてのことが同時におこることが望ましい

concursātiō *f.* concursātiōnis *3* §28 ［concursō］ **1.** 一緒にかけ集ること, あちこちと走り回ること, 混乱した集合, 右往左往 **2.** 衝突, こぜり合い, 前哨戦 **3.** 地方の巡回(巡回裁判) **4.** 心配, 動揺 mulierum concursatio incerta nunc hos nunc illos sequentium (118.1) 時にこの人たちの, 時にあの人たちの後を追って, 右往左往している女たちの周章狼狽

concursātor *m.* concursātōris *3* §26 ［concursō］ あちこちと走り回る人，こぜりあいする人，前哨兵

concursiō *f.* concursiōnis *3* §28 ［concurrō］ **1.** 一緒に走ること，駆け集ること，合流，集結 **2.** 一緒に配置すること，並置，同時発生 **3.** 遭遇，衝突，会戦，(天)交合 **4.** (修)同語のひんぱんな繰り返し(強調のくりかえし)

concursō *1* con-cursāre, -sāvī, -sātum §106 ［cum, cursō §176］ **1.** あちこちへと走り回る，あわてて右往左往する **2.** ぶらつく，旅をする，漫遊する，しばしば訪れる **3.** こぜりあいをする

concursus *m.* concursūs *4* §31 ［concurrō］ **1.** 駆け集ること，走り回ること **2.** 合流，集合，群集，雑踏，人だかり，騒動 **3.** 衝突，遭遇，会戦，攻撃 lunae et solis consursus 月と太陽の交会(合) ii magno concursu (9f9) eo contenderunt 彼らは全速力でそこへ急行した

concussī → concutiō

concustōdiō *4* con-custōdīre, -dīvī, -dītum §111 ［cum, custōdiō §176］ 監視する，守る，防ぐ，保護する

concutiō *3b* con-cutere, -cussī, -cussum §110 ［cum, quatiō §§174 (2), 176］ **1.** 槍を打ち合わせて音をとどろかせる，ぶつけ合う **2.** 振り回す，振る，ゆすぶる，ふるわせる，振動(動揺)させる **3.** かきたてる，かき乱す，興奮(奮起)させる，激励する **4.** 打つ，叩く，害する，痛める，弱める，なやます，苦しめる **5.** ぐらぐらさせる，倒壊(崩壊)させる，転覆させる terra ingenti motu concussa est 大地が大地震で揺れ動いた concusso jam et paene fracto Hannibale (9f18) ハンニバルはいまや(自信を)ゆるがされ，ほとんど(勇気を)挫かれていて casu (9f15) animum (9e9) concussus amici 彼は友の不幸によって心を痛めていた te ipsum concute 汝自身を深く反省・吟味せよ(着物をゆすぶって何かを探し出すように)

condecōrō *1* -decōrāre, -decōrāvī, -decorātum §106 ［con+decōrō］

美しくする，優美に飾る，品位をそえる

condemnātiō *f.* -nātiōnis *3* §28 ［condemnō］ 断罪，罪の宣告

condemnō *1* con-demnāre, -nāvī, -nātum §106 ［cum, damnō §176］ 有罪の判決を下す，非難する，とがめる 〜 aliquem lege aliqua ある法にもとづいて，ある人を有罪とする 〜 aliquem ambitus (9c10) (de pecuniis repetundis) ある人をわいろ行為で(不法誅求に関して)有罪の判決を下す 〜 aliquem capitali poenā (9f12) 又は capitis (9c10) (ad bestiam) ある人に死刑の罰を(野獣の前に投げ出す刑罰を)宣告する・課す

condēnsō *1* con-dēnsāre, -sāvī, -sātum §106 ぎっしりとつめる，ぎゅうとおしつける

condēnsus *a.1.2* con-dēns-a, -um §50 ぎっしりとつまった，密な，すき間のない，濃い，密生した

condiciō *f.* condiciōnis *3* §28 ［condīcō］ **1.** 申し合せ，提案，協定，契約，約束 **2.** 条件，状況，事情，容態，(法的)立場 **3.** 結婚，結婚相手，配偶者，情事，情夫，情婦 **4.** 性質，性格 condiciones dedendae (121.3) urbis 町を明け渡す条件 condicio humana 人間の条件 condicionem filiae quaerere 娘に配偶者を探す sub ea condicione, ne quid postea scriberet (116.6) 以後何も書かないという条件の下に

condīcō *3* con-dīcere, -dīxī, -dictum §109 ［cum, dīcō §176］ **1.** 申し合わせる，とりきめる，指定する **2.** 通知する，注意を与える **3.** 賠償を要求する **4.** ある人の所で夕食を一緒にすることを予約(約束)する，ある人の所での夕食会の招待に応ずる cum mihi condixisset, cenavit apud me 彼は私と一緒に食事をすると約束していたので，私の家で夕食をとった

condidī → condō

condignē 副 §67 似合って，適当に，ふさわしく

condignus *a.1.2* -dīgna, -dīgnum §50 ［con+dīgnus］適当な，値打ちのある，ふさわしい

condormīscō

condīmentum *n.* condīmentī *2*
§13 ［condiō］ **1.** 味をつけること, 調味
料, 薬味, 香辛料 **2.** 調節(加減) cibi
condimentum est fames 空腹は食物の
調味料

condiō *4* condīre, -dīvī (-diī), -ditum
§111 ［condō］ **1.** 味をつける, 風味を
そえる, 薬味を入れる **2.** 興をそえる, 和
らげる, 静める **3.** 塩漬(酢漬)けにする
4. 香油をつめて死体保存する, ミイラにす
る hilaritatem illam qua hanc tristitiam
temporum condiebam それによって私
が, 時代のこの悲しみを和らげていた, あ
の陽気さを

condiscipulātus *m.* condiscipulātūs
4 §31 ［condiscipulus］ 学生時代,
同窓生という事実・関係

condiscipulus *m.* con-discipulī *2*
§13 学友, 学校友だち, 同窓生

condiscō (**-dīs-** ?) *3* con-discere,
-didicī, —— §109 ［cum, discō §176］
しっかり学ぶ, 学んでわがものとする, 習
得する pauperiem pati puer condiscat
(116.2) 少年は(人は少年期に)貧乏に耐え
ることを習得すべきである

conditor *m.* conditōris *3* §26
［condō］ **1.** 創建者, 創始(創立)者 **2.**
創造主, 創作者, 作家, 著者 **3.** 元祖,
始祖 **4.** 発明者, 発起人 humilis tantis
sim (116.3) conditor actis かくも輝かし
い(あなたの)業績に対し(を述べるにあたっ
て)私は無名の創作者かも知れない

conditūra *f.* conditūrae *1* §11
［condō］ **1.** 調味の方法 **2.** 魚肉の塩漬
けの保存法, 貯蔵法

conditus *a.1.2* condit-a, -um §50
［condō の完分］ **1.** 保存(保管)された,
貯蔵された **2.** かくされた, 秘密の

condītus *a.1.2* condit-a, -um §50
［condiō の完分］ **1.** 味つけされた, 風味
をそえられた, おいしい **2.** たのしい, 心を
引く, 洗練された, 上品にされた orator
urbanitate conditior 機知によっていっそ
う洗練された雄弁家

condō 不規 con-dere, -didī, -ditum
§159注 ［cum, dō §176］ **1.** (一緒に)

おく, 差しこむ, すえる, のせる, あてる
2. 組み立てる, 創設(創始)する, 建てる
3. 作る, 書く, 著述する, 取扱う **4.** 蓄え
る, 貯蔵する, 保存する, おさめる **5.** 隠
す, 秘密にする, 埋葬する, 監禁する, お
し込む, 突きさす **6.** すごす, 終える ab
urbe condita 都市(国家)建設以来(の歴
史) Homero condente (9f18) ホメーロ
スが創作していた頃 nubes condidit lu-
nam 雲が月を包み隠した condit quisque
diem collibus in suis 各人自分の丘(葡
萄畑)で終日くらす ～ ensem in pectus
(in pectore) 剣を胸に突き刺す condere
gladium 剣をさやにおさめる condita
verax aperit praecordia Liber 真実を
語る酒(神)が, 閉ざされた胸の中(心の秘
密)を明かすのだ

condocefaciō *3b* condoce-facere,
-fēcī, -factum §110 ［condoceō］ 練
習して覚え込ませる, 訓練する, 仕込む,
調教する

condoceō *2* con-docēre, -docuī,
-doctum §108 訓練する, 仕込む, し
つける

condolēscō *3* con-dolēscere, -doluī,
—— §109 ［cum, doleō］ **1.** ひどく痛
む, 烈しくうずく **2.** ひどく悲しむ, 嘆く,
苦しむ si condoluit tentatum frigore
corpus 風邪にかかって, 体がひどく痛ん
でいたとき

condōnātiō *f.* condōnātiōnis *3*
§28 ［condōnō］ 譲り渡すこと, 贈与

condōnō *1* con-dōnāre, -dōnāvī,
-dōnātum §106 **1.** 贈る, 与える, 明
け渡す, 放棄する, 断念する **2.** 許す, 大
目に見る, 免ずる, 犠牲にする ～ suum
dolorem alicujus precibus ある人の嘆
願により, 自分の苦痛を捨ててかえりみな
い praeterita se fratri (9d) condonare
dicit (カエサルは)(弟の)これまでの行為は
兄に免じて許すと言う

condormiō *4* con-dormīre, -dormīvī
(-iī), —— §111 ［cum, dormiō §176］
ぐっすりねむる, すぐ寝込む

condormīscō *3* -dormīscere,
-dormīvī(-iī) §109 寝入る

condūcō 146

condūcō *3* con-dūcere, -dūxī,
-ductum §109 [cum, dūcō §176]
1. 集める, 募集する, つなぐ, 結合させる
2. やとう, 賃貸しする, 賃借りする, 小作
する,請け負う,契約する,買収する **3.** (自)
適する, 合っている, ふさわしい **4.** (自)役
立つ, 寄与する, 資する conducere prae-
benda (121.3 対) quae ad exercitum
opus sunt 軍隊に必要な軍需品の調達を
請け負う nemini injuste facta condu-
cunt 不正な行為は誰の役にも立たない

conductīcius *a.1.2* conductīci-a,
-um §50 [condūcō] 備われた, 借り
た

conductiō *f.* conductiōnis *3* §28
[condūcō] **1.** 賃借りをする, 小作, 賃
貸借契約証をとること **2.** 要旨を繰返して
述べること, 要約

conductor *m.* conductōris *3*
§26 [condūcō] **1.** 借家人, 借地人,
小作人 **2.** 請負人, 契約者 **3.** 雇い主

conductus *a.1.2* conduct-a, -um
§50 [condūcō の完分] **1.** 雇われた,
賃借りした **2.** 雇われ人からなる, 傭兵か
らなる (名)**conductus** *m.* conductī
2 §13 賃金労働者(雇われ人),(外人)
傭兵

conduplicō *1* -plicāre, -plicāvī,
-plicātum §106 [con+duplicō] 2
倍にする corpora conduplicāre 抱擁す
る

cōnectō *3* cō-nectere, -nexuī,
-nexum §109 [cum, nectō §176]
1. 一緒につなぐ, 結び合わせる, 編み合わ
せる **2.** 一緒にしばる, 束ねる, くくる, 巻
く, 巻き込む **3.** 関係をつくる, 関連づけ
る, 連想させる **4.** (語・文を)結ぶ, 文を
つくる **5.** しめくくる, 結論する, 推論する
palliolum conexum in umero laevo 左
肩で結び合わされた小外套 discrimini
(9d4) patris filiam conectebat 彼は父
親の危険に娘をまき込もうとしていた

cōnexus *a.1.2* -nexa, -nexum §50
[cōnectō の完分] **1.** 結合, 連結された
2. お互いに関係した **3.** (友情の)絆に結ば
れた **4.** (時間が)連続した, 絶え間なき

cōnfābulor *dep.1* -fābulārī,
-fābulātus §123(1) [con+fābulor]
談話する

cōnfectiō *f.* cōnfectiōnis *3* §28
[cōnficiō] **1.** 準備, 用意 **2.** 実現, 完
成, 達成 **3.** (文書の)起草, 作成, 製作
4. 修繕, 修復, 回復 **5.** 変形, 縮小, 減
少, 消耗, 衰弱 **6.** 終了, 終結 confectio
hujus belli この戦争の終結 ～ valetudi-
nis 健康の衰え ～ medicamenti 薬の調
整

cōnfector *m.* cōnfectōris *3* §26
[cōnficiō] **1.** 製作者, 請負人, 企画者
2. 管理・指導する人 **3.** 完成・達成する
人 **4.** 破壊者, 殺害者

cōnfectus → cōnficiō

cōnferciō *4* cōn-fercīre, -fersī,
-fertum §111 [cum, farciō §§174
(2), 176] 一緒に詰め込む, ぎっしりつめ
る

cōnferō 不規 cōn-ferre, con-tulī, col-
lātum §§158, 176 **1.** 一所に集める,
一緒にする, あちこちから持ち寄る, 運ぶ
2. 寄付する, 貢献する, 仕える, 捧げる,
渡す, やる **3.** 近づける, 対決させる, 戦
わせる **4.** 比較する, 相談する, 話し合う,
分け合う, 考えを共有する, 論争する **5.** 帰
する, せいとする, 責めを負わす, 任す
6. 適応させる, 用いる, 向ける, 合わせる
7. 移す, のばす, おくらせる, 変える **8.** se
～ 赴く, 自分を持ち込む, 身を捧げる, 没
頭する jubet sarcinas conferri 彼は(兵
らに)行李を一所に集めるように命じる
pater plurimum ad victoriam contulit
父は勝利のために大いに貢献した castra
castris conlata (敵の)陣営に接近させた
(味方の)陣営 collatum pedem non fer-
re (相接した足での)白兵戦に耐えられな
い omnia mea studia in istum unum
confero 私はその一事に私のあらゆる情熱
を捧げる supplicia ad tuum, non ad rei
publicae tempus conferes あなたはその
祈願祭を, 国家のではなく自分の都合の良
い時まで延ばすべきだ ～ spem salutis ad
clementiam victoris 生命救助の希望を,
勝者の慈悲心にゆだねる

cōnfertim 副 ［cōnfertus］ ぎっしり詰めて，密集隊形で

cōnfertus *a.1.2* cōn-fert-a, -um §50 ［cōnferciō の完分］ （比）confertior （最）confertissimus **1.** ぎっしりと詰った，おしこめられた，混雑した，一杯の **2.** 密な，密生した，濃い，密集隊形の liber confertus voluptatibus (9f16) 情欲で一杯の本

cōnfervēscō *3* cōn-fervēscere, -feruvī (-ferbuī), —— §109 熱くなる，燃え上がる，火がつく

cōnfessiō *f.* cōnfessiōnis *3* §28 ［cōnfiteor］ **1.** 告白，白状，自認 **2.** 承認，証拠，しるし ea erat confessio (= confiteri), caput rerum Romam esse (117.5) それはローマが国家の首府であるということの承認であった

cōnfessus *a.1.2* cōnfess-a, -um §50 **1.** cōnfiteor の完分 **2.** 認められた，定評のある **3.** 一般に承認された，明白な，明らかな （名）**cōnfessum** *n.* cōnfessī *2* §13 承認された事実 in confesso 一般に認められている，明らかな in confesso est （非）§171 一般に承認されている

cōnfestim (-ē- ?) 副 ［*cf.* festīnō］ 急いで，すばやく，直ちに，即座に，不意に

cōnficiēns *a.3* cōnficientis §58 ［cōnficiō の現分］ （最）conficientissimus 果す所の，実現させる所の，生み出す所の，有能な civitas conficientissima litterarum (9c13) 文書を最も多く生み出す国，文書の保存に熱心な国（繁文縟礼の国）

cōnficiō *3b* cōn-ficere, -fēcī, -fectum §110 ［cum, faciō §§174(2), 176］ **1.** 完全になしとげる，作り上げる，遂行する，実行する，片づける，すます，終える **2.** もたらす，生じさせる，手に入れる，確保する **3.** 作る，書く，定める，する，費やす **4.** 力をそぐ，衰弱させる，疲れ果てさせる，ひっくりかえす，切り倒す，破壊する，ぶち切る，殺す **5.** 推論(結論)する sacra per mulieres confici solent 祭祀は女によってなされるのが習慣である jam prope hieme confecta (118.5) いまや冬が殆んどすぎ去ったので suavitas vocis bene loquendi (119.2) famam confecerat 声の魅力が立派な弁論家という名声をもたらしていた ex eo hoc conficitur … そのことから，次の結論となる ad eas res conficiendas (121.3) biennium sibi satis esse duxerunt 彼らはそれらのことをなしとげるのに，2年もあれば充分だと考えた celeriter octo milium itinere confecto 8マイルの行程を急行軍で終えると cum corporis morbo, tum animi dolore confectus 体の病気によっても，精神の苦痛によっても衰弱しきっていた(彼)

cōnfictiō *f.* cōnfictiōnis *3* §28 ［cōnfingō］ 捏造，偽造，作り事，でっちあげ

cōnfictus → cōnfingō

cōnfīdēns *a.3* cōnfīdentis §58 ［cōnfīdō の現分］ （比）confidentior （最）confidentissimus **1.** 自信のある，確信している，自信満々の，大胆な **2.** うぬぼれた，あつかましい，不遜な，恥知らずの

cōnfīdenter 副 ［cōnfīdēns §67(2)］ （比）confidentius （最）confidentissime **1.** 自信(確信)をもって，自信満々と **2.** 大胆に，厚かましく，鉄面皮にも，ずうずうしく

cōnfīdentia *f.* cōnfīdentiae *1* §11 ［cōnfīdēns］ 自信，確信，大胆不敵，傍若無人，厚顔無恥

cōnfīdō *s.dep.3* cōn-fīdere, -fīsus sum §142 ［cum, fīdō §176］ 信じる，信頼する，期待する **1.** (与と) legioni ～ 軍団を信頼する sibi ～ 自分を信じる **2.** (奪と) naturā loci ～ 場所の性状を信頼する confisi viribus 彼らは勢力を信じて **3.** neminem (117.5) postea in Britanniam transiturum (146) confidebant 今後誰もブリタンニアには渡ってこないだろうと彼らは信じていた

cōnfīgō *3* cōn-fīgere, -fīxī, -fīxum §109 ［cum, figō §176］ **1.** 一緒にとじ合わせる，釘付けにする，結合させる **2.** 穴をうがつ，突き通す configere fures sa-

cōnfingō 148

gittis 悪漢どもを矢で射抜くこと

cōnfingō *3* cōn-fingere, -finxī, -fictum §109 [cum, fingō §176] **1.** 形をつくる, 作り上げる **2.** 考え出す, 工夫する, 案出する **3.** 捏造(偽造)する, でっちあげる, 見せかける, 装おう id vos a viro optimo cogitatum esse confingitis お前らは, それが最も立派な人によって考えられたかのように装おう

cōnfīnis *a.3* cōn-fīne §54 [cum, fīnis] 隣り合った, 隣接する, 近くの, 似ている, 近親の virtutibus (9d13) vitia confinia 美徳に近い悪徳

cōnfīnium *n.* cōn-fīniī *2* §13 [confīnis] **1.** (共通の)境界, 辺境, 国境, 限界 **2.** 隣接, 接近, 付近 confinia lucis et noctis ひると夜の境目(夜明けとたそがれ) confinium patuit artis et falsi (占星)術と詐欺とが, 隣接していること(紙一重の差であること)がわかった

cōnfīō 不規 cōn-fierī, —— §157 [cōnficiō] **1.** 一緒にされる, 集められる **2.** なし遂げられる, 完成される, なされる, 起る **3.** 使い果される

cōnfirmātiō (-fīr- ?) *f.* cōnfirmātiōnis *3* §28 [cōnfirmō] **1.** 強固にしてやること, 支えてやること **2.** 確証, 証明, 保証 **3.** 激励, 慰め, 勇気づけること

cōnfirmātor (-fīr- ?) *m.* cōnfirmātōris *3* §26 [cōnfirmō] 保証人

cōnfirmātus (-fīr- ?) *a.1.2* cōnfirmāt-a, -um §50 [cōnfirmō の完分] (比)confirmatior **1.** 自信のある, 確信した, 大胆な, 勇敢な **2.** しっかりと保証(確証)された, 確実な, 強固な confirmatiorem efficere exercitum 兵士の自信をいっそう強固なものとする

cōnfirmō (-fīr- ?) *1* cōn-firmāre, -firmāvī, -firmātum §106 **1.** 固める, 強化する, 体力を強める, 防禦施設で固める **2.** 元気(勇気)づける, 鼓舞する, 慰める **3.** 断言する, 保証する, 確信する, 請け合う, 約束する Gallorum animos verbis confirmavit 彼はガッリア人の心

を言葉で慰めた acta Caesaris confirmata sunt a senatu カエサルの業績は元老院から批准された talem exsistere eloquentiam non potuisse confirmo このようなすばらしい雄弁は, 今迄に存在し得なかったと私は断言する exemplis confirmare quantum auctoritas valeat (116.10) in bello 権威が戦争においてどんなに大きな力を持つかを例証する

cōnfiscō *1* cōn-fiscāre, -cāvī, -cātum §106 [cum, fiscus] **1.** 元首が元首金庫のために個人の財産を没収する, 差し押さえる **2.** 金庫に保管しておく, 蓄えておく

cōnfīsus → cōnfīdō

cōnfiteor *dep.2* cōn-fiterī, -fessus sum §123(2) [cum, fateor §§174 (2), 176] **1.** 認める, 自白する, 告白する **2.** 示す, もらす, あばく ego me fecisse confiteor 私がそれをやったことを認める de meo facto confiteri non dubitem (116.3) 私の行為について自白することを私はためらわないだろう motum animi suis lacrimis ~ 感動を自分の涙で示している

cōnfīxus → cōnfīgō

cōnflagrō *1* cōn-flagrāre, -rāvī, -rātum §106 [cum, flagrō §176] 燃えている, 燃え上る, 焼失する, 灰燼に帰す

cōnflīctō *1* cōn-flīctāre, -tāvī, -tātum §106 [*cf.* cōnflīgō] **1.** 激しく打ち合わす, 争う **2.** 打ち倒す, 苦しめる, 悩ます, 圧迫する, 襲う **3.** (*dep.*) **cōnflīctor** *dep.1* cōn-flīctārī, -tātus sum §123.1 戦う, 格闘する pestilentiā (incommodis) conflictati 悪疫(不便)に苦しめられた (人々) conflictor cum adversa fortuna 逆境と戦う

cōnflīctus *m.* cōnflīctūs *4* §31 [cōnflīgō] 衝突, 交戦, 格闘

cōnflīgō *3* cōn-flīgere, -flīxī, -flīctum §109 [cum, flīgō §176] **1.** (他)打ち合わす, 衝突させる **2.** (自)ぶつかる, 戦う, 遭遇する adversi venti conflixerunt 相反する風がぶつかり合った

cōnflō *1* cōn-flāre, -flāvī, -flātum §106 **1.** 吹き集める, 吹いて(火を)起す,

かきたてる，そそる，あおる **2.** ひき起す，催させる，生ぜしめる **3.** 集合させる，招集する，かき集める **4.** 溶かす，鋳造する **5.** 作る，考え出す seditio jure conflata 正当に惹き起こされた暴動 ~ argenteas statuas 銀製の像を溶かす in aliquem（又は aliqui）invidiam ~ ある人に対して憎しみをあおる

cōnfluēns *m.* cōnfluentis *3* §§24, 25(ロ)［cōnfluō の現分］合流，合流地点

cōnfluō *3* cōn-fluere, -flūxī (-u- ?), —— §109 合流する，大勢が集ってくる，流れ込む，雑踏する perfugarum magnus ad eum cotidie numerus confluebat 脱走兵の多数が，毎日彼の所へ流れ込んでいた

cōnflūxī → cōnfluō

cōnfodiō *3b* cōn-fodere, -fōdī, -fossum［cum, fodiō §176］§110 **1.** 掘り起す，掘り出す，掘り返す **2.** 回りを掘る，溝を掘る **3.** 刺す，突き通す，穴をうがつ，刺し殺す quaedam ex epistola notis confodere 手紙の中のいくつかの部分に，短剣符(obelus)をつけて批判すること

cōnfōrmātiō *f.* cōnfōrmātiōnis *3* §28［cōnfōrmō］**1.** 調和(均斉)のとれた姿，形，形成，造型，輪郭 **2.** 配列，配置，組織，構造，体質，性格 **3.** 修辞的な(入念な)仕上げ，比喩の使用，比喩的表現 conformatio (vocis) 声の形成，音調の変化，語形変化 ~ animi 心像の形成，概念，考え

cōnfōrmō *1* cōn-fōrmāre, -māvī, -mātum §106 **1.** 調和の取れた形をつくる，他に合わせて作る，型に入れて作る **2.** 輪郭を描く，心像をつくる，言葉で描く，書く **3.** 調和させる，陶治する，鍛錬する，教化する，仕上げる mentem meam cogitatione hominum excellentium conformabam 私は私の精神を，偉大な人物の思考に合せて形成していた

cōnfossus → cōnfodiō

cōnfrāctus → cōnfringō

cōnfragōsus *a.1.2* cōnfragōs-a,

-um §50［cōnfringō］**1.** でこぼこの，平坦でない，ざらざらした **2.** 難しい，困難な

cōnfrēgī → cōnfringō

cōnfremō *3* cōn-fremere, -fremuī, —— §109 **1.** ざわめく，つぶやく **2.** 鳴り響く

cōnfricō *1* cōn-fricāre, ——, -cātum §106 **1.** こする，こすりつける，こすり落す **2.** すり磨く，摩擦する，あんまする genua confricare (相手の)膝に頭をすりつけて歎願する

cōnfringō *3* cōn-fringere, -frēgī, -frāctum §109［cum, frangō §§174 (2), 176］**1.** こわす，砕く，割る，破壊する，とりこわす **2.** 滅ぼす，台なしにする，蕩尽する **3.** (受)難破する

cōnfugiō *3b* cōn-fugere, -fūgī, —— §110 危険から走って逃げる，避難する，救いを求めて走る，訴える，頼る ~ in naves 船の中に逃げ込む ~ ad clementiam alicujus ある人の慈悲心に訴える

cōnfugium *n.* cōnfugiī *2* §13［cōnfugiō］避難所，隠れ場，聖域，神聖な場所

cōnfundō *3* cōn-fundere, -fūdī, -fūsum §109 **1.** 一緒に注ぐ，注ぎ込む，まぜ合わせる，ごたまぜにする **2.** 混乱させる，散らす，広げる，狼狽させる，形を損ずる tanta multitudine confusa (9f18) こんなに大勢がひしめき合って philosophia quae confundit vera cum falsis 真実と虚偽をまぜ合わせた哲学 vis divina toto confusa mundo (9f1. イ) 全世界に広がっている神々の威力 cum Marte confundet proelia 彼はマルス神と戦いを交えるだろう rusticus urbano (9d4) confusus 都会人と一緒になった田舎者

cōnfūsē 副［cōnfūsus §67(1)］(比) confusius ごちゃごちゃに，入り交じって，乱雑に，無秩序に

cōnfūsiō *f.* cōnfūsiōnis *3* §28［cōnfundō］**1.** ごちゃごちゃな状態，混合，混合物 **2.** 融合，溶解，母音縮合(2つの母音が1つになる) **3.** 混乱，動乱，無秩序，不和 **4.** 心の動揺，不安，ろうばい，

cōnfūsus 150

赤面, 仰天 oris confusio 赤面

cōnfūsus *a.1.2* cōnfūs-a, -um §50 [cōnfundō の完分] （比）confusior （最）confusissimus **1.** 混合された, ごたまぜの **2.** 無秩序の, 乱雑な **3.** ばくぜんとした, ぼんやりした, 不明瞭な, 区別し難い **4.** 混乱した, 当惑した, めんくらった

cōnfūtō *1* cōn-fūtāre, -fūtāvī, -fūtātum §106 **1.** 押える, 制止する, 阻止する, さえぎる, 止める, 滅じる, 小さくする **2.** 衝撃を与える, めんくらわせる, 黙らせる **3.** 反駁する, 論破する maximos dolores recordatione confutat 彼は大きな苦痛を記憶（思い出）によって小さくする istos qui me culpant, confutaverim (116.3) わしを責めている奴らに, 逆(ᵍᵃ)ねじを食らわせられるかもしれん

cōnfutuō *3* cōnfutuere, ——, —— §109 [cum, futuō §176] 一緒にねる, 同棲する

congelō *1* con-gelāre, -lāvī, -lātum §106 [cum, gelō §176] **1.** (他)凍らせる, 凝固(結)させる, 固める, 堅くする, (涙を)乾かす **2.** (自)凍る, 固くなる, かじかむ, 麻痺する, 無感覚になる, 鈍(ᵍᵇ)る congelasse (114.3) nostrum amicum laetabar otio わが友が無為の中に関節を硬直させた（ほうけてしまった）ことを喜んでいた

congeminō *1* con-gemināre, -nāvī, -nātum §106 [cum, geminō §176] **1.** 二倍にする, ふやす **2.** 二倍になる, ふえる

congemō *3* con-gemere, -gemuī, -gemitum §109 [cum, gemō §176] **1.** 一緒に(深く)嘆く, うめく **2.** 悲しみ(苦痛)の叫び声をあげる, 呻吟する **3.** (他)嘆き悲しむ(誰々を, 死を)

congeriēs *f.* congeriēī *5* §34 [congerō] **1.** 積み重ね, 堆積, (火葬用の)たきぎの山 **2.** 無秩序な(乱雑な)集団, 群集, かたまり, 多量 **3.** 無秩序, 混乱

congerō *3* con-gerere, -gessī, -gestum §109 **1.** 運んで一緒にする, 積み上げる, 蓄積する, 集める, 醸金する **2.** つくる, 建てる **3.** あてがう, 与える aram

sepulcri congerere arboribus 木を積み重ねて葬儀の祭壇をつくる in aliquem（又は alicui）maledicta 〜 ある人に非難を積み重ねる

congestīcius *a.1.2* con-gestīci-a, -um §50 [congerō] 積み上げられた, 蓄積された, 高められた

congestus *m.* congestūs *4* §31 [congerō] **1.** 一緒にする, 集めること **2.** 積み上げること, 積み重ね, 累積

congestus → congerō

congiārium *n.* congiāriī *2* §13 [congius] **1.** 貧しい市民に配給された1コンギウスの量の油, ブドウ酒などの心づけ **2.** 金銭, 心づけ **3.** 贈物, 寄付

congius *m.* congiī *2* §13 容積の単位 §198

conglaciō *1* con-glaciāre, -glaciāvī, —— §106 氷となる, 凍る

conglobō *1* con-globāre, -bāvī, -bātum §106 **1.** 集めて球形にする(丸める) **2.** 集めて一かたまり(一群・一団)を作る, 集める, 集中する, 集結する sanguis conglobatus 血のかたまり

conglūtinātiō *f.* conglūtinātiōnis *3* §28 [conglūtinō] にかわで接合させること, 接合, 連結, 結合, 組み合せ

conglūtinō *1* con-glūtināre, -nāvī, -nātum §106 [cum, glūtinō §176] **1.** にかわで接着させる **2.** 諸要素の堅い結合体をつくる, 全体の各要素を固く結合(接着)する **3.** 凝集させる, 組み立てる, 一緒にする, 統一する **4.** 強固にする, かためる

congrātulor *dep.1* con-grātulārī, -lātus sum §123(1) **1.** 一緒に(皆で)祝う, 喜ぶ **2.** 祝詞を述べる, 祝賀する, お祝いを言う

congredior *dep.3* con-gredī, -gressus sum §§123(3), 125 [cum, gradior §§174(2), 176] **1.** 一緒になる, 集る, 近寄る, 出会う, 会見する **2.** 衝突する, 遭遇する, 戦いを交える 〜 cum Caesare in itinere 旅行中カエサルと出会う armis 〜 武器を持って衝突する(戦う) congressus impari numero (9f9)

劣勢で戦った(彼)

congregābilis *a.3* congregābile
§54 [congregō] 一緒に暮らす(棲む)
ことに慣れた，社交的な，群居性の

congregātiō *f.* -gātiōnis *3* §28
[congregō] **1.** 社会集団(協会，組合)
をつくること **2.** 集合，配列

congregō *1* con-gregāre, -gāvī,
-gātum §106 [cum, grex] **1.** 共同
生活のために集める，集中させる，結合さ
せる，一つにする，仲間に入れる **2.** (再)
se congregare (受)congregari 集合す
る，群がる，共同する，交際する，一緒に
なる dispersos homines unum in locum
congregavit 彼は散らばっていた人らを一
箇所に集めた pares cum paribus facilli-
me congregantur 類は友を呼ぶ

congressiō *f.* congressiōnis *3*
§28 [congredior] **1.** 出会い，遭遇，
会見，面会 **2.** 交際，交渉，交戦，性交

congressus *m.* con-gressūs *4* §31
[congredior の完分] **1.** 出会い，会見，
集会，社交，交際，結合 **2.** 遭遇戦，衝
突，合戦

congruēns *a.3* congruentis §58
[congruō の現分] (最)congruentis-
simus **1.** 調和した，一致した，ぴったり
合った，似合った，適当な **2.** 一斉の，同
形の，一様の **3.** (非) §§171, 167 con-
gruens est, ~ videtur ふさわしい，ふさ
わしいと思われる vita congruens cum
disciplina 教義と一致した生き方
 congruenter 副 (比)congruentius
…に従って，応じて，ふさわしく，一致し
て congruenter naturae (9d13) vivere
自然に従って生きること

congruō *3* con-gruere, -gruī, ——
§109 **1.** 出会う，衝突する，結合する，
一体となる **2.** 一致(合致)する，符号(調
和)する，似合う，相応(呼応)する **3.** 首
尾一貫する **4.** (非)ut 文と(§169) …がふ
さわしい，同時に起る，一致している con-
gruente (118.5) ad equestrem pugnam
velocitate peditum 歩兵は騎兵戦にふさ
わしく敏速なので dies mensesque con-
gruere cum solis lunaeque ratione 日

と月は太陽と月の運行と合致する

cōnifer *a.1.2* cōni-fera, -ferum §51
[cōnus, ferō] 毬果をつける，松柏類の

cōniger *a.1.2* cōni-gera, -gerum
§51 [cōnus, gerō] ＝**cōnifer**

cōnītor *dep.3* cō-nītī, -nīsus (-nīxus)
sum §§123(3),125 **1.** 全力で身を支え
る，全力を尽す，努力する，得よう(達し
よう)と骨折る **2.** 陣痛を起している coni-
terentur (133, 116.9a) modo uno animo
omnes invadere hostem 全員が心を一
つにして敵を攻撃しようと努力さえしたら
equitatus noster summa in jugum
virtute conititur 我が騎兵隊は，最高の
勇気をふるって山頂に達しようと努める

cōnīveō *2* cō-nīvēre, -nīvī (-nīxī),
—— §108 **1.** (目を)閉じる **2.** 目が閉
じる，目が重くなる，まどろむ，ねむり込む
3. 見て見ぬふりをする，大目に見る，見逃
す oculis somno (9f15) coniventibus
(9f18) ねむっていて目が閉じているので
consulibus si non adjuvantibus, at
coniventibus (118.5) certe 両執政官が，
たとい助けてくれなくても，少なくとも見逃
してくれるので

conjēcī → conjiciō

conjectiō *f.* conjectiōnis *3* §28
[conjiciō] **1.** 槍を投げること **2.** 並置，
比較 **3.** 解釈，説明，推測

conjectō *1* con-jectāre, -tāvī, -tātum
§106 [conjiciō] **1.** 投げつける **2.** 推し
量る，憶測する，予想する conjectans
(118.4) eum Aegyptum (70) iter habe-
re 彼が今，エジプトに向って旅をしている
と推測して

conjectūra *f.* conjectūrae *1* §11
[conjiciō] **1.** 推量，憶測，予想 **2.** 予
言，占い，解釈(夢の) ex aliqua re ali-
cujus rei conjecturam facere あること
からあることを推量する(結論する).

conjectus *m.* conjectūs *4* §31
[conjiciō の完分] **1.** 一緒に投げること，
発射，発砲 **2.** 集中させること，集めるこ
と **3.** 目を向けること，合わすこと domus
fracta conjectu lapidum 石を一斉に投
げつけてこわされた家 ad conjectum teli

conjiciō　152

venire 射程に届く

conjiciō (**conicio**) *3b* con-jicere, -jēcī, -jectum §110 ［cum, jacio §§174(2), 176］ **1.** 一斉に投げ込む, 投げつける, 寄せ集める, 集中する **2.** 突く, 追う, 向ける, 強いる, 駆りたてる **3.** 推し当てる, 推定する, 結論する, 予言する se ～ 身を投げる, 突進する, 没頭する domus inflammata conjectis ignibus 燃え火を投げ込まれて家が燃上がった conjeci Lanuvii (70) te fuisse (117.5) あなたがラヌウィウムにいたものと私は推測した hostem in fugam ～ 敵を逃亡へ投げ込む(潰走させた) omnes oculos in Antonium conjecerunt 皆がアントニウスを凝視した praetoriae provinciae in sortem conjectae 属州総督(の選択)がくじ(抽選)にかけられた naves in noctem conjectae 船団は夜の闇におそわれた

conjugālis *a.3* conjugāle §54 ［conjunx］ 婚姻の, 夫婦間の

conjugātor *m.* conjugātōris *3* §26 ［conjugo］ 結びつける人, めあわせる人 conjugator amoris 愛の絆を固くしめる神(人)

conjugiālis *a.3* conjugiāle §54 ［conjugium］ ＝**conjugālis**

conjugium *n.* conjugiī *2* §13 ［conjungo］ **1.** 結合, 合体, 合一 **2.** 結婚(生活) **3.** つれあい, 夫, 妻 **4.** 夫婦, つがい

conjugō *1* conjugāre, -gāvī, -gātum §106 ［conjux］ 合わせる, 対にする, 結ぶ similitudo morum conjugavit amicitiam 性格の一致が友情をつくった

conjunctē 副 ［conjunctus §67(1)］ (比)conjunctius　(最)conjunctissime **1.** 一緒に, 共同で, 連帯して **2.** 仲よく, 親密に **3.** 同時に

conjūnctim 副 ［conjunctus］ 共同して, 一緒に, 共通で

conjūnctiō *f.* conjūnctiōnis §28 ［conjungo］ **1.** 結合, 連結, 接合, 合併, 関連 **2.** 共有, 絆, つながり **3.** 友情, 親密, 結婚, 親戚(関係) **4.** (文)接続詞

conjunctus *a.1.2* conjunct-a, -um

§50 ［conjungo の完分］ (比)conjunctior　(最)conjunctissimus **1.** 隣接の, 一緒につながれた **2.** 同時の, 同時代の **3.** 友情(血)の絆で結ばれた, 深い関係の, 親密な間柄の vir conjunctissimus mecum 私と最も固い友情で結ばれた人 talis simulatio vanitati (9d13) est conjunctior quam liberalitati そのような見せかけは, 気前の良さよりも虚栄心にいっそう近い

conjungō *3* con-jungere, -jūnxī, -jūnctum §109 結び合わせる, 一つにする, 一緒にする, 連結する, 継ぐ, つけ加える noctem diei conjunxerat 彼は夜を日についで(行軍して)いた aliquem cum deorum laude conjungere ある人を神々への賛美と結ぶ(神々の如くほめたたえる) aliquam matrimonio (9f11) secum ～ ある女を自分の妻とする ne tantae nationes conjungerent (116.6) かかる強力な部族が団結しないように homines scelerum foedere inter se conjuncti その者たちは犯罪の同盟によってお互いに固く結ばれていた

conjūnx (**conjux**) *c.* conjugis *3* §21 ［conjungo］ 配偶者, 連れ合い, (主として)妻, 花嫁

conjūrātiō *f.* con-jūrātiōnis *3* §28 ［conjuro］ **1.** 相互に交した誓い, 同盟 **2.** 共謀, 陰謀, 謀叛 **3.** 共謀者(謀叛人)の一団

conjūrātus *a.1.2* con-jūrāt-a, -um §50 ［conjuro の完分］ 一緒に誓いで縛られた, 同盟した, 結託した, 共謀した **conjūrātī** *m.pl.* con-jūrātōrum *2* §13 共謀者, 陰謀者, 謀叛人

conjūrō *1* con-jūrāre, -rāvī, -rātum §106 誓いの下に一致団結する, 団体で誓う, 同盟する, 共謀する, 結託する, 謀叛をおこす inter se conjurant nihil acturos (146) 彼らはお互いに, 今後一切行わないと誓い合う ～ de interficiendo Pompeio (121.3) ポンペーイユスの暗殺について共謀する

conl... ＝ **coll...**

conm... ＝ **comm...**

cōnscendō

conn... = **cōn...**

cōnōpeum (**-pium**) *n.* cōnōpeī (-piī) 2 §13 <κωνωπεῖον 蚊帳(ﾓ), 蚊帳つきの寝台

cōnor *dep.1* cōnārī, cōnātus sum §§123(1), 125 **1.** 全力を尽す, 努力する **2.** 試みる, ためす, 企てる, 敢行する, 思い切ってする id quod constituerant facere (117.4) conantur 彼らは決めていたことを実行しようと試みる

conp... = **comp...**

conquassō 1 con-quassāre, -ssāvī, -ssātum §106 [cum, quassō §176] **1.** 烈しく振る, 揺り動かす, ゆすぶる **2.** こわす, 砕く **3.** 混乱させる, 錯乱させる

conqueror *dep.3* con-querī, -questus sum §123(3) [cum, queror §176] **1.** (自)はげしく嘆く, 不平を言う, 愚痴をこぼす **2.** (他)嘆き悲しむ, 訴える conquerar (116.4) an sileam? 不平を言おうか, それともだまっておろうか pauca (9e6) de fortuna ～ 運命について少し愚痴をこぼす

conquestiō *f.* conquestiōnis 3 §28 [conqueror] **1.** 烈しく嘆くこと, 愁嘆 **2.** 苦情, 不幸 **3.** (修)聴者の同情を懇願する結論

conquestus *m.* conquestūs 4 §31 [conqueror の完分] はげしい苦情, 不平

conquiēscō 3 con-quiēscere, -quiēvī, -quiētum §109 [cum, quiēscō §176] **1.** (すっかり)休む, 休息する, ねる, 静かにしている, 平静を保つ(見つける) **2.** 中止する, 止む, 話すのをやめる imbre (9f18) conquiescente 雨が止むと in studiis ～ 勉強の中に心の平静を見つける

conquīrō 3 con-quīrere, -quīsīvī (-quīsiī), -quīsītum §109 [cum, quaerō §§174(2), 176] あちこちから捜し集める, 熱心に捜す, 探索する, 集める, 徴発する, 募集(召集)する omnibus undique conquisitis jumentis (9f18) 四方八方からあらゆる荷獣を探し集めて

conquīsītiō *f.* conquīsītiōnis 3 §28 [conquīrō] **1.** 拾い(探し)集める

こと **2.** 徴兵, 徴募 **3.** 調査, 探究, 探索 **4.** 取り立て, 工面(ﾞﾝ), 徴収

conquīsītor *m.* conquīsītōris 3 §26 [conquīrō] 募集係, 捜査係, 探索する人

conquīsītus, conquīsīvī → conquīrō

conr... = **corr...**

cōnsaepiō 4 cōn-saepīre, -saepsī, -saeptum [cum, saepiō §176] §111 **1.** 垣(棚・壁)でとり巻く, 囲む **2.** 包囲する, 囲い込む, 守る

cōnsaeptum *n.* cōnsaeptī 2 §13 [cōnsaepiō] 包囲, 囲い, 領域, 範囲

cōnsalūtātiō *f.* cōnsalūtātiōnis 3 §28 [cōnsalūtō] (一斉の)あいさつ, 敬礼, あいさつの交換, 相互の敬礼

cōnsalūtō 1 cōn-salūtāre, -tāvī, -tātum §106 あいさつをする, あいさつをとりかわす, 一斉に(皆で)歓迎する imperatorem Vitellium consalutavit 彼は(兵と共に)ウィテッリウスを皇帝と呼んであいさつをした

cōnsānēscō 3 cōn-sānēscere, -sānuī, —— §109 [cum, sānēscō §176] なおる, いえる, 回復する

cōnsanguineus *a.1.2* cōnsanguine-a, -um §50 [sanguis] **1.** 血族の, 肉親の **2.** 兄弟の, 姉妹の **consanguineus** *c.* 2 §13 (*sg.m.*)兄弟 (*sg.f.*)姉妹 (*pl.c.*)肉親, 血族

cōnsanguinitās *f.* cōnsanguinitātis 3 §21 [cōnsanguineus] 血縁, 親戚関係

cōnscelerātus *a.1.2* cōnscelerāt-a, -um §50 [cōnscelerō の完分] (最)consceleratissimus 罪のある, 悪い, よこしまな, 極悪非道な, 堕落(腐敗)した

cōnscelerō 1 cōn-scelerāre, -rāvī, -rātum §106 [cum, scelerō §176] 罪で汚す, けがす, 傷つける, 堕落させる

cōnscendō 3 cōn-scendere, -scendī, -scēnsum §109 [cum, scandō §§174(2), 176] **1.** (自)登る, 乗る in equos (navem) 馬にのる(乗船する) **2.** (他)登る, 乗る equos, navem, vallum 馬に, 船に, 城壁に登る

cōnscidī → cōnscindō

cōnscientia *f.* cōn-scientiae *1* §11 ［cōnsciō］ **1.** 共有の知覚, 同意, 了解, 共謀, 共犯 **2.** 意識, 感覚, 自覚, 自信 **3.** 道徳意識, 善悪の自覚, 良心, 罪の意識 consilia conscientiaeque ejus modi (9c5) facinorum このような大それた犯罪の計画と共謀 hominum conscientia remota (9f18) 人間同士の共通の理解が遠ざけられると bona 〜 良心 mala 〜 やましい心 te conscientiae stimulant maleficiorum tuorum お前の罪悪に関する良心の呵責がお前を苦しめている conscientia bene actae vitae 人生の務めを立派にやり遂げたという自覚

cōnscindō *3* cōn-scindere, -scidī, -scissum §109 ［cum, scindō §176］ **1.** ばらばらに(ずたずたに)引き裂く, 引きちぎる **2.** 切りさいなむ, 殺す **3.** 中傷(誹謗)する, 酷評する sibilis conscissus 口笛のやじでさんざんにやっつけられて

cōnsciō *3* cōn-scīre, -scīvī, —— §109 やましく思う nil conscire sibi 自ら顧みて疚しい点の一切ないこと

cōnscīscō *3* cōn-scīscere, -scīvī (-sciī), -scītum §109 **1.** (公的に)共同で決議する, 承認する **2.** (一般に sibi と共に)自分で決める, 自由意志で択ぶ, 引き受ける, 自分に課す mortem sibi 〜 自害する

cōnscissus → cōnscindō

cōnscītum, cōnscīvī → cōnscīscō

cōnscius *a.1.2* cōn-sci-a, -um §50 ［cum, sciō］ **1.** 他人と知識(秘密)を分け合った, 罪・陰謀に関与した, 内内知っている **2.** 自覚した, 内心気づいている **3.** 罪の意識のある, 恥(罪)にうながされて **cōnscius** *m.* *2* §13 幇助者, 共犯者 formae (9d13) conscia conjunx 美貌を自覚した妻 in privatis omnibus (rebus) conscius 個人的なあらゆる事情を知った腹心の友 mens sibi conscia recti (9c13) 正義を自覚した精神 conscia virtus 自負した勇気

cōnscrībillō *1* cōn-scrībillāre, -llāvī, -llātum §106 ［cōnscrībō の小］ **1.** なぐり書き(落書き)する, ぞんざいに書く **2.** 打ち傷(みみずばれ)でおおう

cōnscrībō *3* cōn-scrībere, -scrīpsī, -scrīptum §109 ［cum, scrībō §176］ **1.** (名簿に)書き集める, 集める, 募集する, 名簿にのせる **2.** 書き上げる, 作成する, 書く, 文字を記す mensam vino 〜 食卓の上に酒で文字を書く ibi duas legiones conscribit 彼はその地で2箇軍団を募集する

cōnscrīptī *m.pl.* cōnscrīptōrum *2* §13 騎士や平民から新しく元老院名簿につけ加えられた者, patres (et) conscripti 元老院(議員)

cōnscrīptiō *f.* cōnscrīptiōnis *3* §28 ［cōnscrībō］ **1.** 起草, 作成 **2.** 文書, 記録, 報告, 論文

cōnscrīptus → cōnscrībō

cōnsecō *1* cōn-secāre, -secuī, -sectum §106 ［cum, secō §176］ **1.** 切り刻む, こなごなにする, 切り裂く **2.** 切りつめる, 切り取る, 短くする, 減らす

cōnsecrātiō *f.* cōnsecrātiōnis *3* §28 ［cōnsecrō］ **1.** 神聖にすること, 神に捧げること, 奉献, 奉納 **2.** (人を)神格化する, 神に祭る **3.** いみきらうこと, 呪詛

cōnsecrō *1* cōn-secrāre, -rāvī, -rātum §106 ［cum, sacrō §§174(2), 176］ **1.** 神聖にする, 神々に捧げる, 清める **2.** 神として祭る, 神格化する, 不滅とする **3.** 地獄の神々に未来の供物として捧げる, いけにえとして引き渡す, 呪う 〜 rem memoria (9f11) ac litteris その業績を記憶と文字で不滅にする te tuumque caput sanguine hoc consecro この血にかけて, 汝と汝の頭を地獄の神々に捧げる

cōnsectātrīx *f.* cōnsectātrīcis *3* §21 ［cōnsector］ 熱心に追求する人(女), 熱烈な信奉者(女性)

cōnsector *dep.1* cōn-sectārī, -sectātus sum §§123(1), 125 ［cōnsequor］ **1.** ずっと後をつける, 後を追う, 追跡する, 追撃する **2.** 努力して求める, 追求する, 探す ad quos consectandos (121.3) Caesar equitatum misit

cōnserva

その者たちを追跡するためにカエサルは騎兵隊を送った

cōnsectus, consecuī → cōnsecō

cōnsecuī → cōnsecō

cōnsecūtiō *f.* cōnsecūtiōnis *3* §28 ［cōnsequor］ **1.** 続き, 系列 **2.** 順序正しい連続 **3.** 当然の結果, 結末, 影響

cōnsecūtus → cōnsequor

cōnsēdī → cōnsīdō

cōnsenēscō *3* cōn-senēscere, -senuī, ── §109 ［cum, senēscō §176］ **1.** 年をとる, 老人になる **2.** 衰える, やつれる, やせる, 弱くなる **3.** 力(威光)を失う, おちぶれる, 朽ちる, すたれる

cōnsēnsiō *f.* cōnsēnsiōnis *3* §28 ［cōnsentiō］ **1.** 同意, 一致, 協調, 融和 **2.** 一致した決定, 願い **3.** 共謀, 陰謀 universae Galliae consensio libertatis vindicandae (121.3) 自由を奪回したいという全ガッリアの一致した願い

cōnsēnsus *m.* cōnsēnsūs *4* §31 ［=cōnsēnsiō］ **1.** 意見・感情の一致, 同意, 同情 **2.** 全体(一般)の賛同, 協調 **3.** 共謀, 習慣 consensū 満場一致で

cōnsēnsūs *m.* cōnsēnsūs *4* §31 ［cōnsentiō］ **1.** 意見の一致, 満場一致, 共謀, 同意 **2.** 行動の一致, 習慣 **3.** 物事の協力, 調和, 同情

cōnsentāneus *a.1.2* cōnsentāne-a, -um §50 ［cōnsentiō?］ **1.** 適した, 気持ちのいい **2.** 調和した **3.** 首尾一貫した **4.** (非)consentaneum est §171 ふさわしい, 当然である, もっともだ, 道理に合っている, 一貫している mors ejus vitae (9d13) ～ 彼の生涯にふさわしい死に方 procul a me amantem (9e11) abesse hau consentaneum est 愛している人が私から離れているのは不自然だわ

cōnsentiō *4* cōn-sentīre, -sēnsī, -sēnsum §110 **1.** 同じ感覚(感情)を共有する **2.** 同感する, 同情する, 好意を示す **3.** 同じ意見である, 一致する, 協調(同調)する, 満場一致で決定する **4.** 一緒に行為する, 結束(結託)する, 共謀する, 徒党を組む populo Romano consentiente (9f18) ローマ国民が賛同して ratio

nostra consentit, pugnat oratio 我々の考えは一致しているが, 表現の仕方でもめているのだ de amicitiae utilitate omnes uno ore (9f9) consentiunt 友情の実利性を皆は一致して認める

cōnsenuī → cōnsenēscō

cōnsequēns *a.3* cōn-sequentis §58 ［cōnsequor の現分］ **1.** その次の, 後に続く **2.** 論理にかなった, 首尾一貫した, 調和した, 必然的な **3.** 論理的に・結果として…となる consequens est (171) beatam vitam virtute esse contentam 幸福な人生は美徳で満足する(のが道理にかなっている)ということになる

cōnsequor *dep.3* cōn-sequī, -secūtus sum §§123(3), 125 **1.** 後をつける, つき従う **2.** 追う, 追跡する, 到着する, 追いつく, 努力して手に入れる, 達成する, 獲得する **3.** あとにつづいてくる(起る), 結果として起る **4.** 手本に従う, 模倣する **5.** 了解する, 知る, 学ぶ, 表現する spe consequendi (119.2) illata 追跡の希望を捨てないで eorum opinionem magni errores consecuti sunt 彼らの意見の後に, 大きな誤りが続いて起った annus consequens その次の年 praemisso Octavio ... consecutus est Dolabella オクタウィウスが先に派遣されると, すぐその後をドラベッラが追った

cōnserō[1] *3* cōn-serere, -sēvī, -situm §109 種をまく, 植える, まき散らす, 打ち込む sol lumine (9f11) conserit arva 太陽が光を畠の上に注ぐ consitus senectute 老齢に悩まされて

cōnserō[2] *3* cōn-serere, -seruī, -sertum §109 **1.** 一緒に結びつける, 接合する, 組み合せる, 編む, とじ合わす, つなぎ合わせる **2.** 戦いを始める(= pugnam, proelium conserere) vir viro, armis arma conserta sunt 兵と兵, 武具と武具がつめ合わされた(密集隊形をつくった) conserere manum (manus) つかみ合う, 格闘する monile gemmis consertum 宝石をつなぎ合わせた首飾り

cōnseruī → cōnserō[2]

cōnserva *f.* cōnservae *1* §11

cōnservātiō 156

［cōnservus］ 仲間(つれ)の女奴隷

cōnservātiō *f.* cōnservātiōnis *3* §28 ［cōnservō］ **1.** 保管, 保全, 保存, 保護 **2.** 順守, 支持, 維持

cōnservātor *m.* cōnservātōris *3* §26 ［cōnservō］ 保管(保存)者, 救い主

cōnservō *1* cōn-servāre, -servāvī, -servātum §106 **1.** 安全に保つ, 保持する, 危害を加えずにそのままにしておく **2.** 大切にする, 遵守する, 救う, 赦す fidem datam ～ 誓った約束を守る majestatem populi Romani ～ ローマ国民の尊厳を尊重する

cōnservus *m.* cōnservī *2* §13 ［cum, servus］ 連れ(仲間)の奴隷

cōnsessor *m.* cōnsessōris *3* §26 ［cōnsīdō］ 一緒に(側に)坐っている人, 食卓仲間, 陪審員

cōnsessus *m.* cōnsessūs *4* §31 ［cōnsīdō］ **1.** 同席, 集合, 集会 **2.** 法廷(開廷), 会議 **3.** 聴衆, 群衆

cōnsēvī → cōnserō[1]

cōnsīderātiō *f.* -ōnis *3* §28 ［cōnsīderō］ 凝視(ぎょうし), 注視, 熟考, 考慮

cōnsīderātus *a.1.2* cōnsīderāt-a, -um §50 ［cōnsīderō の完分］ (比)consideratior (最)consideratissimus 熟慮した, 思慮分別のある, 用心した, 慎重な, 注意深い **cōnsīderātē** 副 §67 (比)consideratius (最)consideratissime 熟慮して, 慎重に, 用心深く

cōnsīderō *1* cōn-sīderāre, -rāvī, -rātum §106 ［*cf.* dēsīderō］ **1.** 注意深く見つめる, 検査(点検)する **2.** 慎重に考える, 熟考する, 思案する, 反省する, 判断する considerandum (147. ロ) est, ne temere desperet 彼が軽率に希望を捨てないように慎重に考えるべきだ

cōnsīdō *3* cōn-sīdere, -sēdī, ―― §109 **1.** (一緒に)腰をおろす, 坐る, (会議・宴会の)席に坐る **2.** 定住する, 巣くう, 根づく, 入植する **3.** 野営する, 陣を張る **4.** 低くなる, 沈む, 陥没する, 減じる, 弱まる **5.** 平静となる, 落着く, 和ら

ぐ Platoni dormienti (9d8) apes in labellis consederunt 眠っているプラトンの唇に蜜蜂がとまった Alpes licet considant (116.5) たといアルプスが陥没しても praesentia satis consederant 現状は充分に落着いていた totam videmus consedisse urbem luctu (9f1. ハ) 我々は都全体が悲嘆愁傷の中に沈んでいるのを見る

cōnsīgnō (-si-?) *1* cōn-sīgnāre, -nāvī, -nātum §106 ［cum, sīgnō §176］ **1.** (手紙を)封印する, 文書に捺印(調印)する **2.** 確証する, 保証する, 証明する **3.** 記帳する, 記入(記録)する quasi consignatae in animis notiones 心の中に, あたかも封印されてしまったかのような考え

cōnsiliārius *a.1.2* cōnsiliāri-a, -um §50 ［cōnsilium］ 忠告(助言)を与える (名)**cōnsiliārius** *m.* cōnsiliāriī *2* §13 **1.** 忠告者, 助言者, 顧問, 腹心の者 **2.** 解釈する人, 判断する人, 陪審員

cōnsiliātor *m.* cōnsiliātōris *3* §26 ［cōnsilior］ 忠告者, 助言者, 相談役

cōnsilior *dep.1* cōn-siliārī, -siliātus sum §§123(1), 125 ［cōnsilium］ **1.** 相談する, 協議(討議)する **2.** 助言する, 忠告する

cōnsilium *n.* cōnsiliī *2* §13 ［*cf.* cōnsul, cōnsulō］ **1.** 会議, 審議, 討論, 相談, 助言 **2.** 熟考, 判断力, 洞察, 理性, 知性 **3.** 決定, 計画, 目的, 意図, 政策 **4.** 戦術会議, 戦略 capere ～ (inire ～) 決断する, 相談(計画)する, 熟慮する consilio convocato 戦術会議を召集して non fuit consilium otium conterere (117.1) 暇をつぶすことが目的ではなかった inita sunt consilia urbis delendae (121.3) 町を破壊することに決まった res forte quam consilio melius gestae 熟慮によるよりも偶然によってより上手くなされた業績 privato consilio exercitus comparaverunt 彼らは私的な目的から軍隊を用意した mihi consiliis (9f17) opus est tuis 私にはお前の忠告が必要である fortuna ad hominem plus quam consilium valet 人間にとって幸運は知恵にま

cōnspectus

さる
cōnsimilis *a.3* cōn-simile §54 [similis] 非常によく似た，そっくりの consimilis fugae (9d13) profectio 逃亡さながらの出発

cōnsipiō *3b* cōn-sipere, ──, ── §109 [cum, sapiō §§174(1), (2)] 精神が正常である，良識がある，己を制する

cōnsistō *3* cōn-sistere, -stitī, (-stitum) §109 **1.** 自分の位置を決める，身をおく，部署(席)につく，陣地をきめる，並ぶ，整列する **2.** 動かずに立っている，毅然としてたじろがない，止まる，静止する **3.** とどまる，ひまどる，生きる，住む **4.** なりたつ，基づく，存在する，なる，起る simul in arido constiterunt 彼らは固い地盤に足場をかためるや否や viatores consistere cogunt 彼らは旅人らを無理やり引き止める frigore constitit unda 寒さで水面が凍る in eo salus optimi cujusque consistit 最も善良な市民すべての安全が彼の双肩にかかっていた negotiandi (119.2) causa ibi constiterant 彼らは商用でそこに住んでいた

cōnsitiō *f.* cōnsitiōnis *3* §28 [cōnserō] 植えること，たねをまくこと

cōnsitor *m.* cōnsitōris *3* §26 [cōnserō] 種をまく人，植える人

cōnsitus → cōnserō

cōnsobrīnus *m.* cōn-sobrīnī *2* §13 実のいとこ(従兄弟)，母方のおばの子供

cōnsociātiō *f.* cōnsociātiōnis *3* §28 [cōnsociō] 親密な一致協力，提携，同盟，合一，統一

cōnsociō *1* cōn-sociāre, -āvī, -ātum §106 [cum, sociō §176] **1.** 仲間にする，参加させる **2.** しっかりと結び合わせる **3.** 分け持つ，共有する rem inter se consociant 彼らはお互いに政権を分け持つ mihi tecum consociare licet わしはお前さんと仲間(ぐる)になれるよ

cōnsōlābilis *a.3* cōnsōlābile §54 [cōnsōlor] 慰められる，気の休まる，慰めを与える，慰め得る

cōnsōlātiō *f.* cōnsōlātiōnis *3* §28 [cōnsōlor] **1.** 慰めること，慰められること，慰問，慰藉 **2.** 和らげること，軽減すること，勇気づけること，安心，緩和 consolatio litterarum tuarum (9c2) あなたの慰めのお手紙 timoris (9c3) consolatio tua 私の恐怖心を静めてくれるあなたの行為(言葉)

cōnsōlātor *m.* cōnsōlātōris *3* §26 [cōnsōlor] 慰める人(もの)，慰問者

cōnsōlātōrius *a.1.2* cōnsōlātōri-a, -um §50 [cōnsōlor] 慰めの，慰めになる，慰安を与える

cōnsōlor *dep.1* cōn-sōlārī, -sōlātus sum §§123(1), 125 **1.** 慰める，なだめる，安心させる，鼓舞する，元気づける **2.** 和らげる，静める **3.** 償う，埋め合せをする gloriam esse unam quae brevitatem vitae posteritatis memoria (9f11) consolaretur (133,116.11) 栄光こそ，生の短さを後世の記憶で償ってくれる唯一のものである(ということ)

cōnsonō *1* cōn-sonāre, -sonuī, ── §106 [cum, sonō §176] **1.** 一緒に(同時に)音がする，響く **2.** 反響する，ひびき渡る，とどろく **3.** 協調する，賛同する，同意する，一致(調和)する **4.** 類音をもつ，協和音をつくる

cōnsonus *a.1.2* cōnson-a, -um §50 [cōnsonō] **1.** 一緒に(同時に)音がする，響く **2.** 一致した，調和した，適切な，ふさわしい

cōnsors *a.3* cōnsortis §55 [cum, sors] 同じくじにあたった，同じ分け前にあずかる，同じ運命の **cōnsors** *m.f.* cōnsortis §24 **1.** 共同相続人 **2.** 仲間，協同者，同僚，共有する人 **3.** 兄弟，姉妹，親族

cōnsortiō *f.* cōnsortiōnis *3* §28 [cōnsors] **1.** 共同，協力，提携，共有 **2.** 接合，連合，結合

cōnsortium *n.* cōnsortiī *2* §13 **1.** 財産の共有，共同生活 **2.** 共有，共同，協力 **3.** 関与，参加，関係 **4.** 同僚，つれ，仲間

cōnspectus[1] *a.1.2* cōnspect-a, -um

cōnspectus §50 ［cōnspiciō の完分］ （比）con-
spectior **1.** 目に見える，展望の開いた
2. 人の注目をひく，異彩を放つ，目立つ，
顕著な

cōnspectus² *m* cōn-spectūs *4*
§31 ［cōnspiciō］ **1.** 見ること，目撃，
注視，視力，視界，眺め，光景 **2.** 考察，
瞥見，検討，観察 **3.** 目の前にいること，
出現，出頭，外観 eum venire in cons-
pectum suum vetuit 彼はその者が自分
の目の前に現れることを拒否した conspec-
tu suo proelium restituit 彼は自分の（戦
場への）出現で戦闘を盛り返した hoc cons-
pectu et cognitione naturae 自然のこの
観察と考察によって

cōnspergō *3* cōn-spergere, -spersī,
-spersum §109 **1.** 小さな雫でおおいか
くす **2.** 水（滴）をまきちらす，ふり注ぐ，ふ
りかける **3.** はね散らす，ばらまく，浴びせ
る conspergit me lacrimis (9f11) 彼は
私に涙をあびせた oratio conspersa sen-
tentiarum floribus 思想の綾（箴言の花）
がまき散らされた演説

cōnspexī → cōnspiciō

cōnspicātus → cōnspicor

cōnspiciō *3b* cōn-spicere, -spexī
(-spēxī?), -spectum §110 ［cum,
speciō §§174⑵, 176］ **1.** 注意して見
る，見つける，認める，注目する，観察す
る，知覚する **2.** (受)見られる，注意を引
く，目立つ，賞賛される maxime cons-
pectus ipse est curru invectus (118.4)
彼自身は凱旋車で運ばれて特に目立った

cōnspicor *dep.1* cōn-spicārī, -spicātus
sum §§123⑴, 125 **1.** 見つける，見分
ける，見る，認める **2.** 目立つ，異彩を放
つ barbari signa procul conspicati
(118.4) oppugnatione desistunt 野蛮人
は遠くから（ローマの）軍旗を見つけると攻
撃をやめる

cōnspicuus *a.1.2* cōnspicu-a, -um
§50 ［cōnspiciō］ **1.** 見られる，はっき
りと見える **2.** 注目をひく，目立つ，著し
い，驚くべき，有名な，堂々たる，立派な
viri laude (9f15) conspicui 栄光によっ
て有名な人たち（名声赫赫たる人たち）

cōnspīrātiō *f.* cōnspīrātiōnis *3*
§28 ［cōnspīrō］ **1.** 協和，調和，一致
団結，合意 **2.** 共謀，陰謀，謀叛 **3.** 共謀
仲間

cōnspīrō *1* cōn-spīrāre, -rāvī, -rātum
§106 **1.** 一緒に吹く，一斉に鳴りひびく
2. 一致する，心を合わす，調和する，一
体となる **3.** 共謀する，徒党を組む，謀叛
を起す

cōnspōnsor *m.* cōnspōnsōris *3*
§26 ［cōnspondeō 誓約をとり交す］ 連
帯保証人，共同で誓約する人

cōnspuō *3* cōn-spuere, -spuī,
-spūtum §109 ［cum, spuō §176］
つばをはく，つば（よだれ）でよごす，つばを
とばして話す nive conspuit Alpes 彼は
(Jupiter)アルペース山脈に雪のつばをふり
かける

cōnspūtō *1* cōn-spūtāre, -tāvī,
-tātum §106 ［cum, spūtō §176］ つ
ばをはきかける，ひどく侮辱する

cōnstāns *a.3* cōnstantis §58
［cōnstō の現分］ （比)constantior
（最)constantissimus **1.** しっかりと立っ
ている，ゆるがぬ，安定した，確立した
2. 不変不動の，首尾一貫した，信念・主
義を変えない，意志強固な，頑固な **3.** 誠
実な，節操のある，信頼できる，沈着な
4. 両立した，折り合いのとれた，調和した，
一致した mellis constantior est natura
蜜蜂の性質はいっそうねばっこい constans
aetas 熟年 rumores constantes 一致し
た噂

cōnstanter 副 ［cōnstāns §67⑵］
（比)constantius （最)constantissime
1. 変らずに，一様に，首尾一貫して **2.** し
っかりと，動揺せず，不動の信念をもって，
沈着冷静に，ゆるぎなく，忠実に

cōnstantia *f.* cōnstantiae *1* §11
1. 不変，不動，堅固 **2.** 沈着冷静，志操
堅固，節操，首尾一貫，平静な魂の状態
3. 一致，融和，調和 de eorum fide
constantiaque 彼らの信義と節操につい
て quantum haberet (116.10) in se boni
(9c4) constantia 沈着冷静がいかに大き
な成果をあげるか

cōnsternātiō *f.* cōnsternātiōnis *3* §28 ［cōnsternō²］ **1.** 恐れ，驚き，胆をつぶすこと，衝撃，仰天，狼狽 **2.** 混乱，無秩序

cōnsternō¹ *3* cōn-sternere, -strāvī, -strātum §109 **1.** 一面にまきちらす，一面をおおう，広げる，張る **2.** 甲板(床板)をはる，石を敷く(舗装する) **3.** (投げ)倒す，転覆させる 〜 forum corporibus civium 広場を市民の死骸で埋める

cōnsternō² *1* cōn-sternāre, -nāvī, -nātum §106 おびやかして逃げさせる，恐怖におとし入れる，混乱させる，狼狽させる，気を転倒させる，圧倒する，負かす pecorum in modum consternatos fugant 家畜の如く，恐怖に襲われた彼ら(敵ども)を潰走させる

cōnstīpō *1* cōn-stīpāre, -pāvī, -pātum §106 ぎっしりとつめる，押し込める

cōnstitī → cōnsistō, cōnstō

cōnstituō *3* cōn-stituere, -stituī, -stitūtum §109 ［cum, statuō §§174 (2), 176］ **1.** しっかりとすえる，置く，立てる **2.** 配置する，部署につかせる，駐屯させる，停止させる，定住させる **3.** 建てる，樹立する，設置する，組織する，整える **4.** 定める，制定する，決定する，告げ知らせる，明言(公言)する **5.** 申し合せる，同意する，契約する legiones intra silvas 〜 軍団兵を森の中に配置する naves in alto 〜 船を沖に停泊させる 〜 plebem in agris publicis 国有地に人民を定住させる postquam victoria constituta est 勝利が確定したあとで dies quam constituerat cum legatis 彼が使節たちと申し合わせていた日 Cavarinum, quem Caesar apud eos regem constituerat カエサルが彼らの王と定めていたカウァリヌスを constituit Curio proelio rem committere クリオは戦闘に運命をかけようと決意した constituunt ut ii oppido excedant (116.6) その者らは町から出て行くべきだと彼らは申し合わせる

cōnstitūtiō *f.* cōnstitūtiōnis *3* §28 ［cōnstituō］ **1.** 状態，有様，情況，条件 **2.** 配置，配列，構造，組織，性質 **3.** 体制，制度，政体 **4.** 憲法，法令，条令，規定，布告 **5.** (修)言葉の定義，論争(係争)点の明確化

cōnstitūtum *n.* cōnstitūtī *2* §13 ［cōnstituō の完分］ **1.** 協定，契約，約束，同盟 **2.** 申し合せたもの・所・時刻 **3.** 決定，指令，法令，布告

cōnstō *1* cōn-stāre, -stitī, -stātūrus §106 **1.** 一致する，同意する，両立する，調和する，収支計算が合う **2.** しっかりと立つ，動かない，ゆるがない，とどまる，安定している **3.** (非) §168 確定している，認められている，たしかである **4.** 存在している，…による，基づく，依存する，次第である，なりたつ **5.** 価する，要する，費用がかかる si ipsa mens constare potest vacans corpore (9f17) もし精神そのものが肉体なしに存在し得るのなら temperantia constat ex praetermittendis (121.3) voluptatibus corporis 節制は肉体の快楽の放棄の中にある cum caedem in Appia factam esse constaret その殺害がアッピウス街道で起ったことは周知の事実だったので si humanitati tuae constare voles もしお前がいつもの親切な態度にそむきたくないと思うなら quot virorum fortium morte necesse sit (116.10) constare victoriam 勝利が，いかに多くの勇敢な兵士の死に依存する必要があるか(を説明する)

cōnstrātus, cōnstrāvī → cōnsternō¹

cōnstrictus → cōnstringō

cōnstringō *3* cōn-stringere, -strīnxī (-strinxī?), -strictum §109 **1.** 紐でひきつく縛る，締める，結びつける **2.** 手かせをかける，鎖につなぐ，拘束する，監禁する **3.** (演説を)要約する，簡潔にする **4.** 固くする，凍らせる corpora constricta vinculis 鎖(くさり)で縛られた体

cōnstrūctiō *f.* cōnstrūctiōnis *3* §28 ［cōnstruō］ **1.** 組み合わせ，組み立て **2.** 積み重ね，建築 **3.** 配列，連結，構成，構文

cōnstrūctus, cōnstrūxī → cōnstruō

cōnstruō *cōnstruō* 160

cōnstruō *3* cōn-struere, -strūxī, -strūctum §109 **1.** 積み重ねる，積み上げる，積む，ためる，蓄積する **2.** 立てる，建てる，築く，並べる，一緒に置く dentes in ore constructi 口の中のきれいに並んだ歯 constructae dape (9f11) mensae 料理の皿の積まれた食卓

cōnstuprātor *m.* cōnstuprātōris *3* §26 [cōnstuprō] 凌辱者，暴行する人，けがす人

cōnstuprō *1* cōn-stuprāre, -rāvī, -rātum §106 [cum, stuprō §176] はずかしめる，けがす，凌辱(暴行)する，誘惑する

cōnsuādeō *2* cōn-suādēre, -suāsī, -suāsum §108 強くすすめる，忠告する，説き伏せる

cōnsuēfaciō *3b* cōn-suē-facere, -fēcī, -factum §110 [cōnsuētus, faciō] 慣らす，親しませる，習熟させる

cōnsuēscō *3* cōn-suēscere, -suēvī, -suētum §109 **1.** (他)慣らす，習熟させる，親しませる，習慣づける **2.** (自)慣れる，親しむ，情交を持つ **3.** (完)…するのを常とする，習慣としている consuescere juvencum aratro 子牛を鋤に習熟させる ut consuetus es puer olim あなたが以前子供のころよくやっていたように fac tibi consuescat (116.6) puella その娘をしてお前に馴れ親しませるのだ quod in bello accidere (117.4) consuevit 戦争中いつも起ること

cōnsuētūdō *f.* cōnsuētūdinis *3* §28 [cōnsuēscō] **1.** 慣れること，習慣，慣例，因襲 **2.** 交際，社交，情事 **3.** 日常生活，生活方法，日常使用の言葉 pro (ex) mea consuetudine 私の習慣に従い consuetudo eorum est ut non eant 彼らは行かないことを習慣としている consuetudine quasi alteram quandam naturam effici (107.4※) 習慣によって，いわば第二の習性とも言うべきものがつくられる

cōnsuētus *a.1.2* cōn-suēt-a, -um §50 [cōnsuēscō の完分] (最)consuetissimus 親しい，慣れた，いつもの，普通の，平凡な

cōnsuēvī → cōnsuēscō

cōnsul *m.* cōnsulis *3* §26 [cōnsilium, cōnsulō] 執政官 ～ ordinarius (1月1日に就任した)正執政官 ～ suffectus (年度中途で就任した)補欠執政官 ～ designatus (次年度に就任する)予定執政官 pro consule → **prōcōnsul** Mario consule (9f18) マリウスが執政官の時(年)に

cōnsulāris *a.3* cōnsulāre §54 執政官の，執政官を務めた(経験した)，執政官(級の人)の支配する aetas ～ 執政官就任資格の最低年齢(キケロ時代 43歳) homo ～ ＝**cōnsulāris** *m.* cōnsulāris §19 執政官級の人，執政官級の総督

cōnsulātus *m.* cōnsulātūs *4* §31 [cōnsul] 執政官職，執政官の任期，年度，権限，品格，威厳

cōnsulō *3* cōn-sulere, -suluī, -sultum §109 (自)**1.** 相談する，助言を受ける，諮る **2.** 決心する，決議する，決定する，方策をたてる，念頭におく，顧慮する (他)意見をきく，相談する，忠告を求める，諮る，鳥占の観察をする aliter mihi (9d11) de illis ac de me ipso consulendum (121.1) est 私は彼らについて，私自身のこととは違った手段を講じなくてはいけない timori (9d1) magis quam religioni consulere 忠誠の誓いよりも恐怖を念頭におく quid agant (116.10) consulunt 彼らは何をなすべきかを相談する vos consulo quid mihi faciendum putetis 私は何をなすべきかとお前らが考えているのか，お前らの考えを尋ねる boni (9c7) consulere aliquid あることをよく思う，是認する，満足する

cōnsultātiō *f.* cōnsultātiōnis *3* §28 [cōnsultō] **1.** 相談，討議，会議 **2.** 考慮，吟味 **3.** 質問，諮問，論題

cōnsultē 副 [cōnsultus §67(1)] (比)consultius (最)consultissime 熟慮して，慎重に

cōnsultō[1] 副 [cōnsultum §9f19] 熟慮してから，計画的に，故意に，慎重に

cōnsultō[2] *1* cōnsultāre, -tāvī, -tātum §106 [cōnsulō] **1.** 熟考する，何度も

考える，協議(討議)する，検討する **2.** 注意する，配慮する，心配する **3.** 相談する，予言者に尋ねる，忠告を求める quid me consultas quid agas? お前がなすべきことを，お前はなぜ私に相談するのか

cōnsultor *m.* cōnsultōris 3 §26 ［cōnsulō］ **1.** 相談役(相手)，忠告者 **2.** 忠告を求める人，相談する人，依頼人

cōnsultum *n.* cōnsultī 2 §13 ［cōnsultus］ **1.** 熟慮，熟考 **2.** 決心，決定，決議，計画，意図，方策，手段 **3.** 神託，託宣 senatus 〜 元老院議決

cōnsultus *a.1.2* cōnsult-a, -um §50 ［cōnsulō の完分］（比)consultior（最)consultissimus **1.** 熟練した，老練な，精通した，通暁した **2.** 計画的な，熟考された，入念な，慎重な consultissimus vir omnis divini atque humani juris (9c13) 神と人間のあらゆる法律に最も精通した人 **cōnsultus** *m.* cōnsultī 2 §13 法学者，法律家，弁護士＝consultus juris

cōnsuluī → cōnsulō

cōnsummātiō *f.* -mātiōnis 3 §28 ［cōnsummō］ **1.** 積み重ね，蓄積 **2.** 合計，要約 **3.** 結論，完成，成就，実現 **4.** 天頂，頂点

cōnsummō *1* cōn-summāre, -māvī, -mātum §106 ［cum, summa］ **1.** 合計する，加算する **2.** 完成させる，達成する，果す，終える

cōnsūmō *3* cōn-sūmere, -sūmpsī, -sūmptum §109 **1.** 食い(飲み)尽す，使い果す，浪費する，費やす，なくす，無駄にする，無に帰せしめる **2.** 滅ぼす，衰弱させる，破壊する，殺す pecuniam (aetatem) in aliqua re 〜 金を(青春を)あることのために使い果す・ささげる consumptis (9f18) omnibus pilis すべての投槍を投げ尽して multas horas suavissimo sermone consumere 多くの時間を極めて楽しい会話で過す exercitus fame (9f15) consumptus 餓で疲れ果てた軍隊 tela omnia solus pectore consumo わしは(敵の)すべての投槍を，わし一人で，わが胸に受けとめるぞ(わが胸で飲み干す)

cōnsūmptus → cōnsūmō

cōnsuō *3* cōnsuere, -suī, -sūtum §109 ［cum＋suō§176］ 縫う，ぬい合せる，つぎをあてる，つぎ合せる，工夫する

cōnsurgō *3* cōn-surgere, -surrēxī, -surrēctum §109 一斉に立ち上る, 起立する，立つ，起きる，そびえ立つ，蜂起する，反乱をおこす，波立つ，舞い上る quae causa fuit, consurgere (117.3) in arma? 武装蜂起する理由は何であったのか consurgitur (172) ex consilio 一同は会議の席から立ち上る

cōnsurrēctiō *f.* cōnsurrēctiōnis 3 §28 ［cōnsurgō］ 一緒に立ち上ること(同意のため)

cōnsurrēxī → cōnsurgō

contabulātiō *f.* con-tabulātiōnis 3 §28 ［contabulō］ **1.** 板を張られた床，板敷，階(層) **2.** 床板を張ること

contabulō *1* con-tabulāre, -lāvī, -lātum §106 ［tabula］ **1.** 板でおおう，床板を張る **2.** おおう，橋で(屋根で)おおう turres contabulatae 二階(以上)建の櫓(やぐら) totum murum turribus contabulaverant 彼らは城壁全体を何階もの櫓でおおっていた(補強した)

contactus *m.* contactūs 4 §31 ［contingō の完分］ 接触，汚染，伝染，交際

contāgiō *f.* contāgiōnis 3 §28 ［contingō］ **1.** 接触，触れ合い，交流，連絡，交際 **2.** 伝染，感化，蔓延，汚染，けがすこと，悪い影響

contāgium *n.* contāgiī 2 §13 ＝**contāgiō**

contāminātus *a.1.2* contāmināt-a, -um §50 ［contāminō の完分］（最)contaminatissimus **1.** 汚い，不潔な **2.** 罪で汚れた，神聖を冒瀆された **3.** 不道徳な，手あかのついた

contāminō *1* contāmināre, -nāvī, -nātum §106 **1.** まぜる，混合する **2.** (接触で)汚す，病毒で汚染する，穢す，損なう，名誉を傷つける，腐敗させる，堕落させる fabulas 〜 様々の喜劇作品を混

ぜ合わす se maleficio 〜 自分を罪で汚す

contectus, contēxī → contego

contegō *3* con-tegere, -tēxī, -tēctum §109 **1.** おおう，覆いかぶせる，屋根で おおう，庇護する，かばう **2.** かくす，(地中 に)埋める，穴をうめる naves 〜 船に甲 板を張る，甲板でおおう caput contexit amictu 彼は頭を着物でおおいかくした

contemerō *1* con-temerāre, -rāvī, -rātum §106 [cum, temerō §176] 汚す，けがす，犯す

contemnō *3* con-temnere, -tempsī, -temptum §109 軽蔑する，見下す， 軽視する，馬鹿にする numero copiae non contemnendae (121.3) videntur 彼 らは員数の上でもあなどれない軍勢と思わ れる quis coronari contemnat (116.4)? 一体誰が栄冠を授けられることを軽蔑しま すか

contemplātiō *f.* contemplātiōnis *3* §28 [contemplor] **1.** 凝視，注視 **2.** 顧慮，考慮，配慮 **3.** 静観，瞑想，沈 思黙考，観照，研究

contemplātus *m.* contemplātūs *4* §31 [contemplor の完分] **1.** 考慮，配 慮 **2.** 熟考，瞑想 (=**contemplātiō**)

contemplor *dep.1* con-templārī, -plātus sum = **contemplō** *1* con-templāre, -templāvī, -templātum §106 [cum, templum] **1.** 凝視する，見て調 べる，観察する，研究する **2.** 考える，熟 考する，瞑想(観照)する **3.** 顧(配)慮する id animo contemplare quod oculis non potes あなたは目で見られないものを心で 見つめているということ

contempsī → contemnō

contemptim 副 [contemptus] **1.** 軽蔑して，見くびって **2.** 無謀にも，大胆 に

contemptiō *f.* contemptiōnis *3* §28 [contemnō] 軽蔑，侮蔑，軽視 hostibus in contemptionem venire 敵 に軽蔑される

contemptor *m* contemptōris *3* §26 [contemnō] 軽べつする人，見下 す人，無視する人，冷笑する人

contemptrīx *f.* contemptrīcis *3* §21 [contemptor] さげすむ(軽べつす る)女，侮辱(冷笑)する女

contemptus[1] *m.* contemptūs *4* §31 **1.** (=**contemptiō**)軽蔑 **2.** 軽蔑 されること，侮蔑，汚名 Gallis brevitas nostra contemptui (9d7) est ガッリア 人にとって，我々の短軀は軽蔑の的である

contemptus[2] *a.1.2* contempt-a, -um §50 [contemnō の完分] (比) contemptior (最)contemptissimus **1.** 軽蔑すべき，見下げはてた **2.** 卑劣な， 卑しい，くだらない

contendō *3* con-tendere, -tendī, -tentum §109 (他)**1.** ぴんと張る，引 っぱる **2.** 投げる，射る，ねらう **3.** 得よう と努める，要求する，主張する，断言する， 切望する **4.** 比較する，並べる，保持する (自)**1.** 精神を緊張させる，努力する，骨 折る **2.** 急行する，進軍する **3.** 争う，戦 う，競争する 〜 nervos fidium 竪琴の弦 を張る contendit ab eo, ut causam cognosceret 彼は彼に対し，その訴訟を 審理するよう懇願した ad summam glo-riam 〜 最高の栄光に向かって努力する in Italiam magnis itineribus contendit 彼はイタリアを目指し，一日の行程を長く して急行した inter se de potentatu contendebant 彼らはお互いに支配権をめ ぐって争っていた in Britanniam proficis-ci (117.4) contendit 彼はブリタンニアに 向けて出発しようと努力した

contentiō *f.* contentiōnis *3* §28 [contendō] **1.** 緊張，努力，骨折，切 望，励み，志向，力説 **2.** 並置，比較，対 照 **3.** 争い，反目，論争，競争，戦闘，交 戦 venit jam in contentionem, utrum sit (116.10) probabilius 今や，どちらが いっそう信頼できるかが，論争点となる(論 争される) fortunarum contentionem facere さまざまの運命を比較する

contentus[1] *a.1.2* content-a, -um §50 [contendō の完分] (最)contentissimus **1.** 緊張した，引き締まった **2.** 精力のある， 活発な，張りきった，熱中した，切望した， 傾注した

contentus[2] *a.1.2* content-a, -um §50 ［contineō の完分］ 満足した，喜んでいる，甘んじている parvo (9f17) ～ 僅かなもので満足して contentus victoriae (9c13) 勝利を喜んで

conterminus *a.1.2* contermin-a, -um §50 ［cum, terminus］ 共通の境界をもつ，隣接した，隣り合った，近くの **conterminus** *m.* conterminī *2* §13 隣人 **conterminum** *n.* conterminī *2* §13 隣接地，境界

conterō *3* con-terere, -trīvī, -trītum §109 ［cum, terō §176］ **1.** おしつぶす，砕く，粉々にする **2.** すりつぶす，すりきらせる，こすりとる，すり減らす，なくする，消す **3.** 踏みつぶす，踏みにじる，踏みつける，無視する **4.** 着つぶす，使い減らす(果す)，浪費する **5.** 疲れ果てさせる，消耗させる，負かす，倒す viam Sacram ～ 聖道を踏みつぶす(何度も通う) aetatem in litibus ～ 訴訟で生涯をすり減らした(ちぢめた) proverbium vetustate contritum 使い古された諺 frustra tempus ～ 時間を無駄に使い果した(台なしにした)

conterreō *2* con-terrēre, -terruī, -territum §108 恐怖でみたす，ひどく怖がらせる，おびえさせる，驚かす，威嚇する

contestor (-tē- ?) *dep.1* con-testārī, -testātus sum §§123(1), 125 証人として呼びかける，訴える，祈願する，誓う litem ～ 証人を呼び出して訴訟を始める，証人の前で争点を表明する，訴訟で争う contestatus (118.4) deos ut ea res legioni feliciter eveniret そのことが軍団にとって幸いとなるようにと神々に祈願して

contēxī → contegō

contexō *3* con-texere, -texuī, -textum §109 **1.** 編み合せる，編んでつくる，編む，織る **2.** 結び合わす，つなぐ，延ばす，続ける，補う **3.** 組み立てる，つくる animus contexens sceleribus (9d4) scelera 犯罪に犯罪を結びつける精神 sapientis contexitur gaudium 賢人の喜びは変らずに長く続く

contextus[1] *a.1.2* -textā, -textum §50 ［contexō の完分］ **1.** つながりのある，織(お)り合せた，**2.** 結ばれた，関係した，つながった，間断なき

contextus[2] *m.* -textūs *4* §31 **1.** 集めること，蒐集，集り **2.** 結合，つながり **3.** 論理的な関連，整然(せん)とした案，文脈

conticēscō (-cīscō) *3* con-ticēscere, -ticuī, —— §109 ［cum, taceō §174 (1)(2)］ **1.** 話すのをやめる，黙り込む，いつの間にか沈黙する，眠りにおちる **2.** 音がやむ，静かになる，凪(な)ぐ，とまる，終る **3.** 怠ける，働かなくなる

contigī → contingō

contīgnātiō (-tig- ?) *f.* contīgnātiōnis *3* §28 ［contīgnō］ **1.** 屋根又は二階の床をつくるための，梁や板による水平の構造物 **2.** 梁(はり)の組み合せ，階(層)，床

contīgnō (-i- ?) *1* contīgnāre, -nāvī, -nātum §106 ［con, tignum］ （床板を張るために）梁(はり)(角材)でおおう，梁を組み合わす(備え付ける)

contiguus *a.1.2* contigu-a, -um §50 ［contingō］ **1.** 境を接する，隣接の，近くの **2.** (手の)届く，達し得る hunc (9e11) ubi contiguum missae fore credidit hastae (9d13) 投げられた槍が，この者に届くだろうと彼が信じた時に

continēns *a.3* continentis §58 ［contineō の現分］ （比）continentior （最）continentissimus **1.** 隣接した，隣の，次の **2.** 途切れのない，不断の，絶え間なき **3.** 自制した，控え目の，つつましい continentior in vita quam in pecunia 金より人の命に対し一層自制している in continenti すぐに，直ちに （名）**continēns** *f.* continentis §58 ［*sc.*terra］ 本土，大陸

continenter 副 ［continēns §67(2)］ **1.** 絶え間なく，中断することなしに，絶えず，常に **2.** つつましく，控え目に，自制して

continentia *f.* continentiae *1* §11 ［contineō］ **1.** 自制，克己，慎み

contineō 164

深いこと，節制 **2.** 抑圧，圧制

contineō *2* continēre, -tinuī, -tentum §108 ［cum, teneō §§174(2), 176］ **1.** 一体としている，しっかりと保つ，つかんでいる **2.** おさえている，制する，留めておく，引きとめておく，拘束する **3.** 囲む，取り巻く，包む，含む，かくまう，閉じ込める **4.** (受)…からなる，…からできている (奪又は ex) haec ipsa virtus amicitiam et gignit et continet この美徳そのものが友情をつくると共に保つのである reliquum spatium mons continet のこりの空間を山が占めている non potest exercitum is continere qui se ipse non continet 自分自身を制御しない彼(将軍)は軍隊を統率することはできない milites a proelio ～ 兵士に戦闘をさし控えさせる non enim venis (9f5) et nervis et ossibus di continentur 神々は血液や筋肉や骨からできていないからだ

contingō *3* con-tingere, -tigī, -tāctum §109 ［cum, tangō §§174(2), 176］ (他)**1.** ふれる，接する，隣り合う，届く，達する **2.** 遭遇する，係わる，関係する **3.** けがす，よごす，冒す，つかむ (自)起る，とどく，(非)§169 …という結果となる terram osculo ～ 大地に接吻する turri contingente (9f18) vallum 城壁に攻城櫓が接近すると civitas contacta rabie duorum juvenum 町は二人の若者の激怒に触れて(冒されて) non cuivis homini contingit adire Corinthum (70) 誰でもコリントス(名所)へ行けるわけではない

continuātiō *f.* continuātiōnis *3* §28 ［continuō］ 永続，接続，連続，延長，連結，連鎖

continuātus *a.1.2* -āta, -ātum §50 ［continuō の完分］ **1.** 間断なき，不断の **2.** 隣接する，継続する

continuī → contineō

continuō[1] 副 ［continuus §67(1)］ **1.** すぐに，直ちに **2.** その結果として，必然的に，それ以上面倒をかけないで，すぐそのまま

continuō[2] *1* con-tinuāre, -uāvī, -uātum §106 **1.** 結びつける，接合する，連絡させる，一体とする **2.** すぐ後を続ける，先へ進める，延ばす，中断させない aedificia moenibus continuantur 家々が城壁にすぐ接している continuato (9f18) nocte ac die itinere 昼夜兼行で旅をつづけて

continuus *a.1.2* continu-a, -um §50 ［contineō］ **1.** 連続した,つらなった，接続した，途切れない **2.** 絶え間なくずっと，あいついで，順々に，次々と continui montes 山脈 continua nocte その次の夜に

contiō (**cōn-** ?) *f.* contiōnis *3* §28 ［*cf.*conventiō］ **1.** 集会(政務官によって召集された市民の集り) **2.** 挨拶，式辞，演説，長広舌 **3.** 会衆，聴衆 contionem apud milites habuit 彼は兵士を前に演説した laudare aliquem pro contione 誰々を聴衆に向って賞賛する

contiōnābundus (**cōn-** ?) *a.1.2* contiōnābund-a, -um §50 ［contiōnor］ 集会で(公けに)演説をしている，宣言(訓示)をしている

contiōnālis (**cōn-** ?) *a.3* contiōnāle §54 ［contiō］ 民衆(大衆)の集会の(ような)，公けの集会に没頭(献身)している contionalis senex 老いた民衆扇動家

contiōnārius *a.1.2* contiōnāri-a, -um §50 ［contiō］ ＝**contiōnālis**

contiōnātor *m.* contiōnātōris *3* §26 ［contiō］ 公けの集会で長広舌をふるう人，扇動家

contiōnor *dep.1* contiōnārī, contionātus sum §§123(1), 125 ［contiō］ **1.** 集合する，集会に出席する **2.** 集会で話す(述べる)，演説をする，長広舌をふるう，公表する，宣言する Cato contionatus est comitia haberi (se) non siturum (117.5) カトーは，民会の開催を(自分は)許さないだろうと集会で述べた

contiuncula (**cōn-** ?) *f.* contiunculae *1* §11 ［contiō の小］ 小さな民衆の集会，取るにたらぬ集会演説

contorqueō *2* con-torquēre, -torsī, -tortum §108 **1.** ぐるりと巻く，回す，

ひねる，ねじる，よじる，曲げる，向ける **2.**（投槍を）投げとばす，（言葉を）吐く，浴びせる auditor ad severitatem est contorquendus 聴衆（の気持）は厳しい（意見の）方に向けられるべきである

contorsī　→ contorqueō

contrā　副，前　**A.**（副）**1.** 向き合って，対立して，向かい側に，正面に **2.** これに反し，他方では，その代りに **3.**（ac, atque, quam と共に）…とは違って，…に反して ut hi miseri, sic contra illi beati この人たちが哀れであるように，それに反し，あの人らは幸福だ contra atque ante fuerat 以前にあった状態とは違って（反して）**B.**（前）（対と）**1.** 反対の位置に，向き合って，対して，面して **2.** 反して，逆らって，敵対して，背いて **3.** 無視して，ものともせず Britannia contra eas regiones sita est ブリタンニアは（ガッリアの）その地方と向き合って位置する rem publicam contra improbos cives defendere 不埒な市民から国家を守ること contra naturam 自然に逆らって

contractiō　*f.* contractiōnis　*3* §28 ［contrahō］　**1.** 収縮，短縮，圧縮 **2.**（文・語の）短縮，簡潔，要約 **3.** 詰めて書くこと，短く発音すること **4.** 痙攣(けいれん)，ひきつけ（＝ ～ nervorum）contractio animi 気落ち，落胆 contractio frontis 額に皺をよせること

contractus　*a.1.2* contract-a, -um §50 ［contrahō の完分］　（比）contractior **1.** 収縮した，萎縮した，ちぢまった，狭い，細い **2.** 引きしまった，窮屈な，ちぢかんだ **3.** 制限された，抑制された，おさえられた **4.** 出し惜しむ，けちな **5.** 簡潔な，要約した，短い paupertas contracta 窮屈な貧乏暮し contracto frigore（9f15）pigrae（apes）身をちぢかませる寒さのため動きのにぶった（蜜蜂たち）

contrādīcō　*3* contrā-dīcere, -dīxī, -dictum　§109 ［contrā, dicō］ 反駁する，抗弁する，反対する

contrahō　*3* con-trahere, -trāxī, -tractum　§109　**1.** 引き寄せる，集め

る，縮める，縮小する，結合する **2.** せばめる，少なくする，弱める，尻込みさせる，悲しませる，きりつめる，制限する，制御する **3.** 蒙る，招く，受ける，引き起す，犯す，生じさせる，契約する，友情（同盟）で結ぶ castra ～ 陣営を縮小する frontem ～ 額にしわを寄せる animus contrahitur 臆病になる，意気沮喪する exercitum in unum locum ～ 軍隊を一箇所に集結させる pestilentiam ～ 流行病にかかる male contractis rebus（9f18）その交渉（契約）は上手くいかなかったので

contrārius　*a.1.2* contrāri-a, -um §50 ［contrā］　**1.** 対立している，向きあっている **2.** 反対している，敵の，危険な，有害な monens imperaturo（9d1, 118.2）contrariam esse philosophiam 将来支配する者にとって哲学は有害だと忠告する（人）　（名）**contrārium**　*n.* contrāriī §13　反対，対立，対照，対比 ex ～ これに反して，むしろ，逆に　（名）**contrārius** *m.* contrāriī §13　敵，敵対者

contrectō（**-tractō**）　*1* con-trectāre, -tāvī, -tātum　§106 ［cum, tractō §§174(2), 176］　**1.** くりかえし手をふれる，手でさわる，指でふれる，いじくる **2.** さする，やさしくなでる，愛撫する **3.** 手で扱う，処理する，論じる，吟味する，熟考する **4.** 不法（不作法）にふれる，はずかしめる，盗む nudare corpus et contrectandum（esse）vulgi oculis（9d）permittere 体を裸にし，それが大衆の目に触れる（さらされる）ことを許す（ということ）

contremīscō（**-mēscō**）　*3* con-tremiscere, -tremuī, ――　§109 ［cum, tremescō §§174(2), 176］　**1.** ふるえる，震動する，ゆれる，ぐらつく **2.** おののく，戦慄する **3.**（他）（危険を）恐れる

contribuō　*2* con-tribuere, -tribuī, -tribūtum　§108　**1.** 一体の中に併合する，合併する，同盟に加える，一緒にする，集める **2.** 分け与える，寄付する contribuere aliquos cum his（又は）his（dat）あるものたちと彼らを一緒にする

contrīstō　*1* con-trīstāre, -tāvī, -tātum　§106 ［cum, triste］　**1.** 悲し

contrītus, contrīvī 166

ませる, 陰気にする, 落胆させる **2.** 暗く
する, くもらせる **3.** しぼませる, 枯らせる
contrītus, contrīvī → conterō
contrōversia *f.* contrōversiae *1*
§11 [contrōversus] **1.** 争い, 口論,
けんか, 不和, 反目 **2.** 反論, 異議, 論争
点, 訴訟(問題) nulla controversia mihi
tecum erit 私とあなたとの間には一切異
論はないでしょう controversia non erat
quin verum dicerent (116.6) 彼らが真
実を言うのを誰も反対しなかった
contrōversiōsus *a.1.2* contrōver-
siōs-a, -um §50 [contrōversia] 大
いに論争されている, 論争の種になる(余地
のある), 係争中の, 問題の
contrōversus *a.1.2* contrōvers-a,
-um §50 [contrā, versus] 論争さ
れている, 論争(論議, 係争)中の, 論争
(議論)の余地のある
contrucīdō *1* contrucīdāre, -dāvī,
-dātum §106 [cum, trucīdō §176]
多くの傷を加える, 大勢を(一緒に)たたき
切る, 切り倒す, 虐殺する, 殺戮する
contrūdō *3* con-trūdere, -trūsī,
-trūsum §109 [cum, trūdō §176]
1. 強く押す, 突く, 突き合わせる **2.** つめ
込む, 押し込む, ぎっしりつめる
contrūsī, contrūsum → contrūdō
contubernālis *c.* contubernālis *3*
§19 [cum, taberna] **1.** 天幕仲間, 食
卓仲間, 戦友, 親友, 同僚 **2.** 属州高官
の私的なお伴
contubernium *n.* con-tuberniī *2*
§13 [cum, taberna] **1.** 天幕暮しの兵
隊仲間(の付き合い), 総督(将軍)と見習
い武官との共同生活 **2.** 食卓仲間, 友情
の絆, 交友(仲間の, 兄弟の)関係 **3.** (動
物の)共棲, (奴隷の)結婚, 同棲 **4.** 共同
天幕, 共同住居(生活)
contudī, contū(n)sus → contundō
contueor *dep.2* con-tuērī, -tuitus
sum §123(2) = **contuor** *dep.3*
contuī,── §123(3) **1.** 見る, 見つめ
る, 観察する **2.** 心を向ける, 沈思黙考す
る
contulī → cōnferō

contumācia *f.* contumāciae *1*
§11 [contumāx] **1.** 強情, 一徹, 片
意地 **2.** 固陋, 頑迷, 狷介孤高, 頑固,
尊大, 不遜 **3.** 不屈不撓, 気骨
contumāciter 副 [contumāx §67
(2)] 強情に, 頑固に, 依怙地に
contumāx *a.3* contumācis §55
1. 反抗的な, 頑として服従しない, 頑固
一徹な, 依怙地な, 片意地な **2.** 尊大な,
高慢な
contumēlia *f.* contumēliae *1*
§11 **1.** 恥辱, 汚名, 侮辱, 無礼 **2.** 激
しい非難, 罵倒, 嘲弄 **3.** 虐待, 傷害, 暴
力 tanta contumeliā acceptā (9f18) か
かるひどい侮辱を受けたあと
contumēliōsus *a.1.2* contumē-
liōs-a, -um §50 [contumēlia] (比)
contumeliosior (最)contumeliosis-
smus 誹謗にみちた, 口ぎたない, 中傷
の, 名誉毀損の, 侮辱的な, 無礼な (副)
contumēliōsē §67(1) (比) contume-
liosius (最)contumeliosissime 侮辱
的に, 口ぎたなく, 横柄な態度で
contumulō *1* con-tumulāre, -lāvī,
-lātum §106 [cum, tumulus] 埋葬
する, 塚で覆う
contundō *3* con-tundere, -tudī, -tū
(n)sum §109 **1.** 打ち砕く, 押しつぶ
す, 粉粉にする **2.** 叩く, 打つ, 壊す, 打
ちのめす, 服従させる, 突き破る radicibus
contusis equos alere 打ち砕いた根で馬
をやしなう
conturbātiō *f.* conturbātiōnis *3*
§28 [conturbō] **1.** 混乱, 狂乱, 錯乱
2. 狼狽, 不安, 不調
conturbō *1* con-turbāre, -bāvī,
-bātum §106 [cum, turbō §176]
1. かき乱す, 混乱させる **2.** ひっくりかえ
す, 転覆させる **3.** 心を騒がせる, 狼狽さ
せる, 不安にする, 動揺させる **4.** (自)破
産する, 債務を履行しない
contus *m.* contī *2* §13 <κοντός
1. 棒, さお, 船棹 **2.** 長い槍
contūsus → contundō
cōnūbiālis *a.3* cōnūbiāle §54
[cōnūbium] 結婚の, 夫婦の

cōnūbium *n.* cōnūbiī *2* §13
〔cum, nūbō〕 **1.** 結婚(正式, 法的に正しい) **2.** 結婚権, 結婚式 **3.** つれあい, 夫, 妻 **4.** (異民族同志の)雑婚 **5.** 同衾

cōnus *m.* cōnī *2* §13 <κῶνος
1. 円錐(形) **2.** かぶとの尖頭

convalēscō *3* con-valēscere, -valuī, ── §109 **1.** 強くなる, 丈夫になる, 大きくなる, 成長する **2.** 回復する, 健康をとり戻す, 元気になる

convallis *f.* convallis *3* §19 深くて狭い谷, 峡谷, 山峡

convectō *1* con-vectāre, -tāvī, -tātum §106 〔cum, vectō §176〕 運んできて一緒にする, 集める

convector *m.* convectōris *3* §26 〔convehō〕 旅の道連れ, 同乗(船)者

convectus, convēxī → convehō

convehō *3* con-vehere, -vēxī, -vectum §109 一箇所へ(車で)運ぶ, 集める, 調達する, 蓄える

convellō *3* convellere, -vellī(-vulsī), -vulsum(-volsum) §109 **1.** 裂き取る, もぎとる, 引き抜く, 力を出して引く **2.** ずたずたに裂く, ばらばらにする **3.** 下を掘りくずす, ひっくりかえす, 台無しにする, 負かす signa ～ 軍旗を引き抜く(野営を引き払って進軍を始める) Roma prope convulsa sedibus suis (9f4) ローマは殆んどその土台から掘りくずされて

convenae *m.pl.* convenārum *1* §§11, 45 〔conveniō〕 **1.** ある目的で集った人 **2.** asylum を求めて至る所から集ってきた外人, 避難民, 浮浪者

conveniēns *a.3* convenientis §58 〔conveniō の現分〕 (比)convenientior (最)convenientissimus **1.** 適当な, ふさわしい, 適切な **2.** 似合の, ぴったりの, しっくりとした **3.** 一致した, 調和した, 気の合った, 仲のいい **4.** 協調する, 礼儀正しい, すなおな, 愛想のいい reddere personae scit convenientia cuique (9d13) (劇作家は)登場人物に対し, それぞれにふさわしいもの(性格)を与えることを知っている

convenienter 副 〔conveniēns §67

(2)〕 **1.** ふさわしく, 適切に **2.** 一致して, 首尾一貫して **3.** 順応して, 従って convenienter naturae (9d13) (=cum natura) 自然に即して convenienter sibi dicere 首尾一貫した話し方

convenientia *f.* convenientiae *1* §11 〔conveniēns〕 **1.** 完全な一致, 調和, 協和 **2.** 共感, 感応 **3.** 首尾一貫 **4.** 協定, 協約 **5.** 均斉, 対称

conveniō *4* con-venīre, -vēnī, -ventum §111 〔cum, veniō §176〕 **A.** (自)**1.** 集りにやってくる, 集まる **2.** 適する, 似合う, 同意(一致)する **3.** (非)§168 意見が合う, 一致する, ふさわしい **B.** (他)出会う, 訪ねる, 法廷に訴える multitudo ex tota urbe ～ 大勢が都全体から集まってくる in manum ～ (女が)(夫の)手権(=夫権)の下に入る, 結婚する interfectam matrem esse a filio convenit (168) mihi cum adversariis 母親が息子に殺されたことについては, 私と反対者との意見は一致している eum in itinere ～ 旅行中彼に合う sit (116.1) tibi curae (9d7), quantae conveniat (116.2), Munatius ムナティウスに対し, あなたが与えて当然であるだけの配慮をどうか与えられんことを

conventiculum *n.* conventiculī *2* §13 〔conventus の小〕 **1.** 小さな集会, 会合 **2.** 集合地, 盛り場

conventiō *f.* conventiōnis *3* §28 〔conveniō〕 **1.** 民衆の集会(集合) **2.** 合意, 協定, 契約

conventus *m.* conventūs *4* §31 〔conveniō の完分〕 **1.** 集合, 会合, 集会 **2.** (属州における)巡回裁判, 開廷期(日), 巡回管轄区 **3.** (属州における)ローマ市民の協議団体 **4.** 契約

converrō *3* con-verrere, -verrī, -versum §109 〔cum, verrō §176〕 **1.** 掃き集める, 一掃する, 掃き出す, 清掃する **2.** かき集める, かっさらう

conversātiō *f.* -sātiōnis *3* §28 〔conversor〕 **1.** 交際, 親交, なじみ, 面識(めんしき) **2.** 行状, ふるまい

conversiō *f.* conversiōnis *3* §28

conversor 168

[convertō] **1.** 回転, 回帰 **2.** (天)自転, 周行, 公転, 周期 **3.** 変化, 交替, 変身, 動乱, 変革, 転覆 **4.** ひっくりかえること, 逆転, 倒立 **5.** (修)文末(句末)における同語の繰返し **6.** (修)交叉的な対比法(配列法) 例 esse oportet, ut vivas, non vivere, ut edas 生きるために食べるべきで, 食べるために生きるべきではない **7.** (修)総合文, 完全文

conversor *dep.1* -versārī, -versātus §123(1) [cum+versor§176] 交際する, 共に生きる(dat. と)

conversus → converrō, convertō

convertō *3* con-vertere, -vertī, -versum §109 **A.** (他)**1.** 回す, 回転させる, 向きを変える **2.** 表裏(上下)をさかさにする, ひっくりかえす, 転倒させる, 混乱させる **3.** 変化させる, 移す, 翻訳する **B.** (自)**1.** 帰る, 戻る **2.** 変る converso baculo 杖をさかさに持って se convertere 背中を向ける, 敗走する Hecuba in canem conversa 犬に姿を変えたヘクバ omnium oculos ad se convertebat 彼は皆の目を自分に向けさせていた(人目をひいた) castra castris convertunt 彼らは陣営に陣営を移す(次々と陣営を変える) num in vitium virtus possit (116.10) convertere 美徳が悪徳に変り得るかどうかを(議論する)

convestiō *4* con-vestīre, -vestīvī (-tiī), -vestītum [cum, vestiō §176] §111 **1.** 着物をきせる, 衣服を与える **2.** 包む, 覆う, 囲む

convexus *a.1.2* convex-a, -um §50 **1.** 外側へ曲った, 弓なりの, アーチ形の, 拱形の, 凸状の **2.** 内へ(中へ), くぼんだ, 沈んだ, 傾いた, 凹面の **convexum** *n.* convexī *2* §13 **1.** アーチ(迫持), 丸屋根, 丸天井, 穹窿(きゅうりゅう), 天, 空 **2.** くぼ地, 谷間 convexa (*pl.n.*) supera 天上の世界(死者の世界に対し) classem in convexo nemorum occulit 彼は船隊を森の谷間にかくした

convīcī → convincō

convīciātor *m.* convīciātōris *3* §26 [convīcior] ののしる人, 中傷(誹謗)者

convīcior *dep.1* con-vīciārī, -vīciātus sum §123(1) [convīcium] ののしる, 声高に非難する, 侮辱する

convīcium *n.* convīciī *2* §13 [cum, vox] 騒音, 叫び声, 声高の不平, 怒号, 喧騒, 悪口, 罵言, 誹謗, 口論

convīctiō *f.* convīctiōnis *3* §28 [convīvō] **1.** 共同生活, 親交, 交際 **2.** 友, 仲間, 同僚

convīctor *m.* convīctōris *3* §26 [convīvō] ふだん(いつも)親しくしている人, 家庭の友, 食卓仲間, 友, 仲間

convīctus *m.* convīctūs *4* §31 [convīvō の完分] **1.** 一緒に暮すこと, 社交, つき合い **2.** もてなし, 接待, 宴会, 晩餐会 **3.** 親友, 仲間

convictus → convincō

convincō *3* con-vincere, -vīcī, -victum §109 **1.** 完全に打ち負かす, 圧倒する, 論破する **2.** (過ち, 罪を)立証する, 罪(過失)を認めさせる(悟らせる), はっきりと証明する aliquem inhumanitatis (9c10) convincere ある人が無教養であることを証明する volo facinus ipsius, qui id commisit, voce convinci 私はその犯罪が, それを犯した当人の言葉で証明されることを願っている

convīva *m.* convīvae *1* §11 [convīvō] 食卓仲間, 客

convīvālis *a.3* convīvāle §54 [convīva] 晩餐会の, 宴会の, 酒席の, にぎやかな, 陽気な

convīvātor *m.* convīvātōris *3* §26 [convīvor] 夕食会を催す人, 饗応する人, 主人(役)

convīvium *n.* convīviī *2* §13 [convīvō] **1.** 晩餐会, 饗宴, 酒宴, 歓待 **2.** (接待)客

convīvō *3* con-vīvere, -vīxī, -victum §109 [cum, vivō §176] **1.** 同時代に生きる **2.** 一緒に生きる(暮らす), 仲間と時間をすごす **3.** 一緒に食事をとる

convīvor *dep.1* convīvārī, -vīvātum sum §123(1) [convīva] **1.** 晩餐会(祝宴)を開いてもてなす **2.** 宴会(酒席)に

招かれる，列席する **3.** 大いに飲み且つ騒ぐ，陽気に浮かれさわぐ

convocātiō *f.* convocātiōnis *3* §28 ［convocō］ 呼び集めること，召集，集合

convocō *1* con-vocāre, -vocāvī, -vocātum §106 呼び集める，（会議・集会を）召集する

convolō *1* con-volāre, -lāvī, -lātum §106 ［cum, volō §176］ 一緒に飛ぶ，急いで集まる，群れをなして走り集る

convolvō *3* con-volvere, -volvī, -volūtum §109 **1.** 転がす，（ぐるぐる）巻く，回す，かき回す，まきつける **2.** 包む，おおう convolvit terga coluber 蛇がとぐろを巻いた convolvit se (sol) （太陽が）回る（周行・回転する）

convomō *3* con-vomere, -vomuī, -vomitum §109 ［cum, vomō §176］ 嘔吐する，もどす，あたりに吐き散らす

convulnerō *1* con-vulnerāre, -rāvī, -rātum §106 ひどく傷つける，感情を害する

convulsus → convellō

cooperiō *4* co-operīre, -operuī, -opertum §111 ［cum, operiō §176］ **1.** すっかり覆い隠す，包みかくす **2.** （完分）圧倒された，埋められた，深く沈んだ，堕落した aliquem lapidibus ～ 人に石を投げつけて殺す famosis Lupo cooperto (9f18) versibus (9f15) ルプスは誹謗の詩句に打ちひしがれて

cooptātiō *f.* cooptātiōnis *3* §28 ［cooptō］ 団体・同僚の欠員を補うための選挙，選出，指名，任命

cooptō (**cōp-**) *1* co-optāre, -tāvī, -tātum §106 ［cum, optō §176］ **1.** 補充のために同僚を選出する，仲間に入れる **2.** 選出する，選ぶ oppidum me patronum cooptavit その町は私を保護者として選出した

coorior *dep.4* co-orīrī, -ortus sum §§123(4), 125 ［cum, orior §176］ **1.** 生じる，発生する，現れる **2.** 突然起る，勃発する **3.** 反抗して（戦争のために）立ち上る coortum est bellum 戦争が勃発し

た maximo coorto vento (9f18) 突然暴風が起って

cōpa *f.* cōpae *1* §11 居酒屋（宿屋）で客をもてなす女，女将(おかみ)，女給，酌婦，遊女

cōpia *f.* cōpiae *1* §11 ［cum, ops *cf.*in-ōpia］ **1.** 豊かな貯(たくわ)え，充満，多数，一杯，多量 **2.** 用意，準備，供給，資産，富，資力 **3.** 能力，権力，機会，手段 **4.** 軍勢，兵力，員数 **5.** 糧食，糧秣(まつ)，軍需品 omnis copia narium 鼻のあらゆる充満(馥郁たる香りで鼻を満たしているあらゆる花) navalis copia 海軍力 dare senatus (9c3) copiam 元老院聴聞の機会を（人に）与えてやること copia verborum 流暢(りゅう)な言葉遣い civibus suis consilii sui copiam facere 同胞市民に自分の計画（考え）を利用させる（提供する）こと omnibus copiis contendere 全兵力をあげて戦う bonam copiam ejurare 支払う能力がないと誓う（倒産者の申し立てる言葉） pro copia 資力に応じて ex copia (rerum) その場の状況に応じて（従って）

cōpiōsē 副 ［cōpiōsus §67(1)］ （比）copiosius （最）copiosissime **1.** 豊富な食糧をもって，贅沢に，惜しみなく，豊かに **2.** 語彙も豊かに，饒舌に，雄弁に

cōpiōsus *a.1.2* cōpiōs-a, -um §50 ［cōpia］ （比）copiosior （最）copiosissimus **1.** 豊かな，裕福な，潤沢な，金持の **2.** 雄弁な，達弁の，流暢な **cōpiōsē** 副 §67(1) （比）copiosius （最）copiosissime **1.** 豊かに，充分に，ふんだんに **2.** 雄弁に，豊富な語彙をもって

cōpula *f.* cōpulae *1* §11 **1.** 結びつけるもの，紐，綱 **2.** 船をひっかけて引き寄せる錨(いか)型のかぎ **3.** 結合，愛（友情）の絆

cōpulātiō *f.* -ōnis *3* §28 ［cōpulō］ 結合，よせ集め，集合，綜合

cōpulātus *a.1.2* -lāta, -lātum §50 ［cōpulō の完分］ （比）cōpulātior （最）cōpulātissimus **1.** 2つ（以上）のものが密接に交際（提携(ていけい)）している **2.** いろいろの要素から合成された **3.** 親密(しんみつ)な，

親しい

cōpulō *1* cōpulāre, -lāvī, -lātum §106［cōpula］ **1.** 二つのものをつなぐ，つなぎ合わせる，つないで(結んで)一つのものをつくる **2.** 連結(接合)させる，合併(連合)させる，団結(一致)させる，結婚(協力)させる，想起させる，連想させる voluptatem cum honestate copulavit 彼は快楽と清廉を融和させた copulati in jus pervenimus 我々(二人)はお互いに手をにぎり合って法廷にやってきた

coquō *3* coquere, coxī, coctum §109 **1.** 料理する，味をつける，調合する，準備する **2.** 煮る，やく，あぶる，いる，ゆでる，干す **3.** こなす，消化する，発酵させる，溶解させる **4.** 念入りに仕上げる，考えぬく，案出する，企てる，はかる **5.** 熟させる，孵(ⁿ)す，育てる **6.** やつれさす，苦しめる，なやます，刺激する，かきみだす agger coctus レンガの土塀 pilum robore cocto (9f10) 焼きかためた樫の槍 consilia quae secreto coquebant 彼らがひそかに抱いていた考え

coquus (-quos) *m.* coquī *2* §13［coquō］料理人

cor *n.* cordis *3* §22 **1.** 心臓，胸，心 **2.** 感情，精神，魂 **3.** 理解力，判断力，知力，思慮 **4.** 胃 corde amare 心から愛すること cordi (9d7) esse alicui ある人にとって大切である，いとしい cor habere 良識を持っている

corallium (**cūralium**) *n.* corallii *2* §13 さんご

cōram 副，前 **1.** 面前で，目の前で，面と向き合って **2.** 個人的に，本人自ら **3.** (前)*abl.* と …の面前で

corbis *c.* corbis *3* §19 かご，ざる

corbīta *f.* corbītae *1* §11［corbis］**1.** のろい貨物船 **2.** 船荷

cordātus *a.1.2* cordāta, -dātum §50［cor］賢(ⁿ)い，思慮分別のある，慎重な

Corinthus (-os) *f.* Corinthī *2* §§13, 38 ギリシアの都市 (形)**Corinthius** *a.1.2* Corinthi-a, -um §50 **1.**

Corinthos の **2.** Corinthos の市民 **3.** コリントス青銅製の

Coriolānus *a.1.2* Coriolān-a, -um §50 **1.** Corioli(Latium の町)の **2.** C. Marcius Coriolanus (前5世紀，ローマに反逆した将軍)

corium *n.* coriī *2* §13 **1.** (動物の)毛皮，皮，革 **2.** (人間の)皮膚 **3.** 果物の外皮，樹皮 ludere suo corio (9f11) 自分の命をかける，自分の身を危険にさらす corium petere alicui 誰々を懲らしめる，なぐりつける canis a corio numquam absterrebitur uncto 犬はあぶらみの皮から，おどされても決して逃げないだろう(習慣が身についている)

Cornēlius *a.1.2* Cornēli-a, -um §50 **1.** ローマの氏族名 **2.** Cornēlia, Gracchus 兄弟の母親

corneus[1] *a.1.2* corne-a, -um §50［cornū］角の，角のような，角製の

corneus[2] *a.1.2* corne-a, -um §50［cornus］ミズキの木の，木で作られた

cornicen *m.* cornicinis *3* §28［cornū］らっぱ手

cornīcula *f.* cornīculae *1* §11［cornīx の小］カラス，とんまな(小さい)カラス

corniculum *m.* cornicul ī *2* §13［cornū の小］**1.** 小さな角 **2.** かぶとの小さな角状の飾り(兵の功績を顕彰するもの)

corniger *a.1.2* corni-gera, -gerum §51［cornū, gerō］角(枝角)をもった，角のある

cornipēs *a.3* corni-pedis §55［cornū, pēs］ひづめをもった，ひづめのある (名)**cornipēs** *m.* cornipedis *3* §21 馬

cornīx *f.* cornīcis *3* §21 カラス(用心深さ，ずるさ，そして長寿で有名，また鳴き声は雨，吉兆を予言するとも言われている，さらに老婆を侮辱する言葉でもあった) hic hercule cornici (9d8) oculum, ut dicitur, configit 彼こそ全く，世に言う，カラスの目(生き馬の目)を抜く人だ exemplum vitae fuit a cornice secundae 彼はカラスに次ぐ長寿の例であった

cornū（**cornum**）*n.* cornūs *4* §31（cornī *2* §13）**1.** 牛などの角(ｽﾉ) **2.**（角状のもの）弦月，川の支流，弓，胄の前立て，巻子本の軸の取っ手，入り江，岬，軍隊の翼（側面），鳥のくちばし，(*pl.*)弓の両端，帆桁の尖端 **3.**（角でできたもの）角笛，らっぱ，ひづめ(動物の足の)，象牙，じょうご(漏斗)，飲む容器，薬味びん，提灯(カンテラ) **4.** 力，勇気(の象徴)，強さ cornu copia 宝角(豊穣の象徴) vires et addis cornua pauperi あなたは貧しき者に力と勇気を与える

cornum *n.* cornī *2* §13〔cornus〕**1.** ミズキの実 **2.** ミズキの木製の槍

cornus *f.* cornī *2* §13 又は **cornūs** *4* §§31, 45 **1.** ミズキの木，実 **2.** ミズキの木材の槍

corōlla *f.* corōllae *1* §11〔corona の小〕小さな花輪，花冠

corōllārium *m.* corōllāriī *2* §13〔corolla〕**1.** 小さな花冠，花環 **2.** 心づけ，特別手当，祝儀

corōna *f.* corōnae *1* §11 <κορώνη **1.**（花・月桂樹）冠 **2.** 円，輪，集り，群衆の輪，聴衆 **3.** 軍隊の攻囲線，警戒線 **4.**（日・月の）暈(ｽ)，かさ sub corona vendere(生贄の如く)花冠をつけた戦争捕虜を奴隷として売ること scis, quo clamore（9f9）coronae proelia sustineas（116.10）Campestria あなたはマルスの野の試合で，あなたを取り巻く群衆からどんなに大きな喝采を浴びながら試合を続けるかを知っている

corōnārius *a.1.2* corōnāri-a, -um §50〔corona〕王冠の，花冠の，王冠(花冠)のための，王冠状の

corōnō *1* corōnāre, -nāvī, -nātum §106〔corona〕**1.** 花冠(花輪, 花づな)で飾る **2.** 輪で囲む，取り巻く inire epulas coronatum（9e11）彼が花冠をつけて祝宴に列席すること omnem abitum custode coronant 彼らはすべての出口を見張りで取り囲む

corporeus *a.1.2* corpore-a, -um §50〔corpus〕**1.** 身体の，肉体の，体に関する，肉体上の，体のような **2.** 物質

的な，有形の **3.** 肉付のよい，肉のような

corporō *1* corporāre, -rāvī, -rātum §106〔corpus〕**1.** 殺す **2.** 体を与える，体をつくる

corpus *n.* corporis *3* §29 **1.** からだ，胴体，身体，肉体，死体 **2.** 個人，個体，個物，人格 **3.** 本体，実質，核，実 **4.** 全体，組織，骨組み，総体，集大成 **5.** 団体，共同体，社会 corpus omnis juris Romani ローマ法大全 dedit pro corpore nummos 彼は体(体刑，むちうち)の代りに賄賂を与えた non tu corpus eras sine pectore あなたは心のない人ではなかった(生来親切であった) spem sine corpore amat 彼は実体のない希望を好む ossa subjecta corpori 肉体におおわれた骨 corpus amittere 肉体を失う(やせる) ille omni (toto) corpore pugnat 彼は全力をつくして戦う per eorum corpora reliquos transire conantes 彼らの屍を乗り越えて(川を)渡らんと試みている生き残った者たちを

corpusculum *n.* corpusculī *2* §13〔corpus の小〕**1.** 小さい体，哀れな(貧弱な，かわいい)体 **2.** 小さな物体，微粒子，原子

corrādō *3* cor-rādere, -rāsī, -rāsum §109〔cum, rādō §176〕一緒にこすりとる，かき集める，掃き集める

corrēctiō *f.* corrēctiōnis *3* §28〔corrigo〕**1.** 修正，訂正，改正，改良，刷新 **2.** 訓戒，矯正

corrēctor *m.* corrēctōris *3* §26〔corrigō〕**1.** 正す人，改革者，改正(改良)者 **2.** 道徳批判者，風紀取締り，道学者，矯正者

corrēctus → corrigō

corrēpō *3* cor-rēpere, -rēpsī, -rēptum §109〔cum, rēpō §176〕**1.** のろのろ(忍び足で，こっそりと)うごく，すすむ，しのび込む **2.** ぞっとする，震え上る

correptē 副 (比)correptius〔correptus §67(1)〕(母音，音節を)短く発音して

correptus → corripiō

corrigō *3* cor-rigere, -rēxī, -rēctum §109 [cum, regō §174(2), 176] **1.** まっすぐにする, 正す **2.** 改良(改善)する, 修正(改訂)する **3.** 矯正する, 戒める, 忠告する **4.** 治療する, 回復させる **5.** 補う, 償う levius fit patientia (9f15), quidquid corrigere est nefas 改善することが許されていないものはすべて, 耐えることにより次第に気にならなくなる

corripiō *3b* cor-ripere, -ripuī, -reptum §110 [cum, rapiō §§174(2), 176] **1.** かき集める, ひったくる, つかむ, 握る, 捕える, 奪いとる **2.** (病気・不幸・火・激情が)襲う, 急に冒す **3.** 短くする, 縮める **4.** 非難する, 責める, 攻撃する **5.** 急いで(突然)出発する, 疾駆する turbine correptus 疾風に襲われて membra timore 〜 恐怖で体をちぢめる clamoribus judices corripuerunt 彼らは裁判官たちを嘲罵した ab eo me correptum (117.5), cur ambularem (116.11) 私は彼から, なぜ歩いているのかと叱られたこと(を覚えている)

corrōborō *1* cor-rōborāre, -rāvī, -rātum §106 [cum, rōborō §176] **1.** 強くする, 丈夫にする **2.** 強化する, 増強する **3.** 堅くする, 固める **4.** 勇気づける, 助長する corroborata vetustate audacia 年を経て強められた大胆さ se corroborare 成熟(円熟)する

corrōdō *3* cor-rōdere, -rōsī, -rōsum §109 [cum, rōdō §176] かむ, かじる, かみくだく

corrogō *1* cor-rogāre, -rogāvī, -rogātum §106 [cum, rogō §176] **1.** 一緒に招く, 招待する, 呼び寄せる **2.** 懇願して集める, 喜捨(きしゃ)を仰ぐ

cor(con)rotundō *1* -rotundāre, -rotundāvī, -rotundātum §106 [cum ＋rotundō§176] **1.** 円くする, まるみをつける **2.** 数量をみたす, 財産をふやす

corrūgō *1* cor-rūgāre, -gāvī, -gātum §106 [cum, rūga] しわをつくる, しわをよせる ne sordida mappa corruget (116.6) nares 汚いナプキンが(君の)鼻にしわをよせさせない(眉をひそめない)ように

corrumpō *3* cor-rumpere, -rūpī, -ruptum §109 [cum, rumpō §176] (すっかりこわす)**1.** 駄目にする, 損なう, 滅ぼす, 全滅させる, 無効にする, 台無しにする **2.** 堕落させる, 士気をくじく, 買収する, 迷わす, 誘惑する milites soluto imperio (9f18) licentia atque lascivia corruperat 指揮がゆるむと, 放縦と無秩序が兵たちを堕落させていた

corruō *3* cor-ruere, -ruī, —— §109 [cum, ruō §176] **1.** 地上にどっと(一緒に)倒れる, くずれる **2.** 崩壊する, 没落する, 滅びる **3.** 衰える, 弱る **4.** 沈む, 沈下する, 陥没する **5.** 落ちる, 落下する **6.** 破産する corruit in vulnus 傷口を下にして, それをおおうようにして倒れた paene ille timore, ego risu corrui 彼は恐怖から, 私は笑いから, ほとんど倒れるところであった

corrūpī → corrumpō

corruptē 副 [corruptus] §67 (比)corruptius (最)-ptissimē あやまって, 不正に, 邪悪なやり方で

corruptēla *f.* corruptēlae *1* §11 [corrumpō] **1.** 道徳的に腐敗・堕落させるもの, 腐敗, 堕落, 誘惑 **2.** 買収, わいろ, 誘惑手段 **3.** 誘惑者, はずかしめる人, 堕落させる人

corruptiō *f.* corruptiōnis *3* §28 [corrumpō] **1.** 腐敗・堕落した状態 **2.** 誘惑, 買収, 汚職

corruptor *m.* corruptōris *3* §26 [corrumpō] **1.** 腐敗・堕落させる人 **2.** 誘惑者, 凌辱者, 姦夫 **3.** 買収者, 贈賄者

corruptrīx *f. a.3* corruptrīcis *3* §§21, 55 (名)腐敗・堕落させる女 (形)腐敗・堕落させる所の

corruptus *a.1.2* corrupt-a, -um §50 [corrumpō の完分] (比)corruptior (最)corruptissimus **1.** くさった, 朽ちた **2.** 感染した, 悪化した **3.** 退化した, 劣質化した, 不純な, 正しくない, 誤った **4.** 凌辱された, はずかしめられた **5.** 買収された, 扇動的な **6.** 腐敗・堕落した, しつけのない, だらしない, 邪悪な

cortex *m.* corticis *3* §21 **1.** 樹皮, 外皮, 殻, 包むもの **2.** コルク nabis sine cortice お前はコルク(浮き袋)なしで泳ぐだろう(独立・自立できよう) tu levior cortice コルクよりも軽い汝(浅薄な, 浮気な汝)

cortīna *f.* cortīnae *1* §11 **1.** 料理用の丸い深いうつわ, 釜, なべ **2.** 祭器, 奉納物としての鼎(^{かなえ}), (特にデルピーの神殿では巫女(^{みこ})が神託を与えるときに坐る三脚台の上におかれていた) **3.** 巫女, 神託 **4.** 劇場の丸天井, 青天井(蒼穹) **5.** 法廷の聴衆室

coruscō *1* coruscāre, -cāvī, -cātum §106 ［coruscus］ **1.** 強く(烈しく)ゆすぶる, あちこちへ動かす, 烈しく振り回す **2.** すばやくあちこち動く, ゆれる, ふるえる, 飛び回る **3.** ぴかっと光る, きらめく, ぱっと燃え上る apes pennis (9f11) coruscant 蜜蜂は羽をふるわせる(羽でふるえる)

coruscus *a.1.2* corusc-a, -um §50 **1.** すばやく(烈しく)動く, ゆれる, ふるえる **2.** 変り易い, 定まらない, よろめく **3.** 閃光を発している(を反映する), きらめく, 輝く, 光っている silvis scaena coruscis (9f10) 烈しく梢のゆらいでいる森の背景(背後の森) Diespiter igni corusco nubila dividens きらめく稲妻で雲をひきさくユピテル

corvus *m.* corvī *2* §13 **1.** 大ガラス(予言の鳥としてアポローンの聖鳥) **2.** (天)カラス座

Corybās *m.* Corybantis *3* §41.3b Cybele の神官

cōrycus *m.* cōrycī *2* §13 ＜ϰόρυϰος 皮袋, 拳闘士の練習用の砂袋

corylētum *n.* corylētī *2* §13 ［corylus］ ハシバミのやぶ, 茂み

corylus（**corulus**）*f.* corylī *2* §13 ハシバミの木, 森

corymbifer *a.1.2* corymbi-fera, -ferum §51 ［corymbus, ferō］ キヅタの果実の房をつけた, 房で飾った

corymbus *m.* corymbī *2* §13 ＜ϰόρυμβος **1.** キヅタの果実の房 **2.** 一般に花や果実の房

cōrȳtus → gōrȳtus

cōs *f.* cōtis *3* §21 砥石(^{といし}) fortitudinis quasi cotem (9e11) esse iracundiam 怒りはあたかも勇気の砥石の如きものである(と)

costa *f.* costae *1* §11 **1.** 肋骨, あばら骨 **2.** (*pl.*)横腹, 脇, 側面, 背

costum *n.* costī *2* §13 ＜ϰόστος 東洋の芳香植物, 根が薬味

cothurnātus *a.1.2* cothurnāt-a, -um §50 ［cothurnus］ **1.** 長靴をはいた **2.** 悲劇的な, 悲劇の

cothurnus *m.* cothurnī *2* §13 ＜ϰόθορνος **1.** 編み上げの半長靴(狩人や背の低い女などがはいた) **2.** 背を高く見せるため悲劇役者のはく厚底の半長靴 **3.** 悲劇的な(崇高な)文体, 荘重体 **4.** 悲劇の詩形, 舞台

cot(t)īdiānus *a.1.2* cotīdiān-a, -um §50 ［cotīdiē］ 日々の, 毎日の, いつもの, なれた, 日常の, 普通の

cot(t)īdiē 副 毎日, しょっちゅう

cōturnīx *f.* cōturnīcis *3* §21 **1.** ウズラ **2.** 情愛を示す言葉

Cōus *a.1.2* Cōa, Cōum §50 **1.** Cōs 島(Mare Aegaeum の島)の **2.** (名)**Cōus** *m.* Cōs 島の住民 **3.** (名)**Cōum** *n.* (*sc.*vinum)有名なブドウ酒 **4.** (名)**Cōa** *n.pl.* Cōs 島の絹の衣服

coxa *f.* coxae *1* §11 尻, 臀部, 腰, 腰骨, 股

coxī → coquō

crābrō *m.* crābrōnis *3* §28 スズメバチ

crāpula *f.* crāpulae *1* §11 酩酊, ふつか酔い

crās 副 翌日, あす, 将来 quod hodie non est, cras erit 今日ないものも, 明日はあるだろう

crassē 副 ［crassus §67(1)］ **1.** 厚く, 太く, 密に **2.** ぼんやりとして, つやがなく, くもって **3.** 粗雑に, 混乱して, 無技巧に, 下手に (poema) crasse compositum illepideve 粗雑に(下手に)あるいは下品に(野暮ったく)書かれた(詩)

crassitūdō *f.* crassitūdinis *3* §28 [crassus] 厚さ, 太さ, 厚み, 堅さ, 濃度, 密度

crassus *a.1.2* crass-a, -um §50 (比)crassior (最)crassissimus **1.** 密生した, 密の, 厚い, 太い, 深い, 濃い, 烈しい, ぎっしりつまった **2.** 肥えた(土地), 肥満した **3.** よどんだ, 鈍い, 愚かな, 粗野な crassae paludes 泥でよどんだ沼(地)

Crassus *m.* Crassī *2* §13 **1.** ローマの家名 **2.** L. Licinius Crassus キケロ時代の雄弁家 **3.** L. Licinius Crassus Dives 三頭官

crāstinus *a.1.2* crāstin-a, -um §50 [crās] **1.** 明日の **2.** 未来の (名) **crāstinum** *n.* crāstinī *2* §13 明日

crātēr *m.* crātēris *3* §41.9a = **crātēra** *f.* crātērae *1* §11 < κρατήρ **1.** 宴会でブドウ酒と水を混ぜる大壺 **2.** 火山の噴火口 **3.** 泉水のたまり, 水盤 **4.** (天)南半球の星座(カップ座) **5.** 油壺

crātis *f.* crātis *3* §19 **1.** 枝編み細工, 編み束, (護岸・保塁工事用の)柴束 **2.** 簀(す)の子(この中に石と罪人をつめて水の中に沈める刑罰用具) **3.** 骨組み, わく組み, 肋骨, 格子 crates salignae umbonum 楯の代りの柳の枝編み細工 crates pectoris 胸郭

creātor *m.* creātōris *3* §26 [creō] (子をこしらえる)父親, 創造主, 創建者

creātrīx *f.* creātrīcis *3* §21 [creātor の女性形] 母親

creātus → creō

crēber *a.1.2* crēbra, crēbrum §52 [crēscō] (比)crēbrior (最)crēberrimus §60 **1.** 密集した, 密接した, 繁茂した, 目のつまった, 密な, こんだ **2.** 厚い, 濃い, 豊かな, 多数の, 多量の **3.** くりかえされた, ひんぱんな, 度々の creber arundinibus (9f17) lucus アシの茂った林 creber sententiis 思想の豊かな(人)

crēbrēscō *3* crēbrēscere, -bruī,

—— §109 [crēber] **1.** 頻繁となる, ふえる, 増す, 広がる, 大きくなる **2.** (非 *cf.*§168)噂がひろがる

crēbritās *f.* crēbritātis *3* §21 **1.** 繁茂, 豊富, 多数 **2.** 厚いこと, きっちり詰まっていること, 濃いこと **3.** 頻繁, 頻発

crēbrō 副 [crēber §67(1)] (比) crebrius (最)creberrime くりかえして, ひんぱんに, びっしりとつめて

crēdibilis *a.3* crēdibile §54 [crēdō] (比)credibilior **1.** 信じられる, 信頼できる, 信ずべき **2.** 考えられる, 本当らしい, ありそうな, 得心のいく (非) credebile est＋不句 又は ut *cf.*§168

crēdidī, crēditus → crēdō

crēditor *m.* crēditōris *3* §26 [crēdō] 債権者

crēditum *n.* crēditī *2* §13 [crēdō の完分] 貸し付け金, 借金, 負債

crēdō *3* crēdere, crēdidī, crēditum §109 **1.** 任せる, ゆだねる, ひき渡す **2.** 信ずる, 本当と思う, 信用する, 信頼する **3.** 考える, 想像する, 思う **4.** 貸す se suaque omnia alicui ～ 自分と自分の財産全部をある人にゆだねる creditus est (117.6) optime dixisse 彼は最も立派に話したと信じられている mihi crede (挿入句的に)私の言うことを信じてくれ libenter homines quod volunt, credunt 人は信じたいものを喜んで(すすんで)信じる utrumque vitium est et omnibus credere et nulli 誰も彼も皆信じることも, 誰一人をも信じないことも, 共に悪いことだ(間違いだ)

crēdulitās *f.* crēdulitātis *3* §21 [crēdulus] 信じやすいこと, だまされ易いこと, 軽信

crēdulus *a.1.2* crēdul-a, -um §50 [crēdō] **1.** 信じやすい, 信頼する, だまされやすい, 盲信する, 無邪気な **2.** たやすく信じられる, 信じ込まれ易い

cremō *1* cremāre, -māvī, -mātum §106 **1.** 焼く, 灰にする **2.** 火葬にする, 火刑(かけい)にする

cremor *m.* cremōris *3* §26 うすい粥(ﾞ), 濃い野菜汁

creō *1* creāre, -āvī, -ātum §106 **1.** 創造する, 作り出す, 引き起す, 発生させる, 子をつくる, 生む **2.** 任命する, 選ぶ, 選挙する, 授ける Aquilone (9f4) creatus アクィロの息子 aliquem consulem ～ ある人を執政官に択ぶ

Creōn (**Creō**) *m.* Creontis (Creōnis) *3* §41.4(§26) (神)**1.** Corinthus の王, Iason の義父 **2.** Thebae の王, Iocasta の兄弟

crepida *f.* crepidae *1* §11 < κρηπῖδα(κρηπίς の *acc.*) ギリシア人のはいた短靴(ローマ人がはくときさと思われた)

crepidātus *a.1.2* crepidāt-a, -um §50 [crepida] crepida をはいた

crepīdō *f.* crepīdinis *3* §28 **1.** 石造建築, 像, 祭壇などの一段高い台, 基底, 石台, 台座, 基礎, 土台 **2.** 湿地帯の土手道 **3.** 防波堤, 突堤, 埠頭 **4.** 突き出た崖, 岩

crepitō *1* crepitāre, -tāvī, -tātum §106 [crepō] **1.** 短い鋭い音がする・なる, そんな音がくりかえす・継続する **2.** がらがら, ぱたぱた, ぱちぱち, がちゃがちゃ, ぎしぎし, ばりばり, めりめりと音をたてる・ならす crepitans salit grando あられが, ぱちぱちと音をたててとびはねる

crepitus *m.* crepitūs *4* §31 [crepō] がちゃがちゃという(武器のかちあう)音, がたがた, ぱたぱた, ぱちぱちという騒音, かちかちという(歯の)音

crepō *1* crepāre, -pāvī §106 がたがた, がちゃがちゃと音をたてる, ぺちゃくちゃしゃべる

crepundia *n.pl.* crepundiōrum §13 [crepō] **1.** 子供のおもちゃ, がらがら **2.** お守り, 護符(ﾞ)

crepusculum *n.* crepusculī *2* §13 **1.** 薄明, うすあかり(日の出前, 日没後の), たそがれどき **2.** くらがり, 暗やみ, うすぐらさ

crēscō *3* crēscere, crēvī, crētum §109 [*cf.*creō] **1.** 生れる, 発生する **2.** 成長する, 大きくなる, 強くなる, 多く なる, ふくらむ, 高くなる **3.** 出世する, 重んじられる, (地位・名誉が)高まる cretus mortali semine (9f4) (ab eadem origine) 人間の種より生れた(同じ起源から生じた) Liger ex nivibus creverat リゲル川は雪(融け水)で増水していた in frondem crines crescunt 髪の毛が葉へと成長する(生れ変る) crescit eundo (119.5, 156) 進むことによって大きくなる(進むにつれて早くなる)

crēta *f.* crētae *1* §11 **1.** きれいな白い粘土, 粘土質の土壌(耕土), 陶土 **2.** 白亜(ﾞ), 白墨(チョーク) **3.** 布さらし用の白土(漂土) **4.** 美顔料(粉おしろい) **5.** 封印用のチョーク **6.** 吉兆・賛成・良好を示す白墨(のしるし) **7.** (戦車競技場の)決勝戦の白線

crētātus *a.1.2* crētāt-a, -um §50 [crēta] **1.** 白墨で白くされた **2.** 粉おしろいをぬった **3.** (官職志願者が)白い服を着た

Crēticus *a.1.2* Crētic-a, -um §50 **1.** Crēta(Crētē)島の **2.** (名)**Crēticus** Caecilius Metellus の仇名(クレータ島の占領者の意)

crētiō *f.* crētiōnis *3* §28 [cernō] **1.** 遺産相続の意思表明, 遺産の正式受理 **2.** 遺産相続

crētōsus *a.1.2* crētōs-a, -um §50 [crēta] 粘土で一杯の, 粘土質の

crētula *f.* crētulae *1* §11 [crēta の小] 封印用の白粘土

crētus, crēvī → cernō, crēscō

Creūsa *f.* Creūsae *1* §11 (神) **1.** Ion の母 **2.** Iason の妻, Corinthus 王 Creon の娘 **3.** Aeneas の妻, Priamus の娘

crībrum *n.* crībrī *2* §13 [cernō] ふるい(篩) imbrem in cribrum gerere 雨水をふるいに受ける(むだ骨を折る)

crīmen *n.* crīminis *3* §28 **1.** 非難, 告発, 弾劾 **2.** 告発の理由(項目), 非難の的, 苦情の種(ﾞ) **3.** 過失, 罪, 責任, 違反 alicui proditionis crimen inferre ある人に裏切りの罪をかぶせる dare alicui crimini (9d7) pecuniam accepisse

crīminātiō   176

(117.3) ある人を収賄の罪で告発する res crimini est alicui (9d7) その事が彼を告発する理由だ perpetuae crimen posteritatis eris お前は未来永劫に非難の的となろう

crīminātiō *f.* crīminātiōnis 3 §28 [crīminor] **1.** 告訴, 告発 **2.** 中傷, 誹謗, 誣告

crīminor *dep.1* crīminārī, -nātus sum §123(1) =**crīminō** *1* crīmināre §106 **1.** 告発(告訴)する, 公然と非難する **2.** 中傷する, 誹謗する, 誣告する **3.** 不平(文句)を言う Sullanas res defendere criminor 私はスッラの一派を弁護する(している)と文句を言われる aliquem apud populum ～ ある人を民会に告発する

crīminōsē 副 [crīminōsus §67(1)] (比)criminosius (最)criminosissime **1.** 口ぎたなくののしって, 中傷的に **2.** 告発者として, 告発者のように neminem audivi qui criminosius diceret (116.8) 彼よりも口ぎたなくののしって物を言うような人を私は知らない(聞いたことがない)

crīminōsus *a.1.2* crīminōs-a, -um §50 [crīmen] (比)criminosior (最)criminosissimus **1.** 非難をこめた, 中傷(誹謗)にみちた, 口ぎたない **2.** ののしる(叱る)ような, 中傷的な, 攻撃的な **3.** 非難に価する, 罪を犯した, 恥ずべき, 不名誉な criminosissimus liber ひどい中傷(毒舌)で一杯の著書

crīnālis *a.3* crīnāle §54 [crīnis] **1.** 髪(の毛)の, 髪に関する **2.** (毛)髪の如き糸におおわれた acus crinalis ヘアピン (名)**crīnāle** *n.* crīnālis 3 §27 頭髪飾り, ヘアピン, 櫛

crīnis *m.* crīnis 3 §19 [*cf.* crista] **1.** 毛, 髪, 髪の一房, 頭髪 **2.** 彗(すい)星の尻尾 trahebatur passis virgo crinibus (9f11) a templo その処女は, 乱れた髪をつかまれて, 神殿からひきずり出された

crīnītus *a.1.2* crīnīt-a, -um §50 [crīnis] **1.** 毛(髪)の生えた, 毛におおわれた **2.** 長髪の, 巻き毛の **3.** 髪(毛)に似た stella crinita 彗星(すいせい) crinita galea juba (9f10) 毛の長い前立(飾り毛)のある兜(かぶと)

crisis *f.* crisis 3 §40 **1.** 人生の危機, 危険な時期, 分れ目 **2.** 文学の鑑識眼

crispō *1* crispāre, -pāvī, -pātum §106 [crispus] **1.** 巻き毛にする, 髪の毛をちぢらせる **2.** 表面を波だたせる, さざ波をたてる **3.** ふるわせる, 振う, 振り回す **4.** (自)ふるえる, しわになる, ねじれる

crispus *a.1.2* crisp-a, -um §50 (比)crispior (最)crispissimus **1.** 巻き毛のある, ちぢれ毛の **2.** 波うつ, 波状の, うねった, ねじれた, よじれた **3.** ふるえる, (弦の音)ひびきわたる **4.** 優美な homo crispus 巻き毛の男, 髪のちぢれた奴

crista *f.* cristae *1* §11 **1.** とさか, 冠毛 **2.** かぶとの飾り毛, 前立て **3.** 陰核

cristātus *a.1.2* cristāt-a, -um §50 **1.** とさかのある, 冠毛のある **2.** 前立て(羽飾り)のある, 前立てのある, かぶとを冠った cristatus ales 雄鶏(おんどり)

criticus *m.* critici 2 §13 < κριτικός (文芸)評論家

croceus *a.1.2* croce-a, -um §50 [crocus] **1.** サフランの **2.** サフラン色の, 黄色の

crocinus *a.1.2* crocin-a, -um §50 [crocus] **1.** サフランの, サフランからつくられた **2.** サフラン色の, 黄色の (名)

crocinum *n.* crocinī 2 §13 サフラン香油

crocodīlus *m.* crocodīlī 2 §13 < κροκόδιλος ワニ

crocus *m.* (**crocum** *n.*) crocī 2 §§13, 44 < κρόκος **1.** サフラン **2.** サフラン色, 黄色の染料 **3.** サフラン香油

Croesus *m.* Croesī 2 §13 Lydia の王(前6世紀), 富者として有名

crotalum *n.* crotalī 2 §13 < κρόταλον ダンスの伴奏をする一種のカスタネット

cruciāmentum *n.* cruciāmentī 2

§13〔cruciō〕 持続的な深い苦痛, 肉体的激痛, 精神的苦悶(ﾓﾝ), 呵責, 拷問

cruciātus *m.* cruciātūs 4 §31 〔cruciō〕 **1.** 拷問, 体刑, 責苦, ひどい苦痛, 苦悶 **2.** 拷問用具, 責め具

cruciō 1 cruciāre, -ciāvī, -ciātum §106 〔crux〕 **1.** 拷問にかける, (精神的・肉体的に)ひどく苦しめる, 責めさいなむ **2.** (再・受)se cruciare, cruciari 拷問をうける, 苦しむ, もだえる vigiliis et fame (9f15) cruciari 不眠と餓えでひどく苦しむ

crūdēlis *a.3* crūdēle §54 〔crūdus〕 (比)crudelior (最)crudelissimus **1.** 粗暴な, 残忍な, 非道な, 不人情な, 無慈悲の **2.** ひどい, 耐え難い, きびしい, むごたらしい **3.** 不幸な, 悲しい, 哀れな

crūdēlitās *f.* crūdēlitātis 3 §21 〔crūdēlis〕 粗暴, 残酷, 非道, 無慈悲, 過酷, 蛮行, 厳重

crūdēliter 副 〔crūdēlis〕§67(2) (比)crudelius (最)crudelissime §68 残酷に, 凶暴に, むごたらしく, 野蛮に

crūdēscō 3 crūdēscere, ——, —— §109 どう猛(残忍)になる, 強烈になる, ひどくなる, 悪化する

crūditās *f.* crūditātis 3 §21 〔crūdus〕 胃の過重の負担, 過食, 消化不良

crūdus *a.1.2* crūd-a, -um §50 (比)crudior (最)crudissimus **1.** 料理されていない, 生(ﾅﾏ)の **2.** 未加工の, 焼かれていない(生贄の内臓, 煉瓦), 自然のままの, 汚い **3.** まだ血の流れている(傷, 生肉) **4.** 未耕作の, 未開墾の **5.** 未熟な, うれていない, 青い(果物) **6.** 未発達(成熟)の, 未経験の, まだ新しい, 新鮮な **7.** まだ丈夫な(老人) **8.** 未消化の, 胃の中に未消化の食物をもった **9.** 野蛮な, 残忍な, 非情な **10.** 耐え難い, ひどい(苦痛) puella cruda marito 夫には未熟な娘(婚期に達していない娘) crudus ensis 非情な剣 Roscius crudior fuit ロスキウスは人一倍胃弱であった

cruentō 1 cruentāre, -tāvī, -tātum §106 〔cruentus〕 **1.** (殺害により)血で汚す, 血まみれにする, 赤く血染めにする **2.** 傷つける, 害する, 汚す, 冒瀆する **3.** 水につける, (泥水を)はねかける

cruentus *a.1.2* cruent-a, -um §50 〔cruor〕 (比)cruentior (最)cruentissimus **1.** 血まみれの, 血なまぐさい, 血みどろの, 流血の **2.** 血に餓えた, 残虐な **3.** 血の色の, 血に染まった

crumīna (**crumēna**) *f.* crumīnae 1 §11 **1.** (小さな)財布 **2.** 金(の供給), 資金, 金庫

cruor *m.* cruōris 3 §26 **1.** 血, 鮮血, 血潮, 血痕 **2.** 流血, 殺害, 殺戮(ﾘｸ) quae caret ora cruore nostro (9f16)? 一体(イタリアの)どの海岸が, 我々市民の血で汚れていないというのか

crūs *n.* crūris 3 §29 脚, 足(ひざから下), すね, 脛骨

crusta (**crū-** ?) *f.* crustae 1 §11 **1.** 覆うもの, 包むもの, 皮, 外皮, 硬皮, 殻 **2.** かさぶた **3.** 壁・容器などの表面を覆う浮彫り細工, 象眼(細工), 大理石薄板, 化粧しっくい細工 crusta piscium 魚のうろこ concrescunt currenti in flumine crustae 水の流れている川の表面に氷の硬い皮膜が生じる capaces Heliadum crustae 琥珀(ﾋﾞｭ)を象眼細工した大きな酒盃

crustō 1 crustāre, -stāvī, -stātum §106 〔crusta〕 **1.** 皮(層)でおおう, 層をかぶせる **2.** 浮彫(ﾎﾞﾘ)りで飾る

crustulum *n.* crustulī 2 §13 〔crustum の小〕 小さい菓子, 練り粉菓子

crustum *n.* crustī 2 §13 〔crusta〕 菓子, 練り粉(砂糖)菓子

crux *f.* crucis 3 §21 < ポ ? **1.** 死刑(拷問)用の木製の道具 (イ)(突き刺す)とがった杭, 棒(槍)(ロ)拷問柱, はりつけ柱 (ハ)首吊り台, 絞首台 (ニ)十字架(これは第二次ポエニー戦役後にローマに導入され, 奴隷と非市民にのみ用いられた) **2.** 磔刑(ﾀｯ), はりつけ **3.** 苦痛, 責苦, 破滅, 災禍, 不幸 **4.** (ののしる言葉)ごろつき, やくざ pasces in cruce corvos お前は十字架の上でカラスを養うだろう(カラス

crypta 178

の餌食になる，処刑される）crucem in malo quaerere 不幸の中で責苦を探している（不幸の上にさらに不幸を求めている）i（156）in crucem くたばっちまえ

crypta *f.* cryptae *1* §11 **1.** 屋根つきの街路，アーケード **2.** (宗教儀式のための）地下室，納骨堂

crystallinus *a.1.2* crystallin-a, -um §50 ［crystallum］ **1.** 水晶の，水晶でつくられた **2.** 水晶のような

crystallum *n.* crystallī *2* §13 ＝**crystallus** (**-illos**) *f.* crystallī ＜κρύσταλλος **1.** 氷 **2.** 水晶 **3.** 水晶製品 **4.** 水晶の酒杯，高脚杯

cubans *a.3* cubantis §58 ［cubō の現分］ **1.** 横になっている，寝ている **2.** 直立していない，傾いている，坂になっている

cubiculāris *a.3* cubiculāre §54 ［cubiculum］ 寝室の

cubiculārius *a.1.2* cubiculāri-a, -um §50 ［cubiculum］ 寝室の （名）**cubiculārius** *m.* cubiculāriī *2* §13 寝室の召使，側用人，従者

cubiculum *n.* cubiculī *2* §13 ［cubō］ **1.** 寝室 **2.** 居間 **3.** 劇場や競技場の皇帝仕切席（専用席）**4.** 神殿の奥の院

cubīle *n.* cubīlis *3* §20 ［cubō］ **1.** 寝台，寝床，結婚の床，寝室 **2.** ねぐら，巣窟，(はちの）巣，隠れ場 avaritiae non jam vestigia, sed ipsa cubilia (それは）今や（彼の）貪欲の痕跡ではなく，貪欲の巣窟そのもの

cubital *n.* cubitālis *3* §20 ［cubitum］ 肘ぶとん（食卓椅子に横臥するとき使用する）

cubitālis *a.3* cubitāle §54 ［cubitum］ **1.** 肘の長さの・高さの・幅の **2.** 1 クビトゥスの(196)

cubitō *1* cubitāre, -tāvī, -tātum §106 ［cubō］ たびたび・いつも横になる，横になって休む，ねむる

cubitum (**-tus** *m.*) *n.* cubitī *2* §13 **1.** 肘(ひじ) **2.** 前腕，前膊(ぜんはく) **3.** 尺骨(しゃっこつ) **4.** 長さの単位(196) cubitum ponere 食卓椅子に肘をついて横になる

cubitus[1] *m.* cubitūs *4* §31 ［cubō］ **1.** 傾いている状態，寝台にねている姿 **2.** 寝台，寝椅子

cubitus[2] ＝ **cubitum**

cubō *1* cubāre, -buī, -bitum §106 **1.** 寝台に横たわる，休む，ねる **2.** 食卓椅子に横たわる，食事をする **3.** 病床に臥す，病気でねている，安静にしている **4.** (死んで）ねむる，地下に眠る cubitum (120.1) ire 寝に行く，床につく

cucullus *m.* cucullī *2* §13 ＜ガずきん(頭巾)，ずきんつきの袖なしマント

cucūlus *m.* cucūlī *2* §13 **1.** カッコウ **2.** (ののしる言葉）ばか者，まぬけ

cucumis *m.* cucumeris *3* §29 キュウリ(胡瓜)

cucurbita *f.* cucurbitae *1* §13 **1.** ひょうたん **2.** 吸いふくべ(狂気治療に用いられた，頭の血を吸い出す器具）**3.** ばか，愚者(ぐしゃ)

cucurrī → currō

cūdō *3* cūdere, (cūdī, cusum) §109 **1.** 叩く，打つ，槌でうつ，鉄を鍛える，打殻する **2.** 叩いて作る，金槌で加工する，鋳造する

cuī → quī, quis

cūjās (**quōjās**) 疑形 cūjātis(quōjātis) §55 どこの国(地方）から(来たのか)，どこの出身(生れ）か Socrates cum rogaretur, cujatem se esse diceret (116.10), 'mundanum' inquit ソークラテースはどこの国の生まれかを言えと尋ねられたとき「私は世界人だ」と言った

cūjus *a.1.2* cūj-a, -um §50 **1.** (疑問詞）だれの **2.** (関係詞）その…するところの，そしてその cujam vocem ego audio? 私は誰の声を聞いているのか is cuja ea uxor fuerat その女がかつて妻であった所のその男

cūjus → quī, quis

cūjusmodī (**cūjus modī**) 疑形 ［quī modus の gen.］ いかなる種類の？

cūjusquemodī (**cūjusque modī**) 形 ［quisque modus の gen.］ 各種の，種々の，あらゆる種類の

culcita (**-citra**) *f.* culcitae *1* §11

1. (寝台の)マットレス, 敷ぶとん, 長椅子のクッション, ざぶとん **2.** 寝台, 枕 gladium faciam culcitam 剣をマットレスにしたい (自殺したい)

culex *m.* culicis *3* §21 ブヨ, カ (蚊)

culīna *f.* culīnae *1* §11 **1.** 調理場, 台所 **2.** 持ち運べる炉, 七輪 **3.** 食事の準備, 献立, 飲食物, ごちそう, もてなし, 食卓 **4.** 葬儀のあとの供物を焼く所

culleus (**cūleus**) *m.* cullеī *2* §13 **1.** 液体・特にぶどう酒を入れる皮袋 **2.** 親殺しが罰としてその中に封じ込まれ水の中に投げこまれる皮袋 **3.** 容積の単位(198)

culmen *n.* culminis *3* §28 [*cf.* columen] **1.** 頂上, 頂点, 絶頂, 最高位, 頭頂, 山頂 **2.** 屋根, 切妻 **3.** 神殿

culmus *m.* culmī *2* §13 **1.** 穀類 (イネ科)植物の茎, その他の植物の茎 **2.** わら, 麦わら **3.** 干し草 **4.** わらぶきの屋根

culpa *f.* culpae *1* §11 **1.** 罪, 咎(とが), 過失, 欠点, 落度, 失敗, 責任 **2.** 不注意, 怠慢 **3.** 無作法, ふしだら, 不貞, 姦淫 is est in culpa 彼に責任(罪)がある culpam in aliquem transferre 罪をある人に転嫁する si id culpa (9f15) senectutis accideret それがもし老齢の過失で起ったとしたら

culpō *1* culpāre, -pāvī, -pātum §106 [culpa] **1.** とがめる, 責める, 非難する **2.** 小言(不平)を言う, 罪を帰す culpatus Paris (ギリシア人によって)非難されているパリス

cultē 副 [cultus §67(1)] (比)cultius **1.** 念入りに, きちんと **2.** しゃれた風に, 洗練されたやり方で, 優美に

cultellus *m.* cultellī *2* §13 [culterの小] 小さな庖丁, 小刀, ナイフ

culter *m.* cultrī *2* §15 **1.** 小刀, ナイフ, 庖丁, 短刀, メス **2.** 屠殺用の刀, 狩猟用の刀, 剃刀 fugit improbus ac me sub cultro linquit 悪漢は私(の首)を屠殺用の刀の下においたまま逃げ去った(私を苦境におとしいれた)

cultiō *f.* cultiōnis *3* §28 [colō] 開墾, 耕作

cultor *m.* cultōris *3* §26 [colō] **1.** 住民, 近くに住む人 **2.** 耕作者, 百姓, 農夫, 栽培者, 飼育者 **3.** 神の崇拝者, 信者 **4.** 友情を培う人, 友, 同志, 支持者, 遵奉者 cultor caeli 天上の住民 diligens religionum cultor 宗教儀式の熱心な遵奉者

cultrīx *f.* cultrīcis *3* §21 [cultor] **1.** 女の住民, 耕作者 **2.** 女の信奉者, 帰依者, 信者 **3.** 女の熱愛(讃美)者, 友

cultūra *f.* cultūrae *1* §11 [colō] **1.** 耕作, 農耕, 栽培, 養殖, 飼育, 世話, 手入れ **2.** (精神・魂の)陶冶, 練磨, 養成, 教養 **3.** 親交・知遇を培う, 伺候, 帰服, 敬慕 cultura animi philosophia est 魂を陶冶するのは哲学である dulcis inexpertis (9d) cultura potentis amici 権勢家の知遇を得ようとすることは未経験な者にとって楽しいことだ

cultus *a.1.2* cult-a, cult-um §50 (比)cultior (最)cultissimus [colōの完分] **1.** 耕された, 肥沃な **2.** 世話(注意, 手入れ)のゆきとどいた **3.** 飾られた, 身ぎれいな, スマートな, 洗練された, 優美な

culullus (**culillus**) *m.* culullī *2* §13 大盃, 高脚杯, 酒盃

cūlus *m.* cūlī *2* §13 尻, 臀部, 肛門

cum[1] 前 (人代, 関代とは, 後置されて一語となるときがある mecum, tecum, quocum, quibuscumのように) 合成動詞の前綴りとして cum- は com- などと音韻変化する §176) (前)*abl.* と **1.** (同伴・仲間の意味)…と, と共に, と一緒に, 伴って, の家に, 同居して, 並んで, そばで **2.** (同時の意味)…と同時に, するやいなや **3.** (状態・方法・手段の意味)…をもって, の中で, のために, を伴って, しながら, によって, の下に cum amico abii 私は友と一緒に去った si cenas mecum もし君が私の家で夕食をとるなら antea cum uxore, tum sine ea それ以前は妻と一緒に, そのときは妻なしで (hostes) quibuscum bellum gerunt 彼らが戦う所の(敵) cum occasu solis venit 彼は太陽が沈むと同

時にやってきた exit cum nuntio 知らせを受け取るとすぐ彼は外出した simul cum luce 夜明けと同時に cum magna calamitate rei publicae id fecit 彼はそれをして，国家に多大の災難をもたらした complexus (129) eum est cum multis lacrimis（彼は）彼を抱擁して沢山の涙を流した cum dis (14) bene juvantibus 神々の御加護により cum pace 平和裡に

cum[2]（**quom, quum**）*j.* **A.（直説法と）1.** 時間の cum：ときに eo tempore paruisti, cum necesse erat 必要としていたまさにその時に，あなたは現れた cum signum dedero, tum invadite 私が合図を与えたとき，お前らは攻撃せよ **2.** 反復の cum：…の時はいつでも，のたびごとに omnes, quum valemus, recta consilia aegrotis damus 我々は皆，健康な時にはいつも病人に正しい忠告を与えるものだ **3.** 倒置の cum：（cum の従属文が主文とみなされる）dies nondum decem intercesserant, cum filius necatur まだ10日もたたないうちに，息子が殺された(息子が殺されたとき，まだ10日もたっていなかった) **4.** 説明・同時の cum：de te, cum tacent, clamant お前について，彼らがだまっているときは，叫んでいるのだ **B.（接続法と）1.** 歴史・叙述の cum：…の状況下で，のあとで Epaminondas, cum vicisset Lacedaemonios atque ipse gravi vulnere exanimari se videret, quaesivit salvusne esset (116.10) clipeus エパミノンダスはスパルタに勝ち，そして自分自身深い傷で死ぬと覚悟したあと，楯は大丈夫かと(敵にとられていないか)尋ねた **2.** 理由の cum：…なので，の故に cum vita sine amicis insidiarum plena sit, ratio ipsa nos monet, ut amicitias comparemus 人生は友人なくしては落し穴にみちているので，理性そのものが忠告する，友情を培っておけと(直説とも) gratulor tibi, cum tantum vales あなたが非常に元気なので，私は嬉しい **3.** 譲歩の cum：…にも拘らず，たとえ…でも Socrates, cum facile posset educi e custodia, noluit ソークラテースは留置所からたやすく連れ出され

ることができたのに，それを欲しなかった **4.** 対比の cum：…に対し，に反して solus homo particeps est rationis, cum cetera omnia animalia sint expertia 他の動物はみな理性を欠いているのに対し，人間のみが共有している **5.** 倒置・反復の cum にも接続法が見られることがある fuit antea tempus, cum Germanos Galli superarent ガッリア人がゲルマニア人を征服していた時が以前にはあった cum cohortes ex acie procucurrissent, Numidae effugiebant（ローマの)大隊兵が戦列から出撃するたびに，ヌミダエ人は逃亡していた **C.（慣用句）** cum maxime まさに(特に)…のとき cum..., tum... …のときその時，…でなくまた，…のみならずまた，一方では…他方では tum, cum maxime fallunt, id agunt ut viri boni esse videantur 彼らは人を欺いているまさにそのときこそ，自分らが善人であることを見せようとして，そうしているのだ movit patres cum causa, tum auctor 提案のみならず，提案者も元老院議員たちを動かした cum omnium rerum simulatio vitiosa est, tum amicitiae repugnat maxime うわべをつくろうことは，あらゆることについて悪徳であるが，特に友情とは両立しない

Cūmae *f.pl.* Cūmārum *1* §11 Campania 地方の海岸の町 Sibylla で有名 （形）**Cūmaeus, Cūmānus** *a.1.2* Cūmae-a, -um, Cūmān-a, -um §50 Cumae の，Sibyllae の

cumba（**cymba**）*f.* cumbae *1* §11 <κύμβη 小舟，三途の川(Styx)の渡し船，平底船

cumera *f.* cumerae *1* §11 穀類用の櫃(ひつ)，柳細工の箱，長櫃

cumīnum *n.* cumīnī *2* §13 <κύμινον ヒメウイキョウ，クミン(実は薬用，薬味)

cumprīmīs 副 [cum, prīmus] **1.** とくに，とりわけ，なかんずく，何よりも先ず(=in primis) **2.** 著しく，抜群に，すぐれて

cumque（**cunque**）副 [cum, que]

1. 関代，関副に付加されてるとき，一般化・不定化の意味を持つ どんな(かりに)…でも(としても) quicumque, ubicumque など **2.** 常に，いつでも，あらゆる場合に

cumulātē 副 ［cumulātus §67(1)］ 豊富に，ふんだんに，たっぷりと，沢山に

cumulātus *a.1.2* cumulāt-a, -um §50 ［cumulō の完分］ (比)cumulatior (最)cumulatissimus **1.** 積み上げられた，山盛りにされた，高められた **2.** 増加した，増大した **3.** 豊富な，おびただしい **4.** 完全な，完璧な cumulata virtus 完璧な美徳 scelerum (9c13) cumulatissime (9b) 最も多く罪を積み重ねた奴め

cumulō *1* cumulāre, -lāvī, -lātum §106 ［cumulus］ **1.** 集めて積み上げる，積み重ねる，築き上げる，蓄積する，ためる **2.** ふやす，増加させる，増大させる，満たす，一杯にする **3.** 完成させる，仕上げる 〜 fossas corporibus 堀を死体で満たす 〜 scelere (9f11, 29) scelus 罪の上に罪を重ねる summum bonum cumulatur ex integritate corporis et ex mentis ratione perfecta 最高善は無疵の肉体と完璧な英知とから完成される

cumulus *m.* cumulī *2* §13 **1.** 積み重ね，山積み，堆積，集積，累積 **2.** 土のかたまり，土塁，土手，つか **3.** 高まり(かさ)，多量，多数，増加，余分，総計 **4.** 頂上，頂点，絶頂，最高点，冠，(建築)冠石 magnus ad tua pristina erga me studia cumulus accedet 私に対するあなたのこれまでの献身の上に，これは大きな増加となるだろう insequitur cumulo (9f11) praeruptus aquae mons 波が積み重なり，けわしい山となって(船を)おそう

cūnābula *n.pl.* cūnābulōrum *2* §13 ［cūnae］ **1.** ゆりかご **2.** 巣，巣穴 **3.** 揺籃(ようらん)期，幼年時代 **4.** 発祥地，出生地，故里 non in cunabulis consules facti ゆりかごにおいて(出生において)執政官になれない人たち(貴族の生れでない者)

cūnae *f.pl.* cūnārum *1* §11 **1.** ゆりかご，鳥の巣 **2.** 幼児の頃，幼年期

cūnctābundus *a.1.2* cūnctābund-a, -um §50 ［cūnctor］ ためらう，ぐずぐず(のろのろ)する

cūnctāns *a.3* cūnctantis §58 ［cūnctor の現分］ (比)cunctantior **1.** 逡巡した，ためらった，いやいやながらの，のろい，おそい **2.** 逆らった，強情な **3.** 肚(はら)のきまらない，優柔不断の mellis est cunctantior actus 蜂蜜の動き(流れ)はいっそうねばっこい senecta (9f15) cunctantior 寄る年波からいっそう優柔不断になって

cūnctanter 副 ［cūnctāns §67(2)］ ためらいながら，逡巡して，のろのろ(ぐずぐず・しぶしぶ)と

cūnctātiō *f.* cūnctātiōnis *3* §28 ［cūnctor］ ためらい，ちゅうちょ，不決断，遅滞，手間どること

cūnctātor *m.* cūnctātōris *3* §26 ［cūnctor］ 好機を待ちつつ行動を先へのばす人，遅疑逡巡する人，優柔不断の人，思慮分別のある人

cūnctor *dep.1* cūnctārī, cūnctātus sum §§123(1), 125 **1.** 逡巡する，躊躇する，疑う，時期を待つ，のばす，おくらせる **2.** ぐずぐずする，のらくらする，ひまどる cunctamini, quid faciatis (116.10) ? 君たちは何をしようかとためらっているのか non est cunctandum (147.ロ) profiteri 承認をためらうべきではない

cūnctus *a.1.2* cūnct-a, -um §50 全体の，残らずすべての，あらゆる，誰も彼もみんな cuncta Gallia ガッリア全体

cuneātim 副 ［cuneatus］ 楔(くさび)状隊形で

cuneātus *a.1.2* cuneāt-a, -um §50 ［cuneus］ (比)cuneatior 楔型の，尖頭のある，先のとがった forma scuti ad imum cuneatior 形が底辺に向って次第にせまくなっている楯

cuneō *1* cuneāre, cuneāvī, cuneātum §106 ［cuneus］ 楔を打ち込む，楔でしめる，とめる

cuneus *m.* cuneī *2* §13 **1.** 楔(くさび) **2.** (敵陣突破のための)楔状(型)の戦闘隊形 **3.** 劇場の通路にはさまれた V 字型の座席，観客

cunīculōsus *a.1.2* cunīculōs-a, -um [cunīculus] §50 ウサギで一杯の

cunīculus *m.* cunīculī *2* §13 **1.** ウサギ **2.** 坑道, 鉱坑, 地下通路, 水路

cunnus *m.* cunnī *2* §13 女性の恥部(外陰部), 不貞な女, 売春婦

cūpa *f.* cūpae *1* §11 大きな木製の容器, たる, おけ, たらい, バケツ

cupidē 副 [cupidus §67(1)] (比) cupidius (最)cupidissime **1.** 熱心に, 激しく, 猛烈に, 力一杯 **2.** 野心的に, 党派心を抱いて, 不公平に

cupiditās *f.* cupiditātis *3* §21 [cupidus] **1.** 過度の欲望, 情念, 貪欲, 熱望, 情欲, 私利私欲 **2.** 党派心, えこひいき insatiabilis cupiditas veri videndi (121.3) 真実を見たいという飽くことのない欲望

cupīdō *m., f.* cupīdinis *3* §28 [cupiō] **1.** 激しい欲望・情熱, 激しい(過度の)愛情 **2.** 衝動的な(不意の)肉体的欲望, 性欲, 情欲 honorum caeca cupido 盲目的な激しい名誉欲 Cupīdō 擬人化された肉欲, 愛の神, ギリシアの Ἔρως のローマ名, Venus の子(＝Amor)

cupidus *a.1.2* cupid-a, -um §50 [cupiō] (比)cupidior (最)cupidissimus **1.** 熱望している, 欲しがっている, 好奇心のある, 乗り気の, 貪欲な **2.** 愛着を抱いている, 没頭している, 惚れた, みだらな **3.** 偏見のある, 不公平な, 党派心のある ～ pecuniae (9c13), pacis, bellandi 金銭欲のある, 平和を愛している, 戦いを欲している multi cupidi tui sunt あなたの熱烈な支持者は多い

cupiēns *a.3* cupientis §58 (最) cupientissimus [cupiō の現分] 欲しがる(がっている), 熱心な, 渇望している

cupiō *3b* cupere, cupīvī(-iī), cupītum §110 **1.** 欲する, 望む, 願う, 求める, 熱望する, 切望する **2.** (dat(9d) 又は alicujus causā ある人のために)好意を持つ, 親切にする, 興味を抱く cupio omnia quae vis (153) あなたの欲することはなんでも, 私は望みます(御用はなんでも申しつ

けて下さい) mihi quem suā causā cupere intellegebat 彼が彼自身に好意を持っていることを知っていた私に対して is minimo eget mortalis, qui minimum cupit 欲望の最も小さい人が, 最も満ち足りている cupio me esse clementem (117.5) 私は寛容でありたいと願っている

cupresseus *a.1.2* cupresse-a, -um §50 [cupressus] イトスギの, イトスギ材からつくられた

cupressifer *a.1.2* cupressi-fera, -ferum §51 [cupressus, ferō] イトスギを持った, イトスギの生えた

cupressus *f.* cupressī *2* §13 **1.** イトスギ **2.** イトスギ材の槍, 箱

cūr 副 **1.** (疑・副)なぜ, どうして, なんのために, なにゆえ cur haec dicis? なぜお前はこんなことを言うのか nescio, cur haec dixeris (116.10) なぜお前がこんなことを言ったのか, 私にはわからない **2.** (関・副)そのために, それゆえに(接を伴う) duae causae sunt, cur tu debeas お前がそのために恩義を感ずべき二つの理由がある

cūra *f.* cūrae *1* §11 [cf.cūrō] **1.** 心遣(づか)い, 世話, 手当, 保護, 気配(くば)り **2.** 配慮, 監督, 管理, 行政 **3.** 心配, 不安, 危惧, 懸念, 悲哀・心配・苦労の種, 入念, 細心 **4.** 恋の悩み, 恋・恋人, 愛人, 意中の人 **5.** 勉強, 研究 res curae (9d7) est mihi＝curae aliquid habeo そのことが私の心配の種(たね)reci-piunt Caesari de augenda (121.3) mea dignitate curae (9d7) fore 彼らは保証する「カエサルは私の名誉を高めることに意を用いるだろう」と dare curas alicui ある人に心を配る cura puellae 娘への恋わずらい ～ annonae 食糧管理

cūrātiō *f.* cūrātiōnis *3* §28 [cūrō] **1.** 配慮, 世話, 注意 **2.** 管理, 監督, 統治, 支配, 責任, 公務, 役職 **3.** 医療, 治療法 morbis curationem adhibere 病気の手当をする quid tibi hanc curatio est rem (9e12)? よけいな口を出すな

cūrātor *m.* cūrātōris *3* §26 [cūrō] **1.** 気を配る人, 番人, 世話人,

看護人 **2.** 支配人, 監督, 責任者 **3.** 保護者, 後見人 **4.** (全権)委員, 管理者(帝政期のさまざまの公職名に用いられた) curator annonae 穀物調達・供給管理委員 curator aquarum 水道管理委員

cūrātus *a.1.2* cūrā-ta, -tum §50 (比)cūrātior (最)cūrātissimus [curō の完分] よく注意(配慮, 世話)をされた, 注意深く準備された

curculiō *m.* curculiōnis *3* §28 コクゾウムシ(穀象虫)

cūria *f.* cūriae *1* §11 **1.** Romulus が定めたローマの30の選挙区, その集会場 **2.** (一般に)集会堂 **3.** (特に)元老院議堂 **4.** 元老院集会, 元老院 curia Hostilia ホスティーリウス議堂(ローマの最初の元老院議堂の名)

cūriālis *a.3* cūriāle §54 **1.** curia の **2.** 同じ curia に属する (名)**cūriālis** *m.* cūriālis *3* §21 同じ curia の会員

cūriātus *a.1.2* cūriāt-a, -um §50 curia の comitia curiata 選挙区民会 lex curiata 選挙区民会(で可決された)法

cūriō *m.* cūriōnis *3* §28 [cūria] **1.** 選挙区主宰(=宗教儀式をつかさどる祭司) **2.** ふれ(回る)役, 呼び出し人

cūriōsē 副 [cūriōsus §67(1)] (比) curiosius (最)curiosissime **1.** 注意して, 用心深く, 慎重に **2.** 念入りに, 綿密に, 精緻に, 愛情をこめて

cūriōsitās *f.* cūriōsitātis *3* §21 [cūriōsus] 知的探究心, 好奇心, せんさく好き

cūriōsus *a.1.2* cūriōs-a, -um §50 [cūra] (比)curiosior (最)curiosissimus **1.** 注意(用心)深い **2.** 勤勉な, 労を惜しまぬ, 熱心な **3.** 念入りに仕上げられた, 精緻な **4.** 知識欲のある, 好奇心のある, 聞きたがる, 口出ししたがる, せんさく好きの, おせっかいな res auribus erectis curiosisque audienda (118.1, 未受) 耳をそばだてて熱心に聞かれるべきことがら in omni historia curiosus あらゆる歴史的な探究において勤勉な(彼)

curis *f.* curis *3* §19 (サビーニー語)槍

cūrō *1* cūrāre, cūrāvī, cūrātum §106 [cūra] **1.** 注意する, 世話をする, 意を用いる, 心配する, 気づかう, 尽力する **2.** 管理する, 支配する, 命令する, 指揮する **3.** 養育する, 看護する, 治療する, いやす, (借金など)支払う cura ut valeas (116.6) あなたは元気でいるように注意せよ(お元気で, さようなら) res istas scire non curat 彼はあなたの状態(がいかなるものか)を知ろうとしない pontem faciundum (121.2) curat 彼は橋を架けさせる, 架橋に尽力する

curriculum *n.* curriculī *2* §13 [currō] **1.** 走ること **2.** 走路, 道程, 一周, 巡回 **3.** 天体の運行(自転) **4.** 競争(競技)場, 競馬場 **5.** 活躍の分野(領域) **6.** 人生の行路, 生涯 **7.** 競争用二輪戦車(馬車) curriculo (9f19) 大至急 curriculum vitae 生涯の経路, 履歴

currō *3* currere, cucurrī, cursum §109 **1.** 走る, 急ぐ, 急いで行く, 駆ける, 進む **2.** 翔ける, 飛ぶ, 流れる, 帆走する, 過ぎ去る, 早くたつ, 回転する, 運行する currit rubor per ora 顔中を赤が走る(さっと頬を染める) currit aetas 歳月が過ぎ去る currere subsidio (9d) 援助にかけつける asellum currere doceas (116.3) お前はロバに走ることを教えているようだ(無駄骨を折っているようだ) est brevitate opus, ut currat sententia 思考が流暢に流れるために, (文は)簡潔を要す

currus *m.* currūs *4* §31 [cf. currō] **1.** (戦場・競技場の)二輪車, 戦車, 競走馬車, 凱旋車, 荷馬車 **2.** 凱旋, 船 **3.** 太陽神・月の女神の輦(てぐるま)

cursim 副 [currō] 走って, かけ足で, 急いで, すばやく, 早急に

cursitō *1* cursitāre, -tāvī, -tātum §106 [cursō] あちこちと走り回る, いつも(たびたび)走る

cursō *1* cursāre, -sāvī, -sātum §106 [currō] あちこちと走り回る, いつも(たびたび)走る, 彷徨する

cursor *m.* cursōris *3* §26

cursus 184

［currō］ **1.** 走る人，競走者 **2.** 飛脚，急使 **3.** 主人の乗物の先駆けする奴隷（使い走りの奴隷）**4.** 二輪馬車操縦者

cursus *m.* cursūs *4* §31 ［currō］ **1.** 走ること，競走，疾走，駆け足，急行軍，突進，迅速，急ぎ **2.** 走路，進路，航路，運行，進行，航行，旅行，騎行 **3.** 方向，道筋，生涯の経路，履歴，経過 cursum tenere 針路を保つ cursus honorum 政治的生涯，昇官順序 magno cursu 全速力で in cursu meus dolor est 私の苦悩は続いている

Curtius *m.* Curtiī *2* §13 **1.** ローマ氏族の名 **2.** Q. Curtius Rufus 一世紀のローマの歴史家

curtō *1* curtāre, -tāvī, -tātum §106 ［curtus］ **1.** 短くする，小さくする，ちぢめる，へらす，狭くする **2.** 短く切る（切りおとす）

curtus *a.1.2* curt-a, -um §50 **1.** 一部を失った，切り落された，傷ついた，欠陥のある，こわれた **2.** 不備な，不十分な，不完全な **3.** 貧しい，つまらない **4.** 去勢された，割礼された curtum temone (9f7) jugum 轅（ながえ）から切りおとされた軛（くびき）curtus mulus 去勢されたラバ

curūlis *a.3* curūle §54 ［currus］ **1.** 四頭立ての二輪馬車の **2.** 高位高官の（名）**curūlis** *m.* curūlis *3* §19 高官の人（執政官，法務官，高等造営官）特に高等造営官 curulis triumphus（将軍が二輪戦車で凱旋する）正式の凱旋式 curules equi 大競走場の儀式行列の二輪戦車に公費で貸し与えられる四頭立ての馬 sella curulis 象牙をはめこまれた高官椅子（折りたたみ式の床几）

curvāmen *n.* curvāminis *3* §28 ［curvō］ **1.** 湾曲，屈曲，そり **2.** 曲線（形），弧形，弓形 curvamen caeli 穹窿，蒼穹

curvātūra *f.* curvātūrae *1* §11 ［curvō］ **1.** まがった形（輪郭・部分）**2.** 曲線形，曲り，たわみ，屈曲

curvō *1* curvāre, -vāvī, -vātum §106 ［curvus］ **1.** 曲げる，たわめる，まるめる，そらす **2.** 腰を曲げさせる，頭を

下げさせる，屈服させる，譲歩（納得）させる curvare arcum 弓をひきしぼる curvata senio membra 老齢でまがった手足 fronte curvatos imitatus ignis lunae 角において（三日）月の弧形の光をまねた（牛）

curvus *a.1.2* curv-a, -um §50 **1.** 湾曲した，まがった，そりかえった，弓形の，(波の)うねった **2.** (川の)まがりくねった，向きを変えた，ゆがんだ **3.** 身をかがめた，腰のまがった（折れた）**4.** (根性の)まがった（ねじれた），正道を踏みはずした，邪悪な curvus arator 身をかがめて鋤を使っている人 vellem curvo (9f7) dinoscere rectum 私は正邪を識別したい curvum corrigere 曲ったものをまっすぐにする，世直しをする

cuspis *f.* cuspidis *3* §21 **1.** とがった先，尖頭，先端 **2.** 槍の穂先，槍，投槍，刃，剣 **3.** サソリの針，刺(とげ) **4.** 海神の三叉の戟(ほこ)＝cuspis triplex

custōdia (-ū-?) *f.* custōdiae *1* §11 ［custōs］ **1.** 見張，監視，警戒，管理，保護，保管，監督 **2.** 番兵，歩哨，守衛 **3.** 哨所，見張台 **4.** 監獄，牢獄，幽閉，監禁，拘留 **5.** 囚人，捕虜

custōdiō *4* custōdīre, custōdīvī, custōdītum §111 ［custōs］ **1.** 見張る，警戒する，監視する **2.** 守る，保護する，防ぐ，監督する **3.** 保管する，大事にする **4.** 拘置する，拘留する custodire aliquem ne quid auferat (116.6) 誰かが何かを盗まぬように見張る

custōs (-ū- ?) *c.* custōdis *3* §21 **1.** 番人，番兵，見張人，夜警 **2.** 保護者，護衛者，監視人，検査人，管理人 **3.** 容器，金庫，箱

cutis *f.* cutis *3* §19 **1.** 皮膚，皮 **2.** 膜(皮)，外皮，果皮，薄皮，殻(から) 表層 **3.** 外観，表面，見かけ **4.** 人，体 ego te intus et in cute novi 私はお前をすっかり（内からも外からも）知っている virtutis solam, ut sic dixerim, cutem 言うなれば，美徳のもみがらのみを in cute curanda (121.3) plus aequo operata juventus 外観の手入れ（装飾）に，むやみ

やたらと精を出す若者 ad cutem tondere すっかり剃り落とす

Cȳaneae *f.pl.* Cȳaneārum *1* §11 =**Symplegades** (形)**Cȳaneus** *a.1.2* Cȳane-a, -um §50 Cȳaneae の

cyathus *m.* cyathī *2* §13 < κύαθος **1.** 長い柄の杓子, 柄杓(ひしゃく)(酌人(奴隷)がこの柄杓で crater から酒をすくって客の杯にそそいだ) **2.** 容積の単位 (198) 1 sextarius の 12 分の 1

cybaea *f.* cybaeae *1* §11 < κυβαία 商船, 輸送船(=navis cybaea)

Cybelē (**Cybēbē**) *f.* Cybelēs(Cybēbēs, -bae) *1* §37 Phrygia で崇拝された大地の女神, Magna Mater とも呼ばれた

cyclicus *a.1.2* cyclic-a, -um §50 <κυκλικός **1.** ギリシアの英雄・叙事詩群に属する **2.** 月並みの, 因襲的な

Cyclops *m.* Cyclōpis *3* §41.7 (神)一眼の巨人族

cycnēus *a.1.2* cycnē-a, -um §50 [cycnus] 白鳥の vox cycnea 白鳥の歌, 最後の作品, 絶筆

cycnus *m.* cycnī *2* §13 <κύκνος **1.** ハクチョウ(Apollo の聖鳥, 吉兆の鳥, 又 Venus の二輪馬車をひく鳥と信じられた) **2.** 詩人, 恋愛詩人 candidior puella cycno 白鳥よりも美しい少女 quid enim contendat hirundo cycnis (ad) 一体燕がどうして白鳥と(歌声を)あらそえようか

cylindrus *m.* cylindrī *2* §13 < κύλινδρος **1.** 円柱, 円筒(形) **2.** 石製のローラー, 地ならし機

cymbalum *n.* cymbalī *2* §13 <κύμβαλον (*pl.*)シンバル(打楽器)

cymbium *n.* cymbiī *2* §13 < κυμβίον 小舟形の杯(酒盃)

cynicus *a.1.2* cynic-a, -um §50 <κυνικός キュニコス学派の, 犬儒学派の (名)**cynicus** *m.* cynicī *2* §13 犬儒学派の哲学者

cynocephalus *m.* cynocephalī *2* §13 <κυνοκέφαλος 犬の顔のヒヒ

Cynthia *f.* Cynthiae *1* §37 **1.** Delos 島(エーゲ海)の山 Cynthus の女神=Diana **2.** 詩人 Propertius の恋人の名

Cyprus (**-os**) *f.* Cyprī *2* §§13, 38 キュプロス島, Aphrodite(=Venus)崇拝の中心地 (形)**Cyprius** *a.1.2* Cypri-a, -um §50 Cypros の

Cȳrēnae *f.pl.* Cȳrēnārum *1* §11 =**Cȳrēnē** *f.* Cȳrēnēs *1* §37 北アフリカの Cȳrenaica 地方の首都 (形) **1. Cȳrēnaeus** *a.1.2* Cȳrēnae-a, -um §50 **2. Cȳrēnaicus** *a.1.2* Cȳrēnaic-a, -um §50 **3. Cȳrēnēnsis** *a.3* Cȳrēnēnse §54 Cȳrēnē の

cytisus *f.m.* cytisī *2* §13 < κύτισος ウマゴヤシ

D

D, d §1 略号として D=Decimus, D= 500, a.d.=ante diem §§183,184

dā → dō

dactylus *m.* dactylī *2* §13 < δάκτυλος (古典詩の)長短短格(‾˘˘)

Daedalēus (**-leus**) *a.1.2* -lēa(-lea), -lēum(-leum) ダエダルスの

Daedalus *m.* Daedalī *2* §13 (神)アテーナイ人ダイダロス(=ダエダルス), クレータ島の迷宮ラビュリントスの建造者, Icarus の父

daedalus *a.1.2* daedal-a, -um §50 <δαίδαλος **1.** 巧みな, 器用な **2.** 精巧につくられた, 巧妙に工夫された **3.** 狡猾

damma 186

damma（dāma） *f.* dammae *1*
§11 **1.** シカ, カモシカ **2.** 雌鹿, 子鹿

damnātiō *f.* damnātiōnis *3* §28
［damnō］ 有罪の判決(宣告)

damnātōrius *a.1.2* damnātōri-a,
-um §50 ［damnō］ 有罪の判決を伴
う(を示す)

damnātus *a.1.2* damnāt-a, -um
§50 ［damnō の完分］（比)damnatior
有罪を宣告された, 非難された, 見捨てら
れた

damnō *1* damnāre, damnāvī,
damnātum §106 ［damnum］ **1.** 有
罪の判決を下す, 罰金を課す, 刑を宣告
する **2.** 有罪の判決を手に入れる, 確保す
る **3.** 非難する, とがめる, けなす, 弾劾
する **4.** 拒否する, 傷つける, 害する **5.** 不
公平として訴訟を却下する **6.** (規約で)義
務づける(課する, 強いる) **7.** 運命づける,
運命を定める **8.** 捧げる(生贄として) Milo
Clodio interfecto (9f18) eo nomine
(9f12) erat damnatus ミロはクローディ
ウスを殺したあと, その罪で有罪を判決さ
れていた contra edictum fecisse (117.6)
damnabere お前は布告に違反したので断
罪されよう damnari majestatis (9c10)
又は de majestate 不敬罪で有罪を判決
される damnari capitis（又は capite) 死
刑を宣告される damnari ad bestias 野
獣と闘技場で戦う罰を宣告される damna-
re aliquem votis 誰々に誓約を全うする
ことを強いる omnium mortalium opera
mortalitate damnata sunt あらゆる人間
の作品は死すべき運命にある

damnōsē 副 ［damnōsus §67(1)］ 損
害を与えるやり方で, 破産するようなやり
方で, 破滅的なやり方で

damnōsus *a.1.2* damnōs-a, -um
§50 ［damnum］ （比)damnosior
(最)damnosissimus **1.** 財産の損害をも
たらす, 損害を招く **2.** 破滅的な, 危険な,
有害な **3.** 金遣いの荒い, 放蕩する

damnum *n.* damnī *2* §13 **1.**
(財産の)損害, 損失, 不利益 **2.** 喪失, 敗
北, 滅亡 **3.** 月のかけること, 欠乏 **4.** 償

い, 謝罪, 罰金 damnum capere (acci-
pere, pati) 損害を蒙る damnum facere
損害を蒙る又は与える damnum appellan-
dum (147. イ) est cum mala fama lu-
crum 不名誉の伴った利益は損失と言うべ
きだ

Dāmoclēs *m.* Dāmoclis *3* §42.2
Syracusae の君主 Dionysius の廷臣

Dāmōn *m.* Dāmōnis *3* §41.8b
Syracusae の人, Pythagoras 学派の哲
学者, Phintias との友情で有名

Danaē *f.* Danaēs *1* §37 （神)ア
ルゴス王 Acrisius の娘

Danaī *m.pl.* Danōrum(Danum) *1*
§§11, 14(2) ギリシャ人

Dānuvius *m.* Dānuviī *2* §13
(現在の)ドナウ川

Daphnē *f.* Daphnēs *1* §37 （神)
河神 Peneus の娘, Apollo の恋人

Daphnis *m.* Daphnidis *3* §41.6b
牧歌の主人公

daps *f.* dapis *3* §21 **1.** 宗教的誓
約にもとづく捧げ物, 供犠, それからなる
饗宴, 聖餐(^{せい}^{さん}) **2.** 豊富な(豪奢な)宴会,
晩餐, 食事 ergo obligatam redde Jovi
dapem そこであなたはユーピテルに誓って
いた聖餐(の債務)を返し(果たし)なさい

Dardanidēs *m.* Dardanidae *1*
§37 **1.** ダルダヌスの子孫, つまりトロイ
ア人 **2.** ローマ人

Dardanis *f.* Dardanidis *3* §41.6b
トロイアの女

Dardanius *a.1.2* Dardani-a, -um
§50 **1.** ダルダヌスの子孫の **2.** トロイア
の, ローマの

Dardanus[1] (-os) *m.* Dardanī *2*
§§13, 38 （神)トロイアの建設者

Dardanus[2] *a.1.2* Dardan-a, -um
§50 ダルダヌスの, トロイアの(名)トロイ
ア人, ローマ人

datiō *f.* datiōnis *3* §28 ［dō］
1. 与えること, 引き渡すこと(その権利),
譲渡(権), 寄贈, 贈り物 **2.** 分配, 割り当
て

dator *m.* datōris *3* §26 ［dō］ 与
える人, 贈る人

datus → dō

Daunius *a.1.2* Dauni-a, -um §50 **1.** ダウヌスの **2.** アープリアの **3.** イタリアの, ローマの

Daunus *m.* Daunī *2* §13 **1.** Turnus の父 **2.** イタリアの Apulia の地方の伝説的な王

dē 前 **A.** 接頭辞として(176 注)**1.** 出発, 分離, 下への意(dēcēdō, dēcidō) **2.** 否定, 欠乏, 中止の意(dēspērō) **3.** 全く, 大いに, 最後まで, など強意(dēpugnō) (*n.b.* 母音, h の前では dě-) **B.** 奪格支配の前 **1.** (空間的)から, 離れて, 下へ, 外へ de finibus suis exire 自分らの領地から出発する exire de vita 死ぬ(人生から立ちのく) **2.** (時間的)のあとすぐ, の間(中) diem de die 毎日毎日, 日に日に multa de nocte 夜更けに **3.** 部分の属格の代わり(9c4) ab uno de illis 彼らの中の一人から **4.** 所属, 出生 (9c1) aliquis de ponte ある橋の住人(乞食) nova de gravido palmite gemma ブドウのふくらんだ若枝の新芽 **5.** 材料, 出所 de marmore templum 大理石の神殿 de meo 私の資金から **6.** (標準, 尺度)〜に従って de more majorum 祖先の習慣に従って **7.** (関係)〜について multa narrare de Laelio ラエリウスに関して多くのことを述べる **8.** (理由, 原因)〜のために de via fessus 旅行で疲れた quā de causā それ故に **9.** 副詞的表現 de integro 新たに, もう一度 de improviso 不意に, 突然

dea *f.* deae *1* §11 複・与・奪 deābus §12 注 女神

dealbō *1* de-albāre, -bāvī, -bātum §106 [albus] **1.** 白くする, 漂白する **2.** 白く塗る, しっくいを塗る

deambulō *1* de-ambulāre, -lāvī, -lātum §106 散歩する

deamō *1* de-amāre, -amāvī, -amātum §106 熱烈に愛する, ぞっこん惚れている

dearmō *1* de-armāre, -māvī, -mātum §106 武装を解除する, 武具(器)を奪う

dēbacchor *dep.1* dē-bacchārī, -bacchātus sum §123(1) (我を忘れて)荒れ狂う, あばれて鬱憤を晴らす

dēbellātor *m.* dē-bellātōris *3* §26 [dēbellō] 征服者, 制圧者

dēbellō *1* dē-bellāre, -bellāvī, -bellātum §106 **1.** 相手が降参するまで戦う, 武器で打ち負かす **2.** 征服する, 克服する rixa super mero debellata 武器で決着された酒席での争い

dēbeō *2* dēbēre, dēbuī, dēbitum §108 **1.** 支払う義務がある, 借りがある **2.** 恩義(責任)がある, 感謝している, 負うている, たまものである **3.** (不と)…せねばならぬ, すべきである, せざるを得ない **4.** (受)運命づけられている, 予定されている pecuniam alicui 〜 人に借金がある pecunia jam diu debita 長年の借金 animam debere 借金で首が回らない ei res publica gratiam debet 国家は彼に恩義を蒙っている debita officia 当然果たされるべき義務 dicat debentia (118.2) dici 言われるべきことは言うべきだ ferre contra patriam arma debuerunt? 彼らは祖国に武器を向けねばならなかったのか debemus morti nos nostraque 我々も我々の所有物も死すべく運命づけられている

dēbilis *a.3* dē-bile §54 [dē, habilis] (比)debilior **1.** 体力を奪われた, 無力の, 衰弱した **2.** 体の不自由な, 不随の, 不具の, びっこの **3.** 損なわれた, 害された debilis pede (9f3) 片足がびっこの(人)

dēbilitās *f.* dēbilitātis *3* §21 [dēbilis] **1.** 虚弱, 病弱, 不随, 麻痺, 中風, 不具 **2.** 精神薄弱, 愚鈍, 臆病, 卑怯

dēbilitātiō *f.* dēbilitātiōnis *3* §28 [dēbilitō] 無能にすること, かたわにすること, 麻痺させること, 無気力にすること

dēbilitō *1* dēbilitāre, -tāvī, -tātum §106 [dēbilis] **1.** 体力を奪う, 弱くする, 無能力とする, 不具にする **2.** 損なう, 害する, 傷つける **3.** 知的・道徳的力を弱める, 勢力(権力)を奪う senectus debilitat viris (9f3) animi その老人は精神

dēbitiō 188

力を損なっている quae nunc oppositis debilitat pumicibus mare 今や海の力を対決させる岩礁で奪って弱めている(冬)

dēbitiō *f.* dēbitiōnis *3* §28 [dēbeō] 負債があること，恩義を受けていること

dēbitor *m.* dēbitōris *3* §26 [dēbeō] **1.** 借金している人，債務者 **2.** 恩義を受けている人

dēbitus *a.1.2* dēbit-a, -um §50 [dēbeōの完分] **1.** 当然支払われるべき，借り(恩義)のある **2.** 当然受けるべき(帰すべき)，正当な **3.** 運命(宿命)づけられた，予定の (名)**dēbitum** *n.* dēbitī *2* §13 借金，負債，義務，恩義，道義的責任 calentem debitā sparges lacrimā (9f11) favillam 君は捧げて当然の涙をまだ熱い死灰に注ぐことだろう

dēbui → dēbeō

dēcantō *1* dē-cantāre, -tāvī, -tātum §106 **1.** 歌うように話す，すらすら話す，早口にしゃべる **2.** 歌い続ける，機械的にうたう，うたいながらなにかをする **3.** くどくどいう，同じことをくりかえす puerorum nenia decantata 歌い続けられてきた童謡

dēcēdō *3* dē-cēdere, -cessī, -cessum §109 **1.** 出発する，離れる，立ち去る **2.** 任地から離れる，帰ってくる，地位を捨てる，退職する **3.** 退却する，持ち場を放棄する，脱走する **4.** 隠退する，舞台から去る **5.** 正道から離れる・それる **6.** 断念する，譲歩する，あきらめる，劣る **7.** すぎる，終わる，消えてなくなる，死ぬ，(月)欠ける te veniente die, te decedente canebat 彼はお前のことを，日が昇るときも，お前のことを日が沈むときも(朝な夕な)歌っていたものだ ex provincia ～ (任地の)属州から帰ってくる de (ex) foro ～ 政界から隠退する naves suo cursu (9f7) decesserunt 船は本来の航路からそれた pater nobis (9d8) decessit 私たちの父が亡くなった vivere si recte nescis, decede peritis 正しく生きる道を知らなければ，その道に深く通じている人にゆずれ

decem 数 §101 10, 10人

December *a.3* Decem-bris, -bre

§54 **1.** カエサル以前のローマ暦(§179)の第10月の **2.** 12月の (名)**December** *m.* Decembris *3* §20 (古暦の)第10月，12月

decempeda *f.* decem-pedae *1* §11 10ペース(§196)の長さの測量竿(ものさし)

decempedātor *m.* decem-pedātōris *3* §26 土地測量士

decemplex *a.3* decem-plicis §55 10倍の，10重(え)の

decemprīmī *m.pl.* decem-prīmōrum *2* §13 自治市・植民市の市議会(市参事会)の上席(首位)10人委員

decemscalmus *a.1.2* decem-scalma, -mum §50 10の櫂(かい)受けをもった

decemvir *m.* decem-virī *2* §15 終身又は期限付きで任命された10人委員会の一員 **1.** 12表法製作委員(B.C.451-449) decemvir legibus scribundis (121.3) **2.** 植民への国有地測定配分委員 ～ agris metiendis dividendisque **3.** 自由の身分又は市民権に関する訴訟審理委員 ～ stlitibus judicandis **4.** シビュラ予言書を管理し参考・解釈する10人神官団 ～ sacris faciundis (107.8 注)

decemvirālis *a.3* decem-virāle §54 10人委員(会)の

decemvirātus *m.* decem-virātūs *4* §31 10人委員の職(務)

decēns *a.3* decentis §58 [decet の現分] (比)decentior (最)decentissimus **1.** 承認された標準に一致した(適合した)，礼儀・作法にかなった **2.** ふさわしい，調和した **3.** 上品な，しとやかな，優美な，体裁(外見)のいい quid verum atque decens, curo et rogo et omnis (9a2) in hoc sum 何が正しく，礼節にかなっているかを尋ね求めて，私は唯このことのみに専念している

decenter 副 [decēns §67(2)] (比)decentius (最)decentissime 良い趣味にかなったやり方で，ふさわしく，礼儀正しく，上品に，優雅に

decentia *f.* decentiae *1* §11 体

裁(器量)のよいこと, 礼儀正しさ, 上品さ, 優美, 正当(性)

dēcēpī, dēceptus → dēcipiō

dēcernō *3* dē-cernere, -crēvī, -crētum §109 **1.** 決める, 決心する, 決着をつける, 解決する **2.** 判決を下す, 裁決する **3.** (元老院・政務官)法令を布告する, 法令を定める, 決議する, 明言(宣告・公言)する, 規定する, 承認する **4.** 提案する, 可決する, 投票する **5.** (神・運命)命じる, 定める **6.** 武力で決着させる, 決戦を交える, 争う, 戦う Caesar his de causis Rhenum transire (117.4) decreverat カエサルはこのようなわけでレーヌス川を渡る決心をしていた est decretum (171 ※), darent operam magistratus, ne quid res publica detrimenti caperet 政務官は国家がいかなる損害も蒙らないように努力すべしと(元老院で)決議された rem dubiam decrevit vox opportune emissa 偶然に発せられた言葉がためらっていた問題を決着させた

dēcerpō *3* dē-cerpere, -cerpsī, -cerptum §109 [dē, carpō §174(2)] **1.** (花・果実)摘み採る, むしり取る, もぐ, つかむ **2.** 取り集める, とり出す, 引き出す, 汲みとる animus humanus decerptus ex mente divina 神の精神より引き抜かれた人間の心(魂)

dēcertātio *3* dē-certātiōnis *3* §28 [dēcertō] 決戦

dēcertō *1* dē-certāre, -tāvī, -tātum §106 **1.** 勝敗がきまるまで戦う, 戦いで決着をつける **2.** 争う, 戦う omnia facienda (est) ne armis decertetur (116.6) 武器で決着をつけないようにあらゆる努力がなされるべきだ

dēcessī → dēcēdō

dēcessiō *f.* dē-cessiōnis *3* §28 [dēcēdō] **1.** 立ち去ること, 出発 **2.** 任期を終えた政務官が帰国のため属州を退去すること **3.** 減少, 縮小, 緩和

dēcessor *m.* dē-cessōris *3* §26 [dēcēdō] **1.** 任期を終えて属州を退去する政務官 **2.** 前任者

dēcessus *m.* dēcessūs *4* §31

[dēcēdō] **1.** 出発, 退去, 属州(任地)から離れること, 辞任 **2.** 後退, 退却 **3.** 減少, 引き潮 **4.** 死, 衰退

decet *2*・非 decēre, decuit §§108, 167 (*n.b.* 人称的又は非人称的に3人称でのみ用いられる) **1.** 物(主)が人(対)に品位(優美)を加える, を飾る, に似合う **2.** 物(主)が人(与)にふさわしい, 礼節にかなっている, 正しい **3.** (非)すること(不句)がふさわしい, 正しい(*cf.* 167 注) pulla decent niveas くすんだ色の着物が雪のような肌の白い女に品をそえる istuc facinus nostro generi non decet お前の卑劣な行為はわが家系にふさわしくない facis ut te decet お前はして当然のことをやっているのだ ita decet nobis そうするのが(そうしてこそ)我々にふさわしい(我々のとるべき態度だ) oratorem irasci minime decet 腹を立てることは雄弁家に決して似合わない suum quemque decet 誰にも自分の物が似合っている

dēcīdī, dēcīsus → dēcīdō

dēcidō[1] *3* dē-cidere, -cidī, —— §109 [dē, cadō §172(2)] **1.** 倒れる, 戦場で倒れる, 死ぬ **2.** 落ちる, たれ下がる, ぶら下がる, 沈む, 没する **3.** おちぶれる, 堕落する, 落ち込む, 失敗する **4.** 崩壊する, 陥没する, 没落する **5.** たれる, しおれる, うつむく, 衰弱する ex equis in terram ～ 馬から地上へ落ちる spe (a spe, ex spe) decidere 希望から絶望へ落ち込む, 希望を裏切られる, 希望を失う non virtute hostium, sed amicorum perfidia decidi 私が没落したのは政敵の勇気よりも政友の裏切りによる

dēcīdō[2] *3* dē-cīdere, -cīdī, -cīsum §109 [dē, caedō §174(2)] **1.** 切り落とす, 切り離す, 切り取る **2.** 引き裂く, 切り倒す **3.** 決着させる, とりきめる, 解決する **4.** (自)決着する, 折り合いがつく, 妥協する, 片づく, 完了する virga arbori (9d5) decisa 木から切り落とされた枝 de tota re cum Roscio decido あらゆることでロスキウスと折り合いがつく

deciē(n)s 数 [decem] §101 **1.** 10度, 10回 **2.** 何度も反復して, ひんぱんに

decima 190

3. HS decies centena milia 100 万 (195.3)

decima *f.* decimae *1* §11 ［decimus］ 10 分の1

decimānus (**decum-**) *a.1.2* decimān-a, -um §50 ［decimus］ **1.** 10 分の1の **2.** 10 分の1税の **3.** 第 10 軍団 (大隊)の decumana porta (第 10 大隊 の兵舎に近い)陣営の後門 **4.** 巨大な, 特 大の

decimānus *m.* decimānī *2* §13 **1.** 第 10 軍団(大隊)の兵 **2.** 10 分の1税 の徴集請負人

decimus *a.1.2* decim-a, -um §§50, 98 ［decem］ 第 10 の, 10 番目の, 10 分の1の

dēcipiō *3b* dē-cipere, -cēpī, -ceptum §110 ［dē, capiō §174(2)］ **1.** だます, 欺く, 惑わす, 紛らわす, 誤った判断をさ せる **2.** (注意を)逃れる, さける, 気づか れない **3.** 失望させる, 裏切る, 妨害する **4.** 忘れさせる amatorem amicae turpia decipiunt caecum vitia 恋人の恥ずべき 欠点も恋に目のくらんだ男の目を逃れる sic absumo decipioque diem 私はこのよう にして一日を迎え時を紛らしている dulci laborum(9c6) decipitur sono 彼は甘い 調べに惑わされて労苦を忘れる

dēcīsiō *f.* dēcīsiōnis *3* §28 ［dēcīdō］ 解釈, 決着, 取り決め, 協定, 契約

dēclāmātiō *f.* dēclāmātiōnis *3* §28 ［dēclāmō］ **1.** (修辞学校におけ る)虚構の題目による練習演説 **2.** 熱弁, 長 広舌, 空虚な演説

dēclāmātor *m.* dēclāmātōris *3* §26 ［dēclāmō］ 雄弁術の練習として 演説を発表する人

dēclāmātōrius *a.1.2* dēclāmātōri-a, -um §50 ［dēclāmō］ 修辞学者の, 雄 弁家の, 修辞(学)の

dēclāmitō *1* dēclāmitāre, -tāvī, -tātum §106 ［dēclāmō］ 習慣的に (絶え間なく)雄弁術の演説練習をする

dēclāmō *1* dē-clāmāre, -māvī, -mātum §106 **1.** 修辞学(雄弁術)の 練習として演説する **2.** 美辞麗句を弁じた てる, 熱弁をふるう **3.** 激しく論じる, のの しる

dēclārātiō *1* dēclārātiōnis *3* §28 ［dēclārō］ 知らせること, 告知, 発表, 公表, 暴露

dēclārō *1* dē-clārāre, -rāvī, -rātum §106 **1.** はっきりと表示する, 明言する, 指し示す **2.** 公表する, 宣言する, 知らせ る, 打ち明ける **3.** 表現する, 意味する

dēclīnātiō *f.* dēclīnātiōnis *3* §28 ［dēclīnō］ **1.** わきへ曲げること, そらすこ と, はずすこと, さけること **2.** 本題からの 逸脱 **3.** 主題をわざと回避すること, 直接 言及をさけること **4.** 一方へ傾くこと, 傾 斜, 勾配 **5.** (文)語形(語尾)変化

dēclīnō *1* dē-clīnāre, -nāvī, -nātum §106 **A** (他)**1.** 方向を変える, 他方へ向 ける **2.** わき(横)へそらす, かわす, さける, 忌避する, 遠ざける **3.** 注意をそらす, 気 をまぎらす, 責任を転嫁する **4.** 傾ける, 下 げる, (折り)曲げる, うつむける, たらす **5.** 語形変化させる, 曲用(活用)させる **B** (自)**1.** それる, はずれる, 離れる, かたむ く, そっぽを向く **2.** 本題から逸脱する, 正 道を踏みはずす, 常軌を逸する **3.** 下を向 く, うつむく, 沈む aetate declinata (9f18) 年齢がかたむいて(おいぼれて) adversa in inscitiam Paeti declinans (118.4) 彼は その敗北の責任を, パエトゥスの無経験に 転嫁して declinat lumina somno (9d12) 彼は両眼を眠りの方へ傾ける(瞼を閉じて 眠る) paulatim declinat amor (彼女の) 愛は次第に常軌を逸してくる

dēclīvis *a.3* dēclīve §54 ［dē, clivus］ (下に)傾いた, 傾斜した, 坂に なった, 勾配のついた

dēclīvitās *f.* dēclīvitātis *3* §21 ［dēclīvis］ 傾斜, 下り坂

dēcoctor *m.* dēcoctōris *3* §26 ［dēcoquō］ 破産者, 放蕩者

dēcoctus → dēcoquō

dēcolor *a.3* dēcolōris §55 ［color］ **1.** 変色した, 色あせた, よごれ た **2.** 不真面目な, 恥ずべき, 堕落(退廃) した sanguine decolor 血で汚れた(川)

decus

decolor aetas (黄金の)輝きを失った時代
(堕落した，鉄の時代)
dēcolōrō *1* dēcolōrāre, -rāvī, -rātum
§106 **1.** 本来の色を変える，変色させる，
汚す **2.** (名誉を)けがす，どろをぬる
dēcoquō *3* dē-coquere, -coxī,
-coctum §109 **1.** 煮沸して水分を少な
くする，煮つめる，煎じつめる **2.** 煮て料理
する，煮てとかす，混ぜ合わす **3.** 浪費す
る，財産を放蕩する，破産する
decor *m.* decōris *3* §26 [decet]
1. 似合っているもの，ふさわしいもの，適
正，調和 **2.** 見た目に美しい容姿，体裁，
上品な立ち居振る舞い，礼儀作法の正し
さ，たしなみ，しとやかさ，優美 **3.** 飾り，
装飾品
decōrē 副 [decōrus §67(1)] ふさわ
しく，適正に，礼儀正しく，美しく，立派
に
decorō *1* decorāre, -rāvī, -rātum
§106 **1.** 美しくする，飾る **2.** 名誉(光栄)
を与える
decōrus *a.1.2* decōr-a, -um §50
[decor] (最)decorissimus **1.** 似合っ
ている，ふさわしい **2.** 器量のいい，美しい，
端正な，上品な，礼儀正しい **3.** 尊敬すべ
き，高潔な，高貴な color albus praecipue
decorus deo (9d13) est 白い色は特に
神々に似合っている facinora neque te
decora neque tuis virtutibus (9f17) お
前にもお前の徳にもふさわしくない行為
ductores ostro decori 緋の衣で名誉を
高められた将軍たち
dēcoxī → dēcoquō
dēcrēscō *3* dē-crēscere, -crēvī,
-crētum §109 **1.** 小さくなる，減る，縮
む，やせる，短くなる **2.** (月が)かける，(潮
が)引く **3.** 力を失ってくる，衰える，弱っ
てくる
dēcrētum *n.* dēcrētī *2* §13
[dēcernō の完分] **1.** 決定，決議，議
決，投票 **2.** 判決，布告，命令 **3.** 信条，
教義，主義 **4.** 天慮，神意
dēcrētus → dēcernō
dēcrēvī → dēcernō, dēcrēscō
decum... → decim...

dēcumbō *3* dē-cumbere, -cubuī,
—— §109 **1.** 横になる，食卓椅子に横
臥する，病床にある **2.** (大地に)倒れる，
死ぬ
decuria *f.* decuriae *1* §11
[decem] **1.** 10箇(人)1組 **2.** 騎兵の1
分隊(10騎) **3.** 10人組み公僕(国家奴
隷) **4.** 法務官法廷に陪席する陪審員(元
老院議員)10名1組
decuriātiō decuriātiōnis §28
[decuriō] 10人組に分けること
decuriō *f.* decuriōnis *3* §28
[decuria] **1.** 騎兵分隊長 **2.** 地方の自
治市の市会(長老会)議員の一人
decuriō *1* decuriāre, -āvī, -ātum
§106 10人組(分隊)ごとに編成する
dēcurrō *3* dē-currere, -currī,
-cursum §109 **1.** 高い所から下へ駆け
おりる，急いでくだる，流れ下る，落ちる，
下の方へ動く，傾く **2.** 運行する，回る，
曲がる **3.** 船で下る，上陸する **4.** (軍)分
列行進する，演習をする **5.** に至る，帰す
る，すがる，たよる，訴える **6.** (他)走り回
る，端から端へ行く，よこぎる，ざっと目を
通す ex monte in vallem ～ 山から谷へ
駆けおりる decurritur (172) ad illud
extremum senatus consultum 元老院
はあの最終議決に訴える aetate decursa
(9f18)生涯が終ったとき，最期に
dēcursiō *f.* dēcursiōnis *3* §28
[dēcurrō] **1.** 高所からの攻撃，急襲，
襲撃，侵入 **2.** 軍事訓練，分列行進式，
観兵式
dēcursus *m.* dēcursūs *4* §31
[dēcurrō] **1.** 山を駆けおりること，急速
な降下，水が流れ下ること，急流 **2.** 急襲，
上からおそいかかること **3.** 天体の没するこ
と，沈むこと **4.** 端から端まで走ること，走
路の踏破，一巡，遍歴 **5.** (軍)演習，分
列行進 ～ honorum あらゆる名誉職(政
務官)を歴任すること(つとめあげること)
decus *n.* decoris *3* §29 [decet]
1. ふさわしいもの，似合っているもの **2.** は
なやかな(輝かしい)外観，容姿，体裁 **3.** 飾
り，装飾，精華 **4.** 光栄，名誉，名声，誇
り **5.** (名誉をもたらすもの，個人・先祖の)

手柄，業績，武勲 **6.** 美徳，品格，優雅 verum decus in virtute positum est 真の名誉は美徳の中にある dulce decus meum (Maecenas) 私にとっての晴れやかな誉れなる（マエケーナスよ）

dēcussī → dēcutiō

dēcutiō *3b* dē-cutere, -cussī, -cussum §110 ［dē, quatiō §174⑵］ **1.** 振り落とす，叩き落とす，打ち落とす **2.** 振り払う，追い払う **3.** 追い出す，ひっくりかえす

dēdecet *2・* 非 dē-decēre, -decuīt §§108, 167 ［dē-, decet］ *cf.*decet **1.** ふさわしくない，似合わない **2.** 不名誉をもたらす，名を汚す，醜くする Atticus dedecere Claudiorum imagines videbatur アッティクスはクラウディウス氏の先祖の名を汚していると思われていた

dēdecorō *1* dē-decorāre, -rāvī, -rātum §106 **1.** 恥辱を与える，汚名を着せる **2.** 醜くする，変形させる，いびつにする

dēdecus *n.* dēdecoris *3* §29 ［dē, decus］ **1.** 不名誉，不面目，汚名，恥辱 **2.** 恥ずべき行為，不名誉な外観，悪徳 dedecus admittere 不名誉な行為を犯す

dedī → dō

dēdicātiō *f.* dēdicātiōnis *3* §28 ［dēdicō］ **1.** 神聖な義務を捧げる行い（儀式），奉納，奉献，献堂式 **2.** 献身，献身的な愛（行為）

dēdicō *1* dē-dicāre, -cāvī, -cātum §106 **1.** 公告する，発表する，立証する，申告する，宣言する **2.** 宗教儀式と共に奉納（奉献）する，神殿を捧げる，献堂式をあげる **3.** (本を)献呈する，捧げる corpus per se communis dedicat esse sensus 物体が独立して存在していることは我々の共通の感覚が証明する

dēdignor *dep.1* dē-dignārī, -dignātus sum §123⑴ **1.** 価値がないとして拒否（拒絶）する，はねつける **2.** 軽蔑する，あなどる，鼻であしらう

dēdiscō (-dī- ?) *3* dē-discere, -didicī, ── §109 学んだことを忘れる，忘れる，習慣を失う

dēditīcius *a.1.2* dēditīci-a, -um §50 ［dēditus］ 降服した，支配下にある

dēditiō *f.* dēditiōnis *3* §28 ［dēdō］ **1.** 明け渡すこと，開城 **2.** 降服，帰順 in deditionem venire 降伏する omnes in deditionem accepit 彼は全員の帰順を快く承認した

dēditus *a.1.2* dēdit-a, -um §50 ［dēdō の完分］ (最)deditissimus **1.** 捧げられた，献身的な，忠実な **2.** 没頭している，熱愛している multi dediti ventri atque somno (9d13) 多くの者は腹(飽食)と眠り(惰眠)に没頭している

dēdō 不 dē-dere, -didī, -ditum §§159(注), 174⑵ **1.** 引き渡す，ゆずり渡す，任す，割り当てる **2.** 投げ出す，放棄する **3.** 降服する，屈する **4.** (再・受) se dedere, dedi 降伏する，捧げる petierunt ne se (間接再帰) et communes liberos hostibus ad supplicium dederent (116.6) (女らは，夫たちが)自分たちと(夫と)共通の子供を敵の手に渡して処刑されることのないようにと嘆願した se ad scribendum (119.4) ～書くことに没頭する

dēdoceō *2* dē-docēre, -docuī, ── §108 以前に学んだことを捨てさせる，学んだこと(覚えたこと)を忘れさせる，習慣をやめさせる，誤りを正す (virtus) populum falsis dedocet uti (117.4) vocibus (9f16.ロ) 美徳は人々にその呼び名の間違った用法を正すのだ(徳のある人は金持ちを幸福者と呼ぶことの誤りを正す)

dēdoleō *2* dē-dolēre, -doluī, ── §108 悲しみ嘆くことをやめる

dēdolō *1* dēdolāre -lāvī, lātum §106 切り(なぐり)倒す

dēdūcō *3* dē-dūcere, -dūxī, -ductum §109 **1.** 高い所から連れており，ひきずりおろす，下の方へ動かす，向ける **2.** 一方から他方へ連れて行く，導く，連れ出す，引き離す **3.** 遠ざける，追い払う，拒否する **4.** 案内する，先導する，同伴する，護衛する **5.** 法廷へ召喚する，拉致する **6.** わきへ向ける，そらす，移す，そそのかす，誘惑する **7.** 糸を紡ぐ，線を引く，詩をつく

る(書く) **8.** (船を)岸から海へ導く, 出帆
させる, 出港させる, 帆を張る **9.** 花嫁を
夫の家へ案内して行く, 夫が妻を迎える
10. ある状態へおく, 導く **11.** 減少させる,
品位をおとす **12.** 引きのばす, ひろげる ex
locis superioribus in campum copias
deducit 彼は高い丘から平原へと軍勢を連
れておりる ad eam sententiam haec
ratio eos deduxit この熟慮反省が彼らを
その意見へ導いた tenui deducta poema-
ta filo 繊細な糸で織られた詩 contionari
(117.4) conantem (Caelium) de rostris
deduxit 民会場で演説を試みようとしたカ
エリウスを演壇から彼はひきずりおろした a
quibus deductum ac depravatum
Pompejum queritur 彼はポンペーイユス
が彼らによってかどわかされ正道を踏みはず
したと苦情を述べた res huc deducitur
ut ei statim dimittantur 状況はこのよう
な決着をみた, つまり彼らは直ちに解放さ
れることになった

dēductiō *f.* dēductiōnis *3* §28
[dēdūcō] **1.** 導くこと, 案内すること, 連
れ去ること, 連れて行くこと **2.** 水道をひく
こと, 伝達, 誘導, 配送, 植民, 移住
3. 控除, 差し引くこと

dēductor *m.* dēductōris *3* §26
[dēdūcō] 同行する人, 同伴者, 護衛す
る人

dēductus *a.1.2* dēduct-a, -um §50
[dēdūcō の完分] (比)deductior **1.**
下へのびた **2.** (長くのびた)低い, 弱い, か
ぼそい(声) **3.** きれいに(繊細な糸で)紡が
れた, 念入りに仕上げられた

dēdūxī → dēdūcō

deerat, deerit, deest, defuī →
desum

deerrō *1* de-errāre, -errāvī,
-errātum §106 **1.** 道に迷う, さまよう,
はぐれる **2.** 正道をふみはずす, わき道へそ
れる **3.** 的をはずれる, 当てそこなう **4.** 間
違う, あやまる

dēfatīgātiō *f.* dēfatīgātiōnis *3*
§28 [dēfatīgō] 肉体的(精神的)な激
しい疲労, 消耗, 倦怠

dēfatīgō *1* dē-fatīgāre, -gāvī, -gātum

§106 **1.** 肉体的(精神的に)消耗させる,
疲れ果てさせる, 枯渇させる **2.** (受)気を
落とす, 落胆する

dēfēcī → dēficiō

dēfectiō *f.* dēfectiōnis *3* §28
[dēficiō] **1.** 欠乏, 不足, 減少 **2.** 消滅,
衰弱, 消耗 **3.** 離反, 反抗, 謀反, 脱走
4. (太陽・月の)蝕

dēfectus *a.1.2* dēfect-a, -um §50
[dēficiō の完分] (比)defectior (最)
defectissimus **1.** すりきれた, やつれた
2. 疲れ果てた, 衰弱した **3.** 過失のある,
欠点の多い

dēfectus *m.* dēfectūs *4* §31
[dēficiō] **1.** 見えなくなる(かくれる)こと,
光の喪失, 蝕 **2.** 不足, 欠乏, 衰弱 **3.** 縮
小, 減少 defectus animi 気絶, 失神

dēfendō *3* dē-fendere, -fendī,
-fēnsum §109 **1.** そらす, かわす, 受
け流す **2.** 遠ざける, 押し返す, はねつけ
る, 追い払う **3.** 防ぐ, 守る, 保護する
4. 擁護(支持)する, 救う, 助ける, 弁護
する, 主張する defendit aestates cape-
llis (9f7) 彼が山羊たちから夏の炎暑を遠
ざける cum se suaque ab iis defendere
non possent 彼らは自分らの生命と財産
を彼ら(の暴力)から防ぎきれなかったので
id aliorum exempla (9f11) se fecisse
(117.5) defendat? 彼はそれを他人の手本
に従ってやったと自己弁護しているのか

dēfensiō *f.* dēfensiōnis *3* §28
[dēfendō] **1.** 回避, 受け流し **2.** 防衛,
防御, 守備, 擁護, 保護 **3.** 弁護, 抗弁,
正しさ(無罪)を認める(表明, 立証)するこ
と **4.** 弁明書, 弁護演説

dēfēnsitō *1* dē-fēnsitāre, -tāvī,
-tātum §106 [dēfendō] 守ること(防
衛)を常としている

dēfēnsō *1* dēfēnsāre, -sāvī, -sātum
§106 [dēfendō] **1.** いつもそらす, 避
ける, 防ぐ **2.** 熱心に守る, 防禦する

dēfēnsor *m.* dēfēnsōris *3* §26
[dēfendō] **1.** 防御(防衛)者 **2.** 守備隊,
防衛軍, 駐屯軍 **3.** 擁護者, 保護者, 援
護者, 支持者, 賛成(後援)者 **4.** 防御物,
(装置)防衛手段 **5.** 被告の代弁者, 弁護

dēferō 194

人

dēferō 不 dē-ferre, -tulī, -lātum §158 **1.** 下の方へ（下流へ）運ぶ，流す，おろす，下げる，突き落とす **2.** 他方へ持って行く，移す，向ける，そらす **3.** 差し出す，与える，提供（譲渡）する，授ける，支払う **4.** 捧げる，屈服する **5.** 伝える，知らせる，打ち明ける，公表（告示）する **6.** ある人の裁量に任す，ゆだねる **7.** 法廷に名を告げる，誰々の罪を問う，告発する litteras ad aliquem ～ ある人の所へ手紙を持って行く rumor (171) est Asinium delatum esse vivum in manus militum アシニウスが兵士たちの手中に生きたまま陥ったという噂だ omnium consensu ad eum defertur imperium 全員一致で彼に命令権が委ねられる nomina filiorum de parricidio delata sunt 父親殺しの嫌疑で息子たちの名が法廷へ告げられた（告発された）

dēfervēscō 3 dē-fervēscere, -fervī (-ferbuī), ── §109 **1.** 沸騰し終わる，発酵を終える **2.**（熱が）さめる，（嵐が）静まる，おさまる，和らぐ，（海が）凪ぐ

dēfessus → dēfetīscor

dēfetīgō → dēfatīgō

dēfetīscor dep.3 dē-fetīscī, -fessus sum §§123(3), 125 ［dē, fatīscor §174(2)］（肉体・精神を）消耗する，疲れ果てる，意気喪失する，落胆する，倦む aggerunda (121.3, 9f15) aqua defessi （彼らは）水運びで疲れ果てて

dēficiō 3b dēficere, -fēcī, -fectum §110 ［dē, faciō §174(2)］ **1.**（結束・共同体から）身を離す，離反する，そむく，反抗する **2.** 欠ける，不足する，減少する **3.** 力を失う，衰える，（日・月）食となる，弱くなる，疲れる，役に立たなくなる，しぼむ，なえる **4.** 消える，終わる，なくなる，死ぬ，絶える **5.**（他）見捨てる，放棄する，（受）欠く，なくなる vererer (133, 116.9a) ne vox viresque deficerent 私は声も気力もなくなるのではないかと恐れたことだろう progenies Caesarum in Nerone defecit カエサル家の血統はネロで絶えた cum a viribus deficeretur 彼が生命力

から見捨てられたとき mulier consilio (9f16) deficitur その女は思慮を欠いている si tempus anni ad bellum gerendum (121.3) deficeret 戦争を遂行するには，この年の残りの月日が不足していたとしても

dēfīgō 3 dē-fīgere, -fīxī, -fīxum §109 **1.** 突き刺して固定する，打ち込む，埋め込む **2.** 突き通す，刺す，うずめる，押し込む **3.** 教え込む，印象づける，心に刻みつける **4.** 身動きできなくする，釘付けにする，あきれてものを言えなくさせる **5.** 茫然自失させる **6.** 魔法にかける，魔力でしばる **7.** とりつける，はりつける，焦点を合わせる，じっと（視線・精神を）向ける sub aqua defixae sudes 杭が川底にしっかりと打ち込まれて obtutu haeret defixus in uno 一所をじっと見つめて彼は釘付けにされたまま動かなかった

dēfingō 3 dē-fingere, -finxī, ── §109 形をつくりあげる，型に合わせてつくる

dēfīniō 4 dē-fīnīre, -nīvī, -nītum §111 **1.** 限界を定める，境をつける，限定する，区切る **2.** 局限（制限）する，抑制する **3.** しっかりと決める，決定する，命じる **4.** 明示する，断言する，意味を明らかにする，定義する adeundi (119.2) tempus definiunt, cum meridies esse videatur 彼らは正午と思われる頃を攻撃の時刻と定める definit amicitiam paribus officiis ac voluntatibus (9f11) 彼は友情をお互いに与え合う奉仕と犠牲の精神で限定する（であると定義する）

dēfīnītē 副 ［dēfīnītus §67(1)］ **1.** 正確に，明白に **2.** 特別に，故意に

dēfīnītiō f. dēfīnītiōnis 3 §28 ［dēfīniō］ **1.** 限界を定めること，境界設定 **2.** 正確な（明細な）記述（陳述），定義，規定 **3.** 権威ある発言，決定

dēfīnītus a.1.2 dēfīnīt-a, -um §50 ［dēfīniō の完分］ **1.** 適正な，限界内の，限られた **2.** はっきりと定義された，正確な，明白な **3.** 特別な，具体的な

dēfīō 不規 dēfierī, ──, ── §157 **1.** 不足する，欠ける **2.** 弱くなる，衰える lac mihi novum non defit 私は新鮮なミ

ルクにこと欠かない

dēfīxī → dēfigō

dēflagrātiō _f._ dēflagrātiōnis 3 §28 [dēflagrō] 火災による破壊, 火事

dēflāgrō _1_ dēflāgrāre, -rāvī, -rātum §106 **1.** 火で破壊する, 焼き尽くす, 焼き払う **2.** (自)灰燼に帰す, 焼け落ちる, 焼失する, 滅ぶ **3.** 燃えつきる, 衰える, だんだんと消えてゆく, 静まる

dēflectō _3_ dē-flectere, -flexī, -flexum §109 **1.** 下へ曲げる, 折り曲げる, たわめる **2.** 方向を変える, わきへそらす, (目・耳を)向けさせる, (注意・関心を)そらす, かわす, 遠ざける **3.** (自)はずれる, それる, 離れる, 遠ざかる, 逸脱(脱線)する novam viam deflectere 新しい方向へ道をつくる ad verba rem ～ 意味を言葉の方へ曲げる(文字通りに解釈する)

dēfleō _2_ dē-flēre, -flēvī, -flētum §108 **1.** 或る人の死を悲しんで泣く, 存分に泣く **2.** 悔やむ, 悼む, 嘆き悲しむ

dēflēvī → dēfleō

dēflexī, dēflexus → dēflectō

dēflōrēscō _3_ dē-flōrēscere, -flōruī, —— §109 **1.** 花が落ちる, しぼむ **2.** 力を失う, おとろえる, しおれる, 枯れる, あせる

dēfluō _3_ dē-fluere, -flūxī, -flūxum §109 **1.** 流れ出る, 下流へくだる, 泳いで(漕いで)下る **2.** 発する, 生じる, 起こる **3.** 流れ落ちる, したたる **4.** 流れ去る, 遠ざかる, 離れる **5.** 流れるのを止める, 流れが干上がる **6.** たれ下がる, すべり落ちる, ゆったりと垂れる sudor a fronte defluens 額から流れおちる汗 pedes vestis defluxit ad imos 着物は足先までゆったりとたれ下っていた

dēfodiō _3b_ dē-fodere, -fōdī, -fossum §110 **1.** 土中に埋める, 土を掘って埋める, 植える **2.** 穴を掘る, おおいかくす defodiet (aetas) condetque nitentia 光り輝いているものをいずれ年月が掘って地中に埋めかくすことだろう

dēfore → dēsum

dēfōrmātiō _f._ dēfōrmātiōnis 3 §28 [dēfōrmō] **1.** 外形, 容姿, 輪郭,

下絵, 素描 **2.** 外形(外観)を損ずる(傷つける)こと, 醜くすること **3.** 歪曲, 侮辱

dēfōrmis _a.3_ dē-fōrme §54 [dē, fōrma] (比)deformior (最)deformissimus **1.** 恰好の悪い, ゆがんだ形の, 不具の, 醜い **2.** 不名誉な, 不面目の, 恥ずべき, 下品な **3.** 定形のない, 無定見の, 定まらぬ

dēfōrmitās _f._ dēfōrmitātis 3 §21 [dēfōrmis] **1.** 醜悪, 無器量, ぶかっこう, 見苦しい外形(外観) **2.** 不面目, 汚名, 恥 **3.** 悪趣味, 下品

dēfōrmō _1_ dē-fōrmāre, -māvī, -mātum §106 **1.** 輪郭(形)を与える, 下絵(素描)をかく, 図案(設計)をかく **2.** 形成する, 記述する, 描く, 表現する **3.** (外)形を傷つける, そこなう, だめにする, 変える, ぶかっこうにする, 不具にする **4.** 地位(品位)をおとす, 名誉を奪う, 汚名をきせる, よごす **5.** 歪曲する, ゆがめる homo vitiis deformatus 悪徳で汚名をきせられた男

dēfossus → dēfodiō

dēfrāctus → dēfringō

dēfraudō (**dēfrūdō**) _1_ dē-fraudāre, -dāvī, -dātum §106 **1.** かたり取る, 詐取する **2.** あざむく, だます, 甘言にのせる, 裏切る se (genium suum) defraudare 自己を否定(犠牲に)する, 楽しみを我慢する nisi quid tu uxorem defraudaverit (116.9a) もしお前が妻をだまして何かを盗んでいるのでなければ aliquem aliqua re ～ 誰々に何々で損害を与える, 迷惑をかける

dēfrēgī → dēfringō

dēfrēnātus _a.1.2_ dēfrēnāt-a, -um §50 [frēnum] 手綱を放たれた, 制御されない

dēfricō _1_ dē-fricāre, -fricuī, -fricātum §106 **1.** こする, 摩擦する, こすりつける **2.** こすって落とす(とる), こすってみがく(洗う) sale multo urbem defricuit (その風刺詩人は)多量の塩(機知)で都(の人たち)の肌をこすった(あるいは悪習の傷口をひりひりさせた)

dēfringō _3_ dē-fringere, -frēgī,

dēfrutum 196

-frāctum §109 ［dē-, frangō §174
(2)］ **1.** こわして取り除く, 破って捨てる
2. もぎとる, ひきちぎる, 折りとる, つみと
る **3.** こわす, 破る, 砕く, 割る
dēfrutum *n.* dēfrutī *2* §13 ブド
ウ汁を煮つめたシロップ
dēfūdī → dēfundō
dēfugiō *3b* dē-fugere, -fūgī, ——
§110 **1.** 飛び去る, 走り去る, 逃げる, さ
ける, のがれる **2.** 回避する, 断る, 辞退
する, ひるむ
dēfūnctus → dēfungor
dēfundō *3* dē-fundere, -fūdī, -fūsum
§109 **1.** 容器からつぐ, 注ぐ, 流す **2.** 別
な容器へ移す, つぎかえる **3.** 注ぎかける,
ふりかける, ふりまく, 浴びせる
dēfungor *dep.3* dē-fungī, -fūnctus
sum §123(3) **1.** (奪と, §124) 果たす,
履行する, 終わらせる, 仕上げる, 完成す
る **2.** 片づける, 決着させる, 解決する **3.** 克
服する, 耐える **4.** 脱する, 逃れる **5.** 借金
を支払う **6.** 死ぬ (完了形で) defunctus
honoribus 政務官の生涯を全うした sua
morte defunctus est 彼は自然死を遂げ
た utinam hic sit (116.1) modo de-
functum (172) これでもうみんな片づいて
しまったのならいいのに
dēfūsus → dēfundō
dēgener *a.3* dēgeneris §55
［dēgenerō］ **1.** 卑しい生まれの, 家柄の
悪い **2.** 劣った品種の **3.** 堕落した, 退化
した, 先祖より劣った, より卑しい, 下劣
な, に劣る, ふさわしくない, 似合わない
(奪, 9f3 又は属 9c6 とも用いられる) de-
generes animos timor arguit 臆病(者)
は卑しい生まれ(の人)であることを証明す
る degener patriae artis 父の技で劣っ
ている(技の上で父に劣る)(息子)
dēgenerō *1* dē-generāre, -rāvī,
-rātum §106 ［dēgener］ **1.** 先祖よ
り劣る, (質・価値で)低下する, 悪くなる
2. 変質する, 堕落する, 退化する **3.** (他)
地位(品位)を下げる, 体面を汚す, 堕落
させる, 失墜させる, 変質させる ad thea-
tralis artes degeneravisse (貴族が)専
門の舞台芸人にまで身を持ちくずした acer

equus quondam degenerat palmas か
つての駿馬(とき)が栄光を汚している
dēglūbō *3* dē-glūbere, -glūpsī,
-glūptum §109 ［dē, glūbō］ 獣の皮
をはぐ, 木の皮をむく 着物(被い)を取り除
く
dēgō *3* dē-gere, ——, —— §109
［dē, agō §174(2)］ **1.** (他)(時間を)費
やす, 使う, すごす **2.** (自)生きる
dēgrandinat 非 dē-grandinare,
——, —— §165 あられ(ひょう)が降る
dēgravō *1* dē-gravāre, -vāvī, -vātum
§106 **1.** 重荷(負担)を負わせる, 押し下
げる, 圧迫する, 苦しめる **2.** 圧しつぶす,
圧倒する, 打ち勝つ
dēgredior *dep.3b* dē-gredī, -gressus
sum §§123(3), 125 ［dē, gradior
§174(2)］ **1.** 降りて行く, 下山する, 下
る, 降りる **2.** 出発する, 走り去る **3.** 離れ
る, それる **4.** 行軍する, 行進する equites
degressi (118.4) ad pedes 騎士たちが馬
から降りて
dēgressus → dēgredior
dēgrunniō *4* dē-grunnīre, ——,
—— **1.** (はげしく)ぶうぶう鳴く(いう),
不平を言う
dēgustō (-ū- ?) *1* dē-gustāre, -tāvī,
tātum §106 **1.** 味見をする, 少し食べ
る(飲む) **2.** かるく触れる, そっとさわる
3. (吟味のため, 例として)ためす, 探る
(lancea) summum degustat vulnere
corpus (投槍が)体の表面を傷で軽くふれ
る(軽く傷つける)
dehinc 副 **1.** 今から, 今後 **2.** あの後,
あれから, あとになって **3.** それから, その
次に, その後 **4.** その結果, 従って, その
ようなわけで nemo est quem jam dehinc
metuam (116.8) 今からはもうわしが恐れ
るような者は一人もいないぞ mors de qua
dehinc dicam 私がこのあとで言及するだ
ろうその死は
dehīscō *3* dehīscere §109 ［hīscō］
1. 開く, 割れる, 裂ける **2.** あくびをする,
大口をあける
dehonestāmentum *n.* dehonestā-
mentī *2* §13 ［dehonestō］ **1.** 不

名誉(不面目, 恥辱)のもと, みなもと, 不
名誉をもたらす行為, 品位を下げること
2. (外観を)醜くすること(もの), 不恰好に
すること(もの)

dehonestō *1* de-honestāre, -tāvī,
-tātum §106　恥辱を与える, 不名誉
(不面目)をもたらす, 名(対面)を汚す, 面
目を失わせる, 辱める, 侮辱する

dehortor *dep.1* de-hortārī, -hortātus
sum §123(1)　**1.** しないように忠告する,
諫止(ᵏ)する, 賛成しない **2.** 説得して思
いとどまらせる, 阻止する plura scribere
dehortatur me fortuna mea 私の現状
がこれ以上長く手紙を書くことを阻止して
いる

Dēianīra *f.* Dēianīrae *1* §11
Hercules の妻

dēiciō (**dējiciō**) *3b* dē-icere, -jēcī,
-jectum §110 [dē, jaciō §174(2)]
1. 下の方へ投げる, 投げ捨てる, 下へ向け
る, 落とす **2.** 突き倒す, 投げとばす **3.** 押
しのける, 追い出す, 撃退する **4.** 奪う, 取
り除く **5.** ひっくりかえす, 倒壊させる
Helvetii ea spe (9f7) dejecti ヘルウェテ
ィ族はその希望を奪われて(失って) dejec-
ta turri (9f18) 櫓が倒壊されて nostri
dejecti sunt loco 我が軍はその所から撃
退された equo dejectus (彼は)落馬して

dein = **deinde**

deinceps 副 [dein, capiō] **1.** (空
間)次々と, 順々に, 連続して **2.** 次に, す
ぐその(この)後で **3.** (時間)次々と, そのあ
と次々と, 絶え間なく, 続いて tres dein-
ceps turres prociderunt 次々と3つの
櫓が前方に倒れた reliquis deinceps
diebus (9f2) そのあと数日間で principes
parentes, …proximi liberi, …deinceps
propinqui 最初に両親が, 次に子供が,
続いて親族が…

deinde 副 [dē, inde] **1.** (場所)その
うしろに, その次に, そこから **2.** (時間)次
に, そのときから, ついで, 続いて **3.** その
上に, さらに, これに対し **4.** そこで, それ
故に, そこで当然 **5.** 今から, 今後, 将来
via tantum interest perangusta, dein-
de paulo latior patescit campus 間に非

常にせまい道が一つだけあり, それからやや
広い野原がひろがっている complures ex
iis occiderunt, deinde se in castra re-
ceperunt 彼らは彼ら(敵)の多くを殺し,
それから陣営に引き上げた tunc deinde=
deinde tunc そのあとで deinde postremo
(=ad extremum) その後遂に

dējēcī → dējiciō(deiciō)

dējectiō *f.* dējectiōnis *3* §28
[dējiciō] **1.** (土地・家屋からの)放逐,
追い出し **2.** (医)下痢

dējectus *m.* dējectūs *4* §31
[dējiciō] **1.** 下方へ投げること, 突き(切
り)倒すこと **2.** 落下 **3.** 傾斜, 勾配

dējectus *a.1.2* dēject-a, -um §50
[dējiciō の完分] **1.** 低い, 沈んだ **2.** う
なだれた, 落胆した, 元気のない

dējerō (**dēierō, dējūrō**) *1* dēierāre,
-rāvī, -rātum §106　誓う, 宣誓する

dēlābor *dep.3* dē-lābī, -lāpsus sum
§§123(3), 125　**1.** 倒れる, すべり落ちる,
降りる, 下る, 沈む **2.** 流れて下る, 流れ
込む, 遠ざかる **3.** 陥る, 落ちぶれる, 正
道を踏みはずす, 堕落する **4.** 失敗する,
力を失う **5.** 発生する, 生じる **6.** 傾く,
徐々に動く, ずるずると入り込む ex utra-
que tecti parte aqua delabitur 屋根の
両側から雨水が落ちる delabi in vitium
悪徳の中に陥る

dēlāmentor *dep.1* dē-lāmentārī,
——, §123(1)　嘆く, 悲しむ

dēlāpsus → dēlābor

dēlassō *1* dē-lassāre, -ssāvī, -ssātum
§106　へとへとに疲れさせる

dēlātiō *f.* dēlātiōnis *3* §28
[dēferō] 告訴, 告発, 密告

dēlātor *m.* dēlātōris *3* §26
[dēferō] 告訴人, 告発者, 職業的密告
者(告発者)

dēlātus → dēferō

dēlectāmentum *n.* dēlectāmentī
2 §13 [dēlectō] 娯楽(気晴らし)の
道具, 手段, 遊び道具

dēlectātiō *f.* dēlectātiōnis *3* §28
[dēlectō] **1.** 娯楽, 気晴らし, 慰め, 喜
び **2.** これらの享受, 提供, これらの手段,

dēlectī 198

みなもと

dēlectī *m.pl.* dēlectōrum *1* §13
選抜隊, 精鋭部隊, 選良, 精髄

dēlectō *1* dēlectāre, -tāvī, -tātum
§106 ［dē, lactō §174(2)］ **1.** 誘惑す
る, そそのかす, 魅惑する, うっとりさせる
2. 大いに喜ばす, たのしませる **3.** (受)大
いに喜ぶ, たのしむ, 愉快である aut pro-
desse volunt aut delectare poetae 詩
人たちは役立ちたい, あるいは喜ばせたい
と願っている vir bonus dici (117.6) de-
lector 善良な人と呼ばれるのが私は嬉しい
criminibus inferendis (121.3, 9f15)
delectari 人をやっつけてたのしむこと

dēlēctus → dīlēctus

dēlēctus *a.1.2* dēlēct-a, -um §50
［dēligō¹の完分］ 精選された, えりぬき
の, 極上の

dēlēgī → dēligō¹

dēlēgō *1* dē-lēgāre, -gāvī, -gātum
§106 **1.** 割り当てる, あてがう **2.** まかす,
ゆだねる, 委任(委託)する **3.** 命じる, 任
命(指定)する **4.** さし向ける, 送る, 渡す,
預ける **5.** に帰する, のせいとする, 転嫁す
る hunc laborem alteri delegavi 私はこ
の仕事を他人に任せた causam peccati
facillime mortuis delegare 罪の責任を
ごくかんたんに死者に転嫁する （名）
dēlēgātiō *f.* dēlēgātiōnis *3* §28
［dēlēgō］ 債権者の利権又は債務者の義
務を第三者に委託すること

dēlēnīmentum *n.* dēlēnīmentī *2*
§13 ［dēlēniō］ **1.** 機嫌をとること, お
もねること, おべっかを使うこと **2.** 慰める
こと(もの), なだめすかすこと **3.** おびきよ
せるもの, そそのかすこと, 誘惑, 魅力,
おとり, 餌

dēlēniō *4* dē-lēnīre, -lēnīvī, -lēnītum
§111 **1.** 慰める, 和らげる, なだめすかす
2. 人の心をとりこにする, うっとりさせる
3. たらしこむ, まるめこむ, 甘言でだます

dēlēnītor *m.* dēlēnītōris *3* §26
［dēlēniō］ 慰撫する人, 和らげる人, 魅
力のある人

dēleō *2* dēlēre, dēlēvī, dēlētum
§108 **1.** ぬぐい去る, かき消す, 消し去

る, 削除する, 抹殺する **2.** きれいに拭く,
雪ぐ **3.** 徹底的に破壊する, 荒廃させる,
台なしにする **4.** 殺す, 破滅する ut turpi-
tudinem fugae virtute delerent 彼らは
逃亡の汚名を勇気でそそぐために deletis
omnibus copiis (9f18) 全軍が殲滅され
て

dēlētus → dēleō

Dēlia *f.* Dēliae *1* §11 **1.** Delos
島の女神＝Diana **2.** ローマ詩人 Tibullus
の恋人

Dēliacus *a.1.2* Dēliac-a, -um §50
Delos 島の

dēlīberābundus *a.1.2* dēlībe-
rābund-a, -um §50 ［dēlīberō］ 深い
思いに没頭している

dēlīberātiō *f.* dēlīberātiōnis *3*
§28 ［dēlīberō］ **1.** 熟慮 **2.** 慎重な討
議, 審議 **3.** 討議様式の弁論, 演説

dēlīberātīvus *a.1.2* dēlīberātīv-a,
-um §50 ［dēlīberō］ 討議(熟慮)を
必要とする, 慎重な討議の

dēlīberātor *m.* dēlīberātōris *3*
§26 ［dēlīberō］ いつも熟慮の時を必要
とする人

dēlīberātus *a.1.2* dēlīberāt-a, -um
§50 ［dēlīberōの完分］ （比)delibe-
ratior 堅く決心した, 覚悟した, 決然た
る, 断固たる deliberata morte (9f15)
ferocior 死を覚悟して益々勇敢となり

dēlīberō *1* dē-līberāre, -rāvī, -rātum
§106 ［dē, libra］ **1.** 熟考(慮)する, 吟
味する **2.** 討議する, 相談する, 意見(神
託)を聞く **3.** 熟慮のあと決心する delibe-
ratur※ de Avarico, in communi conci-
lio, incendi placeret (167) an defendi
合同の戦術会議においてアウァリクムにつ
いて討議される「焼くべきか防衛されるべき
か 」が mihi (9d11) deliberatum est
abesse ex urbe 熟慮の末町から出て行く
ことを私は決心した ※歴史的現在なので,
placeret(未完了・接)

dēlībō *1* dē-lībāre, -bāvī, -bātum
§106 **1.** 少し取り除く, 持ち去る **2.** 損な
う, 傷つける, 小さくする, 減らす, けなが
す **3.** ちょっと味わう, 試飲する, (少し)か

じる，吸う **4.** (花)つみとる，楽しむ，最初の体験をする oscula delibavit natae 娘の唇にかるく接吻した novum honorem delibare 新しい官職を初めて体験する delibata deum per te numina sancta お前によって少し傷つけられた神々の聖なる意志

dēlibrō *1* dē-librāre, -brāvī, -brātum §106 ［dē, liber］ 果皮をむく，樹皮をはぐ

dēlibūtus *a.1.2* dēlibūt-a, -um §50 **1.** (香油)たっぷり塗られた，刷り込まれた，汚された **2.** 深くしみこまされた，ひたされた，つかった senium luxu (9f11) delibutum 贅沢の中にひたされた老年(贅沢三昧の晩年)

dēlicātē 副 ［dēlicātus §67(1)］ (比) delicatius **1.** 気持ちよく，快適に，ぜいたくに **2.** やさしく，おだやかに，上品に，優美に **3.** 慎重に，口やかましく，気難しく **4.** ふまじめに，気まぐれに

dēlicātus *a.1.2* dēlicāt-a, -um §50 (比)delicatior (最)delicatissimus **1.** 豪奢な，ぜいたくな，快適な **2.** 魅力的な，気持ちのよい，かわいい，優美な **3.** 肉感的な，好色の **4.** 上品な，おしゃれな，洗練された **5.** やさしい，おだやかな，礼儀正しい **6.** 気難しい，好悪の激しい **7.** 陽気な，ふざけた，気まぐれの **8.** 美味な，おいしい **9.** 甘やかされた，柔弱な，女々しい puella tenellulo delicatior haedo かわいい子山羊よりももっとはしゃぐ娘

dēliciae *f.pl.* dēliciārum *1* §11 **1.** 人の心を魅了し，そそのかせ，楽しませるもの，魅惑，魅力 **2.** 快楽，歓喜，無上の喜び，肉体の喜び **3.** 美食，好物，飾り，宝石，玩具 **4.** 恋人，愛玩動物，お気に入り **5.** 盛り場，温泉保養地 **6.** 華麗，優美，上品，洗練，贅沢，粋() **7.** 美食家，食道楽の人 **8.** 恋のたわむれ，卑猥な詩，陽気なさわぎ，きまぐれ nec tibi (9d8) talium est animus deliciarum (9c13) egens あなたの精神はかかる贅沢なものを必要としていない ut te fortuna in deliciis habeat (116.6) 運命が汝をひいきするように pravas (9e11) videmus esse in de-

liciis まがった根性が賞されているのを我々は目にする delicias facere からかう，馬鹿にする，ふざける，楽しむ

dēliciolae *f.pl.* dēliciolārum *1* §11 ［dēliciae の小］ 小さなかわいい者，いとしい子(娘)

dēlictus → dēlinquō

dēligō[1] *3* dē-ligere, -lēgī, -lēctum §109 ［dē, legō §174(2)］ **1.** 摘む，むしりとる，引きぬく **2.** 取りあげる，拾い上げる，選抜する，選ぶ **3.** 分ける，品分けする **4.** (軍)徴募する，募集する ex civitate in senatum delecti 市民の中から元老院(議員)へ抜擢された人々

dēligō[2] *1* dē-ligāre, -ligāvī, -ligātum §106 固く縛る，くくりつける，結ぶ，つなぐ epistolā ad amentum deligatā (9f18) 手紙を重槍の革緒にくくりつけて

dēlingō *3* dēlingere, ——, ［lingō］ §109 舌でなめる，しゃぶる，なめつくす

dēlinquō *3* dē-linquere, -līquī, -lictum §109 **1.** 欠けている，不足する **2.** (天体)食する，欠ける **3.** 道徳的標準に達していない，過ち(不正・罪)を犯す (名)**dēlictum** *n.* -ctī *2* §13 欠陥，落度，過失，咎，罪

dēliquēscō *3* dē-liquēscere, -licuī, —— §109 **1.** 溶(と)ける，とけ去る **2.** 勢力を失う，やせ衰える，消(き)える

dēlīrātiō *f.* dēlīrātiōnis *3* §28 ［dēlīrō］ 精神錯乱，狂気，うわごと

dēlīrō *1* dē-līrāre, ——, —— §106 **1.** 鋤(すき)がうね(溝)からそれる **2.** 気が狂う，うわごとを言う，わめきちらす quidquid (9e9) delirant reges, plectuntur Achivi 王たちが犯すどんな気違いじみた行為においても(王たちが狂って罪を犯すたびに)ギリシア人たちは罰を受けている

dēlīrus *a.1.2* dēlīr-a, -um §50 ［dēlīrō］ **1.** 発狂した，気が違った **2.** ばかげた，常軌を逸した

dēlitēscō (**-tīscō**) *3* dē-litēscere, -lituī, —— §109 ［dē, latēscō §174(2)］ **1.** かくれる，逃れる，逃避する，ひっこむ **2.** 見えなくなる

dēlītīgō *1* dēlītigāre, ——,

Dēlius

§106 むきになって叱る, 心底から口論する

Dēlius *a.1.2* Dēli-a, -um §50 **1.** Delos 島の **2.** Delos の神(＝Apollo)の (名)**Dēlius** *m.* Dēliī *2* §13 Apollo

Dēlos *f.* Dēlī *2* §§38, 13 エーゲ海の島 (神)Apollo と Diana(＝Artemis)の誕生地

Delphī *m.pl.* Delphōrum *2* §13 **1.** ギリシアの Phocis 地方の町, Apollo の神託で有名 **2.** Delphi の住民

Delphicus *a.1.2* Delphic-a, -um §50 デルピーの (名)**Delphicus** *m.* -cī *2* §13 デルピーの神(＝Apollo)

delphin *m.* delphinis *3* §39(ロ) 単・対 -nem, -nam 複・対 -nēs, -nās ＝ **delphīnus** *m.* delphīnī *2* §13 <δελφίν **1.** イルカ **2.** (天)いるか座

dēlūbrum *n.* dēlūbrī *2* §13 神殿, 礼拝堂(所), 神域, 聖域

dēlūdō *3* dē-lūdere, -lūsī, -lūsum §109 **1.** からかう, 愚弄する **2.** だます, あざむく responso animum delusit Apollo アポローンは神託で私の心をあざむいた

dēlumbō *1* dē-lumbāre, -bāvī, bātum §106 [dē, lumbus] **1.** 股関節をはずす, 腰をいためる **2.** びっこにする, 不具にする

dēlūsī, dēlūsus → dēlūdō

dēmadēscō *3* dēmadēscere, -maduī, —— §109 すっかりしめってくる, ぬれる

dēmandō *1* dē-mandāre, -dāvī, -dātum §106 預ける, 任せる, ゆだねる, 譲り渡す, 責任を負わす

dēmānō *1* dē-manāre, -nāvī, —— §106 流れ下る(落ちる)

dēmēns *a.3* dē-mentis §55 (比) dementior (最)dementissimus **1.** 理性・分別)を奪われた, 発狂した, 乱心した, 気違いじみた **2.** 馬鹿な, 狂暴な

dēmenter 副 [dēmēns §67(2)] (最)dementissime 気が狂って, 気違いのように, 無謀にも, 愚かにも

dēmentia *f.* dēmentiae *1* §11

[dēmēns] 狂気, 発狂, 精神錯乱 **2.** 愚鈍, 愚行

dēmereō *2* dē-merēre, -meruī, -meritum §108 ＝**dēmereor** *dep.2* dēmerērī, dēmeritus sum §123(2) **1.** かせいで得る, もうける **2.** ほめられて当然の功績をあげる, 恩恵を施す, 喜ばす **3.** 支持(引き立て)を得る

dēmergō *3* dē-mergere, -mersī, -mersum §109 **1.** 水の中に突っ込む, 投げ込む, 浸す, 沈める **2.** 埋める, かくす **3.** 突き落とす, おし込める, 押しつぶす, 圧倒する aere alieno demersus 借金でおしつぶされた

dēmētior → dīmētior

dēmetō *3* dē-metere, -messuī, -messum §109 **1.** 穀物を刈る, 刈りとる, 収穫する, 摘み採る **2.** 切る, 切り落とす

dēmigrātiō *f.* dēmigrātiōnis *3* §28 [dēmigrō] 植民地開拓者(入植者)として移住すること

dēmigrō *1* dē-migrāre. -rāvī, -rātum §106 **1.** 移住する, 引っ越す **2.** 立ち去る, 出発する, 離れる de meo statu non demigro 私の地位から離れない(私の尊厳を保持する)

dēminuō *3* dē-minuere, -minuī, -minūtum §109 **1.** 小さく(少なく)する, 減らす, 狭くする, 短くする **2.** 損なう, 害する, 弱める **3.** 取り去る, 奪う, 差し引く, 没収する militum vires inopia (9f15) frumenti deminuerat 穀物の不足から兵士の気力も衰えていた capite (9f7) deminuti 市民権を没収された(人々)

dēminūtiō *f.* dēminūtiōnis *3* §28 [dēminuō] **1.** 減少, 縮小, 低減, 削減 **2.** 割引, 値下げ, 品質低下 **3.** (文)指小辞 capitis ～ 市民権(自由)喪失

dēmīror *dep.1* dē-mīrārī, -mīrātus sum §123(1) **1.** すっかり驚く, 驚嘆する **2.** 不思議に思う, 疑う, 好奇心から知りたいと思う nimis demiror qui illaec sciat. (116.10) 彼(女)がどうしてあんなことを知っているのか, 全くもって不思議なこ

Dēmosthenēs

とだ

dēmissē 副 ［dēmissus §67(1)］ （比）demissius （最）demississime 低く, 謙そんして, つましく, へり下って, 控え目に

dēmissiō *f.* dēmissiōnis 3 §28 ［dēmittō］ **1.** 下げること, 下の方へのばすこと, 下へたらすこと **2.** ふきげん, 意気銷(消)沈, 落胆

dēmissus *a.1.2* dēmiss-a, -um §50 ［dēmittō の完分］ （比）demissior **1.** 低い, 位置の低い, 地位・身分の低い, 声・音の低い **2.** 下に傾いた, 下に垂れた **3.** 腰の低い, へり下った, 謙遜した, つつましい **4.** うつむいた, 元気のない, 落胆した, 沈んだ, 伏し目の **5.** 落ちぶれた, 劣った, みじめな, 卑しい demissa voce loqui 低い声で話す animo demisso (9f10) esse 意気銷(消)沈している

dēmītigō 1 dē-mitigāre, ——, —— §106 やわらげる, なだめる, 静める

dēmittō 3 dē-mittere, -mīsī, -missum §109 **1.** 高い所から落とさせる, 流させる, 下りて行かせる **2.** 垂らす, おろす, (ぶ ら)さげる, 低くする, 沈める **3.** 挿入する, 差し込む, 流し込む **4.** 地位(品位)を落とす, いやしめる, 退位をさせる **5.** 落胆させる, がっかりさせる **6.** (受)の後裔である, の系統をひく se in vallem demittere 谷底へおりて行く se in adulationem ～ 身を落としておべっかを使う(へつらうまでに身をいやしめる) demissis in terram oculis (9f18) 地面に視線を投げて Julius, a magno demissum nomen Julo ユーリウス, 偉大なユールスの血をひく名前

dēmiurgus (**dami-**) *m.* dēmiurgī 2 §13 ＜δημουργός ギリシアの諸都市の政務官

dēmō 3 dēmere, dēmpsī, dēmptum §109 ［dē, emō］ **1.** 持ち去る, とり除く, とり払う **2.** ひき抜く, ぬき取る, はずす, 引き離す, ぬぐ **3.** 除外する, 削る, 省略する fetus ab arbore ～ 木から実をもぎとる juga bobus ～ 牛からくびきをとる(はずす) dempto fine (9f18) 終わることなく(無限に)

Dēmocritēus *a.1.2* -tēa, tēum デーモクリトゥスの

Dēmocritus *m.* Dēmocritī 2 §13 Abdera 出身の有名な哲学者(c.460-370B.C.)

dēmōlior *dep.4* dē-mōlīrī, -molītus sum §123(4) **1.** かなぐり捨てる, 取り払う **2.** 投げ倒す, 引き倒す, 取りこわす **3.** 廃止する de me hanc culpam demolibor この罪を私の身からかなぐり捨てよう

dēmōlītiō *f.* dēmōlītiōnis 3 §28 ［dēmōlior］ 引き倒すこと, 取り壊すこと, 廃止すること

dēmōnstrātiō *f.* dēmōnstrātiōnis 3 §28 ［dēmōnstrō］ **1.** 見せること, 示すこと, 指摘, 教示 **2.** 記述, 描写, 説明, 証明, 同一の認定 **3.** 誇張した(感情むき出しの)演説, 美辞麗句の賞賛演説

dēmōnstrātor *m.* dēmōnstrātōris 3 §26 ［dēmōnstrō］ 示す人, 見せる人, 教示する(書き表す)人

dēmōnstrō 1 dē-mōnstrāre, -strāvī, -strātum §106 **1.** 正しく示す, 指し示す, 明示する **2.** 身ぶりで示す, 実物で説明する, 証明する, 申し立てる **3.** 言及する, 挙げる, 述べる, 報告する, 知らせる **4.** 決定する, 推薦する naves de quibus supra demonstratum est それについて上述した船 mihi demonstravit te id cogitasse (117.5) 彼は私に証言した「お前はそのことを考えた」と

Dēmoph(o)ōn *m.* Dēmophontis 3 §41.4 (神)Teseus と Phaedra の息子

dēmorior *dep.3b* dē-morī, -mortuus sum §123(3) **1.** 死んで去る **2.** 絶える **3.** 死ぬほど愛している

dēmoror *dep.1* dē-morārī, -morātus sum §§123(1), 125 **1.** おくらせる, ひき止める, 手間どらせる, 待たせる, 妨げる **2.** (自)滞在する, おくれる, ぐずぐずする, ためらう Teucros quid demoror armis (9f7)? 私はなぜトロイア人が戦争することを妨げているのか

Dēmosthenēs *m.* Dēmosthenis 3 §42.1 前4世紀のアテーナイの雄弁家

dēmoveō *2* dē-movēre, -mōvī, -mōtum §108 **1.** 或る位置から立ち去らせる，むりやり移動させる，離す，遠ざける **2.** 追い出す，除去する，駆逐する，追放する **3.** 解任(罷免)する，退位させる **4.** (注意を)わきへそらす，(目を)そむける Burrum praefecturā (9f7) ～ ブッルスを護衛隊長の位から解任する ab se sceleris suspicionem demovere 自分から罪の嫌疑をそらす

dēmpsī, dēmptus → dēmō

dēmūgītus *a.1.2* dēmūgīt-a, -um §50 [mūgiō] 牛の啼き声で満ちた

dēmulceō *2* dē-mulcēre, -mulsī, -mulctum §108 愛撫する，うっとりさせる

dēmum 副 [dē, -mum *cf.*prīmus, īmus] **1.** (時の副と)やっと，遂に，最後に，少なくとも tum demum そのときやっと nunc demum, modo demum 今やっと，遂に，たった今，今始めて **2.** (その他の副，代と)やっと，始めて，遂に，ちょうど，ただ，こそ sic demum こうしてやっと ibi demum そこでのみ，丁度そこで ille demum 彼が始めて，彼だけ **3.** (文の強調)正しく，じっさい，結局，だけ，少なくとも quarta vix demum exponimur hora かれこれ第4時にやっと我々は上陸する nunc demum rescribo iis litteris やっと今私はあの手紙への返事を書いています is demum mihi vivere videtur じっさい彼だけが私には生きているように思えるのです damnatus (118.4) demum, reddidit 奴は断罪されてやっと返した

dēmurmurō *1* dē-murmurāre, ―, ― §106 低い声で言う，つぶやく，ぶつぶつ言う

dēmūtō *1* -mūtāre, -mūtāvī, -mūtātum §106 [mūtō] **1.** (他)変える，改める **2.** (自)変わる，異る

dēnārius *a.1.2* dēnāri-a, -um §50 [dēnī] 各々10の (名)**dēnārius** (*sc.* nummus) *m.* dēnāriī *2* §13 (*pl.gen.*dēnāriōrum 又は dēnārium 14 注) ローマの銀貨 §192

dēnarrō *1* dē-narrāre, -narrāvī, -narrātum §106 詳しく話す，述べる，説明する

dēnatō *1* dē-natāre ―, ― §106 流れにそって泳ぐ，川を泳いで下る

dēnegō *1* dē-negāre, -gāvī, -gātum §106 **1.** 否定する，否認する，打ち消す **2.** …でないと言う **3.** 拒否する，断る datum denegant quod datum est 与えられていたものを与えられていないと彼らは言うのだ expetita conloquia et denegata 求めて断られた会談

dēnī 数 dēnae, dēna §§98, 101 各人に10，10ずつ，一度に10

dēnicālis *a.3* dēnicāle §54 [dē nece *sc.*piare?] 死人の出た家を清めるための feriae denicales 死者を埋葬したあと家を清める儀式のための(家族の)休日

dēnique 副 **1.** そして次には，それから，さらに，なお且つ **2.** 遂に，最後に，やっと，結局 **3.** 要するに，一言で言えば，結局は **4.** 少なくとも，せいぜい，わるくても **5.** (時間の副と) nunc denique (=demum) 今はじめて tum denique (=demum) そのときやっと vitavi denique culpam 結局私は罪を逃れた nostros (9e11) praesidia deducturos aut denique indiligentius servaturos crediderunt 彼らは我が軍が夜警を引きあげるか，あるいは少なくとも普段より警戒を怠るだろうと信じた multo denique die, Caesar cognovit per exploratores 昼もおおかた過ぎた頃やっと，カエサルは斥候を通じて知った

dēnōminō *1* dē-nōmināre, -nāvī, -nātum §106 名をつける，命名する

dēnōrmō (**-nor-**?) *1* dē-nōrmāre, ―, ― §106 正規の形を損なう，いびつにする

dēnotō *1* dē-notāre, -tāvī, -tātum §106 **1.** はっきりと印をつける，表示する **2.** 見分ける，区別する **3.** 指摘する，暗示する **4.** けなす，とがめる

dēns *m.* dentis *3* §24 **1.** 歯，牙(は)，象牙 **2.** 歯の如くとがっていて嚙みつく，切りとる，つかむもの(のこぎりの歯，くしの歯など) dentes adversi (genuini)

前 歯（臼 歯）albis dentibus aliquem deridere ある人を大口をあけて（白い歯をだして）あざ笑う venies sub dentem お前はわしの歯の下にいるだろう（わしのいいなりだ）jam dente minus mordeor invido 今は私は以前ほどねたむ人の歯でかまれなくなったよ

dēnsē 副 ［dēnsus §67(1)］ （比）densius （最）densissime **1.** ぎっしりとつめて，きっちりと，厚く，密に **2.** しばしば，ひんぱんに **3.** 簡潔に，圧縮して

dēnsitās f. dēnsitātis 3 §21 ［dēnsus］ **1.** あつみ，濃さ，かたさ **2.** 多数，多量，ひんぱん，群(ﾑﾚ)

dēnsō 1 dēnsāre, -sāvī, -sātum §106 = **dēnseō** 2 dēnsēre, ——, —— ［dēnsus］ **1.** 濃く（密に，厚く）する，ふやす **2.** ぎっしりとつめ込む，押し込む，圧縮する **3.** 固める，簡潔に（要約）する densari ordines jussit (117.5) 戦列を密に（厚く）するように彼は命じた obtenta (9f18) densentur nocte tenebrae 夜の帳(とばり)が拡がるにつれ暗闇が濃くなる

dēnsus a.1.2 dēns-a, -um §50 （比）densior （最）densissimus **1.** 密な，すき間のない，つまった **2.** 密着した，密接した **3.** 密生した，密集した，茂った **4.**（雲）霧深い，（闇・影）濃い，あつい，ふとい **5.**（音・声）高い，耳ざわりな **6.**（文体）簡潔な **7.** 多数の，ひんぱんに起こる robore (9f17) densae silvae カシの木の密生した林 densi divum amores 神々の多くの恋(不義)

dentālia n.pl. dentālium 3 §20 鋤(犂)の長柄の先にへら（刃）をはめこんだ部分(?)

dentātus a.1.2 dentāt-a, -um §50 ［dēns］ **1.** 歯の生えた，刃（牙，尖頭）をもった，鋸歯状の **2.** 象牙で艶(つや)出しされた

dēnūbō 3 dē-nūbere, -nūpsī, -nūptum §109 （他家に）嫁(とつ)ぐ，嫁入りをする，結婚する

dēnūdō 1 dē-nūdāre, -dāvī, -dātum §106 **1.** 露出させる，覆いをとる，はぎとる，裸にする **2.** 暴露する，さらす，打ち明ける，もらす **3.** ぬすむ，奪いとる，略奪する denudatis ossibus (9f18) 骨がむき出しになっていて suum consilium ～ 自分の考えを打ち明ける

dēnuntiātiō f. dēnuntiātiōnis 3 §28 ［dēnuntiō］ **1.** 正式の通知，通告，公示，布告 **2.** 警告，勧告 **3.** 脅迫，威嚇 **4.**（法廷）呼び出し，招集

dēnuntiō 1 dē-nuntiāre, -tiāvī, -tiātum §106 **1.**（公的）知らせる，告知する，公表する，発表する **2.** 宣言する，命令する，申し渡す **3.** 警告する，おどす，（悪い前兆が）予告する **4.**（法）召喚する（証人として）denuntio tibi ut ad me scribas 私はあなたに私あての手紙を書くように命じる cum se (117.5) scire, quae fierent (116.10), denuntiaret 彼が自分は何が起こったかをよく知っているぞと脅かしたので

dēnuō 副 ［dē, novō］ 新しく，再び，もう一度

deonerō 1 de-onerāre, -rāvī, -rātum §106 **1.** 重荷(負担，労苦)をおろす，取り除く，軽くしてやる **2.** 積み荷をおろす

deorsum （deorsus） 副 （動き）下の方へ，下へ，（位置）低い所に，下に deorsum versum 下の方へ sursum deorsum 上から下へ，上へ下へと，上下に

dēpāscō 3 dē-pāscere, -pāvī, -pastum §109 = **dēpāscor** dep.3 dēpāscī, dēpastus sum §123(3) **1.** 食いつくす，むさぼり食う，牛が牧草を食べつくす **2.** 牧草を食わして家畜を養う **3.**（余分な枝）切りとる，とり払う，削除する **4.** 無に帰せしめる，ほろぼす saepes apibus flores (9e9) depasta salicti ヤナギの花を蜜蜂にくわれている生垣 depascor aurea dicta tuis ex chartis 私はあなたの本から黄金の言葉をむさぼり食う

dēpecīscor dep.3 dē-pecīscī, -pectus sum §123(3) ［dē, pacīscor §174 (2)］ **1.** 折り合いがつく，商談をまとめる，対談する，契約を結ぶ，取り決める **2.** 妥協する，同意（賛成，一致）する depectus est cum eis ut ... 彼は彼らと ut 以下の

dēpectō　204

ことに同意した morte (9f16) depecisci cupio 喜んで死にたい

dēpectō *3* dē-pectere, ──, -pexum §109 **1.** 髪をとき(すき)終わる, 十分に(羊毛などを)すく, すき分ける, ときほぐす **2.** 叩きのめす, なぐる

dēpectus → dēpecīscor

dēpecūlātor *m.* dēpecūlātōris *3* §26 [dēpecūlor] だまして取る人, 盗賊, 略奪者

dēpecūlor *dep.1* dē-pecūlārī, -pecūlātus sum §123(1) **1.** 不正な手段で他人の財産をぬすむ, 詐取する **2.** 盗む, 奪う **3.** 下落させる, 傷つける, けなす

dēpellō *3* dē-pellere, -pulī, -pulsum §109 **1.** 追い払う, 追放する, 撃退する, 駆逐する **2.** はねつける, 押し返す, 遠ざける **3.** 除去する, 取り払う **4.** さける, わきへそらす **5.** 乳離れさせる Caesar a superioribus consiliis depulsus カエサルは以前の計画を思いとどまらせられて depellere aliquem urbe 都からある人を追放する

dēpendeō *2* dē-pendēre, -pendī, ── §108 **1.** ぶら下がっている, たれる **2.** 頼る, 存在している, 関係する **3.** 由来する, 派生する ex humeris dependet amictus 外套が肩からたれている dependet fides a veniente (118.1) die 信じるかどうかは次の日にかかっている

dēpendō *3* dēpendere, -pendī, -pēnsum §109 [pendō] **1.** 払う, 返済する **2.** (報い, 罰)を受ける **3.** (時, 労力)をかける, 払う, 費(つい)やす

dēperdō *3* dē-perdere, -perdidī, -perditum §§109, 159 注 **1.** 完全に失う, 奪われる, 喪失する **2.** 滅ぼす, 破滅させる

dēpereō 不規 dē-per-īre, -iī, -itūrus §156 **1.** 完全に失われる **2.** 死ぬ, 滅びる **3.** 死ぬほど恋いこがれる, 気が狂うほど恋をする

dēpexus → dēpectō

dēpingō *3* dē-pingere, -pīnxī, -pictum §109 **1.** 絵の具で描く, 色を

ぬる, 染める **2.** 刺繡する, 縫い取る **3.** 飾る, 化粧する **4.** (言葉で)記述する, 表現する, 思い浮かべる, 想像する

dēplangō *3* dē-plangere, -plānxī, ── §109 胸をたたいて嘆き悲しむ

dēpleō *2* dēplēre, -plēvī, -plētum §108 [cf. compleō] (水を)からにする, 水をからす, (血を)抜く

dēplōrō *1* dē-plōrāre, -rāvī, -rātum §106 **1.** 胸をたたいて嘆き悲しむ, 悼む, 悔やむ **2.** 不平を言う, 泣きごとを言う **3.** 絶望する, 見放す de incommodis suis ～ 自分の不幸を嘆き悲しむ caecitatem suam ～ 自分の盲目を嘆く

dēpōnō *3* dē-pōnere, -posuī (-posīvī), -positum §109 **1.** 下へ(地面に)置く, おろす, 据える, 横たえる **2.** 落とす, 脱ぐ, 剃り落とす, 捨てる, 投げる **3.** 脇へやる, のける, 片づける **4.** しまっておく, 預ける, 貯える **5.** 委託する, 任す **6.** 断念する, 放棄する, やめる, 辞任する **7.** 追放する, 遠ざける, 除去する corpora sub ramis deponunt 彼らは木の枝の下陰に体を横たえる quidquid habes, depone tutis auribus お前の抱えている一切を安心して私の耳に託せ deposito adeundae (121.3) Syriae consilio (9f18) シュリアに立ち寄るという計画を断念して deponere animam (spiritum) 気息をとめる, 死ぬ

dēpoposcī → dēposcō

dēpopulātiō *f.* dēpopulātiōnis *3* §28 [dēpopulor] 略奪, 強奪, 荒廃させること

dēpopulātor *m.* dēpopulātōris *3* §26 [dēpopulor] 強奪者, 掠奪者

dēpopulor *dep.1* dē-populārī, -populātus sum §§123(1), 125 ＝

dēpopulō *1* dēpopulāre, -lāvī, -lātum §106 **1.** 略奪する, 強奪する, 分捕る **2.** 襲う, 荒らす, 荒廃させる, 破壊する

dēportō *1* dē-portāre, -tāvī, -tātum §106 **1.** (目的地へ)持って行く, 運ぶ, 移す, 向こう岸へ渡す, 持参(運搬)する **2.** 持って家へ帰る, 帰国する, 運び帰す

3. 持ち去る，押し流す **4.**（流刑地へ）流す，送る ex Asia dedecus ～ 属州アシアから不名誉を持ち帰る

dēposcō (-pō- ?) *3* dē-poscere, -poposcī, —— §109 **1.** 命令的に要求する，当然の権利として（強く）求める，あくまでも主張する **2.** 人に罰を求める regum amicos ad mortem deposcere 王の友人たちの死刑を強く主張する sibi id muneris (9c4) depoposcerant 彼らはこの任務を自分らに与えてくれるようしきりと要求していた

dēpositum *m.* dēpositī *2* §13 ［dēpositus］ 信用して委託（供託）された金，預金，手付(ﾃﾂｹ)金

dēpositus *a.1.2* dēposit-a, -um §50 ［dēpōnō の完分］ 地面におかれた，（絶望的な病人は地上におかれるので）絶望された，見放された，死にかかった，死んだ aegra et prope deposita res publica 病みそしてほとんど死にかけた国家

dēposuī → dēpōnō

dēprāvātiō *f.* dēprāvātiōnis *3* §28 ［dēprāvō］ **1.** 正しい姿・行進からそれること **2.** ゆがめること，しかめ面，ねじること，つむじ曲がり，強情，片意地 **3.** 不恰好，異常，堕落，腐敗

dēprāvō *1* dē-prāvāre, -vāvī, -vātum §106 ［prāvus］ **1.** ゆがめる，ねじる，曲げる，外形を損なう，醜くする **2.** 誤り導く，迷わす **3.** 正道から踏みはずさせる，だめにする，堕落させる，腐敗させる **4.** 事実を歪曲させる a inimicis depravatum (117.5) Pompejum queritur 彼はポンペーイユスが政敵らによって正道からそらさせてしまったと不満を述べる

dēprecātiō *f.* dēprecātiōnis *3* §28 ［dēprecor］ **1.** 危害の回避・予防を祈ること **2.** 慈悲・恩恵を嘆願すること，赦免・容赦を乞うこと，謝罪 **3.** とりなし，代願

dēprecātor *m.* dēprecātōris *3* §26 ［dēprecor］ **1.** 回避を祈願する人，慈悲を懇請する人 **2.** 中に入る人，取り成す人 misit filium sui (9c3) deprecatorem (9e3) 彼は自分のために取りなす

人として息子を送った

dēprecor *dep.1* dē-precārī, -precātus sum §§123(1), 125 **1.** 祈って危害をさけようと試みる，免れるように乞い願う **2.** 恩恵，慈悲を請願する **3.** 仲に入る，とりなす，許しを乞う **4.** 断る，辞退する **5.** 熱心にたのむ，切に願う，懇願して手に入れる projectis armis mortem deprecari incipiunt 彼らは武器をすて命の容赦を乞い始めた nullae sunt imagines quae me a vobis deprecentur (116.8) あなた方に対しあなた方の好意を私のために願ってくれるような祖先の肖像は（私の家に）一つもないのだ primum deprecor ne … putetis 先ず第一に私は切にお願いする，どうか私を…と思わないでくれと

dēpre(he)ndō *3* dē-prehendere, -hendī, -hēnsum §109 **1.** 突然やってきて捕らえる，とびかかってつかまえる，不意に襲う **2.** 捕まえて去る，引ったくる，途中で奪う **3.** 不意打ちをくわす，びっくりさせる **4.** 出会う，見つける，見破る，発見する，知る，認める **5.** 示す，暗示する，暴露する reducitur ad eum deprensus (118.4) ex itinere Magius マギウスは旅の道中捕らえられて彼（カエサル）の所へ連れてこられる quid si me (9f6) stultior ipso deprenderis? もしあなたが当の私よりも愚かであることを認めると，どうしますか

dēprehēnsiō *f.* dēprehēnsiōnis *3* §28 ［dēprehendō］ 出会って摑むこと，発見

dēpressī, dēpressus → dēprimō

dēpressus *a.1.2.* -pressa, -pressum §50 （比）-pressior （最）-pressissimus ［dēprimō の完分］ **1.** 深く打ち込まれた，下に沈んだ **2.** おちぶれた **3.** 低級な，下品な **4.** 低音の

dēprimō *3* dē-primere, -pressī, -pressum §109 ［dē, premō §174 (2)］ **1.** 上からおさえつける（圧する，押す），圧し（押し）下げる **2.** 沈める，落とす，下げる，おとしめる **3.** おさえる，弱める，和らげる **4.** 抑圧する，鎮圧する depresso aratro 鋤が地中に押し込まれて ita se

dēproelior   206

quisque extollit ut deprimat alium 各
人は他人を下げすむために自分を高める（他
人を見下げることで自分の自慢をしている）

dēproelior *dep.1* dē-proeliārī, ――
§123(1) 激しく戦う

dēprōmō *3* dē-prōmere, -prōmpsī,
-prōmptum §109 **1.** 持ち出す，引き
出す，取り出す，調達する，手に入れる
2. 公にする，発表する

dēproperō *1* dē-properāre, ――,
―― §106 **1.** 急いで完成する，つくり
あげる **2.** いそぐ

depsō *3* depsere, depsuī, depstum
§109 <δέψω **1.** こねる(粉，粘土)
2. 皮をなめす

dēpudet 非 *2* dē-pudēre, -puduit,
―― §§166, 108 **1.** 大いに恥じる
2. 羞恥心を捨てる，恥知らずになる

dēpūgis *a.3* dēpūge §54 尻のやせ
た(女)

dēpūgnō (**-pu-** ?) *1* dē-pūgnāre, -nāvī,
-nātum §106 **1.** 決着がつくまで(生死
を賭けて)戦う **2.** 争う，けんかをする

dēpulī → dēpellō

dēpulsiō *f.* dēpulsiōnis *3* §28
[dēpellō] **1.** 遠ざけること，そらすこと，
はね返すこと，突き返すこと **2.** 下の方へ
押しつける **3.** 言い返すこと，反論，弁護

dēpulsor *m.* dēpulsōris *3* §26
[dēpellō] 撃退する人，追い払う人，防
ぐ人，守護する者

dēpurgō *1* -purgāre, -purgāvī,
-purgātum §106 [purgō]（汚物，
かすを)除去する，とり払う，不純物をとり
のぞく，きれいにする，清掃する，清潔(ﾎ)
にする

dēputō *1.* dē-putāre, -tāvī, -tātum
§106 **1.** 余計な枝を切り捨てる，刈り込
む **2.** きれいにする，片づける **3.** 計算する，
評価する，見積もる **4.** 思う，みなす，判
断する aliquid deputare parvi preti
(9c7) あることをあまり尊重しない

dērādō *3* -rādere, -rāsī, -rā(s)sum
§109 [rādō]（表面を)こすりとる，削
ぎとる，(ひげを)そり落す

dērect- → dīrect-

dērelictiō *f.* dērelictiōnis *3* §28
[dērelinquō] 無視，軽視

dērelictus *a.1.2* dērelict-a, -um
§50 [dērelinquō の完分] 捨てられた，
放棄(遺棄)された 人里離れた，淋しい

dērelinquō *3* dē-relinquere, -relīquī,
-relictum §109 **1.** すっかり見捨てる，
放っておく，立ち去る，放棄する，無視す
る，断念する **2.** 後に残す，遺贈する

dērepente 副 全く突然

dērēpō *3* dē-rēpere, -rēpsī, ――
§109 這っており，こっそりと降りる

dēreptus → dēripiō

dērīdeō *2* dē-rīdēre, -rīsī, -rīsum
§108 あざ笑う，嘲弄する，からかう，あ
ざける，笑う，軽蔑する

dērīdiculus *a.1.2* dērīdicul-a,
-um §50 [dērīdeō] 全くばかげた，
こっけいな，笑うべき，途方もない（名）
dērīdiculum *n.* -culī *2* §13
1. こっけいな(ばかばかしい)こと(もの)，理
不尽 **2.** 嘲弄，冷笑 deridiculo (9d7)
esse 嘲弄の的である

dērigescō *3* dē-rigescere, -riguī,
―― §109 (完了形でのみ用いられる)
すっかり堅くなる，硬直する，こわばる，血
を凍らせる

dērigō → dīrigō

dēripiō *3b* dē-ripere, -ripuī, -reptum
§110 [dē, rapiō §174(2)] **1.** 引き裂
く，裂きとる，はぎとる，とり除く **2.** 引き
抜く，引き倒す，引きおろす，とりこわす
3. 引ったくる，つかみとる，奪い去る ei
misero (9d5) vitae ornamenta deripuit
彼はあわれなその男から人生のすべての飾
りを奪い取った vagina (9f7) deripuit
ensem 鞘から剣をひきぬいた

dērīsor *m.* dērīsōris *3* §26
[dērīdeō] あざ笑う人，冷やかし好きな
人，だじゃれを言う人

dērīsus *m.* dērīsūs *4* §31
[dērīdeō] 冷笑，あざけり，さげすみ，嘲
笑の的

dērīvātiō *f.* dērīvātiōnis *3* §28
[dērīvō] **1.** 流れをわきへそらすこと，分
(支)流 **2.** 意味の転換，(語の)派生

dērīvō *1* dē-rīvāre, -vārī, -vātum §106 ［dē, rīvus］ **1.** 流れをわきへそらす **2.** 他方へ導く(向ける)，移す，帰す，そらせる

dērogātiō *f.* dērogātiōnis *3* §28 ［dērogō］ 法律の部分的な廃止

dērogō *1* dē-rogāre, -gāvī, -gātum §106 **1.** 法令(の一部の事項)を取り除く，廃止する，修正する，その提案をする **2.** ある人の名声(力)を奪いとる，減らす，傷つける derogari ex hac lege aliquid non licet この法律の条文を少しでも修正することは許されない

dēruō *3* dē-ruere, -ruī, -rutum §109 **1.** 崩壊させる，くずす **2.** 倒れる，くずれる

dēruptus *a.1.2* dērupt-a, -um §50 ［dē, rumpō］ (比)deruptior けわしい，切り立った，断崖絶壁の

dēsaeviō *4* dē-saevīre, -saeviī, -saevītum §111 厳しく振る舞う，猛威をふるう，荒れ狂う，怒りをぶちまける

dēscendō *3* dē-scendere, -scendī, -scēnsum §109 ［dē, scandō §174 (2)］ **1.** 高所から低い方へ下って行く，進む，歩む，下手へ流れる，(天体)沈む，(車，馬から)おりる **2.** 身を退く，手を引く，辞任する，やめる **3.** 深く入り込む，浸透する，しみひろがる **4.** (力，質)落ちる，下がる，減じる **5.** の子孫(後裔)である **6.** …するまでに身を持ち崩す，へり下る，卑下する **7.** …して終わる，にかかわる，訴える，頼る Caesar omnes ex superioribus locis in planitiem descendere jussit カエサルは全軍に高所から平地へ降りてくるように命じた ferrum descendit haud alte in corpus 刀は肉体に深く入っていなかった ne tanta civitas ad vim atque arma descenderet あんなに大きな部族が暴力と武器に訴えることのないように

dēscēnsiō *f.* dēscēnsiōnis *3* §28 ［dēscendō］ **1.** 下降，下山，船で川を下ること **2.** 浴槽，湯船

dēscēnsus *m.* dēscēnsūs *4* §31 ［dēscendō］ **1.** 低い方へ降りて行くこと，下降 **2.** 下り道

dēscīscō *3* dē-scīscere, -scīvī (-iī), -scītum §109 **1.** 離反する，離れる，捨てる，逃亡する(持ち場・主義を)，そむく，反乱を起こす，絶つ **2.** 悪くなる，堕落する ab excitata fortuna ad inclinatam ～ 運命は興隆から衰退へと悪化してゆく

dēscrībō *3* dē-scrībere, -scrīpsī, -scrīptum §109 (写 本 で は よ く discrībō と混同されている) **1.** 略図(見取図，輪郭)を画く，図面を引く，素描(スケッチ)する，図形を描く **2.** 書き写す，清書する，転写する **3.** 描写(記述)する，表現する，物語る **4.** 規定する，確定する，定義する，説明する geometricae formae in arena descriptae 砂の上に描かれた幾何学図形 me latronem ac sicarium describebant 彼らは私を盗賊や暗殺者として描いた

dēscrīptiō *f.* dēscrīptiōnis *3* §28 ［dēscrībō］ **1.** 製図，図案，設計図，見取り図，略図，草案 **2.** 記述，描写 **3.** 転写，複写，移し **4.** 分類，定義，整理，配列

dēscrīptus *a.1.2* dēscrīpt-a, -um §50 ［dēscribō の完分］ (比)descriptior 正確に整えられた(並べられた)，調和のとれた

dēsecō *1* dē-secāre, -secuī, -sectum §106 **1.** 切り離す，切り取る，切断する **2.** 刈り取る，刈り込む，取り除く

dēsēdī → dēsideō

dēserō *3* dē-serere, -seruī, -sertum §109 **1.** 関係を絶つ，袂を分かつ **2.** 離れる，分かれる，見捨てる，去る，逃亡する **3.** 怠る，なおざりにする，放っておく，無視する donec te deseret aetas 青春がお前を見捨てるまでは Petrejus non deserit sese ペトレイユスは決して絶望しない

dēsertor *m.* dēsertōris *3* §26 ［dēserō］ **1.** 見捨てる人，放棄する人 **2.** 脱走者，逃亡者

dēsertus *a.1.2* dēsert-a, -um §50 ［dēserō の完分］ (比)desertior (最)desertissimus **1.** 捨てられた，人の住んでいない **2.** 荒れ果てた **3.** 淋しい，孤独

dēserviō　208

の, 一人ぼっちの　（名）**dēserta** *n.pl.*
dēsertōrum *2* §13　人跡未踏の地,
荒野, 砂漠

dēserviō *4* dē-servīre, ――, ――
§111　**1.** 奉仕に時間をつぶす, 自己を捧
げる, 熱心に奉仕(献身)する **2.** やとわれ
る, 用いられる, 仕える, 役立つ vigiliae
dēserviunt amicis (9d1) 夜番たちは私
の友人たちに熱心に奉仕する

dēses *a.3* dēsidis §55 [dēsideō]
1. 暇な, 用のない, 働いていない **2.** 怠惰
な, 無精な, たるんだ sedemus desides
domi 我々は何もしないで家にいる

dēsideō *2* dē-sidēre, -sēdī, ――
§108　[dē-, sedeō §174(2)]　**1.** 何もし
ないで座っている, 腰掛けている **2.** 座る,
居残る **3.** ぶらぶらする, のらくら過ごす,
拱手傍観している

dēsīderābilis *a.3* dēsīderābile
§54 [dēsīderō]　(比)desiderabilior
1. 望ましい, 願うに価する, 好ましい **2.** 惜
しまれる, 悔やまれる, 忘れ難い, なつか
しがられる

dēsīderātiō *f.* dēsīderātiōnis *3*
§28 [dēsīderō]　欲望, 願望, 欲求

dēsīderium *n.* dēsīderiī *2* §13
[dēsīderō]　**1.**(失われたもの, ないもの
への)渇望, 願望, 欲求, あこがれ, 哀悼,
愛惜 **2.** 郷愁, 恋慕 **3.** 祈願, 請願 **4.** あ
こがれの対象, お気に入り, かわいい人 me
desiderium tenet urbis, meorum (9c3)
都を, 家族の者たちを見たい, 会いたいと
いう欲望が私をつかんではなさない

dēsīderō *1* dē-sīderāre, -rāvī, -rātum
§106　**1.** 居ない人を恋しく(淋しく)思う,
慕う, ないものにあこがれる, なくて不自由
に思う **2.** 切望する, 欲する, 求める **3.** (戦
場で)失う, いないのに気づく, 取り逃がす,
欠ける quid a peritioribus rei militaris
(9c13) desiderari videbatur? 百戦錬磨
の兵士の目に何が必要と思われたか per-
paucis ex hostium numero desideratis
(9f18), quin cuncti caperentur 敵軍の
うちほんのわずかの者を逃しただけであとは
全員を生け捕った(直訳)全員が捕虜となる
のには, ごく少数が欠けていた rem ad se

importari (117.5) desiderant 彼らはそ
のものが輸入されることを切望している

dēsidia *f.*　dēsidiae *1*　§11
[dēsideō]　**1.** 何もしないで長く坐ってい
ること, 怠けること, 怠惰, 無為, 無精
2. 暇 invisa primo desidia postremo
amatur 始めはいやと思っていた怠惰が最
後には好きになる

dēsidiōsus *a.1.2* dēsidiōs-a, -um
§50 [dēsidia]　(比)desidiosior　(最)
desidiosissimus　ひまな, なまけている,
怠惰な, 無精な

dēsīdō *3* dē-sīdere, -sēdī (-sīdī), ――
§109　**1.** 沈む, 沈下(陥没)する, 下がる,
低くなる **2.** 押し(圧し)さげられる **3.** めり
込む **4.** 堕落(衰微)する

dēsīgnātiō (**dēsig-**?) *f.* dēsīgnātiōnis
3 §28 [dēsīgnō]　**1.** 図形, 外形
2. 区画, 整理, 配列 **3.** 表示, 指示 **4.** 指
名, 選定

dēsignātor　→ dissignātor

dēsignātus *a.1.2* dēsignāt-a, -um
§50 [dēsignō の完分]　任命された(が
まだ就任してない), 選定(指名)された, 予
定の

dēsignō (-ī- ?)　*1* dē-signāre, -gnāvī,
-gnātum　§106　**1.** ある目的のために印
をつける, とっておく(のけておく) **2.** はっ
きりと示す, 表示する, 指し示す **3.** 跡を
つける(のこす), 区分けする, 輪郭(略図)
を描く **4.** 計画する, 企む **5.** 整理する, 整
える **6.** 命じる, 任命(指名)する **7.** 表現
する, 描写する **8.** 明るみに出す, ほのめか
す,暗示する,あてこする urbem designat
aratro 彼は都の周囲を鋤(ﾟ゚)跡で区切る
multa, quae nimiam luxuriam et vic-
toriae fiduciam designarent (116.8 こ
の未完了・接は時制の関連によるもので,
意味は現・接 designent と同じ)法外な
贅沢(ﾟ゚)や勝利への自信を暗示するような
数々の証拠 consul designatus 次年度の
執政官として任命されている人, 予定執政
官

dēsiī　→ dēsinō

dēsiliō *4* dēsilīre, -siluī (-livī, -liī),
-sultum　§111　**1.** 跳(飛)びおりる, (馬・

車から)とびおりる **2.** とび込む，まっさかさ
まに身を投げる，落ちる ad pedes desi-
luerunt 彼らは馬から地面に飛びおりた
unde loquaces lymphae desiliunt そこ
から滔々と水が流れ落ちる

dēsinō *3* dē-sinere, -siī (-sīvī), -situm
§109 **1.** やめる，止める，すます，終え
る，捨てる **2.** 話すのをやめる **3.** (自)止む，
終わる desinite ergo de compositione
loqui (117.4) それではもう和解についての
話し合いはやめてくれ desine mollium
querelarum (9c6) 女々しい愚痴はもうや
めてくれ ut turpiter atrum desinat in
piscem mulier formosa superne その
結果，上半身で美しい婦人が下半身で黒
い魚となって終わっていると

dēsipiō *3b* dē-sipere, ——, ——
§110 [dē-, sapiō §174(2)] 気が狂う，
我を忘れる，思慮分別を失う，ばかなふる
まいをする dulce est desipere in loco 折
を見て馬鹿騒ぎをするのも楽しいことだ

dēsistō *3* dē-sistere, -stitī, -stitum
§109 **1.** やめる，思いとどまる，放棄す
る，さし控える **2.** 断念する，諦める，中
止(中断)する **3.** 離れて立つ，関係を絶つ
Cassium sequi desistit 彼はカッシウスへ
の追撃を断念する mi neque amare
aliam neque ab hic desistere fas (171)
est 私には他の女を恋することも，この女
と関係を絶つことも許されていないのだ ab
defensione ～ 防戦をあきらめる tempus
desistere (117.3) pugnae (9d5) 戦闘を
やめる時 oppugnatione (9f7) ～ 攻城戦
をあきらめる

dēsitus → dēsinō

dēsōlō *1* dē-sōlāre, -lāvī, -lātum
§106 [sōlus] **1.** 一人ぼっちにしておく，
見捨てる，放棄する **2.** 土地を空にする，
人が住めなくする，荒廃させる **3.** (完分，
属，奪と)から見捨てられて，を奪われて，
…なしに残される desolatus servilibus
ministeriis 仕えている召使いも奪われて

dēspectō *1* dē-spectāre, ——, ——
§106 **1.** 高所から見下ろす，俯瞰(ふ)す
る **2.** そびえる，まさる，制圧する，支配
する **3.** 見下す，けいべつする，さげすむ

dēspectus *m*. dēspectūs *4* §31
[dēspiciō] **1.** 高い所から見ること，展
望，遠望 **2.** 見下すこと，軽蔑，無視

dēspēranter 副 [dēspērāns, dēspērō
の現分] 絶望的に，希望を失って

dēspērātiō *f*. dēspērātiōnis *3*
§28 [dēspērō] **1.** 希望(見込み)のな
いこと，希望を捨てること，絶望 **2.** 自暴
自棄 **3.** 絶望的な健康状態

dēspērātus *a.1.2* dēspērat-a, -um
§50 [dēspērō の完分] (比)desperatior
(最)desperatissimus **1.** 希望が持てな
い，絶望的な **2.** やけをおこした，命知ら
ずの **3.** 見込みのない，快復の望みのない，
不治の

dēspērō *1* dē-spērāre, -rāvī, -rātum
§106 **1.** 希望を失う(捨てる，断念する)
2. 健康回復の望みを失う，絶望する pa-
cem ～ 平和の望みを失う sibi desperans
自暴自棄となって Iphis amat, qua posse
(117.4) frui (9f16. ロ) desperat イピスは
自分のものにできることに絶望している女を
愛している

dēspexī → dēspiciō

dēspicātus *a.1.2* dēspicāt-a, -um
§50 [dēspicor の完分] (最)despica-
tissimus 軽蔑すべき，唾棄すべき，卑劣
な，見下げ果てられた

dēspicātus *m*. dēspicātūs *4* §31
[dēspicor] 軽蔑，唾棄，侮辱 habere
aliquem despicatui (9d7) ある人を軽蔑
する

dēspicientia *f*. dēspicientiae *1*
§11 [dēspiciō] 軽べつ，侮辱，無関
心，無視

dēspiciō *3b* dē-spicere, -spexī (spē-
?), -spectum [dē, speciō] §§110,
174(2) **1.** (高い所から)下を見る，遠く
を見る **2.** 見下す，軽べつする，軽視する，
無視(拒否)する colles quā despici po-
test 見晴らしの効く丘 despecta paucita-
te (9f18) impetum faciunt 彼らは(わが
軍の)少数をあなどって攻撃をしかけてくる

dēspicor *dep.1* despicārī, -cātum
sum §123(1) 軽べつする，さげすむ，
見さげる

dēspoliō *1* dē-spoliāre, -liāvī, -liātum §106 **1.** 奪う, 略奪する, 荒らす, 盗む **2.** はぐ, 剥奪する, 裸にする

dēspondeō *2* dē-spondēre, -spondī, -spōnsum §108 **1.** 正式に約束する, 誓約する **2.** 婚約する, (娘を)結婚させると約束する **3.** 断念する, 放棄する, ゆずる animum (animos) 〜 落胆する Tulliolam Pisoni despondimus 我々はトゥッリオラをピーソと婚約させた

dēspūmō *1* dē-spūmāre, -māvī, -mātum §106 **1.** 浮き泡(⁇)をすくいとる **2.** 発酵を終える, 泡立つのをやめる

dēspuō *3* dē-spuere, ——, —— §109 **1.** (地面へ向けて)つばを吐く, 不幸をさけるためにつばを吐く **2.** 吐き捨てる **3.** はねつける, 鼻であしらう

dēstīllō (**-sti-** ?) *1* dē-stīllāre, -llāvī, -llātum §106 **1.** (しずくが)ぽたぽたと落ちる, したたり落ちる **2.** (その結果)しめっている, ぬれている destillent (116.1) tempora nardo (9f11) こめかみが香油でぬれているように

dēstinātiō *f.* dēstinātiōnis *3* §28 [dēstinō] **1.** (特別な目的への)指示, 指定, 指名, 任命, 選定 **2.** 意図, 目的 **3.** 決心, 確定, 決定

dēstinātus *a.1.2* dēstināt-a, -um §50 [dēstinō の完分] **1.** 定められた, 一定不変の, 運命づけられた **2.** いったん決心をした, 覚悟した, 強情な, 頑固な (名)**dēstinātum** *n.* dēstinātī *2* §13 **1.** 標的, 目標 **2.** 志, 意図, 計画 ex destinato 計画的に, 故意に

dēstinō *1* dē-stināre, -nāvī, -nātum §106 **1.** 固定する, 固くしばりつける **2.** じっと目(心)を注ぐ, 向ける **3.** 覚悟する, 決心する, 決める **4.** 予定する, 運命づける **5.** あてがう, 指名する, 選定する **6.** あてにする, 期待する, 目標と定める **7.** 買う準備をする, 買う tempore locoque ad certamen destinato (9f18) 決戦の時と場所が決められると funes, qui antemnas ad malos destinabant 帆柱に帆桁を固く縛りつけていた揚げ索 infectis (9f18) iis, quae agere destinaverat 彼が片づ

けようと予定していた仕事を果たさないで

dēstituō *3* dē-stituere, -stituī, -stitūtum [dē, statuō] §§109, 174 (2) **1.** 離れて立たせる, 一人ぼっちにしておく **2.** 立てる, 据える, 固定する **3.** あとに残して立ち去る, 見捨てる **4.** 不在で支持(援助)を阻む, こそこそと去る, 役に立たなくなる **5.** 裏切る, だます, あざむく, 失望させる ventus eum destituit 風が彼を見捨てた(順風が止む) quid sit (116.10) destitutus, queritur 彼はどうして自分は見捨てられたのかと苦情を述べる destituit deos mercede pacta (9f18) Laomedon ラーオメドーンは報酬を約束しておきながら神々をあざむいた

dēstitūtiō *f.* dēstitūtiōnis *3* §28 [dēstituō] **1.** 放棄すること **2.** 脱走, 逃亡 **3.** 裏切り **4.** 失望, 落胆

dēstrictus → dēstringō

dēstringō *3* dē-stringere, -strīnxī (-rĭ-?), -strictum §109 **1.** はぎとる, (皮を)はぐ, (着物を)ぬぐ, 奪う, 除く, 切り捨てる, 削除する **2.** (垢)こすり落とす, こする, かく, なでる, さする **3.** すりむく, かすめる, かする, 剃る **4.** さやから(刀を)抜く **5.** 傷つける, 害する, 非難する, きびしく批判する gladiis destrictis in eos impetum fecerunt 彼らは剣を抜いて彼ら(敵)に向かって攻撃した non ego mordaci destrinxi carmine quemquam 私はかつて誰をも辛らつな詩で傷つけたことはない aequora alis 〜 水面を羽でかする

dēstrūctus → dēstruō

dēstruō *3* dē-struere, -strūxī, -strūctum §109 **1.** 破壊する, 引き倒す, 取り払う **2.** 滅ぼす, 絶やす **3.** 反駁する, 打破する, 打倒する

dēsubitō *副* 全く突然に

dēsūdō *1* dē-sūdāre, -dāvī, -dātum §106 **1.** ひどく汗をかく **2.** 努力する

dēsuēfiō *不規* dē-suē-fierī, -factus sum §157 習慣を失う(止める), 疎遠となる

dēsuēscō *3* dē-suēscere, -suēvī, -suētum §109 習慣を止める, 疎遠となる, 忘れる **dēsuētus** *a.1.2* dē-

sueta, -tum §50 習慣をやめた，疎遠となった，忘れた，用いられなくなった，珍しい jam desueta triumphis (9f16) agmina すでに勝利を忘れて久しい軍隊

dēsuētūdō *f.* dēsuētūdinis 3 §28 [dēsuēscō] 習慣の廃止(喪失)，不用，廃止

dēsuēvī → dēsuēscō

dēsultor *m.* dēsultōris 3 §26 [dēsiliō] 走らせながら馬から馬へ飛び移る曲芸師

dēsultōrius *a.1.2* dēsultōri-a, -um §50 [dēsultor] 曲芸師の

dēsum 不規 dē-esse, -fuī §151 **1.** 欠けている，足りない，不足する **2.** 居合わせていない，欠席している，存在しない **3.** 見捨てる，放棄する，義務を果たさない，助けない Cotta nulla in re communi saluti (9d1) deerat コッタは全軍の救助のためあらゆる手段を講じた consul senatui reique publicae se non defuturum (117.5) pollicetur 執政官は元老院と国家に対しおのれの義務を果たすであろうと約束する quantum alteri sententiae deesset animi (9c4), tantum alteri superesse dicebat 彼は言った「一方の意見に気骨があり余っているほど他方の意見に気骨が不足している」と

dēsūmō 3 dē-sūmere, -sūmpsī, -sūmptum §109 **1.** 選ぶ，拾い上げる **2.** 引き受ける，請い負う，企てる

dēsuper 副 上から，上に

dēsurgō 3 dē-surgere, -surrēxī, -surrēctum §109 立ち上がる，起き上がる

dētēctus → dētegō

dētegō 3 dē-tegere, -tēxī, -tēctum §109 **1.** 屋根を取り除く，覆い(蓋)をとる **2.** あらわにする，人目にさらす，むき出しにする **3.** 暴露する，見せる，知らせる **4.** 羊毛を刈る **5.** 剣を抜く detecta corpora 無防備の体 detecta omnium mens すべての人の胸襟が開かれた

dētendō 3 dē-tendere, -tendī, -tēnsum §109 天幕を撤去する(たたむ)

dētentus, dētinuī → dētineō

dētergeō 2 dē-tergēre, -tersī, -tersum §108 **1.** (涙・汗を)ぬぐう，ふきとる，きれいにする，掃除する，一掃する **2.** 刈り込む，つみとる，もぎ取る，取り除く

dēterior 比 dēterius §§63, 65 **1.** いっそう悪い，劣った **2.** いっそう汚い，醜い，卑しい **3.** いっそう貧しい，(地位・質の)低い，弱い，軽い **4.** いっそう邪悪な，よこしまな，害のある cuncta aucta in deterius 何もかもより悪い方へと誇張された

dēterius 副 いっそう，さらに悪く，いっそう好ましくなく，さらに望ましくなく

dēterminātiō *f.* dēterminātiōnis 3 §28 [dēterminō] **1.** 境界を区分けする(設定する)こと **2.** 境界, 区画 **3.** 結論，結語 **4.** 時間の制限

dēterminō 1 dē-termināre, -nāvī, -nātum §106 **1.** 境界を区分け(設定)する，期間(日時)を定める(限る) **2.** 決定する，規正する，取りきめる **3.** 限定する，結論する，定義する

dēterō 3 dē-terere, -trīvī, -trītum §109 **1.** こすって(すり)減らす，こすって表面をなめらかにする，すり磨く，削り落とす，とり除く **2.** 脱穀する，砕いて粉にする **3.** 減らす，小さくする，傷つける，弱める vestem usu ～ 着物を着古してすり減らす

dēterreō 2 dē-terrēre, -terruī, -territum §108 **1.** こわがらせる，思いとどまらせる **2.** 阻止する，妨げる **3.** 防ぐ，遠ざける，離す homines victu foedo (9f7) deterruit Orpheus オルペウスは人間どもにいまわしい生き方を断念させた ejus libidines commemorare (117.4) pudore (9f15) deterreor 彼の情欲について述べることは恥ずかしくて私にはできない ne Suessiones quidem deterrere potuerunt, quin cum his consentirent かれらはスエシオーネス族に対してすら，あの部族たちと共謀することを阻止できなかった

dēterritus, deteruī → dēterreō

dētersus → dētergeō

dētestābilis (-tēst- ?) *a.3* dētestābile §54 [dētestor] (比)detes-tabilior 嫌悪すべき, 忌まわしい, のろうべき

dētestātiō (-tēst- ?) *f.* dētestātiōnis *3* §28 [dētestor] おごそかな呪詛, のろい, ののしり, 嫌悪(憎悪)の言葉

dētestor (-tēst- ?) *dep.1* dē-testārī, -testātus sum §§123(1), 125 **1.** 天罰の下ることを祈る(祈り求める), 他人の不幸・災いを神に祈る **2.** 呪う, いみ嫌う, おごそかに抗議する **3.** 自分の危害を免れるように祈る, 懇願して危害をさける, かわす, 防ぐ bella matribus detestata 母親から忌み嫌われている戦争 iram deorum in caput pueri detestatur 彼はその息子の頭上に神々の怒りが下るように祈っているのだ omnibus precibus detestatus (118.4) Ambiorigem 彼はアムビオリクスにありとあらゆる呪詛の祈りを浴びせてから

dētexī → dētegō

dētexō *3* dē-texere, -texuī, -textum §109 **1.** すっかり織り上げる, 編み上げる **2.** 完成させる, なしとげる

dētineō *2* dē-tinēre, -tinuī, -tentum §108 [dē, teneō §174(2)] **1.** 離して持っている, よせつけない **2.** とどまらせる, おさえておく, 邪魔する, 妨げる, さえぎる **3.** しっかりと手に持っている, 手離さない, 逃げないようにする, 拘留する **4.** 持ち続ける, 保有する, 占有する, 占める **5.** ひきとめておく, おくらせる, 手間どらせる, 中断させる nisi quid te detinet, audi もし何かがあなたを邪魔していなければ, 聞いてください euntem (58) detinuit sermone diem 彼は話をして日の進行をおくらせた(時を忘れさせた)ab incepto me ambitio mala detinuerat 不吉な野望がその計画から私をひき離していた

dētondeō *2* dē-tondēre, -tondī, -tōnsum §108 **1.** 毛を刈る(つむ), 髪を切る(つむ), 短くする **2.** (木を)刈り込む, 葉・枝を切り落とす frondes frigore detonsae 寒さで(地上に)落ちていた葉

dētonō *1* dē-tonāre, -tonuī, —— §106 **1.** 雷鳴をとどろかす, 雷(怒号, 威嚇)をおとす **2.** 雷のような音声を出す

3. (雷鳴を出しつくす, 使い果たす)雷鳴が止む, 静まる(怒号) Aeneas nubem belli, dum detonet (116.6) omnis, sustinet アエネーアスは雷鳴がすっかり止むまでずっと戦争の嵐(雲)に耐える

dētōnsus → dētondeō

dētorqueō *2* dē-torquēre, -torsī, -tortum §108 **1.** 他方へ向けさせる, 横へそらす **2.** 曲げる, ねじる, よじる, ゆがめる **3.** 悪い方へ変える, 邪道へ導く, 常道を踏みはずさせる **4.** 変形(脱臼)させる, 不具にする **5.** 言葉(の意味)を歪曲する, 変える, こじつける, 派生させる voluptates animos a virtute detorquent 快楽が精神を美徳からそらす verba prave detorta 悪く(悪意から)ねじまげられて(伝えられた)言葉 flagrantia detorquet ad oscula cervicem 彼女は熱く燃える接吻を求めて首を傾ける

dētorsī, dētortus → dētorqueō

dētractiō *f.* dētractiōnis *3* §28 [dētrahō] **1.** 除去, 撤去 **2.** 撤回, 取り消し **3.** 削除, 省略 **4.** 差引, 控除

dētractō = dētrectō

detractus, detrāxī → dētrahō

dētrahō *3* dē-trahere, -trāxī, -tractum §109 **1.** 引きおろす, 引き下げる **2.** 引き離す, ひっぱって去る, 引きずって行く **3.** 取り去る, 除去する, 省く, はぐ, はぎとる, 脱ぐ, 奪う, 引き抜く **4.** ひきずりおろす, 中傷する, ののしる, 害する, 下げる **5.** ひき倒す, とりこわす **6.** 派遣する, 分遣する alicui (9d8) anulum de digito ~ 誰々の指から指輪をとりはずす detractis cohortibus duabus (9f18) 二箇大隊引き抜かれていたので detrahendae (121.3) dignitatis gratiā 尊厳を傷つけるために

dētrectātiō *f.* dētrectātiōnis *3* §28 [dētrectō] 拒否, 拒絶, 逃避, 回避

dētrectātor *m.* dētrectātōris *3* §26 [dētrectō] 拒否する人, けなす人

dētrectō (**dētrac-**) *1* dē-trectāre, -tāvī, -tātum §106 [dē, tractō §174(2)] **1.** 引き受けるのを断る, 拒否する,

辞退する, 謝絶する **2.** 軽んじる, 見くびる, けなす, おとしめる ad detractandam (121.3) militiam 兵役を拒否するために adversae res etiam bonos detrectant 逆境は立派な人すら卑少な人に見せる

dētrīmentōsus *a.1.2* dētrīmentōs-a, -um §50 ［dētrīmentum］ 有害な, 不利な

dētrīmentum *n.* dētrīmentī *2* §13 ［dēterō］ **1.** 消耗, 摩耗 **2.** 減少, 縮小, 減量, 値下げ **3.** 損害, 損失, 不利益 **4.** 敗北, 降服 videant (116.2) consules ne quid respublica detrimenti (9c4) capiat (senatus consultum ultimum) 執政官は国家がいかなる損害も蒙らないように万全の対策を講ずべし (元老院の最終議決文)

dētrītus → dēterō

dētrūdō *3* dē-trūdere, -trūsī, -trūsum §109 **1.** 上から下へ押す, 突く, 突き落とす **2.** 押しのける, 追い払う, 駆逐する, 撃退する **3.** 押し込む, 打ち込む, 刺す, 立てる **4.** 無理にさせる, 強要する, 圧迫する **5.** (日を)ずらす, くりのべる detrudunt naves scopulo (9f7) 彼らは船を岩礁から沖の方へ遠ざける ad scutis tegimenta detrudenda (121.3) tempus 楯から覆いを取り除く時間

dētruncō *1* dē-truncāre, -cāvī, -cātum §106 **1.** 胴体から切り離す, 切り落とす, 首を切る, 手足を切断する **2.** (木の幹から)枝を切り落とす, 刈り込む

dētulī → dēferō

dēturbō *1* dē-turbāre, -bāvī, -bātum §106 **1.** ひっくり返す, 転覆させる, 引き倒す **2.** 追い払う, 駆逐する, 撃退する, 狩り出す **3.** 奪う, とりあげる de omnibus fortunis Quinctius deturbandus (147. イ) Q はあらゆる財産を奪われるべきだ

Deucaliōn *m.* Deucaliōnis *3* §41.8b (神)ゼウスが怒って大洪水で人類を滅ぼそうとしたとき, 妻 Pyrrha と共に生き残ったといわれる

deūnx *m.* deūncis *3* §21 12分の11

deūrō *3* de-ūrere, -ussī, -ustum (-ūssī, -ūstum?) §109 **1.** すっかり焼く, 焼きつくす, 焼き払う **2.** (霜が)枯らす, 枯死させる, 台なしにする

deus *m.* deī *2* §14 **1.** 神, 守護神 **2.** 神聖な保護者, 権力者 **3.** 完全無欠の人, 至高至福の人 **4.** 死後神格化された皇帝 di boni おや, おや(思わず発する声, 願望, 誓言) di melius duint (159 注) = di meliora (ferant, velint) 神々の御加護のあらんことを per deos immortales 不滅の神々に誓って Plato quasi deus philosophorum あたかも哲学者たちの神の如きプラトーン nocte una quivis vel deus esse potest 誰でも(彼女との)たった一夜であるいは神にもなり得るのだ deus nobis haec otia fecit 神(皇帝)が我々にこの平和をつくられたのだ

deūtor *dep.3* de-ūtī, ——, —— §§123(3), 124 悪用(濫用)する, 虐待する, こき使う, いじめる

dēvāstō (-va- ?) *1* dē-vāstāre, -tāvī, -tātum §106 荒らす, 焼き払う, 荒廃させる, 蹂躙する, 虐殺する

dēvectus → dēvehō

dēvehō *3* dē-vehere, -vēxī, -vectum §109 **1.** (下の方へ)運ぶ, (車, 馬に)のせて運ぶ, 輸送する **2.** 船で運ぶ, (受)航海する, 下流へ運ぶ, (受)川を下る arma in villam devecta Tiberi (9f1 ハ) 武器がその別荘へティベリス川を下って運ばれた

dēvellō *3* dē-vellere, -vellī, -volsum §109 (髪, 毛)引き抜く, むしり取る

dēvēlō *1* dē-vēlāre, ——, —— §106 覆いを取り除く, あらわにする

dēveneror *dep.1* dē-venerārī, —— §123(1) 熱心にあがめる, 尊敬する, 宗教的儀式で(不幸を)そらす, 防ぐ

dēveniō *4* dē-venīre, -vēnī, -ventum §111 **1.** 下の方へ来る, 降ってくる, かけ下る, 落ちる **2.** やってくる, 着く, 到着する, 上陸する **3.** 行く, とどく, のびる **4.** 陥る, するに至る, 回り合わせになる, 思いがけなく…する **5.** たよる, 訴える devenere (114.4) locos laetos (9e7) 彼らは悦ばしい場所へ着いた

dēversor *dep.1* dē-versārī, -sātus

dēversōriolum 214

sum §123(1) 一時的に住む，滞在する，宿泊する

dēversōriolum *n.* dēversōriolī *2* §13 ［dēversōrium の小］ 小さな宿

dēversōrius （**dēvor-**） *a.1.2* dēversōri-a, -um §50 ［dēversor］ 宿泊に適した （名）**dēversōrium** *n.* -sōriī *2* §13 宿屋，宿泊所，はたごや，避難所，売店

dēversus → dēvertō

dēverticulum *n.* dēverticulī *2* §13 ［dēvertō］ **1.** わき道，間道，迂回路，支流（水路の） **2.** 本題からの逸脱 **3.** 婉曲（遠回し）表現 **4.** 逃げ道，逃げ口上，回避の手段 **5.** 避難所，隠れ場，宿屋

dēvertō （**dēvor-**） *3* dē-vertere, -vertī, -versum §109 **1.** (他)わきへそらせる，方向を変える，迂回させる **2.** (受)わきへそれる，寄り道をする，避難する，逃げ込む，投宿する，たよる，訴える **3.** (自)本題からそれる，わき道へそれる quid ad magicas deverteris (116.4) artes? お前はなぜ魔術に訴えたのか ab Ereto devertisse eo Hannibalem (117.5) tradit ハンニバルはエレートゥムからその方向へ道を変えたと彼は伝えている

dēvexus *a.1.2* dēvex-a, -um §50 ［dēvehō］ (比)devexior **1.** 下の方へ傾斜した，勾配のある，斜めの **2.** 急傾斜した，けわしい **3.** 下の方へ動いている，下降している，坂を下っている，傾きつつある，沈んでいる aetas jam a laboribus devexa ad otium すでに労働から閑暇（隠退）へと傾きつつある年齢

dēvictus → dēvincō

dēvinciō *4* dē-vincīre, -vinxī, -vinctum §111 **1.** かたく巻きつける，しばる，結ぶ，固定する **2.** 結びつける，ゆわえる，くくる，束ねる **3.** 結合させる，束縛する，拘束する，従属させる **4.** 要約する，まとめる vir tibi tua liberalitate devinctus あなたにあなたの恩恵によってしばられた男

dēvincō *3* dē-vincere, -vīcī, -victum §109 徹底的に負かす，勝つ，征服する，

圧倒する

dēvinctus, dēvinxī → dēvinciō

dēvītātiō *f.* dēvītātiōnis *3* §28 ［dēvītō］ 巧みに避ける（かわす）こと

dēvītō *1* dē-vītāre, -tāvī, -tātum §106 さける，かわす，のがれる

dēvius *a.1.2* dē-via, -vium §50 ［dē, via］ **1.** 道から離れた（遠ざかった），へんぴな **2.** 道に迷った，はぐれた，一人ぼっちの，孤独な **3.** 人里離れた土地に住む，暮らしている，隠退（遁）した **4.** 本題からはずれた **5.** 本道（正道）からそれた，常軌を逸した，不安定な，不誠実な，愚かな iter devium 間道 devia avis 孤独な鳥（フクロウ） ut mihi devio ripas et vacuum nemus mirari libet (167) いつもの道から離れて人影なき川辺や森をおどろいて眺めることは私にとってなんという喜びか

dēvocō *1* dē-vocāre, -vocāvī, -vocātum §106 **1.** 高い所から呼びおろす，呼んで来させる，招集する，招待する **2.** 連れ去る(呼んで)，誘い去る，迷わす，そらす Socrates primus phiolosophiam devocavit e caelo ソークラテースが最初に哲学を天上から呼びおろした

dēvolō *1* dē-volāre, -lāvī, -lātum §106 **1.** 上から飛び降りる，飛びかかる，急襲する **2.** 飛んで行く，飛び去る，急行する

dēvolvō *3* dē-volvere, -volvī, -volūtum §109 **1.** 下へころがす，ころがして落とす **2.** (受)ころがり落ちる，落ち込む，沈下する **3.** 巻きもどす，糸を繰(〵)る ad spem estis inanem pacis devoluti 君たちは平和への空しい希望へところがって行った（ひきずられていった）

dēvorō *1* dē-vorāre, -rāvī, -rātum §106 **1.** (一気に，がぶがぶと)飲み込む(干す) **2.** うのみする，味わないで丸呑みする **3.** 貪欲につかむ，むさぼり食う，吸収する，わがものにする **4.** 使い果たす，蕩尽する，焼きつくす，併呑する **5.** (涙を)呑み込む，こらえる，我慢する，おさえる libros ～ 本を耽読する ejus oratio a multitudine devorabatur 彼の演説は群衆によって

丸呑みにされていた devoravi nomen 私は名前を忘れた

dēvortō → dēvertō

dēvōtiō *f.* dēvōtiōnis *3* §28 [dēvoveō] **1.**(神々とくに冥府の神々, 祖国に)自己犠牲, 献身を誓うこと, 献身式(公の) **2.** 約束, 献身, 犠牲 **3.** 呪詛(の言葉), 魔法, 魔術

dēvōtus *a.1.2* dēvōt-a, -um §50 [dēvoveō の完分] (最)devotissimus **1.** 忠実な, 献身的な, 熱中(愛着)している **2.** (冥府の神々に忠実な)のろわれた, のろうべき, 不幸な

dēvoveō *2* dē-vovēre, -vōvī, -vōtum §108 **1.**(神・祖国に)おごそかに奉納(生贄を捧げること)を誓う **2.** 冥府(下界)の神々に生け贄を捧げることを誓う **3.** 他人の不幸・災いを祈り求める, のろう **4.** 運命づける, 将来を決定する **5.** 魔法にかける Marti ea quae bello ceperint, devovent 彼らは戦争で分捕るであろうものをマルス神に捧げることを誓う deum irae (9d) devotus 神々の怒りを蒙る運命にある(人)

dēvulsus → dēvellō

dextella *f.* dextellae *1* §11 [dextera の小] 小さな右手

dexter *a.1.2* dext(e)ra, dext(e)rum §51, 52 (比)dexterior (最)dextimus **1.** 右の, 右側の, 右手の側の **2.** さい先のいい, 吉兆の, 好都合な, 順調な **3.** (手先の)器用な, 如才のない

dextera (dextra) *f.* dext(e)rae [*sc.*manus] §11 **1.** 右手 **2.** 武器, 兵士 **3.** 手 **4.** 友情・信義のしるし, 担保 **5.** 右側 jungere dextras 右手で握手を交わす(友情をたしかめる) fallere dextras 信義を裏切る dextrā, ad dextram, a dextra 右側に

dexterē 副 [dexter §67(1)] (比)dexterius 巧みに, 器用に, 手際よく

dexteritās *f.* dexteritātis *3* §21 [dexter] 器用, 手際のよさ

dextrōrsum (-sus) 副 [dexter, versum] 右手に向かって, 右手の方に

dī = **diī** → deus(§14)

diadēma *n.* diadēmatis *3* §22 <διάδημα (東方の王の飾り)はち巻き, 王冠, 王位, 支配

diaeta *f.* diaetae *1* §11 <δίαιτα **1.** 食餌(ʲ)療法 **2.** 部屋, 船室 **3.** 離れ, 亭(ƶ)

dialecticē 副 [dialecticus §67(1)] 問答(対話)法に従って, 論理(弁証法)的に

dialecticus *a.1.2* dialectic-a, -um §50 <διαλεκτικός 問答(対話・弁証)法的な, 論理的な (名)**dialecticus** *m.* -ticī- *2* §13 問答法教師, 弁証家, 論理学者, 哲学者

Diālis *a.3* Diāle §54 **1.** ローマの Juppiter 祭司(=flamen Diālis) **2.** flāmen Diālis の

dialogus *m.* dialogī *2* §13 <διάλογος **1.** 対話, 討論, 論争 **2.** 対話形式の文学作品

Diāna *f.* Diānae *1* §11 (神)**1.** ギリシアの Arthemis と同一視されるローマの月と狩りの女神 **2.** 月 (形)**Diānius** *a.1.2* -nia, -nium §50 Diana の

diāria *n.pl.* diāriōrum *2* §13 [diēs] 一日の配給食(奴隷・囚人の)

dibaphus *a.1.2* dibaph-a (-us), -um §50 <δί-βαφος 二度染めの (名)**dibaphus**(*sc.* vestis) *f.* dibaphī *2* §13 紫紅染めの高官服

dic → dīcō §107(3)

dica *f.* dicae *1* §11 <δίκη 訴訟, 裁判行為 dicam scribere alicui 誰々に対して訴訟を起こす

dicācitās *f.* dicācitātis *3* §21 [dicāx] 辛らつなからかい, 刺すような皮肉(あてこすり)

dicātiō *f.* dicātiōnis *3* §28 [dicō] 他国へ市民権を移す意思表明

dicāx *a.3* dicācis §55 (比)dicacior (最)dicacissimus 辛らつな, 皮肉な, 風刺的な, ひやかし好きの

diciō *f.* diciōnis *3* 28 [dīcō²] **1.** 統治権, 主権 **2.** 権威, 権力, 支配

dicis causā (または **gratiā**) [dicis *gen.* <δίκης?] 見たところ, うわべだけ, 形式上, いい加減に

dicō 216

dicō¹ *1* dicāre, dicāvī, dicātum §106 **1.** (宗教的目的で)捧げる, 奉納する, (ある人に, ある目的に)捧げる, 献呈する **2.** 聖なるものとして取り扱う, 神聖にする, 清める, 神とする, 神格化する **3.** あてがう, 加入させる, 所属(帰属)をみとめる **4.** 見せる, 示す inter numina dicatus Augustus 神々の列に加えられ(て神となっ)たアウグストゥス se Remis (9d) in clientelam dicabant 彼らはレミ族の庇護の下に身をゆだねた herbis dicato volumine (9f1. イ) 草本(の記述)に捧げられた(あてがわれた)その巻で

dicō² *3* dīcere, dīxī, dictum §109 **1.** 言う, 話す, しゃべる **2.** 断言する, 主張する **3.** 意見を述べる, 説明する, 声明を出す, 発表する **4.** 陳述する, 申し立てる, 訴える, 弁護する, 証言する, 判決を下す **5.** 知らせる, 示す, 見せる, 告げる **6.** 警告する, 戒める **7.** 歌う, 書く, 物語る, 創作する, 描写する **8.** 名づける, 名を呼ぶ, 称する **9.** 命じる, 指示する, 任命する **10.** 定める, 決める **11.** 発音する, 意味する **A.** さまざまの構文 **1.** 間接話法(117.5), 直接話法と : is mihi se locum dixit dare 彼は私に場所を借すと言った arma dixit derepta vidi「武器が奪い去られるのを見た」と彼は言った **2.** ut, ne, 接と : dico ut caveas お前は用心するように私は警告する dico tibi ne illud facias お前はそれをしないように戒めておく dic ad cenam veniat 彼に夕食へやってくるように伝えてくれ **3.** 間疑と : dic quibus in terris nascantur flores この花はどの土地に生えているのか教えてくれ **4.** 受の用法 : diceris (117.6) hic habitare お前さんはここに住んでいるということだ ex Marte natus (esse) Anteros dicitur (117.6) アンテロースはマルスから生まれたと言われている non dici potest quam valde gaudeam どんなに大喜びしているか到底言えない(筆舌につくし難い) dies conloquio dictus est 対話の日が決められた(決まった) **B.** 慣用表現 : ut (supra) dixi 上述したように ut ita dicam 言わば plura ne dicam (これ以上言わないように)要するに

vel dicam あるいはむしろ bene dicite だまってくれ nil est dictu (120.3) facilius 言うことほどやさしいものはない dictum (ac) factum 言われるとすぐなされた dicto citius 言うより早く, 直ちに

dicrotum *n.* dicrotī *2* §13 < δίκροτος 二段櫂船(biremis)

dictamnus *f.* dictamnī *2* §13(3) = **dictamnum** *n.* -nī *2* §§13, 44 クレータ島産ハナハッカ(薬草)

dictāta *n.pl.* dictātōrum *2* §13 [dictō の完分] **1.** 口授(口述)の授業(練習) **2.** (技芸の)規則, 教え

dictātor *m.* dictātōris *3* §26 [dictō] **1.** 非常時に元老院から全権を与えられる期限付き(6ヶ月以内)の政務官, 独裁官 **2.** イタリアのいくつかの町の長

dictātōrius *a.1.2* dictātōri-a, -um §50 [dictātor] 独裁官の

dictātūra *f.* dictātūrae *1* §11 [dictātor] 独裁官職

dictitō *1* -titāre, -titāvī, -tātum §106 いつも言う, 言いつづける, いつも叫(さけ)ぶ

dictiō *f.* dictiōnis *3* §28 [dīcō] **1.** 言う(話す, 発表する, 発言する)こと, 陳述, 講演 **2.** 会話, 対談 **3.** 判決の言い渡し, 神託 **4.** 語, 語法, 言い回し, 文体, 話しぶり ～ causae 訴訟の弁護(陳述, 代弁) juris dictio → jurisdictio

dictō *1* dictāre, -tāvī, -tātum §106 [dīcō] **1.** (くりかえして何度も)言う, 呼ぶ, 唱える **2.** 暗唱する, 名をあげる, 列挙する, 話す, 読み上げる **3.** (文, 手紙を)書く, 起草する, 作成する **4.** 口述する, (奴隷・書記に)書かせる **5.** 命令する, 指図する haec tibi dictabam post fanum 私はこれらを(手紙を)あなたにあてて神殿の裏で(奴隷に口述しました)書きました

dictum *n.* dictī *2* §13 [dīcō の完分] **1.** 言われたこと, 発言, 言説, 言葉, 文句 **2.** 命令, 訓令 **3.** 神託, 予言 **4.** 諺, 金言, 名文句, 洒落(しゃれ), 警句, 頓知 **5.** 悪口, 毒舌, 嘲弄 quom dicta in me ingerebas あなたが私に悪口雑言

difficilis

を浴びせていたとき

didicī → discō

dīdidī → dīdō

dīdō *3* dī-dere, dīdidī, dīditum §§159 注, 109 **1.** 分配する, 施す, 配布する **2.** 広める, 行きわたらせる, 散らす fama didita terris (9f1. ハ) 地上にあまねく行きわたっている名声

Dīdō *f.* Dīdūs 又は Dīdōnis *3* §41. 10b (神)カルタゴの女王, Aeneas の恋人

dīdūcō *3* dī-dūcere, -dūxī, -ductum §109 [dis-, dūcō] **1.** 引き離す, 分割する, 分ける, 割る, 裂く **2.** ゆるめる, のばす, ひろげる, 展開させる, 分散させる **3.** 分裂(対立)させる, 仲たがいをさせる, 引き裂く **4.** 配分する, 分流させる risu diducere rictum auditoris 聴集者の口を笑いで大きく裂くこと diducta civitas ut civili bello (9f11) 内乱によるかの如く国家が二派に分断された

dīēcula *f.* dīēculae *1* §11 [dīēs の小] **1.** 短い日 **2.** 短い猶予, 短期間

dīēs *m.f.* diēī *5* §34 **1.** 日, 1日 (24 時間) **2.** 日中, 昼間(日の出から日没まで) **3.** 昼の光, 日光, 天, 空, 天候, 気象 **4.** 季節, 時世, 時代, 生涯 **5.** 特定の日(しばしば *f.*), 期日, 期間, 日付, 祝日, 仕事日, 支払日, 誕生日, 死没日(命日) **A.** 慣用句 : dies noctesque, nocte et die 昼も夜も, 続けて, 一昼夜 ante diem 日の出前に cum die 夜明けと同時に de die ひるのうちに, 日中に in die= die 一日で, 一日のうちに multo die 真っ昼間に, 昼すぎに in dies, in diem 毎日 diem ex (de) die 毎日毎日, くる日もくる日も diem dicere alicui ある人を法廷に召喚する, ある人を定められた日に出頭させる, 告発する paucis post diebus (9f13) 数日後に **B.** その他の表現 : truditur dies die 日は日に追われる(時は去る) audio dici : diem adimere aegritudinem hominibus 世間でこう言われているのを聞く「時は人間の悲しみを奪う」nube solet pulsa (9f18) candidus ire dies 雲が追い払われるといつも輝かしい日光が現

れるのだ dies (9e8) circiter quindecim iter fecerunt 彼らはほぼ 15 日間旅をした legatis respondit diem se ad deliberandum (119.4) sumpturum (117.5) 彼は使者に答えた「余は(この申し出を)検討するために一定の期間を必要とするであろう」と sole dies referente siccos 太陽は乾(燥)の)季(節)を再びもたらして **C.** 暦, 日付については§§181, 183

Diēspiter *m.* Diēspitris *3* §26 Juppiter の別称

diffāmō *1* dif-fāmāre, -māvī, -mātum §106 [dis-, fāma] **1.** 風評(噂を)ひろげる, (ひみつを)口外する, 公にする **2.** 中傷する, そしる, 名誉を傷つける

differentia *f.* differentiae *1* §11 [differō] **1.** 違い, 差異, 区別, 多様性, 相違点 **2.** 区別する手段, 特色 **3.** (生物学上の)種

differō 不規 dif-ferre, distulī, dīlātum §158 [dis-, ferō] **1.** それぞれ別々の方向へ運ぶ, まき散らす, 追い散らす **2.** 散布する, 広げる, 伝搬させる, 流布する **3.** 先へのばす, 延期する, 待たす, 長びかせる **4.** ひきさく, 混乱させる, なやます, 苦しめる **5.** うわさ(悪口)を広げる, まきちらす, 中傷する, けなす **6.** (自)違う, 相違する rumore ab obtrectatoribus dilato (9f18) 誹謗者たちによってそのうわさがまき散らされて differor doloribus 私は苦痛にひき裂かれている hi omnes lingua (9f3), legibus inter se differunt これらの民族はすべて言語, 法律の点で相違している

differtus *a.1.2* dif-fert-a, -um §50 [dis-, farciō] ～で(9f17) 一杯つまった, 押し込まれた, 一杯の

difficilis *a.3* dif-ficile §54 [dis-, facilis] (比)difficilior (最) difficillimus §60(ロ) **1.** 取り扱いにくい, 面倒な, むずかしい, 困難な **2.** 頑固な, 強情な, 不きげんな, 気むずかしい **3.** 骨の折れる, 危険な, 近寄り難い Penelope difficilis procis 求婚者たちに強情なペーネロペー difficile est crimen non

difficiliter 218

prodere voltu 犯した罪を顔にあらわさな
いでおくことはむずかしい

difficiliter 副 ［difficilis §67(2)］
(比)difficilius （最)difficillime §§68,
60(ロ) **1.** かろうじて，ようやく **2.** しぶし
ぶと，いやいやながら

difficultās *f.* dif-ficultātis *3* §21
［difficilis］ **1.** 困難，邪魔，支障，面倒
2. 不足，欠乏 **3.** 強情，我意，わがまま，
手に負えないこと

difficulter 副 ［difficilis §67(2)］
かろうじて，やっと，骨を折って

diffīdenter 副 ［diffīdēns §67(2)］
おずおずと，自信なく，遠慮がちに

diffīdentia *f.* diffīdentiae *1* §11
［diffīdēns］ **1.** 自信の欠如，内気 **2.** 不
信，疑惑

diffidī → diffindō

diffīdō *s.-dep.3* dif-fīdere, -fīsus sum
§142 ［dis-, fīdō］ **1.** 自信を失う，絶望
する，期待しない **2.** 信用(信頼)しない，
疑う

diffindō *3* dif-findere, -fidī, -fissum
§109 **1.** 強引に分ける，割る，裂く **2.** 裂
いて開く **3.** 粉砕する diem ～ 訴訟の日を
延期する tempora plumbo diffidit 彼は
鉛の弾丸で額を割った

diffingō *3* dif-fingere, ――, ――
§109 作り変える，変形(改造)する

diffissus → diffindō

diffīsus → diffīdō

diffiteor *dep.2* dif-fitērī, ――
§123(2) ［dis-, fateor §174(1), (2)］
否認する，否定する

diffluō *3* dif-fluere, -fluxī, -fluctum
(-flū-?) §109 ［dis-, fluō §174(1)］
1. 四方へ流れる，流されて広がる **2.** 溶け
る，分解する，溶けてなくなる，消える，消
滅する **3.** 気が遠くなる，気絶する **4.** ゆる
む，だらける，柔弱となる **5.** (話が)冗長
となる，とりとめなく話す(書く) quasi
extra ripas diffluens あたかも両岸を越
えて広く流れているかのように homines
deliciis diffluentes 放縦な生活によってだ
らけきった人たち

diffūdī → diffundō

diffugiō *3b* dif-fugere, -fūgī, ――
§110 ［dis-fugiō §174(1)］ **1.** 四方八
方へ逃げ去る，四散する，ちりぢりになる
2. 消え失せる diffugere (114.4) nives,
redeunt jam gramina campis (9d12)
雪が散り散りに消え，野原にはもう芝草が
もどっている

diffundō *3* dif-fundere, -fūdī,
-fūsum §109 ［dis-, fundō §174(1)］
1. 広く表面に注ぐ，注ぎかける，まき散ら
す **2.** 広める，行き渡らせる，長く伝える，
遠くへ運ぶ **3.** くつろがせる，晴れ晴れとさ
せる，喜ばす luce diffusa (9f18) toto
caelo (9f1. イ) 全天に光が広がって diffu-
dere (114.4) animos munere Bacchi バ
ッカスの贈り物で彼らは心を晴らした

diffūsē 副 ［diffūsus §67(1)］ （比)
diffusius たっぷりと，十分に，広々と，
四散して

diffūsus *a.1.2* diffūs-a, -um §50
［diffundō の完分］ **1.** 広範囲に拡張し
た，拡がった **2.** 多方面にわたる，該博な
3. 冗長な，しまりのない，散漫な

digamma *n.* digammatis *3* §22
ギリシア語の古い字母ディガンマ F，ロー
マでは faenus 利息，収入の略語とされる
tuum digamma あなたの会計簿

dīgerō *3* dī-gerere, -gessī, -gestum
§109 ［dis-, gerō］ **1.** 四方へ運ぶ，四
散させる，追い散らす **2.** 切り離す，分け
る，株分(移植)する **3.** 分類する，配列す
る，整える **4.** 広げる，ゆるめる nubes
congregantur, digeruntur 雲が集まり
散る annum non in totidem digerunt
species 彼ら(ゲルマニア人)は一年を我々
と同じ数の季節に分けない

dīgestiō *f.* dīgestiōnis *3* §28
［dīgerō］ **1.** 配分，分類，整理 **2.** 配列，
列挙

digitulus *m.* digitulī *2* §13 ［di-
gitus の小］ （小さな)指

digitus *m.* digitī *2* §13 **1.** 指
2. 足の指 **3.** 指の幅，pes の 16 分の 1
§196 attingere caelum digito 指で天
にふれる(非常に嬉しい) concrepare digi-
tos(digitis) 指をならす(命令の合図) ne

digitum quidem porrigere 指さえ立て
ない(何もない) digitum transversum
(9e8) non discedere 指の幅ほども離れて
いない

dīgladior *dep.1* dī-gladiārī, ——
§123(1) 剣闘士試合で戦う, 激しく戦
う, 争う

dīgnātiō *f.* dīgnātiōnis *3* §28
[dīgnō] **1.** 評価(高い), 尊敬 **2.** 名声,
名誉 **3.** 高い身分(地位)

dīgnē 副 [dīgnus §67(1)] (比)
dignius ふさわしく, 適当に, 立派に,
礼儀正しく

dīgnitās *f.* dīgnitātis *3* §21
[dīgnus] **1.** 価値ある(尊敬に価する)功
績, 地位, 人格, これにふさわしい威厳,
威光, 威信, 気品, 品位, 品格 **2.** 影響
力, 重要性, 重々しさ, 権威, 尊厳 **3.** 高
位, 高官, 顕職, 地位の高い人, 名誉,
名声 **4.** 風采, 面目, 体面, 自尊, 壮観,
偉観 plena dignitatis domus 威風堂々
たる邸宅 ex humili loco ad summam
dignitatem 卑しい身分から最高の地位ま
で sibi semper primam fuisse dignita-
tem vitaque potiorem (117.5) (間話)
「自分にとって尊厳が常に第一であったし,
命そのものよりもさらに大切であった」na-
vibus transire (117.5) neque suae ne-
que populi Romani dignitatis (9c12)
esse statuebat 船で川を渡ることは自分
の品位にかけてもローマ国民の威光にかけ
てもふさわしくないと彼(カエサル)は判断し
た

dīgnō *1* dīgnāre, -nāvī, -nātum
§106 = **dīgnor** *dep.1* dīgnārī,
dīgnātus sum §123(1) **1.** 値打ちのあ
るもの, 尊ぶべきもの, ふさわしいものと考
える(よく受, 奪と共に用いられる) **2.** (不
と)…するにふさわしいとみとめる, ありがた
いことに…して下さる conjugio Veneris
dignate (9b) ウエヌスの夫としてふさわし
いと考えられているお方よ dignatur subo-
les (Romae) inter amabiles vatum
(9c4) ponere me choros ローマ人は私が
抒情詩人の楽しき合唱隊に加わることをよ
しと認めて下さっている

dīgnōscō (**dīnos-**) *3* dī-gnōscere,
——, —— [dis-, nōscō] §109 別な
ものと認める, 区別する, 見分ける, はっ
きりと識別する civem hoste (9f7) dinos-
cere 市民と敵とを見分けること dominum
et servum deliciis (9f11) dignoscere
人生の楽しみ方で主人と奴隷を区別するこ
と

dīgnus *a.1.2* dīgn-a, -um §50
(比)dignior (最)dignissimus **1.** 適当
な, 似合った, ふさわしい **2.** 価値のある,
立派な, 尊ぶべき *n.b.* さまざまの構文(与,
奪, ス, ad+*acc.*, 不, 関代+接, ut)を
とる ad tuam formam dignast (=digna
est)あの婦人はあなたの立派な風采にふさ
わしいお方ですよ audacia odio (9f3)
digna 憎悪に価する大胆不敵な行為 nihil
dignum dictu (120.3) 言うに価するもの
は何もない saepe stilum vertas, iterum
quae digna legi (117.3) sint, scripturus
(118.4) 再読されるにふさわしい本を書くた
めには何度も推敲せよ

dīgredior *dep.3b* dī-gredī, -gressus
sum §§123(3), 125 [dis-, gradior
§174(2)] **1.** 離れる, 立ち去る, 出発す
る **2.** 別れる(お互いに) **3.** (本題から)それ
る, はずれる, わき道にそれる digredi ab
eo quod proposueris あなたの追求して
いた主題から離れる(それる)

dīgressiō *f.* dīgressiōnis *3* §28
[dīgredior] **1.** 分かれること, 分離, 出
発, 別れ **2.** 本題からの逸脱

dīgressus *m.* dīgressūs *4* §31
[dīgredior の完分] **1.** 出発, 別れ **2.** お
互いに離れる(遠ざかる)こと

dīgrunniō → dēgrunniō

diī, diīs → deus(§14)

dījūdicō *1* dī-jūdicāre, -cāvī, -cātum
§106 **1.** 判断して分ける, 識別する, 見
分ける **2.** 決める, 決定する, (争点・疑問
点を)解決する vera et falsa (vera a
falsis) ~ 真実と虚偽を見分ける

dījunctiō, dījungō → disjun-

dīlābor *dep.3* dī-lābī, -lapsus sum
§123(3) **1.** 四方へ流れる, 走り去る, 四
散する **2.** 溶けてなくなる, 消え失せる, と

dīlacerō

ける **3.** 分散する, こっそりと立ち去る, 逃亡(離反)する **4.** 分解する, くずれる, 朽ちる, 崩壊する, 滅亡する, 衰微する **5.** すぎ去る, 経過する aedes vetustate dilapsa 老朽のため崩れ落ちた神殿 dilabens aestus 引潮 dilapsa in cineres fax 燃えつきて灰となった松明(ﾀｲﾏﾂ)

dīlacerō *1* dī-lacerāre, -rāvī, -rātum §106 ずたずたに引き裂く, 分裂させる

dīlaniō *1* dī-laniāre, -āvī, -ātum §106 ずたずたに裂く

dīlapsus → dīlābor

dīlargior *dep.4* dī-largīrī, -largītus sum §123(4) 惜しまずに与える, 気前よく分け与える(ゆずる)

dīlātiō *f.* dīlātiōnis *3* §28 [differō] 延期, あと回し, 遅滞, 猶予, 手間どること

dīlātō *1* dī-lātāre, -tāvī, -tātum §106 **1.** 広げる, 拡大する **2.** 伸ばす, 延長する **3.** 大きくする, 膨張させる, ふくらませる **4.** 詳細に説明する

dīlātor *m.* dīlātōris *3* §26 [differō] 好機を得ようとぐずぐずしている人, 優柔不断の人

dīlātus → differō

dīlaudō *1* dī-laudāre, ──, ── §106 あらゆる点をほめそやす

dīlēctus *a.1.2* dīlēct-a, -um §50 [dīligō の完分] (最)dilectissimus 愛された, 愛する, 親愛な, いとしい, 大切な

dīlēctus (**dēle-**) *m.* dīlēctūs *4* §31 [dēligō の完分] **1.** 新兵徴募, 徴兵, 募集 **2.** 選択, 選定, 区分, 識別 **3.** 新兵 dilectu tota Italia habito (9f18) イタリア全土で軍隊の募集が実施されて

dīlēxī → dīligō

dīligēns *a.3* dīligentis §58 [dīligō の現分] (比)diligentior (最)diligentissimus **1.** 好きな, 愛している, 没頭している **2.** 忠実な, 誠実な, 献身的な **3.** 注意深い, 熱心な, 勤勉な **4.** つましい, 節約的な omnis officii (9c6) diligentissimus あらゆる義務に最も忠実な(人) ad custodiendum (121.3) aliquem ～ ある人を守るのに献身的な

dīligenter *副* [dīligēns §67(2)] (比)diligentius **1.** 注意深く, 熱心に, 勤勉に, 几帳面に **2.** 完全に, 立派に, 良心的に

dīligentia *f.* dīligentiae *1* §11 [dīligēns] **1.** 注意深さ, 細心の配慮(心づかい), 思慮 **2.** 熱心, 勤勉, 入念, 忠実, 誠実, 献身, 没頭 **3.** 約節, やりくり上手

dīligō *3* dī-ligere, -lēxī, -lēctum §109 [dis-, legō §174(2)] 尊敬(重)する, 愛する, 好む diligitur nemo, nisi cui fortuna secunda est 幸運に恵まれていない人は決して愛されない

dīlūceō *2* dī-lūcēre, ──, ── §108 明白となる, はっきりとする

dīlūcēscō *3* dī-lūcēscere, -lūxī, ── §109 **1.** 夜が明けてくる, 朝になる, 朝日が現れてくる, 太陽が輝き始める **2.** (非)夜が明ける(165) omnem crede diem tibi diluxisse supremum 毎朝夜が明けるたびに今日があなたにとって最後の日だと思うのですよ

dīlūcidē *副* [dīlūcidus §67(1)] (比)dilucidius 明るく, はっきりと, 明白に, 歴然と

dīlūcidus *a.1.2* dīlūcid-a, -um §50 (比)dilucidior **1.** 透明な, 澄んだ **2.** 明瞭な, 明々白々たる **3.** 光り輝く, 明るい

dīlūculum *n.* dīlūculī *2* §13 [dīlūceō] 夜明け, あけぼの, 黎明(ﾚｲﾒｲ), 曙(ｱｹ)光

dīlūdium *n.* dīlūdiī *2* §13 [lūdus] 試合(競技)の休息, 中休み, 中断

dīluō *3* dī-luere, -luī, -lūtum §109 [dis-, luō] **1.** 溶かして流す, 溶解させる, 流す **2.** 消散させる, 散らす, 一掃する, 除去する, 追い払う **3.** 解く, ほどく, 解決する, 説明する **4.** 水に流す, 洗う, 入浴させる **5.** 水で割る, うすめる, 希薄にする **6.** 弱める, 減(ﾍ)らす, 少なくする, 風化させる, やわらげる bacam aceto ～ 真珠を酢(ｽ)で溶かす curam mero ～ 酒で心配をまぎらす mihi, quod rogavi, dilue 私が要求していた通り私に説明してくれ

dīluviēs *f.* dīluviēī *5* §34 [dīluō]

（大）洪水，氾濫（はんらん）

dīluvium *n.* dīluviī *2* §13 ［dīluō］ 洪水，浸水

dīmēnsiō *f.* dīmēnsiōnis *3* §28 ［dīmētior］ **1.** 計量，測定 **2.** 延長，広がり，寸法，容積

dīmētior *dep.4* dī-mētīrī, -mēnsus sum §§123(4), 125 **1.**（長さ・広さ・重さ）はかる，測定する，見積もる，目測する **2.** 量（はか）って分配する（*n.b.*）完分はしばしば受で用いられる（141.a. 注）tigna dimensa ad altitudinem fluminis 川の深さに合わせて材木の寸法がはかられた petere dimensum cibum はかって分配された食物を求める

dīmētor（**dēm-**）*dep.1* dī-mētārī, -mētātus sum §123(1) **1.** 測定する，計る **2.** 境界を定める，区切る

dīmicātiō *f.* dīmicātiōnis *3* §28 ［dīmicō］ **1.** 危険な（激しい）戦い，戦闘，会戦 **2.** 争い，闘争，格闘，抗争 vitae ～ 命を賭けた戦い

dīmicō *1* dī-micāre, -cāvī (-cuī), -cātum §106 **1.** 激しく戦う，争う，競走する **2.** 努力する，骨折る，苦労する **3.** 命を賭けて戦う，危険を冒す，賭ける de vita gloriae causā ～ 栄光のため命をかけて戦う ancipiti proelio (9f9) dimicatur (172) 前後両面の戦列で戦われる

dīmidiātus *a.1.2* dīmidiāt-a, -um §50 ［dīmidius］ 二つに分けられた，折半された

dīmidius *a.1.2* dī-midi-a, -um §50 **1.** 半分の **2.**（二つに）こわれた （名）

dīmidium *n.* dīmidiī *2* §13 半分 dimidium facti qui coepit habet（立派に）始めた人は仕事の半分を完成したことになる（始め半分）

dīminuō（**dimmi-**）*3* dī-minuere, -minuī, -minūtum §109 **1.** ずたずたに裂く，ばらばらにする **2.** 打ち砕く

dīmīsī → dīmittō

dīmissiō *f.* dīmissiōnis *3* §28 ［dīmittō］ **1.** 送付，発送，派遣 **2.** 解雇，免職

dīmittō *3* dī-mittere, -mīsī, -missum

§109 **1.** あちこちへ派遣する，発送する，放つ **2.** 行かせる，離す，放ち去らせる，逃す，自由にする，解放する，放免する **3.** 解散する，除隊させる **4.**（妻を）離婚する，離婚させる **5.** 念頭から追い払う，無視する，放棄する，断念する，あきらめる dimissos equites pabulandi causa 秣（まぐさ）あさりに四方へ放たれた騎兵たち dimitti（受・不）jubet senatum 彼は元老院の散会（閉会）を命じる iracundiam suam reipublicae (9d) dimittere 私的な憤怒を国家のために捨てる（断念する）

dīmoveō *2* dī-movēre, -mōvī, -mōtum §108 **1.** 二つに割る，裂く，切り離す，分ける **2.** 四散（解散）させる **3.** わきへそらす，追い払う，取り除く，却下する **4.** 置きかえる，移し変える，気持ち（態度）を変えさせる agricola terram dimovit aratro 百姓は土地を鋤で切り開いてきた Aurora polo dimoverat umbras 曙の女神がすでに天空より夜の暗影を追い払っていた

Dindyma（**Dindymon**）*n.* Dindymōrum (Dindymī) *2* §13 女神 Cybele に捧げられた Phrygia の聖山 **Dindymēnē** *f.* -menēs §37 Cybele

dīnōscō → dīgnōscō

dīnumerātiō *f.* dīnumerātiōnis *3* §28 ［dīnumerō］ **1.** 計算，勘定 **2.** 列挙，枚挙

dīnumerō *1* dī-numerāre, -rāvī, -rātum §106 **1.** 計算する，数える **2.** 数えあげる，読みあげる **3.** 勘定にいれる，考慮（評価）する **4.** 数えながらとり出す（支払う）

dioecēsis *f.* dioecēsis (-seos) *3* §19, 39(イ)<διοίκησις ローマの属州体系に入った行政地区

dioecētēs *m.* dioecētae *1* §37 <διοικητής 王室収入役（執事）

Diogenēs *m.* Diogenis *3* §42.1 前 4 世紀の大儒(Cynicus)派哲学者

Diomēdēs *m.* Diomēdis *3* §42.1 （神）**1.** Argos の王，トロイア占領のときのギリシア軍の指導者の一人 **2.** Thracia

Diōnē 222

の王，人食い馬を飼っていた

Diōnē (**Diōna**) *f.* Diōnēs (Diōnae) *1* §§37, 11 （神）Venus の母

Dionȳsia *n.pl.* Dionȳsiōrum *2* §13 Dionysus 祭

Dionȳsius *m.* Dionȳsiī *2* §13 **1.** Syracusae の王(405-367B) **2.** 上記の王の子

Dionȳsus *m.* Dionȳsī *2* §13 （神）ギリシアの酒神，Bacchus とも言われる，ローマの Liber と同一視される

diōta *f.* diōtae *1* §11 ＜διώτη 両把手(とっ)の酒つぼ(かめ)

diplōma *n.* diplōmatis *3* §§22, 41(2) ＜δίπλωμα **1.** 折り畳(たた)み式書板 **2.** 属州内旅行許可書，旅券 **3.** 政府の認証状(推薦状，免許状，特赦状など)

dīrae *f.pl.* dīrārum *1* §§11,46 **1.** 災難(害悪)の前兆，凶兆 **2.** 呪い，呪詛

Dircaeus *a.1.2* Dircae-a, -um §50 **1.** Dircē の **2.** Boeotia の，Thebae の

Dircē *f.* Dircae (-cēs) §37 **1.** Thebae の王 Lycus の妻 **2.** Boeotia の泉

dīrēctē 副 [dīrēctus §67(1)] 一直線に，まっすぐに，そのままに，正確に

dīrēctō 副 §67(1) **1.** 一直線に，まっすぐに **2.** 直接に，すぐさま，直ちに，単刀直入に

dīrēctus (**dēr-**) *a.1.2* dīrēct-a, -um §50 [dīrigō の完分] （比）directior **1.** 一直線の，まっすぐの **2.** 水平面に直角の，直角に立つ，垂直の，直立した **3.** 率直な，ありのままの，単刀直入の in directum 一直線に，まっすぐに in directo 一直線上に directo itinere 直線距離で fossa derectis lateribus (9f10) 垂直な側面を持つ溝

dīrēmī, dīrēmptus → dīrimō

dīreptiō *f.* dīreptiōnis *3* §28 [dīripiō] 略奪，強奪

dīreptor *m.* dīreptōris *3* §26 [dīripiō] 略奪(強奪)者

dīreptus → dīripiō

dīrēxī → dīrigō

diribeō *2* dir-ibēre, ——, -ibitum §108 [dis-, habeō §174(2)] **1.** 分配(配布)する **2.** 分類(区分け)する，品分けする

diribitiō *f.* diribitiōnis *3* §28 [diribeō] 投票をより分けること，選別，分類整理

diribitor *m.* diribitōris *3* §26 [diribeō] 投票の選別者

dīrigō (**dēr-**) *3* dī-rigere, -rēxī, -rēctum §109 [dis-, regō §174(2)] **1.** 定められた方向へ(線に沿って)並べる，整列させる，一列に並べる **2.** まっすぐにする，整理する，規正する，調整する **3.** 一定の方向を与える，導く，案内する **4.** めがけて放つ，発射する，投げる coronam si direxeris, virga erit （光の）輪を一列に並べると，（光の）棒ができるだろう tela direxit arcu 弓から矢を放った omnia voluptate ～ すべてを快楽で規正する(快楽を人生の方針とする)

dīrimō *3* dīr-imere, -ēmī, -ēmptum [dis-, emō §174(2)] §109 **1.** 分ける，別にする，離す，分解(分割)する，引き分ける，隔てる，仕切る **2.** 中断する，さえぎる，中止する，妨げる，邪魔する，無効にする **3.** 解決する，決める，決着させる oppida dirimuntur unius diei itinere 二つの町は一日の旅程で隔てられている

dīripiō *3b* dī-ripere, -ripuī, -reptum §110 [dis, rapiō §174(2)] **1.** ずたずたに引き裂く，めちゃくちゃにする，かきまぜる **2.** 引き抜く，ぬき取る **3.** わきへそらす，方向を変える **4.** 奪いとる，盗む，略奪する，荒らす **5.** 取り去る，持ち去る，除去する **6.** 奪い合う，争う，きそう diripiendas (121.3) his (militibus) civitates dedit 彼は兵たちにその町を略奪させるために与えた(兵たちに自由に略奪させた)

dīritās *f.* dīritātis *3* §21 [dīrus] **1.** 恐ろしい不幸，凶事，災害 **2.** ぞっとする悲惨な出来事，残酷な行為(性格，態度)

dīrumpō (**disrum-**) *3* dī-rumpere, -rūpī, -ruptum §109 **1.** ずたずたに裂く，引き裂く，破る，割る，砕く **2.** 分裂

させる, 破裂させる **3.** (受)割れる, 破裂する puer paedagogo (9d8) tabulā disrumpit caput 子供が家庭教師の頭を書板で割るのだ dirumpor dolore 私は苦悩で胸を引き裂かれている

dīruō *3* dī-ruere, -ruī, -rutum §109 **1.** 倒壊させる, 引き倒す, 破壊する **2.** 粉砕する, 潰走させる aere (9f7) dirutus miles 給料を奪われた兵

dīrūpī → dīrumpō

dīrus *a.1.2* dīr-a, -um §50 (比) dirior **1.** 不吉な, 災いにみちた, 不幸な **2.** 恐ろしい, すさまじい, ひどい, 悲惨な, 嫌悪すべき **3.** ぞっとする, 残酷な (名) **dīrae** *f.pl.* dīrārum *1* §11 不吉な前兆 **dīra** *n.pl.* dīrōrum *2* §13 呪詛, 呪文, のろい

dīrutus → dīruō

dis- 頭 *cf.* §§174, 176 **A.** (語形) **1.** c, p, t, s の前で不変 dis- **2.** b, d, g, l, m, n, j (ときに i)の前で di- **3.** f の前で dif- **4.** h と母音の前で dir- **B.** (意味)分離, 分散, 逆転, 否定, 強調

dīs *a.3* dītis §55 (比)ditior (最) ditissimus **1.** 富んだ, 裕福な, 金持ちの **2.** 豊かな, 十分な, 沢山の, で一杯の, に満ちた **3.** 精神的肉体的能力・資質を豊かに与えられた, めぐまれた **4.** 偉れた価値をもった, 有益な, ぜいたくな, 豪華な quis me est ditior? 誰がわしより金持ちか(金持ちがいるか) delubra ditia donis (9f17) 供物で一杯の神殿 silvarum (9c13) ditia terra 森林の豊かな土地

Dīs *m.* Dītis *3* §21 (神)冥界の神, ギリシアの Pluto にあたる

discēdō *3* dis-cēdere, -cessī, -cessum §109 **1.** あちこちへ立ち去る, 分かれる, 離れる, ちりぢりになる, 四散する **2.** 分散(解散)する, 散会(閉会)する **3.** (投票で賛否両派に別れる)投票する, 賛成する **4.** 割れる, 裂ける, 分岐する, 相違する, 逸脱する **5.** 退去する, 立ち去る, 撤退する, 引き上げる **6.** 逃げる, 遠ざかる, 去る, 消える, 終わる, やむ ab signis ～ 軍旗(戦列)から離れる, 逃亡する senatus in Catonis sententiam discessit 元老院はカトーの意見に賛成した in alia omnia discedere 反対意見に投票する, 提案に反対する hostibus spes potiundi (121.3) oppidi discessit 敵の側でその城塞を占領する希望が消えた

disceptātiō *f.* disceptātiōnis *3* §28 [disceptō] **1.** 討論, 討議, 論争 **2.** 審理, 裁定, 判決, 仲裁

disceptātor *m.* disceptātōris *3* §26 [disceptō] 仲裁者, 調停者

disceptō *1* dis-ceptāre, -tāvī, -tātum §106 [dis-, captō §174(2)] **1.** 論争する, 議論する, 討論する **2.** 仲裁する, 裁定する **3.** 判定を下す, 決める, 解決する de controversiis jure potius quam armis disceptare 係争点について武器よりも法律に訴えて解決すること multum invicem disceptato (9f18 注)長い間お互いに論争してから

discernō *3* dis-cernere, -crēvī, -crētum §109 **1.** 分ける, 離す, 区分けする, 分割する, 切り離す **2.** 見分ける, 識別する, 判断する, 区別する, 決定する urbes magno inter se spatio discretae お互いに大きな空間でもって分け隔てられた町々

discerpō *3* dis-cerpere, -cerpsī, -cerptum §109 [dis-, carpō §174 (2)] **1.** ひきちぎる, つみとる **2.** 引き裂く, ずたずたに(こまぎれに)する **3.** 細かに刻む, さんざん悪口を言う, 侮辱する **4.** 四散させる, 散らす discerptum juvenem sparsere (114.4) per agros (彼らは)その若者を八つ裂きにして畠一面にばらまいた aurae omnia discerpunt 風がすべてのものを吹きとばす

discerpsī, discerptus → discerpō

discessī → discēdō

discessiō *f.* discessiōnis *3* §28 [discēdō] **1.** 二分すること, 別れること, 離れること, 分散 **2.** 離婚 **3.** (元老院における賛否両派に分かれての)評決, 投票 **4.** (軍隊の)出発, 行進, 撤退 discessionem facere in sententiam alicujus 誰々の提案を評決に伏す

discessus *m.* discessūs *4* §31

discidī

[discedō] **1.** 分離，分別，分裂 **2.** 退去，撤退，出発，行進 fugae (9d13) similis discessus 逃亡に似た撤退 caeli discessus（天の分裂）稲妻

discidī → discindō

discidium（**dīs-** ?） *n.* discidiī *2* §13 [discindō] **1.** 分裂，分割，分離 **2.** 意見の相違，仲たがい，不和 **3.** 決裂，離婚

discinctus *a.1.2* discinct-a, -um §50 [discingō の完分] **1.** 帯をしめていない，ゆったりした着物姿の **2.** くつろいだ，だらしない，身持ちの悪い discincti ludere soliti (sunt) 彼らはくつろいだ着物（姿）で遊ぶのが常であった

discindō（**dī-** ?） *3* di-scindere, -scidī, -scissum §109 **1.** 細かに切り刻む，ひき裂く **2.** 切る，割る，分かつ，引き離す，断ち切る，破る

discingō *3* dis-cingere, -cinxī, -cinctum [cīnx-, cīnc-?] §109 **1.** 帯をほどく **2.** 剣帯をはずす，武装を解除する **3.** 弱める，無気力にする，だめにする（裏をかく）in sinu est, neque ego discingor 彼は私の胸のひだの中にいる（心の友だ），それで私は帯をほどいてひだをなくすわけには行かないのだ

disciplīna *f.* disciplīnae *1* §11 [discipulus] **1.** 教育，訓練，陶冶，練習，けいこ **2.** 学科，学問分野，学派，知識，教養 **3.** 体系，方法 **4.** 秩序，規律，戒律，軍紀，風紀 **5.** しつけのよさ，規律（行儀）正しい振る舞い **6.** 生活方法，習慣 a pueris nullo officio aut disciplina (9f11) assuefacti 彼らは少年の頃から義務や躾(しつけ)を一切教えこまれていない disciplinā (9f3) juris civilis eruditissimus 市民法の学問に最も精通している

discipula *f.* discipulae *1* §11 女生徒

discipulus *m.* discipulī *2* §13 [discō] 生徒，弟子 Discipulus est prioris posterior dies 後の日（今日）は前の日（昨日）の弟子

discissus → discindō

disclūdō *3* dis-clūdere, -clūsī,

-clūsum §109 [dis-, claudō §174 (2)] **1.** 分けて（離して）閉じ込める，お互いに隔離させる，遮断する **2.** 分ける，離す，区別（区分け）する mons Cebenna Arvernos ab Helviis discludit ケベンナ山が A 族を H 族から分け隔てている solum discludere Nerea (42.3) ponto coeperit 大地がネーレウスを海の中に閉じ込め始めた

disclūsus → disclūdō

discō（**dīs-** ?） *3* discere, didicī, —— §109 学ぶ，(聞いて，読んで)知る，習得する，理解する，研究する，覚える Latine loqui didicerat 彼はラテン語で話すことを学んでいた tamdiu discendum est (147(ロ))，quamdiu vivis あなたは生きている限り，ずっと学ぶべきだ

discolor *a.3* discolōris §55 **1.** 色の違った，色合いを異にする **2.** さまざまの色をもつ，色とりどりの，変化に富む **3.** 雑色の，まだらの

disconveniō *4* dis-convenīre, ——, —— §111 **1.** 相違する，一致しない，調和しない，食い違いがある **2.** (非)相違(不一致)がある，矛盾がある

discordia *f.* discordiae *1* §11 [discors] **1.** 意見の相違，不一致，不和，あつれき，矛盾 **2.** 謀反，反乱 **3.** 不和の女神

discordiōsus *a.1.2* discordiōs-a, -um §50 [discordia] 仲たがいを犯しがちな，けんか好きの，短気な

discordō *1* discordāre, ——, —— §106 [discors] **1.** 一致しない，けんかする，争う，相違する **2.** 矛盾する，首尾一貫しない **3.** 反抗する quantum discordet (116.10) parcus avaro (9d1) 倹約家が貪欲な人とどんなに相違しているか（知りたい）

discors *a.3* discordis §55 [dis-, cor] **1.** 意見の相違している，不一致の **2.** 争っている，不和の，対立している **3.** 矛盾してる，不似合いの，調和していない，不揃いの **4.** 謀反（暴動）をおこしがちな filius discors patri (9d13) 父と仲の悪い息子 civitas secum ipsa discors（内部

で) 分裂・相克している国家

discrepantia *f.* discrepantiae *1*
§11 [discrepō] **1.** 差異, 不一致, 不
調和, 食い違い, 矛盾 **2.** あつれき, 衝突

discrepō *1* dis-crepāre, -crepāvī
(-crepuī), —— §106 **1.** 音程が合わな
い, 調子が外れている **2.** 意見が違ってい
る **3.** (非)意見が相違している, 未解決で
ある medio (9f7) ne discrepet (116.2)
imum (物語の)結尾と中段とが矛盾しな
いようにすべきだ oratio verbis (9f12)
discrepans, sententiis congruens 言葉
(の上で)は違っていても考えでは一致して
いる論説 discrepat de latore 法律提案
者については意見が一致していない

discrētus, discrēvī → discernō

discrībō (**dī-** ?) *3* di-scribere, -scrīpsī,
-scrīptum §109 (写本では dēscrībō
と混同されている例が多い) **1.** 分配する,
配布する, 割り当てる **2.** 分ける, 区分け
する **3.** 整える, 並べる, 配列する vectu-
ras frumenti finitimis civitatibus dis-
cripsit 彼は食糧輸送の賦役を近隣の諸部
族に割り当てた

discrīmen *n.* discrīminis *3* §28
[discernō] **1.** 分け隔てる線(空間, 建
物), 分界線, 隔壁, 間隔, 空地 **2.** 相違
点, 相違, 差別, 区別 **3.** 決定的な瞬間,
分岐点, 危機, 土壇場, 危急存亡の時
septem discrimina vocum 7 つの音程
videt in summo esse rem discrimine
状況が最後の土壇場にあることを彼は見て
取る

discrīminō *1* dis-crīmināre, -nāvī,
-nātum §106 [discrīmen] **1.** 分割
する, 切り離す, 切断する **2.** 区別(差別)
する, 識別する **3.** 分ける, 髪を真ん中で
分ける lucet via et late discriminat
agros (夜の)道は(松明で)明るく輝き, 遠
くまで畠地を両断する

discrīptiō (**dī-** ?) *f.* discrīptiōnis *3*
§28 [discrībō] **1.** 分配, 割り当て
2. 分類, 配列, 整理 **3.** 組織, 編成

discruciō *1* dis-cruciāre, -ciāvī,
-ciātum §106 **1.** 拷問にかける, 責め
さいなむ **2.** 悩ます, 苦しめる(受で用いら

れることが多い) discrucior animi (9c6)
quia ab domo abeundum est mihi
(9d11) このわが家から出ていかねばならん
とは心もさける思いだ

discucurrī → discurrō

discumbō *3* dis-cumbere, -cubuī,
-cubitum §109 **1.** 寝るために横になる,
就寝する **2.** 食卓椅子に横たわる

discupiō *3b* dis-cupere, ——, ——
§110 熱烈に欲する, 強く望む, しきりに
願う

discurrō *3* dis-currere, -cucurrī
(-currī), -cursum §109 **1.** あちこちへ
(いろいろな道を)走る, 走り去る, あちこ
ちと駆け回る **2.** (ものが)いろいろな方向へ
動く, 枝分かれする, 分流する, 分布する
discurritur (172) in muros 人々は(散っ
て)城壁のあちこちへ駆け登る

discursus *m.* discursūs *4* §31
[discurrō] **1.** いろいろな方向へ走り去る
こと, 離散, 分離 **2.** 駆け回ること, 右往
左往, 彷徨 **3.** ジグザグの動き, のたうち
まわること

discus *m.* discī *2* §13 <δίσκος
1. 円盤 **2.** 輪投げ用の輪 **3.** Ⅲ qui dis-
cum audire quam philosophum malunt
哲学者の話より円盤(スポーツ)を聞きたが
る人

discussī, discussus → discutiō

discutiō *3b* dis-cutere, -cussī,
-cussum [dis-, quatiō] §110 **1.** ぶ
っつけて(たたきつけて)砕く, 粉砕する, 割
る, 砕く **2.** 振り落とす, 振り払う **3.** 追い
散らす, 追い払う, 払いのける, 潰走させ
る **4.** なくする, 無効にする, 滅ぼす dis-
cussa est caligo 霧が晴れた discussa
nive (9f18) atque viis patefactis 雪を
払いのけて道を開き

disertē 副 [disertus §67(1)] (比)
disertius (最)disertissime **1.** はっき
りと, 明らかに, 疑いもなく **2.** 弁舌さわや
かに, 手際よく, 器用に, 見事に

disertus *a.1.2* disert-a, -um §50
[disserō] (比)disertior (最)diser-
tissimus **1.** 手際よく(見事に, 巧みに)
秩序立って(整然と)話された, 述べられた

disjiciō

2. 熟達した，老練な 3. 弁舌さわやかな，能弁な 4. 明白な，明らかな，はっきりと聞こえる fecundi calices quem (9e3) non fecere (114.4) disertum? 実り豊かな酒盃によって能弁にならなかった人がいたか

disjiciō (disiciō) *3b* dis-jicere, -jēcī, -jectum §110 ［dis-, jaciō §174(2)］ **1.** あちこちへ投げつける，ちりぢりにする，追い散らす，消散させる，潰走させる **2.** 破壊する，荒らす，倒壊する **3.** 分ける，半分にする，割る，破る **4.** くじく，失敗させる，阻止する，無効にする，(期待)裏切る **5.** (金)浪費する，(髪)かき乱す phalange disjectā 密集隊がばらばらにされて securi frontem mediam ～ 額(の真中)を斧で真二つに割る

di(s)jūnctiō *f.* disjūnctiōnis *3* §28 ［disjungō］ **1.** 別離，決裂，断絶 **2.** 相違，対比，変化，多様性 **3.** 二つ(以上)の語句(形式・主題)のあれかこれかの対比的，(選言的・離接的)表現，対句 **4.** 接続詞なしに列挙・連続する文(形式)

di(s)junctus *a.1.2* disjunct-a, -um §50 ［disjungō の完分］ (比)disjunctior (最)disjunctissimus **1.** 分離された，かけはなれた，遠く隔たった **2.** 相異した，別個の，食い違った，ばらばらの **3.** 対比された，二者択一的な，選言的な homines longe a nostrorum gravitate disjuncti 我々の重厚さから遠くかけ離れた人間ども ratio, quae disjuncta conjungat 対立しているものを融合させる方法

di(s)jungō *3* dis-jungere, -jūnxī, -jūnctum §109 **1.** 軛(く')をはずす **2.** 離す，分ける，遠ざける，切断する **3.** 離婚させる，仲を悪くさせる **4.** 区別する，対立(対比)させる populus a senatu disjunctus 元老院と袂を分かった(ローマ)国民 Italis longe disjungimur oris (9f7) 我々はイタリアの海岸からはるか遠く隔たっている

dispālor *dep.1* dis-pālārī, -pālātus sum §123(1) あちこちとさまよい歩く，道に迷う

dispandō *3* dispandere, -pansum §109 ［pandō］ **1.** 広げる，のばす **2.** 敷

衍(えん)する

dispār *a.3* dis-pāris §55 **1.** 等しくない，不同の，不似合いの，不ぞろいの **2.** (性格，種の)異なった，違った matrona meretrici (9d13) dispar est 主婦は売春婦と違っている

disparō *1* dis-parāre, -rāvī, -rātum §106 分ける，分割する，裂く，区別する，引き離す

dispartiō, -tior → dispertiō, -tior

dispectus → dispiciō

dispellō *3* dis-pellere, -pulī, -pulsum §109 **1.** 追い払う(散らす)，潰走(四散)させる **2.** 分ける，割る，切り離す

dispendium *n.* dispendiī *2* §13 **1.** 出費，費用 **2.** 取扱(処理)上の損失，時間の損失 **3.** 遠距離(回り道)による余計な費用，過度な(余分な)距離 dispendia horae 時間の損失 dispendia viarum 遠い道程(航海)

dispēnsātiō *f.* dispēnsātiōnis *3* §28 ［dispēnsō］ **1.** 分配，配布，割り当て **2.** 管理，運営，処理，指揮，統制 **3.** 出納係，管理者の職務(工事)

dispēnsātor *m.* dispēnsātōris *3* §26 (会計上の)管理人，出納係，執事，家令

dispēnsō *1* dis-pēnsāre, -sāvī, -sātum §106 **1.** 支払う，分配する，割り当てる **2.** 管理(運営)する，統制(支配)する **3.** 順序正しく並べる，整理する，調節する

disperdō *3* dis-perdere, -perdidī, -perditum §109 **1.** 全滅させる，すっかり破壊する，亡ぼす **2.** すっかりだめにする，台無しにする，堕落(零落)させる

dispereō 不規 dis-perīre, -periī, —— §156 完全に亡びる，すっかり失われる，破滅する，だめになる，零落(堕落)する disperii わしはもうだめだ Lesbia me dispeream nisi amat レスビア(恋人)が私を愛してくれないと，ぼくはもうだめだ(死にたい)

dispergō *3* di-spergere, -spersī, -spersum §109 ［dis-, spargō §174(2)］ **1.** あちこちへまき散らす，ばらまく，

ふりかける **2.** あちこちへ広げる，伸ばす，分散(散開)させる **3.** 追い散らす，潰走させる **4.** 広める，いいふらす dispersis ac paene deletis hostibus 敵は散り散りになってほとんど壊滅していたので vitam dispergit in auras 彼は命を空中へ吐き出した

dispersus *a.1.2* dispers-a, -um §50 〔dispergō の完分〕 散らかった，ばらまかれた，別々の，散在した，あちこちの **disperse** 副 〔dispersus §67(1)〕 散り散りに，あちこちに

dispertiō *4* dis-pertīre, -pertīvī, -pertītum §111 〔dis-, partiō §174 (2)〕 = **dispartiō** = **dispertior** *dep.4* dispertīrī §123(4) **1.** 分類する，群に分ける，分割する **2.** 分配する，割り当てる，配当する tempora voluptatis laborisque ～ 時間を快楽と労働に配分する

dispiciō (**dī-** ?) *3b* di-spicere, -spexī (-spē-?), -spectum §110 〔dis-, speciō §174(2)〕 **1.** しばしば目を開く，あちこちへ目を向ける **2.** 見回す，見出す，見つける **3.** 調べる，調査する，探究する，考察する **4.** はっきりと見分ける，見抜く，識別する **5.** 感知する，知覚する，認識する，洞察する acie mentis dispicere 心眼で洞察する nunc velim dispicias (116.2) res Romanas 今こそあなたにローマの政情をとくと考えてもらいたい

displiceō *2* dis-plicēre, -plicuī, -plicitum §108 〔dis-, placeō §174 (2)〕 **1.** 不快にする，感情を害する，怒らせる(与と，9d1) **2.** (再)不満(不快)である，いやになる **3.** (非)§167 いやである，不快である cum ceteris tum mihi ipse displiceo 他のものにも特に私自身に私は不満である

displōdō *3* dis-plōdere, -plōsī, -plōsum §109 〔dis-, plaudō §174 (2)〕 **1.** 広げる，開く，裂く，破る **2.** 破裂させる，爆発させる

dispōnō *3* dis-pōnere, -posuī, -positum §109 **1.** あちこちに分けて置く，配置する，間隔をおいて植える **2.** 順序正しく置く，整理する，整然と並べる **3.** 配分する，割り当てる **4.** 整列させる，部署につかせる **5.** 規定する，統制する，取り締まる Homeri libros confusos antea ～ それ以前混乱していたホメーロスの巻本を整理する cis Rhenum dispositis (9f 18) praesidiis レーヌス川のこちらに守備隊をあちこちに置くと

dispositiō *f.* dispositiōnis *3* §28 〔dispōnō〕 **1.** 配列，配置 **2.** 計画的(芸術的，巧みな)言語，(議論・展示物など)の配列，陳列，組織，構成，編制

dispositus *a.1.2* disposit-a, -um §50 〔dispōnō の完分〕 (比)dispositior **1.** 間隔をおいた，置かれた **2.** 順序正しく(規則正しく)配列配置された ex disposito 順序正しく，整然と **disposite** 副 〔dispositus §67(1)〕 順序正しく，規律正しく，整然と

dispositus, disposuī → dispōnō

dispudet *2* dispudēre (非) §166 ひどく(大そう)恥じる

dispulī, dispulsus → dispellō

disputātiō *f.* disputātiōnis *3* §28 〔disputō〕 **1.** 議論，論争，討論 **2.** 学術的な論考

disputātor *m.* disputātōris *3* §26 〔disputō〕 議論好きな人，論客，討論による思索家，哲学者

disputō *1* dis-putāre, -tāvī, -tātum §106 **1.** 相分かれて賛成・反対の立場からある問題を詳しく(逐一)計算する，調査する，論求する **2.** (充分に)考慮する，算定する，整理する，説明する，主張する，説き伏せる ～ rationem cum aliquo 人との勘定を決済する de hominum vita et moribus disputatur (172) 人間の生と死について論争される

disquīrō *3* dis-quīrere, ——, —— §109 〔dis-, quaerō §174(2)〕 熱心に探究する，深く調査する

disquīsītiō *f.* disquīsītiōnis *3* §28 〔disquīrō〕 探索，探究，調査

disrumpō → dīrumpō

dissaepiō *4* dis-saepīre, -saepsī, -saeptum §111 囲いで分け隔てる，柵

で仕切る, 閉鎖する

dissēminō *1* dis-sēmināre, -nāvī, -nātum §106 広くまき散らす, 広める, 配る, 流す(情報を)

dissēnsiō *f.* dissēnsiōnis *3* §28 [dissentiō] **1.** 不一致, (意見・感情の)相違, 衝突, 食い違い **2.** 不和, あつれき, 論争 **3.** 反論, 異議

dissēnsus *m.* dissēnsūs *4* §31 [dissentiō] 不一致, 意見の相違, 不和

dissentāneus *a.1.2* dissentāne-a, -um §50 [dissentiō] 意見の一致しない, 相違する, 調和しない

dissentiō *4* dis-sentīre, -sēnsī, -sēnsum §111 **1.** 意見を異にする, 一致しない, 同意しない, 異議を唱える **2.** お互いに相違する, 争う, 敵意を抱く a te dissentiens (118.1) senator あなたとは違った意見の元老院議員

disserēnō *1* dis-serēnāre, -nāvī, —— §106 (天候)晴れ(てく)る, 明るくなる(非§165)

disserō[1] *3* dis-serere, -sēvī, -situm §109 ここかしこに種をまく, 間隔をおいて木を植える

disserō[2] *3* dis-serere, -seruī, -sertum §109 **1.** 離して配列(配置)する **2.** 論じる, 取り扱う, 調べる, 説明する quae Socrates de immortalitate disseruit ソークラテースが魂の不滅について議論した(考え)

dissiciō → disiciō

dissideō *2* dis-sidēre, -sēdī, —— §108 [dis-, sedeō §174(2)] **1.** 別々に離れて座る, 別れている **2.** 一直線に並んで(揃って)いない, ゆがんでいる **3.** 合致しない, 相違している, 不似合いである **4.** 対立する, 反抗する, 不和となる verba cum sententia scriptoris dissident その作家の言葉と思考は食い違っている virtus dissidens plebi (9d1) 民衆と意見を異にする美徳(=有徳の士)

dissīgnātiō → dēsīgnātiō

dissīgnātor (**-sign-** ?) *m.* dissīgnā-tōris *3* §26 [dissīgnō] **1.** 劇場で座席を指定する公僕 **2.** 葬儀屋

dissiliō *4* dis-silīre, siluī, —— §101 [dis-, saliō §174(2)] **1.** 烈しく飛んで離れる, あちこちへ飛び散る, 裂けてこなごなに散る **2.** 破裂する, 裂ける, 割れる, こわれる, 砕ける dissiluit mucro 剣はこなごなに砕けて散った gratia fratrum dissiluit 兄弟の好誼(よしみ)はこわれた

dissimilis *a.3* dis-simile §54 (比)dissimilior (最)dissimillimus §60(ロ) 似ていない, 同様でない, 違った, 異なった Sui (9c13) dissimilior fiebat 彼は本来の彼といっそう違ってきた

dissimiliter 副 §67(2) 異なって, いろいろに, 違ったやり方で

dissimilitūdō *f.* dissimilitūdinis *3* §28 [dissimilis] 相違, 不同, 不似合, 不調和, 矛盾

dissimulanter 副 [dissimulāns §67(2), dissimulō の現分] 本当の意図, 感情をいつわり隠して, 本心をいつわって, 偽善的に

dissimulantia *f.* dissimulantiae *1* §11 [dissimulō] = **dissimulātiō**

dissimulātiō *f.* dissimulātiōnis *3* §28 [dissimulō] **1.** 真の意図(感情)をいつわりかくす(かくそうとする)こと **2.** 韜晦(とうかい), 変装, 見せかけ, 無知を装うこと, 見て見ぬ振りをすること **3.** (ソークラテース的)皮肉(εἰρωνεία)

dissimulātor *m.* dissimulātōris *3* §26 [dissimulō] 本心をいつわりかくす人, わざと無知を装う人

dissimulō *1* dis-simulāre, -lāvī, -lātum §106 (原義)似せない, 違える **1.** 本人であることをかくす, 正体をかくす **2.** 仮装(変装)する **3.** (意見・事実を)つつみかくす, いつわる **4.** ふりをする, 見せかける, 見て見ぬふりをする **5.** 無視する, 見のがす Caesar ea, quae cognoverat, dissimulanda (147) sibi (9d11) existimavit カエサルは知っていたそのことを知らない風をすべきだと考えた

dissipātiō *f.* dissipātiōnis *3* §28 [dissipō] **1.** 分散, 散布, 分配 **2.** 分解, 溶解, 破壊, 全滅 **3.** 浪費, 蕩尽

dissipō (**dissupō**) *1* dis-sipāre,

distendō

-pāvī, -pātum §106 **1.** ぶちまける, まきちらす **2.** 追い散らす, 潰走させる, 四散させる **3.** (噂)ひろげる, 流す **4.** 粉砕する, こなごなにする, 破壊する **5.** 使い果たす, 浪費する, 蕩尽する **6.** 腫(は)を散らす dissipatis (9f18) ac perterritis hostibus 敵どもはちりぢりになってひどくおびえていたので

dissitus → disserō

dissociābilis *a.3* dissociābile §54 [dissociō] **1.** 仲を絶つ, 相入れない, 両立できない, 分離した **2.** 妥協(調和)しない, 一致しない

dissociō *1* dis-sociāre, -āvī, -ātum §106 **1.** 分ける, 離す, 隔てる **2.** 仲を裂く, 不和にする, 離反させる, 統一を破る, 友情の絆(同盟の契り)を絶つ continui montes, ni dissocientur (116.9) opaca valle 木陰の暗い谷で隔てられた以外は長い尾根のつづく山並み

dissolūtē 副 [dissolūtus §67(1)] **1.** 脈絡なく, 接続詞なく **2.** 道徳的に厳しくなく, ふしだらに, 無気力に

dissolūtiō *f.* dissolūtiōnis *3* §28 [dissolvō] **1.** 分解, 解体, 破壊 **2.** 意識(体力)の喪失, 無気力 **3.** 道徳上の退廃, 政治上の崩壊 **4.** 接続詞省略 **5.** 反駁, 論破 **6.** 廃止, 破棄 **7.** 弛緩(しかん) ～ stomachi 下痢

dissolūtus *a.1.2* dissolūt-a, -um §50 [dissolvōの完分] (比)dissolutior (最)dissolutissimus **1.** 結び目のとけた, しっかりと固定されていない, ぐらぐらする, ゆるんだ **2.** しまりのない, だらしのない, 道徳的に厳しくない, 身持ちの悪い **3.** 接続詞の, 脈絡のない, 支離滅裂な **4.** 無関心の, 不気味な

dissolvō *3* dis-solvere, -solvī, -solūtum §109 **1.** ばらばらにする, 分解(解体)させる **2.** 溶かす, 溶解させる **3.** 混乱させる, ひっくり返す **4.** 散らかす, 広める(噂を) **5.** (結び目を)とく, ほどく, ゆるめる, ぐらつかせる, 解放する **6.** (問題を)解く, 解決する, (借金を)返済する, 支払う, (罰を)受ける **7.** 力を殺(そ)ぐ, 衰弱させる **8.** 論破する, 無効とする, 終わ

らせる, なくする, (法律を)廃止する **9.** (腫れ物を)散らせる

dissonus *a.1.2* disson-a, -um §50 **1.** 違った音をまぜ合わせた, 音の混乱した, 不協和(不調和)の, 耳障りな, 調子はずれの **2.** さまざまの音からなる, 調和しない, お互いに異なった, 矛盾する, さまざまの gentes dissonae sermone (9f3) moribusque 言葉も習慣も種々雑多な民族

dissors *a.3* dissortis §55 他人と違った運命の, 他人と関係しない(分け持たない)

dissuādeō *2* dis-suādēre, -suāsī, -suāsum §108 **1.** やめよ(するな)と忠告する, 勧告する, 意見(説得)して思いとどまらせる **2.** 諫止(かんし)する, 反対する, 拒絶する ad dissuadendam (121.3) pacem 平和条約に反対するために

dissuāsiō *f.* dissuāsiōnis *3* §28 [dissuādeō] 反対して忠告すること, 忠告して思いとどまらせること, 諫止

dissuāsor *m.* dissuāsōris *3* §26 [dissuādeō] 諫止(かんし)する人, 思いとどまらせる人, 反対して発言する人

dissultō *1* dis-sultāre, ——, —— §106 **1.** 飛んで離れる, 四方へ飛び散る, 跳んで後退する, はねかえる **2.** 破裂して, こなごなになる, (光・音が)突然四方へ広がる(弾け散る) nec fulmine (9f11) tanti dissultant crepitus 落雷によってもこれほど大きな音響ははね返らない

dissuō *3* dis-suere, -suī, -sūtum §109 縫い目をとく, 結び目をほどく, ひきさく, ひろげる

dissupō → dissipō

distantia *f.* distantiae *1* §11 **1.** 2つの物(地点)の間の直線距離, 間隔, 時間上の隔たり **2.** 差異

distendō *3* dis-tendere, -tendī, -tentum (-tēnsum?) §109 **1.** 違った方向へ(あるいは両方へ)ひっぱる, 伸ばす, 張る, 広げる **2.** 分散させる, (戦列を)展開させる **3.** ふくらませる, 一杯に満たす **4.** あちこち同時の奔命(緊張)で疲れさせる, 苦しめる, 拷問にかける distenta lacte capella 乳で一杯の牝山羊 animum cupidi-

distentus　230

tate distendimus 我々は欲望で精神を責めさいなむ

distentus[1] *a.1.2* distent-a, -um §50 ［distendō の完分］（比）distentior ふくれた，充満した

distentus[2] *a.1.2* distent-a, -um §50 ［distineō の完分］（最）distentissimus 心を奪われた，没頭した，多忙の

distīnctē 副 ［distīnctus §67(1)］ **1.** はっきりと，明瞭に，正確に，きっぱりと **2.** 別々に，区別して，分離して

distīnctiō（dī-？）*f.* distīnctiōnis *3* §28 ［distinguō］ **1.** 区別（分離）すること **2.** 相違，差異，変化 **3.** 区分，区別，識別，分類，定義 **4.** 部分，区切り distinctio veri a falso 真実と虚偽の区別

distīnctus（dīstin-？）*a.1.2* distīnct-a, -um §50 ［distinguō の完分］（比）distinctior **1.**（時空の上で）お互いに離れて立っている，はっきりと区別された **2.** 別々の，異なった **3.** きわだった，目立つ，飾られた，色合いの差のある，多種多様の **4.** はっきりとした，明瞭な，まぎれもない，理路整然とした pocula gemmis distincta 宝石で引き立つ酒杯

distineō *2* dis-tinēre, -tinuī, -tentum §108 ［dis-, teneō §174(2)］ **1.** ばらばらに離しておく，分裂させる，お互いに遠ざけておく，隔離する **2.** 注意を分散させる，そらす，困らせる，混乱させる **3.** 注意（力）の集中を妨げる，一緒になる（統一行動をとる）のを妨げる，防ぐ，干渉する duo freta distinet isthmos 地峡が二つの海を分け隔てている docet, quanto opere rei publicae intersit（170, 116.10）manus hostium distineri 彼は教える，敵の軍勢があちこちに切り離されていることがいかに国家にとって利益であるかを distineor et divellor dolore 私は苦痛によって引き裂かれ，のたうち回っている

distinguō *3* di-stinguere, -stīnxī, -stīnctum（stin-？）§109 **1.** お互いに分ける，区別する，離しておく，差別する，仕切る **2.** はっきりとさせる，目立たせる，特徴づける **3.** 色合い（濃淡）をつける，様々な色をつける，変化させる，飾る，美しく

する **4.** 句読点をつける，間(ま)をおく，中断させる **5.** 見分ける，識別する vero（9f7）distinguere falsum 虚偽と真理を区別する（見分ける）quid sit（116.10）melius, non distinguitur どちらがいっそう良いか区別がつかない jam tibi lividos distinguet autumnus racemos purpureo varius colore やがて君のため，青いブドウの房を紅葉の秋が，赤紫に色づけることだろう

distō（dī-？）*1* di-stāre, ──, ── §106 ［dis-, stō］ **1.** お互いに（あるいはある人・所から）離れて立つ，おる，ある **2.** 時間的に離れている，遠い，隔たっている **3.** お互いに（又はあるものと）違っている，区別される **4.**（非）相違がある（*cf.*§168）distant multum inter se sidera 星はお互いに遠く離れている scurrae（9d5）distabit amicus 友人は幇間と違うだろう haud multum distanti tempore（9f18）しばらくたって

distorqueō *2* dis-torquēre, -torsī, -tortum §108 **1.** あちこちとまげる，よじる，ねじる，ころがす **2.** 拷問にかける，責めさいなむ，苦しめる cogitationem ～ 脳みそをしぼる，苦心さんたんする os ～ 顔をしかめる，ゆがめる oculos ～ 目をぎょろきょろさせる，目くばせをする

distortus *a.1.2* distort-a, -um §50 ［distorqueō の完分］（比）distortior（最）distortissimus **1.** ゆがんだ，曲がった，ねじれた **2.** 恰好の悪い，奇形の，外観のそこなわれた **3.** 根性のまがった，ひねくれた，つむじ曲がりの

distractiō *f.* distractiōnis *3* §28 ［distrahō］ **1.** 引き裂くこと，引き離すこと，分離，分裂，切断 **2.** 仲たがい，不和，疎遠

distrahō *3* dis-trahere, -trāxī, -trāctum §109 **1.** ずたずたに引き裂く，あちこちへひっぱる，引きずり回す，ひきちぎる **2.** 破る，分離させる，追い散らす，分（解）散させる **3.** 力ずくで引き離す，仲をさく，不和にする **4.** 注意を分散させる，混乱させる，ぐらつかせる，無効にする，阻止する，挫折させる **5.** 分売する，小売りする Taurus mediam distrahens Asiam

アジアを真二つに分けているタウルス山脈 famā distrahi 噂で引きさかれる, 不評を蒙る, 名誉を傷つけられる vis morbi distracta per artus 手足へと分散した病気の力 vestem inter eos distractam 彼らの間で(お互いにひっぱり合って)ずたずたに引き裂かれた着物を

distribuō 3 dis-tribuere, -tribuī, -tribūtum §109 **1.** 分配する, 分かち与える, 配当(配給)する **2.** 分ける, 区別する **3.** 配列する, 配達する ex reliquis captivis toto exercitui capita singula praedae nomine distribuit 残りの捕虜を一人ずつ全軍兵士に戦利品の名目で配分した

distribūtē 副 [distribūtus (distribuō の完分)] §67(1) (比)distributius 秩序を守って, 規律正しく, 整然と

distribūtiō *f.* distribūtiōnis 3 §28 [distribuō] **1.** 分配, 割り当てる, 分割, 区分 **2.** 配分, 配列, 整理, 整頓, 分類, 類別

districtus (**dī-** ?) *a.1.2* district-a, -um §50 [distringō の完分] (比) districtior 相反する方へひっぱられた, あちこちで同時に仕事に従事した, 多忙の **2.** 邪魔された

distringō (**dī-** ?) 3 di-stringere, -strinxī, -strictum §109 **1.** あちこちへ(四方へ)ひっぱる, ひろげる, のばす **2.** あちこちで縛り(固定させて)ひきのばす, 拷問台で手足をひきのばす, 苦しめる, 責めさいなむ **3.** あちこちで同時に仕事に従事する, 注意を散らす **4.** ひきとめる, 妨げる radiis rotarum districti 車輪の輻(*)に手足をひっぱられ縛られた(拷問台に苦しめられた)(者たち)

distulī → differō

disturbātiō *f.* disturbātiōnis 3 §28 [disturbō] 破壊, 滅亡

disturbō 1 dis-turbāre, -bāvī, -bātum §106 **1.** 荒々しく追い散らす, 散り散りにする **2.** (秩序, 整頓を)乱す, 混乱させる, めちゃくちゃにする, 台なしにする **3.** ひっくりかえす, 壊す

dītēscō 3 dītēscere, ——,

§109 [dīs] 金持ちになる

dithyrambus *m.* dithyrambī 2 §13 <διθύραμβος 合唱(抒情)歌の詩形

dītō 1 dītāre, -tāvī, -tātum §106 [dīs] 富ませる, 金持ちにする

diu (**diū**) 副 (比)diutius (最)diutissime §68 **1.** 昼間に, 一日中 diu noctuque ひるもよるも, 絶え間なく **2.** 長い間, 久しく, 以前から diu ante (post) ずっと以前に(ずっと後に) diu est quod (cum)…して以来長く経つ jam diu est quod ventri victum non datis お前らが腹に食物をくれなくなってからもう久しい

diurnus *a.1.2* diurn-a, -um [diēs] §50 **1.** 昼の, 一日の, 日中の **2.** 毎日の, 日々の **3.** 日雇いの, 昼に働く populi diurna acta (＝diurni commentarii) 国民日報, 公報日誌(名)**diurnum** *n.* diurnī 2 §13 1 一日の食糧配給 **2.** 日記帳, 家計簿

dīus *a.1.2* dīa, dīum §50 <δῖος **1.** 日光に満ちた **2.** 超自然の光を授かった, 神の如き, 神々しい **3.** 神から霊感を受けた

diūtinus (**diŭ-**) *a.1.2* diūtin-a, -um §50 長く続いた(耐えてきた), 長続きのする, 長びいた

diuturnitās (**diū-** ?) *f.* diuturnitātis 3 §21 **1.** 長い時間の流れ, 経過 **2.** 持続性, 耐久力 **3.** 長寿

diuturnus (**diū-** ?) *a.1.2* diuturn-a, -um §50 [diū] (比)diuturnior **1.** 長く続く, 接続する, 永久の, 不変の **2.** 耐久性のよい, 持ちのよい **3.** 長く続いた, 慣性の **4.** 長寿の

dīvāricō 1 dī-vāricāre, -cāvī, -cātum §106 **1.** 両足をひろげて(またいで)立たす **2.** お互いに離しておく, 広げて(のばして)離す, (両腕・翼を)ひろげる

dīvellō 3 dī-vellere, -vellī(-vulsī), -vulsum (-volsum) §109 **1.** 引き裂く, 破って開く, ひきちぎる **2.** ずたずたに裂く, 二つに裂く **3.** お互いに引き離す, 離間させる, 仲をさく **4.** 力ずくで引き離す, 断ち切る, 立ち去らせる **5.** 奪いとる, 除

dīvendō

去する, 破壊する res a natura copulatas divellere 自然によって結合されたものを強引に引き離すこと

dīvendō *3* dī-vendere, -didī, -ditum §109 **1.** 一つずつ売る **2.** 財産を競売に付す

dīverberō *1* dī-verberāre, -rāvī, -rātum §106 **1.** たたいて(打って)割る, 裂く, 分ける, 切断する **2.** 烈しく打つ(たたく), 打ちのめす

dīverbium (**dēv-**) *n.* dīverbiī *2* §13 喜劇の中の音楽を伴わない対話の部分

dīversē (**dīvorsē**) 副 [dīversus §67(1)] (比)diversius (最) diversissime **1.** さまざまの方向に, 違った方向で, あちこちで, 離れた地点で **2.** さまざまのやり方で, 別な方法で

dīversor, dīversōrium, dīvertō → dēver-

dīversus *a.1.2* dī-vers-a, -um §50 [dīvertō の完分] (比)diversior (最) diversissimus **1.** (お互いに)違った(別々の)方向を示した(面した) **2.** 違った(反対の)方向に, お互いに離れた, 対立した, 正反対の **3.** (姿, 性質など)相違した, 相いれない, 敵対した, さまざまの cur diversus abis? なぜお前は私と反対の方へ立ち去るのか diversis ex Alpibus decurrentes (amnes) アルプス山脈の(南北)両側から発して反対の方へ流れ下る河川 est huic diversum vitio (9d13) vitium この悪徳(卑屈な阿諛)と正反対の悪徳(傲慢無礼)がある

dīves *a.3* dīvitis §57 (比)divitior (最)divitissimus **1.** 金持ちの, 富裕な **2.** 肥沃な, 実り豊かな, 飾られた, 一杯の, 属(9c13), 奪(9f17)とも用いられる **3.** 高価な, 豪奢な, 贅沢な dives templum donis 奉納品で一杯の神殿

dīvexō *1* dī-vexāre, -xāvī, -xātum §106 **1.** 引き離す **2.** 略奪する, 荒らす **3.** 虐待する, いじめる, 苦しめる

Dīviciācus *m.* Dīviciācī *2* §13 ガッリアの Aedui 族の王, J.Caesar の友人

dīvidō *3* dī-videre, -vīsī, -vīsum §109 **1.** 分ける, 離す, 裂く, 割る, 隔てる **2.** (全体を)いくつかの部分に分ける, ばらばらにする, 解体する, 分類する **3.** お互いを分かつ, 切り離す, 離間させる, 分裂させる, 党派に分ける **4.** 分配する, 配置する, 区分けする, 識別する Gallia est divisa in partes tres ガッリアは三つの部分に分かれている divisa a corpore capita 体から切り離された頭 quem patria longe dividit 祖国が遠く引き離しているその人(遠く祖国から離れている人) agros viritim civibus ～ 農地を市民の一人一人に分配する

dīviduus *a.1.2* dīvidu-a, -um §50 [dīvidō] **1.** 分けられる, 区別される **2.** 2つ(以上)に分けられた, 分離(分岐)した, 叉状の **3.** 減少した

dīvīnātiō *f.* dīvīnātiōnis *3* §28 [dīvīnō] **1.** 未来を予見(予知)する技(才能), 予言 **2.** 予測, 推定, 直観 **3.** 大勢の告訴志願者の中から告発者を予選(選定)すること

dīvīnē 副 [dīvīnus §67(1)] (比)divinius 心霊(神威)に導かれて, 霊感を受けたかのように, すばらしく, すぐれて, いみじくも

dīvīnitās *f.* dīvīnitātis *3* §21 [dīvīnus] **1.** 神であること, 神格 **2.** 神の性質(力), 神聖, 神性, 神威, 予言力, 神の英知 **3.** 超人的な完璧, 優秀, すばらしさ

dīvīnitus 副 [dīvīnus] **1.** 神の霊感によって, 神の摂理(天命)によって, 天来の妙音により **2.** 神々しく, すばらしく, 絶妙に, 見事に

dīvīnō *1* dīvīnāre, -nāvī, -nātum §106 [dīvīnus] **1.** 予言する, 予見する, 直観で予知する, 占う, 前兆を示す, 霊感で予感する **2.** 推測する, 推定する, 見抜く

dīvīnus *a.1.2* dīvīn-a, -um §50 [dīvus] (比)divinior (最)divinissimus **1.** 神(々)の, 神(々)に属する **2.** 神の如き, 神聖な, 神々しい **3.** 超自然力をもった, 神通力のある, 予見(予言)の能力を持つ **4.** 神から霊感を受けた, 天来の **5.** 驚嘆す

べき，素晴らしい，非凡な nihil ratione divinius 理性以上に神的なものはない imbrium divina avis imminentum (55 注3) さしせまっている嵐を予知する鳥

dīvīsī → dīvido

dīvīsiō *f.* dīvīsiōnis *3* §28 [dīvido] **1.** 分配，分割，配分，区分 **2.** 採択にあたって，二つに分かれての賛否表示 **3.** 割り算

dīvīsor *m.* dīvīsōris *3* §26 [dīvido] **1.** 分配する人 **2.** 選挙にやとわれて賄賂(ᵂ゙゚)を配る人

dīvīsus *m.* dīvīsūs *4* §31 [dīvido の完分] 〔与格のみで用いられる〕分配，分割 facilis divisui (9d13) 分割し易い

dīvolsus → dīvello

dīvorsus → dīversus

dīvortium (**dīver-**) *n.* dīvortiī *2* §13 [dīvertō] **1.** 道，川の分岐するところ，分かれ道，合流点，交差点 **2.** 分水界，境界 **3.** 変り目，転機 **4.** 離婚，別離，決裂，解消 **5.** 相違，分派

dīvulgātus *a.1.2* dīvulgāt-a, -um §50 [dīvulgō の完分] (最)divulgatissimus **1.** 共通の財産となった，広くひろがった，誰にも手に入りやすい **2.** 普通の，ありふれた，平凡な

dīvulgō *1* dī-vulgāre, -gāvī, -gātum §106 **1.** 情報をまき散らす，広める，知らせる，公示する **2.** 秘密をもらす，口外する **3.** 公にする，出版する，公の財産にする

dīvulsī, dīvulsus → dīvello

dīvus *a.1.2* dīv-a, -um §50 神の，天の，神の如き，神として崇められた，神聖な(名)**dīvus** *m.* dīvī *2* §13 (*gen. pl.* dīvōrum=dīvum 14.1) **1.** 神，神の如き存在 **2.** 神君(皇帝の死後の称号)(名)

dīvum *n.* divī *2* §13 空，天空

dīxī → dīcō

dō 不規 dăre, dedī, dătum §159 **1.** 与える，手渡す，提供する，授与する，施す，寄付する，贈る **2.** 支払う，譲渡する，引き渡す，捧げる，放棄する **3.** する力を与える，可能とする **4.** ゆだねる，まかす，置く，託す，任命する，割り当てる，

課す **5.** 許可(行為)を与える，みとめる，…させる **6.** 帰す，せいにする，負わす **7.** 言う，発表する，述べる，公表(出版)する (意味によるさまざまの構文) litteras ad te numquam habui cui darem (116.6) あなた宛の手紙を託すべき人(配達人)がいなかったのだ negat se posse iter ulli per provinciam dare 彼は言う「属州内の通行は誰にも許せない」と sin homo amens diripiendam (121.3) urbem daturus (143) est しかしもしあの気違いがその町を人々の掠奪に任すつもりでいるならば cum Gallio crimini (9d7) dedisset sibi eum venenum paravisse (117.5) 彼がガッリウスを「奴は私を毒殺しようとした」と告発したとき quod nostrae aetati dii dederunt ut videremus 神々はそれを我々の世代が見ることを許したのだ Scauro datum (est) ne bona publicarentur スカウルスには財産没収は免除された (equus) quem candida Dido esse (117.4) sui dederat monimentum et pignus amoris (この馬は)美しいディードーが自分の恋の思い出とも形見ともなるようにと与えていたのだ cur hoc factum sit, paucis dabo なぜこうなったのか少し説明しよう filiam huic nuptum (120.1) dabo 私は娘をこの男に嫁にやるだろう in pedes se dare 逃げる

doceō *2* docēre, docuī, doctum §108 **1.** 教える，さとらせる，習得させる **2.** 話す，告げる，云う，述べる，報告する，知らせる **3.** 実演してみせる，実物で説明する，指導する，けいこさせる pueros elementa (9e2) 〜 子供に初歩を教える 〜 esse deos (117.5) 神の存在していることを教える milites docuit quantum usum haberet (116.10) それがいかに有益であるかと兵士らに訓示した

docilis *a.3* docile §54 [doceō] (比)docilior **1.** 学ぶ用意ができている，教化し得る，教育に適した **2.** よく教えを聞く，物覚えの早い，利発な，すなおな，従順な dociles imitandis (121.3, 9d13) turpibus ac parvis omnes sumus 我々はみんな恥ずかしいことや曲がったことをまねしようといつでも身構えているのだ

docilitās 234

docilitās *f.* docilitātis *3* §21
[docilis] **1.** 学ぶのに適していること，教
え易いこと **2.** 従順，敏感，利発(性)
doctē 副 [doctus §67(1)] (比)
doctius (最)doctissime **1.** 賢く，利
口に，巧妙に，抜け目なく，手際よく **2.** 学
者らしく，慎重に
doctor *m.* doctōris *3* §26 [doceō]
教師，調教師
doctrīna *f.* doctrīnae *1* §11
[doctor] **1.** 教えること，教育，指導，
調教，訓練 **2.** 学識，学問，技芸，学科，
教義，学説 num virtutem doctrina
paret, naturane donet (116.4)? 美徳は
教育・訓練がもたらすものか，それとも自
然が贈るのか(の賜物か)
doctus *a.1.2* doct-a, -um §50 [doceō
の完分] (比)doctior (最)doctissimus
1. 学問のある，博学な，賢明な，教養の
ある **2.** 洗練された，熟達した，老練な，
多芸に通じた fandi (162, 9c6) doctissi-
ma 弁論の才に最も長じた(女) docte
(9b) sermones (9e9) utriusque linguae
ギリシア・ローマ両方の学問に通じたお方
よ sagittas tendere (117.3) doctus 弓
を射るのに熟達した(人)
documentum *n.* documentī *2*
§13 [doceō] **1.** 教訓，警告，見せし
め **2.** 実例，見本，証明，手本 habeat
(116.2) me ipsum sibi documento
(9d7) 彼が私自身を自分の手本とするとい
いのに
Dōdōna (-ē) *f.* Dōdōnae *1* §11
(37) ギリシアの北西地方 Epirus の町，
Zeus の神託の座(託宣所)のあるところ
(形) **Dōdōnaeus** *a.1.2* -naea, -naeum
§50 Dodona の
dōdrāns *m.* dōdrantis *3* §21 <
de-quadrāns 4 分の 3
dogma *n.* dogmatis *3* §§22, 41
(2) <δόγμα 教養，教理，主義，原
理
Dolābella *m.* Dolābellae *1* §11
1. ローマ人の家名 **2.** Cornelius Dolabella,
Cicero の娘の夫
dolābra *f.* dolābrae *1* §11 [dolō]

先端に斧(ま)とつるはしの二つの刃を持った
長柄の道具
dolēns *a.3* dolentis §58 [doleō の現
分] (比)dolentior (最)dolentissimus
1. ひどく苦しんでいる，悲痛(心配，愁い)
に満ちた **2.** 苦悩(悲しみ)を与える
dolenter 副 [dolēns §67(2)] (比)
dolentius 苦痛と共に，悲しんで
doleō *2* dolēre, doluī, dolitum §108
1. (体の部分)痛む，うずく，傷つく，痛い
2. (精神的に)苦しむ，悩む，悲しむ，なげ
く pes dolet 足が痛い doleo ab oculis 目
が痛い corpore (9f15) dolemus 体が痛
い meum casum doluerunt 彼らは私の
不幸をなげいてくれた doleo quod doles
あなたが苦しんでいるのが私はつらい mihi
(9d2) dolet, quum vapulo むちで打たれ
ると痛い unum hoc doleo tibi (9d1)
deesse あなたがそばにいないという，この
ひとことで私はつらい思いをしている cui
(9d2) dolet, meminit 人は苦しむとよく
覚えている
dōliolum *n.* dōliolī *2* §13 [dōlium
の小] 小さなたる，かめ，つぼ
dolitūrus → doleō の未分
dolium *n.* doliī *2* §13 陶製の大
きな(広口の)かめ，つぼ，又は，木製の大
たる
dolō *1* dolāre, -lāvī, -lātum §106
1. 斧でぶち切る，(斧で)荒削りする **2.** 打ち
のめす，棒で打ちつづける(なぐる) non
perpolivit illud opus, sed dolavit 彼は
その作品を磨いて完成したのではなく荒削
りをしたのだ
dolō *m.* dolōnis *3* §28 <δόλων
1. 矛(ほこ)，長槍 **2.** 船の前帆
dolor *m.* dolōris *3* §26 [doleō]
1. 体の痛み，苦痛 **2.** 心痛，苦悩，悲嘆，
悲哀 **3.** 憤激，恨み，怒り **4.** 激情，悲壮
な文体(調子) est jactura dolori (9d7)
omnibus その損害はすべての者に苦痛だ
dolorem dies longa consumit 長い年月
が苦しみをなくしてくれる veniam justo
dolori date 正当な憤りを容赦してくれ
dolōsē 副 [dolōsus §67(1)] 悪だく
みを使って，ぺてんにかけて，詐欺によっ

て

dolōsus *a.1.2* dolōs-a, -um §50 [dolus] **1.** 人を欺く, 狡猾な, 策を弄する, ずるい, 悪賢い **2.** 裏切る, 反逆する, 信頼できない amici ferre (117.3) jugum pariter dolosi 友情の軛を一緒に耐えることを裏切る友たち

dolus *m.* dolī *2* §13 <δόλος **1.** たくらみ, 策略, 手くだ **2.** 悪だくみ, 悪意, 避難すべき(不法な)行為 **3.** 狡猾, 詐欺 dolus malus 故意の不正, 詐欺, 犯意, 殺意 non dicere dolo 素直に言う dolo pugnandum est, dum quis par non est armis (9f12) 人は武勇で叶わないとき策略で戦うべきだ

domābilis *a.3* domābile §54 [domō] 制御できる, 馴らすことのできる, 従順な

domesticus *a.1.2* domestic-a, -um §50 [domus] **1.** 家の, 家庭の, 家事の **2.** 家族の, 親しい, なじみの **3.** 生国の, 国内の, 古里の, 町の **4.** 個人の, 固有の res domesticae 世襲財産 domesticum bellum 内戦 domesticus otior 家で一人静かに暮らしている

domicilium *n.* domiciliī *2* §13 [domus] **1.** 住所, 居所 **2.** 住宅, 家屋, 邸宅

domina *f.* dominae *1* §11 [dominus] **1.** 家の主婦, 女主人, 奥方, 貴婦人 **2.** 女支配者, 女王, ローマ皇帝の妃 **3.** 尊敬, 愛情をこめた呼び名として, 夫(男)が配偶者(母, 恋人)に用いた

domināns *a.3* dominantis §58 [dominor の現分] **1.** 支配(統治)している, する **2.** 適正な, 本来の, 普通の

dominātiō *f.* dominātiōnis *3* §28 [dominor] **1.** 家父長の地位, 権限 **2.** 統治(権), 支配(権) **3.** 独裁, 専制(政治)

dominātus → dominor

dominātus *m.* dominātūs *4* §31 [dominor] 専制(独裁)政治, 支配, 統治(権)

dominium *n.* diniī *2* §13 [dominus] **1.** 支配(権), 統治(権), 王

権 **2.** 所有権 **3.** 盛大な宴会, 酒宴, 祝宴

dominor *dep.1* dominārī, dominātus sum §§123(1), 125 **1.** 統治する, 支配する **2.** 専制君主(独裁者)として振る舞う, 専制政治を行う **3.** 家の主人である, 家を支配する urbs multos dominata per annos 長い年月君臨してきた都

dominus *m.* dominī *2* §13 [domus] **1.** 家父長, 一家の主, 家父長の息子 **2.** 所有主, 地主 **3.** 饗宴の主人役, 見世物の主催者, 提供者 **4.** 最高支配者, 専制君主 **5.** 首長, 頭(かしら), 指導者, 審判者 **6.** (ローマ皇帝の敬称)閣下, 殿 **7.** 恋人, 情夫の呼称 **8.** 現代の氏, 様, さんに相当する礼儀正しい言葉

Domitiānus *m.* Domitiānī *2* §13 ローマ皇帝(81-96)

Domitius *a.1.2* Domiti-a, -um ローマの氏族名

domitō *1* domitāre, -tāvī, ―― §106 [domō] **1.** 馴らして服従させる, 馴らす **2.** 御する, おさえる, 静める

domitor *m.* domitōris *3* §26 [domō] **1.** 馴らす人, 調教師, 訓練者 **2.** 征服者, 勝(利)者, 克己者

domitrīx *f.* domitrīcis *3* §21 [domitor] **1.** 女調教師 **2.** 女征服者

domitus → domō

domō *1* domāre, domuī, domitum §106 **1.** 飼いならす, 慣らす, 習熟させる **2.** 戦争で征服する, 負かす, 服従させる, 統制する rastris terram domat 彼は又ぐわで土地をならす domitas habere libidines 衝動をおさえておく

domus *f.* domūs *4* §§33, 70 **1.** 家, 住居, 建物, 墓 **2.** 豪壮な邸宅, 宮殿 **3.** 家庭, 家族 **4.** 生国, 祖国, 郷土 **5.** 巣, すみ家, 洞穴, 横穴 **6.** 学派 A 副詞的用法 domi, domo, domum *cf.* §70 B 特別な慣用句 **1.** domi 自分自身の中に, 自分の力で domi habet dolos 彼は生来の策士だ domi habuit unde disceret (116.8) 彼が(その人から)学ぶような人を自分自身の中にもっていた(彼は独学で知った) **2.** domum 自分の所有物に, 自分のふところへ publicam pecuniam

dōnārium 236

domum tuam convertisse あなたが公金を盗み，自分のものにしてしまったということ **3.** 自分の力から，体験から，頭から domo doctus dico 私自身の体験から学んで言っている

dōnārium *n.* dōnāriī *2* §13 ［dōnum］ **1.** 奉納物（宝物）収蔵室・奉物殿 **2.** 奥の院，神殿，祭壇

dōnātiō *f.* dōnātiōnis *3* §28 ［dōnō］ 贈与，寄贈，寄付，贈り物

dōnec *j.* **1.** …する時まで，…になるまで **2.** …している間，…である限り（接が用いられるとき目的，意図などが表現されている *cf.* 116.6）usque eo timui donec ad judices venimus 裁判官の所へやってくるまで私はずっと心配した aggressus est, donec Sisenna vim metuens aufugeret シセンナが暴力を恐れて逃げるまで（それを目的に）彼は攻撃した donec canities abest 白髪の老年が遠い先にあるうちに（恋をせよ）

dōnō *1* dōnāre, -nāvī, -nātum §106 ［dōnum］ **1.** 贈る，進呈する，贈与する，譲渡する，与える，授ける **2.** 謝礼をする，酬いる **3.** 捧げる，犠牲にする，ゆずる **4.** 許す，恩恵を与える，免除する praedam militibus ～ 戦利品を兵士に与える servum libertate（9f11）～ 奴隷に自由を恵む mercedes conductoribus ～ 借家人に家賃を免除する amicitias rei publicae ～ 国のため友情を犠牲とする

dōnum *n.* dōnī *2* §13 ［dō］ **1.** 贈り物，施し物 **2.** 供え物，奉納品，寄進，喜捨 **3.** 賞，褒美，祝儀 **4.**（神，大地の）恵み，贈り物 **5.** 贈与，敬意，礼儀 ultima dona 最後の礼儀，葬式（virtus）neque datur dono（9d7）neque accipitur（美徳は）贈り物としては与えられないし，また受け取られもしない（美徳はやりとりできない）

Dōrēs *m.pl.* Dōrum *3* §26 Dōris の人たち

Dōricus *a.1.2* Dōric-a, -um §50 **1.** ドーリス人の **2.** ドーリス式（建築）

Dōris *f.* Dōridis (-dos) *3* §42.7 ギリシアの中央部地方名

dormiō *4* dormīre, dormīvī (iī), dormītum §111 **1.** 眠る，寝る **2.** 何もしないでいる，怠ける (is) qui vigilans dormiat（116.8）起きていて眠っているような奴（怠惰な人）non omnibus dormio 誰に対しても寛大であるわけではない credebas dormienti haec tibi confecturos (esse) deos（117.5）? お前は果報は寝て待て（これらを神々がもたらすだろう）ということを信じていたのか

dormītō *1* dormītāre, -tāvī, —— §106 ［dormiō］ **1.** ねむくなる，うとうとする，居眠りをする，まどろむ **2.** 夢心地となる，ものうくなる，だらける，ぼんやりとする，無精となる dormitans lucerna 消えかかっている燈火

dorsum *n.* (**dorsus** *m.*) dorsī *2* §13 **1.** 背中，背面 **2.** 山の尾根 dorsus totus prurit 背中全体がかゆい（どうやらなぐられそうな予感がする）

dōs *f.* dōtis *3* §24 ［dō］ **1.** 嫁資（新婦の持参する財産）**2.** 贈り物，賜物 **3.** 基本財産，生来の立派な特質，天賦の才能，美徳，魅力 dos est magna parentium virtus 両親の美徳が大きな持参金 formosa virgo est dotis dimidium 美しい処女は嫁資の半分

dōtālis *a.3* dōtāle §54 ［dōs］ 嫁資（持参金）の，嫁資に関する

dōtātus *a.1.2* dōtāt-a, -um §50 ［dōtō の完分］（最）dotatissimus **1.** 立派な持参金を与えられた **2.** 資産・才能を豊かに（沢山）恵まれた（授けられた）

dōtō *1* dōtāre, dōtāvī, dōtātum §106 ［dōs］ 婚資として与える sanguine（9f11）Trojano dotabere（113）そなたにはトロイア人の血が婚資として与えられるだろう

drachma (**drachuma**) *f.* drachmae *1* §11 ＜δραχμή ギリシアの銀貨＝ローマの denarius (194)

dracō *m.* dracōnis *3* §41.8b ＜δράκων **1.** 蛇，竜（宝の守護者）**2.**（天）竜座

Dracō *m.* Dracōnis *3* §41.8b 前7世紀の Athenae の立法者

dracōnigenus *a.1.2* dracōni-gen-a, -um §50 ［dracō, gignō］ 竜(蛇)から生まれた，竜の子孫の

dromas *n.* dromadis *3* §41.5b <δρομάς ヒトコブラクダ

Druidēs *m.pl.* Druidum *3* §21 = **Druidae**, -ārum *m.pl.* *1* §11 古代ケルト族固有の宗教の司祭

Drūsus *m.* Drūsī *2* §13 **1.** ローマの家名 **2.** Nero Claudius Drusus Tiberius 皇帝の弟で Claudius 皇帝の父

Dryas *f.* Dryadis *3* §41.5b 森の妖精

dubiē 副 ［dubius §67(1)］ ためらいがちに，疑いつつ，あやふやに，あいまいに

dubitābilis *a.3* dubitābile §54 ［dubitō］ 疑わしい，あやしい，疑われ易い

dubitanter 副 ［dubitāns＝dubitō の現分］ ためらいつつ，疑いながら

dubitātiō *f.* dubitātiōnis *3* §28 ［dubitō］ **1.** 疑い，疑念，疑問，不確定 **2.** ためらい，気迷い，不決断，当惑

dubitō *1* dubitāre, -tāvī, -tātum §106 ［dubius］ **1.** 疑う，疑問を持つ **2.** 迷う，ためらう **3.** 熟考する，…かどうかを疑う de eorum fide dubitatis? 君らは彼らの信義を疑っているのか dubitate quid agatis お前らは何をしているのかよく考えて見ろ an dea sim (116.10), dubitor 私が女神かどうかを疑われている flumen transire (117.4) non dubitant 彼らは川を渡ることをためらわない

dubius *a.1.2* dubi-a, -um §50 ［duo］ **1.** あちこちとぐらついている，どうすべきか決心のつかない，ためらっている，気迷っている **2.** 疑っている，不確かな **3.** あいまいな，両義の **4.** 信頼できない，危険な spem metumque inter dubii (彼らの心は)希望と不安の間でゆらいでいる dubius sum quid faciam どうすべきか私は迷っている non esse dubium quin totius Galliae (9c4) plurimum Helvetii possent (116.11) 全ガリアでヘルウェティイ族が最強な部族であることは疑えない dubia cena 選択に迷うほどの御馳走 aeger

dubius 危篤の病人 procul dubio 疑いもなく

dūc → dūcō §107.3

ducātus *m.* ducatūs *4* §31 ［dux］ 指揮者の地位，統率力

ducēnī 数 ducēn-ae, -a §§101, 50 200 ずつ，それぞれ 200 の，一度に 200 の

ducentī 数 ducent-ae, -a §§101, 50 200, 200 の

dūcō *3* dūcere, dūxī, ductum §109 **1.** 引く，引き出す，ひっぱる **2.** 引きのばす，ひろげる，糸をつむぐ **3.** 引き寄せる，つかむ，釣る，回収する，しまう，入手する **4.** 延期する，長びかせる **5.** 導く，連れて行く，案内(同伴)する **6.** 率いる，指揮する，命じる **7.** ひきずって行く，連行する，駆る，おいたてる **8.** 見積もる，評価する，考える，信じる，みなす **9.** 引き寄せる，心を動かす，感動させる，魅する **10.** 妻をめとる **11.** 息を吸う，吸い込む，(酒・水を)飲む(飲み干す) ducto mucrone 剣を抜いて vivos ducent de marmore vultus 彼らは大理石から生きた顔(像)を引き出す(製作する)だろう Caesar cohortatus (118.4) suos legionem nonam subsidio (9d7) ducit カエサルは部下を激励し第 9 軍団を援軍として率いていく perpetuae fossae ducebantur 長い溝がずっと引きのばされた(掘られた) spiritum naribus ～ 息を鼻から吸う aliquem in numero hostium ～ 誰々を敵の中に数える(敵とみなす) magni (9c7) ～ 高く評価する

ductō *1* ductāre, -tāvī, -tātum §106 ［dūcō］ **1.** 導く，案内する，家へ連れて行く **2.** 率いる，指揮する **3.** あざむく，だます，かどわかす，迷わせる

ductor *m.* ductōris *3* §26 ［dūcō］ **1.** 先導者，案内人 **2.** 指揮官，将軍，指導者 **3.** 船長，騎手，御者

ductus *m.* ductūs *4* §31 ［dūcō の完分］ **1.** 引くこと，運んでくること，通すこと，(流れる)道，筋，線 **2.** 導くこと，率いること，指揮，命令

dūdum 副 **1.** 以前から，少し前，最近，たった今 **2.** ずっと以前に，以前から iam dudum もうずっと前から(以前に) haud

dudum それほど前ではない quam dudum? どれほど前に(前から)

duellum = bellum

duim, duis, duit → dō の古形 §159 (注)

dulcēdō *f.* dulcēdinis *3* §28 [dulcis] **1.** 甘い風味, 甘さ **2.** 心地良さ, 快適, 喜び, 快感, 魅力

dulcēscō *3* dulcēscere, ——, —— §109 [dulcis] 甘くなる

dulcis *a.3* dulce §54 (比)dulcior (最)dulcissimus **1.** 甘い, うまい **2.** 心地よい, 甘美な **3.** 芳しい, 香りのよい **4.** 旋律の美しい, 響き(調子)のよい **5.** かわいい, いとしい, 大切な, やさしい, 魅力ある (名)**dulce** *n.* dulcis §20 **1.** 甘美, 喜び **2.** 甘い食物, 飲物 dulce est pro patria mori 祖国のために死ぬことは美しい

dulciter 副 [dulcis §67(2)] (比) dulcius (最)dulcissime §68 **1.** 美しい旋律で, 調子よく **2.** 魅力あるやり方で, 楽しく, 喜ばしく **3.** 愛情をこめて, やさしく

dulcitūdō *f.* dulcitūdinis *3* §28 [dulcis] **1.** 甘さ, 好感, 魅力 **2.** こまやかな愛情

dum¹ 副 **1.** そのうち, その間に **2.** (繰り返しで)あるときは, …また別な時は **3.** enclitic (前接語)の如く(イ)否定辞の後で nondum まだ…でない vixdum ほとんど…でない (ロ)命令法や疑問詞のあとでさあ, ただ, では circumspice dum te お前の回りだけ見ておれ agedum さあ, さあ早く quidum? 一体どうして

dum² *j.* **1.** …している間に, …しているうち, …のとき **2.** …するまで(ずっと) **3.** …である限り, …であるならば, もし…ならば **A.** 直と homines dum docent, discunt 人は教えているうちに学ぶ haec dum aguntur, interea, Cleomenes jam pervenerat これらのことが行われているうちに, C.はすでに到着していた mane hic, dum sol occiderit 日が沈むまでここで待っておれ Tiberius Gracchus tam diu laudabitur dum memoria rerum Ro-manarum manebit ローマ史の記憶が残る限りずっと長く T.G は賞賛されるだろう **B.** 接(116.6f)と exspecta, dum Atticum conveniam 私が A.と合うまで待っていてくれ mea nil refert (170), dum patiar modo 私がただそれを辛抱しておれさえすれば私と何の関係もないことだ

dūmētum *n.* dūmētī *2* §13 [dūmus] やぶ, 茂み, 茨(低木)におおわれた所

dummodo *j.* [dum + modo] もし…ならば, …である限り, という条件で

dūmōsus *a.1.2* dūmōs-a, -um §50 [dūmus] 茨が一面においしげった, やぶでおおわれた

dumtaxat 副 **1.** 厳密に言うと, 正しく見積もるならば, せいぜい, 最大限, 多くて, 少なくとも **2.** ただ, ちょうど, 正しく **3.** ～である限り, の点では sint (116.5) ista pulchriora dumtaxat aspectu (9f3) それらは少なくとも外観に関する限りいっそう美しいかも知れない potestatem habere dumtaxat annuam ちょうど一年間権限を持つこと non dumtaxat ... sed …のみならず, …も又

dūmus *m.* dūmī *2* §13 茨(いばら)の茂み, やぶ

duo 数 duae, duo §100 **1.** 2つの **2.** 二人, 対, 夫婦

duo-decim 数 §§99, 101 12

duodecimus 数 duo-decim-a, -um §101 12 番目の, 第 12 の duodecima (pars) 12 分の 1

duodēnī 数 duo-dēnae, -dēna §101 それぞれに 12, 12 個(人)ずつ, 一度に 12

duodēquadrāgintā 数 §§99, 101 38

duodētrīcēsimus 数 duo-dē-trīcēsim-a, -um §§101, 98 28 番目の, 第 28 の

duodētrīgintā 数 §§101, 99 28

duodēvīgintī 数 §§101, 99 18

duplex *a.3* duplicis §54 **1.** 2つに折りたたまれた, 2つ折りの **2.** 2重の, 2倍(大きい, 長い) **3.** 2つに分かれた, 裂けた **4.** 両方の, 一対の **5.** 両義の, あいまいな **6.** 二枚舌の, ずるい, 狡猾な huius munitionis (9c12) duplex erat consilium この防御施設は2重の目的を持っていた duplices oculi 両眼

duplicārius *m.* duplicāriī *2* §13 〔duplex〕 報酬として2倍の食糧配給をもらっている兵士

dupliciter 副〔duplex §67⑵〕二倍(重)にして，二つの方法で

duplicō *1* duplicāre, -cāvī, -cātum §106〔duplex〕**1.**2倍にする，大きくする，ふやす **2.**二重にする，重ねる，くりかえす，重複させる **3.**二つに折る，体を曲げる，かがめる duplicare bellum 戦争をまた始める duplicato poplite (9f18) ひざを折って(くずれ倒れる)

duplus *a.1.2* dupl-a, -um §50 2倍の量の，大きさの，2倍多い （名)**dupla** (*sc.*pecunia) *f.* duplae *1* §11 2倍の金額(値) **duplum** *n.* duplī *2* §13 2倍(量，大きさ) duplo (9f13) major 2倍ほど多い

dupondius *m.* dupondiī *2* §13 〔duo, pondus〕2アスの金(額)

dūrābilis *a.3* dūrābile §54〔dūrō〕(比)durabilior 永続する，持ちのよい，耐久力のある

dūrē, dūriter 副〔dūrus §67 (1.2)〕 (比)durius （最)durissime **1.**冷淡に，思いやりなく，不親切に **2.**手荒く，邪慳に，厳しく，苛酷に **3.**無骨に，下品に，下手に，ぎこちなく，粗野に **4.**辛苦して，困窮して，つらくて

dūrēscō *3* dūrēscere, dūruī, ── §109〔dūrus〕堅くなる，固まる，こわばる，硬直する，生硬になる

dūritās *f.* dūritātis *3* §21 〔dūrus〕堅固，堅牢(⅔)，生硬(文体の)

dūritia *f.* dūritiae *1* §11〔dūrus〕**1.**堅さ，硬いこと，堅固，堅牢，頑丈 **2.**厳しさ，困難，重苦しい(気分)，うっとうしい(天気) **3.**(生活態度，性格)厳格，禁欲，忍耐，鍛錬，質素 **4.**冷酷，無情 **5.**(医)たこ，便秘(～ alvi) **6.**ざらざらしていること，耳障り，生硬(文体の)

dūrō *1* dūrāre, dūrāvī, dūrātum §106〔dūrus〕**A.**(他)**1.**かたくする，

凝固させる，固める **2.**乾燥させる，干してかたくする **3.**丈夫にする，鍛える **4.**頑固にする，非情にする **5.**耐える，我慢する，もちこたえる **B.**(自)**1.**かたくなる，凝固する **2.**非情(冷酷)になる，心を鬼にする **3.**耐える，辛抱する **4.**続く，生きのびる，居続ける，長くもつ uvam fumo ～ ブドウを煙で乾燥させる(干しブドウを作る) patior quemvis durare (117.4) laborem どんなきびしい試練にも甘んじて耐える ut durare solum coeperit いかにして大地が凝固し始めたか qui nostram ad juventam duraverunt 我々の青年時代までも生きのびた(人たち)

dūruī → dūrēscō

dūrus *a.1.2* dūr-a -um §50 （比) durior （最)durissimus **1.**かたい，堅固な，頑丈な **2.**硬直した，こわばった，ざらざらした，ごつごつした，不快な，耳ざわりな，しわがれた **3.**ひどい，きつい，難しい，つらい **4.**かたくなな，非情な **5.**鈍感な，鈍い **6.**恥知らずの，鉄面皮な **7.**苦痛(労苦)に耐える，忍耐強い，厳格な **8.**荒れた，険悪な(天候)，きびしい(季節) **9.**きつい(味)，しぶい，からい，にがい **10.**粗野な，がさつな，無骨な，無教養の **11.**便秘した durissima rei publicae tempora (国家の)最も骨の折れる政治状況 durum Bacchi domitura (118.1) saporem (mella) ブドウ酒のきつい味をおさえるであろう(蜂蜜) mons durissimo tempore anni altissima nive iter impediebat 最もきびしい季節で山が深い雪で行く道を妨げていた dura alvus 便秘したおなか

duumvirī (duovirī) *m.pl.* duumvirōrum *2* §13 （duo, vir) **1.**(ローマでは)国家から臨時の職務を任された各種の二人委員会 **2.**(自治市，植民市では)市長に相当する二人委員(会)

dux *c.* ducis *3* §21〔dūcō〕**1.**指導者，指揮者，将軍，艦隊長，首謀者 **2.**案内人，先導者 **3.**御者，家畜を駆り立てる人，牛追い

dūxī → dūcō

dynastēs *m.* dynastae *1* §37 <δυνάστης 統治者，(東方の)小国王

E, e

240

E

E, e §1 （略記） E.＝ēmeritus, ēvocātus, E.Q.R.＝eques Rōmānus

ē → ex

ea → is

eā 副 ［is の f.abl. sc. parte, viā］ **1.** あの（その）道に沿って，通って **2.** あそこへ，そこに

eādem 副 ［īdem の f.abl. sc. viā］ **1.** 同じ道を通って，同じやり方で **2.** 同時に，同様に

eam → is, eō

eātenus (**eā tenus**) ［eā（は is の abl.）＝eā parte］ **1.** そんな遠い所まで，その点まで **2.** そんな程度まで，それほどに

ebenus f. ebenī 2 §13(3) コクタン（黒檀）

ēbibō 3 ē-bibere, -bibī, —— §109 **1.** すっかり（一気に）飲み干す，呑み込む，乾かす **2.** 酒に酔って（物，金を）忘れる，蕩尽する saniem lana ebibit 綿は血膿(⅔)をすっかり吸い込む ebibi imperium 私はすっかり酔って（あなたの）言いつけを忘れました

ēblandior dep.4 ē-blandīrī, -blandītus sum §123(4) **1.** おべっかを使ってものを手に入れる，せしめる，甘言でまきあげる，だましとる **2.** すっかり喜ばせる，慰める

ēbrietās f. ēbrietātis 3 §21 ［ēbrius］ **1.** 陶酔，泥酔，酒乱 **2.** 大酒，不摂生

ēbriōsus a.1.2 ēbriōs-a, -um §50 ［ēbrius］ （比）ebriosior 酒に酔った（おぼれた），酒好きの，酔いしれた （名） **ēbriōsus** m. ēbriōsī 2 §13 大酒のみ，のんべえ

ēbrius a.1.2 ēbri-a, -um §50 ［cf. sobrius］ **1.** 酔った **2.** 陶酔した，夢中に

なった，有頂天の **3.** 満ち足りた，満腹した regina fortuna dulci (9f15) ebria 幸運に有頂天となっている女王 pueri ocelli ebrii 少年の（恋に）夢中の目

ēbulliō 4 ē-bullīre, -lliī (-llīvī), —— §111 **1.** 泡をたててふき出す，ほとばしる **2.** 滔々と弁じる，自慢する animam ～ 息を吐き出す，死ぬ

ebulum n. ebulī 2 §13 ニワトコ

ebur n. eboris 3 §27 **1.** 象牙 **2.** 象 **3.** 象牙細工，製品（笛，像，椅子など）

eburneus (**-nus**) a.1.2 eburne-a, -um §50 ［ebur］ **1.** 象牙の **2.** 象牙製の，象牙で飾られた **3.** 象牙のように白い

ecce 間 **1.** （注意を促すとき）ほら，みよ，これだ，ここだ **2.** （新しい話題を導入するとき）ところが，そのとき，突然 ecce me 私はここだ ecce tibi (9d9) exortus est Isocrates ほらそのときお前さんのあの I. が現れたのさ

ecf- → eff-

echeneis f. echeneidis 3 §41.6a ＜ἐχενηίς コバンザメ

echidna f. echidnae 1 §11 ＜ἔχιδνα マムシ，毒ヘビ

echīnus m. echīnī 2 §13 ＜ἐχῖνος **1.** ウニ **2.** （ウニの形の）塩つぼ(?)

ēchō f. ēchūs 3 §41.10b ＜ἠχώ **1.** こだま，反響，山彦 **2.** 森のニンフ（精）

ecloga f. eclogae 1 §11 ＜ἐκλογή **1.** 抜粋文 **2.** 短詩，牧歌

ecquando 疑副 **1.** いったい，何時の日にか **2.** いつか…かどうか

ecquī m. ecquae (-qua) f., ecquod n. 疑形 **1.** いったい，いかなる，そもそもどのような **2.** 果たしていくらかでもあるのかどうか ecquae seditio umquam fuit? 果たしてかって擾乱なるものがあったのか

ēdolō

quaeris ecquae spes pacificationis sit (116.10) 果たして(本当に)平和への希望があるのか(どうか)とお前は尋ねる

ecquis *m.f.* ecquid *n.* 疑代 §83 **1.** 一体誰が, そもそも何が **2.** ecquid (は副としても)果たして, 本当に…か, きっとか, たしかに…か heus, ecquis hic est おやそこにいるのは一体誰だ ecquis fuit, quin lacrimaret? 涙を流さなかった者が果たしていたか ecquid commode vales? あなたは本当にお元気に暮らしているのですね

eculeus, ecus → equuleus, equus

edācitās *f.* edācitātis *3* §21 [edāx] 大食, 暴飲暴食, 貪欲

edāx *a.3* edācis §55 [edō] **1.** 大食する, 貪欲な **2.** 食い尽くす, 滅ぼす **3.** 責めさいなむ, むしばむ tempus edax rerum (9c13) あらゆるものを食い尽くす時

edera → hedera

ēdī → edō¹

ēdīcō *3* ē-dīcere, -dīxī, -dictum §109 **1.** (政務官が)布告する, 告示する, 宣言する, 命令する **2.** 法令を定める **3.** 広告する,知らせる,指図する edictā die (9f18) その日が指定されると edixit ne quis injussu suo pugnaret (116.6) 彼は自分の命令なしに何人も戦ってはならぬと命令した

ēdictum *n.* ēdictī *2* §13 [ēdīcō] **1.** (政務官)布告, 告示 **2.** 法令, 指図, 命令, 制定

ēdidī → ēdō²

ēdidicī → ēdiscō

ēdiscō (-**dī**- ?) *3* ē-discere, -didicī, —— §109 **1.** 完全に学んで知る, 熟知する **2.** 暗記する,覚える,暗誦する verae numerosque modosque ediscere vitae (est utile) 真実の人生の拍子も音調(しらべ)もすっかり覚えること(が得である)

ēdisserō *3* ē-disserere, -sseruī, -ssertum §109 詳しく述べる, 論じる, 話す

ēdissertō *1* ē-dissertāre, -tāvī, -tātum §106 詳細に論ずる, 述べる, 物語る

ēditīcius *a.1.2* ēditīci-a, -um §50 [edō²] 原告(告発者)から指名(選定)された

ēditiō *f.* ēditiōnis *3* §28 [edō²] **1.** 声明(書), 陳述, 主張 **2.** 裁判官の指名, 選定 **3.** 出版, 発行 **4.** 公刊された著述, 作品, 詩

ēditus *a.1.2* ēdit-a, -um §50 [edō² の完分] (比)editior (最)editissimus **1.** 上に高くのびた, そびえ立つ, 高い **2.** 高位の, 高貴な **3.** 目立つ, 傑出した

edō¹ 不規 ēsse, ēdī, ēsum (essum) §160 **1.** 食べる, かじる, 食べ(飲み)つくす, むさぼり食う **2.** (火, 水, 災い)食いつくす, 無に帰せしめる, 焼きつくす, ほろぼす **3.** (情火, 貪欲)食いつくす, 憔悴させる, 消耗させる, むしばむ, 腐食する cur, si quid ēst animum, differs curandi (119.2) tempus? 何かが心をむしばんでいるとき, なぜその治療の時を先へのばすのか

ēdō² *3* ē-dere, -didī, -ditum §§109, 159 注 **1.** 放つ, 放出する, 吐き出す, 送り出す, 流出させる **2.** 高める, 上げる, 噴出させる, 湧き出させる **3.** 生ぜしめる, ひきおこさせる, 犯す, 実行する **4.** 生む, 生産する, 実を結ぶ **5.** 明るみに出す, 公表する, 出版する, 発表する, 告げる, 知らせる **6.** 命じる, 指名する, 任命する, 指図する, 布告する animam edere 魂を発散させる(死ぬ) extremum vitae spiritum ～ 生涯の最後の息を吐く Maecenas atavis edite (9b) regibus (9f4) 王族の先祖から生まれたマエケーナースよ Apollo oraculum edidit Spartam esse perituram (117.5) アポローンはスパルタは亡びるであろうという神託を下した

ēdoceō *2* ē-docēre, -docuī, -doctum §108 (完全に, 根本から)教える, (すっかり, 詳しく)知らせる, 伝える, 完全な知識を与える juventutem mala facinora ～ (9e2) 若者に悪い行いを教える quid fieri velit (116.10), edocet 彼はしてもらいたいことを知らせる edoctus deos esse (117.5) 神々の存在を教えられた(人)

ēdolō *1* ē-dolāre, -lāvī, -lātum §106

ēdomō 242

1. (石・木を)切って(刻んで)作る，細工をする 2. 作り上げる，なし遂げる，完成する

ēdomō *1* ē-domāre, -muī, -mitum §106 1. 完全に征服する，鎮圧する 2. 克服する，支配する

ēdormiō *4* ē-dormīre, -mīvī (-miī), -mītum §111 1. 眠って(酔い)をさます，取り除く，追い払う 2. 眠って時間をすごす，十分に(すっかり)眠ってしまう Fufius ebrius Ilionam edormit F. は酔っていて(眠っている)イーリオナの役を演じながら眠って酔いをさました

ēdūc → ēdūcō² の命

ēducātiō *f.* ēducātiōnis *3* §28 [ēducō] 1. 養育，育成，教育 2. 飼育，養殖

ēducātor *m.* ēducātōris *3* §26 [ēducō] 養育者，里親，家庭教師

ēducō¹ *1* ē-ducāre, -ducāvī, -ducātum §106 1. 生長を助ける，育て上げる，教育する，養育する 2. 飼育する，栽培する

ēdūcō² *3* ē-dūcere, -dūxī, -ductum §109 1. 連れ出す，引いて(率いて)出る 2. 属州へ兵(随員)を連れて行く，法廷へ連れ出す 3. 引き抜く，引き出す，引く，選抜する 4. 高める，外へのばす，広める，築く，建てる 5. 高める(名誉・品位)，救う 6. 生む，育てる，養う 7. 排水する，流出させる，のみ干す suos ex oppido educit 彼は自分の部下を町から連れ出す aram caelo (9d12) educere (117.4) certant 彼らは祭壇を天空まで高めようと争っている

edūlis *a.3* edūle §54 [edō] 食べられる，食用の (名)**edūlia** *n.pl.* edūlium *3* §20 食料，食物

ēdūrus *a.1.2* ēdūr-a, -um §50 [dūrus] 1. 全くかたい(堅い) 2. 無慈悲な，冷酷な

effarciō (**effer-**) *4* ef-farcīre, ——, -fertum §111 ぎっしりと詰め込む，充満させる

effātus → effor

effēcī → efficiō

effector *m.* effectōris *3* §26

[efficiō] 1. 創始者，創造者 2. 発起人，張本人，元凶，元祖 3. 原因

effectus *m.* effectūs *4* §31 [efficiō] 1. 達成，成就，完成 2. 遂行，実行，施行 3. 結果，効果 4. 上首尾，成功 sine effectu 効果なく，空しく in effectu esse ほとんど完成している

effēminātē 副 [effēminātus §67 (1)] 女のように，女性的に

effēminātus *a.1.2* effēmināt-a, -um §50 [effēminō] (比)effeminatior (最)effeminatissimus 1. 女のような，女性的な 2. 男らしくない，女々しい，柔弱な，気力のない

effēminō *1* ef-fēmināre, -nāvī, -nātum §§106,176 [fēmina] 1. 男性の体力，性格(勇気・男らしさ)を失わせる，女性にする，女のようにする，女々しく(柔弱に)する 2. 去勢する

efferātus *a.1.2* efferāt-a, -um §50 [efferō² の完分] (比)efferatior (最)efferatissimus 獣のような，どう猛な，残忍な

efferciō (**effarc-**) *4* effercīre, -fersī, -fertum §111 一杯にする，詰める，詰め込む

efferitās *f.* efferitātis *3* §21 [efferus] 野蛮，凶暴性

efferō¹ 不規 ef-ferre, extulī, ēlātum §§158,176 1. (外へ)運び出す，持ち出す，持ち去る 2. (死体を)火葬場へ持ち出す，葬る 3. (心の中を)うちあける，さらけ出す，もらす，発表する，公表する，知らせる 4. (上へ)運ぶ，高める，上げる，(建物)建てる，築く，拡大する，(名誉・地位)高める，ほめる，激賞する 5. (大地)芽を出す，実を結ぶ，収穫をもたらす，(人)子を生む 6. (目標を超え)遠くへ運ぶ，放つ，発する，奪い去る，引ったくる，圧倒する 7. 最後まで耐える，忍ぶ 8. (再帰・受)自慢する，うぬぼれる，傲慢になる，有頂天になる，熱狂する pedem porta (9f4) efferre 門から出発する in vulgus militum elatum est (171. 注) qua arrogantia … interdixisset (116.10) 彼がどんなに傲慢な態度で…を禁じたかということが

一般兵士の間に知れわたった pars operis in altitudinem turris elata (118.4) 攻城施設の一部が(敵の)櫓(やぐら)の高さまで高く築かれたので efferor studio (9f15) patres vestros videndi (119.2) あなた方の父上らを見たいという熱望で私は夢中になっている

efferō[2] *1* efferāre, -ferāvī, -ferātum §106 [ferus] **1.**(人の性格・外見を)野獣のようにする, 獣的(残忍)にする **2.** 野性化する, 荒れ地にする **3.** 激昂させる, 怒らせる terra efferatur その土地に人が住まなくなる aurum efferare 黄金を野獣(武器)にかえる

effertus → efferciō

efferus *a.1.2* effer-a, -um §50 [efferō[2]] **1.** 未開の, 荒れ果てた **2.** 野蛮な, 狂暴な, たけり狂った

effervēscō *3* effervēscere, effervī, ── §109 **1.** 沸騰する, 煮え立つ **2.** 泡立つ, わき立つ, たぎる, 騒然となる **3.** 興奮する, 憤激する, いきり立つ **4.** 発酵する **5.** 噴出する, 爆発する, 燃え立つ

effervō *3* effervere, ──, ── §109 **1.** 煮え立つ, わき立つ, ほとぼしる, 泡立つ **2.** 群がって飛び立つ, 騒然となる

efficācitās *f.* efficācitātis *3* §21 [efficāx] 効果, 効き目, 有効性, 能率

efficāciter 副 [efficāx §67(2)] (比)efficacius (最)efficacissime **1.** 効力(効果)のあるやり方で, 効果的に, 首尾よく **2.** 法的に有効となるように

efficāx *a.3* efficācis §55 [efficiō] (比)efficacior (最)efficacissimus **1.** 効果(効力・ききめ)のある, 有効な, 能率的な, 上首尾の **2.** 法的に正当な手続きを経た(有効な) efficax Hercules (どんな困難な仕事も果たす)実行力のある H. spes amara curarum eluere (117.3) efficax 心配の苦味を拭い取るのに効能ある希望

efficiēns *a.3* efficientis §58 [efficiō の現分] **1.**(あるものを)生む(産出する)所の, 生む力のある, 引き起こす(所の)力のある **2.** 有効な, 効力を持つ virtus efficiens voluptatis (9c13) 喜び

を生ぜしめる(もととなる)美徳

efficiō *3b* ef-ficere, -fēcī, -fectum [faciō] §§110,174(2),176 **1.** つくる, こしらえる, 組み立てる, 構成する, …を…とする (9e3) **2.** (文)作る, (子)生む, (実)産する, もたらす **3.** 最後までやり遂げる, 完成する, 貫徹する, 約束を実現する(果たす) **4.** 証明する, 説明する **5.** (ut, ne 文と)生じさせる, 引きおこす, 催させる **6.** (受・非) ex quo efficitur その結果…となる §169 quibus (cohortibus) coactis tredecim efficit 彼はこれらの大隊を集めて 13 箇大隊を編成した fugae (9d13) similem profectionem effecit 彼は(部隊の)出発を逃亡と同じように見せかけた(敵をあざむく) in iis libris volt efficere animos (117.5) esse mortales 彼はそれらの巻で魂が死すべきものであることを証明せんとする ut sine periculo ad eum portari posset, efficiebat この(状況)が, これら(の食糧)が, 彼の所へ危険なく運ばれるようにしたのである

effigiēs (effigia) *f.* effigiēī *5* §34 (effigiae 1 §11) [effingō] **1.** 像, 肖像, 類似, 写し, 生き写し **2.** 模像, 模範, 理想, 典型, 象徴, ひな型, 例 **3.** 姿, 形, 外観, 容姿 **4.** 影(法師), 幻像, 夢像, 幽霊, 精霊 deus effigies hominis 神は人間の写し reliquit effigiem probitatis suae filium (9e2) 彼は自分の清廉の生き写しとして息子を死後に残した

effingō *3* ef-fingere, -finxī, -fictum §109 [ex, fingō] **1.** 物を作る, 形づくる, こねあげる, 型に入れて造る **2.** 形成する, 描写する, 模倣する, 再現する, 写す **3.** さする, こする, 愛撫する **4.** 拭い去る, 拭き清める formas et mores effingunt a parentibus liberi 子供は両親から姿や性格をまねて形成する

efflāgitātiō *f.* efflāgitātiōnis *3* §28 [efflāgitō] うるさくせがむこと, 激しい要求

efflāgitō *1* ef-flāgitāre, -tāvī, -tātum §§106,176 **1.** しつこく(性急に)要求する, せがむ, たのむ, 嘆願(請願)する cum iste a Dolabella efflagitasset ut se ad

efflīgō

244

regem mitteret その男がドラベッラに自分を王の所へやってくれとしきりにたのんだので

efflīgō *3* ef-flīgere, -flīxī, -flīctum §109 **1.** 強く打つ **2.** 打ち殺す **3.** 破壊する

efflō *1* ef-flāre, -flāvī, -flātum §106 [ex, flō] **1.** 吹き出す, 吐き出す **2.** 発散する, 蒸発する, 噴出する **3.** 発する(言葉・音) animam ～ 最後の息を吐き出す, 死ぬ

efflōrēscō *3* ef-flōrēscere, -flōruī, —— §109 **1.** 咲き始める, 開花する, 満開となる **2.** 花を生じる, 輝く utilitas efflorescit ex amicitia 実利は友情から花と咲く(友情の中で栄える)

effluō *3* ef-fluere, -flūxī, —— §109 **1.** 流れ出る, あふれる, みなぎる, 注ぐ, 溶ける **2.** (固体)つるりとすべり落ちる, (逃げ口を見つけて)こっそりと逃げる **3.** 消え去る, 見えなくなる, 欠ける **4.** (秘密が)もれる, (うわさが)ひろがる, 知られる una cum sanguine vita effluit 血と共に命が流れ去った ex intimis aliquis effluit 親友の中から誰かがこっそりと去った antequam ex animo tuo plane effluo あなたから私がすっかり忘れられてしまう前に utrumque hoc falsum est：effluet これが嘘かどうか, それはいずれ知れるだろう

effodiō *3b* ef-fodere, -fōdī, -fossum §§110,176 **1.** (地面・井戸など)掘る, うがつ, 穴をあける, 掘り起こす(出す), 発掘する, 掘り返す **2.** (目玉を)えぐりとる **3.** 掘って(港・池を)つくる **4.** 削除する, 抹殺する

effor 不完 ef-fārī, -fātus sum §162 **1.** 言い尽くす, 言い表す, 話す, 言う, 物語る, 提案する, 予言する **2.** 卜鳥官が鳥占いをする範囲を口頭で限定する

effrāctus → effringō

effrēgī → effringō

effrēnātē 副 [effrēnātus §67(1)] (比)effrenatius **1.** 無制限に, 拘束なしに, 野放しに **2.** 激しく, 猛烈に

effrēnātiō *f.* effrēnātiōnis *3* §28 [effrēnātus] **1.** 無制限, 無拘束, 無規

律 **2.** 放恣, 野放図, 無秩序

effrēnātus *a.1.2* effrēnāt-a, -um §50 [effrēnō「手綱をはずす」の完分] (比)effrenatior (最)effrenatissimus **1.** 拘束(制限)のない, 激しい, 猛烈な **2.** 放縦な, 野放しの, 無秩序の

effrēnus *a.1.2* effrēn-a, -um §50 [ex, frēnum] **1.** 手綱の制御から自由になった, 制御に服しない **2.** 御し難い, 始末におえない, 強情な, 奔放な

effringō *3* ef-fringere, -frēgī, -frāctum §109 [ex, frangō §174(2)] (戸を)破って開く, 無理にあける, 打ち砕く, ぶちこわす

effūdī → effundō

effugiō *3b* ef-fugere, -fūgī, -fugitūrus §111 **1.** (自)から(ex, de, ab+*abl.*)逃れる, 脱出する, 逃亡する, 免れる, こっそりと去る **2.** (他)(死・災難)をのがれる, のがれるのに成功する, さける, 裏をかく, ずらかす, 人目をのがれる nihil te effugiet 何もあなたの目を逃れられないだろう ne quid simile paterentur, effugerunt 彼らは同じようななんらかの災いを蒙らないように逃げた

effugium *n.* effugiī *2* §13 [effugiō] **1.** 逃げる(免れる, 避ける)手段, 機会, 逃げ道 **2.** 逃亡, 脱走, 逐電, 回避

effulgeō *2* ef-fulgēre, -fulsī, —— §108 **1.** 輝き出る **2.** (日・火)ぱっと輝く, 光る, 燃え上がる **3.** 燦然と輝く, 目立つ, きわ立つ, 異彩を放つ

effultus *a.1.2* effult-a, -um §50 [ex, fulciō] あるもの(*abl.*)で支えられた, 維持された

effundō *3* ef-fundere, -fūdī, -fūsum §§109,176 **1.** 注ぐ, 注ぎ出す, 流す, こぼす **2.** 雨あられと注ぐ, 浴びせる, ふりまく **3.** 吐き出す, 発言する, ぶちまける, 吐露する **4.** 惜しみなく(たっぷり)与える, 空(くう)にする, 浪費する **5.** (四方へ)投げとばす, 一斉に放つ, ふり(突き)落とす, ゆるめる **6.** (沢山)生む, 生産する **7.** 失う, とり逃がす, 断念する, 放棄する **8.** (再・受) se effundere (effundi) はんらんする,

あふれ出る，注ぐ，流れ込む，雑沓する vulgus effusus oppido (9f1(ハ)) 町中に群衆があふれて equus cum regem effudisset 馬が王を振り落としたので effudi vobis omnia quae sentiebam 私の感じていたことはすべてあなたに吐露した se effundere in aliqua libidine (in omnes libidines) ある欲情のおもむくままに従う（あらゆる欲望に耽る，没頭する）spiritum (animam) effundere 息を吐く，死ぬ

effūsē 副 [effūsus §67(1)] （比）effusius （最）effusissime **1.** 広大な地域の上に，大きく広がって，広範囲に **2.** 多量に，惜しみなく，豊かに **3.** 無制限に，自由に，法外に，でたらめに **4.** 無秩序に，雑然と，散り散りになって

effūsiō *f.* effūsiōnis 3 §28 [effundō] **1.** 流れ出ること，発散，分泌，吐露 **2.** 浪費，豊富，気前のよいこと **3.** 過度，法外 effusio animi in laetitia 喜びのあまり有頂天になること

effūsus *a.1.2* effūs-a, -um §50 [effundō の完分]（比）effusior （最）effusissimus **1.** ゆるめられた，ひきしめられていない，手足をのばした，髪の乱れた（波うつ）**2.** 冗漫な，散漫な **3.** 広々とした，遠くまでのびた **4.** 豊かな，もの惜しみしない，気前の良い **5.** 法外な，無鉄砲な，放恣な，夢中になる，勝手にふるまう **6.** 無秩序の，散らばった，整列していない，ばらばらの

effūtiō 4 ef-fūtīre, -fūtīvī (-futiī), -fūtītum §111 ぺらぺらしゃべる，くだらないことを言う，むだ口をきく

ēgelidus *a.1.2* ēgelid-a, -um §50 なまぬるい，適度に暖かい，ほどよくつめたい

egēns *a.3* egentis §58 [egeō の現分]（比）egentior （最）egentissimus 貧しい，赤貧の

egēnus *a.1.2* egēn-a, -um §50 [egeō] **1.** (金・援助を)必要としている，生活の苦しい，貧しい **2.** を欠いた，奪われた (9c13,9f17)

egeō 2 egēre, eguī, —— §108 **1.** あるものを必要とする，欠いている，必要

を感じている，欠乏を感じている (9c8,9f16) **2.** 持っていない，貧しい，なしですます **3.** 望む，求める，欲する semper avarus eget 貪欲な人はいつも欠乏を感じている si plausoris eges もし拍手喝采をする観客が欲しいのなら

Ēgeria *f.* Ēgeriae 1 §11 （神)ローマの(水の?)女神，ヌマ王の妻であり，相談相手であったといわれる

ēgerō 3 ē-gerere, -gessī, -gestum §109 **1.** 運び出す，持ち去る **2.** 埋葬のために運び出す **3.** 取り除く，引き出す **4.** 追放する，免職にする **5.** 空にする，干す **6.** 吐く，放つ，発散させる，ぶちまける (Phoebus) egessit avidis Dorica castra rogis (9d) (ポエブスは)ギリシア軍の陣営を貪欲な火葬堆のために空にした(焼き払った)

egestās *f.* egestātis 3 §21 [egeō] **1.** 極度の貧窮，欠乏 **2.** 不足，必要性 egestas animi tui (9c1) お前の性格の貧困(卑しい根性) egestate cibi (9c3) 食糧の欠乏によって

ēgī → agō

ego 人代 §71 **A.** 強調形（主)egomet（与)mihimet=mihipte（対)mepte（奪)memet **B.** 古形（属)mis=mei（与)mi=mihi（対)mehe, med=me（奪)med=me 私，我，ぼく ad me 私の家へ apud me 私の家で a me 私の家から

ēgredior *dep.3b* ē-gredī, -gressus sum [gradior] §§123(3),125,174(2), 176 **1.** から(ex, de+*abl.* 又は *abl.* §9f7)出ていく，出発する，出撃する，行軍する **2.** 上る，登る，上陸する **3.** 出帆する，離れる **4.** (他)越えて行く，踏み越える domo (70) foras ～ 家から外へ出ていく e nave egrediens (118.4) clamorem militum audit 船から上陸すると彼は兵士の叫び声を聞いた

ēgregius *a.1.2* ē-gregi-a, -um §50 [ē, grex]（最)egregissimus 傑出した，抜群の，目立った，顕著な，すぐれた（副)**ēgregiē** §67(1)（比)egregius すぐれて，際立って，著しく，特に

ēgressus *m.* ēgressūs *4* §31 [ēgredior] **1.** 外へ出ること, 公の場に現れること **2.** 出発, 脱出, 逃亡 **3.** 出口, 吐け口 **4.** 出帆, 上陸 **5.** 本題から話がわきへそれること

eguī → egeō

ēheu 間 (苦悩・悲哀) ああ

ei 間 (苦しみ・悲しみ) ああ

eī → is, ea, id

eia (**heia**) 間 (驚き, 皮肉, 催促, 激励など) おお, おやまあ, これはしたり, こん畜生, さあ, いざ

eīs → is

ējaculor *dep.1* ējaculārī, -lātus sum §123(1) (力一杯) 投げる, 発射する, 放つ, 噴出する

ējectō *1* ējectāre, -tāvī, -tātum §106 [ējiciō] **1.** かなぐり捨てる, なげ捨てる **2.** (遠くへ) 放つ, とばす, 投げる **3.** 吐き出す, 排出する

ējer... = ējur...

ē(j)iciō *3* ē-jicere, jēcī, -jectum [ex, jaciō] §§109,174(2),176 **1.** 外へ投げ出す, 突き出す **2.** 吐き出す, 芽を出す **3.** 追い出す, 追放する, 駆逐する **4.** 放出する, 排出する, 除去する **5.** (海岸へ) 打ちあげる, 座礁させる, 投げ上げる **6.** se 〜 突然飛び出す, 姿を現す, おどり出る se ex castris ejecerunt 彼らは突然陣営から打って出た venisse (117.5) invitos, ejectos domo「我々は故郷から追放され止むを得ず (ここへ) 来たのだ」と

ējulātiō *f.* ējulātiōnis *3* §28 [ējulō *1* ējulāre 嘆き悲しむ] 悲嘆, 号泣, 悲鳴, うめき声

ējūrō *1* ējūrāre, -rāvī, -rātum §106 **1.** 誓って (遂行・奉仕の) 能力のないことを宣言する **2.** 不公平を理由に裁判官を誓って拒否する **3.** 在任中法を守ったことを誓って辞任する **4.** 誓って自分のものと認めない, 関係を否認する **5.** おごそかに誓う me iniquum (9e3) ejurabant 彼らは私を不公平な裁判官として拒否した

ējus → is

ējusmodī = ējus modī [is, modus の *gen.*] この (その) ような性質の, こんな (そんな) 風な (ut 文を伴うこともある) Cicero nullum ejusmodi casum expectans (118.4) キケロはこのような場合を一つも予想していなかったので erant ejusmodi fere situs oppidorum, ut ... その城市の地勢はほぼ ut... 以下のようなものであった

ēlābor *dep.3* ē-lābī, -lāpsus sum §§123(3),125 **1.** つるりと滑る, すべってころぶ (よろめく) **2.** すべり落ちる, こぼれる, すりぬける **3.** (手・目から) 逃れる, 罪を逃れる **4.** こっそりと (ひそかに) 去る, 消えて行く, 色あせていく, しぼむ, なくなる, すたれる **5.** 沈む, 落ち込む elapsae manibus (9f7) tabellae 両手から書板がすべり落ちて (ignis) frondes elapsus (118.4) in altas (焔が) その木の高い方の葉に向かってめらめらと燃え上がり elapsus in servitutem (彼は) いつの間にか隷属状態におちこんで

ēlabōrō *1* ē-labōrāre, -rāvī, -rātum §106 **1.** 骨折る, 努力する **2.** 意を用いて (苦心して) 仕上げる, 完成させる (ei) non dapes dulcem elaborabunt saporem (彼に対しては) 苦心した御馳走もおいしい味に仕上がることはあるまい

ēlanguēscō *3* ē-languēscere, -languī, ── §109 **1.** 気力 (体力) を失い始める, 元気がなくなる, 弱る **2.** しおれる, だれる, あきforくる, ゆるむ, 怠ける, 憔悴する

ēlāpsus → ēlābor

ēlātē 副 [ēlātus §67(1)] (比) elatius **1.** 傲然と, 尊大に, 横柄に **2.** 荘重体 (崇高な文体) で

ēlātiō *f.* ēlātiōnis *3* §28 [efferō] **1.** (地位を) 高めること **2.** 賞賛すること **3.** (精神・感情の) 高揚, 飛翔, 高邁, 高潔, 崇高, 高貴, 有頂天

ēlātrō *1* ēlātrāre, -rāvī, -rātum §106 吠える, 吠えるようにものを言う, 言い争う, がみがみ (うるさく) 言う

ēlātus *a.1.2* ēlāt-a, -um §50 [efferō の完分] (比) elatior **1.** 高められた位置にある **2.** 誇り高い, 尊大な **3.** 高潔な, 高尚な, 荘重な (文体)

ēlēctiō *f.* ēlēctiōnis *3* §28 [ēligō]

選ぶ(選択する)こと，その権利

Ēlectra *f.* Ēlectrae *1* §11 （神）
1. Agamemnon の娘，Orestes の姉妹
2. Atlas の娘，Dardanus の母

ēlectrum *n.* ēlectrī *2* §13 ＜
ἤλεκτρον **1.** 琥珀(៉) **2.** 金と銀の合金
pinguia corticibus sudent (116.2) elec-
tra myricae ギョリュウの樹皮から豊かな
こはくをしたたらしめよ(不可能を可能とせ
よ)

ēlēctus *a.1.2* ēlēct-a, -um §50
[ēligō の完分] （比)electior （最）
electissimus 精選された，選抜の，優
良な

ēlēctus *m.* ēlēctūs *4* §31 [ēligō]
選択，選抜

ēlegāns *a.3* ēlegantis §55 [ēligō]
(比)elegantior （最)elegantissimus
1. 選択に細心の注意を払った，えり好みの
激しい，気難しい **2.** 趣味の洗練された，
あかぬけのした，上品な，優美な **3.** 礼儀
正しい，生活態度のきちょうめんな **4.** 言
葉の選択にきびしい，洗練された文体(表
現)の

ēleganter 副 [ēlegāns §67(2)] （比）
elegantius （最)elegantissime **1.** 洗
練された(正しい)趣味(判断)をもって，立
派に，きれいに，すぐれて **2.** 礼儀正しく，
優雅に，上品に

ēlegantia *f.* ēlegantiae *1* §11
[ēlegāns] **1.** 気難しさ **2.** 洗練された趣
味，優雅，上品 **3.** 礼儀正しさ，優美な立
ち居振る舞い **4.** 言葉の選択にすぐれてい
ること(眼識の高いこと)，洗練された表現・
文体 cum summa elegantia atque in-
tegritate vivere 最も洗練された趣味を
もち且つ清廉潔白に生きること

elegī *m.pl.* elegōrum *2* §13 ＜
ἔλεγοι 哀歌体の詩句，挽歌調の詩行，6
歩格と5歩格の二行対句を連ねた詩形

elegīa (**-geia**) *f.* elegīae *1* §11
＜ἐλεγεία 哀歌，挽歌

elenchus *m.* elenchī *2* §13 梨の
ように大きい真珠，耳飾(៉)り

elementum *n.* elementī *2* §13
1. 万物を構成する4つ(土・気・火・水)

の要素(元素)の一つ **2.** 成分，粒子，原
子，分子 **3.** 字母 **4.** 起源，根源 **5.** (学
問，技芸の)基本，初歩，根本原理

elephā(n)s *m.* elephantis §41.3
＜ἐλέφας ＝ elephantus

elephantus *m.* elephantī *2* §13
1. 象 **2.** 象牙 **3.** 象皮病 erus meus
elephanti corio circumtentus est, non
suo 私の主人は全身を自分の皮膚ではなく
象の皮でおおわれている(鈍感)

Eleusīn *f.* Eleusīnis *3* §28 アッ
ティカの古い町，Demeter(＝Ceres)崇拝
の秘教の中心地

Eleusīnus *a.1.2* -sīnā, -sīnum §50
Eleusin の

ēlevō *1* ē-levāre, -vāvī, -vātum
§106 **1.** 高める，上げる，持ち上げる，立
てる **2.** 小さくする，減らす，軽くする，和
らげる **3.** 見下す，軽んずる，見くびる，け
なす

ēliciō *3b* ē-licere, -licuī, -licitum §110
[ex, laciō *3b*「誘う」] §§176,174(2)
1. おびき出す，さそい出す **2.** 誘う，誘惑
する，魅了する **3.** うまい言葉で口説く(だ
ます)，説いて(すすめて)…させる，(真相を)
ひき出す **4.** 刺戟する，目ざませる，生じさ
せる，引きおこす **5.** (魔法で)呼び起こす，
呼び出す，招く

ēlīdō (*3*) ē-līdere, -līsī, -līsum §109
[ex, laedō §§174(2),176] **1.** 完全に壊
す，粉砕する，押しつぶす，圧迫する **2.** た
たき出す，追い出す，たたきのめす，殺す
3. 息をとめる，窒息させる **4.** 除去する，
削除する，無効とする elisi nubibus (9f7)
ignes 雲からたたき出された雷光 nervis
elidere morbum 筋肉から病気を取り除
く(筋肉痛をなおす)

ēligō *3* ē-ligere, -lēgī, -lēctum [ex,
legō] §§109,174(2),176 **1.** 引き抜く，
取り出す **2.** 選ぶ，より抜く，抜擢する
elige ex illis, quem velis 彼らの中からお
前の好きな者を選べ

ēlīminō *1* ēlīmināre, ——, ——
§106 [līmen] **1.** 戸の外へおく，追い
出す，(受)外へ出る **2.** (秘密を)もらす

ēlīmō *1* ēlīmāre, -māvī, -mātum

ēlinguis 248

§106 **1.** やすりでこすりおとす，磨き上げる，完成させる **2.** 彫琢する，推敲する

ēlinguis *a.3* ēlingue §54 ［ex, lingua］ **1.**（恐怖・興奮から）口のきけない，言葉を失った **2.** 黙している，むっつりした **3.** 口の重い，弁舌の才のない

ēliquō *1* ēliquāre, -āvī, -ātum §106 ［liquō］ 濾(こ)して不純物をのぞく，浄化(じょうか)する，澄ます

Ēlis *f.* Ēlidis *3* §41.6b Peloponnesus 半島の西北の国

ēlīsī → ēlīdō

Elissa *f.* Elissae *1* §11 Dido の異名

ēlix *m.* ēlicis *3* §21 （麦畠の）排水用のみぞ

ēlixus *a.1.2* ēlix-a, -um §50 ゆでた，煮え立った

ellebor... → helleb...

ēlocō *1* ēlocāre, -cāvī, -cātum §106 賃貸しをする，請け負わせる，貸す

ēlogium *n.* ēlogiī *2* §13 **1.** 金言，格言 **2.** 銘，墓碑銘 **3.** 遺言書補足条項，追記 **4.**（要約した簡単な）犯罪記録（報告）書，落首

ēloquēns *a.3* ēloquentis §58 ［ēloquor の現分］（比）eloquentior（最）eloquentissimus 雄弁な，能弁の，達意の

ēloquenter 副 §67(2)（比）eloquentius（最）eloquentissime 雄弁に，多弁に

ēloquentia *f.* ēloquentiae *1* §11 ［ēloquēns］ 一語一語はっきりと発音する能力，流暢に話す能力，雄弁

ēloquium *n.* ēloquiī *2* §13 ［ēloquor］ **1.** 発言，発表，話 **2.** 雄弁，達意の文，目立つ意見や思想の表明

ēloquor *dep.3* ē-loquī, -locūtus sum §§123(3),125 **1.** 発言する，発表する，宣言する，演説する **2.** 述べる，言う，話す，告げる

ēlūceō *2* ē-lūcēre, -lūxī, —— §108 **1.** 輝き出る，照り輝く **2.** 示される，現れる，目にとまる **3.** 目立つ，はっきりする，わかる

ēluctor *dep.1* ē-luctārī, -tātus sum

§123(1) **1.**（自）無理して押し進む，格闘して道を開く **2.**（水が）にじみ出る **3.**（他）苦労して克服する，打ち勝つ homo eluctantium verborum (9c5) 苦心して発せられる言葉の人（言葉を選ぶのに苦労する人）

ēlūcubrō *1* ē-lūcubrāre, -brāvī, -brātum §106 燈下で徹夜して（文学）作品を書く，仕上げる

ēlūdō *3* ē-lūdere, -lūsī, -lūsum §109 **1.** だます，欺く，惑わす，ごまかして手に入れる（目的を果たす）**2.** のがれる，身をかわす，裏をかく，たぶらかす **3.** からかう，ばかにする **4.** 無効にする，罰をのがれる，挫折させる，負かす celeritate (9f11) navium nostros eludebant 彼ら(敵)は船の速さで我が軍(の攻撃)をかわしていた

ēlūgeō *2* ē-lūgēre, -lūxī, —— §108 世間に通例の期間，人の死を嘆き悲しむ（悼む），喪に服する

ēluō *3* ē-luere, -luī, -lūtum §109 ［luō, lavō］ **1.** 洗う，そそぐ，きれいにする **2.**（罪・汚れを）洗い落とす，清める **3.** 除去する，消す **4.** 蕩尽する tales amicitiae sunt remissione usus (9c3) eluendae (147) これらの友情は交際を絶って洗い落とすべきだ

ēlūsī → ēlūdō

ēlūtus *a.1.2* ēlūt-a, -um §50 ［ēluō の過分］（比）elutior **1.** 水っぽい，気のぬけた，うまみのない **2.** 活力のない，弱い

ēluviēs *f.* ēluviēī *5* §34 ［ēluō］ **1.** 汚物を洗い落とす(流す)こと，こすりおとすこと **2.** 洪水，氾濫(はんらん) **3.** 川の氾濫の結果生じた割れ目，峡谷 **4.** 排泄(物)

ēluviō *f.* ēluviōnis *3* §28 ［ēluō］ 洪水，浸水，氾濫

ēlūxī → ēlūceō, ēlūgeō

Ēlysium *n.* Ēlysiī *2* §13 （神）神々に愛された人(英雄, 有徳の士)が死後に暮らす至福の野

em 間 （相手の注意を喚起する）ほら，そら，それ，みろ，これを見よ，よし，ここだ，そこだ

ēmancipō *1* ē-mancipāre, -cipāvī,

-cipātum §106 **1.** 自分の家父長権から(息子を)解放する, 他人の家父長権へゆずる, 移す(養子の場合) **2.** 譲渡する(財産を他人へ) **3.** 他人の自由に負かす, (再)他人の奴隷となる(与と) mulier, tibi me emancipo 女よ, わしはお前の言う通りにする

ēmānō *1* ē-mānāre, -nāvī, -nātum §106 **1.** 流れ出る, あふれ出る, 吐き出される **2.** 発する, 発散する **3.** 怒る, 生じる, 起因する **4.** 知れる, もれる, ひろがる, 散らばる

ēmātūrēscō *3* ē-mātūrēscere, -mātūruī, —— §109 **1.** 十分に実る, うれる, 成熟する **2.** やわらぐ, おだやかになる, なごむ

emāx *a.3* emācis §55 [emō] 買うことの好きな, 買うことに夢中となる

emblēma *n.* emblēmatis *3* §22 <ἔμβλημα (容器の内側の)象眼の浮彫細工, 切りはめ細工

embolium *n.* emboliī *2* §13 < ἐμβόλιον **1.** 幕間, 幕間狂言 **2.** 挿入

ēmendābilis *a.3* ēmendābile §54 [ēmendō] 訂正し得る, 償い得る, 直し得る

ēmendātē 副 §67(1) (比)emendatius 正しく, 正確に, 端正に

ēmendātiō *f.* ēmendātiōnis *3* §28 [ēmendō] **1.** 間違い・欠点の除去 **2.** 訂正, 改正(の手段)

ēmendātor *m.* ēmendātōris *3* §26 [ēmendō] 正す人, 改正者, 校訂者, 改革者

ēmendātus *a.1.2* ēmendāt-a, -um §50 [ēmendō の完分] (比)emendatior (最)emendatissimus **1.** きずや汚れのない, 完全な, 正しい, 欠点のない **2.** 礼儀正しい, 端正な, 純な, 清い

ēmendō *1* ēmendāre, -dāvī, -dātum §106 [mendum] **1.** 欠点・過失から解放する, 改良する, 修正(校正)する **2.** 矯正する, 治療する **3.** 補償する, 修繕する

ēmentior *dep.4* ē-mentīrī, -mentītus sum §123(4) **1.** 嘘をつく, だます **2.** 捏造する, 誤って(ゆがめて)伝える **3.** よそお

う, ふりをする, 見せかける

ēmentītus → ēmētior

ēmereō *2* ē-merēre, -meruī, -meritum §108 = **ēmereor** *dep.2* -merērī, -meritus sum §123(2) **1.** 奉公(任務)を全うする, 年季をつとめあげる **2.** 奉仕して手に入れる, 功績(奉仕)の結果として報酬(賞賛・好意・人気)を得る, 受けるに価する(資格がある) homines emeritis stipendiis (9f10) 年季を全うした人たち Ennius emeruit contiguus poni (117.4), Scipio magne, tibi エンニウスは, 偉大なスキピオよ, あなたの側近となる(側におかれる)名誉を得たのです

ēmergō *3* ē-mergere, -mersī, -mersum §109 **A.** (他)浮かび上がらせる, (受・再)突然(水中から)現れる **B.** (自) **1.** 水中から現れる, 浮かび出る **2.** かくれた場所から出る, 現れる, (天体が)水平線から現れる **3.** 危険・不幸から脱する, 抜け出す, 再起する **4.** 無名から出世する **5.** 明らかになる, はっきりする emersus ex diuturnis tenebris 長い間世に埋もれていた境遇から脱した(彼)

ēmeritus *a.1.2* ēmerit-a, -um §50 [ēmereō, ēmereor の完分] **1.** 年季を勤め終えた **2.** 年老いた, 役に立たなくなった, 使い古された (名)**ēmeritus** *m.* -ritī *2* §13 退役古兵

ēmersī, ēmersus → ēmergō

ēmētior *dep.4* ē-mētīrī, -mēnsus sum §§123(4),125 **1.** 量って(念入りに)分配する, 与える **2.** (距離・量)測定する, はかる **3.** 横切る, 通りすぎる **4.** 生きぬく, 耐えぬく cur non aliquid patriae (9d) tanto emetiris acervo (9f5)? なぜお前さんはあんなに山となす財産からいくらかでも量って祖国に分け与えないのか

ēmetō *3* ē-metere, ——, —— §109 刈りとる, 収穫する

ēmī → emō

ēmicō *1* ē-micāre, -micuī, -micātum §106 **1.** 突然ものが上へ, 外へ動く, 突進する, 飛び上がる, 噴き出す, 発射する **2.** 生じる, 芽を出す **3.** ぱっと燃え上がる, 輝く, きらっと光る, 閃光を発する **4.** ぬき

ēmigrō 250

んでる，突出する，目立つ emicat ex oculis flamma 目が爛々と光る

ēmigrō *1* ē-migrāre, -rāvī, -rātum §106 （家，土地）から出る，移転する，移住する

ēminēns *a.3* ēminentis §58 ［ēmineō の現分］（比）eminentior （最）eminentissimus **1.** 突出した，そびえ立つ，目立つ，高い **2.** (功績，地位など)抜群の，傑出した，異彩を放つ

ēminentia *f.* ēminentiae *1* §11 ［ēminēns］ **1.** 突出した(目立つ)性質 **2.** 突起，こぶ **3.** 功績上の傑出，卓越 **4.** (画の)目立つ部分，前景

ēmineō *2* ē-minēre, -minuī, —— §108 **1.** 突き出る，そびえ立つ，ぬきんでる，秀でる **2.** 一きわ目立つ，浮彫になる，支配する，圧倒する desperatio in omnium vultu eminet 絶望の色がすべての人の顔に目立っている

ēminus 副 ［ex, manus］ **1.** 遠くに，遠方から **2.** 射程距離内に(から) eminus telis pugnabatur (172) 遠くから飛道具で戦われていた

ēmīror *dep.1* ē-mīrārī, ——, —— §123(1) 大いに驚嘆する，啞然として見つめる

ēmīsī → ēmittō

ēmissārium *n.* ēmissāriī *2* §13 ［ēmittō］ 排水溝，水路，はけ口

ēmissārius *m.* ēmissāriī §13 ［ēmittō］ 特使，使者，密使，密偵

ēmissiō *f.* ēmissiōnis *3* §28 ［ēmittō］ **1.** 放つこと，自由の身にしてやること **2.** 射る(投げる)こと，投擲，発射

ēmittō *3* ē-mittere, -mīsī, -missum §109 **1.** 人をやる，派遣する，(手紙)を発送する，送り届ける **2.** 知らせる，広める，公表する **3.** 放つ，発射する，飛ばす，投げる **4.** 吐く，ふともらす，すべり落とす，逃す **5.** 芽を出す，生む **6.** 解放する，自由にする，立ち去らせる，行かせる **7.** 追い出す，解雇する，放出させる，流出させる equitatu emisso (9f18) 騎兵隊が放たれると ex lacu aqua emissa その湖から水が流し出された(池が空になった)

emō *3* emere, ēmī, ēmptum §109 **1.** 買う **2.** 買収する，説き伏せる **3.** 手に入れる，得る emit tanti, quanti (9c7) voluit 彼は願っていた値段で買った bene 〜 安く買う male 〜 高く買う

ēmoderor *dep.1* ē-moderārī, ——, —— §123(1) ほどよくする，抑制する，和らげる

ēmodulor *dep.1* ē-modulārī, ——, —— §123(1) 歌う，祝う

ēmōlior *dep.4.* ēmōlīrī, ēmōlītus §123(4),125 （困難な仕事，企画）をなしとげる，努力してとりのぞく

ēmolliō *4* ē-mollīre, -līvī (-liī), -lītum §111 **1.** 柔らかにする，やわらげる，鎮める **2.** 円熟させる，洗練する **3.** 力を弱める，無気力にする

ēmolumentum *n.* ēmolumentī *2* §13 有利，利益，儲け，利得

ēmoneō *2* ē-monēre, ——, —— §108 忠告する，戒める

ēmorior *dep.3b* ē-morī, -mortuus sum §123(3) 亡ぶ，死ぬ，消える，絶える，終わる，すたれる

ēmōtus → ēmoveō

ēmoveō *2* ē-movēre, -mōvī, -mōtum §108 **1.** 移す，持ち出す **2.** 遠ざける，追放する，追い払う **3.** 散らす，取り除く，押し出す

Empedoclēs *m.* Empedoclis (-clī) *3* §42.2 有名なシキリアの哲学者(前5世紀)

emporium *n.* emporiī *2* §13 <ἐμπόριον 商業の中心地，市場

emptiō *f.* emptiōnis *3* §28 ［emō］ **1.** 買うこと，購買 **2.** 取引，購入品

emptor *m.* emptōris *3* §26 ［emō］ 購買者，買い手

ēmptus → emō

ēmulgeō *2* ē-mulgēre, -mulsī, -mulsum §108 **1.** 乳をしぼりつくす **2.** 使い果たす，汲みつくす

ēmungō *3* ē-mungere, -munxī, -munctum §109 **1.** 鼻を拭いてやる，(再・受で用いられる)自分の鼻をかむ **2.** だ

ēnitēscō

ます，だまして取る，詐取する **3.**（完分）

ēmunctus *a.1.2* §50 鼻のきれいな，勘のいい，明敏な，洗練された趣味をもつ　naris emunctae (9c5) senex 鋭い嗅覚の老人 emunxi argento (9f7) senes 私はその老人から金をだましとった

ēmūniō *4* ē-mūnīre, -mūnīvī (-iī), -mūnītum §111 **1.** 城壁を築き上げる，城壁・土手で守る，防御施設で固める **2.** 土手道（道路）を通す，築く，つくる

ēn 間 **1.** 疑問文で（いつも unquam を伴って，そのとき enunquam と一語になることも）いったい en erit unquam ille dies? その日はいったいいつの日に訪れようか **2.** 命令文と，さあ，ほら hos tibi dant calamos, en accipe, Musae これらの葦笛は詩神たちがお前に与えたのだ，さあ受け取れ **3.** 注意を喚起する，みよ，さあ，さよう en haec ego patior cottidie さよう，これを私は毎日耐え忍んでいるのだ en causa（又は causam 対）cur … ほら，これがなぜ…かという理由（原因）だ

ēnarrābilis *a.3* ēnarrābile §54 [ēnarrō] 記述（表現）し得る

ēnarrō *1* ē-narrāre, -rāvī, -rātum §106 **1.** 詳細に（最後まで）述べる，話す，記述する **2.** 詳しく説明（解釈）する

ēnāscor *dep.3* ē-nāscī, -nātus sum §§123(3),125 自然に芽を出す，発生する，生長する，生まれる

ēnatō *1* ē-natāre, -tāvī, -tātum §106 **1.** 泳いで（難を）逃れる，逃げる **2.** 浮かぶ，浮動する

ēnātus → ēnāscor

ēnāvigō *1* ē-nāvigāre, -gāvī, -gātum §106 **1.** 出帆する **2.** 航海する **3.** 切り抜ける，逃れる

Enceladus (-os) *m.* Enceladī *2* §38 （神）Gigas の一人

Endymiōn *m.* Endymiōnis *3* §41.8b （神）月の女神に愛された美少年

ēnecō *1* ē-necāre, -necuī (-necāvī), -nectum §106 **1.** 殺す，息の根をとめる **2.** 苦しめる，消耗させる，打ちのめす

ēnervātus *a.1.2* ēnervāt-a, -um §50 = ēnervis

ēnervis *a.3* ēnerve §54 [ex, nervus] **1.** 精力（気力）を欠いた **2.** 無気力な，だれた，たるんだ，衰弱した

ēnervō *1* ē-nervāre, -vāvī, -vātum §106 [ē, nervus] **1.** 腱を切る **2.** 力（元気）を奪う，力を弱める

ēnicō → ēnecō

enim *j.* 副 文頭から2番か3番目の位置にくる，しかし古喜劇では文頭にくることも **I.** （副）前の発言・文を確認，補足説明する **1.** その通り，左様，じっさい，本当に，たしかに **2.** つまり，即ち tum Antonius : heri enim hoc mihi proposueram そのときアントニウスが，—というのも（実は）昨日私が私のためにこのことを提案していたのだ enim me nominat じっさい彼は私の名をあげているのだ **3.** enim vero → enimvero **4.** sed enim, at enim しかしじっさいは，さようしかし，だが本当は（enim はしばしば訳し難い）(A)audi quid dicam (B)at enim taedet jam audire eadem miliens (A)私の言うことを聞け (B)しかし私はもう千回も同じことを聞いてうんざりしているのだ **5.** quid enim (dicam)? だって私に何が言えるのか，どうして反対できるか，それで充分ではないか **II.** (*j.*)前の発言・文の追認，理由を示す なぜなら，というのは，なぜなら…なのだ，じっさい…だ ut antea dixi, —dicendum est enim saepius — 私はすでに述べたように —なぜならこのことは屡々言及されるべきことだから— nihil est enim virtute amabilius じっさいの所美徳より愛すべきものは何もないのだから

enimvero = enim vero 副 [enim の強調体，enim と違って文頭にくるのが普通] その通り，全く，本当に，誓って必ず，勿論 enimvero Chremes nimis graviter cruciat adulescentulum じっさいクレメースの奴はあの若者を全くこっぴどくいためつけているのだ

ēnīsus → ēnītor

ēniteō *2* ē-nitēre, ——, —— §108 **1.** 輝き出る，輝いている **2.** きわ立っている，異彩を放つ（ている）

ēnitēscō *3* ē-nitēscere, -nituī, ——

ēnītor

§109 **1.** 輝き始める, 明るくなる **2.** 目立ってくる

ēnītor *dep.3* ē-nītī, -nīsus (-nīxus) sum §§123(3),125 **1.** 上がろうと努める, 向上に努力する, 奮闘する, あがく, もがく, 骨折る **2.** よじ登る **3.** (他)分娩する, お産する hac arte Hercules enisus (118.4) arces attigit igneas この技によりヘルクレースは高く登らんと努めて, 光り輝く(天上の)城砦に到達したのだ enitar (132) ut Latine loquar 私はラテン語で話そうと努力したい frangere (117.4) enitar cornua monstri 私は怪物の角を打ち砕かんと奮闘努力するだろうに

ēnixē 副 §67(1) (比)enixius (最) enixissime 真剣に, 熱心に, 奮闘努力して, 勤勉に

ēnixus *a.1.2* ēnix-a, -um §50 [ēnītor の完分] (比)enixior 真剣な, 熱心な, 精力的な, 勤勉な

Ennius *m.* Enniī 2 §13 ローマの叙事詩人(239-169B.C.)

ēnō *1* ē-nāre, -nāvī, -nātum §106 **1.** 泳ぎ切る, 泳いで逃げる, 海を渡る **2.** 飛んで逃げる, 海上を飛ぶ

ēnōdis *a.1.2* ēnōde §54 [ēnōdō] **1.** 節(ふし)(こぶ)のない **2.** なめらかな, すべすべした

ēnōdō *1* ē-nōdāre, -dāvī, -dātum §106 [ex, nōdus] **1.** 結び目(もつれ)をほどく, 解く **2.** 不明な所を説明(解明)する

ēnōrmis (-o- ?) *a.3* ēnōrme §54 [ex, nōrma] **1.** 不規則な形の, 変則の, 異常な **2.** 不釣り合いの, 突飛な, 法外な, 巨大な

ēnōtēscō *3* ēnōtescere, ēnōtuī §109 公に知られる, 暴露(ばくろ)される, 洩(も)れる

ēnsiger (ēnsifer) *a.1.2* ēnsiger-a, -um §51 [ēnsis, gerō, ferō] 剣(刀)を持った, 身につけた

ēnsis *m.* ēnsis 3 §19 剣, 刀

ēnūbō *3* ē-nūbere, -nūpsī, -nuptum (-nūp-?) §109 (他の階層・共同体の)男に嫁ぐ

ēnucleātē 副 [enucleātus §67(1)] **1.** 単刀直入に, 正確に, 明瞭に **2.** 飾らずに, 素直に

ēnucleātus *a.1.2* ēnucleāt-a, -um §50 [ēnucleō の完分] **1.** 核心をつく, 要を得た, 率直な, 飾らない, 純粋な **2.** 適切な, 節度ある **3.** 詳しい, こまかく調べた

ēnucleō *1* ē-nucleāre, -āvī, -ātum §106 [ex, nucleus] **1.** さね(核)をとり出す **2.** 詳しく説明する, 調べる **3.** 注意深く考える, 考慮する

ēnumerātiō *f.* ēnumerātiōnis 3 §28 [ēnumerō] **1.** 数えあげること, 計算 **2.** 列挙, 要約, 要点復習

ēnumerō *1* ē-numerāre, -rāvī, -rātum §106 **1.** 総(合)計する, 数えながら全額を支払う **2.** 数え上げる, 列挙する, 順次名をあげて言う, 明細書に記入する

ēnūntiātiō *f.* ēnūntiātiōnis 3 §28 [ēnūntiō] 陳述, 申し立て, 言明, 主張, 公表する(あばく)こと

ēnūntiō *1* ē-nūntiāre, -tiāvī, -tiātum §106 **1.** 知らせる, ひろめる, (秘密を)もらす, 他言する **2.** あばく, 打ち明ける, 密告する, ばらす **3.** 表現する, 述べる, 断言する, 宣言する, 発音する

ēnuptiō (-ū- ?) *f.* ēnuptiōnis 3 §28 [ēnūbō] 他の共同体の男又は身分の低い者と結婚すること(権利)

ēnūtriō *4* ēnūtrīre, -trīvī (-triī), -trītum §111 子を育てあげる, 扶養する, 教育する

eō[1] 不規 īre, īvī (iī), itum §156 **1.** 行く, 進む, 移動する, (歩いて, 乗って)行く, 旅をする, さまよう, でかける, 出発する, 去る **2.** 運ばれる, 動く, 流れる, ひろがる, 通じる **3.** 去る, すぎる, 経過する, 移る **4.** 向かう, 攻撃する, ぶつかる, 進軍する **5.** の状態になる, 達する, なる **6.** おもむく, たよる, 訴える **7.** 終わる, 消える, 死ぬ, くずおれる pedibus (equis) (9f11) ～ 歩いて(馬で)行く cubitum (120.1) ire 寝に行く it visere (117.4) ad eam 彼女に会いに行く ire (117.4) iterum in lacrimas cogitur 彼は再び涙

に訴えることを強いられる longam incomitata videtur ire (117.6) viam (9e6) 彼女が伴侶もなく一人で長い道を進んでいくのが, 見られる valetudo it in melius 健康がよくなる

eō² 副 [is の abl. §9f19] **1.** (場所 §70) そこへ, その方向へ, そこまで eo = eo loci = in (ad) eum locum **2.** (結果・目的) その結果, それ故に, 従って, その (目的の) ために haec eo feci ut tibi probarer (quia jussus a te eram) 私はお前にほめられたいために (あなたから命じられていたので) これらのことをやったのだ **3.** (時間) その時まで usque eo se tenuit quoad legati venerunt 使節がやってくるまで, 彼はじっとしていた **4.** (比と共に) それだけいっそう quarum rerum eo gravior est dolor, quo culpa major それらの状況についての責任が重大であればあるほど苦悩も大きい eo minus veritus ... quod ... …していたのでいっそう恐れも少なかった

eōdem 副 [īdem の abl. §9f19] 同じ所へ, 同じ方向へ, 同じ目的に向かって, 同じ時まで, 同じものに加えて, さらに

eōs → is

Ēōs *f.* 無 **1.** 曙, 曙の女神 **2.** 東方の国, 東洋

Ēōus *a.1.2* Ēō-a, -um §50 **1.** 曙(の女神)の **2.** 東方の

Ēōus *m.* Ēōī 2 §13 **1.** 明けの明星 **2.** 東方の人

Epamīnondās *m.* Epamīnondae 1 §37 テーバイの将軍, 政治家(前4世紀)

ēpastus *a.1.2* ēpast-a, -um §50 [ex, pascō] (たちまち) 食いつくされた

ephēbus *m.* ephēbī 2 §13 < ἔφηβος 思春期の若者(ローマでは16～20歳, ギリシアでは18～20歳の青年)

ephēmeris *f.* ephēmeridis 3 §41.6a <ἐφημερίς 毎日の取引の記録, 日記, 帳簿, 暦(よ), 天文暦(てんもんれんき)

Ephesus (-sos) *f.* Ephesī 2 §13 小アシアの西海岸の町, Artemis(=Diana) 崇拝の地として有名

ephippiātus *a.1.2* ephippiāt-a, -um

§50 鞍(くら)敷き毛布をつけた, 鞍をつけた

ephippium *n.* ephippiī 2 §13 <ἐφίππιον 鞍(くら)敷き毛布, 馬被い

ephorus *m.* ephorī 2 §13 < ἔφορος スパルタの五人監督官(の一人)

epicōpus *a.1.2* epicōp-a, -um §50 <ἐπίκωπος 櫂(かい)を備えた, 櫂で進む

Epicūrēus *a.1.2* Epicūrē-a, -um §50 エピクロスの), エピクロス派の

Epicūrus (-ros) *m.* Epicūrī 2 §13 アテーナイの哲学者(342-270B.C.)

Epidaurus *f.* Epidaurī 2 §13 Argolis の町, Aesculapius 崇拝の地として有名

epigramma *n.* epigrammatis 3 §§22,41.2 <ἐπίγραμμα **1.** 銘, 碑文, 墓碑銘 **2.** 短詩, 寸鉄詞, 風刺詩

epilogus *m.* epilogī 2 §13 < ἐπίλογος 演説の結び(の言葉), しめくくり, 終わり, 跋, 結尾

epistolium *n.* epistoliī 2 §13 <ἐπιστόλιον 短い手紙

epistula (=-sto-) *f.* epistulae 1 §11 <ἐπιστολή **1.** 手紙, 書簡 **2.** (皇帝) 答書 **3.** 書簡(体教訓)詩, 随筆(集) libertus ab epistulis 帝室秘書(文書係)

epitomē *f.* epitomēs 1 §37 < ἐπιτομή (史書の)梗概, 大要, 抄録

epōdos (-us) *m.* epōdī 2 §38 <ἐπῳδός 長短二行句を連ねた抒情短詩

epops *m.* epopis 3 §41.7 <ἔποψ ヤツガシラ

epos *n.* 無 <ἔπος 叙事詩・史詩

ēpōtō 1 ē-pōtāre, -pōtāvī, ēpōtum §106 **1.** 飲み込む, 飲んで容器を空にする, 飲み干す **2.** 吸う, 吸い込む

epulae *f.pl.* epulārum 1 §§11,46 **1.** 豪奢な宴会, 晩餐会, 祝祭の宴(大勢の) **2.** 豪奢な料理, ごちそう

epulāris *a.3* epulāre §54 [epulae] 宴会(饗宴)の, 宴会に同席の

epulō *f.* epulōnis 3 §28 [epulum] **1.** 饗宴(宴会)の客, 仲間 **2.** 神々を祝して国家の催す宴会を主宰する神官, 聖餐神官(最初3名, 後7名か10名)

epulor *dep.1* epulārī, epulātus sum §123(1) ［epulae］ **1.** ぜいたくな正餐をとる，美食する **2.** 祝宴(饗宴)にあずかる(列なる) **3.** 祝宴，饗宴を開いてもてなす，饗応する

epulum *n.* epulī 3 §13 ［*cf.* epulae］ 祝祭日の公の饗宴，宴会，聖餐

equa *f.* equae *1* §11 ［equus］ 雌馬

eques *m.* equitis 3 §21 ［equus］ **1.** 騎手，乗り手 **2.** 騎兵(歩兵に対し) **3.** 騎士階級の人，騎士

equester *a.3* eques-tris, -tre §54 ［eques］ **1.** 騎手の,騎馬(上)の **2.** 騎兵(隊)の **3.** 騎士(階級)の equester ordo 騎士階級

equidem 副 **1.** 私としては，私自身に関する限り(ego を強調) **2.** たしかに，じっさい，本当に，もちろん(一つの単語を強調) certe equidem audieram たしかに私は聞いていた amo te equidem, verum … たしかに(なるほど)私はお前を愛している，がしかし

equīnus *a.1.2* equīn-a, -um §50 ［equus］ 馬の

Equirria *n.pl.* Equirriōrum *2* §13 マルス神を祝って行われる2月27日と3月14日の競馬祭

equitātus *m.* equitātūs 4 §31 ［equitō］ **1.** 騎兵隊，騎兵 **2.** 騎士階級 (の人たち)，騎士たち

equitō *1* equitāre, -tāvī, -tātum §106 ［equus］ **1.** 馬に乗って旅行する，動き回る **2.** (馬が)疾駆する，駆け巡る Eurus per Siculas equitavit undas 東風がシキリアの海を駆け巡る

equuleus (eculeus) *m.* equuleī *2* §13 ［equus の小］ **1.** 若い馬，小さな馬 **2.** 拷問台

equus *m.* equī *2* §13 **1.** 馬，種馬 **2.** (*pl.*)騎兵 **3.** (*pl.*)戦車 (in) equo vehi 馬に乗って行く in equis ire 戦車に乗って行く equo merere 騎兵として奉仕する equis viris (que) 騎兵と歩兵で，全兵力をあげて，全力をつくして，必死に

era *f.* erae *1* §11 ［*cf.* erus］ 女主人，主婦

ērādō *3* ē-rādere, -rāsī -rāsum §109 **1.** こする，(削って)取り除く，こすり(削り)落とす **2.** こすってきれいにする，なめらかにする **3.** 拭きとる，消し去る，削除する，抹殺する eradenda (147) cupidinis pravi sunt elementa 邪悪な欲望は芽のうちに取り除かれるべきだ

eram, erās → sum

ērāsī → ērādō

Eratō *f.* (主格のみ) Musa の1人で，抒情詩(特に，恋愛詩)の女神

Eratosthenēs *m.* Eratosthenis 3 §42.1 アレクサンドリアの哲学者(c.275-194B.C.)

Erebus *m.* Erebī *2* §13 (神) **1.** 暗黒の神 **2.** 冥界，黄泉の国

ērēctus *a.1.2* ērēct-a, -um §50 ［ērigō の完分］ (比)erectior **1.** 直立した，垂直の，まっすぐな **2.** 確信している，自信のある，うぬぼれた，大胆な，傲慢な **3.** 大望を抱いた，氣高い，高潔な **4.** 注意深い，細心な，熱心な vagantur erecti toto foro (9f1. イ) 彼らは広場全体を傲然たる態度でうろつき回っている

ērēpō *3* ē-rēpere, -rēpsī, —— §109 **1.** 這い出る，のろのろ進む，ゆっくりと現れる **2.** よじ登る，這い上がる **3.** 這って通りぬける

ēreptiō *f.* ēreptiōnis 3 §28 ［ēripiō］ 略奪，強奪

ēreptor ēreptōris 3 §26 ［ēripiō］ 強奪者，掠奪者，強盗

ēreptus → ēripiō

ērēs → hērēs

ērēxī → ērigō

ergā 前 (対と)**1.** 向き合って **2.** のために，に関して，に対する vestra erga me voluntas 私に対してのあなた方の好意

ergastulum *n.* ergastulī *2* §13 **1.** 手に負えない囚人奴隷たちが一本の鎖につながれて働く収監所，強制労働所 **2.** その囚人仲間

ergō 前・副・*j.* **A.** (前，属と)の故に，のために victoriae ergo 勝利の故に(後

置される） **B.** (*j.* 副, 文頭か二番目の位置にくる) **1.** それ故に, その結果, 従って, だから ergo illum majores in civitatem receperunt そういうわけで先祖の人らは彼を共同体に受け入れたのだ **2.** (疑問文で) quid ergo mei consilii (9c5) est? では一体私の忠告は何か **3.** (命令・勧告文) desinite ergo de compositione loqui (117.4) そうだとしたらもう調停について話すのは止めてくれ

Erichthonius *m.* Erichthoniī 2 §13 アテーナイの伝説的な王

ēricius *m.* ēriciī 2 §13 **1.** ハリネズミ **2.** 大釘を打ちつけた防柵, 逆茂木(ᵊᵍᵏ)

erifuga *m.* erifugae 1 §11 [erus, fugiō] 主人から逃亡している者 (奴隷)

ērigō 3 ē-rigere, -rēxī, -rēctum [ex, regō] §§109,174(2),176 **1.** 高める, 上げる, 揚げる, 高い所へ登らせる, 地位を高める **2.** 直立させる, 立てる, 起こす **3.** 高く築き上げる, 建てる **4.** 立ち直らせる, 励ます, 鼓舞する, 元気づける ad audiendum animos ēriximus 我々は聞くことに精神を集中させた in spem ērectus 希望に向かって立ち直って

Ērigonē *f.* Ērigonēs 1 §37 (神)Icarius の娘, 死後乙女座(Virgo)となった

erīlis *a.3* erīle §54 [erus] 主人の, 女主人の, 家父長の

Erīnȳs *f.* Erīnȳos 3 §41.10c **1.** (神)殺人, 特に肉親の殺害に復讐する三人の女神 **2.** 狂暴, 狂気

ēripiō *3b* ē-ripere, -ripuī, -reptum [ex, rapiō] §§110,174(2),176 **1.** つかみとる, ひき抜く(裂く), 抜きとる, 根こそぎにする,ちぎる,摘み(むしり)とる **2.** (突然・強引に)奪い去る(取る), ひったくる, 強奪する **3.** 救い出す(危険から), 解放する, 自由にする **4.** se ～ 自分を救う, 逃れる(さまざまの構文 cf. §§9d4,9d5,9f7) vaginā ensem ～ さやから剣を抜く mihi praeda de manibus ēripitur 戦利品が私の手から奪いとられる ēreptis ab eo duabus legiōnibus (9f18) 彼から二箇軍

団が奪いとられて te his ēripe flammis これらの火から汝を救え per eos, ne causam dīceret, sē ēripuit 彼は彼らの助けによって弁明をする義務から逃れた

ērō → sum

ērōdō 3 ērōdere, ērōsī, ērōsum §109.1 [rōdō] **1.** かむ, かじる, 食う, むしばむ **2.** 侵食(ᵗ)する, 腐食(ᵗ)する

ērogātiō *f.* ērogātiōnis 3 §28 [ērogō] **1.** 支払い要求, 支出, 出費 **2.** 分配, 配達, 給水

ērogō 1 ē-rogāre, -gāvī, -gātum §106 **1.** (国庫から)支払う **2.** (私的に)使う, 費やす **3.** (水道の水)配分する, 配達する

errābundus *a.1.2* errābund-a, -um §50 [errō] さまよっている, 定着せぬ, 放浪する

errāticus *a.1.2* errātic-a, -um §50 [errō] **1.** さまよっている, 不定の **2.** 彷徨する, 野性の

errātum *n.* errātī 2 §13 [errō の完分] **1.** 間違った考え, 行い, 間違い, 過失 **2.** 正道をふみはずすこと, 道徳上の過失

errō[1] 1 errāre, -rāvī, -rātum §106 **1.** あてなく動き回る, さまよう, 徘徊する, 放浪する **2.** 漂う, 浮動する, ひろがる(火の手) **3.** ぐらぐらする, ゆれる, 気迷う, ためらう **4.** 正道を踏みはずす, 本道からそれる, 間違う, 誤る, へまをする **5.** (他) (稀で, 詩的)うろつく, さまよう stellae errantēs (= sidera errantia) 遊星 stultitiane erret (116.4) an ira (9f15) ? 人は愚かさのために間違うのだろうか, それとも怒り(狂気)のためか tota errāre viā (9f1. イ) 全行程で(始めから終りまで, すっかり)誤っている

errō[2] *m.* errōnis 3 §28 [errō[1]] 許可なく主人の家に不在の奴隷, 浮浪者, なまけ者

error *m.* errōris 3 §26 [errō[1]] **1.** 彷徨, さまようこと **2.** 迷路, 迂回, 迷宮 **3.** 逸脱, 脱線 **4.** 思い違い, 錯覚, 誤解, 間違い, 失策 **5.** 道を踏みはずすこと, 道徳的過失 **6.** 迷妄, 妄想, 狂気, 混乱

ērubēscō

huic ego errori vulgus (9e11) similem (9e6) insanire docebo これと同じ狂気(過失)を大衆が犯すことを私は示そう

ērubēscō *3* ē-rubēscere, -rubuī, —— §109 **1.**恥ずかしくて赤くなる, 恥ずかしいと思う (9f15) **2.**赤くなる, 顔を赤らめる(怒りで) **3.**恐れる, 重んじる, 尊敬する (te) Venus non erubescendis (121.3) adurit ignibus (amoris) ウェヌス女神がお前を全く恥ずべきでない恋の炎でこがしている jura erubuit 彼は権利を重んじた

ērūca *f.* ērūcae *1* §11 アブラナ科, キバナスズシロ(サラダ用)

ērūctō (**-u-** ?) *1* ērūctāre, -tāvī, -tātum §106 **1.**吐き出す **2.**おくびをする, 食べたものをもどす **3.**暴言を吐く, 発散する(怒りを) **4.**噴出する, 勢いよく投げ上げる, 放つ eructant sermonibus suis (9f9) caedem bonorum 彼らは話を交わしている最中善良な人たちの殺害(という言葉)を吐き出している

ērudiō *4* ē-rudīre, -rudīvī(-iī), -rudītum §111 **1.**教える, 指導する, 教育する (9e2) **2.**啓蒙する, 知らせる **3.**改良する, 磨く aliquem in jure civili ~ 誰々に市民法を教える litterae me erudiunt de omni re publica 手紙が私に国家全体に関して情報を与えてくれる

ērudītē 副 [ērudītus §67(1)] (比)eruditius (最)eruditissime 教養(学識)をもって(使って, と共に), 博学な人として(らしく)

ērudītiō *f.* ērudītiōnis *3* §28 [ērudiō] **1.**教えること, 教育 **2.**教育された知識, 学識, 教養

ērudītulus *a.1.2* ērudītul-a, -um §50 [ērudītus の小] **1.**浅学な, 半可通の **2.**いくらか修練した, 経験を積んだ

ērudītus *a.1.2* ērudīt-a, -um §50 [ērudiō の完分] (比)eruditior (最)eruditissimus 立派に教育された, 教養のある, 学識のある, 造詣の深い, 博学な, 熟達した, 堪能な, (人格上)完成した Scaevola disciplina (9f3) juris eruditissimus 法学に一番通暁したスカエウォ

ラ

ērumpō *3* ē-rumpere, -rūpī, -ruptum §109 **1.**内から勢いよく飛び出る, 突き破って現れる, 芽を出す **2.**どっと溢れる, ほとばしる, 燃え上がる **3.**沈黙を破る, 突然言い出す, ぶちまける **4.**突進(出撃)する, 突然変わる **5.**(他)爆発させる, 放つ, 吐く, 突き抜ける dato signo ex castris erumperent (時制の関連による未完•接, 116.2, 間接話法)合図があると(お前らは)陣営から打って出よ faucibus ignes erupti のど(火口)から噴き出す火炎 veteris audaciae maturitas in nostri consulatus tempus erupit 長い間にうみきっていた大胆不敵な陰謀の膿が私たちの執政官の時期にどっと噴き出たのだ

ēruō *3* ē-ruere, -ruī, -rutum §109 **1.**カ一杯(骨折って)取り除く **2.**掘り出す, 引き抜く, 根こそぎにする, えぐりとる **3.**掘り起こす, 発掘する, 探索する, 明るみに出す **4.**引き出す, 誘い出す **5.**掘りかえす, かき乱す, 波立たせる **6.**倒壊させる, 転覆させる, 破滅させる eruitur oculos (9e9, 受で対は残る)彼は両眼をえぐりとられる urbem totam a sedibus eruit 彼はその都全体を土台から転覆させた obscurata (vocabula) diu populo bonus eruit 長い間人間の目からかくれていた言葉を, 立派な詩人は明るみに出した

ērūpī → ērumpō

ēruptiō *f.* ēruptiōnis *3* §28 [ērumpō] **1.**出撃, 突撃 **2.**噴出, 噴火, 爆発 **3.**吹き出る(溢れ出る)こと, 発芽, 発疹

ēruptus → ērumpō

erus (**herus**) *m.* erī *2* §13 **1.**主人, 家父長, 所有者 **2.**夫 **3.**主君, 頭(かしら)

ervum *n.* ervī *2* §13 (マメ科)カラスノエンドウ

Erymanthus (**-thos**) *m.* Erymanthī *2* §13 (神)アルカディアの西北の山, Hercules が生け捕った猪の棲息地

erythīnus *m.* erythīnī *2* §13 <ἐρυθῖνος 赤い海魚(タイ科の魚)

Eryx *m.* Erycis *3* §41.1a シキリア島の北西の山, この頂上に Venus の神

殿がある → Erycīna, ae. *f.* = Venus

es → sum

ēs → edō

ēsca (**e-** ?) *f.* ēscae *1* §11 **1.** 一さらの料理，ごちそう，食物 **2.** 魚の餌(えさ) Plato escam malorum appellat voluptatem プラトーンは快楽を悪行の餌と言っている

ēscendō *3* ē-scendere, -scendī, -scēnsum §109 [ex. scandō §174 (2)] **1.** 上がる，登る，昇る **2.** 乗る(馬に) rostra (又は in rostra) ～ 演壇に上がる

ēscēnsiō *f.* ēscēnsiōnis *3* §28 敵前上陸，海からの襲撃

ēsculentus (**e-** ?) *a.1.2* ēsculent-a, -um §50 [ēsca] 食べられる，食用に適した (名)**ēsculenta** *n.pl.* ēsculentōrum *2* §13 食物，料理

esculētum, esculeus, esculus → aescul…

Esquiliae *f.pl.* Esquiliārum *1* §11 ローマ市の7つの丘の一つ

Esquilīnus *a.1.2* Esquilī-na, -num §50 エスクイリアエ丘の

esse → sum

ēsse → edō¹

essedārius *m.* essedāriī *2* §13 [essedum] 二輪戦車の上から戦う兵士，又は剣闘士

essedum *n.* essedī *2* §13 ＜ガ **1.** ガリア人の二輪戦車 **2.** 軽い旅行用二輪馬車

est → sum, edō

estō → sum

ēsuriō *4* ēsurīre, ——, ēsurītum §111 空腹を覚える，食欲を抱く，飢えている，渇望する

ēsurītiō *f.* ēsurītiōnis *3* §28 [ēsuriō] 空腹(の苦しみ)，飢え

ēsus → edō

et *j.* 副 **A.** (副)もまた，しかもその上，じじつ，つまり，そう et tu bene vale あなたもお元気で timeo Danaos et dona ferentes 私はギリシャ人を恐れている，そうだ贈り物をもたらす彼らを **B.** (*j.*)

1. (語や節を結ぶ)と，そして pater et mater 父と母 **2.** (くりかえし) et … et=-que … et=et …-que も…も，どちらも，一方では他方では et …neque (neque …et) 一方で…だが(…でない)他方…でない(ある) et soror et conjunx 姉妹も妻も quia et consul aberat, nec facile erat nuntium mittere 執政官もいなかったし，また使者を送ることも難しかったからである **3.** (対立，強調)だがしかし，しかるに，さらに，そしてじっさい，しかも et ego 私としては errabas, et vehementer errabas お前は間違っていた，そしてじっさい物凄く間違っていた **4.** (命令の後)すると，そしたら recognosce et intelleges よく再考せよ，するとわかるだろう **5.** (比較文で) per, idem, similis … et (=atque, ac) …と同様同じく aeque amicos et nosmet ipsos diligamus 我々は友人たちを我々自身と同様に愛する **6.** (時間文で)と同時に，そのとき，そしてそのとき simul consul de hostium adventu cognovit, et hostes aderant 執政官が敵の到着について報告を受け(るとすぐ)たときには敵は到着していた(した) **7.** (二語で一つの概念，hendiadys) crescit oratio et facultas (=dicendi facultas) 演説の才能が上達した

etenim *j.* [et, enim] そして事実，そしてたしかに，じっさいに，事実，つまり，なんとなれば，なぜなら

etēsiae *f.pl.* etēsiārum *1* §§11,45 ＜ἐτησίαι 地中海で土用の間吹く北西の季節風

ēthologus *m.* ēthologī *2* §13 ＜ἠθολόγος 人の特徴をまねる人，物まね芸人，黙劇俳優

etiam 副 **1.** (時間に)いまでもまだ，いまもなお neque etiam dum scit pater 親父(おやじ)がまだ気づいていないうちに etiam atque etiam 何度もくりかえして **2.** (一般に)もう一度，さらに加えて，もまた，でさえ circumspice etiam さらに，もう一度あたりを見回せ caret ergo etiam vinolentia だから酒すら呑んでいないのだ non modo … sed etiam …のみならずまた **3.** (強意)ですら，でさえ，いやそれどころ

か，いや quidam etiam sola bona esse dixerunt ある人たちは(それが)唯一の善だとすら言った civitas improba antea non erat : etiam erat inimica improborum その町は以前堕落していなかった，それどころか悪人たちの敵ですらあった **4.** (比較級と)さらに，いっそう，そのうえなお **5.** (断定に)たしかに，さよう，じっさい aut etiam aut non respondere そうとかそうでないとか答えること **6.** (いらだち，疑問文，命令文で)いったい，全体，全く，どうか，じっさい quam diu etiam furor iste tuus nos eludet? お前のその狂気は一体いつまで我々を愚弄するのか etiam taces? だまらないのか(どうかだまってくれ) **7.** etiamnum (二語にもなる)今でもなお，まだ **etiamsī** (二語にも)たとえ(よし)…しても(であっても) **etiamtum** (二語にも)あのときまだ，なお

etiamnum(**ētiamnunc**) 今でもまだ，なお，まだ，それでもやはり

etiamsī *j.* たとい…としても，よし…にせよ

etiamtum(**etiamnunc**) 副 なお，まだ，しかしながら，それでもやはり

Etrūria *f.* Etrūriae *1* §11 イタリアの地方名，現在のトスカーナ地方にあたる

Etruscus *a.1.2* Etrusc-a, -um §50 エトルリアの

etsī (=et sī) *j.* **1.** (譲歩文を導く tamen, at, certe などを伴うこともある)たとい…でも，かりに…としても etsi non iniquum est, tamen est inusitatum それはたとい不公平ではないとしても，異常である **2.** (制限文と)しかし，もっとも，それでも habet enim res deliberationem ; etsi ex magna parte tibi assentior というのもそのことは審議中である，もっとも私は大部分であなたの意見に賛成であるが

eu 間 (ときに皮肉)立派，おみごと，すばらしい

Euander (**-drus**) *m.* Euandrī *2* §13 (神)後に Palatium となる Pallanteum の創建者

Euandrius *a.1.2* Euandri-a, -um §50 Euander の

eu(**h**)**ans** §58 eu(h)an と叫びながら，**eu**(**h**)**an** = euhoe はバッコス信者の叫び声

euge (**eugae**) 間 (喜び驚きを示す，時に皮肉的に)お，すばらしい，立派，みごと

euhoe 間 酒神バッコス信者の叫び，歓声

eum → is

Eumenides *f.pl.* Eumenidum *3* §41.10c (神) = **Erīnȳes** = Furiae

Eumolpus (**-pos**) *m.* Eumolpī *2* §13 (神)エレウシースの秘教の神官職の家 **Eumolpidae** (*m.pl.* Eumolpidārum *2* §13)氏の始祖

eundus, -a, -um eō の動形 §156 (注2)

euntis → eō §58

eunūchus *m.* eunūchī *2* §13 < εὐνοῦχος 去勢された男子，宦官(かん)

Euphrātēs *m.* Euphrātis 又は -tī *3* §42.1 アジアの大河

Eurīpidēs *m.* Eurīpidis *3* §42.1 ギリシアの有名な悲劇詩人(480-406B.C.)

eurīpus (**-os**) *1* eurīpī *2* §§13,38 < εὔριπος 海峡，特にエウボイアとボイオティアの間の海峡 **2.** 水路，運河，堀割 **3.** 堀，濠，特に大競走場の走路と客席の間の水を張った堀

Eurōpa (**-pē**) *f.* Eurōpae (**-pēs**) *1* §11 (37) (神)Tyros の王 Agenor の娘，Zeus は彼女に恋をし白い牡牛となって，Creta 島について行き，そこで Minos を生む

eurus *m.* eurī *2* §13 < εὖρος **1.** 東風 **2.** 南東風 **3.** 風

Eurydicē *f.* Eurydicēs *1* §37 Orpheus の妻

ēvādō *3* ē-vādere, -vāsī, -vāsum §109 **A.** (自) **1.** 外へ出る **2.** 上へ行く，登る，よじ登る **3.** 逃げる，さける **4.** 結果…となる，生じる，起こる **B.** (他) **1.** (焰，わなを)逃れる，逃げる **2.** よじ登る，登りつめる **3.** 通りぬける，到着する，渡りきる ex balneis ～ 浴場から出る in muros ～ 城壁へ登る ex periculo ～ 危険から逃れ

る perfectus Epicureus evasit 彼は完全なエピクーロスの徒となった

ēvagor *dep.1* ē-vagārī, -vagātus sum §123(1) **1.** あてどなく歩き回る, さまよう, 徘徊する **2.** 道に迷う, はぐれる, それる **3.** 踏み越える, 川床を捨てる, 岸を越えてあふれる **4.** (丈, 草木)ひろがる, ひろまる, のびる **5.** 本題をそれる **6.** (軍)戦列隊形を動かす, 演習する ordinem rectum evaganti (118.1) frena licentiae injecit 彼は正しい秩序から外れた放縦に手綱をかけた(ひきしめた)

ēvalēscō *3* ē-valēscere, -valuī, —— §109 **1.** 十分に力をつける, 強くなる, 増す, ふえる **2.** 発達する, 発育(成熟)する **3.** 勢力を得る, できる, 成功する, 一般にはやる, 支配的となる quae pervincere (117.4) voces evaluere (114. 注 4) sonum? どんな(役者の)声が(劇場内の)騒音を圧倒するだけの力を持っていたか tempus in suspicionem evaluit 時が人々を疑わせるのに力を持った(時が時だけに人々はかんたんに疑った)

ēvānēscō *3* ē-vānēscere, -vānuī, —— §109 **1.** 見えなくなる, いなくなる **2.** 消える, 消滅する, 死ぬ **3.** あせる, うすらぐ, 力を失う, 弱くなる procul in tenuem ex oculis evanuit auram 彼は視界から遠ざかり希薄な天空へと消えて見えなくなった vinum evanescit ブドウ酒の気がぬける

ēvānidus *a.1.2* ēvānid-a, -um §50 [ēvānēscō] **1.** 見えなくなった, 消えている, 死んだ **2.** やせ衰えた, 弱った

ēvastō *1* ē-vastāre, -tāvī, -tātum §106 完全に荒廃させる

ēvāsus → ēvādō

ēvectus, ēvēxī → ēvehō

ēvehō *3* ē-vehere, -vēxī, -vectum §109 **1.** 運び出す, 連れ出す, 輸出する **2.** 運び去る, 押し流す, 逆上させる **3.** 運び上げる, 高める, 昇進させる **4.** (受・再) evehi, se evehere 動かされる, 運ばれる, 進む, 越える, ひろがる, わたる, (車, 馬, 船に)乗っていく, 出る, 出帆(航行)する quos evexit ad aethera virtus 武勇が

天空へと高めた者たち fama ejus evecta insulas (9e9) per Italiam quoque celebrabatur 彼の名声は島々を越えてイタリア中でも喧伝されていた

ēvellō *3* ē-vellere, -vellī (-vulsī), -vulsum §109 **1.** 根こそぎにする, 根元から引き抜く **2.** 引き抜く, 根絶する, 削除する, 抹殺する caeno (9f7) cupiens evellere plantam 泥沼から足を引き抜かんと欲しながら

ēveniō *4* ē-venīre, -vēnī, -ventum §111 **1.** 出てくる, 現れる **2.** 割りあてられる, 手に入る, (くじで)あたる **3.** 結果を得る, 終わる, 起こる, 生じる, 実現する **4.** (非)evenit ut (169) ut 以下のことが起こる merses profundo, pulchrior evenit お前は(その民族を)深みに沈めるがよい, それはいっそう美しくなって姿を現すのだ consuli (9d1) ea provincia sorte evenit その属州がくじでその執政官にあたった(その属州支配が割り当てられた) timebam ne evenirent ea quae acciderunt 起こっていたそのことが起こりはしないかと, かねがね私は恐れていた

ēventum *n.* ēventī *2* §13 [ēveniō の完分] **1.** 結果, 出来事, 事件, 経験 **2.** 偶然の非本質的な条件, 遇有性

ēventus *m.* ēventūs *4* §31 [ēveniō] **1.** 結果, 結末, 成果, なりゆき **2.** 上首尾, 成功 **3.** 事件, 出来事 **4.** 身の上, 運命 **5.** 大団円, 大詰, 決着 eventus stultorum magister est 結果が愚者の師である virorum consilia ex eventu, non ex voluntate probari solent 人々の考えは意図よりも結果から評価されるのが常である

ēverberō *1* ē-verberāre, -rāvī, -rātum §106 **1.** 烈しく打つ, たたく, なぐる, 打ちのめす **2.** 刺激する, あおる

ēverrō *3* ē-verrere, ——, -versum §109 **1.** (部屋を)掃除する **2.** 一掃(掃討)する, 奪いつくす **3.** 地引き網で魚をさらう

ēversiō *f.* ēversiōnis *3* §28 [ēvertō] **1.** ひっくりかえすこと, 転覆,

ēversor 260

挫折 **2.** 倒壊，破壊 **3.** 放逐，打倒

ēversor *m.* ēversōris *3* §26 [ēvertō] 転覆させる人，破壊する者

ēversus → ēverrō, ēvertō

ēvertō *3* ē-vertere, -vertī, -versum §109 **1.** ひっくりかえす，裏返す，掘り返す，回す，逆に向ける **2.** 烈しく振り動かす，ゆさぶる，かきたてる，かき回す **3.** くつがえす，廃止する，転覆させる，投げ倒す，破滅させる，滅ぼす **4.** 追い出す，取り除く，奪う evertit aequora ventis（女神は）暴風で大海原を烈しくかき回す cur eos fortunis omnibus (9f7) conaris (126) evertere (117.4) お前はなぜ彼らから全財産を奪おうとするのか

ēvestīgātus *a.1.2* ēvestīgāt-a, -um §50 [ēvestīgō「探し当てる」の完分] 見つけ出された，探し出された

ēvīcī → ēvincō

ēvictus → ēvincō

ēvidēns *a.3* ēvidentis §58 [ē, videō の現分]（比)evidentior （最)evidentissimus **1.** 知覚可能な **2.** 明白な，はっきりした **3.** 開かれた，あからさまの，打ち明けられた，信頼するに足る

ēvidenter 副 [ēvidēns §67(2)] **1.** はっきりと，明白に，明らかに **2.** 生き生きと，ありありと，鮮やかに

ēvigilō *1* ē-vigilāre, -lāvī, -lātum §106 （自)**1.** 起きる，目ざめる **2.** 夜中起きて見張る，目をさましている （他)**3.** ねむらずに(時を)すごす **4.** 休まずに(熱心に，注意深く)働く，勉強する，考えぬく nox est mihi (9d11) evigilanda 私は眠らずに勉強して夜を過ごさねばならぬ evigilare libros 夜を徹して本を書く

ēvinciō *4* ē-vincīre, -vinxī, -vinctum §111 **1.** しばる，結ぶ，しめる，くくる **2.** 取り巻く，巻きつける viridi evinctus oliva (9f11) オリーブの緑の葉(冠)をつけた(人) puniceo stabis suras[※] evincta cothurno あなた(女)は深紅色の深靴の皮ひもでふくらはぎを結んで立っていよう※(受で，対はそのまま残る．evinxit suras cothurno *cf.* 9e9)

ēvincō *3* ē-vincere -vīcī, -victum §109 **1.** 完全に打ち勝つ，負かす，征服する **2.** 圧倒する，(障害を)切りぬける，成功する **3.** 抵抗に勝つ，説得する，証明する，勝ちとる tu lacrimis evicta meis 私の涙にあなた(女)は負けて si puerilius his (ludis) (9f6) ratio esse evincet amare (117.5) 恋することがこれらの子供の遊びよりもいっそう子供っぽいことを理性が説得したら

ēvīscerō (-i- ?) *1* ē-viscerāre, -rāvī, -rātum §106 [vīscera] 腸を取り除く，内臓をぬきとる(ひきちぎる)

ēvītābilis *a.3* ēvītābile §54 [ēvītō] 避けられる，避けうる

ēvītō *1* ē-vītāre, -tāvī, -tātum §106 **1.** 避ける，回避する，逃げる **2.** そらす，わきへ向ける

ēvocātī *m.pl.* ēvocātōrum *2* §13 [ēvocō の完分] 再役古兵

ēvocātor *m.* ēvocātōris *3* §26 [ēvocō] 軍隊に入る(武器をとる)ように呼びかける人

ēvocō *1* ē-vocāre, -cāvī, -cātum §106 **1.** (霊を)呼び出す，(呪文で)呼び起こす，呼び寄せる **2.** 召喚する，招集する，招く，呼ぶ **3.** さそい出す，おびき寄せる **4.** 促して…させる，刺激する，鼓舞する，挑発する praedae cupiditas multos longius evocabat 戦利品への欲望が多くの兵をいっそう遠い地へとさそい出していた

ēvolō *1* ē-volāre, -lāvī, -lātum §106 **1.** 飛んで逃げる，外へ飛び出す，飛翔する，上がる，登る **2.** 急激に飛び出す，突然現れる，突進する，出撃する，噴出する，(火が)飛び散る **3.** 走り出る，逃げる，脱走する

ēvolvō *3* ē-volvere, -volvī, -volūtum §109 **1.** ころがして外へ出す，ころがして落とす，ころがす，巻く **2.** ころがしてひろげる，(巻子)本をひろげる，ひもとく，読む，勉強する **3.** 開く，ひろげる，伸ばす，おおいをとく，もつれをとく，巻いたものをとく，ほどく **4.** ねじりとる，ひきさく，解放する **5.** ひろげて見せる，知らせる，見つける，はっきりさせる，説明する **6.** 考え込む，思

索する cum evolvere non posset in mare se Xanthus クサントゥス川は海の方へころがって(流れて)いけなかったので ad aures militum dicta ferocia evolvebantur 恐ろしい言葉が兵士らの耳に入っていた(ひろがっていた) tunc sorores debuerant fusos evolvisse meos そのとき運命の女神の三人姉妹が私のつむ(錘)を最後までまきもどしていなければならなかった,つまり私の一生の運命を定めねばならなかった

ēvomō *3* ē-vomere, -vomuī, -vomitum §109 **1.** 嘔吐する,吐く,もどす **2.** 放つ,発する,注ぎ出す **3.** 吐き出す,ぶちまける,打ち明ける iram hanc in eos evomam (116.1) この怒りを奴らにぶちまけたいのだ

ēvulgō *1* ēvulgāre, -gāvī, -gātum §106 公にする,知らせる,もらす,暴露する

ēvulsus → **ēvellō**

ex, ē 前 **A.** 接頭辞として,§§173,176「外へ,内から,離れて,全く,大いに」などの意味を持つ **B.** 奪支配の前として(eは子音の前でのみ) **1.** (空間的に)内から外へ,上から,下へ,離れて,から,で ex equis desiliunt 彼らは馬から飛びおりる ex equis ut colloquerentur (133) postulavit 彼は馬上から会談したいと要請した ejus ex Africa reditus 彼のアフリカからの帰還 (慣用句)ex itinere 途中で ex omni parte あらゆる点で ex fuga 逃亡中 **2.** (時間的に)のあとすぐ,から,以来 ex eo die その日から Cotta ex consulatu est profectus in Galliam コッタは執政官職を辞すと直ちにガッリアへ向けて出発した (慣用句)ex tempore 直ちに,その場で ex intervallo 間をおいて,しばらくして **3.** (比喩的に移動・変化・分離 §9f7)から exercitum ex labore atque inopia refecit 彼は軍隊を疲労と食料の欠乏から回復させる agro ex hoste capto (9f18) その土地が敵から奪われると **4.** (部分を示す cf. 9c4)から,の中から unus ex multis 多くの中の一つ **5.** (材料 §9f5)から,できた statua ex aere facta 青銅製の像

6. (起源・由来 §9f4)から,起こった,生まれた urbem e suo nomine Romam jussit nominari 彼はその都が自分の名前にちなんでローマと呼ばれるように命じた appellata est ex viro virtus「勇気」という名は「男」に由来する **7.** (理由・原因)から,のために,の故に ex pertinacia oritur seditio お互いの強情から暴動が起こる ex illa ipsa re まさしくその理由から **8.** (標準)に従って,則って ex senatus consulto 元老院議決によって ex consuetudine sua 自分の習慣によって dicam ex animo 私は素直に申したい e re publica 国家のために

exacerbō *1* ex-acerbāre, -bāvī, -bātum §106 **1.** いらいらさせる,じらす,怒らせる,憤激させる **2.** いっそう悪くする,重くする,増大させる

exāctiō *f.* exāctiōnis *3* §28 [exigō] **1.** 追放,放逐 **2.** (労働)強要,強制,取り立て(税,借金) **3.** 課税,税

exāctor *m.* exāctōris *3* §26 [exigō] **1.** 追放する人 **2.** 強制的に(税・借金を)取り立てる人 **3.** 監督,管理人

exāctus *a.1.2* exāct-a, -um §50 [exigō の完分] (比)exactior (最)exactissimus 正確な,精密な,念入りな,細心の

exacuō *3* ex-acuere, -acuī, -acūtum §109 **1.** 鋭くする,とがらせる,研(と)ぐ **2.** 刺激する,駆りたてる,たきつける,興奮させる **3.** 強烈にする,激しくする,重くする animos in bella versibus exacuit 彼は詩によって人々の心を戦闘へと奮い立たせた

exadversum 副・前 **1.** (副)向き合って,向こう側に **2.** (前・対と)反対の位置に,対抗して,向かい合って

exaedificō *1* ex-aedificāre, -cāvī, -cātum §106 建築を完成させる,(すっかり)建築する,造り上げる

exaequātiō *f.* exaequātiōnis *3* §28 [exaequō] **1.** 水平な表面 **2.** 水平に,平等に,均等にすること

exaequō *1* ex-aequāre, -quāvī, -quātum §106 **1.** すっかり平らにする,

exaestuō 262

水平にする **2.** 同列におく，対等とみなす **3.** 釣り合いをとる，補い（償い）をする neminem dignitate（9f12）secum exaequari volebat 彼は威信の上で何人も自分と対等であることを欲しなかった facta dictis（9d4）exaequanda sunt 言行は一致すべきである

exaestuō *1* ex-aestuāre, -tuāvī, -tuātum §106 **1.** 沸騰する，沸く，煮える **2.** 泡立つ，波立つ **3.** 激怒する，燃え上がる，熱くなる

exaggerō *1* ex-aggerāre, -rāvī, -rātum §106 **1.** 積み上げる，積み重ねる，盛り上げる，積む **2.** 蓄積する，大きくする，拡大する，ふやす **3.** 大げさに言う，誇張する，高める exaggerare aliquem honoribus（9f11）ある人に名誉を積み重ねる animus virtutibus exaggeratus 勇気によって高揚した精神

exagitō *1* ex-agitāre-tāvī, -tātum §106 **1.** 強く振る，ゆるがす，かき回す **2.** 奮起させる，興奮させる，煽動する，けしかける **3.** 駆りたてる，追跡する，迫害する，悩ます **4.** 追求する，非難する，叱る cum Demosthenes exagitetur ut putidus デーモステネースが気取り屋として非難されたとき

exālō → exhālō

exāmen *n.* exāminis *3* §28 **1.** 蜂の群，大群 **2.** 群衆，多数 **3.** はかりの（指）針 duas aequato examine（9f18）lances sustinet 彼は二つの天秤皿を指針が水平となるように保つ

exāminō *1* ex-āmināre, -nāvī, -nātum §106 ［exāmen］ **1.** 秤にかける，重さをはかる **2.** 比較考量する，吟味する male verum examinat omnis corruptus judex 買収された裁判官はみな真実を吟味するのに過ちを犯す

exanguis → exsanguis

exanimātiō *f.* exanimātiōnis *3* §28 ［exanimō］ **1.** 気絶，失神 **2.** 突然の恐怖による失神，麻痺

exanimātus *a.1.2* exanimāt-a, -um §50 ［exanimō の完分］ **1.** 生命のない，死んだ **2.** 半死半生の **3.** 気絶した，失神した

exanimis *a.3* exanime §54 ［exanimō］ **1.** 生命を奪われた，死んだ **2.** 半死の，失神した，気絶した，疲労困憊した **3.** 気の動転した，茫然自失の

exanimō *1* ex-animāre, -māvī, mātum §106 ［anima］ **1.** 空気をぬく，ふくれた自信（うぬぼれ）をぺしゃんこにする，落胆させる **2.** 息を切らす，気絶させる，命を絶つ，殺す **3.** 自己（冷静）を失わせる，衰弱させる，疲労困憊させる verberibus exanimatum corpus 鞭うたれて事切れた体 filiae meae morbus me exanimat 私の娘の病気が私をすっかり消耗させた

exārdēscō（-ă- ?）*3* ex-ārdēscere, -ārsī,（-ārsum）§109 **1.** ぱっと燃え上がる，発火する，燃える **2.** 熱くなる，かっとなる，まっかになる，激怒する，（恋情に）燃える（9f15）**3.**（事件）発生する，突発する **4.**（物価）急騰する materies facilis ad exardescendum（119.4）火のつき易い物質 bellum subito exarsit 戦争が突発した

exārēscō *3* ex-ārēscere, -āruī, —— §109 **1.** 完全に乾く，干上がる，ひからびる，しなびる **2.** 枯渇する，尽きる，すたれる，消える，なくなる

exarmō *1* ex-armāre, -māvī, -mātum §106 **1.** 武装を解除する，（軍事）力を奪う，弱める，力を台なしにする **2.** 軍船の艤（ぎ）装を解く

exarō *1* ex-arāre, -arāvī, -arātum §106 **1.** 鋤（すき）で掘り返す，掘り出す，取り除く **2.** 耕作する，耕して収穫する **3.** 畝（うね）に，溝をつくる **4.** 蠟（ろう）板に鉄筆で書く，書く，起草する rugis frontem senectus exarat 老人が額にしわで溝をつくる

exārsī → exārdēscō

exāruī → exārēscō

exasperō *1* exasperāre, -rāvī, -rātum §106 **1.** 表面を粗（あら）くする，ざらざらにする，でこぼこにする **2.** ひりひりさせる，ただれさす **3.** いっそう悪くする，ひどくする，重くする **4.** 粗暴にする，怒らせる，激怒させる exasperato fluctibus mari (9f18) 波によって海の表面が逆立ち

exauctōrō *1* ex-auctōrāre, -rāvī, -rātum §106 **1.** 軍隊奉公を解く，免除する，除隊させる **2.** 解雇する，罷免(%)する

exaudiō *4* ex-audīre, -audīvī (-iī), -audītum §111 **1.** はっきりと聞き分ける，耳を傾ける **2.** 識別する，わかる，留意する **3.** (神が)人の願いをかなえる，聞きとどける nulli (9d11) exaudita deorum vota どんな神にもかなえて貰えなかった(私の)願いごと

exaugeō *2* exaugēre, ――, ―― §108 大いに増やす，広げる，強める

exaugurātiō *f.* exaugurātiōnis *3* §28 [ex, augurō] 神聖を奪う(除去する)こと，俗化させること，冒瀆

exaugurō *1* ex-augurāre, -rāvī, -rātum §106 神聖を汚す，冒瀆する

excaecō *1* ex-caecāre, -cāvī, -cātum §106 **1.** 視力を奪う，めくらにする **2.** 眩(%)ませる，曇らせる，鈍くする **3.** (道・口)塞ぐ

excandēscō *3* ex-candēscere, -canduī, ―― §109 **1.** 火がつく，ぱっと燃え上がる，炎をあげる，輝く **2.** 怒りで熱くなる，かっと怒る

excantō *1* ex-cantāre, -tāvī, -tātum §106 呪文で(悪魔を)退散させる，魔法で引き寄せる

excarnificō *1* excarnificāre, -cāvī, -cātum §106 [carnificō] 拷問で処罰する，殺す，拷問にかける，責めさいなむ

excavō *1* ex-cavāre, -vāvī, -vātum §106 **1.** からっぽにする，すくいあげる，さらう **2.** えぐってつくる，掘って(穴を)つくる

excēdō *3* ex-cēdere, -cessī, -cessum §109 **A.** (自) **1.** 立ち去る，離れる，出発する，退く，消える **2.** わき道へそれる **3.** (限度を)踏み越える，遠くへ行く，到達する，帰着する，に終わる **4.** 高まる，勝る，しのぐ **B.** (他) **1.** 去る，捨てる **2.** (数・量・高さ)まさる，越える e vita 又は vita (9f7) ～ 死ぬ ～ paulum ad enarrandum (119.4) 語るべき主題から少しそれること ne severitas in tristitiam excedat 厳格が苛酷に陥らないように ～ summam octoginta milium 総額で8万(アス)を越えている nubes excedit Olympus O. は雲をしのいでいる

excellēns *a.3* excellentis §58 [excellō の現分] (比)excellentius (最)excellentissimus **1.** 高い，そびえ立つ **2.** 卓越した，傑出した，目立つ，顕著な，すばらしい，すぐれた

excellenter 副 [excellēns §67(2)] (比)excellentius すぐれて，卓越して，非常に，顕著に

excellentia *f.* excellentiae *1* §11 [excellēns] 優秀，卓越，傑出，優位 per excellentiam とりわけ，この上なく

excellō ex-cellere, ――, ―― §109 高さでまさっている，すぐれている，ぬきんでる，そびえる，ひいでる

excelsē 副 [excelsus §67(1)] (比)excelsius (最)excelsissime **1.** 高く，高所に **2.** すぐれて，きわだって **3.** 高邁な精神で，高貴に

excelsitās *f.* excelsitātis *3* §21 [excelsus] **1.** 高まり，高い地位(位置) **2.** 卓越，高貴，高邁

excelsum *n.* -celsī §13 [excelsus] 高地，身分地位の高いこと，高さ

excelsus *a.1.2* excels-a, -um §50 [excellō] (比)excelsior (最)excelsissimus **1.** 高い，高い地位にある，背の高い **2.** 高尚な，高貴な，崇高な **3.** 高い地位にある，有名な，輝かしい

excēpī → excipiō

exceptiō *f.* exceptiōnis *3* §28 [excipiō] **1.** 例外，制限，留保 **2.** ただし書き，法文の特別条項，条件 **3.** 付随抗弁

exceptō *1* ex-ceptāre, -tāvī, -tātum §106 [excipiō] **1.** 受け取る，取りあげる，拾いあげる，摑む **2.** 負う，受け入れる，引き受ける

exceptus → excipiō

excernō *3* ex-cernere, -crēvī,

excerpō 264

-crētum §109 選(ょ)り分ける，ふるい分ける，引き離す

excerpō *3* ex-cerpere, -cerpsī, -cerptum §109 ［ex, carpō §174(2)］ **1.** むしりとる，もぎとる **2.** 拾いあげる，とりあげる **3.** 選び抜く，抜擢する，ぬき書きをする，抜粋する **4.** 選んで除く，省く，落とす ego me illorum excerpam numero 私は私だけ彼らの仲間から除いておきたい

excessī → excedō

excessus *m.* excessūs *4* §31 ［excēdō］ **1.** 出発，離別 **2.** 死去 **3.** 離反，逸脱，脱線

excetra *f.* excetrae *1* §11 **1.** 水ヘビ **2.** 悪賢い（ずるい）女

excidium *n.* excidiī *2* §13 ［exscindō］ 破壊，転覆，崩壊

excidō¹ *3* ex-cidere, -cidī, —— §109 ［ex, cadō §174(2)］ **1.** 落ちる，すべり落ちる **2.** ふともれる，口から発する **3.** に堕す，へと退化する，終末をもつ（in +*acc.*) **4.** 過ぎる，逃げる，消える **5.** 奪われる，失われる，忘れられる sol excidisse mihi e mundo videtur この世から太陽が消えたように私には思われる in vitium libertas excidit et vim dignam lege regi (117.3) 自由は放縦へ，そして法律で制御されるに価する暴力へと堕した mihi ista exciderant あなたの言ったことを私はすっかり忘れていた

excidō² *3* ex-cīdere, -cīdī, -cīsum §109 ［ex, caedō §174(2)］ **1.** 切り取る，切り除く，切り倒す，切り出す，削除する **2.** 切って（えぐって）作る，穴を掘る，うがつ，切り開く **3.** 根絶する，破壊する，倒壊させる，荒らす，廃止する latus rupis excisum in antrum 側面に穴を掘られて洞窟のできた断崖 excidi (107.4) penitus vitium irae (9c2) 怒りという悪徳が徹底的に根絶されること

excieō *2* ex-ciēre, ——, -citum §108 = **exciō** *4* excīre, -cīvī (-ciī), -citum §111 **1.** 呼び起こす，目をさまさせる **2.** 呼び出す，呼び寄せる，誘い出す，召喚する **3.** 揺り動かす，ゆすぶる，煽動する，励ます，鼓舞する **4.** おどす，びっくりさせる

excire ex somno（又は somno 9f7）眠りから呼び起こす excita tellus ゆれ動いた大地 〜 alicui (9d4) lacrimas 誰々の涙を誘う

excipiō *3b* ex-cipere, -cēpī, -ceptum ［ex, capiō］ §§110,174(2),176 **1.** 引き出す，取り出す，抜きとる，拾い上げる，釣りあげる **2.** 除外する，しめ出す，引き離す **3.** （特別な条件付きで）規定する，契約する **4.** 受け取る，受けとめる，受領する，支える **5.** 攻撃を受けとめる，抵抗する，負う，耐える，支える，防ぐ **6.** 迎える，挨拶する，泊める，かくまう，保護する **7.** 聞く，認める，理解する **8.** 途中で奪う，不意にとらえる，ひったくる，摑む，びっくりさせる **9.** 受けつぐ，待ち受ける，あとにすぐ訪れる，続ける，ひきのばす sapiens injuriae (9d5) excipitur 賢人は不当な損害から除外される（逃れる）excepto (9f18 注) quod non simul esses, cetera laetus 君が一緒にいてくれないことを除くとその他の点では私は満足しています lex cognatos excipit, ne eis ea potestas mandetur 法律は親族に対しその権限が委任されないように規定している tela missa exceperunt 彼らは飛んできた槍を受けとめた producit servos, quos in pabulatione paucis ante diebus exceperat 彼は数日前糧秣徴発のさい中に奪いとっていた奴隷を引き出した porticus excipiebat Arcton その柱廊は北の方を向いていた hiemem pestilens aestas excepit 悪疫のはやった夏のあとすぐ冬がきた

excīsiō *f.* excīsiōnis *3* §28 ［excīdō］ 破壊，破滅

excīsus → excīdō

excitātus *a.1.2* excitāt-a, -um §50 ［excitō の完分］ （比）excitatior （最）excitatissimus **1.** 鋭い，力強い，勢力旺盛な，強烈な **2.** （声・音）高い，かん高い **3.** （匂い）強い，きつい

excitō *1* ex-citāre, -tāvī, -tātum §106 **1.** 動かす，追い立てる，狩り出す，移動させる **2.** 呼び起こす，目をさまさせる **3.** 払いのける，乱す，かきまわす，かきた

てる **4.** びっくりさせる, 驚かす, さわがす **5.** 呼び出す, 召喚する **6.** 立ち上がらせる, 刺激する, 興奮させる, あおる, 盛んにする, たきつける, 勢いをつける, 鋭くする **7.** 感動させる, 激励する, なぐさめる **8.** 高める, 建てる vox precantum (58 注 3) me huc foras excitavit 祈願している人たちの声が私をこの外へと呼びだしたのだ vapores qui a sole ex aquis excitantur 太陽によって水の表面から立ちのぼる蒸気 turris excitatis (9f18) 櫓が建てられると Gallos ad bellum celeriter excitari (117.5) ガリア人はすばやく戦争へとかりたてられること

excitus → excieō, **excītus** → exciō

excīvī → exciō

exclāmō *1* exclāmāre, -māvī, -mātum §106 **1.** 突然大声を出す, 叫ぶ **2.** 大声で名を呼ぶ, 大声で報告する, 弁じたてる **3.** 感嘆して叫ぶ, 大声でほめそやす **4.** やかましい音をたてる hic exclamat eum esse sodalem 彼は突然大声を出す,「彼は私の友人です」と （名）
  exclāmātiō *f.* -mātiōnis *3* §28 **1.** 叫び声, 大声を出すこと **2.** 格言, 箴言

exclūdō *3* ex-clūdere, -clūsī, -clūsum §109 ［ex, claudō］ §§174(2),176 **1.** 入ってくるのを禁止する, 入れない, 締め出す **2.** 切り離す, 引き分ける. 除外する **3.** 退ける, 妨げる, 排除する **4.** 覆いをとる, 蓋をあける, 孵化する exclusus amator （女の家から）締め出された恋人 a navigatione excludi (9f7) 航海を禁じられる

excoctus → excoquō

excōgitō *1* ex-cōgitāre, -tāvī, -tātum §106 よく考える, 十分に検討する, 考案する, 工夫する, 発明する

excolō *3* ex-colere, -coluī, -cultum §109 **1.** 注意深く耕す, 栽培する **2.** つぎ木で改良する, 改良(改善)する, 発達させる, 磨く, 洗練する **3.** 教育(育成)する, 修練する **4.** 祝う, 崇拝する, 尊敬する, 高める, 飾る excolere animos doctrinā 学問によって精神を修養すること

excoquō *3* ex-coquere, -coxī, -coctum §109 **1.** 十分に(完全に)料理する, 煮る, 焼く **2.** 完全に溶かす, 消化する **3.** からからに乾かす, いる, 焦がす **4.** 料理して(煮て, 焼いて)取り除く, 取り出す, 作り出す **5.** いためる, 憔悴させる harenae in vitrum excoquuntur 砂が溶けてガラスになる illis (9f7) (agris) omne per ignes excoquitur vitium その土壌からあらゆる病毒が火によって焼きつくされる

excors *a.3* excordis §55 ［ex, cor］ 知力を欠いた, 無分別の, 非常識な, 愚かな, 愚直な

excrēscō *3* ex-crēscere, -crēvī, -crētum §109 **1.** 育つ, 成長する, 伸びる, 殖える **2.** (異常に)大きくなる

excrētus → excernō, excrēscō

excrēvī → excernō, excrēscō

excruciō *1* ex-cruciāre, -ciāvī, -ciātum §106 苦しめる, 責めさいなむ, 拷問にかける non loquor plura, ne te excruciem (116.6) あなたを苦しめないために私はもうこれ以上話さない

excubiae *f.pl.* excubiārum *1* §§11, 46 ［excubō］ **1.** 夜警, 見張り **2.** 夜警隊, 歩哨隊 **3.** 歩哨所, 監視所

excubitor *m.* excubitōris *3* §26 **1.** 見張り番, 夜警兵, 歩哨 **2.** パラーティウム(宮殿)警備兵

excubō *1* ex-cubāre, -cubuī, -cubitum §106 **1.** 戸外でねる(よこたわる), 外で寝ずの番をする **2.** (徹夜で)警戒する, 見張る, 心を配る pulchris excubat in genis 彼は(彼女)の美しい頬のために家の外で寝ずの番をしている(恋敵が彼女に近寄らないように)

excūdō *3* ex-cūdere, -cūdī, -cūsum §109 **1.** 打ってある形をつくる, たたき出す, 打ちのばす, 鍛えて(刀を)つくる **2.** 作り上げる, 精巧にこしらえる, 仕上げる, 推敲する **3.** 孵化する silici (9d5) excudere ignem 燧石(すいせき)を打って(その石から)発火させる

exculcō *1* ex-culcāre, -cāvī, -cātum §106 ［ex, calcō §174(2)］ **1.** 踏みかた

excultus 266

める，踏みつける **2.** 追い出す

excultus → excolō

excurrō *3* ex-currere, -(cu)currī, -cursum §109 **1.** 走って出る，急いで外へ行く **2.** 出撃する **3.** 発芽する，生長する，流出する **4.** 遠出をする，遠征をする，旅をする **5.** 突出する，外へ伸びる **6.** 展開する，発揮される **7.** わき道へそれる campus in quo excurrere virtus posset (116.8) 武勇が存分に発揮され得るような平野

excursiō *f.* excursiōnis *3* §28 〔excurrō〕 **1.** 出撃，突撃，急襲 **2.** 旅行，遠征，遠出 **3.** 本題からの逸脱 **4.** 聴衆の前に進み出ること(演説者の身振り)

excursor *m.* excursōris *3* §26 〔excurrō〕 **1.** 使者，特使，密使 **2.** 間諜，斥候

excursus *m.* excursūs *4* §31 〔excurrō〕 **1.** 急襲，出撃 **2.** 出帆，遠出，旅行 **3.** 流出，噴出 **4.** 本題からの逸脱

excūsābilis *a.3* excūsābile §54 〔excūsō〕 (比)excusabilior 弁解できる，言いわけのたつ，許される

excūsātiō *f.* excūsātiōnis *3* §28 〔excūsō〕 **1.** 弁解，言いわけ，遁辞，正当化の口実 **2.** 公務免除の嘆願(書) stultitia excusationem non habet 愚鈍には言い逃れがきかない excusatio legationis obeundae (121.3) 使節の任務を免除されるための嘆願(弁明)

excūsō *1* ex-cūsāre, -cūsāvī, -cūsātum §106 **1.** 誰々に対し(*dat.* 又は apud+*acc.*)，誰々を又はあることを(*acc.*)何々の理由で許す，弁護する，容赦する **2.** 何々を理由に(口実として)義務・仕事を免除する **3.** 何々を理由(口実)として申し立てる，弁解する，言いわけをする **4.** 同意しない(受けつけない)ことの理由をのべて弁解する，容赦を乞う excusabo ei paucitatem litterarum tuarum あなたの彼あての手紙の少ないことについて私から彼に弁明しておきましょう excusor morbi causa (9f15) 私は病気を理由に免除してもらう Libo excusat Libulum quod

is inimicitias cum Caesare habebat リボはリブルスの欠席の理由を述べて弁護してやる，彼はカエサルにずっと敵愾心を抱いていたからだと inopiam excusare etiam mediocris est animi (9c12) 貧困を理由に言いわけをするのは精神の卑小の証拠でさえある

excussī, excussus → excutiō

excussus *a.1.2* excussa, excussum §50 〔excutiō の完分〕 (比)excussior (最)excussissimus **1.** ぴんとはった，のばした，ひろげた **2.** ひきしまった，激(は)しい，強い

excūsus → excūdō

excutiō *3* ex-cutere, -cussī, -cussum §109 〔ex, quatiō §174(2)〕 **1.** 振り動かして中から出す，たたき出す，まき散らす，ふるい落とす(捨てる) **2.** 力一杯なげとばす，勢いよく放る(ほうる)，発射させる **3.** (感情を)起こさせる，挑発する **4.** 追い出す，追放する **5.** (ものを振って)調べる，詮索する，吟味する，探す **6.** 振って中味をあける，きれいにする，(財産を)空にする equus excussit equitem 馬が騎士を振り落とした de crinibus ignem excutit 彼は髪から火の粉をふり払った quid pacem excusserit (116.10) orbi (9f7) なぜ彼がこの世界から平和を追放したか(について述べよう) excussa ballistis saxa 投石機から勢いよく発射される石弾 lacrumas excussit mihi (9d5) 彼は私から涙を催させた(私を泣かせた)

exedō 不規 ex-edesse, -ēdī, -ēsum §160 **1.** 食い尽くす，むさぼり食う **2.** 無に帰せしむ，すり減らす，破壊する **3.** かみ砕く，浸食する，腐食する，むしばむ，やつれさせる **4.** ほら穴をつくる，空洞にする exesa rubigine (9f15) pila 錆(さ)び腐食した槍

exedra *f.* exedrae *1* §11 < ἐξέδρα **1.** 逍遙柱廊の柱と柱との間の半円形に凹んだ壁にとりつけられた座席(集会・談話・社交用) **2.** 個人の家や公衆浴場の談話室，応接室

exedrium *n.* exedriī *2* §13 < ἐξέδριον 〔exedra の小〕 小談話室

exēgi → exigō

exēmī, exemptus → eximō

exemplar *n.* exemplāris *3* §20 [exemplum] **1.** 見本, 実例 **2.** 模範, 典型, 模型 **3.** 原型, 原作 **4.** 写し, 写本, 複製 **5.** 模写, 相似, 肖像

exemplum *n.* exemplī *2* §13 **1.** 例, 用例, 実例, 見本, 標本 **2.** 見せしめ, 戒め, 警告, 罰 **3.** 手本, 模範, 典型 **4.** 先例, 前例, 例証, 判決例 **5.** 草案, 趣旨, 下書, 原本, 本文 **6.** 写し, 模写, 生き写し, 肖像 **7.** 様式, 方式, やり方, 流儀 habuerunt virtutes spatium exemplorum その当時は美徳がその実例を示す余地をもっていた eodem exemplo binas accepi litteras 私は同一の原本と共に二通の手紙を(同一内容の手紙の写しを二通)受け取った omnia exempla cruciatusque あらゆる種類の懲罰と拷問 more et exemplo populi Romani ローマ国民の伝統と先例に従って exempli causā (gratiā) 実例として, 例えば

exeō 不規 ex-īre, -iī(-īvī), -itum §156 **1.** 外へ出る, 出ていく, 出動する, 行進する **2.** 出国する, 出発する, 出帆する **3.** 起こる, 生じる, 発する, 流れ出る, 注ぐ **4.** 現れる, 芽を出す, 高まる, ぬきんでる **5.** 出る, 立ち去る, 遠ざかる, 流れ去る, すぎる, 経過する **6.** 知れわたる, 秘密が外へもれる, 結果…となる, 終わる **7.** (他) 踏み越える, さける, かわす de (ex) vita ~ 死ぬ ~ de navi 上陸する per septem portus in maris exit aquas (その川は) 7 つの河口を通じて海に注ぎ込む exierat in vulgus respondisse eum 彼は答えたという噂が民衆の間に拡がっていた quinto anno exeunte (9f18) 5 年目の終わりに vim viribus exit 彼は暴力を暴力でかわす(反撃する) in a atque s litteras exeuntia (118.1) nomina a と s の文字で語尾が終わる名前

exequ... → exsequ...

exerceō *2* ex-ercēre, -ercuī, -ercitum [ex, arceō] §§108,174(2),176 **1.** 絶えず忙しく働かせる, 動き回らせる **2.** 忙殺させる, 困らせる, 悩ます, 気をもませる **3.** 訓練(練習)で心身を鍛える, 鍛錬する, 訓練する, 陶冶する **4.** 果たす, 管理運営する **5.** 向ける, 使用する, 操縦する juventutis exercendae (121.3) causā 若者を鍛えるために exercita cursu flumina 水のたえず流れている川 paterna rura bubus exercet suis 彼は先祖伝来の土地を自分の牛でせっせと耕している ambitio animos hominum exercebat 野心が人間の心をたえず苦しめてきた arma contra patriam ~ 祖国に対して武器を行使する

exercitātiō *f.* exercitātiōnis *3* §28 [exercitō] **1.** 運動, 体操 **2.** 訓練, 練習, けいこ, 演習 **3.** 実行, 実施 **4.** 熟達, 習熟, 技量

exercitātus *a.1.2* exercitāt-a, -um §50 [exercitō の完分] (比)exercitatior (最)exercitatissimus **1.** 鍛えられた, 練習した **2.** 習熟した, 上達した, 堪能な **3.** 苦しめられた, かき回された Syrtes exercitatae Noto 風でいためつけられているシュルテス地方

exercitium *n.* exercitiī *2* §13 [exerceō] 訓練, 練習, 稽古, 軍事教練

exercitō *1* exercitāre, -tāvī, -tātum §106 [exerceō] **1.** (体力・能力を)訓練(鍛錬)する, 仕込む, 慣らす, 習熟させる **2.** いらだたせる, わずらわせる, 苦しめる

exercitus *m.* exercitūs *4* §31 [exerceō] **1.** 体(能)力の行使・発揮 **2.** 軍事力, 兵力, 軍隊 **3.** 陸軍, 歩兵 **4.** 一群, 集団

exercitus *a.1.2* exercit-a, -um §50 [exerceō の完分] **1.** 鍛えた, 習熟した, 熟達した, 練習を積んだ **2.** ひどく不安な, 苦しい, 困った, 骨の折れる, 面倒な consuetudine velare (117.3) odium ~ 習慣によって憎悪をかくすことに習熟していた(人)

exhālō *1* ex-hālāre, -lāvī, -lātum §106 **1.** 吐き出す, 発する, 発散させる, 蒸発させる **2.** 息を吐く, おくびを出す **3.** (自)蒸発する, 息を引きとる, 死ぬ vitam (animam) ~ 命(最後の息)を吐き出す,

exhauriō 268

死ぬ

exhauriō *4* ex-haurīre, -hausī, -haustum §111 **1.** 汲み出す, 汲み尽くす, すくい出す, 掘り出す **2.** 飲み干す, 吸い尽くす **3.** 取り除く, 移す, 奪う **4.** 空にする, 使い尽くす, 枯渇させる, 疲労困憊させる **5.** 最後までやり遂げる(仕上げる), 耐える, なめつくす **6.** (時)費やす, (受)果てる, つきる quae bella exhausta canebat 彼はどんなにすごい戦争に耐えたかを語ったのだ sibi manu vitam 〜 自殺する exhausta nocte (9f18) 夜が果てて poenarum (9c4) exhaustum satis est もう十分に処罰はし尽くされた

exhausī, exhaustus → exhauriō

exhērēdō *1* ex-hērēdāre, -dāvī, -dātum §106 〔ex, hērēs〕 相続権を奪う, 廃嫡する

exhērēs *a.3* exhērēdis §55 〔exhērēdō〕 相続権を奪われた, 廃嫡された (9c13)

exhibeō *2* ex-hibēre, -hibuī, -hibitum §108 〔ex, habeō §174(2)〕 **1.** 点検・調査のために差し出す, 提出する, 取り出す **2.** さらして見せる, 提示する, 示す **3.** 見世物を提供する(催す) **4.** 知らせる, 公にする, 説明(証明)する **5.** 手渡す, 引き渡す, 与える, 供給する **6.** 現す, ひきおこす, 生じさせる **7.** 用いる, 行う fugitivos apud magistratus 〜 逃亡奴隷を役人の前に連れ出す exhibuit linguam paternam 彼は父親の言葉を示した(父と同じ言葉を用いた) rem salvam exhibebo 私は万事うまくやっておこう quid me putas populo nostro exhibiturum (117.5) ? あなたは私がわれわれの市民のためどんな見世物を提供するのがよいと考えますか

exhilarō *1* ex-hilarāre, -rāvī, -rātum §106 喜ばす, 励ます, 元気づける

exhorrēscō *3* ex-horrēscere, -horruī, —— §109 身震いする, ぞっとする

exhortor *dep.1* ex-hortārī, -hortātus sum §123(1) **1.** 勇気づける, 励ます, 鼓舞する, 刺激する, そそのかす **2.** 育成する, 助成する, 奨励する

exigō *3* ex-igere, -ēgī, -āctum 〔ex, agō〕 §§109,174(2),176 **1.** 外へ追い出す, 追い払う, 駆逐する, 追放する, 離婚する, 排除する, 立ちのかせる **2.** 追いきたてる, 突く, 押す, 突き刺す, 投げつける **3.** 遂行する, 達成する, 完成する, 建てる, 伸ばす **4.** 時をすごす, 費やす, (受)経過する, 終わる **5.** 要求する, 強要する, とりたてる, 徴収する, 主張する, 強いる **6.** 尋ねる, 聞く, 探り出す, 見つける, 調べる, たしかめる, 計る post reges exactos 王たちが追放されたあと exacta jam aestas erat もう夏はすぎていた exegi ex te ut responderes 私はあなたに強く求めた, 返事をしてくれるようにと non prius exacta tenui ratione (118.5) saporum その前に風味に関する微妙なもののさしを確かめて知っていなければ ad pecunias exigendas (121.3) legatos misimus 金を徴収するために我々は使節を送った

exiguē 副 〔exiguus §67.1〕 **1.** 短く, 乏しく, つましく, 控え目に, 少し, やっと **2.** 貧弱に, けちけちと

exiguitās *f.* exiguitātis *3* §21 〔exiguus〕 少量, 少数, 僅少, 不足, 狭さ, 短さ, 微々たるもの

exiguus *a.1.2* exigu-a -um §50 〔exigō〕 (比)exiguior (最)exiguissimus **1.** 小さな, 少ない, 乏しい, 少量の, 僅かの **2.** 短い, 細い, うすい, やせた, 狭い **3.** 弱い, かぼそい, ぼんやりした, 弱々しい **4.** つまらない, とるに足らぬ, 軽少な

exiguum *n.* exiguī *2* §13 〔exiguus〕 少量, 小部分, 狭い空間

exīlis *a.3* exīle §54 (比)exilior **1.** 細い, 薄い, やせた, ほっそりした, すらっとした **2.** 少ない, 乏しい, まばらな, 足りない **3.** やせた, 不毛の **4.** 貧弱な, 貧しい, 中味のない, 浅薄な, あわい, 価値のない **5.** 無味乾燥な(文体)

exīlitās *f.* exīlitātis *3* §21 〔exīlis〕 **1.** 薄いこと, 細いこと, せまいこと, やせていること, 少量, 希薄, 貧弱 **2.** 無味乾燥

exīliter 副 ［exīlis §67.2］（比）exilius **1.** 短く，簡潔に **2.** か細い声で，弱々しく **3.** 心狭く，物惜しみして

exilium（**exsi-**）n. exiliī 2 §13 ［exul］ 追放，流刑

exim, exin → exinde

eximiē 副 ［eximius §67(1)］ 例外的に，特に，目立って，この上なくすぐれて（立派に）

eximius a.1.2 eximi-a, -um §50 ［eximō］ **1.** 特に選ばれた，特権を与えられた **2.** 格別の，卓越した，顕著な propter eximiam opinionem virtutis 武勇の誉れが格別高いために

eximō 3 ex-imere, -ēmī, -ēmptum §109 ［ex, emō §174(2)］ **1.** 取り出す，抜き（引き）出す，抽出する **2.** 取り（持ち）去る，取り除く，除去する，消す，控除する，略す，免除する **3.** 遠ざける，禁じる，奪う，追放する **4.** 解放する，救う，自由にする **5.** 用い尽くす，使い果たす，長びかす speravi ex servitute me (9e11) exemisse filium 私は息子を奴隷の状態から救い出せたらと望んでいた exempta fames epulis 飢えが食事で除去された ea res diem exemit その用件が一日を使い果たした obsidione (9f7) urbem 〜 その町を包囲から救う aliquem infamiae (9d5) 〜 ある人を不名誉から救う

exināniō 4 ex-inānīre, -inānīvī, -inānītum §111 ［inānis］ **1.** 中身を除く，空にする **2.** 干す，乾かす **3.** 吸い尽くす，裸にする，奪い尽くす，荒廃させる

exinde（**exim, exin**）副 **1.** そのあと，その後ただちに **2.** そこで，その次に，続いて **3.** その所から，そこから **4.** それ故に，その結果として

exīre → exeō

exīstimātiō f. exīstimātiōnis 3 §28 ［exīstimō］ **1.** 意見，見解，判断，評価 **2.** 世評，評判，好評，名声，信望，高名

exīstimātor m. exīstimātōris 3 §26 ［exīstimō］ 判断者，批評家，目きき，審判人，裁判官，玄人

exīstimō（**-stumō**）1 ex-īstimāre, -māvī, -mātum §106 ［ex, aestimō §§174(2),176］ **1.** 評価する，見積もる (9c7,9f14) **2.** 判断する，考える，思う，信じる，判定する，認定する，みなす (9e3) nisi me esse oblitum (117.5) existimas お前さんがもしや私が忘れているとでも考えていなければ inde in Galliam translata esse existimatur (117.6) それ(f.)はそこからガッリアに移されたと考えられている

existō → exsistō

exitiābilis a.3 exitiābile §54 ［exitium］ 死(破滅)をもたらす，死(破滅)のもととなる，致命的な，破滅的な，災いとなる，有害な

exitiālis a.3 exitiāle §54 ［exitium］ = **exitiābilis**

exitiōsus a.1.2 exitiōs-a, -um §50 ［exitium］ （比）exitiosior 死・破滅をもたらす，有害な，致命的な

exitium n. exitiī 2 §13 ［exeō］ **1.** 破滅，災害，災難，没落 **2.** 生命の破滅，死，死の原因

exitus m. exitūs 4 §31 ［exeō］ **1.** 外へ出ること，出発 **2.** 出口，はけ口 **3.** 結末，終点，目的地，末端 **4.** 人生の最期，死 **5.** 運命，なりゆき **6.** 決着，成果，達成，遂行 **7.** 糸口，手段，方法，道 exitus acta probat 結果が行為を正当化する incerto nunc etiam exitu (9f18) victoriae 今でも勝敗の帰趨はさだかでない

exlēx a.3 exlēgis §55 ［ex, lēx］ 法に縛られていない，無法な，奔放な

exodium n. exodiī 2 §13 < ἐξόδιον **1.** 終わり，終結 **2.** 本劇の後の短い笑劇(道化芝居)

exolēscō 3 ex-olēscere, -olēvī, -olētum §109 ［cf. adolēscō］ **1.** 成長する，大人になる，成熟する **2.** 時と共に悪くなる，疲れ果てる，くさる，色あせる **3.** 次第に消えていく，すたれる，忘れられる exoletum jam vetustate (9f11) odium 時を経てすでに忘れられた(和らげられた)憎悪

exolētus m. exolētī 2 §13 ［exolēscō の完分］ 男娼，放蕩者

exonerō *1* ex-onerāre, -rāvī, -rātum §106 **1.** 積み荷をおろす，重荷をおろす **2.** 荷から解放する，軽くする，和らげる，楽にしてやる exonerare naves 船の荷をおろす ～ civitatem metu (9f7) 国家の恐怖を軽減してやる

exoptātus *a.1.2* exoptāt-a, -um §50 ［exoptō の完分］ (比)exoptatior (最)exoptatissimus 切望された，しきりに願われた

exoptō *1* ex-optāre, -tāvī, -tātum §106 あこがれる，熱望する omnes tibi pestem exoptant 世間の人はみなお前の不幸を切に願っているのだ

exōrābilis *a.3* exōrābile §54 ［exōrō］ (比)exorabilior 祈りで曲げられる，懇願で動かされ得る，誘惑(買収)され得る Orcus non exorabilis auro 黄金で動じない死に神

exōrdior *dep.4* ex-ōrdīrī, -orsus sum §123(4) **1.** 織る準備をする，整経する，織り始める **2.** 索(なわ)をよる準備をする **3.** 始める，着手する **4.** 話し始める pertexe quod exorsus es お前が織り始めたものを完成させよ

exōrdium *n.* exōrdiī *2* §13 ［exōrdior］ **1.** 織り始める前の織機(はた)の上の経(たて)糸 **2.** 出発点，始まり，開始，根源，起源 **3.** 序文，序説，前口上，はしがき

exorior *dep.4* ex-orīrī, -ortus sum §§123(4),125 **1.** 現れる，不意に出現する **2.** 発する，生じる，のぼる，浮かぶ，起こる，始まる，芽を出す，源を発する luna exoriens 新月 rex exortus est Lydiae (70. ロ) 王が突然リュディアに姿をあらわした exoritur discordia trepidos inter cives 周章狼狽した市民の間に不和葛藤が生まれる

exornō *1* ex-ornāre, -nāvī, -nātum §106 **1.** 用意してやる，備えてやる，武装させる，供給する，用意する **2.** 飾る，美しくする，装飾する **3.** 高める，名誉(光栄)で飾る，賞賛する aciem ～ 戦列を整える，戦闘隊形に並べる varia veste exornatus 多彩な着物に飾られた

exōrō *1* ex-ōrāre, -ōrāvī, -ōrātum §106 **1.** 懇願して相手を説き伏せる（ut, ne 文とも）**2.** 懇願して手に入れる（*cf.* §9e3）me exoravit ut huc secum (間接再帰 *cf.* suī) venirem 彼は私に彼と一緒にここにきてくれと懇願したのだ hanc veniam illis (9d) sine (*cf.* sinō) te exorem どうか私の熱い願いを叶えてあなたは彼らにこのことを許してやって下さい

exōrsus *a.1.2* exōrs-a, -um §50 ［exōrdior の完分］ 始まった （名）

exōrsa *n.pl.* exōrsōrum *2* §13 **1.** 序言，前口上 **2.** 企て

exōrsus *m.* exōrsūs *4* §31 ［exōrdior］ 始まり，出発点

exortus *m.* exortūs *4* §31 ［exorior］ **1.** 昇ること，上昇，日の出 **2.** 現れていること，出現 **3.** 起源，水源，源泉 **4.** 高めること，昇らせること

exosculor *dep.1* ex-osculārī, -osculātum sum §123(1) **1.** 愛情をこめて接吻する **2.** 大いにほめる，溺愛を現す

exossō *1* ex-ossāre, -sāvī, -sātum §106 ［ex, os］ (魚の)骨を抜く

exōstra *f.* exōstrae *1* §11 < ἐξώστρα 舞台の道具立てを移動させる（舞台を回転させて内部を見せる）装置

exōsus *a.1.2* ex-ōs-a, -um §50 ［ex, ōdī］ 激しく憎悪すべき，嫌悪すべき，ひどく憎まれた，忌まわしい

expallēscō *3* ex-pallēscere, -palluī —— §109 ひどく蒼白くなる，青ざめる，色を失う

expandō *3* expandere, -pandī, -panssum §109 ［pandō²］ **1.** 開く，広げる，(受)広がる **2.** 詳述する

expatrō *1* ex-patrāre, -rāvī, -rātum §106 浪費する，蕩尽する

expavēscō *3* ex-pavēscere, -pāvī —— §109 驚き(恐れ)始める，非常におびえる，こわがる

expediō *4* ex-pedīre, -pedīvī, -pedītum §111 **1.** 束縛から解放する，自由にする，もつれ・結び目・包装を解く **2.** とりのぞく，除去する，救い出す **3.** 解

決する，処理する，用意する，整理する，供給する **4.** 可能にする，達成する，なしとげる，確保する，保証する **5.** 説明する，教える，述べる，発表する **6.** (非)役立つ，効果がある (*cf.* §168) non animum metu (9f7) expedies あなたは恐怖から心を解放できまい ratio expediendae salutis (121.3. 属) 安全の道を講ずる手段 ea de caede quam verissime expediam (116.1) この殺害についてできるだけ真実を述べたい expedit esse deos 神々が存在していることは好都合だ

expedītē 副 [expedītus §67.1] (比) expeditius (最)expeditissime 軽快に，自由に，すばやく，機敏に，簡単に，直ちに，迅速に 明瞭に，流暢に

expedītiō *f.* expedītiōnis *3* §28 [expedio] 軽装部隊による軍事作戦,遠征，急襲

expedītus *a.1.2* expedīt-a, -um §50 [expedio の完分] (比)expeditior (最)expeditissimus **1.** 荷(行李)から解放された，軽装備の，荷に邪魔されていない **2.** (戦闘)準備のできた，用意された，身の軽い，機敏な **3.** 手に入り易い，すぐに利用され得る **4.** 困難のない，実行し易い，達成され易い (名)**expedītus** *m.* *2* §13 軽装兵,軽装の旅行者 **expedītum** *n.* *2* §13 準備された状態，邪魔のない状態 sapiens in expedito consilium habet 賢人はいつも考えを用意して持っている expeditam Caesaris victoriam interpellaverunt それらが，すでに準備されていたカエサルの勝利を中断させた via expeditior ad honores 名誉をより早く手に入れる方法

expellō *3* ex-pellere, -pulī, -pulsum §109 **1.** 追い出す，追い払う，放逐する，駆逐する，追放する **2.** 関節をはずす，脱臼させる **3.** 投げ出す，打ちあげる **4.** ひきぬく，救出する，さらす expellere ab litore naves in altum 船を岸から沖の方へ追いやる aliquem vita (9f7) expellere ある人を(この世)から追放する me illo expuli periculo 私はあの危険から身を救った

expendō *3* ex-pendere, -pendī, -pēnsum §109 **1.** 重さをはかる **2.** 金を支払う，使用する，消費する **3.** (賞賛を)与える，(罰を)加える **4.** 罰金を払う，罪をつぐなう **5.** 考量する，吟味する，判断する，評価する cives non numerandi, sed expendi (147(イ)) 市民は数えられるべきではなく，価値がはかられるべきだ expendere gradum 一歩一歩をはかる，慎重に歩む

expēnsus *a.1.2* expēns-a, -um §50 [expendō の完分] 支払われた，返済された alicui aliquid expensum ferre ある人にあるもの(金額)が支払われたものとして帳簿に記入する (名)**expēnsum** *n.* expēnsī *2* §13 支出，出費，支払金

expergēfaciō *3b* expergē-facere, -fēcī, -factum §110 [expergō, faciō §173] **1.** 起こす，目をさまさせる **2.** 励ます，鼓舞する，奮起させる

expergīscor *dep.3* expergīscī, experrēctus sum §123(3) **1.** 目覚める，起きる **2.** 奮起する，元気を出す

expergō *3* expergere, -pergī, -pergitum §109 **1.** 呼び起こす，目をさまさせる **2.** 刺激する，喚起する，励ます，そそのかす

experiēns *a.3* experientis §58 [experior の現分] (最)experientissimus 進取の気性のある，積極的な，冒険心のある

experientia *f.* experientiae *1* §11 [experiēns] **1.** 試み，試験，体験，経験，実習 **2.** 経験(練習)から得た手際，業(わざ)

experīmentum *n.* experīmentī *2* §13 [experior] **1.** 試みる(実験する)方法，手段 **2.** 試す相手の人・物 **3.** 体験，経験 **4.** 事実(体験)による証明，証拠，例証

experior *dep.4* ex-perīrī, -pertus sum §§123(4),125 **1.** ためす，試験する **2.** 試みる，やってみる，努める，耐える **3.** たよる，訴える，法廷に訴える **4.** 経験する，経験から学ぶ，見つける puella jam

expperrectus 272

virum experta もう男を知った娘 〜 vim
veneni in aliquo ある人に対し毒の力をた
めす 〜 quantum illi audeant（116.10）
彼らがどれほど大胆かをためす omnia de
pace expertus 平和についてあらゆる努力
を試みた(人)

experrectus *a.1.2* -perrecta,
-perrectum §50 (比)experrectior
[expergiscor の完分] 目ざめている, 不
眠の, 油断のない

expers *a.3* expertis §55 [ex,
pars] **1.** 〜にあずからない, を共有しな
い **2.** を欠く, のない, の知識・経験のな
い **3.** に参加していない, と関係のない **4.** か
ら自由な, 免除された expers eruditionis
(9c8) 学識を欠いた(人) omnes famā
atque fortunis (9f17) expertes sumus
我々は皆名声も財産も持っていない

expertus *a.1.2* expert-a, -um §50
[experior の完分] (最)expertissimus
1. 試練を経た, 試験ずみの **2.** 真であるこ
とが確証された, 確かな vir expertae
virtutis (9c5) 武勇の人であることが立派
に証明された人 expertus belli (9c8)
juvenis 戦いの経験のある若者

expetō *3* ex-petere, -petīvī (-petiī),
-petītum §109 **1.** 熱心に求める, 乞
う, 請求する, 切望する, 欲する **2.** 尋ね
る, 聞く **3.** 探し求める, 手に入れようと努
める **4.** 交際を乞う, 言い寄る, 機嫌をと
る **5.** (自)起こる, 身にふりかかる, あたる
amor qui me expetit urere (117.4) 私
を焼こうと欲している恋 nostram gloriam
augeri (117.5) expeto 我々の栄光が拡大
することを私は願っている omnes belli
clades in eum expetunt 戦争のあらゆる
災難が彼の身に及ぶ

expiātiō *f.* expiātiōnis *3* §28
[expiō] **1.** 罪の償い **2.** 償いで凶兆をそ
らす(かわす)こと **3.** おはらい, 斎戒

expiātus → expiō

expictus → expingō

expīlātiō *f.* expīlātiōnis *3* §28
[expīlō] 強奪, 略奪

expīlātor *m.* expīlātōris *3* §26
[expīlō] 掠奪者, 盗賊

expīlō *1* ex-pīlāre, -pīlāvī, -pīlātum
§106 強奪する, 略奪する, 徹底的に荒
らす

expingō *3* ex-pingere, -pīnxī,
-pictum 109 **1.** 描き上げる **2.** 着色す
る, 絵を描く, 化粧する **3.** 見たままを描
写する, 叙述する

expiō (-ī- ?) *1* ex-piāre, -piāvī,
-piātum §106 **1.** 神々に対し罪・汚れ
から身を清める, 罪をつぐなう **2.** 宗教儀
式(贖罪式)で神々や死霊の怒り・のろい・
前兆をそらす, 免れる, 神意・死霊をなだ
める, 和らげる **3.** 罰する, 復讐をする, 埋
め合わせをする virtute (9f11) expiato
incommodo (9f18) 敗北が勇気によって
つぐなわれたので dira detestatio nulla
expiatur victima (9f11) 恐ろしいのろい
の結果はいかなる生贄(にえ)によっても免れ
られない tua scelera di in nostros mili-
tes expiaverunt お前の罪を(罪のため)
神々は我が軍の兵を(に対し)罰したのだ

expiscor *dep.1* ex-piscārī, -piscātus
sum §123(1) [piscis] (情報を)手
に入れようと狙う(たくらむ), 探し出す, さ
ぐり求める

explānātiō *f.* explānātiōnis *3*
§28 [explānō] **1.** 明瞭な説明, 解釈
2. 明瞭な発言(発音)

explānō *1* explānāre, -nāvī, -nātum
§106 [ex, plānus] **1.** 平らにひろげる,
平らにする, 伸ばす **2.** はっきりとわからせ
る, 解釈(説明)する **3.** 明瞭に発音する

explēmentum *n.* -plementī *2*
§13 [expleō] 一杯にすること, 満たす
こと, つめる(つめられる)もの(文)埋め草

expleō *2* explēre, -plēvī, -plētum
§108 **1.** 満たす, 一杯にする **2.** 埋める,
埋め合わす, 補う, 補充する, (傷)癒着さ
せる, 完全におおう **3.** 要求をみたす, (欲
望を)満足させる, かなえる, (激情を)なだ
める, 和らげる **4.** 完全なものとする, 完成
する, 達成する, 果たす, 履行する **5.** (時)
を終わらせる, 閉じる, 完了する dum
justa muri altitudo expleatur 城壁が正
当な高さに達するまで expletur lacrimis
dolor 悲哀が涙で和らげられる vitam

beatam 〜 幸福な生涯を閉じる

explicātiō *f.* explicātiōnis *3* §28 ［explicō］ **1.** 解くこと，ほどく（ひろげる）こと **2.** 計画すること **3.** 解放，説明，整理 **4.** 描写，叙述，展開

explicātus *a.1.2* explicāt-a, -um §50 ［explicō の完分］ （比）explicatior **1.** 立派に整理（解決）された **2.** 明瞭な，率直な，まっすぐの

explicitus *a.1.2* explicit-a, -um §50 ［explicō の完分］ （比）explicitior 困難から免れた，たやすく遂行（実行）できる

explicō *1* ex-plicāre, -cāvī (-cuī), -cātum (-citum) §106 **1.** （たたまれているものを）開く，ひろげる，より・もつれを解く，ほどく，きちんとする，きれいにする，整える **2.** のばす，長くする，手足をのばす **3.** 巻子本（巻物）を開く，読む **4.** 危険から救い出す，解放する **5.** （紛糾を）解決する，処理する，説明する，明示する **6.** （戦列を）展開させる **7.** 詳述（敷衍）する **8.** 完成する，実現する，なしとげる，仕上げる frontem sollicitam 〜 愁眉を開く totius rei consilium his rationibus explicarat (114.3) これら全体の方針は，次のようなことを考慮して彼は決定していたのである equites se turmatim explicare coeperunt 騎兵隊は中隊毎に展開を始めた

explōdō (**explaudō**) *3* ex-plōdere, -plōsī, -plōsum §109 ［ex, plaudō §174(2)］ **1.** 拍手して舞台から追い出す，口笛を吹いて（やじって）ひっこます，やじり倒す **2.** 放出する，投げ出す，追い出す **3.** 拒否する，はねつける，しりぞける noctem explaudentibus alis (9f18) （おんどりが）羽ばたいて夜を追い払う時

explōrātē 副 ［explōrātus §67(1)］ （比）exploratius 確かに，確信をもって

explōrātor *m.* explōrātōris *3* §26 ［explōrō］ **1.** 探究する人，探索者，調査人 **2.** 斥候，偵察兵，密偵(%)

explōrātiō *f.* explōrātiōnis *3* §28 ［explōrō］ 探索すること，偵察，調査，検査

explōrātus *a.1.2* explōrāt-a, -um §50 ［explōrō の完分］ （比）exploratior （最）exploratissimus **1.** 疑いようのない，確証された，信頼し得る **2.** よく試された，試練に耐えた **3.** 安全な，潔白な，確かな，明瞭な cum mihi esset exploratissimum (171) Lentulum consulem futurum (117.5) レントゥルスが執政官になることを私は強く確信していたので

explōrō *1* ex-plōrāre, -rāvī, -rātum §106 **1.** 偵察する，踏査する，うかがう，見張る **2.** 探究する，探索する，調査する **3.** ためす，ためしてみる，たしかめる explorare ab hoste teneri collem (117.5) 敵によってその丘が占領されていることを見届ける exploratum (120.2) praemissi 彼らは偵察するために先発させられて ante explorato (9f18 注) et subsidiis positis 予め偵察して援軍を配置すると

explōsus → explōdō

expoliō *4* ex-polīre, -polīvī (-poliī), -politum §111 **1.** 滑らかにする，（表面を）磨く，光沢（つや）を出す **2.** 完成させる，仕上げる **3.** 磨いて取り除く，飾る，洗練

expolītiō *f.* ex-polītiōnis *3* §28 ［expoliō］ **1.** （壁の）表面を磨き上げて（念入りに）仕上げること **2.** 洗練，優美，潤色，推敲，彫琢

expolītus *a.1.2* expolīt-a, -um §50 ［expoliō の完分］ （比）expolitior （最）expolitissimus **1.** 磨かれた，なめらかな，つやつやと輝く **2.** 洗練された，完成した，飾られた

expōnō *3* ex-pōnere, -posuī, -positum §109 **1.** 戸外へおく，出す **2.** （兵を）上陸させる，（荷）陸揚げさせる **3.** 戸外にいらない子を捨てる（貧しい父が） **4.** （危険に）さらす **5.** 広げる，並べる，見せる，売り物に出す **6.** 説明する，述べる，公にする quarta exponimur hora 第４時に我々は上陸する his rebus expositis signum dat 彼はこれらの事情を説明してから合図を与える ne inermes provinciae barbaris nationibus exponerentur (116.6) 属州の武器を持たない人たちが野蛮な部族の

exporrēctus 274

前にさらされないように

exporrēctus → exporrigō

exporrigō *3* ex-porrigere, -porrēxī, -porrēctum §109 **1.** 外へのばす, ひきのばす, 延長する, 長くする **2.** 広げる, 拡大する

exportātiō *f.* exportātiōnis *3* §28 [exportō] **1.** 輸出 **2.** 追放

exportō *1* ex-portāre, -portāvī, -portātum §106 **1.** 外へ持ち出す, 運び去る, 連れ去る **2.** 海外へ送る, 輸出する **3.** 追い払う

exposcō (**-pōs-** ?) *3* ex-poscere, -poposcī, ── §109 **1.** 切に要求する, 求める, たのむ, 乞う, 懇願する **2.** (人の)引き渡しを要求する victōriam ab dis exposcere 神々に勝利を懇願する Aenēan accīrī (117.5) omnes exposcunt 皆はアエネーアースが呼ばれてくるように要求する

expositus → expōnō

expositus *a.1.2* -posita, -positum §50 [expōnō の完分] **1.** 容易に理解される, わかり易い, 明瞭な **2.** 隠(秘)さない, 秘密にしない, 率直な, 愛想(愛嬌)よい

expostulātiō (**-pōst-** ?) *f.* expostulātiōnis *3* §28 [expostulō] **1.** 激しい要求, 強要, 切願 **2.** 不平, 苦情, 抗議

expostulō *1* ex-postulāre, -lāvī, -lātum §106 **1.** しきりに要求(請求)する, 切に願う, 強く主張する **2.** 不平を言う, 抗議する, たしなめる (milites) ostendī sibi Othōnem expostulantes (118.4) (兵士らは)オトーが自分らの前に姿を現すように強く主張したので expostulant vim prōvinciae inlātam (117.5) 彼らは属州に暴力が加えられたと抗議する

exposuī → expōnō

expressus *a.1.2* express-a, -um §50 [exprimō の完分] (比)expressior **1.** はっきりと定義された, 輪郭のはっきりした, はっきりと発音された **2.** 明白な, くっきりした, 紛れもない **3.** 忠実に模写された, 再現された, 浮彫にされた expressa sceleris vestigia 罪悪の明白な形跡, 名残 Cornūtō (9f6) quid ad exemplar

antiquitātis expressius (est)？ コルヌートゥス以上に昔堅気の手本を忠実に再現しているものが他に何がありますか

exprimō *3* ex-primere, -pressī, -pressum §109 [ex, premō §§174 (2),176] **1.** 押し出す, しぼり出す, 押しつける, 圧搾する **2.** 押し上げる, 高める **3.** しぼりとる, 強奪する, 引き出す, 釣り出す **4.** はっきりと発言する, 言明する, 正確に表現する, 描写する **5.** 再生する, 写す, 肖像を画く, 複写する, 模造する **6.** 翻訳する **7.** 印を押す, 刻印する nūbium cōnflictū ardor expressus 雲の衝突から押し出された雷光 vestis exprimens singulōs artus 四肢の一つ一つをはっきりと現している着物(はだにぴったりとした着物) in Platōnis libris Sōcratēs exprimitur プラトーンの作品の中にソークラテースが描写されている

exprobrātiō *f.* exprobrātiōnis *3* §28 [exprobrō] 非難, 叱責

exprobrō *1* ex-probrāre, -brāvī, -brātum §106 [probrum] **1.** 非難する, 叱責する **2.** …を(対)〜のせい(与)とする(非難する), 〜に対し(与)…を(対)非難するためにとりあげる desine de uxore mihi exprobrāre 妻のことで私を叱るのはもうやめてくれ num tibi casus bellicōs exprobrāre videor？ 私がお前を戦争の災いの責任者として非難しているように思えるのか？

exprōmō *3* ex-prōmere, -prōmpsī, -prōmptum §109 **1.** 持ち出す, 取り出す, 引き出す, 提示する, 示す **2.** 明るみに出す, あばく, はっきりさせる **3.** 働かせる, 用いる **4.** 述べる, 発表する nōn ferrum, nōn venēnum in sorōrem exprōmit 彼は姉妹に対し(殺すのに)剣も毒も用いない exprōmit repertum (esse) specum 彼は洞窟が見つかったと述べる

exprōmpsī, exprōmptus → exprōmō

expūgnābilis *a.3* expūgnābile §54 [expūgnō] 攻撃で占領されやすい 攻撃にさらされている, 征服されうる

expūgnātiō (**-pu-** ?) *f.* expūgnātiōnis *3* §28　攻め取ること，略取，襲撃，占領

expūgnātor (**-pu-** ?)　*m.*　expūgnātōris *3* §26 ［expūgnō］ 強襲して奪う人，略奪者，征服者

expūgnāx (**-pu-** ?)　*a.3*　expūgnācis §55 ［expūgnō］ （比）expugnacior 征服（制圧）するのに有効な，効果のある

expūgnō (**-pu-** ?)　*1*　ex-pūgnāre, -gnāvī, -gnātum　§106　**1.** 襲撃して取る，ぶんどる，占領する，強奪する　**2.** 攻略する，征服する，圧倒する，打ち破る，負かす　**3.** (自然の力が)破壊する，取り壊す　**4.** 圧倒する，説得する expugnatis compluribus navibus (9f18) 多くの船を分捕ってから　spes fenoris expugnandi (121.3 属) 利益を奪取しようとする希望

expulī, expulsus　→ expellō

expulsor　*m.*　expulsōris *3* §26 ［expellō］ 追い出す人，駆逐する人

expulsus　→ expellō

expunctus　→ expungō

expungō *3* ex-pungere, -punxī, -punctum (-pūn-?)　§109　**1.** (針の先で)刺す，突く　**2.** (名簿の上に)ピンで印をつける，(名を)消す，抹殺する　**3.** (借金)帳消しにする，棒引きする　**4.** 検査する，確かめる munus munere ～ 贈り物を贈り物で帳消しにする

expurgō *1* ex-purgāre, -gāvī, -gātum　§106　**1.** 汚れをとり除く，清める，浄化する，正す　**2.** 嫌疑を晴らす，無罪を証明する，弁明する，正当化する　**3.** (病気，困難から)解放する，余計なものを取り除く，治療する expurgandus est sermo その演説は洗練されるべきだ me expurgare tibi volo 私はあなたに自己弁護したい

exputō *1* ex-putāre, -tāvī, -tātum　§106　**1.** 余計なものを切り落とす，枝をおろす，刈り込む，削除する　**2.** 調べる，探究する，考量する，吟味する

exquīrō *3* ex-quīrere, -quīsīvī, -quīsītum　§109 ［ex, quaerō］ §§174(2),176　**1.** 注意深く探す，尋ねる，問い合わせる　**2.** 探究する，究明する，探

して見つける，確かめる，調べる，入手したいと望む　**3.** 択ぶ，吟味する sententias exquirere coepit 彼は人々の意見を尋ね始めた itinere exquisito (9f18) 道を探したしかめてから

exquīsīte　副 ［exquīsītus §67(1)］ （比）exquisitius　（最）exquisitissime 細心の注意を払って，厳密に，正確に

exquīsītus *a.1.2* exquīsīt-a, -um §50 ［exquīrō の完分］ （比）exquisitior （最）exquisitissimus　**1.** 細心の注意を払った，周到に練られた，厳密な　**2.** 熟考された，注意して択ばれた，より抜きの，抜群の

exsaeviō *4* ex-saevīre, ——, —— §111　狂気(狂暴)がしずまる，吹き止む，静まる，和らぐ

exsanguis *a.3* exsangue §54　**1.** 血を失った，血の気のない　**2.** 青ざめた，元気(活気)のない，消耗した　**3.** 生命力のない，死んだ，弱々しい

exsaniō *1* exsaniāre, -saniāvī, -saniātum, §106 ［saniēs］ 膿(ぅ)を出す，水をからす，汁をしぼりだす

exsatiō *1* ex-satiāre, -tiāvī, -tiātum §106　十分に満足させる，満腹(飽食)させる

exsaturābilis *a.3* exsaturābile §54 ［exsaturō］ 満足(満腹)させられる

exsaturō *1* ex-saturāre, -rāvī, -rātum §106　満足(満腹)させる，飽食させる

exscendō, exscēnsiō　→ escen-

exscindō *3* ex-scindere, -scidī, -scissum §109　**1.** 引き抜く，根こそぎにする　**2.** 根絶やす，全滅させる，破壊する，粉砕する

exscreō *1* ex-screāre, -āvī, -ātum §106　せきをする，つば(たん)を吐き出す，吐く

exscrībō *3* ex-scrībere, -scrīpsī, -scrīptum §109　**1.** 書き写す，転写する，書きとる　**2.** 写す，描写する，再現する filia quae patrem exscripserat 父の生き写しであった娘

exsculpō 3 ex-sculpere, -sculpsī, -sculptum §109 [ex, scalpō §174 (2)] **1.** えぐってつくる，刻んでつくる，刻む，彫る **2.** 掘り出す，引き出す **3.** 探り出す，聞き出す，誘い出す，無理にさせる **4.** けずって消す，削除する vix exsculpsi, ut diceret やっとのことで彼に言わしめた（口を割らした）

exsecō 1 ex-secāre, -secuī, -sectum §106 **1.** 切り離す，除く，切り取る，削除する **2.** 切って取り出す，去勢する **3.** 差し引く，控除する cornu exsectō (9f10) frons 角を切りとられた額

exsecrābilis a.3 exsecrābile §54 [exsecror] (比)exsecrabilior **1.** 呪われた，不幸な，忌まわしい，嫌悪すべき **2.** 呪う(所の)，呪詛の，執念深い恨みをもった

exsecrātiō f. exsecrātiōnis 3 §28 [exsecror] **1.** 呪い(の言葉) **2.** 誓いに背くとおのれに呪いあれと一同が誓う(宗教)儀式，宣誓式

exsecrātus a.1.2 exsecrāt-a, -um §50 [exsecror の完分] (最)exsecratissimus 呪われた，いみきらうべき，不幸な

exsecror dep.1 ex-secrārī, -secrātus sum §123(1) [ex, sacer §174(2)] **1.** 呪う，いみ嫌う，憎悪する **2.** 呪いの言葉を発する，呪詛と共に誓う exsecratur Thyestes, ut naufragio pereat Atreus テュエステースはアトレウスが難破して死ぬようにと呪いながら祈る

exsectiō f. exsectiōnis 3 §28 [exsecō] 切除，削除

exsequiae f.pl. exsequiārum 1 §11 [exsequor] 葬列，葬式，埋葬

exsequiālis a.3 exsequiāle §54 [exsequia] 葬儀の，葬列の

exsequor dep.3 exsequī, -secūtus sum §§123(3),125 **1.** 最後まで後をつける，追う，ついて行く，お供をする **2.** 探しに行く，探し求める，探して見つける，得ようと努める **3.** 追求する，探究(究明)する **4.** 法的に追求する，罰する，復讐する **5.** 最後まで(職務を)続行する，実行する，

(義務・命令)果たす，履行する，達成する，完成する **6.** 数えあげる，列挙する，詳述する，話す，発表する cum civitas armis jus suum exsequi conaretur (116.7) その部族民が自分らの権利を武器で貫徹しようと試みたとき mellis (9c2) caelestia dona exsequar (116.1) 蜂蜜という天からの贈り物について詳述したい

exserō 3 ex-serere, -seruī, -sertum §109 **1.** 外へ引き出す，突き出す，押し出す，さし出す **2.** 芽を出す，揚げる，上げる **3.** あらわにする，裸にする，暴露(ばく)する，見せる，示す，(再)でしゃばる **4.** 働かせる，行使する，力を尽くす (Haedui) dextris humeris exsertis (118.5) animadvertebantur 右肩を裸にあらわしていたために彼ら(がハエドゥーイ族)とわかった laudatis (118.2) utiliora, quae contempseris, saepe inveniri (117.5), haec exserit oratio あなたが軽蔑していたものが，誉めていたものより，いっそう有用なことがよくあるということをこの寓話は示し(教え)ている

exsertō 1 ex-sertāre, -tāvī, -tātum §106 [exserō] 押し出す，のばす，ひろげる

exsībilō 1 ex-sībilāre, -lāvī, -lātum §106 **1.** しっしっと言って(口笛を吹いて，やじって)役者を舞台からひっこませる **2.** しっしっと言って人を追い払う **3.** 口笛を吹く，しっしっと音をたてる

exsiccō 1 ex-siccāre, -cāvī, -cātum §106 **1.** 乾かす，乾燥させる，干す，ひからびさせる **2.** 飲み干す，空にする **3.** 排水する，水を抜く exsiccet (116.2) culullis vina 彼に酒盃から酒を飲み干させよ

exsīgnō (-ĭ-?) 1 ex-sīgnāre, -nāvī, -nātum §106 (捺印・印鑑で)本物であることを証明する

exsiliō 4 ex-silīre, -siluī (-silīvī, -siliī) —— §111 [ex, saliō §174(2)] **1.** 跳(飛)び出す，はねる，躍り上がる，飛び上がる **2.** おどりかかる，飛躍する，飛び立つ **3.** 燃え上がる，突発する，芽を出す，伸びる exsilui gaudio (9f15) 私は欣喜雀躍した

exsilium → exilium

exsistō (existō) 3 ex-sistere, -stitī,
—— §109 **1.** 外へ出る，現れる **2.** 見
えてくる，聞こえてくる **3.** 起こる，由来す
る，生じる，なる，ある (exstitī＝fui) **4.** 姿
を現す，出頭する，見せる，示す **5.** 身を
起こす，立ち上がる，頭角を現す **6.** 生ま
れる，芽を出す，よみがえる **7.** (非)その結
果…となる (cf. §169) ex luxuria exsis-
tit avaritia 贅沢な生活から貪欲が生じる
magna inter eos exsistit controversia
彼らの間には大きな論争が起こる huic
causae patronus (9a2) exstiti 私はこの
訴訟に弁護人として出頭した

exsolūtus, exsolvī → exsolvō

exsolvō 3 ex-solvere, -solvī,
-solūtum §109 **1.** (もつれ・結び目)解
く，ゆるめる，はずす，ほどく **2.** (問題を)
解決する，(氷を)解かす，(血管を)切開す
る，流す **3.** 解き放つ，救い出す，解放す
る **4.** 取り除く，片付ける，終わらせる，中
止する **5.** なしとげる，果たす(誓い)，支
払う(借金)，(罪)あがなう，与える，報い
る me his exsolvite curis (9f7) 私をこ
れらの苦悩から解き放してくれ exsolvere
pugionem a latere 腰から短剣(剣帯)を
はずす exsolvere gratiam recte factis
(118.2) 正しくなされた事柄に対し感謝す
る

exsomnis a.3 exsomne §54 [ex,
somnus] 目覚めている，不眠の，不寝
番の

exsorbeō 2 ex-sorbēre, -sorpsī,
—— §108 **1.** ぐいと飲む，一気に飲み
下す **2.** 吸い込む，飲み干す **3.** 食べ尽く
す，むさぼる，蕩尽する，なくす **4.** 胸にお
さめる，我慢する

exsors a.3 exsortis §55 **1.** くじな
しの **2.** くじなしにあてがわれた，課された，
選ばれた **3.** 分け前から除外された，関与
しない，免除された te voluit exsortem
ducere honores (神は)くじなしに(番外
に)あなたが名誉職を手に入れることを望ま
れた cos, exsors (9c13) ipsa secandi
(119.2) (剣をといでも)自らはものが切れな
い砥石

exspatior dep.1 ex-spatiārī,
-spatiātus sum §123(1) **1.** 進路から
それて(正常の境界を超えて)走る，流れる，
動く **2.** ひろがる，のびる **3.** 説明する

exspectātiō f. exspectātiōnis 3
§28 [exspectō] **1.** 気懸かりの状態で
待つこと，不安，懸念，おそれ **2.** 希望し
ながら待つこと，願望，期待，憧憬 **3.** 知
りたい情報を待つこと，好奇心 plenus sum
exspectatione (9f17) de Pompeio quid
velit (116.10) ポンペーイユスについて，彼
が何を意図しているか(を知りたくて)情報
を待ちかねている

exspectātus a.1.2 exspectāt-a, -um
§50 [exspectō の完分] (比)exspecta-
tior (最)exspectatissimus 熱心に期
待されていた，待望の，歓迎される，好都
合の

exspectō (expectō) 1 ex-spectāre,
-tāvī, -tātum §106 **1.** 待つ，待ち望む，
期待する，予想(予期)する **2.** 希望して待
つ，待ちかねる，待ちこがれる，願う，望
む **3.** 不安をもって待つ，危ぶむ，恐れる
(構文)対，不句，間疑，dum, si, ut 句な
どと共に exspectandus (147(イ)) erit
annus 一年待たねばなるまい exspecto si
quid dicat (116.10) 彼が何か言わないか
と私は期待しているのだ qui recte viven-
di (119.2) prorogat horam, rusticus
(9d2) exspectat, dum defluat (116.6)
amnis 正しく生きる時を先へのばす人は，
川の水が流れ尽きるまで待つあの田舎者(と
同じ)である(自分のため時間の流れが止ま
ると思う馬鹿)

exspergō 3 ex-spergere, ——, ——
§109 [ex, spargō §174(2)] ひろくま
き散らす，はねちらす，ぶちまける

exspes 無 [ex, spes] 希望のない ubi
exspes vitae (9c13) fuit 彼が生きる望み
を失ったとき

exsplendēscō 3 ex-splendēscere,
-splenduī, —— §109 **1.** 輝き出る，ぱ
っと燃え上がる **2.** 目立つ，異彩を放つ

exspīrō 1 ex-spīrāre, -rāvī, -rātum
§106 **1.** 息を吐き出す，吐く，発散させ
る，外へ出す，放つ，排出する **2.** (自)最

exspoliō

後の息を吐く, 死ぬ, 滅ぶ, 終わる, 止む **3.** (自)外へ出る, 噴き出す, 発散する mecum exspiratura (143) res publica erat? 私と共に国家は滅びようとしていたのか

exspoliō *1* ex-spoliāre, -liāvī, -liātum §106 略奪する, 徹底的に荒らす

exspuō *3* ex-spuere, -spuī, -spūtum §109 **1.** 口から放つ, 吐く, つばを吐く **2.** 放つ, 発散させる **3.** 追い払う, 取り除く

exsternō *1* ex-sternāre, -nāvī, nātum §106 気を転倒させる, うろたえさせる, ろうばいさせる

exstimulō *1* ex-stimulāre, -lāvī, -lātum §106 **1.** 突き棒で駆り立てる, 突く **2.** 刺激する, 激励する, 鼓舞する

exstīnctor (**-i-** ?) *m.* exstīnctōris *3* §26 [exstinguō] 火を消す人, 完全に鎮圧する人, 破壊する人

exstinctus → exstinguō

exstinguō *3* ex-stinguere, -stīnxī, -stīnctum (-tinx-, -tinc-?) §109 **1.** 消す(火を), 絶やす **2.** (力・命を)奪う, 殺す **3.** 滅ぼす, 根絶やす, 抹消する, 忘れさせる **4.** (受)消える, 死ぬ, 亡ぶ, 忘れられる superiore (65) gloria rei militaris exstincta (9f18) 以前の軍事の栄光も葬り去られて

exstirpō *1* ex-stirpāre, -pāvī, -pātum §106 [ex, stirps] 根こそぎにする, 根絶する, 引き抜く, 一掃する

exstitī → exsistō, exstō

exstō *1* ex-stāre, -stitī, —— §106 **1.** 外へ(前へ)立つ, とび出る, 突き出る, はみ出る, より高く立つ, 追い越す **2.** 目立つ, はっきりと見える, 注意を引く **3.** 見える, 存在する, 現存する, ある, (記録が)残っている **4.** (非)知られている, たしかである (§169) capite solo (9f13) milites ex aqua exstabant 兵士たちは頭だけ川の水面より出していた exstabat ferrum de pectore 剣が胸から突き出ていた nemo exstat qui ibi sex menses (9e8) vixerit (116.8) そこで6ヶ月間生存したようなものは一人もいない

exstrūctiō *f.* exstrūctiōnis *3* §28 [exstruō] 組み立てること, 建設, 建築物

exstruō *3* ex-struere, -strūxī, -strūctum §109 **1.** 積み上げる, 積み重ねる, 盛り上げる, 高くする, 築く, 建てる **2.** 上に沢山おく(積む, 建てる), 建物で一杯にする **3.** 想像の中で建てる, 描く, つくる aggere exstructo (9f18) 接城土手が築き上げられると aras dono (9f11) turis exstrue 祭壇に香の捧げ物を山と積め quas (divitias) profundant in exstruendo mari et montibus coaequandis (121.3 奪) 彼らは海を(埋め立て)建物で満たし, 山を(切り崩して)平地とすることに財産を惜しみなくそそいでいるのだ

exsūdō *1* ex-sūdāre, -dāvī, -dātum §106 **1.** 汗を流して(風邪などを)直す, のぞく **2.** 分泌する, しみ出させる **3.** 汗水流して働く, 骨を折る, 耐える **4.** (自)にじみ出る, 発散(蒸発)する causas exsudere 汗水たらして弁護する

exsūgō *3* ex-sūgere, -sūxī, -suctum §109 **1.** 吸い尽くす, 吸いとる, 吸い込む **2.** 汲み尽くす, 空にする

ex(s)ul *c.* ex(s)ulis *3* §26 追放された人, 亡命者, 放浪者

exsultātiō *f.* exsultātiōnis *3* §28 [exsultō] **1.** 大喜び, 歓声 **2.** 有頂天, 欣喜雀躍, 意気揚々

exsultim 副 [exsultō] 跳ね回って, とび上がって

exsultō *1* ex-sultāre, -tāvī, -tātum §106 [saltō 174(2)] **1.** 跳ね上がる, 跳ね回る, 飛び上がる, はずむ, 踊る **2.** 小おどりして喜ぶ, 歓声を上げる, 有頂天になる **3.** 自由勝手にふるまう, 底ぬけに騒ぐ **4.** 繁茂する, 盛んに成長する **5.** 沸き立つ, 泡立つ, 沸騰する, たぎる taurus in herba ～ 牛が草原で跳ね回る exsultant vada 海の底の砂がわき立つ

exsuperābilis *a.3* exsuperābile [exsuperō] §54 征服(克服)できる

exsuperō *1* ex-superāre, -rāvī, -rātum §106 **1.** 超えて行く, 向こう側へ行く, 渡る **2.** まさる, ぬきんでる, 凌駕

する，打ち勝つ，圧倒する，勝つ，負かす **3.**(自)登る，上がる，高くそびえ立つ，優勢である **4.**生きのびる，より長く生きる omnes Tarquinios superbia (9f3) exsuperat 彼はあらゆるタルクイニウスを傲慢さでは凌駕している multitudo Gallorum sensum omnem talis damni exsuperans これほど大きな損害を全く感じさせないほどのガッリア人の大群

exsurdō *1* ex-surdāre, -dāvī, -dātum §106 つんぼにする，聞こえなくする，感覚を鈍らせる fervida subtile exsurdant vina palatum 強い酒は繊細な味覚を鈍らす

exsurgō *3* ex-surgere, -surrēxī, -surrēctum §109 **1.**立ち上がる，体を起こす，現れる **2.**起きる，昇る，立つ **3.**再起する，立ち直る，回復する，力を取り戻す **4.**反抗する，活動する **5.**(上へ・外へ)動く，ふくれる，上がる，のびる，ひろがる **6.**生じる，起こる，芽を出す **7.**(知的，倫理的に)向上する structis (9f18) exsurgunt oppida muris 城壁が建てられて町は大きくなる auctoritate vestra res publica exsurget あなた方の権威で国家は立ち直るだろう

exsuscitō *1* ex-suscitāre, -tāvī, -tātum §106 **1.**目を覚まさせる，呼び起こす **2.**火をつける，燃え立たせる **3.**刺激する，興奮させる，かきたてる，(記憶)呼び起こす

exta *n.pl.* extōrum *2* §13 (上部の)内臓(心臓・肺・肝臓)，卜腸官が占う生贄の内臓

extābēscō *3* -tābēscere, -tābuī §110 [tābēscō] (自)おとろえる，やつれる，(他)おとろえさせる

extemplō 副 [ex, templum] 即座に，すぐ，直ちに

extendī, extentus → extendō

extendō *3* ex-tendere, -tendī, -tentum (-tēnsum) §109 **1.**ぴんと張る，引きのばす，広げる **2.**大きくする，長くする，増大(増加)させる，拡張させる **3.**(受)全身をのばして横たわる，大の字にねる **4.**まっすぐにする，なめらかにする **5.**緊張

させる，強いる，(再)全力を尽くす **6.**(時)延ばす，長びかせる per extentum funem ire ぴんと張った綱の上を歩いてわたること famam extendere factis, hoc virtutis opus 名声を功績で長く世に伝えること，これこそ武勇の仕事 se magnis itineribus extendere 強行軍で全力をつくす

extentō *1* ex-tentāre, -tāvī, -tātum §106 伸ばす，ぴんと張る，全力を尽くす

extentus *a.1.2* extent-a, -um §50 [extendō の完分] (最)extentissimus **1.**のばした，拡げた **2.**水平の，平板な

extenuātiō *f.* extenuātiōnis *3* §28 [extenuō] **1.**希薄，縮小，減少 **2.**(修)緩叙法(litotes)

extenuātus *a.1.2* extenuāt-a, -um §50 [extenuō の完分] (最)extenuatissimus 細い，弱い，せまい

extenuō *1* ex-tenuāre, -nuāvī, -nuātum §106 **1.**薄くする，希薄にする，薄める **2.**減らす，少なくする，小さくする，細くする，弱くする **3.**下げる，低くする，落とす **4.**けなす，軽んじる aer extenuatus 希薄になった空気 spes extenuatur 希望が薄くなる

exter (**exterus**) *a.1.2* exter-a, -um §§50,51 (比)exterior (最)extimus, extremus §63 **1.**外の，外側の，外界の **2.**外国の，見知らぬ

extergeō *2* ex-tergēre, -tersī, -tersum §108 **1.**ふきとる，ふき清める，ぬぐう，ぬぐい落とす，こすり消す，ごしごし洗う，すりみがく **2.**一掃する，掠奪する

exterminō *1* ex-termināre, -nāvī, -nātum §106 **1.**境界の外へ追い出す，送る **2.**追い払う，追放する，除外する **3.**念頭から追い払う，忘れる auctoritatem vestram e civitate ~ お前らの権威をこの町から除外する

externus *a.1.2* extern-a, -um §50 [exter] **1.**外の，外部の，外界の **2.**外国の，他国の，他人の，未知の **3.**外来の，固有でない，異種の

exterō *3* ex-terere, -trīvī, -trītum §109 **1.**こすって(火を)外へ出す，打っ

exterreō 280

て(実を)とり出す **2.** こすって取り除く，すり落とす **3.** 押しつぶす，つきくだく

exterreō *2* ex-terrēre, -terruī, -territum §108 脅かす，おびえさせる，恐怖におとし入れる，うろたえさせる

extersus → extergeō

extimēscō *3* ex-timēscere, -timuī, —— §109 **1.** (自)(物音などに)おびえる，びっくりする **2.** (他)(ある人，物を)恐れる

extimus (**extumus**) *a.1.2* extim-a, -um §50 [exter の(最) = extremus §63] 一番外の，最も遠い，一番端の (名)**extimum** *n.* extimī *2* §13 外側，末端

extollō *3* ex-tollere, -tulī, —— §109 **1.** 上げる，揚げる，高める，(再)登る **2.** 声をあげる，大声を出す **3.** 持ちあげる，ほめそやす **4.** 過大評価する，誇張する，飾る，潤色する，(再)威張る **5.** (名誉・地位を)高める，昇進させる，(精神を)励ます，向上させる，高揚させる **6.** 建てる，計画をたてる **7.** あと回しにする，延期する e tenebris tantis tam clarum extollere lumen かくも深い暗闇の中からこのような煌々たる光明をかかげること aliquem ad caelum 〜 ある人を天まで持ちあげる(賞揚する)

extorqueō *2* ex-torquēre, -torsī, -tortum §108 **1.** ねじりとる，もぎとる，ひきちぎる **2.** 力ずくで奪う，ひったくる **3.** 無理やり説得する，強制する **4.** 拷問で苦しめる，脱臼させる，関節をはずす，かたわにする victoriam hosti (9d5) 〜 敵から勝利を奪う extorsisti ut faterer (133) お前は私に告白を強制した

extorris *a.3* extorre §54 [ex, terra] 国(故里)から追われた，故里を失った，追放された，亡命の

extorsī, extortus → extorqueō

extrā 副・前 [exter] **A.** 副 **1.** 外側に，外側へ向かって，外から **2.** さらに，加えて **3.** extra quam …を除いて，以外は extra quam si nolint fame perire もし彼らが餓死したくなければ **B.** 前(対と) **1.** の外に，前に，外へ向かって **2.** を越え

て，を除いて，の外は **3.** から離れて，自由に，なしに 〜 ordinem 並はずれて，非常に 〜 jocum 冗談はやめにして 〜 ducem 将軍をのぞいて

extractus → extrahō

extrahō *3* ex-trahere, -trāxī, -tractum §109 **1.** 取り出す，引き抜く，抜きとる，もぎとる，裂き取る **2.** 引っぱって上げる，高める **3.** ひっぱって行く，ひきずって行く，強引に連れて行く **4.** 明るみに出す，ばくろする **5.** 救助する，解放する(自由に)する **6.** (時)のばす，長びかせる，行動をひきのばして時を無駄にする，気をもたせる aliquem rure (70) in urbem 〜 ある人を田舎から都へ引きずって行く Catone dicendi mora (9f11) dies extrahente (9f18) カトーは発言を長々とひきのばして何日間も無駄にしたので urbem ex periculis 〜 町を危険から救出する

extrāneus *a.1.2* extrāne-a, -um §50 [extrā] **1.** 自分の家(族)に属していない **2.** 外(国)からきた，外国の **3.** 生得(固有)のものでない，外から得た (名) **extrāneus** *m.* *2* §13 見知らぬ人，他人

extrāōrdinārius *a.1.2* extrāōrdināri-a, -um §50 [extra ōrdinem] **1.** 例外的な，正規外の **2.** 補足の，追加の **3.** 特別の，異常な，特権をもった (名) **extrāōrdinārius** *m.* -riī *2* §13 精鋭部隊，選抜兵

extrārius *a.1.2* extrāri-a, -um §50 [extrā] **1.** 外部の，外界の **2.** 無関係の **3.** 自分の家(族)に属さない見知らぬ人，他人の

extrāxī → extrahō

extrēmitās *f.* extrēmitātis *3* §21 [extrēmus] **1.** 一番外の部分，はし，へり，ふち **2.** 輪郭，周辺 **3.** 先端，末端 **4.** 地表 **5.** 語尾(屈折・変化) **6.** (体の末端)手足 **7.** 末期

extrēmum *n.* extrēmī *2* §13 [extrēmus の *n.*] **1.** 端，先端，天辺，底，最下部 **2.** 限界，最果て，辺境 **3.** 最後部，末尾 **4.** 終わり，終点，結び，結論，終幕，終焉，土壇場，奈落(なく) **5.** 苦

境, 窮地, 最後の手段 res publica in extremo sita est 国家は破滅に瀕している seu vivere sive extrema pati 生きているかそれとも死んでいるか extremo (9f19) = extremum (9e13) 最後に, ついに, 結局

extrēmus *a.1.2* extrēm-a, -um §50 ［exter(us)の最］ **1.**最も外側の, 末端の, 先端の **2.**最果ての, 最も遠い, 辺鄙(╰ぴ)な **3.**最後部の, 末尾の **4.**(時)最後の, 終わりの **5.**極端な, 過度の **6.**最低の, 最も卑しい(低級の) **7.**最も悪い, 悲惨な, 絶望的な in extremo ponte 橋の先端に extrema hieme 冬の終わりに hostes etiam in extrema spe salutis tantam virtutem praestiterunt 敵は自らを救う希望をほとんど失っていた時にすらこんなにすばらしい勇気を発揮した extrema manus non accessit operibus ejus 彼は自分の作品に最後の手(推敲)を加えていなかった(原文では manus が主語)

extrīcō *1* ex-trīcāre, -cāvī, -cātum §106 ［ex, trīcae］ **1.**もつれを解きほぐす, 自由にする, 解放する **2.**困難から救い出す, 邪魔をとり除く, 問題を解決する extricata densis cerva plagis 厚い網から解き放たれた鹿

extrīnsecus 副 外から,外部(の状況・出所)から, 外側に, 外部に

extrītus, extrīvī → exterō

extrūdō *3* ex-trūdere, -trūsī, -trūsum §109 **1.**力ずくで外へ押し出す, 排除する, 追放する **2.**押しのける, 押し返す extruso mari (9f18) aggere 土手によって海水が押し返されると

extūdī, extūsus → extundō

extulī → efferō, extollō

extundō *3* ex-tundere, -tudī, -tūsum §109 **1.**打つ, 叩く, 打って(叩いて)ある形をつくる, 金属細工人が意匠をこらす **2.**努力して(苦心して)工夫する(作り出す) **3.**追い出す, 追い払う **4.**むりやり取る, 強要する,強いる labor extundit fastidia 努力は好き嫌いの気持ちを追い払う

exturbō *1* ex-turbāre, -bāvī, -bātum §106 **1.**強制的に追い出す, 追放する,

排除する, 離婚する **2.**力ずくで除去する, 取り去る, 移す **3.**混乱させる, 秩序を乱す, ひっくりかえす pinus radicitus exturbata 根こそぎにされた松

exūberō *1* ex-ūberāre, -rāvī, -rātum §106 **1.**豊かに流れ出る, あふれ出る, ほとばしる, わき立つ **2.**一杯である, 豊富である, 豊かに実っている, 繁茂している

exul → exsul

exulcerō *1* ex-ulcerāre, -rāvī, -rātum §106 ［ex, ulcus］ **1.**潰瘍を生じさせる, 炎症を起こさせる **2.**(感情)害する, ふんがいさせる **3.**(困難)重くする, 悪化させる res ab ipso rege exulceratae 王自身によって悪化した事態

exulō（**exsulō**）*1* exulāre, -lāvī, -lātum §106 ［exul］ **1.**追放される, 追放地でくらす **2.**家を離れている, (家を)留守にする exulatum (120.1) abire 追放地に旅立つ domo exulo nunc 私は今家を留守にしている

exululō *1* ex-ululāre, -lāvī, -lātum §106 **1.**遠吠えする, 金切り声をあげる **2.**わめいて(名を)呼ぶ

exundō *1* ex-undāre, -dāvī, -dātum §106 **1.**どっと外へ吹き出す, 噴出する, 湧き出る **2.**(感情が)ほとばしる, 流れる **3.**あふれる, 氾濫する **4.**波で岸に打ちあげられる **5.**(他)吐く(煙・火) ex multa eruditione exundat eloquentia 多くの学識から雄弁があふれ出る

exuō *3* ex-uere, -uī, -ūtum §109 **1.**(着物を)ぬぐ, ぬぎ捨てる, 皮をむく, 脇へおく **2.**裸にする, 覆いをとる **3.**自由にする, 解き放つ, とり除く, 引き抜く, 奪う **4.**かなぐり捨てる, 放棄する, 捨てる, やめる, 関係を絶つ omnes armis (9f7) exuit 彼はすべての者から武器を奪った unum exuta pedem (9e9) vinclis 片足から足枷(╰がせ)を脱いだ(彼)女 mihi (9d8) ex animo exui non potest, esse deos (117.5) 神々は存在するという考えを誰も私から奪うことはできない exuere humanitatem (patriam, magistrum) 人間性を放棄する(祖国を捨てる, 教師との関係を絶つ)

exūrō 282

exūrō *3* ex-ūrere, -ussī, -ustum, (ūss-ūst-?) §109 **1.** すっかり燃やす, 焼いて滅ぼし尽くす, 灰燼に帰せしめる **2.** 焼いて取り除く, 焼却する **3.** ひからびさせる, 焦がす, 乾かす **4.** 熱する, 焼く, 火をつける, 熱くさせる, 燃やす scelus exuritur igni (9f11) 罪が火で焼き尽くされる loca exusta solis ardoribus 灼熱の太陽に焼けた地方

exustus → exurō

exūtus → exuō

exuviae *f.pl.* exuviārum *1* §11 = **exuvium** *n.* exuviī *2* §13 [exuō] **1.** 死んだ獣からはぎとられた皮, 蛇のぬけがら **2.** 敗死した敵からはぎとった着物, 武具, 飾り, 分捕品, 略奪品 **3.** 形見, 遺品, 遺髪 locum exuviis nauticis ornatum (敵)船の分捕品で飾られた場所 has exuvias mihi ille reliquit 彼はこれらの遺品を私に残した

F

F, f §1(略記として)＝filius, filia, factus, fēcit など

faba *f.* fabae *1* §11 ソラマメ, 豆(植物, 実, 種) tam perit quam extrema faba ソラマメは道に近いほど早くなくなる(盗まれる) istaec in me cudetur faba あなたのまいたソラマメの種はいずれ私の背中で打穀されるでしょう(いずれあなたのおかげで私はひどい目にあうでしょう)

fabālis *a.3* fabāle §54 [faba] ソラマメの, 豆の

fābella *f.* fābellae *1* §11 [fābula の小] **1.** 話, 物語, 小話, 逸話, 寓話 **2.** 劇

faber[1] *m.* fabrī *2* §§15, 14 注 **1.** (手)職人, 工匠(こうしょう), 大工, 石工, 鍛冶屋, 金属製品細工師, さし物師, 建築・土木師 **2.** 工(作)兵 **3.** マンボウ(魚) faber aerarius ＝ faber aeris 青銅細工師, 彫金師 praefectus fabrum (1)工兵隊長 (2)陣営技師長(攻城・設営・武器など一切の工作技術指導役)(? 異説あり) faber est quisque fortunae suae (cf.86 (ニ)) 各人が自己の運命を作るのだ

faber[2] *a.1.2* fabra, fabrum §52 [faber[1]] **1.** 職人の, 大工の **2.** 巧みに作られた

Fabius *a.1.2* Fabi-a, -um §50 **1.** ローマ人の氏族名 **2.** Q.Fabius Maximus Cunctator 第二ポエニ戦中の独裁官

fabrē 副 [faber[2] §67(1)] (最) faberrime §68 職人の技で, 巧みに

fabrēfaciō *3b* fabrē-facere, -fēcī, factum §110 精巧に仕上げる, 巧みに制作する

fabrica *f.* fabricae *1* §11 [faber] **1.** 職人の技, 技巧, 金属細工師の技術, 建築術 **2.** 職人の仕事, 働き, 職, 作品 **3.** 工作場, 仕事場, 鍛冶場 **4.** 計画, 工夫, たくらみ

fabricātor *m.* fabricātōris *3* §26 [fabricō] **1.** 工作者, 職人, 建造者 **2.** 考案者, 創造者

Fabricius *a.1.2* Fabrici-a, -um §50 **1.** ローマ人の氏族名 **2.** C.Fabricius Luscinus 執政官(282.278B.C.)

fabricō *1* fabricāre, -cāvī, -cātum §106 ＝**fabricor** *dep.1* -cārī, cātus sum §123(1) **1.** 作る, 作り上げる, 組み立てる, 建てる, 用意する **2.** ねり上げる, 鍛える, 仕込む **3.** 工夫する, 発明する, 考案する

fabrīlis *a.3* fabrīle §54 [faber[1]] **1.** 職人の, 大工の, 鍛冶屋の, 金属細工師の **2.** 職人の技をもった, 巧みな (名)

fabrīlia *n.pl.* -lium *3* §20 職

人の仕事，作品

fābula *f.* fābulae *1* §11 ［fārī §162］ **1.** 民衆のむだ話，日常会話，おしゃべり **2.** 噂，風聞，世評 **3.** 醜聞，噂のたね，話題，主題 **4.** 報告，説明 **5.** 物語，虚構，寓話，昔話，伝説，神話 **6.** 劇，叙事詩 lupus in fabula 噂をすれば影 per urbem fabula quanta fui 町の中で私はどんなに評判となったことか fabulam dare 劇を上演する

fābulor *dep.1* fābulārī -lātus sum §123(1) ［fābula］ **1.** 打ち解けて話す，おしゃべりをする **2.** 話をつくる，寓話をつくる

fābulōsus fābulōs-a, -um §50 ［fābula］（比）fabulosior （最）fabulosissimus **1.** 伝説(神話)で満ちた，伝説的な **2.** 伝説で有名な **3.** 信じられない，架空の，偽の，虚構の

fac → faciō の命 §107(3)

face → fac の古

face → fax

facessō *3* facessere, -ssīvī(iī), -ssītum §109 **1.** 熱心に実行する，果たす，なしとげる **2.** 生ぜしめる，ひきおこす **3.** (自)出発する，去る，離れる alicui periculum ～ 人を危険におとしいれる，告発する

facētē 副 ［facētus §67(1)］ （比）facetius （最）facetissime **1.** 優美に，上品に，巧みに，適切に **2.** 才気のあるやり方で，機知をもって

facētiae *f.pl.* facētiārum *1* §11 ［facētus］ **1.** 才気，利発，手際の良さ，賢い言動 **2.** 冗談，しゃれ，機知，とんち facetiae sunt condimenta sermonum しゃれは会話の味つけである

facētus *a.1.2* facēt-a, -um §50 （比）facetior （最）facetissimus **1.** 優美な，上品な，礼儀正しい **2.** 機知にとんだ，気のきいた，愉快な，ひょうきんな **3.** 聡明な，賢い

faciēs *f.* faciēī *5* §34 **1.** 表面に現れた形(姿，状態)，外形，外観 **2.** 見かけ，風采，様子，体格 **3.** 顔，顔色，容貌，表情 **4.** 輪郭，光景，眺め，景色，場面 **5.** 特徴，性質，型，種 **6.** 美貌，美 verte omnis tete in facies 汝をあらゆる姿に変えよ perfricui faciem 私は赤面をぬぐい去った(羞恥心を捨てた) prima facie (9f3) 一目で

facile 副 ［facilis §9e13］ （比）facilius （最）facillime §§68, 60 **1.** 容易に，たやすく，苦もなく，かんたんに **2.** ためらわずに，直ちに，文句なしに **3.** 好意をもって，喜んで，快く **4.** 順調に，すらすらと **5.** 気楽に，ぞんざいに，むとんちゃくに unguibus facile illi (9d8) in oculos involem (116.1)私は奴の目玉を喜んでこの爪でひっかいてやりたい facile, cum valemus, recta consilia aegrotis damus 我々は健康な時，容易に病人に正しい判断を与える

facilis *a.3* facile §54 ［faciō］ （比）facilior （最）facillimus §60 **1.** やさしい，容易な，かんたんな，操作し易い **2.** 御し易い，大人しい，すなおな，慣れた，従順な **3.** 好意をもった，親切な，寛大な，如才ない，愛想よい **4.** 手に入り易い，骨の折れない，楽な，のんきな **5.** 動き易い，身軽な，すばしこい，巧みな **6.** (非) facile est (171) 容易である facilis victu (9f3) gens 生きる手段がかんたんに手に入る民族 res inventu (120.3) facilis 見つけるのがやさしい事柄 res facilis ad judicandum (119.4) 判断を下し易い事件(訴訟) facilius est currentem incitare quam commovere languentem 腰の重い人を動かすよりも走っている人を急がす方がうんとやさしい

facilitās *f.* facilitātis *3* §21 ［facilis］ **1.** あることを実現，操作するのに容易，軽便であること **2.** あることをなし遂げる能力，適合性，傾向，好み，くせ **3.** 達者，敏速，流暢 **4.** 温和，寛大，親切 **5.** 気軽さ，軽率

facinorōsus （**-nerōsus**） *a.1.2* facinorōs-a, -um §50 ［facinus］ （比）facinorosior （最）facinorosissimus 罪を犯した，罪のある，よこしまな，非道な

facinus *n.* facinoris *3* §29 ［faciō］

faciō   284

1. 行為, 行動, おこない, 行状 2. 悪業, 犯罪 3. 悪人, 罪人 4. 目立つもの, 事件, 事情 ut facinore admisso (9f18) ad sanitatem pudeat (166注) 罪を犯した結果, 良識に立ち帰るのを恥じるかのように

faciō *3b* facere, fēcī, factum §§110, 157 faciundus(古)= faciendus §110.2: fac 命・単・現 **A.**(対と)つくる, 生じさせる **B.**(二重対と)…を…にする **C.**(目的文と)(起こ)させる, する **D.**(自)ふるまう, 行う

A.1. つくる, こしらえる, 建てる **2.** 生じさせる, ひき起こす, 催させる **3.** 成長させる, 育てる, 生産する **4.** 実現させる, やりとげる, 完成する **5.** 創造する, 創作する, 書く, 描く, 発表する, 示す **6.** なす, 行う, 営む **7.** 制度を設ける, 祭りを祝う **8.** 上演する, 試みる, 挙行する **9.** 取り扱う **10.** 犯す, そそのかす **11.** 忍ぶ, 我慢する, 蒙る quid hoc homine (9f5) facias? この男をお前はどうするつもりか 〜 impetum in hostem 敵を攻撃する pacem 〜 平和条約を結ぶ statua ex aere facta 青銅製の像 〜 alicui suavium 誰々に接吻する 〜 alicui facultatem judicandi ある人に裁判の機会を与える(つくってやる) puer domi (70) natus domique factus 家で生まれ家で育てられた少年奴隷

B.(二重の対格)**1.** …を…とする, …を…に選ぶ, 指名する **2.** …を…させる **3.** …を…と評価する (9c7) locupletes ex egentibus eos fecerat 彼は彼らを貧乏人から金持ちとしていた consulem aliquem 〜 ある人を執政官に選ぶ poetae impendere saxum Tantalo faciunt 詩人らはタンタロスの頭上に岩をつり下げさせている(そのように描いている) aliquem nihili (9c7) 〜 あるものを全く評価しない

C.(目的文, 不定法句)**1.** ut(ne)+接 (116.6)…生ぜしめる, (起こ)させる **2.**(不句(117.5)と想像する, 想定する me (9e12) fecit ut te moneam これが私をしてお前に忠告させたのだ fac ne quid aliud cures 他のことは何も心配するな fac animos non remanere post mortem 死

後に魂が(この世に)とどまらないと想像してみろ, fac (命)は接をも伴う

D.(自)**1.** ふるまう, 行う **2.**(神に)生贄を捧げる **3.**(代動詞)fecit humaniter, quod venit 彼は親切にふるまった, やって来たのだから alicui bene (male) 〜 ある人に立派な(不届きな)振る舞いをする facere non possum quin scribam (116.8) 私は書かざるを得ない (cf. quin servati (118.4) facimus 救われたあと我々は(神に)生贄を捧げる evolve ejus librum —— feci mehercule 彼の本を開いて読め, ——私はそうしたぞ, 神に誓って

facteon [<faciō+-τεός]= faciendum なされるべきである §147(ロ)

factiō *f.* factiōnis *3* §28 [faciō] **1.** なすこと, 行うこと, その権利 **2.** 社交仲間,(協)会, 一群, 組合, 団体 **3.** 党(派), 徒党, 派閥 **4.** 共謀, 陰謀(団) testamenti 遺書をつくる権利 qua ex re factiones dissensionesque nascuntur そのことから党派(根性)と不和葛藤が生まれる

factiōsus *a.1.2* factiōs-a, -um §50 [factiō] (比)factiosior (最)factiosissimus **1.** 多忙な, 活発な **2.** 徒党を組む, 強力な党派(子分・支持者)を持った, 権勢欲の強い, 党派争いを好む, 不穏な, 寡頭政治の lingua factiosi, inertes opera (9f3) (彼らは)口では忙しい(多くを約束する)が仕事は怠ける

factitō *1* factitāre, -tāvī, -tātum §106 [faciō] **1.** しばしば(繰り返して)なす, 行う, 作る, 習慣的にする, なす, 行う **2.** …を習慣とする, 職業とする, 営む

factum *n.* factī *3* §13 [faciō の完分] **1.** 行為, 行動 **2.** 事件, 出来事 **3.** 起こったこと, 事実 **4.**(偉大な)行為, 業績, 手柄, 目立つ悪行 dictum factum 言われるが早いかなされた factum, non fabula 事実であってつくり話ではない bonum factum 幸あれ(布告の冒頭で述べられる吉兆のきまり文句)

factus *a.1.2* fact-a, -um §50 [faciō の完分] (比)factior **1.** 起こったところ

の, 本当の, 真実の **2.** なされた, 形成された, つくられた **3.** 精巧な, 完成された factius nihilo (9f6) facit 彼はよりよくできたものは何もつくっていない(無駄骨を折っている) bene facta 恩恵, 慈善(行為) male facta 悪業の数々

facultās *f.* facultātis *3* §21 [facilis] **1.** 精神的(肉体的)能力, 力量, 手腕 **2.** 生来の特質, 長所, 適性, 美点 **3.** 包容力, 収容力, 貯蔵, 豊富, 十分な数量 **4.** (入手に)容易さ, 便宜, 機会, 可能性 **5.** (*pl.*)手段, 方策, 資源, 財源 reliquis fugae facultas datur 残りの者には逃走の機会が与えられる sine ulla facultate navium 船を全く使用(調達)できなくて erat in Caesare facultas elegantia (9f10) summa scribendi (119.2) カエサルには最高の優雅さでものを書く能力があった

fācundē 副 [fācundus §67(1)] (比)facundius (最)facundissme 雄弁に, 滔々と, 流暢に

fācundia *f.* fācundiae *1* §11 [fācundus] 雄弁に話す能力, 弁舌の才, 説得力

fācundus *a.1.2* fācunda, fācundum §50 [farī] (比)facundior, (最)-dissimus 自分の思いを流暢にのべられる, 雄弁な

faecula *f.* faeculae *1* §11 [faex の小] ブドウ酒の乾燥したおり, かす, 酒石

faelēs → fēlēs

faenebris *a.3* faenebre §54 [faenus] 高利貸しの, 利息の, 利息をとって貸された

faenerātiō *f.* faenerātiōnis *3* §28 [faenreor] 利息をとって金を貸すこと, 高利貸し

faenerātor *m.* faenerātōris *3* §26 [faenus] 金貸し, 高利貸し

faenerō *1* faenerāre, -rāvī, -rātum §106 = **faeneror** *dep.1* faenerārī, -rātus sum §123(1) [faenus] **1.** 利息をとって金を貸す, 高利貸しを営む **2.** 投資する, 融資する **3.** 貸す, 調達する

faeneus *a.1.2* faene-a, -um §50 [faenum] 干し草, まぐさ homines faenei わら人形, かかし

faenīlia *n.pl.* faenīlium *3* §20 [faenum] 干し草置き場, 納屋

faenum *n.* faenī *2* §13 干し草, まぐさ faenum alios aiebat esse (160) oportere 彼はよく言っていたものだ「他の奴らは干し草を食べるべきだ」と(奴らは牛のように愚鈍だ) faenum habet in cornu 彼は角に干し草をつけている, あばれ牛のように危険だ(角にしばりつけた干し草はあばれ牛の目じるし)

faenus *n.* faenoris *3* §29 **1.** 利子, 利息 **2.** 利息でふくらんだ借金 **3.** 利息を付けて貸した資本 **4.** 増加, 利潤, 利益 pecuniam faenori dare 利子をつけて金を貸す pecuniam occupare grandi faenore (9f11) 高利で(金を)融資する

faex *f.* *1* faecis *3* §21 **1.** ブドウ酒の発酵中に沈殿する不純物, 酒石 **2.** 液体の不純物, かす, おり **3.** 鉱石の溶滓 **4.** 人間のくず, かす de faece hauris お前はブドウ酒のおりを飲んでいる(雄弁家のかすばかり勉強している) poti vetula faece tenus cadi 壺の底のかすまで飲み干された古いブドウ酒(直訳)古いかすまで飲み干された酒壺(*pl.nom.*)

fāgineus *a.1.2* fāgine-a, -um §50 [fāgus] ブナ(の木)の

fāginus *a.1.2* fāgina, fāginum §50 [fāgus] ブナの木の

fāgus *f.* fāgī *2* §13.(3) <φηγός ブナの木, ブナの材

fala *f.* falae *1* §11 攻城櫓

falārica *f.* falāricae *1* §11 **1.** 攻城櫓より発射された重くて大きな投げ槍 **2.** 重い飛び道具, 火矢

falcārius *m.* falcāriī *2* §13 [falx] 鎌(かま), 大鎌, 刈り込み鎌の鍛冶屋

falcātus *a.1.2* falcāt-a, -um §50 [falx] **1.** 大鎌(かま)のように曲がった刃をもった, 湾曲した **2.** 大鎌を取り付けた, で武装した

falcifer *a.1.2* falci-fera, -ferum §50 [falx, ferō] 大鎌(かま)を持った

Falernus *a.1.2* Falern-a, -um §50 Falernum(vinum)で有名なカンパーニアの北方地区の名(＝Falernus ager)

Faliscus *a.1.2* Falisc-a, -um §50 **1.** Falerii(エトルリアの町)の **2.** (名) **Faliscī** *m.pl.* -ōrum *2* §13 ファリスキー人(＝ファレリーイの住民)

fallācia *f.* fallāciae *1* §11 [fallāx] **1.** 嘘, 偽り, 詐欺, ごまかし **2.** ぺてん, 術策 fallacia alia aliam trudit 一つの嘘が別の(次の)嘘を強いる

fallāciter 副 [fallāx §67(2)] (最) fallacissime 人をだます意図から, ずるいやり方で

fallāx *a.3* fallācis §55 [fallō] (比)fallacior (最)fallacissimus **1.** 人をだます, 裏切る, 欺く **2.** 人を迷わす, 狡猾な, 不正直な, 不実な **3.** 偽りの, にせ(もの)の spes fallaces 人を欺く希望 fallax imitatio virtutis 人をだますにせもの の美徳

fallō *3* fallere, fefellī, falsum §109 **1.** だます, 欺く, 惑わす **2.** 裏切る, そむく, 約束を(誓いを)破る, たがえる **3.** 誤らせる, 間違わせる **4.** ごまかす, 紛らす **5.** 人目をくらます, 逃れる, さける, かくれている **6.** 本質をくらます, 扮する, 演じる, 変装する **7.** (受)間違う, 思い違いをする **8.** (非)§166 間違う nisi me (forte) fallo＝nisi fallor もし私が(ひょっとして)間違っていなければ quem nostrum (9c4) fefellit (166) ita vos esse facturos (117.5)? お前らがそうするだろうということを, 我々のうちの一体誰が予想しなかったであろうか tu faciem illius falle dolo お前は策を弄しあいつの姿に扮せよ egerentes (118.4) etiam humum fefellere hostem 彼らは土を運搬するときにも敵の目をごまかせた nec vixit male, qui natus moriensque fefellit 生まれたときも死んでいくときも人目から逃れた人は, 立派に生きたのである(世間に知られずに隠れて生きる人は幸福だ)

falsiparēns *a.3* falsi-parentis §55 [falsus, parēns] 偽りの父親を持った

falsō (＝**falsē**) 副 [falsus §67(1)] **1.** 間違って, 不正にも **2.** 偽って, 嘘をついて

falsum *n.* falsī *2* §13 [falsus] **1.** 虚偽, うそ, 偽(ﾆﾜﾞ)り **2.** 偽造(ｷﾞｿﾞｳ)文書, 詐欺(ｻｷﾞ) **3.** 誤って感知されたもの

falsus *a.1.2* fals-a, -um §50 [fallō の完分] (比)falsior (最)falsissimus **1.** 間違った, 偽りの, 悪い **2.** 不正直な, 不実な, 嘘をつく **3.** 不法な, 不正な, 不当な **4.** にせの, 真正でない, まちがいの, 見せかけの, 偽造の, 装った **5.** 事実無根の, 実存しない, 架空の, 根拠のない **6.** うわべの, 自称の, いわゆる

falx *f.* falcis *3* §24 **1.** 長柄の草刈り鎌, 大鎌 **2.** 園芸用刈り込み鉈(ﾅﾀ) **3.** (穀物)刈り取り用鎌 **4.** 破城鉤(ｺｳ) **5.** 競走戦車の車軸にとりつけた鎌 **6.** 三日月形刀

fāma *f.* fāmae *1* §11 [for] **1.** 知らせ, たより **2.** 中傷, 悪口, 悪名, 悪評 **3.** (世間, 人々の)噂, 風聞, 話題 **4.** 名声, 評判, 声明, 栄光 **5.** 云い伝え, 伝承, 話し **6.** 噂の女神 **7.** (非)fama est (171) fama percrebuit, illum a Caesare obsideri (117.3) 彼がカエサルによって包囲されているという噂がひろがった Fama, malum qua (9f6) non aliud velocius ullum 彼女以上に足の早い不幸(悪)はない所の(悪い)噂の女神 fama crescit eundo (119.5) 噂は行くことで(拡がるうちに)成長する(おおげさになる)

famēlicus *a.1.2* famēlica, -licum §50 [famēs] 餓えた, 空腹の

famēs *f.* famis *3* §19 **1.** 食欲, 空腹, 飢え **2.** 渇望, 強欲 **3.** 食料の欠乏, 飢饉(ｷﾝ), 貧困 **4.** 断食 **5.** (文体)枯渇, 無味乾燥 artificia docuit fames 餓えが技術を教えてきた Socratem audio dicentem, cibi condimentum esse famem 「空腹は食物の調味料である」とソークラテースの言葉(言っているの)を私は聞いている

familia *f.* familiae *1* §11 (古・属 familiās＝familiae) **1.** 家父長(pater familias)の絶対権の下にいる一家族全員(解放奴隷, 奴隷も含む) **2.** 奴隷, 召

使い **3.** 一味, 一団, 群れ **4.** 血縁者, 親族 **5.** 財産 **6.** 党派 filius familias 家の息子(未成年) decem dierum vix mi est familia 私はかろうじて 10 日分の財産を持っている

familiāris *a.3* familiāre §54 [familia] (比)familiarior (最)familiarissimus **1.** 家族の, 家の **2.** 奴隷の, 召使いの **3.** 私的な, 個人の **4.** 親しい, 友情で結ばれた, 気心の知れた, 内密の **5.** いつもの, 習慣的な res familiares 財産 (名)**familiāris** *m.* -ris *3* §19 **1.** 奴隷, 召使い **2.** 親友

familiāritās *f.* familiāritātis *3* §21 [familiāris] **1.** 友情, 親密, 親交, 懇意 **2.** 友人, 親友, 親族

familiāriter 副 [familiāris §67 (2)] **1.** 親しく, 仲良く, 親友のように **2.** 完全に, 充分に

famis = fames の古形

fāmōsus *a.1.2* fāmōs-a, -um §50 [fāma] (比)famosior (最)famosissimus **1.** 喧伝された, 有名な, 名高い **2.** 悪名高い, 評判の悪い **3.** 中傷的な, 誹謗する

famula *f.* famulae *1* §11 [famulus] **1.** 女中, 下女, 女奴隷 **2.** 神々の奉仕者

famulāris *a.3* famulāre §54 [famulus] 召使いの, 奴隷の

famulātus *m.* famulātūs *4* §31 [famulor] 奴隷の身分, 隷属, 奴隷根性

famulor *dep.1* famulārī, -lātus sum §123(1) [famulus] **1.** に奉公する, 仕える, の召使いである **2.** 服従する (9d1)

famulus *m.* famulī *2* §13 **1.** 召使い, 従者 **2.** 奴隷 **3.** 神々への奉仕者

famulus *a.1.2* famul-a, -um §50 **1.** 召使いの, 奴隷の **2.** 従属している, 従順な

fānāticus *a.1.2* fānātic-a, -um §50 [fānum] **1.** 神殿に属する **2.** 神がかりの状態になった, 霊感を受けた **3.** 狂信的な, 熱狂的な

fandus → for

fāns → for

fānum *n.* fānī *2* §13 神(事)に捧げられた土地, 神域, 神殿

far (**fār** ?) *n.* farris *3* §27 **1.** コムギ(小麦) **2.** ひきわり麦, 小麦粉 **3.** パン **4.** 神に供える菓子

farciō *4* farcīre, farsī, fartum §111 **1.** 完全に満たす, 一杯に詰める, 詰め込む **2.** (家禽)腹一杯食べさせて太らせる **3.** (再)腹一杯食べる

fārī → for

farīna *f.* farīnae *1* §11 [far] 小麦粉, ひきわり, あら粉, 粉(末) cum fueris nostrae paulo ante farinae (9c12) お前はほんの少し前まで我々と同じ小麦粉(階層)に属していたのに et panem facis et facis farinam お前はパンをつくっているし, 小麦粉もつくっている(身代をつくったと思うと散財している)

farrāgō *f.* farrāginis *3* §28 [far] **1.** 雑穀の混合飼料(家畜用) **2.** ごたまぜ, 寄せ集め, つまらぬもの

fartor *m.* fartōris *3* §26 [farciō] 食用家禽を太らせる者, 家禽商人, 鳥肉屋

fartus → farciō

fās *n.* 無 [for] §47 **1.** 神の掟により正しいと許されていること, 神意に叶っていること **2.** 道徳的に正しいこと, 自然の法に沿っていること **3.** (正しい)権利, 義務, 秩序 **4.** 運命, 天のさだめ **5.** (非)fas est (171) それは正しい si hoc fas est dictu (120.3) もしこういうことが許されるならば hospitem violare (117.2) fas non putant 客人に暴力をふるうことは神聖をけがすことだと彼らは考えている fas est et ab hoste doceri (117.1) 敵からも学ぶことは正しい

fascia *f.* fasciae *1* §11 [fascis] **1.** 細長い布切れ, ひも, 帯, バンド, リボン **2.** (医)包帯 **3.** 赤ん坊のむつき, おむつ **4.** 束髪紐, 王位の鉢巻, 王冠 **5.** 乳おさえ(ブラジャー), 腰ひも, 脚絆 **6.** 寝台の革帯 **7.** 空の雲のすじ non es nostrae fasciae (9c12) お前は我々の身分に属していない(我々の仲間ではない)(*cf.*farina)

fasciculus

fasciculus *m*. fasciculī *2* §13 [fascis の小] **1.** 小さな束, 花束 **2.** 小包, 小荷物

fascinō *1* fascināre, -nāvī, -nātum §106 [fascinum] に魔法をかける, を魅惑する

fascinum *n*. fascinī *2* §13 呪文, まじない, 魔力, 魔法 **2.** 陰茎

fasciola *f*. fasciolae *1* §11 [fascia の小] **1.** 小さな布切れ, ひも, 帯 **2.** はち巻, 髪紐 **3.** 包帯, 脚絆

fascis *m*. fascis *3* §19 **1.** 小枝の束, そだ束 **2.** 小包, 荷, 重荷, (兵)行李 **3.** (*pl.*)儀鉞(えつ), 鉞(まさかり)を包んだ束桿(そっかん), 高官の権威の標章, 高官の前で先駆警吏が捧げ持つもの **4.** 高官(特に執政官)の権威, 名誉, 職権, 執政官(職) tum demissi populo fasces そのとき民衆の前で儀鉞がおろされた(敬意が表された) fasces versi さかさまに持たれた儀鉞(執政官の葬儀のさい)

fasēlus → phasēlus

fassus → fateor

fastī *m.pl.* fastōrum *2* §13 [fastus] **1.** 裁判所開廷日(=dies fasti) **2.** 暦, 一年間の開廷日, 祭日, 高官職の名前, 重要な事件を記録した表 **3.** Ovidius の作品の題名「祭暦」 **4.** 毎年の執政官級者名簿(=fasti consulares) **5.** 年表, 年代記(=fasti annales, 又は historici, 毎年の政治上の事件や高官名の記録表が特にこう呼ばれ, 開廷日, 祭日の記録表は fasti sacri と呼ばれることもある)

fastīdiō *4* fastīdīre, -dīvī(-diī), -dītum §111 [fastīdium] **1.** 嫌悪を示す, 顔をそむける, 反感を覚える **2.** 軽蔑する, あなどる, 無視する, 拒否する **3.** 気取る, もったいぶる, 横柄にふるまう invenies alium, si te hic fastidit これがお前に嫌なら他のものを見つけるといい a me fastidit amari (彼女は)私から愛されるのを拒んでいる fastidit mei (9c11) 彼は私を軽蔑している

fastīdiōsē 副 [fastīdiōsus §67(1)] (比)fastidiosius **1.** 嫌悪の情をもって(見

せて) **2.** 軽蔑的に, 尊大に

fastīdiōsus *a.1.2* fastīdiōs-a, -um §50 [fastīdium] (比)fastidiosior (最)fastidiosissimus **1.** 嫌悪感を示す(現した), 吐き気を催させる **2.** 不満な, やかましい, 気難しい **3.** 尊大な, 軽蔑的な, 横柄な **4.** うんざりする, 退屈な, 不快な dominus terrae (9c13) fastidiosus 陸地に飽きている主人 aurium sensus ~ 気難しい(厳しい, 洗練された)聴覚

fastīdium *n*. fastīdiī *2* §13 **1.** (食物への)嫌悪感, 吐き気, むかつき **2.** 嫌悪, 拒絶, 反感 **3.** 気むずかしさ, 極度な正確さ, やかましい趣味 **4.** 尊大, 傲慢, 軽蔑 **5.** 飽き飽き, 退屈, うんざり fastidium sui (9c3) 自己嫌悪 vetera semper in laude, praesentia in fastidio esse 古代は常に賞賛され, 現代は嫌悪されている

fastīgātus *a.1.2* fastīgāt-a, -um §50 [fastīgō の完分] **1.** 先のとがった, 棟の形をした, くさび状の **2.** 傾いた(屋根のように), 斜めの **fastīgātē** 副 §67(1) 切り妻形に傾けて

fastīgium *n*. fastīgiī *2* §13 [fastīgō] **1.** 鋭い尖端, 先が次第に細くなること, 一点に集まること **2.** 傾斜, 勾配, 坂 **3.** 棟のある屋根, 両側に傾斜した屋根, 破風, 切妻, 正面の破風 **4.** 天辺, 頂上, 高さ, 深さ **5.** 高い地位, 高貴, 品位 colles pari altitudinis (9c6) fastigio (9f10) 同じ高さの頂を持ったいくつかの丘 cloacis fastigio (9f19) in Tiberim ductis (9f18) 下水溝は徐々に傾いてティベリス川の方へ導かれているので alii cives ejusdem fastigii (9c5) 同じほど高い地位にある他の市民たち

fastīgō *1* fastīgāre, -gāvī, -gātum §106 [fastīgium] **1.** 先をとがらせる **2.** (受)先が高くとがる, 次第に細くなる **3.** 傾ける

fāstus *a.1.2* fāst-a, -um §50 [fās] 仕事をすることを法的に許された *cf.* fāstī

fāstus *m*. fāstūs *4* §31 **1.** 誇り, 尊大, うぬぼれ, 高慢 **2.** 気難しさ, より好み, 冷淡, 無関心

fātālis *a.3* fātāle §54 [fātum]
1. 運命(宿命・天命)の, による, の命じた, 定めた **2.** 致命的な, 破滅的な **3.** 予言者の, 不吉な **4.** 自然の, 命数のつきた

fātāliter 副 [fātālis §67(2)] 天(宿)命により, 運命の命ずるがままに

fateor *dep.2* fatērī, fassus sum §§123(2), 125 **1.** 真実と認める, 容認する, 同意する **2.** 自白(白状)する, 罪を犯したことを認める **3.** 宣言(公言)する **4.** うっかり表す, 見せる, 行動で示す, ほのめかす fatetur se peccasse (117.5) 彼は自分が罪を犯したことを認めている 〜 de facto turpi 恥ずべき行為を認めている da veniam fasso (118.2) 白状した者を許してやれ vultu (9f11) fassus iram 顔の表情で怒りを示した(彼は)

fāticānus *a.1.2* fāticān-a, -um §50 [fātum, canō] 未来(運命)を予告する, 予言者の, 予言力のある

fātidicus *a.1.2* fātidic-a, -um §50 [fātum, dīcō] 運命を宣告する, 予言(者)の, 神託の (名)**fātidicus** *m.* -dicī 2 §13 占い師, 預言者

fātifer *a.1.2* fāti-fera, -ferum §51 [fātum, ferō] 死をもたらす, 致命的な

fatīgātiō *f.* fatīgātiōnis 3 §28 [fatīgō] 疲労困憊, 消耗, 枯渇

fatīgō 1 fatīgāre, -gāvī, -gātum §106 **1.** へとへとに疲れさせる, 消耗させる **2.** 困らせる, 責める, さいなむ, 悩ます, 苦しめる **3.** ひっきりなしに(しつこく)質問する, 求める, 攻めたてる, うんざりさせる remigio noctemque diemque fatigant 彼らは船を漕いで夜も昼もくたくたにさせる(夜昼漕ぎ続ける)

fātiloquus *a.1.2* fāti-loqu-a, -um §50 [fātum, loquor] 将来(運命)を予告する所の, 予言(者)の

fatīscō 3 fatīscere, ——, —— §109 = **fatīscor** *dep.3* fatīscī, —— [fatīgō] §123(3) **1.** 割れる, 裂ける, 口をあけている, 大口をあける **2.** 疲れる, 消耗する, しおれる, だれる, 衰える

fātū → for のス

fatuitās *f.* fatuitātis 3 §21

[fatuus] 愚鈍, 間抜け

fātum *n.* fātī 2 §13 [for の完分] **1.** (*pl.*)予言, 神託 **2.** 神意, 天命, 自然の法則 **3.** 宿命, 運命 **4.** 天より割りあてられた命の長さ, 天寿, 寿命 **5.** (自然)死, 悲運, 破滅, 不幸, 災い, 非業の死 **6.** 運命の女神たち(=Parcae) si fatum tibi est (171) convalescere 健康を回復することがあなたの運命ならば fato perfunctus (124) 天寿を全うした人 fata viam invenient 運命は自分の道を見つけるであろう(運命には逆らえない) sic Hortensii vox extincta fato suo est かくしてホルテンシウスの声は彼の死によって消えた

fātus → for の完分

fatuus *a.1.2* fatu-a, -um §50 **1.** 頭の鈍い, 愚かな **2.** 気の抜けた, 風味のない (名)**fatuus** *m.* fatuī 2 §13 道化者, おどけ者 aut regem aut fatuum nasci oportere 王か馬鹿に生まれるべきだ(王と馬鹿は何をしても(言って)も罰せられない)

faucēs *f.pl.* faucium 3 §§19, 45 [単は奪 fauce のみ] **1.** のど(の上部), 咽頭 **2.** 気管, 食道, 口, 首 **3.** 狭い入り口, 出口, 玄関, 瓶の広口, 火山の火口 **4.** 地峡, 海峡, 陸路 **5.** 港, 川, 湾の(狭い)出入口 fauce (9f11) improba incitatus 不埒なのど(貪欲)にそそのかされた(彼) faucibus (9f3) teneor (premor) 私はのど元をつかまれている(しめつけられている)(絶体絶命だ)

Faunus *m.* Faunī 2 §13 (神) **1.** ラティウムの神話上の王 **2.** 森と平原の神, ギリシアのPanと同一視される **3. Faunī** *m.pl.* Faunōrum 田舎(農村)の神々＝小妖精

faustē 副 [faustus §67(1)] 幸先よく, 順調に, 幸運に, 都合よく

faustus *a.1.2* faust-a, -um §50 [faveō] **1.** 幸運な, 仕合わせな **2.** 幸運をもたらす, 吉兆の, 幸先よい

fautor (favitor) *m.* fautōris 3 §26 [faveō] **1.** 保護者, 後援者 **2.** 助長する人, 奨励者, 賛美者, 支持者 **3.** 雇

fautrīx 290

われ喝采屋（劇場）

fautrīx *f.* fautrīcis *3* §21 fau-
tor の女性形

faux *f.* faucis → faucēs

faveō *2* favēre, favī, fautum §108
1. …に（与）好意を抱く，好意を示す，恩
恵を与える **2.** …を（与）愛顧する，ひいき
する，ひきたてる，支持する **3.** 拍手喝采
する，叫び声で賛同を示す ingeniis non
ille favet plauditque sepultis, nostra
sed impugnat 彼は地下に眠る才能をひ
いきし褒めているのではなく，（生きている）
我々の作品を当てこすっているのだ favete
linguis（吉兆の）言葉で（神々に）好意を示
せ，（いやむしろ）不吉な言葉を発しないよう
に沈黙しておれ「静粛に！」（祭儀において参
列者に求められるきまり文句

favilla *f.* favillae *1* §11 **1.** まだ
熱い（赤い）灰，燃え残り（がら），余燼 **2.** 火
の粉，火山灰 **3.** 口火，火の種，芽

favitor → fautor

Favōnius *m.* Favōniī *2* §13 **1.**
西風，微風 **2.** 西

favor *m.* favōris *3* §26 [faveō]
1. 好意，親切 **2.** 愛顧，ひいき，寵愛 **3.** 後
楯，支持，後援，引き立て **4.** 熱狂的な
拍手かっさい，賞賛，民衆の支持，恩恵
5. 依怙晶屓（えこひいき），不公平，偏見

favōrābilis *a.3* favōrābile §54
[favor] **1.** 好意をもって見られる，人気
のある，愛される **2.** 人の好意を得るよう
な，人をひきつける

favus *m.* favī *2* §13 **1.** 蜜蜂の巣
（蜜のつまった）**2.** 蜂蜜，蜜菓子 quicquid
tangebam, crescebat tamquam favus
私が手をつけたものは，何もかもミツバチの
巣のように生長した（見る間に大きくなった，
ふえた）

fax *f.* facis *3* §24 **1.** たいまつ，か
がりび，その材料（特に樹脂の多い材木の
切片）**2.** 婚礼行列を先導するたいまつ，結
婚 **3.**（火葬堆に火を点す）葬儀のたいまつ
4. Cupido, Furiae などの付属物つまり恋
の焔，復讐の焔をつけるたいまつ **5.** 火，焔
6. 光，目のかがやき，日光，流星 **7.** 火つ
け役，扇動者，刺激（物）novas incide

faces, tibi ducitur uxor 新しいたいまつ
の先に割れ目をつくれ，汝に妻が導かれる
facem praeferre (9d4) pudendis 破廉
恥な行為にたいまつをかかげて（先に立って）
道を案内する，光をあてて目立たせる

faxem(古) = fēcissem → faciō

faxim(古) = fēcerim

faxītur(古) = factum erit

faxō(古) = fēcerō

febrīcula *f.* febrīculae *1* §11
[febris の小] 発熱，微熱

febris *f.* febris *3* §19 発熱，熱
病（の発作）cum febre 熱狂的に

Februārius *a.1.2* Februāri-a, -um
§50 [februum] 二月の （名）
Februārius *m.* -riī *2* §13 二
月

februum *n.* februī *2* §13 (*pl.*)
斎戒，穢れを清める儀式，供え物，祭

fecula → faecula

fēcunditās *f.* fēcunditātis *3* §21
[fēcundus] **1.** 豊饒，多産，肥沃 **2.** 豊
かな想像力，創作力 **3.** 生産物，作品

fēcundō *1* fēcundāre, -dāvī, -dātum
§106 [fēcundus] 受胎させる，肥沃に
する

fēcundus *a.1.2* fēcund-a, -um §50
(比)fecundior （最)fecundissimus
1. 肥沃な，実り多い，多くの収穫をもたら
す **2.** 受胎能力のある，子を沢山生む **3.** 想
像力（創作力）の豊かな **4.** 富める，豊かな，
沢山の fecunda culpae (9c13) saecula
罪穢れに満ちた世紀 *cf.* 奪(9f17)もとる

fefellī → fallō

fel *n.* fellis *3* §27 **1.** 肝臓の分泌
液，胆汁，蛇の毒 **2.**（胆汁が原因とされ
た）狂気，怒り，憎しみ，かんしゃく **3.** 苦
味，苦しさ，辛さ favos post fella gus-
tavit 彼は苦味（苦難）のあとで蜜（喜び）を
味わった sine felle joci 辛辣（しんらつ）・悪意
のない冗談

fēlēs (**fēlis**) *f.* fēlis *3* §19 **1.** ネ
コ **2.** テン，イタチ

felicātus → filicātus

fēlīcitās *f.* fēlīcitātis *3* §21
[fēlīx] **1.** 幸運，僥倖，その機会 **2.** 恵

まれた特質，才能，財産，多産性，肥沃 **3.** (幸運の結果)幸福，上首尾，成功，繁栄，豊作 **4.** (表現)適切，巧妙さ **5.** 幸運の女神

fēlīciter 副 [fēlīx §67(2)] (比) felicius (最)felicissime **1.** 幸運にも，運良く，幸いにも **2.** 成功とともに，良い結果を作って **3.** 適切に，豊かに **4.** 幸運を祈る，上首尾を！

fēlīx[1] *a.3* fēlīcis §55 (比)felicior (最)felicissimus §59 **1.** 多産な，実り多い，豊かな，肥沃な **2.** 幸運な，神の好意に恵まれた，幸福な **3.** さい先よい，吉兆の，喜ばしい，都合の良い **4.** 成功した，上首尾の，栄えた Praxiteles marmore (9f3) felicior 大理石において(彫刻で)より成功したプラークシテレース dies felix ponere (117.3) vitem ブドウの木を植えるのに都合の良い日

felix[2] → filix

fēmella *f.* fēmellae *1* §11 [fēmina の小] 女，少女

fēmina *f.* fēminae *1* §11 [*cf.* fecundus, filius] **1.** 女(成人の)，婦人，女性 **2.** 雌 **3.** 女々しい男 **4.** 女性名詞 varium et mutabile semper femina 絶えず変わって定まらぬものが女

fēmineus *a.1.2* fēmine-a, -um §50 [fēmina] **1.** 女の，婦人の **2.** 女性的な，女らしい，女特有の **3.** めめしい，柔弱な femineae Kalendae 三月一日(婦人の祭日)

femur *n.* femoris(feminis) *3* §§27, 28, 44 腿(もも)，ふともも

fen- → faen-

fenestra *f.* fenestrae *1* §11 **1.** 窓，明かり窓，天窓 **2.** 格子戸，雨戸，ガラス戸つきの窓 **3.** 櫓(やぐら)の狭間(銃口) **4.** ぬけ穴，入口，道，機会

fer → ferō

fera *f.* ferae *1* §11 [ferus] **1.** 野獣，野生の動物 **2.** けもの，畜生

ferāciter 副 [ferāx §67(2)] 実り豊かに，豊富に

fērālis *a.3* fērāle §54 **1.** 死者の霊魂と係わる **2.** 死の，死者の，死骸の，葬儀の **3.** あの世の，不吉な，気味のわるい **4.** 死をもたらす，致命的な (名)**Fērālia** *n.pl.* -lium *3* §20 死者の霊魂を祭る日(2月21日)

ferāx *a.3* ferācis §55 [ferō] (比)feracior (最)feracissimus **1.** 肥沃な，豊饒な，収穫の多い，多産の **2.** 利益，効果の多い venenorum (9c13) ferax 毒を沢山生産する(土地) ferax oleo (9f17) オリーブが豊かに実る

ferbuī → ferveō

ferculum *n.* ferculī *2* §13 [ferō] **1.** (行列の中で)物を運ぶ骨組み，つり台，担架，棺架，山車(だし) **2.** 配膳台，料理を運ぶ手押し車，皿(膳)にもった料理，一品(の料理)

ferē (= **fermē**) 副 [ferē は Cicero に，fermē は Tacitus に多い] **1.** おおよそ，ほぼ，約，ぐらい **2.** じっさいは，事実上，ほとんど，だいたい，多少 **3.** おもに，主として，ほとんどの場合，一般に eodem fere tempore ほぼ同時に non (haud) fere めったに…でない nemo (nullus) fere ほとんど誰も(何も)…でない

ferentārius *m.* ferentāriī *2* §13 [ferēns<ferō] 投石兵，軽武装兵，前哨兵

Ferentīnum *n.* Ferentīnī *2* §13 Latium の町 (形)**Ferentīnus** *a.1.2* -na, -num §50 **1.** Ferentīnum の **2.** Aqua Ferentīna(Latium の川)の

Feretrius *m.* Feretriī *2* §13 ローマの Capitolium の Jupiter のあだ名

feretrum *n.* feretrī *2* §13 [ferō] 棺架，担架

fēriae *f.pl.* fēriārum §§11, 45 宗教上の祭日，休日，仕事を休む日，休暇

fēriātus *a.1.2* fēriāt-a, -um §50 [fēriae] **1.** 休日をたのしんでいる，暇の，怠けている **2.** 祭日の，祀祭

ferīnus *a.1.2* ferīn-a, -um §50 [fera] **1.** 野獣の **2.** 野獣の如き，野蛮な (名)**ferīna** *f.* -nae *1* §11 野獣の肉

feriō *4* ferīre, ——, —— §111 **1.** 叩く，打つ，なぐる **2.** 打ちのめす，打

ち倒す，殺す **3.** 生贄を殺す，犠牲に供する **4.** ぶつかる，衝突する，攻撃する **5.** 突き通す，刺し通す，害する，槍でつく **6.** だます，欺く **7.** 心をうつ，強く訴える，感動させる **8.** (条約・取り引き)を取り決める **9.** 鋳造する feriunt mare 彼らは海を叩く(櫂で船をこぐ) uvas pede ～ ブドウを足で踏みつぶす sublimi feriam sidera vertice 私は高く持ちあげられた頭で星座をうつであろう(私の名声は天にまで達するだろう)

feritās *f.* feritātis *3* §21 [ferus] **1.** 野生(の状態) **2.** 野蛮(性)，粗野，粗暴 **3.** 残忍，どう猛 **4.** 非人間的な性行

fermē → ferē

fermentum *n.* fermentī *2* §13 **1.** 発酵させるもの，酵母 **2.** 麦酒(?) **3.** 立腹，怒り nunc in fermento tota est いま彼女はすっかり逆上している hoc fuit peculii mei fermentum これが私の財産の酵母となった(財産を増やすもととなった)

ferō 不規 ferre, tulī, lātum §158 **1.** 運ぶ，物をどこかへ持って行く，どこからか持ってくる **2.** 動かす，移す，取り去る，奪う，ひったくる，ぬすむ **3.** 持参する，届ける，もたらす **4.** あちこちと持ち廻る，広げる，告げる，話す，報告する **5.** 示す，見せる，提案する，投票する，申し出る **6.** 支払う，差し出す，与える，捧げる，提供する **7.** 与えてもらう，帰る，獲得する，刈り取る，勝つ **8.** 持つ，保つ，支える，耐える，我慢する **9.** 妊娠している **10.** 生む，生産する，創造する **11.** 高める，持ち上げる，ほめる equo ferri 馬に乗っていく pennā ferri (鳥が)飛ぶ in caelum ferre ほめちぎる aliquid prae se ferre 見せる，誇示する obviam alicui se ferre 人を迎えに行く ut ferunt (117.5)＝ut fertur (171) 世間の人が話しているように＝世間で噂されているように quod fors feret, feremus aequo animo 運命のもたらすものを我々は平静な心で耐えるだろう quem tulit ad scaenam ventoso gloria curru, exanimat lentus spectator 栄光が風のように変わりやすい車に乗せて檜舞台へ運んでやったその者(役者)は，つまらなそうな

顔の観客に気絶するのだ omnia fert aetas, animum quoque 歳月はすべてを奪い去る，心(記憶)すらも

ferōcia *f.* ferōciae *1* §11 **1.** どう猛，残忍 **2.** 強情，生意気 **3.** 傲慢，横柄 **4.** 闘争心

ferōciō *4* ferōcīre §111 どう猛にふるまう，暴力をふるう

ferōcitās *f.* ferōcitātis *3* §21 ＝**ferōcia** *f.* -ae *1* §11 [ferōx] **1.** どう猛，残忍性 **2.** 大胆不敵，猛々しさ，血気にはやること

ferōciter 副 [ferōx] §67(2) (比)ferocius (最)ferocissime **1.** 残忍に，どう猛に **2.** けんか腰に，大胆に，荒々しく **3.** 横柄に，傲慢に

ferōculus *a.1.2* ferōcul-a, -um §50 [ferōx] どう猛な，残忍な，猛々しい

Fērōnia *f.* Fērōniae *1* §11 中央イタリアで崇拝された女神

ferōx *a.3* ferōcis §55 (比)ferocior (最)ferocissimus **1.** 野性の，狂暴な **2.** 大胆不敵な，勇敢な，血気さかんな，猛々しい，好戦的な **3.** 頑固な，横柄な，独断的な linguae (9c13) ferox 攻撃的な言葉を使う

ferrāmentum *n.* ferrāmentī *2* §13 [ferrum] 鉄製の道具

ferrārius *a.1.2* §50 [ferrum] 鉄の faber ～ 鉄工，かじ屋

ferrātus *a.1.2* ferrāt-a, -um §50 [ferrum] **1.** 鉄でおおわれた，鉄具をつけた，尖端に鉄をつけた **2.** 武装した **3.** 鉄分を含んだ(水) (名)**ferrātī** *m.pl.* -tōrum *2* §13 鉄の鎧をつけた兵たち

ferre, fers → ferō(§158)

ferreus *a.1.2* ferre-a, -um §50 [ferrum] **1.** 鉄の，鉄製の **2.** 鉄の性質を持った，堅い，強い，頑丈な，不屈の，不変の **3.** 無情な，冷酷な **4.** 鉄面皮な，あつかましい manus ferrea 鎖つきの投鈎(船を引き寄せる鉄鈎) ferreus imber 鉄の雨(雨霰と降る槍) olli (9d8) oculos ferreus urget somnus 鉄の眠り(死)が彼の目に重くのしかかる

ferrūgineus *a.1.2* ferrūgine-a, -um

§50 ［ferrūgō］ 暗い紫色の，黒ずんだ色の，黒褐色の

ferrūgō *f.* ferrūginis *3* §28 ［ferrum］ **1.** 鉄のさび，さび状のもの **2.** 赤紫から黒に近い色までのさまざまの色合い **3.** 道徳的腐敗

ferrum *n.* ferrī *2* §13 **1.** 鉄，鋼鉄(はがね) **2.** 鉄製の道具(鎖，斧，鋏，すき，鉄筆など) **3.** 武器，武具(胴鎧，剣，槍，矢じり，槍の穂) huic urbi ferro ignique minitantur 彼らはこの町を剣と火でおびやかす gerere ferrum in pectore 胸の中に鉄を持っている(冷酷) ferrum suum in igne esse 自分の鉄が火の中にある(機が熟している *cf.* 鉄は熱いうちに打て)

fers → ferō

fertilis *a.3* fertile §54 ［ferō］ (比)fertilior (最)fertilissimus **1.** 肥えた，地味豊かな，豊饒な，実りの多い，収穫の多い，生産力の高い，多くの子を産む **2.** 想像力(創作力)の豊かな **3.** 豊かな，豊富な (9c13, 9f17) serpens fertilis＝Hydra tellus fertilis pecoris 家畜の豊富な土地

fertilitās *f.* fertilitātis *3* §21 ［fertilis］ 肥沃，豊饒，豊富，多産

fertum *n.* fertī *2*§13 神饌(用)菓子

ferula *f.* ferulae *1* §11 **1.** オオウイキョウ **2.** オオウイキョウの茎 **3.** 杖，棒，笞 et nos ergo manum ferulae (9d5) subduximus そこで私らもまた学校へ行った(手を教師の笞から引っ込めた)

ferus *a.1.2* fer-a, fer-um §50 ［比，最は ferox の比，最で代用］ **1.** 飼い馴らされていない，野性の **2.** 御し難い，始末におえぬ，疳の強い **3.** 未開の，野蛮な，自然のままの **4.** 粗暴な，残忍な，非人間的な **5.** 荒れた，害の多い，危険な nemo adeo ferus est ut non mitescere possit (116.8) 穏やかに(やさしく)なり得ないほどそれほど荒れる(冷酷な)人はいない

ferus *m.* ferī *2* §13 野生の動物，野獣

fervēfaciō *3b* fervē-facere, -fēcī, -factum ［ferveō, faciō §173］ §110 非常に強く熱する，真っ赤に焼く，沸騰させる

fervēns *a.3* ferventis §58 ［ferveō の現分］ (比)ferventior (最)ferventissimus **1.** 沸騰している，激しく熱している，(金属)白熱の，(太陽)灼熱の(地) **2.** (顔)赤らんだ，炎症をおこしている **3.** 激昂した，怒った，血気盛んな，興奮している **4.** 燃えている，燃えているような，焼けるような(のどのかわき) rapido ferventius amni (9f6) ingenium 急流よりも激しく流れる(自由奔放な)才能

ferventer 副 ［fervēns §67(2)］ (最)ferventissime 熱烈に，激しく

ferveō *2* fervēre, ferbuī, —— §108 **1.** 激しく熱している，煮え立っている，沸騰している **2.** 燃えている，焼けている，いぶる **3.** たぎる，泡立つ，さわぐ，荒れ狂う **4.** 群がる，うようよする **5.** 発酵する **6.** 激昂する，(感情)わき立つ，燃える pectus fervet avaritia (9f11) 心が貪欲で煮えくりかえっている fervet immensusque ruit profundo Pindarus ore (9f10) 深遠な言葉の流れをもつピンダロスはたぎり，そしてつきることなくほとばしる

fervidus *a.1.2* fervid-a, -um §50 ［ferveō］ (比)fervidior (最)fervidissimus **1.** 沸き立っている，白熱(赤熱)している，燃えている **2.** 情熱がたぎっている，熱血の，血気にはやる，気象の烈しい **3.** 熱狂的な，荒れ狂っている，騒然たる **4.** 赤らんだ，炎症をおこしている **5.** 度の強い(酒)，酔わせる

fervō *3* fervere, fervī, —— §109 → ferveō

fervor *m.* fervōris *3* §26 ［ferveō］ **1.** 熱，高熱，暑い気温，季節 **2.** 沸騰，あわ立ち，発酵 **3.** 騒動，不穏，荒れ狂う海(波) **4.** 白熱，赤熱，火，焔 **5.** 熱血，紅潮，情熱，盛んな血気

Fescennīnī (**Versūs**) *m.pl.* *2* §13 フェスケンニア歌(結婚式に歌われる卑猥な問答歌)

Fescennīnus *a.1.2* Fescennīn-a,

fessus 294

-um §50 **1.** フェスケンニア(エトルリア
の町)の **2.** フェスケンニア歌の

fessus *a.1.2* fess-a, -um §50
[fatīscō] **1.** 疲れた，消耗した，疲労困
憊した **2.** 力つきた，弱った，意気沮喪，
だれきった，病める，瀕死の **3.** 退廃した，
堕落した fessi rerum (9c13) 様々の辛
苦で疲れきった(人たち) plorando (119.5)
fessus sum 私は泣き疲れた fessus aeta-
te (9f15) 老いさらばえた(人)

festīnanter 副 [festīnāns §67(2)]
(比)festinantius 急いで，直ちに，敏速
に

festīnātiō (**fē-** ?) *f.* festīnātiōnis
3 §28 急ぐこと，大至急，迅速，敏
捷，性急

festīnō (**fē-** ?) *1* festīnāre, -nāvī,
-nātum §106 **1.** 急いで行く，来る，急
ぐ **2.** いそいで行う，すぐ行う，かけ回る
3. …したがっている，しきりに望んでいる
4. (他)早く仕上げる，時期を早める **5.** 急
がせる，せかす，せきたてる festina lente
ゆっくりと急げ festinare mortem in se
みずからの死を急ぐ quae laedunt oculum,
festinas demere (117.4) 目を傷つけるも
のを，あなたは急いで取り除こうとされる

festīnus *a.1.2* festīn-a, -um §50
[festīnō] **1.** 速い，即座の，迅速な **2.** 性
急な，気短な，しきりに望んでいる **3.** 早
い，時期高尚な，早なりの laudum (9c13)
festinus 賞賛の言葉を待ちきれずにいる

fēstīvē 副 [fēstīvus §67(1)] (最)
festivissime **1.** お祭り気分で，陽気に，
ふざけて **2.** こぎれいに，巧妙に，きれいに
3. こっけいに，おかしく

fēstīvitās *f.* fēstīvitātis *3* §21
[fēstīvus] **1.** 祭りのはしゃぎ，お祭り騒
ぎ，陽気，酒宴 **2.** 大喜び，有頂天 **3.** 機
知，とんち，しゃれ，諧謔

fēstīvus *a.1.2* fēstīv-a, -um §50
[fēstus] (比)festivior (最)festivis-
simus **1.** 祝祭の，祭日の **2.** 陽気な，気
持ちのよい，愛らしい，魅力ある，優しい
3. すばらしい，立派な，美事な **4.** 機知に
とんだ，しゃれた，おどけた，こっけいな

festūca (**fist-**) *f.* festūcae *1* §11

1. (草木の)幹，茎，草の細い芽，麦わら
2. 権杖(＝vindicta) **3.** 敷石・土固め用
の丸太，落としづち，杭(½)打ち機，胴突
き

fēstum *n.* fēstī *2* §13 祭(日)，休
日，宴会

fēstus *a.1.2* fēst-a, -um §50 (比)
festior (最)festissimus **1.** 祝祭の，祭
日の，祭礼で祝う **2.** 祭日らしい，華やか
に飾られた **3.** 喜ばしい，快活な，上きげ
んの

fētiālis *m.* fētiālis *3* §19 外交神
官(ローマ国民を代表して外国に宣戦し講
和を結ぶ20名の神官) **fētiālis** *a.3*
fēstiāle §54 外交神官(団)の，外交
の，大使の

fētidō *3* fētidere, ——, —— §109
1. いやな臭いがする，悪臭を発する **2.** 鼻
もちならなね，嫌悪の念をおこさせる

fētidus (**faet-, foet**) *a.1.2* fētid-a,
-um §50 [fēteō] **1.** 悪臭のある **2.**
胸のわるくなる，鼻もちならぬ

fētor (**faet-, foet**) *m.* fētōris *3*
§26 [fēteō] 悪臭，臭気

fētūra *f.* fētūrae *1* §11 [fētus]
1. 繁殖，養殖，飼育 **2.** 懐胎(期間) **3.** 出
産 **4.** 家禽の子，若芽

fētus[1] *a.1.2* fēt-a, -um §50 **1.** 子を
産んだばかりの，乳のみ子を抱えた，子を
はらんでいる(牝) **2.** 多産の，肥沃な，実
りの多い，沢山の子をもった，産物であふ
れた

fētus[2] *m.* fētūs *4* §31 **1.** 繁殖，
養殖，飼育，移植 **2.** 懐胎(期間)，出産
3. 生まれたばかりの子，一腹の子，胎内の
子 **4.** 果物，果実，産物，若木，新芽
5. 精神・創造の産物

fī → fīō

fiber *m.* fibrī *2* §15 ビーバー，海
狸

fibra *f.* fibrae *1* §11 **1.** 繊維(せん)，
細糸 **2.** 肺葉，肝葉 **3.** 内臓，腸(はらわた)

fībula *f.* fibulae *1* §11 **1.** 梁(はり)
を固定させるもの，くさび，かすがい **2.** (婦
人用)えりどめ，髪のとめ金(こうがい) **3.** び
じょう，しめがね **4.** (手術用)止め針

fīcēdula *f.* fīcēdulae *1* §11 [ficus+edō] イチジク食い(ヒタキ類の渡り鳥)

fictē 副 [fictus §67(1)] ごまかして, うそを言って, 見せかけは

fictilis *a.3* fictile §54 [fingō] 粘土からつくられた, 土器の, 陶製の (名) **fictile** *n.* fictilis *3* §20 土器, 陶器の皿(容器), 素焼きの像

fictor *m.* fictōris *3* §26 [fingō] **1.** 像を作る人, 彫刻家, 形成者 **2.** 創造者, 創作者, 工夫する人, 職人

fictus *a.1.2* fict-a, -um §50 [fingō の完分] **1.** つくられた, 形成された **2.** 架空の, 虚構の, にせの, 偽りの **3.** 不実な, うわべの (名)**fictum** *n.* fictī *2* §13 虚構, 嘘, 創作, 物語

fīculneus *a.1.2* ficulne-a, -um §50 [ficus] イチジクの(木の)

fīcus *f.* fīcī *2*, fīcūs *4* §§13, 31, 45 イチジク(木, 実)

fidē 副 [fidus §67] (最)fidissime 誠実に, 忠実に

fidēlia *f.* fidēliae *1* §11 大きなつぼ, かめ, バケツ, おけ duo parietes de eadem fidelia dealbare 同じ一つの(石灰水の)バケツから二つの壁を白くぬる(一挙両得)

fidēlis *a.3* fidēle §54 [fidēs] (比)fidelior (最)fidelissimus **1.** 忠実な, 誠実な, 信頼できる, 信用し得る **2.** 節操のある, 貞節な **3.** 正確な, 堅固な, 不変の, 試練に耐え得る, しっかりした

fidēlitās *f.* fidēlitātis *3* §21 [fidēlis] 忠実, 誠実, 貞節

fidēliter 副 [fidēlis §67(2)] (比)fidelius (最)fidelissime **1.** 忠実に, 誠意を持って, 正直に, まじめに, 変わらずに **2.** 固く, しっかりと, 正確に

Fīdēnae *f.pl.* Fīdēnārum = **Fīdēna** *f.* Fīdēnae *1* §11 Latium の 町 (形)**Fīdēnās** *a.3* Fīdēnātis §55 フィーデーナの

fīdēns *a.3* fidentis §58 [fīdō の現分] (比)fidentior (最)fidentissimus **1.** 自信のある, 確信している **2.** 大胆な,

勇敢な

fīdenter 副 [fīdēns §67(2)] (比)fidentius 自信をもって, 確信して, 大胆に

fīdentia *f.* fīdentiae *1* §11 [fīdēns] 自信, 確信

fidēs¹ *f.* fideī *5* §34 [fīdō] **1.** 信頼, 信用, 期待 **2.** 確信, 確証, 証拠 **3.** (信頼を生むもの)義務感, 誠実, 忠誠, 誠意, 貞節 **4.** 正直, 廉恥心, 実直, 率直, 公明正大, 真実 **5.** (忠誠で得るもの)保護(の約束), 安全の保障, 恩恵, 容赦 **6.** 誓い, 約束, 宣誓 **7.** 商業上の信用, 信用貸し fidem magnam (parvam) habere alicui ある人に大きな(小さい)信頼をもつ fidem facere alicujus rei 何々を信用させる aliquamdiu fides fieri non poterat 彼は長い間信用されなかった (ex) bona fide 良心的に, 誠実に, 正直に fidem hosti datam fallere 敵に与えた約束を破る velim fidem meam libcrcs (116.6) お前が私との約束を果たすことを願う fidem publicam alicui dare 誰々に公の保護を与える in fidem et clientelam alicujus se conferre 誰々の庇護の下に身を任す muliebri fecit fide (9f9) 奴は約束を女の流儀でやったのだ(裏切った) ut fulvum spectatur in ignibus aurum, tempore sic duro est inspicienda (121.1) fides 金色に輝く黄金が火の中でためされるように, (他人の)誠実は(自分の)苦難の時に見きわめるべきである

fidēs² *f.* fidis *3* §19 **1.** 弦楽器の弦 **2.** (天)琴座 **fidēs** *f.pl.* fidium *3* §19 **1.** 竪琴 **2.** 叙情詩, 叙情詩の韻律 fidibus canere 竪琴を演奏する fidibus scire (discere) 竪琴の演奏法を知っている(学ぶ)

fīdī → findō

fidicen *m.* fidicinis *3* §28 [fidēs, canō] **1.** 竪琴奏者 **2.** 抒情詩人

Fidius *m.* Fidiī *2* §13 [fidēs]= Dius fidius 誓いの神 Jupiter の仇名 medius fidius (＝me Dius fidius juvet) 神に誓います, (だから私に御加護を!), (誓いの文句)確かに, 誓って

fīdō *s.-dep.3* fīdere, fīsus sum §142 **1.** 信用する，信頼する，信任する，あてにする，頼る(与と，9d1，まれに奪と) **2.** 自信をもって信じる(不か不句と 117.2.5) uterne ad casus dubios fidet sibi certius? 不意の災難に，どちらがいっそう確かな自信をもって対処するか

fīdūcia *f.* fīdūciae *1* §11 [fīdō] **1.** 信任，信用，信頼 **2.** 信用して財産を委託すること，保証，抵当，質，担保 **3.** 自信，自負，勇気 fiducia rei bene gerendae (121.3) 戦いで勝つという自信

fīdūciārius *a.1.2* fīdūciāri-a, -um §50 [fīdūcia] **1.** 信託された，被信託人の **2.** 信頼して，一時的に(臨時に)任された，預けられた

fīdus *a.1.2* fīd-a, -um §50 [fīdō] (比)fidior (最)fidissimus **1.** 忠実な，誠実な **2.** 正直な，いつわりのない，実直な **3.** 確実な，安心できる，頼もしい，信頼できる regina tui (9c13) fidissima あなたを誰よりも一番信頼している女王

fierī → fīō

fīgō *3* fīgere, fīxī, fīxum §109 釘づけにする，固定する，打ちつける，取りつける，はりつける **2.** 打ち込む，差し込む，押し込む，埋め込む **3.** 突き通す，刺し通す，突き刺す **4.** 注入する，目をじっと注ぐ，凝視する **5.** 押しつける，印する，感銘する，記憶させる **6.** しっかりとおく，確定する，取りきめる，樹立する，植えつける，設立する aliquem in crucem (in cruce) figere ある者を十字架に釘づけにする decretum in Capitolio fixum カピトリウム神殿(の壁)に公(掲)示された法令 fixis in terram pilis (9f18) 槍が大地に突き刺さって

figulus *m.* figulī *2* §13 [fingō] 陶工，陶器師

figūra *f.* figūrae *1* §11 [fingō] **1.** 形，姿，外観，容姿，姿勢，輪郭 **2.** 表情，顔つき，特徴的な形・姿，美しい顔・形 **3.** 特色，性質，様式 **4.** 像，肖像，似姿，死者(夢の中の)の姿，幽霊 **5.** 図，絵，文字 **6.** 文彩，あや，比喩 pereundi (118.2) mille figurae 滅びゆくものの姿は

千差万別

figūrō *1* figūrāre, -rāvī, -rātum §106 **1.** 形づくる，造る，形成する，型どる **2.** ととのえる，つくる，再現する，描く **3.** 綾(あや)，比喩で飾る sibi figurare 心の中に描く，想像する

fīlia *f.* fīliae *1* §§11, 12(2) 娘，女の子

filicātus *a.1.2* filicāt-a, -um §50 [filix] シダの葉の柄(模様)を彫られた，で飾られた

fīliola *f.* fīliolae *1* §11 [filia の小] 幼い娘，小娘，かわいい娘

fīliolus *m.* fīliolī *2* §13 [fīlius の小] 小さな息子，かわいい息子

fīlius *m.* fīliī *2* §13(5) 息子，せがれ，男の子，若者，(複)子供(男・女) terrae filius 馬の骨 Fortunae filius 運命の寵児 gallinae filius albae 高貴な家の子

filix (**felix**) *f.* filicis *3* §21 **1.** シダ **2.** 無用(だめ)な奴，もの neglectis urenda filix innascitur agris (9f4) 手入れ(教養)を怠った畠(精神)からは焼き捨てるべきシダが生じるだけ

fīlum *n.* fīlī *2* §13 **1.** つむぎ糸，より糸，糸 **2.** 糸状のもの，ひも，緒，弦(楽器の) **3.** クモ，カイコの糸，ろうそくの芯 **4.** 神官の帽子に巻かれた毛糸 **5.** 運命の女神のつむぐ人間の命の糸，寿命，命脈 **6.** 織物，組織，生地 **7.** 特色，様式，性質，種 **8.** 人の姿，外形 omnia sunt hominum tenui pendentia (118.2) filo (9f11) 人間の所有するすべてのものは細い糸でぶら下がっている

fimbriae *f.pl.* fimbriārum *1* §11 **1.** 端(はし)，へり，縁(ふち) **2.** 着物のへりのふさ飾り

fimus *f.*(*m.*) (**fimum** *n.*) fimī *2* §13 排泄物，糞，汚物，泥

findō *3* findere, fidī, fissum §109 **1.** 割る，裂く **2.** 二つに分ける，引き離す，分割する **3.** 氷を切って進む，みぞをつける via se findit in ambas partes 道が二手に分かれる

fingō fingere, finxī, fictum §109

1. (木, 鉄, 石などの材料で)ものをつくる, 形づくる, 型に入れて作る, (粘土, パン粉を)こねて(ねって)つくり出す, こしらえる **2.** 手でなでながらふれる, 愛撫する, 手でさする **3.** 創作する, 表現する, 作文する, 描写する **4.** 整える, 並べる, 調整する **5.** 装う, 飾る, 化粧する **6.** 教える, 鍛える, 訓練する **7.** 改造する, 偽造する, 変形する **8.** 心の中で作る, 描く, 想像する, 考える, 想定する, でっちあげる **9.** 風をする, いつわる, 見せかける, 役を演ずる **10.** 工夫する, 発明する, 制作する, 鋳造する corpora (puerorum) fingere lingua (9f11) (母狼が)舌でなめて子の体をつくりあげる a mente vultus fingitur 顔の表情は気持でつくり変えられる crimina in aliquem fingere ある人に対し罪をでっちあげる Tiresiam sapientem (9e3) fingunt poetae 詩人たちはティーレシアースを賢人として描いている voce paterna fingeris ad rectum あなたは父君の言葉によって正しい道を行くように教えられている

fīniō *4* fīnīre, fīnīvī, fīnītum §111 [fīnis] **1.** 境界をきめる(設定する), 区分けする **2.** 限る, 限定する, 制限する **3.** 決定する, 確定する, 明確にする, 定義する, 測定する, 計算する **4.** 決着をつける, 終える, 果たす, すます, 完成する, 仕上げる **5.** (自, まれである)終わる, 死ぬ vitam (animam) finire 生を終える(死ぬ) spatia temporis numero noctium finire 時の持続を夜の数で計算する morbo finiri 病死する

fīnis *m.* fīnis *3* §19 **1.** 境界(線) **2.** (*pl.*)領土・所有地の境界, 領土・所有地そのもの **3.** 限界, 限度, 制限, 正しい限度, 標準 **4.** 的, 目標, 目的(地), 決勝点 **5.** 終点, 終わり, 結論, 終止 **6.** 末端, 先端 **7.** 最後, 死 **8.** 完成, 達成, 頂点 quern ad finem? どれほど遠く(まで), いつまで, どれほど長い間 fini (fine) genus (9c4) 膝まで finem facere scribendi (119.2) 書くことを終える

fīnitimus (fīnitumus) *a.1.2* fīnitim-a, -um §50 [fīnis] **1.** 境界

にいる(生きている) **2.** 隣の, 隣接する, 近くの **3.** 血縁の, 類似の, 密接に関係した

fīnītiō *f.* fīnītiōnis *3* §28 [fīniō] **1.** 境界, 限界 **2.** 限定, 規定, 定義 **3.** 末端, 結論, 終末, 死

fīnītor *m.* fīnītōris *3* §26 [fīniō] **1.** 境界を指定する人, 土地測量士 **2.** 水平(地平)線

fīō 不規 fierī, factus sum §§157, 169 **1.** (事件, 問題, 自然現象について)起こる, もち上がる, 発生する, 見られる **2.** つくられる, 生まれる **3.** なされる, なる, ある **4.** 選ばれる, 制定される, 与えられる **5.** 評価される(9e7) **6.** (非)神に供される, 犠牲に供される **7.** (非)fit ut, fieri non potest ut, ut 以下のことが起こる, 起こり得ない(*cf.*§169) ut fit=ut fieri solet 普通起こるように, いつもそうなるように quid fit? だったらどうだというのか

firmāmentum (fī-?) *n.* firmāmentī *2* §13 [firmō] **1.** 固める, 補強する, 支えるもの, 支柱, ささえ **2.** (弁論, 抗告の)眼目, 主論点

firmātor *m.* firmātōris *3* §26 [firmō] 決意を強固にする人, 支持, 弁護・激励する人

firmē 副 [firmus §67(1)] **1.** 堅固に, しっかりと, 着実に **2.** 断固として, 毅然として, 不動の信念をもって

firmitās *f.* firmitātis *3* §21 [firmus] **1.** 強さ, 堅固 **2.** 力, 体力, 気力 **3.** 意志強固, 不動の信念 **4.** 兵力, 政治力 **5.** 着実, 安定感, 信頼性, 持続力

firmiter 副 [firmus §67(2)] **1.** 堅固に, しっかりと **2.** 着実に, 安全に **3.** 断固として, ひるまずに

firmitūdō *f.* firmitūdinis *3* §28 =firmitās

firmō *1* firmāre, -māvī, -mātum §106 [firmus] **1.** 強固にする, 堅牢にする, 補強する, 防御で固める **2.** 丈夫にする, 健康にする **3.** 勇気づける, 鼓舞する, 信念を固める **4.** 安全にする, 保証する, 受け合う, 断言する, 証明する firmatus animi (9c6) 固く決心した haec omina firma これらの前兆をさらに確かな

firmus 298

ものとして下さい

firmus (**fī-** ?) *a.1.2* firm-a, -um §50 (比)firmior (最)firmissimus **1.** 固い, しっかりした, 不変の, 永持ちのする **2.** 強い, 丈夫な, たくましい, 頑丈な **3.** 断固とした, 不動の信念の, 不屈の, 頑固な **4.** 節操のある, 信頼できる, 誠実な **5.** 力のある, 兵力(権力)の強い **6.** 要塞堅固な, 守りの堅い vitae sine metu degendae (121.3) praesidia firmissima 恐れのない人生をおくる上で最も確かな保証

fiscālis *a.3* fiscāle §55 [fiscus] 元首金庫の, にかかわる

fiscella *f.* fiscellae *1* §11 [fiscina の小] **1.** 小さなかご, ざる **2.** (家畜の)口籠(くつご)

fiscina *f.* fiscinae *1* §11 [fiscus] (イの茎, 柳の枝)編細工のかご, ざる, 果物かご habete vobis (9d8) cum porcis, cum fiscina お前らはお前らのものを一切合切(豚もかごも)持って行ったらいい

fiscus *m.* fiscī *2* §13 **1.** 枝編み細工のかご **2.** お金入れ, 財布 **3.** (共和制)各種の公の金庫 **4.** (帝政期)元首金庫 *cf.* aerarium Saturni fiscus Asiaticus (属州)アシア金庫

fissilis *a.3* fissile §54 [fissus] **1.** 割れ易い, 容易に裂ける **2.** 裂けた, 割れた

fissus → findō

fistuca → festuca

fistula *f.* fistulae *1* §11 **1.** 管, 筒 **2.** 水道(送水)管 **3.** 羊飼いのアシ笛, 牧神パンの笛(長さも口径も違う数本のアシからなる) **4.** 瘻管(ろうかん) **5.** アシの茎, アシ, アシペン fistula urinae 尿管 fistulā dulce canit 彼は笛を甘美に吹く

fīsus → fīdō

fīxī, fīxus → fīgō

fīxus *a.1.2* fīx-a, -um §50 [fīgō の完分] しっかりと定められた, 変更できない, 取り消せない, 不変の, 永続的な

flābellum *n.* flābellī *2* §13 扇

flābrum *n.* flābrī *2* §13 [flō]

一吹きの強風, 突風

flacceō *2* flaccēre, ——, —— §108 [flaccus] 力がおとろえている, しおれている, だれている, ゆるんでいる, しまりがない

flaccēscō *3* flaccēscere, ——, —— §109 [flacceō] おとろえる, 疲れる, 弱る, しおれる, だれる

flaccus *a.1.2* flacc-a, -um §50 **1.** たるんだ, ぶよぶよした, 垂れ下がった **2.** たれ下がった耳たぶの

flagellō *1* flagellāre, -llāvī, -llātum §106 [flagellum] **1.** むちで打つ, こらしめる, 平手でたたく **2.** 穀物を打って実をとる **3.** 拷問にかける flagellant colla comae 髪がうなじをたたいている(ふさふさとたれている) laxas arca flagellat opes 金庫が溢れ出る財貨を窮屈に閉じ込めている(やっとこさ保管している)

flagellum *n.* flagellī *2* §13 [flagrum の小] **1.** (動物・奴隷に対し)むち, 革ひもつきのむち, こらしめ, 笞刑 **2.** しなやかなブドウの若枝 **3.** 投げ槍の柄につけた皮ひも **4.** 乗馬むち **5.** ヒドロ虫類の触手 **5.** (良心の)呵責, 苦痛

flāgitātor *m.* flāgitātōris *3* §26 [flāgitō] しつこく求める人, 貸金取立人, しつこく督促する債権者

flāgitiōsē 副 [flāgitiōsus §67(1)] (最)flagiosissime 破廉恥なやり方で, 恥さらしにも, 不名誉にも, 不面目にも, 無法に, 卑しくも

flāgitiōsus *a.1.2* flāgitiōs-a, -um §50 [flāgitium] (比)flagiosior (最)flagiosissimus **1.** 全くひどい, 恥ずべき, いまわしい, 卑しい, 破廉恥な, 放埒な, 法外な

flāgitium *n.* flāgitiī *2* §13 [flāgitō] **1.** 恥さらし, 恥ずべき行為(発言) **2.** 恥辱, 侮辱, 不面目, 汚名 **3.** 破廉恥, 醜聞 **4.** 無法(な行跡), 放埒, 放蕩な生活 **5.** 破廉恥漢

flāgitō *1* flāgitāre, -tāvī, -tātum §106 **1.** 激しく何度も要求する, 嘆願する, 熱心にせがむ, 迫る **2.** しつこく督促する(借金を) **3.** 法廷に召喚する(構文)

1. 対, 二重 対(9e2), 又は ab aliquo aliquid 誰々から何々を求める **2.** 不又は不句をとる (117.2.5) **3.** ut＋接をとる quotidie Caesar Aeduos frumentum flagitat カエサルはアエドゥイ族に毎日穀物を激しく要求する admonitum venimus te, non flagitatum (120.1) 我々はお前を警告に来たのであって要請するためではない semper flagitavi, ut convocaremur 我々は会合するように私は常に催促した

flagrāns *a.3* flagrantis §58 [flagrō の現分] (比)flagrantior (最)flagrantissimus **1.** 燃えている, 炎を出している **2.** 火のような, 焼いている, 焦げた **3.** 激しい, 熱烈な, 情熱的な, 熱狂的な **4.** 光り輝く, 光っている

flagrantia *f.* flagrantiae *1* §11 [flagrāns] **1.** 炎, 強い光 **2.** 灼熱 **3.** 熱情, 激しい愛情

flagrō *1* flagrāre, -rāvī, -rātum §106 **1.** 燃えている, 燃え上がる **2.** 炎のように輝いている, 光る, 赤くなる, 白熱する, 灼熱する **3.** 激する, 熱中する, あおられる, 興奮する **4.** 悩まされる, 犠牲となる, 苦しむ homo flagrans cupiditate gloriae 栄光への欲望で燃えている人 Italia flagratura (118.1. 未) bello 戦火で燃えようとしているイタリア

flagrum *n.* flagrī *2* §13 **1.** むち, むちひも, 革ひものついたむち **2.** むちの一打ち, むち打つこと

flāmen¹ *m.* flāminis *3* §28 **1.** 特定の神に仕える祭司 **2.** (帝政期)死んだ皇帝(神君)に仕える祭司 flamen Dialis ユーピテル祭司

flāmen² *n.* flāminis *3* §28 [flō] **1.** 一吹きの強風, 突風 **2.** 風, そよ風 **3.** 一吐きの息, 呼吸 **3.** 笛の調べ(旋律)

flāminica *f.* flāminicae *1* §11 [flāmen] 祭司の妻

Flāminius *a.1.2* Flāmini-a, -um §50 **1.** ローマの氏族名 **2.** C.Flāminius ハンニバルに破れた(217B.C.)ローマの将軍 **3.** via ～ a 上記の人が建設した国道 (Roma から Ariminum)

flamma *f.* flammae *1* §11 **1.** 炎, 火焔 **2.** 火事, たいまつ, 火葬堆 **3.** 激情, (恋, 怒り, 嫉妬, 復讐)の炎 **4.** 光, 輝き(目, 太陽, 星, 月) stant lumina flamma (9a2) (彼女の)目は火の塊となってじっと注ぐ flamma fumo est proxima 火は煙に近い, 煙はすぐ火となる(小悪はすぐ大悪となる) e flamma petere cibum 火葬堆の上から(たむけた)食物を求める, 危険を冒して食物を求めるほど餓えている

flammeum *n.* flammeī *2* §13 [flammeus] 結婚式に花嫁のかぶる濃(赤)黄色のヴェール(顔覆い)

flammeus *a.1.2* flamme-a, -um §50 [flamma] **1.** 火のような, 燃えている, 光り輝く, 灼熱の **2.** 熱烈な, 情熱的な

flammifer *a.1.2* flammi-fera, -ferum §51 [flamma, ferō] 火災をもたらす, 燃えている, 火のような, 熱い光り輝く, 熱烈な

flammō *1* flammāre, -māvī, -mātum §106 [flamma] **1.** 燃やす, 火をつける, 燃えたたせる **2.** かきたてる, あおる, 刺激する, 興奮させる **3.** (自)燃える(現分としてのみ) flammantia lumina torquens (anguis) 赤く燃える目をぎょろつかせている(蛇) flammato corde 怒りで燃えている心で

flāmōnium *n.* flāmōniī *2* §13 祭司職

flātus *m.* flātūs *4* §31 [flō] **1.** 風が吹くこと, (一吹きの)強風, そよ風 **2.** 一息, 呼吸, 息切れ, 鼻息(馬の) **3.** 笛の吹奏 **4.** 蒸気, 屁(⁀) **5.** 誇り, 自慢, 虚栄 prospero flatu fortunae uti 運命の順調な風を利用する

flāveō *2* flāvēre, ——, —— §108 [flāvus] 黄色である

flāvēscō *3* flāvēscere, ——, —— §109 [flāvus] 黄色になる, 黄ばむ, 金色になる

Flāvius *a.1.2* Flāvi-a, -um §50 ローマ人の氏族名 (形)**Flāviānus** *a.1.2* Flāviān-a, -um §50 Flāvius の, 皇帝 Vespasiānus の

flāvus *a.1.2* flāv-a, -um §50 **1.** 黄

flēbilis 300

色の，黄金色の，淡黄色の，赤味をおび
た黄色の **2.** 金髪の

flēbilis *a.3* flēbile §54 ［fleō］
(比)flebilior **1.** 悲しんで泣くにふさわし
い，嘆かわしい，いたましい **2.** 涙をさそう
(そそる)，哀れを催さす

flēbiliter 副 ［flēbilis §67(2)］ 涙を
流しながら，悲しそうに

flectō *3* flectere, flexī, flexum §109
1. まげる，たわめる，かがめる **2.** ねじる，
ちぢらす **3.** 折る，たたむ **4.** 回す，旋回す
る，丸める，まげて輪をつくる **5.** 向きを変
える，そらす，そむける **6.** 行かせる，導く，
教える，従わせる，制する **7.** 心を変えさ
せる，動かす，する気にさせる，なだめる，
和らげる **8.** (修)(イ)曲アクセントをつける
(長く発音する)(ロ)派生させる，(受)由来
する(受・再) **1.** 腰をかがめる，おじぎをす
る，ひざまずく **2.** 曲がる，うねる，屈曲す
る，かたむく (自)向かう，回る hinc silva
se flectit sinistrorsum ここから森林は左
の方へ向きを変える aliquem precibus
(precando 119.5) flectare 誰々の気持を
祈り(嘆願で)変えさせる(なだめる)

fleō *2* flēre, flēvī, flētum §108
1. 泣く，声を出して泣く，涙を流す，嘆き
悲しむ **2.** (他)を悲しんで泣く，悔やむ
3. 不句をとる(117.5) me discedere flevit
彼女は私が立ち去ることを悲しんで泣いた

flētus *m.* flētūs *4* §31 ［fleō］
泣くこと，悲嘆，涙

flexanimus *a.1.2* flex-anim-a, -um
［flectō, animus］ §50 心を曲げる所の，
感動的な，説得力のある

flexī → flectō

flexibilis *a.3* flexibile §54 ［flectō］
1. 曲げ易い，しなやかな，柔軟な **2.** 支え
得る，御し得る，適応性のある **3.** 従順な，
素直な

flexilis *a.3* flexile §54 ［flectō］
1. 曲げられる，しなやかな，柔軟な **2.** 曲
がった

flexiō *f.* flexiōnis *3* §28 ［flectō］
1. 曲げること，屈曲 **2.** 迂回，回り路 **3.** 声
の抑揚，転調

flexipēs *a.3* flexi-pedis §55

［flectō, pēs］ 足をからませた，じぐざぐ
に這う，新芽をもった(ツタ)

flexuōsus *a.1.2* -ōsa, -ōsum §51
(最)fluxuōsissimus 曲り(転向(ﾎﾟｳ))で
一杯の，まがりくねった

flexus → flectō

flexus *m.* flexūs *4* §31 **1.** 曲げる
こと，たわめること，(頭髪)巻き毛にするこ
と **2.** 湾曲，屈曲，旋回 **3.** わき道，回り
道 **4.** 分岐点，転換点，変わり目 **5.** 道の
方向を変えること，変化，紆余曲折 **6.** (文)
語形変化 **7.** 声の抑揚，転調 autumni
flexu 晩秋に pons in quo flexus est ad
iter Arpinas その上でアルピーヌムへの道
へと曲がる橋

flīctus *m.* flīctūs *4* §31 ［flīgō
ぶつかる］ 衝突，ぶつかり合い

flō *1* flāre, flāvī, flātum §106
1. (自)風が吹く，呼吸する **2.** (他)吹く，
吐き出す **3.** 笛を吹き鳴らす **4.** ふいごで吹
く，鉄を溶かす，鋳造する simul flare
sorbereque haud factu (120.3) facile
est 同時に吐き出すことと呑み込むことは
行い難し

floccus *m.* floccī *2* §13 **1.** 一に
ぎり(一房)の羊毛，綿くず **2.** つまらぬも
の，とるに足らぬもの flocci (9c7) facere
いくらか考慮に入れる，軽視する flocci non
facere いささかも考慮に入れない，てんで
問題としない tu istos minutos cave (ut)
deos flocci feceris (116.6) お前はそんな
小さな神々など大切に考えなくていいのだ

Flōra *f.* Flōrae *1* §11 花と春の
女神 **Flōrālia** *n.pl.* Flōrālium *3*
§20 フローラ祭(4月28日)

flōrēns *a.3* flōrentis §58 ［flōreō
の現分］ (比)florentior (最)florentis-
simus **1.** 花の咲いている，花盛りの **2.** 花
のように目立つ，輝かしい，はなやかな，き
らびやかな **3.** 繁栄している，勢力のある，
裕福な **4.** 青春の，血気盛んな，全盛の

flōreō *2* flōrēre, flōruī, —— §108
［flōs］ **1.** 花が咲く **2.** 花ざかりである，豊
かに飾られている，はなやかである，光り輝
いている **3.** 全盛期である，青春の花ざか
り(男盛り)である，(名声・権力の)頂点に

ある，栄えている **4.** 泡立つ，発酵する aetate et virium robore (9f3) ～ 年齢と体力において全盛期にある mare velis (9f11) florere videres (116.3) 海が帆の花の咲いているの(帆で一杯なの)をあなたは見るだろうに

flōrēscō *3* flōrēscere, ──, ── §109 [flōreō] **1.** 咲き始める，開花する **2.** 体力が増す，名声が高まる，全盛に近づく

flōreus *a.1.2* flōre-a, -um §50 [flōs] **1.** 花の，花で一杯の，花盛りの，咲き誇る

flōridulus *a.1.2* flōridul-a, -um §50 [flōridus の小] 美しく咲いている(咲き出したばかりの)

flōridus *a.1.2* flōrid-a, -um §50 [flōs] (比)floridior (最)floridissimus **1.** 花で一杯の，花でおおわれた **2.** 花盛りの，全盛の，光り輝く，青春の **3.** 文体のはなやかな

flōrilegus *a.1.2* flōrileg-a, -um §50 [flōs, legō] 花粉(花蜜)を択んでいる，集めている

flōrus *a.1.2* flōr-a, -um §50 [flāvus?] 明るい色の，輝く色の，金色の

flōs *m.* flōris *3* §29 **1.** 花 **2.** 花の飾り，栄冠 **3.** 核，精華，神髄，粋 **4.** 花盛り，最盛期，青春 **5.** 処女，貞節 **6.** 酒の芳香 **7.** 文飾 tum mihi (9d9) prima genas vestibat flore juventas その時，少年の年頃が私の両頬を花(薄い初めてのうぶげ)でおおっていた

flōsculus *m.* flōsculī *2* §13 [flōs の小] **1.** 小さな(かわいい)花 **2.** 精華，飾り **3.** 文飾，修辞

flūctuātiō (**fluc-** ?) *f.* flūctuātiōnis *3* §28 [flūctuō] **1.** 休息のない動揺(波の) **2.** 気持ち・感情の揺れ，ためらい，不決断

flūctuō (**flu-** ?) *1* flūctuāre, -āvī, -ātum §106 ＝ **flūctuor** *dep.1* flūctuārī, -tuātus sum §123(1) [flūctus] **1.** 波立つ，波打つ，わき立つ，うちよせる **2.** 波のようにあちこちゆれる，波

(の上)でほんろうされる，上下する **3.** 激しい感情でゆれうごく，決心がつかない，ためらう，不安定である fluctuante rege (9f18) inter spem metumque 希望と恐れの間で王の決心は動揺している

flūctus (**flu-** ?) *m.* flūctūs *4* §31 [fluō] **1.** 波，大波，うねり **2.** 流れ，川，潮，海 **3.** 不穏，動乱，騒動 oceani fluctus me numerare jubes あなたは私に大海の波を数えるように命じる

fluēns *a.3.* fluentis §58 [fluō の現分] **1.** よどみなく流れる **2.** 下痢をしている **3.** ゆるんだ，締まりのない，だらしない **4.** 流暢な Campani fluentes luxu (9f15) 贅沢で風紀のたるんだカンパーニアの人たち

fluentisonus *a.1.2* fluenti-son-a, -um §50 [fluentum, sonō] 波音のひびく(海岸)

fluentum *n.* fluentī *2* §13 [fluō] 流れる水，川

fluidus *a.1.2* fluid-a, -um §50 [fluō] **1.** 流れている，したたる **2.** なだらかに流れる(衣) **3.** 不安定な，感じ易い，束の間の **4.** 弱い，柔らかい，ぶよぶよした，たるんだ **5.** 移り気の，うわついた **6.** 分解させる，液化させる fluidos humano sanguine (9f9) rictus 人間の血のしたたっているけものの口を fluido calore tabescunt それらは溶解させる熱で腐敗している

fluitō *1* fluitāre, -tāvī, -tātum §106 [fluō] **1.** あちこちへと流れる，流れる，走る，浮かぶ，漂う **2.** 波打つ，波をたてる **3.** (衣類・髪)下へたれ下がる **4.** ゆれる，はためく，波打つ **5.** 不安定でうごいている，ぐらぐらする，定まらない，ためらう vela summo fluitantia malo (9f4) マストの天辺からたれ下がっている(はためいている)帆

flūmen *n.* flūminis *3* §28 [fluō] **1.** 流れる水の総量，川の水，川，流れ **2.** 血，液体の流れ **3.** 奔流，上げ潮 **4.** 大水，大量，豊富 **5.** 流暢，滔々たる話し方 secundo (adverso) flumine 流れに沿って(逆らって) medio flumine quaeris aquam お前は川の真ん中で水を探してい

flūmineus 302

る（小事にこだわって大局を忘れている）
altissima quaeque flumina minimo
sono (9f9) labi 高い大波はみな音もなく
うねる

flūmineus *a.1.2* flūmine-a, -um
§50 [flūmen] 川の

fluō *3* fluere, flūxī, (flūxum) §109
1. 流れる **2.** どっと流れる, なだれ込む **3.** し
たたる, こぼれる, 滑り(流れ)落ちる **4.** 吹
き出る, 湧き出る, ほとばしる **5.** あふれる,
あり余る, ひろがる, 一杯になる **6.** 発生
する, 起こる **7.** 流れ去る, 流転する, 進
む, 消え去る **8.** 潮が引く, おとろえる, し
おれる, しょげる, 亡ぶ **9.** ぬれる, 浸る,
浴する **10.** (言葉)滔々と流れる fluit igni-
bus aurum 金が火で溶けて流れる fluvius
sanguine (9f11) fluxit 川は血となって流
れた fluent arma de manibus 武器が手
からすべり落ちる turba fluit castris 大勢
が陣営からあふれ出る

fluviālis *a.3* fluviāle §54 [fluvius]
川の

fluvius *m.* fluviī *2* §13 [fluō]
1. 川, 流れ **2.** 流れる水, 川の水 quisnam
istic fluvius est, quem non recipiat
(116.8) mare? 海が受け入れないようなど
んな川がそこにあるか

flūxī → fluō

flūxus (**-u-** ?) *a.1.2* flūx-a, -um §50
[fluō の完分] **1.** 流れている, 液状の, も
れている **2.** 流れるようにゆったりとした(衣),
なだらかにたれた(髪) **3.** だらりとたれた(手
綱), ぶらぶらしている, たるんだ **4.** ぶよぶ
よした, 柔らかい, 弱い(体) **5.** 性格の弱
い, しまりのない, 自堕落な **6.** 不安定な,
一時的な, うつろい易い, ぐらついている
(信念, 忠告) **7.** くずれ落ちた(城壁), こ
われた, 砕けた

fōcāle *n.* fōcālis *3* §20 [faux]
えり巻, スカーフ

fōcilō *1* fōcilāre, -lāvī, -lātum §106
健康にする, 元気にする **2.** かわいがる, 育
てる

foculus *m.* foculī *2* §13 [focus
の小] 持ち運べる小さなこんろ, 火桶(犠
牲式に用いる)

focus *m.* focī *2* §13 **1.** 炉, 暖炉,
(atrium におかれ, Lar に捧げられた祭壇,
家の中心)壁炉, 炉床 **2.** (料理用)かまど,
火桶, 焜炉, 手なべ **3.** 火葬堆 **4.** 祭壇
5. 家, 住家, 自宅, 家族 arae focique
家屋敷(最も大切なもの)

fodicō *1* fodicāre, -cāvī, -cātum
§106 [fodiō] **1.** 突く, 刺す **2.** 傷つけ
る, 苦しめる, なやます, 苦しめる

fodiō *3b.* fodere, fōdī, fossum §110
1. 刺し通す, 突き通す, 穴をあける **2.** 突
く, 刺す **3.** 掘る(穴を), 掘り通す, 掘り
出す, えぐる **4.** (鉱山)掘り進む, 発掘す
る, 掘って埋める **5.** ほじくる, えぐる, か
きたてる equi fodere calcaribus armos
馬の脇腹を拍車で突くこと

foecund- → fecund-

foedē 副 [foedus §67(1)] （比）
foedius （最）foedissime **1.** 嫌悪を催
させるやり方で, 憎むべきやり方で, ひど
く, 非道にも **2.** あさましく, 卑しく, 破廉
恥にも

foederātus *a.1.2* foederāt-a, -um
§50 [foedus] ローマと同盟条約を結ん
だ, 同盟の （名）**foederātī** *m.pl.*
-tōrum *2* §13 同盟国

foedifragus *a.1.2* foedi-frag-a, -um
§50 [foedus, frangō] 同盟条約を破
る, 条約違反の, 裏切る

foeditās *f.* foeditātis *3* §21
[foedus] 不快感(嫌悪)を催させるもの
(言行), 見苦しいもの, 醜悪, 卑劣(な行
い), 破廉恥, 不名誉, 恥

foedō *1* foedāre, -dāvī, -dātum
§106 [foedus] **1.** けがす, よごす, 冒
瀆する, 不潔にする **2.** (名誉)傷つける, け
がす, 面目を失わせる, 恥辱を与える **3.** 辱
める, 貞操を汚す **4.** ひどく傷つける, 形
を損なう, めった切りにする **5.** 荒らす, 荒
廃させる, 破壊する

foedus[1] *a.1.2* foed-a, -um §50
（比）foedior （最）foedissimus **1.** 醜悪
な, ひどく見苦しい, 嫌悪すべき, 胸のわ
るくなる, いとわしい **2.** 下品な, さもしい,
卑しい **3.** いまわしい, 犯罪的な, 非道な,
奇怪な, 気味のわるい **4.** 破廉恥な, 不名

誉な, 恥ずべき **5.** 恐ろしい, 耐え難い, つらい, 不幸な, きびしい foedum relatu (120.3) 告げるにも耐え難いもの

foedus² *n.* foederis *3* §29 **1.** 同盟, 条約 **2.** 契約, 約束, 協定 **3.** きずな, 合意 **4.** 規約, 法 facere (rumpere) foedus 条約を結ぶ(破る)

foen- → faen-

foeteō *2* foetēre, ――, ―― §108 **1.** いやなにおいがする, 悪臭を放つ **2.** 吐き気を催させる, 嫌悪の念を起こさせる

foetidus *a.1.2* foetid-a, -um §50 [foeteō] **1.** 悪臭のある, くさい **2.** 胸のむかつくような, いやな, 鼻もちならなぬ

foetor *m.* foetōris *3* §26 [foeteō] 悪臭, かびのにおい

foetus = fētus

folium *n.* foliī *2* §13 草木の葉, (*pl.*)葉冠 verba puellarum foliis leviora 葉よりも軽い娘たちの言葉 Quid folia arboribus addis? お前はどうして木に葉を加えるのか(余計なことをするな)

follis *m.* follis *3* §19 **1.** 皮袋, 財布 **2.** 空気をつめた大きな皮のボール(遊戯用) **3.** (*pl.*)ふいご **4.** 陰のう(金玉の袋)

folliculus *m.* folliculī *2* §13 [follis の小] **1.** 小さい皮袋 **2.** 空気をつめた皮ボール(剣闘士の練習用) **3.** (豆)さや, 刀の鞘(ঠ), 果皮, 殻(ঠ)

fōmentum *n.* fōmentī *2* §13 [foveō] **1.** 苦痛を和らげる温(冷)湿布, 罨法(ঠ) **2.** 包帯 **3.** 治療, 緩和(剤), 慰安 frigida curarum (9c3) fomenta 諸々の心配を和らげる冷湿布

fōmes *m.* fōmitis *3* §21 火をつけるための木の切れ端, たきつけ

fōns *m.* fontis *3* §24 **1.** 湧き水, 泉, 井戸, みなもと(水源) **2.** 川の水, 鉱泉, 水 **3.** 起源, 根本, 基礎, はじまり, 原因 gratius ex ipso fonte bibentur aquae 水は源泉でいっそうおいしく飲める fontes adire remotos atque haurire queam (116.1) vitae praecepta beatae 遠い源まで遡り幸福な生の教義を飲むことができたらいいのに

fontānus *a.1.2* fontān-a, -um §50

[fōns] 泉の

fonticulus *m.* fonticulī *2* §13 [fōns の小] 小さな泉, 谷川

for 不完 fārī, fātus sum §162 いう, 話す, 伝える, 告げる nescios fari (117.3) pueros 話すことのできない子たちを fandi (9c5) doctissimus 話すのが最も上手な(人) fando (119.5) audire 風聞(噂)で知っている

forābilis *a.3* forābile §54 [forō] 穴があけられる, 刺し通される

forāmen *n.* forāminis *3* §28 [forō] **1.** 開口部, 穴, 孔, 口 **2.** うつろ, 空洞 **3.** 噴出口, 筒口 **4.** 巣の穴 **5.** (管楽器の)指穴, 音栓 **6.** 腔(ঠ), 窩(ঠ)

forās 副 **1.** 外に(で), 戸外に(へ) **2.** 公に, 表に

forceps *c.* forcipis *3* §21 **1.** はさみ道具, 火ばし, やっとこ, ペンチ, 毛抜き, はさみ **2.** カニのつめ(はさみ) **3.** はさみ打ち(作戦)

fordus *a.1.2* ford-a, -um §50 子をはらんだ, 妊娠した (名)**forda** *f.* fordae *1* §11 子をはらんだ牝牛

fore, forem → sum(§151)

forēnsis *a.3* forēnse §54 [forum] **1.** 広場の, 市場の **2.** 公の, 法廷の, 裁判の **3.** 外出用の, 儀式用の(着物) vestitu forensi 外出着で factio forensis 広場の徒党, やじ馬, 下層民 (名)**forēnsis** *m.* -sis *3* §19 弁護人, 代弁者

foris¹ *f.* foris *3* §19 **1.** 門, 戸, とびら **2.** (*pl.*)観音(両)開き戸, 出入口, 門

foris² 副 **1.** 門の外で(に), 戸外で, 門の前から **2.** 家から離れて, 公的な生活で, ローマの外で(から), 田舎で(から), 外国から(で) **3.** 元老院の外に(へ), 民衆の中に nonne id flagitiumst, foris sapere, tibi non posse te (9e11) auxiliarier (107.4 注)? 門の外では(隣人のこととなると)賢いのに, あなたのことでは, 自分を助けられないとは, 恥ではないか

fōrma *f.* fōrmae *1* §11 **1.** 形, 外形, 外観, 輪郭, 恰好, 風采, 光景 **2.** 図形, 見取図, 地図, 下絵, 図案, 素描,

概要 **3.** 像, 人物, 似姿, 目立つ(美しい)形, 容姿, 面貌, 美 **4.** 種, 型, 典型, 様式, 特徴, しるし, 刻印, 鋳型, くつ(靴)型, 政治体制 **5.** 心像, 映像, 幻影 **6.** 文彩, あや, 比喩 **7.** (名詞・動詞の)変化形, 語形変化表 forma bonum fragile est 美ははかない財産 rara est concordia formae atque pudicitiae 美貌と貞節の調和は稀である

Formiae *f.pl.* Formiārum *1* §11 Latium の海岸の町, 優れたブドウ酒の産地 (形)**Formiānus** *a.1.2* Formiān-a, -um §50 フォルミアエの

formīca *f.* formīcae *1* §11 アリ parvola magni formica laboris (9c5) 体は小さいが大働きのアリ non minus diverse distrahitur cito, quam si tu obicias formicis papaverem お前がアリにケシの種を投げつけると同じほど早く, それはあちこちへ持って行かれてなくなった

formīdābilis *a.3* formīdābile §54 [formīdō] 恐怖を吹き込む, 身の毛のよだつ, 恐ろしい

formīdō *1* formīdāre, -dāvī, -dātum §106 **1.** を(対)恐れる, ひどく心配する, おびえている **2.** (不)…するのを恐れる, ためらう **3.** (ne)…ではないかと恐れる, 心配だ ad haec ego naribus uti (117.4) formido 私はこれらのものを鼻であしらうのをためらう formido ne hic illud credat (116.6e) 私は彼があれを信じているのではないかと心配している

formīdō *f.* formīdinis *3* §28 **1.** 恐れ, 不安, 心配 **2.** 畏怖, 畏敬の念 **3.** おばけ, 悪鬼 **4.** かかし(案山子), おどし

formīdolōsē (-dul-) 副 [formīdolōsus §67(1)] (比)formidolosius **1.** 恐ろしいやり方で, 脅かして **2.** 心配そうに, おずおずと, おびえて

formīdolōsus (-dul-) *a.1.2* formī-dolōs-a, -um §50 (比)formidolosior (最)-dolosissimus **1.** 恐怖心を起こさせる, 恐るべき, 危険な **2.** ひどくこわがった, おびえた, 臆病な

fōrmō *1* fōrmāre, -māvī, -mātum §106 [fōrma] **1.** あるものに一定の形を与える, 型に入れて作る, つくりあげる **2.** 作る, 作り出す, 形成する, 創造する, 仕上げる, 仕込む, 陶冶(⁇)する, 教化する **3.** ととのえる, 調節する, 整理する formatis (9f18) omnibus et ad belli et ad pacis usus 戦争にも平和にも役立つようにすべてのものが調整される puerum dictis ～ 少年を対話で陶冶する e Pario formatum signum パロス産大理石から作られた像

fōrmō(n)sitās *f.* fōrmōsitātis *3* §21 完成した形式美, 美貌, 美

fōrmō(n)sus *a.1.2* fōrmōs-a, -um §50 [fōrma] (比)formosior (最)formosissimus 美しい, 美しい形の, 優美な

fōrmula *1* fōrmulae *1* §11 [fōrma の小] **1.** かわいい, きれいな姿 (形) **2.** 訴法手続き, 戸口(財産)調査などに関して公示される法務官・監察官の(命令・指示する)方式書, 書式, 文例 **3.** (一般に)契約の方式書 **4.** 規則, 規準, 模範, 手本, 実例 **5.** 法文條項, 規定, 法律 **6.** 骨組, 枠, 範囲, 様式, 名簿 formulam edere (scribere) 訴訟を起こす formulam accipere 訴えられる formula cadere (excidere) 訴訟に負ける testamentorum formulae 遺言書(作成)の方式書 milites ex formula parati (契約)方式書に則って募集された兵士たち urbem formulae (9c1) sui juris faciunt その町を自分の国の法律の(枠の中に入れる)規定に従わせる

fornācālis *a.3* fornācāle §54 [fornāx] かまどの (名)**Fornācālia** *n.pl.* -cālium *3* §20 かまどの(女神に捧げられた)祭り(2月上旬)

fornāx *f.* fornācis *3* §21 **1.** かまど(特に台所の), 浴室がま, 溶鉱炉, 石灰焼きがま **2.** 噴火口 **3.** 雷雲 **4.** かまどの女神

fornicātus *a.1.2* fornicāt-a, -um §50 [fornix] アーチ形屋根の(天井の)

fornix *m.* fornicis *3* §21 **1.** アーチ形天井(屋根), アーチ, 迫持(⁇) **2.** 拱

路(アーチの下の通路) **3.** 凱旋門, 水道 **4.** 売春宿

forō *1* forāre, forāvī, forātum §106 穴をあける, 刺し通す 突(○)き通す

fors *f.* forte(*sg. nom. abl.* のみ) §47 **1.** 偶然, 回り合わせ, 運, 機会, 思いがけぬ出来事 **2.** (擬人化)Fors 運命の女神 Fors Fortuna 幸運の女神 fors inopina 思いもかけぬ運 quam sibi sortem seu ratio dederit seu fors objecerit 考えが与えてくれたものにせよ偶然が投げつけたものにせよ, その自分の運命を fors fuat (= sit) an そうかも知れない, おそらく fors fuat そうであればいいのに **3.** forte(副) (9f19) 偶然に, たまたま, もしや, ひょっとして, おそらく, かも知れない ibam forte Via Sacra (9f.1. ハ) 私はたまたま聖道を歩いていた nisi forte me animus fallit もしひょっとして(皮肉的)私の考えが間違っていなければ dicet aliquis forte 誰かが言うかも知れない **4.** fors(副)おそらく (=fortasse)接とも用いられる et fors omne datum traherent (116.3) per talia tempus そしておそらく彼らはこのようにして与えられた時間をみんな延ばしていたかも知れない

forsan 副 [fors, an] かも知れない, おそらく(接ともに用いられる) forsan hic mihi parvam habeat (116.3) fidem どうやら彼は私を余り信用していないらしい

forsitan 副 [fors sit an] かも知れない, おそらく(接とも) major ars aliqua forsitan esset (116.4) requirenda 何かもっと高級な技術が求められるべきであったかも知れない

fortasse = **fortassis** 副 [forte an sit?] **1.** おそらく, あるいは, かも知れない(接とも) **2.** (数と)ほぼ, 約 velentur fortasse palatia sertis おそらく宮殿は花環でおおわれているかも知れない triginta fortasse versus 約30行の詩

forte 副 → fors(3)

fortis *a.3* forte §54 (比)fortior (最)fortissimus **I**(肉体, 物質)**1.** 強い, 頑健な, 強壮な, 堅牢な, 丈夫な, 耐久力のある **2.** 勢力のある, (兵・富)豊かな

3. 役に立つ, 効力のある, 有能な, 価値のある **II**(精神)**1.** 勇敢な, 雄々しい, 忍耐強い, 精力旺盛な **2.** 強烈な, 力強い(表現) **3.** 暴力をふるう fortior in patiendo (121.3) dolore 苦痛に耐えるのにより強い fortis fortuna adjuvat 勇敢な人を運命は救う

fortiter 副 [fortis §67(2)] (比)fortius (最)fortissime **1.** 力強く, 旺盛に, 元気に **2.** しっかりと, 堅固に **3.** 烈しく, 勢いよく **4.** 断固として, きっぱりと **5.** 大胆に, 勇敢に

fortitūdō *f.* fortitūdinis *3* §28 [fortis] **1.** 体力, 頑健 **2.** 大胆不敵, 勇気

fortuītō 副 §67(1) 偶然に, でたらめに, 運を天に任せて

fortuītus *a.1.2* fortuīt-a, -um §50 [fors] 偶然の, 思いがけない, でたらめの

fortūna *f.* fortūnae *1* §11 [fors] **1.** 運, 運命, 天命, 宿命 **2.** 幸運, 繁栄, 成功 **3.** 偶然, 好機, 機会 **4.** なり行き, 経過, 状況, 環境, 条件, 結果 **5.** 不幸, 悲運, 災難, 失敗 **6.** 富, 財産, 高位, 社会的地位 **7.** Fortuna 運命(幸運)の女神 secunda (adversa) fortuna 幸運(悲運) homines infima fortuna (9f10) 最下層の人たち suis fortunis (9d1) desperare coeperunt 彼らは自分たちの運命に絶望し始めた levis est Fortuna, cito reposcit quod dedit 幸運の女神は浮気である, 与えたものをすぐ返せと要求する

fortūnātē 副 [fortūnātus §67(1)] 幸運にも, しあわせなことに

fortūnātus *a.1.2* fortūnāt-a, -um §50 [fortūnō の完分] (比)fortunatior (最)fortunatissimus **1.** 幸運にめぐまれた, 運の良い, 至福の **2.** 富める, 裕福な

fortūnō *1* fortūnāre, -nāvī, -nātum §106 [fortūna] 良い結果をもたらす, 恵みを与える, 成功させる, 繁栄させる, 幸福にする, 喜ばせる tu quamcunque deus tibi fortunaverit horam grata sume manu 神があなたに恵んでくれるであろう幸福な日時は, すべて感謝の手で受

forum

け取り給え

forum *n.* forī *2* §13 **1.**町の中心の公共広場 **2.**ローマの中央広場＝Forum Romanum **3.**市のたつ広場(家畜, 魚, 野菜等の) **4.**公の集会場, 政治生活, 公職 **5.**(公事の討議場)裁判, 法廷, 巡回裁判(属州では) **6.**金融市場, 金融業の中心地 agere forum 公判をひらく cedere foro (9f7) 破産する de foro decedere 公の生活から引退する scisti uti (117.4) foro お前さんは世間のことをよく知っている(広場の利用の仕方を心得ている) videor mihi in alieno foro litigare 関係のない(他の)法廷で論争しているみたいだ(途方にくれている)

forus *m.* forī *2* §13 **1.**甲板, 船内通路 **2.**(競技場)腰掛けの列, 座席間通路 **3.**蜜蜂の巣

fossa *f.* fossae *1* §11 [fodiō] **1.**溝(みぞ), 水路, 堀, 排水溝, 壕(ごう), 運河 **2.**わだち **3.**河床

fossiō *f.* fossiōnis *3* §28 [fodiō] 掘ること, 穴

fossor *m.* fossōris *3* §26 [fodiō] **1.**鋤(すき)く人, 農夫, 鉱夫 **2.**無骨者

fossus → fodiō

fōtus → foveō

fovea *f.* foveae *1* §11 (小)穴, 凹み, 落とし穴

foveō *2* fovēre, fōvī, fōtum §108 **1.**あたためる, あつくする **2.**きもちよくする, げんきにする **3.**(医)入浴させる, 温湿布をする,マッサージをする **4.**愛撫する, あやす, 抱きしめる, はぐくむ, 養う, 世話をする **5.**支持する, 放棄しない, ひいきする, 励ます, 庇護する, 昇進させる castra fovere 陣営の中に身をひそめている hiemem inter se luxu fovere (117.5) 遊惰な生活でお互いに体を暖めて冬をおくっている(という噂) hoc regnum dea gentibus (9d6) esse jam tum tenditque fovetque 女神はそのときすでに心に決めこの計画をはぐくみ育てていたのだ, ここが(あの)民族の王国であることを

frāctus *a.1.2* frāct-a, -um §50 [frangōの完分] (比)fractior **1.**でこ

ぼこした, 平坦でない **2.**(文体)途切れる, つながりのない **3.**疲れ切った, 弱った, 意気沮喪した **4.**女々しい

frāga *n.pl.* frāgōrum *2* §13 野性の(オランダ)イチゴ

fragilis *a.3* fragile §54 [frangō] (比)fragilior (最)fragilissimus **1.**こわれ易い, 割れ易い, 折れ易い, もろい, 弱い **2.**ぱちぱちと音をたてる **3.**不安定な, 束の間の, はかない fragiles aquae こわれ易い水(＝氷) res humanae flagiles sunt 人間の運命ははかない

fragilitās *f.* fragilitātis *3* §21 [flagilis] **1.**もろさ, 弱さ, こわれ易さ **2.**はかなさ, 不安定

fragmen *n.* fragminis *3* §28 ＝ **fragmentum** *n.* -tī *2* §13 [frangō] **1.**破片, かけら, 切れ端, 断片

fragor *m.* fragōris *3* §26 [frangō] **1.**こわれること, 割れること, 砕けること **2.**割れる音, がちゃんと音をたてること, 騒音, 轟音, 咆哮, 叫び声 **3.**騒動, 動乱

fragōsus *a.1.2* fragōs-a, -um §50 [fragor] **1.**こわれ易い, 砕けた, こわれた **2.**でこぼこの, 平坦でない **3.**岩にくだけて波音のとどろく **4.**ばらばらの, 支離滅裂の(文体)

frāgrāns *a.3* frāgrantis §58 [frāgrōの現分] (最)fragrantissimus いいにおいのする, 香りのよい, ふくいくたる

frāgrō *1* frāgrāre, -rāvī, —— §106 強くにおう, いいにおいがする, くさい

framea *f.* frameae *1* §11 ゲルマーニア人の用いる槍(やり)

frangō *3* frangere, frēgī, frāctum §109 **1.**砕く, こわす, 割る, 折る **2.**砕いて粉にする, 押し潰す **3.**力を殺ぐ, 弱める, 消耗させる, 疲れさす **4.**心を動かす, 和らげる, 静める **5.**ぶち壊す, 屈服させる, 征服する **6.**ひきさく, しわくちゃにする, かくらんする, かき回す **7.**約束を破る **8.**高慢の鼻をくじく frangī animo

frēnum

(9f3) 打ちひしがれる laqueo gulam frangere 首をなわで絞めて殺す miles, multo jam fractus membra (9e9) labore 長い苦労でもう手足の弱った兵士

frāter *m.* frātris *3* §26 **1.** 兄, 弟, いとこ **2.** (*pl.*)兄弟姉妹, 同族の人 **3.** 同胞, 親友, 同盟者 quis amicior, quam frater fratri? 兄弟以上に親しいものがいるか

frāterculus *m.* frāterculī *2* §13 [frāter の小] 小さい(かわいい)弟

frāternē 副 [frāternus §67(1)] 兄弟のように親しく, 兄弟愛をもって

frāternus *a.1.2* frātern-a, -um §50 [frāter] 兄弟の, いとこの vivitis indigni fraternum rumpere (117.3) foedus 君たちは兄弟の契りを絶つことを恥じるような生活をしていますね

frātricīda *m.* frātricīdae *1* §11 [frāter, caedō] 兄弟殺し(の罪)

fraudātiō *f.* fraudātiōnis *3* §28 [fraudō] 詐欺(ᵍ), だますこと, ぺてんにかけること, 不誠実

fraudātor *m.* fraudātōris *3* §26 [fraudō] 騙(ᵈ)る人, 詐欺師

fraudō *1* fraudāre, -dāvī, -dātum §106 [fraus] **1.** 人をだまして取る, だます, あざむく, 裏切る **2.** 計画のうらをかく, 約束を破る **3.** 着服する, 横領する **4.** だまして法網をのがれる milites praeda (9f7) ～ 兵士らをだまして分捕り品をぬすむ

fraudulentus *a.1.2* fraudulent-a, -um §50 [fraus] (最)fraudulentissimus 詐欺を目的の, 狡猾な, 奸策にたけた, 不正直な

fraus *f.* fraudis *3* §21 **1.** 詐欺, 奸計, 術策, 策を弄して(法を)逃れること **2.** 損害, 危険, (ある行為を)罰せられる危険, 責任 **3.** 不正直, 罪, 悪行, 違反 **4.** 見当違い, 錯覚, 幻惑, 誤謬 res fraudi (9d7) est alicui そのことがある人に害をもたらしている voltus in fraudem homines impulit 世間の人たちをかどわかしたのがその容貌だ facio fraudem senatus consulto (9d4) 私は策を弄し元老院

議決をうまく逃れた

fraxinus *f.* fraxinī *2* §13(3) **1.** トネリコ, トネリコ材 **2.** (トネリコの)槍

fraxineus (=**fraxinus**) *a.1.2* fraxine-a, -um §50 [fraxinus] トネリコの, トネリコでできた

frēgī → frangō

fremebundus (**fremi-**) *a.1.2* fremebund-a, -um §50 [fremō] 高い騒音をだしている, 騒音で一杯の, うなっている, ざわめいている, やかましい

fremitus *m.* fremitūs *4* §31 [fremō] **1.** 長くつづく低い鈍い音 **2.** (動物の声)うなり声, 吠え声, いななき, ぶんぶん **3.** (自然界の音, 雷, 風, 波)ごろごろ, とどろき, ごうごう, さらさら, ざわめき **4.** 人の声(怒り・不平)つぶやき, ぶつぶつ, がみがみ **5.** 剣戟のひびき **6.** 集会の雑音

fremō *3* fremere, -muī, -mitum §109 **1.** 低く鈍い音をたてる, 発する **2.** とどろく, ざわめく, 吠える, いななく, うなる, なく **3.** うめく, わめく, なげき悲しむ **4.** がみがみ(ぶつぶつ)言う, 不平を言う, ぐちをかこつ **5.** 歓声をあげる, 同意する **6.** (他)やかましく求める, 申し立てる, 抗議する consulatum sibi (9d5) ereptum fremit (117.5) 彼は執政官職を奪われたと不平を言う arma amens fremit 彼は正気を失い, 武器を求めてわめきたてる

fremor *m.* fremōris *3* §26 低い騒音, ぶんぶん, がやがや, ざわめき, 遠吠え

frendō *3* frendere, ——, frēsum §109 **1.** くやしさで歯ぎしりをする, 歯ぎしりをして無念がる, 歯をくいしばる **2.** 歯でかみ砕く **3.** こまかく砕く, 粉にする frendente Alexandro (9f18) eripi (117.5) sibi (9d8) victoriam e manibus アレクサンドロスは自分の手から勝利を奪われたことを無念がって(歯ぎしりをして)

frēnō *1* frēnāre, frēnāvī, frēnātum §106 [frēnum] **1.** 馬にくつわ(馬銜), 手綱(ᵗ)をつける, 手綱で馬を制御する **2.** 制御する, 抑制する **3.** ふさぐ, 妨げる

frēnum *n.* frēnī *2* §13 (*pl.* **frēnī**

frequēns

m. frēnōrum §44) **1.** くつわ(銜), 手綱 **2.** 制御, 抑制, 支配, 自制 frenos (frena) mordere くつわを噛んで反抗する, 手に余る frenos recipere (pati) 手綱に服する, 服従を学ぶ frenos imponere alicui 誰々に手綱をかける, 抑制する frenos dare (remittere) 手綱をゆるめる, 思い通りにさせる

frequēns *a.3* frequentis §55 (比)frequentior (最)frequentissimus **1.** (空間的)一杯つまった, 沢山居合わせている, 雑沓している, 人だかりの多い, 多数の, 人口稠密の **2.** (時間的)くりかえし, ひんぱんにおこる, しばしばの, きまっておこる, 習慣的な, いつもの frequentem tectis (9f17) urbem 家の密集している町を frequens utique Agricola アグリコラはいたる所に神出鬼没して

frequenter 副 [frequēns §67(2)] (比)frequentius (最)frequentissime **1.** しばしば, くりかえして, 絶えず **2.** 大勢で, 群をなして, 密集して

frequentia *f.* frequentiae *1* §11 [frequēns] **1.** 詰まった状態, 密集の一団, 人口密度の高い所 **2.** 群衆, 大勢の集会, 雑沓 **3.** 頻発, 頻度の高いこと **4.** 多数, 豊富, 裕福

frequentō *1* frequentāre, -tāvī, -tātum §106 [frequēns] **1.** 多くの人で満たす, 混雑させる, ぎっしりと詰める **2.** 大勢で占める, 大勢で参加する, 祭りを祝う **3.** たびたび(くりかえして)出入りする, 訪れる, 通う **4.** たびたび(くりかえし)用いる, 言う, 演じる **5.** (多数, 頻度と関係なく)出席する, 訪れる, 出席して敬意を表す est luminibus (9f16) frequentanda (147. イ) omnis oratio sententiarum あらゆる弁論は輝かしい箴言の綾でみたされるべきである nuptias frequentavi 私は結婚式に出席した

fretum *n.* fretī *2* §13 =**fretus** *m.* fretūs *4* §§31, 44 **1.** 海峡, 水道, 入江, 河口 **2.** 海, 潮 **3.** 季節の変わり目, 過渡期 **4.** シキリア海峡 (fretum Siculum)

frētus *a.1.2* frēt-a, -um §50 **1.** 支

えられて, 力にして **2.** 信頼している, あてにしている **3.** 力をたのんで, 自負している (9d13, 9f17) res stant fretae pondere 物は重みに支えられて立っている

frēsus → frendō

fricō *1* fricāre, fricuī, fric(ā)tum §106 **1.** こする, こすりつける, (薬)こすり込む **2.** こすり落とす, みがきあげる

frīctus, frīxī → frīgō

frīgeō *2* frīgēre, —, — §108 **1.** 冷たい, 寒い, 冷えている, 死んで冷たくなっている **2.** かじかんで無感覚になっている, 体力が不足している, 弱っている, 衰えている, なえている **3.** 同情・好意を得ていない, 冷たくあしらわれている, 顧みられない **4.** 味のない, 効果のない sine Cerere et Libero friget Venus パンと酒がなければ愛は萎(な)える

frīgerō *1* frīgerāre, —, — §106 [frīgus] 涼しくする, 冷たくする, さわやかにする

frīgēscō *3* frīgēscere, —, — §109 [frīgeō] **1.** 冷える, 冷たくなる, 涼しくなる **2.** 寒さでまひする, 弱る, おとろえる **3.** 熱がさめる, 冷たくなる(無愛想になる)

frīgidulus *a.1.2* frīgidul-a, -um §50 [frīgidus の小] 少し寒い, ちょっとつめたい

frīgidus *a.1.2* frīgid-a, -um §50 [frīgeō] (比)frigidior (最)frigidissimus **1.** 冷たい, 冷え冷えしている, 寒い, 凍った, 涼しい **2.** 死んで冷たくなった, 寒さ・恐怖で震えている **3.** 熱のさめた, 情熱をなくした, 乗り気のしない, 興ざめた **4.** 鈍い, 麻痺した, 弱った aquam frigidam suffundere 冷水を浴びせる(くさす, そしる) frigidus annus 一年の寒い時＝冬 frigida mens criminibus 犯した罪で怯えている心

frīgō *3* frīgere, frīxī, frīctum §109 焼く, 焙る, 炒る, 焦がす, 揚(あ)げる

frīgus *n.* frīgoris *3* §29 **1.** 冷気, 寒気, 涼しさ **2.** 冬の寒さ, 冬, 霜, 寒冷地 **3.** 寒け, 悪寒(かん), 身ぶるい, 戦慄 **4.** 冷淡, 冷ややかさ, 無情, 無感覚,

麻痺 lac mihi non frigore (9f2) defit 私には冬にも牛乳が不足していない metuo ne quis amicus frigore te feriat (116.6e) 友人の誰かがあなたに冷たい仕打ちを加えないかと心配している

friō *1* friāre, -āvī, ātum §106 小さく砕く，こなごなにする

frīvolus *a.1.2* frīvol-a, -um §50 **1.** 価値のない，つまらない，取るに足らぬ，くずの **2.** 愚かな，軽薄な （名）**frīvola** *n.pl.* -lōrum *2* §13 **1.** 貧弱な家具調度 **2.** 無意味な言葉，たわごと，些事

frīxī → frīgō

frondātor *m.* frondātōris *3* §26 ［frōns］ 木の葉を刈り込む（剪定する）人

frondeō *2* frondēre, ——, §108 ［frōns］ 葉を持っている，葉でおおわれている，緑色である

frondēscō *3* frondēscere, ——, —— §109 ［frondeō］ 葉（芽）を出す，葉が茂ってくる

frondeus *a.1.2* fronde-a, -um §50 ［frōns］ 葉からつくられた，葉の，葉の茂った

frondōsus *a.1.2* frondōs-a, -um §50 ［frōns］ （比）frondosior 葉が一杯茂った，葉の密生した

frōns[1] *f.* frondis *3* §24 草木の葉，葉の茂った枝，葉冠

frōns[2] *f.* frontis *3* §24 **1.** 額（ひた）, 前頭部，眉，眉間（みけん） **2.** 眉間は気持・性質の鏡として，慎み深さ，重々しさ，平静，恥じらいを又それらの欠如を表すと考えられた，謙遜，内気，羞恥心，図々しさ，厚顔 **3.** 眉間はまた本心をかくすものとも考えられた，うわべ，外見，見せかけ，様子，顔立ち **4.** 対象物の前に突き出た部分，前面，外側，表面，周辺，ふち，へり，はし **5.** (建物)正面，幅，間口 **6.** (戦列)最前部，前衛，先がけ **7.** 外壁の両面 **8.** 巻子本の軸の両端の丸い平面 frontem contrahere (remittere) 眉間に皺をよせる（皺をのばす）frontem ferire 額を叩く（不満を示す）frons occipitio prior est 主人の前頭部が後頭部よりよい（主人の目の前にいる方が仕事の能率が上がる）fron-

tem perfricare 赤面をこすり落とす（大胆を装う）haec fero fronte (9f3) et vultu bellissime, sed angor intimis sensibus これらのことを私は顔や表情では誠に立派に耐え忍んでいるが，内心では苦しんでいるのだ proterva fronte (9f10) いけしゃあしゃあと(図々しい様子で) salva fronte 厚顔無恥にも(厚顔をそっくりそのまま見せて) mille pedes in fronte 間口1000ペースの(墓地) copias ante frontem castrorum instruit 彼は陣営の正面の前に戦列を敷いた

frontālia *n.pl.* frontālium *3* §20 ［frōns］ （象や馬の）額をおおう飾り

frūctuārius *a.1.2* frūctuāri-a, -um §50 ［frūctus］ 実を結ぶ，果実をもたらす，多産の

frūctuōsus *a.1.2* frūctuōs-a, -um §50 ［frūctus］ （比）fructuosior （最）fructuosissimus **1.** 産物の多い，実りの多い，肥沃な **2.** 多くの収益をもたらす，効果の多い，有利な，価値のある

frūctus *m.* frūctūs *4* §31 ［fruor］ **1.** 他人の所有物からの利益を享受する権利，所有の喜び **2.** 満足，享受，喜び **3.** 自然の産物，生産，果実，収穫 **4.** 利益，収入，儲け，報酬，利息，益，得 usus (et) fructus 用益権 alicui fructum ferre = alicui fructui (9d7) esse 誰々に利益をもたらす，利益となる

frūctus → fruor

frūgālis *a.3* frūgāle §54 ［frūx］ （比）frūgalior **1.** 収穫の **2.** 良い習慣(性格)の，中庸を得た，まじめな，つましい

frūgālitās *f.* frūgālitātis *3* §21 ［frūgālis］ **1.** 豊かな収穫 **2.** 節度ある生活(態度)，節制，倹約，堅実，まじめ，つましさ

frūgāliter 副 ［frūgālis §67(2)］ 中庸(節度)を保って，質素に，堅実に，つましく

frūge → frūx

frūgī 不変，形 ［frūx の与］ **1.** 有能な，役立つ **2.** まじめな，正直な **3.** つましい，節制する，倹約の **4.** 堅実な，律儀な，

frūgifer 310

立派な, 思慮分別のある hominem frugi omnia recte facere まじめな人間はあらゆることを正確にする(ということ) frugi es お前はいい奴だ(でかした)

frūgifer *a.1.2* frūgi-fera, -ferum §51 [frūx, ferō] **1.** 果実を生む, 実りの多い, 多産の **2.** 豊かな, 肥沃な **3.** 有用な, 役立つ

frūgilegus *a.1.2* frūgileg-a, -um §50 [frūx, legō] 穀粒を集める

frūgis → frūx

frūmentārius *a.1.2* frūmentāri-a, -um §50 [frūmentum] 穀物に関する, コムギの, 穀物を産する, 食糧の res ～ a 食糧供給 (名)**frūmentārius** *m.* 2 §13 穀物商人

frūmentātiō *f.* frūmentātiōnis 3 §28 [frūmentor] 穀物(糧秣)徴発, 食糧貯蔵

frūmentātor *m.* frūmentātōris 3 §26 [frūmentor] 穀物(食料)調達人, 糧秣徴発者

frūmentor *dep.1* frūmentārī, frumentātus sum §§123(1), 125 穀物(食糧)を集める, 糧秣(まぐさ)を徴発する

frūmentum *n.* frūmentī 2. §13 [fruor] 穀物, コムギ(収穫された), (*pl.*) 畠のコムギ

frūnīscor *dep.3* frūnīscī, frūnītus §122(3), 125, 喜ぶ, たのしむ

fruor *dep.3* fruī, frūctus(fruitus) sum §§123(3), 125 **1.** 産物を楽しむ, 利益を得る **2.** 享受する, 楽しむ, 喜ぶ, 楽しみ味わう **3.** 持つ, 利用する **4.** 用益権を持っている (構文)奪と§124, ときに (古)対と fruenda (121.1) sapientia est 知恵を楽しむべきである

frūstrā 副 **1.** 目的もなく, むだに, 空しく, 無益に **2.** 誤って, 不必要に, 理由もなく hi frustra sunt 彼らは間違っている frustra habere aliquem 誰々をだます, あざむく

frūstrātiō *f.* frūstrātiōnis 3 §28 [frūstror] **1.** 人を欺くこと, だます, ごまかすこと **2.** 不成功, 失敗, 失望, あて

はずれ

frūstror *dep.1* frūstrārī, -strātus sum §123.1 [frūstrā] = **frūstrō** *1* frūstrāre, -rāvī, -rātum §106 **1.** だます, 欺く, 惑わす **2.** 期待を裏切る, 失敗させる, 挫折させる, 失望させる **3.** 無効にする, 無駄なものとする

frustum *n.* frustī 2 §13 **1.** 残飯, パン屑, 肉きれ **2.** 破片, 断片, 小片 **3.** 一口の食物, 少量 frustum pueri 生意気な小僧

frutex *m.* fruticis 3 §21 **1.** 低木, 灌木, 茂み, やぶ **2.** 若枝, 幹, 茎, 草木 **3.** 愚か者, とんま

fruticētum *n.* fruticētī 2 §13 [frutex] 低木の茂み, やぶ

fruticor *dep.1* fruticārī, fruticātus sum §123(1) = **fruticō** 1 fruticāre, -cāvī, —— §106 [frutex] **1.** 若芽を出す, 茂る **2.** シカの角が枝を出す, 髪が密生する

fruticōsus *a.1.2* fruticōs-a, -um §50 [frutex] (比)fruticosior (最)fruticosissimus 灌木, (茂み, やぶ)でおおわれた, やぶのような

frūx *f.* frūgis 3 §21 **1.** (*pl.*)大地の産物, 草木の食べられる実, 果物, 穀粒, 荚豆, 麦粉, パン **2.** (*sg.*)成果, 結実, 価値, 有用 **3.** (*sg.*)道義, 正直, 節制, 美徳 frugem facere 正直にふるまう, 賢い本領を発揮する (bonae) frugi (→ frugī)=bonae frugis (9c5) homo 有能な男, 正直な男, 立派な人 expertia frugis (9c13) poemata 道義を欠いた詩

fuam, fuas, fuat → sum §151 注

Fūcinus *m.* -nī 2 §13 南イタリアの湖

fūcō *1* fūcāre, fūcāvī, fūcātum §106 [fūcus] **1.** 染める, 着色する, 汚す **2.** 化粧する **3.** 飾り立てる, 粉飾を施す

fūcōsus *a.1.2* fūcōs-a, -um §50 [fūcus] (最)fucosissimus **1.** 飾られた, 着色された **2.** 見せかけの, 偽りの, にせの

fūcus[1] *m.* fūcī 2 §13 **1.** リトマス

ゴケ(海草) **2.** (この海草からとれる)赤紫色染料, (一般に)染色, 染料, 美顔料 **3.** 蜂蠟(ﾐﾂﾛｳ) **4.** 見せかけ, 偽物, 虚飾 **5.** (文体)粉飾, 潤色 sine fuco et fallaciis 素直にありのままに fucum facere 人の目をくらます

fucus² *m.* fucī 2 §13 雄ミツバチ

fūdī → fundō¹

fuga *f.* fugae *1* §11 [fugiō] **1.** 逃亡, 脱走, 脱出 **2.** 逃亡の可能性, 方法, 手段 **3.** 義務放棄, 逃避, 嫌悪 **4.** 追放 **5.** 疾走, 迅速 hostes in fugam dare (conjicere) 敵を逃亡させる in fugam sese dare (conjicere) 逃亡(脱走)する fugam facere＝fugere 逃亡する fuga temporum 時の疾走(光陰矢の如し) fuga laborum (9c3) 労苦からの逃避

fugāciter 副 [fugāx §67(2)] (比) fugacius 逃げ腰で, おずおずと

fugāx *a.3* fugācis §55 (比)fugacior (最)fugacissimus **1.** 逃げ足の早い, 逃げる気になっている, 臆病な, 内気な **2.** 早く過ぎる, 迅速な, 束の間の, うつろいやすい **3.** さけるくせのある, しりぞける, 侮る, つれなくする fugaces labuntur anni 年月は足早に過ぎ去る fugax ambitionis (9c13) eram 私は野心をさけてきた

fugiēns *a.3* fugientis §58 [fugiō の現分] **1.** 逃げ腰の, さけるくせのある, 内気な, おくびょうな vinum fugiens 気の抜けた酒 fugiens laboris (9c13) 労働をいとう(者)

fugiō *3b* fugere, fūgī, fugitūrus (未分)§110 [fuga] (自)**1.** 逃げる, 走り(飛び)去る **2.** のがれる, 脱走する, 捨てる, 見捨てる **3.** 去る, 滑り落ちる, やつれる, うつろう, 消える (他)**1.** さける, のがれる, よける, さけようとする **2.** しりぞける, 拒絶する, 忌避する **3.** 立ち去る, かくれる **4.** …するのを(117.4)忘れる, やめる rivus fugiens per gramina 草原の中を流れる小川 lupus me fugit inermem 狼が無防備の私を見て逃げる res me (te) fugit そのことが私(お前)を逃れている, 私はそのことに気づいていない, 知らない, 考えていない fugit (完) me ratio 私は間違

った fugit me ad te scribere 私はあなたに手紙を書き忘れた quid sit futurum (116.10, 145) cras, fuge quaerere 明日はどうなるかと(占い師に)尋ねるのはやめたまえ

fugitīvus *a.1.2* fugitīv-a, -um §50 [fugiō] 逃亡した (名)**fugitīvus** *m.* -vī 2 §13 逃亡奴隷, 脱走兵

fugitō *1* fugitāre, -tāvī, -tātum §106 **1.** (自)急いで逃げる **2.** (他)から逃げる, をさける, 遠ざける, …すること(不)をさける

fugō *1* fugāre, -gāvī, -gātum §106 **1.** 追いやる, 遁走, 敗走させる **2.** 追い散らす, 消散させる, のぞく, 去らせる, 追放する, おどろかして追い払う

fuī, fuistī, fuit → sum

fulcīmen *n.* fulcīminis 3 §28 [fulciō] 支え, 支柱, つっぱり

fulciō *4* fulcīre, fulsī, fultum §111 **1.** 支える, 支持する **2.** 保つ, 守る, 安全にする **3.** 踏む, おさえる **4.** 強化する, 補強する

fulcrum *n.* fulcrī 2 §13 [fulciō] **1.** 寝椅子, 寝台の脚, 支柱 **2.** 寝台

fulgēns *a.3* fulgentis §58 [fulgeō の現分] (比)fulgentior (最)fulgentissimus **1.** 光り輝いている, きらめいている, まぶしい **2.** すばらしい, 有名な, さんぜんたる

fulgeō *2* fulgēre, fulsī, —— §108 **1.** 明るく輝く, きらめく, ぱっと燃え上がる **2.** 目立つ, 異彩を放つ **3.** (非)稲光がする (§165) fulgentia signis (9f11) castra 軍旗で輝いている陣営

fulgidus *a.1.2* -gida, -gidum §50 [fulgeō] 輝かしい, すばらしい

fulgō, fulgere(3) ＝ fulgeō, fulgēre (2)

fulgor *m.* fulgōris 3 §26 [fulgeō] **1.** 輝き, 明るさ, 光彩 **2.** 閃光, きらめき **3.** 稲光, 電光 **4.** 名誉, 栄光, 名声

fulgur *n.* fulguris 3 §27 [fulgeō] 稲光, 落雷, 閃光, 火花, きらめき feriunt summos fulgura montes 雷光は山頂を打つ(地位の高い人ほど不幸はひどい)

fulgurō *1* fulgurāre, -rāvī, -rātum §106 [fulgur] **1.** (ユーピテル，天が) いなびかりを放つ **2.** (非)いなびかりがする (§165) **3.** きらめく，輝く，光る

fulica *f.* fulicae *1* §11 オオバン (水鳥)

fūlīgō *f.* fūlīginis *3* §28 煤(寸)，煤 煙 supercilium madida fulgine (9f11) tinctum しめったスス(眉墨代わり?)で染められた眉

fullō *m.* fullōnis *3* §28 布のさらし業者，(毛織物の)仕立(た)工

fulmen *n.* fulminis *3* §28 [fulgeō] **1.** 雷鳴を伴う一閃の稲妻，雷電，落雷 **2.** 青天の霹靂，不意打ち，突然の不幸 invidiā ceu fulmine (9f11) summa vaporant 頂点にあるもの(人々)は嫉妬によってあたかも落雷に打たれたかの如く燃える

fulmineus *a.1.2* fulmine-a, -um §50 [fulmen] **1.** 雷光の，一閃の，稲妻の **2.** 落雷，雷光の如く速い(電光石火の)，輝く，猛烈な，(電撃的な)破壊的な

fulminō *1* fulmināre, -nāvī, -nātum §106 [fulmen] (自)**1.** 雷光を放つ，投げる，雷がなる，落ちる **2.** 突然の不幸，(災い)を拡げる，雷光の如く打つ **3.** (非)稲妻が光る，雷鳴がする (§165) fulminantis magna manus Jovis 雷(いかずち)下すユーピテルの大いなる腕(かい) Caesar fulminat bello (9f11) カエサルは戦いで雷光の如く打つ

fulsī → fulciō, fulgeō

fultūra *f.* fultūrae *1* §11 [fulciō] **1.** 支えること，支え，支柱 **2.** 強く(元気に)すること

fultus → fulciō

fulvus *a.1.2* fulv-a, -um §50 **1.** (淡)黄褐色の，赤黄色の(くすんだ黄色から赤みがかった朽ち葉色までの色相?) **2.** 星の如く光り輝く，金色にきらめく

fūmeus *a.1.2* fūme-a, fūme-um §50 [fūmus] 煙で一杯の，くすぶった，煙のような

fūmidus *a.1.2* fūmid-a, -um §50 [fūmus] **1.** 煙で一杯の，煙っている

2. 煙のような，すすけた，くすんだ **3.** 湯気を上げている

fūmifer *a.1.2* fūmi-fera, -ferum §50 [fūmus, ferō] 煙を出している，煙っている，湯気を立てている

fūmificus *a.1.2* fūmific-a, -um §50 [fūmus, faciō] 煙を出している，湯気を立てている

fūmō *1* fūmāre, fūmāvī, fūmātum §106 [fūmus] **1.** 煙を出す，たてる，煙る，いぶる **2.** 湯気(蒸気)をたてる(出す)，蒸発する

fūmōsus *a.1.2* fūmōs-a, -um §50 [fūmus] **1.** 煙で一杯の，煙におおわれた **2.** 煙をもうもうと出している **3.** 煤(寸)で黒くなった，燻製の

fūmus *m.* fūmī *2* §13 **1.** 煙，蒸気，湯気，霧，もや **2.** 煙雲 **3.** 実体のない空しいもの fumum (fumos) vendere (煙を売る)から約束をする omne verterat ille in fumum 彼は全財産を蕩尽していた

fūnāle *n.* fūnālis *3* §20 [fūnis] **1.** 蠟か獣脂をしみ込ませたなわのたいまつ **2.** 燭台，枝形燈火

fūnctiō *f.* fūnctiōnis *3* §28 [fungor] 遂行，実行，成就

fūnctus → fungor

funda *f.* fundae *1* §11 [fundō¹] **1.** 投石機 **2.** (漁業用)投網

fundāmen *n.* fundāminis *3* §28 [fundō²] 土台，基礎

fundāmentum *n.* fundāmentī *2* §13 [fundō²] **1.** 土台，基礎 **2.** 根本，根底，不可欠のもの

fundātor *m.* fundātōris *3* §26 [fundō²] 創立者，創始者

funditor *m.* funditōris *3* §26 [funda] 投石兵(投石器で武装した兵)

funditus 副 [fundus] **1.** 根底から，土台から **2.** 根本において，本質的に **3.** 徹底的に，完全に

fundō¹ *3* fundere, fūdī, fūsum §109 **1.** 注ぐ，流す，惜しみなく出す(注ぐ) **2.** 浴びせかける，ぶちまける，浪費する，まきちらす **3.** 沢山生み出す，産する **4.** 投げる，放る，拡げる，地上に投げ倒

す，ひっくりかえす，追い払う，潰走させる **5.** (金属)溶かす，型に流し込む，鋳造する **6.** とうとうと述べる，吐露する，みせびらかす **7.** (受・再又は dep. として)流れる，降り注ぐ，広がる，のびる，地上に長々と手足をのばす multo vitam cum sanguine fudit 彼は多くの血と共に命を注ぎ出した luna se fundebat per fenestras 月光が窓を通して注いでいた sic omnibus hostium copiis fusis (9f18) かくして敵の全兵力を潰走させて (licentia) opprobria rustica fudit (放縦が)粗野な悪口雑言を浴びせた superstitio fusa per gentes 諸民族の間に迷信が拡がった (ipse) fusus in pectore barbam (9e9) あごひげを胸の上にまでふさふさとたらしている(彼)

fundō² *1* fundāre, -dāvī, -dātum §106 [fundus] **1.** 土台(基礎)をすえる，土台の上に建てる **2.** 創建する，創立する **3.** 固定させる,堅固にする **4.** 確証する sedes fundatur Veneri ウェヌス女神への神殿の土台がすえられる nihil veritate (9f11) fundatum それらは何一つ真実に基づいていない

fundus *m.* fundī *2* §13 **1.** 底(部)，深い所 **2.** 土台，基礎 **3.** 台付き酒杯 **4.** 農地，地所，所有地 **5.** 証人，裁可する人 largitio fundum non habet きまえのよいばらまきは限度を知らない sera parsimonia in fundo 財布が底をついてからの節約はおそすぎる fundum alienum arat 彼はよその畠(他人の女)を耕している

fūnebris *a.3* fūnebre §54 [fūnus] **1.** 葬式の **2.** 生命にかかわる，致命的な (名)**fūnebria** *n.pl.* -brium *3* §20 葬儀

fūnereus *a.1.2* fūnera, -um §50 =**fūnebris**

fūnerō *1* fūnerāre, -rāvī, -rātum §106 [fūnus] **1.** 埋葬する **2.** 殺す

fūnestō *1* fūnestāre, -tāvī, -tātum §106 殺害でよごす，けがす

fūnestus *a.1.2* fūnest-a, -um §50 [fūnus] (比)funes-tior (最)-tissima **1.** 死にかかわる，葬式の **2.** 死体で汚され

た，不浄な **3.** 悲しむべき，あわれな **4.** 致命的な，破滅的な，凶悪な，不吉な，不幸な

fungor *dep.3* fungī, fūnctus sum §§123(3), 124 **1.** する，果たす，実行する，なしとげる **2.** 経験する，体験する **3.** 蒙る，受ける **4.** 終える，全うする vita (fato) 人生を(運命を)全うする，死ぬ virtute functi duces 武勲を遂げた将軍たち muneris fungendi (121.3 属) gratiā 使命を果たすために

fungus *m.* fungī *2* §13 **1.** キノコ **2.** 木(オリーブ)のこぶ **3.** ランプの芯のまわりのふさふさしたカビ **4.** 馬鹿，間抜け tanti (9c7) est, quanti est fungus putidus 奴はくさったキノコほどの値打ちしかない

fūniculus *m.* fūniculī *2* §13 [fūnis] 小さい(細い)綱(⅔)，なわ，ひも

fūnis *m.* fūnis *3* §19 **1.** なわ，綱，細引，もやい綱，錨鎖，帆脚索 **2.** 綱渡り師の綱 ille per extentum funem mihi posse videtur ire 彼はぴんと張った綱の上を渡ることができるように思える(どんな難しいこともやってのける) tortum digna (pecunia) sequi potius quam ducere funem (金は)(所有者に)命ずるよりも従うべきである(もつれた綱を引っぱるよりもひっぱられるのがふさわしい，金は持ち主の主人ではなく奴隷であるべきだ)

fūnus *n.* fūneris *3* §29 **1.** 葬式，葬列 **2.** 埋葬，墓 **3.** 死，非業の死，死骸，亡霊 **4.** 破滅，没落

fūr *c.* fūris *3* §26 **1.** 盗人(ぬすっと)，スリ，泥棒，強盗 **2.** 悪漢，悪党

fūrāns → fūror : **fūrātus** → fūror

fūrāx *a.3* fūrācis §55 [fūror] (比)furacior (最)furacissimus (§58) **1.** 盗癖のある，手くせの悪い **2.** 盗人たけだけしい，強欲な

furca *f.* furcae *1* §11 **1.** 二叉の熊手 **2.** Ｙ型の支柱 **3.** 首枷(刑具) naturam expellas (116.9) furca, tamen usque recurret あなたは自然を熊手で追い払おうとしても，いつも自然は戻ってくるでしょう

furcifer *m.* furciferī *2* §15 [furca, ferō] （絞首刑に処すべき）極悪人，悪漢

furcilla *f.* furcillae *1* §11 [furca の小] 小さな熊手 Musae furcillis praecipitem eiciunt 詩神たちは（彼を）熊手で（残酷に）真っ逆様につきおとす

furcula *f.* furculae *1* §11 [furca の小] **1.** 坑道の支柱 **2.** (*pl.*)隘路

furēns *a.3* furentis §58 [furō の現分] 荒れ狂った，逆上した

furenter 副 [furēns §67(2)] たけり狂って，逆上して，気違いのように

furfur *m.* furfuris *3* §26 **1.** 穀粒の殻(から)，穀物の外皮 **2.** ふすま **3.** 頭のふけ

furia *f.* furiae *1* §11 [furō] **1.Furiae** *f.pl.* Furiārum *1* §11 **1.** 復讐の女神たち（3 名 Alecto, Megaera, Tisiphone) **2.** (*pl.* が多い)精神錯乱，逆上，狂暴，狂った欲望，激情，憤怒，復讐の執念(怒り) **3.** (*sg.* が多い)復讐の魂，怨霊(おんりょう)，狂暴な女，狂人，災禍をもたらす人

furiāliter 副 [furiālis §67(2)] 復讐の女神の如く，狂暴に

furiālis *a.3* furiāle §54 [furia] **1.** Furiae の，のような，に似た，のよく訪れる **2.** 精神の錯乱した，狂気の，熱狂した

furibundus *a.1.2* furibund-a, -um §50 [furō] **1.** 気の狂った，逆上した，激怒した，たけり狂った **2.** 霊感(予言の力)を与えられた

furiō *1* furiāre, -āvī, -ātum §106 [furia] 発狂させる，激怒させる

furiōsē 副 [furiōsus §67(1)] （最）furiosissime 狂人の如く，狂ったように

furiōsus *a.1.2* furiōs-a, -um §50 [furia] （比)furiosior （最)furiosissimus **1.** 気の狂った，精神の錯乱した，激怒した，狂人の如く荒れ狂った **2.** 霊感を授った，気を狂わせた

furnus *m.* furnī *2* §13 **1.** かま，パン焼きがま **2.** 炉，かまど，暖炉 **3.** 製パン所，パン焼屋

furō *3* furere, ――, ―― §109 **1.** 正気を失う，発狂する **2.** 熱狂する，夢中になる，烈しい感情で燃える，荒れ狂う，逆上する，激怒する **3.** ばかさわぎをする，有頂天になる hunc sine me furere furorem (9e6) 私をして（この）狂気に狂わせてくれ給え furebat te reperire (117.4) 彼はお前を探し求めて荒れ狂っていた

furor *m.* furōris *3* §26 [furō] **1.** 精神錯乱，狂乱状態 **2.** 恍惚，神がかり，入魂の境地，詩興，霊感 **3.** 激情，盲目の情熱，狂怒，激怒 traxit per ossa furorem （彼女は）骨の中で激しい恋心をひきずりまわした（身を焦がした) sine furore poeta esse non potest 霊感なくして詩人たり得ない

fūror *dep.1* fūrārī, fūrātus sum §§123(1), 125 [fūr] 盗む，こっそりと取る，だまって取る，不正な手段で手に入れる，だまし取る librum ab aliquo furari ある人から本を盗む（剽窃する) fessos oculos furare labori (9d5) （お前の）疲れた目から（不眠の）疲労をそっと取り除け

Furrīna (Fūrīna) *f.* Furrīnae *1* §11 ローマの非常に古い女神 （名) **Furrīnālia** *n.pl.* -lium *3* §20 フッリーナ祭(7 月 25 日)

fūrtim 副 [fūr] こそこそと，ひそかに，人目をしのんで，内密に

fūrtīvē 副 §67(1) [fūrtīvus] ひそかに，こっそりと，人目を盗んで

fūrtīvus *a.1.2* fūrtīv-a, -um §50 [fūrtum] **1.** 盗んだ，横領した，くすねた **2.** 窃盗の，泥棒の **3.** 秘密の，人目をしのんだ，内々の

fūrtum *n.* fūrtī *2* §13 [fūr] **1.** 盗み，窃盗 **2.** さぎ，ごまかし，策略奇計 **3.** 盗品，略奪物 **4.** 密通，密会 alicui furtum facere 人のものを盗む navis onusta furtis (9f17) 盗品を積んだ船

fūrunculus *m.* fūrunculī *2* §13 [fūr の小] **1.** こそどろ **2.** 疔(ちょう)，こぶ

furvus *a.1.2* furv-a, -um §50 暗い色合いの，濃い色の，黒ずんだ，くすんだ dies furvus 不吉な(不幸な)日

Galēnus

fuscō *1* fuscāre, -cāvī, -cātum §106 ［fuscus］ **1.** (他)暗くする, 黒くする, 濃くする **2.** (自)黒ずむ

fuscus *a.1.2* fusc-a, -um §50 (比)fuscior **1.** 黒い, 濃い色の, 黒ずんだ, 暗い **2.** 日に焼けた, 浅黒い **3.** 暗い, ぼんやりした **4.** (声)はっきりしない, しゃがれた, こもった

fūsilis *a.3* fūsile §54 ［fundō¹］ **1.** 溶けた, 液状の **2.** やわらかな

fūstis *m.* fūstis *3* §19 **1.** とってのある杖, 棍棒, 丸太 **2.** まき, たきぎ

fūstuārium *n.* fūstuāriī *2.* §13 笞(ち)刑(笞で打ち殺す)

fūsus *a.1.2* fūs-a, -um §50 ［fundō¹の完分］ (比)fusior **1.** 拡げられた, 伸びた, 散らばった, 広い **2.** ゆるんだ, ほどけた, 自由な **3.** (文体)豊かな, 詳しい, 行きとどいた campi fusi in omnem partem あらゆる方向へ拡がっている平野

fūsus *m.* fūsī *2* §13 錘(ぉ)

fūt(t)ilis *a.3* fūt(t)ile §54 **1.** こわれやすい, 砕けやすい **2.** 取るに足らぬ, 空しい, 無価値の **3.** 弱い, 無力の, 信頼できない

futuō *3* futuere, futuī, futūtum §109 (女と)性的関係を持つ

futūrus *a.1.2* futūr-a, -um ［sumの未分］ §50 **1.** 来るべき, 将来の **2.** 切迫した, さし迫った (名)**futūra** *n.pl.* *2* §13 将来, 未来

G

G, g §1 ラテン字母

Gabiī *m.pl.* Gabiōrum *2* §13 ラティウム地方の古い町

Gabīnī, -nōrum *m.pl.* *2* §13 ガビイーの住民

Gādēs *f.pl.* Gādium *3* §19 ヒスパニアの古い町, 今の Cádiz

gaesum *n.* gaesī *2* §13 ガリア人の長い(鉄製の)投げ槍

Gaetūlī *m.pl.* Gaetūlōrum *2* §13 アフリカ北西部のガエトゥーリア(Gaetūlia, *f.1* §11)の遊牧民族

Gāius *m.* Gāiī *2* §13 呼 Gāī §13注(5) ガーイウス, ローマ人の個人名, 省略記号 C.

Gāius *m.* Gāiī *2* §13 二世紀の有名な法学者

Galatae *m.* Galatārum *1* §11 ＝**Gallŏ-graecī** *m.* -cōrum *2* §13 小アジアの一地方, ガラティアの住民

Galatia ＝ **Gallŏgraecia** *f.* -ae *1* §11 ローマの属州

Galba *m.* Galbae *1* §11 **1.** 家名 **2.** ローマ皇帝(68-69年)

galbaneus *a.1.2* galbane-a, -um §50 ガルバヌムの

galbanum *n.* galbanī *2* §13 ガルバヌム, シュリア産のオオウィキョウからとれるゴム樹脂

galbinum *n.* galbinī *2* §13 柔弱な男の着た黄色の流行服

galbinus *a.1.2* galbin-a, -um §50 **1.** 淡い緑色の, 黄色の **2.** 柔弱な, 女々しい

galbulus *m.* galbulī *2* §13 ［garbinus?］ 黄色い羽毛の鳥, コウライウグイス

galea *f.* galeae *1* §11 ＜γαλέη 冑(かぶ), 皮製の冑

galeātus, -a, -um *a.1.2* §50 冑をかぶった

Galēnus *m.* Galēnī *2* §13 ギリシア人の有名な医者(二世紀)

galeō *1* galeāre, -leāvī, -leātum §106 [galea] 冑(かぶと)をかぶらせる, 冑でおおう

galeōtae *m.pl.* galeōtārum *1* §11 (シキリア島の)占い師, 不思議な現象の判断者

galēriculum *n.* galēriculī *2* §13 [galērum の小] **1.** 小さな縁なし帽子, 小頭巾(ずきん) **2.** 小さなかつら

galēritus *a.1.2* galērit-a, -um §50 [galērum] 縁なし毛皮の帽子をかぶった(百姓)

galērum *n.* =**galērus** *m.* -ī *2* §§13, 43 **1.** 縁なし毛皮帽子, 頭巾(ずきん) **2.** かつら

Galilaea *f.* -ae *1* §11 ガリラエア, ローマの属州の一つ

galla *f.* gallae *1* §11 (ブナ科の)虫こぶ, 没食子(もっしょくし)

Gallī[1] *m.pl.* Gallōrum *2* §13 ガッリア人

Gallī[2] *m.pl.* Gallōrum *2* §13 キュベレーの祭司たち

Gallia *f.* Galliae *1* §11 ガッリア (今のフランス, スイス) ～ Cisalpina (又は citerior) アルプスのこちら側のガッリア, 北イタリア地方 ～ Transalpina (又は ulterior) アルプスの向う側のガッリア, 本来のガッリア

galliambus (**-bos**) *m.* galliambī *2* §13 [Gallī, iambus] キュベレーの祭司たちの歌

Gallicānus *a.1.2* -na, -num §50 属州ガッリアの

Gallicus *a.1.2* -ca, -cum §50 ガッリアの, ガッリア人の gallica (solea) (ガッリア風の)木製のサンダル

gallīna *f.* gallīnae *1* §11 [gallus] めんどり, ニワトリ

gallīnaceus *a.1.2* gallīnace-a, -um §50 [gallīna] めんどりの, ニワトリの lactis gallinacei haustum sperare めんどりの乳を飲みたいと望むこと(不可能なこと)

gallīnārius *a.1.2* gallīnāri-a, -um §50 [gallīna] めんどりの, 鶏の, 家禽の

gallīnārius *m.* -riī *2* §13 鶏小屋番人

gallus *m.* gallī *2* §13 おんどり, にわとり gallus in sterquilinio suo plurimum potest おんどりは(ひとは誰でも)自分の糞の山(自分の家)では大得意だ

Gallus *m.* Gallī *2* §13 **1.** ローマ人の家名 **2.** ローマの詩人, ウェルギリウスの友

gānea *f.* gāneae *1* §11 = **gāneum** *n.* -neī *2* §13 **1.** 居酒屋, 淫売屋 **2.** 大食, 放蕩

gāneō *m.* gāneōnis *3* §28 [gānea] 大食漢, 放蕩者

ganniō *4* gannīre §111 犬が吠える, 人が, がみがみ言う

gannitus *m.* gannitūs *4* §31 罵詈雑言, 犬がしきりに吠える声

Ganymēdēs *m.* Ganymēdis *3* §42(2) (神)ゼウスが鷲となって天上にさらって行き, 酌人とした美少年のトロイア王子

garriō *4* garrīre, garrīvī *4* §111 ぺちゃくちゃしゃべる, 鳥がちゅうちゅう鳴く

garrulitās *f.* garrulitātis *3* §21 [garrulus] くだらぬおしゃべり, むだ口, 多弁, 鳴き声

garrulus *a.1.2* garrul-a, -um §50 [garriō] **1.** おしゃべりの, 多弁な, 饒舌の **2.** (小鳥, 蛙など)やかましくさえずっている, 鳴いている, (川)音をたてている

garum *n.* garī *2* §§13, 38 < γάρον 魚(サバなど)を原料とした調味用ソース

gaudeō *s.-dep.* *2* gaudēre, gāvīsus sum §142 (心の中で)喜ぶ, 嬉しく思う, 満足する delicto dolere, correctione (9f15) gaudere 欠点を苦しく, 矯正を嬉しく思う Celso gaudere (117.4) refer ケルススによろしくお伝え下さい in sinu gaudere 内心で喜ぶ

gaudium *n.* gaudiī *2* §13 [gaudeō] **1.** 喜び, 嬉しさ, 満足感 **2.** 喜びの理由, 喜びをもたらす人・もの **3.** 感

覚的肉体的な喜び cum ratione animus movetur placide atque constanter, tum illud gaudium dicitur 心が理性によって静かに長くうごかされているとき,それが「喜び」と称せられる

gaulus *m.* gaulī 2 §13 <γαυλός 手おけ, 円形の容器

gausapa *f.* gausapae 1 §11 = **gausape**, -pis 3 §19 =**gausapum**, -pī 2 §§13, 43 <γαυσάπης 粗紡毛織物の布, または外套(マント)

gāvīsus → gaudeō

gāza *f.* gāzae 1 §11 <γάζα 宝(物), 財貨, 富

gelasīnus *m.* gelasīnī 2 §13 < γελασίνος 頬のえくぼ

gelidus *a.1.2* gelid-a, -um §50 [gelu] (比)gelidior (最)gelidissimus 凍った, 氷のような, つめたい, 酷寒の gelidus tremor 身も凍るような戦慄 **gelidē** 副 §67(1) 冷やかに, 熱もなく

Gellius *m.* Gelliī 2 §13 1. ローマ人の氏族名 2. Aulus Gellius 二世紀の文法学者

gelō 1 gelāre -lāvī, -lātum §106 [gelū] 1. 凍らせる, 凝固(結)させる, こわばらせる 2. 凍る

gelū *n.* gelūs 4 §31 =**gelus** *m.* gelūs 4 §31 =**gelum** *n.* gelī 2 §§13, 44 1. 氷のような冷たさ, 凍てつく寒さ, 氷, 凍った雪 2. 霜, 霜の降る寒い天気 3. 冷たさ, 硬直

gemebundus *a.1.2* gemebund-a, -um §50 [gemō] うめいている, うなっている

gemellipara *f.* gemelli-parae 1 §11 [gemellus, pariō] ふたごの母親

gemellus *a.1.2* gemell-a, -um §50 [geminus] 1. 双生の, ふたごの 2. 対の, 二重の, 二様の 3. 双生児のようによく似た (名)**gemellus** *m.* -ī 2 §13 ふたごの兄弟(の一人)

gemīnātiō *f.* gemīnātiōnis 3 §28 [geminō] (言葉の)重複, 繰返し

gemīnātus *a.1.2* gemināt-a, -um

§50 [geminō の完分] 二重の, 倍の, 一対の, 符号(対応)した

geminī *m.pl.* -nōrum 2 §13 ふたごの兄弟

geminō 1 gemināre, -nāvī, -nātum §106 [geminus] 1. 倍にする, 重ねる, くりかえす 2. 一対とする, つがわせる, 結合させる

geminus *a.1.2* gemin-a, -um §50 (最)geminissimus 1. ふたごの, 対の 2. 二倍の, 二重の, 二つの, 双方の 3. 似ている, 相似の

gemitus *m.* gemitūs 4 §31 [gemō] 1. うめき声, 呻吟, 嘆息, 悲嘆, 苦しみ 2. 咆哮, 鳴動, うなり声

gemma *f.* gemmae 1 §11 1. 芽, つぼみ 2. 宝石, 真珠 3. (宝石で飾られた)杯, コップ, 酒盃, 印章指輪 4. (クジャクの羽)眼状斑点

gemmātus *a.1.2* gemmāt-a, -um §50 [gemma] 宝石(真珠)で飾られた

gemmeus *a.1.2* gemme-a, -um §50 [gemma] 1. 宝石の, 宝石で飾られた 2. 宝石の如く輝く

gemmō 1 gemmāre, -māvī, -mātum §106 [gemma] 1. (若)芽をだす 2. 宝石で飾られている, 宝石で輝く, (宝石の如く)輝く

gemō 3 gemere, gemuī, gemitum §109 1. ため息をつく, うめく, なげき悲しむ 2. (動物が)(哀調をおびた)泣き声・うめき声を発する 3. (ものが)きしる 4. (他)なげく, うめく, 悲しむ gemuit sub pondere cymba 小舟が重荷できしんだ multa gemens (118.1) ignominiam 不面目を大いに嘆いて

Gemōniae (scālae) *f.pl.* Gemōniārum(scalārum) 1 §11 阿鼻叫喚の石段, ティベリス川に下るアウェンティーヌス丘の斜面にあった, 処刑者の死体がここよりティベリス川に投げ込まれた

genae *f.pl.* genārum 1 §11 (*sg.* gena はまれ) 1. 頬 2. 目のまわり, 瞼(まぶた), 目

gener *m.* generī 2 §15 むこ, 娘の婚約者, 養子

generālis 318

generālis *a.3* generāle §54 [genus] **1.** 種族に関する **2.** 一般的な, 普遍的な

generāliter 副 §67(2) 一般に, 凡そ

generāscō *3* generāscere, ――, ―― §109 [generō] 生じる, 生れる

generātim 副 [genus] **1.** 種類毎に, 階層ごとに, 部族ごとに, 項目ごとに **2.** 一般に, 概して, まとめて

generātiō *f.* generātiōnis *3* §28 [generō] 子を生むこと, 生む能力, 生産, 生殖

generātor *m.* generātōris *3* §26 [generō] 生む人, 子をつくる人, 生産者, 父親

generō *1* generāre, -rāvī, -rātum §106 [genus] (子を)こしらえる, つくる, 生む, 生産する, 創造する (受)生れる, 生じる, 由来する, 子孫である gene-ratus Herculis (42.1.a) stirpe (9f4) ヘーラクレースの始祖に由来する hominem generavit deus 神が人間をつくった

generōsē 副 §67(1) (比)generosius 気高く, 立派に, 堂々と

generōsus *a.1.2* generōs-a, -um §50 [genus] (比)generosior (最)generosissimus **1.** 高貴な生れの, 名門の出の, 育ちのいい, 優良種の **2.** すぐれた, 立派な, 気高い, 高潔な, おおらかな

genesis *f.* genesis *3* §19 <γένεσις **1.** 創造 **2.** 誕生の運勢, 星占い

genesta (genista) *f.* genestae *1* §11 エニシダ

genetīvus *a.1.2* genetīv-a, -um §50 [gignō] **1.** 誕生に関する, 生れつきの, 自然の **2.** genetivum nomen 家族の名 **3.** casus ~ 属格

genetrīx *f.* genetrīcis *3* §21 [genitor] 母親

geniālia *n.pl.* -ālium *3* §20 結婚の床

geniālis *a.3* geniāle §54 [genius] **1.** 誕生にかかわる, 結婚の, 夫婦の **2.** 喜ばしい, 祭の, 愉快な

geniāliter 副 §67(2) 陽気に, 喜ばしげに

genitābilis *a.3* genitābile §54 [gignō] 出産・生殖にかかわる, 生殖力のある, 実りの多い

genitālis *a.3* genitāle §54 [gignō] 生殖・出産の, 実らせる, 受胎能力のある, 多産の, 誕生の

Genitālis *f.* -lis *3* §19 出産を司る Lucina 女神の異名

genitāliter 副 §67(2) 受胎させるように, 実り多く

genitīvus = genetīvus

genitor *m.* genitōris *3* §26 [gignō] 産みの親, 父, 創始者, 創造者, 源泉

genitrīx = genetrīx

genitūra *f.* genitūrae *1* §11 [gignō] 生殖, 出産, 種子, 創造物, 誕生時の星位

genitus → gignō

genius *m.* geniī *2* §13(5) [gignō] **1.** (旧説)原義は「命を生むもの」, 男の生殖力の象徴であり, 生涯にわたって苦楽を共にする第二の精神的自我, 生き霊, 守護神(個人ばかりでなく国, 家, 社会にもいる) (新説)原義は「今生まれたばかりのもの」, 生まれたものの中で統一されている素質の全体 **2.** 男の生殖と係わる喜び, 享楽, 交友生活の楽しみへの嗜好や愛好 **3.** 才能, 天分 te per Genium obsecro 守り神に誓ってあなたに願う ge-nium dicebant antiqui naturalem deum uniuscujusque loci vel rei aut hominis 昔の人は一つ一つの場所, もの, 人の中に本来宿っている神をゲニウスと呼んだ indulgere genio 楽しみにふける genium suum defraudare 愛好を断つ, つましく生きる victurus (118.1. 未) genium debet habere liber 人は自由に生きんがためには才能を持たねばならぬ

genō(古) = gignō

gēns *f.* gentis *3* §24 [gignō] **1.** (先祖と家名と家の祭祀を同じくする)一族, 氏族, 一門, 血族 **2.** 血統, 後裔, 子孫 **3.** 部族, 民族, 国, 地方 **4.** 世界(中の人), 人類, ローマ, イタリア以外の

人 (*pl.*) gens Cornelia コルネーリウス氏族 majorum gentium (9c5) senatores 高貴な血統の (名門の) 元老院議員たち deum gens 神々の後裔 gens humana 人類 gens Sabina サビーニー族 gens togata トガ (市民服) を着る人種・ローマ人

genticus *a.1.2* gentic-a, -um §50 [gēns] 氏族の, 国家の

gentīlicius *a.1.2* gentīlici-a, -um §50 [gentīlis] **1.** (ある特定の) 氏族 (一族, 一門) に関する **2.** 民族の

gentīlis *a.3* gentīle §54 [gēns] **1.** 同じ氏族の, 同一族, 一門の **2.** 同一氏族の, 部族の

gentīlis *c.* -lis *3* §19 同じ一族, 一門の人, 近親者, 同郷人

gentīlitās *f.* gentīlitātis *3* §21 [gentīlis] **1.** 同じ氏族, 同じ一門, 一族の者たちの親戚関係 **2.** 同じ家名の親族

genū *n.* genūs *4* §31 ひざ → genus²

genuālia *n.pl.* genuālium *3* §20 膝 (ひざ) の飾りひも

genuī → gignō

genuīnus *a.1.2* genuīn-a, -um §50 [gignō] 生まれつきの, 生来の, 天賦の

genuīnus *m.* genuīnī *2* §13 奥歯 (おくば), 臼歯 (きゅうし)

genus¹ *n.* generis *3* §29 [gignō] **1.** 生れ, 素性, 家系, 血統, 高貴な血, 貴族 **2.** 子孫, 後裔, 子供 **3.** 民族, 種族, 人種 **4.** 種, 品質, 種別, 種属, 階層 **5.** 本性, 性質, 性 (自然の, 文法上の) **6.** 様式, 仕方, 型, 形態, 流儀 ab altō demissum genus Aeneā 高貴なアエネーアスの子孫 propter divitias aut genus rem publicam tenere 富か高貴な血統で国家を支配すること genus irritabile vatum (9c4) 癇癪を起し易い型の詩人たち naves omni genere armorum ornatissimae あらゆる武器で完璧に武装した船

genus² *n.* genūs *4* §31 = genū §§43, 45 膝 (ひざ) genu terram tangere 土地にひざをつく genibus alicujus provolvere ある人の膝の前に身を投げ出す,

ひれ伏す imperium Phraates Caesaris accepit genibus (9f6) minor Ph. は C. のひざより小さくなって (ひざまずいて) 命令権を受け取った

geōgraphia *f.* geōgraphiae *1* §11 <γεωγραφία 地理 (学)

geōmetrēs *m.* geōmetrae *1* §37 <γεωμέτρης 幾何学者

geōmetria *f.* geōmetriae *1* §11 <γεωμετρία 幾何学

geōmetricus *a.1.2* geōmetric-a, -um §50 <γεωμετρικός 幾何学の

Geōrgica (*sc.* carmina) *n.pl.* Geōrgicōn *2* §38 注 『農耕詩』ウェルギリウスの作品の標題

geōrgicus *a.1.2* geōrgic-a, -um §50 <γεωργικός 農業の, 耕作の

Gergovia *f.* Gergoviae *1* §11 ガッリアのアルウェルニー族の町

Germānī *m.pl.* Germānōrum §13 ゲルマーニア人

Germānia *f.* Germāniae *1* §11 レーヌス, ダーヌウィウス, ウィストラの三川と海に囲まれた地域

Germānicus *a.1.2* -ca, -cum §50 ゲルマーニア人の, ゲルマーニアの

Germānicus *m.* Germānicī *2* §13 ゲルマーニア人と戦ったローマの将軍の異名 **1.** Claudius Drusus ティベリウス帝の兄 **2.** Germanicus Caesar (1) の子

germānitās *f.* germānitātis *3* §21 [germānus] **1.** 兄弟姉妹の血のつながり **2.** 同一母市をもつ植民地同士の関係 **3.** 類似, 共通性

germānus *a.1.2* germān-a, -um §50 [germen] (最) germanissimus **1.** 同一の両親 (父) をもつ **2.** 真正の, 本物の **germānē** 副 §67 本当に, 忠実に

germānus *m.* -ī *2* §13 **germāna** *f.* -ae *1* §11 実の兄弟, 実の姉妹

Germānus *a.1.2* -na, -num §50 ゲルマーニアの

germen *n.* germinis *3* §28 **1.** 胚, 芽, つぼみ, 発芽 **2.** 胎児, 子孫

germinō *1* germināre, -nāvī, -nātum

§106 ［germen］ 芽を出す，胚胎する

gerō 3 gerere, gessī, gestum §109
1. 持つ，持って行く，運ぶ **2.** 身につける，
着る，かぶる **3.** se gero ふるまう，姿を見
せる **4.** 生む，産出する，実を結ぶ **5.** 心
に抱く，感じる，経験する，大事にする，
やしなう **6.** 遂行する，実行する，果す，努
める，管理する，世話する，支配する **7.** 談
判する，討議する，交渉する，導く，案内
する si ipse negotium meum gererem,
nihil gererem (116.9a) nisi consilio tuo
私が自分の義務を果すときは，あなたに相
談なしには一切何もしないだろう in capite
galeam, dextra manu clavam ～ 頭に
冑をかぶり左手にこん棒をもって fruges
gerit terra 土地が果実を産する se me-
dium gero 中立を保つ se gerere pro
cive 市民としてふるまう geram (116.1)
tibi morem あなたの意に従いたい rem
publicam bene (bellum) ～ 公務を立派
につとめる(戦争する) res gestae 業績
prae se gerere aliquid あるものを明るみ
に出す，見せる

gerrae 間 ばかな，くだらない

gerrō m. gerrōnis 3 §28 ［gerrae］
(ののしる，そしる言葉)馬鹿，道化者(?)

gerula f. -lae 1 §11 女の運び人

gerulifigulus m. geruli-figulī 2
§13 下働き，幇助者

gerulus m. gerulī 2 §13 ［gerō］
運び人夫，かつぎ屋

Gēryōn m. Gēryōnis 3 §28 ＝
Gēryŏnēs m. Gēryonae 1 §37
(神)三頭三身の怪物

gessī → gerō

gestāmen n. gestāminis 3 §28
［gestō］ **1.** (体で運ばれるもの)荷物，着
物，武装，装飾 **2.** (運ぶ手段)担架，輿

gestātiō f. gestātiōnis 3 §28
［gestō］ **1.** 運ぶこと **2.** 運ばれること，馬，
馬車，輿にのること **3.** 遊歩道，馬場

gestātor m. gestātōris 3 §26
［gestō］ 馬や車で散歩する人，運ぶ人

gestātōrius a.1.2 gestātōri-a, -um
§50 ［gestō］ 運ぶのに役立つ gestato-
ria sella 坐輿(ざよ)

gesticulātiō f. gesticulātiōnis 3
§28 ［gesticulor］ 身ぶり，手まね，黙
劇俳優の所作

gesticulor dep.1 gesticulārī,
-culātus sum §123(1) 身ぶり(手まね)
をする，黙劇を演ずる，黙劇の動作で表現
する

gestiō f. gestiōnis 3 §28 ［gerō］
処理，管理，実行

gestiō 4 gestīre, gestīvī(iī), gestītum
§111 ((古)gestibant ＝ gestiēbant)
［gestus］ **1.** 興奮した身ぶりをする，喜
びで有頂天になる，浮かれる，歓声をあげ
る **2.** 切望する，熱烈に求める laetitiā
(9f15) gestiens 喜びで興奮して，大はし
ゃぎして gestio scire (117.4) omnia な
にもかも知りたいと熱望する

gestō 1 gestāre, -tāvī, -tātum §106
［gerō］ **1.** 持つ，運ぶ **2.** 身につける，着
て(携えて)いる **3.** 持ち回る，言いふらす
4. (受)運ばれる，散歩する，(気晴らしで)
馬，馬車，輿にのる，乗り回す aliquem
in sinu (in oculis) ～ ある人を胸(目)の
中で持ちつづける，人を愛している in
utero ～ 妊娠している

gestor m. gestōris 3 §26 ［gerō］
運ぶ人，言いふらす人，吹聴者

gestus m. gestūs 4 §31 ［gerō］
体や手を動かすこと，挙動，身ぶり，所作，
しぐさ

Getae m.pl. Getārum 1 §11 ゲ
タ人，トラーキアのダーヌウィウス河口地方
の住民

1. **gibber** a.1.2 gibbera, gibberum
§50 せむしの，猫背の

2. **gibber** m. gibberis §26 (人の)
背中の隆骨，こぶ(らくだの)

gibbus m. gibbī 2 §13 こぶ，隆
肉，腫瘍(しゅよう)，せむし，猫背(の人)

Gigā(n)s m. Gigantis 3 ＝
Gigantĕs m.pl. Gigantum 3
§41(3a) (神)大地の息子でオリュムポス
の神々に挑戦して負けた巨人(の一族)

Gigantēus a.1.2 -tēa, -tēum §50
巨人の

gignentia n.pl. gignentium 3

§20 植物, 草木 loca nuda gignentium (9c13) 草木のない所

gignō (**gī-**?) *3* gignere, genuī, genitum §109 **1.** (子を)こしらえる, 生む, つくる **2.** 生ぜしめる, 引きおこす, 産出する dis (9f4.) genitus 神々の息子 haec virtus amicitiam gignit この美徳が友情を生ぜしめる ex maxima libertate tyrannus gignitur 極端な自由から僭主政治が生じる

gilvus *a.1.2* gilv-a, -um §50 淡黄色の, 明るい栗毛色

gingīva *f.* gingīvae *1* §11 歯肉, はぐき

ginnus → hinnus

glaber *a.1.2* glabra, glabrum §52 (比)glabrior 毛(頭髪, ひげ)のない, すべっこい, なめらかな, はげの

glaber *m.* glabrī *2* §15 稚児(ちご), 毛やひげ(のない)を剃った(女性的な)奴隷

glabrāria *f.* glabrāriae *1* §11 [glaber] 毛を刈られて(裸になった)ヒツジ, (又は)glaber(稚児)を愛し自らも財産をむしりとられた女

glaciālis *a.3* glaciāle §54 [glaciēs] 氷の, 氷のような, 冷たい

glaciēs *f.* glaciēī *5* §35 氷, 厳寒

glaciō *1* glaciāre, -ciāvī, -ciātum §106 [glaciēs] **1.** 凍らせる, 固まらせる **2.** 凍る, 固まる

gladiātor *m.* gladiātōris *3* §26 [gladius] 剣闘士, (*pl.*)剣闘士試合(の見世物) gladiator in arena consilium capit 剣闘士は砂場の中でも安全の道を講じる(熟練の士は危険に臨んでも助かる道を知っている)

gladiātōrium *n.* -ī *2* §13 剣闘士の給料

gladiātōrius *a.1.2* gladiātōri-a, -um §50 剣闘士の

gladiātūra *f.* gladiātūrae *1* §11 剣闘士の職

gladius *m.* gladiī *2* §13 剣 suo sibi (9d8) hunc gladio jugulo わし

はあいつをあいつ自身の言葉(剣)でやっつけてやる plumbeo gladio jugulari 鉛の剣で喉を切られる(難なく反駁する) scrutari (137) ignem gladio 火に油をそそぐ

glaeba (**glēba**) *f.* glaebae *1* §11 **1.** 土くれ, 土の一かたまり **2.** 陸, 土地 **3.** かたまり, 小片, かけら

glaesum *n.* glaesī *2* §13 琥珀(こはく)

glandīfer *a.1.2* glandī-fera, -ferum §51 [glāns, ferō] どんぐりをつけた, みのらせる

glandiōnida *f.* -nidae *1* §11 glandium のこっけいな(おどけた)呼び名

glandium *n.* glandiī *2* §13 食用の子牛(子羊)の胸腺, 膵臓(すいぞう)

glāns *f.* glandis *3* §24 **1.** 樫果, どんぐり **2.** 鉛弾(投石器から放つ)

glārea *f.* glāreae *1* §11 砂利(じゃり), 砕石

glāreōsus *a.1.2* glāreōs-a, -um §50 [glārea] 砂利(じゃり)の多い, 砂利を敷いた

glaucina *n.pl.* glaucinōrum *2* §13 クサノオウ(ケシ科)の軟膏

glaucōma *n.* glaucōmatis *3* §22 緑内障, あおそこひ

glaucus *a.1.2* glauc-a, -um §50 <γλαυκός 青灰色, 青緑色の

Glaucus *m.* Glaucī *2* §13 (神) **1.** シーシュポスの子, 自分の馬に食われて死ぬ **2.** トロイア方についたリュキア軍の将 **3.** ボイオーティアの漁夫, 薬草のおかげで海神となった

glēba → glaeba

glēsum → glaesum

glīscō *3* glīscere, ——, —— §109 **1.** 大きくなる, ふくらむ, 成長する, 増す **2.** 燃え上がる, 広がる, 強くなる seditio gliscit in dies 暴動が日に日につのる

globōsus *a.1.2* globōs-a, -um §50 [globus] 球状の, 球の, 束ねられた

globus *m.* globī *2* §13 **1.** 球, まり, 球体, 球状のかたまり **2.** 集団, 群集, 団体 **3.** 天体, 地球, 流星 **4.** (ねりこ)だんご

glomerāmen *n.* glomerāminis *3* §28 [glomerō] 球状のかたまり, 小球, 球形の原子

glomerō *1* glomerāre, -rāvī, -rātum §106 [glomus] 集めて丸い塊をつくる, 丸める, 巻いて玉にする, つめる, 固める, 積み重ねる lanam in orbes ～ 毛糸を巻いて玉にする ～ nubes 雲を積み重ねる ～ manum bello 戦うために手勢を集める ～ gressus superbos (馬が)誇らしく前足をあげて丸める(ギャロップで走る)

glomus *n.* glomeris *3* §29 球形の塊, 糸だま

glōria *f.* glōriae *1* §11 **1.** 名声, 栄光, 賞賛, 誉れ **2.** 名誉欲, 功名心, 野心, 誇り, 自慢, 虚栄心 gloriam qui spreverit, veram habebit 栄光を軽蔑する人こそ真の栄光を手にするだろう

glōriātiō *f.* glōriātiōnis *3* §28 誇ること, 自慢すること

glōriola *f.* glōriolae *1* §11 [glōria の小] 小さな名誉

glōrior *dep.1* glōriārī, glōriātus sum §123(1) [glōria] 自慢する, 誇る victoriā suā, de suis beneficiis, in virtute ～ 自分の勝利を, 自分の慈善を, 勇気を誇る

glōriōsē 副 [glōriōsus §67] (比) gloriosius (最)gloriosissime 栄光と共に, 堂々と, 華々しく, 大威張りで

glōriōsus *a.1.2* glōriōs-a, -um §50 [glōria] (比)gloriosior (最)gloriosissimus **1.** 光栄ある, 名誉ある **2.** 名誉心のある, 功名心にもえた **3.** ほら吹きの

glūbō *3* glūbere, glupsī, gluptum §109 樹皮をはぐ, 皮をむく

glūten *n.* glūtinis *3* §28 = **glūtinum** *n.* -nī *2* §13 にかわ

glūtinātor *m.* glūtinātōris *3* §26 [glūtinō] 製本職人

glūtinō *1* glūtināre, -nāvī, nātum §106 **1.** (にかわで)くっつける, 接着する **2.** (傷口)接合する, 結合する

glūtiō (-ttiō) *4* glūtīre, -tīvī(-tiī), -tītum §111 飲み下す, 飲み込む

Gnaeus *m.* Gnaeī *2* §13 ローマ人の個人名 (略語)Cn.

gnāritās *f.* gnāritātis *3* §21 [gnārus] 知識, 知恵

gnārus *a.1.2* gnār-a, -um §50 [*cf.* gnōscō] **1.** 知っている, 精通している, 熟達している, 老練な (9c13) **2.** 知られている (9d13) gnarus rei publicae 政治に精通した palus gnara vincentibus 勝者に知られた沼地

Gnathō *m.* Gnathōnis *3* §28 (太鼓持ち的な)食客の名

gnātus, gnāvē, gnāvitās, gnāviter, gnāvus → nātus, etc.

Gnidus, Gnidius → Cnidus

Gnosia *f.* -ae *1* §11 アリアドネー

Gnōsiacus *a.1.2* =Gnōsius

Gnōsias *f.* Gnōsiadis *3* §41.5a =**Gnōsis** *f.* Gnōsidis *3* §41.6b クノーソスの女(=アリアドネー)

Gnōs(s)ius *a.1.2* -sia, sium §50 クノーソスの, クレータの

Gnōs(s)us (-ŏs) *f.* Gnōs(s)ī *2* §13 クレータ島の古い都

gōbius *m.* gōbiī *2* §13 = **gōbiō** *m.* gōbiōnis *3* §28 タイリクスナモグリ(コイ科の小魚)

Gorgiās *m.* Gorgiae *1* §37 **1.** ギリシアの有名なソフィスト **2.** キケロの息子の師, 修辞学者

Gorgō (-gōn) *f.* Gorgōnis(又は -gonos) *3* §41.8c (神)**1.** 海神 Phorcys の三人の娘の一人で別名 Medusa, 蛇の髪を生やした怪物で, 彼女に見られた者は石と化した **2.** 他の二人の姉妹(Sthenno, Euryale)も, それぞれゴルゴー(ン)と呼ばれた

Gorgoneus *a.1.2* -nea, -neum §50 ゴルゴー(ン)の

gōrȳtus (cōrȳtus) *m.* gōrȳtī *2* §13 箙(えび), 矢筒

grabātus *m.* grabātī *2* §13 低くて粗末な寝台, 貧弱な寝床

Gracchānus *a.1.2* -na, -num §50 グラックスの

Gracchus *m.* Gracchī *2* §13 **1.**

ローマの家名 **2.** 前二世紀のグラックス兄弟は有名

gracilis *a.3* gracile §54 （比）gracilior （最）gracillimus §60(ロ) **1.** 細い，やせた，すらりとした，きゃしゃな，うすい，せまい，軽い，貧弱な **2.** (文体)飾らない，平明な，簡潔な gracilis femina きゃしゃな女 graciles vindemiae 貧弱なブドウの収穫

gracilitās *f.* gracilitātis *3* §21 [gracilis] **1.** 細さ，痩(や)せ，しなやか，きゃしゃ，貧弱 **2.** 飾り気のないこと，簡潔，平明

grāculus (-ă- ?) *m.* grāculī *2* §13 コクマルガラス(カラス科)

gradārius *a.1.2* gradāri-a, -um §50 [gradus] 一様な歩調で進む(所の)，落ち着いた，沈着

gradātim 副 [gradus] **1.** 一歩一歩と，徐々に，着実に **2.** だんだんに，階級の順序で，等級をつけて

gradātiō *f.* gradātiōnis *3* §28 [gradus] **1.** 一続きの階段(座席) **2.** 漸層法(修辞学)

gradior *dep.3* gradī, gressus sum §123(3) 歩く，進む，行く

Grādīvus *m.* Grādīvī *2* §13 軍神マルスの異名

gradus *m.* gradūs *4* §31 **1.** 歩み，一歩，足取り，歩調 **2.** 踏み段，段，階段 **3.** 足場，位置，地位(社会的)，階級(官職の) **4.** 順序，等親，程度，(度合) **5.** 接近，推移，行進 gradum facere 進む ～ corripere 急ぐ suspenso gradu ぬき足で pleno gradu 駆け足で stabili gradu 固い足場で(戦場の)

Graecānicus *a.1.2* Graecānic-a, -um §50 ギリシア起源の，ギリシア風(様式)の

Graecē 副 [Graecus §67] ギリシア語で

Graecia *f.* Graeciae *1* §11 ギリシア Magna ～ ギリシア人が移住していたイタリア南部の海岸地帯

graecissō *1* graecissāre, -issāvī, -issātum §106 ギリシア人(様式)をまねる，ギリシア語を話す

graecor *dep.1* graecārī, -cātus sum §123(1) ギリシア人をまねる，ギリシア風に暮す(軽べつ的に)

Graecostasis *f.* Graecostasis *3* §19 最初ギリシアの，後に外国の使節が元老院に接見される迄待っていた建物(ローマの元老院に近かった)

Graeculus *a.1.2* Graecul-a, -um §50 ギリシアの，ギリシア人の(侮べつ的な表現)

Graeculus *m.* Graeculī *2* §13 ギリシア人 Graeculus esuriens, in caelum, jusseris (116.9a), ibit 腹をすかしたギリシア人は，あなたが天に行けと命じると行くだろう

Graecus *a.1.2* -ca, -cum §50 ギリシアの，ギリシア人の （名)**Graecī** *m.pl.* Graecōrum *2* §13 ギリシア人

Grāiī (**Grāī**) *m.pl.* Grāiōrum (Graium)=Graecī

Grāiugena *m.* Grāiu-genae *1* §11 (*pl.gen.*Grāiu-genum 14)ギリシア生れの人，ギリシア人

Grāius *a.1.2* Grāi-a, -um §50 ギリシアの，ギリシア人の

grallātor *m.* grallātōris *3* §26 竹馬にのって歩く人，大言壮語する人

grāmen *n.* grāminis *3* §28 草，芝草，草木

grāmineus *a.1.2* grāmine-a, -um §50 [grāmen] 草の，草でおおわれた，芝草でできた

grammatica *f.* -ticae *1* §11 =**grammaticē** *f.* -ticēs *1* §37 文学，言語，文法の研究

grammaticus *a.1.2* grammatic-a, -um §50 <γραμματικός 文法の，文(法)学者の

grammaticus *m.* -ticī *2* §13 文(法)学者，言語学者

grānārium *n.* grānāriī *2* §13 [grānum] 穀物倉

grandaevus *a.1.2* grand-aev-a, -um §50 [grandis, aevum] 年をとった，老齢の

grandēscō *3* grandēscere, ——,
—— §109 ［grandis］ 大きくなる, 成
長する

grandiculus *a.1.2* grandicul-a, -um
§50 ［grandis の小］ かなり大きい, 充
分に成長した

grandifer *a.1.2* grandi-fera, -ferum
§51 ［grandis, ferō］ 豊かな収穫をも
たらす, 肥沃な

grandiloquus *a.1.2* grandi-loqu-a,
-um §50 ［grandis, loquor］ **1.** 壮重
体を用いた **2.** 勿体ぶって話す, 大言壮語
する

grandinat 非 grandināre ［grandō］
§165 あられが降る

grandiō *4* grandīre, ——, ——
§111 ［grandis］ **1.** 大きくする, 増大
させる **2.** 大きくなる, ふえる testudineum
istum tibi (9d8) ego grandiam gradum
お前のそのカメの歩みを私は大きくしたい
（お前をせき立てたい）

grandis *a.3* grande §54 **1.** 大き
い, 太い, 背の高い, 多数の, 長大な **2.** 重
要な, 堂々たる, 目立つ, 立派な, 強力
な, 崇高な, 気品のある **3.** 成長した, 年
をとった grandis natu, verbis (9f3) 年
をとった, 文体の崇高な

grandiscāpius *a.1.2* grandi-
scāpi-a, -um §50 ［grandis, scāpus］
太い幹を持った

granditās *f.* granditātis *3* §21
［grandis］ 大きさ, 壮大, 崇高

granditer 副 ［grandis §67(2)］ （比）
grandius §68 大いに, 非常に, 力強
く

grandō *f.* grandinis *3* §28 **1.** ひ
ょう, あられ, 烈しいひょう（あられ） **2.** 一
斉に発射された（雨あられと注ぐ）矢弾

grānifer *a.1.2* grāni-fer-a, -um
§51 ［grānum, ferō］ 穀粒を運んでい
る（アリ）

grānum *n.* grānī *2* §13 穀粒,
粒(ﾂﾌﾞ), 種(ﾀﾈ), 果実の仁(ﾋﾄ)

graphiārius *a.1.2* graphiāri-a, -um
§50 ［graphium］ 鉄筆の （名）

graphiārium *n.* -riī *2* §13 鉄

筆の容器, 筆箱

graphicē 副 ［graphicus §67(1)］
1. 完璧に, 精巧に **2.** 生き生きと, 美しく

graphicus *a.1.2* graphic-a, -um
§50 ＜γραφικός 極めて美しい, 精巧
な, 完璧な

graphium *m.* graphiī *2* §13 ＜
γραφίον 鉄(尖)筆(蠟板用)

grassātor *m.* grassātōris *3* §26
［grassor］ 浮浪者, ろくでなし, 追いは
ぎ

grassātūra *1* grassātūrae *1*
§11 ［grassor］ 夜の徘徊, 強盗

grassor *dep.1* grassārī, -ssātus sum
§123(1) **1.** 進む, 行く **2.** 徘徊する, （夜
に）獲物をあさり歩く, 待ち伏せする **3.** 向
かう, 着手する, ふるまう **4.** 襲う, 暴れる
jure, non vi (9f11) ～ 暴力ではなく正義
の道を進む ～ in possessionem agri
publici 国有地の横領を企てる ad gloriam
virtutis viā (9f1(ハ)) ～ 栄光に向かって
美徳の道をたどる dolō ～ 狡猾(ﾎﾞ)に振
舞う

grātē 副 ［gratus §67(1)］ （比）gratius
（最）gratissime 快く, 進んで, 喜んで,
感謝して

grātēs *f.pl.* ［主,対のみ §47］ *3* §19
［grātus］ 感謝, （神への）感謝の祈り, 感
謝祭 grates alicui agere (habere, refe-
rre) ある人に感謝する

grātia *f.* grātiae *1* §11 ［grātus］
1. 親切, 好意, 愛, 友情 **2.** 感謝, 返礼
3. 名望, 人気, 威信, 影響力, 信用 **4.** 魅
力, 快適, 美 in gratiam cum aliquo
redire ある人と旧交を温める, 人と和解
する alicui pro aliqua re gratias agere
人にあることで感謝する （alicui gratiam）
dare 人に好意を示す referre 人の好意
に報いる, 返しをする summa apud po-
pulum gratia 民衆の間での最高の人気
gratia corporis 肉体の美 gratiā (9f19)
～ のために（属・名と） exempli ～ 例と
して sui purgandi (121.3. 属) ～ 自分の
行為を釈明する為に eā gratiā そのために

Gratiae *f.pl.* Gratiārum *1* §11
（神）美と優美の三人女神, ゼウスの娘

Aglaiē（輝く女）Euphrosynē（喜び）Thalīa（花の盛り）

grātificātiō *f.* grātificātiōnis *3* §28 ［grātificor］ 親切を示すこと，世話をすること，親切，好意

grātificor *dep.1* grātificārī, -cātus sum §123(1) ［grātus, faciō］ **1.** 恩恵を施す，親切にしてやる，満足させる，願いに応える **2.** 喜んで差し出す，おくる odiis (9d1) alicujus gratificarī ある人の憎しみを満足させる populo gratificarī et alienā et suā (rē) (9f11) 他人のや自分の財産を民衆に気前よく与える

grātiōsus *a.1.2* grātiōs-a, -um §50 ［grātia］ （比）gratiosior （最）gratiosissimus **1.** 人気・好意を享受している，羽振りのいい，魅力のある，愛されている **2.** 親切な，親しい，好意を示す gratiosus in cedendo (121.3. 奪) loco 席をゆずって好意を示している apud omnes ordines gratiosus あらゆる階層で羽振りのいい

grātīs, grātiīs 副 ［grātia の abl. pl.］ 好意から，無償で，ただで hanc tibi noctem honoris causa gratiis dono (9d7) dabo あなたの名誉のため私は無償で今晩を贈物（おくりもの）として与えましょう

grātor *dep.1* grātārī, grātātus sum §123(1) ［grātus］ 喜びを表す，祝う，祝賀する gratare (136) sorori (9d1) 姉妹を祝ってやれ gratatur reduces (esse) 彼は（彼らの）帰還を祝う

grātuītō 副 ［grātuītus §67(1)］ 無報酬で，ただで，利益なしに

grātuītus *a.1.2* grātuīt-a, -um §50 ［grātīs］ **1.** 無報酬で，好意を持ってなされた **2.** 私欲のない，清廉な，任意の，自発的な **3.** 利息なしの，買収されない（投票）

grātulābundus *a.1.2* grātulābund-a, -um §50 ［grātulor］ お祝いをのべる

grātulātiō *f.* grātulātiōnis *3* §28 ［grātulor］ **1.** 喜びの表示，祝賀 **2.** （神々への）感謝祭

grātulātor *m.* grātulātōris *3* §26 ［grātulor］ お祝いを述べる人

grātulor *dep.1* grātulārī, grātulātus

sum §§123(1), 125 **1.** 神々に感謝する **2.** 祝う，喜びを表す，祝辞を述べる alicui de aliqua re（又は aliqua re）gratulari ある人にあることについて（あることで）祝辞を述べる ad me venerunt gratulatum (120.1.) 彼らは祝賀のため私の所にやってきた

grātus *a.1.2* grāt-a, -um §50 （比）gratior （最）gratissimus **1.** 快適な，有難い，好ましい，好都合の，大切な **2.** 魅力ある，かわいい，親愛な **3.** 有難く思う，感謝する，恩に感じる gratum se praebere alicui ある人に感謝の態度を示す facere alicui gratum ある人を喜ばす，恩を施す，ありがたく思わせる

gravātē 副 ＝ **gravātim** ［gravor の完分 gravātus］ §67(1) いやいやながら，しぶしぶ，やっとのことで

gravēdinōsus *a.1.2* gravēdinōs-a, -um §50 ［gravēdō］ 風邪をひきやすい

gravēdō *f.* gravēdinis *3* §28 ［gravis］ **1.** 鼻づまり，風邪 **2.** うっとうしい気分，頭痛，胃炎

graveolēns *a.3* grave-olentis §55 ［gravis, oleō］ 悪臭を放つ，匂いのきつい

gravēscō *3* gravēscere, ——, —— §109 ［gravis］ **1.** 重くなる，負担になる **2.** 勢いをます，強くなる，身重になる，悪化する nemus fetu (9f11) gravescit （森の）木々が実をつけて重くなる

graviditās *f.* graviditātis *3* §21 ［gravidus］ 妊娠，身重

gravidō *1* gravidāre, -dāvī, -dātum §106 ［gravidus］ はらませる，実らせる

gravidus *a.1.2* gravid-a, -um §50 ［gravis］ **1.** 妊娠した，身重の **2.** ふくれた，一杯の，重荷を負った，重みで沈んだ，圧迫された **3.** 豊かな，満ちた nubes gravida 雨をはらんだ雲 gravidus stipes nodis (9f17) 瘤（こぶ）で一杯の幹

gravis *a.3* grave §54 （比）gravior （最）gravissimus §59 **1.** 重い，多量の，圧倒する，重苦しい，耐え難い，骨の

gravitās 326

折れる **2.** 太くて低い（音，声）**3.** 強くて不快な（匂）**4.** 重大な，ゆゆしい，重要な，有力な，尊敬すべき **5.** 重厚な，まじめな，謹厳な **6.** 強烈な，狂暴な，きびしい，害のある，厄介な，辛い，冷酷な，危険な **7.** 身重の，鈍重な gravi onere armorum oppressi 武具の重荷で圧倒された gravissima hiemps 最も辛い冬 graviora (*n.pl.*) manent より大きな危険が待ちかまえている auctoritate (9f3) graviores homines 一層大きな威信をもった人たち animus natu gravior 生まれつき重厚な性格

gravitās *f.* gravitātis *3* §21 ［gravis］ **1.** 重さ，重大，重要(性) **2.** 重苦しさ，厄介，面倒，鈍重，不快，窮地 **3.** 厳しさ，剛毅，謹厳，威厳，崇高，荘重(体)，品位，勢力 **4.** 高騰，妊娠，身重 genus hoc sermonum plus videtur habere gravitatis (9c4) この種の対談は一層深い意義を持っていると思われる comitate condita gravitas 愛想良さで味付けされた謹厳 gravitas senilis 老人の鈍重な動き personae gravitatem intuentes (118.1) (彼らは)個人の尊厳を尊重して

graviter 副 ［gravis §67(2)］ (比) gravius (最)gravissime §68 **1.** 重く，深く **2.** 激しく，猛烈に，甚しく **3.** 重々しく，おごそかに，いかめしく，真剣に **4.** やっと，辛くも，耐え難く gravissime de aliquo decernere ある人に極めて厳しい判決を下す aliquid graviter ferre あることをやっとの思いで耐える

gravō *1* gravāre, -vāvī, -vātum §106 ［gravis］ 重荷を負わす，圧迫する，苦しめる，重くする，悪化させる，ふやす，困らす，迷惑をかける，じゃまする poma gravantia (118.1 現) ramos 枝をたわめている果実 gravata ebrietate (9f15) mens 酩酊してもうろうとなった精神 mala me gravant 不幸が私を圧迫している

gravor *dep.1* gravārī, gravātus sum §123(1) ［gravō］ **1.** 重く(負担と)感じる，みなす **2.** いやいやがまんする，しぶ

しぶする，ためらう，きらう，拒む in colloquium venire (117.4) invitatus gravatur 彼は招待されていながら対談にいくのを拒んでいる matrem ～ 母を邪魔と思う

gregālis *a.3* gregāle §54 ［grex］ **1.** 家畜の群の，群の中の **2.** 同じ群の **3.** 普遍の，共通の gregali sagulo amictus 一般兵卒の外套をつけた （名)**gregālēs** *m.pl.* gregālium *3* §19 仲間，同志

gregārius *a.1.2* gregāri-a, -um §50 ［grex］ **1.** 家畜の群の **2.** 普通の，ありふれた milites gregarii 兵卒たち

gregātim 副 ［grex］ 群をなして，大勢で

gremium *n.* gremiī *2* §13 **1.** (子供が抱かれる所)ひざ，胸 **2.** (安心，保護の座)中心，心臓，奥，胎(内) Fortunae in gremio sedens 幸運の女神の膝の上に座って rem in deorum gremiis ponere そのことは神々の加護に委ねる

gressus → gradior

gressus *m.* gressūs *4* §31 ［gradior］ **1.** 歩む(進む)こと，歩調 **2.** 道，進路 languidus ～ ゆっくりとした足取り gressum anteferre 先に行く ～ comprimere じっと立っている

grex *m.* gregis *3* §21 **1.** 群れ，大群 **2.** 集団，軍隊，(部)隊 **3.** 一団，仲間，連中，派，組 scribe hunc tui gregis (9c4) この者をあなたの仲間の一員に登録してくれ

grundiō *4* grundīre = grunniō *4* grunnīre §111 (豚が)ぶうぶうなく，ぶつぶつ不平を言う

grunniō *4* grunnīre (豚が)ぶうぶうなく，(人が)ぶつぶつ不平を言う

grūs = **grŭis** *f.(m.)* grŭis *3* §19 ツル

gryps *f.* grypis *3* §§21, 41.7 ＜ γρύψ (神)ライオンの胴と，ワシの頭と翼を持つ怪物

gubernāculum = **gubernāclum** *n.* gubernāculī *2* §13 ［gubernō］ **1.** 舵(ぢ)，操縦 **2.** 指揮，支配，政治，管

理

gubernātiō *f.* gubernātiōnis *3*
§28 [gubernō] **1.** 操舵, 操縦 **2.** 指
導, 統治, 支配, 政治

gubernātor *m.* gubernātōris *3*
§26 [gubernō] **1.** 舵手, 水先案内人
2. 指導者

gubernātrīx *f.* gubernātrīcis *3*
§21 [gubernātor] 女性の指導者, 支
配者

gubernō *1* gubernāre, -nāvī, -nātum
§106 <κυβερνάω **1.** 船の舵をとる, 操
縦する, 水先案内をする **2.** 指導する, 統
御する, 支配する

gula *f.* gulae *1* §11 **1.** 食道, の
ど, 咽喉 **2.** 口蓋, 口 **3.** 食欲, 大食, 美
食 frangere gulam laqueo 絞殺する
ingenua est mihi (9d6) gula 私は食通
(美食家)

gulōsus *a.1.2* gulōs-a, -um §50
[gula] (比)gulosior 食いしんぼうの,
食い道楽の, えり好みをする, 貪欲な
gulosus lector 気難しい(貪欲な)読書家
gulosum fictile 食い道楽の料理の土器
(美味な料理を盛った皿)

gumia *f.* gumiae *1* §11 大食漢,
美食家, 健啖家(けんたんか)

gurges *m.* gurgitis *3* §21 **1.** う
ず, 渦巻 **2.** 深淵, 底知れぬ谷 **3.** 多量の
水, 急流, 川海 **4.** 放蕩(者), 乱費家
omnium vitiorum ～ あらゆる悪徳の深
淵 gurges ac vorago patrimonii 世襲
財産の蕩尽(した者)

gurguliō *m.* gurguliōnis *3* §28
[gurges] のど, 気管

gurgustium *n.* gurgustiī *2* §13
貧しい住い, 小屋, あばら家

gustātus (**gūs-** ?) *m.* gustātūs *4*
§31 [gustō] 味, 味覚, 風味, 賞味
verae laudis gustatum non habere 正
真正銘の賞賛(の何たるか)を知らない

gustō (**-ū-** ?) *1* gustāre, -tāvī, -tātum
§106 味わう, 試食する, 少し食べる, 賞
味する, 楽しむ primis labris gustare 唇
の先で味わう(浅薄な知識しか持っていな
い)

gustus (**gūs-** ?) *m.* gustūs *4* §31
1. 味わうこと, 試食, 試飲 **2.** 味, 味覚,
風味, 好み explorare epulas gustu 夕
食の味見をする potio libata gustu 一口
試飲された飲みもの

gutta *f.* guttae *1* §11 しずく, し
たたり, (液体, 樹脂)一滴 **2.** 斑点, しみ
gutta cavat lapidem 点滴岩をもうが(穿)
つ

guttātim 副 [gutta] 一滴ずつ, 少
しずつ

guttātus *a.1.2* guttāt-a, -um §50
[gutta] 斑点のある, まだらの, ぶちのあ
る

guttula *f.* guttulae *1* §11 [gutta
の小] 小さなしずく

guttur *n.* gutturis *3* §27 **1.** の
ど, 気管 **2.** 大食

gūtus *m.* gūtī *2* §13 細首のびん,
油つぼ

Gyaros (**-us**) *f.* Gyarī *2* §13(3)
キュクラデス諸島の中の一つの小島(ローマ
人の流刑地)

Gyās (**Gyēs**) *m.* Gyae *1* §37
(神)**1.** 百手の巨人 **2.** アエネーアースの友

Gȳgēs *m.* Gȳgis *3* §42(1b) (神)
リューディアの王

gymnasiarchus *n.* gymnasi-archī
2 §13 <γυμνασίαρχος 体育場の責
任者

gymnasium *n.* gymnasiī *2* §13
<γυμνάσιον **1.** (ギリシアの)体育場
2. 哲学者の教場

gymnasticus *a.1.2* gymnastic-a,
-um §50 体育の

gymnicus *a.1.2* gymnic-a, -um
§50 <γυμνικός **1.** 体育の **2.** 体育場
の

gynaecēum (**-cīum**) *n.* gynaecēī
2 §13 <γυναικεῖον (ギリシアの家の
中の)婦人室

gypsātus *a.1.2* gypsat-a, -um §50
[gypsō の完分] 石膏(ギプス粉)でおおわ
れて白い(女の役を演じる男優の手)

gypsō *1* gypsāre, -sāvī, -sātum
§106 [gypsum] 石膏でおおう

gypsum *n.* gypsī *2* §13 ＜
γύψος 石膏, 石膏像
gȳrus *m.* gȳrī *2* §13 ＜γῦρος
円, 環, 円形の走路,（天）軌道, 馬場, 調

H

教馬場 homines secundis rebus effre-
nati duci debent in gyrum rationis 順
境の中で抑制されなくなった人は, 理性の
調教馬場へ連れて行かれるべきだ

H, h §1 （略記）H.H=hērēdēs, HS.
= sēstertius
hā 間 喜び, 高笑い, 嘲笑の叫び（声）
habēna *f.* habēnae *1* §11 ［habeō］
1. ひも, 革ひも **2.** むちのひも, むち **3.** 手
綱, 支配, 制御, 操縦 conversis habenis
手綱の向きを変えて（引き返して）effusis-
simis habenis 全速力で
habeō *2* habēre, habuī, habitum
§108 **I.1.** 手に持つ, 取る, 得る, 抱く,
持っている, 所有する, 占有する, 占領す
る, 保持する, 支配する, 自由にする, 閉
じ込める, 包含する, 守る, かばう **2.** 身
につける, 体で運ぶ, 受けとる, 持って行
く（secum, sibi と）**3.** 心の中に持つ（in
animo habere）, 考える, 思う, 信じる,
理解する, 認める, 見分ける, 評価する,
とりあつかう, 処遇する, 体験する, 耐え
る,（受）思われる, みなされる **4.** 言うこと
ができる, 知っている **5.** する, 行う, 実行
する, 開催する **6.**（時を）すごす, 住む,（se
と）ある状態でいる, ある **7.**（目的の不定
法と 117.4）ねばならぬ, できる,（動形と）す
る義務がある,（完分の *acc.* と）あるもの
(*acc.*)をある状態で持つ, ある状態でいる
のを認める **II.1.** tanti（9c7）, quantum
habeas, sis（116.9）人（あなた）はみな持っ
ている金額で評価される urbem Romam
a principio reges habuere ローマ市を起
源から王たちが支配していた habeo（Lai-
da）, non habeor a Laide 私はライスの主
人だが召使ではない me somno gravatum
infelix habuit thalamus 眠りで重くなっ
た私を不幸な寝床が閉じこめていた **2.** nu-

llas vestes habet 彼は裸だ res tuas tibi
habeas,（habe, habeto）お前のものは持
って去れ（三行（くだり）半）sibi habeat
(116.2) suam fortunam 彼には彼の幸福
を持たせておけ（私はねたまない）**3.** ～ deos
aeternos 神々を不死とみなす aliquem
odio（9d）=odium in aliquem 人を憎む
aliquem pro hoste 人を敵とみなす Bias
sapiens habitus est ビアスは賢者と目さ
れていた egestas facile habetur 貧乏は
容易に耐えられる ～ aliquem bene 厚遇
する ejus auctoritas magni（9c7）habe-
batur 彼の権威は重んじられていた **4.** hoc
unum habeo 私が言えるのはこれだけだ
habes omnem rem お前はすべてのこと
を知った habetis quid sentiam（116.10)
君たちは私が何を感じているかを知るだろ
う **5.** ～ orationem 演説をする ～ sena-
tum 元老院を招集する **6.** ubi adulescen-
tiam habuere 彼らが青春時代をすごした
所で ubi nunc adulescens habet? 今や
の若者はどこに住んでいるのか ego me
bene habeo 私は元気です res sic se
habet 事情はかくの如し **7.** etiam filius
Dei mori habuit 神の子ですら死なねばな
らなかった nihil habeo ad te scribere 書
くべきことは何も無い quid habeo deos
immortales precari? 不滅の神々に私は
なにを祈ることができるか ～ aedem tuen-
dam（121.3）神殿を守る義務がある
meam fidem habent spectatam jam et
cognitam 彼らは今や私の誠実が証明され
たことを知った de Caesare satis dictum
habeo カエサルについてはもう充分に話さ

haesitantia

れたと私は思う nostram adulescentiam habent despicatam 彼らは私たちの若さを軽蔑している

habilis *a.3* habile §54 ［habeō］（比）habilior （最）habilissimus **1.** 手にとりやすい, 扱いやすい, 御しやすい **2.** 手ごろな, 便利な, 適した, 有用な **3.** 敏捷な, 巧みな, 熟達した brevitate (9f15) habiles gladii 短かくて扱いやすい剣 ingenium ad res diversissimas habilius 非常に相反する状況によりすばやく順応しやすい才能

habilitās *f.* habilitātis *3* §21 ［habilis］ 適した能力, 素質

habiliter 副 ［habilis §67(2)］ 便利に, 容易に, 上手に

habitābilis *a.3* habitābile *3* §54 ［habitō］ **1.** 住める, 住み易い **2.** 人の住んでいる

habitātiō *f.* habitātiōnis *3* §28 ［habitō］ 住所, 住居, 家賃

habitātor *m.* habitātōris *3* §26 ［habitō］ **1.** 居住者, 借家人 **2.** 住民

habitō *1* habitāre, -tāvī, -tātum §106 （他）住む（自）住む, 滞在する, 生きる silvas ～ 森に住む eorum in vultu habitant oculi mei 我が目は彼らの顔の中に住む（彼らの顔から離れない）

habitūdō *f.* habitūdinis §28 ［habeō］ 体の状態, 外観, 態度, 健康状況

habitus¹ *a.3* habit-a, -um §50 ［habeō の完分］（比）habitior （最）habitissimus 体の調子がよい, 肉付きがよい

habitus² *m.* habitūs *4* §31 ［habeō］ **1.** 姿勢, 態度, 外観, 状況 **2.** 服装, 衣服, 容姿 **3.** 特質, 性質, 傾向 aetas atque habitus virginalis 少女の年齢と身形（なり）

habrotonum *n.* habrotonī *2* §13 ヨモギの一種（ニガヨモギ）

hāc 副 この方向に, この道を通って, こちら側で, このように

hāc → hic §77

hāctenus 副 ［hāc(parte)tenus］ **1.**

この（その）点までは, この所まで **2.** 今までは, そのときまでに, その程度まで hactenus de amicitia locūtus sum ここまでは友情について述べた sed haec hactenus だが, これについてはここまで（これで充分だろう）

Hadriānus *m.* Hadriānī *2* §13 ローマ皇帝(A.D.117-138)

haec → hic

haedilia *f.* haediliae *1* §11 ［haedus の小］ 牝の子ヤギ

haedīnus *a.1.2* haedīn-a, -um §50 ［haedus］ 子ヤギの

haedulus *m.* haedulī *2* §13 ［haedus の小］ 牡の子ヤギ

haedus *m.* haedī *2* §13 **1.** 若い牡のヤギ, 子ヤギ **2.** 御者座の手の中の小さい二つの星（この星の出現と共に秋の暴風雨が訪れる）

Haemōn *m.* Haemonis *3* §41.8c クレオーンの子

Haemonia *f.* Haemoniae *1* §11 テッサリアの詩的な名

Haemonis *f.* Haemonidis *3* §41.6a テッサリアの女

Haemonius *a.1.2* -nia, -nium §50 テッサリアの

haereō *2* haerēre, haesī, haesum §108 **1.** しっかりと持っている, 握って離さない, くっつく, しがみつく, 執着する, 固執する **2.** 付着したままである, 離れないで残っている **3.** 身動きできない, 行き詰る, ためらう, 困る, 途方にくれる haesit in corpore ferrum 剣が体の中に深く突き刺されたままであった naves in litore haerent 船が岸に沿って航行している aqua haeret 水が流れず止まっている（途方にくれている）mihi (9d8) haeres in medullis あなたは私の心の底にくっついて離れない

haerēscō *3* haerēscere, ──, ── §109 くっつく, 固着する

haeresis *f.* haeresis(-seos) *3* §39(イ) <αἴρεσις 哲学の学派

haesitābundus *a.1.2* haesitābund-a, -um §50 ［haesitō］ どもりながら, ためらいつつ

haesitantia *f.* haesitantiae *1* §11

haesitātiō 330

［haesitō］ 言葉がつまること，ためらうこと

haesitātiō *f.* haestātiōnis *3* §28 ［haesitō］ ためらうこと，不決断，不安

haesitō *1* haesitāre, -tāvī, -tātum §106 **1.** 固着して身動きがとれない，立ち往生する，あがく **2.** ためらう，途方にくれる，困る **3.** どもる haesitare in eodem luto 同じぬかるみの中で身動きがとれない（同じ危険にさらされている）～ linguā どもる

hahae, hahahae 間 ＝ hā

halcyōn ＝ alcyōn

haliāetos（**-tus**）*m.* haliāetī *2* §§13, 38 ＜ἁλιάετος 海のワシ，ミサゴ（?）

Halieutica *n.pl.* Halieuticōn §38 注3 ＜ἁλιευτικός オウィディウスの詩『魚釣り』の標題

hālitus *m.* hālitūs *4* §31 ［hālō］ **1.** 息，呼吸 **2.** 蒸気，もや，霧 efflare extremum halitum 最後の息をひきとる

hallēc（**allēc**）*n.* hallēcis *3* ＝ **hallēx**（**allēx**）*f.* hallēcis *3* §21 魚（特にサバ）のはらわたからつくられた香辛料入りのソース，つまり garum の一種，あるいはそのソースのおり（かす）か，あるいは塩漬けの魚の卵かはらわたか

hallūc... ＝ alūc...

hālō *1* hālāre, hālāvī, hālātum §106 **1.** 息を吐く，（蒸気，匂い）発散させる halantes floribus horti 花が馥郁と匂う庭

halophanta *m.* halophantae *1* §11注 ＜ἁλοφάντης 詐欺師，悪党

halōs *m.* halō *2* §38 ＜ἅλως（月，太陽の）暈（かさ）＝corōna

halōsis *f.* halōsis *3* §39（イ）＜ἅλωσις 捕獲，略奪，占領

haltēres *m.pl.* haltērum *3* §21 ＜ἁλτήρες 体育競技者が両手に持った亜鈴（あれい）

（**h**）**ama** *f.* hamae *1* §11 ＜ἄμη 手桶，消火用バケツ

Hamadryas *f.* Hamadryados *3* §41.5a 森の精（ニンフ）

hāmātilis *a.3* hāmātile §54

［hāmus］ 釣針（鉤）を用いた

hāmātus *a.1.2* hamat-a, -um §50 ［hāmus］ **1.** 鉤をつけた **2.** 鉤のように曲がった，鉤型の

Hamilcar *m.* Hamilcaris *3* §26 **1.** カルタゴ人の名 **2.** ハンニバルの父

hāmiōta *m.* hāmiōtae *1* §11 ［hāmus］ 漁師（仲間）

Hammōn ＝ **Ammōn** *m.* Hammōnis *3* §41.8b 牡羊の姿のエジプトの主神（ユーピテルと同一視される）

hāmulus *m.* hāmulī *2* §13 ［hāmus の小］ 小さな鉤，釣針

hāmus *m.* hāmī *2* §13 **1.** 鉤（かぎ）**2.** 鉤のように曲ったもの，つめ，とげ **3.** 釣針（誘惑，悪だくみの比喩）meus hic est, hamum vorat これがわしの釣針さ，奴はひっかかるぞ

Hannibal *m.* Hannibalis *3* §26 カルタゴの将軍

hapalopsis *f.* hapalopsidis *3* §42.7 薬味

haphē *f.* haphēs *1* §37 ＜ἁφή 格闘士が香油をぬった後，体にふりかける黄色の土砂の粉末

hara *f.* harae *1* §11 （家禽，家畜の）おり，小屋

harēna → arēna

hariola（**ariola**）*f.* hariolae *1* §11 女占い師 → hariolus

hariolātiō *f.* hariolātiōnis *3* §28 ［hariolor］ 予言，占い

hariolor *dep.1* hariolārī, -lātus sum §123（1）占う，予言する

hariolus *m.* hariolī *2* §13 ［cf. haruspex］ 占い師，予言者 usu（9f17）peritus hariolo（9f6）veracior 経験豊かな人は預言者よりも信頼される

harmonia *f.* harmoniae *1* §11 ＜ἁρμονία **1.** 合体，結合 **2.** 調和，諧調，協和（音）

Harmonia *f.* Harmoniae *1* §11 （神）ウェヌスの娘

harpagō *m.* harpagōnis *3* §28 ＜ἁρπάγη **1.** ものを引き寄せたり引き裂くためのひっかけ鉤竿，鳶口，ひっかけ錨

（いかり）**2.** 強欲な人

harpē *f.* harpēs *1* §37 ＜ἅρπη 鎌（かま）, 半月刀

Harpocratēs *m.* Harpocratis *3* §42.1b エジプトの沈黙（秘密）の神

Harpȳīa *f.* Harpȳīae *1* §11 （神）貪欲な有翼女体の怪物

harundifer *a.1.2* harundi-fera, -ferum §51 ［harundō, ferō］ アシを身につけている

harundineus *a.1.2* harundine-a, -um §50 ［harundō］ アシの, アシのような

harundinōsus *a.1.2* harundinōs-a, -um §50 ［harundō］ アシで一杯の, アシの

harundō *f.* harundinis *3* §28 あし, あし笛, あしの釣竿, もち竿, あしペン, 矢の柄, かかし（プリアープス）の冠, 杖, 棒

haruspex haruspicis *3* §21 エトルーリア起源の卜腸師, 生贄（いけにえ）の内臓の占い師, 預言者

haruspica *f.* haruspicae *1* §11 ［haruspex］ 女占い師

haruspicīnus *a.1.2* haruspicīn-a, -um §50 ［haruspex］ 卜腸師（の技）に関する, 内臓観察の

haruspicium *n.* haruspiciī *2* §13 ［haruspex］ エトルーリア風の内臓観察による占い方法

Hasdrubal *m.* Hasdrubalis *3* §26 ハンニバルの弟

hasta *f.* hastae *1* §11 **1.** 槍, 投げ槍 **2.** 棒, 杭, 柄 **3.** 公開競売, 遺産審理の百人裁判所法廷の前の地中に打ち込まれた槍 **4.** 競売 hasta pura （軍功褒章としての）穂先のない槍 jus hastae 差し押さえの権利 sub hasta venditus 競売で売られた

hastātus *a.1.2* hastāt-a, -um §50 ［hasta］ 槍で武装した → **hastātus** *m.* hastātī *2* §13 **1.** 槍兵 **2.** ローマ軍団の戦闘隊形における最前列の最強部隊 **3.** （軍団の編成単位）中隊

hastīle *n.* hastīlis *3* §20

［hasta］ **1.** 槍の柄 **2.** 投げ槍 **3.** 棒, 杖, 枝

hau, haud, haut 副 全く…でない, 決して…でない（一語のみを否定）haud facile＝difficillime haud scio an おそらく…かも知れない haud ignota loquor よく知っていることを話す

hauddum 副 まだ…でない

haudquāquam 副 決して…しない

hauriō *4* haurīre, hausī, haustum §111 **1.** 汲みあげる, すくいとる, とり出す, 引き出す **2.** 吸い込む, 飲み干す, 食いつくす, むさぼり食う, 空にする, 使い果たす, 滅ぼし尽す, 破壊する **3.** 土を掘り出す, 穴をあける, うがつ, 貫く, 傷つける, 引き裂く **4.** （血）流す, 流出させる, そそぐ aquam de（ex）puteo ～ 水を井戸から汲みあげる equi hauriuntur gurgitibus 馬が渦に吸い込まれる ventus arbusta evolvens（118.4）radicibus haurit ab imis 風が木々を持ちあげ根こそぎにする calamitates,（voluptates）haurire 辛酸をなめつくす（喜びを満喫する）alicujus latus gladio haurire 人の脇腹を剣で突き刺す haurit corda pavor pulsans（118.4）恐怖が胸をかきみだし疲れ果てさせる（精根をからす）reliquum sanguinem jubentes（118.4）haurire 彼らは残っている血を流出させることを命じて

hausī → hauriō

haustus *m.* haustūs *4* §31 ［hauriō］ **1.** 水を汲みとること,（井戸, 泉の）水の利用権 **2.** 手一杯（の水）, 一飲みの量, 一口の水 esse apibus（9d6）partem divinae mentis et haustus aetherios dixere（114 注 4）蜜蜂は神々の英知の一部を宿し, 天界の精気を吸っていると言われてきた

hausūrus ＝ haustūrus → hauriō

haut → hau

havē, haveō ＝ avē, aveō

Heautontīmōrūmenos *m.* -menī *2* §38 ＜ἑαυτὸν τιμωρούμενος われとわが身を責め苛む者 Terentius の一喜劇の標題

hebdomas *f.* hebdomadis *3* §41.5a

Hēbē 332

<ἑβδομάς 七，七日間，七日目毎の間
欠熱

Hēbē *f.* Hēbēs *1* §37 （神）「青
春」の女神，ユーノーの娘，神々の酌取

hebenus（ebenus） *f.* hebenī *2*
§13 <ἔβενος こくたん（黒檀）

hebeō *2* hebēre，——，—— §108
［hebes］ 鈍くなる，鈍感である，生気が
ない，不精である，怠ける

hebes *a.3* hebetis §55 （比）
hebetior （最）hebetissimus **1.** 切れ
味の悪い，なまった，頭の鈍い，鈍感な，
愚かな **2.** 不精な，ぼんやりとした，生気の
ない，不活発な hebeti ingenio（9f10）
est 彼は鈍才だ ad sustinendum（121.3）
laborem hebes（miles）苦労を引き受け
るにあたって意気込みのない（兵）

hebēscō *3* hebēscere，——，——
§109 鈍くなる，ぼんやりしてくる，かす
んでくる

hebetō *1* hebetāre，-tāvī，-tātum
§106 鈍らせる，なまらせる，曇らせる，
ぼんやりさせる，弱める，鈍感（馬鹿）にす
る

Hecatē（-ta） *f.* Hecatēs（-tae）*1*
§37 （神）冥界の女神

hecatombē *f.* hecatombēs *1*
§37 <ἑκατόμβη 牡牛百頭の生贄

Hector *m.* Hectoris *3* §41.9b
（神）トロイアの王子で英雄

Hecuba *f.* Hecubae *1* §11 ＝
Hecubē，Hecubēs §37 トロイア王プ
リアモス（ムス）の妻，ヘクト（ー）ルの母

hedera *f.* hederae *1* §11 キヅタ
（バッコスに捧げられる）

hederiger *a.1.2* hederi-gera，
-gerum §51 ［hedera，gerō］ キヅタ
を運ぶ

hei ＝ ei

heia ＝ eia

heic ＝ hic

hēiul... ＝ ēiul...

helciārius *m.* helciāriī *2* §13
引き舟人夫 ［*cf.* helcium 引き綱］

Helena *f.* Helenae *1* §11 ＝
Helenē，ēs *1* §37 ゼウスとレーダの

娘，スパルタ王メネラーオスの妻

Helenus *m.* Helenī *2* §13 プリア
ムスの息子，占い師

Hēliades *f.pl.* Hēliadum *3*
§41.5b 太陽神ヘーリオスの娘たち，パエ
トーンの姉妹，彼女らはパエトーンの死を
嘆いてポプラの木に変身し，涙は琥珀(ﾞ)
となった，そこで「琥珀」の意味をもつ

Helicē *f.* Helicēs *1* §37 大熊座，
北国

Helicōn *m.* Helicōnis *3* §41.8b
アポローンとムーサたちに捧げられたボイオ
ーティアの山

Heliconiades *f.pl.* -dum *3* §41.5b
ムーサたち

Heliconius *a.1.2* -nia，-nium §50
ヘリコーンの

hēliocamīnus *m.* hēliocamīnī *2*
§13 <ἡλιοκάμινος 日光浴室

Hellē *f.* Hellēs *1* §37 プリクソス
の妹

helleborus（elle...） *m.* ＝ **helleborum**
n. ī *2* §§13，43 <ἐλλέβορος **1.**
クリスマスローズ **2.** バイケイソウ **3.** これら
の乾燥根の粉末は精神病の妙薬とされた

helleborōsus（elle...） *a.1.2*
helleborōs-a，-um §50 ［helleborus］
狂った

Hellēspontus *m.* Hellēspontī *2*
§13 「ヘレーの海」，ヘレーが金毛の羊の
背から落ちた海（今日のダーダネルズ海峡）

helluātiō *f.* helluātiōnis *3* §28
［helluor］ 放蕩，暴飲暴食

helluō *m.* helluōnis *3* §28 飲食
に過度に金を使う人，遊蕩児

(h)elluor *dep.1* helluārī，helluātus
sum §123(1) 大食（飽食）に耽る，遊
蕩する

hēlu... ＝ hěllu...

Helvētius *a.1.2* Helvētia，Helvētium
§50 ヘルウェーティイ人の （*pl.m*）
Helvētiī *2* §13 ヘルウェーティイ人
（今日のスイスの住民）

hem 間 **1.** （驚き，喜びなど）おや，まあ，
へえ，まさか **2.** （不幸）ああ，つらい，ひど
い

hēmerodromus *m.* hēmerodromī 2 §13 <ἡμεροδρόμος 急便, 飛脚

hēmicyclium *n.* hēmicycliī 2 §13 <ἡμικύκλιον **1.** 半円(形) **2.** 半円形座席

hēmīna (-ĭ- ?) *f.* hēmīnae 1 §§11, 198 <ἡμίνα (容積の単位) sextarius の半分 §198(イ)

hendecasyllabus *m.* hendecasyllabī 2 §13 <ἑνδεκασύλλαβος 十一音節の詩行

heptēris *f.* heptēris 3 §19 < ἑπτήρης 両側に 7 人の漕手座席をもった船 (?)

hera = era

Hēraclītus *m.* Hēraclītī 2 §13 ギリシアの有名な哲学者(前六世紀)

Hēraea *n.pl.* Hēraeōrum 2 §13 ギリシアの女神ヘーラ(=Juno)の祭

herba *f.* herbae 1 §11 **1.** 草, 雑草, 草木, 薬草 **2.** 芝, 菜, 苗 **3.** 青物, 野菜, 植物 adhuc tua messis in herba est お前の収穫はまだ苗の中だ(目的には遠い) herbam do 私の敗北を認める(昔試合で負けた者が勝者に畠の野菜を与えていた)

herbēscō 3 herbēscere, ――, ―― §109 芽を出す, 緑の葉や茎へ成長する

herbeus *a.1.2* herbe-a, -um §50 [herba] 草色の, 緑色の

herbidus *a.1.2* herbid-a, -um §50 [herba] 草や草木に蔽われた, 草で一杯の, 草のような

herbifer *a.1.2* herbi-fera, -ferum §51 [herba, ferō] (薬)草の生える

herbigradus *a.1.2* herbi-grada, -gradum §50 [herba, gradior] 草の上(中)をすすむ, 這う

herbōsus *a.1.2* herbōs-a, -um §50 [herba] 草深い, 草木で蔽われた

Hercle, hercule, ercle 間 [Herculēs] (誓約, 断言, 強い感情の表現)ヘルクレース(ヘーラクレース)に誓って

Herculēs *m.* Herculis 3 §42.1a (神)ゼウスとアルクメーネの子, ギリシア神話中最大の英雄 labores Herculis H. の

難行苦行 is vel Herculi conterere quaestum possiet (116.3, 151 注) 彼なら H. の財産を蕩尽できるかも知れないな

Herculeus = **Herculāneus** *a.1.2* -lea, -leum (-nea, -neum) §50 ヘルクレースの nodus Herculaneus H. の難題, 困難

here = heri

hērēditārius *a.3* hērēditāri-a, -um §50 [hērēditās] 遺産に関する, 相続され得る, 受け継いだ

hērēditās *f.* hērēditātis 3 §21 [hērēs] 相続, 世襲, 相続財産, 遺産 sine sacris hereditas 思いがけない幸運 (面倒な儀式なしの遺産)

hērēdium *n.* hērēdiī 2 §13 [hērēs] 世襲財産, 遺産

hērēs *c.* hērēdis 3 §21 相続人, 嗣子, 後継者 heredis fletus sub persona risus est 後継者の涙は忍び笑い

herī (**here**) 副 昨日

herifuga = erifuga

herīlis = erilis

Hermaphrodītus *m.* Hermaphrodītī 2 §13 **1.** ヘルメースとアプロディーテの子 **2.** 男女両性質をもつ人, 両性動物

Hermēs *m.* Hermae 1 §37 石の四角柱を台座としたヘルメース胸像(ヘルメースはギリシア神話では道の守護神なので道標とされた)

Hermionē *f.* Hermionēs 1 §37 (神)メネラオスとヘレネーの娘

Hermionēus *a.1.2* -nēa, -nēum §50 ヘルミオネーの

Hērō *f.* Hērūs 3 §41.10b アプロディーテーの女祭司

Hērōdēs *m.* Hērōdis 3 §42.1 ユーダエアの王

Hērodotus *m.* Hērodotī 2 §13 ギリシアの歴史家(前五世紀)

hērōicus *a.1.2* hērōic-a, -um §50 <ἡρωικός **1.** (神話の)英雄の **2.** 英雄の所業を述べた(詩体の), 英雄叙事詩の

hērōīnē *f.* hērōīnēs 1 §37 < ἡρωίνη (神話の)女性の英雄, 女傑

hērōis *f.* hērōidis *3* §41.6a < ἡρωίς (神話の)女性の英雄, 女傑

hērōs *m.* hērōis *3* §41.10a < ἥρως **1.**(神話伝説の)英雄, 神人 **2.**英雄的性質をもった人(豪傑, 名士)

hērōus *a.1.2* hērō-a, -um §50 < ἡρῷος **1.**英雄の **2.**英雄の所業を叙述した **3.**英雄叙事詩の

hērōus *m.* hērōī *2* §13 英雄叙事詩, 長短短六歩格の詩行

Hersilia *f.* Hersiliae *1* §11 ロームルスの妻

hērūca = ērūca

herus = erus

hervum = ervum

Hēsiodus *m.* Hēsiodī *2* §13 ギリシアの叙事詩人(前八世紀)

Hēsionē (-na) *f.* Hēsionēs *1* §37 トロイア王ラオメドーンの娘

Hesperides *f.pl.* -ridum *3* §41.5b 西方の果てにある黄金のリンゴの園を守っていた三(四?)人のヘスペリス姉妹(ヘスペルスの娘?)

Hesperis *a.3* Hesperidos §55 < ἑσπερίς 西方の

Hesperius *a.1.2* Hesperi-a, -um §50 **1.**宵の明星の **2.**(ギリシアから見て)西方の(イタリア, ヒスパニアの) **3.**(名)西方の人 **Hesperia** *sc.* terra *f.* *1* §11 西方の国(イタリア, ヒスパーニアの詩的表現)

Hesperus (-ros) *m.* Hesperī *2* §13, 38 宵の明星

hesternus *a.1.2* hestern-a, -um §50 [herī] 昨日の hesterno die 昨日 hesterna nocte 昨晩

hetaeria *f.* hetaeriae *1* §11 < ἑταιρία 組合, 団体, 結社

hetaericē *f.* hetaericēs *1* §37 < ἑταιρική マケドニアの近衛騎兵隊

heu 間 (苦しみ, 悲しみ, 後悔)ああ

heus 間 (注意を喚起する)おい, こら, もし, さあ, おおーい

hexameter *a.1.2* -metra, -metrum §50 六脚韻の (名)**hexameter** *m.* hexametrī *2* §15 < ἑξάμετρος 六脚韻(六歩格)の一行

hexaphoron (-rum) *n.* hexaphorī *2* §13 < ἑξάφορον 6人でかつぐ輿(ĭ)(かご)

hexēris *f.* hexēris *3* §19 < ἑξήρης 両側に6人の漕手座をもった船(?)

hī → hic §77

hiāns → hiō

hiātus *m.* hiātūs *4* §31 [hiō] **1.**裂き開くこと, 穴・口をあけること **2.**大きく開いた口(の内部) **3.**開口部, 割れ目, 裂け目 **4.**母音連続 terrarum hiatus repentini 突然地中にあいた穴 hiatus praemiorum 報酬への貪欲な渇き

Hibēr *m.* Hibēris *3* §26 ヒベーリア(=ヒスパーニア)の人

Hibēria *f.* Hibēriae *1* §11 ヒスパーニアのギリシア名 < Ἰβηρία

Hibēricus *a.1.2* -ca, -cum §50 = **Hibērus** *a.1.2* -ra, -rum §50 ヒベーリア(ヒスパニア)の

hībernāculum *n.* hībernāculī *2* §13 [hībernō] 冬季陣営

hībernō *1* hībernāre, -nāvī, -nātum §106 冬を越す, 冬営する

hībernus *a.1.2* hībern-a, -um §50 [hiems] **1.**冬の **2.**嵐の吹く **hīberna** *n.pl.* hībernōrum *2* §13 **1.**冬の季節 **2.**冬季陣営(*sc.* castra)

hibiscum *n.* hibiscī *2* §13 ウスベニタチアオイ

hibrida → hybrida

hic 指代 haec, hoc §77 (空間的, 時間的, 心理的に話者に近いもの, 人を示す)**1.**ここの, 居合わせている, 私の目の前の **2.**今の, 今日の, 現在の, 最近の **3.**今述べた, このような, 次のような, 直後の **4.**hic ... ille 後者…前者, この人…あの人 **5.**(*gen.* と)hoc muneris この任務 **6.**hoc est 即ち **7.**(比較級と)hōc (9f13) major それだけより大きい, eō の代用は→ is **8.**hāc rē それ故に hic homo = ego his paucis diebus (9f2)ここ数日間で hoc idem この同じもの hoc opus (*n.*), hic labor (*m.*) est これこそ一仕事, これこそ難儀 cave Catoni anteponas

Socratem : hujus facta, illius dicta laudantur カトーよりもソークラテースを優先させないように, この人 (カトー) では行為が, あの人では言葉が賞賛されるのだから

hīc 副 **1.** (話者のいる) ここで, この所で **2.** このとき, 今, この場合, このような状況で hic omnes valent ここでは皆元気です hic jam non plura dicam 今はもうこれ以上話したくない hic ... hic (=illuc) ここに…あそこに, ある所で…別な所で hic viciniae (9c2) この近所で

hīce, haece, hōce hic の強意形

Hicetāonius *a.1.2* Hicetāoni-a, -um §50 ヒケタオーン (トロイア王ラオメドーンの息子) の

hīcine, haecine, hōcine 疑代 = hīce+-ne これが? この女か? このものなのか?

hiemālis *a.3* hiemāle §54 〔hiems〕 冬季の, 冬のような

hiemō *1* hiemāre, -māvī, -mātum §106 〔hiems〕 **1.** 冬を越す, 冬季陣営にいる **2.** 寒い, 冷たい **3.** 荒れる, 吹きすさぶ

Hiempsal *m.* Hiempsalis *3* §26 **1.** ヌミディア王・マシニッサの孫 **2.** ヌミディア王・エバの父

hiems (= **hiemps**) *f.* hiemis *3* §28 **1.** 冬, 冬の季節, (pl.) 年 **2.** 酷寒 **3.** 嵐, 悪天候 novem hiemes pertuli 私は九年間辛抱した

Hierō(n) *m.* Hierōnis *3* §41.8b シュラクーサイの支配者 (王)

hieronīca *m.* hieronīcae *1* §11 <ίερονίκης ギリシアの聖競技祭の勝者

Hierosolyma *n.pl.* -solymōrum = **Hierosolyma** *f.* -solymae 今日のエルサレム

hilarē 副 §67(1) (比) hilarius 陽気に, 快活に

hilaris *a.3* hilare §54 = hilarus

hilaritās *f.* hilaritātis *3* §21 〔hilaris〕 清朗, 陽気, 上きげん, 快活

hilarō *1* hilarāre, -rāvī, -rātum §106 元気づける, 朗らかにする, 喜ばす, 上きげんにする

hilarulus *a.1.2* hilarul-a, -um §50 〔hiralus の小〕 陽気な

hilarus *a.1.2* hilar-a, -um §50 (比) hilarior (最) hilarissimus **1.** 明るい, 晴れた **2.** 朗らかな, 快活な, 陽気な, 上きげんの, 満足した

hīlla *f.* hīllae *1* §11 〔hīra の小〕 小腸, 腸詰

(H)īlōtae *m.pl.* (H)īlōtārum *1* §11 スパルタ人に仕える奴隷

hīlum *n.* hīlī *2* §13 **1.** 少量, つまらぬもの **2.** (副) 否定詞と, ちっとも～でない, 少しも…でない

hinc 副 **1.** ここから, そこから, この者 (所) から **2.** この時から, 今から, それから, それ故に hinc illae lacrimae ここからあの涙 (これが問題だ) via hinc est Romam 道はここからローマへ hinc civem esse aiunt 彼はこの町の出身と言われる hinc incipiam 今から始めよう hinc amor, hinc timor est こちらには愛情が, あちらには (他方では) 恐れがある

hinniō *4* hinnīre §111 馬(?)がいななく (ひんひんと)

hinnītus *m.* hinnītūs *4* §31 いななき

hīn(n)uleus *m.* hīn(n)uleī *2* §13 小さい牡鹿, 小ジカ

hinnus *m.* hinnī *2* §13 牡馬と牝ロバの雑種 cf. mulus

hiō *1* hiāre, hiāvī, hiātum §106 **1.** 大きく開いている, 裂けている, 割れている **2.** 大口をあける, あくびをする **3.** 渇望して口をあける, 貪欲に求める, 驚いてぽかんと口をあける **4.** 母音衝突をもつ, 隙間のある, 前後の脈絡がない (文章) **5.** おおげさに朗読する corvum deludet hiantem 彼は口をあけているカラスをあざけるだろう

Hippocratēs *m.* Hippocratis *3* §42.1 ギリシアの有名な医学者 (前五世紀)

Hippocrēnē *f.* Hippocrēnēs *1* §37 ヘリコーン山麓の泉

Hippodamē *f.* Hippodamēs *1* §37 = **Hippodamīa** (**-ēa**) *f.* -miae *1*

hippodromos   336

§11 **1.** オイノマーオスの娘 **2.** ピリトオスの妻

hippodromos (**-us**) *m.* hippodromī *2* §13 <ἱππόδρομος 戦車競技場

Hippolytē (**-ta**) *f.* Hippolytēs (-tae) *1* §37(§11) **1.** アマゾーンの女王 **2.** アカストスの妻

Hippolytus *m.* Hippolytī *2* §13 テーセウスとヒッポリュテーの子

hippomanes *n.* hippomanis *3* §19 <ἱππομανές **1.** さかりのついた牝馬から分泌される粘液 **2.** 生まれたばかりの馬の子の額の黒いこぶ

Hippomenēs *m.* Hippomenis *1* §42.1 競争でアタランタに勝った者

hippotoxota *m.* hippotoxotae *1* §11 <ἱπποτοξότης 騎馬弓兵

hīra *f.* hīrae *1* §11 腸

hircīnus *a.1.2* hircīn-a, -um §50 [hircus] ヤギの, ヤギ革の, ヤギのような

hircōsus *a.1.2* hircōs-a, -um §50 [hircus] ヤギのように臭い, 悪臭のある

hircus *m.* hircī *2* §13 **1.** 牡ヤギ **2.** 不潔な男をののしる言葉

hirsūtus *a.1.2* hirsūt-a, -um §50 [*cf.* hirtus] (比)hirsutior **1.** 毛深い, もじゃもじゃの, 剛毛の, 葉の多い, 繁茂した **2.** 自然のままの, 粗野な, 無作法な

Hirtius *a.12* Hirti-a, -um §50 **1.** ローマ人の氏族名 **2.** 前43年執政官, カエサル『ガリア戦記』に第八巻を補う

hirtus *a.1.2* hirt-a, -um §50 = **hirsutus 1.** 毛深い, もじゃもじゃした, 剛毛の **2.** 粗野な, 無作法な, 無教養の

hirūdō *f.* hirūdinis *3* §28 ヒル non missura (118.1 未) cutem, nisi plena cruoris (9c13), hirudo 腹が血で一杯になるまで皮膚を離そうとしないヒル

hirundō *f.* hirūndinis *3* §28 ツバメ

hīscō *3* hīscere, ——, —— §109 [hiō] **1.** 開き始める, 裂ける, 割れる, 口をあける, あけて(ひらいて)いる **2.** 発言する, 話し出す

Hispānia *f.* Hispāniae *1* §11 ロ ーマの属州, 2つに分れる Hispania citerior と Hispania ulterior (今日のスペインとポルトガル)

Hispāniēnsis *a.3* Hispāniēnse §54 ヒスパーニアの, ヒスパーニア人の

Hispānus *a.1.2* Hispāna, -num ヒスパーニアの (名) *m.* §13 ヒスパーニア人

hispidus *a.1.2* hispid-a, -um §50 [*cf.* hirtus] **1.** (毛, 髪で)おおわれた, 毛むくじゃらの, 逆立った **2.** ざらざら, ごつごつした, とげとげした **3.** 荒れた, 自然のままの, 粗野な

hister *m.* histrī *2* §15 = **histriō**

historia *f.* historiae *1* §11 <ἱστορία **1.** 探求, 調査, 詮索 **2.** 見聞, 知識, 情報 **3.** 報告, 記述, 物語 **4.** 歴史, 過去の記述, 歴史的記述(描写, 認識, 著作, 本) **5.** 歴史物語の対象, 話題 historia naturalis 自然現象探求, 博物誌 ut est in omni historiā curiosus 彼はあらゆる調査において綿密なので ut fieres (157, 時制の関連による未完了・接) nobilis historia そなたが高貴な物語(の対象)となるように

historicus *a.1.2* historic-a, -um §50 <ἱστορικός 歴史的な, 歴史家の **historicē** 副 §67(1) 歴史的に, 史実に基づいて

historicus *m.* -ci *2* §13 歴史家, 史学者

histricus *a.1.2* histric-a, -um §50 [hister] 俳優の, 役者の

histriō *m.* histriōnis *3* §28 [hister] 役者, 俳優

histriōnia *f.* histriōniae *1* §11 [*sc.* ars.] 演技術, 演劇術

hiulcō *1* hiulcāre, -cāvī, -cātum §106 [hiulcus] 開く, 裂く, 割る

hiulcus *a.1.2* hiulc-a, -um §50 [hiō] **1.** 開いた, 裂けた, 割れた **2.** 大口をあけた, 飢えた, 貪欲な **3.** 母音連続の, 脈絡のない hiulcus concursus verborum 言葉と言葉のすき間のある結びつき(脈絡のない言葉)

hōc 副 **1.** hōc=hūc ここまで, ここへ,

この上に（hic の *abl.*）**2.** =eō[is の *abl.*]それだけますます，いっそう（比較級と）

hodiē 副 ［hoc, diē］ 今日，本日，今，現在，当今，今日中，今日のうちに hodieque＝hodie quoque 今日もまた，今日まで hodie mane 今朝 hodie ad vesperum 今晩までに quod hodie non est, cras erit 今日ないものも明日はあるだろう

hodiernus *a.1.2* hodiern-a, -um §50 ［hodiē］ 今日の，現在の

hol... = ol...

Homērus *m.* Homērī *2* §13 ギリシア最高の叙事詩人（前十世紀）quandoque bonus dormitat Homerus 弘法にも筆の誤り

homicīda *m.f.* homicīdae *1* §11 ［homō, caedō］ 人殺し，殺害者

homicīdium *n.* homicīdiī *2* §13 ［homicīda］ 殺人，殺害

homō *m.* hominis *3* §28 **1.** 人，人間 **2.** (*pl.*)人々，社会，人類，歩兵，軍団 **3.** 召使，夫，友 post homines natos 人類の誕生以来 post hominum memoriam 有史以来 inter homines esse＝vivere ego homo sum, humani nihil a me alienum puto 私は人間だ，人間に関することなら何でも私と無縁とは思わない si vis homo esse お前が人間でありたいと思うなら hominis (9c12) est errare 過（あやま）つは人の性（さが）

homullus *m.* homullī *2* §13 ［homō の小］ 哀れな，卑小な人間，とるに足らぬ人間

homunciō *m.* homunciōnis *3* §28 = **homunculus** *m.* -lī *2* §13 = **homullus**

honestāmentum *n.* honestāmentī *2* §13 ［honestō］ 飾り，優美

honestās *f.* honestātis *3* §21 ［honestus］ **1.** 尊敬，名誉，名望，誉れ **2.** 公正，高潔，実直，廉恥心，美徳 **3.** 上品，美しさ turpitudinem fugere, honestatem adipisci 恥辱をのがれ名誉を求める ubi est dignitas, nisi ubi honestas? 清廉潔白のある所を除いてどこに威信が存在するか

honestē 副 ［honestus §67(1)］ （比）honestius （最）honestissime 立派に，行儀よく，端正に，気高く vitā honeste actā (9f18) 清廉な一生を終えて

honestō *1* honestāre, -tāvī, -tātum §106 ［honestus］ **1.** 尊敬する，名誉を与える，面目を施させる **2.** 飾る，美しさ（品位）をそえる formam pudor honestabat はじらいが容姿に品位を与えていた

honestus *a.1.2* honest-a, -um §50 ［honōs］ （比）honestior （最）honestissimus **1.** 尊敬すべき，立派な，名誉ある **2.** 清廉な，正直な **3.** 著名な，高貴な，名門の，美しい，端正な honesto loco ortus (＝honeste genitus) 名門の出の，（育ちの良い）

honor, honōs *m.* honōris *3* §26 **1.** 名誉，面目，名声 **2.** 尊敬，敬意，賞賛 **3.** 卓越，優秀，品位，美徳 **4.** 高官，顕職，尊称 **5.** 誉れ，飾り，誇り **6.** 尊敬のしるし，神への供物，犠牲 onus est honos 名誉は重荷 honorem alicui habere, (exhibere, tribuere) ある人に名誉を与える in magno honore esse 大いに尊敬されている honoris causā nominare aliquem 名誉のためある人の名をあげる silvis aquilo decussit honorem 北風がその森から飾（かざ）りを振り落とした supremus honos 葬儀 honos alit artes 名誉（心）が学問技芸を培う

honōrābilis *a.3* honōrābile §54 ［honōrō］ 名誉の，尊敬すべき

honōrārium *n.* -riī *2* §13 寄付金，謝礼

honōrārius *a.1.2* honōrāri-a, -um §50 ［honor］ 名誉のしるしとして自発的に与えられた，尊敬の念から授けられた arbiter ～ 当事者双方から非公式に指名された仲介人

honōrātus *a.1.2* honōrāt-a, -um §50 ［honōrō の完分］ （比）honoratior （最）honoratissimus 尊敬された，名誉を与えられた，高位を叙せられた，面目を施した

honōrificus *a.1.2* honōrific-a, -um §50 ［honor, faciō］ （比）honori-

honōrō 338

ficentior （最)honorificentissimus　名誉をたたえた, 敬意を表した　**honōrificē**　副　§67(1)　(比)honorificentius　(最)honorificentissime　うやうやしく, 尊重した態度で, 礼儀正しく

honōrō *1* honōrāre, -rāvī, -rātum §106 ［honor］ **1.** 名誉を与える, 尊敬する **2.** ほめる, たたえる, 高位に叙す, 飾る

honōrus *a.1.2* honōr-a, -um §50 ［honor］　名誉ある, 敬意を表する

honōs, honōris *(gen.)*=honor

hoplomachus *m.* hoplomachī *2* §13 ＜ὁπλομάχος　重装備の剣闘士

hōra *f.* hōrae *1* §11 ＜ὥρα **1.** 一時間(185) **2.** 時, 時間, 期間 **3.** *(pl.)* 時間 **4.Hōrae** *f.pl.* Hōrārum *1* §11　三人の季節(春, 夏・秋, 冬)の女神 in horam vivere　その日暮らし in horas　一時間ごとに, たて続けに hora quota est? 何時か mittere ad horas 時間を見に(奴隷を)やる

Horātius *a.1.2* Horāti-a, -um §50 **1.** ローマ人の氏族名 **2.** アウグストゥス時代の有名な抒情詩人

hordeāceus *a.1.2* hordeāce-a, -um §50 ［hordeum］　大麦からつくられた

hordeārius *a.1.2* hordeāri-a, -um §50 ［hordeum］　大麦の, 大麦のような

hordeum *n.* hordeī *2* §13　大麦

hōria *f.* hōriae *1* §11 ＝**hōriola** *f.* ［hōria の小］　小船, 釣船

hōrnōtinus *a.1.2* hōrnōtin-a, -um §50 ［hōrnus］　今年生れた, 生長した, 今年の

hōrnus *a.1.2* hōrn-a, -um §50　今年生まれた, つくられた, 生長した, 今年の　**hōrnō**　副　今年に

hōrologium *n.* hōrologiī *2* §13 ＜ὡρολόγιον　時刻表示器(日時計, 水時計)

hōroscopus *m.* hōroscopī *2* §13　誕生時の星位, 星占い

horrendus *a.1.2* horrend-a, -um §50 ［horreō の動形］ **1.** 恐ろしい, 身の毛のよだつ **2.** 畏怖の念を起させる horrendum dictu (120.3)　言うも恐ろしいもの

horrēns *a.3* horrentis §58 ［horreō の現分］　(比)horrentior **1.** (毛髪の)逆立った, 硬直した, とげの多い, 剛毛の, 毛深い **2.** 身の毛のよだつ, 恐しい

horreō *2* horrēre, horruī, —— §108 **1.** まっすぐに立つ, 逆立つ **2.** 尖ったもので蔽われている, 尖ったものが立ち並ぶ **3.** 震える, 身震いする, 恐れる **4.** (他)にぞっとする, 恐れる terra horret 大地に霜柱がたっている non horrui progredi (117.4) 恐れずに前進した

horrēscō *3* horrēscere, horruī, —— §109 ［horreō］ **1.** (毛髪が)逆立つ, 直立する, 荒れる **2.** 震え始める, (寒さ, 恐ろしさで)身震いする, 総毛だつ **3.** ぞっとする, 恐れる horresco referens (118.4) 私は語りつつ身の毛がよだつのです mare horrescit 海の波が逆立っている

horreum *n.* horreī *2* §13 **1.** 倉庫, 貯蔵庫, 穀倉, 納屋 **2.** ミツバチの巣箱, アリの巣穴

horribilis *a.3* horribile §54 ［horreō］　(比)horribilior **1.** 恐ろしい, ぞっとする **2.** 驚くべき, 尊敬すべき horribilis dictu (120.3) 話すのも恐ろしい

horridē　副　［horridus §67(1)］　(比)horridius **1.** 粗く, 無作法に, 粗削りのまま **2.** 荒々しく, 厳しく

horridulus *a.1.2* horridul-a, -um §50 ［horridus の小］ **1.** (髪, 毛)直立した, 逆立った, 突起した **2.** 粗野な, だらしない, 無精の **3.** 洗練されていない, 飾らない **4.** 身震いしている

horridus *a.1.2* horrid-a, -um §50 ［horreō］　(比)horridior **1.** とげの多い, 尖ったものに蔽われた, 逆立っている, ざらざらした, もじゃもじゃの, 剛(ごう)毛の **2.** 飾らない, 粗野な, 地味な, 無作法な, 無教養な **3.** 荒れている, きびしい, すごみのある **4.** (寒さ, 恐しさ)震えている, 身震いする, ぞっとする, 恐ろしい silva dumis horrida とげのある低木で蔽われた林 quaedam horridiora verba いささかざ

らざらしたいくつかの言葉 aspectus horridus ぞっとする光景

horrifer *a.1.2* horri-fera, -ferum §51 ［horreō, ferō］ 恐怖をもたらす, 恐しい, 寒さで身も氷るような

horrificō *1* horrificāre, -cāvī, -cātum §106 ［horrificus］ **1.** 波立たせる **2.** おびえさす, 脅す

horrificus *a.1.2* horri-fic-a, -um §50 ［horreō, faciō］ **1.** 恐怖をおこさせる, 恐しい **2.** 毛深い

horrisonus *a.1.2* horri-sona, -sonum §50 ［horreō, sonō］ 恐ろしい音をたてている

horror *m.* horrōris *3* §26 ［horreō］ **1.** 逆立てること, 硬直 **2.** 粗野, ぞんざい **3.** 総毛だつこと, 寒さで震えること, 悪寒, (おそれ)身震い, 戦慄 **4.** 歓喜のおののき, 敬虔なわななき, 畏怖の念 horror comarum 木の葉のそよぎ qui me horror perfudit! いかなる戦慄が私の体全体を満たしたことか divina voluptas atque horror 聖なる快楽と歓喜のおののき ille horror dicendi (119.2) あのぞんざいな口のきき方

horruī → horreō, horrēscō

hōrsum 副 こちらへ, この道を

hortāmen *n.* hortāminis *3* §28 ＝**hortāmentum** *n.* -tī *2* §13 激励, 勧告, 刺激

hortātiō *f.* hortātiōnis *3* §28 ［hortor］ 鼓舞, 激励, 勧告, 訓戒

hortātor *m.* hortātōris *3* §26 ［hortor］ 刺激する人, 激励する人, 勧告者

hortātus *m.* hortātūs *4* §31 ［hortor］ ＝hortātiō

Hortensius *a.1.2* -sia, -sium §50 **1.** ローマ人の氏族名 **2.** 有名な弁論家(前一世紀)

hortor *dep.1* hortārī, hortātus sum §§123(1), 125 励ます, 勧める, たきつける, そそのかす, 強制する, 命ずる, 警告する, 訓戒する さまざまな構文:対, 不, ut, ne, 接などをとる hortemur (116.2) ut properent 我々は彼らが急ぐように催

促しよう hortatur pater ire mari (9f1.イ) 父上は海路をとるようにすすめる hortatur ... ad eum diem revertantur (116.2) 彼は彼(部下)らがその日までに帰ってくるように命ずる me currentem hortatus es お前は走っている私をかりたてた(余計な世話をやいてくれた) aliquem ad pacem (in proelia) ～ ある人に平和を説きすすめる(戦争へたきつける)

hortulus *m.* hortulī *2* §13 ［hortus の小］ **1.** 小さな庭, 果樹園 **2.** 公園, 庭園 **3.** 哲学者が教場とした庭

hortus *m.* hortī *2* §13 **1.** 庭, 果樹園, 菜園 **2.** 公園 **3.** (エピクーロスの)園, 教場(＝hortus Epicuri) **4.** 野菜

hōrum → hic §77

hōs → hic §77

hospes *m.* hospitis *3* §§24, 25 (ロ) **1.** 来客をもてなす主人 **2.** もてなしを受ける賓客, 訪問者 **3.** 外国の人, 見知らぬ人, 旅人

hospes *a.3* hospitis §58 **1.** 主人と客との関係にある **2.** 主人としてもてなす, 客としてもてなされる **3.** 外国の, 異国の

hospita *f.* hospitae *1* §11 女主人, 女の客, 女友達

hospitālis *a.3* hospitāle §54 ［hospes］ (比)hospitalior (最)hospitalissimus **1.** 客をもてなす主(ぬし)の, 客を歓待する所の **2.** 客の, 客の厚遇に関する **3.** 親切な, 気前のよい tibi (9d8) hospitale pectus et purae manus あなたの寛大な度量と清らかな手 post cenam in hospitale cubiculum deductus est 彼は夕食後客室へ案内された

hospitālitās *f.* hospitālitātis *3* §21 ［hospitālis］ 客をもてなすこと, 歓待, 厚遇

hospitāliter 副 ［hospitālis §67(2)］ 客の(客を歓待する)ように, 親切に

hospitium *n.* hospitiī *2* §13 ［hospes］ **1.** (公私の)賓客の厚遇, 歓待 **2.** 主人と客の結びつき, 関係, ローマの権勢家個人と他国・市との主客関係 **3.** 歓待する所, 家, 宿, 旅館, ねぐら, 避難所 ex vita discedo tamquam ex hospi-

hospitor 340

tio 私はこの人生からあたかも旅先の宿からの如く立ち去るのだ(自宅の財産への未練なしに)

hospitor *dep.1* hospitārī, hospitātus sum [hospes] §123(1) 客となる, 滞在する, 歓待される

hostia *f.* hostiae *1* §11 生贄(にえ), 犠牲の動物 humanae hostiae 人のいけにえ

hostiātus *a.1.2* hostiāt-a, -um §50 [hostia] いけにえが準備されている

hosticus *a.1.2* hostic-a, -um §50 [hostis] **1.** 敵の **2.** 見知らぬ人の, 他国(人)の **hosticum** *n.* -ticī *2* §13 敵の領地

hostificus *a.1.2* hostific-a, -um §50 [hostis, faciō] 敵愾心を抱いた, 恨みを持った

hostīlis *a.3* hostīle §54 [hostis] 敵の, 敵に属する, 敵対的な, 敵愾心にみちた, 敵意のある

hostīliter 副 [hostīlis §67(2)] 敵のように, 敵対して

Hostīlius *a.1.2* -lia, -lium §50 **1.** ローマ人の氏族名 **2.** ローマの三代目の王

hostis *c.* hostis *3* §19 **1.** 他国の人, 見知らぬ人 **2.** 敵(公私の), 対抗者 hostis patriae 叛逆者 Pompeius saepius cum hoste conflixit quam quisquam cum inimico concertavit ポンペーイユスはみんながそれぞれ私的な敵と争ったよりもひんぱんに国家の敵と戦った

hūc 副 **1.** ここまで, こちらへ, ここへ **2.** この程度まで, この地点まで **3.** この上に, さらに huc et huc, huc (atque) illuc あちらこちらへ, あちこち, 所々(方々)へ huc accedit quod... この上に quod 以下のことが加った huc arrogantiae (9c4) venerat ut... 彼の傲慢ぶりは ut 以下までに高じていた

hui (-ī ?) 間 驚き, 強い感情の表現, おお, ああ, うへぇ

huīc, hūjus → hic

hūjus(ce)modī [hic modus の *gen.*] このような

hūmānē 副 ＝**hūmāniter** 副 [hūmānus] §67 (比)humanius (最)humanissime **1.** 人間の本性にかなったように, 道理をわきまえて, 謙虚に, 自制して **2.** 親切に, やさしく, 思いやりのある humana (9e11) humane ferenda (147) intellegit 彼は人間に関することは人間らしく(冷静に)耐えねばならぬことをよく知っている

hūmānitās *f.* hūmānitātis *3* §21 [hūmānus] **1.** 人間性, 人間としての品位, 人道, 人情, 仁愛, 温和, 親切 **2.** 礼儀作法, 教養, 文化, 文明

hūmānitus 副 [hūmānus] 人間らしく, 親切に, 思いやって

hūmānus *a.1.2* hūmān-a, -um §50 [homō] (比)humanior (最)humanissimus **1.** 人間の, 人間に関する, 人間的な, 死すべき **2.** 人間らしい, 親切な, 人情のある, 礼儀正しい **3.** 洗練された, 開化した, 文明化した, 教養のある **hūmāna** *n.pl.* hūmānōrum *2* §13 人間事象, 人間の運命, 宿命, 掟

hūmātiō *f.* humātiōnis *3* §28 [humō] 埋葬

hūmecto, hūmēns, hūmeō, humerus, hūmēsco, hūmidulus, hūmidus → um-, ūm-

humī → humus

humilis *a.3* humile §54 [humus] (比)humilior (最)humillimus §59 (ロ) **1.** 低い, 小さな, 浅い **2.** (地位, 身分の)卑しい, (勢力, 品性で)劣る, 貧弱な **3.** 価値のない, 無意味な, 劣等の **4.** 小心な, 臆病な, 卑怯な **5.** 卑下した, 謙虚な humilis volat 地上すれすれに飛ぶ civitas ignobilis atque humilis 名もない取るに足らぬ部族 homines multis rebus (9f3) humiliores sunt quam bestiae 人間は多くの点で動物に劣る

humilitās *f.* humilitātis *3* §21 [humilis] **1.** 低いこと, 小さいこと **2.** 卑賤, 低劣, 無価値 **3.** 卑下, 落胆, 零落, 屈辱 mors anteponeda (121.1) fuit huic humilitati (9d3) この屈辱より死が優先されるべきであった

humiliter 副 ［humilis］ （比）humilius （最）humillime **1.** 低い所で，卑しく **2.** 卑下して，卑屈な態度で，へり下って aut servit humiliter aut superbe dominatur 彼は卑屈に仕えるか傲慢に命じるかどちらかだ

humō 1 humāre, humāvī, humātum §106 ［humus］ **1.** 土で蔽う，土の中にうずめる，埋葬する **2.** 葬儀を行う

hūmor ＝ ūmor

humus f. humī 2 §13 **1.** 土地，土，大地，地面，耕地，土壌 **2.** 陸地，国，地域 **humī** （地格 §70）副 地上に，地中へ，地表へ **humō** （abl.）地上から，地面から，廃墟から jacere humi 土の上に（かたい寝床に）ねる humo tectus 土におおわれて（ねむる）humum ore mordere 死ぬ（土を口で嚙む）

Hyacinthia n.pl. Hyacinthiōrum 2 §13 ヒュアキントスを祝う祭り

hyacinthinus a.1.2 hyacinthin-a, -um §50 <ὑακίνθινος ヒヤキントスの花の，その花の色の（紫色の？）

Hyacinthus (-os) m. Hyacinthī 2 §13 アポローンに愛されたスパルタの美少年

hyacinthus m. hyacinthī 2 §13 <ὑάκινθος **1.** ヒヤキントスの血から生じた花，（アイリス，ヒエンソウなどが推定されている）**2.** 宝石（サファイア？）

Hyades f.pl. Hyadum 3 §41.5b 牡牛座の頭部の五つの星群（雨季を告げるといわれる）

hyaena f. hyaenae 1 §11 <ὕαινα ハイエナ

hyalus m. hyalī 2 §13 <ὕαλος ガラス color hyali ガラスの色（緑色）

Hyantes m.pl. Hyantum 3 §21 ボイオーティア人の古名

Hyanteus a.1.2 -tea, -teum §50 ボイオーティアの

Hyas[1] f. Hyados 3 §41.5a ヒュアデス（星群）の一人（一つ）

Hyās[2] f. Hyantis 3 §41.3b アトラースの子，ヒュアデスの兄弟

Hybla f. Hyblae 1 §11 ＝**Hyblē**

f. Hyblēs 1 §37 シキリア東部の町，蜂蜜で有名

Hyblaeus a.1.2 -laea, -laeum §50 ヒュブラの

hybrida c. hybridae 1 §11 雑種，あいのこ，混血児

hydra f. hydrae 1 §11 <ὕδρα **1.** 水蛇，蛇 **2.** レルネー湖の巨大な水蛇

hydraula (-lēs) m. hydraulae 1 §37 <ὑδραύλης 水オルガン演奏家

hydraulicus a.1.2 hydraulic-a, -um §50 <ὑδραυλικός 水オルガンの

hydraulus m. hydraulī 2 §13 <ὕδρ-αυλος 水オルガン

hydria f. hydriae 1 §11 <ὑδρία 水がめ

hydrōpicus a.1.2 hydropic-a, -um §50 <ὑδρωπικός 水腫症にかかった，むくんだ

hydrōps m. hydrōpis 3 §21 <ὕδρωψ 水腫症，むくみ

hydrus (-os) m. hydrī 2 §13 <ὕδρος **1.** 水蛇 **2.** 蛇

Hygīa f. Hygīae 1 §11 健康の女神

Hȳlaeus m. Hȳlaeī 2 §13 アルカディアのケンタウロス

Hylaeus a.1.2 -laea, -laeum §50 ヒューライオスの

Hylās m. Hylae 1 §37 ヘーラクレースの侍童

Hyllus m. Hyllī 2 §13 ヘーラクレースの長子

Hymēn m. (Hymenis) 3 §28 <ὑμήν **1.** 結婚式で「ヒュメーン」「ヒュメナイオス」と繰り返される祝婚歌 **2.** 結婚 **3.** 結婚の女神（主格と呼称のみ）

Hymenaeus (-os) m. Hymenaeī 2 §13 ＝Hymen

Hymēttus (-os) m. Hymētti 2 §13 アテーナイに近い，大理石と蜂蜜で有名な山

hyperbatōn n. hyperbatī 2 §38 <ὑπέρβατον （修辞）転置（法）

Hyperborēī m.pl. Hyperborēōrum 2 §13 北極の果に住む伝説的な民族

Hyperboreus   342

Hyperboreus *a.1.2* -rea, -reum §50 ヒュペルボレ(イ)オイ(人)の

Hyperīōn *m.* Hyperīonis *3* §41.8c ティターン族の一人

Hyperm(n)ēstra *f.* Hypermēstrae *1* §11 =**Hypermēstrē** *f.* -trēs §38 ダナオスの娘の一人

hypocauston (-tum) *n.* hypocaustī *2* §13 <ὑπόκαυστον 各部屋へ熱風を送管する床下の設備

hypocritēs (-ta) *m.* hypocritae *1* §37 <ὑποκριτής 役者, ものまね劇俳優

hypodidascalus *m.* hypodidascalī *2* §13 <ὑποδιδάσκαλος 助教師

hypomnēma *n.* hypomnēmatis *3* §22 <ὑπόμνημα 注意書き, 覚え書き

hypothēca *f.* hypothēcae *1* §11 <ὑποθήκη 担保(品), 抵当(物)

Hypsipylē *f.* Hypsipylēs *1* §37 レームノス島の王トアースの娘

Hypsipyleus *a.1.2* -lea, -leum §50 ヒュプシピュレーの

hystericus *a.1.2* hysteric-a, -um §50 <ὑστερικός 子宮の苦しみで悩んでいる

I

I, i §§1, 2

ī → eō[1]

Iacchus *m.* Iacchī *2* §13 （神）Bacchus の別名

iambicus (iambēus) *a.1.2* iambic-a, -um (iambē-a, -um) §50 <ἰαμβικός 短長格の （名）**iambicus** *m.* iambicī *2* §13 短長格の詩(諷刺詩)を書く作家

iambus *m.* iambī *2* §13 <ἴαμβος **1.** 短長格 **2.** 一行が短長格の三脚からなる毒舌(諷刺)詩

Īapetus *m.* Īapetī *2* §13 （神）Titan 神族, Atlas, Prometheus, Epimetheus, Menaetius の父

Iāsōn *m.* Iāsonis *3* §41.8c （神）Aeson の子, Argonautae の指導者, Medea の夫

iaspis *f* iaspidis (-dos) *3* §39 < ἴασπις 碧玉(へきぎょく)

ībam → eō[1]

ibī 副 **1.** (空間的に, §70)そこに, そこで, あそこに, あそこで, その所に, あの人(の所, 家, 内)に **2.** (時間的に)そのとき, あの時, その時ただちに, 同時に **3.** そのさい, その点で, その条件の下で, その場合

credas animum ibi esse 彼はあの子に気があるとお前は信じていいみたいだ ubi sum, ibi non sum, ubi non sum, ibi est animus わしのおるところにわが心なく, わしのいない所にわが心が行く

ibīdem 副 [ibī, -dem] **1.** 今言ったその場所で, ちょうどそこに, 同じ所に **2.** 正しくその時, すぐに, 直ちに **3.** 同じ点で, 同じ事柄に関して

ībis *f.* ibis (ībidis) §41.6.b エジプトの聖鳥(せいちょう)イービス(水鳥)

ībō → eō[1]

Īcarus *m.* Īcarī *1* §13 （神）Daedalus の息子, 父の作った翼で Creta 島から脱出して, 飛行中, 海におちた

ichneumon *m.* ichneumōnis *3* §28 <ἰχνεύμων エジプトマングース, ネコイタチ

īcō (īciō) *3* īcere, īcī, ictum §109 **1.** (武器, 飛道具で)打つ, たたく, なぐる, 突く, 押す, 刺す **2.** ひどく傷つける, 冒す, 襲う **3.** 苦しめる, 煩悶させる, 困惑させる lapide ictus ex muro periit 彼は城壁から投げられた石にあたって死ぬ e caelo ictus 電光に打たれて foedus icere

(同盟)条約を結ぶ

ictis _f._ ictidis _3_ §42.7 イタチ

ictus _m._ ictūs _4_ §31 ［īcō］
1. 打撃，一撃，ひと突き，ひと刺し **2.** 投擲，射出，突撃，襲撃 **3.** 衝撃，精神的打撃，悲運，不幸におそわれること **4.** 拍(ビ)，強音(詩脚の) **5.** 鼓動，脈拍 miscere ictus 白刃を交える(肉薄戦) sub ictum venire 射程距離までやってくる sub ictu esse 打撃(危険)にさらされている ad defendendos (121.3) ictus 投擲(飛道具)を防ぐために

Īda (**Īdē**) _f._ Īdae(Īdēs) _1_ §11(37) (神)**1.** Phrygia の山脈，Paris の審判が行われた場所 **2.** Creta 島の山，赤子の Zeus がこの山の洞穴で育てられたという (形)**Īdaeus** _a.1.2_ Īdae-a, -um §50 Īda 山の

idcircō _副_ その理由で，そのために，それ故に，だからといって(しばしば，理由文，quia, quod, 目的文，ut, ne, 条件文，si を伴う) data Romanis venia est indigna poetis, idcircone vager (116.4) scribamque licenter? なるほどローマの詩人に身分不相応な特権が与えられている，だからといって私は散漫で放縦な詩を書いていいだろうか non, si illum defendisti, idcirco te bonum civem putabunt あながたとい彼を庇ってやっても，それだけの理由から彼らはあなたを立派な市民とは考えないだろう quia videbat, idcirco longius progressus est 彼は見ていたので，そのためにいっそう遠くへ進んだ

īdem 指 代 eadem, idem §80 **1.**(形)同じの，同一の，(代)正しく同一人(物)，しばしば次のような相関詞を伴う qui, ut, quasi, tamquam, et, atque, cum, 与(9d13) idem abeunt qui venerant 来ていた者と同じ者が立ち去る tamquam alter idem いわばもう一人の自我 in eadem mecum Africā genitus 私と同じアフリカの出身の(彼) idem facit occidenti (9d13, 118.2) 彼は人殺しと同じことをしている **2.**(同じ語に述語を加えるとき)同時に，同様に，等しく，またそのさい viros fortes eosdem bonos esse volumus 勇

気ある人は同時に善良な人であることを我々は望む hiemes reducit Juppiter, idem submovet ユーピテルは冬を連れ戻すが，同様に連れ去りもする **3.**(対立，対比の意味をもつ)それにもかかわらず，それでもなお idem ego qui expecto tuum adventum, morabor te あなたの到着を待っている(私が，それ)にもかかわらずあなたの出発をおくらせることになろう

identidem _副_ ［idem, et, idem］ たびたび，再三再四，くりかえし，くりかえして，なんどもくりかえして，たえず

ideō _副_ **1.**(単独で)それ故に，そのために **2.** 理由(quod, quia)，目的文(ut, ne)などを伴って，という理由(目的)から，というわけで ideo continuo nocte ac die itinere ad Pompeium contendit そういうわけで彼は昼夜兼行の旅をしてポンペイユスの所へ急ぐ (patronum) nullum perdidi, ideo quia numquam ullum habui 保護者などを失っていません，もともと保護者など持っていなかったのですから

idiōta _m._ idiōtae _1_ §11 ＜ἰδιώτης **1.** 俗人，素人，無学の人，門外漢 **2.** 私人，普通の人

idōneus _a.1.2_ idōne-a, -um §50 **1.**(固有の性質，本来の状況から判断して)素質のある，資格のある，正しい，適切な，ふさわしい，有能な，有用な，信頼し得る，誠実な **2.**(…であることに，…することに)うってつけの，ふさわしい，値する，便利な，(ad, in+_acc._ を伴う，ときに _gen. dat., abl., inf._ も) tempus idoneum 好機 ideonea ad agendum (119.4) tempora 行動を起こすのにふさわしい時期 Athenienses maxime in eam rem idonei そのことに最も適したアテーナエ人 locus idoneus castris (9d13) 陣営(を礎くの)に適当な場所 Laelii persona mihi idonea visa est, quae de amicitia dissereret (116.8) ラエリウスという人物が友情について論ずるのにうってつけと私には思われた fons rivo dare (117.3) nomen idoneus 小川と呼ぶにふさわしい(水量の多い)泉 (直訳)この(泉という)名は，小川に与えるにふさわしい泉

Īdūs

Īdūs *f.pl* Īduum *4* §31 ローマ暦で 3, 5, 7, 10月の15日, その他の月の13日 §180

iēns → eō §156

igitur *j.* **1.** (帰結文, 疑問文で)では, それなら, そうすれば, その場合, その結果, それ故に, だから mox magis quom otium erit, igitur tecum loquar (116.1) やがてもう少し暇ができたとき, そのときあなたと話したい in quo igitur loco est? では一体それはどこにあるのか **2.** (挿入句のあとで, あるいは要約するとき)そういうわけで, 前述の通り, 要するに, てみじかに言えば est igitur haec, judices, non scripta sed nata lex 要するに, 裁判官諸君, この法律は(人間の手で)書かれたものではなく自然に生まれたものなのだ **3.** (催促, 勧告文で)だから, 従って, そこで noli igitur dicere そういうわけでもう言うのはやめて下さい

īgnārus *a.1.2* īgnār-a, -um §50 [in²-, gnārus] (最)ignarissimus **1.** 無知の, 無学の **2.** 未知な, なじみの薄い, 不案内の **3.** 経験の乏しい, 未熟な, なれていない **4.** 気づかない, 知らずにいる, 知られていない, 気づかれていない ignara puella mariti (9c13) 夫を知らない娘(処女) regio hostibus ignara 敵に知られていない所 non sumus ignari multos (117.5) contra esse dicturos 我々は大勢が反論する(だろう)ことは百も承知している

īgnāvē = **īgnāviter** 副 [īgnavus §67(1)(2)] (比)ignavius 卑怯にも, 臆病にも, めめしく, 意気地なく, 弱々しく, 無精に, なまけて, 乗気なく

īgnāvia *f.* īgnāviae *1* §11 [īgnavus] 怠惰, 怠慢, 無精, 物ぐさ, 不活発, 無気力, 意気地のないこと, 卑怯

īgnāvus *a.1.2* ī-gnāv-a, -um §50 [in²-, gnavus] (比)ignavior (最)ignavissimus **1.** 怠惰な, 無精な, だらしない, たるんだ **2.** 精力(生気, 活気)のない, 意気阻喪した **3.** 不活発な, のろい, 鈍重な **4.** 鈍らせる, かじかませる, しびれ

させる, 無感覚にする **5.** 臆病な, 柔弱な, 卑怯な **6.** 卑しい, 下劣な **7.** 役に立たない, 無用な, 実りのない, 不正な, 効き目のない ignavus animo (9f3) procax ore 精神では卑怯な, 口では横柄な(奴) legiones operum (9c13) et loboris ignavae 作業や労苦をいとい怠ける軍団兵 ignavum frigus 四肢をかじかませる寒冷 septima quaeque fuit lux ignava 七日目はいつも休日であった

ignēscō (ī-?) *3* ignēscere, ——, —— §109 [ignis] **1.** 火がつく, 発火する, 燃える **2.** (激情)ぱっと燃え上がる, かっと興奮する **3.** 赤くなる

igneus (ī-?) *a.1.2* igne-a, -um §50 [ignis] **1.** 火の, 炎の **2.** 燃えている, 炎々たる, 光り輝く **3.** 火のように燃える, 激しい, 熱烈な, 激し易い **4.** ほのお色の, 光彩陸離たる

igniculus (ī-?) *m.* igniculī *2* §13 [ignis の小] **1.** 小さな火焔 **2.** 小さな光り, 火花, 閃光, きらめき **3.** ひらめき, 芽生え, きざし

ignifer (ī-?) *a.1.2* igni-fera, -ferum §51 [ignis, ferō] 火を運んでいる, 焔えている, 火のような

ignipes (ī-?) *a.3* ignipedis *3* §55 [ignis, pēs] 火の足をもった, (燎原の火の如く)足の早い

ignipotēns (ī-?) *a.3* igni-potentis §55 [ignis, potēns] 火を支配する (名)
　ignipotēns *m.* -potentis *3* §21 火の神(Vulcanus)

ignis (īgn-?) *m.* ignis *3* §19 **1.** 火, 火事 **2.** 炎, 光, 輝き, 閃光, きらめき, 白熱, 灼熱 **3.** 火色, 紅, 紅潮 **4.** かがり火, 松明 **5.** 情火, 情熱, 激情, 烈火, 恋の炎, 恋の炎を吹き込む人(恋人) **6.** 電光, 稲妻, 月, 星, 太陽 capere, (concipere) ignem 火がつく, 火事になる ignem operibus inferre (accendere) 建物に火をつける caeco carpitur igni 盲目の恋の炎に焼きつくされる luna inter ignis minores 星々の間の月 crebris micat ignibus aether 天は雷光で再々きらめく numquam ubi diu fuit※ ignis, defrecit[※] vapor 火が長くなかった所に煙はなかった([※]格言的完了)(火のない所に煙は立たない) ignis aurum probat, miseria fortes viros 火は黄金を,苦難は勇気ある人を試す

īgnōbilis *a.3* īgnōbile §54 [in²-, gnōbilis=nōbilis] (比)ignobilior (最)ignobilissimus **1.** 知られていない,無名の **2.** 未知の,よくわからない,区別できない,不明の **3.** 重要でない,ささいな **4.** 生まれの卑しい,身分の低い **5.** 卑しい,不面目な,劣等の

īgnōbilitās *f.* īgnōbilitātis *3* §21 [ignōbilis] **1.** 世間に知られていない状態,無名 **2.** 低い身分,卑賤の出(素姓)

īgnōminia *f.* īgnōminiae *1* §11 [in²-, nomen] **1.** 資格,名誉,地位,権利の喪失あるいは剥奪,降職 **2.** 不名誉,不面目,恥,恥辱,汚名 **3.** 侮辱,非難 ignominia censoria 監察官によって科された(元老院議員の)資格剥奪 ignominia amissarum navium (9c2) 船を喪失した不面目

īgnōminiōsus *a.1.2* īgnōminiōs-a, -um §50 [ignōminia] **1.** 公的に品格・名誉を傷つけられた,汚名をきせられた,侮辱を受けた **2.** 不面目な,不名誉な,恥ずべき

īgnōrantia *f.* īgnōrantiae *1* §11 [īgnōrō の現分, īgnōrāns] 無知,無学

īgnōrō *1* īgnōrāre, -rāvī, -rātum [īgnārus] §106 **1.** わからない,知っていない,精通していない,不案内である,未知だ,親密でない **2.** 正しく知っていない,思い違いをする,見おとす,知りそこなう,無視する eventus belli non ignorans 武運の浮き沈みをよく知っている ignorante rege, uter eorum esset (116.10) Orestes 二人のうちのどちらがオレステースなのか,王はわからないので

īgnōscō *3* īgnōscere, -gnōvī, -gnōtum §109 [in²-, gnōscō=nōscō] 大目に見る,見逃す,容赦する,許す alicui delicta ～ ある人に対し過失を許す peccatum alicujus ～ ある人の罪を大目に見る

īgnōtus *a.1.2* īgnōt-a, -um §50 [in²-, (g)notus] (比)ignotior (最)ignotissimus **1.** 知らない,未知の,親しくない **2.** よその,異郷の,外国の **3.** 世間に知られていない,無名の,不明な,身分の低い,卑しい nova et ignota ratio 新しいそして前代未聞の学説 ignota (9f4) matre inhonestus 素姓の卑しい母から生まれた馬の骨

iī(īvī) → eō¹

īlex *f.* īlicis *3* §21 **1.** トキワガシ,ウバメガシ **2.** トキワガシの材木,実(ドングリ)

īlia *n.pl.* īlium *3* §20 **1.** 下腹,脇腹 **2.** またのつけ根,鼠径(ﾞﾝ) **3.** 内臓,はらわた **4.** 陰部 ilia ducere (trahere) (馬が息切れをおこしたとき,立ち止まって)横腹を波うたせる→息切れをおこす,あえぐ

īlicet 副 [īre licet] **1.** (間投詞の如く)立ち去れ,くたばれ(与と) **2.** もう終わりだ,万事休す **3.** その場で直ちに,忽ち ilicet parasiticae arti malam crucem 食客の商売などくたばってしまえ(不幸な十字架にかけられてしまえ)

īlicō 副 **1.** その場で,現場で,ちょうどそこで(ここで) **2.** そのときすぐに,直ちに,忽ちに

īlignus *a.1.2* īlign-a, -um [īlex] §50 トキワガシの,トキワガシの材木で(葉で)つくられた

Īlium *n.* **Īlion** *n.* **Īlios** *f.* Īliī *2* §13 Troja の詩的名称 (形)**Īliacus** *a.1.2* Īliac-a, -um §50 Ilium の,Troja の (形)**Īlius** *a.1.2* Īli-a, -um §50 Ilium の,Troja の (名)**Īlias** *f.* Īliadis *3* §41.5b **1.** Ilium の女 **2.** Homerus の叙事詩の題名

illā 副 [ille の *abl.f.sg., sc.* via, parte] あの道を通って,あの方向に,あそこに,そこへ

illabefactus *a.1.2* illabefact-a, -um §50 [in²-, labefaciō] ゆるがない,びくともしない,不動の,害されない,確固たる

illābor *dep.3* il-lābī, -lāpsus sum §123(3) [in¹-, lābor §176] **1.** (の中

illāc

へ，の上へ）滑ってゆく，すべり込む，流れ込む，こっそりとしのび込む **2.** 上に倒れる，中へ落ち込む，沈み込む，深く入り込む（洞察する）me truncus illapsus cerebro (9d1) sustulerat 頭の上に倒れた木の幹が私を殺していた（だろうに）

illāc 副 その道を通って，そこから，あそこから hac illac あちこちと，ここかしこ

illacrimābilis *a.3* il-lacrimābile §54 ［in²-, lacrimābilis］ **1.** 人から嘆き悲しまれない，悼まれない **2.** 涙によって心を動かされない，無情の，冷酷な

illacrimō *1* il-lacrimāre, -māvī, -mātum §106 ［in¹-, lacrimō §176］（の上に，のために）涙をそそぐ，流す，なげき悲しむ，泣く alicujus morti (9d1) ～ ある人の死を悼む maestum illacrimat templis (9f1. ハ) ebur 神殿において象牙の像は悲しんで涙を流す

illaesus *a.1.2* il-laes-a, -um §50 ［in²-, laesus］ 傷つけられていない，損害を蒙っていない，無事な，犯されていない

illaetābilis *a.3* il-laetābile §54 ［in²-, laetābilis］ 陰気な，わびしい，悄然とした，楽しくない，いやな，悲しい

illaqueō *1* il-laqueāre, -laqueāvī, -laqueātum §106 ［in¹-, laqueus］ わなにかけて捕まえる，陥らせる，誘惑する，まき込む

illatus → inferō

illaudātus *a.1.2* il-laudāt-a, -um §50 ［in²-, laudātus］ **1.** 称賛に価しない，ほめられない **2.** 世間に知られていない，無名の

ille 指代・形 illa, illud §78 ［古・単・主 olle, ollus 与 ollī 複・主 ollī 与 ollīs 対 ollōs, olla］ **1.** 空間的，時間的，心理的に話者より離れている（遠い）もの，人を示す，あの，かの，彼，彼女，あれ hic illest lepidus, quem dixi, senex この（目の前の）豪奢な老人が私が（さっき）言った人です **2.** 世間周知のかの名高き（人，もの）hic est ille Demosthenes これがあの有名なデーモステネースです **3.** 冗語的・強調的な用法 philosophi quidam, minime mali illi quidem, sed... 幾人かの哲

学者は，なるほど彼らはたしかに邪悪ではない，しかし… **4.** 前述のまたは後述のもの（人）を示す si omnia populi arbitrio reguntur, dicitur illa libertas もしすべてが民衆の恣意によって支配されるなら，それが自由の体制と呼ばれるのだ illud Catonis : melius de quibusdam inimicos mereri quam amicos カトーのあの言葉，つまり「ある人たちにとって友よりも敵がいっそう役に立つ」という言葉 **5.** 成句として ex illo (*sc.* tempore) あの時以来 ille aut ille これこれしかじかの人，いろいろな人 hic et ille 一人か二人，一つか二つ

illecebra *f.* illecebrae *1* §11 ［illiciō］ **1.** 引きつける手段(力)，魅力，誘因，誘惑物 **2.** そそのかし，扇動，刺激

illectus *a.1.2* il-lect-a, -um §50 ［in²-, legō の完分］ 読まれていない，未読の

illepidus *a.1.2* il-lepid-a, -um §50 ［in²-, lepidus］ **1.** 優雅さを欠いた，洗練されていない，没趣味の，無粋な **2.** 品位のない，粗野な，無骨な **illepidē** 副 §67(1) 機知(雅致)のない表現で，無粋な(つまらない)やり方で

illēvī → illinō

illex *m.f.* illicis *3* §21 ［illiciō］ **1.** 誘惑者，女たらし **2.** おとり

illēxī → illiciō

illībātus *a.1.2* il-lībāt-a, -um §50 ［in²-, lībō］ そっくりのこされている，元のまま，手をつけられていない，犯されていない，傷つけられていない，損なわれていない

illīberālis *a.3* il-līberāle §54 ［in²-, līberālis］ **1.** 自由人に適してない，自由人としての特質を持っていない **2.** 育ちの悪い，下賤な，粗野な，無作法な **3.** 度量の狭い，雅量のない，さもしい，けちな，いやしい

illīberālitās *f.* il-līberālitātis *3* §21 ［illīberālis］ **1.** 寛大でないこと，雅量のないこと **2.** けちな根性，吝嗇(ﾘﾝｼｮ)，いやしさ，さもしさ

illīberāliter 副 §67(2) 自由人にふさわしくなく，雅量なく，卑しく，けちけちして

illūcēscō 347

illic 指代・形 illaec, illuc [ille+ce] ille の古形. 変化は§77(hic)に準ずる, 但し複主 illisce(m.), illaec(f.n.), 対 illosce(m.), illasce(f.), 与・奪(illisce)も見られる, あれ, あの, 彼, 彼女, それ quom illaec sic facit 彼女がこうするとき in illisce habitat aedibus 彼はあの家に住んでいる

illīc 副 [illi+ce] **1.** あの所に, あそこに, そこでは, 彼の家に, あの所で, 先述の所で **2.** その点で, そういう状況では, あの頃に **3.** あの世で, 来世で homini illic nobilissimo その土地で一番高貴な人に対し em illic ego habito, intro abi et cenam coque さてわしはそこに住んでいる, (お前は)家の中に入って夕食を料理せよ

illiciō 3b il-licere, -lēxī (-lexī?), -lectum §110 [in¹-, laciō 誘う §§174(2), 176] **1.** 誘う, 誘惑する, 迷わす, そそのかす, たぶらかす, かどわかす **2.** 引きつける, 心をつかむ, いざなう, 魅了する

illicitātor m. illicitātōris 3 §26 [illiciō] 値をあげるためにせり値をつけるにせの競売者(入札者)

illicitus a.1.2 illicit-a, -um §50 [in²-, licitus] **1.** 道徳上, 宗教上禁じられた, 許されない, 禁制の **2.** 違法な, 不法な, 不正な

illīdō 3 il-līdere, -līsī, -līsum §109 [in¹-, laedō §§174(2), 176] **1.** 押しつぶす, 粉砕する **2.** 打ち込む, 突っ込ませる, 押しつける **3.** 叩きつける, 投げつける, ぶつける inlisa prora pependit 舳先が(岩の間に)突きささってぶらさがった(宙吊りとなった) dentis illidunt (9d4) saepe labellis 彼らはかわいい唇になんども烈しく歯を押しつける(接吻する)

illigō 1 illigāre, -gāvī, -gātum §106 [in¹-, ligō] **1.** しばり(結び)つける, つなぐ **2.** かたくしばる, 固定させる, 束縛する, 義務づける, 巻き込む, すっかり包む manibus post tergum illigatis 背後で両手をしばられて amicitiā illigatus Philippo (9d3) 友情の絆によってピリップスにかたくしばられた(彼は)

illīmis a.3 il-līme §54 [in²-, līmus] 泥(ねば土)のない, にごっていない, 澄みきった

illinc 副 **1.** あの所(側)から, あそこから, あの者から **2.** あの時から, あれ以来 **3.** hinc … illinc あちらでは…こちらでは

illinō 3 il-linere, -lēvī, -litum §109 [in¹-, linō] **1.** 上にぬる, ぬって汚す, ぬりつける **2.** ぬりたくる, ぬってひろげる, おおいかぶせる **3.** こすりつける, すり込む donum veneno (9f11) illitum 毒をすり込まれた贈り物 oculis nigra meis collyria illinere 私の目に黒い軟膏をすり込むこと bruma nives Albanis illinet (9d4) agris (やがて)冬がアルバの山野に白い雪をぬりたくるだろう

illīsī, illīsus → illīdō

illitterātus a.1.2 il-litterāt-a, -um §50 [in²-, litterātus] (最)illitteratissimus 無学, 文盲の, 無知の, 無教養の, 教養・常識のない

illitus → illinō

illō 副 [ille の abl.m.sg., 9f19] **1.** そこへ, あそこへ, あちらへ **2.** あの方向(所)へ, あの事(点)の

illōc = illūc

illōtus (**illautus**; **illūtus**) a.1.2 illōt-a, -um §50 [in²-, lavō] **1.** 洗われていない, 汚れた, きたない, 不潔な **2.** 洗い落とされていない, 拭(ぬぐ)われていない

illūc 副 [illic の古] **1.** あの所へ, あそこへ, あそこで, そこへ, そこに **2.** あの(その)点(時, 事柄, 主題)に(へ), あの人に **3.** あの世に, 来世に(へ) huc illuc, huc atque illuc あちこちと, そこここに, 四方八方へ illuc usque その時まで oratio redeat (116.2) illuc, unde deflexit 弁論はそこからそれたあの主題へと帰るべきだ Nero solus erat, illuc cuncta vergit ネロが唯一人生き残った, 彼にあらゆる期待がかけられる

illūcēscō 3 il-lūcēscere, -lūxī, —— §109 [in¹-, lūcēscō] **1.** 光り(輝き)始める, 日が(太陽が)現れ始める **2.** 輝き出る **3.** (非)夜が明ける, 朝になる §165

illūdō 348

4. (他)照らす，輝かす

illūdō *3* il-lūdere, -lūsī, -lūsum §109 [in¹-, lūdō] **1.** 遊ぶ，たのしむ **2.** からかう，馬鹿にする **3.** あざむく，だます，愚弄する，侮辱する **4.** もてあそぶ，なぶる，いためつける **5.** 浪費する，むだにする For-tuna, ut semper gaudes illudere (117.4) rebus humanis 運命の女神よ，あなたは人間の運命をもてあそんで，いつもなんと喜んでいることか illudo chartis (9d3) 私は書いて楽しんでいる illusae auro vestes 金糸であそばれた(意匠をこらした)織物 illusi pedes 痛風にいたみつけられている足(よろめいている足どり)

illūminō *1* il-lūmināre, -nāvī, -nātum §106 [in¹-, lūminō] **1.** 照らす，明るくする **2.** 目立たせる，明るみに出す，飾る，賛美する **3.** 解明する，実例で説明する ab sole luna illuminata 太陽に照らされた月

illūsiō *f.* illūsiōnis *3* §28 [illudō] あざけり，ひやかし，皮肉

illūstris *a.3* illūstre §54 [illūstrō] (比)illustrior (最)illustrissimus **1.** きらきらと光り輝く **2.** 明るい，晴れ晴れとした，すんだ，鮮明な，明白な，明晰な **3.** 注目すべき，有名な，顕著な **4.** 高貴な，貴顕な，高尚な illustriore loco (9f4) natus 名門の出の maior et illustrior res より重大なより注目すべき事件

illūstrius 副・比 [illūstris の比，中 §68] (最)illustrissime もっと明瞭に，明白に

illūstrō *1* il-lūstrāre, -rāvī, -rātum §106 [in¹-, lūtrō] **1.** 照らす，輝かす，明るくする **2.** 光を投げる，はっきりさせる，あばく，明示する，解明(解釈・説明)する **3.** 輝き(栄光・名誉)を与える，称賛する，飾る，美しくする **4.** 知識を与える，強化(啓蒙)する qua sol habitabiles illustrat oras 太陽が人の住む土地を照らしている限りの世界中で

illūsus → illūdō

illuviēs *f.* il-luviēī *5* §34 [in²-, lavō] **1.** 洗われていない状態・不潔，あか，よごれ **2.** 泥，ほこり，ちり，ごみ **3.** くず，かす，人間のくず **4.** ふん，こやし，汚

物 **5.** 氾濫，洪水

imāginārius *a.1.2* imāgināri-a, -um §50 [imāgō] **1.** 映像の，似姿の **2.** たんなる見せかけの，実在しない，架空の，偽りの，うわべの

imāginātiō *f.* imāginātiōnis *3* §28 [imāginor] 想像，空想，夢

imāginor *dep.1* imāginārī, -nātus sum §123(1) [imāgō] 心像をつくる，心に描く，想像する，夢みる

imāginōsus *a.1.2* imāginōs-a, -um §50 [imāgō] 空想(夢想)に満ちた，映像(似姿)で一杯の

imāgō *f.* imāginis *3* §28 **1.** 水・鏡の映像，似姿，音の反響，こだま **2.** 画像，肖像，胸像，彫像 **3.** 先祖の顔の蠟製の肖像(普段は貴族の家の atrium におかれていて，葬列に持ち運ばれた) **4.** 心，夢の中の像，心象，面かげ，幻影，亡霊，幽霊 **5.** 姿，形，外観，外形，影 **6.** 写し，模写，描写，模倣，再現，生き写し **7.** 表現，比喩，比較 **8.** 概念，表象，象徴 fumosae imagines 暖炉の煙ですすけた祖先の肖像 filius tuus, imago animi et corporis tui あなたの精神と肉体の生き写しの，あなたの子息 magnam noctium partem in imagine tua exigo 夜の大半を私はあなたの姿を思い浮かべてすごすのだ

imbēcillitās *f.* imbēcillitātis *3* §21 [imbēcillus] **1.** 弱さ，柔弱，病弱，蒲柳の体質 **2.** 脆弱，もろさ **3.** 知性，徳性の弱さ，臆病，惰弱，無節操，放縦

imbēcillus *a.1.2* imbēcill-a, -um §50 (比)imbecillior (最)imbecillissimus **1.** 弱い，病身の，かよわい，もろい，虚弱な，きゃしゃな **2.** 知的，道徳的に性格の弱い，無能な，惰弱な，鈍重な，役に立たない

imbellis *a.3* imbelle §54 [in²-, bellum] **1.** 戦争に向いていない，戦闘準備のできていない，鍛えられていない **2.** 戦争を好まない，平和を好む，静かな **3.** 戦争に役立たない，無能な，臆病な **4.** 戦争のない，平和な imbellis lyrae (9c13) Musa potens 平和な竪琴(抒情詩，恋愛

詩)を司る詩の女神 imbellis annus 戦争
のない年

imber *m.* imbris 3 §26 **1.** 雨,雨
水, 雨天, 雨雲 **2.** にわか雨, 大(長, 豪,
暴風, 雷)雨 **3.** 雨(雪, あられ, みぞれ)の
一降り, 大降り **4.** 水, 水分, 液体, 海,
波 **5.** 血(涙)の雨 **6.** 一斉にふりそそぐ矢
(弾, 槍)の雨あられ indigno teneras
imbre rigante (9f18) genas 不当な涙雨
がやわらかな頬をぬらして naves accipiunt
inimicum imbrem 船はいまわしい海水を
受け入れる ferreus imber 鉄(槍)のあら
れ

imberbis *a.3* imberbe §54 ［in²-,
barba］ ひげの(生え)ない

imbibō 3 im-bibere, -bibī, -bitum
§109 ［in¹-, bibō］ **1.** 飲み込む **2.** 心の
中に吸収する, わがものとする **3.** 同化(習
得)する nisi de nobis malam opinionem
animo imbibisset 彼がもしもわれわれに
ついて悪い噂を心の中に受け入れていなか
ったならば

imbrex *f.m.* imbricis 3 §21
［imber］ **1.** 屋根がわらの合わせ目にかぶ
せられる半円筒形のかわら, 棟がわら, 波
がわら **2.** ブタの骨つきあぶら肉 **3.** くぼん
だ掌での拍手喝采

imbrifer *a.1.2* imbri-fera, -ferum
§51 ［imber, ferō］ 雨をもたらす, 雨
降りの, 雨の多い

imbuō 3 imbuere, imbuī, imbūtum
§109 **1.** びしょぬれにする, 浸す, つける,
ぬらす, しめらす **2.** しみ込ませる, 吸い込
ませる, 浸透させる, みたす **3.** 血で汚す,
毒をぬる **4.** 初めにちょっと浸す, さっとつ
ける, 染める **5.** 初歩を教え込む, 習熟さ
せる, 紹介する, 入会させる Graecis
litterulis (9f11) imbutus (verna) ギリ
シア語を少しかじった(奴隷) oscula, quae
Venus quinta parte sui nectaris imbuit
愛の女神が自分の神酒の第五要素(神髄)
でぬらした(恋人の)唇

imitābilis *a.3* imitābile §54
［imitor］ (比)imitabilior かんたんにま
ねのできる, 模倣できる

imitāmen *n.* imitāminis 3 §28

=**imitāmentum** *n.* 2 §1 ［imitor］
模倣, まね, 類似, 写し, 再現

imitātiō *f.* imitātiōnis 3 §28
［imitor］ **1.** 手本をまねること, 模倣 **2.** 写
しをつくること, 模写, 再現 **3.** 写し, 副
本, ものまね, 模造物

imitātor *m.* imitātōris 3 §26
［imitor］ **1.** まねる人, 模倣者, 張り合
う人, ものまねの巧い人 **2.** 写す人, 再生
(再現)する人

imitātus → imitor

imitō (imitāre) = imitor(imitārī)

imitor *dep.1* imitārī, imitātus sum
§§123(1), 125 **1.** まねる, 模倣する **2.** 見
習う, 範とする **3.** なぞらえる, 写す, 再
現する **4.** 見せかける, ふりをする, 扮する,
役を演ずる **5.** 似る, 似ている, 匹敵する,
にせようと努める **6.** …を…ととりかえる,
…を…で間に合わせる imitata vulpes
leonem ライオンをまねたキツネ signa
imitantur veritatem 像は本物にそっくり
である ferrum imitantur sudibus かれ
らは杭で投げ槍をまねる(杭で間に合わす)

immadēscō 3 im-madēscere,
-maduī, —— §109 ［in¹-, madēscō］
しめっぽくなる, ぬれてくる, しめる, ぬれ
る

immānis *a.3* immāne §54 ［in²-,
manus］ (比)immanior (最)immanis-
simus **1.** (不自然に, 法外に, 異常に,
驚くほど)大きい, 強い, 夥しい, 怪物の
如き, 異形の, 巨大な **2.** 恐ろしい, ぎょ
っとする, ものすごい, 荒々しい **3.** 野蛮な,
どう猛な, 極悪非道な immanis※ in antro
bacchantur vates 洞穴の中で予言者が
荒々しく狂っている(※副の如く) immane
quantum pavoris (9c4) どれほど物すご
い恐慌(か)

immānitās *f.* immānitātis 3 §21
［immānis］ **1.** 野蛮な性格(行為), 残忍
(性), 狂暴 **2.** ぞっとする恐ろしさ, 途方
もなく巨大なもの **3.** 怪物

immānsuētus *a.1.2* im-mānsuēt-a,
-um §50 ［in²-, mānsuētus］ (比)
immansuetior (最)immansuetissimus
なれ(てい)ない, 野性の, 野蛮な, 残忍な

immātūritās 350

immātūritās *f.* immātūritātis *3*
§21 [immātūrus] **1.** 未熟(な状態),
機の熟さないこと, 時期尚早 **2.** 早計, 性
急

immātūrus *a.1.2* im-mātūr-a, -um
§50 [in²-, mātūrus] **1.** まだ熟してい
ない **2.** 未発達の, 不完全な **3.** 成熟して
いない, 未成年の **4.** 時期尚早の, 時なら
ぬ, 折りの悪い, 時機を失った, 季節はず
れの

immedicābilis *a.3* im-medicābile
§54 [in²-, medicābilis] **1.** 治癒し難
い, 不治の **2.** 直せない, 取り返しのつか
ない, 手のほどこしようのない

immemor *a.3* immemoris §55
[in²-, memor] **1.** 覚えていない, 忘れて
いる **2.** 忘れっぽい, 忘れがちな, 不注意
な, むとんじゃくな **3.** 義務を覚えていない,
怠慢な, 忘恩の, 不誠実な **4.** 感情(感覚)
をもたない, 冷酷な, 無情な nox immemor
quietis (9c13) 静寂を忘れた夜 imme-
mor Romanarum rerum ローマの歴史
に通じていない instamus immemores
我々はなにも考えずに突き進む

immemorābilis *a.3* im-memorābile
§54 [in²-, memorābilis] **1.** 報告する
価値のない, 言う必要のない **2.** 筆舌に尽
くし難い, 名伏し難い **3.** 話さそう(思い出
そう)としない, だまりこんだ

immemorātus *a.1.2* im-memorāt-a,
-um §50 [in²-, memorātus] いまだ
述べられ(話され)たことのない, 世間に知
られていない

immēnsus *a.1.2* im-mēns-a, -um
§50 [in²-, metior] **1.** 計り知れない,
果てしない, 無限の **2.** 広大無辺の, 途方
もなく巨大な, 莫大な, 無数の, おびただ
しい (名)**immēnsum** *n.* immēnsī
2 §13 広大無辺, 巨大, 絶大, 無量,
無数, 計り知れない価値, 程度 (副)
immēnsum (9e13) 無限に, 途方も
なく, 法外に, おびただしく, 甚だしく

immerēns *a.3* im-merentis §58
[in²-, mereō] **1.** 罰に価しない, 潔白な,
なんのとがもない **2.** 恩恵(賞賛)に価しない
(ふさわしくない)

immergō *3* im-mergere, -mersī,
-mersum §109 [in¹-, mergō] **1.** 浸
す, つける, 沈める, もぐらせる **2.** 埋める,
突っ込む, 投げ込む **3.** (再・受)ひたる,
忍び込む, こっそりと侵入する **4.** (再)没
頭する, 熱中する se immergere in ga-
neam 居酒屋に入りびたる te studiis tuis
immerge altius あなたの研究にいっそう
深く没頭しなさい

immeritus *a.1.2* im-merit-a, -um
§50 [in²-, mereor] **1.** 損害・罰を受
けるいわれのない, 責任のない, 不幸な,
潔白な **2.** 恩恵・利益を受ける資格のない,
価値のない, 不相応な delicta majorum
immeritus lues あなたは責任もないのに
先祖の罪をあがなうことになろう immeritus
mori (117.3) 不死(不滅)に価する人
(副)**immeritō** §67(1) (最)immeri-
tissimo(-ime の代わり) 不当に, 不正
に, まちがって, 理由もなく

immersābilis *a.3* im-mersābile
§54 [in²-, mersō] 決してうめられない,
呑み込まれない

immersus → immergō

immētātus *a.1.2* im-mētāt-a, -um
§50 [in²-, mētō] 境界を定められたこ
とのない, 測ることのできない, 際限のない

immigrō *1* im-migrāre, -grāvī,
-grātum §106 [in¹-, migrō] **1.** 移
る, 移住する, 引っ越す **2.** はい(はいって
く)る, 輸入される

immineō *2* imminēre, ——, ——
§108 **1.** あるものの上に(そばに)そびえ立
つ, 突出する, あるものの上をおおうように
出っぱる, の上にかたむく **2.** かがむ, 見下
す **3.** 傾く, 傾倒(没頭)する, 専念する
4. あるものを熱心に求めて努力する, 切望
する, 後をつける **5.** 近くまで押しよせる,
迫る, 脅かす, 切迫する **6.** つきあたる, 接
する, 近くにいる collis urbi (9d3) immi-
net 山が町を見下している(町にせまってい
る) lunā imminente (9f18) 月が頭上に
かかっているとき imminentes (118.1)
undique insidiae いたる所でおびやかして
いる落とし穴

imminuō *3* im-minuere, -minuī,

351 **immoderātiō**

-minūtum §109 ［in¹-, minuō］ **1.** 減少させる，へらす，小さくする，ちぢめる，短くする **2.** 弱める，力を殺ぐ，痛める，台なしにする **3.** 下げる，落とす，軽蔑する，名誉・地位を落とす，おとしめる dolor imminutae libertatis (9c5) 自由を侵害された苦しみ corpus otio, animum libidinibus 〜 肉体を無為で精神を放蕩で弱める

imminūtiō *f.* imminūtiōnis *3* §28 ［imminuō］ **1.** 小さく（少なく）すること，減らすこと，減少，縮小 **2.** 損なうこと，弱めること，侵害 **3.** (修)緩叙法 lītotes（控え目な表現による意味の強化）non minime＝maxime

immisceō (**-mī-** ?) *2* im-miscēre, -miscuī, -mixtum(mī-?) §108 ［in¹-, misceō］ **1.** 混ぜる，まぜ合わす，結び合わせる，結びつける **2.** 一緒にする，混同する，混乱させる，もつれさせる，巻き込む，からませる **3.** 含める，中に入れる，加える，交際させる **4.** (再・受)溶け合う，混ざる，交わる，参加する non fugienda petendis (118.2) immiscere (9d4) 避けるべきものと求めるべきものを混同しないこと nocti se immiscuit atrae (9d3) 彼は闇夜の中に消えた

immiserābilis *a.3* im-miserābile §54 ［in²-, miserābilis］ 憐憫に値しない，惻隠の情を起こさせない

immissiō *f.* immissiōnis *3* §28 ［immittō］ 挿入，はめ込むこと，入るのを許すこと，植え込むこと，成長する(のびる)ままにしておくこと

immissus → immittō

immītis *a.3* im-mīte §54 ［in²-, mītis］ (比)immitior (最)immitissimus **1.** しぶい，にがい，すっぱい，からい **2.** ひどい，手荒な，つれない，きびしい，容赦しない，残酷な，粗野な tolle cupidinem immitis uvae (9c3) すっぱいブドウを欲しがるのをやめ給え(その娘がうれるまで待て) ne doleas (116.2) memor (9c9) immitis Glycerae 君よ，つれなきグリュケラが忘れられぬとて悲しむなかれ

immittō *3* immittere, -mīsī, -missum §109 ［in¹-, mittō］ **1.** (中へ送り込む)はめ込む，さし込む，割り込ませる **2.** (目的地へ)送り出す，派遣する，発送する，(密使・刺客)を送る，行かせる，走らせる，向ける，前進(突進)させる **3.** 放つ，射る，投げる，とばす **4.** 解き放つ，自由にしてやる，許す，好きなようにさせる，(髪・ひげを)伸び放題にさせる，手綱をゆるめる(馬を走らせる) **5.** 刺激する，鼓舞する，けしかける，成長(発育)させる canalibus aqua immissa 鉛管から放たれる水 pila in hostes immittunt 彼らは投げ槍を敵に向けて放る medios immittere in ignes se cupit 彼は火の真ん中へ自分を投じたいと欲する

immixtus → immisceō

immō 副 (*n.b.*)主として会話の中で相手の発言をうけ前文を訂正する小辞，しばしば etiam, vero, hercle, edepol, etc で強調される **1.** (肯定的に)さよう，たしかに，全く，勿論，いっそう正しくは **2.** (否定的に)いやむしろ，それどころか反対に，…でない **3.** (追加的に)いやそれどころか，いっそう正確に言うと，さらに causa non bona est? — immo optima その口実はよくないか — よくないどころか，最上だ haec quid ad me? — immo ad te attinet これが私と何の関係があるのか，—いや，ところが，あなたと大いに関係があるのだ vivit? — immo vero etiam in senatum venit 彼は元気か —元気かというものではない，彼は元老院にすら登院しているのだ ecquid amas nunc me? — immo edepol me quam te minus 今ごろあなたは私にほれているのでは，—いやそれ所か，全く自分よりもお前さんを愛しているのだ

immōbilis *a.3* im-mōbile §54 ［in²-, mōbilis］ (比)immobilior **1.** 動かない，不動の，固定した，固定する **2.** 変更できない，不変の，定着した **3.** 動揺しない，沈着，冷静な，毅然たる，不屈の **4.** 動かない，のろい，重くて扱いにくい

immoderātiō *f.* immoderātiōnis *3* §28 ［immoderātus］ 中庸・節度の欠如，過度

immoderātus *a.1.2* immoderāt-a, -um §50 ［in²-, moderātus］（比）immoderatior **1.** 過度の，極端の **2.** 節度のない，無節制な，自制心のない **3.** 無制限の，無拘束の，野放しの，無限の，途方もない **immoderātē** 副 §67(1)（比)immoderatius **1.** 無拘束に，制御なしに，野放図に **2.** 節度なく，過度に，極端に，放縦に

immodestia *f.* immodestiae *1* §11 ［immodestus］ **1.** 自制・抑制の欠如，慎み，しつけのなさ，放埒，過度，無作法 **2.** 規律(軍規)違反，不従順

immodestus *a.1.2* im-modest-a, -um §50 ［in²-, modestus］ **1.** 中庸を欠いた，抑制(節制)のない **2.** 気ままな，図々しい，不遜な （副)**immodestē** §67(1) 過度に，極端に，自制なく，無遠慮に，不謹慎に，不遜に，自慢して

immodicus *a.1.2* im-modic-a, -um §50 ［in²-, -modicus］ **1.** 節度(抑制)のない，過度の，制御されない，放埒な **2.** 極端な，途方もない，法外な **3.** 極端に(非常に)大きい，広い，長い，多い，無数の maeroris (9c6) immodicus 極端に悲嘆する(人) （副)**immodicē** §67(1) 極端に，過度に，気ままに，野放図に

immodulātus *a.1.2* im-modulāt-a, -um §50 ［in²-, modulātus］ 韻律(脚韻)の不完全な，調子はずれの

immolātiō *f.* immolātiōnis *3* §28 ［immolō］ 神に犠牲(生贄)を捧げること

immolītus *a.1.2* im-molīt-a, -um §50 ［in¹-, molior］ 上に建てられた，立てられた

immolō *1* immolāre, -lāvī, -lātum §106 ［in¹-, mola］ **1.** 犠牲式で生贄(いけにえ)に聖なるひきわり(mola salsa)をふりかける **2.** 神々に生贄を捧げる，犠牲を供する **3.** 犠牲にする，殺す 〜 Musis bovem 詩神たちに牛を生贄として捧げる 〜 Jovi tauro (9f11) ユーピテルに牡牛を捧げる

immorior *dep.3b* im-morī, -mortuus sum §123(3) **1.** (の上で，中で)死ぬ，(ある所で)死ぬ **2.** …のうちに死ぬ illa sorori (9d12) immoritur 彼女は姉妹の上に折りかさなって死ぬ immoritur studiis (9d3) 彼は仕事に精を出しているうちに死ぬ

immoror *dep.1* im-morārī, -morātus sum §123(1) **1.** とどまる，滞在する，ぐずぐずする，ひまどる **2.** 手間どる，おくれる，長びく

immorsus *a.1.2* im-mors-a, -um §50 ［immordeō (in¹-, mordeō)の完分］ **1.** 嚙みつかれた，腐食した **2.** 刺激された

immortālis *a.3* immortāle §54 ［in²-, mortalis］ **1.** 永久に死なない，不死(不滅，不朽)の，永遠の **2.** 人の心に生き続ける，決して忘れられない，消え難い **3.** 神に固有の，神聖な，至福の （名) **immortālis** *m.* immortālis *3* §19 不朽・不死の人，不朽の名声を保った人，神 immortalia ne speres (116.6), monet annus 汝は不滅の生命を望むなかれと歳月は教えている

immortālitās *f.* immortālitātis *3* §21 ［immortālis］ **1.** 不死，不滅，不朽，永遠の生命，不朽の名声 **2.** 人の心に生きつづけるもの，永遠の記憶，滅び難い(消し難い)もの **3.** 神の状態(存在)，神聖，至福

immortuus → immorior

immōtus *a.1.2* im-mōt-a, -um §50 ［in²-, moveō の完分］ **1.** 動かない，不動の，静止した，固定した **2.** 乱されない，静かな，泰然自若たる **3.** 変わらない，一定不変の **4.** 心を動かされない，大盤石の，不撓不屈の，頑固な，情け容赦なき portus ab accesu ventorum immotus 風の接近によっても(波立たぬ)静かな港 manent immota tuorum fata tibi (9d9) 汝ら一族の運命は変わらぬ

immūgiō *4* im-mūgīre, -mūgīvī(-iī), —— §111 ［in¹-, mūgiō］ **1.** (の中で，向かって)吠える，うなる，うめく **2.** (の中で)鳴りひびく，とどろく

immulgeō *2* im-mulgēre, ——, —— §108 乳をしぼって…に与える

immundus *a.1.2* im-mund-a, -um §50 [in²-, mundus] （比）immundior （最）immundissimus **1.** きたない, 不潔な, 汚れた, 垢じみた **2.** だらしない, 無精な **3.** 不貞な, 不純な, みだらな, 卑猥な

immūnis *a.3* immūne §54 [in²-, mūnus] **1.** あらゆる責務（納貢・税）を赦免された, 奉仕（分担, 贈物返済）をしない, をのがれた, から自由の, 無料の **2.** 感謝しない, 怠慢な **3.** 汚点（罪）のない, 純潔な, 免疫の, 毒されていない urbs immunis belli (9c13) 戦火をのがれた町 immunis ceterorum nisi propulsandi (121.3 属) hostis 敵を防御する以外, 一切の軍務を免除された（兵）virtus non est immunis 徳は孤ならず omnibus vitiis (9f16) ～ あらゆる悪徳に毒されていない

immūnitās *f.* immūnitātis *3* §21 [immūnis] 義務の免除, 免税, 赦免, 特権

immūnītus *a.1.2* im-mūnīt-a, -um §50 [in²-, mūnītus] **1.** 無防備の, 防御（防衛）されていない **2.** 舗装されていない

immurmurō *1* im-murmurāre, ——, —— §106 [in¹-, murmurō] （の中で, 向かって）つぶやく, ささやく, ざわめく silvis (9d3) immurmurat auster 南風が森に（の中へ）ささやく

immūtābilis *a.3* im-mūtābile §54 [in²-, mūtābilis] 変えることのできない, 変わらない, 一定不変の

immūtātiō *f.* immūtātiōnis *3* §28 [immūtō] **1.** 変えること, 変わること, 変化, 改変, 手直し **2.** 交換, 取り替え, 交代 **3.** 換喩（かんゆ）

immūtātus *a.1.2* im-mūtāt-a, -um §50 [in²-, mūtō の完分] 変わっていない, もとのままの, 不変の

immūtō *1* im-mūtāre, -tāvī, -tātum §106 [in¹-, mūtō] **1.** 変える, 違える, 変化させる **2.** 手直しをする, 修正する **3.** 改造する, 変形する, 改悪する **4.** 取り替える, 変換する **5.** 代用としてとりかえる, 比喩（換喩）としておきかえる（用いる） immutat Africam pro Afris アフリカ人にアフリカを換喩として用いる immutata

verba 換喩

impācātus *a.1.2* im-pācāt-a, -um §50 [in²-, pācō] 平和になじまない, 鎮定されていない, 不穏な, 争いを好む

impāctus → impingō

impār *a.3* imparis §55 [in²-, pār] **1.** （質, 程度, 大きさ, 長さなどの点で）等しくない, 不同の, 異なった, 不似合いの, ふぞろいの, ばらつきのある, むらのある **2.** （地位, 勢力, 評価の点で）匹敵しない, 釣り合わない, 互角でない, 勝負にならない, 耐えられない, 適さない, 弱い, 劣性の **3.** 平坦でない, でこぼこの, ゆがんだ, ねじれた, 曲がった, 不正の **4.** 奇数の tibi (9d13) miles impar あなたに太刀打ちできない兵士 facies impar nobilitate 高貴な生まれにふさわしくない容貌 imparem copiis (9f3) exercitum temere pugnae commisit 彼は無謀にも勢力において劣った軍隊を戦争へ送り出した imparibus carmina facta modis (numeris) ふぞろいの韻律（詩脚）からなる詩（（6と5詩脚からなる）挽歌体の二連句）par impar (9e6) ludere 丁か半のあてごっこで遊ぶ

imparātus *a.1.2* imparāt-a, -um §50 [in²-, parātus] （最）imparatissimus **1.** 準備（用意）されていない, 準備を怠っている **2.** 無防備の, 無警戒の, 武装していない

impāriter 副 [impār §67(2)] 同数（の韻律）でなく

impastus *a.1.2* im-past-a, -um §50 [in²-, pascō] 食物を与えられていない, 空腹の, 飢えた

impatiēns *a.3* im-patientis §58 [in²-, patiēns] （最）impatientissimus **1.** 耐える力のない, 我慢できない, 気短な, 性急な **2.** 冷淡な, 無情な corpus laborum (9c13) impatiens 労働に耐えられない体 （副）**impatienter** §67(2) 辛抱（我慢）できなくて, 忍耐力がなくて

impatientia *f.* impatientiae *1* §11 [impatiēns] **1.** 忍耐力のないこと, 根気（克己心）のないこと **2.** 無感情, 無感動

impavidus *a.1.2* im-pavid-a, -um

impedīmentum 354

§50 ［in²-, pavidus］ 恐れを知らぬ, 大胆不敵な, ひるまない, 冷静な （副）
impavidē §67(1) 大胆に, ひるまずに

impedīmentum *n.* impedīmentī 2 §13 ［impediō］ **1.** 障害, 妨害, 妨げ, 阻止 **2.** じゃま者, 障害物 **3.** (*pl.*)旅行支度品, 手荷物, 軍隊行李(ﾘよ), 輜重(ﾁよう) **4.** (*pl.*)役馬, 荷馬, 荷獣(牛, 馬)

impediō 4 impedīre, -pedīvī(-iī), pedītum §111 ［in¹-, pēs］ **1.** (足を包む)足かせをはめる, 動きを制限(拘束, 束縛)する **2.** 通れなくする, じゃまする, 妨げる, 阻止する **3.** ふさぐ, 遮断(封鎖)する **4.** 巻きつける, 包む, 巻き込む, 巻き添えにする, からませる, 紛糾させる, 混乱させる **5.** (さまざまの構文) ne, quin, quominus, 不, 奪又は ab＋奪 nunc decet caput impedire myrto (9f11) 今こそギンバイカの枝葉で頭を包む(葉冠をつける)にふさわしい時 me impedit pudor ab homine haec exquirere その人から私がこれらを要求することを羞恥心が邪魔する iam impedior dolore (9f15) animi ne plura dicam 今これ以上私が言うことは心の苦痛から妨げられている nulla re impedior quin id faciam 私がそれをすることを妨げられるいかなる理由(事情)もない

impedītus *a.1.2* impedīt-a, -um §50 ［impediō の完分］ (比)impeditior (最)impeditissimus **1.** 自由な動きをさまたげられた, 邪魔された **2.** 荷物を負わされた, 自由を奪われた **3.** 手をふさがれた, 忙しい, 手間どらされた, のばされた **4.** 障害物にふさがれた, 封鎖された, はばまれた, 通行不能な **5.** 困難にはばまれた, 難しい, 複雑な, 骨の折れる nostri longius impeditioribus locis (9f1. ハ) secuti (118.4) 我が軍は障害物のいっそう多い所を通って,いっそう遠くへ追撃した omnium impeditis animis (9f18) みんなの気持ちは他のことに忙殺されて

impēgī → impingō

impellō 3 im-pellere, -pulī, -pulsum §109 ［in¹-, pellō］ **1.** 打つ, 叩く, 突く, 押す, ける, 打ち(投げ)あてる **2.** 振り(突き)動かす, ゆさぶる, ひっくり返す, 倒す, かき乱す **3.** ぶつかる, 追い返す, 撃退する, 攻めたてる, 打ち勝つ **4.** 急がせる, かりたてる, そそのかす, 刺激する **5.** 強いる, 強いて(無理に)…させる, 説得する impulerat aura ratem そよ風がいかだを動かしていた nervo (9f11) impulsa sagitta 弓のつるから放たれた矢 saepe homines (117.5) temerarios falsis rumoribus ad facinus impelli (107.4. 注) 人間は間違った噂によってしばしば大胆不敵な行動へかりたてられるものである impulsas Vitelli opes audietis お前らは Vi. の勢権が打ち倒されたことを聞くことであろう non impulit me haec nunc omnino ut crederem あいつはいま私がこれらをことごとく信ずるように説得しなかった

impendeō 2 im-pendēre, ──, -pēnsum §108 ［in¹-, pendeō］ **1.** (上から, 上に)つり下げられている, かけてある, ぶら下がっている, たれかかっている **2.** 宙に浮いている, 浮かぶ, ただよう **3.** そびえる, おそいかかっている **4.** 近づいている, 切迫している, おびやかしている, …しそうである, …の恐れがある **5.** (他)上に張り出す, のめり出す, をおびやかしている gladius impendet cervicibus 剣が首の上にぶら下がっている mala te impendent 不幸がお前をおびやかしている

impendium *n.* impendiī 2 §13 ［impendō］ **1.** 出費, 支出, 経費, 費用 **2.** 損失, 損害, 代価, 犠牲 （副）**impendiō** §9f19 (犠牲を払って)大いに, 非常に

impendō 3 im-pendere, -pendī, -pēnsum §109 ［in¹-, pendō］ **1.** (取引で)支払う **2.** (時間, 労力, 心配を)払う, 費やす, かける, 用いる, ささげる, あてる **3.** 犠牲にする, 浪費する **4.** 配分する aetas impensa labori (9d3) 労働にささげられた年月 operam ～ in eas res それらの事業のために努力を払う impendunt curas distendere (117.4) 彼らは(それらを)太らせるために世話をやく

impenetrābilis *a.3* im-penetrābile

§54 ［in²-, penetrābilis］ **1.** 突き通せない，貫通し難い **2.** 通りぬけられない，入りこめない **3.** 影響されない，びくともしない，動かされない，受けつけない，征服されない mens impenetrabilis irae (9d) 怒りにも動じない心 silex paene impenetrabilis ferro (9f11) ほとんど剣も突き通せない火うち石

impēnsa *f.* impēnsae *1* §11 ［impendō］ **1.** 出費，支出，費用 **2.** 犠牲，損失，利用，使用 **3.** 道具，器具，建築材，原料 magnā impensā 多大の費用を払って meis impensis 私の名誉を犠牲にして impensa sacrificii 犠牲式用祭具

impēnsē 副 ［impēnsus §67(1)］ （比）impensius （最）impensissime **1.** 異常なまでに，過度に，極端に **2.** 制限なく，物惜しみせずに，贅沢に **3.** 真剣に，熱心に，力一杯に，きびしく，烈しく impensius modo 法外に，節度を越えて impensissime 大金をはたいて

impēnsus *a.1.2* impēns-a, -um §50 ［impendō の完分］（比）impensior （最）impensissimus **1.** 節度のない，過度の，異常な **2.** 非常に高い，莫大な，費用のかかる，大金を使わせる **3.** 異常に強い，著しい，大きな，意義深い **4.** 異常に烈しい，さし迫った，熱心な，真剣な lusciniae impenso (pretio) coemptae 大金をはたいて買った夜鳴鶯 nihil impensius est homine ingrato (9f6) 感謝を知らぬ人ほど高くつくものはない

imperātor *m.* imperātōris *3* §26 ［imperō］ **1.** 命令する人，主人，統治者，支配者，君主，元首 **2.** 将軍，最高司令官 **3.** 勝利をおさめた将軍に対し，指揮下の軍隊又は元老院から与えられる名誉称号 **4.** ローマ皇帝の添え名，Jupiter の添え名 **5.** ローマ皇帝

imperātrīx *f.* imperātrīcis *3* §21 ［imperātor］ 女性の命令者，支配者，将軍

imperātōrius *a.1.2* imperātōri-a, -um §50 ［imperātor］ **1.** 最高司令官の **2.** ローマ皇帝の

imperātum *n.* imperātī *2* §13 ［imperō の完分］ 命令，指図，訓令，号令

imperceptus *a.1.2* im-percept-a, -um ［in²-, percipiō］ **1.** 気づかれない，見破られない，感知されない **2.** 理解し難い

impercussus *a.1.2* im-percuss-a, -um §50 ［in²-, percutiō］（叩かれない）足音をたてない，静かな

imperditus *a.1.2* im-perdit-a, -um §50 ［in²-, perdō］ 殺されていない，滅ぼされていない，まだ容赦されている

imperfectus *a.1.2* imperfect-a, -um §50 ［in²-, perficiō の完分］ **1.** 未完成の，不完全な，欠点(欠陥)のある，不備の **2.** 法的に不備な，未消化の，不消化の imperfectā re (9f18) redierat 彼は目的を果たさないで帰っていた

imperfossus *a.1.2* im-perfoss-a, -um §50 ［in²-, perfodiō］ 穴をあけられない，突き通されない

imperiōsus *a.1.2* imperiōs-a, -um §50 ［imperium］（比）imperiosior （最）imperiosissimus **1.** 権威(権力)をふるう，あたりを威圧する，堂々たる **2.** 横暴な，独裁的な，尊大な，傲慢な，命令的な

imperītē 副 ［imperītus §67(1)］（比）imperitius （最）imperitissime **1.** 下手に，拙劣に，不器用に **2.** 何も知らずに，不案内に

imperītia *f.* imperītiae *1* §11 ［imperītus］ **1.** 無経験，未熟，ふなれ，無器用 **2.** 無知，無学

imperītō *1* imperītāre, -tāvī, -tātum §106 ［imperō］ **1.** 命令する，要求する **2.** 指揮をとる，統御する，支配する，君臨する，権力をふるう

imperītus *a.1.2* imperīt-a, -um §50 ［in²-, perītus］（比）imperitior （最）imperitissimus 経験(知識，手腕)のない，欠いた，無知(無学)の，不器用な，未熟な homines nostrae consuetudinis (9c13) imperiti 我々の習慣を知らない人たち

imperium *n.* imperiī *2* §13

imperjurātus

[imperō] **1.** 最高の統治（支配）権力（王，執政官，法務官，独裁官，属州総督が行使できた）**2.** 帝政期のローマ皇帝の行使した統治権 **3.** 家父長の権限 **4.** 命令，権威の行使，主権，宗主権 **5.** 軍隊の指揮（権），統帥（権）**6.** 統治権の及ぶ範囲，領土，帝国 **7.** 命令権の任期，行使者（の職），政務官，当局，政府 populi Romani imperium Rhenum (9e11) finire ローマ国民の主権（ローマ帝国）はレーヌス川を境界とする ita tu es animata, ut qui expers matris imperio (9f17) sies (151. 注, 116.8)? お前（娘）は母親の権威などまるで無関係であるかのような，そんな気持でいるのね quem vocet (116.4) divum populus ruentis imperi rebus (9d4)? ローマ国民はどの神に呼びかけて救いを求めるべきか，滅びつつある帝国の命運に対して totius Galliae imperio potiri 全ガッリアの統治権を所有すること

imperjurātus *a.1.2* imperjurāt-a, -um §50 ［in²-, perjūrō］ （罰せられずして）偽誓されたことのない

impermissus *a.1.2* im-permiss-a, -um §50 ［in²-, permittō］ 許されていない，禁制の，違法の

imperō *1* imperāre, -rāvī, -rātum §106 ［in¹-, parō²］ **1.** 誰々に（与）何々（対）を命じる，課する，指示する，（実行，引き渡し，支払い，供出，実行などを）要求する，命じる，課する **2.** 指揮する，支配する，統治する **3.** …することを命じる（ut, ne, 不句, 不，などと共に）equites toti provinciae imperat 彼は属州全土に騎兵の調達を命じる naves imperat fieri 船を作るように彼は命じる suis ut idem faciant, imperat 部下に同じことをするように彼は命じる quid fieri vellet (116.10) imperabat 彼は何がなされることを欲しているかを命令した imperare sibi maximum imperium おのれに命ずること（克己）こそ最も難しい命令 ira, nisi paret, imperat 怒りはもしあなたに服従しないなら，あなたに命じるのだ

imperterritus *a.1.2* im-perterrit-a, -um §50 ［in²-, perterreō］ ひるまな

い，恐れない，勇敢な

impertiō *4* im-pertīre, -pertīvī(-iī), -pertītum §111 ＝ **impertior** *dep.4* impertīrī §123(4) ［in¹-, partiō §174(2)］ **1.** 分け与える，分け前を配る，割り当てる，添える **2.** 与える，授ける，捧げる，贈る gaudium id populo ∼ その喜びを国民にも分け与える laus mea impertitur illi 私は賞讃を彼と分け合う aliquem salute (osculo) (9f11) ∼ 誰々に挨拶（接吻）をする

imperturbātus *a.1.2* im-perturbāt-a, -um §50 ［in²-, perturbō］ じゃまされない，乱すもののない，穏やかな，静かな

impervius *a.1.2* im-pervi-a, -um §50 ［in²-, pervius］ 道のない，通り抜けられない，通行（徒歩）できない lapis ignibus impervius 耐火性のある石

impete impetus の *abl.sg.m.* （古）**1.** 攻撃，突進，強襲 **2.** ひろがり，伸張，範囲 equites quatientes impete campos 突撃で平原をゆるがしている騎兵隊 hominem tanto membrorum impete (9f10) かくも大きく広げ伸ばせる手足を持った人間を

impetō *3* impetere, ——, —— §109 ［in¹-, petō］ 攻撃する，襲う，攻めたてる，告発する

impetrābilis *a.3* impetrābile §54 ［impetrō］ （比）impetrabilior **1.** 達成されやすい，手に入り易い，かるく手の届く **2.** 要求を獲得するのに実力のある，かんたんに手に入れることのできる quo impetrabilior pax esset 平和がいっそうかんたんに達成されるように impetrabilior qui vivat (116.8) nullus est こいつほど欲しいものをかんたんに手に入れる奴はこの世にいない

impetriō *4* impetrire, impetītum, §111 鳥占いで吉兆を求める，吉兆によって何かを求める

impetrō *1* impetrāre, -rāvī, -rātum §106 ［in¹-, patrō §§174(2), 176］ 要求（懇願）して手に入れる，尽力して望みのものを獲得する，願い（希望）を叶えてもらう，貫徹する，達成する，成功する，（許

可，地位など）を得る nolo ames (116.1)
— non potes impetrare 私はあなたから
愛してもらいたくないの — お前はそんな望
みを叶えられないぞ impetravi ut ne quid
ei suscenseat 私は彼（親父）があいつ（奴
隷）にいささかも腹を立てないように頼んで
納得してもらったよ omni spe impetrandi
(119.2) adempta (9f18) 要求が叶えられ
るという希望をすっかり奪われたので impe-
trato (9f18 注) ut manerent 彼らはここ
に留まりたいという希望が叶えられたので

impetus *m.* impetūs 4 §31
［impetō］ **1.** 前へ押すこと，突くこと，前
方への烈しい力，動き，勢い，突き進む意
志，能力 **2.** 衝動，推進力，衝撃 **3.** 突
進，攻撃，強襲，不意打ち **4.** 旺盛な精
力（体力，活動），暴力，烈しい感情の爆
発，狂暴，熱意，興奮，努力 **5.** 動く範
囲，領域，広がり omni impetu 全力を
つくして impetum facere 攻撃する irae
furentis impetum non sustinens
(118.4) 彼は狂気じみた怒りの衝動に耐え
られなくて divinus impetus 神からの衝
動，天来の妙想，霊感 quantum caeli
tegit impetus ingens 天空の広大なひろ
がりがおおっている限りの

impexus *a.1.2* -pexa, -pexum §50
［pectō の完分＋in（§176)］ 髪を梳（す）い
ていない，ぼうぼうの，だらしない

impietās (-pī- ?) *f.* impietātis 3
§21 ［impius］ **1.** 良心，義務，畏怖，
忠誠の念を欠いた言動 **2.** 神々，国家，皇
帝に対する不敬な言動，瀆神，不信心，
不忠 **3.** 肉親，同胞に対する不実な言動，
不孝，不貞，不義，不誠実，忘恩

impiger *a.1.2* im-pigra, -pigrum
§52 ［in²-, piger］ のろくない，活動的
な，はたらつと，きびきびとした，精力的
な，根気のよい，休まない impiger militiae
(9c13) 戦場で精力的に動く impiger
vexare (117.3) 痛めつけて休むことのない
（副）**impigrē** §67(1) 元気旺盛に，精
力的に，きびきびと，うまずたゆまずに

impingō 3 im-pingere, -pēgī,
-pāctum §109 ［in¹-, pangō §174(2)］
1. 結びつける，とりつける **2.** 衝突させる，

ぶっつける，投げつける **3.** 叩きつける，打
ちつける，押しつける，突く **4.** 強制する，
追いたてる，狩りたてる，追い払う pugnum
in os ～ 顔に拳固をくらわす agmina
muris ～ （敵の）軍勢を城壁まで追い返す
huic calix mulsi impingendus (147. イ)
est こいつに蜜酒の盃が投げつけられるべ
きだ

impius (pī- ?) *a.1.2* im-pi-a, -um
§50 ［in²-, pius］ **1.** 神々や他人に対す
る道徳的義務を無視した **2.** 不信心な，不
敬虔な **3.** 不忠（不孝，不貞）な **4.** 良心の
ない，よこしまな （副）**impiē** §67(1)
pietas を欠いたやり方で，不誠実に，瀆
神的にも

implācābilis *a.3* im-plācābile §54
［in²-, plācābilis］ 情け容赦のない，無情
な，なだめられない，和解（協調）しない
（副）**implācābiliter** §67(2) （比）
implacabilius 容赦なく，仮借なく，な
だめ難く

implācātus *a.1.2* im-plācāt-a, -um
§50 ［in²-, plācō］ 和らげられない，な
だめられない，満たされない，飽くことのな
い

implacidus *a.1.2* im-placid-a, -um
§50 ［in²-, placidus］ **1.** 不穏な，荒れ
た，落ち着かない **2.** 野蛮な，粗野な，獰
猛な **3.** がさつな，無作法な

implectō 3 im-plectere, -plexī,
-plexum §109 ［in¹-, plectō］ **1.** 織り
交ぜる，編み（組み）合わせる **2.** 混ぜ合わ
せる，織り込む，巻き込む，からませる，
包み込む implexa (dea) crinibus (9d4)
angues 頭髪に蛇を編み合わせた（怒りの
女神）vidua implexa luctu continuo ず
っと喪（服）の中に包み込まれた未亡人

impleō 2 im-plēre, -plēvī, -plētum
§108 ［in¹-, plēnus］ **1.** 満たす，一杯
にする，一杯つめる，注ぐ **2.** 表面をみた
す，おおう，かくす **3.** はらませる，妊娠さ
せる **4.** 満足させる，満腹させる，（願いを）
叶える，（目的）果たす，達成する **5.** 不足を
補う（満たす），完全なものにする，完成さ
せる，完了する，終える vela ventis ～
帆を風で一杯にふくらませる osculis, lacri-

implexus 358

mis dolorem ～ 接吻し涙を流して悲しみをいやす nondum impleverat annum 彼はまだ満一歳になっていなかった

implexus → implectō

implicātiō *f.* implicātiōnis *3* §28 [implicō] **1.** 編み込む（合わせる）こと **2.** 挿入，はめ込み **3.** 借金を背負った状態，家計困難 **4.** もつれ，紛糾，錯綜

implicō *1* implicāre, -cāvī(-cuī), -cātum(-citum) §106 [in¹-, plicō] **1.** 折り重ねる，たたむ **2.** よる，より合わせる，織りまぜる，編む **3.** からませる，巻きつける，からめ（組み）あわせる **4.** 包む，くるむ，囲む **5.** まき込む，まき添えにする，つかむ **6.** 一緒にする，しっかりと結び合わせる，仲間にする **7.** もつれさせる，紛糾させる，混乱させる bracchia collo (9d4) ～ 腕を首にからませる（抱きつく）fluentem fronde premit crinem fingens atque implicat auro (9f11) 彼女は流れる髪を整え月桂樹の葉を編み込み，金の飾り輪でからげる implicuere inter se acies 彼ら（敵味方双方）がお互いに戦列を交錯させて戦った implicitus morbo (9f11) 病気にからまれて（かかって）

implōrātiō *f.* implōrātiōnis *3* §28 [implōrō] 訴え，嘆願，哀願，祈願

implōrō *1* implōrāre, -rāvī, -rātum §106 [in¹-, plōrō] （加護，助け，好意などを）涙を流し（熱心に）懇願して求める，神（人）の名を呼んで訴える，嘆願する，祈願する (mulieres) in proelium proficiscentes (118.2) passis manibus (9f18) flentes (118.4) implorabant, ne se Romanis traderent 女たちは戦争に出発していく男たちに手をさしのべ，涙を流して訴えた「私たちをローマ人に引き渡さないように」と

implūmis *a.3* im-plūme §54 [in²-, plūma] 羽（毛）のまだ生えていない，羽のない，毛のない

impluō *3* im-pluere, -plūvī(-pluī), ── §109 **1.** 上に雨が降る，降りそそぐ **2.** （非）雨が降る §165 malum quom impluit ceteris, ne impluat (116.1) mi

不幸が他の人には降りそそいでも，私には降ってこないように

impluvium *n.* impluviī *2* §13 [impluō] **1.** 広間に置かれた屋根の雨水の流れ落ちる四角形の水槽（水鉢）**2.** 屋根の中央の凹んだ四辺形の雨水の受け入れ口＝compluvium

impolītus *a.1.2* im-polīt-a, -um §50 [in²-, polītus] **1.** みがかれていない，天然（自然）のままの，粗末な，むきだしの **2.** 教養のない，洗練されていない，あかぬけしていない，粗野な

impollūtus *a.1.2* im-pollūt-a, -um §50 [in²-, polluō] **1.** 犯されていない，破られていない **2.** 罪でけがれていない，潔白な **3.** 辱められていない，処女の，清浄な

impōnō *3* impōnere, -posuī, -positum §109 [in¹-, pōnō] **1.** あるものの上に（あるものを）のせる，おく，すえる，船にのせる，積む **2.** 建てる，設置する，配置する **3.** あてる，任命する，導入する **4.** 適用する，用いる，つける，張る **5.** 着せる，負わせる，あてがう **6.** 税（罰金）を課す，強いる，割り当てる **7.** だます，あざむく，だましておしつける arces montibus impositae 山の上に建てられた堡塁 legionibus Brundisii (70 注) in naves impositis (9f18) ブルンディシウムで軍団兵を船にのせると imponit finem sapiens et rebus honestis 賢者は（自分にとって）名誉なことにも限度を設ける

importō *1* importāre, -tāvī, -tātum §106 [in¹-, portō] **1.** 持ち込む，外地から輸入する，導き入れる **2.** 負わす，加える，課す **3.** 生じさせる，きたす，もたらす，ひきおこす vinum ad se omnino importari non sinunt 彼ら（ゲルマニア人）はブドウ酒を一切自国に輸入させない odium libellis importas お前は私の小詩集（を献呈した人）に憎しみを抱かせている

importūnitās *f.* importūnitātis *3* §21 [importūnus] **1.** 他人への思いやりの欠如，無思慮，冷酷，そっけなさ，情け容赦のないこと **2.** 無分別な自己主張，非協力，強情，意地悪さ，気難しさ

importūnus *a.1.2* importūn-a, -um §50 **1.** 目的に合わない，都合(具合)の悪い，不利な，不便な **2.** 不自由な，困った，不適当な，厄介な，骨の折れる **3.** 思いやりのない，意地悪な，冷酷な，無遠慮な，気難しい，強情な，ぶしつけな，きたない，けちな **4.** 表情のきびしい，すごみのある **5.** 近寄り難い，通れない argenti (9c3) sitis importuna famesque 金銭に対する飽くことなき渇きと飢え dives et importunus 金持ちなのにけちくさい importuna tamen pauperies abest しかしここでの貧乏暮らしは不自由ではないのです

importuōsus *a.1.2* im-portuōs-a, -um §50 [in²-, portus] 港のない，着岸できない

impos *a.3* impotis §55 最 impotissimus [in²+potis] 〜(gen.) の支配・制御・所有を欠いた impos animi 発狂した impos sui 自制力のない，わがままな

impositus, imposuī → impōnō

impotēns *a.3* impotentis §55 [in²-, potēns] **1.** 力のない，弱い，精力のない **2.** 自己制御できない，克己心のない，過度の，烈しい，節度のない gens impotens rerum suarum (9c13) 自治能力のない民族 impotens sui 我を忘れた impotens animi 発狂した，常軌を逸した

impotenter 副 [impotēns §67(2)] (比)impotentius (最)impotentissime **1.** 効果(力)なしに，無駄に **2.** 自制力を欠いて，節度なく，無法に，荒々しく

impotentia *f.* impotentiae *1* §11 [impotēns] **1.** 無力，不能，弱さ **2.** 自制の欠如，節度のない行動，放恣，無法，暴力

impraesentiārum 副 [in, praesentiā, rērum] **1.** 現状では，現時点では，問題のそのときに **2.** さしあたって，当分

imprānsus *a.1.2* im-prāns-a, -um §50 [in²-, prandeō] 朝食をとっていない，朝から何も食べていない，空腹時の

imprecor *dep.1* im-precārī, -precātus sum §123(1) [in¹-, precor] **1.** 神に祈る，祈り求める **2.**「災いあれ」「ばちの当たるように」と祈る，のろう **3.** bene 〜 神々の恵みを祈る，祝福する

impressī, impressus → imprimō

impressiō *f.* impressiōnis *3* §28 [imprimō] **1.** (ひと)押し，刺し，突き **2.** 攻撃，襲撃 **3.** 印を押すこと，刻印すること，おされたしるし，刻印，印象，感銘 **4.** はっきりとした発音，強調された音節，強音

imprīmīs 副 [in, prīmīs] まず第一に，なによりも先に，特に，とりわけ

imprimō *3* im-primere, -pressī, -pressum §109 [in¹-, premō §174(2)] **1.** 上から圧力を加える，圧する，押しつける，押しつぶす，しめつける **2.** 足で踏みつける，身を支える **3.** 押す，突く，刺す，押し込む，突っ込む，沈める **4.** 刻印する，強く印象づける，深い感銘を与える impresso genu (9f11) nitens terrae applicat ipsum 彼は(その男の背に)膝を立てて身を支えながら，その男を地面に強く押えつける memoria publica tabulis publicis (9d4) impressa 公文書の上に刻印された国の歴史 an imprimi (117.5) quasi ceram animum putamus? 我々は心があたかも蝋の如く深く刻み込まれたと思うのではあるまいか

improbātiō *f.* improbātiōnis *3* §28 [improbō] 否認，却下，不信

improbē 副 [improbus §67(1)] (比)improbius (最)improbissime **1.** 不完全(不備)なやり方で **2.** 不正直(不誠実)にも **3.** 不正に，邪悪なやり方で **4.** 過度に，法外に，無分別に，無節操に **5.** 破廉恥に，図々しく，無遠慮に

improbitās *f.* im-probitātis *3* §21 [improbus] **1.** 下劣な，邪悪な，不法な性質(行い) **2.** 不正直，不誠実，無節操，不道義

improbō *1* improbāre, -bāvī, -bātum §106 [improbus] **1.** 言動で不賛成を示す，反対する，否認する，否決する **2.** 非難する，排撃する **3.** 拒絶する，却下する，無効とする

improbus *a.1.2* improb-a, -um

§50〔in²-, probus〕（比）improbior（最）improbissimus **1.** 正しい標準を満足させない, に達していない, を越えている, 中庸を欠いた **2.** 悪い, 不正な, 邪な, 卑劣な, 品質の悪い, 悪質な, 非難すべき **3.** 節度のない, 過度の, 法外の, 飽くことのなき, 貪欲な **4.** 恥知らずの, 図々しい, 横柄な, 不遜な, 強情な, 大胆な **5.** 放縦な, 奔放な, みだらな **6.** 無分別な, 無鉄砲な, 従順でない, 制御されない, 荒々しい **7.** 無節操な, 不忠, 不義の ventris rabies improba （狼の)腹(飢え)の邪悪な狂気 certam quatit improbus hastam 彼は飽くことなく(執念深く)狙い定めて投げ槍を振って投げる (tu) improbo iracundior Hadria (9f6) 荒々しいハドリア海よりも怒りっぽい(あなた) improbus amor est dignus notari (117.3) 過度の自己愛は非難に価する

impromptus *a.1.2* im-prompt-a, -um §50〔in²-, promptus〕ためらっている, 準備(決心)のできていない, のろい, 敏捷でない, 不熱心な

improperātus *a.1.2* im-properāt-a, -um §50〔in²-, properō〕急がない, ゆっくりした

improsper (-perus)(-ō- ?) *a.1.2* im-prosper-a, -um §51〔in²-, prosperus〕 **1.** 幸運にめぐまれない, 不幸な **2.** 不吉な, 有害な, 不運の

imprōvidus *a.1.2* im-prōvid-a, -um §50〔in²-, prōvidus〕 **1.** 将来のことを考えない, 先見の明のない, 予感(予測)しない **2.** 無分別な, 無謀な, 浅はかな improvidus consilii (9c6) 思考において浅はかな, 先のことを考えない improvidus futuri certaminis (9c3) 将来の戦争を予感しない （副)**imprōvidē** §67(1) 浅はかにも, 無謀にも, 先慮もなく, 無分別に

imprōvīsō 副 §67(1) 思いがけなく, 意外に, 突然, 前兆(予告・予知)なく

imprōvīsus *a.1.2* imprōvīs-a, -um §50 予見(予測, 予知)なく起こる, 現れる, 不慮・不測の, 意外な, 突然の （名）**imprōvīsum** *n.* imprōvīsī *2*

§13 不慮の事故, 不測の事態, 緊急の場合 ex (de) improviso 不意に, 突然に

imprūdēns *a.3* imprūdentis §55〔in²-, prūdēns〕 （比）imprudentior（最）imprudentissimus **1.** 無知(無学)の, 通暁(精通)していない(無自覚の) **2.** 愚かな, 無思慮な, 不用心な, 不注意な **3.** 先見の明のない, 向こう見ずの, 軽率な, 何の疑念も持たない **4.** 故意でない, 不本意の, 思いがけない, 不意の imprudentis hostis adgredi 何の予測もしていなかった敵を襲撃する imprudens legis (9c13) 法律を知らない

imprūdenter 副〔imprūdēns §67(2)〕（比）imprudentius **1.** 思いがけなくも, 意外に, 突然 **2.** 愚かにも, 無分別に, 軽率に, うっかりと, 不注意に, 無頓着に **3.** 意図(下心)なく, 偶然に

imprūdentia *f.* imprūdentiae *1* §11〔imprūdēns〕 **1.** 無知, 無学, 無自覚 **2.** 予測しないこと, 先見の明のないこと **3.** 無思慮, 軽率, 無分別, 不注意 per imprudentiam errare 偶然に, 思わず知らずに, (不注意に)あやまる, 間違う

impūbēs (-bis) *a.3* impūberis §55〔in²-, pūbēs〕 **1.** 思春期(結婚適齢期)に達していない, 未成年の, 未熟な **2.** 純潔な, 処女の, 童貞の **3.** ひげのない

impudēns *a.3* impudentis §55〔in²-, pudēns〕（比）impudentior（最）impudentissimus **1.** 恥知らずな, 図々しい, 厚かましい **2.** 慎みのない, 無遠慮な **3.** 品のない, みだらな

impudenter 副〔impudēns §67(2)〕（比）impudentius （最）impudentissime 破廉恥にも, 鉄面皮にも, 不謹慎に, 下品に, みだらに

impudentia *f.* **-tiae** *1* §11 **1.** 破廉恥, 鉄面皮, 厚顔無恥 **2.** 無作法, 不謹慎, 下品 **3.** 淫奔, 淫蕩

impudīcitia *f.* impudīcitiae *1* §11〔impudīcus〕 **1.** 不貞, 不義, 不身持ち, 不品行 **2.** みだら, 淫蕩, 卑猥 **3.** 同性愛

impudīcus *a.1.2* im-pudīc-a, -um §50〔in²-, pudīcus〕（比）impudicior

（最)impudicissimus **1.** みだらな, 不純な, 不貞な **2.** 恥知らずの, 破廉恥な **3.** 汚い, 臭い, むかつくような **4.** 不潔な, 同性愛の digitus impudicus 中指(卑猥なしぐさに用いる)

impūgnātiō *f.* impūgnātiōnis *3* §28 [impūgnō] 武力攻撃, 襲撃

impūgnō (**-u-** ?) *1* impūgnāre, -nāvī, -nātum §106 **1.** 攻撃する, 襲う, 攻めたてる **2.** 敵対する, 反対する, 抵抗する **3.** 傷つける, あてこする, 非難する

impulī → impellō

impulsiō *f.* impulsiōnis *3* §28 [impellō] **1.** 外的圧力, 押す(突く)こと **2.** 攻撃, 打撃, 衝突 **3.** 推進力, 衝動, 衝撃(力) **4.** 刺激, 鼓舞

impulsor *m.* impulsōris *3* §26 [impellō] 激励する人, 忠告者, そそのかす人, 扇動者, 駆り立てる人

impulsus *m.* impulsūs *4* §31 [impellōの完分] **1.** 突撃, 攻撃, 衝動, 打撃, 衝突 **2.** 刺激, 圧力, 起動力, 外的作用, 煽動

impūne 副 [in²-, poena] (比)impunius (最)impunissime **1.** 処罰なしに, 報復なしに **2.** 安全に, 無事に tam diu se impune injurias tulisse 自分たちは不正を犯していながらこんなに長い間罰せられずにいたということ

impūnitās *f.* impūnitātis *3* §21 [impūne] **1.** 処罰から免れること, 罰せられずにすむこと **2.** 被害(危害)をうけないこと, 無事

impūnītus *a.1.2* impūnīt-a, -um §50 [in²-, pūniō の完分] (比)impunitior **1.** 罰をうけないでいる, 報いなしの **2.** 拘束(束縛)のない, 抑制のない, 放縦な qui tu impunitior illa obsonia captas? あのような(高価な)食料品を漁っているあなたが, どうして私より罰がかるくてすみますか

impūrātus *a.1.2* -rāta, -rātum (最)impūrātissimus [impūrus] 不潔な, 不浄な, 堕落(だらく)した, よごれた

impūritās *f.* impūritātis *3* §21 [impūrus] よごれ, けがれ, 不潔, 不浄, 不純, 悪徳, 不品行, 淫猥

impūrus *a.1.2* im-pūr-a, -um §50 [in²-, pūrus] (比)impurior (最)impurissimus **1.** きたない, よごれた, 濁った **2.** 不潔な, 不純な, 不道徳な, 下品な **3.** みだらな, 放蕩(卑猥)な **4.** むかつく, いやな, いまわしい, 恥ずべき (副)

impūrē §67(1) (最)impurissime 不純な(汚い, 恥ずべき)やり方で, 破廉恥にも, ひどく, 忌まわしく

imputātus *a.1.2* im-putāt-a, -um §50 [in²-, putō] 刈り込まれていない, 手入れ(剪定)をされていない

imputō *1* im-putāre, -putāvī, -putātum §106 [in¹-, putō] **1.** 貸し方(借り方)に記入する, 請求する **2.** 勘定に入れる, 考慮する **3.** (罪・責任を)なすりつける, 他人のせいとする, 帰する **4.** 報酬として請求する, 手柄顔をする adversa uni (9d4) imputantur 敗北の運命は一人の責めに帰せられる

īmus *a.1.2* īm-a, -um §§50, 63 **1.** 一番下の, 最低の, 一番奥の, 最も内部の, 最も深い, 最も地位の低い **2.** 最後の, 最後列の (名)īmum *n.* īmī *2* §13 **1.** 地底, 下界, 最下部, 基部, 麓(ふもと), 底, 内奥 **2.** 結末, 最後 gratus imis (9d13) et superis deorum (9c4) 下界と天上の神々に好かれている(人) ad imam quercum カシの木の根元に imum ne discrepet (116.6) medio 話の結末と中間が矛盾しないように lectus ～ 食堂の寝椅子の右席(左中右と3人横臥する)

in 前 **A.** in¹-(接頭辞として) §176 「の中へ」の意味又は強調の意を示す **B.** in (前置詞として) **I.** 対と, あるものが他のものに向かっての移動やその帰着, あるいは結果(の状態)を示す **1.** (空間, 場所)の中へ, の上に(向かって), の方へ, へ, に *cf.* §70 ire in illam urbem あの町へ行く in Ubios legatos mittere ウビィー族の所へ使者を送る Belgae spectant in septentrionem ベルガエ人は北の方を向いている(北に位置している) **2.** (時間)まで, のために dormire in lucem 夜明けまでねむる aliquem invitare in posterum diem 誰々を翌日(のため)に招待する in diem vivere その日暮らしをする in multam noctem 夜更けまで in multum diei 昼すぎまで in praesens さしあたり，今のところ in posterum 今後，将来，後日まで in singulos annos 一年ごとに，毎年 **3.** (関係)に関して，ついて，の点で，に対する amor in patriam 祖国愛 carmen in aliquem scribere ある人について詩を書く sex pedes in longitudinem 長さが6ペース **4.** (目的)のために，の目的で，するつもりで in praesidium legionem mittere 守備隊のために軍団兵を送る in gratiam sociorum 同盟諸国を満足させるために in exemplum 例として **5.** (結果)に，へ，なるまで commutari ex veris in falsa 真実から虚偽へ変えられる **6.** (分配)へ，に，に対し Gallia est divisa in partes tres ガッリアは3つの部分に分けられる describebat censores binos in singulas civitates 彼は各町に2名ずつの国勢調査員を割り当てた in capita 一人当たり **7.** (手段・方法)のように，に従って，応じて，沿って，によって in meam sententiam factum senatusconsultum 私の見解に沿って作られた元老院議決 servilem in modum 奴隷の如く in haec verba 次のような言葉で **8.** (慣用句) in tantum これほど大きく(沢山)，これほどまでに in universum 一般に，凡そ in speciem 見たところ in rem esse 役立つ **II.** 奪と，あるものがあるものの中に，上に，側に，存在(静止)することを示す **1.** (位置，場所)において，の中に，上に，以内に *cf.*§70 in cerebro animi esse sedem 頭脳の中に精神の座がある(ということ) in eo flumine pons erat その川には橋がかかっていた in equo sedens 馬にのって ponere aliquid in mensa 食卓の上にあるものを置く in barbaris 野蛮人の所では in oculis 目の前で in milibus passuum tribus 3マイル以内において in litteris 手紙の中で in populorum legibus 市民法の中で in Timaeo dicit (プラトーンは)「ティーマエウス」の中で言っている **2.** (時間)…の間，おいて，わたって in diebus paucis 数日間で in tota vita 全生涯において

bis in die 一日に，二度 in tempore 間に合って，時宜を得て，折良く in praesentia 唯今，目下，現状では in praesenti さしあたって **3.** (外見，心理，状態)の中に，うちに，着て，包まれて in lugubri veste 喪服を着て legio in armis 武具をつけた軍団兵 tibi (9d8) in amore fuit 彼はあなたに愛されていた in laetitia 喜びのうちに **4.** (外的条件との関係)の場合，に関しては，の中に，おいて，…しながら，によって，を考えると magno in aere alieno 莫大な借金をかかえて in consulatu alicujus ある人の執政官在職中に in litteris dandis (121.3) vigilare 手紙を書きながら徹夜をする in tanta multitudine dediticiorum こんなに沢山の投降者があっては(あるとき，あるので) in oratore probando aut inprobando 称賛すべきあるいは非難すべき雄弁家に関しては Thales, qui sapientissimus in septem fuit 7人の賢者の中で最も賢かったタレース **5.** (慣用句) in manibus (manu) habere (esse) 所有する，支配する，手(力)の及ぶ所にある in dubio esse 疑わしい in tuto esse 安全である in summa みんなで，一言でいえば，要するに **(n.b.)** **1.** 奪であるべきなのに対なのは，行為の結果を重視したためか esse in potestatem alicujus 誰々の勢力の下に(入って)いる habere aliquem in custodiam ある人を(ずっと)警護している **2.** 逆の場合が見られる arma comportabantur in templo (templum の代わりに) 武器がまとめて運ばれ(たあと)，神殿に奉納されて(今も)ある

in²- 接頭辞 否定，欠如の意を示す §176 indoctus 無学の insanus 発狂した

inaccessus *a.1.2* in-access-a, -um §50 [in²-, accēdō] 近づきにくい，近寄れない，到達し難い，得難い

inacēscō *3* in-acēscere, -acuī, —— §109 [in¹-, acēscō] すっぱくなる，にがくなる，いやになる，不快にする

Īnachus *m.* Īnachī *2* §13 (神) Argolis の川，川の神，Io の父 (形) **Īnachius** *a.1.2* Īnachi-a, -um §50

Inachus の

inadustus（**-dū-**?）*a.1.2* in-adust-a,
-um §50 ［in²-, adūrō］ 焦げていない，
あぶっていない，焼けていない

inaedificō *1* inaedificāre, -cāvī,
-cātum §106 ［in¹-, aedificō］ **1.** 上
に建てる，増築する，建て増す **2.** 城壁で
囲む，壁（柵）で防ぐ，ふさぐ

inaequābilis *a.3* in-aequābile §54
［inaequālis］ **1.** 平坦でない，でこぼこの
2. 等しくない，不同の，ふぞろいの，多様
な

inaequālis *a.3* in-aequāle §54
［in²-, aequālis］（比）inaequalior （最）
inaequalissimus **1.**（表面）なめらかでな
い，平らでない，でこぼこの **2.**（姿，形）ふ
ぞろいの，一様でない，違った，不均等の
3.（大きさ，力，価値）さまざまの，等しく
ない，むらのある **4.** 変わり易い，移り気
の，きまぐれな，首尾一貫しない，無定見
（無節操）な tonsor inaequalis ふぞろい
な刈り方をする床屋 vixit inaequalis 彼
はきまぐれな生涯をおくった

inaequālitās *f.* inaequālitātis *3*
§21 ［inaequālis］ **1.** 不規則，むらのあ
ること，型破り **2.** 不等，不同，不一致
3. 不公平，不平等

inaequāliter 副 ［inaequālis §67⑵］
不公平に，一様でなく，不規則に，むらの
ある，不釣り合い（不均整）なやり方で

inaequō *1* in-aequāre, -quāvī, -quātum
§106 ［in¹-, aequō］ **1.** 平らにする，同
じ高さにする，水平にする **2.** 等しくする，
ならす

inaestimābilis *a.3* in-aestimābile
§54 ［in²-, aestimō］ **1.** 評価し難い，は
かりしれない，非常に貴重な，無比の，卓
絶した **2.** 評価（注目・考慮）に価しない，
価値のない

inaestuō *1* in-aestuāre, ——, ——
§106 ［in¹-, aestuō］ 煮えたつ，たぎる，
心がにえくりかえる

inamābilis *a.3* in-amābile §54
［in²-, amābilis］ 愛されるに価しない，魅
力のない，不快な，いやな

inamārēscō *3* in-amārēscere, ——,

—— §109 ［in¹-, amārus］ にがくな
る，味がわるくなる，むかつかせる

inambitiōsus *a.1.2* in-ambitiōs-a,
-um §50 ［in²-, ambitiōsus］ 野心の
ない，慎み深い，地味な，控え目の

inambulātio *f.* inambulātiōnis *3*
§28 ［inambulō］ **1.** あちこちと歩き回
ること，散歩，遊歩（道）**2.** 上下にゆすぶ
ること

inambulō *1* in-ambulāre, -lāvī §106
［in¹-, ambulō］ あちこち歩き回る，散策
する，上り下りする

inamoenus *a.1.2* in-amoen-a, -um
§50 ［in²-, amoenus］ 不快な，美しく
ない，いやな，陰気な

inanimus *a.1.2* in-anim-a, -um
§50 ［in²-, anima］ 息を失った，意識
のない，生命のない，死んだ

ināne *n.* inānis *3* §20 ［inānis の
中性］ からっぽの所，空間，ひろがり，空
地，空洞，空白，無，空，虚無，空虚

inānis *a.3* ināne §54 （比）inanior
（最）inanissimus **1.** 中がからっぽの，空
虚な，欠いた **2.** 腹がすいた，空腹の **3.** 頭
がからっぽの，愚かな **4.** 手のあいた，仕事
のない，怠けた **5.** 命のない，死んだ **6.** 積
み荷のない（船），家具・肖像などのない
（家），建物のない（土地），空地の，無人
の **7.** 空疎な，根拠のない，内容のない，
無価値の **8.** 空しい，非現実の，架空の
9. 貧しい，資力のない **10.** 外見だけの，ほ
ら吹きの，からっぽの，うぬぼれた corpus
inane 死体 corpus inane animae
(9c13) 魂を欠いた体 inanes revertuntur
彼らは手ぶらで（空しく）帰ってくる o inanes
nostras contentiones (9e10)! 我々の争
いの何とむなしいことよ ager centum
aratoribus (9f16) inanior 100 人もの農
耕者を欠いた耕作地

ināniter 副 §67⑵ ［inānis］ むな
しく，根拠（理由）もなく，無意味に

inarātus *a.1.2* in-arāt-a, -um §50
［in²-, arō］ 耕作されていない，休閑中の

inārdēscō（**-a-**?）*3* in-ārdēscere,
-ārsī, —— §109 ［in¹-, ārdēscō］
1. 火がつく，発火する，燃え出す **2.** 白熱

inārēscō

(灼熱)する，光り輝く **3.** 赤くなる，熱中する，燃え立つ，興奮する

inārēscō *3* -ārēscere, -āruī §109 〔ārēcō〕 乾く，干あがる，かれる，枯渇（ラ゙）する

inassuētus *a.1.2* in-assuēt-a, -um §50 〔in²-, assuētus〕 慣れていない，いつものものでない，なじみのない

inattenuātus *a.1.2* in-attenuāt-a, -um §50 〔in²-, attenuō〕 減少していない，小さく(弱く)なっていない，衰えていない

inaudāx *a.3* in-audācis §55 〔in²-, īaudāx〕 大胆でない，臆病な

inaudiō *4* in-audīre, -audīvī(-iī), -audītum §111 〔in¹-, audiō〕 聞く，(たまたま)聞いて知る，便り(うわさ)を聞く

inaudītus *a.1.2* inaudīt-a, -um §50 〔in²-, audiō の完分〕 **1.** 聞いたことのない，前代未聞の，未曽有の **2.** (被告の発言に)耳をかされない，審理されない

inaugurātō 副 〔inaugurō の完分 §9f19〕 鳥占いによって吉兆を得ると

inaugurō *1* in-augurāre, -rāvī, -rātum §106 〔in¹-, augurō〕 **1.** 鳥占いによって吉兆を得る **2.** (選ばれた聖職者・場所などを)鳥占いの儀式ではらい清める，神聖にする，神に捧げる

inaures *f.pl.* inaurium *3* §19 耳飾り，耳輪

inaurō *1* in-aurāre, -rāvī, -rātum §106 〔in¹-, aurum〕 **1.** 金(箔)をかぶせる，金めっきをする **2.** 金持ちにする，富ませる

inauspicātus *a.1.2* in-auspicāt-a, -um §50 〔in²-, auspicō〕 (最)inauspicatissimus **1.** 鳥占いによって神聖化されていない **2.** 縁起の悪い，不吉な，凶兆の

inausus *a.1.2* in-aus-a, -um §50 〔in²-, audeō〕 あえてなされない，しようとしない，試され(ることの)ない

incaeduus *a.1.2* in-caedu-a, -um §50 〔in²-, caedō〕 切り倒されていない，伐採されたことのない

incalēscō *3* in-calēscere, -caluī, —— §109 〔in¹-, calēscō〕 **1.** 暖かくなる，熱

くなる **2.** 感情が高まる，興奮する，熱狂する

incalfaciō *3b* in-calfacere, -fēcī, -factum §110 〔in¹-, cal(e)faciō〕 熱くする，暖める，熱する

incallidus *a.1.2* in-callid-a, -um §50 〔in²-, callidus〕 **1.** 機敏でない，利口でない，世故にたけていない **2.** 愚かな，単純な (副)**incallidē** §67(1) 下手に，まぬけにも，浅はかなことに

incandēscō *3* in-candēscere, -canduī, —— §109 〔in¹-, candēscō〕 赤く熱する，灼熱する

incānēscō *3* in-cānēscere, -canuī, —— §109 〔in¹-, cānēscō〕 白くなる，白髪となる，半白となる

incantō *1* in-cantāre, -tāvī, -tātum §106 〔in¹-, cantō〕 **1.** 魔法にかける，魔術で迷わす **2.** 呪文を唱える，まじないで超自然の力を与える incantata vincula まじないによる縁結の護符(飾りひも)

incānus *a.1.2* in-cān-a, -um §50 〔in¹-, cānus〕 灰白色の，全く灰色の，白髪の

incastīgātus *a.1.2* in-castīgāt-a, -um §50 〔in²-, castīgō〕 叱責され(たことの)ない，こらしめられ(てい)ない，とがめられない

incasūrus → incidō¹

incautus *a.1.2* incaut-a, -um §50 〔in²-, cautus〕 (比)incautior **1.** 不注意な，不用心な **2.** 無謀な，むとんじゃくな **3.** 警戒しない，疑わない **4.** 予測しない，思いがけない，不慮の **5.** 警戒されていない，防護されていない iter incautum hostibus (9d11) 敵に予測され(に警戒され)ていなかった道路 juvenis incautus a fraude fraterna 兄弟の奸策に不用心な若者 **incautē** 副 §67(1) (比) incautius 不用心に，無思慮に，無謀に，軽率に，のんきに

incēdō *3* incēdere, -cessī, —— §106 〔in¹-, cēdō〕 **1.** 大股で(いかめしく，悠々と)進む，歩む **2.** 威風堂々と行進する，進軍する，押しせまる **3.** 入り込む，踏み込む(in＋対，又は対と) **4.** 人の身に

ふりかかる，起きる，生じる **5.** 襲う，見舞う，つかむ，占める(与，in＋対又は対と) incedunt magnifici 彼らは威張って歩む magnus omnium incessit timor animis 全員の心を猛烈な臆病神が襲った pestilentia incesserat in Romanos 疫病がローマ人の間にはやっていた incedunt maestos locos 彼らは哀傷で満ちた場所(古戦場)へ踏み込む

incendiārius *a.1.2* -āria, -ārium §50 ［incendium］ 火事の → incendiarius, m. -riī *2* §13 放火犯人，火付け人

incendium *n.* incendiī *2* §13 ［incendō］ **1.** 火事，火災，大火，燃上 **2.** 火，炎，激しい熱(体温)，情火，恋，(嫉妬，怒り)の炎，激情 **3.** 燃え木，たいまつ，流星の光芒 **4.** 戦争(動乱)の勃発，突発，戦火 cupiditatum incendia 激しい欲望(激情)の炎 incendium belli 戦火

incendō *3* incendere, -cendī, -cēnsum §109 ［in¹-, *cf.* candeō］ **1.** 火をつける，燃やす **2.** 放火する，焼く，焼き払う，灰燼に帰せしめる **3.** 燃え立たせる，あおり立てる，奮いたたせる，興奮させる，けしかける，刺激する，怒らせる **4.** 高める，強める，重くする，激化させる **5.** 明るくする，照らす odoribus incensis (9f18) 香を焚いていて luna incensa radiis solis 太陽の光で明るく輝く月 pudor incendit vires 羞恥心が気力をふるいたたせた

incēnsiō *f.* incēnsiōnis *3* §28 ［incendō］ 火をつける(燃やす)こと，火炎，炎上

incēnsus¹ *a.1.2* incēns-a, -um §50 ［incendō の完分］ (比)incensissimus **1.** 白熱した，こうこうと輝く **2.** 情熱のあふれた，燃えるような，熱烈な

incēnsus² *a.1.2* incēns-a, -um §50 ［in²-, cēnseō］ 戸口調査(census)で名簿に登録されていない，資産評価されていない

incēpī → incipiō

inceptum *n.* inceptī *2* §13 ［incipiō の完分］ **1.** 企て，試み，計画，

事業 **2.** 出発，始まり **3.** 著書の主題，目的

incernō *3* incernere, incrēvī, incrētum §109 ふるいにかける，上にふりかける，まき散らす，注ぐ

incērō *1* -cērāre, -cērāvī, -cērātum §106 ［cēra］ 蠟(ﾛ)を塗(ﾇ)る，表面をろうで覆う

incertus *a.1.2* incert-a, -um §50 ［in²-, certus］ (比)incertior (最)incertissimus **1.** 定まらない，固定されていない，不安定な **2.** 不確実な，疑わしい，不明確な，識別がしがたい，証明されない **3.** 不決断の，ぐらぐらしている，優柔不断の，ためらっている，困っている，自信のない **4.** 未決定の，勝敗のきまらない，あやふやな，きわどい **5.** 変わり易い，あてにならない，信頼できない，移り気の (名)

incertum *n.* incertī *2* §13 不確実，不明瞭，不安定，不決断，未決定，疑わしいこと，怪しいこと Italici, incerti socii an hostes essent (116.4) 同盟者になるか敵になるかで迷っていたイタリア人 incerto (9f18 注) quid peterent (116.10) 彼らは何を求めたらいいのかわからなかったので nunc incertum (in incerto) est mihi, abeam an maneam (116.10) 立ち去るべきか，とどまるべきかで今私は迷っている

incessī → incēdō, incessō

incessō *3* in-cessere, -cessī(-īvī-)，—— §109 ［incēdō］ **1.** 攻撃する，(特に飛道具で)猛攻撃を加える **2.** 非難(嘲笑)する，罵倒する，ののしる

incessus *m.* incessūs *4* §31 ［incēdō］ **1.** 大股で(悠然と)歩くこと **2.** 歩み，歩きぶり，足どり，歩調，歩く力 **3.** 登場，接近，出入口，到着 **4.** 前進，侵入，攻撃 **5.** 行軍，行列，一行 vera incessu (9f11) patuit dea 彼女がその歩きぶりによって本当の女神であることは明白であった alios incessus hostis clausit 敵がその他の接近を阻んだ

incestō *1* incestāre, -tāvī, -tātum §106 ［incestus］ **1.** 清浄(神聖)をけがす，冒瀆する **2.** 不法な(不潔な)性的関係

incestum

で身をよごす

incestum *n.* incestī *2* §13
[incestus] **1.** 宗教儀式(神聖)をけがす
こと, 瀆神 **2.** 淫蕩, みだらな言動, 不身
持ち, 不貞, 近親相姦

incestus *a.1.2* in-cest-a, -um §50
[in²-, castus §174(2)] **1.** (宗教的, 道
徳的に)けがれた, 不潔な, 不純な **2.** 神を
冒瀆する, 不敬な, 不浄な, 汚らわしい
3. 罪深い, よこしまな, 不正な **4.** 不身持
ちの, みだらな, 不貞な **5.** 近親相姦の罪
を犯した (副)**inceste** §67(1) 神を
冒瀆して, けがらわしい, 罪深い, みだら
なやり方で, 近親相姦の罪を犯して

incidō¹ *3* in-cidere, -cidī, -cāsum
§109 [in¹-, cadō §174(2)] **1.** の上に
(の中に)落ちる, 倒れる, 飛び込む, はま
る **2.** たまたま(ふと)ぶつかる, 出会う **3.** お
そいかかる, 襲撃する, 不意におそう **4.** (あ
る状態に)陥る, 落ち込む, まきこまれる
5. 起こる, 生じる, 発生する, なる, 浮か
ぶ **6.** 着く, 達する, 入る, 歩み入る **7.** (構
文)前(in, ad, inter, super)＋対, 又は与
を, まれに対のみを伴う in insidias 〜 わ
なにはまる omnia in nostram aetatem
inciderunt すべてのことがわれらの時代に
おこったのだ mihi incidit suspicio 疑念
が私の心に生じた terror incidit ejus
exercitui 恐怖が彼の軍隊をおそった
quodcumque in mentem incidit 心の中
に浮かんだことは皆 quocumque incide-
runt oculi 視線のとどくところではどこで
も

incidō² *3* in-cidere, -cidī, -cīsum
§109 [in¹-, caedō §174(2)] **1.** 深く切
り込む, 切り開く, 裂く **2.** 刻み目をつけ
る, 切れ目をいれる, 彫り(刻み)込む, 刻
む, 彫る **3.** 切断する, 切り裂く(離す)
4. 刈り込む, 剪定する, 切りつめる, もぎ
とる, 短くする, 減らす **5.** 中断する, 分
ける, さえぎる, じゃまする, やめさせる,
終わらせる in basi grandibus litteris
nomen erat incisum 台座に大文字で名
前が刻み込まれた spe omni reditus inci-
sa (9f18) あらゆる希望を断たれて帰って
きた(彼)

incīle *n.* incīlis *3* §20 [incidō]
(灌漑・防備用の)水路, 溝, 堀, 排水溝

incinctus, incinxī → incingō

incingō *3* in-cingere, -cinxī, -cinctum
(cīn-?) §109 [in¹-, cingō] **1.** 身を包
む, 巻く, 身にまとう, 腰をしめる(しばし
ば se incingere, incingi で用いられる)
2. 囲む, 取り巻く, 包囲する, ひろくめぐ
らす sese serpentibus incingebant 彼
らは体に蛇を巻きつけていた incingere
moenibus urbes 町を城壁で取り囲む

incipiō *3b* in-cipere, -cēpī, -ceptum
§110 [in¹-, capiō §174(2)] **1.** 着手す
る, とりかかる, 始める **2.** し始める, しだ
す, (話し, 動き, 書き)始める **3.** (受・自)
始まる *n.b.*「始めた」は完了形ではなく現在
形で代用されることが多い fessus dormire
viator incipit 疲れた旅人は眠り始めた
cum rosam viderat, tum incipere ver
arbitrabatur 彼はバラを見たとき, 春が
始まったと考えていた unde incipiam
(116.4)? どこから(話し)始めたものやら

incīsus → incidō²

incitāmentum *n.* incitāmentī *2*
§13 [incitō] **1.** 刺激する(駆り立てる)
もの, 刺激(物), 激励, 誘因, 動機 **2.** 拍
車, 突き棒

incitātiō *f.* incitātiōnis *3* §28
[incitō] **1.** 励ますこと, 奮起させること,
刺激, 煽動 **2.** 性急な動き, はずみ, 勢い,
衝動 **3.** 感情の爆発, 興奮, 気勢, 高揚

incitātus *a.1.2* incitāt-a, -um §50
[incitō の完分] (比)incitatior (最)
incitatissimus **1.** 駆り立てられた, すば
やい, 迅速な, 疾風迅雷の **2.** 興奮した,
高ぶった, 血気に逸った **3.** 激しい, 熱烈
な, 情熱的な

incitō *1* incitāre, -tāvī, -tātum §106
[in¹-, citō] **1.** 速く動かす, (速度, 調子
を)はやめる, 急がせる, かりたてる **2.** 催
促する, 迫る, 強いる **3.** 刺激する, 励ま
す, 奮起させる **4.** たきつける, 煽動する,
使嗾する **5.** 上げる, 高める, 増大させる,
強める **6.** (再)急ぐ, 突進(出撃)する
Catonem veteres inimicitiae Caesaris
(9c3) incitant カトーを駆り立てていたの

はカエサルへの古い恨みである amnis inci-
tatus pluviis 雨で増水した川

incitus *a.1.2* in-cit-a, -um §50
[in¹-, cieō] **1.** 疾風の如き, 早い, 猛然
たる, まっさかさまの **2.** 激昂した, 興奮し
た, 奮起した

inclāmō *1* in-clāmāre, -clāmāvī,
-clāmātum §106 [in¹-, clāmō]
1. 大声で叫ぶ, 呼ぶ, 名を呼ぶ, (助けを)
呼び求める, 懇請する **2.** どなる, ののし
る, 罵倒する

inclārēscō *3* -rēscere, -ruī §109
[clārēsō] 有名となる, 名声を博す

inclēmēns *a.3* in-clēmentis §55
[in²-, clēmēns] (比)inclementior **1.**
おだやかでない, 優しくない, ひどい **2.** き
びしい, 手荒な, 情け容赦のない, 無礼
な (副)**inclēmenter** §67(2) (比)
inclementius 手荒に, きびしく, 無作
法に, ぞんざいに

inclēmentia *f.* inclēmentiae *1*
§11 [inclēmēns] **1.** 無慈悲, 冷酷,
無情 **2.** きびしさ, 厳格

inclīnātiō *f.* inclīnātiōnis *3* §28
[inclīnō] **1.** よりかかる(もたれかかる)こ
と, 傾ける(曲がる)こと, 身をかがめるこ
と, 音を下げること **2.** はずれること, それ
ること, ゆれること **3.** はすかい, 傾斜, 湾
曲, 勾配 **4.** 傾向, 趨勢, 変化, 変動, 盛
衰, 影響 **5.** 心理的傾向, 性向, 性癖,
偏見, 好み inclinatio caeli (mundi) 軌
道傾斜

inclīnātus *a.1.2* inclīnāt-a, -um
§50 [inclīnō の完分] (比)inclinatior
1. 傾斜した, はすかいの, かがめた, 曲が
った **2.** (悪い方へ)変わっていく, 低くなる,
沈む, ぼける, おとろえる **4.** 傾向(性癖)
をもった, しがちな, 好みのある, ひかれる,
ひいきする animus ad pacem inclinatior
平和の方へいっそうひかれる心

inclīnō *1* inclīnāre, -nāvī, -nātum
§106 **1.** もたれかからせる, かたむける,
曲げる, たわめる **2.** 平伏させる, 倒す, 下
げる, 沈める, 落とす **3.** 向ける, 方向を
変え(させ)る, …する気にさせる, 影響(左
右)する **4.** 追い返す, くじく, はねつける

5. (自又は再)傾く, …する気になる, 好意
をもつ, 沈む, おりる, 弱る, 衰える, 退
く, 譲歩する Romana inclinatur acies
ローマ軍の戦列は撃退される 〜 culpam
in aliquem 罪をある人に帰する(負わせる)
sol inclinat 日が西に傾く sententia se-
natus inclinat ad foedus faciendum
(121.3) 元老院の意見は条約締結の方へ
傾く

inclūdō *3* in-clūdere, -clūsī, -clūsum
[in¹-, claudō] §§109, 174(2) **1.** (箱,
袋に)入れる, 封入する, しまい込む **2.** さ
し(はめ)込む, 挿入する, 含ませる, 織り
込む **3.** 封じ(閉じ)込める, 監禁する, 封
鎖する, 柵で囲む **4.** 制限する, 局限する,
ふさぐ, 抑えつける, しめくくる, 終わらせ
る **5.** 埋める, かくす **6.** (構文)…を(対)…
の中に(in+対又は奪)入れる, 含める, 単
に奪(9f1), 又は与(9d4)の場合もある ossa
aureo inclusa urna 金の壺の中に入った
骨 inclusae auro (9f11) vestes 金糸を
織りまぜた着物 quaeris antiquo me in-
cludere ludo あなたは私を昔の剣闘士養
成所へ閉じ込めようと努めておられる inclu-
det crastina fata dies 明日という日が(私
の)運命を終わらせるだろうに inclusae in
pumice apes 軽石の中に封じ込まれたハ
チ(蜂)

inclūsiō *f.* inclūsiōnis *3* §28
[inclūdō] **1.** 包囲, 封鎖 **2.** 拘置, 監
禁, 幽閉

inclūsus → inclūdō

inclutus *a.1.2* in-clut-a, -um §50
[in¹-, clueō] (最)inclutissimus 有名
な, 名高い

incoctus → incoquō

incōgitātus *a.1.2* in-cōgitāt-a, -um
§50 [in²-, cōgitō] **1.** 思慮のない, 無
分別な, 反省のない **2.** 予め考えられなか
った, 思いもかけない, 予想外の, 夢見た
こともない (類語)**incōgitāns** §55
incōgitābilis §54

incōgitō *1* in-cōgitāre, -tāvī, -tātum
§106 [in¹-, cōgitō] 工夫する, 計画す
る

incognitus (-cō- ?) *a.1.2* in-cognit-

incohātus, inchoātus, incoātus　368

a, -um §50 ［in²-, cognōscō の完分］
1. まだ調査(検討・研究)されていない **2.** ま
だ知られていない, まだ聞いたことのない,
未知の, 無名の **3.** 確認(同一視)できない

incohātus, inchoātus, incoātus
a.1.2 incohāta, -cohātum §50
［incohō の完分］ 始ったばかりの, 未完
成の, 不完全な

incohō (inchoō) *1* incohāre, -hāvī,
-hātum §106 **1.** 始める, とりかかる,
企てる, 出発する, 創始(創立)する **2.** 書
き(話し)始める, 起草(立案)する, 下絵を
かく **3.** 導入(案内)する, 手ほどきをする
referamus (116.2) nos ad eum quem
volumus inchoandum (147) そこから始
めるべきだと思っている, その本題に我々は
戻っていこう longis producere noctem
incohat adloquiis 彼は長い対談で夜をひ
きのばし始める

incola *c.* incolae *1* §11 ［incolō］
1. 住民, 定住者 **2.** 外来の滞在者

incolō *3* incolere, -coluī, -cultum
§109 ［in¹-, colō］ **1.** (他)住む, 居住す
る **2.** (自)住む, 住んでいる quod oppidum
～ その町に住む trans Rhenum ～ レー
ヌス川の向こうに住んでいる

incolumis *a.3* incolume §54
(比)incolumior **1.** (体, 体面, 力, 富
など)傷つけられてない, 損害を蒙っていな
い, 無傷の, 無事息災の, 完全無欠の
2. まだ生きている incolumem exercitum
transducere 軍隊を無事向こう岸へ渡す

incolumitās *f.* incolumitātis *3*
§21 ［incolumis］ **1.** 無病息災, 無傷,
無害 **2.** 安全, 保全, 安寧, 救済

incomitātus *a.1.2* in-comitāt-a, -um
§50 ［in²-, comitō］ 同伴(随行・案内)
者のいない

incommendātus *a.1.2* in-com-
mendāt-a, -um §50 ［in²-, commendō］
安全を保証されていない, 保護されていな
い, 見捨てられた

incommoditās *f.* incommoditātis
3 §21 ［imcommodus］ **1.** 不適当,
不似合い, 不都合, 時宜を得ないこと **2.** 不
利, 不快, 厄介, 迷惑, 邪魔, 不正, 不

公平

incommodō *1* incommodāre, -dāvī,
-dātum §106 ［incommodus］ **1.** 不
便である, 迷惑である, 都合がわるい **2.** 邪
魔をする, 迷惑(面倒)をかける

incommodum *n.* incommodī *2*
§13 ［incommodus］ **1.** 損害, 危害,
損失 **2.** 迷惑, 不利, 不都合 **3.** いやなこ
と, 面倒, 不快 **4.** 不幸, 災難, 不運, 不
利な境遇, 苦境 **5.** 病気, わずらい **6.** 失
敗, 挫折, 後退 quae res magnum
nostris attulerat incommodum それら
のことが我が軍に大打撃を与えていた suum
cuique (9d11) incommodum ferendum
(147. イ) est 人は皆それぞれの苦境に耐え
ねばならない

incommodus *a.1.2* in-commod-a,
-um §50 ［in²-, commodus］ (比)
incommodior (最)incommodissimus
1. 迷惑な, 面倒(厄介)な, うるさい **2.** 都
合の悪い, 迷惑な, 不幸な, いやな, 不利
な, 不便な, 不適当な, 不似合いな **3.** 無
愛想な, 気むずかしい, 思いやりのない, 不
親切な, 感じのわるい **incommodē** 副
§67(1) (比)incommodius (最)incom-
modissime 遺憾ながら, 不都合にも, 厄
介(面倒)なことに, 不適当にも, 不幸(不
利)なことに

incompertus *a.1.2* in-compert-a,
-um §50 ［in²-, comperiō］ 信頼でき
る情報を入手していない, 知られていない,
不確かな, 不明な

incompositus *a.1.2* incomposit-a,
-um §50 ［in²-, compōnō］ **1.** 整理さ
れていない, 雑然たる **2.** 調和(秩序)のな
い, 混乱した, 無秩序の **3.** ぎこちない, 不
器用な, 下手な (副)**incompositē**
§67(1) **1.** 秩序(統一)なく, 乱雑に, 雑
然と **2.** ぎこちなく, 無器用に

incomprehēnsibilis *a.3* -hēnsibile
§54 ［comprehendō］ 掴むことのでき
ない, 把握できない, 理解できない, 測(はか)
ることのできない, 無限の

incōmptus *a.1.2* in-cōmpt-a, -um
§50 ［in²-, cōmō］ (比)incomptior
1. 梳(けず)らない, 髪の乱れた **2.** 手入れを

しない，無精な，だらしない **3.** 飾り気のない，素朴な，じみな **4.** たくまない，自然のままの，洗練されない，あかぬけしない

inconcessus *a.1.2* in-concess-a, -um §50 ［in²-, concēdō］ 許されない，禁じられた，遺法な，不可能な

inconciliō *1* in-conciliāre, -āvī, -ātum §106 ［in¹-, conciliō］ **1.** 不正な手段で自分のものにする，まんまとせしめる **2.** ごまかして自分の思いのままにする，誤った方向へ導く，だます，たぶらかす

inconcinnus *a.1.2* in-concinn-a, -um §50 ［in²-, concinnus］ **1.** きれいでない，洗練されていない，調和していない **2.** 不手際な，ぎこちない，気がきかない，不器用な

inconditē 副 ［inconditus §67.1］ ぎこちなく，無器用に，粗雑(ざつ)に，下品に，粗野に

inconditus *a.1.2* in-condit-a, -um §50 ［in²-, condō］ **1.** 洗練されていない，あかぬけしていない，無教養な，無作法な，粗野な，ぶこつな，地味な，飾らない **2.** 無秩序の，統一のとれていない，訓練されていない，乱雑な **3.** 頭の混乱した，まぬけの，首尾一貫しない **4.** 埋葬されていない

incōnsīderantia *f.* in-cōnsīderantiae *1* §11 ［in²-, cōnsīderō］ **1.** 将来のことを考えないこと，無思慮，無反省 **2.** 軽率，無謀 **3.** うかつ，不注意

incōnsīderātus *a.1.2* in-cōnsīderāt-a, -um §50 ［in²-, cōnsīderātus］ （比）inconsideratior （最）inconsideratissimus **1.** 深く考えない，思慮のない，無分別な，不用心な，賢明でない **2.** 軽率な，早計な （副）**incōnsīderātē** §67(1) 軽率に，早計に，無分別に

incōnsōlābilis *a.3* in-cōnsōlābile §54 ［in²-, cōnsōlābilis］ 慰められない，和らげられない

incōnstāns *a.3* incōnstantis §55 ［in²-, cōnstāns］ （比）inconstantior （最）inconstantissimus **1.** ぐらぐらした，不安定な **2.** 変わり易い，気まぐれな，たよりない **3.** (主義，意見，政策の)首尾一貫しない，矛盾した，無定見の，無節操な **4.** 動揺した，興奮した，むらのある

incōnstanter 副 §67(2) （比）inconstantius （最）inconstantissime 不規則に，一定でなく，ぐらぐらしながら，気まぐれに，無定見にも，優柔不断に

incōnstantia *f.* incōnstantiae *1* §11 ［incōnstāns］ **1.** 移り気，気まぐれ **2.** 不安定，無常，変わり易さ，有為転変 **3.** 無定見，無節操，首尾一貫しないこと，前後矛盾 **4.** 遅疑，逡巡

incōnsultus *a.1.2* incōnsult-a, -um §50 ［in²-, cōnsulō の完分］ （比）inconsultior **1.** 無分別(無思慮)な，考えの足りない，軽率な，そそっかしい **2.** 忠告も受けず，相談なしの **3.** 相談されない，諮られない inconsulto senatu (9f18) 元老院に諮ることなく **incōnsultē** 副 §67(1) （比）inconsultius 適当な配慮(用心)もなく，不用意に，無分別に，軽率に，向こう見ずに

incōnsūmptus *a.1.2* in-cōnsūmpt-a, -um §50 ［in²-, cōnsūmō］ 破壊されない，滅ぼし尽くされない，不滅の

incontāminātus *a.1.2* in-contāmināt-a, -um §50 ［in²-, contāminō］ 汚濁されていない，純粋な，腐敗していない

incontinēns *a.3* in-continentis §58 ［in²-, contineō の現分］ **1.** 抑えられない，欲望を制し難い **2.** 節度のない，不節制な，過度の （副）**incontinenter** §67(2) 不節制に，過度に

incontinentia *f.* incontinentiae *1* §11 ［incontinēns］ **1.** 自制の欠如，放縦，わがまま，貪欲 **2.** 失禁

inconveniēns *a.3* in-convenientis §58 ［in²-, conveniō の現分］ **1.** 釣り合っていない，調和(一致)していない **2.** ふさわしくない，似合っていない

incoquō *3* in-coquere, -coxī, -coctum §109 ［in¹-, coquō］ **1.** 中で煮る，煮込む **2.** 沸騰させる，ゆでる **3.** つける，浸す，染める **4.** 焼く，あぶる，いためる odorato radices incoque Baccho (9f11) その根を香り高いブドウ酒(の中)でゆでよ vellera

Tyrios incocta rubores (9e9) 紫紅色に染められた羊毛

incorrēctus *a.1.2* in-corrēct-a, -um §50 [in²-, corrigō] 正されていない, 訂正されていない

incorruptus *a.1.2* in-corrupt-a, -um §50 [in²-, corrumpō] （比）incorruptior （最）incorruptissimus **1.** 傷つけられていない, 損なわれていない, 無傷の, 元のままの **2.** 朽ちない, 腐らない, 滅びない, 不滅の **3.** 堕落していない, 買収されない, 公平な, 潔白な **4.** 偽造されていない, まやかしでない, 真正の **5.** けがされていない, 貞節な, 純潔な （副）**incorruptē** §67(1) 正直に, 公正に, 清廉潔白に

incoxī → incoquō

increb(r)ēscō *3* in-crēb(r)ēscere, -b(r)uī, —— §109 [in¹-, crēbrēscō] **1.** ふえる, 増す, 増加(増大)する, 優勢となる, いっそう強く(激しく)なる **2.** ひんぱんとなる, 広まる, 蔓延する increbescente vento 風が次第に強くなってきて increbruit proverbio (9f11) その文句は広まって諺となった

incrēdibilis *a.3* in-crēdibile §54 [in²-, crēdibilis] （比）incredibilior **1.** 信じがたい, 信頼できない **2.** 信じられないような, 驚くべき, 前代未聞の, 法外な, でたらめな **3.** 信じるに価しない hoc incredibile est dictu (120.3) これは言っても信じられないことだ

incrēdibiliter 副 §67(2) 信じられないほどに, 驚くほど, 異常に, 途轍もなく

incrēdulus *a.1.2* in-crēdul-a, -um §50 [in²-, crēdulus] **1.** 信じない, 疑い深い **2.** 疑わしい, 信じられない **3.** 自信のない

incrēmentum *n.* incrēmentī *2* §13 [incrēscō] **1.** 増大, 伸長, 増加 **2.** 補充, 修復, 改良, 追加 **3.** 成長, 発育, 進展 **4.** 前進, 進歩, 向上, 昇進 **5.** 発生, 芽生え, 子孫 **6.** （修）漸進法 viperei dentes, populi incrementa futuri それから将来の人間が芽生える蛇の歯

magnum Jovis incrementum ユーピテルの偉大なる追加(子孫), あるいは第二のユーピテルの偉大な芽生え

increpitō *1* increpitāre, -tāvī, -tātum §106 [increpō] **1.** 声高に叫ぶ, 呼ぶ, がみがみ(口やかましく)いう, うるさく催促する, 小言をいって苦しめる **2.** しかる, ののしる, そしる, とがめる, 責める, あざける aestatem increpitans seram 夏の来るのがおそいと口やかましく言って

increpō *1* in-crepāre, -puī, -pitum §106 [in¹-, crepō] **1.** かん高い・鋭い音をたてる, がらがら, かんかん, めりめり, がちゃん…と音をたてる, なる, ひびく, 叩く, 打つ **2.** 吠える, うなる **3.** 大声で叫ぶ, 呼ぶ, どなる, けしかける, わめく **4.** はげしく叱る, 罵倒する, ののしる, あざける, 抗議する ita me increpuit Juppiter かくもすさまじい雷鳴によってユピテルが私を叩き(叱り)給うた ~ cunctantis (118.2) arma capere (117.4) ためらっている者たちに武器をとれとけしかける Phoebus volentem (153, 118.1) proelia me loqui (117.4) increpuit lyra (9f11) 詩神ポエブスは戦いを物語らん(叙事詩を書かん)欲する私を, 竪琴をならして叱り給うた

incrēscō *3* in-crēscere, -crēvī, —— §109 [in¹-, crēscō] **1.** 根づく, 生えつく, 生じる **2.** 育つ, 成長する, 発育する **3.** 増大(増加)する, 重くなる, ふくらむ, ふえる **4.** 強くなる, 烈しくなる

incrētus → incernō

incruentātus *a.1.2* in-cruentāt-a, -um §50 [in²-, cruentō] 血で汚れていない, 無血の

incruentus *a.1.2* in-cruent-a, -um §50 [in²-, cruentus] 血で汚れない, 無血の, 流血の惨事のない, 人命の損失のない, 死傷者のいない

incrustō (-ū- ?) *1* in-crustāre, -tāvī, -tātum §106 [in¹-, crusta] **1.** 層で(外皮で)おおう, 包む **2.** 泥をぬりつける, よごす **3.** 代理石版でおおう, 化粧張りをする

incubō *1* in-cubāre, -cubuī, -cubitum §106 [in¹-, cubō] **1.** 横になる, ねる,

休む **2.** 身をまかせる，おおいかかる，のっかっている，おかれている，もたれる **3.** 卵を抱く，隠れ家（巣）をもつ **4.** 油断なく見張る **5.** 聖林（神殿）で生贄の毛皮を敷いてねて夢占いをする ponto（9d3）nox incubat atra 闇夜が海の上をおおっている humero incubat hasta 槍が肩におかれている（彼は槍を肩にかついでいる）defosso incubat auro 土中に埋めた黄金を彼は見張っている

incūdō *3* incudere, -cūdī, -cūsum §109 **1.** 槌で叩いてきざみ目（ぎざぎざ）をつける，へこませる，えぐりとる **2.** 飾りを細工する

inculcō *1* in-culcāre, -cāvī, -cātum §106 [in¹-, calcō §174(2)] **1.** しっかりと踏みつける，踏みつぶす **2.** 踏み込む，入り込む **3.** つめ込む，挿入する，加える，そえる **4.** 押し込む，押しつける，無理強いをする，うるさく聞かせる **5.** たたき込む，印象づける，感銘を与える Graeci se inculcant auribus nostris そのギリシア人らは自説を我々に押しつけるのだ（我々の耳の中に自分をおし込める）

inculpātus *a.1.2* in-culpāt-a, -um §50 [in²-, culpō]（最）inculpatissimus 罪を犯していない，非難すべき点のない，潔白な，欠点のない，評判のよい

incultus *a.1.2* in-cult-a, -um §50 [in²-, colō] **1.** 耕作されていない，栽培されていない，世話をされていない，手入れがされていない **2.** 汚い，垢じみた，だらしない，なげやりな，飾らない **3.** 教養のない，洗練されていない，ずさんな，粗野な **4.** 知人・友人から慕われない （副）**incultē** §67(1) 洗練されていないやり方で，ぞんざいに，ずさんに，無骨に，粗野に

incultus *m.* incultūs *4* §31 [in²-, cultus] **1.** 洗練されていないこと，無教養，無骨，粗野 **2.** みなりをかまわないこと，無頓着，無作法

incumbō *3* in-cumbere, -cubuī (-cubitum) §109 **1.** 上に（から）かがみ込む，身をかがめる，身を投ずる **2.** よりかかる，もたれかかる，身を支える **3.** 横にな

る，横臥して休む **4.** 重くのしかかる，圧迫する，押す，押し入る，侵入する，襲う **5.** 全力（精力）を傾倒する，専念する，没頭する **6.** 傾く，曲がる，沈む **7.** …する傾向にある，…しがちである in gladium（又は ferro）〜 剣の上に身を投じる（自刃する）silex incumbebat ad amnem 岩が川の上にのしかかっていた tempestas incubuit silvis 嵐が森の上に襲いかかった ut omnes et animo et opibus（9f9）in id bellum incumberent その結果全員が精神も体力もあげてその戦争に没頭した

incūnābula *n.pl.* incūnābulōrum *2* §13 [cūnābula] **1.** 産衣（うぶぎ），おむつ **2.** ゆりかご **3.** 乳児期，幼児 **4.** 誕生地 **5.** 起源，始まり

incūrātus *a.1.2* in-cūrāt-a, -um §50 [in²-, cūrō] 治療されない，直されない

incūria *f.* in-cūriae *1* §11 [in²-, cūra] **1.** 慎重・入念でないこと，軽率，無思慮 **2.** 手入れ・世話を怠ること，無頓着，無関心

incūriōsus *a.1.2* in-cūriōs-a, -um §50 [in²-, cūriōsus] **1.** 無頓着な，無関心な，なげやりな **2.** 不注意な，無分別な，軽率な **3.** なおざりにされた，配慮されない **4.** 警戒されない（怠った），怪しまない （副）**incūriōsē** §67(1) （比）incuriosius 不注意に，ぞんざいに，軽率に，うっかりして

incurrō *3* in-currere, -currī (-cucurrī), -cursum §109 [in¹-, currō] **1.** 突撃する，突進する，突っ込む，ぶつかる，衝突する **2.** 侵入（突入）する，押し込む，なだれ込む，襲う，打つ **3.** たまたま出くわす，つき当たる **4.** 走り込む，入る，達する，届く，接する **5.** たまたま起こる，同時におこる **6.** 破目におちいる，身をさらす，蒙る in columnas 〜 円柱に激突する，頭をぶっつける hostes 〜 敵に向かって突撃する levi armaturae（9d3）〜 軽武装隊を襲う in umbram terrae luna incurrit 月が地球の本影の中に入る casus qui in sapientem potest incurrere 賢者にも襲いかかり得る偶然の災い incurrit laurus

incursiō 372

non solum in oculos sed etiam in vo-
culas malivolorum （私の）栄冠は悪意あ
る人たちの視線のみならず，ささやき（噂）
にも身をさらした（をも浴びた）

incursiō *f.* incursiōnis 3 §28
[incurrō] **1.** 攻撃，襲撃，殺到 **2.** 侵
入，侵略 **3.** 衝突，衝撃

incursitō *1* incursitāre, ——, ——
§106 [incursō] **1.** 攻撃する，おそいか
かる **2.** ぶつかる，衝突する

incursō *1* incursāre, -sāvī, -sātum
§106 [incurrō] **1.** 攻撃する，おそいか
かる，急襲する **2.** 侵入する，突入する，
侵略する **3.** 飛び込む，押し入る，つきあ
たる **4.** 襲う，暴行を加える incursabit in
te dolor meus わが苦しみがあなたに向か
ってぶちまけられるだろう

incursus *m.* incursūs 4 §31
[incurrō] **1.** 突撃，突進，猛攻撃 **2.** 衝
突，衝撃 **3.** 氾濫，流入，増水 **4.** 流水
口，排水口

incurvō *1* incurvāre, -vāvī, -vātum
§106 [incurvus] **1.** 曲げる，屈曲させ
る，たわめる，ゆがめる，倒す，折る **2.**（心
を曲げる）屈服させる，感動させる，くじく
3.（受・再）曲がる，たわむ，そりかえる，
円くなる，折れる

incurvus *a.1.2* in-curv-a, -um §50
[in¹-, curvus] **1.** 曲がった，そった，円
い，ねじれた **2.** 腰のまがった，身をかがめ
た，おじぎをした

incūs *f.* incūdis 3 §21 [in, cūdō]
鉄床（かなとこ），鉄敷（かなしき） incudi reddere
versus 詩を鉄床の上に返す，詩を推敲す
る juvenes in ipsa studiorum incude
positi 勉強の鉄床自体の上におかれている
若者（まだ学問で自己陶冶中の若者） uno
opere (9f3) eandem incudem tundere
一つの仕事で同じ鉄床を叩く，間断なく同
じ仕事に専念する

incūsō *1* incūsāre, -sāvī, -sātum
§106 [in¹-, causa] **1.** 責任をとらせる，
責任を人に負わせる **2.** とがめる，叱る，批
判（非難）する，不平（文句）を言う **3.** 罪を
負わせる，告発（告訴）する ～ aliquem
superbiae (9c10) ある人の（を）傲慢（のせ

いで）をとがめる incusat se quod me
moretur (116.12) 彼（女）は私の歩みをお
くらせるといって自分を責める

incussus → incutiō

incustōdītus (**-cū-**?) *a.1.2* in-custō-
dīt-a, -um §50 [in²-, custōdiō]
1. 見張られていない，監視されていない，
なおざりにされた **2.** 不用心な，油断した，
軽率な，慎重でない **3.** かくされていない，
秘密にされ（てい）ない

incūsus *a.1.2* incūs-a, -um §50
[in¹-, cūdō] 金槌で刻み目をつけられた，
穴をあけられた，象眼された

incutiō *3b* in-cutere, -cussī, -cussum
§110 [in¹-, quatiō §174(2)] **1.** 打つ，
叩く，なぐる，ける **2.** ぶつける，打ち込む，
とばす，投げつける，射る，撃つ **3.** ふる，
ゆすぶる，振り回す **4.** 吹き込む，注ぎ込
む，感情を起こさせる **5.** 加える，負わす
pedem terrae ～ (9d4) 地面に駄をふむ ～
animo religionem 心の中に宗教的畏怖
の念を起こさせる Gallo scipione (9f11)
in caput incusso (9f18) 杖でガッルスは
頭を叩かれて

indāgātiō *f.* indāgātiōnis 3 §28
[indāgō] 追いつめること，探知，探求，
せんさく

indāgō *1* indāgāre, -gāvī, -gātum
§106 **1.**（獲物の）足跡をつける（嗅ぎ出
す，見つけ出す）**2.** 狩りたてる，追いつめ
る，探しあてる，探索する **3.** 探し求めよう
とする，調査（探査）して確認する

indāgō *f.* indāginis 3 §28 **1.** 獲
物を追い込んだあと森の回りにはりめぐらす
網，又は狩人の輪，追い込み猟 **2.** 軍隊又
はとりでの包囲網，封鎖，包囲戦

inde 副 **1.**（所，物，人）その所から，そ
の中から，そこに，そこで，その側（方面）
に，その人々の中から **2.**（時間）その時以
来，その時から，次いで，その後で **3.**（理
由，原因）そこから，そのために，それ故に，
だから inde in urbem rediit そこから彼
は都へ帰ってきた si legio Caesaris sese
recepisset inde, quo temere esset
(116.11) progressa カエサルの軍団兵が
大胆に進んでいた所からもし退去していた

ら erant duo filii, inde hunc adoptavi 息子が二人いた，そのうちからこの子を私は養子とした iam inde a pueritia すでに子供の頃から inde usque repetens その後ずっと探している inde omnia scelera gignuntur そこからすべての犯罪が生じているのだ inde fit (169) ut raro reperire queamus (162) そういうわけで私たちは探してもめったに見つけられないのだ

indēbitus *a.1.2* in-dēbit-a, -um §50 ［in²-, dēbeō］ 金が支払われる必要（義務）のない，不等な報酬（好意）が与えられる必要のない，正当でない non indebita posco regna meis fatis (9d) 私の運命に対し報酬として与えられて，きわめて当然の王国を私は要求する

indecēns *a.3* -decentis §55 ［in²＋decēns］ 不適当な，不向きの，不体裁($\frac{○○}{○}$)な，みっともない

indecenter 副 §67.2 (比) -decentius (最)dicentissimē 見苦しくも，不適当に，不似合に（も）

indēclīnātus *a.1.2* in-dēclīnāt-a, -um §50 ［in²-, dēclīnō］ わきにそれない，ぐらつかない，堅固な，忠実な

indecoris *a.3* in-decore §54 ［in²-, decus］ 不名誉な，不面目な，恥ずべき，見苦しい

indecorō *1* indecorāre, -rāvī, -tātum §106 ［indecōrus］ 恥辱を与える，面目を失わせる，名を汚す

indecōrus *a.1.2* in-decōr-a, -um §50 ［in²-, decōrus］ **1.** 醜い，見苦しい，優美でない，ぶかっこうな **2.** 下品な，不作法な **3.** 不適当な，不似合いの，ふさわしくない duces non indecoro pulvere (9f15) sordidos 大いに名誉ある戦塵に汚れた将軍たちを （副)**indecōrē** §67(1) (比)indecorius 見苦しい（不体裁な）やり方で，不適当（不似合い）な方法で

indēfēnsus *a.1.2* in-dēfēns-a, -um §50 ［in²-, dēfendō］ 攻撃に対し無防備の，弁護されない，抗弁を許されない

indēfessus *a.1.2* in-dēfess-a, -um §50 ［in²-, dēfetīscor］ 疲れていない，疲れを知らない，飽きない，たゆまない，根

気のよい

indēflētus *a.1.2* in-dēflēt-a, -um §50 ［in²-, dēfleō］ 嘆き悲しまない，慟哭してくれる人のいない

indējectus *a.1.2* in-dēject-a, -um §50 ［in²-, dējiciō］ 投げ倒されない，ひっくりかえらない，転覆しない

indēlēbilis *a.3* in-dēlēbile §54 ［in²-, dēleō］ 消せない，抹殺できない，忘れられない，不滅の，不朽の

indēlībātus *a.1.2* in-dēlībāt-a, -um §50 ［in²-, dēlībō］ 害されていない，損なわれていない，元のままの，凌辱されていない，純潔な

indemnātus *a.1.2* in-demnāt-a, -um §50 ［in²-, damnō §174(2)］ 有罪の判決を下されなかった

indēplōrātus *a.1.2* in-dēplōrāt-a, -um §50 ［in²-, dēplōrō］ 嘆き悲しまれない，泣き悲しまない，哀悼されない

indēpre(hē)nsus *a.1.2* in-dēpre (hē)ns-a, -um §50 ［in²-, dēpre(he) ndō］ **1.** 理解しがたい，解決できない，裏をかく，挫折させる **2.** 捕らえ難い，追いつけない

indeptus → indipīscor

indēsertus *a.1.2* in-dēsert-a, -um §50 ［in²-, dēserō］ 放棄されない，捨てられない

indēstrictus *a.1.2* in-dēstrict-a, -um §50 ［in²-, dēstringō］ 手を触れられない，かすり傷をうけない，無傷の

indētōnsus *a.1.2* in-dētōns-a, -um §50 ［in²-, dētondeō］ 髪を刈られていない，長髪の

indēvītātus *a.1.2* in-dēvītāt-a, -um §50 ［in²-, dēvītō］ 避けられない，不可避の

index *c.* indicis *3* §21 ［indicō］ **1.** 指示（指摘）する人（もの），人さし指（＝digitus index) **2.** 指示，表示，しるし，目印，指針，目標 **3.** 発見者，目撃者，証人 **4.** 秘密を暴く人，密告者，告発者，密偵，裏切り者，告げ口する人 **5.** 表題，題目，目録，目次，索引，一覧，要約，大要 **6.** 銘，碑文 **7.** 試金石 vox index stultitiae 馬鹿を示す声 ut imago est animi vultus, sic indices oculi 顔は心を映すように目は心をあばく

India *f*. Indiae *1* §11 インド

indīcēns *a.3* in-dīcentis §58 [in²-, dīcō] 言わない, 告げていない indicente me (9f18) 私が言ってもいないのに

indicium *n*. indiciī *2* §13 [index] **1.** 指示, 表示, 通知, 報告, 記録, 情報, 明言 **2.** 暴露, 密告, 告発, 裏切り **3.** 密告・告発の許可(報酬) **4.** 証言, 証拠, あかし **5.** きざし, 前兆, 徴候, 天啓 **6.** しるし, 符号, 記号, 記念物 indicia veneni 毒殺の証拠 mihi quale ingenium haberes (116.10) fuit indicio (9d7) oratio あなたの話からあなたがどんなにすばらしい性格の持ち主かが私にはよくわかりました

indicō¹ *1* indicāre, -cāvī, -cātum §106 [in¹-, dīcō] **1.** 示す, 指摘する, 指す, 見せる **2.** 知らせる, 報告する, 宣言する, 述べる, 証言する **3.** あばく, 暴露する, 密告する, 告発する **4.** 裏切る, だます, あざむく, 売る **5.** もらす, 打ち明ける **6.** 評価する, 査定する 〜 lacrimis dolorem 涙で苦悩をあらわしている vultus indicat mores 顔は性格をあらわす

indīcō² *3* in-dīcere, -dīxī, -dictum §109 [in¹-, dīcō] **1.** 正式に通知する, 公告する, 布告する, 宣言する, 声明する, 公表する **2.** 招集する, 命ずる, (税を)課す, (罰を)科す exercitu indicto (9f18) ad portam Esquilinam エスクイリアエ門の所に軍隊が招集されて servorum numerum senatoribus indicit 彼(皇帝)は元老院議員たちに一定数の奴隷の供出を命じる

indictus *a.1.2* in-dict-a, -um §50 [in²-, dīcō² の完分] **1.** まだ言われたことのない, 聞かれたことのない **2.** 審問(聴取)されない, 弁明(弁護)なしの indicta causa (9f18) interfecti sunt 彼らは法廷で弁明を聞かれないままに処刑された

indictus → indīcō²

Indicus *a.1.2* Indica. -cum インドの

indidem 副 [inde, idem] あの, その

同じ所(人, もの)から, 丁度そこから, 同様に

indifferēns *a.3* -differentis §55 [in²＋differō の現分] **1.** 無関心の, 大切でない **2.** うるさくない, やかましくない **3.** 良くも悪くもない

indifferenter 副 §67.2 無関心に, 気にかけずに, 差別(区別)なしに

indigena *m*. indigenae *1* §11 [indu, genō] **1.** ある土地に生まれ育った人(民族), 土着の人, 生え抜き **2.** (形の如く用いられる)土着の, 生え抜きの, 自国の, イタリア生まれの ipsos Germanos indigenas crediderim (116.3) 私はゲルマニア人そのものは生え抜きの民族と信じたい ne vetus indigenas nomen mutare Latinos jubeas 生え抜きのラティウム人に, その由緒ある民族名を変えろと命じ給うなかれ

indigentia *f*. indigentiae *1* §11 [indigēns] **1.** 必要を感じること, 不足感 **2.** 自足を知らないこと, 飽くことなき欲求(欲望)

indigeō *2* indigēre, -diguī, —— §108 [indu＝in- の古, egeō] **1.** あるものを欠いている, 不足している **2.** あるものを必要とする, 要求する, 欲する, 必要と感ずる tui consilī (9c8) 〜 あなたの考えを必要とする pecunia (9f16) 〜 金が足りない (形)**indigēns** *a.3* §58 貧しい, 極貧の, 自給自足できない, 不足した, 不充分な

Indiges *m*. Indigetis *3* §21 ローマ人の固有の, 原始的な, 土着の神又は英雄, 産土(うぶ)の神, 鎮守の神

indīgestus *a.1.2* in-dīgest-a, -um §50 [in²-, dīgerō] 正しく整えられていない, 無秩序の, 乱雑な

indīgnābundus *a.1.2* indīgnābund-a, -um §50 [indīgnor] 怒った, 憤慨した, 激怒した

indīgnāns *a.3* indīgnantis §58 [indīgnor の現分] (最)indignatissimus 正当な怒りにみちた, 義憤に燃えた, 憤慨した

indīgnātiō *f*. indīgnātiōnis *3*

§28 ［indīgnor］ **1.** 不正に対する怒り，憤慨，義憤，遺恨 **2.** 怒りの表現，表明，爆発 **3.** 怒りを扇動（挑発）する演説 si natura negat, facit indignatio versum （私の）天分はやめよと言っているのに，義憤が（私に）この（諷刺）詩を書かせるのだ

indīgnitās *f.* indīgnitātis 3 §21 ［indīgnus］ **1.** 価しない（ふさわしくない，尊敬に価しない）性質，行い，破廉恥，卑劣，下劣，乱暴，不正，無作法 **2.**（地位，身分，人に対し）不適当な（不相応な，不名誉な）処遇，振る舞いを与えること又は蒙ること，侮辱的なあしらい，侮辱，不正，不面目，汚名 **3.** 立腹，憤慨 indignitate et dolore (9f15) vinculorum cibo (9f7) se abstinuit 彼は鎖にかけられるという侮辱と苦痛とから自ら食を断った

indīgnor *dep.1* indīgnārī, -dīgnātus sum §§123(1), 125 ［indīgnus］ **1.** あることを不当と（不面目と，恥と，不快と）思う **2.** あることに憤慨する，怒る **3.** 軽蔑する，さげすむ **4.** 不平をならす，不満に思う，抗議する casum insontis mecum indignabar amici 私は罪咎のない友人の不幸に憤っていた indignari coepit regem ad causam dicendam (121.3) evocari (117.5) 彼は王が自己弁明のために呼びつけられることに憤慨しだした

indīgnus *a.1.2* in-dīgn-a, -um §50 ［in²-, dīgnus］ （比）indignior （最）indignissimus **1.** 名誉，好意を与えられるにふさわしくない，資格のない，価しない **2.** 罰・不幸をうける（蒙る）のにふさわしくない，不当な，不相応な **3.** 恥ずべき，不面目な，ひどい，耐え難い magnorum avorum (9c13) ～ 偉大な祖先にふさわしくない senator voluerat fieri, quamvis indignus 彼はふさわしくないにもかかわらず，元老院議員になることを欲していた auditu (120.3) indignum 傾聴に価しないこと **indīgnē** 副 ［indīgnus §67(1)］ （比）indignius （最）indignissime 不当にも，不面目にも，けしからぬことに，ひどく，無謀に indigne ferre (pati) 怒っている，憤慨する，腹をたてる

indigus *a.1.2* indig-a, -um §50 ［indigeō］ **1.** 必要とする，欲している，欠いている，不足している (9c13, 9f17) **2.** 貧しい，極貧の

indīligēns *a.3* in-dīligentis §55 ［in²-, dīligēns］ （比）indiligenior **1.** 不注意な，怠慢な，投げやりの，無頓着な **2.** 無視された，顧みられない

indīligenter 副 §67(2) （比）indiligentius おろそかに，ぞんざいに，不注意に，無頓着に

indīligentia *f.* indīligentiae 1 §11 ［indīligēns］ 不注意，不熱心，怠慢，なおざり，投げやり，無頓着

indipīscor *dep.3* ind-ipīscī, indeptus sum §123(3) ［indu-, apīscor §174(2)］ **1.** 追いつく，達する，目的を達成する **2.** 得る，手に入れる，かちとる **3.** 記憶する (animō と共に)

indiscrētus *a.1.2* in-discrēt-a, -um §50 ［in²-, discernō］ **1.** 分かれていない，分離されていない，分離不可能の **2.** 区別されていない，区別し難い，差別（区別）して用いられていない（取り扱われていない）

indisertus *a.1.2* in-disert-a, -um §50 ［in²-, disertus］ 言葉を使いこなせない，口がきけない，とつ弁の

indistīnctus (dīstin- ?) *a.1.2* in-distinct-a, -um §50 ［in²-, distinguō］ **1.** 適切に配列（配分）されていない，無秩序の，乱雑な **2.** 無差別の，区別し難い，不明瞭な，解り難い

indīviduus *a.1.2* -dīvidua, -dīviduum, §50 ［in²+dīviduus］ 分割（分離）できない，切り離せない

indīvīsus *a.1.2* -dīvīsa, -dīvīsum §50 ［in²+dīvīdō の完分］ 分割（分配）できない pro indīvīsō 一緒に，共同して

indō 不規 in-dere, -didī, -ditum §159. 注 **1.** 中へ入れる，まぜる，挿入する，さし込む，混入する **2.** 導入する，案内する **3.** 授ける，与える，付ける，そえる **4.** 植え込む，教え込む，したたり込ます，しみ込ます ～ salem in aquam 水の中に塩を入れる ～ venenum potioni 飲み物に毒

indocilis 376

をまぜる

indocilis *a.3* in-docile §54 [in²-, docilis] **1.** 教え（訓練し）難い，教えを（言うことを）聞かない，不従順な，不適当な，頑固な **2.** 教えられ（鍛えられ）ていない，ものわかりのわるい，無知な，無教育の mercator indocilis pauperiem pati (117.3) 貧乏に耐える訓練をしていない（慣れていない）商人 arbores indociles nasci alibi 他の所では自生に適していない（自生できない）木々

indoctus *a.1.2* in-doct-a, -um §50 [in²-, doctus] （比）indoctior （最）indoctissimus **1.** 無知（無学）な，無教養な，何も知らない **2.** 技を身につけていない，未熟な，訓練されていない indoctus pilae (9c13) 球技を知らない canet indoctum (9e13) sed dulce 彼は未熟ながら美しくうたう indoctus juga ferre (117.3) 軛に耐えることを知らない （副）**indoctē** §67(1) （比）indoctius 無知にも，ぎこちなく，粗野に

indolentia *f.* indolentiae *1* §11 [in²-, doleō] 苦痛を感じないこと，痛み，苦悩からの解放

indolēs *f.* indolis *3* §19 [indu-, alō] **1.** 生来の性格，本性，天稟（ﾃﾝﾋﾟﾝ），気質，性癖 **2.** 生来の能力，特質，美質

indolēscō *3* in-dolēscere, -doluī, —— §109 [in¹-, doleō] 苦痛を感じる，感情を害される，心が痛む，うずく，悲しむ，嘆く（*cf.* 9f15）

indomitus *a.1.2* in-domit-a, -um §50 [in²-, domō の完分] **1.** 飼いならされ（てい）ない，仕込まれていない，馴れない，野性の **2.** 制御されない，抑制し難い，放恣な，奔放な **3.** 屈服しない，負けない，ひるまない，不撓不屈の，難攻不落の

indormiō *4* in-dormīre, -dormīvī(-iī), —— §111 [in¹-, dormiō] **1.** の上に（の中に）ねむる **2.** 忘れて（知らずに）ねて，時をすごす，無視している，怠けている，無関心（不注意）である me longae desidiae (9d3) indormientem 長い怠惰の中にねむり呆けている私を me malis indormien-

tem (118.1) 不幸を忘れて時をすごしていた私を

indōtātus *a.1.2* in-dōtāt-a, -um §50 [in²-, dōtō] **1.** 嫁資を与えられていない，持参金なしの **2.** 飾られていない，粗末な corpora indotata 葬儀をして貰えなかった遺体

indu （**endo**, **indo**） 前 [in の古，接頭辞として残っている] indāgō, indigena

indubitātus *a.1.2* -dubitāta, -dubitātum §50 [indubitō 完分] 疑いのない，たしかな

indubitō *1* in-dubitāre, ——, —— §106 [in¹-, dubitō] 疑う，不信を抱く（9d3）

indūcō *3* in-dūcere, -dūxī, -ductum §109 [in¹-, dūcō] **1.** 上に，向かって，対して，導く，導入する，進める，連れて行く（くる），持ち込む **2.** 入れる，通す，案内する，紹介する，輸入する **3.** 提供する，示す，見せる，上演する **4.** 上にかぶせる，着せる，加える，つける，はる，おおう **5.** 広げる，のばす **6.** 消す，廃止する，とり払う，除去する **7.** 記入する，計算する，描く，描写する **8.** （心を）動かす，説得する，…する気にさせる，そそのかす，あざむく，わなにかける，誘惑する，裏切る **9.** animum (in animum) inducere する気になる，しようと考える，思いつく，決心する，確信する in partem regiae inductus erat 彼は王宮の一室に案内されていた scuta pellibus induxerant 彼らは楯を皮でおおっていた pontem flumini ～ 川に橋をわたす sibi calceum ～ 靴をはく ad misericordiam induci 同情の念をそそられる fabula quem miserum vixisse inducit その劇は彼がどのような哀れな生涯を送ったかを描いて見せている numquam inducunt animum cantare rogati (118.4) 彼らは乞われても決して歌おうとしないのだ non tute incommodam rem in animum induces (116.4) pati (117.5)? お前は不便を我慢する気にならないのか

inductiō *f.* inductiōnis *3* §28 [indūcō] **1.** 導入，引き込むこと **2.** 案内，手ほどき **3.** 誘導，勧誘，誘惑 **4.** 決

意, 決心, 目的 **5.** 帰納法 personarum (9c1) ficta inductio 擬人法 erroris (9c3) inductio 誤ちへ（間違った道へ）の誘導, 欺くこと

indulgēns *a.3* indulgentis §55 ［indulgō の現分］ （比)indulgentior （最)indulgentissimus **1.** 厳しくない, 温和な, 寛大な **2.** 好意のある, 親切な, 思いやりのある **3.** おぼれた, 耽った, 熱中した

indulgenter 副 §67(2) （比)indulgentius （最)indulgentissime 寛大に, やさしく, 甘く, 情け深く

indulgentia *f.* indulgentiae *1* §11 ［indulgēns］ **1.** 厳格でないこと, 寛大, 甘やかすこと, 柔和, 穏やかさ, 温和 **2.** 親切, 思いやり, 好意, 気前のよさ, 慈悲, 恩恵, 恩赦 Caesaris indulgentiam in se requirunt 彼らは自分たちに対するカエサルの好意を取り戻したいと思う

indulgeō *2* indulgēre, -dulsī, -dultum §108 （与を, ときに対をとる） **1.** 大目に見る, 甘やかす, 寛大である, やさしい, 気ままにさせる **2.** かなえてやる, 譲歩する, 許す, 同意する **3.** 気づかう, 大切にする, ひいきする, 考慮する **4.** 身を任す, 没頭する, たのしむ, ふける, おぼれる huic legioni Caesar indulserat praecipue カエサルは特にこの軍団に好意を抱いていた ipsa sibi imbecillitas indulget 薄弱な精神は自ら自己を甘やかす

induō *3* induere, -duī, -dūtum §109 **1.** 人に（与)物を（対)着せる, まとわせる, 与える **2.** 物で（奪)装おう, おおう, 包む, 飾る(in＋対をとることもある) **3.** (sibi と)身につける, 着る, つける, 装おう, ふりをする **4.** (受・中動相的, 9e9 注)身につける, 着る, 帯びる **5.** (与又は in＋対)埋める, 沈める, 突っ込む **6.** (再・受)陥る, 落ちる, まき込まれる, 突き刺す **7.** 植えつける, 教え込む, そえる vestem umeris induit meis 彼女は私の肩に着物をかけてくれた pomis se arbor induit 木は果実でおおわれる nux se induit in florem クルミが花を身にまとった beluae formā hominum indutae 人間の姿を装った獣

たち redit exuvias (9e9) indutus (= exuviis indutus) Achilli (42.4) 彼はアキッレウスから奪った武具をつけて帰ってきた animum bonis artibus non induerat 彼は精神を教養学問で装っていなかった nos in fraudem induimus 我々は術策の中に陥っている

induperātor ＝ imperātor

indūrēscō *3* in-dūrēscere, -dūruī, —— §109 ［in¹-, dūrēscō］ **1.** 堅くなる, 固まる, 硬直する **2.** 強くなる, 丈夫となる, 鍛えられる **3.** 確立(樹立)する, 不動のものとなる **4.** 目的・態度を変えない（固守する）

indūrō *1* in-dūrāre, -dūrāvī, -dūrātum §106 ［in¹-, dūrō］ **1.** 堅くする, 固める **2.** 丈夫にする, 強壮にする, 鍛える **3.** 強情にする, がんこにする

Indus ＝ Indicus

industria (-ū- ?) *f.* industriae *1* §11 ［industrius］ 目的のある活動, 勤勉, 熱心な働き, 堅い決意, 堅忍不抜, 精励恪勤 de (ex, ab) industria 故意に, 自発的に

industrius (-ū- ?) *a.1.2* industri-a, -um §50 （比)industri(i)or 勤勉な, 熱心な, 活動的な, 活発な **industriē** 副 §67(1) （比)industrius 熱心に, 勤勉に

indūtiae *f.pl.* indūtiārum *1* §§11, 46 敵意(敵対行為)の停止, 停戦, 休戦

indūtus → induō

inēbriō *1* in-ēbriāre, -āvī, -ātum §106 ［in¹-, ēbrius］ **1.** 酔わせる, 陶酔させる **2.** 充分にしみ込ませる, びしょぬれにする

inedia *f.* in-ediae *1* §11 ［in²-, edō］ **1.** 飢え, 飢餓状態, 空腹 **2.** 断食, 絶食

inēditus *a.1.2* in-ēdit-a, -um §50 ［in²-, ēdō］ まだ出版されていない, 世に知られていない

inefficāx *a.3* -efficācis §55 （比)inefficācior ［in²＋efficāx］ 効果(ː)（効力)のない, むだな, 無価値の

inēlegāns *a.3* in-ēlegantis §55

inēmorior

[in²-, ēlegāns] 優美(優雅)でない，洗練されていない，ぶかっこうな，武骨な，下品な，拙劣な，魅力のない，悪趣味の，不快な　(副)**inēleganter** §67(2)　拙劣に，ぎこちなく，下手くそに，無趣味な，無選択なやり方で

inēmorior *dep.3* in-ēmorī, ——, —— §123(3)　の間に，の中で死ぬ (= inmorior) dapis spectaculo (9d3) 〜 饗宴を目の前に見ながら餓死する

inēmptus *a.1.2* in-ēmpt-a, -um §50 [in²-, emō] 買われていない，ただで手に入った，購(あが)えない genetrici corpus inemptum reddite (私の)体は，どうか身の代金なしに母親の手に返してください

inēnarrābilis *a.3* in-ēnarrābile §54 [in²-, ēnarrō] 名伏し難い，筆舌につくし難い

inēnōdābilis *a.3* in-ēnōdābile §54 [in²-, ēnōdō] もつれを(結び目を)解くことのできない，解決できない，説明できない，不可解な

ineō 不規 in-īre, -iī(-īvī), -itum §156　A.(自)1. 入る 2. 始まる B.(他)1. に入る，踏み込む 2. 参加する，加入する 3. 第一歩を踏み出す，始める，着手する 4. 企てる，決心する，工夫する 5.(雄の獣が)交尾する ineunte vere 春になって inita aestate 夏が来たので，夏が始まると gratiam inire 好意を得る somnum 〜 寝入る rationem 〜 手段，方策を講ずる consilium 〜 企てる，計画する

ineptia *f.* ineptiae *1* §11 [ineptus] 1. 無思慮，軽率，ぶしつけ，へま 2. 愚鈍，間抜け，理不尽

ineptiō *4* ineptīre, ——, —— §111 愚か(な人)である，ばかなまねをする，ばかなことを言う

ineptus *a.1.2* in-ept-a, -um §50 [in²-, aptus §174(2)]　(比)ineptior (最)ineptissimus 1. 不適切な，合わない，不合理な 2. 愚かな，馬鹿な，へまな，無思慮な　(副)**ineptē** §67(1)　(最)ineptissime 不適切に，不手際に，折悪しく，理不尽に，無器用に，愚かにも

inequitābilis *a.3* in-equitābile §54 [in²-, equitō] その上を馬に乗って行けない，騎馬に不適切な

inermis *a.3* in-erme §54 = **inermus** *a.1.2* §50 [in²-, arma] 1. 武器を持たない，非武装の，防御力のない，無防備の 2. 無害の，平和な carmen 〜 とげ(針)のない詩 gingiva 〜 歯のない歯茎

inerrō *1* -errāre, -errāvī §106 [in+errō] の中を，の間を，歩き廻る，徘徊(はいかい)する

iners *a.3* in-ertis §55 [in²-, ars] (比)inertior (最)inertissimus 1. 技と無縁の，無器用な，未熟な，拙劣な 2. 役に立たない，無用な，無能な 3. 生気(活気)のない，鈍重な，のろい，にぶい，無精な，怠惰な 4. 勇気のない，柔弱な，おくびょうな 5. うまみのない，つまらない，無意味な horae inertes 安逸な時間 glaebae inertes 不毛の土地

inertia *f.* inertiae *1* §11 1. 無器用，未熟，拙劣 2. 無精，怠惰，物ぐさ 3. 無為，無気力，おくびょう

inērudītus *a.1.2* in-ērudīt-a, -um §50 [in²-, ērudītus] 教育されていない，無学の，知識のない，粗野な

inēscō *1* in-ēscāre, -cāvī, -cātum §106 [in¹-, ēsca] 1. えさ(おとり)で誘う(おびきよせる)，釣る，誘惑する，あざむく 2. 一杯食べさせる，満腹させる

inesse, inest → insum

inēvītābilis *a.3* in-ēvītābile §54 [in²-, ēvītābilis] 1. 避けられない，不可避の，必然の 2. 用いざるを得ない，欠くことのできない

inexcītus *a.1.2* in-excīt-a, -um §50 [in²-, exciō] かきたてられた(扇動された)ことのない，平和な，静かな

inexcūsābilis *a.3* in-excūsābile §54 [in²-, excūsābilis] 言いわけのできない，弁解しても許されない，許し難い

inexercitātus *a.1.2* in-exercitāt-a, -um §50 [in²-, exercitō] 1. 訓練されていない，経験の乏しい，未熟な 2. 活動力のない，不活発な，暇な

inexhaustus *a.1.2* in-exhaust-a, -um §50 [in²-, exhauriō] **1.** 消耗（衰弱）しない，枯渇しない，疲れを知らない **2.** 尽きることのない，無尽蔵の，無限の

inexōrābilis *a.3* in-exōrābile §54 [in²-, exōrābilis] **1.** 容赦しない，冷酷な，仮借なき，きびしい **2.** 執念深い，頑固一徹な

inexperrēctus *a.1.2* in-experrēct-a, -um §50 [in²-, expergıscor] 目を覚ましていない，目覚めない

inexpertus *a.1.2* in-expert-a, -um §50 [in²-, experior] **1.** 経験したことのない，未体験の，不慣れの，未熟な，初心の **2.** 試され（たことの）ない，以前の経験によって知られていない，未知の，新しい legiones civili bello (9f17) inexpertas 内乱を経験したことのない軍団兵を

inexpiābilis *a.3* in-expiābile §54 [in²-, expiō] **1.** 贖(あが）うことのできない，罪滅ぼしのできない，罪深い **2.** なだめる（やわらげる）ことのできない，怨みをいやし難い，執念深い，不倶戴天の

inexplēbilis *a.3* in-explēbile §54 [in²-, expleō] **1.** 飽くことのない，貪欲な **2.** 満足していない，倦むことのない，根気のよい

inexplētus *a.1.2* in-explēt-a, -um §50 [in²-, expleō] **1.** 満たされない，いやされない **2.** 飽きない，飽くことを知らぬ，欲の深い，際限のない

inexplicābilis *a.3* in-explicābile §54 [in²-, explicō] **1.** もつれてとけない，ほどけない **2.** こみ入った，複雑な，収拾し難い，解決できない，わけのわからない **3.** 脱出できない，抜け出せない，通り抜けられない **4.** 直し難い，不治の，不可能な

inexplōrātus *a.1.2* in-explōrāt-a, -um §50 [in²-, explōrō] 調査（探求）されていない，見つけ出されていない，知られていない （副）**inexplōrātō** §67 (1) 予め調査することなく（情報を探ることなく）

inexpūgnābilis *a.3* in-expūgnābile §54 [in²-, expūgnō] **1.** 攻略できない，難攻不落の，攻め難い，要塞堅固な **2.** 破壊できない，ひっくりかえせない，打ち負かすことのできない，ゆるぎない，説得できない

inex(s)pectātus *a.1.2* in-exspectāt-a, -um §50 [in²-, exspectō] 予知しなかった，思いがけない，不測の，不意の，突然の

inex(s)tīnctus *a.1.2* in-exstīnct-a, -um §50 [in²-, exstinguō] **1.** 決して消されない，滅びない **2.** 静められない，いやされない，飽くことのない

inexsuperābilis *a.3* in-exsuperābile §54 [in²-, exsuperō] （比） inexsuperabilior **1.** 乗り越えられない，克服（征服）し難い **2.** 屈服しない，不撓不屈の **3.** 凌駕されない，無比の，無敵の，空前絶後の

inextrīcābilis *a.3* in-extrīcābile §54 [in²-, extrīcō] **1.** もつれをとくことができない，より分けられてない，入り組んだ，錯綜した **2.** 分析できない，解けない **3.** 逃げ道を見つけられない，道のない

īnfabrē 副 [in²-, fabrē] 職人の技を持たないで，拙劣に，無器用に，ぞんざいに

īnfabricātus *a.1.2* īn-fabricāt-a, -um §50 [in²-, fabricō] 加工（細工）されていない，自然（原料）のままの

īnfacētus (**īnfic-**) *a.1.2* īn-facēt-a, -um §50 [in²-, facētus] **1.** 野蛮な，粗野な，無作法な，武骨な，下品な **2.** 鈍感な，にぶい，気のきかない **3.** 気転のきかない，機知を知らない，しゃれのわからない （名）**īnfacētiae** *f.pl.* -tiārum *1* §11 気のきかない言動，へま，ぎこちなさ，無作法

īnfācundus *a.1.2* īn-fācund-a, -um §50 [in²-, fācundus] 自分の考えを流暢に言い表せない，雄弁でない，とつ弁の

īnfāmia *f.* īnfāmiae *1* §11 [īnfāmis] **1.** 悪い噂，世評，評判，悪名 **2.** 不面目，不名誉，汚名，名折れ，恥辱 **3.** 誹謗，侮辱，悪口 **4.** 市民権喪失

īnfāmis *a.3* īn-fāme §54 [in²-,

īnfāmō 380

fāma] **1.** 評判の悪い, 悪名高い **2.** 恥ずべき, 不名誉な **3.** 信望のない, 嫌疑をかけられている infamis digitus 中指(卑猥なしぐさに用いられるので)

īnfāmō *1* īnfāmāre, -māvī, -mātum §106 [īnfāmis] 評判(信用)を失墜させる, 面目を失わせる, 恥辱を与える, 名誉を毀損する, 中傷する, 嫌疑をかける

īnfandus *a.1.2* īn-fand-a, -um §50 [in²-, for] (最)infandissimus **1.** 恐ろしくて口に出せない, ぞっとする, 恐ろしい, ひどい **2.** 言語に絶する, 言い表しようのない **3.** 人道にもとる, 言語道断の, 極悪の, いまわしい, 呪うべき īnfanda (9e6) furentem (118.2) armati circumsistunt いまわしい怒りでたけり狂った人を彼らは武装して取り囲む

īnfāns *a.3* īnfantis §55 [in²-, for の現分] (比)infantior (最)infantissimus **1.** 話す能力のない, 口がきけない, 啞(ぁ)の **2.** 生まれたばかりの, 赤子の, 幼児の **3.** 幼年の, 子供っぽい, 子供らしい (名)**īnfāns** *m.f.* īnfantis *3* §24 赤子, 幼児, 子供 infans pudor prohibebat plura profari (117.4) うまく物が言えない恥ずかしさがそれ以上話すことを禁じたのだ

īnfantia *f.* īnfantiae *1* §11 [īnfāns] **1.** 物が言えない(口がきけない)こと, 弁舌の才のないこと **2.** 赤子, 幼児 **3.** 幼年期, 児童 **4.** 子供らしさ, 無邪気

īnfatuō *1* in-fatuāre, -tuāvī, -tuātum §106 [fatuus] ばかにする, 愚弄する

īnfaustus *a.1.2* īn-faust-a, -um §50 [in²-, faustus] **1.** 災いにみちた, 幸運に恵まれていない, 不幸な **2.** 不吉な, 呪われた

īnfēcī → īnficiō

īnfector *m.* īnfectōris *3* §26 [īnficiō] 染物屋, 染色師(工)

īnfectus *a.1.2* -fecta, -fectum §50 [in²+faciō の完分] 作られていない, 未完成の, 不完全な, 達成されていない pāce infectā(9f18)平和条約が締結されないうちに, damnum infectum 起り得る損害(危険)

īnfēcundus *a.1.2* īn-fēcund-a, -um §50 [in²-, fēcundus] (比)infecundior 不毛の, 肥沃でない, 実を結ばない, 子を産まない (名)**īnfēcunditās** *f.* -ditātis *3* §21 不毛, 不妊, 実を結ばないこと

īnfēlīcitās *f.* īnfēlīcitātis *3* §21 [īnfēlīx] **1.** 不幸, 不運, 災難, 不幸な条件(境遇) **2.** 不適切(拙劣)な表現

īnfēlīciter 副 [īnfēlīx §67(2)] (比)infelicitius 不幸にして, 運悪く, あいにく, 不首尾に

īnfēlīx *a.3* īnfēlīcis §55 [in²-, fēlīx] (比)infelicior (最)infelicissimus **1.** 実を結ばない, 不毛の **2.** 不幸な, 不運な, 哀れな, 悲惨な **3.** 災難をもたらす, 不吉な arbor infelix 不吉な木(下界の神々に捧げられた木) homo rei publicae (9d13) infelix 国家に不幸をもたらす男

īnfēnsō *1* īnfēnsāre, -sāvī, -sātum §106 [īnfēnsus] **1.** 敵対する, 攻撃する, 攻めたてる, 苦しめる, なやます **2.** 猛威をふるって, 害をもたらす, 荒らす, 危険におとし入れる

īnfēnsus *a.1.2* īn-fēns-a, -um §50 [in¹-, *fendō 打つ] (比)infensior **1.** 敵愾心にみちた, 攻撃的な, 怒った, 激昂した **2.** 脅迫的な, 残酷な, 情け容赦のない **3.** 反対(敵対)した, 有害な, 不利な, 致命的な quasi valetudine infensa (9f9) あたかも健康を害したかの如く (副)**īnfēnsē** §67(1) (比)infensius 敵愾心にみちて, 攻撃的に, けんか腰に, 残酷に

īnferciō (īnfarciō) *4* -fercīre, -fersī, -fectum §111 [in+farciō] 詰める, 詰め込む, 押(ぉ)し込む

īnferiae *f.pl.* īnferiārum *1* §11 [īnferus] 死者の霊に捧げられる供物(酒, 蜜, 花), 死者の霊を慰める儀式

īnferior *a.3* īnferius §65 [īnferus の比 §63] **1.** (空間)もっと低い, 下の, 深い **2.** (時間)もっとおそい(後の), もっと最近の **3.** (数量, 力, 価値, 地位で)いっそう劣る, 下等の, 弱い, 少ない, 安い, 小さい, 卑しい, 低い erat multo inferior numero (9f3) navium 彼は船の隻数で

はるかに劣勢であった humanos casus virtute (9f6) inferiores putare 美徳は人生の有為転変を凌ぐと考えること

īnfernus *a.1.2* īnfern-a, -um §50 [īnferus] **1.** 下の, 下位の, いっそう下の(方の), いっそう南の **2.** 地下の, 地中の **3.** 地獄の, 冥府の, 下界の 〜 us rex =Pluto, inferna Juno=Proserpina, (副)**īnferně** §67(1) 下に, 下面(下側)に

īnferō 不規 īn-ferre, intulī, illātum §§158, 176 **1.** の中へ(の上に)持ち込む, 運び入れる, 投げ込む(かける), (再・受) se inferre, inferri 入る **2.** 前進させる, 急がせる, 強いる(再)進む, 行く, 突進する, つっ込む **3.** 導く, 導入(輸入)する **4.** 課す, 加える, かける, 負わす **5.** 提出する, 捧げる, 持ち出す, 主張する, 述べる, 結論する **6.** 埋める, 埋葬する **7.** 吹き込む, 抱かせる, 生じさせる, けしかける infero pedem in aedes 家の中に入り込む Tiberis illatus urbi (9d3) 都に氾濫したティベリス川 quorum alius alia causa illata (9f18) petebat ut... 彼らはそれぞれ別の口実を述べて ut 以下を要求した signa 〜 軍旗を進める, 進軍する signa 〜 in hostem (patriae) 敵を攻撃する(祖国を攻める) bellum (terrorem) alicui 〜 誰々に戦争を始める(恐怖を生ぜしめる)

īnferus *a.1.2* īnfer-a, -um §50 **1.** 下の, (天)もっと南の **2.** 下界の, 地下の, よみの国(冥府)の (名)**īnferī** *m.pl.* īnferōrum 下界(冥土)に住んでいる人(＝死人)や神々, 死者の国(冥府) mare inferum=mare Tyrrhenum (*cf.* mare superum=mare Adriaticum) undecumque ad inferos una via est どこからでも下界への道はただ一つである

īnferveō *2* īn-fervēre, -fervuī(-buī), —— §108 [in¹-, ferveō] 沸騰する(してくる)

īnfestē 副 [infestus §67(1)] (比) infestius (最)infestissime 敵愾心を抱いて, 烈しく, 残忍に, 乱暴に

īnfestō (-ē- ?) *1* īn-festāre, -tāvī, -tātum §106 [īnfestus] **1.** 反復攻撃して悩ます, 苦しめる, じらす **2.** 群がり襲う, 邪魔する, 乱す **3.** 損害を与える, 害する, 荒らす

īnfestus (-ē- ?) *a.1.2* īn-fest-a, -um §50 (比)infestior (最)infestissimus **1.** 敵対する, 攻撃的な, 反抗的な, 威嚇的な **2.** 乱暴な, 野蛮な, 戦争好きな **3.** 有害な, 危険な, おびやかされた, 心配な urbes huic imperio (9d13) infestissimae このローマ帝国にとって最も烈しい敵愾心をもっている町々 infestis signis (9f18) 敵対する軍旗をかざして(攻撃に転じて)

īnficiō *3b* īn-ficere, -fēcī, -fectum §110 [in¹-, faciō §174(2)] **1.** 染める, 色をつける **2.** 変色させる, 汚す, 暗くする, 濃くする **3.** 浸す, つける, ぬらす, しみ込ませる, 吹き込む, 悪影響を及ぼす **4.** 毒する, くさらす, 腐敗させる se Britanni vitro inficiunt ブリタンニア人はタイセイ(大青)で体を染める nigri volumine fumi infecere (114.4) diem 黒い煙が立ち昇る渦巻で太陽を暗くした principum vitiis infici solet tota civitas 指導者たちの悪徳に全国が毒されるのが世のならわしだ

īnfidēlis *a.3* īn-fidēle §54 [in²-, fidēlis] (最)infidelissimus 信義にもとる, 誠実(忠義)を保てない, 裏切る, 不貞な, 無節操な

īnfidēlitās *f.* īnfidēlitātis *3* §21 [infidēlis] 不誠実, 背信, 不忠, 不義, 不貞, 無節操, 変節

īnfidēliter 副 §67(2) 信義なく, 不忠にも, 裏切って, 二心で

īnfidus *a.1.2* īnfīd-a, -um §50 [in²-, fīdus] (最)infidissimus **1.** 不誠実な, 不忠な, 不貞な, 裏切る, 不正直な人 **2.** 信頼できない, 二心ある

īnfīgō *3* īn-figere, -fixī, -fixum §109 [in¹-, fīgō] **1.** 埋め込む, さし込む, 押し込む, 打ち込む, 固定する, くっつける **2.** 植え込む, 教え込む, 印象づける, 心に刻み込む, 感銘を与える **3.** 突き刺す, 突き通す **4.** 集中させる, じっと目(心)を

īnfimus

注ぐ portae infigitur hasta 槍は城門に突きささっている religio infixa animis 人々の心に刻み込まれた敬虔な念(心) infixum est mihi＋*inf.*(171.注) 私は…することを決心した

īnfimus（**īnfumus**）*a.1.2* infim-a, -um §50 ［īnferus の最 §63］ **1.**（空間）一番下の，深い，最低の，どん底の **2.**（地位・価値・性質で）最低の，最悪の，最小の，最も下品な，下劣な，安い，卑しい infimus collis 丘の麓 homo infimo loco (9f1.ハ) natus 下賤の生まれの男

īnfindō *3* in-findere, -fidī, -fissum §109 ［in¹-, findō］ **1.** 割る，裂く，切り開いて行く **2.** 鋤(⁺)いてうね，(みぞ)をつくる

īnfīnītē 副 ［īnfīnītus §67(1)］ **1.** 限定なしに，一時的に **2.** 無限に，終わりなく **3.** 極めて，非常に，大いに

īnfīnītus *a.1.2* in-fīnīt-a, -um §50 ［in²-, fīniō の完分］ **1.** 限界(限定)のない，漠然とした，不明確な，不定の **2.** 無限の，無制限の，数えきれない，測りしれない **3.** 終わりなき，永久の **4.** 莫大な，非常に強烈な infinito labore suscepto (9f18) 果てしなき労苦を引き受けて

īnfirmātiō（**-fīrm-**?）*f.* infirmātiōnis *3* §28 ［īnfirmō］ **1.** 弱める(傷つける)こと **2.** 無効，失効 **3.** 反証，反論，反駁

īnfirmē 副 ［infirmus §67(1)］ （比）infirmius **1.** 力無く，効果なく，弱々しく，かすかに **2.** 臆病に，意気地なく

īnfirmitās（**-fīr-**?）*f.* in-firmitātis *3* §21 ［infirmus］ **1.** 弱さ，無力，無防備 **2.** 病弱，不健康 **3.** 精神(性格，知性)の弱さ，魯鈍，情緒不安定，無気力，優柔不断，移り気，気まぐれ **4.** 性の弱さ(女性) **5.** 能力，効果，用役の欠如，貧弱

īnfirmō（**-fīr-**?）*1* infirmāre, -māvī, -mātum §106 ［infirmus］ **1.** 体力を弱める，軍事力をそぐ，だめにする **2.** 気力(勇気)をくじく，失わせる **3.** 権力(効果)を小さくする，減らす，害する，傷つける **4.** 反駁する，論破する **5.** 無効とする，取り消す

īnfirmus（**-fīrm-**?）*a.1.2* in-firm-a, -um §50 ［in², firmus］ （比）infirmior （最）infirmissimus **1.** 強くない，弱い **2.** 体が弱い，病弱な **3.** 精神，道義上弱い，意気地のない，無気力な，意気消沈した，小胆な，気まぐれな，信頼できない，軽佻浮薄な **4.** 無防備な，軍事力のない **5.** 無意味な，無価値な，無効な，無役な quorum vocibus terrentur infirmiores その者らの声によっていっそう意気地のない者たちがおじける

īnfit（**īnfīt**）不完 *cf.* §157 **1.** 彼は始める(不と) **2.** 彼は話し始める laudare infit 彼はほめ始める infit ‘o cives’ 彼は「おお，市民たちよ」と話し始める

īnfitiās *f.acc.pl.* ［in²-, fateor］ infitiās ire 真実と認めることを拒絶する，否認する，拒否する quod nemo it infitias 何人も否認しないもの ne ire infitias (fidem) postules (116.2) （約束を)否認すると申され(約束したことはないと主張され)ないように

īnfitiātiō *f.* -fitiātiōnis *3* §28 ［īnfitior］ 否認，拒否

īnfitiātor *m.* infitiātōris *3* §26 ［īnfitior］ 責任(義務)を拒否(否認)する人

īnfitior *dep.1* infitiārī, -fitiātus sum §123(1) ［infitiae］ **1.** 本当と認めることを拒否する，否認する **2.** 責任(認知)を拒否する，放棄する **3.** 否定する，さし控える，与えずにおく tu qui quae facta infitiare (126) 起こったこと(事実)を否認するあなたよ

īnfīxī, īnfīxus → īnfigō

īnflammō *1* īn-flammāre, -māvī, -mātum §106 ［in¹-, flammō］ **1.** 火をつける，放火する，燃えたたせる，煽り立てる **2.** たきつける，興奮させる，そそる，刺激する，(感情を)起こさせる **3.**（再・受）燃える，火がつく，興奮する，熱中する，激怒する

īnflātē 副 §67(1) （比）inflatius 得意げに，うぬぼれて，大げさに，誇張して

īnflātiō *f* -flātiōnis *3* §28 ［īnflō］ （ガスが胃腸にたまる） 鼓腸

īnfrā 383

1. īnflātus *m*. īnflātūs 4 §31 **1.** 楽器を吹きならすこと **2.** 膨張(ぼうちょう), 拡大 **3.** 霊感(れいかん)

2. īnflātus *a.1.2* īnflāt-a, -um §50 [īnflō の完分] （比）īnflātior **1.** ふくらんだ, 膨張した, 充満した, はれた **2.** 慢心した, うぬぼれた, 高慢な **3.** 誇張した, 仰々しい, 美辞麗句を並べた

īnflectō 3 īn-flectere, -flexī, -flexum [in¹-, flectō] §109 **1.** 曲げる, ゆがめる, たわめる, ねじる **2.** わきへそらす, 向ける, そむけ(させ)る **3.** (進路・主張・習慣を)変えさせる, 傾ける, 屈折させる, 屈服させる **4.** 適合(順応)させる, 加減する **5.** 調子を変える, 調節(転調)させる suo squalore vestros oculos inflexit 彼は自分の醜悪さから君たちの視線をわきへ向けさせた corrigendus potius quam leviter inflectendus esse (117.6, 147) videtur 彼は少し変えられるよりむしろ匡正されるべきであると思われる

īnflētus *a.1.2* īn-flēt-a, -um §50 [in²-, fleō] 涙を流されない, 哀悼されない

īnflexus → īnflectō

īnflīgō 3 īn-flīgere, -flīxī, -flīctum §109 [in¹-, flīgō] **1.** 打つ, たたく, 突く, 投げつける, ぶつける, 打ちくだく, 突き刺す **2.** (打撃を)加える, (傷を)負わす, (罰を)課す, ひどい目にあわす **3.** 苦しめる, なやます, 害する, 損なう puppis inflicta vadis (9d3) 浅瀬にぶつかった(のり上げた)船(尾) eius corpori vulnus infligas あなたは彼の体に傷をおわす

īnflō 1 īn-flāre, -flāvī, -flātum §106 [in¹-, flō] **1.** 吹く, 吹きつける, 吹き込む **2.** 吹いてふくらませる, 膨張させる, 高める, 大きくする, 殖やす, 満たす **3.** 笛を吹く **4.** 鼓舞する, 鼓吹する, 高揚させる, うぬぼれさせる, 虚勢をはらせる poeta quasi divino quodam spiritu (9f11) inflatur 詩人はあたかも一種の神聖な息を吹き込まれる inflantur hostium animi secundo proelio 幸運な戦いによって敵の戦意は高まる

īnfluō 3 īn-fluere, -flūxī, -flūxum

(-flux-?) §109 [in¹-, fluō] **1.** 流れ込む, 注ぎ込む **2.** 大勢がなだれ込む, 侵入する, 殺到する **3.** 心にしみ込む, こっそりと忍び込む

īnfodiō 3b īn-fodere, -fōdī, -fossum §110 [in¹-, fodiō] **1.** 土中にいける, 埋める, 埋葬する, 沈める **2.** 掘って穴をつくる, 掘る

īnfōrmis *a.3* īn-fōrme §54 [in²-, fōrma] （比）īnfōrmior **1.** きまった形姿をもっていない, 無定形の, 特色のない, はっきりしない **2.** 外形を傷つけられた, 醜い, 見苦しい, 不体裁な **3.** 下劣な, 恥ずべき, 不名誉な nodum informis leti (9c3) trabe nectit ab alta 彼は醜悪な自殺のための首吊り綱を高い梁にくくりつけてたらした informes hiemes 天気のひどい冬

īnfōrmō 1 īn-fōrmāre, -māvī, -mātum §106 [in¹-, fōrmō] **1.** 形を与える, かたち作る **2.** 計画する, 概略を記す, 草稿を書く **3.** 心に描く, 思い浮べる, 想像する, 考える **4.** 教育で形成する animus bene informatus a natura 自然によって立派に形成された精神 artes quibus aetas puerilis ad humanitatem informari solet それらを通じて少年時代が人間の品位のため形成される慣わしの学問技芸

īnfortūnātus *a.1.2* īn-fortūnāt-a, -um §50 [in²-, fortūnātus] 不幸な, 不運な

īnfortūnium *n*. īn-fortūniī 2 §13 [in²-, fortūna] **1.** 不運, 不幸, 災難 **2.** 懲罰, 体罰, 折檻

īnfrā 副・前 [inferus の *abl.f.sg.* §9f19] **A.** 副 **1.** (空間)低い位置へ(に), 下の方へ(に, で), 後に, 後方で, 下流に, 南の方に **2.** (時間)おくれて, その(あの)後で, いっそうおそく **3.** (質, 量, 価値など)低い, 劣る, 小さい **B.** 前(対と) **1.** (空間)より下の方に(で, へ), より低く **2.** (時間)より後で, おそく **3.** (質, 量, 価値など)より低く, より劣って, より小さい, 以下の, 下等の, 低級の infra scripsi この後で私は述べた naves paulo infra delatae

īnfrāctus   384

sunt 船は少し下の方(南の方)へ押し流された infra Lycurgum リュクルグスより後に(生まれた) infra duo jugera 2ユーゲルム以下の

īnfrāctus *a.1.2* īnfrāct-a, -um §50 [īnfringō の完分] (比)īnfractior **1.** くだけた，こわれた，さかれた，害された，損なわれた **2.** とぎれとぎれの，支離滅裂の **3.** 力をそがれた，意気消沈した，無気力の，男らしくない，衰弱した **4.** 抑制された，へりくだった

īnfragilis *a.3* īn-fragile §54 [in², fragilis] **1.** こわす(破壊する)ことのできない，こわれ難い **2.** くじけない，不撓不屈の，不変の，志操堅固な

īnfrēgī → īnfringō

īnfremō *3* īn-fremere, -fremuī, ―― §109 [in¹, fremō] **1.** 吠える，うなる，咆哮する **2.** わめく，どなる，怒号する

īnfrēnātus *a.1.2* īn-frēnāt-a, -um §50 [in², frēnō] 馬勒(ば)をつけ(られ)ていない，手綱をかけ(られ)ていない

īnfrendō *3* īn-frendere, ――, ―― §109 [in¹, frendō] 憤怒のあまり歯ぎしりする

īnfrēnis (-nus) *a.3(a.1.2)* īn-frēne (īnfrēn-a, -um) §54(§50) [in², -frēnum] **1.** 手綱をつけていない，手綱で御されていない **2.** 拘束されていない，野放しの

īnfrēnō *1* īn-frēnāre, -frēnāvī, -frēnātum §106 [in¹, frēnum] **1.** 馬勒(ば)をつける，手綱をつける，馬具をつける **2.** 小舟をつなぐ **3.** 抑制(制御)する，拘束する，馴らす，押さえる infrenant alii currus 他の者は戦車に二頭立ての馬をとりつける(戦車をひく二頭立ての馬に手綱をつける?)

īnfrequēns *a.3* īnfrequentis §55 [in², frequēns] (比)īnfrequentior (最)īnfrequentissimus **1.** 数少ない，まばらな，こんでいない **2.** 人ごみ(出席者，定員，訪問客，住民)の少ない，まれな **3.** ひんぱんに(まれにしか)見られない，珍しい，異常な，普通(尋常)でない senatus infrequens 出席者が定足数に達していな

い元老院 altera pars (urbis) infrequens aedificiis (9f17) erat (その町の)他方の地区は家がまばらであった parcus deorum cultor et infrequens 神々を崇めるのに敬虔の念うすく，神詣での少ない(私)

īnfrequentia *f.* īnfrequentiae *1* §11 [īnfrequēns] **1.** 少数，少量，若干(の出席者)，稀なこと **2.** 人口減少，荒廃，寂寥

īnfringō *3* īn-fringere, -frēgī, -frāctum §109 [in¹, frangō §174 (2)] **1.** こわす，砕く，押しつぶす，粉砕する **2.** ぶつける，傷つける，損なう，害する **3.** ゆがめる，曲げる，ぽきっと折る **4.** ひき裂く(ちぎる) **5.** 力をそぐ，意気をくじく，落胆させる **6.** 弱める，和らげる，静める，小さくする，減ずる gratias agit quod conatus adversariorum infregissent (116.12) 彼は彼らが対抗者の策謀を粉砕してくれたといって感謝する ceterorum fides infracta metu (sunt) その他の者の忠誠心も恐怖からぐらついた colaphum alicui ～ 誰々の顔に平手打ちをくらわす infractā tributā 税額を減らされて

īnfriō *1* īnfriāre, -āvī, -ātum §106 [friō] 砕く，こなごなにする

īnfrōns *a.3* īnfrondis §55 [in², frons] 葉のない，木や葉のない

īnfrūctuōsus *a.1.2* īn-frūctuōs-a, -um §50 [in², frūctuōsus] **1.** 実を結ばない，不毛の **2.** 効果のない，割りの悪い，無益な，もうからない，不首尾の

īnfūdī → īnfundō

īnfuī → īnsum

īnfula *f.* īnfulae *1* §11 所々にリボンをつけた，深紅色の縞模様のある毛織の白はちまき(聖職者，生贄(ときに嘆願者)が儀式ごとに額に巻いた)

īnfundō *3* īn-fundere, -fūdī, -fūsum §109 [in¹, fundō] **1.** 注ぎ(流し)込む，つぐ，飲ませる **2.** 満たす，しめらす **3.** 流す，こぼす，浴びせる，降らす，ぶちまける，ふりまく，投げる，広げる **4.** しみ込ませる，鼓吹する **5.** (体を)のばす，くつろがせる，休める filio venenum ～ 息子

に毒を飲ます jam sole infuso (9f18) すでに朝日の光がひろがって umeris infusa capillos (9e9) 肩の上に髪をたれ流した(彼女) in urbem nostram est infusa peregrinitas われわれの都に異国趣味がなだれ込んだ(でいる) petivit conjugis infusus gremio (9d3) soporem 彼は妻の胸に体を休めて眠りを求めた

īnfuscō *1* īn-fuscāre, -cāvī, -cātum §106 [in¹-, fuscō] **1.** 黒く(暗く)する, にごらせる, 汚す, 染める, 変色させる **2.** 悪化させる, 腐敗(堕落)させる **3.** だめにする, 台無しにする, 損なう **4.** 声をしわがらせる, くもらせる

ingeminō *1* in-gemināre, -nāvī, -nātum §106 [in¹-, geminō] **1.** 繰り返す, 2倍にする, 倍加する, 重ねる, 反復する **2.** 倍加する, 増大する, ふえる, 強まる, つのる corvi voces quater ingeminant カラスが鳴き声を四度くりかえす ingeminant plausu (9f11) 彼らは拍手喝采をくりかえす

ingemīscō (-mēscō) *3* ingemīscere, ingemuī, —— §109 [ingemō] (苦しみ, 悲しみから)うめき始める, うなり始める, 深く嘆息する, 嘆き悲しむ, 呻吟する, (様々な構文)(自)単独で, 又は in+abl. と, dat. と acc. と, 不又は不句と共に用いられる tuum etiam ingemuisse leones (117.5) interitum お前の死をライオンすら嘆き悲しんだ(といわれる) num fletu (9d3) ingemuit nostro? 彼はわれわれの涙に嘆息したかどうか

ingemō *3* in-gemere, ——, —— §109 [in¹-, gemō] (ingemīscō と意味も用法も同じ)うめき悲しむ, 嘆息する, うなる, 苦しむ taurus aratro (9f15) ingemere (incipit) 牛が鋤のため(をひいて)うめき始める

ingenerō *1* in-generāre, -rāvī, -rātum §106 [in¹-, generō] **1.** 生じさせる, 引き起こす, 抱かせる **2.** 植えつける, 吹き込む, 教え込む **3.** つくる, 生む ingenerata familiae (9d3) frugalitas その家族に植えつけられた質素な暮らし

ingeniōsus *a.1.2* ingeniōs-a, -um

§50 [ingenium] (比)ingeniosior (最)ingeniosissimus **1.** 生来立派な才能に恵まれた, 天分豊かな, 利口な, 頭のいい, 明敏な, 機知に富んだ **2.** 本来(生来)適した(ad aliquid, 又は与) ingeniosus ad segetes ager 本来穀物生産に適した畠

ingenitus → ingignō

ingenium *n.* ingeniī *2* §13 [ingignō] **1.** 人間の持って生まれた性質, 気質, 性癖, 天賦, 天稟 **2.** 諸物に固有の(持ち前の)性質, 特色, 性格, 傾向 **3.** 生まれつきの能力, 知力, 精神力, 識別力, 明敏, 洞察 **4.** 利口な, 器用な, 巧妙な工夫, 発明の才能, その持ち主 **5.** 霊感を受けた, 独創的な詩的才能, 作家, 詩人, 天才 suum quisque noscat (116.2) ingenium 各人自分の生来の特質を知るべきである vino ingenium faciente (9f18) 酒が霊感を与えて(酒が詩才をつくるので)

ingēns *a.3* ingentis §55 （比）ingentior **1.** 非常に大きい, 多い, 広い, おびただしい, 広大な, 巨大な **2.** 驚くべき, 恐るべき, 異常な, 途方もない **3.** 偉大な, 強力な, 顕著な, 傑出した, 勢力ある, 高尚な, 崇高な ingens fama (9f3) 名声天下にとどろく(人) ingens animi (9c6) 精神力の偉大な(人) ingens ferre (117.3) mala 災難に耐えるのに異常な力をもった

ingenuitās *f.* ingenuitātis *3* §21 [ingenuus] **1.** 自由人としての身分, 地位, 状態 **2.** 自由人の本質, 率直, 公明正大, 慎み深さ, 高潔, 寛大, 雅量

ingenuus *a.1.2* ingenu-a, -um §50 [ingignō] **1.** その土地固有の, 土着の, 原住の **2.** 自然のままの, 生まれつきの **3.** 自由人の両親から生まれた, 自由の身に生まれた **4.** 自由人にふさわしい, 紳士的な, 端正な, 上品な **5.** 高潔な, 雅量のある **6.** 優しい, せんさいな, きゃしゃな artes ingenuae 自由人が学ぶにふさわしい学問技芸 ingenuam nactus es お前は自由人の身の女をめとった （副）**ingenuē** §67(1) 自由人にふさわしく, 公正に, 正直に, 率直

に，高潔に，寛大に，親切に

ingerō *3* in-gerere, -gessī, -gestum §109 ［in¹-, gerō］ **1.** 上に積む，中へ持ち込む，上へ投げかける **2.** そそぐ，かける，注ぎ込む **3.** 雨あられと降り注がせる，浴びせる，ぶちまける **4.** 烈しく（くりかえして）与える，加える **5.** 強いる，押しつける **6.** うるさく言う，くりかえして言う pueris convicia nautae ingerere (117.7) 少年奴隷に水夫たちは罵詈雑言を浴びせた his se ingerit Fortuna 運命の女神は彼らに自分（の意向）をおしつけるのだ（お節介をやく）

ingestus → ingerō

ingignō *3* in-gignere, -genuī, -genitum §109 ［in¹-, gignō］ **1.** 生じさせる，生長させる **2.** 植えつける，教え込む natura ingenuit homini (9d3) cupiditatem veri videndi (121.3) 自然は人間の中に真実を見たいという欲望を植えつけた （形）**ingenitus** *a.1.2* ingenit-a, -um §50 **1.** 自然の，本来の，天然の **2.** 生まれつきの，生来の，生得の

inglōrius *a.1.2* in-glōri-a, -um §50 ［in²-, glōria］ **1.** 有名でない，目だたない，映えない，無名の，かくれた，身分の低い **2.** 不名誉な，恥ずべき，不面目な

ingluviēs *f.* in-gluviēī *5* §34 ［in-, glutiō］ **1.** 食道，のど，(動物の)あご，鳥のえぶくろ **2.** 異常な食欲，貪欲，大食，暴食

ingrātē 副 ［ingrātus §67(1)］ **1.** 感謝しないで，恩知らずにも **2.** いやいやながら，不承不承，遺憾ながら

ingrātiīs (**-grātīs**) *f.abl.pl.* ［in²-, grātia］ **1.** (*gen.* と)の願い(意志)に反して **2.** (単独で副の如く)意志に反して，いやいやながら animi ingratis 心ならずも ingratiis ut dormiam 私はいやいやながらも眠らんがために

ingrātus *a.1.2* in-grāt-a, -um §50 ［in²-, grātus］ （比）ingratior （最）ingratissimus **1.** 恩知らずの，感謝を知らない，満足しない，飽くことのなき **2.** 感謝されない，喜ばれない，歓迎されない **3.** 好ましくない，いやな，不快な，厄介な

4. 報われない，やり甲斐のない，空しい，無益な ingratus salutis (9c3) 救われたことに感謝していない(男) ingrata stringat malus ingluvie (9f11) rem そのろくでなしは飽くことなき貪欲で財産をむしりとるだろう

ingravēscō *3* ingravēscere, ――, ―― §109 ［in¹-, gravēscō］ **1.** 重さがます，重くなる **2.** 力がます，いっそう強力となる **3.** いっそう重大となる，重苦しくなる，重荷(厄介)となる **4.** 年をとる，古くなる **5.** 妊娠する **6.** 物価が上がる，病気が悪化する

ingravō *1* in-gravāre, -vāvī, -vātum §106 ［in¹-, gravō］ **1.** 重みで押し下げる，重荷を負わす，重くする **2.** 悪化させる，いっそう圧迫する(ひどくする)，いらだたせる，怒らせる

ingredior *dep.3* in-gredī, -gressum sum §123(3) ［in¹-, gradior §174 (2)］ **1.** 歩いて入る，踏み込む **2.** 踏む，進む，行く，歩く **3.** 一歩を踏み出す，乗り出す，着手する，始める，話し始める **4.** 前進する，攻撃する si stas, ingredere (136), si ingrederis, curre 立っているなら歩け，歩いているなら，走れ in naves ～ 乗船する castris (9d3) ～ 陣営に入る magistratum ～ 政務官に就任する describere (117.4) ～ 書き始める

ingressiō *f.* ingressiōnis *3* §28 ［ingredior］ **1.** 入ること，入場 **2.** 着手 **3.** 前進，歩行

ingressus *m.* ingressūs *4* §31 ［ingredior の完分］ **1.** 入ること，出入り(口)，接近 **2.** 歩くこと，踏むこと，歩調，歩きぶり，足どり，前進，行軍 **3.** 着手，開始，序言 ingressu (9f7) prohiberi 出入りを禁じられる

ingruō *3* ingruere, -gruī, ―― §109 **1.** 突然入り込む，烈しく落ちる，襲いかかる，襲う **2.** 突進する，突撃する **3.** おびやかす，苦しめる，さし迫る (構文) *dat.* 又は in＋*acc.* を伴う，あるいは(自として)単独に用いられる ingruit Aeneas Italis アエネアースはイタリア人に襲いかかった ferreus ingruit imber 鉄(槍)の雨

が激しく降ってきた

inguen *n.* inguinis 3 §28 **1.** 鼠径(㌫)，もものつけね **2.** 鼠径のふくらみ，淋巴腺腫 **3.** 下腹 **4.** 陰部，生殖器

ingurgitō *1* in-gurgitāre, -tāvī, -tātum §106 ［in¹-, gurges］ **1.** 渦の中に突き落とす，川の中へ注ぎ(流し)込む **2.** 突き込む，つける，浸す，酒びたしにする **3.** (再・受) se ingurgitare, ingurgitarī まき込まれる，落ち込む，沈む，耽る，泥酔する，没頭する 〜 se in flagitia 酒色に耽る crebris poculis ingenium omne ingurgitabat 彼は酒盃を重ねて知性をすっかり酔わせていた(知的討論に没頭していた)

ingustātus (**-gū-** ?) *a.1.2* in-gustāt-a, -um §50 ［in²-, gustō］ まだ味わったことのない

inhabilis *a.3* in-habile §54 ［in²-, habilis］ (比)inhabilior **1.** あつかいにくい，用い(処理し)にくい，不便な，難しい **2.** ふさわしくない，不向きな，役に立たない，気のきかない comitatus inhabilis ad parendum (119.4) 服従に不向きな(服従しそうにない)随行員

inhabitō *1* -habitāre, -habitāvi, -habitātum §106 ［in+habitō］ 住む，居住する

inhaereō *2* in-haerēre, -haesī, -haesum §108 ［in¹-, haereō］ (構文)*dat.* と，稀に in+*abl.* と結ぶ **1.** しっかりと付着(固定)している，くっつく，粘着する **2.** しがみつく，かじりつく **3.** ひんぱんに訪ねる，住みつく，定着する，根づいてのこる **4.** 執着する，固守する，夢中となる，精だす，没頭する **5.** 親密に(しっかりと)結ばれる，友として残る，一緒になる，深くかかわる dextram amplexus inhaesit 彼は(相手の)右手をにぎりしめて離さなかった tibi semper inhaereat (116.2) uni (恋人をして)お前一人にだけいつまでも夢中にさせておくのだ virtutes semper voluptatibus inhaerent 美徳は常に喜びの中に根ざしている

inhaerēscō *3* inhaerēscere, ——, —— §109 **1.** 固着(粘着)し始める

2. 愛着(執着)するようになる **3.** ぴったりと一緒にくっつく **4.** 固着して動かなくなる，記憶の中に定着してくる(とどまる)

inhālō *1* in-hālāre, -lāvī, -lātum §106 ［in¹-, hālō］ **1.** 息を吐く，吐きかける **2.** 発散する，吹きかける

inhibeō *2* in-hibēre, -hibuī, -hibitum §108 ［in¹-, habeō §174(2)］ **1.** 行使する，用いる，課す，適応する，働かせる **2.** 制限する，抑制する，ひきとめる，くいとめる，押さえ込む，阻止する **3.** 禁止する，妨げる，防ぐ 〜 imperium in deditos 降伏者に命令権を行使する 〜 retro navem 船を後じさりさせる(逆行させる) vos telo (9f7) inhibete お前らは武器を控えよ

inhibitiō *f.* inhibitiōnis 3 §28 ［inhibeō］ 後退(後じさり)に船をこぐこと，逆向きにこぐこと

inhiō *1* in-hiāre, -āvī, -ātum §106 ［in¹-, hiō］ **1.** 食べようとして口を開く **2.** あっけにとられて口を開いている，ぽかんと口を開いてじっと見とれる(見つめる) **3.** 口を開いて(貪欲に)待ちかまえている(うかがっている) tenuit inhians tria Cerberus ora ケルベルスは三つの口を開けたままぽかんとしていた pectoribus (9d3) inhians spirantia consulit exta 彼は生贄の胸の中をじっと見つめて脈打つ内臓を占った

inhonestō *1* inhonestāre, -tāvī, -tātum §106 ［inhonestus］ 恥辱を与える，面目を失わせる，恥をかかせる

inhonestus *a.1.2* in-honest-a, -um §50 ［in²-, honestus］ (比)inhonestior (最)inhonestissimus **1.** 不名誉な，不面目な，評判の悪い **2.** 不道徳な，下品な，無作法な，けちな，さもしい **3.** 恥ずべき，下劣な **4.** 醜い(不快な)風采の，いとわしい(むかつく)外観の ignota matre (9f4) inhonestus 名もない母から生まれた下賤な(男) (副)**inhoneste** §67 (1) 不面目にも，不名誉なことに，恥ずべきことに，あさましくも

inhonōrātus *a.1.2* in-honōrāt-a, -um §50 ［in²-, honōrātus］ (比)inhonoratior (最)inhonoratissimus **1.** 名誉を与えら

inhonōrus 388

れていない，尊敬されていない，名望のない **2.** 有名でない，目立たない，名誉の標識(官職・褒賞・報酬)を与えられていない

inhonōrus *a.1.2* in-honōr-a, -um §50 [in²-, honōrus] **1.** 尊敬されていない，名誉のしるしで飾られていない，有名でない **2.** 不名誉な，不面目な，醜い，いやな

inhorreō *2* in-horrēre, ——, —— §108 [in¹-, horreō] 堅い，硬直している，逆立っている

inhorrēscō *3* in-horrēscere, -horruī, —— §109 [inhorreō] **1.** 堅くなる，こわばってくる，逆立ってくる，直立してくる **2.** 波がさかまいてくる，荒れ始める **3.** 身震いする，ふるえてくる，戦慄を覚える inhorruit unda tenebris 暗闇の海面が波立ってきた spicea campis (9f1 ニ) cum messis inhorruit 実った穀物の穂が畠で直立してきたとき

inhospitālis *a.3* in-hospitāle §54 [in²-, hospitālis] もてなしの悪い，客に不愛想な　(名)**inhospitālitās** *f.* -tātis *3* §21 もてなしの悪いこと，冷遇

inhospitus *a.1.2* -hospita, -hospitum §50 [in+hospita] **1.** 客を冷遇する，不愛想な **2.** 隠れ場を与えない

inhūmānitās *f.* inhūmānitātis *3* §21 [inhūmānus] **1.** 人間感情の欠如，未開，野蛮(性)，非道，残酷 **2.** 無作法，不親切，無愛想，無礼，粗野

inhūmānus *a.1.2* in-hūmān-a, -um §50 [in²-, hūmānus] (比)inhumanior (最)inhumanissimus **1.** 教養のない，洗練されていない，未開の，文化の低い，粗野な，野蛮な **2.** 礼儀をわきまえない，無作法な，育ちの悪い，非社交的な，不親切な **3.** 非人間的な，非常な，冷酷な　(副)**inhūmānē** = **inhūmāniter** §67(1) 粗野に，不親切に，無作法に，非常に，冷酷に

inhumātus *a.1.2* in-humāt-a, -um §50 [in²-, humō] 地下に埋葬され(てい)ない proici se (9e3) jussit (Diogenes) inhumatum ディオゲネースは自分の亡骸は埋葬しないで投げ捨てておくように

命じた

inibī 副 [in¹-, ibī] **1.** その所で，そこで，正しくそこで **2.** その数の中に，それらの中に **3.** その時，今しがた inibi est aliquid あるものが手近(すぐ近くに)にある

inic">iō → injiciō

iniēns → ineō

inimīcē 副 [inimīcus §67(1)] (比)inimicius (最)inimicissime 敵愾心をもって，反対して，反抗的に

inimīcitiae *f.pl.* inimīcitiārum *1* §§11, 46 [inimīcus] **1.** 敵対関係，不和，反目 **2.** 敵意，憎しみ

inimīcō *1* inimīcāre, -cāvī, -cātum §106 [inimīcus] 敵対(反目)させる，離間させる

inimīcus *a.1.2* in-imīc-a, -um §50 [in²-, amīcus] (比)inimicior (最)inimicissimus **1.** 友情のない，不親切な，敵意を抱いた **2.** 憎むべき，いまわしい，恨みのある **3.** 敵の，敵に関する **4.** 敵対する，相入れない，両立しない，有害な inimicior eram huic quam Caesari (9d13) 私はカエサルよりもこの男にもっと敵意を抱いていた dis inimice (9b) senex 神々にうとまれている老人よ

inīquē 副 [inīquus §67(1)] (比)iniquius (最)iniquissime **1.** 均合(均斉)をかいて，一様でなく，不同(不ぞろい)で **2.** 不公平に，不当に **3.** 平静(冷静)さを失って，がまんしかねて，ふきげんに

inīquitās *f.* inīquitātis *3* §21 [inīquus] **1.** 平坦でないこと，でこぼこ **2.** 一様(等質)でないこと，不等，不同，差異 **3.** 不整合，不均衡，不つり合い **4.** 不公平，不平等，不正，不法 **5.** 不利，不都合，苦境，困難，危険 summae se iniquitatis (9c10) condemnari debere nisi eorum vitam sua salute (9f6) habeat (116.11) cariorem 自分の安全より彼らの命を大切に思わないなら，自分は最高の不正のため罰せられるべきだ(と言った)

inīquus in-īqu-a, -um §50 [in²-, aequus] (比)iniquior (最)iniquissimus **1.** 平坦でない，起伏のある，でこぼこの

2. 一様でない，不同の **3.** 不適当な，過度の **4.** 不釣合の，不似合いの，太刀打ちできない **5.** 一方的な，不公平な，不公正な，不当な **6.** 偏見（先入感）をもった，敵意のある，人の不幸を願う，思いやりのない **7.** 不利な，不都合な，不運な，邪魔な，有害な **8.** むらのある，いらいらする，落ち着きのない，不満な hostes iniquissimo nostris (9d13) loco proelium committere coeperunt 敵は我が兵士に最も不利な場所で戦闘をしかけてきた iniquo animo ferre aliquid あることを不満な気持で（やっとこさ）耐える aequi atque iniqui 味方と敵 aequus nomen iniqui ferat, ultra quam satis est virtutem si petat ipsam 美徳そのものでも充分以上に求める人は，公正（な人）も不正（な人）の名を冠せられることになろう

initiō *1* initiāre, -āvī, -ātum §106 ［initium］ **1.** 開始（創始）する **2.** 儀式を行って入信（入会）させる，秘伝（奥義）を伝授する **3.** 手ほどきを教える，初歩を教える

initium *n.* initiī *2* §13 ［ineō］ **1.** 始まり，初歩，出発（点），起点 **3.** 起源，起こり，もと，発端，源 **3.** 出所，生まれ，血統，素姓 **4.** 基礎，根本，原理（原案），元素，要素 **5.** 秘儀，入信儀式，秘教奥義 belli initium ducetur a fame 戦争の発端は飢餓から起こる initium capit a flumine （その地方は）川から始まる ab initio＝initio (9f19) 始めから，もともと，本来，最初は，新たに，もう一度

initus *m.* initūs *4* §31 ［ineō の完分］ **1.** 入ること，しみこむこと，到来，進入 **2.** 始まり，開始，出発 **3.** 交尾

injectus *m.* injectūs *4* §31 ［injiciō］ **1.** 上に投げつけること，一番上に置くこと **2.** 精神を集中させること

injiciō *3b* in-jicere, -jēcī, -jectum §110 ［in¹-, jaciō §174(2)］ **1.** 投げ込む，突っ込む，さしこむ **2.** 飛び込ませる（再・受）突っ込む **3.** 投げかける，上におく，あてる，加える，着せる，おおう **4.** 流し込む，注ぎ込む，しみ込ませる，叩き込む，植えつける，生じさせる，ひきおこす

5. 言葉をさしはさむ，言及する，示唆する，差し出口をする se in medios hostes ～ 敵の真ん中に突入する alicui timorem ～ ある人に恐怖心を吹き込む alicui pallium ～ ある人に外套をかけてやる

injūcundus *a.1.2* in-jūcund-a, -um §50 ［in²-, jūcundus］ 不快感を与える，不快な，いやな，きつい，無愛想な，親しみの（もて）ない （副）**injūcundē** §67(1) （比）injucundius 不愉快に（も），意地悪く

injungō *3* in-jungere, -jūnxī, -jūnctum §109 ［in¹-, jungō］ **1.** 中へはめ込む，（上に）はりつける，あてる，そえる，加える **2.** 結びつける，接合する，つなぎ合わせる，つぐ，結ぶ **3.** 合わせる，番（つが）わせる，一緒にする **4.** 課す，負わす，強いる **5.** 与える，授ける moenibus (9d4) prope injunctum vallum 城壁にほとんど接続している堡塁 his civitatibus graviora onera injungebat 彼はこれらの部族にいっそう重い負担を課していた

injūrātus *a.1.2* in-jūrāt-a, -um §50 ［in²-, jūrō］ 誓わなかった，宣誓していない

injūria *f.* injūriae *1* §11 ［injūrius］ **1.** 不法（違法）な言動，不正な取扱，反抗，非行，罪，虐待，不正な収得 **2.** 侮辱（的な言動），乱暴，無礼，誹謗，悪口，冷遇 **3.** 危害，損害，侵害，打撃 **4.** 不正への報復，罰 injurias inimicorum (9c1) in se commemorat 彼は政敵どもの自分に対する侮辱を縷々述べる injuriā (9f19)＝per injuriam 不法（不正）に，理由もなく

injūriōsus *a.1.2* injūriōs-a, -um §50 ［injūria］ （比）injuriosior **1.** 不正な，不法な，間違った **2.** 他人の権利・尊厳を尊重しない，無礼な，侮辱的な **3.** 有害な，不幸をもたらす （副）**injūriōsē** §67(1) （比）injuriosius 間違って，不当に，不法に，不公正に

injūrius (injūrus) *a.1.2* injūri-a, -um(-jūra, -jūrum) §50 **1.** 無慈悲な，過酷な **2.** 不正な，不公平な，不法な

injussus *a.1.2* in-juss-a, -um §50

injūstitia 390

[in²-, jubeō の完分] 命令されないで, 自発的に (名)**injussus** *m.* injussūs *4* §31 [*abl.sg.*injussū のみ用いられる §47] 命令(指図)なしに, 許可なく injussu meo 私の許可なく

injūstitia *f.* injūstitiae *1* §11 [injūstus] **1.** 不正な, 不公平な振る舞い, 行為 **2.** 不正, 不正直, 不法 **3.** 苛酷, 不人情

injūstus *a.1.2* in-jūst-a, -um §50 [in²-, jūstus] (比)injustior (最)injustissimus **1.** 正義に反した, 不正な, 公明正大でない **2.** 法にかなっていない, 不法な, 法外な **3.** 正当な限度を超えた, 節度のない, 不当な, 不相応な, 分にすぎた, 過度の, 苛酷な (副)**injūstē** §67(1) (最)injustissime 不正に, 不法に, 不公平に, 不当に, 理不尽に, 無分別にも

inl..., **inm...** → ill..., imm...

innābilis *a.3* in-nābile §54 [in²-, nō] その中で泳ぐことができない

innāscor *dep.3* in-nāscī, -nātus sum §§123(3), 125 [in¹-, nāscor] **1.** 生まれる, 生じる, 発生する, 生長する **2.** 始まる, 起こる, 根差す, 作られる (形)**innātus** *a.1.2* innāt-a, -um §50 生まれつきの, 生得の, 生来の sunt ingeniis nostris (9d13) semina innata virtutum 我々の性質の中に美徳の種(合)が生まれつきまかれているのだ

innātō *1* in-natāre, -tāvī, -tātum §106 [in¹-, natō] **1.** 中で泳ぐ, 泳いで入る **2.** 表面に浮かぶ, ただよう **3.** 上にあふれる, 流れる, 注ぎ込む **4.** 船が(漕いで)進む(*acc.* と) Tiberis innatat campis (9d3) ティベリス川が平野の上にあふれている torrentem undam levis innatat alnus 軽いハンの木船が急流をすべって行く

innātus *a.1.2* -nāta, -nātum §50 [innāscor の完分] 生れつきの, 生来の

innāvigābilis *a.3* in-nāvigābile §54 [in²-, nāvigābilis] 航行不可能な, 船が通れない

innectō *3* in-nectere, -nexuī, -nexum §109 [in¹-, nectō] **1.** 一つを別なもの

にしばり(結び)つける, しめつける, 固定する, とめる **2.** 一緒に結ぶ, しばる, くくる, 束ねる **3.** まきつける, とり巻く, からませる, 抱く, にぎる **4.** 編む, よる, 案出する, 工夫する certant innectere collo bracchia 彼らは首に両腕をからませよう(首を両腕で抱きかかえよう)と努める vinculis (9f11) innexa (avis) pedem (9e9) malo pendebat ab alto 小鳥が片足をひもで(帆柱に)くくりつけられて, 高い帆柱からぶらさがっていた causas innecte morandi (119.2) おくらせる理由を考え出せ lactea colla auro (9f11) innectuntur 牛乳の如く白い首は黄金の首飾りで巻かれている

innexuī, innexus → innectō

innītor *dep.3* in-nītī, -nīxus(-nīsus) sum §§123(3), 125 [in¹-, nītor] **1.** よりかかる, もたれる, 体をささえる **2.** 依存する, たよる, 頼みにする hasta (9f16) innixus 槍で体を支えて uni viro (9d3) fortuna hostium innitur 敵の運命は一人の勇士いかんにかかっている

innīxus(innīsus) → innītor

innō *1* in-nāre, —, — §106 [in¹-, nō] (構文)*dat., acc., abl.* と共に用いられることがある **1.** の中を(の上を)泳ぐ, 浮かぶ, ただよう **2.** 帆走する, 航行する **3.** 流れ出る, 注ぐ, 洗う fluvio innare carinas (117.5) 小舟が川の上を流れて行くのを(見る) fluvios innare rapacis 急流を泳ぐ

innocēns *a.3* innocentis §58 [in²-, nocēns] (比)innocentior (最)innocentissimus **1.** 罪を犯していない, なんとがめもない **2.** 無邪気な, 純真な, 清廉潔白な **3.** 有徳の, 貞淑な **4.** 害にならない, 特に害のない (副)**innocenter** §67(2) (比)innocentius (最)innocentissime **1.** なんのとがもなく, 正直に, 潔白に **2.** 害なく, 無事に, 安全に

innocentia *f.* innocentiae *1* §11 [innocēns] **1.** 無罪, 潔白 **2.** 公明正大, 正直, 廉直, 誠実, 無欲, 恬淡(ﾃﾝ) **3.** 無害

innocuus *a.1.2* in-nocu-a, -um §50

[in²-, nocuus] **1.** 有害でない，害にならない，安全な **2.** 罪・けがれのない，非のうちどころのない，潔白な，無邪気な **3.** なんの損害も受けたことのない，無事な，健全な （副）**innocuē** §67⑴ 人を傷つけずに，害さないで，非のうちどころなく，潔白に

innōtēscō *3* in-nōtēscere, -nōtuī, —— §109 [in¹-, nōtēscō] 知られることになる，有名となる，親密になる

innoxius *a.1.2* in-noxi-a, -um §50 [in²-, noxius] （比）**innoxiior** **1.** 罪を犯したことのない，なんのとがもない，無邪気な，純真な，無垢の **2.** 人に危害を加えない，悪意のない，無害の **3.** 害されていない，罰せられていない，無事の，安泰の，無傷の pax innoxia rapti (9c13) 掠奪の被害のない平和

innūbō *3* in-nūbere, -nūpsī, —— §109 [in¹-, nūbō] 嫁ぐ，嫁入りする

innūbus *a.1.2* in-nūba, -um §50 [in²-, nūbō] 結婚していない，未婚の，処女の，独身の，童貞の

innumerābilis *a.3* in-numerābile §54 [in²-, numerābilis] 数えられない，無数の，多数の （副）**innumerābiliter** §67⑵ 無数の仕方で，無数に，数えきれないほど

innumerus *a.1.2* in-numer-a, -um §50 [in²-, numerus] = **innumerābilis**

innuō *3* in-nuere, -nuī, —— §109 [in¹-, nutus] 頭で合図（命令，承諾）をする，うなずく，会釈する，目くばせする

innuptus (**-nū-** ?) *a.1.2* in-nupt-a, -um §50 [in²-, nūbō] 結婚していない，未婚の，独身の，処女の innuptae nuptiae 結婚していない結婚(不義の性的関係)

inoblītus *a.1.2* in-oblīt-a, -um §50 [in²-, oblīvīscor] 忘れ(られ)ない，記憶している

inobrutus *a.1.2* in-obrut-a, -um §50 [in²-, obruō] 圧倒されない，飲み込まれない，溺れない

inobservābilis *a.3* in-observābile §54 [in²-, observō] 探し出し(見つけ)難い，気づくのが難しい，避けられない

inobservātus *a.1.2* in-observāt-a, -um §50 [in²-, observō] 観察(注意)され(てい)ない，気づかれない

inoffēnsus *a.1.2* in-offēns-a, -um §50 [in²-, offendō] **1.** 障害に突きあたらない，つまずかない **2.** 邪魔されない，差しつかえない，順調な **3.** 中断(間断)のない，とぎれない **4.** 傷つけられていない，害されない mare inoffensum 岩礁のない海

inofficiōsus *a.1.2* in-officiōs-a, -um §50 [in²-, officiōsus] **1.** 義務を怠る，義務に忠実でない **2.** 尊敬していない，軽視した testamentum inofficiosum 親族への義務(自然の愛情)を無視した(遺言者の)遺言状

inolēscō *3* in-olēscere, -olēvī, -olitum §109 [in¹-, ※olēscō *cf.*adolēscō] の中で(上に)根を生やす，根づく，生長する，発育する udo inolescere libro (9d3) (他の木の芽が)生命の汁を含んだ(別の)樹皮の中に根づく(こと)

inōminātus *a.1.2* in-ōmināt-a, -um §50 [in²-, omen] 不吉な，のろわれた，たたられた，不運な，不幸な

inopia *f.* inopiae *1* §11 [inops] **1.** 資力(資産)の欠乏，不足，貧困，窮乏，払底 **2.** 食糧不足，飢え，飢饉 **3.** 精神，(文体，語彙)の不足，貧弱，無味乾燥 **4.** 援助(助言)を欠いた，見捨てられた状態，無防備，孤立無援，窮地，苦境

inopīnāns *a.3* in-opīnantis §58 [in²-, opīnor の現分] **1.** 期待(予期)していない，思いがけない，不測の，不意の **2.** 警戒を怠った，油断した

inopīnātus *a.1.2* in-opīnāt-a, -um §50 [in²-, opīnor] **1.** 予期していなかった，思いがけない，不測の **2.** 疑っていなかった，無警戒の ex inopinato 期待に反して，意外に，思いがけなく，突然に （副）**inopīnātō** §67⑴ ＝**inopīnanter** §67⑵ 予期に反して，思いがけなく，意外に

inopīnus *a.1.2* inopīn-a, -um §50 [in-, opīnātus] **1.** 予期されなかった，不測の，不意の **2.** 警戒されていない，疑わ

inops 392

れていない

inops *a.3* in-opis §55 ［in²-, ops］
1. 資力（資産）の欠けた（乏しい），貧しい，
困窮した **2.** 保護（忠告）を持たない，無防
備の，孤立無援の **3.** 無力な，貧弱な，無
能な，無気力な **4.** を欠いた，不足した，
持たない，必要とする（9c8, 9f16）**5.**（語
彙，表現，文体について）不足した，貧困
な，内容のない，平板な，無味乾燥な **6.** あ
われな，みじめな，いやしい，見下げはてた
aerarium inops 枯渇した金庫 inops
eram ab amicis 私は友達から孤立し無
援であった num te semper inops agitet
(116.4) vexetque cupido 決して（永久に）
飽き足らぬ欲望がお前をつき動かし苦しめ
ていいのか

inōrātus *a.1.2* in-ōrāt-a, -um §50
［in²-, ōrō］ 弁護されない

inōrdinātus *a.1.2* in-ōrdināt-a, -um
§50 ［in²-, ōrdinō］（最）inordinatis-
simus 無秩序の，乱雑な，整列していな
い，放縦な，無法な

inōrnātus *a.1.2* in-ōrnāt-a, -um
§50 ［in²-, ōrnō］ **1.** 飾られていない，あ
っさりした，ありのままの，率直な **2.** 簡素
な，素朴な，地味な **3.** 服装（髪）の乱れた
4. 尊敬されていない，有名でない

inp... = imp...

inquam 不完 §162 **1.**（直話を導く
又は挿入句の中で）と言う（言った），答え
る，異議を唱える，言い続ける，叫ぶ **2.**（強
調し，繰り返して，又は余計に用いられる）
3. 世間は（人は）言う 'desilite', inquit,
'milites' 「飛び込め」と彼は言った「兵士た
ちよ」hoc adjunxit: 'pater meus' inquit
彼はこう付言した「私の父が」と言った non
nosti (161. 注), quid, inquit, Chrysippus
dicat (116.10) あなたには C. の発言の（彼
はそう言ったといわれるが）意味がわかって
いない

inquiēs *a.3* inquiētis §55 ［*cf.*
inquiētus］ 落ち着かない，いらいらして
いる，短気な

inquiētō *1* inquiētāre, -tāvī, -tātum
§106 ［inquiētus］ **1.** 平和・安静を乱
す，妨害する，騒がせる **2.** 困らせる，苦

しめる，悩ます，邪魔をする，干渉する

inquiētus *a.1.2* in-quiēt-a, -um
§50 ［in²-, quiētus］（比）inquietior
（最）inquietissimus **1.** 絶えず動いてい
る，静止していない **2.** 落ち着かない，いら
いらしている，短気な **3.** 休息をとらない，
眠らない，安静（くつろぎ）を許さない **4.** 不
安な，不穏な，騒々しい

inquilīnus *m.* in-quilīnī *2* §13
［incolō］ **1.** 賃借人，借家人 **2.** 共同
家人，同宿人 **3.** 住民，居住者

inquinātus *a.1.2* inquināt-a, -um
§50 ［inquinō の完分］ **1.** 汚れた，きた
ない，色あせた **2.** 悪化した，変質した，粗
悪な，純正でない，俗悪な **3.** 品性の汚れ
た，腐敗堕落した，罪でよごれた

inquinō *1* in-quināre, -nāvī, -nātum
§106 ［in¹-, caenum］ **1.** 汚す，けがす，
ぬりたくる，なすりつける **2.** 侮辱する，け
しる，けなす，中傷する，名誉を毀損する，
冒瀆する **3.** 罪でけがす，腐敗，堕落させ
る，悪化（低下）させる，しみをつける，汚
染する，毒する merdis caput (9c9) in-
quiner (116.3) albis corvorum 私はカラ
スの白い糞で頭をよごされるだろうに

inquīrō *3* in-quīrere, -quīsīvī,
-quīsītum §109 ［in¹-, quaerō §174
(2)］ **1.** 探す，探し求める，探しあてる
2. 問いただす，尋ねる，尋問（審理）する
3. 探究（調査）する，探索する primum
inquiram (116.1), quid sit (116.10) fu-
rere (117.1) まず第一に私は問いただした
い，狂気とはなんぞや

inquīsī(v)ī, inquisītus → inquīrō

inquīsītiō *f.* inquīsītiōnis *3* §28
［inquīrō］ **1.** 探し出すこと，狩り出すこ
と **2.** 探索，審問，尋問，取り調べ **3.** 探
究，研究，調査，吟味

inquīsītor *m.* inquīsītōris *3* §26
［inquīrō］ **1.** 調査，探索する人 **2.** 起訴
のため証拠を集める人，起訴人 **3.** 探究・
研究する人，試験，吟味する人 **4.** 探偵

inr... = irr...

īnsalūbris *a.3* īn-salūbre §54
［in²-, salūbris］（比）insalubrior （最）
insaluberrimus §60 健康に悪い，不

īnscrīptiō

健康な，病身な

īnsalūtātus *a.1.2* īn-salūtāt-a, -um §50 [in²-, salūtō] 挨拶されない，いとまごいなしの

īnsānābilis *a.3* īn-sānābile §54 [in²-, sānābilis] （比）insanabilior **1.** 不治の，治療できない，直らない **2.** 矯正できない，取り返しのつかない

īnsānia *f.* īnsāniae *1* §11 [īnsānus] **1.** 狂気，狂乱，妄想，精神錯乱 **2.** 無分別，痴呆，愚行 **3.** 狂暴，激情 **4.** 自然の猛威，天候の激しさ **5.** 詩的熱狂，陶酔，有頂天 ira initium insaniae 怒りは狂気の始まり concupiscere aliquid ad insaniam あるものを狂うまでに欲しがる

īnsāniō *4* īnsānīre, -sānīvī(-iī), -sānītum §111 [īnsānus] **1.** 狂っている，正気を失っている，狂人の如くふるまう **2.** 熱狂する，うわごとを言う，有頂天になる **3.** 荒れ狂う，暴風雨がおこる similem errorem (9e6) insanire 同じあやまちに熱狂している insanit veteres statuas emendo (119.5) 奴は古い像を買ったりして気でも狂っているのだ

īnsānus *a.1.2* īn-sān-a, -um §50 [in²-, sānus] （比）insanior （最）insanissimus **1.** 発狂した，狂気の **2.** 狂人の如き，突飛な，逆上した，向こう見ずの **3.** 不条理な，法外な，乱暴な，無茶な，異常な **4.** 激しい，荒れた，暴風雨の insanos qui inter vereare (132, 116.8) insanus haberi (107.4) 狂人たちの中で狂人と思われることを恐れているようなあなた （副）**īnsānē** §67(1) （比）insanius 発狂して，気違いのように，狂おしく，激しく，法外に，途方もなく

īnsatiābilis *a.3* īn-satiābile §54 [in²-, satiō] （比）insatiabilior **1.** 満足できない，満腹しない，飽くことのない，貪欲な，飢えた，暴飲暴食の **2.** 満足させない，飽き飽きさせない （副）**īnsatiābiliter** §67(2) 飽くことなく，満足しないで，貪欲に

īnsaturābilis *a.3* īn-saturābile §54 [in²-, saturō] 飽くことのない，欲

の深い

inscendō *3* -scendere, -scendī, -scēnsum §109 [scandō] 登る，馬（車）にのる

īnsciēns *a.3* īn-scientis §55 [in²-, sciō] **1.** 知らない，無知の，気づかれない **2.** 愚かな，無分別な，無器用な，拙劣な

īnscientia *f.* īnscientiae *1* §11 [īnsciēns] **1.** 知識の欠如，無知，愚か，無分別 **2.** 無経験，不案内，未熟，無能

īnscītia *f.* īnscītiae *1* §11 [īnscītus] **1.** 無知蒙昧，知識の欠如，事情に通じていないこと，不案内 **2.** 無能（力），拙劣，未熟，不器用 **3.** 気づかないこと，失礼，無作法

īnscītus *a.1.2* īn-scīt-a, -um §50 [in²-, scītus] （比）inscitior （最）inscitissimus **1.** 知ら（されて）いない，無知（無学）の，明るくない，不案内の **2.** 無分別な，愚かな **3.** 未熟な，無経験の，不器用な **4.** 無学（無知）を示す （副）**inscītē** §67(1) （最）inscitissime **1.** 無知に，知らずに，気づかずに **2.** 下手に，不器用に，粗雑に

īnscius *a.1.2* īn-sci-a, -um §50 [in²-, sciō] **1.** 無意識の，気づかない，知らない，故意でない **2.** 無知の，未熟な，無経験の，不案内の，愚かな (cf. 9c13)

īnscrībō *3* īn-scrībere, -scrīpsī, scrīptum §109 [in¹-, scrībō] **1.** 上に記す，書く，彫る，刻む，銘(碑銘)を刻む，彫る **2.** 記す，彫る，心に銘記する(刻みつける) **3.** 名を添える，宛名を書く，献呈する，標題をつける **4.** 割り当てる，あてがう，課す，帰す，せいにする **5.** 知らせる，はっきりさせる，記録する **6.** 焼印(烙印)をおす，入れ墨をする vestris monimentis suum nomen inscripsit あなた方の記念碑に彼は自分の名を刻んだ liber qui inscribitur Laelius 「ラエリウス」と題された本 ipsos inscripsere (114.4) deos sceleri (9d3) 彼らは犯行に神々自身の名を記した(犯行を神々の責に帰した)

īnscrīptiō *f.* īnscrīptiōnis *3* §28 [īnscrībō] **1.** 上に書きつけること，記す

īnscrīptus 394

こと，彫ること **2.** 碑文，銘，墓碑銘 **3.** 表題，書名 **4.** 市場で奴隷の性質，能力を記した付け札 **5.** 烙印

īnscrīptus → īnscrībō

īnsculpō *3* īn-sculpere, -psī, -ptum §109 ［in¹-, scalpō §174(2)］ **1.** 切れ目を入れる，刻む，彫る，彫刻する **2.** 肝に銘ずる，銘記する，記憶にとどめる

īnsecō *1* īn-secāre, -secuī, -sectum §106 **1.** 切る，切断する **2.** 刻む，切れ目を入れる，切り込む，彫り込む

īnsectātiō *f.* īnsectātiōnis *3* §28 ［īnsector］ **1.** 追跡，追撃，迫害 **2.** 言葉による攻撃(追求)，非難，嘲笑，罵り

īnsectātor *m.* īnsectātōris *3* §26 ［īnsector］ 追撃(追跡)する人，迫害者

īnsector *dep.1* īn-sectārī, -sectātus sum §§123(1), 125 ［in¹-, sector］ **1.** 敵愾心を持って(激しく，執拗に)追いかける，追撃する，迫害する **2.** 追求する，圧迫する，苦しめる，中傷する，侮辱する adsiduis herbam insectabere (128) rastris あなたは雑草を絶え間なき叉鍬(¹⁄₃)の使用でもって根絶すであろう

īnsectus → īnsecō

īnsēdī → īnsīdō

īnsenēscō *3* īnsenēscere, -senuī, —— §109 ［in¹-, senēscō］ 年をとる，老いる，月がかける

īnsēparābilis *a.3* -bile §54 ［sēparō］ 分離できない，区別できない

īnsepultus *a.1.2* īn-sepult-a, -um §50 ［in²-, sepeliō］ 正当な葬儀によって埋葬されていない，埋葬されないままの

īnsequor *dep.3* īn-sequī, -secūtus sum §§123(3), 125 ［in¹-, sequor］ **1.** すぐ後をつける，後から付き従う(まとう)，つけ回す **2.** 敵意をもって追いかける，追跡する，追撃する，責め立てる，迫害する，虐待する **3.** 追いつく，追い越す，近づく **4.** すぐあとにつづく，次にくる，続く **5.** 固執(追求)する，せんさくする，非難する，とがめる palus Romanos ad insequendum (119.4) tardabat 沼地が追撃にあたってローマ軍の邪魔をした improbo-

rum facta suspicio insequitur 悪人のやったことには疑念がつきまとう mors insecuta est Gracchum その後すぐ死がグラックスを襲った die (nocte) insequenti その次の日(夜)に

īnserō¹ *3* īnserere, -sēvī, -situm ［in¹-, serō¹］ §109 **1.** 種をまく，植える **2.** つぎ木(枝・穂)する，つぎ木でふやす **3.** 植え込む，根づかせる，定着させる **4.** 教え込む，銘記(感銘)させる，印象づける **5.** おく，付ける，併合(合体)させる **6.insitus** *a.1.2* §50 根づいた，生まれつきの，生得の，天賦の arbutus insita nucibus クルミにつぎ木されたヤマモモ insitus menti (9d3) cognitionis amor 人間の心の中に生来そなわっている学んで知りたいという欲望 haec inseri (107.4 注) ab arte non possunt これら(の性質)は技術によって根づかせる(教え込まれる)ことができない

īnserō² *3* īn-serere, -seruī, -sertum §109 ［in¹-, serō²］ **1.** 挿入する，差し(押し)込む，はめる，入れる，まぜる **2.** 合わせる，つける，はる，つぐ，添付する，定着させる **3.** 間に入れる，仲間に入れる，列に入れる，介入させる **4.** つけ加える，追加する，書き加える，言葉をはさむ falces praeacutae (erant) insertae affixaeque longuriis (9d3) いくつかの長い竿の中に，先端の鋭い鉤がさし込まれ縛られていた utinam oculos in pectore posses (116.1) inserere あなたが私の胸の中をのぞき込むことができたらいいのになあ quodsi me lyricis vatibus inseres しかしもしあなたが私を抒情詩人の仲間に入れて下さるならば

īnsertō *1* īnsertāre, -tāvī, -tātum §106 ［īnserō²］ 突っこむ，差し込む，入れる，挿入する

īnsertus, īnseruī → īnserō²

īnserviō *4* īn-servīre, -servīvī(-viī), -servītum §111 ［in¹-, serviō］ **1.** 奴隷(臣下)である，奴隷の如く仕える **2.** ある人(もの)の利益のために働く，奉仕する，ある人の世話をする，ある人の意に従う **3.** あるものを得ようと熱心に努める，ある

ものに身を捧げる, 没頭する ～ honori 名誉に汲々としている, (又は)官職の義務を熱心に果たす nihil est a me inservitum (172) temporis causa 私は時勢に迎合して身を処したことは決してなかった

īnsessus → īnsideō, īnsīdō

īnsēvī → īnserō[1]

īnsībilō *1* īn-sībilāre, -lāvī, -lātum §106 [in[1]-, sībilō] 風がひゅうひゅうと吹く, 吹き込む

īnsideō *2* īn-sidēre, -sēdī, -sessum §108 [in[1]-, sedeō §176(2)] **1.** 上に(中に)座る, ある, おる, 位置している, よこたわる **2.** しっかりとおかれている, 定着(密着)している **3.** 占める, 定住する, 暮らす, 占有(所有)する, 支配する, 待ち伏せする **4.** 粘着する, 重くのしかかる, 困らせる, 悩ます insidens capulo manus 剣のつかをしっかりと握った手 insident febres 高熱がつづく viae insidentur hostium praesidiis 道は敵の守備隊によって待ち伏せされている insidet quaedam in optimo quoque virtus ある種の美徳は最良の人たちにはすべてにそなわっている

īnsidiae *f.pl.* īnsidiārum *1* §§11, 46 [īnsideō] **1.** 待ち伏せ, 伏兵, 埋伏(ﾏﾂ)所, 潜伏所 **2.** わな, 落とし穴, 陥穽(ﾂﾃ) **3.** 要撃, 裏切り, 背信, 奸策, 手練, 手管 quas (copias) in convalle in insidiis, collocaverant 彼らが峡谷の埋伏所に配置していた軍勢を interfici per insidias 又は insidiis (9f19) 又は ex insidiis 策略にかかって, 待ち伏せにあって殺される

īnsidiātor *m.* īnsidiātōris *3* §26 [īnsidior] **1.** 待ち伏せする人, 潜伏者, 刺客, 追いはぎ **2.** 伏兵, 要撃兵 **3.** わなをしかける者, 裏切り者, 反逆者

īnsidior *dep.1* īnsidiārī, -ātus sum §§123(1), 125 [īnsidiae] **1.** 待ち伏せする, 要撃する **2.** 待ち伏せて(すきをねらって)盗む, 命を奪う **3.** わなをしかける, 欺く, 謀る, 裏切る **4.** 機会を待つ tempori (9d3) ～ 好機をねらって待つ

īnsidiōsus *a.1.2* īnsidiōs-a, -um §50 [īnsidiae] (比)insidiosior (最)

insidiosissimus **1.** 待ち伏せ(わな)がしかけられた, かくれた危険にみちた, 危険な **2.** 油断のならない, すきをねらう **3.** 不実な, 狡猾な, ずるい, 抜け目のない (副)

īnsidiōsē (最)insidiōsissimē 裏切って, 反逆して, だまして, いつわって

īnsīdō *3* īn-sīdere, -sēdī, -sessum §109 [in[1]-, sīdō] **1.** 坐る, とまる **2.** 身をおく, 落ち着く, 定住する, とどまる **3.** 沈む, しみ込む, 浸透する, とけこむ, 融合する, 深く根をおろす **4.** 占める, 保つ, 守る, 占領する, 占拠する, 捕まえる apes floribus insidunt 蜂が花にとまっている saltus ab hoste insessus 敵に占拠されている森林 credit digitos (9e11) insidere membris (9d3) 彼は指が体の中に沈む(へこむ)ように思う

īnsīgne (-sign- ?) *n.* īnsīgnis *3* §20 [īnsīgnis] **1.** はっきりと区別する, 特色づける, 明示するしるし, 目じるし, 証拠, 象徴 **2.** (栄誉, 官職, 地位を示す)しるし, 飾り, 記章, バッジ, 勲章, 標識, 服装(品), 制服 **3.** (兵士・軍隊の)旗, 幟, 襟章, 兜の羽飾り **4.** 合図, 信号, 記号 insignia regia 王のしるし(diadema など) detractis insignibus imperatoris 最高司令官顕彰(緋色の将軍外套)をかなぐり捨てて

īnsīgniō (-si- ?) *4* īn-sīgnīre, -sīgnīvī (-iī), -sīgnītum §111 [īnsīgnītus] **1.** 目印を付ける, 記号をつける **2.** 印を押す, 印刻する **3.** 名誉のしるしで飾る, 飾りたてる **4.** 目立たせる, 印象づける, 特徴づける

īnsīgnis (-sign- ?) *a.3* īnsīgne §54 [īnsīgniō] (比)insignior **1.** 印をつけられた, 目じるしで目立つ **2.** はっきりと(かんたんに)見える, 見分けがつく, 明白な, 容易にわかる **3.** 注目すべき, 著しい, 際立った, 秀でた, 素晴らしい, 立派な **4.** 卓越した, 栄光ある, さんぜんたる, 名誉ある insignis ad deformitatem puer 畸形で目立つ少年

īnsīgniter 副 [īnsīgnis §67(2)] (比) insignius 著しく, 目立って, 際立って, 明らかに, はっきりと, 驚くほどに

īnsīgnītus (-sign- ?) *a.1.2* īnsīgnīt-a, -um §50 [īnsīgniō の完分]（比）insignitior **1.** 目立つ特徴で示された，特定のしるしをつけた **2.** はっきりと特色づけられた，特別の，区別された **3.** 目立った，注目すべき，際立った，異彩を放つ **4.** 有名な，広く知られた （副）**īnsīgnītē** §67 (1) （比）insignitius 目立つ方法で，著しく，際立って，めざましく

īnsiliō *4* īn-silīre, -siluī(-silīvī), —— §111 [in¹-, saliō §174(2)] **1.** とび込む，とび上がる(乗る) **2.** おどりかかる，突進する

īnsimulātiō *f.* īnsimulātiōnis *3* §28 [īnsimulō] 罪の申し立て，告発，告訴

īnsimulō *1* īn-simulāre, -lāvī, -lātum §106 [in¹-, simulō] **1.** 告発する，非難する，責める **2.** 偽って罪を負わす **3.** 言い張る，申し立てる insimulati proditionis (9c10) interfecti sunt 彼らは謀叛の罪を着せられて殺された

īnsincērus *a.1.2* īn-sincēr-a, -um §50 [in²-, sincērus] **1.** 汚れた，不潔な，いたんだ，腐敗した **2.** 不純な，不誠実な，不正直な

īnsinuō *1* īn-sinuāre, -nuāvī, -nuātum §106 [in¹-, sinuō] **1.** ずるずると入り込ませる，こっそりと(いつの間にか)しのび込ませる，差し込む，はめ込む **2.** 心の中にしみ込ませる，教え込む **3.** (再・受)こっそりと忍び込む，巧みに取り入る **4.** (再)精通する，通暁する，洞察する novus per pectora cunctis (9d3) insinuat pavor 前代未聞の恐怖が全員の心の中にしのび込む insinuasse (178) se in antiquam philosophiam videtur (117.6) 彼は古代哲学に精通していたと思われる

īnsipiēns *a.3* īn-sipientis §55 [in²-, sapiēns §174(2)] （比）insipientior （最）insipientissimus **1.** 賢くない，知恵がない，思慮分別が足りない **2.** 愚かな，とんまな，ばかな （副）**īnsipienter** §67 (2) 愚かにも，賢明でなく，無分別にも，間の抜けたことに （名）**īnsipientia** *f.* -tiae *1* §11 知恵の足りないこと，無

分別，愚鈍，馬鹿，間抜け

īnsistō *3* īn-sistere, -stitī, —— §109 [in¹-, sistō] **1.** 上に立つ，身を支える，しっかりと足場(位置，地位)をかためる，得る，占める **2.** 踏む，歩く，歩いて行く，踏み出す，踏み入れる，進む **3.** 行き詰まる，踏み止まる，休む，とどまる **4.** しがみつく，固執する(固持)する，続ける，専念する，没頭する，熟考する，長く語る **5.** とりかかる，着手する，始める **6.** 追跡する，すぐあとを追う，しつこく迫る，圧迫(迫害)する，攻撃する，強要する villae margini (9d3) insistunt 別荘が川岸にそって立っている firmiter insistere poterant 彼らはしっかりとした足場を確保できた ut proximi jacentibus insisterent atque ex eorum corporibus pugnarent 後の戦列の者たちが（前列の）倒れた者たちの上に足場をかため，その者らの死体の上から戦ったほど(勇敢)であった quam insistam (116.4) viam? 私はどの道を進むべきか ad spolia legenda (121.3) 〜 掠奪品を集めるのに没頭する

īnsitīcius *a.1.2* īnsitīci-a, -um §50 [īnserō¹] 外国から移植された，外国の，輸入された

īnsitiō *f.* īnsitiōnis *3* §28 [īnserō¹] 接ぎ木(つぎ木)をすること，つぎ木(穂)法，つぎ木をする時期

īnsitīvus *a.1.2* īnsitīv-a, -um §50 [īnserō¹] **1.** つぎ木によってつくられた(改良された)，外国から移植された **2.** 外国の，土着でない **3.** 嫡出でない，庶出の **4.** 養子縁組の，にせの

īnsitus → īnserō¹

īnsociābilis *a.3* īn-sociābile §54 [in²-, sociābilis] **1.** 友情(同盟)を認めない，扱いにくい，なだめ難い **2.** 社交性(協調性)のない，無愛想な **3.** 相容れない，両立しない，折り合わない

īnsōlābiliter 副 [in²-, sōlor] 慰めようもなく，絶望的に

īnsolēns *a.3* īn-solentis §58 [in²-, soleō の現分]（比）insolentior （最）insolentissimus **1.** 不慣れな，異例の，未知の，珍しい **2.** 並はずれた，過度の，

極端な，節度のない，言行の突飛な **3.** 不
遜な，傲慢な，横柄な，無礼な multitudo
insolens belli（9c13）戦争を知らない大
勢の者

īnsolenter 副 §67(2)（比）insolentius
（最）insolentissime **1.** 習慣に反し，普
通と違って **2.** 異常に，過度に，節度なく
3. 尊大に，横柄に，無礼にも

īnsolentia *f.* īnsolentiae *1* §11
［īnsolēns］ **1.** 不慣れなこと（もの），なじ
みのうすいこと（もの），未知，風変わりな
こと，新奇，異例 **2.** 節度のないこと，突
飛な言行，奇をてらうこと **3.** 傲慢，不遜,
傍若無人，厚顔無恥

īnsolēscō *3* īnsolēscere，――，――
§109［īnsolēns］ 横柄になる，高慢に
なる，鼻にかける，うぬぼれる

īnsolidus *a.1.2* īn-solid-a, -um §50
［in²-, solidus］ 堅くない，しっかりしてい
ない，柔弱な，かよわい

īnsolitus *a.1.2* īn-solit-a, -um §50
［in²-, solitus］ **1.** 普通でない，異常な，
珍しい，変わった **2.** よく知らない（知られ
ていない），なじみの薄い，親しくない **3.** 不
慣れな，未熟な，不案内の，使ったこと（使
われた）ことのない insolitus ad laborem
exercitus 肉体労働になれていない軍隊
novum et moribus（9d13）veterum
insolitum 新しくて昔（の人）の習慣になか
ったこと

īnsomnia *f.* īnsomniae *1* §11
［insomnis］ **1.** ねむれないこと，不眠（症）
2.（*pl.*）ねむれぬ夜々

īnsomnis *a.3* īn-somne §54［in²-,
somnus］ 眠れない，不眠の，徹夜の

īnsomnium *n.* īn-somniī *2* §13
［in²-, somnium］ **1.**（*pl.*）不眠（症）**2.**
夢，白日夢，夢幻，幻影，まぼろし

īnsonō *1* īn-sonāre, -sonuī，――
§106［in¹-, sonō］ **1.**（自）高い音をたて
る，ひびきわたる，なりひびく，ざわめく，
うなる，とどろく **2.**（他）（なり）ひびかせる，
反響する

īnsōns *a.3* īnsōntis §55［in²＋
sōns］ 無罪の，罪のない，無邪気な

īnsōpītus *a.1.2* īn-sōpīt-a, -um §50

［in²-, sōpiō］ ねむらない，いつも目をさま
している，不寝番の

īnspectō *1* īnspectāre, -tāvī, -tātum
§106［īnspiciō］ **1.** 注意してみる，見
守る **2.** 観察する，調べる **3.** 顔を向ける
inspectante praetore（9f18）法務官の
目の前で

īnspectus → īnspiciō

īnspērāns *a.3* īn-spērantis §58
［in²-, spērō の現分］ 希望し（てい）ない，
あてにしない，予期（期待）に反した

īnspērātus *a.* īn-spērāt-a, -um §50
［in²-, spērō の完分］（最）insperatis-
simus 希望されていなかった，期待（予
知）されていなかった，思いがけない，意外
な，不慮の，不測の ex insperato 思いが
けなく，意外に，突然に

īnspergō *3* īn-spergere, -spersī,
-spersum §109［in¹-, spergō §174
(2)］ **1.** 上にまき散らす，ふりかける，ふ
り注ぐ，ふりまく **2.** 分配する，配布する，
ばらまく egregio inspersos reprehendas
corpore naevos あなたは（私の）きれいな
体にまきちらされたほくろを見つけるでしょ
う

īnspiciō *3b.* īn-spicere, -spexī(-spēxī?),
-spectum §110［in¹-, speciō §174
(2)］ **1.** 中をじっとのぞき込む，傍で（注
意して）見つめる，じろじろ見る，つくづく
眺める **2.** 見て確かめる，見抜く，点検す
る，調査する，吟味する，検閲する，視察
（巡視）する **3.** 観察（考察）する，考慮に入
れる，斟酌する，好意の目で見る，取り扱
う **4.** 注意する，気づく，理解する，熟考
する

īnspīcō *1* īn-spīcāre, -cāvī, -cātum
§106［in¹-, spīca］ 先を切って麦の穂の
形にする，(先を)とがらせる

īnspīrō *1* īn-spīrāre, -rāvī, -rātum
§106［in¹-, spīrō］ **1.** 深く呼吸する
2. 吹き込む，吐き出す，吹きつける（かけ
る）**3.** 注ぎ込む，流し込む **4.** 鼓舞する，
生気（生命）を与える，霊感を与える，感
激させる **5.** 暗示（示唆）する，ささやく，抱
かせる **6.**（文）文字に有気音を与える oc-
cultum inspires（116.2）ignem お前（ア

īnspoliātus

モル）は見えない恋の炎を吹き込むがよい

īnspoliātus *a.1.2* īn-spoliāt-a, -um §50 ［in²-, spoliō］ 掠奪され（てい）ない，盗まれない（はぎとられない）うちの

īnspuō *3* īnspuere, -spuī, -spūtum ［spuō］ （つば，血を）吐く，（悪口（わるくち）を）吐く

īnstabilis *a.3* īn-stabile §54 ［in²-, stabilis］ **1.** 固い足場のない，しっかりと立っておれない **2.** よろめいている，ふらついている，足がすべり易い **3.** 一所にじっと留まっておれない，不安定な，変わり易い，移り気の，気まぐれな

īnstāns *a.3* īnstantis §58 ［īnstō の現分］ （比）instantior **1.** さし迫った，緊急の，即刻の，目前の **2.** 威嚇的な，脅迫的な （副）**īnstanter** §67(2) （比）instantius （最）instantissme 激しく，熱烈に，ひどく，しっこく，脅迫的に，あくまで

īnstantia *f.* īnstantiae *1* §11 ［īnstāns］ **1.** 目下の（さし迫った）事情，事実，緊急の状態（事件） **2.** 緊急，切迫 **3.** 熱烈な要求，しつこく（執拗に）迫ること，固執 **4.** 即刻の対応性，精神の集中

īnstar *n.* 無 §47 **1.** 姿，形，様相，外見，外観 **2.** （述語，同格語として）大きさ，数，量において同等，類似なもの **3.** 条件，状況，価値，性格などで匹敵，同等，類似なもの **4.** (*gen.* と)～に等しい，のような quantum instar (est) in ipso! 彼自身なんと堂々たる風格をもっていることか Plato mihi unus instar est omnium プラトンは一人で私にとって万人に価する volat atri turbinis instar hasta 槍は黒い龍巻と同じ威力をもって飛ぶ

īnstaurātiō *f.* īnstaurātiōnis *3* §28 ［īnstaurō］ **1.** 宗教儀式をくり返すこと **2.** 反復，くり返し，更新，やり直し

īnstaurō *1* īn-staurāre, -rāvī, -rātum §106 **1.** （すたれていたものを）復活させる，復旧させる **2.** 新しく出発させる，再開させる，やり直す，新しく樹立する，祝う，執行する，命じる **3.** 再生させる，若返らせる，よみがえらせる invisit Apollo instau-ratque choros アポローンが訪れて合唱・舞踏の祭儀の再開を命じる instaurati (sunt) animi regis succurrere (117.3) tectis 王宮の救出に急行するための勇気が新しくわいてきた

īnsternō *3* īn-sternere, -strāvī, -strātum §109 ［in¹-, sternō］ の上にひろげる，おおう，はる，敷く，のばす insternor humeros (9e9) pelle (9f11) 私は毛皮で肩をおおう

īnstīgō *1* īn-stīgāre, -gāvī, -gātum §106 **1.** 刺激する，駆り立てる，しきりに催促する，励ます，そそのかす **2.** 怒らせる，憤慨させる instigante te (9f18) あなたに（が）そそのか（すので）されて

īnstīllō (-sti-) *1* īn-stīllāre, -llāvī, -llārum §106 ［in¹-, stillō］ **1.** （上に，中に）ぽたぽた（一滴ずつ）たらす，したたり込ます，少しずつしみ込ます，滴下する **2.** ぬらす，しめらす **3.** そっといれる（差し込む），耳打ちする，教え込む

īnstimulātor *m.* īnstimulātōris *3* §26 ［īnstimulō］ 刺激する人，そそのかす人，扇動者

īnstimulō *1* īn-stimulāre, -lāvī, -lātum §106 ［in¹-, stimulō］ 突き棒で駆り立てる，あおりたてる，刺激する，そそのかす，奮起させる

īnstīnctor (-sti- ?) *m.* īnstīnctōris *3* §26 ［īnstīnctus］ 追い（駆り）立てる人，催促する人，勧誘者，扇動者

īnstīnctus (-sti- ?) *m.* īnstīnctūs *4* §31 ［īnstīnctus］ **1.** 刺激，扇動，鼓舞，起動力，激励 **2.** 興奮，熱狂，鼓吹，霊感，天来の感興（着想），神がかり

īnstīnctus (-sti- ?) *a.1.2* īnstīnct-a, -um §50 ［in¹-, ※stinguō 刺激する］ **1.** 刺激された，あおられた，そそのかされた，扇動された，激怒した **2.** 霊感を受けた，神がかりになった

īnstita *f.* īnstitae *1* §11 ［īnstō］ **1.** 貴婦人の長衣(stola)の裾の（ひもの）縁飾り **2.** 貴婦人 **3.** ひも，帯，テープ，リボン

īnstitī → īnsistō, īnstō

īnstitor *m.* īnstitōris *3* §26

[īnsistō] 小売商人，小売店主，行商人

īnstituō *3* īn-stituere, -stituī,
-stitūtum §109 [in¹-, statuō §174
(2)] **1.** 上に(そこに)おく，すえる，建て
る，固定する **2.** 基礎をおく，創建する，
建てる，組み立てる **3.** 始める，企てる，催
す，実行する，用意する，準備する **4.** 決
める，確定する，制定する，樹立する，決
心する **5.** 教える，教え込む，鍛える，養
成する，仕込む **6.** 組織する，編成する，
配列(整列)させる，募集する **7.** 命じる，
指定(指名)する，規定(調整)する，習慣
とする ex eo tempore, quo pons institui
coeptus est 橋が造られ始めたその時から
rationem pontis hanc instituit 彼は架
橋工作の手順を次のように決めた duplici
acie instituta (9f18) 二重の戦列を配置
して perge ut instituisti お前は始めたよ
うに続けるのだ quos (equites) habere
secum instituerat 彼がいつも身辺護衛
としてもっていた(傍におくことに決めてい
た)(騎兵) philosophorum praeceptis
instituta vita 哲学者の教訓に規定された
生き方

īnstitūtiō *f.* īnstitūtiōnis *3* §28
[instituō] **1.** 配置，整理，組織，構成，
体系 **2.** 習慣，しきたり，慣例(制度)の樹
立 **3.** 指図，指示，命令，指定 **4.** 教育，
指導，訓練，その方法，原則，方針

īnstitūtum *n.* īnstitūtī *2* §13
[instituō の完分] **1.** 計画，企み，方針，
目的，意図 **2.** 習慣，しきたり，慣例，先
例，風習，習性，くせ，生き方 **3.** 制度，
組織，法令，規則 **4.** 教え，教訓，戒め，
主義，教理 hi omes lingua, institutis,
legibus, (9f3) inter se differunt 彼らは
皆，言語，習慣，法制の点でお互いに違
っている instituto (9f15) suo Caesar
copias suas eduxit カエサルは彼のいつも
の方針に従って軍隊を連れ出した

īnstō *1* īn-stāre, -stitī(-stātūrus)
§106 **1.** 上に立つ，立っている **2.** 近くに
立つ，接近する，近づく，さし迫る，あと
をつける，目前に迫る，攻める，肉薄する，
苦しめる **3.** 追跡する，追求(要求)する，
主張する，強く迫る，固執する，せき立て

る，おびやかす instare jugis (vestigiis)
(9d3) 尾根の上に立つ(足跡をたどる)
unum instat de indu022iis 彼は唯一つのこ
と，休戦について固執する illi hoc acrius
instabant 彼らはこの故にいっそう激しく
迫ってきた

īnstrātus, īnstrāvī → īnsternō

īnstrēnuus *a.1.2* īnstrēnu-a, -um
[in²-, strēnuus] §50 **1.** 精力のない，
不活発な，怠惰な，無精な **2.** いくじのな
い，卑怯な，優柔不断な

īnstrepō *3* īn-strepere, -strepuī,
-strepitum §109 [in¹-, strepō] ぎい
ぎい鳴る，きしむ，大きな雑音をたてる，大
声を出す

īnstringō *3* īn-stringere, -strīnxī,
-strictum §109 [in¹-, stringō] **1.** し
ばる，くくる，結びつける **2.** 刺激する，励
ます，そそのかす

īnstrūctiō *f.* īnstrūctiōnis *3* §28
[instruō] **1.** 整列，配置，編成，配備
2. 建設，設置，組み立て

īnstrūctus *a.1.2* īnstrūct-a, -um
§50 [instruō の完分] (比)instructior
(最)instructissimus **1.** 整理された，順
序正しい **2.** 充分に準備(支度)された，整
備のととのった，防備(武装)された **3.** 教
育(訓練)された，鍛えられた，熟達した
domicilia instructa rebus (9f17) omni-
bus あらゆる設備のととのった住居 (副)

　　īnstrūctē §67(1) (比)instructius
　　沢山準備して，念入りに

īnstrūmentum *n.* īnstrūmentī *2*
§13 [instruō] **1.** 道具(一式)，器具，
設備 **2.** 旅支度，衣裳，家財道具，武具
3. 商品目録，財産目録 **4.** 証拠，証人，
根拠 **5.** 公文書，記録，証書 **6.** 手段，方
策，方便 omini militari instrumento
erepto 軍事上の装具を一切合切奪われて
crudelia instrumenta necis (9c3) 殺害
の残酷な道具 virtutis ～ 道徳的な能力
(資質)

īnstruō *3* īn-struere, -strūxī,
-strūctum §109 [in¹-, struō] **1.** 中
へ入れて組み立てる，合わせる，さし込む
2. 上におく，建てる，立てる，建造(建築)

īnsuāvis 400

する **3.** 整える，整理する，組織する，編成する **4.** 戦列を整える，配列（整列）させる **5.** 必要な用意（準備）をする，必要な支度（武器・資力）を備えてやる，与える，供給する，武装させる **6.** (情報，知識，腕前を) 身につけさせる，教える，授ける socios instruit armis (9f11) 彼は仲間に武具を整えてやった acie triplici instructa (9f18) 三重の戦列を敷いて causam 〜 訴訟に必要な準備をととのえる orientia tempora notis instruit exemplis 彼（詩人）は次々と昇りくる新しい世代に有名な亀鑑を教えている（教えるのだ）

īnsuāvis *a.3* īn-suāve §54 ［in²-, suāvis］（比）insuavior（最）insuavissimus **1.** 不愉快な味のする，まずい，すっぱい **2.** 耳障りな，くさい **3.** 魅力のない，いやな，気にくわない

īnsūdō *1* īn-sūdāre, -sūdāvī, —— §106 ［in¹-, sūdō］ の上に（のために）汗をかく，汗を流す，汗でよごれる（与と，9d3）

īnsuēfactus *a.1.2* īnsuē-fact-a, -um §50 ［īnsuēfaciō「ならす」の完分］ 慣（な）れた，ならされた

īnsuēscō *3* īn-suēscere, -suēvī, -suētum §109 ［in¹-, suēscō］ **1.** なれる，なれてくる，親しくなる，習熟する **2.** ならす，習慣づける，しつける recondere (117.4) voluptates insueverat 彼は快楽を隠すことに習熟していた

īnsuētus *a.1.2* īnsuēt-a, -um §50 ［in²-, suēscō の完分］ **1.** 不慣れな，慣れていない，見（聞き）なれない **2.** 未使用の，使ったことのない，経験のない homines insueti laboris (9c13) 苦労に慣れていない人たち

īnsuēvī → īnsuēscō

īnsuī, īnsūtus → īnsuō

īnsula *f.* īnsulae *1* §11 **1.** 島，遠島（流謫地）**2.** 四方を道路に囲まれた一区画の共同住宅，安アパート

īnsulsitās *3* §21 ［insulsus］ **1.** 無趣味，野暮，陳腐 **2.** 間抜け，愚鈍 **3.** 粗野，無作法

īnsulsus *a.1.2* īn-suls-a, -um §50 ［in²-, salsus §174(2)］（比）insulsior（最）insulsissimus **1.** 塩のきいていない，風味のない，まずい **2.** 魅力のない，面白くない，退屈させる，間抜けな，切れ味の鈍い **3.** 味気ない，無味乾燥な （副）

īnsulsē §67(1) （最）insulsissime 退屈な（魅力のない）やり方で，愚かにも，間抜けなことに

īnsultō *1* īnsultāre, -sultāvī, -sultātum §106 ［in+saltō］ **1.** 跳ぶ，とびはねる，踊る **2.** 踏みつける，ける **3.** からかう，あざ笑う，あざける

īnsum 不規 īn-esse, īn-fuī, —— §151 **1.** (中に，上に，そばに) いる，ある，おる，思われる，現れている，記録されている **2.** 属している，所属（帰属）している，内在する，宿る，住む **3.** 含まれている，の一部をなす，付着している (9d3) Caesari multos Marios inesse カエサルの中には多くのマリウスがいる(と) toto sentimus corpore (9f1.(イ)) inesse vitalem sensum 我々は体全体に生きている感覚が宿っているのを感じている

īnsūmō *3* īn-sūmere, -sūmpsī, -sūmptum §109 ［in¹-, sūmō］ **1.** (時・金・努力などを) 費やす，かける，あてる，使う **2.** 引き受ける，負う，(態度を) とる，ふりをする paucos dies insumpsit reficiendae classi (121.3. 与) 船を修理するのに彼は数日を要した interficiendi (121.3. 属) domini animum 〜 主人を殺害しようと意を決する

īnsuō *3* īn-suere, -suī, -sūtum §109 ［in¹-, suō］ **1.** 縫（ぬ）い込む，ぬいつける，ぬい合わせる，(袋の口を) ぬってふさぐ (とじこめる) **2.** 刺繍する jube hunc in culleo insui (107.4 注) atque in altum deportari この者を皮袋の中にとじ込め海の中へ捨てるように命令せよ plumbo insuto (9f18) 鉛がぬい込まれて（牛革の中に）

īnsuper 副・前 **A.** (副)**1.** 上に，上の方に **2.** 加えて，同様に，さらに，そのほかに **B.** (前)**1.** 対と，上に，越えて **2.** 奪と，の上に，加わって alius insuper ordo additur その上にもう一階が追加される cumulata insuper aliis alia nubilia 次

から次と上に高く積み重なった入道雲

īnsuperābilis *a.3* īn-superābile
§54 ［in²-, superābilis］ **1.** 征服しがた
い, 打ち勝てない, 無敵の **2.** 克服し難い,
不治の **3.** 乗り超えられない, 凌駕されな
い, 避けられない

īnsurgō *3* īn-surgere, -surrēxī,
(-surrectum) §109 ［in¹-, surgō］
1. 立ち(起き)上がる **2.** そびえ立つ, 屹立
する **3.** 高まる, 高く昇る, 増大(強)する
4. 反抗する, 蜂起する **5.** 向上に努める,
立身(出世)する, ぬきんでる, 秀でる in-
surgimus remis (9d3) 我々は櫓の上に
身を支えて(立って)こぐ(力一杯こぐ) te-
nebrae insurgunt campis 平原の上に暗
い砂煙が立ち昇る

īnsusurrō *1* īn-susurrāre, -rrāvī,
-rrātum §106 ［in¹-, susurrō］ ささ
やく, 耳うちする, ひそひそと話す Favonius
ipse insusurrat navigandi (119.2) nobis
tempus esse 西風がささやいている「我々
が航海に出発する時だ」と

intābēscō *3* in-tābēscere, -tābuī,
―― §109 ［in¹-, tābēscō］ **1.** 溶け
る, 溶解する **2.** 衰える, 弱る, しぼむ, や
つれる, やせる

intāctus *a.1.2* in-tāct-a, -um §50
［in²-, tangō の完分］ （比）intactior
1. 手で触れられたことのない **2.** 傷つけられ
た(害された)ことのない, 無傷の, そっくり
もとのままの **3.** 掠奪(侵害)されたことのな
い **4.** 試された(用いられた, 耕作された,
軛にかけられた)ことのない **5.** 犯されたこと
のない, 純潔な, 処女の (is) cui pater
intactam dederat 父親が処女の娘を与
えていた(彼) infamia (9f11) intactus 不
名誉によって傷ついていない(人)

intāminātus *a.1.2* in-tāmināt-a,
-um §50 ［*cf.* contaminō］ 汚れてい
ない, けがされていない, 潔白な

intēctus *a.1.2* in-tēct-a, -um §50
［in²-, tegō］ **1.** おおわれていない, あらわ
の, 屋根のない **2.** 着物をきていない, はだ
かの **3.** 腹蔵のない, 率直な, 打ちとけた

intēctus → integō

integellus *a.1.2* integell-a, -um

---

§50 ［integer の小］ ほとんど犯されて
(傷ついて)いない, かなりきれいな状態の

integer *a.1.2* integra, -grum §52
［in²-, tangō］ （比）integrior （最）
integerrimus §60 **1.** 手で触れられた
ことのない, 手つかずの, まだ試された(用
いられた)ことのない **2.** もとのままそっくり
の, 完全無欠の, 無傷の, 損害のない, 完
璧な, 非のうちどころのない **3.** 汚れていな
い, 犯されていない, 純潔無垢の, 正直な,
高潔な, 公正な **4.** 精神の健全な, 偏見の
ない, 賢い **5.** 年齢で損なわれていない, 健
康な, 若い, 無病息災の **6.** 未決定の, ど
っちつかずの, 試論の余地のある integer
aevi 又は aevo (9c6, 9f3) 若い盛りの
(人) integer a conjuratione 陰謀に加わ
っていない(人) in integrum restituere
aliquem ある人を元どおりにする, ある人
を許す de (ab) integro 新たに, 改めて,
新規まき直しに （副）**integrē** §67(1)
（最）integerrimē §68 **1.** 公明正大に,
清廉潔白に, 申し分なく, 正当な手段で
2. 過失(欠点)もなく, 完璧に

integō *3* in-tegere, -tēxī, -tēctum
§109 ［in¹-, tegō］ **1.** おおう, 包む, お
おいかくす **2.** かぶせる, 着せる **3.** 防護す
る, かくまう **4.** 屋根でおおう

integritās *f.* integritātis *3* §21
［integer］ **1.** 五体健全, 完全無欠, 無
事, 健康 **2.** 堅固な志操, 明朗闊達な精
神, 公明正大, 高潔, 正直, 廉直 **3.** 純
潔, 処女, 童貞, 貞節 **4.** 純正, 清澄

integrō *1* integrāre, -rāvī, -rātum
§106 ［integer］ **1.** もとの姿(状態)に
もどす, 回復させる, 完全にする, 修復す
る **2.** 生き返らせる, 新たにする, 再び元
気(活気)づける **3.** 更新する, 再び始める,
やり直す

integumentum = **integimentum**
n. integumentī *2* §13 ［integō］
1. おおい(包み, かぶせる)もの, (手段)
2. 遮蔽物, 防御物, 護衛, 楯 **3.** 外套,
仮面

intellēctus → intellegō

intellēctus *m.* -lēctūs *4* §31
1. 知覚, 見分けがつくこと **2.** 理解, 了解

intellegēns 402

3. 理解力, 知性, 英知

intellegēns *a.3* intellegentis §54 [intellegō の現分] 知能(理解力)の高い, 鋭い識別力(鑑識眼)のある, 知識・体験の豊かな, 学芸に精通した （副）**intellegenter** §67(2) 正しい判断力(分別)をもって, 賢明に, 的確に

intellegentia *f.* intellegentiae 1 §11 [intellegēns] **1.** 理解力, 識別力, 判断力 **2.** 洞察, 明敏, 聡明, 知性, 英知, 見識 **3.** 学識(芸術)に精通していること, 教養 **4.** 概念, 観念, 表象

intellegō 3 intel-legere, -lēxī(-lēgī), -lēctum §109 [inter, legō §176 注] **1.** 理解する, 知る, 悟る, 認める **2.** 気づく, 感じる, 感知する, 覚える, 注意する **3.** 見抜く, 見分ける, 識別する, 看破する(洞察)する **4.** 推論する, 考える **5.** 真価を認める, 評価する, 鑑賞する, 味わう ubi eum castris se tenere intellexit 彼はその者が陣営にじっと留まっていることに気づくと ex quo esse beati (dei) intelleguntur (117.6) そのことからして彼ら(神々)が幸福であることがわかる ea quam pulchra essent (116.10) intellegebat それらがいかに美しいかを彼は知っていた meum intellegere (117.2) nulla pecunia (9f11) vendo 私は私の鑑識眼をいかなる金銭を払われようとも売らない

intemerātus *a.1.2* in-temerāt-a, -um §50 [in²-, temerō] **1.** 汚されていない, けがれていない, 混合されていない, 純粋な, 清い **2.** 傷つけられていない, 冒瀆されていない, 純潔な, 処女の

intemperāns *a.3* in-temperantis §58 [in²-, temperāns] （比）intemperantior （最）intemperantissimus **1.** 自制心(克己心)のない, 中庸を失った, 無節制の, 過度の, 御し難い, 奔放な **2.** 放縦な, 不品行な, みだらな, 破廉恥な （副）**intemperanter** §67(2) （比）intemperantius （最）intemperantissime 自制心なく, 過度に, 法外に, 極端に, 激しく

intemperantia *f.* intemperantiae 1 §11 [intemperāns] **1.** 克己心(自制心)の欠如, 無節制, 不規律, 放恣, 過

度, 法外 **2.** 傲慢, 不遜, 暴力, 放蕩, 乱費 **3.** 風紀の頽廃, 天候の不順

intemperātus *a.1.2* in-temperāt-a, -um §50 [in²-, temperātus] 節度のない, 中庸を失した, 過度の, ずぼらな （副）**intemperātē** §67(1) （比）intemperatius 節度なく, 過度に

intemperiēs *f.* intemperiēī 5 §34 ＝**intemperiae** *f.pl.* intemperiārum 1 §11 **1.** 中庸を欠いた, 節度のない行為, 過度, 法外, 放縦 **2.** 不安定な(調子の狂った)精神状態, 気まぐれ, 不調な体, 病気 **3.** 不安定な気候, 悪天候

intempestīvus *a.1.2* intempestīv-a, -um §50 [in²-, tempestīvus] **1.** 時ならぬ, 季節はずれの **2.** 時宜を得がたい, 折りの悪い, 時期尚早の （副）**intempestīvē** §67(1) 折悪しく, 時宜を失して, 尚早に

intempestus *a.1.2* in-tempest-a, -um §50 [in²-, tempus] **1.** 時ならぬ, 季節はずれの **2.** 有害な, 険悪な, 不吉な nox intempesta 深い闇夜, 深更, 真夜中

intemptātus *a.1.2* in-temptāt-a, -um §50 [in²-, temptō] **1.** 試みられた(企てられた)ことのない **2.** 用いられたとのない, 道として利用されたことのない **3.** 攻撃されたことのない, 傷つけられたとのない nil intemptatum nostri liquere (114.4) poetae われわれローマの詩人たちはどんな様式の詩をも試みずには措かなかった

intendō 3 in-tendere, -tendī, -tentum §109 [in¹-, tendō] **1.** ひきしめる, ひっぱる, ひきのばす, ぴんと張る **2.** 伸ばす, 長くする, 広げる, おおう, 大きくする, 強くする **3.** 緊張させる, 全力をつくす, 集中させる, 懸命に働かせる **4.** 向ける, 差し出す, 曲げる, 与える **5.** 主張する, 要求する, 助言する, 提起する, 告訴する **6.** (自)向かって進む, いく, 目ざす, 志す, 意図する, 狙う oculis mentibusque ad pugnam intentis (118.4) 目と心を(が)戦闘に集中させて(して)いたとき vincula stuppea collo intendunt (9d4) 彼らは

麻なわを(その像の)首にひっかけてぴんと張る fuga (9f11) salutem petere (117.4) intenderunt 彼らは逃亡で命を救うことのみに全力をつくした alicui probra et minas ~ ある人に侮辱と威脅を向ける(加える，与える) quo nunc primum intendam (116.4)? さてまず私はどこへ行ったものやら

intentiō *f.* intentiōnis 3 §28 [intendō] **1.** 伸ばす，張る，ひっぱる，ひきしめる，こと **2.** けいれん，ひきつけ **3.** 緊張感(度)，強度，強烈 **4.** 凝視，注意(力)の集中，専念，没頭 **5.** 奮発，努力，尽力 **6.** 目的，意図 **7.** 告訴，告発 **8.** 強音，長音，声をしぼり出すこと intentio tua, ut libertatem revoces 自由を呼び戻さんとするあなたの意図

intentō *1* intentāre, -tāvī, -tātum §106 **1.** さし出す，さしのべる，向ける，つきつける，おどす風に(手，剣を)ふり回す **2.** おびやかす，おどす，脅迫する ambas intentans cum voce manus ad sidera dixit 彼は両手を天にさしのべて声高くこう言った praesentem viris intentant omnia mortem すべて(の現象)が勇士たちに目前に迫った死をつきつける(死でおびやかす)

intentus *a.1.2* intent-a, -um §50 [intendō の完分] (比)intentior (最)intentissimus **1.** ひきしめられた，はりつめた，緊張した，ぴんとはった **2.** 精神を集中させた，没頭した，余念のない，傾聴している **3.** 真剣な，熱心な，まじめな **4.** 精力的な，奮闘的な，激しい，きびしい **5.** 力強い，たくましい aliquo negotio (9d13) intentus ある仕事に熱中した (副) **intentē** §67(1) (比)intentius 注意深く，真剣に，没頭して，余念なく

intepeō *2* in-tepēre, ——, —— §108 [in¹, tepeō] ほどよく暖かい，心地よい，なまぬるい

intepēscō *3* in-tepēscere, -tepuī, —— §109 [intepeō] **1.** 暖かくなる **2.** 興奮する，熱する **3.** (温度・情熱が)なまぬるくなる，さめる，冷淡となる，落ち着く

inter 前 **I.** 接頭辞として前置詞の意味をもって動詞につく，intellego を除いて inter- はそのままのこる(§176 注) **II.** 前 (対と)**1.** (空間)の間に，中にまじって，の中に囲まれて is ager inter urbem et Tiberim est その農地は都とティベリス川の間にある **2.** (時間)の間に，その中に，その間中 inter tot annos こんなに長い年月の間 inter noctem 夜中に inter haec そのうち，とこうしているうちに **3.** (その他の関係) amicitia nisi inter bonos esse non potest 友情は善良な人たちの間にしか存在しない colloquimur inter nos 我々はお互いに話しあっている colent inter se ac diligent (116.2) 彼らはお互いに尊敬し愛し合うべきだ

interaestuō *1* interaestuāre, ——, —— §106 [inter, aestuō] 周期的(間欠的に)炎症をおこしている

intercalāris *a.3* intercalāre §54 ＝**intercalārius** *a.1.2* intercalāri-a, -um §50 [intercalō] 暦の調整のために挿入された，閏(うるう)の，閏月の，閏日を含んだ

intercalō *1* inter-calāre, -calāvī, -calātum §106 [inter, calō] **1.** 暦に一日(一月)を挿入する **2.** のばす，延期する

intercapēdō *f.* inter-capēdinis 3 §26 [inter, capiō] **1.** 中断，中止，中絶 **2.** 合間，休息，遅延，猶予

intercēdō *3* inter-cēdere, -cessī, -cessum §109 **1.** (時間的，空間的に)間に位置している，間に立つ，入る，起こる **2.** 介入する，干渉する，異議をはさむ，邪魔する，はばむ，反対する，抵抗する **3.** とりなす，仲裁にはいる，調停する **4.** 不意に起こる，くる，突発する nullum intercedebat tempus, quin extremi cum equitibus proeliarentur その後(我が軍の)最後尾が(敵の)騎兵隊と戦うまでに一刻も経っていなかった quod saepe in bello parvis momentis (9f4) magni casus intercederent (116.7) 戦争においてはいつも，ささいな切掛けから不意に重大な不幸が生じるので mihi inimicitiae cum eo

interceptiō 404

intercedunt 私と彼との間には確執がある（お互いに反感を抱いている）

interceptiō *f.* interceptiōnis 3 §28 ［intercipiō］ 途中で切りとる（除去する，奪う）こと

interceptor *m.* interceptōris 3 §26 ［intercipiō］ 横領（着服）する者

interceptus → intercipiō

intercessī → intercēdō

intercessiō *f.* intercessiōnis 3 §28 ［intercēdō］ **1.** 介在，介入，干渉，拒否（権），異議の申し立て，抗議 **2.** とりなし，仲裁，調停，保証

intercessor *m.* intercessōris 3 §26 ［intercēdō］ **1.** 拒否権を行使する人，間に入って邪魔をする人 **2.** 仲介者，調停者，代理人，保証人

intercidō[1] 3 inter-cidere, -cidī, —— §109 ［inter, cadō §174(2)］ **1.** 間に倒れる，落ちる **2.** 不意に起こる，生じる **3.** そのうちに失われる，いつのまにか消えて行く，なくなる，すたれる，用いられなくなる，忘れられる，亡びる nomen longis intercidit annis (9f2) その名は長い年月の間に忘れられてしまった

intercīdō[2] 3 inter-cīdere, -cīdī, -cīsum §109 ［inter, caedō §174(2)］ **1.** 間を(真中を)切る，切断する，裂く，割る，穴をあける，堀り抜く，突き通す **2.** 中断する，細断する，切る，妨げる，はばむ **3.** 短くする，あちこち変更する **4.** 改竄する interciso monte 山を切り開いて jugum mediocri valle (9f11) a castris intercisum 敵の陣営から中ぐらいの谷で隔てられた尾根

intercinō 3 inter-cinere, ——, —— §109 ［inter, canō §174(2)］ の間で，の合間に歌う

intercipiō 3b. inter-cipere, -cēpī, -ceptum §110 ［inter, capiō §174(2)］ **1.** 途中で奪う，捕まえる，つかむ，さらう，わなにかける **2.** 中断させる，妨げる，さえぎる，そらす **3.** 不当に奪う，盗む，占領する ut pila intercepta remitterent 彼らは飛んでくる重槍を(楯で)受けとめて投げ返さんとして obsessis omni-

bus viis (9f18) missi intercipiuntur あらゆる道が封鎖されていて，使者が途中で捕らえられる

intercīsus → intercīdō[2]

interclūdō 3 inter-clūdere, -clūsī, -clūsum §109 ［inter, claudō §174(2)］ **1.** 封鎖する，遮断する，閉鎖する，道をふさぐ **2.** さえぎる，邪げる，止める，窒息させる **3.** 切り取る，切り離す，隔離させる **4.** 閉じ込める，包囲する commeatibus (9f7) nostros intercludere instituunt 彼らは我が軍に対し食糧輸送の道を遮断することに決める

interclūsī → interclūdō

intercolumnium *n.* intercolumniī 2 §13 ［columna］ 隣接する二つの円柱の間隔，柱間

intercurrō 3 inter-currere, -currī, -cursum §109 ［inter, currō］ **1.** おちこちと走り回る，合間に走る，急ぐ **2.** 仲介者として動く，働く，調停する，とりなす **3.** 間に入る，加わる，まじる **4.** 間に起こる，介在する

intercursō 1 inter-cursāre, -sāvī, -sātum §106 ［inter, cursō］ **1.** 間を走る，間にのびる，ひろがる，よこたわる **2.** 走り込む，交叉する，出会う

intercursus *m.* intercursūs 4 §31 ［intercurrō］ 間を走ること，すみやかな介入，干渉，調停

intercus *a.3* inter-cutis §55 ［inter, cutis］ 皮下の aqua 〜 水腫

interdīcō 3 inter-dīcere, -dīxī, -dictum §109 **1.** 間に口をはさむ，異議をとなえる **2.** 妨げる，差し止める，禁止する，拒否する qua arrogantia (9f16) Ariovistus usus (118.4) omni Gallia (9f7) Romanis (9d) interdixisset (116.11) A. はどんなに傲慢な態度でローマ人に対し全ガッリアへの立入を拒否したことか 〜 alicui aqua et igni (9f7) ある人に水と火の使用を禁止する(追放する)

interdictiō *f.* interdictiōnis 3 §28 ［interdīcō］ 禁止，停止

interdictum *n.* interdictī 2 §13 ［interdīcō の完分］ **1.** 禁止(令)，命令，

布告 **2.** 法務官の臨時の禁止(令)

interdiū 副　昼の光のあるうちに，昼の間に，日中は，白昼に

interdō 不規　inter-dare, -dedī, -datum §159 [inter, dō] 間におく，さしはさむ，仕切る，分ける

interdum 副　**1.** 時々，時おり，時たま，おりにふれて **2.** そのうちに，その間に，さしあたり

intereā 副　**1.** そのうちに，その間に，それまでに **2.** それにもかかわらず，だが，しかし

intereō 不規　inter-īre, -iī, -itum(-itūrus) §156 **1.** 死ぬ，殺される **2.** 消える，なくなる，滅びる，失われる，すたれる，忘れられる **3.** 没落する，破滅する，枯れる，沈む novae pergunt interire (117.4) lunae 月が新しいと見る間に小さくかけて行く non interire animas (117.5), sed ab aliis post mortem transire ad alios 魂は滅びず，死後一つの肉体から他の肉体へ移る(ということ)

interequitō *1* inter-equitāre, -tāvī, -tātum §106 [inter, equitō] 間を馬にのって行く

interfātiō *f.* interfātiōnis 3 §28 [interfor] **1.** 人の発言をさえぎること，言葉をはさむこと **2.** 挿入句的な短い発言，意見

interfēcī → interficiō

interfector *m.* interfectōris *3* §26 [interficiō] 人殺し，殺害者，刺客

interficiō *3b* inter-ficere, -fēcī, -fectum §110 [inter, faciō §174(2)] **1.** 打ち(切り)倒す，殺す **2.** 無くさせる，滅ぼす，全滅させる，根絶する

interfluō *3* inter-fluere, -flūxī (-fluxī?), —— §109 [inter, fluō] **1.** 間を流れる，間を分ける **2.** 間にただよっている，浮かんで流れる

interfor *dep.* 不完　inter-fārī, -fātus sum §162 他人の話している最中口をはさむ，人の話をさえぎる，二人の間に入って話す，介入する Venus medio sic interfata dolore (9f18) est ウエヌス(女

神)は(彼が)悲嘆している最中に(その言葉を)さえぎってこう言った

interfūsus *a.1.2* inter-fūs-a, -um §50 [inter, fundō の完分] **1.** 間に流れ込んだ，注がれた **2.** あちこちにひろがった(満ちあふれた)，一面におおわれた maculis (9f11) trementis interfusa (Dido) genas (9e9) ふるえおののいている両頬一面に(紅潮した)斑点のひろがった(ディードー)

interim 副　**1.** そのうちに，間もなく **2.** 今は，さしあたって，当分 **3.** しかし，それにも拘わらず，一方では **4.** 時折，時々，ある時は

interimō *3* inter-imere, -ēmī, -ēmptum §109 [inter, emō §174(2)] **1.** 途中で奪う，とり除く，片づける，止める，廃止する **2.** こわす，殺す，消す，滅ぼす，零落させる **3.** ひどく苦しめる，悩ます vitam tuam ego interimam (116.1) お前の生きの根を止めてやりたい

interior *a.3* interius §§63, 65 **1.** 一層中心(内部)に近い，いっそう奥まった，いっそう内側の **2.** 奥地の，内陸の，海より遠い **3.** 表面よりいっそう深い，沈んだ，下の **4.** 公に知られていない，秘密の，親密な，私的な interiores templi parietes 神殿のいっそう奥にある間仕切り Falernum interiore nota (9f10) (酒倉の)いっそう奥にある(つまり古い年の)銘札のファレルヌス酒 litterae interiores 親展の書簡

interitiō *f.* interitiōnis 3 §28 [intereō] **1.** 不慮の死，横死，変死 **2.** 死滅，崩壊

interitus *m.* interitūs *4* §31 [intereō] **1.** 不慮の死，変死，横死 **2.** 絶滅，死滅，断絶 **3.** 崩壊，解体，分解，解消

interius 副　[interior の *n.*] **1.** いっそう内側に，いっそう中心近く，いっそう内部へ，いっそう親密な状態に，いっそう深く **2.** 内側に，中に，内部へ，中へ

interjaceō *2* inter-jacēre, -jacuī, —— §108 [inter, jaceō] **1.** 間におかれている，横たわっている，のびる，ひろ

interjicio   406

がる **2.** 間に起こる campus interjacens Tiberi (9d3) ac moenibus Romanis ティベリス川とローマの城壁との間にひろがる平野

interjiciō (**intericiō**) *3b* inter-jicere, -jēcī, -jectum §110〔inter, jaciō §174 (2)〕 **1.** 間に投げ込む，置く，はさむ，はめ込む，さし込む **2.** 入れる，挿入する，書き込む，さしはさむ，ところどころに配置する **3.** つけ加える，接合(結合)する，混ぜ合わせる inter bina castra palude interjecta (9f18) 二つの陣営の間に沼地が横たわっていて brevi spatio interjecto (9f18) 暫くたって interjecto mari 海を隔てて

interjungō *3* inter-jungere, -jūnxī, -jūnctum §109〔inter, jungō〕 **1.** 一緒に合わせる，連結する，くびきにかける，馬具をつける **2.** (休息のため)馬具(くびき)をとりはずす

interlābor *dep.3* inter-lābī, -lāpsus sum §123(3)〔inter, lābor〕 間をすべる，流れる

interlegō *3* inter-legere, -lexī, -lectum §109〔inter, legō〕 あちこちで摘み採る

interlinō *3* inter-linere, -lēvī, -litum §109〔inter, linō〕 **1.** 間に(隙間に，割れ目に)ぬりつける，ぬって接合する，おおいかぶせる **2.** (書類偽造のため，文字を)あちこちで汚す，傷つける，抹殺する

interloquor *dep.3* inter-loquī, -locūtus sum §123(3)〔inter, loquor〕 間に入って話す，人の話に口をはさむ，ところどころで意見(言葉)を入れる，異論をとなえる，さえぎる，邪魔する

interlūceō *2* inter-lūcēre, -lūxī, ── §108〔inter, lūceō〕 **1.** (暗い物の間に)光る，輝く，見える，中からほのかに光る，中から透けて見える **2.** 一時的(時々)明るくなる **3.** 相違が明白となる **4.** 間から光を見せる，隙間(割れ目)を見せる，持つ quaedam animalia interlucent (琥珀の中に)ある種の生きもの(昆虫)が透けて見える ne interluceret acies 戦列が隙間を持たないように

interlūnium *n.* interlūniī *2* §13〔inter, lūna〕月の見えない期間(新月と古月との間)

interluō *3* inter-luere, -luī, ── §109〔inter, luō〕 **1.** 合間に洗う **2.** 間を流れる，あちこちを洗う quos secans interluit Allia アッリア川がその間を割って流れる(土地の人たち)

interminor *dep.1* inter-minārī, -minātus sum §123(1)〔inter, minor〕 **1.** おどして禁じる，やめさせる，変更させる **2.** 強くおどす，脅迫する

intermisceō (**-mī-**?) *2* inter-miscēre, -miscuī, -mixtum §108 混ぜる，混ぜ合わす，まぜて作る

intermissiō *f.* intermissiōnis *3* §28〔intermittō〕 **1.** 中断，中止，一時停止，休止 **2.** (法廷)延期 **3.** 病気の中休み，間欠熱 **4.** 合間，すき間

intermittō *3* inter-mittere, -mīsī, -missum §109 **1.** 間におくる，入れる，投げ込む，二つのものの間に，間隔，間合いを置く，入れる，とる，二つのものを分け隔てる **2.** 続いてるものを中断させる，時々中止する，やめる，放棄する，のこす，さえぎる，邪魔する **3.** 利用せず(そのまま)繰り返させる，無視する **4.** (自)一時的に止む，とぎれる planities intermissa collibus (9f11) 二つの丘の間にひろがる平野 nulla pars nocturni temporis ad laborem intermittitur 労働作業に対し夜の一時刻も中断されない qua flumen intermittit 川の流れが止まっている所で te rogo ut ne intermittas scribere (117.4) あなたが書くことを中断させないように私は要求する

intermorior *dep.3b* inter-morī, mortuus sum §123(3)〔inter, morior〕 **1.** 気づかないうちに，そっと命がつきる，滅びる，死ぬ **2.** 道が行きどまる **3.** 崩壊する，くずおれる，気絶する **4.** 次第に消えていく，見えなくなる，零落する，弱まる，枯れる，うすれる

intermūrālis *a.3* inter-mūrāle §54〔inter, mūrālis〕壁と壁との間の(間にある)

internāscor *dep.3* inter-nāscī, -nātus sum §123(3) の間に, のうちに, 生じる, 生まれる, 起きる, 発育(生長)する

internecíō *f.* interneciōnis 3 §28 [interneco] 全滅, 殲滅, (大)虐殺, 屠殺, 根絶

internecívus *a.1.2* inter-necīv-a, -um §50 [internecio] **1.** 死ぬまで戦われた **2.** 全滅させる, 荒廃させる, 滅ぼす **3.** 殺人的な, 凶悪な

internectō 3 inter-nectere, ──, ── §109 **1.** 一緒にくくる(しばる), (髪を)結(ゆ)い上げる **2.** (傷口を)結び(縫い)合わせる, 編み(組み)合わせる

internōdium *m.* inter-nōdiī 2 §13 [inter, nōdus] 節間(節と節との間), 関節と関節との間(の手足)

internōscō 3 inter-nōscere, -nōvī, -nōtum §109 (二つの間の)相違を知る, 識別する, 区別する

internūntiō 1 inter-nūntiāre, ──, ── §106 [internūntius] 両者が互いに使者を送る, 交渉する, 相互にたより, 伝達を交換する

internūntius *m.* internūntiī 2 §13 両者の間でことづけを運ぶ人, 配達人, 使者, 軍使, 交渉人

internus *a.1.2* intern-a, -um §50 [inter] **1.** 内部の, 内側の **2.** 家庭の, 私的な **3.** 国内の, 市内の **4.** 陸に囲まれた (名)**interna** *n.pl.* internōrum 2 §13 内部, 内部の事情, 内臓

interō 3 in-terere, -trīvī, -trītum §109 [in¹-, terō] **1.** すりつぶして入れる, 砕いて入れる **2.** すりつぶす, こなごなにする tute hoc intristi (114.3), tibi (9d11) omne exedendum (121.1) この(スープ)はお前が自分でパンを砕いてつくったものだ, お前が全部飲み干さねばならん(乗りかかった船だ, あとへひけないよ)

interpellātiō *f.* interpellātiōnis 3 §28 [interpello] **1.** 会話を中断すること, 口を出すこと **2.** 妨害, 邪魔, 中断

interpellātor *m.* interpellātōris 3 §26 [interpello] 人の話をさえぎる人,

邪魔をする人, 妨害する人

interpellō 1 inter-pellāre, -pellāvī, -pellātum §106 [*cf.*appellō] **1.** 間に言葉をはさむ, 話を中断させる, 異議をとなえる, 差し出口をする **2.** 一時中断させる, 停止させる, さえぎる, 邪魔をする, 質問責めにする, 一時見合わせる, 延期する **3.** 呼びかける, 誘う in suo jure aliquem ～ ある人に対し権利の行使の邪魔をする fortuna partam jam victoriam interpellavit 運命がすでに手中にあった勝利を一時中断させた

interpolō 1 inter-polāre, -lāvī, -lātum §106 [inter, poliō?] **1.** みがき上げる, 一新する **2.** 修理(改良)する, 仕上げる **3.** 変造(加工)する, 変える, 改ざんする, 加筆する

interpōnō 3 inter-pōnere, -posuī, -positum §109 **1.** の中に(間に)おく, 所々(時々)入れる, 挿入する, はめ込む, さしはさむ **2.** (群, 組, 会の中に)構成要素として入れる, 含める, 導き入れる, 持ち込む **3.** 介入(介在)させる, 発動(活動)させる, 訴える, 利用する, たよる, 提供(提出)する **4.** 証人として導き入れる, 共犯者(味方)とする, 担保に入れる, 口実とする, 楯にとる **5.** 書き込む, 添加する, とりかえる, すりかえる, 偽造する **6.** (再, 受)間にはいる, 介在(介入)する, 間に起こる, 中に立つ, 干渉(じゃま)する nullā interpositā morā (9f18) 一刻の猶予も措かずに nullā belli suspicione interpositā (118.5) それまで戦闘の起こる気配など全く感じられていなかったとき in eam rem se suam fidem interponere そのことに関して彼は自分の言質を与えること hoc decreto interposito このように裁定を下してから

interpositiō *f.* interpositionis 3 §28 [interpōnō] **1.** 間に置くこと, 押し込む(差し込む)こと, 導入, 包含 **2.** 挿入句(文)

interpres *c.* interpretis 3 §21 **1.** 仲介者, 調停者 **2.** 代弁者, 使節, 神の使者 **3.** 説明者, 解釈者, (前兆, 神託, 夢などの)判断者 **4.** 外国語の翻訳者, 通

interpretātiō

訳

interpretātiō *f.* interpretātiōnis 3 §28 ［interpretor］ **1.** 解釈, 解説, 説明 **2.** 意味, 意義 **3.** 了解, 取り決め **4.** 翻訳, 通訳

interpretor *dep.1* interpretārī, -pretātus sum §§123(1), 125 ［inter-pres］ **1.** 仲介の労をとる, 助ける **2.** 説明する, 解釈する, 判断する **3.** はっきりとさせる, 判読する, 夢をとく **4.** 予言する, 予報する **5.** 認める, 理解する, みなす, 思う **6.** 翻訳する, 通訳する ～ memoriae (9d3) alicujus ある人の記憶を助ける ～ benedictum male ほめ言葉を悪意に解釈する(悪くとる)

interpungō 3 inter-pungere, -punxī, -punctum (pūn-?) §109 ［inter, pungō］ 句読点で区切る, 話の間に中止(休止)を入れる (形)**interpunctus** *a.1.2* -puncta, -tum §50 正しく区切られた, 分けられた (名)**interpunctum** *n.* -punctī 2 §13 文, 語の間の休止, 切れ目, 段落

interquiēscō 3 inter-quiēscere, -quiēvī, ―― §109 ［inter, quiēscō］ 活動の合間に休む, 中休みする

interrēgnum *n.* inter-rēgnī 2 §13 ［inter, rēgnum］ **1.** 王の死と次の王の選出までの期間 **2.** (共)執政官の不在期間 **3.** interrex の在位期間

interrēx *m.* inter-rēgis 3 §21 ［inter, rēx］ 王の死と次の王が選出されるまでの間に, 又は(共)執政官の不在中元老院から指名されて臨時的に権力を行使する人

interritus *a.1.2* interrit-a, -um §50 ［in²-, terreō］ 恐れない, 恐れを知らぬ, 大胆不敵な

interrogātiō *f.* interrogātiōnis 3 §28 ［interrogō］ **1.** 質問, 詰問 **2.** 尋問, 審問 **3.** 検査, 探究, 審査 **4.** 質問(応答)形式による推論, 結論, 三段論法

interrogō *1* inter-rogāre, -gāvī, -gātum §106 **1.** 疑問を尋ねる, 質問する **2.** 尋問する, 調査する **3.** 意見を聞く(求める), 相談する **4.** 責任(罪)を問う, 告発する **5.** 推論する, 説き伏せる ad haec, quae interrogatus es, responde あなたが質問されたそのことに対し答えたまえ

interrumpō 3 inter-rumpere, -rūpī, -ruptum §109 **1.** まん中で裂く, 破る, 絶つ, 切る, 割る, ずたずたに裂く, ひきちぎる **2.** 途中で止める, さえぎる, 中断する, 中止する, 邪魔をする

interrūpī → interrumpō

intersaepiō 4 inter-saepīre, -saepsī, -saeptum §111 **1.** 囲いを巡らす, 取り囲む **2.** 閉じ込める, 妨げる, ふさぐ, 封鎖する **3.** 遮断する, 切り離す, 防ぐ, 守る

interscindō 3 inter-scindere, -scidī, -scissum §109 **1.** まん中で切る, 絶つ, ひきさく, ちぎる, 中断する **2.** 切り離す, 分ける

interserō¹ 3 inter-serere, -sēvī, -situm §109 ［inter, serō¹］ 間に種をまく, 植える

interserō² 3 inter-serere, -seruī, -sertum §109 ［inter, serō²］ 間に入れる(はさむ), はめ込む, さし込む

interstinguō 3 inter-stinguere, -stinxī, -stinctum (-stīn-?) §109 ［inter, stinguō］ **1.** はん点をつける, まだらにする, 濃淡をつける **2.** 一時的に消す, 消して短くする

intersum 不規 inter-esse, -fuī, ―― §151 **1.** 間にある(いる), 介在する **2.** 間に起こる, すぎる, 経過する **3.** 隔てられている, 離れている, 相違している, 違う **4.** 一行(一団)の中にいる, 共にいる, 出席する, 参加する, 協力する, 関係(関与)する **5.** (非)§170 相違する, 関係する, 大切だ, 得策である hoc (9f3) pater ac dominus interest この点で子供の父親と奴隷の主人とは違うのだ omnibus interfui proeliis 私はすべての戦闘に参加した magni (9c7) interesse arbitrabatur quam primum oppido potiri その町をできるだけ早く占領することは大いに重要だと彼は判断した illud mea (170) magni interest, te ut videam それは私にとって大変大切なことなのだ, 私があなたと会う

ということは

intertextus *a.1.2* inter-text-a, -um §50 [inter, texō の完分] 織り込まれた，編み込まれた，からみ(組み)合わせられた

intertrīmentum *n.* inter-trīmentī 2 §13 [inter, terō] **1.** すり切れ，ほころび，目減り **2.** 損失，損傷 **3.** 摩滅，損耗

interturbō *1* inter-turbāre, -bāvī, ── §106 [inter, turbō] 邪魔して困らせる，混乱(不安)に陥れる

intervallum *n.* intervallī 2 §13 [vallus] **1.** 2つの防柵の間の空間，距離，間隔，へだたり，面積，幅 **2.** 2つの事件の間の時間の経過，期間，期限，合間，中断，休息，中止 **3.** 差異，相違 **4.** 音程 (ex) intervallo しばらくして per intervallum (-valla)＝ex intervallo (-llis) 時々，おりおり，所々，ここかしこに tanto intervallo te videre 本当に久しぶり，お目にかかるのは

interveniō *4* inter-venīre, -vēnī, -ventum §111 **1.** そのうち(不意)に来る，登場する，出頭する，不意に訪問する，立ち寄る **2.** 間に入る，介入する，参加する，干渉する，じゃまする，調停する，保証人となる **3.** 不意に起こる，生じる，介在する，中断する hoc ipso tempore et casu equites interveniunt 正しく丁度この時，はからずも騎兵隊が不意に現れる exigua fortuna intervenit sapienti (9d3) 賢人に対し運命ははとんど干渉しない

interventus *m.* interventūs 4 §31 [interveniō] **1.** 登場，到着 **2.** 間に起こること，事件，状況の発生 **3.** 介入，干渉，仲裁，調停，助力

intervertō *3* inter-vertere, -vertī, -versum §109 [inter, vertō] **1.** 途中で奪って，わきへそらす(向ける)，悪用(濫用)する **2.** あざむく，だます，ごまかす，かたる **3.** 横領(着服)する，浪費する，蕩尽する **4.** 無効とする，取り消す，退ける，無視する **5.** (受)interverti 悪くなる，堕落する，退廃する unde sumam? quem

intervertam (116.4)? どこから(その金を)工面しようか，誰をだまして手に入れようか

intervīsō *3* inter-vīsere, -vīsī, -vīsum §109 [inter, vīsō] 時折行ってみる，訪問する

intervolitō *1* inter-volitāre, -tāvī, ── §106 [inter, volitō] 間をとび回る

intestābilis *a.3* intestābile §54 [in²-, testor] (比)intestabilior **1.** 証人として召喚する資格のない，証言能力のない **2.** 恥ずべき，破廉恥な，いまわしい

intestātus *a.1.2* in-testāt-a, -um §50 [in²-, testor] **1.** 証人が呼ばれなかった，証言によって確証されていない，信頼できない **2.** 遺言を残していない，遺言書のない (副)**intestātō** §67(1) 遺言書を作らないで

intestīnus *a.1.2* intestīn-a, -um §50 [intus] **1.** 内部の，内側の，内面の，心の **2.** 国内(市内，家内)で起こった **3.** 私人の，個人の，固有の (名)**intestīnum** *n.* -tīnī 2 §13 腸，内臓，はらわた

intexō *3* in-texere, -texuī, -textum §109 **1.** 編む，組む，なう，よる，編み(組み)合わせる **2.** 織り込む，編み込む，縫い込む，刺繡(ル)する **3.** 編み合わせ(組み合わせ)たものでおおう，着せる **4.** まぜ合わす，まぜる，さし込む scutis ex cortice factis aut viminibus intextis 木の皮や枝編み細工でつくられた楯でもって

intimus (**intu-**) *a.1.2* intim-a, -um §50 [interior の最 §63] **1.** 最も内部の，奥の **2.** 心の奥深く秘められた(かくれた) **3.** 最も離れた，深い，深遠な **4.** 最も私的な，親密な abdidit se in intimam Macedoniam 彼はマケドニアの一番奥地にかくれこんだ ars intima 奥義 scis quam intumum habeam (116.10) te あなたを私がどんなに親密な友とかんがえているかよくごぞんじのはず (副)**intimē** §67(1) 心からねんごろに，親しく，親密に，深く，内心で

intinctus, intinxī → intinguō(intingō)
intinguō (**intingō**) *3* in-tinguere,

intolerābilis   410

-tinxī, -tinctum §109 ［in¹-, tinguō］
1. ひたす, つける, ぬらす **2.** 突っ込む, 投げ込む **3.** 染める, 着色する

intolerābilis *a.3* intolerābile §54 (比)intolerabilior ［in²-, tolerābilis］ **1.** (精神的, 肉体的に)耐えられない, がまんできない, 忍び難い, 許し難い **2.** 抵抗できない, 反抗しがたい

intolerandus *a.1.2* intolerand-a, -um §50 ［in²-, tolerō の動形］ 精神的に耐えられない, がまんできない, 忍び難い, 許し難い

intolerāns *a.3* intolerantis §58 ［in²-, tolerō の現分］ (比)intolerantior (最)intolerantissimus 耐えることのできない, がまんできない, じれったい, 忍び(許し)難い Claudius, caelibis vitae (9c13) intolerans やもめ暮らしに耐えられない Cl.

intoleranter 副 §67(2) (比)intolerantius (最)intolerantissime がまんできないほど, 耐えられないほどに, 気短に, いらいらして

intolerantia *f.* intolerantiae *1* §11 ［intolerāns］ 耐えられない(我慢できない)性格, 短気, 不寛容, 傲慢な言動, 中庸を越えたふるまい

intonō *1* in-tonāre, -tonuī, ―― §106 ［in¹-, tonō］ **1.** (非)雷がなる §165 **2.** 雷鳴がとどろく, 雷鳴の如き大きな音を立てる, 大声で叫ぶ(うなる, 怒号する) **3.** *dep.*(**intonor**)として, とどろく, うなる, 怒号する Eois intonata fluctibus (9d3) hiems 東方の波立つ海の上にうなって吹きすさぶ冬の嵐

intōnsus *a.1.2* in-tōns-a, -um §50 ［in²-, tondeō］ **1.** 髪を刈られていない, 長髪の, ひげを剃られていない, ひげのある **2.** 刈っていない, そっていない **3.** 葉を裸にされていない, 葉のある intonsa comas (9e9) juventus 髪を刈っていない若者 quercus intonsa caelo (9d12) attollunt capita カシワが葉のついた梢を天に向かってもたげている

intorqueō *2* in-torquēre, -torsī, -tortum §108 ［in¹-, torqueō］ **1.** 曲

げる, まげて輪にする, たわめる, ゆがめる **2.** ねじまげる, ねじる, くじく, 脱臼させる **3.** 回す, かき回す, 回転させる, ころがす, (目を)向ける **4.** (髪を)束ねる, 編む, よる, 巻く, より合わせる **5.** 投石器を振り回して飛び道具を投げる, 槍を投げる, 悪口を吐く, とばす intorti capillis (9d3) Eumenidum angues 狂気の女神の髪にまきつかれた蛇 navis retro intorta 船尾の方に回転させられた船

intorsī, intortus → intorqueō

intrā 副・前 **A.** 副 内に(内で), 内側(内部)に **B.** 前(対と)**1.** (空間的)の中(内)に(で), 内側に(へ), 範囲(制限)内で **2.** (時間的)の間に, 以内に, 期間に, 以前に intra se 家に, 故里に, 自分一人で intra parietes meos 私の家の中に intra paucos dies 数日以内に intra annum vicesimum 20 歳になる前に intra legem 法律の命じる範囲内で

intrābilis *a.3* intrābile §54 ［intrō］ 入ることのできる, 通行できる

intractābilis *a.3* in-tractābile §54 ［in²-, tractābilis］ (比)intractabilior 取り扱いにくい, 御し難い, 手に負えない, 強情な, 野蛮な

intractātus *a.1.2* in-tractāt-a, -um §50 ［in²-, tractō］ 以前に用いられた(ためされた)ことのない, まだ馴(らさ)れていない

intremō *3* in-tremere, -tremuī, ―― §109 ［in¹-, tremō］ **1.** 震える, 身震いする **2.** ゆれる, 震動する **3.** 振る, ゆすぶる **4.** 震動音を出す

intrepidus *a.1.2* in-trepid-a, -um §50 ［in²-, trepidus］ **1.** 恐れない, 物おじしない, ひるまない, 大胆な **2.** 恐れを見せない, ためらわない **3.** 心配(悩み)のない (副)**intrepidē** §67(1) 恐れないで, 心配なく, 大胆に

intrīnsecus 副 内に, 内で, 内から, 内へ

intrītus *a.1.2* intrīt-a, -um §50 ［in²-, terō の完分］ **1.** まだ粉砕されていない **2.** まだ消耗(衰弱)していない, 疲れていない

inultus

intrītus, intrīvī → interō

intrō 副 内に，内で，内へ，内側に，屋内に(で，へ) duc hos intro この人たちを内へ入れろ

intrō 1 in-trāre, -trāvī, -trātum §106 ［intrā］ **1.** 入る，歩み込む，法廷に入る **2.** 侵入する，突入する，突破する **3.** 突き通す，貫く，襲う **4.** 深く入る，見抜く，洞察する，研究する，悟る in rerum naturam ～ 万物の本性を研究する intravit animos pavor 恐怖が心の中を貫いた in tuam familiaritatem penitus intravi あなたと私は親密な関係になった

intrōdūcō 3 intrō-dūcere, -dūxī, -ductum §109 **1.** (人，軍隊など)導き入れる，連れ込む，先導する，案内する，紹介する **2.** (制度，習慣など)入れる，もたらす，輸入する，始める，起こす，樹立(確立)する **3.** (言葉，話題など)さしはさむ，提起(提案)する，主張(固持)する

intrōductiō f. intrōductiōnis 3 §28 ［intrōdūcō］ 持ち込むこと，導入，紹介

introeō 不規 intro-īre, -iī(-īvī), -itum §156 **1.** 入る，舞台に登場する，法廷に入る，ローマに入る **2.** 侵入する，侵略する **3.** (地位，任務に)就く，引き受ける **4.** 家族の一員となる，入籍する

intrōferō 不規 intrō-ferre, -tulī, -lātum §158 持ち込む，運び込む

intrōgredior dep.3b intrō-gredī, -gressus sum §123(3) ［intrō, gradior §174(2)］ 内に入る，入り(踏み)込む

introitus m. introitūs 4 §31 ［introeō］ **1.** 入ること，入場，登場 **2.** 侵入，侵略，進駐 **3.** 入る手段(機会，権利)，入場料，入会金 **4.** 出入口，通路，河口 **5.** 開始，発端，始め，序の口 **6.** 就任，即位 aperto suspicionis introitu (9f18) 嫌疑の入り口が開かれて

intrōmittō 3 intrō-mittere, -mīsī, -missum §109 **1.** 入ることを許す，入れる **2.** 送り込む，導き入れる，案内する

intrōrsus (-sum) 副 中の方へ，内側へ，内面へ，内に(で)，中に(で)，内部に(で)，内側に，内心では

intrōrumpō 3 intrō-rumpere, -rūpī, -ruptum §110 押し入る，中へ突き進む，乱暴に飛び込む，突入(突破)する

intrōspiciō 3b intrō-spicere, -spexī (spē-?), -spectum §109 ［intrō, speciō §174(2)］ **1.** 中を見る，のぞき込む **2.** じっと見る，見つめる，見入る **3.** 注意する，丹念に調べる，吟味(検査)する

intubus (**intibus**) m. (**-bum** n.) intubī 2 §13 キクヂシャ，キクニガナ

intueor dep.2 in-tuērī, -tuitus sum §§123(2), 125 ［in¹-, tueor］ **1.** じっと見つめる，凝視する，驚いて目を見張る **2.** 注目する，警戒する，見守る，観察する **3.** 詳しく点検する，吟味する，反省する，考慮する，熟考する

intulī → inferō

intumēscō 3 in-tumēscere, -tumuī, —— §109 ［in¹-, tumēscō］ **1.** ふくれる，ふくらんでくる，ふくらむ，はれる，はれ上がる **2.** 大きくなる，生長する，伸びる，増大する **3.** ふえる，増加する，嵩を増す **4.** 荒れる，波立つ，烈しくなる，立腹する，むかつく，怒る **5.** 威張る，うぬぼれる，自慢する

intumulātus a.1.2 in-tumulāt-a, -um §50 ［in²-, tumulō］ 埋葬され(てい)ない

intus 副 **1.** (その)内(中)で(に，へ，から，が)，内側に，内面に **2.** 心底，心中に，(わが)体の中に **3.** (わが)家に，故里に，本国に estne frater intus? 家の中に兄弟がいるか intus novam nuptam deduxi 私はわが家に花嫁をつれてきた intus est equus Trojanus 内にトロイヤの馬がいる (獅子身中の虫) intus obsera ostium 戸を中から門でしめよ

intūtus a.1.2 in-tūt-a, -um §50 ［in²-, tūtus］ **1.** 守られていない，無防備の **2.** 危険な，安全でない，あやふやな，自信のない，疑わしい

inula f. inulae 1 §11 オオグルマ (キク科)

inultus a.1.2 in-ult-a, -um §50 ［in²-, ulcīscor の完分］ **1.** 処罰を受けな

inumbrō 412

い，無傷の，無事の **2.** 復讐をとげていない，危害に対する償いをされていない，復讐によって報いられない（なだめられない），恨みを晴らしていない，不満の，飽くことのない numquam omnes hodie moriemur inulti 今日我々は全員死すともこの恨みをきっと晴らすだろう dum poenas odio per vim festinat inulto 彼がなだめられない憎悪のため力ずくの処罰をあせっているうちに

inumbrō *1* in-umbrāre, -brāvī, -brātum §106 ［in¹-, umbrō］ **1.** 上に影を投げる，影でおおう，光をさえぎる，くもらせる **2.** 光を失わせる，顔色なからしめる，(名声を)圧倒する，凌駕する

inūnctus → inunguō(-gō)

inundātiō *f.* inundātiōnis *3* §28 ［inundō］ 洪水，浸水

inundō *1* in-undāre, -dāvī, -dātum §106 ［in¹-, undō］ **1.** 水浸しにする，上にあふれる，氾濫する，洪水にする，一杯にする，みたす **2.** 群がる，寄り集まる inundant sanguine fossae 堀が血であふれる aqua inundat terram 洪水が土地を浸す

inunguō (**-ungō**) *3* in-unguere, -ūnxī, -ūnctum(-unc-?) §109 ［in¹-, unguō］ (香油，(膏)薬)を塗る，塗り込む，すり込む，しみ込ませる，上にひろげる，はりつける

inurbānus *a.1.2* in-urbān-a, -um §50 ［in²-, urbānus］ **1.** 洗練されていない，雅やかでない，野暮臭い **2.** 利口でない，鈍い，教養のない，機知のない，つまらない （副)**inurbānē** §67(1) 機知(洗練)を欠いて，鈍感にも，田舎臭く

inūrō *3* in-ūrere, -ussī, -ustum(-ūssī, -ūstum?) ［in¹-, ūrō］ §109 **1.** 焼き込む(つける)，焼いてしるしをつける，焼印(烙印)をおす **2.** 焼く，燃やす，こがす，あぶる **3.** 消すことのできない(不変の)しるし，(特色)を与える，加える，刻印をおす，強く心に刻み込ませる，印象づける **4.** 焼きごてで髪をちぢらす，巻き毛にする **5.** 焼き付け(蠟画法)で描く monumentum cruentis litteris inustum 血の(屈辱の)

文字で刻まれた記念碑 nota turpitudinis inusta vitae tuae (9d3) est お前の生涯に(わたって)消すことのできない不名誉な烙印がおされたのだ

inūsitātus *a.1.2* in-ūsitāt-a, -um §50 ［in²-, ūsitātus］ (比)inusitatior 普通でない，変わった，珍しい，不思議な，未知の，なじみの薄い，不慣れな （副)**inūsitātē** §67(1) 異常な具合に，不思議なことに，奇妙に

inustus → inūrō

inūtilis *a.3* in-ūtile §54 ［in²-, ūtilis］ (比)inutilior (最)inutilissimus **1.** 役に立たない，無用な，無能な，不適切な **2.** 不利(不便)な，実りのない，甲斐のない，価値のない **3.** 悪い，有毒(害)な aetate (9f3) ad pugnam inutiles 年齢上戦いに耐えられない人たち inutile factu (120.3) しても無駄なこと

inūtiliter 副 §67(2) (比)inutilius **1.** 無駄に，無用に，無効に，無益に **2.** 悪く，有害に，不適当に，不便に

invādō *3* in-vādere, -vāsī, -vāsum §109 ［in¹-, vādō］ **1.** 強引に(暴力的に)入り込む，踏み(押し)込む，侵入する **2.** 突入する，攻撃する，侵略する，襲撃する **3.** 襲う，奪う，つかむ，捕まえる，侵害(強奪)する **4.** 飛びかかる，近寄ってやっつける，非難する **5.** 強引に(思いきって)企てる，始める，行う pestis in vitam hominum invadit 悪疫が人の命を奪う furor invaserat improbis (9d3) 狂気が性悪な市民たちを襲っていた invade viam 道に踏み込め(旅に出発せよ)

invalēscō *3* in-valēscere, -valuī, ── §109 ［in¹-, valēscō］ **1.** 体が強くなる，体力がつく **2.** 精力が増す，優勢となる

invalidus *a.1.2* in-valid-a, -um §50 ［in²-, validus］ (最)invalidissimus **1.** 弱い，脆い，病弱な **2.** 無力な，無能な，無気力な **3.** 弱点のある，頼りない，劣った，不適当な

invāsī, invāsus → invādō

invectiō *f.* invectiōnis *3* §28 ［invehō］ **1.** 輸入 **2.** (車，馬で)乗り入

れること，入港

invectus, invēxī → invehō

invehō *3* in-vehere, -vēxī, -vectum
§109 [in¹-, vehō] **1.** 運び込む，持ち込む，移す，輸入する，導入する **2.** (受) invehi(再)se invehere（イ）(馬，車，船に乗って equo, curru, navi etc 9f11) 入る，到着する（ロ）侵入する，攻撃する（ハ）かみつく，ののしる，罵倒する urbem triumphans (118.4) invehitur 彼は凱旋式をあげてローマに入場する invecta (9f18) in terga pugnantium (118.2) classe 戦っている(味方の)背後に(敵の)艦隊が攻撃してきたので natantibus invehens (現分・受の意味で) beluis (彼は)泳いでいる海獣の背にのって Tiberius etsi infense invectus (118.4) cetera ambigua reliquerat ティベリウスは激しく罵倒したが，あとの指示は一切あいまいなままにしておいた

inveniō *4* in-venīre, -vēnī, -ventum
§111 [in¹-, veniō] **1.** 合う，遭遇する **2.** 見つける，発見(発明)する，探し出す，創造する **3.** 学んで(聞いて)知る，経験する，証明する，たしかめる **4.** 工夫する，考案する，企む **5.** 探して手に入れる，得る，達する，届く reliquas (naves) paratas (9e3) ad navigandum invenit 彼は残りの(船)が航海の準備のできているのを知った inveniebat omnes convenisse (117.5) 彼は皆集合しているのを(聞いて)知った

inventiō *f.* inventiōnis *3* §28 [inveniō] **1.** 見つけること，発見 **2.** 案出，工夫，計画，発見(の才)，創作，創りごと

inventor *m.* inventōris *3* §26 [inveniō] 発見者，発明者，考案者，創作(著作)者，創立者，開祖，始祖

inventrīx *f.* inventrīcis *3* §21 [inventor] 女性の発見者，案出者，発明者

inventum *m.* inventī *2* §13 [inveniō の完分] **1.** 発明，発見(= **inventus** *m.4* §31) **2.** 発明(発見)されたもの，工夫(案出)されたもの，教養，

学説，意見，計画 **3.** 主題，題目

invenustus *a.1.2* in-venust-a, -um §50 [in²-, venustus] **1.** 魅力(愛嬌，優美さ)を欠いた，愛らしくない，醜い，不快な **2.** ウエヌス女神から好意をもたれていない，失恋した （副)**invenustē** §67 (1) 魅力なく，不快に，無風流に，粗野に

inverēcundus *a.1.2* in-verēcund-a, -um §50 [in²-, verēcundus] （比) inverecundior （最)inverecundissimus 慎みのない，恥知らずの，図々しい，あつかましい （副)**inverēcundē** §67(1) 恥も外聞もなく，図々しくも

invergō *3* in-vergere, ──, ── §109 [in¹-, vergō] 容器を傾ける，水をそそぐ，かける

invertō *3* in-vertere, -vertī, -versum §109 [in¹-, vertō] **1.** ひっくり返す，裏返しにする，さかさにする **2.** 反対の方へ向ける，向きを変える，曲げる，変える **3.** 正道から曲げる，堕落させる，改悪する **4.** 翻訳する manus inversa 手の甲 inversa verba 正反対の(皮肉な)意味で用いられた言葉 ～ terram vomere 土地を鋤でひっくりかえす pro curia inversique mores! 何となげかわしいことか，元老院の権威もローマの淳風美俗も地におちてしまった

invesperāscō *3* invesperāscere, ──, ── §109 （非)§165 夕暮れとなる，暗くなる

investīgātiō *f.* investīgātiōnis *3* §28 [investīgō] 調査，探索，せんさく，研究

investīgātor *m.* investīgātōris *3* §26 [investīgō] 探索者，探究者，かぎつける(見つけ出す)人

investīgō *1* in-vestīgāre, -gāvī, -gātum §106 [in¹-, vestigō] **1.** 跡をつけて見つけ出す，追跡する，かぎつける **2.** 探知(探索)する，調査(吟味)する，見抜く，解読する

inveterāscō *3* in-veterāscere, -veterāvī, ── §109 [inveterō] **1.** 年をとる，古くなる **2.** 年と共に改良される，成熟する **3.** (年と共に)根をおろす，

inveterō 414

定住(定着)する，習慣となる，確定する populi Romani exercitum (117.5) hiemare atque inveterascere in Gallia moleste ferebant 彼ら(ガッリア人)はローマ国民の軍隊がガッリアにおいて冬営し且つ常駐することを迷惑に思っていた

inveterō *1* in-veterāre, -rāvī, -rātum §106 [in¹-, vetus] **1.** 古くさせる，年をとらせる，ならす，親しませる，習熟させる **2.** (受)年をとる，成熟する，習慣となる，根づく，落ち着く，確定する （形）

inveterātus *a.1.2* rāta, -rātum §50 **1.** 年をとった，成熟した **2.** 習慣となった，根深い **3.** 慢性の，長びく **4.** 経験を積んだ，老練な

invēxī → invehō

invicem (**in vicem**) 副 [in, vicis] **1.** 入れ替わって，交替して，番にあたって，今度は…の番で **2.** 順々に，次々と **3.** お互いに，交互に，かわるがわる invicem diligere お互いに愛し合うこと defatigatis (9d3) in vicem integri succedunt 疲れた者に替わって(今度は)元気なものがあとをつぐ invicem rusticas res scribe 今度はあなたの番で，田舎の情報を書いてよこして下さい

invictus *a.1.2* invict-a, -um §50 [in²-, vincō の完了] **1.** 破れた(負けた)ことのない，常勝不敗の **2.** 負けない，征服されない，打ち勝てない，征服し難い，無敵の，無比の **3.** (決心，信念など)変えない，変えられない，ゆるがされない，意志堅固な，強情な，つれない invictus a labore 労苦に負けない(人) invicta bellō (9f11) dextera 常勝不敗の右手

invidendus *a.1.2* invidend-a, -um §50 [invideō の動形] 嫉妬心をあおる，やきもちをやかせる，ねたましい，ねたまれるような，羨ましい caret invidenda sobrius aula 思慮分別のある人は人の嫉妬心をあおる金殿玉楼などは遠慮して建てないものだ

invideō *2* in-vidēre, -vīdī, -vīsum §108 [in¹-, videō] **1.** 横目で(疑って)見る，悪意をもって見る **2.** ねたむ，そねむ，嫉妬する，うらやむ **3.** (与えること，

許すことを)惜しむ，しぶる，拒む，断る invisurum (146, 117.5) aliquem facilius quam imitaturum「誰にとっても見習おうとすることよりも嫉妬することの方がやさしいのだ」と sibi omnes finitimos esse inimicos ac suae virtuti (9d1) invidere「自分らの周辺部族は皆自分らの敵であり且つ自分らの武勇を嫉妬している」と mihi (9d4) senectus invidet imperium 老齢が私に支配権を与えることをしぶっているのだ

invidia *f.* invidiae *1* §11 [invideō] **1.** 悪意，敵意，意地悪 **2.** 反感，憎しみ，憎悪 **3.** 嫉妬，羨望，猜疑，不評 absit (116.1) invidia verbo (9f7) こう言うことをお許し下さい invidiā ceu fulmine summa vaporant やきもちによってあたかも雷火によるかのように，頂点(にいる人)は焼かれる post gloriam invidiam sequi (117.5)「栄光の後を嫉妬がつける」(と) tria deinde ex praecepto veteri (57) praestanda (147) sunt ut vitentur : odium, invidia, contemptus そこで古人の教えから，避けるべきものとして，3つのものがあげられているのは当然である；憎しみ，ねたみ，軽べつ invidiā (9f6) Siculi non invenere (114.4) tyranni maius tormentum シキリアの暴君たち(といえど)も嫉妬よりすごい拷問具は発明していない

invidiōsus *a.1.2* invidiōs-a, -um §50 [invidia] （比)invidiosior （最)invidiosissimus **1.** 嫉妬深い，人をうらやむ(そねむ，ねたむ)所の，反感，憎悪を抱く **2.** 人に反感，憎悪を起こさせ易い，憎らしい，いやな，羨望・嫉妬を招き易い，不評を買い易い hoc vobis invidiosum est これは皆さんの憎しみをかきたてるものだ invidiosa omnibus fortuna tua 誰からも羨ましがられるあなたの幸運 （副)

invidiōsē §67(1) 反感(不評)を買うように，嫉妬をかきたてるように，嫉妬して，反感を抱いて

invidus *a.1.2* invid-a, -um §50 [invideō] **1.** 悪意(恨み)を抱いた，意地のわるい **2.** 嫉妬深い，うらやむ，ねたむ，

そねむ, 惜しむ invidus alterius macrescit rebus opimis (9f16) 嫉妬心が深い人は他人のふとった財産でやせていくのだ dum loquimur, fugerit (未完) invida aestas 我々がこう話しているうちにも, 与えることを惜しむ時は逃げてしまっているだろうに vicus invidus aegris (9d13) 病人に羨ましがられる土地(保養地)

invigilō *1* in-vigilāre, -lāvī, -lātum §106 [in¹-, vigilō] **1.**(の側で, ために)眠らずにいる, 起きて番をする, 熱心に番をする **2.** 夜をふかし(徹夜して)仕事をする, 夜ふかしを仕事に捧げる, (仕事に)没頭する aliae (apes) victu (9d) invigilant 他の蜂たちは食べものを集めるのに余念がない

inviolābilis *a.3* inviolābile §54 [in²-, violābilis] **1.** 破壊されない, 傷つけられない, 犯されない, 不可侵の **2.** 滅ぼすことのできない, 不滅の

inviolātus *a.1.2* in-violāt-a, -um §50 [in²-, violō の完分] **1.** 損傷を蒙っていない, 無傷の **2.** 体面を汚されていない, 貞節を凌辱されていない **3.** 冒瀆されていない, 犯しがたい, 神聖な **4.** 犯されていない, 破られていない **5.** 心が乱されていない, 汚れていない, 純潔な, 清澄な, 平静な bonum inviolatum esse oportet (168) 善良な人は心を乱されてはならない(平静であるべきだ)

invīsitātus *a.1.2* in-vīsitāt-a, -um §50 [in²-, vīsitō] **1.** 見られない, 訪問されない **2.** 以前に見たことのない, 未知の, 親しみのない, 新しい

invīsō *3* in-vīsere, -vīsī, -vīsum §109 **1.** 会いに行く, 訪問する **2.** 会う, 見る, 見つめる, 見物する ad me invisam (116.4) domum ちょっと私の家をたずねて見ようか

invīsus¹ *a.1.2* in-vīs-a, -um §50 [invideō の完分] (比)invisior (最)invisissimus 憎らしい, 憎むべき, いまわしい, いやらしい, きらわれている, 人望(人気)のない regis (9c2) nomen invisum apud popularis 民衆の間で嫌われている王という名

invīsus² *a.1.2* invīs-a, -um §50 [in²-, videō の完分] まだ見たことのない, 目に見えない, かくれた, 人の目からかくされた

invītāmentum *n.* invītāmentī *2* §13 [invītō] 誘惑(物), 餌, 誘因, 勧誘, 刺激, 魅力

invītātiō *f.* invītātiōnis *3* §28 [invītō] **1.** 敬意を表した食事・酒宴への招待 **2.** 勧誘, 要請, 激励, 人の意欲・興味をそそること

invītātus *m.* invītātūs *4* §31 [invītō] 招待, 勧誘

invītō *1* invītāre, -tāvī, -tātum §106 **1.** 招待する, 歓待する, 厚遇する, 供応する, もてなす, 泊める **2.** すすめる, さそう, 促す, 気を起こさせる, たのむ, 命じる invito eum per litteras ut apud me deversetur 私は彼に手紙を送って私の家に滞在するように招待する omnibus rebus hostes invitati (118.4) copias traducunt 敵はこれらすべての事情に誘われて軍隊を渡河させる

invītus *a.1.2* invīt-a, -um §50 [in²-, volō] (比)invitior (最)invitissimus (副の如く用いられる)意志(気)がない, 気がすすまない(のに), いやいやながら, しぶしぶと me invito (9f18) 私の意に反して eum invitissimus dimisi 私は本当にしぶしぶと彼を解雇したのだ

invius *a.1.2* in-via, -vium §50 [in²-, via] **1.** 道のない, 通れない **2.** 到達できない, 近寄れない **3.** 入り込めない, 貫けない, 攻略できない regna invia vivis (9d13) 生きた者には入り込めない王国(地獄)

invocātus *a.1.2* in-vocāt-a, -um §50 [in²-, vocō] 呼ばれていない, 誘われていない, 招待されていない

invocō *1* in-vocāre, -cātum §106 [in¹-, vocō] **1.** そばへ呼び寄せる, 迎えにやる **2.** (神・死者の霊に)祈願する, 呼び求める, 願い求める, (約束, 法に)訴える **3.** (魔法で)呼び起こす, 呼び出す **4.** 名付ける, 称する

involātus *m.* involātūs *4* §31

involitō 416

［involō］ 飛ぶこと，鳥の飛んで行く姿（飛び方）

involitō *1* involitāre, -tāvī, ——
§106 ［involō］ ひらひらと飛ぶ，浮かぶ，ふさふさとたれる

involō *1* involāre, -volāvī, volātum §106 ［in¹-, volō²］ **1.** 飛ぶ，飛んで入る，飛び込む **2.** 飛ぶように行く，突進する **3.** 飛びかかる，急襲する，捕らえる，掠奪する

involūcrum *m.* involūcrī *2* §13 ［involvō］ **1.** 包む（くるむ）もの，箱，袋，包(?)み，ふろしき **2.** おおう（かぶせる，かぶる）もの，おおい，ふた，幕，ヴェール（面紗），仮面

involvō *3* in-volvere, -volvī, -volūtum §109 ［in¹-, volvō］ **1.** 内へ（上へ）ころがす，ころがして行く **2.** ぐるぐる巻く，巻きつかせる，巻き込む，くるみ込む，巻き込む **3.** 包む，おおう，着物を着せる，衣服でおおいかくす Ossae Olympum 〜 オッサ山の上にオリュンプス山をころがして積むこと mea virtute me involvo 持って生まれた心意気によってわが身を包む（守る）litteris me involvo 私は読書に没頭している

invulnerātus *a.1.2* in-vulnerāt-a, -um §50 ［in²-, vulnerō］ 傷つけられた（害された）ことのない *cf.***invulnerābilis** *a.3* -bile §54 傷つけられていない，不死身の

iō 間 おお，ああ，神ときに人に訴えて激しい感情（歓喜，苦痛）を爆発させる叫び声

Īō *f.* Īūs, Īōnis *3* §41.10.b （神）Inachus の娘，Zeus に愛されてのち若い雌牛に変えられた

Īōnes *m.pl.* Īōnum *3* §28 Ionia 人 （形）**Īōnicus** *a.1.2* Īōnic-a, -um §50 Ionia の，Ionia 式（風）の

Īphigenīa *f.* Īphigenīae *1* §37 （神）Agamemnon の娘，トロイア遠征軍の出帆にあたって犠牲となった

ipse 代 ipsa, ipsum §81 ［（古）ipsus *m.sg.nom.*, eapse *f.sg.nom.*, eumpse *m.acc.sg.*, eōpse *m.abl.sg.*］ **1.** 彼

（彼女，それ）自身，自体，正しくそのもの，正真正銘の，同じ（当の）本人，師，主人 **2.** 自ら自発的に **3.** 正確に，ちょうど ipse Caesar カエサル自身 ipse dixit 彼（主人，師）は言った illi homines ipsorum lingua Celtae appellantur あの人たちは彼ら自身の言語でケルタエ族と呼ばれている mea ipsius domus 私自身の家 veritas se ipsa defendit 真理は自分で自己を守る ille imprudens suus ipse accusator fuit あのものは愚かにも自分自身のれの告発者となった eo ipso die casu Messanam (70) venit 彼はたまたまちょうどその日メッサナにやって来た triginta dies (9e8) ipsos ちょうど 30 日間

īra *f.* īrae *1* §11 **1.** 怒り，立腹，激怒，憤怒，憤り **2.** 怒りの理由，原因，目的，対象 ira furor brevis est 怒りは短い間の狂気である dic aliquam, quae te mutaverit (116.10), iram お前を変えた何か怒りのわけを言ってくれ

īrācundia *f.* īrācundiae *1* §11 ［īrācundus］ **1.** 怒りっぽい気性，かんしゃく，短気 **2.** 立腹，怒り，憤慨，恨み，激情，鬱憤 in eas (naves) indilgentiae suae ac doloris (9c3) iracundiam erupit 彼は自分の不覚と口惜しさに対する鬱憤をそれらの（敵の）船に対し爆発させた

īrācundus *a.1.2* īrācund-a, -um §50 （比）iracundior （最）iracundissimus **1.** 怒りっぽい，かんしゃく持ちの，短気な **2.** 怒った，憤怒の，立腹した （副）**īrācundē** §67(1) （比）iracundius 腹を立てて，怒って，癇癪(かんしゃく)をおこして

īrāscor *dep.3* īrāscī, -īrātus sum §§123(3), 125 ［īrātus］ 怒る，恨む，憤る，腹をたてる irascar (116.3) amicis (9d1) 友人に私も腹を立てるかもしれない irasci (117.4) in cornua discit arboris obnixus (118.4) trunco (taurus) 牛は木の幹を強く突き，角の中に怒りをこめることを学ぶ

īrātus *a.1.2* īrāt-a, -um §50 ［īra］ （比）iratior （最）iratissimus 怒った，腹をたてた(9d13) eripere telum, non dare irato decet 怒っている者からは剣を

irrigō

とりあげるべきで，与えてはならない（副）

īrātē §67(1) 腹をたてて，怒って，憤慨して

Īris f. Īridis, Īris 3 §41.6b（神）**1.** 虹の女神，神々の使者 **2.** 虹

īrōnia（**īrōnēa**）1 īrōniae 1 §11 <εἰρωνεία **1.**（修）思っていることと正反対の意味を伝える，機知のある表現（技法），反語，あてこすり，皮肉 **2.** 見せかけの無知，ソークラテース的皮肉

irreligātus a.1.2 ir-religāt-a, -um §50 ［in²-, religō の完分 §176］**1.** 縛られていない，結ばれていない，解放された **2.** ともづなをとかれた

irreligiōsus a.1.2 ir-religiōs-a, -um §50 ［in²-, religiōsus §176］ 不信心な，無信仰の，敬神の念のない

irremeābilis a.3 ir-remeābile §54 ［in²-, remeō］ 帰ってくることのできない，帰路のない

irreparābilis a.3 ir-reparābile §54 ［in²-, reparābilis §176］ 見つけだせない，とり戻せない，修復（回復）できない，取り返しのつかない fugit irreparabile tempus 時は去るともう取り戻せない

irrepertus a.1.2 ir-repert-a, -um §50 ［in²-, reperiō の完分 §176］ 見つけだせない，発見されていない

irrēpō 3 ir-rēpere, -rēpsī, —— §109 ［in¹-, rēpō §176］**1.** 這ってはいる，しのび込む，こっそり（用心深く）歩む，進む **2.** 徐々にしみ込む，浸透する，ひろがる **3.** 人の心の中にそっと入って次第に影響力を持つ，うまく取り入る Vitellius irrepentibus dominationis magistris (9f18) superbior 専制政治の教師（使嗾者）どもが巧みに取り入ってからウィッテリウスは次第に傲慢となる

irreprehēnsus a.1.2 ir-reprehēns-a, -um §50 ［in²-, reprehendō §176］ 非難されたことのない，非難に価しない，なんのとがもない，潔白な

irrequiētus a.1.2 ir-requiēt-a, -um §50 ［in²-, requiēscō の完分 §176］**1.** 休息しない，絶え間なき，たゆまない，不断の **2.** 心の休まらない，不安にさせる

irresectus a.1.2 ir-resect-a, -um §50 ［in²-, resecō §176］ 爪を切られていない

irresolūtus a.1.2 ir-resolūt-a, -um §50 ［in²-, resolvō §176］ 解かれていない，ほどけていない，ゆるんでいない

irrētiō 4 ir-rētīre, -rētīvī(-tiī), -rētītum §111 ［in¹-, rēte §176］**1.** 網で捕える，わなにかける **2.** がんじがらめにする，こんがらせる，巻き添えにする，紛糾させる **3.** 誘惑する，陥れる

irretortus a.1.2 ir-retort-a, -um §50 ［in²-, retorqueō の完分 §176］ 振り向かない，そむけない quisquis ingentis oculo irretorto (9f9) spectat acervos 巨大な富の山を見て通りすぎても振り返って二度と見ない人は皆

irrevocābilis a.3 ir-revocābile §54 ［in²-, revocō §176］ 呼び戻すとのできない，取り戻せない，ひっくりかえせない 変更できない（定まった），取り消せない，和解できない（執念深い）semel emissum volat irrevocabile verbum 一度発せられた言葉は飛んで行ってもう呼び戻せない

irrevocātus a.1.2 ir-revocāt-a, -um §50 ［in²-, revocō の完分 §176］「もう一度」と要求されない（命じられない），呼び戻されない，取り消せない，さまたげられない

irrīdeō 2 ir-rīdēre, -rīsī, -rīsum §108 ［in¹-, rīdeō §176］ 笑いとばす，嘲笑する，からかう，ばかにする

irrīdiculē 副 ［in²-, rīdiculē］ 機知（頓知）のないやり方で

irrigātiō f. irrigātiōnis 3 §28 ［irrigō］ 灌漑，水に浸すこと，水をそそぐこと

irrigō 1 ir-rigāre, -gāvī, -gātum §106 ［in¹-, rigō §176］**1.** 水をひき入れる，そそぎ（流し）込む **2.** 水をかける，まく，行きわたらせる，灌漑する **3.** 水にひたす，びしょぬれにする，面にみなぎらせる（うるおす），氾濫させる **4.** 水で生気を与える，元気づける，養う，肥やす sol irrigat caelum candore recenti 太陽が新しい

irriguus 418

光線で天空を一面にうるおす fessos sopor irrigat artus 眠りが疲れ切った四肢を生き返らせる

irriguus *a.1.2* ir-rigu-a, -um §50 [irrigō] **1.** たえず水を(しめり気を)供給されている, 灌漑されている, 水をかけられている, うるおっている, しめった **2.** 酒びたしになった **3.** たえず水を供給する, 灌漑する, うるおす, しめらす, 注ぐ irriguum mero sub noctem corpus habento 夜には酒に酔った体を持つべし irriguum bibant (116.2) violaria fontem いつも湧いている泉の水をスミレの花壇に飲ますべきだ

irrīsiō *1* irrīsiōnis *3* §28 [irrīdeō] 嘲笑(の的), あざけり, 冷笑

irrīsus *m.* irrīsūs *4* §31 [irrīdeō の完分] **1.** 嘲笑(弄), 冷笑, ひやかし, 侮辱 **2.** 嘲笑の的, 笑いもの

irrītābilis *a.3* irrītābile §54 [irrītō] 刺激を感じやすい, 過敏な, 激し(興奮し)やすい, 癇癪持ちの

irrītāmen *n.* irrītāminis *3* §28 ＝**irrītāmentum** *n.* *2* §13 [irrītō] **1.** 怒らせる(いらいらさせる)もの, 憤慨させるもの, 挑発するもの **2.** 拍車, 刺激, 誘因, 動機, 興奮剤

irrītātiō *f.* irrītātiōnis *3* §28 [irrītō] **1.** 刺激, 挑発, 鼓舞, 扇動 **2.** 立腹, いらだち, 癇癪（かんしゃく）

irrītō *1* irrītāre, -tāvī, -tātum §106 **1.** 怒らせる, 憤慨させる, いらだたせる, じらす, 苦しめる **2.** けしかける, 挑発する, 発奮させる, 刺激する, 煽動する **3.** 悪化させる, 激しくする, つのらせる, 重くする ita sum irritatus, animum ut nequeam ad cogitandum (119.4) instituere 私はひどく腹をたてたので落ち着いて考える気になれないのだ irritatur retenta et crescit rabies 怒りは抑えつけられて反発し益々激しくなる

irritus *a.1.2* ir-rit-a, -um §50 [in²-, ratus §176] **1.** 確実な根拠のない, 論理的に妥当でない **2.** 無効な, 無価値の, 無駄な, 空疎な, むなしい **3.** 実現(達成)されなかった, 不首尾(不幸)に終わった,

がっかりした, 失望した ille ut irritus legationis (9c6) redit 彼は使節の任務が不首尾に終わったかのように帰ってきた spes ad irritum (名 .*n*.49) redacta 水泡に帰した希望

irrogātiō *f.* irrogātiōnis *3* §28 [irrogō] 懲罰の要求, 命令

irrogō *1* ir-rogāre, -rogāvī, -rogātum §106 [in¹-, rogō §176] **1.** 民会に提案する **2.** (罰, 義務などを)課す, 強いる, 命じる, 要求する, 加える, 負わす adsit (116.2) regula, peccatis quae poenas irroget (116.8) aequas さまざまな罪に対してそれ相応の罰を課す法規のあるのも当然である

irrōrō *1* ir-rōrāre, -rāvī, -rātum §106 [in¹-, rōrō §176] **1.** つゆでぬらす, しめらす **2.** 水でしめらす, 水をふりかける, そそぐ **3.** (自)しずくとなっておちる, したたる, 降る cum sole novo (9f2) terras irrorat Eous 朝日と共に暁の明星が大地をつゆでぬらす時 lacrimae misero de corpore irrorant foliis (9d3) (木と変わり果てた)あわれな人体から, 涙が葉の上につゆの如くしたたる

irrumpō *3* ir-rumpere, -rūpī, -ruptum §109 [in¹-, rumpō §176] (他として *acc.* と, 自として単独に, 又は in+*acc.* に, まれに *dat.* と共に用いられる)**1.** 突き破る, 穴をあける **2.** 突進する, 突撃する, 侵入する, 侵略する **3.** 突入する, 押し入る, 飛び込む **4.** 突き通す, 貫く, 妨げる, じゃまをする ab porta in castra irrumpere conantur 彼らは門から陣営の中へ侵入しようとこころみる

irruō *3* ir-ruere, -ruī, —— §109 [in¹-, ruō §176] の上に(中に, 向かって)飛び込む, つつこむ, とびかかる, 突進する, 突きあたる **2.** 侵入(侵害)する, 攻撃する, 襲う caeca ambitio in gladios irruens 劍に向かってとびかかる盲目の野心

irruptiō *f.* irruptiōnis *3* §28 [irrumpō] **1.** 侵入, 突入, 突破 **2.** 攻撃, 急襲, 侵略

irruptus *a.1.2* ir-rupt-a, -um §50

istūc

[in², rumpō の完分] 引き裂かれ（たことの）ない，壊されない，完全な

is 指代 ea, id §74 **1.** （三人称の代名詞）彼，彼女，それ venit mihi obviam tuus puer ; is mihi reddidit あなたの奴隷が私を迎えに来た，彼は私に手渡した ebriis servire, ea (＝id) summa miseria est 酔っぱらいに仕える，これは最もみじめなことだ sine ejus offensione animi 彼の心を苦しめることなしに **2.** （名詞と共に）かの，その，前述の，次の（その）ような ea res est Helvetiis nuntiata そのような情報がヘルウェティイー族の所へ知らされた ex eo numero その数（大勢）の中から **3.** （関代と共に）…の所の人，（もの）…のような人（もの） haec omnia is feci, qui sodalis ejus eram これらは全部，彼の同僚であったこの私がやったのだ non is es qui glorieris (132, 116.8) あなたは自慢するようなそんな人ではない **4.** （追加的同格語と共に）しかも，それは，それはまた，なお且つ vincula, et ea sempiterna 拘留そしてそれは永久の拘留 **5.** （特別な用法）homo id aetatis 同時代の人 id temporis そのとき id est 即ち，つまり in eo honore ac... …と同じ名誉の中に eo (9f13) plus, quo minus 少なくなればなるほどそれだけいっそう多くなる id genus そのような ad id そのときまで，そのために ex eo それ以来

Isis *f.* Isidis(Isis) *3* §41.6b(19) エジプトの女神

Isocratēs *m.* Isocratis, -tī *3* §42.1 アテーナイの有名な弁論家 （形）**Isocrateus** *a.1.2* Isocrate-a, -um §50 **1.** Isocrates の **2.** 名(*m.*)Isocrates の弟子

iste 指代 ista, istud §79 **I.** （名として）**1.** あなたの言っている（持っている，知っている）人，もの **2.** その人（もの），この人，このもの，それ（ら），これ（ら）**II.** （形として）**1.** あなたの言っている（持っている，知っている）所の，ような **2.** あなたの，その，この，あの，そこの sunt ista, Laeli (13 注5) ラエリウスよ，あなたの言う通りだ non erit ista amicitia sed mercatura それは友情ではなく取引となるだろう Plato iste あなたのよくごぞんじのプラトン quamdiu furor iste tuus nos eludet? お前のそのような狂気はいつまで我々を愚弄するのか

isthmos (**-us**) *m.(f.)* isthmī *2* §38 (13) ＜ἰσθμός **1.** 地峡 **2.** Istomos, コリントス地峡 （形）**Isthmiacus, Isthmicus, Isthmius** *a.1.2* **1.** コリントス地峡の **2.** イストモス競技祭(**Isthmia** *m.pl.* *2* §13)の

istic 指代 istaec, istoc(-uc) [iste＋ce] iste の強調形，意味は iste と同じ，変化は hic(§71)と同じ

istīc 副 [istic の *abl.* §9f19] **1.** あなたのいる所に（で，へ），あなたのそばに（で，へ），（あ）そこに，（あ）そこへ，そこで **2.** あなたのこと（もの）に関して，このことに関しては，この点で，この場合 quid istic (dicam)? あなたの（その）ことについて私に何が言えますか（よろしい，結構です，あなたのお好きなように）istic sum 私はあなたの（発言の）そばにいます（ちゃんと聞いています）

istim 副 （あなたのいる）その所から

istinc 副 **1.** あなたのいる所から，そこから，あなたの方（側）から，方（側）に **2.** そこから，この所から **3.** あなたの持っている（見ている）ものについて，ものから fortassis et istinc largiter abstulerit longa aetas, liber amicus おそらくあなたの見ている（私の悪徳）の中から，大多数を長い歳月である真率な諫告者（友）がとり除いてくれるであろう

istīus modī [iste, modus の *gen.*]＝tālis あなたの言っているようなそのような

istō 副 [iste] **1.** あなたのいる所へ，言及している所へ **2.** あなたの言っていることに（加えて）do fidem isto me ituram (117.5) quo jubes 私(女)は約束します，あなたの命じられるその所へ参ります

istūc 副 [istic] **1.** あなたのいる所へ，あなたの話している所へ **2.** あなたへ **3.** あなたの言っていることについて iam ego istuc revortar (132, 116.3), miles 兵隊さん，いまにすぐ私はあなたの所へ帰ってきますよ

ita 副 **1.** そのように，このように，かくの如く **2.** そんなに，こんなに，それほど(非常に) **3.** かくして，従って，それ故に，その結果 **a.** (前述文に帰って) quae cum ita sint このような事情なので(従って) **b.** (対話の中で) itane est? 本当にその通りか quid ita? どうしてそんなことが(本当か) dixeras — ita vero お前が言っていたのか—左様 **c.** (後述文にふれて) ita constitui, fortiter esse agendum 私はこう決心した，勇敢に行動すべきであると **d.** (比較文で cf.ut) しばしば相関詞(ut, quomodo, quasi など)を使う ita…ut＝ut…ita …のようにそのように，…だが…しかし in pace ita ut in bello 戦時におけると同様に平時にも faciam ita ut vis あなたの思う通り私はしましょう ita loquor, quasi ego fecerim あたかも自分がしたかのように私は話している **e.** (傾向結果文 cf.ut) ita vivunt ut eorum probetur (116.8) fides 彼らは彼らの誠実が証明されるような生き方をしている(ut なしに) ita multa meminerunt こんなに多くのことを彼らは話した non ita diu それほど長い間ではなく **f.** (目的，条件文で)ita nati sunt, ut virtutem studiose colerent 彼らは徳性を熱心に修養せんがために生まれているのだ **g.** (誓約文で) ita me di ament (ita vivam) ut… ut 以下のことが本当であるように，どうか神々よ，私の命を助け給え(生きていたい) ita me di amabunt ut ego hunc ausculto lubens 神々に誓って私はこの言葉を喜んで聞くのだ ita vivam ut maximos sumptus facio 私が今大変ぜいたくな暮らしをしているのは命にかけて本当だ

Italia f. Italiae 1 §11 イタリア

Italicus a.1.2 Italica, -cum イタリアの

itaque 副 〔＝et ita〕 そしてそのように，そういうわけで，従って，だから，それ故に，そこで，たとえば ita constitui, itaque feci 私はそう決心した，そしてそうした versis itaque subito voluntatibus それ故突然考えを変えて itaque ergo (冗語法)そういうわけで

item 副 **1.** 同じやり方(方針)で，同じように **2.** 相関詞(ut, quasi など)を伴って，ちょうどそのように，全く同様に，同じ程度に **3.** さらにまた，加えて，入れ変わって unus et item alter 一人そしてさらにもう一人 fecisti item uti praedones solent 泥棒がいつもやっていると同じようなことをお前はしたのだ

iter n. itineris 3 §27 注1 〔eō〕 **1.** 行くこと，歩行，進行，行軍，進軍 **2.** 旅，旅行，航行，旅程 **3.** 道，道路，道程，道順 **4.** 一日の行軍距離(行程) **5.** 接近の道，方法，手段 **6.** 自由の通行(権) in itinere 道を歩きながら，途中で，行軍中 ex itinere 行軍中から，行軍を終えるとすぐその場で(直ちに) iter facere (habere) 目的地へ向かって進む，旅をする magnis (minoribus) itineribus 急いで(ゆっくりと) quam maximis potest itineribus できるだけ一日の行程を多くして(強行軍で) intendere iter 急行する

iterātiō f. iterātiōnis 3 §28 〔iterō〕 **1.** くりかえし，反復 **2.** 再び，(くりかえして)(まぐわ，鋤で)耕すこと

iterō 1 iterāre, -rāvī, -rātum §106 〔iterum〕 **1.** 再び(実行)する，くりかえす，反復(練習)する **2.** 再び言う，重ねて言う，相手の言葉をくりかえす，復唱する **3.** さらに，もう一度，何度も，くりかえす，反復する **4.** 更新する，やり直す，つくり直す，再訪する，再耕する cras ingens iterabimus aequor 明日は再び大海原へのり入れるのだ sic iterat voces et verba cadentia tollit このように彼(食客)は(金持ちの)声を反復し，落ちこぼれる言葉をことごとく拾い上げるのだ

iterum 副 **1.** 再び，もう一度，二度目に，次ぎに **2.** 他方で，それに反し iterum et saepius 二度も三度もくりかえして iterum atque iterum 再びそして再び，くりかえして何度も

Ithacus a.1.2 Ithaca, -cum §50 Ithaca(イオニア海の島，Odysseus ＝ Ulixes の生家の地)の，Ithaca ＝ Ithacē §37

itidem 副 〔ita〕 **1.** 同じように，同様

に **2.** また，さらに celabitur, itidem ut celata adhuc est 真相がこれまでかくされていたように，今からも同じようにかくされているでしょう

itiō *f.* itiōnis *3* §28 ［eō］ 行くこと，歩行，旅行

itō *1* itāre, itāvī, ── §106 ［eō］ いつも行く(習慣である)，行きつけている

itum, itur, itūrus → eō

itus *m.* itūs *4* §31 ［eō の完分］ **1.** 行くこと，動き **2.** 歩き方，足どり **3.** 出

発

Iūlēus *a.1.2* Iūlēa, Iūleum **1.** Iūlus の, Iūlus の子孫の **2.** Jūlius 氏(族)(家)の

Iūlus *m.* Iūlī *2* §13 イウールスは Aeneas の息子＝Ascanius Jūlius 氏の祖とされる

Ixīōn *m.* Ixīōnis(-ōnos) *3* §41.8c (神)Thessalia の Lapithes 族の王, Juno を誘惑した罰として，下界で永久に回転する火焔車にしばりつけられた

J

J, j §2

jaceō *2* jacēre, jacuī, jacitūrus (jacitum) §108 ［jaciō］ **1.** 水平に位置している，横たわっている，のびている，ひろがっている **2.** 横臥している(食卓椅子に)，休んでいる，ねている，倒れている，死んでいる，殺されている **3.** じっとしている，動かないでいる，怠けている **4.** 黙殺(無視)されている，軽蔑されている **5.** うつ伏せになっている，平伏している **6.** 病弱(衰弱)している,うち沈んでいる in vertice montis planities jacet 山の頂に高原がひろがっている mare jacet 海はおだやかである justitia jacet 正義が黙殺されている ut totus jacet! 彼はなんとすっかり意気消沈していることか

jaciō *3b* jacere, jēcī, jactum §110 **1.** 投げる，投げつける **2.** 放つ，発する，放射する，発散する **3.** 投げ上げる，積み上げる，築く，建てる **4.** (武器を)投げ捨てる，放棄する，(さいころを)ふる，(錨を)投じる，(たねを)まく **5.** 向ける，吐く，(悪口を)あびせる，発言する **6.** 激しく手足を動かす，上下させる，振り回す **7.** (再)とびかかる，突進する，飛び込む，つっ込む undique in murum lapides jaci (117.4) coepti sunt 石が四方から城壁に向かって

投げつけられ始めた se in profundum ～ 海の深みに身を投じる

jactāns *a.3* jactantis §58 ［jactō の完分］ (比)jactantior **1.** よく自慢する，得意顔の，傲慢な **2.** 誇り高い，自尊心のある，勝ち誇った (副)**jactanter** §67(2) (比)jactantius 勝ち誇って，横柄に，外見を飾って

jactantia *f.* jactantiae *1* §11 ［jactāns］ **1.** 吹聴，自慢(癖) **2.** 誇示，見せびらかし，示威

jactātiō *f.* jactātiōnis *3* §28 ［jactō］ **1.** 前後左右に激しく手足をふり動かすこと **2.** 身ぶり手まねで話すこと **3.** 投げとばす，ゆすぶる，振り回す，激しく上下させること **4.** 自慢，誇示，見せびらかし，うぬぼれ **5.** 気持をしばしば変えること se non jactatione populari sed dignitate atque innocentia tuebantur 彼らは民衆の人気を誇示するより，人格の品位と清廉潔白とによって身を守っていた

jactātus *m.* jactātūs *4* §31 ［jactō］ 動き回ること，揺れ，動き，あちこちへ投げること

jactitō *1* jactitāre, ──, ── §106 ［jactō］ **1.** 公に持ち出す，投げつける **2.** 自慢する

jactō *1* jactāre, -tāvī, -tātum §106 [jaciō の反] **1.** くりかえして(激しく，急いで)投げる，投げつける(とばす)，散らかす **2.** 激しく振り回して投げる，振り上げる，前後左右に振りうごかす(ゆすぶる) **3.** 激しく上下にゆすぶる，翻弄する，かき回す，苦しめる **4.** いつも言い交わす，激しく議論する **5.** みせびらかす，ひけらかす **6.** (再)自慢する，ほらを吹く，いばる **7.** (再・受)忙しく動き回る，没頭する，熱心に従事する ut diu jactato bracchio (9f18) praeoptarent scutum manu emittere (117.4) 彼らは長い間腕を振り動かしたあげく，むしろ手から楯を放り捨てる方を選んだのであるが jactamus te (117.5) beatum お前さんは幸福者だと我々はいつも噂している in insperatis pecuniis se jactarunt (114 注 3) sumptuosius 思わぬ大金が手に入ったので彼らはいっそう金遣いの荒い振る舞いをひけらかした

jactūra *f.* jactūrae *1* §11 [jaciō] **1.** 難破船から積み荷を海へ投げ捨てること，他のあらゆるもののために必要な損失，犠牲 **2.** 損害，喪失 **3.** 出費，支出

jactus *m.* jactūs *4* §31 [jaciō の完分] **1.** 投げること，放ること，投擲，発射，射程 **2.** さいころを投げること **3.** 発光，放射，発音(声)

jacuī → jaceō

jaculābilis *a.3* jaculābile §54 [jaculor] 投げとばすことのできる，投擲に適した

jaculātor *m.* jaculātōris *3* §26 [jaculor] **1.** 投げつける人 **2.** 槍を投げる者(兵)，槍をもった軽武装兵 **jaculātrix** *f.* jaculātrīcis *3* §21 槍を投げる女

jaculor *dep.1* jaculārī, -lātus sum §123(1) [jaculum] **1.** 投げ槍を投げる，投げ槍で戦う **2.** 投げつける，とばす，放る，発射する，ねらいうちをする，撃つ，突く，射殺する **3.** 狩る，ねらう，目指す，追跡する **4.** 不意に(すばやく)発言する **5.** (再)とびかかる，襲いかかる，突進する pater rubente dexterā sacras jaculatus (118.4) arces terruit urbem 父(なる雷神)は紅蓮(ぐれん)の右手で聖なる砦(=Capi-tolium)をねらいうち, ローマを畏怖の中におとしいれた quid brevi fortes jaculamur aevo multa? 我々はこの短い人生になぜ向こう見ずに多くのものを目指すのか quod in ambiguo verbum jaculata (118.4) reliquit (恋人)女が不意に発言して信じかねている男の心の中に残したある言葉

jaculum *n.* jaculī *2* §13 **1.** 投げ槍 **2.** 投げ網

jam *副* **1.** (時間的)今，目下，今すぐにも，今から，今後，やがて，もう，もはや，先刻，ついさっき **2.** (その他の関係)そこで，だから，従って，とうとう，やっと，ついに，次ぎに，さあ今度は，正しく，全く jam hic ero 私はすぐここへ戻ってくるよ jamne abis? お前はもう発つか jam te premet nox 今にお前の上に(死の)闇が重くのしかかるだろう refractis portis, cum jam defenderet nemo もはや誰も守っていなかったので，その門を破壊して animi aut jam exhausti aut mox exhauriendi (107.8) すでにつき果ててしまったか，あるいは，やがてつき果てようとしている魂たち jam...jam あるときは(あるいは)…あるきは(あるいは) jam jam=jam jamque いまかいまか，いまにきっと，いますぐにも，いつでも，なんども jam jam faciam ut jusseris あなたが命じたら必ずすぐ私はやりますよ

jamdiu → diu

jamdudum → dudum

jānitor *m.* jānitōris *3* §26 [jānua] 門番，門衛，玄関番 janitor Orci= Cerberus

jānua *f.* jānuae *1* §11 [jānus] **1.** 門，とびら **2.** (出)入口，玄関，戸口 **3.** 近づく道，方法，手段 **4.** 開始，発端

Jānuārius *a.1.2* Jānuāri-a, -um §50 [Jānus] Jānus の, Janus に捧げられた mensis Januarius 一月 §184 (名)**Jānuārius** *m.* -riī *2* §13 一月

jānus (Jānus) *m.* jānī(Jānī) *2* §13 **1.** 拱路(アーチの下の通路)，屋根のある街路 **2.** 門(入口)の守護神，前後(将来，過去)を見る二つの頭を持つ神, ローマ広

場にあったこの神殿の門は，戦時に開き平時に閉じられていた **3.** 一月の神, Jani dies 一月一日 **4.** janus imus, medius, summus 広場の東側にあった三つの拱路で, 高利貸, 商人の集まる所

jecur (**jocur**) *n.* jecoris(jocineris) *3* §27 肝臓，感情の座

jējūne 副 (比)jējūnius [§67(1) jējūnus] 貧弱に, 不十分に, 乏しく, 粗末(ﾏ)に, 無味乾燥に

jējūnitās *f.* jējūnitātis *3* §21 [jējūnus] **1.** ひどい空腹, 絶食, 断食 **2.** 不足, 欠乏 **3.** 乾燥, 無味乾燥(貧弱な文体), 飾り気のないこと, 節制

jējūnium *n.* jējūniī *2* §13 [jējūnus] **1.** 断食, 絶食, 断食日 **2.** 空腹, 飢え **3.** (動物・土地の)やせていること, 貧困

jējūnus *a.1.2* jējūn-a, -um §50 (比)jejunior **1.** 絶食した, 空腹の, 飢えた, のどのかわいた **2.** 空の, むなしい, 無意味な, 粗末な, 卑小な, 貧弱な **3.** やせた, 干からびた, 枯渇した, 不毛の, 困窮した **4.** 無味乾燥の, 退屈な lupus jejunis dentibus (9f10) acer 飢えた歯で気の荒い狼 jejunus sonus 飢えたけものの吠え声 animus malevolentiā (9f17) jejunus 悪意を全く欠いた精神

jocātiō *f.* jocātiōnis *3* §28 [jocor] 冗談, しゃれ, からかい

jocineris, jocinera → jecur の gen (sg.), acc(*pl.*)

jocor *dep.1* jocārī, jocātus sum §123(1) [jocus] 冗談(しゃれ)を言う, ふざける, からかう, やゆする in faciem permulta (9e5) jocatus (118.4) 彼はその面(ﾂﾗ)に向かって沢山の冗談をとばしたあげくに

jocōsus *a.1.2* jocōs-a, -um §50 [jocus] **1.** 冗談好きな, いたずら(ふざけ)好きな, 茶目な, 陽気な **2.** 冗談(しゃれ)で一杯の **3.** こっけいな, おどけた, おかしい callidus, quidquid placuit, jocoso condere (117.3) furto 気に入ったものはなんでも, たわむれに盗んでかくすのが上手な(彼) (副)**jocōsē** §67(1) (比)

jocosius ふざけて, からかって, 冗談に, ひょうきんに, おどけて

joculāris *a.3* joculāre §54 [joculus=jocus の小] こっけいな, ひょうきんな, ふざけた, おどけた, おかしい

joculātor *m.* joculātōris *3* §26 [joculor=jocor] 冗談(しゃれ)を言う人, ひょうきん者, 諧謔家, とんち家

jocur → jecur

jocus *m.* jocī *2* §13 **1.** 冗談, しゃれ, からかい **2.** 遊び, 娯楽, 慰め, 気晴らし **3.** 児戯, 些事, つまらないもの **4.** 笑いぐさ, 物笑いの種 joco (9f19), per jocum, inter jocum 冗談に, 面白半分に, たわむれに remoto joco (9f18) 冗談はぬきにして, まじめに anni euntes (118.4) eripuere jocus, Venerem, convivia, ludum 歳月は立ち去りつつ, 我々からおどけ, 恋, うたげ, 遊びを次々と奪い取った

Jovis → Juppiter

juba *f.* jubae *1* §11 **1.** たてがみ(動物の首) **2.** とさか(おんどりの) **3.** かぶとの飾り毛, 前立 **4.** 魚(ボラ)のあごひげ (形)**jubātus** *a.1.2* jubāt-a, -um §50 たてがみ(とさか)のある, の生えた

Juba *m.* Jubae *1* §11 Numidia の王(前一世紀)

jubar *n.* jubaris *3* §27 **1.** 朝日の最初の光線 **2.** さえた光, 輝き, 天体(月, 星, 太陽)の光 **3.** 光源 it portis (9f4) jubare exorto (118.5) 東天から最初の日光が昇ると共に, 彼は門から出発した

jubeō *2* jubēre, -jussī, -jussum §108 **1.** 命ずる, いいつける, 告げる, 指図する **2.** 願う, たのむ, 要求する **3.** (さまざまの構文) **a.** 不句又は不のみ(112.5.6) **b.** ut (ne)＋接, 又は接のみ(116.1.2) **c.** 物の対と人の与 lex aut jubet aut vetat 法律は命ずるか禁ずるかだ volo ut quod jubeo facias 私の命ずることをお前がすることを望む jube hunc abire 彼が(に)ここから立ち退くように言ってくれ consules jubentur scribere exercitum 両執政官は軍隊を募集するように命じられる tu jubeto ut certet Amyntas アミュンタースが(私と)競うようにお前は告げるべきだ jube veniat

jūcundē 424

彼に来るように言ってくれ Dionysium jube salvere ディオニューシウスによろしくと伝えてくれ pacem jubebo omnibus 私はあらゆる人に平和を願うだろう

jūcundē 副 ［jūcundus §67(1)］ （比）jucundius （最）jucundissime 気持ちよく，楽しく，愉快に，愛想よく，大いに喜んで

jūcunditās f. jūcunditātis 3 §21 ［jūcundus］ **1.** 快適な(愉快な)もの，魅力 **2.** 愛想(感じ)のよいこと，愛らしさ **3.** 気立てのよいこと，親切，優しさ **4.** 喜び，楽しさ

jūcundus a.1.2 jūcund-a, -um §50 ［jūvō］ （比）jucundior （最）jucundissimus **1.** うれしい，たのしい，気持ちがいい，快適な，魅力ある **2.** 感じのいい，心をそそる，気心のあった，おいしい volunt poetae et jucunda et idonea dicere vitae（9d13）詩人はたのしいと同時に人生に役立つものを歌わんと欲する sollicitae jucunda oblivia vitae わずらわしい人生の心地よい忘却(人生の煩を忘れ去る事は心地よい)

Jūdaea f. Jūdaeae 1 §11 ユダヤ人の国

Jūdaeus a.1.2 Jūdaea, Jūdaeum §50 **1.** ユダヤ(人)の **2.** m.f.(名)一人のユダヤ人

Jūdaicus a.1.2 Jūdaica, Jūdaicum §50 **1.** ユダヤの **2.** ユダヤ人の

jūdex m. jūdicis 3 §21 ［jūs, dīcere］ **1.** 裁く人，裁判官，判定者，陪審員 **2.** 評価者，査定人，批評家，精通者 me judice（9f18）もし私の意見をきかれるならば，私の評価(判定)によると(よって)

jūdicātiō f. jūdicātiōnis 3 §28 ［jūdicō］ **1.** 裁判(権)，判決 **2.** 宣告，言明，所説，評価，意見 **3.** 査定，審議，調査

jūdicātus a.1.2 jūdicāt-a, -um §50 ［jūdicō の完分］ 決定(解決，判決)された （名）**jūdicātus** m. jūdicātī 2 §13 有罪を宣告された者 **jūdicātus** m. jūdicātūs 4 §31 judex の任務

jūdicātum n. jūdicātī 2 §13 **1.** 判決，裁判，宣告 **2.** 罰金

jūdiciālis a.3 jūdiciāle §54 ［jūdicium］ **1.** 法廷(裁判所)の **2.** 司法の，裁判上の **3.** 裁決にもとづく

jūdiciārius a.1.2 jūdiciāri-a, -um §50 ［jūdicium］ 法廷(裁判所)の，陪審員の

jūdicium n. jūdiciī 2 §13 ［jūdex］ **I.** (専門的)**1.** 訴訟，裁判，審理，判決 **2.** 法廷，裁判所 **3.** 司法権，裁判権，権威 **II.** (一般的)**1.** 審判，判定，評決，決定，査定 **2.** 判断(力)，考慮，意見，見識，洞察(力) in judicium vocare 法廷に呼ぶ(訴える) judicium dare in aliquem 誰々に判決を下す judicium facere de aliqua re ある事件に判決を下す

jūdicō 1 jūdicāre, -cāvī, -cātum §106 ［jūdex］ **1.** さばく，審理する，取り調べる **2.** 判決を下す，有罪の決定を下す，罪を宣告する **3.** 公に決定する(宣言する)，法令を布告する **4.** 考える，見解をのべる，判断する，決心する，査定する，評価する ～ alicui capitis (pecuniae)（9c10）ある人に死刑を宣告する(罰金を科する) aliquem hostem ～ ある人を公敵と宣言する Caesar conandum（147）judicat C.は試されるべきだと判断する

jugālis a.3 jugāle §54 ［jugum］ **1.** くびきにかけられた，くびきでつながれた **2.** 結婚(式)の，夫婦の （名）**jugālēs** m.pl. jugālium 2 §13 車につながれた一組(一対)の牛(馬)

jugātiō f. jugātiōnis 3 §28 ［jugō］ ブドウのつるを格子垣(棚)にからませて仕立てること

jūgerum n. jūgerī 2 §13 **1.** 面積の単位(197) **2.** (pl.)広々とした地所(土地)

jūgis a.3 jūge §54 ［jungō］ **1.** 永続的な，不変の，不断の，途切れなく続いている **2.** いつも流れて(湧き出して)いる，かれたことのない

jugō 1 jugāre, jugāvī, jugātum §106 ［jugum］ **1.** くびきでつなぐ **2.** 一緒にしばり(くくり，結び)つける，束ねる，

つぎ合わせる **3.** 結婚させる，組み合わせる

jugōsus *a.1.2* jugōs-a, -um §50 [jugum] 山また山の，丘陵に富む

jugulō *1* jugulāre, -lāvī, -lātum §106 [jugulum] **1.** のどを刺して殺す，暴力で殺す，虐殺する **2.** 滅ぼす，破壊する

jugulum *n.* (**jugulus** *m.*) jugulī *2* §13 [jugum の小] **1.** 鎖骨 **2.** 首の前面，のど，のど元，頸部 **3.** のどを切って殺すこと，殺害，虐殺

jugum *n.* jugī *2* §13 [jungō] **1.** くびき，かせ，桎梏(しっこく)，束縛，絆(きずな) **2.** 一対の家畜，一つがい，二人一組 **3.** 二輪馬車 **4.** 山の背，尾根，断崖，絶壁 **5.** ボートの横木(漕座) **6.** 敗軍の将兵をくぐらせた三本の槍門(直立した二本の上に一本をのせる) sub jugum mittere 槍門をくぐらせる omnibus ejus jugi collibus occupatis その尾根のあらゆる頂を占拠して

Jugurtha *m.* Jugurthae *1* §11 ヌミディアの王(前2世紀)　(形)**Jugurthīnus** *a.1.2* Jugurthīn-a, -um　Jugurtha の

Jūlius *a.1.2* Jūlia, Julium §50 **1.** ローマの gens の名 **2.** C. Julius Caesar ローマ皇帝の初代 **3.** (*f.*)Julia, Caesar の娘，Augustus の娘たち **4.** Julius 氏の人 **5.** lex Julia ユーリウス法(Caesar, Augustus の提案した法) **6.** mensis Julius 7月

jūmentum *n.* jūmentī *2* §13 役畜，駄馬，輓馬(ばんば)，荷駄(ウマ，ロバ，ラバ)

junceus *a.1.2* junce-a, -um §50 [juncus] **1.** トウシンソウ，イからできた **2.** トウシンソウ，イの如く細長い，ほっそりした

juncōsus *a.1.2* juncōs-a, -um §50 [juncus] トウシンソウ，イの多い(沢山生えている)

jūnctim 副 [jūnctus] 一緒に，並んで，互いに接して，続けて，連続して

jūnctūra *f.* jūnctūrae *1* §11 [jungō] **1.** 接合，結合，結びつき **2.** 接合箇所，継ぎ目，合わせ目 **3.** くびきにつ

なぐこと，束縛 **4.** 並置，配列 **5.** 交際関係，縁故，姻戚(関係)

jūnctus *a.1.2* jūnct-a, -um §50 [jungō の完分]　(比)junctior　(最)junctissimus **1.** (jungō の完分として)くびきにつながれた，くくりつけられた，結合された **2.** 連結(隣接)した，接続した **3.** 友情で結ばれた，親戚の間柄の **4.** 二頭立ての(馬車) per dies et junctas noctis 昼夜兼行で junctissimus illi (9d13) comes 彼の無二の親友

juncus *m.* juncī *2* §13 トウシンソウ，イ

jungō *3* jungere, -jūnxī, -jūnctum §109 [jugum] **1.** (牛・馬を)くびきでつなぐ，(牛馬を)車・鋤につなぐ，馬具をつける **2.** (二つのものを)つなぐ，連結する，合わせる，結びつける，とりつける，つけ加える，添える **3.** 一緒にする，並置する，隣り合わせる，(話を)合成させる，組み立てる **4.** 途切れずに継続させる，役をつづけさせる，途切れずに発音する，言い返す **5.** 共同させる，同盟させる，結婚させる **6.** 一緒になし遂げる，体験する，共有する id flumen Helvetii ratibus ac lintribus junctis transibant ヘルウェティイー族はいかだや小舟をつなぎ合わせてその川を渡った cum duabus, quas superioribus diebus traduxerant, castra jungunt 彼らは先日渡していた二箇軍団の傍に陣営を設置した reda equis juncta 馬につないだ四輪車 dexteras 〜 握手を交わす juncta societas Hannibali ハンニバルと結ばれた同盟条約

jūnior *a.3* jūnius §§62,65　→ juvenis　(名)**jūniōrēs** *m.pl.* jūniōrum *3* §26 若者，軍(兵)役年齢(17-46歳)の若者

jūniperus *f.* jūniperī *2* §13(注3) ヨウシュネズ，トショウ(杜松)，その材木，果実

Jūnō *f.* Jūnōnis *3* §28　(神)**1.** ローマ最高の女神，ギリシアのヘーラー(Hera)と同一視される，ユーピテルの妻で姉妹 **2.** 女の(結婚生活の)守護神 **3.** Junonis avis クジャク **4.** Juno Lucina 出産の女神 **5.** Juno inferna=Proserpina qui

Jūnōnius 426

Junonis sacra ferret (116.8) あたかもユーノーの聖器を運んでいるかのような女(しずしずとしとやかに歩く女) sciunt quod Juno fabulata est cum Jove 彼女らはユーノーがユーピテルと何を話したかを知っている(耳のさとい女, あるいは自分は賢いと思っている女)

Jūnōnius *a.1.2* Jūnōnia, Jūnōnum §50 ユーノーの

Juppiter (**Jūpiter**) *m.* Jovis *3* §30 (神)**1.** ローマの主神で天空神, ギリシアの Zeus と同一視される **2.** 天, 空, 空気 sub Jove 空中に **3.** Jovis ales ワシ **4.** Juppiter Stygius (niger) =Pluto **5.** 間投詞として Juppiter magne, o scelestum atque audacem hominem (9e10)! この罰あたりめ, なんといまいましい大胆不敵な悪党か

jūrātor *m.* jūrātōris *3* §26 [jūrō] (宣誓して任命された役人)**1.** 監察官(censor)の補佐として納税者の宣誓した答申を受領する者 **2.** 陳述(声明)の真実を宣誓して証明する者

jūrātus *a.1.2* jūrāt-a, -um §50 [jūrō の完分, act. の意味で] (最)juratissimus **1.** 宣誓した, 宣誓の下に **2.** 保証した, 約束した **3.** 忠誠を誓った, 共謀した qui juratus apud vos dixit 宣誓してからあなた方に言明した彼

jūre → jūs

jūrgium *n.* jūrgiī *2* §13 [jūrgō] **1.** 言いあらそい, 口論, 論争 **2.** 悪口, 雑言, ののしり, 罵倒, 非難

jūrgō (**jūrigō** 古) *1* jūrgāre, -gāvī, -gātum §106 [jūs, agō] **1.** 言い争う, 口論する, 論争する **2.** 非難する, 訴訟を起こす, 叱る, 責める, ののしる

jūrisdictiō *f.* jūris-dictiōnis *3* §28 [jūs, dictiō] **1.** 法の執行, 裁判権, 司法権, 統治権 **2.** 決定権, 自由裁量 **3.** 裁判管轄区

jūrisperītus *a.1.2* jūris-perīt-a, -um [jūs, perītus] §50 法律に精通した (*cf.*perītus) (名)**jūrisperītus** *m.* -perītī *2* §13 法律家, 法学者

jūrō *1* jūrāre, jūrāvī, jūrātum §106

[jūs] **1.** (神にかけて)誓う, 誓って約束する, 断言する(不, 不句, ut 句を伴うときもある) **2.** 共謀する, 陰謀を企てる in verba ～ 与えられたきまり文句通りに誓う in verba alicujus ～ ある人の命令に服従を誓う in nomen principis ～ 元首に忠誠を誓う jurat se eum non deserturum (146, 117.5) 彼は自分はその人(将軍)を捨てないだろうと誓う

jūs[1] *n.* jūris *3* §29 肉, 魚, 野菜の煮込み汁

jūs[2] *n.* jūris *3* §29 *n.b.* jūs は人間のための法規, 条例の総体, fās は神々の掟, 正義, lēx は個々の法文, 条例, 法律 **I.** 客観的な正義, 法文, 条例の総体, 法体系, 法典, 法大全 **1.** 正義, 公正 **2.** 法律, 条例 **II.** 主観的な正義=義務の伴う正当な権利 **1.** 権利, 義務 **2.** 裁判権, 司法権, 法廷 **3.** 法的権力, 力, 権威 **4.** 特権, 統治権 jus civile ローマ市民法(大全) jus gentium 万民(諸民族共通の)法 in jus adire (ire) 法廷に出頭する jure (9f19)=justo jure 正当に, 正しく, 公正に, 法律に則って suo jure 自分の権利で, 当然 homo sui juris (9c5) 克己心のある人 jus summum saepe summa est malitia もっとも厳しい正義(法の執行)はしばしば最悪の不正となる omnes viri boni jus ipsum amant, per se jus expetendum et colendum (121.1) 善人はすべて正義それ自体を愛する, 正義はそれ自体のため求められ, 広められるべきだ

jūs jūrandum *n.* jūris jūrandī *2* §13 [一語にもなる] 誓い, 誓言(お互いを縛る誓いのきまり文句) jure jurando civitatem obstringere その部族を誓約で縛る

jussī, jussus → jubeō

jussum *n.* jussī *2* §13 [jubeō の完分] **1.** 命令, 言いつけ **2.** 医者の処方 **3.** 民会の議決

jussus *m.* jussūs *4* §31 [jubeō] (単・奪でのみ用いられる §47) tuo jussu profectus sum 私はあなたの命令で出発した

jūstē 副 [jūstus §67(1)] (比)justius

juxtā

(最)justissime **1.** 法に則って，正義に従って，公明正大に，正しく，高潔に **2.** 当然の報いとして，正当な理由で，正当にも

jūstificus *a.1.2* jūsti-fic-a, -um §50 [justus, faciō] 正しく行う(する)，正義にかなった

jūstitia *f.* jūstitiae *1* §11 [jūstus] **1.** 正義，公正，公平 **2.** 正義の精神，公平な判断，寛大(な精神)，慈悲

jūstitium *n.* jūstitiī *2* §13 [jūs, stō] **1.** (国難，国喪にあたって)裁判など公的業務の休止，停止，休廷 **2.** 活動の休止，停止，延期

justum *n.* justī (*pl.*)justa jūstōrum *2* §13 **1.** 正義，公正，正当性 **2.** (*pl.*)当然支払われて(与えられて)然るべきもの，当然守られるべきもの，儀式，慣例，葬儀 **3.** (*pl.*)義務(ぎ)としての仕事・職務

jūstus *a.1.2* jūst-a, -um §50 [jūs] (比)justior (最)justissimus **1.** 法にかなった，合法的な **2.** 正当な，当然の，当然受けるに価する **3.** 正しい，公正な，公平な，正直な **4.** 正確な，完璧な，完全な，完備した **5.** 正規の，正常の，正式の，標準的な justa victoria (9f11) imperator appellatus 正規の勝利によって最高司令官の称号を授かった(人)

jūtus → juvō

juvenālis *a.3* juvenāle §54 [juvenis] 若者の，青年の，若々しい，若者らしい,若者に固有の juvenales ludi 青年祭 (副)**juvenaliter** §67(2) 若者の如く，若者らしく，若者の力で

Juvenālis *m.* Juvenālis *3* §19 ローマの諷刺詩人(2世紀)(D. Junius Juvenalis)

juvenca *f.* juvencae *1* §11 [juvenis] **1.** 若い牝牛，まだ子を生んでいない牝牛 **2.** 若い娘

juvencus *m.* juvencī *2* §13 **1.** 若い牡牛，若い去勢した牡牛，牡の子牛 **2.** 若い男

juvenēscō *3* juvenēscere, ——, —— §109 [juvenis] **1.** 若者になる，成長(成熟)する **2.** 若返る，若くなる，更新する **3.** 若芽を出す

juvenīlis *a.3* juvenīle §54 [juvenis] (比)juvenilior **1.** 若者の，青年の **2.** 若者らしい，青年に固有の **3.** 強壮な，激しい，熱情的な (副)**juvenīliter** §67(2) 若者らしく，がむしゃらに，性急に，若者の勢力(元気)をもって

juvenis *a.3* (juvene) §57 (比)juvenior (jūnior) 若い，若者の，青年の (名)**juvenis** *m.f.* juvenis *3* §19 若者，若い男女

juvenor *dep.1* juvenārī, —— §123(1) 若者らしく(奔放に)振る舞う，ふざける，無責任に(無分別に)行動する

juventa *f.* juventae *1* §11 [juvenis] **1.** 青年(若者)の時代，若さ，青春，若い力(元気) **2.** 青春(若さ)の女神=Hebe

juventās *f.* juventātis *3* §21 [juvenis] **1.** 青年(若者)の時期，条件，若さ，元気，青春 **2.** 若さ(青春)の女神=Hebe

juventūs *f.* juventūtis *3* §21 [juvenis] **1.** 若人，若者，青少年，兵役に耐える男 **2.** 若さ，青春

juvō *1* juvāre, jūvī, jūtum (jūvātūrus) §106 **1.** 助ける，手伝う，支える，支持する，救う **2.** 利益をもたらす，役立つ，ためになる **3.** 喜ばす，たのしませる，満足させる **4.** 高める，強める，改良する,増す audentes fortuna juvat 大胆な人を運命は救う quid docuisse (117.1) juvabat? 学んだことが何の役に立ったか juvat me quod vigent studia 学問の隆盛を私は喜ぶ

juxtā (-ū- ?) 副・前 **I.** 副 **1.** すぐそばに，その近くに **2.** 全く同時に，一様に(cum，与を伴うときもある) **II.** 前(対と) **1.** 近くに，そばに，に接して，隣りに **2.** すぐそのあとで，の次に，続いて **3.** およそ，ほぼ，ほとんど，おおかた **4.** に従って，一致して aestatem et hiemem juxta pati 夏(暑さ)も冬(寒さ)も同じく耐えること juxta eam curo cum mea 私の娘も同然に，彼女のことを心配している velocitas juxta formidinem 猪突猛進は臆病と隣り合わせである

K

K, k §1
Kalendae *f.pl.* Kalendārum *1*
§§11, 180 朔(さく), 月の第一日(借金の利息の支払期日) cum tristes misero venere (114.4) Kalendae その哀れな男に憂うつな朔がきたとき ad Kalendas Graecas (117.5) soluturos ait (彼らは)借金を金輪際返さないだろうと彼は言う(ギリシア暦に Kalendae と呼ばれる日はない) Martiis caelebs quid agam Kalendis? 独り身の私は三月一日にどうしたものやら(三月一日は Juno の祭日で主婦に贈物をする日)

L

L, l §1 略記 **1.** Lūcius, legiō, lēx, lībertus, locus など **2.** 50 のローマ数字 §101

labāscō *3* labāscere, ——, —— §109 [labō] **1.** くずれる, 分解する **2.** ぐらつく, 決心がにぶる, ひるむ, 屈する

labea → labium

lābēcula *f.* lābēculae *1* §11 [lābēs] 汚点, 汚名, しみ, 傷(きず)

labefaciō *3b* labe-facere, -fēcī, -factum §110 [labō, faciō §173] **1.** ゆるがす, ぐらつかせる, よろめかせる, 動揺させる **2.** (権力・権威を)土台からゆるがす, 失墜させる, (決心・忠誠心を)弱める, ぐらつかせる **3.** ひっくりかえす, 滅ぼす

labefactō *1* labefactāre, -tāvī, -tātum §106 [labefaciō] **1.** 不安定にする, ぐらぐらさせる **2.** (地位・権威など)弱める, 傷つける, 失墜させる **3.** (信念・忠誠)ぐらつかせる, 害する, 乱す, 動揺させる, 転覆させる, 打ちこわす

labellum *n.* labellī *2* §13 [labrum の小] (かわいい)小さいくちびる

lābēns → labor

lābēs *f.* lābis *3* §19 [lābor] **1.** 沈下(地盤), 地すべり, 落下, 没落, 崩壊 **2.** 災害, 破滅, 滅亡 **3.** 肉体上の欠陥, 欠点 **4.** しみ, 汚れ, 汚点 **5.** 汚名, 不名誉, 恥, 不面目 hinc mihi prima mali labes その時から私は不幸のどん底へ沈み始めた hunc quas conscientiae labes in animo censes habuisse (117.5) ? この者が心の底でどれほど良心のやましさを抱いていたと君は思うか

labium (**labia, labea**) *n.*(*f.*) labiī (labiae, labeae) *2*(*1*) §13(11) くちびる

labō *1* labāre, -bāvī, —— §106 [lābor] **1.** ぐらぐらしている, よろめく, ゆらいでいる **2.** 倒れかけている, 沈みかけている, 没落しつつある, 危険に瀕している **3.** ゆれる, 定まらない, 迷っている, 変わり易い, ためらう littera labat 筆跡がふるえている signum labat 像がぐらぐらしている

labor *m.* labōris *3* §26 (古 **labōs**, labōris §29) **1.** 仕事, 労働, 作業 **2.** 努力, 勤勉, 骨折り **3.** 困難との戦い, 難業苦業, 辛苦, 苦痛, 陣痛 **4.** 疲労, 苦しみ, 不幸, 災い, 病苦 **5.** 完成した仕事, 事業, 業績, 成果 labores solis 日蝕 labor omnia vicit※ 勤勉はすべてに打ちかつ nil sine magno vita labore dedit※ mortalibus 人生は人に対し大いなる努力なしには何も与え(てい)ない (※格言の完)

lābor *dep.3.* lābī, lāpsus sum §§123(3), 125 **1.** 滑る, すべるように静かに動く **2.** (感知されないように)走る, 逃げる, 流れる, すぎる, 消える **3.** すべり落ちる, つまずく, よろめく, 誤りに陥る, まちがう, 失脚する **4.** 落ち込む, 弱る, 疲れ果てる, 衰える, 死ぬ **5.** 傾く, 沈む, 倒れる, 崩壊する, 亡ぶ **6.** 落ちぶれる, 自堕落にくらす umor in genas furtim labitur 涙が人知れず頬を伝って流れる labitur exsanguis, labuntur frigida leto (9f9) lumina (彼女は)血の気を失ってずおれる, 冷たい死とともに彼女の目から光が消える labentem et prope cadentem rem publicam fulcire ぐらぐらしている, そしてほとんど倒れかかっている国家を支えること

labōrifer *a.1.2* labōri-fer-a, -um §51 [labor, ferō] 労苦にたえる, 骨折る, 労苦をもたらす

labōriōsē 副 [labōriōsus §67(1)] (比)laboriosius (最)laboriosissime 骨折って, 辛苦して, 骨身を惜しまず, かろうじて, やっと

labōriōsus *a.1.2* labōriōs-a, -um §50 [labor] (比)laboriosior (最)laboriosissimus **1.** 苦労で一杯の, 困難な, 困り果てた **2.** 骨身を惜しまない, 努力する, 勤勉な **3.** 労苦をもたらす, 面倒な

labōrō *1* labōrāre, -rāvī, -rātum §106 [labor] **1.** 働く, 労働する, 仕事をする **2.** 骨折る, 苦労する, 努力する, 尽力する, 苦心する **3.** 心配する, 心にかける, 気遣う, なやむ **4.** 困難(危険)の中にいる, 窮迫している, 苦境にある, 痛む, 病む, わずらう **5.** (他)手を加える, 仕上げる, 耕す, 産する luna laborat 月が蝕する silvae laborantes (雪の重荷で)苦しんでいる森の木々 ex aere alieno ～ 借金で苦しんでいる ejus artus laborabant 彼は足の痛風でなやんでいた ut honore dignus essem (116.6), laboravi 私は名誉ある地位にふさわしくあろうと努めた ad munitiones laboratur (172) 防御施設のあたりで苦戦する

labōs →labor

labrum[1] *n.* labrī *2* §13 **1.** 唇 **2.** 縁(ふち), へり, 端 primis labris gustasse (114.3) 唇の先だけで味わった(ほんの表面だけを知った)にすぎない haec (cornua) ab labris argento circumcludunt 彼らはこの角の切り縁を銀でめっきする non mihi labra linis お前は私の唇に(蜜を)ぬらない(私をだまさない)

lābrum[2] *n.* lābrī *2* §13 **1.** 大きなたらい, 大おけ, 水盤, 大杯 **2.** 水浴(場)

labrusca *f.* labruscae *1* §11 野性のブドウ(の木)

labruscum *n.* labruscī *2* §13 野性のブドウの実

labyrinthus (-thos) *m.* labyrinthī *2* §§13, 38 ＜λαβύρινθος **1.** 迷宮, 迷路 **2.** クレータ島のダイダロスの建てた迷宮 novi generis (9c5) labyrintho (9f11) inclusus 新種の迷宮にとじこめられた(私)

lac (-ā- ?) *n.* lactis *3* §23 [**lacte** (古)＝lac] **1.** 牛乳 **2.** 草木の乳液 **3.** 乳白色 lac pressum チーズ sicut lacte (主) lactis (9c13) simile est ちょうどミルクがミルクに似ているよう(瓜二つ)

Lacaena *f.* Lacaenae *1* §11 スパルタの女 (形)**Lacaena** (*f.*のみの変化形) スパルタの Lacaena adultera ＝Helena

Lacedaemō(n) *f.* Lacedaemonis *3* §41.8c スパルタ (形)**Lacedaemonius** *a.1.2* -nia, -nium §50 スパルタの

lacer *a.1.2* lacer-a, -um §51 **1.** (手・足を)切断された, 切り裂かれた, ずたずたにされた **2.** 引き抜かれた, ひきち

lacerātiō 430

ぎられた，だいなしにされた，損なわれた **3.** (能)引き裂く lacerum cornu (9e9) caput 角をひき抜かれた頭

lacerātiō *f.* lacerātiōnis *3* §28 [lacerō] 引き裂くこと，切断

lacerna *f.* lacernae *1* §11 袖なしの短い外套(^{がい}とう)，肩に羽織るマント

lacerō *1* lacerāre, -rāvī, -rātum §106 [lacer] **1.** 引き裂く，引きちぎる，割る，破る，切る **2.** そこなう，害する，台無しにする，こわす，くだく **3.** 苦しめる，責めさいなむ，激しく痛める，なやます **4.** ずたずたにする，略奪する，荒らす，乱す，混乱させる **5.** 非難・中傷する，名誉を傷つける，ののしる intolerabili dolore lacerati 耐えがたい苦痛で引きさかれた(人々)

lacerta *f.* lacertae *1* §11 = **lacertus** *m.* lacertī *2* §13 *cf.* §44 トカゲ est aliquid unius sese dominum fecisse (117.5) lacertae トカゲほどちゃちな土地でも所有したということはひとかどのことだ

lacertōsus *a.1.2* lacertōs-a, -um §50 [lacertus] 筋肉たくましい，強壮な

lacertus¹ *m.* lacertī *2* §13 **1.** 腕，二の腕，上膊(^{じょう}はく) **2.** 腕の筋肉，筋肉の力，(体)力 **3.** 支流 arma Caesaris non responsura (118.1) lacertis カエサルの力に太刀打ちできる筈のない武器

lacertus² → lacerta

lacessō *3* lacessere, -cessīvī (-iī), -cessītum §109 **1.** ひっきりなしに攻撃してなやます，かき乱す，困らせる **2.** 刺激する，そそのかす，かりたてる，いどむ **3.** 挑発する，励ます **4.** 怒らせる，いらだたせる te ad scribendum (119.4) ～ お前に返事を書くことを約束させる nostros equites proelio lacessere coeperunt (敵は)我々の騎兵隊を戦闘で挑発し始めた

Lachesis *f.* Lachesis *3* §19 運命の三女神の一人

lacinia *f.* laciniae *1* §11 **1.** (着物の)すそ，ふち，へり，先端 **2.** (*pl.*)着物 **3.** 小片，ふさ飾り，付属品 aliquid obtinere lacinia (9f3) あるものを端に持って

いる，かろうじてしがみついている

Lacō(n) *m.* Lacōnis *3* §41.8a **1.** スパルタ人，ラコニア人 **2.** スパルタ産の犬

Lacōnicus *a.1.2* Lacōnic-a, -um §50 Laconia の

lacrima = **lacruma** (古) *f.* lacrimae *1* §11 **1.** 涙，悲嘆 **2.** 樹脂，樹液 hinc illae lacrimae そこからあの涙，そこが難しい所，それが問題だ sunt lacrimae rerum (9c3 人間事象に注ぐ涙) et mentem mortalia tangunt ここには(壁画の中に)ものの哀れがあり(描かれていて)，人の死すべき定めが肺腑をつく

lacrimābilis (**lacrum-**) *a.3* lacrimābile §54 [lacrimō] 涙に価する，涙を催さす，哀れむべき，痛ましい，悲惨な

lacrimor (**lacrumor**) *dep.1* lacrimāri §123(1) = **lacrimāre**, -māvī, -mātum §106 **1.** 涙を流す，泣く，嘆き悲しむ **2.** (植物)汁をしたたらす，しみ出させる

lacrimōsus (**lacrum-**) *a.1.2* lacrimōs-a, -um §50 [lacrima] **1.** 涙一杯の，涙を誘う，いたましい，悲しい **2.** (汁の)しみ出ている，流れている

lacrimula (**-mola**) *f.* lacrimulae *1* §11 [lacrima の小] 少量の涙，そら涙

lacru-, lacry- → lacri-

lactāns *a.3* lactantis §58 [lac] **1.** 乳離れしていない，乳を吸っている **2.** 乳(果汁)で一杯の cum catulis lactantibus ubera praebet (雌の獅子が)乳を吸っている子に乳首を与えているとき lactans ficus 果汁の多いイチジク

lactēns *a.3* lactentis §58 [lac] **1.** 乳を吸っている，乳離れをしていない **2.** 乳の多い，果汁・樹液一杯の **3.** 乳のように白い Romulus lactens 乳を吸っているロームルス frumenta lactentia 乳汁で一杯の穀粒

lacteus *a.1.2* lacte-a, -um §50 [lac] **1.** 乳の，乳で一杯の **2.** 乳を吸っている，乳離れしていない **3.** 乳のような，乳白色の，乳白状の，乳汁で一杯の(植

物) lactea colla 乳のように白い首 lactea
via＝lacteus orbis 銀河

lactō *1* lactāre, -tāvī, -tātum　§106
説いて…させる，誘う，そそのかす，だま
す，まるめこむ

lactūca *f.* lactūcae *1* §11 レタス

lacūna *f.* lacūnae *1* §11 ［lacus］
1. くぼみ，へこみ，穴，陥落，空洞 **2.** 裂
け目，すき間，空隙，隔(へだて) **3.** 欠如，欠
陥，不足 **4.** 水たまり，池

lacūnar *n.* lacūnāris *3* §20
［lacūna］ 羽目板天井，格(こう)天井 doc-
tus spectare lacunar 知っていて天井を
見ている（見て見ぬふりをする）

lacūnō *1* lacūnāre, -nāvī, -nātum
§106 ［lacūna］ **1.** えぐる，へこます
2. 羽目板で飾る

lacūnōsus *a.1.2* -nōsa, -nōsum
§50 ［locūna］ **1.** 穴のあいた，くぼんだ，
でこぼこの **2.** 水たまりの多い

lacus *m.* lacūs *4* §31 **1.** 池，湖，
沼 **2.** ため池，貯水槽 **3.** たらい，大桶
dicebar sicco vilior esse lacu (9f6) 私
はひからびた水槽よりも価値のない者と言
われていた

laedō *3* laedere, laesī, laesum §109
1. 傷つける，害する，損なう，損害を与え
る **2.** 苦しめる，不快にさせる，なやます，
いらだたせる，心を暗くさせる，悲しませる
3. 侮辱する，そむく，いつわる proprium
humani ingenii est odisse (117.1) quem
laeseris お前が傷つけた人を憎むのは，人
間固有の性(さが)である

Laelius *a.1.2* Laeli-a, -um §50
1. ローマの氏族名 **2.** C. Laelius Sapiens
130B.C. 執政官

Lāertēs *m.* Lāertae *1* §37 Ulixes
(Odysseus)の父

laena *f.* laenae *1* §11 厚毛のマン
ト(外套)

laesī → laedō

laesus → laedō

laetābilis *a.3* laetābile　§54
［laetor］ うれしい，喜ばしい

laetātiō *f.* laetātiōnis *3* §28
［laetor］ 欣喜雀躍，歓呼

laetē 副 ［laetus §67(1)］ (比)laetius
(最)laetissime 喜んで，うれしそうに，
陽気に

laetificō *1* -ficāre, -ficāvī, -ficātum
§106 ［laetus］ **1.** 肥沃にする，肥やす，
豊かにする，みのらす **2.** 喜ばす，励ます，
元気づける

laetificus *a.1.2* -fica, -ficum §50
［laetus］ 喜んでいる，喜ばしい，繁茂し
ている，多産の肥沃(ひよく)な

laetitia *f.* laetitiae *1* §11
［laetus］ **1.** 溢れる喜び，上機嫌，満足，
歓喜 **2.** 豊かさ，繁茂，豊饒 **3.** 華やかさ，
魅力，優美，健康

laetor *dep.1* laetārī, laetātus sum
§§123(1), 125 ［laetus］ 喜ぶ，小おど
りして(歓声をあげて)喜ぶ，うれしく思う，
楽しむ，好む(さまざまの構文を取る，124,
119(5), 9f15, in 又は de とも) incolmis
laetor quod vivit in urbe 彼が都で恙な
く暮らしているので嬉しく思う laetor de
communi salute 皆の健康を喜ぶ

laetus *a.1.2* laet-a, -um §50 (比)
laetior (最)laetissimus **1.** 喜んでい
る，嬉しそうな，喜ばしい，幸福な，快活
な，楽しい，陽気な(副詞のように訳す場
合が多い) **2.** 繁茂している，肥沃な，豊饒
な **3.** 光彩陸離たる，華やかな，絢爛たる
4. 吉兆の，めでたい illi (9d) laeta labo-
rum (9c13) ipsa fecerat 彼女自身，彼
のために労苦を喜んで(それを)なし遂げて
いた laetus sum fratri obtigisse (117.2)
quod vult 私は弟が願っているものを手に
入れたことを喜んでいる laetus equino
sanguine (9f15) 馬の血を喜ぶ＝喜んで
飲む

laeva *f.* laevae *1* §11 ［laevus
sc. manus］ **1.** 左手 **2.** 左手の方，左側
dextra (9f1. イ) montibus, laeva (9f1.
イ) amne saeptus 右側は山で左側は川
で囲まれている ab laeva 左手に，左側か
ら ad (in) laeva 左の方へ，左側に

laevē 副 ［laevus §67(1)］ 不器用
に，まちがって，下手に

laevis, laevitās, laevō → lēv-

laevum 副 ［laevus §9e13］ 左に，左

laevus

側に，左手に

laevus *a.1.2* laev-a, -um §50
1. 左の，左手の，左側の **2.** 左ききの，不器用な，下手な，愚かな，無分別の **3.** 不都合な，不利な，不吉な，不運な **4.** (ト鳥官は南に向かって鳥占いをするので鳥が左つまり東の方へ飛ぶと「吉兆」と言った) 吉兆の，好都合な，有利な，幸運をもたらす Sirius laevo contristat lumine caelum シーリウスが不吉な光で空をくもらす

laganum *n.* laganī *2* §13 <λάγανον 薄い平らな菓子，一種のクレープ

lagēos *f.* lageī *2* §38 <λάγειος ブドウの一種

lagois *f.* lagoidis *3* §41.6a <λαγωίς 鳥，おそらく=pagopus(ライチョウ)

lagōna (lagēna, lagoena, lagūna) *f.* lagōnae *1* §11 <λάγυνος 取っ手のついた太い腹で狭い首のブドウ酒瓶(グ)

Lāiadēs *m.* Lāiadae *1* §37 テーバイ王 Lāius の子(= Oedipus)

Lāis *f.* Lāidis (-idos) *3* §41.6b ギリシアの有名な二人の芸妓の名

lāma *f.* lāmae *1* §11 沼地,湿地，ぬかるみ

lambō *3* lambere, lambī, ──── §109 **1.** 舌でなめる，しゃぶる，なめつくす **2.** (炎が)なめる，炎でとりまく **3.** (波が)洗う **4.** かわいがる，愛撫する

lāmenta *n.pl.* lāmentōrum *2* §13 泣きわめくこと，嘆き悲しむこと，哀泣，悲嘆

lāmentābilis *a.3* lāmentābile §54 [lāmentor] 悲嘆を伴う，悲嘆に価する，悲しむべき，痛ましい，哀れな

lāmentātiō *f.* lāmentātiōnis *3* §28 悲嘆，哀泣

lāmentor *dep.1* lāmentārī, lāmentātus sum §123(1) [lāmenta] **1.** 嘆き悲しむ，哀泣する **2.** (他)あること(人)を悲しむ，…だと言って不満を述べる，嘆く (117.5) sua facinora aversari deos lamentantur 彼らは神々が自分の悪業

lamia *f.* lamiae *1* §11 <λαμία 子供を食うと想像されている女の妖怪

lāmina, lammina, lāmna *f.* lāminae *1* §11 **1.** (金属，大理石，木片の)薄板，細長い布(紙)片 **2.** 金(½) **3.** 剣の刃 fulva lamina 金貨 laminae ardentes 灼熱の鉄板(拷問具)

lampas *f.* lampadis *3* §41.5b <λαμπάς **1.** 松明(½)，燈火，火，もえさし **2.** 恋の炎，情火 **3.** 婚礼の(行列の)松明=結婚，生命の灯 **4.** (太陽，月，星の)明るさ，日 **5.** 流れ星 nunc cursu (9f3) lampada tibi trado (松明の)リレー競走で今お前に松明を渡すぞ(今度はお前の番だ) lampade prima 初婚で nona lampade 9日目に

lamyrus (lamiros) *m.* *2* §13 <λάμυρος 正体不明の海の魚

lāna *f.* lānae *1* §11 **1.** 羊毛，毛糸 **2.** (羊毛に似たもの)わた毛，むく毛，軟らかい毛髪，羽根，(綿)雲，綿花 **3.** 毛織り仕事，毛糸を紡ぐこと cogitare de sua lana 自分の仕事のみを考え(他は無関心)ている

lānātus *a.1.2* lānāt-a, -um §50 [lāna] (比)lanatior **1.** 羊毛でおおわれた，うぶ毛，綿毛に包まれた **2.** 羊毛製の **3.** 羊毛のような deos iratos (117.5) pedes lanatos habere 怒れる神々は羊毛で包まれた足を持っている(足音をたてないでやってくる)

lancea *f.* lanceae *1* §11 長くて軽い槍，騎兵槍

lances → lanx

lancinō *1* lancināre, -nāvī, -nātum §106 [lacer] ずたずたに裂く，めちゃくちゃにする

lāneus *a.1.2* lāne-a, -um §50 [lāna] **1.** 羊毛の，羊毛製の **2.** 羊毛のようにてざわりの快い

langueō *2* languēre, -languī, ──── §108 **1.** 疲れきっている，衰弱している，やつれている，病んでいる **2.** 生気(熱意)がない，不活発である，怠けている，しまりがない，たるんでいる **3.** (花)垂れている，

しおれている **4.** (明かり)ぼんやりしている,濁っている **5.** (水)よどんでいる, 静かである

languēscō 3 languēscere, languī, —— §109 [langueō] **1.** 憔悴してくる, 衰える, 弱ってくる, 体力・気力を失う, 病気になる **2.** 意気沮喪する, 熱意, 活気をなくする, だらける **3.** しおれる, しぼむ **4.** (月)くもる, くらくなる **5.** (酒)甘くなる, 芳醇となる

languidē 副 [languidus §67(1)] (比)languidius **1.** しおれて, うつむいて **2.** 力なく, 弱々しく **3.** 活気(熱意)なく, だらだらと, 冷淡に, むとんちゃくに

languidus *a.1.2* languid-a, -um §50 [langueō] (比)languidior 衰弱した, 疲労した, やつれた **2.** 弱々しい, 力を失った, 病気の **3.** 活気(熱意)を失った, 無精な, 怠惰な, 無頓着な **4.** しおれた, うなだれた **5.** ゆったりとした, のろい, しまりのない languida aqua おだやかな海 languidiora vina より芳醇となった酒

languor *m.* languōris 3 §26 [langueō] **1.** 疲労, 衰弱, 病気 **2.** 無精, 怠惰, 無頓着 **3.** 海の凪, さえない色 aquosus languor 水腫 amantem (118.2) languor arguit 憂愁が恋をしている者を証明している

laniātus *m.* laniātūs 4 §31 [laniō の完分] **1.** 肉を引き裂くこと **2.** 引き裂かれた傷口

lanicium (-**tium**) *n.* laniciī 2 §13 羊毛, 毛糸

laniēna *f.* laniēnae 1 §11 [lanius] **1.** 肉屋の店 **2.** 虐殺

lānificus *a.1.2* lānific-a, -um §50 [lāna, faciō] 羊毛を加工している, 紡いでいる, 織っている

lāniger *a.1.2* lāniger-a, -um §51 [lāna, gerō] 羊毛を運んでいる, 羊毛でおおわれた, 羊毛のような (名)**lāniger** *m.* lānigerī 2 §15 羊, 子羊

laniō 1 laniāre, -ātum §106 [lanius] **1.** 残酷に傷つける, 肉をずたずたに切る, ひき裂く, かきむしる **2.** ひどい損害を与える

lanista *f.* lanistae 1 §11 **1.** 剣闘士の調教師 **2.** 扇動者

lanitium → lanicium

lanius *m.* laniī 2 §13 **1.** 肉屋, 屠殺者 **2.** 死刑執行人

lanterna *f.* lanternae 1 §11 提燈(ちょう), 角燈

lānūgō *f.* lānūginis 3 §28 [lāna] (頬や植物の)柔らかい毛, ほおひげ, わた毛, むく毛

lanx *f.* lancis 3 §21 **1.** 金属製の大皿, どんぶり, 鉢, 盤 **2.** 天秤の皿(さら)

Lāocoōn *m.* Lāocoontis 3 §41.4 (神)トロイアの神官

Lāomedōn *m.* Lāomedontis 3 §41.4 (神)トロイアの王

lapathum *n.* lapathī 2 §13 = **lapathus** *f.* lapathī 2 §§13, 44 < λάπαθον スイバ, ギシギシ

lapicīda *m.* lapicīdae 1 §11 注 [lapis, caedō] 石切工, 採石夫

lapidārius *a.1.2* -dāria, -dārium §50 石の, 石に関する(名)**lapidārius** *m.* -dāriī 2 §13 石切り工

lapidātiō *f.* lapidātiōnis 3 §28 [lapidō] 石を投げること

lapidātor *m.* lapidātōris 3 §26 [lapidō] 石を投げる人

lapideus *a.1.2* lapide-a, -um §50 [lapis] 石の, 石造りの, 石のように堅い, 冷たい, 鈍い

lapidō 1 lapidāre, -dāvī, -dātum §106 [lapis] **1.** 石を投げる **2.** 石でおおう, 埋葬する (非)lapidat 石の雨が降る (*cf.* §165)

lapidōsus *a.1.2* lapidōs-a, -um §50 (比)lapidosior **1.** 石で一杯の, 石(砂利)の多い, 砂を含んだ **2.** 石のようにかたい

lapillus *m.* lapillī 2 §13 [lapis の小] **1.** 小石[判決に投じられる白石(無罪), 黒石(有罪), 暦の上に目印とした白石(良い日)黒石(悪い日), 投石器用, モザイック用の石など] **2.** 飾装用の石, 宝石

lapis *m.* lapidis 3 §21 **1.** 石, 小石 **2.** 隕石(= lapis ardens) **3.** 大理石

(＝ albus 〜), 大理石テーブル **4.** ひきうす, 里程標(石), 境界, 標石, 舗道敷石 **5.** (奴隷)せり売り台 **6.** 投石器用の石, 暦用の小石(*cf.* lapillus) **7.** 石頭, 愚か者, 間抜け **8.** 宝石 lapide illa diem candidiore notat 彼女はその日を真っ白い石で印をつけた(幸福な記念日とした) bis ad eundem (lapidem) 同じ石に二度(つまず く)とは(恥ずかしいことだ) lapidem mehercule flere ac lamentari coegisses (116.9a) 神かけてお前は石をも泣かせ悲しませていたろうに Jovem lapidem jurare 石像ユーピテルにかけて厳かに誓う

lappa *f.* lappae *1* §11 イガのある実をつける植物

lāpsō *1* lāpsāre, ──, ── §106 [lābor] 足を滑らす, よろめく

lāpsus *m.* lāpsūs *4* §31 [lābor の完分] **1.** 滑ること, 倒れること, くずれること **2.** 落下, 瓦解, 落盤, 陥没 **3.** 道を踏みはずすこと, ふとしたあやまち, 過失, 挫折 **4.** 失脚, 失寵 **5.** (時・天体・鳥・川・蛇などのなめらかな早い動き)走行, 運行, 飛行, 流れ, 這うこと cum medio volvuntur sidera lapsu (9f1. ハ) 星が運行の半分を回っているとき lapsu (9f11) dracones effugiunt 大蛇が滑って逃げる

laqueāre *n.* laqueāris *3* §20 [lacus] 羽目板天井, 格天井(＝ lacūnar)

laqueātus *a.1.2* laqueāt-a, -um §50 [laqueō の完分] **1.** 羽目板(鏡板)をはめられた **2.** 格天井のある

laqueus *m.* laqueī *2* §13 **1.** 引き結びにしたつなの輪, 絞首刑用のなわ **2.** わな(罠) **3.** 束縛, きずな, 障害 in laqueos, quos posuere, cadant (116.1) 奴らは自分らの仕掛けた罠におちるがいい non mortis laqueis (9f7) expedies caput お前は「死」の絞首なわから首を解き放てないだろう

Lār *m.* Lăris *3* §26 ＝ **Lărēs** *pl.* Lărum (Lărium) **1.** 炉, 家, 家族の守護神 **2.** 道路, 海路, 十字路, 国家の守護神 **3.** 炉辺, 家, 住居, 故里

lardum → laridum

largē *副* [largus §67(1)] (比) largius (最)largissime **1.** 気前よく, 物惜しみせずに **2.** 豊かに, たっぷりと **3.** 大いに, 非常に

largior *dep.4* largīrī, largītus sum §§123(4), 125 [largus] **1.** 惜しみなく(気前よく)与える, 授ける, 施す, 贈る, 寄付する **2.** 買収する **3.** 与える, 許す, 譲る eripiunt aliis (9f7) quod aliis (9d) largiantur (116.6.a) 彼らは別な人に施すためのものを, 別な人から奪っているのだ

largitās *f.* largitātis *3* §21 [largus] **1.** 気前のよさ, 物惜しみしないこと, おおよう **2.** 豊富, 大量

largiter *副* [largus §67注] **1.** 気前よく用意して, 豊富に, たっぷりと **2.** 大いに, 非常に

largītiō (-ā- ?) *f.* largītiōnis *3* §28 [largior] **1.** 施し, 贈り物, 土地などの分配 **2.** 気前のよい心付け, 施し, 授与, 譲渡 **3.** 買収, わいろ, 浪費, 乱費

largītor *m.* largītōris *3* §26 [largior] **1.** 気前よく(惜しみなく)人に物(金)を与える人 **2.** 賄賂で買収する人

largus (-ā- ?) *a.1.2* larg-a, -um §50 (比)largior (最)largissimus **1.** 気前のよい, 物惜しみしない, 寛大な **2.** 豊富な, 多量の, あり余る, おびただしい fons largus aquae (9c13) 水の豊かな泉 folia larga suco (9f17) 汁で一杯の葉 (cadus) spes donare (117.3) novas largus 新しい希望を与えるのに物惜しみしない(ブドウ酒瓶)

lāridum (**lārdum**) *n.* lāridī *2* §13 ベーコン, 豚の脂肉

lārva *f.* lārvae *1* §11 **1.** (死者の)亡霊, 悪霊 **2.** 悪魔, 鬼神 **3.** 妖怪, おばけ, その恐ろしい仮面 **4.** 骸骨

lasanum lasanī *2* §13 ＜λάσανον 室内便器, 溲瓶

lāsarpīcifer *a.1.2* lāsarpīcifer-a, -um §51 [lāsarpīcium, ferō] セリ科オオウイキョウ属アギ(又はそれから採取される薬用のゴム樹脂)をもたらす, の生えている

lascīvia *f.* lascīviae *1* §11

[lascīvus] **1.** はしゃぐこと，おもしろおかしく振る舞うこと，陽気，快活，ふざけること **2.** 自由奔放，わがまま勝手，不節制，過度，放埒

lascīviō *4* lascīvīre, -viī, -vītum §111 [lascīvus] **1.** はしゃぎ回る，陽気に騒ぐ，ふざける **2.** 放縦(奔放)にふるまう

lascīvus *a.1.2* lascīv-a, -um §50 (比)lascivior (最)lascivissimus **1.** ふざけた，はしゃいでいる，陽気な，快活な **2.** わがままな，常軌を脱した，奔放な，放縦な，御しにくい，不節制な

lassitūdō *f.* lassitūdinis *3* §28 [lassus] **1.** 疲れ，疲労困憊，無気力，脆弱，倦怠 in lassitudine homines proniores sunt ad iracundiam 疲れていると人は怒り易くなる

lassō *1* lassāre, lassāvī, lassātum §106 [lassus] **1.** 疲れさせる，消耗させる，体力(精力)を尽き果たさせる，意気沮喪させる **2.** そこなう，すり減らす，弱らせる aequor lassatum fluctibus 波で疲れ切った海(静かになった海面)

lassulus *a.1.2* lassul-a, -um §50 [lassus の小] 疲れた，飽きた

lassus *a.1.2* lass-a, -um §50 **1.** (人の肉体・精神)疲れた，消耗した，気力をなくした，病んでいる **2.** (土・植物など)枯渇した，疲弊した，しおれた，活気(力)を失った **3.** res lassae 不幸，災い，苦境 venimus hinc lassis quaesitum (120.1) oracula rebus (9d) 我々は苦境に対し神託を求めてここにやってきた lassus maris et viarum (9c13) 海路と陸路の旅に疲れた(私) lacrimis (9f15) lassi 泣き疲れた人たち lasso papaver collo (9f10) 首のうなだれたケシの花

lātē 副 [lātus §67(1)] (比)latius (最)latissime **1.** 広範囲にわたって，幅広く，遠くまで **2.** 詳細に，長々と，たっぷりと **3.** 非常に，大いに，充分に omnibus arboribus (9f18) longe lateque excisis 遠く広きにわたってあらゆる立木が伐採されて

latebra *f.* latebrae *1* §11 [lateō]

1. 隠れ場，潜伏所，避難所 **2.** 獣の巣窟 **3.** 隠す手段，逃げ道，口実，言い抜け **4.** 隠れること，隠遁，月食

latebrōsus *a.1.2* latebrōs-a, -um §50 [latebra] (比)latebrosior 隠れ場の一杯ある，隠れる手段を与える，ひみつの，かくれた，かくされた

lateō *2* latēre, latuī, —— §108 **1.** 隠れる，かくれている，ひそむ，ひそんでいる，潜伏する，待ち伏せする **2.** 避難する，安全である **3.** 見えなくなる，人目を逃れる(対と)，かくれて暮らす，注意をひかない **4.** (非)かくされている (168, ロ) ～ sub umbra amicitiae Romanae ローマの友情(同盟条約)のかげで安全である latet anguis in herba 草の中には蛇がひそんでいるぞ nil illum latet 何も彼の目を逃れられない bene qui latuit, bene vixit 上手にかくれていた人こそ立派に生きた人だ

later *m.* lateris *3* §26 **1.** 煉瓦，かわら **2.** (金属・木・石の)断片，塊，切り株 laterem lavare 無駄骨をおる

laterīcius (-ĭci- ?) *a.1.2* laterīci-a, -um §50 [later] 煉瓦からつくられた，煉瓦を積んだ

later(i)culus *m.* later(i)culī *2* §13 [later の小] **1.** 小さな煉瓦，かわら **2.** パン菓子

laterna → lanterna

latex *m.* laticis *3* §21 **1.** 水，流れている水，川，泉 **2.** 液体，飲物，汁，酒，油 in mensam laticum lavavit honorem 彼は祭壇に酒の名誉をそそいだ(灌奠(かんてん)を捧げた)

latibulum *n.* latibulī *2* §13 [lateō] **1.** 隠れ場 **2.** けものの寝床，巣，穴

lāticlāvius *a.1.2* -clāvia, -clavium §50 [lātustclāus] **1.** 幅の広い紫紅縞をつけた **2.** (名)幅の広い紫紅縞の服を着た者，元老院階級の人

Latīna *f.* Latīnae *1* §11 **1.** [sc. lingua] ラテン語 **2.** [sc. via] ラティウム街道(ローマから Beneventum)

Latīnē 副 [Latīnus §67(1)] **1.** ラテン語で **2.** 正しいラテン語で，平明なラテン

Latīnitās

語で

Latīnitās *f.* Latīnitātis *3* §21 **1.** 正しいラテン語法(文体), ラテン語 **2.** ラティウム権(jus Latii)

lātiō *f.* lātiōnis *3* §28[ferō の完分] **1.** 法律の正式な提案 **2.** 投票権

Latīnus *a.1.2* Latīn-a, -um §50 (比)Latinior **1.** ラティウム(地方)の **2.** ラテン語の, 正しい(平明な)ラテン語の **3.** ラティウム権を所有している **4.** ローマの, イタリアの (名)**Latīnī** *m.pl.* Latīnōrum *2* §13 **1.** ラティウム(地方)の人たち(住民) **2.** ローマ人 (名) **Latīnus** *m.* Latīnī *2* §13 ラティウムの神話上の王

lātiō *f.* lātiōnis *3* §28 [lātus¹] 持参, 提出(する権利)

latitō *1* latitāre, -tāvī, -tātum §106 [lateō] **1.** 隠れている, 潜んでいる, ひきこもる, 人目を逃れている **2.** かくされている, 秘密にされている

lātitūdō *f.* lātitūdinis *3* §28 [lātus] **1.** 幅, 広さ, 広がり, 大きさ **2.** 声量の豊かさ, 文体の厚味

Latium *n.* Latiī *2* §13 イタリアの中心(ローマ周辺)の地方名

Latius *a.1.2* Lati-a, -um §50 **1.** ラティウムの **2.** イタリアの, ローマの

latomiae → lautumiae

Lātōna *f.* Lātōnae *1* §11 (神) Leto のラテン名, Apollon と Diana の母

lātor *m.* lātōris *3* §26 [lātus< ferō] 提出者, 提案者(法律)

lātrātor *m.* lātrātōris *3* §26 [lātrō] 吠えるもの, 犬

lātrātus *m.* lātrātūs *4* §31 [lātrō の完分] 吠えること, どなること, うなり声, 咆哮, (波の)とどろき

lātrō *1* lātrāre, -rāvī, -rātum §106 **1.** 吠える, ほえつく, 咆哮する **2.** 大声でわめく, 叫ぶ, どなる, うなる, (波)とどろく, なりひびく **3.** うるさく(やかましく)言いたてる, せがむ, 要求する, がみがみ言う, 叱る, かみつく, 罵倒する latrant, non loquuntur 彼らはわめいても, (静かに)話すことはない cum sale panis latran-

tem stomachum bene leniet うるさくせがみたてる胃の腑を, 塩とパンは立派にしずめるだろうよ

latrō *m.* latrōnis *3* §28 **1.** 金銭で雇われた人, 傭兵(外国人) **2.** 泥棒, 追い剥ぎ, 辻強盗 **3.** 遊戯盤のこま

latrōcinium *n.* latrōciniī *2* §13 [latrō] **1.** 強奪, 山賊行為, 海上掠奪, 急襲 **2.** 無法行為, 悪事(行) **3.** 盗賊団

latrōcinor *dep.1* §123(1) latrōcinārī, -cinātus sum [latrō] **1.** 傭兵として仕える **2.** 山賊(海賊)行為を働く, 荒らす

latrunculus *m.* latrunculī *2* §13 [latrō の小] **1.** 追い剥ぎ(おいはぎ), 辻強盗 **2.** チェッカー(西洋碁)に似た盤上遊戯の駒

latumiae → lautumiae

lātus¹ → ferō

lātus² *a.1.2* lāt-a, -um §50 (比)latior (最)latissimus **1.** 広い, 幅のある, 広大な, 広々とした, 遠くのびた **2.** 広範囲にわたる, 詳細な, 該博な, 多方面の, 充分な, 豊富な fossae quindecim pedes (9e8) latae 幅 15 ペースの壕 lata gloria 遠くまで拡がった名声 latus ut in circo spatiere (132) お前は競技場で広く(競技主催者として偉そうな顔をして)歩き回らんがために

latus³ *n.* lateris *3* §29 **1.** 人間の胴体上部の側面, 脇腹 **2.** 胸, 肺 **3.** 体, 手足, 肉体 **4.** よこ, わき, かたわら, ものの側面, (前後・左右・上下・表裏の)側面の長さ **5.** 近い側・方, 味方, 血統, 側近, 仲間 **6.** 戦列の翼, 側面 laterum flexio 上半身をまげる latus fessum longa militia (9f15) 長い遠征で疲れた体 alicui latus tegere ある人の側面を守る, ある人の無防備な左側を歩く latere tecto (9f18) abscedere 側面を守って(無事に)のがれる alicui latus dare 側面を与える, ある人に隙(攻撃の機会)を与える latere aperto 無防備の(開かれた)側面において

latusculum *m.* latusculī *2* §13 [latus の小] 側(左右, 前後の), 面(表裏, 内外の)

laudābilis *a.3* laudābile §54

[laudō] （比）laudabilior **1.** 称賛に値する，殊勝な **2.** 価値ある，すぐれた

laudātiō *f.* laudātiōnis §28 [laudō] **1.** 賞賛演説，賛辞，感謝の辞 **2.** 功績(徳)をたたえる言葉(文) **3.** 追悼演説，弔辞 **4.** (法廷における)被告への有利な証言(供述)，人物証明

laudātor *m.* laudātōris 3 §26 [laudō] **1.** 賛辞を呈する人 **2.** 弔辞を述べる人 **3.** (法廷で)被告(の人物を保証する人)に有利な証人

laudātrīx *f.* laudātrīcis 3 §21 laudātor の女性形

laudātus *a.1.2* laudāt-a, -um §50 [laudō の完分] （比）laudatior （最）laudatissimus 賞賛に値する，ほめられるべき，尊敬すべき，秀でた，卓越した，重んじられている

laudō 1 laudāre, -dāvī, -dātum §106 [laus] **1.** ほめる，ほめたたえる，賞賛する，持ちあげる **2.** 推薦する，「良い，立派だ，幸福だ」と認める，賛成する，それはすばらしい，すてき，ブラボー **3.** 弔辞を述べる，名をあげる，敬意を表す，お世辞をのべる(さまざまな構文をとる) 対・奪 (9f15), de (in)＋奪・属 (9c11), 不句 (117.5), quod 文 probitas laudatur et alget 清廉潔白は持ちあげられるが風邪をひいている(ほめられるだけで大切に(実践)されない) extinxisse nefas laudabor 私は犯罪(人)を根絶やしたとほめられるだろう agricolam laudat juris peritus 法律家は百姓を幸福だと持ちあげる

laurea *f.* laureae 1 §11 [laureus] **1.** ゲッケイジュ **2.** 月桂冠，栄冠，栄誉 **3.** 勝利，凱旋

laureātus *a.1.2* -āta, -ātum §50 ゲッケイジュの枝葉の冠で飾られた

laureola *f.* laureolae 1 §11 [laurea の小] 月桂樹の小枝，月桂冠

laureus *a.1.2* laure-a, -um §50 [laurus] ゲッケイジュの laurea arbor, corona → laurea

lauriger *a.1.2* lauriger-a, -um §51 [laurus, gerō] **1.** ゲッケイジュを持った **2.** 月桂冠で飾られた

laurus *f.* laurī 2 §13 注 3, **laurūs** 4 §31 *cf.* §45 **1.** ゲッケイジュ，アポローンの聖木 **2.** ゲッケイジュの葉(薬用)，枝(宗教，魔術の儀式に用い，凱旋，勝利，祭日を祝い飾るもの) **3.** 月桂冠，勝利，凱旋，栄冠 **4.** アポローン，詩人の象徴

laus *f.* laudis 3 §21 **1.** 賞賛，推薦(演説)，表彰 **2.** ほめられる理由，長所，美点，功績，手柄，美徳 **3.** ほめられた結果の誉れ，栄光，名声 **4.** (非)laus est それは賞賛に価する §171 aliquem summis laudibus ad caelum efferre ある人を最高の賞賛で天まで高める(激賞する) hoc veluti virtute paratum speravit (117.5) magnae laudi (9d7) fore 彼はこれ(富)をあたかも美徳によって得たものの如く，大きな賞賛に価するだろうと希望した

lautē 副 [lautus §67(1)] （比）lautius （最）lautissime **1.** 優美に，きれいに，見事に **2.** 豪華に，ぜいたくに，気前よく

lautia *n.pl.* lautiōrum 2 §§13, 46 外国の賓客(大使)に与えられる元老院の饗応，接待

lautitia *f.* lautitiae 1 §11 [lautus] **1.** 優雅な暮らし，豪奢な饗応 **2.** 華美，ぜいたく

lautumiae *f.pl.* lautumiārum 1 §11 ＜λατομίαι **1.** 石切場，採石場(囚人の働く所) **2.** (ローマの)カピトーリウムの東北にある牢獄，国牢(＝ Tullianum)

lautus (**lōtus**) *a.1.2* laut-a, -um §50 [lavō の完分] （比）lautior （最）lautissimus **1.** 洗われた，きれいな **2.** 身ぎれいな，端正な，しつけのよい **3.** 上品な，優雅な，立派な，洗練された **4.** 贅沢な，高価な homines lauti et urbani 都会風に洗練された紳士たち

lavātiō *f.* lavātiōnis 3 §28 [lavō] **1.** 洗うこと，入浴 **2.** 浴室道具

Laverna *f.* Lavernae 1 §11 (神)ローマの盗人の神

lāvī → lavō

Lāvīnia *f.* Laviniae 1 §11 Latinus 王の娘，Aeneas の妻となる

lavō 1 lavāre, lāvī, lautum (lōtum,

laxāmentum 438

lavātum) §106 **1.** 洗ってきれいにする, 洗い落とす(消す) **2.** 洗う, ぬらす, 浸す, しめらす **3.** 自分の体を洗う, 沐浴する **4.** (自)(受)入浴する, 風呂にはいる, 湯浴みをする manus manum lavat 手が手を洗う, 持ちつ持たれつ dulci mala vino lavare 甘きブドウ酒で不幸を洗い流すこと

laxāmentum *n.* laxāmentī *2* §13 [laxō] **1.** 弛緩, ゆるみ **2.** 軽減, 休息, くつろぎ **3.** ゆとり, 自由, 合間, 余地, 空間, 機会

laxē 副 [laxus §67(1)] (比)laxius (最)laxissime **1.** 広々と, ゆったりと **2.** たっぷりと, 充分に **3.** 締まりなく, ゆるく, 不注意に **4.** くつろいで, 拘束なく, 自由に

laxitās *f.* laxitātis *3* §21 [laxus] **1.** (あらゆる意味で)広々としていること, 広範囲, 広大 **2.** 空地, 空間 **3.** くつろぎ, ゆとり, 平静, 休息

laxō *1* laxāre, -āvī, -ātum §106 [laxus] **1.** 大きくする, 広げる, のばす, 長くする, ふくらませる **2.** (束縛・結び目)ほどく, 解く, はずす, ゆるめる, 解放する **3.** 薄くする, 細くする, 弱める **4.** (時)延期する **5.** 散らす, 展開させる(戦列) **6.** (緊張)和らげる, くつろがせる, 安心させる **7.** (物価)下げる laxatis habenis (9f18) invehi 手綱をゆるめて馬にのって行く quies laxaverat artus 眠りが四肢をくつろがせていた

laxus *a.1.2* lax-a, -um §50 (比) laxior (最)laxissimus **1.** 広々とした, ゆったりとした, まばらな, 広げた **2.** ゆるんだ, たるんだ **3.** しまりのない, 規律のない, 自由な **4.** 長い間の, ずっと先の **5.** くつろいだ, のんびりした

lea *f.* leae *1* §11 [leō] ライオンの雌

leaena *f.* leaenae *1* §11 <λέαινα ライオンの雌

lebēs *m.* lebētis *3* §§21, 39(ロ) <λέβης 金属製の大釜, 手水鉢

lectīca *f.* lectīcae *1* §11 [lectus] 臥輿(がよ)(寝た人を乗せる輿)

lectīcārius *m.* lectīcāriī *2* §13 [lectīca] 臥輿昇(か)き人夫

lectīcula *f.* lectīculae *1* §11 [lectīca の小] **1.** 小さな臥輿 **2.** 寝台, 長椅子, 棺架

lēctio *f.* lēctiōnis *3* §28 [legō²] **1.** 集めること, 蒐集 **2.** 読むこと, 精読, 朗読, 読書 **3.** 取捨選択 **4.** 読まれるもの, 本文, 頁 lectio senatus (監察官による)元老院議員名簿の改訂

lectisternium *n.* lectisterniī *2* §13 [lectus, sternō] 祈願祭に神々の像に捧げられる饗宴

lēctitō *1* lēctitāre, -tāvī, -tātum §106 [legō²] **1.** くりかえして集める **2.** くりかえし熱心に読む, 朗読する

lēctiuncula *f.* lēctiunculae *1* §11 [lēctiō の小] 走り読み, 読み流すこと

lēctor *m.* lēctōris *3* §26 [legō²] 読者, 朗読者

lectulus *m.* lectulī *2* §13 [lectus の小] **1.** 寝台, 婚礼の床 **2.** (食堂の)寝椅子 **3.** (書斎の)思索・読書・筆記用の寝椅子 **4.** 棺架

lēctus *a.1.2* lēct-a, -um §50 [legō² の完分] (比)lectior (最)lectissimus 注意深く選択, 吟味された, よりぬきの, すぐれた, 上等の

lectus *m.* lectī *2* §13 **1.** 寝台 lectus genialis 婚礼の床 **2.** lectus (triclinaris) (食堂の)寝椅子 **3.** lectus (lucubratorius) (書斎の)寝椅子, 寝台より小さくて簡素, 読書, 筆記, 思索に用いられた **4.** lectus (funebris) 棺架

Lēda *f.* Lēdae *1* §11 (神)スパルタ王 Tyndarus の妻

lēgātiō *f.* lēgātiōnis *3* §28 [lēgō¹] **1.** 使節・代表の派遣, 使節の任務, 地位, 成果, 報告 **2.** 使節団 **3.** (共)総督代理, (帝)元首属州総督の職, 地位 **3.** (帝)軍団長の職, 地位 legatio libera 元老院議員の私的な旅行に対して与えられる使節としての特権(属州内の通行, 宿泊の自由) legatio votiva 属州内での契約を果たすために与えられる(上記と)同じ

権利

lēgātōrius *a.1.2* lēgātōri-a, -um §50 [lēgātus] legatus の

lēgātum *m.* lēgātī *2* §13 [lēgō¹] 遺産, 遺贈

lēgātus *m.* lēgātī *2* §13 [lēgō¹] **1.** 使節, 使者, 代表 **2.** (共)属州総督代理＝legatus pro praetore **3.** (帝)元首属州総督＝legatus Augusti (Caesaris) pro praetore **4.** (帝)軍団長＝legatus legionis

lēge → lēx

lege → legō

lēgifer *a.1.2* lēgifer-a, -um §51 [lēx, ferō] 法律を与える

legiō *f.* legiōnis *3* §28 [legō²] **1.** 軍団 **2.** 軍団兵 **3.** 軍隊 1 箇軍団(＝10 箇大隊＝30 箇中隊＝60 箇百人隊)は歩兵約 4200～6000(時代により変動あり)と少数の騎兵(120～300)よりなる

legiōnārius *a.1.2* legiōnāri-a, -um §50 軍団の (名)**legiōnārius** *m.* -riī *2* §13 軍団兵

lēgitimē 副 [lēgitimus §67(1)] **1.** 法律の命ずる通り, 法律にかなって, 合法的に **2.** 適当に, 正当に

lēgitimus *a.1.2* lēgitim-a, -um §50 [lēx] **1.** 法律(上)の, 法律に関する **2.** 法で定められた, 法に従った, 法(掟・習慣)にかなった, 合法的な **3.** 法的に有効な, 正式の, 正当な, 嫡出の

legiuncula *f.* legiunculae *1* §11 [legiō の小] 小さな軍団, みじめな軍団

lēgō¹ *1* lēgāre, -gāvī, -gātum §106 [lēx] **1.** ある人を使節(代表)として派遣する, 送る, (ある人に)使節の権利を与える, 使節に任命する, 総督の代理にする **2.** 遺贈する, 遺言で残す Dolabella me sibi legavit ドラベッラは私を彼の総督代理に任命した uxori testamento legat pecuniam a filio 彼は遺言によって(息子がいたら)息子に遺贈されるべき金額を妻に残す

legō² *3* legere, lēgī, lēctum §109 **1.** 拾い集める, 拾いあげる, 集める **2.** 摘みとる, ひき抜く, 持ち去る, 盗む **3.** (帆を)たたむ, (錨を)揚げる, (糸)たぐる, 巻きあげる **4.** ふと聞く, 見る, 聞き取る, 見分ける, 見て(聞いて)情報を集める **5.** 後をつける, 横切る, 巡歴する, 海洋に沿って航行する **6.** 択ぶ, えり分ける, 元老院名簿を改正する, 募集する(兵を) **7.** 読む, 朗読する ad legenda (121.3) ossa 遺骨を収集するために hoc tu idem facies censor in senatu legendo (121.3) あなたは監察官として元老院名簿をつくるにさいしてこれと同じことをするでしょう crebris legimus freta consita terris (9f11) 頻出する島をばらまかれた海峡をぬって行く

legūmen *n.* legūminis *3* §28 [legō²] マメ科の植物, 莢(⑬)豆, 豆(類)

lembus *m.* lembī *2* §13 <λέμβος 速い小さな帆船, 小舟

lēmma *n.* lēmmatis *3* §41(2) **1.** 主題, 表題, テーマ **2.** 短い詩, 寸鉄詩

lēmniscātus *a.1.2* lēmniscāt-a, -um §50 [lēmniscus] リボンで飾られた, 飾り紐をつけた

lēmniscus *m.* lēmniscī *2* §13 <λημνίσκος 葉(花)冠からたれ下がる飾り紐

Lemnos (-us) *f.* Lemnī *2* §13(3) エーゲ海の大きな島 (形)**Lemnius** *a.1.2* Lemni-a, -um §50 Lemnos 島の

lemurēs *m.pl.* lemurum *3* §26 死人の悪意ある亡霊, 幽霊

lēna *f.* lēnae *1* §11 [lēnō] **1.** 売春をとりもつ女, 売春宿の女主人 **2.** 誘惑者

lēne 副 [lēnis §9e13] やさしく, 静かに, おだやかに

lēnīmen *n.* lēnīminis *3* §28 [lēniō] 和らげ, 慰めるもの, 緩和, 慰安

lēniō *4* lēnīre, -nīvī (-niī), -nītum §111 [lēnis] **1.** 和らげる, 静める, 穏やかにする **2.** なだめる, 慰める, 和解させる **3.** 軽くする, 減らす **4.** (自)穏やかになる, 静かになる

lēnis *a.3* lēne §54 (比)lenior (最)

lēnitās　　　　440

lenissimus **1.** ゆっくりと静かに動く，おだやかな，静かな，軽い **2.** (精神・態度)やさしい，落ち着いた，温和な，穏健な **3.** 気持ちのよい，柔らかい，にが味のない，調子のよい **4.** しなやかな，なだらかな，なめらかな **5.** おっとりした，のろい，ものうい dixerat aliquis leniorem sententiam 誰かがもっと穏健な考えをのべていた non lenis precibus (9d) fata recludere (117.3) Mercurius 祈願に対し運命の扉をかたくなに明けようとしないメルクリウス

lēnitās *f.* lēnitātis 3 §21 [lēnis] **1.** 緩慢な動き(流れ) **2.** おだやかさ，柔らかさ，調子の良さ，ほどよいひびき，ゆるやかな勾配，適度 **3.** 温和，穏健，寛大，優しさ

lēniter 副 [lēnis §67(2)] (比)lēnius (最)lēnissimē **1.** おだやかに，静かに，やさしく，そっと，やんわりと **2.** ゆったりと，なだらかに，ゆっくりと，落ち着いて **3.** なめらかに，心地よく，安らかに **4.** のろく，無精に，怠惰に si senatus cunctetur atque agat (116.9) lenius もし元老院がためらい，よりぐずぐずとふるまうなら collis leniter acclivis ゆるやかな勾配の丘 traducere leniter aevum 人生を静かにおくること

lēnitūdō *f.* lēnitūdinis 3 §28 [lēnis] 緩和，親切，やさしさ

lēnō *m.* lēnōnis 3 §28 [lēna] **1.** 売春宿の主人，売春あっせん者 **2.** 女奴隷の買い手 **3.** 誘惑者，女たらし **4.** 仲介者，周旋人

lēnōcinium *n.* lēnōciniī 2 §13 [lēnō] **1.** 売春の仲介行為，売春宿の経営，ぽん引き **2.** 誘惑，魅力 **3.** へつらい，お世辞，追従 **4.** けばけばしい化粧，派手な衣裳 **5.** (文)粉飾，潤色

lēnōcinor *dep.1* lēnōcinārī, -nātus sum §123(1) [lēnō] **1.** (与と)ある人(もの)の有利に働く，の利益に仕える libro isti novitas lenocinetur (132) 新しさがあなたの本に有利に働くでしょう(魅力を与えるでしょう)

lēns *f.* lentis 3 §24 レンズマメ，ヒラマメ

lentē 副 [lentus §67(1)] (比)lentius (最)lentissimē **1.** ゆっくりと，急がないで **2.** おそく，のろく，しぶしぶと，ぐずぐずして **3.** 冷淡に，無関心に **4.** 用心深く，慎重に

lentēscō 3 lentēscere, ――, ―― §109 [lentus] **1.** ねばねばしてくる，粘ってくる，べとつく，粘着する **2.** やわらかくなる，やわらぐ，ゆるむ

lentiscifer *a.1.2* lentiscifer-a, -um §51 ニュウコウジュをもたらす，生む

lentiscus *f.* (-cum *n.*) lentiscī 2 §§13, 44 ニュウコウジュ(乳香樹)，これからとれる樹脂，乳香

lentitūdō *f.* lentitūdinis 3 §28 [lentus] **1.** 柔軟性 **2.** ねばり強さ **3.** のろいこと，遅鈍，冷淡 **4.** 熱のこもっていない，生彩をかく(文体)

lentō *1* lentāre, -tāvī, -tātum §106 [lentus] **1.** (無理やり)曲げる，たわめる，しなやかにする **2.** 引きのばす，長びかす

lentulus *a.1.2* lentul-a, -um §50 [lentus の小] いくらかのろい，おそい

lentus *a.1.2* lent-a, -um §50 (比)lentior (最)lentissimus **1.** 曲がりやすい，しなやかな，柔軟な **2.** 弾力性のある，折れにくい，強靱な **3.** ねばり強い，ねばねばした，粘着力のある **4.** のろい，おそい，長びく，緩慢な，利目(ききめ)のおそい **5.** おくれた，しぶしぶの，ぐずぐずした **6.** 鈍い，遅鈍な，なまぬるい，冷淡な，無感覚の **7.** 曲げにくい，強情な，がんこな **8.** しつこい，持続性のある，長もちのする **9.** 平静な，落ち着いた，なごやかな，悠然たる lentus coepti (9c13) とりかかるのがおそい(彼) lenta ira deorum est 神々の怒りはゆっくりしている lentum marmor 海の鏡のような水面 ubi lentus abes? 今までどこでお前はぶらぶらしていたのか

lēnunculus *m.* lēnunculī 2 §13 小舟，はしけ

leō *m.* leōnis 3 §28 <λέων **1.** ライオン **2.** (天)シシ座 astuta ingenuum volpes imitata (118.1) leonem 高潔なライオンをまねる狡いキツネ nunc populus est domi leones, foris vulpes

今どきの人々は家でライオン, 外ではキツネ
だ noli barbam vellere mortuo leoni
(9d5) 死んだライオンからひげをむしりとる
ようなまねはするな

lepidē 副 [lepidus §67(1)] （比）
lepidius （最）lepidissime **1.** 魅力的
に, 気持ちよく, 優美に **2.** (承認の言葉)
よろしい, お見事, 立派です

lepidus *a.1.2* lepid-a, -um §50
（比）lepidior （最）lepidissimus **1.** 気
持ちのいい, 魅力のある, 好ましい **2.** 愛ら
しい, かわいい, 優美な, 立派な **3.** 機知
にとんだ, 気のきいた, おかしい

lepōs *m.* lepōris 3 §29 **1.** 魅力,
優美, 愛嬌 **2.** 愛情を示す言葉 **3.** しゃれ,
機知, 当意即妙の言葉, おかしみ o mi
lepos 私のかわいい人よ

lepus *m.* leporis 3 §29 野ウサギ
(おいしい肉とされていた) venare (136)
leporem, nunc ictim tenes ウサギ狩りを
せよ, 今お前の持っているのはイタチだぞ
(もっとおいしいものを探せ) lepus tute es,
pulpamentum quaeris? お前はウサギな
のに肉が欲しいのか(自分は持っているのに
他人のが欲しいのか?)

lepusculus *m.* lepusculī 2 §13
[lepus の小] （小さい)ウサギ

Lesbia *f.* Lesbiae 1 §11 詩人
Catullus の恋人

lētālis *a.3* lētāle §54 [lētum]
1. 死の, 死にかかわる, 死すべき **2.** 死を
もたらす, 致命的な, 生命にかかわる

lēthargicus *m.* lēthargicī 2 §13
<ληθαργικός 昏睡状態の人, 嗜(ˋ)眠
病の(にかかった)人

lēthargus *m.* lēthargī 2 §13
<λήθαργος 昏睡, 嗜(ˋ)眠病

Lēthē *f.* Lēthēs 1 §37 （神)**1.** 下
界の川 **2.** 下界 **3.** 忘却(この川の水を飲む
と過去を忘れるという)

lētifer *a.1.2* lētifer-a, -um §51
[lētum, ferō] 死をもたらす, 致命的な,
破滅的な

lētō 1 lētāre, -tāvī, -tātum §106
[lētum] 殺す

lētum *n.* lētī 2 §13 **1.** 死 **2.** 破

滅, 滅亡

leucaspis *f.* leucaspidis 3 §41.6a
<λεύκασπις 白い楯で武装した兵

levāmen *n.* levāminis 3 §28 =
levāmentum *n.* -mentī 2 §13
[levō] **1.** 軽減(緩和)するもの(手段),
鎮静, 緩和 **2.** 慰め, 慰藉, 救済

levātiō *f.* levātiōnis 3 §28
[levō¹] **1.** 持ち上げる **2.** 軽減, 緩和,
鎮静 **3.** 救済, 慰撫

lēvī → linō

levidēnsis *a.3* levidēnse §54
[levis¹] **1.** 薄く織られた **2.** ささやかな

levis¹ *a.3* leve §54 （比)levior
（最)levissimus **1.** 目方の軽い, 軽装
(備)の **2.** 身軽な, すばしこい, 速い, 飛
び去る **3.** 口の軽い, 軽率な, 気まぐれな,
信頼できない, 無責任な **4.** 軽い存在の,
重要でない, 勢力のない, ささいな, つま
らない, やせた(土地) **5.** (負担)楽な, 容
易な, 耐えられやすい, 消化しやすい **6.** 温
和な, 柔和な, やわらかい, 弱い terra sit
(116.1) supra ossa levis 大地が遺骨の上
で軽くありますように(墓碑銘) levis audi-
tio 根も葉もない噂 homo levior quam
pluma 羽より軽い男

lēvis² *a.3* lēve §54 （比)lēvior （最)
lēvissimus **1.** なめらかな, 平らな, すべ
すべした, みがかれた, 凸凹のない, 平坦
な **2.** ひげのない, 若い, こわれやすい, 優
美 **3.** よどみのない, 流麗な leves plumae
優美な羽(白鳥の) sectantem (118.2)
levia (*n.pl.acc.*)nervi deficiunt animi-
que 文章を磨いているうちに精神の迫力を
欠く(流麗を求める人を精神力が捨てる)

lēvitās¹ *f.* levitātis 3 §21 [levis¹]
1. 目方の軽いこと, 軽快 **2.** 動きやすいこ
と, 流動性, 不安定 **3.** 気まぐれ, 浮気,
無節操 **4.** 浅薄, 愚かさ

lēvitās² *f.* lēvitātis 3 §21 [lēvis²]
1. なめらかさ, 光沢, 平滑な表面 **2.** 無
毛, はげ **3.** 耳に快い音, 流麗な表現, 洗
練された文体

leviter 副 [levis¹ §67(2)] （比)levius
（最)levissime (68) **1.** 軽く, 軽装で
2. 楽に, 容易に, すばやく, 簡単に **3.** 軽

levō 442

率にも **4.** おだやかに，静かに **5.** 安い(とるに足らぬ)値段で ut levissime dicam ごく控え目に言って leviter ferre 軽く受けとめる，我慢する

levō¹ *1* levāre, -vāvī, -vātum §106 [levis¹] **1.** 軽くする，減らす，少なくする，弱める **2.** (地位など)下げる，落とす，損なう **3.** (重荷など)とり除く，追い払う，束縛を解く **4.** 静める，和らげる，安心させる，慰める，元気づける，励ます **5.** 上げる，持ち上げる，高める，立てる litterae me molestia (9f7) levarunt (114.3) 手紙が私(から)の不安をとりのぞいてくれた inconstantia (9f15) levatur auctoritas 権威は無定見によって貶される aqua levata vento 風で高波を立てる海面

lēvō² *1* lēvāre, -vāvī, -vātum §106 [lēvis²] **1.** なめらかにする，磨く，(文章を)推敲する **2.** こすって毛を抜く

lēx *f.* lēgis *3* §21 [legō] **1.** 法，法律 **2.** 法令，統制，支配 **3.** 規則，掟，法則 **4.** 約束，契約，条項，条件 legem ferre (rogare) 法案を(民会へ)提出する，提案する legem antiquare (repudiare) 法案を否決する legem suadere (dissuadere) 法案に賛成する(反対する) lex agraria 農地(均分)法 silent leges inter arma 干戈の間に法律は沈黙する vere dici potest legem (117.5, esse の省略) mutum magistratum 法律が無言の政務官であるとは正鵠を得ている leges bonae ex malis moribus procreantur 立派な法は悪習から生まれる

lībāmen *n.* lībāminis *3* §28 [lībō] **1.** 犠牲式の献酒，灌奠(かんてん) **2.** 最初の青果，初物の供物

lībāmentum *n.* lībāmentī *2* §13 [lībō] **1.** 犠牲式に最初の青果，初物を供えること **2.** 試食，一口

lībātiō *f.* lībātiōnis *3* §28 [lībō] 犠牲式の灌奠(かんてん)

lībella *f.* libellae *1* §11 [libra の小] **1.** 10 分の 1 デーナリウス，1 アス (§192) **2.** 小銭，びた一文 **3.** 水準器 heres ex libella 10 分の 1 の遺産相続人 ad libellam 最後の一文まで，きっちり，

全く

libellus *m.* libellī *2* §13 [liber の小] **1.** 小さな本，小冊子，手帳，覚書，控え，日記 **2.** 手紙，書面，陳情書，請願(書) **3.** 記録文，報告(所)，通知(書)，掲示，広告文 **4.** 檄，誹謗文 **5.** 明細書，目次，目録

libēns (**lubēns**) *a.3* libentis §55 [libet] (比)libentior (最)libentissimus **1.** (副のように)喜んで，快く，進んで **2.** うれしい，機嫌(きげん)のよい tecum obeam (116.1) libens あなたと喜んでお会いしたい

libenter 副 [libēns §67(2)] (比)libentius (最)libentissime 喜んで，進んで，快く

līber¹ *a.1.2* līber-a, -um §51 (比)liberior (最)liberrimus §60 **1.** 自由人としての社会的，法的な身分・資格のある，自由人の，自由人固有の **2.** 政治的に自由な，独立した，自治の **3.** 自由の，自由意志の，(束縛，心配，負担，義務)から解放された，解放する **4.** 独立不羈(ふき)の，率直な，公明正大な **5.** 自由奔放な，御しがたい，放埒な **6.** (土地)人の住んでいない，あいている qui est matre libera (9f4) 自由な身分の母から生まれた(人) liber laborum (9c13) rusticus 労働から解放された田舎者 libera vina (心配から解放してくれる酒)憂さを晴らす酒 animus omni liber cura (9f7) 一切の悩みから解放された心 (非)(171) liberum est alicui ある人にとって自由である，許されている

liber² *m.* librī *2* §15 **1.** 樹木の内皮(*cf.* cortex 外皮) 古くは書きもの，包むもの，着るものなどに用いられた **2.** (公刊)本，巻子本，巻物 **3.** 巻，筒 **4.** 文章，記録，手紙，台帳 **5.** シビュッラの予言書 dictum est in libro superiore 前巻でそのことは述べられた

Līber *m.* Līberī *2* §15 (神)イタリアの農業神，後ギリシアの Dionysus ＝ Bacchus と同一視される

līberālis *a.3* līberāle §54 [liber¹] (比)liberalior (最)liberalissimus **1.** 自由人にふさわしい，自由人

の，個人の自由に関する **2.** 紳士，淑女ら
しく上品な，氣高い，高潔な，寛大な，気
前のよい，雅量のある，礼儀正しい libe-
rales artes 自由人が身につけるにふさわ
しい学問技芸

līberālitās *f.* līberālitātis *3* §21
〔līberālis〕 **1.** 自由人らしい考え方，態
度，性向 **2.** 雅量，高潔，温和，親切，
鷹揚，気前の良さ

līberāliter 〔līberālis §67(2)〕 （比）
liberalius （最）liberalissime **1.** 自由
人らしく，寛大に，気前よく，親切に，高
潔な心で，上品に

līberātiō *f.* līberātiōnis *3* §28
〔līberō〕 **1.** 自由にすること，解放 **2.** 無
罪放免，釈放 **3.** (借金)返済

līberātor *m.* līberātōris *3* §26
〔līberō〕 解放者，救済者

līberē 副 〔līber §67(1)〕 （比）liberius
（最）liberrime §68, 60 **1.** 自由人の
如く，自由に **2.** 腹蔵なく，率直に，自発
的に，大胆に，公然と **3.** 恥知らずにも

līberī *m.pl* līberōrum (līberum §14
注 1) *2* §§13, 45 〔1 līber〕 **1.** 息
子らと娘，子供 **2.** 息子たち jus trium
liberorum 三人の子持ちの(父親に与えら
れる)特権

līberō *1* līberāre, -rāvī, -rātum
§106 〔līber〕 **1.** (社会的，政治的に)
自由にする，解放する，奴隷の身分を解
く，税金を免除する，祖国を救う **2.** 束縛，
義務，困窮などから(奪，ab(ex)＋奪)あ
る人，もの(対)を自由にする，救い出す，
解き放つ **3.** 囲い(人質)を解き放す，病を
なおす **4.** 借金を返す，約束を履行する
5. 無罪の判決を下す，放免する ex in-
commodis pecunia (9f11) se liberare
困窮からわが身を金によって救い出す se
aere alieno ～ 借金を返済する

lībertās *f.* lībertātis *3* §21
〔līber¹〕 **1.** (社会的，政治的な)自由，無
拘束，解放，身分の自由，国家の主権独
立，市民権行使の自由 **2.** (精神的)独立
不羈(ふき)，自主独立 **3.** 言論の自由，率直
な言表 **4.** 放縦，奔放 **5.** 自由の女神 quid
est libertas? potestas vivendi (119.2),

ut velis 自由とは何か. お前(一般的に人)
が好きなように生き得る(能)力

lībertīnus *a.1.2* lībertīn-a, -um
§50 〔libertus〕 解放奴隷の(身分，階
級)の (名)**lībertīnus** *m.* -tīnī *2*
§13 解放奴隷(階級の一員)，解放奴隷
の息子 **lībertīna** *f.* -tīnae *1*
§11 女解放奴隷

lībertus *m.* lībertī *2* §13
〔līber¹〕 解放奴隷(主人や解放者との関
係を示す) Tiro libertus Ciceronis fuit
ティーローはキケロの解放奴隷であった

libet (**lubet** 古) *2* libēre, libuit,
(libitum est) (非)§167 それは気に入
る，好きである，喜ぶ adde, si libet もし
よろしければ加えよ non libet mihi deplo-
rare vitam 人生を嘆き悲しむことを私は
好まない

libīdinōsē 副 〔libīdinōsus §67(1)〕
気まぐれに，思いつくままに，わがままに

libīdinōsus *a.1.2* libīdinōs-a, -um
§50 〔libīdō〕 （比)libidinosior （最)
libidinosissimus **1.** 気まぐれな，わがま
まな，法外な，勝手な，専断の **2.** みだら
な，放埓な，好色の，不道徳な

libīdō (**lubī**- 古) *f.* libīdinis *3*
§28 〔libet〕 **1.** 好み，喜び，欲望，性
向，欲求，渇望 **2.** 法外な(過度の)欲求，
情熱，わがまま，放恣，淫蕩，専断 **3.** 性
的な，本能的な欲望，衝動 libidinem
habere in re aliqua あることに喜びを見
出す iracundia est libido ulciscendi
(119.2) 怒りとは復讐への激しい欲求であ
る

Libitīna *f.* Libitinae *1* §11 **1.**
イタリアの古い，死と葬礼の女神(この神殿
には葬礼の必要品や死亡記録簿がおかれ
ていた) **2.** 葬礼の必要品, 棺, ひつぎ **3.** 死
神，死

libitus → libet

lībō *1* lībāre, -bāvī, -bātum §106
1. ちょっとつまむ，とる，試食する，味わ
う，一口すする **2.** かるくふれる，かすめる
3. 灌奠(かんてん)を捧げる，初物を供える，溶
液をそそぐ，ふりかける **4.** 少しそこなう，
とりのぞく，減少させる **5.** 択ぶ pateris

lībra

(9f11) altaria libant 彼らは灌奠盤から(神酒を)祭壇にふりかける oscula libavit natae (9d8) 彼は娘のかわいい唇に軽くふれた(接吻した) a natura deorum haustos animos et libatos habemus 我々は神々の性質からくみとられ, そそぎこまれた魂をもっている libatis viribus (9f18) 勢力をそがれて diis dapes 〜 神々に料理を供える Celso lacrimas adempto 〜 亡くなったケルススに哀悼の涙をそそぐ

lībra *f.* lībrae *1* §11 **1.** リーブラ, 重量の単位 §199, まれに容積の単位としても **2.** はかり, 天秤(ﾃﾝﾋﾞﾝ) **3.** 水準器 **4.** (天)天秤座 ad libram 同一水準に, 同じ高さに

lībrāmentum *n.* lībrāmentī *2* §13 [lībrō] **1.** 平行おもり **2.** 発条索(投石機の) **3.** 水平, 平衡状態

librāriolus *m.* liberāriolī *2* §13 [librārius の小] 書記, 写字生

librārius¹ *a.1.2* librāri-a, -um §50 [liber] 本の (名)**librārium** *n.* -riī *2* §13 本箱

librārius² *m.* librāriī *2* §13 [liber] **1.** 書記, 写字生, 秘書 **2.** 書籍商, 本屋

lībrātus *a.1.2* -rāta, -rātum §50 [lībrō の完分] **1.** 水平の **2.** 上手くねらいをつけられた, 制御された

lībrīlis *a.3* lībrīle §54 [lībra] **1.** 1 リーブラの重さの **2.** 1 リーブラ大の弾丸の (名)**lībrīle** *n.* lībrīlis *3* §20 1 リーブラ大の弾丸

lībrō *1* lībrāre, -rāvī, -rātum §106 [lībra] **1.** 水平(平行)に保つ(にする), 釣り合わせる **2.** 水平の状態で(槍を)前後に振り(動かし)そして放り投げる **3.** ねらいをつける, 目標を定める **4.** はかる, 考量する, 吟味する geminas libravit in alas suum corpus 彼は二枚の羽(の上)で自分の体を水平に保った dextra libratum fulmen ab aure misit (ユーピテルは)右耳と水平に保った雷電(の槍)を前後に振って放った corpus librabat in herba 彼は草原の中をつま足で平衡を保ちながら進んだ

lībum *n.* lībī *2* §13 菓子(犠牲式の供物)

Liburna *f.* Liburnae *1* §11 快速艇(ﾃｲ)[= navis Liburna リブルニア人の船]

Liburnus *a.1.2* Liburna, -num §50 **1.** Liburnia 人(=Dalmatia の西部族)の, navis Liburna = Liburna **2.** (名) *m.* Liburnus §13 リブルニア人はローマで案内役や座輿(ﾖｼﾞ)の担(ﾆﾅ)ぎ手をしていた

Libya, Libyē *f.* Libyae, Libyēs *1* §37 北アフリカの名称

licebit → licet

licēns *a.1.2* licentis §58 [licet の現分] (比)licentior **1.** 制限のない, 自由な **2.** 勝手きままの, 無遠慮の, あつかましい

licenter 副 [licēns §67(2)] (比) licēntius **1.** 自由に, わがままに, 勝手に, 随意に **2.** 締まりがなく, 法外に, 過度に

licentia *f.* licentiae *1* §11 [licēns] **1.** 自分の欲するがままに行動する自由, 無拘束, 無制限, 自由裁量, 特権, 力, 許可 **2.** 自由の乱用, 放縦, わがまま勝手, 専断 **3.** 無遠慮な言葉, 率直な発言, 型破りな言葉遣い **4.** 自由奔放な想像力, 空想 magna gladiorum est licentia 剣が横暴をきわめている(人殺しが横行している)

liceō *2* licēre, licuī, —— §108 **1.** (いくらで)売れる, 売りに出される **2.** 値がつけられる, 値する *cf.* §§9c7, 9f14

liceor *dep.2* licērī, licitus sum §§123(2), 125 [liceō] 競売で値をつける, 入札する illo licente (138, 9f18) contra liceri audet nemo 彼が値をつけると, それに対抗して誰も競り値をつけようとしない

licet *2* 非 licēre, licuit, (licitum est) §167 **1.** それは誰々(与)に許されている, 可能である, さしつかえない, してもいい(さまざまな構文をとる, 主語は中・代, 不, 不句ときに接) **2.** (命令・要求への返事)そうする, 承知した, わかった **3.** *j.* (接と)

たとい…でも，とはいっても，けれども (1) si illud non licet, saltem hoc licebit もしあれが許されなければ，少なくともこれは許されるであろう modo liceat vivere もし生きることが許されるなら licet nemini contra patriam ducere exercitum 何人も祖国に向かって軍隊を率いて行くことは許されない ut lubet, ludas licet お前は好きなように遊ぶがよい (3)licet superbus ambules pecunia (9f15), fortuna non mutat genus たといお前が金持ちのため得意になって歩き回っても，運命はお前のさがを変えられない

Licinius *a.1.2* Licini-a, -um §50 **1.** ローマの氏族名 **2.** L. Licinius Crassus（弁論家）

licitātiō *f.* licitātiōnis *3* §28 [liceor] （競売で）値をつけること，つけ値

licitus *a.1.2* licit-a, -um §50 [licet の完分] 許される，法にかなっている，正当な

līcium *n.* līciī *2* §13 **1.** 糸，ひも，なわ **2.** 織機の綜絖(そうこう)

līctor *m.* līctōris *3* §26 先駆警吏(執政官は12名で法務官は6名の先駆警吏を従えた)

licuit → licet

liēn *m.* liēnis *3* §28 **1.** 脾臓 **2.** 腹だち，ふきげん

ligāmen *n.* ligāminis *3* §28 [ligō] しばるもの，ひも，帯，包帯

lignārius (**līg-** ?) *m.* lignāriī *2* §13 [lignum] 大工，材木商

lignātiō (**līg-** ?) *f.* lignātiōnis *3* §28 [lignor] 用材(木)の伐採，調達，たきぎの補給

lignātor (**līg-** ?) *m.* lignātōris *3* §26 [lignor] 材木を伐採・調達する人，たきぎを集める人

ligneolus (**līg-** ?) *a.1.2* ligneol-a, -um §50 [ligneus の小] 材木の，木製の

ligneus (**līg-** ?) *a.1.2* ligne-a, -um §50 [lignum] **1.** 材木の，木製の **2.** 丸太(木)のような，かたい，丈夫な

lignor (**lī-** ?) *dep.1* lignārī, lignātus sum §§123(1), 125 [lignum] 材木，たきぎを取って来る，伐採・補給する

lignum (**lī-** ?) *n.* lignī *2* §13 **1.** (*pl.*)たきぎ，まき **2.** 材木，丸太，用材 **3.** 木製品，書板 **4.** (立ち)木 **5.** 槍の柄 in silvam non ligna feras (116.2) 森の中へたきぎを運ぶな(むだなことをするな)

ligō *1* ligāre, -gāvī, -gātum §106 **1.** 縛る，くくる，結ぶ **2.** 結び合わせる，一緒にくくる，つなぐ **3.** 巻きつける，包帯する，からませる **4.** 縛りつける，動かさない，阻む **5.** 一致させる，調和させる manibus post terga ligatis うしろ手をしばられて

ligō *m.* ligōnis *3* §28 つるはし(雑草を取り，また壌を掘る道具)

ligula (**lingula**) *f.* ligulae *1* §11 [lingua の小] **1.** さじ，スプーン **2.** 岬 **3.** 靴のひも(?) **4.** 短剣

Ligur (**Ligus**) *m.* Liguris *3* §26 Ligria の住民(= Ligures)の一人

Liguria *f.* Liguriae *1* §11 北イタリアの地方名

ligurriō (**ligūriō**) *4* ligurrīre, -rīvī (-riī), -rītum §111 **1.** なめる，なめつくす，試食をする，食べる **2.** 渇望する，欲しがる

ligustrum *n.* ligustrī *2* §13 イボタノキ(モクセイ科)

līlium *n.* līliī *2* §13 **1.** ユリ **2.** (軍)じょうご状の落とし穴 lilia non domina (9f6) sint magis alba mea ユリとてもわが女主人(恋人)ほど白くはあるまい

līma *f.* limae *1* §11 **1.** (大工の)やすり **2.** 推敲(すいこう)，彫琢

līmātulus *a.1.2* līmātul-a, -um §50 [līmātus の小] 美しく磨かれた，せんさいな，敏感な

līmātus *a.1.2* līmāt-a, -um §50 [līmō の完分] (比)limatior **1.** やすりにかけられた，磨かれた，洗練された **2.** 推敲された，彫琢された

limbus *m.* limbī *2* §13 **1.** 着物のふち飾り，ふさ飾り **2.** ふち，へり

līmen *n.* līminis *3* §28 **1.** 戸のわ

līmēs

くの下の横木，敷居 **2.** 入口，戸 **3.** 家，住居 **4.** 始まり，開始，端緒 **5.** (戦車競走場)出発点

līmēs *m.* līmitis *3* §21 **1.** 境界の細長い土地，あぜ道 **2.** 境界(石)標，境界(線) **3.** 外辺，ふち，限界 **4.** うね，みぞ **5.** 小径，細道 **6.** 進路，航路，道程，旅程 **7.** 国境，要塞化された国境道路，城壁

līmō *1* līmāre, -māvī, -mātum §106 [līma] **1.** やすりでみがく，こすってなめらかにする **2.** 磨きあげる，仕上げる，推敲(彫琢)する **3.** やすりですり落とす，減らす，小さくする **4.** 綿密に調査(吟味)する caput limo cum illo 私は彼と頭をこすり合わせる(抱擁する) non istic obliquo oculo mea commoda quisquam limat あそこでは誰一人として私の快適な暮らしを横目(嫉妬)ですり減らす人はいない

līmosus *a.1.2* līmos-a, -um §50 [līmus] 泥だらけの，ぬかるみの，よごれた

limpidus *a.1.2* limpid-a, -um §50 明るい，透明な，透き通って見える

līmus[1] *a.1.2* līm-a, -um §50 **1.** 横の，斜めの **2.** 斜視の，横目の limis (oculis) aspicere 横目で見る，こっそりと見る

līmus[2] *m.* līmī *2* §13 **1.** 泥，ぬかるみ，粘土 **2.** 沈殿物，おり，かす

līmus[3] *m.* līmī *2* §13 腰にまき足もとへとどく衣類，前掛け，(召使い，下僕がつけるもの)

līnea *f.* līneae *1* §11 **1.** あま糸，ひも，綱，なわ **2.** 釣り糸，錘(おも)り糸，墨ひも(板に線を引く) **3.** 首飾り **4.** 線，直線，輪郭，筋(すじ) **5.** 境界(線)，終着点，決勝点，劇場の座席区画線 transire lineas 一線を(限度を)越えること extrema linea (9f4) amare haud nil est 遠くから愛するのも意義のあること mors ultima linea rerum est 死は人間事象の終点

līneāmentum *n.* līneāmentī *2* §13 [līnea] **1.** 線，一筆 **2.** 外形線，輪郭 **3.** 下絵，素描，あらまし，大要 **4.** 顔立ち，(顔の)特徴，特色 extrema lineamenta orationi attulit 彼は演説(の草

稿)に最後の一筆をおいた(完成させた)

līneus *a.1.2* līne-a, -um §50 [līnum] アマの，アマ布(リンネル)の linea terga リンネルの裏地

lingō *3* lingere, linxī, linctum §109 舌でなめる，しゃぶる

lingua *f.* linguae *1* §11 **1.** 舌，発声器官 **2.** ことば，国語，方言 **3.** 発言，話，発声，声 **4.** 弁舌の才，雄弁 **5.** 岬 linguam comprimere (tenere) 舌をつぐむ，だまっている docte (9b) sermones (9e9) utriusque linguae ふたつの言葉(ギリシア語とラテン語)の故事来歴に通じておられる方よ sacra populi lingua est 民の声は神の声

lingula → ligula

līnia- → līnea-

līniger *a.1.2* līniger-a, -um §51 [līnum, gerō] アマ布(リンネル)の着物を着た

linō *3* linere, lēvī (līvī), litum §109 **1.** (泥，しっくい，油など)ぬりつける，こすりつける，塗る **2.** よごす，泥まみれにする **3.** きせる，覆(おお)う **4.** こすりとる，ふきとる，抹殺する **5.** 封印する，密閉する Sabinum quod ego ipse testā conditum levi 私自身が瓶の中にたくわえ(瀝青で)封印したサビーニー酒 plurima cerno digna lini (117.3) 抹殺されるに価する多くのもの(欠点)を私はみとめる

linquō *3* linquere, līquī, —— §109 **1.** 立ち去る，離れる，出て行く **2.** 捨てる，見捨てる，放棄する **3.** そのままにしておく，あとに残しておく，任す，ゆだねる **4.** 遺贈する **5.** (非・受 169) linquitur ut ... ut 以下のことが残っている lupos apud oves linquere 狼を羊舎に(番人として)残しておく linquo lumen，(vitam) 死ぬ animus me linquit＝animo linquor 気を失う

linteātus *a.1.2* linteāt-a, -um §50 [linteum] アマ布(リンネル)製の着物をきた

linter *c.* lintris *3* §26 **1.** 小舟，軽船 **2.** かいば桶，水桶 naviget (116.2) hinc aliā (9f1(ロ)) jam mihi linter aquā ここから今や私の船は別な海を通って航海させよう(話題を変えよう)

linteum *n.* linteī *2* §13 **1.** アマ布(リンネル) **2.** アマ布製の帆 **3.** タオル, ナプキン **4.** カーテン, 日よけ, 窓掛

linteus *a.1.2* linte-a, -um §50 アマ布(リンネル)製の

lintriculus *m.* lintriculī *2* §13 [linter] 小舟, はしけ

līnum *n.* līnī *2* §13 **1.** アマ **2.**(アマ)糸, ひも, 緒(お), ほそびき, 釣り糸 **3.** 網(鳥, 魚など) **4.** ランプの芯(しん) **5.** アマ布, リンネル, 衣服

lippiō *4* lippīre, -ppīvī, -ppītum §111 [lippus] 炎症をおこした(ただれ)目をもっている

lippitūdō *f.* lippitūdinis *3* §28 [lippus] 目の炎症, 眼炎, ただれ目

lippus *a.1.2* lipp-a, -um §50 **1.** 涙ぐんだ目の, 涙・漏眼の, ただれ目の **2.** 液汁の多い

liquēfaciō *3b* liquē-facere, -fēcī, -factum §110 [liqueō, faciō §173] **1.** 溶かす, 溶解させる **2.** 柔らかくする, やわらげる, 弱くする

liqueō *2* liquēre, licuī (līquī), ── §108 **1.** 溶けた状態である **2.** 澄みきっている, 透き通っている **3.** ある人に(与)明白だ **4.**(非)§168 それは明日だ, 確かだ non liquet 有罪か無罪か明白でない, 証拠不十分である(裁判官が評決にあたって用いるきまり文句, NL と略記する) liquet mihi dejerare 私は誓うことを少しもためらわない

liquēscō *3* liquēscere, ── §109 [liqueō] **1.** 液体となる, とける, 溶解する, 溶けてながれる **2.** 腐る, 朽ち果てる, 消え失せる **3.** 柔弱となる, だらけてくる, ゆるむ **4.** 澄んでくる, 明るくなる

līquī → linquō, liqueō

liquidō 副 [liquidus §67(1)] (比)liquidius 明瞭に, あきらかに, はっきりと, 矛盾のおそれなく

liquidus *a.1.2* liquid-a, -um §50 [liqueō] (比)liquidior (最)liquidissimus **1.** 液状の, 流れている, とけてい

る, 希薄な **2.** なめらかな, すべっこい **3.** 清澄な, すみきった, 晴れた, 透明な, 清らかな, 純粋な **4.** 静かな, おだやかな, 落ち着いた **5.** 明白な, 明るい, 明晰な, さえた in liquida nat tibi (9d9) linter aqua お前の舟が静かな海面をすべっている(今がちょうどいい)

liquō *1* liquāre, -quāvī, -quātum §106 **1.** 液化させる, 溶かす **2.** きれいにする, 澄ます, 清くする **3.** 濾(こ)す

liquor *dep.3* liquī, ──, ── §123 (3) [liqueō] **1.** 液化する, 溶ける **2.** 衰える, やつれる **3.** 流れる, したたる liquitur in lacrimas (Egeria) (エーゲリアは)溶けて涙となる

liquor *m.* liquōris *2* §26 [liqueō] **1.** 液状, 流動性 **2.** 流れ, 水, 海 **3.** 粘液, 汁(しる), 膿(うみ)

līs *f.* lītis *3* §24 **1.** 訴訟, 争い **2.** 口論, 論争, けんか, 不和 **3.** 訴訟事項, 係争事件, 訴訟物 in aliquem litem capitalem inferre ある人に対し死罪に相当する訴訟を起こす litem suam facere 訴訟を自分のものとする (イ)弁護人が依頼人を忘れて自分の利益のために弁護する (ロ)裁判官が晶屓か買収で不正な判決を下す aestimare litem 訴訟を評価する(負けた側が賠償金として納めるべき金額を決定する, 罰金を決める)

litātiō *f.* litātiōnis *3* §28 [litō] 生贄から瑞兆を得ること

lītera → littera

lītigiōsus *a.1.2* lītigiōs-a, -um §50 [lītigō] **1.** 論争好きな, 訴訟好きな **2.** けんか好きな **3.** 論争されている, 係争中の

lītigō *1* lītigāre, -gāvī, -gātum §106 [līs, agō] **1.** 訴訟を起こす, 法廷で争う **2.** あらそう, 論争する, 相いれない, 衝突する (名)**lītigātor** *m.* lītigātōris *3* §26 訴訟当事者, 訴訟人, 論争者

litō *1* litāre, -tāvī, -tātum §106 **1.**(自)生贄(いけにえ)から瑞兆を得る, 喜ばしい前兆を得るために生贄を捧げる **2.**(自)生贄が瑞兆を与える, 上首尾を約束する **3.**(自)神意に叶う生贄を捧げる, 神意をなだめるために(あるいは罪を償うために)生

lītorālis

贄として捧げられる **4.** (他)神意をなだめるため，あるいは罪を償うために捧げる cui humanis hostiis litare fas habent その(神)に対し人間の生贄で神意をなだめることも正しいと彼らは考えている nec auspicato nec litato (9f18 注) instruunt aciem 彼らは鳥占いもせず生贄から吉兆を得ることもなく戦列を敷いた sacris litatis (9f18) 供物を捧げて神意をなだめると

lītorālis *a.3* lītorāle §54 [lītus] 海岸の，海岸(地方)に住む

lītoreus *a.1.2* lītore-a, -um §50 [lītus] 海岸(地方)に住んでいる，海岸に位置している

littera *f.* litterae *1* §11 [**lītera** 古] 文字，字母，表音文字 trium litterarum homo 三つの文字(fur)の男＝泥棒 scire (nescire) litteras 読み書きを知っている(知らない) littera felix 幸福な文字＝S(salutem) 手紙の始めの文字 〜 salutaris 救いの文字＝A(absolvo) 無罪 〜 tristis いたましい文字＝C(condemno) 有罪 A.C. いずれも裁判官の投票用紙の文字 ex se se unam facere litteram 自分の体で一つの文字(＝大文字 I)をつくる(首を吊すことのこっけいな表現)

litterae *f.pl.* litterārum §11 **1.** 書かれたもの一切，文書，公文書，成文法 **2.** 通達，手紙，書簡，信書，伝達 **3.** 登録簿，記録，公判記録 **4.** 文学作品，文学活動，教育，学問，学識，教養 dare alicui litteras ad aliquem ある人への手紙をある人に託す litterarum radices (117.5) amaras, fructus dulces (esse) 学問・教養の根はにがいが果実は甘い

litterārius *a.1.2* litterāri-a, -um §50 [littera] 読み書きの ludus 〜 初等(科)学校

litterātē 副 [litterātus §67(1)] (比)litteratius **1.** 文字通り，平明な言葉で，明白に，正確に **2.** 教養のある(博学な)やり方で，造詣深く，知的に Latine loqui litteratius 一層正確にラテン語を話す

litterātor *m.* litterātōris *3* §26

[littera] **1.** 初等学校教師 **2.** 浅学の徒，半可通(litteratus 博学な人に対し)

litterātūra *f.* litterātūrae *1* §13 **1.** 筆記，文字，字母 **2.** 書くこと，文法，(語学)初歩教育

litterātus *a.1.2* litterāt-a, -um §50 (比)litteratior (最)litteratissimus **1.** 文字で記された，入れ墨された，焼き印をおされた **2.** 文字に精通した，博学な，教養ある **3.** 学問(研究)に捧げられた litteratum otium 学問に捧げられた暇

litterula *f.* litterulae *1* §11 [littera の小] **1.** 小さな字(体)，字母 **2.** いろは，初歩 **3.** (pl.)短い手紙 **4.** (pl.)ささやかな文学(学問)上の仕事，活動，知識，教養

litūra *f.* litūrae *1* §11 [linō] **1.** ぬりつけること **2.** 書板の文字に蠟(ﾛｳ)をぬって消すこと，削除，訂正(箇所) **3.** よごれ，しみ，欠点，汚点

lītus (littus) *n.* lītoris *3* §29 **1.** 海岸，浜，いそ，なぎさ **2.** 岸辺，川岸，湖岸 **3.** 海岸地帯，荷揚げ(上陸)場 litus arare 砂浜を耕すこと in litus harenas fundere 砂浜に砂をそそぐこと(いずれも無駄なことをするの意)

litus → linō

lituus *m.* lituī *2* §13 **1.** ト鳥官の持つ柄の曲がった枝 **2.** 先端が曲がった戦場ラッパ

līvēns *a.3* līventis §58 [līveō の現分] **1.** 青灰色の，鉛色の，色あせた，青白い **2.** しっと深い

līveō *2* līvēre, ——, —— §108 **1.** 鉛色である，色あせている，青白い **2.** しっとする，うらやむ，ねたむ(与と，9d1)

līvidus *a.1.2* līvid-a, -um §50 [līveō] (比)lividior (最)lividissimus **1.** 青灰色の，鉛色の，色あせた，青ざめた **2.** 意地のわるい，しっと深い，悪意のある

Līvius *a.1.2* Līvi-a, -um **1.** ローマの氏族名 **2.** Līvius Andronicus ローマの最初の劇作家(前 3 世紀) **3.** T. Līvius ローマの歴史家 **4.** Līvia, Augustus の妻

līvor *m.* līvōris *3* §26 [līveō]

1. 打ち身の青白いあざ，鉛色 **2.** しっと，ねたみ，悪意，恨み

lixa（-ī- ?）lixae *1* §11　従軍商人，酒保商人

locātiō *f.* locātiōnis *3* §28［locō］**1.** 配列，配置 **2.** 賃貸借，賃貸借契約 **3.** 税の取立を請け負わせること，その契約

locātus → locō

locellus *m.* locellī *2* §13［locusの小］小箱，手箱

locō *1* locāre, -cāvī, -cātum §106［locus］**1.** 一定の場所に置く，すえる，建てる，定める **2.** 整える，配列する **3.** 部署につかせる，定住させる **4.** 歩合をとって請け負わす，契約する，下請けさせる **5.** 賃貸しする，利子をとって金を貸す **6.** 嫁にやる，結婚させる（in matrimonium）locare alicui virginem 処女を誰々にとつがせる

loculus *m.* loculī *2* §13［locusの小］**1.** 小さな所，地点 **2.** 仕切り部屋，個室 **3.**（*pl.*）仕切りのある小箱，貴重品箱，(手提用)書類入れ，小金庫(財布)，学童カバン(文房具入れ)

locuplētō *1* locuplētāre, -tāvī, -tātum §106［locuplēs］**1.** 富ます，豊かにする **2.** 飾る

locuplēs *a.3* locuplētis §55［locus, pleō］　（比)locupletior　（最)locupletissimus　**1.** 土地を沢山所有している，金持ちの，富裕な，富んだ **2.** 豊かな，沢山の，貯えの十分な **3.** 責任のある，信頼し得る locuples frugibus (9f17) annus 五穀豊饒の年

locus *m.* locī *2* §13；**loca** *n.pl.* §44　**1.** 一定の場所，位置，箇所，あるべき所，地点 **2.** 居所，所在，宿泊所，部屋，公共建物，公園，広場 **3.** 地域，国，地方 **4.**（指定された)地位，役割，職，身分，階級，部署，立場，陣地，席次，順番 **5.** 境遇，環境，条件，状況，局面，事情，関係 **6.** 主題，話題，材料，問題 **7.**（本，書物の)箇所，章，項目 **8.**（劇場など)座席，食卓の席 **9.** 余地，すき，根拠，口実，理由 **10.** 機会，好機，折，時，

地代 in locum alicujus succedere 誰々のあと(地位)をつぐ de (ex) loco superiore dicere 演壇(又は高官席)から話す, 演説する signiferos loco (9f7) movit 彼は軍団旗手の位を下げた in loco aequo (iniquo) pugnare 公平な条件の下に(不利な立場で)戦う et cognoscendi (121.3) et ignoscendi dabitur peccati locus 罪を認めそして許される機会も与えられよう Socrates voluptatem nullo loco (9f1. イ) numerat ソークラテースはどこにおいても(本の中の)快楽に言及していない aliquem hostis loco habere ある人を敵として取り扱う(遇する) (in) loco＋属 のかわりに, のように, として nescire quo loci esset (116.10) それがどのような状況にあるのかわからない homo locum ornat, non hominem locus 人が場所を飾るのであって, 場所が人を飾るのではない. ad id locorum その所(時)まで

lōcusta（lūcu-）*f.* lōcustae *1* §11　**1.** イナゴ，バッタ **2.** イセエビ，ウミザリガニ（= locusta marina）prius pariet locusta Lucam bovem それより先にバッタが象を生むだろうよ

locūtiō *f.* locūtiōnis *3* §28［loquor］**1.** 話すこと，言葉，言語 **2.** 話しぶり，言葉使い **3.** 表現，発音

locūtus → loquor

lōdix *f.*(*m.*) lōdīcis *3* §21　寝台の掛け毛布，ひざ掛(か)け

logos(**us**) *m.* logī *2* §38　**1.** 話，小話，作り話，見聞話，無駄(むだ)話，おとぎ話 **2.** つまらない考え，ばかげたこと

lolium *n.* loliī *2* §13　（目眩(めまい)を起こさせる)ドクムギ

lollīgō *f.* lollīginis §28　ヤリイカ

lomentum *n.* lomentī *2* §13　**1.** ローマの婦人の皮膚の美容品(ソラマメ粉と糠(ぬか)の混合剤) **2.** 青色顔料

longaevus *a.1.2* longaev-a, -um §50［longus, aevum］**1.** 高齢の，年をとった **2.** 古い，昔の

longē 副　［longus §67(1)］　（比)longius　（最)longissime　**1.** 遠く，遠く離れて **2.** 長い間，長く，久しく，遠く

longinquitās 450

3. 非常に，はるかに，大いに tria milia (9f13) passuum longe a castris considere 陣営から3マイル離れた所に陣どる longius anno (9f6) remanere 一年以上長い間居続ける

longinquitās *f.* longinquitātis *3* §21 ［longinquus］ **1.** 長さ，広さ **2.** 遠方，長距離 **3.** 長期間，持続（期間），長びくこと，遅延

longinquus *a.1.2* longinqu-a, -um §50 ［longus］（比）longinquior （最）longinquissimus **1.** 長い，のびた **2.** 遠い，遠く離れた **3.** 遠い所で生きている，異国の **4.** 長い間の，長くつづく，長く延ばされた（希望）**5.** 遥か昔の，未来の，遠い過去の（記念碑）quid ego longinqua (*n.pl.*) commemoro? なぜ私は古い昔のことを思い出すのか **longinqua** （*n.pl.*）帝国の僻地

longitūdō *f.* longitūdinis *3* §28 ［longus］ **1.** 長さ，直線距離 **2.** 縦，丈，高さ **3.** 長い期間，持続時間 **4.** 長音節，長音量

longiusculus *a.1.2* longiuscul-a, -um §50 ［longior の小］かなりの長い間の，かなり遠い，少し長い，長たらしい

longulus *a.1.2* longul-a, -um §50 ［longus の小］長い間の，遠い，（距離の）長い，（音量の）長い

longurius *m.* longuriī *2* §13 ［longus］長い棒，さお

longus *a.1.2* long-a, -um §50 （比）longior （最）longissimus **1.** 長い，のびた **2.** 背の高い **3.** 広い，広大な **4.** 遠い，遠く離れた，遠方に達する（声）**5.** 長たらしい，冗長な，ゆっくりとした，おそい **6.** 長い間の，久しい longo tempore (9f13) 長い間をおいて ne longum sit (116.6) 長くならないように（簡潔に言えば）longum (9e8) clamare 遠くへ聞こえるように（大声で）呼ぶ ex longo （中・名）ずっと以前から longa mors おそい死，長びく死

loquācitās *f.* loquācitātis *3* §21 ［loquāx］多弁，饒舌

loquāciter 副 ［loquāx §67(2)］口数多く，饒舌に，騒々しく

loquāx loquācis §55 ［loquor］（比）loquacior （最）loquacissimus **1.** おしゃべりの，話ずきな，口数の多い **2.** 饒舌な，多弁な nidus loquax やかましくさえずっているひな鳥

loquēla (loquella) *f.* loquēlae *1* §11 ［loquor］ **1.** 話，発言 **2.** 言語，言葉 **3.** 話し方，語法

loquēns → loquor

loquor *dep.3* loquī, locūtus sum §123.3 話す，語る，述べる，発言する，告げる，示す，説明する（*cf.* 117.5) loquere (136) tuom (= tuum) mihi nomen 私にお前の名を告げよ quid de Sulpicio loquar (116.4)? スルピキウスについて私は何を話すべきか

lōrīca *f.* lōrīcae *1* §11 **1.** 胴よろい，胸甲 **2.** 胸壁，枝編み細工の防御壁

lōrīcātus *a.1.2* lōrīcāt-a, -um §50 ［lōrīcō 胴よろいでおおう］胸甲をつけた，胴よろいを着た

lōrīcula *f.* lōrīculae *1* §11 ［lōrīca の小］胸壁

lōripēs *a.3* lōripedis §55 ぶかっこうな，奇形の足の，跛の，よろめく足をひいた

lōrum *n.* lōrī *2* §13 **1.** 皮ひも，皮緒（ぉ），靴ひも **2.** 革帯，腰帯 **3.** 生皮製のむち **4.** 犬をつなぐ綱（皮ひも）**5.** 馬の手綱 **6.** 皮の首飾り（貧乏人の子が護符を入れていたもの）

lōtium *n.* lōtiī *2* §13 小便，尿

lōtos (lōtus) *f.* lōtī *2* §§13 注3, 38 ＜λωτός **1.** その実を食べると記憶を喪失するという物語めいた木の名 **2.** エノキ，それからつくられた笛 **3.** ナツメ **4.** チョウジ **5.** シャジクソウ属の草花（シロツメグサなど）

lōtus → lavō

lubēns, lubet, lubīdō → lib-

lūbricus *a.1.2* lūbric-a, -um §50 **1.** つるつる滑る，滑りやすい，間違いを犯しやすい **2.** 不安定な（足場の），危険な，変わりやすい **3.** あてにならない，不正直な

4. 摑まえにくい **5.** 静かに流れていく，すべって行く，すぎて行く **6.** 磨かれた，なめらかな **lūbricum** *n.* lūbricī *2* §13 滑りやすい，不安定な所，時期，条件，状況 lubricum aetatis (9c4) あやまちを犯し易い年齢 vultus lubricus adspici (117.3) 眺めるにも危険な顔(誘惑にみちた美貌)

Lūca bōs *m.f.* Lūcae bovis *1.3* §§11, 23 ＜Lūcā(n)s ルーカーニアの牛，つまり象

Lūcānus *a.1.2* Lūcān-a, -um §50 Lūcānia(南イタリアの地方名)の，Lūcānia の住民の

Lūcānus *m.* Lūcānī *2* §13 ローマの叙事詩人(Annaeus Lucanus)

lucellum *n.* lucellī *2* §13 [lucrum の小] ささやかなもうけ，利益，かせぎ

lūceō *2* lūcēre, lūxī, —— §108 **1.** (天体)光を放つ，輝く **2.** (非)夜があける，明るくなる §165 **3.** (磨かれた表面が)ぴかぴか光る，照り映える，きらめく **4.** 明日となる，明らかである **5.** 目立つ，異彩を放つ，顕著である **6.** (他)輝かせる

lucerna *f.* lucernae *1* §11 [lūceō] **1.** 油ランプ，燈火 **2.** 夜の仕事 ad lucernam 燈火の下で，日没後 vino (9f7) et lucernis (9f7, hendiadys) Medus acinaces immane quantum discrepat 夜の酒宴とメーディア人の野蛮な刀とはなんと大きな違いがあることか

lūcēscō *3* lūcēscere, lūxī, —— §109 = **lūcīscō** [lūceō] **1.** 輝き始める **2.** (非)lucescit 夜が明けてくる，明るくなり始める (165) canebat uti novum terrae stupeant (116.10) lucescere solem (117.5) 彼は歌った，大地が新しい太陽の輝き始めるのを見ていかに感動して言葉を失ったかを

lūcī → lūx

lūcidus *a.1.2* lūcid-a, -um §50 [lūx] (比)lucidior (最)lucidissimus **1.** 輝く，光る，輝かしい，明るい，美しい **2.** 明瞭な，明白な，明晰な

lūcifer *a.1.2* lūcifer-a, -um §51 [lūx, ferō] 光(明かり，火)をもたらす，運ぶ，持っている (名)**Lūcifer** *m.* Lūciferī *2* §15 **1.** 暁の明星 **2.** 日 paucis Luciferis (9f2) 数日間で

lūcifugus *a.1.2* lūcifug-a, -um §50 [lūx, fugiō] **1.** 日光をさける **2.** 人目をさける，内気な

Lūcīlius *a.1.2* Lūcīli-a, -um §50 **1.** ローマの氏族名 **2.** C. Lucilius ローマの風刺詩人(前 2 世紀)

Lūcīna *f.* Lūcīnae *1* §11 (神)出産の女神

lūciscō → lūcescō

lucrātīvus *a.1.2* lucrātīv-a, -um §50 [lucror] 有利な，価値のある

lucrātus → lucror

Lucrētius *a.1.2* Lucrēti-a, -um §50 **1.** ローマの氏族名 **2.** Lucrētia, Collatinus の妻(貞女として有名) **3.** T. Lucretius Carus ローマの哲学詩人(前 1 世紀)

lucrifaciō *3b* lucri-facere → lucrum

Lucrīnus *a.1.2* Lucrīn-a, -um §50 **1.** Campania 地方の湖(*sc.* lacus) **2.** Lucrinus 湖の

lucror *dep.1* lucrārī, -rātus sum §123(1) [lucrum] **1.** 手に入れる，得る，かちとる **2.** で利益を得る，もうける qui domita nomen ab Africa lucratus (118.4) rediit 征服したアフリカからその異名(アフリカーヌスと言う)を得て帰還した人

lucrōsus *a.1.2* lucrōs-a, -um §50 [lucrum] (比)lucrosior 利益のある，もうかる，有利な

lucrum *n.* lucrī *2* §13 **1.** 利益，もうけ，得，かせぎ **2.** 利得の追求，強欲 **3.** 富，財産 in lucro ponere, lucro apponere もうけとして扱う，得とみなす vivere de lucro 他人の恩恵で生きる lucri (9c4) facere aliquid (あるもの)から利益を得る，でもうける lucrum sine damno alterius fieri non potest もうけはどちらかの損なくしてあり得ない

luctāmen *n.* luctāminis *3* §28 [luctor] 格闘，奮闘，闘争，努力

luctāns → luctor

luctātiō *f.* luctātiōnis *3* §28 [luctor] **1.** 格闘, レスリング(の試合) **2.** 闘争, 抗争 **3.** 論争

luctātor *m.* luctātōris *3* §26 [luctor] 格闘士, レスラー

luctātus → luctor

lūctificus *a.1.2* lūctific-a, -um §50 [lūctus, faciō] 悲哀をもたらす, 災難をひきおこす, 悲惨な

lūctisonus *a.1.2* lūctison-a, -um §50 [lūctus, sonō] 悲しい音(声)を出す, 物悲しい

luctor *dep.1* luctārī, -tātus sum §123(1) = **luctō** *1* luctāre, -tāvī, tātum §106 **1.** 格闘する **2.** 格闘士のように戦う, つかみ合う, 取り組む **3.** 逃れようとしてあがく, もがく **4.** 努力する, 奮闘する luctata (118.4) diu ait 彼女は長い間煩悶してから言った tristia robustis (9d1) luctantur funera plaustris 悲しい葬列が頑丈な荷車と行く道を争っている

lūctuōsē *副* [lūctuōsus §67(1)] (比)luctuosius 悲しみに沈んで, みじめにも, 嘆かわしく

lūctuōsus *a.1.2* lūctuōs-a, -um §50 [lūctus] (比)luctuosior (最)luctuosissimus **1.** 苦痛を与える, 悲しませる **2.** 悲惨な, 不幸な, 悲しい **3.** 悲嘆にくれる, 悲しみに沈んだ

lūctus *m.* lūctūs *4* §31 [lūgeō] **1.** (死別によって)外に表される悲しみ, 苦痛, 愁傷, 悲嘆, 哀悼 **2.** (悲しみの表現)服喪(期間), 喪服 **3.** 悲しみの種, 災難, 不幸

lūcubrātiō *f.* lūcubrātiōnis *3* §28 [lūcubrō] 燈火(ランプ)の下でなされる夜の仕事, 勉強, 研鑽

lūcubrō *1* lūcubrāre, -brāvī, -brātum §106 [lūceō] **1.** (自)燈火の下で(ランプの光で)夜に仕事をする, 勉強する **2.** (他)夜に仕上げる, 作る,

lūculentē, lūculenter *副* [lūculentus §67] 光り輝いて, すばらしく, 立派に, 見事に, すぐれて

lūculentus *a.1.2* lūculent-a, -um §50 [lūx] (比)luculentior (最) luculentissimus **1.** 輝かしい, すばらしい, 見事な **2.** 立派な, すぐれた, 信頼すべき, 尊敬すべき, 金持ちの **3.** 目立つ, 美しい, 幸運な **4.** 大切な, 重大な, 役立つ

lūcus *m.* lūcī *2* §13 [lūx] **1.** 聖林, 神殿の周囲の公園 **2.** 森, 木立, 雑木林

lūdibrium *n.* lūdibriī *2* §13 [lūdus] **1.** おもちゃ, 玩具 **2.** 冗談, 遊び, 戯れ **3.** 嘲笑, (愚弄)の的, 物笑いのたね, なぶりもの **4.** 攻撃, 侮辱 **5.** 見せかけ, 偽善, ふり habere aliquem ludibrio (9d) ある人を愚弄する ludibria naturae 造化のたわむれ per ludibria 嘲笑して, ふざけて

lūdibundus *a.1.2* lūdibund-a, -um §50 [lūdō] **1.** 遊びふざけた, 陽気でさわいでいる, 快活な, 楽しい **2.** のんきな, 骨の折れない, 危険のない

lūdicer (**lūdicrus**) *a.1.2* lūdi-cra, -crum §52 [lūdus] **1.** 冗談好きな, はしゃいだ, 気楽な, 陽気な **2.** 舞台の, 演劇の, 俳優の

lūdicrum *n.* lūdicrī *2* §13 [lūdus] **1.** 戯れ, 冗談, ふざけ, 気晴らし, 機知, 玩具 **2.** たわむれの軽い詩, ざれ歌, つまらぬもの, くだらぬもの **3.** 公共の見世物(競走・芝居・戦車)

lūdificātiō *f.* lūdificātiōnis *3* §28 [lūdificor] **1.** ひやかすこと, からかうこと, ばかにすること, いいかげんにあしらうこと **2.** 瞞着(まんちゃく)

lūdificō *1* lūdificāre, -cāvī, -cātum §106 = **lūdificor** *dep.1* -ficārī, -ficātus sum §123(1) [lūdus, faciō] **1.** ばかにする, からかう **2.** あざむく, ごまかす **3.** 挫折させる, 無効にする, 裏をかく, うまくかわす

lūdīmagister = **lūdī magister** *m.* -magistrī *2* §15 (学校)教師

lūdiō *m.* lūdiōnis *3* §28 = **lūdius** *m.* lūdiī *2* §13 **1.** 道化役者, 無言劇役者, 踊り手 **2.** 剣闘士

lūdō *3* lūdere, lūsī, lūsum §109 遊

453　　　　　　　　　　　　　　　　　**lupa**

ぶ **A.**（自）**1.**（さいころ，賭け事などで）遊ぶ（奪と），遊戯をする **2.** 冗談を言う，ふざける，浮かれる，陽気にさわぐ **3.** 公共の見世物に参加する，舞台で役を演ずる，舞台でものまね（身ぶり）をする，踊る **B.**（他）**1.** ふざけて（遊んで）時をすごす **2.** たのしみ（たわむれ）に軽い（恋の）詩をつくる **3.** もてあそぶ，からかう，いいかげんにあしらう，だます，欺く，じらす，苦しめる ludis circensibus elephanti luserunt 戦車競走（場）に象が参加する coloni versibus incomptis (9f9) ludunt 百姓どもは粗野な歌をうたって陽気にさわいでいる carmina lusi pastorum 私は牧人たちの歌を書いて楽しんだ positā luditur (172) arca (9f18) 金庫をかけて（あり金全部をはたいて）賭け事が遊ばれる

lūdus *m.* lūdī *2* §13 ［lūdō］ **1.** 遊び，娯楽，気晴らし，慰め **2.**（体育，運動）競技，試合 **3.** 見世物，興行，余興，催し物，芝居 **4.** 神に捧げられる公の競技祭，体育祭（演劇，剣闘士試合，戦車競技などの催し）**5.** 冗談，ふざけること，たわむれ，陽気な騒ぎ **6.** 学校，初等学校（l. litterarum），剣闘士養成学校（l. gladiatorius）**7.** 児戯，たやすい事 per ludum（イ）遊びつつ，苦もなく（ロ）冗談に，ふざけて aliquem (alicui) ludos facere ある人をからかう，愚弄する，恥ずかしめる，ばかにする ludum dare alicui ある人の思うままにさせる，はしゃぐのを許す in eodem ludo doctae 同じ学校で学んだ女たち heu, nimis longo satiate (9b) ludo (9f16) お，あまりに長い（戦争の）遊びに飽きたお方（マールス神）よ

luēs *f.* luis *3* §19 ［luō］ **1.** 疫病，伝染病 **2.** 腐敗（堕落）させる力（作用），道徳的崩壊 **3.** 不幸，災害，天罰，災い，害毒，有害な人間 **4.** 雪解けの汚い水

lūgeō *2* lūgēre, lūxī, lūctum §108 **1.** 嘆き悲しむ，悼（いた）む，悔やむ，声をあげて泣く，悲しんで泣く **2.** 喪に服す

lūgubris *a.3* lūgubre §54 ［lūgeō］ **1.** 服喪の，哀悼の **2.** 喪を示す，悲しみを表す **3.** 物悲しい，哀れな，わびしい **4.** 悲痛，悲哀を催させる，呼び起こす，悲哀にみちた **5.** 陰鬱な，不吉な cometae sanguinei lugubre (9e13) rubent 血色の彗星が不吉に赤く輝いている （名）

lūgubria *n.pl.* lūgubrium *3* §20 喪服

lumbus *m.* lumbī *2* §13 **1.** 腰，尻，太股 **2.** 生殖器

lūmen *n.* lūminis *3* §28 ［lūceō］ **1.** 発光体，照明，輝き **2.** 日光，ひる，日 **3.** 明かり，燈火，松明，窓，すきま **4.** 生命のともしび，いのち **5.** 目の輝き，目，視力 **6.**（絵画）明るい部分（明暗）**7.** 光を与えるもの（人），闇を照らす，蒙を啓（ひら）くもの，明晰な判断・理性，識者，大家 **8.** 光彩陸離たる存在，誉れ（誇り），目立つ（光をあてられた）美しさ **9.**（修）文飾，あや sub (ad) prima lumina 明かりをともすころ（まで）＝たそがれどきに lumine quarto (9f2) 四日目に fodere lumina alicui (9d5) ある人の目玉をえぐりとる

lūna *f.* lūnae *1* §11 ［lūceō］ **1.** 月，月光 **2.** 暦の月 **3.** 夜 **4.** 元老院議員の靴の三日月型の象牙の記章 **5.** 月の女神 laborans luna 月食 luna lucebat tamquam meridie 月はまひるのように輝いていた

lūnāris *a.3* lūnāre §54 ［lūna］ 月の，月のような，三日月形の

lūnātus *a.1.2* lūnāt-a, -um §50 ［lūna］ **1.** 三日月形の，弦月状の **2.** 弦月状の盾をもった **3.** 三日月形の記章をつけた（cf. lūna）

lūnō *1* lūnāre, -nāvī, -nātum §106 ［lūna］（新月状に）曲げる，たわめる

luō *3* luere, luī, —— §109 **1.** 罪のあがないとして罰を受ける，贖罪する，罰金として支払う，償いをする **2.** 借金を返済する，約束を果たす **3.** 償いで（危険・面倒を）さける，そらす，免れる **4.** 自由にする，解放する，とりのぞく innocentium sanguis istius supplicio luendus (121.1) est 罪のない人たちの血はその者らの処刑であがなわれるべきだ

lupa *f.* lupae *1* §11 ［lupus］ **1.** 雌のオオカミ **2.** 売春婦

lupānar　454

lupānar *n.* lupānaris *3* §27
[lupa] 売春宿, 淫売宿

lupātus *a.1.2* lupāt-a, -um §50
[lupus] (狼の)のこぎり歯をもった　(名)
lupāta *n.pl.* lupātōrum *2* §13
のこぎり歯のあるとめぐつわ(御し難い馬の
ための)

Lupercal *n.* Lupercālis *3* §20
1. 毎年2月15日 Palatium の丘で Lu-
percus 祭司たちが行う畜農多産祈願祭
(ルペルカーリア祭) **2.** Palatium 丘の麓の
洞窟(祭りは最初この中で行われた)

Lupercus *m.* Lupercī *2* §13
[Lupercal] ルペルカーリア祭の祭司

lupīnus *m.* **lupīnum** *n.* lupīnī
2 §§13, 44 **1.** ハウチワマメ **2.** (舞台で
役者がこの豆を貨幣として用いていた)にせ
の硬貨 nec tamen ignorat, quid distent
(116.10) aera lupinis (9f13) 本物とにせ
ものの違いを彼は知っている tunicam mihi
malo lupini それぐらいならハウチワマメの
さや(莢)の方をとるさ(無価値なものを択
ぶ)

lupīnus *a.1.2* lupīn-a, -um §50
[lupus] **1.** オオカミの, オオカミの毛皮
で作られた **2.** オオカミのような, 残忍な

lupus *m.* lupī *2* §13 **1.** オオカミ
2. スズキ(魚) **3.** とび口, かぎざお lupus
in fabula 噂をすれば影 lupum auribus
tenere 狼の耳をつかんでいる(離しても持
っていても恐ろしい, 進退両難) lupus est
homo homini, non homo, quom qualis
sit (116.10), non novit 人は互いに狼で,
人ではない, お互いにどんな人かを知らな
いうちは

lūridus *a.1.2* lūrid-a, -um §50 黄
色の, 淡い黄青色の, 青ざめた, 蒼白の,
鉛色の

luscinia *f.* lusciniae *1* §11 サヨ
ナキドリ(ツグミ科)

luscus *a.1.2* lusc-a, -um §50 片目
の, 半盲の, 片目を失った(閉じた?)

lūsī → lūdō

lūsiō *f.* lūsiōnis *3* §28 [lūdō]
遊び, 遊技, 競技, 娯楽, 気晴らし

lūsor *m.* lūsōris *3* §26 [lūdō]

1. 遊ぶ人, 競技をする人 **2.** いいかげんに
あしらう人, いじめる人, からかう人 tene-
rorum lusor amorum やさしき恋の歌の
戯作者

lūstrālis *a.3* lūstrāle §54
[lūstrum] **1.** 贖罪の犠牲式の, 大祓
(おお
ばらい)の, 贖罪に役立つ **2.** 5年間の

lūstrātiō *f.* lūstrātiōnis *3* §28
1. 犠牲による清めの式, 大祓, 浄罪 **2.** 回
転, 旋回

lūstrō *1* lūstrāre, -rāvī, -rātum
§106 [lūstrum] **1.** 厄除けの儀式で清
める, 清めの供物で償う, 浄化する, 贖罪
する **2.** (祭司が清められるもの・人の)周
りを回る, 歩き(動き)回る, 巡回する, 歴
訪する **3.** 閲兵する **4.** 吟味する, 調査す
る, 観察する **5.** 周りを光で照らす, 明る
くする, 解明する

lustrum[1] *n.* lustrī *2* §13
[lutum] **1.** 泥土, 泥だらけの所, 水た
まり, 沼地 **2.** 野獣のすみか, 穴 **3.** 荒
地, 荒野 **4.** 悪徳の巣, 放蕩の地, 娼家,
放埒な生活

lūstrum[2] *n.* lūstrī *2* §13
[lūstrō] **1.** 監察官がローマ国民を清める
ため五年毎に行う贖罪の犠牲式, 大祓
(おお
ばらい) **2.** 監察官の5年の任期, 5年間
3. 5年祭, 5年毎の祭 lustrum condere
監察官が大祓の式を済ませて5年の任期
を終えること

lūsus *m.* lūsūs *4* §31 [lūdō の完
分] **1.** 遊び, 遊戯, 球戯, 競技, 試合,
賭 **2.** 慰め, 気晴らし, 恋のたわむれ **3.** 戯
作, くだらぬ作品, たわいない詩(恋愛詩)
4. 公共の見世物, 余興 **5.** しゃれ, 冗談,
いたずら, わるさ

lūteolus *a.1.2* lūteol-a, -um §50
[lūteus の小] 黄色の, 黄ばんだ

lūteus[1] *a.1.2* lūte-a, -um §50
[lūtum] 明るい黄色の, 黄金色の, ダイ
ダイ色の, サフラン色の

luteus[2] *a.1.2* lute-a, -um §50
[lutum] **1.** 泥の, ぬかるみの, 粘土の
2. 泥だらけの, 泥をぬられた, 汚い **3.** 無
価値の, 役に立たない

lutō *1* lutāre, lutāvī, lutātum §106

[lutum²] 泥で，粘土でおおう，包む，しっくいなどをぬりつける

lutōsus *a.1.2* -tōsa, -tosum §50 [lutum²] 泥の，泥だらけの，泥でよごれた

lutulentus *a.1.2* lutulent-a, -um §50 [lutum] **1.** 泥だらけの，ぬかるみの，汚い，油だらけの，にごった(水の) **2.** 心の汚い，堕落した，不潔な，(名誉・名声を)けがされた

lutum¹ *n.* lūtī *2* §13 **1.** モクセイソウ(黄色の染料がとれた) **2.** 黄色

lutum² *n.* lutī *2* §13 **1.** 泥，粘土，陶土，壌土(じょうど) **2.** ぬかるみ，汚物，ほこり vixisset amica luto sus 彼は泥を好む豚の如く生きていたことだろう annona pro luto erat 穀物の値段はちりあくたも同然だった

lūx *f.* lūcis *3* §21 [lūceō] **1.** (太陽の)光，朝日，ひるの光 **2.** 日，一日 **3.** 命，世界 **4.** 反映，輝き，光沢 **5.** 目の輝き，目，視力 **6.** 喜び・希望の光(明)，救済，幸福，解放(者) **7.** 光にさらすこと，暴露，公開 **8.** 光に照らされる人，名声，栄光，顕著，飾り **9.** 理性の光，明晰，透明，理解，啓蒙 (cum) prima luce 夜明け(と共に) luce (9f2), luci (地格, 70 注) 真昼に，日中は donec lux occidat 日が沈むまで usque ad lucem vigilare 夜明けまで徹夜する corpora luce carentum (§58 注3) 命を失った人たちの体 in lucem proferre 明るみに出す, lux aestiva 夏(の日) luce (9f6) sunt clariora nobis tua consilia omnia お前の考えはみな我々に日光よりもはっきりと知られている Roma, lux orbis terrarum ローマ，世界の光明

lūxī → lūceō, lūgeō

luxō *1* luxāre, luxāvī, luxātum §106 [luxus] (手足を)くじく，捻挫する

luxuria (lūx-?) *f.* luxuriae *1* §11 = **luxuriēs** *f.* luxuriēī *5* §34 [luxus] **1.** (異常な)繁茂 **2.** 放埒，放蕩，乱費，贅沢，美食，道楽，過度

luxuriō (lūx-?) *1* luxuriāre, -āvī, -ātum= **luxurior** *dep.1* luxuriārī,

ātum sum §123(1) [luxus] **1.** (植物)盛んに繁茂する，異常にはびこる **2.** (体)大きくなる，ふくらむ，充満する，盛り上がる **3.** (動物)はしゃぐ，とびはねる **4.** 異常に喜ぶ，楽しむ，うかれる，野放図となる，常軌を逸する **5.** 贅沢にくらす，ふける，奔放にくらす luxuriat toris (9f11) animosum pectus (馬の)誇り高き胸は筋肉隆々としている ne luxuriarent (116.6) otio animi 人々の心が休息によって放埒な生活にふけらないように

luxuriōsē 副 [luxuriōsus §67(1)] (比)luxuriosius **1.** 豊かに，満ちあふれて，生い茂って **2.** 野放図に，放埒に

luxuriōsus *a.1.2* luxuriōs-a, -um §50 [luxuria] (比)luxuriosior (最)luxuriosissimus **1.** 繁茂している，はびこっている **2.** あり余る，過度の，飾りすぎた，こった **3.** 拘束のない，野放図な，無法な **4.** 贅沢三昧の，酒色におぼれた

luxus *m.* luxūs *4* §31 **1.** 繁茂，過剰，放埒 **2.** 贅沢三昧の生活，酒色におぼれた生活 **3.** 贅沢，奢侈，豪奢，華麗

luxus *a.1.2* luxa, luxum 脱臼(だっきゅう)した，くじいた

Lyaeus *a.1.2* Lyae-a, -um §50 Dionysus の (名)**Lyaeus** *m.* Lyaeī *2* §13 **1.** Dionysus の異名 **2.** ブドウ酒 **3.** ブドウの木

Lycaeus *a.1.2* Lycae-a, -um §50 Lycaeus 山の, Arcadia の (名)**Lycaeus** *m.* *2* §13 Arcadia の山, Zeus と Pan に捧げられた聖山

Lycāōn *m.* Lycāonis *3* §41.8c (神)Arcadia の王

Lycāonius *a.1.2* Lycāoni-a, -um §50 **1.** Lycaon 王の, 王の子孫の **2.** Arcadia の

lychnūchus *m.* lychnūchī *2* §13 <λυχνοῦχος **1.** 燭台, 燈火(台), 明かり

lychnus *m.* lychnī *2* §13 < λύχνος 燈火, ランプ

Lycia *f.* Lyciae *1* §11 小アジアの国 (形)**Lycius** *a.1.2* Lyci-a, -um Lycia の

Lycīum (Lycēum) *n.* Lyciī *2* §13 アテーナイの体育館　ここで Aristoteles が教えた

Lycūrgus *m.* Lycūrgī *2* §13 **1.** (神)Tracia 王 Dryas の子 **2.** スパルタの立法者

Lȳdia *f.* Lȳdiae *1* §11 小アジアの国　(形)**Lȳdius** *a.1.2* Lȳdi-a, -um **1.** Lydia の, Lydia 人の **2.** Etruria 人の

lympha *f.* lymphae *1* §11 < νύμφη **1.** 水の精 **2.** (泉, 川の)水, きれいな水

lymphāticus *a.1.2* lymphātic-a, -um §50 [lympha] 熱狂した, 気の狂った

lymphō *1* lymphāre, -phāvī,
-phātum §106 [lympha] 狂わせる, 発狂させる

Lyncēūs *m.* Lynceī *3* §42.3 (神) Argonautae の一人(鋭い視力で有名)

lynx *f.* lyncis *3* §41.1a <λύγξ ヤマネコ, ヤマネコの毛皮

lyra *f.* lyrae *1* §11 <λύρα **1.** 竪琴 **2.** 抒情詩, 歌 **3.** (天)琴座

lyricus *a.1.2* lyric-a, -um §50 < λυρικός **1.** 竪琴の **2.** 抒情詩の　(名) **lyricus** *m.* lyricī *2* §13 抒情詩人 **lyrica** *n.pl.* lyricōrum *2* §13 抒情詩

Lȳsippus *m.* Lȳsippī *2* §13 Alexandros 大王時代の有名な彫刻家

M

M, m §1 略記 M.=Mārcus, M'.= Mānius, M=1000 §101

Macedō *m.* Macedōnis *3* §28 マケドニア人

Macedonia *f.* Macedoniae *1* §11 マケドニア

Macedonicus *a.1.2* Macedonic-a, -um §50 マケドニアの

macellum *n.* macellī *2* §13 **1.** 肉売場, 食料品市場, 食料商 **2.** 市場の食品

macer *a.1.2* macra, macrum §52 (比)macrior　(最)macerrimus §60 **1.** やせた, 細い, やつれた **2.** (土地)やせた, 不毛の, ひからびた **3.** 薄い, うすっぺらな, 小さい

māceria *f.* māceriae *1* §11 **1.** (煉瓦や石や粘土の)囲い, 塀, 壁 **2.** 堡塁

mācerō *1* mācerāre, -cerāvī, -cerātum §106 **1.** しめらせて(ぬらして)柔らかくする **2.** 浸す, つける, ぬらす,

しみこます **3.** (肉体的に)弱くする, 力を殺ぐ, 弱める **4.** (精神的に)苦しめる, なやます, いらいらさせる, じらす unum hoc maceror et doleo tibi deesse (117.5) あなたを奪われているというそのひとことで私は苦しみ嘆いている

machaerophorus *m.* machaerophorī *2* §13 <μαχαιροφόρος 短剣(machaera)で武装した従者

māchina *f.* māchinae *1* §11 < μηχανή **1.** 重量のあるものを上下左右に動かす木造装置 **2.** 起重機, 巻き上げ機 **3.** 攻城具, 攻城櫓(ゃぐ) **4.** 奴隷展示台 **5.** (工事用の)足場 **6.** (拷問)檻(ゎり) **7.** 仕掛け, 器具, 構造

māchināmentum *n.* māchināmentī *2* §13 [māchinor] **1.** 城市の包囲攻撃用の構造物, 攻城機具 **2.** 装置, 器具

māchinātiō *f.* māchinātiōnis *3* §28 [māchinor] **1.** 機械・装置を作ること, その技術 **2.** 機械・装置, 工夫, 仕掛け **3.** 大仕掛けの兵器(投石機など)

Maecēnās

māchinātor *m.* māchinātōris *3*
§26 [māchinor] **1.** 大仕掛けの器具・
装置を設計し組み立てる技師 **2.** 陰謀・策
略の仕掛け人，元兇，張本人

māchinor *dep.1* māchinārī, -nātus
sum §123(1) [māchina] **1.** 発明す
る，工夫する，考案する **2.** わく組みをつ
くる，組み立てる，設計する **3.** 謀(はか)る，
陰謀をたくらむ

maciēs *f.* maciēī *5* §34 [macer]
1. やせていること，細い体，貧弱 **2.** (土
地)やせている，不毛 **3.** (文体)無味乾燥，
貧困

macrēscō *3* macrēscere, ——, ——
§109 [macer] **1.** やせ(おとろえ)る，や
つれる **2.** (土地が)疲弊する

macrocollum *n.* macrocollī *2*
§13 大判の(上質の)パピルス紙

macte 元来 mactus の *voc.*, しかし不変
化詞「尊敬される」として用いられる **1.** (神
に対し) macte esto+*abl.* …で満足され
るように macte hoc porco piaculo im-
molando (121.3) esto このブタをいけにえ
として捧げるので満足されんことを **2.** (人
に対し) macte+*abl.* (又は *gen.*) (esto)
万歳，天晴れ，見事 macte virtute (esto)
でかした(直訳)汝の勇気に祝福あれ(栄光
あれ)

mactō *1* mactāre, -tāvī, -tātum
§106 [mactus] **1.** 名誉・栄光を与え
る，授ける，贈り物をおくる **2.** 尊敬する，
敬意を表する **3.** 犠牲を捧げて神を礼拝す
る，生贄を殺して神に供する **4.** 殺す，屠
殺する **5.** 罰する，ひどく苦しめる，滅ぼす
eos mactant honoribus 彼らは彼らに名
誉を授ける illum di deaeque magno
mactant malo (9f11) 神々と女神たちは
彼を大きな不幸でいためつける

mactus *a.1.2* mact-a, -um §50 敬
意を表された，高められた(macte という
形でのみ用いられる)

macula *f.* maculae *1* §11 **1.** 汚
れ，汚点，傷，斑点 **2.** 汚名，不名誉，恥
辱，名折れ **3.** あざ，にきび，しみ，ぶち，
そばかす **4.** 過失，欠点 **5.** 焼き印，烙印
(囚人，奴隷の) **6.** 網の目

maculō *1* maculāre, -lāvī, -lātum
§106 [macula] **1.** 汚れでおおう，泥を
ぬる，汚す，けがす，傷をつける **2.** 汚点
(しみ)をつける，汚名をきせる，冒瀆する
3. まだらにする

maculōsus *a.1.2* maculōs-a, -um
§50 [macula] **1.** 汚れで一杯の，汚れ
た，傷つけられた **2.** 斑点のある，まだらの，
しみ(あざ)のある **3.** 雑色の，多彩の，しま
(筋)のある **4.** 恥ずべき，評判のわるい，け
がれた

madefaciō *3b* made-facere, -fēcī,
-factum §110 [madeō, faciō §173]
1. しめらす，ぬらす **2.** 浸す，つける，び
しょぬれにする **3.** (馬に)飲ませる，(植物に)
水をかける，酔わせる

madeō *2* madēre, maduī, ——
§108 **1.** しめる，ぬれる，ずぶぬれになる，
ふにゃける **2.** (涙・汗で)ぬれる，香油で
髪がぬれる **3.** 煮てやわらかくなる，熟する
4. 酒に酔う **5.** つかる，没頭する，夢中に
なる quotiens video, lumina nostra
madent 私は見るたびに，両眼に涙が溢れ
る crinem madentem (118.1) 香油した
たる髪を Socraticis madet sermonibus
(9f11) 彼はソークラテース風の談義に夢中
になっている ubi bibisti? mades mecastor
あなたはどこで飲んだの，確かに酔っぱらっ
ているわ

madēscō *3* madēscere, maduī, ——
§109 **1.** しめる，ぬれる，うるおう **2.** 煮
てやわらかくなる **3.** 酔う

madidus *a.1.2* madid-a, -um §50
[madeō] **1.** しめった，ぬれた，びしょぬ
れの，したたっている **2.** 涙(汗)にぬれた
3. 香油をぬった **4.** 煮てやわらかくなった，
ふにゃけた **5.** 酔った **6.** しめっぽい，じめ
じめした，湿気の多い

maduī → madeō, madēscō

Maeander (**-drus**, **-dros**) *m.*
Maeandrī *2* §15 **1.** 紆余曲折の流れ
で有名な Phrygia の川 **2.** うねっている線，
回り道，うねり，屈曲，ねじれ

Maecēnās *m.* Maecēnātis *3* §21
C. Clinius ローマ騎士，Augustus の友，
Horatius など詩人の保護者

maena *f.* maenae *1* §11 <μαίνη
塩づけにされた海の小さな魚(ニシンなど)

Maenalus (**-os**) *m.* Maenalī *2* §13
= **Maenala** *n.pl.* Maenalōrum *2*
§13 Arcadia の山脈(Pan に捧げられた
山)

maenas *f.* maenadis(-ados) *3*
§41.5a **1.** 酒神バッコスの熱心な信者
(女) **2.** 熱狂した女, 霊感を授った女

Maeonia *f.* Maeoniae *1* §11
1. Lydia の古名 **2.** Etruria (Lydia は
E. 人の先祖の地と考えられていた)

Maeonidēs *m.* Maeonidae *1*
§37 **1.** Lydia 人 = Homerus (H. は
Lydia に生まれたと言われていた) **2.** Etrus-
ci 人 = Etruria 人

Maeonius *a.1.2* Maeoni-a, -um
§50 **1.** Maeonia, Lydia の **2.** Homerus
の **3.** Etruria の

Maeōtis *f.* Maeōtidis (-idos, -is) *3*
§41.6b (名)Scythia の Maeotis 湖, 今
の Azov(アゾフ)海, (形)Maeotis 湖の=
Maeōtius, -tia, -tium §50

maereō *2* maerēre, ——, ——
§108 **1.** (自)嘆き悲しむ 奪と(9f15)
2. (他)…を嘆く, …を悲しむ 対, 不句
(117.5)と

maeror *m.* maerōris *3* §26
[maereō] 悲しみ, 悲嘆, 哀悼, 心痛,
悲哀

maestitia *f.* maestitiae *1* §11
[maestus] **1.** 悲哀, 悲嘆 **2.** 落胆, 憂
鬱

maestus *a.1.2* maest-a, -um §50
[maereō] (比)maestior (最)maestis-
simus **1.** 悲しい, 不幸な, 悲しみに沈ん
だ, 落胆した, 意気消沈した **2.** 悲哀・哀
悼を示す, 服喪の **3.** 不吉な(鳥) **4.** 陰鬱
な, いかめしい, 厳しい

māgālia *n.pl.* māgālium *3* §20
[*cf.* māpālia] 小屋, 天幕

mage = magis

magicus *a.1.2* magic-a, -um §50
<μαγικός **1.** 魔法の, 魔術の **2.** 魔法の
ような, 不思議な

magis 副・比 §69 (数・量・質・程
度)もっと多く, いっそう大きく, すぐれて
A. 単独で **B.** quam(atque)を伴って
C. 相関詞と **A.1.** 名(奪 9f13)と quid
philosophiā magis colendum (147. イ)
? 哲学よりもいっそう研究されるべきものが,
一体何があるというのか **2.** 形・副と(*cf.*
64) quod est magis verisimile いっそう
真実らしく思えることは magis aperte い
っそう公然と **3.** 動と tum magis id dice-
res (116.9) むしろそのときこそあなたは言
うべきであった **4.** magis et magis ますま
す, だんだんと magis aut minus 多かれ
少なかれ **B.** quam を伴って **1.** 動と si sibi
magis honorem tribuere (117.6), quam
ab se salutem accipere videantur
(116.9)「もしお前らが予から安全を保護さ
れている以上に, 予に対して名誉を与えて
いると思うならば」 **2.** 名・代と magis
ratione et consilio quam virtute vicis-
se (117.5) 武勇よりもむしろ戦術と策略で
勝った **3.** 形・副と corpora magna ma-
gis quam firma 頑丈というよりもむしろ
大きな体 **4.** non magis ... quam (イ)…
と同様…にも aditus ad consulatum non
magis nobilitati quam virtuti patet 執
政官職への接近は貴族(の家柄)と同様に
(個人の)美徳にも開かれている (ロ)…とい
うよりむしろ… domus erat non domino
magis ornamento (9d7) quam civitati
その家はその主人よりもむしろ市に栄誉を
与えていた(=主人にも市にも栄誉を与え
た) (ハ)…でないと同様…でない tu non
magis aegrotus es quam ego 私が病人
でないと同様君も病人ではない **C.** 相関詞
と **1.** eo, hoc, tanto magis ... (ut, quod,
quoniam ...)(…であるが故に…なので…
とすれば)それだけ(に)いっそう…だ **2.** ma-
gis quam ... tam magis, tam magis ...
quam magis …すればするほど…益々
magis quam id reputo, tam magis uror
私はそのことを考えれば考えるほど, 益々
怒りに燃えてくる **3.** quo minus ... eo
magis 少なくなればなるほど益々多くなる

magister *m.* magistrī *2* §15
[magis] **1.** 優越者, 指揮者, 指導者,
長上, 頭(かしら), 長 **2.** 主宰, 主人, 管理

人，支配人，監督 **3.** 忠告者，番人，案内者，家庭教師 **4.** 学校，教師，専門家，師範 **5.** 船長，舵手，牧人(長) populi ～ 国民の指導者 (＝ dictator) morum ～ 風紀取締 (＝ censor) convivi ～ 饗宴主宰者

magisterium *n.* magisteriī *2* §13 [magister] **1.** magister の職務 **2.** 議長，座長，主宰者，指導者の役目 **3.** 統轄，管理 **4.** 教師，家庭教師の役 **5.** 授業，指導，教示，忠告

magistra *f.* magistrae *1* §11 女性教師，女支配人，女指導者，女司祭

magistrātus *m.* magistrātūs *4* §31 [magister] **1.** 政務官職，政務官の任期 **2.** 政務官

magnanimitās *f.* magnanimitātis *3* §21 [magnanimus] 高邁な精神，大度，高潔，雅量

magnanimus *a.1.2* magnanim-a, -um §50 [magnus, animus] 心の広い，雅量のある，高潔な，勇敢な

magnificē (**māg-** ?) 副 [magnificus §67(1)] (比)magnificentius (最)magnificentissime **1.** 立派に，見事に **2.** 気高く，上品に **3.** 豪奢に，華々しく **4.** 尊大に，傲慢に

magnificentia (**māg-** ?) *f.* magnificentiae *1* §11 [magnificus] **1.** 高潔な精神，高邁，高貴，崇高，威厳 **2.** 寛大，気前のよさ **3.** 誇り，自慢 **4.** 壮麗，壮観，壮大 **5.** 贅沢，華美，派手好み **6.** 大袈裟な文体，悲壮な文体

magnificus (**māg-** ?) *a.1.2* magnific-a, -um §50 [magnus, faciō] (比)magnificentior (最)magnificentissimus **1.** 壮大な，壮麗な，堂々たる，輝かしい，優秀な，立派な **2.** 贅沢な，華美な，豪奢な，高価な，派手好みの **3.** 気高い，高邁な，雅量のある，高貴な，誇り高い，高慢な **4.** (文体・言葉)飾り立てた，美辞麗句の，崇高な，悲壮な

magniloqentia (**māg-** ?) *f.* magniloquentiae *1* §11 **1.** 高尚な言葉(表現)，崇高(荘重)な文体 **2.** 大言壮語，自慢

magniloquus (**māg-** ?) *a.1.2* magniloqu-a, -um §50 高尚(崇高，荘重)な文体の **2.** 大げさな，ほら吹きの，自慢たらしい

magnitūdō (**mā-** ?) *f.* magnitūdinis *3* §28 [magnus] **1.** 大きさ，広さ，広大，長大，高い(深い)こと **2.** 体の大きさ，身長 **3.** 多量，多数，豊富，重量，重み **4.** 高い地位，卓越性 **5.** 力，権力，強さ **6.** 精神の高さ，偉大さ，高貴 **7.** 時間の長さ，持続 **8.** 意義，重要性

magnopere ＝ magnō opere 副 [magnus, opus §9f19] (最)maximopere **1.** 大いに努力して，熱心に，激しく，強く，心から **2.** 大いに，非常に，特に mihi (9d11) dicendum (121.1) nihil magnopere videtur 私には格別言う必要のあるものはなにもないと思われる

magnus (**mā-** ?) *a.1.2* magn-a, -um §50 (比)major (最)maximus §61 **1.** (空間)大きな，広い，広大な，遠い，高い，長い，太い，厚い **2.** (数量)多い，沢山の，おびただしい，いちじるしい，相当な，豊かな **3.** (時)長い，古い，老いた **4.** (力)強い，強力な，勢力のある，能力のある **5.** 堂々たる，立派な，偉大な，尊敬すべき **6.** 重大な，意義深い，価値のある，高い値段の **7.** 気高い，高貴，雅量のある，大度の **8.** 大言壮語の，傲慢な，誇り高い omnia magna loquens 何でも大げさにものを言う in magna et voluisse (117.1) sat est 偉大なこと(事業)は，志しただけで充分である sic parvis componere magna solebam このように私はいつも小さい(卑小な)ものと大きい(偉大な)ものとを比較していた magno (9f14) emere 高い値段で買う cujus auctoritas magni (9c7) habebatur その人の権威はいつも高く評価されていた

Māgō *m.* Māgōnis *3* §28 **1.** Hannibal の兄弟 **2.** 農業論の著者

magus *m.* magī *2* §13 ＜μάγος **1.** (ペルシアの)僧侶，占い師，予言者 **2.** 魔法使い，魔術師

Māia *f.* Māiae *1* §11 (神)Atlas の娘，Mercurius の母

māiālis *m.* māiālis *3* §19 去勢された雄豚

Māius *a.1.2* Māi-a, -um §50 （名）*m.* 5月 （形）5月の §184

mājestās *f.* mājestātis *3* §21 [mājor] **1.**（神・地位の高い人の）尊厳, 威厳, 品位 **2.**（官職・地位の）卓越, 威厳, 名声, 崇高性 **3.** 国民, 国家の主権, 宗主権 **4.** 主権侵害, 反逆罪＝majestas imminuta (laesa), crimen majestatis 反逆罪, 不敬罪

mājor *a.3* mājus §66 [magnus の比 §61] **1.**（数・量・質・度合・重要性）いっそう（もっと）多い, 大きい, すぐれた **2.** もっと高い, 長い, 広い **3.** もっと（より）年月を経た, 古い, 年上の, 老いた **4.** より偉大な, 高貴な, 重要な, 力強い major Neronum (9c4) 兄のネロ annos natus major quadraginta 40歳以上の人 more majorum 先祖の風習に従って invidia (9f6) major urbes relinquam 私はねたみを越えた者として（栄光の中に）この地上・（の町々）を立ち去るだろう incerta in majus vero ferri solent たしかに不確かなものは誇張されるのが常である

mājusculus *a.1.2* mājuscul-a, -um §50 [mājus の小] いくらか大きい, 多少年上の, 老いた

māla *f.* mālae *1* §11 [maxilla の小] **1.** 顔の下の部分, ほお, 頬骨 **2.** あご rapies (116.3) in jus malis ridentem alienis (9f9) お前さんが（あいつを）法廷につき出しても, 他人ごとのように（他人のほおで）せせらわらっているだろう

malacia *f.* malaciae *1* §11 < μαλακία 凪（なぎ）

male 副 [malus §67] （比）pejus （最）pessime §69 **1.**（精神的・肉体的）具合が悪く, 苦しく, 不快に **2.**（道徳上）悪く, 不正にも, いとわしく, 間違って **3.** 不都合にも, 無益にも, 不幸に, あやまって, 不首尾に **4.** ほとんど…でない（＝ non）, ひどく male mihi est 私は苦しんでいる, 困っている, 具合がわるい male agitur mecum 私はひどい目にあっている, 難儀している male accipere aliquem (verbis) 誰々を不親切（な言葉で）に, とりあつかう, 迎える, 応じる male odisse aliquem 誰々をひどく（烈しく）憎む male sanus＝insanus 狂った male parvus 恐ろしく小さい male laxus in pede calceus haeret 靴がだぶだぶで足にぴったりと合っていない（male は haeret にかかる）male parta male dilabuntur (*cf.* 118.2), in re mala animo si bono utare (124, 132) 逆境で勇気をだすと, （不幸に準備されていたものもなくなるだろう）すくわれるさ（勇気だけは失うな）

maledicē 副 [maledicus §67(1)] 口ぎたなく, ののしって

maledīcēns *a.3* maledīcentis §58 [maledīcō の現分] （比）maledicentior （最）maledicentissimus 口ぎたない, 罵倒する, ののしる

maledīcō ＝ **male dīcō** *3* male-dīcere, dīxī, dictum §109 [male, dīcō §173] 悪く言う, 中傷する, ののしる, 罵倒する

maledictiō *f.* maledictiōnis *3* §28 悪口, 中傷

maledictum *n.* maledictī *2* §13 [maledīcō] 非難, 罵倒, 侮辱

maledicus *a.1.2* maledic-a, -um §50 [male, dīcō] 口ぎたない, 中傷的な, ののしる

malefactum *n.* malefactī *2* §13 [malefaciō の完分] 悪行, 不正, 罪, 悪

maleficium *n.* maleficiī *2* §13 [maleficus] **1.** 悪行, 犯罪 **2.** 不正, 危害, 損害 **3.** 魔法, 詐欺

maleficus *a.1.2* malefic-a, -um §50 （最）maleficentissimus **1.** 悪い, よこしまの, 不正な, 不道徳の **2.** 有害な, まがまがしい **3.** 妖術の, 魔法の, 不吉な

malesuādus *a.1.2* male-suād-a, -um §50 [male, suādeō] 悪事をすすめる, 間違った助言を与える

malevolēns *a.3* malevolentis §58 [male, volō の現分] （最）malevolentissimus 悪意を抱いた, 意地のわるい

malevolentia *f.* malevolentiae *1* §11 [malevolēns] 悪意, 意地悪, 憎

mamma

しみ, ねたみ心

malevolus *a.1.2* malevol-a, -um §50 ［male, volō］ 底意地のわるい, 悪意を抱いた, 嫉妬深い

mālifer *a.1.2* māli-fera, -ferum §51 ［mālum, ferō］ リンゴを産する

malignē 副 ［malignus §67(1)］ （比）malignius **1.** いやいやながら, しぶしぶと **2.** 意地わるく, ねたましく **3.** けちけちして, 不充分に, みすぼらしく, 貧弱に laudare maligne 称賛を惜しむこと

malignitās *f.* malignitātis *3* §19 **1.** 卑しい根性, 卑劣, 下品 **2.** りんしょく, 貪欲 **3.** 悪意ある言行, 嫉妬

malignus *a.1.2* malign-a, -um §50 ［malus, gignō］ （比）malignior （最）malignissimus **1.** 度量のせまい, けちな, いやしい **2.** 貧弱な, 不毛の **3.** 貧しい, みすぼらしい, 小さい, せまい **4.** 悪意ある, 不親切な, しっと深い **5.** 危険な, 有害な

malitia *f.* malitiae *1* §11 ［malus］ **1.** 邪悪な根性, 行為 **2.** 狡猾, 悪巧み, 意地悪 **3.** 悪徳, 罪, 不正

malitiōsus *a.1.2* malitiōs-a, -um §50 ［malitia］ **1.** 意思の悪い, よこしまな, 不道徳な **2.** ずるい, 狡猾な **malitiōsē** 副 §67(1) （比）malitiosius 悪意を抱いて, 故意に

malivo-... = malevo-...

malleolus *m.* malleolī *2* §13 ［malleus の小］ **1.** 小さい木づち **2.** 火矢

malleus *m.* malleī *2* §13 槌 (つち), 木づち, かなづち is etiam sese sapere memorat : malleum sapientiorem vidi excusso manubrio (9f10) あいつですら「おれはさとい」と言っている, 私の見たところ, 彼より柄 (え)をもぎとられた槌 (役立たず)の方がよほどさとい

mālō 不規 mālle, māluī §155 ［magis, volō］ むしろ欲する, むしろ…の方を択ぶ, とる, いっそう…の方を好む, 持ちたいと思う accepta injuria (9f18) ignoscere quam persequi malebant 彼らは不正を蒙ったが, 復讐するより許す方を好んだ incerta pro certis ～ 確実なものよ

り不確実なものをとる nullos his (9f6) mallem (116.3) ludos spectasse (114.3) これら以上に見たいと思う見世物はなかったろう

mālobathron（mala-） *n.* mālobathrī *2* §§13, 38 ＜μαλόβαθρον **1.** 肉桂, シナモン **2.** 肉桂香油

mālum *n.* mālī *2* §13 リンゴ, リンゴの木 ab ovo usque ad mala 卵からリンゴまで(ローマの食事の習慣), 始めから終わりまで

malum *n.* malī *2* §13 ［malus］ **1.** 心配, 悩み, 悲嘆, 辛苦 **2.** 不幸, 災難, 苦境, 敗北, 病気 **3.** 非難, 攻撃, 危害, 罰 **4.** 悪, 犯行, 悪行 **5.** (嘆き, のしりの言葉) 畜生, くそ, ああ, 悲しい clementia illi malo (9d7) fuit 慈悲が彼には災いのもととなった sperans famam exstingui (117.4) veterum sic posse malorum こうすれば昔の数々の悪行についての不評が消せるものと希望して nota mala res optuma est 罪はばれた方が却って好都合

malus *a.1.2* mal-a, -um §50 （比）pejor （最）pessimus §61 **1.** 不快な, いやな, 悪い, ひどい **2.** 邪悪な, よこしまな, 不誠実な, 不正な, 不良な **3.** 有害な, 危険な, 不利な, 不都合な, 具合の悪い **4.** 貧しい, 育ちの悪い, 下賤な **5.** 無器量な, 無能な, 臆病な **6.** 敵対する, 悪意のある, 不親切な mala conscientia 心のやましさ mala fides 不誠実 regibus (9d10) boni quam mali suspectiores sunt 王たちは悪人よりも善人をいっそう疑いの目で見る pejus victoribus quam victis accidisse 敗者よりも勝者の側にいっそう不幸なことが起こった

mālus[1] *f.* mālī *2* §13(3) リンゴの木, 果樹

mālus[2] *m.* mālī *2* §13 **1.** 棒, 桁 (けた), 梁 (はり) **2.** 帆柱

malva *f.* malvae *1* §11 ゼニアオイ

mamilla *f.* mamillae *1* §11 ［mamma］ 胸, 乳房

mamma *f.* mammae *1* §11

1. 胸, 乳房(牛など) **2.** (幼児語)ママ, 母

manceps *m.* mancipis, -cupis *3* §19 ［manus, capiō］ **1.** (公共の事業の)契約者, (徴税・競売)請負人, 代理人 **2.** 賃借人, 借地人

mancipium (**-cupium**) *n.* mancipiī *2* §13 ［manceps］ **1.** 財産譲渡の正式な手続きとして証人の前で財産を手でつかむこと, 握取行為 **2.** (1)の結果に所有した財産, 所有権 **3.** (購入)奴隷

mancus *a.1.2* manc-a, -um §50 **1.** 不具の, かたわの, 手足を切断された, 片手のない **2.** 弱い, 無力の, 不完全な

mancipō (**mancupō**) *1* mancipāre, -pāvī, -pātum §106 ［manceps］ **1.** 正式に譲渡する, 売る, 与える **2.** 引き渡す, 放棄する saginae (9d) mancipatus 肥満に(身を)売られた(人)(胃の奴隷となった人)

mandātum *n.* mandātī *2* §13 ［mandō］ **1.** 命令, 指令, 通達, 訓令 **2.** (皇帝の)勅書, 命令書 **3.** 委任, 委託, 信託

mandātus *m.* mandātūs *4* §31 ［mandō の完分］ 命令, 指示(単, 与, 奪のみで用いられる)

mandō[1] *1* mandāre, -dāvī, -dātum ［manus, dō］ §106 **1.** 手渡す, 交付する, 引き渡す **2.** ゆだねる, 委託する, 与える **3.** 命令する, 訓令する, 指示する aliquid memoriae (9d4) 〜 あることを記録する, 暗記する fugae se 〜 逃亡する filiam viro 〜 娘をその者に妻として与える(結婚させる) Caesar alicui mandavit ut (ne) ... カエサルは ut 以下のことをせよと誰々に命じた huic mandat (ut) Remos adeat (116.6) 彼は彼に命じる, レミ族の所へ立ち寄れと

mandō[2] *3* mandere, mandī, mānsum §109 かむ, かみ砕く, かみつく, かじる mandere humum 土をかむ, 倒れて死ぬ

mandra *f.* mandrae *1* §11 ＜ μάνδρα **1.** 駄獣の群, 縦列 **2.** latrunculi (西洋将棋)の遊戯盤, (あるいは盤上の目, 囲い?)

māne (**mānī**) 副 **1.** 朝に, 早朝に

2. 翌朝に, 次の日早く bene mane 朝非常に早く (名)**māne** *n.* 無 ただし mānī (*abl.*) も見られる, 朝 a mani ad vesperum 朝から晩まで mane erat 朝のことだった

maneō *2* manēre, mānsī, mānsum §108 **1.** 同じ所にとどまる, 滞在する, 居残る **2.** 宿泊する, 持続する, つづく **3.** 固執する, 持ちこたえる, 保留される **4.** (他)待っている nihil semper manet suo statu (9f1(二)) いつまでも同じ状態でありつづけるものはない mors sua quemque manet 誰をも自分の死が待っている in sententia 〜 意見に固執する

mānēs (**Mānēs**) *m.pl.* mānium *3* §19 **1.** 死者の霊魂, (小さな超自然力を持つ神々のように崇められた, それ故 di manes とも言う) **2.** 死者の亡霊, 死体, 骨灰 **3.** 霊魂の休む所, 冥府, よみの国, 地下の神々 **4.** 死, 宿命

mangō *m.* mangōnis *3* §28 奴隷商人, 不正直な商人

manicae *f.pl.* manicārum *1* §11 ［manus］ **1.** 手錠, 手かせ **2.** 手袋, 長袖 **3.** 錨型の引っかけかぎ **4.** 籠手(ﾏﾝ)

manicātus *a.1.2* manicāt-a, -um §50 ［manicae］ 衣服の袖を長くした

manifestē (**-fē-** ?) 副 ［manifestus §67(1)］ (比)manifestius (最)manifestissime 明らかに, はっきりと, 明白に

manifestō (**-fē-** ?) *1* manifestāre, -tāvī, -tātum §106 ［manifestus］ **1.** 明らかに示す(見せる), 表示する, 公表する **2.** 露出させる, あばく, 暴露する

manifestus (**-ē-** ?) *a.1.2* manifest-a, -um §50 (比)manifestior (最)manifestissimus (手でつかまえられる)**1.** 現場で逮捕された, 現場で見つかった, 明らかに有罪の **2.** 明白な, はっきりと見える, 疑いのない **3.** 名うての, 顕著な, 目立つ **4.** manifestum est (171) …は明白である ne manifestus offensionis (9c6) esset (116.6) 彼は自分の不快感をはっきりと見せないように

manipulāris (**manipl-, manupl-**)

a.3 manipulāre §54 ［manipulus］
1. 中隊の　(名)**manipulāris** *m. 3*
§19　一兵卒，中隊兵

manipulātim 副［manipulus］ 中
隊ごとに，中隊につき

manipulus *m.* mani-pulī *2* §13
［manus, plēnus］ **1.** 手一杯，一つかみ
2. 束(干し草，麦わら) **3.** (軍)中隊＝2箇
百人隊

mannus *m.* mannī *2* §13　小型
の馬(ガッリア産)

mānō *1*　mānāre, -nāvī, -nātum
§106　**1.** したたる，流れおちる **2.** 流れる，
注ぐ，流れ出る，湧き出る，ほとばしる
3. あふれる，拡がる，氾濫する **4.** しみ出
る，もれる，ぬれる，しめる **5.** (他)注ぐ，
流す，流出させる patribus (9d) plebique
manare (117.7) gaudio (9f15) lacrimae
元老院議員と民衆は随喜の涙を流した fi-
dis manare (117.4) poetica mella あな
たは詩の蜜をしたたらせることに自信をもっ
ている

mānsī　→ maneō

mānsiō *f.*　mānsiōnis *3*　§28
［maneō］ **1.** 逗留，滞在 **2.** 住所，住居
3. 宿泊所，宿舎，駅舎 **4.** 旅程，行程

mānsuēfaciō *3b*　mānsuē-facere,
-fēcī, -factum　§110　［mānsuēs, faciō
§173］ **1.** (飼い)ならす(野獣を) **2.** 和ら
げる，静める，なだめる **3.** 教化する，しつ
ける

mānsuēs *a.3*　mānsuētis　§55
［manus, suēscō］ **1.** 人の手になれた，な
らされた **2.** 温和な，やさしい

mānsuēscō *3* mānsuēscere, mān-
suēvī, mānsuētum §109 **1.** なれる
2. 大人しく(温和に)なる，やさしくなる
3. (他)飼いならす

mānsuētē　副［mānsuētus §67(1)］
優しく，穏やかに，静かに

mānsuētūdō *f.* mānsuētūdinis *3*
§28 ［mānsuētus］ **1.** なれていること，
温順 **2.** 開化，教化，文明 **3.** 温和，やさ
しさ，厚情，慈悲深いこと，親切

mānsuētus *a.1.2*　mānsuēt-a, -um
§50 　［mānsuēscō の完分］　　(比)

mansuetior　　(最)mansuetissimus
1. 人の手になれた，飼いならされた **2.** 文
明化した，洗練された **3.** 温和な，優しい，
穏やかな，静かな

mānsuēvī　→ mānsuēscō

mānsūrus *a.1.2*　mansūr-a, -um
§50 ［maneō の未分 §143］ **1.** 長く続
く予定の，運命の，続く筈の **2.** 持続する，
永続的な，永久の，持久力のある

mānsus　→ mandō, maneō

mantēlē *n.* mantēlis *3* §20　＝
mantēlium *n.* -liī *2* §13 ［manus］
1. 手ぬぐい，手ふき，ナプキン **2.** 食卓掛
け

mantica *f.* manticae *1* §11　旅
行かばん(手提げ用，あるいは肩に振り分
けてかつぐか，馬の鞍(⅗)にしばりつけたり
した)

Mantua *f.* Mantuae *1* §11　北イ
タリアの町，Vergilius の生地

manubiae *f.pl.* manubiārum *1*
§11 ［manus］ **1.** 戦利品，戦利品の売
上金(国庫，将軍，兵士に三分割された)
2. 掠奪品，儲け，利益 **3.** 雷光，雷鳴(ト
鳥官用語)

manubrium *n.* manubriī *2* §13
［manus］ **1.** 取っ手，柄(ᵉ)，引き手 **2.** つ
か

manufest...　→ manifest...

manūmissiō *f.* manūmissiōnis *3*
§28 ［manūmittō］ **1.** 奴隷解放 **2.** 罪
の免罪，許し

manūmittō *3* manū-mittere, -mīsī,
-missum §109 **1.** 支配権から解放す
る，奴隷を解放する，自由にする

manupretium (**manūspretium**) *n.*
manup-retiī *2* §13 **1.** 人手(技量)
の値段 **2.** 労賃，報酬，賃金

manus *f.* manūs *4* §31 **A.1.** 手
2. (獣の)前足，(象の)鼻 **3.** 敵船をひきよ
せるかぎ竿(ひっかけ鉤) manus ad Caesa-
rem tendere カエサルに手をさしのべる(嘆
願する) mea manu scriptae litterae 私
の手で書かれた手紙 silentium manu
poscens (118.4) 手ぶりで静粛を要求しな
がら cur compressis (9f18) manibus

mapālia

sedeas (116.4)? あなたはなぜ拱手傍観しているのか plena manu (9f10)（一杯の手で）気前よく，けちけちしないで manibus pedibusque 手と足でもって，全力をつくして，骨折って se fatentur (126) virtutis causa ne manum quidem versuros fuisse (146) 彼らは告白している，勇気のために掌を返す気にすら（自らは少しでも何かをしようという気に）ならなかったと **B.** 比喩的な表現 **1.** 手近，近所，そば，間もなく servum ad manum（手元の奴隷）書記 sub manu nascatur (132) 間もなく生まれるかも知れない ut iam in manibus nostris hostes viderentur (116.7) すでに我が軍の近くに敵が見えだしたので proelium in manibus facere 白兵戦を交える **2.** 仕事をする手，手仕事，従事 habeo opus magnum in manibus 私は目下大きな仕事をしている oppidum et loci natura et manu munitur その城塞は地勢と工作とで守られている **3.** 腕力，行動，ふるまい，暴力，武力 manu＝manibus (9f11) 暴力で manum committere, conferre 戦いを始める manum vobis do 私はお前らに降参する res venit ad manus その事は暴力沙汰となった **4.** 手権，所有権，支配権，権力 majores nostri feminas voluerunt in manu esse parentium fratrum virorum わが祖先の人たちは，女どもが父たち，兄弟，夫たちの支配下におかれることを欲した manum injicere alicui ある人の首に手をおく，捕える，差し押さえる nescis longas regibus esse manus? 王の権力が大きいことを知らないのか **5.** 書く，描く手，本をとる手，手法，技巧 manus extrema non accessit operibus ejus 彼の作品にはまだ最後の手（みがき）が加わっていない（完成していない）(tolle) manum de tabula 書板（画板）から手をはなせ（絵筆をおけ），（完成の時をわきまえよ，事業から手をひく潮時を知れ）oratio manu facta わざとらしい（気取った）演説 Naevius in manibus non est ナエウィウスは今日読まれていない **6.** 手合い，連中，一味，隊，軍隊 facta manu (9f18) 手勢を集めて magna manu (9f9)

---

venerunt 彼らは大勢でやってきた

mapālia *n.pl.* mapālium *3* §20 ＜ポ **1.** アフリカの遊牧民の天幕小屋 **2.**（罵詈雑言として）支離滅裂な言動，たわごと，馬鹿げたふるまい

mappa *f.* mappae *1* §11 ＜ポ **1.** ナプキン，口ぬぐい布 **2.** 布巾(きん) **3.** 合図の布切れ，旗

Marathōn *f.* Marathōnis (-ōnos) *3* §41.8b Attica の海岸沿いの村，490B.C. にペルシア軍敗北の地

Marcellus *m.* Marcellī *2* §13 **1.** Claudius 氏に属する家名 **2.** M. Claudius Marcellus 第二次ポエニ戦の将軍 **3.** M. C. M. Augustus 皇帝の甥

marcens *a.3* marcentis §58 [marceō の現分] **1.** しおれた，しぼんだ，枯れた，しなびた **2.** 弱(よわ)った，弱々しい，つかれきった **3.** 無気力の，だらけた，ものうい

marceō *2* marcēre, ――, ―― §108 **1.** しおれている，しぼむ，枯れている，なえている **2.** だらけている，活気(気力)を失う，なまけている，弱っている，疲れている marcentem (118.1) recreabis potorem cochlea (9f11) 酒を飲んで胃の弱っている人を，あなたはカタツムリで元気を回復せるるだろう

marcēscō *3* marcēscere, ――, ―― §109 [marceō] **1.** しおれ(てく)る，しぼんでくる **2.** 弱く(なってく)る，気力(活気)を失ってくる，だらけてくる，鈍くなる

marcidus *a.1.2* marcid-a, -um §50 [marceō] **1.** しおれた，しぼんだ，たれた，枯れた，くさった **2.** 弱った，衰弱した，消耗した **3.** 無気力の，だらけた

Mārcius *a.1.2* Mārci-a, -um §50 **1.** ローマの氏族名 **2.** Ancus Marcius ローマの第４代の王

Mārcus *m.* Mārcī *2* §13 ローマ人の個人名，略記 M.

mare *n.* maris *3* §20 **1.** 海 **2.** 海水，塩水 mare nostrum 地中海 mare caelo confundere (miscere) 海と空をごたまぜにする（自然の秩序を混乱させる）maria montisque polliceri 海と山

を約束する，法外な約束をする

margarīta *f.* margarītae *1* §11,
37 **-rītum** *n.* *2* §13 <μαργαρίτης
真珠

marginō *1* marginãre, -nãvī, -nãtum
§106 ［margō］ ふちをつける，わくには
める，ふちどる，囲む

margō *c.* marginis *3* §28 **1.** ふ
ち，へり，はし **2.** (家の)敷居，船べり，岸
(川，海)，(本の)余白 **3.** 国境，境界

maribus → mās

Marīca *f.* Marīcae *1* §11 La-
tium 地方の Liris 川のニンフ

marīnus *a.1.2* marīn-a, -um §50
［mare］ 海の ros marinus マンネンロウ

marīta *f.* marītae *1* §11
［marītus］ 妻

marītālis *a.3* marītāle §54
［marītus］ 夫婦の，結婚(上)の，夫の

marītimus *a.1.2* maritim-a, -um
§50 ［mare］ **1.** 海の，海岸の，海上の
2. 航海の，船の **3.** 海軍の，海戦の

marītō *1* marītāre, -tāvī, -tātum
§106 ［marītus］ **1.** 妻(夫)を与える，
結婚させる **2.** つがわせる(鳥など) **3.** 結び
つける，からませる(植物)

marītus *a.1.2* marīt-a, -um §50
1. 夫(妻)を持っている，結婚した **2.** 結婚
の，夫婦の，つがいの **3.** 結ばれた，からま
せた （名)**marītus** *m.* marītī *2*
§13 **1.** 夫 **2.** いいなずけ，婚約者 **3.** 牡，
雄(おす)

Marius *a.1.2* Mari-a, -um §50
1. ローマの氏族の名 **2.** C. Marius(107B.
C. の執政官)

marmor *n.* marmoris *3* §27
<μάρμαρος **1.** 大理石，石板，石材
2. 大理石粉末(薬剤，ブドウ酒の風味剤)
3. (大理石の製品)像，墓石，記念碑，里
程標，敷石，床石，家具 **4.** 海の静かに
輝く表面，海 nomen in marmore lectum
墓石に読まれる名前 lacrimas marmora
manant 像が涙を流している spumant
vada marmore verso (9f18) 海の表面
が櫂(かい)でかかれて水泡が立つ

marmoreus *a.1.2* marmore-a, -um

§50 ［marmor］ **1.** 大理石の，大理石
製の **2.** 大理石のような，大理石のように
光る，白い

Marō *m.* Marōnis §28 Vergilius
の異名，渾名(あだな)

Mārs *m.* Mārtis *3* §21 **1.** (神)
古くはイタリアの農耕神，後に戦争の神と
なる **2.** 戦争，戦闘 **3.** 武力，戦闘力，勇
気，闘魂，戦い方，戦術 **4.** 戦争の運命，
勝敗，勝運 **5.** 軍隊，兵力 Martem ac-
cendere cantu ラッパを吹いて闘魂を燃
え立たせる femineo Marte 女との戦いで
suo Marte cadunt 彼らは自分らだけの兵
力で戦って死ぬ

Marsyās (**-ya**) *m.* Marsyae *1*
§37 **1.** (神)サチュロス(山野の精)の一人
2. Maeander 川の支流

Mārtiālis *a.3* Mārtiāle §54
1. (形)Mars の **2.** (名)**Martiālis** *m.*
3 §21 ローマの寸鉄詩(epigramma)
詩人

Mārtius *a.1.2* Mārti-a, -um §50
1. Mars の，Campus Martius マールス
の野 mensis Martius 3 月 §184 **2.** 好戦
的な，戦の **3.** ローマの

mās (**-ă-** ?) *a.3* maris §55 **1.** 男
(性)の，雄の **2.** 男らしい，男性的な （名)
mās *m.* maris *3* §24 男(性)，
雄，牡

masculīnus *a.1.2* masculīn-a, -um
§50 ［masculus］ **1.** 男(性)の **2.** (文)
男性の

masculus *a.1.2* mascul-a, -um §50
［mās の小］ **1.** 男(性)の，雄の **2.** 男らし
い，勇敢な，力強い rusticorum mascu-
la militum proles 田舎育ちの兵士たちの
男性の子孫

massa (**mā-** ?) *f.* massae *1* §11
1. ぎっしりとつまった塊，積み重ね **2.** か
さ，大きさ，総量 **3.** 原料，鉱石の塊，太
古の混沌(天地創造の前の) atrae massa
picis 黒い瀝青の塊 lentis Cyclopes ful-
mina massis (9f5) cum properant キ
ュクロプスたちが熔けてやわらかくなった鉄
鉱石で雷光(いなずま)をいそいでつくってい
るとき

Massicus *a.1.2* Massic-a, -um §50
1. mons Massicus カンパーニアの山（ブドウ酒の名産地）**2.** mons Massicus の
3.（名）**Massicum（vinum）** *n.* *2*
§13 マッシクス酒

mastrūca *f.* mastrūcae *1* §11
羊のなめし皮の上着

matara *f.* matarae *1* §11 ＝
mataris *f.* mataris *3* §19 ［ケ］
ガリア人（風）の投げ槍

matella *f.* matellae *1* §11 ［matula の小］ 容器，室内用便器，しびん

māter *f.* mātris *3* §26 **1.** 母
（親），母性愛，母親らしい感情 **2.** 既婚婦人，刀自 **3.** 乳母 **4.** 母なる大地，母国，母市，祖国 **5.** 起源，根源 **6.** 女神たちのあだ名，尊称 philosophia mater omnium bene factorum あらゆる善行を生む（母なる）哲学

mātercula *f.* māterculae *1* §11
［māter の小］ 母親（親しみを示す語）

māteria *f.* māteriae *1* §11 ＝
māteriēs *f.* māteriēī *5* §34
［māter］ **1.** 木材，建築用材，角材 **2.** 材料，原料，資料，成分，要素，物質 **3.** 食物，滋養物，燃料 **4.** 題材，題目，主題 **5.** 原因，理由，機会，口実 **6.** 素質，才能，傾向 materiam invidiae（9d）dare
人から恨まれる口実（きっかけ）を与えること

māteriō *1* māteriāre, -āvī, -ātum
§106 ［māteria］ 木材で建てる

māterior *dep.1* māteriārī, §123(1)
［māteria］ 建築用材木をとってくる

māternus *a.1.2* mātern-a, -um
§50 ［māter］ 母親の，母親らしい，母方の

mātertera *f.* māterterae *1* §11
［māter］ 母の姉妹，母方のおば matertera magna 祖母の姉妹，大おば

mathēmaticus *a.1.2* mathēmatic-a,
-um §50 ＜μαθηματικός **1.** 算数の，幾何学の **2.** 占星術の （名）**mathēmatica**（ars）*f.* -ticae *1* §11 数学，占星術 **mathēmaticus** *m.* -ticī *2*
§13 数学者，占星術師

Mātrālia *n.pl.* Mātrālium *3* §20
［māter］ 6月11日の Mater Matuta
（曙，お産の女神）の祭り

mātricīda *c.* mātricīdae *1* §11
［māter, caedō］ 母親殺し

mātrimōnium *n.* mātrimōniī *2*
§13 ［māter］ 結婚，結婚生活 ei filiam suam in matrimonium dat 彼はその者に自分の娘を嫁にやる

mātrīmus *a.1.2* mātrīm-a, -um
§50 ［māter］ 生きている母を持っている

mātrōna *f.* mātrōnae *1* §11
［māter］ **1.** 既婚婦人 **2.** 社会的地位の高い婦人，貴婦人，刀自 **3.** ユーノー女神の称号 **4.** 妻

mātrōnālis *a.3* mātrōnāle §54
［mātrōna］ （既婚）婦人の，刀自の，貴婦人の，にふさわしい

matula *f.* matulae *1* §11 **1.** びん，つぼ，かめ **2.** 室内用便器，しびん **3.** 愚か者，とんま numquam ego te tam esse matulam credidi お前がこのように阿呆だとは思ってもいなかった

mātūrē 副 ［mātūrus §67(1)］ （比）
mātūrius （最）mātūrrime §68 **1.**
時宜を得て，折良く，都合よく **2.** 時期尚早に，予期していたより早く，すばやく biduo（9f13）maturius 二日も早く

mātūrēscō *3* mātūrēscere,
-mātūruī, —— §109 ［mātūrus］
1. 熟する，成熟する **2.** 仕上がる

mātūritās *f.* mātūritātis *3* §21
［mātūrus］ **1.** 成熟，円熟，十分な発達 **2.** 完成，絶頂，真っ盛り **3.** 好都合，適正な時期，収穫の時 **4.** 迅速 temporum maturitates 季節の盛り

mātūrō *1* mātūrāre, -rāvī, -rātum
§106 ［mātūrus］ **1.** 成熟させる，柔らかく甘くさせる，芳醇にさせる **2.** なし終える，よい折りに完成させる，急がせる，間に合わせる **3.**（自）急ぐ uva maturata 熟したブドウ maturato（完分・奪）opus est 急ぐ必要あり exercitum traducere
（118.4）maturavit 彼は軍隊を（川向こうへ）渡らせることを急いだ

mātūrus *a.1.2* mātūr-a, -um §50

（比）maturior （最)maturissimus
(maturrimus) **1.** 熟した, 成熟した, 十
分に成長した, 実った **2.** 円熟した, 仕上
がった, 円満な, 芳醇な **3.** 時宜にかなっ
た, 適齢期に達した **4.** 時宜尚早の, 時な
らぬ, 早すぎる, 早い maturae hiemes
早い冬 filia matura viro 夫を得るのに適
した娘 animi (9c6) maturus 思慮分別
のある人

Mātūta *f.* Mātūtae *1* §11 暁の
女神, 又, お産と成長の女神

mātūtīnus *a.1.2* mātūtīn-a, -um
§50 ［Mātūta］ 早朝の

Maurētania *f.* Maurētaniae §11
アフリカの西海岸地帯の国

Maurī *pl.m* Maurōrum *2* §13
Mauretānia の住民

Mausōlēum *n.* Mausōlēī *2* §13
1. 前四世紀の小アシアの Caria 王 Mau-
solus の有名な墓 **2.** 一般に壮麗な墓, 陵
(みささぎ), 霊廟(れいびょう)

maxilla *f.* maxillae *1* §11 ［māla
の小］ あご, (下)顎骨

maximē (**maxumē**) (**-ā-** ?) 副
［maximus §67］ §69 最高の程度ま
で, 最も, 非常に, 極めて, 特に, 主とし
て, なによりも先ず, せいぜい, まさしく,
丁度 **1.** (動と) huic legioni Caesar
propter virtutem confidebat maxime
カエサルはこの軍団兵を勇気のために格別
信頼していた **2.** (形と 64) res maxime
necessaria 最も必要なもの **3.** (名と)
quae ratio poetas, maximeque Ho-
merum impulit この考えが詩人たちをと
くにホメーロスを刺激した **4.** (数と) puer
ad annos maxime natus octo せいぜい
8 才ぐらいの少年 **5.** (*j.* や副と) maxime
... deinde 第一に, …次いで nunc maxi-
me 今まさに, 丁度今 hodie maxime と
くに今日 quom pugnabant maxime, ego
tum fugiebam maxime 彼らがまさに戦
っていたちょうどそのとき, 私は逃げ回って
いたのだ quam maxime (potest) できる
だけ, 力の限り, 最大限, この上なく ut
dicatis (116.6) quam maxime ad veri-
tatem accommodate 君たちができるだけ

真実にそって物を言うように **6.** (関代や相
関詞と) ut qui maxime = tam ... quam
qui maxime 最も…である人と同じく, 誰
にも劣らずに auspicia sortesque ut qui
maxime observant 彼らは誰にも劣らず
熱心に前兆やくじを重んじる **7.** (口語体)
duc me ad eam — maxime 私を彼女の
所へ連れて行け — よろしいとも(最も好ん
で, ぜひとも)

maximus (**maxumus**) *a.1.2* maxim-a,
-um §50 ［magnus の最］ **1.** 最も大
きい, 多い, 高い, 長い, 広い **2.** 最も程
度(地位, 価値, 重要性)の高い, 偉れた,
尊敬される, 顕著な, 有名な, 信頼される
3. 最も年上の (62) te semper maximi
(9c7) feci 私はあなたをいつも最も重んじ
た annales maximi Pontifex Maximus
の編纂する年代記

mazonomum *m.* mazonomī *2*
§13 ＜μαζονόμον （料理用の)広い深
皿

mē → egō

meātus *m.* meātūs *4* §31 ［meō］
1. 運動, 移動, 歩行, 進行 **2.** 進路, 水
路, 道

mēcastor 間 カストルに誓って

med → mē の古 → egō

meddix (**medix**) *m.* meddicis *3*
§21 オスキー族の長官の肩書

Mēdēa *f.* Mēdēae *1* §11 （神)魔
法使い, Colchis の王 Aeetes の娘

medēns *m.* medentis *3* §24
［medeor の現分］ 医者, 医師

medeor *dep.2* medērī, —— §123
(3) **1.** なおす, 治療する(与を, まれに対
をとる) **2.** 健康にする, 回復させる **3.** 和
らげる, 静める, 救う **4.** 慰める, 励ます
5. 矯正する, 修正(改正)する facillime
inopiae (9d1) frumentariae sese me-
deri posse existimavit 彼は食糧不足は
ごくたやすく救えると判断した medendis
(9f18) corporibus 体を治療すべきときに

Mēdī *m.pl.* Mēdōrum *2* §13 ア
ジアの大国, メーディアの住民 → **Mēdia**
f. Mēdiae *1* §11

mediastrīnus = **mediastīnus** (**-ā-** ?)

mēdica, mēdicē　468

m. mediastrīnī　*2*　§13　下僕, 下男 (最も低い身分の奴隷)

mēdica, mēdicē *f.* mēdicae *1* §11 ＜μηδική ムラサキウマゴヤシ

medicābilis *a.3* medicābile §54 ［medicō］ 治療しうる, 直すことのできる

medicāmen *n.* medicāminis *3* §28 ＝ **medicāmentum** *n.* -mentī *2* §13 ［medicō］ **1.** 医薬(品), 軟膏 **2.** 治療, 救済(手段) **3.** 化粧品, 美顔料 **4.** 染料 **5.** 肥料 **6.** 媚薬 **7.** 毒, 解毒剤

medicātus *a.1.2* medicāt-a, -um §50 ［medicōの完分］ 治療のききめのある, 直す力を持った

medicātus *m.* medicātūs *4* §31 ［medicō］ 魔力, まじない

medicīnus *a.1.2* medicīn-a, -um §50 ［medicus］ 治療法の, 医術の (名)**medicīna** (**ars**) *f.* -cīnae *1* §11 **1.** 医術, 治療術(方法) **2.** 調剤, 薬, 水薬 **3.** 医者(の家), 治療室 **4.** 救済 (治療)手段

medicō *1* medicāre, -cāvī, -cātum §106 ［medicus］ **1.** 直す, 治療する **2.** 薬で直す, 薬物をまぜる **3.** 香料をつめて死体を保存する **4.** 毒を飲ます **5.** 染める **6.** 矯正する

medicor *dep.1* medicārī, -cātus sum §123(1) ［medicus］ 直す, 治療する, 手当をする

medicus *a.1.2* medic-a, -um §50 ［medeor］ **1.** 治療の, 医学の **2.** 病気をなおす効力(薬効の)ある digitus ∼ 薬指 (名)**medicus** *m.* medicī *2* §13 医者

medietās *f.* medietātis *3* §21 ［medius］ **1.** 真ん中, 中央, 中間, 中心 **2.** 半分

medimnum (**-us**) *n.* medimnī *2* §13 ＜μέδιμνος 穀物を量るギリシアの単位, 1メディムノス＝6モディウス(198) (*pl.gen.*) medimnum *cf.* §13 注1

mediocris *a.3* mediocre §54 ［medius］ **1.** 中ぐらいの, ほどよい **2.** かなり小さい, ささいな, 価値(重要性)の低い **3.** 平凡な, 並みの, 平均の **4.** (地位・身分)の低い, 卑しい **5.** 中庸の, 公平な, 控え目な, 節度のある **6.** (否定詞と)目立った, 異常な, すぐれた

mediocritās *f.* mediocritātis *3* §21 ［mediocris］ **1.** 中くらいの大きさ(程度), 普通, 平均 **2.** 中ぐらいの能力, 平凡, 凡庸(ぼんよう) **3.** 両極端をさけた(かたよらない)中道, 中庸, 中正 aurea mediocritas 黄金の中庸

mediocriter 副 ［mediocris §67］ (比)mediocrius **1.** 普通に, ほどよく, 適度に **2.** 控え目に, 平静に, 節制して **3.** (否定詞と)度を越えて, 大いに, 非常に

meditātiō *f.* meditātiōnis *3* §28 ［meditor］ **1.** 熟考, 沈思, 観照, 反省 **2.** 計画, 考え, 思い **3.** 稽古, 練習, 準備 meditatio mortis (9c3) 死への準備, 死のけいこ

mediterrāneus *a.1.2* mediterrāne-a, -um §50 ［medius, terra］ **1.** 海岸から遠い, 内陸の **2.** 内陸産の, 内陸に住む

meditor *dep.1* meditārī, -tātus sum §123(1) **1.** 熟考する, 反省する, 沈思する, 観照する **2.** 思う, 考える, 計画する, 意図する, 研究する **3.** 準備する, 予習する, 練習する, けいこする, 実行する multos annos regnare (117.4) meditatus (118.4) 長い年月彼は支配することを考えたあげくに meditare (136) quibus verbis comprimas (116.10) いかなる言葉であなたは制御できるかを考えておけ

medium *n.* mediī *2* §13 ［mediusの中］ **1.** 真ん中, 中央, 中心部 **2.** 皆に近づける所, 公共の場, 世間, 日常生活, 一般社会, 皆の目にさらされている所, 舞台 **3.** 中間物, 中途半端な状態, 中庸, 平凡 verba e medio sumpta 公共の場からとられた言葉(日常・民衆語) in medium aliquid proferre あることを公にする(ばくろする) e medio excedere 死ぬ medio (9f1.ハ) tutissimus ibis 真ん中(中庸の道)を歩いていると一番安全でしょう medio (9f2) temporis そのうちに prima veniat (116.2) in medium Epicuri ratio 先ず皆の前にエピクーロスの教義を出頭させよう

medius *a.1.2* medi-a, -um §50 **1.** 中心(中央)に位置する, 中道の **2.** ふたつの端の間に位置する, 中間の, 仲介する, 分担する **3.** 中庸の, 中立の, 中年の **4.** 中くらいの, 平均の, 並みの medio in foro 広場の真ん中で media aestate 夏の盛りに nox media 真夜中 in media pace 深い平和のうちに non placuit Epicuro medium esse quiddam inter dolorem et voluptatem エピクーロスは苦痛と快楽の間に何かあるものが介在することを認めなかった pacis (9c13) eras mediusque belli あなたは平和にも戦争にも与(あずか)ってこられました

mēdius fidius → Fidius

medulla *f.* medullae *1* §11 **1.** 髄(ずい), 骨髄, 草木の芯(しん), 核 **2.** 心臓, 心の奥底 **3.** 心髄, 核心, 精粋, 本質 tu qui mihi (9d8) haeres in medullis 私の心の奥底に住みついているあなた

medullitus 副 [medulla] 髄から, 心の底から, 真心から

Mēdus *a.1.2* Mēd-a, -um §50 Media の

Medūsa *f.* Medūsae *1* §11 (神) Phorcys の娘で, 醜怪な顔, ヘビの髪, 見た人を石に変える目を持っていた

mefītis = **mephītis** *f.* mefītis *3* §19 地中からの有害な発散物(蒸気), 硫黄水(ガス)の蒸気(発散)

Megaera *f.* Megaerae *1* §11 (神) Erinys (復讐の女神)たちの一人

Megalē(n)sia *n.pl.* Megalēnsiōrum *2* §13 Magna Mater = Cybele の祭 (4月4日, 祝日)

Megalēnsis *a.3* Megalēnse §54 Cybele の

meherc(u)le, meherculēs → Herculēs

mēiō *3* mēiere, mīxī (minxī), mictum (minctum) §109 小便をする

mel *n.* mellis *3* §27 **1.** 蜂蜜 **2.** 心地よきもの, 甘い言葉 **3.** かわいい人, いとしい女 o melle (9f6) dulcior おお甘

い蜜よりもさらに甘いひとよ hoc juvat et melli (9d7) est (mihi) その(言葉)は有難いし蜜の如く心地よい

melancholicus *a.1.2* melancholic-a, -um §50 <μελαγχολικός (黒い胆汁によってひきおこされた)陰気な性格の, 憂うつ症の

melanurus *m.* melanurī *2* §§13, 38 <μελάνουρος 「黒い尾」海の魚

Meleager (-gros) *m.* Meleagrī *2* §§15, 38 (神) Calydon の王 Oeneus の息子

melicus *a.1.2* melic-a, -um §50 <μελικός **1.** 音楽的な, 調子のよい **2.** 抒情的な (名) **melicus** *m.* melicī *2* §13 抒情詩人

melilōtus (-tos) *f.* *2* §§13, 38 <μελίλωτος シナガワハギ(マメ科)

melimēla *n.pl.* melimēlōrum *2* §13 <μελίμηλα 蜜リンゴ

melior *a.3* melius §66 [bonus の比 §61] いっそう(より)立派な, 良い → **bonus** di meliora faxint! そんなことのないように, そんなことがあってたまるか tanto melior! でかした

melissophyllum (-llon) *n.* melissopyllī *2* §§13, 38 <μελισσόφυλλον セイヨウヤマハッカ, メリッサ(シソ科)

melius 形・副 **1.** bonus の比・中 §66 **2.** bene の比 いっそう(より)立派に, 上手に → **bene** di melius faciant! 神々が守らんことを

mellī, mellis → mel

mellifer *a.1.2* -fera, -ferum §51 [mel] 蜜(みつ)をつくる, 蜜をもたらす

mellītus *a.1.2* -ta, -tum §51 [最] mellītissimus [mel] 蜜(みつ)を含(ふく)んだ, 蜜で味つけした, 蜜のように甘(あま)い, おいしい

melos *n.* meleos *3* §41.10.d <μέλος = **melum** *n.* melī *2* §13 詩, 唱歌

Melpomenē *f.* Melpomenēs *1* §37 Musa たちの一人(悲劇の女神)

membrāna *f.* membrānae *1* §11 [membrum] **1.** (動物)膜, 羊膜

2. 膜皮, 果皮 **3.** 皮膚, 外皮 **4.** 羊皮紙 **5.** 蛇のぬけがら, 魚の浮き袋

membrānula *f.* membrānulae *1* §11 ［membrāna の小］ **1.** 小さい膜 **2.** 羊皮紙

membrātim 副 ［membrum］ **1.** 手足から手足へ, 手足ごと, 関節ごとに **2.** 一箇ずつ, めいめい, だんだんと **3.** 句の中に, 短い文で

membrum *n.* membrī *2* §13 **1.** 体の一部, 手足 **2.** 器官, 生殖器 **3.** 全体の一部, 一員 **4.** 部屋, 室 **5.** 句, 節

mēmet → egō, -met

meminī 不完 meminisse §161 **1.** 覚えている, 記憶している, 忘れていない, 思い出す **2.** 言及する（さまざまの構文）**1.** 対, 属(9c9), de＋奪をとる **2.** 間疑と **3.** 不, 不句と (117.4) **4.** cum（…したときを）memento de palla 外套を忘れるな cujus supra meminimus そのことについては先に言及した meministi, quanta hominum esset (116.10) admiratio 人々がどんなに驚嘆したかをあなたは覚えている memmi, cum mihi desipere videbare (112) あなたが正気を失ったように思われたときを私は思い出す

Memnōn *m.* Memnonis *3* §41.8c （神）Tithonus と Aurora の息子, Aethiopia の王

memor *a.3* memoris §55 **1.** 記憶している, 覚えている **2.** 恩義を感じている, 感謝の念を持っている **3.** 記憶力のよい, 思い出すことのできる **4.** 忘れ得ぬ, 記念の（さまざまの構文）**1.** 属(9c9) **2.** 不句, 不 **3.** 間疑をとる vive memor, quam sis (116.10) aevi(9c6) brevis 汝の命がいかに短いかを忘れないで生きろ memor Junonis ira ユーノーの忘れ難い（執念深い）怒り

memorābilis *a.3* memorābile §54 ［memorō］（比）memorabilior **1.** 記憶に値する, 記録されるべき, 忘れ難い **2.** 注目すべき, 有名な **3.** 話されるにふさわしい, 述べる価値のある, 本当らしい, 信じられる id facinus memorabile existumo sceleris novitate (9f12) その行為

は悪業の新奇さによって記録に価すると私は判断している

memorandus *a.1.2* memorand-a, -um §50 ［memorō の動形］ 述べられるに価する, 話されるにふさわしい, 注目すべき, 顕著な, 大切な

memorātus *a.1.2* memorāt-a, -um §50 ［memorō の完分］（最）memoratissimus 多く述べられている, 名高い, 忘れ難い

memoria *f.* memoriae *1* §11 ［memor］ **1.** 記憶力 **2.** 回想, 追憶, 思いで **3.** 記憶される限りの時代 **4.** 記憶にとどまる事件, 出来事 **5.** 歴史記述, 伝説, 伝統, 記録 **6.** 回想録, 覚書, 記念(碑) patrum nostrorum memoriā (9f2) 我々の父の時代に memoriae mandare 記憶する, 記録する (e) memoria exire 忘れられる omnium rerum memoria 世界史

memoriter 副 ［memor §67(2)］ **1.** 正確な回想によって, 正しい記憶から **2.** 記憶をたよりに, そらで覚えていて **3.** 正確に, 立派に

memorō *1* memorāre, -rāvī, -rātum §106 ［memor］ **1.** 思い出させる, 記憶によみがえらす **2.** 言及する, 告げる, 述べる, 言う **3.** 物語る, 報告する oppidi conditor (fuisse) Hercules memorabatur (117.6) その町の創建者はヘルクレースであったと語りつがれていた levia memoratu (120.3) 話すにも足らぬつまらないこと vocabula memorata priscis (9d11) 古代の人に用いられた言葉

Memphis *f.* Memphis *3* §39(イ) エジプトの首都

-men, -mentum *n.suf.* 動詞から具象名詞をつくる尾 agmen > agō flumen > fluō

mēna → maena

Menander (-dros) *m.* Menandrī *2* §§15, 38 ギリシアの喜劇詩人（前 4 世紀）

menda *f.* mendae *1* §11 **1.** 体の欠陥, きず **2.**（書き・言い）間違い, 過失

mendācium *n.* mendāciī *2* §13

[mendāx] **1.** 嘘, うそをつくこと, 虚偽, いつわり **2.** 虚構, 作り話 **3.** 幻覚, 幻影, にせもの calidum audivi esse optumum mendacium とっさに思いつかれた嘘が一番いいと私は聞いている

mendāx *a.3* mendācis §55 [mendum] (比)mendacior （最）mendacissimus **1.** うそつきの, 人をだます **2.** 真実性のない, にせの, 虚偽の, 見せかけの, あてにならない fundus mendax 期待にそむく農地 mendacem memorem esse oportere「嘘つきは記憶力がよくなくてはいけない」と cum mendaci homine (9d1) ne verum quidem dicenti (118.4) credere soleamus (116.7) 嘘つきが本当のことを言っていても, 我々は信頼しないのが常であるから si hujus rei (9c6) me mendacem esse inveneris もしお前さんがこのことに関して私がうそをついていると知ったなら

mendīcitās *f.* mendīcitātis *3* §21 [mendīcus] こじきの状態, 貧困

mendīcō *1* -dīcāre, -dīcāvī, -dīcātum §106 [mendīcus] 乞食をする, 施しを乞う

mendīcus *a.1.2* mendīc-a, -um §50 [mendum] （最）mendicissimus **1.** 赤貧の, 乞食同然の **2.** 貧しい, 卑しい (名)**mendīcus** *m.* mendīcī *2* §13 乞食 de mendico male meretur, qui ei dat, quod edit aut bibat (116.8) 乞食に食べたりあるいは飲むようなものを与える人は乞食に悪いことをしているのだ

mendōsē 副 [mendōsus §67(1)] （最）mendosissime あやまって, 間違って, 悪く, 不正確に

mendōsus *a.1.2* mendōs-a, -um §50 [mendum] (比)mendosior **1.** 過失(欠点)で一杯の **2.** 欠点のある, 過失のある, 正しくない, 間違った **3.** 間違いを犯し易い

mendum *n.* mendī *2* §13 **1.** 肉体上の欠陥, よごれ, きず **2.** 間違い, 過失, 欠点 rara mendo (9f16) facies caret 非の打ちどころのない顔はまれであろう

Menelāus *m.* Menelāī *2* §13 (神)Agamemnon の兄弟, Helene の夫

mēns *f.* mentis *3* §24 **A.** 知的活動のもと, 精神, 頭脳 **1.** 知性, 理性, 知能 **2.** 思考(力), 判断(力), 注意力, 記憶(力) **3.** 意見, 思慮分別, 考え **B.1.** 人格活動のもと, 心, 意思, 感情, 性格, 気持ち **2.** 意識, 良心, 道義の自覚 **3.** 勇気, 正気, 決心, 意図, 計画, 目的 mens animi 心の知的な働き ut ad bella suscipienda Gallorum promptus est animus, sic mollis ac minime resistens ad calamitates perferendas (121.3. 対) mens eorum est ガリア人の心は戦いを企てるのにせっちであるように(せっちなので)彼らの精神(意志)は逆境に耐え忍ぶのに薄弱で, ほとんど抵抗力を欠く tibi (9d8) in mentem non venit jubere 命令するということ(考え)があなたの頭に浮かばなかった captus mente (9f16) 我を忘れた(人), 正気を失った(人) verba, quae timido quoque possint (116.8) addere mentem 臆病者にすら勇気を加えることのできるような(激励の)言葉 orandum (147. ロ) est ut sit (116.6) mens sana in corpore sano どうか健全なる精神が健全なる肉体に宿りますようにと祈るべきだ(人が神に祈るべきことは唯一つ. 健全な精神と健全な肉体を与え給えと)

mēnsa *f.* mēnsae *1* §11 [metior の完分] **1.** 卓, 台 **2.** 食卓, 料理, 皿, コース **3.** 食事, 饗宴, 招待客 **4.** 神々・死者に捧げる供物台, 祭壇 **5.** 商人の売物台, 奴隷売壇 **6.** 銀行, 両替屋の勘定台 mensa secunda デザート(ブドウ酒と果物) apud (ad) mensam 食事中

mēnsārius *m.* mēnsāriī *2* §13 [mēnsa] **1.** 銀行家, 両替屋 **2.** 公金両替吏(=quinqueviri mensarii)

mēnsis *m.* mēnsis *3* §19 **1.** 月 **2.** (*pl.*)月経

mēnsor *m.* mēnsōris *3* §26 [mētior] **1.** 測(ᵇᵃᵏ)る人, 計算する人 **2.** (土地)測量士, 建築士

mēnstruus *a.1.2* mēnstru-a, -um §50 [mēnsis] **1.** 1月の, 毎月の **2.** 1ヶ月間つづく, 1ヶ月分の (名)**mēnstruum**

mēnsūra 472

n. -struī *2* §13 1ヶ月分の食糧
mēnstrua *n.pl.* *2* §13 月経
mēnsūra *1* mēnsūrae *1* §11
[mētior] **1.** 測定, 計量 **2.** 尺度, 量目,
寸法 **3.** 大きさ, 広さ, 長さ, あつさ, 幅,
度合 **4.** 容量, 容積, 力量, 音量(詩)
noscenda est mensura sui (73, 9c1) お
のれの力量を知るべきである
mēnsus → mētior
menta(**mentha**) *f.* mentae *1*
§11 <μίνθη ハッカ
mentiō *f.* mentiōnis *3* §28
[mēns, meminī] **1.** 言及, 思い出させ
ること **2.** 動議, 提案 alicujus mentionem
facere あることに言及する mentio illata
a tribunis 護民官の提出した動議
mentior *dep.4* mentīrī, mentītus
sum §§123(4), 125 **1.** うそをつく, い
つわりの約束をする **2.** ゆがめて伝える, 作
り話をする, 創作する **3.** よそおう, ふりを
する, まねる, 見せかける, 変装する **4.** い
つわる, だます, あざむく nox longa,
quibus (9d1) mentitur amica, videtur
恋人に裏切られる(恋人がだます)男たちに
とって夜は長く思える mentiris juvenem
tinctis capillis (9f18) お前さんは髪を染
めて若い女をよそおう
mentula *f.* mentulae *1* §11 男
根, 陰茎
mentum *n.* mentī *2* §13 あご
meō *1* meāre, -āvī, -ātum §106 動
く, 進む, 行く, すぎる, 流れる, 連行す
る
mephītis(**mefītis**) *f.* **1.** 地中からの
硫化水(蒸気, ガス)の発散 その神格化
merācus *a.1.2* merāc-a, -um §50
[merus] (比)merācior 水で割らない,
水で薄められていない, 生(き)の, 正味の
mercābilis *a.3* mercābile §54
[mercor] 買うことのできる, 金で買える
mercātor *m.* mercātōris *3* §26
[mercor] 商人, 貿易商
mercātūra *f.* mercātūrae *1* §11
[mercor] 商業, 売買, 取引, 貿易
mercātus *m.* mercātūs *4* §31
[mercor の完分] 市場, 定期的な市(いち)

mercēdula *f.* mercēdulae *1* §11
[mercēs の小] **1.** 少ない賃金, 報酬
2. とるにたらぬ収入
mercēnnārius (**-cĕn-** ?) *a.1.2*
mercēnnāri-a, -um §50 [mercēs]
賃金で傭われた, 金銭のために働く, 欲得
ずくの, 買収された liberalitas mercen-
naria 欲得ずくの気前の良さ (名)
mercēnnārius *m.* -nāriī *2* §13
日雇い労働者, 欲得ずくの人, 外人傭兵
mercēs *f.* mercēdis *3* §21
[merx] **1.** 報酬, 謝礼 **2.** 賃金, 給料
3. 賃貸料, 地代, 使用量 **4.** 値段, 支払
金額, 代価 **5.** 授業料, 科料, 罰金 **6.** わ
いろ, 悪銭 **7.** 商品 data merces est
erroris mei magna 私は自分の間違いに
大きな代価を支払った mercedes habita-
tionum annuae 一年分の家賃
mercor *dep.1* mercārī, mercātus
sum §§123(1), 125 [merx] **1.** 買
う, 購入する **2.** 商売する, 取り引きする
Mercurius *m.* Mercuriī *2* §13
(神)ギリシアの Hermes と同一視されてい
るローマの商売の神, また竪琴を発明した
と云われる (形)**Mercuriālis** *a.3*
-āle §54 Mercurius の, Mercurius
から特に愛された
merda *f.* merdae *1* §11 糞(くそ),
排泄物, 汚物
mereō *2* merēre, meruī, meritum
§108 =**mereor** *dep.2* merērī,
meritus sum §123(2) **1.** 賃金として
受け取る, 働いて金を得る **2.** かちとる, 招
く **3.** 受けるに価する, その権利を持つ(手
に入れる) bene (male) mereor de ～ ～
のため, ～対し, ほめられるに価する功績
をあげる(罰せられるに価する罪を犯す)
stipendia mereor (mereo) 兵士として
報酬を得る, 兵役に服する neu se optime
de communi libertate meritum (118.1)
hostibus dedant「そしてお前ら(彼ら)は
我々に共通の自由のために最も功績のあっ
た自分(私)を敵の手に渡さないように」(間
接話法) non minorem laudem exercitus
quam ipse imperator meritus (137)
videbatur 兵士たちがその将軍に劣らず称

賛に値したことは明らかであった solus appellari poeta meruit 彼が唯一人詩人と称されるに価した male de se mereri 自分自身に対しひどい仕打ちをする nec meruerant Graeci, cur deriperentur ギリシア人(の行為)は, 彼らの領土がもぎとられるのに価しなかった

meretrīcius *a.1.2* meretrīci-a, -um §50 [meretrix] 娼婦の, 娼婦らしい (名)**meretrīcium** *n.* -rīcii *2* §13 娼婦業, 淫売のかせぎ

meretrīcula *f.* meretrīculae *1* §11 [meretrīx の小] かわいい娼婦, あわれな(卑しい)娼婦

meretrīx *f.* meretrīcis *3* §21 [mereō] 遊女, 娼婦, 淫売婦

merges *f.* mergitis *3* §21 刈り取った麦の束

mergō *3* mergere, mersī, mersum §109 **1.** 水の中へ突っ込む, 投げ込む, ひたす, 沈める **2.**(地中へ)埋める, かくす **3.** はんらんさせる, のみ込む, 圧倒する, うちひしぐ, 破滅させる, おぼれさせる, 葬り去る **4.**(受)水の中にもぐる, 流れ込む, 水浴する, 水平線の下に沈む mersis (9f18) in corpore rostris (犬が)鼻面を(死)体の中に突っ込み caelum mergens sidera 星々を沈める(かくす)空 (=西空) vino (9f11) somnoque mersi 酒と眠りに圧倒された(人々), 酔いつぶれ眠りこけている(人々)

mergus *m.* mergī *2* §13 [mergō] 潜水鳥, カモメ?

merīdiānus *a.1.2* merīdiān-a, -um §50 [merīdiēs] **1.** 正午の, 真昼の **2.** 南の (名)**merīdiānus** *m.* 正午に試合をする剣闘士 -ī *m.pl.* 南国の人

merīdiēs *m.* merīdiēī *5* §§34, 35 (ロ) [medius, diēs] **1.** 正午, 真昼 **2.** 南

meritō 副 [meritum の奪 §9f19] (最)meritissimo 当然の報いとして, 功労に応じて, 正当に, 自然の結果として

meritō *1* meritāre, -tāvī, -tātum §106 [mereō] 習慣的に金をかせ, 兵士として給料を得る

meritōrius *a.1.2* meritōri-a, -um §50 [mereō] 賃貸しされた, 雇われた (名)**meritōria** *n.pl.* meritōriōrum *2* §13 貸家, 貸間

meritum *n.* meritī *2* §13 [mereō の完分] **1.** 正当な報酬, 返礼, 感謝 **2.** 賞賛, 好遇されるに価する行為, 功績, 手柄, 奉仕, 善行 **3.** ひどい仕打ちに価する行為, 罪過, 咎, 欠点 **4.** 価値, 長所, 正当性, 重要性 quae merita sunt adhuc et mea voluntate (9f12) et vestra ex spectatione leviora これらの (私が与える)報酬はまだ私の気持ちよりも君らの期待よりも少ないのである se eo gravius ferre, quo minus merito (9f15) populi Romani res accidissent (116.11) 「これらの事件はローマ国民の面目にとっていっそうふさわしくなかっただけに, それだけいっそうくやしく思っている」と nemo me accusavit meo merito (9f15) 今まで唯一人私を非難したものはいない, それも当然だ(私にはその資格があるのだから)

merops *m.* meropis *3* §41.7 < μέλοψ ハチクイドリ

mers = merx の古

mersī → mergō

mersō *1* mersāre, -sāvī, -sātum §106 [mergō] **1.** 水の中へさっとつける, ひたす **2.** 沈める, おぼれさす, おとしいれる

mersus → mergō

merula *f.* merulae *1* §11 **1.** クロウタドリ(ツグミ科の鳥) **2.** ベラ科の魚

merus *a.1.2* mer-a, -um §50 **1.** 純粋の, まじりけのない **2.** 水でうすめていない, 生(き)の **3.** 真実の, 本当の, 全くの, 徹底的な **4.** 単なる, のみ, だけ **5.** あらわな, 裸の (名)**merum** (*sc.*vinum) *2* §13 生酒 merum bellum loqui 戦争のことのみ話す amicos habet meras nugas 彼は友人としておどけ者ばかり持っている

merx *f.* mercis *3* §21 商品, 売り物, 品物, 取引 mala merx 悪い奴 proba merx facile emptorem reperit 良品に広告は不要

Mesopotamia *f.* Mesopotamia *1*
§11 Tigris と Euphrates の両川の間の
国(地方)

Messalina *f.* messalinae *1* §11
Claudius 帝の妃(きさき)

Messālīnus *m.* messālinī *2* §13
ローマの有名な家名

messis *f.* messis *3* §19 [metō²]
1. 刈り入れ，収穫 **2.** 収穫物，実った穀
物 **3.** 収穫期 quid messes uris, acerba,
tuas? なぜそなたはそなたの収穫物(育てた
恋人)を焼き捨てるのか，つれなき女よ

messor *m.* messōris *3* §26
[metō²] 刈り入れる人，収穫する人

messōrius *a.1.2* messōri-a, -um
§50 [messor] 刈り入れる人の，収穫
する人の

messuī → metō²

messus → metō²

-met 代名詞に付加された強調語尾
egomet memet verberavi このわしがわ
れとわが身を鞭打ったのだ

mēta *f.* mētae *1* §11 **1.** 円錐
(形)，角錐，円錐形に積み重ねられたもの
2. 戦車競走場の走路の両端の転回点(折
り返し点)を示す尖頭(形)柱 **3.** 天体の運
行路の転回点と終点 **4.** 境界，終点，限
界，目標 meta fervidis evitata rotis 烈
しく熱している車輪によって尖頭柱がさけ
られた(転回するとき尖頭柱にできるだけ近
くそして早く曲がるために車輪がきしむ) sol
ex aequo meta distabat utraque 太陽
が両側(東西)の転回点から等しい位置にあ
った，中天に(正午で)あった

metallum *n.* metallī *2* §13 <
μέταλλον **1.** 鉱山，石切場 **2.** 金属，鉱
物，採石場

metamorphōsis *f.* metamorphōsis
3 §40 変形，変身，化身

mētātor *m.* mētātōris *3* §26
[mētor] 境界を定める人，測量する人

mētātus → mētor

mētior *dep.4* mētīrī, mēnsus
(mētītus) sum §§123(4), 125 **1.** 長
さ・大きさ・量をはかる，確かめる，限界
を定める **2.** はかって分配する，配当する

3. 見積もる，評価する，判断する **4.** 進み
ながら距離をはかる，横断する，わたる
metiri se quemque (117.5) suo modulo
ac pede verum est (171) 各人自分の物
差しと足幅で自分をはかるのが正しい(分を
知ること)

mētō¹ *1* mētāre, mētāvī, mētātum
§106 =**mētor** *dep.1* mētārī,
mētātus sum §123(1) (長さ・広さな
どを)測る，測量する，測定する **2.** 区画す
る，境界を定める **3.** 野営する

mētō² *3* metere, messuī, messum
§109 **1.** 刈り入れる，収穫する，集める
2. 切りとる，むしりとる，刈りとる **3.** なぎ
倒す，屠殺する ut sementem feceris,
ita metes まいた種は刈らねばならぬ mihi
(9d11) istic nec seritur nec metitur そ
こで私は種をまきもしなければ刈りとりもし
ない(そんなことは私にはどうでもいい)

metuēns *a.3* metuentis §58
[metuō の現分] (比)metuentior **1.**
気づかっている，心配している，恐れてい
る，畏敬している

metuō *3* metuere, metuī, metūtum
§109 [metus] **1.** 恐れる，不安に思う，
気づかう，ひるむ，憂慮する，心配する
2. おそれうやまう，畏敬する (さまざまの
構文)対，与と，ab(de)＋奪と，不(117.4)，
不句(117.5)と，間疑と，metuo ne non＝
metuo ut …でないのを恐れる (116.6, 6e)
quem metuunt oderunt 人々は恐れてい
る人を憎む inopi metuens formica se-
nectae 蟻は食べ物の欠乏する老年を心配
して quid a nobis metuit? なぜ彼は我々
を恐れたのか ut sis vitalis, metuo 私は
お前が長生きできないのではと案じている
metuo ne morbus aggravescat 病気が
重くなるのではと心配している metuo quid
agam どうしたものかと案じている

metus *m.* metūs *4* §31 **1.** 恐れ，
恐怖心，心配，不安 **2.** 懸念，憂慮 **3.** 畏
敬(の念)，敬虔な恐れ ea res mihi (9d8)
est in metu そのことを私は心配している

meus 所代 mea, meum §72 私の，
私に属する o mi germane お，わが兄弟
よ mea tu 私のかわいいお前 puto esse

mīlvus

meum（9c12）, quid sentiam（116.10）, exponere（117.2）私の感じていることをつつみかくさずに述べることが私の義務と考える （名）**meī** *m.pl.* meōrum *2* §13 私の身内, 肉親, 友人 **mea** *n.pl.* meōrum *2* §13 私の財産 *cf.*§49

mī **1.** meus の *voc.sg.m.* **2.** mihi の詩形

mīca *f.* mīcae *1* §11 **1.** 微量, 穀粒, 粒, 小粒, パンくず, 切れはし **2.** 小さな食堂

micō *1* micāre, micuī, —— §106 **1.** 突然烈しく動く, 動きつづける, ぴくっとする, けいれんする, ふるえる, おののく, 鼓動する, 動悸がする **2.** 一瞬閃光を発する, ぱっと燃える, きらめく, ぎらつく, きらきら光る, ピカピカ輝く **3.** どっと吹き出す, ほとばしる **4.** お互いに指の数をあていして遊ぶ（じゃんけんをする）micat auribus（9f11）（馬は）耳をぴくっと動かす（耳をたてる）oculis（9f4）micat acribus ignis 眼光するどく, らんらんと燃える dignus est quicum in tenebris mices（116.8）彼はあなたが暗闇の中でもじゃんけんして遊べるような人だ（彼の言葉は信頼できる）

micuī → micō

Midās *m.* Midae *1* §37 （神）Phrygia の王, 手でさわるものすべてを黄金に変える力を Bacchus より授かった

migrātiō *f.* migrātiōnis *3* §28 ［migrō］ 住所の変更, 転居, 移転, 移動

migrō *1* migrāre, -rāvī, -rātum §106 **1.** 移転する, 住所を変える **2.** 移り変わる, 移動する, 去る, 離れる **3.**（他）動かす, おきかえる, 持ち去る, 変える **4.**（他）うまく逃れる, くぐる（法網を）ex（de）hac vita ～ 死ぬ

mihi → egō

mīles *m.*（*f.*）mīlitis *3* §21 **1.** 兵士, 兵卒, 従卒 **2.** 歩兵 **3.**（*pl.*）兵隊, 軍隊

mīliārium（**mīlli-**）*n.* mīliāriī *2* §13 ［mīlle］ 里程標

mīl(l)iārius *a.1.2* -āria, -ārium §50 ［mīlle］ **1.** 千の **2.** 千パッススの

3. 千リーブラの

mīlitāris *a.3* mīlitāre §54 ［mīles］ **1.** 兵士の, 戦争の, 軍隊の **2.** 軍事の, 軍隊奉公の（資格のある）**3.** 勇敢な, 実戦体験のある

mīlitia *f.* mīlitiae *1* §11 ［mīles］ **1.** 軍隊奉公, 兵役 **2.** 軍職, 兵隊 **3.** 戦争, 従軍体験（期間）, 陣中勤務 militae（地）=in mīlitia 戦時に, 戦争中, 戦場で（70 注）domi militiaeque 平時にも, 戦時にも, 内地でも外地でも

mīlitō *1* mīlitāre, -tāvī, -tātum §106 ［mīles］ **1.** 兵士である, 兵士として勤務する（している）, 軍務を遂行する **2.** 務めを果たす, 仕える, 奉仕する omne militabitur bellum ［a me］ 私はあらゆる戦いに参加するでしょう

milium *n.* miliī *2* §13 アワ（粟）の類

mīlle 数 単・形・名・無 **1.** 千（の）**2.** 無数（の） 複・名 **mīlia** *n.pl.* mīlium *3* §20 **1.** 千 **2.** 多数（数えられる名は複・属で）**3.** マイル（=mille passuum）mille（形）passus=mille（名）passuum（複・属）1 マイル §196 milia militum octo 8000 人の兵士 quot milia（9e8）fundus abest ab urbe? その土地は都から何マイル離れているか

mīllē(n)simus *a.1.2* mīllēsim-a, -um §50 ［mīlle］ 1000 番目の

mīlliārium → mīliārium

mīlliēns（**-ies**）副 §101 千度, 千回, 千倍

mīlliēs（**mīliēs, mīllīēns, mīliēns**）副 ［mīlle］ 1000 度, 回, 倍 millies sestertium（195.4）=milliens centena milia sestertium=100,000,000 sestertius

Miltiadēs *m.* Miltiadis *3* §42.1 アテーナイの有名な将軍

mīluīnus → mīlvīnus

mīluus → mīlvus

mīlvīnus *a.1.2* mīlvīn-a, -um §50 トビの, トビのような（貪欲な, 注意深い）

mīlvus *m.* mīlvī *2* §13 **1.** トビ（の類）**2.** ホウボウ（海の魚）dives arat

mīma 476

quantum non milvus errat（116.8）その金持ちはトビがその上を飛び回れないほど広大な農地を持っている（耕している）

mīma *f.* mīmae *1* §11 ［mīmus の *f.*］ ものまね劇の女役者

mīmicus *a.1.2* mīmic-a, -um §50 ＜μιμικός **1.** ものまね劇の，道化芝居の **2.** にせの，みせかけの

mīmula *f.* mīmulae *1* §11 ［mīma の小］ ものまね劇の女優

mīmus *m.* mīmī *2* §13 ＜μῖμος **1.** ものまね劇の（男）役者 **2.** 放埒な道化芝居，（日常生活の）ものまね劇 **3.** 見せかけ，にせもの

mina *f.* minae *1* §11 ＜μνᾶ **1.** 重量の単位（ギリシアの）1 ミナ＝100 ドラクマ＝431g **2.** 貨幣価値（ギリシアの）1 ミナの銀（mina argenti）＝100 ドラクマ＝（ローマ）1 デーナリウス（192），1 ミナの金＝5 ミナの銀（mina auri）

mināciter 副 ［mināx §67(2)］ （比）minacius 人をおどすようなやり方で，脅迫的に

minae *f.pl.* minārum *1* §§11, 46 **1.** おどし，脅迫 **2.** 警告のしるし，不吉な前兆

minanter 副 ＝**mināciter** ［mināns, minor の現分］

mināx *a.3* minācis §55 ［minor］（比）minacior （最）minacissimus **1.**（言動で）おどしている，人をおびやかすような，脅迫的な，威嚇的な **2.** 凶事の起こりそうな，不吉な，天気の荒れそうな te minaci pendentem（118.1）scopulo（9f4）上から襲いかかりそうな絶壁からぶら下がったお前を noctem minacem et in scelus erupturam（118.1. 未）悪事の突発しそうな不吉な夜を

Minerva *f.* Minervae *1* §11 **1.** ギリシアの Athena と同一視されるローマの技術・職人の女神 **2.** 糸を紡ぐ，あるいは織る職，仕事 **3.** 人間のもって生まれた能力，知能，理解力，眼識 pinguis（crassa）Minerva 鈍い，鈍重な（未熟な，粗野な）理解力，知能，眼識 homo omnis Minervae（9c5）多能・多才の男 ut si

sus Minervam doceat 豚がミネルウァに教えるようなもの（釈迦に説法）

mingō *3* mingere, minxī, minctum（mictum）§109 放尿する，小便をする

miniātulus *a.1.2* miniātul-a, -um §50 ［miniātus の小］ 小さい朱（色）の（写本の誤りのしるし）

miniātus *a.1.2* miniāt-a, -um §50 ［minium］ 辰砂（しんしゃ深紅色の鉱石）で赤く色付けされた，辰砂の色を持った，朱色の

minimē（minumē） 副・最 ［minimus §69］ 最も小さく，一番少なく，最も…でなく minime gentium 決して…でなく scis me minime esse blandum あなたには私が決してお世辞をいわない人とわかっている quam minime indecore できるだけふさわしく

minimus（minumus） 形・最 minim-a, -um §§61, 50 **1.**（数，量，価値など）最も少ない，小さい，ごく小さい，ごくささいな，低い，安い minimus natu（62）omnium 皆の中で一番年下の qua minima altitudo fluminis erat その川の一番浅かった所を **2.** 中・名・属・奪として（9f14, 9c7）voluptatem virtus minimi（9c7）facit 美徳は快楽をほとんど無視する

minister *a.1.2* ministr-a, -um §52 ［minus］ **1.** 従属する，奉仕する，仕える，助ける **2.** ～に（*gen.*9c13）仕える （名）

minister *m.* ministrī *2* §15 **1.** 奉公人，使用人，召使い，給仕 **2.** 下僕，臣下，従者 **3.** 助手，侍祭（祭司の助手）**4.** 手先，道具，共犯者 minister ales fulminis 電光＝雷神（Juppiter）の翼のある従者（ワシ）sit（116.2）anulus tuus, non minister alienae voluntatis, sed testis tuae お前の（保証）印を他人の意志の道具（従者）とせず，汝自身の意志の証人とせよ

ministerium *n.* ministeriī *2* §13 ［minister］ **1.** 召使い（奉公人）の役，働き **2.** 給仕，奉公，手伝い，世話 **3.** 勤務，仕事 **4.** 実行，遂行，行使 **5.** 手

段，道具 **6.** 支援，助力，貢献 **7.** 公奉人，助手，従者 ministerium obsidum restituendorum (121.3) 人質を返還する役

ministra *f.* ministrae *1* §11 [minister の*f.*] 女奉公人，女召使い，女助手，女の侍祭

ministrātor *m.* ministrātōris *3* §26 [ministrō] **1.** 給仕(食卓)係 **2.** 助言者，助力者

ministrō *1* ministrāre, -rāvī, -rātum §106 [minister] **1.** 仕える，奉仕する，付き添う，かしずく，つとめる **2.** 給仕する，酌をする，飲食をすすめる **3.** 供給する，備える，与える **4.** 処理する，とり扱う，あやつる velis ministrat 彼は帆に付き添う(帆を操縦する) Jovi bibere (117.2) ministrare ユーピテルに酌をする res omnes timide gelideque ministrat (老人は)万事をおじおじとひややかに処理する

minitābundus *a.1.2* minitābund-a, -um §50 [minitor] 威嚇的な，脅迫的な

minitor *dep.1* minitārī -tātus sum §123(1) **1.** (しばしば)おどす，おびやかす，脅迫する alicui aliqua re (又は aliquid) ある人をあることで脅かす plagas minitaris mihi あなたは私を鞭で打つとおどす [se] excisurum (117.5) urbem minitans 彼はその都を滅ぼしてやるとおどしながら

minium *n.* miniī *2* §13 **1.** 赤色絵の具の原料，辰砂 **2.** 赤色の顔料 **3.** 鮮紅色

minor *dep.1* minārī, minātus sum §§123(1), 125 [minae] **1.** おどす，脅迫する **2.** 危険がさしせまっている **3.** 自慢しつつ約束する，高言する alicui aliquam rem ある人をあるものでおどす minatur sese abire (117.5) 彼は立ち去るとおどす dic multa et pulchra minantem (118.2) vivere nec recte nec suaviter「多くの立派なことを高言しながら，私は不正で不快な暮らしをしている」と伝えてくれ

minor *a.3* minus §65 [parvus の比 §61] **1.** (高さ・大きさ・長さ・数・

量)いっそう小さい，少ない，短い，低い，軽い **2.** (地位・価値・能力・重要性)いっそう低い，劣った **3.** 年の少ない，若い minor triginta annis (9f13) natus 30 歳若い人 filia minor regis 王の(二人の娘の)次女 capitis (9c6) minor 市民権を奪われた人 tanto certare (117.3) minor 競争相手としてははるかに劣った人 (名)

minōrēs *m.pl.* *3* §§26, 65 若い世代，子孫 (名)**minus** *n.sg.* *3* §§65, 29 **1.** 価格の属として (9c7) **2.** より劣ったもの，より安いもの，少ないもの

Mīnōs *m.* Mīnōis *3* §§41, 10a (神)Creta 島の王，Pasiphae の夫

Mīnōtaurus *m.* Mīnōtaurī *2* §13 (神)牛頭人身の怪物

minuō *3* minuere, minuī, minūtum §109 [minus] **1.** (大きさ・長さ・数・量)減らす，少なくする，小さくする，短くする **2.** (価値・権威)低下させる，弱らせる，害する，落とす，制限する **3.** 粉々にする，やせおとろえさせる，削る minuenda est haec opinio この意見は反駁されるべきだ minuente aestu 潮が引いて majestatem rei publicae 〜 国家の尊厳を傷つける

minus 副・比 [minor の中・単・対 §9e13] §69 いっそう少なく，より小さく **A.** quam (atque) と共に **1.** minus dixi quam volui 私は欲していたより少ししか言わなかった qui peccas minus atque ego? どうしてお前の方が私よりも犯している罪が少ないだろうか **2.** paulo minus quam ほとんど同様に non (haud) minus quam と同じように paulo minus quam privatus egit 彼はほとんど一私人(無位無官の人)も同然に暮らしていた haec res non minus me male habet quam te このことはお前と同様私をも困らせている **B.** quam なしに **1.** cum habeas (116.7) plus, pauperiem metuas minus お前は以前より金持ちとなり，いっそう貧乏をおそれなくなったのだから **2.** minus minusque 次第に(だんだんと)…でなくなる mihi jam minus minusque obtemperat 奴は今頃私に対しだんだんと従わなくなっている

minusculus   478

3. plus minusve（否定詞と）より多くも
より少なくも，ともかく…でない ne quid
plus minusve faxit（fecerit の古）とも
かく彼に何もさせないようにせよ **4.** bis sex
ceciderunt me minus uno（9f13）私一
人少なく（私一人を除いて）12 人全部が死
んだ **5.** eo（quo）minus それだけいっそう
少なく quo tu minus scis aerumnas
meas それだけにいっそうお前は私のなやみ
を知らないのだ **6.**（強い否定）nihil minus
決してない（弱い否定）si quem meminis-
ti minus もしお前が彼を覚えていなければ
7. quo minus → quominus, nihilo min-
us → nihilominus

minusculus *a.1.2* minuscul-a, -um
§50 ［minor の小］ いくらか（多少）小さ
い，せまい，短い

minūtātim 副 ［minūtus］ **1.** 少しず
つ，次第に **2.** 一つ（一人）ずつ

minūtē 副 ［minūtus］（比）minūtius
（最）minūtissimē **1.** 小さくこなごなに，
ばらばらに **2.** みすぼらしく，けちなやり方
で **3.** こまごまと，きちょうめんに

minūtus *a.1.2* minūt-a, -um §50
［minuō の完分］（比）minutior（最）
minutissimus **1.** 小さい，短い，こまぎ
れの **2.** とるに足らぬ，意味のない **3.** 心の
小さい，卑しい

minxī → mingō

mīrābilis *a.3* mīrābile §54 ［mīror］
（比）mirabilior §53 驚くべき，不思議
な，注目すべき，著しい，異常な

mīrābiliter 副 §67(2)（比）mirabilius
おどろくべきやり方で，見事に，異常なほ
ど，（あきれるほど）すばらしく

mīrābundus *a.1.2* mīrābund-a, -um
§50 ［mīror］ 見ておどろいている，お
どろいてあやしむ

mīrāculum *n.* mīrāculī *2* §13
［mīror］ 驚嘆すべきもの（光景），奇蹟，
不思議なこと，驚異，非凡 mors ejus
majori miraculo（9d7）fuit 彼の死はい
っそう大きな驚嘆に価した

mīrandus *a.1.2* mīranda, -randum
§50 ［mīror の動形］ 驚嘆すべき，すば
らしい

mīrātor *m.* mīrātōris *3* §26
［mīror］ 賛美者

mīrātus → mīror

mīrē 副 ［mīrus §67(1)］ 驚くほど，
異常に

mīrificē 副 §67(1) 著しく，非常に
目立って

mīrificus *a.1.2* mīrific-a, -um §50
［mīrus, faciō］（最）mirificissimus 驚
嘆すべき，異常な，驚くほど立派な

mīror *dep.1* mīrārī, mīrātus sum
§§123(1), 125 ［mīrus］ **1.** 驚く，あき
れる，不思議に思う **2.** 仰天する，感嘆す
る **3.** 畏敬の念を抱く quae causa esset
（116.10）miratus（118.4）quaesiit その
原因はなにかと不思議に思って彼は尋ねた
quibus caelo te laudibus aequem
（116.4）? justitiaene（9c6）prius mirer
（te）? いかなる賛辞でもってあなたを天まで
持ちあげるべきか，先ず正義に関してあな
たを尊敬（賛嘆）すべきであろうか

mīrus *a.1.2* mīr-a, -um §50 （比）
mirior （最）mirissimus 不思議な,驚
くべき，異常な，著しい mirum in modum
＝miris modis 驚くほどに，異常な程に，
すっかり mirum gravitate（9f3）sopo-
rem おどろくほど深い昏睡状態へ mirum
dictu（120.3）話すにも不思議なこと mi-
rumst（171）lolio（9f11）victitare te お
前がドクムギを食べて生きているなんて不思
議だな mirum mihi videtur quomodo…
どうしてそうなのか私には不思議に思われ
る mirum（mira sunt）nisi… もし…でな
ければ不思議なことだ，疑いもなく…だ

miscellus *a.1.2* miscella, -cellum
§50 ［misceō］ 雑種のまざった，低級
の，劣等の

misceō (-ī- ?) *2* miscēre, miscuī,
mixtum（mistum）§108 **1.** 2つのも
のを混ぜる，あるものにあるものをまぜる
2. 結合させる，組み合わせる，からませる，
交換させる **3.** 一体にする，合併（融合）さ
せる，連合（同盟）させる **4.** かきまぜる，ま
ぜて作り出す，調合する **5.** 混乱させる，ひ
っくりかえす，もつらせる，紛糾させる，興
奮させる prius undis flamma miscebitur

missus

その前に水と火がまざってしまうだろう(そんなことは不可能) misce stultitiam consiliis brevem 賢慮にときたま頓馬をまぜなさい hederae praemia me miscent dis superis (詩人の)褒賞たるキヅタの葉冠が私を神々と一緒に天上に住ませてくれるのだ

miscuī → misceō

misellus *a.1.2* misell-a, -um §50 [miser の小] いかにも哀れな, みすぼらしい, 貧弱な, みじめな, 貧しい, 卑しい

miser *a.1.2* misera, miserum §51 (比)miserior (最)miserrimus §60 **1.** 哀れな, みじめな, かわいそうな, 不幸な **2.** 嘆かわしい, むごたらしい, 悲惨な **3.** 病気の, 貧しい, わずらわしい **4.** 悪い, 下劣な, 忌まわしい, あさましい miserarum (9c12) est neque amori dare ludum... また恋を自由に楽しめないのも哀れな女の性(§) estne hoc miserum memoratu (120.3)? これは語るも哀れなことではないか

miserābilis *a.3* miserābile §54 [miseror] (比)miserabilior **1.** 哀れむべき, 同情に価する, ふびんな **2.** 気の毒なほど貧弱な(下手な, 不十分な) **3.** なげかわしい, 卑しむべき

miserābiliter 副 [miserābilis §67 (2)] (比)miserabilius 人の同情をかきたてるように, 悲壮な調子で, あわれな様子で

miserandus *a.1.2* miserand-a, -um §50 [miseror の動形] **1.** 同情に価する, 哀れむべき **2.** なげかわしい, じつに残念な **3.** 気の毒なほど下手な, 実にひどい, みじめな

miserātiō *f.* miserātiōnis *3* §28 [miseror] **1.** 哀れみ, 同情 **2.** 悲嘆, 悲しみの表現, 同情に訴える文・言葉

miserātus → miseror

miserē 副 [miser §67(1)] (比)miserius (最)miserrime §§68, 60 **1.** あわれに, みじめに, 痛ましく, 気の毒に **2.** 気が狂うほど, 絶望的に, 激しく, 法外に, 必死に misere cupis abire あなたはなんとかして(私から)離れようと必死なのだ

misereor *dep.2* miserērī, miseritus sum =**misereō** *2* miserēre, miseruī, miseritum §§108, 123(2), 125 哀れむ, 同情する(dep.+gen.9c11) (非)§166 me miseret+gen. それ(属)が私に同情の念を起こさせる

miserēscō *3* miserēscere, ——, —— §109 [misereō] **1.** 同情する, あわれむ(属と, 9c11) **2.** (非)me miserescit+gen.(166) miserescite regis 王を哀れみ給え te miserescat (116.2) mei (たのむ)私を哀れんでくれよ

miseria *f.* miseriae *1* §11 [miser] 悲惨, 貧困, 災難, 不運, 逆境, 不安, 苦悩

misericordia *f.* misericordiae *1* §11 [misericors] 憐憫, 哀れみ深い心, 情け深い心, 同情, 慈悲心

misericors *a.3* misericordis §55 [miser, cor] (比)misericordior 心の優しい, 情け深い, 同情心のある

miseriter 副 [miser §67(2)] 人の同情を呼び寄せるように, ひどく嘆き悲しんで

miseritus → misereor

miseror *dep.1* miserārī, miserātus sum §§123(1), 125 [miser] **1.** 嘆く, 悲しむ **2.** 気の毒(不憫)に思う, あわれむ(対と)

mīsī → mittō

missilis *a.3* missile §54 [mittō] 投げ飛ばされる, 発射される **missile** *n.* missilis *3* §20 **1.** 飛び道具(矢, 石弾, 槍), 発射体 **2.** 劇場から民衆に投げられる贈り物

missiō missiōnis *3* §28 [mittō] **1.** (捕虜の)釈放, 解放 **2.** 兵役からの免除 **3.** 負傷した剣闘士への試合継続の猶予, 休息, 助命 **4.** 派遣, 発送 sine missione nascimur 我々は情け容赦なく戦うために生まれている

missitō *1* missitāre, -tāvī, -tātum §106 たびたび(習慣的に)送る, 派遣する

missus *m.* missūs *4* §31

missus　480

［mittō］ **1.** 発射, (槍)投げること **2.** 派遣, 送付 **3.** (競技場における)戦車の発走

missus → mittō

mītĕ 副 ［mītis §9e13］ (比)mitius (最)mitissime　おだやかに, 優しく, 親しく

mītēscō（**mītīscō**）3　mītēscere, ——, —— §109 ［mītis］ **1.** (果実)柔らかく甘くなる, 熟する **2.** (気候)和らいでくる, ゆるむ, 静まる **3.** (動物)馴れてくる, 大人しくなる, 従順になる, (性格・感情)温和, おだやかになる **4.** なだらかになる nemo adeo ferus est, ut non mitescere possit やさしくなり得ないほどそれほど非人間的(非情)な人は一人もいない

mītificō 1　-ficāre, -ficāvī, -ficātum §106 ［mītis+faciō］ 甘く熟させる, やさしく(柔和に)する

mītigō 1　mītigāre, -gāvī, -gātum §106 ［mītis］ **1.** (果実を)柔らかくし汁を多く甘くする, 熟させる, (一般的に)やわらかにする **2.** 和らげる, 静める, なぐさめる, 和解させる **3.** 馴らす, おだやかにする te aetas mitigabit 時があなたを穏やかな人柄に変えるでしょう silvestrem flammis et ferro mitiget agrum 林地を焼き払い鋤で耕して農地を開墾するだろう

mītis a.3　mīte §54 (比)mitior (最)mitissimus **1.** (果物)甘い, 熟した, 果汁の多い **2.** (酒)芳醇な **3.** おだやかな, 優しい, 親切な, 慈悲深い mitis sum fustibus 私の体は鞭打たれてやわらかに熟している nunc ego mitibus mutare (117.4) quaero tristia 今こそ私は(かつての)辛口(つれなき詩)を甘口(やさしい詩)でとりかえたいと思う paenitentiae (9d) mitior 改心(した者)にはいっそう寛大な

mītīscō → mītēscō

mitra f.　mitrae 1 §11　顎(あご)の下でしばられる東洋風の(婦人)頭飾り

mittō 3　mittere, mīsī, missum §109 **1.** 送り出す, 遣わす, 届ける, 呈上する **2.** 言葉を発する, 命じる, 伝える, うたをうたう **3.** 行かせる, 去らせる, 解放する, 解雇する, 解任する, 散開させる **4.** 投げる, 放つ, 発する, とばす, ゆるめ

る, 出血させる, つき落とす, つき倒す **5.** 放棄する, 捨てる, 断念する, やめる, 無視する, 荒れる **6.** 生じる, 産出する, 輸出する **7.** 準備する, 用意する misit qui diceret (116.6a) 彼は言うための人を送った Attico misit quid ageret (116.10) 彼はアッティクスに何をすべきかを手紙で命じた mittin (＝mittisne) me intro? 私を中へ入れてくれないのか misso ad vesperum senatu (9f18) 夕方に元老院が解散して tanta repente caelo missa vis aquae dicitur ut… 突然大量の水が天から落ちてきたのでその結果…といわれている mitte leves spes あてにならない希望は捨ててしまえ mitte male loqui (117.4) 悪口を言うのはやめよ ～ aedes sub titulum 広告を出して家を競売にかける missos faciant (116.2) honores 彼らは官職(立候補)を断念すべきだ ～ corpus saltu (9f11) ad terram 大地へ飛びおりる

mītulus m.　mītulī 2 §13　イガイ

mixtus → misceō

mnēmosynum n.　mnēmosynī 2 §§13, 38 ＜μνημόσυνον　記念品, 形見

mōbilis a.3　mōbile §54 (比)mobilior (最)mobilissimus **1.** 動きの早い, すばやい, 敏捷な, 速い, 活発な **2.** 動かし易い, しなやかな, 柔らかい **3.** 変わり易い, 気まぐれな, 浮気な puncto mobilis horae 時の一刹那に mobilis aetas 体のしなやかな年齢 in consiliis capiendis (121.3) mobiles 決議するにあたって気まぐれな(人たち)

mōbilitās f.　mōbilitātis 3 §21 ［mōbilis］ **1.** すばしこい動作, 機敏, 迅速 **2.** 変り易い性質, 気まぐれ

mōbiliter 副 ［mōbilis §67(2)］ (比)mobilius **1.** 敏捷に, すばやく, 積極的に **2.** 気まぐれに

moderābilis a.3　moderābile §54 ［moderor］ 制御され得る, 抑制(節制)された, 節度ある, 温和な

moderāmen n.　moderāminis 3 §28 ［moderor］ **1.** 制御(指導)の手段 **2.** 舵 **3.** 制御, 支配, 管理, 政府

moderātē 副 ［moderātus §67(1)］
(比)moderatius (最)moderatissime
控え目に，中庸を保って，おだやかに，適
度に

moderātiō *f.* moderātiōnis *3*
§28 ［moderor］ **1.** 制御，抑制，統制
2. 自制，節制，控え目，中庸，穏健，寛
容 **3.** 統制，支配，管理，指導，政治
4. 調節，緩和，調和，適度

moderātor *m.* moderātōris *3*
§26 ［moderor］ **1.** 案内人，操縦者，
制御(調節，抑制)する人 **2.** 支配者，指
導者，管理者

moderātrīx *f.* moderātrīcis *3*
§21 ［moderātor］ **1.** 女性の指導者，
支配者 **2.** 制御(抑制・調節)する女性

moderātus *a.1.2* moderāt-a,-um §50
［moderor の完分］ (比)moderatior
(最)moderatissimus **1.** 節度のある，中
庸を得た，控え目の，抑制された **2.** 分別
のある，賢明な，平静な，穏健な

moderor *dep.1* moderārī, moderātus
sum §§123(1), 125 ［modus］ **1.** 案
内する，導く，指導する **2.** 支配(管理)す
る，操縦する，調節する，制御する，抑制
する，適度に保つ **3.** 和らげる，ゆるめる，
おだやかにする **4.** (自，与と)制御を課す，
行きすぎを抑制する res rusticas non
ratio neque labor, sed res incertissi-
mae, venti tempestatesque moderan-
tur 農事を支配するのは人間の配慮でも労
働でもなく，風雨や気候といった最も不確
かなものである tuus dolor moderandus
(140, 147. ロ) est お前の苦悩は抑制され
るべきだ moderari uxoribus (9f16) 妻
を操縦すること

modestia *f.* modestiae *1* §11
［modestus］ **1.** 抑制，自制，克己，中
庸 **2.** 慎み深さ，謙虚，時宜に叶った言動，
端正，礼儀正しさ **3.** 上品，貞淑，羞恥
心，廉恥心 **4.** 気取らぬこと，内気，遠慮
5. 温和，穏やかな性格，態度 **6.** 規律，秩
序の尊重，服従，従順

modestus *a.1.2* modest-a,-um
§50 ［modus］ (比)modestior (最)
modestissimus **1.** 中庸を得た，節制し

た，控え目の，おだやかな **2.** 規律正しい，
訓練された **3.** 上品な，貞淑な，慎み深い，
気取らない，謙遜した **modestē** 副
§67(1) (比)modestius (最)modestis-
sime 抑制して，適度に，慎み深く，控
え目に

modicē 副 ［modicus §67(1)］ **1.** 適
度に，ほどほどに，中位に，普通に，相応
に **2.** 控え目に，抑制して，公平に **3.** 落
ち着いて，おだやかに，静かに dolorem
modice ferre 苦痛を平静に耐えること

modicus *a.1.2* modic-a, -um §50
［modus］ **1.** ほどよい，適度な，中くらい
の，平均の，平凡な **2.** 控え目の，抑制さ
れた，節度ある，中庸を得た **3.** おだやか
な，穏健な，思慮深い，慎重な **4.** 目立た
ない，とるに足らぬ，小さい，安い，少な
い，質素な Graecis (9d6) hoc modicum
est ギリシア人にこれ(例)はあまり多くない
rem pateris (126) modicam 君も皆と変
わらぬ運命に耐えているのだ

modificō *1* -ficāre, -ficāvī, -ficātum
§106 = modificor, modificārī *dep.1*
§123(1) 規則通りに作る，仕上げる，制
限する，調節する

modius *n.* modiī *2* §13 ［modus］
(*gen.pl.*modiorum 又は modium (14.1))
1. 標準の測定容器(原器)，ます **2.** 穀量
の単位 §198 pleno modio 多量に，たっ
ぷりと dicitur multos modios (117.5)
salis simul edendos (121.1) esse, ut
amicitiae munus expletum sit (116.6)
友情の務めを果たすには沢山の塩を友と一
緒に食べねばならぬ(長い交際が必要)と言
われている

modo (-dō) 副 ［modus の *abl.*§9f19］
A. ただ，だけ，単に，のみ **1.** unum modo
一つだけ modo fac, ne quid aliud cures
(116.2) お前は他のことはなにも心配する
な，それだけでいい **2.** modo (ut)＋接 …
でさえあればいい，…という条件で，もし…
であれば manent ingenia senibus, modo
permaneat industria 老人になっても才
能はありつづける，ただし根気が長つづき
するならばの話 **3.** 関代 modo＋接(又は
直) 少しでも…ならば philosophus, in quo

modulātor 482

modo esset auctoritas いささかでも権威のある哲学者は quos clientes nemo habere velit, non modo illorum cliens esse 彼らを子分に持ちたいと思う人はいないだろう, いわんや彼らの子分になりたい人はいない **4.** non modo...sed (verum) etiam …のみならずまた non modo ceteri, sed tu ipse 他の者ばかりでなくお前自身も **B.** (時)**1.** ちょうど今, たった今, 今しがた, さっき, すぐに, やがて domum modo ibo 今から家に帰る **2.** modo...modo あるときは…又あるときは, あるいは, あるいは modo ait, modo negat 彼は今肯定したと思うともう否定している

modulātor *m.* modulātōris *3* §26 [modulor] 作曲家, 音楽隊

modulātus *a.1.2* modulāt-a, -um §50 [modulor の完了分] (比)modulatior (最)modulatissimus 旋律の美しい, 韻律のととのった, 調子のととのった, 音楽的な **modulātē** *副* §67(1) 調子よく, 韻律(拍子)に従って, 音楽的に

modulor *dep.1* modulārī, modulātus sum §123(1) [modulus] **1.** 旋律法に従って音を調節する, 作曲する, 歌をうたう **2.** 韻律法に従って詩(散文)を作る **3.** 楽器で美しい旋律を奏でる, 楽器を演奏する **4.** 測る, 調節する barbite, Lesbio primum modulate civi (9d11) はじめにレスボスの市民によって美しく奏でられた竪琴よ virgines sonum vocis pulsu (9f11) pedum modulantes (118.1) 足踏みの律動に合わせて歌をうたっている処女たち

modulus *m.* modulī *2* §13 [modus の小] **1.** 度量, 寸法の単位, 寸法, ものさし **2.** 律動の基礎である時の単位, 拍子, 旋律, 韻律, 合間 ab imo ad summum homo moduli bipedalis (9c5) 足のうらから頭の天辺まで2フィートの寸法の男

modus *m.* modī *2* §13 **1.** 測られた量, 分量, 大きさ, 広さ, 長さ, 数 **2.** 適度な, 正しい量, 制限, 限界, 規律, 規範 **3.** 適度, 中庸, 節制, 調和, 均斉 **4.** 様式, 仕方, 方法, 手段, 種類 **5.** 拍子, 律動, リズム, メロディ **6.** (文)態 est

modus in rebus, sunt certi denique fines, quos ultra citraque nequit consistere rectum ものには限度がある, つまり一定の境界がある, その向こう側にもこちら側にも, 正道はあり得ない bono modo 正直に, 適正に omni modo あらゆる方法で nullo modo 決して…でない ad hunc modum このようにして in ejus modi (9c5) casu そのような状況の中で

moecha *f.* moechae *1* §§11, 37 <μοιχή 姦婦, 娼婦

moechor *dep.1* moechārī, -chātus sum §123(1) 姦通する, 不義を犯す

moechus *m.* moechī *2* §§11, 38 <μοιχός 姦夫

moenia *n.pl.* moenium *3* §20 [*cf.*mūniō, mūrus] **1.** 町の防御壁, 城壁 **2.** 防御壁で囲まれた町, 城市 efficimus pro opibus nostra moenia 我々は資力に応じて城壁をつくる(カニは甲に似せて穴を掘る)

moereō, moeror → maer-

moerus *1* moerī *2* §13 [murus の古]

mola *f.* molae *1* §11 [molō] **1.** ひき臼, 石うす **2.** (*pl.*)製粉所 **3.** 犠牲式で生贄の頭にふりかけられる荒挽(ウ)きの大麦と塩のまぜもの(=mola salsa)

molāris *m.* molāris *3* §19 [mola] **1.** 石うすのような大きな丸い石 **2.** 臼歯(ｷ)

mōlēs *f.* mōlis *3* §19 **1.** 大きなかたまり, 大勢の人の集団, 多数, 多量 **2.** 大きな兵力, 勢力, 重量 **3.** 重圧, 重荷, 大きな負担, 苦難, 労苦, 企て **4.** 巨大なもの, 巨岩, 岩礁, 大きな構築物, 突堤, 堰, 防波堤, 土手, 大仕掛けの攻略(攻城)用機械, 装置 tantae molis (9c12) erat Romanam condere (117.1) gentem ローマの民族の礎を築くことはかくも大きな苦難の業であった

molestē *副* [molestus §67(1)] (比)molestius (最)molestissime 苦労して, やっとの思いで, いやな気持ちで moleste ferre (pati) やっとの思いで耐える, いらだっている, 迷惑している molestissime fero quod te ubi visurus (143) sim (116.10) nescio どこでお前と会えるのか，わからなくて私は非常に困っている

molestia *f.* molestiae *1* §11 [molestus] **1.** 苦悩，心痛，不安，不快，いらだち **2.** 悩みのたね，面倒なこと，厄介な，わずらわしいもの(人) sine molestiā tuā あなたを困らせることなしに fasces habent molestiam 儀鉞(ぎえつ)が厄介な問題をひきおこしている

molestus *a.1.2* molest-a, -um §50 (比)molestior (最)molestissimus **1.** うるさい，厄介な，面倒な **2.** 不快な，気にさわる，いらだたしい **3.** わざとらしい，不自然な ausculta paucis (9d1) nisi molestum est もしいやでなければ少し聞いてくれ tunica molesta 火刑囚の着る燃え易い衣服

mōlīmentum *n.* mōlīmentī *2* §13 ＝**mōlīmen** *n.* mōlīminis *n.* §28 [mōlior] **1.** 大変な努力，奮発，熱意，尽力 **2.** 困難な(大きな)企て，そのための労苦，骨折り **3.** 尊大，勿体ぶること

mōlior *dep.4* mōlīrī, mōlītus sum §§123(4), 125 [mōlēs] **1.** 大事(難事)を骨折り全力を尽くして動かす，前進させる，築き上げる，作り上げる，完成させる **2.** 建築する，創作する，実現させる **3.** 計画する，引きうける，着手する，たくらむ **4.** 動かす，ふり回す，飛ばす，投げる **5.** (自)努力する,骨折って道を開く cur sublime moliar (116.4) atrium どうして私が骨折って豪壮な大広間など建てるだろうか num montes moliri sede (9f7) sua paramus? 我々はまさか山をその位置から動かそうとしているのではあるまいね vos redire molientem (118.2) reppulistis 帰ろうと努めていたのにお前らは追い返したのだ viden (＝videsne) ut misere moliuntur? お前には見えないのか，彼らが哀れにもどんなに一生懸命なのかが

mōlītiō *f.* mōlītiōnis *3* §28 [mōlior] **1.** 建てること，組み立てること **2.** 装置，仕掛，設計，工夫 **3.** 移動させること，除去，動かすこと **4.** 工作，努力，苦労

mōlītor *m.* mōlītōris *3* §26 [mōlior] **1.** 建てる人，建造する人，作る人 **2.** 工夫する人，設計する人，企てる人，謀る人

mōlitus → molō

mōlītus → mōlior

mollēscō *3* mollēscere, ──, ── §109 [mollis] **1.** 柔らかくなる，柔軟となる **2.** おだやかになる，やさしくなる **3.** 柔弱になる

molliculus *a.1.2* mollicul-a, -um §50 [mollis の小] **1.** 柔らかい，やさしい，おいしい **2.** いくらかめめしい

molliō *4* mollīre, -llīvī(-lliī), -llītum §111 [mollis] **1.** 柔らかくする，やわらげる，しなやかにする，柔軟にする **2.** おだやかにする，ほどよくする，軟化させる，我慢しやすくする **3.** 静める，弱める，軽減する，緩和する **4.** 柔弱にする，女々しくする **5.** 馴らす，大人しくさせる，従順にする mollit humum foliis 彼は葉(のふしど)で土地をやわらかくする lacrimae meorum me molliunt 私の家族の者の涙が私の気力をくじく

mollis *a.3* molle §54 (比)mollior (最)mollissimus **1.** 柔らかい，柔軟な，しなやかな **2.** なだらかな，ゆるやかな，なめらかな **3.** 柔和な，優しい，思いやりのある，温和な，おだやかな **4.** 弱い，柔弱な，もろい **5.** 大人しい，従順な，人の言いなりになる **6.** 臆病な，女々しい **7.** 好色の，みだらな **8.** 好都合な，速成し易い，幸せな **9.** 甘い，おいしい mollissima fandi (119.2) tempora 話すのに最も都合の良い時 me molli bracchio objurgas あなたは手加減を加えて私を叱っている mollis versus 恋の詩

molliter 副 [mollis §67(2)] (比)mollitius (最)mollitissime **1.** 柔軟に，しなやかに **2.** おだやかに，やさしく，親切に，快く，静かに，平静に **3.** 臆病に，女々しく，弱々しく，無気力に，遊惰(ゆうだ)に,だらけて quod ferendum (121.1) est molliter sapienti (9d11) そのことを賢人は平静に耐えるべきだ molliter sustine me 私をやさしく支えてくれ

mollitia 484

mollitia *f.* mollitiae *1* §11 =
mollitiēs *f.* mollitiēī *5* §34
1. 柔軟性, 柔和, 優しさ, 従順, 温和,
なごやか **2.** 柔弱, かよわさ, 女々しさ, 臆
病 **3.** 感受性, せんさい **4.** 深い情愛, 放
縦, 贅沢 **5.** 無気力, 意志薄弱

mollitūdō *f.* mollitūdinis *3* §28
［mollis］ **1.** 柔軟性, しなやかさ, 順応
性 **2.** 柔和, 従順, やさしさ, 温和, 寛大
3. 柔弱, 女々しさ

mollītus → molliō

molō *3* molere, moluī, molitum
§109 ひきうすで砕いて粉にする

moluī → molō

mōly *n.* mōlyos *3* §39(ロ) <
μῶλυ 呪(まじ)・魔法を無効とする伝説上
の薬草

mōmentum *n.* mōmentī *2* §13
［mōveō］ **1.** 天秤を動かす力, 重み, 働
き, 衝動, 圧力 **2.** 自らの重みで周囲のも
のを動かすもの, 浮き沈みをきめるもの, 決
定的な影響力, 重要性, 作用, 原因, 危
機的な段階, 価値 **3.** (目のうごき)瞬間,
時の流れ, 小さな空間, 小量, 小部分 hoc
pugnae tempus magnum attulit nostris
ad salutem momentum この戦闘の時間
が我々を救うのに大きな影響力を与えた
momento (9f2) fit cinis, diu silva 長い
間かかってできる林は瞬時にして灰となる
astra sua momenta sustentant 星は自
らの動き(運行)を支えている sol cotidie
ex alio caeli momento quam pridie
oritur 太陽は毎日前日昇った所からほんの
わずか離れた空の部分より昇る

momordī → mordeō

monēdula *f.* monēdulae *1* §11
コクマルガラス, (俗名)コガラス non plus
aurum tibi quam monedulae commit-
tebant 彼らがお前に黄金をあずけたのはコ
ガラスにあずけたも同然だ

moneō *2* monēre, monuī, monitum
§108 **1.** 思いださせる, 気づかせる, 注
意してやる **2.** 忠告する, すすめる, 警告
する, 告げる memorem mones 覚えてい
る者にあなたは注意している(無駄なこと)
illos monuit ut ex sua amicitia omnia

expectarent 彼は彼らに忠告した, 自分
の友情からすべてのものを期待せよと

monēris *f.* monēris *3* §§19, 39
(イ) <μονήρης 一つの櫂に一人の漕ぎ
手の船

Monēta *f.* Monētae *1* §11
［moneō］ **1.** Mūsa たちの母 **2.** Jūnō の
添え名 **3.** Jūnō Moneta の神殿で貨幣が
鋳造された → **4.moneta**＝(イ)造幣所
(ロ)貨幣, 金(きん)(ハ)鋳型, 極印

monētālis *a.3* monētāle §54
［monēta］ 造幣所の, 金の (名)
monētālis *m.* *3* §19 金満家

monīle *n.* monīlis *3* §20 **1.** (女,
子供, 馬などの)首飾り **2.** (pl.)宝石, 装
身具

moniment- → monument-

monita *n.pl.* monitōrum *2* §13
［moneō の完分］ 忠告, 警告, 戒め, 訓
戒

monitiō *f.* monitiōnis *3* §28
［moneō］ 忠告すること, 警告, 勧告,
注意

monitor *m.* monitōris *3* §26
［moneō］ **1.** 忠告する人, 示唆する人,
思い出させる人 **2.** 相談役, 訓戒者, 家庭
教師, 教師 **3.** 客・面会人の名を主人に
告げる奴隷(秘書)

monitus *m.* monitūs *4* §31
［moneō の完分］ **1.** 勧告, 忠告, 記憶
を呼び戻すこと, 警告 **2.** 神々の予告, 命
令, 神託

Monoecus *m.* Monoecī *2* §13
Hercules の異名

monogrammus *a.1.2* monogra-
mm-a, -um §50 <μονογράμματος
1. 一本の線で描かれた, 輪郭を描写され
た **2.** 実体のない, うつろな

monopodium *n.* monopodiī *2*
§13 <μονοπόδιον 一本足の(食)卓,
高台

mōns *m.* montis *3* §24 山, 山
脈, 山のようなもの, 多量 montis (pl.
acc.) auri polliceri 黄金の山を約束する
(法外な約束)

mōnstrātor *m.* mōnstrātōris *3*

mordāciter

§26 ［mōnstrō］ **1.** 案内人，先導者 **2.** 教示(展示)する人，考案する人，発明者，ひろめる人

mōnstrō *1* mōnstrāre, -rāvī, -rātum §106 ［mōnstrum］ **1.** 示す，見せる，教える，指示する **2.** 実例で示す，説明する，知らせる，宣伝する **3.** 指令する，指図する，命ずる，指名する **4.** 忠告する，暗示する，もらす res gestae quo scribi possent (116.10) numero, monstravit Homerus 英雄の業績がいかなる韻律によって書かれるかを教示したのがホメーロスだ inulas ego primus amaras monstravi incoquere (117.4) にがいオオグルマの煮(て食べ)る方法を教えたのが私が最初だ monstratas excitat aras 彼は指示された(通りに)祭壇を建てる monstror digito praetereuntium (118.2. *pl.gen.*) 私は道ですれ違う人から指さされ名をあげられるのだ(有名なのだ)

mōnstrum *n.* mōnstrī *2* §13 ［moneō］ **1.** なにかの前兆とされる(神々の警告の)不自然な現象，出来事，不吉な前兆，天変地異，奇蹟 **2.** 恐怖・戦慄を与える奇怪な形姿，怪物，巨人，巨獣 **3.** ぞっとするほどいやな人間，極悪非道な人間 injecta monstris Terra dolet suis (9f11) 大地はおのれの息子たる巨人(ギガース)たちを投げつけられて苦しむ

mōnstruōsus *a.1.2* mōnstruōs-a, -um §50 (比)monstruosior (最)monstruosissimus **1.** 不吉な，縁起の悪い **2.** 驚くべき，不自然な，奇怪な，異常な

montānus *a.1.2* montān-a, -um §50 ［mōns］ 山の，山の多い，山で暮らしている

monticola *c.* monticolae *1* §11 ［mōns, colō］ 山岳地帯の住民

montuōsus *a.1.2* montuōs-a, -um §50 ［mōns］ 山の多い，山に生えている

monuī → moneō

monumentum（**monim-**） *n.* monumentī *2* §13 ［moneō］ **1.** 人・事件を記念して建てた公共の像，

建物，碑 **2.** 墓石，墓標 **3.** かたみ，記念品 **4.** 公文書，記録，歴史，文学作品 exegi monumentum aere perennius 銅像よりも長く残る記念碑(詩)を建て終えた

mora[1] *f.* morae *1* §11 **1.** おくれ，遅刻，延期，猶予 **2.** 休止，中止，合間 **3.** (時の)持続，ぐずぐずしていること，滞在 **4.** 妨害，障害，邪魔，制止 inferre nullam moram ad insequendum (119.4) 追撃に一刻の猶予もおかない nulla mora est quin eam uxorem ducam (116.6) すぐにも彼女と結婚したい quae tantae tenuere morae? どんなに大きな邪魔が(お前を)引き止めていたのか

mora[2] *f.* morae *1* §11 ＜μόρα スパルタ軍の歩兵の編成単位

mōrālis *a.3* mōrāle §54 ［mōs］ 道徳，倫理に関する

morātor *m.* morātōris *3* §26 ［moror］ **1.** おくらせる人，邪魔をする人 **2.** ぐずぐずする人，のらくら暮らす人，ためらう人 **3.** (時間をかせぐだけの)いんちき弁護士，三百代言

mōrātus *a.1.2* mōrāt-a, -um §50 ［mōs］ **1.** の性質(性状)を持った，の状態である **2.** に育てられた，しつけられた **3.** 行儀のよい，上品な，やさしい，洗練された morata recte puella しつけの正しい娘 ita haec morata est janua この戸はそのような性質をもっている male moratus venter 悪く生まれついた(貪欲な)胃袋 recte morata fabula 登場人物の性格が立派に描写されている劇

morbōsus *a.1.2* morbōs-a, -um §50 ［morbus］ **1.** 病気にかかり易い，不健康な，病身の **2.** 病的に好色な，淫らな情念でやつれ果てた **3.** 熱心な，のぼせた，夢中の

morbus *m.* morbī *2* §13 **1.** 病気，病弱 **2.** 心の病，傷心，苦悩，気ふさぎ **3.** 精神(意志)の弱さ，悪徳，肉欲 senectus ipsa est morbus 老年それ自体が病だ animi morbi sunt cupiditates immensae 異常な欲望は心の病気

mordāciter 副 ［mordāx §67(2)］ (比)mordacius 鋭く，ひどく

mordāx *a.3* ｍｏｒｄāｃｉｓ §55 ［ｍｏｒｄｅō］（比）mordacior （最）mordacissimus **1.** かみつくくせのある，がみがみ言う，口やかましい **2.** 刺すような，辛らつな，鋭い，皮肉な **3.** 辛(から)い，しぶい，つんとくる **4.** 嚙む，さいなむ，苦しめる

mordeō *2* ｍｏｒｄēｒｅ，ｍｏｍｏｒｄī，morsum §108 **1.** かむ，かみつく，かじる，食べる **2.** ちくりと刺す，くいつく **3.** せめさいなむ，不安にさせる，困らせる **4.** いためる，枯れさせる **5.** 辛辣に批評する，こきおろす **6.** 浸食する，腐食する **7.** かたくにぎる，つかむ，はさむ matutina parum cautos jam frigora mordent もう朝方の冷気が十分に用心をしていない人の肌を刺す procubuit moriens et humum semel ore momordit 彼は倒れて死に，それっきり口で土をかんでいるのだ（物を言わなくなる）rura quae Liris quietā mordet aquā リーリス川が静かな流れで(岸を)洗っている田園地帯 fibula mordet vestem 留め金が着物をしっかりとはさむ

mordicus 副 ［ｍｏｒｄｅō］ **1.** 歯でもって，かんで **2.** 歯をくいしばって，強情に，頑固に，しっかりと auriculam fortasse mordicus abstulisset おそらく彼は耳を嚙みちぎっていただろう

mōrēs → mōs

morētum *n.* moretī *2* §13 刻んだ薬味用植物とチーズの料理(皿)

moribundus *a.1.2* moribund-a, -um §50 ［morior］ **1.** 死にかかった，死に瀕している，危篤の **2.** 衰退しつつある，半死半生の **3.** 死すべき，死を免れられない，致命的な

mōrigeror *dep.1* mōrigerārī, -gerātus sum §123(1) = **mōrigerō** *1* -gerāre, ──, ── §106 ［mōrigerus］ 人の願いに応じる，意に従う，聞き入れる，ゆずる，調子を合わせる，満足させる，きげんをとる si adulescenti (9d1) esses morigeratus あなたがもしその若者のきげんをとっていたのなら

mōrigerus *a.1.2* mōri-gera, -gerum §50 ［mōs, gerō］ **1.** 人の願いを入れる，従順な，すなおな **2.** 世話ずきの，人の面倒をよく見る，親切な **3.** 甘い，寛大な bene morigerus fuit puer その者は小さい頃よく人の意に従っていた ut tibi (9d13) morigerus hodie fui！今日はあなたのために私がどんなに世話をやいたことか

morior *dep.3* morī, mortuus sum, moritūrus §§123(3), 125 **1.** 死ぬ **2.** 枯れ死する，消え失せる mori Musa vetat virum laude dignum 詩の女神は栄誉に価する人(英雄)の死を禁じる

morīrī = morī の古 → morior

moritūrus → morior

moror *dep.1* morārī, morātus sum §§123(1), 125 **A.**（他）**1.** おくらせる，待たせる，とどめておく **2.** 進行を妨げる，邪魔をする，制止する **3.** 人の注意をとどめておく，人をしばっておく **B.**（自）**1.**（長く）逗留する，どどまる，手間どる **2.** ちゅうちょする，ためらう，ぐずぐずする，おくれる，怠ける ne multis morer (116.6)（多くの言葉で手間どらないように）手短に言うと morantem diem mero fregi （退屈で）中々暮れない日を生酒で短くした nihil (non) morari aliquem ある人への訴訟を取り下げる nihil morari aliquid 又は不句（イ）反対しない，異議をとなえない（ロ）好まない nihil moror eos salvos esse 彼らの命を助けることに私は異存はない vina nihil moror illius orae あの地方の酒を私は好まない erat novitate morandus (140, 147. イ) spectator 観客を新奇な趣向で客席にずっととどめておくべきであった

mōrōsitās *f.* mōrōsitātis *3* §21 ［mōrōsus］ **1.** 不機嫌，無愛想，気難しいこと **2.** 狭量，頑固，我がまま

mōrōsus *a.1.2* mōrōs-a, -um §50 ［mōs］（比）morosior **1.** 気難しい，やかましい，がみがみ言う，不平の多い，あらさがしをする **2.** 気骨の折れる，頑固な，不機嫌な，狭量な **mōrōsē** 副 §67 (1)（最）morosissime 不機嫌に，陰気に，口やかましく

Morpheūs *m.* Morpheī *3* §42.3 夢の神

mōtus

mors *f.* mortis *3* §24 **1.** 死，死去，終末，消滅 **2.** 死体，殺害の血 **3.** 死に神 mortem obire 死ぬ pallida mors aequo pulsat pede pauperum tabernas regumque turres 蒼白の死に神は貧乏人の賤(せ)が屋をも王侯の玉楼をも平等に訪れて，(「迎えに来たぞ，出てこい」と)その扉を足蹴にする

morsus *m.* morsūs *4* §31 [mordeō の完分] **1.** かむこと，歯で傷をつけること，咬み傷 **2.** 歯でかみ切ること，一切れ，食物，食うこと **3.** 歯でつかむこと，留め金，錨(いか)でしっかりとつかまえること **4.** からい味，舌をさす味，骨を刺す，(しんらつな)言動，中傷，悪意ある攻撃 **5.** 激しい苦痛，責め苦 zonam morsu tenebit 彼は胴巻を歯で咬んではなさないだろう non istic mea commoda quisquam odio obscuro morsuque venenat そこでは誰も私の快適な生活を見て，陰険な憎しみや嫉妬の歯でかみ(蛇の如く)毒液をしみこませる人はいないのだ

mortālis *a.3* mortāle §54 [mors] (比)mortalior **1.** 死すべき，死を免れられない **2.** 人間の，人間的な，現世の **3.** いつか滅びる，うつろいやすい，束の間の (名)**mortālis** *c. 3* §19 人間，魂 **mortālia** *n.pl. 3* §20 人間的なもの，人間の運命 nil mortale loquar (116.1) 滅びる運命の詩句など決して語り(作り)たくない nil sine magno vita labore dedit mortalibus 人生は大きな努力なしに何も人間に与えなかった(与えない，格言の完)

mortālitās *f.* mortālitātis *3* §21 [mortālis] **1.** 死すべき運命，人間の条件，存在，弱さ **2.** 人間，人類 **3.** 無常，はかないこと，束の間の現世(この世)

mortārium *n.* mortāriī *2* §13 乳鉢，臼(うす)

mortifer (**-ferus**) *a.1.2* mortifera, -ferum §51 [mors, ferō] 死をもたらす，致命的な，死すべき

mortuus *a.1.2* mortu-a, -um §50 [morior の完分] **1.** 死んだ，死者の **2.** 失神した，生気のない **3.** 枯れた，すた

れた (名)**mortuus** *m. 2* §13 死人，地界の人，あの世の人 mortuus tibi sum 私はお前に対し死んでいる(耳をかさない) verba fiunt mortuo その言葉は死者になされている(無駄なことだ)

mōrum *n.* mōrī *2* §13 **1.** クワの実，黒イチゴ **2.** イチジク

mōrus *f.* mōrī *2* §13 注3 クワの木

mōrus *a.1.2* mōr-a, -um §50 < μωρός 愚かな

mōs *m.* mōris *3* §29 **1.** 意志，我意，欲望，気まぐれ **2.** (個人の)生き方，性格，個性，主義 **3.** 世間(社会・一定の地域)に支配的な習慣，風俗，慣例，規則 **4.** 道徳的な善悪，宗教的儀式に関する先祖からの伝統的な考え方，しきたり mos majorum 伝来の習慣，美風良俗，悪習，常習 sine more 習慣に反して，無法に，常軌を逸して more (in morem, de more) 習慣として，伝統的なやり方で more (in morem)＋*gen.* …のやり方で，流儀で，…のように more ferarum けものように morem gerere＋*dat.* …の意志に自分の行動を合わせる，他人に調子を合わせる sine me in hac re gerere mihi morem このことに関しては私の好きな通りにさせてくれ ut homo est, ita morem geras 彼も人間なんだから，あなたは彼に調子を合わせるべきだ(世間に順応せよ) abeunt studia in mores 習(なら)性となる suis fortuna cuique (9d8) fingitur moribus 各人の運命はそれぞれの個性によってつくられる mos または moris est (*cf.*171, 9c12) …が習慣である

mōtiō *f.* mōtiōnis *3* §28 [mōveō] 動き，運動，動作

mōtō *1* mōtāre, mōtāvī, mōtātum §106 しきりに動かす，ゆすぶる，ゆるがす

mōtus *m.* mōtūs *4* §31 [moveō の完分] **1.** うごき，運動 **2.** (自然界)変化，運行(星)，進行，地震 **3.** (社会・政治的)運動，変動，政変，暴動，不安 **4.** (身体)身ぶり，しぐさ，挙動，立居振舞，踊り **5.** (心・感情・感覚)感動，高

movens 488

ぶり, 突発, 激情, 動機, 反感, 動揺, 衝動 **6.** 策動, 煽動 **7.** (修)ひゆ, あや

movens *a.3* moventis §58 [moveō の現分] 動く所の, 休まない, 活動的な, 動かす res moventes 動産

moveō *2* movēre, mōvī, mōtum §108 **1.** 動かす, 移す, 変える **2.** ゆすぶる, ふるわせる, かきたてる, (弦楽器)かきならす **3.** おいたてる, 遠ざける, 追放する, 解雇する **4.** 強いる, 無理に…させる, かりたてる **5.** 刺激する, そそのかす, 誘発する, 呼び起こす **6.** (社会)不安を与える, 混乱させる, 秩序を攪乱する **7.** 気持ちを動かす, 感動させる, 影響を与える, (泣き・笑い)生ぜしめる, 起こさせる, 興奮させる, 思索する **8.** (自)地震がある castra ex eo loco movent 彼らはその所から陣営を引き払う vis aestus omnium corpora movit 夏の猛暑が全員の体を苦しめた multa movens (118.4) animo あれこれと思案して(したあげくに) quo minus dimicare vellet (116.8), movebatur 彼は戦いを断念するように強いられていた

mox 副 **1.** (未来)やがて, そのうち, 間もなく, いつか **2.** (過去)そのあとですぐ, それから, 次に **3.** (位置・程度・評価)次に, 次位に, 続いて quam mox あとどれだけの間に, いかに(どれくらい)早く intenti quam mox signum daretur (116.6f) (彼らは)合図のあるのをいまかいまかと待っていた fugati, mox intra vallum compulsi postremo… 彼らは撃退され, 次いで城壁の中へ追い込まれ, 遂に…

mūcidus *a.1.2* -cida, -cidum §50 [mūcus] **1.** 鼻水をたらした **2.** かびの生えた, かびくさい

mucrō (-ū- ?) *m.* mucrōnis *3* §28 **1.** とがり, 先端, 先鋒 **2.** 剣先 **3.** 刀, 剣, 白刃

mūcus *m.* mūcī *2* §13 鼻水, 粘液

mūgil *m.* mūgilis *3* §26 (灰青色の)ボラ

mūgilō *1* mūgilāre §106 (野性のロバ)がいななく

mūgiō *4* mūgīre, -gīvī (-giī), -gītum

§111 **1.** もうと鳴く **2.** ほえる, うなる **3.** 大声でどなる, どなりちらす **4.** ごろごろと鳴る, とどろく, 鳴りひびく Garganum mugire putes nemus ガルガーヌスの(山林)がうなっているとあなたは思うだろう tibi mugiet ille sophos 彼は「うまい」とどなりちらすだろう

mūgītus *m.* mūgītūs *4* §31 [mūgiō] **1.** もうもうと鳴くこと, なき声, うなること, 咆哮, うなり声 **2.** 大声でどなること, 怒号 **3.** とどろきわたること, 鳴動, 轟音

mūla *f.* mūlae *1* §11 [mūlus] 雌ラバ sane, cum mula pepererit たしかにそうなるだろう, ラバが子を生んだときには(ラバはめったに子を生まなかった)

mulceō *2* mulcēre, mulsī, (mulsum) §108 **1.** かるく手でふれる, そっとなでる, さする, やさしく動かす **2.** 愛撫する, なめる, なだめる, 慰める **3.** 苦痛を軽くする, 和らげる **4.** 喜ばす, 魅了する aura mulcet rosas そよ風がバラにやさしくふれる

Mulciber *m.* Mulciberī (-beris) *2* §15 **1.** (神)Vulcanus の異名 **2.** 火

mulcō *1* mulcāre, -cāvī, -cātum §106 **1.** 手荒に取り扱う, なぐったりけったりして痛めつける, 殴打する, いじめる, 虐待する **2.** 打ち破る, やっつける **3.** (船などに)を傷つける, 台なしにする

mulcta → multa : **mulctō** → multō

mulctra *f.* mulctrae *1* §11 = **mulctrum** mulctrī *2* §13 [mulgeō] 乳しぼり用おけ

mulgeō *2* mulgēre, mulsī, mulsum §108 乳をしぼる

muliebris *a.3* muliebre §54 [mulier] **1.** 女(性)の, 婦人の **2.** 女性的な, 女性固有の **3.** 女のような, めめしい (名)**muliebria** *n.pl.* muliebrium *3* §20 女性の恥部

muliebriter 副 [muliebris §67(2)] **1.** 女(性)らしく, 女にふさわしく, 女のように **2.** めめしく, 柔弱に

mulier *f.* mulieris *3* §26 女, 婦人, 既婚婦人 pudica mulier juvet domum 貞女は家事を助ける

mulierārius *a.1.2* mulierāri-a, -um §50 ［mulier］ 女に役立つ

muliercula *f.* mulierculae *1* §11 ［mulier の小］ （小さな，弱い，おろかな）女

mūliō *m.* mūliōnis *3* §28 ［mūlus］ ラバ追い，馬丁

mūliōnius *a.1.2* mūliōni-a, -um §50 ［mūliō］ ラバ曳きの

mullus *m.* mullī *2* §13 ヒメジ（魚）

mulsī → mulceō, mulgeō

mulsum *n.* mulsī *2* §13 ［mulsus］ ブドウ酒に蜜をまぜた飲物

mulsus *a.1.2* muls-a, -um §50 ［mel］ **1.** 蜜をまぜた **2.** 蜜のように甘い

multa *f.* multae *1* §11 財産没収の罰，罰金，刑罰

multātīcius *a.1.2* multātīci-a, -um §50 ［multa］ 罰金として取り立てられた，罰金の

multātiō *f.* multātiōnis *3* §28 ［multō］ 罰金を課すこと

multicavus *a.1.2* multicav-a, -um §50 ［multus, cavus］ 沢山の穴を持った，穴の多い

multifāriam 副 多くの場所で，あちこちで *cf.* bifāriam

multifidus *a.1.2* multifid-a, -um §50 ［multus, findō］ 多くの部分に裂けた，割れた，分けられた

multifōrmis *a.3* multifōrme §54 ［multus, fōrma］ 多くの違った形，姿，面，様子を持った，変化に富む

multijugis *a.3* multijuge §54 = **multijugus** *a.1.2* -juga, -jugum §50 ［multus jugum］ **1.** 多く（の牛・馬）が一緒に軛（くびき）につながれた，多頭立ての **2.** 多種多様な

multimodīs 副 =multīs modīs (9f11) 多くの方法で，多種多様なやり方で

multiplex *a.3* multi-plicis §55 ［multus, plicō］ **1.** 多くの折り目，ひだ，しわをつくっている，多くのねじれ，ひねりをもった **2.** 多層の，複雑な，多種多様の

3. 多義の，多方面の，多芸の **4.** 大きな，沢山の，広い lorica ～ 多様な鎖細工の胴よろい domus ～ 迷宮

multiplicātiō *f.* multiplicātiōnis *3* §28 ［multiplicō］ **1.** （数量の）増加,増殖 **2.** 掛け算，乗法

multiplicō *1* multiplicāre, -cāvī, -cātum §106 ［multiplex］ （数・量・広さを）ふやす

multitūdō *f.* multitūdinis *3* §28 ［multus］ **1.** 多数，多量 **2.** 大勢, 群衆，烏合の衆，大衆

multivolus *a.1.2* multivol-a, -um §50 ［multus, volō］ 多くを欲求する，多情の，好色の

multō *1* multāre, -tāvī, -tātum §106 ［multa］ 罰する（奪と, 9f11）agris ～ 農地没収で罰する exsilio ～ 追放刑に処す

multō 副 ［multum の abl. §9f19］ はるかに，断然，大いに，非情に，たいそう，とても **1.** (比，最と)enitescis pulchrior multo そなたははるかに美しく輝いてあらわれる lux multo gratissima 大そう有難い日 **2.** (副と)multo aliter ac sperarat (114 注 3) 彼が望んでいたのとは大いにちがって

multum 副 (比)plus （最)plurimum §69 大いに，たいそう，非常に，しばしば，はるかに **1.** (動と)sudet multum 彼は大いに汗を流すだろう **2.** (形と)multum diversa 非常に違ったもの **3.** (比と)= multō

multus *a.1.2* mult-a, -um §50 （比）plus （最)plurimus §61 **A.** (複)**1.** 多くの，沢山の **2.** (名)**multī** *m.pl.* *2* §13 大勢の人 **3.** (名)**multa** *n.pl.* 沢山のもの，多言 quid multa? なぜ多言を要するか，要するに **B.** (単)**1.** (数，詩的)多くの avis multa 多くの鳥 **2.** (量)多量の，豊かな，一杯の multa carne 多量の肉 **3.** (空間)広い，大きい multa pars 大部分 **4.** (時間)(遠く)進んだ，深い，おそい，早い ad multam noctem 夜がふけるまで multo die 白昼に multo mane 朝早く multa pax 深い平和 **5.** (度合)強烈

mūlus 490

な，熱心な，しつような，ひんぱんな，長っ
たらしい，価値の重い，大切な homo
multus et odiosus 耐え難い饒舌家 mul-
ti Lydia nominis (9c5) 有名なリュディア
multa vita 有意義な人生

mūlus *m.* mūlī 2 §13 ラバ mu-
tuum mulī scabunt ラバはお互いに(背中
を)かき合う(魚心あれば水心) mule, nihil
sentis 頓馬よ，お前は何もわかっていない

mundānus *m.* mundānī 2 §13
[mundus²] 世界市民，世界人

mundē 副 [mundus §67(1)] きれい
に，手ぎわよく，適切に，的確(ﾃｷｶｸ)に，優
美な表現で

munditia *f.* munditiae 1 §11
=**mundities** *f.* munditiēī 5 §34
1. きれいさっぱりとしていること，清潔，潔
白 2. (外見・服飾・趣味・文体)優美，
洗練，上品 cui (9d) flavam religas
comam, simplex munditiis ? (9f12) 清
楚で天真なそなたよ，誰のためにその金髪
を頭の後ろで結んでいるのか

mundus¹ (**mundum**) *m.(n.)* mundī
2 §13, 44 1. 婦人の化粧道具，装飾
品 2. 道具

mundus² *m.* mundī 2 §13 1.
天，蒼穹，空 2. 宇宙，世界，地球 3. こ
の世，人類

mundus *a.1.2* mund-a, -um §50
1. きれいな，清潔な，純粋の，汚れなき
2. (外観・作法・趣味・言葉)優美な，洗
練された，上品な，愛らしい，しつけのよ
い 3. in mundo esse (habere) 用意がで
きている(用意をしている)[古喜劇などに見
られるこの mundo は mundus と無関係ら
しい]

mūnerō 1 mūnerāre, -rāvī, -rātum
§106 =**mūneror** *dep.1* mūnerārī,
-rātus sum §123(1) 贈る，進呈する，
捧げる，与える，誰々に(与)何々を(対)与
える(9d4)，誰々に(対)何々を(奪)贈る
(9f16)

mūnia *n.pl.* [主・対のみ見られる *cf.*
§47] 義務，職務，職能，役目，機能

mūniceps *c.* mūnicipis 3 §21
[mūnia, capiō] 1. 自治市民，同じ自治

市の人，同郷の人 2. 田舎の人

mūnicipālis *a.3* mūnicipāle §54
[mūnicipium] 1. 自治市の，自治市民
の，小都市の 2. 自治市生まれの，自治市
在住の

mūnicipium *n.* mūnicipiī 2 §13
[mūniceps] イタリアの(あるいは帝国内
の)自治市

mūnificē 副 [mūnificus §67(1)]
気前よく，鷹揚に，惜しまずに

mūnificentia *f.* mūnificentiae 1
§11 [mūnificus] 気前のよいこと，物
惜しみしないこと，雅量，鷹揚

mūnificus *a.1.2* mūnific-a, -um §50
[mūnus, faciō] (比)munificentior
(最)munificentissimus 気前のよい，物
惜しみしない，雅量のある，鷹揚な

mūnīmen *n.* mūnīminis 3 §28
[mūniō] 1. 防御工事，施設，城壁，城
砦 2. 守備，防備，保護

mūnīmentum *n.* mūnīmentī 2
§13 [mūniō] 1. 防御し身体を保護す
るもの一切 2. 防御施設，砦，要塞 3. 堡
塁，城壁，防柵 4. 防衛，援護

mūniō (**moeniō**) 4 mūnīre, mūnīvī,
mūnītum §111 [moenia] 1. 防御
施設で固める，備える，防御工事をする
2. 要塞(城壁)を築く，堡塁で囲む 3. 危
害から守る，防ぐ 4. 保護する，支持する
5. 道路をつくる，建設する，舗装する
aliqua re se contra aliquam rem ～ あ
るものであるものから自分を守る castra
munire 陣営を堡塁で囲む

mūnītiō *f.* mūnītiōnis 3 §28
[mūniō] 1. 防御施設の構築，防御工事
2. 城壁，築城，要塞，堡塁，築堤 3. 道
路建設(工事)，舗装

mūnītō 1 mūnītāre, ──, ──
§106 [mūniō] 道路を建設する，道を
開く

mūnītor *m.* mūnītōris 3 §26
[mūniō] 防御施設(城壁)を建設する人

mūnītus *a.1.2* mūnīt-a, -um §50
[mūniō の完分] (比)munitior (最)
munitissimus 1. 要塞堅固な，難攻不
落の 2. 天然の要害に守られた，安全に保

護された

mūnus *n.* mūneris *3* §29 **1.** 個人に要求される行動，仕事，職務，事物 **2.** 国家(共同体)への市民の義務，奉仕，任務，使命 **3.** (神・死者へ)義務として与えられるもの，捧げ物，供物，奉納物，奉献建築物 **4.** 政務官(とくに造営官)が国民に施す催し物，祝祭日の見世物，公共の見世物，娯楽 **5.** 親切，行為，世話，謝礼，喜捨，贈り物，施し物 munera suprema（人への）最後の義務(葬儀) Veneris munus ウェヌスの贈り物，美貌 functus est omni civium munere (9f16) 彼は市民のすべての義務を果たした munera capiunt hominesque deosque 贈り物は人をも神々をもとりこにする

mūnusculum *n.* mūnusculī *2* §13 ［mūnus の小］ ささやかな贈り物，小さな行為，親切

mūrālis *a.3* mūrāle §54 ［mūrus］ **1.** 城壁の，城壁のような **2.** 城壁(攻撃)用の **3.** 城壁の形をした corona muralis 城壁型冠(敵の城壁の一番乗りに与えられる勲章)

mūrēna *f.* mūrēnae *1* §11 ウツボ

mūrex *m.* mūricis *3* §21 **1.** (鮮やかな紫がかった)深紅色の染料をもたらす貝類，アキガイ(この貝殻はラッパ，容器，壁面装飾としても用いられた) **2.** 深紅色の染料，これで染められた生地 **3.** とがった石(岩)

muria *f.* muriae *1* §11 つけ物用の塩汁

murmillō（myr-）*m.* murmillōnis *3* §28 魚形の前立てのあるガリア風の兜(かぶと)を冠った剣闘士

murmur *n.* murmuris *3* §27 **1.** くりかえされる(長く続く)低い音，(自然界)ごろごろ，がらがら，ざわざわ，ごぼごぼ，(動物)がやがや，ぶうぶう，ぶんぶん **2.** 不平，つぶやき，ささやき，祈り声，ひそひそ話

murmurō *1* murmurāre. -rāvī. -rātum §106 ［murmur］ **1.** 低い音を続けて(くりかえして)出す，ごろごろ鳴

る，ぶんぶんという，ざあざあと音をたてる **2.** ささやく，つぶやく，ざわめく **3.** ぶつぶつ不平を言う，ぐちをこぼす

murra（myrrha）*f.* murrae *1* §11 **1.** 没薬(もつやく)，ミルラ(アフリカ産の香りの高いゴム樹脂) **2.** ほたる石，めのう？

murreus[1]（myrrheus）*a.1.2* murre-a, -um §50 **1.** 没薬の芳香でみたされた **2.** 没薬の色をもった，赤褐色の

murreus[2] *a.1.2* murre-a, -um §50 ほたる石(murra)からできた(花びん)

murrinus（myrrhinus）*a.1.2* murrin-a, -um §50 ほたる石からできた(名)**murrina** *n.pl.* murrinōrum *2* §13 ほたる石の容器(花瓶，酒盃)

murt- → myrt-

mūrus *m.* mūrī *2* §13 **1.** 大仕掛けの防御壁，市の城壁 **2.** 城市，市，城，要塞 **3.** 外壁，境界壁 **4.** 土塁，堤防，土手 hic (77) murus aeneus esto, nil conscire sibi 自ら省(かえり)みてやましき点のないこと，これをもって(汝の)金城鉄壁とせよ

mūs *m.* mūris *3* §29 **1.** ハツカネズミ，子ネズミ **2.** ネズミ tamquam mus in matella びんの中のネズミのよう(周章狼狽)

Mūsa *f.* Mūsae *1* §11 **1.** (神)学問・技芸を司る9人の女神の一人 **2.** (比喩として)学問・技芸，特に詩(作品)，音楽，また知的・芸術上の才能，学識も意味する

musca *f.* muscae *1* §11 ハエ(うるさい奴，好奇心の強い奴) minoris (9c7) quam muscae sumus 我々はハエよりも価値がない musca est meus pater, nil potest clam illum haberi わがおやじはハエだ，親父の目からかくし通せるものは何もないのだ

mūscipula *f.* mūscipulae *1* §11 =**mūscipulum** *n.* -pulī *2* §13 ［mūs, capio］ ネズミ取り(器)

muscōsus（mū-?）*a.1.2* muscōs-a, -um §50 ［muscus］ 苔(こけ)の多い，コケのような

mūsculus *m.* mūsculī *2* §13

muscus

[mūs の小] **1.** 小さなネズミ, ハツカネズミ **2.** (医)筋肉 **3.** 攻城作戦で城壁の下に坑道を掘る作業兵のための移動遮蔽物(小屋)

muscus (**mū-** ?) *m.* muscī *2* §13 コケ(苔)

mūsica *f.* mūsicae *1* §11 = **mūsicē** *f.* mūsicēs *1* §37 < μουσική **1.** 音楽, 音楽の理論, わざ **2.** 詩, 学問技芸, 高い教養 occultae musicae (9d6) nullum esse respectum かくれた音楽の技は全く無視される(隠された宝は価値なし)

mūsicus *a.1.2* mūsic-a, -um §50 < μουσικός **1.** 音楽の, 詩の **2.** 音楽理論・技術に通じた (名)**mūsicus** *m.* mūsicī *2* §13 音楽家

mussitō *1* mussitāre, -tāvī, -tātum §106 [mussō] **1.** つぶやく, もぐもぐいう, 低い声で言う **2.** ひとりごとを言う, 内密にしておく **3.** だまっている, 何もいわない, 沈黙を守る

mussō *1* mussāre, -sāvī, -sātum §106 ささやく, つぶやく, ぶつぶつぶついう **2.** ぶんぶんいう(蜂) **3.** 内密にしておく, 口ごもる, 言うのをためらう **4.** 耳打ちをする, 声を押し殺す

mustāceus *m.* mustāceī *2* §13 = **mustāceum** *n.* -ceī *2* §§13, 44 発酵前のブドウ汁をまぜてゲッケイジュの葉の上で焼いた粉菓子, 婚礼用菓子 laureolam in mustaceo quaerere 簡単に見つかるものから小さな名声を求める

mustēl(l)a *f.* mustēl(l)ae *1* §11 イタチ

musteus *a.1.2* muste-a, -um §50 [mustum] **1.** 新鮮な, 水分の多い **2.** (文学作品)早い段階の, 未熟な

mustum *n.* mustī *2* §13 **1.** 醗酵前の(一部のみ醗酵した)ブドウ液 **2.** (*pl.*)ブドウ摘み, 秋

mūtābilis *a.3* mūtābile §54 (比) mutabilior **1.** 変わりやすい, たえず変動している **2.** さだまらない, 確立されていない, 不安な **3.** 移り気な, 気まぐれな

mūtātiō *f.* mūtātiōnis *3* §28

[mūtō] **1.** 交換, 取り替え **2.** 変化, 変遷, 変更 **3.** 政変 **4.** 翻訳 mutatio rerum humanarum 有為転変

mutilō *1* mutilāre, -lāvī, -lātum §106 [mutilus] **1.** 一部を切って(割って)損傷を与える, 切り離す **2.** 手足を切断する, 不具にする **3.** 刻む, 削る, 小さくする, 少なくする

mutilus *a.1.2* mutil-a, -um §50 **1.** 一部を欠いた(こわれた) **2.** (手足)切断された, かたわの **3.** 先端(角)を切られた

mut(t)iō *4* muttīre, muttīvī, —— §111 低い声で話す, 口の中でつぶやく, ぶつぶつ不平を言う

mūtō *1* mūtāre, -tāvī, -tātum §106 **1.** 取り替える, 交換する, 交易する **2.** 変える, 改める, 移す, おきかえる, 変更する **3.** 変化させる, 外見を変形させる, 翻訳する **4.** (意見・調子)変える, 修正する, 改良する, 改悪する nec otia divitiis (9f11) muto そして私は決して閑暇と富を交換しない mutor in alitem album 私は白鳥(の姿)に変わる sol ubi montium mutaret umbras 日が山々の影を長く変える頃(夕方) vinum mutatum 酢に変質したブドウ酒 vestem mutare 喪服に着替える solum mutare 追放される mutato nomine (9f18) de te fabula narratur (主人公の)名を変えると, この物語はお前について話されているのだよ

mūtō *m.* mūtōnis *3* §28 陰茎

mūtuātiō *f.* mūtuātiōnis *3* §28 [mūtuor] 借りること, 貸与を受ける

mūtuātus → mūtuor

mūtuē 副 [mūtuus §67(1)] 相互に, お互いに, 入れ替わって

mūtuō 副 [mūtuus §67(1)] **1.** お互いに, 相互に **2.** その代わりに, 今度は, 逆に

mūtuor *dep.1* mūtuārī, mūtuātus sum §§123(1), 125 [mūtuus] (金・言葉・考え)借りる a viris virtus est nomen mutuata (129) virtus (勇気・男らしさ)はその名(言葉)を vir(男)から借りたのである quod tibi deerit, a te ipso mutare (136) 汝に欠けるものあれば

汝自身から借りるべし(自助の精神)

mūtus *a.1.2* mūta, mūtum §50 *1*
口のきけない，唖(ﾟ)の，無言の persona
muta 舞台で一言もしゃべらぬ役(者)

mūtuus *a.1.2* mūtu-a, -um §50
1. 借用した，貸し付けた **2.** お互いの ali-
quid mutuum ab aliquo sumere (acci-
pere) あるものをある人から借りる aliquid
mutuum dare あるものを貸し付ける me
torret face mutua 彼(女)は私を相互の
情火で焦がす

Mycēnae *f.pl.* Mycēnārum *1* §11
=**Mycēnē** *f.* *1* §37 Agamem-
non の王国の首都

myoparō(n) *m.* myoparōnis *3*
§§28, 39(ロ) <μυοπάρων 海賊船，
軽速船

myrīcē (**myrīca**) *f.* myrīcēs
(myricae) *1* §37 ギョリュウ，(タマリ
スク)庭木

myrrha = murra

myrtētum (**murt-**) *n.* myrtētī *2*
§13 ギンバイカの林

myrteus (**murt-**) *a.1.2* myrte-a,

-um §50 **1.** ギンバイカの，ギンバイカ
の実の **2.** ギンバイカの葉からできた

myrtum (**murt-**) *n.* myrtī *2* §13
ギンバイカの果実

myrtus (**murt-**) *f.* myrtī *2* §13
注(ロ) = **myrtus** *f.* myrtūs *4*
§31 <μύρτος **1.** ギンバイカ木，葉
2. ギンバイカの木の槍

mystagōgus (**-gos**) *m.* mystagōgī
2 §13 <μυσταγωγός **1.** 神秘儀式
によって人々を入信させる祭司 **2.** 案内人

mystērium (**mist-**) *n.* mysteriī *2*
§13 <μυστήριον **1.** 入信した者だけが
参加を許される秘密の宗教儀式，神秘儀
式 **2.** 秘密，神秘

mystēs (**mustēs**) *m.* mystae *1*
§37 <μύστης 秘密の宗教儀式によっ
て信者となった人

mysticus *a.1.2* mystic-a, -um §50
<μυστικός **1.** 神秘儀式にかかわる，神
秘儀式の **2.** 神秘の，秘密の

Mytilēnae *f.pl.* Mytilēnārum *1*
§11 =**Mytilenē** *f.* Mytilenēs *1*
§37 Lesbos 島の首邑

N

N, n §1 略記 N.=Numerius(個人
名) n=nepōs N=Nonae など

nablium *n.* nabliī *2* §13 竪琴の
一種

nactus → nāncīscor

nae = nē 間

naenia = nēnia

Naevius *a.1.2* Naevi-a, -um §50
1. ローマ人の氏族名 **2.** ローマの詩人(前
3世紀)

naevus *m.* naevī *2* §13 ほくろ，
母斑(生まれつきのあざ)

Nāias *f.* Nāiadis(-ados) *3* §41.5a
=**Nāis** *f.* Nāidis(-idos) *3* §41.5a

川のニンフ

nam 副, *j.* **1.** (断言)たしかに，さよう，
じっさい **2.** (証明，説明)なぜなら，…だ
から，というのも，事実はこうだ **3.** (承前，
要約)つまり，たとえば，してみると，であ
るからには **4.** (話題の転向)さてまた，それ
から，さらに **5.** (強調，疑問詞と共に)一
体，はたして nam hercle etiam hoc
restat いや全く，このことはまだ残ってい
る な nam quae Cenabi (70)…gesta
essent (116.10)…audita sunt というの
も，ケーナブムで起こっていたことが，もう
取り沙汰されていたからである duplex est
ratio veri reperiendi (121.3)…nam

aut…quaerimus…aut…traducimus 真理を見つけるには二つの方法がある，（つまり）究明するか，推論するかである nam quid ego nunc dicam (116.3) de patre? 私はいま父について，一体何が言えるのか nam K guidem in nullis verbis utendum (121.1) puto そこで，K という字は，いかなる言葉にも用いられるべきではないと，私は考える

namque 副, *j.* ［nam の強調体］ **1.** まことに，たしかに **2.** なぜなら，というのは，すなわち，つまり

nānciscor *dep.3* nānciscī, nactus (nānctus) sum (nānc-?) §§123(3), 125 **1.** (たまたま)手に入れる，得る，勝ち取る **2.** 達成する，届く，達する **3.** 見つける，出会う，巡り会う ut nactus es, habe 手に入れた通りに持て(自業自得)

nāns → nō

nānus *m.* nānī *2* §13 ＜νᾶνος 小人(こびと)

Napaeae *f.pl.* Napaeārum *1* §11 谷間の森のニンフ

Nār *m.* Nāris *3* §26 ティベリス川の支流

Nārbō *m.* Nārbōnis *3* §28 南ガッリアの町；今のナルボンヌ

Nārbōnēnsis *a.3* -nēnse §54 ナールボーの

narcissus *m.* narcissī *2* §13 スイセン

Narcissus *m.* Narcissī *2* §13 (神)ボイオーティアの河神クーピーソスの子；水面のおのれの影像に恋い焦がれて死に，同名の花となる

nardus *f.* = **nardum** *n.* nardī *2* §§13, 43 **1.** ナルド，甘松(かんしょう) **2.** 甘松香油

nāris *f.* nāris *3* §19 鼻，鼻孔，(明敏や軽蔑を現わす)鼻 acutae nares (鋭い嗅覚)批判精神 omnis copia narium 鼻孔を満たすあらゆる(花の芳香の)富 naribus uti (鼻で軽蔑の表情を現わす)軽蔑する

narrābilis *a.3* narrābile §54 ［narrō］ 語りうる，話になる

narrātiō (**nā-** ?) *f.* narrātiōnis *3* §28 ［narrō］ 話すこと，物語，陳述

narrō (**nā-** ?) *1* narrāre, narrāvī, narrātum §106 知らせる，告げる，述べる，話す，言う，物語る tu mihi narrato omnia diserte お前は私にすべてのことをはっきりと述べよ de ejus filio male narras お前は彼の息子について，悪い知らせを告げる

narthēcium *n.* narthēciī *2* §13 ＜ναρθήκιον 軟膏(香料)入れ，薬箱

nārus = **gnārus**

Nārycius *a.1.2.* Nāryci-a, -um §50 heros ～ ナーリュクムの英雄＝アイアース

Nārycum *n.* Nārycī *2* §13 = **Nāryx** *f.* Nārycis *3* §21 ギリシアの中央部の町，アイアースの生誕地

nāscor *dep.3* nāscī, nātus sum §§123(3), 125 **1.** 生まれる，の子孫である **2.** 生じる，発する，起る is videtur mihi ex se natus (esse) 彼は彼自身から生まれたように私には思われる(独力で出世したの意) ab eo flumine collis nascebatur その川の(の岸辺)から，丘がそびえていた deis inimicis (118.5) natus 悪意ある神々の下に生まれた人(生まれたときから神々に憎まれている人) ex hoc nascitur (非 169) ut… そこから，ut 以下のことが生じる

Nāsica *m.* Nāsicae *1* §11 **1.** ローマ人の家名 **2.** Scipio Nasica (前 191 年の執政官)

Nāsō *m.* Nāsōnis *3* §28 **1.** ローマ人の家名 **2.** Ovidius Naso (詩人)

nassa *f.* nassae *1* §11 魚をとるやな(梁)，わな，網

nāsus *m.* nāsī *2* §13 **1.** 鼻，嗅覚，鋭敏 **2.** 軽蔑，嘲りを表示する所 naso (9f11) clamare magnum (9e6) 大きないびきをかく suspendere omnia naso すべてをばかにする

nāsūtē 副 ［nāsūtus §67(1)］ 機知・縦横に，諷刺をきかせて，皮肉たっぷりと

nāsūtus *a.1.2* nāsūt-a, -um §50 ［nāsus］ (比)nasutior (最)nasutissimus **1.** 大きな鼻を持った **2.** 皮肉な，

辛辣な

nāta → nātus

nātālicia (*sc.*cēna) *f.* nātāliciae *1*
§11 誕生日の宴会

nātālicius *a.1.2* nātālici-a, -um
§50 [nātālis] 誕生の時刻の, 誕生日
の

nātālis *a.3* nātāle §54 [nātus]
誕生の

nātālis *m.* nātālis *3* §19 **1.** 誕生
日(*sc.*diēs) **2.** (*pl.*)誕生, 素姓, 家系,
家柄 mulier natalibus clara 名門出の婦
人

natāns *a.3* natantis §58 [natō の
現分] **1.** 海で泳いでいる, 海の **2.** 波立
っている, 変り易い, 上下する

natātiō *f.* natātiōnis *3* §28
[natō] 水泳, 水泳の練習

natātor *m.* natātōris *3* §26 泳
ぐ人

nātiō *f.* nātiōnis *3* §28 [nāscor]
1. 生れ, 誕生 **2.** 血統, 素姓 **3.** 民族, 部
族, 人種, 国家, 国民(性) **4.** 階層, 仲
間

natis *f.* natis *3* §19 尻(しり)

nātīvus *a.1.2* nātīv-a, -um §50
[nātus] **1.** 生れた, 生れつきの, 生来の,
生得の **2.** 自然にできた, 天然の, 自然の,
土着の, 本来の, 固有の

natō *1* natāre, -tāvī, -tātum §106
[nō] **1.** 泳ぐ, 浮ぶ, 浮き漂う **2.** あちこ
ちと動く, 変動する **3.** ぐらつく, 迷う, た
めらう **4.** 水浸しになる, ずぶぬれになる
5. 目がちらつく natabant pavimenta vino
(9f11) 床の上にブドウ酒があふれ流れてい
た(床が酒でずぶぬれである)

nātrīx *f.* nātrīcis *3* §21 水蛇

nātūra *f.* nātūrae *1* §11 [nāscor]
1. 生れ **2.** 自然, 自然の性状, 構造, 体
格 **3.** 人の本性, 気質, 性格 **4.** 創造主,
自然の法則, 道理・秩序, 世界, 宇宙,
森羅万象 naturā (9f3) illi (9d) pater
es お前はあの者の実父だ naturae debi-
tum reddiderunt 彼らは自然に借金を返
した(死んだ) naturam expellas (116.5)
furca, tamen usque recurret お前が自

然を熊手でいくらおい払っても, 自然はい
つも返ってくるのだ(自然の法則に従うべき
だ) insula naturā (9f3) triquetra その
島は(自然の)形状において三角形である
consuetudo est secunda natura 習慣は
第二の本性である

nātūrālis *a.3* nātūrāle §54
[nātūra] **1.** 生れながらの, 生来の, 生
得の **2.** 自然の, 天然の, 自然界の natu-
ralis pater 実父

nātūrāliter 副 自然に, 生れながらに,
本来の姿で

nātus¹ *a.1.2* nāt-a, -um §50 [nāscor
の完分] **1.** 生れた, 生まれながら身につ
けた, 生れたときつくられた, 生れると共に
運命づけられた **2.** …歳の post hominum
genus natum 有史以来 lingua nata in
perjuria 偽誓のために生れた舌 pro re
nata 現状では Cato annos octoginta
natus excessit e vitā カトーは八十歳で
亡くなった **nātus** *m.* nātī *2* §13
息子 **nāta** *f.* nātae *1* §11 娘
nātī *m.pl.* nātōrum *2* §13 子
供 caritas inter natos et parentes 親
子の愛情

nātus² *m.* nātūs *4* §31 [nāscor]
誕生, 年齢 nātū (9f3) major 年長の,
古い nātū minor 年少の, 若い

nauarchus *m.* nauarchī *2* §13
<ναύαρχος 船長, 戦艦長

nauclērus *m.* nauclērī *2* §13
<ναύκληρος 船主, 船長

naucum *n.* naucī *2* §13 くるみの
殻(から), つまらぬもの, 価値のないもの homo
non nauci (9c7) 無能者, ろくでなし non
habere nauci aliquem ある人を軽蔑する

naufragium *n.* nau-fragiī *2*
§13 [nāvis, frangō] **1.** 難破(船), 沈
没 **2.** 破壊, 破滅 **3.** 難破船からの漂着物
naufragia ex terra intueri (137) 陸地
から難破船をみること(対岸の火事)

naufragus *a.1.2* naufrag-a, -um
§50 [naufragium] **1.** 難破した, 難船
した, 破産した **2.** 船を難破させる

naulum *n.* naulī *2* §13 <ναῦλον
船による人や物の運賃, 船賃

naumachia *f.* naumachiae *1*
§11 <ναυμαχία 見世物としての模擬
海戦

naumachiārius *m.* naumachiariī
2 §13 [naumachia] 模擬海戦に参
加している者

nausea *f.* nauseae *1* §11 <
ναυσία **1.** 船酔 **2.** 悪心(ぉ_{しん}), 嘔吐

nauseābundus *a.1.2* nauseabund-a,
-um §50 [nausea] 船酔いの, 船酔
いで苦しんでいる

nauseō *1* nauseāre, -seāvī, -seātum
§106 [nausea] 船に酔う, 船酔いで苦
しむ, 吐き気を催す, むかつく, うんざり
する

nausi... = nause...

nauta *m.* nautae *1* §11 <ναύτης
水夫, 船員, 水兵, 船乗り

nautea *f.* nauteae *1* §11 <ναυτία
1. 汚水, 船底の汚水 **2.** 皮なめし職人の用
いる草

nauticus *a.1.2* nautic-a, -um §50
<ναυτικός 船の, 船員の, 水夫の, 海
軍の, 航海の

nauticus *m.* nauticī *2* §13 =
nauta

nāvāle *n.* nāvālis = **nāvālia** *n.pl.*
nāvālium *3* §20 造船所

nāvālis *a.3* nāvāle §54 [nāvis]
船の, 海軍の castra navalia 船を守るた
めの要塞

nāvē = nāviter

nāvicula *f.* nāviculae *1* §11
[nāvis の指小] 小舟

nāviculāria (*sc.*rēs) *f.* nāviculāriae
1 §11 船積み, 海運業

nāviculārius *a.1.2* nāviculāri-a,
-um §50 [nāvicula] 小舟の

nāviculārius *m.* nāviculāriī *2*
§13 船主

nāvifragus *a.1.2* nāvifrag-a, -um
§50 [nāvis, frangō] **1.** 難破船の, 難
破した **2.** 難破させる, 危険な, 嵐の

nāvigābilis *a.3* nāvigābile §54
[nāvigō] 船の通れる, 航海に耐える

nāvigātiō *f.* nāvigātiōnis *3* §28

[nāvigō] 航海, 舟行, 帆走

nāvigiolum *n.* nāvigiolī *2* §13
[nāvigium の小]=nāvicula 小舟

nāvigium *n.* nāvigiī *2* §13
[nāvigō] 船舶, 船, 小舟

nāvigō *1* nāvigāre, -gāvī, -gātum
§106 舟行する, 航行する, 帆走する,
巡航する, 航海する in portu navigo 港
の中を舟行している(安全だ) occassio
navigandi (119.2) 航海の機会

nāvis *f.* nāvis *3* §19 船舶, 船
navis longa 軍艦 ～ oneraria 輸送船 ～
praetoria 旗艦 navem deducere (sub-
ducere) 進入させる(陸に上げる) ubi-
cumque es, in eadem es navi お前がど
こにいようと, 同じ舟の中にいるのだ(状況
は同じ)

nāvita = nauta

nāvitās *f.* nāvitātis *3* §21 [nāvus]
敏速, 機敏, 勤勉, 熱意

nāviter 副 [nāvus] **1.** 勤勉に, 熱心
に, 積極的に **2.** 全く, 完全に

nāvō *1* nāvāre, -vāvī, -vātum §106
熱心に行なう, 従事する, つくす, 完成す
る, 勤勉にやりとげる, 追求する

nāvus (=**gnāvus**) *a.1.2* nāv-a, -um
§50 (比)navior 機敏な, 勤勉な, 熱
心な

naxa = nassa

Naxus, Naxos *f.* Naxī *2* §§13
(3), 39 エーゲ海の島

nē[1] **= nae** (断言の小辞, しばしば後に人
代を伴う)全く, 実に, たしかに ne ego
homo infelix fui まったく私は不幸な奴で
した

nē[2] 副,*j.* **I.** (副)**1.** 合成語の中で nefās,
nēmō etc **2.** ne...quidem (否定の強調)
決して…でない, …ですらない feci...id,
quod ne adulescens quidem feceram
私は若い時ですらしたこともなかったことを
しでかした **3.** (否定の命令文, 命令法, 現
接, 完了接と共に) tu ne cede malis sed
contra audentior ito 不幸に屈するな, よ
り大胆に立ち向え ne feceris (116.2) す
るな ne dubitaret (＝dubitet) proelium
committere (間接話法)彼は決戦をため

らうべきではない(と言った) **4.**(願望文で 116.1) o te ne frigora laedant 酷寒があなたを傷つけないように **5.**(譲歩文で 116.5) ne sint in senectute vires たとい老人に力がなくても **II.** *j.***1.**(名詞的目的文と 116.6) ～ でないことを, ないように oro te ne venias どうか, あなたは来ないように **2.**(恐れ, 心配の表現で) pavor, ne mortiferum esset (116.6e) vulnus これが致命傷ではないかというおそれ **3.**(阻止, 妨げの表現で) plura ne scribam (116.6d), dolore impedior 苦痛にさまたげられて, これ以上書けない **4.**(副詞的目的文で) nolo esse laudator, ne videar adulator (116.6c) 私はお追従者と思われたくないために, 賞賛者でありたくない

nē → neō の命

-ne 疑問小辞 文頭の語に一語の如く添えられる *n.b.*-ne の前の s は落ち, -ne の e もよく落ちる viden (=videsne)? わかったか tun (=tune)? お前か satin (=satisne)? たしかか **1.**(直接疑問文)…か meministine me in senatu dicere? あなたは私が元老院で言ったのを覚えているか **2.**(間接疑問文で)…か(どうか) interrogans, solerentne (116.10) veterani milites fugere 古強者がいつも逃亡するかと尋ねて **3.**(二つの疑問文)ne…an, ne…(ne) …か, それとも…か jocansne an ita sentiens 冗談なのか, それとも本当にそう思っているのか collectosne bibant imbres puteosne 彼らは溜めた雨水を飲んでいるのか, それとも井戸水か

Neāpolis *f.* Neāpolis *3* §19 今のナポリ

Neāpolitānus *a.1.2* Neāpolitān-a, -um §50 ナポリの

nebula *f.* nebulae *1* §11 <νεφέλη 霧, 蒸気, もや, かすみ, 煙, 雲, 暗がり quasi per nebulam ぼんやりと, かすかに

nebulō *m.* nebulōnis *3* §28 [nebula] 取るに足らぬ奴, 怠け者, ならず者, 悪漢

nebulōsus *a.1.2* nebulōs-a, -um §50 [nebula] 蒸気で一杯の, 霧深い, 曇った, 暗い

nec, neque 副, *j.* **I.**(相関語句なし) **1.** nec=et non そして…でない, …もない, しかし, それでも…でない properans (118.4) noctem diei conjunxerat neque iter intermiserat 夜を日についで急行し, 旅を中断させていなかった extra invidiam nec extra gloriam erat 彼は世間のねたみは買わなかったが, 栄誉には浴していた **2.** autem, tamen, vero などを伴うときは nec=non だが, しかし…でない, というのも, じっさい…でない, にもかかわらず…でない dixerat haec Tullus, neque enim tolerare potuit こうトゥッルスは言っていた, というのも彼はもう我慢できなかったからだ nec tamen ulli civitati persuaderi potuit しかし彼はいかなる部族をも説得できなかった **3.** nec non=necnon (肯定の強調)たしかに…だ nec hoc Zenon non vidit たしかにゼーノーンはこれを見たのだ non possum nec cogitare nec scribere 私は考えることも書くこともできるのだ **4.**(命令文•目的文などと 116.6) nec=et ne そして…でないように, そして…するな orare coepit, ne enuntiaret, nec se proderet 彼は嘆願を始めた「世間に公表してくれるな, 私を法廷に出してくれるな」noli spernere nec putare parvi (9c7) 軽蔑するな, 取るに足らぬと考えるな **II.**(相関語句と) **1.** nec (neque)…nec (neque) …もなければ…もない, …もせず…もしない haec si neque ego neque tu fecimus これらをもし, 私もお前もしていなかったら **2.** nec…et (-que) 一方は…でないが, 他方は…だ, …ではなく…だ id neque amoris mediocris (9c12) et ingeni summi (esse) judico 私はそれを平凡な愛情ではなく, 最も優れた品性のあかしと思う

necāvī → necō

necdum *j.* **1.** そして, まだ…でない **2.** necdum=**nondum**

nece → nex

necessāriē = **necessāriō** 副 [necessārius §67(1)] 必然的に, 止むを得ず, 余儀なく

necessārius *a.1.2* necessāri-a, -um §50 [necesse] (比)magis necessarius

（最）maxime necessarius §64 **1.** 必要な，止むを得ぬ，不可欠の，必然の，切迫した，緊急の **2.** 親密な，親類の，血族の **necessāria** *n.pl.* necessāriōrum 2 §13 必需品，生活必需品 **necessārius** *m.* necessāriī 2 §13 親類，友人

necesse *a.* 無 ＝**necessum**（古）**1.** necesse esse 必要である，必然である，不可欠（不可避）である 不や不句と(171)，時に接と共に用いられる homini necesse est mori 人間にとって死は避けられない istum condemnetis necesse est あなたはその男に有罪の判決を下さねばならぬ **2.** necesse habere 必要と思う necesse habeo scribere 私は書く必要があると思う

necessitās *f.* necessitātis 3 §21 ［necesse］**1.** 必要(性)，必然性，不可避，運命 **2.** 強制，切迫，逼迫，困窮，義務 ultima (extrema) necessitas 死 pareatur (116.2,172) necessitati, quam ne dii quidem superant 神々といえども克服し難い必然性には従うべきだ

necessitūdō *f.* necessitūdinis 3 §28 **1.** 人の結びつき，絆(きずな)，友情，近親関係，庇護(被護)関係 **2.** 必要，苦境，困窮 necessitudinem conjungere cum aliquo ある人と友情の絆を結ぶ

necessum = necesse

necne 疑問小辞(間接的選択疑問文の中で)それとも…ではないのか quaeram (116.1), utrum emeris necne お前は買ったのか，それとも買わなかったのか，私は尋ねたい

nec non, necnon → nec(3)

necō *1* necāre, -cāvī, -cātum §106 ［nex］殺す，殺害する，根絶やす

necopīnāns *a.3* nec-opīnantis §58 ［nec, opinor］予期しない，思いがけない

necopīnātus *a.1.2* nec-opīnāt-a, -um §50 ［nec, opinor］思いもよらぬ，意外な，不慮の ex necopinato 思いがけなく，不意に，突然

necopīnus *a.1.2* nec-opīn-a, -um §50 ［nec, opinor］知らない，予知し

ない，不測の

nectar *n.* nectaris 3 §27 ＜ νέκταρ **1.** 神々の飲み物 **2.** 美味なもの，蜂蜜，牛乳，ブドウ酒

nectareus *a.1.2* nectare-a, -um §50 ［nectar］ネクタルの，ネクタルのように甘い，うまい

nectō *3* nectere, nexuī(nexī), nexum §109 **1.** 織って(編んで)作る，組み合せる，結びつける，結び合せる **2.** 結ぶ，縛る，付加する，接合する，巻きつける，からませる，一緒に束ねる **3.** たくらむ，考案する，創作する **4.** 拘束する，監禁する caput olivā (9f11) ～ 頭にオリーブの枝を巻きつける causas nectis inanes お前はくだらぬ口実をこしらえる omnes virtutes inter se nexae sunt あらゆる美徳はお互いに関係し合っている

nēcubi 副 ［nē, ubi］どこでも…しないように，どこにも…ないように cavere, necubi hosti opportunus fieret (116.6e) どの場所も敵にとって有利とならないように警戒する

nēcunde *j.* ［nē, unde］どこからも…ないように

nēdum *j.* **1.** (否定文の後で)決して…ない，まして…ない，なおさら…ない **2.** (肯定文の後で)まして，いわんや，なおさらだ **3.** ＝non solum のみならず aegre inermem tantam multitudinem, nedum armatam sustineri posse 非武装者でもこんなに大勢ではほとんど抵抗できない，まして武装者ではできない vel in pace bellum excitare possent (116.3), nedum in bello... 彼らは平和の時でも戦争を引き起こすことができるだろう，いわんや戦時においてをや nedum hominum humilium, sed etiam amplissimorum virorum consilia 最下層の民衆のみならず，最も裕福な人たちの考え(でもある)

nefandus *a.1.2* ne-fand-a, -um §50 ［ne-for］口にすることができない，不敬な，極悪無道の omnia fanda nefanda 口にしていいことも悪いこともなにもかもみんな

nefāriē 副 §67(1) 不敬なやり方で，

非道にも，憎むべきやり方で

nefārius *a.1.2* nefāri-a, -um §50 [nefās] 不敬な，極悪非道な，呪うべき

nefās *n.* 無 §47 [ne, fās] **1.** 神々の掟に反する言動，自然の法則・人道に悖(もと)る言動，不敬，冒瀆，不正，罪 **2.** 卑劣漢，非道な奴 **3.** (間)恐ろしい，いまいましい，全くひどい quicquid non licet, nefas putare debemus 許されないことはなんでも皆不正な行為と考えねばならぬ per omne fas ac nefas 正，不正を問わずあらゆる方法で

nefāstus *a.1.2* nefāst-a, -um §50 [ne, fāstus] 神聖な掟で禁じられた，不信心の，不敬な，忌しい，不浄な，不吉な dies ～ (法廷，民会など)公的な催しが行えない日

negātio *f.* negātiōnis 3 §28 [negō] 否定，否認，反対，拒否

negitō *1* negitāre, -tāvī, -tātum §106 頑固に否定する，否認に固執する

neglēctio *f.* neglēctiōnis 3 §28 [neglegō] なおざりにすること，軽視，無関心

neglēctus → neglegō

neglegēns *a.3* neglegentis §58 [neglegō の現分] (比)neglegentior (最)neglegentissimus 不注意な，不熱心な，むとんじゃくな，考慮しない，無差別の

neglegenter 副 §67(2) (比) neglegentius (最)neglegentissime おろそかにも，不注意にも，平気で

neglegentia *f.* neglegentiae *1* §11 怠慢，不注意，無頓着，なおざり epistularum neglegentia 筆不精

neglegō *3* neg-legere, -lēxī, -lēctum §109 [nec, legō] **1.** なおざりにする，放っておく，怠る **2.** 気にかけない，意に介しない，無視する，軽視する，軽蔑する

neglēxī → neglegō

negō *1* negāre, -gāvī, -gātum §106 **1.** (不句と)＝dico non 私は…でないと言う **2.** 否と言う，否認する，拒む，ことわる negant versari in re publica esse sapientis (9c12) 賢者は国事に没頭すべ

きではないと彼らは言う casta (esse) negor 私(女)は貞節ではないと人々は言っている id a Caesare negatum (est) それはカエサルから拒否された

negōtiātio *f.* negōtiātiōnis 3 §28 [negōtior] 商業，(大規模の)取引，貿易業，卸売業

negōtiātor *m.* negōtiātōris 3 §26 [negōtior] 卸業者，貿易商人，銀行家

negōtiolum *n.* negōtiolī 2 §13 [negōtium の小] 小取引，些細な事柄，用事

negōtior *dep.1* negōtiārī, -tiātus sum §123(1) 大きな商売・取引をしている，卸売りをしている

negōtiōsus *a.1.2* negōtiōs-a, -um §50 [negōtium] **1.** 用(仕事)で一杯の，忙しい，仕事熱心な **2.** 骨の折れる，苦労の多い

negōtium *n.* negōtiī 2 §13 [nec, ōtium] **1.** 仕事，業務，職業，用命 **2.** 国事，政治活動，訴訟，官職，義務 **3.** 私的行動，商売，企業，課題 **4.** 事件，事情 **5.** 困難，面倒，労苦，重荷 mirabar quid hic negoti esset (116.10) tibi ここであなたにどんな用件があるのか，私には見当がつかなかった in negotio sine periculo vel in otio cum dignitate esse 身の危険なく，政治活動に励むか，品位を保った閑暇の中に暮すか nullo negotio 容易に satis habeo negotii (9c4) in sanandis (121.3) vulneribus 傷を癒すのに大いに苦しんでいる

Nēlēius *a.1.2* Nēlēi-a, -um §50 **1.** ネーレウスの **2.** ネストールの

Nēlēūs *m.* Nēlei 3 §42.3 (神)ピュロスの王，ネストールの父

Nemea *f.* Nemeae *1* §11 (神)アルゴリスの谷

Nemeaeus *a.1.2* Nemeae-a, -um §50 ネメアの

Nemesis *f.* Nemesis, -eos 3 §40 (神)正義・復讐の女神

nēmō *c.* nēminis 3 §28 注4(ハ) **1.** 一人も…でない，誰も…しない **2.** nemo

nemorālis 500

non 誰もかれも，みんな non nemo 何人かの人たち，少数の人たち(=nonnemo) **3.** (形)nemo unus 誰一人も…しない nemo liber est qui corpori servit 肉体に仕える(奴隷たる)者は自由人にあらず dici beatus ante obitum nemo debet 人は皆，死んでしまうまでは幸福であるとはいえない

nemorālis *a.3* nemorāle §54 [nemus] 森の，林のある

nemorēnsis *a.3* nemorēnse §54 [nemus] **1.** 森の，林のある **2.** ディアーナの聖林の

nemorōsus *a.1.2* nemorōs-a, -um §50 [nemus] 林におおわれた，深い森の，木陰の濃い・多い

nempe 副 たしかに，勿論，じっさい，全く，…だね,たしかに…か scio iam quod velis, nempe me hinc abire vis 今お前が何を欲しているか知っているぞ，きっとお前は私がここから立ち去ることを欲しているのだ nempe hic tuus est? —— meus est たしかにこのものはお前の奴隷か——私のだ

nemus *n.* nemoris *3* §29 牧草地に囲まれた森林，美しく明るい森，神々(とくにディアーナ)に捧げられた森

nēnia (naenia) *f.* nēniae *1* §11 **1.** 葬式の歌，哀悼歌，挽歌 **2.** 呪文 **3.** 民謡，子守歌

neō *2* nēre, nēvī, nētum §108 糸を紡ぐ，織る，編む

nepa *f.* nepae *1* §11 **1.** サソリ **2.** (天)さそり座

Nephelē *f.* Nepheles *1* §37 (神)アタマースの妻，プリクソスとヘレーの母

nepōs *m.* nepōtis *3* §21 **1.** 孫 **2.** 子孫 **3.** 放蕩者，道楽者

Nepōs *m.* Nepōtis *3* §21 **1.** ローマ人の家名 **2.** Cornelius Nepos(伝記作家)

nepōtor *dep.1* nepōtārī, —— §123(1) [nepōs] 浪費する，散財する

neptis *f.* neptis *3* §19 孫娘

Neptūnius *a.1.2* Neptūni-a, -um

§50 **1.** ネプトゥーヌスの **2.** 海の

Neptūnus *m.* Neptūnī *2* §13 **1.** (神)海の神 **2.** 海

nēquam 形,名,無 [nē, quam] (比)nequior (最)nequissimus **1.** 価値のない(もの，人)，役に立たない，ろくでなし **2.** 悪い，卑劣な，下品な，放埒な，ごろつきの **3.** いたずらな，行儀の悪い，いたずらっ子，腕白 alicui nequam dare 人に危害を加える

nēquāquam 副 [nē, quisquam] 決して…でない

neque → nec

nequedum = necdum

nequeō 不完 ne-quīre, -quīvī (-quiī), -quītum §162 できない nequire quin clamam 私は叫ばざるを得ない

nēquior, nēquissimus → nēquam

nēquīquam 副 =ne(c)quicquam [nē, quiquam] 無益に，むなしく，いたずらに，目的なしに

nēquis = nē quis → quis

nēquiter 副 [nēquam] (比)nequius (最)nequissime **1.** 何の役にも立たない，(まずい)やり方で，下手くそに **2.** 下劣に，不正に

nēquitia *f.* nēquitiae *1* §11 = **nēquitiēs** *f.* nēquitiēī *5* §34 **1.** 下劣な根性，自堕落，不行跡，ろくでなし **2.** 罪悪，犯罪 **3.** 浮気，いたずら，腕白

Nērēis *f.* Nērēidis *3* §41.6b = **Nērīnē** *f.* Nērīnēs *3* §37 (神)海のニンフ，ネーレウスとドーリスの娘(たちの一人)

Nērēius *a.1.2* Nērēi-a, -um §50 ネーレウスの

Nērēus *m.* Nēreī, Nēreos *3* §42.3 **1.** (神)海の神，ドーリスの夫，ネーレーイスたちの父 **2.** 海，大洋

Nērītius *a.1.2* Nēriti-a, -um §50 ネーリトスの

Nēritos (-tus) *m.* Nēritī *2* §38 **1.** イタケー島の山 **2.** イタケー島に近い島

Nerō *m.* Nerōnis *3* §28 **1.** 家名(クラウディウス氏の) **2.** 暴君ネロ

Nerōneus = **Nerōniānus** *a.1.2*
Nerōne-a, -um Nerōniān-a, -um §50
ネロの(始めた，建てた)

Nerthus *f.* Nerthī *2* §13 ゲルマ
ーニアの豊穣の女神

Nerva *m.* Nervae *1* §11 **1.** ロー
マ人の名名 **2.** 皇帝ネルウァ

Nerviī *m.pl.* Nerviōrum *2* §13
ベルガエの部族

nervōsē 副 §67(1) (比)nervosius
力強く，たくましく

nervōsus *a.1.2* nervōs-a, -um §50
[nervus] (比)nervosior **1.** 腱の，筋
肉たくましい **2.** 力強い，元気盛んな

nervus *m.* nervī *2* §13 *cf.*
νεῦρον **1.** 腱，筋(肉) **2.** 弦，つる(弓
の)，ひも，つな **3.** 鉄鎖，牢 **4.** 精力，体
力，気力 nervi belli pecunia 戦力は金
なり digna res est ubi tu nervos inten-
das tuos それこそお前が全力をつくすにふ
さわしい事柄だ

nesciō *4* ne-scīre, -scīvī(-sciī),
-scītum §111 **1.** (事実を)知らない
2. (方法を)知らない，理解しない・できな
い quid agam (116.10) nescio 何をした
らよいのかわからない vincere scis, Han-
nibal, victoria uti (137, 117.4) nescis ハ
ンニバルよ，お前は勝つことは知っている
が，勝利を利用することを知らない Latine
nescire ラテン語がわからない **3.** (特殊な
表現) nescio quis, quid 知らない人，誰
かある人，何かあるもの nescio quomodo
どうにかして nescio quando いつか，その
うち nescio an おそらく causam nescio
quam defendebat 彼は何かある訴訟を弁
護していた

nescius *a.1.2* ne-sci-a, -um §50
[nesciō] **1.** 知らない，無知の，理解し
ない，理解できない，不可能な **2.** 知られ
ない nescia mens hominum fati (9c13)
人間の運命を知らない精神 nescia huma-
nis precibus mansuescere (117.3)
corda 人間の祈りにも和らげられない心

Nessus *m.* Nessī *2* §13 (神)ケ
ンタウロス族の一人

Nestor *m.* Nestoris *3* §41.9b
(神)ピュロスの王 Nestoris ore sermo
melle (9f6) dulcior profluebat ネストー
ルの口から蜂蜜より甘い言葉が流れ出た

nētus → neō

neuter 代形 ne-utra, -utrum §§93,
97 [nē, uter] どちらも…でない neu-
trum horum fluminum transiri poterat
これらの川のどちらも渡れなかった

neutiquam 副 [nē, utiquam] 決し
て…ない，全く…でない

neutra (*sc.*nomina) *n.pl.* neutrōrum
2 §13 中性名詞

neutrō 副 [neuter] どちらの方(側)
にも…でない

nēve = **neu** *j.* (要求文や目的文の第
二句を導く)そして…でない，また…しない，
また…でないように peto a te, ne abeas
neve nos deseras (116.4) 私はあなたに
要求する「ここから立ち去らないように，そ
して,われわれを捨てないように」neu (neve)
…neu (neve) …もなく…でもない milites
obsecrant, neu se neu imperatorem
tradent (116.6) 兵士らは誓う，自分たち
をも将軍をも裏切らないと

nēvī → neō

nex *f.* necis *3* §21 [necō] 死，
暴力による死，殺害，処刑 potestatem
vitae necisque habere in aliquem ある
人に対し生殺与奪の権力を持つこと

nexī (**nexuī**) → nectō

nexilis *a.3* nexile §54 [nectō]
一緒に織られた，編まれた，からみ合わさ
れた，より合わされた

nexuī → nectō

nexum *n.* nexī *2* §13 [nectō]
債務のための身体拘束(隷属)

nexus[1] *m.* nexūs *4* §31 [nectō]
1. 編み(組み)合わせること，からませること，
結合すること **2.** つながり，絆 **3.** 束縛，拘
束，債務による隷属 **4.** 握手，抱擁

nexus[2] *m.* nexī *2* §13 [nectō の
完分] 債務による隷属者

nī 副, *j.* **1.** (古)=non ない quid ego
ni fleam (116.4)? どうして私が泣かないだ
ろうか → quidnī, nīmīrum **2.** =nē …
でないように(気をつけよ)，…ではないか

Nīcaea 502

と(恐れる) caveat (116.2), ni labet columella 柱が倒れないように彼に気をつけさせよ flemus, ni nos divideret (116.6) (lex) (法律が)我々を引き裂くのではないかと泣いている **3.** =si non もし…でなければ plures cecidissent, ni nox proelio intervenisset (116.9a) もし戦闘の合間に夜が介在していなかったら, もっと沢山の者が倒れていたろう peream (116.1), ni ita est もしそうでなければ死んでやる(このように法的義務, 約束, 脅し, 賭けや断言の中でよく用いられる)

Nīcaea *f.* Nīcaeae *1* §11 属州ビーチューニアの町

Nīcaeēnsis *a.3* -se §54 ニーカイアの

Nīcomēdēs *m.* Nīcomēdis *3* §42.1 ビーチューニアの王

nictō *1* nictāre, -tāvī, -tātum §106 =**nictor** *dep.1* nictārī, -ātus sum §123(1) またたきする, (光が)ちらちらする, 目くばせをする

nīdor *m.* nīdōris *3* §26 (焼き肉などの)におい, 湯気, 蒸気, 煙, 悪臭

nīdulus *m.* nīdulī *2* §13 小さな巣

nīdus *m.* nīdī *2* §13 **1.** 鳥の巣, 猛禽の高巣 **2.** (巣の中の)ひな **3.** (巣の形の)容器(わん), 本箱

niger *a.1.2* nigr-a, -um §52 (比) nigrior (最)nigerrimus **1.** 黒い, 暗い, 濃い **2.** 黒いはだの, 黒い髪の **3.** 陰気な, 不吉な, 恐しい **4.** 悪意の, 邪悪な, 汚い facere candida de nigris 黒から白をつくる nigrum in candida vertere 黒を白に変える=欺くこと nigros efferre maritos (毒殺された)夫たちの黒い死体を焼場へ持って行く sol niger 黒い太陽=不吉な日 sal niger 辛辣な皮肉

nigrāns *a.3* nigrāntis §55 [nigrō の現分] 黒い, 暗い, 濃い

nigrēscō *3* nigrēscere, nigruī, ── §109 黒くなる, 暗くなる

nigrō *1* nigrāre, -grāvī, -grātum §106 **1.** 黒い **2.** 黒くする

nigruī → nigrēscō

nihil = **nīl** *n.* 無(主・対のみ, 他の格は nullus の変化形で補う §28 注4(ニ) nihilum の別形) **1.** 無, 空, 無価値(なもの), つまらぬもの **2.** (対, 9e13)何もない, 全く…ない, 決して…ない nil admirari 何物にも驚かないこと nil igitur mors est ad nos それゆえ死は, 我々と何の関係もない nihil moror quo minus abeam 身を引くことを私は決してためらっていない nihil est, quod adventum nostrum extimescas (116.8) お前が我々の到着について心配する理由は全くない

ni(hi)lōminus = **ni(hi)lō minus** 副 [nihilum, minus] やはり, それでもなお, にも拘らず nilo minus ego hoc faciam tamen それでもやはり, 私はこれをしたい (tamen は強調)

nihilum = **nīlum** *n.* [nē, hilum] (主・与では用いられない)**1.** 無, 無価値, つまらぬこと **2.** 何もない, 決してない (属)homo nihili (9c5) 取るに足らぬ男, 身分の卑しい男 nihili (9c7) facere 評価しない, 気にしない (対)ad nihilum venire 無に帰す, 失敗する (奪)de nihilo 理由なく, 無駄に pro nihilo putare (habere) 無価値なものとみなす(としてあしらう) (比較級などと)同じである, 変らない nihilo sum aliter ac fui 私は以前と少しも変っていない nihilo minor fama apud hostes Scipionis erat quam apud cives スキピオの名声は, 敵の間で, ローマ市民の間でよりも少しも劣っていなかった(同じであった)

nīl → nihil

Nīliacus *a.1.2* Nīliaca, -cum §53 **1.** Nīlus(ナイル)川の **2.** エジプトの

Nīlus *m.* Nīlī *2* §13 今のナイル川

nimbifer *a.1.2* nimbifer-a, -um §50 [nimbus, ferō] あらしをもたらす

nimbōsus *a.1.2* nimbōs-a, -um §50 [nimbus] 雨雲におおわれた, 荒れ模様の

nimbus *m.* nimbī *2* §13 **1.** 雨雲, 雲霧, 煙雲, 砂煙 **2.** にわか雨, 暴風雨 **3.** 不意の不幸

nimiō 副 [nimius] 極めて, 大いに

nītor

nīmīrum 副 〔nīmīrum〕 疑いもなく，たしかに，明らかに，きっと，勿論

nimis 副 **1.** 余りに，過度に，ひどすぎる **2.** 極めて，非常に ne quid nimis agas (116.2) 何をするにも度を越えるな(＝nil nimis 何ごとも程程に)

nimium[1] *n.* nimiī *2* §13 〔nimius〕 過度，過多，極端 nimium feritatis ひどすぎる野性

nimium[2] 副 〔nimius〕 **1.** あまりに，すぎ，ひどすぎて **2.** 非常に，大いに，極度に o fortunatos nimium agricolas (9e10) ああ，なんと幸福すぎる百姓たちか nimium quantum はなはだしく，大変に

nimius *a.1.2* nimi-a. -um §50 **1.** 過度の，極端の，法外の **2.** 多すぎた，大き(強)すぎる，あり余る，中庸を失った，無節制の vestitu (9d1) nimio indulges お前は(彼女の)度はずれの衣装(衣装道楽)に甘いのだ legio legatis nimia 軍団長の手に余る軍団(兵)

ningit (**ninguit**) *3* ningere, (ningēbat), ninxit, ── §165 **1.** 雪が降る **2.** (他)雪をふらせる ningunt floribus (9f11) rosarum 彼らはバラの花を雪のようにまいている

Niobē *f.* Niobēs *1* §37 ＝**Nioba** *f.* Niobae *1* §11 (神)Tantalos の娘

nisi *j.* **1.** もし…でなければ，しなければ **2.** …することを除いて，…の外は，…を別として(前後に疑問詞，否定詞を伴うことが多い) quis istud credat (116.4) nisi stultus? 馬鹿を除いて一体誰が，そのようなことを信ずるか nisi in bonis, amicitiam esse non posse (117.5) 善良な人たちの間を除いて友情は存在し得ない(と思う) dicere bene nemo potest, nisi qui prudenter intellegit 深い認識をもっている人を除いて何人も上手に言い得ない(その他の特別な表現) nisi si…nisi quod… もし…でなければ，…という事実をのぞけば nisi forte…, nisi vero… (皮肉な表現)ひょっとして…でなければ，よもや…でなければ hostes facile vincetis, nisi forte existimatis eos vobis fortiores esse お前たちがひょっとして，敵のほうがお前らより勇敢だと考えているのでなければ，お前らは容易に敵を打ち負かすだろうに

Nīsus *m.* Nīsī *2* §13 (神)メガラの王

nīsus *m.* nīsūs *4* §31 〔nītor の完分〕 もたれかかる動作，踏ん張ること，(抵抗，前進，登り，飛翔のため)筋肉を緊張させる，努力すること stat nisu (9f9) inmotus eodem 彼は身動きもせず緊張した同じ姿勢で立っている

nītēdula (**nītēla**) *f.* nītēdulae *1* §11 ヤマネ

nitēns *a.3* nitentis §55 〔niteō の現分〕 (比)nitentior **1.** 輝いている，光っている，明るい，(美しさ，若さで)まばゆい **2.** 咲き誇る，すばらしい，有名な **3.** 優雅な，洗練された

nītēns → nītor[2]

niteō *2* nitēre, nituī, ── §108 **1.** 輝く，光る **2.** 輝いて見える，(美しさ，若さで)まばゆい，身なりが立派である **3.** つやつやしている，脂ぎっている，おい茂っている，豊かである **4.** 目立つ，有名である，洗練されている

nitēscō *3* nitēscere, ──, ── §109 〔niteō〕 輝き始める，光り始める，つやつやとしてくる，おい茂ってくる

nītī → nītor

nitidē 副 〔nitidus §67(1)〕 輝いて，明るく，優雅(ゆう)に，しゃれて

nitidus *a.1.2* nitid-a. -um §50 〔niteō〕 (比)nitidior (最)nitidissimus **1.** 光る，輝かしい，明るい，晴れた **2.** 若さ・美しさでまばゆい，美しい，立派な，身ぎれいな，目立つ，有名な **3.** つやつやした，よく肥えた，おい茂った **4.** すぐれた，洗練された，優雅

nitor[1] *m.* nitōris *3* §26 〔niteō〕 **1.** 光輝，陸離たる光彩 **2.** まばゆい若さ・美しさ，つややかなはだ，健康，繁茂 **3.** 身ぎれいな外観，優雅な作法 **4.** 洗練された文体 **5.** 赫々たる名声，品位，威厳

nītor[2] *dep.3* nītī, nīsus(nīxus) sum §§123(3), 125 **1.** 身を支える，もたれか

nitrum 504

かる **2.** たよりにする，信頼する，依存する **3.** 起き上る，もちこたえる，踏み出す，進む，登る **4.** 得ようと努める，尽力する，骨折る，切望する，陣痛をおこしている nixi genibus (9f11) 彼らはひざまずいて ～ in hastam 槍にすがって nitor in adversum 私は逆境に抵抗する（戦う）nituntur pennis in aere（鳥が）空中を飛んでいる（羽で身を支えている）ad sollicitandas (121.3 対) civitates nituntur 彼らは諸部族を煽動するために尽力する patriam recuperare (117.4) ～ 祖国をとりもどそうと骨折る

nitrum *n.* nitrī *2* §13 ＜νίτρον アルカリ類（水酸化ナトリウムなど）

nivālis *a.3* nivāle §54 ［nix］ **1.** 雪の，雪の多い，雪でおおわれた **2.** 雪のように白い，ひどく冷たい，氷のような

nivātus *a.1.2* nivāt-a, -um §50 ［nix］ 雪で冷やされた

nīve *j.* **1.** =**nēve 2.** あるいは，もし…でなければ

nive → nix

niveus *a.1.2* nive-a, -um §50 ［nix］ **1.** 雪の，雪のように白い，冷たい，雪におおわれた **2.** 白衣をまとった

nivōsus *a.1.2* nivōs-a, -um §50 ［nix］ 雪で一杯の，雪の多い，多くの雪をもたらす

nix *f.* nivis *3* §23(2) 雪

Nīxī *m.pl.* Nīxōrum *2* §13 ［nītor］ 分娩を助ける神々

nīxor *dep.1* nīxārī, —— §123(1) ［nītor］ **1.** もたれる，よりかかる **2.** 骨折る，努力する

nīxus → nītor

nīxus *m.* nīxūs *4* §31 ［nītor］ 烈しい身体上の努力，陣痛

nō *1* nāre, nāvī, —— §106 泳ぐ，浮き漂う，帆走する

nōbilis *a.3* nōbile §54 ［nōscō］（比）nobilior （最）nobilissimus **1.** 周知の，目立つ，明白な，著名な **2.** 高貴な（生れの），名門の（出の），貴族の **3.** すぐれた，卓越した，立派な **4.** 悪名高き，悪い噂のある eis non sum nobilis 私は彼ら

と面識がない aliud ejus facinus nobile 彼のもう一つの悪名高い罪業

nōbilitās *f.* nōbilitātis *3* §21 ［nōbilis］ **1.** 著名，名声，賞賛 **2.** 高貴な生れ，身分，貴族，名門 **3.** 優秀，卓越，気高さ，高潔（な心），雅量

nōbiliter 副 ［nōbilis §67(2)］ 見事に，秀でて，すぐれて，立派に

nōbilitō *1* nōbilitāre, -tāvī, -tātum §106 世間に知らせる，有名にする

nōbīs → nōs

nōbīscum = cum nōbīs

nocēns *a.3* nocentis §58 ［noceō の現分］（比）nocentior （最）nocentissimus **1.** 有害な，有毒な **2.** 罪のある，罪を犯した，よこしまな，不正な

noceō *2* nocēre, nocuī, nocitum §108 害する，傷つける，損害を与える，に邪魔となる，有害である Caesaris ira mihi (9d1) nocuit 皇帝の怒りが，私に損害を与えた

nocitūrus → noceō の未分

nocīvus *a.1.2* nocīv-a, -um §50 ［noceō］ 有害な，危険な

noctifer *m.* noctiferī *2* §15 ［nox, ferō］ 宵の明星

noctilūca *f.* noctilūcae *1* §11 ［nox, lūceō］ 夜に光っているもの，月，燈火

noctivagus *a.1.2* nocti-vag-a, -um §50 ［nox, vagus］ 夜にさまよい歩く

noctū 副 =**nocte** (9f19) ［nox］ 夜に，夜間に

noctua *f.* noctuae *1* §11 ［sc.avis］ フクロウ

nocturnus *a.1.2* nocturn-a, -um §50 ［noctū］ **1.** 夜の，夜間の **2.** 夜になされる，夜に仕事をする，徘徊する

nocuus *a.1.2* nocu-a, -um §50 ［noceō］ 有害な

nōdō *1* nōdāre, -dāvī, -dātum §106 ［nōdus］ 結び合わせてこぶをつくる，結び目をつくる

nōdōsus *a.1.2* -dōsa, -dōsum §50 ［nōdus］ **1.** こぶ（ふし）だらけの **2.** もつれた，紛糾した **3.** ひねくれた，狡猾な **4.** 関

nōna

節(かん)の強直した

nōdus *m.* nōdī *2* §13 **1.** 結び(目), こぶ, 節(ふし), 関節 **2.** 結びひも, なわ, 絆(きずな) **3.** もつれ, 困難, 紛糾, 障害 dum hic nodus expediatur この難問が解決されるまで

noenum (**noenu**) 副 (古) = **non** [nē, unum]

Nōla *f.* Nōlae *1* §11 カンパーニアの町

Nōlānus *a.1.2* Nōlān-a, -um §50 Nōla の

nōlō 不 規 nōlle, nōluī, —— §154 [nē, volō] **1.** 欲しない, 望まない **2.** (与える, 受けとること)拒む, 断わる nolo eum abire=nolo [ut] abeat 私は彼が立ち去るのを欲しない noli (nolite) putare (否定の命令)思うな jam ego nolo argentum 今はもう, 私は金はいらない nollem (116.1) tibi visa fuissem! 私(女)はあなたに見られていなかったらよかったのに!

Nomades *m.pl.* Nomadum *3* §21 遊牧民, 流浪の民

nōmen *n.* nōminis *3* §28 **1.** 名, 名前, 名称, 言葉 **2.** 氏(族)名, 民族名, 国名, 個人名, 家名 **3.** 名目, 見せかけ, 名義, 口実, 理由 **4.** 呼名, 名声, 権威, 称号 **5.** 債務者(名), 借金, 告訴 mulier Lamia nomine (9f3) ラミアという名の女 amicitiae nostrae nomine (9f11) 我々の友情の名(権威)において honestis nominibus 立派な口実の下に hoc nomine (9f15) damnari この故に(理由で)断罪される meo nomine 私個人としては, 私のために nomen persolvere 借金を払う deferre nomen alicujus de parricidio ある人を親殺しの嫌疑で法廷に告発する fons, cui (9d6) nomen (同格) Arethusa est アレトゥーサという名の泉 nomen Arcturo (mihi に牽引された) est mihi 私の名はアルクトゥールス tibi nomen insano (insanum が tibi に牽引され) posuere 彼らはお前を狂人と呼んだ

nōmenc(u)lātor *m* nōmen-clātōris *3* §26 名告げ人(主人に付き添って, 会う人の名前を教える奴隷)

Nōmentānus *a.1.2* -āna, -ānum §50 Nōmentum の

Nōmentum *n.* Nōmentī *2* §13 ラティウム地方の町

nōminātim 副 [nōminō] 名ざして, 一つ(一人)ずつ, ことさらに, 特に, はっきりと, 詳しく

nōminātiō *f.* nōminātiōnis *3* §28 [nōminō] 指名, 推薦(候補者), 名称

nōminitō *1* nōminitāre, -tāvī, -tātum §106 [nōminō] 名を呼ぶ, 命名する

nōminō *1* nōmināre, -nāvī, -nātum §106 [nōmen] **1.** 名づける, 命名する **2.** 名ざす, 名で呼ぶ, あげる, 言及する, 述べる **3.** 指名する, 推薦する, 任命する, 有名にする **4.** 告発する

nomisma *n.* nomismatis *3* §41.2 <νόμισμα **1.** 貨幣, 硬貨 **2.** 引換券(騎士が劇場に入るさい受け取る札で, それでブドウ酒などと交換する)

nōn 副 …でない, 決して…でない **1.** 述部(例外もあるが)にあって, 否定する語の直 前 non amo te, Sabidi, nec (=et non) possum dicere quare サビディウスよ, 私はあんたが嫌いだ, その理由は云えないが non est vivere (117.1) sed valere vita est 人生は生きることではなく, 健康であることだ (n.b.) potes non reverti あなたは帰れないかも non potes reverti あなたは決して帰れない felix non erat 彼は幸福ではなかった non felix erat 彼は幸福どころではなかった **2.** 同一文中での二つの否定語は, 肯定か強い肯定※ nemo non didicisse mavult quam discere みんな学ぶことより学んだことを好む non ignara mali (9c9) miseris succurrere disco 私(女)は不幸をよく知っているので, 哀れな人に手をさしのべる術を心得ている ※しかし ne…quidem, nec…nec… がつづくとき, その否定は生きる non possum reliqua nec cogitare nec scribere 後のことは考えることも書くこともできない **3.** de bono oratore aut non bono 立派な演説家, 下手な演説家について non amicus 敵

nōna (*sc.*hōra) *f.* nōnae [nōnus]

Nōnae 506

1 §11 第9時 §185 以下

Nōnae *f.pl.* Nōnārum *1* §§11, 46 (イ), 180 Idus の前の九日目(3, 5, 7, 10 の各月は7日, 他の月は5日となる)

nōnāgēsimus 数 nōnāgēsim-a, -um §101 第90の

nōnāgiē(n)s 数副 §101 90倍, 90度

nōnāgīntā 数 §101 90

nōndum 副 まだ…でない

nōngentī 数 nōngent-ae, -a §§50, 101 900

nōnne 疑副 …ではないのか(肯定の答えを予期した問いかけ) nonne meministi? お前は覚えていないのか

nōnnēmō → nēmō

nōnnihil = **nōnnīl** *n.* 無 **1.** いくらか(の量), 少なからざる数量 **2.** ある程度, 多少とも

nōnnūllus 代形 nōn-nūlla, -nūllum §93 (単)いくらかの, 多くの (複)幾人かの人, 多くの人たち

nōnnumquam 副 = nōn numquam たびたび, ときどき

nōnus 数 nōn-a, -um §§50, 101 第9の

nōram, nōrim = nōveram, nōverim §161 注

Nōricum *n.* Nōricī *2* §13 ローマの属州(今日のオーストリアの一部)

norma *f.* normae *1* §11 **1.** 定規, 曲尺(かね) **2.** 標準, 規範

nōs 人代 §71 強調形 nosmet(主), nobismet(与) **1.** 我々, 私達 **2.** 私の代用(手紙, 著作の中で作者が自分について, または, 公文書, 演説の中で同階層・同郷の人を代表して発表者が, 自分に用いる)

nōscitō *1* nōscitāre, -tāvī, -tātum §106 確認しようと努める, 詳しく調べる, 見分けがつく, 認める, 知る, わかる

nōscō *3* nōscere, nōvī, nōtum §§109, 161 **1.** 知る(に至る), 学び知る, 知り合いになる, わかる **2.** (完 §161)知っている, 面識がある, 精通している **3.** 承認する, 理解する, 審理する, 認める

noscere hostem clamore (9f11) magis quam oculis 目でよりも叫び声で敵を知るに至る virtutem ne de facie quidem nosti お前は美徳を, その外観すらも知っていない tollat te, qui non novit お前を知らないものがお前をほめるのだ(お前を知っている者はだまされないよ)

nōsmet nōs の強調形, 我々自身 → -met

noster 所代 nostra, nostrum §§52, 72 [nōs] 我々の, 私たちの, 我々に属する (名)**noster** *m.* nostrī *2* §15 我々に属する人, 身内, 部下 **nostra** *n.pl.* nostrōrum *2* §13 我々のもの(財産)

nōstī, nōstis = nōvistī, nōvistis §161 注

nōstin = nōstine, nōvistine

nostrās *a.3* nostrātis §55 [noster] わが国の, 土着の, 国産の, わが国民の

nostrī, nostrum → nōs, noster

nota *f.* notae *1* §11 [noscō] **1.** (識別するための)印, 目印, 標識 **2.** 文字記号, 略字, 暗号, 速記文字 **3.** 覚え書, 控え, 註, 手紙 **4.** (貨幣)刻印, 銘刻, (奴隷・家畜)焼き印 **5.** 商標, はり札, 特質, 品質, 等級 **6.** 監察官が市民の名簿に記す譴責の印, 汚点, 烙印, 不名誉, 侮辱 **7.** (生れつきの)あざ, 入墨 **8.** 合図, 罰点, 句読点 per notas scribere 暗号で書く secundae notae (9c5) mel 二級の蜂蜜 ad cenam, non ad notam invito 私は夕食に招待するのであって, (客を)貶(おと)めるためではない

notābilis *a.3* notābile §53 [notō] (比)notabilior **1.** 注目すべき, 顕著な, 有名な, 悪評高い **2.** 知覚されやすい, 目立つ

notābiliter 副 §67(2) (比)notabilius 著しく, 目立って, はっきりと

notārius *m.* notāriī *2* §13 [nota] 速記者, 秘書

notātus *a.1.2* notāt-a, -um §50 [notō の完分] (比)notatius (最)notatissimus 著しい, 目立つ, 明らかな

nōtēscō *3* nōtēscere, nōtuī, ——
§109 知られる(ことになる), 有名になる,
名声を博する

nothus *a.1.2* noth-a, -um §50 <
νόθος **1.** 庶出の, 私生の (名)庶子
2. 雑種の **3.** にせの, 本物でない

nōtiō *f.* nōtiōnis *3* §28 [nōscō]
1. 知り合い(になること) **2.** (公的な)審理,
調査 **3.** 考え, 概念, 知識 quid tibi hanc
(9e12) notio est? お前がこの女と知り合
っているのはどういうわけか notiones ani-
madversionesque censorum 監察官た
ちの調査と譴責 forma et notio viri boni
善人の像と概念

nōtitia *f.* nōtitiae *1* §11 [nōtus]
1. 知ること, 知っていること, 知識, 精通,
周知, 面識, 親密 **2.** 知人, 通知, 消息
3. 名声, 評判 **4.** 考え, 概念

notō *1* notāre, notāvī, notātum
§106 [nota] **1.** 印(符号・記号)をつけ
る, 特徴で示す, 指示する, 目立たせる
2. 焼印(烙印)をおす, 汚名をきせる, とが
める, 譴責する, 罰する **3.** 書きとめる, 注
意する, 注目・観察する, 言及する nota-
re ungue genas 爪で頬をひっかく ～
numerum in cadentibus guttis 落ちる
雫の中でリズムを観察する quos censores
furti nomine notaverunt 監察官が泥棒
として(のかどで)譴責していた人々

nōtuī → nōtēscō

notus¹ (-tos) *m.* notī *2* §§13, 38
<νότος 南風, 風

nōtus² *a.1.2* nōt-a, -um §50 [nōscō
の完分] (比)notior (最)notissimus
1. 知られた, 有名な, 評判の, 悪名高い
2. 慣れた, いつもの, 親しい (名)**nōtī**
m.pl. nōtōrum *2* §13 知人 **nōta**
n.pl. nōtōrum *2* §13 世間周知の
事(実) aliquid notum alicui facere
(9e3) ある人にあることを知らせる

novācula *f.* novāculae *1* §11
かみそり, 庖丁, 小刀

novālis *f.* novālis *3* §19 =
novāle *n.* novālis *3* §20
[novus] 新開墾地, 休閑地, 耕地, 田
畑

novātrīx *f.* novātrīcis *3* §21
[novō] (万物を)新しく作り変える女(自
然)

novē 副 [novus §67(1)] 当世風に,
新しいやり方で

novellus *a.1.2* novell-a, -um §50
[novusの小] **1.** 若々しい, 新鮮な, 幼
い **2.** 新しい, 最近の

novem 数 §§98, 101 9

November *a.1.2* Novem-bris, -bre
§§51, 182 [novem] 古いローマ暦では
第9月, 新暦(179)では11月

novendecim 数 §§98, 101 19

noven(novem)diālis *a.3* noven-
diāle §54 [novem, diēs] **1.** 9日間
続く所の **2.** 死後9日目に行われる noven-
dialis cena 9日目の葬式の宴

novēnī 数 novēn-ae, -a §§101, 50
9ずつ (in) annis novenis 9年目ごとに
virgines ter novenae 9人ずつの少女の
三つの群

noverca *f.* novercae *1* §11
[novus] 継母

novercālis *a.3* novercāle §53
[noverca] 継母(嘉)の, 継母特有の

nōverim, nōvisse, nōvissem →
nōvī §161

nōvī → nōscō の完了形 §161

novīcius *a.1.2* novīci-a, -um §50
[novus] **1.** 新しい, 新奇の, 流行の **2.** 新
しく購入した, 新参の(奴隷)

noviē(n)s 数副 §101 9倍

novissimē 副 [novēの最] 最近, 近
頃, 最後に, 遂に

novissimus *a.1.2* novissim-a, -um
§50 [novusの最] **1.** 最近の, 最新の
2. 最終の, 最後の, 終局の, 最期の **3.** 最
後部(列)の, 一番あとの **4.** 先端の, 極端
の **5.** 最低の, 最高の novissimum ag-
men 後衛, しんがり novissima cauda
尻尾の先端

novitās *f.* novitātis *3* §21
[novus] **1.** 新しさ, 新しいこと, 独創
性, 斬新さ **2.** 異常なこと, 珍しいこと, 新
奇, 不意打ち **3.** 新人の状態, 新貴族

novō *1* novāre, -āvī, -ātum §106

［novus］ **1.** 新しくする，新しく作り変える，新しい姿形を与える **2.** 新しく見つける，創造する，発明する **3.** 新しくとりかえる，交換する，改める，再生させる，変える，始める **4.** 刷新する，改革する，反乱をおこす **5.** 新鮮にする，さわやかにする，元気づける ager novatus 新しく耕された畑 animus defessus risu novatur 疲れた気持ちが笑いによって元気づけられる

novus *a.1.2* nov-a, -um §50 （比）novior （最）novissimus **1.** 新しい，若い，新鮮な，最近の **2.** 前例のない，珍しい，未知の，不思議な，異常な，奇妙な，見なれない res novae 政治上の革新・革命 tabulae novae 新しい会計簿（未払いの借金の免除）novus homo 新人・新参，（貴族の出でなく，独力で高官（執政官）に即いた人

nox *f.* noctis *3* §24 **1.** 夜，夜間，晩，夕べ，宵 **2.** やみ，暗黒 **3.** 不明，曇り，混濁 **4.** 夜の休息，ねむり，夜のしじま **5.** 死，死の暗黒，地獄の闇 **6.** 盲目，無分別，無知 **7.** 不幸な，悲しい状況（状態）**8.** 夜の乱痴気騒ぎ，夜の愛欲 de nocte （＝nocte 9f19）夜に multa (de) nocte 夜おそく ad multam noctem 夜おそくまで sub noctem 夕暮に，初更に diem noctemque （＝nocte dieque）夜を日に継いで（休まず）nox aeterna 死 noctis (9c1) avis フクロウ omnes una manet nox すべての人を待っているのはった一つの夜だ（永遠の夜，死）doleo me in hanc rei publicae noctem incidisse 私は国家のこのような不幸な状態の中に陥ったことを深く悲しんでいる

noxa *f.* noxae *1* §11 ［noceō］ **1.** 加害（行為），損害 **2.** 過失，罪 **3.** 罰 noxae (9d7) esse alicui ある人の害となる，人に害を加える in noxa esse 罪を犯している aliquem exsolvere noxā (9f7) ある人の罪を免じる alicui noxae (9d7) dedi (dedere の受不）処罰のため，ある人に手渡される

noxia *f.* noxiae *1* §11 ［noxius］ **1.** 罪，違反，侵害 **2.** 損害，迷惑

noxiōsus *a.1.2* -ōsa, -ōsum §50

［noxius］ （最）noxiōsissimus 有害な，有罪の，罪を犯した

noxius *a.1.2* noxi-a, -um §50 ［noxa］ **1.** 罪のある，罪を犯した **2.** 有害な eodem crimine (9f12) noxii 同じ罪で有罪と（判決）されたものたち noxius conjurationis (9c13) 陰謀の罪を犯した者

nūbēcula *f.* nūbēculae *1* §11 ［nūbes の小］ **1.** 小さな雲 **2.** 暗い表情 **3.** かげり，陰影（いん），目のかすみ

nūbēs *f.* nūbis *3* §19 **1.** 雲，曇天 **2.** 暗雲，暗黒，夜の帳（とばり），覆い **3.** 砂煙，黄塵，雲霞の如き大群，群 **4.** かげり，暗影，心の曇り，悲哀の影 **5.** 風雲，嵐の兆し，動乱，災厄 nube (9f18) solet pulsā candidus ire dies 雲が散るといつも輝かしい日が訪れるものだ deme supercilio (9f7) nubem 額から憂いの影をとりのぞけ obicere nubem fraudibus 悪だくみに覆いを投げる（かくす）

nūbifer *a.1.2* nūbi-fera, -ferum §51 ［nūbēs, ferō］ 雲を運ぶ，雲をいただいた

nūbigena *c.* nūbigenae *1* §11 ［nūbēs, gignō］ 雲から生れたもの，雲の子，Centaurus

nūbilis *a.3* nūbile §53 ［nūbō］ 結婚できる，婚期に達した

nūbilum *n.* nūbilī *2* §13 ［nūbilus］ 雲，曇天

nūbilus *a.1.2* nūbil-a, -um §50 ［nūbēs］ **1.** 雲をもたらす，曇った，雲でおおわれた **2.** 暗い，かげった，陰気な，憂鬱な，悲しい，不幸な，不吉な via nubila taxo (9f11) イチイの木陰で暗い道 Ceres nubila vultu (9f3) ふさぎ込んだ顔のケーレス女神

nūbō *3* nūbere, nūpsī, nūptum §109 結婚する dare alicui filiam nuptum (120.1) ある人と娘を結婚させる

nucis → nux

nuc(u)leus *m.* nuc(u)leī *2* §13 ［nux の小］ **1.** 堅果の仁（じん），くるみの実 **2.** 果肉の種（たね）**3.** 核 qui e nuce nucleum esse volt, nucem frangit くるみ

から実を食べたいと思う者は，くるみの殻を割る(喜ぶためにはその準備が必要)

nūdius 副 [nunc, dius＝diēs] 今日で…何日目(序数詞と) nudius tertius 今日で三日目＝一昨日(cf.§181注)

nūdō 1 nūdāre, nūdāvī, nūdātum §106 [nūdus] **1.** 裸にする，覆いをはぐ，むく，取り除く，奪う **2.** さらす，むき出しにする，露出させる，暴露する，明るみに出す **3.** 攻撃にさらす，無防備にする，建物などをからにする ～ gladium 刀を抜く murum defensoribus (9f7) ～ 城壁(から)を防御者(を)から(取り除く)裸にする ingenium res adversae nudare solent, celare secundae 逆境は才能を明るみに出し，順境はかくすのが常である

nūdus a.1.2 nūd-a, -um §50 **1.** 裸の，露出した **2.** 奪われた，はがれた，無一物の，貧しい，哀れな，空の **3.** 無防備な，毛髪のない **4.** 単純な，飾らない pedibus nudis 裸足(はだし)で nudus membra (9e9) 手足をあらわにした(人) nudus ensis 抜身 urbs nuda praesidio (9f17) 無防備の町

nūgae f.pl. nūgārum 1 §11 **1.** くだらぬもの，無価値なもの，たわごと，駄弁，つまらぬもの **2.** ろくでなし，ふざける人，道化師

nūgātor m. nūgātōris 3 §26 [nūgor] 駄弁を弄する人，ふざける人，うそつき，ほら吹き

nūgātōrius a.1.2 nūgātōri-a, -um §50 [nūgātor] つまらない，取るに足らぬ，くだらない，軽薄な，馬鹿げた

nūgor dep.1 nūgārī, nūgātus sum §123(1) **1.** ふざける，冗談を言う，からかう **2.** だます，あざむく

nūllī, nūllīus → nūllus §94

nūllus 代形 nūll-a, -um §§94, 93注2 [ne-, ūllus] **1.** 誰(いかなる人)も…ない，何(いかなるもの)も…ない，少しも・決して…ない，存在しない **2.** つまらぬ・無価値・無意味な人・もの nulli parietes nostram salutem, nullae leges custodient いかなる城壁も，いかなる法律も，我々の安全を守らないだろう si nulli sint

(116.9) dii もし神々が存在しなければ nullus sum 私はもうだめだ nullus non 誰もかれもみんな non nullus 少なくない人が，多くの人が (n.b.) nullus が nemo の，nullum が nihil の代りに用いられることもまれにある nullo hostium sustinente 敵は誰一人抵抗しないので praeter laudem nullius (9c13) avari 賞賛以外にはいかなるものにも貪欲でない(人ら)

num 疑副 **1.** (否定の答えを予期する質問で)…か，するのか(しばしば quis, quid を伴う)一体誰が…か，一体何が…(あるの)か num me reprehendere audes? お前は私を非難できるのか num quid vis? まだ何が欲しいのか **2.** (間接疑問中で)…かどうか dic, num fidem ei habeas (116.10) お前は彼を信頼しているのかどうか言ってくれ

Numa m. Numae 1 §11 ローマの二代目の王(Numa Pompilius)

Numantia f. Numantiae 1 §11 ヒスパーニア・タッラコーネーンシスの町

Numantīnus a.1.2 Numantīn-a, -um §50 Numantia の

nūmārius, nūmātus → numm...

nūmen n. nūminis 3 §28 [nuō] **1.** うなずき，意思表示 **2.** 神の意思，摂理，支配 **3.** 神性，神の威厳，神(の存在)

numerābilis a.3 numerābile §54 [numerō] 数えられる，数え易い

numerātum n. numerātī 2 §13 現金

numerātus a.1.2 numerāt-a, -um §50 [numerō の完分] 即金で支払われた，現金の

numerō 1 numerāre, -rāvī, -rātum §106 [numerus] **1.** 数える，計算する **2.** 支払う **3.** みなす，思う ～ stipendium militibus 兵士に給料を支払う divitias in bonis non numerare 富を幸福の中に入れない ～ aliquid in beneficii loco あることを善行とみなす

numerōsē 副 §67(1) (比)numerosius (最)numerosissime 沢山に，おびただしく，たっぷりと，多様に，拍子をとって，調子よく

numerōsus *a.1.2* numerōs-a, -um §50 [numerus] (比)numerosior (最)numerosissimus **1.** 多数の, 大勢の, 多種多様の, 豊富な **2.** 調子のよい, 律動的な, 旋律の美しい

numerus *m.* numerī *2* §13 **1.** 数, 一定の数 **2.** 多数, 大勢 **3.** 意義, 価値, 等級, 順位, 身分, 地位 **4.** 部分, 成分, 要素, 種目 **5.** リズム, 拍子, 諧調, 韻律, 旋律, 詩, 詩脚, メロディ **6.** (*pl.*)部隊, 集団 **7.** (*pl.*)算術, 占星術 equites, quindecim milia numero (9f3) その数一万五千の騎兵 in numerum deorum referre 神の一人とみなす aliquem aliquo numero (9f10) putare ある人を相当な人物とみなす (in) obsidum numero missi 人質として(の代りに)送られてきた(者たち) nos numerus sumus 我々は雑魚(ざ)だ omnes numeros virtutis continere 美徳のあらゆる要素を包含している numeri graves 英雄叙事詩(の韻律)

Numidae *m.pl.* Numidārum *2* §11 ヌミディア人

Numidia *f.* Numidiae *1* §11 北アフリカの国, 後年ローマの属州

Numidicus *a.1.2* Numidic-a, -um §50 **1.** Numidia の **2.** 綽名(ヌミディア征服者)

nūmina → nūmen

numisma = nomisma

Numitor *m.* Numitōris *3* §26 アルバの王

nummārius *a.1.2* nummāri-a, -um §50 [nummus] **1.** 硬貨の, 金銭の, 金に関する **2.** 買収される, 賄賂のきく

nummātus *a.1.2* nummāt-a, -um §50 [nummus] (比)nummatior 金持の, 裕福な

nummulārius *m.* -lāriī *2* §13 [nummulus] 銀行家, 両替屋

nummulus *m.* nummulī *2* §13 [nummus の小] 貨幣, わずかな金

nummus *m.* nummī *2* §§13, 195 <νόμος (*pl.gen.*nummūm=nummōrum §14 注1) **1.** 金, 貨幣 **2.** 銀貨

3. セステルティウス quinque milia nummum (9f9) 5000 セステルティウス in nummo 現金で quisquis habet nummos, secura navigat aura (9f18) 金を持っている者はみな順風で航海する(地獄の沙汰も金次第)

numquam = **nunquam** 副 [nē, unquam] かつて…したことがない, 一度も…ない, 決して…ない, 絶対に…しない

numquid 副 [num+quis²] 本当に可能か, 確かにか, scire velim numquid necesse sit. それが果して必要かどうか私は知りたい

nunc 副 **1.** 今, 目下, 現在 **2.** そのとき (過去) **3.** 現状では, 今のところ **4.** nunc …nunc, nunc…modo… あるときは…またあるときは nunc est bibendum (147) 今こそ酒を飲むべきときだ

nunciam 副=nunc jam 今すぐ, 直ちに, 今こそ

nuncupātiō(nūn- ?) *f.* nuncupātiōnis *3* §28 [nuncupō] 公に(あるいは儀式に則って)宣言, 宣誓, あるいは指名すること

nuncupō(nūn- ?) *1* nuncupāre, -pāvī, -pātum §106 **1.** 呼ぶ **2.** 指名する **3.** 公告する, おごそかに宣告する

nūndinae *f.pl.* nūndinārum *1* §11 (*sc.*fēriae) [novem, diēs] **1.** 9日目ごとに立つ市の日, 市, 市場, (ローマでは, 市の日(1)を加えて計算した. 1+7+1, 7は労働日) **2.** 取引, 商売

nūndinātiō *f.* nūndinātiōnis *3* §28 [nūndinor] 取引, 商売

nūndinor *dep.1* nūndinārī, -nātus sum §123(1) [nūndinae] **1.** 市場で売り買いする, 商売する, 不正な取引をする **2.** 大勢が集まる

nundinum *n.* nundinī *2* §13 二つの市の間の期間, 8日間 inter nundinum 9日以内 trinum nundinum 三つの市の間の期間, 24日間

nunquam = **numquam**

nūntia *f.* nūntiae *1* §11 [nūntius の f.] 女性の使者(ゆ), 報告者

nūntiātiō *f.* nūntiātiōnis *3* §28

nympha

[nūntiō] **1.** 卜鳥官による鳥占いの結果の告知, 発表 **2.** 通告, 宣告

nūntiō *1* nūntiāre, -tiāvī, -tiātum §106 **1.** 知らせる, 告げる, 報告する, 述べる **2.** 命ずる, 指示する qua re nuntiata (9f18) そのことが告げられ(知らされ)ると nuntiatum est nobis a Varrone venisse eum (117.5) Roma (70) 我々の所へヴァッロから知らせが入った, 「彼がローマから到着した」と

nūntius *a.1.2* nūnti-a, -um §50 知らせる所の, 告げる prodigia malorum nuntia 不幸を告げる前兆

nūntius *m.* nūntiī *2* §13 **1.** 使者, 報告者, 配達夫 **2.** 知らせ, 報告, 消息, 指示 nuntium alicui remittere 誰々に離縁状を送る, 離婚する

nūper 副 (最)nuperrime 最近, 近頃, この間, 先日

nūpsī → nūbō

nūpta *f.* nūptae *1* §11 既婚の女, 妻, 花嫁

nūptiae (**-u-** ?) *f.pl.* nūptiārum *1* §11 [nūbō] 結婚, 結婚式

nūptiālis *a.3* nūptiāle §54 [nūptiae] 結婚の, 婚礼の, 夫婦の

nūptus *a.1.2* nūpt-a, -um §50 [nūbō の完分] 結婚した, 既婚の

nurus *f.* nurūs *4* §31 **1.** 義理の娘, 嫁 **2.** 若い女

nusquam (**nū-** ?) 副 [nē, usquam] どこにも…ない, どこでも…しない, どこからも…ない inhiat quod nusquam est 彼はどこにもないものをむやみにほしがる

nūtātiō *f.* nūtātiōnis *3* §28 ゆれ, 振動, 動揺(どうよう)

nūtō *1* nūtāre, -tāvī, -tātum §106 [nuō] **1.** 何度もうなずく, (頭を動かして)同意する, 命じる **2.** ゆれる, ふらつく, ぐらつく, よろめく, ためらう, 迷う

nūtrīcius *m.* nūtrīciī *2* §13 [nūtrix] 養育者, 家庭教師, 師傅(しふ)

nūtrīcō *1* nūtrīcāre, -cāvī, -cātum §106 =**nūtrīcor** *dep.1.* nūtrīcārī, -cātus sum §123(1) [nūtrix] 乳を飲ませる, 養育する, 養う, 育てる, 飼育する

nūtrīcula *f.* nūtrīculae *1* §11 [nūtrix の小] 乳母, 養育する女

nūtrīmen *n.* nūtrīminis *3* §28 =**nūtrīmentum** *n.* nūtrīmentī *2* §13 [nūtriō] **1.** 滋養物, 食物 **2.** 哺乳, 養育, 保育

nūtriō *4* nūtrīre, -trīvī(-triī), -trītum §111 =**nūtrior** *dep.4.* nūtrīrī, —— §123(4) **1.** 乳を飲ませる, 食物を与える, 養う, 育てる, 飼育する, 栽培する **2.** 世話をする, 看護する, 保護する, 保存する nutritus in armis 干戈の間に育てられた simultatem ～ 憎しみを抱く pacem ～ 平和を保つ

nūtrīx *f.* nūtrīcis *3* §21 [nūtriō] **1.** 乳母, 乳を飲ませる女 **2.** (*pl.*)乳房, 女の胸 **3.** 養い育てるもの(国, 動物) tellus nutrix leonum ライオンの生息している土地

nūtrītus → nūtriō

nūtus *m.* nūtūs *4* §31 [nuō] **1.** うなずくこと **2.** 同意, 承諾, 意思表示 **3.** 重力

nux *f.* nucis *3* §21 **1.** 堅果(くるみ, アーモンドなど), 堅果の実 **2.** 堅果の木(くるみの木など) nuces relinquere くるみの遊びをやめる(子供っぽいものは捨てる)

nympha *f.* nymphae *1* §11 = **nymphē** *f.* nymphēs *1* §37 < νύμφη **1.** 山, 森, 野原, 泉, 川などに住む半神半人の若くて美しい自然の精, ニンフ **2.** 若い美しい妻・女 **3.** 水

O

O, o §1 略記として o = omnis, opti-mus

ō 間 歓喜, 驚嘆, 願望, 悲哀, 怒りの表現 呼, 対, 主と, まれに属と共に用いられる o mi Furni おお, わがフルニウスよ o vir fortis おお, 勇敢な男よ o me perditum (9e10) ああ, 私はもうだめだ o si 又は o utinam …であればいいのに

ob 前 **A.** 合成動詞の接頭辞として 対立, 直面, 対抗, 反対の意をもつ §176 **B.** (対格と) **1.** の方へ, へ向って **2.** の前に, 前面で **3.** のために, の理由で **4.** の結果, に刺戟され, のはずみで **5.** 報い(罰)として, 報酬(返礼)として, 代金(借金・税)を支払うために **6.** の目的で, するつもりで tela ob moenia offere 槍を城壁に向って投げる ob oculos 目の前で ob eam causam そのために ob id (ob hoc) そのために ob amicitiam servatam 友情を保つために ob rem 有効に, 役に立って ob suam partem 自分の責任で, 自分の利益のため ob asinos ferre argentum ロバの代金を支払うために金を持参する ego pretium ob stultitiam fero 私は自分の愚かさ故に罰を受けるのだ

obaerātus *a.1.2* ob-aerāt-a, -um §50 [ob, aes] 負債のある, 借金で首の回らぬ

obaerātus *m.* obaerātī *2* §13 債務者

obambulō *1* ob-ambulāre, -lāvī, -lātum §106 向かって歩く, 近くをうろつき回る

obarmō *1* ob-armāre, -māvī, -mātum §106 敵に対して武装させる

obarō *1* ob-arāre, -arāvī, -arātum §106 鋤(すき)起こす

obc- → occ-

obditus → obdō

obdō *3* ob-dere, -didī, -ditum §109. 注 **1.** 妨げになるように前におく, ふさぐ, しめる **2.** 前にさらす pessulum ostio ～ 戸に門(かんぬき)をさす

obdormiō *4* ob-dormīre, -dormīvī, -dormītum §111 **1.** 寝入る, ぐっすりと眠る **2.** 死ぬ

obdormīscō *3* -mīscere, -dormīvī, -dormītum §109 = **obdormiō**

obdūcō *3* ob-dūcere, -dūxī, -ductum §109 **1.** に向けて導く, 前に進める, のばす **2.** ひろげる, おおう, 包む, かくす **3.** ふさぐ, 癒す, 守る **4.** ちぢめる, ひそめる, 曇らす **5.** 呑み込む fossam ～ 濠を掘り進める tenebras clarissimis rebus (9d4) ～ 明々白々たる事実の上に闇をひろげる(事実を闇で包む) cicatrix rei publicae (9d) obducta 国家の上に傷痕がひろがる(国家の傷が癒える) frons obducta 額をくもらせて dolor obductus 苦悩が癒されて venenum ～ 毒を飲み込む

obductiō *f.* obductiōnis *3* §28 [obdūcō] おおい隠すこと(処刑前に首を包む)

obductus → obdūcō

obdūrēscō *3* ob-dūrēscere, -dūruī, —— §109 [dūrus] **1.** 堅くなる, 固まる **2.** 無情・冷酷となる, 鈍感となる

obdūrō *1* ob-dūrāre, -dūrāvī, -dūrātum §106 かたくなになる, 固執する, 強情をはる, 耐える

obed- → oboed-

obeō 不規 ob-īre, -iī (-īvī), -itum §156 **A.** (自) **1.** に向かって行く, 立ち向う **2.** 死ぬ, 沈む **B.** (他) **1.** 会いに行く, 近づく, 尋ねる, 達する **2.** とりかかる, 従事する, 果す, 履行する **3.** とり巻く,

囲む，包む omnes civitates oratione
(9f11) ～ あらゆる町を談話の中で尋ねる
（さっと言及する）oculis ～ さっと目を通
す negotium ～ 仕事をなしとげる diem
supremum ～ 死ぬ chlamydem limbus
obibat aureus 黄金のふち飾りがマントを
ふちどっていた

obequitō *1* ob-equitāre, -tāvī, -tātum
§106 馬にのって前へ進む

oberrō *1* ob-errāre, -rāvī, -rātum
§106 **1.** あちこちと道に迷う，あてどなく
歩く **2.** しくじる，へまをやる **3.** （目の前に）
ちらつく

obēsus *a.1.2* ob-ēs-a, -um §50
[(ob-)edō の完分] **1.** 肥満した，まるま
る太った **2.** 鈍感な，粗野な homo naris
obesae (9c5) 嗅覚の鈍い男

obex *c.* obicis *3* §21 [obiciō]
1. 横木，かんぬき **2.** 障害物，塁壁，土
手，堤防

obf- → off-

obfuī → obsum

obfutūrus → obsum

obhaerēscō *3* ob-haerēscere, -haesī,
-haesum §109 しがみついている，固
着(付着)している

obiciō (objiciō) *3b* ob-icere, -jēcī,
-jectum §110 [ob, jaciō] **1.** 前に投
げる **2.** （妨害物として）前におく，対抗
せる **3.** 身をさらす **4.** 中に投げ込む，吹き
込む **5.** 非難する，ののしる cibum canibus
～ 犬の前に食物を投げる se hostium
telis ～ 敵の投槍に身をさらす carros pro
vallo ～ 荷車を堡塁の代わりとして前にお
く objicit mihi me ad Baias fuisse 彼は
私がバイヤエの近くにいたと言って私を非
難する alicui spem ～ 人に希望を吹き込
む

obicis → obex

obiēns → obeō

obiī → obeō

obīrāscor *dep.3* ob-īrāscī, -īrātus
sum §123(3) に対して腹を立てる，怒
る

obiter 副 **1.** 途中で **2.** 通りがかりに，つ
いでに，偶然に **3.** 即座に

obitūrus → obeō

obitus → obeō

obitus *m.* obitūs *4* §31 [obeō]
1. 近接，訪問 **2.** （天体の）沈むこと，日没
3. 死，絶滅

obīvī → obeō

objaceō *2* ob-jacēre, -jacuī, ――
§108 **1.** すぐそばに（前に）よこたわってい
る **2.** 邪魔している **3.** さらされている

objēcī → objiciō

objectātiō *f.* objectātiōnis *3* §28
[ob-jectō] 非難，叱責

objectō *1* ob-jectāre, -tāvī, -tātum
§106 [obiciō] **1.** 前に投げる，おく，対
抗させる **2.** （危険に）さらす **3.** 非難する，
責める ～ caput fretis (海鳥が)頭を海の
中に突っ込む

objectum *n.* objectī *2* §13
1. 非難，告発 **2.** 目的物，対象

objectus *a.1.2* object-a, -um §50
[obiciō の完分] **1.** 前に横たわっている，
向かい合った **2.** さらされている

objectus *m.* objectūs *4* §31
[obiciō] 前におくこと，対抗させること，
障害物，障壁

objiciō = obiciō

objūrgātiō *f.* objūrgātiōnis *3*
§28 [objūrgō] 非難，叱責

objūrgātor *m.* objūrgātōris *3*
§26 [objūrgō] 非難する人，譴責者

objūrgātōrius *a.1.2* objūrgātōri-a,
-um §50 [objūrgātor] 叱る，非難
の，批判した

objūrgō *1* ob-jūrgāre, -gāvī, -gātum
§106 叱る，とがめる，非難する，いさめ
る，諌止する，懲らしめる，匡正する ～
me a peccatis 私をいさめて過ちを思いと
どまらせる

oblātus → offerō

oblectāmen *n.* oblectāminis *3*
§28 [oblectō] 慰め，（楽しみの）手段
（みなもと），気晴らし，娯楽

oblectāmentum *n.* oblectāmentī
2 §13 [oblectō] 慰め，（楽しみの）手
段（みなもと），気晴らし，娯楽

oblectātiō *f.* oblectātiōnis *3* §28

oblectō 514

[oblectō] 楽しませる(慰める)行い，慰安

oblectō *1* ob-lectāre, -tāvī, -tātum §106 **1.** 喜ばせる，楽します，慰める **2.** 楽しく暮す in eo me oblecto 彼が私の喜びである studio (9f11) lacrimabile tempus ～ 悲しい時を勉強で慰めながらすごしている

oblēniō *4* oblēnīre, ——, —— §111 和らげる，静める

oblēvī → oblinō

oblīcus → oblīquus

oblīdō *3* ob-līdere, -līsī, -līsum §109 [ob, laedō §174(2)] 強くしめつける，絞め殺す，窒息させる

obligātiō *f.* obligātiōnis *3* §28 [obligō] 契約，保証，義務

obligō *1* ob-ligāre, -ligāvī, -ligātum §106 **1.** 縛りつける，結ぶ，(傷)包帯する **2.** 束縛する，拘束する，責任・義務を負わせる，罪の責めを負わせる **3.** 担保(抵当)に入れる aliquem sibi liberalitate ～ ある人を恩恵を施して自分に結びつける votis (9f11) caput ～ 頭(命)を誓約で縛る(頭にかけて誓う) Prometheus obligatus aliti (9f11) 鳥(ワシ)の餌食になる刑を宣告されたプロメーテウス cum populum Romanum scelere obligasses (114.3) お前はローマ国民をおのれの罪の共犯者とした後

oblīmō *1* oblīmāre, -māvī, -mātum §106 [līmus] **1.** 泥でおおう，みたす，泥土で埋める **2.** 浪費する

oblinō *3* ob-linere, -lēvī, -litum §109 **1.** (土，油などを)ぬりつける，なすりつける **2.** (粘土・ピッチで樽の)口をふさぐ **3.** よごす，けがす **4.** おおう，みたす，積みかさねる oblitus faciem (9e9) suo cruore 自分の血で顔を汚した(人) villa oblita tabulis pictis 壁が絵画でおおわれた別荘

oblīquē 副 [oblīquus §67(1)] **1.** 斜めに，はすに，横に，筋かいに **2.** 間接に，婉曲に

oblīquō *1* oblīquāre, -quāvī, -quātum §106 [oblīquus] **1.** 斜めにする，傾け

る，曲げる，ひねる **2.** そむける，そらす obliquat sinus in ventum 風に向けて帆を斜めにする(風上に向って帆を調整する) preces ～ それとなく嘆願する

oblīquus *a.1.2* ob-līqu-a, -um §50 (比)obliquor **1.** 斜めの，はすの，わきの，横の **2.** 婉曲の，間接の，遠回りの **3.** 横目の，嫉妬深い obliqua imago 横顔 obliqua oratio 間接話法 obliquus casus 斜格(§9) per obliquum 横切って ab obliquo 斜めに

oblīsus → oblīdō

oblitēscō *3* ob-litēscere, -lituī, —— §109 [ob, latēscō §174(2)] 隠れる

oblitterō *1* ob-litterāre, -rāvī, -rātum §106 **1.** 消す，抹消する **2.** 忘れ去る，忘れてしまう

oblituī → oblitēscō

oblitus → oblinō

oblītus → oblīvīscor

oblīviō *f.* oblīviōnis *3* §28 [oblīvīscor] **1.** 忘れられること，忘却 **2.** 忘れること，忘れっぽいこと，記憶喪失 **3.** 大赦 injuriarum remedium est oblivio 傷つけられた感情を癒すものは忘却である

oblīviōsus *a.1.2* oblīviōs-a, -um §50 [oblīviō] **1.** 忘れっぽい，忘れやすい **2.** (憂さを)忘れさせる

oblīvīscor *dep.3* ob-līvīscī, -lītus sum §§123(3), 125 忘れる(属 §9c9, 物の場合対もとる) oblivisci nomen suum 自分の名前を忘れる(記憶力が弱い) ～ sui 自己を忘れる，自分の本性に背く me senem esse sum oblitus 私は自分が老人であることを忘れていた

oblīvium *n.* oblīviī *2* §13 [oblīvīscor] 忘れっぽいこと，忘れられること，忘却

oblocūtus → obloquor

oblongus *a.1.2* oblong-a, -um §50 長方形の

obloquor *dep.3* ob-loquī, -locūtus sum §123(3) **1.** 人の言葉をさえぎる，さしはさむ，妨げる，口を出す **2.** ののしる，反駁する，毒づく **3.** 合わせて歌う

obluctor *dep.1* ob-luctārī, -tātus sum §123(1) （と）戦う，争う，苦闘する adversae (9d1) obluctor harenae 私は逆らう砂と格闘する

obmōlior *dep.4* ob-mōlīrī, -mōlītus sum §123(4) 前に（障害物を）おく，建てる，妨害する，ふさぐ

obmurmurō *1* ob-murmurāre, -rāvī, -rātum §106 反抗して不平の声や騒音をたてる

obmūtēscō *3* ob-mūtēscere, -mūtuī, —— §109 ［mūtus］ **1.** 啞（ぉ）になる，口がきけなくなる，言葉を失う **2.** だまっている，止む，静まる

obnātus *a.1.2* ob-nāt-a, -um §50 ［obnāscor の完了］ そばに生まれている，成長している obnata ripis (9d12) salicta 川岸のそばに生えているヤナギの林

obnītor *dep.3* ob-nītī, -nīxus sum §123(3) **1.** 体の圧力を働かす，強く押しつける，しっかりと体を支える，もたれかかる **2.** 立ち向かう，抵抗する，争う，戦う densis aquila pinnis (9f11) obnixa volabat vento (9d1) ワシが風でしっかり身を支えながら大きな翼で飛んでいた venti obnixi lacerant nubila 風と風がぶつかり雲を引き裂いている

obnīxē 副 ［obnīxus §67(1)］ 全力をつくして，断固として，決然と

obnīxus *a.1.2* obnīx-a, -um §50 ［obnītor の完了］ 精力的な，意志強固な，堅い決心の，強情な

obnoxiē 副 ［obnoxius §67(1)］ **1.** 邪魔されて，窮屈に **2.** 屈従的に

obnoxius *a.1.2* ob-noxi-a, -um §50 ［ob, noxa］ **1.** 義務を負っている，責任のある，束縛されている **2.** 支配下にある，服従している，隷属的な **3.** （罰，害を）受け易い，さらされている，かかりやすい，にふける，没頭する urbs obnoxia incendiis (9d13) 火災の危険にさらされている町 pax obnoxia 不面目な平和 facies nullis obnoxia gemmis いかなる宝石の恩も受けていない容貌（素顔）

obnūbilō *1* ob-nūbilāre, -lāvī, -lātum §106 ［ob, nūbilō］ 雲でおおう，暗くする

obnūbō *3* ob-nūbere, -nūpsī, -nūptum §109 ヴェールでかくす，おおいかくす，包む

obnūntiātiō *f.* obnūntiātiōnis *3* §28 ［obnūntiō］ 凶兆を告げること

obnūntiō *1* ob-nūntiāre, -tiāvī, -tiātum §106 いやな知らせを伝える，（鳥占い）凶兆を発表する

obnūpsī → obnūbō

oboediēns *a.3* oboedientis §58 ［oboediō の現分］ （比）oboedientior （最）oboedientissimus 従順な，率直な

oboedienter *f.* 副 ［oboediēns §67.2］ （比）oboedientius （最）oboedientissime 従順に，大人しく

oboedientia *f.* oboedientiae *1* §11 ［oboediēns］ 従順，服従

oboediō （obēdiō） *4* ob-oedīre, -dīvī (-diī), -dītum §111 ［ob, audiō］ 耳をかたむける，従う，服する(9d1)

oboleō *2* ob-olēre, -oluī, —— §108 香気がただよう，いやなにおいがする，におう

obolus *m.* obolī *2* §13 <ὀβολός ギリシアの貨幣，1ドラクマの1/6（6分の1）

oborior *dep.4* ob-orīrī, -ortus sum §123(4) （目の前に）起こる，生じる，現われる

obortus → oborior

obrēpō *3* ob-rēpere, -rēpsī, -rēptum §109 這って進む，こっそりと近づく，奇襲する，不意打ちをくらわす，人に気づかれないように入り込む pueritiae (9d3) adulescentia obrepit 青年時代が気づかれないように少年時代の後を継ぐ

obrēptus → obrēpō

obrigātus *a.1.2* -gāta, -gātum §50 ［obligō の完分］ 道義的（法的）義務のある，責任のある

obrigēscō *3* ob-rigēscere, -riguī, —— §109 **1.** 堅くなる，硬直する **2.** 凝固する

obrogō *1* ob-rogāre, -gāvī, -gātum §106 現在の法令に違反する法案を提出

obruō　516

する

obruō *3*　ob-ruere, -ruī, -rutum §109　**1.** 多量の水，泥などで表面をおおいつくす，すっかり包む，埋める，水浸しにする，地中にうずめる，かくす　**2.** 押しつぶす，圧倒する，破壊する，満たす　**3.** (自)崩壊する terram nox obruit umbris 夜が暗闇でもって大地をすっかり包んだ obrui (受・不) aere alieno 借金で押しつぶされる obruere se vino (9f15) 泥酔する

obrutus　→ obruō

obsaepiō *4*　ob-saepīre, -psī, -ptum §111　囲いをする，囲い込む，ふさぐ，封鎖する，通れなくする alicui (9d4) iter ad magistratus ～ ある人に政務官への道を封じる

obsaturō *1*　ob-saturāre, -rāvī, -rātum §106　満腹させる，飽き飽きさせる

obscēna *n.pl.*　obscēnōrum *2* §13 排泄器官，陰部

obscēnē (**obscaenē, obscoenē**)　副 [obscēnus §67(1)]　(比)obscenius (最)obscenissime　無作法に，みだらなやり方で，下品にも

obscēnitās (**obscaenitās**)　*f.* obscēnitātis *3* §21 [obscēnus] わいせつ，下品，不体裁，みだらな言動

obscēnus (**obscaenus**)　*a.1.2* obscēn-a, -um §50　(比)obscenior (最)obscenissimus　**1.** 不吉な，凶兆の　**2.** 汚い，不潔な，下品な　**3.** みだらな，卑猥な，不体裁な

obscūrātiō *f.*　obscūrātiōnis *3* §28 [obscūrō]　暗くなること，光の喪失，闇，(太陽・月の)食

obscūrē 副 [obscūrus §67(1)]　(比)obscurius (最)obscurissime　**1.** 不明瞭に，ぼんやりと，理解しがたい言葉で　**2.** ひそかに，こっそりと

obscūritās *f.*　obscūritātis *3* §21 [obscūrus]　**1.** 暗がり，やみ，かげ　**2.** ぼんやりと見えること，弱い視力　**3.** 不明瞭，あいまい，難解　**4.** いやしい生まれ，低い身分

obscūrō *1*　obscūrāre, -rāvī, -rātum §106 [obscūrus]　**1.** 暗くする，(色を)濃くする　**2.** おおい隠す，見えなくする，ひみつにする，曇らせる，かげらせる，くらます，いつわる　**3.** 不明瞭に発言する，ぼかす，あいまいにする ut obscuratur et offunditur luce solis lumen lucernae 燈火の明かりが日光でかげり，見えなくなるように

obscūrus *a.1.2*　obscūr-a, -um §50 (比)obscurior (最)obscurissimus **1.** 暗い，光のない，曇った，陰うつな　**2.** おおわれた，隠れた，秘密の　**3.** ぼんやりした，不明瞭な，あいまいな，理解し難い　**4.** 世間に知られていない，無名の，身分の低い，いやしい　**5.** かくしだてをする，感情をあらわさない，打ちとけない，無口な valde Heraclitus obscurus 全く難解な(文体の)ヘーラクレイ(クリー)トス obscuro loco natus 身分の低い家に生まれた

obsecrātiō *f.*　obsecrātiōnis *3* §28 [obsecro]　嘆願，懇請，公的な(神々への)祈願

obsecrō *1*　ob-secrāre, -rāvī, -rātum §106 [ob, sacrō §174(2)]　**1.** おごそかに誓って訴える，懇願する，切望する 対(9e2)，ut や ne の目的文と共に　**2.** (挿入句のように)後生だから，お願いですから illum unum te obsecro あの一つのことをお前に嘆願する obsecro te, quid agit? お願いだ，彼は元気か(知らせてくれ)

obsecundō *1*　ob-secundāre, -dāvī, -dātum §106　同意する，応じる，調子を合わせる，従う，支持する(9d3)

obsecūtus　→ obsequor

obsēdī　→ obsideō, obsidō

obsepiō　→ obsaepiō

obsequēns *a.3*　obsequentis §55 [ob, sequor の現分]　(比)obsequentior (最)obsequentissimus　**1.** 人の願いを聞き入れる，従順な，すなおな　**2.** 親切な，恵み深い

obsequenter 副 [obsequēns §67(2)]　(最)obsequentissime　すなおに，従順に，丁重に

obsequentia *f.*　obsequentiae *1* §11　= **obsequium**　同意，服従，譲

obsolēscō

歩

obsequium *n.* obsequiī *2* §13 [obsequor] **1.** 人の気に入るような心遣い，同意，親切，従順，忠順 **2.** へつらい，卑屈，屈服，甘やかすこと obsequium amicos, veritas odium parit 同意は友を，真実は憎しみを生む

obsequor *dep.3* obsequī, -secūtus sum §§123(3), 125 **1.** (9d3) 他人の意向に自己を適応させる，願いに応じる，従う **2.** 屈する，甘やかす，ふける id (9e9) ego percupio obsequi (117.4) gnato meo その点では，私は息子の願いを叶えてやりたい

obserō¹ *1* ob-serāre, -rāvī, -rātum §106 [sera] 閂(かんぬき)をかける，横木でじゃまをする，とざす，ふさぐ，さえぎる

obserō² *3* ob-serere, -sēvī, -situm §109 (一面に)種をまく，草木を(ぎっしり)植える

observāns *a.3* observantis §55 (比)observantior (最)observantissimus (奉仕・義務の実行に)注意深い，細心な，念入りな，礼儀正しい，尊敬している observans mei (9c13) homo 私を尊敬している男

observantia *f.* observantiae *1* §11 [observāns] **1.** 見守ること，注意，敬意をこめた配慮，用心 **2.** 順守

observātiō *f.* observātiōnis *3* §28 [observō] **1.** 注意，観測，警戒，防衛 **2.** 用意周到，細心の配慮 **3.** (法などを)守ること，慣例，習慣

observō *1* ob-servāre, -vāvī, -vātum §106 **1.** 注意深く見守る，観察する，注意する **2.** 番をする，見張る，監視する，護衛する **3.** 守る，順守する，従う，尊重する，顧慮する me ut alterum patrem observat 彼は私を第二の父親の如く尊重している

obses *c.* obsidis *3* §21 [obsideō] (原義)他人のもとにとどまる者 **1.** 人質 **2.** 保証人，保証，抵当，担保，質(しち)

obsessiō *f.* obsessiōnis *3* §28 = **obsidiō** 包囲，封鎖

obsessus → obsideō, obsīdō

obsēvī → obserō²

obsideō *2* obsidēre, -sēdī, -sessum §108 [ob, sedeō §174(2)] (自)側に座っている，待つ (他) **1.** 所を占める，住む **2.** 包囲する，封鎖する，包囲攻撃する，占領する，塞ぐ obsident stagna ranae 蛙が沼を占領している

obsidiō *f.* obsidiōnis *3* §28 [obsideō] **1.** 包囲攻撃，封鎖 **2.** 危機，苦境 obsidione (9f7) rempublicam liberare 緊急の危険から国家を救う

obsidiōnālis *a.3* obsidiōnāle §54 [obsidiō] 包囲攻略の corona ～ 攻略の草冠(攻略を指揮した上官に対し兵の与える勲章)

obsidium¹ *n.* obsidiī *2* §13 [obsideō] **1.** 包囲攻撃，封鎖 **2.** 危険

obsidium² *n.* obsidiī *2* §13 [obses] 人質(の境遇，身分)

obsīdō *3* ob-sīdere, -sēdī, -sessum §109 包囲する，占領する

obsīgnātor (-ĭ- ?) *m.* obsīgnātōris *3* §26 [obsīgnō] 証人として捺印(封印)する人

obsīgnō (-ĭ- ?) *1* ob-sīgnāre, -nāvī, -nātum §106 印を押す，封印する，署名し捺印する tabellis obsignatis agis mecum 君は署名捺印した書類に従って私と取引をするのだ(最も厳格な形式によって)

obsistō *3* ob-sistere, -stitī, -stitum §109 前に自分をおく，邪魔する，反対する，逆らう，抵抗する alicui abeunti (9d3) ～ 立ち去っていく人の前を立ちふさぐ

obsitus *a.1.2* obsit-a, -um §50 [2 obserō の完分] おおわれた，一杯生えた，すっかり包まれた pannis annisque (9f17) obsitus ぼろ着と老齢におおわれた人(全身ぼろ着の老いぼれ)

obsolefaciō *3b* obsole-facere, -fēcī, -factum (受) obsole-fīō §§110, 157 価値を下げる，品位をそこなう

obsolēscō *3* obsolēscere, -lēvī, -lētum §109 **1.** (使用，技術，知識が)用いられなくなる，古くなる，忘れられる

obsolētē　518

2. 力を失う，軽んじられる，おとろえる

obsolētē 副 [obsolētus §67.1] すりきれた，ぼろ着をまとって，みすぼらしい身なりで

obsolētus *a.1.2* obsolēt-a, -um §50 [obsolēscō の完分] （比）obsoletior （最）obsoletissimus **1.** (年月，使用で)そこなわれた，古くなった，すりきれた，荒廃した **2.** 使い古された，陳腐な

obsolēvī → obsolēscō

obsōnium *n.* obsōniī *2* §13 < ὀψώνιον **1.** 食料品，副食物(パンの添えもの) **2.** 扶養手当，年金

obsonō¹ *1* obsonāre, -nāvī, -nātum §106 [ob, sonō] 口出しする，言葉をさしはさむ

obsōnō² *1* obsōnāre, -nāvī, -nātum §106 < ὀψωνέω **1.** 食料を買う，調達する，食事を準備する **2.** 饗宴をたのしむ obsonare ambulando (119.5) famem 散歩して空腹(食欲・風味)を調達する

obsorbeō *2* obsorbēre, -buī, —— §108 （ぐいと）飲み込む，吸い込む

obstetrīx *f.* obstetrīcis *3* §21 [obstō] 産婆

obstinātē 副 [obstinātus §67(1)] （比）obstinatius （最）obstinatissime 決然として，断固として，強情に，頑固に

obstinātiō *f.* obstinātiōnis *3* §28 [obstinō] 強情，しつこさ，頑固，根気強さ，堅固

obstinātus *a.1.2* obstināt-a, -um §50 [obstinō の完分] （比）obstinatior （最）obstinatissimus 固く決心した，決断した，不変の，不屈の，強情な，頑固な

obstinō *1* obstināre, -nāvī, -nātum §106 [obstō] 固執する，主張する，堅く決心している

obstipēscō (obstu-) *3* ob-stipēscere, -stipuī, —— §109 （烈しい感情から）口もきけなくなる，ぼう然となる，無感覚となる，麻痺する animus timore (9f15) obstupuit 私は恐ろしさで肝をつぶした(意識は恐ろしさで失われた)

obstipuī → obstipēscō

obstīpus *a.1.2* obstīp-a, -um §50 [stīpō] （片方に，わきへ）傾いた，曲がった，斜めの cervice obstipā (9f9) 首をかしげて

obstitī → obsistō, obstō

obstō *1* ob-stāre, -stitī, -stātūrus (-stātum) §106 前に立つ，邪魔をする，反対する，逆らう，ふさぐ vita cetera eorum huic sceleri (9d) obstat 彼らの以前の生き方がこの犯罪と対立する(相容れない)

obstrepō *3* ob-strepere, -puī, -pitum §109 **1.** (相手に対し)より騒がしい音を立てる，騒音・声でかき消す，圧倒する **2.** わめく，叫ぶ，妨げる，悩ます nihil sensere (117.7) Poeni obstrepente pluviā (9f18) 雨音がやかましくてポエニー人は何も気づかなかった mare Baiis (9d3) obstrepens バイヤエ(の海岸)に波音をとどろかす 海 tibi litteris (9f11) obstrepo 私はあなたを手紙でなやます

obstrīctus → obstringō

obstringō *3* ob-stringere, -strīnxī, -strīctum (-strinxī?) §109 縛りつける，結ぶ，束縛する，義務づける，保証する，約束する laqueo (9f11) collum ～ なわで首をしめる legibus obstrictus 法律にしばられて

obstructiō *f.* obstructiōnis *3* §28 [obstruō] 柵，障害，妨害

obstrūctus → obstruō

obstrūdō → obtrūdō

obstruō *3* ob-struere, -strūxī, -strūctum §109 **1.** 前に積み重ねる，建てる **2.** 封鎖する，閉塞する，せき止める，通わなくする flumina magnis operibus (9f11) obstruxerat 大仕掛けの工事で川の流れをせきとめていた

obstrūsus → obtrūdō

obstupefaciō *3b* ob-stupe-facere, -fēcī, -factum §110 （他）**obstupefīō** §157(受) （烈しい感情で)口もきけなくさせる，目をくらませる，しびれさせる，知覚を失わせる

obstupēscō → obstipēscō

obsum 不規 ob-esse, -fuī, —— §151 対立している，邪魔になる，害になる，損

なう pudor orationi (9d3) 〜 恥じらいが発言の妨げとなる nihil obest dicere (117.4) 発言を邪魔するものは何もない

obsuō *3* ob-suere, -suī, -sūtum §109 **1.** 口をふさぐ, 縫いつける, 縫いあわせる, つくろう **2.** 口をふさぐ

obsurdēscō *3* ob-surdēscere, -surduī, —— §109 つんぼになる, 感じなくなる,（忠告に）耳をかさない

obsūtus → obsuō

obtēctus → obtegō

obtegō *3* ob-tegere, -tēxī, -tēctum §109 **1.** おおう, おおいかくす, 守る, 庇う **2.** 隠す, いつわる animus sui (9c11) obtegens 自己をいつわる心根

obtemperō *1* ob-temperāre, -rāvī, -rātum §106 応ずる, 従う, 服従する, 合わす(9d)

obtendō *3* ob-tendere, -tendī, -tentum §109 ［ob, tendō］ **1.** 前にひろげる, のばす, 張る **2.** 前に出して身を守る(かくす), 楯にとる, 口実とする, 言い訳を申したてる **3.** おおいかくす, 包む Britannia Germaniae (9d3) obtenditur ブリタンニアはゲルマーニアの前にひろがっている curis (9d4) luxum obtendebat 彼は心配の上に放蕩三昧の（生活の）おおいをひろげていた（心配を放蕩でごまかしていた）matris preces obtendens 彼は母の嘆願を口実としながら

obtentus *m.* obtentūs *4* §31 ［obtendō の完分］ **1.** 覆いとして前にひろげること, かくす行為 **2.** 幕, 遮蔽物, 目かくし **3.** 口実, 見せかけ, 弁解 secundae res sunt vitiis obtentui (9d7) 恵まれた境遇は悪徳に口実として役立つ

obtentus → obtendō, obtineō

obterō *3* ob-terere, -trīvī, -trītum §109 **1.** 踏みつぶす, 押しつぶす, 粉々にする **2.** 粉砕する, 蹂躙(じゅうりん)する, 破壊する **3.** 踏みつける, 侮る,（威信・名声を）傷つける, けなす, おとす

obtestātiō *f.* obtestātiōnis *3* §28 ［obtestor］ **1.** 証人に呼びかけること, 証人として神の名を呼ぶこと, 神の加護を祈ること **2.** 嘆願, 懇願

obtestor（-ē- ?）*dep.1* ob-testārī, -testātus sum §§123(1), 125 **1.** 証人として呼ぶ, 訴える, 誓う **2.** 懇願する, 祈願する deos 〜 神明に誓う per omnes deos te obtestor ut ... すべての神々の名において私はあなたに ut 以下のことを懇願する

obtēxī → obtegō

obtexō *3* ob-texere, -texuī, -textum §109 **1.** 前へ（上へと）織る, 織りひろげる **2.** かくす, 包む

obticeō *2* ob-ticēre, ——, —— §108 ［ob, taceō §174(2)］ 黙っている, 口をつぐむ

obticēscō *3* ob-ticēscere, -ticuī, —— §109 ［obticeō］ 黙り込む,（驚いて）口がきけなくなる

obtigī → obtingō

obtineō（opt-）*2* ob-tinēre, -tinuī, -tentum §108 ［ob, teneō §§174(2), 176］（他）**1.** しっかりと持つ, 保持する, 所有する, 占める **2.** 手に入れる, 獲得する **3.** 司る, 管理する, 指揮する, 支配する, 守る **4.**（自）踏みとどまる, 続く, 同じ位置・状態を保つ obtine aures, amabo 後生だから私の耳をしっかりと持って（愛情の要求）sidera aetherium locum obtinent 星は天空を占めている noctem insequentem eadem caligo obtinuit 次の夜も同じ霧がたれこめていた

obtingō *3* ob-tingere, -tigī, —— §109 ［ob, tangō §174(2)］ **1.** 身にふりかかる, たまたま起こる, めぐり合う **2.** 与えられる, 分け前にあずかる quod cuique (9d3) obtigit, id quisque teneat 各人自分の身にふりかかったことは甘受せねばならぬ ei (9d), bellum id cum rege Perse gereret, obtigit (169) 彼はたまたまペルセース王と戦うということになった

obtinuī → obtineō

obtorpēscō *3* ob-torpēscere, -torpuī, —— §109 **1.** 全く感覚を失う, 麻痺する **2.** 思考力・感受性を失う, 馬鹿になる subactus miseriis (9f11) obtorpui 私はさまざまの不幸に負けて思考力を失ってしまった

obtorqueō _2_ ob-torquēre, -torsī, -tortum §108 **1.** 輪なわで拘束する **2.** ねじる，撚(ょ)る，回す，曲げる obtorto collo (9f18) trahor 私は首を輪なわで拘束されて引っぱられて行く obtorti (per collum) circulus auri (首の回りに)より合わされた金糸の首輪

obtorsī → obtorqueō

obtortus → obtorqueō

obtrectātiō _f._ obtrectātiōnis _3_ §28 [obtrectō] 悪口，非難，名誉毀損

obtrectātor _m._ obtrectātōris _3_ §26 [obtrectō] 悪意・嫉妬から非難・攻撃する人

obtrectō _1_ ob-trectāre, -tāvī, -tātum §106 [ob, tractō §174(2)] 悪意から批判する，けなす，反対する，名誉を傷つける gloriae (9d3) alicujus ～ ある人の名誉を傷つける laudes (9e1) alicujus ～ ある人の名声をけなす

obtrītus → obterō

obtrīvī → obterō

obtrūdō _3_ ob-trūdere, -trūsī, -trūsum §109 **1.** 強く押す，押しつける **2.** 突っ込む，呑み下す **3.** だましてつかませる mihi obstrudere non potes palpum お前は私に甘言を飲み込ませることはできない(お前の甘言にだまされない)

obtruncō _1_ obtruncāre, -cāvī, -cātum §106 **1.** 切り取る，刈り込む **2.** ずたずたに切る，屠殺する **3.** 殺す

obtrūsī → obtrūdō

obtudī → obtundō

obtueor (古. **obtuor**) _dep.2_(3) obtuērī (obtuī), —— §123 (2.3) **1.** じっと見つめる，注視する，見物する **2.** 見つける，見いだす，認める

obtulī → offerō

obtundō _3_ ob-tundere, -tudī, -tū(n)sum §109 **1.** 打つ，たたく，打ちのめす **2.** 攻めたてる，うるさく言い聞かせる，しつこく求める，悩ます，煩わす **3.** 鈍くする，鈍感にする，失神させる，つんぼにする obtundit os mihi (9d9) 奴は私の顔を叩いた auris (19.3) obtundo tuas ne

quem (87) ames お前の耳にうるさく言って聞かせるぞ，誰にも恋をしないようにとな pugionem vetustate (9f15) obtusum 古くて切れ味の鈍った剣を

obtūnsus = obtūsus

obturbō _1_ ob-turbāre, -bāvī, -bātum §106 **1.** かき回す，にごらせる **2.** 混乱におとしいれる，動揺させる，困惑させる **3.** 中断させる，妨げる obturbatur militum vocibus 兵士らの叫び声で彼は話の腰を折られた

obturgēscō _3_ ob-turgēscere, -tursī, —— §109 ふくらみ始める，大きくなる

obturō _1_ ob-turāre, -rāvī, -rātum §106 (穴を)ふさぐ，封じる，閉じる，しめる，妨害する ～ os 口をふさぐ，発言を妨げる ～ aures 耳をふさぐ，聞くのを拒む

obtursī → obturgēscō

obtūsus _a.1.2_ obtūs-a, -um §50 [obtundō の完分] (比)obtusior **1.** (切れ味・刃先の)鈍った，鋭さを欠く **2.** (頭・行動の)鈍い，馬鹿な **3.** 光を欠いた，ぼんやりした **4.** (声の)しわがれた quo (82, 9f6) quid dici (受・不) potuit obtusius これ以上にばかげたことが何かあると言えただろうか

obtūtus _m._ obtūtūs _4_ §31 [obtueor] **1.** じっと見つめること，凝視 **2.** 観照，熟考 obtutu (9f9) tacito stetit 彼はだまったままじっと見つめて立っていた

obumbrō _1_ ob-umbrāre, -rāvī, -rātum §106 **1.** 一面を影でおおう，おおい隠す，暗くする，曇らせる **2.** 隠す，ごまかす **3.** 守る，かばう obumbrant aethera (41.9b) telis 彼らは投槍で空を暗くする

obuncus _a.1.2_ obunc-a, -um §50 鉤(かぎ)形に曲がった

obustus (-ūst- ?) _a.1.2_ ob-ust-a, -um §50 [ūrō] **1.** 杭(くい)の先端をとがらすために焼かれた **2.** 表面をこがした

obvallō _1_ obvallāre, -llāvī, -llātum §106 城壁を築く，めぐらせる

obveniō _4_ ob-venīre, -vēnī, -ventum §111 **1.** 会いに行く，姿を見せる **2.** (思

いがけなく)所有に帰す, 与えられる **3.** 起こる, 現われる se pugnae (9d3) obventurum (117.5) 自分は戦闘に参加するだろう(と言う) Scipioni obvenit Syria スキーピオにはシュリア(の属州管理)がくじであたった(手に入った : 属州知事はくじできめた) vitium obvenit 凶兆が現われた

obversor *dep.1* ob-versārī, -versātus sum §§123(1), 125 前でぶらついている, 公然と徘徊する, 姿を見せる, (心中, 眼前に)現れる, 浮ぶ mihi (9d9) ante oculos obversatur rei publicae dignitas 私の目の前に国家の尊厳が浮ぶ

obversus *a.1.2* ob-vers-a, -um §50 [obvertō の完分] 向き合った, 対立した, (顔・心を)向けた obversus ad caedes 殺戮に没頭している

obvertō *3* ob-vertere, -vertī, -versum §109 (他)向ける (受)向く proras pelago ～ 船首を海へ向ける signa in hostem ～ 軍旗を敵の方へ向ける obvertor ad undas 私は海の方を向く

obviam (**ob viam**) 副 [ob, viam] (人の来ている)道に向って, 道の途中で, 会って 1. obviam ire (procedere) alicui (9d) 人に会いに行く mihi obviam venisti お前は私に会いに来た 2. obviam ire 対抗する, 防ぐ, 除去する ～ periculis 危険に立ち向かう ～ irae 怒りを防ぐ ni Caesar obviam isset (156) もしカエサルが予防策を講じなかったら

obvius *a.1.2* obvi-a, -um §50 [obviam] **1.** 道で会っている, 出会う **2.** 前に横たわって邪魔している, 対決している **3.** さらされている, 開かれている, 手元に用意されている si ille obvius ei (9d13) futurus (143) omnino non erat もし彼がその人に会うつもりが全くなかったのなら cuicumque est obvia 彼女が出会う人とは誰にも quo in loco obvii inter se erant 彼らが遭遇戦を交えていたその所で rupes obvia ventorum furiis 風の狂気にさらされている崖

obvolūtus → obvolvō

obvolvō *3* ob-volvere, -volvī, -volūtum §109 **1.** 巻きつけて全体をお

おい隠す, 包む, おおう **2.** 隠す, いつわる, 言いつくろう verbis decoris (9f11) obvolvas vitium お前は言葉を飾って悪徳をいつわっている

occaecō *1* oc-caecāre, -cāvī, -cātum §106 [ob, caecō §§174(1), 176] **1.** 盲目にする, 感覚(理性)を失わせる, 麻痺させる **2.** 暗くする, おおいかくす, くらます, 不明瞭にする timor occaecaverat artus 恐怖心が四肢を麻痺させていた occaecatus cupiditate 欲望に目がくらんだ

occallēscō *3* oc-callēscere, -calluī, —— §109 [ob, calleō, -sco §174(1)] **1.** 皮(皮膚)が厚くなる, 硬くなる **2.** 無神経になる, 感覚を失う os meum (9e11) sensi pando occallescere rostro (9f10) 私は私の口がかたくなって(豚の)そりかえった鼻(の形)になるのを感じた

occanō *3* oc-canere, -canuī, —— §109 合図のラッパを吹く

occāsiō *f.* occāsiōnis *3* §28 [occidō] **1.** 好機, 有利な(好都合な)時 **2.** 急襲, 不意打ち fronte capillata, post est occasio calva 好機はその前頭は長髪で後頭は禿である(好機は出会い頭につかめ, やりすごしたらもうつかめないぞ) rapiamus, amici, occasionem de die 友よ, 好機はその日のうちにつかもうではないか occasionem sibi ad occupandam (121.3) Asiam oblatam esse arbitratur 彼はアシアを占領する好機が自分に与えられたと考えている

occāsus, occāsūrus → occidō[1]

occāsus *m.* occāsūs *4* §31 [occidō[1]] **1.** (日・月・星の)沈むこと **2.** 日没, 西方, 夕暮 **3.** 没落, 破滅

occātiō *f.* occātiōnis *3* §28 [occō] 馬鍬(まぐわ)で土をかきならすこと, 土をくだくこと

occentō *1* -centāre, -centāvī, centātum §106 [cantō] 恋人・家門に向って小夜曲を, あるいは, 誹謗歌をうたう

occēpī → occipiō

occidēns *m.* occidentis §24

occidī 522

［occidō の現分］ 太陽の沈む所, 西の国

occidī → occidō[1]

occīdī → occīdō[2]

occīdiō *f.* occīdiōnis *3* §28 ［occīdō[2]］ 無差別な殺戮, 大量破壊, 全滅

occidō[1] *3* oc-cidere, -cidī, -cāsum §109 ［ob, cadō §§174(2), 176］ **1.** 倒れる, 死ぬ, 消える, 滅びる, 殺される **2.** 沈む, 没する, 傾く, 終る occidi もうだめだ(絶望の叫び) ante solem occasum 日没前に vita occidens 人生のたそがれ(晩年)

occīdō[2] *3* oc-cīdere, -cīdī, -cīsum §109 ［ob, caedō §§174(2), 176］ **1.** 打ちのめす, 殴り殺す, 斬殺する **2.** 苦しめる, 責めさいなむ se ～ 自殺する ad unum omnis ～ 最後の一人まで皆殺しにする occidis saepe rogando (119.5) お前はしばしば催促して私を苦しめる

occiduus *a.1.2* occidu-a, -um §50 ［occidō[1]］ **1.** (日が)沈んでいる, 傾いている **2.** 夕方の, 西方の **3.** 終り(死期)の近い

occinō *3* oc-cinere, -cinuī (-cecinī), ―― §109 ［ob, canō §174(2)］ 不吉な鳴き声を聞かせる

occipiō *3b* oc-cipere, -cēpī, -ceptum §110 ［ob, capiō §174(2)］ **1.** 始める, 着手する, 就任する **2.** 始まる fabula occepta est agi (受・不) 劇が上演され始めた hiems ～ 冬が始まる

occipitium *n.* occipitiī *2* §13 ［ob, caput］ 後頭部

occīsiō *f.* occīsiōnis *3* §28 ［occīdō[2]］ 殺し, 虐殺

occīsus → occīdō[2]

occlūdo *3* oc-clūdere, -clūsī, -clūsum §109 ［ob, claudō §174(2)］ 接近を妨げる, 門を閉じる, 入らせない, しめ出す, とめる, ふさぐ occlusti (= occlusisti) linguam お前は私の発言をふさいだな

occō *1* occāre, occāvī, occātum §106 馬鍬(まぐわ)で土をかきならす, 土の塊をくだく

occubō *1* oc-cubāre, cubuī, cubitum §106 そばに横たわる, 地下に眠る

occubuī → occubō, occumbō

occulcō *1* oc-culcāre, -cāvī, -cātum §106 ［ob, calcō §174(2)］ 踏みつける, 踏みにじる

occulō *3* occulere, -culuī, -cultum ［ob, cēlō §174(2)］ **1.** かくす, 表に出さない, 知らせない, 秘密にする **2.** おおう, 埋める

occultātiō *f.* occultātiōnis *3* §28 ［occultō］ おおい隠すこと, 秘密(にすること)

occultātor *m.* occultātōris *3* §26 ［occultō］ 隠す(秘密にする)人

occultē 副 ［occultus §67(1)］ (比) occultius (最)occultissime かくれて, こっそりと, ひそかに, 内証で

occultō *1* occultāre, -tāvī, -tātum §106 ［occulō］ (身を)隠す, (考え・恥などを)秘密にする, かくす, 偽る legiones silvis (9f11) ～ 軍団兵を森の中にかくす (古) occultassis = occultāveris

occultus *a.1.2* occult-a, -um §50 ［occulō の完分］ (比)occultior (最)occultissimus **1.** かくれた, 秘密の, 人目につかない **2.** 感情をあらわさない, 打ちとけない, 内気な (名)**occultum** *n.* -tī §13 秘密 ex occulto **1.** 潜伏所から **2.** こっそりと, ひそかに in occulto 秘密に, 内証に

occumbō *3* occumbere, -cubuī, -cubitum §109 **1.** 横になる, 死と出会う **2.** 死ぬ, 倒れる, 沈む mortem ～ 死ぬ certae morti (9d3) ～ 確実な死と出会う ignobili morte (9f9) ～ 不面目な死に方で倒れる

occupātiō *f.* occupātiōnis *3* §28 ［occupō］ **1.** 手に入れること, 占有, 占領 **2.** 従事, 仕事, 執行

occupātus *a.1.2* occupāt-a, -um §50 ［occupō の完分］ (比)occupatior (最)occupatissimus 占領された, 心がとらわれた, 手がふさがった, 多忙な in parando (121.3) bello ～ 戦争を準備するのに忙しい

occupō *1* oc-cupāre, -pāvī, -pātum

§106 〔ob, capiō §§174(2), 176〕
1. 先んじて手に入れる, 進んで得る, わが
ものとする, つかむ, 所有する, 占領する
2. 攻撃する, 急襲する, 先手をとる, 先
んじる **3.** 妨げる, 煩わす, 忙殺させる, 従
事する, みたす **4.** 支配する, 投資する ne
odii locum risus occupet 笑いが憎悪の
場を占めないように volo ut occupes
adire (117.4) お前が一番先に到着するこ
とを私は欲する（古）occupassis ＝ occu-
paveris

occurrō *3* oc-currere, -currī
(-cucurrī), -cursum §§109, 174(1),
176 **1.** 会いにかけつける, 急行する, 出
会う **2.** 立ち向かう, 反対する, 突撃する,
妨害する **3.** 助けにかけつける, 取り除く,
治療する **4.** 現われる, 姿を見せる,（心に）
浮ぶ **5.** 答える, 異議をとなえる Caesari
venienti (118.1) occurrit 彼はやってくる
カエサルとたまたま出会った in asperis
locis silex impenetrabilis ferro (9d13)
occurrebat 荒涼たる場所に剣を突き通せ
ない岩が現われた statim occurrit animo
(9d3) quae sit (116.10) causa ambigen-
di (119.2) たちまち頭に浮んだ, 論争の原
因が何かということが

occursātiō *f.* occursātiōnis *3*
§28 〔occursō〕 人に会うために走り出
す行為（敬意のしるし）

occursō *1* oc-cursāre, -sāvī, -sātum
§106 〔occurrō〕 9d1, 3 **1.** 会いに
走っていく, 急行する **2.** 突進する, 対決
する, 逆らう **3.** 先回りをして防ぐ, 予め手
をうつ me occursant multae 大勢の女
が私をめがけてかけてくる

occursus *m.* occursūs *4* §31
〔occurrō〕 **1.** 会いにくること, 出会い,
遭遇 **2.** 攻撃

Ōceanus *m.* Ōceanī *2* §13 **1.** 大
海, 陸地をとりまく海, 大西洋 **2.** ウーラ
ノス（天）とガイア（地）の子, 海神

ocellus *m.* ocellī *2* §13 〔oculus
の小〕 **1.** つぶらなひとみ **2.** いとしい人
3. 真珠

ōcior *a.* 比 ōcius（原級なし）§65
（最）ocissimus より早い, 一層迅速な

ōciter 副 （比）ocius （最）ocissime
1. いっそう早く, 急いで, すばやく, 容易
に **2.** 即座に urnā serius ocius sors
exitura (118.1) おそかれ早かれいずれ, 壷
から出てくるだろう（死の宣告の）くじ

Ocnos (**-nus**) *m.* Ocnī *2* §§13,
38 **1.** Mantua の創建者 **2.** 冥界で縄を
なっている人；ロバが片端からその縄を食
うので,「オクノスの縄」は無益な努力を意味
する

ocrea *f.* ocreae *1* §11 すね当て
（脚の前面を庇う武具）

ocreātus *a.1.2* ocreāt-a, -um §50
〔ocrea〕 すね当てをつけた

octa-(**octō-**)**phoron** *n.* octaphorī
2 §38 8 人のかつぎ手にかつがれる臥興
（がよ）

Octāviānus *a.1.2* §50 オクターウィ
ウスの

Octāvius *a.1.2* Octāvi-a, -um §50
1. ローマの氏族名 **2.** カエサルの養子とな
って, Caesar Octāviānus と名乗った,
後のアウグストゥス皇帝 **3.** (2) の妹,
Octāvia **4.** クラウディウス皇帝の娘でネロ
の妻, オクターウィア

octāvus 数 octāv-a, -um §101 第
8 の

octiēns 数副 §101 8 度, 8 回, 8 倍

octingentī 数 octingent-ae, -a
§§50, 101 800

octipēs *a.3* octi-pedis 〔octō, pēs〕
8 本足の

octō 数 §101 8

Octōber *a.3* Octō-bris, -bre §54
第八の月, カエサル以後, 10 月となる
§§182, 184

octōdecim 数 §101 18

octōgenī 数 octōgen-ae, -a §§50,
101 80 個ずつ

octōgiē(**n**)**s** 数副 §101 80 度, 80
回, 80 倍

octōgintā 数 §101 80

octōnī 数 octōn-ae, -a §§50, 101
8 個ずつ

octuplus *a.1.2* octupl-a, -um §50
8 倍の

octussis *m.* octussis *3* §19 [octō, as] 8アスの金額 §190

oculātus *a.1.2* oculāt-a, -um §50 [oculus] (最)oculatissimus **1.** 特別な視力をもった，慧眼の，目の鋭い **2.** 目で見られる，確認できる，明白な，目撃する(される) oculata die vendere 目でたしかめられる日に売る，現金引き替えに売る *cf.* die caeca emere 掛買い

oculus *m.* oculī *2* §13 **1.** 目，ひとみ，視力，視野 **2.** まなざし，視線，注目，凝視，観察，心眼 **3.** 芽，蕾 **4.** 孔雀の尾紋，真球 mundi oculus 太陽 passer quam plus illa oculis suis amabat 彼女が自分の目よりも愛していた青つぐみ aliquem in oculis ferre ある人を目の中に保っている(愛情こめて愛している) quantum oculis (9f7) animo tam procul ibit amor 愛は目から離れるだけそれだけ心から離れて行くだろう(去るものは日々に疎(²)し homines amplius oculis, quam auribus (9f11) credunt 百聞は一見に如かず

ōderam → ōdī

ōdēum *n.* ōdēī *2* §13 <ᾠδεῖον 小さな奏楽堂，劇場

ōdī 不完 ōdisse, ōsūrus §161 憎む，きらう，呪う，侮る odi et amo 私は憎み且つ愛する oderint dum metuant 彼らをして，私を恐れている限り憎ませておけ

odiōsē 副 [odiōsus §67(1)] 不愉快な(いやな)気持で，迷惑そうに，うるさく感じて

odiōsus *a.1.2* odiōs-a, -um §50 [odium] (比)odiosior (最)odiosissimus **1.** 不愉快な，いやな，がまんならぬ **2.** うるさい，退屈な，迷惑な

odium *n.* odiī *2* §13 [ōdī] **1.** 憎しみ，恨み，悪意，敵意 **2.** 反感，嫌悪，不満 **3.** 憎むべき言動，侮辱 tanto in odio est omnibus (9d10) 彼は誰からもそれほどひどく憎まれているのだ odi odioque sum Romanis (9d7) 私はローマ人を憎み，ローマ人に憎まれている

odor (**odōs**) *m.* odōris *3* §26 **1.** におい，香り，芳香，悪臭 **2.** 香料 **3.** ほのめかし，気配，気味 fragrans Assyrio

odore domus アッシュリアの香料で馥郁と香る家 est non nullus odor dictaturae いくらか独裁官の気配がただよう

odōrātus[1] *a.1.2* odōrāt-a, -um §50 [odōrō の完分] (比)odoratior (最)odoratissimus **1.** におい・香りのある **2.** 芳香のある，かぐわしい

odōrātus[2] *m.* odōrātūs *4* §31 [odōror] 匂いをかぐこと，嗅覚

odōrifer *a.1.2* odōri-fer-a, -um §50 [odor, ferō] **1.** 香りのよい，香しい **2.** 香料(香水)を産出する

odōrō *1* odōrāre, -rāvī, -rātum §106 香りを与える，芳香でみたす

odōror *dep.1* odōrārī, -rātus sum §123(1) **1.** 匂いをかぐ，鼻で吸う，かぐ **2.** かぎつける，かいで探し出す，探求する，追跡する **3.** かいでみる，かじる

odōrus *a.1.2* odōr-a, -um §50 [odor] (比)odorior (最)odorissimus **1.** 匂いのする，芳香のある **2.** かぎつける odora canum vis 犬のかぎつける能力

odōs, odōris → odor

Odyssēa (**-īa**) *f.* Odyssēae *1* §11 ホメーロスの叙事詩

Oeagrus *m.* Oeagrī *2* §13 トラキアの王，Orpheus の父

Oebalus *m.* Oebalī *2* §13 スパルタの王

oeconomicus *a.1.2* oeconomic-a, -um §50 <οἰκονομικός 家事管理に関する

Oedipūs *m.* Oedipodis §42.8 テーバイの王

Oeneūs *m.* Oeneī (Oeneōs) *3* §42.3 Calydon の 王, Meleager, Tydeus, Deianira の父

oenophorum *n.* oenophorī *2* §13 <οἰνοφόρον ブドウ酒の壺(²)

oestrus *m.* oestrī *2* §13 <οἶστρος **1.** アブ(= asilus) **2.** (予言者・詩人の)熱狂，神がかり

oesypum *n.* oesypī *2* §13 <οἴσυπον 生羊毛(洗ってない)からとれる獣脂(薬品・化粧品の材料)

Oeta *f.* Oetae = **Oetē** *f.* Oetēs

1 §§11, 37 テッサリアの南の山脈 ヘーラクレースはこの山上で焼死した

ofella *f.* ofellae *1* §11 [offa の小] 肉の小片, 一口の食物

offa *f.* offae *1* §11 **1.** ひとかたまりの食物 **2.** 小麦粉の菓子, だんご **3.** 腫物, できもの inter os et offam multa intervenire posse 口と一口の食物の間に多くのことが起り得る(目的達成まで用心すべきだ)

offēcī → officiō

offectus → officiō

offendō *3* of-fendere, -fendī, -fēnsum §109 [ob, fendō §176] (自)**1.** ぶつかる, 衝撃をうける **2.** つまずく, 挫折する, 失敗する **3.** 損害(禍)を蒙る (他)**1.** ぶつける, 打つ, 投げつける **2.** 出会う, 突きあたる, つかむ, 見つける **3.** 感情を害する, 傷つける, 怒らせる **4.** 欠点を見つける, とがめる, 不快に思う dens solido ~ 歯が固いものにぶつかる naves in redeundo (119.3) offenderunt 船団が帰る途中で損害を蒙った ~ latus vehementer 脇腹をはげしくぶつける omnia aliter ac jusserat offendit 彼はすべてのことが命じていたのと違っているのを見つけた si Caesarem probatis, in me offenditis お前らがカエサルを承認しても, 私(の中に何か)をとがめるのなら

offensa *f.* offēnsae *1* §11 [offendō] **1.** 障害に突きあたること **2.** 苦痛の攻撃, 発作, 病気 **3.** 法を犯すこと, 違反, 罪 **4.** 個人への攻撃, 侮辱, 無礼 **5.** 恨み, 立腹, 敵意 offensā mei (9c3) 私への憎しみから magna in offensa sum apud Pompejum 私はポンペイユスから大いに恨まれている

offēnsiō *f.* offēnsiōnis *3* §28 [offendō] **1.** ぶつかること, 障害物 **2.** 不快, 反感, いらだち, 憎しみ, 不人気, 人を怒らせる行為(不信, 不正) **3.** 不幸, 不調, 病気, 禍, 失敗 ~ pedis つまずき offensionem aurium merere (126) お前(の話)は(人々の)耳の不快に価する

offēnsiuncula *f.* offēnsiunculae *1* §11 [offēnsiō の小] **1.** 軽い不満

2. 小さな挫折, つまずき

offēnsō *1* offēnsāre, -sāvī, -sātum §106 [offendō] **1.** 衝突する, つきあたる **2.** 障害にあたる, つまずく, 口ごもる, つぶれる

offēnsus *a.1.2* offēns-a, -um §50 [offendō の完分] (比)offensior **1.** 怒っている, 憤慨した **2.** にくらしい, いやな, 不快な Caesaris offensum dum mihi (9d13) numen erit カエサルの神意が私に対し怒っている限り

offēnsus *m.* offēnsūs *4* §31 [offendō] **1.** 突き当たること, 衝突 **2.** 心痛, いらだち

offerō 不規 of-ferre, obtulī, oblātum §158 [ob, ferō §§174(1), 176] **1.** 前に持ってくる, 差し出す, 提供する, 申し出る, 与える, 進呈する, 贈る **2.** 示す, 見せる, ゆだねる, さらす, 任す strictam aciem venientibus (9d4) ~ 近づく者たちに抜身を示す telis corpus ~ 投槍の前に自分の体をさらす quā novā rē oblātā (9f18) この新しい事態が生じたために

officīna *f.* officīnae *1* §11 [(古) opificīna < opifex] 仕事場, 作業室, 工場

officiō *3b* of-ficere, -fēcī, -fectum §109 [ob, faciō §§174(2), 176] **1.** (自)邪魔する, 妨げる, ふさぐ, 反対する, 傷つける **2.** (他)(受のみで使用)ふさぐ, 妨害する offecerat apricanti (118.2) 彼は日向ぼっこをしている人の邪魔をしていた offecto lumine (9f18) 光がさまたげられたので

officiōsē 副 §67(1) (比)officiosius (最)officiosissime 義務に忠実に, 本分を守って

officiōsus *a.1.2* officiōs-a, -um §50 [officium] (比)officiōsior (最)officiōsissimus **1.** 義務を果たそうといつも心がけている, 義務に忠実な, 礼儀正しい, 丁重な, 世話好きな **2.** おせっかいな

officium *n.* officiī *2* §13 [ops, faciō, opificium] **1.** 礼儀や好意にもとづく自発的な奉仕, つとめ, 義理, 親切な世話(助力), 丁重な心使い, 儀式順守

offīgō 526

2. (公的・社会的)義務, 本分, 職責, 役回り, 義務感 **3.** (属国の)服従, 忠誠, 義理 nulla vitae pars vacare officio potest 人生のいかなる部分も務めを欠くことはできない quod supremis in matrem officiis defuisset 彼が母への最後のつとめ(葬式)に出席しなかったということは utrum apud eos pudor atque officium an timor valeret 彼ら(兵士)の心の中で, 廉恥心と義務感が勝つか, それとも怯懦が勝つか Caesar magnam partem Galliae in officio tenuit カエサルはガッリアの大半を忠誠のうちに(大半の忠誠心を)保った

offīgō *3* of-fīgere, -fīxī, -fīxum §109 [ob, fīgō §174, 176] **1.** (杭など)打ち込む **2.** 固定する

offirmātus *a.1.2* offirmāt-a, -um §50 [offirmō の完分] (比)offirmatior **1.** 強情な, がんこな **2.** 断固たる, 固い決心の

offirmō (-ī- ?) *1* of-firmāre, -māvī, -mātum §106 [ob, firmō §176] **1.** 固める **2.** 堅く決心している **3.** 固執する quod mihi (9d11) offirmatum erat 私が強く決心していたこと

offūdī → offundō

offulgeō *2* of-fulgēre, -fulsī, —— §108 [ob, fulgeō §176] ぱっと輝く, さっとひらめく, 現われる nova lux oculis (9d3) offulsit 不思議な光がさっと目にきらめいた

offulsī → offulgeō

offundō *3* of-fundere, -fūdī, -fūsum §109 [ob, fundō §176] **1.** 前にぶちまける, 注ぐ **2.** 一面にひろげる, おおう, 包む **3.** 満たす, 圧倒する sanguinem arae (9d3) offundere 血を祭壇に注ぐ cum altitudo caliginem oculis offundisset 高さが目にかすみを広げた(目をくらませた)ので pavore offusus 恐怖に圧倒され

offūsus → offundō

ogganniō (= **obganniō**) *4* ogganniīre, -nīvī (-niī), -nītum §111 くどくど言う, がみがみ言う

ōh → ō

ōhē = **ohe** 間 (呼びとめる, たしなめるときの叫び)おーい, おい

oieī 間 苦痛の叫び

olea *f.* oleae *1* §11 オリーブ(の実), オリーブの木, オリーブの葉飾り nil intra est oleam duri オリーブの中に堅いもの(核)はない(と言うのと同じように, 間違った主張だ)

oleāgin(e)us *a.1.2* oleāgin(e)-a, -um §50 [olea] オリーブの木の, オリーブに似た

oleārius *a.1.2* oleāri-a, -um §50 [olea] (オリーブ)油の

oleārius *m.* -riī *2* §13 油売り

oleaster *m.* oleastrī *2* §15 [olea] 野生オリーブ

olēns *a.1.2* olentis §58 [oleō の現分] **1.** 匂いのある, におう **2.** 芳香の, 香りのよい **3.** ひどく臭い, 悪臭を発する

oleō *2* olēre, oluī, —— §108 [odor] **1.** におう, においがする **2.** 芳香(悪臭)を発散させる, かんばしい, 臭い **3.** におわす, ほのめかす, わからす, 示す mulier recte olet, ubi nihil olet 女は全くにおっていないとき, 本当ににおう aurum huic olet こいつには黄金が匂う(黄金をかぎつける)

oleum *n.* oleī *2* §13 **1.** オリーブ油, 油 **2.** 格闘技場(格闘士が体に油をぬるため) oleum addere camino 火に油を注ぐ et oleum et operam perdidi 私は時間も労力も無駄にしてしまった(夜も燈火の下で働いたのに)

olfaciō *3b* olfacere, -fēcī, -factum §110 [oleō, faciō §173] **1.** 匂いに感づく, かぎつける, かぎ出す, 感づく **2.** うわさをかぎとる

olidus *a.1.2* olid-a, -um §50 [oleō] **1.** 悪臭を放つ, ひどく臭い **2.** 匂いのする

ōlim 副 **1.** かつてあるとき, 昔, 以前には **2.** ここ当分, 以前からずっと, このところ長い間 **3.** いつかあるとき **4.** ときどき, 時には, いつも alium me censes esse nunc atque olim 今の私はかっての私と違っているとあなたは考えている olim mihi nullas epistulas mittis あなたはもう長い間手紙

を一通もくれていない utinam coram te-cum olim potius quam per epistulas 手紙を通じてよりも，面と向って，いつか あなたと話したいものだ ut pueris olim dant crustula blandi doctores ときには 教師が子供の機嫌を取って菓子を与えるよ うに

olitor *m.* olitōris *3* §26 [olus] 野菜栽培家，野菜(青物)商人

olitōrius *a.1.2* olitōri-a, -um §50 [olitor] 野菜の，野菜畑の

olīva *f.* olīvae *1* §11 (= **olea**) オリーブ(の実)，オリーブの木，オリーブの 枝葉冠，オリーブの木の枝

olīvētum *n.* olīvētī *2* §13 [olīva] オリーブの庭園，オリーブの林

olīvifer *a.1.2* olīvi-fera, -ferum §51 [olīva, ferō] オリーブを身につけ た，オリーブの生じる

olīvum *n.* olīvī *2* §13 (= **oleum**) (オリーブ)油

ōlla *f.* ōllae *1* §11 つぼ，なべ so-ciorum olla male fervet, amici de medio abeunt 仲間のなべが煮えなくなる と，友は皆の前から去る(なべが煮えている とき，友情は栄える)

olle, ollus 指代 olla, ollud [ille の 古形，変化は ille §78 に準ずる] (形)あ の，かの (名)彼，彼女，あれ，あのこと olli respondit rex 王は彼に答えた

olor *m.* olōris *3* §26 白鳥

olōrīnus *a.1.2* olōrīn-a, -um §50 [olor] 白鳥の

oluī → oleō

olus (= **holus**) *n.* oleris *3* §27 野菜，煮物用野菜

olusculum *n.* olusculī *2* §13 [olus の小] 野菜(軽蔑した言い方)

Olympia *f.* Olympiae *1* §11 エ リスの町ピサの近くの聖域，オリュンピア競 技の行われる所

Olympia *n.pl.* Olympiōrum *2* §13 オリュンピア競技

Olympiacus *a.1.2* Olympiac-a, -um §50 オリュンピア競技の

Olympias *f.* Olympiadis (-ados) *3*
§41.5a オリュンピア紀(4 年間)

Olympicus *a.1.2* Olympic-a, -um §50 オリュンピア競技の

Olympius *a.1.2* Olympi-a, -um §50 オリュンピアの，ゼウスの称号

Olympus (**-pos**) *m.* Olympī *2* §§13, 38 **1.** テッサリアとマケドニアの境 の高山 **2.** 神々の住居 **3.** 天，空

omāsum *n.* omāsī *2* §13 牛の臓 腑

ōmen *n.* ōminis *3* §28 **1.** きざし， 前兆 **2.** 吉兆，縁起(幸先)のよい兆，不吉 な兆 **3.** 祈願，念願 **4.** 神聖な慣例 hoc detestabile omen avertat Jupiter ユー ピテルがこの不吉な前兆をそらされんことを i (156) secundo omine (9f9) 幸先よい 兆と共に出発せよ accipere omen 前兆を みとめる prima omina 吉兆による最初の 絆＝処女結婚(結婚式に行われる占いの儀 式から，結婚そのものをも意味した)

ōmentum *n.* ōmentī *2* §13 **1.** 内臓を包む脂肪質の膜皮，腸間膜網 **2.** 内臓 **3.** 脂肪

ōminor *dep.1* ōminārī, -nātus sum §123(1) [ōmen] 未来のことを前兆か ら告げる，予言する，予示する male ominata verba 縁起の悪い言葉

ōminōsus *a.1.2* -ōsa, -ōsum §50 [ōmen] 縁起(ぎ)の悪い，凶兆の，不吉 な

omīsī → omittō

omissus *a.1.2* omiss-a, -um §50 [omittō の完分] (比)omissior 怠慢 な，不注意の，むとんじゃくな

omittō *3* o-mittere, -mīsī, -missum §109 [ob, mittō §176] **1.** 手離す，放 つ，解放する **2.** 渡す，放棄する，断念す る，捨てる，中止する **3.** 見逃す，見落す， 省略する，とばす omnibus omissis his rebus (9f18) これら一切のことを放棄し て ut alia omittam その他のことは省略 するとして

omnigenus *a.1.2* omni-gen-a, -um §50 あらゆる種類の

omnīnō 副 [omnis] **1.** あらゆる点に おいて，全く，完全に，すっかり **2.** 一般

omniparēns

に，総じて，全体として **3.** 全部で，(数と)たった 4，疑いもなく，たしかに，要するに，実を言うと de hominum genere aut omnino de animalium loquor 人類について，いや総じて動物の種類について私は話す erant omnino itinera duo たった二つの道しかなかった pugnas omnino, sed cum adversario facili 要するにあなたは戦うのだ，しかし相手はやさしい

omniparēns *a.3* omni-parentis §55 万物の母親，創造者である所の

omnipotēns *a.3* omni-potentis §55 全能の

omnis *a.3* omne §54 (*pl.*) **1.** すべての，全部の，あらゆる種類の，合計 **2.** ことごとく，どれもこれも (*sg.*) **1.** 全体，全部 **2.** 一つ一つの，一人一人の omne *n.* 万物，宇宙 **omnēs** *m.pl.* omnium すべての人 **omnia** *n.pl.* omnium すべてのもの ante omnia 先ず第一に per omnia すべての点で non omnia possemus (116.3) omnes 我々は誰でも，何もかもできるわけではない omnia vertuntur 諸行無常 omnem crede diem tibi diluxisse supremum あなたは毎朝最後の日を迎えたと思いなさい Gallia est omnis divisa in partes tres ガッリア全体が三つの部分に分かれている

omnivagus *a.1.2* omni-vag-a, -um §50 あらゆるところをさまよい歩く

omnivolus *a.1.2* omni-vol-a, -um §50 あらゆるものを欲する

Omphalē *f.* Omphalēs 1 §37 Lydia の女王

onager (= **onagrus**) *m.* onagrī 2 §13 <ὀναγρός **1.** 野生のロバ **2.** 投石器

onerāria *f.* §13 (*sc.* nāvis) 貨物船，輸送船

onerārius *a.1.2* onerāri-a, -um §50 [onus] 荷・貨物を運んでいる

onerō *1* onerāre, -rāvī, -rātum §106 [onus] **1.** 荷を積む，重荷を負わせる，積み重ねる **2.** 積みすぎる，重くする，圧迫する，苦しめる，疲労困憊させる **3.** 詰める，満たす vino et epulis (9f11)

onerari (受・不) 酒と料理でお腹が一杯となる provinciam tributo ～ 属州を税で苦しめる vina cadis (9d4) ～ ブドウ酒を瓶に詰める

onerōsus *a.1.2* onerōs-a, -um §50 [onus] (比)onerosior **1.** 負担の重い，圧迫する，重大な **2.** 重荷となる，煩わしい，骨の折れる，困難な

onus *n.* oneris 3 §29 **1.** 荷，積荷，船荷，重荷 **2.** 心の重荷，負担，苦労 **3.** (*pl.*)税 tanti oneris (9c5) turris これほどどっしりとした櫓 municipium maximis oneribus pressum 最大の税負担で押しつぶされている町

onustus *a.1.2* onust-a, -um §50 [onus] **1.** 荷を積んだ，重荷を背負った **2.** 一杯の，満ちた naves onustae frumento (9f17) 穀物を積んだ船

onyx *m.,(f.)* onychis 3 41.1.a <ὄνυξ **1.** 高価な大理石(縞大理石) **2.** 大理石でつくったつぼ(香油つぼなど)

opācitās *f.* opācitātis 3 §21 [opācus] **1.** 陰，日陰，木陰 **2.** 暗さ，暗闇

opācō *1* opācāre, -cāvī, -cātum §106 [opācus] 陰でおおう，暗くする

opācus *a.1.2* opāc-a, -um §50 (比)opacior (最)opacissimus **1.** 陰の(多い)，陰になった，暗い **2.** 濃い陰を与える **3.** 人目につかない，隠退した opacum frigus 陰の冷気 opacum nemus 濃い陰を与える森 opaca (中，複) locorum = opaca loca 暗い所

opella *f.* opellae 1 §11 [opera の小] 僅かな努力，軽い苦しみ，ささやかな義務

opera *f.* operae 1 §11 [opus] **1.** 活動，努力，骨折り，労働 **2.** 奉仕，助力，世話，注意，配慮 **3.** 暇，時間 **4.** 一日の仕事，日雇労働者 **5.** 雇われ喝采団，雇われ助人(暴徒) operam perdo 無駄骨をおる operā meā (9f18) 私の働きで，私のおかげで unā (= eādem) operā 同時に operam do alicui あるものに専念する，努力する mihi non est operae (9d7) それは私にとって努力(注意)に価し

ない，私にはそれをする暇がない

operāns → operor

operāria *f.* -riae *1* §11 女労働者

operārius *a.1.2* operāri-a, -um §50 [opera] 賃金労働の

operārius *m.* -riī *2* §13 賃金労働者，労働者，人夫

operātus → operor

operculum *n.* operculī *2* §13 [operiō] おおい，ふた，まぶた

operīmentum *n.* operīmentī *2* §13 [operiō] おおい，ふた，かぶせるもの，掛けぶとん

operiō *4* operīre, operuī, opertum §111 [ob, aperiō §174(2)] **1.**（目，戸）閉じる **2.** おおう，おおいかくす，かくす **3.** 埋める，埋葬する，積み重ねる，圧倒する **4.** 着物を着せる，包む capite operto (9f18) 頭をおおって(帽子をかぶって) domestica mala tristitia (9f11) operienda (147) 家の不幸は悲しみでおおいかくすべきだ

operor *dep.1* operārī, operātus sum §123(1) [opus] **1.** 忙しく働く，精を出す **2.** 宗教的儀式を行う，崇拝する reipublicae (9d) ～ 国事に精を出す sacra refer Cereri laetis operatus (118.4) in herbis 悦ばしい草原にて神事をとり行い，ケレース女神に，聖なる実りをお返しせよ

operōsē 副 §67(1) （比）operosius 骨を折って，苦心して，かろうじて，注意して

operōsus *a.1.2* operōs-a, -um §50 [opera] （比）operosior （最）operosissimus **1.** 多忙な，活発な，勤勉な **2.** 困難な，骨の折れる **3.** 強力な，有効な

opertum *n.* opertī *2* §13 [opertus] **1.** 隠れた所，隠退地 **2.** 神秘，秘密 Apollinis operta アポローンの神秘なお告げ telluris operta 地下の幽冥界

opertus *a.1.2* opert-a, -um §50 [operiō の完分] **1.** かくされた，おおわれた **2.** 未知の，暗い，不明な，秘密の

operuī → operiō

opēs, opum → ops

Opicus *a.1.2* Opic-a, -um §50 **1.** オスキー人の [Oscī(人)の古形 Opicī (人)] **2.** ラテン語を知らない，無教養の，野蛮な

opifer *a.1.2* opi-fera, -ferum §51 [ops, ferō] 援助する，人を助ける，救う

opifex *c.* opi-ficis *3* §21 [opus, faciō] **1.** 作る人，組立てる人 **2.** 労働者，職人，手細工人 **3.** 作者，案出者，創造者

ōpiliō (= **upiliō**) *m.* ōpiliōnis *3* §28 羊飼い

opīmus *a.1.2* opīm-a, -um §50 （比）opimior （最）opimissimus **1.** 太った，こえた **2.** 肥沃な，豊饒な **3.** 豊かな，金持ちの，豊富な，すばらしい opus opimum casibus 災禍の話で満ちた作品 opima spolia (敵将を倒して得た戦利品) 名誉ある戦利品・武器

opīnābilis *a.3* opīnābile §54 [opīnor] 人の意見にもとづいた，推測による

opīnātiō *f.* opīnātiōnis *3* §28 [opīnor] 意見，推測，想像

opīnātor *m.* opīnātōris *3* §26 [opīnor] 憶測好きな人

opīnātus *m.* opīnātūs *4* §31 [opīnor の完分] 想像，憶測

opīniō *f.* opīniōnis *3* §28 [opīnor] **1.** 意見，考え，推測，想像，期待，思い込み，信念 **2.** 評価，噂，名声，評判 contra omnium opinionem すべての人の期待を裏切って opinio sine auctore exierat 根拠のない噂がひろがっていた

opīnor *dep.1* opīnārī, opīnātus sum §§123(1), 125 （古）opīnō *1* 意見を持つ，思う，推測する，想像する，信じる（挿入句として）opinor（又は）ut opinor 思うに

opiparē 副 [opiparus §67(1)] 豪華に，惜しまずに

opiparus *a.1.2* opipar-a, -um §50 [ops, parō] 豊かな，豪華な，すばらし

opis 530

い

opis → ops

opitulor *dep.1* opitulārī, -lātus sum §123(1) [ops, tulō] **1.** 助ける，援助する **2.** 役立つ

opobalsamum *n.* opobalsamī *2* §13 ＜ὀποβάλσαμον バルサム（芳香樹）の樹脂

oportet 非 oportēre, oportuit §168 ねばならぬ，すべきである，必要（正当）である hoc fieri oportet これがなされねばならぬ alio tempore atque oportuit なされるべきであった（正しい）時刻とは違った時刻に

oppēdō *3* oppēdere, ── §109 面前で屁をひる

opperior *dep.4* op-perīrī, -perītus (-pertus) sum §123(4) **1.** (自)待っている **2.** (他)待つ，待ちうける sex mensis (9e8) opperibor（古＝opperiar）6ヶ月待つであろう ibi me opperire (136) そこで私を待て

oppetō *3* op-petere, -petīvī (-tiī), -petītum §109 **1.** 出会う **2.** 最期を遂げる，死ぬ

oppidānī *m.pl.* -nōrum §13 町の住民

oppidānus *a.1.2* oppidān-a, -um §50 [oppidum] （地方・属州の）町の

oppidō 副 全く，絶対に，正しく，確かに，非常に，大いに

oppidulum *n.* oppidulī *2* §13 [oppidum の小] 小さな町

oppidum *n.* oppidī *2* §13 （ローマ以外の）町，要塞

oppignerō *1* oppignerāre, -rāvī, -rātum §106 [ob, pignerō §176] **1.** 人質として与える **2.** 質入れする，抵当に入れる

oppīlō *1* oppīlāre, -lāvī, -lātum §106 ふさぐ，さえぎる，閉じる

oppleō *2* op-plēre, -plēvī, -plētum §108 [ob, pleō §174(1)] 満たす，占める，封じる，つめ込む，おおう

oppōnō *3* op-pōnere, -posuī, -positum §109 [ob, pōnō §174(1)] **1.** 前に向けておく，たてる，対抗させる，敵対させる，妨げる，対比させる **2.** さらす，任す，投げ出す **3.** 反論する，答える，主張する **4.** 質(担保)に入れる Hannibali (9d4) opposuit natura Alpem 自然はハンニバルにアルプスを対峙させた urbes multis periculis (9d3) oppositae 多くの危機にさらされた町々

opportūnē 副 §67(1) （比)opportunius （最)opportunissime 折りよく，好都合にも，有利に，具合よく

opportūnitās *f.* opportūnitātis *3* §21 [opportūnus] 有利な(好都合な)状況，位置，時期 **2.** 長所，有利，優越

opportūnus *a.1.2* opportūn-a, -um §50 （比)opportunior （最)opportunissimus **1.** 都合のよい，便利な，有利な，目的にかなった，適当な，時宜を得た **2.** さらされた locus opportunus ad insidias 罠(ワナ)をしかけるに恰好の場所 Romanus opportunus huic eruptioni (9d13) fuit ローマ人はこの出撃の前にさらされていた

oppositus *a.1.2* opposit-a, -um §50 [oppōnō の完分] **1.** 前に置かれた，向かい合った，向かい側の **2.** 対立した，反対の luna opposita soli (9d13) 太陽と向いあった月

oppositus *m.* oppositūs *4* §31 [oppōnō] **1.** 障害物としておくこと，間に入れること，対抗させること **2.** じゃまされること，反対されること

opposuī → oppōnō

oppressī → opprimō

oppressiō *f.* oppressiōnis *3* §28 [opprimō] おしつけること，力で圧倒すること，抑圧，圧制，鎮圧，虐待

oppressus → opprimō

opprimō *3* op-primere, -pressī, -pressum §109 [ob, premō §§174 (2), 176] **1.** 押しつぶす，圧迫する，抑圧する **2.** 圧倒する，征服する，鎮圧する **3.** 不意におそう，奇襲する **4.** かくす，消す，窒息させる os opprime 口をつぐめ(だまれ) flammae vim aquā (9f11) ～ 焔の勢いを水で消す opprimi (受,不) aere opus

alieno 借金で押しつぶされる

opprobrium *n.* opprobriī *2* §13 [ob, probrium] **1.** 不面目, 恥, 汚名 **2.** 非難, 叱責, 侮辱 vereor ne civitati meae sit opprobrio (9d7) 私はそれが, 私の町の名折れにならないかと恐れている morderi (受・不) opprobriis falsis 虚偽の誹謗にさいなまれている

oppūgnātiō (**-pŭ-** ?) *f.* oppūgnātiōnis *3* §28 [oppūgnō] 襲撃, 突撃, 包囲攻撃, 攻略

oppūgnātor *m.* oppūgnātōris *3* §26 [oppūgnō] (町を)攻撃する者, 攻城兵

oppūgnō (**-ŭgn-** ?) *1* op-pūgnāre, -gnāvī, -gnātum §106 戦う, 攻撃する, 襲撃する, 包囲攻撃する, 攻略する

ops *f.* opis *3* §§23(2), 47 **1.** 力, 能力, 体力, 手段 **2.** (*pl.*)資力, 財力, 富, 兵力, 権力, 声望, 権威 **3.** 助力, 支援, 援助 omni ope atque operā (9f11) 自分のあらゆる力と努力を注いで opis egens (9c13) tuae あなたの助力を欠いている magnas inter opes inops 巨万の富の中にいながら貧しい(人)

ops- → obs-

opt- → obt-

optābilis *a.3* optābile §54 [optō] (比)optabilior 願わしい, 望ましい bono viro optabilius (*n.*) 立派な人にとってより望ましいもの

optandus *a.1.2* optand-a, -um §50 [optō の動形] 望ましい, 好ましい

optātiō *f.* optātiōnis *3* §28 [optō] **1.** 念願すること **2.** 希望の表現

optātō 副 [optātus の *n.abl.* (9f19)] (人の)希望に従って, 望み通りに

optātum *n.* -tātī *2* §13 願望, 誓願, 祈念, 欲望

optātus *a.1.2* optāt-a, -um [optō の完分] §50 (比)optatior (最)optatissimus 意にかなった, 望ましい, 好ましい, 快い

optimās *a.3* optimātis §55 [optimus] 国家で最良の, あるいは最も高貴な階層に属する, 貴族の

optimātēs *m.pl.* -mātum 又は -mātium *3* §§21, 25(ロ) **1.** 市民の最良の階級, 貴族の身分 **2.** 元老院派, 保守党

optimē (**optumē**) 副 [optimus §§67, 69] 最も立派に, 巧みに, いみじくも, たしかに 〜 factum! でかした

optimus (**optumus**) *a.1.2* optim-a, -um §50 [bonus の最上級 §61] 最もよい, 立派な, 優れた, 善良な, 高貴な, 愛国心のある, 忠実な optimum est pati quod emendare non possis あなたが直(な)せないものは, 我慢するのが得策だ

optiō *f.* optiōnis *3* §28 [optō] **1.** 選択, 選択の自由, 権利 **2.** 百人隊長の択んだ補佐の下士官 **3.** 助力者, 補佐役

optīvus *a.1.2* optīv-a, -um §50 選ばれた, えりぬきの

optō *1* optāre, optāvī, optātum §106 (古)optassis = optaveris **1.** 択ぶ, 選抜する **2.** 願う, 望む, 祈願する, 求める optabit utrum malit 彼がどちらか好きなほうを択ぶだろう hunc videre saepe optabamus diem この日を見たいとたびたび我々は願っていた mortem mihi 〜 私に死を求めている pro amicis bene optes (116.2) お前は友のため, 幸福を願ってやるべきだ

opulēns *a.3* opulentis §55 = opulentus

opulenter = **opulentē** (副) [opulēns §67(2)] (比)opulentius 豊かに, 贅沢に, 華美に

opulentia *f.* opulentiae *1* §11 [opulēns] **1.** 富, 豊富, 潤沢, 豪奢 **2.** 権勢, 影響力

opulentō *1* opulentāre, -tāvī, -tātum §106 富ませる, 豊かにする

opulentus *a.1.2* opulent-a, -um §50 [ops] (比)opulentior (最)opulentissimus **1.** 豊かな, 富裕な, 金持の **2.** 有力な, 権勢力のある, 地位の高い, 強力な **3.** 贅沢な, 豪奢な

opus *n.* operis *3* §29 **1.** (なされるべき)仕事, 労働, 工事, 作業, 技術, 耕

opusculum

作，農業 **2.** 行為，活動，苦労，努力 magno opere → magnopere **3.** (仕事，労働の結果)完成されたもの，文学作品，著述，芸術作品，彫刻，土木工事，公共建築物，防御施設，攻城堡塁，攻城機具 nondum opere castrorum perfecto (9f18) 陣営を設立する工事がまだ完成していないとき Corinthia opera コリントス製青銅器 **4.** opus est (sunt) (仕事がある)必要である，有益である **a.** (人称) mihi frumentum non opus est 私は穀物を必要としない si quid opus erit in sumptum 出費にあたってもし何か必要なら **b.** (非171, 9f17) si quid opus facto (完分) est もし何か行う必要が生じたら

opusculum *n.* opusculī *2* §13 [opus の小] 小さな仕事，文学作品，小品

ōra → ōs

ōra *f.* ōrae *1* §11 **1.** 外縁，へり，ふち，端，境界(線) **2.** 海岸(線)，岸 **3.** 地域，地方，陸地，国土

ōrāculum *n.* ōrāculī *2* §13 [ōrō] **1.** 神殿で神官を通じて与えられる神の発言，神託 **2.** 神託の代弁者，みこ，予言者 **3.** 神託所，神殿 **4.** 予言，格言，箴言 oraculum petere a Dodona ドードーナの神託を乞い求める

ōrātiō *f.* ōrātiōnis *3* §28 [ōrō] **1.** 話すこと，話す力(才能) **2.** 談話，演説，議論 **3.** 長広舌，熱弁，話しぶり，言葉づかい **4.** 文体，散文，論文，主題 **5.** 言語，方言 quale ingenium haberes (時称の関連による未完了・接)，fuit indicio (9d7) oratio あなたがどのような性格の持主かを，あなたの話しぶりが示してくれた

ōrātiuncula *f.* ōrātiunculae *1* §11 [ōrātiō の小] 短い演説，小論

ōrātor *m.* ōrātōris *3* §26 [ōrō] **1.** 使者，使節，代弁者，嘆願者 **2.** 弁論家，雄弁家，弁護人

ōrātōrius *a.1.2* ōrātōri-a, -um §50 [ōrātor] **1.** 演説の，雄弁に関する **2.** 演説家の，雄弁家のための

ōrātrīx *f.* ōrātrīcis *3* §21 [ōrō] 女の嘆願者

ōrātum *n.* ōrātī *2* §13 [ōrō の完分] 懇願，祈り

ōrātus *m.* ōrātūs *4* §31 [ōrō] 嘆願すること，要求すること

orbātor *m.* orbātōris *3* §26 [orbō] 他人から子(や親)を奪う者

orbis *m.* orbis *3* §19 **1.** 円，環，輪 **2.** 指輪，円盤，(円)軌道，円陣，楯，ろくろ，とぐろ，眼窩，月，日，鏡 **3.** 天球，青天井 (orbis caeli) **4.** 全世界，地球 (～ terrae, terrarum) **5.** 領土，地方，地域 **6.** 一周，一巡，周期，決まった手順，仕事 **7.** (修)悼(ちょう)尾文 (periodic sentence) copiis (9f18) in orbem compulsis 軍勢は円陣隊形を強いられて sidera orbes suos conficiunt 星座は自分の軌道を回転し終える versatur celeri (9f11) fors levis orbe rotae 幸運(の女神)は軽い馬車(に乗って)の速い輪でころがって行く

orbita *f.* orbitae *1* §11 [orbis] **1.** 車の跡，わだち，畑のみぞ **2.** 天体の軌道

orbitās *f.* orbitātis *3* §21 [orbus] **1.** 肉親の喪失，子の喪失 **2.** 孤児の境遇 **3.** 未亡人の身 **4.** 喪失，剥奪，不足

orbō *1* orbāre, -bāvī, -bātum §106 [orbus] **1.** 子を奪う **2.** 両親を奪う，みなし子とする **3.** (大切なものを)奪う mater orbata filio (9f17) 息子を失った母 pater me lumine orbavit (9f16) 父は私から光を奪った

orbus *a.1.2* orb-a, -um §50 **1.** 家族に死なれた，死によって奪われた **2.** 親のない，父なしの，子のいない **3.** 欠いた，奪われた，あとに残された pueri parentibus (9f17) orbi 両親を失った子供たち forum litibus orbum 訴訟が行われていない広場 luminis (9c13) orbus 光を失った(盲目の) **orbus** *m.* orbī *2* §13 孤児 **orba** *f.* orbae *1* §11 女孤児，やもめ

orca *f.* orcae *1* §11 大きな土器(つぼ)

orchas *f.* orchadis *3* §41.5a <

ὀρχάς 一種のオリーブ

orchēstra *f.* orchēstrae *1* §11 <ὀρχήστρα **1.** 劇場の舞台の前の広場, (ギリシア)合唱団席, (ローマ)元老院議員などの貴賓席

Orcus *m.* Orcī *2* §13 **1.** ローマの死の神様 **2.** 下界, 冥府 **3.** 死 Orcus recipere ad se hunc noluit オクルスすら, 奴を自分の手許に引きとりたくなかった(それほどの悪人だった) nec illam nisi Orcus delebit オルクス以外に, あれ(汚名)を消せないだろう

ōrdinārius *a.1.2* ōrdināri-a, -um §50 [ōrdō] 正規の, 通常の, いつもの ordinarius consul 正執政官(1月1日に就任する執政官 *cf.* suffectus consul 補欠執政官)

ōrdinātim 副 [ōrdinātus] 順序正しく, 規則正しく, 整然と

ōrdinātiō *f.* -nātiōnis *3* §28 [ōrdinō] 配列, 整列, 配置, 編成, 調整

ōrdinātus *a.1.2* ōrdināt-a, -um §50 [ōrdinō の完分] (比)ordinatior (最)ordinatissimus 規則正しい, 秩序だった, 整然たる

ōrdinō *1* ōrdināre, -nāvī, -nātum §106 [ōrdō] **1.** 列の中におく, 順序正しく並べる, (一定の形に)整える, 配列させる, 整理する **2.** 秩序だてる, 規制する, 管理する, 統治する **3.** 命じる, 指名する

ōrdior *dep.4* ōrdīrī, ōrsus sum §§123(4), 125 **1.** (織物に製経から)着手する, 始める, 企てる **2.** 書き始める, 語り始める ab initio est ordiendus (147) Themistocles 先ずテミストクレースのことから書き始められるべきである

ōrdō *m.* ōrdinis *3* §28 **1.** 整然たる列, 整列, 一並びの直線 **2.** 段階, 層 **3.** 序列, 順序, 連続 **4.** 隊列, 戦列, 部隊, 百人隊, 百人隊長の順位 **5.** 秩序, 規範 **6.** 社会的地位, 階層, 身分 ordine, in (ex) ordine, in (per) ordinem 順序正しく, 列をなして, 整然と続いて, 詳しく, 平行して nullo ordine iter facere 無秩序に(てんでばらばらに)行進する amplis-

simus ordo 最も高い地位(元老院階級) primorum ordinum centuriones 上級百人隊長(第一大隊の6人の百人隊長)

Orēas *f.* Orēadis (Orēados) *3* §41.5a 山の精(ニンフ)

Orestēs *m.* Orestis §42.1b アガメムノーンの子

organum *n.* organī *2* §13 <ὄργανον **1.** 器具, 道具, 楽器 **2.** (水)オルガン

orgia *n.pl.* orgiōrum *2* §13 <ὄργια **1.** バッカス酒神の夜の気違いじみた秘儀祭 **2.** 秘儀の象徴 **3.** 宗教儀式

ōrī, ōris → ōs

orichalcum *n.* orichalcī *2* §13 <ὀρείχαλκος 真鍮, 黄銅

ōricilla *f.* ōricillae *1* §11 [auris の小] 小さな(かわいい)耳

ōricula → auricula

oriēns *m.* orientis *3* §21 [orior の現分 *sc.* sol] **1.** のぼる太陽, 夜明け **2.** 東 **3.** 東方の国(住民), 東洋

orīgō *f.* orīginis *3* §28 [orior] **1.** 始め, 始まり, 起り **2.** みなもと, 起源, 出発点, 出所 **3.** 生れ, 血統, 家系 **4.** 先祖, 元祖, 創始者 Aeneas, Romanae stirpis origo ローマ民族の始祖, アエネアース septimus liber Originum (大カトー著)『(ローマ)起源史』の第7巻

Ōrīōn *m.* Ōrīōnis *3* §41.8b 巨人の美男子の狩人 死後星座となる

orior *dep.4* orīrī, ortus sum §123 (4) **1.** 昇る, 現われる, 見える **2.** 起きる **3.** 起る, 発生する, 始まる, 源を発する **4.** 生れる, 由来する, 系統をひく, 後裔である orto sole (9f18) 日の出と共に obscuris majoribus (9f4) orti 無名の先祖の子孫 *n.b.* oritūrus (未分) oriundus (動形) oreris (= orīris) oritur (= orītur) orerētur (= orīrētur) orerentur (= orīrentur)

orīrī, ortus → orior

oriundus *a.1.2* oriund-a, -um §50 [orior の動形] から発生している, の後裔である, 生れた o sanguen (9e10) dis (9f4) oriundum おお, 神々に由来してい

ōrnāmentum 534

る血よ（神々の血をひくお方よ）

ōrnāmentum *n.* ōrnāmentī *2*
§13 ［ōrnō］ **1.** 装備, 支度, 武装, 装具, 馬具, 艤装 **2.** 装い, 衣裳, 装身具, 飾り, 装飾(品) **3.** 勲章, 栄誉, 官職, 名誉のしるし, 顕彰, 顕賞 **4.** (修)雅致(がび), 雅趣, 文彩

ōrnātē *副* ［ōrnātus §67(1)］ （比）ornatius （最）ornatissime 飾って, 潤色して, はなやかに, 優雅に, 念入りに

ōrnātus *a.1.2* ōrnāt-a, -um §50 ［ōrnō の完分］ （比）ornatior （最）ornatissimus **1.** 充分に装備(艤装)された, 豊かに(立派に)装われた, 飾られた **2.** (富, 才能, 名誉を)授けられた, 名誉ある, 尊敬されている, 顕著な agro bene culto nihil specie ornatius 立派に耕された畠よりも, 見た目に美しいものは何もない

ōrnātus *m.* ōrnātūs *4* §31 ［ōrnō］ **1.** 装備, 武装 **2.** 衣裳, 着物 **3.** 飾りつけ, 準備, 用意 **4.** 潤色, 文飾

ōrnō *1* ōrnāre, -nāvī, -nātum §106 **1.** 装備する, 武装させる, 艤装する, 準備(用意)してやる, 供給する, 授ける **2.** 身につけさせる, 着せる, 飾る **3.** 名誉を与える, 敬意を表す, 賞賛する deos deorum spoliis (9f11) ～ 神々を神々からの掠奪物で飾る

ornus *f.* ornī *2* §13 西洋トネリコ, マンナ(の木)

ōrō *1* ōrāre, ōrāvī, ōrātum §106 **1.** 嘆願する, 乞う, 祈願する **2.** 述べる, 弁論する multa deos (9e2) orans 多くのことを神々に祈願し te oro, des (159) operam そなたに頼む, 助けてくれ Ubii orant ut sibi (間接再帰) parcat ウビィ族は嘆願する, どうか彼が自分たちの命を許してくれるようにと orare causam 訴訟を弁護する, 法廷で抗弁する

Orontēs *m.* Orontae *1* §37 シュリアの川

Orpheūs *m.* Orpheī *3* §42(3) ホメーロス以前の最高の詩人, 音楽家

ōrsa *n.pl.* ōrsōrum *2* §13 ［ōrdior の完分］ **1.** 企て, 計画 **2.** 言葉, 発言

ōrsus *m.* ōrsūs *4* §31 ［ōrdior の完分］ 始まり, 開始

ōrsus → ōrdior

ortus *m.* ortūs *4* §31 ［orior］ **1.** 上昇, 日の出, 東 **2.** 起り, 生れ, 先祖, みなもと, 始まり, 芽 ab ortu ad occasum 東から西へ ad umbram lucis ab ortu 朝から晩まで Cato ortu (9f3) Tusculanus 生れはトゥスクルムのカトー

ortus *a.1.2* ort-a, -um §50 ［orior の完分］ 起った, 発生した, 生れた, 子孫の homo a se (9f4) ortus 自分自身より生れた男(貴族の祖先を持たない, 自力で出世した人) omnia orta occidunt 生れたものはすべて死す

Ortygia *f.* Ortygiae *1* §11 **1.** デロス島の古名 **2.** シュラークサーエの港の入り口の島

oryx *m.* orygis *3* §21 ＜ὄρυξ レイヨウ(羚羊)の一種, ガゼル

orȳza *f.* orȳzae *1* §11 ＜ὄρυζα 米, イネ

os *n.* ossis *3* §29注 **1.** 骨, 骨髄 **2.** 遺骨 ossa ac pellis totus est 彼は全身骨と皮(やせている) exarsit juveni (9d8) dolor ossibus ingens 若者の骨の髄に烈しい怨念の情が燃え上がった

ōs *n.* ōris *3* §29注 **1.** 口, 唇, 鼻面, くちばし, 河口, 開口部 **2.** 発声, 話, 話しぶり **3.** 顔, 顔色, 容貌, 表情, 面, 目, 頭 uno ore 異口同音に, 異議なく esse in ore omnium (omni populo 9d8) 世間の噂のたねである aliquem in os laudare 人を面と向ってほめる ante ora nostra 我々の眼前で

oscen (ō- ?) *m.* oscinis *3* §28 鳴き声が前兆(不吉な)とされる鳥(大ガラス, カラス, フクロウなど)

Oscī *m.pl.* Oscōrum *2* §13 カンパーニアの古い部族

ōscillum *n.* ōscillī *2* §13 ［ōs の小］ **1.** 小さな顔 **2.** 祭日に木の枝にぶら下げられ, 風にゆれるバッカス神の小さい肖像

ōscitāns *a.3* ōscitantis §58

ōtiōsē

[ōscitō の現分] 熱のない，無精な，怠けている，不注意の

ōscitanter 副 [ōscitāns §67(2)] 無頓着に，なげやりに

ōscitātiō *f.* ōscitātiōnis *3* §28 [ōscitō] **1.** 大口をあけること，あくび **2.** 退屈，無頓着

ōscitō *1* ōscitāre, -tāvī, -tātum §106 ＝ **ōscitor** *dep.1* ōscitārī, -citātus sum §123(1) **1.** 大口をあける **2.** あくびをする

ōsculātiō *f.* ōsculātiōnis *3* §28 [ōsculor] 接吻

ōsculor *dep.1* ōsculārī, -lātus sum §123(1) [ōsculum] 接吻する，愛撫する

ōsculum *n.* ōsculī *2* §13 [ōs の小] **1.** 接吻 **2.** (小さな，可愛い)口，唇

Osīris *m.* Osīris *3* §39(イ) エジプトの神，Isis の夫

ossa → ŏs

Ossa *f.* Ossae *1* §11 テッサリアの高山

osseus *a.1.2* -sea, -seum §50 [ŏs] 骨の，骨ばった，(骨だけの)やせた

ossis, ossī, ossibus → ŏs

ostendō *3* os-tendere, -tendī, -tentum (-tēnsum) §109 [obs (＝ ob), tendō] **1.** 前にのばす，提出する，示す，見せる **2.** 説明する，知らせる，明らかにする，あばく **3.** 約束する，告げる os suum populo (9d4) ～ 国民の前に自分の姿を見せる quem profugisse supra ostendimus 彼が逃亡したことはすでに上で説明した quid fieri velit, ostendit 彼は何をして貰いたいかを明らかにした

ostēnsus → ostendō

ostentātiō *f.* ostentātiōnis *3* §28 [ostentō] 見せびらかし，誇示，示威，見せかけ，虚飾，ごまかし

ostentātor *m.* ostentātōris *3* §26 [ostentō] 誇示する人，広告する人，自慢する人

ostentō *1* ostentāre, -tāvī, -tātum §106 [ostendō] **1.** しつこく差し出す，熱心に申し出る，自慢する，誇示する，こ

れみよがしに見せる，あらわにする **2.** 展示する，公表する，約束する，おどす inani simulatione (9f9) sese ～ 空虚な見せかけによっておのれを誇示する

ostentum *n.* ostentī *2* §13 [ostendō の完分] 未来の事件を予示する現象，天変地異，不思議な現象，奇跡，前兆

ostentus → ostendō

ostentus *m.* ostentūs *4* §31 **1.** 陳列，展示，誇示，見せびらかし **2.** 証明，明示，証拠 eo natus sum, ut Jugurthae scelerum ostentui (9d7) essem 私はユグルタの悪事を証明するために存在すべく生れたのだ

Ōstia *f.* Ōstiae *1* §11 ＝ **Ōstia** *n.pl.* Ōstiōrum *2* §13 ティベリス川の河口の港

ōstiārium *n.* ōstiāriī *2* §13 [ōstium] 玄関税

ōstiātim 副 戸から戸へ，家ごとに

Ōstiēnsis *a.3* Ōstiēnse §54 オスティアの

ōstium *n.* ōstiī *2* §13 [ōs] 戸口，玄関，戸，門，河口，出口

ostrea *f.* ostreae *1* §11 ＝ **ostreum** *n.* ostreī *2* §13 ＜ ὄστρεον カキ，イガイ

ostreōsus *a.1.2* ostreōs-a, -um §50 [ostrea] (比)ostreosior カキが沢山ある

ostrifer *a.1.2* ostri-fera, -ferum §50 [ostrea, ferō] カキを産出する，カキが豊かな

ostrīnus *a.1.2* ostrīn-a, -um §50 [ostrum] 紫色の，深紅色の

ostrum *n.* ostrī *2* §13 ＜ὄστρεον **1.** 紫の染料，紫色，緋色，深紅色 **2.** 緋色(染め)の着物，寝台のカバー

ōsus, ōsūrus → ōdī

Othō *m.* Othōnis *3* §28 **1.** ローマの家名 **2.** ローマ皇帝(69 年)

ōtior *dep.1* ōtiārī, ōtiātus sum §123(1) [ōtium] 暇である，休んでいる

ōtiōsē 副 [ōtiōsus §67(1)] 暇にまか

ōtiōsus 536

せて，暇の折に，ゆっくりと，気楽に，静かに

ōtiōsus *a.1.2* ōtiōs-a, -um §50 [ōtium] （比）otiosior （最）otiosissimus **1.** 仕事・政務で占められていない，充分な暇をもった，教養・学問に没頭できる **2.** 静かな，おだやかな，乱されない，心配のない **3.** 怠けた，役に立たない，無益な numquam se minus otiosum esse, quam cum otiosus 自分は（公務から）暇であるとき以上に（学問で）忙しいときはない

ōtium *n.* ōtiī *2* §13 **1.** 余暇，仕事から解放されている時，ひま **2.** 休息，くつろぎ，怠惰，無為，隠退生活 **3.** 勉強（文学）のための余暇，余暇の産物，詩作品 **4.** 無事故，平和，安全 in otio de negotiis cogitare 暇なとき，仕事について考える otium cum dignitate 名誉ある暇（隠遁）otium litteratum 勉強に捧げられた余暇

ovātus → ovō

Ovidius *m.* Ovidiī *2* §13 **1.** ローマの氏族名 **2.** ローマの有名な詩人 Ovi-dius Naso

ovīle *n.* ovīlis *3* §20 [ovis] **1.** 羊の囲い，羊小屋 **2.** マルスの野の囲い地，投票場

ovillus *a.1.2* ovill-a, -um §50 [ovis] 羊の

ovis *f.* ovis *3* §19 **1.** 羊 **2.** 羊毛 **3.** ばか，あほう ovem lupo committere 狼を羊飼いとする（不幸を招く行為）

ovō *1* ovāre, ovāvī, ovātum §106 **1.** 小凱旋式をあげる，凱旋式の名誉をもつ **2.** 歓声をあげる，大喜びをする，歓迎する quo nunc Turnus ovat spolio potitus (118.4) 今やトゥルヌスはその戦利品を手に入れて大喜びをする ovans (118.4) urbem ingredi (137) 凱旋式をあげながら都へ入城する

ōvum *n.* ōvī *2* §13 *cf.* ῳόν 卵 ab ovo usque ad mala 卵（前菜）からリンゴ（デザート）まで，（食事の）始めから終わりまで tam similem sibi (9d13), quam ovo ovum 卵が卵と似ているほど，自分にそっくりのその者を

P

P, p §1 略記 P. = Pūblius P.C. = Patrēs Cōnscrīptī P.M. = Pontifex Maximus P.R. = populus Rōmānus

pābulātiō *f.* pābulātiōnis *3* §28 [pābulor] まぐさ・飼い葉（家畜の飼料）の徴発，糧秣の調達

pābulātor *m.* pābulātōris *3* §26 [pābulor] かいば，まぐさ，飼料の徴発者（兵）

pābulor *dep.1* pābulārī, pābulātus sum §§123(1), 125 **1.** まぐさ（飼料）を徴発する（探し回る），糧秣を調達する **2.** 牛・馬が草を食う

pābulum *n.* pābulī *2* §13 [pāscō]

1. 家畜の飼料，まぐさ，糧秣 **2.** 牧草，生えている野草 **3.** 食物，滋養物

pācalis *a.3* pācāle §54 [pāx] 平和な，平和と関係した

pācātus *a.1.2* pācāt-a, -um §50 [pācō の完分] （比）pacatior （最）pacatissimus **1.** 平和な状態にある，安定した，落ち着いた，平穏無事な **2.** 静かな，穏やかな **3.** 平和を好む，温和な，大人しい性格の **4.** 平時の，平和になれた

pācifer *a.3* pāci-fera, -ferum §51 [pāx, ferō] 平和をもたらす

pācificātiō *f.* pācificātiōnis *3* §28 [pācificō] **1.** 平和をもたらすこと，

平和条約，講和 **2.** 和解，調停，仲裁

pācificātor *m.* pācificātōris *3*
§26 ［pācificō］ **1.** 平和をもたらす人，
平定者，鎮定者 **2.** 調停者，仲裁人

pācificō *1* pācificāre, -cāvī, -cātum
§106 = **pācificor** *dep.1* pācificārī,
-ficātus sum §123(1) **1.** (自)平和に
ついて交渉する(協議する)，和解する
2. (他)和解させる，なだめる，静める

pacīscor *dep.3* pacīscī, pactus sum
§§123(3), 125 ［pāx］ **1.** 条約(契約・
協定)を結ぶ，締結する，談判(交渉・商
談)をする，交渉してきめる **2.** お互いに同
意する，取り決める，申し合わす，約束す
る，和解する，折り合う **3.** 抵当に入れる，
かける，危険をおかす **4.** 交換(交易)する
5. 婚約する pacisci (ut) sit parca
cena 晩餐の食事は質素であることを申し
合せます pacisci cum illo paullula pecu-
nia (9f14) potes あなたは彼とほんの僅か
な金で和解できますよ vitam volunt pro
laude pacisci 彼らは名誉のために命をか
けようとしています

pācō *1* pācāre, pācāvī, pācātum
§106 ［pāx］ **1.** (征服後に)平和にす
る，平定する，平和を課す **2.** 支配下にお
く，屈服させる **2.** 開墾する incultae pa-
cantur vomere silvae 未開の森林が鋤
によって開墾される

pactiō *f.* pactiōnis *3* §28
［pacīscor］ **1.** 契約，協定，条約 **2.** 合
意，一致，和解，妥協，申し合せ **3.** 不
正な(秘密の)取引，共謀 **4.** 約束，婚約
per pactionem 申し合せによって，協定
に従って pactio verborum 定まった書式

Pactōlus (**-os**) *m.* Pactōlī *2*
§13(38) 砂金を流していたといわれるリ
ュディアの川

pactum *n.* pactī *2* §13 ［pacīscor
の完分］ **1.** 契約，協定，盟約 **2.** 手段，
方法，理由，考慮 aliquo pacto (9f19)
なんらかの方法によって eodem pacto 同
じやり方で nescio quo pacto どういうわ
けか知らないが

pactus *a.1.2* pact-a, -um §50
［pacīscor の完分］ **1.** 交渉によって取り

決められた，申し合わされた，協定した
2. 誓約された，約束された，婚約された

pactus → pacīscor, pangō

Pācuvius *a.1.2* Pācuvi-a, -um §50
1. ローマの氏族名 **2.** M. Pacuvius, ロー
マの悲劇詩人(220-c.130 B.C.)

Paeān, Paeōn *m.* Paeānis (-nos)
3 §41.8a **1.** Apollo(n)と同一視された
治療の神 **2.** アポロン賛歌，戦勝歌 **3.** 1 長
3 短格の詩脚 (形)**Paeōnius** *a.1.2*
Paeōni-a, -um §50 Paean の

paedagōgīum *n.* -gogiī *2* §38
奴隷の子供たちのための教育(見習い)施設

paedagōgus *m.* paedagōgī *2*
§38 <παιδαγωγός **1.** 子供を学校へ
連れて行き帰る奴隷，家庭教師 **2.** 指導
者，教育係，師傅(しふ)

paedor *m.* paedōris *3* §26 きた
ない物，汚物，不潔なもの

paelex (**pēlex**) *f.* paelicis *3*
§21 側室，めかけ，情婦，(妻の)恋がた
き，競争相手

Paelignī *m.pl.* Paelignōrum *2*
§13 中央イタリアの住民，領地 (形)
Paelignus *a.1.2* Paelīgn-a, -um
§50 Paeligni 人の (名)**Paelīgnum**
n. Paelignī *2* §13 Paeligni 酒

paene 副 (最)paenissime, -ssume
ほとんど，おおかた，じっさい，全く paene
totum oppidum ほとんど町全体を adu-
lescens, paene potius puer 若者，いや，
むしろほとんど少年 meus me gallus
perdidit paenissume わしのニワトリが，
わしをほんの少しで滅ぼす所だった(地中に
かくしておいた金の壺をはじくり出して)

paenīnsula *f.* paenīnsulae *1* §11
［paene, īnsula］ (ほとんど島)岬，半島

paenitendus *a.1.2* -tenda, -tendum
§50 ［paeniteō の動形］ 後悔すべき，
惜しむべき，残念な，嘆かわしい

paenitentia *f.* paenitentiae *1*
§11 ［paenitēns = paeniteō の現分］
1. 後悔，悔恨 **2.** 残念，遺憾 **3.** 改心，改
悟，慙愧(ざんき)

paeniteō (**poen-**) *2* paenitēre,
paenituī, —— §108 **1.** 単独で又は目

的語(*gen.* 又は de+*abl.*)を伴い，後悔する，悔やむ Lepidum paenitentem consilii 自分の考えを後悔しているレピドゥスを locus paenitendi (119.2) 後悔する余地 consilii nostri nobis (9d11) paenitendum (147. ロ) non putarem (116.3) 我々は我々の目的を後悔すべきだと，私は思わないだろう **2.**（非）§166 paenitet aliquem あることが(名・属又は不，不句，quod 句など)ある人(対)を後悔させる，ある人に不平(不満・不快)を感じさせる・抱かせる・残念に思わせる・くやませる num senectutis suae eum paeniteret (116.4) ? 果たして彼は自分の老齢を不満に思っていただろうか an poenitet vos quod salvum exercitum traduxerim それともお前らは，私が軍隊を無事航海させたことをくやんでいるのか

paenula *f.* paenulae *1* §11 ＜φαινόλης 防水用材料でできた頭巾(ずきん)つきの雨合羽，旅行用のマント ita egi, ut non scinderem paenulam 私は(客の)雨合羽を引き裂かないようにふるまった(無理やりひきとめようとはしなかった)（形）
paenulātus *a.1.2* paenulāt-a, -um §50 paenula を着た所の

Paestum *n.* Paestī *2* §13 Lucania 地方の，バラの花で有名な海岸の町

paetus *a.1.2* paet-a, -um §50 **1.** 軽いやぶにらみの，すが目の，斜視の **2.**（媚びた）流し目の(盗み見の)

pāgānus *a.1.2* pāgān-a, -um §50 ［pāgus］**1.** 地方の，田舎の，村の，田舎風の，百姓らしい **2.** 一般人の(兵隊に対し)（名）**pāgānus** *m.* pāgānī *2* §13 **1.** 地方の住民，村人，百姓，田舎者 **2.** 一般人(兵隊に対し)

pāgātim 副 ［pāgus］村(落)ごとに，田舎(地方)ごとに

pāgina *f.* pāginae *1* §11 **1.** 紙(パピルス)の一枚，一頁 **2.** 頁の内容，書きもの，文書，詩，作品

pāgus *m.* pāgī *2* §13 **1.** 地方，大きな部落，田舎，村 **2.** 郷，地区(ガリア，ゲルマーニアの地方区)

pāla *f.* pālae *1* §11 **1.** スコップ，シャベル **2.**（指輪の)宝石をはめ込む所(はめ込むしかけのもの)

Palaemō(n) *m.* Palaemōnis (-ōnos) *3* §41.8b （神)海の神＝**Portūnus**

palaestra *f.* palaestrae *1* §11 ＜παλαίστρα **1.** 格闘場，体育場，格闘士訓練所(学校)，体育訓練場 **2.** 格闘，体育，格闘技・体育術の訓練 **3.** 機敏，器用，抜け目のなさ **4.** 修辞学・弁論術道場(学校)，練習，訓練 exercent patrias palaestras 彼らは祖国の格闘技を訓練している utemur eā palaestrā, quam a te didicimus 我々はあなたから学んだその機敏な技を用いている

palaestricus *a.1.2* palaestric-a, -um §50 ［palaestra］palaestra の・に関する，格闘場で訓練した，格闘(技)を贔屓する・支持する

palaestrīta *m.* palaestrītae *1* §11 格闘技教師，格闘士訓練所の経営者・管理人

palam 副 **1.** 包みかくさずに，隠しだてせずに，公然と，あからさまに，率直に，正直に，明白に **2.** 外に向って，表向き **3.**（奪支配の前の如く)…の面前であからさまに te palam あなたの面前で me palam 私の面前であけすけに palam facere 広く(一般に)知らせる，ばくろする palam esse 一般に知られている，知られることになる luce (9f19) palam, certum est (171) igni circumdare muros 白昼公然と(asyndeton)，城壁を火で包むことは決っていることだ

Palamēdēs *m.* Palamēdis *3* §42.1 （神)Euboea の王 Nauplius の息子，知勇兼備の将

Palātium *n.* Palātiī *2* §13 **1.** ローマの七つの丘の一つ **2.** この丘のローマ皇帝の宮殿 **3.** この丘の神殿 （形）
Palātīnus *a.1.2* Palātīn-a, -um §50 **1.** パラーティウムの **2.** パラーティウムの宮殿の **3.**（名)パラーティーヌス丘(＝パラーティウム)，(*pl.*)パラーティーヌス丘の住民，宮殿に仕えている者，廷臣

palātum（**palātus**）*n.* palātī *2* §13 **1.** 口蓋(味覚と発音の器官) **2.** 味

覚，嗜好，趣味 **3.** 青天井，青空，天空 obserare palatum 黙っている

pālātus → pālor

palea *f.* paleae *1* §11 **1.** もみがら (麦の)，刻みわら(飼料)，わらくず **2.** 殻 (恨)，さや，外皮

palear *n.* paleāris *3* §20 （牛の のどの)たれ肉

Palēs *f.(m.)* Palis *3* §42.1 牧人 や家畜の守護女神

Palīcī *m.pl.* Palīcōrum *2* §13 (神)Jupiter とニンフ Thalia の間に生まれ た双生児

palimpsēstus *m.* palimpsēstī *2* §13 <παλίμψηστος 文字を消してその 上に書いた(再使用)羊皮紙

paliūrus *m.f.* paliūrī *2* §13 キリ ストのイバラの灌木，生垣の茨

palla *f.* pallae *1* §11 **1.** ローマの 婦人用の長方形の(大きな)肩かけ(外衣) **2.** 悲劇役者の肩かけ，外套 **3.** ローマ人以 外の男の衣服 **4.** 窓掛け，カーテン

Palladium *n.* Palladiī *2* §13 Pallas Athene の像

Pallantēum *n.* Pallantēī *2* §13 **1.** Arcadia の町 **2.** Evander の建てた市，後にローマとなる （形)**Pallantēus** *a.1.2* Pallantē-a, -um §50 Pallanteum の

Pallantias *f.* Pallantiados *3* §41.5a （神)Pallas の女系の子孫，特に Aurora

Pallas *f.* Palladis（又は -ados） *3* §41.5a **1.** アテーネー(アテーナー)女神(ロ ーマの Minerva)の称号 **2.** オリーブの木， オリーブの油 （形)**Palladius** *a.1.2* Palladi-a, -um §50 **1.** Pallas Athene (= Minerva)の **2.** オリーブの

Pallās *m.* Pallantis *3* §41.3b （さ まざまの神話上の人物名） **1.** アテーナー (Minerva)の父 **2.** 巨人族の一人 **3.** アテ ーナイ王パンディーオーンの子 **4.** Euander の曽祖父 **5.** Euander の子

pallēns *a.3* pallentis §58 ［palleō の現分］ **1.** 蒼白の，青ざめた，血の気を 失った **2.** 明るさを失った，光をなくした， ぼんやりした，おぼろな **3.** 色あせた，黄ば

んだ，淡緑色の pallentis umbras Erebi 冥界の青ざめた幽霊たちを

palleō *2* pallēre, palluī, —— §108 **1.** (心配・恐怖から)血の気を失う，青ざ める，蒼白となる **2.** (他)…を見て青ざめ る，色を失う **3.** 艶を失う，色を失う，色 あせる，黄ばむ，淡緑色となる **4.** 光を失 う，暗くなる，ぼんやりする，おぼろになる pueris pater pallet 父親が子供のために 青ざめる quis te cogebat multos pallere colores (9e6) 誰がお前の顔色を何度も失 わせたのか

pallēscō *3* pallēscere, palluī, —— §109 ［palleō］ **1.** (恐怖・心配から)青 ざめてくる，蒼白となる，血の気を失う **2.** (他)見て青くなる **3.** 色あせてくる，黄 ばんでくる，光沢(色・つや)を失ってくる **4.** 光(明るさ)を失ってくる，ぼんやりして くる，薄暗くなる nulla pallescere culpa (9f15) いかなる罪(の意識)によっても，顔 が青ざめることは一切ないこと

palliātus *a.1.2* palliāt-a, -um §50 ［pallium］ **1.** pallium を着た **2.** ギリシ ア風の，ギリシア人の服装をした fabula palliata (= palliata) ギリシア喜劇を脚 色したローマの喜劇

pallidus *a.1.2* pallid-a, -um §50 ［palleō］ (比)pallidior **1.** 蒼白な，青 ざめた，土色の **2.** 色艶のわるい，さえない **3.** 色あせた，青白い，黄ばんだ，にぶ色の **4.** ぼんやりした，くすんだ，薄暗い，かす んだ pallida mors 血の気のない死神 (形)**pallidulus** *a.1.2* pallidul-a, -um §50 ［pallidus の小］ かなり(ちょっと) 青ざめた

pallium *n.* palliī *2* §13 ［palla］ **1.** ギリシア人(特に男)の長方形の外出着，外 套，肩掛け **2.** 寝台の上掛け，その他の覆 いもの （副)**palliolātim** pallium を 着て （形)**palliolātus** *a.1.2* pallio- lāta, -lātum §50 pallium を着 た (名)**palliolum** *n.* palliolī *2* §13 ［pallium の小］ **1.** 小さな pallium **2.** 頭 おおい，頭巾

pallor *m.* pallōris *3* §26 ［palleō］ **1.** (はだ・顔)蒼白，青ざめた色 **2.** あせた

pallui 540

（変色した）色，黄ばんだ色，淡黄（淡緑）色 **3.** 淡い光，にぶい光，薄暗さ **4.** 恐怖，心配 hic tibi pallori (9d7) versus erat この詩はお前の顔を蒼白にした

palluī → pallēscō

palma *f.* palmae *1* §11 *cf.* παλάμη **1.** 手のひら，手 **2.** シュロ，シュロの葉・枝，ナツメヤシの実 **3.** 勝利，栄誉，賞，栄冠 **4.** 櫂の水かき **5.** シュロのほうき passis palmis (9f18) projecti (118.4) ad terram 両手をさしのべ，地上に身を投げ出して，彼らは（嘆願する）palmam dare 栄誉をおくる，与える （形）**palmāris** *a.3* palmāre §54 **1.** 手の幅の **2.** 勝利の，栄誉に価する

palmātus *a.1.2* palmāt-a, -um §50 ［palma］ シュロの葉の柄（が）を描いた，刺繍した

palmes *m.* palmitis *3* §21 ［palma］ **1.** ブドウの木の枝，若枝 **2.** ブドウの木（枝） **3.** 木の枝，若枝，小枝

palmētum *n.* palmētī *2* §13 ［palma］ シュロの森，林

palmifer *a.1.2* palmi-fera, -ferum §51 ［palma, ferō］ シュロを産出している，シュロが沢山生えている

palmōsus *a.1.2* palmōs-a, -um §50 ［palma］ シュロの木が豊富な，シュロで有名な

palmula *f.* palmulae *1* §11 ［palma の小］ **1.** 手のひら，たなごころ **2.** 櫂，オール **3.** シュロの木，葉 **4.** ナツメヤシの実

pālor *dep.1* pālārī, pālātus sum §123(1) **1.** あちこちさまよい歩く，徘徊する，漂流する，流浪する **2.**（糧秣徴発・略奪のため）ちらばる，四散する，（敗れて）ちりぢりになる **3.** 考えがまとまらない，迷う，ためらう palans amnis 氾濫した川

palpebra *f.* palpebrae *1* §11 **1.** まぶた **2.**（*pl.*）まつ毛

palpitō *1* palpitāre, -tāvī, -tātum §106 ［palpō］ **1.** 脈打つ，鼓動する，動悸がする，どきどきする **2.** ぴくぴく動く，ちくちくする，うずく，ふるえる，おののく，わななく

palpō *1* palpāre, -pāvī, -pātum §106 = **palpor** *dep.1* palpārī, -pātus sum §123(1) **1.** やさしくさわる，ふれる，なでる，さする **2.** 愛撫する，かわいがる，慰める，和らげる **3.** きげんをとる，口説く，甘言でつる（だます），たらしこむ aliquem munere palpat 彼はある人を贈物できげんをとる quam blande mulieri (9d1) palpabitur 彼はどんなに巧みに女を口説くことだろうか

palpus *m.* palpī *2* §13 ［palpō］ 手のひらでなでること，愛撫，へつらい

palūdāmentum *n.* palūdāmentī *2* §13 ［palūdātus］ 軍人外套，特に将軍外套

palūdātus *a.1.2* palūdāt-a, -um §50 ［palla］ **1.** 軍人外套（マント）を着た **2.** 将軍外套を羽織った

palumbēs *m.* palumbis *3* §19 = **palumbus** *m.* palumbī *2* §13 **1.** モリバト，ジュズカケバト **2.** おひとよし，だまされ易い人 nos tibi palumbem ad aream usque adduximus 我々はいつもあなたのため，モリバトをわな置き場へ誘った（あなたに得の機会を与えてきた）

pālus[1] *m.* (**pālum** *n.*) pālī *2* §13 **1.** 杭，棒，柱，支柱 **2.** 木くぎ，木刀 **3.** 戦闘訓練用の標的人形（木製） **4.** 処刑者を縛りつける柱 non sum dignus prae te ut figam palum in parietem お前とくらべると，わしなど壁に木釘をうつにも価しない（何の役にもたたん）

pālūs[2] *f.* palūdis *3* §21 **1.** 沼，沼地，沼沢，湿地（帯） **2.** ぬかるみ，水たまり，よどみ，泥水 **3.** ヨシ，アシ （形）**palūdōsus** *a.1.2* palūdōs-a, -um §50 水たまりの多い，水浸しになった，沼地の（ような），ぬかるみの

palūster *a.3* palūstris, -stre §54 ［palūs］ **1.** 沼地の多い，湿地の，ぬかるみの，沼のような **2.** 沼地に生じる（住む） （名）**palūstria** *n.pl.* palūstrium *3* §20 沼，湿地（帯）

pampinus *m.*(*f.*) pampinī *2* §13 ブドウの木のつる，枝，葉，新芽，若枝 （形）**pampineus** *a.1.2* pampine-a, -um §50 **1.** ブドウの木のつる，枝，葉

papāver

からなる, 枝・葉で覆われた, 包まれた **2.** ブドウ酒の, ブドウの実の

Pān *m.* Pānos *3* §41.8a （神）アルカディアの牧人と家畜の神（上半身は毛深い人, 下半身は山羊）

panacēa *f.* panacēae *1* §11 = **panacēs** *m.* panacis *3* §19 < πανάκεια 万病薬草

pānārium *n.* pānāriī *2* §13 [panis] パンかご

panchrēstus *a.1.2* panchrēst-a, -um §50 < πάγχρηστος あらゆるものに役立つ, 有用な, あらゆる人のためになる

pancratium(-tīon) *n.* -tiī *2* §38 拳闘と格闘（レスリング）の技(?)を組合せた競技

Pandīōn *m.* Pandīonis (-nos) *3* §41.8b Athenae の王, Procne と Philomela の父

pandō[1] *1* pandāre, -dāvī, -dātum §106 [pandus] **1.** 曲げる, たわめる, しなわせる **2.** たわむ, 曲がる, だらりとたれる

pandō[2] *3* pandere, (pandī), passum (pānsum) §109 [pateō] **1.** 広げる, のばす, さしのべる（出す）, 張る, 拡大（拡張）する **2.** ひらく, あける, おおい（ふた）をとる, 示す, 見せる, 知らせる, ばくろする, 展開させる, 公けにする **3.** 穴をあける, 裂いて（割って）ひらく, 引き裂く velis passis (9f18) 帆をひろげて moenia urbis ～ 町の城壁に穴をあける panduntur inter ordines viae 隊列の間に道が開かれる cuiquam ad dominationem pandere viam 誰にでも独裁制への道を開く conabor opus versibus pandere 私はその絵の主題を詩で説明しよう

pandus *a.1.2* pand-a, -um §50 [pandō[1]] **1.** くぼんだ **2.** 曲った, 湾曲した, 弓形の, 腰の曲った **3.** かぎ型に曲がった, 鷲(?)鼻のような panda loquentī naris erat その者が話しているうちに鼻がかぎのように曲ってきた

pangō *3* pangere, pepigī (pēgī, panxī), pāctum §109 **1.** しっかりと差し込む, 打ち込む, 突き刺す, 固定する, 取り付ける, 結びつける, しばる **2.** 植えつける, 植える **3.** 結ぶ, 締結する, 協定（契約）する, 婚約する, 約束する **4.** 決定する, 解決する, 規定する, 明記する **5.** 詩文をつくる, 起草する, 歌によむ（ほめる） ut vobis mitterem ad bellum auxilia pepigistis 私があなた方に戦争のため援軍を送ることを, あなた方は条件として明記した nihil est quod quae pepigere (114.4) recusent (116.8) 彼らが契約をしたことを拒否するような理由はなにもない an pangis aliquid Sophocleum? それともあなたは, 何かソフォクレース風の劇詩でも書いているのかな

pānicum (-ī- ?) *n.* pānicī *2* §13 キビ, ヒエ, アワ

pānis *m.* pānis *3* §19 [pāscor] パン（の一かたまり）, 食物（の一かたまり） panis secundus 下等な黒パン altera manu fert lapidem, panem ostentat altera 彼は片方の手で石を握り, 片方の手でパンを見せびらかしているのだ tace, lingua, dabo panem 舌よ, もうだまれ, パンをくれてやろう（静かにしてくれ）

pannus *m.* pannī *2* §13 **1.** ぼろ（ぎれ）, 布ぎれ, 切れはし, 継ぎ **2.** つぎはぎだらけの衣服, 貧しい衣服, ぼろ着, つづれ着　（形）**pannōsus** *a.1.2* pannōs-a, -um §50 **1.** ぼろをまとった, ぼろからなる **2.** ぼろ切のような, ぼろぼろとなった, 落ちぶれた, すりきれた

pantex *m.* panticis *3* §21 腹（部）, 胃, 内臓, はらわた

panthēra *f.* panthērae *1* §11 < πάνθηρ ヒョウ

pantomīmus *m.* pantomīmī *2* §13 < παντόμιμος 無言劇（黙劇＝合唱と楽器に助けられた身ぶり芝居）俳優（役者）

papae 間 おお, ああ（苦痛, 驚き, 恐れ, 喜びを表現）

papāver *n.* papāveris *3* §27 **1.** ケシ（アヘンをとる） **2.** ケシのたね cito, quam si tu obicias (116.9) formicae papaverem お前が蟻にケシのたねを投げつけた

時の蟻よりも早く （形)**papāvereus** *a.1.2* papāvere-a, -um §50 ケシの

Paphos[1] *m.* Paphī 2 §§13, 38 (神)Pygmalion の子

Paphos[2] (-us) *f.* Paphī §38(13) Cyprus 島の, Venus に捧げられた町

pāpiliō *m.* pāpiliōnis 3 §28 ガ, チョウ

papilla *f.* papillae 1 §11 [papula の小] 乳首, 乳頭

pappus *m.* pappī 2 §13 **1.**冠毛 (タンポポなどの) **2.** 老人

papula *f.* papulae 1 §11 丘疹(きゅうしん), いぼ, 膿疱(のうほう), 吹出もの, にきび

papȳrus *f.* (**papȳrum** *n.*) papȳrī 2 §38 <πάπυρος **1.**パピルス, カミガヤツリ(エジプト産) **2.** パピルス紙・写本・本 （形)**papȳrifer** *a.1.2* papȳri-fera, -ferum §51 [papȳrus, ferō] パピルスを豊かに産出する

pār *a.3* pāris §55 **1.**等しい, 同等の, 同様の **2.** 似ている, 釣合っている, 均一の **3.** 同じ数(量・大きさ)の, 同価値の **4.** 同じ家柄(地位・年輩)の **5.** 優劣(勝敗)のつけ難い, 匹敵する, 引き分けの **6.** ふさわしい, 正しい, 平等な, 公平な **7.** 偶数の, 一対の （名)**pār** *m.* pāris 3 §26 同類(者), 似た者, 同輩, 仲間, 相棒, つれ合い, 配偶者, 好敵手, 会食者 **pār** *n.* pāris 3 §26 一対, 二つ(二人)一組, 一つがい pari intervallo 同じ間隔で verbum Latinum par Graeco (9d13) ギリシア語と同じ意味のラテン語 parem cum ceteris fortunae condicionem subire 他人と同じ境遇を耐え忍ぶこと ut coeat par jungaturque pari 似た者同士は集り, 仲よくなるのだから paria paribus respondimus 我々は同じ返報をしてやった(しっぺ返しをしてやった, 目には目を) par pro pari referto 仕返しをしてやれ ludere par impar 丁か半かの遊びをする gladiatorum par 剣闘士の一対

parābilis *a.3* parābile §54 [parō] かんたんに(たやすく・安く)手に入る・得られる, 手じかにある

parasītus *m.* parasītī 2 §13 < παράσιτος **1.**他人の親切なおもてなしにあずかる人, 客 **2.** 他人の待遇で生きている者, 食客, 居候, おべっかつかい, おもねる人 **parasīta** *f.* parasītae 1 §11 女の居候, 食客

parātē 副 [parātus §67(1)] （比)paratius （最)paratissime **1.**用意して, 準備を怠らずに, 適当な支度をととのえて, 用意周到に **2.** ためらわずに, 直ちに, すばやく

parātiō *f.* parātiōnis 3 §28 [parō] **1.**用意, 準備, 支度 **2.** 心構え, 得る努力, 熱望

parātus *a.1.2* parāt-a, -um §50 [parō の完分] （比)paratior （最)paratissimus **1.**用意(準備)のできた,すぐに役立つ, 手近にある, 手元の **2.** 立派に整えられた, 武装した, 熟練した, 通暁した, 経験した **3.** 覚悟した, 身構えた, あきらめた, 沈着冷静な naves ad navigandum (119.4) paratae 航海の準備のできた船隊 omnia perpeti (117.3) parati (118.4) ... laborabant 彼らはすべての困苦に耐える覚悟をしていたので…働いた in jure paratissimus 法学に最も通暁した人

parātus *m.* parātūs 4 §31 [parō] **1.**準備, 企て, 企画 **2.** 装備, 設備, 備品 **3.** 衣服, 衣装, 装飾

Parca *f.* Parcae 1 §11 本来, 誕生の女神, のちギリシアの運命の女神(モイラ)と同一視される

parcē 副 [parcus §67(1)] （比)parcius （最)parcissime **1.**節約して, つましく **2.** ほどほどに, 控え目に **3.** けちけちして, しぶしぶと, いやがって, いやしく parcius hic vivit : frugi dicatur (116.2) この人が人一倍けちけちと生きている(としたら), この人は実直な人だと言ったらよい(ほめるのだ)

parcō 3 parcere, pepercī (parsī), parsūrus §109 **1.**控え目にふるまう, 差し控える, 遠慮する, 顧慮する, 斟酌(しんしゃく)する **2.** 使用を惜しむ, 物を大切にする, 節約する **3.** 抑制する, つつしむ, 思いとどまる, やめる, 傷つけないでおく, 許

す，いたわる，助ける，惜しむ mors nec parcit juventae poplitibus timidove tergo (9d1) 死神は臆病な若者の腿(ﾓﾓ)や背中を傷つけることを容赦しないのだ parcite linguam 言葉をつつしめ parcendo (119.5) famem tolerare 節約することによって餓を我慢する contumeliis in eos dicendis (121.3) parcitis お前らは彼らを侮辱する言葉を遠慮している parce pias scelerare (117.4) manus 敬虔な手を罪でけがすことはやめよ

parcus *a.1.2* parc-a, -um §50 [parcō] （比）parcior （最）parcissimus **1.** 倹約な，節約した，つましい，質素な，地味な **2.** けちな，物惜しみする **3.** 控え目な，抑制した，ほどほどの，適度な，穏やかな **4.** ささいな，小さな，少ない，貧しい，いやしい magnum donandi (119.2, 9c13) parca juventus 高価な贈物をしぶる若者たち operā haud fui parcus meā (9f17) 私は労力をほとんど惜しまなかった

pardus *m.* pardī *2* §13 ヒョウ

pārēns[1] *a.3* pārentis §58 [pāreō の現分] （比）parentior 従順な，大人しい，率直な （名）**pārentēs** *m.pl.* pārentium §§24, 25 従属者，臣下，領民

parēns[2] *c.* parentis *3* §§24, 25 [pariō] **1.** 親，父，母 **2.** (*pl.*)両親，先祖，親類 **3.** 父，生産者，創造主(者)，発明(発見)者，創作者，創立者 **4.** 源，起源，原因，理由 parens patriae 国父 alma parens Idaea deum イーダの恵み深き神々の母 Socrates, parens philosophiae 哲学の父，ソークラテース

parentālis *a.3* parentāle §54 [parēns[2]] **1.** 両親の **2.** Parentalia の （名）**Parentālia** *n.pl.* Parentālium *3* §20 亡くなった両親や親族の manes のための慰霊祭(祭日は，毎年2月13日〜21日)

parentō *1* parentāre, -tāvī, -tātum §106 [parēns[2]] **1.** 先祖の墓の前で供物をし儀式をあげる **2.** 死者の霊をなだめる，死者の復讐をする，名誉を挽回する

parentandum (121.1) regi sanguine (9f11) conjuratorum esse 陰謀者らの血によって，王の死霊をなだめるべきだ

pāreō *2* pārēre, pāruī, pāritum (pāritūrus) §108 **1.** 屈服する，服従する，従属する **2.** 従う，応じる，同意する，譲歩する **3.** 現われる，見える **4.** (非)paret §168 あきらかである，たしかである dicto (9d2) paretur (172) 人は命令に従う nulla fuit civitas quin Caesari pareret (116.8) カエサルに屈服しなかったような町は一つもなかった

pariēs *m.* parietis *3* §21 **1.** 壁 **2.** (*pl.*)家 intra parietes 家の中で，こっそりと，内々 tua res agitur, paries cum proximus ardet 隣の壁が燃えてきたら，お前の安否(財産)がかかっているのだ(隣の危険は自分のもの) parietes ipsi loqui posse videantur (116.3) 壁自身が物を言うかも知れない(壁の物言う世)

Parīlia (**Palīlia**) *n.pl.* Parīlium *3* §20 4月21日が祭日の Palēs 祭

parilis *a.3* parile §54 [par] 同じ，同時の，同類の，似た，等しい

pariō *3b* parere, peperī, partum (paritūrus) §110 **1.** (母が)子を産む，卵を生む，実を結ぶ **2.** 生じる，産する **3.** ひき起こす，生ぜしめる，与える **4.** 創造する，工夫する，製作する **5.** もうける，手に入れる，得る veritas odium parit 真実は憎しみを生む lintribus inventis (9f18) sibi salutem pepererunt 彼らは小舟を見つけて，自分らの命を救った nec minor est virtus quam quaerere, parta tueri 手に入れようと努めるよりも，手に入れたものを守る方がいっそう賞賛に値する et ille irridens, sane, inquit, cum mula peperit すると彼は，皮肉に笑いながらこう言った「たしかにそうなろう，もしラバが子を産んだらね(もし奇蹟が起ったらね)」(ラバはめったに子を産まなかったので)

Paris *m.* Paridis *3* §41.6b **1.** (神)Priamus と Hecuba の子，Helena を奪ってトロイア戦をひき起こした張本人 **2.** さまざまなローマの役者の名

pariter 副 [par] **1.** 一緒に，並んで，

互に接して **2.** 一斉に，同時に **3.** 一致して，協力して **4.** 同じ様に，対等に，均等に，平等に，公平に **5.** 同じ程度に，同じ量(数)で pariter insurgite remis (9d3) (皆よ)力を合わせ立って櫂をこげ nunc tu germanus es pariter animo et corpore (9f3) 今こそお前は心も身も私と同じ本当の兄弟だ pariter aegrum pariter decessisse cognovi 彼が病気だという知らせと同時に死んだことを知った

paritū**rus, p**ā**rit**ū**rus** → pariō, pāreō

parma *f.* parmae *1* §11 <ガ？ **1.** (歩兵・騎兵の持つ)小さな円形の楯 **2.** 楯で武装した剣闘士 (形)**parm**ā**tus** *a.1.2* parmāt-a, -um §50 楯の，楯で武装した (名)**parmula** *f.* parmulae *1* §11 [parma の小] 小楯

Parnā**sus** (**-os, -assus**) *m.* Parnāsī ギリシアの北の国 Phocis の山，Apollo と Musae に捧げられた山，この山の麓に Delphi の神殿と Castalia の泉があった (形)**Parn**ā**sius** *a.1.2* Parnāsi-a, -um §50 Parnassus (Parnasus)の

parō *1* parāre, -rāvī, -rātum §106 [pariō] **1.** 準備する，用意する，ととのえる **2.** 供給する，支給する，与える，武装させる **3.** 打ち合せする，相談する，計画する，企てる，意図する，決心する，考える **4.** 集める，徴集する，調達する **5.** 手に入れる，買う，得る，確保する ad iter ～ 旅の準備をする Sejo venenum parabatur セイユスに対し毒がもられた servi aere parati 金で買われた奴隷 Labienum adoriri (117.4) parabant 彼らはラビエーヌスを攻撃しようと企んだ

parochus (**-os**) *m.* parochī *2* §§13, 38 <πάροχος **1.** 旅行(赴任)する政務官使節のために現地で宿泊などの世話をする責任者，饗応係 **2.** 客をもてなす家のあるじ，旅館の主人

Paros (**-us**) *f.* Parī *2* §§38, 13.3 エーゲ海の Cyclades 諸島の中の島，大理石で有名 (形)**Parius** *a.1.2* Pari-a, -um §50 Paros 島の ～ lapis 大理石

parra *f.* parrae *1* §11 夜の鳴き声が不吉とされた鳥，フクロウ？，ヨタカ？

malam parram pilavit 彼は不幸な目にあった(不吉なフクロウの羽をむしりとった)

parricī**da** *m.*(*f.*) parricīdae *1* §11 **1.** 父親殺し，親殺し **2.** 肉親・親族殺し，人殺し **3.** 主人殺し，国家の指導者殺し **4.** 反逆者，謀反人，国事犯

parricī**dium** *n.* parricīdiī *2* §13 [parricīda] **1.** 父親・親・親族の殺害 **2.** 殺害，暗殺 **3.** 国家の指導者の殺害 **4.** 国家を滅ぼす・裏切る・売ること，反逆罪，国事犯，謀叛

pars *f.* partis *3* §24 **1.** (全体の)一部，部分，断片，区切り，部局・職分，部品，部隊，地区(地方) **2.** 著作の一部(篇・節・章) **3.** 体の一部，器官，手，足，陰部 **4.** 割り当て，持ち分，分け前 **5.** 俳優の役割(せりふ・台本)の一部 **6.** 側，相手方，党，派 **7.** 基数と共に tres partes 4 分の 3 **8.** 序数と共に pars tertia 3 分の 1 **9.** 副詞的用法 (イ)奪形で (9f19) parte 一部は，いくぶんか nulla parte 決して…でない (ex) omnibus partis (omni parte) あらゆる点で utraque parte 両方の側で (ロ)対形で(9e13) magnam partem 大部分 (ハ)前と共に in parte (ex parte) 一部は，いくぶんか，部分的に pro mea parte 私自身としては，私の最善をつくして ab sinistra parte 左側に ab omni parte beatus あらゆる点で幸福な人 has litteras scripsi in eam partem, ne … ne 以下の目的で，この手紙を私は書いた in eam partem は「その意味で」とも訳される

parsī → parcō

parsimō**nia** *f.* parsimōniae *1* §11 [parcō] **1.** 倹約，節約，質素 **2.** けち，吝嗇(りんしょく) **3.** 自制，禁欲 **4.** 控え目な・節度ある・簡素な家政，表現，文体

parthenic**ē** *f.* parthenicēs *1* §37 カミル(ツ)レ，(俗に)カミツレ(キク科の白い花)

Parthenopē *f.* Parthenopēs *1* §37 **1.** Siren の一人 **2.** Neapolis の別名(ナポリに(1)の墓があるため)

Parthī *m.pl.* Parthōrum *2* §13 パルティア人

Parthia *f.* Parthiae *1* §11 カスピ海南東の国 (形)**Parthicus** *a.1.2* Parthic-a, -um §50 パルティア(人)の

particeps *a.3* participis §55 [pars, capiō] (*gen.* と共に)分け前にあずかる所の, 分担する所の, 協力・参加する所の(9c13) (名)**particeps** *m.* participis *3* §21 参加者, 分担者, 協同者, 共犯者, 仲間, 同志

participō *1* participāre, -pāvī, -pātum §106 [particeps] **1.**(他人と)共有(共用)する, 分け合う, 共にする **2.**関与(関係)させる, 参加させる, 仲間とする participato (9f18) cum eo regno 王位を彼と分け合って servum sui participat consilii (9c13) 彼は奴隷を自分の考えの仲間とする(相談する)

particula *f.* particulae *1* §11 [pars の小] **1.**小部分, 断片, 小片, ごく少量 **2.**粒子, 原子 **3.**(文)節 **4.**小辞, 不変化詞(前置詞, 冠詞など)

partim 副 [pars] **1.**一部は, 部分的に, いくぶんか, ある程度 **2.** partim … partim 一部は…一部は, 一方で…他方で, あるいは…あるいは *n.b.* partim は名の如く, 主語・目的語として用いられる victi (118.4) profugiunt partim silvis petitis (9f18), partim flumine 彼らは負けると, 一部の者は森を目指し, 一部の者は川を目指して逃走した consul copias partim mittit, partim ipse ducit 執政官は軍勢の一部を送り, 一部を自ら指揮する

partior *dep.4* partīrī, partītus sum §§123(4), 125 = **partiō** *4* partīre, partīvī, partītum §111 **1.**部分に分ける, 区分する, 分配する, 割り当てる **2.**分割する, 割る, 区切る, 仕切る partitis copiis (9f18) cum Fabio et Crasso 彼は軍勢をファビウスとクラッススとで3等分すると id opus partiuntur inter se 二人はその工事をお互いに分担する

partītiō *f.* partītiōnis *3* §28 [partior] **1.**配分, 分配, 配当 **2.**分け前, 割り当て **3.**区分, 分類 **4.**分割, 割り算

parturiō *4* parturīre, -rīvī, —— §111 [pariō] **1.**陣痛をおこしている, 生みつつある **2.**分娩する, 産む **3.**苦しむ, 心配する **4.**ひそかに企む, 考える, 熟慮する **5.**芽ぐむ, 発生させる nunc omnis parturit arbos いまやあらゆる木が芽ぶいている parturiunt montes, nascetur ridiculus mus 山山が陣痛を起し, 生まれてくるのがこっけいにもねずみ一匹とは

partus → pariō

partus *m.* partūs *4* §31 **1.**出産, 分娩 **2.**出生, 誕生 **3.**子, 子孫 **4.**胎児, 胚, 萌芽 **5.**起源, 出所, 発生 plures partus enisa 沢山の子供を産んだ(女)

parum *n.* 無, 副 [parvus] **1.**名として (主・対のみ)僅かな・不十分な・少なすぎる量(数) parum splendoris 光彩の不足したもの(言葉) parum est (videtur) 不充分である(と思われる) parum habere 不充分と思う(考える) **2.**副として 不充分に, 少なすぎて, 小さすぎて (*n.b.* 時にはほとんど否定と同義) sunt ea quidem parum firma それらはたしかに丈夫ではない est dictum non parum saepe それはもう充分に, しばしば話された

parumper 副 [parum, per] **1.**しばらくの間, ちょっとの間 **2.**短時間で, 早く, 急いで, すみやかに

parvulus (**-volus**) *a.1.2* parvul-a, -um §50 [parvus の小] **1.**ごく小さい, ちっぽけな, 年少の, 幼い, かわいらしい **2.**(程度・価値・量)わずかな, 少しの, 軽い, ささいな, ちょっとした, 取るに足らぬ, つまらない parvola magni formica laboris (9c5) 大いに働く小さな蟻 (名)**parvulus** *m.* parvulī *2* §13 幼児, 子供 a parvulo 幼時から

parvus *a.1.2* parv-a, -um §50 (最)parvissimus [*cf.* minor, minimus §61] **1.**小さい, 年少の, 幼い, 若い **2.**少量の, 少数の, わずかな, ちっぽけな, ささやかな, 軽い, 短い, 背の低い **3.**(価値)低い, 重要でない, 安っぽい, つまらない, 取るに足らない, 些細な, 貧弱な **4.**卑しい, 卑賤な, 卑劣な, さもしい (名)**parvum** *n.* parvī *2* §13 僅かな

pāscō

もの, 安い値段(cf. 9c7, 9f14) parvi facere (aestimare) 安く(低く)見積もる(評価する) parvo (pretio) vendere 安い値段で売る parvo (9f15) contentus 僅かなもので満足している人 parva vita 短い生涯 hoc opus parvi properemus (116.2) et ampli 我々は貴賤上下を問わず, 皆, この仕事を急いでなしとげよう

pāscō *3* pāscere, pāvī, pāstum §109 = **pāscor** *dep.3* pāscī §123(3) **1.** 食物を与える, 乳をのます, 草を食わせる, 飼料を与える **2.** 養う, 育てあげる, 飼育する **3.** 成長させる, 生やす, 伸ばす, 殖やす, 肥やす, いだく, 助長す **4.** 満たす, 満足させる, 喜ばす, たのしませる **5.** 放牧地(牧草地)として利用する **6.** (自)(受)草を食う **7.** (再)(受)…で, …によって(奪 9f11)自活する, 生きる, 金持となる, 肥える, ふとる polus dum sidera pascet 天空が星を養っている限り(永久に) sacrum tibi pascere crinem あなたへの捧げものとして(の)髪をのばすこと nummos alienos pascet 彼はきっと(借金して)他人の金を(利息で)殖やすことだろう scelere (9f11) pascuntur 彼らは犯罪で生きている(太っている) spes inanes pascis お前は空しい希望をいだいているのだ

pāscuus *a.1.2* pāscu-a, -um §50 [pāscō] 牧場の牧草地に適した(に使用されている) (名)**pāscuum** *n.* pāscuī *2* §13 牧場, 牧草地, 放牧場, 草原

Pāsiphaē (**Pāsiphaa**) *f.* Pāsiphaēs (Pàsiphae) *1* §37(11) (神)Helios の娘, Creta 島の王 Minos の妻, Phaedra, Ariadne, Minotaurus (3人の子)の母

passer *m.* passeris *3* §26 **1.** 小鳥 **2.** スズメ, アオツグミ **3.** カレイ, ヒラメ

passim 副 [pandō²] **1.** ここかしこに, 散らばって, ちりぢりになって **2.** あらゆる所へ, 四方八方へ **3.** 無秩序に, 雑然と, でたらめに

passus *a.1.2* pass-a, -um §50 [pandō² の完分] **1.** ひろげられた, さしのべられた, のばされた **2.** 自由な, 束縛のない **3.** 乾かすために太陽の下にひろげられていた **4.** しわくちゃの, しわのある, しなびた, ひからびた crinibus passis 髪をふりみだして uva passa 干しぶどう passi senes しわくちゃの老人たち lac passum 凝乳, チーズ (名)**passum** *n.* passī *2* §13 干しぶどう

passus *m.* passūs *4* §31 [pandō²] **1.** 歩み, 一歩幅 **2.** 大また, 一またぎ幅 **3.** (*pl.*)足跡 **4.** (距離の測定単位)1パッスス=2歩幅(約150cm) §196 mille passus (passuum) 1ローマ・マイル duo milia passuum 2ローマ・マイル(99)

passus → pandō², patior

pāstillus (**pa-**?) *m.* pāstillī *2* §13 [pānis の小] **1.** 錠剤(薬) **2.** (口臭よけの)芳香のある錠剤

pāstiō *f.* pāstiōnis *3* §28 [pāscor] **1.** 家畜を養育すること, その方法 **2.** 牧場, 牧畜業, 放牧

pāstor *m.* pāstōris *3* §26 [pāscō] 羊飼, 牧人, 牧者, 家畜番 boni pastoris (9c12) esse, tondere (117.1) pecus, non deglubere「立派な羊飼は, 羊の毛を刈っても, 皮ははがないものである」と (形)**pāstōrālis** *a.3* pāstōrāle §54 **1.** 家畜番(羊飼)の, 牧人の **2.** 牧歌の, 牧歌風な, 田園詩の

pāstus *m.* pāstūs *4* §31 [pāscō] **1.** 家畜を飼育すること, 放牧 **2.** まぐさ, 牧草, 飼料, 食糧 **3.** 牧草地, 牧場

pāstus → pāscō, pāscor

patefaciō *3b* pate-facere, -fēcī, -factum §110 [pateō, faciō §173] **1.** 見せる, 示す, 知らせる, もらす **2.** おおいをとる, 暴露する, 裸にする, さらす, むき出しにする **3.** 開く, あける, 機会を与える, 利用させる, 道をつくる(開く), 通れるようにする patefactis consiliis, ... consilio destitit 計画がばれると, …彼はその計画を断念した iter per Alpes patefieri (157) volebat 彼はアルプス山脈を貫く道を作ろうと欲した

patella *f.* patellae *1* §11 [patera の小] **1.** 平たい小皿(料理用) **2.** (祭壇用)小鉢(生贄の血の受皿)

patria

patēns *a.3* patentis §58 [pateō の現分] （比)patentior （最)patentissimus **1.** 開いた, あいている, あけている **2.** 開かれた, 解放された, とざされていない, 広々とした **3.** 雲のない, 晴れた, 澄んだ **4.** はっきりと見える, 明白な, 公然たる **5.** 入手しやすい, 近づきやすい

pateō *2* patēre, patuī, —— §108 **1.** 開いている, あいている, 大きく割れて（裂けて)いる **2.** 戸口(道)があいている, 自由に出入りできる, 近づける, 自由に利用される, 手に入り易い, 準備されている **3.** さらされている, むき出しである, ばくろされている, 見られる, 知られている **4.** (非)明白である §168 **5.** のびている, ひろがっている, 成長する, 及ぶ, わたる patet isti (9d8) janua leto (9d) そなた(へ)の死(へ)の門は開かれている juvenum facti (9c9) paenituisse patet その若者が自分の悪行を後悔したことは明白である Hercyniae silvae latitudo novem dierum (9c5) iter (9e8) expedito patet ヘルキュニアの森林の南北の距離は, 軽装兵にって9日間の旅の長さほどのびている

pater *m.* patris *3* §26 *cf.* πατήρ **1.** 父, 父親 **2.** (*pl.*)両親, 先祖 **3.** (*pl.*)貴族, 元老院議員, 元老院 **4.** 敬意をこめた呼称 **5.** 元祖, 開祖, 創造者, 創始者 pater familias (177) 家父長 pater patriae 国父 pater Aeneas 父(高貴な)アエネアース Zeno, pater Stoicorum ストア派哲学の祖, ゼーノーン pater patrātus 外交神官団の長

patera *f.* paterae *1* §11 [pateō] **1.** 広い浅い皿・鉢 **2.** 献酒用, 灌奠(かんてん)用水盤

paternus *a.1.2* patern-a, -um §50 [pater] **1.** 父の, 父親に関する **2.** 父らしい, 父親としての **3.** 父方の, 先祖の, 祖国の, 生国の

patēscō *3* patēscere, patuī, —— §109 [pateō] **1.** 開く, あく, 広がる, のびる, 展開する, 咲く **2.** 道が開かれている, 近づき易くなる, さらされている **3.** 見えてくる, 世間に知られる, 露見する, あばかれる, 明白となる

patibulum *n.* patibulī *2* §13 [pateō] **1.** 死刑囚用の叉状のさらし柱, 絞首台 **2.** ブドウのつるを支える叉木

patiēns *a.3* patientis §58 [patior の現分] （比)patientior （最)patientissimus **1.** 耐え忍ぶ, 耐えうる, がまん強い, 根気のいい, 寛容な **2.** 意思堅固な, 不屈の, しっかりした corpus inediae (9c13) patiens 絶食に耐えられる体 (副)**patienter** §67(2) （比)patientius （最)patientissime 忍耐強く, 根気よく

patientia *f.* patientiae *1* §11 [patior] **1.** 耐える意志力, 忍耐(力), がまん **2.** 自制, 寛容, 容赦, 慈悲 **3.** 忍従, 服従, 卑屈な追従 levius fit patientiā, quicquid corrigere est nefas 改良することが許されていないものは皆, がまんによって耐えられ易くなる

patina *f.* patinae *1* §11 **1.** 料理用深鍋(平鍋？) **2.** 盛り皿, 盛り鉢

patior *dep.3* patī, passus sum §§123(3), 125 *n.b.* さまざまな構文(対, 不, 不句, ut, quin)をとる **1.** (試練など)受ける, こうむる, 体験する **2.** 耐える, 忍ぶ, がまんする, 甘受する, 平静に(平気で)耐える **3.** 許す, 容認する, 邪魔しない, 阻止しない, 身を任す(ゆだねる) extremam pati (117.4) fortunam parati 最悪の運命をも甘受しようと覚悟している人たち pro quo bis patiar (116.1) mori あの人のためなら, 私は二度でも死ねるわ patierin (= patierisne *cf.* -ne 133, 116.9a) ut ego me interimam? わしがわれとわが身を絶っても, お前は平気なのか(もし平気なら, ひどい奴だ) suos liberos palam ad se adire non patiuntur 彼ら(父親ら)は, 自分の子供が公けの席で自分に接近することを容認しない

patrātus (**pater**) *m.* -rātī(patris) *2* §13(3 §26) 平和条約を締結するために外国へ派遣されるローマの外交使節団の pater 「団長」と称される元老院議員

patria *f.* patriae *1* §11 [patrius, terra, 又は urbs] **1.** 父祖の地, 生まれた所・町・国, 故郷, 祖国

patricius 548

2. 発祥の地 patria est ubicumque est bene 住んで良い所はどこでも故里(住めば都)

patricius *a.1.2* patrici-a, -um §50 [patrēs] ローマの貴族の, 貴族に関する (名)**patricius (-cia)** *m.(f.)* patriciī 2 §13 (-ciae) *1* §11 ローマの貴族(の女) exire e patriciis (貴族の籍を離れて)平民(の養子)となる

patrimōnium *n.* patrimōniī 2 §13 [pater] 家父長の財産, 世襲財産, 遺産, 資産

patrīmus *a.1.2* patrīm-a, -um §50 [pater] まだ生きている父を持っている, 父のいる

patrītus *a.1.2* patrīt-a, -um §50 [pater] 父から受けついだ(伝えられた), 父の

patrius *a.1.2* patri-a, -um §50 [pater] **1.** 父の, 父に関する **2.** 父祖の, 先祖伝来の, 生得の **3.** 生地の, 祖国の, 故里の sepulchrum patrium 先祖代々の墓 patrius sermo 母語

patrō *1* patrāre, -rāvī, -rātum §106 [pater?] なしとげる, 実行する, 完成する, 終了する, 達成する patrātā (9f18) victoriā 勝利をおさめると ad jus jurandum patrandum (外交神官団長として)宗教的な儀式に則って誓約し, 平和条約を締結するために

patrōcinium *n.* patrōciniī 2 §13 [patrōnus] **1.** patronus (保護者)の地位・権利の行使, 任務の遂行 **2.** 保護, 後援, 支持, 弁護, 弁明

patrōcinor *dep.1* patrōcinārī, -cinātus sum §§123(1), 125 [patrōnus] patronus としてふるまう, 保護する, 弁護する, 弁明する, 代弁する

patrōna *f.* patrōnae *1* §11 女性の保護者(解放奴隷女たちの), 後援者, パトロン

patrōnus *m.* patrōnī 2 §13 [pater] **1.** 保護者, 後見人 **2.** 解放奴隷の旧主人 **3.** 子分(庇護者)のための法廷弁護人 **4.** 共同体(町・国)の利益・権利を擁護・代弁する人 **5.** (政策・制度の)防御・弁護・支持者

patruēlis *a.3* patruēle §54 [patruus] **1.** 父方のおじの **2.** 父方の従兄弟(姉妹)の (名)**patruēlis** *m.f.* patruēlis *3* §19 父方のいとこ

patruus *m.* patruī 2 §13 [pater] **1.** 父の兄弟, おじ(伯父, 叔父) **2.** (ローマでは)口やかましい道学者(の典型とみなされていた) (形)**patruus** *a.1.2* patru-a, -um §50 **1.** おじの **2.** 口やかましい, 厳しい patrue mi (9b) patruissime もっとも口やかましいわが叔父よ

patulus *a.1.2* patul-a, -um §50 [pateō] **1.** (大きく)開けた, あいた, 割れた, 裂けた **2.** 広く(遠くへ)のびた, ひろがった, 広大な, 広々とした **3.** 道の開けた, 近づきやすい, 入りやすい, 利用しやすい patulae aures 注意深い耳 vilem patulumque orbem 陳腐で, 誰にでも近づき易い作詩の題材(領域)を

paucitās *f.* paucitātis *3* §21 [paucus] 少数, 払底, 欠乏

pauculus *a.1.2* paucul-a, -um §50 [paucus の小] (*pl.* で用いられる)ごくわずかな, 少数の, 若干の volo te verbis pauculis (9f11) ちょっとお前と話をしたい

paucus *a.1.2* pauc-a, -um §50 (比)paucior (最)paucissimus 小数の, 少ない, 小さい, 少量の (名)**pauca** *n.pl.* paucōrum 2 §13 少数のもの, 少量のもの, 僅かな言葉 **paucī** *m.pl.* paucōrum 2 §13 少数者 his paucis diebus (9f13) 数日前に ut in pauca referam 簡単に告げると paucis te volo お前にちょっと言いたいことがある pauci de nostris 我々のうち少数の者(が) paucorum hominum (9c12) (est) et mentis bene sanae (9c5) あの人はごくわずかな人としかつきあわない, そして思慮分別のある方です

paul(l)ātim 副 [paullus] 少しずつ, 一つずつ, だんだんと, 次第に, 徐々に

paul(l)isper (-lī- ?) 副 [paullus]

pavidus

暫くの間，一時，ほんの僅かの間

paul(l)ō 副 ［paullum §9f19］ ごく少量，ほんのわずか，いくらか，少しだけ paulo longius 少し遠くの方へ ante paulo 少し前に，先刻

paul(l)ulus *a.1.2* paul(l)ul-a, -um §50 ［paullus の小］ ほんの少数(少量)の，ささいな，小さい　(名)**paul(l)ulum** *n.* paul(l)ulī 2 §13 ほんの少数，少量，わずか　(副)**paul(l)ulum** ほんの僅かほど，いくらか，ちょっと，少しは

paul(l)us *a.1.2* paul(l)-a, -um §50 ［*cf.* paucus］ 少ない，少量の，僅かな，小さい，貧弱な，とるに足らない　(名)**paul(l)um** *n.* paul(l)ī 2 §13 ごく僅か，少量　(副)**paul(l)um** (9e13) 少し，ちょっと，わずか，いくらか，少量だけ，少しの間だけ，すぐ近くに post paulum すぐ(少し)後で paulum supra 少し上のほうで(上流で) paulum minus 少しすくない，足りない

Paul(l)us *m.* Paul(l)ī 2 §13 **1.** Aemilius 氏の家名 **2.** L. Aemilius Paulus, 216B.C. Cannae で戦死

pauper *a.3* pauperis §57　(比)pauperior　(最)pauperrimus　(§60) **1.** 貧しい **2.** (名)**pauper** *m.* 貧乏人 **3.** 資力のない，価値のない，安っぽい **4.** 貧弱な，みじめな，みすぼらしい ex pauperrimo dives factus (157) 極貧から金持になった(人) pauper aquae (9c13) 水の乏しい(地方・土地) nemo tam pauper vixit, quam natus fuit 生まれたときのまま，貧しく生きた人は一人もいない

pauperculus *a.1.2* paupercul-a, -um §50 ［pauper の小］ 貧しい，あわれな，みじめな

pauperiēs *f.* pauperiēī 5 §34 ＝ **paupertās** *f.* paupertātis 3 §21 **1.** 貧しさ，貧困 **2.** 赤貧，困窮 **3.** 貧しい(不自由な)生活，控え目な暮し paupertas artis omnis perdocet 貧乏はあらゆる技をしっかりと教えてくれる ferebat duo, quae maxima putantur onera, paupertatem et senectutem 彼は，最大の重荷と考えられている2つのもの，貧

困と老齢に耐えた

pauperō *1* pauperāre, -rāvī, -rātum §106 ［pauper］ **1.** 貧乏にする **2.** 奪う (si) te cassā nuce (9f7) pauperet (116.5) 彼がお前からクルミの殻(最も価値のないもの)を奪っても

paus(s)a *f.* paus(s)ae *1* §11 休止，停止，中断，絶え間，pausam facere dare 休止する，停止させる

pausia (**pōsea, pōsia, pausea**) *f.* pausiae *1* §11 熟する前に油のとれる上質のオリーブ

pauxillus *a.1.2* pauxill-a, -um §50 ［paucus の小］ ごく小さい，少ない，短い，少量の，ごくわずかの　(副)**pauxillum** ［9e13］ ごくわずか，ほんの少し，いくらか，ちょっと

pavefaciō *3b* pavefacere, -fēcī, -factum §110 ［paveō, faciō］ ひどく恐れさせる，おびえさせる，驚かす，心配させる

paveō *2* pavēre, ——, —— §108 **1.** おどろく，仰天(動転)する，ふるえおののく，烈しい感情に乱される，ぎょっとする **2.** 心配する，恐れる，気づかう sollicitae mentes speque metuque pavent 胸は希望にも恐怖にもかきみだされてふるえおののく tu fugis, ut pavet acris agna lupos お前はとんで逃げる，子羊がどう猛な狼を見ておどろくように pavet laedere (117.4) umbras 彼は(母の)亡霊を傷つけることを恐れる

pavēscō *3* pavēscere, ——, —— §109 (意義・構文は＝**paveō**) **1.** びっくりする，おびえる，肝をつぶす **2.** 恐れる，心配する，気づかう

pāvī → **pāscō**

pavidus *a.1.2* pavid-a, -um §50 ［paveō］ (比)pavidior (最)pavidissimus **1.** 恐怖におそわれた，ぞっとする，恐れおののく，おびえている **2.** 小心な，おどおどした，おくびょうな me nescio quis arripit timidam atque pavidam, nec vivam nec mortuam 突然見知らぬ人が私(女)を摑んだので，びっくりして気も動転し，生きているのか死んでいるのかもわか

pavīmentum

らなくなったのです nandi (119.2, 9c13)
pavidus 泳ぐのがこわくて lucus pavidus
畏怖の念をおこさせる森　（副）**pavidē**
§67(1)　ふるえながら，恐れて，おずおず
と

pavīmentum *n.* pavīmentī 2
§13 ［paviō］ **1.** 表面を石・れんがで舗
装した道，石だたみ **2.** 土・小石・石灰を
打ち固めた床，たたき，はめ木床

paviō *4* pavīre, pavīvī (-iī), pavītum
§111 どしんどしんと打つ・突く・たたく，
表面をつき固める，土を踏みかためる

pavitō *1* pavitāre, ——, —— §106
ひどく恐れる(恐れている)，おそれおのの
く，震える

pāvō *m.* pāvōnis 3 §28 クジャク
laudato pavone superbior 賞賛に価する
クジャクよりも誇らしげに　（形）**pāvōnīnus**
a.1.2 pāvōnīn-a, -um §50 クジャク
の，クジャクの尾(羽)の(からできた)，クジ
ャクの羽のような

pavor *m.* pavōris 3 §26 ［paveō］
1. 急激な(突然の)恐怖，驚き，おののき，
戦慄，身震い **2.** 恐ろしい予感，未来への
不安，おびえ，危惧の念，戦々恐々，緊
張，焦慮 pavor ceperat milites ne
mortiferum esset vulnus 致命傷を受け
るのではないかという烈しい不安が兵士た
ちを襲っていた exultantia haurit corda
pavor pulsans (勝敗への)はりつめた期待
が，動悸する心臓を烈しく打ち，からから
に枯渇させる

pāx *f.* pācis 3 §21 ［pacīscor］
1. 講和条約，平和，和睦 **2.** 平和な状況，
平安，泰平 **3.** (魂・海・風などの)平穏，
無事，平静，休息，晴朗，幸福 **4.** (神々・
目上の人などの)好意，親切，援助，加護
pace tua (9f9) dixerim (116.1) あなた
のお許しがあればこう言いたい，失礼です
がこう言わせてください pax Romana ロ
ーマ帝国の秩序と安寧(あんねい) melior tutior-
que est certa pax, quam sperata vic-
toria 望まれる勝利より，確実な講和がい
っそう良くて安全だ

peccātum *n.* peccātī 2 §13
［peccō の完分］ **1.** 誤り，まちがい，失

策 **2.** 道徳上の(ふとした)過失，違反，悪
行，不品行，軽い罪 aequum est (171),
peccatis veniam poscentem (118.2,
117.5) reddere rursus 自分の過失に容
赦を乞うからには(乞う人は)，今度は相手
の過失も許してやるのが公平というもの

peccō *1* peccāre, -cāvī, -cātum
§106 **1.** しくじる，へまをやらかす，まち
がう，失策をする，やりそこなう **2.** 言い
違う，うっかり言う，思い違いをする，口
ごもる **3.** 倫理上の過失，不正，不義を犯
す，暴行を加える，罪を犯す **4.** つまずく，
よろめく si quid (9e6) in te peccavi も
し私があなたに対し何か間違ったことをして
いたら peccare (117.2) docentes histo-
rias 不義密通を教えている物語の数々を
(言って聞かせる) ne equus peccet (老)
馬がよろめいて倒れないように

pecten *m.* pectinis 3 §28 **1.** (髪
の)くし，馬ぐし，すきぐし(羊毛の) **2.** 竪
琴のばち(つめ) **3.** くま手，まぐわ **4.** 織機
のおさ **5.** ホタテガイ **6.** 恥毛，恥骨 inter
pectinem speculumque occupati くし
と鏡の間(床屋)で時をすごす(人たち)

pectō *3* pectere, pex(u)ī, pexum
§109 **1.** 髪をくしけずる，すく，羊毛をす
く **2.** 打ちのめす，なぐり倒す

pectus *n.* pectoris 3 §29 **1.** 胸，
胸部 **2.** (感性・知性の働く座として)心，
魂，精神，信念，意志，心情，性向，洞
察，思考 non tu corpus eras sine pec-
tore あなたはこれまでずっと，心情を欠い
た肉体ではなかった epistulae, quas mihi,
ut ais, aperto pectore scripsisti あなた
も言っているように，胸襟を開いて私に書
いてくれた手紙 toto pectore (9f9) cogi-
temus (116.2) 全精神を打ち込んで(真剣
に)考えようではないか

pecū *n.* pecūs 4 §31 ［= **pecus**¹］
(*sg.* では *abl.* のみ現われる) 家畜，(羊・
牛・馬の)群(むれ)

pecuārius *a.1.2* pecuāri-a, -um
§50 ［pecū］ 家畜の，牛(馬・羊)の
(名)**pecuārius** *m.* pecuāriī 2 §13
畜産家，牧畜業者 **pecuāria** *n.pl.*
pecuāriōrum 2 §13 牛・馬・羊の

群れ **pecuāria** (*sc.* ars) *f.* pecu-āriae *1* §11 牧畜業, 畜産技術

pecūlātor *m.* pecūlātōris *3* §26 [pecūlor「公金をかたり取る」] 公金横領者(私消者)

pecūlātus *m.* pecūlātūs *4* §31 [pecūlor] 公金横領, 公金私消罪, 国有財産奪取罪

pecūliāris *a.3* pecūliāre §54 [pecūlium] **1.** 個人の資産に属する, 私的財産の **2.** 私有の, 私的な, 個有の, 特定の **3.** 例外的な, 異常な, 独特の, 格別な

pecūlium *n.* pecūliī *2* §13 [pecū] **1.** 私的な(個有な)財産, (特に奴隷の, 息子・娘の財産, 貯え, 貯金) **2.** 財産, 資産, 資力 **3.** = mentula

pecūnia *f.* pecūniae *1* §11 [pecū] **1.** 家畜財産 **2.** 財産, 資力, 富 **3.** 金, ぜに, 金銭 **4.** 生け贄 imperat aut servit collecta pecunia cuique 蓄えられた金は, それぞれの所有主に命じるか, 仕えるかどちらかだ crescentem sequitur cura pecuniam 殖える金を追って心配もつのる quibus (9d6) sunt verba sine penu et pecunia 食べ物も金もなくて, 弁舌のあるもの(食客)

pecūniārius *a.1.2* pecūniāri-a, -um §50 [pecūnia] 金銭の, 金に関する

pecūniōsus *a.1.2* pecūniōs-a, -um §50 (比)pecuniosior (最)pecuniosissimus 金持の, 裕福な

pecus[1] *n.* pecoris *3* §29 **1.** (耕作用・食用一切の)家畜, 小家畜, 家禽 **2.** 家畜の群(ﾑﾚ), (特に)羊の群, (軽蔑的に)人間の群 pauperis (9c12) est numerare pecus 家畜の群れの頭数を数えるのは貧乏人のすること pecorum modo (9f19) fugientes 家畜のようにすばやく逃げる者ども

pecus[2] *f.* pecudis *3* §21 **1.** 一頭の家畜(特にヤギ・ヒツジ・ブタ), 一羽の家禽 **2.** 動物(人間以外の) **3.** 人をののしる言葉 quid enim hunc persequar (116.4) pecudem ac beluam 全体, どうして私は, この畜生, このけものを追求す

るのか

pedālis *3a* pedāle §54 [pēs] **1.** ペースの長さ(幅・厚み)の

pedārius *a.1.2* pedāri-a, -um §50 [pēs] 足に属する (名)**pedārius** (= senātor pedārius) *m.* pedāriī *2* §13 地位・名声の低い, 投票するだけの元老院議員

pedes *m.* peditis *3* §21 [pēs] **1.** 歩く人, 歩行者 **2.** 歩兵, (*pl.*)歩兵隊 **3.** 騎士に対し平民(一般市民) Romani tollent equites peditesque cachinnum ローマ人は, 兵士も平民も(貴族も庶民も, 貴賤上下を問わず)皆, 呵呵大笑するだろう

pedester *a.3* pedestris, -tre §54 [pedes] **1.** 歩いている, 歩行者の **2.** 陸地を歩く, 陸地の, 地上の **3.** 歩兵の, 歩兵隊の, 歩兵戦の **4.** 散文の, 月並みの, 陳腐な pedestres navalesque pugnae 陸海の戦闘 pedestria itinera 陸路 tragicus plerumque dolet sermone pedestri (9f9) 悲劇俳優はしばしば散文調の言葉で嘆き苦しむ

pedetemptim 副 [pedes, temptō] 一歩一歩, 慎重に, 注意深く, 熟慮して

pedica *f.* pedicae *1* §11 [pēs] **1.** 足かせ, 足鎖 **2.** (鳥・小動物用の)わな

pēdiculus (**pēduculus**) *m.* pēdiculī *2* §13 [pēdis「シラミ」の小] シラミ in alio pediculum vides, in te ricinum non vides 他人のシラミ(些細な過ち)は見えても, 自分のダニ(大きな過ち)はわからんもの

pedis pedibus → pēs §21

pedisequa *f.* pedisequae *1* §11 [pedisequus] 女の付添(従者・給仕), 侍女

pedisequus *m.* pedisequī *2* §13 [pēs, sequor] (男の)従者, 随行員, 従僕, 下男

peditātus *m.* peditātūs *4* §31 [pedes] 歩兵, 歩兵隊

pēdō *3* pēdere, pepēdī, peditum §109 屁をひる

pedum *n.* pedī *2* §13 [pēs]

Pēgasus　552

羊飼(牧人)の柄のまがった杖

Pēgasus (-os) *m*. Pēgasī 2 §13
(38)　(神)有翼の神馬, 彼の蹄で蹴られて
Hippocrene(馬の泉)が湧出したと　(形)
Pēgasēus *a.1.2* Pēgasē-a, -um
§50 (= **Pēgasis** *a.3* Pēgasidis
§55)　Pegasus の

pēgma *n*. pēgmatis 3 §§22, 41.2
<πῆγμα　**1.** 書棚, (書棚などの)備品
2. 移動式の足場, 壇, 舞台(特に円形闘
技場で見られた)

pējerō *1* pējerāre, -rāvī, -rātum §106
(= **perjūrō, perjerō, pējūrō**) [per,
jūrō]　偽誓する, 偽証する, 誓いを破る
jus pejeratum 偽誓

pējor (pēior) *a.3* pējus §66
[malus の比]　**1.** いっそう(さらに)悪い,
有害な, わずらわしい　**2.** いっそう邪悪な,
不正な, 不道徳な　**3.** より劣る, いっそう
貧しい, 貧弱な, 地位, 身分の低い nunc
nos (9e11) tempus est malas majores
fieri いまこそ性悪なあたしたちが, さらに
邪悪な女になるべき時よ aliam rem ex
alia cogitare (117.7) et ea omnia in
pejorem partem 次から次へと, しかもそ
れらをみんな, 私は悪い方へと考えた

pējūrium → perjūrium
pējūrus → perjūrus

pējus (pēius) 副 [pējor の中 §9e13]
いっそう悪く, ひどく, はなはだしく pejus
misera maceror あわれなことに私(女)は
いっそうひどく苦しんでいるの

pelagus *n*. pelagī 2 §38 <
πέλαγος (*acc.pl.* pelagē も見られる)
1. 海, 大海原, 沖　**2.** 海水　(形)
pelagius *a.1.2* pelagi-a, -um §50
海の, 海上の, 海にすむ(産する)

Pelasgī *m.pl*. Pelasgōrum (-gum)
2 §13(14.1)　ギリシア人の詩的名称
(形)**Pelasgus** *a.1.2* Pelasg-a, -um
§50　ギリシア人の

Pēleūs *m*. Pēleos (-eī) 3 §42.3
(神)Aeacus の子, Achilles の父

Peliās *m*. Peliae 1 §37 テッサリ
アの港町 Iolcos の王, Iason の叔父

Pella *f*. Pellae 1 §11 Philippus

II時代の Macedonia の首都

Pellaeus *a.1.2* Pellaea, Pellaeum
§50 (Pella はマケドニアの首都)**1.** Pella
の　**2.** Alexander 大王の　**3.** Alexandria
の　**4.** エジプトの

pellāx *a.3* pellācis §55 [pelliciō]
人を欺く, 誘惑する, ずるい, 口達者な

pellectus → pelliciō
pellēxī → pelliciō

pelliciō *3b* pel-licere, -lēxī, -lectum
§110 [per, laciō「誘い込む」§174(2)]
1. 引きつける, おびきよせる, 誘惑する,
迷わす　**2.** 心をとりこにする, たぶらかす,
ずるい手段で説き伏せる, すすめて(説い
て)…させる nec poterat quemquam
pellicere in fraudem 彼は誰をも悪行に
誘い込むことができなかった

pellicula *f*. pelliculae 1 §11
[pellis の小]　**1.** 人間の皮膚, 動物の皮,
毛皮 pelliculam veterem retines お前
(エチオピア人)は昔の皮膚のままでおるのだ
(変えようとして無駄骨をおるな) pelliculam
curare jube 彼に自分自身の快適さを求
めよ(自分の体をらくにせよ, くつろげ)と言
ってやれ

pellis *f*. pellis 3 §19 **1.** 皮膚, 皮,
毛皮　**2.** 毛皮のおおいもの, 衣服, (冬営用
の皮の)天幕　**3.** なめし皮製品, 靴, 靴ひ
も, 楯 in propriā pelle quiescere もっ
て生まれた自分の皮(運命・境遇)の中で
満足し, 平静でいること detrahere pellem,
nitidus quā (先行詞 pellem) quisque
per ora cederet, introrsum turpis 誰
にせよ, 内心醜悪で, 清朗たる顔付きで人
前にしゃしゃりでる奴の面の皮をはいでやる

pellītus *a.1.2* pellīt-a, -um §50
[pellis]　皮膚, 皮(毛皮)におおわれた,
(毛)皮の服を着た

pellō *3* pellere, pepulī, pulsum
§109 **1.** 打って(叩いて・突いて)動かす,
飛ばす, 放つ　**2.** 打つ, たたく, 突く, 押
す, 踏みつける　**3.** 追い払う, かりたてる,
駆逐する, 追放する　**4.** 撃退する, 打ち破
る, 負かす　**5.** 心を動かす, ゆすぶる, 刺
激する, 強いる, 奮起させる　**6.** 除去(排
除)する, かわす, よける, はねつける sagitta

pulsa manu 手によって弓弦から放たれた矢 pulso tympano (9f18) 太鼓をたたいて lapidibus e foro pelli 石もて広場から追いたてられる vino pellite curas 酒もて憂さを追い払え(晴らせ) ille canit, pulsae referunt ad sidera valles 彼はうたう, その声に感動した山間(蜚)は(その声を)星座へ向けてくりかえす(こだまさせる)

pellūceō, pellūcidus → perlūceō, perlūcidus

Peloponnēsus (-os) *f.* Peloponnēsī *2* §13 ギリシア南部の半島 (形) **Peloponnēnsis** *a.3* Peloponnēnse §54 (= **Peloponnēsius** *a.1.,2* Peloponnēsi-a, -um §50) Peloponnesus の

Pelops *m.* Pelopis *3* §41.7 (神) Tantalus の子, Atreus と Thyestes の父

pelōris *f.* pelōridis *3* §41.6a < πελωρίς イガイ(食用二枚貝)

pelta *f.* peltae *1* §11 <πέλτη 三日月形の軽い楯(蜚)

peltasta *m.* peltastae *1* §11 pelta で武装した兵

peltātus *a.1.2* peltāt-a, -um §50 pelta で武装した

pēlvis (pēluis) *f.* pēlvis *3* §19 水盤, 盥(蜚), 足洗い・食器洗い用の青銅または陶器の(ときに銀製の)たらい

penātēs *m.pl.* penātium *3* §§21, 25(ロ) [penus] **1.** Penates 食糧貯蔵室の守り神, 家族の守護神, 国家の守護神 **2.** 家(炉), 家庭, 家族, 住居 (形) **penātiger** *a.1.2* penāti-gera, -gerum §51 [penātēs, gerō] Penates を運ぶ所の

pendēns → pendeō, pendō

pendeō *2* pendēre, pependī, —— §108 **1.** かかっている, ぶらさが(ってい)る,たれ(かかっ)ている **2.** 宙に浮いている, 空中にただよっている, さまよう, 支えられている **3.** 宙ぶらりんである, 一時休止(中断)している, ぐずぐずしている, ためらっている,決心がつかない **4.** にかかっている, 依存(依頼・信頼)している, あてにする,

心を奪われる, 一心に見つめる ego plectar (116.3) pendens おれ(奴隷)は(かまちに)吊るされて, 鞭うたれるだろうに omnia sunt hominum tenui pendentia (118.3) filo (9f7) 人間の一切は細いひもにぶらさがっているのだ de te pendens amicus あなたを信頼している友人 puto rem publicam pendere Bruto 国家はブルートゥスの双肩にかかっていると私は思う pendet narrantis ab ore 彼は語っている人の口もとを一心に見つめている

pendō *3* pendere, pependī, pēnsum §109 **1.** 重さ(目方)をはかる, 秤にかける **2.** 重さ(目方)を持つ, 重さがある **3.** 罰金を支払う, 税を納める, (義務)果す, つくす **4.** 罰を受ける, 罪をあがなう, 償いをする **5.** 評価する, 見つもる, 判断する, 考慮する coclearia non minus selibras (9e1) pendentia 半リブラよりも軽くないスプーン ne innocentes pro nocentibus poenas pendant 罪のない者たちが, 罪のある者たちに代って罰を受けないように minoris (9c7) pendo tergum illorum quam meum わしの背中を奴らの背中より大切と思う

pendulus *a.1.2* pendul-a, -um §50 [pendeō] **1.** ぶら下っている, だらりとたれている, うつむいている **2.** 宙ぶらりんの, 未解決の, 決心のつかない, ためらっている **3.** 空中にかかっている, ただよっている neu fluitem (116.1) dubiae spe (9f15) pendulus horae また私は, さだかならぬ未来をあてにして宙ぶらりんで気迷っていたくないのだ

Pēnelopē (-a) *f.* Penelopēs (-ae) *1* §37(11) Odysseus の妻, Telemachus の母

penes 前 (対支配, 名詞の後によくくる) **1.** …の下に, 側に, 共に, 家に **2.** …の手の中に, 所有の下に, 権力(勢力)下に penes te es? あなたはあなたを支配しているか, 気は確かか usus, quem penes arbitrium est et jus et norma loquendi (119.2) 言葉に対する鑑識も評価も法則も, 慣用に支配されている(支配下におく慣用)

penetrābilis *a.3* penetrābile §54 [penetrō] **1.** 洞察力のある，鋭い，刺すような **2.** えぐる，うがつ，浸透する，浸透性のある，貫通する **3.** 達し得る，感じ得る，理解できる corpus nullo penetrabile telo (9f11) いかなる槍も貫通しない体

penetrālis *a.3* penetrāle §54 [penetrō] (比)penetralior **1.** 浸透する，貫通する **2.** 内部の，奥まった (formica) tectis penetralibus extulit ova (アリは) 巣の奥から卵を運び出した （名）**penetrāle** *n.* penetrālis 3 §20 内部，奥，底，秘密，神殿の奥の院，家の守護神 veterum penetralia regum いにしえの王たちの(いた)奥の間 eloquentiae penetralia 雄弁術の秘奥

penetrō *1* penetrāre, -rāvī, -rātum §106 [penitus] **1.** 内部(内側)へ入り込ませる se（又は pedem）penetrare 入る，踏み込む **2.** 突き進む，貫く，達する，進入する，しみ込む，心の中にしみ込む **3.** 見通す，看破する，洞察する id Tiberii animum altius penetravit それはティベリウスの心に深くしみ込んだ perduelles penetrant se in fugam 敵どもは逃亡へ突入する(逃げ出す)

pēnicillus *m.* (**-um** *n.*) pēnicillī 2 §13 [pēniculus の小] **1.** ブラシ，はけ，絵筆 **2.** 筆触，描き方，文体

pēniculus *m.* pēniculī 2 §13 [pēnis の小] **1.** はけ，ブラシ，ほうき，はたき **2.** 海綿，スポンジ

pēnis *m.* pēnis 3 §19 **1.** 四つ足の尾，しっぽ **2.** 男根，淫猥，好色

penitus 副 [penes] **1.** 内奥から，最深部から，奥底から **2.** 内奥で，深部で，奥地で，内陸で，遠く離れた所で **3.** 心の底から深く，親密に **4.** すっかり，全く，心から，完全に saxum penitus excisum 深く穴をあけられた石 religionem penitus tollere すっかり宗教を絶やすこと （形）**penitus** *a.1.2* penit-a, -um §50 (比)penitior （最）penitissimus 内部の，奥の，深部の，離れた所の，内陸の ex penitis faucibus 喉の奥から

penna *f.* pennae 1 §11 **1.** 翼，羽 **2.** 羽毛，羽飾り **3.** 飛翔，とぶこと **4.** 矢羽，矢 **5.** 岬 o cara mihi, felicibus edita pennis 縁起のよい飛び方(鳥占い)と共に生まれた私のかわいい女よ （形）**pennātus** *a.1.2* pennāt-a, -um §50 羽のある，翼を持った，羽毛のある(をつけた)

pēnsilis *a.3* pēnsile §54 [pendeō] **1.** 吊るされる，ぶら下がった，たれている **2.** 空中に浮んでいる，円天井(支柱)に支えられた pensilis uva 日干しにされたブドウ(＝干しぶどう)

pēnsiō *f.* pēnsiōnis 3 §28 [pendō] **1.** 支払(金額)，分割(賦)払い金 **2.** 賃貸料，家賃，地代

pēnsitō *1* pēnsitāre, -tāvī, -tātum §106 [pēnsō] **1.** 重さをはかる **2.** 税を支払う **3.** 心の中ではかる，考える，熟慮する，比較する saepe apud se pensitato (9f18 注) なんども自分の心の中で考えなおして

pēnsō *1* pēnsāre, -sāvī, -sātum §106 [pendō] **1.** 重さをはかる，はかって分ける **2.** 支払う，買い求める **3.** 相互に重さをはかる，比較する，評価する，考える，考量する，判断する，吟味する **4.** 償う，埋め合わす，賠償する，相殺する，交換する vitam auro (9f11) ～ 命を金で買う laetitiam maerore ～ 悲哀と喜びを交換する ut ex factis amicos pensent 彼らは行為から友人を評価するために vulnera et sanguis aviditate praedae pensabantur 負傷と流血は略奪への欲望で相殺されていた

pēnsus *a.1.2* pēns-a, -um §50 [pendō の完分] 重みのある，重い，重要な，大切な nihil（又は non）pensi (9c7) habeo（又は mihi est）私は何とも思わない，気にしない，大切と思わない nihil pensi iis fuit quod dicerent (116.10) 彼らは自分らの言ったことを気にしなかった （名）**pēnsum** *n.* pensī 2 §13 **1.** 紡ぐ(編む)ために割り当てられた一定の毛糸の量 **2.** 割り当てられた仕事(の量)

pentēris *f.* pentēris 3 §39(イ)

<πεντήρης（ναῦς） 5段櫂船(?)

Penthesilēa *f.* Penthesilēae *1*
§11 （神）Amazones の女王

Pentheús *m.* Pentheos (-eī) *3*
§42.3 Thebae の王, Cadmus の孫

pēnūria (paenūria) *f.* pēnūriae *1*
§11 ［paene］（必需品・食糧などの)不
足, 窮乏, 欠乏, 払底, 希少, 貧困, 必
要

penus *f.(m.)* penūs *4* §31 ＝
penum *n.* penī *2* §13 ＝
penus *n.* penoris *3* §29 **1.** 貯
蔵された生活必需品, 食料, 備蓄品
2. Venus 神殿の食糧貯蔵室 （形）
penārius *a.1.2* penāri-a, -um §50
貯蔵品(食糧)の, 備蓄(用)の

pepēdī → pēdō

pependī → pendeō, pendō

pepercī → parcō

peperī → pariō

pepigī (pēgī) → pangō

peplus *m.* (**-lum** *n.*) peplī *2*
§13 ＜πέπλος ギリシアの女（上流婦
人）が着た長くゆるやかな外衣, 盛装, 礼
服

pepulī → pellō

pepugī → pungō

per 前 **A.** 頭として **1.** per- は, 1 の前で
pel- と同化 pellego, pelluo **2.** 基語(173)
に,「すっかり, 非常に, 徹底的に, 通って,
貫いて；動転, 破壊, 強調」の意を加える
B. 前として(*acc.* 支配) **1.** …を通って, 貫
いて, 横切って **2.** …の上を越えて, に沿
って, つたわって, の面前を **3.** …の間ずっ
と, つづけて, 間じゅう **4.** （仲介)を通じ
て, によって, 通して, 介して, あっせん
で, の力で **5.** （手段・方法)によって, を
通して, のやり方で, の方法で **6.** （原因・
理由・結果)のために, の理由で, の結果
として, を口実にして, かこつけて **7.** …の
名に誓って flumen fluit per urbem 川が
その町を貫いて流れていた per eorum
corpora transire conantes (118.4) 彼ら
はその者らの屍の上を踏み越えて行こうと
したが per ora vestra incedunt 彼らは
お前たちの目の前を過ぎて行く ludi per

decem dies facti sunt 劇は 10 日間にわ
たって上演された occidebantur? per
quos? et a quibus? 彼らは殺されたのか,
誰の手先によってか, あるいは誰の手でか
per aetatem non potuisti お前は年齢の
ためにできなかったのだ per speciem
amicitiae 友情にかこつけて, 口実に per
manus 手から手へ, 人から人へ per se
本人自ら, 自分の意思で, ひとりで, 本人
の流儀で per me stat それは私のせいだ
oro te per hanc dextram この右手に誓
ってあなたにお願いする

pēra *f.* pērae *1* §11 ＜πήρα 肩
にかける合切袋, 頭陀(ずた)袋

peracerbus *a.1.2* per-acerb-a, -um
§50 **1.** 非常にしぶい, にがい, すっぱい
2. 非常に痛い, 苦しい, 悲惨な

perāctiō *f.* perāctiōnis *3* §28
［peragō］ 終了, 終結, 完成, 完結

perāctus → peragō

peracūtus *a.1.2* per-acūt-a, -um
§50 **1.** 非常にかん高い, よく通る **2.** 非
常に鋭敏な, 洞察力のある, 利口な, 抜け
目のない （副）**peracūtē** §67(1) **1.**
非常に鋭く, 一生懸命に, 烈しく **2.** 非常
に巧妙に, 機敏に, 抜け目なく

peradulēscēns *a.3* per-adulēscentis
§55 非常に若い （名）**peradulēs-
centulus** *m.* -tulī *2* §13 ほんの
子供, 全くの若僧

peraequē 副 ［per, aequē］ 全く同
程度に, 同様に, 一律に, どんな場合でも
同じく, 等しく

peragitō *1* per-agitāre, -tāvī, -tātum
§106 **1.** 徹底的にかきたてる, かき回す,
刺戟する, 興奮させる **2.** 反復攻撃して相
手をなやます

peragō *3* per-agere, -ēgī, -āctum
§109 **1.** あちこちと（間断なく)追いたてる,
かりたてる, 追求する, 苦しめる **2.** 刺す,
突き通す **3.** 遂行する, 実行する, 達成す
る, 果す, 終える, (告訴・演技など)最後
までやり通す **4.** 生きぬく, 生きのびる, 生
涯を終える **5.** 徹底的に取り扱う, 調べる,
詳説する **6.** 通過する, 巡歴する peracto
consulatu Caesaris カエサルの執政官職

peragrō

の任期が終ると res pace belloque gestas ～ 平時，戦時の業績を詳説する

peragrō *1* per-agrāre, -agrāvī, -agrātum §106 [per, ager, eō] **1.** (諸国を)遍歴(巡回)する，放浪する，歩き回る **2.** 広がる，広まる **3.** (心に)深く入り込む，しみ込む

perambulō *1* per-ambulāre, -lāvī, -lātum §106 歩き回る，徘徊する，(次々と)旅をして(訪ねて)回る，周遊(巡回)する frigus perambulat artus 悪寒が全身をかけ回る

peramplus *a.1.2* per-ampl-a, -um §50 非常に大きい，広い

perangustus *a.1.2* per-angust-a, -um §50 非常にせまい，細長い

perantīquus *a.1.2* per-antīqu-a, -um §50 非常に古い，大昔の，太古の

perarduus *a.1.2* per-ardu-a, -um §50 非常に難しい

perarō *1* per-arāre, -arāvī, -arātum §106 **1.** 十分に鋤(す)く，すき返す，耕す，うね(みぞ)をつくる **2.** (鉄筆で蠟板に)彫り込む，文字を書く

perattentus *a.1.2* per-attent-a, -um §50 非常に注意深い (副)**perattentē** §67(1) 非常に注意深く

perbacchor *dep.1* per-bacchārī, -bacchātus sum §123(1) 酒を飲んで底ぬけに騒ぐ，徹底的に飲み且つ騒ぐ，浮かれ騒ぐ

perbellē 副 非常に魅力的に，巧みに，立派に，きれいに

perbene 副 非常に立派に，申し分なく，非常に流暢に，大変に好意を抱いて

perbibō *3* per-bibere, -bibī, —— §109 **1.** 一気に飲み干す，すっかり飲み(吸い)込む **2.** 吸い(飲み)込む，吸収する，摂受する，受け入れる mihi (9d9) medullas lassitudo perbibit 疲労困憊が私の骨の髄を吸いつくした(精根をからした)

perblandus *a.1.2* per-bland-a, -um §50 非常に魅力のある，愛想よい，やさしい，丁寧な，しとやかな

perbonus *a.1.2* per-bona, -bonum

§50 **1.** 非常によい，すぐれた，立派な **2.** 非常に有利な，このましい，都合のいい

perbrevis *a.3* per-breve §54 非常に短い，簡潔な (副)**perbrevī** §9f19 すぐに，その直後に **perbreviter** §67(2) ごく簡潔に

perca *f.* percae *1* §11 パーチ(食用淡水魚)

percalēscō *3* per-calēscere, -caluī —— §109 非常に熱くなる，暑くなる

percallēscō *3* per-callēscere, -calluī —— §109 **1.** 皮膚が非常にかたくなる，すっかり無感覚になる **2.** (すっかり)精通する，熟知する(に至る)，世故にたけてくる

percārus *a.1.2* per-cār-a, -um §50 **1.** 非常に高価な，ぜいたくな **2.** 非常にいとしい，最愛の，大層かわいい

percelebrō *1* per-celebrāre, -brāvī, -brātum §106 **1.** いたる所へまきちらす，ばらまく **2.** 周知徹底させる，言いふらす，広める

perceler *a.3* per-celeris, -celere §54 非常に迅速に，急に (副)**perceleriter** §67(2) 非常に迅速に，非常に急いで

percellō *3* per-cellere, -culī, -culsum §109 **1.** 叩く，打つ，突く，ぶつける，打ち倒す，傷つける，害する **2.** 打ち勝つ，圧倒する，打ちひしぐ，突然襲う，破滅させる **3.** ひっくりかえす，混乱におとしいれる，ひどく苦しめる，驚かす，意気沮喪させる alicui genu femur ～ ある人のももをひざでつく Libonem inlexerat insidiis, deinde indicio perculerat 彼はリボを罠でさそっておいてから，ついで，証言によって破滅させていた complures hostium magno nostrorum impetu perculsi (118.4) vulnerantur 敵の大半は，わが軍の烈しい攻撃によって混乱に陥り，負傷する

percēnseō *2* per-cēnsēre, -cēnsuī —— §108 **1.** 徹底的に財産査定する **2.** 組織的に調査(検査)する，点検(検閲)する，批判する，吟味する **3.** 始めから終りまで数え(読み)上げる，列挙する **4.** 歩き回る，巡歴する，視察する

percēpī → percipiō

perceptiō *f.* perceptiōnis *3* §28 [percipiō] **1.** 採集, 収穫, その権利 **2.** 受領, 所有, 把握, 理解, 会得, 認識

percīdō *3* -cīdere, -cīdī, -cīsum §109 [per+caedō] **1.** 強く突(つ)く, 打つ **2.** 男同士で, 性欲をみたす行為をする

perciō (-cieō) *4(2)* per-cīre (-ciēre), -ciī, -citum §111 推進する, かりたてる, 強く動かす, ゆるがす, かきたてる, 刺戟する, 興奮させる

percipiō *3b* per-cipere, -cēpī, -ceptum §110 [per, capiō §174(2)] **1.** すっかり(全く・全体を)捕える, つかむ, にぎる **2.** 手に入れる, 所有する, 受けとる, 得る, もうける **3.** 収穫する, 刈り入れる **4.** 把握する, 理解する, 納得する, 確かに知る, 学ぶ **5.** 感ずる, 気づく, 見つける odium me percipit 憎しみが私を摑まえて離さない percepta oratione (9f18) eorum 彼らの言い分を納得すると percipite quae dicam 私の言うことをよく聞け

percoctus → percoquō

percolō¹ *3* per-colere, -coluī, -cultum §109 **1.** 丁寧に飾る, 大変美しくする, 完全なものにする, 仕上げる **2.** 大いに尊敬する, あがめる, 祭る, たたえる **3.** 捧げる, 専念する

percōlō² *1* per-cōlāre, -cōlāvī, -cōlātum §106 濾過する, こす, ふるう

percommodus *a.1.2* per-commod-a, -um §50 非常に便利な, 快適な, 好都合な (副)**percommodē** §67(1) 非常に快適に, 便利に, 都合よく, 折りよく

percontātiō *f.* per-contātiōnis *3* §28 [percontor] 質問, 問い合わせ, 照会, 尋問, 取り調べ

percontātor *m.* percontātōris *3* §26 [percontor] しつこく質問する人, 知りたがる人, せんさくずきな人

percontātus → percontor

percontor *dep.1* per-contārī, -contātus sum §123(1) [per, contus (原義)船棹でさぐる] **1.** 探索する, 調査する **2.** 質問する, せんさくする forte meum si quis te percontabitur (9e2) aevum もし, ひょっとして, 誰かがあなたに私の年齢を尋ねたら percontabere (128) doctos, qua ratione queas (162, 116.10) traducere leniter aevum どのようにして心静かに人生を送れるかについては, 賢人の書をひもとくがよい

percoquō *3* per-coquere, -coxī, -coctum §109 **1.** すっかり(丁寧に)料理する, 焼く, 煮る **2.** こがす, 日に焼く, 熱する **3.** 熟させる, 成熟(円熟)させる in digitis hodie percoquam (116.3), quod ceperit 今日彼がとってきた獲物は, 指先で私は料理するかも知れん(獲物は全くないだろうな)

percrēb(r)ēscō *3* per-crēb(r)ēscere, -crēb(r)uī, —— §109 ひろく(至る所へ)広まる, 伝えられる, 知られる, 流布する, 蔓延(伝播)する

percrepō *1* per-crepāre, ——, —— §106 **1.** 高く鳴りひびく **2.** 声高に話す, うたう, ほめる

perculī, perculsus → percellō

percultus → percolō¹

percunct- → percont-

percupiō *3b* percupere, -cupiī, -cupītum §110 ひどく(烈しく)欲する, 求める, しきりに願う

percūriōsus *a.1.2* per-cūriōs-a, -um §50 非常に注意深い, 労を惜しまない, 念入りな

percūrō *1* per-cūrāre, -rāvī, -rātum §106 完全に治療する, すっかり回復させる

percurrō *3* per-currere, -(cu)currī, -cursum §109 **1.** 端から端へ急いで走る, あちこちと走り回る, 横切って走りぬける, 旅をする **2.** すばやく(ざっと)目を通す, 通読する, 調査(点検)する **3.** さっと言及する, 順番に(一つずつ)枚挙する omnem agrum Picenum percurrit 彼はピーケヌム全土を突っ走った omnia

percursātiō

breviter a te percursa sunt すべてのものがあなたによって簡単に調査された omnium pectora metu percurrente (9f18) 全員の心の中を戦慄が走り抜けて

percursātiō *f.* percursātiōnis *3* §28 ［percursō］ 通過，遍歴

percursō *1* per-cursāre, -sāvī, -sātum §106 **1.** いそいで旅行する **2.** 広くうろつく，歩き回る，巡歴する

percursus → percurrō

percussī → percutiō

percussiō *f.* percussiōnis *3* §28 ［percutiō］ **1.** 強く打つ，叩くこと **2.** (詩脚の)強音，強勢 **3.** 拍子，拍

percussor *m.* percussōris *3* §26 ［percutiō］ 暗殺者，刺客

percussus *m.* percussūs *4* §31 ［percutiō の完分］ **1.** 打撃，衝撃 **2.** 鼓動，脈搏，動悸

percutiō *3b* per-cutere, -cussī, -cussum §110 ［per, quatiō §174 (2)］ **1.** 強く(烈しく)打つ，叩く，打ち倒す，叩きのめす，突き倒す **2.** 刺す，突き通す，貫く，切り(刺し)殺す **3.** 襲う，害する，亡ぼす，傷つける，投げて(射て)あてる **4.** 強く心をゆすぶる，深く心に刻む，感動させる **5.** 刻み込む，刻印を打つ fusti ～ 棍棒でなぐり殺す securi ～ 斧で首を切り落す percussus de caelo 天上から(の雷光に)打たれた me dolor percussit 苦痛が私を打ちのめした

perdidī → perdō

perdidicī → perdiscō

perdifficilis *a.3* per-difficile §54 非常に難しい （副)**perdifficiliter** §67(2) 非常な困難を伴って，かろうじて

perdiscō *3* per-discere, -didicī, ― §109 完全に(徹底的に)学び知る，覚える，すっかり知識を身につける

perditē 副 ［perditus §67(1)］ **1.** 自暴自棄になって，すてばちになって **2.** 放縦に，無鉄砲にも，無鉄砲に，いまわしく

perditor *m.* perditōris *3* §26 ［perdō］ 破滅させる人，腐敗堕落させる人，破壊者，厄介者

perditus *a.1.2* perdit-a, -um §50

［perdō の完分］ (比)perditior （最)perditissimus **1.** 衰弱した，元気(気力)を失った **2.** 破産した，破滅した，没落した，零落した **3.** 自暴自棄となった，絶望した，途方にくれた **4.** 身をもちくずした，堕落した，無節操な，放らつな adulescens luxu (9f15) perditus 贅沢三昧で身をもちくずした若者 in puella perditus ある少女を狂おしいまでに恋している(男)

perdiū 副 非常に長い間

perdīx *m.f.* perdīcis *3* §21 ヤマウズラ(猟鳥)

perdō *3* per-dere, -didī, -ditum §§109, 159 注 （接，古 perduim, is, it, int) **1.** 破滅させる，滅ぼす，零落させる，破壊する，堕落させる，不幸にする **2.** だめにする，台無しにする，損なう，害する，傷つける，殺す **3.** 失う，浪費する，むだにする，記憶(知識)を失う，忘れる，失敗する，負ける di te perduint! 神々がお前を滅ぼさんことを(くたばってしまえ，呪われた奴め) celebre fuit Titi Caesaris dictum, perdidisse se diem, quo nihil boni fecerat ティトゥス皇帝が何一つ良いことをしなかった日に，「一日をむだにしたなあ」と言った彼の言葉は，人口に膾炙している

perdoceō *2* per-docēre, -docuī, -doctum §108 徹底的に(詳細に，十分に)教える，証明する，示す，見せる，知らせる，指示する

perdoctus *a.1.2* per-doct-a, -um §50 ［perdoceō の完分］ 大変造詣の深い，学問技芸に精通した，完全に仕込まれた

perdoleō *2* per-dolēre, -doluī, -dolitum §108 **1.** 非常に(深く)嘆く，悲しむ **2.** いらだち・くやしさ・悲しみのもとである tandem perdoluit (tibi) やっとあなたはそれに腹をたてたのだ

perdolēscō *3* per-dolēscere, -doluī, ― §109 **1.** いらいらしてくる，くやしがる，しゃくにさわる **2.** 深く苦しむ，嘆く，心をいためる

perdomō *1* per-domāre, -domuī, -domitum §106 **1.** 完全にならす，飼

い(使い)ならす **2.** すっかり征服する，服従させる，鎮圧する **3.** 砕く，押しつぶす，粉々にする，こねる

perdūcō *3* per-dūcere, -dūxī, -ductum §109 **1.** ある所から別の所へ（目的地へ）連れて行く，連れ込む，案内する，導く，運ぶ，動かす，伝える **2.** 引きよせる，誘い込む，説得する，すすめて…させる，仲介する，とりなす **3.** 先へのばす，続ける，ひろげる，上をおおう aliquem ad suam sententiam perducit 彼はある人を自分の意見に同意させた res disputatione ad mediam noctem perducitur その決着は議論によって深更まで長びく

perductor *m.* per-ductōris *3* §26 ［perdūcō］ **1.** 案内人 **2.** 迷わす人，誘惑者，女たらし，ぽん引き，買春宿の主人

perduelliō *f.* perduelliōnis *3* §28 ［perduellis］ 反逆罪，謀叛

perduellis *m.* perduellis *3* §19 ［per, duellum］ 国賊，敵

perdūrō *1* per-dūrāre, -dūrāvī, -dūrātum §106 **1.** 存在し続ける，居残る，持続する，固執する **2.** とことん(断固として)がまんする，辛抱する，持ちこたえる

perdūxī → perdūcō

peredō 不規 per-edere, -ēdī, -ēsum §160 **1.** すっかり食い(飲み)つくす，かみくだく **2.** 侵食(腐食)する，むしばむ，無に帰せしめる **3.** 滅ぼしつくす，使い果す，消耗させる，げっそりやつれさせる

perēgī → peragō

peregrē (-e ?) 副 ［per, ager］ 家(国)から離れて，外国に(で)，外国から(へ) dum peregre est animus sine corpore velox （彼の）迅速な思考(瞑想)が肉体(現実)から離れて，外国(非現実の世界)にいるとき

peregrīnābundus *a.1.2* peregrīnābund-a, -um §50 ［peregrīnor］ 長く外国の旅をしている

peregrīnātiō *f.* peregrīnātiōnis *3* §28 ［peregrīnor］ 家から離れて外国を(長く)旅行すること，外国に滞在すること

peregrīnitās *f.* peregrīnitātis *3* §21 ［peregrīnus］ 外国人(非ローマ市民)の身分・地位，外国の風俗習慣，外国風の様式，外国なまり

peregrīnor *dep.1* peregrīnārī, -grīnātus sum §123(1) ［peregrīnus］ **1.** 外国を旅行する，外国に滞在する，住む，逗留する **2.** (心・精神)うろつく，さまよう，あちこちへ移る，自分を外人のように感じる (philosophia) quae Romae (70) peregrinari videbatur ローマでは外国に住んでいるように思われた(哲学)

peregrīnus *a.1.2* peregrīn-a, -um §50 ［peregrē］ **1.** 外国の，外国人の，外国生れの，外国産の **2.** 外国人に関する，外国に住む **3.** 異国風の，一風変った，慣れない (名)**peregrīnus** *m.* peregrīnī *2* §13 外国人 **peregrīna** *f.* peregrinae *1* §11 外国の婦人

perēlegāns *a.3* per-ēlegantis §55 非常に端麗な，雅致のある，洗練された (副)**perēleganter** §67(2) 誠に端麗な，雅致のある文体で

perēmī, peremptus → perimō

perendinus *a.1.2* perendin-a, -um §50 ［perendiē］ あさっての，明後日の (副)**perendiē** あさってに，明後日に

perennis *a.3* perenne §54 ［per, annus］ (比)perennior **1.** 一年中の，一年間つづく **2.** 永続する，恒常的な，絶えない，変らない，永遠の exegi monumentum aere (9f6) perennius 私は青銅の像よりも永続する(朽ち果てぬ)記念碑(＝詩集)を建て終えた perennis fons 涸れぬ泉

perennitās *f.* perennitātis *3* §21 ［perennis］ **1.** 年中水が枯渇しないこと，無尽蔵 **2.** 永続，永久性，不朽

perennō *1* perennāre, ——, —— §106 長く続く，持続する，もちこたえる，耐える

pereō 不規 per-īre, -iī(-īvī), -itum §156 **1.** すっかり立ち去る，目の前から消える，見えなくなる **2.** 消滅する，ほろびる，無に帰す，死ぬ **3.** 失われる，浪費(空費)

perequitō 560

される, 紛失する **4.** やせ衰える, やつれる(恋煩いで) perii! 私は死んだ, もうだめだ, ああ万事休す opera periit 苦労が水泡に帰した tantam pecuniam perire potuisse (117.8)! あれほど莫大な財産が消尽されることができたとは

perequitō *1* per-equitāre, -tāvī, -tātum §106 ずっと馬にのって行く, あちこちと馬をのり回す

pererrō *1* per-errāre, -errāvī, -errātum §106 **1.** とことん歩き回る, 彷徨する, さまよう **2.** 詳しく(ざっと)調査(考察)する, 見回す totum pererrat luminibus tacitis (彼女は)彼の体全体を沈黙の目で見回す

perēsus → peredō

pereundus → pereō

perexiguus *a.1.2* per-exigu-a, -um §50 非常に(極端に)せまい, 細い, 軽い, 小さい, 少ない, 些細な, 軽少な, 短い, ほんのしばらくの

perfacētus *a.1.2* per-facēt-a, -um §50 非常に機知のある, しゃれのうまい, 才気煥発の (副)**perfacētē** §67(1) 非常におもしろおかしく, 気のきいたやり方で

perfacilis *a.3* per-facile §54 **1.** 非常にたやすい, かんたんな, 楽な **2.** ごく親切な, 温厚な, 折り合いのよい perfacile factu (120.3) するのにたやすいもの (副)**perfacile** (9e13) 非常に簡単に, たやすく, やすやすと, すらすらと, ごく気軽に, 親切に, 快く

perfamiliāris *a.3* per-familiāre §54 **1.** 非常に親密な, 親しい, 仲のよい, 懇意な **2.** (名) *m.* §19 親友

perfēcī → perficiō

perfectē 副 [perfectus §67(1)] 十分に, 完全に, 全く

perfectiō *f.* perfectiōnis *3* §28 [perficiō] **1.** 完成させること, 仕上げ, 完成, 達成 **2.** 完成された姿・状態, 完璧, 完全

perfectus *a.1.2* per-fect-a, -um §50 [perficiō の完分] (比)perfectior (最)perfectissimus **1.** 充分に成長した,

成熟した **2.** 完成した, 完全な, 非の打ちどころがない, 完璧な, 絶対的な **3.** 完了した perfectum tempus 完了(形)時称

perferō 不規 per-ferre, -tulī, -lātum §158 **1.** 目的地まで運んで(持って)行く **2.** 届ける, 報告する, 知らせる, 伝える **3.** 完成(達成)させる, やりとげる, 実行する, (法案)通過(可決)させる **4.** ぐさりと刺す, 中心に達する, 急所をとらえる **5.** 保つ, 維持する, 保守する **6.** 忍耐強く耐える, がまんする, 忍ぶ, 蒙る laus tua ad nos una omnium voce (9f11) perfertur あなたの栄誉は, すべての人の一致した声として, 我々の耳に届いている lapis non pertulit ictum 石は投げた目的を達成しなかった(命中しなかった) minime resistens ad calamitates perferendas (121.3) mens eorum est 不幸を耐え忍ぶことにかけて, 彼らの意志は全く抵抗力を欠く

perficiō *3b* per-ficere, -fēcī, -fectum §110 [per, faciō §174(2)] **1.** 完成する, 達成する, やりとげる, 仕上げる, 終える, 生きのびる, 長生きする **2.** 建てる, 作る, 形成する **3.** 実現する, 果す, 実行する, (ut, ne と)…を起させる, 生じさせる bello perfecto (9f18) 戦闘が終ると si esset in perficiendis (121.3) pontibus periclitandum (147.ロ) 橋を作っている最中に, もし一戦を交えねばならなくなったとき perfice ut putem 私を納得させてくれ

perfidia *f.* perfidiae *1* §11 [perfidus] 信義のないこと, 信頼できないこと, 不誠実, 不忠実, 不信(不実)な行動, 裏切り, 変節, 反逆

perfidiōsus *a.1.2* perfidiōs-a, -um §50 [perfidia] (最)perfidiosissimus 信義のない, 不実な, 不正直な, あてにならない (副)**perfidiōsē** §67(1) (比)perfidiosius 二心を抱いて, 実意なく, 裏切って

perfidus *a.1.2* per-fid-a, -um §50 [per, fidēs] **1.** 信用できない, 信頼を裏切る, 不誠実な, 不正直な, 二心ある **2.** 危ない, 不確かな, 疑わしい

perflāgitiōsus *a.1.2* per-flāgitiōs-a, -um §50 非常に不面目な，誠に破廉恥な，不品行極まりない

perflātus *m.* perflātus 4 §31 [perflō] 空気の流れ，風(※)の流れ，通風

perflō *1* per-flāre, -flāvī, -flātum §106 **1.** (風が)地上を(いたる所を)吹きぬける(通る)，一掃する，吹きとばす **2.** 風で運ぶ

perfluctus → perfruor

perfluō *3* per-fluere, -flūxī, -flūxum §109 通って流れる(もれる)，流れ出る，もれ出る，そって(上に)あふれる，流れ込む

perfodiō *3b* per-fodere, -fōdī, -fossum §110 **1.** (壁に)穴を掘り抜く，掘って(水路を)つくる，地面に穴を掘る **2.** 突き通す，刺し通す，刺す，突く **3.** 穴をあける，掘る pinna argentea dentes perfodit 彼は銀のつまようじで歯をほじくった

perforō *1* perforāre, -rāvī, -rātum §106 **1.** 穴をあける，掘り抜く，突き通す，貫通する，うがつ **2.** 穴をあけて通路を切り開く，突破する

perfossus → perfodiō

perfrāctus → perfringō

perfrēgī → perfringō

perfrequēns *a.3* per-frequentis §55 非常にこんでいる，混雑している，にぎわっている，活気のある，忙しい

perfricō *1* per-fricāre, -fricuī, -fricātum §106 強くこする，まさつする，みがく，なでる，こすってなめらかにする perfricare os, (frontem, faciem) 赤面をかくすために顔をこする，恥を捨てる，恥を恥と思わない ～ caput sinistra manu 左手で頭をかく(困惑のしるし)

perfrīgēscō *3* per-frīgēscere, -frīxī, -frīctum §109 **1.** 非常に寒くなる，冷えてくる，冷たくなる **2.** 風邪をひく

perfringō *3* per-fringere, -frēgī, -frāctum §109 [per, frangō §174 (2)] **1.** すっかりこわす，くだく，裂く，割る，折る，切る，倒す **2.** 破壊する，粉砕

する，全滅させる，ほろぼす，挫折させる **3.** (法を)犯す，破る **4.** 押し入る，割り込む，突破する，切り開く saxo (9f11) perfracto (9f18) capite 石で頭を砕かれて

perfrīxī → perfrīgēscō

perfruor *dep.3* per-fruī, -frūctus sum §123(3) 大いに享受する，楽しむ，味わいつくす，堪能する quibus sapientiae laude perfrui (124) licuit 知恵のほまれを大いに楽しむことの許されていた人たち

perfūdī → perfundō

perfuga *m.* perfugae *1* §11 [perfugiō] 投降兵，脱走兵，逃亡者，亡命者，変節者

perfugiō *3b* per-fugere, -fūgī §110 [per＋fugiō] 逃げる，脱出する，逃亡する

perfugium *n.* perfugiī *2* §13 [perfugiō] **1.** 避難所，隠れ家，逃亡(脱出)の方法・手段・道 **2.** 弁護，弁明，逃げ口上

perfūnctiō *f.* perfūnctiōnis *3* §28 [perfungor] **1.** 機能を果す(達成する)事 **2.** 義務を履行する

perfunctus → perfungor

perfundō *3* per-fundere, -fūdī, -fūsum §109 **1.** 上に(一面に)注ぐ，流す，こぼす，ぶちまく，ふりかける **2.** 流し込む，吹き込む，しみこませる，染める **3.** ぬりたくる，おおう，広げる，満たす **4.** つける，浸す，ぬらす，入浴させる，びしょぬれにする **5.** (再)(受)入浴する **6.** (受)流れる，海岸を洗う canitiem immundo perfusam pulvere 汚い砂塵をふりかけられた白髪を ostro perfusae vestes 紫紅染めの衣服 qui (83.2) me horror perfudit! どんな戦慄が私の体の中を満たした(走った)ことか

perfungor *dep.3* per-fungī, -functus sum §123(3) **1.** 自分の職務，役目を申し分なく果す，実行(履行)する，つかさどる，管理する **2.** 完成する，完了する，終える **3.** 経験する，耐える，味わいつくす，なめる vitā (124) perfunctus

生涯を終えた(死んだ)人 omnia perfunctus (118.4) vitai (12. 注 3) praemia 人生の与えてくれる一切の喜びを味わいつくしてから

perfurō *3* per-furere, ——, —— §109 激怒する, 荒れ狂う, (天候が)荒れる

perfūsus → perfundō

Pergama *n.pl.* Pergamōrum *2* §13 =**Pergamum** *n.* Pergamī *2* §13 トロイアの要塞 (形)**Pergameus** *a.1.2* Pergame-a, -um §50 Pergama の, トロイアの

pergō *3* pergere, perrēxī, perrēctum §109 **1.** ある方向を目指して(追求して)どこまでも進む, 続けて(急いで)行く, 赴く, 移る, 動く **2.** (不と)あくまでも続ける, 固執する truditur dies die, novae pergunt interire lunae 日は日においておくれ, 新月もすぐ欠け続けるのだ ad eas virtutes cursim perrectura (118.1 未) beata vita これらの美徳をまっしぐらに求め続けることを定められている幸福な人生

pergrandis *a.3* per-grande §54 非常に大きい, 多数の, 多量の, 巨大な, ばく大な

pergrātus *a.1.2* per-grāt-a, -um §50 非常に気持のよい, 満足した, 喜ばしい pergratum mihi feceris=per mihi gratum feceris (tmesis) あなたは私を非常に喜ばすでしょう

pergravis *a.3* per-grave §54 非常に重い, 重大な, むずかしい, 真剣な (副)**pergraviter** §67(2) 非常に重々しく, 重大に, 真剣に, 重苦しく, やっとのことで, 激しく, 大そう

pergula *f.* pergulae *1* §11 建物(家)の前面に付け加えられた, または屋上から突き出した(張り出した)屋根つき小屋, 露台, バルコニー, ヴェランダ(屋台店, 娼家, 教室, 画室, 天体観測台などに使用されたようだ) hic qui in pergula natus, aedes non somniatur ほったて小屋に生まれたこいつは, 金殿玉楼に住む夢など見ないものさ

perhibeō *2* per-hibēre, -hibuī,
-hibitum §108 [per, habeō §174 (2)] **1.** 差し出す, 与える, 贈る **2.** 示す, 挙げる, 述べる, 話す, 伝える, 説明する **3.** みなす, 思う, 考える, 表明する, 見解を抱いている **4.** 名づける, 命令する veni mi (9d9) advocatus ut testimonium perhibere possis あなたは証言を述べることができるために, 私の助言者として(法廷に)きてくれ ut Graii perhibent ギリシア人が伝えているように vatem hunc perhibebo (9e3) optimum 私は彼を最高の予言者と呼ぶであろう

perhonōrificus *a.1.2* perhonōrific-a, -um §50 **1.** 非常に尊敬すべき, 賞賛すべき **2.** 非常に深い敬意を表した, うやうやしい (副)**perhonōrificē** §67(1) 非常に深い敬意を表して, うやうやしく

perhorrēscō *3* per-horrēscere, -horruī, —— §109 **1.** 非常に震える, ぞくぞくと身震いをする, わななく, せんりつを覚える **2.** 大いに恐れる, おびえる **3.** 恐怖でしりごみをする, おどろいて後じさりをする

perhūmānus *a.1.2* per-hūmān-a, -um §50 非常に親切な, 思いやりのある, 礼儀正しい (副)**perhūmāniter** §67(2 注) 親切に, やさしく

Periclēs *m.* Periclis *3* §42.2 Athenae の有名な政治家(c.495-429B.C.)

perīclitor *dep.1* perīclitārī, -clitātus sum §§123(1), 125 [perīculum] **1.** 危険にさらす, 陥れる **2.** 危険を冒す, 賭ける, 敢えて(大胆に)やる **3.** 試す, こころみる, さぐる **4.** (自)危険である, 危機に瀕している cottidie quid nostri auderent periclitabatur 彼は味方の兵士がどれだけ大胆にふるまえるかを毎日ためしていた non est salus periclitanda rei publicae 国家の安全が危険にさらされてはならない (名)**perīclitāns** *m.* -tantis *3* §24 [現分] 被告

perīculōsus *a.1.2* perīculōs-a, -um §50 [perīculum] (比)periculosior (最)periculosissimus 危険な, 危ない, 危険にみちた (副)**perīculōsē** §67(1)

perjūcundus

（比）periculosius （最）periculosissime 危機に瀕して，危険を覚悟で，危険にさらされて

perīculum（perīclum） *n.* perīculī *2* §13 **1.** ためす（試みる）こと，試験，検査 **2.** 危険，危険（損失）への責任 **3.** 被告の危険な状況 scio qui periculum feci 私はためしてみて，よく知っている periculum adire, subire, suscipere 危険に立ち向かう，冒す，引き受ける meo periculo（9f9）私の責任で bono periculo わずかな危険で，安全に sui capitis periculo vindicant 彼らは自分らの命を賭けて復讐する periculum est ne opprimamur 我々はおしつぶされる危険がある periculum in mora おくれは危険（善は急げ）non fit sine periclo facinus magnum 虎穴に入らずんば虎子を得ず

peridōneus *a.1.2* per-idōne-a, -um §50 非常に適している，似合っている，ちょうどよい，ふさわしい

perillūstris *a.3* per-illūstre §54 非常に輝かしい，著名な，名望のある，注目すべき

perimō *3* per-imere, -ēmī, -emptum §109 ［per, emō §174(2)］ **1.** 無の状態にする，なくする，根絶する，全滅させる **2.** 無効とする，挫折させる，妨害する **3.** 殺す，抹消する

perincommodus *a.1.2* per-in-commod-a, -um §50 非常に不利な，都合のわるい，厄介な，面倒な （副）

perincommodē §67(1) 非常に折あしく，不都合にも，不幸にも，運悪く

perinde 副 （原義）全くそれ故に **1.** 全く同様に，ちょうどそのように，ちょうど同じ程度に，同じやり方で **2.** しばしば相関詞(atque, ac, ut, quam, quasi など)を伴う vivendi（119.2）artem tantam tamque operosam et perinde fructuosam relinquere これほど非常に骨の折れる，そして同じ程度に実りの多い生活の技術を後世にのこすこと Claudio funeris sollemne perinde ac divo Augusto celebratur クラウディウス(帝)に対し，神君アウグストゥスに対してと同様の壮厳な

葬儀が盛大にいとなまれる perinde ac si Hannibal Alpes jam transisset... あたかもハンニバルがすでにアルプスを越えたかのように，そのように(彼らはうろたえた)

perindulgēns *a.3* per-indulgentis 非常に寛大な，甘い，やさしい，慈悲深い

perinīquus *a.1.2* per-inīqu-a, -um §50 **1.** 非常に不正な，不公平な **2.** 非常に心が落ち着いていない，平静でない，不安な，不満な，不平な，不きげんな

perinvītus *a.1.2* per-invīt-a, -um §50 非常に不本意な，気のすすまない，しぶしぶと

peripetasma *n.* peripetasmatis *3* §41.2 ＜περιπέτασμα **1.** つづれ織，その壁かけ，寝台かけ **2.** 厚布，もうせん，じゅうたん

periscelis *f.* periscelidis *3* §41.6a ＜περισκελίς 足首(くるぶしの上)の輪飾り

peristrōma *n.* peristrōmatis *3* §41.2 ＜περίστρωμα 寝台のおおい，上掛け

peristȳlum ＝ peristȳlium *n.* peristȳlī(-liī) *2* §13 ＜περίστυλον 列柱で囲まれた回廊，または中庭，列柱廊，回廊つきの中庭

perītē 副 ［perītus §67(1)］ （比）peritius （最）peritissime 熟練したやり方で，手際よく，巧みに，上手に

perītia *f.* perītiae *1* §11 ［perītus］ **1.** 習熟，経験によって得られた知識，見聞，造詣 **2.** 熟達，体験，手腕，才能，芸能

perītus *a.1.2* perīt-a, -um §50 ［*perior「経験する」の完分］ （比）peritior （最）peritissimus 体験から得られた知識の豊かな，経験を積んだ，熟達した，老練な，精通した，洗練された antiquitatis（9c13）nostrae peritus われらローマの故事来歴に精通した人 quis jure（9f17）peritior? 彼以上に法学に通じた人がいるか cantare（117.3）peritus Arcades 歌の道に明るいアルカディア人

perjūcundus *a.1.2* per-jūcund-a, -um §50 非常によろこばしい，うれし

perjūrium 564

い，好ましい，ありがたい （副）**perjūcundē**
§67(1) 非常に気持ちよく，きげんよく，
愉快に，楽しく，如才なく，あいそよく
perjūrium （**pējūrium, pēiiūrium**）
n. perjūriī 2 §13 ［perjūrus］ 誓
いを破ること，偽誓，偽証(罪) perjuria
ridet amantum Juppiter et ventos
irrita ferre jubet ユーピテルは恋人同士
の偽誓を笑い，その無効となった誓いを風
に運び去れと命ずる
perjūrō （**periūrō**） → pējerō
perjūrus （**pējūrus, pēiiūrus**） *a.1.2*
perjūr-a, -um §50 ［pējerō］ （比）
perjurior （最)perjurissimus 誓約を
破った，誓いにそむいた，偽証の，嘘つき
の，宣誓違反の
perlābor *dep.3* per-lābī, -lāpsus
sum §123(3) **1.** 前後へなめらかに(滑
るように)動く，上を(間を)すべって行く，
すべりこむ，急いで通りすぎる，かすめてす
ぎる，よこぎる **2.** 滑る，滑走する rotis
summas levibus perlabitur undas 彼
は軽い車にのって海面をすべって行く
perlateō 2 per-latēre, -latuī, ——
§108 ずっとかくれたままでいる，いつもか
くれている
perlātus → perferō
perlegō 3 per-legere, -lēgī, -lectum
§109 **1.** 急いで全体に目を通す，ざっと
最後まで調べる，一読する **2.** 順を追って
最後まで読む，詳細(綿密)に吟味(検討)
する **3.** (声をあげて)朗読する
perlevis *a.3* per-leve §54 ごく軽
い，ささやかな，とるに足らぬ，些細な，ほ
んの僅かな，少しの （副）**perleviter**
§67(2) ごくわずか，ほんの少し，ごくあ
っさりと，軽く
perlīberālis *a.3* per-līberāle §54
1. 非常に育ちのいい，名門の出の，上品
な **2.** 誠に温和な，親切な （副）
perlīberāliter §67(2) 非常に礼儀
正しく，寛大に，親切に，完璧な紳士の如
く
perlitō *1* per-litāre, -litāvī, -litātum
§106 **1.** 吉兆(幸先のよい前兆)を得るま
で犠牲をささげる，宗教的儀式をとり行う

2. 犠牲から吉兆を得る diu non perlita-
tum tenuerat dictatorem 長い間吉兆を
得られなかった犠牲式が，独裁官(の行動)
をさしとめていた
perlongus *a.1.2* per-long-a, -um
§50 非常に長い，長く続く，遠い，離れ
ている （副）**perlongē** §67(1) 非常
に遠く離れていて
perlūceō （**pellūceō**） 2 per-lūcēre,
-lūxī, —— §108 ［per, lūceō §174
(1)］ **1.** 透き通って見える，透明である，
す(澄)んでいる **2.** 透明なおおいを通して光
を放つ(発す)，光を伝える，切れ目(裂け
目)を通して光を入れる **3.** はっきりと見え
てくる，わかる，明白(明瞭)となる(である)
Cretice, perluces クレティクスよ，お前
はすけて見える(透明な着物を通して，体
が見える)よ perlucens ruina 明白となっ
た(間近い)破滅 perlucens oratio 清澄な
文体
perlūcīdulus *a.1.2* ［perlūcidus の
小］ 半透明の，ほのかに(かすかに)すけて
見える
perlūcidus *a.1.2* per-lūcid-a, -um
§50 ［perlūceō］ （比)perlucidior **1.**
透明な，澄んでいる **2.** 透き通って(すけて)
見える **3.** 非常に明るい，輝かしい
perluō 3 per-luere, -luī, -lūtum
§109 ［lavō］ **1.** すっかり(みんな)洗う，
洗い落とす，すすぐ，ゆすぐ **2.** (再)(受)
入浴する
perlūstrō *1* per-lūstrāre, -rāvī,
-rātum §106 **1.** あちこちと歩き回る，
旅行する，放浪する，動き回る **2.** いそい
で(ざっと)目を通す，精査する，吟味する，
熟考する，研究する
perlūtus → perluō
permagnus （**-mā-** ?） *a.1.2* per-
magn-a, -um §50 **1.** 非常に大きな，広
い，非常に沢山の，多量の **2.** 非常に重要
な，大変に功績のある，顕著な permagni
(9c7) aestimo 私は大変に高く評価する
permagno (9f14) vendere 大変に高い
値段で売れる
permaneō 2 per-manēre, -mānsī,
-mānsum §108 **1.** 最後まで同じ所に

permolestus

踏みとどまる，居続ける，居残る **2.** 与えられた状況の中でそのままいる，守備位置を守り続ける，がまんする，持ちこたえる，固執する in eadem tristitia taciti permanserunt 彼らは同じ憂鬱げな表情のまま，いつまでもだまっていた sola（virtus）permanet tenoris sui（9c5）自分の進路をあくまでも踏み続けるものは，美徳のみである（直訳）自分本来の進路を保っ（たものとし）てありつづける

permānō *1* per-mānāre, -nāvī, -nātum §106〔per, mānō〕**1.** 間を通って流れる，しみ出る，にじみ出る，もれる，浸透する，濾過する **2.** 散らばる，ひろがる，ゆきわたる，はんらんする，充満する，普及する **3.** ひみつがもれる，知れわたる venenum in omnis partis corporis permanare 毒が体のあらゆる部分にしみわたる ne ad patrem hoc permanet このことがもれて，親父の耳に入らないように

permansī → permaneō

permarīnus *a.1.2* per-marīn-a, -um §50 航海を司る，守る（神）

permatūrēscō *3* per-matūrēscere, -matūruī, ── §109 十分に・完全に成熟する，うれる

permēiō *3* permēiere, permi(n)xī, permi(n)ctum §109 いたる所に放尿する，小便をする

permeō *1* per-meāre, -meāvī, -meātum §106 **1.** 最後まで行く，遍歴する，通過する **2.** 横断する，横切る，通り抜ける **3.** 行きわたる，しみわたる，浸透する **4.** 突き通す，刺し通す

permētior *dep.4* per-mētīrī, -mēnsus sum §123(4) **1.** 正確に測定する，量る，計る，寸法をとる **2.** 評価する，見つもる（~ oculis）**3.** 端から端まで行く，旅行する，通り抜ける，切り抜ける，完成する nos…permensi（118.4）classibus aequor 我々は船で海をわたって

permīrus *a.1.2* per-mīra, -mīrum〔per＋mīrus〕§50 非常に驚くべき，大変に驚くほどの

permisceō（-ī- ?）*2* per-miscēre, -miscuī, -mixtum §108 **1.** すっかり（完全に）まぜる，混合（調合）する **2.** 結びつける，結合させる，結婚させる，協力させる **3.** もつれさせる，紛糾させる，まきぞえにする，混乱させる，妨害する **4.** 心を動揺させる，不安にさせる，めんくらわす，ろうばいさせる clamor permixtus ploratibus（9f11）悲鳴のまざった叫び声 cum suis fugientibus permixti（118.4）…sunt interfecti 彼らは逃げてくる味方と一緒になって殺されてしまった

permīsī → permittō

permissiō *f.* permissiōnis *3* §28〔permittō〕**1.** 他人の権威にゆずり（明け）渡すこと，(無条件)降伏 **2.** 許し，許可

permissus → permittō

permittō *3* per-mittere, -mīsī, -missum §109 **1.** 目標を目がけて投げる，射る，放つ，送る，運ぶ，伝える **2.** 行かせる，立ち去らせる，自由にさせる **3.** 放棄する，手渡す，ゆずる，一身をささげる **4.** (責任・決断など)まかす，ゆだねる，あずける，託す **5.** …のせいにする，帰する **6.** 誰々に(与)…すること(不・不句・ut)を許す，…する権限を与える odor permittitur longius 匂いはいっそう遠くへ伝わる duces, quibus summa imperii permissa erat 最高の命令権をゆだねられていた将軍たち huic permisit, ut in his locis legionem hiemandi causā collocaret（カエサルは）この者に，越冬のため軍団兵をその地方で冬営させることを許した

permixtiō（**-mīx-** ?）*f.* permixtiōnis *3* §28〔permisceō〕**1.** すっかり混合(混和)すること **2.** 混乱，紛糾

permixtus *a.1.2* permixt-a, -um §50〔permisceō の完分〕**1.** 種々の要素を含んだ，混成の **2.** 雑然とまざった，混乱した （副）**permixtē** §67(1) 種々雑多に，雑然と

permodestus *a.1.2* per-modest-a, -um §50 きわめて慎み深い，けんきょな，卑下する，内気な，貞淑な

permolestus *a.1.2* per-molest-a, -um §50 非常に退屈な，わずらわしい，やっかいな，骨のおれる，腹だたしい （副）**permolestē** §67(1) たまらなく不快

permolō 566

になって，腹をたてて，邪推して ～ ferre
たまらなく不快になる，腹をたてる

permolō *3* per-molere, ――, ――
§109 ひきうすで完全に砕いて(ひいて)粉
にする

permōtiō *f.* permotiōnis *3* §28
[permoveō] 心情をはげしくゆるがす，か
きたてる動作，行為，心の中にかきたてら
れた激しい感情

permōtus → permoveō

permoveō *2* per-movēre, -mōvī,
-mōtum §108 **1.** 烈しくゆすぶる，動
かす **2.** 気持を変えさせる，さそって(そそ
のかして)…させる **3.** 刺戟する，鼓舞する，
扇動する，興奮させる，ろうばいさせる vita,
mors, divitiae, paupertas omnes homi-
nes vehementissime permovent 生と
死，富裕と貧困はすべての人間をもっとも
激しくゆすぶる qua oratione permoti
milites crebro interpellebant この演説
に興奮した兵士たちは度々発言を中断させ
ていた

permulceō *2* per-mulcēre, -mulsī,
-mulsum §108 **1.** やさしくなでる，ふ
れる，さする，こする，愛撫する **2.** なだめ
る，静める，慰める，和らげる，まぎらす
nulla consolatio permulcere posset
stultam senectutem いかなる慰めの言
葉も愚かな老人の気持をなごやかにするこ
とはできないだろう

permulsī, permulsus → permulceō

permultus *a.1.2* per-mult-a, -um
§50 非常に沢山の，多量の （名)**per-
multum** *n.sg* ごく多量，ばく大な量
(副)**permultum** (9e13) 大いに，遥
かに，非常に **permultō** (9f19) 大
いに,遥かに,断然 permultis eos (117.5)
indigere, qui permulta possideant
(116.11)「非常に沢山のものを持っている
人は，非常に沢山のものを欠いているのだ」
(ということは真実だ)

permūniō *4* per-mūnīre, -mūnīvī
(-iī), -mūnītum §111 **1.** 完全に要塞
化する，防御工事を終える，防御施設を
完成させる **2.** 非常に堅固にする，安全に
する

permūtātiō *f.* permūtātiōnis *3*
§28 [permūtō] **1.** 交換，取り替え，
交替，置換 **2.** 変更，修正，変化，変遷
3. 物物交換，両替，交易 **4.** 為替手形に
よる送金 **5.** 順序置き換え，逆転，転換
6. 変革，革命，危急存亡の時

permūtō *1* per-mūtāre, -mūtāvī,
-mūtātum §106 **1.** すっかり取りかえ
る，交換する **2.** すっかり変える，変化
させる，改造する **3.** 両替する，為替手形で
送金する，金を受け取る **4.** 売る，売買す
る，買いもどす **5.** 向ける，回す，逆にする
cur valle permutem (116.4) Sabina
(9f11) divitias operosiores? サビーニー
のこの谷間と，わずらわしい富とを私がどう
して取りかえるだろうか ～ pecuniam
Athenas (70) アテーナイへ為替手形で送
金する

perna *f.* pernae *1* §11 **1.** 足(の
上部)，もも(腿) **2.** 豚のもも肉

pernecessārius *a.1.2* per-
necessāri-a, -um §50 **1.** 非常に必要
な，絶対に必須の，不可欠の **2.** 非常に親
密な，血縁の深い **3.** 危急の

pernecesse 無，中，形 絶対にさけら
れない，必要不可欠な(*cf.*§171)

pernegō *1* per-negāre, -negāvī,
-negātum §106 **1.** きっぱりと否認(否
定)する **2.** きっぱりと断る，拒否する

perniciābilis *a.3* perniciābile §54
=**perniciālis** *a.3* perniciāle §54
[perniciēs] 破壊的な，致命的な

perniciēs *f.* per-niciēī *5* §34
[perneco] **1.** 肉体の死滅，致命傷 **2.** だ
めになること，悪化，腐敗，破滅，滅亡，
零落，没落 **3.** 破滅の原因・もと，災禍を
もたらす人，のろわれた厄介者

perniciōsus *a.1.2* per-niciōs-a, -um
§50 [perniciēs] （比)perniciosior
(最)perniciosissimus **1.** 生命・健康を
害する，だめにする，致命的な **2.** 災禍・
害毒をもたらす，破滅のもととなる，危険
な，有害な （副)**perniciōsē** §67(1)
(比)perniciosius 破滅的に，致命的に，
破滅するほど，致命的なやり方で

pernīcitās *f.* pernīcitātis *3* §21

［pernīx］ **1.** 動きの早いこと，敏捷，機敏，すばしこさ，迅速 **2.** 速度

pernīx *a.3* pernīcis §55 （比）pernicior （最）pernicissimus すばしこい，速い，敏捷な，機敏な，軽快な amata relinquere (117.3) pernix 大切にしていたものをかんたんに捨ててしまう（人）（副）**pernīciter** §67(2) （比）pernicius すばやく，早く，機敏に，軽快に

pernōbilis *a.3* per-nōbile §54 非常に名高い，有名な

pernoctō *1* per-noctāre, -tāvī, -tātum §106 夜をすごす，一晩中番をする

pernōscō *3* per-nōscere, -nōvī, -nōtum §109 **1.** (学んで・聞いて)すっかり知っている，知りつくしている，熟知している，精通している **2.** 十分に研究(調査)する，吟味する

pernox *a.3* per-noctis §55 夜中つづく luna pernox erat 一晩中月が輝いていた

pernumerō *1* per-numerāre, -rāvī, -rātum §106 **1.** すっかり数えあげる，列挙する **2.** 合計する，支払う，払い渡す

pērō *m.* pērōnis *3* §28 生皮製の厚い長靴

perobscūrus *a.1.2* per-obscūr-a, -um §50 非常に暗い，不明瞭な，ばくぜんとした，理解し難い，なぞめいた

perōdī 不完 per-ōdisse, -ōsus §161 非常に憎む，いみきらう

peropportūnus *a.1.2* per-opportūn-a, -um §50 非常に運のいい，好都合な，時宜を得た，非常に有利な所にある （副）**peropportūnē** §67(1) 非常に運よく，好都合に，有利に

perōrātiō *f.* perōrātiōnis *3* §28 ［perōrō］ 結論，要約，美文調のしめくくり

perōrō *1* per-ōrāre, -ōrāvī, -ōrātum §106 **1.** 最後まで弁護する，完全に弁護する，熱弁をふるう **2.** 演説(弁論)を終える，結論をのべる，しめくくる，結末をつける causa sero perorata (118.5) sententias se rogaturum (117.5) negavit

もし弁護論を終えるのがおそくなると，自分は票決を請求しないであろうと彼は言った

perōsus *a.1.2* per-ōs-a, -um §50 ［per, ōdī］ 非常ににくむ，ひどく嫌う，憎むべき，嫌悪すべき，唾棄すべき

perpācō *1* per-pācāre, -āvī, -ātum §106 完全に鎮定する，征服する，服従させる

perparvulus *a.1.2* per-parvul-a, -um §50 ［perparvus の小］ ごく小さい，ごくささいな

perparvus *a.1.2* per-parv-a, -um §50 **1.** ごく小さい，ごくわずかの **2.** 取るに足らない，ごくささいな，つまらない

perpāstus *a.1.2* per-pāst-a, -um §50 ［per, pāscō の完分］ よく養われた(放牧された)，栄養のよい，肥満した，飽食した

perpaucī *a.1.2 pl.* per-pauc-ae, -a §50 （最）perpaucissimi 非常に少ない，ごく僅かの

perpellō *3* per-pellere, -pulī, -pulsum §109 **1.** 強く押す，迫る，かりたてる **2.** 強く印象づける，感動させる **3.** 強く説き伏せる，矯正する，強いる senem callidis dolis perpuli mi omnia ut cederet 私は巧妙な策を弄して，すべて私に従うよう，あの老人を説得した

perpendī, perpensus *→* perpendō

perpendiculum *n.* perpendiculī *2* §13 ［perpendō］ **1.** 錘重(すいちょう)，下げ振り糸 **2.** 垂直線 ad perpendiculum まっすぐに，垂直に

perpendō *3* per-pendere, -pendī, -pēnsum §109 **1.** 注意深く(正確に)重さをはかる，注意深く(慎重に)釣り合わせる，平衡させる **2.** 厳密に評価(査定)する，考量(吟味)する

perperam 副 まちがって，誤って，不正確に，悪く

perpes *a.3* per-petis §55 ［per, petō］ **1.** 絶え間ない，永続する，連続する **2.** 初めから終りまで，まる…，…中 noctem perpetem (9e8) 夜通し，一晩中

perpessiō *f.* perpessiōnis *3* §28 [perpetior] 最後まで耐え忍ぶこと, 忍耐, 根気

perpessus, -a, -um → perpetior

perpetior *dep.3* per-petī, -pessus sum §§123(3), 125 [per, patior §174(2)] **1.** 十分に経験する, 体験する, 蒙る **2.** 最後まで耐える, 忍ぶ, がまんする

perpetrātus, -a, -um → perpetrō

perpetrō *1* per-petrāre, -rāvī, -rātum §106 [per, patrō §174(2)] **1.** やり遂げる, なし終える, 完成させる, 仕上げる **2.** 実行する, 履行する, (約束を) 果す, (悪行を) 犯す

perpetuātus → perpetuō

perpetuitās *f.* perpetuitātis *3* §21 [perpetuus] **1.** 空間の連続性, 途切れない広がり **2.** 時間の持続性, 恒常性, 永遠, 不変 ad perpetuitatem 永遠に

perpetuō *1* perpetuāre, -tuāvī, -tuātum §106 [perpetuus] 休止なく続けさせる, 途切れずに継続させる, 中断させない, 永続させる, 不朽にする

perpetuus *a.1.2* perpetu-a, -um §50 [per, petō] **1.** 絶えず続く, 途切れない, 連続する, 永続的な **2.** 永久の, 恒常の, 不変の **3.** 終生の, 生涯の **4.** 常に真実の, 不偏妥当な pro vetere ac perpetua fide 古くて且つ不変の信義のために suam innocentiam (9e11) perpetuā vitā...esse perspectam「自分の清廉潔白は常日頃の生き方によって証明されている」と (副) **perpetuō** (9f19) 永続的に, 不変に, 絶え間なく

perplexus *a.1.2* per-plex-a, -um §50 [per, plectō] (比) perplexior (最) perplexissimus **1.** もつれ合った, からみ合った, まざった, こんがらかった, 入り組んだ, 錯雑した, 紛糾した **2.** 面くらわせる, あいまいな, わけのわからない, なぞの (副) **perplexē** §67(1) = **perplexim** 不可解な (なぞめいた) やり方で, 不明瞭に, あいまいに, 婉曲に

perpluō *3* per-pluere, ——, —— §109 (*n.b.* 非 §165 よりも人称表現が多い) **1.** 間を通って (の中へ) 雨がふってくる, 雨が降り込む, 注ぐ **2.** 雨を通す, 雨がもれる cum cenaculum ejus perplueret 彼の食堂が雨漏りをしていたので

perpoliō *4* per-polīre, -polīvī, -polītum §111 **1.** すっかり (十分に) みがく, 光沢をつける **2.** 最後の筆を加える, 完成させる, 推敲 (彫琢) する, 仕上げる, 高度に洗練する non philosophia solum, sed etiam litteris perpolitus 哲学のみならず, 文学によってもきわめて洗練された (人)

perpopulor *dep.1* per-populārī, -populātus sum §123(1) すっかり荒らす, 荒廃させる, 破壊する, 略奪し尽くす

perpōtātiō *f.* perpōtātiōnis *3* §28 [perpōtō] 長びく酒宴, 騒々しい酒盛り

perpōtō *1* per-pōtāre, -āvī, -ātum §106 **1.** 大酒を飲む, 常習的に痛飲する **2.** すっかり (一気に) 飲み干す

perprimō (-premō) *3* per-primere, -pressī, -pressum §109 [per, premō §174(2)] 強く (いつも) 押す, 圧する, おしつける, おさえこむ, おさえつける

perprūrīscō *3* perprūrīscere, —— §109 烈しくむずがゆくなる, 欲望でひどくむずむずしてくる

perpulī, perpulsus → perpellō

perpurgō (-pūrigō 古) per-purgāre, -āvī, -ātum §106 **1.** すっかり (完全に) きれいにする, 清める, 浄化する **2.** 一掃する, 下剤をかける, 瀉血をする **3.** 一気に決着をつける, 片づける, 処理する **4.** 疑いを晴らす, 明らかにする, 説明する

perquam 副 高い程度に, 極度に, 大いに, 非常に, はなはだしく, 全く

perquīrō *3* per-quīrere, -quīsīvī, -quīsītum §109 [per, quaerō §174(2)] **1.** どこもかしこも探す **2.** 広く執拗に尋ねる, 問いただす, 聞く **3.** 詳細に調べる, 探究する

perrārus *a.1.2* per-rār-a, -um §50 甚だ稀な, 例外的な, 異常な (副)

persequor

perrārō §67(1) 甚だ稀に，めったに
…でない

**perrecutūrus, perrēctus,
perrēxī** → pergō

perrēpō 3 per-rēpere, -repsī, ──
§109 **1.** はいまわる，はい続ける **2.** のろ
のろ歩む，忍び足で進む

perrīdiculus a.1.2 per-rīdicul-a,
-um §50 はなはだこっけいな，ばかばか
しい （副）**perrīdiculē** §67(1) はな
はだこっけいなことに，面白おかしく

perrogō 1 per-rogāre, -gāvī, -gātum
§106 **1.** 次々と（しきりに）求める，要求す
る，せがむ，依頼する **2.** 始めから終りまで
問う，尋ねる，質問する

perrumpō 3 per-rumpere, -rūpī,
-ruptum §109 **1.** 完全にこわす，砕く，
破る **2.** 二つに割る，裂く，分断する **3.** 道
を切り開く，無理に押し進む，強行突破
する，侵入（突進）する **4.** 困難を切り抜け
る，克服する **5.** 法を破る，犯す nulla
munitione perrupta (118.5) 防御施設は
どこも突破されなかったので

persaepe 副 非常にしばしば，ひんぱ
んに

persalūtō 1 per-salūtāre, -tāvī,
-tātum §106 次々と（続けて・例外な
く）あいさつをする，敬礼する

persapiēns a.3 per-sapientis §55
非常に賢い，賢明な，悟った （副）
persapienter §67(2) 非常に賢く，
賢明に

perscindō 3 per-scindere, -scidī,
-scissum §109 すっかり（完全に）裂く，
割る，引き（切り）裂く，ずたずたに裂く

perscrībō 3 per-scrībere, -scrīpsī,
-scrīptum §109 **1.** 全部（すっかり・詳
しく）書きおろす，書きうつす，綿密に（注
意深く）書きつける，記帳する，記録する，
書き終える **2.** 詳細に報告する，伝える
3. 約束手形で支払う principum senten-
tiae perscribi solent 主要な人物の意見
は議事録に記録されるのがならわしである
perscribit in litteris hostes (117.5) ab
se discessisse 彼は手紙を書いて「敵は自
分の所から立ち去った」と知らせる

perscrīptiō f. perscrīptiōnis 3
§28 ［perscrībō］ **1.** 書きおろし，登記，
記録 **2.** 台帳（原簿）への詳細な記入（記
録）**3.** 調書（議定書）作成 **4.** 為替手形を
書くこと（現金支払に対し）

perscrīptor m. perscrīptōris 3
§26 簿記係，記帳係

perscrūtor dep.1 per-scrūtārī,
-scrūtātus sum §123(1) **1.** すっかり
（くまなく）さがす，さぐる，調査（踏査）す
る **2.** 注意深く研究（探索）する

persecō 1 per-secāre, -secuī,
-sectum §106 **1.** 完全に切断する，た
ちきる，寸断する，割る，裂く **2.** 根絶す
る，除去する，絶滅させる **3.** あばく，究
明する，探究する，探検する

persedeō 2 per-sedēre, -sēdī,
-sessum §108 長く（絶えず）坐ってい
る，居残る，すわり続ける，出席し続ける

persēdī → persedeō, persīdō

persēgnis a.3 per-sēgne §54 非
常にのろく，怠けて，疲れきって，だらだら
と

persentiō 4 per-sentīre, -sēnsī,
-sēnsum §111 **1.** はっきりと気づく，認
める，知覚する，意識する **2.** 深く感じる，
感知する，予感する

persentīscō 3 persentiscere §109
［per＋sentiō］ 十分に，（すっかり）気づく，
意識する

Persephonē f. Persephonēs(-ae)
1 §37 （神）Demeter と Zeus の娘，
Pluto の妻（＝**Prōserpina** のギリシア名）

persequor dep.3 per-sequī, -secūtus
sum §§123(3), 125 **1.** とことん（執拗
に）あとをつける，追う，追跡する，ずっと
つき従う，ついて行く，つきまとう **2.** 追撃
する，迫害する，つけ回す **3.** 忠実に追従
する，まねをする，後を継ぐ，信者となる
4. 目的を達成するまで徹底的に求め（尋ね・
探し）つづける，熱心に求める，得ようと努
力する **5.** 主張する，手に入れる，到達す
る，完成する **6.** 罰する，復讐（報復）する，
起訴する **7.** 述べる，語る，書く，調べる
celeritate scribendi (119.2) persequi
posse quae dicuntur 話されていることを

Persēs   570

速記術で追いつくことができる sese bello civitatem persecuturum (146, 117.5) demonstrat 自分は戦いによってあの部族をこらしめるつもりだと明言する persequamur (116.2) eorum mortem, qui indignissime perierunt 最も不面目な死に方をした彼らの死に対し，我々は復讐しよう philosophiam Latinis litteris ～ その哲学をラテン語で詳説する

Persēs (**Persa**) *m.* Persae *1* §37 (イ)Persia 人 （ロ)Macedonia の王 (形)**Persicus** *a.1.2* Persic-a, -um §50 ペルシア(人)の

Perseūs *m.* Perseī(-eos) *3* §42.3 (神)Zeus と Danae の子 （形)**Persēus** *a.1.2* Persē-a, -um §50 Perseus の

persevērāns *a.3* per-sevērantis §58 [persevērō の現分] （比)perseverantior （最)perseverantissimus **1.** 固執する，頑固な，しつこい **2.** 持続する，絶え間ない **3.** 根気強い，がまん強い，堅忍不抜の （副)**persevēranter** §67 (2) （比)perseverantius （最)perseverantissime 絶えず，根気よく，執拗に，がんばって，堅実に，しっかりと

persevērantia *f.* persevērantiae *1* §11 [persevērāns] **1.** 固執，がんこ，しつこさ **2.** 忍耐力，がまん強さ，根気，不撓不屈，確固不動(の信念) **3.** 持続

persevērō *1* persevērāre, -rāvī, -rātum §106 **1.** 執拗に(断固として)…し続ける，のままでいる，の状態を保ちつづける **2.** 固執する，がまんする，辛抱する，がんばる omnibus rebus in eo perserverandum (147. ロ) putabat 彼はその方針を，あらゆる手段を講じて貫くべきだと考えた a vallo non discedere (117.4) perseveravit 彼は断固として堡塁から一歩も後へ引こうとしなかった

persīdō *3* per-sīdere, -sēdī, -sessum §109 **1.** 深く坐る，止まる，付着する **2.** 沈む，沈殿する **3.** しみ込む，浸透する

persīgnō (**-si-** ?) *1* per-sīgnāre, -nāvī, -nātum §106 **1.** 正しくしるしをつける，明示する **2.** 正確に帳簿に記入(記録)する

persimilis *a.3* per-simile §54 非常によく似た，そっくりな(*cf.* 9c13, 9d13)

Persis *f.* Persidis(-dos) *3* §41.6b ペルシア帝国

persistō *3* per-sistere, -stitī, —— §109 がんこに立ちつづける，立脚する，留まる，固執する

persolvō *3* per-solvere, -solvī, -solūtum §109 **1.** 完全に解く，解決する，片づける **2.** 負債を全部支払う，皆済する **3.** 罰金を支払う，罰を受ける **4.** 敬意・感謝を示す，現わす **5.** 義務を果す，履行する sinite me, quod huic promisi, id a vobis ei persolvere 私がこの人に約束したことを，あなた方を通して果させてくれ persolvi primae epistulae (9d) 私は(君の)最初の手紙に対し(義務を果して)返事をした

persōna *f.* persōnae *1* §11 **1.** 仮面 **2.** 見せかけ，まねごと，見え，虚飾 **3.** 怪物，おばけ(石像の) **4.** 登場人物，役(割) **5.** 人，人物，人格 **6.** 地位，境遇，人柄，個性 eripitur persona, manet res 仮面がはがれて，真実(本質)が残る persona, quam mihi tempus et res publica imposuit 時代と国家が私に課した役割

persōnātus *a.1.2* persōnāt-a, -um §50 [persōna] **1.** 仮面をつけた **2.** 仮面をかぶった，変装した，真実をかくした personatus pater 仮面をつけた(喜劇役者の)父親 personata felicitas 人をあざむく(偽りの)幸福

personō *1* per-sonāre, -sonuī, —— §106 **1.** 絶え間なく大きな音をひびかせる，反響する，広くなりひびく **2.** (建物・場所を)音で一杯にする，音でみたす **3.** 大きな声でうたう，大声で叫ぶ，楽器をかなでて大きな音をひびかせる domus personuit canibus 家中が犬の鳴き声でみちた Cerberus haec ingens latratu (9f11) regna personat 巨大なケルベルスがこの王国を吠え声でみたす(国中にひびかせる)

perspectō *1* -spectāre, -spectāvī, -spectātum §106 [per+spiciō] **1.** 注意深く(詳しく)調べる，考察する，吟

persuādeō

味(ぎん)する **2.** しっかりと最後まで見守る，注意する

perspectus *a.1.2* perspect-a, -um §50 ［perspiciō の完分］（最）perspectissimus （観察・体験で）充分に確かめられた，充分に試された，証明された，判明した，見抜かれた

perspergō *3* per-spergere, -spersī, -spersum §109 ［per, spargō §174(2)］水をそそぐ，まく，ふりかける，（花を）まき散らす

perspexī → perspiciō

perspicāx *a.3* perspicācis §55 ［perspiciō］（比）perspicacior 鋭い目を持った，観察の鋭い，注意深い，洞察力のある，明敏な

perspicientia *f.* perspicientiae *1* §11 ［perspiciēns, perspiciō の現分］明確な知覚，理解，認識，悟り

perspiciō *3b* per-spicere, -spexī (-spēxī?), -spectum §110 ［per, speciō §174(2)］**1.** すっかり（はっきりと）見通す，見抜く **2.** 徹底的に調べる，研究する，観察する，吟味する，検査する **3.** はっきりと見分ける，識別する，知覚する，認識する，気づく etsi in minora castra operis perspiciendi (121.3) causa venisset 彼は小陣営に防御施設の状況を視察に行ったけれども munimenta quo (9f1) non modo non intrari sed ne perspici quidem posset (116.8) そこを通って通り抜けられないばかりでなく，見通しもできないような防御施設（の生垣）qua de causa discederent (116.10) nondum perspexerat 彼らがいかなる理由から出発したのか，そのときはまだ彼にははっきりつかめていなかった

perspicuus *a.1.2* perspicu-a, -um §50 ［perspiciō］**1.** 透明な，清澄な **2.** 明白な，めいりょうな **3.** すけて見える，はっきりと見える，目立つ **4.** わかり易い，自明な，公然たる，まぎれもない （副）

perspicuē §67(1) 明白に，めいりょうに，はっきりと，明確に，わかりやすく，まぎれもなく，公然と

persternō *3* per-sternere, -strāvī,

-strātum §109 完全に道を舗装する

perstimulō *1* per-stimulāre, -lāvī, -lātum §106 刺戟し続ける，烈しくそそのかす，扇動する

perstitī → persistō, perstō

perstō *1* per-stāre, -stitī, -stātum (-stātūrus) §106 **1.** 同じ所にずっと立ちつづける，武装したまま立っている，同じ所に残る，住み続ける **2.** 断固として（しっかりと）同じ態度・気持を持ち続ける，貫く，執拗に続ける，こらえる，がまんする mens eadem perstat mihi (9d8) わが心は変らず同じでありつづける si perstaretur (172) in bello もしあくまでも戦争にこだわり続けるならば

perstrepō *3* per-strepere, ——, —— §109 大きな（絶え間のない）騒ぎをおこす，騒音でみたす，反響する，鳴りひびく

perstringō *3* per-stringere, -strīnxī (-strin-?), -strictum §109 **1.** しっかりとひきしめる，しめつける，しめ直す **2.** ひっぱってちぢめる，つづめる，短くする **3.** 表面に（ヘリに・ふちに）ふれる，かるくこする，すりつける，さする，かすめる **4.** 傷つける，そこなう，害する，毀損する **5.** とがめる，責める，叱る **6.** 不快にさせる，いらだたせる，無感覚にする，つんぼにする **7.** ふち（ヘリ）をかすめて通る，近くを航行する **8.** かるく言及する，かるく触れる，ちょっと見る，一瞥する horror spectantes perstringit 恐怖が見ている人たち（の心）をちぢみあがらせる vomere portam Capuae paene perstrinxisti お前は鋤(すき)でカプアの城門にほとんどふれるところであった cultu habituque ejus levibus verbis perstricto (9f18) 彼の服装と態度を軽い言葉でたしなめて

persuādeō *2* per-suādēre, -suāsī, -suāsum §108 **1.** 誰々に説いて…させる，…するようにすすめる，かりたてる，誘う **2.** …するように説得する，納得させる，説き伏せる，信じ込ませる **3.** （受）（再）確信する，納得する *n.b.* さまざまな構文（目的語なし，または，与・対・不・不句，ut, ne 句などをとる）persuasit nox amor

persuāsiō

vinum adulescentia : humanumst (= humanum est) 夜, 恋情, 酒, 若さ (asyndeton)が駆りたてたのだ それは人間らしいことさ facile hac oratione Nerviis persuadet 彼はこの演説で, かんたんにネルウィー族を説き伏せる civitati persuasit ut de finibus suis exirent 彼はその部族を, 彼らの領土から出て行くように説得した sibi quidem persuaderi…eum (117.5) neque suam neque populi Romani gratiam repudiaturum (146)「予自身こう確信している, 彼は予とローマ国民の好意を拒否することはあるまいと」

persuāsiō *f.* persuāsiōnis *3* §28 [persuādeō] **1.** 確信させる(納得させる)こと, その力, 説得(力) **2.** 確信, 民間の信仰, 先入見, 空想, 気まぐれ

persubtīlis *a.3* per-subtīle §54 **1.** (織物の生地の)非常に優美な, せんさいな **2.** (理論・思考の)非常に緻密な, 妙を得た, 熟考された

persultō *1* per-sultāre, -tāvī, -tātum §106 [per, saltō §174(2)] **1.** とび回る, はね回る **2.** うろつき回る, 歩き回る

pertaedeō *2* per-taedēre, -taesus est **1.** (非)§166 全くうんざりする, いやになる, むかつく, 退屈する, 飽きる **2.** (人称表現)すっかり疲れる, あきる, あいそをつかす esse domi eum pertaesum est 彼は家にいることにすっかり退屈した quasi pertaesus ignaviam suam 彼はあたかも自分の無為無能にあいそをつかしたかのように

pertemptō (**pertentō**) *1* per-temptāre, -tāvī, -tātum §106 **1.** あらゆる点を手で触れてさぐる, 深くさがす, 詳しく調査する, 吟味する, 熟考する **2.** 試す, ためして知る **3.** すっかり動揺させる, 興奮させる, かきたてる, 感動させる **4.** 貫く, 襲う datā pecuniā ad pertemptandos (121.3) plurium animos 大勢の人の心を試すために金を与えて Latonae tacitum pertemptant gaudia pectus ラートーナの秘密の胸を喜びが震わせる

pertendō *3* per-tendere, -tendī, (-tēnsum, -tentum) §109 **1.** 言動を断固として続ける, 固執する, 主張する **2.** 進み続ける, 急ぐ, おし進める, 達する

pertentō = **pertemptō**

pertenuis *a.3* per-tenue §54 **1.** 非常にうすい, 細い, せまい, 希薄な, せんさいな **2.** 非常に少ない, 軽い, つまらない, 些細な, とるに足らない

pertergeō *2* per-tergēre, -tersī, -tersum §108 **1.** すっかりぬぐいとる, きれいにする **2.** かるくふれる, こする, する, かする, かすめる

perterreō *2* per-terrēre, -terruī, -territum §108 激しくこわがらせる, 驚かす, ひるませる, ひどく恐れさせる, おびえさせる

pertersī → pertergeō

pertexō *3* per-texere, -texuī, -textum §109 **1.** すっかり織り(編み)あげる, 終える **2.** 作文を仕上げる, 完成する

pertica *f.* perticae *1* §11 **1.** 棒, 竿, 長い杖 **2.** 小枝, 若木 **3.** 計測棒, ものさし quos non una, ut dicitur, pertica, sed distincte gradatimque tractavi 私は彼らを, いわば一つの物指ではなく, さまざまの物指で区別し, 等級をつけて処理したのです

pertimēscō *3* per-timēscere, -timuī —— §109 ひどく恐れる, (恐ろしくなる)おびえる, ぞっと(びくっと)する, 身震いする

pertinācia *f.* pertināciae *1* §11 [pertināx] **1.** 頑固, 強情, 根気強さ, 粘り強さ **2.** 執念, 固執 **3.** 断固たる決意, 堅忍不抜

pertināciter 副 [pertināx §67(2)] (比)pertinacius (最)pertinacissime **1.** しつこく, 執拗に, 粘り強く, 強情に, がんこに **2.** 断固として, きっぱりと

pertināx *a.3* pertinācis §55 [per, tenāx] (比)pertinacior (最)pertinacissimus **1.** がんこな, 強情な, 粘り強い, 不撓不屈の **2.** 固くつかまえて離さない, しつこい, 根気強い **3.** しっかりと保っている, 記憶力のいい, けちな **4.** 断固たる, 堅く決心した ludum (9e6) insolentem ludere (117.3) pertinax (Fortuna) 傲慢な遊びをいつまでも根気よく遊び続ける運命の女神

pertineō 2 per-tinēre, -tinuī, —— §108 [per, teneō §174(2)] **1.** のびる，達する，及ぶ，とどく，ひろがる，散らばる，流布する **2.** かかわる，関係(関連)する，暗に示す **3.** 向く，適している，ためになる，役立つ，用いられる，傾向がある，しがちである **4.** 属する，帰属する，…のものである，所有される，権限に入る **5.** さす，示す，ねらう，目指す，目標である **6.** (非)(170)大切である，肝腎である ex eo oppido pons ad Helvetios pertinet その城市からヘルウェティイ族の領地へ橋がのびて(かかって)いる venae in omnes partes corporis pertinentes 体のあらゆる部分に行きわたっている血脈(静脈) regnum ad se pertinere arbitrabantur 彼らはその王国が自分らに帰属するものと考えていた quantum ad decernentes pertinet その政令の起草者(発起人)に関する限り quo (quorsum) pertinuit? + 不(不句) …は何の役に立ったのか，何の目的からであったのか

pertingō 3 per-tingere, ——, —— §109 [per, tangō §174(2)] **1.** 着く，到着する，届く **2.** のびる，広がる，わたる，及ぶ

pertractātiō f. -tractātiōnis 3 §28 [pertractō] 詳細な研究，調査，考査

pertractō (**pertrectō**) 1 per-tractāre, -tāvī, -tātum §106 **1.** 全体に手をふれる，手(指)でさわってみる，指(手)でなでる，さぐる **2.** 詳細に調べる，注意深く研究する **3.** (弁論家が聴衆の心を)あやつる，操作する，左右する quae scripsi, mecum ipse pertracto 私が書いたものを，私自身で丹念に点検している (名)**pertractātiō** f. -tātiōnis 3 §28 詳細な研究，調査

pertractus, pertraxi → pertrahō

pertrahō 3 per-trahere, -trāxī, -tractum §109 **1.** 力をいれてひっぱる，ひっぱって行く **2.** 強引に(力ずくで)ひきず

って行く，来ることを強制する **3.** おびきよせる，ひきつける

pertrīstis a.3 pertrīste §54 **1.** 非常に悲しい **2.** 非常に厳しい，厳格な，気むずかしい

pertulī → perferō

pertundō 3 per-tundere, -tudī, -tūsum §109 穴をあける，うがつ，貫く，突き通す positos tineā pertunde libellos しまい込んだ本に衣魚(½)で穴をあけるがよい

perturbātiō f. per-turbātiōnis 3 §28 [perturbō] **1.** 心の乱れ，動揺，不安 **2.** ろうばい，困惑，動転 **3.** 混乱，無秩序，紛糾，転覆 **4.** 激しい感情，興奮，錯乱

perturbātus a.1.2 perturbāt-a, -um §50 [perturbō の完分] (比)perturbatior (最)perturbatissimus **1.** 混乱した，紛糾した **2.** ごちゃまぜの，めちゃくちゃの **3.** 不穏な，無秩序の，動乱をおこした **4.** 心の乱れた，不安な，ろうばいした，度を失った **5.** 騒がしい，荒れた(天候)

perturbō 1 per-turbāre, -bāvī, -bātum §106 **1.** 混乱に陥れる，秩序をかき乱す **2.** ごちゃまぜにする，ひっくりかえす，めちゃくちゃにする **3.** めんくらわす，ろうばいさせる，心を動揺させる，かきたてる **4.** 妨害する，じゃまする，騒がせる，興奮させる

perturpis a.3 per-turpe §54 非常に面目ない，恥ずべき

pertūsus → pertundō

perungō 3 per-ungere, -ūnxī, -ūnctum(-unc-?) §109 一面に(くまなく)油(軟膏・香油など)をぬる，すりこむ，ぬりつける，ぬりたくる peruncti faecibus ora (9e9) 顔一面にブドウ酒のおりをぬりつけられた人たち

perurbānus a.1.2 -bāna, bānum §50 [per+urbanus] 非常に洗練された，利口な

perūrō 3 per-ūrere, -ūssī, -ūstum §109 **1.** 焼きつくす，すっかり燃やす **2.** ひどい熱で焼く，こがす，あぶる **3.** ひりひりさせる，すり傷をつける，すりむく，ひから

perūssī, perūstus 574

びさせる，からからに干す，しなびさせる **4.** いらいらさせる，いらだたせる，苦しめる，傷つける，憔悴させる zona perusta 熱帯 terra gelu perusta ひどく霜枯れた大地 perustus funibus latus (9e9) なわ(むち)で体にひどいすり傷をつけられた(人)

perūssī, perūstus → perūrō

pervādō _3_ per-vādere, -vāsī, -vāsum §109 **1.** 通りぬける，横切る，横断する **2.** きりぬける，打ち勝つ **3.** ひろがる，ゆきわたる，達する，普及する **4.** しみ込む，侵入する，浸透する venenum cunctos artus pervasit 毒が全四肢にひろがった

pervagātus _a.1.2_ per-vagāt-a, -um §50 ［pervagor の完分］ (比)pervagatior **1.** 広く知られた，広く親しまれた **2.** 言いふらされた，陳腐な **3.** 広く用いられる，普遍的な，共通の

pervagor _dep.1_ per-vagārī, -vagātus sum §§123(1),125 **1.** さまよい歩く，うろつく，さすらう，徘徊する **2.** 自由に動き回る，ひろがる，行きわたる，広まる，広く知られる，みなぎる，しみわたる quod usque ad ultimas terras pervagatum est 最果ての土地にまで知られるに至ったそのこと

pervāsī, pervāsus → pervādō

pervastō _1_ per-vastāre, -vastāvī, -vastātum §106 徹底的に荒らす，荒廃させる，蹂躙する

pervectus → pervehō

pervehō _3_ per-vehere, -vēxī, -vectum §109 **1.** 目的地へ運ぶ，運搬(輸送)する，伝える **2.** (受)運ばれる，徒歩(馬・船)で行く，歩く，航海する，馬にのって旅をする，着く，到着する

pervellō _3_ per-vellere, -vellī, —— §109 **1.** 突然強くひっぱる，つまんでひっぱる，つまむ，むしる，むしりとる **2.** 急に刺戟する，そそる，ゆり動かす **3.** 苦しめる，なやます，うずかせる，鋭く批判する aurem alicui (9d8) pervellere ある人の耳をひっぱる(警告する，思い起させる)

perveniō _4_ per-venīre, -vēnī, -ventum §111 (構文)ad 又は in＋ _acc._, 又は場所の _abl._ と(70) **1.** ある所(人

の所)へ行く，着く，来る，届く **2.** ある状態になる，達する，陥る，出会う **3.** ある人の所有に帰す，手に入る，与えられる，ある人の支配下に入る ad aures (oculos, notitiam) alicujus pervenire ある人の耳に(目に，注意に)達する，入る，届く，知られる(ことになる) quo ea pecunia pervenit? その金は誰の手に入ったのか magnum in timorem perveniunt ne frumento…intercluderentur (116.6.e) 彼らは，食料を全く絶たれるのではないかという大きな不安の中に陥った(陥る)

perversē (**pervorsē**) 副 比 peversius ［perversus］ **1.** ななめに，まげて **2.** 間違って，あやまって，不正に **3.** 気違いじみて，むやみに

perversitās _f._ perversitātis §21 ［perversus］ **1.** 不合理，不条理，無分別 **2.** 片意地，強情，つむじ曲がり，分らずや **3.** 愚考，ばか

perversus _a.1.2_ pervers-a, -um §50 ［pervertō の完分］ (比)perversior (最)perversissimus **1.** さかさまの，ひっくりかえされた，裏返しにされた，あべこべの，めちゃくちゃな **2.** ゆがめられた，ねじまげられた，斜めの **3.** つむじ曲がりの，あまのじゃくの，いこじな，すねた，頑迷な **4.** 不自然な，異常な，腐敗(堕落)した erat perversissimis oculis (9f10) 彼はおそろしくやぶにらみのきつい男であった perversa ingenia confirmat audacia 図太さはすねた精神を強固にする

pervertō _3_ per-vertere, -vertī, -versum §109 **1.** ひっくりかえす，くつがえす，逆にする，逆に向ける，裏返す **2.** 転覆させる，破滅させる，亡ぼす，めちゃくちゃにする，だめにする **3.** 突き倒す，負かす，没落させる **4.** ゆがめる，歪曲する，曲げる **5.** 迷わす，そらす，常道から逸脱させる，腐敗させる perverso numine (9f18) poscunt 彼らは天上の神々の意志をひっくりかえして(逆らって)要求する

pervestīgō _1_ per-vestīgāre, -gāvī, -gātum §106 **1.** 熱心に(犬の如く)足跡をつける，掘り出す，探知する **2.** 熱心に(注意深く)調査する，調べる，探究す

る，探索する

pervetus *a.3* per-veteris §57 非常に古い，昔の，極めて年とった，老いた

pervicācia *f.* pervicāciae *1* §11 ［pervicāx］ **1.** 頑固に反対すること，頑強な抵抗 **2.** 確志不動の精神，意志堅固 **3.** 強情，頑迷，偏屈，依怙地

pervicāx *a.3* pervicācis §55 (比)pervicacior (最)pervicacissimus **1.** 頑強に抵抗(反対)する，意志堅固な，不動の信念をもった，根気強い **2.** 片意地な，偏屈な，頑迷な，しつこい，強情な

pervīcī, pervictus → pervincō

pervideō *2* per-vidēre, -vīdī, -vīsum §108 **1.** すっかり見てとる，見通す，見きわめる，見定める，見渡す，展望する **2.** はっきり認める，感知する，理解する，悟る，吟味する，探査する est penitus, quid natura postulet (116.10), pervidendum (147) 自然が何を要求しているか，根底から探究すべきである

pervigil *a.3* per-vigilis §55 一晩中見張っている，警戒している，不眠で気をつけている，徹夜の，不眠の popina pervigil 夜中店を開いている料理屋(居酒屋)

pervigilium *n.* pervigiliī *2* §13 ［pervigil］ **1.** 一晩中目をさましていること，徹夜の見張り，夜番，夜警 **2.** 徹夜の祭，前夜祭，宵祭

pervigilō *1* pervigilāre, -lāvī, -lātum §106 一晩中起きている，一晩中見張っている，目をさまして夜を過す **2.** 徹夜して祭を祝う

pervīlis *a.3* per-vīle §54 非常に安い，廉価の

pervincō *3* per-vincere, -vīcī, -victum §109 **1.** 完全な勝利を得る，勝つ，まさる，圧倒する，しのぐ，征服する **2.** 動かして…させる，説き伏せる，納得させる **3.** 主張(考え)を貫く，やりとげる，目的を達成する，強奪する **4.** 証明する multis rationibus pervicerat Rhodios ut Romanam societatem retinerent 彼は縷々説明して，ロドス島民をローマの同盟者にふみとどまるように説得していた

pervius *a.1.2* per-vi-a, -um §50 ［per, via］ **1.** 通行できる，渡れる，通り抜けられる，出入りできる，入りやすい，近づき易い **2.** 穴をあけられた，貫かれた，浸透性のある，入り込める unde maxime pervius amnis その川が，そこから一番渡河しやすい(その所)

pervolitō *1* per-volitāre, -tāvī, -tātum §106 くりかえして飛び回る，あちこちとびかう，急いで飛び去る，動き回る

pervolō[1] *1* per-volāre, -lāvī, -lātum §106 **1.** 急いで通り抜ける，横切る，飛び去る，飛んで行く，急速に(早く)通過する，突進する

pervolō[2] 不規 per-velle, ──, ── §153 喜んで(熱心に)欲する，烈しく願う te per videre velim (tmesis 複合語の分離) 私はあなたを見たいと心から願っている

pervolvō *3* per-volvere, ──, ── §109 **1.** ころがす，回転させる，くるくる動かす，巻物(巻子本)をほどいていく，読み終える **2.** (受)あちこちと動く，忙しくする，働く，回転する

pervulgō (**pervolgō**) *1* per-vulgāre, -gāvī, -gātum §106 **1.** 広く利用させる，役立たせる **2.** (再)節操を売る，売春する **3.** 公けに(広く)知らせる，公示する，公表(出版)する （形)**pervulgātus** *a.1.2* pervulgāt-a, -um §50 （比)pervulgatior （最)pervulgatissimus **1.** 一般に用いられている，ありふれた，普通の，平常の **2.** 広く知られた，なじみの

pēs *m.* pedis *3* §21 **1.** 足(くるぶしの下) **2.** 動物の脚，爪，ひづめ **3.** 歩み，足どり，歩調 **4.** 歩幅，ペース(196) **5.** 家具の脚，基部，最低部 **6.** 帆脚索(ほあしづな) **7.** 詩脚，韻律のある詩脚，韻律，格，音楽的なリズム pedibus 歩いて，徒歩で dextro pede （先ず)右足から(出発に際し縁起をかついで右足から踏み出した) aequo pede congredi 対等な足場に立って会戦する(正々堂々と戦う) stans pede in uno 一本足で立って(造作なく，やすやすと) omni pede standum (107.8) est 足全体

でしっかりと立つべきである（全力をつくすべきだ，万全の対策を講ずべきだ）alii saepe, quod ante pedes esset, non viderent (116.3) 他の人は往々にして，足元に（目の前に）何があるかも見ようとしない ipsi me pedes ducunt 足がひとりでに私を連れてゆく se conferre (conicere) in pedes＝se dare pedibus 一目散に逃げ出す pedibus ire in alicujus sententiam （元老院の票決にさいし）議員は自分が賛成する提案者の側へ歩み寄る manibus pedibusque 全力をあげて pedem ferre 歩む，行く，来る pedem portā (9f7) efferre 外出する in fundo pedem ponere 自分の地所に踏み込む trahantur (116.3) per me pedibus omnes rei 被告たちは皆，私の力で足をひきずって連れ去られよう（破滅するだろう）panem tris pedes (9e8) latum 幅が3ペースもあるパン incomposito dixi pede currere versus Lucili ルーキリウスの詩は洗練されていない詩脚（韻律）で走っていると私は言った

pessimē (**pessumē**) 副 ［male の最］ **1.** 最も悪く，ひどく，不適当に，無効に **2.** 最もよこしまに，不正に，不道徳に，不忠実に **3.** 最も不快に，苦しんで，恐ろしく，とても，ひどく **4.** 最も不運なことに，不幸にも，不吉にも tu de re publica ipse pessime senties? お前こそ国家に対し最も不忠実な考えを抱くのでは illos odi pessime 私は奴らをひどく憎んでいる

pessimus (**pessumus**) *a.1.2* pessim-a, -um §50 ［mālus の 最 ］ **1.** 最も無能な，未熟な，下手そな **2.** 最も下劣な，邪悪な，よこしまな，不正な，不道徳な，悪らつな **3.** 最も不親切な，不人情な，意地のわるい，冷酷な，不忠実な **4.** 最も劣った，価値のない，最も地位の低い，貧しい **5.** 最も苦しい，困窮した，有害な，なげかわしい **6.** 不運な，逆境の，不吉な o pessimum periculum quod opertum latet! 人目を逃れてかくれている最も恐ろしい危険よ pessimis me modis despicatur 彼は私をはなはだしく軽べつしている

pessulus *m.* pessulī *2* §13 門

（戸）の門(かん)，錠(じょう)

pessum 副 最も低い所へ，どん底へ，破滅へ pessum ire, (abire, sidere) どん底へおちる，沈む，零落する，破滅する pessum dare 滅ぼす，沈める，零落させる

pestifer *a.1.2* pesti-fera, -ferum §51 ［pestis, ferō］ 悪疫（死，破滅）をもたらす，健康を害する，災害をもたらす，致命的な，有毒な，有害な

pestilēns *a.3* pestilentis §55 ［pestis］ （比）pestilentior （最）pestilentissimus **1.** 健康（体）に有害な，生命に危険を及ぼす，有害な **2.** 致命的な，悪性の，危険な，疫病にかかった

pestilentia *f.* pestilentiae *1* §11 ［pestilēns］ **1.** 伝染病（の発生），疫病，害毒，腐敗 **2.** 不健康な空気・気候・土地，不健康

pestis *f.* pestis *3* §19 **1.** 死，肉体の破滅 **2.** 悪疫，疫病，長わずらい **3.** 災禍，不幸，転覆，零落，崩壊 **4.** 災禍・不幸などをもたらす人・もの・みなもと・手段，厄介者，呪い coluber, mestis boum 牛の大敵，蛇 eripite hanc pestem mihi どうか，この恋わずらいを私からとりのぞいて下さい

petasus *m.* petasī *2* §13 < πέτασος 山の低い，つばの広い帽子（旅行者・狩人の用いたもの） （形）**petasātus** *a.1.2* petasāt-a, -um §50 つばの広い帽子をかぶった

petauristārius *m.* āriī *2* §13 ［petaurum］ 綱わたり芸人，曲芸師，軽業師

petaurum *m.* petaurī *2* §13 < πέταυρον 曲芸師の軽業を助ける装置（空中回転を助けるシーソー型の跳躍板か，ぶらんこか）

petessō *3* petessere, ――, ―― §109 ［petō］ 到着しようと努める，得ようと（達成しようと）骨折る，追求する

petītiō *f.* petītiōnis *3* §28 ［petō］ **1.** 攻撃，突撃，追撃，追跡 **2.** 要求，嘆願，請求 **3.** 訴え，告訴 **4.** 立候補，官職志願，選挙運動

petītor *m.* petītōris *3* §26 [petō] **1.** 見つけよう・手に入れようと努める人，捜し求める人 **2.** 請求者，申請者，原告，告発者，求婚者 **3.** 官職志願者，候補者

petītus, petīvī → petō

petō *3* petere, petīvī(-iī), petītum §109 **1.** 向って（目指して）進む，行く **2.** 攻撃する，追跡する **3.** 訴える，訴求する **4.** 志す，志願する，立候補する **5.** めざす，探す，探し求める，熱心に得ようと努める **6.** 乞う，請願する，嘆願する **7.** 言い寄る，求婚する mons petit astra 山が星空をめざしている（天にそそり立つ）fuga salutem petere contenderunt 彼らは逃亡によって身の安全を得ようと努めた petunt atque orant ut sibi （間接再帰）parcat 彼らは乞い求め，嘆願した，彼が自分らの命を助けてくれるように universi ab eo, ne id faceret, petebant 全員が彼に「そんなことはやめてくれ」と熱心に嘆願した

petorritum（petōritum） *n.* petorritī *2* §13 ＜ガ 幌(⅍)なしの四輪馬車

Petrōnius *a.1.2* Petrōni-a, -um §50 **1.** ローマの氏族名 **2.** Petronius Arbiter, Nero のお気に入り，*Satyricon* の著者

petulāns *a.3* petulantis §55 [petō] （比）petulantior （最）petulantissimus **1.** 厚顔無恥の，無遠慮な，生意気な，不遜な，無礼な，ずうずうしい **2.** わがままな，気まぐれな，我の強い **3.** 大胆な，攻撃的な，向こうみずの **4.** みだらな，浮気な，放縦な，無法な （副）**petulanter** §67(2) （比）petulantius （最）petulantissime 無礼に，横柄に，無作法に，強情に，わがままに

petulantia *f.* petulantiae *1* §11 [petulāns] **1.** 厚顔無恥，傲慢無礼，大胆不敵，鉄火面，破廉恥 **2.** 放縦，放恣，わがまま，強情 **3.** 軽薄，軽率，浮気

petulcus *a.1.2* petulc-a, -um §50 [petō] 角で強くつく，角でつくくせのある

pexī, pexus → pectō

pexus *a.1.2* pexa, pexum §50 （比）pexior [pectō の完分] **1.** きれいに髪（羊毛）をすいた **2.** 真新しい（毛織物の衣服）

Phaeāces *m.pl.* Phaeācum *3* §21 Phaeaces 人，Corcyra の住民

Phaeācia *f.* Phaeāciae *1* §11 （神）Corcyra の Phaeaces 人の国（Odysseus が Alcinous 王にもてなされた国）

Phaedrus *m.* Phaedrī *2* §13 **1.** Cicero の師，哲学者 **2.** Augustus の解放奴隷，寓話作家

Phaetōn, Phaethōn *m.* Phaetontis(-ontos) *3* §41.4 （神）**1.** Helios（＝Sol 太陽神）の子，太陽神の車を御して狂ったため，Zeus に雷火で打ち落とされた **2.** 太陽，または太陽神（の異名）（形）**Phaetontius** *a.1.2* Phaetonti-a, -um §50 ＝**Phaetontis** *a.3* Phaetontidis §55 Phaeton の （名）**Phaetontiades** *f.pl.* Phaetontiadum *3* §21 （神）Phaeton の姉妹，Phaeton の死をなげき悲しみ，体はポプラと変わり果て，涙は琥珀となったと

phalanga *f.* phalangae *1* §11 ＜φάλαγξ 棒，丸太，ころ（重いものをころがす円筒形の棒）

phalangītēs *m.* phalangītae *1* §37 ＜φαλαγγίτης 密集隊形で戦う兵士

phalanx *f.* phalangis *3* §41.1b ＜φάλαγξ **1.** （ギ）盾・長槍をもった歩兵の密集隊形，密集方陣 **2.** マケドニア軍の戦闘単位 **3.** ガッリア・ゲルマニア軍の密集隊形 **4.** 密集隊形部隊，軍勢，戦列

Phalaris *m.* Phalaridis *3* §41.6a 残忍で悪名高い Agrigentum の独裁者

phalerae *f.pl.* phalerārum *1* §11 金属製の小円盤の記章，兵士の勲章，馬の額を飾る装身具 （形）**phalerātus** *a.1.2* phalerāt-a, -um §50 phalerae をつけた，金属片で飾られた，ぴかぴか飾りたてた（文体），はなやかな

phantasia *f.* phantasiae *1* §37 幻影，想像，夢，観念，想念

phantasma *n.* phantasmatis *3*

pharetra 578

§41(2)幽霊, まぼろし, 幻影, 化物

pharetra *f.* pharetrae *1* §11
<φαρέτρα 矢筒, 箙(えびら) （形）
pharetrātus *a.1.2* pharetrāt-a,
-um §50 矢筒を持った(身につけた)

pharmacopōla (**-lēs**) *f.* phar-
macopōlae *1* §11(37) <φαρμακοπώ-
λης **1.** 薬剤師, 薬種商 **2.** やぶ医者, 山
師

Pharos (**-us**) *f.(m.)* Pharī *2* §38
(13) **1.** Alexandria 沖の島 **2.** その島の
灯台 （形）**Pharius** *a.1.2* Phari-a,
-um §50 Pharos の, エジプトの

Pharsālus (**-os**) *f.* Pharsālī *2*
§13(38) Thessalia の町, Caesar が
48B.C. に Pompeius を負かした所

phasēlus (**-os**) *m.* phasēlī *2* §13
(38) <φάσηλος **1.** ささげ, いんげん豆
2. 小舟, はしけ

Phāsis *m.* Phāsidis *3* §41.6a
1. 黒海に注ぐ Colchis の川 **2.** Colchis
（形）**Phāsias** *a.3* Phāsiadis §55 ま
たは §41.5b ＝**Phāsiacus** *a.1.2*
Phāsiac-a, -um §50 Colchis の

Pherae *f.pl.* Pherārum *1* §11
Thessalia の南東の町 （形）**Pheraeus**
a.1.2 Pherae-a, -um §50 **1.** Phe-
rae(人)の **2.** Thessalia の

phiala *f.* phialae *1* §37 広くて平
たい容器(よ3), 大きなはち, わん, 大酒杯

Phīdiās *m.* Phīdiae *1* §37 前5
世紀の有名なアテーナイの彫刻家 （形）
Phīdiacus *a.1.2* Phīdiac-a, -um
§50 Phidias の

Philippī *m.pl.* Philippōrum *2*
§13 Macedonia の東方の町, Octa-
vianus と Antonius が Brutus と Cas-
sius を打ち破った所

Philippus *m.* Philippī *2* §13 **1.**
Macedonia の王の歴代の名 **2.** Philippus
II, Alexander 大王の父 **3.** Philippus II
の鋳造した金貨 （形）**Philippēus**＝
Philippicus *a.1.2* Philippē-a, -um
＝Philippic-a, -um §50 Philippus II
の

philologia *f.* philologiae *1* §11

<φιλολογία **1.** 文学研究, 学問の研究,
学識, 博学 **2.** 文献学, 言語学

philologus *m.* philologī *2* §13
学者, 文学者, 言語学者, 文献学者

Philomēla *f.* Philomēlae *1* §11
Pandion の娘, Tereus に犯された後, サ
ヨナキドリに変った, サヨナキドリ

philosophia *f.* philosophiae *1*
§11 <φιλοσοφία 哲学, 哲学思考

philosophor *dep.1* philo-sophārī,
-sophātus sum §123(1) 哲学する, 哲
学的に思索する, 哲学を学ぶ(研究する),
道徳を説く

philosophus *m.* philosophī *2*
§13 哲学者, 哲人, 賢人

philtrum *n.* philtrī *2* §13 <
φίλτρον 媚薬, ほれ薬

philyra *f.* philyrae *1* §11 <
φιλύρα **1.** ボダイジュ, シナノキ **2.** その
靱皮(じん), 内皮

phīmus *m.* phīmī *2* §13 <φιμός
さいころ箱, さい筒(ゔ)

phōca (**phōcē**) *f.* phōcae(phōcēs)
1 §§11,37 アザラシ, オットセイ

Phoebē *f.* Phoebēs *1* §37 月の
女神, Phoebus の姉妹

Phoebus *m.* Phoebī *2* §13 （太
陽神)Apollon の別名 （形）**Phoebēus**
(＝**Phoebēius**) *a.1.2* Phoebē-a,
-um(Phoebēi-a, -um) §50 Phoebus
の

Phoenīcē (**-nīca**) *f.* Phoenīcēs
(-nīcae) *1* §37(11) Phoenicia
(Syria の中部) （名）**Phoenīx** *m.*
Phoenīcis(-īcos) *3* §21 Phoenicia
人 （名）**Phoenissa** *f.* Phoenissae
1 §11 Phoenicia の女

phoenīx *m.* phoenīcis(-īcos) *3*
§§21, 39(ロ) <φοίνιξ （エジプト神話)
不死鳥

Phorcus (**-ys**) *m.* Phorcī(-yos) *2*
(3) §13(40) （神)海神, Gorgon たち
の父

Phraātēs *m.* phraātae *1* §37
Parthia の王たちの名

Phrixus (**-os**) *m.* Phrixī *2* §13

（神）Athamas と Nephele の子，姉妹の Helle と共に金羊毛の羊にのってコルキスより逃げた　（形）**Phrixeus**　*a.1.2* Phrixe-a, -um　§50　Phrixus の

Phrygia　*f.* Phrygiae　*1*　§11　Asia Minor の西方の国　（形）**Phrygius** *a.1.2* Phrygi-a, -um　§50　**1.** Phrygia （人）の　**2.** Troia（人）の　**Phryx** *a.3* Phrygis　§55　Phrygia（人）の, Troia（人）の

physicus *a.1.2* physic-a, -um　§50 ＜φυσικός　自然の，自然科学の，自然哲学の，物理（自然）学の　（名）**physica** *n.pl.* physicōrum　*2*　§13　自然科学，自然哲学，物理学，博物学 **physicus** *m.* physicī　*2*　§13　自然科学者，自然哲学者，物理学者，博物学者

piāculāris *a.2* piāculāre, §54 ［piāculum］　**1.** 罪滅ぼしの儀式の行われた，生贄を捧げられた　**2.** 罪滅ぼしの儀式を要求する（必要とする・に価する）

piāculum *n.* piāculī　*2*　§13 ［piō］　**1.** 神々をなだめる手段としての，償いとしての犠牲・いけにえ，罪滅ぼしのための神への捧げもの・その儀式　**2.** 償いの儀式を要求する（償いに価する）行為，不敬，冒瀆罪 te piacula nulla resolvent いかなる犠牲も，お前を罪から解放しないだろう piaculum est miserere（166）nos hominum（9c11）rem male gerentum（58.3）私たち（下女）が，事業に失敗する男（主人）たちになさけをかけてやるのは，罪滅ぼしなのよ

piāmen *n.* piāminis　*3*　§28　＝ **piāmentum** *n.* piāmentī　*2*　§13 ［piō］　罪滅ぼし（の手段），贖罪，浄化，斎戒

piātus　→ piō

pīca *f.* pīcae　*1*　§11　**1.** カササギ，カケス **2.** おしゃべり女

picea *f.* piceae　*1*　§11　トウヒ（マツ科の針葉樹）

piceus *a.1.2* pice-a, -um　§50 ［pix］　**1.** ピッチ（瀝青・松やに）からできた・のような・をぬった，やにの多い，樹脂質の（樹脂状の）**2.**（ピッチの如く）まっ黒な，真っ黒やみの

picō *1* picāre, picāvī, picātum,　§106 ［pix］　ピッチ（タール）をぬる

pictor *m.* pictōris　*3*　§26 ［pingō］　画家 pictoribus atque poetis quidlibet audendi（119.2）semper fuit aequa potestas 画家や詩人にとって，どんなに大胆なことをしようと，それは古来から，正当な権利であった

pictūra *f.* pictūrae　*1*　§11 ［pingō］　**1.** 絵を描くこと，その技 **2.** 絵，絵画 **3.** 彩色のぬいとり，ししゅう，切りはめ細工 **4.** 美顔，化粧 **5.** 心に描かれた絵，心象，印象 **6.** 描写（文学上の）**7.** 自然の色彩，色あい　（形）**pictūrātus** *a.1.2* pictūrāt-a, -um　§50　色で飾られた，ししゅうされた，着色された，染められた

pictus *a.1.2* pict-a, -um　§50 ［pingō の完分］　（比）pictior　**1.** 描かれた，彩色された，塗料を塗られた　**2.** 飾られた，美しさ（光彩）をそえられた，変化のある **3.** 色とりどりの糸でししゅうされた（織り込まれた）**4.** 入れ墨をした **5.** 潤色された，粉飾された，見せかけの

pīcus *m.* pīcī　*2*　§13　キツツキ

piē 副　［pius §67(1)］　（最）piissime **1.** 正当な儀式を守って，敬虔に，信心深く，うやうやしく，謹んで **2.** 慈悲・自愛をこめて，本分を守って，忠実に

Pīerius *a.1.2* Pīeri-a, -um　§50 **1.** Musae の **2.** Pīeria（＝Macedonia の南東隅の土地, Musae の崇拝地であった）の

pietās（**pī**-？）*f.* pietātis　*3*　§21 ［pius］　**1.** 自然の絆（神々・国家・親子兄弟・夫婦）に対する誠実な義務感・信義・愛情 **2.** 宗教的献身，敬虔の念，信心深いこと **3.** 愛国心，忠誠心，正義感，孝心，親の慈愛 **4.** やさしさ，慈悲，親切，温和

piger *a.1.2* pigra, pigrum　§52 （比）pigrior　（最）pigerrimus　(60) **1.** 無精な，怠惰な，気の進まない **2.** のろい，緩慢な，不活発な，無気力の，いくじのない **3.** 無感覚の，鈍い ad litteras

piget

scribendas (121.3) pigerrimus 手紙を書くのを非常におっくうがる(人) apes frigore (9f15) pigrae 寒さのため動きのにぶくなったハチ militiae (9c6) piger et malus 軍隊生活においてはのろまの無能な(兵士)

piget *2* pigēre, piguit(pigitum est), —— §108(非)§166 非常に不快にさせる, 嫌悪させる, いやがらせる, 退屈させる, 不平(不満)を抱かせる fratris (9c11) me pudet pigetque 弟のことを思うと, 私は恥しい, 悲しい poscis ab invitā verba pigenda (121.3. 対) lyrā お前は, 気のりのしない竪琴(の伴奏)から, あとでくやむ言葉をうたおうとしているのだ (me) piget esse secutum! (彼女の)あとを追ったことを私はくやんでいるのだ

pigmentum (pī-?) *n.* pigmentī *2* §13 [pingō] 1. 絵の具, 塗料, 染料, 顔料(おしろい) 2. 色, 色彩, 色調 3. 潤色, 色をつける(光彩をそえる)こと aliquem pingere pigmentis ulmeis 誰かにニレの棒の絵の具をぬりたくる(棒でさんざんなぐってあざだらけにする)

pignerātor (pī-?) *m.* pignerātōris *3* §26 [pignerō] 抵当権者, 質権者(抵当・質を受けとる者

pignerō (pī-?) *1* pignerāre, -rāvī, -rātum §106 [pignus] 1. 質(担保・抵当)に入れる 2. 束縛する, 拘束する 3. (dep. としての受)質(担保・抵当)として受けとる, あるものを自分のものとする(みなす), 私用に供する bona pigneranda poenae praebebant 彼らは罰を受ける代わりに, 財産を抵当として提供した Mars ipse ex acie fortissimum quemque pignerari solet 軍神マールスは, 戦場において最も勇敢なる者は皆, 自分のものと要求するのが習いである

pignus (pī-?) *n.* pigneris(pignoris) *3* §29 1. 担保, 質入, 抵当, 質物, 担保品, 抵当品 2. 保証, 保証金, 保証人, 証拠(品) 3. 人質, 愛情の絆(しるし・証拠)=両親・子供 4. 賭(金) quo facto pignore (9f18) animos centurionum devinxit これを担保として, 彼は百人隊

長たちの気持を縛った dic, mecum quo (83) pignore certes (116.6) 言え, なにを賭けてお前は私と争うつもりか

pigrē 副 [piger §67(1)] (比)pigrius 1. 無気力に, 不活発に, なまけて, のろく, ゆっくりと 2. 不承不承, しぶしぶと

pigritia *f.* pigritiae *1* §11 = **pigritiēs** *f.* pigritiēī *5* §34 [piger] 1. 怠惰, 無精, 不活発, 緩慢, 尻重 2. 気乗りうす, 不承不承

pigrō *1* pigrāre, pigrāvī = pigror *dep.1* pigrārī §106 §123(1) ためらう, しりごみをする

piguit → piget

pīla[1] *f.* pīlae *1* §11 乳鉢, うす

pīla[2] *f.* pīlae *1* §11 1. 角柱, 円柱 2. 突堤, 防波堤

pīla[3] *f.* pīlae *1* §11 1. 球, 手まり, ボール(体育・球技用の), 極彩色の飾りまり 2. 球形のもの, 地球, 糸玉, シャボン玉 3. 砂場で獣をけしかけるぼろぎれの人形 claudus pilam びっこがボールを, 盲に鏡 mea pila est ボールは私のもの, 私が勝った di nos quasi pilas homines habent 神々はわれわれ人間を手まりのようにもてあそぶ

pīlānus *m.* pīlānī *2* §13 [pīlum] 第三列で pilum を装備した兵(=triārius)

pīlātus *a.1.2* pīlāt-a, -um §50 きっちりとつまった, 密集した

pīlentum *n.* pīlentī *2* §13 <ガ 豪奢な四輪馬車(ローマの上流階級の婦人用)

pilleātus (pīleā-) *a.1.2* pilleāt-a, -um §50 [pilleus] pilleus をかぶった pilleati fratres=Castor et Pollux pilleata Roma 祭り(Saturnalia 祭)を祝っているローマ pilleata plebs 奴隷解放された人たち

pilleolus *m.* pilleolī *2* §13 [pilleus の小] 小さなフェルト帽

pilleus (pīle-) *m.* pilleī *2* §13 1. フェルト帽, ふちなし帽 2. 解放された奴隷のしるし 3. Saturnalia 祭にローマの民衆がかぶる帽子

pilō *1* pilāre -lāvī, -lātum §106 （毛や羽を）むしりとる，奪う，ひきぬく

pilōsus *a.1.2* pilōs-a, -um §50 ［pilus¹］（比）pilosior 毛深い，毛むくじゃらの

pīlum *n.* pīlī *2* §13 **1.** 投槍（軍団兵の装備）**2.** pilum murale 城壁を守る兵の投げる防城槍

pilus¹ *m.* pilī *2* §13 **1.** 毛，髪の毛 **2.** 毛ほどのもの，価値のないもの，取るに足らぬもの nemo Jovem pili (9c7) facit ユーピテル大神を，誰も屁とも思っていない ne ullum pilum boni viri habere dicatur 全く善良な人の髪の毛一本も持っていないと言われないように

pīlus² *m.* pīlī *2* §13 *n.b.* いつも primus と結合して現われる primum pilum ducere 第一大隊（第一中隊）の第一百人隊を指揮する primus pilus＝centurio primi pili 首位百人隊長（一個大隊 60 名の百人隊長の首位）

Pindarus *m.* Pindarī *2* §13 ギリシアの有名な抒情詩人(520B.C. ごろ Thebae に生れた)（形）**Pindaricus** *a.1.2* Pindaric-a, -um §50 Pindarus の

pīnētum *n.* pīnētī *2* §13 ［pīnus］ マツ(松)の森

pīneus *a.1.2* pīne-a, -um §50 ［pīnus］ マツの，マツの木(材)でできた，マツの木でおおわれた，マツの木のような pinea texta 松の木の舟 pinea nux マツカサ，松ぼっくり

pingō *3* pingere, pīnxī, pictum §109 **1.** 絵を描く，図形(図画)を描く，鉛筆（ペン）で描写する，叙述する，表現する **2.** 色をつける，塗る，そめる **3.** 生き生きと描く，美しさ(光彩)をそえる，飾る，化粧する **4.** 潤色する，粉飾する，尾ひれをつける **5.** ししゅうする，縫い取る，ししゅうで飾る，描く qui numquam philosophum pictum viderunt 哲学者の肖像を見たことのない人々（哲学を全く知らない人々）

pingue *n* pinguis *3* §19 ［pinguis］ 脂肪，あぶら身

pinguēscō（pī- ?）*3* pinguēscere, —, — §109 ［pinguis］ **1.** 体がこえる，太る **2.** 土地が肥沃になる，こえてくる **3.** ブドウ酒がこくをもってくる

pinguis（pī- ?）*a.3* pingue §54 （比）pinguior （最）pinguissimus **1.** まるまる太った，肥満した，ずんぐりした **2.** あぶらぎった，ぬるぬるした，ねっとりした，ねばりけのある **3.** 汁の多い，水分の多い **4.** 繁茂した，豊富な，肥沃な，豊饒な **5.** 鈍重な，にぶい，ぎこちない，無器用な，ぶこつな **6.** 濁った，濃い，雲の多い，厚い **7.** 安楽な，快適な，なごやかな pinguis toga 厚地の市民服 Nilus pingui flumine (9f10) 豊饒な流れのニールス川

pinguitūdō *f.* pinguitūdinis *3* §28 ［pinguis］ **1.** 肥満，脂肪，でぶ **2.** 無器用な，重苦しい，目立つ(母音の)発音

pīnifer（**pīniger**）*a.1.2* pīni-fera, -ferum(pīni-gera, -gerum) §51 ［pīnus, ferō, gerō］ 松の木の生えている，松の木を産出する，松の木を運ぶ，松の葉冠を(頭に)かぶった

pinna *f.* pinnae *1* §11 **1.** 羽，翼 **2.** （羽毛のついた）矢，つま楊枝(ﾖｳ) **3.** ひれ **4.** 鋸壁(ﾉｺｷﾞﾘ)(胸壁の，銃眼と銃眼との間の凸形の部分) maiores pinnas nido (9f6) extendisse loqueris あなたは言うだろう「私が巣よりも大きく羽を拡げてしまった」（卑賤の出の私が大きな野心を抱いた）と

pinnātus *a.1.2* pinnāt-a, -um §50 ［pinna］ **1.** 羽毛のある，羽毛をつけた，羽毛の形をした，羽毛に似た **2.** 翼をもった，翼のある，早く走る，迅速な

pinniger *a.1.2* pinni-gera, -gerum §51 ［pinna, gerō］ **1.** 羽毛を身につけた，かぶっている，運ぶ **2.** 翼を持った，迅速な

pī(n)sō *3* pī(n)sere, pī(n)suī, pīnsitum(pistum) §109 **1.** どしんどしんと打つ，強く打つ **2.** ひどくたたく，打つ，つく **3.** 突きくだく，押しつぶす，すりつぶす，粉々にする，ひいて粉にする

pīnus *f.* pīnī *2* §13(3)，または

pīnxī 582

pīnūs *4* §31 *cf.* §45 **1.** マツ, マツの木材・葉 **2.** 船, 帆柱, 櫂, 櫓 **3.** たいまつ(松明)

pīnxī → pingō

piō (**pī-** ?) *1* piāre, piāvī, piātum §106 [pius] **1.** うやまう, あがめる **2.** 供物で神意をなだめる, 和らげる **3.** 罪滅ぼしで神の怒りをそらす, とりのぞく **4.** 罪滅ぼしの儀式をとり行う, 罪滅ぼしで罪(人)を浄化する **5.** 罪をあがなう, 罪の償いをする

piper *n.* piperis *3* §27 コショウ(の実)

pīpiō (**pīpilō**) *1* pīpiāre (pīpilāre) §106 ぴいぴい鳴く, ちゅうちゅう鳴く

pīpitō *1* pipitāre §106 ちゅうちゅうネズミが鳴く, ぴよぴよひなが鳴く

pīpō *1* pīpāre §106 ちゅうちゅう, ちぃちぃなく

pīpulus *m.* pīpulī *2* § 人のかん高い声(音), 笛の音

Pīraeus *m.* Pīraeī =**Pīraea** *n.pl.* Pīraeōrum *2* §13 Athenae 港

pīrāta *m.* pīrātae *1* §11 <πειρατής 海賊, 海賊船 (形)**pīrāticus** *a.1.2* pīrātic-a, -um §50 海賊の, 海賊船の (名)**pīrātica** *f.* pīrāticae *1* §11 海賊行為, 海賊の生業

Pīrēne (**-a**) *f.* Pīrēnēs(-ae) *1* §37(11) Corinthos(-thus)の名泉

Pīrithous *m.* Pīrithoī *2* §13 Lapithae の王 Ixion の子, Hippodamia の夫, Theseus の友

pirum *n.* pirī *2* §13 ナシ

pirus *f.* pirī *2* §13(3) ナシの木

piscātor *m.* piscātōris *3* §26 漁師, 漁夫, 釣り師 (形)**piscātōrius** *a.1.2* piscātōri-a, -um §50 漁夫の, 魚師の, 魚を釣る所の, 魚を売る所の

piscātus *m.* piscātus *4* §31 [piscor] 魚釣り, 捕えた(釣った)魚

piscīna *f.* piscīnae *1* §11 [piscis] **1.** 養魚池, いけす **2.** 水たまり, 池, 沼 **3.** 水泳プール **4.** 水槽, 大おけ, 貯水池

piscis *m.* piscis *3* §19 **1.** 魚

2. (天)魚座, 双魚座 quasi piscis itidem est amator lenae : nequam est nisi recens (あたしたち)娼婦にとって, 恋人は魚と同じ, 取りたてでないとつまらないの pisces natare oportet 魚は泳がねばならぬ(魚料理には酒が必要)

piscor *dep.1* piscārī, piscātus sum §123(1) 魚をつる, とる, 釣りをする piscari in aere 空中で魚をつる(無駄骨をおる)

piscōsus *a.1.2* piscōs-a, -um §50 [piscis] 魚がうようよしている, 一杯いる, むらがっている

Pīsō *m.* Pīsōnis *3* §28 **1.** Calpurnius 氏の家名 **2.** L.Calpurnius Piso (7B.C. の執政官) **3.** L.Calpurnius Piso A.D.65 Nero 暗殺の首謀者

pistor (**pī-** ?) *m.* pistōris *3* §26 [pīnsō] 水車屋, 粉屋, パン屋

pistrīnum (**pī-** ?) *m.* pistrīnī *2* §13 [pistor] ひきうす, 水車小屋, 製粉所, 製パン所

pistris, pistrīx *f.* pistris *3* §21, pistrīcis *3* §21 =**pristis**

pistus → pīnsō

pīsum *n.* pīsī *2* §13 エンドウ, エンドウマメ

pittacium *n.* pittaciī *2* §13 **1.** 小さな布きれ **2.** ラベル, 付け札, 付箋(ふせん)

Pittacus (**-cos**) *m.* Pittacī *2* §13 ギリシアの7賢人の一人, 前7世紀後半の Lesbos の指導者

pītuīta *f.* pītuītae *1* §11 **1.** 粘液, 痰, 鼻汁, 鼻カタル, 目やに **2.** 樹液, やに

pius (**pī-** ?) *a.1.2* pi-a, -um §50 (最)piissimus **1.** 道徳上の(倫理的な)義務に対し忠実な, 良心的な, 義理がたい, 慎み深い **2.** 神々(聖なるもの)への義務に忠実な, 信心深い, 敬虔な, 献身的な **3.** 家族や社会への義務に忠実な, 愛国心のある, 忠誠心のある, 孝心のあつい, 慈悲(愛)深い, 貞淑な pius metus 夫の身を案ずるしとやかな心遣い pia ac justa arma 聖なる正義の戦い

pix *f.* picis *3* §21 ピッチ, 瀝青（れきせい）, 松やに, 樹脂

plācābilis *a.3* plācābile §54 [plācō] （比）placabilior **1.** なだめ易い, 和らげることのできる, 宥和的な, 和解的な, 円満な **2.** 温和な, やさしい, なごやかな （名）**plācābilitās** *f.* plācābilitātis *3* §21 寛大, 仁徳, 温厚, 柔和

plācāmen *n.* plācāminis *3* §28 ＝**plācāmentum** *n.* plācāmentī *2* §13 [plācō] なだめる（慰撫する・懐柔する）手段, 和らげる（静める）手段

plācātus *a.1.2* plācāt-a, -um §50 [plācō の完分] （比）placatior （最）placatissimus **1.** なだめられた, 和らげられた, 穏やかになった **2.** やさしい, おだやかな, 親切な, 情け深い **3.** 沈着な, 平静な, 平穏な, 平和な （副）**plācātē** §67(1) （比）placatius 落着いて, 沈着に, 平静に, 寛大に, やさしく

placēns *a.3* placentis §58 [placeō の現分] **1.** 人を喜ばす, 楽しませる, なごませる, 感じのいい, あいそのいい **2.** かわいい, いとしい

placenta *f.* placentae *1* §11 [placeō] 菓子, ケーキ

placeō *2* placēre, placuī(placitus sum), placitum §§108, 142, 167 **1.** 気に入られる, 喜ばれる, 好まれる **2.** 好んで受け入れられる, 賛成される, 決定される, 良いと思われる（cf.§167）placet それでよろしい, それで決った, 賛成だ si tibi placet よろしければ, 異論がなければ si dis placet 神のおぼしめしにかなえば, 事情が許せば non dubito quin mihi placitura (143) sit 彼女が私の気に入るだろうことは疑えない deliberatur de Avarico, incendi placeret an defendi (107.4. 注) アウァリクムの町について, それを焼き払うべきか, 防衛すべきかで議論が交される placuit ei, ut ad Ariovistum legatos mitteret 彼はアリオウィストゥスのところへ使者を送ることが得策と考えた

placidus *a.1.2* placid-a, -um §50 [placeō] （比）placidior （最）placidis-simus **1.** 穏やかな, 静かな, やさしい, 温和な, 平和な **2.** 親切な, 寛大な, 好意をもった, 慈悲深い, 友好的な **3.** 馴れた, 従順な, すなおな （副）**placidē** §67 (1) （比）placidius 静かに, 穏やかに, やさしく, 温和に, 親切に, 寛大に

placitūrus → placeō

placitus *a.1.2* placit-a, -um §50 [placeō の完分] （最）placitissimus 人に愛される, 喜ばれる, 気持(感じ)のいい （名）**placitum** *n.* placitī *2* §13 **1.** 喜ばれる(愛される)もの **2.** 楽しみ, 希望, 念願 **3.** 主義, 意見, 信念, 綱領, 教訓

plācō *1* plācāre, -cāvī, -cātum §106 [placeō] **1.** 穏やかにする, 和らげる, 静める, なごませる, 軽減する **2.** なだめる, すかす, 和解させる, 懐柔する sanguine (9f11) placastis (114.3) ventos et virgine caesa * お前たちは, 乙女を殺し, その血でもって暴風雨(神の怒り)をなだめた (*hendiadys (直訳)血と殺された乙女によって) homo sibi ipse placatus 自分自身と仲よくしている人(心の平静な人)

placuī → placeō

plāga¹ *f.* plāgae *1* §11 [plangō] **1.** 強打, 殴打, 打撃, たたき, むち打ち, 一撃, 一突き **2.** 打ち(切り)傷, 深手 **3.** 損傷, 損害, 不幸, 災害

plaga² *f.* plagae *1* §11 [cf. plānus] **1.** (空・海・陸の)ひろがり, 空間, 広々とした場所 **2.** 地域, 区域, 地方 **3.** 細長い土地, 地帯, 気候帯(熱帯など) **4.** (魚・鳥などを捕まえる)網 **5.** わな, 落し穴 **6.** クモの巣 plaga solis iniqui 灼熱の太陽の地帯＝熱帯 ipsus illic sese jam impedivit in plagas 奴は今そこへ自分から出かけて, わなにはまったぞ

plagiārius *m.* plagiāriī *2* §13 (子供を)さらう者, 誘拐(ゆう かい)者

plāgōsus *a.1.2* plāgōs-a, -um §50 [plāga¹] **1.** 惜しまずに鞭打つ, 殴打をあびせる, 凶暴な, 厳しい **2.** ひどくなぐられた, 殴打をあびた, 傷(痕)だらけの

plagula *f.* plagulae *1* §11 [plaga² の小] **1.** 材料(紙・葉など)の一片

2. 寝台の上掛け，窓掛け，壁掛け，とばり

planctus *m.* planctūs 4 §31 [plangō] 大きな音をたてて胸を叩くこと，嘆き悲しむこと

plangō 3 plangere, planxī, planctum §109 **1.** 打って・叩いて音を出す **2.** (胸・頭を)たたいて嘆き悲しむ **3.** 嘆く，悲しむ，哀悼する fluctus plangentes saxa 岩を打つ(打っている)波 avis plangitur 鳥が羽音をたてる(翼でうたれて音を出す)

plangor *m.* plangōris 3 §26 [plangō] **1.** 打つこと，叩くこと **2.** 胸をたたくこと **3.** 悲嘆，哀悼

plānitiēs (-nitia) *f.* plānitiēī 5 §34 (plānitiae 1 §11) [plānus] **1.** 平面，平地，水平な表面 **2.** 平原，平野，高原，台地

planta *f.* plantae 1 §11 **1.** 足の裏 **2.** 若木，苗木，若枝，さし枝 non convalescit planta, quae saepe transfertur たびたび植えかえられる苗木は大きく生長しない

plantāria *n.pl.* plantārium 3 §20 **1.** さし木用の切り枝，さし木 **2.** 若木，苗木(床) **3.** 苗木，植物，野菜

plānus *a.1.2* plān-a, -um §50 (比) planior (最)planissimus **1.** 水平な，たいらな，平たい **2.** なめらかな，すべすべした **3.** 明白な，はっきりした，単純な **4.** やさしい，危険のない (名)**plānum** *n.* planī 2 §13 平地，平原 (副)**plānē** §67(1) (比)planius (最)planissime **1.** 単純明白に，はっきりと，率直に，紛れ(疑い)もなく **2.** すっかり，全く

plānxī → plangō

platanus *f.* platanī 2 §13 < πλάτανος スズカケ，プラタヌス

platēa *f.* platēae 1 §11 <πλατεῖα (ὁδός) 街路，大通り，往来，街

Platō(n) *m.* Platōnos(-nis) 3 §41.8b Socrates の弟子，哲学者(c.429-347B.C.) (形)**Platōnicus** *a.1.2* Platōnic-a, -um §50 Plato の

plaudō 3 plaudere, plausī, plausum §109 **1.** 叩く，うつ，つく **2.** 手をたたく，羽ばたく **3.** (ほめて・はげまして)軽く手でたたく，なでる **4.** ほめて拍手喝采する，賞賛する，ほめそやす alis plaudens columba 羽ばたいているハト huic ita plausum (172) est, ut salvā rē publicā (9f18) Pompeio plaudi solebat 国が安泰のとき，ポンペーイユスにいつも拍手喝采されていたように，この男に拍手喝采がなされたのだ

plausī → plaudō

plausor *m.* plausōris 3 §26 [plaudō] 拍手喝采をする人，賛同する・ほめそやす者

plaustrum (plōstrum) *n.* plaustrī 2 §13 **1.** (二輪)荷馬(牛)車，荷車 **2.** (天)北斗七星 plaustrum perculi 私は荷車をひっくりかえした，なにもかもめちゃくちゃだ，もう駄目だ

plausus *m.* plausūs 4 §31 [plaudō の完分] **1.** たたいて(打って)音をたてること，羽ばたくこと **2.** 拍手して賛同すること，拍手喝采すること，ほめそやすこと，賛同，承認

Plautus *m.* Plautī 2 §13 **1.** Umbria 地方の名 **2.** T.Maccius Plautus ローマの喜劇詩人(184B.C.頃死ぬ) (形)**Plautīnus** *a.1.2* Plautīn-a, -um §50 Plautus の，Plautus の作品の，Plautus らしい，Plautus 特有の

plēbēcula *f.* plēbēculae 1 §11 [plēbēs の小] 民衆，庶民，賤民，無頼の徒，烏合の衆

plēbēius (-jus) *a.1.2* plēbēi-a, -um §50 [plēbēs] **1.** ローマの市民階級の **2.** ローマの庶民の，民衆の **3.** 民衆に固有の，ありふれた，普通の，共通の，月並の，卑俗な，下等な (名)**plēbēius** *m.* plēbēiī 2 §13 市民階級・庶民の一人

plēbēs = **plēbs** の古形

plēbicola *m.* plēbicolae 1 §11 [plēbs, colō] 民衆の友，民衆のきげんをとる人

plēbiscītum *n.* plēbiscītī 2 §13 [plēbī scītum と 2 語としても用いられる] → scītum 民会の決議，命令(法的強制

plūmeus

力をもつ)

plēbs *f.* plēbis 3 §21 =**plēbēs** *f.* plēbēī 5 §34 **1.** ローマ市民(平民)全体, 平民(市民階級) **2.** 民衆, 一般市民, 群衆

plectō[1] 3 plectere, plexī, plexum §109 **1.** よる, より合わせる **2.** 組む, 編む

plectō[2] 3 plectere, ——, —— §109 [受のみで用いられる] **1.** 打つ, 打ちのめす, なぐる, たたく, 打撃を加える **2.** 罰する, こらしめる, 譴責する tergo (9f3) plector 私は背中を(鞭で)たたかれる neglegentia (9f15) plectimur 我々は不注意で罰せられる

plēctrum *n.* plēctrī 2 §13 < πλῆκτρον **1.** (弦楽器の)ばち, つめ **2.** 弦楽器, 竪琴 **3.** 抒情詩

Plēias *f.* Plēiadis 3 §41.5b (神) Atlas と Pleione との間の 7 人の娘の一人, 7 人の娘は死後, 星に変えられた, つまり Pleiades(すばる星座)

plēnus *a.1.2* plēn-a, -um §50 (比)plenior (最)plenissimus **1.** 一杯の, 満ちた(9c13, 9f17) **2.** 十分な, つまった, 豊かな **3.** 完全な, 全部の **4.** 満腹した, 満足した **5.** 成熟した, まっさかりの **6.** がんじょうな, まるまる太った, がっちりした **7.** 強い, 高い, 密な **8.** 妊娠した, ふくらんだ fortunā (9f17) plena vita 充分に幸福な人生 negoti (9c13) nunc sum plenus わしは今用事で一杯だ eadem nocte accidit (169) ut esset luna plena 同じ夜は, たまたま満月であった plenissimis velis 満帆をあげて plena manu 手に一杯にぎって, 惜しみなく, 気前よく pleno anno 年が満ちて, 一年経って, 毎年 (副) **plēnē** §67(1) (比)plenius (最)plenissime 一杯に, 惜しみなく, 充分に, 完全に, 全く

plērusque *a.1.2* plēra-que, plērum-que §50 **1.** 大部分の, 大多数の, 最も多くの, たいていの **2.** 非常に多くの(大勢の) plerique omnes ほとんど全部(全員) plerique Poenorum カルタゴ人の大多数が juventus pleraque 大部分の若者

が (副)**plērumque** *n.acc* (9e13) **1.** 大抵(の場合), 一般に, いつも, しばしば **2.** 大いに, 多分に **3.** 主として, おもに, 多くは

plexī, plexus → plectō[1]

plicō 1 plicāre, ——, plicātum §106 **1.** 折る, たたむ, 折りたたむ **2.** まげる, たわめる, より合せる **3.** (巻本を)巻く, ぐるぐる巻く

Plīnius *a.1.2* Plīni-a, -um §50 **1.** ローマの氏族名 **2.** C.Plinius Secundus (A.D.23/4-79) 博物学者 **3.** C.Plinius Caecilius Secundus (c.A.D.61-114)(2)の甥, 文学者・政治家

plōrātus *m.* plōrātūs 4 §31 [plōrō の完分] 嘆き悲しむこと, 愁嘆, 泣きわめくこと, 哀泣, 悲鳴, うめき声

plōrō 1 plōrāre, -rāvī, -rātum §106 **1.** 悲痛な声をあげる, 大声で泣く, 泣きじゃくる **2.** 嘆き悲しむ, 泣きごとを言う **3.** 悼む, 哀悼する, 残念に思う

plōstellum *n.* plōstellī 2 §13 [plaustrum の小] 小さな荷(馬)車

plōstr- → plaustr-

plūma *f.* plūmae 1 §11 **1.** 羽, 羽毛 **2.** 綿毛, にこ毛, うぶひげ **3.** よろいの札(さね) **4.** 羽毛の枕, クッション, 敷布団 homo levior quam pluma 羽よりかるい男 bracchiis mollioribus pluma 羽より柔らかい両腕でもって

plumbeus *a.1.2* plumbe-a, -um §50 [plumbum] **1.** 鉛の, 鉛製の **2.** 鉛のように重い, 価値のない, 安い, 重苦しい, 不快な **3.** 鈍感な, ばかな, 間のぬけた, 愚かな **4.** 鋭くない, 鈍い, 切れない, 刃のない o plumbeum pugionem (9e10)! おお, なんとまくらの短剣か(無益な・不適切な議論・証明) plumbeus Auster (人の)気の(を)めい(らせ)るアフリカの熱風

plumbum *n.* plumbī 2 §13 **1.** 鉛 **2.** 鉛弾, 弾丸 **3.** 鉛管 **4.** 鉛筆 plumbum album (candidum) 錫

plūmeus *a.1.2* plūme-a, -um §50 [plūma] **1.** 羽(毛)でおおわれた, 羽毛でつくられた(羽毛を一杯つめた) **2.** 羽(毛)

plūmipēs 586

のような(軽い・柔らかい・つまらない)

plūmipēs *a.3* plūmipedis §55 [plūma, pēs] 足に羽をつけた(はやした), 羽の生えた足をもった

plumō *1* plumāre, plumāvī, plumātum §106 **1.**(他)羽,羽毛で覆(おお)う, 包む **2.**(自)羽(羽毛)で覆われる, 包まれる

pluō *3* pluere, plūvī(pluī), —— §109 **1.**(非)§165 雨が降る **2.**雨のように降ってくる, 落ちる, 流れ落ちる lapidibus (9f11) pluit 石の雨が降ってくる nec tantum pluit ilice glandis (9c4) カシの木からも, これほど沢山どんぐりの実はおちてこない

plūrēs *a.3* plūra §54, 61 (形)いっそう多くの (名)*m.* いっそう多くの人 *n.* いっそう多くのもの abiit ad plures 彼はいっそう大勢の人のいる所(冥界)へこの世から旅立った quid ego plura dicam? どうしてこれ以上私が話さなくてはいけないのか

plūrimus *a.1.2* plūrim-a, -um §50 [multus の最上級 §61] **1.**最も多くの, 非常に沢山の **2.**大部分の, たいていの **3.***gen.*(9c7)最も高価な(ときに *abl.* で 9f14) plurimo sudore 最も多くの汗を流して(苦労して) quam plurimo vendere できるだけ高い値で売る (副)**plūrimum** (9e13) 大部分, 大抵(の場合), ほとんど, 大いに, 主に, せいぜい quam plurimum scribere できるだけ沢山書くこと

plūs *n.* plūris *3* §66 [multus の比] **1.**いっそう多い数・量 **2.** gen(9c7) いっそう高い値の, いっそう重要な plus mali quam boni 幸福よりも, いっそう多くの不幸 pluris emere いっそう高い値で買う (副)**plūs** (9e13) いっそう大きく・多く・大切な, さらに加えて dies triginta aut plus eo 30 日かそれ以上の間

plūsculus *a.1.2* plūscul-a, -um §50 [plūs の小] いくらか・もっと多い・大きい, 少し(かなり)大きい・多い, 少し余分の・沢山の (名)**plūsculum** *n.* plūsculī *2* §13 ちょっと多い数・分量, 少し余

分の・かなり多い分量 (副)**plūsculum** (9e13) いくらか(多少)・もっと大きく・多く いくらか・いっそう長く

pluteus (-**teum**) *m.*(*n.*) pluteī *2* §13 **1.**障壁車(攻城兵の作業を庇う移動式の衝立) **2.**急ごしらえの防御胸壁 **3.**長椅子(寝台)のひじかけ, 背もたれ **4.**本棚, 書机(?)

Plūtō (-**ōn**) *m.* Plūtōnis *3* §41.8b (神)下界, 冥府(よみの国)の神 (形)**Plūtōnius** *a.1.2* Plūtōni-a, -um §50 Pluto の

pluvia *f.* pluviae *1* §11 [pluvius] 雨の一降り, 雨, にわか雨 (形)**pluviālis** *a.3* pluviāle §54 雨降りの, 雨の, 雨を含んだ, 雨で育てられた, 雨のような, 雨にぬれた, 雨をもたらす pluvialis fungus 雨で育つキノコ

pluvius *a.1.2* pluvi-a, -um §50 [pluō] **1.**雨の, 雨降りの **2.**雨のように降ってくる, 落ちてくる **3.**雨模様の, 雨を含んだ, 雨にぬれた, 雨の多い, 雨をもたらす(雨を降らす) aqua pluvia 雨水 pluvius arcus 虹 pluviae Hyades 雨季をもたらすヒュアデス星座

pōcillum *n.* pōcillī *2* §13 [pōculum の小] 小さなコップ, 小さなコップ一杯の量

pōculum *n.* pōculī *2* §13 **1.**飲む容器, コップ, 杯, わん **2.**容器の中身, 飲むもの(水・酒など) **3.**(*pl.*)飲むこと, 酒宴 venient ad pocula dammae シカが水を飲みにやってくるだろう ut eodem poculo, quo ego bibi, biberet (116.1) 彼が, 私が飲んだと同じ杯のものを飲むように(私と同じ苦痛(不幸)を味わうように)

podager *a.1.2* poda-gra, -grum §52 <ποδαγρός 足の痛風をわずらっている (名)**podager** *m.* podagrī *2* §15 足の痛風患者 **podagra** *f.* podagrae *1* §11 足の痛風

pōdex *m.* pōdicis *3* §21 尻, 臀部(でん), 肛門, 尻の穴

podium *m.* podiī *2* §13 **1.**円柱を支える土台石, 基壇 **2.**円形闘技場の砂場をめぐる壁(この上に観客席が設けられて

poēma *n.* poēmatis *3* §22 ＜
πoίημα **1.** 詩, 詩作, 詩歌 **2.** 韻文

poena *f.* poenae *1* §11 ＜πoινή
1. 身のしろ金, 賠罪金, 賠償(金), 償い,
罰, 罰金 **2.** 復讐, 報復 **3.** 苦痛, 責苦,
拷問, 苛責 **4.** 復讐・処罰の女神 si inju-
riam faxit alteri, xxv aeris poenae
sunto 他人に不法行為をなしたる場合, 罰
金は 25 アースとす do poenas temeritatis
(9c10) meae 私は私の軽率な行為の罰を
うける rei publicae poenas aut morte
aut exsilio dependere 国家に対する罪
は, 死(刑)か追放(刑)でつぐなうこと

poeniō → puniō

poenitet → paenitet

Poenus *a.1.2* Poen-a, -um §50
1. Phoenicia の **2.** カルタゴ(Phoenicia 人
の植民地)の, カルタゴ人の (名)**Poenus**
m. Poenī *2* §13 **1.** カルタゴ人
2. ハンニバル

poēsis *f.* poēsis *3* §40 ＜πoίησις
詩, 韻文, 作詩(法)

poēta *m.* poētae *1* §11 ＜πoιητής
詩人, 韻文作家, 芸術家 (形)**poēticus**
a.1.2 poētic-a, -um §50 詩の, 詩人
の, 詩的な, 創造的な (名)**poētica** *f.*
poēticae ＝ **poēticē** *f.* poēticēs *1*
§§11, 37 詩学, 作詩法

poētria *f.* poētriae *1* §11 ＜
πoιήτρια 女詩人

pol 間 Pollux に誓って, 神に誓って, 確
かに, 本当に

polenta *f.* polentae *1* §11 ［cf.
pollen］からをとり, 粉にした穀粒, 精
白大麦, ひきわり大麦, 大麦粉(かゆ・ス
ープ用)

poliō *4* polire, polīvī, polītum §111
1. みがく, なめらかにする, つや(光沢)を
出す, とぐ **2.** 精白する, 白くする, 白く塗
る **3.** 平らにする, 雑草をとって土地をきれ
いにする **4.** みがきをかける, 洗練する, 推
敲する, 仕上げる, 完成させる nondum
esse (117.5) satis politum hunc orato-
rem (9e11) この雄弁家はまだ充分にみが
きあげられていない(ということ)

polītē §67(1) (比)politius **1.** 礼儀
正しく, ていねいに, 優雅に, 上品に **2.** 教
養のある, 風雅な, 完成された表現(文体)
で

polīticus *a.1.2* polītic-a, -um §50
＜πoλιτικός 都市国家に関する, 国政に
かかわる, 政治上の, 政治的な

polītus *a.1.2* polīt-a, -um §50
［poliō の完分］ (比)politior (最)
politissimus **1.** 洗練された, 優雅な, あ
かぬけした, 上品な, 礼儀正しい **2.** 磨か
れた, 完成した, 教養のある, 風雅な (副)
polītē §67(1) 最後の仕上げをして,
磨きあげて, 優雅に

pollen (*m.*)*n.* pollinis *3* §28 き
れいに精白された小麦粉

pollēns *a.3* pollentis §58 ［polleō
の現分］ (比)pollentior (最)pollentis-
simus 権力を用いる, 勢力のある, 強力
な, 有力な, 強固な, 勢いのいい (Liber)
pollens vini (9c13) 酒に強い (Liber)
(酒の支配者) pollens sagittis (9f17)
Apollo 弓矢に強い Apollo

polleō *2* pollēre, (polluī), ——
§108 **1.** 大きな力を持っている, 強力で
ある, 影響力をもつ, 権勢を誇る, 優勢で
ある, 支配する **2.** 大きな重み(価値)をも
つ, 重きをなす, 効果をもつ

pollex *m.* pollicis *3* §21 **1.** 親指
(承認・不賛成を示すしぐさに用いられる)
2. 足の親指 pollicem premere 親指を,
にぎった人差し指の上におしつける(負けた
剣闘士に好意を示すしぐさ) pollice verso
親指をのばして下へ向ける(負けた剣闘士
が殺されるのに賛成するしぐさ)

polliceor *dep.2* pol-licērī, -licitus
sum §§123(2), 125 (構文)対, 不, 不
句をとる 約束する, 保証する, 受け合う,
断言する maria montesque polliceri 海
や山を約束する(できないことを約束する)
sese imperata facturos pollicentur 彼
らは, 自分らは命じられたことを遂行する
であろうと約束する pollicentur obsides
dare 彼らは人質を与えることを約束する

pollicitātiō *f.* pollicitātiōnis *3*
§28 ［pollicitor］ 約束, 提案, 申し出

pollicitor *dep.1* pollicitārī, pollicitātus sum §§123(1), 125 [polliceor] たえず(いつも)約束する

pollicitum *n.* pollicitī 2 §13 [polliceor の完分] 約束, 契約, 見込み

pollinctor *m.* pollinctōris 3 §26 [pollingō] 死骸を洗い埋葬の準備をする人, 埋葬人, 葬儀屋

pollingō 3 pollingere, pollinxī, pollinctum §109 死骸を洗い埋葬の用意をととのえる

Polliō *m.* Polliōnis 3 §28 1. ローマの家名 2. C.Asinius Pollio ローマの歴史家, 詩人の保護者(76B.C.-A.D.4)

pollūceō 2 pollūcēre, pollūxī, pollūctum §108 1. 犠牲として提供する, ささげる 2. 料理として食卓にだす

polluō 3 polluere, polluī, pollūtum §109 1. 汚す, きたなくする, 汚染する 2. 神聖をけがす, 冒瀆する 3. 名誉を汚す, 体面を傷つける, 品性をおとす, 地位を下げる, 堕落させる 4. たらし込む, 辱しめる, 犯す 5. (法を)犯す, 破る, 背く, 侵害する pollutā pace (9f18) 平和条約が破られると nec polluit (illa aetas) ora cruore あの時代は口を(動物の)血でよごさなかった(植物のみを食べていた)

pollūtus *a.1.2* pollūt-a, -um §50 [polluō の完分] (比)pollutior (最)pollutissimus 腐敗・堕落した, 身を持ちくずした, 不品行な, 不貞の, みだらな, 退廃した, 品性の落ちた

Pollux *m.* Pollūcis 3 §21 (神) Tyndarus と Leda の子, Castor と双子の兄弟

polus *m.* polī 2 §13 <πόλος 1. 極, 極地 2. 天, 空, 蒼穹

Polybius *m.* Polybiī 2 §13 前2世紀のギリシアの歴史家

Polydōrus *m.* Polydōrī 2 §13 Troia の王 Priamus と Hecuba の子

Polyphēmus (-os) *m.* Polyphēmī 2 §13 Cyclops の一人

pōlypus *m.* pōlypī 2 §13 < πολύπους 1. タコ 2. ポリープ, 鼻茸(はなたけ)

Polyxena (-ē) *f.* Polyxenae(-ēs) 1 §11(37) (神)Priamus と Hecuba の娘

pōmārius *a.1.2* pōmāri-a, -um §50 [pōmum] 果物の, 果樹の (名) **pōmārium** *n.* pōmāriī 2 §13 果樹園 **pōmārius** *m.* pōmāriī 2 §13 果物店主

pōmērium *n.* pōmēriī 2 §13 <エ? 1. 町(エトルリア, ラティウムの), 特にローマの正式の境界である城壁の外をとり巻く細長いはだかの土地 2. 境界(線)

pōmifer *a.1.2* pōmi-fera, -ferum §51 [pōmum, ferō] 1. 果実をもたらす, 沢山果実をつける 2. 肥沃な, 実りをもたらす

Pōmōna *f.* Pōmōnae 1 §11 ローマの果実の女神

pompa *f.* pompae 1 §11 <πομπή 1. 凱旋式・祭礼・大競技場内などの公けの行列, 葬列, 随員・お供の行列 2. (饗宴における皿の)見せびらかし, 陳列, 誇示, 虚飾, 美辞麗句 3. 盛儀, 華美, 壮観 detraxit muneri (9d5) suo pompam 彼は自分の贈物から虚飾(誇示)を取りのぞいていた

Pompēiī *m.pl.* Pompēiōrum 2 §13 Vesvius 火山の麓の港町, 79 年火山の噴火で埋没 (形)**Pompēiānus** *a.1.2* Pompēiān-a, -um §50 Pompeii の

Pompēius *a.1.2* Pompēi-a, -um §50 1. ローマの氏族名 2. Cn.Pompeius Strabo (3)の父 3. Cn.Pompeius Magnus 三頭官(106-48B.C.) (形)**Pompēiānus** *a.1.2* Pompēiān-a, -um §50 Pompeius の

Pompilius *a.1.2* Pompili-a, -um §50 1. ローマの氏族名 2. Numa Pompilius, ローマの二代目の王 3. Numa の

pompilus *m.* pompilī 2 §13 < πομπίλος ブリモドキ(ブリに似た外洋魚)

Pompōnius *a.1.2* Pompōni-a, -um §50 1. ローマの氏族名 2. L.Pomponius (c.100-85B.C.) Atella 喜劇の作家 3. T. Pomponius Atticus Cicero の友人

pōmum *n.* pōmī *2* §13 **1.** 果樹 **2.** 果物, 果樹園の果物

ponderō *1* ponderāre, -rāvī, -rātum §106 [pondus] **1.** 重さ(目方)をはかる **2.** 慎重に考慮する, 考量する, 評価する, 査定する, 鑑定する

ponderōsus *a.1.2* ponderōs-a, -um §50 [pondus] (比)ponderosior (最)ponderosissimus **1.** 重い, 大きい, 大量の, 重みのある **2.** 重々しい, 堂々たる, 威厳のある

pondō 副 [pondus の *abl.*9f19] **1.** 重さで, 目方で **2.** ときに libra を省略して用いられる, つまり pondo=libra coronam auream libram pondo decernere (重さ)1 リーブラの黄金の冠を授与する argenti (9c4) pondo viginti milia 2 万リーブラの銀

pondus *n.* ponderis *3* §29 [pendeō] **1.** 重さ, 目方, 重量 **2.** 重いもの, 重荷, 多量 **3.** 目方の単位=libra =pondō **4.** 重大性, 重さ, 大きな影響力(価値) **5.** 重々しさ, 重厚, 志操堅固, 不動の信念 **6.** 威信, 威厳 **7.** (*pl.*)平衡, 釣合 saxa magni ponderis (9c5) 非常に重い石 omnium verborum ponderibus est utendum (147. ロ) 言葉のもつあらゆる効果を利用すべきである fabula sine pondere et arte 重厚性も技巧も欠けている劇作品

pōne 副, 前 **1.** (副)うしろに, あとに, うらに, うしろから, 背後へ et ante et pone moveri 前にも後ろにも動かされる **2.** (前)対とうしろに, 後方に, 背後に, うしろへ, 後方へ manus pone tergum vincire 両手を背後でしばる

pōnō *3* pōnere, posuī(posīvī), positum(postum) §109 **1.** おく, すえる, よこたえる, 植える **2.** 墓の中におく, 埋葬する **3.** つけ加える, あてる, 部署につかせる, 配置する **4.** きめる, 定める, 決定する, 命ずる, 提案する, 約束する **5.** 立てる, 建てる, 設立する, 設営する, 天幕を張る **6.** 与える, 捧げる, 奉納する, 保管する **7.** 見つもる, みなす, 考える, 数える, 仮定する, 推量する, 想像する **8.** あらわす, 書く, 描く, 話す, 引用する **9.** 下におく, 捨てる, 放棄する, はなす, 脱ぐ, とり去る, 片づける **10.** 使う, 用いる, 費やす, 役立てる, 投資する, 貸し出す castris ad eam partem positis (9f18) その部分の側に陣営を築くと posito genu ひざまずいて tabulas in aerario ponere 国庫にその文書を保管する membranis intus positis 羊皮紙(原稿)を筐底深くしまっておいて unam esse in celeritate positam salutem (117.5) 唯一の救いは敏捷な行動の中におかれていること calamitatem ante oculos ponunt 彼らは不幸な場面を眼前に描く rebus novis nova nomina ～ 新しい事象に新しい名称を与えること veste posita 着物を脱いで arma ponere 武器を捨てること(降参する) ponet (116.2) famosae mortis amorem 人々の噂になるような死に方をしたいという欲を彼は捨てるべきだ positas ut glaciet nives puro numine (9f10) Jupiter 清冽な寒空が(ユーピテルが清い神意によって)地面につもった雪をどんなに堅く凍らせることか

pōns *m.* pontis *3* §24 **1.** 橋, 建物(壁など)の間に渡した連絡通路, 床板, 階, 甲板 **2.** 民会場の中の投票所へ渡る板橋 **3.** はね橋, 桟橋, 船梯(ふなばしご) **4.** 沼地の丸太道 turris erat vasto suspectu (9f10) et pontibus altis 遥かに見上げるほど高い, 幾層かの床板をもった高い櫓があった

ponticulus *m.* ponticulī *2* §13 [pōns の小] 小さい橋

pontifex *m.* pontificis *3* §21 ローマの国家宗教を管理・統制する神官団(カエサル以後 14 名)の一人, 大神祇官 pontifex maximus 大神祇官長 (形) **pontificālis** *a.3* pontificale §54 pontifex の (名)**pontificātus** *m.* pontificātūs *4* §31 pontifex の職, 品格, 威厳(けん), 体面

pontō *m.* pontōnis *3* §28 ＜ ガ 平底船(輸送船)

pontus *m.* pontī *2* §13 ＜πόντος **1.** 海, 深い湖 **2.** 海の大きな波, うねり

Pontus (-os) *m.* Pontī *2* §§13, 38 **1.** 黒海(=Pontus Euxinus) **2.** 黒海沿岸地方 **3.** 小アジアのローマの属州 (形)**Ponticus** *a.1.2* Pontic-a, -um §50 黒海の, 黒海地方の

popa *m.* popae *1* §11 ＜エ? 生贄を殺す(神官の)従者, 下僕

popellus *m.* popellī *2* §13 [populus の小] (軽蔑した)民衆, 庶民, 烏合の衆, 群衆

popīna *f.* popīnae *1* §11 **1.** 下等な飲食店, 小さな居酒屋 **2.** 飲食店で売っている食品

popīnō *m.* popīnōnis *3* §28 [popīna] 低級な飲食店の常連

poples *m.* poplitis *3* §21 **1.** ひざ, ひざがしら **2.** ひかがみ

poposcī → poscō

Poppaeus *a.1.2* Poppaea, Poppaeum §50 ローマの氏族名 **1.** Q. Poppaeus Sabinus, A.D.9 の執政官(次) **2.** Poppaea Sabina(1. の娘) Nero の二番目の妻

populābilis *a.3* populābile §54 [populor] 荒らされることのできる, 破壊しうる

populābundus *a.1.2* populābund-a, -um §50 [populor] 破壊(荒廃)を計画している, に従事している, に忙しい

populāris *a.3* populāre §54 [populus] (比)popularior **1.** 民衆の, 民衆に関する, 民衆のための, 国民の, 大多数の **2.** 民衆に共通する, 公共の, 一般の, 普通の, 共同の **3.** 民衆(支持)派の, 民衆のためにつくす, 民衆の人気を意図した, 民衆に人気のある, 人望のある, 民主的な **4.** 自国の, 生国の, 同郷の, 同国の, 同市の **5.** 仲間の, 友の popula- ria verba 共通語 oliva popularis 土着(自国)のオリーブ

populāris *m.* populāris *3* §19 **1.** 同じ共同体の人, 同国民, 同市民, 同郷の人, 住民 **2.** 仲間, つれ, 協同者, 共犯者 **3.** 民衆(支持)派の人, 民主派の人(党員) populares conjurationis 陰謀仲間 mea popularis 私と同郷の女性

populāritās *f.* populāritātis *3*

§21 [populāris] **1.** 同じ共同体に属していること, 同郷人であること **2.** 民衆の人気(支持)を得ようとすること

populāriter 副 [populāris §67(2)] **1.** 普通の民衆(市民)がやるように, 一般的に, 下品に, 卑俗な民衆語で **2.** 民衆の支持・人気を得ようとして, 得るやり方で

populātiō *f.* populātiōnis *3* §28 [populor] **1.** 掠奪的遠征, 破壊の行為, 劫掠 **2.** 戦利品, 略奪品

populātor *m.* populātōris *3* §26 [populor] 徹底的に荒らす者, 略奪者

populātus → populor

pōpuleus *a.1.2* pōpule-a, -um §50 [pōpulus] ポプラの, ポプラの木の(木からできた)

pōpulifer *a.1.2* pōpuli-fera, -ferum §51 [pōpulus, ferō] ポプラの木を運ぶ・提供する, ポプラが沢山生えている

populor *dep.1* populārī, populātus sum §§123(1), 125 ＝**populō** *1* populāre, -lāvī, -lātum §106 掠奪(略奪)する, 徹底的に荒らす, 荒廃させる, 破壊する, 滅ぼす

populus[1] *m.* populī *2* §13 **1.** 世界(中)の人, 民族, 国民, 市民 **2.** 平民, 庶民, 人民, 臣下 **3.** 人々, 世間(の人), 一般社会, 公衆 **4.** 大衆, 民衆, 大勢の人, 群衆 sacra populi lingua est 人の声は神聖(神の声)

pōpulus[2] *f.* pōpulī *2* §13.(3) ポプラ

por- 頭 「先へ, 前へ(前に), 外へ」の意を本動詞に与える

porca *f.* porcae *1* §11 [porcus] 雌豚

porcellus ＝ **porculus** *m.* porcellī *2* §13 [porcus の小] **1.** 子豚, 小豚 **2.** イノシシの子

Porcius *a.1.2* Porci-a, -um §50 **1.** ローマの氏族名 **2.** M.Porcius Cato (149B.C. 死) **3.** M.Porcius Cato, Caesar の政敵 **4.** Porcia, (2)の娘, Junius Brutus の妻

porcus *m.* porcī *2* §13 豚, 雄豚 **2.** 豚のような人 Epicuri de grege porcus

エピクールスの群の(一人なる)豚(の如き私)

porrēctus *a.1.2* porrēct-a, -um §50 [porrigō の完分] (比)porrectior **1.** のばされた，ひろげられた **2.** 長くされた，延長した，長くのびた(死んだ) **3.** のびやかな，朗らかな，陽気な，皺をのばした **4.** まっすぐの，一直線の porrectior acies もっと広げられた戦線

porrēctus → porriciō, porrigō

porrēxī → porrigō

porriciō (poriciō) *3b* porricere, ──, porrēctum §110 [por, jaciō §174(2)] 生贄(にえ)として捧げる，供え物をする inter caesa et porrecta 生贄が殺されることと祭壇の生贄との間に(最後の土壇場に，いまわの際に)

porrīgō *f.* porrīginis *3* §28 **1.** (頭部の)ふけ，(皮膚病による)皮膚の鱗屑(りんせつ) **2.** 動物の疥癬

porrigō *3* por-rigere, -rēxī, -rēctum §109 [por, regō §174(2)] **1.** のばす，まっすぐにする，さしのべる，ひろげる，張る **2.** 長くする，長びかせる，延長する **3.** 差し出す，提出する，与える，おくる **4.** 大地によこたえる(手足をのばして)，倒す **5.** (再)(受)のびる，ひろがる maritali porrigit ora capistro 彼は結婚というはづなに首をさし出した pars loci in planitiem porrigebatur その場所の一部が広原へとひろがっていた

porrō 副 **1.** 前へ，前方へ，もっと先へ，遠くへ，遠くに **2.** もっとおそく，将来，今後 **3.** (まれに)以前，昔 **4.** それから，つづいて，次に **5.** 次々と，順ぐりに **6.** さらに，その上に **7.** しかし，他方では inscius, quae sint (116.10) ea flumina porro 自分の前の，それらの川がどんな川なのか知らない彼は fac eadem ut sis porro あんたは今後も同じような女でいてくれ

porrum (porrus *m.***)** *n.* porrī *2* §13 ニラ，ネギ

Porsen(n)a *m.* Porsen(n)ae *1* §11 Etruria の Clusium の王

porta *f.* portae *1* §11 **1.** (大)門，市門，城門，陣営の門 **2.** 大邸宅の門から玄関までの道，出入口，戸，扉 **3.** 山岳地帯の峠道，隘路，峡谷 **4.** 肛門 Socrates qui pedem porta (9f7) non extulit 市門から外へ出なかったソークラテース(故里を捨てなかった) cogitans (118.4) portam itineri dici longissimam esse 旅に出るとき，門までの道が一番長いといわれていること(最初の決断に一番骨がおれる)を思い出して，彼は…

portātiō *f.* portātiōnis *3* §28 [portō] 運ぶこと，運搬，伝達

portendō *3* por-tendere, -tendī, -tentum §109 [por, tendō] 未来を予告する，予言する，(未来の幸・不幸を)前兆で示す，あかす，警告する magnum malum, quod in quiete tibi portentum est 睡眠中にお前に警告された大きな不幸

portentificus *a.1.2* portentific-a, -um §50 [portentum] 超自然的な(効)力を持った

portentōsus *a.1.2* portentōs-a, -um §50 [portentum] (比)portentosior (最)portentosissimus **1.** 不思議な，異常な **2.** 奇怪な，恐ろしい **3.** 不吉な，縁起のわるい **4.** 超自然的な，奇跡的な性質(力)を持った

portentum *n.* portentī *2* §13 [portendō の完分] **1.** 凶事を予示する(凶事の前兆となる)異常な・奇怪な・不思議な現象，凶事の前兆，不吉な前ぶれ **2.** 天変地異，奇怪な現象，奇蹟，怪物，奇形 **3.** 空想的なつくり話，超自然的な物語，妖精譚

porticus *f.* porticūs *4* §31 [porta] **1.** 円柱で支えられた屋根の下の歩道，柱廊，大邸宅の玄関・広間，中庭の回廊，公園・広場の逍遥柱廊 **2.** 攻城作業兵の庇護廊下 **3.** Zenon がアテーナイで教えていた柱廊(στοά)＝ストア哲学

portiō *f.* portiōnis *3* §28 **1.** 部分，一部 **2.** 分け前，一人前，割り当て，持ち分 **3.** 比，比率，比例，割り合い，釣り合い，均衡，調和，関係 pro sua portione それぞれの分け前(分)に応じて，それぞれできる限り pro portione 比例して，関係において，比較して ut statim portionem meam sibi addiceret 彼は私の分け

portitor 592

前をすぐに彼の分け前に加えるように opor-tet causis principia pro portione rerum praeponere 事情に応じて, 理由より原則を優先させるべきだ

portitor *m.* portitōris *3* §26 [portus] **1.** 輸入税・輸出税・関税の徴収人, 税関吏 **2.** =Charon(冥府の川の渡し守) **3.** 渡し守, 船頭, 運搬人

portō *1* portāre, portāvī, portātum §106 [porta] **1.** 運ぶ, 持って行く, 運搬する, 輸送する **2.** 伝える, 伝達する, 知らせる omnia mea porto mecum 私は私のものは皆, いつでも自分で持ち歩いている(賢者は, いつでもどこでも一人で裕福だ, 満足している)

portōrium *n.* portōriī *2* §13 [portitor] 関税, 入港税, 通行税, 橋税

portula *f.* portulae *1* §11 [portaの小] 小さな門

Portūnus *m.* Portūnī *2* §13 港の神 **Portūnālia** *n.pl.* Portūnālium Portunus 祭(8月17日)

portuōsus *a.1.2* portuōs-a, -um §50 [portus] (比)portuosior 港がよく備わっている, 港の多い

portus *m.* portūs *4* §33 [porta] **1.** 港 **2.** 避難所, 隠れ家 **3.** 河口 in portu navigo 私は安全だ navem in portu mergis お前は港で船を沈め(てい)る(お前は老いてもなお軽率だ, 又は, お前の計画は完成した瞬間にだめになる, 九切の功を一簣にかく)

pōsca *f.* pōscae *1* §11 (水に酢酸を混ぜた)酸味のある清涼飲料水(庶民の普通の飲物)

poscō (pō- ?) *3* poscere, poposcī, ── §109 **1.** あるもの(こと)を強く(命令的に)要求(請求)する(対, 不, 不句, ut の構文) **2.** (人や物の二重対と 9e2,3)強く(命令的に)求める **3.** 呼び寄せる, 召喚する, 罰を要求する **4.** 知ることを要求する, 尋ねる, 問う, 探す **5.** 求婚する, 値をつける(競売で) militibus, ut imperator pugnae adesset, poscentibus (118.4) 将軍が戦闘に立ち会うように兵士

たちが要求したので posce deos veniam 神々に愛顧を乞い給え quos populus judices poscit 人々が裁判官として要求している人たち ego poscor Olympo オリュンプスに来いと呼ばれているのは私なのだ poscat sibi fabula credi その物語は, 自分を(真実と)信じてくれと要求するだろう

positiō *f.* positiōnis *3* §28 [pōnō] **1.** 置くこと, すえること, 植えること **2.** 位置, 配列, 展示, 割りつけ **3.** 場所, 立場, 境遇, 条件 **4.** 心身の態度, 状態, 気分, 調子 **5.** (修)主題, 題目, 表示, 提示, 断定, 断言 **6.** 声を低くすること, 抑音, 下拍, 語尾 caeli ～ 気候 prima verbi positio 語の最初の形, 語幹, 語基

positor *m.* positōris *3* §26 [pōnō] 建築者, 創建者, 創設者

positūra *f.* positūrae *1* §11 [pōnō の未分] **1.** 位置, 場所, 方位 **2.** 情勢, 境遇, 立場 **3.** 配列, 配置, 取り合せ

positus *m.* positūs *4* §31 [pōnō の完分] **1.** 位置, 場所 **2.** 配列, 配置 **3.** 立場, 境遇 **4.** 調髪様式

possēdī, possessus → possideō, possīdō

possessiō *f.* possessiōnis *3* §28 [possīdō] **1.** 所有, 所持, 享受, 占取, 占有 **2.** 占領, 占拠, 支配, 統制 **3.** 所有地, 所有物

possessor *m.* possessōris *3* §26 [possideō] **1.** 所有者, 地主, 所有主 **2.** 被告

possetur (古) = posset

possideō *2* pos-sidēre, -sēdī, -sessum §108 [potis, sedeō §174 (2)] **1.** 持っている, 所有している(する), 財産として所有する, 所有主である, 占有する, 居住する **2.** 支配する, 圧倒する, 自由にする, 統制する **3.** (時間・心)独占する, みたす, ふさぐ, 奪う, 夢中にさせる hic plus fidei quam artis possidet in se 彼は自分の中に, 才能より誠実を多く持っている nunc vero totum me tenet, habet, possidet 今や, 彼は全く私の心を

つかみ, 捕えて, はなさないのです

possīdō 3 pos-sīdere, -sēdī, (-sessum) §109 [potis, sīdō] **1.** いきなりつかむ, しっかりとにぎる, 捕える **2.** 獲得する, 奪いとる, わがものとする

possiem, -ies, -iet (古) → possum

possitur (古) = possit

possum 不規 posse, potuī §152 [potis, sum] (古) potesse(=posse), possiem(=possim), possies(=possis) etc. (cf. §151 注) **1.** できる **2.** 可能である, 許可される **3.** 力(影響力, 効力, 知力)を持つ・が強い **a.** 不と(117.4) : parvis copiis castra munitione ipsa videbat posse defendi 少数兵力によっても, 陣営はこの防御設備だけで守りきれると思われた quoniam non potest id fieri, quod vis, id velis (116.2) quod possit (116.8) 世の中は思う通りにいかないのだから, できそうなこと(のみ)を願うべきだ possum scire quo profectus sis? あなたがどこから来られたかお尋ねしてよろしいでしょうか **b.** 対と(9e6) : quid hostis virtute posset? 敵は勇気でもって何ができるというのか plus potest, qui plus valet 力の強い奴が勝つのだ **c.** 単独による非人称(169)あるいは慣用的表現 : faciam quantum potero できる限りのことをやってみよう potest fieri, ut fallar 私がだまされているのかも知れない ut nihil ad te dem (159) litterarum (9c4), facere non possum 私はあなたにどうしても手紙を書かざるをえなかった non possum quin exclamem 私は叫ばずにはおられないのだ quam maximas manus possunt cogunt 彼らはできるだけ沢山の軍勢を集める rē frumentariā quam celerrime potuit comparatā (118.5) 食料をできるだけ早く調達してから

post 副, 前 **A.** 頭 post- うしろに, あとで **B.** 副(場所)あとに, 後方に, かげに, 背後に (時間)その後に, 次に, おそくなって, それから servi, qui post erant 後の方にいた奴隷 multis post annis (9f13) 長年を経て **C.** 前 対と(場所)の背後に, うしろに, 後方に (時間)以来, 経て, あとに post urbem その町の背後

に post diem tertium…quam dixerat 彼がそう言ってから三日目に(三日後)

posteā 副 [post, is の abl.] その後, そのあと, それ以来, 今後, その次に, それから quid postea? それからどうなった postea quam nuntii venerunt 情報が入ってきた後に

posteaquam j. [postea+quam] (直・完了又は過去完了と共に)その時以後に, その後で, その時以来

posterior a.3 posterius §65 [posterus の比] **1.** いっそう後にくる, つづく, あとの, 次の, おくれた **2.** 後者の, 若い方の **3.** いっそう劣った, とるに足らぬ, 価値の低い, 第二の posteriores cogitationes sapientiores solent esse 後の考えがいっそう良いのが普通である (名) **posteriōres** m.pl. posteriōrum 3 §26 後世 (副) **posterius** (9e13) もっとおそく, あとで, その後, それ以来

posteritās f. posteritātis 3 §21 [posterus] **1.** 未来, 将来 **2.** 後世, 後代, 子孫 **3.** 死後の名声, 不滅, 不朽

posterus a.1.2 poster-a, -um §50 [post] (比)posterior (最)postremus §63 **1.** 今後の, 将来の **2.** 後につづく, 次の postero die mane 翌日の朝 in (ad) posterum 未来は, 今後は (名) **posterī** m.pl. posterōrum 2 §13 子孫, 後裔, 後世(の人々), 後継者

postferō 不規 post-ferre, ——, —— §158 後に(次に・下位に)置く, いっそう劣っている, 大切でないものとみなす(として取扱う), 軽視する

postgenitus a.1.2 post-genit-a, -um §50 [post, gīgnō の完分] 後に(後世に)生まれた (名) **postgenitī** m.pl. postgenitōrum 2 §13 子孫, 後世の人, 後継者

posthabeō 2 post-habēre, -habuī, -habitum §108 **1.** いっそう大切でないものとして取扱う, 劣っているとみなす, 下位におく **2.** 延期する, あと回しにする

posthāc 副 [post, hic の abl.sg.f.] **1.** この時から, 今から, 今後, 将来 **2.** それ以来, その後

postīcus *a.1.2* postīc-a, -um §50 [post] うしろにある(位置している), 背後(後方)にある (名)**postīcum** *n.* postīcī *2* §13 **1.** 裏戸, 裏口 **2.** 家の背後の離れ, 便所

postid, postillā 副 [*cf.* postea] その後, それ以後, それからのちに, あとで

postis *m.* postis *3* §19 **1.** 柱, 支柱, 戸口の側柱(脇柱), 門柱 **2.** 門, 戸, 戸口

postlīminium *n.* post-līminiī *2* §13 [post, līmen 敷居の後] 帰国権(追放地から), 帰国後の市民権など地位・特権の回復, 財産回復

postmerīdiānus *a.1.2* post-merīdiān-a, -um §50 [post, merīdiēs] 午後の

postmodo = **postmodum** 副 [post modo と2語にもなる] その後間もなく, のちほど, 暫くして, あとで

postpōnō *3* post-pōnere, -posuī, -positum §109 **1.** より劣ったもの(下位のもの)とみなす, として取扱う, 軽視する **2.** あと回しにする, のばす

postquam *j. n.b.* post quam と離れることもある 普通, 直・完了系時称と共に用いられる **1.** …のあとで, …してすぐに, …して以来 **2.** …なので, …ゆえに, …のあとですら, …にもかかわらず postquam Caesar pervenit, obsides poposcit カエサルはやってきてから人質を要求した quartum post annum, quam redierat 彼が帰ってきてから四年目に

postrēmus *a.1.2* postrēm-a, -um §50 [posterus の最] **1.** 最後の, 最終の, 最後部の, 末端の **2.** 最近の **3.** 最も劣った, 価値のない, 最も悪い, 下等な servitus postremum malorum omnium 隷属はあらゆる不幸の中で最も悪いもの (副)**postrēmō** (9f19) 最後に, 最近, 結局, じっさい, 要約すれば, 遂に **postrēmum** (9e13) 最後に, 遂に, 結局(=ad postremum)

postrīdiē 副 [posterus, diēs] その次の日, その翌日

postulātiō (pōst- ?) *f.* postulātiōnis *3* §28 [postulō] **1.** 要求, 請求, 申請 **2.** 嘆願, 陳情, 苦情 **3.** 問責, 告訴, 告発

postulātum (pōst- ?) *n.* postulātī *2* §13 [postulō の完分] **1.** 請求(されたもの), 要求, 要請 **2.** 嘆願, 請願

postulātus *m.* postulātūs *4* §31 訴え, 嘆願, 請求

postulō (pōst- ?) *1* postulāre, -lāvī, -lātum §106 [poscō] (構文)ある人に(対又は ab+*abl.*)あることを(de+*abl.*, 又は対, 不, 不句, ut, ne, 接)たのむ・求める **1.** 要求する, 請求する, 申し込む, たのみ込む **2.** 訴える, 告発する, 追訴する **3.** 期待する, 熱望する, 欲求する se ad senatum venisse auxilium postulatum (120.1)「自分たちは援助を求めて元老院にやってきた」と ad deliberandum (119.4) sibi unum diem postulavit 彼は熟慮のために, 一日の猶予を乞うた Ariovistus, ex equis ut colloquerentur, postulavit アリオウィストゥスは馬上からの会談を要請した te a Duronio de ambitu postulatum (esse)「あなたがドゥロニウスによって, 贈収賄の罪で告発されている」こと

postumus *a.1.2* postuma, postumum §50 **1.** 最後に生れた **2.** 父の死後に生れた **3.** 遺言書のあとに生れた

posuī → pōnō

potēns *a.3* potentis §58 [possum の現分] (比)potentior (最)potentissimus **1.** できる, 力がある **2.** 恵まれている, 所有している **3.** 政治的(軍事的)影響力をもっている, 強力な, 勢力のある **4.** 支配する, 制御する, 抑制する **5.** 有効な, 効果のある miles locuples, multo auro (9f17) potens 大量の金を持っている大金持の兵士 dum mei (9c13) potens sum 私が自己を制御している限り

potentātus *m.* potentātūs *4* §31 [potēns] 支配権, 統治権, 支配, 命令, 統治

potenter 副 [potēns §67(2)] (比)potentius (最)potentissime **1.** 強力

に，激しく **2.** 効果的に，説得力をもって **3.** 横柄に，威圧的に

potentia *f.* potentiae *1* §11 ［potēns］ **1.** 力，威力，権力，影響力，支配力 **2.** 威勢，優勢，強大，権威 **3.** 暴力，強制(力) **4.** 支配，統治 **5.** 効能，効力

potesse（古）＝ posse

potestās *f.* potestātis *3* §21 ［potis］ **1.** 力，動力，圧力，馬力 **2.** 力量，能力，体力，精神力 **3.** 勢力，威力，権威，権力，支配力，影響力 **4.** 行政権，司法権，職権(力) **5.** 機能，意味，価値，効力，効能 **6.** 機会，資格，自由裁量，選択権 vitae necisque potestatem in aliquem habere 誰々に対して生殺与奪の権限をもつ hostibus pugnandi (119.2) potestatem fecit 彼は敵に戦う機会をつくってやった(与えた) mihi (9d11) tabularum potestas facta est その帳簿は私の意のままになった

potestur（古）＝ potest

pōtiō *f.* pōtiōnis *3* §28 ［pōtō］ **1.** 飲むこと，飲酒 **2.** 飲みもの，飲み薬，毒薬，媚薬 **3.** 一飲み，一杯，一服，一回の服用量

potiō *4* potīre, -tīvī, -tītum §111 ［potis］ 支配下におく，手に入れる

potior[1] *dep.4* potīrī(potī), potītus sum §§123(4), 125 ［potis］ （構文）属，対，奪をとる **1.** 手に入れる，獲得する，所有する，持つ **2.** 捕える，捕虜にする，征服する，支配する **3.** 自由に使いこなす，熟達する，精通する，達成する，到達する **4.** 利益を受ける，享受する，用いる spes potiundi (121.3) oppidi 町を手にいれたいという希望 voluptates, quibus (9f16) senectus, si non abunde, potitur 老齢が，たとい豊富でなくても享受する快楽 totius Galliae (9c13) sese potiri posse sperant 彼らは全ガリアを征服できると信じている

potior[2] *a.3* potius §65 ［potis の比］ **1.** いっそう強い主張(権利)をもっている，より立派な資格(優先権)をもつ，より正当な理由をもつ **2.** いっそう望ましい，

良い，価値のある，優れた，大切な **3.** いっそう強い支配力(権力・威信)をもつ，より強い，より効果的な mors civibus Romanis semper fuit servitute potior ローマ市民にとって，死は常に隷属よりも優先された

potis または **pote** 無 （比)potior （最)potissimus （構文)述語として(のみ)用いられ，不，ut，又は，接をとる できる，力をもった，可能な，しやすい，しがちな potin (＝potisne) es mihi verum dicere? お前は私に本当のことが言えないのか potin ut taceas? お前はだまっておれんのか qui istuc potis est fieri? あなたの言っているようなことがどうして起こりえようか velim scribas ad me quantum pote できるだけ早く返事を書いてもらいたい

potissimus *a.1.2* potissim-a, -um §50 ［potis の最］ 最も強力な，最強の権力をもつ，最高の，最も優れた，主要な，肝腎な （副)**potissimum** (9e13) 特に，とりわけて，主として，ことに，就中，むしろ，なるべく

potītus → potiō, potior[1]

potius 副 ［potior の n.］ むしろいっそうのこと，どちらかといえば，その代(かわ)りに hoc potius agam quod hic rogat こいつが求めていることは(ぐらいなら)むしろわしがやりたい．Catoni moriendum potius quam tyranni vultus aspiciendus (147) fuit カトーにとって暴君の顔を見るくらいなら死ぬ方がよかったのだ

pōtō *1* pōtāre, pōtāvī, pōtātum (pōtum) §106 **1.** 沢山飲む，がぶがぶ飲む，(動物が)飲む **2.** 渇きをいやす **3.** 痛飲する，浴びるように酒を飲む **4.** 吸い込む，吸引する potantia vellera fucum 赤紫色の染料を吸収した羊毛 potum (120.1) venient juvenci 小牛らが水を飲みにやってくるだろう

pōtor *m.* pōtōris *3* §26 ［pōtō］ **1.** 飲む人 **2.** 酒呑み，大酒豪，酒鬼 Rhodani potores ロダーヌス川の水を飲む人(川の沿岸に住む人)

pōtrīx *f.* pōtrīcis *3* §21 女の酒呑み

potuī

potuī → possum

pōtum → pōtō

pōtus *m.* potūs 4 §31 [pōtō の 完分] **1.** 飲むこと，一飲み **2.** 飲物，酒

prae 副，前 **1.** 頭 (prae-)「先頭，末端，昔の，以前の，先に，前に，非常に」の意を示す **2.** 副 先に，前に(を)，先頭に，正面に i prae 先に行け **3.** 前 (奪支配) **a.** 前に，前面(正面)に(で)，見える所に **b.** と比較して，に対して **c.** のために，のゆえに，によって prae se ferre (gerere) 見せびらかす，誇示する，断言する tu prae nobis beatus es お前は私と比べると幸福だ nec loqui prae maerore potuit 彼は悲哀のため話せなかった

praeacuō 3 prae-acuere, -acuī, -acūtum §109 先端をとがらせる(鋭くする)

praeacūtus *a.1.2* -acūta, acūtum §50 非常に鋭い，とがった

praealtus *a.1.2* prae-alt-a, -um §50 非常に高い，非常に深い

praebeō 2 praebēre, praebuī, praebitum §108 [prae, habeō] **1.** 差し出す，提供する，渡す，与える，供給する **2.** 示す，見せる，さらす **3.** ゆだねる，任す **4.** 生ぜしめる，引き起す speciem pugnantium praebere 戦っている者たちの様子を見せる(戦っているふりをする) tu frigus amabile fessis vomere (9f15) tauris praebes お前(泉)は鋤(の耕作)に疲れた牛に心地よき涼気を与える praebere terga 背中を見せる(敗走する，退却する)

praebitor *m.* praebitōris 3 §26 [praebeō] 供給者，調達者

praebitus → praebeō

praebuī → praebeō

praecānus *a.1.2* prae-cān-a, -um §50 [prae, cānus] 年より早く白髪となった，ひどい白髪の

praecaveō 2 prae-cavēre, -cāvī, -cautum §108 **1.** 予め配慮する，予防策を講ずる，注意する，警戒する **2.** 気づかう，心配する **3.** 防止する，さける id ne accideret, magnopere sibi praecaven-

dum (147. ロ) Caesar existimabat そのことが起らないように，予め自分の手で大いに予防策を講ずるべきだとカエサルは考えた

praecēdō 3 prae-cēdere, -cessī, -cessum §109 **1.** 先に立って行く，先行(先導)する **2.** より早く(先に)行く・着く **3.** 予期(予想)する **4.** 上位(上席)を占める，まさる，すぐれる，越す nec tardum opperior nec praecedentibus (118.2) insto 私はおくれてくる人を待ちもしないし，先に行く人たちを追いかけもしない Gallos virtute (9f3) praecedunt 彼らは武勇の点でガリア人よりまさっている

praecellēns *a.3* prae-cellentis §58 [praecellō の現分] (比)praecellentior (最)praecellentissimus **1.** 目だって背の高い **2.** 卓越した，傑出した，抜群の，顕著な

praecellō 3 prae-cellere, ——, —— §109 他人を凌駕する，群をぬく，衆にぬきんでる per eloquentiam, または eloquentiā (9f11, または 9f3) praecellebat 彼は雄弁によって(にかけて)衆にぬきんでいた

praecelsus *a.1.2* prae-cels-a, -um §50 [prae, celsus] 非常に背の高い，高い，けわしい

praecēpī → praecipiō

praeceps[1] *a.3* praecipitis §55 [prae, caput] **1.** 頭から先に，まっさかさまに **2.** 猛然と飛び出す，猪突する，急に襲う **3.** 勢いの烈しい，性急な，突然の **4.** けわしい，切り立った，絶壁の **5.** かたむいている，沈みつつある，(季節・年齢)すすんだ，衰えた **6.** 破滅寸前の，瀬戸際の，危機にある quem praeceps alea nudat 賭けごとが突然裸にしてしまう人 praecipites fugae (9d4) sese mandabant 彼らは一目散に逃走した praecipiti jam die (9f18) すでに日は傾いていたとき praeceps Anio 急流のアニオ川 praeceps animi (9c6) Tmarus 無鉄砲なトマルス

praeceps[2] *n.* prae-cipitis 3 §21 **1.** 断崖，絶壁 **2.** 危険な(急峻な)坂道，下降，落下 **3.** 深淵(底知れぬ穴)のへり・ふ

ち, 瀬戸ぎわ turrim in praecipiti stantem 崖ぶちに立っている櫓を in praeceps まっさかさまに, 猛然と （副）**praeceps** まっさかさまに, 恐ろしい危険の中へ, どん底へ, 奈落へ

praeceptiō *f.* praeceptiōnis 3 §28 ［praecipiō］ **1.** 遺産の先取権, 特定遺贈 **2.** 訓戒, 教訓, (規律の)指導, 命令, 教授 **3.** 先入観, 偏見 **4.** 概念, 観念, 表象

praeceptor *m.* praeceptōris 3 §26 ［praecipiō］ **1.** 教師, 学問上の権威 **2.** しつけ忠告する人, 訓戒者, 指導者

praeceptum *n.* praeceptī 2 §13 ［praecipiō の完分］ **1.** 忠告, 教訓, 教え, 戒め **2.** 命令, 指図, 指示, 訓令 **3.** 原則, 規律, 規範

praecerpō 3 prae-cerpere, -cerpsī, -cerptum §109 ［prae, carpō §174 (2)］ **1.** 先端を(から)むしりとる, つみとる, ひき抜く, 切りとる **2.** 抜粋する **3.** 時節より早く刈りとる, 花を折る・奪う **4.** 先手をうつ, 先取りする

praecessī → praecēdō

praecīdō 3 prae-cīdere, -cīdī, -cīsum §109 ［prae, caedō §174(2)］ **1.** 先端を切り落す, 切り取る, 短くする **2.** 切り離す(取る), 取り除く, 奪いとる **3.** 切断する, 中断する, さえぎる, 両断する **4.** 急に中止する, 打ち切る, 拒否する omnibus manus praecidit 彼はすべての者の両手を切り落す praecisa mihi (9d5) est dubitatio 疑いの念は私からとり除かれた brevi praecidam 手短に省略して話そう

praecingō 3 prae-cingere, -cinxī, -cinctum(-cīn-?) §109 **1.** 取り巻く, 囲む, 包囲する **2.** 帯(ひも)でしばる, 腰をしめる, 武具を帯びる **3.** 花輪で囲む, 飾る praecincti recte pueri 礼儀正しく帯をしめている奴隷(身なりの正しい) altius ac nos praecincti 我々よりもっと高く帯をしめている人(裾をからげている人, 敏捷に歩く人)

praecinō 3 prae-cinere, -cinuī, -centum §109 ［prae, canō §174(2)］ **1.** 人前で歌う, 演奏する, 演じて見せる **2.** 人前で快い調べを出す, 鳴りひびく **3.** 予言する, 予告する

praecipiō *3b* prae-cipere, -cēpī, -ceptum §110 ［prae, capiō §174 (2)］ **1.** 先に(あらかじめ・前もって)つかむ, とる, 手に入れる, 享受する **2.** 先手をうつ, 見越す, 予期する, 予想する, 先取りする **3.** 教訓(規律)を教える, 与える, 命じる, すすめる, 注意する, 忠告する, 提案する(構文, 与と対, 不, 不句, ut, ne などをとる) mons praeceptus 先に占領されていた山 tempore praecepto (9f18) 時間の上で優位に立つために si lac praeceperit aestus 暑熱が(羊の)乳を先取りするならば(人が乳をしぼるより先に乳房が干からびるなら) jam animo victoriam praecipiebant 彼らはすでに, 心の中で勝利をかちとったと思っていた justitia praecipit parcere victis 正義は敗者をいたわれと教えている haec usu ventura (117.5) opinione praeceperat これらのことがじっさいに起るだろうと彼は(あらかじめ考えて)予期してた

praecipitium *n.* praecipitiī 2 §13 ［praeceps］ 断崖(絶壁)から突き落とすこと, 落ちること, 飛び込むこと

praecipitō 1 prae-cipitāre, -tāvī, -tātum §106 ［praeceps］ **I.** (他) **1.** まっさかさまに突き落とす, 投げ込む, 突き倒す, 投げとばして殺す **2.** 突然(急に)陥れる, 貶める, 失墜させる, 破滅させる, 滅ぼす **3.** 落す, おろす, 沈める, 終らせる, 閉じさせる, 運び去る, 奪う, 遠ざける **4.** かりたてる, せきたてる **II.** (自) **1.** まっさかさまにとび込む, 転倒する, 落ちる, 沈む, 急に閉じる **2.** 失墜する, 陥る, 破滅する, ほろびる **3.** 突進する, 猛然と突込む furor iraque mentem praecipitant 狂気と怒りが理性を奪いとる multi jam menses erant et hiems praecipitaverat もはや多くの月日もすぎ, 冬が終っていた jam nox umida caelo (9f4) praecipitat すでに露を含んだ夜は空から(地上へ)いそいで降りつつあった(朝になりかけていた)

praecipuus *a.1.2* praecipu-a, -um

praecīsus

§50〔praecipiō〕 **1.** 特別の, 固有の, 排他的な, もっぱらの **2.** 非凡な, 傑出した, 優れた, 目立つ, 異常な, 例外的な **3.** 主な, 最高の, 至上の, 首位の (副) **praecipuē** §67(1) 特別に, すぐれて, とりわけ, なによりも先ず, 第一に, なかんずく

praecīsus *a.1.2* praecīs-a, -um §50〔praecīdō の完分〕 **1.** 切り立った, 急な, けわしい **2.** 切りつめた, 省略した, 簡潔な **3.** 切れ切れの, 脈絡のない (副) **praecīsē** §67(1) **1.** 手短に, 簡潔に **2.** 断固として, 絶対的に, 完全に

praeclārus *a.1.2* prae-clār-a, -um §50 (比)praeclārior (最)praeclarissimus **1.** 非常に輝く, 明るい, 目立つ, 晴れやかな **2.** 非常に立派な, 美しい, 優れた, 壮麗な **3.** (名声・業績など)すばらしい, 顕著な, 傑出した (副)**praeclārē** §67(1) (最)praeclarissime 非常にはっきりと, 明らかに, きれいに, 見事に, 巧みに, いみじくも

praeclūdō *3* prae-clūdere, -clūsī, -clūsum §109〔prae, claudō §174 (2)〕 **1.** 前をとじる, ふさぐ, しゃ断する, じゃまする **2.** 入り口をとざす, さえぎる, さまたげる, 締め出す, 閉じ込める **3.** 締める, しばる, 禁じる, 短くする, 限る nullis praeclusa virtus est 美徳(への接近)は何人にもとざされていない

praecō *m.* praecōnis *3* §28 **1.** 触れ役, 告知人, 廷丁, 先触れ **2.** 競売人, 呼び売り人

praecōgitō *1* prae-cōgitāre, -tāvī, -tātum §106 あらかじめ考える, 工夫する, 前もって考慮する

praecognōscō *3* prae-cognōscere, -cognōvī, -cognitum §109 予め考え抜く, 工夫する, 計画する

praecolō *3* prae-colere, -coluī, -cultum §109 **1.** 前もって(予め)耕す, 耕しておく, 予備教育を施す **2.** 時期尚早に育成(促進)する, 性急に(早まって)尊敬する(たてまつる)

praecompositus *a.1.2* prae-composit-a, -um §50〔praecompōnō の完分〕 あらかじめ準備されていた, 練られていた, 打ち合わせていた

praecōnius *a.1.2* praecōni-a, -um §50〔praecō〕 **1.** ふれ回る公僕の, ふれ役の, 呼び出し人の **2.** 競売人の (名) **praecōnium** *n.* praecōniī *2* §13 **1.** 公けに告げる・呼び出す・触れ回ること(行為・役目) **2.** 公知, 公表, 公示 **3.** 讃辞, 賞讃, 宣伝 **4.** 競売人の役・仕事

praecōnsūmō *3* prae-cōnsūmere, -sūmpsī, -sūmptum §109 あらかじめ(前もって・早目に)使い果たす, 消費する, 消耗させる, 衰弱させる

praecontrectō *1* prae-contrectāre, ——, —— §106 あらかじめ(前もって・早目に)手でさわってみる, 愛撫する

praecordia *n.pl.* praecordiōrum *2* §13〔prae, cor〕 **1.** 横隔膜 **2.** 胸(部) **3.** 内臓, 腸, 胃 **4.** 心臓, 感情の座, 心, 精神, 感情, 心情 **5.** 身体, 肉体 seditionem facit lien, occupat praecordia 脾臓(腹立ち)が謀叛を起し, 胸を占領した etiam vectis (9d8) redit in praecordia virtus 敗北者にすら, 勇気が心の中に戻ってくるのだ

praecorrumpō *3* prae-corrumpere, -corrūpī, -corruptum §109 あらかじめ(前もって)買収する(しておく), わいろを使う, 籠絡する

praecox *a.3* prae-cocis(-coquis) §55〔praecoquō「早くみのる」〕 **1.** 早熟の, 早なりの, はしりの **2.** 時期尚早の, 時宜を得ない, 早計の, 時ならぬ

praecurrō *3* prae-currere, -(cu)currī, -cursum §109 **1.** 先に立って走る, 急ぐ **2.** 追い越す, 先手をうつ, 先ずる, 出し抜く **3.** 凌駕する, まさる, すぐれる **4.** 先だつ(他人より早く死ぬ) **5.** あらかじめ(前もって)起る eo fama iam praecurrerat そこにはもう, その噂が先にとどいていた ut nonnullis regni futuri signa praecurrant 何人かの人には未来の統治(を告げる)の前兆があらかじめ起るように

praecursor *m.* praecursōris *3* §26〔praecurrō〕 **1.** 先頭に立って走る人, 先行者, 先駆者, 先触れ **2.** 斥候,

密偵 **3.** 前衛(部隊)の一員

praecutiō *3b* prae-cutere, ——,
—— §110 ［prae, quatiō §174(2)］
人の前でふり回す，ふりかざす，ふる

praeda *f.* praedae *1* §11 **1.** 強
奪品，略奪品，戦利品 **2.** 猟の獲物，え
じき(獣の) **3.** 略奪，強奪，横領 **4.** 賞，
利益，得 vocamus in partem praeda-
mque（＝partem praedae, hendiadys）
Iovem 我々の獲物の分け前を召し上がれ
と，ユーピテルの名を呼んで祈る

praedābundus *a.1.2* praedābund-a,
-um §50 ［praedor］ 略奪している，
強奪中の，徹底的に荒らしながらの

praedamnō *1* prae-damnāre, -nāvī,
-nātum §106 **1.** 前もって(あらかじめ)
十分に審議しないで有罪と決定する，判決
を下す **2.** あらかじめ(先んじて)無駄な・無
益な・つまらないものときめつける，宣告す
る，決定する

praedātor *m.* praedātōris *3* §26
［praedor］ **1.** 掠奪者，横領者，盗賊
2. 狩人，猟師 **3.** 誘惑者，風俗紊乱者
(形)**praedātōrius** *a.1.2* praedātōri-a,
-um §50 略奪者(のような)，海賊(盗
賊)の(如き)

praedātus → praedor

praedēlassō *1* prae-dēlassāre, ——,
—— §106 あらかじめ(前もって)力をそ
ぐ，弱める

praedēstinō *1* -dēstināre, -dēstināvī,
-dēstinātum §106 予め決めておく，と
っておく，予定しておく，運命(ﾊ)づける

praediātor *m.* praediātōris *3*
§26 ［praedium］ 国家に担保として取
り上げられた地所(不動産)の鑑定・評価・
売買をする役人

praedicātiō *f.* praedicātiōnis *3*
§28 ［praedicō¹］ **1.** 広告，告知，発
表 **2.** 布告，宣言，公示 **3.** 推賞，賞讃
4. 陳述，弁明，明言

praedicātor *m.* praedicātōris *3*
§26 呼び出し人，ふれ役，広告する人，
公示人，賞讃者

praedicō¹ *1* prae-dicāre, -dicāvī,
-dicātum §106 **1.** 公けに知らせる，正

式に報告する，公告する，宣言する，布告
する **2.** 言及する，引用する，ひけらかす，
ほめたたえる，推薦する，表彰する，自慢
する de meis in vos meritis praedica-
turus（143）non sum 私はお前らへの私
の奉仕について，一つ一つ言及するつもり
はない

praedīcō² *3* prae-dīcere, -dīxī,
-dictum §109 **1.** あらかじめ(前もって)
言う，述べる，言及する **2.** あらかじめ(前
もって)命ずる，定める，忠告する，警告
する，すすめる **3.** 予告する，予言する
praedictā die 予定日に Pompejus suis
praedixerat, ut Caesaris impetum
exciperent ポンペーイユスはあらかじめ，
カエサルの攻撃を受け止めよと部下に命じ
ていた

praedictiō *f.* praedictiōnis *3*
§28 ［praedīcō²］ **1.** 前もって(あらかじ
め)通知する，事前の通告 **2.** 予言，予報

praedictum *n.* praedictī *2* §13
［praedīcō² の完分］ **1.** 前もってのべられ
たこと，あらかじめの注意，警告 **2.** 前もっ
ての指示，命令，打ち合わせ **3.** 予言，予
報

praediolum *n.* praediolī *2* §13
［praedium の小］ 小さな地所，所有地，
領地

praediscō *3* prae-discere, ——,
—— §109 **1.** 前もって(先んじて)学ぶ，
習得する，予知する

praeditus *a.1.2* prae-dit-a, -um
§50 ［prae, dō］ 予め(前に)持っている，
授けられている，与えられている，身につけ
ている，備えている legiones pulchris
armis（9f17）praeditae 見事な武器で武
装した軍団兵

praedium *n.* praediī *2* §13
1. 国家に提供された担保(私有地) **2.** 土
地財産，地所，領地，家屋敷

praedīves *a.3* praedivitis §57
1. 特に目立って裕福な，金持の **2.** 豊かに，
恵まれた，有り余る

praedō *m.* praedōnis *3* §28
［praeda］ 山賊，海賊，強奪を生業とし
ている者

praedoceō *2* prae-docēre, -docuī, -doctum §108 前もって(あらかじめ)教える

praedor *dep.1* praedārī, -dātus sum §§123(1), 125 [praeda] **1.** 略(強)奪する, 奪う, 荒らす **2.** 略奪で財産を得る **3.** 猟で獲物(食物)を得る praedandi (119.2) causa 掠奪するために praedatum (120.2) ire 略奪に行く singula de nobis anni praedantur euntes (118.4) 歳月は過ぎ去りつつ, 我々から一つずつ奪い取っていく

praedūcō *3* prae-dūcere, -dūxī, -ductum §109 前(方・面)に(道路・建物を)一直線に構築する, のばす, 引く

praedulcis *a.3* prae-dulce §54 **1.** 非常に(目立って)甘い, うまい **2.** 非常に魅惑的な, 心地よい, 愛らしい

praedūrus *a.1.2* prae-dūr-a, -um §50 **1.** 非常に堅い, 生硬な, 耳ざわりな, 目ざわりな **2.** 頑固な, 非情な, 鉄面皮な, 骨のおれる, つらい **3.** 非常に強壮な, 丈夫な, たくましい

praeeō 不規 prae-īre, -īvī(-iī), —— §156 **1.** 先に立って行く, 先行(先導)する, 案内する **2.** 先に行く, 先んじる, 出しぬく **3.** 真先にきまり文句・信条・誓言を唱えて範を示す, 朗読・歌唱で指導して先にうたう, 語る **4.** 命令する, 規定する ut consulibus lictores praeirent 先駆警吏が執政官の前を行くように natura praeeunte 自然が案内すると omnia ut decemviri praeierunt facta 十人委員が命じていた通りにすべてが行われた

praeesse → praesum

praefātiō *f.* praefātiōnis *3* §28 [praefor] **1.** (宗教的・政治的な行為の前の)前置きのきまり文句(慣用句), 前口上 **2.** 序言, 前文, 序論

praefātus → praefor

praefēcī, praefectus → praeficiō

praefectūra *f.* praefectūrae *1* §11 **1.** 権威, 命令(権) **2.** praefectus の地位, 職, 義務 **3.** 裁判権がローマから派遣された praefectus の管理下にあるイタリアの町, 従属市 **4.** 属州内の praefec-tus 管理区

praefectus *m.* praefectī *2* §13 [praeficiō の完分] (原義)管理・責任を任された人 **1.** より高位の権威者から任命された中央・地方の行政・司法・軍事部門の頭・長・指揮者 ～ annonae 食糧長 ～ Aegypti エジプト領事 ～ aerarii 国庫管理委員 ～ praetorio 又は praetorii 護衛隊長 ～ vigilum 消防隊長 ～ urbi (urbis) 都警長 ～ fabrum 工兵隊長 **2.** (私的な)執事, 家令 ～ villae 別荘管理人

praeferō 不規 prae-ferre, -tulī, -lātum §158 **1.** 前へ(先へ・前に・先に)運ぶ, 持って行く, 進む **2.** 先頭にたてる, 優先させる, より高く評価する, より好む, 選ぶ, 高める, 上げる, ほめる **3.** 前にさし出す, 提出(提案)する, 前面にだし身を守る, 楯とする, 口実とする **4.** 示す, 見せる, 展示する, ひけらかす, 見せびらかす, 現わす, ばくろする **5.** 明らかにする, 明示する, 説明する, 発表する, 宣言する **6.** 先にする, 先取りする, 早める, くりあげる dextra (9f11) ardentem facem praeferebat 彼は右手に燃える松明をざして先に立った cohortes praelatos hostes ab tergo adortae sunt (味方の)大隊は, やりすごさせた敵を背後から急襲した modestiam praeferre et lascivia (9f16) uti 慎ましさをひけらかし, 放縦に耽る pecuniam amicitiae (9d4) ～ 友情より金を選ぶ

praeferōx *a.3* prae-ferōcis §55 非常に勢いの激しい, 血気さかんな, がむしゃらな, 粗暴な

praefervidus *a.1.2* prae-fervid-a, -um §50 非常に熱い, かっかと燃えている, 熱烈な

praefestinō (-fē-?) *1* prae-festināre, -nāvī, -nātum §106 **1.** (不と)大いに急いで, (あわてて・せかせかと)早くする **2.** 急いで渡る, 横切る praefestinamus, quae sit causa, sciscere 原因が何かを我々は急いでたしかめる

praefica *f.* praeficae *1* §11 [praeficiō?] 雇われて葬列の先頭で嘆き

悲しむ女

praeficiō *3b* prae-ficere, -fēcī, -fectum §110 ［prae, faciō §174(2)］ 人(*acc.*)を…(*dat.*)の頭・長とする，任命する，…の管理(責任)を任す Caesar quaestorem suis praefecit hibernis カエサルは財務官に自分の軍隊の冬期陣営の責任を委任した

praefīdēns *a.3* prae-fīdentis §55 信じ(信頼し)すぎる，ひどく信じ易い，自信過剰の

praefīgō *3* prae-figere, -fīxī, -fīxum §109 **1.** 先端につける，打ちつける，結びつける **2.** 先端を尖らせる，先端に尖ったものをつける **3.** 表面に突きささる **4.** 入口(穴)をふさぐ，じゃまする praefigere puppibus arma 船尾の先に武器をくくりつける(飾る) ripa sudibus praefixis munita 先端の尖った杭で防備された川岸 stat latus (9e9) praefixa veru (9f11) 彼女は槍で脇腹をさされたまま立っている

praefīniō *4* prae-fīnīre, -fīnīvī, -fīnītum §111 **1.** あらかじめ(前もって)限定する，制限する **2.** 前もってきめる，決定する，規定する

praefiscinī (**-n ē**) 副 ［prae, fascinum］ 賞賛の結果，不幸・危険を招かないために，私のほめ言葉が神々の嫉妬・恨みを買わないように，くわばら，くわばら

praefīxus → praefīgō

praeflōrō *1* prae-flōrāre, -rāvī, -rātum §106 花を時期より早くつみとる，花を(美を)衰えさせる，けがす，奪う，凌辱する

praefluō *3* prae-fluere, ――, ―― §109 **1.** (自)前を(前方へ)流れる，流れ去る **2.** (他)…の前を流れる，…の前を流れていく

praefōcō *1* prae-fōcāre, -cāvī, -cātum §106 息の根をとめる，息苦しくする，窒息(死)させる，絞殺する

praefodiō *3b* prae-fodere, -fōdī, -fossum §110 **1.** 前に溝・堀を掘る **2.** 穴を掘る，地中にうずめる，埋葬する

praefor 不完 prae-fārī, -fātus sum §162 **1.** 何よりも先ず(第一に)言う，述べる，言及する，前置き(序文)として述べる **2.** 先ず祈禱文を唱えて祈る，訴える **3.** 先ず始めに前置きとして(政治的・宗教的な)きまり文句を唱える，口述する pauca praefatus (118.4) de sua senectute 彼は先ず自分の老齢について少し言及(弁明)してから honorem (veniam) ～「尊敬の念をこめて話します」(「お許しを乞う」)という前置きと共に話し始める

praefossus → praefodiō

praefrāctus *a.1.2* praefrāct-a, -um §50 ［praefringō の完分］ (比) praefractior **1.** 切り立った，かどのある，ごつごつした，けわしい **2.** ぶこつな，ぶっきらぼうな，強情な，頑固な **3.** (文体の)急転する，つながりの悪い，中途半端な

praefrīgidus *a.1.2* prae-frīgid-a, -um §50 非常に冷たい，寒い

praefringō *3* prae-fringere, -frēgī, -frāctum §109 ［prae, frangō §174(2)］ 先端をこわす，くだく，先端をもぎとる，切る

praefuī → praesum

praefulciō *4* prae-fulcīre, -fulsī, -fultum §111 支えとして下におく(用いる)，支柱(つっかい)で支える ego omnibus miseriis praefulcior 私はありとあらゆる悲惨なつっかい棒で支えられているのだ(悲惨な境遇を耐え忍んでいる)

praefulgeō *2* prae-fulgēre, -fulsī, ―― §108 **1.** 特に明るく輝く，非常に目立って光り輝く **2.** 異彩を放つ，ずばぬけて目立つ，ぬきんでる

praegelidus *a.1.2* prae-gelid-a, -um §50 非常に冷たい，酷寒の

praegestiō *4* prae-gestīre, ――, ―― §111 烈しく熱烈に望む・欲する，夢中で…したいと思う・願う

praegnāns (**-gnās**) *a.3* praegnantis (-gnātis) §55 **1.** 子をはらんだ，妊娠している **2.** ふくれている，ふくらんだ，大きくなった，充満した，一杯の praegnans cucurbita 腹のふくらんだひょうたん plagae praegnantes 子をはらんだ鞭うち(何度も続けられる段打?，ずっしりと重い段打?)

praegravis *a.3* prae-grave §54
1. きわめて重い，重荷になる，重荷を積んだ **2.** きわめて面倒な，厄介な，煩わしい

praegravō *1* prae-gravāre, -vāvī, -vātum §106 **1.** 重荷をおわす，重く圧する，重くのしかかる，苦しめる，悩ます，抑圧(圧迫)する **2.** 重すぎる，いっそう重い，まさる，優勢である，圧倒する，おおいかくす，暗くする，かげらす(栄光を) praegravata telis scuta 槍がつきささって重くなった楯 praegravantes aures 重すぎる耳(垂れ下った耳たぶ)

praegredior *dep.3* prae-gredī, -gressus sum §§123(3), 125 [prae, gradior §174(2)] **1.** 先頭を行く，先行する，先導する **2.** 追い越す，出し抜く **3.** そば(前)を通りすぎる

praegustō (**-gū-** ?) *1* prae-gustāre, -tāvī, -tātum §106 **1.** 他人より先に味わう，試食する **2.** 前もってあらかじめ少し飲む，食べる

praeiēns → praeeō

praejūdicium *n.* prae-jūdiciī *2* §13 **1.** 予め(前もって)決定(判断)すること，予断(予定)裁決 **2.** 先入観，偏見，臆断 **3.** 結果(将来の見込み)を予測させる事例，先例 **4.** 先決訴訟，予備尋問(審査) Pompejus vestri facti praejudicio (9f15) demotus Italia (9f7) excessit ポンペーイユスは，お前らの(業績の先例に動かされて)業績から結果を予測し，やむなく計画を変えて，イタリアを引きあげたのだ

praejūdicō *1* prae-jūdicāre, -cāvī, -cātum §106 **1.** 前もって(予め)判断する，決定する，予見裁決を下す **2.** 前もって意見を持つ，先入観をもつ

praelābor *dep.3* prae-lābī, -lāpsus sum §123(3) **1.** 前を(沿って)流れる，滑走する，すべる **2.** …の上をすべって行く，流れ去る

praelambō *3* prae-lambere, ――, ―― §109 あらかじめ(前もって)舌でなめる，しゃぶる

praelātus → praeferō

praelegō *3* prae-legere, -lēgī, -lēctum §109 **1.** 聴衆に読んで聞かせる・説明する，朗読する，吟唱する **2.** 海岸に沿って帆走(航行)する，へりを回る

praeligō *1* prae-ligāre, -gāvī, -gātum §106 **1.** 端(開口部)を(ひも・つなで)とじる，結ぶ，しばる，くくる，結び目をつける，堅くしばる **2.** 前にしばりつける，巻きつける，包む，おおう，包帯する **3.** つなぐ，しばりつける，とめる praeligatum pectus かたくしばられた(かたくなにとじられた)心(胸) sarmenta praeligantur cornibus (9d3) boum 牛の角の先に小枝がしばりつけられる

praeloquor *dep.3* prae-loquī, -locūtus sum §123(3) **1.** 他人より先に発言する，最初に言う，話す **2.** 前置きを述べる，序言として言う

praelūceō *2* prae-lūcēre, -lūxī, ―― §108 **1.** 非常に光り輝く **2.** きわだって光る，光輝で(光彩・名声で)他人をしのぐ，まさる **3.** 先に燈火をもって道を照らす，先に立って明かりを見せる，向ける ego maioribus meis virtute mea praeluxi 私は私の美徳によって，私の先祖の人たちに名声への道を開いた (amicitia) bonam spem praelucet in posterum 友情は将来に向けて明るい希望の光をなげかける

praelūstris *a.3* prae-lūstre §54 非常に光り輝く，名声赫々たる，顕著な，高貴な

praelūxī → praelūceō

praemandō *1* prae-mandāre, -dāvī, -dātum §106 **1.** 予め(前もって)推薦(推挙)する **2.** 予め命じる，課する，雇う，委託する

praemātūrus *a.1.2* prae-mātūr-a, -um §50 **1.** 例外的に早く起る・おとずれる，早すぎる，時期尚早の，早熟の，早産の **2.** 非常に早い，敏速な

praemedicātus *a.1.2* prae-medicāt-a, -um §50 [prae, medicō の完分] **1.** 予め香油(薬品)で予防された，手当をほどこされた **2.** 予め魔法にかけられた

praemeditor *dep.1* prae-meditārī, -meditātus sum §123(1) **1.** 前もって(あらかじめ)熟考する，考量する，吟味す

る，覚悟する **2.** 声・楽器の調子をととの
える，序曲・前奏曲を奏する

praemetuō *3* prae-metuere, ──,
── §109　予め(前もって)心配する，
先のことを気づかう，憂慮する

praemīsī → praemittō

praemittō *3* prae-mittere, -mīsī,
-missum　§109　**1.** 前もって(あらかじめ)
送りとどける，伝える，知らせる **2.** すすん
で(先に)送る，派遣する，先発させる **3.** 予
告する，前兆を示す **4.** 前置きする cum
itinere converso sese Italicam (70)
venturum (117.5) praemisisset 彼は進
路を変えて，自分はイタリカへ旅立つと，あ
らかじめ知らせておいたのだが praemissa
voce (9f18) このような言葉で前置きをし
て

praemium *n.*　praemiī *2*　§13
[prae, emō] **1.** 優先権，特権，有利，
利益，幸福，好意，恩恵 **2.** ほうび，賞，
報酬，儲け，わいろ **3.** 掠奪品，戦利品
4. (法の)恩恵，応報，罰 huic magnis
praemiis pollicitationibusque persua-
det, uti ad hostes transeat この者に莫
大な報酬を約束して(hendiadys)，敵方
に移るように説得する frontis (9c2) ad
urbanae descendi praemia 私は都会風
な厚顔無恥の特権を利用するまでに身をも
ちくずした

praemōlior *dep.4* prae-mōlīrī, ──
§123(4)　予め用意をする，準備する，覚
悟する

praemoneō *2* prae-monēre, -monuī,
-monitum　§108　**1.** 予め(前もって)警
告(注意)する，思い出させる **2.** 予め言う，
予告する，予言する　(名)**praemonitus**
m. praemonitūs *4* 予め警告するこ
と，予告，予言

praemōnstrō *1* prae-mōnstrāre,
-rāvī, -rātum　§106　**1.** 予め(前もって)
示す，指摘する，見せる **2.** 予言する，予
示(予告)する，前兆を示す

praemordeō *2* prae-mordēre,
-morsī, -morsum　§108　**1.** 先端(末
端)・表面を歯でかむ，かじりとる **2.** うわ
まえをはねる，つまみとる

praemorior *dep.3b* prae-morī,
-mortuus sum　§123(3)　**1.** 時期尚早
に死ぬ，夭折する，早く死ぬ **2.** (感覚が)
なくなる，衰える，弱る

praemūniō *4* prae-mūnīre, -mūnīvī,
-mūnītum　§111　**1.** 予め(前もって)防
御施設で固める，強化する，防御工事を
する **2.** 前面に保塁をきずいて守る，防ぐ，
あらかじめ守る，防ぐ，支持する **3.** 反論
を先取りして予め弁護する aditūs magnis
operibus ～ 入口の前面を大きな防御施
設で固める metu (9f15) venenorum
praemuniri medicamentis (9f11) 毒殺
を恐れて解毒剤で身が守られている

praemūnitiō *1*　prae-mūnitiāre,
-tiāvī, -tiātum　§106　[praemūniō]
反論を予測してあらかじめ論旨(訴訟)を強
化すること

praenatō *1*　prae-natāre, -tāvī,
-tātum　§106　**1.** 前を泳ぐ，そばを泳ぐ
2. 泳いで去る，流れ去る

praeniteō *2*　prae-nitēre, -nituī, ──
§108　非常に明るく輝く，目立って明る
い，輝きで異彩を放つ

praenōmen *n.*　prae-nōminis *3*
§28　**1.** (ローマの慣例では，氏族名，家
名に先だつ)個人名 **2.** 称号

praenōscō *3* prae-nōscere, -nōvī,
──　§109　あらかじめ(前もって)知る，
学んで(聞いて)知る，経験する，知り合と
なる

praenōsse → praenōscō の完・不(＝
praenōvisse) *cf.*§161

praenūbilus *a.1.2* prae-nūbil-a, -um
§50　非常に日陰の濃い，暗い，曇った

praenūntiō *1*　prae-nūntiāre, -tiāvī,
-tiātum　§106　**1.** 予め(前もって)知らせ
る，告知する，発表する **2.** 予言する，予
告する

praenūntius *a.1.2* prae-nūnti-a,
-um　§50　[praenūntiō] 先に知らせ
る，先ぶれする，伝達する，予告する　(名)

praenūntius *m.*　praenūntiī *2*
§13　**1.** 前触れ，先駆者 **2.** 前兆 **3.** 使
者，伝令

praeoccupātiō *f.*　praeoccupātiōnis

3 §28 ［praeoccupō］ 先に（あらかじめ）占有（占拠）すること，先取り

praeoccupō *1* prae-occupāre, -pāvī, -pātum §106 **1.** 予め（前もって）つかむ，所有する，得る **2.** 先に占領する，勝つ，先取りする，先手をうって（不意打ちで）驚かせる **3.** 最初に行う・する，先んじる，出し抜く，予防する，じゃまする **4.** 予め注意を奪う，恩義をほどこす，義理でしばる praeoccupato itinere ad Dyrrhacium デュッラキウムへの道を先に奪われていたので praeoccupatum sese (9e11) legatione ab Pompejo「自分はポンペーイユスから先に総督代理に任じられ，義理にしばられている」

praeoptō *1* prae-optāre, -tāvī, -tātum §106 **1.** …を先に選ぶ，とる，欲する **2.** …より先に（むしろ）…をとる，好む，選ぶ（構文）与（又は quam＋対）と対，不，不句，ut などをとる nemo non illos sibi quam vos dominos praeoptet (116.3) 自分の支配者として，あなた方より彼らを選ぶ者は全くいないだろう praeoptabat inmerito quam jure violari 彼は正当に侮辱されるより不当に侮辱される方を好んだ

praepandō *3* prae-pandere, ──, ── §109 **1.** 前方にひろげる，のばす **2.** 開いて（ひろげて）見せる，示す，告げる，伝える

praeparātiō *f.* prae-parātiōnis *3* §28 ［praeparō］ 用意，準備，支度

praeparō *1* prae-parāre, -rāvī, -rātum §106 **1.** 予め（前もって）与える，備える，供給する，整える，用意（準備・支度）する **2.** 予め考える，工夫する，計画する **3.** 下調べ（下げいこ）をする onerarias navis praeparatas ad incendium immisit 彼はあらかじめ火災用に支度されていた貨物船を放った sperat infestis (9f18 rebus の省略), metuit secundis alteram sortem bene praeparatum pectus 立派な心がまえ（のできた人）は逆境にあって順境を望み，順境にあって逆境を恐れるもの

praepediō *4* prae-pedīre, -dīvī, -dītum §111 **1.** 足かせをはめる，束縛する，しばる **2.** さまたげる，じゃまする，阻止する praepeditus est Germanias premere (117.4) 彼はゲルマーニアを制圧することを阻止された

praependeō *2* prae-pendēre, -pendī, ── §108 前に垂れ下る，ぶら下がる，宙に浮いている

praepes *a.3* prae-petis §55 ［prae, petō］ **1.** （鳥占いで）前方を目がけて一直線に飛ぶところの，飛んで行く，吉兆の，さい先のよい，有利な **2.** 羽のある，飛び去る，すばやい，快速の（Daedalus) praepetibus pinnis (9f11) ausus se credere caelo (9d4) ダエダルスは早い羽によってわが身を大胆にも天空にまかせた praepetis omina pinnae 一直線に飛んでいく鳥の羽の吉兆

praepilātus *a.1.2* prae-pilāt-a, -um §50 ［pila］ （突き刺さるのを妨げるため）先端を丸めた（投槍）

praepinguis *a.3* prae-pingue §54 **1.** 異常に太った，肥満した **2.** 目立って肥沃な **3.** 非常に聞きとりにくい，だみ声の

praepolleō *2* prae-pollēre, -polluī, ── §108 権力・影響力においてまさる，優勢である，圧倒する，卓越する

praeponderō *1* prae-ponderāre, -rāvī, -rātum §106 **1.** 一方へ傾く，より重い，重くなる，曲がる **2.** 一方へ傾ける，曲げる，いっそう重くする，重要視する commoda (117.5) volunt praeponderari honestate (9f6) 彼らは便宜（利得）が清廉潔白よりも重んじられることを欲する

praepōnō *3* prae-pōnere, -posuī, -positum §109 **1.** 前におく，すえる，よこたえる **2.** すすんで（前もって）言う，前置きをする **3.** 先にとる，優先させる，高く評価する，より好む，選ぶ **4.** 長・頭におく，すえる，指揮監督を任す huic officio praepositus erat Calenus この任務の責任者にカレーヌスが任命された vis tu homines urbemque feris praeponere silvis (9d4)? お前は未開の森よりも人の住む町の方がいいと思わないのか

praepositiō *f.* praepositiōnis *3*
§28 [praepōnō] **1.** 前へ・先頭へおく
こと, つけること **2.** (文)接頭辞, 前置詞
3. 序文 **4.** 好み, 傾向, 選択, 優先

praepositus *m.* praepositī *2* §13
[praepōnō の完分] 頭(かしら), 長, 担当
者, 責任者

praeposterus *a.1.2* prae-poster-a,
-um §50 **1.** さかさにされた, あべこべ
の, 裏返しの, 逆の **2.** 季節はずれの, 時
機のわるい **3.** まちがった考えの, わからず
やの, つむじ曲がりの, 無分別な (副)
praeposterē §67(1) あべこべに, 前
後を逆にして, さかさまに, 順序を乱して

praeposuī → praepōnō

praepotēns *a.3* prae-potentis §55
勢力・権力において他を圧倒する, ずばぬ
けて強力な, 有害な

praeproperus *a.1.2* prae-proper-a,
-um §50 **1.** 非常に急いでいる, 大至急
の, まっしぐらの **2.** 非常に性急な, 短気な,
早計の (副)**praeproperē, praepro-
peranter** §67(1, 2) 大至急, まっし
ぐらに, 性急に, 猛然と

praequeror *dep.3* prae-querī,
-questus sum §123(3) あらかじめ(前
もって)不平(苦情)を言う

praeradiō *1* prae-radiāre, ——,
—— §106 より強く光る・照る, 他を
光輝で圧倒する, 見えなく(目立たなく)さ
せる

praerapidus *a.1.2* prae-rapid-a,
-um §50 **1.** 非常に速い, 急速な, 突
進する **2.** 性急な, 短気な, 激しい

praeripiō *3b* prae-ripere, -ripuī,
-reptum §110 [prae, rapiō §174
(2)] **1.** 他人より先につかむ, 奪いとる,
面前から奪う, かっさらう, ひったくる **2.** 時
期尚早に奪い去る(死が) **3.** 先を見越す,
先手をうつ, 機先を制する, 期待する ne
arrogans in praeripiendo (121.3) popu-
li beneficio videretur 市民の恩恵を予期
して傲慢と思われないように hostium
consilia ～ 敵の計略の裏をかく

praerōdō *3* prae-rōdere, -rōsī,
-rōsum §109 **1.** はしをかむ, かじる,

しゃぶる, 食う **2.** はしをかみ切る, 少しず
つかじる(食べる)

praerogātīvus *a.1.2* prae-rogātīv-a,
-um §50 [prae, rogō] くじで最初に
投票する (名)**praerogātīva** *f.* prae-
rogātīvae *1* §11 **1.** 民会でくじによ
り最初に投票する選挙区(centuria) **2.** 予
備選挙 **3.** 優先権, 特権, 優位 **4.** さい先
よい前兆, 前兆, 予知

praerōsus → praerōdō

praerumpō *3* prae-rumpere, -rūpī,
-ruptum §109 **1.** 先端を裂きとる, も
ぎとる, 奪い去る **2.** 途中でうちきる, 突
然中止する

praeruptus *a.1.2* praerupt-a, -um
§50 [praerumpō の完分] (比)prae-
ruptior (最)praeruptissimus **1.** 裂
けて垂直に落ちる, 切り立った, けわしい
2. 急激な, 突然の **3.** 突然切れた, 短くし
た, 脈絡のない **4.** 性急な, 頑固な, 片意
地の, 血気にはやる (名)**praeruptum**
n. praeruptī *2* §13 断崖, 絶壁,
危険な困難な企て

praes *m.* praedis *3* §21 [prae,
vas] **1.** 他人のため保釈保証人となる人,
保証人 **2.** 保証人の資産

praesaepe, praesaepiō → praesēp-

praesāgiō *4* prae-sāgīre, -sāgīvī,
—— §111 [praesāgus] **1.** あらかじ
め感じる・気づく, 胸さわぎを覚える, 虫
の知らせをもつ **2.** 予め警告する, 予示す
る, 前兆となる

praesāgium *n.* praesāgiī *2* §13
[praesāgus] **1.** 不吉な予感, 胸さわぎ,
虫の知らせ **2.** 予めの警告, (不吉な)前兆,
予言, 予知

praesāgus *a.1.2* prae-sāg-a, -um
§50 [prae, sāgus] **1.** 予感する, 胸さ
わぎを覚える **2.** 前兆となる, 警告を与え
る, 予告する, 不吉な, 縁起のわるい
praesaga mali (9c13) mens 災いを予感
する心 praesaga verba senis その老人
の予告の言葉

praescīscō *3* prae-scīscere, -scīvī
(-sciī), -scītum §109 予め(前もって)
学ばん(知らん)と努める, 予測する

praescius *a.1.2* prae-sci-a, -um §50 ［prae, sciō］ 予知する, 先見の明のある, 見識のある

praescrībō *3* prae-scrībere, -scrīpsī, -scrīptum §109 **1.** 冒頭(巻頭)に書きしるす, 前書きをする **2.** 先に(前もって)書いて見せる, 教える, 口述する, 示す, 命じる, 規定する **3.** 輪郭を描く, 下書きをする **4.** 口実として利用する quid faciam, praescribe 私が何をすべきか教えてください formam futuri principatus ～ 予め将来の元首政治の概要を述べる

praescrīptiō *f.* prae-scrīptiōnis *3* §28 ［praescrībō］ **1.** 前文, 序文, 緒言 **2.** 表題 **3.** 口実, 遁辞, 弁解, 巧みな逃げ道, 屁理屈 **4.** 規定, 命令, 指図, 制限 **5.** 抗弁, 異論, 申し立て

praescrīptum *n.* prae-scrīptī *2* §13 ［praescrībō の完分］ **1.** 習字の手本 **2.** 命令, 規則, 条例, 訓令 **3.** 指定された境界(線)

praesecō *1* prae-secāre, -secuī, -sectum §106 端(前・ふち)を切り(削り)とる, はみ出した所(余分なもの)を切りとる

praesēdī → praesideō

praesēns *a.3* praesentis §58 ［praesum の現分］（比）praesentior （最）praesentissimus **1.** 同じ所(その場)にいる, 現在する, 目の前に居合わせている, 出席している **2.** 目下の, 現在の, 当面の, 今の **3.** すぐその場で, 即刻の, すみやかな, 緊急の, 切迫した **4.** すぐ間に合う, 即効性のある, 効果(影響力)のある **5.** 決心した, 断固たる, 大胆な, 沈着な **6.** 好意をもつ, 慈悲深い, 吉兆の （名）**praesēns** *n.* praesentis *3* §58 現在, 現状 in (ad) praesens さしあたって, 当分 praesentissimum remedium 非常に効目の早い治療(薬) pecunia praesens 即金, 現金 tecum egi praesens 私が立ち会って(私自身)あなたと交渉した fac animo (9f9) haec praesenti dicas (116.6) これらのことをあなたは決然と(きっぱりと)主張して下さい dona praesentis cape laetus horae 現在の(今日という日の)おくりものを喜んで享受しなさい diva praesens imo tollere (117.3) de gradu mortale corpus 死すべき人間の体を, どん底の地位から天上へたちまち引き上げる力を持つ(運命の)女神よ

praesēnsus → praesentiō

praesentia *f.* praesentiae *1* §11 ［praesēns］ **1.** 同一場所にいること(あること), 居合わせること, 出席, 参列 **2.** 有用な力強い時宜を得た存在, 現存, 作用, 効力, 影響力 praesentia animi 危急な時の沈着(平静)な度胸, 根性 in praesentia さしあたって, 今のところ, 当座は in praesentia reponere odium 当座の間憎悪をかくしておくこと

praesentiō *4* prae-sentīre, -sēnsī, -sēnsum §111 予め感知する, 予感する, 予測(予知)する

praesēpe (-saep-) *n.* prae-sēpis *3* §20 ＝ **praesēpēs** *f.* praesēpis *3* §19 ［prae, saepēs］ **1.** 畜舎, 厩(うまや), 牛舎, 囲い, おり **2.** 小屋, あばら家 **3.** 売春屋, 淫売屋 **4.** かいば(まぐさ)桶 **5.** 食卓 **6.** 蜜蜂の巣箱

praesēpiō (-saepiō) *4* prae-sēpīre, -sēpsī, -sēptum §111 前面を防柵で守る, 前に防柵をめぐらす

praesertim 副 ［prae, 2 serō］ **1.** (一語を強調して)とりわけて, ことに, 何よりも, 第一に, 先ず第一に **2.** (特に条件文・理由文を目立たせるとき)とりわけて(…なので), ことに(…としたら), (もし…すれば)特に egone istuc ausim facere, praesertim tibi? 私にそのようなことができるかね, 特にあなたに対して retinenda (147.イ) est verecundia, praesertim naturā ipsā magistrā (9f18) 我々は終生慎み深くあるべきだ, なかんずく, 自然を師と仰いでいる限り(そうあるべきだ)

praeses *m.(f.)* prae-sidis *3* §21 ［prae, sedeō］ **1.** 長, 頭(かしら), 首領, 指揮者, 管理者, 総督 **2.** 保護者, 防御者, 守護神 **3.** 後見人, 監督, 見張人

praesideō *2* prae-sidēre, -sēdī, (-sessum) §108 ［prae, sedeō §174

(2)〕 **1.** 前にいる(坐る), 番をする, 見張りをする, 守る, 防ぐ, かばう **2.** 監督する, 統括する, 主宰する, 支配する, 指揮する ut idem ad portas urbanis praesideat rebus (9d3) 同一人物がローマの城門のすぐ外に居ながら, 同時にローマの政治を采配せんがために 〜 urbi (9d3) 都を守る 〜 exercitum (9e1) 軍隊を指揮する

praesidium *n.* praesidiī *2* §13 〔praesideō〕 **1.** 安全(安泰)の手段, 保証, 保護, 防御(手段), 後援 **2.** 救助, 援助, 助力, 支持 **3.** 治療, 救済 **4.** 防御者, 守備隊, 駐屯軍 **5.** 護衛者(兵) **6.** 要塞, とりで duae legiones praesidio (9d7) impedimentis (9d7) erant 二箇軍団が輜重を掩護していた laus et caritas, quae sunt vitae sine metu degendae (121.3) praesidia firmissima 人生を安らかに暮す最も強固な保証である栄誉と尊敬

praesīgnis (**-sig-** ?) *a.3* prae-sīgne §54 〔prae, sīgnum〕 異彩を放つ, 顕著な, 卓越した, 抜群の

praesonō *1* prae-sonāre, -sonuī, —— §106 予め(前もって)音がする, 鳴り響く

praestābilis *a.3* prae-stābile §54 〔praestō〕 (比)praestabilior **1.** 異彩を放つ, 顕著な, 抜群の, ひいでた **2.** ずばぬけて重要な, 価値のある, 大切な

praestāns *a.3* praestantis §58 〔praestō の現分〕 (比)praestantior (最)praestantissimus **1.** 抜群の, 傑出した, 目立った, ひいでた **2.** (質・価値・重要性において)すぐれた, ひいでた, 顕著な (名)**praestantia** *f.* praestantiae *1* §11 **1.** 優位性, 優位 **2.** 抜群, 卓偉, 傑出, 冠絶, 白眉

praesternō *3* prae-sternere, ——, —— §109 **1.** 前方にまき散らす, ばらまく **2.** 予め(前もって)まき散らして一面をおおう, その準備をする

praestes *m.* praestitis *3* §21 〔praestō〕 守護者, 防御者, 守護神

praestīgiae *f.pl.* praestīgiārum *1* §11 〔praestringō〕 **1.** たくらみ, ごま

かし, 詐欺, いつわり **2.** ペテン, 手品, 惑わせるもの, 幻惑, 幻覚

praestīgiātor *m.* praestīgiātōris *3* §26 だます人, 詐欺師, ペテン師, 手品師

praestitī → praestō

praestituō *3* prae-stituere, -stituī, -stitūtum §109 〔prae, statuō §174 (2)〕 **1.** あらかじめ(日時・期限を)きめる **2.** 指図する, 指定する, 確定する, 命じる

praestō[1] 副 *n.b.* sum, adsum と共に形の如く用いられる **1.** 用意(準備)ができている, 身構えている, 待っている **2.** 即座の, すぐ役立つ, 手に入る **3.** 居合せている, 出席している, その場にいる ubi est frater? praesto adest 兄弟はどこにいるのか 彼はここにいます pauper erit praesto tibi (9d13) semper 貧乏人はいつでもあなたに仕えるだろう

praestō[2] *1* prae-stāre, -stitī, -stātum (-stitum), -stātūrus §106 **I.** (自) **1.** 他人より先に(前に)立つ, 目立つ, 異彩を放つ, ぬきんでる, 卓越する **2.** (非) praestat (167) いっそうよい, 好まれる **II.** (他) **1.** しのぐ, 凌駕する, まさる **2.** 与える, 贈る, 提供する **3.** 果す, 履行する, 達成する **4.** 保つ, 維持する, 保有する, 持続する **5.** 保証する, 受け合う, 責任をもつ **6.** 明らかにする, 示す, 証明する, 発揮する civitas hominum multitudine (9f3) praestabat その部族は人口においてぬきん出ていた mori milies praestitit quam haec pati このようなことに耐えるより死ぬ方が千倍もよい ego certe meum reipublicae (9d) atque imperatori officium praestitero おれだけは少なくとも国家と最高司令官に対するおのれの義務を果してみせよう hostes etiam in extrema spe salutis tantam virtutem praestiterunt 敵は生命の安全が絶望視された状態ですら, かくもすばらしい勇気を発揮した

praestōlor *dep.1* prae-stōlārī, -lātus sum §123(1), 125 待つ, 待っている, 待ちかまえる, 期待する, 待ちうける quem

praestolare (126)? お前は誰を待っているのか tibi (9d3) ad forum praestolantur armati 武装兵がお前を広場で待ちかまえている

praestringō (**-strīn-** ?) *3* prae-stringere, -strīnxī, -strictum §109 **1.** はしをかたくしばる, しばって圧縮する, しめつける, ひきしめる, 収縮させる **2.** 表面に軽くふれる, かする, こする, さする, そばをかすめる **3.** 先(刃)をにぶくする, 目をくらませる, 光を奪う pollices inter se vincire nodoque praestringere（二人は）お互いの拇指の先をひもでしばってかたくしめつけて, 結び目をこしらえる cum lecticam ejus fulgur praestrinxisset 雷光が彼の臥興のそばをかすめて落ちたとき

praestruō *3* prae-struere, -strūxī, -strūctum §109 **1.** 前におく, 前に建てて道をふさぐ **2.** 遮断する, 閉塞する, さえぎる, 近づけなくする **3.** あらかじめ工夫(考案)する, 調達する, 準備する **4.** 前もって土台(基礎)をおく porta fonte fuit praestructa novo 門への道が新しい泉によってふさがれてしまった

praesultātor *m.* praesultātōris *3* §26 = **praesul** *m.* praesulis *3* §26 宗教的(信者の)行列の先頭に立って踊る人

praesultō *1* prae-sultāre, ——, —— §106 ［prae. saltō §174(2)］先頭にたっておどる

praesum 不規 prae-esse, -fuī, -futūrus §151 **1.** 前にいる, 居合わせる, 出席する **2.** 先頭に立つ(ている), 指揮(命令・指導)する, 管理(監督)する navi aedificandae (121.3. 与) ~ 船舶建造の責任者となる classi (9d3) (exercitui) ~ 艦隊(軍勢)を指揮する

praesūmō *3* prae-sūmere, -sūmpsī, -sūmptum §109 **1.** あらかじめ(前もって)使い果す, 食い(飲み)尽す **2.** 先だって(他人より先に)用いる, 果す, 実行する, 先取りする, 先んじる **3.** 正当な時期よりも早く享受する, 味わう, 実行する, 体験する **4.** あらかじめ想像する, 推測する, 当然のことと思う, 期待する praesumendo (119.5) remedia 解毒剤をあらかじめ飲んで heredum officia ~ 相続人のすべきことを先取りする spe praesumite bellum お前らは希望をもって, 予め戦争の状況を想像してみよ

praesūmptiō *f.* praesumptiōnis *3* §28 ［praesūmō］ **1.** 予想, 推測, 予感, 先入感 **2.** がんこ, 強情

praesūmptus → praesūmō

praesuō *3* prae-suere, -suī, -sūtum §109 表面に縫いつけておおう, はしに縫いつける

praetemptō *1* prae-temptāre, -tāvī, -tātum §106 予め(前もって)さわってみる, 探る, ためす, 調べる, 試みる

praetendō *3* prae-tendere, -tendī, -tentum §109 **1.** 前へさし出す, のばす, ひろげる **2.** 自分の前に防御としておく, ひき出す, のばす **3.** 口実・理由として主張する, 提出する, 弁解する, 言いつくろう **4.** ふりをする, 装う, 見せかける tenue praetentum litus 細長くのびている海岸 vestem praetendit ocellis (9d4)（彼女は）目の前に着物をひろげた（着物で目をかくした）Vespasiani amicitiam studiumque partium praetendit 彼はウェスパシアーヌスとの友情と彼の党派への献身を装った

praetentō = praetemptō

praetepēscō *3* prae-tepēscere, -tepuī, —— §109 異常に・甚だしく暖かくなる, 熱くなる

praeter 前, 副 **I.** 頭 praeter-「前を通り過ぎて」「そばを」の意味をもつ **II.** 前(対支配) **1.** そばを(前を)通って, 過ぎて **2.** 越えて, 勝って, しのいで **3.** 対して, 抗して, さからって **4.** より多く, よりすぐれて, 以上に **5.** 加えて, …と共に, 並んで **6.** 除いて, 以外は **III.** 副 **1.** 前をすぎて **2.** 加えて, 除いて, より多く nihil habeo praeter auditum 私は聞いたこと以外は何も知らない praeter civium morem 市民の習慣に反して ne quis praeter armatus violaretur 武装兵以外は誰も暴行を受けないように

praeteragō *3* praeter-agere, ——,

—— §109 そばを(前を)通りすぎて先へ馬(車)をかりたてる

praetereā 副 (praeter ea と2語にも書かれる) それに加えて,その上さらに,同様に,のみならず,なおまた,且つまた

praetereō 不規 praeter-ire, -iī (-īvī), -itum §156 **I**.(自)通りすぎる,すぎ去る,(時間など)経過する,すぎる **II**.(他) **1**.沿って(前を)すぎ去る,流れる,素通りする **2**.より良い,まさる,すぐれる,追い越す **3**.見逃す,とばす,省略する,見落とす,無視する **4**.言わずにおく,言い忘れる,口外しない monstror digito praetereuntium (118.2) すれ違う人たちの手指で,私は名指しをされる ripas flumina praetereunt 川が岸に沿って流れる te non praeterit, quam sit (116.10) difficile それがどんなに難しいか,あなたはよく知っている(あなたの目を逃れない) virtus alios tua praeterit omnes あなたの勇気は他の皆の人を凌駕している

praeterequitō 1 praeter-equitāre, ——,—— §106 馬にのってそばを通りすぎる

praeterferor 不規 praeter-ferrī, -lātus sum §158 そばを通って先へ運ばれる,先へ通りすぎる

praeterfluō 3 praeter-fluere, ——, —— §109 **1**.そばを流れ去る,洗ってすぎる,流れて消える **2**.記憶から消え去る

praetergredior dep.3b praetergredī, -gressus sum §§123(3), 125 [praeter, gradior §174(2)] 通りすぎる,歩み去る,分列行進する

praeteritus a.1.2 praeterit-a, -um §50 [praetereō の完分] **1**.過去に起った・なされた,過去の,すぎ去った,以前の **2**.以前に(先に)言及した,すでに述べた **3**.すぐ前の,先の,この前の,昨日の praeterita mutare non possumus 過ぎ去ったことを変えることはできない(覆水盆に返らず)

praeterlābor dep.3 praeter-lābī, -lāpsus sum §123(3) **1**.滑ってすぎる,滑走して去る,流れ去る **2**.そばを(に沿って)進む,帆走する,すぎ去る **3**.こっそりと(すみやかに)立ち去る,消える hanc (tellurem) pelago (9f1) praeterlabare (132) necesse est あなたはこの地に沿って,海の上を帆走せねばならない

praetermissiō f. praetermissiōnis 3 §28 [praetermittō] **1**.言い(書き)落すこと,見落すこと,とばすこと,怠ること **2**.省略,無視,手ぬかり,見落し,看過,怠慢

praetermittō 3 praeter-mittere, -mīsī, -missum §109 **1**.やりすごさせる,行かせる,経過させる **2**.見逃す,見落す,無視する **3**.書き落す,言い忘れる,ぬかす,はぶく **4**.言わないでおく,放っておく,思いとどまる,中止(中断)する reliqua studio (9f15) itineris conficiendi (121.3.属) quaerere (117.4) praetermittit 彼は目的地につくことをあせり,他のことを質問することを怠る non praetermittendum (147.イ) tantum commodum (9e11) existimaverunt かかる絶好の機会を見逃すべきではないと彼らは考えた

praeterquam j. (praeter quam と2語にもなる) …を除いて,…のこと(人)を別にして,…のほかは nullas iis praeterquam ad te et ad Brutum dedi litteras 私は,あなたとブルートゥス宛ての手紙以外は,彼らに一通も書いていない frumentum omne, praeterquam quod secum portaturi (143) erant, comburunt 彼らは持って出るつもり以外の食糧を全部焼き捨てる

praetervehor dep.3 praeter-vehī, -vectus sum §§123(3), 125 **1**.そばを(前を)通りすぎる,沖を航行する,馬にのって通る(旅をする) **2**.素通りする,見過ごす,無視する,とばす,ぬかす praetervectas Apolloniam navis (19 注 3) viderant 彼らはアッポローニアの沖を航行する船団を見ていた ut agam vitam, non ut praetervehar 私は人生を素通りすることではなく,人生を追求するということ(が目標)

praetervolō 1 praeter-volāre,

praetexō 610

-volāvī, —— §106 **1.** そばを飛び去る, すばやくすぎて行く, すばやく経過する, 消え去る **2.** 気づかれずにすぎ去る, 逃れる **3.** (発言・記述の中で)あることをかすめてすぎる, かんたんに触れる, 取り扱う

praetexō *3* prae-texere, -texuī, -textum §109 **1.** 縁をつける, 縁どる, 縁飾りをつける, 回りにひだをつける, 飾る, くまどる **2.** 前にたてる, おく, ひろげる, のばす **3.** 前置きをする, …で始める **4.** おおう, かくす, 包む, 着せる **5.** 口実として先に出す, 楯にとる, 装う, 見せかける, いつわる purpura tuos praetexit amictus 紫紅染めの縞がお前の着物の縁を飾っていた praetexta quercu domus 前面をカシの木でおおわれた邸宅 litora praetexunt puppes 船尾が海岸を縁どる (海岸に沿って船が並ぶ) hoc praetexit nomine culpam 彼はこの名目で罪を包みかくす incruentam victoriam praetexendo (119.5) 血を一滴も流さぬ勝利を口実として

praetextātus *a.1.2* praetextāt-a, -um §50 [praetexta] **1.** 紫紅縞の市民服を着た **2.** 高官の, 政務官の **3.** 紫紅縞の市民服を着ている年頃の(成人式を迎えていない)まだ子供の **4.** 無作法な, ひわいな, みだらな

praetextum *n.* praetextī *2* §13 [praetexō] **1.** 装飾, 飾り, 美観, 光栄, 名誉 **2.** 口実, 弁解, 仮面, 言いぬけ

praetextus *m.* praetextūs *4* §31 **1.** 外観, 見かけ, 様子, ふう, 見せかけ **2.** 口実, 言いわけ, 言いぬけ, 弁解

praetextus *a.1.2* praetext-a, -um §50 [praetexō の完分] **1.** 紫紅縞に縁どられた **2.** 紫紅縞の市民服を着た (名)**praetexta** *f.* praetextae *1* §11 **1.** 紫紅縞に縁どられた市民服(高官や良家の子供の衣服) **2.** ローマ史劇

praetingō *3* prae-tingere, -tinxī, -tinctum §109 予め(前もって)ひたす, つける, しめらす, ぬらす, しみこませる

praetor *m.* praetōris *3* §26 [< praeeō] **1.** 先頭に立って行く人, 指揮者, 指導者, 長, 頭 **2.** 法務官(執政官の次位の政務官) **3.** (法務官を終えた)属州統治者 (= propraetor, proconsul) praetor urbanus 市民係法務官(市民同士の訴訟を裁く) praetor peregrinus 外人係法務官(外人と市民との間の訴訟を裁く)

praetōriānus *a.1.2* praetōriān-a, -um §50 [praetōrium] 護衛隊の (名)**praetōriānus** *m.* praetōriānī *2* §13 護衛隊兵

praetōrius *a.1.2* praetōri-a, -um §50 [praetor] **1.** 指揮官の, 皇帝の **2.** 法務官(職)の, 法務官級の, 法務官前任者の, 属州統治者の cohors praetoria 護衛隊, 近衛隊 navis ~ a 旗艦 porta ~ a 正門(陣営) (名)**praetōrius** *m.* praetōrii *2* §13 法務官級の人 **praetōrium** *n.* praetōrii *2* §13 **1.** 陣営の司令部 **2.** 護衛隊 **3.** 属州統治者の官舎・本部 **4.** 宮殿, 豪華な建物 **5.** 蜜蜂の女王の巣穴

praetrepidō *1* prae-trepidāre, ——, —— §106 前もって(あらかじめ・予感して)ふるえる, びくびくする, おそれおののく (形)**praetrepidus** *a.1.2* prae-trepid-a, -um §50 非常におそれている, 心配している, ふるえている

praetulī → praeferō

praetūra *f.* praetūrae *1* §11 [praetor] **1.** 法務官の職務, 地位, 威信 **2.** 属州統治者の職, 地位, 威信

praeūrō *3* prae-ūrere, -ussī, -ustum §109 **1.** 先端(表面)を焼く, こがす, あぶる **2.** 表面を凍らせる, 凍傷にかからせる

praevaleō *2* prae-valēre, -valuī, —— §108 いっそうすぐれた(高い・大きい・強い)権威(権力・体力・影響力・効力)をもっている, まさっている, すぐれている

praevalidus *a.1.2* prae-valid-a, -um §50 **1.** 目立って(抜群の)体力を持った, 頑丈な, 強壮な **2.** 意志堅固な, 気丈な, 剛毅な **3.** 軍事力・政治力において目立って強い, 優勢な

praevallō *1* prae-vallāre, -lāvī,

-lātum §106　前面を防柵で防御する，強固にする

praevāricātiō *f.* praevāricātiōnis *3* §28 ［praevāricor］告発者と被告との結託（共謀）によるなれあい訴訟

praevāricātor *m.* praevāricātōris *3* §26　なれあい訴訟の当事者，にせの告発者，不誠実な弁護士

praevāricor *dep.1* prae-vāricārī, -vāricātus sum §123(1)　訴訟で特別な結果を求めて相手方と結託する，訴訟を裏切る，不正な裁判を行う

praevehor *dep.3* prae-vehī, -vectus sum §123(3)　**1.** 人より先に（先頭に立って）車で（船で・馬で）運ばれる，行く，進む，赴く　**2.** そばを・前を（接して・沿って）すぎ去る，流れて行く praevectus equo nuntius reportat 伝令は皆より先に馬にのって進み報告する Rhenus quo Germaniam praevehitur レーヌス川がゲルマーニア（の岸）に沿って流れ下る地区では

praeveniō *4* prae-venīre, -vēnī, -ventum §111 （自，他）**1.** 人より先にくる，到着する，先んじる，追い越す　**2.** 真先にくる，到着する，真先に行く，起る　**3.** 前もって考える，予想する，先手をうつ，先回りして防ぐ，予防する praevenerat fama 噂が先に届いていた morte praeventus est 彼は死によって先を越された（不慮の死におそわれた）

praeventus → praeveniō

praeverrō *3* prae-verrere, ――, ―― §109　先に（あらかじめ）掃除する，清掃する

praevertō *3* prae-vertere, -vertī, -versum §109 = **praevertor** *dep.3* prae-vertī, -versus sum §§123(3), 125　**1.** まっさきに向ける，追いたてる，さいそくする，行かせる　**2.** 走って追い越す，より早く走る　**3.** 先回りして防ぐ，先手を打つ，予防する，さける　**4.** 予期（予想）する，見越す，先取りする，出し抜く，先んじる　**5.** まっさきに（特に）関心を持つ，関与する，注意を向ける，優先させる cursu pedum praevertere ventos 駆け足で風を追い越す huic rei (9d3) praeverten-

dum (147. ロ) existimavit このような事態こそ何よりも先ずさけねばならないと彼は考えた ei rei primum praeverti volo そのことに私は最先に関心を持ちたいと思う（優先させたいと思う）pulchre praevertar (116.2) viros 私はうまく奴らをだしぬいてやるぞ

praevideō *2* prae-vidēre, -vīdī, -vīsum §108　**1.** 予め（前もって）見ておく，見る，先に早く見る　**2.** 先を（前方を）見る，予見（予測・予想）する

praevitiō *1* prae-vitiāre, ――, ―― §106　予め（前もって）だめにする，そこなう，堕落させる，腐敗させる，毒する，汚す

praevius *a.1.2* prae-vi-a, -um §50 ［prae, via］道を導く，先導する，案内する，先触れをする

prāgmaticus *a.1.2* prāgmatic-a, -um §50 ＜πραγματικός　実務を経験した，世故にたけた，老練な，世なれた（名）**prāgmaticus** *m.* prāgmaticī *2* §13　法律顧問（学者）

prandeō *2* prandēre, -prandī, -prānsum §108 ［prandium］朝食（昼食）をとる，すます ut ante lucem viri equique curati (et) pransi essent 歩兵と騎兵が夜明け前に朝食をとり出発（撤営）の準備をしておくように　（名）**prandium** *n.* prandiī *2* §13　昼食（おそい朝食）（パン・魚・野菜・果物の食事）prandium caninum 犬の昼食（酒のない昼食）

prasinus *a.1.2* prasin-a, -um §50 ＜πράσινος　**1.** 青みを帯びた，緑色の，こいみどり（ニラネギの色の）**2.** 緑党の（戦車競技の御者の着る党服が緑の）（名）**prasinus** *m.* prasinī *2* §13　緑党の御者

prātum *n.* prātī *2* §13　**1.** 牧場，放牧場，草地　**2.** 牧草　**3.** 海のひろがり（形）**prātēnsis** *a.3* prātēnse §54　放牧場（牧草地）に生える，見られる，牧場の

prāvē 副 ［prāvus §67(1)］（最）pravissime　**1.** はすかいに，横目で，曲解して　**2.** 間違って，不正に，悪く，不完

prāvitās 612

全に，ひねくれて cur nescire, pudens prave, quam discere malo? どうして私が，間違った恥辱心から，学ぶよりも知らない方を選びますか

prāvitās *f.* prāvitātis *3* §21 [prāvus] **1.** ねじれ，ゆがみ，屈曲，湾曲 **2.** 奇形，不具，不恰好 **3.** 不正，不適切，誤り，欠陥 **4.** 悪徳，不身持，不品行，放蕩，腐敗，堕落 **5.** ひねくれ，つむじ曲り，歪曲，偏屈，こじつけ

prāvus *a.1.2* prāv-a, -um §50 (比)pravior　(最)pravissimus **1.** まがった，ねじれた，ゆがんだ，よじれた **2.** ねんざした，奇形の，ぶかっこうな **3.** 退廃(堕落)した，品性の落ちた **4.** まちがった考えの，つむじ曲りの，ひねくれた，偏屈な，あまのじゃくの **5.** 間違った，悪い，不純な，欠陥のある qui recta prava faciunt 正道をまげる連中 hoc studio (9f3) pravus facis お前はこれをひねくれた執念でやっているのだ

precārius *a.1.2* precāri-a, -um §50 [precēs] **1.** 嘆願(懇願)によって得られた，祈願に対して与えられた **2.** 他人の意志(好意)に依存している，相手の心次第の **3.** 不確かな，あいまいな，あやふやな，あてにならない，危なっかしい　(副) **precāriō** §67(1) **1.** 懇願により，好意を求めて **2.** 嘆願の結果，許されて，お情けで，寛大に **3.** 心もとなく，あやふやに

precātiō *f.* precātiōnis *3* §28 [precor] **1.** 祈り，祈願 **2.** 祈禱のきまり文句

precātor *m.* precātōris *3* §26 嘆願する人，哀願者，他人のために懇願する人，とりなす人

precātus → precor

precēs *f.pl.* precum *3* §21 → prex

preciae *f.pl.* preciārum *1* §11 早なりのブドウ(の一種)

precor *dep.1* precārī, precātus sum §§123(1), 125 [precēs] **1.** 乞う，訴える，祈り求める，祈願する，嘆願する(構文)神(人)に(対，与，ab 又は pro＋奪)…を(対，不，不句，ut, ne など)願う，求

める **2.** precor bene (male) 幸福(不幸)を祈る，願う **3.** (挿入句の如く) precor お願いです，どうか date quae precamur 我々の祈願するものを与え給え quod precarer (116.4) deos? 私は神々に何を祈願すべきか precor ab iis, ut patiantur 私は彼らに，私を許してくれと嘆願する reddas (116.1) incolumem, precor どうか，あの方を無事に返して下さいますように

pre(he)ndō *3* pre-hendere, -hendī, -hēnsum §109 **1.** しっかりとにぎる，急につかむ，とる **2.** 勢いよく飛びかかる，不意に襲ってその場でとりおさえる，(病気・不幸が)不意に襲う **3.** 突然尋ねる，呼びかける，話しかける **4.** 逮捕する，捕虜にする，ぶんどる，占領する **5.** 到着する，上陸する **6.** 目でつかむ，見つける，理解する dextra (9f3) prehensum (me) continuit 彼は私の右手をつかまえておしとどめた aliquem in furto (furti, 9c10) ある人を盗みの現場で捕える cum Caesar signa fugientium (118.2) manu (9f7) prenderet et consistere juberet カエサルは逃げ行く兵たちの手から軍旗を奪い取り停止するように命じたが

prehensus → prehendō

prēlum *n.* prēlī *2* §11 [premō] **1.** 圧縮機(器)，圧搾器 **2.** ブドウ絞り器，搾油器

premō *3* premere, pressī, pressum §109 **1.** おさえる，押す，圧する，押しつづける **2.** 抑え込む，圧力を加える，圧迫する，しめつける，制圧する，支配する，かりたてる，追求する，攻撃する，苦境に追い込む **3.** 噛み(押し)つぶす，踏みつぶす(つける)，握りしめる(つぶす)，(ブドウを)つぶして(しぼって)作る，圧搾する **4.** 体の重みをかける(おしつける)，抱きしめる，(地面・寝台に)よこたわる，坐る **5.** 重みで押し下げる，下落させる，低くする，おとしめる，圧縮する，切りおとす，短くする，はぶく **6.** 重荷を負わす，苦しめる，悩ます，困らせる，妨げる，制する，とめる，包囲する，封鎖する **7.** 押し込む，封じ込む，おおう，かくす，だまらせる，埋める，植える，打ち込む **8.** 押印する，しるしをつけ

る，足跡をつける premere pollicem 親指を人差し指へ押しつける(賛成のしるし) ~ ad pectora natos (母が)子供を胸に抱きしめる pressum lac チーズ ossa male pressa 丁寧に埋葬されていない遺骨 nimis arta premunt olidae conviva caprae 臭い牝山羊が，お客のこみすぎた宴会を圧迫する(わきがで息がつまる) prudens futuri temporis exitum caliginosa nocte premit deus 思慮深い神は人間の未来の運命を暗い夜霧でかくしている angusto exitu (9f1.ハ) se ipsi premebant 彼らはせまい出口でおし合いへし合っていた terga premebat equi 馬の背に彼はまたがっていた ruris opaci falce premes umbras ブドウ畑(耕地)の茂りすぎた暗い枝葉を，お前は刈りこみなたで剪定すべきだ

prendō = **prehendō**

prensō *1* prensāre, -sāvī, -sātum §106 〔pre(he)ndō〕 **1.** くりかえしてつかむ，にぎる，しっかりとつかもうと努力する **2.** つかみかかる，手をにぎりしめる **3.** 近寄って話しかける，呼び止めて助けを乞う **4.** 官職志願者が支持を求めて回る

pressē 副 〔pressus §67(1)〕 （比）pressius **1.** ひきしめて，ぎっしりと詰めて，かたく，しっかりと，強く，高く **2.** きちんと，正確に，綿密に **3.** 簡潔に，冗長(散漫)でなく，控え目に，飾らず，率直に

pressī → premō

pressiō *f.* pressiōnis *3* §28 〔premō〕 **1.** 圧力，圧迫 **2.** てこの支点，支柱，支え，台木 **3.** てこ，ジャッキ

pressō *1* pressāre, -ssāvī, -ssātum §106 〔premō〕 **1.** 押す，押しつける，圧する，圧迫する，重荷をおわす **2.** しめつける，しぼる，圧搾する，押しつぶす

pressus[1] *a.1.2* press-a, -um §50 〔premō の完分〕 （比）pressior **1.** おしつけられた，しめつけられた，閉じ込められた，ぎっしりとつまった，窮屈な，密集した，濃い **2.** 押さえられた，下げられた，低い，沈んだ **3.** 控え目の，にぶい，くすんだ，和らげられた **4.** 慎重な，落着いた，適度な，正確な presso obmutuit ore (9f18) 彼は口をかたく閉じてだまり込んだ pede presso retro cedentes (118.2) 落着いた足どりで(ゆっくりと歩いて)後へ立ち去る人たち pressa voce 低い声で

pressus[2] *m.* pressūs *4* §31 〔premō〕 **1.** 押すこと，圧迫，圧力 **2.** しめること，しぼること，圧搾，圧縮 ipso oris pressu et sono (hendiadys) 唇を適度にすぼめた(ひきしめた)発音によって

pretiōsus *a.1.2* pretiōs-a, -um §50 〔pretium〕 （比）pretiosior （最）pretiosissimus **1.** 高価な，費用のかかる **2.** 貴重な，大いに価値のある，深く尊重される **3.** 高額を支払う，金使いの荒い，浪費する，気前のいい dedecorum (9c3) pretiosus emptor 恥ずべき行為(欲望)のために高額な金を支払う人

pretium *n.* pretiī *2* §13 **1.** 報酬，礼金，賞，ほうび **2.** 罰金，罰，代償，報復，仕返し **3.** ものの価値，値段，値うち **4.** 金，ぜに，給金，支払い **5.** 身のしろ金，賠償金，わいろ homines magni pretii (9c5) 非常に貴重な人物 verbera pretia ignaviae 怠けた罰としての鞭うち audire (117.3) est operae pretium それは聞くだけの価値がある in pretio est 彼は評価されている，尊敬されている

prex *f.* precis *3* §§21, 47 主として *pl.* で，*sg.* では 与，対，奪 (preci, precem, prece) のみ **1.** 懇願，哀願，嘆願 **2.** 神への祈り，祈願 **3.** 他人の災い(ばち・たたり)を祈り求めること，呪い，他人の幸福への祈り，祈願 **4.** とりなし，代願

Priamus *m.* Priamī *2* §13 **1.** Troia の王 **2.** 同名の孫

Priāpus *m.* Priāpī *2* §13 （神）生殖・豊饒の神，彼の醜悪な像は，ブドウ園や庭園の飾り(かかしの如き)であり，守護神であった

prīdem 副 以前に，前から，すでに，かってあるとき，ずっと以前に(から) quam pridem non edisti? お前はものを食べなくなってからどれほど経つのか jam pridem equidem istuc ex te audivi その話なら，たしかにとっくの昔にお前から聞いたぞ

prīdiē 副 〔*cf.* postrīdiē〕 前の日に，前日 pridie vesperi 前日の夕暮 pridie Kalendas, Nonas … §§183, 184

prīmaevus *a.1.2* prīm-aev-a, -um §50 〔prīmus, aevum〕 若い，若々しい，若者の，青年の

prīmānī *m.pl.* prīmānōrum *2* §13 〔prīmus〕 第一軍団兵

prīmārius *a.1.2* prīmāri-a, -um §50 〔prīmus〕 **1.** 地位・身分の最も高い，高貴な，指導的な **2.** 一流の，最上の，すぐれた，傑出した **3.** 最も大切な，重要な

prīmīpīlus *m.* prīmīpīlī *2* §13 首位百人隊長

prīmitiae *f.pl.* prīmitiārum *1* §11 〔prīmus〕 **1.** 初物，初穂，最初の成果，武勲 **2.** 始まり，初め

prīmitus 副 〔prīmus〕 最初は，もともと，本来，初めて，最初に

prīmō 副 〔prīmus §9f19〕 **1.** 初めは，もともと，元来 **2.** 初めて，最初に，先ず aedis primo ruere rebamur tuas あなたの邸宅が倒壊するのではと，我々は初め思っていたのです

prīmōrdium *n.* prīmōrdiī *2* §13 〔prīmus, ōrdior〕 **1.** 太初，起源，起り，発端，開始，始まり **2.** (*pl.*)原子，元素，根本要素

prīmōris *a.3* prīmōre §54 〔prīmus〕 **1.** 最初の，第一の **2.** 最前部の，前の，正面の，前列の **3.** 先の，先端(末端)の **4.** 首位の，高位の，最高の，指導的な primores dentes 前歯 primores feminae 上流の貴婦人 primores civitatis 国家の指導的地位にある人たち hoc digitulis duobus sumebas primoribus お前は2本の指先でこれを手に入れた(おそるおそる・遠慮して) ut in littore cancri digitis primoribus stare 海岸でカニが足の指先で立っているようだ(いばって歩いている)

prīmum[1] 副 〔prīmus §9e13〕 **1.** 先ず，第一に，何よりも先に，最初に，真先に **2.** もともと，最初は **3.** ut primum, ubi ～, cum ～ …するとすぐ，するやいな

4. quam primum できるだけ早く primum quae ego sim dicam 私(女)が何者かを先ず述べたい illam ut primum vidi 私は彼女を見るとすぐ cupio haec quam primum audire できるだけ早くこれらのことを私は聞きたい

prīmum[2] *n.* prīmī *2* §13 〔prīmus の *n.*〕 **1.** 最初の部分，初め **2.** 前列，前部 **3.** (*pl.*)首位，最高，至高 **4.** (*pl.*)要素，原子 prima naturae 本能 a primo ad extremum 始めから終りまで in primo 初めに，特に，前面に

prīmus *a.1.2* prīm-a, -um §§50, 63 **1.** 先頭の，第一番の，最前(列)の，まっさきの **2.** 初めの，始まりの，開始の，初歩の，起源の **3.** 第一の，首位の，一流の，最上の，最も大切な(貴重な)，高貴な，優秀な，著名な prima luce 早暁 prima nocte 宵(の口) primi dentes 前歯 primae (partes) 主役，首席 primo quoque tempore (die) できるだけ早く(早い日に) primum quidque videamus 我々は一つずつ片っ端から見て行こう

prīnceps *a.3* prīncipis §55 〔*prīmō-caps < prīmus, capiō〕 **1.** 最初の，最も早い **2.** 先頭で導く所の **3.** 最も重要な，最高位の，最高の名誉(権威)を持つ，最も著名な (名)**prīnceps** *m.* principis *3* §21 **1.** 先頭に立って始める人，創始者，創立者，指導者 **2.** 卓越した人，最も重要な人，頭，長，筆頭 **3.** 指導的地位にある人，第一人者 **4.** (帝)元首 **5.** (軍) **a.** (*pl.*)軍団兵で第二戦列の壮年兵 *cf.* hastati, triarii **b.** (*sg.*)一個大隊の6人の百人隊長のうち，第3位の肩書きは princeps prior (primus)，第4位は princeps posterior という(異説あり) princeps senatus 元老院議員筆頭 principes civitatis 執政官級の人たち principes juventutis (又は juvenum) 青年の第一人者(元首の後継者)

prīncipālis *a.3* prīncipāle §54 〔prīnceps〕 **1.** 本来の，元来の，根本的な，基礎的な **2.** 原始の，自然の **3.** 主たる，首位の，最も大切な，最も尊重される，指導的な，主要な **4.** 元首の，皇帝

の, 元首にふさわしい principalis via 主道, 正門通り(陣営内の司令部前の道) principalis porta 主門, 正門(主道の両端の門)

prīncipātus *m.* prīncipātūs 4 §31 [prīnceps] **1.** 始まり, 起源 **2.** 長, かしら, 指導者の地位・権威 **3.** 最高権威, 覇権, 最高命令権, 支配権 **4.** (帝)元首の支配権・権威・地位, 元首政治, 元首制度

prīncipium *n.* prīncipiī 2 §13 [prīnceps] **1.** 始まり, 初め, 起こり, 発端, 起源, 源, 根源, 生まれ, 発生 **2.** 土台, 基礎, 根本 **3.** (*pl.*)基本要素, 元素, 根本原理 **4.** 初歩, 初期 **5.** 序文, 緒, 冒頭 **6.** 首位, 元祖, 創始者, 創立者, 発起人, 元凶 **7.** (*pl.*)陣営司令部(＝praetorium),(最)前線, 前列(衛) principio (9f19) 初めに a principio 始めから naturae principia 根本性向(本能) post principia 後列, 予備隊(兵)

prior *a.3* prius §§63, 65 **1.** いっそう前の位置の, より前方の, すぐ前の **2.** より先の, 以前の, もっと早い, もっと昔の(古い) **3.** (二つの中の)前者 **4.** より優れた, 良い, 大切な, 根本的な (名)**priōrēs** *m.pl.* priōrum 3 §26 先祖, 古人 (副)**prius** (9e13) いっそう早く, 先に, 先ず, 予め, すすんで, 早めに, 以前に, もともと respondeo priori (epistulae) prius 私は先の手紙に先ず返事を書きます

prīscus *a.1.2* prīsc-a, -um §50 **1.** きわめて古い, 太古の, 大昔の **2.** 昔の, 以前の, 古い, 古代の **3.** 古風な, 旧式の, 古めかしい, 時代おくれの **4.** 古くて尊い, 古式ゆかしい, 厳格な, 保守的な

prīstinus *a.1.2* prīstin-a, -um §50 [*cf.* prior] **1.** 昔の, 古代の, 古い **2.** 以前の, 先の, 前の pristinus dies (nox) 前日, 昨日(昨晩)

pristis *f.* pristis 3 §19 **1.** 海の怪物(哺乳動物), クジラ, ノコギリエイ(サメ) **2.** 軽走艇

priusquam *j.* [prius quam と2語にもなる] **1.** (直と, 時間的関係のみを示す)より早く, より先に **2.** (接 *cf.* 116.6 と,

意図・予期を示すことが多い)予想・予期するよりも早く, 意図に先んじて **3.** …よりむしろ, …より好んで, いっそ prius respondes quam rogo 私が尋ねるより先にお前は答えているぞ prius ad hostium castra pervenit quam quid ageretur (116.10) Germani sentire possent ゲルマーニア人が何が起こったかに気づくより先に, 彼は敵の陣営に到着した animam amittunt prius quam loco demigrent (116.3) 彼らは守備位置を放棄するぐらいなら死を択ぶ

prīvātim 副 [prīvātus] **1.** 個人として, 個人的に, 私的に **2.** ひそかに, ないしょで, こっそりと **3.** 各自, めいめい **4.** 家で **5.** 特に, 就中 qui privatim plus possint (116.8) quam ipsi magistratus 政務官自身としてよりも私人としていっそう勢力を持っているような者たち

prīvātus *a.1.2* prīvāt-a, -um §50 [prīvō の完分] **1.** 個人の使用に属する, 私有の, 個人の財産の **2.** 公職についていない, 私人の, 非公式な, 私的な **3.** 個有な, 特殊の **4.** 一般市民(の資格)にふさわしい semper se (9e11) reipublicae commoda privatis necessitudinibus (9f6) habuisse (9e3) potiora「自分はいつも国家の利益を私的な友情より優先させてきた」privatis carminibus 一般市民(の生活を描写するの)にふさわしい詩形(喜劇)によって

prīvīgna *f.* prīvīgnae 1 §11 [prīvos, genus] 継(まま)娘

prīvīgnus *m.* prīvīgnī 2 §13 継(まま)子

prīvilēgium *n.* prīvilēgiī 2 §13 [prīus, lēx] **1.** (特定個人のための)例外法規 **2.** 特権, 優先権, 特典

prīvō 1 prīvāre, -vāvī, -vātum §106 [prīvus] **1.** 奪う, 剥奪(強奪)する **2.** 解放する, とり除く, 救う privare aliquem vitā (9f7) 誰々の命を奪う privari injuriā 不正から救われる

prīvus *a.1.2* prīv-a, -um §50 **1.** おのおのの, めいめいの, 一人一人の, 一つ一つの, 各人の, 各個の **2.** 個人の,

pro

特定の, 個別の, 単独の, 固有の **3.** (属と, 9c13)…を欠いて, …なしに, 持たない ut privos lapides secum ferrent 彼らはめいめいが石を持って運ぶために in dies privos 日ましに, 日に日に

prō 前 **I.** 頭 prō- 又は pro- 基語に「前の方へ, 前へ, 先へ, 外へ, 表に, ために, とって, 比例して」などの意を加える **II.** 前(奪支配) **1.** 前に, 正面に, 端(縁)に, 目立った位置に(から) **2.** …のために, 好意をもって, 賛成して, 支持して **3.** …を考慮して, もとづいて, の故に **4.** …として, の資格で, のように, の代わりに **5.** …のおかげで, の力で **6.** …の報酬(返礼)として, 報復(罰)として, に応じて, ふさわしく, 比例して, 関係して **7.** pro eo quod …の故に pro eo ac …に比例して, 応じて pro eo ac si あたかも…のように sedens pro aede Castoris カストル神殿の前に坐って pro rostris 演壇の前(先端)に進み出て(正面から) pro contione 集会を前にして eum adoptat sibi pro filio その男を自分の養子とした pro consule → **prōcōnsul** pro tempore et pro re 時と場合に応じて pro multitudine hominum et pro gloria belli angustos se (117.5) finis habere「自分たちは, 人口の多数に比して且つ戦争の栄光に比して, せまい領土をもっている」sese illum non pro amico sed hoste habiturum (143)「自分は彼を友としてではなく敵とみなすであろう」pro se quisque 各自自分のために, めいめい自分の判断で, それぞれかってに pro eo est ac si omnes idem sentiant 皆が同一意見であるかのようである

prō 間 **1.** 驚き, 非難, 困惑, 悲しみの表現, おお, ああ, さてさて **2.** 呼と共に pro Juppiter, pro dii immortales ああ困った, これはたまらん, しまった, けしからん **3.** 対と共に, pro deum hominumque fidem たいへんだ, しまった, 助けてくれ **4.** 単独で tantum, pro! degeneramus ああ, われわれはこれほどまでに堕落してしまったとは

proāgorus *m.* proāgorī *2* §13 <προήγορος (シキリアの)ギリシア人の町の首長

proavia *f.* pro-aviae *1* §11 [pro, avia] 曽祖母

proavus *m.* pro-avī *2* §13 [pro, avus] 曽祖父, 先祖 (形) **proavītus** *a.1.2* proavīt-a, -um §50 曽祖父の, 先祖の

probābilis *a.3* probābile §54 [probō] (比)probabilior **1.** 承認(賛成)し得る, 気に入る, 賞賛に価する, 立派な **2.** 許容し得る, 正当化できる, 正当な **3.** 証明し得る, 論証される, 確かな, 信じられる **4.** ありそうな, 起こり得る, 蓋然的な (副) **probābiliter** §67(2) (比)probabilius **1.** 立派に, 申し分なく **2.** おそらく, たぶん **3.** もっともらしく, まことしやかに

probātiō *f.* probātiōnis *3* §28 [probō] **1.** 調(検・審)査, 吟味 **2.** 承認, 賛成, 同意, 認可, 合格 **3.** 証明, 証拠, 証言

probātor *m.* probātōris *3* §26 [probō] 承認(認可)する人, 賞賛(推賞)する人

probātus *a.1.2* probāt-a, -um §50 [probō の完分] (比)probatior (最) probatissimus **1.** 試された, 確証された, 信頼できる **2.** 承認(認可)された, 評判の良い, 尊重される, 立派な **3.** …にとって(与, 9d13)受け入れられる, 気にいる, 好ましい gratulatio tua est mihi probatissima あなたの祝賀が私には一番嬉しい

probē 副 [probus §67(1)] (最) probissime **1.** 申し分なく, 完全に, 正しく, 立派に **2.** 正当に, 適当に, 正確に **3.** 上品に, 礼儀正しく **4.** (応答で)よろしく, 全く, その通り, たしかに, でかした tui (9c13) similest (similis est) probe 彼は全くお前そっくりだ intellexistin? — probe わかったか — たしかに(わかった)

probitās *f.* probitātis *3* §21 [probus] **1.** 誠実, 正直, 廉直, 高潔 **2.** 貞淑, 純潔 **3.** 上品, 礼儀正しさ, 端正 probitas laudatur et alget 清廉潔白(な人)は賞讃されても風邪をひいている(ひもじい思いをしている)

probō *1* probāre, -bāvī, -bātum §106 [probus]（構文）対，二重対 (9e3)，不，不句をとる **1.** 正しい（良い）とみとめる，承認（是認）する，同意（賛成）する **2.** ためす，調べる，試験する，吟味する **3.** 示す，証明する，判断する，評価する，尊重する vulgus amicitias utilitate probat 俗衆は友情を利益で評価する maxime probat coactis navibus mare transire 彼は船を集めて海を渡るのが最上と判断した

proboscis *f.* proboscidis *3* §21 <προβοσκίς 動物の鼻腔，象の鼻

probrōsus *a.1.2* probrōs-a, -um §50 [probrum] **1.** 非難（叱責）を蒙る，不面目な，恥ずべき，評判のわるい，不品な，さもしい，汚らしい **2.** 口ぎたない，侮辱的な，中傷的な，無礼な carmina probrosa 諷刺詩，落首

probrum *n.* probrī *2* §13 **1.** 叱責，非難，罵倒，怒号，誹謗，侮辱 **2.** 恥辱，汚名，不名誉，不面目 **3.** 非難（叱責）に値する行為，不人気，醜聞の種（たね），罪，非行，過失，みだらな行為，不貞，姦通 probri (9c10) insimulare feminam その女に不貞の罪をおわす epistulae plenae omnium in me probrorum (9c13) 私に対するあらゆる罵詈雑言で満ちあふれた手紙

probus *a.1.2* prob-a, -um §50 （比）probior （最）probissimus **1.** 良質の，すぐれた，上等の，立派な，価値のある **2.** 真正の，本物の，純粋な **3.** 役立つ，調法な，有能な，利口な，器用な **4.** 公正な，正直な，高潔な **5.** 上品な，礼儀正しい，端正な，貞淑な，つつましやかな esset (116.3) ex improbo parente probus filius 不徳義な父親から誠実な息子が生まれるかも知れない

procāx *a.3* procācis §55 （比）procacior （最）procacissimus **1.** しつこい，がんこな，強情な **2.** 厚顔無恥の，破廉恥な，ずうずうしい，横柄な，生意気な，でしゃばりの **3.** 無作法な，軽薄な，陽気な，はしゃぐ，気まぐれな，放埒な Auster procax 荒れ狂う南風 procax otii

(9c6) 暇な時を（公務のない私生活を）気ままにくらす（人）（名）**procācitās** *f.* procācitātis *3* §21 しつこさ，厚顔無恥，鉄面皮，生意気（横柄）な言動 （副）

procāciter §67(2) （比）procacius （最）procacissime 大胆に，ずうずうしくも，自由奔放に，横柄に

prōcēdō *3* prō-cēdere, -cessī, -cessum §109 **1.** 前へ進む，歩む，行く，前進する，出撃する **2.** 一歩ふみ出す，現われる，外へ出る，生じる，起る，結果…となる **3.** 出発する，のびる，ひろがる，公になる，つづく，高じる，登る，登場する，進歩する，出世する **4.** （時が）すすむ，経過する，年をとる **5.** うまく行く，効き目がある，役立つ 〜 e tabernaculo in solem 天幕の中から日光の中に出る lente atque paulatim proceditur (172) ゆっくりと少しずつ前進する invito processit Vesper Olympo 天空は迎える気にならなかったのに（空はいやだったが）宵の明星がのぼってきた ut omnia prospere procedant 万事上手にいくように mea bene facta rei publicae (9d1) procedunt 私の立派な業績は国家に役立つのだ eo ira processit ut 怒りが ut 以下にまで高じた procedente tempore 時がすぎて

procella *f.* procellae *1* §11 [procellō「前へ投げる」] **1.** 大あらし，暴風雨，疾風 **2.** 激しい襲来，攻撃 **3.** 騒動，動乱，暴動，擾乱 **4.** 非難（怒号・怒り）のあらし，爆発，攻撃 **5.** 激しい精神的動揺，興奮，激情 creber procellis (9f17) Africus 暴風雨の一杯つまったアフリカ風 tu, procella patriae 汝，祖国を荒らす暴風雨よ （形）**procellōsus** *a.1.2* procellōs-a, -um §50 **1.** あらしで一杯の，はやての多い **2.** 暴風雨の，暴風雨のような，烈しい，しけた

procerēs *m.pl.* procerum *3* §26 **1.** 国，社会の指導的地位にある人たち，芸術学問分野での指導者 **2.** 最も高貴な人たち，貴族

prōcēritās *f.* prōcēritātis *3* §21 **1.** 高さ，身長 **2.** 高度，標高 **3.** 長さ，たけ proceritate collorum （白鳥は）首の長

prōcērus　618

さによって 〜 pedum 詩脚の長さ

prōcērus *a.1.2* prōcēr-a, -um §50
(比)procerior （最)procerissimus
1. 高い，高くのびた，背が高い **2.** 長い，
大きい **3.** しなやかな，すらっとした procero rostro 長いくちばしで

prōcessī → prōcēdō

prōcessus *m.* prōcessūs *4* §31
[prōcēdō] **1.** 前進，進行 **2.** 進歩発展，
向上 **3.** なりゆき，結果，目的達成，成功

prōcidō *3* prō-cidere, -cidī, ——
§109 [prō, cadō §174(2)] **1.** 落ちる，
落下する，下がる，たれる **2.** 前に倒れる，
平伏する，うつぶせになる **3.** くずおれる，
崩壊する，没落する，堕落する

prōcinctus *m.* prōcinctūs *4* §31
[prō, cingō] 剣帯をつけた状態，戦闘
準備をととのえた状態

prōclāmō *1* prō-clāmāre, -māvī,
-mātum §106 **1.** 大声で叫ぶ，わめく，
言いたてる，野次を飛ばす **2.** 熱弁をふる
う，大声で宣言する **3.** 法廷で主張する，
訴える

prōclīnō *1* prō-clīnāre, -nāvī, -nātum
§106 **1.** 前へ傾ける，曲げる，下げる，苦
境へ追い込む **2.** ぐらつかせる，よろめかす，
動揺させる

prōclīvis *a.3* prō-clīve §54 ＝
prōclīvus *a.1.2* prō-clīv-a, -um
§50 （比)proclivior **1.** 下へ傾いた，下
り坂の，下向きの **2.** 努力を要しない，楽
な **3.** …する傾向のある，しがちな，かかり
やすい quibus erat proclive tranare
flumen かれらにとって川を泳いで渡ること
はたやすかった （副)**prōclīvī** (9f19),
prōclīve (9e13) 下の方へ，まっさかさ
まに，たやすく，楽に （名)**prōclīve** *n.*
prōclivis *3* §20 下り坂,下方への勾
配 id faciam, in proclivi quod est 楽な
ことをしよう

prōclīvitās *f.* prōclīvitātis *3* §21
[prōclīvis] **1.** 下方への勾配，傾斜 **2.** 傾
向，好み，性癖

Procnē *f.* Procnēs *1* §37 （神）
Philomela の姉妹，Tereus の妻，死後
つばめに変った，つばめ

prōcōnsul *m.* prō-cōnsulis *3* §26
[＝ prōcōnsule] 執政官代行,（執政官
の命令権を持って属州に赴任し，軍隊を
指揮し又は統治する)総督，知事 （形）
prōcōnsulāris *a.3* prōcōnsulāre
§54 proconsul の （名)**prōcōnsulātus**
m. prōcōnsulātūs *4* §31 proconsul
の職，品格，地位

prōcrāstinō *1* prō-crāstināre, -nāvī,
-nātum §106 [pro, crāstinus] 翌日
まで延期する，のばす，あと回しにする，おく
らせる，先へのばす （名)**prōcrāstinātiō**
f. prōcrāstinātiōnis *3* §28 延期，
遅延，猶予，あと回し，停会

prōcreō *1* prō-creāre, -creāvī,
-creātum §106 **1.** （父が)子をこしらえる，
つくる,（母が)産む **2.** 創造する，産出
する，生産する **3.** 生じさせる，引きおこす
（名)**prōcreātiō** *f.* prōcreātiōnis *3*
§28 出産，生殖，生産，発生

prōcubō *1* prō-cubāre, ——, ——
§106 のびて（ひろがって)横たわ(ってい)
る，長く（遠く)ひろがっている，のびる

prōcubuī → prōcumbō

prōcucurrī → prōcurrō

prōcūdō *3* prō-cūdere, ——, ——
§109 **1.** （ハンマーで)打って（叩いて)形を
つくる，鍛えてつくる，ひきのばす **2.** かた
ちを作る，形成陶治する **3.** 創作する，案
出する，考え出す，工夫する legendo
(119.5) et scribendo vitam procudito
読書し執筆することで人生を形成陶治すべ
し

procul 副 **1.** 離れた所で，遠方で，は
るかかなたに，いくらか離れて **2.** はるか昔，
遠い将来 procul urbe (9f7) 都から遠く
離れて procul dubio 疑いもなく procul
ab omni metu あらゆる恐怖から遠く
procul est ut credere possis あなたはほ
とんど信じることはできないだろう legatos
haud procul afuit quin violarent 彼ら
は使者にすんでのところで暴力を加えると
ころであった

prōculcō *1* prō-culcāre, -cāvī,
-cātum §106 [prō, calcō §174(2)]
1. 踏みつける，踏みつぶす，踏みにじる，

馬で踏み倒す **2.** つぶす，粉砕する，圧倒する，荒らす **3.** さげすむ，軽蔑する，侮辱する

prōcumbō *3* prō-cumbere, -cubuī, -cubitum §109 **1.** 前に曲る，かがむ，よりかかる，もたれる，上からかがみ込む **2.** 身を伏せる，うつ伏せになる，(平地が)のびる，ひろがる **3.** おじぎをする，屈する **4.** 地に(前に)倒れる，死ぬ，傾く，沈む，崩れる **5.** 落ちる，堕落する qui vulneribus confecti procubuerant 負傷し疲れ果てて倒れていた者たち procumbunt omnibus (9d8) ad pedes 彼らはすべての人の足元にひれ伏す

prōcūrātiō *f.* prōcūrātiōnis *3* §28 [prōcūrō] **1.** 配慮，注意，心づかい **2.** 管理，監督，責任，保護，調達 **3.** procurator の役職 **4.** 生贄による贖罪式

prōcūrātor *m.* prōcūrātōris *3* §26 [prōcūrō] **1.** 責任者，監督，管理人，家令，執事 **2.** 代理人，代行者 **3.** (帝)元首(帝室)属吏(皇帝の代行者として帝室財産や元首属州の管理をする帝室解放奴隷又は騎士)

prōcūrō *1* prō-cūrāre, -rāvī, -rātum §106 **1.** 世話をする，監督する，司る，気をつける **2.** 元首属吏として従事する，専念する，管理する **3.** 贖罪する，犠牲を供えて凶兆をさける

prōcurrō *3* prō-currere, -(cu)currī, -cursum §109 **1.** 前へ走る(駆け出す)，先頭に立って走る，前進する **2.** 外へとび出す，出撃する，突進する，勢いよく流れる **3.** 突出する，でっぱる in ipso procurrentis pecuniae impetu raptus est 突進してくる金の攻撃の中で，彼はこの世から奪い去られた

prōcursō *1* prō-cursāre, ——, —— §106 [prōcurrō] しばしば(つづけて)出撃する，突進(襲撃)する，こぜり合いをつづける (名)**prōcursātiō** *f.* prōcursātiōnis *3* §28 出撃，突撃，こぜり合い **prōcursātor** *m.* prōcursātōris *3* §26 突撃(出撃)する兵，こぜり合いをする兵，前哨兵

prōcursus *m.* prōcursūs *4* §31 [prōcurrō] **1.** 出撃，突進，襲撃 **2.** 前へ(先に)走ること，先発，かけ出すこと，前進 **3.** 迸り出ること，爆発，暴発，突発

procus *m.* procī *2* §13 [*cf.* precor] 求婚者，求愛者

prōdēgī → prōdigō

prōdeō 不規 prōd-īre, -iī, -itum §156 **1.** 前へ進み出る，先頭を進む **2.** 外に(公けの場へ)出る，進んで出る，登場する **3.** 現れる，姿を見せる，芽を出す，生ずる，突き出る，目立つ foras (ex portu) ～ 外へ(門から)歩み出る est quadam prodire (117.4) tenus ある所まで進んで行ける juvenum prodis publica cura (9a2) お前は若者たち全部の恋煩いとして外を出歩く(そなたの歩く姿を見て，皆若者たちの胸は恋情でひきさかれるのだ)

prōdesse, prōdest → prōsum

prōdīcō *3* prō-dīcere, -dīxī, -dictum §109 **1.** 予め(前もって)言う，告げる **2.** 期限(裁判の日程)をもっと先へ定める (diem prodicere)，延期する，先へのばす

prōdidī → prōdō

prōdigium *n.* prōdigiī *2* §13 **1.** 縁起の悪い(不吉な)しるし(前兆)とされる，奇怪な(自然に反した)現象，災禍，人・動物の出現，天変地異，奇蹟，怪物，畸形児 (副)**prōdigiāliter** §67(2) 不自然に，異常に，突飛なことに，途方もなく (形)**prōdigiōsus** *a.1.2* prōdigiōs-a, -um §50 不自然な，不思議な，突飛な，驚くべき，奇怪な，前代未聞の

prōdigō *3* prōd-igere, -ēgī, —— §109 [prō, agō §174(2)] **1.** 浪費する，むだ遣いをする，惜しみなく使う，気前よく与える **2.** 前へ追いたてる，かりたてる (名)**prōdigentia** *f.* prōdigentiae *1* §11 [prōdigō の現分] 浪費，乱費，大変な贅沢，放蕩

prōdigus *a.1.2* prōdig-a, -um §50 [prōdigō] **1.** 浪費する，浪費癖のある，金遣いの荒い，贅沢な **2.** 法外な，途方もない **3.** 放蕩な，放縦な **4.** 豊かな，実り多い，肥沃な，多量の **5.** 物惜しみしない，

気前のいい fides arcani (9c13) prodiga 秘密をぺらぺらしゃべる信義(背信) animae magnae prodigus Paulus (祖国のため) 偉大な命を与えて惜しまなかったパウルス (副)**prōdigē** §67(1) 乱費して, みだりに, 金遣い荒く, 贅沢三昧に

prōditiō *f.* prōditiōnis *3* §28 [prōdō] **1.** 裏切り, 叛逆, 謀叛 **2.** 陰謀(秘密)をあばくこと, 背信, 密告

prōditor *m.* prōditōris *3* §26 [prōdō] 裏切り者, 密告者, 謀叛人, 叛逆者 latentis proditor gratus puellae risus 密会している少女を密告する甘き笑い声

prōditus → prōdō

prōdō *3* prō-dere, -didī, -ditum §§109, 159(注) **1.** 前に突き出す, さし(投げ)出す **2.** ひき渡す, 見せる, 示す **3.** さしのべる, のばす, 延期する **4.** 生む, 産み出す, 創造する **5.** 指名(任命)する, 制定する **6.** 知らせる, 広める, 断言する, 記録する, 公刊する **7.** 後世に伝える, 遺す, 遺贈する **8.** 放棄する, 見捨てる, 裏切る, 欺く, 売る **9.** あばく, 暴露する, もらす, 密告する gaudia prodens vultus 喜びをかくしきれない顔 qui genus alto a sanguine Teucri proderet (116.6) テウケルの高貴な血をひく一族を後世に伝えるべき人 Thucydides ossa eius esse sepulta memoriae (9d4) prodidit トゥーキューディデースは彼の遺骨は埋葬されたと記録している illi (9d8) prodit vitam ad miseriam それは彼の人生を哀憐に向って引きのばす(哀れな人生をのばすだけ)

prōdoceō *2* prō-docēre, ——, —— §108 口授する, 説教する, 公然と教える

prōdūcō *3* prō-dūcere, -dūxī, -ductum §109 **1.** 前へ連れ出す, 先に連れて行く, 前へ押しやる, 前進させる, 先導する, 案内する, 同伴する, 送って行く **2.** 人の前(公けの場)へ連れ出す, 見せる, 登場させる, 目立たせる, 高める, 上げる, 昇進させる **3.** 長びかせる, のばす, 持続させる **4.** ひきつける, 誘う, 迷わす **5.** 生み出す, 生む, 育てる, 成熟させる,

発明する Caesar pro castris suas copias produxit カエサルは陣営の前に自分の軍勢を連れ出した producta longius acie (9f18) 戦列をさらに長く引きのばして prima littera producta (9f18) 最初の文字(の母音)を長くのばして発音し ego is sum qui te produxi pater (9a2) お前を父親として育てあげたのが, このわしだ me falsa spe produceres (116.4)? お前は虚偽の希望で私をひきつけておくつもりか

prōductus *a.1.2* prō-duct-a, -um §50 [prōdūcō の完分] (比)productior (最)productissimus **1.** (空間的に)のびた, 長くなった, 広がった, 突出した, はみ出た **2.** (時間的に)長くなった, ひきのばされた, 長たらしい

prōdūxī → prōdūcō

proelior *dep.1* proeliārī, -liātus sum §§123(1), 125 [proelium] 戦う, 格闘する, けんかする, 競う, 争う

proelium *n.* proeliī *2* §13 **1.** 戦闘, 交戦, こぜり合い **2.** 争い, (色事・兄弟の)けんか, 論争, いさかい

profānō *1* profānāre, -nāvī, -nātum §106 [profānus] **1.** 神聖をけがす, 冒瀆する, 俗化する **2.** 神官職を剥奪する

profāns → profor

profānus *a.1.2* pro-fāna, -fānum §50 [prō, fānum] **1.** 神殿の外の, 宗教儀式と関係のない, 不浄な, 世俗の **2.** 神聖をけがす, 冒瀆的な, 不敬な, 不信心な, 罪を犯した, よこしまな, 不吉な **3.** 秘儀への参加を許されていない, 秘伝を授かっていない secernere sacra profanis (9f7) 神聖なものと不浄なものを区別すること

profātus → profor

prōfēcī → prōficiō

profectiō *f.* profectiōnis *3* §28 [proficīscor] **1.** 出発, 旅立ち **2.** 出所, 由来, みなもと, 素姓

profectō 副 [< prō factō] 疑問の余地なく, 疑いもなく, まことに, 実際に, 確かに, もちろん

profectūrus[1] → proficīscor

prōfectūrus[2] → prōficiō

prōfectus *m.* prōfectūs *4* §31 [prōficiō] **1.** 前進, 進歩, 向上, 成功 **2.** 成果, 利益, 効き目, 効果, 得

profectus → proficīscor

prōferō 不規 prō-ferre, -tulī, -lātum §158 **1.** 前へ運ぶ, 外へ運び出す, 押し進める, 動かす **2.** 前に見せる, 示す, 差し出す, 明け渡す, 捧げる **3.** 知らせる, 述べる, 公表する, 説明する, あばく **4.** 表面に出す, 産出する, つくる, 生む **5.** つづける, のばす, ひろげる, 延期する, おくらせる arma tormentaque ex oppido proferunt 彼らは町から武器や弩(ど)砲を運び出す(降伏する) ad pecuniam Pompeio proferendam (121.3) 金をポンペーイユスに明け渡すために rebus prolatis (9f18) 公務を延ばして(休暇をとって)

professiō *f.* professiōnis *3* §28 [profiteor] **1.** 公的な見解(意志・感情)の表明, 宣言, 告白, 証言, 白状 **2.** (財産などの)正式な申告 **3.** (公けに申告された)職業, 生業(なりわい), 天職

professor *m.* professōris *3* §26 [profiteor] 学問・技芸(特に修辞学・哲学)を専門職として申告し給料をもらっている人, 教師, 教授

professus *a.1.2* profess-a, -um §50 [profiteor の完分] **1.** 白状した, 認めた, 打ちあけた, 腹蔵のない **2.** 公然たる, あけすけの, むきだしの, 明白な ex (de) professo 包み隠さずに, 秘密なしに, 公然と, あけすけに ad professae mortis (9c3) audacem viam 明明白白たる死への大胆不敵な旅路に

profēstus *a.1.2* profēst-a, -um §50 [prō, fēstus] **1.** (日について)休祭日と定められてない, 普通の, 仕事をする **2.** (民衆にとって)世俗の, 普通の, 並の, 平凡な profestis lucibus et sacris 仕事の日にも聖(なる祭)日にも

prōficiō *3b* prō-ficere, -fēcī, -fectum §110 [prō, faciō §174(2)] **1.** 企画において進捗する, 目的を果す, 結果(成果)をあげる, 成功する **2.** 効果がある, 役立つ, 助ける, 直す **3.** 進歩する, 上達する, のびる, 大きくなる, 殖える **4.** 進む, 前進する, 昇進する, 改良する si nihil in oppugnatione oppidi profecissent その要塞の攻略において, 彼らが全く成果をあげられなかったら nihil proficitur (172) 何の役にもたたない fugeres (116.2) radice vel herba (9f11) proficiente nihil, curarier (受・不・古 107.4 注) あなたは全く効き目のない根や葉で治療するのはさけるべきだ

proficīscor *dep.3* pro-ficīscī, -fectus sum §§123(3), 125 [prōficiō] **1.** 出発する, 立ち去る, 旅に出る **2.** 進む, 向かう, 移る, 着手する, のり出す **3.** 始まる, 発する, 出る, 生じる, 起因する, 後裔である ~ ab urbe (ex castris) 町から(陣営から)出発する ~ ad dormiendum ねにいく(寝るために立ち去る) qui a Zenone profecti sunt ゼーノンの一派(弟子たち)

profiteor *dep.2* pro-fitērī, -fessus sum §§123(2), 125 [prō, fateor §174(2)] **1.** 公言する, 明言する, 宣言する **2.** 自白する, 白状する, 自称する **3.** 保証する, 約束する, 申し出る, 提供する **4.** 専門の職とする, 公けに教授(講義)する **5.** (志願者の)名簿に記載する, 登録する profitentur se nullum periculum communis salutis causa recusare 彼らは共通の安全のためには, いかなる危険もいとわないと約束する philosophiam ~ 哲学を教えている

prōflīgātus *a.1.2* prōflīgāt-a, -um §50 [prōflīgō の完分] (最)profligatissimus 身を持ち崩した, 放蕩の, 不品行な, 堕落した (名)**prōflīgātor** *m.* prōflīgātōris *3* §26 身を持ち崩した人, 放蕩者, 道楽者, 散財する人, 浪費家

prōflīgō *1* prō-flīgāre, -gāvī, -gātum §106 **1.** 徹底的に打ちのめす, 圧倒する, 征服する **2.** 完全に破滅させる, 破壊する, 転覆させる **3.** はずかしめる, おとす, 失脚させる, 意気沮喪させる, めいらせる **4.** 困難な部分を片づける(山を越す), 決定的な打撃を与える, ほとんど終らせる confidentia est nos (117.5) inimicos profligare

prōflō 622

posse 我々には敵を完膚なきまでに打ちの
めす自信がある profligato bello ac paene
sublato (9f18) 戦いは致命的な打撃を与
え，ほとんど終ったも同然なので

prōflō *1* prō-flāre, -flāvī, -flātum
§106 **1.** 外へ吹き出す，吐き出す，発散
する **2.** ふくらませる(鼻孔を)

prōfluēns *a.3* prōfluentis §58
[prōfluō の現分] **1.** よどみなく流れてい
る，走っている **2.** 流暢な，よどみのない，
能 弁 な （副)**prōfluenter** §67(2)
容易に，らくらくと，余裕をもって，流暢
に，すらすらと

prōfluō *3* prō-fluere, -flūxī (-fluxī?),
── §109 **1.** 前へ(先へ)流れて行く，
流れ出る，湧く，流れ走る，ほとばしる，
あふれる **2.** 流される，浮き漂う **3.** 腹がく
だる，流暢に話される seu stabit iners
seu profluet et umor 水が淀んでいよう
と流れていようと ad incognitas libidines
profluebat 彼女は前代未聞の放蕩へと流
されていた

prōfluvium *n.* prōfluviī *2* §13
[prōfluō] **1.** 流れ出ること，流出，排出，
分泌 **2.** 下痢

profor 不完 pro-fārī, -fātus (sum)
§162 **1.** 発言する，言う，述べる，告げ
る，口に出す **2.** 警告する，予言する，予
告する

prōfore → prōsum

profugiō *3b* pro-fugere, -fūgī, ──
§110 **1.** 走り去る，逃亡する **2.** 自分の
家(国)を捨てる **3.** 避ける，逃げる，避難
する，助けを求めて走り去る

profugus *a.1.2* profug-a, -um §50
[profugiō] **1.** 逃亡している，逃走(脱
走)した **2.** 追放された，追放中の **3.** 放浪
している，さすらう，放牧の **4.** 逃げ腰の
patriā (9f7) profugus 祖国から追放され
た人 profugus regni (9c3) 王国から追
い出された者(王国を逃げ出した者)

prōfuī → prōsum

profundō *3* pro-fundere, -fūdī,
-fūsum §109 **1.** 注いで空にする，注ぎ
出す，外へ流出させる，発散させる，吐き
出す，注ぐ，流す **2.** (再)一斉に飛び出す，

突進する **3.** (再・受)芽を出す **4.** ぶちま
ける，発揮する，吐露する，存分に(自由
に)ものを言う，知らせる **5.** 注ぎつくす，惜
しまずに与える(授ける)，むだ使いをする，
浪費する，蕩尽する **6.** 手足をだらりとの
ばす，たらす，(受)うちひしがれて(うつ伏せ
になって)いる lacrimas oculis profudit
彼は両眼からさんさんと涙を流した cadunt
profusae aves 小鳥が羽をだらりとたらし
て地上に落ちる 〜 vitam pro patria 祖
国のために命を惜しまずに捧げる(死ぬ) ne
ventis verba profundam (116.6) 私が
言葉を風に向けて注ぐことのないようにして
くれ(聞き流すな)

profundum *n.* profundī *2* §13
[profundus] **1.** 深い所，深み，深淵
2. 奥，奥底，どん底，奈落(ᅡ)の底 **3.** 深
い海，海，大海 **4.** 空・海の無限の広がり
5. 深い割れ目，地底

profundus *a.1.2* profund-a, -um
§50 [prō, fundus] （最)profundis-
simus **1.** 深い，非常に深い，底なしの
2. 濃い，熱い，高い，広い **3.** 海・空の深
い所へとどく，際限のない，果てしない，測
り難い **4.** どん底の，奈落の，深淵の **5.** 飽
くことのない，尽きるところのない **6.** 学殖
(洞察力)の深い caelum profundum 限
りなく深い空 ruit profundo Pindarus ore
(9f4) ピンダロスは言葉の尽きることのない
(流れとなって)口からほとばしる

profūsus *a.1.2* pro-fūs-a, -um §50
[profundō の完分] （最)profusissimus
1. 金遣いの荒い，浪費癖のある **2.** 気前よ
く(惜しみなく)金を使う(人に与える) **3.** 法
外な，突飛な **4.** あふれんばかりの，たっぷ
りの，潤沢な，高価な，ぜいたくな （副)

profūsē §67(1) **1.** 流れをなして，ぞ
くぞくと **2.** ふんだんに金をつかって，惜し
みなく与えて **3.** 法外に，極端に （名)

profūsiō *f.* profūsiōnis *3* §28
1. 献酒，灌水 **2.** 下痢 **3.** 浪費，法外な出
費，贅沢

prōgenerō *1* prō-generāre, -rāvī,
-rātum §106 **1.** 子孫をもうける，こし
らえる，産む **2.** 産出する，生じせしめる，
つくる

prōgeniēs *f.* prōgeniēī 5 §34 [prōgignō] **1.** 子，子孫，後裔 **2.** 人種，民族，家系，一門，血統，系統 **3.** ひな，動物の子，新芽，若木

prōgenitor *m.* prōgenitōris 3 §26 先祖，祖先，元祖

prōgenitus → prōgignō

prōgenuī → prōgignō

prōgignō (**-gī-** ?) 3 prō-gignere, -genuī, -genitum §109 **1.** (子を)産む，生む，つくる，こしらえる，もうける，(受)生れる **2.** つくり出す，生じせしめる，引き起す

prōgnātus *a.1.2* prō-gnāt-a, -um §50 [gnātus = nātus] **1.** …から生れた，…に由来する，起った，発生する (9f4) **2.** (名の如く)子，子孫，後裔 tun meo patre (9f4) es prognatus? お前は私の親父の子か

prōgredior *dep.3b* prō-gredī, -gressus sum §§123(3), 125 [prō, gradior §174(2)] **1.** 前へ進んで行く，外へ踏み出す，前進する，進む **2.** 到達する，進展する，進歩する，発展する，上達する **3.** 話し始める，話題を移す **4.** 年をとる，老いる，大きくなる，殖える tridui viam progressi (118.4) 3日間の旅程を進んだあと(かれらは…) quoad progredi potuit feri hominis amentia 野蛮な人間の狂気が到達し得た段階まで

prōgressiō *f.* prōgressiōnis 3 §28 [prōgredior] **1.** 前進，進行 **2.** 向上，進歩，上達，発展

prōgressus *m.* prōgressūs 4 §31 [prōgredior] **1.** 前進，進行 **2.** 進歩，成長，増大，発展，向上，上達

prohibeō 2 pro-hibēre, -hibuī, -hibitum §108 [prō, habeō §174 (2)] **1.** 遠くへ離しておく，近づけないでおく **2.** 遠ざける，さける，しめだす，守る，防ぐ，そらす，除外する **3.** 妨げる，じゃまする，止める，抑制(制止)する，禁止する (構文)対と，又は対と奪(又は ab, de＋奪 9f7)，又は対と不，不句，ne, quominus, quin などと prohibenda (147. イ) maxime est ira in puniendo 怒りは(人を)処罰するとき，とくにおさえられるべきだ Tuberonem portu atque oppido prohibet 彼はトゥベローを港と町から締め出す circumvallare loci natura prohibebant まわりの地勢が(その町の)封鎖攻城を妨げていた neu quisquam posthac prohibeto adulescentem filium quin amet また今後は，誰も，若い息子が(女を)愛するのをじゃましないでくれ

prohibitiō *f.* prohibitiōnis 3 §28 [prohibeō] 禁止，禁圧(制)，阻止，妨害，じゃま

prōicī = **prōjicī** 受・不(prōjicere)

prōiciō → prōjiciō

prōiec- → prōjec-

proinde (**proin**) 副 **1.** それに従って，そこで，それ故に(勧告・命令文でよく用いられる) **2.** ちょうど同じ程度に，まさしく同様に，ちょうど(あたかも)そのように(ac si, quasi, ut quam などをしばしば伴う) proinde ad praedam, ad gloriam properate それゆえ，戦利品へ，栄光へ向かって急げ proinde ac si virtute vicissent 彼らはまるで武勇でもって勝ったかのように proinde ut decet, amat virum suom (50 注) 彼女にふさわしく，彼女は自分の夫を愛している

prōjēcī → prōjiciō

prōjectus *a.1.2* prōject-a, -um §50 [prōjiciō の完分] (比)projectior (最)projectissimus **1.** 突き出た，でっぱった，とび出た，そびえる，目立つ **2.** まっしぐらにつっこむ(まっさかさまに落ちる)傾向にある，しがちな，法外な，過度の **3.** 卑しい，卑屈な，卑劣な，みじめな，見下げた，軽蔑すべき **4.** 体を前へ長くのばした，平伏した，うなだれた，うちひしがれた semper ad audendum (119.4) projectus いつでも大胆不敵な行動へつっ走る傾向のある人 tam projectae servientium (118.2) patientiae 服従する者たちの，かくも卑屈な忍従

prōjiciō *3b* prō-jicere, -jēcī, -jectum §110 [prō, jacio §174(2)] **1.** 前へ投げる，投げ出す，投げつける **2.** (再)とび込む，とび出す **3.** (再)(受)身を前へ投げ

prōlābor

る，身を伏せる，平伏する **4.** そそぐ，ばらまく，散らす **5.** 言葉を(うっかり)発する **6.** 投げ捨てる，放棄(断念)する **7.** 侮る，軽んずる，無視する **8.** 追い出す，追放する，突き出す **9.** (受)(半島が)のびる，突出する aquilam intra vallum projecit 彼は鷲旗を保塁の中に投げ込んだ ex medio itinere projectis sarcinis (9f18) refugiebant 彼らは旅の途中から，秣(まぐさ)の束を投げ捨てて逃げ帰っていた vitam suam numquam in periculum projicebat 彼は自分の命を決して危険にさらそうとしなかった sese omnes flentes Caesari (9d8) ad pedes projecerunt 彼らは泣きながら，カエサルの足元に身を投げ出した

prōlābor *dep.3* prō-lābī, -lāpsus sum §123(3) **1.** 滑るように(ゆっくりと)前進する，前へ滑って行く，流れる，すべってよろめく，つまずく，ころぶ **2.** こっそりと(忍び足で)歩く，立ち去る，消える，ぬけ出す **3.** 知らぬ間に時がすぎる，たつ，ことがすすむ，はかどる，ずるずると…となる，おちいる，さそいこまれる **4.** つまずく，へまをする，あやまる，まちがう，迷う **5.** ずり(滑り)落ちる，低い方へすべって行く，均衡を失って足をすべらす，落ちる，沈む，衰亡する，朽ちる，崩れる prolabens ex equo 馬からすべり落ちる in misericordiam prolapsus est animus victoris 勝者の心は同情へといつのまにかさそいこまれた ita prolapsa est juventus ut coercenda (121.1) sit その若者は匡正されねばならない程，深く堕落した

prōlāpsiō *f.* prōlāpsiōnis *3* §28 [prōlābor] **1.** 足をすべらすこと，踏みはずすこと **2.** 崩壊 **3.** 間違い，失錯

prōlāpsus → prōlābor

prōlātiō *f.* prōlātiōnis *3* §28 [prōferō] **1.** 先へのばすこと，延長，拡張，増大 **2.** 延期，遅延，猶予 **3.** 引用，例示，言及

prōlātō *1* prōlātāre, ——, —— §106 [prōferō] **1.** 広くする，広げる，のばす，長くする，拡張する，大きくする **2.** 延期する，先へのばす，おくらせる，長

びかせる，ぐずぐずする，あと回しにする **3.** 猶予する，助けてやる

prōlātus → prōferō

prōlectō *1* prōlectāre, -tāvī, -tātum §106 [prōliciō] **1.** 誘惑する，ひきつける，心をつかむ **2.** うまい言葉で口説き落す，餌でおびき寄せる，迷わす **3.** 挑発する，そそのかす，なやます

prōlēs *f.* prōlis *3* §19 [cf. indolēs] **1.** 子，子孫 **2.** 動物の子，新芽，若枝 **2.** 世代，後世 **3.** 民族，人種，種族，品種 **4.** 若者，青年

prōlētārius *a.1.2* prōlētāri-a, -um §50 [prōlēs] **1.** ローマ市民の最下層に属する **2.** この階層の市民に特有の，低級な，俗悪な，下品な (名)**prōlētārius** *m.* prōlētāriī *2* §13 最下層の市民

prōliciō *3b* prōlicere, ——, —— §110 [prō, laciō「誘う」§174(2)] **1.** 誘い出す，おびき出す，誘う **2.** うまい言葉で(餌で)おびきよせる，誘惑する **3.** そそのかす，刺戟する

prōlixus *a.1.2* prōlix-a, -um §50 (比)prolixior **1.** 繁茂した，盛んに生長している，のび放題の **2.** 長くのびた，広がった，広範囲(多方面)にわたる **3.** 背の高い，大形の **4.** おびただしい，豊かな，冗長な，ことば数の多い **5.** 気前のいい，親切な，心の広い，度量の大きい **6.** 運のいい，万事順調な(好都合の) (副)**prōlixē** §67(1) (比)prolixius **1.** 長々と，詳細に **2.** 豊かに，ふんだんに **3.** 快く，気前よく，喜んで，親切に，心をこめて

prōlogus *m* prōlogī *2* §13 < πρόλογος **1.** 劇の前口上，劇の梗概(読)，あらすじ **2.** 前置き，前文，序文，序言 **3.** 劇の上演で前口上を述べる俳優

prōloquor *dep.3* prō-loquī, -locūtus sum §§123(3), 125 **1.** 公然と・きっぱりと・あからさまにものを言う，申し立てる，意見を言う，言明する，断言する **2.** 大声で言う，述べる

prōlūdō *3* prō-lūdere, -lūsī, -lūsum §109 **1.** 下準備をする，下げいこをする，あらかじめ練習(訓練)をする，予習する，

試みる, ためす **2.** 前触れ(序曲)となる sparsā (9f18) ad pugnam proludit harenā (牛は)砂をけちらして戦いのために調子をととのえる jurgia proludunt 口論がけんかの始まりとなる (名)**prōlūsiō** *f.* prōlūsiōnis 3 §28 **1.** 下げいこ, 予行演習, 試演, 試験 **2.** 前触れ, 序曲, 序幕

prōluō 3 prō-luere, -luī, -lūtum §109 〔prō, lavō §174(2)〕 **1.** 表を・外を洗う, すすぐ, 洗い流す, 洗ってきれいにする **2.** 水に浸す, ぬらす, びしょぬれにする, 灌漑する **3.** (氾濫・洪水で)流し去る, 押し流す, 流れの中にひきずり込む, 波で打ちあげる tempestas ex omnibus montibus nives proluit 嵐がすべての山々から雪を洗い流した multa prolutus vappa (9f11) nauta 気のぬけたブドウ酒を多量に浴び(て泥酔し)た水夫

prōlūsī → prōlūdō

prōluviēs *f.* prōluviēī 5 §34 〔prōluō〕 **1.** 洪水, 氾濫 **2.** 流出(排泄)物, 汚物, くず, うみ

prōmereō 2 prō-merēre, -meruī, -meritum §108 = **prōmereor** *dep.2* prō-merērī, -meritus sum §123(2) **1.** 当然の権利として要求する, 手に入れる, 賞罰をうけとる, 受けとるに価する, 受けて当然である, 資格(責任)がある **2.** bene (male) promerere de aliquo あることに関して, ある人の報い(仕打)を受けて当然である=ある人に対し, あることで親切なこと・良いこと(悪いこと・ひどいこと)をする **3.** 自ら手に入れる, かちとる, 好意を得る, 説き伏せる judicia amicorum promeretur 彼は友人たちの立派な評価を受けるに価する人物である quid mali (9c4) sum promeritus? 私はどんなひどい仕打ちに価したか(私はどんな悪いことをしたのか) promerendi (121.3) amoris mirum studium 他人の愛を手に入れたいという異常な熱意 ad bene de multis promerendum (119.4) 多くの点で賞賛に価するために(多大の功績をあげるために)

prōmeritum *n.* prōmeritī 2 §13

〔prōmereō〕 **1.** (価値のある・賞賛に価する)功績, 奉仕, 功労 **2.** (当然の報いとされる)侮辱, 軽蔑, 返礼, 償い

Promētheūs *m.* Promētheī (-eos) 3 §42.3 (神)天上から火を盗んで人類に与えた半神半人, Zeus から罰せられて Caucasus 山の岩に鎖で縛りつけられ, ワシの餌食となった

prōmineō 2 pro-minēre, -minuī, ―― §108 **1.** 先端から(表面から)突き出す, つっぱる, 張り出す, 直立する, そびえる, のびる **2.** 前にまがる, かがむ, もたれる, のり出す mons opportune prominens (118.4) insidias texit 山が都合よく前に突き出て, 伏兵をかくしていた matres de muro prominentes testabantur 母親たちは市の城壁から身をのり出して誓っていた

prōmiscuus (**prōmiscus**) (**-ī-** ?) *a.1.2* prō-miscu-a, -um §50 〔prō, misceō〕 **1.** 混合した, 雑多の, 分離(分別)されていない **2.** 共通の, 共有の, 一般の, 普通の, ありきたりの, 卑俗な conubia promiscua 貴族と平民の結婚 divina atque humana promiscua habere 神的なものと人間的なものを区別しない(何事も意に介さない) (副)**prōmiscuē, prōmiscē** §67(1) **1.** 区別なしに, 乱雑に **2.** 一般に, 普通に Germani promiscue in fluminibus perluuntur ゲルマニア人は男女一緒に川の中で沐浴する

prōmīsī → prōmittō

prōmissiō *f.* prōmissiōnis 3 §28 〔prōmittō〕 **1.** 約束, 契約, 確約, 誓約 **2.** 保証, 先の見込み

prōmissor *m.* prōmissōris 3 §26 約束(契約)する人, 保証人

prōmissum *n.* prōmissī 2 §13 〔prōmittō の完分〕 約束, 請合い, 保証

prōmittō 3 prō-mittere, -mīsī, -missum §109 **1.** 前へ(先へ)行かせる, 放つ **2.** たらしたまま・のばしたままにさせておく **3.** のばす, ふやす, 長びかせる **4.** (未来のことがさけられないもの・本当のこと)と請け合う, 保証する, 断言する, 約

束する，予言する Britanni capillo sunt promisso (9f10) ブリタンニア人は髪をのばし放題にしている in Britannia, ubi aestate lucidae noctes se promittunt 夏には明るい夜が長くなるブリタンニアにおいて ad cenam alio promisi 私はある人の夕食の招待を受諾した si quid promittere de me possum aliud vere 私のことに関して，本当に請け合えることのできるものが他に何かあるとすれば si operam dare (117.4) promittitis あなた方が努力すると約束してくだされば fac, quod facturum (117.5) te promisisti mihi お前がするだろうと私に約束したことを果せ

prōmō *3* prōmere, prōmpsī, prōmptum §109 [prō, emō] **1.** とり出す，引き出す，抜き出す，ひきぬく，ぬく，出す **2.** とり出して見せる，中を見せる，あばく，公けにする，示す，知らせる，ひろめる **3.** 発言する，発表する，述べる non intus digna geri (117.3) promes (116.2) in scenam 屋内で(舞台裏で)上演されるにふさわしいもの(観客の目の前で上演するにふさわしくないもの)を，あなたは舞台に乗せてはいけない cavo se robore promunt 彼らはうつろなカシの木の中から姿をあらわす

prōmōtus → prōmoveō

prōmoveō *2* prō-movēre, -mōvī, -mōtum §108 **1.** 前方へ(先へ)動かす，押しすすめる，かりたてる，前進させる **2.** すすめる，促進する，はげます，そそのかす，昇進させる **3.** のばす，長くする，広くする，拡大(拡張)する，おくらせる，延期する **4.** 明るみにおびき出す，ばくろする saxa quam maxima possunt vectibus promovent 彼らはできるだけ大きな岩をかなてこで前へ動かす doctrina vim promovet insitam 訓練は生来の力を増大させる ossa suis sedibus promoventur 骨が脱臼する

prōmpsī → prōmō

prōmptus *m.* prōmptūs *4* §31 [prōmō] **1.** 見られること，明らかであること **2.** 用意されていること，意のままになること **3.** 容易・簡単であること *n.b.* ほ

んど in promptu の形でしか用いられない omnibus in promptu esse videmus それは誰の目にも明らかであることを我々は知っている quadripedes in promptu regere est 四つ足動物を牛耳ることはやさしいことだ

prōmptus *a.1.2* prōmpt-a, -um §50 [prōmō の完分] (比)promptior (最)promptissimus **1.** かんたんに手に入る，すぐ利用される(近よれる)，自由にできる **2.** 取り扱い易い，やさしい，簡単な **3.** 目に見える，はっきりした，明白な **4.** 即座の，敏速な，すばしこい，するどい，流暢な **5.** 喜んで人の意に従う，欣然と応ずる，覚悟のできた，熱望している，傾向がある aliud clausum in pectore, aliud promptum in lingua habere あるものは胸の中に秘め，あるものは言葉ではっきりとさせる alacri et prompto ore atque voltu 油断のない，決然たる顔付きや表情で promptus pati (117.3) 耐える覚悟をしている(人) ad vim prompti 暴力にすぐ走る(人たち) (副)**prōmptē** §67 (1) (比)promptius (最)promptissime **1.** 難なく，簡単に **2.** すぐに，ためらわずに **3.** 快く，喜んで，熱心に **4.** よどみなく，流暢に

prōmulgō *1* prō-mulgāre, -gāvī, -gātum §106 布告で広く知らせる，公布する，公告する，公表する (名) **prōmulgātiō** *f.* prōmulgātiōnis *3* §28 公告，広言，公示，公布

prōmuntōrium *n.* prōmuntōriī *2* §13 = **prōmonturium** (-tū-?) [prōmineō] **1.** 岬，突端 **2.** 山の尾根，支脈

prōmus *m.* prōmī *2* §13 [prōmō] (食品・酒類)保管係，料理人頭，執事

prōmūtuus *a.1.2* prō-mūtu-a, -um §50 [< prō, mutuō] 貸し金(前払い)として計算される，考えられた，みなされる

prōnē 副 [prōnus §67(1)] 前に傾いて，斜めに，はすかいに

pronepōs *m.* pronepōtis *3* §21 [nepōs] 曾孫，ひいまご(男) → (女)ひいまご **proneptis** *f.* proneptis *3*

prōnuba *f.* prōnubae *1* §11 [nūbō] 花嫁の介添え女(既婚婦人)

prōnūntiātiō *f.* prōnūntiātiōnis *3* §28 [prōnūntiō] **1.** 公表, 宣言, 布告 **2.** 判決, 評決 **3.** 発言, 話, 言葉, 講演, 朗読, 話しぶり

prōnūntiō *1* prō-nūntiāre, -tiāvī, -tiātum §106 **1.** 公告する, 大声で知らせる, 宣言する, 布告する **2.** 判決を言い渡す, 宣告する, 判決を下す **3.** 告げる, 述べる, 報告する, 発言する, 発表する, 発音する, 朗読する, 熱弁をふるう sententiam alicujus pronuntiare 誰々の意見を動議に付す(元老院で執政官が) pronuntiatur (171. 注) prima luce ituros (117.5) 夜明けと共に出発すると告げられる

prōnurus *f.* prōnurūs *4* §31 孫の妻

prōnus *a.1.2* prōn-a, -um §50 (比)pronior **1.** 前にもたれかかっている, よりかかっている, 上からかがみ込んだ **2.** 上から下へ動いている, 下っている, 下方へ(地面へ)傾いている, 坂になった, 水平線に傾いた, 沈んでいる **3.** うつぶした, 平伏した **4.** 頭を下にしてつっ走る, ころがり落ちる, まっさかさまにおちる, 早くすぎ去る **5.** 心が傾いている, 好意を持つ, 親切な, …する傾向がある, …しがちな(ad, in＋対などを伴う) **6.** かんたんな, 容易な (非)pronum est (171) かんたんである pronus pendens in verbera 鞭を打たんとして体重を前に傾けて aqua, quae per pronum trepidat cum murmure rivum 川を下って涼々と流れ去る水 pronus volvitur in caput 頭から先に(まっさかさまに)ころがり落ちる in obsequium plus aequo pronus むやみに追従しがちな(人) facile et pronum est superos contemnere testes 天上の神々の目撃(証人)を無視することは, じつにたやすく, かんたんなことだ(天知る, 地知るを無視する)

prooemium *n.* prooemiī *2* §13 <προοίμιον **1.** 序文, 緒言, 前口上 **2.** 前奏曲, 序曲, 序幕 **3.** 始まり, 開始, 発端

prōpāgātiō *f.* prōpāgātiōnis *3* §28 [prōpāgō¹] **1.** 増殖, 繁殖, 移植, 子孫をふやすこと **2.** 後世に伝えること, 遺伝 **3.** 伝播(ぱん), 蔓延(まんえん), 延長, 増大, 膨張, 拡大

prōpāgō¹ *1* prōpāgāre, -gāvī, -gātum §106 [prō, pangō] **1.** さし木でふやす, 繁殖させる, ふやす **2.** のばす, 広げる, 大きくする, 生長させる, 増大させる **3.** 移植する, 普及(伝播)させる, 後世へ伝える, 永続させる **4.** 子孫をふやす, 家系(血統)を繁栄させる vera gloria radices agit atque etiam propagatur 真の栄光は根をはやし, その上, 生長すらする haec fama posteritati propagantur この名声は後世に伝えられる

prōpāgō² *f.* prōpāginis *3* §28 [prōpāgō¹] **1.** さし木(枝), 取り木, 若枝, 苗, 新芽 **2.** 子, 子孫, 後裔, 後代(後世) **3.** 世代, 民族, 種族 Romana propago ローマの民族 clarorum virorum propagines 名士の後裔

prōpalam 副 [prō, palam] 公然と, かくさずに, まっ正直に, あからさまに propalam fieri 広く知られる, 暴露する propalam esse 明白である, 周知の事実だ

prōpatulus *a.1.2* prō-patul-a, -um §50 **1.** 完全に開いた, 囲まれていない **2.** in propatulo (= propatulo) イ. 戸外で, 野外で ロ. 中庭で, 空地で, 前庭で ハ. 公然と, 人の手の届く所に, 皆の見ている所で pudicitiam in propatulo habere 淫売をする, 身を売る

prope 副, 前 **Ⅰ.** 副 (比)propius (最)proxime §69 **1.** (空間)遠くない所に, 近くに(で), そばに, 近接して **2.** (時間)近く, ほぼ, ころ, 同じ頃 **3.** (関係・程度)ほぼ, ほとんど, 近い, 似た, 同然の si propius stes もっと近くにあなたが立つと jam prope hieme confecta (9f18) いまや冬もほとんど終っていたので nil admirari prope res est una, quae possit (116.8) facere et servare beatum 物に動じないこと, これが人を幸福に

propediem 628

し，そしてし続ける，ほとんど唯一のもので
ある **II.** 前（対支配）近くに，そばに，間
近の，ほぼ近い，親しい prope oppidum
町の近くに prope lucem 夜明け頃に
prope seditionem ventum est (172) 事
態は暴動寸前にまでいたった

propediem 副〔prope, diēs〕ほどな
く，まもなく，じきに，すぐ

prōpellō *3* prō-pellere, -pulī,
-pulsum §109 **1.** 前へ押す，突く，押
しやる，突き（追い）たてる，かりたてる，追
跡する **2.** つき倒す，追い返す，撃退する，
かわす，防ぐ **3.** 追い出す，押しのける，追
い払う，追放する **4.** 動かす，せきたてる，
促す，強いる in hostes impetum fecerunt
eosque propulerunt 彼らは敵を攻撃し，
彼らを追い返した

propemodum (**-modo**) 副 事実
上，実際は，ほとんど，も同然

prōpendeō *2* prō-pendēre, -pendī,
-pēnsum §108 **1.** 前にぶら下がる，た
れ下がる **2.** 下る，沈む，低くなる，重た
くなる，重さでまさる，優位を占める **3.** 傾
く，…する傾向がある，…する性癖をもつ

prōpensē 副〔prōpēnsus §67(1)〕
（比）propensius すぐに，直ちに，快く，
喜んで，進んで

prōpēnsus *a.1.2* prō-pēns-a, -um
§50〔prōpendeō の完分〕（比）
propensior（最）propensissimus **1.** 重
くなった，重みで優れた，大切な **2.** 前に
傾いた，たれ下がった **3.** 心が傾いた，…
する傾向にある，…しがちな，かたよった，
特に好意を持つ **4.** いつでも喜んでする，準
備のできた，覚悟のできている，熱心な
ramenta fiat (116.6) plumea (9f13)
propensior malim (116.1) 彼が羽毛一片
ほどでも重くなるのを私は願いたい propen-
sior benignitas esse debebit in calami-
tosos 慈善が災害に見舞われた人にいっそ
う傾くのは当然であろう

properanter 副〔properāns §67
(2)〕（比）properantius 急いで，あわ
ただしく，あせって，性急に，すみやかに，
敏速に

properantia *f.* properantiae *1* §11

= **properātiō** *f.* properātiōnis *3*
§28〔properō〕急ぎ，緊急，急速，迅
速，性急，せっかち，早計，軽率

properipēs *a.3* properi-pedis §55
〔properus, pēs〕足の速い

properō *1* properāre, -rāvī, -rātum
§106〔properus〕**1.** 急ぐ，せく，あせ
る，急いでする，かけ回る，熱心にする
2.（速度・調子を）早める，（仕事を）急がせ
る，せきたてる，すばやく持って来させる
（行かせる）ad gloriam properate 栄光
に向かって急げ domum pervenire pro-
perat 彼は家に帰ることを急ぐ pulchram
properet (116.4) per vulnera mortem?
彼は傷を受けながら，華々しい戦死を早め
るべきか

Propertius *a.1.2* Properti-a, -um
§50 **1.** ローマの氏族名 **2.** Sextus Pro-
pertius Augustus 時代の挽歌詩人

properus *a.1.2* proper-a, -um §50
1. 早い，速い，迅速な，すばやい，機敏
な **2.** 急を要する，さし迫った，緊急の，忙
しい （副）**properē** §67(1) 早く，い
そいで，直ちに，すぐ，早速，ためらわず
に

prōpexus *a.1.2* prō-pex-a, -um
§50〔prō, pectō の完分〕（髪・あごひ
げが）前に（下に）たれるようにくしけずられ
た（身づくろいされた）

propīnō (**prō- ?**) *1* pro-pīnāre,
-pīnāvī, -pīnātum §106 **1.** 先ず自分
が飲んだ酒盃を相手に捧げる，健康（名誉）
を祝して乾杯する **2.** 敬意を表して贈る，
捧げる，提供する **3.** 人に（薬を）飲ませる
propino tibi salutem 私はあなたの健康
を祝して乾杯する hunc comedendum
(121.2) vobis propino これを食べるよう
にお前たちに私はおくる

propinquitās *f.* propinquitātis *3*
§21〔propinquus〕**1.** 近いこと，接近，
隣接，近所，切迫 **2.** 親族関係，近親，
同族，親密さ，親交 castrorum propin-
quitate confisi (118.4)（彼らは）陣営の近
いことを頼りにして

propinquō *1* propinquāre, -quāvī,
── §106〔propinquus〕**1.** 近づく，

prop------

接近する **2.** 切迫する **3.** 近づける，早める，急がせる scupolo (9d12) propinquat 彼は岩壁に近づく rite propinques (116.2) augurium 儀式にのっとり鳥占いを急いでして下さい

propinquus *a.1.2* propinqu-a, -um §50 ［prope］（比）propinquior **1.** 近い，隣接した，近くにくらしている **2.** さし迫った，間近の，将来の，最近の **3.** 親密な，親戚の（名）*m., f.* 親類，同族 **4.** 似た，類似の，同類の in propinquis urbi (9d13) montibus 町に近い山々に ex propinquo 近くから in propinquo esse すぐ近くにいる（ある），間近にある

propior *a.3* propius §§63, 65 ［prope の比］ **1.** いっそう近い，さらに近い，より短い **2.** より早い，もっと最近の，もっと近いうちに，まもなく **3.** いっそう親しい，血の濃い，関係が深い，いっそう好意を持つ，大切な **4.** いっそう似た，類似の septimus octavo (9d13) propior jam fugerit annus, ex quo … あれから 8 年目に近い 7 年目がすでにすぎていた（…からすでに 7 年，いやほとんど 8 年たっていた）id vitium propius virtutem (9e7) erat その悪徳は美徳に近かった

propitiō *1* pro-pitiāre, -tiāvī, -tiātum §106 ［propitius］ **1.**（犠牲を捧げて）神意をなだめる，和らげる **2.** 人の心（好意・愛）をうる，かちとる

propitius *a.1.2* pro-piti-a, -um §50 ［prō, petō］ **1.**（神について）憐れみ（好意）を持ち給う **2.**（人について）同情的な，親切な **3.**（物について）好都合な，有利な，順調な，さい先よい，幸いな

propōla *m.* propōlae *1* §11 < προπώλης 小売商人，行商人

propōnō *3* prō-pōnere, -posuī, -positum §109 **1.** 前に（公けに）置く，立てる，かかげる，見せる，さらす **2.** 展示（公示）する，陳列する，売りに出す，公表する **3.** さし出す，提示する，提供する，与えると約束する，申し出る **4.** 提案する，主張する，述べる，説明する **5.** 決心する，決定する，計画する，志す **6.** 目の前におく，心に描く，想像する oppida Romanis

proposita ad praedam tollendam (121.3) 掠奪品を持ち去るように，ローマ人の目の前にさらされた（ガッリアの）町々 iis, qui primi murum ascendissent (116.9 時称の関連に伴う過完・接）praemia proposuit 真先に敵の城壁に登ったものには褒美を与えると約束した（Labienus), quid sui sit (116.10) consilii (9c12), proponit ラビエーヌスは自分の作戦計画がいかなるものかを説明する

prōportiō *f.* prō-portiōnis *3* §28 **1.** 類推（法）**2.** 類似的関係，比例，割合，調和，均斉，均衡

prōpositiō *f.* prōpositiōnis *3* §28 ［prōpōnō］ **1.** 想像，心象，観念，表象 **2.** 表現，陳述，描写，提示，発表 **3.** 主題，命題（の提示）**4.** 前提（三段論法の）**5.** 文，節

prōpositum *n.* prōpositī *2* §13 ［prōpōnō の完分］ **1.** 提案，提議 **2.** 計画，目的，意図 **3.** 主題，命題，問題，前提 **4.** 生き方，人生の設計，行ない，ふるまい，しきたり

prōposuī → prōpōnō

prōpraetor *m.* prōpraetōris *3* §26 ［= prō praetōre］ 法務官代行，（法務官の命令権を持って属州で軍隊を指揮し又は統治する）総督，知事

propriē 副 ［proprius §67(1)］ **1.** 個人的に，一個人として，個別に **2.** 専ら，特に，なかんずく **3.** 正確には，厳密に言えば，正しくは，適切に，きちんと proprie magis より適切に言葉を使うと difficile est proprie communia dicere 万人の知っているものを（あなた）独自の表現で描写することは至難のわざである

proprietās *f.* proprietātis *3* §21 ［proprius］ **1.** 特質，特色，個有性，個有の種・型 **2.** 個有の意味，表現，名称 **3.** 適度，適正，適合，適応，公正，正義 **4.** 所有権

proprius *a.1.2* propri-a, -um §50 **1.** 個人に属する，他人と共有しない，個人的な **2.** 固有の，独自の，独特な **3.** 専ら（排他的に）自分自身の，本人の **4.** 絶えず個人に属する，変らない，永続する，生

来の，本質的な，根本的な，正当な，正確な，正しい　meis propriis periculis (9f11) parere commune reliquis otium　私個人の危険によって(私の犠牲によって)，他人に共通の平和をもたらすこと　id est cujusque proprium, quo quisque fruitur　タデ食う虫もすきずき(各人の好むものは各人に独特である)

propter 副，前 [prope] **I**．副 その近くに，すぐ側に，並んで　propter est spelunca　そのそばに洞窟がある **II**．前(対支配) **1**．すぐ側に，手近に，近くに **2**．…のために，…の理由で，…が原因で，…によって，…のおかげで，…の結果として　propter Platonis statuam　プラトーンの像のそばに　propter metum　恐怖から　propter quos hanc lucem aspexit　その人らのおかげで彼がこの世の光を見ることができた人たち(両親)

proptereā 副 [propter eā と 2 語にもなる] **1**．その故に，従って，その結果として，そのために **2**．このあとに quia, quod, ut 文を伴うこともある　fortissimi sunt Belgae, propterea quod a cultu longissime absunt　ベルガエ人は文明から最も遠く離れているが故に最も勇敢である

propudium (**prō-** ?) *n.* pro-pudiī *2* §13 [prō, pudet] **1**．恥ずべき行為，不謹慎な行い，好色，淫蕩 **2**．恥しらず，卑劣漢，破廉恥漢

prōpūgnāculum (**-pug-** ?) *n.* prō-pūgnāculī *2* §13 [prōpūgnō] **1**．土塁，堡塁，塁壁，城壁，砦(とりで)，要塞 **2**．防御兵器，防御，擁護，防備，保護 **3**．弁明，弁護

prōpūgnātiō (**-pug-** ?) *f.* prōpūgnātiōnis *3* §28 [prōpūgnō] 防御，防衛，擁護，弁護

prōpūgnātor (**-pug-** ?) *m.* prōpūgnātōris *3* §26 [prōpūgnō] 防御者，擁護者，弁護者，闘士，主張者

prōpūgnō (**-pug-** ?) *1* prō-pūgnāre, -gnāvī, -gnātum §106 **1**．場所を守って戦う，防御する **2**．防ぐ，守る，保護する

prōpulī → prōpellō

prōpulsātiō *f.* prōpulsātiōnis *3* §28 [prōpulsō] **1**．防御，防ぐこと **2**．撃退，押し返すこと

prōpulsō *1* prō-pulsāre, -sāvī, -sātum §106 [prōpellō] **1**．場所から追い払う，押し返す，遠ざける，撃退する **2**．防ぐ，防御する **3**．はねのける，拒絶する **4**．そらす，さける

prōpulsus → prōpellō

propylaea *n.pl.* propylaeōrum *2* §13 <προπύλαια 記念碑的な門，出入口

prōquaestor *m.* prō-quaestōris *3* §26 [＝ prō quaestōre] 財務官代行，財務官級の人

prōra *f.* prōrae *1* §11 <πρῴρα **1**．船首，舳(へさき)，前甲板 **2**．船

prōrēpō *3* prō-rēpere, -rēpsī, -rēptum §109 **1**．這う，のろのろ進む，抜き足差し足で歩む **2**．しだいに(徐々に)現われる，生じる

prōrēta *m.* prōrētae *1* §11 < πρῳράτης 船首に立って舵手に指示する見張り

prōripiō *3b* prō-ripere, -ripuī, -reptum §110 [prō, rapiō §174(2)] **1**．(かくれ場から)ひっぱり出す，引きずり出す，ひったくる，強奪する，さらって行く **2**．(再)飛び出す，突進する

prōrogātiō *f.* prōrogātiōnis *3* §28 [prōrogō] **1**．官職の任期の延長 **2**．日時の延期，猶予

prōrogō *1* prō-rogāre, -gāvī, -gātum §106 **1**．引きのばす，延長する，続ける **2**．長びかせる，のばす，延期する，猶予する，あと回しにする　qui recte vivendi (119.2) prorogat horam, rusticus exspectat, dum defluat (116.6) amnis　正しく生きる時を先へのばす人は，川の流れ(時間)の止まるのを待つ田舎者(馬鹿)である

prōrsum (**prōsum**) 副 [prōversus の異形] **1**．前へ(に)，前方へ **2**．まっすぐに，一直線に **3**．率直に，正直に **4**．全く，すっかり，全然(…でない)

prōrsus[1] (**prōsus**) 副 [prō, versus] **1**．前に(へ)，前方に **2**．まっすぐに，一直

線に **3.** 休まずに，続けて **4.** 完全に，全く，あらゆる点で，すっかり，絶対に **5.** 実際は，事実上，要するに，一口でいえば

prōrsus[2] (**prōsus**) *a.1.2* prōrs-a, -um §50 **1.** 一直線の，まがらない，まっすぐな **2.** 散文の，散文的な

prōrumpō *3* prō-rumpere, -rūpī, -ruptum §109 **1.** 無理やり(乱暴に)進む，突進する，突撃する，とびかかる **2.** どっと出る，突然現れる，噴出する，勃発する，爆発する，急にしゃべり出す **3.** (他) 突然放つ，発する，噴出(爆発)させる，ぶちまける medius densos prorumpit in hostis 彼は敵の密集隊形の真っ只中に飛び込んだ ossa et artus perfundit toto proruptus corpore (9f1.イ) sudor 全身から吹き出た冷汗が(彼の)手足や骨をぬらした

prōruō *3* prō-ruere, -ruī, -rutum §109 **1.** 烈しく前へ押しやる **2.** (自)頭からつっ込む，ぶつかる，突進する，とび出す **3.** 押し倒す，投げ倒す，破壊する，ひき倒す，ひっくりかえす，崩す，転覆させる **4.** (自)前に倒れる，くずおれる，崩壊する，転落する foras simul omnes proruunt se 彼らは一斉に全員外へ飛び出した

prōrūpī, prōruptus → prōrumpō

prōrutus → prōruō

prōsāpia *f.* prōsāpiae *1* §11 血縁者，血族，血統，一門，一族，親戚，家族

proscaenium *n.* proscaeniī *2* §13 <προσκήνιον **1.** 幕の前の舞台(異説あり) **2.** (*pl.*)舞台

prōscindō *3* prō-scindere, -scidī, -scissum §109 **1.** 耕して進む，掘り返す **2.** 表面を切る，裂く，(波を)切って進む **3.** さく，割る，切る，破る **4.** 酷評する，ののしる，こらしめる，中傷する proscissum vulnere pectus 傷跡だらけの胸

prōscissus → prōscindō

prōscrībō *3* prō-scrībere, -scrīpsī, -scriptum §109 **1.** 書いて公けに知らせる，告げる，掲示する **2.** 掲示板で売りに出す，競売を公告する **3.** 追放者を名簿

の中で公表する，市民権を剥奪する，法律の保護を奪う non proscripta die (9f18) 日を公示しないで proscribit se auctionem esse facturum (117.5) 彼は競売を行うであろうと(掲示板で)公告する

prōscrīptiō *f.* prōscrīptiōnis *3* §28 [prōscrībō] **1.** 公けに売却(競売)を知らせる掲示，貼札，公示 **2.** 追放を宣告され財産を没収された市民の名の公表

prōsecō *1* prō-secāre, -secuī, -sectum §106 **1.** 切り取る(離す)，切断する，割る，さく **2.** 土地を掘り起こす，耕す **3.** 生贄を捧げる

prōsectum *n.* prōsectī *2* §13 生贄から切りとられたはらわた

prōsecuī → prōsecō

prōseda *f.* prōsedae *1* §11 [prō, sedeō] 売春婦，街娼

prōsēminō *1* prō-sēmināre, ——, —— §106 **1.** たねをまく，ばらまく，植える **2.** 繁殖させる，ふやす，生じさせる

prōsequor *dep.3* prō-sequī, -secūtus sum §§123(3), 125 **1.** 一緒につれて行く，同伴(同行)する，随行(護送)する，葬列をつくってお供をする **2.** つき従う，かしずく，敬意を表する，名誉を与える，目立たせる **3.** どこまでも追求する，追跡する，責める，非難(攻撃)する prosequitur surgens a puppi ventus euntis 船尾から起った風が帆走者を護送する liberaliter oratione prosecutus (118.4) 彼は寛大な言葉でもって敬意を表してから contumeliosis vocibus prosequebantur 彼らは侮辱的な言葉で攻撃していた

Prōserpina *f.* Prōserpinae *1* §11 (神)Ceres の娘，Pluto の妻 ギリシアの Persephone と同一視される

prōsiliō *4* prō-silīre, -siluī (-silivī, -siliī), —— §111 [prō, saliō §174 (2)] **1.** 前にとび出す，とびかかる，おどり出る，とび込む，突進する **2.** 突然現れる，発する，起る，生じる，突発する **3.** どっと吹き出る，わく，ほとばしる，噴出する vaga prosiliet frenis natura remotis

prōsocer

(9f18) 手綱から解放されると，衝動的本能は行きあたりばったりに飛び出すだろう

prōsocer *m.* prōsocerī *2* §15 妻又は夫の祖父，外祖父

prōspectō *1* prō-spectāre, -tāvī, -tātum §106 **1.** 遠くから(遠くを)見る，前方を見つめる，見渡す，見晴らす **2.** じっと見る，見つづける，凝視(観察)する **3.** 期待する，待ち望む **4.** 展望(眺望)を与えてくれる villa, quae monte summo posita prospectat Siculum 山の頂上に位置していて，シキリア島まで遠く見渡せる 別 荘 diem de die prospectans, ecquod auxilium appareret (116.10) 彼はくる日もくる日も待ち望んでいた，果して援軍が現われるかと

prōspectus *m.* prōspectūs *4* §31 [prōspiciō] **1.** 前を(遠くを)見ること，まなざし，視力，視界，視野 **2.** 展望，景色，外観，ながめ，見晴らし

prōspeculor *dep.1* prō-speculārī, ──── §§123(1), 125 遠くを見る，見渡す，さぐる，うかがう，注意する，偵察する，警戒する

prosperitās (**prō-** ?) *f.* prosperitātis *3* §21 [prosperus] 望ましい(順調な・有利な)結果，状況，関係，順境，成功，繁栄，隆盛

prosperō (**prō-** ?) *1* prosperāre, ────, ──── §106 [prosperus] **1.** (あること・もの・人に)望ましい結果をもたらす，与える **2.** 成功させる，助ける，幸福にする，祝福する veneratus (118.4) deos ut consilia sua rei publicae prosperarent 彼は自分の考えが国家に幸福をもたらすように神々に祈って

prosperus (**prō-** ?) *a.1.2* prospera, -um §50 [prō, spērō] (比)prosperior (最)prosperrimus (*cf.* 60) **1.** 願いにかなった，望み通りの，好運な，順調な，上首尾の，有利な，好意ある **2.** 吉兆の，さい先のよい，成功を現わす (副) **prosperē** (比)prosperius (最) prosperrime 順調に，幸運にも，首尾よく，さい先よく (名)**prosperum** *n.* prosperī *2* §13 上首尾，成功

prōspexī → prōspiciō

prōspicientia *f.* prōspicientiae *1* §11 [prōspiciō] **1.** 先を見ること，先見，予見 **2.** 事前の用心，あらかじめの配慮，先慮

prōspiciō *3b* prō-spicere, -spexī (-spēxī?), -spectum §110 [prō, speciō §174(2)] **1.** 遠くを見る，遠くのものを見つける，眺める，展望する **2.** 注意して見る，見張る，うかがう，偵察(警戒)する，待ち伏せする **3.** 必要な処置をとる，準備(用意)する，世話をする，規定する(法律が) **4.** 見分ける，みとめる，発見する，観察(検査)する **5.** 予想(予期)する facile erat ex castris prospicere in urbem, ut omnes ad caelum manus tenderent 陣営から，町の中で皆が天に向かって手をさしのべている様子がありありと見てとれた prospiciendum (147.ロ), ne quid sibi ac reipublicae nocere posset 彼は自分ならびに国家をいささかも傷つけることがないように，対策を講ずるべきである vestrae (9d1) quidem certe vitae prospiciam (116.1) 少なくともお前らの命だけはなんとかして助けたい

prōsternō *3* prō-sternere, -strāvī, -strātum §109 **1.** 打ち倒す，投げ倒す，うちのめす，切り殺す **2.** 完全に負かす，屈服させる，平伏させる，失脚させる，没落(破滅)させる，滅ぼす **3.** 品位を落とす，卑しめる **4.** 衰弱させる，極度に疲労させる se prosternere 土地にひれ伏す rumor prostratae regi (9d) pudicitiae 王のため，男の貞操をはずかしめたという噂

prōstitī → prōstō

prōstituō *3* prō-stituere, -stituī, -stitūtum §109 [prō, statuō §174 (2)] **1.** 皆の前に(目の前に)おく，さらす **2.** 身をさらす，汚す，公けに恥をさらす，名を汚す，貞操を汚す，売春する

prōstitūta *f.* prōstitūtae *1.* §11 [prōstituō の完分] 売春婦

prōstō *1* prō-stāre, -stitī, -stitum §106 **1.** 前に立つ **2.** 道路に立って商品を提供する **3.** 公衆の視線にさらされる，店

頭に並べられる, さらされる **4.** 報酬のため身をさらす, 売春する **5.** 突起する, でっぱる

prōstrātus → prōsternō
prōstrāvī → prōsternō
prōsubigō 3 pro-subigere, ——, —— §109 前の地面を掘り返す, 足で土を掘り上げる
prōsum 不規 prōd-esse, prōfuī, —— §151 **1.** 役に立つ, ためになる, 利益を与える **2.** よくきく, 得をする nihil tibi meae litterae proderunt 私の手紙はあなたに何の役にもたたないだろう hoc facere illum (117.5) mihi quam prosit nescio 彼が私のためにこれをしてくれることが, どれほど役に立つか, 私にはわからない
Prōtagorās (-a) m. Prōtagorae 1 §37 Socrates 時代の有名なソフィスト
prōtēctus → prōtegō
prōtegō 3 prō-tegere, -tēxī, -tēctum §109 **1.** 前をおおう, かくす, 包む, かばう, 防ぐ, 守る **2.** 遮蔽する, 掩護する, 保護(弁護)する **3.** (家に)ひさし(軒)をつける, おおいをする tabernacula protecta edera キヅタでおおわれた天幕
prōtēlō 1 prō-tēlāre, -tēlāvī, -tēlātum §106 [prōtēlum] **1.** 前へ追いやる, 狩り出す **2.** (叩いて, または叱って)追い払う, 撃退する, 遠ざける
prōtēlum n. prōtēlī 2 §13 [prōtendō] **1.** 前後一列に並んで曳かれた(二頭立)農耕用の牛(馬) **2.** 連続, 継続 protelo (9f19) 休みなく, 続けて
prōtendō 3 prō-tendere, -tendī, -tentum §109 **1.** 前へのばす, さし出す, さしのべる, 提出する, (受)のびる **2.** 時間をのばす, 延長する, 長びかせる, ひきのばす **3.** 発音を長くする admonitus fortiter protendere cervicem 勇気を出して首をさしのべるように忠告された(彼) pedes temo protentus in octo 8 ペースにも長くのびたながえ(轅)
prōtentus → prōtendō
prōterō 3 prō-terere, -trīvī, -trītum §109 **1.** 足で踏みつける, 踏みつぶす, 踏

んでしぼる **2.** 押しつぶす, 打ちのめす, たたきつぶす, 圧搾する, 粉砕する, 蹂躙する, 滅ぼす **3.** 虐待する, 侮辱する, 卑しむ ver proterit aestas 夏は春を踏みつける
prōterreō 2 prō-terrēre, -terruī, -territum §108 おどして(こわがらせて・びっくりさせて)目の前から追い払う
protervus (prō-?) a.1.2 proterv-a, -um §50 (比)protervior **1.** 大胆な, 向こう見ずの, 無鉄砲な **2.** 生意気な, ずうずうしい, 厚顔無恥な, 破廉恥な, わがまま勝手な **3.** 乱暴な, 猛烈な, 烈しい (副)**protervē** §67(1) (比)protervius 大胆に, 臆面もなく, 恥知らずに, ずうずうしく, 無遠慮に (名)**protervitās** f. protervitātis 3 §21 大胆不敵, 厚顔無恥, 生意気な言動, 破廉恥, わがまま, 勝手
Prōteūs m. Prōteī (-eos) 3 §42.3 **1.** (神)予言力を持つ海神 Poseidon の従者(アザラシ)の番人, 変化自在の体をそなえた老人 **2.** ずるさ, 無定見, 無節操
prōtēxī → prōtegō
prōtinus (-tenus) 副 **1.** 前へ, まっすぐに **2.** 止まらないで, 休まずに, そのまま続けて **3.** そのあと(その場で)直ちに, すぐに, 即座に protinus omnes in altissimos montes confugerunt 彼らは全員直ちに一番高い山の中へ, 一目散に逃げ込んだ protinus a partu 出産するとすぐに
prōtollō 3 prō-tollere, ——, —— §109 **1.** 前へ持ち上げる, 前へのばす, さしのべる **2.** のばす, 延期する, おくらせる, 長びかせる
prōtractus → prōtrahō
prōtrahō 3 prō-trahere, -trāxī, -tractum §109 **1.** 前へ引く, 引っぱる, 引きずって行く **2.** 外へひきずり出す, ひき抜く, ひっぱり出す **3.** ひきずりおろす, おい込む, 強制する **4.** ひきのばす, 延長する, 延期する **5.** 明るみに出す, あばく, 示す, さらす per indicium protractum est facinus 陰謀が密告によって暴露された ad paupertatem protractus 貧乏へとおい込まれた(私)

prōtrīvī → prōterō

prōtrūdō *3* prō-trūdere, -trūsī, -trūsum §109 **1.** 前方へ強く押す, 押しやる, 押し出す, 衝撃を与える, 突き動かす **2.** 外へ突き出す, 追い出す **3.** 延ばす, 延期する

prōtulī → prōferō

prōturbō *1* prō-turbāre, -bāvī, -bātum §106 **1.** 混乱におとしいれて追い払う, 押し返す, 潰走させる **2.** 押しやる, 駆る, 狩りたてる, 放逐する fundis, sagittis, lapidibus nostros de vallo proturbare parant 彼らは投石器や弓や石で, わが軍を堡塁から追い払わんと準備する

prout *j.* …に応じて, 比例して, …に従って prout res postulat 状況(の要請)に応じて

prōvectus *a.1.2* prō-vect-a, -um §50 [prōvehō の完分] (比)provectior **1.** (年齢の)すすんだ, 老いた **2.** (時刻の)おそくなった, 夜のふけた

prōvehō *3* prō-vehere, -vēxī, -vectum §109 **1.** 前方へ運ぶ, つれて行く, つれ出す, 運び去る **2.** (受)(馬車に)のって行く, 船出をする, 出発する, 帆走する **3.** 前進させる, 導く, ひきたてる, のばしてやる, 移す, 動かす, 高める, 促進する, 昇進させる **4.** ひきずる, ひったくる, 奪い去る, 邪道に誘う **5.** (受)進む, 動く, 続ける, 進歩する, 出世する serius a terra provectae naves 予定よりおくれて出帆した船団 quid ultra provehor? これ以上私はどうして長く話し続けるのか provectus est intemperantia (9f11) linguae in maledicta 彼は言葉を慎まないでいるうちに, 罵詈讒謗へとひきずられていった

prōveniō *4* prō-venīre, -vēnī, -ventum §111 **1.** 前へ進む, 進み出る **2.** 表面に出てくる, 芽を出す, 発生する, 生長する, 生ずる, 起る, ひながかえる, 花が咲く **3.** 公けに(世間に)出てくる, 現われる, 目立つ, 栄える, 成功する, (うまく)ゆく arbores sua sponte provenientes 自生している樹木 ex studiis gaudium provenit 勉強から喜びが生ずる frumentum angustius provenerat 穀物の収穫は平年作を下回っていた

prōventūrus → prōveniō

prōventus *m.* prōventūs *4* §31 [prōveniō] **1.** 発生, 発芽, 出産, 生長 **2.** 発達, 向上, 進歩, 成功, 繁栄 **3.** 収穫(物), 産物, 刈り入れ, 結果 annus proventu oneret sulcos 来年は(一年ぶっと)畝溝(うね)を収穫物で重く圧することだろう 〜 poetarum 詩人の輩出

prōverbium *n.* prōverbiī *2* §13 [prō, verbum] 諺(ことわざ), 格言, 金言

prōvēxī → prōvehō

prōvidēns *a.3* prōvidentis §58 [prōvideō の現分] (最)providentissimus 先見の明のある, 用心深い, 慎重な, 賢明な, 思慮分別のある (名)

prōvidentia *f.* prōvidentiae *1* §11 **1.** 先見の明, 用心(深さ), 将来への配慮 **2.** 摂理, 神意 (副)**prōvidenter** §67(2) (比)providentius (最)providentissime 用心深く, 慎重に, 先を見通して

prōvideō *2* prō-vidēre, -vīdī, -vīsum §108 **1.** あらかじめ(先んじて)見る, 予防手段を講ずる, 配慮する, 用意する, 調達する, 世話をする **2.** 遠くから(遠くを)見る, 見つける, 見分ける **3.** 先を見る, 予想する, 予知する, 期待する frumento exercitui proviso (9f18) 軍隊への食糧補給を確保すると ne qua civitas suis finibus recipiat, a me provisum est いかなる部族もその領地に(ローマ人を)受け入れないように, 私によって対策が講じられた

prōvidus *a.1.2* prōvid-a, -um §50 [prōvideō] **1.** 将来を予言(予測・予想)する, 先見の明のある **2.** 将来に配慮した, 用心深い, 慎重な (名)**prōvidum** *n.* prōvidī *2* §13 神意(摂理)による出来ごと

prōvincia *f.* prōvinciae *1* §11 **1.** 命令権を持った政務官の任務 **2.** こっけいに一般の任務・役目・領分として用いられる **3.** ローマから赴任する統治者が管理

するイタリア以外の領地, 属州 **4.** 属州の統治権 **5.** 属州民 ipsi obsonant, quae parasitorum ante erat provincia 食糧の買出しを奴ら自身でやっている, そんなことは昔は食客の領分だったのに Sicilia prima omnium provincia est appellata シキリアが一番先に属州と呼ばれた

prōvinciālis *a.3* prōvinciāle §54 [prōvincia] **1.** 属州の, 属州に関する **2.** 属州統治の (名)**prōvinciālis** *m.* prōvinciālis *3* §19 属州の住民

prōvīsiō *f.* prōvīsiōnis *3* §28 [prōvideō] **1.** 予見, 予知 **2.** 用意, 準備(将来への), 予防

prōvīsō *3* prōvīsere, ——, —— §109 見に行く, 見てくる, 出て見る, うかがう, 待ちかまえる, 警戒している provisam (116.1) quam mox vir meus redeat (116.10) domum 私の主人が, もうそろそろ帰ってくる頃なので(あとどのくらいで家に帰ってくるか)外に出て待っていましょう

prōvīsor *m.* prōvīsōris *3* §26 予見(予知)する人, 将来に備える(用心する)人

prōvīsus → prōvideō

prōvocātiō *f.* prōvocātiōnis *3* §28 [prōvocō] 政務官の coercitio (強制権)に抗して民会(帝政期は皇帝)に裁判を請求する(上訴する)こと, またはその権利, 上訴権

prōvocātor *m.* prōvocātōris *3* §26 **1.** 挑戦者 **2.** 剣闘士の一種

prōvocō *1* prō-vocāre, -cāvī, -cātum §106 **1.** 呼び寄せる, 迎えにやる **2.** 呼び出す, 出頭させる, 召喚する **3.** 呼び起す, ひき出す, 生じさせる, 抱かせる, 刺激する, 刺激(鼓舞)して…させる, 挑発(挑戦)する, そそのかす **4.** 訴える, 上訴する, 援助を求める Pamphilam cantatum (120.1) provocemus 我々はパンピラを歌わせるために呼びよせよう Graecos elegia (9f3) provocamus 我々(ローマ人)は挽歌でギリシア人に挑戦する(負けないぞ)

prōvolō *1* prō-volāre, -lāvī, -lātum §106 **1.** 飛び立つ **2.** 踊り出る, 突進する

る

prōvolvō *3* prō-volvere, -volvī, -volūtum §109 **1.** 前へころがす, 押し出す, 突き出す, 無理やり追いたてる **2.** 倒す, ひっくりかえす, くつがえす **3.** (再)(受)崩れる, 倒れる, 亡ぶ, ひれ伏す, 屈従する, 卑下する, 身(品位)をおとす se provolvere alicui (9d8) ad pedes ある人の足元にひれ伏す multi fortunis (9f7) provolvebantur 多くの人が財産から追いたてられた(亡びた)

proximē 副 [proximus §67(1)] **1.** 最も近く, 一番近く, 最短の道をとって **2.** 最近, 最後に, 次の機会に, 間もなく **3.** 先に述べた所で, すぐ前で, 次に述べる所で **4.** 最も正確に, 最も似せて **5.** (対支配の前の如く)最も近くに, …のあとすぐに quam proxime potest castris 陣営にできるだけ近く quam proxime ex Graeco transferre aliquid in Latinum ギリシア語からできるだけ正確にある言葉をラテン語へ訳すこと proxime morem Romanum ローマ式に非常に近いやり方で

proximō *1* proximāre *1* §106 近づく, 接近(ﾖ)する

proximus (proxumus) *a.1.2* proxim-a, -um §50 [prope の 最 §63] **1.** (空間)一番近い, 隣の, 次の, 隣に住む, すぐ前にいる **2.** (過去・未来)最近の, 最後の, 前の, 次の, あとの **3.** (地位・価値・関係)次位の, 最もよく似た, 親しい, 血縁関係の深い(近い), 最も大切な proximus huic (9d13), longo sed proximus intervallo, insequitur Salius この人の次に, しかし長い間隔をおいて, すぐ後をサリウスは追った inita proxima aestate (9f18) 次の年の夏がくると早々 proximum iter in ulteriorem Galliam 属州ガッリアへの最も短い道 non nasci homini optimum est, proximum autem quam primum mori 人間にとって生れてこないのが一番いい, しかし(生れたからには)できるだけ早く死ぬのが次に良いのだ

prūdēns *a.3* prūdentis §55 [prōvidēns] (比)prudentior (最)prudentissimus **1.** 自分のしていること

prūdenter 636

をよく知っている，わざとふるまっている **2.** 先見の明のある，思慮分別のある，聡明な，利口な **3.** 経験の豊かな，熟達した，精通した prudens sciens vivus vidensque pereo 私はいま自分のやっていることをよく知っていて，生きていて，この目で見ていながら，わが身を滅ぼしているのだ est animus tibi (9d6) rerum (9c13) prudens あなたは万事に慎重である

prūdenter 副 ［prūdēns §67(2)］ (比)prudentius （最)prudentissime 賢明に，慎重に，用意周到に

prūdentia *f.* prūdentiae *1* §11 ［prūdēns］ **1.** 聡明，英知，知恵，賢慮 **2.** 先見の明，予知の才能，洞察力 **3.** 熟達，堪能

pruīna *f.* pruīnae *1* §11 **1.** 霜，白霜 **2.** 雪 **3.** (*pl.*)冬

pruīnōsus *a.1.2* pruīnōs-a, -um §50 霜の降りた，霜におおわれた，酷寒の

prūna *f.* prūnae *1* §11 燃えている木炭，石炭

prūnum *n.* prūnī *2* §13 セイヨウスモモ

prūnus *f.* prūnī *2* §13(3) セイヨウスモモの木

prūriō *4* prūrīre, ——, —— §111 **1.** かゆい，むずむずする **2.** ひりひり(ずきずき)する，うずく **3.** したくてうずうず(じりじり)する，性的欲望(興奮)からいらだつ (名)**prūrīgō** *f.* prūrīginis *3* §28 **1.** かゆいこと，いらだつこと **2.** 性的興奮

psallō *3* psallere, psallī, —— §109 ＜ψάλλω 竪琴を指でかきならす，かきならしながら歌う

psaltērium *n.* psaltēriī *2* §13 ＜ψαλτήριον 一種の弦楽器(竪琴の一種)

psaltria *f.* psaltriae *1* §11 ＜ψάλτρια psalterium (弦楽器)をかなでる女，女歌手，楽手，演奏家

pseudothyrum *n.* pseudothyrī *2* §13 ＜ψευδόθυρον ひみつの戸，出入口，裏門，裏口

psithius *a.1.2* psithi-a, -um §50

＜ψίθιος **1.** ブドウの木の(干ブドウに適した)品種名 **2.** *f.pl.* このブドウの実

psittacus *m.* psittacī *2* §13 ＜ψίττακος オウム

-pte 所有形容詞の奪格につく強調の接尾辞 meāpte, suōpte

ptisanārium *n.* ptisanāriī *2* §13 ＜πτισάνη = ptisana (*f.*) 精白麦，大麦のせんじ汁 **1.** 大麦のせんじ汁(薬) **2.** (米の)おもゆ

Ptolomaeus, Ptolemaeus *m.* Ptolomaeī, Ptolemaeī *2* §13 **1.** Alexander 大王の友，のちエジプトの王となる その孫の歴代の王の名 **2.** Mauretania の王(A.D. 23-40) Juba Ⅱの子

pūbēns *a.3* pūbentis §55 ［pūbēscō］ 樹液(乳液)で充満した，みずみずしい，精力旺盛な

pūbertās *f.* pūbertātis *3* §21 ［pūbēs］ **1.** 性的成熟，思春期，結婚適齢期 **2.** 青年男子，男盛り，男子の生殖力 **3.** 成熟のしるし(ほうひげ，うぶ毛)

pūbēs[1] *a.3* pūberis §55 成熟した，十分に発達した，大人の (名)**pūbēs** *m.* pūberis *3* §29 大人

pūbēs[2] *f* pūbis *3* §19 ［1 pūbēs］ **1.** 兵役に耐える若者の人口，動員可能の人力，兵(員)力 **2.** 思春期，若者 **3.** 恥部，陰毛

pūbēscō *3* pūbēscere, ——, —— §109 ［1 pūbēs］ **1.** 肉体的に成熟する，成人となる，男らしくなる，婚期に達する **2.** 思春期に体に毛がはえる，毛でおおわれる，包まれる **3.** 成長する，うれる，熟する prata pubescunt variorum flore colorum (9c5) 野原がさまざまな色の花でおおわれる

pūblicānus *m.* pūblicānī *2* §13 ［pūblicus］ **1.** 国家事業の契約者，建築請負人 **2.** 税，手数料の徴集請負人，収税吏

pūblicātiō *f.* pūblicātiōnis *3* §28 ［pūblicō］ 国家(国庫)による収用(押収)，財産没収

pūblicē 副 ［pūblicus §67(1)］ **1.** 国家に関して，国(民)の名において **2.** 国家

(国民)として，公けに，共同体として，団体として **3.** 国の(公けの)利益のために，国の(公けの)ため **4.** 公然と，一斉に，一般に，公開して，公衆に訴えて privatim ac publice quibusdam civitatibus (9d) habitis honoribus (9f18) いくつかの部族に対し個人的に，そして部族全体に対し名誉を与えると

pūblicitus 副〔pūblicus〕**1.** 国(公)の費用で **2.** 国家の名において **3.** 公然と

pūblicō _1_ pūblicāre, -cāvī, -cātum §106 **1.** 国家に与える，国有財産とする，没収して国庫におさめる **2.** 公けにする，広く知らせる，公刊する **3.** 公衆の面前(舞台)に姿を見せる，さらす，身を売る qua lege regnum Jubae publicaverat 彼はその法律でユバ王国を国有財産としていた publicatae pudicitiae nulla venia (erat) 売られた貞操(貞操を売った女)には，全く情け容赦が与えられなかった

pūblicum _n._ publicī _2_ §13 〔pūblicus の _n._〕**1.** 国有財産，国有地 **2.** 国庫，公金，国有穀物倉，国の収入，所得 **3.** 国の事業の契約，徴税の請負，その権利 **4.** 人々のにぎわう所，道路 **5.** 公衆の面前，人々に知られる(見られる)こと quam nuper in publicum dedi それを私は最近出版した pars hominum gestit conducere (117.4) publica 中には国家の事業を契約して有頂天になる人もいる

pūblicus _a.1.2_ pūblic-a, -um §50 **1.** 国民全体に関する，国家の，公けの **2.** 国家の認めた，規定した，公約の **3.** 国民全員のためになる，享受される，共有される **4.** 国民の一人一人に共通した，公共の，民衆の tabulae publicae 公文書 lux publica mundi 世界が共有する光(太陽) si senatus dominus sit publici consilii もし元老院が国事を決定する主人とすれば

pudendus _a.1.2_ pudend-a, -um §50 〔pudeō の動形〕恥ずべき，不面目な，下品な，さもしい，あさましい pars pudenda (_sg.f._) = pudenda (_pl.n._) 恥部，生殖器

pudēns _a.3_ pudentis §58 〔pudeō の現分〕(比)pudentior (最)pudentis-simus 慎み深い，礼儀正しい，上品な，つつましやか，しとやかな，貞淑な，はにかみやの (副)**pudenter** §67(2) (比)pudentius (最)pudentissime 慎み深く，礼儀正しく，節度を守って，控え目に，上品に，しとやかに，つつましく

pudeō _2_ pudēre, puduī, ── §108 **1.** (自)恥じる，赤面する **2.** (他)恥しがらせる，赤面させる non te haec pudent? お前はこれらのことを恥しく思わないのか **3.** (非)pudet, puditum est (166) 人(_acc._)をあること(_gen._，または不，不句など)が恥ずかしがらせる eos infamiae suae non pudet 彼らは自分たちの不面目を恥じていない pudebat Macedones urbem (9e11) deletam esse マケドニア人たちは都を破壊されたことを恥じていた pudet dictu (120.3) 口にするのも恥しい

pudibundus _a.1.2_ pudibund-a, -um §50 〔pudeō〕**1.** はずかしそうな，はじらった，はにかんだ **2.** 赤くなった，恥じ入った，不面目そうな

pudīcitia _f._ pudīcitiae _1_ §11 〔pudīcus〕**1.** 羞恥心，慎み深さ，純潔，貞節，貞操 **2.** 貞節の女神

pudīcus _a.1.2_ pudīc-a, -um §50 〔pudeō〕(比)pudicior (最)pudicis-simus **1.** 貞節な，操正しい，つつましい，純潔な **2.** 上品な，しとやかな，礼儀正しい **3.** 高潔な，恥を知る (副)**pudīcē** §67(1) (比)pudicius 貞淑に，操正しく，つつましく，しとやかに，礼儀正しく，上品に，立派に

pudor _m._ pudōris _3_ §26 〔pudeō〕**1.** 恥ずかしい思い，羞恥(心)，忸怩(じく)，含羞 **2.** 赤面，汗顔，赤恥 **3.** 不面目，名折れ，屈辱，面汚し，恥さらし **4.** 礼節・体面を重んじる心，廉恥(心)，高潔，自制心，謙虚 **5.** 貞節・純潔・童貞・無垢を大切に思う気持，端正，はじらい，はにかみ，つつましさ nec mihi vera loqui pudor est そして私は真実を語っても恥ずかしくない paupertatis pudor et fuga 貧乏を恥じ恐れる気持 pudor! = pro pudor! 恥を知れ

puduit → pudeō

puella *f.* puellae *1* §11　複与・奪 -abus §12(2)［puellus = puer の小］**1.** 女の子，少女，娘 **2.** 若い婦人，女中，女の奴隷 **3.** 恋人，情婦　（形）**puellāris** *a.3* puellāre §54　少女の，娘の，若い女の

puellula *f.* puellulae *1* §11［puella の小］　かわいい少女，小娘，おとめ

puer *m.* puerī *2* §15　**1.** 少年，男の子，息子 **2.** 稚児(男色の相手) **3.** 子供，児童 **4.** 若い奴隷，召使 doctus a puero 子供の頃から賢い vicini oderunt, noti, pueri atque puellae 近所の者や知人は男も女も(誰も彼も)憎んでいる

puerīlis *a.3* puerīle §54［puer］**1.** 少年の，子供の **2.** 子供らしい，幼少の，子供じみた，幼稚な，たわいない，未熟な　（副）**puerīliter** §67(2)　子供のように，おろかに，たあいなく　（名）**puerīlitās** *f.* puerīlitātis *3* §21　**1.** 子供の状態 **2.** 子供っぽい性質・所作，大人げない・ばかげたふるまい

pueritia (puertia) *f.* pueritiae *1* §11［puer］**1.** 子供であること，少年らしさ，初年期(時代) **2.** 子供らしさ，あどけなさ，未熟，未経験

puerperium *n.* puerperiī *2* §13［puerperus］**1.** 出産，産褥(½ӿ)，分娩 **2.** 生れた子

puerperus *a.1.2* puerper-a, -um §50［puer, pariō］**1.** 分娩(出産)の，産褥の **2.** 出産をやさしくする(まじない・呪文)　（名）**puerpera** *f.* puerperae *1*　§11　**1.** 子を産んだ女 **2.** 産気づいた(陣痛をおこしている)女，産褥婦

puerulus *m.* puerulī *2* §13［puer の小］**1.** 小さな少年，小僧，若造，青二才 **2.** 小さな奴隷，少年奴隷

pūga *f.* pūgae *1* §11＜πυγή　しり，臀部

pugil *m.* pugilis *3* §26　拳闘家

pugillārēs *m.pl.* pugillārium *3* §19 = **pugillāria** *n.pl.* pugillārium *3* §20　片手で握れる(持てる)小さい書板

pūgiō *m.* pūgiōnis *3* §28［pūngō］　短剣，懐刀，合口 plumbeus pugio 鉛の短剣(貧相な議論)

pūgna (pu-?) *f.* pūgnae *1* §11［pūgnō］**1.** 一騎打ち，果たし合い，決闘 **2.** こぜり合い，遭遇戦，戦闘 **3.** 争い，いさかい，悶着，紛争 **4.** 衝突，不一致，論争，心的葛藤，矛盾 **5.** 戦闘隊形，戦列 non cunctandum (147 ロ) existimavit quin pugna (9f11) decertaret 彼は戦闘で決着をつけることをためらっておるべきではないと考えた ausculta pugnam quam voluit dare 奴が引き起こそうとねらっていた騒動なるものを聞いてくださいよ

pūgnātor (pu-?) *m.* pūgnātōris *3* §26　戦う人，戦士，闘士，論争者，討論者，けんか好き

pūgnāx (pu-?) *a.3* pūgnācis §55［pūgnō］　(比)pugnacior　(最)pugnacissimus　**1.** 好戦的な，けんか好きの，攻撃的な **2.** 論争好きの，論争的な　（名）**pūgnācitās** *f.* pūgnācitātis *3* §21　好戦的な態度，精神，闘争心，けんか好き，論争好き，議論癖

pūgnō (-u-?) pūgnāre, -nāvī, -nātum §106［pūgnus］**1.** 戦う，拳骨でなぐり合う，組打ちする，格闘する **2.** 争う，論争する **3.** 衝突する，一致しない，相いれない，矛盾する **4.** もがく，あがく，努力(奮闘)する pugnatur (172) uno tempore (9f2) omnibus locis (9f1. イ) あらゆる所で一斉に戦われる pugnant Stoici cum Peripateticis ストア派と逍遙学派とは相容れない pugnat evincere (117.4) somnos 睡魔に打ち勝とうと努力する

pūgnus (-u-?) *m.* pūgnī *2* §13　**1.** にぎりしめた手，こぶし，げんこつ **2.** 拳打，なぐり合い **3.** 一握り，一つかみ

pulcher (pulcer) *a.1.2* pul-chra, -chrum §52　(比)pulc(h)rior　(最)pulc(h)errimus　(60)　**1.** 美しい，きれいな，優美な，立派な **2.** 愛らしい，魅力ある，すてきな，すばらしい，あでやかな，あっぱれな **3.** 優れた，卓越した，栄光ある，輝かしい，堂々たる，高貴な cui pulchrum fuit in medios dormire (117.1) dies 毎日ひる日中まで寝ることを立派と考えていた人 quid potest esse adspectu

(120.3) pulchrius? 見た目にそれ以上に美しいものがあり得ようか

pulchrē 副 ［pulcher §67(2) 注 ］（比）pulchrius （最）pulcherrime （60）**1.** 立派に, 見事に, 巧みに, 魅力的に, すばらしく, きれいに **2.** 全く, すっかり, 完全に, 申し分なく jam tenes praecepta in corde? — pulchre お前は教えたことをもう覚えたな—完全に

pulchritūdō *f.* pulchritūdinis *3* §26 ［pulcher］ **1.** 美, 美しさ, 美しいもの **2.** 美貌, 立派な顔立ち, 美人 **3.** 魅力, 優秀, 美点, 長所

pullārius *m.* pullāriī *2* §13 ［pullus¹］ **1.** 占い用の聖なる若鶏を飼っている者 **2.** 男色者

pullātus *a.1.2* pullāt-a, -um §50 ［pullus²］ **1.** 黒ずんだ, とび色の, 鈍い茶褐色の(うすぎたない)服(下層民の着物)をきた **2.** 黒い喪服をきた

pullulō *1* pullulāre, -lāvī, -lātum §106 ［pullulus < pullus の小］ **1.** 新芽を出す, 発芽する **2.** 発生する, 胚胎する, 生れる, 成長する **3.** 繁殖する, ひろがる

pullus¹ *m.* pullī *2* §13 **1.** 馬・ロバの子, その他の動物・鳥・家禽の子 **2.** 若鶏, ひな, ひよこ **3.** 前兆を示す(占いに用いられる)聖なる若鶏 **4.** 男子の愛称, 稚児 **5.** 若芽, 若枝

pullus² *a.1.2* pull-a, -um §50 黒ずんだ, 土色の, とび色の, すすけた, くすんだ茶褐色の, 鈍い黄褐色の

pulmentārium *n.* pulmentāriī *2* §13 pulmentum に風味をそえる野菜, 薬味, 調味料 pulmentaria quaere sudando (119.5) 汗を流して(働いて)調味料を求めよ(空腹は最高の調味料)

pulmentum *n.* pulmentī *2* §13 **1.** 食事の始めに食べられる肉か魚の切り身(の料理) **2.** おいしい料理 laudas trilibrem mullum in singula quem minuas (116.2) pulmenta necesse est あなたは3 リブラもの(大きな)ヒメジをもてはやすが, 一人前の皿に盛るには小さな切り身にする必要があるんだよ

pulmō *n.* pulmōnis *3* §28 （単・複とも)肺臓, 肺

pulpa *f.* pulpae *1* §11 肉, 身(ᵠ), 肉体

pulpāmentum *n.* pulpāmentī *2* §13 = **pulmentum**

pulpitum *n.* pulpitī *2* §13 （演技・演奏・朗読用の)木製の演壇, 演芸台, 板の足場, 舞台

puls *f.* pultis *3* §21 麦類(主にコムギ)を煮込んだかゆ(ローマ人の太古の食事, また占いに用いられる聖なる若鶏の餌)

pulsātiō *f.* pulsātiōnis *3* §28 ［pulsō］ **1.** たたくこと, 打つこと, 突くこと **2.** 戸をくりかえして叩くこと **3.** 殴打, 打撃, 暴行, 攻撃

pulsō *1* pulsāre, -sāvī, -sātum §106 ［pellō］ **1.** くりかえして(強く)たたく, 打つ, 突く, 戸を何度もたたく, 弦をふるわせる **2.** (棒などで)さんざん叩く, 殴打する, 虐待する, 攻撃する **3.** 追いやる, 強いる, 告発する **4.** 城壁を突き崩す **5.** 突き動かす, ゆすぶる, 深く感動させる, かきみだす, 興奮させる, 煽動する ut nervo pulsante (9f18) sagittae あたかも弓弦がはじき飛ばしたときの矢の如く quae te vecordia pulsat? お前をいかなる狂気がつき動かしているのか ipse arduus, alta pulsat sidera 彼自身背丈高くそびえ立ち, 遥かな星空を頭で突いている

pulsus *m.* pulsūs *4* §31 ［pellō の完分］ **1.** 打つこと, たたくこと, 突くこと, 一撃, 一打, ひと突き, ひと押し **2.** 衝動, 衝撃, 刺激, 強い影響, 印象 **3.** 鼓動, 動悸 pulsus venarum 脈搏 ～ lyrae 竪琴の弾奏 ～ remorum 櫂をこぐこと

pulvereus *a.1.2* pulvere-a, -um §50 ［pulvis］ **1.** ちり(ほこり・砂ぼこり)の **2.** ちり(ほこり)でつくられた, なりたつ **3.** ちり(ほこり)のような, 粉末状の, ほこりっぽい **4.** ちり(ほこり)におおわれた, ほこりだらけの

pulverulentus *a.1.2* pulverulent-a, -um §50 ［pulvis］ **1.** ちり(ほこり)にまみれた, ほこりだらけの, 砂ぼこりにおおわれた **2.** 大いに骨を折って(苦労して)手

pulvīllus 640

にした

pulvīllus *m*. pulvīllī *2* §13 [pulvīnus の小] 小さいしとね，ざぶとん，枕，クッション

pulvīnar *n*. pulvīnāris *3* §27 [pulvīnus] **1.** 神々の饗宴（lectisternium）で横臥する一人一人の神像のしとね付の長椅子（寝台）**2.** 女神・后の寝台 **3.**（皇帝の）競技場のしとね付の座席（仕切り席）**4.** 神殿，聖地 **5.** 陸揚げされた船の台座（支え）

pulvīnus *m*. pulvīnī *2* §13 **1.** 長枕，座ぶとん，しとね，クッション **2.** 長枕のような形のもの，花壇，芝土，うね，土台

pulvis *m*.(*f*.) pulveris *3* §29 **1.** ちり，ほこり，塵埃，戦塵，砂ぼこり（競技場・砂場の）**2.** 灰，灰燼，ごみ，くず，粉末 ubi decidimus, pulvis et umbra sumus 我々は死んだらちりとかげ sulcos in pulvere ducere 砂にすきあとをつくる（無駄骨を折る）spes dulcis sine pulvere palmae 砂ぼこりを浴びなくて（戦わずして）甘美な勝利を得るという希望

pūmex *m*.(*f*.) pūmicis *3* §21 **1.** 軽石（巻子本のパピルス紙の両端を磨いたり，脱毛に用いられた），浮石 **2.** 穴の多い（火山）岩，溶岩，裂けた岩 columba cui domus latebroso in pumice 身をかくす穴の多い岩の中に家（巣）のあるハト pumice crura teras (116.2) お前は軽石ですねをこすって毛をぬくべきだ

pūmiceus *a.1.2* pūmice-a, -um §50 [pūmex] 軽石の，軽石のような pumiceos oculos habeo 私は軽石のような（乾いて涙のでない）目を持っている（私は泣けないのだ）

pūmicō *1* pūmicāre, -cāvī, -cātum §106 軽石で磨く，つやを出す，こする，こすって毛をぬく

pūmiliō *m.f.* pūmiliōnis *3* §28 非常に背の低い人（女），小人，侏儒(ﾋﾟ)（形）**pūmilus** *a.1.2* pūmil-a, -um §50 矮小な，こびとの

pūnctim (**pu-** ?) 副 [pungō] 武器の切っ先でもって突いて（刺して）

pūnctiō (**pu-** ?) *f*. pūnctiōnis *3* §28 [pungō] **1.** 刺す（突く）こと，一突き，一刺し **2.** 刺す（ような）痛み，刺し傷

pūnctiuncula (**pu-** ?) *f*. pūnctiunculae *1* §11 [pūnctiō の小] 軽い（小さな）一刺し，一突き

pūnctum (**pu-** ?) *n*. pūnctī *2* §13 [pungō の完分] **1.** 刺すこと，突くこと，刺された小さな穴，刺し傷 **2.** 点，しみ，斑点・斑紋 **3.** 微少，微細，微量 **4.** はかりの目盛，幾何学図形上の点 **5.** 瞬間，刹那 **6.** 投票（投票検査人が蠟板上の名前に記す得点）punctum est, quod (9e8) vivimus 我々が生きているのは一瞬間だ（露の命）nullo puncto temporis intermisso (9f18) 間髪を入れず omne tulit punctum, qui miscuit utile dulci (9d4) 有益と甘美を混ぜ合わせた詩人は万人の投票を獲得してきた（する，格言の完）

pungō *3* pungere, pupugī, pūnctum (pu-?) §109 **1.** 刺す，突く，刺し通す，突き通す **2.** うがつ，穴をあける，貫通する **3.** 傷つける，害する **4.** ひりひりさせる，平静（安静）を破る（乱す），いらだたせる，じらす **5.** かりたてる，あおりたてる (in) tempore puncto 一瞬間に，すぐに

pūniceus (**poeniceus**) *a.1.2* pūnice-a, -um §50 あざやかな赤色の，緋色の，深紅色の

Pūnicus (**Poenicus**) *a.1.2* Pūnic-a, -um §50 カルタゴの，カルタゴ人の Punicum malum (pomum) = malum ザクロ Punica malus ザクロの木 Punica fides = perfidia 欺く・偽ること，策略，不誠実，不正直

pūniō *4* pūnīre, pūnīvī (pūniī), pūnītum §111 **1.** 罰する，こらしめる，罰を科す **2.** 報復する，仕返しをする，復讐する

pūpilla *f*. pūpillae *1* §11 [pūpa「少女」の小] **1.** 後見人に保護されている女子，被後見人，孤児 **2.** 瞳孔，ひとみ

pūpillāris *a.3* pūpillāre §54 被後見人の，孤児の

pūpillus *m*. pūpillī *2* §13 後見人の下にある男子，被後見者，孤児

puppis *f.* puppis *3* §19 **1.** 船尾, とも, 後部甲板 **2.** 船, 小舟 mihi prora et puppis, ut Graecorum proverbium est, fuit それが私にとって, ギリシアの諺にあるように, 始めであり終わり(すべて)であった

pupugī (pepugī) → pungō

pūpula *f.* pūpulae *1* §11 〔pūpa「女の子」の小〕 **1.** 小さい女の子 **2.** ひとみ, 瞳孔

pūpulus *n.* pūpulī *2* §13 〔pūpus「男子」の小〕 小さい男の子

pūrē 副 〔pūrus §67(1)〕 (比)purius (最)purissime **1.** きれいに, 清らかに, 清廉潔白に, 高潔に **2.** 操正しく, 貞節に **3.** 明るく, はっきりと, 清澄に, 晴々と, くもりのない, 透明な **4.** 飾らないで, 素朴に, 率直に, 明瞭に **5.** 純粋に, 完璧に quid pure (te) tranquillet? あなたの気持を完璧に平静に保つものは何か splendens Pario marmore purius パロス産大理石よりもいっそう清澄に輝く(女)

pūrgāmen *n.* pūrgāminis *3* §28 = **pūrgāmentum** *n.* pūrgāmentī *2* §13 〔pūrgō〕 **1.** 清掃すること, 清めること, 清潔・純化の手段 **2.** 清掃されるもの, 不純物, けがれたもの, くず, がらくた, ごみ, 汚穢(ほぼ) **3.** 浮きかす, あわ, 漂流船荷 **4.** 人間のくず, かす, がらくた

pūrgātiō *f.* pūrgātiōnis *3* §28 〔pūrgō〕 **1.** 清掃, 除去, 清潔にすること, 純化すること **2.** 精進潔斎, 清めの式, おはらい **3.** 潔白を証明する, 疑い(非難)を晴らす, 弁明すること **4.** 下剤をかけること **5.** 月経

pūrgātus *a.1.2* pūrgāta, pūrgātum §50 〔purgō の完分〕 (比)purgātior (最)purgātissimus 清められた, 清浄な, 罪・けがれのない

pūrgō (pūrigō 古**)** *1* pūrgāre, -gāvī, -gātum §106 〔pūrus〕 **1.** 不純物(汚れ)をとりのぞく, きれいにする, 掃除(洗濯)する, 磨く, 清潔にする **2.** 外皮(殻)を取り除く, 核(さね)をとる, (魚の)内臓をとる **3.** 体から病気を除く **4.** 嫌疑を晴ら

す, 無実を立証する, 弁明する **5.** けがれを清める, 浄化する, お祓い(はらい)をする **6.** 償う, 贖罪(賠償)をする proprios purgans ungues 自分の爪を磨いている人 sui purgandi (121.3) causa 自己弁明のために miror morbi (9c6) purgatum te (117.5) illius あなたがその病気から快復されて, 私はびっくりしています

purpura *f.* purpurae *1* §11 < πορφύρα **1.** アクキガイ(murex)の類のシリアツブリボラ(murex brandaris)? **2.** この貝からとれる深(紫)紅色の染料(明るい血の色から濃い紫までの色合いを含む) **3.** これで染めた布, 生地, 毛織物(富・権力の象徴) **4.** 王・皇帝の着物 **5.** 高官服(深紅のふちどりのある toga), 元老院議員の室内着(深紅の縞のある tunica) **5.** 自然の中の深紅色 (形)**purpurātus** *a.1.2* purpurāt-a, -um §50 深紅色の着物をきた (名)**purpurātus** *m.* purpurātī *2* §13 東方王室の廷臣

purpureus *a.1.2* purpure-a, -um §50 < πορφύρεος **1.** 深紅色の, 紫の **2.** 深(紫)紅色の染料の, 深(紫)紅色の衣服を着た **3.** 輝かしい, 美しい, はなやかな(ブドウ・鮮血・曙の色から, 暖かい色合い・輝き・若さなどを形容する詩語) purpureus pennis (9f3) 兜の羽根飾が深紅色の(人) purpuream vomit animam 彼は真紅の魂を吐き出した(血を吐いて息絶えた) lumen juventae purpureum 青春のはなやかな輝き

purpurissum *n.* purpurissī *2* §13 深紅色に染めた土(絵の具・顔料・化粧用)

pūrus *a.1.2* pūr-a, -um §50 (比)purior (最)purissimus **1.** 汚れのない, 不潔でない, きれいな, 清潔(清浄・純白)な **2.** まざりけのない, 生粋の, 純粋な, 本物の **3.** 罪・けがれのない, 純潔な, 潔白な, 清浄・無垢の, 貞淑な **4.** 雲・霧のない, 晴れた, すみきった, 透明な(水), 清澄な per purum 雲一つない空一面に **5.** 見通しのいい, 立木のない, 開けた **6.** 無地の, 裸の, 飾り(気)のない, 単純な, 素朴な **7.** 欠点のない, 非のうちどころのない,

pūs 642

正確な **8.**（法律）無条件の，絶対的な toga pura 純白のトガ pura parma 紋章の飾りのない盾 familia pura 忌明けの家族 sceleris (9c8) purus 罪けがれのない（人）purum est vitio (9f17) tibi cor あなたは悪徳とは無縁の心を持っている

pūs *n.* pūris *3* §29 **1.**うみ，膿汁 **2.**胆汁，恨みつらみ，遺恨，憤怒

pusillus *a.1.2* pusill-a, -um §50 （比）pusillior **1.**（量・大きさ・広さ・程度）ごく小さい，ほんの少し，ちっぽけな，僅少の，極小の，微細な **2.**価値の少ない，つまらない，些細な，とるに取らない **3.**心の狭い，狭量な，けちな，さもしい，小心な，気の弱い （名）**pusillum** *n.* pusillī *2* §13 微量 （副）**pusillum** (9e13) ごく僅か，ちょっと

pūsiō *m.* pūsiōnis *3* §28 ［*cf.* puer］ 小さな男の子

pūs(s)ula (pustula) *f.* pūsulae (pustulae) *1* §11 水疱(疹)，水ぶくれ，吹出物，にきび，まめ

puta 副 ［putō の命］（対または不，不句を伴って，議論の仮定を導入する）…を想像してみろ，…と考えてみよ →（挿入句的に）たとえば，もしかりに puta me velle negare : licet? 私が言いたくないと思っていると想像してごらんなさい，それが許されますか 'Quinte' puta, aut 'Publi'. たとえば「クィントゥスよ」と（呼びかける），あるいは「プーブリウスよ」と

putāmen *n.* putāminis *3* §28 ［putō］（切り捨てられるもの）堅い外皮，殻(から)，さや，(かめの)甲

puteal *n.* puteālis *3* §26 ［puteus］ **1.**井戸の縁石(井桁) **2.**境界標（縁石・井桁）で囲まれた聖なる落雷箇所，特に民会場の中の puteal Libonis (または Scribonianum)は有名，その周辺に金貸し業者がたむろしていた （形）**puteālis** *a.3* puteāle §54 井戸の

pūteō *2* pūtēre, pūtuī, —— §108 ［pūs］ **1.**化膿する，くさる，腐敗する，朽ちる，かびる，さびる，枯れる **2.**くさい（くさった）臭いがする，くさい

puter (putris) *a.3* putris, putre §54 ［pūs］ **1.**化膿した，くさった，腐敗した，熟しすぎた，かびの生えた，悪臭を放っている **2.**老朽した，くちはてた，崩れかかっている，砕けやすい，枯れた，衰微した，風化した **3.**憔悴した，なえた，しなびた，ゆるんだ，無気力な，衰弱した fanum putre 崩れかかっている神殿 in venerem putris 情欲のためにやつれはてた（人）mammae putres しなびた乳房

pūtēscō *3* pūtēscere, (pūtuī), —— §109 ［pūteō］ **1.**くさり始める，さび(かび)始める，枯れ(朽ち)始める，悪くなる **2.**よどみだす，臭くなる

puteus *m.* puteī *2* §13 **1.**井戸，泉，天水桶 **2.**鉱山の竪坑 **3.**地下牢，穴，墓穴 miserum est opus demum fodere (117.1) puteum, ubi sitis fauces tenet のどがかわいてから，やっと井戸を掘るなんて骨折り損だね

pūtidē 副 ［pūtidus §67(1)］ 言葉・発音を不快なほど気どって，てらって，物知り顔に

pūtidus *a.1.2* pūtid-a, -um §50 ［pūteō］（比）putidior （最）putidissimus **1.**くさった，くさい，かびくさい，悪い，きたない **2.**枯れた，朽ちた，しぼんだ，たるんだ **3.**老いぼれた，疲れ果てた，混乱した，堕落した **4.**いとわしい，いやな，気にくわない **5.**（修）気取った，てらった，飾りすぎた，大げさな putidius cerebrum いっそうくさった脳味噌 vereor ne putidum sit scribere (117.1) ad te あなたへの文章をきどってはいないかと私は心配している

putō *1* putāre, putāvī, putātum §106 ［putus］ **1.**きちんと整理する，きれいに（清潔に）する，(羊毛を)洗う，精錬する，純金にする，枝・葉を剪定する，刈り込む **2.**計算する，評価する，見積もる **3.**考える，熟慮する，吟味する，思う，信ずる，想像する quos pro nihilo putavit 彼が少しも重んじていなかったその人ら ultra quam licet sperare nefas (9e3) putando (119.3) 許されている以上のものを希望することは，神々の掟に反すると考えることによって putare deos esse (117.5)

神々の存在を信じること puta aliquem (9e11) patrem suum occidere ある人が自分の父親を殺すことを想像してみろ sapientia (9f12) omnes res humanae tenues putantur (117.6) すべての人間事象は, 英智からは無意味であると評価されるのだ

pūtor *m.* pūtōris *3* §26 [pūteō] 腐敗, 腐爛, 悪臭

putrefaciō (**-rē-** ?) *3b* putre-facere, -fēcī, -factum §110 [putreō, faciō §173] **1.** 腐敗させる, 腐らせる, 朽ちさせる, 化膿させる, 衰えさせる **2.** こなごなにする, 砕く, 分解させる

putrēscō *3* putrēscere, ——, —— §109 [putreō「くさっている」] **1.** くさる, 腐敗する, 腐爛する, 悪臭を放つ **2.** 朽ちる, 枯れる, くずれる, 悪くなる, 衰える **3.** うむ, 化膿する

putridus *a.1.2* putrid-a, -um §50 [putris = puter] くさった, くさい, 悪くなった, 朽ちた, 枯れた, もろい, 衰えた, しなびた, きたない dentes putridi 虫歯

putris → puter

putus *a.1.2* put-a, -um §50 (最) putissimus **1.** (普通 purus (ac) putus として用いられる)全く純粋の, 混じりけのない, まぎれもない, 生粋の, 全くの, 本当の **2.** 極めて卓越した, 輝かしい purus putus hic sucophanta(e)st こいつは正真正銘の詐欺師だ

Pygmaeī *m.pl.* Pygmaeōrum *2* §13 アフリカの伝説的な矮小民族 (形)**Pygmaeus** *a.1.2* Pygmae-a, -um §50 Pygmaei 人の

Pygmaliōn *m.* Pygmaliōnis (-ōnos) *3* §41.8b (神)**1.** Cyprus 島の王 自分の作った象牙の女像に恋をした, のち Venus がその像に命を与えた **2.** Tyros の王 Dido の兄弟

Pyladēs *m.* Pyladis *3* §42.1 Orestes の親友

Pylae *f.pl.* Pylārum *1* §11 < πύλη **1.** ギリシアや小アジアの(山と山, 海と山の間の)隘路, 峠道, 山道 **2.** =

Thermopylae (形)**Pylaicus** *a.1.2* Pylaic-a, -um §50 Thermopylae の

Pylos (**-us**) *f.* Pylī *2* §13 Messenia の町 Nestor の生地 (形)**Pylius** *a.1.2* Pyli-a, -um §50 **1.** Pylos の **2.** Nestor の

pyra *f.* pyrae *1* §11 < πυρά 火葬用のたきぎ(まき)の山(堆積)

pȳramis *f.* pȳramidis *3* §41.6a < πυραμίς **1.** ピラミッド **2.** 角錐(状のもの)

Pȳramus *m.* Pȳramī *2* §13 Thisbe の恋人 Ovidius の 'Metamorphoses' の中で有名な悲恋物語の主人公

Pȳrēnē *f.* Pȳrēnēs *1* §37 Pyrene (ピレネー)山脈 (形)**Pȳrēnaeus** *a.1.2* Pȳrēnae-a, -um §50 Pyrene の

pyrōpus (**-pum** ?) *n.* ? pyrōpī *2* §13 < πυρωπός **1.** 金(1/4)と銅(3/4)の合金 **2.** 赤色ざくろ石(?)

Pyrrha *f.* Pyrrhae *1* §11 (神) Deucalion の妻

Pyrr(h)us *m.* Pyrr(h)ī *2* §13 **1.** Achilles の子 Neoptolemus の別名 **2.** ローマと戦った(280-274 B.C.)Epirus の王

Pȳthagorās (**-ā**) *m.* Pȳthagorae *1* §37 ギリシアの前6世紀の有名な哲学者 (形)**Pȳthagorēus** *a.1.2* Pȳthagorē-a, -um §50 Pythagoras (学派)の

Pythō *f.* Pythūs *3* §41.10b Delphi の古名 (形)**Pythicus** = **Pythius** *a.1.2* Pythic-a, -um = Pythi-a, -um §50 Pytho の, Delphi の (名)**Pythia** *f.* Pythiae *1* §11 Apollo の巫女 **Pythia** *n.pl.* Pythiōrum *2* §13 **1.** Apollo 讃歌 **2.** Pythia 競技祭, (Apollo に捧げられて)Delphi で4年毎に催される競技

Pȳthōn *m.* Pȳthōnis (-ōnos) *3* §41.8b (神)Apollo に殺された Delphi (デルポイの)大蛇

pyxis (**puxis**) *f.* pyxidis *3* §41.6a < πυξίς (薬や化粧品・貴重品などを入れる)手箱, 小箱

Q

Q, q §1 略記として **1.** = Quīntus **2.** = quaestor **3.** = -que, SPQR = senātus populusque Rōmānus **4.** = Quirītēs

quā 副 [qui の *f.abl. sc.* qua via, qua parte] §70 **1.** (疑副)どの道を通って, どんな方法で, いかにして, どのようにして, どこへ illuc qua veniamus? 我々はどこを通ってあそこへ行くべきか **2.** (関副)その道を通って, その方向で, そこまで, どこまでも, である限り qua … qua 一方では, 他方では, どちらでも eadem, qua ceteri, fugere (114.4) 彼らは他の者が逃げたと同じ道を通って逃げた qua terra patet, fera regnat Erinys 大地がひろがっている限り, 野蛮なエリニュスが支配している qua plebis qua patrum eximia virtus fuit 民衆の勇気も貴族の勇気も目立った **3.** (不定詞) どこかあるところで, どんな道からでも, なんらかの方法で, なんとかして, もしかして, 万一 neglegens, ne qua populus laboret 民衆がひょっとして苦労しているのではないかと心配するのはやめて

quācumque (**-cunque**) 関副 [*sc.* viā] **1.** どんな道を通っても, どこへ…であろうと, …するところではどこでも, **2.** どんな方法によるとも, どんなに…しても

quādamtenus 副 ある程度まで, いくらか, 多少

quadra *f.* quadrae *1* §11 [quadrus] **1.** 丸いパン(菓子)の四分円, 分け前, 一切れ **2.** 四角(形), 正方形 aliena vivere quadra (9f11) 他人の一切れのパンで生きること(食客の生き方)

quadrāgēnī 数 quadrāgēn-ae, -a §§50, 101 40 ずつ

quadrāgē(n)simus 数 quadrāgē-sim-a, -um §§50, 101 第 40 の

quadrāgintā 数 §101 40

quadrāns *m.* quadrantis *3* §58 [quadrō の現分] **1.** 4 分の 1 **2.** 4 分の 1 アス(公衆浴場の入場料金) **3.** 4 分の 1 ポンド heres ex quadrante 遺産の 4 分の 1 の相続者

quadrantārius *a.1.2* quadrantā-ri-a, -um §50 [quadrāns] **1.** 4 分の 1 の **2.** 4 分の 1

quadrātum *n.* -tī, *2* §13 **1.** 四角形, 正方形 **2.** (天)矩(〝), 月の弦

quadrātus *a.1.2* quadrāt-a, -um §50 [quadrō の完分] 正方形の, 四角の, 方陣隊形の

quadrīduum *n.* quadrīduī *2* §13 [quattuor, diēs] 4 日間 (in) quadriduo 4 日以内に

quadriennium *n.* quadrienniī *2* §13 [*cf.* biennium] 4 年間

quadrifāriam 副 [*cf.* bifāriam] 4 つの部分に, 4 つの方法で, 4 つの所に, 4 つの群に

quadrifidus *a.1.2* quadri-fida, -fidum §50 4 つに分割された, 裂けた

quadrīgae *f.pl.* quadrīgarum *1* §11 [quattuor, jugum] **1.** 軛に一緒につながれた四頭の牛, 馬 **2.** 競走用二輪戦車をつないだ四頭立ての馬 **3.** 四頭立ての馬に曳かれた二輪戦車 **4.** 二輪戦車, 迅速な馬車 navibus atque quadrigis petimus bene vivere (117.2) 我々は船や二輪戦車を使って(海や陸をかけめぐって), 幸福に暮らせるところをさがし求める

quadrīgārius *a.1.2* quadrīgāri-a, -um §50 [quadrīgae] 四頭立て二輪戦車の

quadrīgārius *m. 2* §13 二輪戦車の御者

quadrīgātus *a.1.2* quadrīgāt-a, -um §50 [quadrīgae] 四頭立て二輪戦車の像を刻印した(貨幣)

quadrijugus *a.1.2* quadrijug-a, -um §50 = **quadrijugis** *a.3* -juge §54 四頭立ての

quadrīmus *a.1.2* quadrīm-a, -um §50 4歳の, 4年経った

quadringēnārius *a.1.2* quadringē-nāri-a, -um §50 400人からなる

quadringēnī 数 quadringēn-ae, -a §101 400ずつ

quadringentēsimus *a.1.2* -sima, -simum §§50, 101 第400の, 400番目の

quadringentī 数 quadringent-ae, -a §§50, 101 400

quadringentiē(n)s 数 副 §101 400倍

quadrīpertītus *a.1.2* -ta, -tum §50 4つに分けられた

quadripēs → quadrupēs

quadrirēmis *f.* quadri-rēmis 3 §19 四段櫂船

quadrivium *n.* quadriviī 2 §13 十字路, 四つ辻

quadrō *1* quadrāre, -rāvī, -rātum §106 **1.** (他)四角(方形)にする, 4倍にする **2.** 完全にする, 仕上げる, 適当に整える **3.** (自)四角になる, 合致する, 似合う

quadrupedāns (**quadri-**) quadru-pedantis *a.3* §58 駆け足の馬の如く動いている (名)*m.* 3 §24 馬

quadrupēs (**quadri-**) *a.3* quadru-pedis §55 四本足の, 四本足で動く (名)*c.* 3 §21 四足獣, 家畜, 馬

quadruplātor *m.* -plātōris 3 §26 **1.** 4倍にする人, ふやす人, 誇張する人 **2.** 職業的告発者(告発した人の財産又は罰金の4分の1を受け取るので. 異説あり)

quadruplex *a.3* quadru-plicis §55 *cf.* duplex 4倍の, 4つ一組の, 4つの部分(面)をもつ

quadruplum *n.* -plī 2 §13 4倍, 4倍の金額

quae → quī, quis

quaeritō *1* quaeritāre, -tāvī, -tātum §106 [quaerō] **1.** 熱心にさがす, さがし続ける **2.** 熱心に尋ねる, 求める **3.** 手に入れようとする

quaerō *3* quaerere, quaesīvī (siī), -sītum §109 [quaesō] **1.** 探がし求める, 見つけようとする, 手に入れようとする **2.** 努力する, 志す, 目指す, 結果手に入れる **3.** 空しく求める, いないのを淋しく思う, なつかしがる **4.** 聞く, 要求する, 知らんとして尋ねる, 尋問する, 審理する, 調査する, 探求する (さまざまの構文) te ipsum quaerebam さっきからお前こそ私はさがしていたのだ armis gloriam ～ 武器で名誉を求める ratio perficiendi (119.2) quaerebatur 遂行する方法が探し求められた quaerens (118.4) generosius perire (117.4) (彼は)いっそう気高く死ぬことを志して cum ex captivis (ab his) Caesar quaereret, quis esset (116.10) カエサルは捕虜たちに(彼らに)奴は誰かと尋ねたとき dum de patris morte quaereretur 父親殺しの件について審理がなされていたとき quaerit (歴史的現) ex iis, quot quisque nautas habuerit (116.10, 時称の関連で完) 彼は彼らに尋ねた, 各人どれだけの船員を持っているかと quaesito (9f18. 注) an Caesar venisset (116.10) カエサルがもう来たかと尋ねると si quaeris (もしあなたがさらに知りたければ)一切をぶちまけると, 本当を言うと quid quaeris? (あなたはこれ以上何を求めるのか)要するに, 早い話が

quaesītiō *f.* quaesītiōnis 3 §28 [quaerō] 尋問, 拷問

quaesītor *m.* quaesītōris 3 §26 [quaerō] **1.** 調査する人, 探究する人 **2.** 刑事法廷を司る人(法務官), 調査会委員

quaesītus *a.1.2* -sīta, -sītum §50 [quaerō の完分] (比)quaesitior (最)quaesitissimus **1.** 熟考した, 慎重な, 工夫された, 計画された, 予め考えられた **2.** 計画的な, 故意の, 周到な **3.** 凝(こ)っ

た, 念入りの, 洗練された, きどった （名）

quaesītum *n.* -sītī *2* §13 **1.** 問
い, 願い **2.** 得たもの, 収入, 利益

quaesīvī → quaerō

quaesō *3* quaesere, ──, ── （不
完 §162 の一つで次の変化形を持つのみ,
quaesō, quaesit, quaesumus, quaesere,
quaesitur） **1.** 得ようとする, 探し求める
2. 頼む, 要求する, 願う **3.** (挿入句とし
て命や接と共に)たのむ, お願いだ, どうか
よろしく deos quaeso ut istaec prohi-
beant (116.1) 神々がこれらを禁じられんこ
とを願う ubinam est, quaeso? 彼は一体
どこにいるのだ, (どうか言ってくれ)

quaestiō *f.* quaestiōnis *3* §28
[quaerō] **1.** 探求, 追求 **2.** 質問, 尋問,
審問, 拷問 **3.** 論争の主題, 問題 quaes-
tiones perpetuae 常設査問会, 常設陪
審 法 廷 quaestionem mortis (9c10)
paternae de servis habere 父親の殺害
について奴隷たちを拷問にかけ取り調べる
magna quaestio est それは重大な問題
だ

quaestor *m.* quaestōris *3* §26
[quaerō] 財務官

quaestōrium (*sc.* tentōrium) *n.*
-riī *2* §13 財務官天幕

quaestōrius *a.1.2* quaestōri-a, -um
§50 [quaestor] 財務官の, 財務官級
の adulescentes jam aetate (9f3)
quaestorii 財務官に選ばれる年齢に達し
た青年たち

quaestōrius *m.* -riī *2* §13 前
財務官, 財務官級の人

quaestuōsus *a.1.2* -ōsa, -ōsum
§50 [quaestus] (比)quaestuosior
(最)quaestuosissimus **1.** 利益のある,
有利な, もうけのある **2.** 貪欲な **3.** 金持ち
の

quaestūra *f.* quaestūrae *1* §11
[quaestor] 財務官職

quaestus *m.* quaestūs *4* §31
[quaerō] **1.** 入手, 取得, 儲け, 利益
2. 金をつくる方法, 商売, 職業 habere
quaestui (9d) rem publicam 公務を個
人の利益のために利用する Romae pecu-

niam in quaestu relinquere 投資で利
殖するための金をローマに残す corpore
(9f11) quaestum facere 体で稼ぐ

quālibet 副 [quilibet の *abl.*] **1.** 好
きなところへどこへでも, いたる所で **2.** 好
きなように, どんな方法でも, どうにかして

quālis *a.3* quāle §54 **1.** (疑問)い
かなる種類の, どのような性格の, どのよ
うな qualis esset (116.10) natura mon-
tis cognoscere その山の性状がどんなも
のかを知ること **2.** (関係)そのような種類
の, …のような, (talis を伴うこともある)
oratorem talem informabo, qualis
fortasse nemo fuit おそらくかつて存在し
なかったようなそのような(理想的な)雄弁
家を私は描いてみよう **3.** (間)なんたる
qualis patronus justitiae fuit 彼はなん
と素晴らしい正義の擁護者であったことか
qualis artifex pereo! なんと惜しい芸術
家が私と共にほろびることか(ネロ帝の最後
の言葉) **4.** (副)のように qualis maerens
philomela queritur fetus 夜鳴鶯(ウグ
イス)が雛(⅔)の死を悲しみなげいているかの
ように

quāliscumque *r.a.3* quāle-cumque
§54 **1.** どんな種類であろうと, どんな性
格であろうと **2.** なんでも, みんな, だれで
も皆 sin qualemcumque locum sequi-
mur, quae est domestica sede (9f6)
jucundior? たとい我々はどこへついて行こ
うと, わが家のある所より心地よいところが
あるか

quālitās *f.* quālitātis *3* §21
[quālis] **1.** 目立つ特質, 特徴 **2.** 本質,
天性, 性質 **3.** 動詞の法(直接法)

quāliter 副 [quālis] (関係)のように
(疑問)どのようにして

quālus *m.* quālī *2* §13 枝編み細
工のかご

quam 副 **1.** (疑問, 間)いかに, どれほ
ど, どの程度多く quam cupiunt laudari!
彼らはほめられることをどんなに欲している
か quam multis custodibus opus erit?
それはどれほど沢山の番人を必要とするこ
とか **2.** (関係)のように, tam を伴うことも
ある (eum) tam placidum quam ovem

reddo 奴をもと通り羊のような穏やかな人にしてみせる **3.** (最上級の前, possum を伴うときもある)できるだけ(沢山の, 早く) quam plurimos potest equites educit できるだけ沢山の騎兵を率いていく quam primum できるだけ早く, 直ちに **4.** (比較級や差異を示す語の後で)…よりも omnia sunt citius (68) facta quam dixi 私が言うより早くすべてがなされた tam magis, … quam magis …すればするほど…だ, あればあるほど(いっそう)…だ quam magis te in altum capessis, tam aestus te in portum refert あなたが沖の方へ進めば進むほど, 海の潮はあなたを港の方へ引き戻すのだ postero die quam illa erant あれらのことがあったその翌日に aliter quam ego velim (116.3) 私が欲しているより別なやり方で ultra quam satis est 充分以上に non tam generosus quam pecuniosus 彼は気前がよいというよりもむしろ金持なのだ

quamdiū (**quam diū**) 副 **1.** (疑問)どれくらい(長い間) **2.** (関係)…している限り, …だけの quamdiu tu voles あなたの好きなだけ長い間

quamlibet (**-lubet**) 副 **1.** 好きなだけどれだけ…しても, どんなに…であっても **2.** 思う存分に, 勝手に quamlibet parum sit それがどれほどわずかであっても

quamobrem (**quam ob rem**) 副 **1.** (疑問)いかなる理由から, なぜ **2.** (関係)なぜ…かという(理由), そのために…する **3.** それ故に, そういうわけで rogo quam ob rem retineat me 彼がなぜ私をおしとめているのか, そのわけを言ってくれ multae sunt causae, quamobrem cupio 私が欲する理由は沢山ある

quamplūrimus *a.1.2* -plūrim-a, -um §50 非常に多くの

quamprīmum → quam 3

quamquam *j.* **1.** (直と)であるが, だが, にも拘わらず Romani, quamquam fessi erant ローマ人は疲れていたけれども **2.** (接と)たとい…でも, とはいえ(= quamvis) quamquam procul a patria pugnarent (116.5) 彼らは祖国から遠く離

れて戦っていたとはいえ quamquam expetenda (147) それらは求められるに価するとはいえ **3.** (副)だがしかし, けれども quamquam o! けれども, ああ！

quamvīs 関副, *j.* 〔quam, vīs (volō)〕 **1.** あなた方は好きなだけ, 好きなように **2.** たといどうであれ, …としても **3.** どんなに…でも, どれほど…であっても(接と) **4.** (その事実)にもかかわらず, だが(直と) stultitiam accusare quamvis copiose licet 愚劣さは好きなだけ(どんなに)沢山告発してもゆるされる quamvis dura, tamen rara fuit 彼女はつれない女だったが, それにしても類い稀な女だった avari indigent, quamvis divites sint (116.5) 貪欲な人はたとい金持ちであっても欠乏している quamvis pauci adire audent 彼らはたとい小勢でも勇敢に近づいてくる

quānam 副 (一体)どの道を通って, どんなやり方で, どうして

quandō (**-dǒ**?) 副 **1.** (疑問)いつ, 何時 **2.** (不定)いつか, いつでも, かつて(si, nisi, ne などの後で) **3.** (時)…のとき **4.** (理由)…なので, …から判断すると quando ego te aspiciam? 私はいつお前を見ることか quod si quando accidit そのことがいつか起こったら duc me ad eam, quando huc veni 私がここに来たのだから, 彼女の所へ連れて行け

quandōcumque (**-cunque**) 副 〔quandō, cumque〕 **1.** (関係)…するときはいつでも **2.** (不定)いつか, 適当な折りに quandocumque trahunt invisa negotia Romam いやな用事が(私を)ローマへむりやり連れて行くときはいつでも quandocumque mihi poenas dabis あなたはいつか私から罰を受けるでしょう

quandōque 副 **1.** いつかあるとき **2.** 時々 **3.** …のときはいつでも **4.** …なので indignor, quandoque bonus dormitat Homerus 立派なホメーロスが居眠りをしているときは, 私はいつでも腹を立てる et tu, Galba, quandoque degustabis imperium お前も又, ガルバよ, いつか帝権をほんの少し体験することであろう

quandōquidem *j.* じっさい…なので,

どうせ…だから

quanquam → quamquam

quantō 副 ［quantus の *n.abl. cf.* 9f19］ **1.**（疑問・感嘆）どれほど，いくら，どんなに（比と共に，比がない場合も比の意味を含む）**2.**（関係）tanto（tantum）＋比，quanto＋比，…すればするほど，あればあるほど，一層，益々…である，（tanto を使わないときも同意を含む）vides quanto haec diligentius（68）curem（116.10）私がどんなに用意周到にこれらの配慮をしているかおわかりでしょう quanto levior est acclamatio! 喝采がなんと一層少なかったことか quanto quis clarior, minus fidus 人は誰でも地位が高くなるほど，いっそう信頼できなくなる

quantopere, quantō opere 副 （原義 どれほど大きな骨折りでもって）いかに大きく，どれほど多く dici non potest, quanto opere gaudeant（116.10）彼らがどれほどひどく喜んでいるか言いあらわせない

quantulus *a.1.2* quantul-a, -um §50 ［quantus の小］ いかに小さい，いかに少ない，（疑問，感嘆文で）quantulus sol nobis videtur! 太陽はいかに小さく我々に見えることか

quantuluscumque （関係形） *a.1.2* quantulacumque, quantulumcumque ［quantulus＋cumque］ どんなに小さくても，どんなに少なくても quantulumcumque dicebamus 我々の弁舌の才能がどんなに小さかったとしても

quantum *n.* quantī *2* §13 ［quantus］ **1.**（疑問）（感嘆）どれほどの量, 総計 **2.**（属）どれほど高い値段で（9c7）**3.**（関係）（tantum を伴うこともある）である限り，ほどのもの quantum terroris（9c4）injecit! それがどんなに大きな恐怖をひきおこしたことか vide quanti（9c7）apud me sis（116.10）あなたは私によってどれほど高く評価されているかわかってくれ tantum pecuniae（9c4）, quantum satis 充分であるだけそれほど沢山の金（充分なほど沢山の金）

quantum 副 ［quantus］ **1.**（疑問，感嘆）どれほど沢山，どれだけ大きく，なんとまあ，いかに多く，大きく **2.**（関係）…である限り，…の限りは **3.**（比較級と）あればあるほど（それだけ多く，大きく）vide quantum ego a te dissentiam 見よ，私の意見がお前のとどれほどひどく違っているかを quantum audio 私が聞いている限りでは tu, quantum potest, abi お前よ，できるだけ早くたち去れ quantum augebatur militum numerus, tanto majore pecunia opus erat 兵士の数が増えただけそれだけより大きな金額を必要とした

quantumvīs → quantusvīs

quantus *a.1.2* quant-a, -um §50 **1.**（疑問，感嘆）どれほど大きな，沢山の，大切な，なんと，いかにも大きな，沢山の **2.**（関係）tantus を伴って，…ほどそれほど大きい，多い quantum facinus ad vos delatum sit（116.10）, videtis どんなに恐ろしい罪があなた方の前に告発されたかおわかりであろう quantum adiit periculum! どんなに大きな危険に彼は直面したことか tantum bellum, quantum numquam fuit かつてなかったほどの大きな戦争 tanta est inter eos, quanta maxima potest esse, morum distantia 彼らの間にはありうる限り（考えられる限り）最大の性格の相違がある

quantuscumque *a.1.2* quanta-, quantum-cumque §50 たとい大きくても，多くても，どんなに小さくても，少なくても data（9f18）quanticumque quiete temporis（9c5）睡眠時間がどんなに少なくても，与えられたら

quantuslibet *a.1.2* quanta-, quantum-libet §50 ［2語となるときもある］ 好きなだけ大きい，どんなに大きくても，多くても quantolibet ordine（9f17）dignus どんなに高い地位にもふさわしい（彼）

quantusquantus *a.1.2* quanta-quanta, quantumquantum §50 （2語になることも） どんなに大きくても，多くても quanta quanta haec mea paupertas est この私の貧乏がどんなにひどくても

quantusvīs *a.1.2* quanta-vīs,

quantum-vīs §50 あなたが好きだけ多い，大きい，どんなに大きく（多く）あろうと，どんなに小さ（少な）かろうと quantasvis magnas copias (117.5) sustineri posse どんなに多勢であろうと抵抗できる（こと）

quāpropter 副 **1.** 何のために，なぜ **2.** それ故に，そのようなわけで

quāquā 関係副 ［quisquis の *abl.*］どこにでも…するところに，どこに…しても quagua tangit, omne amburit それがふれる所ではなにもかも焼く

quārē (quā rē) 副 ［quae rēs］ **1.** (疑問)なぜ，どうして，どのような理由から **2.** (関係)その理由から，そのために，それ故に quare victus sis, quaerere なぜお前は負けたか，その理由を探すこと res novae, qua re luxuria reprimeretur (116.2) そのため贅沢な風潮が抑圧されるべきだという新しい事情

quartānus *a.1.2* quartān-a, -um §50 ［quartus］ 4日目ごとに起こる （名） **quartāna** (*sc.* febris) *f.* 1 §11 4日熱 **quartānī** *m.pl.* -nōrum 2 §13 第四軍団の兵ら

quartārius *m.* quartāriī 2 §13 sextarius (§198) の 4 分の 1

quartō 副 ［quartus の *abl.*］ 4 度目に，第 4 に

quartus (quār- ?) 数 quart-a, -um §§50, 101 4番目の，4分の1の quarta pars copiarum 4分の1の軍勢 quartus pater 四代前の父，高祖父

quasi (-sī ?) *j.*, 副 **1.** (*j.*)あたかも…のように，ちょうど…のように(ita, perinde, sic などを伴うことが多い) **2.** (副)いわば，たとえば，さながら，幾分，(数の前で)約，およそ haec perinde loquor, quasi debuerim (116.9a) 私はこれらのことをあたかもそれが義務であったかの如く話している quasi parta iam victoria (9f18) すでに勝利がもたらされたかのように populus deligit magistratus quasi rei publicae vilicos 民衆は政務官をいわば国の管理者として選ぶのである praesidium quasi duum (100, 14 注 1) milium (99) 約 2 千の援軍

quasillum (-illus) *n.(m.)* 2 quasillī 2 §13 ［quālus の小］ 枝編み細工のかご，特に紡ぎ糸用の羊毛かご

quassātiō *f.* quassātiōnis 3 §28 ［quassō］ 強くふること，ゆすぶること，振動

quassō 1 quassāre, -sāvī, -sātum §106 ［quatiō］ **1.** (強く，くりかえして)ゆすぶる，ふる，振動させる **2.** 土台をゆすぶる，烈しく打つ，粉砕する **3.** 危うくする，苦しめる，乱す，弱らせる，損害を与える **4.** (自)ぐらつく，ふるえる hastam ～ 烈しく槍を振り回す turris diu quassata (118.4) prociderat 櫓は長い間ゆすぶられたあげくに倒れていた

quassus *a.1.2* -ssa, -ssum §50 ［quatiō の完分］ 打ちのめされた，こわされた，叩きつぶされた，こなごなにくだけた，震(ふる)えている

quātenus 副 **1.** (疑問)どれくらい遠く，どこまで，いつまで，どのくらい長い間 **2.** (関係)…まで，…である限り **3.** (理由)なので quatenus tuto possent (116.10), spectatum (120.1) ire どこまで安全に進むことができるかを偵察するために進むこと est quatenus amicitiae dari venia possit (116.10) 友情に対しどれほど譲歩できるかの限度がある

quater 数 §101 4度，4倍 ter et quater 3度も4度も，たびたび

quaternī 数 quatern-ae, -a §§50, 101 4つずつ，一度に4つ tribus lectis cenare quaternos 3つの食卓臥台で4人ずつが夕食をとること

quatiō *3b* quatere, ——, quassum §110 **1.** 振り動かす，ゆすぶる，振る，震動させる，ふるわせる **2.** 打つ，叩く，突く，打ち砕く，**3.** かき乱す，混乱させる，不安にする horror membra quatit 恐怖が肢体をふるわせる muros ariete ～ 城壁を破城槌で打ち砕く

quatriduum → quadriduum

quattuor 数 §§99, 101 4つ

quattuor-decim 数 §§99, 101 14 ～ ordines 劇場の最前列から第14列ま

quattuorvir　での座席, 騎士(階級の座)席

quattuorvir *m.* quattuor-virī *2*
§15　四人委員,(イ)イタリアの地方都市の最高の役人 (ロ)ローマの道路管理者(など)

-que *j.* **1.** そして(一語に添えて, これと次の語とを一つの概念でくくる) senatus populusque Romanus 元老院とローマ国民 terra marique 陸と海で **2.** そして(文と文を結ぶとき文頭の語に, それが前置詞のときその次の語に添える) oppidum deletum est, omniaque deportata その町は破壊され, すべてのものが持ち去られていた per vimque そして暴力により **3.** -que … -que …も…も noctesque diesque 夜も昼も **4.** -que … et (atque) …も…も, 両方とも, …のみならずまた seque et oppidum tradat 彼は自分のみならず町をも渡す **5.** しかし, あるいは uxores deni duodenique 妻が 10 人か 12 人ずつで

quem ad modum
(= **quemadmodum**)　副 **1.** (疑問, 感嘆)どのような方法で, どうして **2.** (関係)…のように, そのように, ちょうど…と同様(sic, ita などを伴う) haec, quem ad modum exposui, ita gesta sunt これらのことは, 今私が述べたように起ったのである

queō 不完　quīre, quīvī (quiī), quitum §162　できる(不を伴い否定で用いられることが多い) non queo reliqua scribere その後のことは書くことができない 'ut quimus', quando 'ut volumus' non licet 我々は望み通りできないときでも, できる限り望めるのだ(最後まで断念するな)

quercus *f.* quercūs *4* §§7 注, 31. 但し *gen.pl.* quercōrum **1.** カシワ **2.** カシワ材, その製品 **3.** カシワの葉冠 **4.** カシワの実(どんぐり)

querēla (**querella**) *f.* querēlae *1* §11 [queror] **1.** 悲嘆 **2.** 不平, 苦情, 訴え **3.** 哀調をおびた動物の鳴き声, 笛の音など **4.** 体の不調, 病気 querelae, quae apud me de illo habebantur 私の面前で彼について訴えられた不平の数々

queribundus *a.1.2* queribund-a, -um §50 [queror] なげいている, 苦情で一杯の

querimōnia *f.* querimōniae *1* §11 [queror] **1.** 悲嘆, 不平, 抗議 **2.** 不平の状況, 理由

quernus (**querneus**) *a.1.2* quern-a, -um [quercus] §50 **1.** カシワの **2.** カシワの材や葉からなる, できた

queror *dep.3* querī, questus sum §§123(3), 125 **1.** 苦情, 不平を訴える, 嘆き悲しむ **2.** (生物が)鳴く, 啼く, 嘆く suum fatum ～ 自分の運命を嘆く tecum ～ お前に文句を言う Haedui veniebant questum (120.2) quod Harudes fines eorum popularentur (116.12) ハエドゥイー族が苦情を訴えるためにやってきた「ハルーデース族が自分らの領地を荒らしている」と queri de Milone per vim expulso 暴力によって追放されたミローについて抗議を申し立てること dulce queruntur aves 小鳥が楽しそうに鳴いている

querquētum *n.* querquētī *2* §13 [quercus] カシワの林

querulus *a.1.2* querul-a, -um §50 [queror] **1.** 苦情, 抗議で一杯の **2.** 哀れな, 物悲しい鳴き声や音色をだしている

questus *m.* questūs *4* §31 [queror] **1.** 不平, 抗議 **2.** 悲嘆, 呻き声 **3.** 哀調をおびた鳴き声

quī[1] 関代　quae, quod §82 **A.** する所の人, もの quem di diligunt, adolescens moritur 神々から愛されるものは若死にをする quod ego fui, id tu hodie es かつて私(であったもの)が, 今日のお前なのだ **B.** 先行詞と関代との文法上の関係 **1.** 先行詞の省略 : facite (id) quod jubet 彼の命じていることをお前たちはやれ sapienter cogitant (ei), qui temporibus secundis (9f2) casus adversos reformidant 順境にあって逆境を恐れる人は思慮分別のある人だ **2.** 先行詞が関係文の中に : qua nocte Alexander natus est, eadem Dianae templum deflagravit アレクサンデルが生まれたと同じ夜にディアナ神殿が炎上した loci natura erat haec, quem locum nostri castris delegerant 我が軍が陣営のために選んでいたその土地の性状は次のようなものであった **3.** 性の不一致：ubi est scelus (*n.*) qui (*m.*) me perdidit? 私を亡ぼした悪（人）はどこにいるか **4.** 牽引(attraction)：urbem (urbs), quam statuo, vestra est 私が今建てている町はお前らのものだ animal, quem (quod) vocamus hominem 我々が人間と呼んでいる動物 **C.** 接続法と(*cf.* 116.5, 6, 7, 8) **1.** 理由文：miseret tui (9c11) me, qui hominem facias inimicum tibi (9d13) お前を憐れむ，私を敵にしているのだから **2.** 目的文：equitatum, qui sustineret hostium impetum, misit 彼は敵の攻撃を喰い止めるために騎兵隊を送った **3.** 譲歩文：cur tibi invideam, qui omnibus rebus (9f16) abundem? 私はあらゆるもので満ち溢れているのになぜお前が羨ましいのか **4.** 傾向・可能・結果文：sapientia est una, quae maestitiam pellat ex animis 精神から悲哀を追い払ってくれる(ような)ものは唯一，智慧のみだ indignus es, cui (9d) fidem habeamus お前は我々が信頼し得る人物ではない neque tu is es, qui nescias あなたは(それを)知らないような人ではない sunt qui mirentur 不思議に思うような人が(幾人か)いる

quī[2] 疑形 quae, quod §§83 注 2, 82 **1.** どんな，どの，どのような種類の quod mare? どの海か scio qui sit reipublicae status どんな国情であるか私は知っている **2.** 稀に疑代(83)の代わりに．誰，何か nescimus qui sis お前が誰なのか私は知らない

quī[3] 不形 quae (quae は 稀), quod §§87 注, 82 **1.** だれか，だれでも，どれか，どれでも，なにか(si, nisi, ne, num などの後で多く用いられる) cave ne qua amicorum discidia fiant (116.2) 友の間にいかなる仲たがいも起こらないように気をつけよ **2.** 稀に不代(87)の代わりに．si qui graviore vulnere accepto (9f18) equo deciderat もし誰かがさらに深い傷を負って馬から落ちていたならば

quī[4] 副 [quis の古 *abl.*] **1.** (疑問)何によって，どうして，どのようにして，どの点で，どれだけの値段で(= quanti?) quaero qui scias どうしてお前が知っているのかと私は尋ねているのだ **2.** (関係)それによって，そのために non armis opus est, qui sua tutentur (116.6) 彼らは自分の財産を守るための武器を必要としない **3.** (不定)なんとかして，どうにかして **4.** (呪い)どうかして…であらんことを qui illi (9d13) di irati! 神々がどうかして奴に怒ってくださるように

quia *j.* (理由文を導く)…であるから **1.** eo, ideo, idcirco などが主文で先行することがある quia mutari natura non potest, idcirco verae amicitiae sempiternae sunt 性質は変えられないが故に本当の友情は不変である **2.** (接続法は仮定あるいは他人の考えを示す) reprehendis me, quia defendam (116.12) 私が弁護すると言ってあなたは私を責める *cf.* quod.7.

quībam, quībo → queō

quīcum (古)= quōcum = cum quō → quī[1]

quīcumque 関代(形) quae-c., quodc. §82 …する人は誰でも，みんな，だれが…しても，…するものは何でも，みな，すべて quoscumque de te queri audivi, quacumque potui ratione placavi お前のことで不平をこぼしている人があるとみんな聞いてやり，彼らの気持ちを，私にできたあらゆる方法でなだめてやった quem sors dierum (9c4) cunque dabit, lucro (9d4) appone 運命が与えるであろう日はどんな日でもみなもうけと考えよ(このように qui と cunque が離れること(tmesis という)がある)

quīcunque = quīcumque

quid 副 [quis の *n.acc.* §9e13] なぜ，何故に，どうして quid ita? それは何故か quid multa, quid plura? なぜこれ以上，手短に言うと

quīdam 不代(形) quae-dam, quiddam §89 (名)誰か，ある人，なにか，あるもの (形)いくつかの，いく人かの quosdam dies (9e8) Romae commorari いく日か

ローマに滞在する est quiddam nobis inter nos commune 我々の間には共通する何かがある

quidem 副 **1.** たしかに，じっさい，全く，もちろん(強調する語の後) **2.** 少なくとも，ともかく **3.** なるほど…だが，しかし，それでも **4.** たとえば，じじつ cum omnes fugiebant, tu quidem fortiter resistebas みんな逃げていたとき，お前はたしかに勇敢に抵抗していた

quidnam → quisnam

quidnī (**quid nī**) 副 〔quid = quis¹ の n.+nī〕(接と共に)なぜいけないのか，いいではないか quidni doleam? なぜ悲しんではいけないのか(悲しんで当然ではないか) quid ego ni fleam? (tmesis) この私がどうして泣かないでおれましょうか

quidquid → quisquis

quiēns → queō

quiesse = **quiēvisse** §114 注.3

quiēs f. quiētis 3 §21 **1.** 休息，休止 **2.** 静寂，落ち着き，平静 **3.** 眠り，永眠 **4.** 平穏，平和，(政治的)中立 ex labore se quieti dare 労働のあと休息する

quiēscō 3 quiēscere, quiēvī, quiētum §109 〔quiēs〕(完了形で母音縮約 §114.3 quiesse = quievisse, quierunt = quieverunt, quieram = quieveram) **1.** 寝て休む，休息する **2.** 永眠する **3.** うごかない，静止している，だまっている **4.** 乱されない，安静，平和，中立を保つ，静かにしている，政界から隠退する ager multos annos (9e8) quievit その畑は長年耕作されていなかった felicius ossa quiescant (116.1) 遺骸がいっそう幸福にねむらんことを nec cogitandi nec quiescendi (119.2) in urbe locus est pauperi 貧乏人には都で思索したり休息したりする暇はない

quiēram, quiērunt → quiēscō

quiētē 副 §67(1) (比)quietius (最)quietissime 静かに，平和に

quiētus a.1.2 quiēt-a, -um §50 〔quiēscō の完分〕(比)quietior (最)quietissimus **1.** 休息している，動かな

いでいる **2.** 静かな，穏やかな，平和な **3.** 落ち着いた，平静な **4.** 閑暇な，隠居の，中立の

quiēvī → quiēscō

quīlibet 不代(形) quaelibet, quidlibet §92 好きなもの(人)はなんでも，誰でも，なんでもかまわないその人の，そのものの quemlibet sequere (136) 誰でもいい，そのもののあとを追え do nomen quodlibet illi 彼女にどんな名前でもつけてやる

quīn 副 j. 〔quī⁴, ne〕 **1.** (疑問)なぜ…でないのか(催促，命令の意味で) quin accipis? なぜ受け取らないのか quin me aspice さあ私を見よ **2.** (肯定を強調)むしろ，全く，その上に，いやそれどころか，etiam, contra, potius を伴うことが多い multum scribo die, quin etiam noctibus 昼に，いや夜にすら沢山(の手紙を)書いている **3.** (主文の主語が否定されているとき接続法) (cf. 116.8) と.=qui non, quae non, quod non)でない(ような)人，もの，そんな人，そんなものは nemo est, quin sciat それを知らない(ような)ものは一人もいない nihil est, quin male narrando (119.5) depravari possit 下手な弁舌によって歪曲されないようなものは一つもない nulla pictura fuit quin inspexerit 彼が調査しなかった絵は一つもなかった **4.** (主文の述語が否定されているとき，接続法と)…することなし，…なしでは numquam accedo, quin abs te abeam doctior あなたのもとから以前より博学になって立ち去ることなしには，あなたの所にいくことは決してない **5.** (主文で阻止，抵抗，反対，拒否，懐疑の意味を持つ動詞が否定されているときは quin の否定の意味は失われる) quin loquar numqam ullo modo me potes deterrere 私が話すのをじゃましようって，あなたには金輪際できませんよ non possumus, quin alii a nobis dissentiant, recusare 他人が我々と意見を異にするのを拒否できない **6.** 次のような慣用的な表現も見られる non multum afuit (abest) quin Ismenias ab exulibus interficeretur イ

スメーニアースは追放者たちによってあやうく殺されるところであった non possum facere quin verbis tuis fidem habeam あなたの発言を信頼しないではおれない

quīnam 疑 quae-nam, quod-nam §83 注 1 いったい，どの，どちらの，何の，なんという，どんな種類の quonam in loco sunt fortunae meae? 我が運命はいったいどういう状況にあるのか

Quīnctius (**Quīntius**) *a.1.2* Quīncti-a, -um §50 **1.** ローマの氏族名 **2.** gens Quinctia の構成員 **3.** Quinctius Cincinnātus 独裁官 (458 B.C.) **4.** T. Quinctius Flamininus 執政官 (198 B.C.)

quīncūnx *m.* quīnc-ūncis *3* §21 [quīnque, ūncia] **1.** 12 分の 5 **2.** 5% (利息) **3.** さいころの 5 つの目の如き図形

quīndeciē(n)s 数 §101 15 度, 15 倍

quīndecim 数 §§100, 101 15

quīndecimvirī *m.pl.* -virōrum *2* §15 **1.** 十五人委員会 **2.** 十五人神官団 (sacris faciundis (121.3. 与) シビュッラ予言書保管委員会)

quīndēnī = quīnī dēnī §101 15 ずつ

quīngenī 数 §101 500 ずつ

quīngentī 数 quīngentae, -ta §§50, 101 500

quīnī 数 quīnae, -na §§50, 101 5 つずつ, 一度に 5 つ

quīnquāgēnī quīnquāgēn-ae, -a §§50, 101 50 ずつ, 一度に 50

quīnquāgiē(n)s 数 §101 50 度, 回, 倍

quīnquāgintā 数 §101 50

Quīnquātrūs *f.pl.* -truum *4* §31 = **Quīnquātria** *n.pl.* -trium *3* §20 ミネルウァ祭 (イ)mājōrēs, 大〜の祭日, 3 月 19 〜 23 日 (ロ)minōrēs, 小〜は 6 月 13 日が祭日

quīnque 数 §§99, 101 5(つ)

quīnquennālis *a.3* -nāle §54 [quīnquennis] **1.** 5 年ごとに催される **2.** 5 年間続く

quīnquennis *a.3* -enne §54 [quīnque,

annus] **1.** 5 年経った, 5 歳の **2.** 5 年ごとに行われる **3.** 5 年間続く

quīnquennium *n.* -ennīī *2* §13 5 年間

quīnquerēmis *a.3* -rēme §54 [quīnque＋rēmus] 櫂(かい)の五段の漕手(そぎ)座のある(軍船)(nāvis quīnquerēmis)

quīnquevir *m.* -virī *2* §15 五人委員

quīnquiē(n)s 数 §101 5 度, 5 倍 〜 sestertium 50 万セステルティウス

Quīnt- → Quīnct-

quīntānus *a.1.2* -tāna, -tānum §50 [quintus] 第 5 の (名)**quīntāna** (*sc.* via) *f. 1* §11 (陣営内の)第五道

Quīntiliānus *a.1.2* Quīntiliān-a, -um §50 **1.** ローマの氏族名 **2.** M.Fabius Quintilianus 有名な教育学者, 修辞学者(C.35-95)

Quīntīlis *a.3* Quīntīle §§54, 182 ローマ旧暦(179)の第五月, 新暦の 7 月

Quīntīlius (**Quīnct-**) *a.1.2* Quīntili-a, -um §50 **1.** ローマの氏族名 **2.** Quintilius Varus ゲルマニア戦で敗死 (A.D.9)

quīntum 副 5 度目に

quīntus *a.1.2* quīnta, quīntum §§50, 101 5 番目の, 第 5 の

Quīntus *m.* Quīntī *2* §13 ローマ人の個人名, 普通 Q. と略記される

quippe 副, *j.* **1.** (文頭で, 皮肉的に用いられる)なるほど, たしかに, 勿論 quippe vetor fatis なるほど私は運命に拒否されているのだ **2.** (文頭で, 理由, 説明文を導く *j.* や関代を伴うことが多い)なぜなら, というのも, …だから, たしかに…なので neque provinciam invitus dederat, quippe foedum hominum a re publica procul esse volebat しかし彼はいやいやながら(その男に)属州を与えていたのではない, というのもそのいやな男が政府から遠くにいることを欲したのだから convivia non inibat, quippe qui (*cf.* **qui**[1]. **c.**) ne in oppidum quidem veniret 彼は晩餐会に出席しなかった, 全く町そのものにも彼は来ていなかったのだから

quippinī 副 [quippe+nī] なぜいけないのか, いいではないか, 勿論だ *cf.* quidnī

quīre → queō

Quirīnālia *n.pl.* -nālium *3* §20 2月17日(祭日)に祝われるクゥイリーヌス(Quirinus)の祭

Quirīnālis *a.3* -nāle §53 **1.** クゥイリーヌス(Quirinus)の **2.** collis (mons) Quirinalis ローマの七つの丘の一つ **3.** porta ～ ローマの市門の一つ

Quirīnus *m.* Quirīnī *2* §13 Juppiter, Mars と共にローマで最も古い神の一つ, 死後神格化されたロームルスと同一視されている

Quirītēs *m.pl.* Quirītium (-tum) §25(ロ) = **Quirīs** *m.* Quirītis *3* §21 **1.** サビーニー人の町 Cures の住民, ローマ市民と融和したサビーニー人 *cf.* populus Romanus Quiritesque **2.** 平和時に民会などで呼びかけられた, 市民服を着たローマ市民の総称(呼称), それ故兵士に対しては蔑称となる **3.** (*sg.* Quirīs) ローマ市民 jus Quiritium ローマ市民権

quirītō *1.* quirītāre, ―, ― §106 [Quirītēs] **1.** 不法な行為に対して声高に抗議する, 公の席で叫ぶ, やじる **2.** 市民に訴える, 市民を呼ぶ, 助けを呼ぶ

quis[1] 疑代(形) quid §83 誰, 何, どの人, どんな人, どんなもの, どんなこと, どれ, どちら, どんな種類の quid mulieris (9c2) uxorem habes? どのような女を妻としているのか quis sim (116.10), ex eo quem ad te misi, cognosces 私がお前の所へ送ったその人から私が誰かわかるだろう quid? なんだって, 何, それでどうした

quis[2] 不代(形) qua, (quae), quid §§87, 88 だれか, あるひと, だれも, だれでも, 何か, あるもの, なんでも, あること dixerit quis 誰かが言うだろう *n.b.* si, nisi, ne, cum, num のあとでよく用いられる ne qua fiat injuria いかなる不正も起こらないように si quid accidat もし何かがおこったら

quīs → quibus の古 §82

quisnam 疑代(形) quae-nam, quid-nam §83 一体全体誰が, 何が exspectabam quinam testes dicerentur (116.10) 一体全体どんな証人の名が告げられるかと私は期待していた

quispiam 不代(形) quae-piam, quippiam (quidpiam) §91 だれも, だれか, だれでも, ある人, 何か, 何も, なんでも, あるもの, あること aliae quaepiam rationes なにか他の方法(は)

quisquam 不代 (quaequam), quidquam (quic-quam) §90 どの…でも, なんでも, だれでも, 誰か, 何か, いかなる人(もの)も(否定文か条件文又は修辞的疑問文で用いられることが多い) si quisquam est timidus, is ego sum もし誰か臆病なものがいるとすればそれは私だ quisquamne istuc negat? 一体誰がそのことを否定するだろうか nemo tale quidquam conabitur 誰もそんなことは一切試みないだろう

quisque 不代(形) quae-que, quid-que §85 おのおの, それぞれ, めいめい, 誰でも, だれもかれも, なんでも, なんでもかもみな, あらゆる mens cujusque is est quisque それぞれの精神こそ, それぞれ(の人格)である(精神が人だ) quo quisque est sollertior, hoc docet laboriosius 誰でも学芸に長ずれば長ずるほど教えることにそれだけ一層骨折ることになる(なお例文は§86 参照)

quisquiliae *f.pl.* -quiliārum *1* §11 残りもの, 廃物, くず, がらくた

quisquis 関代(形) quid-quid (quic-quid) §82 …する人は誰でも, …するものはなんでも, なんであろうと, なんでも, 誰であろうとみんな inepte, quisquis Minervam docet ミネルゥァに教え(ようとす)るものはみな愚か(に教えている)ものだ o deorum (9c4) quicquid in caelo おお天空にいますすべての神々よ

quīsse = quīvisse → queō (114.3)

quīvī → queō

quīvīs 不代(形) quae-vīs, quid-vīs (quod-vīs 形) §92 (あなたの好きな人は)誰でも, (ものは)なんでも, どんな人で

も，どのような，どんな，どれでも ad quamvis vim perferendam (121.3) どのような暴力にも耐えられるべく

quō 副, *j.* ［qui, quis の *abl.*］　**A.** (疑問) **1.** どこへ(70) **2.** どこまで，どの程度まで **3.** なんのため nescitis, quo amentiae progressi sitis (116.10) お前らはどの程度の狂気に達しているのかわからないのだ dixit, quo vellet aurum なんのため金を欲しているかを言った **B.** (関係)その方へ eo ibimus, quo jusseris(未完) われわれはお前の命じるところへ行く **C.** (不定)どこかある所へ，どうかして，なんとかして si quando Romam aliove quo mitterent legatos 彼らがいつかローマか他のどこかへ使者をおくるとき **D.** (*j.*) **1.** quo … eo (hoc) (比較級と)…であるほど…それほど，ますます，それだけ一層 quo quid rarius est, eo pluris (9c7) aestimatur なんでも稀なものであればあるほどそれだけ一層高く評価される **2.** (目的文で，接続法と，比較級を伴うときもある) それでもって…(一層)…であるように quo gravius homines ex commutatione rerum doleant (116.6) 人間どもが環境の変化でいっそうひどく苦しむようにと(神々が…) **3.** (理由文で，否定するとき，接続法と) non quo (=non quod) …からではなく，non quo parum confidam 私がほとんど信じていないからではなく neque eo nunc dico, quo quicquam illum senserim 私がなにかあのようなことを感じたから，いま(あのようなことを)申し上げるのではありません

quoad 副, *j.* ［quō, ad］　**1.** (疑問)いつまで，どこまで，どれだけ長い間，どれほど遠くまで videte, quoad fecerit iter どこまで彼が進んだかを考えて見よ quoad expectatis? お前らはいつまで待つのか **2.** (関係)…までの dies, quoad referret その日までに彼が持ち帰るべき日 **3.** (*j.*)…するまで，…する限り (接続法のとき気がかり，意図を示す) quoad longissime (possum) できる限り遠くまで Horatius impetum hostium sustinuit, quoad ceteri pontem interrumperent (116.6) ホラティウスは敵の攻撃に耐えた，他の者

が橋を切断してしまうまで

quōcirca 関副　(二語にもなる)　そのために，その結果，そこから

quōcumque (-cunque, -quomque) 関副　どこへでも，どこでも，どこにも

quod *j.* ［quī の中・対］　**1.** (先行文に言及して) quod si しかしもし，それでも，そしてもし quod si regum virtus in pace valeret (116.9) しかしもし王たちの美徳が平和の世に勢力を持っていたら **2.** に関する限り，ある限り quod sciam 私の知っている限り quod ad me adtinet 私に関する限り quod potero 私にできる限り **3.** (新しい文を導いて)…に関して(言うならば) de Messalla quod quaeris, quid scribam (116.10) nescio メッサラについてあなたが尋ねていることに関しては，私はなにを書いたものやら見当がつかない **4.** なぜ…かという理由，事実(を導入する) quod veni, eloquar 私がなぜ来たかその理由を申したい quid est quod laetus es? お前が喜んでいるのはなぜか nihil habeo quod accusem (116.8) senectutem 老年を非難する理由を私は全く持たない **5.** 先行する名詞，代名詞(eo, hoc など)の説明的同格文を導入する. …という事，理由 hoc unum in Alexandro vitupero, quod iracundus fuit 私がアレクサンデルについて非難するのは唯一，彼が短気だったということ ex hoc … quod, pro eo … quod …のために，故に，その理由から **6.** …という事実 (イ)(非人称動詞の)主語文として (168) accedit quod delectatur その上に彼は喜んでいる (ロ)目的文とし praetereo quod illam sibi domum delegit 彼がかってにあの家を選んだことは大目に見よう **7.** (理由文を導く)…が故に，のために，…だから (イ)(直説法は事実を伝える) Themistocles, quod liberius vivebat, parentibus minus erat probatus テミストクレースは余りに自由奔放に生きていたので両親には気に入られなかった (ロ)(接続法は仮定あるいは他人の考えを伝える *cf.* 116.12) laudat Africanum Panaetius, quod fuerit abstinens パナエティウスは「アフリカヌスが禁欲家だった」と言ってほめ

quoī 656

ている acta Caesaris servanda censeo, non quod probem, sed (quia) rationem pacis habendam arbitror 私はカエサルの法律は守られるべきだと提案する，私はそれを承認しているからではなく，平和の原則が保持されるべきだと考えているからである (ハ)理由文は eo, idcirco, ob eam causam, etc. (その故に)で先行されることがある fortissimi sunt propterea quod absunt 彼らは(文明から)離れているが故に最も勇敢である **8.** (時間文で)…のときから，…以来，…すると iam diu est quod victum non datis お前らが生活の糧を与えなくなってからすでに久しい statim quod audieram (114.3) 聞いて直ちに **9.** 知覚，伝達動詞の目的文として(不定法句の代わり) scio iam filius meus quod amet meretricem 私の息子がその売春婦を愛しているらしいことは私もとっくに知っている

quoī = cuī の古

quoiās = cūjās の古

quoius = cūjus の古

quōlibet 副 どこへでも好きな所へ，どこへでも

quom = cum²

quō minus [quominus と一語になることも] (1)(接続法と共に，妨害，阻止，反対, 拒否などの動詞のあと)…であることを non recusabo, quominus omnes mea scripta legant 皆が私の著作を読むことを拒否しない quid obstat, quominus sit beatus? 彼が幸福でいるのを何が邪魔するか (2)(主文が否定・肯定両文のあとで)あることが起るのをさまたげるために，起らないように，…し(で)ないのは quae (naves) vento tenebatur, quo minus in eundem portum venire possent それらの船は同じ港に入れないように，風によって足止めされていた quo minus dimicare vellet, Caesar movebatur カエサルは戦いたくないという気持に，動かされていた per me stetisse, quominus haec fierent nuptiae 「この結婚がだめになったのは，ぼくのせいであった」と

quōmodo 副 [quō modo と二語とな

ることも] (疑問・感嘆)どのようにして，どんな方法で，どれほど，なんと quomodo mortem filii tulit! 彼は息子の死をどんなに耐えたことか (関係)…のように，…と同様 quomodo … sic, (ita) …のようにそのように quomodo pessimus quisque, vitiis valebat 極悪な人間がすべてそうであるように，彼も悪徳によって勢力をほこっていた

quōnam 副 一体どこへ，何の目的で

quondam 副 **1.** 以前，あるとき，昔，かつて **2.** あるとき，いつか **3.** ときおり，時々

quoniam *j.* [quom = cum, jam] **1.** (時間)…した時，…のあとで，…するやいな **2.** (理由)…したので，したからに quoniam semel suscepi, succurram 一度引き受けたからには，助けたい

quōquam 副 [quisquam] どこへでも，どこにも，どこかへ

quoque¹ 副 (強調する語のあとで)もまた，やはり，同じく，しかも quod ego facio, tu quoque facies (116.1) velim 私がするのだからあなたもまたすることを私は望む

quōque² = et quō

quōque³ → quisque

quōqueversus → quōquōversus

quōquō 副 [quisquis] どこへでも，どこにも，どこかへ quoquo terrarum 世界のどこかへ

quōquōmodo 副 (= quōquō modo) *cf.* quisquis どんな風にしても，なんとかして

quōquō versus = **quōquōversus** あらゆる方向に，あらゆる側面で，どの道へも

quōr, qūr = cūr の古

quōrsum (**quōrsus**) 副 [quō, versu] (疑) **1.** どこへ，どちらへ，どこに **2.** どんな目的で, 何のために nescio neque unde eam (156) neque quorsum eam 私はどこから来てどこへ行くのかさっぱりわからん

quot 無・形 **1.** (疑問, 感嘆)いくつの，いかに多くの，どれだけの，なんと沢山の，どんな **2.** (関係)ほど沢山の…と同じほど

radiō

の **3.**(不定)各々の, すべての quot et quanti (9c7) poetae exstiterunt! かつて(ローマには)どんなに沢山のそして卓越した詩人がいたことか quot homines, tot sententiae 人の数だけ意見がある(十人十色) quot mensibus 毎月 → quotannis

quot annīs 副 (= **quotannīs**) 毎年

quotīdi... → cot(t)īd...

quotiē(n)s 副 **1.**(疑問, 感嘆)何度 **2.**(関係)…するたび (totiens) … quotiens …するたびに, …そのたびに quotiens foras ire volo, (totiens) me retines 私が外へでようとするたびにお前は私を制止するのだ

quotiē(n)scumque 副 …するたびに, …するときはいつでも

quotquot 無・形 **1.** どんなに沢山でも, いくら多くとも **2.** どの, 各々の, すべての quotquot eunt dies 日々がすぎてゆくかぎり, くる日もくる日も, 毎日

quotus *a.1.2* quota, quotum §50 (疑問)何番目の位置か, 何人かのうちの一人か hora quota est? 第何時か quotus esse (160) velis, rescribe あなたは何人

と一緒に食事をしたいか返事を書いてくれ

quotuscumque 関係形 *1.2* quotacumque, quotumcumque §50 順番がどうであれ, 全体でどれだけの部分を占めていようと, どんなに小さくても moverit e votis pars quotacumque deos 祈願の力がどれほど小さくても, 神々の心を動かすだろう

quotusquisque *a.1.2* quotaquaeque, quotumquidque §50 (二語にもなる, そして修辞的疑問文や感嘆文で用いられる)それぞれが全体の中でどれほどの部分を占めているというのか(いかに少ないことか) quotocuique lorica est? 一体何人が甲冑をつけている(という)のか quotus quisque reliquus, qui rem publicam vidisset (116.8)? 共和政国家を見ることのできた人が一体何人生き残っていたろうか

quōusque 副 (quō usque) いつまで, どれほど長い間 quae quo usque tandem patiemini (128)? それらを君たちは一体いつまで我慢するのか

quum (**quom**) → cum²

R

R, r §1 略記として R. = Rōmānus, Rūfus など

rabidē 副 [rabidus §67(1)] 気が狂って, 気違のように, 暴れ狂って, 猛烈に

rabidus *a.1.2* rabid-a, -um §50 [rabiēs] 荒れ狂った, 狂乱の, 逆上した, 異常に興奮した

rabiēs *f.* rabi(ēī) 5 §§34, 35 **1.** 野蛮性, 狂暴, 残忍 **2.** 興奮, 激情, 憤怒, 狂気, 逆上 **3.** 予言者の熱狂 **4.** 狂犬病

rabiōsus *a.1.2* rabiōs-a, -um §50 [rabiēs] **1.** 狂暴な, たけり狂った **2.** 狂

信的な, 発狂した, 異常に興奮した

racēmifer *a.1.2* racēmi-fera, -ferum §51 [racēmus, ferō] ブドウの房を持った(たらした)

racēmus *m.* racēmī 2 §13 房, 束, ブドウの房

radiātus *a.1.2* radiāt-a, -um §50 [radius] 光線を放つ, 光を発する, 輝かしい

rādīcitus 副 [rādīx] **1.** 根まで, 根と共に, 根から **2.** 根本的に, 徹底的に

radiō 1 radiāre, -āvī, -ātum §106 [radius] 光線を放つ, 光る, 輝く

radius *m.* radiī *2* §13 **1.** 光線, 神の頭(顔)から発散する光輪 **2.** 車輪の輻(ゃ) **3.** 織機の梭(ゥ) **4.** 円の半径 **5.** 棒, 杖, 杭(శ), 物差し **6.** (梭のように)長いオリーブの実

rādīx *f.* rādīcis *3* §21 **1.** (草木の)根 **2.** ハツカダイコン, ワサビダイコン, アカカブ **3.** 土台, 基礎, 基底部, ふもと, すその, 根源, 起源, 始祖, 語源 litterarum radices amarae, fructus dulces (esse) 教育の根は苦く, 実は甘い virtus altissimis defixa radicibus 最も深い根で固定された美徳

rādō *3* rādere, rāsī, rāsum §109 **1.** (表面を)こすりとる, そぎおとす, 剃る, 短くかり込む **2.** なめらかにする, 磨く **3.** ひっかく, 傷つける **4.** 通りすがりにふれる, 海岸に沿って進む, 海岸を洗う lapides varios palmā ～ モザイクの床石をほうきではく terrā rasā (9f18) squamis ～ (蛇が)うろこで地面をこすって(這って)

raeda (**rēda**) *f.* raedae *1* §11 [ガ] 四輪(旅行)車

raedārius (**rēdārius**) *m.* raedāriī *2* §13 [rēda] 四輪旅行車の御者

Raetia (**Rhae-**) *f.* Raetiae *1* §11 アルプス地方のローマ属州 (形)**Raeticus** (**Rhaeti-**) *a.1.2* Raetic-a, -um §50 ラエティア(人)の

rāmālia *n.pl.* rāmālium *3* §20 [rāmus] (木の)枝, 小枝, 若枝

rāmentum *n.* rāmentī *2* §13 = **rāmenta** *f.* rāmentae *1* §11 [rādō] **1.** 削りくず, かんなくず, 切れ端, 薄片, 細片 **2.** 点火用のかんなくず

rāmeus *a.1.2* rāme-a, -um §50 [rāmus] 枝の(ある)

rāmex *f.* rāmicis *3* §21 **1.** (pl.) 肺 **2.** 精系静脈瘤

Ramnēs (**-ēnsēs**) *m.pl.* Ramnium (**-ēnsium**) *3* §19 初期ローマ市民がロムルスによって分割されていた頃の三部族(tribus)の一つ

rāmōsus *a.1.2* rāmōs-a, -um §50 [rāmus] (比)ramosior (最)ramosissimus **1.** 枝の多い, 枝分かれした **2.** 分岐した, 細かく分かれた, 分派の

rāmus *m.* rāmī *2* §13 **1.** 枝, 葉のついた小枝 **2.** シカの枝角 **3.** 棍棒 ramos amputare miseriarum 悲惨の枝を切りおとす

rāna *f.* rānae *1* §11 **1.** 蛙 **2.** (海の蛙)アンコウ qui fuit rana, nunc est rex 昔の蛙が今は王様さ

rancidus *a.1.2* rancid-a, -um §50 **1.** 腐った, 腐敗した **2.** 悪臭を放つ, むかつく

rānunculus *m.* rānunculī *2* §13 [rāna の小] 小蛙, 青蛙(沼地の多い地方に住む人たちをやゆした言葉)

rapācitās *f.* rapācitātis *3* §21 [rapāx] 強欲, 貪婪(蕿)

rapāx *a.3* rapācis §55 [rapiō] (比)rapacior (最)rapacissimus **1.** つかみかかる, 強奪する, 一掃する **2.** 異常に欲の深い, 強欲な, 貪欲な (名) **Rapācēs** *m.pl.* Rapācium §21 rapax「強奪者」の綽名をもった第21軍団兵 rapacia virtutis (9c13) ingenia 美徳をひたすらわがものとせんとする精神

raphanus *m.* raphanī *2* §13 < ῥάφανος ハツカダイコン, ワサビダイコン

rapiditās *f.* rapiditātis *3* §21 [rapidus] 迅速, すばやい動き

rapidus *a.1.2* rapid-a, -um §50 [rapiō] (比)rapidior (最)rapidissimus **1.** (すべてのものを)さらって行く, ひったくる, 急流の **2.** 性急な, 迅速な, 速決の **3.** すさまじい, 激しい, 焼けるような, 焦がす, なめつくす(炎, 暑さ)

rapīna *f.* rapīnae *1* §11 [rapiō] **1.** 掠奪, 人さらい **2.** 掠奪物, 分捕品

rapiō *3b* rapere, rapuī, raptum §110 **1.** ひったくりさらって行く, すばやくつかむ, 引きさく **2.** 略奪する, 強奪する **3.** 強引に連行する, 拉致する **4.** かりたてる, 急がせる, 早める, せかす **5.** 圧倒する spes rapiendi (119.2) occaecat animos 略奪の希望が精神を盲目にする rapto de fratre dolens 兄弟を(死で)奪われて嘆いている se ～ 急ぐ

raptim 副 [rapiō] あわただしく, 急

いで

raptō *1* raptāre, -tāvī, -tātum §106
[rapiō] **1.** 暴力でひったくる, ひっぱって
行く, 強引にひきずる **2.** 略奪する, 荒ら
す

raptor *m.* raptōris *3* §26 [rapiō]
掠奪者, 泥棒, 盗賊

raptus *m.* raptūs *4* §31 [rapiō]
強奪, 強盗, 横領, 恐喝, 誘拐, 人さら
い

rapuī → rapiō

rāpulum *n.* rāpulī *2* §13 [rāpum
の小] 小カブ

rāpum *n.* rāpī *2* §13 カブ

rārēscō *3* rārēscere, ——, ——
§109 [rārus] **1.** まばらになる, お互い
に離れる **2.** 希薄になる, 少なくなる, 細く
なる, ぼんやりしてくる, 弱くなる, 消える

rāritās *f.* rāritātis *3* §21 [rārus]
1. 織物の目のあらいこと, すき間, 裂け目
2. まばら, 希薄 **3.** 乏しい, 少ない, ま
れなこと propter raritatem capillorum
頭髪がうすいために

rārō 副 [rārus §67(1)] (比)rarius
(最)rarissime **1.** まれに, めったに…で
ない **2.** 異常に

rārus *a.1.2* rār-a, -um §50 (比)
rarius (最)rarissimus **1.** 隙間のある,
目のあらい, まばらな, すいている **2.** あち
こちと散らばった, ばらばらの, 離れ離れの
3. まれな, 珍しい, 例外的な, ときどきの
optimum quidque rarissimum 最上等
のものはみな最も稀である rarus capillus
まばらな髪

rāsī → rādō

rāsilis *a.3* rāsile §54 [rādō] な
めらかにこすりとられた, なめらかな, みが
かれた

rāstrum *n.* rāstrī *2* §13 (*pl.*
m. rāstrī, rāstrōrum) 叉鍬(またくわ) mihi
(9d8) ad rastros res redit 私は叉鍬を
とらざるを得ない(私はおちぶれた)

rāsus → rādō

ratiō *f.* ratiōnis *3* §28 [reor]
1. 計算, 勘定 **2.** 計算能力, 思考力, 判
断力, 理性, 思慮分別, 見識, 知識, 学

識 **3.** 推定, 評価, 説明, 釈明, 答弁,
配慮 **4.** 理由, 動機, 意図, たくらみ, 計
画 **5.** 原則, 主義, 大系, 規則, 法, 教
理, 信条, 学派 **6.** 様式, 方法, 手段,
工夫 **7.** 利害, 関係, 事情, 交際, 要件,
仕事 **8.** 型, 特性, 手本 **9.** 表, 目次, 報
告書 rationem habere (inire) 計算する
rationem alicui rei habere あるものを考
慮に入れる ratione (9f19), pro ratione
(イ)比例して, 応じて (ロ)規則に従って
(ハ)思慮分別をもって, 賢明に ut par sit
(116.6) ratio acceptorum et datorum
収支計算が合うように voluptates agrico-
larum rationem habent cum terra 百
姓の喜びは土地と関係している epistolis
tuis in eamdem rationem scriptis
(9f18) 同じ考え方であなたの手紙は書かれ
ているので ratio atque usus belli 戦争の
計画と実行 sauciorum et aegrorum
habita ratione (9f18) 負傷者と病人を考
慮に入れて ratio atque inclinatio tem-
porum 時代の事情と趨勢 ratio rerum
civilium 政治組織 omni ratione あらゆ
る方法で docet longe alia ratione esse
bellum gerendum (121.1) atque antea
gestum sit (116.11.a) 以前に行われたの
とすっかり違ったやり方で戦争が遂行され
るべきだと彼は教える

ratiōcinātiō *f.* -ōnis *3* §28 [ra
tiōcinor] 推理, 推論. 演繹法, 熟慮,
反省

ratiōcinātor *m.* ratiō-cinātōris *3*
§26 計算をする人, 会計係

ratiōcinor *dep.1* ratiō-cinārī,
-cinātus sum §123(1) **1.** 計算をする,
帳簿をつける **2.** 考慮に入れる, 評価する,
推論する

ratiōnālis *a.3* ratiōnāle §54
[ratiō] 推論に基づく, 論理的な, 理性
的な

ratis *f.* ratis *3* §19 いかだ, ボー
ト, 船

ratiuncula *f.* ratiunclae *1* §11
[ratiō] 小さな勘定, 計算, ちょっとした
理由

ratus *a.1.2* rat-a, -um §50 [reor

raucisonus 660

の完分〕 （最)ratissimus **1.** 計算され
た，考慮された **2.** 決着した，確定した
3. 法的に有効な，本当の，信頼すべき pro
rata parte 定まった割合で，比例して tam
ratos astrorum ordines videre かくも
規則正しい天体の運行を見ること comitia
ne essent rata 民会が無効と宣言される
ために

raucisonus *a.1.2* rauci-son-a, -um
§50 ［raucus, sonus］ 耳ざわりな音を
たてる，しゃがれ声の

raucus *a.1.2* rauc-a, -um §50
1. しわがれた，耳ざわりな，かすれた **2.** や
かましい，騒々しい，いやな，不快な

raudus (**rūdus**, **rōdus**) *n.* rauderis
3 §29 **1.** 自然のままのかけら，塊
2. (粗) 銅のかたまり

Ravenna *f.* Ravennae *1* §11 ハ
ドリア海の港，海軍根拠地，今のラベンナ

rāvus *a.1.2* rāv-a, -um §50 灰色
と黄色の中間色の，黄褐色の，灰色の

re- 接頭辞 **1.** 母音とhの前でred- とな
る **2.** re- は (イ)あとへ，背後に，元へ (ロ)
再び，新しく (ハ)反対，分離を，意味す
る

rē → rēs

rea → reus

Rēa (**Rhēa**) *f.* Rēae *1* §11 **1.** =
Rea Silvia, Romulus の母 **2.** Aventinus
の母，巫女

reāpse 副 実際に，本当に，実は，事
実上，実に

Reāte *n.* Reātis *3* §20 サビーニー
人の町，今の Rieti （形)**Reātīnus**
a.1.2 Reātīn-a, -um §50 レアーテの

rebellātrīx *f.* rebellātrīcis *3*
§21 ［rebellō］ 謀反を起こしている
(女)，反逆心を抱いた(女)

rebelliō *f.* rebelliōnis *3* §28
［rebellis］ 反乱，蜂起，暴動，謀反

rebellis *a.3* rebelle §54 ［rebellō］
1. 謀反を起こしている，反逆心を抱いた
2. (名)**rebellēs** *m.pl.* rebellium *3*
§19 謀叛人，叛徒，反乱軍

rebellō *1* rebellāre, -llāvī, -llātum
§106 勝者に対し再び武器をとる，反抗

する，謀反を起こす

reboō *1* reboāre, ——, —— §106
啼き返す，反響する，響きわたる

rēbus → rēs

recalcitrō *1* re-calcitrāre, ——,
§106 蹴り返す，仕返しをする

recaleō *2* re-calēre, ——, ——
§108 再び暖かくなる

recalēscō *3* re-calēscere, -caluī,
—— §109 再びあつく(暖かく)なる，再
び火(熱意)をとり戻す

recalfaciō *3b* re-cal-facere, -fēcī
§110 再び熱くする，温める

recandēscō *3* re-candēscere,
-canduī, —— §109 **1.** 再び白熱する，
熱をおびて輝く **2.** (再び) 白くなる

recantō *1* re-cantāre, -tāvī, -tātum
§106 **1.** 答えて歌う，反響する **2.** ひっ
こめる，取り消す **3.** 魔法で取り除く，呪文
で追い払う

recēdō *3* re-cēdere, -cessī, -cessum
§109 **1.** 退く，退却する **2.** 去る，離れ
る，遠ざかる **3.** 隠退する，退役する，ひ
っこむ，引く **4.** 消える，終わる，死ぬ **5.** へ
る，やせる，小さくなる apes a stabulis
non recedunt longius 蜜蜂は巣箱から遠
く離れない senes ut in otia tuta rece-
dant 彼らは年をとったら隠退し，やすらか
に気ままに暮らそうと考えて maris ira
recessit 海の怒りが消えた a vita ～ 自ら
命を絶つ

recellō *3* re-cellere, ——, ——
§109 **1.** はね返る，ゆれ返る **2.** ひっこめ
る

recēns[1] *a.3* recentis §55 （比)
recentior （最)recentissimus **1.** 最近
発生したばかりの，作られたばかりの，集
められたばかりの **2.** 新しく来たばかりの，
新参の **3.** 新しい，新規の，最近の，すぐ
後の **4.** 新鮮な，若い，疲れていない，元
気な **5.** 記憶に新しい altera epistula
quae mihi recentior videbatur 私には
より最近のものと思われたもう一通の手紙
recens a vulnere Dido 最近傷を負った
ばかりの(まだ傷の癒えぬ)ディードー Romā
(70) sane recentes ちょうどローマからや

ってきたばかりの（人たち）

recēns[2] 副 （最）recentissime 近ご
ろ，最近

recēnseō 2 re-cēnsēre, -cēnsuī,
-cēnsum (-cēnsitum) §108 **1.** 再び
数える **2.** 検査する，検閲する，閲兵する，
点検のため召集する **3.** 名簿を作る，名簿
を再調査する **4.** 熟考する，吟味する

recēnsiō *f.* re-cēnsiōnis 3 §28
［recēnseō］ 監察官による名簿検査・改
訂，人口調査

receptāculum *n.* receptāculī 2
§13 ［receptō］ **1.** 貯蔵（庫）所，倉庫
2. 貯水池，排水溝 **3.** 避難所，隠れ場，
潜伏所

receptō 1 receptāre, ——, ——
§106 **1.** とり戻す，引き出す，抜く **2.** 受
け取る，入れる **3.** se ～ 身をひく，ひっこ
む hastam receptat ossibus haerentem
彼は骨につきささった槍を引きぬく

receptor *m.* receptōris 3 §26
［recipiō］ 受け入れて隠れ場を提供する
人

receptrīx *f.* receptrīcis 3 §21
［receptor］ 受けいれる，（あるいは）隠れ
場を与える人，所（女性名詞）

receptum *n.* receptī 2 §13
［recipiōの完分］ 約束，義務，保証

receptus *m.* receptūs 4 §31
［recipiō］ **1.** 取り戻す，回復 **2.** ひっこめ
ること，撤回，取り消し **3.** 退却，避難，
退却の機会，時期，手段 **4.** 避難所，隠
れ場 receptui (9d4) signum dare 退却
の合図のラッパを吹く dare tempus iis ad
receptum nimis pertinacis (9c3) sen-
tentiae 極度に強情な意見を撤回する時間
を彼らに与える

recessī → recēdō

recessus *m.* recessūs 4 §31
［recēdō］ **1.** 帰ること，退くこと，引くこ
と **2.** 退却，隠遁，隔離 **3.** 隠棲地，人里
離れた所，奥まった所，避難所 **4.** 凹み，
ひっこんだ所，湾入，背景 aestuum
marinorum accessus et recessus 海の
潮の干満 a pestiferis rebus recessus 有
害なものから身をひくこと

recidīvus *a.1.2* recidīv-a, -um §50
［recidō[1]］ **1.**（種子が）落ちて（地中に）帰
る **2.** 再生している，復活している，再発
する

recidō[1] 3 re-cidere, recidī, recāsūrus
［re-, cadō］ §§109, 174(2) **1.** 後ろに
倒れる，また倒れる **2.** はねかえる，あと戻
りする，ぶり返す，再発する **3.** 落ちる，沈
む，降りる，下る **4.** 手におちる，帰属す
る，陥る，人の手に渡る，うつる omnia
ex laetitia ad luctum reciderunt すべ
てが喜びから悲哀へと移った id puto ad
nihil recasurum (117.5) それは無に帰す
るだろうと私は考えている

recīdō[2] 3 re-cīdere, -cīdī, -cīsum
§109 ［re-, caedō §174(2)］ **1.** 切り戻
しをする，（余分な枝を）切りとる，刈り込む
2. 切り離す，切り詰める，短くする，制限
する sceptrum imo de stirpe recisum
幹の根元から切りとられた王笏 inanem
loquacitatem ～ 余分なおしゃべりを取り
除く

recingō (-īn- ?) 3 re-cingere, -cinxī,
-cinctum §109 **1.** 帯をとく **2.**（受）ゆ
るめる，はずす，脱ぐ，とく sumptum
recingitur anguem (9e9)（彼女は）体に
（帯として）巻いていた蛇をはずす

recinō 3 re-cinere, ——, ——
§109 ［re-, canō §174(2)］ **1.** うたい返
す，くりかえす，反響させる **2.** 応答してう
たう **3.** くりかえして鳴く，言う parra
recinens くりかえして何度も鳴く凶兆の鳥
（フクロウ）

reciperātiō (**recup-**) *f.* reciperā-
tiōnis 3 §28 **1.** とり戻すこと，回復
2. 回復審理委員会の決定，判決

reciperātor (**recupe-**) *m.* reciperā-
tōris 3 §26 **1.** とりもどす人，回復さ
せる人 **2.**（復権，賠償金など）回復審理委
員

reciperō (**recuperō**) 1 reciperāre,
-rāvī, -rātum §106 **1.** 再び手に入れ
る，取り戻す **2.** 復旧する，復興する

recipiō 3b re-cipere, -cēpī, -ceptum
§110 ［re-, capiō §174(2)］ **1.** 受け入
れる，迎える，もてなす，かくまう **2.** 入る

のを許す，仲間に入れる，加える **3.** 許す，認める，承諾する **4.** 得る，手に入れる，受け取る **5.** 再び手に入れる，とり戻す，奪回する，回復する，占領する **6.** 連れ戻す，退却させる，ひっこめる **7.** 受けおう，(義務・責任を)引き受ける，約束する，保証する ensem ～ 剣を引き抜く(敵の体に突きささった剣を) signo recipiendi (119.2) dato (9f18) 退却の合図(ラッパ)を与えると se ～ 引く，退却する，引き帰す，逃れる animum ～ 勇気(正気)をとり戻す a pavore recepto animo 恐怖から平静をとり戻すと nomen alicujus ～ ある人の告訴を受理する plures rem (117.5) posse casus recipere intellegebant このような状況だと，いっそう多くの災難を蒙ることになると，彼らは考えた

reciprocō *1* reciprocāre, -cāvī, -cātum §106 **1.** 前や後ろに動かす **2.** (自・受)前や後ろに動く，満ち引きする **3.** (自・受)反対の方向へ動く，あとへ退く，引く **4.** やりとりする，かわす，相互に並べる animam ～ 呼吸する navem reciprocari non posse 船が後ろへ戻れない(ということ)

reciprocus *a.1.2* -proca, -procum §50 **1.** やりとりする，往復する，行きつ戻りつする **2.** 報(むく)いる，応じる，こだまする reciprocae voces 反響する声，こだま，reciprocae vices pugnandi(敵，味方)交替して攻撃(こうげき)すること

recīsus → recīdō²

recitātiō *f.* recitātiōnis *3* §28 [recitō] 朗読，朗読会

recitātor *m.* recitātōris *3* §26 朗読者

recitō *1* re-citāre, -tāvī, -tātum §106 **1.** 読んで聞かせる，声高にくりかえす **2.** (聴衆を前に)朗読する，暗唱する，吟唱する

reclāmātiō *f.* reclāmātiōnis *3* §28 [reclāmō] 不賛成，抗議の叫び声

reclāmitō *1* reclāmitāre, ——, —— §106 声高く抗議する

reclāmō *1* re-clāmāre, -māvī, -mātum §106 **1.** 大声で答える，叫び返す **2.** 抗議して大声をあげる，声高に抗議する theatra tota reclamant 劇場全体が抗議の叫び声をあげる scopulis (9d3) illisa (118.4) reclamant aequora 海が断崖に撃突して抗議の叫び声をあげている

reclīnis *a.3* recline §54 [reclīnō] **1.** 後ろによりかかって，(後ろに)もたれて **2.** 仰向けに寝て in gramine florido reclinis 花咲く草原に仰向けに寝て in sinu juvenis positā cervice (9f18) reclinis (彼女は)若者の胸の上に首をのせて仰向けになり

reclīnō *1* re-clīnāre, -nāvī, -nātum §106 **1.** 後に傾ける，後にもたせかける，背をよりかからせる **2.** ねかせる，休息させる in gramine reclinatus 草の上に体を横たえて

reclūdō *3* re-clūdere, -clūsī, -clūsum §109 [re-, claudō §174(2)] **1.** (戸を)開く **2.** (家を)解放する，(人を)入らせる **3.** 身をさらす，(剣を)抜く **4.** 開いてみせる，おおいをとる，あばいて知らせる，掘り出す operta ～ 秘めごとを打ち明ける veteres tellure recludit thensauros 彼は地中から古い宝物を掘り出す

reclūsī, reclūsus → recludō

recoctus → recoquō

recōgitō *1* -cōgitāre, -cōgitāvī, -cōgitātum §106 [cōgitō] 熟考する，考慮する，十分に検討する

recognitiō (-cō- ?) *f.* recognitiōnis *3* §28 [recognōscō] 検査，審査，吟味，点検，再認識

recognōscō (-cō- ?) *3* re-cognōscere, -cognōvī, -cognitum §109 **1.** 審査する，点検する，調査する **2.** 見覚えのあるものをそれと認める，思い出す

recolligō *3* re-col-ligere, -col-lēgī, -col-lectum §109 [re-, con, legō §174(2)] **1.** 再び集める(散らかっていたものを) **2.** とり戻す，回収する，回復する **3.** (再)立ち直る，気をとり戻す，われに返る

recolō *3* re-colere, -coluī, -cultum §109 **1.** 再び占める，尋ねる，たどる **2.** 再

び耕す，開墾する，採掘する **3.** 再び着手する，始める，再開する **4.** とり戻す，献身・礼拝・祭祀を復活させる，更新させる **5.** 考え直す，思い返す，回想する，心に思い浮かべる

recompōnō *3* re-compōnere, -posuī, -positum §109 **1.** 作り直す，配列し直す，再調整する **2.** 折り合わせる，仲直りをさせる

reconciliātiō *f.* re-conciliātiōnis *3* §28 ［reconciliō］ **1.** 和解，調停 **2.** 復旧，回復

reconciliātor *m.* reconciliātōris *3* §26 **1.** 調停者 **2.** 回復させる人

reconciliō *1* re-conciliāre, -liāvī, -liātum §106 **1.** (友情・協定を)取り戻す，呼び返す，再び和解(調和)させる **2.** もとに戻す，回復させる，源泉にかえす，再興させる laboris detrimentum virtute militum reconciliatur 労苦の損失は兵士の勇気によって償われる animum patris sui sorori tuae (9d4) reconciliavit 彼は自分の父とお前の姉妹とを仲直りさせた

reconcinnō *1* re-concinnāre, ──, ── §106 **1.** みがき直す，一新させる **2.** 繕う，修理する

reconditus *a.1.2* recondit-a, -um §50 ［recondō の完分］ (比)reconditior **1.** かくされた，かくれた，秘密の **2.** 遠く隔たった，へんぴな，奥まった **3.** 深遠な，難解の，不明瞭な **4.** ひっこみ思案の，内気な，遠慮がちの

recondō *3* re-condere, -condidī, -conditum §109 **1.** もとの所へ戻す，おき変える，(目を)とじる **2.** 蓄える，貯蔵する，しまっておく，かくす **3.** 埋める，突込む **4.** (再)隠遁する gladium in vaginam ～ 剣をさやにしまう ensem in pulmone ～ 剣先を胸の中へ突込む verba, vultus recondebat 彼は(人の)言葉や表情を(長い間)胸の中にしまっていた aves avido recondidit ore (蛇は)小鳥たちを貪欲な口でしまい(呑み)込んだ

recoquō *3* re-coquere, -coxī, -coctum §109 **1.** 料理して(煮て，焼

いて)新しいものをつくる，焼き(煮)直す **2.** (鉄など)鍛え直す，溶かして新しいものをつくる recoctus scriba ex quinque viro 五人委員から鍛え直された書記 recoquunt patrios ensis 彼らは先祖伝来の剣を鍛え(焼き)直す

recordātiō *f.* recordātiōnis *3* §28 ［recordor］ 思い出すこと，回想，記憶力

recordor *dep.1* re-cordārī, -cordātus sum §§123(1), 124 ［re-, cor］ **1.** 思い出す，回想する **2.** 覚えている，忘れない **3.** 反省する，熟考する secum recordari rem あることを思い出す flagitiorum suorum (9c9) recordabitur 彼は自分の不面目を反省することだろう eadem se (9e11) in Hispania perpessos recordabantur 彼らはヒスパーニアで同じ苦しみに耐えたことを思い出していた

recreō *1* re-creāre, -āvī, -ātum §106 **1.** 新しくする，改造する，再生する **2.** 生き返らせる，復元する，再興する **3.** 元気づける，力づける，精神を高揚させる arbor aestivā recreatur aurā (9f11) 夏の微風で木が蘇る

recrepō *1* re-crepāre, ──, ── §106 答えて鳴る，音を立てる，鳴り響く，反響する

recrēscō *3* re-crēscere, -crēvī, -crētum §109 再び生長する，生まれる，芽を出す

recrūdēscō *3* re-crūdēscere, -crūduī, ── §109 **1.** (傷口)再び開く，傷口を新たにする **2.** (不幸)再発する，再燃する

rēctā 副 (*sc.* viā) ［rēctus］ まっすぐ，一直線に，直接に

rēctē 副 ［rēctus］ §67(1) (比) rectius (最)rectissime **1.** 一直線に，まっすぐに，規則正しく **2.** 間違いなく，正確に，正しく，適切に，正当に **3.** 率直に，正直に，礼儀正しく，立派に **4.** 安心して，健康に **5.** (返答)よろしい，その通り；(断るとき)いや，結構です suis amicis recte res suas narrare 自分の友人らには自分のことを素直に話すこと recte sunt tibi res あなたにとっては万事うまく行っている cum fuit cui (*cf.* **quī**[1] B.1) recte ad te litteras darem (116.6a) 私があなたあての手紙を安心して託せる人がいたので

rēctor *m.* rēctōris 3 §26 ［regō］ **1.** 船の舵手，御者，騎手 **2.** 案内人，教師，保護者 **3.** 責任者，監督，管理者 **4.** 支配者，統率者，(軍)指揮者，(属州)統治者

rēctus *a.1.2* rēct-a,-um §50 ［regō の完分］（比）rectior （最）rectissimus **1.** 一直線に保たれた(水平に，垂直に) **2.** 直立した，垂直の，きりたった(岩) **3.** 規則正しい，適正な，公平な，立派な **4.** まっすぐの，率直な，かざらない **5.** 正直な，善良な，清廉な **6.** 断固とした，ひるまない oppidi murus ab planitie recta regione MCC passus (9e8) aberat 町の城壁は平地から直線(距離)で1.8キロ離れていた rectum est (171) proelium hoc fieri この戦いが行われるのは正しい

recubō *1* re-cubāre, -cubuī, —— §106 あおむけにねている，大の字にねている，ねころんでいる

recultus → recolō

recumbō *3* re-cumbere, -cubuī, -cubitum §109 **1.** 横たわる，ねころぶ，仰向けにねる **2.** 後ろにもたれる，体を後ろに曲げる，傾ける **3.** (食卓に)横臥する，席をとる **4.** 沈む，落ちる，崩れる，たれこめる nudā nuda recumbis humo (9f1. ニ) 裸のお前(女)は裸の土地の上にねころんでいる mihi (9d13) proximus recumbebat 彼は私の隣の席に横臥していた nebulae campo (9f1. ニ) recumbunt 霧が平野一面にたれこめている in humeros cervix conlapsa recumbit 首はだらりと折れ肩の後ろの方に傾いている

recup ... → recip ...

recūrō *1* re-cūrāre, -rāvī, -rātum §106 治癒する，回復させる，元どおりにする

recurrō *3* re-currere, -currī (-cucurrī), -cursum §109 **1.** 急いで帰る，戻る，走る **2.** 出発点に帰る，戻ってくる，(もとの考え・状態に)立ち戻る，頼

る naturam expellas (116.5) furcā, tamen usque recurret 自然をあなたは熊手で追い払っても，いつでも急いで帰ってくるでしょう(本性を変えるのは難しい)

recursō *1* recursāre, ——, —— §106 **1.** 走って帰りつづける，何度も帰る **2.** いつも(何度も)心に浮かぶ，思い出される viri virtus animo recursat 英雄の武徳がいつも心に浮かんでくる

recursus *m.* recursūs 4 §31 ［recurrō］ **1.** 走って帰ること，遂行，却 **2.** 回帰，逆流，潮の引くこと **3.** 復帰，帰り道 dent (116.3) modo fata recursus 今や運命が復帰を与えてくれるだろう

recurvō *1* recurvāre, -vāvī, -vātum §106 **1.** うしろへ曲げる，反対の方向へ曲げる(くねらせる，反らす) recurvatae undae 曲がりくねった川の流れ

recurvus *a.1.2* recurv-a, -um §50 まるく曲がった，鈎形に曲がった，屈折した，曲がりくねった recurva aera 釣り針 tecto recurvo mori 曲がりくねった洞窟(ラビュリントス)内で死ぬ

recūsātiō *f.* recūsātiōnis 3 §28 ［recūsō］ 拒否，反対，異議，抗弁，忌避，嫌悪

recūsō *1* recūsāre, -sāvī, -sātum §106 反対する，承服しない，拒否する，異議を唱える，抗弁する，ためらう neque tamen Germanos (9e11) recusare quin armis contendant (116.6e) しかしゲルマニア人は武器で争うことも拒否しない(ということ) quae facere ipse recusem (116.3) これらを私自身することを拒むかもしれない

recussus → recutiō

recutiō *3b* re-cutere, -cussī, -cussum §110 ［re-, quatiō §174(2)］ 打って振動させる，反響させる，はね返す utero recusso (9f18) (木馬の)腹は(突きさした槍で)振動して

rēda → raeda

redāctus → redigō

redamō *1* red-amāre, ——, —— §106 愛に愛を返す

redarguō *3* red-arguere, -arguī,

-argūtum §109 **1.** 嘘（間違い）であることを証明する **2.** 反駁する，反対して告発する redargue me, si mentior もし私が嘘をついているなら，私が嘘つきだと証明してみろ improborum prosperitates redarguunt vim omnem deorum 邪悪な人たちの繁栄は神々の力の全く存在しないことを証明している

reddō *3* red-dere, -didī, -ditum §§109, 159 注 **1.** もとの場所へ帰す，元どおりにする **2.** 返す，戻す，引き渡す，手渡す，提供する，与える，授ける **3.** 返還する，支払う **4.** 再現する，答える，報告する **5.** 反映する，反響する，まねる，翻訳する **6.** 報復する，しかえしをする，報いる，罰する **7.** （約束・誓い・義務を）果たす，履行する，満たす **8.** 明け渡す，放棄する，吐き出す **9.** 分配する，わりあてる **10.** 〜を〜とする suum cuique honorem (117.5) redditum gaudeo 各人がそれぞれの名誉を取り戻したことを私は喜んでいる ex alto luco vox reddita est 森の奥から声がこだましてきた cum, ea quae legeram Graece, Latine redderem ギリシア語で読んでいたものをラテン語に訳していたとき supplicatio redditur （神々に）感謝の儀式が捧げられる mors naturae (9d13) debita pro patria reddita (est) 自然に借りていた死が祖国のために支払われた homines ex feris mites reddidit 彼は人間を野蛮なものから温和なものへとした dictum ac factum reddidi 私は言われたことをすぐ果たした

redēgī → redigō

redēmī → redimō

redēmptiō *f.* redēmptiōnis *3* §28 ［redimō］ **1.** 買い戻す **2.** （捕虜の）身受けをすること，身の代金を払って受けとること **3.** （判決の）買収

redēmptor *m.* redēmptōris *3* §26 ［redimō］ 契約人，（公共）建築請負人，徴税請負人

redēmptūra *f.* redēmptūrae *1* §11 ［redimō］ 公共事業の請負（入札）

redeō 不規 red-īre, -iī, -itum §156 **1.** 帰る，返ってくる **2.** 所有となる，帰属する，復帰する **3.** もと（の状態）に戻る，後退する，逆流する **4.** あることに帰す，結果として〜となる **5.** はね返る，反動をおこす **6.** 行く，移る，着く，歩く，来る 〜 a cena domum 晩餐会から家に帰る vigor membris (9d) redit 元気が四肢に帰って来た se redire われに帰る，正気（本心）に帰る omnia haec verba huc (70) redeunt これらすべての言葉はここに帰っていく ad neminem unum summa imperii (9c4) rediit 最高の命令権は誰一人の手にも帰属しなかった

redhibeō *2* red-hibēre, -hibuī, -hibitum §108 ［red-, habeō §174(2)］ （欠陥商品）買い手が売り手へ返す，売り手が引きとる

redī, redi(v)ī → redeō

redigō *3* red-igere, -ēgī, -āctum ［re-, agō］ §§109, 174(2) **1.** 追い返す，送り（運び）返す **2.** 連れ戻す，元の状態に戻す，呼び返す，復元する **3.** 回収する，とりたてる，現金化する，払い込む **4.** 変える，減らす，下げる，おろす，けなす **5.** 追い込む，立ち至らせる，むりやり…させる，ある状態に変える，同意させる hostium equitatum in castra 〜 敵の騎兵を陣営の中まで追い込む quicquid captum ex hostibus est, vendidit ac redegit in publicum 敵からの分捕品はすべて売り払い，（その金を）国庫に払い込んだ Arvernos in provinciam 〜 アルウェルニー族（の土地）を属州とする

rediī(-ivī) → redeō

redimīculum *n.* redimīculī *2* §13 ［redimiō］ 女の頭（髪）を飾るひも，リボン，はち巻き，背や肩にかかる頭飾り

redimiō *4* redimīre, -miī, -mītum §111 **1.** 花環（葉冠）で巻く，囲む **2.** とり巻く，囲む torta redimitus tempora (9e9) quercu （彼は）額を柏の葉冠で巻いて

redimō *3* red-imere, -ēmī, -ēmptum §109 ［re-, emō §174(2)］ **1.** 再び買う，買い戻す **2.** 身代金を払って受け戻す，身代金をとって釈放する **3.** 金を払って免

redintegrō 666

れさせる，救い出す，取り除く，おい払う **4.** 買う，手に入れる，求める **5.** 買い占める，買い込む **6.** 償う，賠償する，罪滅ぼしをする **7.** 履行する，果たす，する redimi（受不）e servitute 奴隷の身分から釈放されること pecunia se a judicibus palam redemerat 彼は公然と金で裁判官の手（断罪）から逃れていた largitione militum voluntates redemit 彼は気前のよい施しによって兵士の好意を手に入れた

redintegrō *1* red-integrāre, -rāvī, -rātum §106 **1.** 再び完全にする，回復させる，元どおりにする **2.** 新しくする，更新する，再び始める，くりかえす **3.** 元気を回復させる，生き返らせる，鼓舞する，よみがえらせる **4.** 欠を補う，不足を満たす eius adventu redintegrato animo (9f18) 彼の到着によって闘魂が新しくよみがえり

reditiō *f.* reditiōnis *3* §28 ［redeō］帰ること，帰宅，帰還

reditus *m.* reditūs *4* §31 ［redeō］ **1.** 帰ること，帰国（追放から），帰還，復帰 **2.**（天）回帰，回転，運行 **3.** 返報，返礼 **4.** 収入，収益 in reditu esse（その土地は）収入をもたらしている（産出している） reditus in gratiam cum inimicis 敵との和解

redivia → reduvia

redivīvus *a.1.2* redivīv-a, -um §50 **1.** 生き返った，元気をとり戻した **2.** 再利用された，中古の redivivum me senem meretrix vocat 娼婦は私を生き返った老人と呼んでいる

redoleō *2* red-olēre, -oluī, —— §108 **1.**（自）匂う，臭い，芳香（悪臭）を放つ **2.**（他）～の臭いを放っている，～の匂いを出している mihi ex illius orationibus redolere ipsae Athenae videntur 私には彼の演説からはアテーナイそのものの匂いが発散しているように思える antiquitatem redolere 古代の匂いがする

redōnō *1* re-dōnāre, -dōnāvī, —— §106 **1.** 返す，報いる **2.**（恨みを）捨てる，忘れる，許す graves iras Marti

redonabo 軍神マルスのため私は深い遺恨を忘れるだろう

redūcō *3* re-dūcere, -dūxī, -ductum §109 **1.** 連れて帰る，つれ戻す，引きずり込む **2.** 案内して帰る，お伴をして帰る，ひっこめる，撤退させる，後におく，とっておく **3.** もとへもどす，正道へ返す，復原する，呼び返す，帰国させる，復位（権）させる，復活させる **4.** ある形・状態にする，変える falces tormentis introrsus reducebant 彼らは破城鉤を巻揚機でひっぱり込んだ lambendo (119.5) mater in formam reducit（狼の）母親は（舌で）なめながら（子の）姿形をととのえた

reductor *m.* reductōris *3* §26 ［redūcō］ **1.** 連れ戻す人 **2.** 再建する人，回復（復旧）する人

reductus *a.1.2* -ducta, -ductum §50 ［redūcō の完分］ 深くへこんでいる，後退した

reduncus *a.1.2* red-unc-a, -um §50 **1.**（つの）後ろに曲がった，そりかえった **2.**（くちばし）かぎのように曲がった

redundō *1* red-undāre, -dāvī, -dātum §106 **1.** あふれる，氾濫する **2.** 大量に湧き出る，噴き出す **3.** 過度に浸される，おおわれる，満たされる **4.** ふりかかる，はねかえる，波及する Nilus campis (9f1. ハ) redundat ナイル川が平野に氾濫する crux civis Romani sanguine redundat 十字架がローマ市民の流血でおおわれる infamia ad amicos redundat 不名誉が友人の身にはねかえってくる

reduvia（**redivia**）*f.* reduviae *1* §11 **1.** 指のささくれ **2.** ささいなこと cum capiti mederi debeam, reduviam curo 私は（彼の）命の回復を心配せねばならないとき，指のささくれを気にしている（大事を忘れ小事にかかづらっている）

redux *a.3* reducis §55 ［redūcō］ **1.**（神について）導いて家（国）に連れ戻す **2.** 帰宅する，帰国する **3.** 元へ戻った，再生した facere aliquem reducem ある人を帰らせる navi reduce (9f18) 船が港に帰ると

refēcī → reficiō

refectiō *f.* refectiōnis *3* §28 [reficiō] 1 修理, 修繕 **1.** 復旧, 回復 **2.** 作りなおす, 改造 **3.** 元気, 回復, 休息, 気晴し

refectus → reficiō

refellō *3* re-fellere, -fellī, ── §109 [re-, fallō §174(2)] **1.** 間違っていることを示す, 証明する, 反駁する, 反証をあげて論破する eorum vita (9f11) refellitur oratio 彼らの言説は彼らの生き方で反駁される

referciō *4* re-fercīre, -fersī, -fertum §111 [re-, farciō §174(2)] 一杯詰め込む, 満たす, 積み重ねる corporibus cloacas (9e11) referciri 下水溝は死体で満ち溢れる

referiō *4* referīre §111 [re+feriō] **1.** 仕返しをする, 打ち返す, なぐり返す **2.** 反射(はんしゃ)する, 反映する, 反響する

referō 不規 re-ferre, ret-tulī(re-tulī), re-lātum (rel-lātum) §158 **1.** 持ち帰る, 連れ戻す(出発点へ) **2.** 返す, 支払う, 報いる, 答える, 伝える, 報告する, 知らせる, 言う **3.** 引き渡す, 手渡す, もたらす **4.** くりかえす, 再現する, 復活させる, 思い出す, 熟考する **5.** 引きあげる, 撤退する **6.** 公に知らせる, 討議に付す, 提案する **7.** 記入する, 登録する **8.** 認める, 数える, 見なす **9.** あるものからそらし別なものに向ける, 関係づける, あるもののせいにする, 帰す, 負うている, 属すると認める se referre 帰る referri 帰る, 着く classem relatam (117.5) nuntio 艦隊が帰ってきたと私は知らせる pedem referre 帰る, 退く, ひっこむ vulneribus defessi pedem referre (117.4) coeperunt 彼らは負傷して疲れ退去し始めた tunc relata (est) de integro res ad senatum そのときその問題は新規に元老院の審議に付託された omnia ad igneam vim referre すべてを火の力に帰す(万物の根源は火にある) gratiam referre 感謝する, 報いる, 償う

rēfert 非 rē-ferre, re-tulit [rēs, ferō] §170 相違を生じる, 影響する,

関係している, 重大である quid id refert mea (170 注)? それが私と何の関係があるのか humanitatis (9c11) plurimum refert それはこの上なく仁義の問題である non refert dedecori (9d10) 不面目にかけて大差なし

refertus *a.1.2* refert-a, -um §50 [referciō の完分] (比)refertior (最) refertissimus 一杯つまった, 満ちた, 詰め込まれた, 混雑した theatrum celebrite (9f17) refertissimum 大勢の客でぎっしりつまった劇場

referveō *2* re-fervēre, ──, ── §108 白熱している, 燃えている

reficiō *3b* re-ficere, -fēcī, -fectum [faciō] §§110,174(2) **1.** もとどおりにする, 原状へもどす, 復原する **2.** 回復させる, 再興する, 修復する, 修繕する **3.** 改造する, 改作する, 強固にする, 新しくする, 元気づける, 生き返らせる, 鼓舞する **4.** 再選する, 再び指名する **5.** 金をとりもどす, とりたてる se reficere 回復する, 奮起する refectā spe (9f18) 希望がよみがえって ea, quae sunt amissa, reficere instituit 彼は消失していたものを再建しようと決心した

refīgō *3* re-fīgere, -fīxī, -fīxum §109 **1.** はずす, ゆるめる, とく, はぎとる **2.** (法律・制度)取り消す, 無効とする, 廃止する

refingō *3* re-fingere, ──, ── §109 作り直す(変える), やり直す

refīxus → refīgō

reflāgitō *1* re-flāgitāre, ──, ── §106 大声でくりかえして要求する

reflectō *3* re-flectere, -flexī, -flexum §109 **1.** 後ろへ曲げる(たわめる, 回す), 後ろへ向ける **2.** 振り返る, 向きを変える **3.** あとへ戻す, 引き返す **4.** そむける, 変える, 曲げる pedem ~ 後戻りする caudam ~ 尻尾をまく reflexa cervice (9f18) 首を後ろに向けて longos reflectitur ungues (9e9) 彼は長い爪において曲がる(彼の爪は長くなり曲がった)

reflō *1* re-flāre, -flāvī, -flātum §106 反対の(逆の)方向に(風が)吹く, 吹き返

refluō 668

す，再び吹く

refluō *3* re-fluere, ──, ── §109
1. 逆流する，もとの所へ流れて戻る **2.** 潮
が引く **3.** あふれる

refluus *a.1.2* reflu-a, -um §50
[refluō] 逆流している，退いている，引
き潮の

refodiō *3b* refodere, refōdī,
refossum §110 [reffodiō] 土を掘っ
て穴をあける，掘(は)る(壕(ごう)を)

refōrmātiō *f.* refōrmātiōnis *3*
§28 [refōrmō] 変形，変身

reformīdō *1* re-formīdāre, -dāvī,
-dātum §106 大いに恐れている，恐れ
て後へ退く，ひるむ，さける，しりごみする
ea dicere reformidat 彼はそれを云うこ
とを恐れている

refōrmō *1* re-fōrmāre, -māvī,
-mātum §106 **1.** (形・姿を)変える，
変形する，もとの形へ戻す，つくり直す
2. (性質・習慣を)変える，直す，改める
reformatus ora (9e9) in primos annos
昔の姿に若返って

refoveō *2* re-fovēre, -fōvī, -fōtum
§108 **1.** 再び(新しく，元のように)熱くす
る，温める **2.** 元気づける，激励する，生
き返らせる，復活(復元)させる，再建・回
復させる admoto igne refovebat artus
彼は火を近づけて手足を温めた aeger
animi (9c6) clamoribus populi arma
poscentis (118.1) refovebatur 精神の病
弱な彼は武器を求める国民の叫び声に励ま
されていた

refōtus → refoveō
refrāctus → refringō
refrāgor *dep.1* re-frāgārī, -gātus
sum §123(1) **1.** 反対票を投ずる，敵
対して行動する，反抗する **2.** 不利に働く，
作用する，妨げる illa lex petitioni tuae
(9d1) refragata est あの法律があなたの
請求に対し不利に働いた

refrēgī → refringō
refrēnō *1* re-frēnāre, -nāvī, -nātum
§106 **1.** 手綱で制する，制御する **2.** 拘
束する，食い止める，押さえる，阻止する
adulescentes refrenandi (121.1) a

gloria fuerunt その若者たちは名誉欲を
制御されて然るべきであった

refricō *1* re-fricāre, -cuī, -cātum
§106 **1.** 再びこする，まさつする，こすっ
て傷をつける，すり傷を与える **2.** 再びひり
ひりさせる，傷口をひろげる **3.** 再び(感情
を)刺激する，新しくさせる，蘇らす，再び
かきたる(呼び起こす) animum memoria
refricare 記憶が感情を新たにかき立てる

refrīgerātiō *f.* refrīgerātiōnis *3*
§28 [refrīgerō] 冷やすこと，冷却，
冷気，鎮静

refrīgerō *1* refrīgerāre, -rāvī,
-rātum §106 **1.** 再び冷たくする，気温
を下げる，冷やす，涼しくする，新鮮にす
る **2.** 熱(意)をさまさせる，興味を失わせ
る sua membra refrigerat undā 彼は自
分の体を(海の)水で冷やす

refrīgēscō *3* re-frīgēscere, -frīxī,
── §109 **1.** 冷える(再び)，冷たくな
る **2.** 熱を失う，熱がさめる，冷静になる
3. 速度をおとす，停止する，おそくなる
cum Romae a judiciis forum refrixerit
ローマでは法廷の審理が止まったので cor
corpore cum toto refrixit 心臓が全身
と共に冷たくなった

refringō *3* re-fringere, -frēgī,
-frāctum §109 [re-, frango §174
(2)] **1.** 無理に開く，破って開く，割る，
こわす，くだく，ひきさく **2.** (勢いを)そぐ，
くずす，とめる，妨げる

refrīxī → refrīgēscō
refūdī → refundō
refugiō *3b* re-fugere, -fūgī,
-fugitūrus §110 **1.** 逃げ帰る，逃走す
る，退く，退却する **2.** ある人の所(安全な
所)へ逃げ込む，避難する **3.** しりごみする，
ひるむ，さける，遠ざける，離れる refugit
ab litore templum 神殿は海岸から離れ
ていた animus meminisse horret luctu
(9f7) -que refugit 心は思い出すのを恐れ
悲哀をさけている

refugium *n.* refugiī *2* §13
[refugiō] 避難，避難所，隠れ場

refugus *a.1.2* refug-a, -um §50
1. 逃げ帰る，逃げ込んだ **2.** 退いた，かく

れた refugi a fronte capilli 額から後ろ
へなでつけられた髪

refulgeō *2* re-fulgēre, -fulsī, ——
§108 **1.** 光を反射する, 放射する, 輝く,
目立つ ut sol a liquidā refulget aquā 太
陽の光がなめらかな水面から照り返すよう
に

refundō *3* re-fundere, -fūdī, -fūsum
§109 **1.** 注ぎ返す, 流れを返す **2.** (受)
逆流する, あふれる, 氾濫する, あと戻り
する, (押し)返される, はね返る **3.** (受)退
く, 沈む, すべりおちる imis stagna re-
fusa vadis 深い地底から湧き上がってくる
海水 Tiberis refusus ... implevit ティ
ベリウス川が氾濫して水びたしにした sic
fata (162) iterumque refusa (118.4)
conjugis in gremium こう彼女は言って
再び夫の胸の中に身をぐったりと沈めて
ponto longe sonat unda refuso (9f18)
(防波堤に)海水がぶつかってはねかえり, そ
の波音は遠くにひびきわたる

refūsus → refundō

refūtō *1* re-fūtāre, -tāvī, -tātum
§106 **1.** 阻止する, 制する, 抑圧する
2. 撃退する, 追い返す, はねつける, 拒否
する

rēgālis *a.3* rēgāle §54 [rēx]
1. 王(女王)に属する, 国王の, 王室の,
君主の **2.** 王らしい, 君主に適しい, 壮麗
な, 堂々たる

rēgāliter 副 [rēgālis] §67(2) **1.** 王
者らしく, 堂々と, 素晴らしく **2.** 専横的
に, 横柄に

regerō *3* re-gerere, -gessī, -gestum
§109 **1.** もとの位置へ運ぶ, 動かす, 移
す, もと通りにする **2.** もどす, 返す, 報い
る, 仕返しをする, 投げ返す, 積み上げる
quo regesta e fossa terra foret
(116.10) (彼は尋ねた)濠から掘り出された
土はどこへ運ば(積み上げら)れているか
lapis regerendis (121.3) ignibus aptus
打って火を出すの(はね返す)に適した(火
打)石

rēgia *f.* rēgiae *1* §11 = rēgia
domus **1.** 王宮, 宮殿 **2.** 陣営の王の天
幕 **3.** 宮廷 **4.** 王国の首都 **5.** ヌマ王の宮

rēgiē 副 [rēgius] §67(1) **1.** 王に
ふさわしく, 堂々と, 華美に **2.** 独裁的に,
専横的に

rēgificus *a.1.2* rēgi-fica, -ficum
§50 [rēx, faciō] **1.** 王の, 王にふさわ
しい, 素晴らしい, 豪華な

regimen *n.* regiminis *3* §28
[regō] **1.** 操縦, こなすこと, 手なづける
こと **2.** 指導, 支配, 指揮, 管理, 制御
3. 舵, 操舵装置 **4.** 指導者, 指揮者

rēgīna *f.* rēgīnae *1* §11 [rēx]
1. 女王, 妃, 王の娘 **2.** 貴婦人, 奥方

regiō *f.* regiōnis *3* §28 [regō]
1. 方向, 線 **2.** 相対的な位置, 線 **3.** 土
地, 地方, 地帯, 領地 **4.** 境界線, 区域,
行政区, 属州, ローマ市の区 **5.** (宇宙の)
層, (体の)部位, 専門分野, 領域 e regio-
ne (1)一直線に, まっすぐに (2)(与・属
と)正反対に, 向かい合って, 反対の側に
e regione nobis 我々と向かい合って e
regione solis 太陽と反対の側に recta
fluminis Danubii regione ダーヌビウス
川の方向に沿ってまっすぐに, (川と平行し
て)

regiōnātim 副 [regiō] 地域毎に,
各地区で

rēgis, rēgēs → rēx

Rēgium (Rhēg-) *n.* Rēgiī *2* §13
1. イタリア南端の町, 今の Reggio **2.** 北
イタリアの町 = Rēgium Lepidi 今の
Reggio nell' Emilia

rēgius *a.1.2* rēgi-a, -um §50
[rēx] **1.** 王(家・位)に属する, 関する
2. 王の, 王様の, 専制の **3.** 王位にふさわ
しい, 王者らしい, 立派な, 卓越した, 壮
麗な regius morbus 黄疸

reglūtinō *1* re-glūtināre, ——, ——
§106 はがす, 離す, 解く

rēgnātor *m.* rēgnātōris *3* §26
[rēgnō] 王の如く支配する者, 支配者,
主人, 頭(かしら), 首長, 領主, 君主

rēgnō *1* rēgnāre, -nāvī, -nātum
§106 [rēgnum] (自) **1.** 王である, 王
として支配する, 治める, 君臨する **2.** 王

rēgnum 670

の如くふるまう, 専断的に支配する (他) (受でのみ)支配する hic regnabitur (172) gente sub Hectorea ここではヘクトルの家系の下に支配されるだろう regnandam (121.2) accipere Albam アルバの支配権を受けとる

rēgnum *n.* rēgnī *2* §13 [rēx] **1.** 王政, 王権, 王位, 玉座, 君主政 **2.** 至高, 至上権, 王威, 支配, 専制, 独裁, 暴政 **3.** 王国, 王家, 王国の都 regna vini sortiere (128) talis 君はさいころをふって酒宴の主人役にあたるだろう iniqua numquam regna perpetuo manent 不正な支配は決して永続きしない

regō *3* regere, rēxī, rēctum §109 **1.** 真っすぐに保つ, 導く, 整える, 合わせる **2.** 境(方向)を定める, 正す, 案内する, 導く **3.** 支配する, 統治する, 指揮する, 命令する **4.** 制御する, 管理する, 操縦する exercitatus finibus in regendis 境界を決定する技に長じた Tiberio regente (9f18) ティベリウスの治世中 nemo autem regere potest, nisi qui et regi (受•不) 自分をも制御できる人でない限り, 決して他人を制御することはできない

regredior *dep.3b* re-gredī, -gressus sum §§123(3), 125 [re-, gradior §174(2)] 退く, 退却する, ひっこむ, 後戻りする, 立ち去る, 帰る, 逆行する, さかのぼる

regressus *m.* regressūs *4* §31 [regredior] **1.** 帰還, 帰郷, 帰途 **2.** 退却, 後退 **3.** 隠退, もとの状態にもどること, 手を引くこと, 断念 **4.** 救済を訴える(頼る)手段, 権利, 賠償請求権

rēgula *f.* rēgulae *1* §11 [regō] **1.** 定規, ものさし, 測量桿 **2.** 真っ直ぐな棒, 板, 木材 **3.** 規則, 標準

rēgulus *m.* rēgulī *2* §13 [rēx の小] **1.** 小国の王, 酋長 **2.** 王子, 幼い王

regustō *1* re-gustāre, -tāvī, -tātum §106 再び味わう, 試食する, ためす

reī → rēs

rēiciō (rējiciō) *3b* rē-icere, -jēcī, -jectum [re-, jaciō] §§110, 174(2)

1. 後へ投げる, 投げ返す, もとの位置へ戻す **2.** はねかえす, 退ける, 拒否する, 否認する, そらす **3.** 追い返す, 撃退する, 排除する, 追放する **4.** 放棄する, 断念する, 先へのばす **5.** もどす, 嘔吐する **6.** 引き渡す, 付託する, 参照させる scutum 〜 楯を背中に投げかける(逃げるさい背後を庇うため) reiectis pilis (9f18) gladiis pugnatum est (172) 投げ槍を捨てて剣で戦われた naves tempestate rejectae eodem 同じ所へ船は嵐でおし戻された ad ipsam te epistulam reicio 私はあなたにその手紙を参照せよと言う

rējectiō *f.* rējectiōnis *3* §28 [rēiciō] **1.** 嘔吐 **2.** 拒絶, 拒否

relābor *dep.3* re-lābī, -lāpsus sum §123(3) **1.** うしろにすべる, すべってころぶ **2.** うしろへ退く(流れる), 引く, 逆流する **3.** 沈む, 倒れる, 落ちる, 帰る quis neget (116.4) arduis pronos relabi posse rivos montibus (9d12) 前方に向かって下っている川の流れが, 険しい山に向かって逆流できないと誰が言えるだろうか in Aristippi furtim praecepta relabor 私はアリスティッポスの教義にこっそりと立ち返るのだ

relanguēscō *3* re-languēscere, -languī, —— §109 **1.** 気が遠くなる, 気力を失う **2.** 衰える, だれる, ゆるむ, 弱くなる, 静まる **3.** 輝き, 情熱を失う

relāpsus → relābor

relātiō *f.* relātiōnis *3* §28 [referō] **1.** 運び返すこと, 送り返す, 返すこと **2.** 提案動議, 上申, 説明, 報告, 付記 **3.** おしもどすこと, 回付, 反論, 報復 criminis 〜 告発者の訴えた罪の責任をそっくり当人に返すこと, 反対告発 gratiae 〜 恩返し relationem in aliquid postulare あることに関し動議を提出すること

relātus → referō

relaxō *1* re-laxāre, -xāvī, -xātum §106 **1.** 広げる, 伸ばす, ゆるめる, 解く, 解放する, 自由にする **2.** 楽にする, 和らげる, 軽減する, 静める, 慰める quiete laborem 〜 休息で疲労を和らげる animi cum se corporis vinculis (9f7) relaxa-verint (116.7) 精神が肉体の拘束から解放されたので

relēctus → relego²

relēgātiō _f._ relēgātiōnis _3_ §28 [relēgō¹] ローマからの追放(市民権喪失なしで)

relēgō¹ _1_ re-lēgāre, -gāvī, -gātum §106 **1.** ローマから僻地へ追放する **2.** 遠くへ(田舎へ)移す, 去らせる, 遠ざける, 送る **3.** 他人のせいにする, 責めを負わす, 帰す milites relegati longe a ceteris 外の部隊から遠く引き離されていた兵士たち illa ornandi (119.2) causas tibi relegat 彼女は身を飾る理由をそなたのせいにする

relēgō² _3_ re-legere, -lēgī, -lēctum §109 **1.** 再び集める, 拾う, とり戻す, 探し出す **2.** 再び読む, 読み返す, 詳しく話す, 吟味する, 考慮する **3.** 跡を尋ねる, 再び旅をする, 周遊(航)する janua difficilis filo (9f18) est inventa relecto (見つけるのに)困難な戸口が, 糸を糸まきにまき戻すことで見つかった

relentēscō _3_ re-lentēscere, ——, —— §109 情熱がさめてくる, 弱まる

relevō _1_ re-levāre, -vāvī, -vātum §106 **1.** 上げる, 起こす, 高める **2.** 重荷を軽くする, 負担から解放する, 苦痛を和らげる, 元気にする, 心配をのぞく caput ～ 頭の疲れをいやす a terra corpus relevare volentem arcuit 彼は土地から体を起こそうとしているその者を妨げた

relictiō _f._ relictiōnis _3_ §28 [relinquō] (悪意ある)放棄, 見捨てること

relictus → relinquō

relicuum, relicum = **reliquum**

religātiō _f._ religātiōnis _3_ §28 [religō] 固く縛ること, しめること

religiō _f._ religiōnis _3_ §28 [religō? relego²?] **1.** 人間の感じる超自然的な拘束力, 禁忌, タブー **2.** 超自然的な力に対する恐れ, 不安, 畏怖 **3.** 宗教的・倫理的な原則・掟の持つ拘束力, 宗教的・道徳上の義務・責任(感), 細心な配慮, 良心 **4.** 神々への畏敬, 敬虔な宗教的感情, 信仰, 神々への礼拝, 祭儀, 宗教的慣例とその遵守 **5.** 迷信, 迷信的な妄想, ためらい, 不安 huc introire (117.1) nisi necessario religio est ここに入ることは関係者以外には禁止されている omnis populi Romani religio in sacra et in auspicia divisa est ローマ国民の祭祀のすべては犠牲(式)と鳥占い(の儀式)に分けられる Diana loco mutato (9f18) religionem non amisit ディアナ女神の像は場所を変えても神聖を失わなかった quod miles ... timori magis quam religioni (jurisjurandi) consulere consuverit (116.7) 兵らは(忠誠の誓いへの)義務感より恐怖に従うのが慣いであったので novas sibi ex loco religiones fingunt 彼らはその場の状況から迷信じみた奇妙な妄想をでっちあげた

religiōsē 副 [religiōsus] §67(1) (比)religiosius (最)religiosissime **1.** 超自然的なタブー, 宗教的な法則に従って, 敬虔に, うやうやしく **2.** 道徳的な義務を守って, 良心的に, 細心の注意を払って

religiōsus _a.1.2_ religiōs-a, -um §50 [religiō] (比)religiosior (最)religiosissimus **1.** 神々, 礼拝, 祭祀に細心の注意を払っている, 信心深い, 敬虔な **2.** 神聖な, 神に捧げられた **3.** 良心的な, 道義心の篤い, 厳格な, 献身的な **4.** 超自然的なタブーや宗教的な規則によって禁じられた, 縁起の悪い, 不吉な dies ～ 忌日(仕事を禁じられた日) rerum Romanarum auctor religiosissimus ローマ史の最も細心の注意を払った(正確な)著述家 qui omnia, quae ad cultum deorum pertinerent (116.8, 時称の関連による未完了・接), diligenter retractarent, sunt dicti religiosi 神々の礼拝・祭祀に関した一切のことを熱心に取り扱う人は敬虔な人と呼ばれてきた

religō _1_ re-ligāre, -gāvī, -gātum §106 **1.** (ひも・つなで)しっかりと結ぶ, 縛る, くくる, 髪を後ろで束ねる **2.** 固定させる, (船を)つなぐ, 停泊させる ferreis manibus iniectis navem religaverant

relinō

彼らは鉄製の鉤竿を投げて船をしっかりと固定させていた (hedera) quā crinis (9e9) religata fulges お前(女)はキヅタで髪をゆわえて美しく輝く

relinō *3* re-linere, -lēvī, -litum §109 (たる，つぼの)封を切る

relinquō *3* re-linquere, -līquī, -lictum §109 **1.** 立ち去る，離れる，見捨てる，放棄する **2.** (死後に)あとに残す，ある状態にしておく，余りを残す，放任する，許す **3.** 断念する，無視する，省略する **4.** (受)残っている，残されている relinquit animus Sextium 魂はセクスティウスを離れた(死んだ) integram rem (9e3) 〜 その問題をそのまま残す utilitatem communem non relinquere solum, sed etiam prodere 共通の利益を放棄するばかりか裏切ることになる relinquebatur Caesari nihil, nisi ut equitatu agmen adversariorum male haberet カエサルには，騎兵隊で敵の行軍をなやますこと以外に，なんの方法も残されていなかった (ut … カエサルには ut 以下のことより他に何も残されていなかった)

relīquī → relinquō

reliquiae *f.pl.* reliquiārum *1* §§11, 46 [reliquus] **1.** 残り(もの)，くず，かす，かけら，瓦礫 **2.** 遺品，遺骨 **3.** 生き残り，生存者 **4.** 名残り，(足)跡

reliqus, relicuus(-cus) = reliquus

reliquum *n.* reliquī *2* §13 [reliquus] **1.** 残りもの，遺品，遺骨 **2.** 未来 **3.** 延滞金，未払いの金 breve vitae reliquum 余生は短い nihil reliqui (9c4) facere 何も残さない，何もしないで放っておかない nihil ad celeritatem sibi reliqui fecerunt 彼らは急ぐためにあらゆることをした

reliquus *a.1.2* reli-qua, -quum §50 [relinquō] **1.** 余った，よけいな，残りの，生き残った **2.** その他の，あとの **3.** 来るべき，未来の omnes reliqui その他の者は皆 reliquum est (171) ut officiis certemus (116.8) inter nos あとに残されていることは我々がお互いに奉仕について競争するだけだ

relūceō *2* re-lūcēre, -lūxī, —— §108 **1.** 照り返る，光り輝く **2.** 炎を出して燃える

relūcēscō *3* re-lūcēscere, -lūxī, —— §109 再び明るくなる，輝き始める

reluctor *dep.1* re-luctārī, -tātus sum §123(1) 争う，抵抗する，反対する

relūxī → relūceō

rem → rēs

remaneō *2* re-manēre, -mānsī, -mānsum §108 **1.** あとに残る，とどまる **2.** 居続ける，持続する，そのままである，(相変わらず)存在する expone animos remanere (117.5) post mortem 魂は死後も存在し続けることを説明してくれ pars inferior integra (9a2) remanebat その下の部分は無疵のまま残っていた

remānsiō *f.* remānsiōnis *3* §28 [remaneō] あとに残る，逗留

remedium *n.* re-mediī *2* §13 [re-, medeor] **1.** 治療(法)，救済策 **2.** 薬剤，解毒剤

remēnsus → remetior

remeō *1* re-meāre, -āvī, -ātum §106 **1.** 帰る，引き返す，戻る **2.** 遅く，再び回って来る(対と) patrias urbes remeabo 私は故里へ帰ることになろう si natura juberet aevum remeare peractum (118.1) もし自然(の女神)がすぎ去った年(歳)月が再びめぐってくるように命じたら

remētior *dep.4* re-mētīrī, -mēnsus sum §123(4) **1.** 再び測る，計(測)って，同量(重)のものを返す **2.** 逆の方向に辿る，来た道を辿る，過去を辿る **3.** 遍歴する，さすらい歩く，熟考する pelago remenso (9f18, 141.a. 注) 逆の方向に航海して hi quidquid biberunt vomitu remetientur (128) 彼らは飲んだものは皆そっくり嘔吐してしまうだろう

rēmex *m.* rēmigis *3* §21 [rēmus, agō] 漕(こ)ぎ手

Rēmī *m.pl.* Rēmōrum *2* §13 北ガッリアの部族

rēmigium *n.* rēmigiī *2* §13 [rēmex] **1.** 櫂，櫂(かい)の装置 **2.** こぐこ

と **3.** こぎ手仲間 remigio veloque festinare 櫂と帆で急ぐ，大急ぎで走る meo remigio rem gero 私の好きなようにする

rēmigō *1* rēmigāre, -gāvī, -gātum §106 （舟を）こぐ

remigrō *1* re-migrāre, -rāvī, -rātum §106 旅から帰る，戻る

reminīscor *dep.3* re-minīscī, ——, —— §§123(3), 125 思い出す，回想する（属・対・不句と）veteris famae (9c9) 〜 昔の栄光を思い出す

remisceō *2* re-miscēre, -miscuī, -mixtum (-ī-?) §108 混ぜる，混合する veris falsa remiscet (9d4) （詩人は）真実と虚構を織り混ぜる

remīsī → remittō

remissē 副 [remissus] §67(1) (比)remissius **1.** 穏やかに，気楽に，自由に，軽い気持ちで **2.** 締まりなく，不注意に，だらしなく，無気力に

remissiō *f.* remissiōnis *3* §28 [remittō] **1.** 送り返すこと，反射（光の），解放 **2.** ゆるめること，低くすること，下げること，和らげること **3.** 楽にする，くつろぎ，気晴らし，休養，回復 **4.** 軽減，免除，取り消し，許し superciliorum 〜 愁眉を開くこと vocis 〜 声を低くすること animi 〜 気晴らし，寛大

remissus *a.1.2* remiss-a, -um §50 [remittō の完分] (比)remissior (最)remississimus **1.** ゆるんだ，弛緩した，だらりとした，しまりのない **2.** 元気のない，弱った，なえた **3.** 熱のない，無精な，怠けた **4.** くつろいだ，のんびりした，ぬるい，温和な，無頓着な，鷹揚な agilem oderunt remissi 鷹揚な人は抜け目のない人を嫌う

remittō *3* re-mittere, -mīsī, -missum §109 **1.** もとへ送り返す，追い返す，投げ（突き）返す **2.** 返す，返還する，送る，手渡す，さし向ける **3.** 放つ，放出する，出す，行かせる，流す **4.** 大目に見る，見逃す，放免する，解放する，譲歩する **5.** 見捨てる，放棄する，断念する，止める **6.** （緊張を）ゆるめる，とく，和らげる，静める，力をぬく，くつろがせる，休ませる，のんびりさせる **7.** （自）和らぐ，弱まる（= se

remittere) tractata (118.4) notam labemque remittunt atramenta インクを使うとその跡やよごれを（指に）返してくれる calor mella liquefacta remittit 暑さが蜜を液状となし流すのである aequo animo remittendum (121.1) de celeritate existimabat 彼は平静になって急行軍は断念すべきだと考えた vinclis remissis (9f18) 絆がゆるむと animos remiserant a contentione pugnae 彼らは熱烈な戦闘意欲から心を解放していた（意欲を鎮めた，心を休めた）

remixtus → remisceō

remōlior *dep.4* re-mōlīrī, -molītus sum §123(4) 押し返す，持ち上げる

remollēscō *3* re-mollēscere, ——, —— §109 **1.** 再び柔らかくなる，とける **2.** 柔弱となる，和らぐ

remolliō *4* re-mollīre, -mollīvī, -mollītum §111 **1.** 体を柔弱にする，骨抜きにする **2.** 決心をにぶらせる，和らげる，優しくする

remordeō *2* re-mordēre, -mordī, -morsum §108 **1.** 噛み返す **2.** 絶えず苦しめる，悩ます，責めさいなむ

remoror *dep.1* re-morārī, -morātus sum §123(1) **1.** （自）おくれる，ひまどる，ぐずぐずしている **2.** （他）おくらせる，はばむ，阻止する，待たせる fugiunt, freno non remorante, dies 月日は速く去る，手綱がおくらせ（阻止し）ないので

remōtus *a.1.2* remōt-a, -um §50 [removeō の完分] (比)remotior (最)remotissimus **1.** 遠く離れた，へんぴな，前の，昔の **2.** 縁遠い，関係のない，自由な **3.** 見知らぬ，難解な，なじまない，異常な homo ab omni suspicione 〜 あらゆる疑いから遠い人 quamvis longā regione (9f7) remotus absim 私は遥か遠い所に離れているけれども

removeō *2* re-movēre, -mōvī, -mōtum §108 **1.** （うしろへ，元へ）動かす，帰す **2.** 遠ざける，運び去る，移す **3.** 片づける，除去する，追放する se a negotiis publicis 〜 公職から離れる aliquid ex conspectu 〜 何かを見るのを

remūgiō　674

さける

remūgiō *4* re-mūgīre §111 **1.** も
うと鳴き返す，ほえ（うなり，どなり）返す，
騒音で答える **2.** 騒音で鳴り響く，反響す
る

remulceō *2* re-mulcēre, -mulsī,
-mulsum §108 **1.** なで（さすり）返す，
なだめる，なぐさめる，愛撫する **2.** やさし
く後ろの方へ（尻尾，耳たぶを）たらす，ね
かせる，まげる

remulcum *n.* remulcī *2* §13 引
き綱

remulsus → remulceō

Remulus *m.* Remulī *2* §13 （神）
アルバの王

remūnerātiō *f.* remūnerātiōnis *3*
§28 報酬，返礼，謝意，恩返し

remūneror *dep.1* re-mūnerārī,
munerātus sum §§123(1), 125
1. 報いる，報酬を与える **2.** 報復する，仕
返しをする

remurmurō *1* re-murmurāre
§106 **1.** さざめき，つぶやきを返す，ささ
やきで答える **2.** 不平を言い返す

rēmus *m.* rēmī *2* §13 櫂(ゕ)，櫓
(ろ) ventis remis (que) 風と櫂とで，全
速力で，全力をつくして

Rĕmus *m.* Remī *2* §13 Rōmulus
の双子の兄弟

renarrō *1* re-narrāre §106 再び
語る，詳しく話す

renāscor *dep.3* re-nāscī, -nātus sum
§123(3) **1.** 再生する，新しく作られる，
再建される **2.** また起きる，現れる **3.** 再び
生長する，更新される，回復する，生き返
る

reneō *2* re-nēre, ——, —— §108
解きほぐす，元へ戻す dolent haec fila
reneri 彼女（運命の女神）らはこれらの運
命の糸がときほどかれる（運命の決定がひっ
くりかえる）と心配している

rēnēs *m.pl.* rēnum *3* §28 (*sg.*
rēn, rēnis は用いられない §47) 腎臓

renīdeō *2* re-nīdēre, ——, ——
§108 **1.** 照り輝く，反射する，きらめく
2. 喜びに輝く，ほほえみかける，ほほえみ

返す falsum (9e5) renidens vultu (9f3)
（彼は）顔にいつわりの微笑を浮かべながら
adjecisse praedam (9e11) torquibus
exiguis renidet (117.5) 彼はささやかな
首飾り（勲章）に戦利品が加わったことを喜
んでいる

renītor *dep.3* re-nītī, -nīsus sum
§123(3) 抵抗する，争う，逆らう，屈し
ない

renō[1] *1* re-nāre, -nāvī, -nātum §106
泳いで帰る，浮かび上がる

rēnō[2] (**rhenō**) *m.* rēnōnis *3* §28
＜ゲ？ トナカイの毛皮，その毛皮服

renōdō *1* re-nōdāre, -dāvī, -dātum
§106 **1.** うしろで結ぶ **2.** 結び目をほどく

renovāmen *n.* renovāminis *3*
§28 [renovō] 新しい状態(形)

renovātiō *f.* renovātiōnis *3* §28
新しくすること，更新 **2.** 借用契約・利息
の更新，複利

renovō *1* re-novāre, -vāvī, -vātum
§106 **1.** 新しくする，もとにもどす，とり
戻す **2.** 復旧する，回復させる，再建する
3. 反復する，繰り返す **4.** 更新する，再開
する，やり直す **5.** 元気にする，生き返ら
せる，新鮮にする belli renovandi (121.3)
consilium capere 戦争再開を決心する
renovato (9f18) quiete (9f11) exercitu
休息によって軍隊が元気になると

renuī → renuō

renumerō *1* re-numerāre, -rāvī,
-rātum §106 **1.** 返済する，支払う
2. 数えて知らせる

renūntiātiō *f.* renūntiātiōnis *3*
§28 [renūntiō] **1.** 公示，公告 **2.** 選
挙結果報告

renūntiō *1* re-nūntiāre, -tiāvī,
-tiātum §106 **1.** 報告を持ち帰る，報
告する，知らせる **2.** 公告する，公布する，
宣言する **3.** 放棄する，契約・友情などの
関係を絶つ，願い・約束などを取り消す
legati ad renuntiandam (121.3) amici-
tiam regi misi (sunt) 使節が友情（同盟
条約）を放棄するため王の所に送られた jube
ad illum renuntiari (受・不) 彼に伝え
てくれ「私は招待受諾を取り消す」と．（夕食

会に欠席すると)

renuō *3* re-nuere, -nuī, —— §109
頭(目)を後へ向けて不賛成の合図をする,
賛成しない, 反対する, 拒否する

reor *dep.2* rērī, ratus sum §§123
(2), 125 信じる, 考える, 思う, みなす,
推定する (117.5, 9e3) ut rebare (127)
あなたが考えていたように(挿入句のように)
alii rem incredibilem rati (118.4) 他の
者はそのことを信じられないと考えたので

repāgula *n.pl.* repāgulōrum *2*
§13 [repangō「さし込む」] **1.** 戸, (門・
扉)の横木, かんぬき **2.** 柵(きく), 抑制

repandus *a.1.2* repand-a, -um §50
後ろに曲がった, 上にそり返った

reparābilis *a.3* reparābile §54
[reparō] 取り戻される, 取り替えられ
る, 修繕できる, 償い得る, 回復され得る

reparō *1* re-parāre, -rāvī, -rātum
§106 準備する **1.** 再び取る, 得る, とり
戻す **2.** 元どおりにする, 回復させる, 新し
くする, 再建する, 修理する **3.** 交換する,
交換して入手する, 購入する

repastinātiō *f.* repastinātiōnis *3*
§28 [repastinō「掘り返す」] 土を再び
掘り返すこと, 二度鋤(す)き

repectō *3* re-pectere, -pexī, -pexum
§109 髪を後ろへくしけずる, 再びとく,
梳(す)く

repellō *3* re-pellere, reppulī,
repulsum §109 **1.** 追い返す, 撃退す
る, 追い払う, 追撃する **2.** あとへ引き返
すように命ずる, 思いとどまらせる **3.** しり
ぞける, 拒絶する, 突き放す **4.** 妨げる, か
わす, よける **5.** 排除する, 締め出す, 除
外する hostes a castris ～ 敵を陣営から
撃退する ab hac spe repulsi (118.4) 彼
らはこの希望を妨げられると

rependō *3* re-pendere, -pendī,
-pēnsum §109 **1.** 等量にはかって分け
る, 釣り合わせる **2.** 目方をはかって返す,
代価を支払う **3.** 返済する, 賠償する, 償
う, 返す, 報いる, 補う, 埋め合わせる
pro C. Gracchi capite aurum repen-
sum ガイウス・グラックスの頭の代わりに
支払われた黄金 ingenio formae damna

～ 不格好な体を精神(才気)で埋め合わせ
る suum cuique decus posteritas re-
pendit 後世はどんな人にもその人にふさわ
しい名誉をはかって与えた si magna (9e5)
rependam もし私が大きな償いをしたなら
ば

repēns *a.3* repentis §55 **1.** 突然
の, 思いもかけぬ, 不意の **2.** 全く新しい,
今迄未知の hostium repens adventus
敵の突然の到着 quid repens aut vetus-
tate (9f15) obscurum 何か全く新しいも
のか, あるいは古くてわからなくなったもの
か

repēnsus → rependō

repente 副 [repēns] **1.** 突然に, 不
意に **2.** たちまち(のうちに), ただちに

repentīnō 副 §67(1) 突然に, 不意
に

repentīnus *a.1.2* repentīn-a, -um
§50 [repēns] **1.** 不意の, 突然の, 不
意におこった(現れた) **2.** 緊急事態に備え
て, にわかにつくられた, 即席の

repercussus *m.* repercussūs *4*
§31 **1.** はね返すこと, 反撃 **2.** 反射, 反
響, こだま **3.** 反射面へ光がつきあたること

repercutiō *3b* re-percutere, -cussī,
-cussum §110 **1.** はね返す, 押し返す,
追い返す, 突き返す, 撃退する **2.** はねつ
ける, 拒絶する **3.** 反駁する, 反論する
4. 反射する, 反響する **5.** 打つ, つき当た
る, 衝突する orbem dura repercussum
(118.1) subjecit in aera tellus 固い大地
は円盤をはね返し空中へ投げ上げた clamo-
res repercussae (118.4) valles auge-
bant 山峡はこだまして叫び声を大きくして
いた

reperiō *4* re-perīre, repperī (reperī),
repertum [re-, pariō] §§111, 174
(2) **1.** 再び見出す, 探して見つける, 尋
ねて知る, 見つけ出す, 探究する, 調査す
る **2.** 出会う, 体験する, 習得する, 得る,
知る, 認める **3.** 考えて見つける, 悟る, 工
夫する, 発明(発見)する omnes inimicos
(9e3) mihi repperi 皆が私の敵であるこ
とを知った cum quaereret (116.5), sic
reperiebat nullum aditum esse (9e11)

repertor 676

彼は探し求めたが, 全く接近する方法のないことがわかった

repertor *m.* repertōris 3 §26 〔reperiō〕 発明(発見)した人, 創造(創建)者, 元祖, 張本人

repertus → reperiō

repetītiō *f.* -tītiōnis 3 §28 〔repetō〕 **1.** 返却を要求すること, その権利, 請求 **2.** くりかえし, 反復

repetītor *m.* repetītōris 3 §26 〔repetō〕 返還を請求する人

repetō 3 re-petere, -petīvī (-tiī), -petītum §109 **1.** 再び向かって進む, 襲う, 攻撃する **2.** 再び追求する, 取り(連れ)戻す, 尋ねる, さがし求める **3.** 再び企てる, 始める, 再開する, くりかえす **4.** 始まり・源へ戻る, さかのぼる, 由来を尋ねる, 熟考する, 記憶の中で呼びおこす, 回顧する, 思い出す **5.** 再び訴える, 返還を求める, 回復する consuetudo longo intervallo (9f2) repetita 長い間をおいて(再び)とり戻された習慣 hujus sententiae gravitas a Platonis auctoritate repetatur この高貴な思想はプラトーンの権威にまでさかのぼられるかも知れぬ repudiatus repetor 私は追放されて呼び戻される aliquid memoriā 〜 あることを記憶の中で呼びおこす repetere memoriam alicujus rei あることの記憶(思い出・歴史)をたどる res 〜 不当に取得された財産の回復・返還を請求する(その訴訟を起こす) lex de pecuniis repetundis (121.3) 役人から不法に奪われた(税)金の返還請求に関する法, 役人の金品強要罪の法, 不法誅求(罪)法

repetundae (= **pecūniae repetundae**) *f.pl.* repetundārum 1 §11 〔*cf.* repetō 2〕 **1.** pecuniarum repetundarum reus 不法誅求(公務員の恐喝取得)罪の被告 de pecuniis repetundis damnatus est 彼は不法誅求罪(法)で断罪された **2.** (pecuniae なくても) repetundarum causae, crimen, lex 不法誅求の訴訟, 罪, 法 de repetundis postulare 不法誅求罪で告発する

repleō 2 re-plēre, -plēvī, -plētum §108 **1.** 再び満たす, (もと通り)一杯にする, 満たす **2.** 不足を補って完全にする, 埋め合わせる, 完成する, 仕上げる **3.** 十分に与えて満足させる repleto his rebus (9f16) exercitu (9f18) これらの物を兵士らはたっぷりと供給されると

replētus *a.1.2* re-plēt-a, -um §50 〔repleō の完分〕 満ちた, 一杯の(9f17)

replicō 1 re-plicāre, -cāvī, -cātum §106 **1.** 折り重ねる, たたむ, 後ろへ曲げる **2.** (巻子本を)開く, 巻きもどす, 読む, くりひろげる **3.** 熟考する labra ... porriguntur ... velut quodam fastidio (9f9) replicantur (両)唇が前に突き出され, あたかも軽蔑するかのように上の方へそり返る victimarum jocinera replicata intrinsecus 生贄の肝臓が内側に向かって折りたたまれていた

rēpō 3 rēpere, rēpsī, rēptum §109 **1.** 這う, 両手と膝で動く **2.** のろのろ進む, 忍び足で歩む **3.** (つる・つた)這う sermones repentes per humum 地上を這う(平俗な)会話体詩(高尚な叙事詩と対比された書簡詩)

repōnō 3 re-pōnere, -posuī, -positum §109 **1.** もとの位置・状態に戻す, 再びおく, おきなおす **2.** 復原(再建)する, 修復する, とりかえる, とりのぞく **3.** 報いる, 答える, 返す **4.** 置く, とっておく, 別にしておく, 休ませる **5.** 後へ倒す, 曲げる **6.** 数える, 考える, みなす insigne regium, quod ille de suo capite abjecerat, reposuit 彼は自分の頭から脱いでいた王のしるしを元の所へ返した in gremio litteras 〜 手紙を懐にしまっておく falcem arbusta reponunt ブドウ園は刈り込み鋏を休ませている(使わなくなった) in deorum numero 〜 神々の列に加える, 神々とみなす

reportō 1 re-portāre, -tāvī, -tātum §106 **1.** 元の所へ(家に)持ち帰る, 連れ戻す, 戻す **2.** 知らせを持ち帰る, 報告する nihil praeter laudem ex hostibus reportare 敵から賞賛以外は何も持ち帰らない

reposcō (-ō- ?) 3 re-poscere, ——, —— §109 **1.** 返還を求める, 再び求め

る **2.** (正当な権利として)要求する

repositōrium *n.* -tōriī *2* §13 [repōnō] 料理(品)運搬台

repositus *a.1.2* reposit-a, -um §50 [repōnō の完分] 遠い, 人里離れた

repostor *m.* repostōris *3* §26 [repōnō] 再建者, 復興者

reposuī → repōnō

repōtia *n.pl.* repōtiōrum *2* §13 [pōtō] 結婚式の翌日の祝宴, 祭りの後の酒盛り

repperī → reperiō

reppulī → repellō

repraesentātiō *f.* repraesentātiōnis *3* §28 **1.** 現金支払い **2.** 目の前に見せること, 提示

repraesentō *1* re-praesentāre, -tāvī, -tātum §106 **1.** 目の前におく, 再現する, 見せる, 描写する, 思い出させる **2.** すぐ実行する, 直ちに役立たせる, 急がせる **3.** 似せる, まねる **4.** 現金で支払う, すぐ払う templum repraesentabat memoriam consulatus mei その神殿は私の執政官時代の思い出をよみがえらせてくれた si repraesentari morte mea libertas civitatis potest もし私の死によって町の自由が再現可能となるなら(取り戻せるならば)

repre(he)ndō *3* re-prehendere, -prehendī, -prehensum §109 **1.** しっかりと捕まえて(摑んで)離さない, 進むのをおしとどめる, 制止する, 妨げる **2.** 責める, 叱る, 非難する **3.** 反駁(ば)する **4.** 有罪の判決を下す consilium reprehendendum (121.1) non videtur (117.6) その決断は非難されるべきではないと思われる revocat virtus vel potius reprendit manu 善(徳)は(私を)呼び戻す, いやむしろその手で私を摑んで離さないのだ

reprehēnsiō *f.* reprehēnsiōnis *3* §28 [reprehendō] **1.** 欠点・過失を見つけること, 非難, 批判 **2.** (修)自己批判・訂正, 反芻

reprehēnsō *1* reprehēnsāre, ──, ── §106 [reprehendō] 捕まえてひき留める, ずっと留めておく

reprehēnsor *m.* reprehēnsōris *3* §26 [reprehendō] 非難する人, 批評家, 落ち度をとがめる人(あら探し屋)

repressī → reprimō

repressor *m.* repressōris *3* §26 [reprimō] 阻止する人, 抑制する人

reprimō *3* re-primere, -pressī, -pressum §109 **1.** (勢い・動きを)阻止する, 防ぐ, 食い止める, 妨げる, 抑制する **2.** 押さえ込む, 鎮圧する **3.** 追い返す, 撃退する fletu reprimor ne scribam 私は手紙を書くのを涙で妨げられている homines odium suum a corpore (9f7) eius represserunt 民衆は彼らの憎悪を彼の体から抑制した(憎悪を抑えて彼の体に暴力をふるわなかった)

reprōmissiō *f.* reprōmissiōnis *3* §28 [reprōmittō] 正式な約束, 保証, 相互契約

reprōmittō *3* re-prōmittere, -mīsī, -missum §109 **1.** 正式に約束する, 保証する **2.** お互いに(再び)約束する **3.** 保証する

rēpsī → rēpō

rēptō *1* rēptāre, -tāvī, -tātum §106 [rēpō] **1.** 這う **2.** こっそりと(ぶらぶら)歩く, ゆっくり動く

repudiātiō *f.* repudiātiōnis *3* §28 [repudiō] 拒否, 拒絶, 否認, 否決

repudiō *1* re-pudiāre, -diāvī, -diātum §106 [repudium] **1.** 正式に拒否する, 離婚する **2.** 受けとるのを拒む, はねつける, つき返す, 退ける **3.** 無視する, 侮る

repudium *n.* repudiī *2* §13 [re-, pudet?] **1.** 将来の妻(夫)を拒否, 否認, 婚約破棄 **2.** 離婚

repuerāscō *3* re-puerāscere, ──, ── §109 再び子供(小児)となる

repūgnāns (**-u-** ?) *a.3* repūgnantis §58 [repūgnō の現分] **1.** 反目している, 矛盾している, 敵対する **2.** 異なった, 反対の **3.** 強情な, がんこな

repūgnanter 副 [repūgnāns §67 (2)] 反感を抱いて, 反対して

repūgnantia *f.* repūgnantiae *1*

repūgnō　678

§11　［repūgnō］　**1.** 反目（対立）の状況　**2.** 対立，矛盾　**3.** 衝突，争い

repūgnō（**pu-** ?）　*1*　re-pūgnāre, -nāvī, -nātum　§106　**1.** 抵抗する，反抗する，反対する，身を守る　**2.** 争う，戦う，もがく，あがく　**3.** 相容れない，両立しない，矛盾する　non oppugnavi fratrem tuum, sed fratri tuo repugnavi 私はあなたの兄弟を攻撃したのではなくて，あなたの兄弟に対し自分を守ったのだ

repulsa　*f.*　repulsae　*1*　§11　［repellō の完分］　**1.** 官職を得ることに失敗すること，立候補して落選すること　**2.** 申し出を拒否されること　amor crescit dolore repulsae 愛は拒否の苦しみによって増大する

repulsō　*1*　repulsāre, -sāvī, -sātum　§106　［repellō］　**1.** 押し返す　**2.** 排撃する，はねつける，拒否する

repurgō　*1*　re-purgāre, -gāvī, -gātum　§106　**1.** 掃除する，清める　**2.** （不要，障害物を）取り除く，きれいにする，刈り込む　praemissis (eis), qui repurgarent (116.8, 時称の関連で未完了) iter 道をきれいにする（ための）人たちが先に送られて

reputō　*1*　re-putāre, -tāvī, -tātum　§106　**1.** 計算して確かめる，合計する　**2.** 考慮に入れる，斟酌する　**3.** よく考える，検討する

requiēs　*f.*　re-quiētis　*3*　§21　（単のみで変化，対は requiem が普通，与はなし，奪は requiēte か，requiē §§46, 47）　**1.** 労働の後の休息，くつろぎ　**2.** 気晴らし，休養　**3.** 心の平和，平穏，安心

requiēscō　*3*　re-quiēscere, -quiēvī, -quiētum　§109　**1.** 休息をとる，休む（労働の後で）　**2.** 横になって休む，眠る（地下で）　**3.** くつろぐ，のんびりする　**4.** よりかかる，もたれる，支えられる　**5.** （他）休ませる　ossa, tuta requiescite in urna 骨よ，安全な壺の中で眠りたまえ　vitis requiescit in ulmo ブドウの木はニレに支えられている

requīrō　*3*　re-quīrere, -quīsīvī (-siī) -quīsītum　§109　［re-, quaerō §174 (2)］　**1.** 探す，探している，探し求める，探究する　**2.** 問う，尋ねる　**3.** 要求する，得ようと試みる，答えを求める　**4.** 必要とする，ある人（あるもの）のいないのを感じて淋しく思う　aliquid ab (ex) aliquo 〜 あることについて誰々に質問する　majorum nostrorum saepe requiro prudentiam 私はしばしば我々の先祖の知恵の失われたのを惜しむ　virtus nullam requirit voluptatem 徳はいかなる快楽をも必要としない

requīsītus　→ requīrō

rēs　*f.*　reī　*5*　§34　**1.** （自然界のもの）存在，物質，無生物，事物，世界，森羅万象，材料，原料，要事　**2.** （人為的なもの）（イ）事件，出来事，事実，現実，真実，仕事，行為，業績，手柄，歴史（ロ）戦争，作戦（ハ）訴訟物，訴訟事件　**3.** （人を囲むもの）関係，場合，事情，関心事，話題，対象，問題，環境，条件，運命　**4.** 私的なもの，利益，財産，富，所有物　**5.** 公的なもの，公職，国務，共同体，国の管理，政体，政治生活，国（= res publica）　maxima rerum Roma 世界に冠たるローマ　ex (pro) re (9f3) et ex (pro) tempore 場合と時により　e re nata その場の状況から　eā re (9f15) そのために，それ故に　eos deos non re, (9f12) sed opinione (9f12) esse dicunt 世間は彼らが神々だと言っている，事実だからではなく噂として　mecum eis res erit 彼らは私とかかわり合うだろう　res populi Romani ローマ国民の歴史　custode rerum Caesare (9f18) カエサルが国家の番人であったとき　res novae 政治的変化，革命　eum (9e11) rem fidemque perdere aiunt 世間では彼は財産も信用も（なにもかも）失っていると言われている　res loquentur nobis tacentibus 我々がだまっていても，事実が語ってくれる　jam rebus (9f18) quisque relictis naturam primum studeat (116.2) congnoscere rerum いまこそ，各人は他のことは捨てて，まず第一に万物の本性を熱心に知ろうと努めるべきである

resacrō　→ resecrō

resaeviō　*4*　re-saevīre, ——, ——　§111　再び激怒する

resalūtō *1* re-salūtāre, -tāvī, -tātum §106 挨拶を返す

resānēscō *3* re-sānēscere, -sānuī, —— §109 再び元気(健康)になる, 回復する

resarciō *4* re-sarcīre, -sarsī, -sarsum (-sartum) §111 **1.** 直す, つくろう, 元どおりにする, 修復する, 補う, 埋め合わせをする, 償う

rescindō *3* re-scindere, -scidī, -scissum §109 **1.** 裂いて(切って)分かつ, 切り離す, 引き裂く, 破壊する, 切り倒す, 崩す **2.** 破棄する, 取り消す ense teli latebram penitus ～ 矢の先の潜むところ(傷口)を底まで剣で切り開く

rescīscō *3* re-scīscere, -scīvī (-sciī), -scītum §109 知るようになる, 聞いて知る, たまたま知る

rescissus → rescindō

rescrībō *3* re-scrībere, -scrīpsī, -scrīptum §109 **1.** 返事を書く, 文章で答える, (皇帝が)回答する **2.** 新たに書く, 再び書く, 書く, 反論する, 返す **3.** 別に(再び)登録する, 移籍させる **4.** 文書で返済する(帳簿で貸方へ移す) tibi epistulam, quam ad eum rescripseram, misi (書簡体完了) 私が彼宛に返事として書いていた手紙をあなたに送ります

resecō *1* re-secāre, -secuī, -sectum §106 **1.** (髪・つめ)切って短くする, (枝・葉)切り戻す, 刈り込む **2.** 短くする, 制限する, 切り捨てる **3.** (根本から)切断する, 切り離す neque id ad vivum reseco 私はそれ(言葉)を(爪のように)生身まで切りとらない(厳密な意味で解釈しない)

resecrō *1* re-secrāre, ——, —— §106 [re-, sacrō] **1.** 再び(くりかえして)嘆願する **2.** 呪詛から解放する

resectus → resecō

resēdī → resideō, residō

resēminō *1* re-sēmināre, ——, —— §106 **1.** 再びたねをまく **2.** 再び生む, ふやす

resequor *dep.3* re-sequī, -secūtus sum §123(3) 話し手のあとを追う, すぐ答える, 応じる

reserō *1* re-serāre, -rāvī, -rātum §106 [re-, sera] **1.** (門・戸の)門を(錠を)はずす **2.** あける, 開く, (封を)解く **3.** あばく, さらす, 見せる **4.** 知らせる, 打ち明ける, 明言する **5.** 道をあける, 近寄り易くする ubi, Jane, longum reseraveris annum ヤーヌス神よ, そなたが長い一年を(新しく)開くとき jam reseratam Italiam audietis 今やイタリアへの道は開かれたとの報告を諸君は聞くだろう

reservō *1* re-servāre, -vāvī, -vātum §106 **1.** (他日のため)とっておく, 預かる, あと回しにする, 持ち越す, (行動, 考えを)控える, 保留する

reses *a.3* residis §55 [resideō] **1.** 動かずにとどまっている, 不活発の **2.** 怠惰な, のらくらした, 冷淡な, 鈍い reses aqua よどんでいる水 in urbe plebes resides 都でのらくらと暮らしている市民

resideō *2* re-sidēre, -sēdī, -sessum §108 [re-, sedeō §174(2)] **1.** 坐ったままでいる, 居残る, 居続ける, 留まる **2.** 野営している corvus alta arbore (9fl. ニ) residens カラスが高い木にとまっていながら

residō *3* re-sīdere, -sēdī, -sessum §109 **1.** 坐る, (鳥が木に)とまる **2.** 腰をおろす, 休息する, 野営する **3.** 落ち着く, 定住する, 入植する **4.** 沈む, (風, 波, 炎)止む, おさまる, 弱まる, しぼむ tumor animi resedit 感情の高ぶりが鎮まった

residuus *a.1.2* residu-a, -um §50 [resideō] **1.** 残った, 生き(居)残った, 残留した, 余った, 余分の **2.** 未払いの

resīgnō (-i- ?) *1* re-sīgnāre, -nāvī, -nātum §106 **1.** (手紙・遺言書)封印を破る, 開封する, (契約を)無効とする **2.** 開く, おおいを取り除く, あばく, 明らかにする(見せる) **3.** 借方に記入する, 返す, 手渡す, 断念する o, vates, venientia (58) fata resigna おお, 予言者よ, 来るべき運命を明示してくれ si Fortuna celeris (54) quatit pennas, resigno quae dedit もし運命の女神が素早い羽を上下に動かして(飛んできたら), 彼女のくれたものをことごとく返してやる

resiliō *4* re-silīre, -siluī, -sultum §111 ［re-, saliō §174(2)］ **1.** 飛んで帰る，退く，はね返る **2.** 恐れをなす，ひるむ，しりごみする **3.** 小さくなる，ちぢむ (ranae) saepe in gelidos resilire lacus (蛙は)しばしば冷たい池に飛び込む in spatium resilire manus breve vidit 彼は短い時間のうちに手のちぢまるのを見た

resīmus *a.1.2* resīm-a, -um §50 ［sīmus］ （鼻）上にそり返った，穴が上を向いた

rēsīna *f.* rēsīnae *1* §11 （松）やに，樹脂

rēsīnātus *a.1.2* -nāta, -nātum §50 ［rēsīna］ **1.** 松やにで保存(ﾎｿﾞﾝ)された(ブドウ酒) **2.** 松やにをぬりつけた(脱毛(ﾀﾞﾂﾓｳ)のため)

resipiō *3b* re-sipere, ――, ―― §110 ［re-, sapiō 174(2)］ …の味をとり戻す，…の味を持つ homo minime resipiens patriam 祖国の味を決してとり戻さない人(思い出せない人)

resipīscō *3* resipīscere, -pīvī (-piī, -puī), ―― §109 ［resipiō］ **1.** 意識をとり戻す，正気づく **2.** 再び思慮分別(理性)をとり戻す

resistō *3* re-sistere, -stitī, ―― §109 **1.** 立ち止まる，止まる，言葉につまる **2.** しっかりと立つ，抵抗する，反抗する，逆らう，反対する，邪魔する，干渉する resistere Romani, tamquam caelesti voce jussi ローマ人は神の声で命じられたかの如く止まる omnibus his sententiis (9d) resistitur (172) これらすべての提案が反対される

resolvō *3* re-solvere, -solvī, -solūtum §109 **1.** (再び)(結びを)解く，ほどく，ゆるめる **2.** 開く，広げる，解明する **3.** 解放する，自由にする **4.** 溶かす，分解する，粉砕する，散らす **5.** ゆるめる，休ませる，くつろがせる **6.** 弱らす，疲れさせる，無力にする，力をそぐ **7.** (借金を)返す，(約束)果たす，終わらせる，決着させる **8.** 取り消す，無効にする puella resoluta capillos (9e9) 髪をときほぐした少女 Zephyro (9f11) putris (9a2) se gleba resolvit 春風によって畠の土はほぐれ粉々となる invitat genialis hiems curasque resolvit 歓楽の冬は(農夫を)招き，彼らの苦労を和らげる dolos tecti ambagesque resolvit （彼女は)洞窟の奸策と謎を解き明かす

resonābilis *a.1.2* resonābile §54 ［resonō］ 音をくりかえし得る，反響する

resonō *1* re-sonāre, nāvī, ―― §106 ［re-, sonō］ （まれに resonere (3)となる) **1.** 鳴りひびく，ひびきわたる，こだまする **2.** ひびかせる，くりかえして名前を呼ぶ，ほめ言葉をまねる clamore et gemitu (9f16) templum resonit (= resonat) 神殿は叫び声とうめき声でひびきわたる gloria virtuti (9d1) resonat tamquam imago 栄光は山彦の如く武勇に答える formosam resonare doces (9e2) Amaryllida (41.6b) silvas お前は美しいアマリュリスの名を森がくりかえして呼ぶように教える

resonus *a.1.2* reson-a, -um §50 ［resonō］ 反響する，ひびきわたる，こだまする

resorbeō *2* re-sorbēre, ――, ―― §108 （再び)吸い込む，呑み込む，(涙・声)抑えつける mare in se resorberi 海が(沖の方へ)吸い込まれる(引いていく)

respectō *1* re-spectāre, ――, ―― §106 **1.** まわりを(うしろを)見つづける，期待しながら待つ，待ち受ける **2.** じっと見つづける，顧慮する，尊重する a me corpus est crematum, animus vero non me deserens, sed respectans (118.4) discessit 彼の体は私によって埋葬されたが，魂は私を見捨てないで，この世を去ってからもじっと私を見つめている。

respectus *m.* respectūs *4* §31 ［respiciō］ **1.** 後を(あたりを)見つづけること **2.** 戦っている人に残された最後ののみ，支え，逃げ場 **3.** 考慮，顧慮，尊重 fugientibus (118.2, 9d10) miserabilem respectum incendiorum fore (151.不) 逃げて行く者には，振り返って見る火災の光景はあわれであろう(という) si nullus alio sit (116.9) quam ad Romanos respectus ローマ人に頼る以外にいかなる逃げ場もないならば respectu (9f15) mei (9c3) 私への配慮から，私のために

respergō *3* re-spergere, -spersī, -spersum §109 ［re-, spargō §174 (2)］ **1.** (水)はねかえす，ふりまく，はねかける **2.** (汚点・悪口)をそそぐ，ふりかける Aurora respergit lumine (9f11) terras 曙の女神は大地に光をふりかけた servili probro respersus est 彼は奴隷的な(奴隷の受ける)侮辱で汚された

respiciō *3b* re-spicere, -spexī, -spectum (-spē-?) §110 ［re-, speciō §174 (2)］ **1.** 後を見る，回りを見る，振り向く **2.** 顧慮に入れる，念頭におく，(考え・注意を)向ける，熟考する **3.** (助け・保護を)あてにする，頼る，期待する respicere spatium praeteriti temporis すぎ去った時の流れを回顧する ad hunc summa imperii respiciebat 指揮権の全部がこの男の方を向いていた(集中していた)

respīrāmen *n.* respīrāminis *3* §28 ［respīrō］ 気管

respīrātiō *f.* respīrātiōnis *3* §28 **1.** 呼吸をとり戻すこと，呼吸 **2.** 一息つくこと，休止，中断 **3.** 蒸発

respīrō *1* re-spīrāre, -rāvī, -rātum §106 **1.** 息をとり戻す，再び呼吸する，生き返る **2.** 一息つく，息をつぐ，休息する，中止する，中断する **3.** 生き返る，蘇る，回復する **4.** 息を吐き出す，吹奏する，蒸発する arbor similis respiranti (118.2, 9d13) 蘇った(木の)ような木 ne punctum quidem temporis, oppugnatio respiravit 一瞬といえども攻撃は中断されなかった

resplendeō *2* re-splendēre, -duī, —— §108 反射してピカピカ輝く

respondeō *2* re-spondēre, -spondī, -spōnsum §108 **1.** 答える，返事をする，回答する，返す **2.** (要求に)答える，報いる，応じる，(目的・意向に)かなう，そう，満足させる **3.** 意見する，忠告する，決定を下す(託宣) **4.** 順応する，釣り合う，匹敵する，価する，ふさわしい **5.** 申し出る，出頭する **6.** 反映する，映る amori

amore (9f11) ～ 愛には愛で答える par pari (9d4) ～ 似たものに似たものを返す (恩には恩を，売り言葉に買い言葉) saxa ～ voci 岩が声をこだまする eventus respondet ad spem 結果は希望通りとなる quam brevia responsu (120.3)! 答えとしてはなんと短いことか jus (de jure) respondere 法律(の条文)について解釈，忠告を与えること

respōnsiō *f.* respōnsiōnis *3* §28 ［respondeō］ 質問に答えること，返答，抗弁 sibi ipsi ～ (修)自分で提出した問いに自分で答えること

respōnsō *1* respōnsāre, -sāvī, -sātum §106 **1.** 答える，返す，反響する **2.** 応じる，同意する，満足させる **3.** 大胆に答える，逆らう，いどむ，侮る exoritur clamor ripaeque responsant circa 呼び声が起る，周りの岸が反響する responsare (117.3) cupidinibus, contemnere honores fortis 欲情にあらがい，名誉を軽蔑するのに勇気のある(人)

respōnsum *n.* respōnsī *2* §13 ［respondeō の完分］ 答，解答，回答，神託，判決

rēspūblica (**rēs pūblica**) *f.* reī pūblicae, res の変化は§34, publicus の変化は *a.1.2* §50 **1.** 公のもの，国家，共和国 **2.** 国家の福祉，繁栄，国家の管理，行政，国務 **3.** 政治形態，政体，政府 tria genera rerum publicarum 三種の政体 in re publica versari 政治にたずさわっている

respuō *3* re-spuere, -spuī, -spūtum §109 **1.** つばを吐き返す，もどす，吐く **2.** 突き返す，はねつける，拒む，侮辱する，否認する，却下する aliquem auribus (9f11) respuere ある人との対談を拒む

restāgnō *1* re-stāgnāre, -gnāvī, -gnātum §106 水があふれてたまっている，氾濫した水におおわれている

restaurō *1* -staurāre, -staurāvī, -staurātum §106 ［*cf.* instaurō］ もとの(以前の)状態にもどす，元どおりにする，復旧する，修復する，再建する，復活させる

restinguō *3* re-stinguere, -stīnxī, -stīnctum (stin-?) §109 **1.** 火を消す **2.** 冷やす，(渇きを)いやす，おさえる，静める，(効力を)弱める **3.** 根絶する，滅ぼす

restipulātiō *f.* restipulātiōnis *3* §28 相互の保証契約

restipulor *dep.1* re-stipulārī，—— §123(1) 相互に保証契約する，相手から保証契約を求める

restis *f.* restis *3* §21 なわ，綱，ひも，ダンス用のひも ad restim mihi res redit 私にはもう首吊りしかない(事態は私にとってなわに至っている)

restitī *pf.* → resistō, restō

restitō *1* restitāre，——，—— §106 うしろにとどまる，あとに残る，ためらう，ぐずぐずする，抵抗する

restituō *3* re-stituere, -stituī, -stitūtum [re-, statuō] §§109, 174(2) **1.** 再び立てる，再建する **2.** 再び健康にする，正常にする，元気を回復させる，生き返らせる **3.** もとの(古い)地位，所，状態にもどす，返す，(追放から)呼び戻す，連れ戻す，復職(位)させる **4.** 挽回する，盛り返す，たてなおす **5.** 埋め合わせる，補う，償う proelium ～ 戦況を盛り返す restitutus (118.4) in patriam secum patriam ipsam restituit 彼は祖国に復帰すると，自分と共に祖国そのものを立て直した(生き返らせた)

restitūtiō *f.* restitūtiōnis *3* §28 [restituō] **1.** 再建，更新，復興 **2.** 元の地位・身分の回復，財産の返還，追放地からの召還

restitūtor *m.* restitūtōris *3* §26 **1.** 再建者，再興者 **2.** 健康・繁栄をとり戻してくれる人，救い主

restō *1* re-stāre, -stitī，—— §106 **1.** 向かい合ってしっかりと立つ，反対する，抵抗する **2.** 後に残る，留まる，残っている，滞在する quod restat 残っているもの(こと)については，将来のことは，今後は restabat aliud nihil nisi oculos pascere (117.1) 目を楽しませること以外に何も残っていなかった

restrictē 副 [restrictus §67(1)]

(最)restrictissimē けちけちして，わがままに，しっとして

restrictus *a.1.2* restrict-a, -um §50 [restringō の完分] (比)restrictior (最)restrictissimus **1.** ひきしまった，ぴんと張られた **2.** 窮屈な，狭い **3.** けちけちの，しぶしぶの **4.** 控え目の，抑制された **5.** 厳しい，厳格な

restringō *3* re-stringere, -rīnxī (-i-?), -rictum §109 **1.** うしろで(手を)縛る，しっかり締める，縛る，結ぶ **2.** ひきめる，ぴんとはる，ひっぱる **3.** 窮屈にする，制限する，しめつける，束縛する **4.** ゆるめる，押し開く，あらわにする，(歯を)むきだす silici (9d4) restrictus membra (9e9) catenā 体をくさりで岩にしばりつけられた(人) animum maestitiā ～ 心を悲哀でしめつける

resultō *1* re-sultāre，——，—— §106 [re-, saltō §174(2)] **1.** 跳んで離れる，うしろへとぶ **2.** はね返る，とび上がる **3.** 反響する，反発する，さからう pulsati (118.4) colles clamore resultant 丘は叫喚に打たれて反響する tela galeā (9f7) resultant 投げ槍が兜からはね返る

resūmō *3* re-sūmere, -sūmpsī, -sūmptum §109 **1.** 再び拾い上げる，とりあげる，つかむ，捕まえる **2.** 再びつける，着る **3.** 取り戻す，回収する，回復する **4.** 再び着手する，始める

resūmpsī, resūmptus → resūmō

resupīnō *1* resupīnāre, -nāvī, -nātum §106 **1.** 仰向けにねかせる，ふんぞりかえる，頭をうしろへ曲げる(そらす) **2.** ひっくりかえす se respinare 仰向けにねる adsurgentem (118.1) regem resupinat 彼は立ち上がろうとする王を仰向けにねかせる

resupīnus *a.1.2* re-supīn-a, -um §50 **1.** 仰向けにねころんだ **2.** (精神的・道徳的に)不活発な，受動的な，無関心な **3.** うしろにそりかえった，頭をそりかえらせた **4.** 上を向いた，上に向かって傾いた cantabam resupinus amores 仰向けにねころんで私は愛(のうた)を歌っていた

resurgō *3* re-surgere, -surrēxī,

retineō

-surrēctum §109 **1.** 立ち上がる，再び起きる，武装して立つ **2.** 再び昇る，そびえ立つ **3.** 再び芽を出す（燃える），（月が）満ちる **4.** 立ち直る，再起する，復活する，再び活動する，目ざめる legiones resurgere (117.4) in ultionem properant 軍団兵は復讐に向かって立ち直ることを急ぐ rursus resurgens (118.4) saevit amor 恋は再び燃え狂った

resuscitō *1* re-suscitāre, ──, ── §106 再び目をさまさせる，生き返らせる，復活（更新）させる

retardātiō *f.* retardātiōnis *3* §28 しりごみすること，遅らすこと

retardō *1* re-tardāre, -dāvī, -dātum §106 **1.** 進行をはばむ，おくらせる，おそくする **2.** とめる，制する，妨げる，思いとどまらせる haec me retardant a scribendo (119.5) これらが私が書くのをさまたげている

rēte *n.* rētis *3* §20 網 tendis iners docto retia nota mihi お前は愚かにも，賢い私が熟知している網をはっている

retēctus, retēxī → retegō

retegō *3* re-tegere, -tēxī, -tēctum §109 **1.** 覆いを取る（はぐ），裸にする **2.** さらす，開く，見せる，明るくする，現す，示す，知らせる，ばらす，暴露する homo retectus 盾を奪われた人 Titan radiis retexerit orbem 太陽が光線で地球を明るくしているだろう

retemptō *1* re-temptāre, -tāvī, -tātum §106 再び指で探る，手探りする，再び検査する，再びためす，試みる

retendō *3* re-tendere, -tendī, -tēnsum §109 緊張をゆるめる，くつろがせる

retentiō *f.* retentiōnis *3* §28 [retineō] **1.** 抑制すること，押さえ（制す）ること **2.** 手放さないこと，とどめておくこと，留保

retentō¹ *1* re-tentāre, -tāvī, -tātum §106 **1.** しっかりと手に持っていて放さない，保持する，守る **2.** 留める，抑制する，止める，控える

retentō² → retemptō

retentus → retineō

reterō *3* reterere, retrīvī, retrītum §109 [terō] こすってすりへらす

retēxī → retegō

retexō *3* re-texere, -xuī, -xtum §109 **1.** (布の織り目を)ほどく，解く **2.** こわす，やり直す，書き変える，修正する，とり消す，ひっくり返す，ひっこめる **3.** (元へ)同じ道を戻る，引き返す，追跡する quater luna retexuit orbem 月は4度円をこわした(4ヶ月たった) me ipse retexam 私は自分を改造したい

rētia → rēte

rētiārius *m.* rētiāriī *2* §13 [rēte] 網闘士(相手に網をからませて戦う剣闘士)

reticentia *f.* reticentiae *1* §11 [reticeō] 沈黙，(修)話中頓絶(法)

reticeō *2* re-ticēre, -ticuī, ── §108 [re-, taceō §174(2)] **1.** 話すのを差し控える，だまっている **2.** 答えない，かくす multa linguae reticenda (121.1) modestae 慎み深い口にとって，言うのを差し控えるべきものは多い

rēticulum *n.* rēticulī *2* §13 [rēte の小] 小さな網，網(目)袋，ヘアネット venari reticulo in medio mari 海の真ん中で小さな網で魚をとること(おろかしい行為)

retināculum *n.* retināculī *2* §13 [retineō] **1.** 縛る(くくる，つなぐ，しめる)綱，紐，なわ，くさり **2.** もやい綱，曳航綱，手綱，しめなわ，とめひも

retinēns *a.3* retinentis §58 [retineō の現分] (最)retinentissimus しっかりと手に持って離さない，しがみついている，固執する homo retinens sui juris (9c13) 自分の権利に執着する人

retineō *2* re-tinēre, -tinuī, -tentum [re-, teneō] §§108, 174(2) **1.** しっかりと持っていて離さない，逃さない **2.** ひきとめる，拘留する，監禁する **3.** 押さえる，制止する，拘束する，止める，縛りつける **4.** 保ち続ける，とどめる，守る，主張する quotiens foras ire volo, me retines 私

retonō 684

が外へ出ようとするたびに，お前は私をひきとめるのだ linguā (9f18) retentā metu 恐怖心から物が言えなくて(舌を縛られて) hortatur ut pristinam virtutem retineat (116.6) 彼は(その人を)以前の勇気を堅持するように励ます

retonō *1* re-tonāre, ――, ―― §106 雷のような音を返す，反響する

retorqueō *2* re-torquēre, -torsī, -tortum §108 **1.** ねじもどす，うしろへ曲げる，向ける **2.** 旋回させる，方向を変える，逆にする，かわす，そむける，ひっくりかえす **3.** 投げ返す，返す，反論する **4.** (気持ちを)変える retorqueri agmen ad dextram 行軍隊形が右旋回する manibus retortis (9f18) 後手で縛られて animum ad praeterita ～ 過去を回想する

retorridus *a.1.2* retorrid-a, -um §50 **1.** ひからびた，枯渇した **2.** 年老いてしなびた，しわのよった，やせこけた

retorsī → retorqueō

retortus → retorqueō

retractātiō *f.* retractātiōnis *3* §28 [retractō] **1.** 退くこと，手をひくこと **2.** 取り消し，撤回 **3.** 手直し，修正 **4.** 復習，再調査，回顧

retractō *1* retractāre, -tāvī, -tātum §106 **1.** 後ろへ退こうとする，尻込みする **2.** 取り消す，撤回する，拒否する **3.** 再び手にとる，手でいじくって直す，再び取り扱う，新しく企てる **4.** 修正する，再調査する，再点検する，回顧する，再考する nihil est quod dicta retractent (116.8) 彼らが発言を撤回するような理由は一つもない

retractus *a.1.2* retract-a, -um §50 [retrahō の完分] (比)retractior 遙かに後ろにひっこんだ，遠く離れた

retrahō *3* re-trahere, -trāxī, -tractum §109 **1.** 反対の方へ引っぱる，引き寄せる，後戻りさせる，引き戻す，呼び戻す，無理やり帰す **2.** 遠ざける，取り去る **3.** 抑制する，妨げる，阻止する **4.** 再び引っぱる，(再び)連れ戻す **5.** ひっこませる Hannibalem in Africam ～ ハン

ニバルをアフリカへ無理やり返す consules ab re publica ～ 執政官らを国政から遠ざける pedem ～ 後ずさりさせる manum ～ 手を引く

retrectō = **retractō**

retribuō *3* re-tribuere, -buī, -būtum §109 返す(当然支払われるべきものを)

retrō 副 [re-, trō *cf.* citrō] **1.** (動き)うしろの方へ，元の所へ，出発点へ，背後へ **2.** (他の人より)遅れて，後に，背から **3.** (時間)過去にさかのぼって，前に **4.** 他方では，反対に，遂に retro flectere ora 振り向く quodcumque retro est 過去 retro vivere 他人とは反対の生き方をしている

retroagō *3* -agere, -ēgī, -āctum §109 [retro+agō] **1.** 後へ追いやる，投げる，もとの位置へもどす，追い返す **2.** 位置・順序を逆にする，向きを変(か)える **3.** ひっこめる，とり消す，無効とする，回収する

retrōcēdō *3* retrō-cēdere, -cessī, -cessum §109 後ろへ戻る，退く，ひっこむ

retrōrsum (retrōrsus) 副 **1.** うしろに(へ)，背後に，うしろ向きに **2.** 反対の，(逆の)方向へ，後戻りの方向に **3.** (過去に)さかのぼって，起源へ返って

retrōversus *a.1.2* retrō-vers-a, -um §50 [retrōrsum] 背後の，うしろを向いた

retrūdō *3* retrūdere, -trūsī, -trūsum 押し返す，突き返す，はねつける

retrūsus *a.1.2* retrūs-a, -um §50 [retrūdō の完分] **1.** 遠く離れた，隠された，秘密の

ret(t)ulī → referō

retulit → refert

retundō *3* re-tundere, ret(t)udī, retū(n)sum §109 **1.** 刃先を打って鈍らせる，叩いて平たくする，角をひろげる **2.** 攻撃力を殺(そ)ぐ，おさえる，制する **3.** 鈍くする，和らげる，弱める，損なう，無効にする

retūsus(retussus) **retūsa, -sum** *a.1.2* §50 [retundō の完分] なまく

らの，鈍い，鈍感な，まぬけな

reus *m.* reī *2* §13 **rea** *f.*
reae *1* §11 **1.** 訴訟当事者(原告，被告) **2.** 告発された者，被告，女被告人(rea) **3.** 債務者 **4.** 罪人，有罪を宣告された者 reum facere aliquem ある人を告発する rei capitalis reus 死刑罪で告発された人 voti reus 誓約債務者

revalēscō *3* re-valēscere, -valuī,
── §109 **1.** 再び体力を取り戻す，再び元気になる **2.** 意識が回復する **3.** 再び勢力・名誉を得る(取り戻す)

revehō *3* re-vehere, -vēxī, -vectum
§109 **1.** (船・馬で)持ち帰る，連れ帰る **2.** (受)船・馬にのって帰る **3.** 過去に連れ戻す equo citato ad urbem revectus はや駆けの馬で都へ帰った(彼)

revellō *3* re-vellere, -vellī (-vulsī,
-volsī), -vulsum §109 **1.** 裂いて(破って)とる，もぎとる，引き抜く **2.** 取り除く，裂く，消す，追い払う，(戸を)こじあける cornu a fronte ～ 額から角をもぎとる herbas radice (9f7) ～ 草を根からひき抜く

revēlō *1* re-vēlāre, -lāvī, -lātum
§106 **1.** おおいを取り除く，裸にする **2.** 箱の蓋を開く **3.** 仮面をはぐ，秘密を暴露する

reveniō *4* re-venīre, -vēnī, -ventum
§111 **1.** 帰る，戻る，帰宅(郷)する **2.** 元の状態にもどる in eum locum res revenit ut 事態は ut 以下の点までに至っている

rēvērā (rē vērā) *副* [rēs, verus]
実際に，現実に，まさしく

reverberō *1* re-verberāre, -rāvī,
-rātum §106 はねつける，打ち返す，撃退する，追い払う，はねかえす

reverendus *a.1.2* reverend-a, -um
§50 [revereor の動形] 尊敬すべき，尊敬に値する，立派な

reverēns *a.3* reverentis §58
[revereor の現分] (比)reverentior (最)reverentissimus **1.** 目上の人に控え目にふるまう，うやうやしい，尊敬の念を抱いた **2.** 慎み深い，はにかんだ，内気な

reverentissimus mei (9c3) 私を最も尊敬してくれている(人)

reverēnter *副* [reverēns §67(2)]
(比)reverēntius (最)reverēntissimē 敬意を表して，うやうやしく，敬虔(けん)な態度で

reverentia *f.* reverentiae *1* §11
[revereor] **1.** 目上の人の前で抱く控えめな気持ち，内気，心配，恐れ，はにかみ，弱気 **2.** 尊敬，敬意 **3.** 宗教的な畏敬の念 maxima debetur puero reverentia 子供には最高の畏敬の念を払うべきである

revereor *dep.2* re-verērī, -veritus
sum §123(2) **1.** 目上の人の前できまり悪がる，うろたえる **2.** 恐れ(入)る，気づかう **3.** 敬意をもって遇する，尊敬する，重んずる，あがめる

reveritus → revereor

reversiō *f.* reversiōnis *3* §28
[revertō] **1.** 来た道を引き返すこと，帰ること **2.** 方向転換，回帰，循環 **3.** 語順倒置 (cum me → mecum)

reversus → revertor

revertor *dep.3* re-vertī, reversus
sum §§123(3), 125 向きを変えて帰る，道をひきかえす，もとへ戻る，帰る quis neget (116.4) Tiberim reverti 117(5)? ティベリス川が逆流することを誰が否定できよう nescit vox missa reverti (117.2) 一たん口から出た言葉はあと戻りできない(取り消せない)

revēxī → revehō

revinciō *4* re-vincīre, -vinxī,
-vinctum §111 (ひも，なわで)おさえつける，縛る，しっかりと結ぶ，縛りつける，つなぐ，囲む，とり巻く manus (9e9) juvenem post terga revinctum trahebant 背後で両手を縛られた青年を彼らはひっぱってきた

revincō *3* re-vincere, -vīcī, -victum
§109 攻撃されて逆に負かす，圧倒し返す **2.** 反駁する，反論する **3.** 虚偽を有罪とする，証明する

revinctus → revinciō

revirēscō *3* re-virēscere, -viruī,
── §109 **1.** 再び緑色となる，青々と

revīsō 686

してくる, 新しい生長のしるしを示す **2.** 若返る, 再び元気に(強く)なる **3.** 再び栄える, 花開く

revīsō *3* re-vīsere, -vīsī, -vīsum §109 **1.** 再び尋ねる, 帰って見る, 見に帰る **2.** 再び行って見る, もう一度訪ねる multos alterna revisens lusit Fortuna 運命の女神は次々と姿を変えながら多くの人を訪ね, もてあそんできたものだ(もてあそぶ, 格言の完)

revīvīscō *3* re-vīvīscere, -vīxī, —— §109 **1.** 再び生き返る, よみがえる **2.** 再び生える, 生長する **3.** 再び健康(元気)になる, 栄える

revocābilis *a.1.2* revocābile §54 [revocō] **1.** 呼び戻され得る, 取り戻される **2.** 取り消され得る, 廃止される

revocāmen *n.* revocāminis *3* §28 [revocō] 召還

revocātiō *f.* revocātiōnis *3* §28 [revocō] **1.** 召還, 本国に呼び戻すこと **2.** (修)(同語の)くりかえし, 反復

revocō *1* re-vocāre, -cāvī, -cātum §106 **1.** 呼び戻す, 帰国・帰還を命じる, もとへ戻す **2.** 回復させる, 更新させる, 生き返らせる **3.** 適応させる, 従わせる, 関係させる, のせいにする **4.** 再び呼ぶ, 招く **5.** 取り消す, 撤回する **6.** 制する, そらす, ひかせる, 思いとどまらせる, やめさせる **7.** 思い出す **8.** 反芻する juvenem ad virtutem a luxuria ～ 若者を贅沢な生活から徳行へと立ち戻らせる abi, quo juvenum preces te revocant 若者たちの願いがお前を呼びよせている所へ立ち去れ veteranos ～ 退役古兵を再招集する

revolō *1* re-volāre, -lāvī, —— §106 飛びながら帰る, 飛んで帰る

revolūbilis *a.3* revolūbile §54 [revolvō] **1.** うしろへころがる **2.** (はじめに)巻きもどされる **3.** 回転する fatorum nulli (9d) revolubile carmen 誰にも巻きもどせない運命の歌

revolvō *3* re-volvere, -volvī, -volūtum §109 **1.** うしろへころがす, ころがしてもとへ返す, 逆流(逆転)させる **2.** (受)ころがって帰る, ころがる **3.** (巻子本・巻物)始めへ巻きもどす, 本を開く, ひもとく, 読む **4.** 再び読む, 何度も考える, 話をもどす, 再び話す **5.** さかのぼる, 起源へ返る, 回顧する **6.** (受)あともどりする, しりごみする **7.** (受)まためぐってくる, 立ち返る hibernus auster revolvit fluctus 冬の南風は海の波を(沖の方へ)逆流させる ter revoluta toro est 彼女は寝台の上を三度のたうちまわった loca jam recitata revolvimus irrevocati 我々は所望されてもいないのに, すでに朗読し終わっていた所を再び開いて読みます omnia facta dictaque secum revolvere すべての言動を心の中で熟考する(反省する)

revomō *3* re-vomere, -vomuī, —— §109 再び嘔吐する, もどす

revors..., **revort...** → revers..., revert...

revulsus → revellō

rēx *m.* rēgis *3* §21 [regō] **1.** 国(民)の最高統治者, 王, 君主, 元首 **2.** 独裁者, 専制君主 **3.** 指導者, 主人 **4.** (複)王家, 富豪 **5.** ペルシア王 **6.** ユピテル (= omnium deorum et hominum rex すべての神々と人々の王) infernus rex 下界の王(プルートー) rex patrem vicit 王が父に勝った(公務が私情に勝った)

rēxī → regō

Rhadamanthus (-os) *m.* -manthī *2* §13 (神)Mīnōs の兄弟, 冥府の裁判官

Rhamnūs *f.* Rhamnuntos *3* §39 (ロ) Nemesis 像で有名なアッティカの海岸の町 (形)**Rhamnūsius** *a.1.2* -sia, -sium ラムヌースの Rhamnusia (virgo) = Nemesis

rhapsōdia *f.* rhapsōdiae *1* §11 <ῥαψῳδία 朗唱される叙事詩の一部(ホメーロスの中からの挿話部分)

Rhea *f.* Rheae *1* §11 (神)クロノスの妻, ゼウスの母

rhēda → rēd...

rhēnō → rēnō

Rhēnus *m.* Rhēnī *2* §13 今日のライン川

Rhēsus *m.* Rhēsī *2* §13 トローイ

アを援助したトラーキアの王

rhētor *m.* rhētoris *3* §41.9b < ῥήτωρ 正しい演説法を教える人, 修辞学者, 雄弁家

rhētoricē 副 §67 修辞学者のやり方で

rhētoricus *a.1.2* rhētoric-a, -um §50 <ῥητορικός **1.** 正しい演説法に関する, 修辞(学)の **2.** 修辞学者の ars rhetorica = rhetorica 修辞学 (名) **rhētoricus** *m.* -ricī *2* §13 修辞学者

rhīnocerōs *m.* rhīnocerōtis(-ōtos) *3* §39(ロ) t を補う. たとえば sg. acc. -ōtem, -ōta, pl. acc. -ōtās サイ(犀)

Rhodanus *m.* Rhodanī *2* §13 今日のローヌ川

Rhodopē *f.* Rhdopēs *1* §37 トラーキア(地方)の西方の山脈 (形) **Rhodopējus** *a.1.2* -peja, -pejum

Rhodus (**-os**) *f.* Rhodī *2* §38 ロドス島 (形)**Rhodius** *a.1.2* -dia, dium ロドス島の (名)**Rhodiī** *m.pl.* -diōrum ロドス島民

Rhoetēum *n.* Rhoetēī *2* §13 Troas 地方の町と岬の名

Rhoetējus = **Rhoetēus** *a.1.2* -ēja, -ējum = -ēa, -ēum **1.** ロエテーウムの **2.** トローイアの

Rhoetus (**Rhoecus**) *m.* Rhoetī (Rhoecī) *2* §13 (神)**1.** 巨人 **2.** ケンタウロス

rhombus *m.* rhombī *2* §13 < ῥόμβος **1.** (魔法使いの用いる)不気味な弦音をたてる紡ぎ車 **2.** カレイ

rhomphaea *f.* rhomphaeae *1* §11 <ῥομφαία トラキア人の長槍

rīca *f.* rīcae *1* §11 婦人用のヴェール, 面紗(めんじゃ), 被衣(かずき)

rīcinium *n.* rīciniī *2* §13 [rīca の小] 婦人用の(特に葬式に着た)被衣, 肩かけ

ricinus *m.* ricinī *2* §13 羊などに寄生するダニ

rictus *m.* rictūs *4* §31 = **rictum** *n.* rictī *2* §13 唇を開いた形, あい

た口, (動物の)大きく開いた口

rīdeō *2* rīdēre, rīsī, rīsum §108 **1.** 笑う, ほほえみかける **2.** (他)見て, 聞いて笑う, あざけり笑う tibi rident aequora ponti 海の水面がお前に微笑している joca tua risi 私はお前の冗談に(を聞いて)笑った

rīdiculus *a.1.2* rīdicul-a, -um §50 [rīdeō] **1.** 笑いを刺激する, 面白い, こっけいな, おかしい **2.** ばかげた, 途方もない (名)**rīdiculus** *m.* -ī *2* §13 道化師 **rīdiculum** *n.* -ī *2* §13 冗談, 洒落, 戯れ **rīdiculē** 副 §67 (1) 面白く, おかしく, ばかばかしく, 途方もなく

rigēns *a.3* rigentis §58 [rigeō の現分] = rigidus

rigeō *2* rigēre, riguī, —— §108 **1.** 硬直している, 凝固している, こわばっている **2.** (寒さ)かじかむ, 凍る **3.** (髪)硬くなって立つ, 逆立つ **4.** 凝視する comae terrore (9f15) rigebant 髪が恐怖から逆立っていた vestes auro rigentes 金糸の刺繍でこわばった衣

rigēscō *3* rigēscere, riguī, —— §109 **1.** 堅くなる, 凝固してくる, こわばってくる **2.** かじかんでくる, こごえてくる **3.** 逆立ってくる, ぴんとはってくる **4.** 無感覚になる, 頑固になる

rigidē 副 [rigidus §67(1)] **1.** 硬直して, こわばって, 緊張して **2.** しっかりと, 厳格に

rigidus *a.1.2* rigid-a, -um §50 [rigeō] (比)rigidior (最)rigidissimus **1.** こわばった, 硬直した **2.** かじかんだ, 凍った, 凝固した **3.** 堅い, 曲がらない, 逆立ちした **4.** 頑固な, 厳しい, 無情な

rigō *1* rigāre, -gāvī, -gātum §106 **1.** (土・植物に)水を供給する, 水を導く, 灌漑する **2.** 水をかける, あびせる, しめらせる, ぬらす, ずぶぬれにする lacrimis ora rigabat 彼は顔を涙でぬらしていた

rigor *m.* rigōris *3* §26 [rigeō] **1.** 曲がらぬ性質, 硬直 **2.** 無感覚, 麻痺 **3.** 厳寒, 寒冷, 霜, 氷結 **4.** 厳格, 苛酷,

riguī   688

強情，頑固

riguī → rigēscō

riguus *a.1.2* rigu-a, -um §50 [rigō] **1.** 水をいつも注いでいる，灌漑している **2.** いつも水を注がれている，よく灌漑されている （名)**riguus** *m.* -ī *2* §13 灌漑用の水路，掘り割 **rigua** *n.pl.* -ōrum *2* §13 冠水地帯，湿地帯

rīma *f.* rīmae *1* §11 **1.** 裂け目，割れ目，亀裂 **2.** ひび，あかぎれ rimas agere (ducere) ひびが入る，割れ目ができる ignea rima 雲を裂く雷光 plenus rimarum sum 私は割れ目で一杯だ(私を頼ってきた人は皆逃げてやる？私に言われたことはつつぬけだ？) aliquam reperitis rimam お前らは何か巧い逃げ道を見つける

rīmor *dep.1* rīmārī, rimātus sum §123(1) [rima] **1.** 切り裂く，掘り起こす，深く切り込む，溝をつくる **2.** 割れ目を調べる，さぐる，調査する，探究する

rīmōsus *a.1.2* rīmōs-a, -um §50 [rima] ひび割れで一杯の，割れた，裂けた quae rimosa bene deponuntur in aure 割れ目の多い(つつぬけの)耳にも安心して話されるようなこと(話題)

ringor *dep.3* ringī, —— §123(3) 口を大きく開く，歯をむき出しにする，腹を立てる，いらだつ

rīpa *f.* rīpae *1* §11 岸，土手

rīsī → rīdeō

rīsor *m.* rīsōris *3* §26 笑う人，嘲笑する人

rīsus *m.* rīsūs *4* §31 [rīdeō] **1.** 笑い，嘲笑 **2.** 笑いもの，嘲笑の的 movere (excitare) risum alicui 人を笑わせる risu (9f15) omnes qui aderant emoriri (= emori の古 §117.7) そこにいあわせたものは皆死ぬほど笑ったよ

rīte 副 [ritus] **1.** 宗教的な儀式と共に，宗教的な慣例に従って，儀式通りに，慣例通り **2.** 正式の手続きをふんで，合法的に，規則通り **3.** 正当に，立派に，正しく

rītus *m.* rītūs *4* §31 **1.** 宗教上の儀式，祭典，礼拝，慣例 **2.** 習慣，慣例，

様式，方法 **3.** ritu (*abl.*)＋*gen.* ～ のように，の流儀に，の型通りに latronum ritu 山賊同然に

rīvālis *m.* rīvālis *3* §19 **1.** 流水の使用を分け合う人 **2.** 競争相手，敵手 quam ineptus, quam se ipse amans sine rivali いかに愚かなことか，なんと恋敵なしに自分で自分に惚れるとは(唯我独尊)

rīvālitās *f.* rīvālitātis *3* §21 [rīvālis] しっと深い対抗・競争(心)，張り合い，しっと

rīvulus *m.* rīvulī *2* §13 [rīvus の小] 小さな流れ，小川，小さな水路，みぞ

rīvus *m.* rīvī *2* §13 **1.** 自然の流れ，小川，谷川 **2.** (人工の)水路，運河 **3.** (血，涙の)流れ

rixa (-ī- ?) *f.* rixae *1* §11 **1.** 烈しい言い争い，口論，けんか **2.** つかみ合い，闘争，衝突，葛藤

rixor (-ī- ?) *dep.1* rixārī, rixātus sum §123(1) **1.** 烈しく言い争う，口論する **2.** けんかする，争う，つかみ合う，衝突する

rōbīgō (rūbīgo) *f.* rōbīginis *3* §28 [rōbus] **1.** (鉄)さび **2.** 歯石 **3.** さび病，胴枯れ病，うどんこ病 robigo animorum 心のさび，悪習慣，怠け癖

Rōbīgus *m.* Rōbīgī *2* §13 穀物をさび病から守ると信じられた神

rōboreus *a.1.2* rōbore-a, -um §50 [rōbur] オーク材からつくられた

rōborō *1* rōborāre, -rāvī, -rātum §106 [rōbur] **1.** 体力(元気)を与える，一層強くする，丈夫にする **2.** 精神力をきたえる

rōbur *n.* rōboris *3* §27 **1.** オーク (カシワ，ナラ，カシ) **2.** オークの幹，オーク材 **3.** (オーク製の)長椅子，槍，棍棒 **4.** 堅固，忍耐力，抵抗力，強い体力，精神力，軍事力，兵力，勢力 **5.** 精鋭(部隊)，核 quod fuit roboris (9c12) 精鋭(核)に属していたもの，かつての精鋭部隊

rōbus = rōbur の古形

rōbustus *a.1.2* rōbust-a, -um §50

[rōbur]（比）robustior（最）robustis-
simus **1.** オーク製の **2.** 頑健な，丈夫な，
たくましい **3.** 体力の充分に発達した，判
断力・趣味の成熟した **4.** 武力(軍事力)の
ある **5.** 堅い，持ちのよい

rōdō *3* rōdere, rōsī, rōsum §109
1. かじる，かむ，かみつく，食う **2.** 腐食
する，浸蝕する **3.** 中傷する，そしる

rogālis *a.3* rogāle §54 ［rogus］
火葬用の（積まれた）薪(ﾏｷ)の

rogātiō *f.* rogātiōnis *3* §28
［rogō］ **1.** 願い，依頼，要求，質問 **2.** (民
会へ)法案提議，法案 populum cohorta-
ri ad rogationem accipiendam (121.3)
法案を可決するように民衆を説得する

rogātor *m.* rogātōris *3* §26
［rogō］ **1.** 物乞いする人 **2.** (法律)提案
者 **3.** (民会で)口頭の賛否表決を記録する
役人

rogātus *m.* rogātūs *4* §31
［rogō］ 求めること，尋ねること，願うこ
と（奪のみで用いられる）rogatu tuo あな
たの要請により

rogitō *1* rogitāre, -tāvī, -tātum
§106 ［rogō］ たびたび(しつこく，しき
りに)求める，尋ねる，頼む rogitabit me
ubi fuerim (116.10) 彼は私にしきりに尋
ねるだろう「私がいま迄どこにいたのか」と

rogō *1* rogāre, rogāvī, rogātum
§106 **1.** 尋ねる，質問する，問う **2.** 求め
る，要請する，願う，懇請する，頼む ［さ
まざまな構文：de, 対，二重対 (9e.2.3),
間接(直接)疑問文，ut, ut ne, ne, 接
(116.2), 不］ rogavit, essentne fusi hos-
tes 彼は尋ねた「敵は潰走したか」と res-
pondeto ad ea quae de te ipso rogaro
(114.3) 私がお前自身から求めことについて
答えてくれ rogare (9e3) aliquem sen-
tentiam ある人から意見を求める rogare
populum legem 民会に法律を提案する，
民会に法案を提出する rogare populum
magistratum 民会に政務官の選挙を要
請する rogare milites sacramento
(9f11) 兵士に忠誠の誓いをさせる，軍籍
に登録する，兵を募集する Caesar conso-
latus (138, 118.4) rogat finem orandi

faciat (116.2) カエサルは(彼を)なぐさめ
嘆願をやめてくれと頼んだ id ut facias,
vehementer te rogo おまえがそれをする
ように強くお前に要請する Haedui legatos
ad Caesarem mittunt rogatum (120.1)
auxilium ハエドゥイ族は援軍を要請する
ためにカエサルの所へ使者を送る

rogus *m.* rogī *2* §13 **1.** 火葬用
に積まれた薪，まき **2.** 墓 **3.** 破滅

Rōma *f.* Rōmae *1* §11 ローマ
（形）**Rōmānus** *a.1.2* Rōmān-a, -um
§50 **1.** ローマの **2.** ローマ的な，ローマ風
の （名）**Rōmānus** *m.* Rōmānī *2*
§13 ローマ人

Rōmulus *m.* Rōmulī *2* §13 ロー
マの創建者で初代の王 （形）**Rōmulus**
a.1.2 Rōmul-a, -um §50 **1.** ローム
ルスの **2.** ローマの

rōrāriī *m.pl.* rōrāriōrum *2* §13
軽装備兵，前哨兵

rōrō *1* rōrāre, -rāvī, -rātum §106
［rōs］ （自）**1.** (湿気・水分)を出す，発
散する，霧雨がふる，露でぬれる，(氷雪が)
とける **2.** ぬれる，しめる，したたる **3.** ぼ
たぼた落ちる （他）**4.** 水を注ぐ，ふりかけ
る **4.** しめらす，ぬらす rorat (165) 露が
おりる，霧(雨)がふる rorabant sanguine
(9f11) vepres やぶは血でぬれていた(血
の雫(ｼｽﾞｸ)をたらしていた)

rōs *m.* rōris *3* §29 つゆ，しずく，
しめり rores pluvii 霧雨 ros marinus マ
ンネンロウ

rosa *f.* rosae *1* §11 バラ，バラの
木，バラの花輪

rosārium *n.* rosāriī *2* §13 バラ
園，バラの花壇

rōscidus *a.1.2* rōscid-a, -um §50
［rōs］ **1.** つゆ(露)にぬれた，つゆでおお
われた **2.** ぬれた，しめった **3.** つゆのよう
な，つゆに似た roscida dea つゆをしたた
らす女神(曙の女神)

Rōscius *a.1.2* Rōsci-a, -um §50
1. ローマ人の氏族名 **2.** L.Roscius Otho
護民官 (67B.C.) **3.** Q.Roscius Gallus キ
ケロの友，有名な役者

rosētum *n.* rosētī *2* §13 バラの

roseus 690

庭園

roseus *a.1.2* rose-a, -um §50 [rosa] **1.** バラの, バラからつくられた **2.** バラのような, バラ色の, 茜色の(とくに暁の空, 沈む夕日, 若い美しい体について)

rōsī → rōdō

rosmarīnum *n.* = **rosmarīnus** *m.* rosmarinī *2* §§13, 44 マンネンロウ

rostrātus *a.1.2* rostrāt-a, -um §50 [rostrum] **1.** くちばしの形をした **2.** navis rostrata くちばし状の船首を持った軍船 **3.** columna rostrata 第一次ポエニ戦争で分捕った敵船の船首を飾ったローマ広場の円柱 **4.** corona rostrata 小さな船首の模型で飾った冠, 敵船に一番乗りした兵への勲章

rostrum *n.* rostrī *2* §13 [rōdō] **1.** (犬などの)鼻口部 **2.** 鳥のくちばし **3.** くちばし状の突出部 **4.** (敵船に撃突させる)くちばし状の船首(＝衝角) **5.** (*pl.*)(ローマ広場の)演壇(この名は敵船の船首で飾られていたことに由来する)

rōsus → rōdō

rota *f.* rotae *1* §11 **1.** 輪, 車輪 **2.** ろくろ **3.** 二輪馬車 **4.** (拷問用の)刑車 rota fortunae 運命の車輪(人生の有為転変) imparibus vecta Thalia rotis 左右不揃いの車輪で運ばれる詩の女神(エレゲーイア調の韻律 → **elegī**)

rotō *1* rotāre, -tāvī, -tātum §106 [rota] **1.** ころがす, 回転させる **2.** (武器など)ぐるぐる振り回す, 振りかざす, ぐるぐる回して飛ばす **3.** (自)ころがる, 回る

rotundō *1* rotundāre, -dāvī, -dātum §106 **1.** 丸(円)くする, 丸味をつける **2.** 仕上げる, 相当に財産を殖やす

rotundus *a.1.2* rotund-a, -um §50 [rota] (比)rotundior (最)rotundissimus **1.** 車のような形の, 円形の, 円い **2.** 球形の, 丸い表面の **3.** 円熟した, 円満な, 完全な **4.** (修)均斉のとれた, 洗練された mutat quadrata rotundis 彼らは四角を円と変える(何もかも無茶苦茶にする) ore rotundo loqui 流麗な言葉で話すこと

rubefaciō *3b* rube-facere, -fēcī, -factum §110 [rubeō, faciō §173]

赤くする, 赤く染める

rubēns *a.3* rubentis §58 [rubeō の現分] (比)rubentior **1.** 赤色の, 深紅色の **2.** 赤く染まった **3.** 赤面した

rubeō *2* rubēre, rubuī, —— §108 [ruber] **1.** 赤くなる, 赤い **2.** 赤面する, 恥じらっている **3.** 喜びで輝く

ruber *a.1.2* ru-bra, -brum §52 (比)rubrior (最)ruberrimus §60 赤い, 深紅色の, 赤く染まった mare Rubrum 紅海

rubēscō *3* rubēscere, rubuī §109 [rubeō] 赤くなる, 赤面する

rubēta *f.* rubētae *1* §11 蛙の一種, ヒキガエル

rubēta *n.pl.* rubētōrum *2* §13 キイチゴの茂み

rubeus *a.1.2* rube-a, -um §50 [rubus] キイチゴの

Rubicō(n) *m.* Rubicōnis *3* §28 ルビコン川(市民戦争時代イタリアとガッリアの国境線)

rubicundus *a.1.2* rubicund-a, -um §50 [ruber] (比)rubicundior **1.** 紅潮した, 赤らんだ **2.** 赤い, 赤みがかった

rūbīgō → rōbīgō

rubor *m.* rubōris *2* §26 [ruber] **1.** 赤(色), べに, 紅(くれない), 緋色, 深紅色 **2.** 赤面, 赤ら顔, 紅潮した顔, 血色のよい肌 **3.** はじらい, 含羞, 羞恥心, 恥ずかしさ, 恥辱, 不面目 **4.** 赤面させるもの, はじる理由 **5.** 赤の美顔料, 化粧品 in ruborem te totum dabo お前の全身の肌を(なぐって)真っ赤にしてやる laesi (9c2, 118.1) dat signa rubore (9f11) pudoris 彼女は純潔を傷つけられたしるし(証拠)を赤面で現している

rubrīca *f.* rubrīcae *1* §11 [*sc.* terra, ruber] **1.** 紅土, 代赭(たいしゃ)(顔料, 絵の具) **2.** 朱書きされた法文書の各章の表題 **3.** 法文集

rubuī → rubeō, rubēscō

rubus *m.* rubī *2* §13 キイチゴ(の実, 株)

rūctō *1* rūctāre, -tāvī, -tātum §106 = **rūctor** *dep.1* rūctārī §123(1)

1. おくび(げっぷ)を出す **2.** つばを吐く, 吐き出す **3.** (料理)煙, 匂いを出す sublimis versus ructatur et errat 彼は傲然と頭をもたげ詩行を吐き出し彷徨している

rūctus *m.* rūctūs *4* §31 げっぷ(おくび)

rudēns *n.* rudentis *3* §24 綱, 船の索具(操帆用) laxare rudentes 帆脚索をゆるめる(出帆する) rudentibus apta fortuna 操帆用索具いかんにかかっている運命(不安な運命)

rudīmentum *n.* rudīmentī *2* §13 [rudis] **1.** 手ほどき, 初歩(の教育, 訓練), 入門, 見習い **2.** 最初の体験, 知識, 習作, 小品

rudis¹ *a.3* rude §54 **1.** 自然のままの状態の, 人の手の加わっていない **2.** 加工されていない, 耕されていない **3.** 粗野な, 未熟の, 若い, 新しい **4.** 無知の, 教育されていない, 調教されていない, 洗練されていない **5.** 素朴な, 無垢の, 未経験の Ennius ingenio maximus, arte (9f3) rudis 才能では最高の, 技法では未熟のエンニウス rudis rei militaris (9c13) 軍事の体験のない rudis omnino in nostris poetis 我が国の詩人たちを全く知らない(人)

rudis² *f.* rudis *3* §19 **1.** かきまぜる細い棒, すりこぎ, へら **2.** 剣闘士の訓練用木刀 **3.** 剣闘士に奉仕期間満了のとき与えられる名誉の木刀 donatus jam rude (9f11) すでに免役(退職)となっている(人)

rūdō *3* rūdere, rūdīvī, —— §109 **1.** (動物)ほえる, 遠吠えする, うなる, うめく **2.** (人間)わめきたてる, どなる **3.** (物)きしむ, ぎいぎいなる **4.** (ロバ)鳴く

rūdus¹ → raudus

rūdus² *n.* rūderis *3* §29 **1.** 粗石, 砕石, 瓦礫 **2.** 壁のこわれた屑, モルタル

rūfus *a.1.2* rūf-a, -um §50 [ruber] (比)rufior **1.** 赤い, 赤味をおびた, 焦茶色の, 黄褐色の **2.** 赤毛の

Rūfus *m.* Rūfī *2* §13 ローマ人の家名

rūga *f.* rūgae *1* §11 **1.** 浅い溝, わだち **2.** (顔の)しわ **3.** 老年, 不機嫌, 心配のしるし **4.** 着物のひだ, 折り目 nec pietas moram rugis afferet 貞節も顔のしわをおくらせまい

rūgōsus *a.1.2* rūgōs-a, -um §50 **1.** しわのよった, しわくちゃの **2.** ひだ(折り目)のある

ruīna *f.* ruīnae *1* §11 [ruō] **1.** 激しい突進, 落下, まっさかさまに落ちる **2.** 倒壊, 瓦壊, 崩壊 **3.** 破滅, 没落, 転覆 **4.** 失敗, 失脚 **5.** 廃墟, 荒廃, 残骸 grandinis ~ 雷の落下 ruina caeli 空からの滝のような雨 ruinam dare 猪突する, まっさかさまに倒れる, くずおれる, 崩壊する

ruīnōsus *a.1.2* ruīnōs-a, -um §50 [ruīna] 崩壊の危険のある, 破滅した, 荒廃した

ruitūrus → ruō

runcō, *1* runcāre, runcāvī, runcātum §106 掘り起す, 取り除く, 雑草をとる

Rūmīna *f.* Rūmīnae *1* §11 乳を与える母親の(ローマの)守護(女)神 (形) **Rūmīnalis** *a.3* Rūmīnale §54 ルーミーナの Ruminalis ficus ルーミーナのイチジク(その下でロームルスとレムスが狼から乳を与えられたという)

rūminō *1* rūmināre, -nāvī, -nātum §106 = **rūminor** *dep.1* rūminārī §123(1) **1.** 反芻する, 胃から戻したものをかむ **2.** 何度も考える **3.** 熟考する

rūmor *m.* rūmōris *3* §26 **1.** 大勢の声の騒音, 喧噪 **2.** 噂, 風評, 評判 (*cf.* 171) **3.** 名声, 悪評 crebri ad eum rumores afferebantur ... omnis Belgas conjurare (117.5) 彼の所へしきりに噂がもたらされていた「全ベルガエ人が謀反をおこしている」と adverso rumore (9f9) est 彼は悪い噂をされている

rumpō *3* rumpere, rūpī, ruptum §109 **1.** 爆発させる, 破裂させる, 噴出させる(突然に) **2.** (暴力で)破る, 割る, 裂く, こわす **3.** 破って(壊して)道を切り開く, 突破する, 無理に押し分けて進む **4.** (眠

rūmusculus　692

り・沈黙など)妨げる，かき乱す，中断させる **5.** (法律・誓約・信頼など)破る，背く，犯す，無効にする，害する，滅ぼす fontem praepetis ungula rupit 天翔(ﾄﾌ)る天馬の蹄がその泉を噴き出させた cantu querulae rumpent arbusta cicadae やかましい蟬がその鳴き声で木々をつんざくであろう non exitio fratrum rupta voce (9f18) (彼は)兄弟たちが殺されたとき一声も発しないで cantando (119.5) rumpitur anguis (魔法の)呪文によって蛇がひき裂かれる risu (9f11) rumpi 抱腹絶倒する

rūmusculus *m.* rūmusculī *2* §13 [rūmor の小] うわさ，むだ話，陰口

ruō *3* ruere, ruī, ruitūrus §109 (自)**1.** 突進する，すばやく動く，急行する，突撃する **2.** 転倒する，つぶれる，崩れる，落ちる，沈む，亡びる，滅亡する，倒壊する (他)**1.** 突進させる，かりたてる **2.** かき回す，掘り起こす，ひっくりかえす，沈める，突き倒す，投げ倒す，陥れる ad seditiones et discordias ruebant 彼らは擾乱と不和へと突進しだした ruit alto a culmine Troja トロイヤは高いてっぺんから崩れた mare a sedibus imis ruunt 彼ら(風たち)は海を深い底からかき回す

rūpēs *f.* rūpis *3* §19 [rumpō] 断崖，絶壁，きりたった岩

rūpī → rumpō

ruptor *m.* ruptōris *3* §26 [rumpō] (協定)破る人，違反者

ruptus → rumpō

rūrī → rūs

rūricola *c.* rūri-colae *1* §11 [rūs, colō] **1.** 畠を耕す人，農夫 **2.** 田舎者

rūrigena *c.* rūrigenae *1* §11 [rūs, gignō] 田舎に生まれた者，田舎者

rūrsus, rūrsum 副 **1.** うしろへ，背後に，元の方へ **2.** その上に，もう一度，再び **3.** 入れ替わって，今度は逆に，反対に **4.** 他方では，別なときに，いままた

rūs *n.* rūris *3* §§29, 70 **1.** 田舎，田舎の地所，土地，耕地 **2.** 田舎の匂い，粗野，無骨 manent vestigia ruris 田舎

風の匂いのあとが残っている laudato (107.3) ingentia rura, exiguum colito 広大な農地はほめたたえるがいい，耕すには小さな畠がいい **rūrī** 田舎で，田舎の地所で，**rūre** 田舎から §70

rūscus *f.* rūscī *2* §13(3) ナギイカダ(ユリ科)

russus *a.1.2* russ-a, -um §50 [ruber] 赤い，焦げ茶色の，赤毛の

rūsticānus *a.1.2* rūsticān-a, -um §50 [rūsticus] **1.** 田舎暮らしの，田舎風の **2.** 田舎者の用いる，田舎者特有の (名)**rūsticānī** *m.pl.* -ōrum *2* §13 田舎者，百姓

rūsticātiō *f.* rūsticātiōnis *3* §28 [rūsticor] **1.** 田舎での滞在，田舎暮らし **2.** 農業，百姓仕事

rūsticē 副 [rūsticus] §67(1) 田舎風に，無骨に，野暮なやり方で

rūsticitās *f.* rūsticitātis *3* §21 [rūsticus] **1.** 田舎の風物，習慣 **2.** お国なまり，方言 **3.** 素朴，内気 **4.** 偏狭な心，地方根性 **5.** 無骨，無教養，粗野 *cf.* urbānitās

rūsticor *dep.1* rūsticārī, -cātus sum §123(1) **1.** 田舎へ行く，田舎で暮らす，田舎に住む **2.** 田舎仕事(百姓)をする

rūsticus *a.1.2* rūstic-a, -um §50 [rūs] (比)rūsticior **1.** 田舎(者)の，田舎風の，地方の，お国なまりの **2.** 洗練されていない，無骨な，粗野な，偏狭な **3.** 素朴な，飾らない，お人よしの，実直な **4.** 田舎暮らしの，農耕の，百姓の (名)**rūsticus** *m.* rūsticī *2* §13 田舎者，田舎暮らしの人，野人

rūsum → rūrsum の古

rūta *f.* rūtae *1* §11 **1.** 芸香(ｳﾝｺｳ)，ヘンルーダ(薬草) **2.** 苦味，苦さ in rutae folium conicere 競争相手を徹底的にたたきのめす

rūta (et) caesa *n.pl.* rūtōrum (et) caesōrum *2* §13 [ruō, caedō] 地所が競売に付される時，すでに切り倒され，掘り出されていた材木や鉱石

rutilō *1* rutilāre, -lāvī, -lātum §106 **1.** (自)赤く輝く，金色に輝く **2.** (他)赤く

染める

rutilus *a.1.2* rutil-a, -um §50 [ruber] **1.** (金色に近い)燃えて輝く赤色の, 深紅色の **2.** (髪)赤毛の, 焦茶色の

rutrum *n.* rutrī *2* §13 [ruō] 土を投げる道具, シャベル, スコップ

Rutulī *m.pl.* Rutulōrum *2* §13 ラティウム地方の古い住民 (形)**Rutulus** *a.1.2* Rutul-a, -um ルトゥリー人の

S

S, s §1 略記 S.=Sextus, Sp.=Spurius, S.C.=senātus consultum, S. P.Q.R.=senātus populusque Rōmānus, S.D.=salūtem dīcit(→ **salūs**)

sabbata *n.pl.* sabbatōrum *2* §13 ユダヤ人の安息日

Sabīnī *m.pl.* Sabīnōrum *2* §13 ローマ北東の古い部族, その居住地 (形) **Sabīnus** *a.1.2* Sabīn-a, -um §50 Sabini 人の, その土地の (名)**Sabīnum** (*sc.* vīnum) サビーニー酒 **Sabīna** *f.* -nae §11 サビーニーの女

saburra *f.* saburrae *1* §11 砂, 砂利(道路の底敷き砂利, 船底の砂利)

sacculus *m.* sacculī *2* §13 [saccus の小] **1.** 小さな袋, 財布 **2.** ブドウ酒の漉し袋

saccus *m.* saccī *2* §13 **1.** (麻や草の)大袋, (穀物, 麦粉用の)麻袋 **2.** 財布, 乞食の頭陀袋 **3.** ブドウ酒の漉し袋, 薬草枕, 巴布(パップ)剤袋 ire extra portam Trigeminam ad saccum (ローマの)トリゲミナ門の外(乞食のたまり場)へ乞食に行く

sacellum *n.* sacellī *2* §13 [sacrum の小] 小さな聖域, 杜, 祭壇, 礼拝堂, 奥の院

sacer *a.1.2* sacra, sacrum §52 (最)sacerrimus **1.** 神に捧げられた, 聖なる, 神さびた, 神々しい, 荘厳な, 崇高な, 神聖不可侵の **2.** 神から授かった, 神から保護された, 天来の, 天与の, この世のものと思われぬ, 神わざの如き **3.** 神の掟を犯して生命・財産を神に奪われた, 冥府の神に捧げられた, 呪われた, 憎むべき, 忌まわしい sacer Dianae dies ディアーナに捧げられた祭日 auri (9c3) sacra fames 呪われた金銭欲 is sacer esto その者は呪われてあれ(地獄におちるがいい) Sacer Mons 聖山, ローマから約4キロ離れた, Anio 川左岸の山 Sacra Via 聖道, Palatium(の Velia 尾根)から発して Forum Romanum の中を通って Capitolium で終わる道

sacerdōs *c.* sacerdōtis *3* §21 [sacer] **1.** 神に仕える者, 祭司, 神官 **2.** Musa(詩神)に仕える詩人

sacerdōtium *n.* sacerdōtiī *2* §13 [sacerdōs] 祭司職, 神官職

sacrāmentum *n.* sacrāmentī *2* §13 [sacrō] **1.** 厳粛な誓約, 約束, 業務, (法廷)宣誓, (新兵の)忠誠の誓約(誓い) **2.** 訴訟当事者が国家に供託した保証金(賭金)(の合計) **3.** 訴訟処理, 手続き

sacrārium *n.* sacrāriī *2* §13 [sacrum] **1.** 神聖な物のおかれている所, 聖物納室, 聖具調度室 **2.** 聖域, 神域, 神殿, 礼拝堂, 奥の院

sacrātus *a.1.2* sacrāt-a, -um §50 [sacrō の完分] (比)sacratior (最)sacratissimus **1.** 神聖な, 聖別された, 尊い, 神々しい **2.** 犯すことのできない, 不可侵の **3.** 神格化された, 至尊の, 神君の

sacrifer *a.1.2* sacri-fera, -ferum §51 [sacer, ferō] 聖物を運んでいる, 持っている

sacrificium *n.* sacrificiī 2 §13 [sacer, faciō] 神へのささげもの, 供物, 犠牲, 生贄

sacrificō *1* sacri-ficāre, -ficāvī, -ficātum §106 [sacrificus] **1.** 犠牲式をあげる, 神に犠牲を捧げる **2.** …を犠牲として捧げる, 供物として神殿に納める

sacrificulus *n.* sacrificulī 2 §13 [sacrificum の小] **1.** 犠牲式をあげる祭司, 聖職者 **2.** rex sacrificulus 王が追放された後, 王の行っていた祭事(犠牲式)を司る祭司

sacrificus *a.1.2* sacrific-a, -um §50 [sacrum, faciō] **1.** 神官の職務を遂行している, 犠牲式にかかわる, 犠牲式をあげる **2.** 供物の, いけにえの post sacrificas preces 犠牲式の祈りのあと

sacrilegium *1* sacrilegiī 2 §13 [sacrilegus] **1.** 聖物窃盗(罪) **2.** 瀆神, 冒瀆, 不敬行為

sacrilegus *a.1.2* sacrileg-a, -um §50 [sacer, legō] (最)sacrilegissimus **1.** 聖物を窃盗する **2.** 瀆神の, 神に背く, 冒瀆の罪を犯した (名)**sacrilegus** *m.* sacrilegī 2 §13 **1.** 聖物窃盗者, 瀆神の徒, 罰あたり **2.** 悪党, 山賊

sacrō *1* sacrāre, -rāvī, -rātum §106 [sacer] **1.** 神に捧げる, 奉献する **2.** 神聖な所に安置する, 聖別する, 清める **3.** 神格化する, 神の権威を与える **4.** 神聖な誓約で縛る **5.** 不朽とする, 不死とする arae Jovi sacratae ユーピテルに捧げられた祭壇 miratur nihil nisi quid Libitina sacravit 死神が不朽としたもの(古代の詩)以外は, 彼はいかなる作品(現代の作品)にも感心しない

sacrō-sānctus (**sanc-** ?) *a.1.2* sacrō-sānct-a, -um §50 極めて神聖な, 神聖不可侵の

sacrum *n.* sacrī 2 §13 [sacer の *n.*] **1.** 神聖なもの(神器, 神像など) **2.** 神に捧げられた(る)もの, 奉納物, 供物, 生贄 **3.** 神殿, 聖域, 神殿の財宝 **4.** 神への奉仕, 礼拝, 宗教上の儀式, 祭典, 秘儀, 祖先崇拝, 家の祭礼遵守 **5.** 神聖, 不可侵性 **6.** 神への讃歌, 詩, 文学作品

inter sacrum saxumque sto 祭壇と石斧の間に私(いけにえ)は立つ(進退きわまる) sine sacris hereditas 祖先崇拝なしの遺産(労せずして幸運にありつく)

saeculāris (**saecl-**) *a.3* saeculāre §54 [saeculum] 世紀の ludi saeculares 世紀祭(新しい世紀のために 348 B.C.(?)に始めて祝われた祭) carmen saeculare 世紀祭に歌われる神々への讃歌

saec(u)lum *n.* saec(u)lī 2 §13 **1.** 一代(親の後を継いで子にゆずる迄の年数, 約 30 年)一世代, 同世代の人々 **2.** 人類の歴史を区分けする時代, 時代精神(思潮), 御世, 治世 **3.** 一世紀, 100 年 **4.** 現代, この世, 未来, 後世 **5.** 人種, 種族, 種類 aureum saeculum 黄金時代 per saecula 永久に novi ego hoc saeculum moribus (9f10) quibus siet (116.10) この世の中がどんな風潮か, わしもよく知っている omnia si perges (116.5) vivendo vincere saecla たといあなたが生き永らえてすべての世代に勝ち続けたとしても regum infamia atque odium saeculis traditur 王たちの不名誉と王たちへの憎悪は未来永劫に伝えられる

saepe 副 (比)saepius (最)saepissime しばしば, たびたび, 何度も, ひんぱんに

saepenumerō 副 [saepe, numerus] たびたび, 何度も, くりかえして

saepēs (**sēpes**) *f.* saepis 3 §19 [saepiō] 垣, 垣根, 生垣, 囲い, 柵, 塀

saepiō *4* saepīre, saepsī, saeptum §111 [saepēs] **1.** 生垣(塀, 壁など)で囲む, 障壁で囲む, 守る, 固める **2.** 囲いをする, 包囲する, 取り巻く, めぐらせる **3.** 閉じ込める, 監禁する, 封ずる **4.** 包む, 包み込む, 着せる, 覆う cur armatorum corona senatus saeptus est? なぜ元老院は武装兵の輪で取り巻かれたのか saepsit se tectis (9f11) 彼は家の中にとじこもった Venus obscuro gradientis (118.2) aere saepsit 女神ウェヌスは進軍する者たちを暗い霧の中に包み込んだ

saeptum *n.* saeptī 2 §13 [saepiō の完分] **1.** 囲い地, (馬, 羊)小屋, おり,

牧場, 囲い(柵) **2.** (*pl.*)マルスの野の民会投票所(構内), (帝政期にはここで剣闘士などの見世物が催された)

saeta(**sēta**) *f.* saetae *1* §11 **1.** ブタ, イノシシの剛毛(<ruby>剛毛<rt>ごうもう</rt></ruby>), 馬のたてがみ, 山羊の毛, 人間の胸毛 **2.** つり糸(馬のたてがみから)

saetiger(**sēt-**) saeti-gera, -gerum §51 〔saeta, gerō〕 剛毛におおわれた, 剛毛のある (名)**saetiger** *m.* saetigerī *2* §15 剛毛の動物, イノシシ

saetōsus(**sēt-**) *a.1.2* saetōs-a, -um §50 〔saeta〕 剛毛のある, 毛むくじゃらの, 毛深い, けばだった

saevē 副 〔saevus §67(1)〕 (比)saevius (最)saevissime **1.** 残酷に, 獰猛に, むごたらしくも, 野蛮に **2.** 荒々しく, 猛烈に, ひどく

saeviō *4* saevīre, saeviī, saevītum §111 〔saevus〕 **1.** 残酷に(どう猛に)ふるまう, に対して(in＋対, 与, 奪)暴行を加える, あばれる **2.** (自然など)猛威をふるう, 荒れ狂う, 吹き荒れる, 猖獗(<ruby>猖獗<rt>しょうけつ</rt></ruby>)をきわめる **3.** (感情・怒り)怒り狂う, 激怒する, 激しく憎悪する saevitum est (172) ea clade (9f11) この災害は猛威をふるった

saevitia *f.* saevitiae *1* §11 〔saevus〕 **1.** 野蛮な性格, 行動, 粗暴, 残忍 **2.** 激しい感情, 憤怒, 狂暴 **3.** 冷酷, 無情, 冷厳 **4.** 自然の猛威, 激しいあらし, 苦痛

saevus *a.1.2* saev-a, -um §50 (比)saevior (最)saevissimus **1.** 荒々しい, 粗暴な, 野蛮な **2.** 残忍な, 狂暴な, どうもうな **3.** 血も涙もない, 冷酷非情な **4.** 厳しい, ひどい, むごい, てきびしい **5.** 激昂した, 激怒した, 憤怒にもえた **6.** 猛威をふるう, 激しい, 猛烈な saevum mare 荒れ狂う海 saevi dolores 痛恨の念 ne mea saevus jurgares (116.6 時制の関連による未完了・接) ad te quod epistula nulla veniret (116.12) 私の手紙が一通も来ないと言って(あなたは)ひどく責めないように(とたのんだ) quaelibet in quemvis opprobria fingere (117.3) saevus 誰に

でもどんな悪口でもでっちあげる非情な(人)

sāga *f.* sāgae *1* §11 〔sāgus「予言の, 予知する」〕 **1.** 魔女, 魔法使い(女) **2.** 占い師(女), 予言者(女)

sagācitās *f.* sagācitātis *3* §21 〔sagāx〕 **1.** 鋭い嗅覚 **2.** 鋭い眼識, 明敏, 直観, 勘, 第六感

sagāciter 副 〔sagāx §67(2)〕 (比)sagacius (最)sagacissime 鋭い嗅覚で, 鋭い眼識でもって, 洞察力で, 明敏に

sagātus *a.1.2* sagāt-a, -um §50 〔sagum〕 sagum(軍人外套)を着た

sagāx *a.3* sagācis §55 〔sāgiō〕 (比)sagacior (最)sagacissimus **1.** 鋭い嗅覚の, 鋭敏な感覚をもった **2.** 鋭い眼識のある, 明敏な, 聡明な, 洞察力のある, 抜け目のない, 利口な utilium sagax rerum (9c13) sententia 有用なものを鋭く見抜く意見 civitas rimandis (121.3, 9c6) offensis sagax (皇帝の)不機嫌をかぎつけるのに鋭い嗅覚をもった市民

sagīna *f.* sagīnae *1* §11 **1.** (動物とくに家禽を)太らせること, 飼育された動物, 家禽 **2.** 太らせる飲食物, 家禽の飼料, 人間の飲食物 **3.** 剣闘士や体育競技者の日常食, ごちそう **4.** 肥満, 肥大

sagīnō *1* sagīnāre, -nāvī, -nātum §106 〔sagīna〕 **1.** (家畜, 家禽を)食物用にふとらせる, こやす **2.** 食物, 飼料をふんだんに与える, つめ込む qui rei publicae sanguine saginantur 国家の血でふとっている奴ら

sāgiō *4* sāgīre, ——, —— §111 鋭く(すばやく)感知する, 知覚する, かぎつける, 見抜く

sagitta *f.* sagittae *1* §11 **1.** 矢, 矢状の飛道具 **2.** (天)矢座

sagittārius *a.1.2* sagittāri-a, -um §50 〔sagitta〕 弓の, 弓矢で武装した (名)**sagittārius** *m.* sagittāriī *2* §13 **1.** 弓の射手, 弓兵 **2.** (天)射手座

sagittifer *a.1.2* sagitti-fera, -ferum §51 〔sagitta, ferō〕 矢を持ち運ぶ, 矢を入れた(詰めた) (名)**sagittifer** *m.* sagittiferī *2* §15 **1.** 弓兵, 射手 **2.** (天)射手座

sagmen *n.* sagminis *3* §28 [sacer] 神儀用の浄め草, verbenae と同じ, カピトリウムの境内で引き抜かれた一束の草(外地へ赴く外交神官(Fetiales)に身分保護のため, 執政官から手渡された)

sagulum *n.* sagulī *2* §13 sagum の小 = sagum

sagum *n.* sagī *2* §13 < ガ **1.** 戦場でローマ兵のはおる厚い粗毛の(袖なし)外套 **2.** 野蛮人や奴隷の外套, 引き回し, カッパ saga sumere = ad saga ire 兵隊外套を身につける(戦場へ行く) in sagis esse 戦っている

Saguntīnus *a.1.2* Saguntīna, Saguntīnum §50 **1.** Saguntum(ヒスパーニアの町)の, Saguntum 人の **2.** (名) *m.pl.* Saguntum 人たち

sāl *m.* salis *3* §26 **1.** 塩, 親切なもてなしの象徴 **2.** 濃い塩水, 海 **3.** 塩気, 塩味, ぴりっとした風味, 趣興 **4.** 鋭敏な知性, 辛辣な精神, 機知, 皮肉, 諷刺, しゃれ nihil esse utilius sale et sole (9f6) 塩と太陽ほど役立つものはない hodie apud me numquam delinges salem お前さんは今日私の家で決して塩をなめないよ(期待されていないだろう) scurra notus urbano sale 洗練された機知で有名な通人

Salamīs (**-īn**) *f.* Salamīnis (-mīnos) *3* §39(ロ) 対 -mīnem, -mīna ギリシアの sinus Saronicus の島, 480B.C. ギリシアがペルシア軍を敗った海戦場

salapūtium *m.* salapūtiī *2* §13 小人, ちび, 朱儒(ヒゅ)

salārius *a.1.2* salāri-a, -um §50 [sāl] 塩の, 塩に関する via salaria 塩街道(Roma から Reate) (名)**salārius** *m.* salāriī *2* §13 塩魚小売商人 **salārium** *n.* salāriī *2* §13 **1.** (公務員・兵士への)塩の現物給与, 給料 **2.** 日給, 賃金, 年俸

salāx *a.3* salācis §55 [saliō] (比)salacior (最)salacissimus **1.** 好色の, みだらな, 淫猥な, さかりのついた, 発情した **2.** 情欲をそそる, 煽情的な, 催淫性の

salebra *f.* salebrae *1* §11 [saliō] **1.** でこぼこしている地面, 車ががたがたとゆれる所, 道 **2.** 荒削りの文体, 晦渋

salictum *n.* salictī *2* §13 [salix] ヤナギの林, 森, ヤナギ畑

saliēns *a.3* salientis §58 [saliō の現分] こんこんと湧き出る, ふき出している, ほとばしる (名)**salientēs** (*sc.* fontes) *m.pl.* salientium *3* §58 **1.** 噴水, 泉 **2.** 流出

salignus *a.1.2* salign-a, -um §50 [salix] ヤナギの細枝でつくられた, 編まれた

salīllum *n.* salīllī *2* §13 [salīnum の小] 小さな塩入れ, 塩つぼ

salīnae *f.pl.* salīnārum *1* §§11, 45 [sāl] 塩田, 製塩所, 岩塩坑

salīnum *n.* salīnī *2* §13 [sāl] 塩入れ, 塩つぼ

saliō *4* salīre, saluī (saliī), saltum §111 **1.** 跳び上がる, 跳ぶ, はねる, 踊る, 舞う **2.** (水)勢いよく噴き出す, ほとばしる **3.** 突然ぴくっと動く, ぴくぴくする, どきっとする **4.** 鼓動する, 脈打つ **5.** 雄(ォ)が雌にかかる, 交尾する ipse rotis saliens juga deseris お前は馬車から跳び下りて一対の馬たちを見捨てる aliena negotia centum per caput et circa saliunt latus 私と縁のない用事が沢山, 私の頭(耳)の上, 私の回りにうるさくとびかかってくる(人々が大勢のみ込む)

saliunca *f.* saliuncae *1* §11 カノコソウ, その根茎からとる鎮静剤

Salius *m.* Saliī *2* §13 [saliō] 軍神マールスの神官団(12名)の一人, 彼らは祭儀の日(3月の1, 9, 23日? 10月も?)ローマ市内を古風な武装姿で歌いつつ歩き, 止まっては踊っていた (形)**Saliāris** *a.3* Saliāre §54 Saliī Saliares cenae 豪奢な(ぜいたくな)饗宴

salīva *f.* salīvae *1* §11 **1.** つば, 唾液, よだれ **2.** 酒の風味, あと味 **3.** 欲望 tibi salivam movet それは(に)あなたに(は)よだれをたら(す)させる(羨望の思いを起こさせる) saliva Mercurialis 儲けた

い欲望

salix *f.* salicis *3* §21 ヤナギ, ヤナギの細枝, 木材

Sallustius *a.1.2* Sallusti-a, -um §50 **1.** ローマ人の氏族名 **2.** C. Sallustius Crispus 歴史家 c.86-35 B.C.

salsāmentum *n.* -mentī *2* §13 [salsus] 塩漬けの食料品(塩漬け魚)

salsus *a.1.2* sals-a, -um §50 [sallō(古)「塩をふりかける」の完分] (比)salsior (最)salsissimus **1.** 塩をふりかけた, 塩づけにした, 塩味の, 塩づけの **2.** (本来)塩からい, 塩気のある, 塩水の **3.** ぴりっとからい, 機知のきいた, 皮肉な, 辛辣な, 鋭い, おどけた, ひょうきんな,ふざけた vada salsa 海の波 salsiores sales いっそう辛辣なしゃれ male salsus ridens dissimulare (117.7) 彼は意地わるく(折悪しく)ふざけて笑いつつ知らぬ顔だ

saltātiō *f.* saltātiōnis *3* §28 [saltō] 踊ること, 飛びはねること, 舞踏, 舞, 踊り

saltātor *m.* saltātōris *3* §26 [saltō] 踊り子, 舞踏手(家), 黙劇俳優 (形)**saltātōrius** *a.1.2* -tōria, -tōrium §50 saltator の, にかかわる

saltātus *m.* saltātūs *4* §31 [saltō] = saltātiō

saltem 副 **1.** 少なくとも, ともかく, いずれにせよ **2.** (否定文で)すら, さえ(…でない) eripe mihi (9d5) hunc dolorem aut minue saltem 私からこの苦痛をとりのぞいてくれ, あるいは少なくとも軽くしてくれ nec meum imperium — non simultatem meam revereri (117.8) saltem! しかし奴は私の命令を一いや私の反感すら恐れはばからぬとは

saltō saltāre, -tāvī, -tātum §106 [saliō] **1.** 踊る, 舞う **2.** 踊り身振りで人物の性格を描写する, 歌・物語を表現する, 黙劇を上演する mea sunt populo saltata poemata saepe 私の詩はしばしば民衆の前で踊られた(身振りや踊りで上演された)

saltuōsus *a.1.2* saltuōs-a, -um §50

[saltus²] 森におおわれた, 森林の多い, 丘陵に富む

saltus¹ *m.* saltūs *4* §31 [saliō] **1.** とび上がる(とびはねる)こと, 跳躍, はねかえり **2.** 一っ飛びの短い距離

saltus² *m.* saltūs *4* §31 **1.** 山峡, 峡谷 **2.** 隘路, 峠道, 山道 **3.** 空き地, 山道, 牧草地の散らばった丘陵地, 山林地, 牧場, 牧草地帯 **4.** 山脈, 森林地帯 uno in saltu apros capiam (116.1) duos 一つの谷あいで二頭のイノシシをつかまえてやるぞ(一挙両得だ)

salūbris *a.3* salūbre §54 = **salūber**, -bris, -bre §54 (比)salubrior (最)saluberrimus §60 **1.** 健康に良い, 衛生的な **2.** 健康の, 元気な, 丈夫な **3.** 有益な, ためになる, 有利な (副) **salūbriter** §67(2) (比)salubrius (最)saluberrime **1.** 健康的に, 衛生的に **2.** 良い条件で, 有利に, 安い値段で

salūbritās *f.* salūbritātis *3* §21 [salūbris] **1.** 健康に良いこと, 衛生的なこと, 健康を保つのに良い条件, 健康法・治療の効力, 手段, 安全(安泰)を保つ条件, 手段, 政策 **2.** 健康, 丈夫, 幸福, 健全, 安全, 安泰

salum *n.* salī *2* §13 <σάλος? **1.** 船を突き上げ左右にゆする海, うねり, 波浪, 大波 **2.** 増水した川(の流) **3.** 沖の海, 大洋, 深い海 tirones salo (9f15) nauseaque confecti 荒波と船酔いとですっかり疲れた新兵たち

salūs *f.* salūtis *3* §21 [salvus] **1.** (肉体と精神の)健全, 健康, 無事息災, 健康の保全, 維持, 生存, 生命 **2.** 安全 (保証), 安寧, 幸福, 自由, 危険からの解放 **3.** 救助, 救済, その手段, 希望, 避難所, 隠れ場 **4.** 救済者, 救い主, 救いの女神, 健康・幸福の女神 **5.** 他人の健康, 幸福を祈願して述べる(又は書く)言葉, 挨拶, 会釈 opsecro, fer amanti ero salutem お願いです, 恋でなやんでいる私の主人をどうか助けてあげて下さい neque jam Salus servare, si volt, me potest 救いの女神が, たとい欲してもいまはもう私を助けることはできないのだ(万事休す) Te-

salūtāris　　　　698

rentia impertit tibi multam salutem テレンティアがあなたにくれぐれもよろしくと申しています Cicero Attico sal. (i.e. salutem dicit) (手紙の冒頭で, 拝啓の意を持って)キケロはアッティクスへ挨拶する s. d. m; s. d. p = salutem dicit multam, plurimam

salūtāris *a.3* salūtāre §54 [salūs] (比)salutarior (最)salutarissimus **1.** 健康・保全によりためになる **2.** 効果のある, 有益な, 有利な **3.** 治療に効果のある, 救済力のある, 養生になる, 衛生的な, 力をつける **4.** 無傷の, 健全な salutaris littera 救いの文字, A(裁判官の評決用紙の absolvo「無罪放免」の頭の文字) digitus salutaris 救いの指, 人差指(見物人が負けた剣闘士に好意を示すとき, 人さし指を高くあげた)

salūtātiō *f.* salūtātiōnis 3 §28 [salūtō] **1.** 挨拶(のことば), 挨拶状, 手紙の冒頭の拝啓 **2.** 保護者に対する被保護者(庇護者)の毎朝の伺候, 訪問, 挨拶, 皇帝への伺候, 表敬訪問

salūtātor *m.* -tōris 3 §26 [salūtō] 挨拶をする人。毎朝, 保護者の家を回って挨拶する子分

salūtātrix *a.3* (*f.*)salutatrīcis 挨拶をする, 朝の挨拶回りをする pica salulatrix 挨拶をするカササギ

salūtifer *a.1.2* salūti-fera, -ferum §51 [salus, ferō] **1.** 安泰, 幸福をもたらす **2.** 健康にする, 病気をなおす, 薬効のある, 薬用の

salūtō *1* salūtāre, -tāvī, -tātum §106 [salūs] **1.** 挨拶する, 声をかけて迎える, 名を呼んで(称号を呼んで)挨拶する, おじぎをする, 会釈する, 敬礼する **2.** 神を礼拝する, あがめる, まつる **3.** 朝の伺候をする, 表敬訪問をする **4.** 別れの挨拶をする aliquem imperatorem 〜 誰々を最高司令官万歳と歓呼する ego deos penatis hinc salutatum (120.1) domum devortar (116.1) 私は家の守護神を拝がむためにここから家に帰ることにしよう

salvē 副 [salvus §67(1)] 万事良好

な状態にあって, 健康な, 元気な状態に salvene? = satisne (satin) salve? 万事上手にいっているか, 大丈夫か, 無事か, 元気か salve agere 健康である, 元気だ

salveō *2* salvēre, ――, ―― §108 [salvus] 健康である, 元気でいる, 丈夫だ **1.** (命)salve, salvete (イ)今日は, お早う, 元気か (ロ)(敬意を表して, おごそかに)ようこそ, 幸いあれ, 万歳 (ハ)(別れの挨拶) vale atque salve さようなら, ごきげんよう **2.** salvere jubere 挨拶をする jubeo te salvere voce summa 最高の大声であなたに挨拶する Dionysium jube salvere ディオニュウシウスによろしくと(伝えて下さい)

salvus (**salvos**) *a.1.2* salv-a, -um §50 [salūs] **1.** 安全な, 無事息災の, 無傷の, 無害の **2.** 健康な, 元気な, 良い状態の, 良く保たれている civibus salvis (9f18) atque incolumibus 市民たちの命が保たれ無傷であるならば salva lege 法律を破らないで me salvo 私が生きている限り salvos sum, non me videt やれほっとした, 彼は私に気づいていないぞ salva res est 万事結構, しごくよろしい salvus sis ごきげんよう

sambūcistria *f.* sambūcistriae 1 §11 sambūca(アジア起源の小さな竪琴)奏者(女)

Samius *a.1.2* Samia, Samium §50 **1.** Samos　島(小アジアの西海岸の島)の **2.** (名) *m.* Samos 島の住民, 特に Pythagorās を意味する **3.** (名) *n.pl.* Samia サモス島製の品質の悪い陶器

Samnīs *a.3* Samnītis §55 **1.** Samnium(イタリアの南部地方名)の **2.** (名) *m.pl.* Samnītes 人(Somnium の住民), また, 彼らのような武装をした剣闘士

sānābilis *a.3* sānābile §54 [sānō] (比)sanabilior 治療し得る, 治療の見込みのある, 救済できる, 矯正できる

sanciō *4* sancīre, sānxī, sānctum (sanx-, sanc-?) §111 [sacer] **1.** 祭祀によって神聖にする, 清める, 神に捧げる **2.** 犯すべからざるもの, 破れないものと

して定める，最終的なもの，取り消せないものとして是認する，批准する，裁可する **3.** 法を制定する，法で命令する **4.** 罰する，罰則で禁止する **5.** 実現させる，確証する，果たす legibus quas senatus de ambitu sanciri (不・受) voluerit 選挙運動に関して元老院が制定しようと(されることを)欲していた法律によって ambitio jam more (9f11) sanctast (＝ sancta est) 腐敗した選挙運動(贈収賄)も今では時勢によって是認されているのだ ut jure jurando ac fide sanciatur, petunt, ne facto initio belli ab reliquis deserantur 彼らは戦争が勃発したら残りの者たちから見捨てられないように(という約束を)，(残りの者が)おごそかに誓って誠実に守るようにと請求する

sānctē (**sa-**) 副 ［sānctus §67(1)］(比)sanctius (最)sanctissime **1.** おごそかに，厳粛に，信心深く，敬虔に **2.** 罪けがれなく，清廉潔白に，忠実に，貞淑に **3.** 宗教的な儀式に則って，儀式を守って

sānctimōnia (**sa-**?) *f.* sānctimōniae *1* §11 ［sānctus］ **1.** 神聖，不可侵性 **2.** 清廉潔白，清浄無垢

sānctiō (**sa-**?) *f.* sānctiōnis *3* §28 ［sanciō］ **1.**（立法措置の）批准，裁可，認可 **2.** 賞罰，制裁の規定，刑罰規則，約款（⽸⽂），(同盟条約)条項

sānctitās (**sa-**?) *f.* sānctitātis *3* §21 ［sānctus］ **1.** 神聖，不可侵性 **2.** 宗教的な拘束力をもつ義務の遵守，敬神，敬虔な態度 **3.** 高徳，清廉潔白，誠実，正直，純潔，貞淑

sānctus (**sa-**?) *a.1.2* sānct-a, -um §50 ［sanciō の完分］(比)sanctior (最)sanctissimus **1.** 神聖な，不可侵の，汚れなき，清浄な **2.** 神々しい，荘厳な，高貴な，氣高い **3.** 信心深い，敬虔な，清純な，純潔な，貞節な **4.** 簡素な，端正な tribuni plebis sancti sunto 護民官は神聖にして侵すべからず sanctius ac reverentius visum (171 注) de actis deorum credere quam scire (117.1) 神々の御業については知り究めるより信ずる方が，いっそう敬虔で信心深い態度と思

われる

sandȳx *m.* sandȳcis *3* §41.1a ＜σάνδυξ **1.** 赤色染料(鉛や鉄の酸化物からとる) **2.** 緋色の衣服，織物

sānē 副 ［sānus §67(1)］(比)sānius **1.** 冷静に，慎重に，分別をもって，道理をわきまえて **2.** たしかに，本当に，確実に，まことに，(返事で)もちろんです，たしかにそうです **3.** ぜひとも，必ず，きっと，(命令文)さあさあ **4.**(譲歩，皮肉)たしかに，その通りかもしれない，きっとそうだろうよ **5.** non (haud) sane あまり…でない，たいして…でない **6.** sane quam はなはだ，非常に，全く bonum est pauxillum amare sane もう少し分別をもって恋をするのがいいのだ estne, ut fertur, forma? ― sane 彼女は噂の通りきれいか ― 勿論，そうだ eo ego ― i sane 私は行く ― そうだ，ぜひ行け rustica sim (116.3) sane, dum non oblita pudoris (9c9) 貞節を忘れていない限り，私(女)はきっと田舎者でしょうね non sane multa mutavi sed tamen quaedam あまり沢山ではないが，しかしいくらか変えた sane quam sum gavisus 私は非常に喜んだ

sanguen *n.*(**sanguinis**) ＝ **sanguis** *m.*(**sanguinis**)

sanguinārius *a.1.2* sanguināri-a, -um §50 ［sanguis］ **1.** 血の **2.** 血に餓えた，血腥い，残虐な

sanguineus *a.1.2* sanguine-a, -um §50 ［sanguis］ **1.** 血からなる，血の，血のような **2.** 血だらけの，血まみれの，血しぶきをあびた，血のしたたる，血みどろの，血走った **3.** 血に餓えた，残酷な **4.** 血の色をした，真っ赤な，深紅色の，赤らんだ

sanguinō *1* sanguināre, -nāvī, -nātum §106 ［sanguis］ **1.** 血が出る **2.** 血を渇望する，血に餓えている

sanguinolentus *a.1.2* -lenta, -lentum §50 ［sanguis］ **1.** 血まみれの，流血でおおわれた(汚れた) **2.** 血に餓えた，残酷な，復讐心(恨み)を抱いた **3.** 血の色をした，血に染まった，深紅色の

sanguis *m.* sanguinis *3* §28 注

saniēs 1. 血, 血液 2. 生血, 生命力の源, 生命, 生存 3. 出血, 流血の惨事, 殺戮 4. 自己犠牲, 犠牲を伴った業績 5. 血縁, 血統, 家系, 子孫, 家族, 一門, 民族, 種族 6. 体力, 精神力の源, 元気, 活力, 力 7. 本能, 性向, 感情のみなもと, 気質, 情熱, はじらい, 赤らみ, 蒼白 sine sudore et sanguine 汗も血も流さずに(労苦も危険もなしに) hauriendus (147.1) aut dandus sanguis 血を吸うか与えるか, 勝つか負けるかだ

saniēs *f.* saniēī 5 §34 **1.** 血うみ, 腐った血, うみ, 潰瘍(ﾖｳ) **2.** ねばりのある液体, 犬のよだれ, 蛇の毒汁, 焼肉汁, しぼったオリーブのかす汁など

sānitās *f.* sānitātis 3 §21 [sānus] **1.** 健康な状態(身体) **2.** 健康な精神, 良識, 正しい判断力, 道理をわきまえた思慮・分別, 穏健な思想 **3.** 純正な趣味, 鑑識眼, 正常な文体 ut facinore admisso ad sanitatem reverti pudeat (166) 罪を犯してからは, 正気に立ち帰るのを恥じるかのように

sanna *f.* sannae 1 §11 からかい, あざけり, 冷笑, 嘲笑, しかめっら

sānō 1 sānāre, -nāvī, -nātum §106 [sānus] **1.** 直す, 治療する **2.** 良い状態にもどす, 健康を回復させる **3.** 正す, 訂正(矯正)する, 救済する **4.** とりかえす, 回復する, うめあわせる, 償う **5.** (苦痛, 悲しみを)和らげる, 静める, いやす, 軽くする

sānus *a.1.2* sān-a, -um §50 (比) sanior (最)sanissimus **1.** 健康な, 健全な, 正常な, 良い状態(体)の, 健康によい **2.** 傷のない, 無病息災の, 直った, いやされた **3.** 精神的に健全な, 正気の, まじめな, 健康な, 道理をわきまえた, 分別のある **4.** 純正な趣味の, 鑑識眼のある sanus utrisque auribus (9f3) 両耳とも正常な(人) sanus mentis (9c6) 正常な精神の持ち主 male sani poetae 詩的霊感で気のふれた詩人

sānxī → sanciō

sapa *f.* sapae 1 §11 (元の分量の3分の2まで)煮つめられたブドウ液, 新酒

sapiēns *a.3* sapientis §58 [sapiō の現分] (比)sapientior (最)sapientissimus 賢い, 賢明な, 思慮分別のある, 正しい判断力(眼識)をもった, 深い知恵をもった (名)**sapiēns** *m.* sapientis 3 §24 賢人, 賢者, 哲人, 知恵者, 思慮分別のある人 sapientum octavus 第八番目の賢人(自称賢人) (副)

sapienter §67(2) (比)sapientius (最)sapientissime 賢明に, 思慮分別をもって

sapientia *f.* sapientiae 1 §11 [sapiēns] **1.** 健全な精神, 理性, 正しい認識, 判断力 **2.** 深い洞察, 見識, 思慮分別 **3.** 聡明, 賢明, 英知, 知恵, 哲学者の目指す徳, 哲学(の教養) virtus est vitium fugere, et sapientia prima stultitia caruisse 美徳の始まりは悪徳との決別(より逃れること), 知恵の始まりは愚昧の欠如(をなくしたこと) haec est una omnis sapientia, non arbitrari (117.1) se (117.5) scire quod nesciat (116.11) 自分が知らないことは知らないと認めること, これこそ唯一つの英知にして英知のすべてである

sapiō 3b sapere, sapīvī (-iī), —— §110 **1.** 味がある, 風味がある, においがする **2.** 感じる, わかる, 見分ける, 理解する, 判断する **3.** 物覚えがいい, 分かりが早い, 聡明である, 賢い, 思慮分別がある, 知恵がある sero sapiunt 彼らは気づくのがおそすぎた(後の祭り) sapere aude, incipe 断固として賢人たらんと志せ, さあ, いますぐ決心せよ ad omnia alia aetate (9f15) sapimus rectius 他のすべてのことに関しては, 我々は年齢と共にいっそう正しく判断するようになる nequiquam sapere sapientem (9e11), qui ipse sibi prodesse non quiret (116.8, 11)「賢さを自分自身の役に立てないような賢人は, 賢くとも空しいことだ(賢人たる資格なし)」と

sapor *m.* sapōris 3 §26 [sapiō] **1.** 味, 味わい, 風味, 味覚 **2.** 風趣, 興趣, 趣味, 好み **3.** おいしい食物, 料理 **4.** 独特の味わい, 特色, 性格 **5.** におい, 香り, 芳香 **6.** 正しい審美眼, 眼識, 判断

力, 良い趣味, 洗練, 優美 sapor verna-
culus 産地独特の風味 homo sine sapo-
re 味わい(独特の個性)のない男 mel suo
proprio genere saporis dulce esse
(117.6) sentitur 蜂蜜はその一種独特の
風味によって甘いと感じられる

Sapphō *f.* Sapphūs *3* §41.10b
ギリシアの有名な女流詩人

sarcina *f.* sarcinae *1* §11 〔*cf.*
sarciō〕 **1.** 運ぶためにまとめてくくった(束
ねた)荷, 一束, 一荷, 一駄, 小包 **2.** 兵
士の携行荷, 行李 **3.** 重荷, 負担, 責任,
心の負担 **4.** 胎児 **5.** 動産, 家具, 衣裳
annus octogesimus admonet me ut
sarcinas colligam, antequam proficis-
car (116.6) e vita この人生から立ち去る
前に荷をあつめておけと 80 歳が私に忠告
する(死出の準備をする)

sarcinārius *a.1.2* sarcināri-a, -um
§50 〔sarcina〕 行李(輜重)を運ぶため
の

sarcinula *f.* sarcinulae *1* §11
〔sarcina の小〕 **1.** 小さな(軽い)包み, 束,
梱(こり) **2.** 持参の物, 身の回り品, 手荷物,
家財, 諸道具

sarciō *4* sarcīre, sarsī, sartum
§111 **1.** 修理する, つくろう, 直す **2.** 埋
め合わせをする, おぎなう, 償う, 取り返
す, 回復する, 正す, 改める studium
infamiae sarciendae (121.3) 汚名をそそ
ぎたいという熱意

sarcophagus *a.1.2* sarcophag-a,
-um §50 <σαρκοφάγος 肉体を食
い尽くす lapis sarcophagus 石灰石(死
体を早く灰にすると信じられていた) (名)

sarcophagus *m.* -phagī *2* §13
石棺, 棺, ひつぎ

sarculum *n.* sarculī *2* §13 〔sariō〕
鍬(くわ), (除草用)鋤(すき), 叉鍬(またぐわ)

Sardonius *a.1.2* Sardoni-a, -um
§50 Sardinia 島の immo ego Sardo-
niis videar tibi amarior herbis いっそ
のこと私は, サルディニアの草(ウマノアシ
ガタ※)よりもにがいとあなたに思われたい(あ
なたからきらわれたい) ※=キンポウゲ, こ
れを食べると痙攣性の笑いをひきおこし死

に至ると信じられていた

sardonyx *m.f.* sardonychis(又は)
sardonychos *3* §39(ロ) 紅縞瑪瑙
(めのう)

sargus *m.* sargī *2* §13 ローマ人
が賞味した海の魚(タイ科の一種)

sāriō *4* sārīre, sāruī, sartum §111
1. 鍬で耕す **2.** 除草する, 土を掘りくだく
sarire quis velit saxum? 一体誰が石を
耕したいと思うか

sarīs(s)a *f.* sarīsae *1* §11 <
σάρισα マケドニア軍の長い槍, 矛(ほこ)

sarīs(s)ophorus *m.* -phorī *2*
§13 sarissa を持った兵

Sarmatae *m.pl.* Sarmatārum *1*
§11 ドン川の向こうからダニューブ川流域
へと西方に移住した遊牧民

sarmentum *n.* sarmentī *2* §13
〔sarpō「刈り込む」〕 **1.** 切りとられた枝,
ブドウの若枝, つる, さし木, 取り木, そ
だ, 柴(束) **2.** 若枝, 小枝

sarsī → sarciō

sartāgō *f.* sartāginis *3* §28
1. フライパン **2.** ごたまぜ, 寄せ集め

sartus *a.1.2* sart-a, -um §50
〔sarciō の完分〕 修理(修繕)された sar-
tus (et) tectus 修理されおおわれた, 立
派に防風, 防水された(立派に修理維持さ
れた状態で) sarta tecta (*n.pl.acc.*) ae-
dium sacrarum tueri (137) 神殿の立派
な修繕管理(営繕)の任務 tua praecepta
usque habui mea modestia (9f11) 私
はあなたの教えをいつも拳拳(けんけん)服膺(ふくよう)
してきました

sat = satis

sata *n.pl.* satōrum *2* §13 〔serō[1]
の完分〕 **1.** 耕作された(芽生えた)穀類,
畠の作物 **2.** 種子をまかれた畠 **3.** 植物,
草, 苗

satagō *3* sat-agere -ēgī, -āctum
§109 〔satis, agō §173〕 **1.** さわぎたて
る, 忙しくしている **2.** 窮迫している, 困窮
している

satelles *m.* satellitis *3* §21 <
エ? **1.** 身辺警護者, 衛兵, 親衛隊員
2. 従者, 下僕, 取り巻き, 随行者 **3.** 一

satiās 702

味, 味方, 守護者, 党員, 支持者, 共犯者 virtutis verae custos rigidusque satelles 真の美徳の厳しい番兵であり従者たる(私)

satiās *f.* (satiātis) *3* §21 [satis] *n.b.* もっぱら *nom.sg.* のみで現れる **1.** 充分, あり余ること, 豊富 **2.** 飽食, 飽満, 満腹, 後の嫌悪感, げんなり

satietās *f.* satietātis *3* §21 [satis] **1.** 十分な数量, 豊富, 満腹 **2.** あきること, 倦怠, 嫌悪 non debent esse amicitiarum satietates 友情に厭(あ)きてはならない

satin = satisne?

satiō *1* satiāre, -āvī, -ātum §106 [satis] **1.** 餓えを満たす, 渇きをいやす, 欲望を満足させる **2.** 満たす, 一杯にする, 包む, 覆う **3.** 満足させる, 堪能させる, 楽します, 鎮める, なだめる **4.** 飽満させる, うんざりさせる, 疲れさせる largis satiantur odoribus ignes 燈明がふくいくたる香煙につつまれる cum satiata ferinae dextera caedis (9c8) erat 右手が野獣の殺害に飽き飽きしたとき

satiō *f.* satiōnis *3* §26 [serō¹] **1.** 種まき, まいたたね, たねをまいた耕作地, 畠 **2.** 植えつけ

satira → satura

satis(sat) 名・副 **A.** (名)無 **1.** 充分, 沢山 **2.** 充分な力量, 権力 **3.** 十分な保証, 担保 **4.** (比)satius より良い(望ましい)もの satis accipere 十分な保証(担保)を受けとる satis agere (agitare) 忙しくする, 困っている satis dare → satisdo, satis facere → satisfacio, satis habere 充分と考える non satis est pulchra esse poemata, dulcia sunto 詩は形式が美しくても充分ではない, 内容で感動させるべきだ ea amicitia non satis habet firmitatis (9c4) そのような友情はまだ充分な信頼性をもっていない satis habebat in praesentia hostem rapinis (9f7) prohibere (117.2) 目下敵の掠奪を防ぐだけで彼は充分と考えた **B.** (副)**1.** 十分に, 適当に, 相応に, 必要なだけ **2.** 全く, すっかり, かなり, 本当に satis superque

me benignitas tua ditavit あなたの慈悲深さは私をあり余るほど十分に裕福にしてくれました satis esse arbitror demonstratum 充分に説明されたと私は思う sanus satis non es お前は全く正気ではない satin = satisne = satine 本当にそうなのか(疑問を強調する) satin omnes res sunt adversae mihi? じっさいなにもかもが私の思う通りにならないのか

satisdō 不規 satis-dare, -dedī, -datum §159 (*n.b.* 離して二語にもなる) 担保を提供する, 設定する, 保証する quibus a me verbis satis accipiet, isdem (*pl. abl.*) ipse satis det (116.2) 彼が私から保証を受けとるであろうそれと同じ言葉で彼も私に保証を与えるべきである

satisfaciō *3b* satis-facere, -fēcī, -factum §110 (*n.b.* 二語にもなる *cf.* satis) **1.** (要求を)満足させる, 納得させる, 安心させる, 保証する, 担保を与える, (借金を)弁済する **2.** (損害・不正を)つぐなう, 改める, 謝罪する, わびる, 釈明する **3.** 十分な注意を払う, 配慮する, 恩に報いる, (義務を)果たす ut omnium vel suspicioni (9d1) vel malevolentiae satis fiat (116.6, 157) すべての人の猜疑心や悪意が晴れるために missis ad Caesarem satisfaciendi (119.2) causā legatis (9f18) カエサルの所へ事情を釈明するために使節を派遣して aut morte aut victoria rei publicae satisfacere 戦死か勝利によって国家の恩に報いること

satisfactiō *f.* satisfactiōnis *3* §28 [satisfaciō] **1.** 債権者, 要求者を満足(納得)させること **2.** 謝罪, 釈明, 弁解 **3.** 補償, 賠償, 贖罪

satius → satis の比

sator *m.* satōris *3* §26 [serō¹] **1.** 種をまく人, 植え付ける人, 栽培者 **2.** 創立者, 創始者, 元祖, 開祖, 先祖 **3.** 発起人, 発頭人, 張本人

satrapēs *m.* satrapae *1* §37 = **satrapa**, -ae *1* §11 <σατράπης ペルシアの地方長官, 太守

satur *a.1.2* satura, saturum §51 (比)saturior **1.** 満腹した, 飽食した, 満

足した，栄養の充分な，太った，肉づきの
よい **2.** 肥えた，豊かな，産物(貯え)の豊
富な **3.** たっぷりつけられた，多く水分を含
んだ，濃く(深く)染められた dico me ire
quo saturi solent 満腹した者がいつも行
くところ(トイレ)に私は行くと言っているの
だ Tyrio saturas ostro vestes 深紅色
(の染料)に染められた着物を

satura (**satira**) *f.* saturae *1*
§11 ［satur］ **1.** さまざまな野菜・果物
の初物を盛った容器(さまざまな野菜や挽
き肉の詰めもの?ごった煮?) **2.** per satu-
ram 一括して，全体として，ごちゃまぜに
して，寄せ集めて，乱雑に **3.** 雑多な劇の
上演，さまざまな主題に関して創作された
詩と散文の寄せ集め **4.** 世間に多い悪徳，
愚行に向けられた諷刺詩 difficile est sa-
turam non scribere. nam quis iniquae
tam patiens urbis (9c13)? 諷刺詩を書
かないでいることは難しい，じっさい誰が都
のかかる不正・邪道にがまんできるか

saturēia[1] *f.* saturēiae *1* §11 香
りの高いキダチハッカ(シソ科)，薬味
saturēia[2] *n.pl.* saturēiōrum §13
1. キダチハッカ? **2.** 媚薬
saturitās *f.* saturitātis *3* §21
［satur］ **1.** 飽満，満腹，満喫 **2.** 充満，
飽和，豊富，あり余るほどの多数
Sāturnus *m.* Sāturnī *2* §13 ロ
ーマの古い農耕神 (名)**Sāturnālia**
n.pl. Sāturnāliōrum (-nālium)
Saturnus 祭(12月17日から一週間，こ
の期間，奴隷たちにも放埒なばか騒ぎが
許された) (形)**Sāturnius** *a.1.2*
Sāturni-a, -um §50 Saturnus の
stella Saturnia (天)土星 regna Saturnia
Saturnus の治世＝黄金時代 numerus
Saturnius サートゥルヌス詩体 Saturnius
＝(Saturnus の子) Jupiter, Pluto
Saturnia ＝(Saturnus の娘，Juno)
saturō *1* saturāre, -rāvī, -rātum
§106 ［satur］ **1.** 満腹(飽食)させる，満
喫させる，堪能させる **2.** 飽き飽きさせる，
疲れさせる，うんざりさせる **3.** いやす，静
める，なだめる **4.** 水にひたす，びしょぬれ
にする，しみ込ませる necdum anticum

saturata dolorem (9e9) 昔の心の傷をま
だいやされていない彼女 arida ne satura-
re fimo pingui pudeat (116.2) sola やせ
た畠の上を豊かな肥料で満たすことを恥じ
るな
satus *m.* satūs *4* §31 ［serō[1] の
完分］ **1.** たねまき，植え込み，栽培 **2.** さ
し枝，苗木，種 **3.** 起源，生産，生殖，種
族
satyrus *m.* satyrī *2* §13 ＜
σάτυρος **1.** (神)半神半獣の森の神，
Bacchus の従者 **2.** サテュロス劇(ギリシア
の茶番劇)
sauciātiō *f.* sauciātiōnis *3* §28
［sauciō］ 負傷，傷害，けが
sauciō *1* sauciāre, -ciāvī, -ciātum
§106 ［saucius］ **1.** 傷つける，害する，
いためる，損害を与える **2.** 深く傷つける，
切り込む，(土地に)みぞをつくる，耕す，切
り裂く
saucius *a.1.2* sauci-a, -um §50
1. 傷つけられた，しいたげられた，損なわ
れた，害された，打撃を蒙った，切られた
2. 心を傷つけられた，苦しんでいる，ふき
げんな，煩っている，悲しい，意気消沈し
た **3.** 酒に酔った，病弱の suo saucius
ense latus (9e9) 自分の剣で脇腹を傷つ
けた(人) glacies incerto saucia sole 薄
日によってこわれた氷
sāvior → suāvior
sāvium → suāvium
saxātilis *a.3* saxātile §54
［saxum］ 岩石の間や岩棚に生息する
(名)**saxātilēs** *m.pl.* saxātilium *3*
§19 川の岩間や海の岩棚に生息する魚
(カサゴ，イワナなどか)
saxeus *a.1.2* saxe-a, -um §50
［saxum］ **1.** 石の，石からなる，石造り
の，岩の，岩石の多い **2.** 石のように固い，
冷淡な saxea ut effigies 石像の如く(凝
然と立ちつくす人)
saxificus *a.1.2* saxific-a, -um §50
［saxum, faciō］ 石になる，石化する
saxōsus *a.1.2* saxōs-a, -um §50
［saxum］ 岩石の多い，岩石で一杯の，
石ころだらけの

saxum *n.* (**saxus** *m.*) saxī *2* §13 [secō] **1.** 大きな石, 岩, 大理石, 岩塊, 岸壁, 岩洞 **2.** 石造りの壁, 建築物, 石材, 石弾(＝弾丸), 石斧, 墓石 **3.** 岩石の多い土(地) **4.** Saxum (sacrum) (Aventinus 丘の) 聖岩 **5.** Saxum = mons Tarpejus, durior saxo 石よりつれない(女) satis diu hoc jam saxum vorso わしはもう十分に長い間この石をころがしているのだ(地獄の Sisyphus の如く空しい労苦を重ねている)

scabellum (-billum) *n.* scabellī *2* §13 [scamnum の小] **1.** 背もたれのない低い腰掛け, 床几, 踏み台 **2.** 一対の鈴(あるいは金属板)をとりつけた底の高い木靴, 笛の奏者(?)が舞台でこれをはき, 拍子をとった(らしい)

scaber *a.1.2* scabra, scabrum §52 [scabō] (比)scabrior **1.** 手ざわりの(表面の)粗い, なめらかでない, ざらざらした, でこぼこした **2.** かさぶたのある, 疥癬にかかった, ふけの(斑点の)多い, 腐食した **3.** きたない, よごれた, 不潔な

scabiēs *f.* scabiēī *5* §34 [scabō] **1.** 手ざわり, 表面・皮膚のあらいこと, ざらざらしていること **2.** かさぶた, 湿疹, 皮癬, 疥癬, ふけ **3.** むずがゆさ, 掻痒(そうよう)病, 激しい欲望, 羨望, ねたみ inter scabiem tantam et contagia lucri (9c3) 金儲けに対するかくも激しい掻痒病が, 伝染病の如くはびこっているこの世にあって grex totus in agris unius scabie (9f15) cadit et porrigine porci 畠において唯一頭のブタの疥癬や皮癬のため全部の家畜が死ぬ

scabiōsus *a.1.2* -ōsa, -ōsum §52 [scabiēs] 疥癬にかかった, かさぶただらけの

scabō *3* scabere, scābī, ―― §109 かく, ひっかく, こする, すりむく, すりこむ, 表面をけずりとる, はぎとる

scaena (scēna) *f.* scaenae *1* §11 **1.** 舞台, 劇場 **2.** 舞台の背景, 自然の風景(背景) **3.** 上演, 演出, 劇, 喜劇, 見せもの, 舞台道具, 道具立て **4.** 現場, 公衆の目, 観客, 世間, 世界の檜舞台 **5.** 見せかけ, 口実 **6.** 芝居じみた行為, 劇的場面 agitur res in scaenis 事件は舞台の上で展開する redditi scaenae pantomini 黙劇役者の上演は復活した scaenam criminis parare 罪をでっちあげる道具立てをととのえる(人をおとし入れる工作をする) tibi (9d11. ロ) nunc populo et scaenae serviendum est 今こそあなたは民衆や世間にたいして奉仕すべきである(世間の判断を顧慮すべきである) sphaeram in scaenam attulerit Ennius (太陽系儀)という言葉を公衆の目の前に提出した(始めて話題とした)のはエンニウスである

scaenicus (scēn-) *a.1.2* scaenic-a, -um §50 [scaena] **1.** 舞台の, 劇場の **2.** 劇的な, 舞台(上演)むきの, 芝居がかった, 芝居じみた **3.** 見せかけの, いつわりの, うわべの ludi scaenici 劇場の催し物, 見世物 (名)**scaenicus** *m.* scaenicī *2* §13 俳優, 役者

scaevus (-os) *a.1.2* scaev-a, -um §50 [scaena] **1.** 左の, 左手の, 左側の **2.** 不吉な, 凶兆の, 縁起の悪い, 都合のわるい **3.** 不器用な, 拙劣な, 片意地な, ひねくれた (名)**scaeva** *f.* scaevae *1* §11 左手(左側)に見られる前兆, きざし, 凶兆

scālae *f.pl.* scālārum *1* §§11, 45 **1.** 梯子, はしご段, 階段 **2.** (家屋の)階 scalis (9f1. ニ) habitare tribus 三階(屋根裏部屋)に住む

scalmus *m.* scalmī *2* §13 < σκαλμός 櫂栓(かいせん), 櫂受け軸

scalpellum *n.* scalpellī *2* §13 [scalprum の小] 小さな外科用メス

scalpō *3* scalpere, scalpsī, scalptum §109 **1.** かく, ひっかく **2.** うすく切りとる, はぐ, 削る, こそぐ, こすりとる **3.** うがつ, 彫る, 彫刻する **4.** さする, なでる, もむ, 愛撫する scalpere terram unguibus 爪で土をひっかいて穴を掘る nostri (9c13) memorem sepulcro scalpe querellam 私を思い起こさせる恋の悲しみの詩を墓に刻んでくれ digito caput uno scalpit 彼は頭髪を一本の指でなでる(髪

型を気にする女のような柔弱な男)

scalprum *n.* scalprī *2* §13 [scalpō] **1.** 表面(皮)をうすく切りとる, はぐ, けずりとる, こそぐための刃物, のみ, たがね **2.** 彫刻刀, 解剖メス, 柳葉刀 **3.** ペンナイフ(アシペンの先をとがらすナイフ)

scalpsī, scalptus → scalpō

scamnum *n.* scamnī *2* §13 **1.** 腰掛, 床几, 足(踏み)台 **2.** 畠のうね, 鋤き残し

scandō *3* scandere, ——, —— §109 **1.** 上がる, 昇る, 登る, よじのぼる, はい上がる, 梯子でのぼる **2.** 馬・船に乗る, ベッドに上がる **3.** 上昇する, 高まる, 上にのびる, 乗り越える Timor et Minae scandunt eodem quo dominus「恐怖」と「脅し」は家の主人の登っていく所へ同じように登ってくる

scandula *f.* scandulae *1* §11 屋根板, こけら板, へぎ板, 木屑

scapha *f.* scaphae *1* §11 < σκάφη 軽い小舟, はしけ, 短艇

scaphium (**scafium**) *n.* scaphiī *2* §13 < σκάφιον **1.** 小舟型のうつわ, どんぶり, わん, はち, 浅い酒杯 **2.** 室内便器

scapulae *f.pl.* scapulārum *1* §11 肩甲骨, 肩, 背中 scapulas perdidi 私は肩をしたたか鞭うたれた

scāpus *m.* scāpī *2* §13 **1.** 幹, 茎, 柄, 軸 **2.** 織機の捲棒

scarus *m.* scarī *2* §13 海の魚, ベラ(ブダイ?)

scatebra *f.* scatebrae *1* §11 [scateō] **1.** どっと吹き出すこと, 噴出, 湧出 **2.** あふれでる(ほとばしり出る)泉

scateō *2* scatēre, ——, —— = **scatō** *3* scatere, ——, —— §§108, 109 **1.** 勢いよく湧き出る, ほとばしる, 流出する **2.** 光・火を発する, 噴出する **3.** 満ち溢れる, 群がる, ひしめき合う, 氾濫する scatens beluis (9f16) pontus 怪獣でみちあふれている海 amas pol misera : id (9e5) tuus scatet animus おお, かわいそうにお前(女)は恋をしている, それでお

前の心は一杯なのだ

scaturrīgō (**-tūrīgō**) *f.* scaturrīginis *3* §28 [scateō] **1.** 地下から水がほとばしる・出ること, 噴泉, 温泉, 泉の水 **2.** 群がること, 大群, 氾濫

scaurus *a.1.2* scaur-a, -um §50 えび足の, 内反足の

scelerātus *a.1.2* scelerāt-a, -um §50 [scelerō の完分] (比)sceleratior (最)sceleratissimus **1.** 犯罪によってけがされた, 呪われた **2.** 極悪の, 凶暴な, 残虐な **3.** 恥ずべき, 不敬な, 罪深い, ふらちな vicus sceleratus 呪詛の通り (Servius Tullius の娘 Tullia が父の屍の上を車で乗り越えた通り, Esquiliae 丘にある) campus ～ 呪詛の野(不貞を犯したウェスタ聖女が生き埋めにされた所 porta Collina の近くにあり) sedes ～ 呪詛の居住地(下界で犯罪者の住む所, 地獄) (副)**scelerātē** §67(1) (比)sceleratius (最)sceleratissime 凶暴に, 残虐に, 悪意をもって, 極悪非道にも

scelerō *1* scelerāre, -rāvī, -rātum §106 [scelus] 悪い(不正な)行いでけがす, 汚す, 冒瀆する

scelerōsus *a.1.2* -rōsa, -rōsum §52 [scelus] 悪に浸った, 罪を犯した, 極悪非道(${}^{ひ\atop どう}$)の

scelestē 副 [scelestus §67(1)] 不敬に, 悪辣に, 不道徳に, よこしまに, 意地悪く, ごろつきのように

scelestus *a.1.2* scelest-a, -um §50 [scelus] (比)scelestior (最)scelestissimus **1.** 破滅の運命にある, 呪われた, 不幸な, 不運な **2.** 不敬な, 邪悪な, 悪辣な, いまわしい, 罪深い **3.** (名)*m. 2* §13 *f. 1* §11 無頼漢, ならずもの, 悪党, やくざ, ごろつき disperii, scelestus quantas turbas concivi insciens! もうだめだ, わしはあわれにもそれと知らずになんと大変な騒動をひきおこしたことか perjuravisti, sceleste (9b) お前は誓いを破ったな, 不届き千万な奴め

scelus *n.* sceleris *3* §29 **1.** (神意に反した結果の)祟(^{たた}), 災難, 不幸, 呪い, 呪詛 **2.** 犯罪, 悪行, のろわれた行

scēna, scēnicus

為, よこしまな(邪悪な)心, 性質 **3.** 不信仰, 冒瀆, 不敬 **4.** 悪口雑言, 名誉毀損, 中傷 **5.** 悪党, ならずもの, ごろつき patiare (132, 116.2) potius ipse quam facias scelus お前は不正をなすより, むしろ耐え忍ぶべし scelera non habere consilium (dicitur) 犯罪は思慮を欠く(といわれる)

scēna, scēnicus → scaena, scaenicus

scēptrifer *a.1.2* scēptri-fera, -ferum §51 〔scēptrum, ferō〕 王笏(しゃく)を持った

scēptrum *n.* scēptrī *2* §13 < σκῆπτρον **1.** 王笏(しゃく) **2.** 王権, 王の身分, 宗主権, 統治権

schēma (scēma) *n.* schēmatis (-tos) *3* §41.2 <σκῆμα **1.** 形, かっこう, つくり, 身なり **2.** 型, 流行, 様式 **3.** 態度, 姿勢, かまえ **4.** 輪郭, 図形, 地図, 図表 **5.** (文・修)破格な用法, 婉曲な言い回し, 文彩, 彩(あや)

schida (scida) *f.* schidae *1* §11 <σχίδα パピルス紙の一片, 一切れ, 頁

schoenus (-um) *m.(n.)* schoenī *2* §13 芳香性のイネ科の多年草, ラクダの食料, キャメルグラス

schola *f.* scholae *1* §11 <σχολή **1.** 学ぶ暇, 学問上の会話, 討論, 講義, 講演 **2.** 講義室, 講演場, 教室, 学校 **3.** 門弟, 学派 Cassianae scholae princeps カッシウス学派の始祖 dierum quinque scholas in totidem libros contuli 私は5日間にわたる講義を5巻の書巻におさめた

scholasticus *a.1.2* scholastic-a, -um §50 <σχολαστικός 修辞学校の controversia scholastica 修辞学校における仮想の法廷論争 (名)**scholasticus** *m.* scholasticī *2* §13 **1.** 修辞学校の生徒, 修辞学者 **2.** 一般の学者

scidī, scissus → scindō

sciēns *a.3* scientis §58 〔sciō の現分〕 (比)scientior (最)scientissimus **1.** 事実を知っている, 気づいている **2.** 意識している, 自覚している **3.** 事情に通じている, 熟達した, 老練な, 分別のある, 賢明な vir regendae (121.3) rei publicae (9c13) scientissimus 国政に最も通暁している人 amore ardeo et prudens sciens, vivos (古＝vivus) vidensque pereo 僕は恋情で燃えている, よくわかって気づいていて正気を失っている(pereo), 生きて日光を見ていながら死んでいるのだ

scienter 副 〔sciēns §67(2)〕 **1.** 巧みに, 手際よく, 賢明に **2.** 意図的に, 故意に

scientia *f.* scientiae *1* §11 〔sciēns〕 **1.** 知る(知っている)こと, 知識, 認識, 見聞 **2.** 熟知, 通暁, 熟達, 老練, 分別 **3.** 学識, 見識, 造詣 scientia atque usus militum 軍事の知識と体験 ignoratio futurorum malorum utilior est quam scientia 将来の不幸に関しては知るより知らない方がためになる

sciī → sciō *cf.* §178

scīlicet 副 〔scīre, licet〕 **1.** (非)の如く, 不句と共に §167 きっと知っているでしょう, たしかだ, 明らかである scilicet facturum me esse 私がそれを果たすであろうことはたしかです **2.** (譲歩的, 皮肉的に)勿論そうだ, しかし同時に, 疑いもなく, たしかだ(しかし) grata et scilicet illis Thracia だがトラキア全土はたしかに彼らを祝福したのだ **3.** (挿入句的, 又は返答の中で)勿論, きっと, たしかに, 疑いもなく comites secuti scilicet sunt virginem? その娘にはきっとお供がついていたね tam ego homo sum quam tu — scilicet, ita res est わしはお前と同様人間だ——勿論, その通りだ **4.** (注意を促して)お願いです, どうか, よく聞いて下さい prece cogit, scilicet ut tibi se (間接再帰) laudare et tradere coner (友人は)嘆願して私に強制するのです, よろしいですか, あなたに私が彼をほめたたえて紹介するようにと **5.** (追加的説明に)勿論, 私の意味するところは, つまり quaedam opera sub nomine alieno, nepotum scilicet et uxoris sororisque 彼はいくつかの建造物は, 他人の名で, つまり孫たちや妻や姉の名義でつくった

scilla *f.* scillae *1* §11 <σκίλλα

海葱, カイソウ(ユリ科の球根植物), 球根は去痰(せ)剤(利尿剤?)

scin' (= scisne) → sciō

scindō *3* scindere, scicidī (scidī), scissum §109 *cf.* σχίζω **1.**(斧などで)たてに(2つに)切り(叩き)割る, 引き裂く, 切る, 斬る, 刈る, たつ **2.**分離させる, 分割(分裂)させる, 破壊する, 滅ぼす **3.**ひきちぎる, ずたずたにする, かきむしる, きりさいなむ, 刻む **4.**再び裂く, 古傷をあばく, 新しく生じさせる, 更新する **5.**(再・受)分かれる, 割れる vallum manu scindere 防柵を素手でひき抜く scindit se nubes et in aethera purgat apertum 雲がきれぎれになり広い大空の中へきれいに消える(se は purgat にもかかる) scinditur incertum studia in contraria volgus 民衆は意見が定まらず二つの対立する党派へ分裂する

scintilla *f.* scintillae *1* §11 **1.**火花, 火の粉, 閃光 **2.**輝き, きらめき, 輝く粒(斑点) accidere ex una scintilla incendia passim 一つの火の粉からどこでも大火事が起こる

scintillō *1* scintillāre, ——, —— §106 [scintilla] 火花を散らす, 閃光を放つ, ぴかぴか光り輝く, ちらちらきらめく

sciō *4* scīre, scīvī (sciī), scītum §111 *cf.* σχίζω *n.b.*(古)未完了, scibam, scibas...;(古)未来, scibo, scibis...命令形は scito, scitote を常用 scin' = scisne, scitin = scistisne, scisti = scivisti, scieram = sciveram, scissem = scivissem *cf.* 114(3) **1.**知っている, 気づいている, わかっている, 覚えている, わかる, 知る **2.**専門的知識を持っている, 通暁している, 上手に演技する, 立派に話す *n.b.*(さまざまの構文)対, de+奪, 奪, 副, 不, 不句, 間接疑問文などをとる quod (quantum) scio 私の知る限り haud scio an (anne) おそらく…かも知れない *cf.* an Graece scio ギリシア語を話せる(よく知っている) fidibus (9f3) ～ 竪琴を上手に弾く scire (117.1) tuum nihil est, nisi te scire hoc sciat

alter? お前がこれを知っていることを他人が知らなければ, お前の知っている事がなんにもならない at scin quomodo? しかしお前はどういうことになるのか知っているのか plus quam opus est scito(完了・奪) sciet 彼は知る必要のあること以上を(知らなくてもいいことを)知るだろうよ cum se scire, quae fierent (116.10, 時称の関連で未完了), denuntiaret 彼は何が起こっているのか予は知っているぞと脅かしたとき repertum esse, judices, scitote neminem 裁判官諸君, 誰も見つからなかったことを知るべきだ(私は保証する, 確信してくれ, 安心あれ)

Scīpiadās *m.* Scīpiadae *1* §37 Scipio 家一族の構成員, 主として大か小の, または大小二人の Scīpiō を指すことが多い(韻(せ)のため)

scīpiō *m.* scīpiōnis *3* §28 **1.**棒, 杖, ステッキ **2.**笏杖, 儀仗

Scīpiō *m.* Scīpiōnis *3* §28 **1.** Cornelius 氏の家名 **2.** P.Cornelius Scipio Africanus (236-c. 184 B.C.) Hannibal の勝者 **3.** 上記の弟 L. Cor. Sci. Asiaticus **4.** (1)の孫 P. Cor. Sci. Africanus Aemilianus (c. 185-129 B.C.) カルタゴを滅ぼす

Scīrōn *m.* Scīrōnis (-ōnos) *3* §41.8b (神)Megara 周辺に彷徨した山賊, Theseus に殺された

scirpeus *a.1.2* scirpe-a, -um §50 [scirpus] トウシンソウで作られた(編まれた)

scirpiculus *m.* -piculī *2* §13 トウシンソウの編みかご

scirpus *m.* scirpī *2* §13 トウシンソウ, イグサ nodum in scirpo quaerere トウシンソウの中に節をさがす(何もない所に欠点, 困難を見つけ出そうとする, 不必要な面倒をおこす)

scīscitor *dep.1* scīscitārī, -tātus sum §123(1) [sciscō] **1.**尋ねて知ろうとする, 尋ねて知る, 尋ねる, 問い質す, 問い合わせる, 聞く **2.**調査する, 探究する ex aliquo Epicuri sententiam ～ 誰々からエピクールスの意見を問い質す procul hinc

scīscō

lubet (167) prius quid sit (116.10) sciscitari 遠くこの位置から一先ずそれが何であるかをたしかめるのがよい

scīscō *3* scīscere, scīvī, scītum §109 ［sciō］ **1.** 知ろうと努める, 研究する, 探究する, 確かめる, つきとめる **2.** (調査して)承認する, 可決(投票)する, 同意する, 認可する auferimus aperte ut illi id factum sciscerent 彼らがその仕業を確認できるように, おおっぴらに我々は持ち去ったのだ rogationem de Liguribus plebs scivit jussitque 民会はリグリア人に関する法案提議を承認し, その法の制定を命じた

scissus → scindō

scītē *副* ［scītus §67(1)］ (比)scitius (最)scitissime **1.** 専門的知識をもって, 老練なやり方で **2.** 賢明に, 利口に, 抜け目なく, 巧妙に, 手ぎわよく, 上手に, 器用に **3.** 気前よく, 唯唯諾々と, 調子よく si scias (116.1), quam scite in mentem venerit (116.10) そのことがどんなに見事に私の心に浮かんだか(私がどんなに見事なことを思いついたか)わかってくれるといいのに satis scite promittit tibi 奴はお前に全く調子よく約束しているよ

scītor *dep.1* scītārī, scītātus sum §123(1) ［scīscō］ **1.** 聞いて知りたいと思う, 尋ねる, 問い正す, さぐる **2.** 聞く, うかがう, はかる, 相談する scitari libet (167) ex ipso quodcumque refers お前の報告するものはなんでも本人から問い質したい aliquem scitatum (120.2) oracula mittimus 神託をうかがうために誰々を我々は派遣する

scītum *n.* scītī *2* §13 ［scīscō の完分］ **1.** 決議, 決定 **2.** 民会の決議(= plebi 又は plebis scitum = plebiscitum) **3.** 法令, 布告 **3.** 哲学の命題, 原則

scītus → sciō, scīscō

scītus *a.1.2* scīt-a, -um §50 ［scīscō の完分］ (比)scitior (最)scitissimus **1.** 知識をもった, 経験のある, 精通した, 老練な **2.** 如才ない, 気のきいた, 利口な, 分別のある, 賢い, 才気

のある **3.** すばらしい, 立派な, 魅力のある, 好ましい, ふさわしい scitum est quod dicere solebat 彼がいつも言っていた言葉は気がきいている scitum consilium inveni 良い考えを思いついたぞ

scītus *m.* scītūs *4* §31 = scītum

scīvī → scio, scīscō

scobis *f.* scobis *3* §19 ［scabō］ おがくず, かんなくず, 削り屑, やすりくず

scomber *m.* scombrī *2* §15 サバ(タイセイヨウサバ)

scōpae *f.pl.* scōpārum *1* §§11, 45 **1.** 細い枝, 小枝, 茎, 若枝 **2.** 枝ぼうき, ほうき scopas dissolvere ほうきを分解する, 役に立たないものとする scopae solutae くずれたほうき, 無用の長物, 役たたず

scopulōsus *a.1.2* scopulōs-a, -um §50 ［scopulus］ きり立った(突出した)岩の多い, 岩礁(暗礁)の多い, 危険な

scopulus *m.* scopulī *2* §13 <σκόπελος **1.** 突出した岩, 断崖, 絶壁, 岩棚 **2.** 岩石, 岩塊, 岩礁, 暗礁 **3.** (比喩的)危険, 傷害, 強情, 頑固, 冷酷, 非情, じゃま者, 破壊者, 厄介者 scopulis surdior 岩よりも無頓着(無関心), つれない si quid velis, huic mandes (116.2), qui te ad scopulum e tranquillo auferat (116.3) もし君が何か任せたかったら, この者にさせなさい, こいつは平穏な海面から暗礁へ君を運んでくれるよ(君を破滅させるよ)

scorpiō *m.* scorpiōnis *3* §28 = **scorpius(-os)** *m.* *2* §13 <σκορπίων, σκορπίος **1.** サソリ **2.** (天)サソリ座 **3.** (近距離から発射される)投矢器, 矢 **4.** (植)麻黄(マオウ)? **5.** (魚)カジキ(?)

scortātor *m.* scortātōris *3* §26 ［scortor］ 女郎買いをする人, 娼婦とつき合う人, 放蕩者

scorteus *a.1.2* scorte-a, -um §50 ［scortum］ 皮の, 革製の, 皮のような

scortor *dep.1* scortārī, —— §123 (1) ［scortum］ 娼婦とつき合う, 女郎買いをする

scortum *n.* scortī *2* §13 **1.** 皮, 皮膚, 毛皮 **2.** 売春婦, 淫売婦, 娼婦 **3.** 男娼, 陰間

scrība *m.* scrībae *1* §11 注 [scrībō] **1.** 書く人, 筆者, 作家, 著者 **2.** 写字生, 書記, 秘書

scrībō *3* scrībere, scrīpsī, scrīptum §109 **1.** するどい(とがった)切っ先でひっかく, 線をひく, しるしをつける, 描く, 刻む, ほる **2.** 文字を書く, 詩文, 手紙を書く **3.** 記録する, 登記(簿記)する, 登録する, 募集する **4.** 明記する, 起草する, 規定(制定)する, 署名する(遺書, 条約, 法律などを) *n.b.* さまざまの構文:9d4, de＋奪, 不, 不句, 間接疑問, ut. ne mulier cupido quod dicit amanti, in vento et rapido scribere oportet aqua 激しく言い寄る恋人に対して女の言う言葉は, すばやく過ぎる風や水の上に書きとめるべきだ scribendi (119.2) recte sapere (117.1) est principium et fons 正常な詩文を書く基本と根源は明哲(賢いこと)である

scrīnium *n.* scrīniī *2* §13 巻子本やパピルス紙, 手紙類を保管しておく円筒形の文箱

scrīptiō *f.* scrīptiōnis *3* §28 [scrībō] **1.** 書くこと, 筆記, 記述, 著述, 綴り方, 正書法 **2.** 書かれたもの, 文字, 本文, 著書, 手紙, 文書, 文学作品

scrīptitō *1* scrīptitāre, -tāvī, -tātum §106 **1.** たびたび(絶えず)書く, 書き続ける **2.** 起草する, 書き上げる **3.** 文学作品を書くのを習慣とする, 手紙をいつも書いて知らせる

scrīptor *m.* scrīptōris *3* §26 [scrībō] **1.** 碑文を書く人, 書記, 秘書, 写字生, 筆記者 **2.** 筆者, 報告者, 起草者 **3.** 文学者, 作家, 詩人, 歴史家 bonarum artium scriptores 文学者 rerum scriptor 歴史家

scrīptulum *n.* scrīptulī *2* §13 [scrīptum の小] duodecim scripta すごろく盤の上の文字, しるし, 点, 線

scrīptum *n.* scrīptī *2* §13 [scrībō の完分] **1.** 書きつけられたもの, 銘, 碑文 **2.** 草稿, 口述書, 議事録, 文

章, 法規, 文献 **3.** 本文, 原典, テクスト **4.** 本, 著書, 文学作品, 手紙, 記録(文) oratio dicta de scripto est 演説は草稿から話された laudavit scripto meo 彼は私の書いた称讃演説を発表した duodecim scriptis ludere すごろくで遊ぶ(duodecim scripta は対峙する 12 行の文字盤でさいころをふって札をうごかす遊戯)

scrīptūra *f.* scrīptūrae *1* §11 [scrībō] **1.** 文字を書くこと, 起草, 記述 **2.** 線, しるし, 記号 **3.** 書き方, 綴り方 **4.** 文書, 著書, 文学作品, 本文, 遺書の内容(項目) **5.** 公の牧草地使用料, 放牧税 mendum scripturae 誤記

scrīptus → scrībō

scrobis *m.* scrobis *3* §19 (地面に掘った)穴, 凹み

scrūpeus *a.1.2* scrūpe-a, -um §50 [scrūpus] 切り立った岩で一杯の, とがった岩石だらけの

scrūpōsus *a.1.2* scrūpos-a, -um §50 ＝ scrūpeus meus scruposam victus commetat viam わしの家の食べもの(イタチ)は石ころだらけの道をうろちょろしているよ(victus は ictis(イタチ)にかけたものか?)

scrūpulōsus *a.1.2* scrūpulōs-a, -um §50 [scrūpulus] (比)scrupulosior (最)scrupulosissimus **1.** ごつごつした小石で一杯の, とがった石だらけの, のこぎりの歯のような, ざらざらした **2.** 細心の注意を払った, 小心翼々たる, 非常に慎重な

scrūpulus *m.* scrūpulī *2* §13 [scrūpus の小] **1.** とがった小石 **2.** 不安(心配, 頭痛)のたね **3.** 細心の注意, 小心翼々, 良心の危惧 at mihi unus scrupulus etiam restat, qui me male habet しかしまだ, 私を悩ましている頭痛の種が一つだけ残っている

scrūpus *m.* scrūpī *2* §13 **1.** 鋭くとがった石, 岩 **2.** 心配(頭痛)の種

scrūta *n.pl.* scrūtōrum *2* §13 捨てるもの, がらくた, ぼろ, くず, 古着 scruta scita 役に立つものとがらくたのごちゃ混ぜ, 十把一からげの(雑多な)廉価品

scrūtor *dep.1* scrūtārī, scrūtātus sum §123(1) **1.** かくれているものを探し出す，くまなく探す，掘り返す **2.** 詳しく調査する，吟味する，詮索する，審理する **3.** 探し回る，捜索する **4.** さぐり針を入れる，刃物で突く arcanum neque tu scrutaberis illius umquam あなたはあの方の秘密を決して根堀り葉堀り詮索しないでしょう scrutari ac protrahere abditos かくれている者たちを探し出し連行する

sculpō *3* sculpere, sculpsī, sculptum §109 刻む，彫り込む，(のみで)彫刻する，彫ってある形をつくり上げる，表面を彫って飾る，文字を彫り込む，銘記する

sculpsī → sculpō

sculptilis *a.3* sculptile §54 [sculpō] 彫り込まれた，彫刻された

sculptus → sculpō

scurra *m.* scurrae *1* §11 注 **1.** 遊び人，通人，きざなしゃれ者 **2.** 道化師，おどけ者，たいこもち，幇間(ほうかん) tu urbanus scurra, deliciae populi, rus mihi tu obiectas? 町のしゃれ者，町民の人気者よ，お前はわしの田舎くささ(無骨)をくさすのか

scurrīlis *a.3* scurrīle §54 [scurra] scurra 特有の(冗談，悪口)，常軌(時期)を逸してふざける，おどけた，滑稽な (形)
  scurrīliter §67(2) scurra のように，ばかげた(茶番めいた)やりかたで，常軌(時期)を逸してふざけて，冗談(諧謔)を言って

scurrīlitās *f.* scurrīlitātis *3* §21 [scurra] scurra の特質，常軌を逸した冗談，諧謔，悪ふざけ，時機を逸した(場違いの，折り悪しき)不快な，無礼な冗談，ユーモア，ふざけ方

scurror *dep.1* scurrārī, —— §123(1) [scurra] 道化を演じる，道化になる(なり得る)，おどける，食客となる，こびへつらう scurror ego ipse mihi, populo tu 私は私自身のために道化を演じるが，あなたは人々のために演じている

scūtāle *n.* scūtālis *3* §20 投石機の革ひも

scūtātus *a.1.2* scūtāt-a, -um §50 [scūtum] scutum で身をかばっている (名)**scūtātī** *m.pl.* scūtātōrum §13 scutum で武装した兵，重武装兵

scutica *f.* scuticae *1* §11 刑具，革むち

scutula[1] *f.* scutulae *1* §11 < σκυτάλη 円筒状の棒，ころ

scutula[2] *f.* scutulae *1* §11 [scutra 「浅皿」の小] **1.** 浅い小皿，どんぶり(ばち) **2.** 菱形(のもの)

scūtulum *n.* scutulī *2* §13 [scūtum] 小さな楯

scūtum *n.* scūtī *2* §13 **1.** 凸状で長方形(又は楕円形)の，皮でおおわれた木製の大楯(重武装兵の身につける楯) **2.** 後ろ盾，防御物 per scutum per ocream agere 楯を用いすねあてをつけてやる，あらゆる手段をつくす，全力をつくす

Scylla *f.* Scyllae *1* §11 (神)**1.** Messina 海峡の海の怪物，航行する船の客を食ったと **2.** Megara 王 Nisus の娘，死後 ciris になった由

scyphus *m.* scyphī *2* §13 < σκύφος 両側のふちに取っ手のある深い飲む容器(杯)

Scythēs (Scytha) *m.* Scythae *1* §37 Scythia 人 (形)**Scythicus** *a.1.2* Scythic-a, -um §50 Scythia の，Scythia 人の

sē[1] **(sēsē)** → suī

sē[2] **(sēd)** (古)前・奪と，なしに，から離れて se fraude esto 違反があってはならぬ

sē-[3] 接頭辞として (イ)なしに, securus 心配のない (ロ)離れて, sepono 引き離す (ハ)sē-=sēmi- 半分の, selibra (ニ)sē-=sex 6つの, semestris

sēbum (sēvum) *n.* sēbī *2* §13 牛脂，羊脂，獣脂

sēcēdō *3* sē-cēdere, -cessī, -cessum §109 [sē-, cēdō] **1.** 仲間から離れて行く，分離する，立ち去る，遠ざかる **2.** 関係(交際)を絶つ，脱退する，離脱する **3.** 離叛する，謀反(反乱)を起こす，そむく **4.** ローマから田舎へ退く，隠退する，身を引く secedant (116.2) inprobi, secernant se

711   **secta**

a bonis 邪悪な者どもは離れてくれ，彼らは善人たちと別れてくれ plebs a patribus secessit 民衆は元老院議員と袂を分かった

sēcernō 3 sē-cernere, -crēvī, -crētum §109 **1.** 混合，集合体から取り除く，引き離す，引き裂く，分割する，分離する，とりはずす **2.** 捨てる，却下する，除去する，消去する **3.** 区別する，識別する，差別する **4.** (再)別れる，関係を絶つ，交際しなくなる blandum amicum a vero ～ へつらう友と真の友を識別する publica privatis (9f7) ～ 公私を区別する se a bonis ～ 善人と仲をたつ

sēcessī → sēcēdō

sēcessiō f. sēcessiōnis 3 §28 [sēcēdō] **1.** 公からひっこむこと，離れた私的な所へ退去する，こもること，分離，離脱，孤立 **2.** 仲たがい，分裂，決裂，謀反，反乱，亡命

sēcessus m. sēcessūs 4 §31 [sēcēdō の完分] **1.** (ローマから，公職から)身を引くこと，隠退，隠遁，独居 **2.** 閑静の地，隠棲の地 **3.** 退去，分離，離叛，亡命 carmina secessum scribentis (118.2) et otia quaerunt 詩はそれを書く人の閑静の地と閑暇を必要とする

sēcius → sētius

sēclūdō 3 sē-clūdere, -clūsī, -clūsum §109 [sē, claudō §174(2)] **1.** 隔離す，切り離す，分ける，絶つ，切断する，遮断する **2.** 妨げる，孤立させる，閉じ込める，閉鎖する，ふさぐ munitione flumen e monte seclusit 彼は防御施設で川と山とを遮断した

sēclūsus → sēclūdō

secō 1 secāre, secuī, sectum §106 **1.** 切る，傷つける，首をはねる **2.** 刈る，刈り取る，伐採する **3.** 切りとる，切断する，手術する，去勢する **4.** 切り刻む，引き裂く(破る)，彫る，刻む **5.** 切り開く，押し分けて進む，切りぬける，通りぬける **6.** 分ける，二等分する，区分する **7.** 解く，分解する，解決する，裁決する，決定する secuerunt corpora vepres いばらの茂みが体に切り傷をつけた pontum pectore

～ 海を泳いで進む(胸で切り開く) viam ～ 道を切り開く，進む spem ～ 希望を追求する dona secto elephanto (9f5) 象牙細工の贈り物 prave sectum ob unguem 爪の切り方が悪いが故に

sēcrētō 副 [sēcrētus §67(1)] **1.** 別れて，別々に，個々に **2.** 離れて，わきに，遠くに **3.** 一人で，ひみつに，内緒に，私的に，こっそりと nescio quid secreto velle loqui te aiebas mecum 何か知らないが私とで内緒に話したいことがあるとお前は言っていたね

sēcrētum n. sēcrētī 2 §13 [sēcrētus] **1.** かくれ場所，かくれ家，隠遁，閑居，隠退，私生活，孤独 **2.** 人里離れた所，奥まった所，閑寂境 **3.** ひみつ，ひめごと，ひみつの言動，ひみつの考え，計画，ひみつの調見，聴取，ひみつの文書，暗号 **4.** 秘儀，秘法 uxor omnis secreti (9c13) capacissima ひみつを最も固く守る妻 in secreto tempus terere 孤独に暮らすこと ubi datum secretum, genibus Caesaris provoluta (118.4) 彼女は(二人だけの)ひみつの調見を許されると，カエサルの膝元にひれ伏して

sēcrētus a.1.2 sēcrēt-a, -um §50 [sēcernō の完分] (比)secretior (最)secretissimus **1.** 分離された，ひき離された，隔離した **2.** 孤立した，隠遁した，人里離れた，へんぴな **3.** ひみつの，かくれた，内密の，内証の，親密な **4.** 稀な，異常な，特別の **5.** を奪われた，を欠いた，から離れた，属(9c13)又は奪(9f17)と secretiora Germania ゲルマーニアのいっそうへんぴな奥地 nihil secretum alter ab altero habent 彼らにはお互いに秘密にしているものは何もない secreta auris 打ち明け話を交わす耳

sēcrēvī → sēcernō

secta f. sectae 1 §11 [sequor] **1.** 進路，道，方向 **2.** 方針，方法，様式，行動の方針，生き方，職 **3.** 主義，原則，教義，信条，綱領 **4.** 党派，学派，一味，徒党 materni avi sectam vitae ingredi 母方の先祖の生きた道に歩み込む Epicuri sectam secuti (118.2) エピクーロスの教

義の信奉者たち

sectātor *m.* sectātōris 3 §26 [sector] **1.** お供，従者，付き添い，護衛(者)，随(行)員，子分 **2.** 追随者，支持者，信奉者，帰依者，門弟 lex de numero sectatorum 官職候補者の随行員(選挙運動員)の数を制限する法

sectilis *a.3* sectile §54 [secō] **1.** 薄い層(板)に切られる，切られ易い，割れやすい **2.** 裂けた，割れた，切られた

sectiō *f.* sectiōnis 3 §28 [secō] **1.** たち切ること，切断，分断，分離 **2.** 刈る，刈り取ること **3.** 切開(切断)手術，去勢 **4.** 公の競売で分捕り品(没収品)を買い占めること

sector *m.* sectōris 3 §26 [secō] **1.** 切る人 **2.** 公の競売で分捕り品(没収品)を買い占めて転売する人 sector bonorum 財産を切りとる人 = s. zonarius (帯，胴巻を切る人)すり，おいはぎ

sector *dep.1* sectārī, sectātus sum §§123(1), 125 [sequor] **1.** いつも(続けて，どこへでも，熱心に)あとをつける，追う，あとについて行く，従う，続く **2.** 追いかける，ねらう，つきまとう，つけ回す，(獲物を)狩る，(敵を)追求する，追撃する **3.** いつも訪れる，しげしげ通う **4.** つき従う，仕える，待っている **5.** 随従する，手本をまねる，師事する sectantem (118.2) levia nervi deficiunt 平明さを求める作家(文体)に迫力が欠けている mitte sectari (117.4), rosa quo locorum (9c4) sera moretur 年もおそく(秋に)なってどこかにまだバラの花が咲き残っていないかと，熱心に探し求めようとするのは止めたまえ Vitellius, sectari cantantem (Neronem) solitus 歌っている時のネロにいつもつき従っていたウィテッリウス

sectūra *f.* sectūrae 1 §11 [secō] **1.** 切ること，切る過程，切り口，切り込み，切開 **2.** 挽石場，石切場

sectus → secō

sēcubitus *m.* sē-cubitūs 4 §31 [sēcubō] 一人でねること，つれ合い又は恋人と離れてねること

sēcubō *1* se-cubāre, -cubuī, ⸺

§106 [sē-cubō] 一人でねる，つれ合い(恋人)と離れてねる

secuī → secō

secundānī *m.pl.* secundānōrum 2 §§13, 45 [secundus] 第2軍団の兵(隊)

secundārius *a.1.2* -dāria, -dārium §50 [secundus] 第二期の，第二級の品質の，二番目に大きい

secundō 副 [secundus] 二番目に，次ぎに

secundō *1* secundāre, ⸺, ⸺ §106 [secundus] **1.** 有利にする，都合よくさせる，便宜をはかる **2.** 恩恵(好意)を与える，成功させる，繁栄させる，庇護(支援)する，ひきたてる

secundum 副・前 [secundus] **A.** 副 **1.** あとに，次ぎに，すぐあと **2.** 並んで，沿って，かたわらに **3.** 二番目に age, i tu secundum さあ，あとについてこい **B.** 前・対と **1.** (空間)すぐあとに，沿って，並んで，そばに **2.** (時間)すぐあとに，経過中に **3.** (順序)次ぎに，次位に，続いて **4.** に従って，と調和して，と一致して **5.** に味方(賛成)して，に有利に secundum mare 海に沿って secundum quietem ねむりに入ったあと，睡眠中 secundum te nihil est mihi amicius solitudine (9f6) あなたの次ぎに，孤独ほど私にとって親愛なものは何もない secundum naturam vivere 本性(自然)に従って生きること

secundus *a.1.2* secund-a, -um §§50, 101 [sequor の動形(古)] (比) secundior (最)secundissimus **1.** あとにつづく(従う)所の，次の **2.** (序数)二番目の **3.** 次位の，劣った，従属する，二流の **4.** 順調な，好意を示す，都合のいい，有利な，吉兆の，幸いな secundo lumine 次の日に ego, haut ulli (9d13) veterum (9c4) virtute (9f3) secundus 先祖の誰にも武勇においてひけをとらぬ私 secundo vento 順風を受けて secundo populo 民衆の賛成を得て

sēcūrē 副 [sēcūrus §67(1)] 安心して，不安なく，恐れなく

sēcūrifer (**-ger**) *a.1.2* secūrī-fera

sēdātus

(-gera), -ferum (-gerum) §51 [secūris, ferō, gerō] 斧をもった，斧を ふるう，使う

secūris *f.* secūris *3* §19 [secō] **1.** 斧(おの)，手おの，まさかり(鉞)（イ)労働用（ロ)戦争用（ハ)料理用 **2.** 先駆警吏の持つ fascis(儀鉞)の中にくるまれたまさかり，ローマの政務官の権威，権力(のシンボル)，ローマの権力，支配，裁判(司法)権 fertur quo rara securis そこにはめったに斧が持ち込まれないところ(原生林)で Gallia securibus subjecta ローマの支配権に屈したガッリア

sēcūritās *f.* sēcūritātis *3* §21 [sēcūrus] **1.** 恐れ，心配，憂慮からの解放，安心，平穏，心の落ち着き，魂の平静 **2.** 危険からの解放，罪からの免除，安全，安泰，保証，保護，安全装置 **3.** 不注意，無関心，軽率

sēcūrus *a.1.2* sēcūr-a, -um §50 [sē-, cūra] （比)securior （最)securissimus **1.** 恐れ，心配，わずらわしさから解放された，平静な心の，落ち着いた **2.** 満足した，晴れ晴れとした，上きげんの，自信(確信)のある **3.** 危険のない，罰をのがれた，安全な **4.** 不注意な，無関心の，どうでもいい，冷淡な ille ferat (116.3) pretium poenae (9c13) securus opinor 私は思うに，彼は咎められずに代金を受けとるだろう securus, cadat an recto stet (116.10) fabula talo (9f9) 彼(劇作家)は芝居が失敗しようと成功しようと(倒れようと，しっかりと立っていようと)どうでもいいのだ laudas securum holus あなたはわずらわしくない野菜料理を自画自賛する

secus 副・前 [sequor] **A.** （副)**1.** 別に，違相して，別なやり方で，違ったふうに **2.** haud (haut, non) secus …と同様に **3.** secus atque (ac, quam) …と違ったやり方で **4.** 希望，期待と違って(反して)，間違って，具合わるく，不幸に non secus ac si meus esset (116.9a) frater 彼が私の兄弟でもあるかのように(兄弟も同様に) aequam memento rebus in arduis servare mentem, non secus in bonis 逆境の時にも順境の時と同様に平

静な心を保つように心がけよ nemo dicet secus 誰も違った意見は云わないだろう recte secusne? 正しいか正しくないか honestis an secus amicis uteretur (116.10) 彼が誠実な友を重用するかそうでないか(そうでない友を重用するか) **B.** （前) *acc.* と **1.** と並んで，かたわらに，と共に **2.** に従って，一致して secus mare esse 海に沿ってある

secus *n.* （*nom. acc.* のみ §47) *cf.* sexus **1.** 性において (9e9) **2.** 性(は)（*nom.*)

secūtor *m.* secūtōris *3* §26 [sequor] **1.** 従者 **2.** 網(あみ)剣闘士と対決する剣闘士

secūtus → sequor

sed, set （古) *j.* **1.** 否定のあとで，しかし，それに反し，しかしまた judicetur (116.2) non verbo sed re それは言葉ではなく事実によって判定されるべきだ non modo non consul, sed etiam hostis Antonius 執政官でないばかりか，国賊ですらあるアントニウス **2.** 前文(語)の制限，保留，訂正，強調(さよう，そうだ，なるほど)しかし，事実は，だが少なくとも，しかし同時に，それにもかかわらず difficile factu (120.3) est, sed conabor tamen それはするのが難しい，しかし私はこころみてみよう affer duas clavas — clavas? — sed probas 二本のこん棒を持ってこい — 棍棒ですって — さよう，見事な棍棒だぞ **3.** 話題(思考)の転換，打ち切り，だが，しかし，それにしても，それはさておき，ともかく sed quid pertimui autem belua? それにしてもわしとしたことがどうしてあの怪物をおそれていたのか sed ad instituta redeamus (116.2) それはさておき我々は本題に帰っていこう sed eccum Amphitruonem だが，まてよ，あいつはアンピトゥルオではないか

sēdātiō *f.* sēdātiōnis *3* §28 [sēdō] 和らげること，静めること，なだめること

sēdātus *a.1.2* sēdāt-a, -um §50 [sēdō の完分] （比)sedatior （最）sedatissimus **1.** 静かな，おだやかな，や

sēdecim 714

さしい，大人しい **2.** 落ち着いた，さわがない，物に動じない，冷静な sedatum celeres oderunt 気の早い人たちは落ち着いている人をきらいます （副）**sēdātē** §67(1) 静かに，おだやかに，落ちついて

sēdecim 数 §§100, 101 16

sedeō *2* sedēre, sēdī, sessum §108 **1.** すわる，すわっている，とまっている（鳥が），着席している（法廷，会議に），司会している，裁判している **2.** じっとしている，すわりつづける，とどまる，滞在する，住む **3.** おかれている，よこたわっている，…の状態である，いる，ある **4.** 定まる，樹立する，落ちつく，心にのこる，沈む，おとろえる，静まる **5.** 陣を張る，野営する compressis manibus sedere 腕をこまねいて坐っている sedemus desides domi 我々は家にのらくらしている Romanus sedendo (119.5) vincit ローマ人はじっとしていて勝つのだ id pio (animo 9f1. ニ) sedet Aeneae そのことは敬虔なアエネアースは心にしっかりと決めている(A. の敬虔な心に坐りつづけている) aliud stans, aliud sedens de patria sentis お前は，立ったときと坐ったときとで，祖国に関する意見が違うのだ(お前の考えはいつもくるくると変わる)

sēdēs *f.* sēdis *3* §19 [sedeō] **1.** 坐る所，腰掛，椅子，席，座，玉座，とまり木 **2.** 住所，住宅，家，故郷，生国，町 **3.** 地位，身分，立場，階級 **4.** 地所，場所，土台，基礎，位置，現場 **5.** いこいの場，死後のすみ家(墓)，神殿(神のすまい) belli sedes 戦場 Roma prope convulsa sedibus suis (9f7) その根底からほとんど根こぎにされたローマ anima misera de sede volens exire 哀れな住い(肉体)からぬけ出ようと欲する魂

sedīle *n.* sedīlis *3* §20 [sedeō] 腰掛，椅子，ベンチ，座席，床几

sēditiō *f.* sēditiōnis *3* §28 [sēd, eō] （原義）離れてゆくこと **1.** 分裂，不和，軋轢(あつれき)，仲たがい，葛藤 **2.** 激しい政治的不和，党派争い，内紛 **3.** 謀反，暴動，反抗，反乱，蜂起

sēditiōsus *a.1.2* sēditiōs-a, -um

§50 [sēditiō] （比）seditiosior （最）seditiosissimus **1.** 謀反，暴動を起こす，暴動(反乱)を煽動する **2.** 不和，葛藤にさらされた，に満ちた （副）**sēditiōsē** §67(2) （比）seditiosius （最）seditiosissime 反乱(暴動)を起こして，謀反(反乱)を煽動して，反抗的に，扇動的に

sēdō *1* sē-dāre, -dāvī, -dātum §106 [sedeō] **1.** 坐らせる，押さえる，とめる，沈める **2.** 静める，和らげる，軽くする，減じる，弱める **3.** (受)沈む，おさまる，減じる，弱まる，静まる pulverem, flammam ～ ほこり(焔)を静める pugna sedatur 戦闘がおさまる，止む

sēdūcō *3* sē-dūcere, -dūxī, -ductum §109 **1.** わきへ連れて行く，引き離す，分離させる，隔てる，遠ざける **2.** 本道からそらす，迷わす，誘惑する **3.** 分ける，割る，裂く **4.** 私用にとりのけておく，着服する，盗む cum frigida mors anima (9f7) seduxerit artus 冷たい死が魂から四肢を引き離したとき te a peste seduxit 彼があなたを破滅から遠ざけた(救った) singulos separatim ～ 一人一人別々に脇へ連れて行く

sēductiō *f.* sēductiōnis *3* §28 [sēdūcō] わきへ連れて行くこと，引き離すこと，隔離

sēductus *a.1.2* sēduct-a, -um §50 [sēdūcō の完分] （比）seductior **1.** 引き離された，遠い，へんぴな **2.** 退いた，隠居した，隠棲の in seducto 隠棲地で，孤独(独居生活)の中で

sēdulitās *f.* sēdulitātis *3* §21 [sēdulus] **1.** 刻苦精励，勤勉，没頭 **2.** 不断の面倒見，世話焼き，執拗，厚顔，おしつけがましいこと sedulitas autem stulte, quem diligit, urget しかししつこい世話焼きは，愚かなことに敬愛する人をも不快にさせる officiosa sedulitas 孜々(し)として義務を勉めること

sēdulō 副 [sēdulus §67(1), sē-, dolus] **1.** 悪だくみはない，誠実に，真実に心から，率直に **2.** 注意深く，熱心に，勤勉に，丹念に，孜々として parum succedit quod ago, at facio sedulo 私

のやることがうまくいかなくても，ともかく一生懸命にやってみます

sēdulus *a.1.2* sēdul-a, -um §50 [sēdulō] **1.** 勤勉な，仕事に精出す，労を惜しまない，熱心な **2.** あつかましい，おしつけがましい，執拗な，おせっかいな，よけいな世話をやく simplici myrto nihil adlabores (116.2) sedulus curae (9c13) 素朴なギンバイカの花にあなたは余計な世話をやいて他の花を加えたりしないように

seges *f.* segetis 3 §21 **1.** 穀類，豆類の畠，麦畠，豆畠 **2.** 畠に生えている麦，豆，畠の収穫，産物，利益，収入 **3.** 耕地，たねをまいた畠，田畑 maiorque videtur et melior vicina seges 隣の花は赤い seges stimulorum 突き棒の畠（いつも背中を棍棒で突かれている奴）quid odisset (116.4) Clodium Milo, segetem ac materiam suae gloriae? なぜ M. は C. を憎んだのか，自分に栄光をもたらした畠と種であった C. を

segmentum *n.* segmentī 2 §13 [secō] **1.** 切りとられた一片，断片，切りぬき **2.** 着物に縫いつけた生地，金属などの装飾用の切れ，つぎはぎ，あてがね，ふちどり，ひだ

sēgne 副 [sēgnis の *n.acc.* §9e13] 怠けて，のらくらと，何もしないで，ぼんやりと

sēgnis *a.3* sēgne §54 **1.** 精力を欠いた，無精な，怠惰な，無為の **2.** 鈍い，のろい，不活発な，緩慢な，鈍重な segnes nodum solvere (117.3) Gratiae (固く握り合った両手の)結びを解(⁀)くことに消極的な優美の女神の三姉妹 non in Venerem segnes nocturnaque bella 愛と夜の戦いには活発な人たち

sēgniter 副 [sēgnis §67(2)] （比）segnius **1.** 気力も精力もなく，熱心でなく，本気でなく **2.** 弱々しく，力なく，だらけて，怠けて，無精に nihilo segnius 同じように活発に，熱心に

sēgnitia (sēgnitiēs) *f.* sēgnitiae (sēgnitiēī) 1,(5) §§11, 34 [sēgnis] 気がすすまぬこと，不活発，怠惰，物ぐさ，無精，無頓着，投げやり segnitia maris

海の凪(⁀)

sēgregō 1 sē-gregāre, -gāvī, -gātum §106 [sē-, grex] **1.** (家畜の群から)引き離す，分かつ，除外する，除去する **2.** 遠ざける，しめ出す，追い出す virtutem a summo bono segregare 徳を最高善から分かつ illi me ex senatu segregant 彼らは私を元老院からしめ出す sermonem segrego 私は会話をやめる

sei (古) = sī

seic (古) = sīc

sējugis *a.3* sē-juge §54 [sex, jugum] 6頭一組の牛馬にひかれた （名）

sējugis *m.* sējugis 3 §19 (*sg.*) 6頭立ての牛馬・馬車 (*pl.*) 6頭立ての馬・牛

sējungō 3 sē-jungere, -jūnxī, -jūnctum §109 [sē-, jungō] **1.** 分ける，離す，割る，裂く **2.** 孤立させる，しめ出す，除外する，退ける，関係(結合)を絶つ **3.** 区別(類別)する，見分ける，識別する Alpes Italiam ab Gallia sejungunt アルプス山脈がイタリアとガッリアを分かつ benignitatem ab ambitu ～ 慈善行為と選挙運動を識別すること

sēlēctus, sēlēgī → sēligō

sēlībra *f.* sē-lībrae 1 §11 [sē-= sēmi-, libra] 半リーブラ §199

sēligō 3 sē-ligere, -lēgī, -lēctum §109 [sē-, legō §174(2)] **1.** 除草する，不用なものを除く **2.** 選ぶ，抜擢する，品分けする，より抜く

sella *f.* sellae 1 §11 **1.** (背もたれ，ひじかけのない)椅子，床几 **2.** 政務官(高官)椅子 = sella curulis，教師の椅子，排便用の椅子 **3.** 奴隷にかつがれて運ばれる椅子，坐輿(⁀) soles duabus sellis sedere お前はいつも二つの椅子に坐ろうとする(蛇蜂取らず)

sellula *f.* sellulae 1 §11 [sella の小] 坐輿(⁀)

sellulārius *m.* sellulāriī 2 §13 坐って仕事をする人，坐業職人

semel 副 **1.** 一度，一度だけ(限り)，今度だけ，きっぱり，断然 **2.** 最初は，まっさきに **3.** いったん，いやしくも(…すれば)

Semelē 716

4. 一度で，直ちに，すぐに face semel periclum 今度だけ試してくれ nec vidisse (117.1) semel satis est 一度見ただけでは満足しない quod semel dixi hau mutabo わしはいったん言ったことは決して変えないだろう non semel sed saepe 一度ならず何度も semel aut iterum 一度か二度

Semelē (-la) *f.* Semelēs (-lae) *1* §37(11) （神）Cadmus の娘，Bacchus の母（父は Zeus）

sēmen *n.* sēminis *3* §28 [serō¹] **1.** 種，種子 **2.** 精液，精子 **3.** さし木，つぎ木，芽，芽生え **4.** 種族，品種，血統，親子関係，子孫 **5.** 重要成分，原子 **6.** 第一原因，起源，元祖，源 semina futurae luxuriae 未来の贅沢の芽（生え）genitus de semine Jovis Juppiter の子 hujus belli semen tu fuisti お前がこの戦争の種（第一原因）であった

sēmē(n)stris *a.3* sē-mēstre §54 [sex, mēnsis] **1.** 半年(6ヶ月)間の，半年つづく(にわたる) **2.** 半歳の

sēmentis *f.* sēmentis *3* §19 [sēmen] **1.** 種をまくこと，種まき **2.** (穀物の)種をまく時期，種まき時，播種期(一般に晩秋) **3.** まいた種，芽生えた種 ut sementem feceris, ita metes あなたは種をまいた通りに刈りとるだろう(自業自得)

sēmentīvus *a.1.2* sēmentīv-a, -um §50 [sēmentis] 種まきの，種まきどきの

sēmēsus *a.1.2* sē-mēs-a, -um §50 [sēmi-, edō の完分] 半分食べられた，食い尽くされた，嚥下された semesa obsonia 残飯

sēmet sē (→ suī), -met

sēmi- 頭 *n.b.* ときに sē- となる，母音の前では sēm- 名，形について「半分」の意を持つ

sēmiadapertus *a.1.2* sēmi-adapert-a, -um §50 半分開いた

sēmianimis (-animus) *a.3 (a.1.2)* sēmi-anime (-anima, -animum) §54 (§50) 半死半生の，まだ息をしている

sēmiapertus *a.1.2* sēmi-apert-a, -um §50 半分開いた

sēmibarbarus *a.1.2* sēmi-barbar-a, -um §50 半ば野蛮な，未開の

sēmibōs *a.3* sēmi-bovis §54 半牛半人の，牛頭人身の

sēmicaper *m.* sēmi-caprī *2* §15 上半身人・下半身山羊 = Pan, Faunus

sēmicremātus *a.1.2* sēmi-cremāt-a, -um §50 半ば(半分)焼けた，燃えた，焦げた

sēmicubitālis *a.3* sēmi-cubitāle §54 長さが半クビトゥスの §196

sēmideus *m.* (形) sēmi-deī *2* §14 (-dea, -deum §50) **1.** 半神半人(半獣) **2.** 神格化された英雄(半神の，半神半人の)

sēmiermis (-ermus) *a.3 (a.1.2)* sēmi-erme (-erma, -ermum) §54 (§50) [sēmi-, arma] 半武装の，貧弱な武装の

sēmifactus *a.1.2* sēmi-fact-a, -um §50 [sēmi-, faciō の完分] 半分つくられた(完成した)

sēmifer *a.1.2* sēmi-fera, -ferum §51 [sēmi-, ferus] **1.** 半分獣の，半人半獣の **2.** 半分野蛮な，未開な **3.** (名) 半人半獣(=Centaurus)，未開人

sēmigravis *a.3* sēmi-grave §54 半分頭が重い，半分酔いつぶれた

sēmigrō *1* sē-migrāre, -rāvī, -rātum §106 [sē-, migrō] 場所を去る，立ち去る，離れる，移る

sēmihiāns *a.3* sēmi-hiantis §58 半ば口を開いた，半ば口を閉じた，半ば窒息した

sēmihomo *m.*(形) sēmi-hominis *3* §28 (*a.3* §55) 半人半獣，半ば人間の，半ば野獣の，未開人，半ば野蛮な

sēmihōra *f.* sēmi-hōrae *1* §11 半時間

sēmilacer *a.1.2* sēmi-lacera, -lacerum §51 半ば引きさかれた，ずたずたに切られた，ひきちぎられた

sēmilautus *a.1.2* sēmi-lauta, -lautum §50 半ば洗われた，洗い落とされた

semilixa *m.* sēmi-lixae *1* §11 注
半分の従軍商人，その名に価しない従軍
商人

sēmimās *a.3* sēmi-maris §55 半
分男性の，去勢された （名）**sēmimās**
m. -maris *3* §26 **1.** 両性具有者，
半陰陽者，ふたなり，はにわり **2.** 宦官，
去勢された男

sēmimortuus *a.1.2* sēmi-mortu-a,
-um §50 半死半生の

sēminārium *n.* sēminārii *2* §13
[sēmen] **1.** 若木の苗床，苗木の仕立場
2. 芽，始まり，起源，根源

sēminex *a.3* sēmi-necis §55 *n.b.*
単：主，属，奪，複：与，奪なし *cf.* §47
半ば死んだ，半死半生の

sēminō *1* sēmināre, -nāvī, -nātum
§106 [sēmen] **1.** 種をまく，植える
2. 子をこしらえる，もうける

sēminūdus *a.1.2* sēmi-nūda,
-nūdum §50 半ば裸の，半裸体の，ほ
とんど武装していない（無防備の）

sēmiplēnus *a.1.2* sēmi-plēn-a, -um
§50 **1.** 半分ほど満ちている **2.** 乗船定員
（部隊の定員）の半分の

sēmiputātus *a.1.2* sēmi-putāt-a,
-um §50 半分刈り込まれた，枝を切り
取られた

sēmirāsus *a.1.2* sēmi-rāsa, -rāsum
§50 半分頭の髪を剃った（逮捕された逃
亡奴隷の目印）

sēmireductus *a.1.2* sēmi-reduct-a,
-um §50 半分ほど（半ば）後ろへ向けた，
曲げた，身をくねらせた

sēmirefectus *a.1.2* sēmi-refect-a,
-um §50 半ば修理（修繕）された

sēmirutus *a.1.2* sēmi-ruta, -rutum
§50 [ruō] 半分破壊された，倒壊した，
半ば廃墟と化した

sēmis *m.* sēmissis *3* §29 [sēmi-
, as] **1.** 2分の1アス(§194) **2.** *pl.abl.*
月利で0.5％で＝年利6％で **3.** 半分
（形）半分の non semissis (9c7) homo
取るに足らぬ人 Africae semissem pos-
sidere アフリカの半分を所有する panem
semissem ponebat supra torum 半分

のパンを長椅子の上に彼はおいた

sēmisepultus *a.1.2* sēmi-sepult-a,
-um §50 半分埋葬された

sēmisomnus *a.1.2* sēmi-somn-a,
-um §50 半分眠っている，うとうとし
ている，ねむたくてたまらない

sēmisupīnus *a.1.2* sēmi-supīn-a,
-um §50 半ば仰向けになった，半ば後
ろに体をそらした，ひっくりかえった

sēmita *f.* sēmitae *1* §11 [sē-,
meō] **1.** わき道，小路，路地，細道
2. 道，道路，行路，進路 **3.** 足跡，通っ
た跡 sciens (118.4) de via in semitam
degredere (126) お前は知っていて本道
からわき道へそれている（責任のがれの返答
をしている）qui sibi semitam non sa-
piunt, alteri monstrant viam 自分では
わき道もわからないのに，他人には本道を
教えている（他人の欠点は見えても自分の
欠点は見えないもの，あるいは自分のことは
さておき他人の心配をしている）

sēmitālis *a.3* sēmitāle §54
[sēmita] **1.** 小道の，わき道の **2.** 小道
に祭られた（道祖神）

sēmitārius *a.1.2* sēmitāri-a, -um
§50 [sēmita] 小路の，わき道の，路
地にいる

sēmiustus *a.1.2* sēmi-ust-a, -um
§50 [sēmi-, ūrō の完分] 半焼きの，半
焦げの se (117.5) populare incendium
semiustum (9a2 → 対) effugisse (彼は
言う)自分は民衆の火焔(怒り)から，半焼
きの目にあってかろうじて逃れた

sēmivir *m., a.1.2* sēmivirī *2* §15
半人間，半人半獣，半陰陽者，ふたなり，
宦官(かんがん) （形)**sēmivir** -vira, -virum
§51 半分人間の，半人半獣の，去勢さ
れた，女々しい

sēmivīvus *a.1.2* sēmi-vīv-a, -um
§50 半死半生の，ほとんど死んでいる

sēmōtus → sēmoveō

sēmoveō *2* sē-movēre, -mōvī,
-mōtum §108 [sē-, moveō] 離す，
切り離す，分離する，除去する，遠ざける，
しめ出す

semper 副 **1.** いつも，常に，始終，絶

えず，不断に，昔から **2.** いつまでも，永久に **3.** しばしば，毎度，(序または配分数詞と)ごとに eri semper (形の如く) lenitas ご主人の不断のやさしさ semper florentis Homeri species 永遠に花と輝くホメーロスの映像 semper diebus tertiis 3日目毎に

sempiternus *a.1.2* sempitern-a, -um §50 [semper] 永久の，不滅の，永続する，絶え間ない，耐久性のある

Semprōnius *a.1.2* Semprōni-a, -um §50 **1.** ローマの氏族名 **2.** Ti. と C.Gracchus 兄弟 **3.** Caesar の暗殺者 Brutus の母(Sempronia)

sēmūncia *f.* sēmūnciae *1* §11 [sēmi-, ūncia] **1.** 半ウーンキア＝全体の24分の1 **2.** 24分の1リーブラ＝13.6g (形)**sēmūnciārius** *a.1.2* -ria, -rium §50 **1.** 半ウーンキアの，全体の24分の1の **2.** 年利5パーセントの

sēmustus → sēmiustus

senāculum *n.* senāculī *2* §13 [senātus] 元老院議員が curia に入る前の集会室(堂)，そこで一般市民との会話もしたらしい

sēnārius *a.1.2* sēnāri-a, -um §50 [sēnī] それぞれ6(韻)脚からなる　(名) **sēnārius** *m.* sēnāriī *2* §13 6脚(強弱格)の詩句(一行)

senātor *m.* senātōris *3* §26 [senātus] 元老院議員

senātōrius *a.1.2* senātōri-a, -um §50 [senātor] 元老院議員の，元老院の，元老院階級の

senātus *m* senātūs *4* §31 [senex の *pl.* senēs] **1.** 元老院 **2.** 元老院の開会，集会，会期 **3.** 元老院議員の全体，議員の名簿 senatus populusque Romanus (＝ respublica) 元老院とローマ国民 venire in senatum 元老院に登院する，又は元老院議員になる legere aliquem in senatum 誰々を元老院議員に選ぶ senatu movere 元老院から追放する senatus datur alicui 誰々に(外国の使節に)元老院の謁見が許される

sene, senem, senis → senex

Seneca *m.* Senecae *1* §11 **1.** ローマの家名 **2.** M.Annaeus Seneca 修辞学者 **3.** L.Annaeus Seneca (2)の子，有名な哲学者，A.D.65 死す

senecta *f.* senectae *1* §11 [senectus の *f. sc.* aetās] **1.** 老齢，老年，老い **2.** 老人

senectus *a.1.2* senect-a, -um §50 [senex] 年とった，老いた

senectūs *f.* senectūtis *3* §21 **1.** 老齢，老年期 **2.** 年寄り，老人 **3.** 熟，白髪 **4.** 古さ，長い年数 **5.** 蛇のぬけがら necdum temporibus geminis (9f3) canebat sparsa senectus 胡麻塩頭は両方のこめかみあたりで，まだ真白になっていなかった

seneō *2* senēre, ——, —— §108 [senex] 年をとっている，老いている

senēscō *3* senēscere, senuī, —— §109 [senex] **1.** 老いる，年をとる **2.** 老衰(老化)する，年と共にやつれる，弱る，やせる，しぼむ **3.** だんだん消えていく，欠ける，傾く，あ(褪)せる，小さくなる solve senescentem (118.1) mature sanus equum, ne peccet ad extremum ridendus (107.8) あなたが賢明なら適当なときに(戦車から)老いた馬を解放してやれ，最後にへまをやらかして客の笑いをかわないために(直訳．笑われるためにへまをしないように) immoritur studiis (9d3) et amore (9f15) senescit habendi (119.2) 彼は仕事に精出して今にも死にそうで，所有欲から老いさらばえてしまっている luna senescens 欠けつつある月，傾いている月

senex *m., a.3* senis *3* §§30, 62 **1.** (名)老人 Solon, qui se cotidie aliquid addiscentem (118.4) dicit senem fieri 私は毎日いくらかの知識をつけ加えつつ老人になるのだと言っているソローン mature fieri senem, si diu velis senex esse 長い間老人でいたいなら，早く老人になること(若い時，老成せよ) **2.** (形)老いた，年取った，古い (*n.b.*) 形として *n.* なし，*m.f.* 同変化 servum senem vendat (116.2) 年とった奴隷は売るべきだ

sēnī 数（配分） sēnae, sēna §101
(*n.b.* 格変化は§50(の *pl.*)に従う，但し
gen. は sēnum *cf.* §14 注) **1.** 6つずつ，
めいめい6個，一度に(毎度)6つ **2.** 6つ
bis seni dies 12 日 pueri annorum se-
num それぞれ6歳の少年たち seni pedes
6脚，6歩格

senīlis *a.3* senīle §54 [senex]
1. 老人の，老人らしい **2.** もうろくした，老
衰した

senior *a.3* seniōris §65 [senex の
比 §62] **1.** より年とった，いっそう(いく
らか)老いた，古い **2.** 老人の，老人固有
の，老人らしい （名)**seniōrēs** *m.pl.*
seniōrum *3* §26 年長者，老人，古
参，長老，古兵(45歳以上)

senium *n.* seniī *2* §13 [senex]
1. 老齢，老朽，老衰，もうろく **2.** 衰え，
衰亡，没落，凋落，欠けること，尽きるこ
と **3.** (老人に固有の)ふさぎ，陰気，ゆう
うつ，気難しさ，無愛想 **4.** 老いぼれ，老
人 inhumanae senium depone Came-
nae 無愛想な詩神(苦吟中の詩人)の渋面
を捨てたまえ

Sēnōnes *m.pl.* Sēnōnum *3* §28
ガッリアの一部族

sēnsī → sentiō

sēnsibilis *a.3* -bile [sentiō] 感覚
器官で感知できる，目に見える

sēnsim 副 [sentiō] **1.** ゆっくりと，
徐々に，目に見えぬほど少しずつ **2.** 用心
深く，慎重に，ためらいがちに

sēnsus → sentiō

sēnsus *m.* sēnsūs *4* §31 [sentiō]
1. (身体上)感覚器官，感覚，知覚，官
能 **2.** (精神上)(イ)感じ，感性，感受性，
感情，感動，印象 (ロ)自覚，意識，判断
力，理解力，勘，センス，思慮 (ハ)心，
意志，性向，素質，才能，態度，礼儀作
法の心得 **3.** (言葉の)意味，意義，趣旨，
文，綜合文 doloris ～, audiendi, huma-
nitatis 苦痛の感覚，聴力，人情 sensim
sine sensu aetas senescit 年齢は気づか
ぬうちに少しずつ老いていく molestus,
communi sensu caret 困った奴だ，彼は
世間の(あたりまえの)礼儀作法も心得てお

らぬ sensus ejus de republica 国家に関
する彼の見解 si quis est sensus in mor-
te 死後にもいくらか意識があるのなら

sententia *f.* sententiae *1* §11
[sentiō] **1.** 考え方，意見，感想，信念，
説，思考 **2.** 意図，目的，見込み，意志，
責任，決心 **3.** 判決，決定，議決 **4.** 投票
(権)，提案，提議，動議，票決 **5.** 文，思
想，格言，金言，箴言，警句 **6.** 意義，
意味，概念，内容 de hac re ejus sen-
tentia この事に関しての彼の見解 ex mea
sententia 私の好きなように，快く，思う
存 分 jurare ex sui animi sententia
quemque (117.5) voluerunt 彼らは欲し
た，各自心の底から(誠実に)誓うことを est
brevitate opus, ut currat sententia 文
意(思想)が走るためには(早く伝わるために
は)，簡潔であることが必要だ in senten-
tiam alicujus ire (pedibus ire) ある人
の意見(提案)に賛成する(歩み寄る，同意
する)

sententiola *f.* sententiolae *1* §11
[sententia の小] 短い格言，金言，箴
言(ﾊﾝ)，警句，名言

sentīna *f.* sentīnae *1* §11 **1.** 船
底，船倉，船底にたまる汚水，あか **2.** 汚
水だめ，排水溝 **3.** 社会のかす，人間のく
ず，どん底の人々

sentiō *4* sentīre, sēnsī, sēnsum
§111 **1.** (五感で)感じとる，知覚する，感
知する **2.** 気づく，知る，認める，理解す
る，悟る，わかる **3.** 信ずる，思う，考え
る，判断する **4.** 意見を述べる，投票する
5. 体験する，享受する，楽しむ omne
animal sentit すべての動物は感知する
mel dulce esse (117.6) sentitur 蜂蜜は
甘いと感じられる sentiet qui vir siem
(116.10) 私がどんな男か，彼女は知ること
だろう difficillime de se quisque sentit
誰でもおのれを知ることは最も難しいことだ

sentis *m.*(*f.*) sentis *3* §19 いばら
(の茂み)，とげの多い低木，やぶ

sentus *a.1.2* sent-a, -um §50
1. ざらざらした，ごつごつした，でこぼこの
2. 髪のぼさぼさした，(ひげ)もじゃもじゃの，
さかだった **3.** とげの多い，やぶだらけの per

senuī

loca senta situ (9f15) 人跡未踏のやぶだらけの場所を通って

senuī *pf.* → senēscō

seorsum（**seorsus**）副 ［sē-, vertō の完分］ 他から離れて，他とかかわりなしに，別々に，別れて，格別に，はっきりと abs te seorsum cogito あなたとは違った考えを私は持っている

sēparātiō *f.* sēparātiōnis 3 §28 ［sēparō］ **1.** 分離，分割，切断，絶縁 **2.** 区別，差別，区分，識別

sēparātus *a.1.2* sēparāt-a, -um §50 ［sēparō の完分］ **1.** とは別の，異なった **2.** 離れた，孤立した，隔離した，遠い **3.** かかわりのない，無関係の （副）**sēparātim 1.** 別々に，別個に，分かれて，離れて，独立して **2.** とりわけて，格別，特に **3.** 特別な関係もなしに，一般的に，抽象的に

sēparō *1* sē-parāre, -parāvī, -parātum §106 **1.** 分ける，裂く，割る，分離する，引き離す **2.** 隔離する，孤立させる，除外する，しめ出す **3.** 分類する，差異を認める，識別する，区別する virtus ipsa per se separata etiam utilitate (9f7) laudabilis 自ら有用性すらしめ出した純粋の徳こそ称讃に価する separando (119.5) a corruptis sana 腐敗したものと健全なものを分けることで

sepeliō *4* sepelīre, sepelīvī, sepultum §111 **1.** 埋葬する，地中に埋める，火葬する，葬儀を行う **2.** 水中に沈める，水浸しにする **3.** 埋没させる，葬り去る，なくす，消す，滅ぼす，抑圧(圧倒)する paullum sepultae distat inertiae (9d5) celata virtus 武勇も世に隠れたままならば，埋葬された怯懦とあまり変わらない occupat Aeneas aditum custode sepulto※ (9f18) 番犬が眠りの中に没入したときA.はすばやく入口に近づく ※ sc. somno (9f11)

sēpēs → saepēs

sēpia *f.* sēpiae *1* §11 コウイカ，コウイカの分泌物(インク)

sēpōnō *3* sē-pōnere, -posuī, -positum §109 **1.** かたわらにおく，別にしておく，

とっておく，貯えておく，残しておく，保留する **2.** 脇へそらす，向ける，無視する，やめにする，放棄する，忘れる **3.** 引き離す，追い出す，排除する，孤立させる，追放する **4.** 分ける，区別する，区分する，識別する，選ぶ，抜擢する aliquid sepositum et reconditum habere あるものを別にして隠して(とって)おく Agrippam abdicavit seposuitque Surrentum (70) 彼はアグリッパを勘当しスレントゥムへ隔離した inurbanum lepido (9f7) seponere dicto 無粋な表現と優雅な表現を識別する

sēpositus → sēpōnō

septem 数 §§100, 101 **1.** 7, 7 の **2.** ギリシアの7賢人 **3.** septem stellae (sidera) 北斗七星

September *a.3* Septembris, -bre §54 ［septem］ ローマ暦の7月，のち9月 §182 以下

septemdecim（**septendecim**）数 §§100, 101 17

septemfluus *a.1.2* septem-flu-a, -um §50 ［septem, fluō］ 7つの河口(支流)をもって海に注ぐ

septemgeminus *a.1.2* septem-gemin-a, -um §50 7つの同じ要素からなる，7重(7倍)の

septemplex *a.3* septem-plicis §55 7倍の，7重の

septemvir *m.* septem-virī *2* §15 7人委員会の構成員，7人神官団の一人 (形)**septemvirālis** *a.3* -virāle §54 7人委員(会)の （名）**septemvirātus** *m.* -virātūs *4* §31 7人委員(会)の地位，職，任期

septēnārius *a.1.2* septēnāri-a, -um §50 ［septēnī］ 7つから成る，7脚からなる

septendecim = septemdecim

septēnī *a.1.2* septē-nae, -na §§50, 101 7つずつ，それぞれ7つの，一度に(一挙に)7つ，7つを一緒に

septentriō（**septem-**）*m.* septentriōnis *3* §28 **1.** (*pl.*)北斗七星，おおくま座 **2.** (*pl.*)空の北方部分，北方地

帯，北 **3.** (*pl.*) 北風 omnis Gallia ad septentriones vergit ガリア全土が北方に傾いている(北に位置している)

septentriōnālis *a.3* septentriōnāle §54 [septentriōnēs] 北(方)の，北を向いている

septiēs (**septiēns**) 副 7倍，7度 §101

septimus 数(序) septim-a, -um §50, 101 7番目の，7分の1の

septingentī 数 septin-gentae, -genta §§50, 101 [septem, centum] 700

septūnx (**-u-** ?) *m.* septūncis *3* §21 [septem, ūncia] 12分の7

sepulcrālis *a.3* sepulcrāle §54 [sepulcrum] 墓の，埋葬の

sepulcrētum *n.* sepulcrētī *2* §13 [sepulcrum] 墓地

sepulcrum (**-chrum**) *n.* sepulcrī *2* §13 [sepeliō] **1.** 墓，墓所，墓塚，墓地，墓碑 **2.** 火葬用の薪の山，火葬堆 **3.** (*pl.*) 死者 dixisti me lapidem e sepulchro venerari pro deo あなたは私が墓石を神の如くあがめていると言った(過大に評価する) thesaurum in sepulchro ponit, qui senem heredem facit 老人を遺産相続人とする者は宝物を墓の中に入れる人だ

sepultūra *f.* sepultūrae *1* §11 [sepeliō] **1.** 埋葬，葬儀 **2.** 埋葬地，墓地

sequāx *a.3* sequācis §55 [sequor] (比)sequacior **1.** すばやく(熱心に)後を追う，つける，追跡する **2.** 従い易い，従順な，柔軟な，しなやかな，扱い易い Arcadas ut vidit Pallas Latio dare terga sequaci パッラスはアルカディア人が追跡するラティウム軍に背を向けて逃げるのを見ると fumi sequaces どこにでも侵入する煙，変化自在の煙

sequēns *a.3* sequentis §58 [sequor の現分] あとにつづく，次の，後の，第二の

sequester *a.1.2* sequestra, -trum §52 -ter, -tris, -tre *a.3* §54 間に入る，調停する，とりもつ pace sequestra (9f18) 平和が間をとりもって，一時的な平和 (名)**sequester** *m.* sequestris 又は sequestrī *3* §26(又は *2* §15) **1.** 仲介者，調停者，仲裁人 **2.** 係争物を一時保管する第三者，係争物保管人，受託者 **3.** sequestro ponere, dare 供託する，信託する sequestro (9d7) mihi data (e)st 彼女は私に信託されたのだ inter patres ac plebem publicae gratiae (9c3) sequester 元老院議員(貴族)と民衆(平民)との間の公の和解のための調停者

sequius (**secius**) 副 [secus の比] **1.** (いっそう)期待に反して，都合わるく，まずく **2.** (いっそう)違ったやり方で，別な風に nec eo sequius それにもかかわらず

sequor *dep.3* sequī, secūtus sum §§123(3), 125 **1.** あとについて行く，つき従う，あとに続く，同伴する **2.** あとを追う，追跡する，迫害する，追撃する **3.** あとをたどる，さがす，追求する，到達しようと努める **4.** 従う，服する，同意する，支持する，尊敬する **5.** つづいて起こる，生じる，結果として起こる，明らかになる **6.** 後をつぐ，相続する，の所有に帰す，のものとなる sin Caesarem respiciant atque ejus gratiam sequantur もし彼らがカエサルの意を斟酌したり，彼の機嫌をとろうと努めるならば tali fugientem (118.2) est voce secutus 逃げて行く者の後を追ってこのような言葉を投げかけた(このような言葉で後を追った) ex eo tempore discordiae secutae sunt その時以来不和葛藤がつづいた ego hanc clementem vitam urbanam atque otium secutus sum 私はこの穏やかな都の生活と閑暇をずっと求めてきたのだ hoc monumentum heredem non sequitur この墓は遺産相続者に属さない

sera *f.* serae *1* §11 横木(戸の)，かんぬき，さし錠

Serāpis (**Sar-**) *m.* Serāpis (-pidis) *3* §§40, 41.6b エジプトの主神(アレクサンドレイア時代に広くギリシア，ローマ世界で信仰された)

serēnitās *f.* serēnitātis *3* §21 [serēnus] **1.** 晴朗たる天気，空，晴天，

serēnō

快晴 **2.** 順調な，穏やかな環境，上きげんな，陽気な態度，容貌，閑静，平穏

serēnō *1* serēnāre, -nāvī, -nātum §106 ［serēnus］ **1.** 輝かせる，明るくする，晴々させる，晴らす **2.** 快活にする，朗らかにする，元気づける

serēnus *a.1.2* serēn-a, -um §50 (比)serenior **1.** 晴れた，雲のない，澄んだ，輝かしい，きれいな，晴朗たる **2.** 上きげんの，快活な，曇り(かげり)のない **3.** のどかな，落ち着いた，穏やかな，平和な (名)**serēnum** *n.* serēnī *2* §13 晴朗たる空，天気，晴天 (in) sereno 雲一つない空に

Sēres *m.pl.* (Sēr *sg.*) Sērum *3* §26 中国人，支那人 (形)**Sēricus** *a.1.2* Sēric-a, -um §50 Seres の，中国人の，絹の (名)**Sērica** *n.pl.* Sēricōrum *2* §13 絹織物，絹製品

sēria *f.* sēriae *1* §11 貯蔵(保存)用の大きな土器，大壺

seriēs *f.* seriēī *5* §34 ［serō²］ **1.** 連続，連結，連鎖 **2.** 一つらなり，列，行，並び，行列，縦隊 **3.** つながり，順序，脈絡，起承転結 **4.** 家系，血統 custodiarum seriem recognoscens 囚人を一列に並べて点検して innumerabilis annorum series 年月の無限の連続 digne (9b) vir hac serie (9f17) この家系にふさわしい方よ

sēriō 副 ［sērius §67(1)］ まじめに，本気に，真剣に，重大にとって，正直に

sērius → sērō(副)の比

sērius *a.1.2* sēri-a, -um §50 **1.** 重い，重要な，重大な **2.** まじめな，真剣な，重々しい，謹厳な，冷静な **3.** (名)(*n.*)まじめな仕事 aleam sobrii inter seria exercent 彼らは酔っていないとき，さいころあそびを真面目な仕事の一つとしてこれを行う

sermō *m.* sermōnis *3* §28 **1.** 発言，言葉，話し **2.** 日常的な会話，対話，歓談，団欒(だんらん) **3.** 討論，学問上の討論，哲学的対話，説教，(長)談義 **4.** 噂，評判，むだ話，報告 **5.** 語，表現，文体，方言，話し方 sermo quotidianus (vulga-

ris) 日常会話(民衆語) sermonem de amicitia habere cum aliquo 誰々と友情について語り合う nec sermones ego mallem (116.1) repentes per humum quam res componere gestas 私としましても，できたら(あなたの)業績をたたえる(高尚な)叙事詩をつくりたいものです，地上を這う(低俗な)日常的な会話体の詩(書簡詩など)を書くよりも vultus, qui sermo quidam tacitus mentis est 精神の沈黙による一種の表現とも言うべき顔の表情

sermōcinor *dep.1* sermō-cinārī, cinātus sum §123(1) ［sermō］ 会話をもつ，雑談する，語り合う，論じ合う

serō¹ *3* serere, sēvī, satum §109 **1.** 畑にたねをまく，植えつける **2.** ばらまく，散布する，広げる **3.** 子をもうける，生み出す **4.** (紛争などの)たねをまく，生じさせる，扇動する frumenta quae fuerant intra munitiones sata 堡塁の中に植えられていた穀類 satus Anchisā (9f4) アンキーセースの息子 sere crimina belli 罪を犯して戦争の火種をばらまけ mihi istic nec seritur, nec metitur それは私のために蒔かれもしなければ刈りとられもしない(私にとってどうでもいいこと)

serō² *3* serere, (seruī), sertum §109 **1.** 一緒につなぐ，結ぶ，あむ **2.** つなぎ合わせる，組み合わせる，織り交ぜる certamina (proelia) ～ 戦闘を交える colloquia ～ 協議する，談判する in verbis tenuis cautusque serendis (121.3) 語をつなぎ合わせるにあたって語義をせんさいに感じとり，語の選択に心を用いる(詩人は)

sērō 副 ［sērus §67(1)］ (比)serius (最)serissime **1.** おくれて，おそく，おそくまで **2.** おそすぎて，ずっとたってから，予定よりおくれて ut quam serissime Caesaris profectio cognosceretur カエサルの出発ができるだけおそくなって人に知られるように sero sapiunt Phryges トロイア人は気づくのがおそすぎる

sērōtinus *a.1.2* sērōtin-a, -um §50 ［sērō］ **1.** おそくやってくる(起こる)，おくれた，延びた，長びいた **2.** (花・果実

の)おそい，おそ咲きの，おくての

serpēns *f.m.* serpentis *3* §24
[serpō の現分] **1.** 這うもの(動物)，へ
び **2.** 竜 **3.** (天)竜座 parvulae serpen-
tes non nocent 蛇も小さいうちは害しな
い

serpentigena *m.* serpentigenae
1 §11 [serpēns, gignō] 蛇(竜)から
生まれたもの

serpentipēs *a.3* serpentipedis
§55 蛇の足を持った，足が蛇の

serpō *3* serpere, serpsī, —— §109
1. はう，のろのろと進む，行く **2.** こっそり
と忍び込む，すべり込む，いつの間にか(徐々
に，人知れず)すすむ，広がる，すぎる **3.** う
ねりくねって進む，とぐろをまく，からむ
cum ignis magnitudine venti latius
serperet 焔が強風にあおられて徐々に広
がってきたので serpit humi tutus nimium
timidusque procellae 嵐をひどく恐れる
者は地上を這って安心するのです(高尚な
文体で失墜するより低俗な文体で満足す
る)

serpsī → serpō

serpyllum (**-pull-, -pill-**) *n.* serpyllī
2 §13 タイム，タチジャコウソウ

serra *f.* serrae *1* §11 のこぎり
serram ducere cum aliquo de aliqua
re あることについてある人と(のこぎりを引
き合う)口論をする，とことんやり合ってへ
こたれない

serrācum *n.* serrācī *2* §13 四
輪荷馬車

serrātus *a.1.2* -rāta, -rātum
[serra] **1.** のこぎりの歯(は)のある，鋸歯
状の **2.** (名) *m.* きざみ目の縁(ふち)のあ
る硬貨(こう)

serrula *f.* serrulae *1* §11 [se-
rra の小] 小さなのこぎり

serta (**-tae**) *n.pl.*(*f.pl.*) sertōrum
(sertārum) *2* §11 [serō² の完分]
花綵(はなづな)，花飾り，花環，花冠

Sertōrius *a.1.2* Sertōri-a, -um §50
1. ローマの氏族名 **2.** Q.Sertorius, Marius
派の将軍として Sulla に抵抗した （形）
Sertōriānus *a.1.2* §50 Sertorius

の

serum *n.* serī *2* §13 乳漿(にゅうしょう)

sērus *a.1.2* sēr-a, -um §50 （比）
serior （最）serissimus **1.** おそい，の
ろい，手間どる **2.** おそい時刻の，暮れた，
夜更けの，後日(後世)の **3.** 季節おくれの，
おくての，おそ咲きの **4.** おそすぎた，間に
あわない serae, sed justae poenae 遅く
なったが，正当な罰 O seri studiorum
(9c6) お，晩学の人々よ sero (9f2) diei
(9c4) subducit legionem 日が暮れて彼
は軍団兵を連れ帰った sera numquam
est ad bonos mores via 立派な習慣を身
につけるのにおそすぎるということは決して
ない

serva *f.* servae *1* §11 女奴隷

servābilis *a.3* servābile §54
[servō] 救い出すことができる，助けら
れる

servāns *a.3* servantis §58
[servō の現分] （最）servantissimus
(法を)遵守している，守る覚悟のできた

servātor *m.* servātōris *3* §26
[servō] 救助者，保護者，保存者，遵
守者，見守る人

servātrīx *f.* servātrīcis *3* §21
[servātor] 女性の救助者，保護者，遵
守(保存)者

servīlis *a.3* servīle §54 [servus]
1. 奴隷の，奴隷に属する **2.** 奴隷根性の，
卑屈な，下劣な，卑しい **3.** 従属した，自
主性のない （副）**servīliter** §67(2)
卑屈に，奴隷根性で，奴隷のように

serviō *4* servīre, servīvī (-viī),
servītum §111 [servus] **1.** 仕える，
奉仕(奉公)する，奴隷である **2.** 服従する，
支配をうける，従属する **3.** 捧げる，つく
す，役立つ **4.** 任す，信奉する，支持する
(9d1) cupiditatibus ～ 欲望の奴隷とな
る servitutem (9e6) servire alicui 誰々
の奴隷となる ut communi utilitati ser-
viatur (172) 人々は社会一般の福祉に奉
仕するために

servitium *n.* servitiī *2* §13
[servus] **1.** 奴隷の状態，の身分 **2.** 服
従，屈服，隷属，卑屈，奴隷根性，従

servitūs 724

順, 卑下 **3.** 奴隷, 奴隷階層

servitūs *f.* servitūtis *3* §21 [servus] **1.** 奴隷の状態, 身分, 束縛, 奴隷, 奴隷根性, 卑下 **2.** 政治的服従, 屈服, 従属, 恭順 **3.** 奴隷の集団, 奴隷 (たち) **4.** (法律)用益権

Servius *m.* Serviī *2* §13 **1.** ローマの個人名(略記. Ser.) **2.** Servius Tullius ローマの6代目の王

servō *1* servāre, -vāvī, -vātum §106 **1.** 見守る, 監視する, 見張る **2.** 注意する, 気をつける, 観察する **3.** 保つ, 維持する, 保全する, とっておく, 別にしまっておく **4.** 居つづける, 逗留する, 滞在する **5.** 救う, 保護する **6.** とり戻す, 回復する de caelo servare 天空を仰いで前兆を観察する servate, ne hoc (vinum) conmisceas cum cetero vino この酒を他の酒とまぜないように気をつけよ invitum qui servat, idem facit occidenti (9d13) いやがっている者を助ける人は殺す人と同じことをしているのだ ordines servare 戦列を維持する(こと) urbem insulamque Caesari servare カエサルのために町と島を保存しておく(こと)

servola (**-vula**) *f.* servolae *1* §11 女の奴隷, 若い女奴隷

servolus (**-ulus**) *m.* servolī *2* §13 [servus の小] **1.** 小さい(若い)奴隷 **2.** 奴隷

servus (**-vos**) *m.* servī *2* §13 奴隷 qualis dominus, talis et servus この主人にして, この奴隷あり scio me esse servom, nescio etiam id quod scio わしは奴隷の身分をわきまえている, だから知っていることも知らないのだ(だまっているのだ)

servus (**-vos**) *a.1.2* serv-a, -um §50 **1.** 奴隷身分の, 状態の, 奴隷に属する, 奴隷の **2.** 奴隷根性の, 卑屈な, 卑しい **3.** 隷属している, 服従している servom hominem (117.5) causam orare leges non sinunt 奴隷身分の者には訴訟を弁護することも法律が許しません

sēsama *f.* sēsamae *1* §11 ゴマ, ゴマ油

sescēnārius *a.1.2* sescēnāri-a, -um §50 [sescēnī] 総勢600人の

sescēnī *a.1.2* sescēn-ae, -a §§50, 100 600ずつ

sescentī *a.1.2* sescentae, -ta §§50, 99 **1.** 600の **2.** 無数の, 多数の

sēsqui (**sēsque**) 副 [sēmis, -que] **1.** そして半分, もう半分 **2.** 1か2分の1倍(接頭辞としての意味)

sesquimodius *m.* sesquimodiī *2* §13 1モディウスと半分 (§198)

sēsquipedālis *a.3* sēsqui-pedāle §54 [sēsquipēs 1か2分の1ペース] 1か2分の1ペースの

sessilis *a.3* sessile §54 [sedeō] 坐るにふさわしい, 坐れる, 低い, 小さい

sessiō *f.* sessiōnis *3* §28 [sedeō] **1.** 坐ること, 坐った状態, 着席 **2.** 開廷(法廷の) **3.** 何もしないで坐っている, 休息, 休止 **4.** 座席, 腰掛

sessor *m.* sessōris *3* §26 [sedeō] **1.** 坐って(着席して)いる人, 観客 **2.** 馬に坐っている人, 騎手 **3.** 居住者, 定住者

sēstertius *a.1.2* sēs-terti-a, -um §§50, 192 **1.** (形)2か2分の1の **2.** (名)

sēstertius (*sc.* as) *m.* sēstertiī *2* §13 真鍮貨, 貨幣単位 sestertius as 2か2分の1アス = 1 sestertius 217 B.C.より1 sestertius = 4 asses §194 **3.** (名)**sēstertium** *n.* sestertiī *2* §13 10万 HS. *cf.* §195(3)

set = sed

sēta = saeta

sētius 比. 副 *n.b.* secus の比 secius (正しくは sequius)と混同される [sērus の比?] **1.** もっとおそく, もっと後で, もっとゆっくりと, おくれて **2.** (否定詞と共に)それにもかかわらず, 依然として, 同じように, と同様に si forte paulo quam tu veniam setius 万一お前よりも私が少しおそく着いたら instat non setius 彼は依然として抵抗する haec nihilo esse mihi videntur setius quam somnia これらは私には夢のように思われる

seu → sīve

sevēritās *f.* sevēritātis *3* §21 [sevērus] **1.** 厳格, 厳正, 峻厳, 秋霜烈日 **2.** 謹厳, 厳粛, 威厳 **3.** 自己修養, 克己 **4.** (文体の)簡素, 簡潔, しぶさ

sevērus *a.1.2* sevēr-a, -um §50 (比)sevērior (最)sevērissimus **1.** きびしい, 厳格な, 峻厳な **2.** 情け容赦のない, 冷酷な, 無慈悲な **3.** 重々しい, 重大な, 厳粛な, 真剣な, まじめな **4.** いやな, こわい, すごみのある **5.** 飾らない, 貧相な (副)**sevērē** §67(1) (比)sevērius (最)sevērissime 手厳しく, 厳格(重)に, まじめに, 真剣に, ものものしく

sēvocō *1* sē-vocāre, -vocāvī, -vocātum §106 **1.** ある人を呼んで他の者から引き離す, 呼んでわきへつれていく **2.** わきへそらす, 取り去る, はずす, 離す, 分ける, 別にする

sex 数 §§100, 101 6

sexāgēnārius *a.1.2* sexāgēnāri-a, -um §50 [sexāgēnī] **1.** 60を含む **2.** 60歳の sexagenarios de ponte deici oportere 60歳(以上)の人は投票権を放棄すべきである(投票所へ行く前に橋から落とされるべきだ)

sexāgēnī *a.1.2* sexāgēnae, -gēna §§50, 101 60ずつ, それぞれ60個

sexāgiē(n)s 数(副) §101 60度, 60回(倍)

sexāgintā 数 §§100, 101 60

sexcēn- → sescēn-

sexennis *a.3* sex-enne §54 [sex, annus] **1.** 6歳の **2.** 6年間の sexenni die 6年間の猶予のあと, 6年の期限満了時に

sexennium *n.* sexenniī *2* §13 6年間

sexiē(n)s 副 [sex] 6度, 6回, 6倍

sextāns *m.* sextantis *3* §21 [sextus] **1.** (全体の)6分の1 **2.** 各単位(as, libra, jugerum, pes, sextarius)の6分の1 *cf.* §§194, 196 以下

sextārius *m.* sextāriī *2* §13 [sextus] 容積の単位 §198

Sextīlis *a.3.2* Sextīle §54 ローマ暦第6月, カエサル以後第8月(＝Augus-tus)となる §§179, 184

sextula *f.* sextulae *1* §11 6分の1 uncia §199

sextus 数(序) sext-a, -um §§50, 101 **1.** 6番目の, 第6の **2.** sexta pars 6分の1 **3. Sextus** *m.* *2* §13 ローマの個人名

sexus *m.* sexūs *4* §31 性, 性別

sī (**seī** 古) *j.* **1.** もし…ならば(否定は, nisi もし…でなければ)3種の条件文を導く：(イ)理論的 si deus mundum creavit, gubernat etiam もし神が世界を創造したのなら, 支配もしているのだ si vis, dabo tibi testis あなたがもしお望みなら, 証人をあなたに提供しよう persequar, si potero 私はできるかぎり追求しよう (ロ) 可能的 si hoc negem, mentiar (116.2) もし私がこれを否定すれば, うそをつくことにならう si sapias, eas ac decumbas domi お前さんに分別があるなら家に帰って寝た方がいい (ハ)現在の非事実(未完了・接と) si scirem, dicerem (116.9.9a) もし私が本当に知っていたら, 言うだろうに (ニ)過去の非事実(過完・接と) si id fecisses, melius famae consuluisses もしあなたがそれをしていたら, 自分の名誉のことを, いっそう念頭においていたはずだ **2.** (時間文の如く)…のときはいつでも, …の場合はいつも si quis a domino prehenderetur, consensu militum eripiebatur もし誰かが主人に逮捕されると, そのたびに兵隊仲間が一致してこれを奪い返していた **3.** (譲歩文の如く)たとい…でも, よし…としても, しかし(後文に tamen を伴うこともある) ego non laturus sum (143.1), si jubeas maxume たといあなたがどんなに強く(何度も)命じようとも, 私は持ってくるつもりはない **4.** (願望文の如く) o si angulus ille proximus accedat! ひょっとして隣の土地のあの一角が手に入るといいのになあ **5.** (名詞的目的文の如く)…としても, そのことを…かどうかをためそうとして, …ではないかと考えて(願って) edepol minime miror, si te fugitat 彼がお前をさけていることは, (さけていても)私は少しも不思議に思わない exspecto, si quid

sibe   726

dicas お前が何か言わないかと私は期待しているのだ sese (9e11) clam ex castris exisse, si quid frumenti in agris reperire possent 彼らは畠に穀物を見つけられないかと(考えて),こっそりと陣営から外に出た(という話) jamdudum, si des, porrexi manum ずっと前から, あなたがくれないかと(期待して)手を差しのべていたのだ **6.** 慣用的表現(小辞を伴って) ac si, perinde ac si あたかも…の如く quod si しかしもし,そしてもし si dis placet (神々のお気に召すのなら)どうかお願いだ, してくれたっていいだろうに si me amas どうか(私を愛しているなら) si forte ひょっとして, おそらくは si modo …でさえあれば si tamen それにもかかわらず,もし…ならば si vero 本当ならば

sibe (sibi の古), **sibi** → suī

sībilō *1*   sībilāre, -lāvī, -lātum §106 [sībilus] **1.** しゅっしゅっ(しっしっ)と音をたてる, 口笛を吹く **2.** しっしっとやじる, 嘲笑する

sībilus (**-lum**)   *m.*(*n.*)   sībilī *2* §13 [擬声語] **1.** しゅうしゅう, ひゅうひゅうという音 **2.** 軽蔑, 非難, 叱責, 嘲笑の声

sībilus *a.1.2* -ila, -ilum §50   しゅうしゅう(しっしっ)と音をたてている(たてる)

Sibylla *f.*   Sibyllae *1* §11 (古代の各地にいた)神託を告げる巫女(みこ)

Sibyllīnus *a.1.2* -līna, -līnum §50 Sibylla の libri Sibyllini (ローマの)シビュッラ予言集(quindecimviri が保管していた)

sīc (古 seic, sice)   副   **A.** 先になされたこと, 言われたことと関係して **1.** そのように, このように, 以上のようなわけで, そのような状態で, そういう状況では, その結果こうして, そういうわけで **2.** それほど非常に, たいそう **3.** その通り(同意を示す) (1)sic vita hominum est 人生とはそういうものさ his litteris respondebo, sic enim postulas この手紙で答えましょう, そのようにあなたは要請しているので nunc illum sic sinam (116.2) 今は彼をあのままにしておこう sic nos in sceptra reponis? この

ような状況でもあなたは我々を支配の座に返してくれますか sic rigido latus ense ferit そのような姿勢で彼は決然と脇腹を剣で突き刺す (2)malum quod tibi di dabunt:sic scelestu's (=scelestus es) 今にきっと神々がお前に何か罰を与えるだろうよ,お前はそれほどの大悪党なのだ (3) illa maneat (116.4)? — sic 彼女は家にとどまるのですか — その通り usque ad necem operiere (113) loris — loris liber? — sic erit お前は皮鞭で死ぬまで打ちのめされよう — 自由の身の私が, 皮鞭で — 左様 **B.** 次ぎに(あとに)続くものと関係して ut sic dicam いわば nunc sic faciam, sic consilium est 今からこうしたい, こう考えているのだ res autem se sic habet しかし事実はこうなのだ **C.** 相関詞 (ut, quo modo など)を伴って **1.** (…のように)…そのように **2.** …のような条件で,理由で, …のような目的を持って, 結果として **3.** (…だが)しかし **1.** sic est, ut loquor 私が話している通りだ Atticum sic amo ut alterum fratrem 私は A. をもう一人の兄弟の如く愛している **2.** sic mihi te referas (116.1), ut non altera nostro limine intulit ulla pedes 他の女は私の玄関に一歩も足を踏み入れなかった(という理由で)のだから, どうかあなたが私の所に戻ってくれるように sic me dii juvent, ut tecum omnia communicavi あなたとは何もかも話したという条件の下に神々が私を助けるように(神の加護に誓って, なにもかも話した) sic potius ut tibi ero praesente (9f18) reddam ご主人の居合わせる前で, あなたに支払う方が, (という)条件の下で私には)いっそう(むしろ)都合がいい **3.** ut ad bella suscipienda (121.3) promptus est animus, sic mollis ad calamitates perferendas mens est 戦いを始めるのに気が短いように(短いくせに), 逆境に耐えるのに意志が弱い

sīca *f.*   sīcae *1* §11 [secō]   短剣, 匕首(あいくち)

sīcārius *m.*   sīcāriī *2* §13 [sīca] 暗殺者, 刺客

siccitās *f.*   siccitātis *3* §21

[siccus] **1.** 乾燥(状態)，干からびた状態，ひでり，かんばつ，乾期 **2.** ぶよぶよしていない，締まった体，節制した体 **3.** 無味乾燥，平板な文体

siccō *1* siccāre, -cāvī, -cātum §106 [siccus] **1.** 乾かす，乾燥させる **2.** ひからびさす，干拓する，干す，飲み干す，空にする，牛の乳をしぼる **3.** 血をとめる，治療する，直す

siccus *a.1.2* sicc-a, -um §50 （比）siccior （最）siccissimus **1.** 乾いた，乾燥した，ひからびた，しめり気(湿気)のない （名）**siccum** *n.* siccī *2* §13 乾いた所，岸，陸地 **2.** のどのかわいた，乳のでない，涙のでない，香油でしめっていない **3.** 飲酒をつつしむ，自制の，控え目な，質素な **4.** 丈夫な，元気な **5.** 冷たい，冷酷非情な **6.** (文体)無味乾燥な，平板な，そっけない，飾らない，むだのない sole dies referente (9f18) siccas 太陽が再び(今年もまた)乾期をもたらして sicci sanguinis (9c13) enses 血に塗れていない剣 donec rostra tenent siccum 船首が陸地に着岸するまで

Sicilia *f.* Siciliae *1* §11 シキリア島 (形)**Siciliēnsis** *a.3* Siciliēnse §54 Sicilia の

sīcine (**sīcin**) 副 [sīc, ne] *n.b.* 疑問文，感嘆文の冒頭で用いられ非難の意を表す そうなのか，このようにか sicine me spernis? わしをお前はそんなに軽蔑するのか sicine, lente, iaces? 冷たいお方よ，あなたはそんな風に寝ておられるのね sicine mi esse os oblitum (117.8)! このように私は顔を汚されたまま(面目を失ったまま)でいるのか

sīcubī [sī, cubī=ubī] もしどこかに，どこであろうと silvas et sicubi concava furtim saxa petunt 彼らはどこであれ，森林や洞穴を見つけるとこっそりと中へ入る

sīcula *f.* sīculae *1* §11 [sīca の小] **1.** 小さな短剣 **2.** penis

Siculus *a.1.2* Sicul-a, -um §50 Sicilia 人の，Sicilia 島の

sīcunde *j.* [sī, unde] もしどこかから

sīcut, sīcutī 副 [sīc, ut] **1.** …のように，…と同様に，…の通り sicut ait Ennius E. が言っているように nihil me, sicut antea, juvat scribere (117.1) versiculos 詩を書くことが以前のようには私に少しも役立たない viri in uxores, sicut in liberos, vitae necisque habent potestatem 男たちは妻に対し，子供に対すると同様に生殺与奪の権限を持っている **2.** 相関詞(ita, sic, itidem など)を伴って sicut in fore non bonos oratores (117.5), item in theatro actores malos perpeti (137) 広場において不良な雄弁家がへこたれないように，劇場においても悪い役者ががんばるのだ **3.** たとえば…の如く，あたかも(ちょうど)…のように，いわば…のように sicut parta jam atque explorata victoria 勝利があたかもすでに確実に手に入ったかのように ille, sicut nudatus erat, pervenit ad Graecos 彼は裸も同然の姿でギリシア人の所へやって来た

sīdereus *a.1.2* sīdere-a, -um §50 [sīdus] **1.** 星の，星座の **2.** 星をちりばめた，星の多い **3.** 星の如く輝く，美しい **4.** 天上の，神聖な，星空の **5.** 太陽の lucidus aethrā sidereā (9f11) polus 星の光で明るい空 dea sidereo siccata ab aestu 太陽の熱気によって喉のかわいた女神

sīdō *3* sīdere, sīdī (sēdī), —— §109 [sedeō] **1.** 坐る，腰をおろす，しゃがむ **2.** 止まる，落ち着く，定着する **3.** おさまる，静まる，衰える，弱る，減じる，へる **4.** 下る，低くなる，降りる，座礁する columbae super arbore sidunt ハトが木の上にとまる sidente paulatim metu (9f18) 恐怖が次第におさまって

Sīdōn *f.* Sīdōnis (-dōnos) *3* §41.8b シュリア(フェニキア)の海岸の町，深紅色染料で有名な町=Tyros （形)**Sīdōnius** *a.1.2* Sīdōni-a, -um Sidon の，深紅色染料の （名)**Sīdōnis** *f.* Sīdōnidis *3* §41.6b Sidon の女

sīdus *n.* sīderis *3* §29 **1.** 星座，星群の中の星，流星，遊星，(人間の運命に影響を及ぼす)星 **2.** (*pl.*)天体，天，空 **3.** 気候，大気現象，嵐，季節，風土，地

sigillāria 728

方 **4.** 輝き, 美しさ, 飾り sideribus dubiis (9f18) 星の光がわからなくなったころ(あかつきに) exactis sideribus 星座が(夜が)すぎてしまってから(朝となって) sub nostro sidere 我々の地方では abrupto sidera 嵐が突然起こって sidere pulchrior ille est 彼は星よりも美しい

sigillāria *n.pl.* sigillāriōrum (-ium) 2(3) §13(20) ［sigillum］ **1.** 素焼き(陶製)の小さい像や装飾品 **2.** このような芸術品の売られる市場 **3.** このような贈り物がやりとりされる Saturnalia の最後の祭日

sigillātus *a.1.2* sigillāt-a, -um §50 ［sigillum］ 浮彫の像や図形で飾られた

sigillum *n.* sigillī 2 §13 ［signum の小］ **1.** 小さな像 **2.** 刻印されたり, 浮彫にされた像 **3.** 印鑑つきの像

sīgnātor (si- ?) *m.* sīgnātōris 3 §26 ［sīgnō］ 真正な書類と認証した者, 記名調印者

sīgnifer (si- ?) *a.1.3* sīgni-fera, -ferum §51 ［sīgnum, ferō］ 星(座)を持つ, 星のある signifer orbis 黄道帯, 十二宮 (名)**sīgnifer** *m.* sīgniferī 2 §15 **1.** 旗手 **2.** 主唱者, 指導者

sīgnificāns *a.3* sīgnificantis §58 ［sīgnificō の現分］ (比)significantior (最)significantissimus 意味深長な, 表現力の豊かな, はっきりとした

sīgnificanter 副 (比)significanfius (最)-cantissime 意味深長に, 意味(ぃ)ありげに, はっきりと

sīgnificātiō (si- ?) *f.* sīgnificātiōnis 3 §28 ［sīgnificō］ **1.** しるし, 合図を与えること,情報(知らせ)を与えること **2.** 表示, 指示, 暗示 **3.** 特色づけること, 強調, 賛成(の表明) **4.** 意味づけること, 意味

sīgnificō (si- ?) *1* sīgnificāre, -cāvī, -cātum §106 ［sīgnum, faciō］ **1.** 合図を与える, 身振りで暗示する, 指し示す, 示唆する, ほのめかす **2.** 告げる, 知らせる, 見せる, 表す, 証明する **3.** 前兆(徴候)を示す, 予告(予示)する **4.** 意味する, 意味を含む ut fumo atque ignibus significabatur 煙と火からわかったように

significare de fuga Romanis coeperunt (ガッリアの女たちは夫たちの)逃亡についてローマ軍に知らせ始めた futura 〜 未来を予告する

sīgnō (si- ?) *1* sīgnāre, -nāvī, -nātum §106 ［sīgnum］ **1.** はっきりと印をつける, しるす, 示す **2.** 彫り込む, 刻む, 書く, 刻印する, 鋳造する **3.** 知らせる, 公示する, 命令する, 指示する **4.** 意味する, 特色づける, 強調する, 目立たせる, 有名にする, 飾る **5.** 押(捺)印する, 封印する, 印を押して証明する nomina saxo 〜 石に名前を刻む summo vestigia pulvere 〜 土埃の表面に足跡を印す denarius signatus victoria 勝利の女神を刻印した銀貨 ora sono (9f11) discordia signant 彼らはそのひびき(アクセント)によって違った(敵の)言葉を(使っていること)を示して(特色づけて)いる

sīgnum *n.* sīgnī 2 §13 **1.** 目印, 印, 符号, 記号 **2.** 印, 認め印, 刻印, 証拠, 証明(の品) **3.** 目標, 徴候, 特徴, きざし, 前兆, 症状 **4.** 合図, 号令, 命令, 暗号, 合言葉 **5.** 旗(大隊旗, 中隊旗), 軍旗, 記号, 標章 **6.** (銅, 石, 象牙)像, 肖像, 彫刻, 絵 **7.** 十二宮(獣帯)の星座 signum timoris mittere 恐怖の証拠を示す proelii committendi (121.3) signum dare 交戦の合図を与える ab signis discedere 退却する, 逃亡する collatis signis (9f18) 軍旗が一箇所に集められると ferre (inferre) signa 軍旗をおし進める, 出発する(攻撃する) de signo Concordiae dedicando (121.3) 調和の女神に像を捧げることに関して

siī → sinō

silēns *a.3* silentis §58 ［sileō の現分］ **1.** だまっている, 沈黙した, 無口の **2.** 静かな, しんとした (名)**silentēs** *m.pl.* silentum 3 §21 死者

silentium *n.* silentiī 2 §13 ［sileō］ **1.** 沈黙, 無言, 無口 **2.** 静けさ, 静寂, 閑静, 平静, 平和, 安楽, 無為, 落ち着き **3.** 黙殺, 言及の省略 silentium fieri jubere 静粛にするように命ずる noctu silentio (9f19) ex castris proficisci-

729   **similitūdō**

tur 夜中に静かに(黙々と)陣営から出発する

Sīlēnus *m.* Sīlēnī *2* §13 （神）**1.** (*pl.*) 山野の精(Satyrus よりも老人) **2.** (*sg.*) Bacchus の従者

sileō *2* silēre, siluī, —— §108 **1.** だまっている, 発言しない, 口をつぐむ, だまる **2.** 静かにしている, 休んでいる, 無口である, (音)静まる, やむ **3.** (他)だまっている, 何も言わない, 言及しない, 見落とす, とばす silent leges inter arma 干戈の間に法律は沈黙している si chartae sileant quod bene feceris (116.10) もし史書があなたの立派な業績についてだまっているならば

siler *n.* sileris *3* §27 ニシキギ(カワヤナギ?)

silēscō *3* silēscere, ——, —— §109 静かになる, 静まる, だまる

silex *n.* silicis *3* §21 **1.** 燧石(すい),(せき) 火打石 **2.** 岩, 石, 崖 **3.** 非情, 冷酷な心 non silice (9f4) nati sumus 我々は石から生まれてはいない neque in tenero stat tibi (9d8) corde silex お前のやさしい心に固い石はない illa mulier lapidem silicem subigere, ut se amet, potest あの女は固い石をも自分を愛するように強制できるのだ

silīgineus *a.1.2* -nea, -neum §50 silīgō の

silīgō *f.* silīginis *3* §28 上等の小麦, 上質の小麦粉

siliqua *f.* siliquae *1* §11 サヤ, サヤマメ, イナゴマメ

siluī → sileō

sīlus *a.1.2* sīl-a, -um §50 しし鼻

silva *f.* silvae *1* §11 **1.** 森, 林, 森林地帯 **2.** やぶ, 低木の茂み, もつれからまった木や枝, 未開拓地 **3.** 樹木, 木の枝, 葉 **4.** 庭園, 公園 **5.** 多量の材料, 文学作品の生の題材 silvarum (9c13) potens Diana 森を司るディアーナ女神 inter silvas Academi quaerere verum アカデームスの庭園の中で真理を探究する horrida siccae silva comae 剛毛の如き乾いた毛髪の密生

Silvānus *m.* Silvānī *2* §13 （神）ローマの荒地と森の神

silvēscō *3* silvēscere, ——, —— §109 生いしげる, 繁茂する, はびこる

silvestris *a.3* silvestre §54 = silves-ter, -tris, -tre §52 ［silva］ **1.** 林におおわれた, 木の茂った, 森の多い **2.** 森林の, 森に住む **3.** 野性の, 馴れていない silvestribus angustisque itineribus 森林の狭い道を通って

silvicola *a.1.2* silvicolae, —— §50 ［silva, colō］ 森(山野)に住んでいる

silvicultrīx *a.3,* silvicultrīcis §55 森に住んでいる

silvōsus *a.1.2* silvōs-a, -um §50 ［silva］ 森林の多い, 森におおわれた

sīmia *f.* sīmiae *1* §11 **1.** サル **2.** (誹謗の言葉)さるまね **3.** 人のまねをする者

similis *a.3* simile §54 （比)similior （最)similimus §60 **1.** 似ている, 類似の, 同じような, (本物)そっくりの **2.** ～に (*gen.* 又は *dat.* §§9c13, 9d13)似ている fugae similis discessus 逃亡と見まがう撤退 veri (vero) similis 本当らしい, ありそうな monstri (monstro) similis ありそうにない, 信じられない, おどろくべき nonne hoc monstri simile est これは全く信じ難いことではないか similis sui 変わらない, 同じ nihil est appetentius similium (*n.pl.gen.* 9c13) sui (9c13) nec rapacius quam natura 人間の本性ほど自分と似ているものを熱心に求め, 貪欲にわがものとするものは他にない

similiter 副 ［similis §67(2)］ （比)similius （最)simillime §68 似たやり方で, 同じように, 類似して postero die similiter praemissis impedimentis その翌日もそれ迄と同じように輜重隊を先発させて similiter facis, ac si me roges お前はまるで(あたかも)私に要求しているかのようにやっている

similitūdō *f.* similitūdinis *3* §28 ［similis］ **1.** 類似, 相似 **2.** 似たもの, 肖像, 似顔絵 **3.** 比較, 類推, 比喩, 直喩 **4.** 同じこと, 同形, 一様, 画一(均一)性, 千篇一律 est homini cum deo similitu-

simītū 730

do 人間には神との相似性がある similitudo est satietatis mater 千篇一律は退屈の母である

simītū 副 同時に, 一緒に

sīmius *m.* sīmiī 2 §13 **1.** サル **2.** ののしる言葉

Simōnidēs *m.* Simōnidis 3 §42.1 前6世紀のギリシアの抒情詩人

simplex *a.3* simplicis §55 (比) simplicior (最)simplicissimus **1.** 単一の, 一層の, 一重の, 一回の **2.** 一つの要素の, まざらない, 単純な, 孤立した **3.** 人工でない, 自然の, 飾らない, 質素な, じみな **4.** 初歩の, 基礎の, 無条件の, 絶対の **5.** 純真な, 無邪気な, 素直な, 正直な **6.** 通常の, 一般的な mors simplex 自然死 o virum simplicem (9e10) qui nos nihil celet (116.8)! 我々になにもかくさないような単純率直な人よ

simplicitās *f.* simplicitātis 3 §21 [simplex] **1.** 単一(性), 単純, 平易, 明白 **2.** 素直, 正直, 無邪気, 天真爛漫 **3.** 一意専心, 誠意, 真心 **4.** 無知, 愚直, 幼稚

simpliciter 副 [simplex §67(2)] (比)simplicius (最)simplicissime **1.** 単一項目として別個に **2.** 無条件に, あっさりと, かんたんに, 単純明快に **3.** 単に, ただ, 全く, 本当に **4.** 素直に, 腹蔵なく, 単刀直入に, 正直に **5.** 自然のままに, 飾らずに, 作為なく, 気取らずに, 質素に

simplus *a.1.2* simpla, simplum §50 たんなる, つまらない, とるに足らぬ

simpulum *n.* simpulī 2 §13 (宗教儀式に用いられる)土器(陶器)の柄杓(ひしゃく), 容器 excitabat fluctus in simpulo 彼はひしゃくの中に波をたてた(つまらぬことに大騒ぎをした)

simpuvium = **simpulum**

simul 副 **1.** と一緒に, と共に, 共同して, お互いに **2.** 同様に, その上に, 並びに **3.** 同時に, するやいなや, 直ちに **4.** simul et …と一緒に, 共に, 同時に simul cum と一緒に, と共に, と同時に **5.** simul ... simul …と同様に, 同じくらい, あるいは…あるいは…, 一部は…一部は **6.** simul

atque (ac, ut, et) …するや否や ambo in saxo simul sedent 二人は岩の上に一緒に坐っている simul cum occasu solis 日没と同時に (res) quas tecum simul didicit 彼があなたと共に学んだ事柄 adeo simul supernebant, simul metuebant そこで彼らはあるいは軽蔑してあるいは恐れていた, 軽蔑すると同時に恐れていた Pompeius, simul atque equitatum suum pulsum vidit, acie excessit P. は味方の騎兵隊が撃退されたのを見るやいなや, 前線から退却した **7.** *j.* として simul aliquid audiero, scribam ad te 何か聞いたら, すぐあなたに書きましょう **8.** 奪格支配の前として simul his dictis faciem ostentabat こう言うとすぐ(この言葉と同時に)彼は顔を見せた

simulācrum *n.* simulācrī 2 §13 [simulō] **1.** 似ているもの, 人, 似姿, 類似物 **2.** 肖像, 画像, 彫像, 映像, 夢の中の像 **3.** 幻影, 亡霊, 幽霊, 妄想 **4.** 仮装, 見せかけ, 変装 **5.** 写し, 描写, 模写, 性格描写, さし絵, 図形, 模造品 simulacrum ex aere Dianae ディアーナの銅像 simulacra luce (9f17) carentum (58.3) 日光を失った者たちの亡霊 simulacra libertatis senatui praebere 元老院に自由の政体の幻影を与える pugnae ～ 模擬戦

simulāmen *n.* simulāminis 3 §28 [simulō] 模倣, 見せかけ, ふり

simulātiō *f.* simulātiōnis 3 §28 [simulō] **1.** 見せかけ, 振り, まね **2.** 見え, 虚飾, てらい **3.** 偽り装うこと, 偽善, 晴着 **4.** 言いのがれ, 遁辞, 口実, かこつけ

simulātor *m.* simulātōris 3 §26 [simulō] **1.** 写す人, まねる人, 模倣者, 偽造者 **2.** 見せかける人, 装おう人, てらう人, 偽善者

simulō 1 simulāre, -lāvī, -lātum §106 [similis] **1.** 似せる, 見せかける, ふりをする, 思わせる, 装おう **2.** まねる, 模倣する, 模写する, 見習う, 扮する **3.** 口実にする, 申し立てる, いつわる simulata amicitia (9f18) 友情を装って simulato me amare 私を愛している風をして頂戴 simulavit sese castra movere (117.4) 彼は陣営を移動させるかのように見せかけた

simultās *f.* simultātis *3* §§21, 25(ロ) [similis] **1.** 出会い, 張り合い, 嫉妬, 対抗意識 **2.** 敵意, 憎悪, 怨み, 不和, 反目

sīmus *a.1.2* sīm-a, -um §50 鼻の低い, しし鼻の

sīn *j.* [sī, ne] **1.** しかしもし…としたら (しばしば条件文のあとに続く) **2.** sin aliter (minus) しかしもし…でないとしたら mercatura, si tenuis est, sordida putanda est (147), sin (autem) magna et copiosa, non est admodum vituperanda 商売はもし小さければきたならしいと思うべきだ, しかしもし大きくて繁盛しているなら, 全く非難すべきではない sin aliter de hac re est ejus sententia しかしもしこの事に関して彼の考えが違っているならば ne me attracta. ― sin te amo わしの体に手をふれるな ― でもあたいがあなたにほれていたら(どう)

sincērē *副* [sincērus §67(1)] (比) sincerius **1.** そこなわれることなく, 正常に, 完全に **2.** 正直に, 公正に, まっすぐに, 誠実に, 率直に si istuc crederem (116.9a) sincere dici もしそれが正直に言われていると私が信じることができたら

sincēritās *f.* sincēritātis *3* §21 [sincērus] **1.** 健康, 健全 **2.** 純粋, 公明正大, 正直, 廉直, 誠実

sincērus *a.1.2* sincēr-a, -um §50 (比)sincerior (最)sincerissimus **1.** 完全な, 健全な, 欠けていない, 傷(損害)のない, くさっていない, 完璧な **2.** 全くの, 単なる, ただそれだけの **3.** きれいな, 曇り(かげり)のない **4.** ありのままの, まじりけのない, 生粋の, 純粋な, 純血の **5.** 腐敗堕落していない, 純潔な, 清廉な, 誠実な, 正直な equestre proelium ～ 騎兵だけの戦闘 rerum gestarum pronuntiator sincerus 公正に史実を公表している人

sinciput *n.* sinciptis *3* §22 [semi +caput] 頭の半分, 頭の側面(頬), 前頭(額)

sine *前* 奪と …なしに, …を欠いて, 持たないで sine sidere noctes 星のない夜 sine periclo esse 危険が全くない cum fratre an sine? 兄弟と一緒か, それとも兄弟をつれないでか flamma sine 火の気がないのに(後置されることもある)

singillātim = **singulātim** *副* [singulī] 一つずつ, 一人ずつ, めいめいに, 別々に

singulāris *a.3* singulāre §54 [singulī] **1.** 一つのもの(人)に特有の, 固有の, 独特の **2.** たった一人(一つ)の, 単独の, 単一の, 別々の, 単数の **3.** 類のない, 抜群の, 傑出した, 注目すべき, 不思議な, 異常な **4.** (名)**singulāris** *m.* singulāris *3* §19 選抜騎兵隊(身辺護衛隊) homo cupidus imperi singularis 単独支配を欲している男 eorum inter Gallos virtutis opinio est singularis ガリア人の中で彼らの勇気の誉は抜群である

singulāriter *副* [singulāris §67(2)] **1.** 一つずつ, 別々に, 独力で, 単独で, 別個に **2.** (文)単数で **3.** 例外的に, 特別に, 非常に, ひどく, 珍しく

singulī *a.1.2* singul-ae, -a §§50, 101 **1.** (配分数)一つずつ, 一人ずつ, 各々に1つ **2.** 別々の, 個別の, 個人の, 各自の(名)個人 **3.** たった一つの, 単一の, 単独の, 孤立した duodena jugera in singulos homines discribere 一人一人に12ユーゲラずつの土地を分配する filiae singulos filios parvos habentes それぞれが一人ずつの小さな息子を持っている娘たち in dies singulos 日ましに, 日に日に in singulos annos 毎年のために

singultim *副* [singultus] むせびなきながら, 言葉をつまらせつつ, とぎれとぎれに話して

singultiō *4* singultīre *4* §111 **1.** しゃっくりする, あえぐ, すすりなく **2.** 脈打つ, ふるえる

singultō *1* singultāre, ――, -tātum §106 [singultus] **1.** あえぐ, あえぎな

singultus 732

がら言う，しゃくりあげる，むせびながら言う，のどをぜいぜいならす **2.** どくどく（ごぼごぼ）流れる **3.** (他) 〜 animam あえぎながら息をひきとる caput ipsi aufert domino truncumque relinquit sanguine (9f11) singultantem (118.2) 彼は主人の首を切り落とし，あとに血をどくどくと流している胴体をのこす

singultus *m.* singultūs *4* §31 **1.** むせぶこと，すすり泣くこと **2.** しゃっくり（の発作）**3.** 断末魔の苦しみ，ひきつけを起こして息をひきとること，死前の喘鳴（ぜんめい）longis singultibus ilia pulsat 彼は長い間しゃっくりをして下腹をふるわせる（けいれんさせる）

sinister *a.1.2* sini-stra, -strum §52 (比)sinisterior **1.** 左の，左側，(左翼)の，左手の **2.** 左ききの，不器用な，下手な，あべこべの **3.** 縁起のわるい，災いのある，不幸な，いまわしい **4.** 正道を踏みはずした，ひねくれた，ねじれた **5.** (宗教)ローマ人は南を向いて鳥占いをしたので，左(＝東方)は吉兆，ギリシア人は北を向いて観察したので左(＝西方)は凶兆であった mores sinistri つむじ曲がりの性格 Notus pecori (9d13) sinister 家畜に有害な南風 sinister Rumor いまわしい噂 Di, precor, a nobis omen removete sinistrum 神々よ，お祈りします，我々から凶兆をとりのぞき給え

sinistra *f.* sinistrae *1* §11 [sinister, *sc.* manus] **1.** 左手 **2.** 物を盗む手，楯を持つ手 **3.** 左側，左手(奪として§9f18，または前と共に，副詞的に用いられる) sinistra impedita (9f18) 左手(楯を持つ手)の自由をさまたげられて duae sinistrae Pisonis ピーソの(抱えている)2人の泥棒 a sinistra 左側に dextrā ac sinistrā 左右に

sinistrā 副 [sinistra の abl. §9f19] 左側に，左に向って

sinistrē 副 [sinister] **1.** 不運に，反対に，不利に **2.** 間違って，片意地(かたいじ)に

sinistrōrsum 副 左の方へ

sinō *3* sinere, sīvī (siī), situm §109 *n.b.* (古)直・完 siī, sisti, siit, ——,

sistis, ——, 接・完 ——, siris, sirit, siritis, sirint 過・完・接 ——, ——, sisset, ——, ——, sissent **1.** 一人にしておく，そのままに(残して)おく，放っておく，見捨てる **2.** 誰々(対)に…すること(不, 接, ut ＋接)を許す，認める，させる sine hanc animam et miserere (136) precantis (118.2. 属) 私の命を助けてくれ，そして嘆願する私を哀れんでくれ volo scire, sinas an non sinas nos coquere hic cenam? 私は知りたいのだ，ここで我々に夕食の料理をさせてくれるのか，くれないのかを sine sciam わしに知らせてくれ sivi animum ut expleret suom わしはあいつの思う通りにさせてきたのだ ne di sirint (siverint) 神々が(そのようなことを)許されないように，とんでもないことだ sine (イ)気にするな，よろしい (ロ)放っておいてくれ，うるさい

sinuātus → sinuō

sīnum (**-nus**) *n.* (*m.*) sīnī *2* §13 口の広い(陶器の)わん，はち，どんぶり，酒杯

sinuō *1* sinuāre, -āvī, -ātum §106 **1.** まげる，たわめる，しなわせる，くねらせる，かがめる **2.** そりかえらせる，曲線を描く，湾曲をつくる，弓を引く，帆をふくらませる **3.** えぐる，へこます qualia dimidiae sinuantur cornua lunae 半月の角(つの)が曲がっているように sinuat immensa volumine (9f11) terga 彼(大蛇)は恐るべき長大な尻尾をくねくねとくねらせている in Chattos usque sinuatur (彼らの領地は)カッティ族の領土の奥まで入り込んでいる

sinuōsus *a.1.2* sinuōs-a, -um §50 [sinus] **1.** 曲がりくねった，曲線を描いた，湾曲した，入りこんだ，ねじれた，もつれ合った **2.** ひだの多い，折りたたまれた **3.** 回りくどい(表現) sinuoso in pectore ひだの多い心の中に，心の奥底で saucius serpens sinuosa volumina versat 傷ついた蛇は身もだえて幾重にもとぐろを巻く

sinus *m.* sinūs *4* §31 **1.** 曲がり，湾曲，そり，たわみ，うねり，曲線 **2.** くぼみ，くぼ地，へこみ，穴，うろ **3.** 山峡，谷 **4.** 湾，入江 **5.** 帆のふくらみ，くもの巣，引き網 **6.** (着物の)ふところ，ひだの折り重

ね(長い半楕円形(5.5m × 2.75m)の toga の生地を左肘でささえて，直線部分の一方の先端を足元までたらし，別の先端を左肩にかけて背後から前面へ回して右腕に巻き，さらに胸の前から左肩にかけて背後にたらす．そのとき胸の上にできるゆるやかな曲線の「ひだの折り重ね」，その内側の「ふところ」を sinus という) **7.**「ふところ」が赤ん坊を抱いたり，物入れとなるところから保護，抱擁，愛情，財布 **8.** 奥，奥まった所，避難所 **9.** 胸，心の奥，中心 fluctus ex alto sinum trahit 波が沖合からうねりを運んでくる serpit per humum flectitque sinus (大蛇が)地面を這って，体をくねくねと曲げている filium ejus sinu (9f11) complexus その人は彼の息子をふところ(胸)に抱いて in tacito cohibe gaudia clausa sinu 愛の喜びを秘密の胸の中に閉じ込めてしまっておけ rupi sinus et pectora planxi 私はひだをひき裂き胸を叩いた abditis pecuniis (9f18) per occultos sinus 世に知られていない人たちのふところにお金をかくして

sīparium *n.* sīpariī *2* §13 舞台の一部をかくす小さな(折りたたみ式)背景，幕

sīphō *m.* sīphōnis *3* §28 **1.** 管，サイフォン，消火ポンプ **2.** 管からの噴水，水の噴出

sīqua = sī qua → quis ; **sīquā** = sī quā → quā

sīquī = sī quī → quī

sīquidem (**sī quidem**) *j.* **1.** もし本当ならば，ともかく…ならば，もし一方で(他方で)そうならば **2.** たとい…としても **3.** じっさいに…なので，というのも o morem praeclarum (9e10), si quidem teneremus! もしじっさいに我々が維持していたら，なんとすばらしい風俗習慣か siquidem hercle Jovis fuit, meus est tamen よしたといそれがユーピテルさまの手許にあっても私のものだ siquidem ille non volt じっさい彼はそれを欲していないのだから

sīquis = sī quis → quis

sīquo = sī quō → quō

Sīrēn *f.* Sīrēnis (-ēnos) *3* §41.8a

(神)歌声で船乗りたちを死へ誘ったという，上半身が女，下半身が鳥の海の怪物

siris, sirit → sinō

Sīrius *m.* Sīriī *2* §13 天狼星(これが現れると最も暑い時期となる)

sīs → sum

sīs = sī vīs (volō) **1.** 条件文で不と **2.** 挿入句として，どうぞ，すみませんが(命令をやわらげる) tace sis, stulta, et mi ausculta どうかおだまり，お馬鹿さん，私の言うことを聞いて

siser *n.* siseris *3* §27 カブラギキョウ(キキョウ科の植物，その根と葉は食用される)

sistō *3* sistere, stetī (stitī), statum §109 [stō] **I.**(他)**1.** 立たせる，建てる，立つ，築く **2.** おく，すえる，設置する，配置する **3.** 固定する，安定させる，確立する **4.** 導く，案内する，紹介する，手渡す **5.** 止める，阻止する，さまたげる **6.** 出頭させる **II.**(自)**1.** 立つ，止む，中止する **2.** とどまる，定住する **3.** 自制する **4.** 持ちこたえる，抵抗する jaculum clamanti sistit in ore 彼は叫んでいる(敵の)口の中へ槍を立てる des (116.2) operam ut te ante Kal. Jan. ubicumque erimus sistas 1月1日以前には我々が行く所にはどこにでも，お前さんがいてくれるように努力してもらいたい hic rem Romanam magno turbante tumultu (118.5) sistet このものは，ローマ帝国を，大きな騒動がかき乱しても，安定させるだろう siste tuas querellas お前さんのその泣きごとをやめてくれ

sīstrum *n.* sīstrī *2* §13 Isis 礼拝に用いられた楽器(がらがらに似たもの)

Sīsyphus (**-os**) *m.* Sīsyphī *2* §13 (神)Corinthos 王，狡猾な人間，彼は地獄で，罰として坂を岩をころがし上げる仕事を永久に課された

sitella *f.* sitellae *1* §11 [situla (手桶，バケツ)の小] くじ(又は投票)の入った壺

sitīculōsus *a.1.2* sitīculōs-a, -um §50 [sitis] **1.** 喉のひどくかわいた **2.** 乾燥しきった

sitiēns 734

sitiēns *a.3* sitientis §58 ［sitiō の現分］ **1.** のどのかわいた **2.** 乾燥した，ひからびた，水のかれた，日でりの **3.** 渇望する，貪欲な，熱望している Tantalus a labris sitiens fugientia (118.1) captat flumina のどのかわいたタンタルスは唇から逃げていく川の水をつかまえようとしている（副）**sitienter** §67(2) 貪欲に，渇望して，熱心に

sitiō 4 sitīre, ──, ── §111 ［sitis］ **1.** のどがかわく，かわいている **2.** 渇きを覚える，渇望する，烈しく求める（欲する），あえぐ，あこがれる **3.** 乾燥している，ひからびる，しおれる，枯れる，枯渇する sanguinem nostrum sitiebat 彼は我々の血を烈しく求めていた vitio (9f15) moriens sitit aeris herba 草木は日照りで（大気が悪いため）枯死寸前である fontes jam sitiunt 情熱の泉がもう涸れている

sitis *f.* sitis *3* §19 **1.** のどのかわき **2.** 渇望，熱望，強欲 **3.** ひからびた（乾燥した）状態，乾燥した気候，日照，かんばつ sitis maior famae quam virtutis (9c3) 美徳よりも名声に対するより激しい欲望 deserta siti (9f15) regio ひでりによって放棄された地方

sitūrus → sinō の未来分詞

situs *a.1.2* sit-a, -um §50 ［sinō の完分］ **1.** おかれている，蓄えられている，準備されている，整えられている **2.** 横たわっている，埋葬されている **3.** 立てられた，建てられている，設定された **4.** 位置している，住んでいる，ある **5.** …にかかっている，…次第である(in＋奪) locus in media insula situs 島の真中に位置している所 hic situs est 彼はここに葬られている in officio colendo (121.3) sita vitae est honestas omnis 高潔な人生のすべては義務を忠実に果たすことにある

situs[1] *m.* situs *4* §31 ［sinō］ **1.** 位置，場所 **2.** 地勢，地理，状況，事態 **3.** 設定，建立，建築 **4.** 配置，配列，按配，計画 urbes naturali situ (9f3) inexpugnabiles 自然の地勢によって難攻不落の城市

situs[2] *m.* situs *4* §31 **1.** 放棄され

た，無視された，使用されていない状態 **2.** 無為，無精，ひま，怠惰 **3.** 放置，無視，沈滞，よどみ **4.** 放棄(未使用)の結果の質の低下，そのしるし，さび，かび，腐敗 victa situ senectus 怠惰に負けた老年 (priscis memorata) quae nunc situs informis premit et deserta vetustas (昔の人たちの話していた言葉を)今では未使用の結果の無粋なかびと，見捨てられたあげくの古くささが圧殺しているのだ

sīve, seu *j.* ［sī, -ve］ **1.** あるいはもし…ならば **2.** …かまたは…か，あるいはひょっとして…か，あるいはむしろ…か **3.** あるいは(かりに)…としても，あるいはそうであっても **4.** sive … sive, seu … seu, sive … aut, sive … an あるいは…あるいは，それとも…か，…にせよ…にせよ postulo, sive aequum(e)st, te oro 私は要求する，あるいはこう言う方が正しければ，私はお願いするのだ hoc Plato, sive quis alius dixit これはプラトーが，あるいは誰か他の人だったが，言っている neglegentia vestra sive potius ignavia あなた方の無視によって，あるいはむしろ怠惰によって veniet tempus mortis, sive retractabis, sive properabis お前があるいは後ろへ退こうと，あるいは先へ急ごうと，いずれ死ぬ時がやってくるのだ sive casu sive consilio deorum … ea pars princeps poenas persolvit 偶然だったのかそれとも神々の配慮だったのか，その部分が真っ先に罰を蒙った

sīvī → sinō

smaragdus (-os) *m.* smaragdī *2* §13 ＜σμάραγδος 鮮緑色の宝石，翠玉，ひすい，エメラルド

smīlax, mīlax *f.* smīlacis *3* §21 **1.** サルトリイバラ **2.** サンシキヒルガオ **3.** イチイ **4.** ウメバガシ

sōbrietās *f.* sōbrietātis *3* §21 **1.** 節食，節酒 **2.** 節制，まじめ，節度

sobrīnus (-na) *m.(f.)* sobrīnī (-ae) *2(1)* §13, 11 ［soror］ またいとこ(又従姉妹)

sōbrius *a.1.2* sōbri-a, -um §50 (比)sobrior **1.** 酔っていない，しらふの，

酒をつつしんだ **2.** まじめな，冷静な，沈着な **3.** 穏当な，控え目な，節制した，自制した，つましい sobria pocula 水で割った酒　(副)**sōbriē** §67(1) **1.** しらふで，酔っていないで，節制して **2.** 静かに，分別をもって，控え目に

soccus *m.* soccī *2* §13 **1.** (ギリシア人のはいた)かかとの低い靴，室内の上履(ぞうり)き，スリッパ，ローマでは女のはきもの **2.** 喜劇俳優のはいた木靴，喜劇の象徴

socer, (socerus) *m.* socerī *2* §15 夫または妻の父，義父，しゅうと socer magnus 義父の父親

sociābilis *a.3* sociābile §54 **1.** 協力しやすい，交際しやすい，人づき合いのよい，親しみやすい **2.** 親しい，親密な

sociālis *a.3* sociāle §54 [socius] **1.** 仲間の，協力者の **2.** 同盟者の，同盟国の **3.** 夫婦の，つれあいの，結婚の **4.** 社交的な，社会的な　(名)**sociālitās** *f.* sociālitātis *3* §21 社交性，交際上手，気さくなこと，相手をつとめること　(副)**sociāliter** §67(2) 同盟者(協力者)のように，よき仲間として，親切に

societās *f.* societātis *3* §21 [socius] **1.** 結合，協力，共同，共有，関与，参加 **2.** 仲間づき合い，交友関係，交際 **3.** 社会，団体，集団，組合 **4.** 密接な関係，姻せき関係，同族 **5.** 同盟，連合，提携 vir conjunctissimus mecum consiliorum omnium societate (9f11) あらゆる考えの共有によって，私と最も深く結ばれているその人

sociō *1* sociāre, -āvī, -ātum §106 [socius] **1.** 仲間として(協力者として)加える，提携させる，協力させる，調和させる，共有させる **2.** 一緒にする，結合させる，結婚させる，同盟させる ne cui me vinclo (9f11) vellem sociare (9d4) jugali 私は婚姻の絆によって誰とも縛られないように verba loquor socianda (121.3) chordis 竪琴と調和すべき言葉を私は語る

socius *a.1.2* soci-a, -um §50 **1.** 他人と交際している，仲間の，一緒に(協力して)生きている，行為している **2.** 共有する，共同の，提携する **3.** 連合の，団結した，同盟の，連帯の **4.** 姻せき関係の，親族(関係)の mea consilia pacis (9c13) socia fuerunt 私の考えは平和と力を合わせていた nocte socia (9f18) 夜と同盟して(夜陰に乗じて)

socius *m.* sociī *2* §13 **1.** 仲間，同僚，同志 **2.** 協力者，共有者 **3.** 同業者，組合員 **4.** 同盟者，同盟国，盟友 regni socius 王位の共有者 generis (又は sanguinis) socius 親族，血縁者 tori socius 配偶者 socii Italici イタリア同盟市(90-89 B.C. の同盟戦争以前の) socii Latini nominis ラティウム同盟市 non bene cum sociis regna Venusque manent 王位も恋も仲間がいると長続きしない

socordia *f.* socordiae *1* §11 [socors] **1.** 精力・機敏を欠いた状態，無精，怠慢，不活発 **2.** 愚鈍，低能，無関心，無頓着，無分別

socorditer 副 [socors §67(2)] (比) socordius だらけて，だらしなく，なまけて，不注意に，無気力に

socors *a.3* socordis §55 [so(= sē), cor] (最)socordissimus **1.** 心を欠いた，生命力，機敏を欠いた，生気のない，不活発な，無精な，だらけた，たるんだ **2.** 知性のない，愚鈍な，無分別な，精神薄弱な **3.** 関心のない，狭量な，心のせまい，無頓着な

Sōcratēs *m.* Sōcratis, -tī *3* §42.1 アテーナイの哲学者(469-399 B.C.) (形)**Sōcraticus** *a.1.2* -tica, -ticum §50 Socrates(学派)の

socrus *f.* socrūs *4* §31 [socer] **1.** 夫の(妻の)母，義母，しゅうとめ **2.** (*m.*) 義父

sodālicium *n.* sodāliciī *2* §13 [sodālis] **1.** 宗教団体，社交団体，組合，クラブ **2.** 友人関係，友情，交友，提携 **3.** 政治クラブ，秘密結社(同盟)

sodālis *m.* sodālis *3* §19 **1.** 宗教団体，社交団体の会員 **2.** 仲間，親友，相棒，飲み(会食)仲間 **3.** 秘密結社(政治団体)の仲間，共犯者 sodalis Augustalis

sodālitās   736

アウグストゥス(礼拝)同志会員

sodālitās *f.* sodālitātis *3* §21 [sodālis] **1.** 友人関係, 僚友精神, 友誼 **2.** 政治的, 宗教的, 社交的な団体, 提携, 組合, 会合 **3.** 親睦会, 会食仲間, 信者仲間 **4.** 秘密結社, 陰謀, 選挙運動団体, 共犯仲間

sōdēs = sī audēs (命令をやわらげる)おいやでなければ, すみませんが, どうか tace sodes だまっていてくれ

sōl *m.* sōlis *3* §26 **1.** 太陽 **2.** 日光, 日向, 太陽の輝き, 熱(暖かさ), 輝き **3.** 日, 年, 気候, 風土, 季節 **4.** 太陽の如き偉大な人, 存在 **5.** 太陽神=ギリシアの Helios, ペルシアの Mīthras sol omnibus lucet = et sceleratis sol oritur 太陽はすべての人の上に輝く=悪人たちの上にも太陽は登る(自然は誰に対しても平等にめぐみを与える) in sole lucernam adhibere 提灯(ちょうちん)を昼点(ひるともし)す(無用なぜいたく) nondum omnium dierum sol occidit すべての日々の太陽がまだ沈んでいない(安心はまだ早い) sol excidisse mihi e mundo videtur (117.6) 世界から太陽(偉大な人物)が消えたように私には思える fulsere (117.8) quondam candidi tibi soles! お前にはかって, なんと素晴らしい太陽が毎日輝いていたことか sol oriens = solis ortus 東, 日の出 sol occidens = solis occasus 西, 日没

sōlāciolum *n.* sōlāciolī *2* §13 [sōlācium の小] 小さな(ちょっとした)慰め, 慰めとなるもの, (苦しみ, 悲しみの)鎮静

sōlācium (**sōlātium**) *n.* sōlāciī *2* §13 [sōlor] **1.** 慰め, 慰安(物) **2.** 緩和, 軽減, 鎮静の手段 **3.** 弁償, 代償, 補償, 賠償

sōlāmen *n.* sōlāminis *3* §28 [sōlor] 慰めとなるもの, 慰めの言葉(人), 慰安, 楽しみ, 苦しみ(悲しみ)の鎮静

sōlāris *a.3* sōlāre §54 [sōl] 太陽の, 太陽に関する

sōlārium *n.* sōlāriī *2* §13 [sōl] **1.** 日時計 **2.** (日光にさらされた所)日光浴室, 露台, 屋上庭園, 陸屋根

sōlātium → sōlācium

soldurii (**-dū-** ?) *m.pl.* solduriōrum *2* §13 ＜ケ 忠実な従者, 臣下, 親衛隊

solea *f.* soleae *1* §11 [solum] **1.** 皮ひもで足をしめつけた底皮, サンダル(室内のみではかれた, 食卓椅子によこたわるときぬいで奴隷にわたす) deme soleas, cedo bibam サンダルを脱いでくれ, さあ飲むぞ **2.** 足かせ(= soleae ligneae), 駄獣の蹄鉄 **3.** ヒラメ, カレイ

soleātus *a.1.2* soleāt-a, -um §50 [solea] solea(サンダル)をはいた

soleō *s-dep.* *2* solēre, solitus sum §142 (完・古 soluī) **1.** …することになれている, …を習慣としている **2.** いつも(しばしば)…しがちである, …する傾向にある *n.b.* 不を伴うが(117.4), 省略されることもある qui mentiri solet いつも嘘をついている奴 agendum, ut soles お前がいつもしているように, すべきである cum audissem Antiochum, ut solebam いつものように, 私が哲学者 A. の講義を聞いていたとき et neglecta solent incendia sumere vires 放置しておいた火も, よく勢いをとりもどしがちである

solī → solum §13

sōlī → sōlus §94

sōlī → sōl §26

solidē 副 [solidus §67(1)] (比) solidius **1.** 完全に, 全く, 純然と, 明瞭に, 本当に, はっきりと **2.** 固く, しっかりと, 頑丈に **3.** すき間なく, ぎっしりとつまって, もれないように

soliditās *f.* soliditātis *3* §21 [solidus] **1.** 固体性, 中が空でない(隙間のない)こと **2.** 堅牢, 堅固, 耐久性 **3.** 密度, 濃度, 綢密

solidō *1* solidāre, -dāvī, -dātum §106 [solidus] **1.** かたくする, ぎっしりとつめる, 密にする, きめを細かくする, かためる **2.** 頑丈にする, 堅固にする, 強化する **3.** 凝固させる, 固体にする **4.** かたくひきしめる, 組み合わせる, 密着させる, 癒着させる

solidus (**soldus**) *a.1.2* solid-a, -um

§50 （比）solidior （最）solidissimus **1.** ぎっしり目のつまった，隙間のない，もれない **2.** 密な，濃い，密集した **3.** 中空でない，固い，しっかりした，丈夫な，堅固な，強い，耐久性のある **4.** 全体が同じ物質でできた，まじりけのない，純粋な，本物の **5.** 完全な，分けられない，一体の，そっくりそのままの，まるごとの sunt solida (9f10) primordia simplicitate 元素は隙間のない単一体である salutem tibi ab sodali solidam nuntio 私は友人からのまじりけのない挨拶をあなたに伝える mollis et tamen solida gestatio やわらかな，それでいてしっかりとした遊歩道 est gloria solida quaedam res et expressa non adumbrata 光栄は中味が充実し，外形がはっきりしたある種の実体である creditores in solidum appellabant 債権者たちは全額の返済を要求していた mens solida 確固不動の精神力

sōlitārius *a.1.2* sōlitāri-a, -um §50 [sōlus] **1.** 一人で（独力で）生きている，孤立した，仲間のいない，独身の，単独の **2.** 孤独な，非社交的な

sōlitūdō *f.* sōlitūdinis *3* §28 [sōlus] **1.** 一人ぼっちの状態，孤独，孤立無援，見捨てられた状態 **2.** 欠如，不在，損失，喪失 **3.** 人里離れた所，人跡未踏の地，荒野，寂寥 quom illo advenio, solitudo ante ostium あそこへ行ってみると，門の前には誰もいません ubi solitudinem faciunt, pacem appellant 彼ら（ローマ人）は（我々の地を）廃墟として（とした時），それを平和と称するのだ

solitus *a.1.2* solit-a, -um §50 [soleōの完分] いつもの，習慣としている，なれた，普通の，正常な solito bonis (9d13) more 誠実な人たちのいつものやり方で （名）**solitum** *n.* solitī *2* §13 習慣的なもの，習慣，正常 praeter (supra, ultra) solitum 習慣を無視した（異常な）やり方で，普通以上に

solium *n.* soliī *2* §13 [sedeō] **1.** 肘かけ椅子，背もたれの高い椅子，玉座，王座 **2.** 王権，王位，統治権，支配権 **3.** 水浴たらい，浴槽，湯船 **4.** 桶，た

らい **5.** 石棺

sōlivagus *a.1.2* sōli-vag-a, -um §50 [sōlus, vagor] 一人でさまよう，むれない，孤独な，はなればなれの

sollemne *n.* sollemnis *3* §19 **1.** 宗教儀式，盛大な（厳粛な）祭典，祝祭，行事，競技祭，儀式に則った捧げもの，奉献 **2.** 正式な法的手続き **3.** 習慣，慣例，伝統，しきたり non haec sollemnia nobis vana superstitio imposuit これらの宗教儀式を我々に課したのは空虚な迷信ではない

sollemnis （**sōlemnis**） *a.3* sollemne §54 （最）sollemnissimus **1.** 毎年宗教儀式をあげて祝われる，盛儀を伴う，厳粛な，荘重な **2.** 儀礼的な，盛大な **3.** 法的な手続きに則った，正規の **4.** 習慣的な，伝統的な cum sollemnia vota reddemus Nymphis ニンフたちに我々が毎年の感謝の祈りを捧げるとき insanire putas sollemnia (9e6) me あなたは私が世間の習慣的な気違いじみたこと（世間並みの変なこと）をしていると思われましょうが

sollers （**sōlers**） *a.3* sollertis §55 [古 sollus 完全な, ars] （比）sollertior （最）sollertissimus **1.** 創意工夫に富んだ，臨機応変の才のある，独創的な **2.** 賢い，利口な，そう明な **3.** 手際のいい，巧妙な，如才のない，器用な sollers cunctandi (119.2, 9c6) Fabius 好機を待つのに賢明なファビウス liquidis ille coloribus sollers hominem ponere (117.3) 水彩で人物を描くのに長じた彼

sollerter 副 [sollers §67(2)] （比）sollertius （最）sollertissime 賢明に，工夫して，巧みに，上手に，臨機応変に

sollertia *f.* sollertiae *1* §11 [sollers] **1.** 創意工夫に富んでいること，利口，器用，巧みな業（_{わざ}），如才なさ，巧妙 **2.** 抜け目のないこと，権謀術数，狡猾

sollicitātiō *f.* sollicitātiōnis *3* §28 [sollicitō] **1.** 不安，いらだち，悶々，心痛，苦労のたね **2.** （不忠・不義・罪への）そそのかし，使嗾（_{しそう}），教唆（_{きょうさ}）

sollicitē 副 [sollicitus §67(1)] （比）sollicitius （最）sollicitissime 心

sollicitō 738

配して，用心して，注意(ﾁｭｳｲ)深(ﾌﾞｶ)く

sollicitō *1* sollicitāre, -tāvī, -tātum §106 ［sollicitus］ **1.** 反復攻撃してなやます，苦しめる，強く(烈しく)ゆすぶる，かき乱す，動揺させる，不安におとしいれる **2.** そそのかす，刺激する，挑発する，鼓舞する，扇動する，使嗾(ｼｿｳ)する，教唆(ｷｮｳｻ)する mala copia aegrum sollicitat stomachum 多すぎる食物が疲れている胃を苦しめる parce, precor, manes sollicitare (117.4) meos お願いだ，私の亡霊をなやますことは控えてくれ sollicitor nullos esse putare (117.6) deos 私は神など全くいないと考えるように教唆されているのだ reliquas civitates sollicitant ut in ea libertate permanere mallent 彼らは残りの部族たちに訴え，今のその自由な体制に踏みとどまることを選ぶように鼓舞する

sollicitūdō *f.* sollicitūdinis *3* §28 ［sollicitus］ **1.** 不安，心配，危惧，憂慮 **2.** 過度の心づかい，気骨，骨折

sollicitus *a.1.2* sollicit-a, -um §50 ［sollus「全体の」, cieō の完分］（比）sollicitior （最)sollicitissimus **1.** 全く(すっかり)動かされた，かきみだされた，動揺した，絶えず心配して(気遣って)いる **2.** 不安な，不穏な，騒乱状態の **3.** いつも(絶えず)活動している，忙しい，落ち着かない **4.** 配慮(気遣い)に労を惜しまない，骨折る video vos de meo periculo esse sollicitos あなた方が私の危険についてひどく心配していることは私も承知している quam sum sollicitus quidnam futurum sit (116.10)! 将来に何がおこるかと，どんなに私は心配していることか quae sollicitam Italiam habebant イタリアを不穏な状態にしていた所のもの nemo sollicito bono fruitur 心をわずらわせる財産を人は誰も喜ばない canis sollicitus ad nocturnos strepitus 夜中の物音に非常に注意深い(神経質な)犬

solliferreum (**sōli-**) *n.* solliferreī *2* §13 全体が鉄からなる投槍

sollistimus (**sōli-**) *a.1.2* sollistim-a, -um §50 全く完全な，完璧な，儀式を満足させる，好意的な，吉兆の

soloecismus *m.* -cismī *2* §38 注 3 *pl.gen.* soloecismōn 文法(語法)違反

Solōn (**Solō**) *m.* Solōnis *3* §41.8b 前 6 世紀の Athenae の偉大な立法者，賢人

sōlor *dep.1* sōlārī, sōlātus sum §123(1) **1.** 慰める，慰問する，なだめる，励ます **2.** 不快・苦痛をやわらげる，楽にする，軽くする **3.** 償いをする，弁償する lenire dolentem solando (119.5) cupit 彼は苦しんでいる人を慰めて苦しみをやわらげようと欲する cantu solata laborem 歌をうたって労働を楽にする(女)

sōlstitiālis *a.3* sōlstitiāle §54 ［sōlstitium］ **1.** 夏至の **2.** 真夏の，酷暑の **3.** 太陽の orbis solstitialis 北回帰線，夏至線

sōlstitium *n.* sōlstitiī *2* §13 ［sōl, sistō］ **1.** (天)至点，夏至，冬至 **2.** 夏至，一年で昼の最も長い日 **3.** 真夏，夏の暑さ solstitium pecori (9d5) defendite 酷暑から家畜を守れ

solum *n.* solī *2* §13 **1.** 基底，土台，基礎，底，底部 **2.** 足の裏，靴底，川床，家の床，地面 **3.** 土，土地，地方，国 quin habeat auro (9f5) soccis (9d4) suppactum solum いや全く彼ときたら靴に金の底をはっているかもしれん(大金持ちということ) quodcumque in solum venit 足の裏にふんだものはみな(思いついたことは皆) omne solum forti patria 勇士にとってあらゆる土地が祖国 cereale solum pomis agrestibus augent 彼らは小麦粉菓子の台を野性の果実で高くする

sōlum 副 ［sōlus §9e13］ **1.** ただ，単に，ばかり，のみ，全く(*n.b.* 強調される語句の後にくるのが普通) bestiae sibi solum natae sunt 畜生は唯自分らのためにのみ生まれてきている **2.** non solum ... sed 又は verum (etiam) …のみならずまた princeps non solum urbis Romae, sed orbis terrarum 単にローマ市のみならず世界の第一人者

sōlus 代形 sōl-a, -um §§93, 94 **1.** 何も伴わない，それだけの，単なる，たった，一人(一つ)きりの，一人(一つ)だけの **2.** 一

人ぼっちの，孤独な，見捨てられた **3.** 人里離れた，寂しい，無人の **4.** 単独の，排他的な，独力の **5.** 独特の，比類なき solos novem menses (9e8) たった9ヶ月間 solum (117.5) habere velle summa dementia 独占しようと欲することは愚の骨頂 ibant obscuri sola sub nocte per umbram 影の如き彼ら（亡霊たち）は淋しい夜空の下，暗闇の中を進んで行く

solūtē 副 ［solūtus §67(1)］ （比） solutius **1.** 分解して，とけて，締まりなく，ゆるく **2.** 束縛（強制）なしに，自由に，気ままに，のびのびと，流暢に **3.** 規律（しつけ）なしに，だらけて，やる気なく，なげやりに

solūtiō *f.* solūtiōnis 3 §28 ［solvō］ **1.** 解くこと，ほどくこと **2.** 解放，釈放，自由 **3.** ゆるみ，たるみ，弛緩(.ん)，無気力 **4.** 支払い，返済

solūtus *a.1.2* solūt-a, -um §50 ［solvō の完分］ （比）solutior （最）solutissimus **1.** 束縛から解放された，拘束のない，足枷のない，自由な，気ままな，放恣の **2.** 結びのほどけた，ゆるい，定まらない，締まりのない，まとまりのない，たるんだ，だぶだぶの **3.** 離れた，とぎれた，ばらばらの，異なった，別個の **4.** 弱い，無気力な，元気のない，やる気のない **5.** 規律のない，厳格でない，だらしない，不注意な **6.** のびのびとした，流暢な，如才ない **7.** 負債のない，心配のない，無罪の，刑を免れた cum famulis operum (9c13) solutis 仕事から解放された家の召使いたちと一緒に solutum et mutabile hinc vel illinc remigium 固定されないであちこちと移動される櫂 villis (9f10) mantele solutis 目のあらい毛織物の手ぬぐい solutior terra 耕し易い土地 soluta nobis est eligendi optio 我々には自由に選ぶ権利が与えられている coloni versibus incomptis (9f9) ludunt risuque soluto 百姓たちは粗野な旋律の歌をうたい遠慮なく笑いながら遊ぶのだ stomachus solutus 締まりのない胃（下痢）oratio soluta 散文 versus soluti 散文詩

solvī → solvō

solvō 3 solvere, solvī, solūtum §109 ［sē-, luō］ **1.** （結び目，もつれなど）とく，ほどく，ほぐす，ゆるめる **2.** 分ける，離す，ばらばらにする，とりこわす，くだく **3.** 溶かす，分解する，解体する，無効にする **4.** はずす，取り除く，除去する，免除する，あける，開く **5.** くびき（馬具）をとく，錨をあげる **6.** （義務，束縛，心配などから）解放する，放つ，自由にする，放免する **7.** 借金を返済する，金を支払う，罪をあながわせる，罰する，（誓約，約束を）果たす，履行（実行）する **8.** ゆるめる，緩和する，力を弱める，無効とする，破壊する solve capillos 髪をほどけ solve me dementia (9f7) 私から狂気をとりのぞいてくれ haec est vita solutorum misera ambitione (9f7) gravique これこそ惨めで心労多き野心から解放された民衆の生き方です plebis vis soluta 解体された民衆の権力 naves ex portu leni vento solvent 船はその港から順風と共に出帆する（ともづなを解いた）solutā epistulā (9f18) 手紙が開封されて nives solvere (114.4) 雪がとけた ast illi (9d8) solvuntur frigore (9f11) membra しかし彼の五体は（死の）冷たさによって，くずおれる solvendo（＝ad solvendum）non est 彼は支払う能力がない（破産者である）

somnīculōsus *a.1.2* somnīculōs-a, -um §50 ［somnus］ **1.** 眠い，眠たい，眠そうな **2.** だるい，無気力な，活気のない，無精な （副）**somnīculōsē** §67(1) 眠そうに，けだるく，怠けて，無頓着に，のんきに

somnifer *a.1.2* somni-fera, -ferum §51 ［somnium, ferō］ 眠りをもたらす，眠りをさそう，催眠作用のある

somniō 1 somniāre, -āvī, -ātum ＝ **somnior** *dep.1* somniārī ［somnus］ §§106, 123(1) **1.** 夢を見る，夢に見る **2.** 空想（妄想）する，空想にふける，想像する，思い違いをする videbar (117.6) somniare med ego esse mortuum 私は死んだ夢を見たようだ utrum deliras, quaeso, an astans somnias? あなたは狂っているのか，それとも立ったまま夢を見て

somnium

いるのか，どちらなのだ，どうか言ってくれ

somnium *n.* somniī *2* §13 **1.** 夢，幻像 **2.** 幻想，空想，白昼夢，妄想，根も葉もないばかげたこと，たわごと crede mi, verum hercle hoc est — somnium 信じてくれ，これは全く本当のことだ — ばかげたことだ(ばかを言え)

somnus *m.* somnī *2* §13 **1.** 睡眠，眠り **2.** 眠いこと，眠気，まどろみ，うたたね **3.** 夢，死の眠り(永眠) **4.** 無気力，昏睡，物ぐさ，無精 **5.** 眠りの神＝ギリシアの Hypnos, somno mollior herba まどろみよりもやさしい草原 cena brevis juvat et prope rivum somnus in herba 手軽な食事と小川のほとりの草原でのうたたねを(私は)喜ぶ in somnis = per somnum 睡眠中，夢の中で

sonābilis *a.3* sonābile §54 [sonō] (よく)響きわたる，鳴りひびく，朗々たる，反響する

sonāns *a.3* sonantis §58 [sonō の現分] (比)sonantior **1.** 音で一杯の，やかましい，騒々しい **2.** 反響する，鳴りひびく **3.** よく通る，朗々たる **4.** 仰々しい，大げさな virgulta sonantia silvae 森の中でざわざわと音をたてる茂み(やぶ)

sonipēs *a.3* soni-pedis §55 [sonus, pēs] 足音をたてる （名)**sonipēs** *m.* sonipidis *3* §21 **1.** (雅語)駿馬，軍馬 **2.** (*pl.*)騎兵

sonitus *m.* sonitūs *4* §31 [sonō] **1.** (あらゆる種類の)音，音響，音色，音調 **2.** ざわめき，うなり，とどろき，どよめき，騒音 **3.** 楽の調べ，旋律，音韻 sonitus ventris ぐうぐういう腹の音 ～ auris 耳鳴り ～ Olympi 雷鳴 verborum sonitus inanis 言葉の空しいひびき

sonō *1*(*3*) sonāre (sonere), sonuī, sonitum (sonātūrus = sonitūrus) §106(109) **1.** 音をたてる，鳴らす，ひびかせる，反響させる，音でみたす **2.** 音がする，鳴る，ひびく，こだまする **3.** うたう，うたってほめる，知らせる，意味する，あらわす os magna (9e6) sonaturum 高貴な調べをひびかすかもしれない(詩人の)口 mugitibus sonant ripae 川岸がもうもう

という牛の鳴き声にこだまする nec vox hominem sonat 声もまた人間のではない (人間をあらわしていない)

sonor *m.* sonōris *3* §26 [sonō] 音，音響，音声，物音，騒ぎ，反響

sonōrus *a.1.2* sonōr-a, -um §50 [sonor] **1.** 音で一杯の，音声の高い，やかましい **2.** 朗々たる，鳴り響く **3.** 騒音にみちた，ぶんぶん(がやがや)いう，ざわめく

sōns *a.3* sontis §55 罪のある，罪を犯した，刑を受けるべき （名)**sōns** *m.* sontis *3* §24 罪人，犯罪人 omnis per mortes animam sontem ipse dedissem (116.2)! どんな死に方にせよ，私は進んでこの罪深い生を(死に)与えておくべきだったのだ sons sanguine fratero (9f3) 兄弟殺しの罪人

sonuī → sonō

sonus *m.* sonī *2* §13 [sonō] **1.** 音，音響，響き，反響，音色，音調 **2.** 物音，騒音，ざわめき，雑音 **3.** 声，発声，言葉，話 **4.** 口調，強調，話し方，表現の仕方，文体 tubae ～ ラッパの音 cycni sonus 白鳥の声 heroici carminis sonus 英雄叙事詩の語調，文体

Sophoclēs *m.* Sophoclis *3* §42.1 ギリシアの有名な悲劇作家

sophos (**-us**) sophī *2* §38(13) < σοφός 賢人，哲人

sophōs 間 <σοφῶς **1.** あっぱれ，でかした，うまいぞ，すてきだ **2.** (名)拍手喝采

sōpiō *4* sōpīre, sōpīvī (-iī), sōpītum §111 [sopor] **1.** 眠らせる，まどろませる，うとうとさせる **2.** 知覚を失わせる，失神させる，麻酔させる，昏睡させる **3.** 和らげる，なだめる，安心させる，鎮静させる herbis sopire draconem 大蛇を薬草でねむらせること sopita virtus 眠っている勇気 cinerem et sopitos suscitat ignes 彼は灰の中に眠っている火(hendiadys)を起こす

sopor *m.* sopōris *3* §26 [sōpiō] **1.** 眠り，深い眠り，昏睡 **2.** 失神，人事不省，麻痺，無気力，無感覚，無精，怠惰 **3.** 睡眠飲料，鎮静剤 **4.** 永眠(perpetuus sopor)＝死

sopōrifer *a.1.2* sopōri-fera, -ferum §51 ［sopor, ferō］ 深い眠りをもたらす, 眠気を催させる

sopōrō *1* sopōrāre, -rāvī, -rātum §106 ［sopor］ **1.** まどろませる, 眠らせる **2.** 昏睡させる, 麻痺させる, 無感覚にさせる, 失神させる **3.** 催眠の効力で満たす soporatos invadere hostes 深く眠っている敵を襲うこと melle (9f5) soporatam et medicatis frugibus (9f5) offam 蜂蜜と催眠薬をまぜた小麦粉でつくられただんご(菓子)を

sopōrus *a.1.2* sopōr-a, -um §50 ［sopor］ **1.** 眠い, 眠そうな **2.** 眠気を誘う, 眠りを催させる

Sōracte *n.* Sōractis *3* §20 エトルリアの南方の山

sorbeō *2* sorbēre, sorbuī (sorpsī), sorbitum §108 **1.** 飲(呑)み込む, 吸い込む, 一息に飲む, 吸う, なめる, すする **2.** 吸収する, 同化する **3.** 巻き込む terra caelestes arida sorbet aquas 乾いた大地が天の水(雨)を吸い込む Charybdis sorbet in abruptum fluctus カリュブディスは深淵の底まで海水を飲み込む(飲み込んで淵をつくる)

sorbitiō *f.* sorbitiōnis *3* §28 ［sorbeō］ **1.** 飲むこと, 飲みもの, 吸い物 **2.** 肉汁, 果汁, 煎じ薬, (小麦粉と牛乳の)粥(¾)

sorbuī → sorbeō

sorbum (**sorvum**) *n.* sorbī *2* §13 **1.** ザイフリボク(バラ科), その実は食用 **2.** オウシュウナナカマド(バラ科), その実は食用, 酒造用

sordeō *2* sordēre, ――, ―― §108 ［sordēs］ **1.** よごれている, きたない, 不潔である **2.** みすぼらしい, いやしい, とるに足らない, 十分に立派でないと思われる, 見られる, 軽蔑される sordent tibi munera nostra あなたには私たちの贈り物は, もののかずではない(と思われる)のだ pretium (9e9) aetas altera sordet もう一つの人生も価値としてつまらないと思われる(人の倍生きたってつまらない)

sordēs *f.* sordis *3* §19 **1.** 汚物, 不潔なもの, 汚穢(ぉ), どろ, ちり, ごみ, 臭いもの, 膿(¾) **2.** よごれ, しみ, (人格, 名声の)傷, 汚点 **3.** (嘆願者, 哀悼者の着る)黒い, 又は汚い着物, 喪服 **4.** 卑しい, 下劣な, げすな生まれ, 根性, しみったれ, けちんぼ, 守銭奴, 貪婪(¾ん)り **5.** 堕落, 背徳, 社会のかす, おり, 人間のくず auriculae contecta sorde (9f15) dolentes たまったみみだれでなやんでいる耳 objiciet nemo sordes mihi 誰も私をけちな野郎と非難しないだろう

sordēscō *3* sordēscere, ――, ―― §109 よごれてくる, きたなくなる, けがれる, くすんだ色になる, にごってくる

sordidātus *a.1.2* sordidāt-a, -um §50 ［sordidus］ **1.** みすぼらしい(すりきれた, ぼろの)着物を着た **2.** 喪服を着た(被告, 嘆願者も着た)

sordidē 副 ［sordidus §67(1)］ (比) sordidius (最) sordidissime **1.** 低い(いやしい)地位, 身分に **2.** 下品な(野卑な)やり方, 態度で **3.** いやしい根性で, けちけちして, みじめなやり方で, 貧乏たらしくも

sordidus *a.1.2* sordid-a, -um §50 ［sordeō］ (比) sordidior (最) sordidissimus **1.** 汚い, よごれた, 不潔な **2.** あかまみれの, むさ苦しい, 喪服をきた, みすぼらしい(貧しい)着物を着た, みじめな **3.** 黒ずんだ, すすけた, 黒い, 薄暗い **4.** いやしい, 下劣な, 卑賤な, 粗野な, 洗練されていない **5.** さもしい, けちな, しみったれた, 欲の深い, 下品な saepe est etiam sub palliolo sordido sapientia 英知は汚い着物の下にすら, しばしばかくれている pecuniam praeferre (117.2) amicitiae (9d7) sordidum existimant 彼らは友情よりも金を優先させることをさもしいことと考えている

sōrex *m.* sōricis *3* §21 トガリネズミ meo indicio (9f15) miser quasi sorex hodie perii わしは今日, みじめなことに(鳴き声で探知される)トガリネズミのように, 本性をついあらわして, 破滅してしまった

soror *f.* sorōris 3 §26 **1.** 姉妹, 姉, 妹 **2.** いとこ, 姪, おば **3.** 女友達, 恋人 **4.** 一対の片方 doctae sorores = Musae, sorores tres = Parcae, Iovis soror = Juno, Phoebi s. = Luna, dextera sororque laeva 右手とその片方の左手

sorōrius *a.1.2* sorōri-a, -um §50 [soror] 姉妹の, 姉妹らしい

sors *f.* sortis 3 §24 **1.** くじ(木などからつくられた小さな枝切れ又は円盤に字や印の記入されたもの), 抽籤(ちゅうせん) **2.** (特別な神殿の)おみくじ, 神託, 予言 **3.** 分け前, 配分, 割当, 義務(責任)の領分, 役割 **4.** 運命, 境遇, めぐり合わせ, 身分, 地位, 種属, 階級 **5.** 資本 ei sorte provincia Sicilia obvenit 抽籤により彼には属州シキリアがあたった extra sortem 抽籤なしで dictae per carmina sortes 詩で書かれた(おみくじ)神託 laetus sorte sua (9f15) vives (116.9) sapienter あなたはご自分の運命に満足していると, 賢く生きられますよ non tuae sortis (9c1) juvenem (quem petis) (お前が歓心を得たいと思っている所の)お前の境遇(地位)と異なる若者を

sortilegus *a.1.2* sorti-lega, -legum §50 [sors, legō] くじで未来を占う, 予言する, 神託のような (名)**sortilegus** *m.* sortilegī 2 §13 占い師, 易者, 予言者

sortior *dep.4* sortīrī, sortītus sum §123(4) = **sortiō**, sortīre, sortiī (īvī), sortītum 4 §111 **1.** くじを引く, 投票する **2.** 未来をくじで占う, 予言する **3.** くじで決める, 決定する, 割りあてる, 選ぶ, あてがう, 命じる **4.** (くじ, 偶然, 運命で)手に入れる, 得る, 受けとる(分け前として)許される, 与えられる Aeneas urbem designat aratro sortiturque domos アエネーアースは鋤で都の境界を画し(各人に)住居地を割りあてる felicem dicere non hoc (9f12) me possim (116.3), casu quod te sortitus (116.12, sim を補う) amicum 私があなたを友人として手に入れたのが, 偶然だったからといって, その

ために私が幸運だと言っているのではありません solemus dicere, non fuisse in nostra potestate, quos sortiremur (116.11) parentes (9a2), forte nobis datos 我々が両親として与えられた子供が, 我々自身の力によるものではなく, 運命から授かったものだと我々はいつも言うことにしている (sunt) sortiti uter dedicaret (116.10) 二人はどちらが奉納式をあげるかをくじできめた

sortītiō *f.* sortītiōnis 3 §28 [sortior] くじをひくこと, その方法, 抽籤(ちゅう), くじによる選定, 配分, 割りあて

sortītō 副 [sortītus §67(1)] **1.** くじによって, くじをひいて **2.** 運命によって, 自然の法則で

sortītus *a.1.2* sortīt-a, -um §50 [sortior の完分] くじであたった, くじをひいた

sortītus *m.* sortītūs 4 §31 くじ, 抽籤(ちゅう), 運命

sospes (**sō-** ?) *a.3* sospitis §55 **1.** 安全な, 健全な, 無傷の, 無事息災の, 難をのがれた **2.** 幸福な, 幸運な, 好意ある gratulatus sospitem (117.5) cum exercitu advenisse 彼が無事に軍隊と共に到着したことを祝賀した(人は)

Sospita (**Sō-** ?) *f.* Sospitae 1 §11 救い主, 保護者(Juno の礼拝上の名称)

sospitō (**sō-** ?) 1 sospitāre, ——, —— §106 保存する, 保護する, 守る, 庇う, 支持する, 幸福にする

Sōtēr *m.* Sōtēris (-ēros) 3 §41.9a <σωτήρ 救い主, 救済者, 保護者, 解放者

spādīx *m.* spādicis 3 §21 < σπάδιξ くり色, 濃い赤, 濃い赤茶色, 茶色(くり毛の馬の形容語)

spadō *m.* spadōnis 3 §28 < σπάδων 去勢された男, 宦官(かん)

spargō 3 spargere, sparsī, sparsum §109 **1.** あちこちへ投げとばす **2.** まく, まきちらす, ばらまく **3.** 散乱させる, 追い散らす, 散り散りにさせる **4.** 雨のようにふりかける, そそぐ, 浴びせる **5.** あらゆる方向へ放つ, 分ける, 発する, 送る, ばらばら

におく，でたらめにひろげる **6.** あちこちへひろげる，広める，流布させる(うわさなどを) **7.** まだらにする，斑点をつける，雑色にする nummos populo de rostris spargere solebat 彼は広場の演壇からいつも民衆に向かって金をばらまいていたものだ sparsa tempestate classis 嵐にあって散り散りになった艦隊 sparsis etiam nunc pellibus (9f18) albo (9f11) その毛皮は今もなお白い斑点をちりばめている litterae humanitatis sale sparsae 洗練された趣味の塩をふりまか(で味つけさ)れている文学作品 pedibus spargit harenam 彼は砂を足で蹴散らす

sparsī, sparsus → spargō

sparsus *a.1.2* sparsa, sparsum (比)sparsior ［spargō の完分］ あちこちに散乱した，ばらばらに散った

Sparta (**-tē**) *f.* Spartae (-tēs) *1* §11(37) スパルタ＝Lacedaemo(n) （形）**Spartānus** *a.1.2* Spartān-a, -um §50 （名）**Spartānus** (**-na**) *m.*(*f.*) *2* §13(1.§11) スパルタ人(女)

Spartacus *m.* Spartacī *2* §13 トラキア出身の剣闘士，73-71 B.C. にローマに反抗した奴隷蜂起の煽動者

spartum (**-on**) *n.* spartī *2* §13 ＜σπάρτον **1.** レダマ(マメ科) **2.** ヒトツバエニシダ(マメ科)

sparus *m.* sparī *2* §13 **1.** 短い狩猟槍, 投槍 **2.** 小さい海の魚(スズキ科?)

spatha *f.* spathae *1* §11 ＜σπάθη **1.** 幅の広い両刃の剣 **2.** 筬(おさ) **3.** へら

spatior *dep.1* spatiārī, -tiātus sum §123(1) ［spatium］ **1.** ゆっくりと歩き回る，散歩する，ぶらぶらする **2.** 歩く，すすむ **3.** ひろがる，のびる spatiantia bracchia 広げた両手

spatiōsus *a.1.2* spatiōs-a, -um §50 ［spatium］ （比)spatiosior （最）spatiosissimus **1.** 広大な, 広々とした, 広範囲の, 浩瀚(こうかん)な **2.** 時間の長い, 長く続く （副)**spatiōsē** §67(1) （比）spatiosius 広範囲にわたって，広々と, いっそう大きく，長く

spatium *n.* spatiī *2* §13 **1.** 競馬

場, 競走路, 砂場(闘技場の) **2.** 散歩道, 遊歩場, 公園 **3.** 空間, ひろがり, 広さ, 面積, 範囲, 区域 **4.** 距離, 間隔, 中間, 長さ, 幅, 延長, 道程, 過程 **5.** 時間, 期間, 時期, 合間, 機会, おり, 余暇, 継続, 経過, 猶予, 延期 reliquum spatium mons continet 残りの空間を山が占めている sex dies ad eam rem conficiendam (121.3) spatii (9c4) postulant 彼らはそれを完成させるのに6日間の猶予を要請する spatio brevi (9f11, 15?) spem longam reseces (116.2) お前は短い期間で(なので)長い希望を短かく切るべし，短い人生を(短い命なのだから)長く生きようと思うな(今日を生きよ)

speciēs *f.* speciēī *5* §34 ［speciō］ **1.** 見ること, 一目, 一見 **2.** 見られるもの, 光景, ながめ, 有様, 現象, 景色 **3.** 外見, 外観, 見かけ, 外形, 表面 **4.** 容貌, 美貌, 美しさ, 飾り, 光彩陸離, 魅力 **5.** 見世物, 壮観, 盛大, 見せびらかし, 誇示 **6.** 印象, 心象, 概念, 観念 **7.** 像, 肖像, 類似, 幻像, 夢像 **8.** 特色的なもの, 個体, 種, 特別な性格, 形 speciem boni viri prae se ferre 善良な人の印象を与えている nova atque inusitata specie (9f15) commoti 彼らは前代未聞の異常な光景に仰天して fallaces sunt rerum species (あらゆる)ものの外観は人を欺き易い prima specie 一見して in (ad) speciem の形(姿)で, の印象を与えるために, 飾り(体裁)のため specie (＝ per speciem ＝ sub specie)＋*gen.* …の口実の下に, …と見せかけて

specimen *n.* speciminis *3* §28 ［speciō］ **1.** 表示, 徴候, しるし, 合図, 象徴, 記号 **2.** 証拠, 形見, 形跡 **3.** 様子, 外観, 見せかけ, 飾り **4.** 手本, 見本, 典型, 模範 **5.** 化身, 権化, 理想 ad specimen virtutis ostendendum (121.3) 勇気の典型を見せるために hoc etiam in primis specimen verum esse videtur 先ず第一にこれこそ真実の証拠であると思われる

speciō (**spiciō**) *3b* specere, spexī, spectum §110 見る(徴候を), 見張る,

speciōsē 744

(吉凶のしるしを)観察する

speciōsē 副 [speciōsus §67(1)] （比）
speciosius （最）speciosissime **1.** 優
雅に，端麗に **2.** 目立って，見事に，見栄
えよく，印象的に，感動的に **3.** もっとも
らしく，体裁よく

speciōsus *a.1.2* speciōs-a, -um §50
[speciēs] （比）speciosior （最）
speciosissimus **1.** 美しい姿，形の，外
見上魅力のある，人目(興味)をひく，体裁
のよい **2.** 目立つ，印象的な，感動的な，
畏敬の念を起させる **3.** 目をくらます，人
をあざむく，もっともらしい，外聞(見かけ)
のよい introrsum turpis, speciosus
pelle decora (9f3) 内面は醜い，飾った
皮膚で見栄えのいい(人) speciosus titulus
Graeciae liberandae (121.3, 9c5) ギリシ
アを解放するというもっともらしい口実

spectābilis *a.3* spectābile §54
[spectō] **1.** 見られる，見ることのできる
2. 見る価値のある **3.** 外観の目立つ，注目
すべき，顕著な，立派な，堂々たる

spectāculum (-clum) *n.* spectāculī
2 §13 [spectō] **1.** 見ること，注視
2. ながめ，光景，ありさま **3.** 見せもの，見
もの，芝居，目の保養 **4.** 舞台，観客席，
演壇 **5.** 目を見張らせるもの，壮観，豪華
なだしもの **6.** 見せること，見せびらかし，
展示，陳列，示威 septem spectacula
世界の7不思議 crudele gladiatorum
spectaculum 剣闘士の残酷な見世物
homini nostra incommoda spectaculo
(9d7) esse nollem (116.3) 私は私の困っ
た状態があの男の見世物になるのを欲しな
かったろう

spectātiō *f.* spectātiōnis *3* §28
[spectō] **1.** 見ること，注目，注視，見
物，観察 **2.** 査察，吟味，考慮，調査

spectātor *m.* spectātōris *3* §26
[spectō] **1.** 常に見ている人，見物人，
観客，観測者，目撃者，証人 **2.** 鑑賞・
批評家，観察吟味する人，精通者，玄人
me (9e12) noris quam elegans forma-
rum (9c3) spectator siem (116.10) 私
が女性の美しさの批評家としていかに洗練
されているかはあなたも御存知の筈だ

spectātrīx *f.* -trīcis *3* §21 女性
の見物人，観察者，批評家

spectātus *a.1.2* spectāt-a, -um
§50 [spectō の完分] （比）spectatior
（最）spectatissimus **1.** 明々白々たる，確
証された，試験ずみの，信頼すべき **2.** 顕
著な，尊敬に価する，注目すべき価値(功
績)のある homo spectata fide (9f10) 尊
敬すべき誠実な人

spectiō *f.* spectiōnis *3* §28
[speciō] 前兆を観察すること，その権利

spectō *1* spectāre, -tāvī, -tātum
§106 [speciō] **1.** 見る，ながめる，見
つめる，見物する **2.** 確かめる，調べる，検
査する，査定する，診察する **3.** 気をつけ
る，注意する，観察する，監視する，見守
る，観測する **4.** 向いている，面している，
横たわる，位置している **5.** 向かう，目指
す，ねらう，赴く **6.** かかわる，関係する
7. ためす，考える，考慮する，黙考する，
判断する，評価する populo spectante 衆
人環視のうちに spectare quanti (9c7)
homo sit (116.10) その男にどれほどの価
値があるかを調べること spectatur in
ignibus aurum 火の中で金はためされる
nostra consilia sempiternum tempus
spectare debent 我々の計画は永遠の時
を目指すべきである insulae alter angulus
ad orientem solem spectat その(三角
形の)島の別の角は東を向いている

specula *f.* speculae *1* §11 [speciō]
1. 見張り台(所)，望楼，物見台 **2.** 高い
所，(山)頂 **3.** 監視すること，見張ること in
speculis esse 見張っている，充分に警戒
(注意)している

spēcula *f.* spēculae *1* §11 [spēs]
わずかな希望，希望の光

speculātor *m.* speculātōris *3* §26
[speculor] **1.** 偵察兵，斥候 **2.** 密偵，
間諜(かんちょう) **3.** 見張人，歩哨，看視 **4.** 探
求(索，知)する人 **5.** (帝)身辺護衛(連絡)
兵 (形)**speculātōrius** *a.1.2* -tōria,
-tōrium §50 **1.** 偵察兵の **2.** 身辺護
衛(連絡)兵の(用いる)

speculor *dep.1* speculārī, speculātus
sum [specula] §§123(1), 125 **1.**

見張る，警戒する，監視する，見続ける，観察する **2.** 探偵する，待ち伏せする，探査(知)する，踏査する，探し回る，さがして見つける，見つけ出す

speculum *n.* speculī *2* §13 [speciō] 鏡，姿見，手鏡 (形)**speculāris** *a.3* -lāre §54 **1.** 鏡の **2.** 透明な lapis specularis (窓用の)透明な鉱石(雲母，きらら) (名)**speculāria** *n.pl.* -ārium (-riōrum) *2* §13 窓，ガラス窓，温室のガラス壁

specus *m.* specūs *4* §31 **1.** ほら穴，横穴，洞窟，岩屋 **2.** 深い割れ目，深淵，底知れぬ穴(谷) **3.** 穴，くぼみ，へこみ，空洞 **4.** 地下の下水溝，暗渠，地下の坑道

spēlaeum *n.* spēlaeī *2* §13 < σπήλαιον ほら穴，横穴，洞窟，岩屋

spēlunca *f.* spēluncae *1* §11 < σπήλυγξ 洞窟，岩屋，ほら穴，横穴

spernō *3* spernere, sprēvī, sprētum §109 **1.** 離す，分ける，関係(交際)を絶つ **2.** はねつける，拒絶する，遠ざける，突き返す **3.** 叱る，軽べつする，鼻であしらう，無視する，あなどる stultus donat quae spernit et odit 愚かな者は，自分が軽べつしいやに思っているものを人に与える spretae injuria formae (9c2) (自分の)美貌を無視し(され)たという(彼の)不正な仕打ち pace pessimus, bello non spernendus (107.8) 平時には厄介千万な，戦時には決して無視できない男

spērō *1* spērāre, -rāvī, -rātum §106 [spēs] **1.** 楽しみにして待つ，期待する，希望する，あてにする，信じる，予期する，見越す **2.** 気づかう，心配する，恐れる (構文)対，不，不句，ut＋接をとる immortalia ne speres (116.2), monet annus (過ぎる)歳月(は汝)が不滅の命を望むなと忠告する speramus nostrum nomen vagari latissime 我々は自分らの名声が広くひろがることを希望する totius Galliae potiri posse sperant 彼らは自分らが全ガッリアを牛耳ることが出来ると信じている haec satis spero vobis molesta videri これらのことがあなた方に厄介に思えること

は，私も充分に恐れていることだ dum vivis, sperare decet (汝は)生きている限り希望すべきである(望みを捨てるな)

spēs *f.* speī *5* §§35, 34 **1.** 希望，期待，見込み，予期，確信，信頼 **2.** 望みをかけられる人・もの **3.** 擬人化，神格化された希望 aegroto, dum anima est, spes esse dicitur 病人にも，命がある限り希望があるといわれている scio, qui speraverint (116.11), spem (9e11) decepisse multos 希望を抱いていた多くの人たちを，希望があざむいたことを私は知っている in spem venio appropinquare tuum adventum あなたの到着の近いのを私は待ち望み始めた spes potiundi (121.3) oppidi 町を占領したいという希望 Ascanius, magnae spes altera Romae 偉大なローマのもう一つの希望である A.

spexī → speciō

sphaera *f.* sphaerae *1* §11 **1.** 球，球体 **2.** 天球，天体 **3.** 地球儀，天体儀，太陽系儀 **4.** 惑星の軌道(きどう)

Sphinx *f.* Sphingis (-ngos) *3* §41.1b (神)エジプト起源の，頭が人で体がライオンの怪物

spīca (**spīcum**) *f.(m.)* spīcae (spīcī) *1(2)* §11(13) **1.** 麦などの穂 **2.** 穂状花序，穂のような束，ふさ in segetem spicas fundere 麦畠に麦穂を運ぶ(むだなことをする)

spīceus *a.1.2* spīce-a, -um §50 [spīca] 麦穂からなる，穂の(ような)

spīculum *n.* spīculī *2* §13 [spīcum の小] **1.** とがり，突端 **2.** 槍の穂，矢尻 **3.** 投げ槍，矢 **4.** ミツバチ，スズメバチ，サソリの針

spīna *f.* spīnae *1* §11 **1.** とげ，はり(動植物の) **2.** とげのある低木(キイチゴ，イバラ，ハリエンジェ，ミモザ) **3.** 魚の骨，肩甲骨の突起，烏合(うごう)突起，背骨，脊柱，背中 **4.** やっかいな(困難な)問題，精細，煩瑣，心配，苦痛，欠点，短所，悪徳 consertum tegumen spinis (茨の)とげでとめられた衣服 spinas animo evellere 心からとげ(心配，欠点)を引き抜く

spīnētum *n.* spīnētī *2* §13

spīneus 746

[spīna] イバラのやぶ, 生垣

spīneus *a.1.2* spīne-a, -um §50
[spīna] とげ(針)の多い, とげ(針)だらけの

spīnōsus *a.1.2* spīnōs-a, -um §50
[spīna] (比)spinosior (最)spinosis-
simus **1.** とげのある(多い), とげでおおわれた **2.** 困難な, 厄介千万な, 面倒な, つらい, 苦痛にみちた **3.** とげのさすような, 鋭い, 辛らつな, 皮肉な **4.** 難解な, ひねくれた, 気むずかしい, 狡猾な

spīnus *f.* spīnī *2* §13 リンボク(バラ科の小木)

spīra (spēra) *f.* spīrae *1* §11
1. 渦巻, とぐろ, 螺旋, 旋回, 湾曲, ねじれ, くねり **2.** 帽子のあごひも, 編んだ髪, 弁髪, ひねり菓子(ビスケット?) **3.** 円柱の基礎, 柱基

spīrābilis *a.3* spīrābile §54
[spīro] **1.** 呼吸できる, 呼吸に適した **2.** 命を与える, 命に役立つ

spīrāculum *n.* spīrāculī *2* §13
[spīro] **1.** 呼吸孔, 通気孔, 通風坑, 風孔(ﾌﾛﾅﾝ) **2.** 穴, 口, 入口, 開口部 **3.** 気道, 気管, 空気孔, 鬆(ｽ), (細胞間)空洞

spīrāmen *n.* spīrāminis *3* §28
[spīro] **1.** 呼吸, 呼気, 吐く息 **2.** 通気孔, 風窓

spīrāmentum *n.* spīrāmentī *2*
§13 [spīro] **1.** 穴, 口, 抜け口, 空気孔, 通風孔, 気道, 気管 **2.** 息をつくひま, 短い間, 瞬間, 休止

spīritus *m.* spīritūs *4* §31
[spīro] **1.** 息, 呼吸, 一息, 深呼吸 **2.** 嘆息, おう吐 **3.** 風, そよ風, 空気, 大気, 蒸気, もや **4.** 意識, 気質, 心, 魂, 精神, 命 **5.** 生気, 熱気, 勇気, 熱狂, 感激, 有頂天 **6.** 神の息吹, 天来の妙音, 詩的霊感 **7.** 精神的高揚, 誇り, 高慢 **8.** 立腹, 不きげん, 怒り **9.** 音, ひびき, 声, 帯気音, 気息音 **10.** におい, かおり animantium vita tenetur cibo, potione, spiritu 生きとし生けるものの命は食物, 飲物, 呼吸によって支えられている Ariovistus tantos sibi spiritus sumpserat, ut ferendus (107.8) non videretur A.は誰

にも耐え難く見えるほど傲慢不遜な態度をとっていた spiritum Phoebus mihi, Phoebus artem carminis nomenque dedit poetae アポローンこそ私に詩的霊感を, アポローンこそ詩の技を, 詩人の名称を与えてくれた corpore (9f6) majorem rides Turbonis in armis spiritum et incessum あなたは武装した(剣闘士)トゥルボーがその体に似合わず大げさに威張って歩く(高慢と歩きぶり, hendiadys)のをこっけいに思う latius regnes (116.3) avidum domando (119.5) spiritum あなたは貪欲な心を掣肘することで, いっそう広い土地を治めることでしょう

spīrō *1* spīrāre, -rāvī, -rātum §106
1. 息をする, 呼吸する, 一息つく **2.** 生きている, 鼓動する, 脈打つ, ふるえる, ざわめく, 鳴る **3.** 風が吹く, 息を吐く, 香(匂)が発散する **4.** (特質・精神)発揮する, 知らせる, 示す, 表現する, のべる **5.** 神の息吹を吸う, 詩的霊感を受ける, 鼓舞される dum spiro, spero 息をしている限り, 希望する equi spirantes naribus ignem 鼻から火を吐いている馬たち spirantia exta (生贄の)動悸を打っている内臓 spirat tragicum (9e6) satis (ローマ人は)悲劇の詩的霊感も充分に発揮している

spissē 副 [spissus §67(1)] (比)
spissius **1.** 厚く, 濃く, 密に, ぎっしりつめて **2.** ゆっくりと, 入念に, 努力して, 苦労して

spissō *1* spissāre, -sāvī, -sātum
§106 [spissus] **1.** すき間なく, ぎっしりつめる, あつくする, 濃くする, 密にする **2.** 固くする, 圧縮する, 積み上げる **3.** (動き, 骨折り, 度合いを)強烈にする, 激しくする, ひんぱんにする

spissus *a.1.2* spiss-a, -um §50
(比)spissior (最)supississimus **1.** 厚い, 濃い, 密な, 固い, ぎっしりつまった, 目のこまかい, すき間のない, 積み重ねられた **2.** 入念な, 骨折った, のろい, ゆっくりとした, 無精な corona non tam spissa viris (9f11) 戦士がそれほどぎっしりとしまっていなかった包囲隊形 opus spissum et

operosum 長くかかる骨の折れる作品

splendeō *2* splendēre, ——, ——
§108 **1.** 光り輝く, 輝いている, まばゆい
2. 燦然と輝く, 目立つ, 有名である virtus
splendet per sese semper 美徳は常に
固有の輝きを持っている aliena invidia
(9f15) splendens 他人にかきたてる憎し
みによって目立っている(彼)

splendēscō *3* splendēscere, ——,
—— §109 **1.** 照り始める, 光り出す,
輝き始める **2.** 目立ち出す, 有名となり始
める

splendidē 副 〔splendidus §67(1)〕
(比)splendidius (最)splendidissime
輝かしく, 華々しく, 見事に, はなやかに,
燦然と

splendidus *a.1.2* splendid-a, -um
§50 〔splendeō〕 (比)splendidior
(最)splendidissimus **1.** きらきら(ぴか
ぴか)と輝く, 光り輝く **2.** まぶしい, 目の
さめるような, 目立つ, 立派な, 華麗な,
見事な, 卓越した, 名声赫々たる **3.** 鮮明
な, 透明な, 澄んだ, 冴えた, あざやかな,
朗らかな, 晴れた fons splendidior vitro
ガラスよりも光り輝く泉 secundas res
splendidiores facit amicitia 友情は順境
をさらに素晴らしいものとする

splendor *m.* splendōris *3* §26
〔splendeō〕 **1.** 明るさ, 輝き, 光沢, つ
や, 光彩陸離 **2.** 絢爛, 豪奢, 華美, 盛
儀, 飾り, 外観の美, きらびやか, はなや
か **3.** 赫々たる名声, 栄光, 顕著な功績,
高位顕職, 抜群の才能 **4.** 澄明, 明るい
声, ひびき **5.** 生き生きとした文体, 素晴
らしい表現

spoliātiō *f.* spoliātiōnis *3* §28
〔spoliō〕 略奪, 強奪, 横領, 剥奪, お
いはぎ

spoliātor *m.* spoliātōris *3* §26
〔spoliō〕 略奪者, 横領者, 詐取者, 盗
賊, 強盗

spoliō *1* spoliāre, -liāvī, -liātum
§106 〔spolium〕 = **spolior** *dep.1*
spoliārī §123(1) **1.** 着物をはぐ, 覆い
を取り除く **2.** 敵から武具を奪う, 武装解
除する **3.** 力ずくで奪う, 強奪する, 荒ら

す, 盗む, 剥奪する

spolium *n.* spoliī *2* §13 **1.** 動物
の皮, 皮膚, 毛皮 **2.** 戦利品, 略奪品, 分
捕り品

sponda *f.* spondae *1* §11 寝台
の骨組(わく), 長椅子の骨組(わく), 寝
台, 長椅子

spondeō *2* spondēre, spopondī,
spōnsum §108 **1.** おごそかに(正式に)
誓約する, 堅く約束する **2.** 保証する, 受
け合う, 婚約する **3.** 保証人となる, 保証
人としてふるまう filiam tuam sponden
(= spondesne) mihi uxorem dari? あ
なたは私にあなたの娘を妻として与えること
を約束しますか hic sponsum (120.1)
vocat このものは私が保証人となるため来
てくれと呼んでいる

spondēus (-dius) *m.* spondēī *2*
§13 <σπονδεῖος 長々格(‾‾)の韻律

spongia (-gea) *f.* spongiae *1*
§11 <σπογγιά **1.** 海綿(海の生物)
2. スポンジ(字消し, テーブル拭き, 入浴
などに用いられた) **3.** スポンジの如き胸甲
(くさりかたびら, 刺し縫いした(キルティン
グ)胸甲?)

spōnsa *f.* spōnsae *1* §11 〔spondeō
の完分〕 婚約した女, 婚約者(女), いい
なずけ

spōnsālia *n.pl.* spōnsālium *3*
§20 婚約式, 婚約披露宴

spōnsiō *f.* spōnsiōnis *3* §28
〔spondeō〕 **1.** 儀式にのっとった(おごそか
な)誓約, 約束, 保証, 契約, 条約, 協
定, 保証, 請け合い **2.** 訴訟賭金(訴訟当
事者が, 発言の不正を証明されたさい相手
に支払うことを約束した罰金), 訴訟当事
者の申し合わせ, とりきめ **3.** 賭(金), 保
証金

spōnsor *m.* spōnsōris *2* §26
〔spondeō〕 保証人

spōnsum *n.* spōnsī *2* §13
〔spondeōの完分〕 **1.** 約束ごと, 保証金
2. 約束, 契約, 保証, 誓約

spōnsus[1] *m.* spōnsī *2* §13
〔spondeōの完分〕 婚約者(男)

spōnsus[2] *m.* spōnsūs *4* §31

sponte　748

[spondeō の完分] 正式の保証, 請合い, 約束, 契約

sponte *f. n.b.* **spōns** *f.* spontis 3 §21 「(自由)意志, 意欲, 衝動」は *abl.sg.* のみで用いられる **1.** sponte わざと, 故意に, 好きこのんで **2.** sponte deum, naturae, aetatis 神々の意志で, 自然に(自発的に), 年齢のせいで **3.** sponte mea, sua etc. (イ)私の, 自分の, 自由意志で, 自発的に, 一人でに (ロ)自分の手で, 勝手に, 単独で (ハ)私のため, 自分のために, それ自体で, 単に, ただ, 元来 scio te (117.5) sponte non tuapte (→ -pte) errasse (114.3) お前がわざと過ちを犯したとは思わない neque etiam queo pedibus mea sponte ambulare それにもう, 私の力では(一人では)歩くことすらできないのだ omne honestum (117.5) sua sponte esse expetendum (147. イ) 清廉潔白なものはすべて(元来)それ自身のために求められるべきである

sportula *f.* sportulae *1* §11 [sporta「枝編み細工のざる, かご」の小] **1.** 小さなかご, ざる, 食物入れ **2.** 保護者(親分)が被保護者(子分)に毎日分け与えていた夕食(後日金額となる, 普通 100 quadrantes＝25 アス §194) **3.** 施し, 祝儀, 贈り物

sprētor *m.* sprētōris *3* §26 [spernō] 軽べつする人, 侮辱する人, ひどくさげすむ人

sprētus, sprēvī → spernō

spūma *f.* spūmae *1* §11 **1.** 泡, あぶく, 浮きかす, 水さび **2.** 泡立つ海水, わき立つ水 **3.** 動物の出す泡立つつば, よだれ, 馬の泡汗 **4.** spuma argenti (argentae) 一酸化鉛, 密陀僧 (形)

spūmeus *a.1.2* spūme-a, -um §50 あわで一杯の, あわでおおわれた, あわだつ, あわのような

spūmēscō *3* spūmēscere, ——, —— §109 泡立つ, 沸き上がる

spūmeus *a.1.2* spūme-a, -um §50 [spūma] あわだらけの, あわでおおわれた, あわ立つ, 泡のような, あわでできた

spūmifer *a.1.2* spūmi-fera, -ferum

＝ **spūmiger**, -gera, -gerum §51 [spūma, ferō, gerō] あわをもたらす, あわだらけの, 泡立つ

spūmō *1* spūmāre, -māvī, -mātum §106 **1.** あわだつ, あわを吹く, あわでおおう, あわだらけにする **2.** (牛馬が)あわ汗を出す, あわ状のつば, よだれを出す plenos spumanti (9f17) sanguine rivos あわ立つ血で一杯になった川の流れを aper fulmineis spumans dentibus (9f4) 稲妻の如き牙からあわつばを吐いているイノシシ

spūmōsus *a.1.2* spūmōsa, -mōsum [spūma] 泡(あ)だった, 泡(あ)だらけの

spuō *3* spuere, spuī, spūtum §109 つばを吐く, つばをかける, 軽べつする in sinum spuere ふところ(ひざ)につばをかける(不幸をはらいのけるまじない)

spurcātus *a.1.2* spurcāt-a, -um §50 [spurcō「よごす, きたなくする, けがす」の完分] (最)spurcatissimus よごれた, きたない, けがれた, 不潔な, 卑猥な

spurcus *a.1.2* spurc-a, -um §50 (比)spurcior (最)spurcissimus **1.** 汚れた, きたない, 不潔な, けがらわしい, 卑猥な **2.** 不道徳な, 堕落した, 不純な, 不快な, いやな, むかつくような (副)**spurcē** §67(1) (比)spurcius (最)spurcissime きたならしく, いやしくも, けがらわしく, いやしい(不快な, いやな)やり方で

spūtō *1* spūtāre, -tāvī, -tātum §106 [spuō] つばを吐く, 吐きつける

spūtum *n.* spūtī *2* §13 [spuō の完分] つば(唾)

squāleō *2* squālēre, -luī, §108 [squālus] **1.** ざらざらした, ごつごつした層(外皮), うろこのようなものでおおわれている **2.** きたない, よごれている, 泥, ほこり, あか, まみれである, 手入れをされていない **3.** 暗い, 黒ずんだ, 陰気な, 汚い着物, 喪服を着た **4.** 荒廃している, 不毛の, 乾燥している picti squalentia terga lacerti きれいな色のトカゲのうろこ状の背中 squalentem barbam gerens ぼうぼうとひげをのばした(男) tunica squalens auro 金糸の刺繍でごわごわしている胴着 squalebat civitas veste mutata その町の人たちは着物を着換えて喪に服していた

squālidus *a.1.2* squālid-a, -um §50 [squāleō] (比)squalidior **1.** ざらざらした，ごつごつした表面をもつ，手ざわりの粗い，かたい，硬直した **2.** 泥，あかにまみれた，汚い，よごれた，手入れをされていない **3.** 暗い，黒ずんだ，陰気な，喪服を着た **4.** (土地)不毛の，荒廃した，(文体)無味乾燥の，粗野な，飾りのない

squālor *m.* squālōris *3* §26 [squāleō] **1.** 表面がざらざらしていること，手ざわりのあらいこと，硬直，ごつごつ **2.** 汚れ，あか，不潔，不道徳，不純，卑猥 **3.** 手入れをされていない状態，のび放題の髪，ひげ，きたない着物，喪服を着ている状態 **4.** 荒廃，不毛 **5.** 無骨，洗練されていない文体 senex macie et squalore (9f15) confectus やせ衰えて，垢まみれの老人

squāma *f.* squāmae *1* §11 **1.** うろこ **2.** 表皮，剥片，鱗屑(ﾘﾝｾﾂ) **3.** 胴よろいの札(ｻﾈ)，小札，小札よろい **4.** 蜂の腹部の黄色のすじ(おび) **5.** 魚 duplici squama (9f10) lorica fidelis et auro 二重の金の小札(hendiadys)によって信頼のおける胴よろい

squāmeus *a.1.2* squāme-a, -um §50 [squāma] うろこのある，うろこでおおわれた，うろこ状の

squāmiger (**-fer**) *a.1.2* squāmigera (-fera), -gerum (-ferum) §51 [squāma, gerō, ferō] うろこをもっている，うろこでおおわれた，うろこのある

squāmōsus *a.1.2* -mōsa, -mōsum §50 [squāma] うろこ(鱗)でおおわれた，鱗状の

squilla *f.* squillae *1* §11 小エビ，クルマエビ，ウミザリガニ

stabiliō *4* stabilīre, -līvī, -lītum §111 [stabilis] しっかりと固定(安定)させる，強固(堅固)にする，ゆるがないように支える，保持する，しっかりと基礎(土台)を固める，支える

stabilis *a.3* stabile §54 [stō] (比)stabilior (最)stabilissimus **1.** し

っかりと立っている，安定した，確固不動の，確実な，堅固な **2.** 不断の，変わらない，永続する，恒常的な **3.** 一定の，規則正しい，調子の整った **4.** 堅実な，首尾一貫した，誠実な，節操のある，貞節な elephanti stabiles pondere ipso それ自身の重量によって安定している象たち stabilis pugna しっかりと踏み止まって戦うこと，(白兵戦) stabilis sententia 首尾一貫した主張

stabilitās *f.* stabilitātis *3* §21 [stabilis] **1.** しっかりと立っている力，持久力，耐久力，安定度，固定性 **2.** 強固，堅実，着実，永続性

stabulō *1* stabulāre, -lāvī, -lātum §106 [stabulum] **1.** 家畜を収容する，厩に入れる **2.** 厩に立っている，住む，巣穴に住む

stabulum *n.* stabulī *2* §13 [stō] **1.** 厩(ｳﾏﾔ)，厩舎，馬(牛，羊)小屋，囲い，鶏小屋 **2.** 巣，穴，巣窟 **3.** 小屋，安宿，居酒屋，娼家 **4.** 畜群，獣の群

stadium *n.* stadiī *2* §13 < στάδιον **1.** ギリシアの長さの単位，1stadium＝625pedes (§196)＝ 約190㍍ **2.** 走路，競走(馬)場

stāgnō *1* stāgnāre, -nāvī, -nātum §106 [stāgnum] **1.** 水(流れ)がよどむ，停滞する，水たまり(池)ができる，氾濫する **2.** 水浸しにする，水没させる，洪水をおこさせる auctus Tiberis plana urbis stagnaverat ティベリス川が増水し都の低地部を水浸しにしていた

stāgnum *n.* stāgnī *2* §13 **1.** よどんだ水，大きな水たまり，よどみ **2.** 沼，沼沢，湿地，池，潟(ｶﾀ)，湖，川，海 **3.** 模擬海戦用の人工湖，(水浴，水泳用の)貯水槽(池)

stāmen *n.* stāminis *3* §28 [stō] **1.** 織り機にかける経(ﾀﾃ)て糸 **2.** 紡錘竿(ﾂﾑｻｵ)でつむぐ糸 **3.** 糸，繊維，花糸(おしべ)，蜘蛛の糸，弦(楽器の)，聖職者の頭髪の飾りひも **4.** 運命の女神のつむぐ人間の命の糸

statārius *a.1.2* statāri-a, -um §50 [stō] **1.** 守備位置から動かない，静止し

statēra 750

た，不動の **2.** 静かな，冷静な，おちついた comoedia stataria（どたばた喜劇でない）静かな喜劇，性格喜劇

statēra *f.* statērae *1* §11 さお秤（ばかり），天秤（てんびん）

statim 副 [stō] **1.** しっかりと立って，踏み止まって，敢然と，頑固に，屈しないで **2.** その場ですぐ，即座に，直ちに，早速，…するやいなや（ut, ubi, quam など時間の *j.* を伴って）nec recedit loco quin statim rem gerat 彼は敢然と戦って持ち場から退かない statim post civilia bella 内乱の後直ちに statim a prima luce 夜が明けるとすぐ statim, ut Romam（70）rediit 彼はローマに帰ってくるやいなや

statiō *f.* statiōnis *3* §28 [stō] **1.** しっかりと立っている状態，姿勢，静止している位置 **2.** 宿駅，居住地，滞在地，住居 **3.** 休息所，投錨地，停泊地 **4.** 公の地位，部署，義務 **5.** 歩哨，哨所，見張り，守備隊，駐屯地（兵）plerique in stationibus sedent 大方の者は休息所に坐っている paucae stationes equitum videbantur 騎兵の歩哨がわずか見られた Athenis（70）statio mea nunc placet アテーナイでは私の住居は目下気に入っている ei qui pro portis castrorum in statione erant 陣営の門の前で警戒していた者たち in stationes succedere 見張りの番を替わる

statīvus *a.1.2* statīv-a, -um §50 [stō] **1.** 立っている，静止している **2.** 常駐の，定住の，常設の （名）**statīva** *n.pl.* statīvōrum *2* §13（*sc.* castra）常設陣営，駐留営舎（兵営）

stator *m.* statōris *3* §26 [stō] **1.** 属州統治者の公僕伝令，文書送達吏 **2.** Stator, Juppiter のそえ名，逃亡兵を制止する者の意，あるいは擁護者，支持者の意か

statua *f.* statuae *1* §11 [status] 立像，像，彫像 statua（9f6）taciturnius exit 彼が外に出るといつも彫像よりだまりこくっている

statūmen *n.* statūminis *3* §28 [statuō] **1.** ささえ，支柱，つっかい棒 **2.** 船の肋骨，肋材

statuō *3* statuere, statuī, statūtum §109 [status] **1.** 直立させる，たてる，立てかける **2.** 植える，支える，樹立する，創設する，基礎を定める，確立する **3.** 建てる，起こす，張る，敷く，設定する **4.** 置く，すえる，配置する，部署につかせる，地位につける，駐屯させる **5.** 決める，決心する，決議する，考える，みなす，判決を下す，裁判する **6.** 定める（法令で），布告する，発表する，宣言する **7.** 止める，中止させる，停止させる urbem※ quam statuo, vestra est 私の建ててる町はお前らのものだ（※主であるべき所，関代に牽引されて対 *cf.* 9e12）statutus est comitiis（9d）dies 民会の開催日が決められた statuunt ut decem milia hominum mittantur 彼らは1万人を送ることを決議する obsecrare coepit, ne quid gravius in fratrem statueret（時称の関連による未完了・接 116.6）彼は弟に対し（カエサルが）あまりきびしい判決を下さないようにと嘆願し始めた Caesar non expectandum sibi（9d11）statuit, dum pervenirent（116.6）カエサルは彼らが到着するまで待つべきではないと考えた

statūra *f.* statūrae *1* §11 [stō] 身長，身の丈，大きさ，体格

status *m.* statūs *4* §31 [stō] **1.** 立っている状態，姿勢，身構え **2.** 個人の立場，位置，守備位置，持ち場，境遇，条件，事情 **3.** 道徳的，政治上の立場，見解，主張 **4.** 社会的地位，関係，間柄，生活態度 **5.** 国・社会の体制，状況，構造，組織，自然の状況，条件 **6.**（文）話法 eo tum statu（9f9）res erat ut … 当時この国は ut … のような状況であった vis, quae animum certo de statu demovet 精神を正常な状態から追い出す暴力（平静を失わせる）civitatis status 政府，政体

status *a.1.2* stat-a, -um §50 [sistō の完分] **1.** 決められた，指定された，約束の **2.** 一定の，不変の，規則的な，定期的な **3.** 正規の，正常な，平均の

stēlla *f.* stēllae *1* §11 **1.** 星 **2.** 星座，天体 **3.** 星の形，姿 stella comans

彗星 serena stella 太陽

stēllāns *a.3* stēllantis §55 [stēlla] **1.** 星で飾られた, 星をちりばめた **2.** 星のように輝く, 星形の

stēllātus *a.1.2* stēllāt-a, -um §50 [stēlla] **1.** 星で飾られた, 星をちりばめた **2.** 星のように輝く, きらめく **3.** 星形の stellatus Argus 星の如く無数の目を持ったアルグス(アルゴス) stellatus iaspide fulva (9f11) ensis (鞘や柄に)きらめく碧玉を星の如くちりばめた剣

stel(l)iō *m.* stelliōnis *3* §28 **1.** トカゲの一種, ヤモリ **2.** 腹黒い人, 裏切る人

stemma *n.* stemmatis *3* §41(2) 系図, 家系, 系統表, 血統

stercorō *1* stercorāre, -rāvī, -rātum §106 [stercus] 糞(肥料)を与える, こやしをやる

sterculīnum *n.* sterculīnī *2* §13 [stercus] **1.** 糞の山積み **2.** ののしる言葉

stercus *n.* stercoris *3* §29 **1.** 排泄物, 大便, 糞 **2.** ふん, こやし, 堆肥 **3.** 人をののしる言葉, くそったれ paratus fuit quadrantem de stercore mordicus tollere (117.3) 奴は糞の中から4分の1アスでも口にくわえて拾い上げようと意気込んでいた(守銭奴, 吝嗇漢)

sterilis *a.3* sterile §54 (比)sterilior **1.** 子を生まない, 不妊の **2.** 実を結ばない, 収穫のない, 不毛な, 肥沃でない **3.** 結果の報われない, 無効な, 無益な, 無駄な **4.** 良い考えを(着想)を欠いた, 創意のない, つまらない, 面白くない virtutum (9c13) sterile saeculum 美徳の不毛の世紀

sterilitās *f.* sterilitātis *3* §21 **1.** 不妊(症), 不毛, 不作 **2.** 貧困, 無益, 無効

sternāx *a.3* sternācis §55 [sternō] (馬が)乗り手を背から投げ落とす, (馬が)あと足で立ち上がる, 逆らう(くせのある, しがちな), 手に負えない

sternō *3* sternere, strāvī, strātum §109 *cf.* struō **1.** 地上にひろげる, 下

におく, すえる, 横たえる **2.** (れんが石を)敷き並べる, 舗装する **3.** まき散らす, 蔽う, 埋める **4.** ひっくりかえす, 打ちのめす, 完膚なきまでにやっつける, 負かす **5.** 平らにする, なめらかにする, 鎮める, おさまらせる **6.** 馬に鞍をおく mortalia corda stravit pavor 恐怖は人間の心を打ちのめした cras foliis (9f11) nemus multis tempestas sternet 明日は嵐が沢山の葉で森を埋めつくすだろう(森に葉をまき散らすだろう) via strata 舗装道路

sternuō *3* sternuere, -nuī, —— §109 **1.** くしゃみをする **2.** くしゃみをして(しながら)与える **3.** 燈火がぱちぱち音をたてる

sterquilīnum *n.* -līnī *2* §13 = **sterculīnum**

stertō *3* stertere, ——, —— §109 [sternuō] いびきをかく, ぐうぐうねむる

stetī, status → stō, sistō

Sthenelus *m.* Sthenelī *2* §13 (神) **1.** Mycenae の王, Perseus の子 **2.** トロイで戦ったギリシアの将, Capaneus の子 (形)**Sthenelēius** *a.1.2* -lēia, -lēium Sthenelus の子孫

stigma *n.(f.)* stigmatis (stigmae) *3(1)* §22(11) <στίγμα **1.** (前科, 非行のしるしとして)逃亡などの罪を犯した奴隷に焼き針でほりこまれた入れ墨, 烙印 **2.** 侮辱, 汚名

stigmatiās *m.* stigmatiae *1* §37 <στιγματίας (恥辱のしるしとしての)入れ墨を持っている男(奴隷), 烙印をおされた男

stigmōsus *a.1.2* stigmōs-a, -um §50 [stigma] 入れ墨を刺し込まれた, 烙印をおされた

stīlla *f.* stīllae *1* §11 [stīria の小?] 水滴, しずく, したたり

stīllicidium *n.* -cidiī *2* §13 [stīlla] したたり, しずく, 軒からおちる雨しずく

stīllō *1* stīllāre, -llāvī, -llātum §106 [stīlla] **1.** したたる, ぽたぽたとおちる, 雫がたれる **2.** したたらす, ぽたりぽたりと落とす **3.** しみ込ます, 雫をたらす, こぼす,

stilus 752

そそぐ nitido stillent unguenta capillo つややかな頭髪から香油がしたたっている in speluncis saxa sudent umore (9f11) et guttis manantibus stillent 洞窟の中の岩は湿気をにじみ出し，雫を流して下へしたたり落とす etiam stillabit amicis ex oculis rorem 彼はさらにその親愛な両眼から涙のしずくをしたたらせることだろう facilem stillavit in aurem exiguum de naturae patriaeque veneno 彼は信じやすい人たちの耳の中へ，彼の性質と生国から生まれた毒の少量をたらしこんだ

stilus *m.* stilī *2* §13 **1.** 先端の尖った長い金属，木片，長釘，杭 **2.** 幹，茎 **3.** 鉄筆，尖筆，ペン(蠟板に字を書くためのもの，先端は尖り，頭の方は字を削る(消す)ため，角がなく平たい) **4.** ペンで書くこと，作文，習字，書き方，文章，文体 hic stilus haud petet ultro quemquam animantem このペン(私の諷刺詩)は，誰にせよ，現存者をすすんで槍玉にあげない saepe stilum vertas, iterum quae digna legi sint (116.8) scripturus (118.4) 再読されるに価するものを書こうと志すあなたならば，何度も推敲せよ(ペンをさかさにして字を消せ)

stimulātiō *f.* stimulātiōnis *3* §28 [stimulus] 刺激，鼓舞，扇動，挑発

stimulō *1* stimulāre, -lāvī, -lātum §106 [stimulus] **1.** 突き棒で駆りたてる，早める，急がせる **2.** 突く，刺す，ちくりと痛ませる，煩悶させる，心配させる **3.** 刺激する，励ます，そそのかす，扇動する，勇気づける，奮起させる，鼓舞，鞭撻(べんたつ)する te conscientiae stimulant maleficiorum tuorum (9c3) お前の悪いことをしたという罪の意識がお前をいたく苦しめているのだ

stimulus *m.* stimulī *2* §13 **1.** (家畜を駆りたてる)つき棒 **2.** 拷問具 **3.** 先端に鉄鈎をうった杭 **4.** 拍車，刺激，鼓舞，鞭撻(べんたつ) **5.** 刺すもの，とげ，はり，激痛，苦悶，苛責 stimulos doloris contemnamus (116.2) 我々は激痛の針を軽視しよう virtus, quae noctes ac dies (9e8) animum gloriae (9c3) stimulis (9f11)

concitat 日夜，魂を栄光への拍車でかりたてる勇気

stinguō *3* stinguere stinxī, stinctum §109 (光，火を)消す，絶やす，絶滅させる，滅(ほろ)ぼす

stīpātiō *f.* stīpātiōnis *3* §28 [stīpō] 一緒にぎっしり詰め込むこと，つめ込まれた状態，回りでおしあいへしあいすること，すし詰めの群集，王の従者たちの群れ

stīpātor *m.* stīpātōris *3* §26 [stīpō] 王(など)をとりまく群集の一人，親衛兵，護衛者

stīpendiārius *a.1.2* stīpendiāri-a, -um §50 [stīpendium] **1.** 給料をもらって軍隊勤務をしている **2.** 属州民(朝貢国民)に駐留軍費の分担(や寄付)を課された，現金の納税(年貢をおさめる)義務のある

stīpendium (**stī-**) *n.* stīpendiī *2* §13 [stips, pendō] **1.** 兵士の(現金)給料 **2.** 兵役義務，出征，戦闘，軍隊，勤務 **3.** 一年間の軍隊勤務，奉公 **4.** 税の支払い，納税義務，貢物(の義務)，関税，賦課金，寄付，罰金 septem enumeratis stipendiis (9f18) 7年間の軍隊奉公を終えて animum (117.5) tamquam emeritis stipendiis libidinis secum vivere 精神はあたかも(肉体の)欲望に仕える任期を勤め上げたかの如く自分一人で生き(てい)る(こと)

stīpes *m.* stīpitis *3* §21 [stīpō] **1.** 木の幹，切り株 **2.** 頑丈な枝，丸太，杭，棒，柱，杖，こん棒 **3.** 割り木，まき，たきぎ **4.** 木石(ぼくせき)，でくの棒，まぬけ

stīpō *1* stīpāre, -pāvī, -pātum §106 **1.** 圧縮する，圧搾する，ぎっしり詰め込む，ぎゅうぎゅう押し込める **2.** 大勢で(ぎっしりと)取り囲む，つき従う，護衛する **3.** 満たす，ふさぐ，一杯にする，埋める **4.** (受)雑踏する，群がる，混み合う，ぎっしり詰まる Catilina stipatus choro juventutis 若者の一団に護衛されているカティリーナ quorsum pertinuit stipare (117.1) Platona Menandro (9f11)? メナンドロスでプラトンを押し込めたのは何の目的であっ

たのか(M. や P. の著作を旅行カバンに沢山つめ込んだ目的は?) hos ārto stipata theatro spectat Roma potens 世界に冠たるローマ(人)が, かかる類の(低級な)芝居をせまくるしい劇場にぎっしりつめこまれて見物しているのだ

stips *f.* stipis *3* §21 **1.** 小貨幣, 小額の金 **2.** (少額の)寄付, 喜捨, 施与, ほどこし, 献金 **3.** 料金, 報酬, 謝礼

stipula *f.* stipulae *1* §11 **1.** 穀類(穀草類)の茎, 豆の茎 **2.** 刈り株 **3.** 麦わら **4.** 麦笛, 牧笛, あし笛

stipulātiō *f.* stipulātiōnis *3* §28 [stipulor] 債務者が債権者の質問に答えて, 方式(慣例)に則って契約(保証)する事, 債務者の保証契約による契約, 口頭契約

stipulor *dep.1* stipulārī, -lātus sum §123(1) 債務者から方式に則った約束を請求する, 方式(慣例)に則った質問によって債務者から保証(契約)を要求する

stīria *f.* stīriae *1* §11 (氷の柱) つらら, 氷った雫(水滴)

stirps *f.*(*m.*) stirpis *3* §21 = **stirpēs** stirpis *3* §19 **1.** 幹の根元, 切り株, 根, 地下茎 **2.** 植物, 草木, 樹木, 灌木, 若枝, 芽(ひこばえ) **3.** 家族, 一族, 一門, 血統, 先祖, 家系 **4.** 子孫, 後裔 **5.** 始まり, 根源, 始源, 発端, 原因, 生まれつきの性質, 基礎 repetere stirpem juris a natura 権利の根源を自然の中にもとめること Carthago ab stirpe interiit カルタゴは根底から滅びた

stīva *f.* stīvae *1* §11 鋤(すき)の柄(え)

stō *1* stāre, stetī, statum (statūrus) §106 **1.** 立つ, 立っている, 立ち上がる, 直立する, 立ったままとどまっている **2.** そのままである, ある状態でいる, 存続する, 残る, とどまる **3.** 静止している, 固定している, 覚悟(決心)している, きまっている, 決着している **4.** しっかりと立っている, 守備についている, 位置している, もちこたえる, 抵抗する, 固執する, 耐える **5.** 停止する, 止まる, 休止している, 船が停泊している **6.** …による, …いかんできまる, か

かっている, のせいである, 責任である **7.** の側につく, 味方する **8.** 成功する, うまくいく **9.** …で固定している, ぎっしりと厚くなっている, つまっていてかたい stetit soleatus in litore 彼はサンダルをはいて海岸に立っている ex eo, quo stabant, loco recesserunt 彼らは守っていた持ち場から退いた steterunt comae 髪の毛がさか立ちしていた(恐怖のため) jam pulvere (9f11) caelum stare vident 彼らは空がいまや土埃でぎっしりとつまっている(厚い埃に包まれている)のを見る vides, ut altā stet nive (9f10) candidum Soracte ごらんなさい, ソーラクテ山が深い雪につつまれていかに白く輝いて(立って)いることか stas animo (9f3)? お前の精神は正常か civitates, quae superiore bello cum Sertorio steterant 先の戦争ではセルトリウスに味方していた部族 cognovit per Afranium stare, quo minus proelio dimicaretur (172) 戦闘が開始されないのはアフラニウスのせいであると彼は知った

Stōicus *a.1.2* Stōic-a, -um §50 **1.** ストア派哲学者の, ストア派哲学の **2.** (名)**Stōicus** *m.* Stōicī *2* §13 ストア派哲学者 **Stōica** *f.* Stōicae *1* §11 ストア派哲学(の教養)

stola *f.* stolae *1* §11 <στολή **1.** くるぶしまでとどく長い衣服, ローマの上流階級の主婦の着た着物 **2.** ある聖職者たち(男女)も儀式に用いた (形) **stolātus** *a.1.2* stolāt-a, -um §50 ストラを着た

stolidus *a.1.2* stolid-a, -um §50 [stultus] (比)stolidior (最)stolidissimus **1.** 頭の鈍い, 鈍感な, 間抜けの, 愚かな, ばかな **2.** 粗野な, 木石の如き, かたい **3.** 気力のない, 生気のない, にぶい (副)**stolidē** §67(1) 愚かにも, 鈍感に

stomachor *dep.1* stomachārī, -chātus sum §123(1) [stomachus] 怒る, 腹をたてる, 憤慨する, 激昂する prave sectum stomacheris (132) ob unguem あなたは(彼の)爪の切り方が悪いといって腹を立てられましょうね cum

stomachōsus   754

stomacharetur cum Metello 彼がメテ
ッルスとけんかしたので

stomachōsus *a.1.2* stomachōs-a,
-um §50 [stomachus] （比)stoma-
chosior 怒りっぽい, 短気な, ふきげん
な

stomachus *m.* stomachī *2* §13
<στόμαχος **1.** のど, 食道, 胃 **2.** 味覚,
好み, 趣味 **3.** 傾向, 意向, 機嫌（½ん) **4.** 怒
り, いらだち, 立腹, 短気 epistula plena
stomachi (9c13) et querelarum 不機嫌
と不平で一杯の手紙 difficile est habere
cotidie bonum stomachum 毎日上機嫌
でいることは難しい ludi non tui stomachi
(9c5) あなたの好みでない見世物

storia (**storea**) *f.* storiae *1* §11
むしろ, ござ, たたみ, わら, アシ, イやな
わでできた敷きもの, かぶせもの

strabō *m.* strabōnis *3* §28 <
στραβών やぶにらみの人, 横目で見る人,
斜視の人

strāgēs *f.* strāgis *3* §19 [sternō]
1. ばらまき, 投げすて, 打倒, 突き殺し
2. 破滅, 荒廃, 蹂躙（ℓ゚ぅ） **3.** 殺害, 虐
殺, 流血, 殲滅（ぜん） **4.** (破壊, 殺戮のあ
と散らばった)残骸, 破片, 屍の堆積(山)
amnis dat sonitu magno (9f9) stragem
volvitque sub undis grandia saxa 川は
大音響と共に破壊を与え波の下に大きな石
をころがす obstructae strage corporum
viae 兵士の屍で累々と埋めつくされた道

strāgulus *a.1.2* strāgul-a, -um
§50 [strāgēs] 拡げられた, ひろがった
1. vestis stragula = **strāgula** *f.* *1*
§11 おおい, 経かたびら **2.** vestimentum
stragulum = **strāgulum** *n.* *2*
§13 おおい, かけぶとん, 敷物, じゅうた
ん, 寝台のおおい, 敷布, 馬衣, 馬の鞍
おおい, 経かたびら, 棺おおい

strāmen *n.* strāminis *3* §28
[sternō] 敷きわら, 寝わら, 屋根ぶきわ
ら

strāmentum *n.* strāmentī *2* §13
[sternō] **1.** わら, 麦わら **2.** 敷きわら,
かけわら, わらぶとん **3.** 馬おおい, 荷鞍
（形)**strāmentīcius** *a.1.2* -tīcia,

-tīcium §50 わらでできた, わら製の

strāmineus *a.1.2* strāmine-a, -um
§50 [strāmen] わらでできた, わら人
形の

strangulō *1* strangulāre, -lāvī,
-lātum §106 <στραγγαλάω **1.** 首
を絞めて殺す, 窒息させる, 扼殺する, 息
の根をとめる **2.** 責めさいなむ, 苦しめる,
拷問にかける

strātum *n.* strātī *2* §13 [sternō
の完分] **1.** 寝台の上掛 **2.** 寝台, 長いす,
寝いす **3.** しとね, 敷きぶとん **4.** 鞍敷き,
鞍布, 馬覆い, 荷鞍 **5.** strata viarum
saxea 舗装道路 qui asinum non potest,
stratum caedit ロバを叩けない(とき)人
は荷鞍をたたく(人はいつも身代わりをさが
す)

strātus, strāvī → sternō

strēna (**strēnua**) *f.* strēnae *1*
§11 **1.** 幸先よい前触れ, 吉兆 **2.** 新年の
贈り物, お年玉

strēnuē 副 [strēnus §67(1)] **1.** 元
気を出して, 活発に, 精根を傾けて, 力一
杯 **2.** さっそうと, きびきびと, てきぱきと,
敏速に

strēnuitās *f.* strēnuitātis *3* §21
[strēnuus] 精力的な活動, 行動, 勤
勉, 熱心, 敏捷, 活発

strēnuus *a.1.2* strēnu-a, -um §50
（比)strenuior （最)strenuissimus
1. 活動的な, 活発な, 積極的な, 熱心な
2. 元気な, 旺盛な, 精力あふれる, 強健
な **3.** 不穏な動きをみせる, 騒乱を好む
strenua nos exercet inertia 積極的な
怠惰・多忙な無為(oxymoron, あちこち
と動き回り, あれこれと手をつけて, 何も
目的を達成できないこと)が我々の気持ちを
落ち着かせないのだ

strepitō *1* strepitāre, ——, ——
§106 [strepō] 大声を出す, 叫ぶ, や
かましい音をたてる, 騒ぐ, 騒音に包まれ
る, みたされる

strepitus *m.* strepitūs *4* §31
[strepō] **1.** 物音, 騒音, 雑音 **2.** さわ
ぎ, 叫喚, 喧噪（ઉぅ） **3.** 騒動, 混乱 **3.** 咆
哮, きしむ音, やかましい音, 楽器の奏音

strepō *3* strepere, strepuī, strepitum §109 **1.** がらがらと大きな音をたてる, 騒音をひびかせる **2.** わいわいさわぐ, やかましく言いたてる, 怒号する, 声高に不平(抗議)をとなえる **3.** 騒音(怒号)に包まれる, みちる, 鳴りひびく rauco strepuerunt cornua cantu (9f10) 角のラッパがやかましい音をたてて鳴りひびいた strepit omnis murmure campus 野原全体がやかましい蜂の羽音で包まれる

strictim 副 [strictus] **1.** ぴったりと体(肌)に密着して **2.** 表面的に, 皮相的に, かるく, 簡略に, あらまし, ざっと, いそいで strictim attondere 髪を根元からきっちりと剃りおとす

strictūra *f.* strictūrae *1* §11 [stringō] **1.** 収縮, 圧縮 **2.** 赤熱して水につけて鍛えた鉄鋼の塊, 棒

strictus *a.1.2* strict-a, -um §50 [stringō の完分] (比)strictior **1.** 緊張した, 引きしまった, ぴったり合った, 窮屈な **2.** 厳しい, 厳格な **3.** ぎっしりつめた, 密度の高い, 密集した **4.** 簡潔な, 簡明な

strīdō *3* (**strīdeō** *2*) strīdere (strīdēre), strīdī, —— §§109, 108 **1.** 鋭い, かんだかい音(声)をだす, 不快な(神経をいらだたせる)音を出す, ぎーぎー, きーきーときしる, しゅうしゅうとなる, ぶんぶん, ぎしぎし, ごうごうとなる音をたてる **2.** 金切り声であたりを満たす horrendum (9e13) stridens (belua) ひゅうひゅうと物凄い音をたてている(怪物) trahunt stridentia plaustra 彼らはぎーぎーときしむ車をひいている

strīdor *m.* strīdōris *3* §26 [strīdeō] **1.** 調子の高い音, 鋭い, 不快な声, かなきり声, 悲鳴 **2.** きーきーきしむ音, しゅうしゅうと, ひゅうひゅうと鳴る音, ぶんぶんうなる音, がちゃがちゃとなる音, ぶつぶつ, ぶーぶーさわぐ, 不平を言う声

strīdulus strīdul-a, -um §50 [strīdō] しゅうしゅうと音をたてる, ぶんぶんうなる, ごろごろいう, ぎいぎいとかん高い音をたてる, 高い調子の音をひびかす

striga *f.* strigae *1* §11 [strix] 吸血鬼(女)

strigilis *f.* strigilis *3* §19 [stringō] 皮膚から油, 汗, よごれなどをこすりとる道具, 垢こすり器, はだかき器(浴用ブラシ)

strigis → strīx

strigō *1* strigāre, ——, —— §106 止まる, 停止する, 休む

strigōsus *a.1.2* strigōs-a, -um §50 [stringō] (馬などの)脇腹のやせた, やせこけた, ひからびた, しわがよった, 貧弱な

stringō *3* stringere, strīnxī (strin-?), strictum §109 *n.b.* 元来2つの動詞が一つになったらしい **1.** しっかりしばる, ひもでくくる, 結ぶ **2.** 強くしめつける, ひきしめる, ぴんとはる **3.** なでる, さする, 軽くふれる **4.** つむ, むしる, はぐ, むく **5.** 奪う, 切りとる, 刈り込む, 害する, 傷つける **6.** (さやから)剣を抜く, 裸にする stringit vittā comas 彼ははち巻きで髪をしばっている ut foliis ex arboribus strictis equos alerent (株がなくなり)彼らは木々から葉をむしりとって馬を養っていたほどである parentis praeclaram ingratā stringat (116.3) malus ingluvie rem その親不孝者は先祖からの有名な世襲財産を飽くことなき胃の腑で食いつくすかもしれない stringebat summas ales undas 鳥が水面をかすめた

strīx *f.* strīgis *3* §21 <στρίξ **1.** フクロウ, コノハズク **2.** 吸血鬼, 魔女, 悪魔

stropha *f.* strophae *1* §11 < στροφή 早業, 手品, 手練, 手管, ごまかし, 工夫

strophium *n.* strophiī *2* §13 <στρόφιον **1.** 乳当て, コルセット **2.** はち巻き

strūctor *m.* strūctōris *3* §26 [struō] **1.** 制作者, 建築業者, 石工, 左官, 屋根ふき **2.** 食卓の準備をする奴隷, 食卓で肉を切り分ける奴隷

strūctūra *f.* strūctūrae *1* §11 [struō] **1.** 建築, 構造, 建築物, 構造物, 建築術, 石工術 **2.** 石工, 煉瓦, (コンクリート)の建築(物), 工事 **3.** 配列, 結

構, 組立

strūctus, strūxī → struo

struēs *f.* struis *3* §19 ［struō］
1. 積み重ね，堆積，山積み，大量，多数
2. 供物の小さな菓子の山

strūma *f.* strūmae *1* §11 リンパ
腺のはれ，こぶ，甲状腺腫

struō *3* struere, strūxī, strūctum
§109 **1.** 建てる，組み立てる，積み上げ
る(重ねる)，築き上げる，盛り上げる **2.** 配
列する，配置する，準備(用意)する，供
給する，与える **3.** 調達する，工夫する，
企む，考案する，しくむ，しかける **4.** 作
る，著作する，構成する montes ad side-
ra ～ 山を天まで積み上げる templa saxo
structa vetusto 古い石で築き上げられた
神殿 acies manipulatim structa 中隊ご
とに組み立てられた戦列 quid struat
(116.4) his coeptis (9f11)? 彼は何を企
んでこのようなことを始めたのか

Strȳmōn *m.* Strȳmonis (-onos) *3*
§41.8b Thracia と Macedonia の国境
の川，現代の Struma 川

studeō *2* studēre, studuī, §108
1. 熱心に求める，切望する，願う **2.** 志す，
目指す，専念する，没頭する，ふける **3.** 傾
倒する，支持する，後援する，ひいきする，
引き立てる **4.** 追求する，努力する，研究
する，勉強する (さまざまな構文)与，対
(中，代)不，不句，ut などをとる novis
rebus student 彼らは政変を切望してい
る audire ex te studeo 私はあなたから直
接聞きたいと願っている studet urbanus
haberi 彼は世間で優雅な人と見られたく
て一生懸命だ versus amat, hoc studet
unum 彼は(作)詩を愛する，彼はこの一つ
に専念している ne solus esset, studui 彼
がたった一人ではないように(後継者がいる
ように)私は願っていた

studiōsē *副* ［studiōsus §67(1)］ （比）
studiosius （最）studiosissime 熱心
に，激しく，勤勉に，真剣に，注意深く，
進んで，快く coepit studiose omnia
docere 彼はすべてのことを熱心に教え始
めた

studiōsus *a.1.2* studiōs-a, -um §50

［studium］ **1.** 熱心な，勤勉な，熱中し
た，熱望している，真剣な **2.** 学問好きな，
勉強家の，研究熱心な **3.** 親しい，友好的
な，献身的な，忠実な，愛着を抱いている
in pratis studiosa florum (9c13) 牧場
で花をつむのに夢中になっている(女) stu-
diosior in me colendo (121.3) 私の機嫌
をとるのに人一倍熱心な(人)

studium *n.* studiī *2* §13 ［studeō］
1. 熱意，熱中，熱情 **2.** 熱心な努力，没
頭，専心，研究，勉学 **3.** 欲望，衝動，
性向，好み，嗜好，愛着，慰め，気晴ら
し **4.** 党派心，えこひいき，支持，忠誠，
献身 **5.** 目的，関心(事)，心配(ごと)，政
策，主義 suo quisque studio maxime
ducitur 人は生活態度を特に個人的な(そ
れぞれの)嗜好によって左右される ne stu-
dio nostri (9c3) pecces あなたは私のこ
とばかり考えて，相手に失礼のないように
して下さいよ(我々への没頭(献身)からあや
まちを犯してくれるな) ad studium fallen-
di (119.2) studio (9f11) quaestus (9c3)
vocabantur 儲けに熱中するあまり彼らは
嘘をつく性向(くせ)へと引きずられていたの
だ bonarum artium studia 文学の研究

stultē *副* ［stultus §67(1)］ （比）
stultius （最)stultissime 愚かにも，ば
かげたことに，ばからしく，ばかみに，間抜
けにも

stultiloquentia *f.* -loquentiae *1*
§11 = **stultiloquium** *n.* -loquiī *2*
§13 ばか話，むだ話，おしゃべり

stultiloquus *a.1.2* -loqu-a, -um
§50 ばか話(むだ話)にふけっている，おし
ゃべりをしている

stultitia *f.* stultitiae *1* §11
［stultus］ **1.** 愚かさ，馬鹿らしさ，ばか
げた行い(考え) **2.** 間抜け，愚鈍，へま est
genus unum stultitiae nihilum metuen-
da (118.2) timentis (9c12, 118.2) 全く恐
れる必要のないものを心配すること(人)は
一種の愚かさ(馬鹿)である

stultus *a.1.2* stult-a, -um §50 ［*cf.*
stolidus］ （比）stultior （最)stultis-
simus **1.** 頭の悪い(鈍い)，馬鹿な，愚
かな，間抜けの，あほうな，無分別な **2.** ば

かげた，とっぴな，場違いな，くだらない stultior stulitssimo（9f6）愚の骨頂 Fortuna nimium quem fovet, stultum facit 幸運（の女神）はひいきしすぎる人を（先ず）あほうにする stultorum plena sunt omnia 世の中は愚行に満ちている stultus primus suam sententiam dicit 馬鹿者は真先に自分の意見をのべるものだ

stupefaciō *3b* stupe-facere, -fēcī, -factum §110 ［stupeō, faciō §173］ **1.** 気絶（失神）させる，目をくらませる，感覚を失わせる **2.** 肝をつぶさせる，仰天させる，縮み上がらせる

stupeō *2* stupēre, stupuī, ── §108 **1.** 感覚を失う，気絶する，失神する，呆然自失となる **2.** 神経が鈍る，ばかになる，まひする，しびれる，びっくり仰天する，口がきけなくなる **3.** （水が）よどむ，のろくなる **4.** （他）見ておどろく，たまげる stupet insanis（9f15）acies fulgoribus 目は（食器の）信じ難いほど輝く光沢にまひする dum omnia stupeo 見るものすべてにたまげているとき

stupiditās *f.* stupiditātis *3* §21 愚鈍，間抜け，愚行

stupidus *a.1.2* stupid-a, -um §50 ［stupeō］ （最）stupidissimus **1.** 無感覚の，失神した，仰天した，狼狽した，肝をつぶした，しびれた **2.** 愚かな，頭の鈍い，軽率な

stupor *m.* stupōris *3* §26 ［stupeō］ **1.** 無感覚，失神，昏睡，しびれ，麻痺，驚愕，仰天 **2.** 愚鈍，のろま，ばか，愚行

stuppa *f.* stuppae *1* §11 ＜στύππη 麻くず （形）**stuppeus** *a.1.2* stuppe-a, -um §50 麻くずからできた，麻くずの

stuprātor *m.* stuprātōris *3* §26 ［stuprō］ 違法な性交を持つ人，誘惑者，女たらし，汚辱者，冒瀆者

stuprō *1* stuprāre, -rāvī, -rātum §106 ［stuprum］ **1.** 違法な性交を持つ，貞節（純潔）を犯す，汚す，はずかしめる **2.** 名誉を奪う，汚名をきせる，侮辱する，冒瀆する

stuprum *n.* stuprī *2* §13 **1.** 不名誉，不面目，恥辱，名折れ **2.** 冒瀆，侮辱，名誉毀損，貶黜（ちゅつ） **3.** 違法な性交渉，強姦，不貞，凌辱

stupuī → stupeō

Styx *f.* Stygis（-gos）*3* §41.1b **1.** （神）冥界を七巻きする川 **2.** 冥界，死者の国 （形）**Stygius** *a.1.2* Stygi-a, -um §50 Styx の，冥界の，死者の国の，地獄の

suādeō *2* suādēre, suāsī, suāsum §108 **1.** 誰々に何々をすすめる，すすめて…させる，忠告する，助言する，説得する **2.** 強く主張する，擁護する，弁護する，支持する，推挙する **3.** 暗示する，ほのめかす，誘う，刺激する，そそのかす *n.b.* さまざまの構文をとる 与と対，不，不句, ut (ne) ＋接，又は接のみ ita faciam ut suades あなたが忠告する通りに私はいたしましょう quid mi suades? あなたは私に何をすすめるのか tantum religio potuit suadere malorum（9c4）! かつてかくも多くの害悪を宗教はそそのかすことができたのだ me pietas matris potius commodum suadet sequi 孝心が私に，むしろ母親の利益を追求するようにと説得するのです quod suades ut scribam … 私が以下のことを書くようにとあなたがすすめていることに関しては capias suadeo 私はあなたが受けとるようにすすめる

suāsī, suāsus → suādeō

suāsiō *f.* suāsiōnis *3* §28 ［suādeō］ **1.** 示唆，提案，提言，勧告 **2.** 擁護，推挙，支持 **3.** 忠告，訓戒

suāsor *m.* suāsōris *3* §26 ［suādeō］ 忠告者，勧告者，擁護者，支持者，推薦者

suāsōria *f.* suāsōriae *1* §11 ［suādeō］ （修）相手（神話・歴史上の人物）を説得するための修辞的技巧の訓練（練習）

suāsus *m.* suāsūs *4* §31 ［suādeō の完分］ 忠告，説得

suāveolēns (＝ **suāve olēns**) *a.3* suāveolentis §58 ［suāvis, oleō］ かぐわしい匂いのする，芳香のある，ふくいくたる

suāviloquēns   758

suāviloquēns *a.3* suāvi-loquentis §58 ［suāvis, loquor の現分］ 甘く, 愛らしく, 楽しそうに, 美しく(旋律)話す, 語る, うたう

suāvior (**sāvior**) *dep.1* suāviārī, suāviātus sum §123(1) = **suāvio**, -viāre, -viāvī, -viātum §106 ［suāvium］ 接吻する

suāvis *a.3* suāve §54 (比)suavior (最)suavissimus **1.** 快い, 気持ちよい, 快適な, 好ましい, 嬉しい, 楽しい **2.** 舌に心地よい, 甘い, おいしい **3.** 鼻に香りのよい, ふくいくたる **4.** 耳に甘美な **5.** 目に美しい, 魅力的な ut rem servare (117.1) suave est! 財産を失わずに保っていることはなんと心地よいことか

suāvitās *f.* suāvitātis *3* §21 ［suāvis］ **1.** 甘美, 快適, 心地よさ, 魅力 **2.** 風味, 芳香, 旋律, 調べ, 美しい姿, 眺め

suāviter 副 ［suāvis §67(2)］ (比) suavius (最)suavissime 甘く, 心地よく, 芳しく, 美しく, 愛らしく, 優しく, 調子よく, 喜んで, 魅力的に, 楽しく

suāvium (**sāvium**) *n.* suāviī *2* §13 **1.** 接吻 **2.** 接吻のために突き出されたくちびる **3.** 愛撫の言葉, 親しみを示す語 **suāviolum** (**sāviolum**) *n. 2* §13 suāvium の小

sub 前 **I.** 接頭辞として(§176), 次の如き意味をもつ, 下に, 下で, 下から上へ, 下方へ, すぐあとに, ひっそりと, こっそり, そっと, いくらか, 少し **II.** 前として **A.** 奪と **1.** (場所)下に, 下で, 内部で, 中で, 内側に(で), おおわれて, すぐそばで, ふもとで, 足元で **2.** (時間)のうちに, の間に, と同時に **3.** (下位, 従属関係)の手で, の指揮, 支配の下に, のもとで **B.** 対と **1.** (場所)下へ, 下方へ, 下まで, ふもとへ, すぐ前へ, 近くへ **2.** (時間)のころ, に近く, のすぐあとに (A) sub pellibus hiemare 毛皮の天幕の下で冬営すること sub monte considere 山の麓に陣営を築く ne sub ipsa profectione milites oppidum inrumperent (味方が)出発している最中に, (敵の)兵士が町へ突入し

ないように sub armis proxima nocte conquiescit 彼は武装したままその夜は露営する Cilicia est sub eo キリキアは彼の支配下にある sub Domitiano ドミティアーヌス帝の下で(時代に) sub specie pacis 平和をよそおって, 平和と見せかけて (B) exercitum sub jugum mittere (降服した)軍隊を槍門の下をくぐらせる sub montem succedere 山の麓まで接近する sub noctem naves solvit 彼は夜になると船のともづなを解いた sub eas litteras statim recitatae sunt tuae その手紙を読み終えるとすぐあなたの手紙が朗読された

subāctus → subigō

subālāris *a.3* sub-ālāre §54 ［sub, āla］ わきの下の, こわきにかかえられた

subc- → succ-

subdidī, subditus → subdō

subdifficilis *a.3* sub-difficile §54 ［sub, difficilis］ いくらか(多少, かなり)難しい, 困難な

subditīvus *a.1.2* subditīv-a, -um §50 ［subdō の完分］ 不正にとりかえられた, すりかえられた, にせの, 模造の

subdō *3* sub-dere, -didī, -ditum §§109, 159 注 **1.** 下におく, さし込む, 下にあてる, 下の方へ持っていく **2.** あてがう, 近づける, つける, あてる **3.** 服従させる, 支配下におく, 征服する **4.** さらす, 任す, ゆだねる **5.** とって代える, 代用させる, 代えて任命する **6.** だまして(不正に)とりかえる, ひそかにすりかえる, にせものを本物と称する, でっちあげる pugionem pulvino ～ 剣を枕の下にしのばせる ingeniis (9d4) stimulos subdere fama solet 名声が才能につき棒(刺激)をあてがう(与える)のが常である ne feminae imperio (9f11) subderentur 彼らは女の支配下におかれることのないように metuens, ne reus subderetur 彼は自分が被告の替え玉とされることを恐れて

subdolus *a.1.2* sub-dol-a, -um §50 ［sub, dolus］ **1.** ずるい, 悪賢い, 狡猾な **2.** 人をだます(裏切る), 奸智にたけた,

術策を弄する （副）**subdolē** 狡猾に，わるがしこく

subdūc, subductus, subdūxī → subdūcō

subdūcō *3* sub-dūcere, -dūxī, -ductum §109 **1.** 下から引き出す，ひき抜く **2.** 上げる，かかげる，立てる，建てる，陸へ揚げる **3.** こっそり連れ去る，ひっこめる，除去する，取り去る，奪う，ぬすむ，わきへ向ける，撤退させる **4.** 救う，救い出す，解放する **5.** 計算する，評価する，合算する subductis tunicis (9f18) 普段着のすそをまくり上げて lapidibus ex illa quae suberat turri (9d3) subductis (9f18) 櫓の下にあったその土台から石を取り除いて ille caput deponit, condormiscit, ego ei subduco anulum 彼がうなだれてねむり込む，私は彼からこっそり指輪をぬすむ fortes viri voluptatumne calculis subductis (9f18) proelium ineunt? 勇士たちは果たして欲得の計算をしてから戦闘に立ち向かうのだろうか

subductiō *f.* sub-ductiōnis *3* §28 ［subdūcō］ **1.** 着岸（させること），陸揚げ（させること） **2.** 計算

subedō *3* sub-edere (-ēsse), -ēdī, -ēsum §160 下を侵食する，下をくりぬく

subēgī → subigō

subeō 不規 sub-īre, -iī (-īvī), -itum §156 **1.** 下へ行く，うごく，すすむ，のびる，ひろがる **2.** 下に自分をおく，身で支える，運ぶ，肩にかつぐ，背負う **3.** 引き受ける，耐える，忍ぶ，経験する **4.** 上がる，生える，登る **5.** （こっそりと）近づく，あとをつける，しのび込む，ぬすむ，襲う **6.** 心に再び浮かぶ，ほのめかす，暗示する cum luna sub orbem solis subisset 月が太陽の円い面の下に入ってきたとき alii testudine facta (9f18) subeunt 他の兵は亀甲状隊形をつくって近寄ってくる dorso subiit onus 彼は背中に荷を負った subeundae sunt saepe pro re publica tempestates 国家のためにはしばしば暴風雨に耐えるべきである area creta (9f11) solidanda (118.3, 147. イ), ne subeant

herbae 脱穀場は雑草が生えないように陶土でかためられるべきだ mentem (9e1 注) patriae subiit pietatis imago 父親に孝行をつくした息子の面影が（父の）心に浮かんできた

sūber *n.* sūbris *3* §26 コルクガシ，その堅い外皮（樹皮）

subeundus → subeō

subf-, subg- → suff-, sugg-

subhorridus *a.1.2* sub-horrid-a, -um §50 いくらか（かなり）粗い，粗野な，いとわしい

subiaceō → subjaceō

subiciō → subjiciō

subie- → subje-

subigō *3* sub-igere, -ēgī, -āctum ［sub, agō §174(2)］ §109 **1.** 下から上へ（圧力をかけて）動かす，押し上げる，追い上げる，先へかりたてる，追いやる **2.** 下へ押しつける，抑圧する，鎮定（征服）する，屈服させる **3.** ならす，鍛える **4.** 強いる，余儀なくさせる **5.** おい込む，苦しめる，圧迫する，悩ます **6.** 土の下をかき回す，耕す，掘る **7.** 手を加える，もむ，こねる，滑らかにする，みがく adverso vix flumine (9f18) lembum remigiis subigit 彼は川の流れにさからって櫂でこいで小舟を上流へやっとこさすすめて行く inventa Britannia et subacta ブリタンニアは発見されそして平定された mea vi subacta(e)st facere 彼女は私の圧力によってそうせざるを得なかったのだ insidiis subactus 彼は裏切りによって追いつめられて scrobibus subactis (9f18) 穴を掘って

subinde 副 **1.** それから間もなく，すこし経って **2.** そのあとすぐ，直ちに **3.** 時々，しばしば，くりかえして，絶え間なく subinde intraverunt duo Aetiopes それからしばらくして2人のエチオピア人が入ってきた omnibus prodest subinde animum relaxare 時々気を晴らすことは誰にとっても有益である

subīrāscor *dep.3* sub-īrāscī, -īrātus sum §123(3) 少し怒る，ちょっと腹を立てる，むっとする

subitārius *a.1.2* subitāri-a, -um

subitus   760

§50 ［subitus］ **1.** 即座の(敏速な)行動を要求する res subitaria 緊急事態 **2.** 急いで募集された, 当座に(まにあわせに)建てられた, あわてて(急に)思いつかれた, 計画された **3.** 即席の, 即興的な, 突然の, 予期せぬ

subitus *a.1.2* subit-a, -um §50 **1.** 突然の, 不意の, 不測の **2.** 急な, 切迫した, 緊急の, 性急な **3.** 急ごしらえの, 即席の, 急いで準備された, 任命された, 募集された homo levis et subitus 軽率でせっかちな人 subitus irrupit 彼は突然侵入した （名)**subitum** *n.* subitī 2 §13 緊急(非常)事態, 急場, 危急存亡の時 per 〜 急いで （副)**subitō** §67(1) **1.** 突然に, 思いがけなく, 不意に **2.** 急いで, 即席に, ただちに, 準備なしに

subjaceō 2 sub-jacēre, ——, —— §108 **1.** 下に横たわる, 下におかれている, ふもと(すそ)におかれている, 位置している **2.** さらされている **3.** に属する, 一部をなす

subjēcī, subjectus → susjiciō

subjectē 副 ［subjectus §67(1)］ （最)subjectissime うやうやしく, 従順に, 敬意をこめて

subjectiō (**subiectiō**) *f.* subjectiōnis 3 §28 ［subiciō］ **1.** 下へ(前へ)おくこと, 下へおかれたもの, 支柱 **2.** (修)質問に添えられた解答への暗示, 付録の説明, 例証 **3.** 偽造(物), 替え玉, 文書偽造, 剽窃(ひょうせつ)

subjectō (**subiectō**) *1* sub-jectāre, -jectāvī, -jectātum §106 ［subiciō］ **1.** 下から上へ投げる, 投げ上げる **2.** 下の方へやる, あてる, むける, おく

subjector *m.* subjectōris 3 §26 ［subjiciō］ 詐欺の文書を提出する人, すりかえる人, 遺書偽造者

subjectus *a.1.2* sub-ject-a, -um §50 ［subjiciō の完分］ （比)subjectior **1.** 下におかれた, 低い所にある, 足もとの, 目に見える所の **2.** 近くの, 接近した **3.** 服従した, 目下の, 臣下(従者)である **4.** 従順な, 大人しい, 素直な **5.** 戸外(日向)に,

…の前に, さらされた, 開かれた per totum hoc tempus subjectior in diem et horam invidiae (9d13) noster それからというものはずっと, 我らの友(＝私)は日々刻々(ますます)ひどくなる世間の嫉妬にさらされているのです

subjiciō (**sūbiciō**) *3b* sub-jicere, -jēcī, -jectum ［sub, jaciō §174(2)］ §110 **1.** 下から上へ投げる, ほおる, 放つ, 打ちあげる, 押し上げる, 揚げる, かかげる **2.** 下に投げ出す, 下におく, おろす, 足下(前)におく, 突き出す, 与える, さらす **3.** 下位におく, 従属させる, 服従させる, 支配下におく **4.** 渡す, 手交する, 出す, ゆだねる, 放棄する **5.** 次ぎに(あとに)おく, する, 添える, 追加する, 間にはさむ, 介入させる **6.** 代わりにおく, とりかえる, すりかえる, だまして(こっそり)持ち込む, 偽造する **7.** 心の中にそっと投げ込む, 暗示する, ほのめかす, 喚起する, 回想させる, 鼓舞する, 鼓吹する, 説き伏せる **8.** 引き離す, 企む, そそのかす, 提案する expectans, si iniquis locis (9d4) Caesar se subjiceret カエサルが不公平な立場に身をおく(近づける)ことを彼(敵)は期待して nonnulli inter carros rotasque mataras ac tragulas subiciebant 何人かの者は荷車や車輪の間から投槍や重槍を不意に(下から)突き出していた infirmis navibus (9d) hiemi (9d4) navigationem (117.5) subiciendam non existimabat 貧弱な船団にとって航海を冬の悪天候にさらすべきではないと彼は判断した vix pauca furenti subjicio そのたけり狂った人に対しやっと私は言葉少なく口をさしはさむ nolite Galliam perpetuae servituti subjicere ガッリアを永久の奴隷状態におとし入れてはならぬ nec tibi subjiciet carmina serus Amor おそく訪れた恋の神は, お前に詩を書くようにそそのかすことはあるまい

subjugō *1* sub-jugāre, -jugāvī, -jugātum §106 ［sub, jugō］ 征服(制圧)する, 服従させる, 支配下におく

subjungō (**subiungō**) *3* sub-jungere, -jūnxī, -jūnctum §109 ［sub, jungō〕 **1.** くびきで拘束する，牛・馬を車・鋤につなぐ，馬具をつける **2.** 制圧する，征服する，支配下におく **3.** 下におく，とりつける，そえる，はりつける，追加する curru (9d4) subjungere tigris 虎を車につけること mihi res, non me rebus subjungere conor 私は私を世間(他人の要求，習慣など)にではなく，世間を私に従わせようと努める

sublābor *dep.3* sub-lābī, -lāpsus sum §123(3)〕 **1.** 地上に倒れる，崩壊する **2.** 沈む，衰微する，潮が引く **3.** こっそりと(人に気づかれないように)忍び足ですすむ，忍び寄る，入り込む，しみ込む aedificia vetustate (9f15) sublapsa 長い年月のために崩壊した建物 prima lues udo sublapsa veneno (9f9) pertemptat sensus 疾病は先ず液状の毒となって身体にしみ込み感覚を襲う

sublātē 副〔sublātus §67(1)〕 崇高な文体で，気高く，堂々と

sublātus *a.1.2* sublāt-a, -um §50〔tollō の完分〕（比)sublatior （最)sublatissimus **1.** 調子の高い(声) **2.** 高揚した，自信に満ちた，得意満面の **3.** 不遜な，高慢な，横柄な，傲慢な

sublegō 3 sub-legere, -lēgī, -lēctum §109〔sub, legō〕 **1.** 地上から拾い上げる，とりあげる **2.** 盗んで持ち去る，こっそりと奪う，盗み聞きをする，立ち聞きをする **3.** 代理として，補欠として選ぶ，補欠選挙でえらぶ quae sublegi tacitus tibi (9d8) carmina nuper 最近私がだまってこっそりとあなたから盗み聞きした詩歌

sublevō 1 sub-levāre, -vāvī, -vātum §106 **1.** 直立させる，まっすぐに起こす，上げる，揚げる，建てる **2.** 支える，支援する，助ける，助長する，促進する，励ます，勇気づける **3.** 軽減する，緩和する，静める，和らげる tanta erat peditum exercitatione (9f15) celeritas, ut jubis (9f11) equorum sublevati (118.4) cursum adaequarent 歩兵の敏捷さときたら訓練によって，馬のたてがみにしがみついて身を支えたので，騎兵と競走をはりあえるほど早かった

sublica *f.* sublicae 1 §11 杭，棒，支柱，脚柱，橋脚 （形)**sublicius** *a.1.2* -cia, -cium §50 杭に支えられた

subligāculum *n.* subligāculī 2 §13 = **subligar** *n.* subligāris 3 §26〔subligō〕 腰巻き，腰布，下帯，ふんどし，さるまた

subligō 1 subligāre, -ligāvī, -ligātum §106〔sub, ligō〕 **1.** 下から支えるために結んで(しばって)とめる，固定する **2.** しばりつける，つなぐ，くくる，しめる，結ぶ

sublīmē 副 = **sublīmiter**〔sublīmis §§67(2), 9e13〕（比)sublimius **1.** 空中高く，地上高く **2.** 高い位置に，地位に

sublīmis （**sublīmus** *a.1.2*） *a.3* sublīme (sublīm-a, -um) §54(§50)（比)sublimior **1.** 空高く，そびえ立つ，かかっている，ある，いる **2.** 理想(志)の高い，高尚な，高邁な，氣高い **3.** 地位の高い，卓越した，著名な，高貴な **4.**（名)

sublīme *n.* sublīmis 3 §20 高い所(地位)，天，(*pl.*)天体，気象 **5.** 高慢な，尊大な quem sublimem pedibus rapuit uncis （ワシは)彼を足の鉤爪で摑み空中高く飛び去った aquila in sublime sustulit testudinem ワシはカメを高い所へ運んでいった

sublīmitās *f.* sublīmitātis 3 §21〔sublīmis〕 **1.** 高さ，高い位置，高貴な地位，卓越，優秀 **2.** 高尚な，高邁な精神，氣高い性格，気風，寛大，度量 **3.** 意気軒昂，有頂天 **4.** 崇高な，高遠な文体

sublīmiter 副〔sublīmis §67(2)〕（比)sublimitius **1.** 地上高く，いっそう高い地位へ **2.** 意気揚々と，意気軒昂として

sublinō 3 sublinere, sublēvī, sublitum §109〔sub+linō〕 表面にぬる，なすりつける ōs sublinere(ねている人の)顔にものをぬりつける，人を馬鹿にする，からかう，侮辱(ﾌﾞｼﾞｮｸ)する

sublūceō 2 sub-lūcēre, ——, —— §108〔sub, lūceō〕 **1.** ぼんやり(かすかに，弱く)光る，かがやく，かすかに光る，明滅する **2.** 下から(通して)光る，かがやく

subluō 762

in foliis violae (9d3) sublucet purpura nigrae 花弁の中で濃い紫色の下に深紅色の輝きがかすかに見える

subluō *3* sub-luere, -luī, -lūtum §109 [sub, lavō §174(2)] 体の下を洗う, 下から洗う(入浴する), 山の麓を洗う, 流れる

sublūstris *a.3* sublūstre §54 かすかに光る, 明るい, ぼんやり(ほのかに)光る, ちらちらする, 明滅する, 薄暗い

submergō (**summ-**) *3* sub-mergere, -mersī, -mersum §109 水中に沈める, 水没させる, 浸す, 投げ込む

submersī, submersus → submergō

subministrō (**summ-**) sub-ministrāre, -rāvī, -rātum §106 供給する, 与える, 提供する, 差し出す, 渡す

submissē 副 [submissus §67(1)] (比)submissius 低い調子(態度)で, 控え目に, 抑制して, つつましく, 遠慮して, 大人しく, 卑屈に, 平身低頭して

submissiō (**summ-**) *f.* submissiōnis *3* §28 [submittō] **1.** 声をおとすこと, おさえること, 調子をやわらげること **2.** 減少, 低下, 下落, 減額, おとしめること, 侮辱

submissus (**summ-**) *a.1.2* sub-missa, -um §50 [submittōの完分] (比) submissior **1.** 長くのばした, たらした, たれた(髪) **2.** 低い姿勢の, 身をかがめた, 腰をまげた, (目を)伏せた, 沈んだ, 低い(声), 静かな, 弱い **3.** 控え目な, おだやかな, 大人しい, 従順な, へりくだった, けんそんした **4.** 卑屈な, 平身低頭の

submittō (**summ-**) *3* sub-mittere, -mīsī, -missum §109 **1.** 下から上へ放つ, 上げる, 高める, 生えるがままにしておく, 育てる, 生長させる **2.** こっそりと送る, 使者(代理)をおくる, 援軍をおくる **3.** 下へ投げる, 落とす, 下におく, 下げる, 低くする, 沈める **4.** 下に伏せさせる, 屈服させる, ひざまずかせる **5.** 減らす, 弱める, 鎮める, 和らげる, 控える **6.** (再・受)屈服する, 従う, ひざまずく, おじぎをする **7.** (再)身をおとす, 高ぶらない, 権威(品

格)をおとす tibi suavis daedala tellus submittit flores 技の巧みな大地はあなた(女神)のために甘美な花を育て上げる inceptum frustra submitte furorem 甲斐なくも起こし始めた憤怒をどうか鎮めたまえ saevienti fortunae (9d4) submitteret (116.2) animum 彼女は残酷な運命に自分の意志を従わせるべきだ(と忠告された) ii qui superiores sunt, submittere se debent in amicitia 目上の人も友情においては, へりくだるべきである

submoveō (**summ-**) *2* sub-movēre, -mōvī, -mōtum §108 **1.** 無理やり動かす, わきへ押しやる, 移す, ずらす, はずす, 運び去る, 取り除く, 片づける **2.** 解任する, 解雇する, 退場させる **3.** おしける, 追放する, 追い払う, 撃退する, 排除する, 遠ざける, ひき離す, 分ける **4.** 禁じる, 妨げる, 止める, 否定する horum virtute summotis hostibus (9f18) 彼らの武勇によって敵は撃退されて ubi Alpes Germaniam ab Italia summovent アルペス(アルプス山脈)がゲルマニアをイタリアから分け隔てる所において maris urges submovere (117.4) litora あなたは海岸線を沖の方へ後退させよう(海岸を埋めて別荘をつくろう)と一生懸命である di te submoveant (116.2) orbe suo 神々が神々の支配する世界からお前を追放されるように

subnāscor *dep.3* subnāscī, subnātus sum §123(3) **1.** 発生する, 下から現れる, (不意に)起こる **2.** あとから(代わって)芽を出す, 生じる, 再生する

subnātus → subnāscor

subnectō *3* sub-nectere, -nexī (-nexuī), -nexum §109 **1.** 下に結びつける, しばりつける **2.** 縛りあげる, 巻き上げる, 束ねる, くくりつける, しっかりととめる **3.** つけ加える, 言い足す, 書き加える crinis (*pl. acc.*) molli (9f10) subnectens circulus auro 髪を束ね上げているしなやかな黄金の輪 his alias poteram subnectere causas これらの上に他の理由も書き加えることができた

subnexuī, subnexus → subnectō

subnīxus (**-nīsus**) *a.1.2* sub-nīxa, -nīxum §50 ［sub, nītor の 完分］ **1.** 支えられた, よりかかっている, もたれている **2.** 助けられた, 守られた, 元気づけられた, 勇気づけられた **3.** 信頼している, たよりきっている, 確信している subnixis alis (9f18) me inferam 私は両手を腰にあてひじを張って進んでいこう subnixa Petelia muro 城壁に守られたペテーリアの町 subnixo animo (9f18) 意気揚々と

subnotō *1* sub-notāre, -notāvī, -notātum §106 **1.** 下にしるしをつける, 署名する **2.** 特にしるしをつける, 注目(注意)する, 特別に書きとめる, 注をつける

subnuba *f.* subnubae *1* §11 ［sub, nubō］ 花嫁にとってかわる女, めかけ, 恋敵

subnūbilus *a.1.2* sub-nūbil-a, -um §50 いくらか曇った, 雲でおおわれた, いくらか(多少)暗い, 影のある, かげった

subō *1* subāre, ——, —— §106 (動物の雌について)発情している, さかりがついている

suboleō *2* sub-olēre, ——, —— §108 ［sub, oleō］ **1.** かすかに匂ってくる, 匂いが感じられる **2.** うすうすかぎつかれる, 気づかれる subolet hoc jam uxori quod ego machinor わしの企んでいることがどうやらもう家内に感づかれたようだ

subolēs (**sobo-**) *f.* subolis *3* §19 ［sub, alō *cf.* prōlēs］ **1.** 若木, 新芽, 若枝 **2.** 子, 子孫, 後裔, 後世, 世代 **3.** 民族, 種族, 血統, 家系 Diva (Lucina), producas subolem 生誕の女神よ, 行く末長く子孫をふやして下さいませ Romae suboles ローマ人, ローマの民族

subolēscō *3* sub-olēscere, ——, —— §109 新しい世代が生まれる

suborior *dep.4* sub-orīrī, -ortus sum §123(4) 湧き出る, わいてくる, 生じる, 生まれてくる, 与えられる

subōrnō *1* sub-ōrnāre, -nāvī, -nātum §106 ［sub, ōrnō］ **1.** 用意(準備)してやる, 供えてやる, 武装させる, 身につけさせる **2.** 正装する, 身につける **3.** こっそりと(悪いことを)企む, 準備する, 教える, そそのかす, 誘惑する pecunia (9f11) Brutum subornastis あなたらはブルートゥスに金を工面してやった bucinator subornatus 正装したラッパ吹き fictus testis subornari solet いつもにせの証人が準備されている

subp-, subr- → supp-, surr-

subrēmigō *1* sub-rēmigāre, ——, —— §106 下でこぐ, 水をかく laeva (9f11) tacitis subremigat undis (9d3) 左手で彼女(ニンフ)は静かに波をかきわけて行く

subrēpō (**surrē-**) *3* sub-rēpere, -rēpsī, -rēptum §109 ［sub, rēpō §176］ **1.** 下をはう, すべり込む, 忍び込む, 徐々に気づかれないように近づく, 襲う, うまくとり入る **2.** もれる, にじみ出る, しみ出る, しみ込む subrepentibus vitiis (9f18) 悪徳がこっそり忍び込んで urbis moenia subrepere 町の城壁の中へすべり込む

subreptus → subripiō

subrīdeō (**surr-**) *2* sub-rīdēre, -rīsī, -rīsum §108 ［sub, rīdeō §176］ ほほえむ, 微笑する

subrigō (**surr-**) *3* sub-rigere, -rēxī, -rēctum §109 ［sub, regō §§174(2), 176］ **1.** まっすぐに立てる, 起こす, 上に向ける, 上げる **2.** 立ち上がる

subripiō (**surrip-, surp-**) *3b* sub-ripere, -ripuī, -reptum (-ruptum) §110 ［sub, rapiō §§174(2), 176］ **1.** こっそりと持ち去る, 奪う, 盗む, くすねる, 剽窃する **2.** 子供を誘拐する, かどわかす, さらう **3.** 除去する, 取り払う quae me surpuerat (= subripuerat) mihi 私から私を奪っていたあの女 ex sacro vasa ～ 聖域から壺を盗む virtus quae nec eripi nec surripi potest おおっぴらにも, こっそりとも奪いとられない美徳

subrogō (**surrogō**) *1* sub-rogāre, -rogāvī, -rogātum §106 ［sub, rogō §176］ 後継者として, 補欠としてある人を選ぶ, 民会の選挙で選ばせる subrogare sibi aliquem collegam ある人を自分たちの同僚として選ぶ(同僚に加える) jus sa-

subrubeō 764

cerdotum subrogandorum（121.3）神官の補欠選挙を行う権限

subrubeō（**surru-**）*2* subrubēre, ——, —— §108 ［sub, rubeō §176］赤みをおびている，薄く赤色に染まっている

subruō（**surruō**）*3* sub-ruere, -ruī, -rutum §109 **1.**（穴を）掘って土台からひっくりかえす，くずす，下を掘って倒す **2.** すきをねらって（ひそかに）覆す（くつがえす），傷つける，破壊する，滅ぼす parvum est, animum quod laudis（9c13）avarum subruit aut reficit 称讃を渇望する精神を傷つけたり癒したりするものは，まったく些細なもの（拍手喝采）なのです

subrutus → subruō

subscrībō *3* sub-scrībere, -scrīpsī, -scrīptum §109 ［sub, scrībō］ **1.** 下に書く，記す，彫り込む，終わりに記す，つけ加える **2.** 告発状に連署する，告発に署名する（＝ subscribere in crimen）**3.** 文書に署名する，承認する，受諾する，同意（賛成）する，支持する **4.** censor が名簿の元老院議員の名の下に非難（譴責）の理由を書き記す **5.** こっそりと書きとめる，記入する i, puer, meo citus haec subscribe libello さあ奴隷（写字生）よ，早速この詩句を私の（第一巻の）詩集に跋詩としてつけ加えてくれ給え subscribere odiis accusatorum Hannibalis ハンニバルの告発者たちの憎悪に同意する

subscrīptiō *f.* subscrīptiōnis *3* §28 ［subscrībō］ **1.** 下に（後で）書かれたもの，像の土台の碑文，銘 **2.** 文書への署名，同意，賛成（の意思表示）**3.** 共同告発状への連署，告発の罪の明細書，告発 **4.** censor の覚書，控え（非難の，譴責(けんせき)の）言葉）**5.** 手紙の最後の挨拶のきまり文句

subscrīptor *m.* subscrīptōris *3* §26 ［subscrībō］ 共同原告，補助告発者

subsecō *1* sub-secāre, -secuī, -sectum §106 下を切り取る，離す，切り捨てる，削除する，（つめを）切る

subsēdī → subsīdō

subsellium *n.* subselliī *2* §13 ［sub, sella］ **1.** 低い椅子，長い腰掛け **2.**（*pl.*）腰掛けに坐っている人たち **3.** 元老院法廷，劇場の長い腰掛け **4.** 法廷の被告と証人席，原告席，法廷，訴訟（手続き）**5.** 護民官席

subsequor *dep.3* sub-sequī, -secūtus sum §§123(3), 125 **1.** すぐ後について行く，あとをつける，すぐ後につづく **2.** すぐ後を追う，追跡する，探索する，探し出す **3.** 従う，追随する，同伴する，つきまとう，まねる，手本（指導）に従う，支持する Caesar equitatu praemisso（9f18）subsequebatur omnibus copiis（9f8）カエサルは騎兵を先発させてからその後を全歩兵とともに追った de subsequentibus diversa fama est その後の経緯についてはさまざまの噂がある scrutantibus qui vestigia subsecuti erant（彼の）足跡をつけていた捜索隊によって judicium subsequor tuum 私はあなたの判断に従います

subsicīvus *a.1.2* subsicīv-a, -um §50 ［subsecō］ **1.** 割り当て（分配）が終わって最後に余った，(名)*n.pl.* 最後に余った（残った）土地 **2.** 残った，余分の（時間）**3.** 余った（ひまな）時間になされる，付属の，副次的な（仕事）philosophia non est res subsiciva, ordinaria 哲学は（副次的な）ひまつぶしの仕事ではなく，（主要な）普段の仕事である

subsidiārius *a.1.2* sub-sidiāri-a, -um §50 ［subsidium］ 最前線を支援する，予備隊の （名）**subsidiāriī** *m.pl.* -diāriōrum *2* §13 予備軍（隊）

subsidior *dep.1* sub-sidiārī, —— §§123(1), 125 最前線を支援する，予備隊として行動する，奉仕する

subsidium *n.* subsidiī *2* §13 ［sub, sedeō］ **1.**（前線補強のための控え）予備軍，予備隊（兵），援軍 **2.** 支援，増強，支持，救助（の手段）**3.** 逃げ場，隠れ家，避難所 decimam legionem subsidio（9d7）nostris misit 彼は我が軍に援助として第 10 軍団をおくった subsidium bellissimum existimo esse senectuti (9d) otium 閑暇は老年にとって最も素晴らしい隠れ家と私は考えている

subsīdō *3* sub-sīdere, -sēdī, -sessum §109 **1.** うずくまる, しゃがむ **2.** すくむ, おじける, ちぢこまる, 小さくなる, 畏縮する **3.** 腰を下ろす, 坐る, 定着する, 落ち着く, とまる, あとに残る **4.** 止む, 静まる, おとろえる, 弱まる, 下る, 減る **5.** 沈む, くずおれる, 落ち込む **6.** 待ち伏せする poplite, clunibus, subsidere = in genua subsidere ひざまずく, 嘆願する magna vis jumentorum quae in castris subsiderant 陣営に残っていた多数の荷獣 neque enim poterant susidere saxa なぜなら石が沈むことができなかったのだから quantae diducto subsidunt aequore (9f18) valles! 大波が二つに裂けてなんと深い谷底へと沈んだことか

subsīgnānus *a.1.2* sub-sīgnān-a, -um §50 [sub, sīgnum] 軍旗の下に奉仕している miles subsignanus 予備役古兵

subsīgnō *1* sub-sīgnāre, -nāvī, -nātum §106 [sub, sīgnō] **1.** 下に(終わり)に署名する, 書き加える **2.** 担保として登記する, 文書で抵当に入れる, 記入する, 登記する **3.** (支払いを)保証する, 請け合う, 約束する, (正式に)誓約する

subsiliō *4* subsilīre, -siluī §111 [saliō] 飛(と)び上る, おどる, はねる,

subsistō *3* sub-sistere, -stitī, —— §109 **1.** (おさえられても)しっかりと立っている, 断固としてゆずらない, 固守する, 持ちこたえる **2.** 逆らい通す, 反抗(抵抗)しつづける **3.** 踏みとどまる, 停止する, 中止する, とまる, 滞在する, 逗留する **4.** 待ち伏せる nec clipeo juvenis subsistere (117.4) tantum[※] nec dextra valet 若者は楯によっても右手(の剣)によっても思う通りしっかりと立っておることができない(踏みとどまって守ることも攻めることも充分にできない ※tantum *sc.* quantum opus erat. moniti (118.4) ut vallum caecum caveant, subsistunt 杭がかくされているので注意せよと警告されて, 彼らは踏みと

どまる intra priorem paupertatem subsistere 以前の貧乏な状態の中に居続けること

subsortior *dep.4* sub-sortīrī, -sortītus sum §123(4) 抽籤で補欠(代理)をきめる

subsortītiō *f.* subsortītiōnis *3* §28 [subsortior] 抽籤で補欠(代理)をきめること

substantia *f.* substantiae *1* §11 [substō] **1.** 生存, 存在, 現実性, 実在性 **2.** 実体, 物体, 本質, 実質, 構造, 性格, 特質 **3.** 力, 資力, 富, 支え

substernō *3* sub-sternere, -strāvī, -strātum §109 **1.** 下にひろげる, 敷く, のばす, はる, おく **2.** 投げる, 放棄する, 犠牲にする natura insidians (118.4) pontum substravit avaris 自然は貪欲な人の足元に海をひろげて待ち伏せしてきた substernens robusto bracchia collo (彼女は)強い首に腕をなげて(首にしがみついて)

substituō *3* sub-stituere, -stituī, stitūtum [sub, statuō §174(2)] §109 **1.** 背後に配置する, すえる, おく **2.** 下におく, おし込む, 心に, 眼前におく, 心に描く, 想像する, 思い浮かべる **3.** 代わりにおく, 代わりをさせる, 責任を負わせる, 従属させる **4.** 代わりの相続者を指名する, 補充相続を指定する substituerat animo speciem corporis amplam 彼は堂々たる風采を心に描いていた philosophia nobis pro rei publicae procuratione substituta 国家の管理を(のために)我々に取って代(えられ)る哲学

substrātus, substrāvī → substernō

substrictus, substrīnxī → substringō

substringō *3* sub-stringere, -strīnxī, -strictum §109 [sub, stringō] **1.** 下から上へ結び上げる, 束ねて上げる **2.** ちぢめる, ちぢませる, 短くする, 押し込む, ねじ込む, 巻いてたたむ(帆を), しめつける, 圧搾する, ぴんと張る, ひきしめる crinem nodo substringere 髪を束

substrūctiō 766

ねて上げて結ぶ(こぶをつくる) aurem substringe loquaci 饒舌な人に耳をそばだてよ

substrūctiō *f.* sub-strūctiōnis 3 §28 ［substruō］ 基礎建築(工事), 下部構造, 基礎, 土台

substrūctus, substrūxī → substruō

substruō 3 sub-struere, -strūxī, -strūctum §109 土台(基礎)から築く, 建てる, 築き上げる, 土台(基礎)をすえる, おく, 下部構造で支える Capitolium saxo quadrato substructum est カピトーリウム神殿は四角形の石によって基礎をつくられた

subsum 不規 sub-esse, —— §151 **1.** 下に(低い位置に)ある, いる, おかれている, 麓にある, 端(へり)にある, 支配下にある, さらされている **2.** 底にある, 基礎(土台)をなしている, もとづいている, 加えられている, 添えられる **3.** 背後(奥)にある, ひそむ, かくれている **4.** 手もとにある, すぐ近くにある, 間近に迫っている, 近い cum sol oceano (9d3) subest 太陽が大海原の下に沈むと templa mari subsunt 神殿が海の近くに建っている suberat edicto senatus consultum その布告には元老院議決が添えられた solent auro multa subesse mala 黄金の背後には多くの不幸がひそんでいるのが常である subest Rhenus レーヌス川が近い nox jam suberat すでに夜が近かった

subsūtus *a.1.2* sub-sūta, -sūtum §50 ［sub, suō の完分］ 着物の裾を縫われた, 裾に縁飾りをぬいつけられた

subtēmen (subtēgmen) *n.* subtēminis 3 §28 **1.** 織機のよこ糸, 緯(ぬき) **2.** 糸, より(つむぎ)糸 **3.** Parcae の運命の糸

subter (supter) 副・前 **1.** 合成語の接頭辞として, ひそかに, こっそりと, ないしょで **2.** (副)下に(で, へ), 下方, 下部, 内部で, 下面に, 低く **3.** (前)(対と, ときに奪と)の下に(へ, で), 低い位置に, 下面に, の中で, 内部で(に) virtus omnia subter se habet 美徳は自己の内部にす

べてのものを持っている anulus in digito subter tenuatur habendo (119. 注.5) 指輪は指にはめているうちに(指の上で持たれていることで)内側がへって薄くなる

subterfugiō *3b* subter-fugere, -fūgī, —— §110 **1.** こっそりと逃げる, 立ち去る **2.** 機敏に(策略で)(危険を)さける, うまく逃げる, ひらりと身をかわす, すばやく身をかくす

subterlābor *dep.3* subter-lābī, —— §123(3) **1.** 下をすべって行く, 流れる(対と, 9e1. 注) **2.** うまく逃れる, こっそりと立ち去る flumina antiquos subterlabentia muros 古い城壁の下を流れている川

subterō 3 sub-terere, -trīvī, -trītum §109 **1.** 下をすり減らす, こする, こすりとる **2.** 粉にする, つき砕く

subterrāneus *a.1.2* subterrāne-a, -um §50 ［sub, terra］ 地下の, 地中の, 地下で活動する, 下界の

subtexō 3 sub-texere, -texuī, -textum §109 ［sub, texō］ **1.** 下に(底に)織り込む, 編み込む(加える) **2.** 太陽の下に雲の幕を(織って)作る, 下から暖かい遮蔽物(幕)でおおう, 包む, かくす **3.** 付属(続き)として織り(編み)加える, そえる, 書物(演説)に挿入する, 追加する, まぜる nobilis et generosus, adpositam nigrae lunam subtexit alutae 高貴で家柄のよい人は黒い革靴の上に三日月型の白銀色の飾りをつけて縫い込んでいた Circe solet patrio (Solis) capiti (9d3) bibulas subtexere nubes キルケは父(太陽)の頭の下をしめった雲の幕でおおうのが常である subtexta malis bona sunt lacrimaeque sequuntur vota 幸福に不幸が続いておこり, 希望の後に涙がつづく inceptis de te subtexam (116.1) carmina chartis 私はあなたについて書き始めたこの詩集の最後に, この詩句をつけ加えたいと思う

subtīlis *a.3* subtīle §54 (比)subtilior (最)subtilissimus ［sub, tēla］ **1.** (織物の)目のこまかい, (糸の)細い, 繊細な, 小さい, うすい, 微細な, 微妙な **2.** 精緻な, 精巧な, こった, 正確な, 厳

密な，厳正な **3.**（感覚・判断の）すぐれた，するどい，深い洞察力のある，鋭敏な **4.** 洗練された，優美な，きゃしゃな **5.** 簡素な，控え目な，単純明快な，事実に即した，論理的な subtilis acies gladii 剣のするどい刃 subtiliores epistulae いっそう詳細な手紙

subtīlitās *f.* subtīlitātis *3* §21 ［subtīlis］ **1.** 繊細，微妙，微細，こまやかさ **2.** しなやかさ，きゃしゃ，優雅，洗練された趣味，判断 **3.** 鋭敏，敏感，洞察力 **4.** すぐれた技巧，精巧，正確，厳密，厳正 **5.** 単純率直，平明，簡単，直截(ちょく)

subtīliter 副 ［subtīlis §67(2)］ **1.** 美しく，良く，立派に **2.** 細く，こまやかに，しなやかに，微妙に **3.** 精巧に，正確に，詳細に，精緻に **4.** 鋭く，敏感に，深い洞察力をもって **5.** 単純平明に，論理的に，事実に即して

subtimeō *2* sub-timēre, ――, ―― §108 ひそかに（いくらか）恐れる

subtractus, subtrāxī → subtrahō

subtrahō *3* sub-trahere, -trāxī, -tractum §109 **1.** 下からひっぱり出す，引き抜く **2.** 土台を引き出す，とりのぞく，下を掘る **3.** こっそりと奪いとる，ひきぬく，ぬすむ，かたりとる **4.** 引き離す，分離させる，派遣する **5.** はずす，ぬぐ，庇う，救う，そらす aggerem cuniculis subtrahebant 彼らは坑道を掘って接城土手を底から崩そうとした subtrahere milites ex acie 戦線から兵士たちをこっそり引き離す ei judicio (9d4) eum mors subtraxit 死がその判決から彼を救った aliis nominatis (118.4) me unum subtrahebat 他の人の名はあげたのに，彼は私一人の名をはずした

subtus 副 低い位置に，下に（を，の），下方に（で）

subūcula *f.* subūculae *1* §11 下着，肌着，シャツ（男女共用）

sūbula *f.* sūbulae *1* §11 靴屋の穴あけ針，突錐(きり)，ひも通し subula (9f11) leonem excipis お前は突錐でライオンに立ち向かっている(蟷螂(とうろう)が斧)

subulcus *m.* subulcī *2* §13

［sūs］ 豚飼い，豚の番人，世話係

Subūra *f.* Suburae *1* §11 ウィーミナーリス丘とオッピウス山の間の，夜の歓樂街であり，紅灯の巷である

Subūrānus *a.1.2* Sūbrāna, Sūbrānum §50 Subura の

suburbānitās *f.* suburbānitātis *3* §21 ［suburbānus］ ローマ市の郊外，ローマの近郊

suburbānus *a.1.2* sub-urbān-a, -um §50 ［sub, urbānus］ **1.** 町，市の郊外の，周辺の，ローマの近郊にある，住んでいる **2.**（名）**suburbānum** *n.* *2* §13 ローマ近郊の所有地 **suburbānus** *m.* *2* §13 ローマ近郊の住民

suburbium *n.* suburbiī *2* §13 ［sub, urbs］ 郊外，市外，ローマ周辺の町

suburgeō *2* sub-urgēre, ――, ―― §108 近づける，近くへ押し込める，おいやる

subvectiō *f.* sub-vectiōnis *3* §28 ［subvehō］ 運搬，輸送

subvectō *1* sub-vectāre, -tāvī, -tātum §106 上流へ運ぶ，運搬する，持ち上げて，肩にかついで，(ささえて)運ぶ

subvectus, subvēxī → subvehō

subvehō *3* sub-vehere, -vēxī, -vectum §109 **1.** 下から上へ運ぶ，運び上げる，上流へ(内陸へ，中央へ)運ぶ，運搬する **2.**（受）上流へ(首都へ)帆走(航行)する

subveniō *4* sub-venīre, -vēnī, -ventum §111 **1.** 助けに行く，くる，守る(支持する)ためにくる **2.** 援助(支持)を与える，救う，治療する，和らげる **3.** 心に生じる，浮かぶ circumvento filio (9d3) subvenit 彼は(敵に)包囲された息子を助けに行った priusquam ex castris subveniretur (172, 116.6) 陣営から救助隊がやってくる以前に

subversus, subvertī → subvertō

subvertō (subvortō) *3* sub-vertere, -vertī, -versum §109 ［sub, vertō］ **1.** 下から(土台から)倒す，ひっくりかえす，転覆させる **2.** 崩壊(瓦解)させ

subvexus 768

る，破滅させる，破壊する，荒らす，紛糾させる **3.** 退位させる，免職する，挫折させる，無効にする，そこなう calceus, si pede major erit, subvertet 靴が，もし足より大きいと人をひっくりかえすでしょうに

subvexus *a.1.2* subvex-a, -um §50 [*cf.* convexus] 下から上へと坂をなしている，ゆっくりと傾きつつ高まっている

subvolō *1* sub-volāre, ——, —— §106 高く飛び上がる

subvolvō *3* sub-volvere, ——, —— §109 下から上へころがす，ころがして上げる

succēdō *3* suc-cēdere, -cessī, -cessum §109 [sub, cēdō §176] **1.** 下(の方)へ動く，進む，歩む，入る **2.** 下に向く，かがむ，屈する，属する，引き受ける，背負う **3.** 下から上へ行く，登る，昇る，上がる **4.** 足もとへ(すぐ側へ)やってくる，前進する，近づく **5.** すぐ後をつける，後に続く，従う，供をさせる **6.** とって代わる，交代する，後任となる，ひきつぐ，継承する，譲り受ける **7.** はかどる，上手くいく，成功する nubes succedere soli (9d3) coepere (114.4) 雲が太陽の下に入り始める sub primam nostram aciem successerunt 彼ら(敵)は(丘の上の)我々の最戦列の下まで攻め登ってきた defatigatis in vicem integri succedunt 疲れた兵たちに元気な兵が次々と交代する quod res nulla successerat なにもかも上手く行っていなかったので

succendī → succendō

succendō *3* suc-cendere, -cendī, -cēnsum §109 [*cf.* accendō] **1.** 下から火をつける，明かりをつける，強く熱する **2.** (感情を)たきつける，火をつける，怒らせる，燃え立たせる aggerem cuniculo (9f11) hostes succendunt 敵は坑道を掘ってきて攻城土手に火をつける successus cupidine 欲情にあおりたてられて

succēnsus → succendō

succenturiō (subcen-) *1* suc-centuriāre, -āvī, -ātum §106 [sub, centuria §176] **1.** 百人隊長の空席を埋める **2.** 補強する，補充する，かえる，取り換える

successiō *f.* successiōnis *3* §28 [succēdō] **1.** 相続(遺産)，継承(王位)，世襲，後継，後任 **2.** 補充，代理，補欠 **3.** 継続，続行，連続

successor *m.* successōris *3* §26 [succēdō] 後継者，後任者，相続人，継承者

successus *m.* suc-cessūs *4* §31 [succēdō] **1.** 押し寄せてくること，接近，攻め登って近づくこと **2.** 経過，なりゆき **3.** 幸運な成果，成功，好結果，上首尾

succīdāneus (succē-) *a.1.2* sucīdāne-a, -um §50 [succīdō] 身代わりとなって殺された，他人に代わって危険にさらされた，身代わりにされた，代理の ut meum tergum tuae stultitiae subdas succidaneum? どうして，あなた(主人)は私(奴隷)の背中をあなたの愚かさの身代わりにするのですか(あなたの失敗を私のせいにして背中を鞭で叩くとは)

succīdia (sucīdia) *f.* succīdiae *1* §11 [sub, caedō] **1.** 脂身のある豚の脇腹，腿肉，燻製の塩づけ豚のバラ肉 **2.** 貯え，補足の(食料)

succīdō¹ *3* suc-cidere, -cidī, —— §109 [sub, cadō §§176, 174(2)] ばったり倒れる，へなへなとくずおれる，くずれる，沈む genua inedia (9f15) succidunt 空腹で膝がくずれる

succīdō² *3* suc-cīdere, -cīdī, -cīsum §109 [sub, caedō §§176, 174(2)] **1.** 下から切り落とす，離す，両断する，根元から切り倒す **2.** 刈りつくす，刈る，切る aedificiis incensis frumentisque succisis (9f18) 建物に火をつけ畑の作物を刈りつくして

succiduus *a.1.2* succidu-a, -um §50 [succīdō¹] ひざを屈した，曲げた，よろめいている，屈服した，くずれた，弱った，衰えた

succinctus *a.1.2* succinct-a, -um §50 [succingō の完分] (比)succinctior **1.** 着物の裾を端折った，まくりあ

げた, すそをからげた **2.** きつく(しっかりと)とり巻かれた, しめつけられた, 包まれた, 囲まれた **3.** 剣帯をしめた, 武装した, 準備した, 用意した **4.** ひきしまった, ちぢまった, 簡略な, 簡潔な succinctae crura Dianae 帯で裾をからげたディアーナの足(すね)

succingō *3* suc-cingere, -cinxī, -cinctum §109 [sub. cingō §176] **1.** 帯(紐)で着物の裾を端折る, まくりあげる **2.** 腰に剣帯を巻く, 武装する, 準備する **3.** ぴったりと取り巻く, 包む, 囲む Scylla feris atram canibus succingitur alvum (9e9) スキュッラは獰猛な犬で黒い下腹をとり巻いている

succinō *3* suc-cinere, ——, —— §109 [sub. canō §§176, 174(2)] **1.** そばで, 後について, 調子を合わせてうたう, かなでる, 伴奏する **2.** 人の会話にわりこんで相槌をうつ, 調子を合わす, 同意する **3.** くりかえす, 答えてうたう, 代わってうたう

succinctus, succinxī → succingō

succīsus → succīdō[2]

succlāmātiō *f.* succlāmātiōnis *3* §28 [succlāmō] 大声で応じる, こたえること, 賛同して(非難して)叫ぶこと, 歓呼, 喝采, 喧々囂々(けんけんごうごう), 声高の不平, 喧噪

succlāmō (subc-) *1* suc-clāmāre, -māvī, -mātum §106 [sub. clāmō §176] 答えて(応じて)大声を出す, 叫ぶ, 賛同し(非難して)叫ぶ, さわぐ, 声高に抗議する, 大声で挨拶をする, 歓呼する

succrēscō (subcr-) *3* suc-crēscere, -crēvī, —— §109 [sub. crēscō §176] **1.** 下から(後から)生長する, 発生する **2.** 相続者(後継者)として, 代理として(交替して)生長する, 生え代わる, 続いて生える

succrispus (subcr-) *a.1.2* succrisp-a, -um §50 [sub. crispus] いくらか(かなり)髪のちぢれた, 波打った, 巻き毛の

succubuī → succumbō

succumbō *3* suc-cumbere, -cubuī, -cubitum §109 **1.** 下がる, 沈む, 落

ち込む, 陥没する **2.** ばったり倒れる, くずおれる, 挫折する **3.** 押しつぶされる, 圧倒される, 崩壊する, こわれる **4.** 下に横たわる, 屈する, 負ける, 敗北をみとめる, 従う, 任す, 譲歩する cohortatur, ne labori (9d3) succumbant 彼は彼らが困苦に屈しないように励ます

succurrō *3* suc-currere, -currī, -cursum §109 [sub. currō §176] **1.** …の下を走る, …の足元までのびる, 広がる **2.** 救助に走る, 急いで助ける, 救助する, 治療する, 味方する **3.** (考えが)心に浮かぶ, 生じる **4.** 受けて立つ, 立ち向かう, 直面する qui suis cedentibus auxilio (9d7) succurrerent (116.6) 後退している味方を援助しに走って行くための人々 ut infamiae communi succurrerem 私は共通の不評判を挽回せんとして pulchrum (esse) mori succurrit (169) in armis 武器を手に死ぬことこそ名誉だと思いついた

succussī, succussus → succutiō

succutiō *3b* suc-cutere, -cussī, -cussum §110 [sub. quatiō §176(1)(2)] 下から(土台から)ふり動かす, (がたがた)ゆすぶる, ふるわせる, 震動させる, ぐらつかせる

sūcidus *a.1.2* sūcida, -dum §50 [sucus] 水分の多い, 汁気の多い, 新鮮な, みずみずしい

sūcinum *n.* sūcinī *2* §13 琥珀(こはく)

sūctus → sūgō

sucula *f.* suculae *1* §11 **1.** 小豚 [sūs の小] **2.** 巻き上げ機, 搾油機(さくゆき)

sūcus (sūccus) *m.* sūcī *2* §13 **1.** 汁, 液体, しめり(気), 果汁, 樹液, 体液, 肉汁 **2.** 煎じ薬, 染料, 香水, 麻薬(液体の), 毒 **3.** 力, 元気, 活力, 気力, 生命力 **4.** 味, 風味, 味覚 amisimus omnem non modo sucum et sanguinem, sed etiam colorem et speciem pristinam civitatis 我々は昔の国家の体液(活力)や血のみならず色も形もすべて失ってしまった ova suci melioris (9c5) もっと味の良い卵 tellus sucis aret ademp-

sūdārium

tis (9f18) 土地は水分を奪われて干上がっている

sūdārium *n.* sūdāriī *2* §13 ［sūdō］ 汗ふき, ハンカチ, 小タオル

sūdātiō *f.* sūdātiōnis *3* §28 **1.** 汗をかくこと, 発汗 **2.** 発汗室

sūdātōrius *a.1.2* sūdātōri-a, -um §50 ［sūdō］ 発汗させる, 汗をさそう（名）**sūdātōrium** *n.* -tōriī *2* §13 発汗室

sudis *f.* sudis *3* §19 **1.** 先のとがった棒, 杭 **2.** とがったもの, さすもの, 針, くぎ, とげ, はり毛, ひれ

sūdō *1* sūdāre, sūdāvī, sūdātum §106 **1.** 汗をかく, 汗が流れる, 汗ばむ **2.** 骨折って汗を流す, 努力する, 汗を流して(骨折って)なしとげる, 実行する, 果たす **3.** 発散する, にじみ出る, しみ出る, したたる **4.** 汗でぬらす, しめらす, にじます maestum inlacrimat templis (9f1.ニ) ebur aeraque sudant 神殿において は象牙の像が悲しんで涙を流し, 青銅の像が汗をかく(凶事の前兆) odorato sudantia ligno (9f4) balsama 馥郁たる樹木よりしたたる芳香の樹脂

sūdor *m.* sūdōris *3* §26 ［sūdō］ **1.** 汗, 発汗, 汗をかくこと **2.** 労苦, 骨折り, 努力, 汗の結晶 virtus, quae nobis (9d11) non ture nec sertis, sed sudore et sanguine colenda 美徳は, 我々によって香と花環によって尊敬されるべきではなく, 汗と血によって培われるべきものである

sūdus *a.1.2* sūd-a, -um §50 **1.** 晴朗たる, 雲のない, 澄んだ **2.** かわいた, しめり気のない **3.** (名)**sūdum** *n.* *2* §13 澄んだ空, 晴天

Suēbus *a.1.2* Suēba, Suēbum §50 スエービー族の(ゲルマーニア人の一部族)（名）*m.pl.* Suēbī

suēscō *3* suēscere, suēvī, suētum §109 **1.** …すること(不または与)になれる, 習熟する, 親しむ, …するのが常である **2.** ならす, 習熟させる has Graeci stellas Hyadas vocitare sueverunt ギリシア人はこれらの星を Hyades と呼びならわして

いた

Suētōnius *a.1.2* Suētōni-a, -um §50 **1.** ローマの氏族名 **2.** C. Suetonius Tranquillus 二世紀のローマの伝記作家, 学者

suētus *a.1.2* suēta, suētum §50 ［suēscō の完分］ ～ になれた(dat と), ～ することになれた(不定法と)なれ親しんだ, なじみの

suēvī → suēscō

sūfēs (**suffēs**) *m.* sūffētis *3* §21 ＜ポ カルタゴの最高の政務官, 執政官

suffēcī → sufficiō

suffectus → sufficiō

sufferō (**subf-**) *3* suf-ferre, sus-tulī, sub-lātum §158 ［sub, ferō §176］ **1.** 人の自由にまかせる, ゆだねる, 提供する **2.** 従う, 屈する, 耐え忍ぶ, こらえる, がまんする **3.** 蒙る, 受ける, 体験する sufferam ei meum tergum ob injuriam 私は罰として彼に(主人に)私の背中を提供しよう(鞭うたれよう) poenas sustulit 彼は罰をうけた

sufficiō *3b* suf-ficere, -fēcī, -fectum §110 ［sub, faciō §§174(2), 176］ **A.** (他) **1.** 下におく, 基礎(土台)をすえる **2.** 補充する, 補給する, 支給する, 与える **3.** 補う, 欠員(空席)をうめる(補う), 補欠(代理)を選ぶ, 任命する, あとをつがせる, とりかえる **4.** 浸す, つける, 染める, 色をつける, 下塗りをする **B.** (自) **1.** 十分である, 足りる, 適している, ～にとって, 対して(与, 又は ad, in+*acc.*)…するのに充分な(必要な)力(量, 資格)をもっている(このとき, 不, 不句, ut などもとる) **2.** (非)§169 十分である aliam ex alia generando (119.5) suffice prolem 次々と生むことによって子孫を補え salices pastoribus umbram sufficiunt 柳が牧人たちに木陰を与える cuius post obitum Hasdrubale imperatore suffecto (9f18) 彼の死後, 彼に代わって H. が将軍に任命されると angues oculos (9e9) suffecti sanguine 目が充血した(血で染まった)蛇たち pecunia donatio suffecit (国庫の)金は賜金を与えるのに充分であった valentissimas gentes nominasse (178) sufficiet 最も強力な部族の名を挙げただけで充分であろう

suffīgō *3* suf-fīgere, -fīxī, -fīxum §109 [sub, fīgō §176] **1.** 支えとして下に固定する，下からしばりつける，くくりつける **2.** 上につけ加える，とりつける，高く(先端に)固定する，上にくぎづけにする，はりつけにする aliquem cruci (in cruce) ~ 誰々を十字架にかける，はりつけにする caput Galbae hasta (9f11) suffixum 槍先に固定されたガルバの首

suffīmen *n.* suffīminis *3* §28 = **suffīmentum** *n.* suffīmentī *2* §13 薫蒸，消毒，薫香，汚れを祓(はら)うこと

suffiō *4* suf-fīre, -fīvī (-fiī), fītum §111 **1.** 煙でいぶす，くすべる，薫蒸消毒する，薫製する **2.** 香をたきしめる **3.** 罪をあがなう，汚れをはらう **4.** 暖める suffire (apes) thymo 蜜蜂の巣箱をジャコウソウの煙でいぶして(害虫を)消毒する

sufflāmen *m.* sufflāminis *3* §28 **1.** 荷車の制御装置，輪止め **2.** 障害物，かせ，くさり

sufflō *1* suf-flāre, -flāvī, -flātum §106 [sub, flō §176] **1.** 息を吹きかける，ぷっと息を吐き出す，吹いてふくらませる **2.** 思い上がる，得意となる，うぬぼれる **3.** (再・受)怒って興奮する，立腹する refer ad labeas tibias, suffla celeriter tibi (9d8) buccas 牧笛を唇にあてよ，早くお前の頬をふくらませて吹け se sufflavit uxori suae 彼は自分の妻に腹を立てた

suffōcō *1* suf-fōcāre, -fōcāvī, -fōcātum §106 [sub, faucēs] **1.** 息の根を止める，窒息させる，おぼれさす **2.** しめつける，絞め殺す，抑圧する，押さえつける

suffodiō (**subf-**) *3b* suf-fodere, -fōdī, -fossum §110 **1.** 下を掘る，穴を掘る，掘ってくりぬく，地下道(坑道)を掘る，土台から掘り崩す **2.** 下から上へ刺し通す，突き通す，下腹(下の方)を貫く，刺す，突く subfossis equis (9f18) 馬たちは下腹を突き刺されて

suffossus → suffodiō

suffrāgātiō *f.* suffrāgātiōnis *3* §28 [suffrāgor] **1.** 選挙運動によって(投票を頼んで)候補者の支持を表明すること，推薦，引き当て **2.** 企て(事業)の支持，奨励，後援

suffrāgātor *m.* suffrāgātōris *3* §26 [suffrāgor] 官職志願者を支持，推薦する人，賛成投票する人，庇護者，後援者，取りなして

suffrāgium *n.* suf-frāgiī *2* §13 [suffrāgor] **1.** 会議(集会)における投票，票決 **2.** 投票権，発言権，選挙権 **3.** 決定，判定，意見，認可，拍手，賛同，推薦 suffragium ferre 一票を投ずる populi honorem capiebat suffragio 国民の投票(民会の決定)により彼は名誉職をかちとった

suffrāgor *dep.1* suf-frāgārī, -frāgātus sum §§123(1), 125 **1.** 公的な支持を表明する，選挙運動をする，支持する，推薦する **2.** 投票する，賛成する huic consilio (9d3) suffragabatur etiam illa res あのような事情すら，この考えを支持したのだ

suffringō *3* suf-fringere, -frēgī, -frāctum §109 [sub, frangō §174 (1)(2)] 下の方(部分)こわす，折る，破る，砕く

suffūdī, suffūsus → suffundō

suffugiō (**subf-**) *3b* suf-fugere, -fūgī, —— §110 [sub, fugiō §176] 非難する，のがれる，下から逃げる，こっそりと立ち去る

suffugium *n.* suffugiī *2* §13 [suffugiō] **1.** 雨やどりの場所，避難所，隠れ家 **2.** 危険，災難，不幸からのがれる手段

suffulciō *4* -fulcīre, -fulsī, -fultum §110 [fulciō] (下から)支える，倒れるのを防ぐ

suffundō (**subf-**) *3* suf-fundere, -fūdī, -fūsum §109 [sub, fundō §176] **1.** 上に(中へ，さらに)水をそそぐ，ふりかける，流し込む **2.** 下から湧き出させて表面を水でおおう，ぬらす，しめらす，に

suggerō 772

じみ出させる, 溢れさせる, みなぎらせる, 染める **3.** 下にひろげる, 手足をのばす clam aquam frigidam subdole suffundunt 彼らはずるくて, かげでこっそり冷水をかけるのだ lacrimis (9f11) oculos suffusa (118.4) nitentis (9e9) adloquitur Venus 女神ウェヌスは輝く両眼に涙をためてこう話しかける animus nulla in ceteros malevolentia (9f11) suffusus 他人に対する悪意など微塵もしみ込んでいない(染まっていない)心

suggerō (**subg-**) *3* sug-gerere, -gessī, -gestum §109〔sub, gerō §176〕**1.** 下におく, 上に積み上げる, 高く建てる **2.** つけ加える, 欠(不足)を補う, 補充する, そえる, 追加する **3.** 持ち出す, 差し出す, 与える, 調達する **4.** 示す, 暗示する, ほのめかす, 提案する, 説きすすめる, 知らせる fida suggestā castra coronat humo (9f11) 彼は土を周囲に盛りあげて陣営を安全にする si indulseris (116.9a) ebrietati suggerendo (119.5) quantum concupiscunt もしあなたが, 彼らがとことん満足するまで酒を与えて酩酊にふけらせるならば quidquid tacita pietate suggeris あなたが孝心の不言実行によって暗示するものはなんでも

suggestus (= **suggestum** *n.*) *m.* suggestūs *4* §31 (suggestī *2* §13)〔suggerōの完分〕**1.** 台, 壇, 演壇, 貴賓席(の高座) **2.** 高原, 台地, 丘

suggillātiō (**sūgill-**) *f.* suggillātiōnis *3* §28〔suggillō〕**1.** 打ち傷, あざ **2.** 侮辱, 体面(名誉)を汚すこと, 愚弄, 叱責, 非難, こらしめ

suggillō (**sūgillō**) *1* suggillāre, -llāvī, -llātum §106 **1.** あざができるほどさんざんなぐる, 傷をつける **2.** 公然と侮辱する, 恥をかかせる **3.** 非難する, とがめる, こらしめる

sūgō *3* sūgere, sūxī, sūctum §109 吸う ut paene cum lacte nutricis errorem suxisse videamur (116.8, 117.6) 我々は乳母の乳とほとんど同時に過ちを吸ったと思われるほどである

suī 再 §73 彼(彼女, それ, 彼ら, そ

れら)自身, 自体 ad (apud) se **1.** 自分の家で **2.** 自分の心の中で, 一人で **3.** 本来の自分に, おのれに inter se お互いに per se **1.** 自分の力で, 独力で, 一人で **2.** それ自体, そのもの secum おのれ(自分)自身と quid hoc sibi (9d) vult? これに何の意味が(何の目的が)あるのか ad se redire 意識をとり戻す, 正気に帰る virtus est amans sui (9c3) 美徳はおのれ自身を愛するものである neque sui colligendi (121.3. 属) hostibus facultatem relinquunt 彼らは敵に対し彼ら(敵)が態勢を挽回する余裕を与えない *n.b.* (直接再帰) omnia se simulat scire 彼は何もかも知っているような顔をしている (**間接再帰:**従属節の主語にではなく, 従属節を支配する動詞の主語に再帰する) **sciebat** quae **sibi** barbarus tortor (9a2) parabat 彼は野蛮人が自分に対しどのような拷問を準備しようとしていたかを知っていた

suīllus (**sui-** ?) *a.1.2* suīll-a, -um §50〔sūs〕ブタの

sulcō *1* sulcāre, -cāvī, -cātum §106〔sulcus〕**1.** 鋤で溝(すきあと)をつける, うねをたてる, すく, 耕す **2.** 表面を裂く, 割る, (深い)しわを(顔に)つくる, みぞを掘る, 水を切って進む, 泳いで(船で)海をわたる

sulcus *m.* sulcī *2* §13 **1.** 畑のみぞ, うね, すきあと **2.** 耕地, 畠 **3.** みぞ, 一列の小さな穴 **4.** 表面の切れ目, すじ, 流れ星の光芒 **5.** しわ **6.** 通った跡, 足跡, わだち, 航跡 sulcis committere semina 畑のみぞに種をまくこと sulcum sibi premat (116.2) ipsa carina 竜骨それ自体をして自らの航跡(みぞ)を作らしめよ

Sulla *m.* Sullae *1* §11 **1.** ローマの家名 **2.** L. Cornelius Sulla Felix 独裁官, (*c.* 138-78. B.C.) (形)**Sullānus** *a.1.2* Sullān-a, -um §50 Sulla の

sulpur (**sulphur, sulfur**) *n.* sulpuris *3* §26 **1.** 硫黄(いおう) **2.** (薫蒸消毒としての)硫黄蒸気(ガス), 硫黄泉 **3.** 雷光, 稲妻, 閃光

sulpureus (**sulphu-, sulfu-**) *a.1.2* sulpure-a, -um §50 **1.** 硫黄の, 硫黄

を含む，硫黄質の，硫黄のような **2.** 硫黄臭い **3.** 硫黄色の

sum 不規 esse, fuī, futūrus §151 **A.** 本動詞として **I.** 存在，位置，状態を示す，ある，おる，いる，存在する，位置する，生存する，生きている，住んでいる，滞在(逗留)する **II.** 不定法と…することが許される，可能である **I.1.** est Ctesipho intus? — non est クテシポーは内にいるか — 彼はいない omnium qui sunt, qui fuerunt, qui futuri sunt 現にいる人，すでに死んだ人，今から生まれる人たち全部の qui nisi fuisset (116.9a), quis nostrum esse potuisset? もしその人があのときいなかったら，我々の誰が現に存在し得たろうか senatus hodie fuerat futurus 元老院は本日開催されるはずだった **2.** sunt quae praeterii 私が見落とした事実がいくつかある erat nemo in quem suspicio conveniret (116.8) 疑いのかかるような人は一人もいなかった **3.** est ubi …する時(所)がある erit ubi te ulciscar (116.8), sei vivo もしわしが生きていたら，お前に復讐する時もあるだろう **4.** est ut＋接 …の場合がある，かも知れない，可能である si est ut velit redducere uxorem, licet もし彼が妻を連れ戻すことを欲するような場合，それは許されよう **5.** esto それならそれでよい，いいとも，かまわない non dabitur regnis, esto, prohibere Latinis (彼を)ラティウムの王国からしめ出すこと(手段)はでき(与えられ)ないだろう，それならそれでよい esto jam posse haec aeterna manere よろしい，いまこれらが永久に存続し得るものとしよう(仮定してみよう) **6.** fore 又は futurum ut＋接は，未・能・受・不の迂言表現 speraverat fore ut adoptaretur a Galba 彼(オトー)はガルバから養子にされることを望んでいた exaudita vox est futurum esse ut Roma caperetur ローマが占領されるだろうという噂が聞かれた *n.b.* fore＋完分は未来完了・不定法(受) omnia, quae postulassent, ab se **fore parata** (彼は言った)彼らが要求していたのは皆自分の手で用意しておかれるのであろう(と) **II.** 不定法

と est quadam prodire tenus, si non datur ultra それ以上進むのは叶えられなくても，ある程度まで進むことは許されましょう ut conjectare erat 推測できたように **B.** 連結動詞として，主語と補語(名，形，副，前置詞句)を結ぶ である，…だ **1.** quis es? — ego sum illius mater あなたは誰？ — 私はあの子の母親です et praeclara res est et sumus otiosi その話題はすばらしいし，我々もまたひまである **2.** cum catenis sumus 我々は鎖につながれている adhuc sub judice lis est その争いはまだ決着していない is mons erat sine aqua その山には水がなかった **3.** bene (male) est 上手く行っている，元気である(具合，調子が悪い) id est, hoc est つまり，即ち，換言すると **4.** 属と quid hoc sit (116.4) hominis (9c4)? こいつはなんという人間か，こいつは(これでも)人間か temeritas est florentis aetatis (9c12) 大胆さは青春の特質だ res est magni laboris (9c5) その仕事は非常に骨がおれる ager pluris (9c7) est その畑はもっと高価だ **5.** 与と lupus est homo homini (9d), non homo 人間は人間にとって狼であり，人間ではない civitas praedae (9d7) tibi fuit その町はあなたには掠奪品であった **6.** 対と istic leno non sex menses (9e8) huc est quom commigravit あの女郎屋がここに移ってきてからまだ半年もたたない **7.** 奪と tenuissima valetudine (9f10) esse 非常に体が弱い **C.** 助動詞として **1.** 完分＋sum → 完了形・受動相 (114) **2.** 現在分詞＋sum §118.3 **3.** 未来分詞＋sum, 第一回説的変化 §143 **4.** 動形容詞＋sum, 第二回説的変化 §147

sūmen *n.* sūminis *3* §28 雌(ﾟ)豚の乳房

summ- → subm-

summa *f.* summae *1* §11 [summus] **1.** 最高の段階，地位，頂点，絶頂，上位，優位 **2.** 最高点，完成，完璧，完全 **3.** 総計，合計，全額 **4.** 総数，総量，全体，多数，多量，一切合切 **5.** 眼目，要点，要旨，主な論争点，主目的 **6.** 宇宙，国全体(の運命) ad summam

summātim 774

＝ in summa 合計で，しめて全体で，まとめて，要するに ad summam, sapiens uno minor est Jove 要するに賢者はユーピテル唯一人に一籌(チュウ)を輸すのみ summa omnium fuerunt ad milia trecenta 全員合計して約 30 万人であった vitae summa brevis spem nos vetat inchoare (117.5) longam 短い生涯が我々に，終わりなき希望を抱き始めるのを拒むのだ

summātim 副 ［summus］ **1.** かいつまんで，おおざっぱに，簡略して **2.** 表面的，皮相的に

summē 副 ［summus §67(1)］ 極度に，なみはずれて，激しく

summus *a.1.2* summ-a, -um §50 ［*cf.* superus §63］ **1.** 最高の，最上の，上層(表面)の **2.** 最後の，終わりの，最も遠い **3.** 最大の，最も優れた，顕著な，高貴な，立派な，主要な **4.** 完全な，完璧な **5.** (副)**summum** §9e13 少なくとも，せいぜい，おそくとも summus mons 山の天辺 hieme summā (9f2) 真冬に valet ima summis (9f11) mutare (神は)最低のものを最高のものに変える力を持っている jus summum saepe summa est malitia 最高の法がしばしば最大の不正を犯す feriunt summos fulgura montes 雷光は山の天辺を打つ(出た杭は打たれる) non in caro nidore voluptas summa, sed in te ipso est 食欲の最高の喜びは高価な料理のおいしそうな匂いの中にではなく，汝自身の中にある

sūmō *3* sūmere, sūmpsī, sūmptum §109 ［sub, emō］ **1.** 手にとる，拾い(とり)あげる，とる，つかむ，にぎる，持つ，身につける，着る **2.** 選ぶ，吟味する，採用する，養子とする **3.** 受けとる，享受する，飲む，食べる，たのしむ **4.** わがものとす(主張する)，引き受ける，支持する，負う，承認する，許す **5.** 仮定する，前提(原則)として認める **6.** (罰を)課す，強要する，引き出す，調達する，企てる，始める distat, sumasne pudenter, an rapias あなたが遠慮しながら受けとるのと，図々しく摑み取るのとでは大変な違いですね quis sibi res gestas Augusti scribere

(117.2) sumit? 一体誰がアウグストゥスの業績を書くという仕事をすすんで引き受けますか ne imperatorias sibi partes sumpsisse videretur 彼は最高司令官の役を僭越にもわがものとしたと思われないように beatos esse deos sumpsisti あなたは神々は幸福だということを前提としている de aliquo supplicium ～ 誰々に罰を加える

sūmpsī, sūmptus → sūmō

sūmptuōsus *a.1.2* sūmptuōs-a, -um §50 ［sūmptus］ (比)sumptuosior (最)sumptuosissimus **1.** 費用のかかる，高価な，ぜいたくな，豪華な **2.** 惜しまずに使う，金遣いの荒い，気前のいい，浪費する

sūmptus (**sūmtus**) *m.* sūmptūs 4 §31 ［sūmō］ **1.** 出費，支出，費用，経費 **2.** 浪費，奢侈 **3.** 損失，犠牲 eum (117.5) magnum numerum equitatus suo sumptu semper alere 彼はいつも自分の出費で大勢の騎兵をやしなっている(ということ)

suntō → sum

suō *3* suere, suī, sūtum §109 **1.** 縫い合わせる，縫いつける，縫い込む，縫う **2.** 傷口を縫合する metuo lenonem (9e12) ne quid suo suat capiti あの女衒が何か厄介なことをかかえ込むのではないかと私は心配している(頭に何かを縫いつけるのでは)

suōmet, suōpte → suus A.5

suovetaurīlia (**sōlitaurīlia**) *n.pl.* suovetaurilium *3* §20 ［sūs, ovis, taurus］ 清祓式に(特に Mars に)捧げる雄豚，雄羊，牡牛からなる生贄

supellex *f.* supel-lectilis 3 §27 ［super, legō］ **1.** 家具，調度，動産 **2.** 身の回り品，手道具，道具一式，備品，装置 **3.** 弁論・文学上の資産，貯え，資格 amicos parare, optimam vitae supellectilem 友人を，人生の最も大切な家具を用意すること

super 副・前 **A.** 副 **1.** (空間)高い所に，高く，上に(で)，天に，空に **2.** (時間)の間に，に，中に **3.** (数量)その上に，

を越えて，余分に，以上に，残っている，必要以上に satis superque vixisse もう充分に(ありあまるほど)生きた(ということ) super immane barathrum cernatur 上の方から底知れぬ深淵が見られる **B.** 前 **I.** (対と) **1.** (空間)もっと高い所へ，上の方へ，を越えて **2.** (時間)の間に，最中に **3.** 表面へ，頂へ，天辺へ **4.** 以上に，加えて，続けて，外に，余分に super omnia なかんずく，なによりも先に super quas (naves) turrim effectam opposuit 彼はその船の上に櫓をつくって建てた scuto super caput elato 頭の上に楯をかざして **II.** (奪と) **1.** (空間)高い所に，上に，表面に **2.** (時間)に，の中に，最中に **3.** すぐ続いて，接して，加えて，その上に，余分に **4.** について，関して destrictus ensis cui (9d8) super impia cervice pendet その人の不敬虔な首の上にぶら下がっている抜き身の剣 nocte super media 真夜中に et paulum silvae super his foret (116.1) そして(私の庭には)これらの上になお小さな森があったらいいなあ

superābilis *a.3* superābile §54 [superō] **1.** 乗り越えることのできる，乗り越えられる，征服されうる，克服しうる nullis casibus superabilis Romanos いかなる災難によってもへこたれないローマ人たちを

superaddō *3* super-addere, -addidī, -additum §159注 **1.** 表面にはる，あてる，添付する **2.** 余分に加える，つけ足す，言いたす **3.** (受)つづいて事件がおこる

superātor *m.* superātōris *3* §26 [superō] 打ち勝つ人，克服(征服)する人

superbē 副 [superbus §67(1)] (比)superbius (最)superbissimē 高慢に，えらそうに，傲然と，尊大に，得意になって

superbia *f.* superbiae *1* §11 [superbus] **1.** 自尊心，誇り，自負 **2.** うぬぼれ，自慢，尊大，傲慢無礼，横柄

superbiō *4* superbīre, ――, ―― §111 [superbus] **1.** …を(奪，9f15)

…であること(quod)を誇る，鼻にかける，軽べつする **2.** きらびやかな(見事な)外見を誇示する

superbus *a.1.2* superb-a, -um §50 [super] (比)superbior (最)superbissimus **1.** 自尊心のある，誇り高い **2.** 勝ち誇った，尊大な，高慢な，うぬぼれた，気難しい，気どった，おごり高ぶった **3.** 高く聳えた，壮大な，堂々たる，豪華ないしはなばなしい non est virtus superba 美徳は決して自慢しない meo nunc superbus incedis malo (9f15) お前はいま，わしの不幸を見て得意顔に闊歩している hic qui pluribus (9f11) assuerit mentem corpusque superbum おごり高ぶった心と体をぜいたくにならしてしまったこの男

supercilium *n.* super-ciliī *2* §13 [super, cēlō(?)] **1.** 眉，眉毛 **2.** 眉をひそめる表情，眉で示す合図(反対，賛成)，厳格な顔つき，謹厳，尊大 **3.** がけっぷち，突き出し，張り出した岸 supercilium salit 眉がぴくぴく動く，むずがゆい(何かいいことがありそう) cuncta supercilio moventis (Jovis) すべて眉一つで動かすユーピテルの deme nubem supercilio (9f7) 眉からかげり(曇り)を取り除け(愁眉を晴らせ)

superēmineō *2* super-ēminēre, ――, ―― §108 **1.** 水準よりぬきんでている，目立つ，そびえる，突出する，ひいでる **2.** (水準を)越える，まさる，凌駕する

superficiēs *f.* superficiēī *5* §§34, 35 **1.** あるものの上の部分，表面，外面，上辺，見かけ，表層，仕上げ面，化粧面 **2.** 使用権(地上権)のみを持つ土地に建てられた家屋，建物

superfīō 不 規 super-fierī, ―― §157 不必要となる，余る，残る，余分としてのこされる

superfīxus *a.1.2* super-fixa, -fixum §50 [super-fīgō の完分] 上に(先端に)固定された，とりつけられた

superfluō *3* super-fluere, -flūxī (-flux-?), ―― §109 **1.** へり(岸，ふち)から，あふれて流れる，氾濫する，上に(表

superfluus   776

面に)あふれる, 水浸しにする **2.** あり余る, 横溢している, 無尽蔵である **3.** 富があふれている, ぜいたくに生きる **4.** (他)流れすぎる quae dicentur superfluent aures 発言が聞き流されるだろう

superfluus *a.1.2* superflu-a, -um §50 ［superfluō］ 余分の, あり余るほどの, おびただしい, むだな, 不必要な

superfūdī, superfūsus → superfundō

superfuī → supersum

superfundō *3* super-fundere, -fūdī, -fūsum §109 **1.** 表面にそそぐ, ふりかける, あびせる, そそいで表面をおおう, 浸す, 包む **2.** (再・受)あふれる, こぼれる, 氾濫する, みなぎる, 広がる, のびる magnam vim telorum superfundere 沢山の槍を雨あられと降りそそぐ gens superfusa montibus Caucasis (9d3) カウカス ス山脈一帯にひろがって住む民族 superfundens se laetitia 満ちあふれている喜び

supergredior *dep.4* -gredī, -gressus(sum) §123(4) ［gradior］ 越えて進む, 追(お)い越す, すぐれる, まさる, 限度を越える

superiaciō (**-jaciō**) *3b* super-j(i) acere, -j(i)ēcī, -j(i)ectum (-jactum) §110 **1.** 上に(表面に)投げつける, ばらまく, 上に(表面に)広くひろげる, おおう, 包む **2.** 上を(表面を)撃つ, たたく, 上にとばす **3.** 上をのり越える, まさる, しのぐ superjecto pavidae natarunt (114.3) aequore (9f1. ハ) dammae 大地をおおった(海の)洪水の上をおびえながら牝鹿が泳いだ pontus scopulos superjacit unda (9f11) 海は岩の上をめがけて波しぶきを投げつける quemadmodum Hannibal Alpes superjecerit (116.10) ハンニバルはどのようにしてアルペス山脈をのり越えたか

superimmineō *2* super-imminēre, ——, —— §108 **1.** 上からおびやかす, おしせまる **2.** 上にそびえる, もたれかかる, のしかかる

superimpōnō *3* super-impōnere, -imposuī, -impositum §109 (super

は離れて, 二語にもなる)上におく, すえる, 配置する

superincidō *3* super-incidere, ——, —— §109 上に落ちる, 倒れる, 降る

superincubō *1* super-incubāre, ——, —— §106 上に横たわる, ねる

superincumbō *3* super-incumbere, -incubuī, —— §109 (二語にもなる)の上にのしかかる, 上にかがみ込む, 上に横たわる

superiniciō (**-injiciō**) *3b* super-inicere (injicere), -injēcī, -injectum §110 上に(一面に)投げる, まきちらす, ばらまく, ふりかける

superīnsternō *3* super-īnsternere, -īnstrāvī, -īnstrātum §109 上に(一面に)おく, ひろげる, あるもので(奪, 9f11)一面を(あるものを広げて上を)おおう, 包む

superior *a.3* superius §65 ［superus の比 §63］ **1.** より高い, より上の(にある), 上部の, 高段の, 上席の, 上流の, 高い方の **2.** 前の, すぐ前の, 前述の, 上記の **3.** 先の, もっと早い, 早く生まれた, 年上の, 昔の, 以前の **4.** もっと地位, 程度, 品質の高い, 優れた, 良い, 卓越した, 傑出した, 凌駕した, 無敵の, 勝った, 精力の強い superiore nocte 前の晩に labrum superius 上唇 superiorem partem collis castris compleverant 彼らはその丘の上の方の部分を陣営で一杯に満たしていた loco, fortuna, fama superiores 地位, 財産, 名声においてまさっている人たち superior Africanus 年長のアフリカーヌス

supernē 副 ［supernus §67(1)］ **1.** 上の方に, 高い所に(で), 上から, 上へ, 上の方へ **2.** 上部に, 上半身に **3.** 表面に

supernus *a.1.2* supern-a, -um §50 ［super］ **1.** 上に(高い所に)おかれた, ある, いる **2.** 天上の **3.** 地上の **4.** 表面の, 上層の supernis aquis 天上の水(雨)によって saxa superna sudant umore (9f11) 岩の表面が湿気によって汗をかく(しめる)

superō *1* superāre, -rāvī, -rātum

§106 [superus] **1.** 上がる，登る，上に（高く）昇る，越えて行く，向こうへ渡る **2.** 優位に立つ，優勢である，まさる，ぬきんでる，卓越する **3.** 豊富である，あり余っている，残る **4.** 負かす，打ち破る，勝つ **5.** 乗り切る，切りぬける，凌駕する，支配する，征服する virtute nostri milites superabant 武勇によってわが兵士は勝った si quod superaret (116.11) pecuniae (9c4) rettulisses (116.9a) もしあなたが残っていたお金をいくらかでも持ってきていたら uter eorum vitā (9f7) superaverit 彼らのうちどちらかが生き残っても残った方が superanda (147(イ)) omnis fortuna ferendo (119.5) est すべての運命に，耐え忍ぶことによって打ち勝つべきである

superpendeō *2* super-pendēre, ――, ―― §108 上から（上に）かかる，たれかかる，おおう，の上につき出る

superpōnō *3* super-pōnere, -posuī, -positum §109 **1.** 上におく，すえる，あてる，重ねる **2.** 上位におく，優先させる，選ぶ，より高い位置におく libertas est animum superponere (117.1) injuriis (9d4) 自由とは精神を（不正より優先させる）不正に屈服させないことである

superpositus, superposuī → superpōnō

superscandō *3* super-scandere, ――, ―― §109 上へ登って行く，上を踏み越える（またぐ），乗り越える

supersedeō *2* super-sedēre, -sēdī, -sessum §108 **1.** 上に坐る，司る，監督する **2.** 差し控える，思いとどまる，やめる **3.** 骨惜しみをする，なしですませる，のがれる supersede istis verbis (9f7) その口のきき方はつつしめ plebs frustra certare supersedit 平民は空しく争うことは断念した supersedissem (116.1) loqui 私は話すことをやめておればよかったのに

supersēdī, supersessus → supersedeō

supersternō *3* super-sternere, -strāvī, -strātum §109 上にひろげる，のばす，敷く，おおう，まき散らす，並べ

る，積み重ねる

superstes *a.3* superstitis §55 [super, stō] **1.** 上に立っている，おかれている **2.** 証人としてそばにいる，現に居合わせている **3.** 他人の後で生き残っている **4.** （作品，名声が）死後にも残る，永続きする **5.** 他のものが撤去されたあとも残っている precabantur ut sibi (9d13) sui liberi superstites essent 彼らは自分たちの子供が自分たちよりも長く生きのびることを祈った cladis (9c13) ejus superstites referebant hic cecidisse legatos その時の敗北から生きのびた兵士たちは，この戦場で軍団長たちが戦死したと話していた illum aget penna (9f11) metuente solvi (117.4) fama superstes 死後の名声は，だらりとたれることを恥じる翼にのせてあの方をどこまでも運んで行くでしょう

superstitiō *f.* superstitiōnis *3* §28 [superstes] **1.** 不合理な宗教的畏怖（心配，驚き） **2.** 迷信，迷信的な儀式（慣習） **3.** 異国の（または正統と認めない）宗教の教義，慣習をけなす言葉，妄想，狂気 **4.** 迷信，畏怖の対象

superstitiōsus *a.1.2* superstitiōs-a, -um §50 [superstitiō] **1.** 不合理な宗教的畏怖の念にみちた，狂信的な，盲目的に信奉している **2.** 宗教的な法悦にひたっている，神がかりになった，予言者じみた （副）**superstitiōsē** §67(1) **1.** 規則に盲目的に固執して，小心翼々と **2.** 迷信的な畏怖の念をいだいて，御幣をかついで

superstō *1* super-stāre, -stetī, ―― §106 の上に立つ（単独で，または与とまたは対と共に）superstans muro 城壁の上に立っている（人）lapsum superstans 倒れた者の上に立っている（人）

superstrātus → supersternō

superstruō *3* super-struere, -strūxī, -strūctum §109 上に建てる，建て加える

supersum 不規 super-esse, -fuī, ―― §151 [n.b. super と sum は離れたり，入れ替わったりもする] **1.** より高い所にある，上にある，おかれている **2.** すぐれてい

superus 778

る，優位にある，力を持つ，責任をもつ **3.** 充分である，一杯である，あり余っている，残っている **4.** 生き残る，生きのびる **5.** (非)§169 …することが残っている，まだある，後は…だ super tibi erunt qui dicere laudes tuas cupiant (116.8) あなたへの讃辞を述べたいと願うような人は余るほどいるだろう mihi vivam, quod superest aevi (9c4) 余生は自分のために生きたい seminibus positis superest diducere terram 挿し木(さしき)を植えたならば，あとはその周囲の土をやわらかく砕くことだ quod superest scribe, quaeso, quam accuratissime そのあとのことは，できるだけ正確に書いてくれ給え，お願いします

superus *a.1.2* super-a, -um §50 [super] (比)superior (最)supremus §63 **1.** 上の方(高い所)にいる，頭上の，上部の **2.** 二階に，川の上流に住む **3.** 地上の(地下に対し)，現世の，この世の **4.** 天界の，天空の，天界に住む mare superum =Hadria, ハドリア海 (名)**superī** *m.pl.* superōrum (superum §14.1) *2* §13 **1.** 天上の神々 **2.** 現世の人 **supera** *n.pl.* superōrum *2* §13 天体，星

supervacāneus *a.1.2* super-vacāne-a, -um §50 **1.** 余った，余分の，予備の **2.** 必要以上の，むだな，冗長の，余計な alter consul pro supervacaneo atque inutili habetur もう一人の執政官は余分で役にたたないと考えられる

supervacuus *a.1.2* super-vacu-a, -um §50 **1.** 必要(とするもの)以上の，余った，余分の **2.** 何の役にもたたない，用のない，むだな sepulcri (9c2) mitte supervacuos honores (私には)墓という無駄な名誉はどうか御放念あれ ex supervacuo, in supervacuum 不必要なことに，必要もないのに，無意味なことに

supervādō *3* super-vādere, ——, —— §109 登り越える，越えて行く，打ち勝つ，征服する

supervehor *dep.3* super-vehī, -vectus sum §123(3) **1.** 上へ運ぶ **2.** 越えて，馬車を駆る，馬に乗って行く **3.** そば

を航行する

superveniō *4* super-venīre, -vēnī, -ventum §111 **1.** 上にくる，やってくる，いく，上におおいかぶさる，加わる **2.** 不意にくる，到着する，不意に起こる，現れる，でくわす，襲う **3.** さらに(その上に)到着する，現場にくる，続いてくる，続く，起こる，援助にくる **4.** 突然おどろかす，びっくりさせる semianimi lapsoque supervenit 彼は倒れて半死半生の(敵の)体の上に馬のりになった crura loquentis terra supervenit 話している者の足を突然大地が上にのぼってきておおう(人が足から木へ変身し始める) unda supervenit undam 波が波の上にのる(襲う，加わる) grata superveniet, quae non sperabitur, hora 予期されていない(であろう)時間が，有難いことに余分なものとして訪れることでしょう

supervolitō *1* super-volitāre, -tāvī, —— §106 自(他)上を(高く)あちこちと飛び回る

supervolō *1* super-volāre, -volāvī, —— §106 自(他)上を(高く)飛んで行く，頭上を越えて飛びすぎる

supīnō *1* supīnāre, -nāvī, -nātum §106 [supīnus] **1.** あおむけに(人を)ねかせる，横たえる **2.** 手のひらをひるがえす，土を掘り返す **3.** (頭を)後ろへ回す，曲げる，向ける nullum tormentum sentit supinata testudo ひっくりかえったカメは何の苦痛も感じない nasum (9e9) nidore (9f11) supinor 私はよい匂いの方へ頭を向けて鼻をあげる(鼻孔を開く)

supīnus *a.1.2* supīn-a, -um §50 **1.** 上へ向けた，仰向けになった，上へさしのべられた **2.** 仰臥した，病臥した **3.** 後ろへ向けられた，曲げられた，回された，のけぞった，ふんぞりかえった，傲慢な **4.** 逆戻りする，後退する，逆流する **5.** ゆっくりと(なだらかに)傾いた，平たい，平らな **6.** ひっくりかえった，さかさまの，裏返しの **7.** 積極性・興味を示さない，受け身の，怠惰な，無精な nauta stertit supinus 水夫はあおむけになっていびきをかき始める dicitur Jovem manibus supplex orasse

(117.6) supinis その嘆願者はユーピテル
に向かって手のひらを上にして(手をさしの
べ)，こう祈ったといわれている Tibur
supinum なだらかに傾いている丘の町ティ
ーブル aure (9f9) me supina audis お
前は私の話を，興味がないといった耳で聞
いているな supinum carmen 逆に読んで
も同じ韻律の詩

suppāctus → suppingō

suppeditō (subpe-) *1* suppeditāre,
-tāvī, -tātum §106 **1.** 援助，補強とし
てやってくる，近寄る，助けにくる **2.** 供給
を補足する，補う，足す，必要なものを補
う，必要に応じる，供給する，満たす **3.** 十
分にある，手許に豊かにある gaudiis (9d3)
gaudium suppeditat 喜びは喜びを補強
する(喜びが重なる) pater, si vita suppe-
ditasset (116.9.a), consul factus esset
父はもしもっと長く生きていたら(命が十分
にあったら)執政官になっていたろう quo
facilius mater lac suppeditare possit
母は母乳をいっそうたやすく十分に与える
ことが出来るように

suppernātus *a.1.2* suppernāt-a,
-um §50 [sub, perna] 足(脚)を下
から切りおとされた，ひかがみを切られてび
っこになった

suppetiae *f.pl.* suppetiārum *1*
§§11, 45 [suppetō] 救助，援助，助
け alicui suppetias (9e7) advenire 誰々
を助けにやってくる

suppetō (subp-) *3* sup-petere,
-petīvī (-tiī), -petītum §109 [sub,
petō §176] **1.** 手元にある，間に合う，
意のままになる，利用される，食いものにな
る **2.** 十分にある，足りる vererer (133),
ne mihi crimina non suppeterent 告発
の理由が私の手元に十分なかったのを恐れ
ていたのかもしれない pauper non est, cui
rerum suppetit usus 暮らしに必要なも
のが間に合っている人は貧乏人ではない

suppingō *3* sup-pingere, -pēgī,
-pāctum §109 [sub, pangō §§174
(2), 176] 下にはり付ける，固定する，(馬
の腹に)拍車をかける

supplantō (subp-) *1* supplantāre,

-tāvī, -tātum §106 [sub, planta]
(足をひっかけて)つまずかせる，つまずいて
ころばせる，ひっくりかえす，倒す supplan-
tat verba palato 彼は言葉を口蓋でつま
ずかせる，気どって話す(どもる?)

supplēmentum *n.* supplēmentī *2*
§13 [suppleō] **1.** 補充，補足，補強，
増強 **2.** 援軍，予備隊，増援隊，新兵募
集，新兵による補充

suppleō (subp-) *2* sup-plēre, -plēvī,
-plētum §108 [sub, pleō §176]
1. 欠けている(不足している)ものを補って
満たす，完全にする，加えて満たす，欠員
を埋める **2.** 追加する，補充する，完全に
する vulnera supplevit lacrimis 彼女は
(恋人の)傷口を涙で満たした quod cessat
ex reditu frugalitate suppletur 収入の
面で足りない所は質素な生活で補われる

supplex *a.3* supplicis §55 **1.** へり
くだって(平伏して，ひざまずいて)嘆願す
る，哀願する **2.** 哀願(嘆願)を表現した，
含んだ **3.** (名)嘆願者 supplices manus
tendere 嘆願の両手をさしのべる (副)
suppliciter §67(2) 哀願して，切に，
へりくだった態度で

supplicātiō *f.* supplicātiōnis *3*
§28 [supplicō] **1.** (国家の災害に)神
意をなだめるための公の祈禱式 **2.** (戦勝に)
感謝祭

supplicium *n.* suppliciī *2* §13
[supplex] **1.** 悪いことをした人に容赦を
乞うこと，そのための贈り物，懇願 **2.** 神
意をなだめるための祈禱式，祈願祭，供
物，生贄 **3.** 罰，処刑，死刑，拷問，責
め苦 illi de me supplicium dabo 彼のた
め私からすすんで罰をうけよう non habeo
spatium ut de te sumam supplicium
ut volo 私が思っているとおりにお前を罰す
る余裕がない(お前から罰を強要する時間
がない)

supplicō *1* supplicāre, -cāvī, -cātum
§106 **1.** ひざまずいて(へりくだって)懇願
する，悪いことをした相手に贈り物で容赦
を乞う **2.** 神意をなだめるために供物を捧
げて祈る，あがめる，感謝祭を行う ea mihi
(*sc.* Lari) cottidie aut ture (9f11) aut

vino supplicat 彼女は毎日（家の守護神たる）私に香か酒を供えてあがめているのだ

suppōnō（**subp-**）*3* sup-pōnere, -posuī, -positum §109 ［sub, pōnō §176］ **1.** の下におく，入れる，敷く **2.** 足元におく，下位におく，従属させる，権威の下におく **3.** 付け加える，添える，補強する **4.** 代わりをさせる，代理とする，代用する **5.** とりかえる，すりかえる，偽造する，いつわる，にせものをつくる incedis per ignes suppositos cineri doloso (9d3) あなたはあなたを欺く灰の下におかれた火の中をすすんでいるのだ si caelo suppones vina sereno あなたはブドウ酒を晴れた空の下にさらしておくならば criminibus illis pro rege se supponit reum 彼はこれらの告発に対し王に代わって，自分が被告人となる

supportō（**subp-**）*1* sup-portāre, -tāvī, -tātum §106 ［sub, portō §176］ 下から上へ運ぶ，運び上げる，一点へ輸送する，集める ligna atque aquam Corcyra (70) navibus supportare 薪や水をコルキュラ島から船で輸送する

suppositus → suppōnō

suppressī, suppressus → supprimō

suppressiō *f.* suppressiōnis *3* §28 ［supprimō］ **1.** 抑圧，鎮圧 **2.** 隠蔽，横領，着服，詐欺

supprimō *3* sup-primere, -pressī, -pressum §109 ［sub, premō §§174 (2), 176］ **1.** 下から上へ押す，ささえる **2.** 下へおしつける，押しつぶす，窒息させる，圧迫する，底え沈める **3.** おさえつける，抑制する，阻止する，とめる，留める，はばむ **4.** 差し控える，伏せておく，言わないでおく，秘密にする，かくす **5.** 着服する，横領する **6.** (再)へりくだる，卑下する hostem insequentem supprimit rursusque terga vertere cogit 彼は追撃してきた敵を食い止め，今度は逆に彼らを敗走させる nisi supprimis tuom stultiloquium もしお前がそのばかばかしいおしゃべりを止めないならば necdum defunctae (118.2) bona invasit suppresso

testamento (9f18) 遺言書の公表を禁じて，まだ死んでいない彼女の財産におそいかかった hoc se magis supprimere felicem decet (167. 注) この故に幸福な人はいっそうへりくだるのがふさわしい

suppūrō *1* sup-pūrāre, -rāvī, -rātum §106 ［sub, pūs］ 傷がうむ，化膿する

supputō *1* sup-putāre, -tāvī, -tātum §106 **1.** 下の枝を刈り込む，おろす **2.** 計算して見積もる，合計する

suprā（**superā**）副・前 ［superus の女，奪，単，*sc.* parte］ **A.** 副 **1.** 上に，上部に，表面に，頭上に **2.** 高く，さらに高い所に **3.** 地上に，この世に **4.** さらに遠く，上流に，北方に **5.** 先に，前に，すでに，以前に **6.** さらに加えて，それ以上に，いっそう多く，大きく nihil supra deos lacesso もうこれ以上何かを願って，私は神々をいらだたせることはしない fortasse trecentis aut etiam supra nummorum milibus (9f11) emptum (agrum) おそらく 30 万 HS か，あるいはそれ以上の値段で買い取られた農地 **B.** 前(対と) **1.** の上に，上部に，頭上に，越えて，高く，高い所に **2.** さかのぼって，上流に，北に，左に **3.** 以前に，より早く **4.** 以上(に)，より多く，より大きく gloria quem supra vires et vestit, et ungit 虚栄心が身分不相応(実力以上の)な着物を着せたり，香油をつけさせる(人) ecce supra caput homo levis みよ，これが全く軽佻浮薄な奴で困り切っているのだ(目の上のたんこぶ＝supra caput)

suprāscandō *3* suprā-scandere, ——, —— §109 上へ登って行く，登って越える，向こうへ越える，渡る

suprēma *n.pl.* suprēmōrum *2* §13 **1.** 最後の瞬間，死 **2.** 遺言書 **3.** 葬儀，埋葬 (副)**suprēmum** §9e13 最後に，使者への最後の義務として

suprēmus *a.1.2* suprēm-a, -um §50 ［superus の最 §63］ **1.** 最高の，一番上の，最高位の **2.** 最も外の，遠い，極端な，最先(末)端の **3.** 最後の，最終の，最も若い **4.** 最も大切(重要)な，決定的な，危急存亡の **5.** 最も大きな，最も重

大な，最も優れた，卓越した，顕著な，最高至善の supremum supplicium 極刑，死刑 suprema manus 画竜点睛 Latona supremo dilecta penitus Jovi 至高至善のユーピテルに深く愛されたレートー supremo te sole（9f2）domi manebo 日の沈むころあなたを家で待っています （名）**suprēma** *n.pl.* suprēmōrum *2* §13 **1.** 最後の瞬間，死 **2.** 遺言 **3.** 葬儀

sūra *f.* sūrae *1* §11 ふくらはぎ，腓(こむら)

surculus *m.* surculī *2* §13 **1.** 若枝，細い枝，新芽 **2.** さし枝，つぎ枝，取り木 **3.** 細い棒

surdus *a.1.2* surd-a, -um §50 （比）surdior **1.** つんぼの，耳の遠い **2.** 聞く耳をもたない，耳を固くとざした，冷淡な，無関心な **3.** 不注意な，鈍感な，感覚のない **4.** 音を抑えられた，消された，静かな，だまっている **5.** 色のぼんやりした，くすんだ，匂いのかすかな narrare putaret（116.9a）asello fabellam surdo（作者は）つんぼのロバに物語を話しているのだと思うことでしょう（無駄なことをしている，馬に念仏）surdae ad omnia solacia aures 慰めの言葉を一切聞こうとしない耳 lacrimis（9d13）janua surda tuis お前の（嘆願の）涙に対し冷淡に閉じた（恋人の）玄関の戸 omnia surda tacent すべてのものが音をたてずにだまりこんでいる

surgō *3* surgere, surrēxī, surrēctum §109 ［sub, regō］ **1.** 起きる，立ち上がる，直立する，蜂起する **2.** 立ち上がって行く，出発する，言う **3.** 立ち昇る，昇る，そびえる，屹立する **4.** 高くなる，生長する，波立つ，水かさが増す **5.** 見えてくる，立ち現れる，風が強く吹き始める，おこる，生じる ignis surgit ab ara 燈明が祭壇から立ち昇っている cum ante lucem de Sinuessano surrexissem 私は夜の明ける前に起きてシヌエッサの家から立ち去ったので quae nunc animo sententia surgit? 心の中にいまどんな考えが浮かんでいるか surgebant lilia prato その草原にユリの花が高く立っていた pugna aspera surgit 戦いは激しくなる

surpiō → subripiō

surr... → subr...

Surrentīnus *a.1.2* Surrentīna, -tīnum §50 スッレントゥム（今のソレント）の （名）*n.* Surrentīnum(vinum) スッレントゥム酒（ブドウ酒）

sūrsum（**sūrsus**）副 **1.** 下から上へ，高い（上の）方へ，上に向かって **2.** 高い所に，高く sursum versus 上の方へ quietum reddam（116.2），ne sursum deorsum cursites お前が上へ下へと（あちこちと）忙しく走り回らないように，静かな(暇)な体にしてやるよ sursum ingentia spatia sunt 上空には無限の広がりがある

sūs *m.f.* suis *3* §30 *n.b.pl.dat.*, *abl.* は subus で suibus は稀 **1.** 豚，雌豚 **2.** イノシシ sus Minervam（docet）釈迦に説法（ミネルヴァに教える豚）non homines habitare（117.6）mecum mihi videntur, sed sues わしと一緒に住んでいる奴らはわしには人間ではなく豚に見える certo scio occisam saepe sapere plus multo suem 殺された豚の方がしばしばはるかに賢い（味がいい）ことがよくわかる

suscēnseō（**succēnseō**）*2* suscēnsēre, -cēnsuī, —— §108 怒る，激昂する，憤慨する non esse militibus suscensendum（147(ロ)）兵士らに鬱憤を晴らすべきでない（と言った）

suscēpī, susceptus → suscipiō

suscipiō（**succip-**）*3b* sus-cipere, -cēpī, -ceptum §110 ［sub, capiō §§174(2), 176］ **1.** 下からつかむ，捕える，落ちてくるのを支える，救う **2.** 新生児を抱き上げて正式にわが子と認める，子をもうける，養子とする **3.** 引き受ける，責任を負う，保護する，かくまう **4.** 受けとめる，耐え忍ぶ **5.** 認める，容認する，許す，続ける，応答する **6.** 企てる，実行する，果たす，あえてする，危険を冒す **7.** 心に抱く，考える，思いつく dominam ruentem suscipiunt 倒れて落ちてくる女主人を彼らは支える die natali meo, quo utinam susceptus non essem（116.1）ああ，その日父親から抱き上げられていなかったらよかった私の誕生日に is sibi legationem ad civitates suscepit 彼は諸部族への使節を自ら引き受けた candidatum suscepisse me notum est (171) 私がその志願者(官職)を支持してきたことは世間周知の事実です

suscitō *1* suscitāre, -citāvī, -citātum §106 〔sub, citō §176〕 **1.** 起こす, 目覚めさせる, 生き返らせる **2.** 立たす, 建てる, 築く, 押し上げる, 盛りあげる, 投げ上げる **3.** ねぐらから狩り出す, 追い出す, 法廷へ呼んで立たせる, 刺激する, かりたてる, そそのかす, たきつける, 励ます delubra deum nova toto suscitat orbi (9f1. イ) terrarum それが(畏敬の念)が全世界にわたって神々の新しい神殿をつくらせるのだ Euandrum ex humili tecto lux suscitat alma エウアンデルを慈悲深い朝日が目覚めさせて, つましい家から外出させる acrior ad pugnam redit ac vim suscitat ira いっそう闘魂をみなぎらせて彼は戦場に帰ってくると, (敵への)怒りが武力をかりたてる

suspectō *1* suspectāre, -tāvī, -tātum §106 〔suspiciō〕 **1.** じっと見つめる **2.** 疑い(不信)の目で見る, 疑う

suspectus *a.1.2* suspect-a, -um §50 〔suspiciō の完分〕 (比)suspector (最)suspectissimus **1.** 疑念, 恐れを抱かせる(起こさせる), 素姓・品質の怪しい **2.** 疑われている, 信用されない, 気づかわれる quo quis versutior et callidior est, hoc invisior et suspectior 抜け目のない, 悪賢い人ほど, いっそう, うさんくさく信用がおけない regem suspectum habebant 彼らは王を疑っていた

suspectus *m.* suspectūs *4* §31 〔suspiciō〕 **1.** 下から上を見ること, 仰ぎ見ること **2.** 敬慕, 尊敬

suspendium *n.* suspendiī 〔suspendo〕 首つり, 首をくくって死ぬこと

suspendō *3* sus-pendere, -pendī, -pēnsum §109 〔sub, pendō §176〕 **1.** かける, つるす, たらす, ぶら下げる **2.** 空中(高く)浮かせる, 保つ, 高い所へ上げる, 高める, 奉納物をかかげる **3.** 下からくくりつける, 下から支える, つっかい

で支える, 落ちるのを防ぐ **4.** 宙ぶらりんの状態にしておく, 未解決にしておく, 放っておく, 気をもませる **5.** 一時休止(停止)させる, 中断させる, 妨げる, さえぎる **6.** 絞殺する, 拷問にかける(再)自殺する, 首を吊る suspende te 首を吊れ laevo suspensi loculos (9e9) tabulamque lacerto (9f4) 左肩にカバンと(石)書板をかけた(子たち)(かけられた子) suspendit picta voltum mentemque tabella (9f11) 彼は板絵で顔と心を宙吊りにしている(うっとりと見とれている) saxis (9f5?) suspensam hanc aspice rupem 岩が上からたれ下がっているこの岩窟を見よ pes summis digitis suspenditur 足が爪先で支えられて立っている suspendere naso 鼻にかける, 自慢する, 軽蔑する

suspēnsus *a.1.2* suspēns-a, -um §50 〔suspendō の完分〕 (比)suspensior (最)suspensissimus **1.** 空中に(宙に)浮かんだ, つるされた, たなびいている, たれ下がった **2.** 上をかすめる, かるくふれる, もたれかかる **3.** 不安定な, 不確かな, あやふやな, 気がかりな, 心配な **4.** 未決定の, 保留の fluctu (9f1(ハ)) suspensa tumenti ferret (116.3) iter 彼女はふくらんだ波の上を身軽に滑っていくかもしれない suspenso animo expecto, quid agat 私は彼が何をするか不安な気持ちで待っている

suspexī → suspiciō

suspicāx *a.3* suspicācis §55 〔suspiciō〕 (比)suspicacior **1.** 疑い深い, 信用しない, 邪推する **2.** うさんくさい, 怪しい

suspiciō *3b* su-spicere, -spexī (-ēxī-?), -spectum 〔sub, speciō §§174(2), 176〕 §110 **1.** 見上げる, 上の方を見る **2.** 仰ぎ見る, 尊敬する, 賛美する **3.** 不信の念で見る, 疑いをかける cum patrem tuum suspexerim magis an amaverim dubitem (116.4) 私はあなたのお父上を, どちらかというと慕うよりも景仰していましたので

suspīciō (suspītiō) *f.* suspiciōnis *3* §28 〔suspiciō〕 **1.** 疑い, 疑念, 不

審 **2.** 邪推，嫌疑，疑心暗鬼 **3.** 暗示，ほのめかし **4.** 予感，推測，予想，虫の知らせ，ひらめき，考え，着想 de morte si res in suspicionem venit もし死についての経緯が疑われるに至ったときは habebat suspicionem adulteri 彼は姦通の嫌疑をかけられていた neque abest suspicio quin ipse sibi mortem consciverit 彼が自ら進んで自害したことは明白であった(に疑いはなかった)

suspīciōsus *a.1.2* suspīciōs-a, -um §50 ［suspiciō］ (最)suspiciosissimus **1.** 不審の念に満ちた，用心深い，疑い深い **2.** 不審の念を起こさせる，怪しい，疑わしい，うさんくさい (副)**suspīciōsē** §67(1) (比)suspiciosius 不審(疑い)の念を抱かせるやり方で，邪推させるようなやり方で

suspicor *dep.1* su-spicārī, -spicātus sum §§123(1), 125 ＝ **suspicō** *1* suspicāre, ──, ── §106 **1.** 推量(推定)する，臆測する，見当をつける，想像する，思う **2.** 予感する，感知する，うすうす気づく **3.** 疑う，邪推する，怪しむ，不信の念を抱く ea (9e11) quae fore suspicatus erat, facta (157.2) cognovit そうなるだろうと気づかっていたことが起こっているのを彼は知った omnes ilico me suspicentur (116.3) habere aurum domi あそこの奴らは皆わしが家に黄金を持っていると疑っているようだ

suspīritus *m.* suspīritus *4* §31 ［suspīrō］ 深いため息，嘆息

suspīrium *n.* suspīriī *2* §13 ［suspīrō］ **1.** ため息吐息(あこがれ，苦悶，切望などを現す) **2.** 深い呼吸

suspīrō *1* su-spīrāre, -rāvī, -rātum §106 ［sub, spīrō §176］ **1.** 深く息をつく，ため息をつく，嘆息する **2.** あこがれる，慕う **3.** 吐き出す，もらす ille suspirans imoque trahens a pectore vocem 'o dea...' 彼は深く息をして胸の底から声を出しながら「おお，女神よ」と言った te tenet, absentes alios suspirat amores 彼女はお前を抱いていて，そこにいない他の情夫たちをあこがれ慕っているのだ

sustentō *1* sustentāre, -tāvī, -tātum §106 ［sustineō］ **1.** 落ちないようにささえる，差し上げておく，かかげる **2.** 支持する，固持する，保持する，維持する，保管する **3.** 養う，扶養する，食わせる **4.** とどめる，とめる，制止する，くいとめる，妨げる **5.** おくらせる，延ばす，延期させる，長びかせる **6.** 持ちこたえる，忍ぶ，耐える，がまんする valetudo sustentatur notitia (9f11) sui corporis 健康は自分の体質をよく知ることによって維持される aegre is dies sustentatur その日はやっとのことでもちこたえられる solus omnem familiam sustentat 彼はたった一人で全家族を養っているのだ

sustineō *2* sus-tinēre, -tinuī, -tentum §108 ［sub, teneō §§174(2), 176］ **1.** 立てておく，落ちないよう(倒れないように)支える，差し上げる，かかげる **2.** 持ちこたえる，かつぐ，担う，負う，引き受ける，役を果たす **3.** 保持(維持)する，固守する，屈しない，抵抗する，直面する，逆らう **4.** くいとめる，はばむ，防ぐ，遠ざける，阻止する，制止する **5.** 生活必需品で支える，助ける，扶養する，食わせる **6.** 耐える，がまんする，しのぐ，忍ぶ **7.** あえてする，屈しないでする，大胆になる manibus sublatis sacra quaedam reposita in capitibus sustinebant 彼らは手をあげて頭の上にのせたある供物を支えていた quorum (＝ militum) aut animus aut vires videbantur sustinere non posse 兵士たちの意気も体力も到底耐え難いと思われた sustinet a jugulo dextram et vim viribus exit 彼は自分の喉から相手の右手を遠ざけ(引き離し)暴力を体力で逃げようとする

sustollō *3* sustollere, ──, ── §109 ［sub, tollō §176］ **1.** 高く上げる，揚げる，取りあげる，持ちあげる，かつぐ **2.** ひったくる，(子を)さらう，かどわかす

sustulī → sufferō, tollō

susurrō *1* susurrāre, ──, ── §106 ［susurrus］ **1.** 低い声で話す，ささやく，耳語(ﾁ)する，うわさをする **2.** (風，

susurrus

川, 蜂など)低い音をたてる, 低い声でうた
う, つぶやく

susurrus *m*. susurrī *2* §13
1. ささやき, 低い声, ひそひそ話, うわさ
話, 耳語(ᴷ) **2.** (虫などの)ぶんぶんという
音, さらさらと水の流れる音, かさかさとい
う葉ずれの音

susurrus *a.1.2* susurr-a, -um §50
[susurrus] ささやく, 耳語する, つぶや
いている

sūta *n.pl*. sūtōrum *2* §13 [suō
の完分] 縫い合わされたもの(着物), く
さりかたびら, 胴よろい(鎧)

sūtilis *a.3* sūtile §54 [suō] 縫い
つけられた, 縫い飾られた, 縫い合わされ
た, 編まれた, 編み込まれた

sūtor *m*. sūtōris *3* §26 [suō]
靴屋, くつなおし quasi claudus sutor
domi sedet totos dies (9e8) 靴屋はびっ
このように一日家に坐っている ne supra
crepidam sutor (judicaret) 靴屋は履物
以外のことは考えるな(本分を守れ, よけい
なことはするな)

sūtūra *f*. sūtūrae *1* §11 [suō]
1. 縫いもの, 編みもの, 裁縫 **2.** 縫合, 縫
い目, 合わせ目

sūtus → suō

suus (**suos**) 再所代 sua, suum (-om)
§§50, 72 **A.** 自分自身の, 彼(彼女, そ
れ, 彼ら)自身の **1.** 直接再帰 : 文の主語
に帰る sceleris sui socios Romae reli-
quit 彼は自分の犯罪の仲間をローマに残
した vertit in auctores pondera vasta
suos 巨大な重みはそれをつくった当人の上
におそいかかる(墓穴を掘る) **2.** 間接再帰:
従属節中の再所代が, 主節の動詞の主語
に帰る場合 omnes obsecrant ut suis
fortunis consulat 皆は彼が自分らの運命
を気づかって欲しいと嘆願する **3.** 同一文
の主語でない場合, または他の文の主語に
帰る場合 hunc sui cives e civitate eje-
cerunt この者を彼の市民たちが市から追
放した si ille huc salvos revenit,
reddam suom sibi もし彼がここへ無事に
帰ってきたら, 私は彼のものを彼に返して
やるつもりだ **4.** 主語の強調 jubet salvere

suos vir uxorem suam 当の主人が自分
の女房に挨拶を申しあげる **5.** 接尾辞 -pte,
-met, により, 又は se, sibi との併用によ
る強調形 suompte amicum 彼自身の友
を suismet verbis 彼自身の言葉で igno-
rans suo sibi servit patri 彼はそうだと
知らないで, 自分の父親の奴隷となってい
る **B.1.** 彼本来の, 生まれつきの, 固有の,
正当な, 特別の **2.** 彼に属する, 支配下の,
権限内の **3.** 彼の親しい, 彼に好意をもつ,
有利な, 好都合な quid suum, quid alie-
num sit ignorare 何が彼自身に固有なも
のであり, 何が他人のものかを知らないと
いうこと sua morte defunctus 自然死を
とげた(人) ancilla quae mea fuit hodie,
sua nunc est 今日まで私の奴隷であった
女中が, 今から自由の身となる suis locis
bellum ducere cogitabant 彼らは彼らに
有利な場所で戦争を長びかせようと考えて
いた **C.** 慣用表現 **1.** suum cuique pul-
chrum est 誰(に)でも自分のものが美しい
(好きだ) **2.** sua sponte ad Caesarem in
jus adierunt 彼らは自分たちから進んで
(自発的に)カエサルの所にきて裁定を下し
てもらっていた **D.** (名)**suī** *m.pl*. suōrum
2 §13 彼の(自分の)支配下の従者, 部下,
家族, 友人, 仲間 Caesar cohortatus
(118.4) suos proelium commisit カエサ
ルは部下を励ましてから戦を始めた (名)
suum *n*. suī *2* §13 自分のもの,
財産 socios sui (9c4) nihil deperdere
vult 彼は同盟者が自分らの財産を何一つ
失うことを欲しない

sūxī → sūgō

Sybaris *f*.(*m*.) Sybaris *3* §19
Tarentum 湾岸の町(*f*.)と川(*m*.)の名,
町は洗練された贅沢で有名であった

sӯcophanta *m*. sӯcophantae *2*
§37 <συκοφάντης **1.** 詐欺師, かたり
2. そしる人, 中傷家

syllaba *f*. syllabae *1* §11 <συλ-
λαβή **1.** 音節, 音綴 **2.** 詩句, 詩

symbola (-lē) *f*. symbolae (-lēs)
1 §11(37) <συμβολή **1.** 饗宴(宴
会)費への寄付金, 醵金, 分相応の負担
額, 分担金 **2.** 宴会, 御馳走

symbolus *m.* symbolī *2* §13 <
σύμβολον **1.** 割り符，同一（人）物を証
明するしるし，符号，証拠品，身分証明
書 **2.** 印鑑指輪
symphōnia *f.* symphōniae *1*
§11 <συμφωνία **1.** 音の調和，和合，
一致 **2.** 楽団，楽隊
symphōniacus *a.1.2* symphōniac-a,
-um §50 <συμφωνιακός 音楽の，
楽団の，楽団で歌う（演奏する）所の
Symplēgades *f.pl.* Symplēgadum
3 §39(ロ) 黒海(Euxinus Pontus)の
入口の二つの大岩(間を航海する船をつぶ
したとのこと)
symposium *n.* symposiī *2* §13
<συμπόσιον **1.** 饗宴，宴会 **2.** プラトー
ンの一つの対話の題
syngrapha *f.* syngraphae *1* §11
<συγγραφή 支払い承諾書，約束手形
Syrācūsae *f.pl.* Syrācūsārum *1*
§11 Sicilia の主要都市 （形）**Syrācū-**

sānus *a.1.2* -sāna, -sānum §50
Syracusae の
Syria *f.* Syriae *1* §11 小アジアの
国 （形）**Syriācus** *a.1.2* Syriāc-a,
-um §50 Syria の
Sȳrinx *f.* Sȳringos *3* §41.1b ア
ルカディアのニンフ，Pan に追われてアシ
（葦）へ変身する
Syrius *a.1.2* Syria, Syrium §50
シリアの dea Syria シリアの女神(豊穣
(ほうじょう)の女神
syrma *n.* syrmatis *3* §41.2
1. 裾を長くひきずる衣服，悲劇役者の衣
裳 **2.** 悲劇
Syrtis *f.* Syrtis *3* §19 **1.** Car-
thago と Cyrene の間の海岸の砂州
2. Syrtis major (magna)は Sidra 湾の，
Syrtis minor は Gabes 湾の砂州
Syrus *m.* Syrī *2* §13 **1.** シリア人
（ローマで奴隷に用いられることが多い）
2. （形）シリアの vīna Syra シリア酒

T

T, t ラテン字母の第 19 字 §1 略記と
して T. = Titus Ti. = Tiberius など
tabella *f.* tabellae *1* §11 〔tabu-
la の小〕 **1.** 小さな板 **2.** 投票札，民会で
は賛成札(U.R. = uti rogas)と反対札
(A. = antiquo)が，法廷では無罪(A. =
absolvo)，有罪(C. = condemno)，不
明・証拠不充分(N.L. = non liquet)の三
枚の票札が配布される **3.** 書板，蠟(ろう)板
4. 画板，絵画，絵馬 **5.** 遊技盤 **6.** 文書，
記録，手紙
tabellārius *a.1.2* tabellāri-a, -um
§50 〔tabella〕 **1.** 投票札に関する
2. 手紙の （名）**tabellārius** *m.* -riī
2 §13 配達夫，飛脚
tābeō *2* tābēre, ——, —— §108
1. 衰える，やせる，やつれる **2.** 腐る，腐

って落ちる，朽ちる
taberna *f.* tabernae *1* §11
1. 賤(しず)が家，ほったて小屋 **2.** 宿屋，は
たごや **3.** 店，売店，露店，屋台店，仕
事場 ～ libraria 本屋 sutrina ～ 靴屋
Tres Tabernae ローマから 30 マイルの停
泊地(駅)の名前
tabernāc(u)lum *n.* tabernāc(u)lī
2 §13 〔taberna〕 天幕，テント ～
capere ト鳥官が天幕を設営し鳥占いの観
察をする
tabernārius *m.* tabernāriī *2*
§13 〔taberna〕 店主，小売商人
tābēs *f.* tābis *3* §19 **1.** 衰弱，衰
退，憔悴 **2.** 腐敗，腐朽 **3.** 道徳的退廃，
堕落 **4.** 腐ったものから流れる粘液，膿，
血，汚水，ぬかるみ **5.** 疫病，伝染病，消

tābēscō

耗性疾患(肺結核, がん) quos durus amor crudeli tabe peredit 仮借なき愛が残酷な憔悴で滅ぼした人たち cadavera tabes absumebat 腐敗が死骸の形を変えてしまっていた

tābēscō *3* tābēscere, tābuī, ── §109 **1.** 消耗(衰弱)する, やつれ果てる **2.** 溶ける, 分解する, 蒸発する, ひからびる **3.** 腐る, 腐敗する nives radiis (solis) ～ 雪が(太陽の)光で溶ける quod aliena capella gerat (116.12) distentius uber, tabescat (116.3) 他人の山羊が(自分の)よりもっと沢山の乳を出すと言って(嫉妬で)やつれはてる人がいるかも知れない

tābidus *a.1.2* tābid-a, -um §50 [tābēs] **1.** やせ衰えた, 衰弱した **2.** 溶けている, 分解した **3.** くさった, 腐敗した, くちはてた

tābificus *a.1.2* tābefica, -ficum §50 [tābēs+faciō] 衰微(ウセ), (崩壊)をひきおこす, もたらす

tabula *f.* tabulae *1* §11 **1.** 木板, 銅板 **2.** 書板, 蠟板 **3.** 文書, 記録, 手紙 **4.** 会計簿, 帳簿 **5.** 画板, 絵, 絵馬, 奉納絵 **6.** 掲示板, 告示板, 競売広告, 法律告示板 duodecim tabulae 十二銅板法 novae tabulae 新会計簿, 借金の帳消し manum de tabula 画板(書板)から手を離せ, もう充分だ, 仕事をやめ(やめる時が大切だ)

tabulārium *n.* tabulāriī *2* §13 (公の)古文書(記録)保管所

tabulātiō *f.* tabulātiōnis *3* §28 [tabula] 板張り, 階(層)

tabulātum *n.* tabulātī *2* §13 [tabula] **1.** 板を張った床, 建物の階 **2.** 船の甲板 **3.** ブドウのつるを仕立てる, ニレの木などの水平な板の段(層)

tābum *n.* tābī *2* §13 **1.** 腐敗物の粘液, 膿, 血膿 **2.** 疫病, 伝染病

taceō *2* tacēre, tacuī, tacitum §108 **1.** 発言しない, だまっている, 何も言わない **2.** 話すのを止める, だまる **3.** 無言である, 静かである quod tacui et tacendum (121.1) putavi 私が話さなかったこと, そしてだまっておるべきだと思ったこと qui

nescit tacere, nescit et loqui だまることを知らない者は話すことも知らないのだ tacent, satis laudant 彼らがだまっているのは充分にほめているのだ

Tacita *f.* Tacitae *1* §11 沈黙の女神

tacitē 副 [tacitus §67(1)] **1.** 静かに, 無言で **2.** 音をたてないで, こっそりと **3.** 暗黙のうちに, ひそかに, 気づかれないで

taciturnitās *f.* taciturnitātis *3* §21 **1.** 沈黙, 秘密の厳守 **2.** 無口, 交際嫌い

taciturnus *a.1.2* taciturn-a, -um §50 [taceō] (比)taciturnior (最)taciturnissimus **1.** 無口な, 口数の少ない **2.** だまっている, 沈黙(秘密)を守っている statua (9f6) taciturnius exit 彼は外にでると彫像よりもだまりこくっている

Tacitus *m.* Tacitī *2* §13 Gaius Cornelius Tacitus (*c.* 56-*c.* 120)ローマの歴史家, 雄弁家, 政治家

tacitus *a.1.2* tacit-a, -um §50 [taceō の完分] **1.** 無言の, だまっている, 無口の **2.** 音もない, 静かな **3.** 表に表さない, かくれた, ひみつの, 気づかれない **4.** 暗黙の, 暗黙裡の tacitum vivit sub pectore vulnus 傷は心の底でひそかに生きている sidera tacito labentia (118.1) caelo (9f1. ハ) 静寂の天空をすべっていく星 per tacitum 黙って, 静かに

tactus *m.* tactūs *4* §31 [tangō の完分] **1.** さわること, ふれること, 接触 **2.** 触覚 **3.** 影響, 作用, 効果 membra reformidant mollem quoque saucia tactum 傷ついた手足は軽く触れられることすら恐れてさける(あつものにこりて, なますを吹く)

tacuī → taceō

taeda *f.* taedae *1.* §11 **1.** 肥松, 松やに **2.** 松の木 **3.** たいまつ, 婚礼のたいまつ **4.** 結婚(式), 愛

taedet (非) *2* taedēre, taesum est §166 何々(属・不)が誰々(対)をむかつかせる, 不快にさせる → あきている, 不快である, 嫌悪を覚えている eos vitae

taedit 彼らは生きることに飽きている tae-
det jam audire eadem もう同じことを聞
きあきている

taedifer *a.1.2* taedi-fera, -ferum
§50 ［taeda, ferō］ 松明(たいまつ)を運んで
いる

taedium *n.* taediī *2* §13 ［taedet］
1. 飽きた状態，退屈，倦怠，物憂さ **2.** 嫌
悪，不快，むかつき **3.** 不快なもの，いや
なやつ vetustas oleo (9d4) taedium
affert 老廃した油は吐き気をもよおさせる
nec vita taedio (nobis) erit nec mors
timori (9d7) 我々は人生に退屈しないだ
ろうし，また死を恐れることもあるまい

taenia *f.* taeniae *1* §11 **1.**(頭髪
の)リボン，ひも，なわ，綱，細長い切れ
2. 包帯，胸帯 **3.** さなだ虫，回虫

taeter *a.1.2* taetra, taetrum §52
(比)taetrior (最)taeterrimus §60
1.(感覚上)醜い，いやな，むかつく，嫌悪
すべき，恐ろしい **2.**(倫理的)不潔な，い
とわしい，忌まわしい，卑しい，悪い，汚
い，あさましい mulier taeterrima vultu
(9f3) 容貌の非常に醜い女

taetrē 副 ［taeter］ (最)taeterrimē
忌わしくも，おぞましくも

tālāria *n.pl.* tālārium *3* §20
［tālus］ **1.**(Mercurius がはいている)足
首に縛りつけられた有翼のサンダル **2.** 足首
までとどく(足をかくす)長い tunica（女
々しい衣服）**3.**(足の)拷問具 talaria
videamus (116.2) 有翼のサンダルを見つ
けよう(逃亡を考えよう)

tālāris *a.3* tālāre §54 ［tālus］
1. 足首までたれた長い(tunica) **2.** 足首に
縛りつけられた

tālārius *a.1.2* tālāri-a, -um §50
ludus 〜 女々しい，又はいかがわしい(舞
踏の)見せ物など

Talass(i)us *m.* Talass(i)ī *2*
§13 ローマの婚礼の神，花嫁への祝賀の
叫び

tālea *f.* tāleae *1* §11 **1.** 細い長い
棒，杭，金属棒 **2.** さし木(枝)

talentum *n.* talentī *2* §13 ＜
τάλαντον ギリシアの重さと貨幣の単位，

１タレントゥム＝60 ミナ(mina)

tālis *a.3* tāle §54 **1.** そのような種類
の，性質の(相関詞 qualis, ut, qui などを
よく伴う) **2.** 前述の如き，次のような，後
述のような **3.** そのようにすぐれた，すばら
しい，そんなに悪い，非難すべき talis erat
qualis putabatur 彼はこれまで思われて
いたようなそんな男であった tales nos esse
putamus, ut jure laudemur (116.8)
我々は称賛されて然るべき人物と思ってい
る tali modo 次のようにして in tali tem-
pore かかる危急な時に

talpa *f.* talpae *1* §11 モグラ

tālus *m.* tālī *2* §13 **1.** くるぶし，
かかと，足首，距骨 **2.** 羊の趾骨(女子の
お手玉やさいころに利用された) talos a
vertice pulcher ad imos 頭の天辺から
かかとの先まで美しい an recto stet
(116.10) talo (9f1. ニ) それとも彼は足元
からしっかりと立っているかどうか

tam 副 **1.** それほど，非常に，あんなに，
同程度に tam necessario tempore こん
なに差し迫った時に **2.** tam … quam …と
同様，…ほどそれほど，…のようにそのよう
に non tam … quam …というよりむしろ
… tam mihi mea vita quam tua tibi
cara est 私の命は私にとって大切だ，あな
たにとってあなたの命が大切であると同様
に non tam solido quam splendido
nomine 信頼できるというよりむしろ輝かし
い名前によって **3.** tam＋比，又は最, quam
＋比，又は最 …すればするほど，…するほ
ど益々 quam estis maxime potentes,
quam maxime vos aequo animo aequa
noscere oportet お前らは権力を持てば
持つほど益々，公平な精神で公正なものを
知るべきだ **4.** ut, qui で導かれる結果・傾
向文を伴う …する人(もの)のようにそのよ
うに nemo inventus est tam amens, qui
illud argentum eriperet (116.8, 時称の
関連による未完了・接) その銀器を奪い取
るほど狂気なものは一人もいなかった

tamdiū (tam diū) 副 **1.** それほど長
い間，ずいぶん前から **2.** 相関詞 quam
(diu), dum などを伴って，…ほどそれほど
長い間，同じほど長く，…限り tam diu

tamen 788

requiesco, quam diu ad te scribo 私は
あなたに手紙を書いている間だけ心が静か
なのです vixit tamdiu quam licuit bene
vivere 彼は立派に生きることが許されてい
た間(限り)生きた

tamen *j.* 副 [tam] **1.** それにもかか
わらず, とは言え, それでもやはり, しかし
ながら semper Ajax fortis, fortissimus
tamen in furore アーイヤークスはいつも
勇敢だ, しかし狂っている時は最も勇敢だ
2. quamquam, esti, tametsi などの譲歩
文のあとで quamquam abest a culpa,
suspitione tamen non caret なるほど彼
は罪を犯していない, しかし嫌疑がないわ
けではない **3.** sed, ac, verum などを伴っ
て強調される difficile factu (120.3) est,
sed conabor (128) tamen それはするこ
とが難しい, しかし試みてみよう

tametsī *j.* [tamen-etsī] **1.** …である
けれども, よし…にせよ(譲歩文を導く) **2.** し
かし, それでも(単独で) tametsi in odio
est, mater appellabitur 今は憎まれてい
ても, 彼女はきっと母と呼ばれるだろう

tamquam (**tanquam**) 副 **1.** のよう
に, と同様に **2.** あたかも…のように(sic,
ita などの相関詞を伴うこともある) **3.** いわ
ば, たとえば **4.** なので, という理由で, と
考えて ficta omnia celeriter tamquam
flosculi decidunt すべてこれらの虚構
は, 小さな草花の如くすばやく消え去った
apud eum ego sic Ephesi (70.イ) fui
tamquam domi meae エペソスでは, 私
は彼の家にそこに自分の家であるかのよう
に滞在していた

Tanais *m.* Tanais 又は Tanaidis *3*
§§39(イ), 41(6.b) サルマティアの川, 現
在のドン川

Tanaquil *f.* Tanaquīlis *3* §26
Tarquinius Priscus の妻

tandem 副 **1.** 遂に, 最後に, やっと,
とうとう **2.** 要するに, 結局, じっさいの所
3. (緊急の質問)一体全体, そもそも tan-
dem vulneribus defessi (118.4) pedem
referre coeperunt とうとう彼らは傷で疲
れ果て退却を始めた quo tandem animo
(9f15)? いったいいかなる考えなのか

tangō *3* tangere, tetigī, tāctum
§109 **1.** ふれる, 接する, さわる **2.** 打つ,
たたく **3.** 接している, 隣接する **4.** 到着す
る, 着く **5.** 手を出す, 誘惑する, だます
6. つかむ, 手に入れる, 食べる, 味わう
7. 言及する **8.** しみこませる, ぬらす **9.** 感
動させる, 動かす, 影響を与える genu
terram ～ ひざまずく haec civitas
Rhenum tangit この町はレーヌス川に接
している de caelo (又は fulmine) tactus
雷光(稲妻)に打たれた mentem mortalia
tangunt 人間の宿命が心を打つ(もののあ
われを感じる)

tanquam → tamquam

Tantalidēs *m.* Tantalidae *1* §37
タンタロスの子孫

Tantalus (**-los**) *m.* Tantalī *2*
§13 (神)Lydia の王, Zeus の子, Pelops
と Niobe の父, 彼は神々を誹謗して次の
如き罰を蒙ったと. 水の中に立っていなが
ら, 飲もうとすると, 水はひき, 果物の下
にいながら, 取ろうとすると果物は遠ざか
り, 常に落ちる危険のある石が頭の上にぶ
らさがっている mors, quae quasi saxum
Tantalo semper impendet タンタロスの
上に常にぶらさがっている石の如き死

tantisper 副 [tantus] **1.** それほど長
い間, その間ずっと(dum を伴うこともあ
る) **2.** その間に, 今は, さしあたって, 当
分 ego hic tantisper, dum exis, te
opperiar (132, 116.2) foris 私はお前が外
へ出てくるまでずっとここでお前を待ってい
よう

tantō 副 [tantus の奪 §9f13] **1.** そ
れだけ, それほど多く, 大きく, いっそう多
く, 大きく(比較級を伴う場合が多い) bis
tanto amici sunt quam …よりも2倍も
多くの友人がいる tanto melior それだけ
いっそう良い, それは結構だ **2.** tanto ～
quanto …であればあるほど, すればするほ
ど益々～だ quanto erat in dies gravior
oppugnatio, tanto crebriores litterae
ad Caesarem mittebantur 戦闘が日毎
に激しくなるにつれ, 益々多くの手紙がカ
エサルの所へとどいていた

tantopere (**tantō opere**) 副 そんな

に高い程度まで，それほど熱心に，大いに，非常に nil reperio quam ob rem lauder (116.10) tanto opere 私がなぜそんなに褒めそやされるのか，理由がさっぱりわからぬ

tantulus *a.1.2* tantul-a, -um §50 ［tantus の指小］ こんなに小さい，少ない，軽い （名）**tantulum** *n.* -lī *2* §13 こんなに少量，とるに足らぬもの **tantulum** 副 (9e13) そんなに小さい程度に，そんなに少なく qui tantuli (9c8) eget, quanto (e)st opus 必要なだけごく僅かなものを欲している人は

tantum *n.* tantī *2* §13 ［tantus の中性名詞］ それほど沢山，多量，大きいもの tantum religio potuit suadere malorum (9c4) 宗教は(人々に)かくも多くの悪業を犯すように説得できたのだ tantumne est? それだけか，それで全部か tantum verborum est, quantum necesse est 必要なだけの言葉の数 in tantum それほど高く(遠く)

tantum 副 ［tantus の中・対 §9e13］ **1.** それほどまで，それほど多く，大きく，…の限り tantum monet, quantum intellegit 彼は知っている限りの忠告をする **2.** ただ non tantum … sed, (sed etiam) ただ単に…のみならず，また…，さらに… **3.** tantum quod ちょうどそのときに tantum quod ex Arpinati veneram, cum mihi a te litterae redditae sunt 私がアルピーヌムの別荘からやってきた時，ちょうどあなたからの手紙が私のもとに届いた

tantummodo (**tantum modo**) 副 たんに，ただ non tantum modo … sed etiam …のみならず，また…

tantus *a.1.2* tant-a, tant-um §50 **1.** それほど大きな，多くの，高い，これほど，このような大きい，多くの tantaene animis caelestibus (9f3) irae? 天上の神々の意思において怒りはかくも大きいのか **2.** 相関詞 quantus, ut, qui (= ut is) などを伴って …ほどそれほど大きい，多い，高い nulla est tanta vis, quae non ferro frangi possit (116.8) 剣でもってこわされないほど，それほど強い権力は存在しない **3.** tantī それほどの値段で(9c7)，それほど

高い，価値のある emit hortos tanti, quanti Pythius voluit 彼はその庭園をピューティウスの欲した通りの金額で買った

tantusdem *a.* tanta-dem, tantum-dem (tantundem) §50 ［ī-dem］ 同じほど大きい，多い，長い，同程度の tantīdem (9c7) 同じ値段の （名） **tantumdem** *n.* (主・対のみ) 同じ量，同じ数 tantundem argenti quantum miles debuit 兵士が借りていたと同額の銀貨

tapēte *n.* tapētis *3* §20 = **tapētum** *n.* tapētī *2* §13 毛織(つづれ織り)のきれ，布(覆い，絨毯，壁掛け)

tardē 副 ［tardus §67(1)］ （比）tardius （最）tardissimē **1.** ゆっくりと，のろのろと **2.** おそく，おくれて

tardipēs *a.3* tardi-pedis §55 ［tardus, pēs］ 歩みののろい，びっこの

tarditās *f.* tarditātis *3* §21 ［tardus］ **1.** おそいこと，手間どること，遅滞，延期 **2.** 遅鈍，鈍感

tardō *1* tardāre, -dāvī, -dātum §106 ［tardus］ **1.** おくらせる，のばす **2.** おさえる，止める，妨げる **3.** 鈍らせる，鈍感にする **4.** (自)ためらう，手間どる，おくれる palus Romanos ad insequendum (119.4) tardabat 湿地がローマ軍の追跡をおくらせていた propius adire (117.4) tardari より近くへ寄るのを妨げられる

tardus *a.1.2* tard-a, -um §50 (比)tardior （最）tardissimus **1.** (速度)おそい，(動作)のろい，手間どる，ゆっくりした，落ちついた **2.** 悠長な，不活発な，遅鈍な，無精な，怠けた **3.** 遅刻した，間に合わない，おくれた **4.** 頭の鈍い，鈍感な，馬鹿な tarda senectus 動作の鈍い老年

Tarentum *n.* (-tus *m.*) Tarentī *2* §13 イタリア南端の港町，今のタラント

Tarpējus *a.1.2* Tarpēj-a, -um §50 **1.** ローマの氏族名 **2.** (名) **Tarpēja** Tarpējae *1* §11 ローマを裏切った女 **3.** mons Tarpejus カピトリウムの南西端の断崖，犯罪人を投げ落とす所

Tarquinius *m.* Tarquiniī *2* §13
1. エトルリア人の家名 **2.** Tarquinius
Priscus ローマの第五代の王 **3.** Tarqui-
nius Superbus 最後の王

Tartareus *a.1.2* Tartare-a, -um
§50 **1.** タルタロスの **2.** 地獄の, 冥界の

Tartarus (**-os**) *m.* Tartarī *2* §13
= **Tartara** *n.pl.* Tartarōrum *2*
§13 （神)**1.** タルタロス **2.** 冥界, 地獄

Tatius *m.* Tatiī *2* §13 サビーニ
族の王 Titus Tatius

taureus *a.1.2* taure-a, -um §50
[taurus] **1.** 雄牛の （名)**taurea** *f.*
-reae *1* §11 牛の皮, 皮むち

tauriförmis *a.3* tauri-förme §54
[taurus, förma] 雄牛の形をした

taurīnus *a.1.2* taurīn-a, -um §50
[taurus] 雄牛の, 雄牛の皮の

taurus *m.* taurī *2* §13 *cf.* ταῦρος
1. 雄牛 **2.** （天)牡牛座

taxō *1* taxāre, -xāvī, -xātum §106
[tangō] **1.** たびたび強く触れる **2.** 評価
する, 見積もる, 査定する, 額を定める
3. 批判する, 非難する, こきおろす

taxus *f.* taxī *2* §13(3) イチイの木

Tāygetus *m.* Tāygetī = **Tāygeta**
n. -ōrum *2* §13 Laconia と Mes-
senia を分かつ山(脈)

tē → tū

tēctē *副* [tēctus §67(1)] （比)tectius
おおわれて, かくして, 暗に, ひそかに

tēctor *m.* tēctōris *3* §26 [tegō]
化粧しっくい, 左官

tēctōrium *n.* tēctōriī *2* §13
1. 化粧しっくい, 化粧しっくいの塗料, （壁
の)化粧しっくいの上塗り, フレスコ壁画
2. 美顔料, 飾り文句(お追従)

tēctum *n.* tēctī *2* §13 [tegō の
完分] **1.** 屋根 **2.** 天井(板) **3.** 家, 住居
4. 隠れ場, 避難所 **5.** （寝台の)天蓋 **6.** 巣

tēctus *a.1.2* tēct-a, -um §50
[tegō の完分] （比)tectior （最)
tectissimus **1.** 屋根(甲板)におおわれた
2. おおわれた, かくされた, 秘密の **3.** い
つわりの, 見せかけの **4.** 用心した, 遠慮
深い, 慎重な

tēcum = cum tē

tēda, tēdifer → taed-

Tegea *f.* Tegeae *1* §11 Arcadia
の古い町 （形)**Tegeaeus** *a.1.2*
Tegeae-a, -um §50

teges *f.* tegetis *3* §21 [tegō]
イ(藺)の茎で作られた覆い, 敷物, むしろ,
ござ

teg(i)men (**tegu-**) *n.* teg(i)minis
3 §28 [tegō] **1.** 覆うもの, 衣服
2. 庇うもの, 防御物, 甲冑, 胴よろい, 楯
3. 殻(から), 外皮, 皮 sub tegmine caeli
青天井の下で

tegimentum (**tegum-, tegm-**) *n.*
tegimentī *2* §13 [tegō] **1.** 覆(おお)
うもの, 庇(かば)うもの, 包むもの **2.** 覆い,
衣類, 外衣 **3.** 保護, 防御

tegō *3* tegere, tēxī, tēctum §109
1. 覆(おお)う, かくす, 包む, かぶせる **2.** 屋
根でおおう, 屋根の下にかくす, 庇う **3.** 防
ぐ, 守る, 保護する, 遮蔽する **4.** 埋める
5. 着物をきせる **6.** 言いつくろう, 飾る
tectae naves 甲板のある船 tegere latus
alicui (9d8) 誰々の(左)側をかばう, 護衛
して行く tectus lanugine malas (9e9)
うぶ毛で頬のおおわれた(少年) tegeret
cum lumina somno 彼が眠りで目を閉じ
たとき

tegu- → tegi-

tēgula *f.* tēgulae *1* §11 [tegō]
屋根がわら, かわらぶきの屋根 asinus in
tegulis 屋根の上のロバ(前代未聞の不吉
な現象, 話, 事件)

tēla *f.* tēlae *1* §11 **1.** 織機(はた)で
つくられている織物 **2.** はたの縦糸 **3.** はた
4. クモの巣 **5.** 計画, 図案, 陰謀, 策謀
exorsa haec tela non male omnino mihi
est この企みは私にとって万事うまく始まっ
た

Telamō (**-mōn**) *m.* Telamōnis *3*
§41.8b （神)Aeacus の息子, Ajax の父
（名)**Telamōniadēs** *m.* -adae *2*
§37 Telamon の息子=Ajax

Tēlegonus *m.* Tēlegonī *2* §13
（神)Odysseus と Circe の子

Tēlemachus *m.* Tēlemachī *2*

§13 (神)Odysseus と Penelope の子

tēlinum *n.* tēlinī *2* §13 <τήλι-
νον 香りのよい軟膏

tellūs *f.* tellūris *3* §29 **1.** 土地,
土, 地面, 地表 **2.** 陸地, 地球 **3.** 地方,
国 **4.** 領地, 所有地, 財産, 富 **5.** Tellus
女神「大地」mihi tellus optem (116.1)
prius ima dehiscat (116.2) その前に大
地が底まで口を開いて私を呑み込んでくれ
るように願いたい

tēlum *n.* tēlī *2* §13 **1.** 槍, 投げ
槍, 突き槍 **2.** 飛び道具, 矢, 弾丸 **3.** 攻
撃用武器, 剣 **4.** 日光, 雷光

temerārius *a.1.2* temerāri-a, -um
§50 [temerē] **1.** 偶然の, でたらめの
2. 無思慮の, 向こう見ずの, 大胆不敵な
3. 早まった, 軽率な

temerē 副 **1.** 偶然にも, 思いがけなく
2. 理由もなく, 正当な根拠もなくて **3.** 無
造作に, でたらめに, いきなり **4.** 盲目的
に, むやみに, 軽率に, むとんじゃくに non
(haud) temere 正当な理由のないことで
はない, ほとんど, めったに…でない nullus
dies temere intercessit, quo non ad
eum scriberet (116.8) 彼にあてて彼が手
紙を書かない日は滅多になかった

temeritās *f.* temeritātis *3* §21
[temerē] **1.** 偶然, 無思慮, 無造作,
軽率, でたらめ **2.** 大胆不敵, 冒険, 無計
画, 性急な行動

temerō *1* temerāre, -rāvī, -rātum
§106 **1.** (神聖なもの)冒瀆する, 汚す,
傷つける **2.** 体面を汚す, 犯す **3.** 凌辱す
る, 暴行する

tēmētum *n.* tēmētī *2* §13 **1.** 陶
酔させる飲物, 生ブドウ酒

temnō *3* temnere, ──, ── §109
軽蔑する, 侮辱する

tēmō *m.* tēmōnis *3* §28 **1.** 車の
轅(なが), すきの長柄 **2.** (天)北斗七星, 大
熊座

Tempē *n.pl.* (主・対のみ) Thessalia
の谷, 美しい谷として名高い

temperāmentum *n.* -mentī *2*
§13 [temperō] **1.** 諸要素の調和のと
れた結合, 混合, 組み合せ **2.** 適度の温

度, 熱さ **3.** 極端な政策, 行動, 性格の
折衷, 妥協 **4.** 穏健, 中庸, 節度, 自制,
控え目

temperāns *a.3* temperantis §58
[temperō の現分] (比)temperantior
(最)temperantissimus 節制を守る, 自
制された, 慎み深い, 節度のある temperans
gaudii (9c13) 喜びを抑制した

temperanter 副 [temperāns §67
(2)]ほどよく, 適度(てき)に

temperantia *f.* temperantiae *1*
§11 [temperāns] 自制, 克己, 中庸,
節度

temperātē 副 §67(1) (比)tempera-
tius 控え目に, 慎み深く, おだやかに

temperātiō *f.* temperātiōnis *3*
§28 [temperō] **1.** 諸要求の適正な混
合, 均斉のとれた(安定した)組織, 構造,
制度 **2.** 適正な配分, 比例 **3.** 規制する,
(調整する, 均斉を保たせる)力, 作用, 要
因, 原理 caeli ～ 温和な気候 sol, mens
mundi et temperatio 太陽,宇宙の精神
であり調整者

temperātor *m.* temperātōris *3*
§26 [temperō] 抑制できる人, 自制
する人

temperātūra *f.* -turae *1* §11
[temperō] **1.** 諸要素の釣合のとれた混
合, 構成, 状態, 政体 **2.** 調整, 適度,
中庸(ちゅうよう)

temperātus *a.1.2* temperāt-a, -um
§50 [temperō の完分] (比)tempera-
tior (最)temperatissimus **1.** 温和な,
暖かい, 適度な **2.** 穏当な, 中庸を得た,
慎み深い **3.** 慎重な, 思慮深い

temperī (**temporī**) 副 [tempus の
奪 §9f19] (比)temperius **1.** 間に合
って, おくれないように **2.** 時宜を得て, 折
よく

temperiēs *f.* temperiēī *5* §34
[temperō] **1.** 適正な混合, 比例, 均斉
2. 温和な季節, 気候, 温度

temperō *1* temperāre, -rāvī, -rātum
§106 [tempus] (他)**1.** 全体の要素を
適当に配置する, 適正な釣合で結合(混
合)する **2.** 調合する, 調整する **3.** 調節す

る, 修正する, 和らげる **4.** 正しく導く, 支配する, 管理する (自)**5.** 中庸を守る, 分をわきまえる, 節度正しく振る舞う, 抑制する **6.** 遠ざける, つつしむ, さし控える, やめる venenum ～ 毒を調合する iras ～ 怒りを和らげる ab injuria ～ 不正をやめる etiam superatis hostibus (9d) temperavit 彼は征服した敵に対してすら自重した non temperante Tiberio (9f18) quin premeret (116.8) voce vultu ティベリウスはあの声, 顔で威圧することを差し控えなかったので

tempestās *f.* tempestātis *3* §21 [tempus] **1.** 時期, 時代, 四季 **2.** 機会, 時勢, 時局, 危機 **3.** 気候, 天気 **4.** 悪天候, 嵐 **5.** 個人的, 社会的, 政治的なあらし, 烈しい不安, 狂暴, 動乱, 騒動, 無秩序, 破壊(者), 妨害(者) in paucis tempestatibus 短い期間に in hac tempestate populi 民衆のこの騒動の中で idonea ad navigandum (119.4) tempestas 航海に適した時期

tempestīvē 副 [tempestivus §67 (1)] (比)tempestivius ちょうど良い時に, 都合よく, 時宜を得て

tempestīvitās *f.* tempestīvitātis *3* §21 [tempestivus] 丁度良い(成熟の)時機, 好都合, 旬(ぅ゙) sua cuique parti aetatis tempestivitas est data 人生のどの部分にも(各時期に)旬が与えられている

tempestīvus *a.1.2* tempestīv-a, -um §50 [tempus] **1.** 季節にふさわしい, 旬の **2.** 丁度よい折りに起こった(訪れた), 時宜を得た, 好都合の **3.** 成熟した, うれた, 青春の, 若い, 盛りの **4.** いくらか早い, いつも(習慣の時刻)より早い nondum tempestivo ad navigandum (119.4) mari まだ航海にふさわしくない海に tempestivum convivium いつもより早い饗宴(長びく, 豪奢な宴)

templum *n.* templī *2* §13 [< τέμνω「切る, 区切る」?] **1.** 卜鳥官が鳥占いのため境界を定め清めた地域, 聖域, 見渡せる広々とした空き地 **2.** 神に捧げられた建物, 神殿, 社 **3.** 地域, 空間, 聖地, 高所 ad inaugurandum templa capere 鳥占いをするために用地を択ぶこと templa mentis 心(精神)の聖域 caerula caeli templa 天空の青い区域 templum de marmore ponam (116.1) 私は大理石で神殿を建てて献じたい umida linguai (12.3) templa 舌のしめった領域 (口蓋)

temporālis *a.3* temporāle §54 [tempus] **1.** 一時的な **2.** (文)時を示す, 時制の

temporārius *a.1.2* temporāri-a, -um §50 [tempus] **1.** 状況に応じた, 事情に合った, 場あたりの **2.** 一時的な, 変わり易い, 移り気な

temporī → temperī

temptābundus *a.1.2* temptābund-a, -um §50 [temptō] 一歩一歩ためしながら, 手探りをしながら

temptāmen *n.* temptāminis *3* §28 [temptō] 試み, ためし, 企て, 努力

temptāmentum *n.* temptāmentī *2* §13 [temptō] 試み, 企て, ためし, 試験, 努力

temptātiō *f.* temptātiōnis *3* §28 [temptō] **1.** 試み, 企て **2.** (敵・病気) 攻撃, 襲来, 発作

temptātor *m.* temptātōris *3* §26 [temptō] 誘惑者

temptō (**tentō**) *1* temptāre, -tāvī, -tātum §106 **1.** 手でさわる, ふれる, さぐる **2.** 試す, 試みる, 試験する, 調査する, 吟味する **3.** ねらう, 企てる, 目指す, 手に入れようと試みる, 目的を達成しようと努める **4.** いためつける, 攻撃する, 襲う **5.** 働きかける, そそのかす, 刺激する, 誘惑する, 不安にさせる suo temptat salientem pollice venam 彼は自分の指で脈拍にさわる tentata est exigua pacis spes 平和のわずかな希望がためされた(平和の望みがいくらかでも残っていないかと試された) judicium pecunia temptatum est 判決が金で買収された

tempus[1] *n.* temporis *3* §29 **1.** 時, 時間, 時刻, 合間, 暇 **2.** 期間,

季節, 時期 **3.** 時代, 時勢, 状況, 環境 **4.** 時機, 好機, 危機, 苦境 **5.** 拍子, 韻律 **6.** (文)時制 tempore (9f19) 丁度折りよく, 時宜を得て ad tempus 定刻に間に合って, 状況に応じて, 即座に ante tempus 時節より早く, 思ったより早く ex tempore 即座に, 衝動から, 心ならずも id temporis その時 in tempore 好機に, 適しい時に in tempus 臨時に, しばらくの間 per tempus 折りよく pro tempore 状況に応じて suo tempore 自分に一番ふさわしい時に uno tempore 一斉に est tempus (171) nunc corpora curare 今こそ体の心配をすべき時だ tempus edax rerum 万物を食い尽くす時 tempori (9d1) parce 時間を惜しめ tempori serviendum (147. ロ) est 時勢に従うべきだ o tempora o mores おお, 時よ おお, 風習よ(おお, なんたる時代, お, なんたる道義)(時代の堕落をなげく言葉)

tempus² *n.* temporis *3* §27 **1.** こめかみ, 額の側面 **2.** (*pl.*)頭, 顔

tēmulentus *a.1.2* tēmulent-a, -um §50 酔った, 酩酊した

tēnācitās tenācitātis *3* §21 [tenāx] **1.** しがみつくこと **2.** けち, 吝嗇 (りんしょく)

tēnāciter 副 [tenāx §67(2)] (比) tenacius (最)tenacissime §68 **1.** しっかりと, 固く, にぎって(持って) **2.** 頑固に, 強情に, 執拗に

tenāx *a.3* tenācis §55 [teneō] (比)tenacior (最)tenacissimus §59 **1.** しっかりとくっついて離れない, しがみついている **2.** 保ち得る, 粘着力のある, 拘束力のある **3.** 頑固な, 強情な, しつこい **4.** けちな pondere (9f11) tenacior navis 重みでいっそう海にしがみついて(どっしりとした)船 tenax propositi (9c13) vir 初志を固く持ち続ける人

tendicula *f.* tendiculae *1* §11 [tendō] **1.** 晒し屋が布を張るひも **2.** わなのなわ, 綱

tendō *3* tendere, tetendī, tentum (tēnsum) §109 (他)**1.** (ぴんと)張る, 伸ばす, ひっぱる, ひきしめる, 広げる, 長

くする, 拡大する **2.** 向ける, ねらう, おくる, 差し出す (自)**1.** 向かって進む, 動く, 赴く, 成長する, のびる **2.** 固執する, 努める, 目的を目指す, 全力を尽くす **3.** 天幕をはる, 野営する aestivam sermone benigno tendere noctem 夏の夜を歓談でひきのばす(夜をふかす) insidiae tenduntur alicui ある人にわながしかけられる ire foras pleno tendebat corpore frustra (小狐は)腹一杯の体で外へ出ようと努めたが無駄だった

tenebrae *f.pl.* tenebrārum *1* §§11, 45 **1.** 暗黒, 暗やみ, 夜陰, 薄暗がり **2.** 地獄, 牢獄, 下界 **3.** 目のかすみ, 失明, 盲目 **4.** 無知蒙昧, 暗愚 **5.** 無名, 低い身分, 卑賤な生まれ non quem (9e11) velis (116.8) tibi in tenebris occurrere あなただって(誰でも)暗やみで出会いたくないような(恐ろしい)奴

tenebricōsus *a.1.2* tenebricōs-a, -um §50 [tenebrae] (最) tenebricosissimus 暗い, 暗闇に包まれた(かくされた)

tenebrōsus *a.1.2* tenebrōs-a, -um §50 [tenebrae] (比)tenebrosior 暗い, 陰鬱な

Tenedos (-us) *f.* Tenedī *2* §13 (ギ)Troia の近くの小さな島 (形) **Tenedius** *a.1.2* Tenedi-a, -um Tenedos 島の

tenellulus *a.1.2* tenellul-a, -um §50 [tenellus の小] 極めて柔らかい, 優しい, 感じ易い

tenellus *a.1.2* tenell-a, -um §50 [tener の小] 非常に柔らかい, 優しい, 感じ易い, 繊細な

teneō *2* tenēre, tenuī, tentum §108 **1.** しっかりと握る, 摑む, 摑んで離さない **2.** 抱く, 保つ, 持ちつづける, 維持する, 固執する, 主張する, 所有する, 占める, 住む, 占領する, 守る **3.** 向ける, 導く, 牛耳る, 支配する, 管理する, とりにこにする **4.** 手に入れる, 達成する, 至る, とどく **5.** とどめる, 待たす, とめておく **6.** 制する, 押さえる, 阻止する, 妨げる **7.** 縛る, 義務づける(受), 義務がある, 責任が

ある **8.** 心(精神)でつかむ，把握する，理解する **9.** 心にとどめる，記憶する，執着する，専念する **10.** (自)向かって進む，行く，存続する，持続する castris (9f1. ニ) se tenere 陣営の中でじっとしている neque ira (9f11) neque gratia teneri 恨みによっても恩によっても縛られていない naves vento tenebantur 船は風によって阻止されていた imber per noctem totam tenuit 雨は一晩中降りつづいた plebs tenuit, ne consules in proximum annum crearentur (116.6) 民衆は主張した，その次の年は執政官が選挙されないようにと

tener *a.1.2* tenera, tenerum §51 (比)tenerior (最)tenerrimus §60 **1.** 柔らかな **2.** 幼い，いたいけな **3.** 柔弱な，もろい，こわれ易い **4.** 優しい，情にもろい，女性的な **5.** 繊細な，敏感な，多感な parcendum (147. ロ) est teneris 幼子はいたわらねばならぬ incestos amores de tenero meditatur ungui (乙女は)爪の柔らかいうち(少女の頃)から淫らな恋を考えている

tenerē 副 [tener §67(1)] (比)tenerius 柔らかに，優しく，弱々しく，こまやかに

teneritās *f.* teneritātis *3* §21 [tener] 優しさ，柔らかさ，きゃしゃ，せんさい，若さ，未熟，脆さ

tēnesmos *m.* tēnesmī *2* §§13, 38 <τεινεσμός しぶり(腹)

tenor *m.* tenōris *3* §26 [teneō, tendō] **1.** とぎれることのない動き，進行，過程 **2.** 連続，継続(性)，一定不変 **3.** 進路，方針，生涯 **4.** 声の強勢，音調，色調 hasta servat tenorem 槍は一定の方向を保つ obstinatus tenore eodem (9f3) consiliorum 作戦の同じ方針に固執して uno tenore 絶え間なくぶっつづけに，一気呵成に

tēnsa *f.* tēnsae *1* §11 [tendō] 大競走場へ神像を運ぶ聖車

tēnsus → tendō

tent... = tempt...

tentīgō *f.* tentīginis *3* §28 [tendō] 陰茎強直症，異常な色欲，欲

情

tentōriolum *n.* tentōriolī *2* §13 [tentōrium の小] 小さい天幕

tentōrium *n.* tentōriī *2* §13 [tendō] 天幕

tentus → tendō, teneō

tenuī → teneō

tenuis *a.3* tenue §54 (比)tenuior (最)tenuissimus **1.** 細長い，ほっそりとした，か細い，やせた **2.** せまい，薄い，平たい，浅い，希薄な **3.** 少ない，軽い，弱い，控え目の，わずかな **4.** 乏しい，貧しい，身分の低い，粗末な，取るに足らぬ **5.** 鋭い，せんさいな，きゃしゃな **6.** 単純な，純粋の，きれいな，澄んだ tenues pluviae ぬか雨 tenuissima valetudo 非常に虚弱な体質

tenuitās *f.* tenuitātis *3* §21 [tenuis] **1.** 繊細，希薄，きゃしゃ，長細いこと，やせていること **2.** 貧弱，虚弱 **3.** 不足，貧乏，無意味，些細 **4.** 単純，素朴，簡素 **5.** 精緻，鋭敏

tenuiter 副 [tenuis §67(2)] (比)tenuius (最)tenuissime **1.** 浅く，薄く，細く **2.** 簡単に，軽く，表面的に，無関心に **3.** 不十分に，下手に，そまつに **4.** 率直に，直接に **5.** 細く，せんさいに，入念に，正確に

tenuō *1* tenuāre, -āvī, -ātum §106 **1.** 薄く(細く)する，うすめる **2.** すり減らす，(体を)やせさせる，すぼめる **3.** 減少させる，低下させる，衰弱させる tenuatus (118.4) in auras umor abiit 水分が減り空中へ蒸発した quo carmen tenuastis (114.3) in antro? お前はどの(詩の女神の)洞窟でその詩を彫琢したか

tenus 前 ちょうど…まで,達するまで(名詞のあとにくることが多い) **1.** (属) per aquam ferme genus tenus altam ほとんど膝に達するまで深い水の中を通って **2.** (奪) lateri (9d4) capulo tenus abdidit ensem 彼は柄(つか)まで深く刀を脇腹へ突き刺した

tepefaciō *3b* tepe-facere, -fēcī, factum §110 [tepeō, faciō §173] 温(暖)くする，あたためる，熱する

tepeō *2* tepēre, ——, —— §108 **1.** 暖かい, 温暖である **2.** 熱くなっている, 愛で心が燃えている **3.** なまぬるい, 冷淡である, 不熱心である nunc omnis et mox virgines tepebunt 今に乙女たちはみんな恋心をあつくするだろう

tepēscō *3* tepēscere, tepuī, —— §109 ［tepeō］ **1.** 暖かくなる, あたたまる **2.** ぬるむ, 冷たくなる, 冷える **3.** (愛で)熱くなる

tepidus *a.1.2* tepid-a, -um §50 ［tepeō］ (比)tepidior (最)tepidissimus **1.** 暖かい, 温暖な, なまあたたかい **2.** なまぬるい, 冷えた, さめた, 熱中しない

tepor *m.* tepōris *3* §26 ［tepeō］ **1.** ほどよい熱, 暑さ **2.** 熱で体がほてること **3.** 生ぬるさ, 熱のない(無気力な)文体

ter 数 §101 **1.** 3度, 3回, 3倍 **2.** 何度も, くりかえして **3.** 何倍も, 大いに

terebinthus *f.* terebinthī *2* §13 (3) <τερέβινθος トクノウコウ, テレビンの木

terebrō *1* terebrāre, -brāvī, -brātum §106 ［terebra *f. 1* §11 錐(﹡)］ **1.** 錐で穴をあける, 突き通す **2.** 穴を掘る

terēdō *f.* terēdinis *3* §28 <τερ-ηδών フナ(船)クイムシ, キクイムシ

Terentius *a.1.2* Terenti-a, -um §50 **1.** ローマ人の氏族名 **2.** C.Terentius Varro 執政官(216 B.C.) **3.** M.Terentius Varro 文法学者 **4.** P.Terentius Afer 喜劇作家 **5.** Terentia キケロの妻

teres *a.3* teretis §55 ［terō］ (比)teretior **1.** なめらかで丸い(円筒形のような) **2.** まるまると肥った, 丸くふくらんだ **3.** なめらかな, 耳ざわりのない **4.** 洗練された, 完成された, 均斉のとれた, 美しい sapiens teres atque rotundus 賢人は角がなく丸い(なめらかな球の上では事件はすべり落ちる) rupit teretes aper plagas 猪が丸くふくらんだ猟網を破って逃げた

Tēreūs *m.* Tēreī, eos *3* §42.3 (神)Thracia の王

tergeminus → trige-

tergeō *2* tergēre, tersī, tersum §108 **1.** ぬぐう, ふく, ふきとる **2.** こする, こすって落とす(消す) **3.** 磨く, きれいにする, 浄化する, (罪を)つぐなう **4.** 除去する, 取り払う aridus auris terget sonus かさかさした音が耳をかすめる hoc potius quam gallina tergere palatum この方(孔雀)が鶏より舌をいっそう気持ちよくなでてくれる(いっそうおいしい)

tergiversātiō *f.* tergiversātiōnis *3* §28 ［tergiversor］ ためらい, 言い抜け, 尻込み

tergiversor *dep.1* tergi-versārī, —— ［tergum, versor］ §123(1) (背を向ける), 断る, さける, 尻込みをする, ためらう, 言い抜ける

tergō *3* tergere, tersī, tersum §109 → tergeō

tergoris → tergus

tergum *n.* tergī *2* §13 **1.** 背, 背中 **2.** うしろ, 裏, 背後 **3.** 地面, 川の水面 **4.** 山の背, 尾根 **5.** 後部, しんがり, 後衛 **6.** 皮, 毛皮 **7.** 毛皮でつくられたもの, 楯, 太鼓, こて(籠手) terga vertere 背を向ける, 敗走する post tergum 背後に a tergo 背後から

tergus *n.* tergoris *3* §29 **1.** (動物の)背, 背部, 後脚, 太腿(もも) **2.** 皮, 皮毛 **3.** 体(動物の)

termes *m.* termitis *3* §21 木の枝, 切られた小枝

Terminālia *n.pl.* Terminālium *3* §20 Terminus(境界の神)の祭, 2月23日が祭日

terminātiō *f.* terminātiōnis *3* §28 ［terminō］ **1.** 領地の境界を示すこと, 境界設定, 区画 **2.** 境界, 局限, 限界 **3.** 目標, 終わり, 結句

terminō *1* termināre, -nāvī, -nātum §106 ［terminus］ **1.** 境界を示す, 定める, 区画する **2.** 限界を決める, 制限する, 決定する, 明らかにする, 定義する **3.** 終える, 結論する, すます cum Epicurus bona voluptate terminaverit (116.7) mala dolore エピクーロスは善を快楽で悪を苦痛で(快楽を善と苦痛を悪と)定義した

terminus 796

ので　iam imperio annuo terminato
(9f18) もう一年間の命令権（属州支配）が
終了したので

terminus *m.* terminī *2* §13
[*cf.* τέρμα] **1.** 所有地の境界を示す石
柱（標）**2.** 限界，境界線 **3.** 果，先端
4. 末，終結，終末

ternī 数 ternae, terna §§50, 101
1. それぞれに（めいめいに）3つの，一度に
3つの **2.** 3重（倍）の **3.** 3つ

terō *3* terere, trīvī, trītum §109
1. こする，摩擦する **2.** ふれる（通りがかり
に）**3.** 押しつぶす，すりつぶす，すりむく
4. こすり磨く，なめらかにする，平らにす
る **5.** 押しつける，踏みつける **6.** 砕いて粉
にする，脱穀する **7.** 使い減らす，使い果
たす，疲れ果てさせる **8.** 時を過ごす，時
間をつぶす **9.** 費やす，浪費する te (117.5)
calamo trivisse labellum お前は葦笛で
唇をさすったこと（笛を吹いた）via trita
pede 足で踏みつけられた道 in foro teri-
mur 我々は法廷で疲れ果てる

terra *f.* terrae *1* §11 **1.** 陸，陸
地 **2.** 土地，大地，地面 **3.** 土，土壌，耕
地 **4.** 地方，国，地域 **5.** 所有地，敷地
6. 世界,地球 terrae motus 地震 terrae
filius 馬の骨 orbis terrarum (terrae)
全世界（の人々），ローマ世界，宇宙 terra
marique **1.** 陸路，海路で **2.** 陸も海も，
世界中くまなく se mortuo misceri te-
rram ignis jubet 彼は自分が死ぬと，大
地と火がまざることを命ずるのだ（後は野と
なれ，山となれ）

terrēnus *a.1.2* terrēn-a, -um §50
[terra] **1.** 陸（地）の，地上の，世界の
2. 土からできた **3.** 死すべき，現世の（名）
terrēna *n.pl.* terrēnōrum *2*
§13 陸棲動物

terreō *2* terrēre, terruī, territum
§108 **1.** おじけさせる，脅かす，こわがら
せる，威圧する **2.** おどして思いとどまらせ
る，さまたげる，びっくりさせて追い払う
terruit gentes, grave ne rediret (116.6)
saeculum（主神は）人類に恐ろしい世紀が
戻ってくるのではないかと恐れさせた a re-
petenda (121.3) libertate terremini

我々は自由を取り戻すことを妨げられる

terrestris *a.3* terrestre §54 =
terres-ter, -tris, -tre *a.3* §54
1. 陸地に生きている，住んでいる **2.** 土地
の，地上の，現世の，この人間世界の

terreus *a.1.2* terre-a, -um §50
土の，土から生まれた（できた）

terribilis *a.3* terribile §54
[terreō]（比）terribilior 恐怖を与え
る，怖がらせる，恐ろしい，ものすごい，ぞ
っとする

terricula *n.pl.* terriculōrum *2*
§13 [terreō] こわがらせる手段 **2.** お
ばけ，かかし

terrificō *1* terrificāre, -ficāvī,
-ficātum §106 [terrificus] ひどく恐
れさせる，震えさせる，脅かす，驚かす

terrificus *a.1.2* terrific-a, -um
§50 [terreō, faciō] 恐ろしい，身の毛
のよだつ，畏怖の念をおこさせる

terrigena *m.(f.)* terri-genae *1*
§11 [terra, gignō] **1.** 大地から生まれ
たもの，大地の息子 **2.** カタツムリ

territō *1* territāre, -tāvī, -tātum
§106 [terreō] おどす，こわがらせる，
おびやかす，驚かす

territōrium *n.* territōriī *2* §13
[terra] 町の区域，管区，領域

terror *m.* terrōris *3* §26
[terreō] **1.** 恐れ，恐怖，極度の不安，
心配，驚き **2.** 恐ろしい光景（事件，もの，
人，報告）se terrori (9d7) hostibus
futurum (117.5) 自分は敵に恐ろしい存在
となろう terrorem alicui injicere ある人
を恐れさす

tersī → tergō, tergeō

tersus *a.1.2* ters-a, -um §50
[tergeō の完分]（比）tersior （最）
tersissimus **1.** 手入れのゆきとどいた，
身ぎれいな，清潔な，きれいな **2.** 晴れた，
雲のない **3.** 磨かれた，洗練された

tertiānus *a.1.2* -āna, -ānum §50
[tertius] **1.** 三日目ごとに発熱する（ロー
マでは，数えるとき，始めと終りを含める
ので「一日おきに発熱(熱)する」）**2.** （名）
m.pl. 第三軍団の兵士

tertiō (= **tertium**) 副 3度, 3度 (番)目, 第3に

tertius *a.1.2* terti-a, -um §§50, 101 第3の, 3番目の, 3分の1の ab Jove tertius ユピテルから3代目の(子孫＝ユピテルの曾孫)

ter(r)ūncius *m.* ter-ūnciī *2* §13 [ter, uncia] **1.** 重さ3ウーンキア(199)の銅貨＝4分の1アス(貨幣の最小単位 §199) **2.** 全額の4分の1 heres ex teruncio 4分の1の遺産相続者

tesca (**tesqua**) *n.pl.* tescōrum *2* §13, 46 荒れ地, 人跡未踏の地

tessera *f.* tesserae *1* §11 **1.** 四角形又は立方体の小さな木(石, 陶)片, さいころ(象牙, 骨, 宝石など) **2.** 四角形又は長方形のしるし, 許可書, 鑑札, 引換券など ～ militaris 軍隊の合言葉あるいは指示などを示した書板, 提示, 命令, 訓令 **3.** 貧乏人に国から与えられた金又は穀物の引換券(～ frumentaria) **4.** ～ hospitalis お互いに相手をもてなす優待券 confregisti tesseram お前は優待券をひきさいた(我々の仲はもうだめになった) ita vitast (＝ vita est) hominum quasi quom ludas tesseris (9f11) 人生は(お前が)すごろくで遊んでいるときと同じさ

testa *f.* testae *1* §11 **1.** 土製, 陶器製のつぼ, かめなどの容器 **2.** 煉瓦, かわら **3.** 粉砕されたれんが, 陶器類の破片(舗装道路の敷石として用いられた) **4.** 甲殻類, 貝, カタツムリなどの殻(から), 固い覆い quo (9f11) semel est imbuta recens, servabit odorem testa diu 土器は新しいうちに一度染み込んだ匂いをいつまでも保つだろう

testāmentārius *a.1.2* testāmentāri-a, -um §50 [testāmentum] 遺言(書)の (名)**testāmentārius** *m.* -riī *2* §13 遺言書偽造者

testāmentum *1* testāmentī *2* §13 [testor] 遺言(書), 遺書

testātiō *f.* testātiōnis *3* §28 [testor] 事実を証明すること, 供述, 宣誓証言

testātus *a.1.2* testāt-a, -um §50 [testor の完分] (比)testatior **1.** 確かに証明された, 実証ずみの, 公然たる, 明白の, 周知の

testificātiō *f.* testificātiōnis *3* §28 [testificor] 事実を証明すること, 証拠で確認すること, 証明, 宣誓証言

testificor *dep.1* testificārī, -ficātus sum §123(1) [testis, faciō] **1.** 厳粛に証言(主張)する, 証拠を提供する, 保証する **2.** 明るみに出す, 公にする, 見せる, 知らせる **3.** 証人として呼び出す

testimōnium *n.* testimōniī *2* §13 [testis] (法廷の)証人の陳述, 証言, 証明, 証拠(品)

testis¹ *c* testis *3* §19 **1.** 証人(法廷), 証言, 証拠 **2.** 目撃者, 目撃証人 conscientia mille testes 良心は千人の証人(に匹敵する) testibus se militibus uti posse quanto studio pacem petisset (116.10) (彼は訴えた)「自分がいかに熱心に平和を求めていたかについては, この兵士たちを証人として利用することができる」pluris (9c7) est oculatus testis unus, quam auriti decem 10人の耳の証人よりも1人の目の証人の方が価値がある

testis² *m.* testis *3* §21 睾丸(こうがん)

testor *dep.1* testārī, -tātus sum §123(1) [testis] **1.** (神・人を)証人として呼び求める, 呼び起こす, 証人に立てる **2.** 訴える, 嘆願する **3.** おごそかに誓言(断言)する, 保証する **4.** 知らせる, 明らかにする, 証明する **5.** (自)証人の前で遺言書をつくる, 遺書を公にする vos testor me defendere (117.5) 私は自己弁護のためあなたを証人として求める adsiduo suos gemitu testata (est) dolores 彼女は絶え間なきうなり声で自分の悲しみを知らせた(証明した)

testū *n.* (無) 土製, 陶器製の, 蓋つきの食器

testūdō *f.* testūdinis *3* §28 **1.** カメ **2.** カメの甲(甲を共鳴板とする)竪琴 **3.** 亀甲状隊形(グループ毎に側面と頭上を楯で庇って前進する隊形) **4.** 亀甲車(兵がその中にこもって城壁に突進する移動小屋) **5.** アーチ形天井

testula *f.* testulae *1* §11 〔testa の小〕 土器, 陶器のかけら, 小片

tetendī → tendō

tēter → taeter

tetigī → tangō

tetrachmum *n.* tetrachmī *2* §13 <τετράχμον ギリシアの銀貨

tetrarchēs *m.* tetrarchae *1* §37 <τετράρχης (原義 四分領太守)ローマ に保護されている東方属州の小王

tetrarchia *f.* tetrarchiae *1* §11 <τετραρχία 四分領, 小王の支配する領 土

tetricus *a.1.2* tetric-a, -um §50 **1.** 眉をひそめた, 気難しい, 陰鬱な **2.** 厳 格な, いかめしい

tetulī = tulī の古形 → ferō

Teucer, Teucrus *m.* Teucrī *2* §§13.15 (神)**1.** トロイア王家の祖 **2.** Sa-lamis 王 Telamon の子

Teucrī *m.pl.* Teucrōrum *2* §13 Teucer の子孫, トロイア人

Teucria *f.* Teucriae *1* §11 トロ イア

Teutonī *m.pl.* Teutonōrum *2* §13 ゲルマニア人の一部族 (形)**Teutonicus** *a.1.2* §50 Teutonī 人の

tēxī → tegō

texō *3* texere, texuī, textum §109 **1.** 機(½)で布をつくる, 織る **2.** 刺繍する **3.** (クモ)巣をつくる **4.** 編む, 組み合わせ る, なう **5.** 組み立てる, 建てる, 作る, 構 成する, 創造する

textilis *a.3* textile §54 〔texō〕 織られた, 編まれた, 組まれた, なわれた (名)**textile** *n.* textilis *3* §20 織 物, 編み物

textor *m.* textōris *3* §26 〔texō〕 織り手, 織り工

textrīnum *n.* textrīnī *2* §13 〔textor〕 織り工の仕事場, 店, 取引, 機織り場 **2.** 造船所

textum *n.* textī *2* §13 〔texō の 完分〕 **1.** 織物, 衣服, 編み物 **2.** 組み立 て, 骨組み, わく組み, 結構 **3.** ことばの あや **4.** (エピクーロス哲学)原子構造

textūra *f.* textūrae *1* §11 〔texō〕 **1.** 織り方 **2.** 骨組み, 構造 **3.** (エ ピクーロス哲学)原子の構造

textus, texuī → texō

textus *m.* textūs *4* §31 〔texō〕 **1.** 織り具合(型), 編み方, 織り交ぜ方 **2.** 織物の生地, 編み物 **3.** 組織, 組み立 て構造 **4.** 語の組み立て, 文の構造, 文 脈, 節 **5.** (エピクーロス哲学)原子構造

Thāis *f.* Thāidis, -idos *3* §41, 6b アテーナイの有名な hetaira(芸者)

thalamus *m.* thalamī *2* §§13, 38 <θάλαμος **1.** 部屋, 花嫁の部屋 **2.** 新婚の床, 夫婦の床 **3.** 寝室, 居室 **4.** 結婚, 夫婦の交わり

Thalēs *m.* Thalis, -letis *3* §42.5 有名なギリシアの哲学者, 七賢人の一人

Thalīa (Thalēa) *f.* Thalīae *1* §11 **1.** 喜劇(又は軽い詩)の女神 **2.** 海の ニンフの一人

thallus *m.* thallī *2* §§13, 38 < θαλλός 新芽をつけた(若葉の)枝, 茎, 幹

Thamyrās *m.* Thamyrae *1* §37 (神)トラキアの伝説的な詩人

Thapsos (-us) *f.* Thapsī *2* §13 38 **1.** シキリア島の町 **2.** アフリカの町

theātrālis *a.3* theātrāle §54 〔theātrum〕 **1.** 劇場の, 劇場(演劇)に 固有の **2.** 芝居がかった

theātrum *n.* theātrī *2* §13 < θέατρον **1.** 劇場 **2.** 舞台 **3.** 観客, 聴衆 **4.** (ギリシアでは)議事堂, 集会所

Thēbae *f.pl.* Thēbārum *1* §11 **1.** エジプトの首都 **2.** ボエオーティアの首都 (形)**Thebais** *a.3* Thebaidis §55 Thebae の

Thēbaicus *a.1.2* Thēbaica, Thēbaicum §50 Thēbē(= Thēbae) の

Thēbānus *a.1.2* Thēbāna, Thēbānum §50 Thēbē(= Thēbae) の(名) *pl.m.* Thēbānī

Thēbē *f.* Thēbēs *1* §37 = Thēbae

thēca *f.* thēcae *1* §§11, 38 < θήκη 箱, 蓋つきの入れ物, 袋, さや

thema *n.* thematis *3* §§22, 41.2
<θέμα **1.** 誕生時の星位 **2.** (修)論争
用の主題, 題目
Themis *f.* Themidis *3* §41.6b
(神)予言と正義の女神
Themistoclēs *m.* Themistoclis, -ī
3 §42.2 アテーナイの将軍
Theocritus *m.* Theocritī *2* §13
有名な牧歌詩人
Theōnīnus *a.1.2* Theōnīn-a, -um
§50 Theōn(風刺詩人)の
Theophrastus *m.* Theophrastī *2*
§13 ギリシアの哲学者
thermae *f.pl* thermārum *1* §11
sc. aquae <θερμός 暖かい **1.** 温泉
(場) **2.** 公共浴場
Thermopylae *f.pl* Thermopylārum
1 §11 テッサリアとマケドニアの間にあ
る山脈(Oeta)と海との間にある有名な山
道
thēsaurus (**thēns-**) *m.* thēsaurī *2*
§§13, 38 <θησαυρός **1.** 宝倉, 金庫,
倉庫, 貯蔵所 **2.** 宝(物), 財宝, 埋蔵(宝)
物
Theseūs *m.* Theseī *3* §42.3
(神)アテーナイの英雄
Thespiae *f.pl.* Thespiārum *1*
§11 ボエオティアの町
Thespis *m.* Thespidis *3* §41.6b
ギリシア演劇の創始者, Solon と同時代人
Thessalia *f.* Thessaliae *1* §11
ギリシアの北部の地方名 (形)**Thessalicus**
a.1.2 -ca, -cum §50 = **Thessalis**
a.3 -le §54 テッサリアの
Thetis *f.* Thetidis *3* §41.6b
(神)海の女神
thiasus thiasī *2* §§13, 38 <θίασος
1. 酒神バッコス祭の, 放縦な舞踏 **2.** (合
唱)舞踏団
Thisbē *f.* Thisbēs *1* §37 バビュ
ロニアの乙女, Pyramos の恋人
Thoās *m.* Thoantis *3* §41.3b
(神)**1.** Tauris の王 **2.** Lemnos の王
tholus *m.* tholī *2* §§13, 38 <θό-
λος 半球天井(屋根), 円形屋根の建物
thōrax *m.* thōracis *3* §§21, 41.1a

<θώραξ **1.** 胴よろい, 胸甲 **2.** 胴着, チ
ョッキ
Thrācia, Thrēcia, Thrāca *f.*
Thrāciae *1* §11 ギリシアの北東の国
(形)**Thrācius** *a.1.2* -cia, -cium
§50 トラーキアの
Thrāx *m.* Thrācis *3* §21 =
Thrāces *m.pl.* Thrācum *3* §21
トラーキア人
Threx, Thraex *m.* Threcis *3*
§21 剣闘士(トラーキア人の武装をした)
Thūcȳdidēs *m.* Thūcȳdidis *3*
§42.1 ギリシアの有名な歴史家
thūr…, thus → tūr…, tus
Thyestēs *m.* Thyestae, -tis *3*
§42.1b (神)Pelops の子, Aigisthos の
父
Thȳias *f.* Thȳiadis, -ados *3*
§41.5a バッコスの神女
thymbra *f.* thymbrae *1* §§11,
37 <θύμβρα タチジャコウソウ(シソ科)
thymum (**thymus**) *n.* thymī *2*
§§13, 38 <θύμον タイム, (タチ)ジャコ
ウソウ, イブキジャコウソウ
thynnus (**thunnus**) *m.* thynnī *2*
§§13, 38 <θύννος マグロ
Thyōneūs *m.* Thyōneī *3* §42.3
= **Dionȳsus**
thyrsus *m.* thyrsī *2* §§13, 38
<θύρσος **1.** 酒神バッコスの祭礼に信者
の持ち歩く杖(先端にモミの球果(又は松カ
サ)とツタやブドウの枝葉がとりつけられて
いる) **2.** 幹, 茎 **3.** 詩的, 霊感の象徴
tiāra *f.* tiārae *1* §§11, 37 <
τιάρα ペルシア人(東洋風)の頭飾り, タ
ーバン
Tiberis (**Thybris**) *m.* Tiberis *3*
§19 ローマ市の川 (形)**Tiberīnus**
a.1.2 -na, -num ティベリス川の
Tiberius *m.* Tiberiī *2* §13
1. ローマの個人名, 略記 Ti. **2.** ローマの
皇帝(2 代目)
tībia *f.* tībiae *1* §11 **1.** 脛骨 **2.**
(角)笛, アシ笛 **3.** (複)二股笛(歌口で二
本の笛が結合されている)
tībīcen *m.* tībīcinis *3* §28 [tībia,

tībīcina 800

canō] **1.** 笛吹き, 笛の奏者 **2.** つっぱり, 支え, 支柱(建物の)

tībīcina *f.* tībīcinae *1* §11 笛吹女

Tibullus *m.* Tibullī *2* §13 ローマの抒情詩人

Tībur *n.* Tīburis *3* §27 ラティウムの古い町 (形)**Tīburus** *a.3* Tīburtis §55 ティーブルの

tigillum *n.* tigillī *2* §13 [tīgnum の小] 小さな板, 角材

tīgnārius *a.1.2* tīgnāri-a, -um [tīgnum] 建築用材の faber ～ 大工

tīgnum (tĭ-?) *n.* tīgnī *2* §13 角材, 板, 梁(はり), 桁(けた), 建築用材

Tigrānēs *m.* Tigrānis *3* §42.1 アルメニアの王たちの名

tigris *f.*(*m.*) tigris, tigridis *3* §§19, 42.7 **1.** トラ **2.** トラの毛皮

Tigris *m.* Tigris, -ridis *3* §42.7 アシアの川

tilia *f.* tiliae *1* §11 ボダイジュ(シナノキ)

timefactus *a.1.2* time-fact-a, -um §50 [timeō, faciō] おそれのののいた, 肝をつぶした

timeō *2* timēre, timuī, ── §108 **1.** (自)恐れる, こわがる, 気づかっている, 案じている(与, de＋奪, pro＋奪などと) **2.** (他)恐れる, こわがる, 心配する, 懸念を抱く(対, ne＋接, ut＋接, 不句, *inf.* などと) ales timuit exterrita pennis (9f11) おどろいた鳥は羽ばたき恐れた mihi aegrotare timenti (118.1) 病気を案じていた私に対し timeo ut sustineas omnes labores 君はすべての苦労に耐えられないのではと私は恐れている ne abducam, times 私が連れ去るのではないかとお前は心配している timuit ne non succederet 彼は上手くいかないのではないかと心配した multos timere debet, quem multi timent 多くの人が恐れている人は多くの人を恐れねばならぬ

timidē 副 §67(1) (比)timidius (最)timidissime おそるおそる, ためらいつつ, 臆病にも, 用心深く, びくびくと,

小心翼々と

timiditās *f.* timiditātis *3* §21 [timidus] **1.** 臆病, 小心, 内気 **2.** (*pl.*) 臆病のしるし, 徴候

timidus *a.1.2* timid-a, -um §50 [timeō] (比)timidior (最)timidissimus おびえている, おどおどしている, 臆病な, 用心深い, 恐れている, 心配している pro patria non timidus mori (117.3) 祖国のために死を恐れ(てい)ない(彼)

Tīmōn *m.* Tīmōnis *3* §41.8b アテーナイ市民, 人間嫌いで有名

timor *m.* timōris *3* §26 [timeō] **1.** 恐怖, 心配, 懸念, 危惧 **2.** 心配の種, 恐れの原因 **3.** 畏怖, 畏敬の念 magno timore (9f10) sum 私は大いに恐れている timore perterriti (homines) ne armis traditis (9f18) supplicio afficerentur (116.6) 武器を渡したら処刑されるのではないかという恐怖におそわれた(人々) *cf.* **timeō**

timuī → timeō

tinctilis *a.3* tinctile §54 [tingō] しみ込んでいる, 浸されている

tinctus → tingō

tinea *f.* tineae *1* §11 **1.** 衣魚(しみ)(衣類, 本をかじる虫) **2.** 木食い虫 **3.** 螟蛾(めいが)(野菜を蝕む)

tingō (**tinguō**) *3* tingere (tinguere) tīnxī, tinctum §109 **1.** 水の中につけてぬらす, 浸す, しめらす **2.** しみ込ませる, 吸い込ませる, 吹き込む **3.** 染める, 汚す, 色をつける tinguntur sole 彼らは日にやけてくろい Romano sale (9f11) tinge libellos その本にローマ風の機知をしみ込ませよ(本を機知で染めよ)

tinniō *4* tinnīre, tinniī, tinnitum §111 (鐘, 鈴が)りんりん, ごんごんとなる

tinnītus *m.* tinnutus *4* §31 [tinniō] りんりんと鳴る音, ベルのなる音

tinnulus *a.1.2* tinnula, tinnulum §50 鳴りひびく, りんりんと鳴るひびく音を出す

tintin(n)ābulum *n* tintinnābulī

2 §13 ［tintinō］ 鈴 numquam te-
mere tinnit tintinabulum 鈴はでたらめ
に鳴らない（鳴った所に必ず鈴がある，火の
ない所に煙は立たぬ）

tintin(n)ō *1* tintinnāre = tintiniō
4 tintinīre 耳障りな音がなりひびく，じ
んしゃんと調子はずれの音をたてる

tīnus *f.* tīnī *2* §13(3) ガマズミ（ス
イカズラ科）

tinxī → tingō

Tīresiās *m.* Tīresiae *1* §37 テ
ーバイの盲目の予言者

Tīridātēs *m.* Tīridātae *1* §37
パルティアの諸王の名

tīrō *m.* tīrōnis *3* §28 新兵，新来，
初心者，新参者，未熟者，若者 semper
bonus homo tiro est 誠実な人（お人よし）
はいつも新兵（だまされるもの）

tīrōcinium *n.* tīrōciniī *2* §13
［tīrō］ **1.** 新兵の身分（状態，期間），軍
事体験のない兵士 **2.** 徒弟の身分，見習い
期間，年季奉公 **3.** 小手調べ

tīrunculus *m.* -culī *2* §13
［tīro］ 新兵，初心者

Tīrynthius *a.1.2* Tīrynthi-a, -um
§50 （神）Tīryns（Hercules の育った
町）の （名）**Tīrynthius** *m.* -thiī *2*
§13 = **Hercules**

Tīsiphonē *f.* Tīsiphonēs *1* §37
（神）Furiae の一人

Tītān *m.* Tītānis *3* §41.8a （神）
1. Uranos（天）と Gaia（地）から生まれた子
2. 太陽神 （形）**Tītānius** *a.1.2* -nia,
-nium ティーターンの

Tīthōnus *m.* Tīthōnī *2* §13
（神）Laomedon の子

Titiēs *m.pl.* Titium *3* §19 =
Titiēnsēs *m.pl.* Titiēnsium *3*
§19 ローマの最古の三部族（tribus）の一
つ

tītillātiō *f.* tītillātiōnis *3* §28
［tītillō］ くすぐること，くすぐったいこと，
快い刺戟

tītillō *1* tītillāre §106 こちょこちょ
くすぐる

tītiō *1* tītiāre §106 小鳥がさえずる

titubanter 副 ［titubō］ よろめきなが
ら，ためらいながら，あやふやな態度で

titubātiō *f.* titubātiōnis *3* §28
［titubō］ **1.** よろめく足どり，不安定な歩
き方 **2.** ためらい **3.** 口ごもること

titubō *1* titubāre, -bāvī, -bātum
§106 **1.** ふらふらと歩く，ふらつく，よろ
めく **2.** ゆれる，動揺する，震える **3.** ぐら
つく，くじける **4.** うろうろする，ためらう
5. つまずく，あやまる **6.** どもる，つまる

titulus *m.* titulī *2* §13 **1.** その上
に何か書き記した平たい石材の一片 **2.** 掲
示板，はり札 **3.** 銘刻，碑文，顕彰碑，墓
碑（銘）**4.** 肩書，敬称，称号 **5.** 本の題
（目），表題 **6.** 名声，名誉，栄光 **7.** 口実，
かこつけること，弁解 aram dedicavit
cum rerum gestarum titulo 彼は自分
の業績を刻銘した祭壇を奉献した specio-
so titulo (9f16. ロ) Graecarum civita-
tium liberandarum (121.3) uti ギリシア
の諸都市を解放するというもっともらしい口
実を設けること

Titus *m.* Titī *2* §13 **1.** ローマ人
の個人名，略記 T. **2.** ローマ皇帝(78-81)

Tityos *m.* Tityī *2* §38 （神）Gaia
の子

tōfus (tōphus) *m.* tofi *2* §13 石
灰華(か)

toga *f.* togae *1* §11 ［tegō］ **1.**
ローマ市民の平和時の正装の外衣，市民
服，トガ（往時女も着ていたが後代婦人服
（ストラ）の着られない売春婦がきていた）
2. （平和の象徴）平和，（平和時の技）弁
論，法廷活動 **3.** ローマ市民権，市民生
活，ローマの国民性，ローマ人の特性 cedant
arma togae 武器は弁論に譲るべきだ in
toga saltantis (118.2 属) inducere
personam トガを着た人物を登場させて舞
台で踊らせること（滑稽きわまること）toga
candida 官職候補者の着る市民服 toga
picta 凱旋将軍服（金色の刺繍の縁取りの
ある深紅色の市民服）toga praetexta 深
紅色（紫）の縁どりの市民服，高官服そして
成人式までの子供の着る服 toga pura
(libera, virilis) 成人した男子の着る無地
の染めてない正式の市民服 toga pulla

togāta 802

(sordida) 暗色に染めた市民服, 喪服, 被告の服

togāta *f.* -tae *1* §11 **1.** (*sc.* fabula)ローマ喜劇(ローマ固有の主題による) **2.** (*sc.* ancilla)売春婦

togātus *a.1.2* togāt-a, -um §50 ［toga］ トガ(市民服)を着た (名) **togātus** *m.* -tī *2* §13 **1.** ローマ市民 **2.** 子分(庇護者)

togula *f.* togulae *1* §11 ［toga の小］ (見すぼらしい)市民服(軽蔑した表現)

tolerābilis *a.3* tolerābile §54 ［tolerō］ (比)tolerabilior (最) tolerabilissimus **1.** 苦難に耐え得る, 忍耐強い, 寛容な **2.** 我慢できる, 通用し得る, 容認できる, かなりの

tolerāns *a.3* tolerantis §58 ［tolerō の現分］ (比)tolerantior (最) tolerantissimus 辛抱強い, 寛容な, 我慢できる corpus laborum (9c13) tolerans 労苦に耐え得る肉体

toleranter 副 ［tolerāns §67(2)］ (比)tolerantius 忍耐強く, 根気よく

tolerō *1* tolerāre, -rāvī, -rātum §106 **1.** 重みを支える, 支えを持つ, 支えることができる **2.** 甘受する, よく耐える, 忍ぶ, がまんする **3.** 寛大に扱う, 大目に見る **4.** 食物を与える, 扶養する, 支援する, 維持する

tollēnō *m.* tollēnōnis *2* §28 起重機

tollō *3* tollere, sustulī, sublātum §109 **1.** 取り上げる, 拾い上げる **2.** 新生子を抱き上げて正式に自分の子と認め養育する **3.** 上げる, 高める, 揚げる, のせる **4.** 持ち上げる, 賞揚する, 高い位につける, 持ち去る **5.** 積む, 運ぶ, 耐える **6.** (意気)高める, 勇気づける, 高揚させる, 慰める, 励ます **7.** 引き払う, 取り除く, 追い払う, 廃止する, 終わらせる **8.** 滅ぼす, 抹殺する, なくする ad caelum te tollimus laudibus 我々はあなたを天まで賞揚する sublatis ancoris (9f18) 錨をあげて(出帆する) tecum me tolle per undas 私を救い上げ, あなたと一緒に私を船で海上を運

んでくれ sublata benevolentia (9f18) amicitiae nomen tollitur 好意をとりあげると, 友情という名はなくなる

tōmentum *n.* tōmentī *2* §13 羊毛くず, 棉(ﾒﾝ)くず(クッション, マットレスの詰めもの)

Tomis *f.* Tomis *3* §19 = **Tomī** *m.pl.* Tomōrum *2* §13 モエシアの町, Ovidius の追放地

tonans *a.3* tonantis §58 ［tonō の現分］ **1.** 雷鳴をとどろかす **2.** (名)雷神(Jupiter)

tondeō *2* tondēre, totondī, tōnsum §108 **1.** (髪を)切る, (ひげ)剃る, (羊毛)刈り取る, つむ **2.** (枝葉)剪定する, つみとる, 切り捨てる, とり払う **3.** (麦)刈り入れる, 収穫する **4.** (牧草)食いつくす (hunc) tondebo auro (9f7) usque ad vivam cutem (この金毛の羊から)金(毛)を生皮まですっかりはぎ取ってやろう(こいつからすっかり金をまきあげてやろう)

tonitrus *m.* tonitrūs *4* §31 = **tonitruum** *n.* tonitruī *2* §§13, 44 雷, 雷鳴, 雷雲

tonō *1* tonāre, tonuī, (tonitum) §106 **1.** 雷が鳴る(非 §165) **2.** 雷鳴をとどろかす, 雷のような音(声)を出す, 大声で話す, どなる, 叫ぶ caelum tonat omne fragore (9f9) 全天が(に)迅雷(ﾋﾞﾝﾗｲ)で(が)とどろきわたる tonat ore deos 彼は神々の名を雷鳴の如き声で唱える

tōnsa *f.* tōnsae *1* §11 櫂(ｶｲ), オール, 櫓(ﾛ)

tōnsilis *a.3* tōnsile §54 ［tondeō］ **1.** 短く毛をかりとられた(羊) **2.** 装飾的に刈り込まれた(庭園(ﾃｲｴﾝ)の)樹木

tōnsor *m.* tōnsōris *3* §26 ［tondeō］ 床屋, 理髪師 omnibus et lippis notum et tonsoribus そのことはすべてのただれ目にも床屋にも(医者や床屋の待合室で)知られていること(それは世間周知のこと)

tōnsōrius *a.1.2* tōnsōri-a, -um §50 床屋の

tōnsūra *f.* tōnsūrae *1* §11 **1.** 羊の毛の刈り込み **2.** 散髪 **3.** 剪定

tōnsus → tondeō

tonuī → tonō

tōphus → tōfus

toral *n.* torālis *3* §27　寝台のおおい布

toreuma *n.* toreumatis *3* §§22, 41.2 <τόρευμα　浮き彫り細工, 浮き彫り模様の金(銀)器

tormentum *n.* tormentī *2* §13 [torqueō] **1.** 髪の毛やその他の繊維を撚(よ)り合わせたなわ, 綱, 索, 巻上げ機 **2.** 弩砲(投石機, 投矢機などの総称) **3.** 拷問具(台) **4.** 苦痛, 苦悶, 責苦

tornō *1* tornāre, -nāvī, -nātum §106 [tornus] 旋盤(ろくろ)の上でものを回す, 回転させる, 丸める, 円形にする male tornati versus 立派に丸くされていない(彫琢をされていない)詩句

tornus *m.* tornī *2* §13 <τόρνος 旋盤, ろくろ(陶工の)

torōsus *a.1.2* torōs-a, -um §50 [torus] (比)torosior **1.** 表面にこぶや膨らみで特色のある, 節くれだった, 盛り上がった **2.** 筋骨隆々たる, たくましい

torpēdō *f.* torpēdinis *3* §28 **1.** 無気力, 不活発, 無精 **2.** デンキナマズ, シビレ(デンキ)エイ

torpeō *2* torpēre, ——, —— §108 **1.** 驚き, 恐怖にうたれて動けない, 硬直する, 感覚を失っている, 麻痺している **2.** 怠けている, 無気力である, だれている, 鈍い animo et corpore torpet 彼は精神的(道徳的)にも肉体的にも麻痺している

torpēscō *3* torpēscere, torpuī, —— §109 [torpeō] **1.** 無感覚となる, しびれる, 麻痺する **2.** 無気力となる, 活気を失ってくる, 怠ける, 鈍くなる

torpidus *a.1.2* torpid-a, -um §50 [torpeō] 動く力を失った, 感覚を失った, 麻痺した

torpor *m.* torpōris *3* §26 [torpeō] **1.** 無気力, 無感覚, 無意識 **2.** 麻痺, 不活発, 鈍重, 怠惰

torpuī → torpēscō

torquātus *a.1.2* torquāt-a, -um §50 [torquis] 首輪のある(をつけた),

首飾り, 頸(勲)章で飾られた

torqueō *2* torquēre, torsī, tortum §108 **1.** ねじる, 撚(よ)る, より合わせる, なう, 編む, よって(編んで)作る **2.** 巻く, 巻きつける, 丸くする(渦, 螺旋(らせん)), とぐ(ろを)巻く, つくる **3.** 回す, ころがす, ぐるぐる振り回して(槍を)投げる, 投げ飛ばす **4.** 曲げる, そらす, 向きを変える **5.** 拷問台で苦しめる, 責めさいなむ stamina pollice torque 指で糸をよれ amnis torquet sonantia saxa 川は音をたてる石をころがしている Atlas axem humero torquet アトラスは天軸を肩で回転させているinvidia vel amore vigil torquebere (113) お前は嫉妬か恋に責めさいなまれ夜をあかすことだろう

torquis (**torquēs**) *c.* torquis *3* §19 [torqueō] **1.** 首飾り, 頸(勲)章, 首くさり, 首輪(牛の) **2.** 花環, 花飾り

torrēns[1] *a.3* torrentis §58 [torreō の現分] (比)torrentior (最)torrentissimus **1.** 燃えた, 焼く力のある, 熱した, 焦がすような **2.** (torreō からこの意味の派生は不明)滝のような, 急流の, 烈しい勢いの res exustae torrentibus auris 熱風で燃えつきたもの torrentis sanguine (9f11) campos 血が勢いよく流れている平原を

torrēns[2] *m.* torrentis *3* §21 **1.** 急流, 川の流れ **2.** 滔々たる弁舌, 言葉の連発 **3.** 群衆の流れ brachia dirigere contra torrentem 急流に逆らって泳ぐこと(自然に逆らうこと)

torreō *2* torrēre, torruī, tostum (tōs-?) §108 **1.** 火で乾燥させる, 干す **2.** 表面を焼く, 焦がす, あぶる, いる **3.** 焼く, 燃やす **4.** 煽る pectora torret amor 愛が胸を焦がす

torridus *a.1.2* torrid-a, -um §50 [torreō] **1.** (火, 熱で)乾いた, 焼けた, 焦げた **2.** ひからびた, やせた, のどのかわいた **3.** (寒さで)かじかんだ, 縮みあがった, かさかさした

torruī → torreō

torsī → torqueō

tortilis *a.3* tortile §54 [torqueō]

tortor 804

1. ねじ曲げられた，螺旋状の，巻きつけられた，より合わされた

tortor *m.* tortōris *3* §26 [torqueō] 拷問吏，死刑執行吏

tortuōsus *a.1.2* tortuōs-a, -um §50 [tortus]（比）tortuosior 1. 曲がった，曲がりくねった，巻きついた，ねじれた 2. からみ合った，もつれた，錯綜した，理解し難い，回りくどい，こじつけた

tortus *a.1.2* tort-a, -um §50 [torqueō の完分] 1. 撚り合わされた，編まれた 2. 曲がった，そりかえった，うねった，曲がりくねった 3. ねじれた，縮れた（毛の），（渦，など）巻いた

tortus *m.* tortūs *4* §31 [torqueō の完分] 1. ぐるぐる回すこと，旋回，回転，渦巻，輪，屈曲，うねり，ねじれ

torus *m.* torī *2* §13 1. 突出した部分，膨らみ，隆起，盛り上がり，節(ﾌﾞｼ)，結び(目)，こぶ 2. ひも，なわの綯(ﾖ)り，あざなわれた条(ｽｼﾞ)，ひも，皮，たが 3.（花環）膨らんで目立つ装飾（リボンの結び）4. 詰めもの，長枕，わらぶとん，あてもの 5. 寝床，夫婦の床，結婚，交わり 6. 火葬用の敷きぶとん 7. 隆起した土地，丘，岸 8.（建）柱の基部を水平にとりまく凸形の彫り飾り viridante toro (9f1. 二) consederat herbae 彼は緑色の草の座ぶとんに坐っていた leo gaudet comantes excutiens cervice (9f3) toros 獅子はたてがみの生えた筋肉隆々たる首をふるわせて喜ぶ

torvitās *f.* torvitātis *3* §21 [torvus] 厳しい性格，荒々しい動作（振舞），厳格

torvus *a.1.2* torv-a, -um §50 （比）torvior 1. きびしい，冷酷な，無慈悲な 2. いかめしい，厳格な 3. 荒々しい，獰猛な，恐ろしい，威嚇的な，ものすごい （名）**torvum** *n.* 対（単，複）で副として(9e13) 恐ろしく，いかめしく，きびしく，冷酷に torva tuens rex きびしい目でにらむ王

tostus → torreō

tot *a.* 無 1.（quot を伴って）…ほどそれほど沢山の，…と同数の 2.（単独又は tam, tantus, talis と共に）あれほど沢山の quot homines tot sententiae 人の数ほどそれほど沢山の意見がある qui possum tot? どうして私にそんなに沢山のことができるか tot tantasque classes これほど沢山の艦隊を

tōtī → tōtus

totidem *a.* 無 *1* [tot, idem] 1. 同じ数の 2.（quot などを伴って）…と同様に多くの，…と同数の totidem fere verbis ほぼ同数の言葉で cum totidem navibus atque erat profectus 彼は出発していたときと同数の船を持って

totiē(n)s *副* [tot] 1. それほどしばしば，何度も，同様にしばしば 2.（quotien などを伴って）と同じほどひんぱんに，その都度 ter die clarō totiensque gratā nocte 三度（つづけて）明るいひるに，そして同じく三度たのしき夜に（三日三晩つづけて）

tōtīus → tōtus

totondī → tondeō

tōtus 代形 tōt-a, -um §§93, 96 全体の，すべての，完全な，一つ残らず，そっくりそのまま，途切れのない一続きの tota nocte 一晩中 sum vester totus 私はすべてあなたのものです （名）**tōtum** *n.* tōtī *2* §13 全体，あらゆるもの，全世界 ex toto 全く，みな，ことごとく，完全に in totum 大いに，全く，一般に，概して，通例 principia totius operis dimidium occupare dicuntur 開始は仕事（事業）全体の半分を占めると云われている quae sequitur Epicurus, sunt tota Democriti エピクーロスが追求している（自然）学はすべてデーモクリトスの説である omne caelum totamque terram mente complecti 満天全地を思考で抱擁する totum in eo est ut すべてが ut 以下の（その）ことにかかっている

toxicum *n.* toxicī *2* §§13, 38 <τοξικόν 毒（物，液），矢の毒

trabālis *a.3* trabāle §54 [trabs] 桁(ｹﾀ)の，梁(ﾊﾘ)の，梁のような，頑丈な（大きい）quod semel destinavi, clavo trabali fixum est わしが一旦こうときめたこ

とは，大きな梁釘で打ちつけられたのだ(こんりんざい変わらないのだ)

trabe → trabs

trabea *f.* trabeae *1* §11 紫紅色の縞($\frac{1}{2}$)のある儀式用外衣(卜鳥官，騎士の礼服)

trabeātus *a.1.2* trabeāt-a, -um §50 [trabea] 礼服を着た(騎士)

trabs *f.* trabis *3* §21 **1.** 幹，立木，大木 **2.** 角材，はり，けた **3.** 屋根，家 **4.** 船

tractābilis *a.3* tractābile §54 [tractō] (比)tractabilior **1.** 操作され易い，扱い易い，触れてみることのできる **2.** 御し易い，従順な，素直な dum non tractabile caelum (est) 天空が素直でない間(荒れている間)

tractātiō *f.* tractātiōnis *3* §28 [tractō] **1.** 手で触れること **2.** 操作，取り扱い，処理 **3.** 待遇，雇用，使用 **4.** 考慮，従事，研究 **5.** (言葉の)用法，(題目の)取り扱い，論述，議論 pater, reus malae tractationis 虐待行為で訴えられた父親 ipsa mihi tractatio litterarum salutaris fuit 私にとって文学の研究それ自体が救いでした

tractātus *m.* tractātūs *4* §31 [tractō] **1.** 手で触れること，取り扱い，操作，行使，処理 **2.** 従事，研究 **3.** 主題を取り扱うこと，その過程，方法，論述，議論，討議

tractim 副 [tractō] 長くひっぱって，長びかせて，少しずつ，ゆっくりと

tractō *1* tractāre, -tāvī, -tātum §106 [trahō] **1.** 引きずり回す，引き回す **2.** 手でさわる，さする，なでる，こする **3.** 手で動かす，操縦する，あやつる，司る，管理する **4.** 取り扱う，実行する，なしとげる，果たす **5.** 調べる，考える，議論する，話し合う tractata comis (9f11) antistita 女祭司は髪の毛をもって引きずり回されて puer unctis tractavit calicem manibus 給仕は油でよごれた手で酒盃にさわった causas amicorum ～ 友人の弁護を引きうける socios crudeliter ～ 仲間を残酷にとりあつかう vitam more fe-rarum ～ 獣の如き生活をおくる

tractus → trahō

tractus *m.* tractūs *4* §31 [trahō] **1.** 引く，引っぱる，ぴんと張る，引きのばす，引きずること **2.** 細長くつづくこと，一連，ひとつづき，筋，道，線 **3.** 延長，長さ，継続，展開，過程 **4.** 時の長さ(流れ)，時代，時間 **5.** ゆっくりとした歩み(動き)，運行(天体の) **6.** 広がり，拡大，面積，区域，地帯 tractu (9f3) gementem ferre rotam (馬は)引いて行く車輪のきしむ音に耐えなれること neque tanto squameus in spiram tractu (9f10) se colligit anguis そして(ここでは)あんなに長い体をひきずっている鱗のある大蛇が，身を寄せ集めてとぐろを巻くこともない durante tractu (9f18) et lentitudine mortis 死が手間どって中々訪れないので corrupto caeli tractu (9f18) 天空の層がよごれて

trādidī → trādō

trāditiō *f.* trāditiōnis *3* §28 [trādō] **1.** 譲ること，譲渡 **2.** 明け渡すこと，投げ出すこと，降服 **3.** 知識・教えの伝達，伝統，記録，伝達

trādō *3* trā-dere, -didī, -ditum §§109, 159 注 **1.** 手渡す，引き渡す，ゆずる，与える，交付する **2.** ゆだねる，任す，託す **3.** 伝える，遺贈する **4.** 明け渡す，投げ出す，裏切る **5.** 言い伝える，述べる，報告する，知らせる **6.** se ～ 没頭する，献身する in tuam custodiam meque et meas spes trado 私と私の希望をあなたの保護にゆだねる testamentum tradit tibi legendum (121.2) 彼はあなたに読むようにと遺言書を手渡す metus tradam portare (117.4) ventis 私は恐怖を持ち去ってくれるように風に託したい Aristides unus omnium justissimus fuisse traditur (117.6) アリスティデースはすべての人の中で唯一人，最も正しい人であったと伝えられている se studiis vel otio ～ 勉強と閑暇に没頭している suam filiam alicui ～ 自分の娘をある人に嫁がせる

trādūcō *3* trā-dūcere, -dūxī, -ductum

trāductiō 806

§109 **1.** (ある所からある所へ)連れて行く, 持ってくる **2.** 動かす, 移す, 渡す, 導く, 案内する **3.** 前方を通過させる, 人目に(公に)連れ出す, 見せびらかす, 列をなして行軍させる **4.** 世間の目にさらす, 恥辱を与える, 面目を失わせる, 地位を下げる **5.** (時を)すごす, 費やす **6.** 移し変える, 翻訳する, 派生させる copias flumen traducere (9e2) 軍勢を川の向こう岸へ渡す animos a severitate ad risum traducere 人の心を真面目から笑いへと変える se ipsum traducere 自分の恥を世間にさらす adulescentia traducta eleganter 優雅に過された青年時代

trāductiō *f.* trāductiōnis *3* §28 [trādūcō] **1.** 一つの場所から他の場所へ運ぶこと, 移すこと, 導くこと, 渡すこと **2.** 移し変えること, 移籍 **3.** さらしもの(笑いもの)にすること **4.** 時間の経過 **5.** (修)喚喩, 同音異義

trādūxī → trādūcō

tragicus *a.1.2* tragic-a, -um §50 <τραγικός **1.** 悲劇の, 悲劇に関する, 悲劇に現れる **2.** 悲劇の文体の, 崇高な **3.** 悲劇的な, 悲惨な (名)**tragicus** *m.* -cī *2* §13 悲劇作家, 詩人

tragoedia *f.* tragoediae *1* §11 <τραγῳδία **1.** 悲劇 **2.** 悲劇の技法 **3.** 悲劇的な, 芝居じみた(大袈裟)な言動, 所作, 表現, 激情 si tragoedias agamus in nugis もし我々がつまらぬことに大騒ぎをするならば

tragoedus *m.* tragoedī *2* §§13, 38 <τραγῳδός 悲劇俳優

trāgula *f.* trāgulae *1* §11 革ひものついた投げ槍

tragus *m.* tragī *2* §13 <τράγος **1.** ヤギの体臭 **2.** 海の魚(貝?)

trahea *f.* traheae *1* §11 脱穀用の馬鍬(まぐわ)

trahō *3* trahere, trāxī, tractum §109 **1.** 引く, 引っぱる, (くじ)引きあてる **2.** 引きずる, 引きずり回す, 強引に連れて行く, 運び去る **3.** 引きずり込む, まき込む, とり込む, わがものとする, 身につける, 得る **4.** 引き抜く, 抜きとる, 盗む, 奪う, 略奪する **5.** 引きつける, こちらへ導く, 誘惑する, 影響を及ぼす **6.** 引き寄せる, くっつける, ちぢめる, 一緒にする, 結ぶ, つむぐ **7.** 結びつける, あてがう, せいにする, 帰する **8.** 引きのばす, 長びかせる, おくらせる **9.** 費やす, すごす, 使い果たす **10.** 引き込む, 吸い込む, 吸う, 飲む, 呑み込む **11.** 引き出す, 起源を求める, 推論する, 熟考する, 解釈する Iris mille trahens varios colores 虹の女神は千もの様々の色を引きずって e corpore ferrum ~ 体から剣を引き抜く in se crimen ~ 罪を自分に帰す(罪をかぶる) pocula arente fauce ~ 渇いた喉で酒盃を飲み干す plures secum in eandem calamitatem ~ 多くの人を自分と同じ不幸の中に巻き込む(巻き添えにする) vultum rugasque (hendiadys) ~ 額のしわを寄せる legio Martia, quae a deo traxit nomen その名を神からとっていたマールス軍団 te quoque, Luna, traho 月よ, お前をも私は引き寄せる(招く)

trāiciō (**trājiciō**) *3b* trā-icere, -jēcī, -jectum [trāns, jaciō §174(2)] §§110, 176 **1.** 向こう側へ投げる, 投げとばす, 向こうへ渡す, 移す **2.** 向こう側へ突き通す, 刺す, 貫く, 穴をあける, 糸を通す **3.** 突く, 突っ込む, 突破する **4.** 横切って置く **5.** 動かす, 変える, 輸送する, 伝える **6.** (自)(再)向こうへ渡る, 行く, 越える Germanos flumen traicit (9e2) 彼はゲルマニア人たちを川の向こうへ渡す (Hector) per pedes trajectus lora (受で残った対, 9e9) tumentes 膨らんだ両足に革ひもを刺し通された(ヘクトール)

Trājānus *m.* Trājānī *2* §13 ローマ皇帝(98-117)

trājēcī → trājiciō

trājectiō *f.* trājectiōnis *3* §28 [trājiciō] **1.** 一つの所から別の所への移動, 横断, 渡航 **2.** 責任転嫁 **3.** (修)(文, 語の)順序変更, 転位 **4.** (修)誇張

trājectus *m.* trājectūs *4* §31 [trājiciō] 渡河, 渡航, 横断, 通路

trāl- → trānsl-

trām- → trānsm-

trāmes *m*. trāmitis *3* §21 **1.** わ
き道，小道 **2.** 川床，流れ **3.** 進路 cito
tramite 早道を通って，早く

trānō (**trānatō**) *1* trā-nāre (-natāre),
-nāvī (-natāvī), -nātum §106 **1.** 向こ
うへ(彼方へ)泳ぎ渡る **2.** 渡航する，航海
する **3.** 平穏に横切る，(自)過ぎて行く

tranquillē 副 §67(1) (比)tranquil-
lius (最)tranquillissime 静かに，落
ち着いて，穏やかに

tranquillitās *f*. tranquillitātis *3*
§21 [tranquillus] 静けさ，凪，晴天，
平穏，平静，平和，心の落ち着き

tranquillō *1* tranquillāre, -llāvī,
-llātum §106 [tranquillus] 静める，
落ち着かせる，和らげる，なだめる

tranquillum *n*. tranquillī *2* §13
[tranquillus] **1.** 穏やかな気候，天気
2. 静かな海，流れ，凪 **3.** 平静な心，平
穏，安心 tranquillo (9f1. ハ) quilibet
gubernator est 静かな海では誰でも船の
舵がとれる(危険に臨んで人がわかる)

tranquillus *a.1.2* tranquill-a, -um
§50 (比)tranquillior (最)tranquillis-
simus **1.** 静かな，動かない **2.** 穏やかな，
安らかな **3.** 冷静な，落ち着いた **4.** 平和
な，乱されない

trāns 前 (他の側へ，向こうへ，彼方へ)
横切って，越えて，通って，過ぎて，貫い
て **1.** 合成動詞の中で tra-, tran-, trans-
で現れる(176) **2.** 前(対と) trans Rhe-
num レーヌス川を越えて

trānsabeō 不 trāns-abīre, -abīvī
(-iī),── §156 [trāns, abeō] **1.** を
越えて(の向こう側へ)去って行く，離れて
行く，渡る **2.** 貫通する

trānsāctus → trānsigō

trānsadigō *3* trāns-adigere, -adēgī,
-adāctum §§109, 176 [trāns, adigō]
刺し通す，突き通す，突っ込む，打ち込む
crudum transadigit costas ensem
(9e2) 彼はわき腹に冷酷な剣を突き通した

trānscendō *3* trān-scendere,
-scendī, -scēnsum [trāns, scandō
§174(2)] §§109, 176 **1.** 越える，登る，
上がる **2.** 乗り越える，踏み越える **3.** 渡

る，移る，向こうへ行く **4.** (限界・法を)
踏み越える，そむく **5.** 凌駕する，まさる

trānscrībō *3* trān-scrībere, -scrīpsī,
-scrīptum §109 **1.** 書き写す，転写す
る，清書する **2.** 写し変える，偽造する，
剽窃する **3.** 譲る，手渡す，明け渡す **4.** 別
な籍(名簿)へ移す，登記，登録を変える
testamentum in alias tabulas trans-
criptum 他の書板へ書き写された遺書
transcribunt urbi matres 彼らは母親た
ちを(新しい)都へ登録する(籍を移す)

trānscurrō *3* trāns-currere, -currī
(-cucurrī), -cursum §109 **1.** (ある所
から別な所へ)素早く行く，走る，移る，渡
る，走っていく **2.** そば(前を)早くかけぬけ
る，走りすぎる，横切る **3.** 早く過ぎ去る，
素通りする，気づかれずに通る **4.** すばやく
触れる，軽く取り扱う

trānscursus *m*. trānscursūs *4*
§31 [trānscurrō の完分] **1.** 走って
(飛んで)横切ること **2.** 大急ぎの言及

trānsdō, trānsdūcō → trād-

trānsēgī → trānsigō

trānsenna *f*. trānsennae *1* §11
1. 鳥のわな(網) **2.** 格子細工，格子窓

trānseō 不 規 trāns-īre, -iī (-īvī-),
-itum §156 **1.** (ある所から他の所へ)進
む，動く，移る，渡る **2.** (主題，関心，時
間)移る，変わる，動く，すぎ去る **3.** (外
形，性質)変わる，移る，変形する，変質
する，転換する，(文)語形変化する **4.** 中
を通り抜ける，貫通する **5.** 側を(前を)通
る，(だまって何もせず)通る，無視する，言
及しない **6.** 踏み越える，先を行く，追い
越す，凌駕する non interire animas
(9e11), sed ab aliis post mortem tran-
sire ad alios 魂は死後滅びずに一つの肉
体から他の肉体へと移る(という教え) in
sententiam alicujus ∼ 誰々に同意する
equum cursu ∼ 走って馬を追い抜く
Neronem transeo ネロについては言及し
ない

trānsferō 不 規 trāns-ferre, -tulī,
-lātum §158 **1.** (ある所から他へ)移す，
運ぶ，持っていく，送る，伝える，渡す
2. (位置・方向)変える，移す，向ける，回

trānsfīgō 808

す，そらす，順序を変える，(時を)延期する，ずらす，植え変える **3.** 書き変える，転写する，翻訳する，比喩で現す **4.** 譲渡する，手渡す **5.** 変形させる，変化させる **6.** 移籍する，配置変えをする translatos alio maerebis amores 他の男に移し変えられた(彼女の)愛をお前はなげき悲しむだろう culpam in alios ～ 罪を他人に転嫁する

trānsfīgō *3* trāns-fīgere, -fīxī, -fīxum §109 **1.** 突き通す，刺し通す **2.** 突っ込む，突き刺す

trāns-fodiō *3b* trāns-fodere, -fōdī, -fossum §110 **1.** 他の側へ穴を掘り進める **2.** 突き通す

trānsfōrmis *a.3* trānsfōrme §54 [trānsfōrmō] 姿・形を変えた

trānsfōrmō *1* trāns-fōrmāre, -fōrmāvī, -fōrmātum §106 姿・形を変える，別人(物)とする

trānsfossus → trānsfodiō

trānsfuga *c.* trāns-fugae *1* §11 [trānsfugiō] 他の側へ転ずる者，脱走者，裏切り者，変節者

trānsfugiō *3b* trāns-fugere, -fūgī, ―― §110 **1.** 敵側へ走る，逃げる，脱走する **2.** (見)捨てる，去る

trānsfugium *n.* trānsfugiī *2* §13 [trānsfugiō] 投降，逃亡

trānsfundō *3* trāns-fundere, -fūdī, -fūsum §109 **1.** 一つの容器から別の容器へ注ぐ，注ぎ移す **2.** (感情・考えを)注ぎ込む，浴びせる，流し込む，しみ込ませる **3.** 移す，渡す

trānsfūsiō *f.* trānsfūsiōnis *3* §28 [trānsfundō] **1.** 他の容器へ注ぎ変えること **2.** 混合

trānsgredior *dep.3* trāns-gredī, -gressus sum §§123(3), 125 [trāns, gradior §174(2)] **1.** 他の側へ歩み寄る，移る，渡る(渡河，渡航する) **2.** 向こうへ(越えて)進む，行く，飛び越える，踏み越える，限界を越える **3.** 忠誠・方針を変える，凌駕する

trānsgressiō *f.* trānsgressiōnis *3* §28 [trānsgredior] **1.** 向こうへ渡ること，越えて行くこと，移行 **2.** (修)転置(法)

trānsgressus → trānsgredior

transgressus *m.* -ūs, *4* §31 横切ること，渡ること，他方へ(向うへ)運ばれること，渡されること

trānsiciō (**-jiciō**) → trāiciō

trānsiectiō → trāiectiō

trānsigō *3* trāns-igere, -ēgī, -āctum [trāns, agō §174(2)] §109 **1.** 刺し通す，突き通す，打ち込む **2.** 貫徹する，やりとげる **3.** とり決める，決着させる，終える，完成させる **4.** 調停する，示談にする，歩み寄らせる **5.** 費やす，過ごす，暮らす **6.** (自)決着する，協定する，落ちつく gladio (9f11) pectus ～ 剣で胸を貫く transactis meis partibus (9f18) 私の役をなし終えると cum Publilio certamen ～ プーブリリウスとの争いを決着させる mense transacto 月日がすぎて

trānsiī → trānseō

trānsiliō *4* trān-silīre, -siluī (-silīvī, -siliī), ―― [trāns, saliō §174(2)] §§111, 176 **1.** ある所から他の所へ跳ぶ，はねる，飛び移る **2.** 跳び越える，早く(急いで)行く，移る **3.** 突然態度・方針を変える **4.** とばす，ぬかす，無視する **5.** 限界を越える ne quis modici transiliat (116.2) munera Liberi 中庸を愛する酒神の贈り物(酒)の限界を何人も越えないように

trānsitōrius *a.1.2* trānsitōri-a, -um §50 [trānseō] 通過(移行)を許す(与える)，廊下の，通路の

trānsitiō *f.* -sitiōnis *3* §28 [trānseō] **1.** 通行，通過 **2.** 通路，戸口 **3.** 移行，逃亡，変遷，推移

trānsitus *m.* trānsitūs *4* §31 [trānseō] **1.** 一方から他方へ横断すること，渡ること，移ること **2.** 渡河地点(浅瀬)，通路，水路，交差地点 **3.** 味方を捨て敵に移ること，裏切り，逃亡 **4.** (主題，色)移り変わり，色あせること，転調，(時代，環境)変遷，経過，推移 difficili transitu (9f10) flumen 渡河の困難な川

trānsīvī → trānseō

trānslātīcius *a.1.2* trānslātīci-a, -um §50 [translātus] **1.** 先祖から伝えられた, (受け継いだ)伝統の **2.** 習慣的な, 普通の, 通例の

trānslātiō trānslātiōnis *3* §28 [trānsferō] **1.** 移すこと, 渡すこと, 移動, 移植, 除去 **2.** 配置換え, 取り替え, 変更, 転嫁, 交替 **3.** 譲渡, 援与 **4.** 転載, 比喩 **5.** 翻訳

trānslātor *m.* trānslātōris *3* §26 [trānsferō] 他人に譲渡する人

trānslātus → trānsferō

trānslūceō (trālūceō) *2* trānslūcēre, —, — §108 **1.** 光が反射する, (映像が)反映する **2.** 光がさし込む, 貫いて輝く, すけて見える, すき通って輝く

trānsmarīnus *a.1.2* trāns-marīn-a, -um §50 [trāns, mare] 海の向こうの, 海の向こうの国の(国からの)

trānsmigrō (trām-) *1* trānsmigrāre, -migrāvī, -migrātum §106 住居を変える, 移転する

trānsmissiō *f.* trānsmissiōnis *3* §28 [trānsmittō] 横断, 渡航, 旅行

trānsmissus *m.* trāns-missūs *4* §31 [trānsmittō] 横断(旅行), 渡航

trānsmittō *3* trāns-mittere, -mīsī, -missum §109 **1.** ある所(人)より別な所(人)へ行かせる, 派遣する, 送る, 渡す, 運ぶ, 移す **2.** 向こうへ旅行させる, 渡航(河)させる **3.** 通過させる, 素通りさせる, 黙殺する **4.** 放棄する, 断念する **5.** すごす, 費やす **6.** 移し変える, 引き渡す, 届ける, 生かす, ささげる, 献ずる flumen ponte transmittitur その川は橋によって向こう岸へ渡られる hoc tempus quiete transmisi 私はこの時間を静かにすごした

trānsmontānus *a.1.2* trānsmontān-a, -um §50 [trāns, mōns] 山の向こうに住む, 山の彼方の

trānsmoveō *2* trāns-movēre, -mōvī, -mōtum §108 別な所へ移す, 動かす, 運ぶ, 持ち去る

trānsmūtō *1* trāns-mūtāre, -mūtāvī, -mūtātum §106 別な状態へ変える, 取り替える, 変化させる

trānsnatō → trānō

trānsnō → trānō

Trānspadānus *a.1.2* Trāns-padān-a, -um §50 ポー川以北の, ポー川以北に住んでいる

trānspōnō *3* -pōnere, -posuī, -positum §109 [trams+pōnō] 移し替(か)える, 入れかえる, 順序をかえる

trānsportō *1* trāns-portāre, -tāvī, -tātum §106 一つの所から別なところへ運ぶ, 海, 川の向こうへ(船で)渡す, 運送する, 輸送する exercitum Rhenum ～ (9e2) 軍隊をレーヌス川の向こう岸へ運ぶ

trānsrhenānus *a.1.2* -rhenāna, -rhenānum §50 レーヌス川の向う岸に住む(ある)

trānstrum *m.* trānstrī *2* §13 [trāns] **1.** 横桁(けた), 大梁(はり) **2.** 漕ぎ手の坐る横木, こぎ座

trānstulī → trānsferō

trānsultō (trānssultō) *1* trānsultāre, —, — §106 跳び越える, おどり上がる

trānsuō (trānssuō) *3* trānsuere, -suī, -sūtum §109 **1.** 縫(ぬ)う, 紐を通す **2.** 刺し貫く

trānsvectiō *f.* -vectiōnis *3* §28 [trānsvehō] **1.** 一方の側から他方の側への輸送, 伝達 **2.** 騎士たちへの censor (監察(かんさつ)官)の騎乗, 閲兵

trānsvectus → trānsvehō

trānsvehō *3* trāns-vehere, -vēxī, -vectum §109 **1.** 他の所へ運ぶ, 川, 海を越えて運ぶ, 輸送する **2.** 凱旋行列の中で運ぶ, 誇示する **3.** (受)馬に乗って行く, 旅をする, 帆走する **4.** (受)騎馬の分列行進する(閲兵で) **5.** (受)時がすぎる arma spoliaque multa Gallica carpentis travecta ガッリアの多くの武器や分捕り品が荷車で運ばれた

trānsverberō *1* trāns-verberāre, -rāvī, -rātum §106 突き刺す, 突き通す, 刺して留める, くぎづけにする

trā(ns)versārius *a.1.2* trāversā-

trānsversus   810

ri-a, -um §50　端から端に横たわる, 横切っておかれている

trānsversus *a.1.2* trānsvers-a, -um §50 [trānsvertō の完分] **1.** 横におかれた, 直線と交差した **2.** 横の, 側面の **3.** 正道をはずれた, 脇道の ex (de) transverso 側面から, 予期せぬ側から, 不意に transverso ambulans foro (9f1. ハ) 広場を横切って(端から端へ)散歩していると fossas transversas viis praeducit 彼は道と交差する濠を掘っていた transversum unguem (9e8) discedere 指の幅ほど離れている

trānsvolō (trāvolō) *1* trānsvolāre, -volāvī, -volātum §106 **1.** 彼方へ(向こうへ)飛んでゆく, 飛び越える **2.** 空中を飛ぶが如く急ぐ, 動く (meus amor) transvolat in medio posita (118.2) et fugientia captat (我が恋は)誰の手にも届く所にいるもの(女)の上は飛び越えて(目もくれず)逃れるもの(女)をねらうのだ

trapētus (-tum, ī, *n.*) *m.* trapētī *2* §§13, 44　オリーブの油を絞る石臼(うす)

Trasumēnus (-mennus) *m.* Trasumēnī *2* §13　エトルリアの湖, この湖畔で, 217 B.C. Hannibal ローマ軍を打ち破る

trāv... → trānsv...

trāxī → trahō

trecēnī 数 trecēn-ae, -a §§50, 101 各人 300, 毎度 300, 300 ずつ

trecentī 数 tre-centae, centa §§50, 101　300

tredecim 数 §§100, 101　13

tremebundus (tremi-) *a.1.2* tremebund-a, -um §50 [tremō] 身震(みぶる)いしている, 恐れおののいている, 寒さでがたがたふるえている

tremefaciō *3b* tremefacere, -fēcī, -factum §110 [tremō, faciō §173] **1.** 身震いさせる, 戦慄させる, ふるえ上がらせる se tremefecit tellus 地震があった

tremendus *a.1.2* tremend-a, -um §50 [tremō の動形] 恐るべき, 戦慄させる, ぞっとするような, 畏怖心を起こ

させる

tremēscō *3* tremēscere, ——, —— §109 [tremō] **1.** 震動し始める, 揺れる **2.** 恐れおののく, 震え出す telum instare (117.5) tremescit 彼は迫り来る槍に(を見て)恐れおののく

tremō *3* tremere, tremuī, —— §109 **1.** (恐れ, 怒り, 寒さで)震える, おびえる, わななく, おののく, 戦慄する, (老齢で)よろめく **2.** (物)震動する, ゆれる **3.** (他)を見て恐れる, おののく tremis ossa (9e9) pavore お前は恐怖から骨をふるわせている(骨でふるえている) te Stygii tremuere (114.4) lacus お前を見て地獄の湖は恐れおののいた

tremor *m.* tremōris *3* §26 [tremō] **1.** 震え, 身震い, 戦慄 **2.** 震動, 揺れ, 地震, (星の)きらめき **3.** 恐怖

tremulus *a.1.2* tremul-a, -um §50 [tremō] **1.** ふるえている, ゆれている, ゆすっている, おののいている **2.** 中風にかかっている, よろめいている **3.** そよいでいる, ゆらいでいる, のたくっている, またたいている

trepidanter 副 [trepidāns §67(2)] おびえた風で, びくびくしながら

trepidātiō *f.* trepidātiōnis *3* §28 [trepidō] 狼狽(ろうばい), 困惑, 不安, 恐怖, おののき, 震え

trepidē 副 [trepidus §67(1)] **1.** 恐慌状態で, あわてふためいて **2.** 忙しく, せかせかと

trepidō *1* trepidāre, -dāvī, -dātum §106 [trepidus] **1.** 恐れおののく, 震える **2.** 動揺する, 混乱する **3.** あわてふためく, 驚く, 心配する **4.** ためらう, 決断をしない, 臆する **5.** ふるえる, ゆれる, ざわめく totis trepidatur (172) castris (9f1. イ) 全陣営が恐怖でふるえる ne trepidate meas defendere (117.4) naves お前は私の船団を守るためにあわてふためくなかれ (aqua) trepidat cum murmure (川の水は)淙淙と音をたてて早く流れている flammae trepidant 焰はめらめらと燃えている

trepidus *a.1.2* trepid-a, -um §50

1. 心配(不安)で一杯の **2.** 狼狽した，混乱した，心をかきみだされた **3.** 震えている，興奮した **4.** 煮えたぎる，波立っている，泡立つ apes trepidae inter se coeunt 猿どもは恐れて一緒にかたまる admirationis et metus (9c13) ～ 驚愕と恐怖とで身を震わせて undam trepidi despumat aheni 彼は煮えたぎる大釜(かま)の湯をすくう omnes trepidi inproviso metu (9f15) 全部が予期せぬ恐怖で身をふるわせて in re trepida 危険な状況の中で

trēs 数 trēs, tria §100 三つ，3(少数を意味する) tria verba non potest jungere 彼は3つの言葉を結合できない(ろくに物が云えない)

Trēverī (Trēvirī) *m.pl.* Trēverōrum *2* §13 ベルギカの強力な部族

trēsvirī → triumvir

tri- 頭 3つの

triāriī *m.pl.* triāriōrum *2* §13 (古兵からなる予備の)第三戦列 rem ad triarios redisse 事態は第三戦列にまで至った(かくなる上は最後の手段に訴えねばならぬ)

tribolus (tribu-) *m.* tribolī *2* §13 ハマビシ(海岸の草)

tribuārius *a.1.2* tribuāri-a, -um §50 [tribus] 部族の，部族の買収に関する

tribūlis *m.* tribūlis *3* §19 [tribus] **1.** 同部族の者，同郷人 **2.** 平民

trībulum *n.* trībulī *2* 13 [terō] 打穀板(裏面に火打石や鉄の歯をとりつけた厚くて重い板，牛・馬に曳かせた)

tribūnal *n.* tribūnālis *3* §26 [tribūnus] **1.** 壇，台(その上に政務官の坐る椅子がおかれた) **2.** 裁判官の席，法廷，裁判 **3.** 陣営内の将軍の指揮台 **4.** 劇場の法務官(主催者)席 **5.** (死者のための)記念碑

tribūnātus *m.* tribūnātūs *4* §31 [tribūnus] **1.** 護民官の職，地位，任期 **2.** 軍団副官の職(地位，任期)

tribūnicius (-nī-?) *a.1.2* tribūnici-a, -um §50 [tribūnus] **1.** 護民官の **2.** 軍団副官の **3.** (名)護民官級の人

tribunicia comitia 護民官選挙の民会 ～ potestas 護民官職権

tribūnus *m.* tribūnī *2* §13 [tribus] **1.** 古代ローマの三つの部族(tribus)の長 **2.** tribunus aerarius (古代ローマの)部族財務係 **3.** tribunus militum (militaris) 軍団副官 **4.** tribunus cohortis praetoriae 護衛隊副官 **5.** tribunus plebis (plebi) 護民官

tribuō *3* tribuere, -buī, -būtum §109 [tribus] **1.** 割り当てる，分配する，分ける **2.** 与える，授与する，報いる，許す，捧げる **3.** によるものとする，せいとする，みとめる，帰する quod tantum civitati Haeduae dignitatis (9c4) tribuebat 彼はハエドゥイ族の国にこれほど沢山の尊厳を与えていたので

tribus *f.* tribūs *4* §31 **1.** 最初ローマ人は血縁関係によって3つの部族に分けられた．後世35部族となる[都市部族(tribus urbanae)4, 地方部族(rusticae)31]部族は人口調査，徴税，徴兵のための行政単位であり，平民会(comitia tributa)の選挙区であった **2.** 部族民 **3.** (複)ローマ市民全体，大衆 tribu movere 部族より追放(除籍)する grammaticae tribus 文学部族(文壇人)

tribus → trēs

tribūtārius *a.1.2* tribūtāri-a, -um §50 [tribūtum] 納税(納貢)の義務のある

tribūtim 副 [tribus] 各部族に従って，部族ごとに

tribūtum *n.* tribūtī *2* §13 [tribuō の完分] **1.** 税，直接税 **2.** 貢(みつぎ)，年貢 **3.** 捧げ物，贈り物，寄付

tribūtus *a.1.2* tribūt-a, -um §50 [tribus] 部族で組織された

tribūtus → tribuō

tricae *f.pl.* tricārum *1* §11 **1.** 厄介，面倒，もつれ **2.** つまらぬこと，くだらぬ話

tricēnī 数 tricēnae, -cēna §50, 101 一人につき30個，30個ずつ，一度に30

tricē(n)simus 数 tricē(n)sim-a, -um §§50, 101 30番目の，第30の，

triceps 812

30分の1(の)

triceps *a.3* tricipitis §55 ［caput］ 三つの頭を持つ

trichila *f.* trichilae *1* §11 あずまや，園亭

trīciē(n)s 数 §101 30度，30回

tricipitis → triceps

trīclīnium *n.* trīclīnii *2* §13 ＜ τρίκλινον **1.** 食台の側で3人が一緒に横臥する長椅子 **2.** 食堂

trīcor *dep.1* trīcārī, trīcātus sum §123(1) ［trīcae］ 逃げ道をさがす，逃げ口上を使う，てこずらせる，ごまかす

tricorpor *a.3* tricorporis §55 ［corpus］ 三つの体を持った

tricuspis *a.3* tri-cuspidis §55 ［cuspis］ 三つの尖頭をもつ，三叉(ᵃ)の

tridēns *a.3* tri-dentis §55 ［dēns］ **1.** 三つの歯を持つ，三叉(ᵃ)の （名）*m. 3* §24 三叉の矛(ᵇ)，三叉のやす(漁具)，三叉の槍(剣闘士の武器)

tridentifer *a.3* tri-dentifera, -ferum §51 三叉(ᵃ)の矛(ᵇ)をもった

trīduum *n.* trī-duī *2* §13 ［trēs, diēs］ 3日間 hoc triduo (9f2) この3日間で，この3日のうちに triduo (9f13) prius 3日前に

triennium *n.* tri-enniī *2* §13 ［trēs, annus］ 3年間 per triennium 3年間ずっと triennio (9f13) ante 3年前

triēns *m.* trientis *3* §21 ［trēs］ **1.** 3分の1 **2.** 3分の1アス(銅貨) **3.** 3分の1セクスターリウスのコップ・杯(容器) **4.** 月3分の1パーセント(＝年4パーセント)の利息 heres ex triente 3分の1の遺産相続人

triērarchus *m.* triērarchī *2* §§13, 38 ＜τριήραρχος 三段櫂(ᵃ)船長

triēris *f.* triēris *3* §19 ＜τριήρης 三段櫂(ᵃ)船

trietēricus *a.1.2* trietēric-a, -um §50 ［trietēris］ 三年ごとに祝われる

trietēris *f.* trietēridis (-idos) *3* §§21, 41.6a ＜τριετηρίς **1.** 三年の期間 **2.** 三年ごと(つまり一年おき，隔年)の

祝祭 *n.b.* ローマ人は3年毎というとき起数と終数を含めて計算していた *cf.* §181 注

trifāriam 副 ［*cf.* bifāriam］ 三重に，3つの地点で(所で，方法で)

trifaux *a.3* tri-faucis §55 ［faucēs］ 3つの喉をもった

trifidus *a.1.2* trifid-a, -um §50 ［findō］ 3つに裂けた，3つの尖頭をもつ

triförmis *a.3* tri-förme §54 ［förma］ 3つの形(体)をもつ，3つの部分からなる

trigeminus *a.1.2* tri-gemin-a, -um §50 ［trēs, geminus］ **1.** 3つ子の，3つ一組の **2.** 3つの頭(面，神格，体)を持つ **3.** 3重の，3倍の porta Trigemina 3つのアーチ(入口)を持つローマの市門，Aventinum と Tiber 川の間にあり，オスティア街道へ通じる

trīgintā 数 §§100, 101 30

trigōn *m.* trigōnis (-nōs) *3* §§28, 41.8b ＜τρίγων 3角形を作って3人が遊ぶ球戯，そのボール

trilībris *a.3* tri-lībre §54 ［lībra］ 3リブラの重さの

trilinguis *a.3* tri-lingue §54 ［lingua］ 三枚の舌を持つ，三つの言葉を話す

trilīx *a.3* tri-līcis §55 ［licium］ 3本の糸(ひも)でより合わされた，編まれた，織られた

trimēstris *a.3* tri-mēstre §54 ［mēnsis］ 3ヶ月の，3ヶ月で成熟する

trimetros (-us) *m.* tri-metrī *2* §§13, 38 ＜τρίμετρος 3つの韻律(詩脚)をもった一行

trīmus *a.1.2* trīm-a, -um §50 ［hiems］ 三歳の

Trīnacria *f.* Trīnacriae *1* §11 ＝ **Trīnacris** *f.* Trīnacridis *3* §21 シキリアの古名

trīnī 数 trīnae, trīna §§50, 101 **1.** 3つ(3人)ずつの，一度に3つ **2.** まとめて3つの，3つの **3.** 3倍(重)の

trinōdis *a.3* trinōde §54 ［nōdus］ 3つの節(ᵃ)，こぶを持った

triōbolus *m.* triōbolī *2* §§13, 38 <τριώβολος *3* オボロス(ギリシアの硬貨), はした金, つまらぬもの non ego homo trioboli (9c5) sum わしは人間の滓ではないぞ

Triōnēs *m.pl.* Triōnum *3* §19 (天)大熊と小熊座

tripartītus → tripertītus

tripedālis *a.3* tri-pedāle §54 [pēs] 3ペースの長さ(幅)を持つ

tripertītō 副 §67(1) 3つの部分へ (部分で, 部分に), 3方(面)から

tripertītus (tripartītus) *a.1.2* tripertīt-a, -um §50 3つの部分に分かれた, 三重の

tripēs *a.3* tri-pedis §55 3本の脚(支え)を持った

triplex *a.3* triplicis §55 [*cf.* duplex] 3重の, 3倍の, 3段の

Triptolemus *m.* Triptolemī *2* §13 (神)Eleusis の王

tripodis → tripus

tripudiō *1* tripudiāre, ——, —— §106 [tripudium] **1.** マルス神祭司が儀式に踊る **2.** 大地を足で踏み鳴らす, 跳び舞う, 踊る

tripudium *m.* tripudiī *2* §13 **1.** マルス(軍)神の祭司たちが踊る三拍子の足踏みの祭儀舞踏, 出陣の踊り, 舞踏 **2.** 吉兆の鳥占い(聖鶏が烈しくむさぼり食って嘴から地上に餌をぼろぼろ落とすと吉兆とされた)

tripūs *m.* tripodis *3* §§21, 39(ロ) <τρίπους **1.** 三脚台(神殿で用いられる容器をのせる台) **2.** デルポイのアポローン神殿の巫女(みこ)がその上に坐して神託を述べた三脚床几 **3.** (デルポイの)神託

triquetrus *a.1.2* tri-quetr-a, -um §50 3角(形)の

trirēmis *a.3* tri-rēme §54 [rēmus] 三段の漕手座を持った (名) **trirēmis** *f.* -rēmis *3* §19 三段櫂(かい)船

trīstimōnia *f.* trīstimōniae *1* §11 [trīstis] 悲哀, 落胆

trīster (trīste) 副 [trīstis §67(2)]

(比)tristius **1.** 悲しんで, 苦しんで **2.** きびしく **3.** かろうじて, やっと

trīstis *a.3* trīste §54 (比)tristior (最)tristissimus **1.** 悲しい, 悲嘆にくれた **2.** ふさぎ込んだ, 沈んだ, 陰鬱な, 暗い, 不機嫌な, しかめ面の **3.** いやな, つらい, みじめな, 苦しい **4.** 不吉な, 不幸な **5.** 厳しい, 真面目な, 冷たい, 不親切な **6.** 渋い, 辛い, にがい, すっぱい **7.** 耳ざわりな, 不快な, いとわしい, 臭い oderunt hilarem tristes, tristemque jocosi 陰気な人は快活な人を嫌い, ひょうきんな人は真面目な人を嫌う tristibus temporibus 逆境において tristissima exta 最も不吉な内臓(占いの生け贄) tristis severitas inest in voltu 顔の表情には不機嫌ないかめしさがある

trīstitia *f.* trīstitiae *1* §11 [trīstis] **1.** 悲哀, 悲嘆 **2.** 不快, 落胆, 憂鬱 **3.** 不機嫌, 気難しさ, 厳格, 不親切 **4.** 不幸, 不吉

trisulcus *a.1.2* tri-sulc-a, -um §50 [sulcus] **1.** 3つの溝(畝)のある, 3列の **2.** 3つに裂けた, 3つ叉の **3.** 三重の

trīticeus *a.1.2* trītice-a, -um §50 [trīticum] コムギの, 小麦の

trīticum *n.* trīticī *2* §13 **1.** コムギ(植物) **2.** 小麦(穀物)

Trītōn *m.* Trītōnis *3* §41.8b (神)Poseidon の子, 海神 (形)**Trītōnius** *a.1.2* -nia, -nium §50 トリートーンの

Trītōnis *f.* Trītōnidis (-idos) *3* §41.6b **1.** アフリカの湖の名 **2.** Tritonis 湖の女神＝Athena＝Minerva(ローマの) **3.** (形)Athena の (形)**Trītōnius** *a.1.2* -nia, -nium §50 **1.** Tritonis 湖の **2.** (名)**Trītōnia** (*f. 1* §11) ＝ Athena ＝ Minerva

trītūra *f.* trītūrae *1* §11 [terō] **1.** こすること, 摩擦 **2.** こねること **3.** 脱穀

trītus *a.1.2* trīt-a, -um §50 (比) tritior (最)tritissimus [terō の完分] **1.** すり減った, 摩滅した, すりきれた **2.** 使い古された, すりきれた着物をきた, みすぼらしい身なりの **3.** 踏みならされた, しばしば踏みつけられた **4.** 慣用される, 慣れ親

trītus, trīvī 814

しんだ **5.** 経験をつんだ, 老練な, 熟達した mea nocturnis trita fenestra dolis (9f11) 夜中の忍び会いですりきれた私の部屋の窓わく verba non trita Romae (70) ローマではあまり使用されない言葉 trita aures 老練な耳

trītus, trīvī → terō

trium → trēs

triumphālis *a.3* triumphāle §54 [triumphus] **1.** 凱旋の, 凱旋した, 戦勝を祝った, 凱旋で有名となった **2.** 凱旋式を挙げた, 凱旋将軍の肩書き, 名誉, 資格を授与された porta triumphalis 凱旋門(そこから凱旋行列が始まった) insignia (ornamenta) triumphalia 凱旋将軍顕章(標章)[顕彰とは toga picta, tunica palmata, corona aurea, scipio eburneus など]

triumphō *1* triumphāre, -phāvī, -phātum §106 [triumphus] **1.** 凱旋式挙行の名誉を得る, 凱旋式を挙げる **2.** 勝ち誇る, 喜び勇む, 小おどりして喜ぶ **3.** (他)征服する, 凱旋行列の中で率いる (受)で用いられることが多い triumphatus bos 戦利品として得られた牛

triumphus *m.* triumphī *2* §13 <θρίαμβος (酒神バッカスへの讃歌)? **1.**「io triump(h)e!」という喚声(穀物の女神 Dea Dia の神官団が祭礼行列であげる, 凱旋式に兵や民衆があげる) **2.** 凱旋式(の栄誉), 凱旋行列 **3.** 勝利, 成功

triumvir *m.* triumvirī = **trēs virī** *m.pl.* *2* §15 (*sg.*)三人委員(会の一員), (*pl.*)三人委員(会), 公共の様々の任務達成のために選ばれた, 臨時, 又は恒久の委員 (nobilitas) Gracchum triumvirum coloniis deducundis (121.3 与) necaverat (貴族たちは)植民市建設三人委員のグラックスを殺していた triumvirī capitales 死刑執行三人委員(会) triumviri reipublicae constituendae 国家再建三人委員(会), 三頭官(前 43 年の独裁政治)

triumvirālis *a.3* triumvirāle §54 [triumvir] 三人委員(会)の

triumvirātus *m.* trium-virātūs *4*

§31 [triumvir] **1.** 三人委員の職, 地位 **2.** 三頭(官)政治

trivium *n.* triviī *2* §13 [ter, via] **1.** 三つの道の合流点, 三叉路 **2.** 人通りの多い所, 貧民街 non debes arripere maledictum ex trivio 君は三叉路から拾ってきた悪態を用いてはならぬ(下品な言葉でののしってはいけない)

Trōas *a.3* Trōadis §55 トロイアの (名)**Trōas** *f.* Trōados (-adis) *3* §41.5a トロイアの女

trochaeus *m.* trochaeī *2* §13 <τροχαῖος 長短格の詩脚

trochus (-os) *m.* trochī *2* §§13, 38 <τροχός 子供が回して遊んだ(鈴つきの)銅製の輪

Trōicus *a.1.2* Trōic-a, -um §50 = **Trōjus** *a.1.2* Trōj-a, -um §50 トロイヤの

Trōja *f.* Trōjae トロイア(トロイヤ) *1* §11 **Trōjanus** *a.1.2* Trōjan-a, -um §50 トロイヤの

Trōjugena *m.* Trōjugenae *1* §11 [*gen.pl.* -genum §14(2)] **1.** トロイヤ(生まれ)の人 **2.** ローマ人

tropaeum *n.* tropaeī *2* §§13, 38 <τρόπαιον **1.** 勝利のしるし, 戦勝記念物 **2.** 戦勝記念碑(戦場に建てた) **3.** 記念品, 記念碑

Trōs *m.* Trōis *3* §41.10a (神)**1.** トロイア王家の祖 **2.** トロイア人

trossulus *m.* trossulī *2* §13 昔はローマ騎士を, 帝政期には, 上流社会のおしゃれな若(⁽ᵇ⁾)者を中傷するあだ名

trucīdātiō *f.* trucīdātiōnis *3* §28 [trucīdō] 虐殺, 屠殺

trucīdō *1* trucīdāre, -dāvī, -dātum §106 **1.** 屠殺する **2.** 虐殺する, 皆殺しにする

trucis → trux

truculentia *f.* truculentiae *1* §11 [truculentus] **1.** 不親切, 粗野, 冷酷 **2.** 険悪, きびしさ(気候)

truculentus *a.1.2* truculent-a, -um §50 (比)truculentior (最)truculentissimus **1.** どう猛な, 残忍な, 狂暴な, 恐

ろしい **2.** 脅迫的な，きつい，無愛想な，気むずかしい **3.** 不作法な，粗野な **4.** 険悪な，きびしい，荒天の

trudis (-ū-?) *f.* trudis *3* §19 [trūdō] **1.** 先端に鉄の金具を付けた突棒 **2.** はしけ(小舟)用の鉤棹，船竿

trūdō *3* trūdere, trūsī, trūsum §109 **1.** 強く押す，突く，(芽を)出す，突き出す **2.** 無理に行かせる，押しやる，追い立てる，かりたてる，強制する glaciem flumina trudunt 川が氷片を押し流す ebrietas ad proelia trudit inertem 酩酊は臆病者をも戦いへ駆り立てる

trulla *f.* trullae *1* §11 **1.** ひしゃく，長さじ **2.** 火運び具(十能) **3.** 室内便器

truncō *1* truncāre, -cāvī, -cātum §106 [truncus] **1.** 手足を切断して不具とする **2.** 枝，葉を刈り込む，剪定する **3.** 切り取る，端を切って短くする truncat holus foliis (9f7) キャベツの葉をはぐ

truncus[1] *a.1.2* trunc-a, -um §50 **1.** 一部を切り取られた，もぎとられた，手足を切られ不具となった **2.** 枝葉を刈り込まれた，剪定された **3.** 傷つけられた，形をそこなわれた，だいなしになった **4.** 成長を妨げられた(阻止された)，不完全な vultus truncus auribus (9f17) 耳を切り落とされた顔

truncus[2] *m.* truncī *2* §13 **1.** 胴(体)，体軀 **2.** (木の)幹，切り株 **3.** 円柱の柱身 **4.** でくの棒，のろま，武骨者

trūsī → trūdō

trūsō *1* trūsāre, ——, —— §106 [trūdō] 強く押す，突く

trūsus → trūdō

trutina *f.* trutinae *1* §11 <τρυτάνη はかり，天秤(ｽﾝ)

trux *a.3* trucis §55 **1.** 無慈悲な，冷酷な **2.** 厳しい，厳格な，強情な **3.** 恐ろしい，残忍な，野蛮な，ものすごい，ぞっとする **4.** 荒れ模様の，いやな，ひどい

tū 人代 §71 あなた，君，汝，お前 -te, -met のついた形は強調形 tūte 汝自身は tēte, tēmet 汝自身を alter tibi (9d9) もう一人のお前 tutin? = tutene? お前か

ecce tibi (9d9) exortus est Isocrates ほらお前さんのイーソクラテスがやってきたぞ tutemet mirabere (128) お前自身きっとおどろくだろうよ tutin vidisti? たしかにお前は見たのか

tuba *f.* tubae *1* §11 **1.** らっぱ(軍隊の信号，宗教儀式，葬式，見世物に用いられた) **2.** 戦いの扇動者 **3.** 叙事詩

tūber[1] *n.* tūberis *3* §27 [tumeō] **1.** 突起，隆起，ふくれ，はれ，盛り上がり **2.** いぼ，こぶ，腫れ物，腫脹，おでき **3.** 木のこぶ，節 **4.** ショウロ(キノコ) ubi uber, ibi tuber 乳房のあるところは盛り上がっている(トゲのないバラはない，楽あれば苦あり)

tūber[2] → tubur

tubicen *m.* tubicinis *3* §28 [tuba, canō] らっぱ吹き，らっぱ手

tubur *m.* tuburis = **tuber** *m.* tuberis *3* §26 ビワ(の実)

tueor *dep.2* tuērī, tūtus (tuitus) sum §§123(2), 125 **1.** じっと見つめる，注意して見る **2.** こまかに調べる，観察する **3.** 見守る，危険から守る，防衛する **4.** 保護する，世話をする，支持する，監督する **5.** 保つ，ささえる，保存する，維持する **6.** 心にとめる，記憶しておく Quae parare et quaerere (117.1) arduum fuit, nescio an tueri difficilius sit (116.10) 準備し手に入れるのに困難であったものは，これを保持することはもっと難しいかも知れない

tugurium *n.* tuguriī *2* §13 粗末な住まい，ほったて小屋，あばらや，園亭

tuī → tū

tulī → ferō

Tulliānum *n.* Tulliānī *2* §13 ローマの監獄の中の地下牢

Tullius *a.1.2* Tulli-a, -um §50 **1.** ローマ人の氏族名 **2.** Servius Tullius ローマの第六代の王 **3.** M. Tullius Cicero 有名な雄弁家で政治家(106-43 B.C.)

Tullus *m.* Tullī *2* §13 **1.** ローマ人の家名 **2.** Tullus Hostilius ローマの第三代の王

tum 副 **1.** (過去)あのとき, あの頃 **2.** (未来)そのとき, そのさい **3.** そうなると, その場合 **4.** 続いて, そのあと, 次に, そこで, さらに **5.** そして, 他方では quid tum? それからどうした, それがどうした, そうだとしたら, どうだというのか etiam tum そのときですら iam tum もうそのときには, 早くも tum demum そのときやっと, 遂に tum ipsum まさにそのとき tum vero じっさいそのとき, 全くそのとき **6.** (相関詞と)tum, cum, ubi, postquam, etc ...., tum ... dictator tum appellare tum adhortari milites 独裁官は兵士にあるいは(あるときは)訴え, あるいは(あるときは)励まして cum omnium rerum simulatio vitiosa, tum amicitiae repugnat maxime あらゆるものについていつわることは悪いが, (そのさい)友情をいつわることは最も反感をそそる cum muros defensoribus (9d5) nudasset, tum Afros ad subruendum (121.3) murum mittit 彼は城壁から防戦者をすっかり追い払って裸にしたので, そのあと(それから)アフリカ人を城壁の土台を崩すために送る ubi eorum dolorem cognovi, tum meum animum in illos proposui 私は彼らの苦情を知ったとき, そのとき(やっと)彼らの上に私の気持ちを向けた postquam res publica adolevit, tum lex Porcia aliaque paratae 国家が成長したあとで, ポルキウス法やその他の法案が起草されたのである

tumefaciō *3b* tume-facere, -fēcī, -factum §109 [tumeō faciō §173] **1.** ふくらませる, 広げる **2.** 慢心させる, 得意にさせる

tumeō *2* tumēre, tumuī, —— §108 **1.** ふくらんでいる, ふくれる **2.** 激情で一杯になる, 興奮する, 動揺する **3.** 激怒する, 悲憤, 慷慨する **4.** 自慢する, 傲慢となる, 喜び勇む **5.** 大言壮語する, 誇張する sapientis animus numquam tumet 賢人の心は決して動じない vidit vana (9e9) tumentem (118.2) 彼は空虚な慢心を抱いている人を見た

tumēscō *3* tumēscere, tumuī, —— §109 [tumeō] **1.** ふくらみ始める, は

れ上がる, 増してくる, 大きくなり始める **2.** 興奮してくる, 憤慨する, 発酵してくる **3.** 天狗となる, 高慢になってくる monet operta tumescere bella 彼は忠告する「隠れた戦争がふくらみかけている」と(ひそかに勃発しかけている)

tumidus *a.1.2* tumid-a, -um §50 [tumeō] (比)tumidior (最)tumidissimus **1.** ふくらんだ, 張れ(上がっ)た, 盛り上がった, 増えた, 高まった **2.** はちきれるほど充満した, 一杯になった **3.** 激情で一杯の, 怒った, 興奮した **4.** 得意満面の, うぬぼれた, 威張った **5.** 大言壮語の, 誇張した, 大げさな cum tumidum est cor 心が野望でみちているとき

tumor *m.* tumōris *3* §26 [tumeō] **1.** ふくらんだ状態, 膨張 **2.** はれもの, 腫張, 突起, こぶ **3.** 隆起, 増大, 増水, 大波, うねり **4.** 沸騰, 発酵, 騒乱, 騒動 **5.** 増長, 思い上がり **6.** 激情, 激昂, 興奮 **7.** 大言壮語, 誇大な表現

tumuī → tumēscō, tumeō

tumulō *1* tumulāre, -lāvī, -lātum §106 [tumulus] 墳墓をつくる, 埋葬する

tumulōsus *a.1.2* tumulōs-a, -um §50 [tumulus] 小丘(塚)で一杯の

tumultuārius *a.1.2* tumultuāri-a, -um §50 [tumultus] **1.** 急いで募集された, 武装された **2.** 緊急事態に即応した, 即席の, 無計画の **3.** 混乱した, 偶然の

tumultuātiō *f.* tumultuātiōnis *3* §28 [tumultuor] 騒動, 不穏な動き, 混乱

tumultuō, -tuāre *1* §106 = tumultuor *dep.1* §123(1)

tumultuor *dep.1* tumultuārī, -ātus sum §§123(1), 125 [tumultus] **1.** 騒動をおこす, さわぐ, さわいでいる, 混乱している **2.** 暴動を起こす, 蜂起する **3.** 騒々しく言い争う

tumultuōsē 副 §67(1) (比)tumultuosius (最)tumultuosissime 混乱して, 騒々しく, あわてふためいて

tumultuōsus *a.1.2* tumultuōs-a,

turbineus

-um §50　（比）tumultuosior　（最）tumultuosissimus　**1.** 混乱（騒動）で一杯の　**2.** 不穏な，不安な，荒れた　**3.** 人騒がせな，扇動的な，憂慮すべき

tumultus *m.* tumultūs 4 §31　**1.** 騒動，混乱，大騒ぎ　**2.** 周章狼狽，恐慌　**3.** 暴動，擾乱，蜂起　**4.** 突然の侵入，急襲　**5.** 心の動揺，興奮，懊悩（おうのう）　**6.** 荒天，雷雨，あらし，波濤（はとう）

tumulus *m.* tumulī 2 §13 ［tumeō］　**1.** 丸い丘，小山，塚　**2.** 埋葬塚，墳墓

tūn = tūne　→ tū

tunc 副 ［tum, -ce］ tum の語義と用法と殆ど同じである．tunc も tum も nunc と対立し，cum と結びつく．tum は共和政の散文作家によく用いられ，tunc は帝政期に好まれた．相関詞との結びつきは，cum 以外ではまれである　**1.**（過去）あのとき，あの頃　**2.**（未来）そのとき，その頃　**3.** それから，次に，そこで，さらに　**4.** もしそうとしたら，そのときは，その場合は tunc etiam = etiam tunc そのときですら tunc demum そのときやっと，遂に tunc primum そのとき初めて tunc quoque そのときもまた tunc vero そのときじっさいに，ちょうどそのとき saepe legit flores, et tunc quoque forte legebat 彼女はしばしば花を集める，そしてそのときもまたたまたま集めていた voluptas tunc, cum maxime delectat, extinguitur 快楽は最も歓喜するとき（頂点に達するとき），そのとき消滅するのである

tundō 3 tundere, tutudī, tūnsum （tūsum）　§109　**1.** 叩き（打ち）つづける，なぐる　**2.** 打ちのめす，さんざん苦しめる　**3.** 打撃（衝撃）を与える，攻撃する　**4.** どなりたてる，うるさく言う　**5.** 搗（つ）き砕く，粉々にする，押し潰す tunsae pectora（9e9）palmis 手で胸をたたいてなげく（女ども）tunsum gallae saporem オークの没食子（もっしょく）を搗き砕いた香料を

tunica *f.* tunicae 1 §11　**1.** 男女ともそれだけか，または市民服（トガ）や外套の下に着ていた普段着，室内着，下着，胴着，（男のは短い袖，女のは長袖が普通であった）**2.** おおい，豆のさや，皮膚，膜

tunica proprior pallio est 下着は上着よりも体に近い（他人のことより自分のこと，背に腹はかえられない）**3.** 特別な機会に着る胴着 tunica palmata シュロの葉が刺繍された胴着（凱旋将軍や競技祭主宰の高官が着た）tunica molesta 火刑者の着る燃え易い胴着

tunicātus *a.1.2* tunicāt-a, -um §50 ［tunica］　**1.**（toga なしで）tunica を着ている　**2.**（家でも外でも）いつも tunica を着ている（貧しい人）

tūnsus → tundō

turba *f.* turbae 1 §11　**1.** 無秩序，混乱，騒動，暴動　**2.** 紛糾，乱闘，喧嘩，不和　**3.** 雑踏，騒々しい群衆，大群，大衆，一団，集団　**4.** 大勢の従者，付き添い turbam facere alicui 誰々に喧嘩を売る turbas dare 混乱をひき起こす

turbātē 副 §67(1)　混乱状態の中で

turbātiō *f.* turbātiōnis 3 §28 ［turbō］　**1.**（国）騒動，混乱　**2.**（心）動揺，不安　**3.** 紛糾，無秩序

turbātor *m.* turbātōris 3 §26 ［turbō］　**1.** 平和（秩序）の攪乱者，暴徒，不穏な輩　**2.** 扇動（使嗾）者，元凶

turbātus *a.1.2* turbāt-a, -um §50 ［turbō の完分］（比）turbatior　無秩序の（混乱した）状態の，騒がしい，不穏な

turbidē 副 ［turbidus §67(1)］　**1.** 混乱して，乱雑に，無秩序に　**2.** 反抗的に暴動を起こして

turbidus *a.1.2* turbid-a, -um §50 ［turba］（比）turbidior　（最）turbidissimus　**1.** 激しく揺れ動く，荒れ狂う，しけの　**2.** 混乱した，無秩序の，不穏な　**3.** かき乱された，濁った，泥水の　**4.** 曇った，黒ずんだ，不透明な，暗い　**5.** 陰気な，渋い，反抗的な，わがままな，御し難い　**6.** とりみだした，度を失った，精神の錯乱した，狂気じみた Caesar turbidus animi（9c6）精神の錯乱した皇帝 pectora turbidiora mari 海よりも荒れ狂っている胸のうち （名）**turbidum** *n.* -dī 2 §13　混乱した（不穏な）時代，状況，状態

turbineus *a.1.2* turbine-a, -um §50 ［turbō］　円錐体の，こまのような，

渦巻いている

turbō *1* turbāre, -bāvī, -bātum §106 **1.** (自)暴れ回る，騒ぐ，反乱を起こす（他）**2.** かき乱す，かき回す，波立たせる，くもらせる **3.** 混乱させる，(順序)めちゃくちゃにする，移動させる，おきかえる **4.** 分裂させる，崩壊させる，浪費する，妨害する totis usque adeo turbatur (172) agris (9f1. イ) 国全体がいたる所でこれほどまでに乱れているのだ longos turbata capillos (9e9), nudato, Delia, curre pede (9f9) デーリアよ，長い髪をふり乱し素足で駆けてこい

turbō *m.* turbinis *3* §28 **1.** ぐるぐると回るもの，こま(むちで打って回す)，円錐(形)，つむ(紡錘)のはずみ車，魔法使いの糸巻き車(棒) **2.** 円形運動，旋回，循環，螺線，とぐろ **3.** 旋風，たつまき，暴風，嵐 **4.** 渦(巻)，早瀬 **5.** 目まい，錯乱 **6.** 攪乱，暴動，混乱 exoritur ventus turbo (9a2) 風が渦を巻いて立ち昇る Murranum ingentis turbine saxi excutit 彼はぐるぐると回転する巨石を放って(車から)ムッラーヌスを打ち落とす

turbulentē 副 [turbulentus §67 (1)] (比)turbulentius 言動の上で烈しく秩序を乱して，烈しく動揺した精神で，不穏な精神で

turbulentus *a.1.2* turbulent-a, -um §50 [turba] (比)turbulentior (最) turbulentissimus **1.** 荒れ模様の，しけている，あらしの **2.** 騒動にみちた，無秩序の，不穏な，混乱した **3.** 乱暴な，暴動を起こす(好む) **4.** 激情的な，錯乱した

turdus *m.* turdī *2* §13 ツグミ

tūreus (**thūreus**) *a.1.2* tūre-a, -um §50 [tūs] 香(料)の

turgeō *2* turgēre, tursī, —— §108 **1.** ふくらんでいる，ふくらむ，広がる，大きくなる，一杯になる **2.** 立腹する，怒っている **3.** 美辞麗句を並べる，誇張している lumina turgentia 悲しみの涙で一杯の目，又は(おどろいて)大きく開いた目

turgēscō *3* turgēscere, ——, —— §109 **1.** ふくらみ始める，大きくなる，成長する **2.** 一杯になる，激情し(興奮し)て

くる **3.** 表現が大げさになる Ceres docuit turgescere semen (9e11) in agris 畑の中で種がふくらみ始めることを教えたのはケレース(穀物の女神)である

turgidus *a.1.2* turgid-a, -um §50 [turgeō] **1.** ふくらんだ，ふくれあがった，広がった **2.** 一杯の，充満した **3.** 増えた，高まった **4.** 興奮した，激した **5.** 誇張した，大げさな frons turgida cornibus 角でふくらんできた(小ヤギ)の額 fluvii hiberna nive turgidi 冬の雪融水で嵩の増した川

tūribulum (**thūr-**) *n.* tūribulī *2* §13 [tūs] 香炉

tūricremus (**thūr-**) *a.1.2* tūricrem-a, -um §50 [tūs, cremō] 香を焚いている

tūrifer (**thūr-**) *a.1.2* tūri-fera, -ferum §51 [tūs, ferō] **1.** 香料を産する **2.** 香を運んでいる，香を持った

tūrilegus (**thūr-**) *a.1.2* tūrileg-a, -um §50 [tūs, legō] 乳香を採集する

tūris → tūs

turma *f.* turmae *1* §11 [turba] **1.** 騎兵隊の編成単位，小隊(30騎) **2.** (小)群，隊，集団，一行

turmālis *a.3* turmāle §54 [turma] **1.** 騎兵小隊の **2.** 騎士階級の (名)**turmālis** *m. 3* §19 騎兵隊員，同じ小隊仲間

turmātim 副 [turma] (騎兵)小隊で，(小)隊毎に

Turnus *m.* Turnī *2* §13 Rutuli 人の王

turpiculus *a.1.2* turpicul-a, -um §50 [turpis の小] いくらか(ちょっと)醜い，見苦しい，ひどい，下品な

turpificātus *a.1.2* turpificāt-a, -um §50 [turpis, faciō] **1.** 汚れた，穢れた **2.** 腐敗・堕落した，不道徳の，みっともない

turpis *a.3* turpe §54 (比)turpior (最)turpissimus **1.** 不快な，醜い，無器量な，むかつく，汚い **2.** 見苦しい，みっともない，聞き苦しい **3.** 恥ずべき，不面目な，醜悪な，下劣な，下品な **4.** みだら

な, 不潔な, わいせつな turpia membra fimo 泥でよごれた手足 neque turpis mors forti viro potest accidere 勇気ある人に恥ずべき死は起こり得ない quae mihi turpia dictu (120.3) videbuntur 私には言うも恥ずかしいと思えるであろうそれらのこと （名）**turpe** *n.* turpis *3* §20 恥ずべき事柄, 不名誉, 恥

turpiter 副 ［turpis §67(2)］ （比）turpius （最）turpissime （§68） 見苦しくも, 恥ずかしいことに, 不面目にも, 醜く

turpitūdō *f.* turpitūdinis *3* §28 ［turpis］ **1.** 無恰好, 醜さ **2.** 無作法, 見苦しさ, 卑劣, 破廉恥, 汚名, 不面目, 恥辱 in scenam prodire (117.1) nemini fuit turpitudini (9d7) 舞台に現れることは(ギリシアでは)何人にも不面目なことではなかった

turpō *1* turpāre, -pāvī, -pātum §106 ［turpis］ **1.** よごす, 穢す, 冒瀆する **2.** 堕落させる, 醜くする **3.** 面目を失わせる, 恥をかかせる, 汚名をきせる

turriger *a.1.2* turri-gera, -gerum §50 ［turris, gerō］ **1.** 塔をもった, 櫓を運んでいる **2.** 小塔状の(上縁に凹凸のある)王冠をつけた(Cybele)

turris *f.* turris *3* §19 ＜τύρρις **1.** 櫓(ﾔｸﾞﾗ)(そこから矢, 弾を放ち木造やぐら) **2.** 塔, 館, 高殿, 城 **3.** 鳩小屋 saepius ventis agitatur ingens pinus et celsae graviore casu decidunt turres 高大な松の木は風にいっそうひんぱんに揺れ, 聳える高殿が倒れるとき, 崩壊はいっそうひどい(高位の人ほど, 危険は多く倒れ方もひどい)

turrītus *a.1.2* turrīt-a, -um §50 ［turris］ **1.** 櫓で防禦された(城壁) **2.** 櫓を背負った(象) **3.** 小塔型の宝冠をつけた(女神) **4.** 塔の形をした, 塔の如く高い

tursī → turgeō

turtur *m.* turturis *3* §26 キジバト(鳩)

tūs (thūs) *n.* tūris *3* §29 ＜θύος 乳香(ニュウコウジュからとれる芳香の乳状液, 宗教儀式, 葬儀, 薬品に用いられた)

Tusculānus *a.1.2* Tusculān-a, -um §50 Tusculum(ラティウムの古い町)の

Tuscus *a.1.2* Tusc-a, -um **1.** Etruria(＝ Tuscia)の **2.** Etruria 人の

tussiō *4* tussīre, ——, —— §111 ［tussis］ 咳(ﾔﾐ)をする, せきで苦しむ

tussis *f.* tussis *3* §19 咳(ﾔﾐ)

tūsus → tundō

tūtāmen *n.* tūtāminis *3* §28 ＝ **tūtāmentum** *n.* -tī *2* §13 ［tūtor］ 防御(援護), その手段

tūtātus → tūtor

tūte, tūtemet → tū

tūtēla *f.* tūtēlae *1* §11 ［tūtus］ **1.** 保護, 庇護, 後見, 監督, 世話, 配慮 **2.** 後見人の地位, 責任, 後見人, 保護者 **3.** 被後見人, 被保護者, その財産 **4.** 維持, 支持, 管理 **5.** 守護神, 安泰のもと, 創始者 in suam tutelam venire 自分自身の後見人となる(成人に達する) o tutela praesens Italiae イタリアを常に守護し給うお方よ(アウグストゥス皇帝) tutela Dianae, turba canum (19) ディアーナ女神に守られている犬ども(ディアーナを守護神とする犬ども)

tūtimet, tūtin(e) → tū

tūtō 副 ［tūtus §67(1)］ （比）tutius （最）tutissime (-issimo) 危険なく, 無傷で, 安全に, 安心して, 確かに tuto esse 安全でいる(おることができる)

tūtor¹ *m.* tūtōris *3* §26 ［tueor］ 後見人, 保護者, 防禦者 tutorem aliquem liberis suis scribere 誰々を自分の子供の後見人と指定する ne sis mihi tutor. iam pridem hunc sepelivi お前は私の後見人としてふるまうなかれ. もうとっくに私はこいつ(後見人)を葬っているのだ(成人となっている)

tūtor² *dep.1* tūtārī, tūtātus sum §§123(1), 125 ［tueor］ **1.** 危険から守る, 保護する **2.** 安全にする, 確実にする **3.** 見張る, 防禦する **4.** (弁護人として)弁護する, 守る **5.** 保持する, 保全する quas (spes) necesse est (171) virtute et innocentia tutari それらの希望を勇気と廉直によって守ることが必要である

tutudī 820

tutudī → tundō

tūtus *a.1.2* tūt-a, -um §50〔tueor の完分〕(比)tutior (最)tutissimus **1.** 危険から守られた，危険を免れた，安全な **2.** 危険を加えない，無害の **3.** 無事な，無傷の **4.** 用心深い，慎重な，信頼のおける (名)**tūtum** *n.* tūtī *2* §13 安全，安全な所，確実 depone tutis auribus 信頼できる(私の)耳に打ち明け給え male tutae mentis (9c5) Orestes 精神の異常なオレステース navibus transire neque satis tutum esse arbitrabatur 船で(川を)渡ることもまた充分に安全ではないと彼は考えていた

tuus *a.1.2* tu-a, -um §§50, 72 **1.** あなたの，お前の，君の **2.** あなたに親しい，忠実な，愛されている，都合のいい，似合った，自由になる，特有な (名)**tuī** *m.pl.* あなたの家族，友人，仲間 **tua** *n.pl.* あなたのもの，財産 tuum est mihi ignoscere 私を許すことはあなた自身の義務(勝手，習慣)である tua et mea maxime interest te valere (170) あなたが元気でいることはあなたにも私にも大変に気がかりだ

Tȳdeūs *m.* Tȳdeī, -deos *3* §42.3 (神)Calydon の王

Tȳdīdēs *m.* Tȳdīdae *1* §37 Tydeus の息子

tympanum *n.* tympanī *2* §13 <τύμπανον **1.** 鼓(つづみ)，タンバリン(キュベレーの礼拝式に用いられた) **2.** 輻(や)のない車輪 **3.** 汲水機・起重機などの回転円筒

Tyndareūs *m.* Tyndareī *3* §42.3 (神)Sparta の王

Tyndaridēs *m.* Tyndaridae *1* §37 (神)Tyndareus の子孫

Tyndaris *f.* Tyndaridis *3* §41.6b (神)Tyndareus の娘

Typhōneūs *m.* Typhōneos, -neī *3* §42.3 = **Typhōn** Typhōnis *3* §41.8b (神)人と獣の混合体の巨大な怪物

tyrannicīda *m.* tyrannicīdae *1* §11〔tyrannus, caedō〕僭主殺し，専制君主(暴君)殺害者

tyrannicus *a.1.2* tyrannic-a, -um §50〔tyrannus〕**1.** 僭主の，専制君主(暴君)の **2.** 暴君的な，非道な

tyrannis *f.* tyrannidis *3* §41.6a <τυραννίς **1.** 僭主の地位，支配，領土，僭主政治 **2.** 専制(君主)政治，暴政，圧政

tyrannus *m.* tyrannī *2* §13 <τύραννος **1.** 君主，元首 **2.** (ギ)僭主，僭王 **3.** 専制君主，暴君，独裁者

Tyros (**Tyrus**) *f.* Tyrī *2* §§13, 7(2), 38 ポエニキア海岸の港町，深紅色染料の産地 (形)**Tyrius** *a.1.2* Tyria, -ium §50 **1.** テュロス(染め)の **2.** カルタゴの

Tyrrhēnus *a.1.2* Tyrrhēn-a, -um §50 Tyrrhēnia (= Etrūria)の (名)**Tyrrhēnus** *m.* -nī *2* §13 Tyrrhēnia (= Etrūria)人

Tyrtaeus *m.* Tyrtaeī *2* §13 スパルタの戦争詩人(前7世紀)

U

U §3 略記として u. = urbs U.C. = urbis conditae A.U.C. = ab urbe conditā

über[1] *n.* ūberis *3* §27 **1.** (女の)胸，乳房 **2.** (動物)乳房，乳首 **3.** 肥沃な土地，豊饒，多産 sua quemque mater uberibus alit (ゲルマニアの)母親はどの子もみな，自分の乳房で育てる

ūber² *a.3* ūberis §55 （比）uberior
（最）uberrimus §60 **1.** 豊富な, 沢山
の **2.** 豊饒な, 肥沃な **3.** 金持ちの, 裕福
な, 高価な **4.** 想像力の豊かな, 内容（見
聞）の豊富な, 含蓄のある arbor uberrima
pomis (9f17) 果実の沢山なっている木

ūberius 副 比 ［原級なし］ （最）
uberrime より豊かに, 沢山に, いっそ
う十分に, いっそう満ちあふれている

ūbertās *f.* ūbertātis 3 §21
［über¹］ **1.** 豊かさ, 多量, 多数 **2.** 肥沃
な土地, 豊饒, 豊かな生産（生殖）力 **3.** 能
弁, 多作, 豊かな言葉, 表現力, 含蓄

ūbertim 副 ［über²］ 豊かに, 沢山に

ubī 副, *j.* §70 **1.** （疑問）どこに ubi
heri fuisti? お前は昨日どこにいたか nescio,
ubi heri fueris (116.10) 昨日お前はどこ
にいたか, 私は知らない **2.** （関係）の所に
＝in（又は apud）＋関代 colles, ubi（＝ in
quo）castra erant 陣営の置かれていた丘
nos ibi erimus, ubi tu volueris 我々は
あなたの欲する所にいるだろう **3.** （傾向・
結果の接と）est ubi plus tepeant
(116.8) hiemes? 冬がその土地以上に温
暖なところがあるだろうか **4.** (*j.*)…のとき,
するやいなや（＝ ubi primum）ubi hoc
nuntiatum est, jubet このことが報告さ
れると, 直ちに彼は命じた **5.** (*j.*) sol ubi
montium mutaret (116.8) umbras 太
陽が山の影を（ながく）変える頃はいつでも

ubicumque （＝ ubicunque, 古 ubi-
quomque）**1.** （関）…のところではどこで
も, どこに…しても, どこでも ubicumque
eris gentium (9c4), a nobis diligeris お
前が世界のどこにいようとも, 我々から愛
されるであろう **2.** （不定）どこにでも, どこ
かに, どこかへ rem patris oblimare
(117.1), malum est ubicumque 親の財
産を浪費することは, どこ（の国）でも悪い
ことだ

Ubiī *m.pl.* Ubiōrum 2 §13 ゲル
マニアの一部族

ubinam 疑副 一体どこに

ubīque 副 **1.** ubique ＝ et ubī **2.** どこ
においても, どこであろうと, いたるところ
で naves, quas ubique possunt, depre-

hendunt いたるところで, 拿捕(だほ)できる
船を, 彼らは拿捕する

ubiubi 副 ＝ **ubicumque** （…すると
ころでは）どこでも, いたるところで, どこに
おいても

ubivīs 副 ［ubī, volō］ あなたの好きな
ところに, どこでも, いたるところで

ūdus *a.1.2* ūd-a, -um §50
［ūvidus］ **1.** 水のしみこんだ, しめった
2. 酒に酔った **3.** 液状の, とけた udae
vocis iter （＝ udum iter vocis）声のし
めった道, のど vere (9f2) madent udo
terrae 湿気のある春のため大地はじめじめ
している

ulcerō *1* ulcerāre, -rāvī, -rātum
§106 ［ulcus］ 傷つける, 化膿させる

ulcerōsus *a.1.2* ulcerōs-a, -um
§50 潰瘍でおおわれた, 傷だらけの, 傷
ついた

ulcīscor *dep.3* ulcīscī, ultus sum
§123.3 復讐する, 仕返しをする, 罰する
hortatur ne ulciscendi (119.2) Roma-
nos, pro iis, quas acceperint (116.11),
injuriis occasionem dimittant (116.6)
彼は勧告する, 彼ら（お前ら）が受けたそれ
らの損害にたいし, ローマ人に復讐する機
会をにがしてはならぬと utinam ulcisci
possem (116.1)! Sed illum ulciscentur
mores sui できたら奴に復讐をしたいなあ,
しかし奴は自分の性格で罰を受けるだろう

ulcus *n.* ulceris 3 §29 潰瘍, は
れもの, 傷口, けが ulcus tangere 傷に
ふれること（きわどい問題にふれる）stulto-
rum incurata pudor malus ulcera celat
愚者は間違った羞恥心から傷をなおさない
でかくすのだ

ūlīgō *f.* ūlīginis 3 §28 湿地, 沼
地

Ulixēs *m.* Ulixīs 3 §42.4 ギリシ
アの英雄オデュセウスのラテン名

ūllus 代形 ūlla, ūllum §§93, 94 誰
か, 誰でも, 誰かある人, いかなる人も,
なにか, 何でも, 何かあるもの, いかなるも
のも（専ら否定文で, 時に条件文, 疑問文
で）（形）sine ulla dubitatione いかなる
疑問もなく vix ulla vis sustinere potuit

ulmeus 822

いかなる力もほとんど耐えられなかった（代）numquam ulli supplicabo 私はいかなる人にも嘆願しないだろう

ulmeus *a.1.2* ulme-a, -um §50 ニレの木の

ulmus *f.* ulmī 2 §13(3) ニレの木

ulna *f.* ulnae 1 §11 **1.** 前腕, 肘, 腕 **2.** 前腕の長さ(0.5 〜 0.8m) **3.** 両腕を広げた長さ(1.6 〜 1.8m)

ulterior 比 形 ulterius §63, 66 [ultra] **1.** よりとおくの, 彼方の **2.** あちら側の, 向こう側の **3.** いっそう離れた, 昔の, 古い **4.** (親族で)離れた, 遠い ulterior ripa 対岸 （名）**ulteriōra** *n.pl.* §65 遠い所, 過去, 未来, 将来

ulterius 副比 [ulterior, §9e13] **1.** もっとさきへ, もっと遠く **2.** これ以上先へ, 遠くへ(広く, 深く) ulterius ne tende odiis もうこれ以上憎悪の念(に固執するな)を燃やさないように

ultimus *a.1.2* ultima, ultimum §50 [ultrā §63(ロ)] **1.** 最も遠い, 最果ての **2.** (名) *n.sg.* ultimum 2 §13 終, 末端, はて **3.** 最も遠い所に住んでいる ad ultimas nationes その最果ての民族の地まで **4.** 最後の, 終りの ultima dies 最後の日(死) **5.** (名)*n.* 終り, 結論 principibus placuisso viris non ultima laus est 国の指導者たちの気に入られたことは最高の光栄である

ultiō *f.* ultiōnis 3 §28 [ulcīscor] 復讐, 罰

ultor *m.* ultōris 3 §26 [ulcīscor] 復讐者, 懲罰者

ultrā 副 **1.** (空間)越えて, 向こう側に, もっと遠く, 先に **2.** (時間)もっと先に, いっそう長く, その後に, さらに **3.** (程度)さらに, もっと, 以上 ultra nihil habemus これ以上なにももっていない(もはやなにもない) ultra quam satis est 十分以上に

ultrā 前 （対と）のむこうに, をこえて, より遠く, よりながく, より以上に ultra modum 過度に paulo ultra eum locum そのところよりすこしさきに ultra Socratem usque duravit かれはソークラテースよりも長くずっと生き続けた

ultrīx *a.3* ultrīcis §55 [ulcīscor] 復讐する, 復讐心にもえた （名）**ultrīx** *f.* ultrīcis 3 §21 復讐の女神たち(フリアエ)の称号

ultrō 副 **1.** さらにさきまで, はるかかなたへ, むこう側へ, そこをこえて **2.** さらに, そのうえにおまけに, 逆に **3.** さきに進んで, 自発的に, 機先を制して, 挑発されないで ultro (et) citro あちらこちらへ, 前へ後ろへ, 相互に （名）**ultrōtribūta** *n.pl.* ultrōtribūtōrum 2 §13 (契約者にたいする)公共事業への国家の前払い

ultus → ulcīscor

ulula *f.* ululae 1 §11 [ululō] フクロウ

ululātus *m.* ululātūs 4 §31 [ululō] **1.** 遠吠え **2.** わめき, 怒号, 悲鳴, 勝ち鬨

ululō 1 ululāre, -lāvī, -lātum §106 **1.** 遠吠えをあげる, 長泣きをする **2.** 大声で叫ぶ, 怒号する, うなる, うめく, 嘆く **3.** 叫び声で反響する **4.** (他)反響させる, わめいて人をよぶ plangoribus aedes femineis ululant 神殿は女の悲嘆の叫びで満ちている Hecate ululata per urbes 町中で大声で名前をよばれているヘカテー

ulva *f.* ulvae 1 §11 スゲ, アシ(沼地の植物)

umbella *f.* umbellae 1 §11 [umbra の小] 日傘, 日よけ

umbilīcus *m.* umbilīcī 2 §13 [umbō] **1.** へそ **2.** 中心, 中央 **3.** 巻子本の軸の両端の飾られたつまみ, 軸そのもの iambos ad umbilicum adducere 詩を完成する

umbō *m.* umbōnis 3 §28 **1.** 楯の中心の突起(鋲), 楯 **2.** 突起, 盛り上り, こぶ **3.** 肘 **4.** 市民服のひだの束(怡)

umbra *f.* umbrae 1 §11 **1.** 影, 影法師, 投影 **2.** 木陰, 物の陰, 暗いところ, 暗がり, 夕闇, 夜闇 **3.** 死者の影, 亡霊, 死者の世界, 下界 **4.** 外観, 見せかけ, 反映 **5.** おかげ, 保護, 庇護 **6.** 食客, 子分 **7.** 引退, 隠棲 umbram suam metuit 彼は自分の影におびえている(妄想を抱いて心の平静を失う) quasi umbra

unda

quoquo ibis tu, te persequi（137）お前がどこに行こうとも，わしは影のごとくあとをつける sub umbra Romanae amicitiae latere ローマの友情の庇護の下に身をよせる jam pastor umbras rivumque fessus quaerit 今や疲れた牧人は木陰と小川をさがし求める

umbrāculum *n.* umbrāculī *2* §13〔umbra の小〕 **1.** 日陰のあるところ，木陰の道 **2.** 幻影 **3.** 日傘，日よけ **4.** 隠棲

umbrāticus *a.1.2* umbrātic-a, -um §50〔umbra〕 **1.** 日陰で生きている，日陰でつくられる **2.**（現実生活の中でなく，気楽に）書斎でつくられる

umbrātilis *a.3* umbrātile §54〔umbra〕 日陰で（隠棲地で）つくられる，過ごされる

Umbria *f.* Umbriae *1* §11 イタリアの中央の地方名

umbrifer *a.1.2* umbri-fera, -ferum §51〔umbra, ferō〕 **1.** 陰をもたらす，陰をなす **1.** 亡霊を運ぶ

umbrō *1* umbrāre, -rāvī, -rātum §106〔umbra〕 陰を落とす，陰で覆う umbrata civili tempora quercu カシワの市民冠の葉陰におおわれた額

umbrōsus *a.1.2* umbrōs-a, -um §50〔umbra〕（比）umbrosior（最）umbrosissimus **1.** 陰の多い，陰で覆われた，日陰を与える **2.** 薄暗い，暗い

ūmectō *1* ūmectāre, -tāvī, -tātum §106〔ūmeō〕 ぬらす，しめらす

ūmeō *2* ūmēre, ──, ── §108 しめっている，ぬれている

umerus *m.* umerī *2* §13 **1.** 肩，上腕，腋 **2.** 山の背 umeris rem publicam sustinere 国家を双肩に担う

ūmēscō *3* ūmēscere, ──, ── §109〔ūmeō〕 しめってくる，濡れてくる

ūmidulus *a.1.2* ūmidul-a, -um §50〔ūmidus の小〕 ややしめった，少し濡れた

ūmidus *a.1.2* ūmid-a, -um §50〔ūmeō〕（比）umidior（最）umidis-

simus しめった，湿気のある，じめじめした，濡れた，液状の （名）**ūmidum** *n.* ūmidī *2* §13 湿地帯，沼地

ūmor *m.* ūmōris *3* §26 **1.** 湿気，水分，溶液，液体 **2.** 分泌，流れ，しずく umor in genas labitur 涙が頰を流れる

umquam → unquam

ūnā 副〔ūnus〕 一緒に，同時に，一斉に，直ちに una cum illis 彼らと一緒に，彼らと共謀して

ūnanimitās *f.* ūnanimitātis *3* §21〔ūnanimus〕 一致，融和，協調

ūnanimus *a.1.2* ūn-anim-a, -um §50〔ūnus, animus〕 一致した，合意の，協調した

ūncia *f.* ūnciae *1* §11 **1.** 全体の12分の1 **2.** 月12分の1パーセントの利息（＝年利1パーセントの利息）**3.** 1 リブラ（アス）の12分の1 §199 Caesar ex uncia 12分の1の遺産相続者カエサル

ūnciārius *a.1.2* ūnciāri-a, -um §50 12分の1の，12分の1含む

ūnctiō（u- ?）*f.* ūnctiōnis *3* §28〔ungō〕 香油を体にぬること

ūnctor（u- ?）*m.* ūnctōris *3* §26 香油をぬる人，マッサージ師

ūnctōrium（u- ?）*n.* ūnctōriī *2* §13 浴場内の香油をぬる一室，塗油室

ūnctus *a.1.2* ūnct-a, -um §50〔ungō の完分〕（比）unctior **1.** 油（樹脂）のしみた，…をぬられた，香油をぬった **2.** 裕福な，金持ちの，豪奢な accedes siccus ad unctum かわききった（貧乏な）お前さんは金持ちへ接近した方がよい （名）**ūnctum** *n.* ūnctī *2* §13 **1.** 香油 **2.** 豪奢な（金持ちの）食卓（饗宴）

uncus[1] *a.1.2* unc-a, -um §50 鉤（ほこ）のように曲った，（猛禽の）爪のような

uncus[2] *m.* uncī *2* §13 **1.** 鉤（ほこ），かすがい，とめがね **2.** 船にひっかけて引きよせる投錨 **3.** 処刑者の死体をひきづる鉤竿

unda *f.* undae *1* §11 **1.** 波，波浪，うねり **2.** 海の波，海，潮 **3.** 流れ，水，泉，川，渦 **4.** 群集のうねり，煙の渦 prius undis flamma miscebitur それよ

り早く火が水とまざり合うだろう（不可能な
ことが可能となろう）adversis rerum
immersabilis undis 運命の逆流にもおし
流されないで

unde 副 §70 **1.**（疑）どこから，誰から，
どのような原因・理由から，どこの家（地
方，国）から，どんな家系から **2.**（関）そこ
から…する所の，…したもとのところに
castra unde（= ex quibus）profecti
erant 彼らが出発していた陣営 refer unde
domo（sit）彼の国はどこかを告げてくれ
is, unde petitur 告発されている当人（被
告）unde unde = undecumque どこか
らにせよ，どんな理由からにせよ

ūndeciē(n)s 数副 §101 11 倍, 11
度

ūndecim 数 §§99, 101 ［ūnus,
decem］（形）11 の, 11 人の（名）11, 11
人

ūndecimus 数 ūndecim-a, -um
§§99, 101 第 11 の

undecumque 副 どこからであろうと，
どこからでも，あらゆることろから，どこに
おいても

ūndēnī 数 §101 11 ずつ

undique 副 ［unde］**1.** いたる所から，
あらゆる方向から **2.** あらゆる点で，全く
undique uno tempore あらゆる所から一
時に vita undique referta bonis（9f17）
あらゆる点で幸福で一杯の人生

undō *1* undāre, -dāvī, -dātum §106
［unda］**1.** 大波が立つ，大きくうねる
2. ふき出す，ほとばしる **3.** 沸騰する，煮
えたぎる **4.** 満ちる，溢れる **5.** 心がかき乱
される, 不安になる aena undantia flam-
mis（9f11）火炎で煮えたぎっている銅釜
（かま）ad caelum undabat vortex 天に向
かって火柱が渦巻いて昇っていた

undōsus *a.1.2* undōs-a, -um §50
［unda］波で一杯の，大波の立つ

ungō（unguō） *3* ung(u)ere, ūnxī,
ūnctum（unc-?）§109 **1.** 脂・油をぬ
る，香油をぬりつける **2.**（儀式で）（香）油
をそそぐ **3.** こすりつける，ぬらす，ひたす，
しみ込ませる arma uncta cruoribus 血
でぬれた武器 gloria quem supra vires

et vestit et ungit 虚栄心から（が）実力以
上に着飾り香油をぬっている（ぬらせている）
人

unguen *n.* unguinis *3* §28 ［unguō］
脂肪，油性物質

unguentārius *a.1.2* unguentāri-a,
-um §50 ［unguentum］香油・香料の
製造・販売にかかわる （名）**unguentārius**
c. unguentāriī *2* §13 香油製造
業者・販売人 **unguentārium** *n.*
unguentāriī *2* §13 香油を買う金，
香油代金

unguentātus *a.1.2* unguentāt-a,
-um §50 香油をぬった，香料をふりか
けた

unguentum *n.* unguentī *2* §13
［unguō］香油，香水，香料

unguiculus *m.* unguiculī *2* §13
［unguis の小］小さな爪，手・足の爪
perpruriscere usque ex unguiculis 爪
の先から全身がむずがゆくなる a teneris
unguiculis（爪の小さい）ごく幼少の頃か
ら

unguis *m.* unguis *3* §19 **1.** 手指
の爪，足の爪 **2.**（鳥の）鉤爪 **3.** 蹄（ひづめ），
動物の手足 ad unguem factus homo 完
璧に洗練された人 ad unguem carmen
castigare 完璧になるまで詩を推敲する（石
工は大理石の光沢度（なめらかさ）を最後に
爪で試す）medium unguem ostendere
中指の爪を示す（軽蔑する）vivos rodere
ungues 生爪をかじる（焦燥のしぐさ）

ungula *f.* ungulae *1* §11 ［un-
guis の小］**1.**（馬の）ひづめ **2.** 爪，鉤爪，
けづめ **3.** 馬 toto corpore atque omni-
bus ungulis 全力をつくして

unguō → ungō

ūnicē 副 ［ūnicus §67(1)］唯一の方
法で，比類なく，例外的に，異常に，特
に，もっぱら

ūnicolor *a.3* ūni-colōris §55 唯
一の色をもった

ūnicus *a.1.2* ūnic-a, -um §50
［ūnus］唯一の，単独の，比類なき，独
特の，異常な

ūnifōrmis *a.3* ūni-fōrme §54

[ūnus, fōrma] 同じ一つの形をもった, 一様な

ūnigena *c.* ūnigenae *1* §11 **1.** 唯一人で生まれたもの, 唯一のもの **2.** 同一の親から生まれたもの, 兄弟, 姉妹

ūnimanus *a.1.2* ūni-man-a, -um §50 一本の手をもった, 片手の

ūniō *m.* ūniōnis *3* §28 単独の大きな真珠

ūnitās *f.* ūnitātis *3* §21 **1.** 単一(性), 均一(性), 同一(性) **2.** 均質の同質の性質, 形状

ūnīus → ūnus

ūniversitās *f.* ūniversitātis *3* §21 [ūniversus] **1.** 総体, 全体 **2.** 一般性, 普遍性 **3.** 天地万物, 宇宙

ūniversus *a.1.2* ūni-vers-a, -um §50 [ūnus, vertō の完分] **1.** 全体の, すべての, 例外なく皆, 一緒の **2.** 完全な, 一般的な, 万人共通の odium universum 全部の人の憎悪 omnes universi 一人のこらず皆, 全員一緒に universa provincia 属州全体 **ūniversē** 副 §67(1) 総じて, 一般に

unquam 副 = umquam かつて, いつか, これまでに, いつも(否定詞と共に用いられることが多い) nec unquam そして決して…でない nemo unquam 誰も…でない

ūnus 数 ūna, ūnum §§100, 93 **1.** 一つ, 一人, 一つの, 一人の **2.** 唯一の, 唯一人(の) **3.** 同じの **4.** (副の如く)この上なく, とりわけて ad unum 最後の一つまで, 一つ残らず全部 unus ex multis 大勢の中の一人, 並みの人間 uno tempore 同時に, 一斉に Carthago, quam Juno fertur terris magis omnibus unam coluisse (117.6) ユーノーが, すべての土地よりもとりわけ愛していたといわれるカルタゴ nemo unus 一人といえども…でない quod uni dixeris, omnibus dixeris 一人の女に言ったことは, すべての女に言ったことになる

ūnusquisque ūna-quaeque, ūnum-quidque (名)ūnumquodque (形) §85 各自, おのおの, めいめい, それぞれ

ūnxī → ungō

ūpiliō (ōpiliō) *m.* ūpiliōnis *3* §28 羊飼い

urbānē 副 [urbānus §67(1)] (比) urbanius (最)urbanissime **1.** 都会風に, 上品に, 丁寧に, 礼儀正しく **2.** 婉曲に, 才気煥発に, 優雅な文体で

urbānitās *f.* urbānitātis *3* §21 [urbānus] **1.** 都会・ローマの暮らし・生活・滞在 **2.** 都会(人)・ローマ(市民)の特色・性格 **3.** 都会風, 上品, 優雅, 丁寧, 洗練 **4.** 良い趣味, ユーモア, 機知

urbānus *a.1.3* urbān-a, -um §50 [urbs] (比)urbanior (最)urbanissimus **1.** 町(都)の, 町(都)人の **2.** 都会風の **3.** 洗練された, 優雅な, しゃれた, 知的な **4.** 図々しい, 大胆な legiones urbanae (共和制)ローマ市駐屯の軍団兵 cohortes urbanae (帝政期)都警隊

urbs *f.* urbis *3* §24 **1.** 城壁に囲まれた町, 城市, 首都 **2.** ローマ市 **3.** 町(都)の住民 ad urbem cum imperio remanere (凱旋将軍が)命令権を持ったまま, ローマの城門前にとどまること

urceus (ūr- ?) *m.* urceī *2* §13 取っ手のある水差し, 水がめ, つぼ

urg(u)eō *2* urg(u)ēre, ursī, —— §108 **1.** 絶えず圧迫する, 強く押す(押しつける) **2.** しめつける, しぼる **3.** 押しのける, 追い払う **4.** かりたてる, 強制する, 急がせる, そそのかす **5.** 圧迫する, なやます, 苦しめる, 重くのしかかる **6.** おびやかす, 攻める, 襲う **7.** 強く主張する, せがむ, 固執する, 追求する **8.** (自)迫る, 突き進む cum legionem urgeri ab hoste vidisset (116.7) 彼は軍団兵が敵に圧迫されているのを見たので urget diem nox 夜が日を押しのける pedem pede urget 足で足に迫る(敗走者を追撃する) maris Baiis (70) obstrepentis (118.1) urges summovere (117.4) litora 高波のとどろくバイヤエの海岸を沖の方へ押しやろうとあなたは躍起である(沖を埋めて海岸を広げる)

ūrīna *f.* ūrīnae *1* §11 小水, 尿

ūrīnātor *m.* ūrīnātōris *3* §26

ūrīnō, ūrīnāre　826

（水の中に）もぐる人

ūrīnō, ūrīnāre　1 = ūrīnor *dep.1*

ūrīnor　*dep.1*　ūrīnārī, ――　§123(1)
水の中に飛び込む，もぐる

urna　*f.*　urnae　1　§11　[urceus]
1. 細首で太腹の水がめ，水を汲むためのつ
ぼ **2.** 投票箱(つぼ) **3.** くじ箱(つぼ) **4.** 遺
骨つぼ **5.** 銭(ぜに)箱(つぼ) **6.** 容量の単位
(§198)

ūrō　3　ūrere, ussī, ustum　(ūs-?)
§109　**1.** 焼く，もやす，(香を)たく，(火)を
ともす **2.** 焼き滅ぼす，荒廃させる，焼き
払う，灰にする **3.** あぶる，焦がす，苦し
める，いじめる，じらす，いらだたせる **4.** (炎，
情熱，欲望を)あおりたてる，燃えたたせる
5. 表面をもやす，ひりひりさせる，ひから
びさせる，はだを刺す **6.** 凍傷(害)を与え
る，かじかませる，凍らせる **7.** 蠟画をかく，
焼き絵をかく sitis guttur urit 渇きが喉
をひりひりと苦しめる urit me Glycerae
nitor グリュケラの美しさが私をこがす
herba per nives usta 雪(の中)で凍って
いる草

ursa　*f.*　ursae　1　§11　[ursus]
1. 牝クマ **2.** (天)Ursa Major 大熊座
Ursa Minor 小熊座

ursī　→ urgeō

ursus　*m.*　ursī　2　§13　クマ

urtīca　*f.*　urtīcae　1　§11　**1.** イラク
サ **2.** イソギンチャク **3.** 情欲の刺激

ūrus　*m.*　ūrī　2　§13　＜ゲ　野牛
(ヨーロッパ原産)

ūsitātus　*a.1.2*　ūsitāt-a, -um　§50
(比)usitatior　(最)usitatissimus　普
通に用いられている，世間で行われている，
日常の，習慣的な

uspiam　(ū-?)　副　**1.** どこかに，どこか
(ある所)で **2.** なんとかして

usquam　(ūs-?)　副　(否定・疑問・条
件文で用いられる)　**1.** どこでも，どこにせ
よ，どこかへ，どこにでも，どこかしらへ
2. どうにかして，なんとかして iste, cui
nullus esset (116.8) usquam consistendi
(119.2) locus どこにも立っている場所がな
いようなそなた an quisquam usquam
gentium est aeque miser? それとも私と

同じように哀れな人間がこの世界のどこに
いるのか nemo usquam どこにも誰もいな
い

ūsque　(ūs-?)　副　**1.** 道すがらずっと，絶
えず，いつも **2.** usque a (ab) …以後(以
来，から)ずっと **3.** usque ad 又は acc …
までずっと **4.** …の点(程度)まで，…するま
で，…ほど **5.** 完全に，全く usque sequar
te ずっとあなたについて行きたい usque a
pueris 少年の頃からいつも usque in
lucem 夜明けまでずっと usque ad extre-
mum vitae diem 生涯の最後の日までず
っと usque ambo defessi sunt 我々が二
人とも疲れてしまうまで usque quaque =
usquequaque どこにおいても，どんな場
合にも，至る所で，全く

ussī　→ ūrō

ustor　(ū-?)　*m.*　ustōris　3　§26
[ūrō]　死体を焼く人

ustulō　(ū-?)　1　ustulāre, -lāvī, -lātum
§106　[ustus]　一部を焼く，焼き捨て
る，焦がす，あぶる

ustus　→ ūrō

ūsūcapiō[1]　*3b*　ūsū-capere, -cēpī,
-captum　§110　不断の所有・使用で所
有権を得る

ūsūcapiō[2]　*f.*　ūsū-capiōnis　3　§28
時効による所有権取得

ūsūra　*f.*　ūsūrae　1　§11　[ūtor]
1. 利用，使用，享受，楽しみ **2.** 借りた資
本の利用 **3.** 借金の利息 terra numquam
sine usura reddit 大地は必ず利息をつけ
て返してくれる

ūsurpātiō　(-sū-?)　*f.*　ūsurpātiōnis
3　§28　[ūsurpō]　**1.** 使用，利用，行
使 **2.** 濫用，不当な使用

ūsurpō　(-sū-?)　1　ūsurpāre, -pāvī,
-pātum　§106　[ūsus, rapiō]　**1.** 使用
する，利用する，行使する **2.** 所有する，
取得する **3.** 経験する，享受する **4.** 要求
する，必要とする **5.** 呼ぶ，名づける，指
示する，話題とする **6.** 不当にわがものとす
る，横領する，濫用する Macedonia,
Arabia, quas neque oculis neque pedi-
bus unquam usurpavi meis かつて一度
も私の目や私の足で体験したことのないマ

ケドニア, アラビア Laelius is qui Sapiens usurpatur 賢者という名をほしいままにしている(その)ラエリウス

ūsus → ūtor

ūsus *m*. ūsūs 4 §31 [ūtor] **1.** 使用, 利用, 利用権 **2.** 享受, 利益, 効用, 有益性, 価値 **3.** 実行, 練習, 訓練, 経験 **4.** 技術, 知識, 習慣, 風習 **5.** 交際, 親交, 面識 **6.** 必要(性) usus (et) fructus 他人の財産を利用して利益を収める権利 ex usu (usui) est 役立つ, ためになる, 有用である, 日常用いられている, 習慣である ex usu est proelium committi 戦闘を開始するのが得策である quod esse ex usu Galliae (9d) judicaverunt 彼らがガッリアにとって有利であると判断したこと magno usui rei publicae (9d7) esse 国家にとって大いに有益である si usus veniat もし必要が生じたならば est rerum omnium magister usus 経験はあらゆるものの師である ferreus assiduo consumitur anulus usu 鉄の指輪は絶えず用いているとすりへる

ūsusfrūctus → ūsus

ūsū venīre (ūsūvenīre) 4 §111 (ūsūvenit で用いられることが多い)体験上(成行き上)起る, 結果として起る, 起る quid viro miserius usu venire potest? 人にあれ以上の悲惨(ひさん)なことが何か起り得るのか

ut, utī 副, *j*. **A.** 副 **1.** (関)するところに **2.** (疑)いかに **3.** (感)どんなに **B.** *j*. **1.** 比較文を導く ut **2.** 時間文の ut **3.** 傾向・結果文の ut **4.** 副詞的目的文の ut **5.** 名詞的目的文の ut **6.** 譲歩・条件文の ut **7.** 理由文の ut **A.** 副 **1.** (関)…するところに Indos, litus ut Eoa tunditur unda (9f11) その海岸が東海の波に打たれている所のインド **2.** (疑)いかに, どのように, どうして ut valet? ut meminit nostri (9c9)? 彼は元気ですか, 彼は私たちを覚えていますか videtis ut omnes despiciat, ut hominem prae se neminem putet (116.10) 彼がすべての人をどんなに軽蔑し, 自分以外の人を人とも思っていないことをあなた方は知っている **3.** (感

歎・願望文で)どんなに…か, …あらんことを(= utinam) ut vidi, ut perii, ut me malus abstulit error (汝を)一目見た途端, 私はいかに滅びたことか, どんなに不幸な狂気が私を奪い去ったことか ut (= utinam) illum di deaeque perduint (= perdant (116.1)) 奴を神々や女神たちが滅ぼさんことを **B.** *j*. **1.** 比較文を導く ut …のように, ita, sic などの相関詞を伴う場合も多い **a.** faciam ut tu voles あなたの望む通りにやりましょう canem et felem ut deos colunt 彼らは犬や猫を神々の如くあがめている **b.** sic sum ut vides あなたの見ている通りの私です si ut animis sic oculis videre possemus (116.9a) 精神で(洞察)できるように目でも見通すことができるならば **c.** (対比, 譲歩)…だが, しかし, 一方では, 他方では uti longe a luxuria, ita famae propior (est) 彼は贅沢から遠く離れて暮らしているが, それだけいっそう世間の評判に近よっている(評判がよい) utut (= utcumque) res sese habet, pergam 状況がどうであれ私はやりとげましょう **d.** (相違) si aliter ut dixi accidisset (116.9) もし私が言ったのとは違ったやり方で起こったならば(私の言った通りにならなかったならば) **e.** ut quisque … ita (sic) (最上級を伴うことも) = eo magis … quo magis …すればするほど, いっそう…となる ut quisque est vir optimus, ita difficillime alios improbos (9e3) suspicatur 善良な人であればあるほど, 他人を悪人と疑うのが益々難しくなる **f.** ut (si) = quasi, velut si あたかも…であるかのように mater coepit studiose educere ita uti si esset (116.9a) filia 母親は彼女が自分の娘であるかのように熱心に教育をし始める laeti, ut explorata Victoria (9f18) 彼らは勝利がたしかめられたかのように喜んで **g.** (挿入句) ut supra demonstravi 上に示したように si virtus digna est gloriatione, ut est もし美徳が誇るに値するならば, 事実その通りであるが ut videtur 見たところ **2.** 時間文を導く ut **a.** …するやいなや, …するとすぐ(primum, statim などを伴って強調さ

ut, utī

れるときもある）ut Hostius cecidit, confestim Romana inclinatur acies ホスティウスが倒れると, たちまちローマの戦列は撃退される **b.** …して以来, …したあと ut Brundisio（70）profectus es, nullae mihi abs te sunt redditae litterae あなたがブルンディシウムから出発して以来, あなたから私は一通の手紙ももらっていない **c.** …するたびに ut quisque me viderat, narrabat 各人私を見るたびに（私と会った人は皆）話をしてくれた **3. 傾向・結果文を導く ut a.** …ほどそれほど, たいへんだったので, それほどであったので, その結果として（sic, ita, tam, talis, tantus などの相関詞を伴うことが多い）Tarquinius sic Servium diligebat, ut is ejus filius haberetur（117.8）タルクィニウスはセルウィウスを非常に愛したので, セルウィウスはタルクィニウスの息子と思われていた（息子と思われていたほど愛されていた）**b.** 非人称表現の補文として（§§169, 171）ex quo efficitur ut quidquid honestum sit（116.11）, idem sit utile これからして尊敬に値するものは皆同時に役に立つということが証明されるのである si verum est ut populus Romanus omnis gentes virtute superarit（116.8）ローマ人が武勇において全人類より優れていたということが本当ならば jam prope erat ut … 今やほとんど ut 以下の状況にまできていた **c.** 強制・作為動詞の結果文を導く ut（cf 5. 名詞的目的文）prior pars orationis tuae faciebat ut mori cuperem（116.8）お前の演説の始めの部分が私に死にたい思いを起こさせた impellit alios avaritia ut … 貪欲がある人らを ut 以下へかりたてる **d.** 説明の ut hoc commune vitium in magnis civitatibus ut invidia gloriae comes sit これは, 偉大な市民たちに共通の欠点である, 嫉妬心が栄光の友であるということは **e.** ut non …なしに, ないのに, 起こることなく malet existimari bonus vir, ut non sit, quam esse, ut non putetur 彼は, 世間に思われていないのに本当は立派な人であることよりも, じつそうでないのに立派な人と思われる方を好むのである **4. 目的**

文（副詞的）を導く ut …せんがため, …のために（相関詞 ideo, idcirco などが主文で先行されることがある）Caesar singulis legionibus singulos legatos praefecit, uti eos（9e3）testes suae quisque virtutis haberet（116.6）カエサルは一軍団毎に一人の軍団長をおいた, 軍団長が一人一人自分の武勇の証人として軍団兵を持つようにと **5. 目的文（名詞的）を導く ut** …ということ **a.**（意志・願望・命令の動詞の目的文）volo uti mihi respondeas（116.1）お前が私に返答してくれることを欲する cura ut valeas 健康に注意せよ **n.b.** 願望の意志が強調されるとき, ut が省略されることがある malo te sapiens hostis metuat quam stulti cives laudant 愚かな市民があなたをほめるよりも, むしろ賢い敵があなたを恐れることを私は望む vellem me ad cenam invitasses あなたが晩餐会に私を招待してくれたらよかったのに **b.** 危惧動詞の目的文を導く ut …ではないかと, どうして…かと（心配している）timeo ut sustineas（116.6）labores お前が苦労に耐えらないのではと私は恐れている **c.** 挿入句に vere ut dicam 本当を言うと ut in pauca conferam 簡単に言うと **6. 譲歩・条件文を導く ut** よしかりに…としても, たとい…としても nihil est prudentiā（9f6）dulcius, quam, ut cetera auferat（116.5）, adfert certe senectus 老齢はたとい他のものを奪い去るとしても, たしかにもたらしてくれる思慮分別ほど心地よいものは他にないのである **7. 理由文を導く ut** …なので, …であることを考えるならば, …という事実からすると **a.** transire pontem non potuit, ut extrema resoluta erant 彼はその橋を渡ることができなかった, 先端の部分がこわれてたれ下がっていたからである **b.** hic Geta., ut captus est servorum, non malus このゲタは奴隷の標準からすると（奴隷としては）悪くない multae in Fabio ut in homo Romano, litterae ファビウスにはローマ人としては（ローマ人であることを考えると）沢山の教養があった **c.** ut＋関代 …の人たちとしては当然のように, 当然であるから, …の人たちのよう

に, 彼(ら)は…なので inde consul, ut qui jam ad hostes perventum cerneret (116.8), explorato (9f18. 注) procedebat そこから執政官は, すでに敵の近くに到着したことを知っていた者としては当然の如く(すでに敵前であることを知っていたので)偵察したあとで出発した

utcumque 副 **1.** どのような状況でも, たとえどうであろうとも **2.** いつ何時でも, …のときはいつでも **3.** どんな手段(やり方)にせよ, なんとかして, ともかく, 否でも応でも utcumque res sese habet 状況がどうであろうと gaudentes utcumque composita pace (9f18) ともかく平和条約が結ばれて喜んでいる ibimus, ibimus utcumque praecedes あなたが先発された時はいつでも我々は行きますとも

ūtēns *a.3* ūtentis §58〔ūtor の現分〕(比)utentior 使用できる金を持っている

ūtēnsilia *n.pl.* ūtēnsilium *3* §20〔ūtor〕**1.** 必要なもの, 生活必需品 **2.** 道具, 器具

uter¹ *m.* utris *3* §26 革袋, 皮製の容器 utres inflati ambulamus 我々はふくらませた革袋として歩き回っている(中が空っぽでいつでも倒れそうな革袋のような人間)

uter² 代形 utra, utrum §§93, 94 (不)二つ(人)のうちどちらかが, だれかが (疑)二つ(人)のうちどちらが, どれが (関)二つ(人)のうち…した方が si uter volet もしどちらかが望むならば ignorante (9f18) rege uter esset (116.10) Orestes どちらがオレステースか, 王にはわからないので utrum placet, sumite どちらか気にいる方をとり給え

uterlibet 代形 utra-libet, utrum-libet §93 二人(二つ)のうちどちらか好きな方が, 二人(二つ)のうちどちらでも, どちらか一方

uterque 代形 utra-que, utrum-que §94 二つ(二人)のうちどれも, どちらも, 各人, 双方とも uterque eorum exercitum educunt 彼ら(二人)のどちらも軍隊を率いている docte sermones (9e9)

utriusque linguae 双方(ギリシア, ローマ)の言語の文学に造詣の深いお方よ cum uterque utrique (9d8) exercitus esset in conspectu 敵味方双方の軍隊が相手の見える位置にきたとき

uterus *m.* uterī *2* §13 **1.** 子宮, 母体 **2.** 腹(部) **3.** 胎児 **4.** 船腹

utervīs 代形 utra-vīs, utrum-vīs §93 二つ(二人)のうちどちらか好きな方, どちらか in aurem utramvis otiose dormire どちらかの耳を下にして心静かにねむること

utī → ut

ūtī → ūtor

Utica *f.* Uticae *1* §11 アフリカの海岸の町

Uticēnsis *a.3* Uticēnse §54 ウティカの

ūtilis *a.3* ūtile §54 (比)utilior (最)utilissimus 有用な, 役立つ, 便利な, 都合の良い radix medendi (139, 9c13) utilis 治療に効く根 ver utile silvis (9d13) 森のためになる春 utile est (170) 有益(得策)である

ūtilitās *f.* ūtilitātis *3* §21〔ūtilis〕**1.** 役立つこと, 有用(性), 利得, 長所, 効力 **2.** 幸福, 安寧, 福祉 **3.** 役立つ設備, 立派な尽力, 奉仕

ūtiliter 副〔ūtilis §67(2)〕(比)utilius (最)utilissime 有益な方法で, 有効に, ためになるように

utinam 副 (願望文で接と)どんなに望んでいることか, ただ…であればいいのに, …であらんことを utinam reviviscat frater! 兄弟が生き返ってくれるといいのに utinam susceptus non essem! この世に私は生まれていなければよかったのに

utique 副 **1.** いずれにしても, ともかく, 少なくとも **2.** 絶対に, 是非とも, 必ず **3.** 疑いなく, たしかに **4.** 特に in Graecia, utique olim, magnae laudi (9d7) haec sunt ギリシアにおいては, 少なくとも昔は, これは大いに賞賛されていた

ūtor *dep.3* ūtī, ūsus sum §§123(3), 124, 125 **1.** 利用する, 使う, 採用する, やとう, 働かせる **2.** 持つ, とる, 着る, あ

やつる，暮らす，演奏する **3.** 経験する，享受する，つき合う，交友を楽しむ deorum muneribus sapienter uti 神々のおくりものを賢く利用すること scisti uti foro 広場の利用（世間とのつき合い）をお前は知っている（どうすべきか心得ている）scis quo pacto deceat（116.10）majoribus uti 偉い方々とどのようにつき合うのがふさわしいかをあなたは知っている

utpote 副 ［ut, potis］ **1.** 可能であるように，期待される如く，当然のことだが **2.** つまり…なので，そのわけは…だ（特に関代，分詞と共に用いられる）satis nequam sum, utpote qui hodie inceperim amare 思うようにふるまえなかった，私は今日恋をし始めたばかりなので当然だ fessi pervenimus utpote longum carpentes（118.4）iter 我々は疲れて到着した，なにしろ長い旅をしたので

utrārius *m.* utrāriī *2* §13 ［uter¹］ 水運搬夫

utrimque 副 ［uterque］ 両側で，両方から，どちらの側にも，双方で

utrō 疑副 ［uter² §9f19］ （二つのうちの）どちら側へ?，いずれの方向へ?

utrobīque（**utrubīque**）副 ［uter, ubīque］ 両側で，どちらにおいても，あちらでもこちらでも，いたる所で，いずれの場合にも

utrōque 副 ［uterque］ 両側で，どちらの方向にも auctores utroque trahunt 史料は両説に分れている

utrubīque → utrobīque

utrum 疑副 ［uter² §9e13］ **1.** どちらか utrum? tu masne an femina es どちらか，お前は男か女か **2.** utrum ... an ... …か，それとも…か utrum taceamne an praedicem? だまっていようか，それとも公にしようか

utut = utcumque

ūva *f.* ūvae *1* §11 **1.** ブドウの房，ブドウ，ブドウの木 **2.** 花束，果実の房 **3.** ハチの群 uva passa 干しブドウ uva conspectā livorem ducit ab uvā ブドウはブドウを見て青くなる（朱に交われば赤くなる）

ūvēscō *3* ūvēscere, ——, —— §109 **1.** しめってくる，ぬれる **2.** 酒を飲む，酔う

ūvidulus *a.1.2* ūvidul-a, -um §50 ［ūvidus の小］ 少ししめった，ぬれた

ūvidus *a.1.2* ūvid-a, -um §50 **1.** ぬれた，しめった，しめり気の多い，水びたしの，しずくのたれる **2.** 酒にぬれた，酔った dicimus integro sicci mane die, dicimus uvidi, cum sol oceano subest 日のいまだ新しき朝，私たちはしらふでこう申します，陽が西の海に沈む頃，私たちは酒に酔ってこう申します

uxor *f.* uxōris *3* §26 妻，配偶者

uxōrius *a.1.2* uxōri-a, -um §50 ［uxor］ **1.** 妻の **2.** 妻に献身的な，妻を溺愛している res uxōria 妻の身分，結婚，婚資，妻の財産

V

V, v §3 略記 **1.** v. = valeō, valēs, valētis **2.** （碑文で）v. = vīvus, vīxit, valē

vacātiō *f.* vacātiōnis *3* §28 ［vacō］ **1.** 一定の義務・仕事・奉仕から免除された状態，自由，免除 **2.** （特に軍隊の）休暇，帰休 **3.** 兵卒が百人隊長に休暇を要求して支払う心付け aetatis vacatio 年齢による免除（60 歳になると元老院議員は議会出席の義務を免除された）

vacca *f.* vaccae *1* §11 雌牛，メウシ

vaccīnium *n.* vaccīniī *2* §13 コ
ケモモ，その黒い小果実，スノキ(?)

vacillō *1* vacillāre, -lāvī, -lātum
§106 **1.** よろめく，ふらつく，ぶらぶら歩
く **2.** あぶなっかしい，不安定である **3.** ぐ
らついている，動揺している，気迷う vaci-
llantibus litterulis ふるえている小さな文
字で

vacīvē 副 §67(1) ゆっくりと，暇な折
に

vacīvus *a.1.2* vacīv-a, -um §50
1. 空いている，住む人のいない **2.** 仕事の
ない，手の空いた，暇な

vacō *1* vacāre, -cāvī, -cātum §106
1. (空間・表面が)空である，あいている，
占有されていない **2.** 持ち主がいない，空席
である **3.** (女)独身である，結婚していな
い **4.** (*abl.* 又は ab+*abl.*)を欠いている，
から自由である，免除されている **5.** (*dat.*
又は ad, in+*acc.*)に利用されるべく残され
ている，する暇(時間)がある **6.** (非, 171)
する暇がある mens vacans corpore 身
体から解放された精神(魂) ego philoso-
phiae semper vaco 私はいつも哲学する
余裕をもっている nobis venari non vacat
私たちには今狩をする暇がない

vacuēfaciō *3b* vacuē-facere, -fēcī,
-factum §110 [vacuus, faciō] **1.** 空
にする，場所を空けさせる，住民をたやす
2. (中味を)空にする

vacuō *1* vacuāre, vacuāvī, vacuātum
§106 [vacuus] **1.** からにする **2.** (受)
vacuātur 財布がからっぽになる，家(町)
が留守になる

vacuitās *f.* vacuitātis *3* §21
[vacuus] **1.** 空の状態，ないこと，空間，
空位 **2.** 解放，自由，暇

vacuus *a.1.2* vacu-a, -um §50
[vacō] **1.** 何も持っていない，含んでいな
い，からの，あいている，空洞の，盲目の
(顔) **2.** 空虚な，実質のない，無価値の
3. (*abl.* 又は ab+*abl.*，又は *gen.* と)を欠
いた，から自由な，を持たない **4.** 裸の，飾
らない **5.** 開かれたままの，接近しやすい，
無防備の **6.** 所有主のいない，人が住んで
いない，静かな，見捨てられた **7.** 空位の，

空席の，統治者のいない **8.** 独身の，未婚
の **9.** 仕事のない，暇な，束縛のない，自
由な，何もしないでいる，何もない，怠け
た **10.** (非, 171) vacuum est …する暇
がある gladius vaginā vacuus 鞘のない
剣 vacua rationis animalia 理性のない
動物 vacuae aures 聞く耳 vacuam
possessionem regni sperans 誰の手に
も帰していない王国の所有権を望んで

vadimōnium *n.* vadimōniī *2*
§13 [vas] 被告が指定日に法廷に出頭
するという保証契約 ～ facere (= ～
promittere) 指定日に法廷へ出頭するこ
とに同意する ～ sistere 指定日に出頭す
る ～ deserere 指定日に出廷しない ～
differre 出頭指定日を先へのばす

vadis → vas[1]

vādō *3* vādere, ——, —— §109
進む，行く，急いで行く

vador *dep.1* vadārī, vadātus sum
§123(1) (原告について)被告から保証を
取って指定日に法廷出頭を余儀なくさせる

vadōsus *a.1.2* vadōs-a, -um §50
[vadum] 浅瀬の(州の)多い，浅い

vadum *n.* vadī *2* §13 **1.** 徒渡
(かちわたり)のできる浅い水，浅瀬，川瀬，海の
州 **2.** 水底，川床，海底，井戸の底 **3.** 海，
川の流れ，水 Rhodanus nonnullis locis
(9fl. イ) vado (9fl. ハ) transitur ロダー
ヌス川は数箇所において浅瀬を歩いてわた
ることができる omnis res est jam in vado
今や万事(底に着いて)安全だ

vae 間 **1.** 苦しみ，または苦痛に耐える
叫び **2.** 不幸をなげき悲しむ声，ああ(与と，
まれに対と) vae victis 敗北者のなんとあ
われなことか

vaec-, vaeg-, vaen-, vaes-, etc.
→ vec-, veg-, ven-, ves-, etc.

vafer *a.1.2* vafra, vafrum §52
(最)vaferrimus §59 術策にたけた，ず
るい，抜け目のない，狡猾な

vagē 副 [vagus §67(1)] **1.** あちらこ
ちらと **2.** でまかせに，でたらめに

vāgīna (va-?) *f.* vāgīnae *1* §11
1. (刀の)鞘(さや) **2.** 莢(さや)，外皮，殻 **3.** 膣

vāgiō *4* vagīre, vagīvī, 赤坊が泣く，

vāgītus 小山羊がなく

vāgītus *m.* vāgītūs *4* §31 ［vāgiō］ 泣き声，号泣，悲嘆の叫び

vagō *1* vagāre, -gāvī, -gātum §106 = **vagor**

vagor *dep.1* vagārī, vagātus sum §§123(1), 125 ［vagus］ **1.** 方向を定めずに気ままに歩き回る，さまよう，逸脱する **2.** 動く，移る，渡る，変る，漂う，揺れる **3.** (火・病気・噂)拡がる，蔓延(款)する **4.** (気持・考え)定まらない，ぐらつく，ためらう，まよう **5.** (話・文体)散漫な，まとまりがない，わき道にそれている，冗長である stellae vagantes = vagantes 遊星，惑星

vagus *a.1.2* vag-a, -um §50 **1.** 自由にあちこちと動いている，歩き回っている，絶えず変り易い，ゆれている，不安定な，漠然たる **2.** 偶然の，でたらめな，浮気の，移り気の **3.** 散漫な，優柔不断な **4.** 拘束のない，不規則な，冗長な，しまりのない

vāh *間* さまざまな感情(苦悩，失望，いらだち，軽蔑，賞賛，おどろき)の叫び声

valdē *副* ［validus, validē］ (比) validius (最)validissime **1.** 精力旺盛に，元気よく，力強く，一生懸命に，大声で **2.** (動・形・副と共に)大いに，非常に，はるかに，たしかに

valē → valeō

valēns *a.3* valentis §58 ［valeō の現分］(比)valentior (最)valentissimus **1.** 体力の強い，頑健な，丈夫な，健康な **2.** 強力な，有力な，権勢を誇る **3.** (薬)効き目のある，効果のある **4.** (弁舌)説得力のある，重みのある

valeō *2* valēre, valuī, valitūrus (valitum) §108 **1.** 力がある，強い **2.** 健康(元気)である，達者である **3.** 影響力(権威)を持っている，重きをなす，勢力をもっている **4.** 効力をもつ，価値がある，役に立つ，目的にかなう **5.** 意味する，暗に示す，関係する **6.** (挨拶)vale, valete (命)元気であれ，さようなら cura ut valeas (116.2) 御大切に **7.** (手紙の冒頭) S.V.B.E.E.Q.V. = si vales, bene est, ego quidem valeo お元気なら結構，私は元気です **8.** tibi valere dico あなたに別れを告げる＝"vale" dico **9.** (軽蔑して去らせるとき) valeas (116.2) お前はうせろ valeat 彼はもう沢山だ，うんざりだ **10.** …する力がある，できる(不定句と) deus valet ima summis mutare 神は最低のものと最高のものを交換することができる plurimum inter eos Bellovacos et virtute (9f3) et auctoritate et hominum nemero valere (117.5) ベッロウァキー族は，彼ら(ベルガエ人)のうちで，武勇と権威と人口の大きさででいちばん幅をきかせていること ad vitandum (121.3 対) periculum multum fortuna valuit 危険をさけるにあたって，運命の力は大きかった

valēscō *3* valēscere, ——, —— §109 ［valeō］ **1.** 健康になる，元気になる **2.** 強くなる，有力(優勢)となる

valētūdinārium *n.* valētūdināriī *2* §13 ［valētūdō］ 病人の手当・処置をする所，診療所，保健室，病院

valētūdinārius *a.1.2* valētūdināri-a, -um §50 ［valētūdō］ 病気で弱った，働けない，病人の，病身の，病床についたきりの

valētūdō *f.* valētūdinis *3* §28 ［valeō］ **1.** 健康，無事息災 **2.** 健康状態，体具合，体調 **3.** 不健康，病気，不快 bona (commoda) ～ 健全，達者 adversa (mala) ～ 不健康，病気

validē *副* ［validus §67(1)］ (比) validius (最)validissime **1.** 力強く，烈しく，活発に **2.** 大いに，大層，非常に **3.** (返事)さよう，たしかに，まったく

validus *a.1.2* valid-a, -um §50 ［valeō］ (比)validior (最)validissimus **1.** 体力の強い，頑健な，丈夫な，健康な **2.** 力強い，勢力のある，栄えている，影響力のある **3.** 効目のある，効果的な，有効な **4.** 戦闘力のある，要塞堅固な **5.** 説得力のある，有能な spernendis (121.3 奪) rumoribus (9f3) validus 噂を無視するだけの力がある orandi (119.2, 9c13) validus 弁舌の才能のある

valitūd ... = **valētūd ...**

varietās

valitūrus → valeō

vallāris *a.3* vallāre §54 ［vallum］
城壁の vallaris corona 城壁冠(敵の城壁
内に最初に入った兵士への勲章)

vallis (-ēs) *f.* vallis *3* §19 **1.** 谷
2. くぼみ valle sub alarum 腋窩(えきか)で,
わきの下で

vallō *1* vallāre, -lāvī, -lātum §106
［vallum］ **1.** 陣営を堡塁で取り囲む, 堡
塁に杭をうち込む, 防柵を設ける **2.** 囲む,
封じ込める **3.** 防御する, 守る jus legato-
rum divino jure vallatum 神聖な法で保
護されている使節の権利

vallum *n.* vallī *2* §13 ［vallus の
集合体］ **1.** 土塁の上に打ち込まれた杭の
防柵, 防柵を施した土塁(土盛り), 堡塁,
防御物, 障害

vallus *m.* vallī *2* §13 **1.** 棒杭, ブ
ドウの支柱 **2.** 防柵用の先のとがった杭
3. = **vallum** 防柵, 堡塁

valvae *f.pl.* valvārum *1* §§11,
46 ［volvō］ **1.** (特に神殿・宮殿の)門
の両開き戸, 折り戸 **2.** 折り戸の扉

vānēscō *3* vānēscere, ─, ─,
§109 ［vānus］ **1.** 消える, いなくなる,
見えなくなる **2.** 忘れ去られる **3.** 無用とな
る

vāniloquentia *f* vāniloquentiae *1*
§11 **1.** 無駄話, くだらぬおしゃべり **2.** 自
慢話, 大言壮語

vāniloquus *a.1.2* vāniloqu-a, -um
§50 ［vānus, loquor］ **1.** 嘘つきの
2. むだ口をきく, おしゃべりの **3.** ほら吹き
の, 自慢話をする

vānitās *f.* vānitātis *3* §21
［vānus］ **1.** 空の(実質のない)状態, 空
虚 **2.** 見せかけ, 虚構, 虚偽, 不誠実 **3.** む
なしさ, 虚栄, 見え, 虚飾, うぬぼれ **4.** あ
てにならないこと, 無駄, 無意味, 愚かさ,
無益

vannus *f.* vannī *2* §13 唐箕(とうみ)
穀物と籾殻をふるい分けるかご

vānus *a.1.2* vān-a, -um §50 (比)
vanior (最)vanissimus **1.** 空の, 実
質のない, 空虚な **2.** むなしい, はかない,
無意味な, 見せかけの, 虚栄の **3.** 虚構の,
偽の, 妄想の, 実在しない **4.** 実のない,
根拠のない, 不誠実な, 信頼できない (名)

vānum *n.* vānī *2* §13 空, 空
虚, 無, 虚栄, 虚像, 幻像, 見せかけ
vanus veri (9c13) 真実を欠いた, 嘘の
ex vano 根拠なく, 理由もなく in vanum
空しく, 無駄に ad vanum redacta vic-
toria 無に帰した勝利

vapidus *a.1.2* vapida, -pidum §50
新鮮さを失った, 味のない, 気の抜けた,
まずくなった

vapor (古 **vapōs**) *m.* vapōris *3*
§26 **1.** 水蒸気, 湯気 **2.** 熱, 暖かさ **3.** 発
汗, (体温の)熱, 体のほてり, 興奮 **4.** 霧,
煙, 火 volat vapor ater ad auras 黒い
煙が天空にのぼる lentus carinas est
(160) vapor 火はゆっくりと竜骨を食う

vapōrō *1* vapōrāre, -rāvī, -rātum
§106 ［vapor］ (他)**1.** 蒸気(湯気・煙)
でみたす, おおう **2.** 湯気で体をあたためる,
熱する (自)**3.** 蒸発する, 湯気を出す, 熱
する, 燃える templum ture vaporant
彼らは香の煙で神殿をみたす

vappa *f.* vappae *1* §11 **1.** 気の
抜けたブドウ酒 **2.** ろくでなし, 役たたず

vāpulō *1* vāpulāre, -lāvī, -lātum
§106 **1.** こん棒でうたれる, 殴打される,
さんざんなぐられる **2.** 苦しめられる, 負け
る peribo, si non fecero, si faxo, vapu-
labo もしそれをしなかったら, 私は滅びる
だろう, もしそれをしたら, 殴打されるだろ
う(どちらにせよ困ったことだ)

variātiō *f.* variātiōnis *3* §28
［variō］ 変化, 多様性, 差異

variātus → variō

vāricus *a.1.2* vāric-a, -um §50
［vārus］ 両足を広げた

variē 副 ［varius §67(1)］ **1.** さまざ
まな色合いで, 文体で, 外観で **2.** さまざま
の方法で, めいめい, それぞれ, 別々に
3. 変り易い状況で, 矛盾したやり方で

varietās *f.* varietātis *3* §21
［varius］ **1.** 雑色, 多彩 **2.** 多種・多様
性 **3.** 変化, 無常, 有為転変, 栄枯盛衰
4. 移り気, 気まぐれ, 無節操 **5.** さまざま
の意見, 相違, 矛盾 ut delectet (116.6)

variō 834

varietas 変化が(人を)楽しませるように

variō *1* variāre, -āvī, -ātum §106 [varius] (他)**1.** 変化を与える，色々に変える，さまざまの色で飾る，色合をつける **2.** (形・姿を)変える，(意見を)変える，違える **3.** 交替させる，入れ替える (自)**1.** 変化する，さまざまである，相違する，別れる **2.** 交互に起る，交替する **3.** 心が変る，ぐらつく，ためらう sidera variant caelum 星が天空に色合をつける ibi si variaret もしそこで(民会で)意見が別れたら

varius *a.1.2* vari-a, -um §50 **1.** 雑色の，まだらな，多彩な，玉虫色の，色合の差のある **2.** さまざまの要素からなる，種々雑多の，変化に富む **3.** 多芸の，多才の，多方面にわたる **4.** 相違した，相反した，矛盾した **5.** 変り易い，ゆれ動く，気まぐれな，信頼できない，二心ある vario certamine (9f9) pugnatum est (172) 勝敗の定まらぬ戦闘が行われた Plato varius 多才のプラトーン

Varius *a.1.2* Vari-a, -um §50 **1.** ローマの gens(氏族)の名 **2.** L. Varius Rufus アウグストゥス時代の詩人

Varrō *m.* Varrōnis *3* §28 **1.** ローマの家名 **2.** Terentius Varro (116-27 B.C.) 大博識者

vārus *a.1.2* vār-a, -um §50 **1.** 先端が収斂(しゅう)するように(2 本の角が)両外側へ湾曲した **2.** 両足が外側に湾曲した，O 形の足を持った，わに足の **3.** 対比される，対照的な，正反対の，相反する alterum genus huic varum これと正反対の別な種族

Vārus *m.* Vārī *2* §13 **1.** ローマの家名 **2.** Quinctilius Varus アウグストゥス時代の将軍

vas¹ *m.* vadis *3* §21 被告の法廷出頭を保証する人，保証

vās² *n.* vāsis *3* §29 注 **1.** 容器(うつわ・さら)，食器，家具，調度 **2.** (軍)装備一式，行李 vasa colligere 陣営をたたむ(装備を荷造りして出発の準備をすること) vasa conclamare 野営をたたむ合図のラッパをならす sincerum est nisi vas,

quodcumque infundis acescit 酒器がきれいでないと，その中に(お前が)注ぐ酒はみなすっぱくなる(心がきれいでないと，本当の喜びは味わえない)

vāsārium *n.* vāsāriī *2* §13 [vās²] **1.** (兵士・属州統治者の)装備・支度に支払われる手当 **2.** (搾油機の)設備手当

vāsculārius *m.* vāsculāriī *2* §13 [vāsculum] 小さな容器や食卓用品をつくる人，金・銀細工師

vāsculum *n.* vāsculī *2* §13 [vās² の小] **1.** 小さな容器，台所道具 **2.** = mentula

vāsis → vās²

vāstātiō *f.* vāstātiōnis *3* §28 [vāstō] 土地を荒廃させること

vāstātor *m.* vāstātōris *3* §26 [vāstō] 土地を荒廃させる人

vāstē 副 [vāstus §67(1)] (比) vastius **1.** 果てしなく遠くに，限りなく深く，高く，異常に **2.** ひどく，無作法に，なまり丸出しで

vāstitās *f.* vāstitātis *3* §21 [vāstus] **1.** 荒廃した(無人の)状態，荒地 **2.** 広大，無限，巨大

vāstō (**va-** ?) *1* vāstāre, -tāvī, -tātum §106 [vāstus] **1.** 荒廃させる，無人にする **2.** 掠奪する，破壊する，焼き払う vastant agros cultoribus (9f7) 彼らは耕作者を奪って畠を荒廃させる

vāstus (**va-** ?) *a.1.2* vāst-a, -um §50 (比)vastior (最)vastissimus **1.** 住む人のいない，荒涼たる **2.** 見捨てられた，孤独の，淋しい **3.** 果てしない，広大な，巨大な，異常に大きい **4.** 粗野な，無教養の，不恰好な，鈍重な vastus animus 飽くことを知らぬ野心 urbs a defensoribus vasta 防御者から見捨てられた町

vāsum *n.* vāsī *2* §13 = vās²

vātēs (**vātis**) *c.* vātis *3* §19 注 4 **1.** 予言者，占い師 **2.** (霊感を受けた)詩人

Vāticānus *a.1.2* Vāticāna, Vātīcānum §50 **1.** ティベリス川西岸の丘の **2.** (名)Vaticanus Mons = Vaticanus

vāticinātiō *f.* vāticinātiōnis *3* §28 ［vāticinor］ 予言，神託，占い

vāticinātor *m.* vāticinātōris *3* §26 ［vātēs］ 予言者，占い師

vāticinium *n.* vāticin(i)ī *2* §13 ［vātēs］ 予言，神のお告げ

vāticinor *dep.1* vāticinārī, -nātus sum §123(1) ［vātēs］ **1.** 天来の霊感によって将来を予知する，警告する神のお告げを伝える(教える) **2.** (狂人の如く)うわごとを言う

vatillum *n.* vatillī *2* §13 木の柄のついた鉄製の大きなさじ，糞や火のおこった石炭などを運ぶ道具，十能(じゅうのう)

vē-(vae-) 頭 過多・不足の異常性を示す，不分離の接頭辞

-ve 前接的接続詞 …か，あるいは…か plus minusve 多かれ少なかれ duabus tribusve horis 二，三時間の内に si id facis facturave es もしお前(女性)がそれをするか，するつもりならば

vēcordia (vae-) *f.* vēcordiae *1* §11 ［vēcors］ 精神錯乱状態，狂気，常軌を逸した状態

vēcors (vaecors) *a.3* vēcordis §55 (最)vecordissimus 精神の錯乱した，発狂した，常軌を逸した

vectīgal *n.* vectīgālis *3* §27 **1.** 国有財産の借受人か使用収益権者が国家に支払う使用料，間接税，国家の蔵入 **2.** 政務官が属州で受取る礼金，報酬 **3.** 個人の収入(賃貸料・地代) non intellegunt homines quam magnum vectigal sit (116.10) parsimonia 倹約がどんなに大きな儲けになるか，人は知らない

vectīgālis *a.3* vectīgāle §54 **1.** (国家・個人の)収入・税金に関する，税収・地代をもたらす **2.** 税を支払う義務のある

vectis *m.* vectis *3* §19 ［vehō］ **1.** てこ，かなてこ **2.** (オリーブ・ブドウなど)圧搾機のレバー **3.** 閂(かんぬき)，戸の横木

vectō *1* vectāre, -tāvī, -tātum §106 **1.** (しばしば，たびたび)運送する，つれて行く，運ぶ **2.** (受)(馬・車に)乗る，乗っ

て行く，車を駆る，散歩する，旅をする，航行する

vector *m.* vectōris *3* §26 ［vehō］ **1.** 運ぶ人(馬，こぎ手など) **2.** 乗り手，乗客，船客，旅客

vectōrius *a.1.2* vectōri-a, -um §50 ［vector］ 荷物の運搬・輸送に用いられる

vectūra *f.* vectūrae *1* §11 ［vehō］ **1.** (陸・海の)輸送，運搬 **2.** 運賃

vegeō *2* vegēre, ──, ── §108 **1.** (他)動かす，刺激する，元気づける **2.** (自)元気でいる，生き生きとしている

vegetō *1* vegetāre §106 ［vegetus］ 元気(勢い)を与える，元気(活気)づける

vegetus *a.1.2* veget-a, -um §50 ［vegeō の完分］ (比)vegetior (最)vegetissimus **1.** 精力旺盛な，活発な，元気のよい **2.** 生き生きとした，はつらつとした，鮮やかな

vēgrandis *a.3* vēgrande §54 **1.** 広大な，おそろしく大きい **2.** ごく小さい，短い

vehemēns *a.3* vehementis §55 (比)vehementior (最)vehementissimus **1.** 激しい，猛烈な，熱烈な，圧倒的な，狂暴な，熱狂的な **2.** 精力的な，力強い，勢いのある **3.** 強い，ひどい，重い

vehementer 副 ［vehemēns §67(2)］ (比)vehementius (最)vehementissime **1.** 猛烈に，烈しく，熱烈に，激情的に，夢中で **2.** 非常に，異常に，甚だしく，強く，勢いよく

vehementia *f.* vehementiae 1 §11 ［vehemēns］ **1.** 激しい，猛烈な力，動き **2.** 猛烈な体力，精神力，激しい文体

vehic(u)lum *n.* vehic(u)lī *2* §13 ［vehō］ 輸送手段，運搬荷車，輸送車，四輪馬車，乗物，船

vehō *3* vehere, vēxī, vectum §109 **1.** (人・動物によって)運ぶ，持って行く，移す，引っぱる **2.** (風・水)運び去る，連れ去る，流し去る **3.** (受)vehī 旅をする，車にのって行く(curru 又は in curru)，船

Vējovis 836

にのる(in navi)，馬にのって行く(in equo)
4.（自）乗る，運ばれる jus lecticā per
urbem vehendi（107.6）都中を臥輿にの
る権利 quod fugiens（118.4）semel hora
vexit 時間が逃げるときいったん持ち去っ
たもの

Vējovis *m.* Vējovis *3* §19 下界
（黄泉の国）のユーピテルと考えられたローマ
の古い神

vel *j*,副 ［volō］（j）**1.**（選択するとき）
もし望むなら，または，それとも，あるいは，
…かまたは…か **2.**（訂正するとき）あるいは
むしろ，かえって（副）**1.** たとえば **2.** むし
ろ **3.** …すら **4.** ともかく **5.** 全く，たしか
に，明らかに Miltiades dixit ponte res-
cisso regem（117.5）vel hostium ferro
vel inopia interiturum ミルティアデスは
言った「橋を壊すと，王は，あるいは敵の武
器か餓えかで死ぬかも知れぬ」と homo
minime malus vel potius optimus 決し
て悪くない，いやむしろ（こう言いたい）最善
の人だ vel sapientissimus potest erra-
re 最も賢明な人ですら間違うものである

vēlāmen *n.* vēlāminis *3* §28
［vēlō］**1.** おおい，衣服，着物，ヴェー
ル **2.** 獣の(毛)皮

vēlāmentum *n.* vēlāmentī *2*
§13 ［vēlō］**1.** おおうもの，包むもの，
着物 **2.** おおい隠すもの，(祭儀用の)ヴェー
ル，幕，目隠し **3.**（助命嘆願者が手に持
つ）羊毛の白いひもをくくりつけたオリーブ
の枝

vēlātus → vēlō

vēles *m.* vēlitis *3* §21 （ゲリラ戦
向きの）軽装歩兵

vēlifer *a.1.2* vēli-fera, -ferum §51
［vēlum, ferō］**1.** 帆を備えた(船) **2.** 帆
をふくらます(風)

vēlificō *1* vēlificāre, -ficāvī, -ficātum
§106 = **vēlificor** *dep.1* vēlificārī,
-ficātus sum §123(1) **1.** 帆走する，出
帆する，航行する **2.** 向って努力する，に
熱中する

velim → volō¹

vēlitāris *a.3* vēlitāre §54 ［vēles］
軽装歩兵の

vēlitor *dep.1* vēlitārī, vēlitātus
§123(1) = **vēlitō** *1* vēlitāre §106
1. 攻撃する，突進する，こぜり合いをする
2. ののしる，あざける，口論する

vēlivolus *a.1.2* vēlivol-a, -um §50
= **vēlivolāns** *a.3* vēlivolantis
§55 ［vēlum, 2.volō］船が帆走してい
る，帆をあげて疾走している

vellicō *1* vellicāre, -cāvī, -cātum
§106 ［vellō の小］**1.** はさむ，つまむ，
つねる **2.** つまんでひっぱる，少しずつひき
さく，むしる **3.**（鳥）ついばむ，つつく **4.** 口
やかましく批判する，酷評する **5.** 刺激す
る，そそのかす

vellō *3* vellere, vellī（vulsī, volsī），
vulsum（volsum）§109 **1.** 引き抜く，
むしりとる，(毛を)抜く **2.** 根こそぎにする，
根絶する，破壊する castris vellere signa
陣営から軍旗を引き抜く（陣営を撤去する）

vellus *n.* velleris *3* §29 **1.** 刈り
とられた羊の毛，羊毛のひとかたまり，房
(ふさ) **2.** 羊の毛皮，(獣の)皮 **3.** 毛糸のひも，
バンド **4.** 羊雲，雪片

vēlō *1* vēlāre, -lāvī, -lātum §106
1. おおう，おおい隠す，包む **2.** ヴェール
をかぶせる，(花環を)額にまきつける，飾る
3. 隠す，ひみつにする oratores velati
ramis oleae オリーブの枝でおおわれた（身
を守られた）使者たち

vēlōcitās *f.* vēlōcitātis *3* §21
［vēlōx］迅速，速さ，機敏，速度

vēlōciter 副 ［vēlōx］§67(2) （比）
velocius （最）velocissime §68 速
く，すみやかに，迅速に，機敏に，直ちに

vēlōx *a.3* vēlōcis §55 （比）velocior
（最）velocissimus **1.** 速い，すばしこい，
敏速な **2.**（効果の）早い，(成長の)早い
nihil est animo velocius 人間の心(精
神)の動きほど速いものはない

vēlum *n.* vēlī *2* §13 **1.** 帆 **2.** 船
3. 日よけ，カーテン **4.** 毛織物，生地，布
vela dare（facere）帆をひろげる contraxi
vela 私は帆をたたんだ（戦いは断念した）
non agimur tumidis velis 我々は順風満
帆の状態ではない

velut(ī) 副 ［vel, ut］**1.**（比較）ちょう

ど…のように，…と同様(sic, 又はita を伴うこともある) **2.** たとえば **3.** (仮定)あたかも…のように(接と, a.a. とも, 又velut si となるときも) ne vitam silentio transeant (116.6) veluti pecora 彼らが家畜のように沈黙して人生をおくらないように absentis Ariovisti quod crudelitatem, velut si coram adesset, horrerent (116.7) ここにいないアリオウィストゥスの残酷さを, 彼らは, 彼がいま居合わせているかのように恐れていたので velut diis cum patria relictis (9f18) あたかも祖国と共に神々が残されているかの如く

vēmēns → vehemēns

vēna *f.* vēnae *1* §11 **1.** 血脈(静脈, 動脈), 血管, 脈拍 **2.** 男の生殖器, 体力 **3.** 地下水脈, 灌漑用水路 **4.** 葉脈, 木目, 石目 **5.** 鉱脈 **6.** 心臓, 本質, 性格 **7.** 裂け目 **8.** 才能の蓄え, 詩の霊感

vēnābulum *n.* vēnābulī *2* §13 [vēnor] 狩猟用の槍

vēnālicius *a.1.2* -cia, -cium §50 [vēnālis] **1.** 売物に出されている **2.** (名) *m.* 奴隷商人 **3.** (名) *n.* 奴隷市場

vēnālis *a.3* vēnāle §54 [vēnus] **1.** 売られる, 売り物の **2.** 金で買える, 賄賂のきく (名)**vēnālis** *m.* *3* §19 市場で売られている奴隷

vēnāticus *a.1.2* vēnātic-a, -um §50 [vēnor] 狩猟に用いられる

vēnātiō *f.* vēnātiōnis *3* §28 **1.** 狩猟 **2.** (見世物としての)野獣狩り **3.** 狩の獲物

vēnātor *m.* vēnātōris *3* §26 [vēnor] **1.** 狩人 **2.** 探究者

vēnātōrius *a.1.2* vēnātōri-a, -um §50 [vēnor] 狩人の, 狩人に用いられる

vēnātrīx *f.* vēnātrīcis *3* §21 女狩人

vēnātus *m.* vēnātūs *4* §31 [vēnor] **1.** 狩猟, 漁猟 **2.** 獲物, 獣(けもの)

vendibilis *a.3* vendibile §54 [vendō] (比)vendibilior **1.** 売れ易い, 売り物になる **2.** 大衆に受け(てい)る, 流行している, はやりの

vendicō → vindicō

vendidī → vendō

venditiō (vē- ?) *f.* venditiōnis *3* §28 [vendō] 売りに出すこと, 競売

venditō (vē- ?) *1* venditāre, -tāvī, -tātum §106 [vendō] **1.** 売りに出す, 売却を申し出る **2.** 売らんと努める, 吹聴する, 価値を広告する, 自分を売り込む **3.** ほめそやす, きげんをとる

venditor (vē- ?) *m.* venditōris *3* §26 [vendō] **1.** 売り手, 売る人, 行商人 **2.** 賄賂を使って売る人

vendō (vē- ?) *3* vendere, vendidī, venditum [vēnum, dō] §109 **1.** 売る (9f14, 9c7) **2.** 競売する **3.** (国・友を)売る, 裏切る **4.** 宣伝する, ふいちょうする ~ quam optime できるだけ高値で売る ~ male 安値で売る

venēficium *n.* venēficiī *2* §13 [venēficus] **1.** 魔法, 魔術の使用 **2.** 魔法の水薬, 媚薬 **3.** 毒殺, 毒(薬)

venēficus *a.1.2* venē-fica, -ficum §50 [venēnum, facere] **1.** 魔術の **2.** 毒(殺)の (名)**venēficus** *m.* venēficī *2* §13 魔法使い, 毒殺者 **venēfica** *f.* venēficae *1* §11 女の魔法使い, 毒殺者

venēnātus *a.1.2* venēnāt-a, -um §50 [venēnō の完分] **1.** 有毒な, 毒液を分泌する **2.** 魔(法の)力を持つ **3.** 有害な, 危険な

venēnifer *a.1.2* venēni-fera, -ferum §51 [venēnum, ferō] 有毒な

venēnō *1* venēnāre, -nāvī, -nātum §106 [venēnum] **1.** 毒殺する, 魔法にかける **2.** 毒舌をふるう, 酷評する **3.** (毒・染料を)しみこませる

venēnum *n.* venēnī *2* §13 **1.** 魔法に用いられる薬(草)や水薬 **2.** 魔(法の)力, 超自然力 **3.** 毒, 毒殺 **4.** 媚薬, 魅力, 誘惑 **5.** 害毒, 弊害 **6.** 染料, 化粧品 **7.** 毒舌, 毒毒しさ impia sub dulci melle venena latent 甘い蜜の下に邪悪な毒がひそんでいる

vēneō 不規 vēn-īre, -iī, ── §156 [vēnum, eō, vendō の受] **1.** 売られる

venerābilis 838

(9f14, 9c7) **2.** 奴隷として売られる

venerābilis *a.3* venerābile §54 [veneror] （比）venerabilior 尊敬すべき，厳かな

venerābundus *a.1.2* venerābund-a, -um §50 [veneror] 尊敬の念を示した，うやうやしい

venerandus *a.1.2* venerand-a, -um §50 [veneror の動形] 尊敬すべき（= venerābilis）

venerātiō *f.* venerātiōnis 3 §28 [veneror] **1.** 敬虔な行為，神々の崇拝 **2.** 深い尊敬の念

venerātor *m.* venerātōris 3 §26 [veneror] 尊敬する人，崇拝者

venerātus → veneror

Venerius *a.1.2* Veneri-a, -um §50 [Venus] **1.** ウェヌスの，ウェヌスに仕えている（身を捧げた）**2.** 性愛の，好色の，恋愛の，官能的な，肉欲に耽る

veneror *dep.1* venerārī, venerātus sum §123(1) ＝ **venerō** 1 venerāre, ——, —— §106 **1.** 礼拝する，祭る **2.** 崇拝する，あがめる，敬意を表する **3.** 嘆願する patris memoriam veneratus est 彼は父の記憶に敬意を表した deos quos vos colere venerarique soleamus (116.8) 我々が日ごろからいつも崇拝しあがめているような神々を

venetus *a.1.2* venet-a, -um §50 紺碧の，紺色の，青色の

vēnī → veniō

venia *f.* veniae 1 §11 [Venus] **1.** （神の）加護，好意，親切 **2.** 許可，ゆるし，軽減，免罪，猶予 **3.** えこひいき，寛大，甘やかし bonā veniā (9f9) me audies 私の言葉に腹をたてないでください venia sit (116.1) dicto 私の発言に神の加護のあらんことを

veniō 4 venīre, vēnī, ventum §111 **1.** （話者又は話の主人公に）近づく，やってくる，到着する，やって来つつある，くる途中にある **2.** おしかける，押し迫る **3.** 法廷に出頭する，夕食会にくる，現れる **4.** 成長する，芽を出す **5.** 起る，…の状態になる，…に帰す **6.** たよる，用いる 〜 Delum

Athenis (70) アテーナイからデーロス島へやってくる veniens aetas 未来 venerat aurum petere (117.4) 黄金を得るためにやってきていた auxilio (9d7) venire 援助をするためにやってくる venit mihi (9d9) in mentem Catonis (9c9) カトーのことを思い出した legati deprecatum (120.1) venerunt 使節らは嘆願のためにやってきた in odium alicui 〜 ある人に憎まれるに至る

vēnor *dep.1* vēnārī, -nātus sum §123(1) **1.** （自）狩に行く，狩をする **2.** （他）狩る，追跡する，さがし求める

vēnōsus *a.1.2* -nōsa, -nōsum §50 [vēna] **1.** 静脈の多い **2.** 葉脈の多い

venter *m.* ventris 3 §26 **1.** 腹（部），胃，内臓 **2.** 食欲，大食漢 **3.** 子宮，胎児 **4.** ふくらみ venter praecepta non audit （空）腹は教えに耳をかさない ex ventre crasso tenuem sensum non nasci (117.5) 太った腹からは繊細な感覚は生じない

ventilō 1 ventilāre, -lāvī, -lātum §106 [ventus] **1.** 空気にさらす，風にあてる，風を起す **2.** 空中で振り回す，振り動かす **3.** 世間の目にさらす，公けにする，言いふらす **4.** あおる，ゆすぶる，興奮させる ventilat aura comas そよ風が木の葉をゆする

ventitō 1 ventitāre, -tāvī, -tātum §106 [veniō] しばしば（よく）やってくる，通う

ventōsus *a.1.2* ventōs-a, -um §50 [ventus] （比）ventosior （最）ventosissimus **1.** 風にさらされた，風通しのよい，風で一杯の **2.** 風のように早い，軽い **3.** 風のように変り易い，移り気の，不安定な **4.** 空の，実のない ventoso gloria curru (9f10) 風のような（うつろい易い）車にのった栄光

ventriculus *m.* ventriculī 2 §13 [venter の小] **1.** （小さい）腹 **2.** 胃 **3.** 心室

ventūrus → veniō の未来分詞

ventus *m.* ventī 2 §13 **1.** 風, 嵐 **2.** （運命の象徴）順風，逆風 **3.** 気配，人

気，うわさ，世評 verba dat in ventos
彼には話しても無駄だ ventis verba de-
disti お前は約束を破った Caesar, cujus
nunc venti valde sunt secundi いまを
時めくカエサル ventus popularis 民衆の
人気

vēnūcula *f.* vēnūculae *1* §11
保存の効く種類のブドウ

vēnum, vēnumdō → vēnus

vēnus *m.* vēnī *2* §13 対 vēnum
与 vēnō のみで用いられる(§47) 売却
vēnum dō = vendō vēnum eō =
vēneō veno positus 売りに出されている

Venus *f.* Veneris *3* §29 **1.** イタ
リア起源の女神，ギリシアのアプロディーテ
ーと同一視される，性愛と生殖の女神 **2.** 金
星(= stella Veneris) **3.** さいころ遊びの
最高点(4つのさいころが違った目を出した
とき) **4.** 性愛の魅力，恋いの歓楽，優美
5. 性欲，性交，同衾 **6.** 恋人，愛の絆
mensis Veneris 四月 aves Veneris ハ
ト sine Cerere et Libero friget Venus
パンと酒がなければ愛はしおれる

venustās *f.* venustātis *3* §21
[Venus] **1.** 美しさ，愛らしさ，楽しさ(を
合せた概念) **2.** (身体・態度・所作・文
体の)優美，魅力，典雅，満足，喜び **3.** 上
品なしゃれ，せんさいな美 venustatem
muliebrem ducere debemus dignita-
tem virilem 我々は優美を女性の，威厳
を男性の特性と考えるべきである

venustē 副 [venustus §67(1)] 魅
力(りょく)的に，心をひくやり方で，優美(び)
に，優雅に

venustus *a.1.2* venust-a, -um §50
[Venus] (比)venustior (最)venustis-
simus **1.** (外見・所作)美しい，魅力あ
る，愛らしい，優美な，快い **2.** (会話・文
体・思考)洗練された，気品のある，しゃ
れた，才気ある，みごとな

vēpallidus *a.1.2* vē-pallid-a, -um
§50 死人の如く青ざめた

veprēcula *f.* veprēculae *1* §11
[veprēs の小] 小さないばらの茂み，と
げの多いやぶ

veprēs *m.pl.* veprium *3* §19 と

げの多いやぶ，いばらの茂み

vēr *n.* vēris *3* §27 **1.** 春，春の産
物，花 **2.** 青春 ver sacrum 春の初物を
供える神事

vērāx *a.3* vērācis §55 [vērus]
(比)veracior 本当のことを言う，真実を
伝える

verbēnae *f.pl.* verbēnārum *1*
§11 (宗教儀式・治療用)香りの高い(低)
木(オリーブ・テンニンカ・月桂樹)の葉の
ついた枝

verber *n.* verberis *3* §27 **1.** む
ち，むちひも **2.** 殴打，打撃 **3.** 投石器の
革ひも

verberō *1* verberāre, -rāvī, -rātum
§106 [verber] **1.** むちで強く打つ，打
ちのめす **2.** くりかえし打つ，つづけて叩く
3. 攻撃する，やりこめる **4.** こらしめる，懲
戒する aquila aethera verberat alis ワ
シは空をはばたいている

verberō *m.* verberōnis *3* §28
[verber] ごろつき，悪党，無頼漢(ぶらい
かん)

verbōsē 副 §67(1) (比)verbosius
くだくだしく，冗長に，長々と

verbōsus *a.1.2* verbōs-a, -um §50
[verbum] (比)verbosior (最)
verbosissimus **1.** 多くの語を含んでいる
2. 口達者な，口数の多い，冗長な，長た
らしい

verbum *n.* verbī *2* §13 **1.** 言葉
2. 発言，話，文，句 **3.** 諺 **4.** 動詞 **5.** 単
なる言葉，でまかせ verbo (9f19) 言葉で，
口頭で，一言で，簡単に uno verbo 一言
で verbum e verbo 言葉通り，正確に
verbum verbo reddere 逐語訳にする
verba facit mortuo 彼は死人に話してい
る(無駄なことをしている) cui dare verba
difficile est その人をだますことは難しい
meis (tuis) verbis 私の(あなたの)名にお
いて，私(あなた)のために，私に代わって
quid verbis opus est? なぜ言う必要があ
るのか，要するに verbi causā たとえば，
例をあげると

vērē 副 [vērus §67(1)] (比)verius
(最)verissime **1.** 実際に，本当に，全
く，実に，まことに **2.** 正しく，正確に

verēcundē 副 §67(1) （比）
verēcundius 謙虚に，控え目に，つつましく，慎重に，はにかんで

verēcundia *f.* verēcundiae *1*
§11 [verēcundus] **1.** 慎み深さ，謙遜 **2.** 尊敬，畏敬，服従心 **3.** 自制，礼儀正しさ，中庸，節度 **4.** 控え目，内気，含羞，はにかみ，遠慮，羞恥心

verēcundor *dep.1* verēcundārī
§122(1) 慎み深く(控え目に)ふるまう，遠慮する，はにかむ，謙遜(けんそん)する

verēcundus *a.1.2* verēcund-a, -um
§50 [vereor] （比）verecundior
（最）verecundissimus **1.** 慎み深い，控え目の **2.** 礼儀正しい，たしなみのある **3.** 羞恥心のある，名誉心のある

verendus *a.1.2* verend-a, -um §50
[vereor の動形] 尊敬すべき （名）
verenda *n.pl.* verendōrum *2*
§13 恥部，生殖器

vereor *dep.2* verērī, veritus sum
§§123(2), 125 **1.** (自)恐れる，心配する，疑念をもつ，ためらう，恥じる(不定，対，属と) **2.** (自)(ne と)あることが起るのを恐れる，(ut 又は ne non と)あることが起らないのを恐れる **3.** (他)尊敬する，畏怖の念を抱く，恐れはばかる longius prosequi veritus (118.4) 彼は深追いを恐れて ne Divitiaci animum offenderet (116.6) verebatur 彼はディウィティアークスの心を傷つけることを恐れていた veritus ut hostium impetum sustinere posset 彼は敵の襲撃に耐えられないことを恐れて patrem ut deum ～ 父を神の如く尊敬する

verētrum *n.* verētrī *2* §13
[vereor] 恥部，生殖器

vergiliae *f.pl.* vergiliārum *1*
§§11, 46 [vergō] （天)すばる座(牡牛座の七つ星)

Vergilius *a.1.2* Vergili-a, -um §50
1. ローマの gens の名 **2.** P. Vergilius Maro (70-19 B.C.) ローマの最高の叙事詩人

vergō *3* vergere, ――, ―― §109
(自)**1.** (坂を)下る，傾く，低くなる，沈む，

衰える **2.** (下を)向く，のびる，ひろがる，よこたわる **3.** 心が傾く，…の傾向にある，しがちである **4.** (他・もっぱら受で, vergi)傾ける vergente jam die すでに日は傾いて eijus auxilium ad Italiam vergere maluimus 我々は彼の援軍がイタリアへ下って行くのを択んだ vergens annis (9f3) femina 年老いたる女 ad hoc vitium vergit 彼はこの欠点・悪徳に傾く(犯しがちである)

vēridicus *a.1.2* vēridic-a, -um §50
[vērus, dīcō] 真実を告げる，本当の

vērīsimilis → similis

vēritās *f.* vēritātis *3* §21
[vērus] **1.** 現実，真実，事実，真相，現実の人生，真理，真の本質 **2.** 誠実，正直，公平，率直 veritas odium parit 真実は憎悪を生む simplex ratio veritatis 真理の正しい論理は単純である veritatem laborare nimis saepe, aiunt, extingui numquam 人は言う，真実はしばしば大いにやっつけられるも決してくたばらない

veritus → vereor

vermis *m.* vermis *3* §19 虫(ミミズ，ウジ，ヒルなど)

verna *c.* vernae *1* §11 **1.** 主人の家で生れた奴隷，家つき奴隷 **2.** 道化(者) **3.** 地方で育った者

vernāculus *a.1.2* vernācul-a, -um
§50 [verna の小] **1.** 家で生れた （名）
vernāculus *m.* *2* §13 **vernācula**
f. *1* §11 家で生れた奴隷(女) **2.** 田舎の，土着の，原住の （名)地方(属州)で募集された兵 **3.** 育ちの悪い （名)道化師

vernīlis *a.3* vernīle §54 [verna]
1. (家で生れた)奴隷のような，卑屈な，盲従的な **2.** 道化のような，ふざけた

vernīliter 副 §67(2) **1.** 奴隷の如く，卑屈に **2.** 道化師の如く，ひょうきんに

vernō (vē- ?) *1* vernāre, ――, ――
§106 [vēr] 春固有の現象をあらわす，春のようになる(花が咲く，青々としてくる)，若返る avis vernat 鳥がうたい始める

vernula *m.*(f) vernulae *1* §11
[verna] 主人の家で生れた幼い奴隷

vernus（vē- ?）*a.1.2* vern-a, -um §50 ［vēr］ 春の, 春のような

vērō 副 ［vērus］ **1.**（発言の真実を強調）本当に, 疑いもなく, じじつ **2.**（答えを強める）さよう, たしかに, 全く, じっさい **3.**（相手に注意・命令するとき）たしかに, きっと, さあ, ただ **4.**（否定・反対の意味で）いや, しかし, だが, 同時に, 一方では, 決して, 断じて hercle vero serio 神かけて全く真剣に minime vero 断じてない cape vero さあ捕らえよ

verpa *f.* verpae *1* §11 男根

verpus *a.1.2* verp-a, -um §50 陰茎の包皮をむいた, 割礼を施された

verrēs *m.* verris *3* §19 去勢されていない雄豚

verrō *3* verrere, ――, versum §109 **1.** ほうきで掃く, 清掃する **2.** 拭く, 払う, 清める **3.** 一掃する, 引きずる, ひっぱって行く **4.**（地上を・平面の上を）すべって行く **5.** 掃き集める stratae matres crinibus templa verrentes 平伏して髪で神殿（の床）を拭いている母親たち delphines aequora verrebant caudis イルカどもが海面を尻尾ではたいていた

verrūca *f.* verrūcae *1* §11 **1.** いぼ **2.**（小）塚 qui ne tuberibus propriis offendat amicum postulat, ignoscet verrucis illius 自分のこぶに腹をたてないでくれと友に要求する人は, 友のいぼを許すだろうに

verruncō *1* verruncāre, ――, ―― §106 結果が…となる bene alicui ～ 誰々にとってうまく行く

versābilis *a.3* versābile §54 ［versō］ 向きを変え得る, 気が変り易い, 気まぐれな, 不安定な

versātilis *a.3* versātile §54 ［versō］ **1.** 向きを変え得る, 回転する **2.** 多才・多芸の

versātus → versō, versor

versicolor *a.3* versi-coloris §55 ［vertō, color］ 変る色をもった, さまざまに色を変える, 雑色の, 玉虫色の

versiculus *m.* versiculī *2* §13 ［versus の小］ **1.** 書かれた文字の小さな一行, 詩の短い一行 **2.** 小さな詩句, 短詩

versipellis（vors-）*a.3* versipelle §54 ［vertō, pellis］ **1.** 毛皮（姿・形）を変える, さまざまな姿に変身し得る **2.** 狡猾な, 抜け目のない （名）**versipellis** *m.* versipellis *3* §19 **1.** 狼憑き, オオカミ男 **2.** 変幻自在の人 versipellem frugi convenit esse hominem 世間では有能な人間は臨機応変に姿を変えられる（善人にも悪人にもなり得る）人ということになっている

versō（古 **vorsō**）*1* versāre, -sāvī, -sātum §106 ［vertō］ **1.**（たびたび, 烈しく）ぐるぐる回す, ころがす, 回転させる **2.** ひっくり返す, 逆にする, 裏返す **3.** 心を集中させる, 熟考する, 熱心に手に持って扱う **4.** あっちこっちへ向きを変える, かき回す, ごちゃごちゃにする, 不安にする, 苦しめる omnium sors urnā versatur あらゆる人の運命の籤は壺の中でかき回わされるのだ vos exemplaria Graeca nocturna versate manu, versate diurna 君たちはギリシアの手本を, 夜となく昼となく手にとって（夜の手で昼の手で）くりかえし読み給え versate diu, quid valeant（116.10）ferre humeri お前の肩が何を荷負うことができるか, とくと考えてみよ

versor（古 **vorsor**）*dep.1* versārī, versātus sum §123(1) ［versō の受］ **1.** いつも（絶えず）あちこちする, 体を向ける, 回る **2.** くらす, 生きる, おる, 逗留する **3.** 起る, 生じる **4.** 従事する, 没頭する, 忙しい **5.** かかわる, まき込まれる nescis, quantis in malis verser（116.10）miser 哀れな私がどんなに大きな不幸の中で暮しているか, お前は知らないのだ mihi（9d9）ante oculos dies（9e8）noctesque versaris あなたの姿が, 私の目の前に昼も夜も浮んでくる

versūra *f.* versūrae *1* §11 ［vertō］ **1.** 回ること, 方向を変えること **2.** 鋤のつけた畝が回る端, 角, すみ **3.** 借金を支払うために別な債権者から金を借りること **4.** 借金 versuram solves 借金を借金で支払う, お前は一つの困難をもう一つの困難ととりかえることになろう（事態を益々悪

versus 842

くするだろう）

versus → vertō, verrō

versus（**versum**）副 ［vertō］ に対して，面して，向かって，方へ（地名の後で）in forum versus 広場の方へ ad Oceanum versus 大海に向って Ambraciam versus iter facere coepit 彼はアムブラキアの方へ旅を始めた

versus（古 **vorsus**）*m.* versūs *4* §31 ［vertō］ **1.** 畝（²₃）と畝の間の溝（²₃） **2.** 列，並び，条（²₃），線 **3.** 文字列，詩行 **4.** 詩（句） **5.** ダンスのステップ

versūtē 副 §67(1) 抜け目なく，巧妙に

versūtia *f.* versūtiae *1* §11 ［versūtus］ 策略，狡猾

versūtus *a.1.2* versūt-a, -um §50 ［vertō］ （比）versutior （最）versutissimus **1.** 回転し得る，すばしこい **2.** 如才ない，器用な **3.** 策略にたけた，ずるい，抜け目のない

vertebra *f.* vertebrae *1* §11 ［vertō］ 関節，脊椎（⁸⁸⁵）骨

vertex *m.* verticis *3* §21 ［vertō］ **1.** うず（巻），（川の）早瀬 **2.** 旋風，たつまき **3.** らせん状の火柱・煙 **4.** 頭の天辺，山頂，天頂，頂点，末端 a vertice 上から ab imis unguibus usque ad verticem summum 足の指先から頭の天辺まで sublimi feriam sidera vertice 私は高められた頭で星にぶつかるだろう（不滅の名声を享受するだろう）

verticōsus *a.1.2* verticōs-a, -um §50 ［vertex］ 渦で一杯の

vertīgō *f.* vertīginis *3* §28 ［vertō］ **1.** 回転，旋回（運動） **2.**（四季）変遷，循環 **3.**（天体）周行，運行 **4.** めまい **5.** うず

vertō（古 **vortō**）*3* vertere, vertī, versum §109 （他）**1.** 回す，回転させる **2.** 向ける，向きを変える，そらす，そむける **3.** 反対の側に向ける，あべこべにする，裏返す，折り返す **4.** ひっくりかえす，掘り返す，破壊する，破滅させる，敗走させる **5.** 変える，変化させる，取りかえる，翻訳する **6.** 帰する，負わす，のせいにす

る，にもとづくものと認める（自）＝（再）se vertere＝（受）verti **1.** 向く，引き返す，回る，ころがる，回転する，変る，変化する **2.** 行われる，展開する，起る，なる **3.** 従事する **4.**（状況・場所）にいる，おる **5.**（人・もの）にかかっている，一点に集まる，集中する di bene vertant (116.1) quod agas (116.10) お前のすることに神々が良い結末を与えんことを verte omnis tete in facies お前をあらゆる姿に変えよ omnia vertuntur 諸行無常 in rabiem coepit verti jocus からかいが怒りに変り始める se vertere ＝ terga vertere 向きを変える，背を向ける，敗走する quo me vortam (116.4)? どこへ行ったものやら anno vertente 一年がすぎる間に，一年の間に

Vertumnus *m.* Vertumnī *2* §13 四季の変化，そして一般の変化，交換・商売を司る神

verū *n.* verūs *4* §31 **1.** 焼き串 **2.** 猟槍

verum[1] ＝ **verū**

vērum[2] → **vērus**

vērum[3] 副，*j.* ［vērus］ （副）§9e13 たしかに，左様，全く＝vērō （*j.*）**1.**（反意的）しかし，本当は，にも拘らず，だが，じっさいは，他方では **2.**（転調的）ところで，だがしかし，ともかく，なお verum tamen しかしながら，それにもかかわらず non modo ... verum etiam ... …のみならず…までも

vērumtamen（**vērum tamen**）*j.* しかしそれでも，それにもかかわらず，それでもやはり

vērus *a.1.2* vēr-a, -um §50 （比）verior （最）verissimus **1.** 真正の，本物の，真実の **2.** 現実の，あるがままの，実在の，実際の **3.** 正確な，正しい，正常な，適当な，公平な **4.** 道徳的に正しい，正直な，誠実な，率直な （名）**vērum** *n.* vērī *2* §13 真理，真実，事実，実生活 mendaci homini ne verum quidem dicenti credere solemus 嘘をつく人は，たとえ本当のことを言っても，我々は信じないものである

verūtum *n.* verūtī *2* §13 ［verū］

次第に細くなる鉄の先端をもつ短い投げ槍

verūtus *a.1.2* verūt-a, -um §50
[verū] 短い投げ槍で武装した

vervēx *m.* vervēcis 3 §21 去勢
された雄羊，馬鹿

vēsānia *f.* vēsāniae 1 §11
[vēsānus] 狂気，熱狂，精神錯乱

vēsāniēns *a.3* vēsānientis §55
[vēsānus] = **vēsānus**

vēsānus *a.1.2* vēsān-a, -um §50
正気でない，常規を逸した，激昂した，た
けり狂った

vēscor *dep.3* vēscī, —— §123(3)
1. 用いる，利用する，享受する **2.** 食って
生きている，むさぼり食う **3.** (自)食べる
lacte et carne (9f16) ～ 乳と肉を食べて
生きている vitalibus auris ～ 生命を与
える空気を享受する(吸っている)

vēscus *a.1.2* vēsc-a, -um §50 薄
い，細い，貧弱な，やせた

vēsīca *f.* vēsīcae 1 §11 **1.** 膀胱
2. 動物の膀胱からつくられた袋，フラスコ，
風船 **3.** 水泡，水ぶくれ **4.** 膣 **5.** 誇張され
た文体

vespa *f.* vespae 1 §11 スズメバ
チ

Vespāsiānus *m.* Vespāsiānī 2
§13 **1.** ローマの家名 **2.** ローマの皇帝
(A.D.69-79)

vesper *m.* vesperī 2 §§13, 45
1. 夕暮 **2.** 金星，宵の明星 **3.** 西方，西方
の人 vesperī, vesperā 夕方に sub ves-
perum 夕方ごろ de vesperi suo vivat
彼は自分の夕(食)で生きている(自由に気
ままに生きている) nescis, quid vesper
serus vehat (116.10) おそい夕方が何を
もたらすかお前にはわからないのだ(現在を
信じるな)

vespera *f.* vesperae 1 §11 [*sc.*
hōra] 夕刻，宵，晩

vesperāscō 3 vesperāscere, -rāvī,
—— §109 [vesper] **1.** 夕方になる，
晩になる **2.** (非§165)夕方となる vespe-
rascente die 日がくれると

vespertīnus *a.1.2* vespertīn-a, -um
§50 [vesper] **1.** 夕方の，宵の，晩の

2. 西方の **3.** (副)夕方に

vespillō *m.* vespillōnis 3 §28
葬儀人夫(夜中に貧乏人の死体を運び出し
埋葬する人)

Vesta *f.* Vestae 1 §11 **1.** ローマ
の各家庭のかまどの女神 **2.** 国家のかまど
の女神(その神殿はローマ広場にあり，絶
えず聖火が燃やされていた) **3.** ウェスタ神
殿，ウェスタの聖火

Vestālis *a.3* Vestāle §54
[Vesta] **1.** (形)ウェスタ女神の **2.** (名)
Vestālis *f.* Vestālis 3 §19 =
virgo Vestalis ウェスタ聖女[ウェスタに
仕え聖火(神像の代り)を絶やさない女司祭
(定員7名)] **3.** (形)ウェスタ聖女の

vester (古 **voster**) *a.1.2* vestra,
vestrum §§52, 72 [vōs] きみたち
の,お前らの (名)**vestrum** *n.* vestrī
2 §13 君らの流儀，金，財産 vestra
culpa 君たちの罪 vestrum odium 君ら
への憎悪 non cognosco vestrum tam
superbum 君たちの態度がそんなに傲慢
なのが私にはけせない

vestibulum *n.* vestibulī 2 §13
建物の前庭，玄関，入口

vestīgium *n.* vestīgiī 2 §13
[vestīgō] **1.** 足跡，痕跡 **2.** 足，歩み，
足どり **3.** 足の裏 **4.** 名残り，しるし，目印
5. 旅行，軌道，進路 **6.** 立ち場，場所，
地点 **7.** 瞬間 **8.** 廃墟 imprimere vesti-
gia 歩む，行く premere ～ じっと立って
いる sequi vestigia alicujus(又は ali-
quem) 誰々の跡を追う e(又は in) vesti-
gio その場で，即座に

vestīgō 1 vestīgāre, -gāvī, -gātum
§106 [vestīgium] **1.** 跡をつける，追
いつめる，探し出す **2.** 調査する，用心深
く調べる

vestīmentum *n.* vestīmentī 2
§13 [vestiō] **1.** 着物，衣服，装飾品
2. おおうもの，くるむもの，毛布，じゅう
たん

vestiō 4 vestīre, -tīvī (-tiī), -tītum
§111 [vestis] **1.** 着物をきせる，衣服
を与える **2.** かぶせる，おおう，飾る terra
vestita floribus 花でおおわれた(飾られた)

vestis 844

土地

vestis *f*. vestis *3* §19 **1.** 着物, 衣服, 衣装, 装飾 **2.** 布, 織物, ヴェール, じゅうたん, ふとん, 毛布, 壁掛け布, 敷物 **3.** くもの巣, 蛇のぬけがら, あごひげ vestem mutare 喪服に着かえる, 着物を変える

vestītus *m*. vestītūs *4* §31 [vestiō] **1.** 着物, 衣服, 服装 **2.** おおい **3.** (文体)綾(あや), 潤色 mutare vestitum 喪服に着かえる redire ad suum vestitum ふだんの服に着かえる

vestrī, vestrum → vōs

veterānus *a.1.2* veterān-a, -um §50 [vetus] **1.** 熟した, 成熟した, 年老いた **2.** 経験を積んだ, 老練な (名)

veterānus *m*. veterānī *2* §13 老兵, 古参兵

veterātor *m*. veterātōris *3* §26 [vetus] **1.** ある仕事に長年従事した人, 老練家, 古狸 **2.** 老練な奴隷

veterātōrius *a.1.2* veterātōri-a, -um §50 [veterātor] 老練な, 抜け目のない, ずるい

veterēs *m.pl.* veterum *3* §§26, 57 [vetus] **1.** 古代の人たち, 昔の人 **2.** 昔の作家

veternōsus *a.1.2* veternōs-a, -um §50 [veternus] 無気力な, 夢うつつの, 怠惰な, 無精な

veternus *m*. veternī *2* §13 [vetus] **1.** 老碌(ろうろく), 老朽, 長年の汚れ, あか **2.** 麻酔状態, 無気力, 無感覚, 無精, 怠惰

vetitum *n*. vetitī *2* §13 [vetō の完分] 禁じられているもの, 禁止, 禁制

vetō *1* vetāre, -tuī, -titum §106 **1.** 誰々に…を(…することを)禁止する, 差し止める, 反対する, 邪魔する, 思い知らせる **2.** …することを許さない, …しないように命じる **3.** 私(護民官)は反対する, 拒否権を行使する legatos discedere ～ 使節の立ち去るのを禁じる castra muniri ～ 陣営が防御されるのを妨げる vetor haec facere 私はこれらをすることを禁じられて

いる edicto vetuit ne quis se praeter Apellen pingeret 彼(王)は勅令で, アペッレース以外の何人も自分を描いてはならぬと命じた

vetuī → vetō

vetulus *a.1.2* vetul-a, -um §50 [vetus の小] やや・かなり年をとった, 中年の, 初老の

vetus *a.3* veteris §57 (比)vetustior 又は veterior (古) (最)veterrimus §§62(イ), 60(イ) **1.** 長く生きた, 老いた, 年長の **2.** 古い, 過去の, 昔の **3.** 成熟した, 老練の **4.** 老いぼれた, もうろくした **5.** 慢性の, 痼疾(こしつ)の (名)**vetera** *n.pl.* *2* §13 古い事柄, 習慣, 昔の事件, 昔話

vetustās *f*. vetustātis *3* §21 [vetus] **1.** 老齢, 古さ **2.** 成熟, (酒の)芳醇 **3.** 古代, 古代の人々, 制度 **4.** 長い時間, 時代, 期間, 持続, 長い体験, 面識 **5.** 後世, 将来

vetustus *a.1.2* vetust-a, -um §50 [vetus] **1.** 長い間存続した, 長い年月を経た **2.** 古い創立の, 昔制定された **3.** 古代の, 古風な, 擬古的な(文体) **4.** 慢性の(病)

vexātiō *f*. vexātiōnis *3* §28 [vexō] **1.** 激しく振り動かすこと, 震動 **2.** 激しく困らせること, 迫害, 虐待 **3.** 労苦, 辛酸

vexātor *m*. vexātōris *3* §26 [vexō] 困らす人, 虐待する人, 妨害者

vēxī → vehō

vexillārius *m*. vexillāriī *2* §13 [vexillum] **1.** 旗手, 騎兵隊旗手 **2.** (*pl.*)除隊後, 分遣隊旗(vexillum)の下で奉仕する古兵隊, 分遣隊

vexillum *n*. vexillī *2* §13 [vēlum の小] **1.** 騎兵隊旗, 分遣隊旗 **2.** 司令部の旗, 合図の旗

vexō *1* vexāre, -xāvī, -xātum §106 [vehō] **1.** 振り動かす, 震動させる, 烈しく動揺させる **2.** 衝撃を与える, 損害を与える, 迫害する, 荒廃させる **3.** 困らせる, 悩ます, じゃますする, かき乱す **4.** 侵入する, 襲う **5.** 絶えず攻撃する, 手荒に取

扱う, 非難する, あざける

vī, vīribus → vis (§30)

via *f.* viae *1* §11 **1.** 道, 道路, 街道, 公道 **2.** 進路, 水路, 管 **3.** 通路, 接近, 出入口 **4.** 歩行, 行進, 旅, 航路 **5.** 正道, 中道 **6.** 方法, 手段, 工夫 in via 道中, 道路に面して inter vias 途中で viā rectā まっすぐに via Appia アッピウス(の創設した)街道 in viam se dare 旅に出発する totā erras viā お前は全くまちがっている viā (9f19) 正しい方法で, 正しく, 整然と via maris 航海 via vivendi 生き方

viāticum *n.* viāticī *2* §13 〔via〕 **1.** 旅の準備・支度 **2.** 旅費 **3.** 兵士の貯金

viāticus *a.1.2* viātic-a, -um §50 〔via〕旅の, 旅行用の

viātor *m.* viātōris *3* §26 〔via〕 **1.** 旅人 **2.** 使丁(してい), 小使 cantabit vacuus coram latrone viator 懐が空っぽの旅人は追剝(おいはぎ)の前でも鼻歌をうたうだろう

vībex *f.* vībīcis *3* §21 鞭(むち)跡, みみずばれ

vibrō *1* vibrāre, -rāvī, -rātum §106 (他)**1.** 振る, 振り回す, 震動させる, あちこちと動かす **2.** ちぢらせる(髪), ひだ(しわ)をよらせる **3.** かりたてる, さっと投げる, 投石器で投げる, 発射する, 放つ (自) **1.** ゆれる, ふるえる, おののく, さえずる **2.** 突進する, 飛ぶ **3.** きらきら輝く, ちらちらする, 光る, きらめく vibratus ab aethere fulgor 天空から放たれた閃光 oratio vibrans 深い感動を与える(熱のこもった)演説

vīcānus *a.1.2* vīcān-a, -um §50 〔vīcus〕 **1.** 村の, 村に住んでいる **2.** ローマの街区の (名)**vīcānus** *m.* vīcānī *2* §13 村の住民

vicārius *a.1.2* vicāri-a, -um §50 〔vicis〕代理の, 身代りの, 補欠の (名)**vicārius** *m.* vicāriī *2* §13 **1.** 代理(人) **2.** 後継者 **3.** 奴隷の手下の奴隷

vīcātim 副 〔vīcus〕 **1.** 街区(地区)毎に, 通りから通りへ **2.** 村(部落)毎に, 村から村へ

vīcēnī *a.1.2* vīcēn-ae, -a §§50, 101 20(個)ずつ

vīcē(n)simārius *a.1.2* vīcēsimāri-a, -um §50 5% 税の (名)**vīcē(n)simārius** *m.* vīcēsimāriī *2* §13 5% 税徴税人

vīcēsimus (vīcēns-) *a.1.2* vīcēsim-a, -um §§50, 101 20 番目の, 第 20 の (名)**vīcēsima** (*sc.* pars) *f.* vīcēsimae *1* §11 **1.** 20 分の 1 **2.** 20 分の 1 税, 5% 税(奴隷解放税, 遺産相続税, 関税)

vīcī → vincō

vicia *f.* viciae *1* §11 カラスノエンドウ

vīciē(n)s 数 〔vīgintī〕§101 20 倍

vīcīnālis *a.3* vīcīnāle §54 〔vīcīnus〕近所に住む人の, 隣人用の

vīcīnia *f.* vīcīniae *1* §11 〔vīcīnus〕 **1.** ある特定の場所に隣接している所, 場, 土地 **2.** 近所の人たち **3.** 類似(るいじ)(点), 相似(性)

vīcīnitās *f.* vīcīnitātis *3* §21 〔vīcīnus〕 **1.** 近所, 近いこと, 接近 **2.** 近所の人たち, 近隣関係 **3.** 相似, 類似性

vīcīnus *a.1.2* vīcīn-a, -um §50 〔vīcus〕 **1.** 隣の, 近くの, 隣人の **2.** さし迫った, 近いうちの **3.** 近い関係の, 類似の, 同性質の (名)**vīcīnus** *m.* vīcīnī *2* §13 隣人 **vīcīna** *f.* vicinae *1* §11 隣の女 **vīcīnum** *n.* vīcīnī *2* §13 近所, 近隣関係 vicina virtutibus (9d13) vitia 美徳に近い欠点

vicis 単・属 *f.* 〔単・主, 与 複・属, 与を欠く〕*3* §§21, 47 **1.** 交替, 取替え, かわり, 交互(生起) **2.** 順番, 連続, 継承 **3.** 運命の変遷, 人生の浮沈, 栄枯盛衰 **4.** 場所, 地位, 身分, 職, 任務 **5.** 仕返し, 報酬, 答え, 返し vice, vicibus 順々に, 次々と, 交互に vicem または vice +*gen.* **1.** の代りに **2.** のために **3.** のように in vicem → **invicem** vice versa 順序をひっくりかえして, 逆に, 反対に solvitur acris hiems grata vice veris et Favoni 春と西風の快い交替によって, 過酷な冬が解放される(やわらぐ) mutat terra

vicissim 846

vices (9e6) 大地が四季の変遷をもたらす

vicissim 副 ［vicis］ **1.** 順々に，次々と **2.** 交互に，お互いに，かわるがわる **3.** 今度は逆に，他方では，それに反し **4.** 再び，もう一度

vicissitūdō *f.* vicissitūdinis *3* §28 ［vicis］ **1.** 変化，変遷，逆転 **2.** 交替，交換，交互作用

victima *f.* victimae *1* §11 犠牲として神に捧げられる動物，生贄(にえ)

victimārius *m.* victimāriī *2* §13 ［victima］ 犠牲式の祭壇の準備係

vīctitō *1* vīctitāre, -tāvī, -tātum §106 生きていく，生命を保つ

victor *m.* victōris *3* §26 ［vincō］ 戦勝者，征服者，体育試合の勝者 animus libidinis victor 情欲の征服者(たる)精神

victōria *f.* victōriae *1* §11 ［victor］ **1.** 勝利，成功，凱歌 **2.** 勝利の女神 vincere scis, Hannibal, victoriā uti nescis ハンニバルよ，そなたは勝つことは知っていても，勝利を利用することを知らない

victōriātus *a.1.2* victōriāt-a, -um §50 ［victoria］ 勝利の女神像を刻んだ（名）**victōriātus** (*sc.* nummus) *m.* victōriātī *2* §13 勝利の女神像を刻んだ銀貨

victrīx *f. a.3* victrīcis *3* §§21, 55 ［victor］ （名）(女)勝者，女性の征服者 (形)勝利の，勝ち誇った，無敵の，戦捷報告の Victrix Asiae Roma アジアの征服者ローマ victricia arma 無敵の武器

victūrus → vincō

vīctūrus → vīvō

victus → vincō

vīctus *m.* vīctūs *4* §31 ［vīvō］ **1.** 生命を支えるもの，生活手段，食料，栄養物 **2.** 生活態度，生き方，習慣，行状 omni vita atque victu (9f3) excultus 暮しや生活態度のあらゆる面で洗練されている

vīculus *m.* vīculī *2* §13 ［vīcus の小］ 小村，部落

vīcus *m.* vīcī *2* §13 **1.** 一群の農家，村 **2.** (ローマの)一区画の家，通り，街区(行政単位) **3.** 街路，通り

vidēlicet 副 ［vidēre, licet］ **1.** 見ることができる，明白である(不句と) **2.** 明白に，あきらかに，勿論，疑いもなく(ときに皮肉の意味もこめられて) **3.** すなわち，つまり quid metuebant? vim videlicet 彼らは何を恐れていたのか　勿論暴力だ tuus videlicet salutaris consulatus, perniciosus meus なるほどたしかに，お前の執政官職は有益であり，私のは破滅的だ

vidēn = videsne? わかるね，いいかね，そうだろう，まことに

videō *2* vidēre, vīdī, vīsum §108 **1.** 見る，見ることができる **2.** 見分ける，知る，認める **3.** 注目する，観察する，知覚する，熟視する **4.** 考慮する，思案する，調べる，吟味する，理解する **5.** 尋ねる，出会う，見に行く，経験する **6.** 用心する，心配する，もくろむ，意図する video meliora proboque deteriora sequor 私はより良いものを見て，それを認めつつも，悪いものに従っている mugire videbis sub pedibus terram 大地が足元で唸(うな)るのがお前にはわかるだろう vides ut altā stet (116.10) nive candidum Soracte あなたはソーラクテ山がどんなに深い雪に包まれて白く輝いて立っているかを見ている vēnī, vīdī, vīcī「われ来たり見たり勝ちたり」カエサルが小アシアのポントスでの勝利をローマへ伝えた電文(の如き)報告

videor *2* vidērī, vīsus sum §108 ［videō の受］ 見られる，思われる，のように見える，あきらかに(はっきりと)見える (非)良い・正しいと思われる (171) mihi videor 私は思う，考える satis de haec re dixisse mihi videor (117.6) 私はこのことに関して充分に述べたと考えている poena mihi levis est visa その罰は私には軽いと思われた dis aliter visum est 神々にとって別な方法が良いと思われた si videtur = si tibi videtur もしよろしければ，もしあなたがいいと思うなら

vidua *f.* viduae *1* §11 ［viduus］ 未婚の女，未亡人，後家

viduitās *f.* viduitātis *3* §21 [viduus] **1.** 剥奪, 不足 **2.** やもめ暮し, やもめ暮らし (未亡人) の身

viduō *1* viduāre, -āvī, -ātum §106 [viduus] **1.** 奪う **2.** 夫を奪う, 未亡人にする **3.** 空(から)にする arva numquam viduata pruinis (9f16) いつも霜におおわれている平原

viduus *a.1.2* vidu-a, -um §50 **1.** 夫・妻を奪われた, 配偶者を失った **2.** 奪われた, 欠いた (奪・属と) **3.** 未婚の, 独身の, 恋人のいない **4.** ブドウの木 (つる) がまきついていない (支え木) pectus viduum amoris 愛を欠いた心 vidua vitis 支え木に巻きついていないブドウ

viētus *a.1.2* viēt-a, -um §50 [vieō「たわめる, 縮める」の完分] しわのよった, しおれた, ひからびた

vigeō *2* vigēre, viguī, —— §108 **1.** 体力・精神力がある, 元気・強壮である **2.** 活躍している, はつらつとしている **3.** 栄えている, 繁茂している, 優勢である, 流行している, 卓越している, 成功している, 信望がある fama mobilitate viget 噂はうごいて力を得る nobis aetas viget 我々は今全盛期 (壮年) にある

vigēscō *3* vigēscere, ——, —— §109 [vigeō] 元気になる, 活力を得る

vīgēsimus = **vīcēsimus**

vigil *m.* vigilis *3* §26 [vigeō] **1.** 夜警 (兵), 不寝番, 歩哨 **2.** 消防隊員

vigil *a.3* vigilis §55 **1.** 目をさましている, 不眠の, 寝ずの番をしている **2.** 用心深い, 警戒している

vigilāns *a.3* vigilantis §58 [vigilō の現分] (比)vigilantior (最)vigilantissimus 不眠の, 不寝番の, 用心深い **vigilanter** 副 §67(2) 油断なく, 眠らずに気をつけて

vigilantia *f.* vigilantiae *1* §11 [vigilāns] **1.** 徹夜, 不眠, 寝ずの番 **2.** 警戒, 用心

vigilāx *a.3* vigilācis §55 [vigilō] いつも目をさましている, 徹夜の, 不眠の

vigilia *f.* vigiliae *1* §11 [vigil] **1.** 不眠, 徹夜 **2.** 夜警 (番), 歩哨 **3.** 見張, 巡回, 哨戒, 警戒, 注意 **4.** 夜警時 (夜の4分の1時間) §186 **5.** 哨所 **6.** 徹夜祭 ante primam confectam vigiliam 第一夜警時の終る前に

vigilō *1* vigilāre, -lāvī, -lātum §106 [vigil] **1.** (夜に)目をさましている, 不眠で警戒する **2.** (他)徹夜をする, 目をさましてなしとげる hic vigilans somniat こいつは目をさましていながら夢を見ている(空想に耽っている) vigilanti stertere naso (9f9) 眠らない鼻でいびきをかいている(からいびきをかいている) carmen vigilatum 徹夜して作られた詩

vīgintī 数 §§100, 101 20

vīgintīvir *m.* -virī *2* §15 [xxvir とも書かれる] 前59年, カンパーニアの農地配分責任者として, Caesar から任命された20人の委員

vigor *m.* vigōris *3* §26 [vigeō] 活力, 生命力, 体力, 精力, 活気, 元気, 勢い

viguī → vigeō

vīlicō *1* vīlicāre, -cāvī, -cātum §106 [vīlicus] 農場管理の義務を果す

vīlicus *m.* vīlicī *2* §13 [vīlla] 農場監督, 管理人

vīlis *a.3* vīle §54 (比)vilior (最)vilissimus **1.** 安い, 廉価の, 価値の低い **2.** 軽蔑すべき, 重要でない **3.** 地位の低い, 卑賤な **4.** 一般の, 普通の vili (9f14) emere (vendere) 安く買う(売る) pericula vilia habere 危険を軽蔑すること

vīlitās *f.* vīlitātis *3* §21 [vīlis] **1.** 廉価, 安値 **2.** 無価値, 無意味 **3.** 軽蔑, 軽視 **4.** 卑しい地位・素性・性格, 俗悪

vīlla *f.* vīllae *1* §11 **1.** 田舎の広大な農地とその管理住居, 田舎の領地, 家屋敷, 別荘 **2.** ~ publica ローマのマルス公園内の公共建築物 (徴兵, 人口調査のための施設や外国使節の宿)

vīllic- → vīlic-

villōsus *a.1.2* villōs-a, -um §50 [villus] (比)villosior (最)villosissi-

vīllula 848

mus 毛のはえた，毛深い，毛むくじゃらの

vīllula *f.* vīllulae *1* §11 ［villa の
小］ 小さな田舎の家屋敷，領地

villus *m.* villī *2* §13 もじゃもじゃ
した毛，ふさふさとたれた毛，けばけばした
毛

vīmen *n.* vīminis *3* §28 **1.** 枝編
細工用のしなやかな細枝 **2.** 枝編細工，編
かご

vīmineus *a.1.2* vīmine-a, -um §50
［vīmen］ 枝編細工からつくられた

vīn' = vīsne → volō[1]

vīnāceus *m.* vīnāceī *2* §13
［vīnum］ **1.** ブドウのしぼりかす（皮・たね）
（肥料や家畜のえさとなる）**2. vīnāceum**
n. ブドウのたね

vīnārius *a.1.2* vīnāri-a, -um §50
［vīnum］ ブドウ酒の，ブドウ酒に関する
（名）**vīnārius** *m.* vīnāriī *2* §13
ブドウ酒商人 **vīnārium** *n.* vīnāriī
2 §13 ブドウ酒の壺（⌀），かめ

vinciō *4* vincīre, vīnxī, vinctum
(vīnx-, vīnc-?) §111 **1.** ひも(なわ)で
縛る，くくる，結びつける，固く縛りつける
2. まきつける，きつく包む **3.** 手かせ(足か
せ)をかける，束縛する，拘束する，制限
する **4.** 義務(恩義)をおわせる **5.** 魅惑す
る，呪縛する **6.** (修)リズムの絆でつなぐ
post terga manus vincire 高手小手に
しばりあげる boves vincti cornua (9e9)
vittis 角を飾り紐でしばられた牡牛(いけに
え)

vincō *3* vincere, vīcī, victum §109
1. 戦って勝つ，負かす，征服する，(試合・
競技)勝つ **2.** 圧倒する，打つ，叩く，打
ち破る **3.** 困難に打ち勝つ，なしとげる，達
成する **4.** 克服する，説き伏せる **5.** 人より
高値をつけてせりおとす，より長く生き続
ける victi vincimus 我々は負けて勝った
のだ vincit qui se vincit おのれに勝つ者
が勝つのだ，真の勝者 vincite, si ita
vultis そう思っているのなら，かってにする
がいい

vinc(u)lum *n.* vinc(u)lī *2* §13
［vinciō］ **1.** 囚人の手足を縛るなわ・鎖，
手かせ，足かせ **2.** ひも，なわ，革ひも，結

びひも **3.** 障害，拘束，束縛 **4.** 絆，係累，
縁，結びつき **5.** (*pl.*)牢獄，監獄

vinctus → vinciō

vīndēmia *f.* vīndēmiae *1* §11
［vīnum, dēmō］ **1.** ブドウ摘み，ブドウ
の収穫，ブドウ酒生産 **2.** ブドウ摘みの時
期 **3.** ブドウ，ブドウ酒 **4.** 収穫，採集

vīndēmiātor *m.* vīndēmiātōris *3*
§26 ［vīndēmia］ ブドウ摘み手

vindex *m.* vindicis *3* §21 **1.** 訴
訟保証人 **2.** 保護者，救済者，擁護者，
解放者 **3.** 懲罰者，復讐者 nec deus in-
tersit (116.2), nisi dignus vindice nodus
inciderit (116.9) 又，神は(劇の中に)解
放者(として現れる)に値する筋のもつれが
起らない限り，立ち現れるべきではない

vindicātiō *f.* vindicātiōnis *3* §28
［vindicō］ **1.** 所有権の訴訟を起すこと，
権利の主張 **2.** 防禦・擁護・弁護する行
為 **3.** 復讐すること

vindiciae *f.pl.* vindiciārum *1*
§11 ［vindex］ **1.** 係争物件に関して法
務官の前に権利の主張をすること，法的な
請求 **2.** 係争中の所有物(又は身分)につい
て，正式に判決が下るまで，法務官から一
時的に認められる一方の側の所有あるいは
身分 ab libertate in servitutem vindi-
cias dare 自由の身分の者に，一時的に奴
隷身分の決定を下すこと

vindicō *1* vindicāre, -cāvī, -cātum
§106 ［vindex］ **1.** (他人の所有になる
ものを)自分のものと主張する，当然の権
利として要求する，あえてわがものとする
2. 請求する，要求する **3.** 束縛から解放す
る，自由を主張する **4.** (危害から)救う，
解放する，守る **5.** 罰する，復讐する，あ
だをうつ **6.** 罰を赦免する，赦す Homerum
suum (civem) vindicant 彼らはホメーロ
スが同胞市民だと主張する laudem eorum
ab oblivione hominum atque a silentio
vindicare 彼らの名誉を人々の忘却や黙殺
から救ってやる in eos eo gravius vindi-
candum (147. ロ) statuit 彼らに対し，そ
れだけ一層厳しい処分がなされるべきだと
彼は決心した

vindicta *f.* vindictae *1* §11

[vindicō] **1.** 政務官が権杖（権限の象徴）で体に触れて奴隷を解放する儀式，奴隷解放のための権杖 **2.** 解放，保護，救済，報復，復讐，処罰 vindictam imponere 権杖で触れて自由の身分を宣告する

vīnea *f.* vīneae *1* §11 [vīnum] **1.** (ブドウ畑に並んでいる)ブドウの木 **2.** 屋台(やたい)(攻城作業をしている工兵を庇う移動小屋)

vīnētum *n.* vīnētī *2* §13 [vīnum] ブドウ園(畑) ut vineta egomet caedam mea われとわがブドウ園を切り倒すかのように(わが身を害する)

vīnitor *m.* vīnitōris *3* §26 [vīnum] ブドウ園で働く人

vīnolentia *f.* vīnolentiae *1* §11 [vīnolentus] 酩酊，飲酒癖

vīnolentus *a.1.2* vīnolent-a, -um §50 [vīnum] **1.** (ブドウ)酒に酔った，酒好きの **2.** (ブドウ)酒で調合した，酒の性質・風味を持った

vīnōsus *a.1.2* vīnōs-a, -um §50 [vīnum] (比)vinosior (最)vinosissimus **1.** (ブドウ)酒で一杯の，酒におぼれた，酔った **2.** ブドウ酒の性質・風味を持った

vīnum *n.* vīnī *2* §13 **1.** ブドウ酒 **2.** ブドウの実・房，木 **3.** 飲酒，宴会 nunc vino pellite curas 今こそ酒で憂さを晴らせ nox, mulier, vinum homini adulescentulo 若者にとっての(をそそのかす)夜と女と酒 veritas attributa vino (= in vino veritas) 酒の中に真実がある(酔ったら本当のことを言う)

vinxī → vinciō

viola *f.* violae *1* §11 **1.** スミレ(墓を飾る花) **2.** スミレ色，紫 viola alba アラセイトウ viola lutea ニオイアラセイトウ

violābilis *a.3* violābile §54 [violō] 傷つけられ易い，犯し得る，侮辱できる

violārium *n.* violāriī *2* §13 [viola] スミレの花壇

violātiō *f.* violātiōnis *3* §28 [violō] **1.** 瀆神(不敬)的な好意，冒瀆 **2.** 婦女暴行，凌辱

violātor *m.* violātōris *3* §26 [violō] 害する(犯す)人，瀆神者，凌辱者

violēns *a.3* violentis §55 [violō] 激しい，猛烈な

violenter 副 §67(2) (比)violentius (最)violentissime 激しく，猛然と，荒々しく

violentia *f.* violentiae *1* §11 [violentus] **1.** 暴力，暴行，攻撃 **2.** 烈しい気性，狂暴

violentus *a.1.2* violent-a, -um §50 [violō] (比)violentior (最)violentissimus 烈しい，攻撃的な，野蛮な，狂暴な，猛烈な

violō *1* violāre, -lāvī, -lātum §106 [vīs] **1.** 神聖を汚す，冒瀆する **2.** 恥辱を与える，名を汚す，凌辱する **3.** 暴行する，虐殺する，いじめる，傷つける，荒らす **4.** 法を犯す，違反する，破る

vīpera *f.* vīperae *1* §11 マムシ，(毒)蛇 tu viperam sub ala nutricas お前は腋の下にマムシを飼っている(お前は将来恩を仇でかえされよう，飼い犬に手をかまれる)

vīpereus *a.1.2* vīpere-a, -um §50 [vīpera] **1.** マムシの，(毒)蛇の **2.** 蛇の髪を持つ，蛇にとりまかれた Sorores vipereae 蛇の頭髪をもつ姉妹(= Furiae)

vīperīnus *a.1.2* vīperīn-a, -um §50 [vīpera] マムシの，毒蛇の

vir *m.* virī *2* §15 **1.** 男，成年男子 **2.** 真の男，男性的な男，勇士 **3.** 夫，情夫，友，彼，個人，各人 **4.** 歩兵，乗組員 **5.** 人(間)，人類，住民 si vir es もしお前が男なら vir virum legit 一人が一人を択ぶ(新兵の募集で，戦場で敵を)

virāgō *f.* virāginis *3* §28 [vir] 男の性質・体力をもった女，女傑，烈婦

virectum *n.* virectī *2* §13 [vireō] 緑地帯

vireō *2* virēre, viruī, —— §108 **1.** 緑色である，青青としている **2.** 生き生きとしている，新鮮である，若さで満ちている summa virent pinu 山の頂は松の木で緑色である

vīrēs → vīs

virēscō *3* virēscere, viruī, ——
§109 ［vireō］ **1.** 緑色になる **2.** 芽ぐむ,
成長する **3.** 繁茂する, 栄える

virga *f.* virgae *1* §11 **1.** 新芽,
若枝, 細い枝 **2.** さし木, つぎ木 **3.** 棒,
枝, むち **4.** 儀鉞(🔒fascis)の中の棒, 儀
鉞 **5.** 魔法使いの杖 **6.** 衣服の色縞(🔒)

virgātus *a.1.2* virgāt-a, -um §50
［virga］ **1.** (柳の)枝で編まれた **2.** 縞模
様のある

virgeus *a.1.2* virge-a, -um §50
［virga］ 小(若)枝の, 柴の

virginālis *a.3* virgināle §54
［virgō］ 処女の, 少女の(ような) (名)
virgināle *n. 3* §20 女性の陰部

virgineus *a.1.2* virgine-a, -um
§50 ［virgō］ **1.** 処女の(ような), 少女
の **2.** 初婚の virginea ara ウェスタの祭
壇 virgineum Helicon 詩の女神たちの住
むヘリコーン山 virginea aqua (ローマの)
処女水道

virginitās *f.* virginitātis *3* §21
［virgō］ 処女であること, 処女性, 純潔

virgō *f.* virginis *3* §28 **1.** 結婚
できる女, 処女, おとめ **2.** ウェスタ女神
に仕える聖女 **3.** (天)乙女座 virgo maxi-
ma 最年長のウェスタ聖女長 aqua virgo
冷たい水で有名なローマの水道 terra
virgo 処女地

virgula *f.* virgulae *1* §11 ［vir-
ga の小］ **1.** 小枝 **2.** 小さな棒, 杖 **3.** 小
さな縦線のしるし, すじ, しま quasi vir-
gula divina suppeditarentur あたかも
魔法の杖でもって供給されたかのように

virgulta *n.pl.* virgultōrum *2*
§13 ［virgula］ 低木の草木, 茂み, や
ぶ

viridia *n.pl.* viridium *3* §20
［viridis］ **1.** 灌木, 草木, 樹木 **2.** 緑色
3. 庭, 茂み, 木立

viridis *a.3* viride §54 ［vireō］
1. 緑(色)の, 草色の, 青青とした **2.** 青葉
(草木)の茂った, 草木の多い **3.** 若々しい,
新鮮な, 生き生きとした, 健康な, 強い
4. 青白い, 黄緑色の, 黄色の viridis

senectus かくしゃくたる老齢

viriditās *f.* viriditātis *3* §21
［viridis］ **1.** 新鮮な緑色 **2.** 緑の(青青と
した)草木 **3.** 青年の活気, 力強さ

viridō *1* viridāre, ——, —— §106
［viridis］ **1.** (自)緑色になる **2.** (他)緑に
する (受)緑色になる

virīlis *a.3* virīle §54 ［vir］ **1.** 男
の, 夫の, 男性の **2.** 男に固有の, 真に男
らしい, 勇気ある **3.** 成人の **4.** 各個人
の, 一人一人の (名)**virīlia** *n.pl.*
virīlium *3* §20 **1.** 男性生殖器 **2.** 勇
気ある行動, 剛健

virīlitās *f.* virīlitātis *3* §21
［virīlis］ **1.** 男であること, 男らしさ, 男
ざかり **2.** 男らしい性格, 態度, 力強さ
3. 男性生殖器

virīliter 副 ［virīlis §67.2］ (比)
virilius 男らしく, 勇敢に

virītim 副 ［vir］ 一人一人に, 一人
ずつ, 一人当り, それぞれ, 個々に, 別々
に

vīrōsus *a.1.2* vīrōs-a, -um §50
［vīrus］ 悪臭を放つ, いやな味のする

virtūs *f.* virtūtis *3* §21 ［vir］
1. 真の男性の典型的な特質, 男らしさ
2. 勇気, 剛毅, 不動の信念 **3.** 優れた倫
理性, 道徳的優秀性, (美)徳, 高潔, 善
4. 卓越, 長所, 価値, 魅力 **5.** 手柄, 功
績 oderunt peccare boni virtutis amo-
re 立派な人は美徳を愛するがゆえに, 罪
を犯すことを憎む quaerenda (121.1)
pecunia primum est, virtus post
nummos 先ず金を求めるべきだ, 美徳は
金の次だ virtute deum (14) 神々のおか
げで

vīrus *n.* vīrī *2* §13 **1.** 粘液, 精液
2. 毒のある分泌液, 毒(物), 悪意 **3.** 悪
臭, にがさ, からさ **4.** 魔法, 薬の力を持
った分泌液

vīs *f.* (vīs) *3* §§30, 47 **1.** 力, 精
力, 活動力, 体力 **2.** 腕力, 暴力, 暴行,
強制(力), 攻撃 **3.** 知力, 能力, 威力, 勢
力, 効力 **4.** 自然の力 **5.** 影響力, 権威,
財力, 重要性 **6.** 意味, 本音, 内容, 価
値 **7.** 大量, 多数, 豊富 **8.** (複)兵力, 軍

隊 vi victa vis est 暴力は暴力に負けた naves factae ad quamvis vim perferendam (121.3) どんな暴力にも耐えられるように作られた船 vis verborum 言葉の意味 vis magna pulveris 多量の埃(ほこ) undique contractis viribus (9f18) いたる所から兵力を集めて ista quidem vis est お前の(やっていること)はまさしく暴力だ(カエサルが暗殺される直前の言葉)

viscātus *a.1.2* viscāt-a, -um §50 [viscum] 鳥もちをぬられた

vīscerātiō (**vi-** ?) *f.* vīscerātiōnis *3* §28 [vīscus] 生贄(いけにえ)の肉を客の間で分け合う犠牲式後の饗宴

viscō *1* viscāre, -cāvī, -cātum §106 [viscum] 鳥(とり)もちで捕える

viscum (**viscus**) *n.(m.)* viscī *2* §13 **1.** ヤドリギ **2.** その実から作られた鳥もち

vīscus *n.* vīsceris *3* §29 (*pl.*) vīscera でよく用いられる **1.** 体のやわらかい肉の部分 **2.** 体の一番奥の部分, 中心部, 中枢 **3.** 体の内臓, 胃, 母胎, 胎内の子, 命, 血 **4.** 感情・思考の座, 心 in suam sua viscera congerit alvum 彼は自分の胃の中に自分の子をつめ込む populi Romani visceribus haerebant それら(勧告)はローマ国民の心に深く刻み込まれていた

vīsendus *a.1.2* vīsend-a, -um §50 [vīsō の動形] 見るに値する （名）
　　vīsenda *n.pl.* §13 見物(みもの), 名所

vīsiō *f.* vīsiōnis *3* §28 [video] **1.** 見ること, 視力 **2.** 見られるもの, 光景, 外観 **3.** 幻影, 幻像 **4.** 心像, 映像, 観念

vīsitō *1* vīsitāre, -tāvī, -tātum §106 [vīsō] たびたび(きまって)見る, 訪問する, 見物する

vīsō *3* vīsere, vīsī, —— §109 **1.** 見に行く, 訪れる, 見舞う, 見物する **2.** おどろいて見る, 注意深く見る, 観察する, 検査する

vīsum *n.* vīsī *2* §13 [video の完分] **1.** 見られるもの, 像, 現象 **2.** 感覚によってつくられる外界の印象, 表象(ストア派の φαντασία の訳)

vīsus *m.* vīsūs *4* §31 [video] **1.** 見ること, 視力, 視覚, 目 **2.** 光景, 外見, 姿 **3.** 幻(まぼろし), 夢幻(夢の中の超自然な現われ)

vīta *f.* vītae *1* §11 [vīvus] **1.** 生命, 生存, 生活 **2.** 一生, 生涯, 終身, 寿命 **3.** 暮し(方), 生計, 習慣 **4.** 人生, 世間, 社会 **5.** 伝記 XXXVII annos vitae explevit 彼は 37 年の生涯を終えた quae mihi semper fuit meā carior vitā (9f6) 彼女は私にとって, 常に, 私の命より大切であった o vitam misero longam, felici brevem (9e10)! 哀れな人にとってなんと長く, 幸福な人にとってなんと短い人生か

vītābilis *a.3* vītābile §54 [vīto] さけねばならぬ, 忌避するに価する

vītābundus *a.1.2* vītābund-a, -um §50 [vīto] いつもさけている, のがれようとしている

vītālis *a.3* vītāle §54 [vīta] **1.** 生命の, 生命に関する, 命を支える **2.** 生きられる, 生きている, 生きるに価する （名）
　　vītālia *n.pl.* vītālium *3* §20 生命維持に必要な器官(心臓, 肺, 胃など) o puer, ut sis vitalis metuo おお, 少年よ, お前は(長く)生きられないのではと心配している qui potest esse vita vitalis? いかにして真に生きるに価する人生がありえるか

vītātiō *f.* vītātiōnis *3* §28 [vīto] さけること, 忌避する方法

vitellus *m.* vitellī *2* §13 [vitulus の小] **1.** 小さな子牛 **2.** 卵の黄身

vīteus *a.1.2* vīte-a, -um §50 [vītis] ブドウの木の vitea pocula ブドウ酒

vitiō *1* vitiāre, -āvī, -ātum §106 [vitium] **1.** 台無しにする, 悪くする, 痛める, 損なう, 傷つける, 害する, くさらす **2.** 処女を凌辱する **3.** 無効にする, 無価値なものとする **4.** 改ざんする, 偽造する, いつわる

vitiōsē 副 §67(1) （最）vitiosissime （手続き・法, 前兆に）さからって, 反して, 手落ちのある(不備な)やり方で, 不正なや

vitiōsus

り方で

vitiōsus *a.1.2* vitiōs-a, -um §50 [vitium] （比）vitiosior （最）vitiosissimus **1.** 欠陥・欠点を持った，損なわれた，傷ついた，不完全な，悪い **2.** 不健康な，病気の，不幸な **3.** 間違った，誤った，不正な，手続きの不備な **4.** 腐敗堕落した，邪悪な

vītis *f.* vītis *3* §19 **1.** ブドウの木 **2.** ブドウの枝，つえ，百人隊長の指揮棒 **3.** 百人隊長の階級（職） **4.** ブドウ酒 vitis alba（白）ブリオニア（根は下剤となる）

vītisator *m.* vītisatōris *3* §26 [vītis, serō] ブドウの栽培者

vitium *n.* vitiī *2* §13 **1.** 欠点，欠陥，不備，不足，手落ち **2.** 過失，あやまち，罪，とが **3.** 害，不利 **4.** 道徳・性格上の欠点，悪，悪徳 **5.** 婦女暴行，凌辱 **6.** 不吉な占い，不吉な前兆 alicui aliquod vitio (9d7) dare あることをある人の欠点とみなす vitiis nemo sine nascitur 短所を持たずに生れてきたものは一人もいない dum vitant stulti vitia, in contraria currunt 愚かな者は，一つの欠点をさけているうちに反対の欠点に走る

vītō *1* vītāre, -tāvī, -tātum §106 避ける，回避する，逃れる，身をかわす，遠ざける sanguine viperino cautius (68) vitat 彼は（それを）蝮の毒血よりも用心して避けている

vitreus *a.1.2* vitre-a, -um §50 [vitrum] **1.** ガラスの，ガラスからできた **2.** ガラスに似た色の（緑がかった）**3.** 透明な，輝かしい fortuna vitrea est, tum cum splendet frangitur 幸運はガラスのようなもの，立派に輝いているとき，まさにそのときこわれるのだ （名）**vitreum** *n.* vitreī *2* §13 ガラス製品・容器

vītricus *m.* vītricī *2* §13 まま父，継父

vitrum[1] *n.* vitrī *2* §13 ガラス，ガラスの容器 fides perlucidior vitro （その嘘が）ガラスよりも透（す）けて見える誓約

vitrum[2] *n.* vitrī *2* §13 **1.** タイセイ **2.** その葉からとられた藍（あい）の染料

Vitrūvius *a.1.2* Vitrūvi-a, -um

§50 **1.** ローマの氏族名 **2.** Vitruvius Pollio Augustus 時代の建築学者 'De architectura libri decem' の著者

vitta *f.* vittae *1* §11 [vieō] **1.** 女が日常頭髪を結んでいた亜麻の飾りリボン **2.** 聖職者や祭事（祭壇・生贄など），ときに詩人・嘆願者に用いられた羊毛の垂れひも，鉢巻きひも

vittātus *a.1.2* vittāt-a, -um §50 [vitta] 飾りひも（巻き紐）で飾られた，～をつけた

vitulīnus *a.1.2* vitulīn-a, -um §50 [vitulus] 子牛の，子牛の肉の

vitulus *m.* vitulī *2* §13 **1.** 子牛 **2.** その他の動物の子 ～ marinus アザラシ

vituperātiō *f.* vituperātiōnis *3* §28 [vituperō] **1.** 非難，叱責，酷評 **2.** 非難すべき行為・理由 in vituperationem venire (cadere) 非難をうける

vituperātor *m.* vituperātōris *3* §26 [vituperō] 酷評する人，誹謗者

vituperō *1* vituperāre, -rāvī, -rātum §106 [vitium] **1.** 欠点を見つける，とがめる，叱る **2.** 無気力にする，台無しにする cur omen mihi (9d9) vituperat? 彼はなぜ私の吉兆を台無しにするのか ut putentur sapere, caelum vituperant 彼らは賢いと思われたいため，天を非難する

vīvācitās *f.* vīvācitātis *3* §21 [vīvāx] 生命力，生命への執着

vīvārium *m.* vīvāriī *2* §13 [vīvus] 養魚池，猟場，飼育場

vīvāx *a.3* vīvācis §55 [vīvō] （比）vivacior （最）vivacissimus **1.** 長く生きている，長寿の **2.** 生命力のある，生命に固執する **3.** 長続きする，永続的な **4.** 元気な，精力的な，力強い，活力・生気のある

vīvēscō *3* vīvēscere, (vīxī), —— §109 蘇生する，元気づく，勢いがつく

vīvidus *a.1.2* vīvid-a, -um §50 [vīvō] （比）vividior **1.** 生命力にあふれた，活気にみちた，生き生きとした，精力旺盛な **2.** 真に迫る，生きているような（肖像）**3.** 猛烈な

vīvirādīx *f.* vīvirādīcis *3* §21 [vīvus, rādix] さし木

vīvō *3* vīvere, vīxī, vīctum (vīctūrus) §109 **1.** 生きる, 生きている **2.** 生き続ける, 生き残る **3.** 暮す, 生計をたてる, 身を養う **4.** 人生をたのしむ, 立派に生きる vivitur (172) parvo (9f11) bene ささやかなもので立派に生きられる nos in diem vivimus 我々はその日暮しである nec carmina vivere possunt quae scribuntur aquae potoribus (9d11) (酒ではなく)水を飲む者によって書かれる詩は生き続けられない vixere fortes ante Agamemnonem multi アガメムノンの前にも沢山の英雄はいたのだ

vīvus *a.1.2* vīv-a, -um §50 [vīvō] **1.** 生きている, いきいきとしている **2.** 新鮮な, 活気にみちた **3.** なまの, 自然のままの, 真に迫った, 生き写しの me vivo 私が生きている限り viva vox なまの声 viva aqua 流れている水 (名)**vīvum** *n.* vīvī *2* §13 なま身 ad vivum resecare 爪をなま身まで切る(物事を厳密な意味でとらえる)

vix 副 **1.** かろうじて, ようやく, やっと **2.** 殆んど…でない vix DCCC incolumes pervenerunt かろうじて 800 人が無傷で到着した vix tandem sensi stolidus! やっとこさ, わしは愚か者だとわかった vix ... cum ... …のときやっと…した vix proram attigerat, (cum) rumpit Saturnia funem 彼が船首の所に届くやいなや, サートゥルヌスの娘はともづなを切った

vixdum 副 …のとき, ほとんどない, …のときかろうじてやっと vixdum dimidium dixeram, intellexerat 私がまだ半分も言っていなかったとき, 彼は(もう)理解していた(わかっていた)

vīxī → vīvō, vīvēscō

vōbīs → vōs

vocābulum *n.* vocābulī *2* §13 [vocō] **1.** 名称, 名辞, 名, 名前 **2.** (文)名詞

vōcālis *a.3* vōcāle §54 [vōx] (比)vocalior (最)vocalissimus **1.** 声(言葉)を発し得る, 話せる, はっきりと声のだせる **2.** 鳴き声, 音を出す(鳥・動物) **3.** 声のよい, 響のよくとおる, 音の調子のよい **4.** 能弁な, 歌える (名)**vocālis** *f.* vocālis *3* §19 (*sc.* **littera**) 母音

vocātiō *f.* vocātiōnis *3* §28 [vocō] (夕食)招待, (法廷)召喚

vocātus *m.* vocātūs *4* §31 [vocō] **1.** 命令的・緊急な呼び出し, 呼びかけ, 訴え **2.** 召喚, 招待

vōciferātiō *f.* vōciferātiōnis *3* §28 [vōciferor] **1.** 大声で呼ぶ, 叫ぶ声, 喧噪, どなり声 **2.** 長広舌

vōciferō, -ferāre *1* §105 = vōciferor *dep.1*

vōciferor *dep.1* vōciferārī, -ferātus sum §§123(1), 125 [vōx, ferō] **1.** 大きな叫び声を発する, 大声をだす, どなる, わめく **2.** やかましい音をたてる

vōcis → vōx

vocitō *1* vocitāre, -tāvī, -tātum §106 [vocō] **1.** 名をあげて呼ぶ, いつも名で呼ぶ **2.** 呼ぶ, 招く

vocō *1* vocāre, vocāvī, vocātum §106 **1.** (声をあげて)呼ぶ, …と呼ぶ, 名を呼んで(助け)を求める, 訴える **2.** 呼び寄せる, 召喚する, 召集する, 招待する **3.** 呼び起す, 促す, そそのかす, 挑発する, 喚起する **4.** 名づける, 名指す, 指名する, 宣言する **5.** 命じる, 請求する **6.** ある状態におく, 人を…させる, みなす, 考える cornix plenā pluviam vocat improba voce うるさいカラスが, 大声で雨を呼び求める sedare (117.4) sitim fontes vocabant 泉が渇きをいやすようにと招いていた ne me apud milites in invidiam voces (116.6) あなたは, 私を兵士たちに憎ませないようにと考えて

vōcula *f.* vōculae *1* §11 [vōx の小] **1.** 低い(小さな, 弱い)声 **2.** 柔らかい(やさしい)声, ささやき **3.** 小さな(一音節)語, 小辞

volaema (**volēma**) *n.pl* volaemōrum (volēmōrum) *2* §13 セイヨウナシ(大きな実の)

volam → volō[1]

volāticus *a.1.2* volātic-a, -um §50

volātilis 854

［volō²］ **1.** 羽のある，飛べる，飛ぶ **2.** 不意の，急な **3.** 変り易い，移り気の

volātilis *a.3* volātile §54 ［volō²］ **1.** 羽のある，飛ぶ **2.** 迅速な，早い **3.** 変り易い，はかない，束の間の

volātus *m.* volātūs 4 §31 ［volō² の完分］飛ぶこと，飛翔，(鳥の) 飛び方

Volcānius, Volcānus → Vulcānus

volēma → volaema

volēns *a.3* volentis §58 ［volō¹ の現分］ **1.** 意図的な，欲求している **2.** 進んで(喜んで)する所の **3.** 望み通りの，願ったり叶ったりの **4.** 親切な，好意ある volentibus omnibus bonis すべての善人の同意により res novae quibusdam volentibus (9d6) sunt 新しい体制は，ある人たちに歓迎されている virtute ac dis volentibus magni estis あなた方は，美徳と神々の好意によって偉大です

volg- → vulg-

volitō 1 volitāre, -tāvī, -tātum §106 ［volō］ **1.** あちこち飛ぶ，ひらひら飛び回る **2.** 空中を早く動く **3.** 早く動き回る，走り回る homo volitans gloriae cupiditate (9f15) 栄光を欲して走り回る人

voln- → vuln-

volō¹ 不規 velle, voluī §153 **1.** 欲する，望む，欲しい，したい **2.** 話したい，要求する，主張する，決める，命ずる，布告する **3.** 意見である，考える **4.** 択ぶ **5.** 意味する **6.** こころみる(目的語として，対，不，不句，ut, ne をとり得る) poetae post mortem nobilitari volunt 詩人たちは死後の名声を望んでいる volo (ut) facias お前がそうすることを欲す num quid me vis? お前は何を私に望むか(何か言いたいことがあるか) velim nolim = seu velint seu nolint いやでもおうでも，好もうと好むまいと sis = si vis さしつかえなければ，よろしければ velim, ne intermittas お前が断念しないことを私は望みたい velitis, jubeatis (116.2), Quirites ut ローマ人よ，ut 以下のことを欲し且つ命じてもらいたい(法律案提出のさいのきまり文句) maiores nostri parricidas (117.5) insui (受・不)

voluerunt in culleum 我々の祖先は，親殺しは皮袋の中に縫い込まれることを命じた Plato deum sine corpore esse vult プラトーンは，神は肉体なしに存在すると考えている(主張する)

volō² 1 volāre, -āvī, -ātum §106 **1.** 飛ぶ，空中を動く **2.** 早く動く，急ぐ aetas volat 時は飛ぶ

volō³ *m.* volōnis 3 §28 ［volō¹］志願兵(カンナエの敗戦後志願した奴隷)

volp- → vulp-

volt, voltis → vult, vultis の古形 → volō¹

voltur, voltus → vultur, vultus

volūbilis *a.3* volūbile §54 ［volvō］ **1.** 自軸の回りを回転する，自転する所の，周行する **2.** ころがる，ころがり易い，速く流れてゆく **3.** ぐるぐる巻く，巻いている，渦巻の **4.** 動き易い，不安定な **5.** 舌のよく回る，口達者な，流れるような，すばやい **volūbiliter** 副 §67.2 迅速に，流暢に

volūbilitās *f.* volūbilitātis 3 §21 ［volūbilis］ **1.** 回転，自転，円運動 **2.** 可動性 **3.** 円形，球状 **4.** 不安定，変り易さ **5.** 流暢，迅速

volucer *a.3* volucris, volucre §54 ［volō²］ **1.** 飛んでいる，羽のある，翼をつけた **2.** 早く飛び去る，流れる，移る **3.** 迅速な，早い **4.** 過ぎ去り易い，束の間の，無常な nihil est tam volucre quam maledictum 悪口ほど早いものはない

volucris *f.* volucris 3 §19 ［volucer］羽のある生きもの，鳥，昆虫 volucris Junonis クジャク

volūmen *n.* volūminis 3 §28 ［volvō］ **1.** 巻かれたもの，とぐろ，ひねり，(波の)うねり，渦巻，円形，旋回，湾曲 **2.** 巻子本，巻物，写本，本，文書 **3.** 巻，部，節 ～ siderum 天体の回転 hoc tertium volumen この第三巻 volumen explicare 巻物(本)を拡げて読む sinuet (116.2) alterna volumina crurum (馬は)交互に両足の膝を円く曲げて進むべきだ

voluntārius *a.1.2* voluntāri-a, -um

§50 ［voluntās］ 自分の自由意志で行動する所の, 自発的な **(名)voluntāriī** (milites) *m.pl.* voluntāriōrum *2* **§13** 志願兵

voluntās *f.* voluntātis *3* **§21** ［volō¹］ **1.** 意志, 自由意志, 決定, 選択 **2.** 意図, もくろみ, 目的, 望み, 願い, 欲求 **3.** 傾向, 性癖, 気質, 好み, 趣味 **4.** 主義, 信念 **5.** 熱心, 熱意, 乗気, 同意, 好意, 同情 **6.** 最後の意志, 遺言 sua voluntate, (mea) voluntate 自ら進んで, 自発的に(私の意志で) de (ex) voluntate 望み通り, 願いに従って, 同意を得て

volup 副 ［velle］ 喜んで, 快く volup est mihi それは私にとって嬉しい, さいわいだ

voluptārius *a.1.2* voluptāri-a, -um **§50** ［voluptās］ **1.** 感覚の喜びにかかわる, 快楽を欲する, 快い, 楽しい **2.** 快楽に耽る, 快感に捧げた, 官能的な, 贅沢な **(名)voluptārius** *m.* voluptāriī *2* **§13** 快楽主義者, エピクーロスの徒

voluptās *f.* voluptātis *3* **§21** **1.** 喜ばしい体験, 感覚, 精神的肉体的喜び **2.** 快楽, 満足, 歓喜, 官能的な喜び **3.** 娯楽, 見世物 care puer, mea sera et sola voluptas いとしい子よ, 私の晩年の唯一の喜びよ

volūtābrum *n.* volūtābrī *2* **§13** ［volūtō］ 泥沼, 猪の巣窟(そうくつ)

volūtātiō *f.* volūtātiōnis *3* **§28** ［volūtō］ **1.** ころげ回ること, のたうち回ること **2.** さわぎ, 不安 **3.** 不安定, 無常

volūtō *1* volūtāre, -tāvī, -tātum **§106** ［volvō］ **1.** ころがす, ころばす, 倒す **2.** (受)ころがる, ころげ回る, のたうち回る **3.** ふり回す, 忙殺させる, 没頭させる **4.** (受)よく考える, 討議する, 耽る in luto volutatus 泥の中をころげ回って vocem per ampla atria volutant 彼らは話し声を広い居間にひびかせる aliquid in animo (= suo cum corde) volutare 心の中で, あることを熟考する in omni genere scelerum volutari あらゆる種類の犯罪にふける

volva → vulva

volvō *3* volvere, volvī, volūtum **§109** (他)**1.** ころがす, 回転させる, 巻く, 巻きつかせる, (巻子本を)ひろげる・読む, (目を)ぎょろつかせる, 一巡させる, 円陣隊形をつくる **2.** ひっくりかえす, 転覆させる, 倒す **3.** (心の中で)あれこれと考える, 熟考する, 抱く, 育てる **4.** (受)ころぶ, ころげ回る, ひれ伏す, 回転する, 一巡する, 循環する, とぐろをまく, 渦巻をつくる, 曲がる sic fata deum rex sortitur volvitque vices かく神々の王は, 運命をくじで定め, 出来事の連続をくりひろげる volvitur ille excussus humi 彼は(馬から)振り落とされて地上にまろび伏す volventibus mensibus (9f9) 月日がめぐって lacrimae volvuntur inanes 空しく涙が流れる aliquid cum animo (suo) volvere 心の中で何かを熟考する

vōmer (古 **vōmis**) *m.* vōmeris *3* **§26** 犂(すき)のへら, 犂, 耕作 assiduo vomer tenuatur ab usu 絶えず使用していると, すきの刃も薄くなる

vomica *f.* vomicae *1* **§11** ［vomō］ **1.** 化膿, うみ, おでき, はれもの **2.** 災い, 傷(口)

vomitus *m.* vomitūs *4* **§31** ［vomō］ 嘔吐, へど(反吐)

vomō *3* vomere, vomuī, vomitum **§109** **1.** 吐く, 嘔吐する, もどす **2.** 吐き出す, 排出する, ぶちまける, 発散する

vorācitās *f.* vorācitātis *3* **§21** ［vorāx］ 貪欲, 大食, 食い意地

vorāginōsus *a.1.2* vorāginōs-a, -um **§50** ［vorāgō］ 穴(割れ目, くぼみ)の多い, 穴が一杯の

vorāgō *f.* vorāginis *3* **§28** ［vorō］ **1.** 穴, 割れ目, くぼみ **2.** 淵, 谷 **3.** 渦(巻) vos geminae voragines scopulique rei publicae 国家の二つの渦で, 暗礁であるお前らよ(厄介者, 禍)

vorāx *a.3* vorācis **§55** ［vorō］ (比)voracior **1.** 大食の, 貪欲な **2.** 飽くことのない, 激しい, むさぶるような

vorō *1* vorāre, -rāvī, -rātum **§106** **1.** むさぼり食う・飲む, 飲み(食い)尽くす **2.** 飲み込む, 滅ぼす, むさぼる, 烈しく追

vors-, vort-

求する

vors-, vort- → vers-, vert-

vōs 人代 §71 君たち，お前ら，あなた方 ardens odio vestri (9c3) お前ら(へ)の憎しみで燃えている vobiscum = cum vobis きみたちと共に

voster → vester の古

vōtīvus *a.1.2* vōtīv-a, -um §50 [vōtum] 誓願成就のさいに捧げられた，誓うときに神に約束された，誓約として捧げられた tabula votiva 奉納絵馬

vōtum *n.* vōtī *2* §13 [voveō の完分] 1. 神への誓約，誓願，祈願 2. 誓われた捧げもの，供物，奉納物 3. 念願，希望，願望 voti (9c10) damnari 誓約を果たすことを義務づけられている voti reus 誓願を果たすことを義務づけられた人 hoc erat in votis これが私の願いだった

voveō *2* vovēre, vōvī, vōtum §108 1. 神に誓約する，奉納を誓う，神に捧げる 2. 祈る，願う vovisse (117.6) dicitur, uvam se deo daturum (117.5) 彼は神にブドウを供えることを誓ったといわれる

vōx *f.* vōcis *3* §21 1. 声，音声，発声 2. 音，ひびき，叫び，叫び声 3. 声の調子，語気，語調 4. 言語，言葉，発音 5. 意見，きまり文句，諺，箴言 una voce 一斉に voce magna 大声で

Vulcānus = **Volcānus** *m.* Vulcānī *2* §13 1. イタリアの火の神 2. (神)Jupiter と Juno の息子 3. 火，焔 (形) **Vulcānius** *a.1.2* Vulcāni-a, -um §50 Vulcanus の，Vulcanus の作った

vulgāris *a.3* vulgāre §54 [vulgus] 1. 一般民衆の，大衆の 2. 通俗の，平凡な 3. 日常の，普通の，いつもの 4. 教養の低い，野卑な

vulgātor *m.* vulgātōris *3* §26 [vulgō²] 吹聴する人，暴露する人，おしゃべり屋

vulgātus *a.1.2* vulgāt-a, -um §50 [vulgō² の完分] (比)vulgatior (最)vulgatissimus 1. 普通の，民衆の，大衆の，並みの，平凡な，通俗の 2. 通常の，通例の，正規の 3. 広く知られた，広く用いられている 4. (女)誰にも肌を許す，身

を売る

vulgō¹ (**volgō**) 副 [vulgus の奪 9f19] 1. 大衆の中で，一般に，普通に 2. どこでも，無差別に 3. 公然と，全体で，ひっくるめて

vulgō² (**volgō**) *1* vulgāre, -gāvī, -gātum §106 [vulgus] 1. 大衆に利用させる，共有させる，提供する 2. 大衆に普及させる，ひろくばらまく，皆の目にさらす 3. ひろく知らせる，噂を流す，広める，有名にする 4. 皆に身をゆだねる，売春をする

vulgus (**volgus**) *n.* vulgī *2* §13 1. 民衆，大衆，庶民 2. 群(ご)，群衆，集団，烏合の衆 nihil est incertius vulgo (9f6) 大衆ほど不確かな(信頼できない)ものはない

vulnerātiō *f.* vulnerātiōnis *3* §28 1. 傷を負わせること，傷害 2. 損害

vulnerō *1* vulnerāre, -rāvī, -rātum §106 [vulnus] 1. 傷を負わせる，痛める，苦しめる 2. 損害を与える，害する 3. (体面を)傷つける

vulnificus *a.1.2* vulnific-a, -um §50 [vulnus, faciō] 傷つける，傷を与える

vulnus *n.* vulneris *3* §29 1. 傷，負傷，傷口 2. 殴打，打撃，怪我，衝撃 3. 精神的苦痛，感情を害すること，侮辱 4. 被害，災害，不幸，失敗，敗北 multis et illatis et acceptis vulneribus (9f18) 多くの傷を負わせたり受けたりしたあとで

vulpēcula *f.* vulpēculae *1* §11 [vulpēs の小] (小さな)キツネ

vulpēs *f.* vulpis *3* §21 キツネ(狡猾の象徴) jungere vulpes キツネを鋤につなぐ(不可能なこと) vulpem pilum mutare, non mores (117.5) キツネは毛を変えても本性は変えない(と言う) animi sub vulpe latentes キツネ(の毛皮)の下に隠されている意図

vulpīnus *a.1.2* vulpīn-a, -um §50 [vulpēs] キツネの

vulsus → vellō

vult, vultis → volō¹

vultur *m.* vulturis *3* §26 [vellō]

ハゲワシ(俗ハゲタカ), 強欲な人, 掠奪・横領する人

vulturius *m.* vulturiī *2* §13 [vultur] **1.** ハゲワシ(俗ハゲタカ), 猛禽 **2.** 強欲な人, 遺産横領者 **3.** 運の悪いさいころの振り vulturio plus humani (9c4) (credo) est (思うに)ハゲワシ(の方)にもっと人間的なものがある(あいつよりもハゲワシの方がもっと人間らしい)

vultus *m.* vultūs *4* §31 **1.** 顔, 顔の表情, 顔つき, 顔色 **2.** 容貌, 外観 **3.** こわい(厳しい)顔つき **4.** 肖像画 imago animi vultus est 顔(の表情)は心を表わす cuperem (ut) vultum viderem tuum, cum haec leges お前がこの手紙を読むときのお前の顔が私に見られたらいいのに

vulva(**volva**)*f.* vulvae *1* §11 子宮, 牝ブタの子宮(食用)

X

X, x §1 **1.** 略記として X=10 §101 **2.** X はギリシアからの借用語の中に見られるのみである

Xanthippē *f.* Xanthippēs *1* §37 ソークラテースの妻

Xanthippus *m.* Xanthippī *2* §13 ペリクレースの父

Xanthus(**-os**)*m.* Xanthī *2* §§13, 38 トローアスの川

xenium *n.* xeniī *2* §13 招待客への進物, おみやげ

Xenophōn *m.* Xenophōntis *3* §41.4 ギリシアの歴史家, ソークラテースの弟子, アテーナイ軍の将軍

Xenophōntēus *a.1.2* Xenophōntēa, -um §50 クセノポーンの

Xerxēs *m.* Xerxis *3* §42.1 ペルシアの王(485-465 B.C.)

xiphiās *m.* xiphiae *1* §37 <ξιφίας メカジキ

xysticī *m.pl.* xysticōrum *2* §13 体育競技者

xystus *m.* xystī *2* §13 <ξυστός **1.** (ギリシアでは)運動競技者用の有蓋歩道, 柱廊 **2.** (ローマでは)別荘地の樹木・花壇に囲まれた有蓋歩廊

Y

Y, y §1 Y はギリシアからの借用語の中に見られるのみで, 語頭にくる語例はない

Z

Z, z §1 Zはギリシアからの借用語の中に見られるのみ

Zacynthus (**-os**) *f.* Zacynthī *2* §13 イオニア海の島, 今のザキントス島

Zama *f.* Zamae *1* §11 ヌミディアの首府, ハンニバルの敗北の地 (202 B.C.)

Zanclē *f.* Zanclēs *1* §37 シキリア島メッサナの古名

Zēnō(n) *m.* Zēnōnis *3* §41.8b **1.** 前4世紀のギリシアの哲学者 **2.** ストア派哲学の創立者(前3世紀) **3.** エピクーロス派哲学者(前2世紀)

Zephyrus (**-os**) *m.* Zephyrī *2* §§13, 38 (神)西風の神

Zētes *m.* Zētae *1* §37 (神)Boreasの子

Zēthus (**Zētos**) *m.* Zēthī *2* §13 (神)Zeusの子, Amphionの兄弟

Zeuxis *m.* Zeuxidis *3* §41.6b 前6世紀のギリシアの画家

zm... → sm...

Zōilus *m.* Zōilī *2* §13 前4世紀の犬儒派哲学者, ホメーロスの誹謗者

zōna *f.* zōnae *1* §11 <ζώνη **1.** 帯, 腰帯 **2.** 胴巻 **3.** 気候によって分けられた地帯(温帯, 寒帯) **4.** オリオン星座 ibit eo, quo vis, qui zonam perdidit 胴巻をなくした者は(一文なしは)あなたの命ずる所ならどこへでも行くでしょう(勇敢に戦うだろう)

zōnārius *m.* zōnāriī *2* §13 帯をつくる人, または商人

zōnula *f.* zōnulae *1* §11 [zōnaの小] 小さな帯

Zōroastrēs *m.* Zōroastrī *3* §42.1 古代ペルシアの宗教家

附　　録

I.　字母と発音(§§1〜5) ·· 860

II.　名詞の格変化(§§6〜48) ·· 862

格の意義と用法(§§6〜9)──第一変化の名詞(§§10〜12)──第二変化の名詞
(§§13〜16)──第三変化の名詞(§§17〜18)(イ)i幹名詞(§§19〜20),(ロ)子音幹名
詞(§§21〜30)──第四変化の名詞(§§31〜33)──第五変化の名詞(§§34〜36)
──ギリシア語系名詞の変化(§§37〜42)──不規則名詞(§§43〜48)

III.　形容詞の変化と副詞(§§49〜70) ·································· 887

第一・二変化(§§49〜52)──第三変化(§§53〜56)──不規則形容詞(§57)──現
在分詞(§58)──形容詞の比較級と最上級(§§59〜66)──副詞とその比較級・最
上級(§§67〜69)──場所を示す副詞(§70)

IV.　代名詞の変化(§§71〜97) ·· 895

人称・再帰代名詞(§§71〜73)──指示・強意代名詞(§§74〜81)──関係・疑問
代名詞(§§82〜83)──不定代名詞(§§84〜92)──代名詞的形容詞(§§93〜97)

V.　数詞(§§98〜101) ··· 903

VI.　動詞の語形変化(§§102〜176) ···································· 906

規則動詞(§§102〜105)──第一・第二・三・四変化動詞の語形変化一覧表
(§§106〜111)──四種の規則動詞の比較(§§112〜115)──接続法の用法(§116)
──不定法の用法(§117)──分詞の用法(§118)──動名詞の用法(§119)──ス
ピーヌムの用法(§120)──動形容詞の用法(§121)──デーポーネンティア
(§§122〜142)──回説的第一・第二変化(§§143〜150)──不規則動詞(§§151〜
160)──不完全動詞(§§161〜162)──非人称動詞(§§163〜172)──合成動詞
(§§173〜176)

VII.　名詞語尾一覧表(§177) ··· 945

VIII.　動詞のまぎらわしい語尾一覧表(§178) ························· 947

IX.　ローマの暦(§§179〜184) ··· 949

X.　計時法(§§185〜188) ·· 951

XI.　貨幣(§§189〜195) ··· 953

XII.　度量衡(§§196〜199) ·· 955

XIII.　ラテン語地名一覧表(§200) ·· 956

I. 字母と発音　　　　　860

I.　字母と発音

字　母

§1　ラテン字母(アルファベット)は，次の 23 字である.

大文字	小文字	名　称	音　価
A	a	ā	a, ā
B	b	bē	b
C	c	kē	k
D	d	dē	d
E	e	ē	e, ē
F	f	ef	f
G	g	gē	g
H	h	hā	h
I(J)	i(j)	ī	i, ī, j
K	k	kā	k
L	l	el	l
M	m	em	m
N	n	en	n
O	o	ō	o, ō
P	p	pē	p
Q	q	kū	kw (§5.(イ))
R	r	er	r
S	s	es	s
T	t	tē	t
V(U)	v(u)	ū	u, ū, w
X	x	ix	ks
Y	y	ȳ※	y, ȳ
Z	z	zēta	z

（※　ȳはドイツ語の ü の如く発音する）

§2 ローマ人は元来，母音[i]にも半母音[j]にもIを用いていた．本辞典では区別して[j]にはJを用いる．ibi, jūs (= iūs).

§3 同じくVは母音[u]にも半母音[w]にも用いられていたが，本辞典では[u]にはUを用いる．vīnum(ウィーヌム), ūnus(ウーヌス)

§4 ラテン語の発音は§1で示した音価に従う．Cicero(キケロー), gerō(ゲロー), rosa(ロサ), maximus(マクシムス)

§5 一字一音が原則である．但し次のような例外がある．

(イ) qは単独ではなく，必ずquの形で，しかも母音の前でしか現れない．そのさいuはあたかも二度発音されるかの如く，たとえばquaは[kwa クゥァ]となる．cf. quō(クゥォー)；equus(エクゥウス)

(ロ) 同じく母音の前のngu, suも[ngw ングゥァ][sw スゥァ]と発音される．lingua(リングゥァ), suadeō(スゥァデオー)

(ハ) 半母音[j]は母音の間で[i+j]と発音される．mājor(マーイヨル)(＝māior)

(ニ) s, tの前でbは[ps][pt]と発音される．urbs(ウルプス), obtineō(オプティネオー)

II. 名詞の格変化

§6 ラテン語の名詞は，それぞれ固有の性(gender)を持ち，数(number)と格(case)に従って変化する.

§7 性には男性(masculine)，女性(feminine)，中性(neuter)の三種があり，それぞれ *m.*, *f.*, *n.* で示す.

男・女両性で用いられる名詞は，通性(common gender)と称し，*c.* で示す.

civis *c.* 市民

> 注. 性は一語一語について覚えるのが望ましい. 極めて一般的な原則を挙げると，男性名詞は(1)自然の性が男性(父，息子，男など)(2)山，川，風，月(暦)の名. 女性名詞は(1)自然の性が女性(母，娘，女など)(2)国，都市，島，木の名(3)性質を表す抽象名詞.

§8 数には単数(singular)と複数(plural)があるが，すべての名詞が両数を備えているわけではなく，単数形しか持たないもの，vulgus *n.* 民衆，又は複数形でしか現れないもの，arma *n.pl.* 武器，がある. (46)

§9 格には主格(nominative)，呼格(vocative)，属格(genitive)，与格(dative)，対格(accusative)，奪格(ablative)の六格がある. 主格(呼格も含む)以外を総称して斜格(oblique case)と呼ぶ. 地格(locative)については§70注.

格の意義と用法は以下の通りである. 例文中長母音符号は省略する.

9a(1) **主格**は動詞の主語を表し，「…は」と訳される.

Hora fugit. 時は逃げる

9a(2) 主格は述語(補語)にもなり，「…である，…として」と訳される.

Amicitia virtutum **adjutrix** a natura data est. 友情は美徳の助力者として自然から与えられている

Cato esse quam videri **bonus** malebat. カトーは善人と見られるよりもむしろ善人である方を好んだ.

9b **呼格**は呼びかけを表し，時に間投詞を伴い，「おお，…よ」と訳される. 呼格形は主格形と同一である.

但し第二変化の男性名詞の単数に限り固有の呼格形を持つが(13.1)，それすら主格形で代用されることもある.

O **formose puer** おお，みめうるわしき少年よ. audi **tu**, **populus** Albanus. 汝，アルバの民よ，聞いてくれ

9c **属格**の本義は名詞を修飾・限定し「…の」と訳される.

9c(1) 所有・帰属を示す.

oratio **Ciceronis** キケローの弁論　fortitudo **militum** 兵士たちの勇気

9c(2) 説明・同格の属格

montes **auri** 黄金の山々　arbor **fici** イチジクの木

9c(3) 目的を表し「…に対する，…への」と訳し得る.

amor **patriae** 祖国(への)愛　scientia **juris** 法律の知識，法学

misericordia **pauperum** 貧乏人への同情

9c(4) 最も頻繁に且つ広く用いられるのが，部分の属格で，「…の，…の中の，中で」と訳される.

duo milia **militum** 二千人の兵　tantum **vini** そんなに多量のブドウ酒　ultimus

regum Romanorum ローマの(王たちの)最後の王　**totius Graeciae**(= Graecorum) doctissimus 全ギリシアで最も博学な人　nunc **juvenum** princeps deinde future（9b）**senum** 今は若者たちの次いで将来は老人の第一人者となるお方よ　multa pars **mei** 私の中の多くの部分　Ubi **terrarum** sumus? 我々は地上のどこにいるのか

9c(5)　性質の属格.（cf. 9f10）

vir **excellentis ingeni** 優れた才能の持主(人)　puer quindecim **annorum** 15歳の少年　Claudius erat(vir) **somni brevissimi**. クラウディウスは睡眠時間の非常に少ない人であった.

9c(6)　限定・観点の属格,「…に関して,…の点で」と訳される. ギリシア語風な詩的な表現(cf. 9e9, 9f3)

(vir) **consili** certus 判断の正確な(人)　angi(ango の受・不) **animi** 心に悩む

9c(7)　価格の属格は,売買・評価の動詞と共に用いられる形容詞の(又はまれに flocci など名詞の)属格形.（cf. 9f14）

Quanti emptum(est) 幾らで買われたのか　**magni** aestimare 高く評価する rem publicam **flocci** non faciunt 彼らは国家のことなど少しも気にかけない

9c(8)　充満・欠乏の動詞※と共に用いられる.

indigere **medicinae** 薬を必要としている　impleri **veteris Bacchi** 古いブドウ酒で一杯である

※ egeo, indigeo, compleo, careo, etc.(cf.9f16.(イ))

9c(9)　記憶・忘却の動詞や形容詞と共に.

Virorum memini, nec tamen **Epicuri** licet oblivisci. 私は生存者は覚えている,しかし(亡き)エピクーロスを忘れるわけにはいかない.

fac(ut) sis **promissi** memor お前は約束をおぼえておけよ

9c(10)　裁判動詞※と共に判決理由,告発の罪状,刑罰を示す.

Ambitus interrogati(118.4) dederunt poenas 彼らは買収(罪)で告発され,罰を受けた　Defertur **impietatis** in principem 彼は不敬罪で元首(法廷)に訴えられる　damnari **capitis** 死刑を宣告される

※ accuso, appello, damno, multo etc.

9c(11)　非人称動詞と共に.

(イ)　感情動詞(166),ただし非人称的表現をとらない感情動詞の中にも対のかわりに属をとる動詞もある,これはギリシア語法である.

　justitiaene prius mirer(116.4)? 私はまず正義について賛嘆すべきか

(ロ)　refert, interest(170)

9c(12)　所有・性質の属格が esse と共に述語的に用いられるとき,訳出に工夫を要する場合がある.

omnia, quae **mulieris** fuerunt, **viri** fiunt dotis nomine 女のものであった全財産が,嫁資の名の下に男(夫)のものとなる　Negavit **moris** esse Graecorum ut in convivo virorum accumberent mulieres. 男たちの饗宴の席に女が一緒に横臥するということはギリシア人の習慣ではないと彼は言った.　**Adulescentis** est maiores natu(62) vereri. 年長者を敬うのは若者の義務である.

9c(13)　属格を補語とする形容詞まれに同概念の動詞※と共に. また,-ans, -ens で終る分詞も,形として,属格をとることもある.

vita plena **metus** 恐れにみちた人生　Musa potens **lyrae** 竪琴の技に長じたムーサ(女神)　Omnes **virtutis** compotes beati sunt. 美徳を充分に身につけた人は皆幸福である.　**rerum** potiri 統治権を手に入れる　fugiens **laboris** 労苦をさける

laboris patiens 労苦に耐える

※ 充満, 分有, 関知, 力, 知識, 欲望とその対立概念の形容詞 : plenus, inops, indignus, cupidus, potens, dives : potior, participo

9d **与格**はそれ自体, 目的, 利害関係を意味し, また間接目的語（人, まれに物）として用いられ, 「…のために, …にとって, に対し」と訳し得る.

Roscius praedia **aliis** coluit, non **sibi**. ロスキウスは他人のために農地を耕したので, 自分のためではない. Socratis **morti** inlacrimare soleo Platonem legens (118.4). 私はプラトーンを読みながら, ソークラテースの死にいつも涙を流す. **Interroganti** (118.1) **senatori** si reticeam, superbus videar (116.3). 質問している元老院議員に対し, もし私がだまっていたら, 傲慢に思われよう.

9d(1) 自動詞※の間接目的語

Ipsa **sibi** imbecillitas indulget. 弱さそれ自体が自己を甘やかすのだ. Dies **stultis** quoque mederi (137) solet. 日時は愚人をも癒すのが常である. Nemo liber est qui **corpori** servit. 肉体に仕える者は何人も自由ではない.

※ 好悪, 利害, 信・不信, 服従・抵抗, 命令・禁止などの概念を持つ動詞, placeo, faveo, credo, diffido, impero, pareo etc.

9d(2) 非人称動詞の間接目的語

licet, libet (167)

9d(3) ad, ante, in, inter, ob, prae, sub, super の合成動詞(175)の間接目的語.

Piger ipse **sibi** obstat 怠け者はわれとわが身の邪魔をする.

9d(4) 直接目的語（対格）をとる他動詞が, その上に間接目的語（与格）もとることがある.

Tibi exercitum patria pro se dedit. 祖国は自分のため汝に軍隊を与えたのである.

9d(5) 分離の与格（人）をとる他動詞も見られる. (cf.9f7) この与が人以外に用いられる時は, 詩的用法である.

Vitam **adulescentibus** vis aufert. 暴力が若者たちから命を奪う. Arma adimuntur **militibus**. 武器が兵士たちよりとりあげられる. solstitium **pecori** defendite. 君たちは夏の炎暑から家畜を守り給え.

9d(6) esse と共に所有の与格が用いられる. (cf.9c12)

Caesar amicus est **mihi**. カエサルは私にとって（私の）友である.

9d(7) 目的の与格（物）をとる動詞の中にはさらに利害の与格（人・物）をもとる動詞※がある.

Quinque cohortes **castris praesidio** reliquit. 彼は5箇大隊を陣営に防衛のため残した. **Exitio** est **avidis** mare **nautis**. 貪欲な船乗りにとって海は破滅のためにある. **Nemini** meus adventus **labori** aut **sumptui** fuit. 私の到着は何人にも苦労や出費をかけさせなかった.

※ 二重与格をとる動詞 ; esse, dare 以外に relinquere, mittere, venire など, 少数である.

9d(8) 共感の与格（dativus sympatheticus）が所有の属格の代りに用いられる. 深い心情・共感を示す.

Militanti in Hispania pater **ei** (= ejus) moritur. 彼がヒスパーニアで戦っている最中, 彼の父が亡くなる. **Ei** (= ejus) libenter me ad pedes abieci. 私は喜んで彼の足元に身を投げ出した.

9d(9) 関心の与格（dativus ethicus）は一・二人称の代名詞に限られる. これは（民

衆）口語体である.

Ecce **tibi** qui rex populi Romani esse concupiverit. ほら，あの男だ，ローマ国民の王たらんと烈しく願っていたのは.

9d(10) 判断者の与格は「…にとって」と訳される.

Fortunatus **sibi** Damocles videbatur. ダーモクレースは自分では幸福だと思っていた.

Animo cupienti nihil satis festinatur. 熱望している精神にとって申し分なく急がれているものは一つもない.

9d(11) 行為者の与格は(イ)受動相，特に完了形と(ロ)動形容詞と共に用いられる.

(イ) **Mihi** res tota provisa est. すべてのことが私の手で準備された.
Cena ministratur **pueris tribus.** 夕食は三人の少年奴隷によって給仕される. (*cf.*9f11)

(ロ) Diligentia praecipue colenda (147.(ロ)) est **nobis**. 注意深い精神は特に我々によって育成されるべきである.

9d(12) 運動動詞の目的地・場所の与格は稀で，ギリシア語風の詩的表現である. (*cf.*70)

Eo ferocius adequitabant Samnites **vallo.** それだけに一層ふるいたってサムニーテース族は城壁を目がけて馬を駆った.

It **caelo** clamorque virum clangorque tubarum. 兵士たちの鬨(とき)の声とラッパの響きが天にとどく.

9d(13) 与格はときに形容詞※，稀に副詞の補語となる.

Fiunt omnia **castris** quam **urbi** similiora. 何もかもが町よりも陣営にいっそう似てくる. Nihil aut **patri** gratius aut **sibi** jucundius facere potuit. 彼はそれ以上に父にも感謝され，自分にも嬉しいことは何もできなかった. Summum bonum a Stoicis dicitur convenienter **naturae** vivere. ストア派の哲学者によると，最高善とは自然と調和して生きることであると云われる.

※ 相似，適当，友好，親近などとその対立概念の形容詞，乃至副詞. similis, opportunus, amicus, notus etc.

9e(1) **対格**は他動詞の直接目的語を意味する.

Mens regit **corpus** 精神は肉体を管理する Graecia capta (118.1) ferum **victorem** cepit. 占領されたギリシアが野蛮な勝利者(ローマ人)の心をとらえた.

注. 自動詞も前置詞※との合成動詞になると対格をとることがある.

Convivia cum patre non inibat. 彼は父と一緒に夕食に臨もうとしなかった.

※ circum, per, praeter, trans, subter の場合必ず，ad, in, super, ante, cum(= con), ob, sub, inter などでも多くは対格をとる. (175, 9d3)

9e(2) 人と物の二重対格をとる他動詞※がある.

Tribunus **me** primum **sententiam** rogavit. 護民官は私に最初に意見を求めた.

Quid nunc **te**, asine, **litteras** doceam (116.4)? 痴(し)れ者よ，なぜ私はお前に文学を教えねばならないのか.

※ 尋問・要求・教示，などの動詞.

9e(3) 同じ人，同じものの二重対格をとる他動詞※もある.

Iram bene Ennius **initium** dixit insaniae.「怒りは」といみじくもエンニウスは言った，「気違いの始まりである」と.

Populus Romanus **Numam regem** creavit. ローマ国民はヌマを王に択んだ.

※ 名づける，みなす，する，択ぶ，見せる，などの概念の動詞.

II. 名詞の格変化　　　　866

9e(4)　非人称的表現で感情動詞の目的語として．(166)

9e(5)　動詞の意味内容を限定・説明する，いわゆる内的目的語は中性の代名詞か，形容詞の対格形※である．

Xenophon **eadem** fere peccat. クセノポーンもほぼ同じ誤りを犯している．

Quid me ista laedunt? それらのことが私を傷つけるのはどの点でか(＝どうしてか)．

※ quid, aliquid, nihilo, id, hoc, omnia, pauca

9e(6)　内的目的語が動詞と同一概念※の場合，同族の対格と呼ぶ．

Mirum atque inscitum somniavi **somnium** 不思議な，今迄見たこともない夢をみた．

※ canere cantilenam 歌をうたう，cenare cenam 夕食をとるなど．

9e(7)　目的地を示す対格には，

(イ)　町，小島の名前，rus(田舎へ)，domum(家へ)の場合，前置詞不要(70)．

Missi legati **Athenas** sunt. 使節がアテーナイへ送られた．

(ロ)　その他の場合，前置詞 in, ad が必要(70)．前置詞のないのは詩的用法

Res humanae semper **in adversa** mutant. 人間事象はいつでも逆境へと変わる．

9e(8)　広がりの対格．

(イ)　距離の対格．

Reliquas munitiones ab ea fossa **pedes quadringentos** reduxit. 彼は残りの防禦施設をその濠から400フィート後退させた．

Caesar tridui **iter** processit. カエサルは三日間の旅程を進んだ．

注．per もつく時がある，per oram maritimam 海岸に沿って

(ロ)　時間(持続)の対格．

Gorgias centum et novem vixit **annos**. ゴルギアースは109年間生きた．(109歳で死んだ)

注．per, abhinc と共に．per decem dies 10日間にわたって，abhinc annos prope trecentos (今から)ほぼ300年前に

9e(9)　限定・観点の対格，「…の点で」と訳される※．ギリシア語風の詩的表現．(*cf.*9c6)

os humerosque deo similis. 顔と両肩の点で神に似ている(彼)

percussa nova **mentem** formidine. 心において新しい恐怖に襲われた(彼女)

※ この対格については，別な解釈もある．たとえば，**ferrum** cingitur 彼は刀を帯びる **loricam** induitur 彼は胴鎧を身につける　このような例文において，対格は，ラテン語の受動相が，ギリシア語の中動相とみなされた上での目的語であると．または，能動相のときの対格が受動相になってそのままのこっているのであると．*cf.* pater docet puerum **litteras** — puer docetur **litteras** a patre

9e(10)　感嘆の対格．

o **miseras** hominum **mentes**, o **pectora caeca** ! あ，哀れな人間の精神よ，あ，盲目の心よ．

Hem mea lux, **te** nunc, sic **vexari** ! あ，私の光よ，今そなたがこんなに苦しんでいるとは．(117.8)

9e(11)　知覚・感情・意志・伝達動詞の目的語となる不定法句(117.5)において，対格は主語，述語，目的語として用いられる．

Thales Milesius dixit **aquam** esse **initium** rerum. ミーレートスのタレースは万物の根源は水であると言った．

Volucres videmus fingere et construere **nidos**. 秋には小鳥が巣を作り高く積み

上げるのを我々は見(てい)る.

9e(12) 古喜劇の中で，次のようなギリシア語風の対格も見られる.

Naucratem(= Naucrates) quem convenire volui, in navi non erat. 私が会いたいと思ったナウクラテースは船の中にいなかった. Scin' **me** in quibus sim gaudiis. おまえは私がどんなに喜んでいるか，わかるまい.（me 不要）

Quid tibi **hanc** curatio est **rem**? この事とお前はどんな関係があるのか.（= curatio hujus rei §9c3)

9e(13) 多くの形の単・中・対は副として用いられる. primum 最初に　dulce 甘く　facile やさしく

9f　奪格は,(イ)「場所・時」を意味し「…において，…の中で」と訳され,(ロ)「起源・分離」を意味し「…から」と,(ハ)「手段・随伴」を意味し「…によって，と共に」と訳される. それぞれ(イ)in,(ロ)ab, ex(ハ)cum と共に用いられる場合，理解し易いがこれらの前置詞を使わないときは訳しにくい.

9f(1) 場所の奪格,「どこに？」の疑問に答える奪格で一般に前置詞 in を使う. ただしいくつかの例外がある※.

Plato rationem **in capite** posuit, iram **in pectore** locavit. プラトーンは理性を頭の中にいれ，怒りを胸の中に置いた. Caesar paucos dies **in Asia** moratus (118.4) audiit (114.3) Pompeium Cypri (70) visum. カエサルは数日間アシアに逗留していた時，ポンペーイユスの姿がキュプロス島で見られたという事を聞いた.

> ※(イ)terrā 陸(路)で, marī 海(路)で, dextrā 右(手)で, laevā 左(側)に. そして parte, loco, libro, toto, omnibus などに, 形・名の追加語が伴うとき，前置詞は略されることがある. duobus locis 二箇所で, altera parte 別な部分で, hoc libro この巻で, tota Italia イタリア全土で
>
> (ロ)小島，町の名前の場合 in は不要(*cf.*70)
>
> (ハ)「道，空間，場所を通って行く」といった運動動詞にも前置詞が略されるときがある. it nigrum **campis** agmen 黒い行列が平野を進む　adverso **colle** contendere 真向いの丘を馳け上がる　Primo luce (9f2) **duabus** simul **portis** eruptionem fecerunt. 彼らは夜明けと共に一斉に二つの門から出撃した.
>
> (ニ)また，ある所に(位置)に「じっとしている，身を保つ，とどまる，居続ける」といった動詞にも前置詞が略されることがある. **castris** (**oppido, lectulo**) se tenere 陣営に(城市の中に，寝椅子の上に)じっとしている，とどまっている，坐りつづける

9f(2) 時の奪格は「…に，…の間，以内に」と訳され，前置詞 in を伴うときもある. Apud Pythagoram discipulis (9d11) quinque **annis** tacendum erat. ピュータゴラースの学校においては，弟子たちは5年間沈黙を守らねばならなかった.

nocte pluit **tota**, rédeunt at mane serena. 夜中に雨が降ったが，朝になって晴天が戻ってくる.

> 注. 前置詞の伴う場合, bis in die 一日に二度, in diebus proximis decem 今から10日以内に

9f(3) 限定・観点の奪格,「において，の点で」と訳され，ex, de, ab の伴うときもある(*cf.*9c6, 9e9)

Ennius **ingenio** maximus, **arte** rudis. エンニウスは才能において優秀であるが，技法において洗練されていない.

Animo ignavus, procax **ore** 憶病な性質のくせに，横柄な口をきく(人)

9f(4) 起源・出発点の奪格,「から」と訳され，ex, de を伴うときもある.（*cf.*70)

dis genite et geniture (118.2, 9b) deos 神々から生まれて神々になるお方よ

Oderunt natos **de paelice** 妾から生まれたこどもを彼らは憎んでいる

9f(5) 材料の奪格,「から，によって」と訳され，前置詞 ex を伴う. しかし伴わ

II. 名詞の格変化　　　　868

ない例も詩の中に見られる

statua **ex auro** facta 黄金製の像 Omnis **ex re** atque **verbis** constat oratio. あらゆる言説は事実と言葉からなる.

9f(6)　比較の奪格，形容詞，副詞の比較級と共に用いられ quam「よりも」の代りをする.

Lacrima nihil **citius** arescit. 涙より早く乾くものは何もない.

Serius spe ommium Romam venit. 彼はすべての人の希望より遅くローマにやってきた.

9f(7)　分離の奪格は「どこから」の問いに答え，原則として，ex「のなかから」，de「から」，ab「から離れて」をとる．しかし忌避，移動，救助，排除等の概念の動詞，（同じ意味の若干の形容詞）の場合，前置詞は省略されるが，人の場合は必ず ab が必要.（cf.9d5）

Decedit **ex Gallia** Romam. 彼はガッリアからローマへ引きあげた.

Lapidibus optimos viros **foro** pellis. お前は貴族たちを広場から石を投げて追い払う.

Ab illa excludor, **hoc** concludor. 私は彼女から締め出され，この家から一緒に住むことを拒絶された.

Animus excelsus **omni** est liber **cura**. 気高い精神はあらゆる心配から解放されている.

注. 町，小島の名前と domo, rure には前置詞は不要(70)

Senex heri ea causa **rure** hunc advenit. 老人は昨日そのようなわけで田舎からここにやってきたのだ.

9f(8)　随伴の奪格は，cum「と共に」を伴う．ただし，軍隊，着物を伴うとき，cum の省略も見られる．ipse eo **pedestribus copiis** contendit 彼自身はそこへ歩兵隊と共に急行する，**veste servili** navem conscendit 彼は奴隷の服装で乗船した，**cum baculo pera**que senex 杖とずだ袋を持った老人

9f(9)　付随状況・仕方の奪格，「いかにして？」の問いに答えて，cum を伴う．但し形容詞の付くとき cum はなくてもいい.

beate vivere, honeste, id est, **cum virtute**, vivere. 幸福に生きるとは，清廉潔白に，つまり美徳をもって生きること.

Deos **pura, integra, incorrupta, et mente et voce** venerari debemus. 我々は清らかな，汚れのない，腐っていない心と言葉で神々を崇めねばならぬ.

9f(10)　特徴描写の奪格には前置詞がなく形容詞が伴う.（cf.9c5）

Agesilaus **statura** fuit **humili** et **corpore exiguo** et claudus altero pede (9f3). アゲーシラーオスは背は低く体はやせ，片足はびっこであった.

9f(11)　手段・方便(物)の奪格は「…によって」と訳され，前置詞を伴わないが，行為者(人)の奪格には ab「…によって」が必ずつく.（cf.9d11)物に ab がつくときは詩的用法である

Cornibus tauri, apri **dentibus, morsu** leones, aliae bestiae **fuga** se tutantur. ウシは角でイノシシは牙で，ライオンは嚙み付き，その他の獣は逃走によって自分の身を守る.

Fas est et **ab hoste** doceri. 敵からも教えられることは正しい. **sanguine** pluisse「血の雨が降った」と

9f(12)　判断の基準の奪格は計測，判断の動詞と共に用いられる．観点の奪格(9f3)と区別し難い.

Benevolentiam non **ardore** amoris sed **stabilitate** judicemus. 我々は好意を愛

情の熱烈さによってではなく，愛情の強固な持続によって判断すべきだ.

9f(13)　差異の程度の奪格は，差異の概念の動詞や比較の形容詞，副詞※，数詞などと共に用いられる.

Templum quinque **milibus passuum** ab urbe distat. その神殿は町から5マイル離れている.

Interim **paucis** post **diebus** fit ab Ubiis certior. そのうち数日後それはウビー族から知らされる.

※ distare, abesse, excellere ; infra, supra, post, ante.

9f(14)　価格の奪格は売買の動詞※と共に用いられる.（cf.9c7）

Emit **morte** immortalitatem. 彼は死でもって不滅の生を買った.

Vendidit hic **auro** patriam. この男は金で祖国を売った.

※ magno veniit. 「それは高い値で売れた」における magno は pretio の省略形であろう.

9f(15)　理由・原因の奪格は前置詞なしに，とくに感情を表現する動詞（とその分詞）と形容詞※共に用いられることが多い.

In culpa sunt qui officia deserunt **mollitia** animi. 意志薄弱故に義務を放棄する人は責められるべきだ.

Exercitus nostri interitus **ferro, fame, frigore, pestilentia**. 我が軍は戦闘，餓，寒さ，疫病から死に絶えた.

※ delicto doleo 過失を苦にする ardeo ira 怒りで燃えている laetus munere 贈り物を喜んでいる metu perterritus fugit 彼は恐れおののいて逃げた

9f(16)　奪格支配のその他の動詞

(イ)　充満・欠乏の動詞：（cf.9c8）

Democritus dicitur **oculis** se privasse（114.3）デーモクリトスは両眼を奪われていたと云われる

Deus **bonis omnibus** explevit mundum. 神は世界をあらゆる善きもので満たした.

(ロ)　deponentia（utor, fruor etc）と共に §124

9f(17)　奪格を補語とする形容詞，名詞がある.

(イ)　充満・欠乏を意味する形容詞（cf.9c13）

Amor et **melle** et **felle** est fecundissimus. 恋は蜜（甘さ）でも胆汁（苦さ）でも満ちあふれている.

(ロ)　opus（usus）est 「を必要としている」（cf.171）

Non opus est **verbis**, sed **fustibus**. 彼は言葉ではなく，棍棒を必要としている.

9f(18)　絶対（独立）奪格（ablativus absolutus）：主語（名詞・代名詞）と述語（分詞，ときに形容詞，名詞）が共に奪格形で，主文から独立して従属文の働きをするときの二つの奪格をこう呼ぶ.（cf.118.5）

vivo patre 父の存命中，**te invito** お前が乗り気でないのに（ない時，にも拘らず）

Tarquinius Turnum **oblato falso crimine** oppressit. タルクィニウスは虚偽の罪で告発し，トゥルヌスを押しつぶした.

注.　非人称動詞の場合主語はない.

mihi **errato** nulla venia, **recte facto** exigua laus proponitur. もし誤ったら全く私は容赦されないのに，正しく行ってもわずかの賞賛しか与えられないのだ.

（errato = si erratum erit a me, recte facto = si recte factum erit a me）

9f(19)　名, 形, 代の奪が副として用いられる例：

vulgo 一般に＜ vulgus, natu 生まれにおいて＜ natus, tuto 安全に＜ tutus, pirimo 最初に＜ primus, hoc ここに＜ hic

II. 名詞の格変化　　　　870

§10　ラテン語の名詞は語幹末音－幹特徴(stem characteristic)－と，単数・属格の語尾によって五種に分類される．

変化	例(単・主)	単・属	複・属	幹特徴
I	stēlla *f.* 星	stēllae	stēllārum	ā[2]
II	dominus *m.* 主人	dominī	dominōrum	ō
III	cīvis *c.* 市民	cīvis	cīvium	ī[2]
	homō *m.* 人	hominis	hominum	子音
IV	senātus *m.* 元老院	senātūs	senātuum	ŭ
V	diēs *m.* 日	diēī	diērum	ē

注1．幹特徴は，複・属の語尾，-um 又は -rum の前の文字に現れる．第三変化では幹特徴は注意すべきであるが，その他の変化名詞ではむしろ単・属が大切である．これからその名詞の変化形を識別できるからである．従って辞典には主・単の見出しに続いて属・単をあげることとなっている．本辞典では，変化の種類を1. 2. 3. 4. 5. で示し，その後に参照すべき変化表をたとえば§11 などで示す．

　　2．見出し語では長母音に ā, ō の如く長音符(ˉ)をつける．特に短母音に注意を促すときにのみ，ă, ĕ のごとき符号(˘)を記す．

第一変化の名詞

§11　-a に終わる女性名詞

数	格	stēlla *f.* 星	poēta *m.* 詩人
単	主(呼)	stēlla	poēta
	属	stēllae	poētae
	与	stēllae	poētae
	対	stēllam	poētam
	奪	stēllā	poētā
複	主(呼)	stēllae	poētae
	属	stēllārum	poētārum
	与	stēllīs	poētīs
	対	stēllās	poētās
	奪	stēllīs	poētīs

注．第一変化名詞の大半は女性，男性は scriba 書記など若干の職名，そして山と川の名称の中にも見られる．Aetna *m.* アエトナ山, Bagrada, *m.* バグラダ川 *cf.* §7 注．

§12　第一変化名詞の語尾変化は下図の如く，語基(base)に格語尾を加えるとよい．

数	格	語基[1]	格語尾
単	主(呼)		-a
	属	stēll-	-ae[3]
	与	poēt-	-ae[4]
	対		-am
	奪		-ā[5]
複	主(呼)		-ae
	属	stēll-	-ārum
	与	poēt-	-īs, abus[2]
	対		-ās
	奪		īs, abus[2]

注1．語基とは辞典で見出しの次に記載された属格形の語尾から -ae を除いた形．語幹(stem, §10)と異なる．

　　2．dea 女神, filia 娘は複・与・奪で deābus, filiābus となる．deus, filius(*cf.* 13)との混同をさけるための例外的措置．(古)ēīs も見られる．

　　3．(古)ās, āī, ai

　　4．(古)āī

　　5．(古)ad

II. 名詞の格変化

第二変化の名詞

§13 -us に終わる男性名詞と -um に終わる中性名詞

数	格	dominus *m.* 主人	filius *m.* 息子	verbum *n.* 言葉
単	主	dominus	filius	verbum[2]
	属	dominī	filī（filiī）	verbī
	与	dominō	filiō	verbō
	対	dominum	filium	verbum[2]
	奪	dominō	filiō	verbō
	呼	domine[1]	filī	verbum
複	主	dominī	filiī	verba[2]
	属	dominōrum	filiōrum	verbōrum
	与	dominīs	filiīs	verbīs
	対	dominōs	filiōs	verba[2]
	奪	dominīs	filiīs	verbīs
	呼	dominī	filiī	verba

注1．-us で終わる男性名詞の単数に限り，特別な呼格形がある．複数では主格と同形である．
　2．中性名詞では，単複とも，主・対は同形で，いかなる種類の名詞の場合でも，必ず，中性・主・対は同形．
　3．-us で終わる女性名詞は，樹木，町，島，国（*cf.* 7 注）の名称の中にも見られる．
　　　pīnus *f.* 松の木，mālus *f.* りんごの木，Corinthus *f.* コリントゥス，Aegyptus *f.* エジプト
　4．その他の例外：humus *f.* 土地，vulgus *n.* 大衆，vīrus *n.* 毒
　5．-ius，-ium で終わる名詞の単数・属格は，-iī とせず，単に -ī とする場合が多い．そして -ius で終わる男性名詞では呼格も -ī（＜ ie）となり，属格と同形である．

		filius *m.* 息子	Vergilius	ingenium *n.* 才能
単・属		filī	Vergilī	ingenī
単・呼		filī	Vergilī	ingenium

§14 deus「神」　変化は不規則である．

格	単数	複数
主	deus	deī, dī または diī
属	deī	deōrum, deum
与	deō	deīs, dīs, diīs
対	deum	deōs
奪	deō	deīs, dīs, diīs
呼	deus（または dīve）	deī, dī, diī

注1．第二変化の名詞で，複数属格形が deum のように終わり，-ōrum でないのも時々見られる．
　　　fabrōrum または fabrum 職工たちの
　　　sociōrum または socium 同盟者たちの
　2．同じく第一変化名詞の複数属格 -ārum が，-um で終わる例もまれに見られる．
　　　incolārum または incolum
　　　agricolārum または agricolum

II. 名詞の格変化　872

§15　-er(または -ir)に終わる男性名詞.

数	格	puer *m.* 少年	vir *m.* 男	ager *m.* 畠
単	主(呼)	puer	vir	ager
	属	puerī	virī	agrī
	与	puerō	virō	agrō
	対	puerum	virum	agrum
	奪	puerō	virō	agrō
複	主(呼)	puerī	virī	agrī
	属	puerōrum	virōrum	agrōrum
	与	puerīs	virīs	agrīs
	対	puerōs	virōs	agrōs
	奪	puerīs	virīs	agrīs

注. この型の第二変化名詞は主格で -us を欠いていていると考えればよい. puer(us), vir(us), ager (us), なお, ager の如く斜格で -e- のおちる型は puer 型より多い.

§16　第二変化名詞語尾一覧表

数	格	語基[1)]	格語尾 *m.*	格語尾 *n.*
単[2)]	主(呼)	domin-	-us (-e)	-um
	属	puer-	-ī	
	与	agr-	-ō	
	対	verb-	-um	
	奪		-ō	
複[3)]	主(呼)	domin-	-ī	-a
	属	puer-	-ōrum	
	与	agr-	-īs	
	対	verb-	-ōs	-a
	奪		-īs	

注1. 語基(§12)は辞典の見出しの次の属格形から語尾の -ī を除いた形.

　　例　dominus, *m.* dominī 2 §13 又は, dominus, ī, *m.* ager, *m.* agrī 2 §15 又は, ager, -grī, *m.*

　2.（古)主 os, om 属 ēī 与 oi 対 om 奪 ōd

　3.（古)主 oe, ē, ēī 属 om 与, 奪 ēīs

第三変化の名詞

§17　第三変化は下図のように i 幹名詞と子音幹名詞とに大別される.

	単・主	単・属	語基	複・属	語幹
i 幹	ignis	ignis	ign-	ignium	igni-
	nūbēs	nūbis	nūb-	nūbium	nūbi-
	sedīle	sedīlis	sedīl-	sedīlium	sedīli-
子音幹	homō	hominis	homin-	hominum	homin-
	lēx	lēgis	lēg-	lēgum	lēg-
	genus	generis	gener-	generum	gener-

　I．i 幹名詞は, ignis の如く主格と斜格とが等数音節(parisyllabic)で, 且つ複・属が -ium に終わる.

　II．子音幹名詞は homō の如く斜格形が主格より一音節長い, つまり異数音節 (imparisyllabic)で, 複・属は -um で終わる,

但し次のような例外がある.

Ⅰ. の例外
(イ) 等数音節語でありながら，-um で終わる i 幹名詞：
canis *c.* 犬，juvenis *c.* 青年，pānis *m.* パン，vātēs *c.* 予言者(19)
(ロ) 等数音節語でありながら，-um で終わる子音幹名詞：
pater, *m.* 父，māter *f.* 母，frāter *m.* 兄弟(26)
Ⅱ. の例外
(イ) 異数音節語でありながら，-al, -ar で終わる中性名詞は，-ium で終わり，i 幹名詞：(20)
animāl, -ālis, *n.* 動物　calcar, -āris, *n.* 拍車
(ロ) 子音か長母音に先行された -s(か -x)で終わる単音節語のうちには，-ium で終わる子音幹名詞が多い．(24)

ars, artis	*f.*	複・属	artium	技術，芸術
mōns, montis	*m.*	複・属	montium	山
dōs, dōtis	*f.*	複・属	dōtium	嫁資

§18 第三変化は i 幹と子音幹に大別されるも，格語尾の変化は下図の如く共通している．但し，複・属が -ium か -um か，中性の複・主・対格が -ia か -a の違いがある．もっとも第三変化では，第一変化の大半が -a で終わる女性，第二変化が -us か -um で終わる男・中性名詞であるといった特色はなく，性も語尾も各語で覚える他はない．そのために語幹を知ることが必要となる．語幹は§17 の表で見られるように，子音幹では語基と一致し，i 幹では語基に i を加えた形である．語基は§17 でわかるように辞典に記された単・属から語尾 -is を除いた形である．第三変化(の名詞)はこの語基に下図の格語尾を加えるとよい．

第三変化の格語尾一覧

数	格	i 幹名詞		子音幹名詞	
		m.f.	*n.*	*m.f.*	*n.*
単	主(呼)	-is か ēs	－か e	-s か －	－
	属	-is[3]	-is	-is	-is
	与	-ī[4]	-ī	-ī	-ī
	対	-em か im	－か e	-em	－
	奪	-e か ī[5]	-ī	-ĕ	-ĕ
複	主(呼)	-ēs[6]	-ia	-ēs	-a
	属	-ium	-ium	-um	-um
	与	-ibus	-ibus	-ibus	-ibus
	対	-īs か ēs	-ia	-ēs	-a
	奪	-ibus	-ibus	-ibus	-ibus

注1．第三変化では呼格は主格と同形である．
　2．－は主格の語尾が不定であることを示す．
　3．(古)us, es
　4．(古)ēī, ī
　5．(古)ēd, īd
　6．(古)ēīs, īs

II. 名詞の格変化　　　　　　　　874

（イ）　i 幹名詞
§19　i 幹に終わる男・女性名詞[1]

		ignis *m.* 火 (igni-)	turris *f.* 塔 (turri-)	nūbēs *f.* 雲 (nūbi-)	canis *c.* 犬 (cani-)	cīvis *c.* 市民 (cīvi-)
単	主(呼)	ignis	turris	nūbēs	canis	cīvis
	属	ignis	turris	nūbis	canis	cīvis
	与	ignī	turrī	nūbī	canī	cīvī
	対	ignem	turrim[2] (-em)	nūbem	canem	cīvem
	奪	ignī(-e)	turrī(-e)	nūbe	cane	cīve(-ī)
複	主(呼)	ignēs	turrēs	nūbēs	canēs	cīvēs
	属	ignium	turrium	nūbium	canum[4]	cīvium
	与	ignibus	turribus	nūbibus	canibus	cīvibus
	対	ignīs(-ēs)[3]	turrīs(-ēs)	nūbīs(-ēs)	canīs(-ēs)	cīvīs(-ēs)
	奪	ignibus	turribus	nūbibus	canibus	cīvibus

注1．-ēs で終わるのが女性，-is は男・女で折半する.
　　2．i 幹名詞の単数対格と奪格は，古く，im, ī であったが，古典期には，im, ī を保っている例は少ない.
　　　　sitis *f.*「渇き」，vīs *f.*「暴力」は常に im, ī, puppis *f.*「船尾」turris *f.*「塔」，nāvis *f.*「船」はしばしば im, ī で現れる.
　　3．複数・対格形の īs は古典期，ēs は帝政期に多い.
　　4．i 幹名詞で -um に終わる若干の名詞は§17.

§20　i 幹に終わる中性名詞[1]

		calcar *n.* 拍車 (calcāri-)	animal *n.* 動物 (animāli-)	mare *n.* 海 (mari-)
単	主(呼)	calcar	animal	mare
	属	calcāris	animālis	maris
	与	calcārī	animālī	marī
	対	calcar	animal	mare
	奪	calcārī	animālī	marī, marĕ
複	主(呼)	calcāria	animālia	maria
	属	calcārium	animālium	marium
	与	calcāribus	animālibus	maribus
	対	calcāria	animālia	maria
	奪	calcāribus	animālibus	maribus

注1．-e, al, -ar で終わるのが中性.

（ロ）　子音幹名詞
§21　黙音幹（p, t, c, b, d, g）に終わる男・女性名詞

数	格	prīnceps *m.* 元首 (prīncip-)	rēx *m.* 王 (rēg-)	aetās *f.* 年齢 (aetāt-)	pēs *m.* 足 (ped-)	mīles *m.* 兵 (mīlit-)	dux *m.* 将軍 (duc-)
単	主(呼)	prīnceps	rēx	aetās	pēs	mīles	dux
	属	prīncipis	rēgis	aetātis	pedis	mīlitis	ducis
	与	prīncipī	rēgī	aetātī	pedī	mīlitī	ducī
	対	prīncipem	rēgem	aetātem	pedem	mīlitem	ducem
	奪	prīncipe	rēge	aetāte	pede	mīlite	duce
複	主(呼)	prīncipēs	rēgēs	aetātēs	pedēs	mīlitēs	ducēs
	属	prīncipum	rēgum	aetātum	pedum	mīlitum	ducum
	与	prīncipibus	rēgibus	aetātibus	pedibus	mīlitibus	ducibus
	対	prīncipēs	rēgēs	aetātēs	pedēs	mīlitēs	ducēs
	奪	prīncipibus	rēgibus	aetātibus	pedibus	mīlitibus	ducibus

§22　黙音幹に終わる中性名詞

数	格	cor *n.* 心 (cord-)	caput *n.* 頭 (capit-)	poēma *n.* 詩 (poēmat-)
単	主(呼)	cor	caput	poēma
	属	cordis	capitis	poēmatis
	与	cordī	capitī	poēmatī
	対	cor	caput	poēma
	奪	corde	capite	poēmate
複	主(呼)	corda	capita	poēmata
	属	——	capitum	poēmatum
	与	cordibus	capitibus	poēmatibus (-atīs)
	対	corda	capita	poēmata
	奪	cordibus	capitibus	poēmatibus (-atīs)

§23　(1)　黙音幹名詞の大半は女性で，あとは男性であり，中性は次の三個しかない．
caput, capitis *n.* 頭　　lac, lactis *n.* 牛乳
cor, cordis *n.* 心臓（複数属格が欠けている）
ただし第三変化に属するギリシア起源の名詞(41)はこの限りではない．
poēma, -atis, *n.* 詩

(2)　特殊な変化をするもの：*cf.* §47

nix, nivis *f.* 雪	(単)	nix	nivis	nivī	nivem	nive
	(複)	nivēs	nivium	nivibus	nivēs	nivibus
bōs, bovis *c.* 牛	(単)	bōs	bŏvis	bŏvī	bŏvem	bŏve
	(複)	bŏvēs	bŏum	bōbus (būbus)	bŏvēs	bōbus (būbus)

ops, opis *f.* 力の変化には単数主・与格は見られない．

(単)	——	opis	——	opem	ope
(複)	opēs	opum	opibus	opēs	opibus

II.　名詞の格変化　　　　　876

§24　子音幹，とくに黙音幹の中には，単数が子音幹のように，複数が i 幹のように混合変化する一群の名詞がある．複数・属格が -ium で終わる黙音幹名詞.

数	格	mōns *m.* 山 (mont-)	ars *f.* 技術 (art-)	nox *f.* 夜 (noct-)	cliēns *m.* 子分 (client-)	gēns *f.* 種族 (gent-)
単	主(呼)	mōns	ars	nox	cliēns	gēns
	属	montis	artis	noctis	clientis	gentis
	与	montī	artī	noctī	clientī	gentī
	対	montem	artem	noctem	clientem	gentem
	奪	monte	arte	nocte	cliente	gente
複	主(呼)	montēs	artēs	noctēs	clientēs	gentēs
	属	montium	artium	noctium	clientium(-um)	gentium
	与	montibus	artibus	noctibus	clientibus	gentibus
	対	montēs(-īs)	artēs(-īs)	noctēs(-īs)	clientēs(-īs)	gentēs(-īs)
	奪	montibus	artibus	noctibus	clientibus	gentibus

§25　この型の変化は，
(イ)　子音か長母音(または複母音)に先行された s か x で終わる―とくに -ns, -rs, -bs, -ps, -os で終わる―単音節語に多い(全部ではない).
　　　fōns, fontis※ *m.* 泉　　　　　frōns, frontis *f.* 額
　　　mēns, mentis *f.* 心　　　　　 pōns, pontis *m.* 橋
　　　※ -nt- の前で長母音は短くなる.
(ロ)　-ās, -ēs, -tās で終わる名詞と，-ns, -rs で終わる多音節語の中にも，複数属格が -ium で終わる例が見られる(-um で終わるのが普通だが).
　　　Penātēs, Penātium(-tum) *m. pl.* かまどの神
　　　optimātēs, -tium(-tum) *m. pl.* 貴族
　　　cīvitās, cīvitātis *f.* 市民権

§26　流音幹(l, r)に終わる男・(女)性名詞[1].

数	格	cōnsul *m.* 執政官 (cōnsul-)	victor *m.* 勝利者 (victōr-)	māter *f.* 母 (mātr-)	imber *m.* 雨[2] (imbr-)	pater *m.* 父 (patr-)
単	主(呼)	cōnsul	victor	māter	imber	pater
	属	cōnsulis	victōris	mātris	imbris	patris
	与	cōnsulī	victōrī	mātrī	imbrī	patrī
	対	cōnsulem	victōrem	mātrem	imbrem	patrem
	奪	cōnsule	victōre	mātre	imbre(-ī)	patre
複	主(呼)	cōnsulēs	victōrēs	mātrēs	imbrēs	patrēs
	属	cōnsulum	victōrum	mātrum	imbrium	patrum
	与	cōnsulibus	victōribus	mātribus	imbribus	patribus
	対	cōnsulēs	victōrēs	mātrēs	imbrēs	patrēs
	奪	cōnsulibus	victōribus	mātribus	imbribus	patribus

注1．女性名詞は極めて少ない．l 幹名詞の大半は男性，若干が中性．r 幹名詞では，-er, -or で終わるのが多く男性，-ar, -ur で終わるのには中性が多い.
　　2．imber の如く複数属格が -ium で終わる流音幹名詞は例外である．ūter *m.*「皮袋」，venter *m.*「腹」も imber と同じ変化をする.

§27 流音幹に終わる中性名詞.

数	格	mel *n.* 蜜 (mell-)	marmor *n.* 大理石 (marmor-)	fulgur *n.* 輝き (fulgur-)	rōbur *n.* 樫 (rōbor-)
単	主(呼)	mel	marmor	fulgur	rōbur
	属	mellis	marmoris	fulguris	rōboris
	与	mellī	marmorī	fulgurī	rōborī
	対	mel	marmor	fulgur	rōbur
	奪	melle(-ī)	marmore	fulgure	rōbore
複	主(呼)	mella	marmora	fulgura	rōbora
	属	mellum	marmorum	fulgurum	rōborum
	与	mellibus	marmoribus	fulguribus	rōboribus
	対	mella	marmora	fulgura	rōbora
	奪	mellibus	marmoribus	fulguribus	rōboribus

注 1．iter *n.*「旅」の変化は不規則である.
　　　単数　iter　itineris　itinerī　iter　itinere
　　　複数　itinera　itinerum　itineribus　itinera　itineribus
　 2．Caesar *m.*「カエサル」の変化(複数形は「カエサル家の人々」の意味)
　　　Caesar　Caesaris　Caesarī　Caesarem　Caesare
　　　Caesarēs　Caesarum　Caesaribus　Caesarēs　Caesaribus

§28 鼻音幹(m, n)で終わる男・女・中性名詞.

数	格	hiems *f.* 冬 (hiem-)	imāgō *f.* 像 (imāgin-)	leō *m.* 獅子 (leōn-)	nōmen *n.* 名前 (nōmin-)	homō *m.* 人 (homin-)
単	主(呼)	hiems	imāgō	leō	nōmen	homō
	属	hiemis	imāginis	leōnis	nōminis	hominis
	与	hiemī	imāginī	leōnī	nōminī	hominī
	対	hiemem	imāginem	leōnem	nōmen	hominem
	奪	hieme	imāgine	leōne	nōmine	homine
複	主(呼)	hiemēs	imāginēs	leōnēs	nōmina	hominēs
	属	hiemum	imāginum	leōnum	nōminum	hominum
	与	hiemibus	imāginibus	leōnibus	nōminibus	hominibus
	対	hiemēs	imāginēs	leōnēs	nōmina	hominēs
	奪	hiemibus	imāginibus	leōnibus	nōminibus	hominibus

注 1．-m で終わるのは hiems *f.*「冬」のみ.
　 2．n 幹は単・主が -o で終わるものが多く，その大半は男・女性.
　 3．-n で終わるものには中性が多く，他は男性.
　 4．不規則な変化(*cf.*48)
　　　(イ)　carō, carnis *f.*「肉体」
　　　　　carō　carnis　carnī　carnem　carne
　　　　　carnēs　carnium　carnibus　carnēs　carnibus
　　　(ロ)　sanguis, sanguinis *m.*「血」では，主格で n がおちている.
　　　　　sanguis　sanguinis　sanguinī　sanguinem　sanguine
　　　　　sanguinēs　sanguinum　sanguinibus　sanguinēs　sanguinibus
　　　(ハ)　nēmō *m.f.*「何人も…でない」
　　　　　nēmō, nūllīus, nēminī, nēminem, nūllō
　　　(ニ)　因みに nihil *n.*「何も…でない」
　　　　　nihil, (nūllīus reī), (nūllī reī), nihil, (nūllā rē).　(reī *cf.*34)

II. 名詞の格変化　　　　878

§29　擦音幹(f, s)に終わる男・中性名詞.

数	格	cinis *m.* 灰 (ciner-)	flōs *m.* 花 (flōr-)	genus *n.* 種 (gener-)	jūs *n.* 正義 (jūr-)	corpus *n.* 体 (corpor)
単	主(呼)	cinis	flōs	genus	jūs	corpus
	属	cineris	flōris	generis	jūris	corporis
	与	cinerī	flōrī	generī	jūrī	corporī
	対	cinerem	flōrem	genus	jūs	corpus
	奪	cinere	flōre	genere	jūre	corpore
複	主(呼)	cinerēs	flōrēs	genera	jūra	corpora
	属	cinerum	flōrum	generum	(jūrum)	corporum
	与	cineribus	flōribus	generibus	(jūribus)	corporibus
	対	cinerēs	flōrēs	genera	jūra	corpora
	奪	cineribus	flōribus	generibus	(jūribus)	corporibus

注1．幹特徴のsは斜格形で前後の母音にはさまれて -r- に変わる．これをsのr化(rhotacism)という．rはギリシア語字母でrhoと呼ぶ.
ただし例外がある vasis, ŏssis など．注意すべき変化：

数	格	vās *n.* 器	ōs *n.* 口	ŏs *n.* 骨	as *m.* 銅貨
単	主(呼)	vās	ōs	ŏs	as
	属	vāsis	ōris	ŏssis	assis
	与	vāsī	ōrī	ŏssī	assī
	対	vās	ōs	ŏs	assem
	奪	vāse	ōre	ŏsse	asse
複	主(呼)	vāsa	ōra	ŏssa	assēs
	属	vāsōrum	——	ŏssium	assium
	与	vāsibus	ōribus	ŏssibus	assibus
	対	vāsa	ōra	ŏssa	assēs
	奪	vāsibus	ōribus	ŏssibus	assibus

2．-ūs, -us で終わるものには中性が多く，-is, -ōs で終わるものには男性が多い.

§30　第三変化に属しているが，二つの語幹を持つものや，独特の変化をするものがある. *cf.* §47

数	格	vis *f.* 暴力	Juppiter *m.* 主神	senex *m.* 老人	sūs *f.* 豚
単	主(呼)	vīs	Juppiter	senex	sūs
	属	(vis)	Jovis	senis	suis
	与	(vī)	Jovī	senī	suī
	対	vim	Jovem	senem	suem
	奪	vī	Jove	sene	sue
複	主(呼)	vīrēs		senēs	suēs
	属	vīrium		senum	suum
	与	vīribus		senibus	subus (suibus)
	対	vīrīs (-ēs)		senēs	suēs
	奪	vīribus		senibus	subus (suibus)

第四変化の名詞

§31 -us に終わる男(・女)性名詞と -ū に終わる中性名詞.

数	格	exercitus *m*. 軍隊	manus *f*. 手	genū *n*. 膝
単	主(呼)	exercitus	manus	genū
	属	exercitūs	manūs	genūs
	与	exercituī(-ū)	manuī(-ū)	genū
	対	exercitum	manum	genū
	奪	exercitū	manū	genū
複	主(呼)	exercitūs	manūs	genua
	属	exercituum	manuum	genuum
	与	exercitibus	manibus	genibus
	対	exercitūs	manūs	genua
	奪	exercitibus	manibus	genibus

注. -us に終わる女性名詞は極めて少ない acus, -ūs「針」, manus, -ūs「手」, porticus, -ūs「柱廊」, domus, -ūs「家」, よく見られる中性名詞は genū, -ūs「膝」, cornū, -ūs「角」, verū, -ūs「鉄の串」

§32 第四変化の格語尾

		m.f.	*n.*			*m.f.*	*n.*
単	主(呼)	-us	-ū	複		-ūs[3]	-ua
	属	-ūs[1]				-uum	
	与	-uī, -ū[2]				-ubus※, -ibus	
	対	-um	-ū			-ūs	-ua
	奪	-ū				-ubus※, -ibus	

※古形

注. 単数属・奪格と複数(中性は除く)主・対格で, u が長母音化し, 複数与・奪格では大抵の場合, u が弱化して i となる. 単数与格 -uī はしばしば(中性では必ず) ū に変わる. 第四変化では属格単数の語尾から -ūs を除いた語基に上記の語尾を加えればよい. 辞典では見出しの次に属格の語尾 -ūs をあげて, 第四変化であることを示している.
1) (古) uos, uis
2) (古) ueī
3) (古) ues, uus

§33 注意すべき変化
1. arcus, -ūs *m*.「弓」の変化
   arcus arcūs arcuī arcum arcū
   arcūs arcuum arcubus arcūs arcubus
2. portus, -ūs *m*.「港」の変化(単数形は省略)
   portūs portuum portibus(portubus) portūs portibus(portubus)
3. domus は第二と第四の混合変化

※地格形については§70 注参照

II. 名詞の格変化　　　880

第五変化の名詞

§34　-ēs に終わる女性名詞

数	格	rēs *f.* 物	fidēs *f.* 信頼	diēs※ *m.* 日
単	主(呼)	rēs	fidēs	diēs
	属	rěī	fiděī	diēī (diē)
	与	rěī	fiděī	diēī (diē)
	対	rěm	fiděm	diěm
	奪	rē	fidē	diē
複	主(呼)	rēs		diēs
	属	rērum		diērum
	与	rēbus		diēbus
	対	rēs		diēs
	奪	rēbus		diēbus

※1．男性名詞は diēs「日」と merīdiēs「正午」だけである．
　2．単数形の diēs は(イ)詩の中で，longa diēs「長い(期)間」のように，(ロ)特別な日の場合，cōnstitūa diē「定められた日に」のように，女性となる．

§35　第五変化のうち，すべての格変化を持っているのは，diēs と rēs とだけである．(*cf.*46)

(イ)　次の名詞は複数属・与・奪格を欠いている．
　　aciēs, aciēī 戦列　effigiēs, effigiēī 像　seriēs, seriēī 連続
　　speciēs, speciēī 外見，種　faciēs, faciēī 顔　glaciēs, glaciēī 氷
　　spēs, speī 希望
(ロ)　次の名詞は複数形を欠いている．
　　merīdiēs, merīdiēī 正午　fidēs, fideī 信頼

§36　第五変化の語尾は，

	主(呼)	-ēs		-ēs
単	属	-ěī, ē[1]	複	-ērum
	与	-eī		-ēbus
	対	-em		-ēs
	奪	-ē		-ēbus

注．第五変化では単数属格より語尾の -ěī をとった語基に上記の語尾変化を加えればよい．辞典では，見出しの次に -ěī として，第五変化であることを示している．属格単数の ēī は母音のあと，ěī は子音のあとであり，ときに母音縮約が行われて ē となり，古典期の作家では，たとえば diē の形も見られる．
1)　(古)es も見られる

ギリシア語系名詞の変化

　ラテン語にはギリシア語に由来する借用語が多い．「捕えられたギリシアが野蛮な勝者(ローマ)をとりこにした」(9e1)とローマの詩人ホラーティウスが言っているように，ローマ人は前二世紀に武力で征服したギリシアの魅力にとりつかれ，心服してしまった．神話・宗教から，文学・芸術・哲学は勿論，戦争・スポーツ，風俗習慣に至るまであらゆる面でギリシア人を師として学び模倣し，これらを自家薬籠中のものとしたのである．したがって一見してラテン語と思えるような語もギリシア語に由来している．例えば poēta 詩人(<ποιητής ポイエーテース)の如く．

§37 第一変化に属する語例

		comētēs *m.* （彗星）	Circē *f.* （キルケー）	Īphigenīa *f.* （イーピゲニーア）
単	主	comētēs(-a)	Circē	Īphigenī -ā
	属	comētae	Circēs(-ae)	-ae
	与	comētae	Circae	-ae
	対	comētēn(-am)	Circēn(-am)	-an(-am)
	奪	comētā(-ē)	Circē(-ā)	-ā
	呼	comēta	Circē(-ā)	-ā

		Aenēās *m.* （アエネーアース）	Aeneadēs *m.* （アエネーアースの息子）	Helenē *f.* （ヘレネー）
単	主	Aenēās	Aenĕadēs(-ā)	Helen -ē(-ā)
	属	Aenēae	Aenĕadae	-ēs(-ae)
	与	Aenēae	Aenĕadae	-ae
	対	Aenēān(-am)	Aenĕadēn	-en(-am)
	奪	Aenēā	Aenĕadē(-ā)	-ē(-ā)
	呼	Aenēā(-ā)	Aenĕadē(-ā)	-ē(-ā)

注. 普通名詞の複数形は概して第一変化に忠実である(comētae, comētārum, comētīs, comētās, comētīs). 固有名詞のうち男性名詞は単数主格で -ās または -ēs で終わり，女性名詞は -e または å で終わる. 詩人により（ ）の格語尾も見られる.

§38 第二変化に属する語例

		chaos *n.* （混沌）	Athōs *m.* （アトース山）	Androgeōs *m.* （Mīnōs の子）
単	主	chaos	Athōs(-ō)	Androge -ōs, -ūs, -ōn
	属	chaī	Athō(-ī)	-ō, -ī, -ōnis※
	与	chaō	Athō	-ō
	対	chaos	Athōn(-um)	-ō, -ōn, -ōna
	奪	chaō	Athō	-ō
	呼	chaos	Athōs	-ōs

		Dēlos *f.* （デーロス島）	Īlion *n.* （イーリオン）	※ 第三変化も混じる. なお以下の語例では，（ ）を省略して，別形を併記する. なおåの短母音の記号も省略する.
単	主	Dēlos(-us)	Īlion(-um)	
	属	Dēlī	Īliī	
	与	Dēlō	Īliō	
	対	Dēlon(-um)	Īlion(-um)	
	奪	Dēlō	Īliō	
	呼	Dēle	Īlion(-um)	

注1. 男性の固有名詞は主格単数で -os か -ōs で終わり中性は -on で終わる. もっとも上例で見られるように -us, -um とラテン化された場合が多い. 普通名詞の例はまれである.

2. Alexander, Euander などの人名は ager, agrī(15)と同じ変化である.

3. 複・属にギリシア語尾がまれに見られることもある. Georgicōn = Georgicōrum

§39 第三変化に属する語例

第三変化において，特に子音幹名詞では，ギリシア語尾が目立つ．しかも作家により時代により格語尾が異なって複雑である．ここに示す格語尾の変化表は一応の目安にすぎない．詳細は§40以下を参照されたい．

(イ) i 幹名詞

	主	属	与	対	奪	呼
単	**is**	**is**, eos	**ī**	**im**, in	**ī**	i
複	**ēs**	**ium**, eon	**ibus**	**īs**, ēs	**ibus**	**ēs**

(ロ) 子音幹名詞

	主	属	与	対	奪	呼
単	—	**is**, os	**ī**, i	**em**, a	**e**	—
複	**es**	**um**	**ibus** si※	as, **ēs**	**ibus** si※	es

注. ゴチック体はラテン語格語尾.　※ si は稀である.

§40 i 幹名詞の語例

poēsis *f.* 詩

	主	属	与	対	奪	呼
単	poēsis	is, eos	ī	im, in	ī	i
複	poēsēs	ium, eōn	ibus	īs, ēs	ibus	ēs

例　basis, Nemesis, Anūbis.

§41 子音幹名詞の語例

1a lynx *c.* ヤマネコ lync-

lynx	cis	cī	cem, ca	ce	x
lynces	cum	cibus	cēs, cas	cibus	ces

1b Sphinx *f.* スピンクス Sphing-

Sphinx	ngis / ngos	ngī	ngem	nge	nx

1 の例　phalanx.

2 aenigma *n.* 謎 aenigmat-

aenigma	atis	atī	a	ate	a
aenigmata	tum, tōrum, tōn	tis, tibus	ta	tis, tibus	ta

例　epigramma, emblēma, poēma（§22）.

3a elephās *m.* ゾウ elephant-

elephās	antis	antī	anta	ante	as
elephantĕs	tum	tibus	tas, tēs	tibus	es

3b Atlās *m.* アトラース Atlānt-

Atlās	antis	antī	anta antem	ante	ā※

3 の例　Pallās, adamās.　　　　　※ -s なし

4　Anacreōn *m.* アナクレオーン -ŏnt-

Anacreōn	ontis	ontī	ontem	onte	on

例　Xenophōn, Charōn. しばしば Xenophō とラテン化される。

5a　Pallas *f.* パッラス Pallad-

Pallās	ados, adis	adi	ada	ade	ā

5b　Arcas *m.* アルカディア人 Arcad-

Arcas	adis, dos	adī	ada, adem	ade	ā
Arcades	dum	dibus	dēs, das	dibus	des

5の例　Dryas, Nāias. まれに Dryasin（複・与・奪）の形が見られる。

6a　tyrannis *m.* 僭主 -nid-

tyrannis	idis	idī	idem, ida	ide	i
tyrannides	dum	dibus	das	dibus	des

6b　Īris *f.* イーリス Īrid-

Īris	Īridis, dos	Īridī	Īrim, Īrin	Īrī, Īride	Īri

6の例　Brīsēis, Nērēis, Thāis, Īsis, Adōnis, Daphnis. 但し単・対は（6b）im, in, か（6a）idem, ida かでゆれている。

7　Cyclōps *m.* キュクロープス Cyclōp-

Cyclōps	pis	pī	pem, pa	pe	ps
Cyclōpes	pum	pibus	pas	pibus	pes

8a　Pān *m.* パーン Pān- ; Sīrēn *f.* シーレーン -ēn-

Pān, Sīrēn	nos, nis	nī	na	ne	n
Pānēs, Sīrēnes	num	nibus	nas	nibus	nes

例　Titān, Paeān.

8b　Trītōn *m.* トリートーン -ōn-

Trītōn	ōnis ōnos	ōnī	ōnem ōna	ōne	ōn

例　Helīcōn, Babylōn, Platō(n), Solō(n).

8c　Iāsō(n) *m.* イアーソーン -ŏn-

Iāsōn	onis (onos)	onī	onem	one	ōn

例　Ariōn, Amazōn, Gorgō(n), Ixīōn.

9a　āēr *m.* 空気 āēr-

āēr	ris, ros	rī	ra, rem	re	er
āeres	rum	ribus	rēs, ras	ribus	es, a

9b　Hectŏr ※ *m.* ヘクトール Hectŏr-

Hector	oris	orī	ora, orem	ore	or

例　rhētor, aethēr, Castŏr, Nestŏr, crātēr.　　　　　※ ωρ が ŏr となる。

10a　hērōs *m.* 英雄 hērō-

hērōs	ōis	ōī	ōa	ōe	ōs
hērōes	um	ibus	as	ibus	es

II. 名詞の格変化　　　　884

10b　Dīdō *f.* ディードー Dīdo-

Dīdō	dūs	dō	dō	dō	dō
	dōnis	donī	donem	done	

例　echō, Iō, Sapphō.

10c　Erīnȳs *f.* エリーニュース Erīnȳ-

Erinȳs	yŏs	yī	ya	ye	ȳ
Erīnyes	um	ibus	as	ibus	es

10d　melos *n.* 歌 mele-

melos	leos	lō	los (lum)※	lō	os
melē (<melea)	lum (lorum)※	libus	lē (los)※	libus	lē

※ melus, meli の変化形

§42　不規則な変化をする語例

主	属	与	対	奪	呼
1.Aristotelēs アリストテレース	is ī	ī	em ēn	ē	ē es

例　Archimēdēs, Dēmosthenēs, Eurīpides, Sōcratēs, Thūcȳdidēs, Xerxēs.

1a. Herculēs ヘーラクレース （ヘルクレース）	is ī ēi	ī	em ēn	ē e	ē ēs
1b. Orestēs オレステース	is ae ī	i ae	em ēn	e	a e
2. Periclēs ペリクレース	clis clī	clī	clem clēn clea	clē	clēs clē

例　Damoclēs, Sophoclēs, Themistoclēs.

3. Orpheūs オルペウス	eī eî ī eos	eō eô eî	em ēa ēā	eō eō	eû es

例　Nereūs, Perseūs, Thēseūs.　（注）eî, eû は二重母音ではなく一音節とみなす

4. Achillēs アキッレウス	ī is eī eos	eî ī	em ēn ea	ē e ī	ē ĕs

例　Ulixēs.

5. Thalēs タレース	ētis is	ētī ī	ētem em ēn eta	ēte ē	ē

例　Chremēs.

6. Paris パリス	idis	idi idī	idem ida im in	ide in	i is

7. tigris _m.f._ 虎 ; Tigris _m._ ティグリス川

		主	属	与	対	奪
単	tigris	idis is	idī ī	idem im in	ide ī e	i
複	tigrēs	ium idum	ibus idibus	ēs idas is	ibus idibus	ēs ides

8. Oedipūs Oedipodēs Oedipūs オイディプース	ī ae odis odos	ō ae odī	um ēn odem oda	ō ode	ě ū

不規則名詞

§43 ラテン語の名詞は一つの性と二つの数と六つの格を持つのが正常である. しかし次の如き異常な名詞もときに見られる.

§44 二つの性を持つ名詞：

nāsus _m._ nāsum _n._ 鼻　collus _m._ collum _n._ 首　clipeus _m._ clipeum _n._ 楯

§45 二種類(かそれ以上)の格変化を持つ名詞：

margarīta _f._ 1；margarītum _n._ 2. 真珠　māteria _f._ 1；māteriēs _f._ 5. 材料 ficus _f._ イチジクの木は斜格で ficī(2) と ficus(4) の両変化を，femur _n._ 太腿は femoris (27) と feminis(28)の両変化形を持つ.

第四変化には，第二変化の格語尾を一つか二つ持つ名詞がある. domus _cf._33 vesper _m._ 夕方 は三種の変化を単数形で持つ.

	主	属	与	対	奪	地
2. _m._	vesper	vesperī	vesperō	vesperum	vesperō	
1. _f._	vespera	vesperae	——	vesperam	vesperā	vesperī
3. _m._	vesper	vesperis	——		vespere	

§46 (イ) 複数形でのみ用いられる名詞.

arma, armōrum _n.pl._ 武器　　dīvitiae, dīvitiārum _f.pl._ 富
exta, extōrum _n.pl._ 内臓　　thermae, thermārum _f.pl._ 温泉

(ロ) 単数形でのみ用いられる名詞.

justitia _f._ 正義　　aurum _n._ 黄金

(ハ) 単数と複数で意味の異なる名詞.

castrum _n._ 要塞　　castra _n.pl._ 陣営
fīnis _m._ 境界　　fīnēs _m.pl._ 領土
littera _f._ 文字　　litterae _f.pl._ 文学

II. 名詞の格変化　　　　　886

§47　幾つかの格を欠く名詞.
　　īnstar は無変化名詞. pondō, sponte は単数, 奪格のみ. fās, nefās は単数・主格と対格のみ.
　　vicis は単で主, 与を, 複で属, 与を欠く. 第五変化では格の欠けた名詞が多い.（35）

§48　斜格形で異常な, 難しい変化形を持つ名詞.
　　as, assis *m.* 銅貨 §29 ; bōs, bǒvis *c.* 牛 §23 ; iter, itineris *n.* 旅, 道中 §27 ; mel, mellis *n.* 蜜 §27 ; nix, nivis *f.* 雪 §23 ; os, ossis *n.* 骨 §29 ; ōs ōris *n.* 口 §29 ; sanguis, sanguinis *m.* 血 §28 ; senex, senis *m.* 老人 §30

III. 形容詞の変化と副詞

§49 形容詞は名詞を修飾するとき名詞と同様，性数格の変化をする．但し名詞と違って形容詞には二種類の変化しかない．第一種変化(49 − 51)は名詞の第一・二変化を，第二種(52 − 54)は名詞の第三変化をまねる．
　形容詞に名詞が伴わず単独で現れたとき名詞として解釈される場合もある．
bonus 良い　→　bona(形)pax 立派な平和；(名)bona (*n.pl.*) 財産；
　　　　　　　　　bonī (*m.pl.*)　良い人たち；bonum (*n.sg.*) 善
multae insidiae sunt bonīs 善人には多くの落とし穴がある．
malum quidem nullum esse sine aliquo bonō. なんらかの幸福を伴わない不幸というものは全くないのだ．

第一種(＝第一・第二変化の)形容詞

§50　-us に終わる形容詞：bonus 良い①

数	格	*m.*	*f.*	*n.*
単	主	bonus	bona	bonum
	属	bonī	bonae	bonī
	与	bonō	bonae	bonō
	対	bonum	bonam	bonum
	奪	bonō	bonā	bonō
	呼	bone	bona	bonum
複	主(呼)	bonī	bonae	bona
	属	bonōrum	bonārum	bonōrum
	与	bonīs	bonīs	bonīs
	対	bonōs	bonās	bona
	奪	bonīs	bonīs	bonīs

① 男性・中性の変化は第二変化の男性・中性名詞に，女性の変化は第一変化の女性名詞に準ずる．辞典では男性形の見出しに続いて女・中性形を上げることになっている．
注. -us, -um の代わりに古形 -os, -om もまれに見られる．

§51　-er に終わる形容詞：(イ)miser 憐れな②

数	格	*m.*	*f.*	*n.*
単	主(呼)	miser	misera	miserum
	属	miserī	miserae	miserī
	与	miserō	miserae	miserō
	対	miserum	miseram	miserum
	奪	miserō	miserā	miserō
複	主(呼)	miserī	miserae	misera
	属	miserōrum	miserārum	miserōrum
	与	miserīs	miserīs	miserīs
	対	miserōs	miserās	misera
	奪	miserīs	miserīs	miserīs

② これは第二変化名詞の puer 型の変化に準ずる(14)．
　līber, libera, līberum 自由な

III. 形容詞の変化と副詞　　　888

§52　-er に終わる形容詞：(ロ) niger 黒い[3]

数	格	*m.*	*f.*	*n.*
単	主(呼)	niger	nigra	nigrum
	属	nigrī	nigrae	nigrī
	与	nigrō	nigrae	nigrō
	対	nigrum	nigram	nigrum
	奪	nigrō	nigrā	nigrō
複	主(呼)	nigrī	nigrae	nigra
	属	nigrōrum	nigrārum	nigrōrum
	与	nigrīs	nigrīs	nigrīs
	対	nigrōs	nigrās	nigra
	奪	nigrīs	nigrīs	nigrīs

[3]　これは第二変化の名詞で ager 型の変化に準ずる(14).
āter, ātra, ātrum 黒い
pulcher, pulchra, pulchrum 美しい

第二種(＝第三変化の)形容詞

§53　第三変化の形容詞を分類表示すれば,

	主格単数語尾	例		男	女	中	単数属格
i 幹	3 種	ācer	鋭い	ācer	ācris	ācre	ācris
	2 種	omnis	すべての	omnis	omnis	omne	omnis
子音幹	1 種	fēlīx	幸せな	fēlīx	fēlīx	fēlīx	fēlīcis

注.　辞典では，ācer 型の形容詞は，男性形の見出しに続いて，女・中性形をあげ，omnis 型の形容詞は，男・女性共通形を見出しに，ついで中性形をそえる．fēlīx 型は，見出しの次に，第三変化名詞の場合のように単数属格形をそえるのが慣例である．
　　ācer 型形容詞で男・女形の異なるのは主・単のみ．

§54　i 幹をもつ形容詞

数	格	levis 軽い (levi-)		omnis すべての (omni-)		ācris 鋭い (ācri-)	
		m.f.	*n.*	*m.f.*	*n.*	*m.f.*	*n.*
単	主(呼)	levis	leve	omnis	omne	ācer　ācris	ācre
	属	levis	levis	omnis	omnis	ācris	ācris
	与	levī	levī	omnī	omnī	ācrī	ācrī
	対	levem	leve	omnem	omne	ācrem	ācre
	奪	levī	levī	omnī	omnī	ācrī	ācrī
複	主(呼)	levēs	levia	omnēs	omnia	ācrēs	ācria
	属	levium	levium	omnium	omnium	ācrium	ācrium
	与	levibus	levibus	omnibus	omnibus	ācribus	ācribus
	対	levīs(-ēs)★	levia	omnīs(-ēs)★	omnia	ācrīs(-ēs)★	ācria
	奪	levibus	levibus	omnibus	omnibus	ācribus	ācribus

★　初期には ēs, 古典期には is が普通である．単・奪格は必ず ī.
注.　第三変化形容詞の大半は i 幹で，男・女性では i 幹の男・女名詞(19)の如く，中性では i 幹の中性名詞(20)の如く変化し，主・対格を除くとその他の格語尾は，男・女・中性とも同形である．複・主・対は -ia である．

§55 子音幹をもつ形容詞

数	格	fēlix 幸せな (fēlic-) m.f.	n.	prūdēns 思慮ある (prūdent-) m.f.	n.
単	主(呼)	fēlīx	fēlīx	prūdēns	prūdēns
	属	fēlīcis	fēlīcis	prūdentis	prūdentis
	与	fēlīcī	fēlīcī	prūdentī	prūdentī
	対	fēlīcem	fēlīx	prūdentem	prūdēns
	奪	fēlīcī (-e)	fēlīcī (-e)	prūdentī (-e)	prūdentī (-e)
複	主(呼)	fēlīcēs	fēlīcia	prūdentēs	prūdentia
	属	fēlīcium	fēlīcium	prūdentium	prūdentium
	与	fēlīcibus	fēlīcibus	prūdentibus	prūdentibus
	対	fēlīcēs (-īs)	fēlīcia	prūdentēs (-īs)	prūdentia
	奪	fēlīcibus	fēlīcibus	prūdentibus	prūdentibus

注1. 単数奪格形の語尾は ī であるが，名詞として用いているときは e となる．

ā servō vigilī 不眠の番をしている奴隷によって． ā vigile 夜警により

詩の中では ī の代わりに e も多く用いられる．散文でも pauper「貧乏な」，dīves「金持ちの」，vetus「古い」はきまって e である(56)．

2. 中性の複数主格・対格は -ia であるが，時に -a で終わるもの(vetus など)もある．

3. 複数属格は -ium が普通であるが，ときに -um で終わるものも見られる．語幹末の子音の前に，長母音か子音があるときは -ium，短母音のときは -um となるのが通例である．

fēlix, fēlīc-is, fēlīc-ium ; prūdēns, prūdent-is, prūdent-ium pauper, pauper-is, pauper-um

但し -ium の代わりに -um が見られるとき，それは詩形である．

§56 子音幹形容詞は語幹が l, r, s と黙音(p, t, c が大半)で終わる．主な例は，

vigil, vigil-is	徹夜の	duplex, duplic-is	二重の
memor, memor-is	覚えている	ferōx, ferōc-is	猛烈な
particeps, partic-ipis	分有する，関与する	concors, concord-is	協和的な
inops, inop-is	乏しい	sapiēns, sapient-is	賢い
audāx, audāc-is	大胆な	ingēns, ingent-is	巨大な

III. 形容詞の変化と副詞 　　　　890

§57　不規則な形容詞

数	格	vetus 古い veteris m.f.	n.	dīves 金持ちの dīvitis m.f.	n.	pauper 貧乏な pauperis m.f.[2]
単	主(呼)	vetus	vetus	dīves	dīves	pauper
	属	veteris	veteris	dīvitis	dīvitis	pauperis
	与	veterī	veterī	dīvitī	dīvitī	pauperī
	対	veterem	vetus	dīvitem	dīves	pauperem
	奪	vetere	vetere	dīvite	dīvite	paupere
複	主(呼)	veterēs	vetera	dīvitēs	dītia[1]	pauperēs
	属	veterum	veterum	dīvitum	dīvitum	pauperum
	与	veteribus	veteribus	dīvitibus	dīvitibus	pauperibus
	対	veterēs	vetera	dīvitīs (-ēs)	dītia	pauperēs
	奪	veteribus	veteribus	dīvitibus	dīvitibus	pauperibus

注1．dītia は dīvitia の vi の消失した形．単・奪でも時に dītī になる．
　　2．pauper のように語義上，中性形を欠く形容詞もある．caelebs, caelibis「独身の」，memor, memoris「覚えている」など．

§58　現在分詞の変化(cf.107.5, 138)

数	格	amāns 愛している (amant-) m.f.	n.	iēns 行っている (eunt-) m.f.	n.
単	主(呼)	amāns	amāns	iēns	iēns
	属	amantis	amantis	euntis	euntis
	与	amantī	amantī	euntī	euntī
	対	amantem	amāns	euntem	iēns
	奪	amante (-ī)	amante (-ī)	eunte (-ī)	eunte (-ī)
複	主(呼)	amantēs	amantia	euntēs	euntia
	属	amantium	amantium	euntium	euntium
	与	amantibus	amantibus	euntibus	euntibus
	対	amantēs (-īs)	amantia	euntēs (-īs)	euntia
	奪	amantibus	amantibus	euntibus	euntibus

注1．現在分詞は第三変化形容詞のうち単・主の語尾が一つである prūdēns, entis(55)と同一の変化をする．
　　2．単・奪の語尾は -ī が多く，絶対奪格(ablative absolute)では -e が普通．-ns の前で短母音が ā, ē となる．
　　3．複・属では，ときどき(特に詩の中で)i が落ちる．amantum, sapientum. cf. §55 注3

891   III. 形容詞の変化と副詞

形容詞の比較級と最上級

§59 形容詞の比較級・最上級は規則的に作られる.

原級		比較級	最上級
longus	長い	long-ior	long-issimus
gravis	重い	grav-ior	grav-issimus
audāx	大胆な	audāc-ior	audāc-issimus

第一・第二変化の形容詞では, 男性・属格・単数形の語尾より -ī をとった語基に, 比較級では -ior(*m.f.*), -ius(*n.*)を, 最上級では -issimus, -a, -um を加える.

§60 次のような例外がある.
(イ) -er で終わっている形容詞(第一・第二変化でも, 第三変化でも)では, 最上級で -rimus, -a, -um を加える.

(Ⅰ・Ⅱ)	miser	あわれな	miserior	miser**rimus**
(Ⅲ)	ācer	鋭い	ācrior	ācer**rimus**
(Ⅲ)	celer	早い	celerior	celer**rimus**

(ロ) -ilis で終わる形容詞は最上級で -limus.
similis「似ている」, facilis「やさしい」, difficilis「難しい」, humilis「卑しい」, gracilis「弱い」

facilis		facil-ior	facil-**limus**

§61 形容詞には不規則な比較級・最上級をもつものが若干ある.

bonus	良い	melior, melius	optimus, -a, -um
malus	悪い	pējor, pējus	pessimus, -a, -um
magnus	大きい	mājor, mājus	măximus, -a, -um
parvus	小さい	minor, minus	minimus, -a, -um
単・中	multum※	多量の	plūs	plūrimum
複・男・女	multī, ae	沢山の	plūrēs	plūrimī, ae
複・中	multa	沢山の	plūra	plūrima

※ multus, -a, -um 多いが単数形で現れるとき専ら量を現し, 数を現すのは詩の中である.
multum aurum et argentum 多量の金と銀
In rāmīs multa latēbat avis. 多くの鳥が木の枝の中にかくれていた.

§62 若干の形容詞は比較級・最上級を, (イ)他の語(幹)より借りるか, あるいは(ロ)前置詞や副詞の語幹から作る.

(イ)	novus	新しい	recentior[1], -ius	recentissimus, -a, -um
	sacer	神聖な	sanctior[2], -ius	sanctissimus, -a, -um
	vetus	古い	vetustior[3], -ius	veterrimus, -a, -um
	senex	老いた	senior, ——	nātū[4] maximus, -a, ——
	juvenis	若い	jūnior, ——	nātū[4] minimus, -a, ——

注 1. recentior は recēns「新来の」から.
　 2. sanctior は sanctus「神聖な」から.
　 3. vetustior は vetustus「古い」から.
　 4. nātū は nātus「生まれ」(第四変化)の奪格.

III. 形容詞の変化と副詞　　892

§63 （ロ）

ante 前に	anterior より前の	——	post posterus 後に	posterior より後の	postrēmus 最後の	
citrā こちら側に	citerior よりこちらの	——	prae prō 前に	prior より前の, 先の	prīmus 最も先の, 第一の	
dē から	dēterior より劣った	dēterrimus 最も劣った	prope 近くに	propior より近く	proximus 一番近い	
ex extrā 外へ	exterior より外の	extrēmus 最も外の	superus suprā 上の, 上に	superior より上の	suprēmus summus 最高の	
īnfrā īnferus 下に, 下の	īnferior より下の	īnfimus īmus 最低の	ultrā 越えて	ulterior より彼方の	ultimus 最も遠い, 最後の	
inter in 中に	interior より内側の	intimus 最奥の				

§64 -ius, -eus で終わる形容詞は，固有の比較級・最上級を持っていない．そのような場合，magis「さらに」，maximē「もっとも」(69)をつけ加える．

idōneus 適した　　magis idōneus　　maximē idōneus

§65 最上級の変化は第一・第二変化の bonus と同じである．比較級の変化は第三変化の形容詞のうち，単数主格で二つの規則的な語尾をもつ i 幹(54)と同じである．ただし複数属格は -um である．

数	格	trīstis 悲しい	
		m.f.	*n.*
単	主(呼)	trīstior	trīstius
	属	trīstiōris	trīstiōris
	与	trīstiōrī	trīstiōrī
	対	trīstiōrem	trīstius
	奪	trīstiōre(-ī)	trīstiōre(-ī)
複	主(呼)	trīstiōrēs	trīstiōra
	属	trīstiōrum	trīstiōrum
	与	trīstiōribus	trīstiōribus
	対	trīstiōrēs	trīstiōra
	奪	trīstiōribus	trīstiōribus

注　単数奪格は，一般に散文で -e，詩では -ī である．

§66 不規則な比較級の変化.

数	格	melior より良い (melior-)		plūs より多い (plūr-)	
		m.f.	*n.*	*m.f.*	*n.*※
単	主(呼)	melior	melius	——	plūs
	属	meliōris	meliōris	——	plūris
	与	meliōrī	meliōrī	——	——
	対	meliōrem	melius	——	plūs
	奪	meliōre(-ī)	meliōre(-ī)	——	plūre
複	主(呼)	meliōrēs	meliōra	plūrēs	plūra
	属	meliōrum	meliōrum	plūrium	plūrium
	与	meliōribus	meliōribus	plūribus	plūribus
	対	meliōrēs(-īs)	meliōra	plūrēs(-īs)	plūra
	奪	meliōribus	meliōribus	plūribus	plūribus

※ multus の比較級・最上級・単数は専ら中性代名詞として用いられる(plūs cibī より多量の食物),また副詞として(69)用いられる.

副詞とその比較級・最上級

§67 ラテン語の副詞は,大部分形容詞から規則的に作られる.
1. 第一・第二変化形容詞では,
  (イ) 男性属格単数形から語尾 -ī をとった語基に,-ē を加える.
  doctus　博学の　　(doctī)　　doctē　　　学者らしく
  līber　　自由の　　(līberī)　　līberē　　自由に
  注　例外として,bonus「良い」,(bonī) benē「上手に」,malus「悪い」,(malī) malĕ「わるく」.
  (ロ) 第一・第二変化形容詞のあるものは -ē の代わりに -ō をとる.
  rārus　　まれな　　(rārī)　　rārō　　まれに
2. 第三変化形容詞においては,単数属格の語尾から -is をとった形(語基)に -iter を加える.
  fortis　　勇敢な　　(fortis)　　fortiter　　勇敢に
  ferōx　　狂暴な　　(ferōcis)　　ferōciter　猛烈に
  注1. 例外として,audāx「大胆な」,(audācis) audācter「大胆に」.
  　2. prūdēns のごとく,主格単数が -ns で終わる形容詞は -tis をとって -ter を加える.
  　　 prūdēns「慎重な」(prūdentis) prūdenter.
  　3. ときに,第一・第二変化の形容詞にも -iter の語尾が見られる.-ē と同じ意味である.
  　　 hūmāniter, hūmānē「人間らしく」

§68 副詞の比較級は,それと対応する形容詞の中性対格形の形であり,最上級は,形容詞の最上級の語尾を -us から -ē に変えた形である.
  cārē　　親しく　　(cārus 親しい)　cārius　　cārissimē
  miserē　憐れにも　(miser 憐れな)　miserius　miserrimē
  leviter　軽く　　　(levis 軽い)　　levius　　levissimē
  Celerius opīniōne vēnit. 彼は人々の予想よりも早くやってきた.

III. 形容詞の変化と副詞　　　894

§69　不規則な副詞の比較級と最上級.

bene	よく	melius	optimē
male	わるく	pējus	pessimē
magnopere	大いに	magis	maximē
multum	大いに	plūs	plūrimum
(nōn multum)	少し	minus	minimē
diū	永く	diūtius	diūtissimē
saepe	しばしば	saepius	saepissimē
prope	近く	propius	proximē

—　　　　　　　　　　　　　potius むしろ　｛potissimē または potissimum とくに，就中

§70　場所を示す副詞

疑問副	quō ? どこへ	ubī ? どこに	unde ? どこから	quā ? どこを通って どこで
指示副	eō そこへ hūc ここへ	ibī そこに hīc ここに	inde そこから hinc ここから	hīc｝ここを通って hāc｝ここで
動詞	veniō 私は行く	maneō 私は留まる	redeō 私は帰る	iter faciō 旅をする
普通名詞	in urbem (ad) 町へ	in urbe 町の中に	ex urbe (ab) (dē) 町から	per urbem 町を通って
特殊名詞※	rūs 田舎へ domum 家へ	rūrī 田舎に domī 家に	rūre 田舎から domō 家から	viā Sacrā 聖道を通って portā 門を通って
町の名※	Rōmam Athēnās Tarentum Philippōs Carthāginem Cypron	Rōmae Athēnīs Tarentī Philippīs Carthāgine Cyprī	Rōmā Athēnīs Tarentō Philippīs Carthāgine Cyprō	ローマ アテーナエ タレントゥム ピリッピー カルタゴ キュプロス島

※　特殊な名詞(rūs, domus など若干)と，町と小島の名詞には場所を示す前置詞は不要である.
　「どこに」を示すのは地格形を用いる.「どこへ」は対格形，「どこから」は奪格だけで足りる.
　(イ)町，小島の固有名詞では，それが第一または第二変化の単数名詞であれば，その地格は属格
と同形であり，(ロ)その他の名詞の場合は，奪格と同形である.

　　　　　　　主格　　　　　地格
　(イ)｛Rōma　　Rōmae　（ローマで）　　(ロ)｛Athenae　Athenīs　（アテーナエで）
　　　｛Ephesus　Ephesī　（エペススで）　　　｛Delphī　　Delphīs　（デルピーで）
domus の変化§33.　rūs の変化

	主	属	与	対	奪
単	rūs	rūris	rūrī	rūs	rūre(地格 rūrī)
複	rūra	——	——	rūra	——

IV. 代名詞の変化

§71　人称代名詞

	一 人 称		二 人 称	
	単 数	複 数	単 数	複 数
主	egŏ	nōs	tū(tūte)	vōs
属	meī	nostrī, nostrum	tuī	vestrī, vestrum
与	mihĭ(mī)	nōbīs	tibĭ	vōbīs
対	mē	nōs	tē	vōs
奪	mē	nōbīs	tē	vōbīs

注. 三人称は後述(74)の指示代名詞で代用される.

§72
1) 人称代名詞の属格は所有を示さない. 所有には所有代名詞を用いる.

	単 数	複 数
一人称	meus, -a, -um	noster, -tra, -trum
二人称	tuus, -a, -um	vester, -tra, -trum
三人称	suus, -a, -um	suus, -a, -um

mea fīlia「私の娘」, meus dominus「私の主人」, nostra rēgīna「われわれの女王」

2) 人称代名詞の属格は形容詞や動詞の補語として用いられる. そのさい複数形の nostrī, vestrī は補語, nostrum, vestrum は部分の属格として用いられる.

amor meī (9c3) 私への愛情
Sit memor nostrī (9c9) 彼が我々を覚えていてくれるように.
vestrum multī (9c4) 君たちの多くは

§73
再帰代名詞は斜格でのみ使用されるので当然主格はない. 一人称と二人称では人称代名詞と同形であるが, 三人称には固有の形がある.

属	suī	彼, 彼女, 彼ら自身(cf.72)
与	sibĭ	彼, 彼女, 彼ら自身に
対	sē(sēsē)	彼, 彼女, 彼ら自身を
奪	sē(sēsē)	彼, 彼女, 彼ら自身から, で, と

注. sēsē は強調された形.

Tē laudās. お前はお前自身をほめる.
Stultus sē laudat. 愚者は自分自身をほめる.

§74　指示代名詞 is「それ, その」

数	格	*m.*	*f.*	*n.*
単	主	is	ea	id
	属	ējus	ējus	ējus
	与	eī	eī[1]	eī
	対	eum[2]	eam	id
	奪	eō	eā	eō
複	主	eī, iī, ī	eae	ea
	属	eōrum	eārum	eōrum
	与	eīs, iīs, īs[3]	eīs, iīs, īs[3]	eīs, iīs, īs[3]
	対	eōs	eās	ea
	奪	eīs, iīs, īs[3]	eīs, iīs, īs[3]	eīs, iīs, īs[3]

注. 古形
1. eae
2. im, em
3. ībus

IV. 代名詞の変化 896

§75 この指示代名詞は三人称の人称代名詞に転用される. ただし属格は指示代名詞
本来の所有を意味する.
Cornēlia fīlium suum laudat. コルネーリアは自分の息子をほめる.
Cornēlia fīlium ējus laudat. コルネーリアは彼の(または彼女の, つまり, 主
語以外の誰かの)息子をほめる.

§76 指示代名詞はすべて代名詞固有の変化をする, つまり三性とも単・属が -īus
(又は -jus), 単・与が -ī(例外は huīc のみ)に終わる.

§77 指示代名詞 hic「これ, この」

数	格	*m.*	*f.*	*n.*
単	主	hic(hīc)	haec	hoc(hōc)
	属	hūjus	hūjus	hūjus
	与	huīc	huīc	huīc
	対	hunc	hanc	hoc
	奪	hōc	hāc	hōc
複	主	hī	hae	haec
	属	hōrum	hārum	hōrum
	与	hīs	hīs	hīs
	対	hōs	hās	haec
	奪	hīs	hīs	hīs

注. hic, haec, hoc「これ」は, 話者に心理的にも空間的にも一番近いものを示す.
hoc opus, hīc labor est. これが難業, これが苦労の種.

§78 指示代名詞 ille「あれ, あの」

数	格	*m.*	*f.*	*n.*
単	主	ille	illa	illud
	属	illī(ĭ)us	illī(ĭ)us	illī(ĭ)us
	与	illī	illī	illī
	対	illum	illam	illud
	奪	illō	illā	illō
複	主	illī	illae	illa
	属	illōrum	illārum	illōrum
	与	illīs	illīs	illīs
	対	illōs	illās	illa
	奪	illīs	illīs	illīs

注. ille, illa, illud は, 心理的にも空間的にも遠いもの, あるいは話題にしているもの, (または広く
知られているもの)を示す.
Ille crucem sceleris pretium tulit, hic diadēma.
彼は磔を, この者は王冠を, 自分の罪の代償として得たのだ.

§79 指示代名詞 iste「それ，その（君のいう）」

数	格	*m.*	*f.*	*n.*
単	主	iste	ista	istud
	属	istī(ī)us	istī(ī)us	istī(ī)us
	与	istī	istī	istī
	対	istum	istam	istud
	奪	istō	istā	istō
複	主	istī	istae	ista
	属	istōrum	istārum	istōrum
	与	istīs	istīs	istīs
	対	istōs	istās	ista
	奪	istīs	istīs	istīs

注. iste, ista, istud は「そこの，それ」という意味で，話し手に一番近いものを示す.
Dē istīs rēbus exspectō tuās litterās.
そなたの事情についてそなたの手紙を待っている.

§80 指示代名詞 īdem「同じもの，同じの」※

数	格	*m.*	*f.*	*n.*
単	主	īdem	eadem	idem
	属	ējusdem	ējusdem	ējusdem
	与	eīdem	eīdem	eīdem
	対	eundem	eandem	idem
	奪	eōdem	eādem	eōdem
複	主	ī-, iī-, eīdem	eaedem	eadem
	属	eōrundem	eārundem	eōrundem
	与	eīsdem, īsdem	eīsdem, īsdem	eīsdem, īsdem
	対	eōsdem,	eāsdem	eadem
	奪	eīsdem, īsdem	eīsdem, īsdem	eīsdem, īsdem

※変化は -dem を除くと is(74) と同じである. 但し -dem の前で多少の音韻変化がある.
Diānam et lūnam eandem esse putant.
彼らはディアナ女神と月が同一のものと考えている.

§81 強意代名詞 ipse「それ自身」

数	格	*m.*	*f.*	*n.*
単	主	ipse※	ipsa	ipsum
	属	ipsīus	ipsīus	ipsīus
	与	ipsī	ipsī	ipsī
	対	ipsum	ipsam	ipsum
	奪	ipsō	ipsā	ipsō
複	主	ipsī	ipsae	ipsa
	属	ipsōrum	ipsārum	ipsōrum
	与	ipsīs	ipsīs	ipsīs
	対	ipsōs	ipsās	ipsa
	奪	ipsīs	ipsīs	ipsīs

※ ipsus（古形）も見られる
Sapiēns ipse fingit fortūnam sibi.
賢人は自ら自分の運命をつくる.

IV. 代名詞の変化　　　　　898

§82　関係代名詞(関係形容詞)quī「ところの人」

数	格	*m.*	*f.*	*n.*
単	主	quī	quae	quod
	属	cūjus (quōius)	cūjus (quōius)	cūjus (quōius)
	与	cuī (quoī)	cuī (quoī)	cuī (quoī)
	対	quem	quam	quod
	奪	quō (quī)	quā (quī)	quō (quī)
複	主	quī	quae	quae
	属	quōrum	quārum	quōrum
	与	quibus (quīs)	quibus (quīs)	quibus (quīs)
	対	quōs	quās	quae
	奪	quibus (quīs)	quibus (quīs)	quibus (quīs)

注.（ ）の古形もとくに詩の中で見られる.
Caelum non animum mūtant, quī trāns mare currunt.
海を越えて行っても，人の精神を風土が変えるわけではない.
condiciō sine quā non (potest esse)
それなくしては(あるものが存在し得)ない所の(必須)条件

§83　疑問代名詞 quis *m.f.*「誰が？」, quid *n.*「何が？」の変化.

数	格	*m.*	*f.*	*n.*
単	主	quis (quī)	quis (quae)	quid
	属	cūjus	cūjus	cūjus
	与	cuī	cuī	cuī
	対	quem	quem (quam)	quid
	奪	quō	quō (quā)	quō
複	主	quī	quae	quae
	属	quōrum	quārum	quōrum
	与	quibus	quibus	quibus
	対	quōs	quās	quae
	奪	quibus	quibus	quibus

注1. 男・主の別形 quī は民衆語的である. 女性にも別形がある.
　　2. 疑問形容詞の変化は関係代名詞と同形である. ただし単・男性・主格に quis の別形がある.
Quis vocat? 誰が呼んでいるか. (代名詞)
Quī homō vocat? どの人が呼んでいるか. (形容詞)
Quid vidēs? 君は何を見るか. (代名詞)
Quod templum vidēs? 君は何の神殿を見るか. (形容詞)
Quid Romae faciam? (悪人が幅をきかせる)ローマで私に何ができようか.
Quis fallere possit amantem? 愛している人を誰が欺けるか.

899　　　　　　　IV. 代名詞の変化

§84　不定代名詞 aliquis「ある人」

数 格	代 名 詞		形 容 詞		
	m.f.	*n.*	*m.*	*f.*	*n.*
単　主	aliquis	aliquid	aliquī	aliqua	aliquod
属	alicūjus	alicūjus	alicūjus	alicūjus	alicūjus
与	alicuī	alicuī	alicuī	alicuī	alicuī
対	aliquem	aliquid	aliquem	aliquam	aliquod
奪	aliquō	aliquō	aliquō	aliquā	aliquō

数 格	代 名 詞 ・ 形 容 詞		
	m.	*f.*	*n.*
複　主	aliquī	aliquae	aliqua
属	aliquōrum	aliquārum	aliquōrum
与	aliquibus	aliquibus	aliquibus（aliquīs）
対	aliquōs	aliquās	aliqua
奪	aliquibus	aliquibus	aliquibus（aliquīs）

注1．複数形は，代名詞と形容詞とで同形である．なお代名詞の女・単数には別形がある．
　2．aliquis（*m.f.*）「誰かある人」，aliquid（*n.*）「何かあるもの」は後述の quisquam（90, 91）とは違って
　　肯定文の中でしか用いられない．この形容詞は，aliquī（*m.*），aliqua（*f.*），aliquod（*n.*）であり，
　　それぞれの変化は，疑問代名詞，疑問形容詞と同じである．ali- の部分は無変化である．
　　Aliquis mihi det baculum. 誰か私に杖を与えてくれるように．
　　Egō quoque aliquid sum. 私も又何ものか（ひとかどの人物）である．

§85　不定代名詞 quisque「各人」

数 格	代 名 詞		形 容 詞		
	m.f.	*n.*	*m.*	*f.*	*n.*
単　主	quisque	quidque	quique	quaeque	quodque
属	cūjusque	cūjusque	cūjusque	cūjusque	cūjusque
与	cuīque	cuīque	cuīque	cuīque	cuīque
対	quemque	quidque	quemque	quamque	quodque
奪	quōque	quōque	quōque	quāque	quōque

注1．複数形では -que を除いた部分が，代名詞・形容詞とも関係代名詞と同形である．
　2．なお，代名詞の女性・単数形は，形容詞の女性形と同じ変化をすることもある．

§86　quisque は不定代名詞の中で一番目立ち，いろいろな表現に用いられる．
　quisque「各人誰でも」は個別的な，omnis「すべての人」は総体的な意味合いをもつ．
　(イ)　一般的用法：
　　Laudātī omnēs sunt dōnātīque prō meritō quisque.
　　皆が賞賛され褒美をもらった ― それぞれ（が，そ）の功績に応じて．
　(ロ)　最上級のあとで：
　　Optimum quidque rārissimum est. 最高のものは何でも最もまれである．
　(ハ)　数詞のあとで：
　　quīntō quōque annō 五年目毎に（かならず）
　(ニ)　再帰代名詞 suī, sibi, sē, suus のあとに．
　　Faber est quisque fortūnae suae. 人は皆自分の運命の開拓者である．
　　注．同じ意味の ūnusquisque の用法はまれである．

IV. 代名詞の変化　　　　900

§87　不定代名詞 quis「誰か」, quid「何か」

数	格	*m.*	*f.*	*n.*
単	主	quis (quī)	quis (qua)	quid
	属	cūjus	cūjus	cūjus
	与	cuī	cuī	cuī
	対	quem	quem (quam)	quid
	奪	quō	quō (quā)	quō

注. 不定代名詞の複数形は関係代名詞と同変化.
　　不定形容詞は単・複とも関係代名詞と同形. 但し女性・単・主に qua の別形がある.

§88　quis「誰か」は sī, nisi, nē, ut, sīve の後で, aliquis (84) の代わりに用いられることが多い.

Cūrā nē quis tē accūset. 誰もお前を非難しないように注意せよ.

Caesar suīs imperāvit nē quod omnīnō tēlum in hostēs rēicerent.

カエサルは, 彼の部下に敵に向かっていかなる飛道具も放たぬように命じた.

§89　不定代名詞 quīdam「ある人」

数	格	*m.*	*f.*	*n.*
単	主	quīdam	quaedam	quiddam (quoddam)※
	属	cūjusdam	cūjusdam	cūjusdam
	与	cuīdam	cuīdam	cuīdam
	対	quendam	quandam	quiddam (quoddam)
	奪	quōdam	quādam	quōdam

※　男・女性は代名詞, 形容詞同形であるが, 中性では, 主・対格で, 形容詞 (quod-) と代名詞が異なる. 複数形では, -dam を除いた部分が, 代名詞, 形容詞とも関係代名詞と同形である. この不定代名詞もよく見かける.

Intereā mulier quaedam commigrāvit hūc. そのうちある女がここに移り住んだ.

§90　不定代名詞 quisquam「いかなる人も」

単		*m.*	*f.*	*n.*
	代 名 詞	quisquam	quisquam	quidquam
	形 容 詞	ūllus	ūlla	ūllum

注. 代名詞は -quam を除いた部分は単・複とも疑問代名詞と同形.

ūllus の変化は§94 参照

ūllus も quisquam も否定文の中で用いられるのが普通である.

sine ūllā spē いかなる望みもなく　Nunquam vēnit quisquam. 誰一人来なかった.

§91　不定代名詞 quispiam「誰かある人」

単		*m.*	*f.*	*n.*
	代 名 詞	quispiam	quispiam	quidpiam
	形 容 詞	quispiam	quaepiam	quodpiam

注1.　女性・単・主 (代名詞) quaepiam の別形がある.

　　2.　-piam (不変) を除くと疑問代名詞と同一の変化をする.

　　3.　quispiam は aliquis (84) よりまれである.

IV. 代名詞の変化

§92 不定代名詞 quīvīs, quīlibet「どんな人であろうと誰でも」

		m.	*f.*	*n.*
単	代 名 詞	quīvīs quīlibet	quaevīs quaelibet	quidvīs quidlibet
	形 容 詞	quīvīs quīlibet	quaevīs quaelibet	quodvīs quodlibet

注. quīvīs と quīlibet は同じ意味をもつ. 変化は疑問代名詞と同じ.
　　-vīs, -libet は不変である.
（例）　Nōn cuīvīs hominī contingit adīre Corinthum.
　　　　コリントゥス（名所）に近づく機会は誰にでも与えられているわけではない.

§93 代名詞的形容詞

　　形容詞のうちには, 代名詞的形容詞（pronominal adjective）と呼ばれて, 代名詞特有の変化（76）をし, しばしば代名詞として用いられるものがある.

1. ūllus 　ūlla 　 ūllum 　 いかなる人（もの）にせよ
2. nūllus 　nūlla 　nūllum 　誰も（何も）…でない
3. ūnus 　　ūna 　　ūnum 　 一つの（100）
4. sōlus 　 sōla 　　sōlum 　 ただ一人（一つ）の
5. tōtus 　 tōta 　　tōtum 　 全体の（96）
6. alius 　 alia 　　aliud 　　その他の, 別の（95）
7. alter 　 altera 　alterum 　もう一方の,（二つのうち）（97）
8. uter 　 utra 　　utrum 　 二つのうちどちらが
9. neuter 　neutra 　neutrum 　二つのうちどちらも…でない

注1. これに次のような合成語も加えられよう.
　　　nōnnūllus, -a, -um いくつかの　uterque, utraque, utrumque 二つのうちどちらも
　 2. 上記の代名詞的形容詞のうち ūllus と nūllus だけは, 代名詞としては使用されない. nūllus の代名詞形は nēmō「誰も…でない」, nihil「何も…でない」（28注4）, ūllus の代名詞形は, quisquam（*m.f.*)「いかなる人も」, quidquam（*n.*)「いかなるものも」（90）

§94 上記の代名詞的形容詞は, 次のように変化する.

数	格	*m.*	*f.*	*n.*
単	主	nūllus	nūlla	nūllum
	属	nūllīus	nūllīus	nūllīus
	与	nūllī	nūllī	nūllī
	対	nūllum	nūllam	nūllum
	奪	nūllō	nūllā	nūllō
複	主	nūllī	nūllae	nūlla
	属	nūllōrum	nūllārum	nūllōrum
	与	nūllīs	nūllīs	nūllīs
	対	nūllōs	nūllās	nūlla
	奪	nūllīs	nūllīs	nūllīs

注. 複数においては第一・二変化と同じである. 単数においては代名詞の如く, 三性とも属・与格が -īus, -ī に終わる.
（例）　Tibi nūlla lēx fuit. お前にはいかなる法律も存在しなかったのだ.

IV. 代名詞の変化　　　902

§95　代名詞的形容詞 alius「他の」

数	格	m.	f.	n.		m.	f.	n.
単	主	alius	alia	aliud	複	aliī	aliae	alia
	属	alīus	alīus	alīus		aliōrum	aliārum	aliōrum
	与	aliī	aliī	aliī		aliīs	aliīs	aliīs
	対	alium	aliam	aliud		aliōs	aliās	alia
	奪	aliō	aliā	aliō		aliīs	aliīs	aliīs

（例）　nunc hīc diēs aliam vītam dēfert, aliōs mōrēs postulat.
　　　　現在この世は別の生き方をもたらし，別の習慣を求めているのだ.

§96　代名詞的形容詞 tōtus「全ての」

数	格	m.	f.	n.		m.	f.	n.
単	主	tōtus	tōta	tōtum	複	tōtī	tōtae	tōta
	属	tōtīus	tōtīus	tōtīus		tōtōrum	tōtārum	tōtōrum
	与	tōtī	tōtī	tōtī		tōtīs	tōtīs	tōtīs
	対	tōtum	tōtam	tōtum		tōtōs	tōtās	tōta
	奪	tōtō	tōtā	tōtō		tōtīs	tōtīs	tōtīs

（例）　nocte pluit tōtā, redeunt at māne serēna.
　　　　一晩中雨が降った. しかし朝に晴天が戻ってくる.

§97　代名詞的形容詞 alter「(二つのうちの)他方(の)」

数	格	m.	f.	n.		m.	f.	n.
単	主	alter	altera	alterum	複	alterī	alterae	altera
	属	alterīus	alterīus	alterīus		alterōrum	alterārum	alterōrum
	与	alterī	alterī	alterī		alterīs	alterīs	alterīs
	対	alterum	alteram	alterum		alterōs	alterās	altera
	奪	alterō	alterā	alterō		alterīs	alterīs	alterīs

（例）　Alter egō est amīcus. 友人はもう一人の我.　alter Nerō もう一人のネロ(暴君)
　　　　Alterā manū fert lapidem, pānem ostentat alterā.
　　　　彼は一方の手に石を持っていて，他方の手でパンを見せびらかしているのだ.

V. 数　詞

§ 98 数詞には，基数詞，序数詞，配分数詞，数副詞の別がある．このうち性数格の変化をするのは序数詞と配分数詞である

Prīmōribus labrīs gustāvit genus hoc vītae. 彼はこの種の人生を最初の一口味わったにすぎない.

Puerīs dēnāriōs ternōs dedit. 彼は少年たちに三デーナリウスずつあたえた.

§ 99 基数詞では unus（一つ）duo（二つ）tres（三つの）と二百以上の百位の単位数のみが変化する．mille（千）は単数で不変化の形容詞であるが，複数では第三変化の中性名詞となって変化する.

mīlia, mīlium, mīlibus, mīlia, mīlibus.

mīlle hominēs 千人，duo mīlia hominum（*pl.gen.*）人の二千（＝二千人）

Catō ille mihī ūnus est prō centum mīlibus. カトーは私にとって彼一人で十万人に相当する.

§ 100

	ūnus 一つ（の）			duo 二つ（の）			tres 三つ（の）	
	m.	*f.*	*n.*	*m.*	*f.*	*n.*	*m.f.*	*n.*
主	ūnus	ūna	ūnum	duo	duae	duo	trēs	tria
属	ūnīus	ūnīus	ūnīus	duōrum	duārum	duōrum	trium	trium
与	ūnī	ūnī	ūnī	duōbus	duābus	duōbus	tribus	tribus
対	ūnum	ūnam	ūnum	duō(s)	duās	duo	trēs, trīs	tria
奪	ūnō	ūnā	ūnō	duōbus	duābus	duōbus	tribus	tribus

（例）　Vidēris ūnā mercede duās rēs assequī velle.
お前は一つの報酬で二つのもの（目的）を手に入れようとしているように見える.
（一石二鳥をねらっているようだ）

V. 数　詞　904

§ 101

アラビア数字	ローマ数字	基 数 詞	序 数 詞
1	I	ūnus, -a, -um	prīmus, -a, -um
2	II	duo, -ae, -o	secundus, -a, -um
3	III	trēs, tria	tertius, -a, -um
4	IIII or IV	quattuor	quartus, -a, -um
5	V	quīnque	quīntus, -a, -um
6	VI	sex	sextus, -a, -um
7	VII	septem	septimus, -a, -um
8	VIII	octō	octāvus, -a, -um
9	IX	novem	nōnus, -a, -um
10	X	decem	decimus, -a, -um
11	XI	ūndecim	ūndecimus
12	XII	duodecim	duodecimus
13	XIII	tredecim	tertius decimus
14	XIV	quattuordecim	quartus decimus
15	XV	quīndecim	quīntus decimus
16	XVI	sēdecim	sextus decimus
17	XVII	septendecim	septimus decimus
18	XVIII	{ duodēvīgintī / octōdecim	duodēvīcēnsimus★★
19	XIX	{ ūndēvīgintī / novendecim	ūndēvīcēnsimus
20	XX	vīgintī	vīcēnsimus
21	XXI	ūnus et vīgintī	vīcēnsimus prīmus
22	XXII	duo et vīgintī	vīcēnsimus secundus
28	XXVIII	duodētrīgintā	duodētrīcēnsimus
29	XXIX	ūndētrīgintā	ūndētrīcēnsimus
30	XXX	trīgintā	trīcēnsimus
40	XL	quadrāgintā	quadrāgēnsimus
50	L	quīnquāgintā	quīnquāgēnsimus
60	LX	sexāgintā	sexāgēnsimus
70	LXX	septuāgintā	septuāgēnsimus
80	LXXX	octōgintā	octōgēnsimus
90	XC	nōnāgintā	nōnāgēnsimus
98	IIC	octō et nōnāgintā	duodēcentēnsimus
99	XCIX	ūndēcentum	ūndēcentēnsimus
100	C	centum	centēnsimus
101	CI	centum et ūnus	centēnsimus prīmus
126	CXXVI	centum vīgintī sex	centēnsimus vīcēnsimus sextus
200	CC	ducentī, -ae, -a★	ducentēnsimus
300	CCC	trecentī	trecentēnsimus
400	CCCC	quadringentī	quadringentēnsimus
500	IↃ or D	quīngentī	quīngentēnsimus
600	IↃC	sescentī	sescentēnsimus
700	IↃCC	septingentī	septingentēnsimus
800	IↃCCC	octingentī	octingentēnsimus
900	IↃCCCC	nōngentī	nōngentēnsimus
1,000	CIↃ or M	mīlle	mīllēnsimus
2,000	CIↃCIↃ	duo mīlia	bis mīllēnsimus
5,000	IↃↃ	quīnque mīlia	quīnquiēns mīllēnsimus
10,000	CCIↃↃ	decem mīlia	deciēns mīllēnsimus
50,000	IↃↃↃ	quīnquāgintā mīlia	quīnquāgiēns mīllēnsimus
100,000	CCCIↃↃↃ	centum mīlia	centiēns mīllēnsimus
500,000	IↃↃↃↃ	quīngenta mīlia	quīngentiēns mīllēnsimus
1,000,000	CCCCIↃↃↃↃ	deciēns centēna mīlia	deciēns centiēns mīllēnsimus

★　二百以上の百の数字は bonī, -ae, -a と同じ変化をする.
★★　-ēnsimus に終わる語は, -ēsimus とも綴ることがある.

905　　　　　　　　　　　　V.　数　詞

配分数詞	数 副 詞
singulī, -ae, -a	semel
bīnī, -ae, -a	bis
ternī or trīnī, -ae, -a	ter
quaternī, -ae, a	quater
quīnī, -ae, -a	quīnquiēns (-ēs)
sēnī, -ae, -a	sexiēns (sexiēs, 以下同じ)
septēnī, -ae, -a	septiēns
octōnī, -ae, -a	octiēns
novēnī, -ae, -a	noviēns
dēnī, -ae, -a	deciēns
ūndēnī	ūndeciēns
duodēnī	duodeciēns
ternī dēnī	terdeciēns
quaternī dēnī	quattuordeciēns
quīnī dēnī	quīndeciēns
sēnī dēnī	sēdeciēns
septēnī dēnī	septiēnsdeciēns
duodēvīcēnī	duodēvīciēns
ūndēvīcēnī	ūndēvīciēns
vīcēnī	vīciēns
vīcēnī singulī	semel et vīciēns
vīcēnī bīnī	bis et vīciēns
duodētrīcēnī	duodētrīciēns
ūndētrīcēnī	ūndētrīciēns
trīcēnī	trīciēns
quadrāgēnī	quadrāgiēns
quīnquāgēnī	quīnquāgiēns
sexāgēnī	sexāgiēns
septuāgēnī	septuāgiēns
octōgēnī	octōgiēns
nōnāgēnī	nōnāgiēns
duodēcentēnī	duodēcentiēns
ūndēcentēnī	ūndēcentiēns
centēnī	centiēns
centēnī singulī	centiēns semel
centēnī vīcēnī sēnī	centiēns vīciēns sexiēns
ducēnī	ducentiēns
trecēnī	trecentiēns
quadringēnī	quadringentiēns
quīngēnī	quīngentiēns
sescēnī	sescentiēns
septingēnī	septingentiēns
octingēnī	octingentiēns
nōngēnī	nōngentiēns
singula mīlia	mīliēns
bīna mīlia	bis mīliēns
quīna mīlia	quīnquiēns mīliēns
dēna mīlia	deciēns mīliēns
quīnquāgēna mīlia	quīnquāgiēns mīliēns
centēna mīlia	centiēns mīliēns
quīngēna mīlia	quīngentiēns mīliēns
deciēns centēna mīlia	deciēns centiēns mīliēns

VI. 動詞の語形変化　　　　　　906

VI.　動詞の語形変化

§102　ラテン語の動詞は，二つの相（能動・受動），三つの法（直説・接続・命令），三つの人称（一人・二人・三人），二つの数（単・複），そして六つの時称（現在・未完了過去・未来・完了・過去完了・未来完了）に従って語形変化をする．大部分が規則的に変化し，いわゆる不規則動詞(151-160)は10個にすぎない．

§103　規則動詞は能動相・現在・不定法の語尾によって四種に分類される．但し第三変化には不定法が第三変化と同形でありながら，現在・一人称・単数で第四変化と同形となる一群の動詞がある，これを第三変種(3b)と称しておく．

§104　この四種の動詞について，それぞれ四つの基本形(principal parts)を，辞典に記載する順序で例示する．基本形はこれを知っておくとあらゆる語形変化が理解できるので，こう呼ばれる．

現在・一人称・単数 直説法・能動相	現在・不定法 能動相	完了・一人称・単数 直説法・能動相	スピーヌム （目的分詞）
amō *1* 私は愛する	amāre 愛すること	amāvī 私は愛した	amātum 愛するために
moneō *2* 私は忠告する	monēre 忠告すること	monuī 私は忠告した	monitum 忠告するために
regō *3* 私は支配する	regere 支配すること	rēxī 私は支配した	rēctum 支配するために
capiō *3b* 私はつかむ	capere つかむこと	cēpī 私はつかんだ	captum つかむために
audiō *4* 私は聞く	audīre 聞くこと	audīvī 私は聞いた	audītum 聞くために

§105　1．辞典の見出しは英語のように不定法ではなく，一人称・現在形である．
　　2．第三変化の完了形(rēxī)は，第一変化(amāvī)のように一人称・現在形からは推測し難い．このような動詞は強変化と呼ばれ第三変化に多いが，他の三種の弱変化動詞の中にも見られる．本辞典ではこのような強変化の完了形は見出しにのせておく．
　　3．スピーヌムにはこの表の如く -tum ではなく，-sum で終わる動詞も若干ある．
　　（例）　mittō(3)送る→ missum, videō(2)見る→ vīsum,
　　　　　 sentiō(4)感じる→ sēnsum.（その他の例　*cf.*174 注）
　　4．あらゆる動詞に理論的には四つの基本形が想定できるが，完了形やスピーヌムを欠く動詞も見られる．それらは古典期に用例のないことを示している．たとえば完了形 dēsipuī は 300 年以後に見られるので辞典ではこう記される．
　　　　dēsipiō(3b)愚かである, dēsipere, ──, ──
　　　　なお，スピーヌムを欠く動詞ではその代わりに未来分詞をのせることもある．
　　　　sum, esse, fuī, futūrus
　　5．次に四種の動詞の法・相・時称・人称・数に基づく変化形と，動詞が名詞的機能を果たすときの語形（動名詞・不定法・スピーヌム）と形容詞的機能を果たすときの語形（分詞・動形容詞）をすべて(143個)例示する．

VI. 動詞の語形変化

§106 第一変化：amō, amāre, amāvī, amātum 愛する

能 動 相

人称		現　　在		未 完 了 過 去		未 来[1)
		直 説 法	接 続 法	直 説 法	接 続 法	直 説 法
単	1	amō	amem	amābam	amārem	amābō
	2	amās	amēs	amābās	amārēs	amābis
	3	amat	amet	amābat	amāret	amābit
複	1	amāmus	amēmus	amābāmus	amārēmus	amābimus
	2	amātis	amētis	amābātis	amārētis	amābitis
	3	amant	ament	amābant	amārent	amābunt
		完　　了[2)		過 去 完 了		未来完了[1)
単	1	amāvī	amāverim	amāveram	amāvissem	amāverō
	2	amāvistī	amāveris	amāverās	amāvissēs	amāveris
	3	amāvit	amāverit	amāverat	amāvisset	amāverit
複	1	amāvimus	amāverimus	amāverāmus	amāvissēmus	amāverimus
	2	amāvistis	amāveritis	amāverātis	amāvissētis	amāveritis
	3	amāvērunt(-ēre)	amāverint	amāverant	amāvissent	amāverint

人称		命　令　法[3)		不 定 法[4)	分　　詞[5)
		単	複	現在 amāre	現在 amāns
現在	2	amā	amāte	完了 amāvisse	未来 amātūrus,
未来	2	(amātō)	(amātōte)	未来 amātūrus esse	-a, -um
	3	amātō	amantō		

動　名　詞[6)	スピーヌム（目的分詞[7)）
amandī, amandō, amandum, amandō	amātum, amātū

受 動 相

人称		現　　在		未 完 了 過 去		未　来
		直 説 法	接 続 法	直 説 法	接 続 法	直 説 法
単	1	amor	amer	amābar	amārer	amābor
	2	amāris(-re)	amēris(-re)	amābāris(-re)	amārēris(-re)	amāberis(-re)
	3	amātur	amētur	amābātur	amārētur	amābitur
複	1	amāmur	amēmur	amābāmur	amārēmur	amābimur
	2	amāminī	amēminī	amābāminī	amārēminī	amābiminī
	3	amantur	amentur	amābantur	amārentur	amābuntur
		完　　了		過 去 完 了		未来完了
単	1	amātus(-a, -um) sum	amātus sim	amātus eram	amātus essem	amātus erō
	2	amātus es	amātus sīs	amātus erās	amātus essēs	amātus eris
	3	amātus est	amātus sit	amātus erat	amātus esset	amātus erit
複	1	amātī(-ae, -a) sumus	amātī sīmus	amātī erāmus	amātī essēmus	amātī erimus
	2	amātī estis	amātī sītis	amātī erātis	amātī essētis	amātī eritis
	3	amātī sunt	amātī sint	amātī erant	amātī essent	amātī erunt

人称		命　令　法[3)		不 定 法[4)	分　　詞[5)
		単	複	現在 amārī	完了 amātus, -a, -um
現在	2	amāre	amāminī	完了 amātus esse	動 形 容 詞[8)
未来	2	(amātor)	――――	未来 amātum īrī	amandus, -a, -um
	3	amātor	amantor		

VI. 動詞の語形変化　　　　908

§107　上図の注解

1. 未来と未来完了に接続法はない (cf. 116)
2. 完了形には時に別形も見られる (cf. 114 注 3, 178)
3. 命令法・未来・二人称は単複とも稀である．受動相では二人称・複数を欠く．命・現・2・単は現在幹 (§112 注 1) と一致する．ただし例外は dīcō (3) 言う→ dīc, dūcō (3) 導く→ dūc, faciō (3b) つくる→ fac, ferō はこぶ→ fer
4. 不定法・能動相・現在形は現在幹 amā- (§112 注 1) +re：完了形は完了幹 amāv- (§114 注 1) +isse：未来形は未来分詞 amātūrus (後注 5) +esse.
   　amāre 愛すること；amāvisse 愛したこと；amātūrus esse 愛しようとすること．
   　不定法・受動相・現在形は現在幹 amā-+rī※，完了形は完了分詞 amatus (後注 5) +esse, 未来形はスピーヌム amātum+īrī (§156)
   　amārī 愛されること；amātus esse 愛されたこと；amātum īrī 愛されようとすること．後述§117. 不定法の用法参照．
   　※但し第 3, 3b 動詞では現在幹末母音 -e をとって -ī をつける．regere (3) → reg-ī, capere (3b) → cap-ī なお，不定法・受動相・現在形の語尾は，詩の中でときに古形，-rier (=ri), -ier (=i) が用いられる．(1) rogā-rier, (2) vidē-rier, (3) dic-ier
5. 現在分詞は現在幹 amā-+ns※，未来分詞はスピーヌム幹 amāt- (スピーヌムから語尾の -um を除いた形) +ūrus. amāns 愛しているところの；amātūrus 愛しようとしているところの；完了分詞 amātus 愛された．
   　なお，現在分詞の変化は§58 に準じ，未来分詞・完了分詞の変化は§50 と同じである．分詞の用法については§118 参照
   　※但し第 4, 3b 動詞では現在幹+ēns となる　audiō (4) → audi-ēns 聞いているところの，capiō (3b) → capi-ēns つかまえているところの
   　下図は分詞の一覧表．

時称＼意味	amō 愛する	
	能　動	受　動
現　在	amāns 愛している	
完　了		amātus 愛された
未　来	amātūrus 愛しようとしている	amandus※ 愛されるべき

※後述 8. 動形容詞参照

6. 動名詞 (gerundium) は現在幹+ndum※である．この amandum は対格形であるが，動名詞の代表形とみなされ，第二変化の中性名詞 (13) の如く変化する．後述§119, 動名詞の用法参照
7. スピーヌム (目的分詞とも訳される) は基本形の一つで，-tum (まれに -sum) を第一 (又は対格)，-tū (まれに -sū) を第二 (又は奪格) スピーヌムと呼ぶ．
   　amātum 愛するために，amātū 愛することにおいて　後述§120 スピーヌムの用法参照
8. 動形容詞 (gerundīvum) は現在幹 amā-+ndus※で，受動的な意味を持ち，義務・必要・適正の概念を含み未来に関して用いられるので，未来受動分詞とも呼ばれる．この変化は§50 に準ずる．後述§121 動形容詞の用法参照
   　※但し第 3b, 4 動詞では，動名詞は+endum, 動形容詞では+endus. そして第 3b, 4 動詞においてはまれに+undus (古形) がみられる．
   　gerō 行う→ gerundus, faciō つくる→ faciundus, serviō 仕える→ serviundus

§108 第二変化 : moneō, monēre, monuī, monitum 忠告する

能 動 相

人称		現 在		未 完 了 過 去		未 来
		直 説 法	接 続 法	直 説 法	接 続 法	直 説 法
単	1	moneō	moneam	monēbam	monērem	monēbō
	2	monēs	moneās	monēbās	monērēs	monēbis
	3	monet	moneat	monēbat	monēret	monēbit
複	1	monēmus	moneāmus	monēbāmus	monērēmus	monēbimus
	2	monētis	moneātis	monēbātis	monērētis	monēbitis
	3	monent	moneant	monēbant	monērent	monēbunt
		完 了		過 去 完 了		未来完了
単	1	monuī	monuerim	monueram	monuissem	monuerō
	2	monuistī	monueris	monuerās	monuissēs	monueris
	3	monuit	monuerit	monuerat	monuisset	monuerit
複	1	monuimus	monuerimus	monuerāmus	monuissēmus	monuerimus
	2	monuistis	monueritis	monuerātis	monuissētis	monueritis
	3	monuērunt (-ēre)	monuerint	monuerant	monuissent	monuerint

命令法		単	複	不 定 法	分 詞
現	2	monē	monēte	現在 monēre	現在 monēns
未来	2	(monētō)	(monētōte)	完了 monuisse	未来 monitūrus,
	3	monētō	monentō	未来 monitūrus esse	-a, -um

動 名 詞	スピーヌム
monendī, monendō, monendum, monendō	monitum, monitū

受 動 相

人称		現 在		未 完 了 過 去		未 来
		直 説 法	接 続 法	直 説 法	接 続 法	直 説 法
単	1	moneor	monear	monēbar	monērer	monēbor
	2	monēris (-re)	moneāris (-re)	monēbāris (-re)	monērēris (-re)	monēberis (-re)
	3	monētur	moneātur	monēbātur	monērētur	monēbitur
複	1	monēmur	moneāmur	monēbāmur	monērēmur	monēbimur
	2	monēminī	moneāminī	monēbāminī	monērēminī	monēbiminī
	3	monentur	moneantur	monēbantur	monērentur	monēbuntur
		完 了		過 去 完 了		未来完了
単	1	monitus sum	monitus sim	monitus eram	monitus essem	monitus erō
	2	monitus es	monitus sīs	monitus erās	monitus essēs	monitus eris
	3	monitus est	monitus sit	monitus erat	monitus esset	monitus erit
複	1	monitī (-ae, -a) sumus	monitī sīmus	monitī erāmus	monitī essēmus	monitī erimus
	2	monitī estis	monitī sītis	monitī erātis	monitī essētis	monitī eritis
	3	monitī sunt	monitī sint	monitī erant	monitī essent	monitī erunt

命 令 法			不 定 法	分 詞
	単	複	現在 monērī	完了 monitus, -a, -um
現 2	monēre	monēminī	完了 monitus esse	動形容詞
未来 2	(monētor)	——	未来 monitum īrī	monendus, -a, -um
未来 3	monētor	monentor		

§109 第三変化 : regō, regere, rēxī, rēctum 支配する

能 動 相

人称		現 在		未 完 了 過 去		未 来
		直 説 法	接 続 法	直 説 法	接 続 法	直 説 法
単	1	regō	regam	regēbam	regerem	regam
	2	regis	regās	regēbās	regerēs	regēs
	3	regit	regat	regēbat	regeret	reget
複	1	regimus	regāmus	regēbāmus	regerēmus	regēmus
	2	regitis	regātis	regēbātis	regerētis	regētis
	3	regunt	regant	regēbant	regerent	regent
		完 了		過 去 完 了		未来完了
		直 説 法	接 続 法	直 説 法	接 続 法	直 説 法
単	1	rēxī	rēxerim	rēxeram	rēxissem	rēxerō
	2	rēxistī	rēxerīs	rēxerās	rēxissēs	rēxeris
	3	rēxit	rēxerit	rēxerat	rēxisset	rēxerit
複	1	rēximus	rēxerimus	rēxerāmus	rēxissēmus	rēxerimus
	2	rēxistis	rēxeritis	rēxerātis	rēxissētis	rēxeritis
	3	rēxērunt(-ēre)	rēxerint	rēxerant	rēxissent	rēxerint

命 令 法			不 定 法	分 詞
		単	複	現在 regere
現	2	rege	regite	完了 rēxisse
未来	2	(regitō)	(regitōte)	未来 rēctūrus esse
	3	regitō	reguntō	

分詞：現在 regēns／未来 rēctūrus, -a, -um

動 名 詞	スピーヌム
regendī, regendō, regendum, regendō	rēctum, rēctū

受 動 相

人称		現 在		未 完 了 過 去		未 来
		直 説 法	接 続 法	直 説 法	接 続 法	直 説 法
単	1	regor	regar	regēbar	regerer	regar
	2	regeris(-re)	regāris(-re)	regēbāris(-re)	regerēris(-re)	regēris(-re)
	3	regitur	regātur	regēbātur	regerētur	regētur
複	1	regimur	regāmur	regēbāmur	regerēmur	regēmur
	2	regiminī	regāminī	regēbāminī	regerēminī	regēminī
	3	reguntur	regantur	regēbantur	regerentur	regentur
		完 了		過 去 完 了		未来完了
		直 説 法	接 続 法	直 説 法	接 続 法	直 説 法
単	1	rēctus sum	rēctus sim	rēctus eram	rēctus essem	rēctus erō
	2	rēctus es	rēctus sīs	rēctus erās	rēctus essēs	rēctus eris
	3	rēctus est	rēctus sit	rēctus erat	rēctus esset	rēctus erit
複	1	rēctī(-ae, -a) sumus	rēctī sīmus	rēctī erāmus	rēctī essēmus	rēctī erimus
	2	rēctī estis	rēctī sītis	rēctī erātis	rēctī essētis	rēctī eritis
	3	rēctī sunt	rēctī sint	rēctī erant	rēctī essent	rēctī erunt

命 令 法			不 定 法	分 詞
		単	複	現在 regī
現	2	regere	regiminī	完了 rēctus esse
未来	2	(regitor)	——	未来 rēctum īrī
	3	regitor	reguntor	

分詞：完了 rēctus, -a, -um

動形容詞：regendus, -a, -um

§110 第三変化異種(3b)：capiō, capere, cēpī, captum 捕まえる

能 動 相

人称		現 在		未 完 了 過 去		未 来
		直 説 法	接 続 法	直 説 法	接 続 法	直 説 法
単	1	capiō	capiam	capiēbam	caperem	capiam
	2	capis	capiās	capiēbās	caperēs	capiēs
	3	capit	capiat	capiēbat	caperet	capiet
複	1	capimus	capiāmus	capiēbāmus	caperēmus	capiēmus
	2	capitis	capiātis	capiēbātis	caperētis	capiētis
	3	capiunt	capiant	capiēbant	caperent	capient

	完 了[1)		過 去 完 了[1)		未来完了[1)
	cēpī	cēperim	cēperam	cēpissem	cēperō

	命 令 法		不 定 法	分 詞
		単	複	現在 capere	現在 capiēns
現	2	cape	capite	完了 cēpisse	未来 captūrus, -a, -um
未来	2	(capitō)	(capitōte)	未来 captūrus esse	
	3	capitō	capiuntō		

動 名 詞[2)	スピーヌム
capiendī, capiendō, capiendum, capiendō	captum, captū

受 動 相

人称		現 在		未 完 了 過 去		未 来
		直 説 法	接 続 法	直 説 法	接 続 法	直 説 法
単	1	capior	capiar	capiēbar	caperer	capiar
	2	caperis(-re)	capiāris(-re)	capiēbāris(-re)	caperēris(-re)	capiēris(-re)
	3	capitur	capiātur	capiēbātur	caperētur	capiētur
複	1	capimur	capiāmur	capiēbāmur	caperēmur	capiēmur
	2	capiminī	capiāminī	capiēbāminī	caperēminī	capiēminī
	3	capiuntur	capiantur	capiēbantur	caperentur	capientur

	完 了		過 去 完 了		未来完了
	captus sum	captus sim	captus eram	captus essem	captus erō

	命 令 法		不 定 法	分 詞
		単	複	現在 capī	完了 captus, -a, -um
現	2	capere	capiminī	完了 captus esse	動 形 容 詞[2)
未来	2	(capitor)	——	未来 captum īrī	
	3	capitor	capiuntor		capiendus, -a, -um

注1．完了，過去完了，未来完了の変化は能動・受動相とも第三変化 rexi, rexerim, etc. と同形なの
　　で二人称以下は省略した.
　2．動名詞と動形容詞は現在幹(capi-)，＋endum，＋endus *cf.* §107 注6.8(＋ndum ではないこと
　　に注意.)

VI. 動詞の語形変化　　　912

§111　第四変化：audiō, audīre, audīvī, audītum 聞く

能 動 相

人称		現　　　在		未　完　了　過　去		未　　来
		直 説 法	接 続 法	直 説 法	接 続 法	直 説 法
単	1	audiō	audiam	audiēbam	audīrem	audiam
	2	audīs	audiās	audiēbās	audīrēs	audiēs
	3	audit	audiat	audiēbat	audīret	audiet
複	1	audīmus	audiāmus	audiēbāmus	audīrēmus	audiēmus
	2	audītis	audiātis	audiēbātis	audīrētis	audiētis
	3	audiunt	audiant	audiēbant	audīrent	audient
		完　　　了[1]		過　去　完　了		未来完了
単	1	audīvī	audīverim	audīveram	audīvissem	audīverō
	2	audīvistī	audīveris	audīverās	audīvissēs	audīveris
	3	audīvit	audīverit	audīverat	audīvisset	audīverit
複	1	audīvimus	audīverimus	audīverāmus	audīvissēmus	audīverimus
	2	audīvistis	audīveritis	audīverātis	audīvissētis	audīveritis
	3	audīvērunt (-ēre)	audīverint	audīverant	audīvissent	audīverint

		命　　令　　法		不　定　法	分　　　詞
		単	複	現在 audīre	現在 audiēns
現	2	audī	audīte	完了 audīvisse	未来 audītūrus, -a, -um
未来	2	(audītō)	(audītōte)	未来 audītūrus esse	
	3	audītō	audiuntō		

動　　名　　詞[2]	ス ピ ー ヌ ム
audiendī, audiendō, audiendum, audiendō	audītum, audītū

受 動 相

人称		現　　　在		未　完　了　過　去		未　　来
		直 説 法	接 続 法	直 説 法	接 続 法	直 説 法
単	1	audior	audiar	audiēbar	audīrer	audiar
	2	audīris (-re)	audiāris (-re)	audiēbāris (-re)	audīrēris (-re)	audiēris (-re)
	3	audītur	audiātur	audiēbātur	audīrētur	audiētur
複	1	audīmur	audiāmur	audiēbāmur	audīrēmur	audiēmur
	2	audīminī	audiāminī	audiēbāminī	audīrēminī	audiēminī
	3	audiuntur	audiantur	audiēbantur	audīrentur	audientur
		完　　　了		過　去　完　了		未来完了
単	1	audītus sum	audītus sim	audītus eram	audītus essem	audītus erō
	2	audītus es	audītus sīs	audītus erās	audītus essēs	audītus eris
	3	audītus est	audītus sit	audītus erat	audītus esset	audītus erit
複	1	audītī (-ae, -a) sumus	audītī sīmus	audītī erāmus	audītī essēmus	audītī erimus
	2	audītī estis	audītī sītis	audītī erātis	audītī essētis	audītī eritis
	3	audītī sunt	audītī sint	audītī erant	audītī essent	audītī erunt

		命　　令　　法		不　定　法	分　　　詞
		単	複	現在 audīrī	完了 audītus, -a, -um
現	2	audīre	audīminī	完了 audītus esse	動　形　容　詞[2]
未来	2	(audītor)	――	未来 audītum īrī	audiendus, -a, -um
	3	audītor	audiuntor		

注 1.　完了形の別形については§114 注 3.
　　2.　動名詞, 動形容詞は現在幹 (audi-) ＋endum, ＋endus cf. §107 注 6. 8 (＋ndum ではないことに注意.)

VI. 動詞の語形変化

§112 次に四種の動詞を各時称毎に比較考察し共通する語形変化の特徴を見る.
直説法・現在と未完了過去の語形変化

現在幹[1]	数	人称	現　　在		未　完　了　過　去[5]	
			人　称　語　尾		人　称　語　尾	
			能	受	能	受
1　amā-	単	1	-ō	-r[2]	-bam	-bar
2　monē-		2	-s	-ris[3] (-re)	-bās	-bāris (bāre)
3　rege-		3	-t	-tur	-bat	-bātur
3b　cape-	複	1	-mus	-mur	-bāmus	-bāmur
4　audī-		2	-tis	-minī	-bātis	-bāminī
		3	-nt[4]	-ntur	-bant	-bantur

注. 現在時称の語形変化はあらゆる時称変化の中で一番難しい. それは公式通りに現在幹＋人称語尾となっていないためである.
1. 現在幹とは, 現在不定法の語尾から -re を除いた形で, これに人称語尾が加わるとき幹末母音に音韻変化が生ずる.
　(イ) amā+ō の場合, ā+ō>ō と母音縮約が起こった結果 amō となり, amăt, amănt は, -ā が -t, -nt の前で短母音化(ă)したためである.
　(ロ) monē+ō<moněō は母音の前で異なった長母音が短母音化した結果であり, monět, moněnt は(イ)の場合と同じ理由による.
　(ハ) 第三変化では幹末母音 -ě が -ō の前では脱落し, -nt の前では u となり, その他の人称語尾の前では i となる.
　(ニ) 3b の cape- は元来 capie- であったが, -re の前で capě- となり, 人称語尾などの前で i に変わる.
　　但し複数・三人称の -iunt は第三か第四変化からの類推であろう.
　(ホ) audiō においては ī が -o, -t, の前で短母音化し, 複数・三人称では audi-u-nt と, 中間音 -u- をはさんだために, ī もみじかくなった.
2. 受動相・一人称に限り(現在幹)amā＋(人称語尾)r ではなく, amŏ＋r, moneŏ＋r, agŏ＋r, audiŏ＋r と現在・一人称・単数形に幹末母音 -ŏ を短くしたのち受動相の人称語尾を加える.
3. -ris, -bāris の別形 -re, -bāre は詩文の中で用いられるだけである.
4. -nt はすでにのべた如く第三と 3b では -unt となる. (1. ニ, ホ)
5. 未完了過去の変化は, 定石通り現在幹＋未完了過去・時称符 -ba-＋人称語尾※. 但し第三(regě)と 3b(本来の capiě-)では幹末母音を長くしてから, 第四(audī)では -ī をみじかくし, ě を加えてから, 人称語尾を加える. regēbam, capiēbam, audiēbam. etc.
※一人称・単数語尾がō ではなくて m であることに注意. なおこの m は未来形(113)と接続法(115), そして不規則動詞 sum に現れる.

§113 直説法・未来の語形変化

現　在　幹	人　称		人　称　語　尾		現　在　幹	人　称　語　尾	
			能	受		能	受
1　amā-	単数	1	-bō	-bor	*3*　rege-	-am	-ar
2　monē-		2	-bis	-beris (bere)	*3b*　cape-	-ēs	-ēris (ēre)
		3	-bit	-bitur	*4*　audī-	-et	-ētur
	複数	1	-bimus	-bimur		-ēmus	-ēmur
		2	-bitis	-biminī		-ētis	-ēminī
		3	-bunt	-buntur		-ent	-entur

注. 未来形は第一・二変化と第三・四変化とで異なる. 前者では現在幹に未来の人称語尾を加え, 第三では, 現在幹末母音 ě を落とし, 第四では ī を i に短くし, 第 3b は capǐ としてから, 未来の人称語尾(1人称・単数の語尾 m に注意. cf.112 注5)を加える.

VI. 動詞の語形変化　　　914

§114　直説法・完了形の語形変化

人　称		完　了			
		能　動　相[1]		受　動　相[2]	
		完了幹＋人称語尾		完了分詞＋sum の現在	
単数	1	*1* amāv[3]-	-ī	*1* amātus	sum
	2	*2* monu-	-istī	*2* monitus	es
	3	*3* rēx-	-it	*3* rēctus	est
複数	1	*3b* cēp-	-imus	*3b* captus	sumus
	2	*4* audīv[3]-	-istis	*4* audītus	estis
	3		-ērunt (-ēre[4])		sunt

過　去　完　了				未　来　完　了			
能　動　相[1]		受　動　相[2]		能　動　相[1]		受　動　相[1]	
完了幹＋sum の未完		完了分詞＋sum の未完		完了分詞＋sum の現在		完了幹＋sum の未来	
amāv- monu- rēx- cēp- audīv-	-eram -erās -erat -erāmus -erātis -erant	amātus monitus rēctus captus audītus	eram erās erat erāmus erātis erant	amāv- monu- rēx- cēp- audīv-	-erō -eris -erit -erimus -eritis -erint	amātus monitus rēctus captus audītus	erō eris erit erimus eritis erunt

注1．完了系能動相の語形変化はすべて完了幹をもとにつくられる．完了幹とは辞典に記されている一人称・単数・完了形 amāvī(1), monuī(2), rēxī(3), cēpī(3b), audīvī(4) の語末母音 -ī を除いた形．完了ではこの後にすぐ完了独自の人称語尾をつける．

　　過去・未来完了では，それぞれ完了幹に不規則動詞 sum(151) の未完了過去 eram etc；未来 erō etc. を加える．

　　但し未来完了の複数三人称は -erunt ではなく -erint であることに注意．

　2．完了時称の受動相の語形変化は amāmur「我々は愛されている」の如く一語によらず，完了分詞に sum の現在，未完了過去，未来の変化形(151) を加えたものである．従って主語の性数に応じ，完了分詞の語尾も sum 動詞も変化する．たとえば

　　amāta es　　　あなた(女)は愛された　　　amātae sumus　　　私たち(女)は愛された
　　amātī erant　　彼らは愛されていた　　　　amātī eritis　　　　君たちは愛されているだろう

　3．一人称・単数が -āvī, -īvī, -ēvī で終わる動詞では，完了系時称で，二つの母音にはさまれて -v- が落ち，母音縮約が起こる場合がある．（以下，cf.178）

　　amāvisti(1)＞amāisti＞amāstī；amāvistis → amāstis；amāveram → amāram；amāverō → amārō, audīvisti(4)＞audiisti＞audīstī 但し audīvērunt＞audiērunt；audīverō → audierō. dēlēveram(2)＞dēlēeram＞dēlēram, dēlēvērunt → dēlērunt.

　4．三人称・複数・完了形 amāvērunt の別形 amāvēre は詩の中に見られる．

§115A 接続法・現在の語形変化

人称		現在幹	人称語尾 能	人称語尾 受	現在幹	人称語尾 能	人称語尾 受
単	1		-em	-er		-am	-ar
	2		-ēs	-ēris(ēre)	*2* monē-	-ās	-āris(-āre)
	3	*1* amā-	-et	-ētur	*3* rege-	-at	-ātur
複	1		-ēmus	-ēmur	*3b* cape-	-āmus	-āmur
	2		-ētis	-ēminī	*4* audī-	-ātis	-āminī
	3		-ent	-entur		-ant	-antur

注. 接続法・現在は能動・受動ともに現在幹+ā/ē+(接続法の)人称語尾である. 1人称・単数語尾がmであって直説法の如くōでないことに注意. (*cf.*112) āとēは接続法現在の特色ある接尾辞であり, āは第二・第三(3b)・四変化に現れ, ēは第一変化に現れる. そのさい第一と第三現在幹では幹末母音が落ち, 3b cape- は第四と同じく capi- となる.

§115B 接続法・未完了過去・完了・過去完了

人称		未完了過去[1] 現在幹	能	受	完了幹	能動相 完了[2]	能動相 過去完了[4]
単	1	*1* amā-	-rem	-rer	*1* amāv-	-erim	-issem
	2	*2* monē-	-rēs	-rēris(rēre)	*2* monu-	-eris	-issēs
	3	*3* rege-	-ret	-rētur	*3* rēx-	-erit	-isset
複	1	*3b* cape-	-rēmus	-rēmur	*3b* cep-	-erimus	-issēmus
	2	*4* audī-	-rētis	-rēminī	*4* audīv-	-eritis	-issētis
	3		-rent	-rentur		-erint	-issent

人称		受動相 完了分詞	完了 sum の接・現[3]	過去完了 sum の接・未完了[5]
単	1	*1* amātus	sim	essem
	2	*2* monitus	sīs	essēs
	3	*3* rēctus	sit	esset
複	1	*3b* captus	sīmus	essēmus
	2	*4* audītus	sītis	essētis
	3		sint	essent

未来と未来完了に接続法はない.

注1. 接続法・未完了過去は, 現在幹+rě+(接続法の)人称語尾である.
もし母音の長短(āmarě, amārēs)を無視すると現在・不定法+人称語尾である. この方が覚えやすい.

2. 接続法・完了・能動相は, 完了幹+sum の未来形(151)である. 但し一人称・単数は erō ではない. これを除くと, 接続法完了は直説法未来完了と同形である.

3. 接続法・完了・受動相は完了分詞+sum の現在・接続法(151)である, 完了分詞の変化については§114.注2参照.

4. 接続法・過去完了・能動相は完了幹+isse+接続法の人称語尾である. もし母音の長短(amāvissě, amāvissēs)を無視すると, 完了・不定法(107.注4)+人称語尾である. この方が記憶しやすい.

5. 接続法・過去完了・受動相は完了分詞+sum の未完了過去・接続法(151)である.

VI. 動詞の語形変化　　　　916

§116　接続法の用法

　直説法は行為・事件をあったこと，起こったこととして客観的に記述するのに対し，接続法は行為・事件をあり得る，起こるかも知れないと想定し，あるいは願望して主観的に記述する，またはそれらを他人の言説として間接的に述べるものである．接続法は次のような様々な文の中で見られるが，常に（とくに条件文，譲歩文，傾向・結果文や原因・理由文の中で）現れるとは限らない．（なお例文で長母音符号省略）

1. 願望文：utinam **moriar** 死にたい　volo（ut）**scribas** あなたの手紙が欲しい
2. 意欲・命令文：**dicat** Claudius　クラウデイウスは言うべきだ（に言わせよう）　ne **dixeris** お前はだまっておれ　postulat（ut）**ducant** 彼らが導くべきだと彼は要求する
3. 可能・推定文：forsitan aliquis **dicat** 誰かがおそらく言うだろう　non est dubium quin ille **venerit** 彼がやってくるだろうということは確かだ
4. 懐疑・反問文：quid **agam**? 私は何をすべきか　ego **taceam**? 私はだまっているのか
5. 譲歩文：quamvis **sit** malus 彼がどんな悪人であっても
6. 意図・期待・目的文：（a）mitto（eum）qui **dicat** 告げる（ための）人を私は送る　（b）mitto eum ut **dicat**（彼が）告げるために彼を送る　（c）rogo ut **edas** お前が食べるように要求する　（d）prohibeo ne **dicat** 彼の発言を私は禁じる　（e）timeo ne **veniat** 彼が来はしないかと恐れている　（f）exspecto dum **dicat** 彼が発言するまで私は待つ（ている）
7. 原因・理由文：Pecca（vi）sse videor, qui illud **fecerim** それを私がしたが故に罪を犯したと思われる　cum ibi **venissem**, Cajum conveni 私はそこへ行ったために，カイユスに会えたのだ
8. 傾向・結果文：is sum qui nihil **timeam** 私は何も恐れないような男だ　eo fit ut milites animos **demittant** その結果兵士が勇気を失っている　nemo est tam fortis quin rei novitate **perturbetur** 不意の事態の発生で血迷わないほど，それほど肝玉のすわったものは一人もいない
9. 条件文の前文（protasis）と後文（apodosis）で：（a）**faciam** si sciam（hac re cognita（118.5））もし私が知っておれば（これらを知ったら）するでしょうに　（b）si **roges**, respondam もしあなたが要求するなら答えるでしょう　etiamsi **roges** taceam たといあなたが要求しても私はだまっているだろう
9a. 非事実を想定する条件文・比較文：sapientia non **expeteretur**, si nihil **efficeret** もし知恵が何の役にもたたなければ，誰からももとめられはしないだろう　tamquam si claudus **sim**, cum fusti（e）st ambulandum（147.ロ）まるでびっこでもあるかのように，わしは棍棒をもって（やつをこらしめるため）右往左往せねばならんのだ
10. 間接疑問文：dic mihi quid **agatur** 彼が元気かどうか私に伝えてくれ
11. 間接話法中の又は不定法句や ut 文の中の従属節の中で：（a）dicit se ire, cum tempus **postulet** 時が要請したら行くと彼は言っている　dicit eos qui boni **sint** beatos esse 善良な彼らは幸福だと彼は言っている　（b）petit ut iis qui **affuerint** credamus 出席していた彼らを我々は信じてやろうと彼は要請する
12. 部分的間接話法で：laudat te, qui（quod）hoc **facias** 彼はあなたをほめている，あなたはこれができる（から）と言って　praemia proposuit, qui primus **venisset** 彼は最先にやって来たのだからと言って褒美をせがんだ

917   VI. 動詞の語形変化

§117　不定法の用法（以下§121までの例文では長母音符号を省略）
(1)　主語・述語として *cf.*119(1)：
　　invidere non cadit in sapientem 賢人にねたみ心は起こらない　docto homini
　　et erudito **vivere**（主）est **cogitare**（述）教養ある学徒にとって生きることは
　　考えることである　libet(167) semper **discere** いつも学んでいることは楽しい
(2)　目的語として *cf.*119(4)：
　　mori nemo sapiens miserum duxit いかなる賢人も死を不幸と見なしていな
　　い　multum interest inter **dare** et **accipere** 与えることと受け取ることとは
　　大変な相違である
(3)　名詞・形容詞の補語として：
　　suadebant nullam esse **rationem amittere** ejusmodi occasionem このような
　　機会を逃す理由は全くないと彼らは説得した　**piger** scribendi(119.2) **ferre**
　　laborem 書く労苦をいとっている（私）
(4)　ある種の動詞（特に動きを示す）は目的を表すのに（普通は動形 121.2, 又はス
　　120.1 を用いるのに）不定法をとる（これはギリシア語法である），また，ある種の
　　動詞（英語の助動詞の如き）は意味を完結させるのに補足不定法をとる：
　　tristitiam tradam **portare** ventis 私は悲しみを運び去らせるために風に委ね
　　たい　filius tum introiit **videre** quid agat 息子はそのとき奴が何をしているか
　　を見に（ようとして）入って行った　possum（volo, videor）**esse** philosophus 私
　　は哲学者であることができる（ありたい，あると見られている）
(5)　対格主語を伴う不定法（不定法句）として：知覚・感情・意欲・願望・伝達動詞
　　の目的句となる（9e11）　また不定法句は非人称動詞などの主語にもなる
　　（*cf.*167ff.）
　　dico（dicam, dicebam …）eum **venire**, eum **venisse**, eum **venturum esse** 私
　　は言う（言うであろう，言っていた…）「彼が来ると，彼が来たと，彼が来るで
　　あろうと」　audio（gaudeo, volo, nuntio...）copias **mitti**, copias **missas esse**,
　　copias **missum iri** 私は聞いている（喜ぶ，欲する，知らせる…）軍勢が送られ
　　ると，軍勢が送られたと，軍勢が送られるであろうと
(6)　主格主語を伴う不定法：主として知覚・伝達動詞の受動相と共に：
　　Homerus solus **appellari** poeta meruit ホメーロスのみが詩人と称されるに
　　価した　**luna** solis lumine **conlustrari** putatur 月は太陽の光に照らされてい
　　ると考えられる
(7)　歴史的な不定法（生彩ある表現法として）：
　　rex primo nihil **metuere**, nihil **suspicari** 王は最初何一つ恐れず，何一つ疑わ
　　なかった
(8)　感嘆の不定法：
　　ergo me potius in Hispania **fuisse** tum quam Formiis! それ故に，私はあの時
　　フォルミアエよりもヒスパーニアにいたらよかったのに

§118　分詞の用法
　分詞は動詞の機能を働かせつつ形容詞の役も果たす，従って目的語や副詞（副詞句）
をとると同時に，形容詞として名詞と性数格で一致する．ラテン語で複雑な形で現れ
る最も重要な語形である
（1）**名詞への追加限定語として**：
　現　saepe **illum** audivi furtiva voce **loquentem**
　　　私はしばしば彼がひそひそ声で話しているのを聞いた．

VI. 動詞の語形変化　　　918

完　Labeo male **administratae provinciae** (9c10) arguebatur
　　ラベオはその属州の悪政で告発されていた

未　**periturae** addere **Troiae** teque tuosque
　　滅亡するであろうトロイアに，そなたもそなたの一族も加えること

未受　**proelia** conjugibus **loquenda**
　　妻たちに話して当然の戦闘
　　o **facinus animadvertendum**!
　　おお，まことに非難すべき仕業よ

(2)　そのままの形で**名詞**として使用される（人・ものを補って訳す）：

現　**amantes amentes**
　　恋をする奴は気が違っているのさ

完　male **parta** male dilabuntur
　　不正に手に入ったものは，不運にすべり落ちる（悪銭身につかず）

未　grande **locuturi** nebulas Helicone legunto
　　崇高な言葉を発せんとする人たちはヘリコーン山に霧を集めよ（集めるに
　　違いない）

未受　beatos puto, quibus deorum munere (9d9) datum est, aut facere **scribenda**
　　aut scribere **loquenda**
　　書かれるに価する業績をなしとげ，読まれるに価する詩文を書くことを，
　　神々からの贈り物として与えられた人たちを私は幸福だと思う

(3)　sum と共に**述語的**に用いられる：

現　tibi sum **oboediens**
　　私はあなたに忠実でいます（現＋sum の例はまれ）

完　受動相完了形 §114

未　第一回説的変化 §143

未受　第二回説的変化 §147

(4)　**分詞構文**：分詞が文中の主語か目的語と性数格において一致しながら，従属文
　　の如き役を果たす構文.

時間文　Herculem Germani **ituri** in proelia canunt
　　　　ゲルマーニア人は戦いに出発しようとするとき，ヘルクレース（の讃歌）
　　　　をうたう（= cum ituri sunt）
　　　　Haec **locutus** sublimis abiit
　　　　このように語った後，彼は天上へ立ち去った（= postquam locutus est）

理由文　nihil affirmo **dubitans** plerumque et mihi ipse **diffidens**
　　　　私は全般的に疑っているし，私自身自信がないので何も断言しない
　　　　（dubitans = quia dubito, diffidens = quia diffido）

目的文　Alexander **illum** in regionem misit, commeatus in hiemem **paraturum**
　　　　アレクサンデルは冬のための食糧を備蓄するために，彼をその地方へ送
　　　　った（paraturum = ut pararet）

条件文　Epistulae offendunt, non loco **redditae**
　　　　手紙はもし時宜を得て返送されなかったら，腹立たしいものである（=
　　　　si non redduntur）

譲歩文　scripta tua jam diu **expectans** non audeo tamen flagitare
　　　　もう長いことあなたの手紙を待っているが，しかし私はあなたにどうし
　　　　ても催促できません（= etsi expecto）

(5)　**絶対的(独立)奪格**：分詞が名詞(代名詞)と性・数において一致しながら共に

奪におかれ，主文とは独立した従属節の役を果たす(cf. 9f18)これは次の例文の如く文章を簡潔にする

Germani post tergum **clamore audito, armis abjectis signisque militaribus relictis**, se ex castris ejecerunt (= cum clamor post tergum auditus esset, arma abjecerunt signaque militaria reliquerunt se ex castris ejecerunt)
ゲルマニア人は背後に叫喚を聞くと，武器を放り軍旗を捨てて城塞から飛び出した

時間文 Caesar **inita hieme** in Illyricum profectus est
カエサルは冬に入ると，イッリュリクムへ向けて出発した

条件文 nihil **me sciente** frustra voles
私が知っている限り，お前が何を望んでも無駄であろう

譲歩文 natura dedit usuram vitae, tamquam pecuniae, **nulla praestituta die** (34. 注 2)
自然は人生を借金の如く貸し与えている，但しこの借金の支払日は予め一切指定してないが

理由文 **omnibus rebus** ad profectionem **comparatis**, diem dicunt
出発のためのすべての準備がなされたので，彼らはその日を告示する

§119 動名詞の用法

主	amare dulce est 愛することは甘い	対	nescit amare 彼は愛することを知らない
属	ars **amandi** 愛することの技		paratus ad **amandum** 彼は愛する気になっている
与	studuit **amando** 彼は愛することに熱中した	奪	feminas **amando** 女たちを愛することによって

注. 動名詞は本来，能の意味しかもたないのであるが，ときに文脈上受と判断される場合がある.
spes **restituendi** nulla erat (その町の)再建されると言う望みは全くなかった
Athenas **erudiendi** gratia missus est 彼は教育されるために(学ぶために)，アテーナエへおくられた

(1) 主は不定法形で代用される
(2) 属は名詞と共に用いられるが，ときに属支配の形容詞(9c13)の補語になる
mens hominis semper **videndi** et **amandi** delectatione ducitur
人の心はいつも見る喜びと愛する喜びに導かれる
cupidus **edendi** 食べることに熱中している
(3) 与は動詞と形容詞(9d13)，まれに副詞の補語となる
operam dedi **pingendo** 私は描写に努力した
aqua utilis **bibendo** 飲むのに役立つ水
(4) 対は前置詞とのみ用いられる. 動詞の目的語となるのは**不定法**である(117.4)
breve tempus aetatis satis longum est **ad** bene honesteque **vivendum**
幸福で清廉な人生をおくるためには，(人生の)短い歳月でも長すぎる
(5) 奪はもっぱら手段(9f11)，理由(9f15)の奪として用いられ，ときに前置詞とも用いられる.
alitur vitium vivitque **tegendo** 悪徳(欠点)はかくすこと(かくされること)で養われ生き続ける
altero facetiarum genere utitur in **narrando** aliquid venuste, altero in **jaciendo** (121.3) **mittendo**que ridiculo

VI. 動詞の語形変化　　　920

機知に富む(二つの)表現のうち，一方はあるものを優雅に語るときに，他方は
冗談をとばしたり，からかうときに人は用いる(用いられる)

§120　スピーヌムの用法

(1)　**対**は動きを示す動詞と共に用いられ，運動の目的を表す．ときに動詞として目
的語を取る

　　lusum it Maecenas, **dormitum** ego
　　マエケーナスは遊ぶために，私は眠るために出かける
　　Hannibal **defensum** patriam revocatus est
　　ハンニバルは祖国防衛のため呼び戻された

(2)　**対**は eo の受動相・不定法 iri(156 注)と共に受動相・未来不定法を作るのに用
いられる

　　Pompejus adfirmat se prius **occisum iri** ab eo, quam me **violatum iri**
　　ポンペーイユスは断言する，彼によって私(キケロ)が暴行を受けるよりも先に
　　自分が殺されるだろうと

(3)　**奪**の用法はごく限られている．限定・観点の奪(9f3)として(イ)fas, nefas, opus
の如き名詞と，(ロ)善・悪，快・不快，適・不適の概念を持つ形容詞と共に用いら
れるにすぎない

　　ita **dictu** opus est　そう言う必要がある
　　Adnotatu dignum illud quoque omen　その前兆もまた注目に価する
　　terribiles **visu** formae　見る目にも身の毛のよだつ姿たち

§121　動形容詞の用法

(1)　sum と共に述語として用いられる．第二回説的用法(147)参照

(2)　do, trado, curo などの動詞と共に用いられ，直接目的語の補語として目的を表
す．

　　Caesar **pontem** in Arare **faciendum** curat
　　カエサルはアラール川に作られるべき橋を心配した(橋をつくるのに専念した)
　　scriba quidam **ediscendos fastos** populo proposuit
　　ある書記は国民に暗記されるべき暦を公示した(暦を示して暗記させた)

(3)　動名詞が目的語をとるとき，その代わりとして用いられる，特に動名詞が与・
奪のときは，動形容詞が好まれる．

　属　me auctorem fuisse **Caesaris interficiendi** criminatur
　　　彼は私がカエサル暗殺の主謀者であったと中傷している
　　　(Caesarem interficiendi という動名詞による表現よりも好まれる)

　与　consul **placandis** Romae **dis habendo**que **dilectu** dat operam
　　　執政官はローマの神々の神意をなだめることと新兵募集に意を用いる
　　　(動名詞の場合 placando Romae deos, habendo dilectum となる)
　　　triumvir **dividendis agris**　国有地分配三人委員(dividendi agros)(別の
　　　triumviri §191 参照)

　対　missus est a senatu ad **animos** regum **perspiciendos**
　　　彼は元老院から諸国の王の意向を探るために派遣された(ad animos
　　　perspiciendum)

　奪　primus liber est de **contemnendo morte**
　　　第一巻の内容は死を軽蔑することについてである(de contemnendo
　　　mortem)

Dēpōnentia（形式所相動詞）

§122　ラテン語には受動相でのみ変化し，しかも意味は能動であるという動詞が少なくない．このような動詞は，dēpōnentia（verba）（*pl.*）と呼ばれる.

注. dēpōnentia は dēpōnō（能動相を「放棄した」?）の現在分詞 dēpōnēns の中性・複数形である.

§123　形式所相動詞も，不定法の形に従って，四種の変化に分類される．大半が第一変化に属す.

(1) 第一変化の形式所相動詞の基本形（*cf.* amor, amārī, amātus sum）.

現在（直説法）　不定法　　完了形

medicor	medicārī	medicātus sum	癒す，治す
meditor	meditārī	meditātus sum	思う
tūtor	tūtārī	tūtātus sum	保護する

注. 形式所相動詞の基本形には，supīnum（目的分詞）を加えない．完了形の中にすでに完了分詞が示されており，既述のごとく，完了分詞の中性形が supīnum の形と一致するからである.

(2) 第二変化（*cf.* moneor, monērī, monitus sum）

| fateor | fatērī | fassus sum | 告白する |
| reor | rērī | ratus sum | 思う |

(3) 第三変化（*cf.* regor, regī, rēctus sum）

fungor	fungī	functus sum	果たす
morior※	morī	mortuus sum	死ぬ
nāscor	nāscī	nātus sum	生まれる

※　morior のように 3b に属する動詞が若干ある．patior, aggredior.

(4) 第四変化（*cf.* audior, audīrī, audītus sum）

| orior | orīrī | ortus sum | 昇る |
| potior | potīrī | potītus sum | わが物にする |

§124　形式所相動詞の中には，他の動詞ならば対格（目的語）をとるべきところを，(1)奪格（補語）をとるものや(2)奪格の代わりに属格をとるものがある.

(1) ūtor「利用する」，fruor「享受する」，fungor「果たす」，potior「わが物とする」
(2) oblīvīscor「忘れる」，reminīscor「思い出す」，misereor「あわれむ」

Lūx quā fruimur ā Deō nōbis datur.
我々の享受する光は神から与えられている.
sine ūllō vulnere victōriā potīrī　いかなる負傷もなく勝利を手に入れること
ūtor Pompējō familiārissimē
私はポンペーイユスと非常に仲良くつき合っている

形式所相動詞の変化表

§125　基本形

Ⅰ.	hortor	hortārī	hortātus sum	励ます
Ⅱ.	vereor	verērī	veritus sum	おそれる
Ⅲ.	loquor	loquī	locūtus sum	話す
Ⅳ.	mentior	mentīrī	mentītus sum	だます

VI. 動詞の語形変化 922

直説法

§126 現在

単	1	hortor	vereor	loquor	mentior
	2	hortāris(-re)	verēris(-re)	loqueris(-re)	mentīris(-re)
	3	hortātur	verētur	loquitur	mentītur
複	1	hortāmur	verēmur	loquimur	mentīmur
	2	hortāminī	verēminī	loquiminī	mentīminī
	3	hortantur	verentur	loquuntur	mentiuntur

§127 未完了過去

単	1	hortābar	verēbar	loquēbar	mentiēbar
	2	hortābāris(-re)	verēbāris(-re)	loquēbāris(-re)	mentiēbāris(-re)
	3	hortābātur	verēbātur	loquēbātur	mentiēbātur
複	1	hortābāmur	verēbāmur	loquēbāmur	mentiēbāmur
	2	hortābāminī	verēbāminī	loquēbāminī	mentiēbāminī
	3	hortābantur	verēbantur	loquēbantur	mentiēbantur

§128 未来

単	1	hortābor	verēbor	loquar	mentiar
	2	hortāberis(-re)	verēberis(-re)	loquēris(-re)	mentiēris(-re)
	3	hortābitur	verēbitur	loquētur	mentiētur
複	1	hortābimur	verēbimur	loquēmur	mentiēmur
	2	hortābiminī	verēbiminī	loquēminī	mentiēminī
	3	hortābuntur	verēbuntur	loquentur	mentientur

§129 完了

単	1	hortātus(-a, -um)	veritus	locūtus	mentītus	sum
	2	〃	〃	〃	〃	es
	3	〃	〃	〃	〃	est
複	1	hortātī(-ae, -a)	veritī(-ae, -a)	locūtī(-ae, -a)	mentītī(-ae, a)	sumus
	2	〃	〃	〃	〃	estis
	3	〃	〃	〃	〃	sunt

§130 過去完了

単	1	hortātus(-a, -um)	veritus	locūtus	mentītus	eram
	2	〃	〃	〃	〃	erās
	3	〃	〃	〃	〃	erat
複	1	hortātī(-ae, -a)	veritī(-ae, -a)	locūtī(-ae, -a)	mentītī(-ae, a)	erāmus
	2	〃	〃	〃	〃	erātis
	3	〃	〃	〃	〃	erant

VI. 動詞の語形変化

§131 未来完了

単	1	hortātus(-a, -um)	veritus	locūtus	mentītus	erō
	2	〃	〃	〃	〃	eris
	3	〃	〃	〃	〃	erit
複	1	hortātī(-ae, -a)	veritī(-ae, -a)	locūtī(-ae, -a)	mentītī(-ae, a)	erimus
	2	〃	〃	〃	〃	eritis
	3	〃	〃	〃	〃	erunt

接続法

§132 現在

単	1	horter	verear	loquar	mentiar
	2	hortēris(-re)	vereāris(-re)	loquāris(-re)	mentiāris(-re)
	3	hortētur	vereātur	loquātur	mentiātur
複	1	hortēmur	vereāmur	loquāmur	mentiāmur
	2	hortēminī	vereāminī	loquāminī	mentiāminī
	3	hortentur	vereantur	loquantur	mentiantur

§133 未完了過去

単	1	hortârer	verērer	loquerer	mentīrer
	2	hortârēris(-re)	verērēris(-re)	loquerēris(-re)	mentīrēris(-re)
	3	hortârētur	verērētur	loquerētur	mentīrētur
複	1	hortârēmur	verērēmur	loquerēmur	mentīrēmur
	2	hortârēminī	verērēminī	loquerēminī	mentīrēminī
	3	hortârentur	verērentur	loquerentur	mentīrentur

§134 完了

単	1	hortātus(-a, -um)	veritus	locūtus	mentītus	sim
	2	〃	〃	〃	〃	sīs
	3	〃	〃	〃	〃	sit
複	1	hortātī(-ae, -a)	veritī(-ae, -a)	locūtī(-ae, -a)	mentitī(-ae, -a)	sīmus
	2	〃	〃	〃	〃	sītis
	3	〃	〃	〃	〃	sint

§135 過去完了

単	1	hortātus(-a, -um)	veritus	locūtus	mentītus	essem
	2	〃	〃	〃	〃	essēs
	3	〃	〃	〃	〃	esset
複	1	hortātī(-ae, -a)	veritī(-ae, -a)	locūtī(-ae, -a)	mentitī(-ae, -a)	essēmus
	2	〃	〃	〃	〃	essētis
	3	〃	〃	〃	〃	essent

VI. 動詞の語形変化　　924

§136　命令法

		現		在	
単数	2	hortāre	verēre	loquere	mentīre
複数	2	hortāminī	verēminī	loquiminī	mentīminī
		未		来	
単数	2	hortātor	verētor	loquitor	mentītor
	3	hortātor	verētor	loquitor	mentītor
複数	3	hortantor	verentor	loquuntor	mentiuntor

§137　不定法

現在	hortārī	verērī	loquī	mentīrī
完了	hortātus esse	veritus esse	locūtus esse	mentītus esse
未来	hortātūrus esse	veritūrus esse	locūtūrus esse	mentītūrus esse

§138　分詞

現在	hortāns	verēns	loquēns	mentiēns
完了	hortātus	veritus	locūtus	mentītus
未来	hortātūrus	veritūrus	locūtūrus	mentītūrus

§139　動名詞(代表形のみをあげる)

hortandum	verendum	loquendum	mentiendum

§140　動形容詞(＝未来受動分詞 cf.107. 8)

hortandus, -a, -um	verendus, -a, -um
loquendus, -a, -um	mentiendus, -a, -um

§141　目的分詞

I	(対)hortātum	veritum	locūtum	mentītum
II	(奪)hortātū	veritū	locūtū	mentītū

925　　　　　　　　　VI. 動詞の語形変化

§141.a　dēpōnentia 分詞の一覧表 (*cf.* 107.5)

	ūtor 使う	
	能　　動	受　　動
現在	ūtēns 使っている	
完了	ūsus[※] 使った	
未来	ūsūrus 使おうとしている	ūtendus 使われるべき

※　dep. の完分は，ときに ūsus「用いられた」の如く受の意味で使われることがある．adeptā lībertāte 自由が獲得されると adeptam victōriam かちとられた勝利を（adipīscor → adeptus）

（例）　neque loquēns es neque tacēns unquam bonus.
　　　お前はしゃべっていても，だまっていても，何の役にもたたん．
　　　spem mentīta seges 希望を欺いた収穫
　　　Avē, Imperātor, moritūrī tē salūtant.
　　　皇帝，万才，今から死んでいく者どもが，あなたに挨拶をします．

§142　若干の動詞は，現在・未完了過去・未来において普通の動詞と変わりなく，完了系時称においてのみ，形式所相動詞—すなわち受動相であるが，意味は能動—となる．これらを **semideponentia** 半形式所相動詞と呼ぶ．

audeō	audēre	ausus sum	敢えて行う
gaudeō	gaudēre	gāvīsus sum	喜ぶ
fīdō	fīdere	fīsus sum	信頼する
soleō	solēre	solitus sum	習慣としている

注．audeō, soleō は不定法をとる．
（例）　Nōn **audent** ūtī nāvibus. 彼らは船を利用する勇気がない．
　　　Nāvem dē classe populī Rōmānī **ausus es** vendere.
　　　お前は大胆不敵にもローマ国民の艦隊の中から船を売りとばしたのだ．
　　　Id optimō quōque Athēnīs occidere **solitum est**.
　　　そのことは，アテーナエでは最も立派な人なら誰にでも起こるのが常であった．

第一 (能動相) 回説的変化

§143　未来分詞が sum とともに述語的に用いられるとき，**回説的動詞変化** (periphrastic conjugation) と呼ぶ．そして gerundīvum (107 注 8) ＋sum の回説的動詞変化 (147) と区別して，未来分詞＋sum を第一 (または能動的) 回説的動詞変化と呼ぶこともある．

　(イ)　現在　　　　amātūrus sum
　　　　　　　　私は愛しようとしている（「愛するつもり，決心している，愛するはずである」など，可能，予定，意図を表す）
　(ロ)　未完了過去　amātūrus eram
　　　　　　　　私は愛さんとしていた
　(ハ)　未来　　　　amātūrus erō
　　　　　　　　私は愛さんとしているだろう
　(ニ)　完了　　　　amātūrus fuī
　　　　　　　　私は愛さんとした
　(ホ)　過去完了　　amātūrus fueram

VI. 動詞の語形変化

私は愛しようとしていた

(ヘ) 未来完了　amātūrus fuerō

私は愛する決心をしているだろう

（例）Apud quōs aliquid aget aut **erit āctūrus**.

その人たちの前で彼は何らかの弁護を試みるか，あるいは弁護する気になるだろう．

（āctūrus → agō）

quoniam eō miseriārum **ventūrus eram**,

私はそれほど悲惨な状況にたちいたらんとしていたので，（ventūrus → veniō）

Quid **futūrum est**? 一体何が起ころうとしているのか．（futūrus §151）

変化表

§144　直説法

現在	単	1	amātūrus(-a, -um)	monitūrus	āctūrus	audītūrus	sum※
		2	〃	〃	〃	〃	es
		3	〃	〃	〃	〃	est
	複	1	amātūrī(-ae, -a)	monitūrī(-ae, -a)	āctūrī(-ae, -a)	audītūrī(-ae, -a)	sumus
		2	〃	〃	〃	〃	estis
		3	〃	〃	〃	〃	sunt

※　未完了過去以下一人称・男性・単数形のみを挙げる．

未完了過去	amātūrus	monitūrus	āctūrus	audītūrus	eram※
未　　　来	amātūrus	monitūrus	āctūrus	audītūrus	erō
完　　　了	amātūrus	monitūrus	āctūrus	audītūrus	fuī
過 去 完 了	amātūrus	monitūrus	āctūrus	audītūrus	fueram
未 来 完 了	amātūrus	monitūrus	āctūrus	audītūrus	fuerō

§145　接続法

現　　　在	amātūrus	monitūrus	āctūrus	audītūrus	sim
未完了過去	amātūrus	monitūrus	āctūrus	audītūrus	essem
完　　　了	amātūrus	monitūrus	āctūrus	audītūrus	fuerim
過 去 完 了	amātūrus	monitūrus	āctūrus	audītūrus	fuissem

§146　不定法

現在	amātūrus esse	monitūrus esse	āctūrus esse	audītūrus esse
完了	amātūrus fuisse	monitūrus fuisse	āctūrus fuisse	audītūrus fuisse

※　未完了過去以下一人称・男性・単数形のみを挙げる．

第二（受動相）回説的変化

§147　gerundīvum（動形容詞）が sum と共に述語的に用いられるときこれを第二（または受動的）回説的変化と呼ぶ。（*cf.* 143）

現　　　在	amandus	sum	愛されるべきだ（はずだ）
未完了過去	amandus	eram	愛されるべきだった
未　　　来	amandus	erō	愛されるべきであろう
完　　　了	amandus	fuī	愛されるべきだった
過 去 完 了	amandus	fueram	愛されているべきだった
未 来 完 了	amandus	fuerō	愛されているべきだろう

（イ）　人称的表現：

Pietātī summa **tribuenda** laus est
敬虔な行為に最高の称賛が与えられるべきだ

（ロ）　非人称的表現：他動詞も自動詞も，中性・単数形の動形容詞で現れる。（164, 172）

Hīc vōbīs（9d11）**vincendum** aut **moriendum** est, mīlitēs.
兵士らよ，ここでおまえらは勝つか死ぬか，どちらかであるはずだ.

変化表

§148　直説法

現　　　在	amandus	monendus	agendus	audiendus sum[※]
未完了過去	amandus	monendus	agendus	audiendus eram
未　　　来	amandus	monendus	agendus	audiendus erō
完　　　了	amandus	monendus	agendus	audiendus fuī
過 去 完 了	amandus	monendus	agendus	audiendus fueram
未 来 完 了	amandus	monendus	agendus	audiendus fuerō

※§144 と注参照

§149　不定法

現在	amandus esse	monendus esse	agendus esse	audiendus esse
完了	amandus fuisse	monendus fuisse	agendus fuisse	audiendus fuisse

VI. 動詞の語形変化　　　928

§150　接続法

現　　　在	amandus	monendus	agendus	audiendus sim
未完了過去	amandus	monendus	agendus	audiendus essem
完　　　了	amandus	monendus	agendus	audiendus fuerim
過 去 完 了	amandus	monendus	agendus	audiendus fuissem

注.　第一・第二回説的変化の比較のための例文 :

nōs **scrīptūrī sumus**(erimus) ea quae **agenda sunt**(erunt).
なされるべき（なされて然るべきであろう）ことについて，我々は(いま)書くつもりだ，((いず
れ)書くことになろう)。
Dux **dēlīberātūrus est**(erit) quid **agendum sit**.
何がなされるべきかを将軍は考えるつもりだ（考えておくことになろう）。
Illud putāvī **statuendum esse**, quid vōs **āctūrī essētis**.
君たちが何をなそうとしているのか，そのことを私は考慮に入れておくべきだと考えた.

不規則動詞

§151　基本形 : sum, esse, fuī, futūrus 存在する，である

人 称		現　　　　　在		未 完 了 過 去		未　　来
		直 説 法	接 続 法	直 説 法	接 続 法	直 説 法
単	1	sum	sim	eram	essem(forem)	erō
	2	es	sīs	erās	essēs(forēs)	eris
	3	est	sit	erat	esset(foret)	erit
複	1	sumus	sīmus	erāmus	essēmus	erimus
	2	estis	sītis	erātis	essētis	eritis
	3	sunt	sint	erant	essent(forent)	erunt
		完　　　　　了		過 去 完 了		未来完了
単	1	fuī	fuerim	fueram	fuissem	fuerō
	2	fuistī	fueris	fuerās	fuissēs	fueris
	3	fuit	fuerit	fuerat	fuisset	fuerit
複	1	fuimus	fuerimus	fuerāmus	fuissēmus	fuerimus
	2	fuistis	fueritis	fuerātis	fuissētis	fueritis
	3	fuērunt(-ēre)	fuerint	fuerant	fuissent	fuerint

命　　令　　法			不　　定　　法	分　　　　詞※	
	単数	複数	現在 esse		
現在	2	es	este	完了 fuisse	未来 futūrus, -a, -um
未来	2	estō	estōte	未来 futūrus esse(fore)	
	3	estō	suntō		

※　現在・完了・分詞なし
注.　（ ）は古形，なお現・接にも次の二種の古形もまれにみられる siem, siēs, siet, sient ; fuam,
fuās, fuat, fuant

VI. 動詞の語形変化

§152　基本形：possum, posse, potuī 出来る

人　称		現　　　　在		未　完　了　過　去		未　　　来
		直　説　法	接　続　法	直　説　法	接　続　法	直　説　法
単	1	possum	possim	poteram	possem	poterō
	2	potes	possīs	poterās	possēs	poteris
	3	potest	possit	poterat	posset	poterit
複	1	possumus	possīmus	poterāmus	possēmus	poterimus
	2	potestis	possītis	poterātis	possētis	poteritis
	3	possunt	possint	poterant	possent	poterunt
人　称		完　　　　了		過　去　完　了		未来完了
単	1	potuī	potuerim	potueram	potuissem	potuerō
	2	potuistī	potueris	potuerās	potuissēs	potueris
	3	potuit	potuerit	potuerat	potuisset	potuerit
複	1	potuimus	potuerimus	potuerāmus	potuissēmus	potuerimus
	2	potuistis	potueritis	potuerātis	potuissētis	potueritis
	3	potuērunt (-ēre)	potuerint	potuerant	potuissent	potuerint
不　　定　　法				分　　　　　　詞※		
現在 posse			完了 potuisse	（現在 potēns 形容詞）		

※　現在分詞は形容詞で代用

§153　基本形：volō, velle, voluī 欲する

人　称		現　　　　在		未　完　了　過　去		未　　　来
		直　説　法	接　続　法	直　説　法	接　続　法	直　説　法
単	1	volō	velim	volēbam	vellem	volam
	2	vīs	velīs	volēbās	vellēs	volēs
	3	vult	velit	volēbat	vellet	volet
複	1	volumus	velīmus	volēbāmus	vellēmus	volēmus
	2	vultis	velītis	volēbātis	vellētis	volētis
	3	volunt	velint	volēbant	vellent	volent
		完　　　　了[1]		過　去　完　了[1]		未来完了[1]
		voluī	voluerim	volueram	voluissem	voluerō
		命　令　法[2]		不　　定　　法	分　　　　　　詞	
		——		現在 velle	現在 volēns	
		——		完了 voluisse		

VI. 動詞の語形変化　　　　930

§154　基本形：nōlō, nōlle, nōluī 欲しない

人称		現　　在		未　完　了　過　去		未　　来
		直　説　法	接　続　法	直　説　法	接　続　法	直　説　法
単	1	nōlō	nōlim	nōlēbam	nōllem	nōlam
	2	nōn vīs	nōlīs	nōlēbās	nōllēs	nōlēs
	3	nōn vult	nōlit	nōlēbat	nōllet	nōlet
複	1	nōlumus	nōlīmus	nōlēbāmus	nōllēmus	nōlēmus
	2	nōn vultis	nōlītis	nōlēbātis	nōllētis	nōlētis
	3	nōlunt	nōlint	nōlēbant	nōllent	nōlent
		完　　了[1]		過　去　完　了[1]		未来完了[1]
		nōluī	nōluerim	nōlueram	nōluissem	nōluerō
命令法		単	複	不　　定　　法		分　　詞
現在	2	nōlī	nōlīte	現在 nōlle		現在 nōlēns
未来	2	nōlītō	nōlītōte	完了 nōluisse		
	3	nōlītō	nōluntō			

§155　基本形：mālō, mālle, māluī むしろ…をとる

人称		現　　在		未　完　了　過　去		未　　来
		直　説　法	接　続　法	直　説　法	接　続　法	直　説　法
単	1	mālō	mālim	mālēbam	māllem	mālam
	2	māvīs	mālīs	mālēbās	māllēs	mālēs
	3	māvult	mālit	mālēbat	māllet	mālet
複	1	mālumus	mālīmus	mālēbāmus	māllēmus	mālēmus
	2	māvultis	mālītis	mālēbātis	māllētis	mālētis
	3	mālunt	mālint	mālēbant	māllent	mālent
		完　　了[1]		過　去　完　了[1]		未来完了[1]
		māluī	māluerim	mālueram	māluissem	māluerō
		命　　令　　法[2]		不　　定　　法		分　　詞[2]
		——		現在 mālle		——
		——		完了 māluisse		——

1. 二人称以下の変化省略　2. 命令形なし，分詞もなし

931 VI. 動詞の語形変化

§156 基本形: eō, īre, iī(īvī), itum 行く[1]

人 称		現　　　在		未　完　了　過　去		未　　来
		直　説　法	接　続　法	直　説　法	接　続　法	直　説　法
単	1	eō	eam	ībam	īrem	ībō
	2	īs	eās	ībās	īrēs	ībis
	3	it	eat	ībat	īret	ībit
複	1	īmus	eāmus	ībāmus	īrēmus	ībimus
	2	ītis	eātis	ībātis	īrētis	ībitis
	3	eunt	eant	ībant	īrent	ībunt
人 称		完　　　了		過　去　完　了		未来完了
単	1	iī(īvī)	ierim(īverim)	ieram(īveram)	iissem(īvissem)	ierō(īverō)
	2	iistī	ieris	ierās	iissēs	ieris
	3	iit	ierit	ierat	iisset	ierit
複	1	iimus	ierimus	ierāmus	iissēmus	ierimus
	2	iistis	ieritis	ierātis	iissētis	ieritis
	3	iērunt(-ēre)	ierint	ierant	iissent	ierunt

		命　　令　　法		不　定　法	分　　　詞	
	人称	単	複	現在 īre	現在 iēns[2], euntis	
現在	1	ī	īte	完了 īsse(īvisse)	未来 itūrus	
未来	2	ītō	ītōte	未来 itūrus esse	動 形 容 詞[2]	
	3	ītō	euntō		eundus	
		動　　名　　詞		スピーヌム(目的分詞)		
eundī, eundō, eundum, eundō				itum, itū		

注1. (イ) eō の受動相が，まれに非人称表現(172)として用いられる.
　　　　Ītur(現在) ītum est(完了) īrī(不定法)
　　　　Ītur in eam sententiam. その意見の方へ歩まれる. (その意見に賛成票が投じられる.)
　　　(ロ) eō はスピーヌムと共に「将に～せんとしている」の意味を持つ.
　　　　Injūriās istās ultum eunt.
　　　　彼らはそなたの不正に対して復讐すべく(120.1)進んでいる(＝復讐しようとしている.)
　　　　これから，受動相・不定法・未来(§107.4)に，īrī＋スピーヌムが転用されることになった.
　　　　Aiunt injūriās istās ultum īrī.
　　　　そなたの不正に対し復讐がなされる筈だと人々は言っている.
　2. 現在分詞 iēns の変化§58；動形 eundus に注意. (cf. 107.8)

VI. 動詞の語形変化　　　　932

§157　基本形：fīō, fīerī, factus sum …になる（facio の受動相）

		現　　在		未　完　了　過　去		未　　来
人　称		直　説　法	接　続　法	直　説　法	接　続　法	直　説　法
単	1	fīō	fīam	fīēbam	fīerem	fīam
	2	fīs	fīās	fīēbās	fīerēs	fīēs
	3	fīt	fīat	fīēbat	fīeret	fīet
複	1	（fīmus）	fīāmus	fīēbāmus	fīerēmus	fīēmus
	2	（fītis）	fīātis	fīēbātis	fīerētis	fīētis
	3	fīunt	fīant	fīēbant	fīerent	fīent

	完　　了[※1]		過　去　完　了[※1]		未来完了[※1]
	factus sum	factus sim	factus eram	factus essem	factus erō

	命　　令　　法		不　定　法	分　　詞	
	単	複	現在 fīerī	完了 factus, -a, -um	
現在	fī	fīte	完了 factus esse	動　形　容　詞	
未来	fītō	——	未来 futūrus esse 又は fore[※2]	faciendus, -a, -um	

※1　二人称以下の変化省略
※2　これは sum の未来不定法を借りたもの

fīō は audiō（4）と同じように変化するが，ī は母音の前でも短くならない（*cf.* fīō, fīēbam, fīēs, etc.）時がある．*cf.* 112 注 1. ホ．完了系時称には，faciō「つくる，…にする」の受動相を用い，固有の形はない．そして，fīō の現在，未完了過去は，faciō の受動相として取り扱われる．

	能　動　相		受　動　相	
現　　在	faciō	「…にする」	fīō	「…にされる，なる」
未完了過去	faciēbam	「…にした」	fīēbam	「…にされた，なった」
未　　来	faciam	「…にするだろう」	fīam	
				「…にされるだろう，なるだろう」
完　　了	fēcī	（以下訳を省略）	factus sum	
過　去　完　了	fēceram		factus eram	
未　来　完　了	fēcerō		factus erō	

（例）　Id fīerī nōn potuit aliter. 他のやり方ではそのことは起こり得なかった．
Terrae mōtus factus est. 地震が起こった
Neque egō ea, quae facta sunt, fore cum dīcebam, dīvīnābam futūra.
起こったそれらのことが起こるだろうと私が言ったとき，私は（そうなるだろうと）将来を予言しようとしたのではない．

§158 基本形 : ferō, ferre, tulī, lātum 運ぶ

能 動 相

人　称		現　　在		未 完 了 過 去		未　来
		直 説 法	接 続 法	直 説 法	接 続 法	直 説 法
単	1	ferō	feram	ferēbam	ferrem	feram
	2	fers	ferās	ferēbās	ferrēs	ferēs
	3	fert	ferat	ferēbat	ferret	feret
複	1	ferimus	ferāmus	ferēbāmus	ferrēmus	ferēmus
	2	fertis	ferātis	ferēbātis	ferrētis	ferētis
	3	ferunt	ferant	ferēbant	ferrent	ferent
		完　　了※		過 去 完 了※		未来完了※
		tulī	tulerim	tuleram	tulissem	tulerō

命令法		単	複	不　定　法		分　詞	
現在	2	fer	ferte	現在 ferre		現在 ferēns	
未来	2	fertō	fertōte	完了 tulisse		未来 lātūrus,	
	3	fertō	feruntō	未来 lātūrus esse		-a, -um	

動　名　詞	スピーヌム
ferendī, ferendō, ferendum, ferendō	lātum, lātū

受 動 相

人　称		現　　在		未 完 了 過 去		未　来
		直説法	接続法	直説法	接続法	直説法
単	1	feror	ferar	ferēbar	ferrer	ferar
	2	ferris (-re)	ferāris (-re)	ferēbāris (-re)	ferrēris (-re)	ferēris (-re)
	3	fertur	ferātur	ferēbātur	ferrētur	ferētur
複	1	ferimur	ferāmur	ferēbāmur	ferrēmur	ferēmur
	2	feriminī	ferāminī	ferēbāminī	ferrēminī	ferēminī
	3	feruntur	ferantur	ferēbantur	ferrentur	ferentur
		完　　了※		過 去 完 了※		未来完了※
		lātus sum	lātus sim	lātus eram	lātus essem	lātus erō

命　令　法				不　定　法	分　詞
		単	複	現在 ferrī	完了 lātus, -a, -um
現在	2	ferre	feriminī	完了 lātus esse	動　形　容　詞
未来	2	fertor		未来 lātum īrī	ferendus, -a, -um
	3	fertor	feruntor		

※　二人称以下省略 *cf.*114

VI. 動詞の語形変化 934

§159 基本形 : dō, dāre, dedī, datum 与える

能 動 相

人称		現 在		未 完 了 過 去		未 来
		直 説 法	接 続 法※	直 説 法	接 続 法	直 説 法
単	1	dō	dĕm	dabam	darem	dabō
	2	dās	dēs	dabās	darēs	dabis
	3	dat	det	dabat	daret	dabit
複	1	damus	dēmus	dabāmus	darēmus	dabimus
	2	datis	dētis	dabātis	darētis	dabitis
	3	dant	dent	dabant	darent	dabunt

人称		完 了		過 去 完 了		未来完了
		直 説 法	接 続 法	直 説 法	接 続 法	直 説 法
単	1	dedī	dederim	dederam	dedissem	dederō
	2	dedistī	dederis	dederās	dedissēs	dederis
	3	dedit	dederit	dederat	dedisset	dederit
複	1	dedimus	dederimus	dederāmus	dedissēmus	dederimus
	2	dedistis	dederitis	dederātis	dedissētis	dederitis
	3	dedērunt	dederint	dederant	dedissent	dederint

命 令 法	不 定 法	分 詞	動 名 詞
単数 複数 現在 : 2.dā date 未来 : 2.datō datōte 3.datō dantō	現在 : dare 完了 : dedisse 未来 : datūrus esse	現在 : dāns 未来 : datūrus スピーヌム datum	dandum

※ 現・接の古形 duim, duis, duit, ――, ――, duint

VI. 動詞の語形変化

受 動 相

人 称		現　在		未 完 了 過 去		未　来
		直 説 法	接 続 法	直 説 法	接 続 法	直 説 法
単	1	——	——	dabar	darer	dabor
	2	daris (dare)	dēris (dēre)	dabāris	darēris	daberis
	3	datur	dētur	dabātur	darētur	dabitur
複	1	damur	dēmur	dabāmur	darēmur	dabimur
	2	daminī	dēminī	dabāminī	darēminī	dabiminī
	3	dantur	dentur	dabantur	darentur	dabuntur

人 称		完　了		過 去 完 了		未来完了
単	1	datus sum	datus sim	datus eram	datus essem	datus erō
	2	datus es	datus sīs	datus erās	datus essēs	datus eris
	3	datus est	datus sit	datus erat	datus esset	datus erit
複	1	datī sumus	datī sīmus	datī erāmus	datī essēmus	datī erimus
	2	datī estis	datī sītis	datī erātis	datī essētis	datī eritis
	3	datī sunt	datī sint	datī erant	datī essent	datī erunt

		命　令　法		不 定 法	分　詞
		単	複	darī	完　了：datus
現	2	dare	daminī	datus esse	動形容詞：dandus
未来	2	dator	——	datum īrī	
	3	dator	dantor		

注. dō の合成語は cirucum-dō「取り囲む」など若干のものが，dō と同じ変化をするが，大半は，第三変化(109)に属し -dō, -dis, -dit, -dimus, -ditis, -dunt(接続法：-dam, -dās, -dat, -dāmus, -dātis, -dant)と変化する.

ab-dō(3)　　ab-děre　　ab-didī　　ab-ditum　　かくす
ad-dō(3)　　ad-děre　　ad-didī　　ad-ditum　　加える
con-dō(3)　　con-děre　　con-didī　　con-ditum　　基礎をつくる

VI. 動詞の語形変化　　　　936

---

§160 edō, edere(ēsse), ēdī, ēsum 食べる

人称		現　　　　在		未 完 了 過 去[2]		未　　来[2]
		直 説 法	接 続 法	直 説 法	接 続 法	edam
単	1	edō	edam(edim)[1]	edēbam	ederem	edēs
	2	edis(ēs)[1]	edās	edēbās	ederēs	
	3	edit(ēst)[1]	edat	完　　　了[2]		未来完了[2]
複	1	edimus	edāmus	ēdī	ēderim	ēderō
	2	editis(ēstis)[1]	edātis	過 去 完 了[2]		
	3	edunt	edant	ēderam	ēdissem	

命　　令　　法				不　　定　　法
		単	複	現在 edere(ēsse)
現	2	ede(ēs)	edite(ēste)	完了 ēdisse
未	2	edito(ēstō)	editōte(ēstōte)	未来 ēsūrus esse
来	3	edito(ēstō)	eduntō	

分　　　　詞	動　名　詞	動形容詞	スピーヌム
現在 edēns 完了 ēsus[3] 未来 ēsūrus(ēssūrus)[1]	edendum	edendus[3]	ēsum, ēsū (ēssum, ēssū)[1]

注1．古形．なお接・現・古形は edim, edīs, edit, edīmus, edītis, edint である
　2．二人称以下の変化は省略
　3．受動形は稀．
　　　現・直・3・単 editur, ēstur　接・未完了・3・単 ederētur, ēssētur　完分 ēsus　動形 edendus
（例）　Oportet ēsse, ut vīvās, nōn vīvere, ut edās
　　　汝は生きんがために食べるべきであって，食べんがために生きるべきでない．

不完全動詞

§161 （イ）　次の動詞は完了系時称でのみ現れ，完了で現在，過去完了で過去，未来完了で未来を意味する.

coē(ĕ)pī 始める	coeperam, coeperō	ōdī 憎む	ōderam, ōderō
meminī　覚えている	m:emineram, meminerō	nōvī （nōscō の 完了形） 知っている	nōveram, nōverō

937　　　　　　　　　　　　　　VI.　動詞の語形変化

		coepī	ōdī	meminī	nōvī
完	直説法	coepī	ōdī	meminī	nōvī
		coepistī	ōdistī	meministī	nōvistī
		coepit	ōdit	meminit	nōvit
		coepimus	ōdimus	meminimus	nōvimus
了		coepistis	ōdistis	meministis	nōvistis
		coepērunt	ōdērunt	meminērunt	nōvērunt
	接続法	coeperim	ōderim	meminerim	nōverim
		coeperis	ōderis	memineris	nōveris
		coeperit	ōderit	meminerit	nōverit
		coeperimus	ōderimus	meminerimus	nōverimus
		coeperitis	ōderitis	memineritis	nōveritis
		coeperint	ōderint	meminerint	nōverint
過去完了	直説法	coeperam	ōderam	memineram	nōveram※
		coeperās	ōderās	minerās	nōverās
		coeperat	ōderat	meminerat	nōverat
		coeperāmus	ōderāmus	meminerāmus	nōverāmus
		coeperātis	ōderātis	minerātis	nōverātis
		coeperant	ōderant	meminerant	nōverant
	接続法	coepissem	ōdissem	meminissem	nōvissem※
		coepissēs	ōdissēs	meminissēs	nōvissēs
		coepisset	ōdisset	meminisset	nōvisset
		coepissēmus	ōdissēmus	meminissēmus	nōvissēmus
		coepissētis	ōdissētis	meminissētis	nōvissētis
		coepissent	ōdissent	meminissent	nōvissent
未来完了	直説法	coeperō	ōderō	meminerō	nōverō
		coeperis	ōderis	memineris	nōveris
		coeperit	ōderit	meminerit	nōverit
		coeperimus	ōderimus	meminerimus	nōverimus
		coeperitis	ōderitis	memineritis	nōveritis
		coeperint	ōderint	meminerint	nōverint
命令法		——	——	mementō mementōte	——
不定法	完了	coepisse	ōdisse	meminisse	nōvisse※ （nōsse）
	未来	coeptūrus esse	ōsūrus esse	——	——
分詞	完了	coeptus	——	——	——
	未来	coeptūrus	ōsūrus	——	——

※　nōveram → nōram, nōverō → nōrō ; nōverim → nōrim, nōvissem → nōssem nōvisse → nōsse,
　　このように -v- の落ちた別形も見られる（114 注 3, 178）

例　Mementō morī 死ぬことを忘れるな.
　　Dimidium factī quī coepit habet. 仕事を始めた人は，仕事の半分を持ったことになる.
　　Ita amāre oportet, ut sī aliquandō esset ōsūrus. いつかは憎むことになるかのように愛すべきである.
　　Egō meās（rēs）nōvī optimē. 自分のことは私が一番よく知っている.

VI. 動詞の語形変化　　　　938

§162 (ロ) 次の五つの動詞も変化形を一部欠く不完全動詞である

		queō できる	nequeō できない	āiō いう	inquam いう	for いう
現在	直説法	queō	nequeō	āiō	inquam	(for)
		quīs	nōn quīs	ais	inquis	
		quit	nequit	ait	inquit	fātur
		quīmus	nequīmus	——	inquimus	——
		quītis	nequītis	——	inquitis	
		queunt	nequeunt	āiunt	inquiunt	fantur
在	接続法	queam	nequeam			
		queās	nequeās	āiās		
		queat	nōn queat	āiat		
		queāmus	nequeāmus			
		queātis	——			
		queant	nequeant	āiant		
未完了過去	直説法	quībam		āiēbam	——	
				āiēbās		
			nequībat	āiēbat	inquiēbat	
				āiēbāmus	——	
				āiēbātis		
			nequībant	āiēbant	——	
	接続法	——	nequīrem			
		——	——			
		quīret	nequīret			
		quīrent	nequīrent			
未来	直接	単 1. quībō	——	——	単 2. inquiēs	単 1. fābor
		3. quībunt	——	——	3. inquiet	3. fābitur
完了	直説法	quīvī	nequīvī	——	inquiī	(fātus sum)
		——	nequīstī	——	inquīstī	
		quīvit	nequīvit	——	inquit	fātus est
		——	nequīvimus		——	——
		quīvērunt (quīvēre)	nequīvērunt		——	fātī sunt
了	接続法	——	nequīverim			
		quīverit	nequīverit			
		——	——			
		quīverint	nequīverint			

過去完了	直説法		単 3. nequīverat (nequierat) 複 3. nequīverant (nequierant)			
	接続法	複 3. quīvissent				
命令法				aī		fāre
不定法	現在 quīre 完了 quīvisse	nequīre nequīvisse (nequīsse)				fārī fatū(ス)
分 詞	現在 quiēns 完了 quitus	nequiēns	āiēns			fāns fātus
動形容詞						fandus
動名詞						fandī(属) fandō(奪)

1. āiō と inquam の区別
   Animus aeger, ut ait Ennius, semper errat.
   エンニウスが言っているように病める魂は常に迷うものである.
   "animus aeger," inquit Ennius, "semper errat."
   エンニウス曰く「病める魂は常に迷う」と.
2. deōs, memorēs fandī atque nefandī (9c13).
   口にすべきこと(許されていること)とすべからざること(許されていないこと),
   つまり正と不正を忘れていない神々を.
3. ut quimus, āiunt, quandō ut volumus nōn licet.
   彼ら(世間の人)も言っているように, 自分らの思う通りにできないときは, でき
   るだけするさ.
   注. ut quimus の前に licet を補う

非人称動詞と非人称表現

§163 非人称動詞とは, 三人称単数形を除いて, 他の人称形をもたない動詞で, 本来は(1)天然現象を表す動詞のことである.

§164 しかし, 一般には普通の動詞でありながら非人称的表現でよく用いられる動詞も非人称動詞と呼ばれる.

非人称的表現としては, (2)能動相・三人称・単数形で用いられて感情を表す動詞. (3)中性・単数形の形容詞または名詞と sum との結合か, または, 能動相・単数・三人称の形かによって, 状況を示す表現. (4)受動相・三人称・単数形で用いられる自動詞がある.

VI. 動詞の語形変化　　　　940

§165　1. 天然現象を表す動詞：

現　　在	完　　了	不　定　法	
lūcēscit	lūxit	lūcēscere	夜が明ける
vesperāscit	vesperāvit	vesperāscere	日がくれる
pluit	pluit (plūvit)	pluere	雨が降る
ningit	ninxit	ningere	雪が降る
fulget	fulsit	fulgēre	稲妻が光る
tonat	tonuit	tonāre	雷がなる

§166　2. 感情を表す非人称動詞：

miseret		miserēre	憐れむ
paenitet	paenituit	paenitēre	後悔する※
piget	piguit	pigēre	不快である
pudet	puduit	pudēre	恥じる
taedet	taesum est	taedēre	嫌になる

　これらの動詞では感情を起こさせる原因（理由）が属格で，感情を抱く人が対格で表される.

　　Mē nōn sōlum piget stultitiae meae, sed etiam pudet.
　　私は自分の愚かさを不快に思うばかりでなく恥ずかしいとも思う.
　※　piget, pudet, paenitet は属格の代わりに，不定法や不定法句も取り得る.
　　　Nōn mē vīxisse paenitet. 私は生きたことを後悔していない

§167　3. 状況を表す非人称動詞では，さまざまの構文が用いられる.
　(イ)

licet	licuit	licēre	許されている
placet	placuit	placēre	気に入る
libet	libuit	libēre	気に入る
decet	decuit	decēre	ふさわしい

　　これらは，人が与格※で，主語が不定法か不定法句である.
　　Licet mihi īre. 私に行くことが許されている.
　※　decet の場合，対格が普通である.
　　　Mē decet lēgibus pārēre. 私には法律に従うのが適しい.

§168　(ロ)

oportet	oportuit	oportēre	ねばならぬ
cōnstat	cōnstitit	cōnstāre	知られている，一致している
appāret	appāruit	appārēre	明白である

　　主語は不定法または不定法句.
　　Cōnstat inter omnēs hoc vērum esse. すべての人々の間に，このことが本当であることが知られている.

§169　(ハ)

accidit	accidit	accidere	⎫
ēvenit	ēvēnit	ēvenīre	⎬ 起こる
contingit	contigit	contingere	⎭
fit	factum est	fierī	おこる，なる (157)

fierī potest	fierī potuit	fierī posse	あり得る
restat	restitit	restāre	まだ…せねばならぬ

これらの動詞の場合，主語としては不定法または不定法句より，ut や quod で導かれる従属文が多く見られる．

Accidit ut esset lūna plēna. たまたま満月であった．

§170 (二)

rēfert	rētulit	rēferre	関係がある，
interest	interfuit	interesse	重大である

主語として，中性の代名詞 id, hoc, または，不定法か不定法句，そして，ut で導かれる従属文を取り得る．関係のある人は属格で示されるが，それが人称代名詞のときには，所有代名詞の奪格単数女性形(meā, tuā, suā, nostrā, vestrā)がその代用をする．

Interest omnium rēctē facere. すべての人々にとって正しく行うことが大切である．

Tuā quod nihil rēfert, nē cūrēs. おまえが関知するところでないものに関心を持つな．

§171 (七) necesse est, opus est「必要である」，tempus est「(すべき)時だ」，certum est「たしかである」，rūmor(fāma) est「という噂である」，mōs est「…が慣例である」，adfertur「もたらされる」※

主語は不定法か不定法句，ときに ut 句も見られる．

Tempus est jam hinc abīre mē. 今やここから私が立ち去るべき時である．

※ このように知覚・伝達動詞(117.5)のあるものは 3 人称・単数・受動形(nuntiatur, nuntiatum est, dicitur, dictum est, auditur, auditum est)で非人称的に用いられる．
creditur Pythagorae auditorem fuisse Numam
ヌマはピュタゴラースの弟子であったと信じられている

§172 4. 自動詞の受動相は，ラテン語では非人称的表現にのみ用いられる．完了では，完了分詞を中性単数形にする．

Ācriter pugnātum est. 激しく戦われた．

pugnātur(1)の変化表

	直 説 法	接 続 法	不 定 法
現 在	pugnātur	pugnētur	pugnārī
未 来	pugnābitur		pugnātum īrī
未完了過去	pugnābātur	pugnārētur	
完 了	pugnātum est	pugnātum sit	pugnātum esse
過 去 完 了	pugnātum erat	pugnātum esset	pugnātum fuisse
未 来 完 了	pugnātum erit		

注1．人は奪格と前置詞で現わされる．
Pugnātur ab iīs 彼らによって戦われる．→彼らは戦う．

VI. 動詞の語形変化　　　　942

合成動詞

§173　合成動詞には

(イ)　動詞と動詞：
　　cale-faciō「熱くする」＜caleō「熱い」＋faciō「つくる」

(ロ)　名詞と動詞：
　　anim-advertō「注意する」＜animum「心を」＋advertō「向ける」

(ハ)　副詞と動詞：
　　bene-dīcō「祝福する」＜bene「良く」＋dīcō「言う」(*cf.* mālō, nōlō)といった結合も含まれるが，本来の合成動詞は(ニ)前置詞と動詞との結合である.

§174　前置詞(または接頭辞)との合成動詞では，時々音韻変化が起こる. 特に二つの点が見逃せない.

(1)　前置詞の語末の子音が基語(動詞)の語頭の子音に同化する現象. (*cf.*176)

(イ)　黙音が黙音に同化される例
　　　　ad＋gradior　　（歩む）　　＞　　aggredior　　近づく※
　　　　ad＋pāreō　　　（見える）　＞　　appāreō　　　現れる※
　　　　ob＋currō　　　（走る）　　＞　　occurrō　　　走りよる
　　　　sub＋cadō　　　（倒れる）　＞　　succidō　　　倒れる※

(ロ)　b, d, n が m に同化される例.
　　　　sub＋moveō　　（動かす）　＞　　summoveō　　取り除く
　　　　ad＋moveō　　　（〃）　　　＞　　ammoveō　　　近づける
　　　　　　　　　　　　　　（しばしば submoveō, admoveō とも綴られる）
　　　　※　adgredior, adpareō の形がむしろ普通である

(ハ)　黙音と s が f に同化される例.
　　　　ad＋ferō　　　　（運ぶ）　　＞　　afferō　　　　持っていく
　　　　dis＋ferō　　　　（〃）　　　＞　　differō　　　分離させる

(ニ)　d, t または m, n が流音(r, l)に同化される例.
　　　　ad＋rapiō　　　（奪う）　　＞　　arripiō　　　奪いとる
　　　　ad＋loquor　　（話す）　　＞　　alloquor　　話しかける
　　　　con＋locō　　　（置く）　　＞　　collocō　　　一所に置く

(ホ)　s の前の歯音(d, t)が同化されて，ss となり，さらに短化されて s となる.
　　　　ad＋speciō　　　（見る）　　＞　　aspiciō　　　見る
　　　　ad＋stō　　　　（立つ）　　＞　　astō　　　　傍に立つ

(2)　基語の中に起こる母音弱化の現象. (母音の弱化とは要するに，a＞e, e＞i, o＞u のように，広い母音から狭い母音への転換と考えればよい.)

(a)　母音で終わる音節(つまり開音節)での例.

(イ)　e＞i：
　　　sedeō　　坐る　　　→　obsideō　　包囲する　　＜　ob＋sedeō
　　　dedī　　与えた　　→　reddidī　　返した　　　＜　re(d)＋dedī
　　　teneō　　保つ　　　→　sustineō　　支える　　＜　sub＋teneō
　　　legō　　集める　　→　colligō　　集める　　　＜　con(＝cum)＋legō

(ロ)　a＞i：a＞e：
　　　datus　　与えられた　→　ēditus　　生まれた　　＜　ē(＝ex)＋datus
　　　agō　　行う，導く　→　abigō　　追放する　　＜　ab＋agō

faciō	つくる	→	officiō	提供する	<	ob＋faciō
dare	与える	→	dēdere	あけ渡す	<	dē＋dare

(ハ) 複母音における次のような現象は前例の類推によるものと考えられている.

ae＞ī

quaerō	尋ねる	→	requīrō	求める	<	re＋quaerō
caedō	殺す	→	incīdō	切断する	<	in＋caedō

au＞ū

claudō	閉じる	→	inclūdō	囲む	<	in＋claudō

(b) 子音で終わる音節(つまり閉音節)での例.

a＞e

arceō	防ぐ	→	exerceō	動かす	<	ex＋arceō
scandō	上がる	→	ascendō	登る	<	ad＋scandō

注. 基本動詞と合成動詞の基本形比較

agō (3)	導く	agere	ēgī	āctum
subigō (3)	屈服させる	subigere	subēgī	subāctum
cadō (3)	倒れる	cadere	cecidī	cāsum
occidō (3)	落ちる	occidere	occidī	occāsum
capiō (3b)	つかむ	capere	cēpī	captum
accipiō (3b)	受け取る	accipere	accēpī	acceptum
emō (3)	買う	emere	ēmī	ēmptum
eximō (3)	取り去る	eximere	exēmī	exēmptum
faciō (3b)	つくる	facere	fēcī	factum
efficiō (3b)	なしとげる	efficere	effēcī	effectum
habeō (2)	持つ	habēre	habuī	habitum
cohibeō (2)	拘留する	cohibēre	cohibuī	cohibitum
legō (3)	集める	legere	lēgī	lēctum
ēligō (3)	選ぶ	ēligere	ēlēgī	ēlēctum
rapiō (3b)	持ち去る	rapere	rapuī	raptum
surripiō (3b)	ぬすむ	surripere	surripuī	surreptum
regō (2)	統治する	regere	rēxī	rēctum
corrigō (3)	正す	corrigere	corrēxī	corrēctum
saliō (4)	とぶ	salīre	saluī	saltum
dēsiliō (4)	とびおりる	dēsilīre	dēsiluī	dēsultum
sedeō (2)	座る	sedēre	sēdī	sessum
obsideō (2)	占領する	obsidēre	obsēdī	obsessum
teneō (2)	保つ	tenēre	tenuī	tentum
retineō (2)	とどめる	retinēre	retinuī	retentum

§175 合成動詞は(とくに ad, in, ob, sub との合成動詞は),動作の加えられる人や物を,与格で示す場合が多い.

Sequor tē. 私は君の後を追う.
Obsequor tibi. 私は君に従う.

Arbor in eum cecidit. 木が彼の上に倒れた.
Terror incidit exercituī. 恐怖が軍隊を襲った.

注. このような動詞の例:

accēdō, obsistō, occurrō, subveniō など.

VI. 動詞の語形変化　　　　944

§176　前置詞との合成動詞（前置詞語末変化 §174）

前置詞	音韻変化	例
ab	m, v の前で ā-	āmittō, āvocō
	c, t の前で abs-	abscēdō, abstergō
	p の前で as-	asportō
	f の前で au-	auferō 例外 āfuī（absum）
	その他の子音と，母音の前では ab- のまま．	abeō, abdō
ad	gn, sc, sp, st の前でしばしば a-	agnōscō, ascendō, aspiciō
	c, f, g, l, p, n, s, t の前で同化．	accendō, afferō, allūdō, assistō 但し adferō, adnuō
	b, d, h, i, m, v, の前でそのまま．	adbibō, addō, adhibeō, admittō
cum	b, m, p（ときに母音）の前で com-	comparō, committō, combibō, cōmō
	c, d, f, g, i, qu, s, v の前で con-	concurrō, condō, cōnferō, conquīrō, contingō
	l, r の前で同化して col-, cor-	colloquor, corrigō
	gn, h, n, 母音の前で co-	cognōscō, coeō, cohaereō, conectō
ex	b, d, g, i, j, l, m, n, r, v の前で ē-	ēdūcō, ēlūdō, ēmittō, ērumpō
	h, c, q, p, s, t と母音の前でそのまま	exeō, exhibeō, excēdō
	f の前で同化して ef-	efferō
in※	b, m, p の前で im-	impellō, immergō
	l, r の前で同化して il-, ir-	illīdō, irruō
	その他の子音と，母音の前でそのまま．	ineō, ingerō, insistō, īnferō

※ 否定の接頭辞 in- と混同しないように．infamō, ignōscō（= in＋gnōscō）

前置詞	音韻変化	例
ob	c, f, g, p の前で同化する	occurrō, oppōnō, offerō
	その他の文字の前でそのまま，ob-	obdō, obeō, obsistō
	（例外）o- となる．	omittō, operiō
sub	c, f, g, m, p, r の前で同化する．	succēdō, sufferō, suggerō, summittō
	その他の子音の前でそのまま sub-	subdūcō, subrīdeō, subtrahō
	ときに sus- 又は su- となることがある．	suscipiō（支える） suspiciō（見上げる）
trāns	d, i, j, n の前で trā-	trādō, trāiciō
	s の前で trān-	trānscrībō
	その他の場合そのまま，trāns-	trānsferō, trānseō

注．その他の前置詞，ante, circum, dē, inter, post, prae, prō, super などは，合成動詞の場合，その ままのこる．但し intel-legō, prod-eō,（-d- は母音重複をさけるために挿入された．）

VII. 名詞語尾一覧表

§ 177 第何変化の何格か判別し難い名詞にぶつかったとき，一助ともなればと考え
られたのが下図の一覧表である．ギリシア系の固有名詞(37-41)は除外した．
※は動詞の語形変化にも現れることを示す記号．

語尾		例	事　項	参照・注意
-a	-ă	stēlla	*1.* 単・主	
		verba	*2.* 中・複・主・対	
		capita	*3.* 中・複・主・対	
		poēma, -mata	*3.* (ギ)中・単・複・主・対	§§ 22, 41. 2
	-ā※	stēllā	*1.* 単・奪	※amā＜amō
-abus		deābus	*1.* 複・与・奪	§ 12 注 2
-ae		stēllae	*1.* 単・属・与；複・主	
-āī		materiāī	*1.* 単・属	-ae の古形
-am※		puellam	*1.* 単・対	※regam＜regō
-ārum		stēllārum	*1.* 複・属	
-as	-ās※	stēllās	*1.* 複・対	※amās＜amō
		aetās	*3.* 単・主	
		familiās	*1.* 単・属(pater familiās)	-ae の古形
		elephās	*3.* (ギ)単・主	§ 41. 3a
	-ās	elephantās	*3.* (ギ)複・対	§ 41. 3a
-e	-ē	fidē	*5.* 単・与・奪	(与)別形 -eī
		domine	*2.* 単・呼・男	※rege, mone＜moneō
	-ĕ※	ponte	*3.* 単・奪	i 幹では -ī も
		elephante	*3.* (ギ)単・奪	§ 41. 3a
-ēbus		diēbus	*5.* 複・与・奪	
-eī		reī	*5.* 単・属・与	
-em※		leōnem	*3.* 単・対	※amem＜amō
		diem	*5.* 単・対	
-ērum		diērum	*5.* 複・属	
-es	-ĕs	segĕs	*3.* 単・主	§ 21
		hērōēs	*3.* (ギ)複・主・呼	§ 41. 10a
		ignēs	*3.* 複・主・対	§ 19 ※amēs(接)＜amō
		quiēs	*3.* 単・主	§ 21 ※audiēs(未)＜audiō
	-ēs※	diēs	*5.* 単・主, 複・主・対	*cf.* cometēs § 37
-ī※		dominī	*2.* 単・属・男, 複・主	※audī(命)regī(不・受)
		verbī	*2.* 単・属・中	rēxī(完)
		pedī	*3.* 単・与	§ 21
		turrī	*3.* 単・奪	§ 19

VII. 名詞語尾一覧表　　946

-ī	exercituī	*4.* 単・与	
	filī	*2.* 男・単・呼	§13
	domī, rūrī	地格	§70 注
-iă	amīcitia	*1.* 単・主	
	incendia	*2.* 中・複・主・対	
	animālia	*3.* 中・複・主・対	
-ibus	flōribus	*3.* 複・与・奪	§29
	exercitibus	*4.* 複・与・奪	
-im	sitim	*3.* 単・対	-em の別形 §19
-in	poēsin	*3.* (ギ)単・対	-im の別形 §40
-is 　-īs※	rosīs	*1.* 複・与・奪	
	dominīs	*2.* 複・与・奪	※audīs＜audiō
	ignīs	*3.* 複・対	-ēs の別形
	cīvis	*3.* 単・主	
-ĭs※	ignis	*3.* 単・属	※rēgis, capis＜regō, capiō
-ium	incendium	*2.* 中・単・主・対	
	ignium	*3.* 複・属	i 幹
-ius	filius	*2.* 男・単・主	
-ō※	leō	*3.* 単・主	§28
	puerō	*2.* 男・中・単・与・奪	※amō
-or※	amor	*3.* 単・主	§26 ※amor（受）
-ōrum	dominōrum	*2.* 男・中・複・属	
-os 　-ōs	flōs	*3.* 単・主	§29
	puerōs	*2.* 男・複・対	
-ŏs	mȳthos	*3.* (ギ)単・主	§38
-ū	cornū	*4.* 中・単・主・対	
	exercitū	*4.* 単・奪（与）	
-um	puerum	*2.* 単・対	
	verbum	*2.* 中・単・主・対	
	victōrum	*3.* 複・属	§26
	manum	*4.* 単・対	
	fabrum	*2.* 複・属（fabrōrum の別形）	§14 注1
	agricolum	*1.* 複・属（agricolārum の別形）	§14 注2
-uum	exercituum	*4.* 複・属	
-us 　-ūs	manūs	*4.* 複・主・対	
	dominus	*2.* 単・主	
-ŭs	genus	*3.* 中・主・単	§29
	manus	*4.* 主・単	

VIII. 動詞のまぎらわしい語尾一覧表

§ 178

語　尾	例	事　　項
-am	moneam regam capiam audiam	*2. 3. 3b. 4.* の能・接・現・一人・単
	regam capiam audiam	*3. 3b. 4.* の能・未来・一人・単
-ar	monear regar capiar audiar	*2. 3. 3b. 4.* の受・接・現・一人・単
	regar capiar audiar	*3. 3b. 4.* の受・未来・一人・単
-ās	amās	*1.* 直・能・現・二人・単
	moneās regās capiās audiās	*2. 3. 3b. 4.* の接・能・現・単・二人
-āram -ārim -ārō	amāram amārim amārō	-ve- の欠けた別形 § 114 注 3
-āsse -āssem -āstī -āstis	amāsse amāssem amāstī amāstis	-vi- の欠けた別形 § 114 注 3
-ē	monē	*2.* の命・能・現・単・二人
-ĕ	rege cape	*3. 3b.* の命・能・現・単・二人
-er	amer	*1.* の接・受・現・一人・単
-ēram	dēlēram	-ve- の欠けた別形 § 114 注 3
-ēsse -ēssem -ēstī -ēstis	dēlēsse dēlēssem dēlēstī dēlēstis	-vi- の欠けた別形 § 114 注 3

VIII. 動詞のまぎらわしい語尾一覧表　　948

	audī	*4.* 命・能・単・二人.
-ī	regī capī	*3. 3b.* の不定法・現・受
	cēpī	*1. 2. 3. 3b. 4.* の完了形・一人・単
-iī -īsse -īssem -īstī -īstis	audiī audīsse audīssem audīstī audīstis	-v- の欠けた別形 -vi- の欠けた別形 §114 注 3
-īs	audīs	*4.* 能・直・現・一人
-ĭs	regis	*3.* 能・直・現・二人 注．名詞の格語尾とまぎらわしい *cf.*177
-ōram -ōrim -ōrō -ōrunt	nōram nōrim cognōrō nōrunt	-ve- の欠けた別形 §§114 注 3, 161
-ōsse -ōssem -ōstī -ōstis	nōsse nōssem nōstī nōstis	-vi- の欠けた別形 §§114 注 3, 161
-re	amāre	*1. 2. 3. 3b. 4.* の能・現・不定法.
	amāre	*1. 2. 3. 3b. 4.* の現・二人・単・受・命令法.
	amāvēre	*1. 2. 3. 3b. 4.* の完了・三人・複・直 amāvērunt の別形（§114 注 4）
	amāre regere	*1. 2. 3. 3b. 4.* の直・現・単・二人・受動相 amāris の別形（§112）
	amābāre	*1. 2. 3. 3b. 4.* の直・未完・単・二人・受動相 amābāris の別形（§112）
	amābere regēre	*1. 2. 3. 3b. 4.* の直・未来・単・二人・受動相 amāberis, regēris の別形（§113）
	amēre regāre	*1. 2. 3. 3b. 4.* の接・現・単・二人・受動相 amēris, regāris の別形（§115）
-te -tō	amāte amātō	*1. 2. 3. 3b. 4.* の能・命令法・現・二人・複 *1. 2. 3. 3b. 4.* の能・命令法・未来・二人・単・三人・単
-tōte -ntō	amatōte amantō	*1. 2. 3. 3b. 4.* の能・命令法・未来・複・二人 同上・複・三人
-tor -ntor	amātor amantor	*1. 2. 3. 3b. 4.* の受・命令法・未来・二人・三人・単 同上・複・三人

IX. ローマの暦

§179 ユーリウス・カエサル Jūlius Caesar が，大神祇長官 Pontifex Maximus であった年(46B.C.)，カエサルの命令でローマ暦が改正され，一年は 365 日，四年毎に 366 日となる．

§180 毎月の第一日を Kalendae(略 Kal.)，毎月の真ん中の日を Īdūs(略 Īd.) Īdūs から逆算した九日目を Nōnae(略 Nōn.)と呼んだ，すべて複数形女性名詞であることに注意．
Īdūs は，大の月である三月，五月，七月，十月では十五日にあたり，その他の小の月では十三日に相当する．従って Nōnae は毎月七日か五日となる．
注．一，八，十二月はそれぞれ 31 日であるが，小の月のごとく扱われる．

§181 以上の三日以外の日はすべて，上記の三日の中のどれか(最も近い日)を起点として「その日より何日前」という風に表される．
たとえば，三月十日は，「三月の Īdūs の六日前」diēs sextus ante Īdūs Mārtiās, 六月十日は，六月の Īdūs の四日前」diēs quartus ante Īdūs Jūniās, 三月二十六日は「四月一日より七日前」diēs septimus ante Kalendās Aprīlēs.
注．たとえば「Īdūs より三日前」というとき，ローマ人は Īdūs の日を起点として数えていた．そして「三日」というとき基数詞ではなく序数詞を用いる．従って語尾変化する．diēs tertius(主)，diē tertiō(奪)，diem tertium(対)．

§182 月の名は形容詞であるから，Kalendae, Nōnae, Īdūs と性数格において一致する
Īdūs Mārtiae 三月十五日
Kalendae Mārtiae 三月一日

§183 「何日において」という場合，時の奪格(9f2)で表される．Kalendīs Jānuāriīs「一月一日に」，Īdibus Mārtiīs「三月十五日」，Nōnīs Mārtiīs「三月七日に」，しかし他の日は，奪格ではなく(つまり diē sextō ante Īdūs Mārtiās ではなく)対格形 ante diem sextum Īdūs Mārtiās(略 a.d. VI Īd. Mārt.)で表される．このとき，一般に ante は diem の前に来る(理論上は diem sextum ante Īdūs Mārtiās とあるべきところである)．Kalendae, Nōnae, Īdūs の前日は ante を略し prīdiē Īdūs Māiās(対)とする．

IX. ローマの暦　　　950

§184　ユーリウス暦一覧表

Jānūārīus(1 月の)
 1. Kalendis Januariis[1]
 2. a. d. Nonas IV Januarias
 3. a. d. III Nonas Januarias
 4. pridie Nonas Januarias
 5. Nonis Januariis
 6. a. d. VIII Idus Januarias
 7. a. d. VII Idus Januarias
 8. a. d. VI Idus Januarias
 9. a. d. V Idus Januarias
10. a. d. IV Idus Januarias
11. a. d. III Idus Januarias
12. pridie Idus Januarias
13. Idibus Januariis
14. a.d. XIX Kalendas Februarias
15. a.d. XVIII Kalendas Februarias
16. a.d. XVII Kalendas Februarias
17. a.d. XVI Kalendas Februarias
18. a.d. XV Kalendas Februarias
19. a.d. XIV Kalendas Februarias
20. a.d. XIII Kalendas Februarias
21. a.d. XII Kalendas Februarias
22. a.d. XI Kalendas Februarias
23. a.d. X Kalendas Februarias
24. a.d. IX Kalendas Februarias
25. a.d. VIII Kalendas Februarias
26. a.d. VII Kalendas Februarias
27. a.d. VI Kalendas Februarias
28. a.d. V Kalendas Februarias
29. a.d. IV Kalendas Februarias
30. a.d. III Kalendas Februarias
31. pridie Kalendas Februarias
1)　長母音記号(Kalendīs Jānuāriīs)を省略した.

Fĕbrūārīus(2 月の)
 1. Kalendis Februariis
 2. ─ 3. a. d. IV ─ III Nonas Februarias
 4. pridie Nonas Februarias
 5. Nonis Februariis
 6. ─ 11. a. d. VIII ─ III Idus Februarias
12. pridie Idus Februarias
13. Idibus Februariis
14. ─ 27. a. d. XVI ─ III Kalendas Martias
28. pridie Kalendas Martias
閏年には[2]
25. a.d. bis VI Kalendas Martias
26. ─ 28. a. d. V ─ III Kalendas Martias
29. pridie Kalendas Martias
2)　閏年の2月には，24 日と 25 日が共に a. d.

V となるため 25 日は bis(二度目の)を加えて
いた.

Mārtīus(3 月の)
 1. Kalendis Martiis
 2. ─ 5. a. d. VI ─ VIII Nonas Martias
 6. pridie Nonas Martias
 7. Nonis Martiis
 8. ─ 13. a. d. VIII ─ III Idus Martias
14. pridie Idus Martias
15. Idibus Martiis
16. ─ 30. a. d. XVII ─ III Kalendas Apriles
31. pridie Kalendas Apriles

Āprīlīs(4 月の)
 1. Kalendis Aprilibus
 2. ─ 3. a. d. IV ─ III Nonas Apriles
 4. pridie Nonas Apriles
 5. Nonis Aprilibus
 6. ─ 11. a. d. VIII ─ III Idus Apriles
12. pridie Idus Apriles
13. Idibus Aprilibus
14. ─ 29. a. d. XVIII ─ III Kalendas Maias
30. pridie Kalendas Maias

Māius(5 月の)
Martius と同じ

Jūnīus(6 月の)
Aprilis と同じ

Jūlīus(昔は Quīntīlīs[3])(7 月の)
Martius と同じ

Augūstūs(昔は Sĕxtīlīs[3])(8 月の)
Januarius と同じ

Sĕptĕmbĕr(9 月の)
Aprilis と同じ

Ŏctōbĕr(10 月の)
Martius と同じ

Nŏvĕmbĕr(11 月の)
Aprilis と同じ

Dĕcĕmbĕr(12 月の)
Januarius と同じ
3)カエサル，アウグストウス以前の月名.

X. 計 時 法

§ 185 ローマの一時間は日の出から日没までを十二等分したので，四季を通じて夜も昼も長さが違っていた．冬至には昼が 8 時間 45 分なので一時間は約 45 分，夜は 15 時間 15 分なので一時間は約 1 時間 16 分となり，逆に夏至には昼の一時間が約 1 時間 16 分，夜は約 45 分となる．

§ 186 冬至の昼の第一時は 7 時 33 分〜8 時 17 分，第七時は 12 時〜12 時 44 分，第十二時は 15 時 42 分〜16 時 27 分である．夜の第一時は 16 時 27 分〜17 時 42 分，第七時は 0 時〜1 時 15 分，第十二時は 6 時 17 分〜7 時 33 分．夜警時は軍隊で通用した計時法．

§ 187 夏至の第一時は 4 時 27 分〜5 時 42 分，第七時は 12 時〜13 時 15 分，第十二時は 18 時 17 分〜19 時 33 分．夜の第一時は 19 時 33 分〜20 時 17 分，第七時は 0 時〜0 時 44 分，第十二時は 3 時 42 分〜4 時 27 分である．

X. 計時法

§188 ローマの時間表

十二月二十一日 冬　三月二十一日 春　六月二十二日 夏　九月二十三日 秋　十二月二十一日

冬	春	夏	秋		
夜の12時	1	0.44	1	夜の第7	第三夜警時
1時15分	2	1.29	2	第8	
2.31	3	2.13	3	第9	
		2.58			
3.45	4	3.42	4	第10	第四夜警時
	5	4.27	5	第11	
5.02	6	5.42	6	第12	
6.17	7	6.58	7		
7.33	8	8.13	8	第1時	
8.17	9		9	第2	
9.11		9.29		第3	
9.46	10		10	第4	
10.31	11	10.44	11	第5	
11.15				第6	
昼の12時	12	正午	12	第7	昼の
12.44	13	13.15	13	第8	
13.29	14	14.31	14	第9	
14.13				第10	
14.58	15	15.45	15	第11	
15.42	16		16	第12	
16.27	17	17.02	17	第1	第一夜警時
17.42	18	18.17	18	第2	
18.58	19	19.33	19	第3	
20.13	20	20.17	20	第4	第二夜警時
	21	21.11	21	第5	
21.29	22	21.46	22	第6	
22.44	23	22.31	23		
		23.15			

（注）　この図は G. Hacquard : Guide Romain Antique（Hachette 1952 p.33）による.

XI. 貨 幣

§ 189　ローマ人は昔，家畜 pecus を価値の標準とみなし，これで支払いをすませていた．pecūnia「財産」という言葉は，家畜を財産としていた往古の物々交換の名残である．

§ 190　その後，ローマ人は支払いにさまざまの目方の鋳銅を用いていたが，前五世紀の中頃からアス銅貨を鋳造し始めた．それは as librālis と呼ばれ目方が 1 リーブラ（326 g）の長方形（24×18 cm）の銅板で国家保障の刻印（牛の像）を持っていた．このアス銅貨は時代と共に形を変え，直径 2.5〜3 cm の円形となり，目方も 10 ウーニカ（270 g）へと減り，さらに三世紀の終わりには 3 分の 1 リーブラ，カエサル時代（前一世紀の中頃）には 36 分の 1 リーブラ（9 g）となる．質の上でも，9 ％の錫を含んでいたものが，23 ％の鉛を含むまでに変わった．

§ 191　前三世紀の中頃から，忠告の女神ユーノー（Jūnō Monēta，この Monēta が英語 money の語源）の神殿で金銀銅貨鋳造三人委員会（triumvirī（monētālēs）aurō argentō aerī flandō feriundō）の下に鋳造される．

§ 192　銀貨は 2 か 2 分の 1 アスの価値を持つセーステルティウスと，10 アスの価値をもつデーナーリウスであった．元来 sēstertius は sēmis tertius「三番目が半分」つまり duo sēmis，2 か 2 分の 1 の意味をもつ形容詞男性形で as を形容していた．HS という記号も II＋sēmis からきている．（ローマ数字 II と＋から H，sēmis の S.）セーステルティウス銀貨は，始め 1 g の銀貨であったが，前一世紀の終わりには 27 g の真鍮貨（4/5 銅，1/5 亜鉛）へと変質したが，dēnarius 貨（< dēnī 10 個ずつ）は 4 g の銀の目方を保って帝政期に入る．

§ 193　金貨は（aureus）は前三世紀にも鋳造されたようだが，本格的に流通するのは一世紀の中頃からである．直径 2 cm 弱の 8 g の金貨であった．

§ 194　帝政期の貨幣一覧表

アス	銅貨	
セーステルティウス	真鍮貨	＝ 4 アス
デーナーリウス	銀貨	＝ 4 セーステルティウス
アウレウス	金貨	＝ 25 デーナーリウス

　時代を下ると共に貨幣の質は落ちた．たとえばネロ時代金貨は 7.25 g，銀貨は 3.5 g となる．

§ 195　文献の中では，金額はほとんどセーステルティウスが単位とされている，セーステルティウスの代わりに nummus も用いられている．これは貨幣を意味するシキリア島のギリシア語 νόμος に由来するらしい．

1)　2000 以下の場合
　HSX = decem sēstertiī（nummī）10 セーステルティウス（以下セース．と省略）
　HSM = mīlle sēstertiī 1000 セース．

XI. 貨　　幣　　　　　954

(X, M はローマ数字, §101)

2)　2000 以上の場合

HSMM = duo mīlia sēsterti(ōr)um[※] 2000 セース.

(※この *pl.gen.* の形について§§ 14, 99)

HS$\overline{\text{C}}$ = centum sēstertia 10 万セース.

この sēstertia は mīlia の省略された形で 1000 セース. を意味する中性・複数名詞. $\overline{\text{C}}$ は HS の単位が 1000 セース. であることをしめすため C(= 100)の上に－がつけられた.

HS$\overline{\text{DC}}$ = sescenta sēstertia 60 万セース.

3)　100 万以上の場合

HS$\boxed{\text{X}}$ = deciēns (centēna mīlia) sēstertium 10 万セース. ずつ 10 度(倍)＝ 100 万セース.

このような高額の数を表すとき，配分数詞で単位 10 万を，その倍数(数副詞)で全額を示す，そのさい centēna mīlia は省略され sēstertium(*pl.gen.*)が 10 万を意味する中性単数名詞とみなされる，これを示すためローマ数字は$\boxed{}$で囲まれる.

HS$\boxed{\text{XXX}}$ trīciēs (又は trīciēns) sēstertium 300 万セース.

HS$\boxed{\text{XXXIII}}$ ter et trīciēns sēstertium 330 万セース.

4)　以上はおそらく標準的な表し方であろう．文人たちはもっと自由に表現した.

mullum sex mīlibus ēmit. 彼はボラを 6000 セース. で買った.

bis dēna sēstertia nummum 二万セース.

eī sēstertium (*nom.*) mīliēs relinquitur. 彼には 1 億セース. が残される.

syngrapha sēstertiī (*gen.*) centiēs. 一千万セース. の債務.

centiēs sēstertiō (*abl.*) cēnāre 一千万セース. で晩餐会を催する.

XII. 度 量 衡

§196　長さの単位

1 ディギトゥス	digitus	指(幅)	1.85 cm
1 ペース＝ 16 ディギトゥス	pēs	足(の長さ)	29.6 cm
1 クビトゥス	cubitus	前腕の尺骨	44 cm
1 パッスス	passus[1]	歩	150cm
1000 パッスス	mīlle passus(＝ 1 ローマ・マイル)		1.5 km
2(ローマ・)マイル	duo mīlia passuum[2]		

注1．passus は兵士の「左右両足の歩幅」で，軍隊の歩測法にもとづくという説と，「両腕を拡げた(passus 拡がった＜pandō 拡げる)間隔」という説がある．
注2．Mīlia passuum *cf.* §100

§197　面積

1 ペース平方	pēs quadrātus	85 cm^2
1 ユーゲルム	jūgerum[1]	0.25 ヘクタール＝ 2500 m^2 ＝ 25 アール

注1．一軛(jugum)の牛によって一日に鋤き耕される畠の面積のこと．

§198　容積の単位

(イ)　液体

1 クッレウス	culleus	革袋＝ 20 アンポラ	521.8 リットル
1 アンポラ	amphora	甕＝ 2 ウルナ	26 リットル
1 ウルナ	urna	水差し	13 リットル
1 コンギウス	congius	＝ 6 セクスターリウス	3.2 リットル
1 セクスターリウス	sextārius※		0.54 リットル

※　(1 コンギウスの 1/6)

(ロ)　穀物

1 モディウス	modius	8.75 リットル

§199　重量の単位

1 リーブラ	lībra 又はポンド(pondō) (ローマ)ポンド＝ 326 gr.	
1 ウーンキア	ūncia ＝ 1/12 ポンド	27 gr.
1 スクリープルム	scrīpulum ＝ 1/24 ウーンキア	1 gr.

注．数値には「約」を省略する．

XIII. ラテン語地名一覧表

§ 200

(イ)＝イギリス		(フ)＝フランス	
(イタ)＝イタリア		(ベ)＝ベルギー	
(オ)＝オランダ		(ポ)＝ポルトガル	
(オス)＝オーストリア		(ル)＝ルーマニア	
(ス)＝スペイン			

以下の地名は古典ラテン語のみならず中世ラテン語の文献にもとづく.

日本語表記は「世界地図帳 World Atlas」(平凡社)による.

詳細は下記の辞典を参照あれ

Grasse, Benedict, Plechl : Orbis Latinus (Lexicon lateinischer geographischer Namen des Mittelalters und der Neuzeit) 3Bde Klinkhardt & Biermann 1871

ア

アイゼナハ	Eisenach	(ド)	Isenacum
アイルランド	Ireland	(イ)	Hibernia
アウグスブルク	Augsburg	(ド)	Augusta Vindelica, -licorum
アジア(アシア)	Asia		Asia
アビニョン	Avignon	(フ)	Avenio
アフリカ	Africa		Africa
アミアン	Amiens	(フ)	Ambianum
アムステルダム	Amsterdam	(オ)	Amstelodamum
アメリカ	America		America
アメリカの		(形)	Americanus → pax Americana
アルザス地方	Alsace	(フ)	Alsatia
アルジェリア	Algeria		Algerium
アントワープ	Antwerp	(オ)	Antwerpium

イ

イエナ	Jena	(ド)	Jena
イタリア	Italia		Italia
イングランド	England		Anglia
インド	India		India
インスブルック	Innsbruck	(オス)	Oeni pons, Oenipontum

ウ

ウィーン	Wien	(オス)	Vienna, Vindobona
ウプサラ	Uppsala	(スエーデン)	Upsalia

エ

エクセター	Exeter	(イ)	Exonia

エジンバラ	Edinburgh	（イ）	Edinum, Alata Castra
エストニア	Esthonia	（共和国）	Estonia
エルサレム	Jerusalem		Hierosolyma
エッセン	Essen	（ド）	Essendia, Astnidensis civitas

オ

オクスフォード	Oxford	（イ）	Oxonia
オーストリア	Austria		Austria
オスロ	Oslo		Ansloa
オーベルニュ	Auvergne	（フ）	Arvernia
オランダ	Holland		Hollandia, Batavia
オルレアン	Orléans	（フ）	Aurelianum

カ

カジス	Cádiz	（ス）	Gades
ガスコーニュ	Gascogne	（フ）	Vasconia
カンタベリ	Canterbury	（イ）	Cantuaria

キ

キール	Kiel	（ド）	Kilia, Kilonium
ギリシア	Greece		Graecia

ク

グラスゴ	Glasgow	（イ）	Glasgua
グルノーブル	Grenoble	（フ）	Gratianoplis
クロアチア	Croatia		Croatia
グロスター	Gloucester	（イ）	Claudia Castra

ケ

ゲッチンゲン	Göttingen	（ド）	Gottinga
ケーニヒスベルク	Königsberg	（ド）	Regiomontanum
ケルン	Köln	（ド）	Colonia Agrippina
ケント	Kent	（イ）	Cantium
ケンブリッジ	Cambridge	（イ）	Cantabrigia

コ

コブレンツ	Koblenz	（ド）	Confluentes
コペンハーゲン	Copenhagen		Hafnia, Codania
コルドバ(ス)	Córdoba	（ス）	Corduba
コンスタンチノープル	Constantinople		Byzantium, Constantinoplis
コンスタンツァ	Constanta	（ル）	Constantiana, Tomis

サ

サラゴサ	Zoragza	（ス）	Caesaraugusta
ザルツブルク	Salzburg	（オス）	Salisburgum
サレルノ	Salerno	（イタ）	Salernum

XIII. ラテン語地名一覧表　　　958

サンドニ	Saint-Denis	（フ）	Dionysiopolis
ザクセン	Sachsen	（ド）	Saxonia
サラマンカ	Salamanca	（ス）	Salamantica
ザグレブ	Zagreb		Zagrabia

シ

シャンパーニュ	Champagne	（フ）	Campania
ジジョン	Dijon	（フ）	Divioolumum, Divio
ジェノバ	Genova	（イタ）	Genua
ジュッセルドルフ	Düsseldorf	（ド）	Dusseldorpium
シュツットガルト	Stuttgart	（ド）	Stutgardia
ジュネーブ	Genève	（スイ）	Genava

ス

スイス	Switzerland		Helvetia
スウェーデン	Sweden		Suecia, Sueonia
スコットランド	Scotland		Scotia, Caledonia
ストックホルム	Stockholm		Stockholmia
ストラスブール	Strasbourg	（ド）	Argentoratum
スペイン	Spain		Hispania

セ

セビリャ	Sevilla	（ス）	Hispalis

ソ

ソールズベリ	Salisbury	（イ）	Sarisberia
ソレント	Sorrento	（イ）	Sorrentum

タ

ダブリン	Dublim	（イ）	Dublinum
ダマスカス	Damascus		Damascus
タラゴナ	Tarragona	（ス）	Tarraco
ダルマチア	Dalmatia		Dalmatia
ダルムシュタット	Darmstadt		Darmustadium

チ

チェスター	Chester	（イ）	Cestria
チボリ	Tivoli	（イタ）	Tibur
チュニス	Timos		Tunetum
チューリヒ	Zürich	（スイ）	Turicum
チューリンゲン	Thüringen	（ド）	Thuringia
チロル	Tirol	（オ）	Tirol, Tirolis
チュービンゲン	Tübingen	（ド）	Tubinga

ツ

ツールーズ	Toulouse	（フ）	Tolosa

| ツール | Tours | （フ） | Turones, Caesarodunum |

テ

| デッサウ | Dessau | | Dessavia |
| デンマーク | Denmark | | Damia |

ト

ドイツ	Deutschland		Germania
トスカナ	Toscana	（イタ）	Etruria
トリエステ	Trieste	（イタ）	Tergeste
トリノ	Torino	（イタ）	Taurinum
トルコ	Turkey		Turcia
トレド	Toledo	（ス）	Toletum

ナ

ナポリ	Napoli	（イタ）	Neapolis
ナルボンヌ	Narbonne		Decumanorum Colonia
ナンシ	Nancy	（フ）	Nancejum
ナント	Nantes	（フ）	Nannetes, Nantetum

ニ

日本	Japan		Japonia
ニース	Nice	（フ）	Nicia, Nicenisis urbs
ニューカスル・オン・タイン	Newcastle (up) on Tyne	（イ）	Novum Castrum Super Tynam
ニュルンベルク	Nürnberg	（ド）	Noremberga

ノ

| ノルウェー | Norway | | Norvegia |
| ノルマンジー | Normandie | （フ） | Normannia |

ハ

ハイデルベルク	Heidelberg	（ド）	Heidelberga, Edelberga
ハーグ	Haag	（オ）	Haga Comitis
バグダッド	Bag(h)dad	（イラク）	Bagdetia 又は Babylonia
パドバ	Padova[Padua]	（イタ）	Patavium, Paduensis
ハノーバー	Hannover	（ド）	Hanovera
バイエルン	Bayern	（ド）	Bavaria, Babaria, Bajoaria
パビア	Pavia	（イタ）	Ticinum
パリ	Paris	（フ）	Parisii, Lutetia, Parisius
バルセロナ	Barcelona	（ス）	Barcino
パルマ	Parma	（イタ）	Parma
ハレ	Halle	（ベ）	Hala Saxonum
パレルモ	Palermo	（イタ）	Panormus
ハンガリー	Hungary		Hungaria
ハンブルク	Hamburg	（ド）	Hamburgum

XIII. ラテン語地名一覧表　　　960

ヒ

ピアチェンッア	Piacenza	（イタ）	Placentia

フ

フィレンチェ	Firenze	（イタ）	Florentia
フィンランド	Finland		Finnia
ブカレスト	Bucharest	（ル）	Bucaresta
ブタペスト	Budapest		Aquincum, Buda
フライブルク	Freiburg	（ド）	Friburgum
プラーグ	Prague	（オ）	Praga
プラハ	Praha		Praga, Praha
フランクフルト	Frankfurt am Main	（ド）	Francofurtum ad Moenum
フランス	France		Gallia
ブラウンシュワィク	Braunschweig	（ド）	Brunsvicum, Brumsviga
ブリストール	Bristol	（イ）	Venta Silurum
ブリュッセル	Bruxelles	（ベ）	Brurellae
ブルガリア	Bulgaria		Bulgaria
ブールジュ	Bourges	（フ）	Avaricum
ブレーメン	Bremen	（ド）	Berma
プロバンス	Provence	（フ）	Provincia

ヘ

ペトログラード	Petrograd	（ロ）	Petropolis
ベルギー	Belgium		Belgium, Belgica
ペルジア	Perugia	（イタ）	Perusia
ヘルシンキ	Helsinki		Helsingoforsa
ベルリン	Berlin	（ド）	Berolinum
ベルン	Bern	（スイ）	Verona, Bernum
ベルサイユ	Versailles	（フ）	Versalia
ベネチア	Venezia	（イタ）	Venetiae

ホ

ポアチェ	Poitiers	（フ）	Limonum Pictavium
ポッツォリ	Pozzuoli	（イタ）	Puteoli
ボヘミア	Bohemia		Boiohaemum
ポーランド	Poland		Polonia
ボルドー	Bordeaux	（フ）	Burdigala
ポルトガル	Portugal		Lusitania
ボローニャ	Bologna	（イタ）	Bononia
ボン	Bonn	（ド）	Bonna

マ

マインツ	Mainz	（ド）	Moguntiacum
マクデブルク	Magdeburg	（ド）	Parthenopolis, Magdeburgum
マドリード	Madrid	（ス）	Madritum

961 XIII. ラテン語地名一覧表

マルセイユ	Marseille	（フ）	Massilia
マールブルク	Marburg	（ド）	Marburgum
マンチェスター	Manchester	（イ）	Mancunium
マンハイム	Mannheim	（ド）	Manhemium

ミ

ミュンヘン	München	（ド）	Monacum
ミラノ	Milano	（イタ）	Mediolanum

メ

メッシナ	Messina	（イ）	Messana

モ

モスクワ	Moskva		Moscovia
モラビア地方	Moravia		Moravia

ユ

ユトレヒト	Utrecht		Trajectum, ad Rhenum
ユトランド（半島）	Jutland		Jutlandia, Cimbria

ラ

ライデン	Leiden	（オ）	Lugdunum Batavorum
ライプチヒ	Leipzig	（ド）	Lipsia
ランカスター	Lancaster	（イ）	Longovicum
ランス	Reims	（フ）	Remi

リ

リスボン	Lisbon	（ポ）	Olisipo
リトアニア	Lithuania		Lithuania
リモージュ	Limoges	（フ）	Limovicum
リューベック	Lübeck	（ド）	Lubica, Vetus, Lubeca
リヨン	Lyon	（フ）	Leona, Lugdunum
リンツ	Linz	（オス）	Lintia

ル

ルアン	Rouen	（フ）	Rothomagus
ルクセンブルク	Luxemburg		Luciliburgum, Luceburgium
ルーマニア	Rumania		Romania

ロ

ローザンヌ	Lausanne		Losana, Lausanna
ロシア	Rossiya		Russia
ロチェスター	Rochester	（イ）	Durobrivae, Durobrivis
ロッテルダム	Rotterdam	（オ）	Roterodanum
ローマ，ローマの	Roma		Roma, Romanus → populus Romanus
ロンドン	London		Londinium, Londinum

XIII. ラテン語地名一覧表   962

ロンバルジア	Lombardia	（イ）	Longobardia

ワ

ワルシャワ	Warszawa		Vorsovia
ワイマル	Weimar	（ド）	Vimaria, Wiaria

$\boxed{\text{著者紹介}}$

國原吉之助 ［くにはら・きちのすけ］名古屋大学名誉教授（西洋古典学）

1926年広島県生まれ。京都大学文学部卒業。著書に『新ラテン文法』（共著），『中世ラテン語入門』など。訳書として，岩波文庫に，タキトゥス『年代記』，スエトニウス『ローマ皇帝伝』，ペトロニウス『サテュリコン』など。講談社学術文庫に，カエサル『内乱記』，『ガリア戦記』，『プリニウス書簡集』がある。

目録進呈 落丁本・乱丁本はお取替えいたします。

2016年（平成28年）12月30日　©第1版発行

古典ラテン語辞典
改訂増補版

著　者　國原　吉之助

発行者　佐　藤　政　人

発　行　所

株式
会社　大学書林

東京都文京区小石川4丁目7番4号
振替口座　　00120-8-43740
電　話　　(03)3812-6281〜3番
郵便番号112-0002

ISBN978-4-475-00169-4　　　　豊国印刷・牧製本

大学書林

語学参考書

著者	書名	判型	頁数
國原吉之助編著	ラテン詩への誘い	A5判	296頁
國原吉之助編著	新版 中世ラテン語入門	A5判	320頁
タキトゥス 田中秀央 訳注 國原吉之助	ゲルマーニア	新書判	152頁
小林 標著	独習者のための 楽しく学ぶラテン語	A5判	306頁
小林 標編著	ラテン語文選	B6判	224頁
有田 潤編	ラテン語基礎1500語	新書判	130頁
セネカ 山敷繁次郎 訳注	幸福な生活について	新書判	116頁
遠山一郎 訳注	対訳カサエル『ガリア戦記』第I巻	A5判	168頁
有川貫太郎他 編訳	現代ラテン語会話	B6判	254頁
古川晴風編著	ギリシャ語辞典	A5判	1332頁
古川晴風著	ギリシャ語四週間	B6判	480頁
プラトーン 田中秀央 訳注	クリトーン	新書判	108頁
真下英信 訳注	ペリクレスの演説	A5判	244頁
細井敦子他 訳注	リューシアース弁論選	A5判	176頁
古川晴風 訳注	ヘーローイデース殺し	B6判	120頁
古川晴風 訳注	嵐とパイエーケス人の国	B6判	146頁
福田千津子著	現代ギリシャ語入門	A5判	226頁
福田千津子編	現代ギリシャ語基礎1500語	新書判	110頁
福田千津子編	現代ギリシャ語常用6000語	B小型	384頁
福田千津子編	現代ギリシャ語会話練習帳	新書判	238頁
福田千津子編	現代ギリシャ語動詞変化表	新書判	134頁
福田千津子 訳注	現代ギリシャ短篇集	B6判	246頁
ニコス・カザンザキス 福田千津子 訳注	キリストは再び十字架にかけられる	B6判	242頁

――目録進呈――